P.560もご覧ください

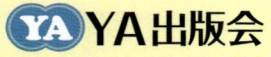

大学受験案内 2024

大学・短大・大学院総合ガイド

晶文社

はじめに

昨今の急速なデジタル化やグローバル化により，社会状況の変化がかつてないスピードで進むなか，これからの大学には，①社会を牽引し中核で活躍できる人材の育成，②社会的課題の解決に資するイノベーションの創出，③知の集積拠点として教育・研究を通じた社会の発展への寄与，などが期待されています。これらの社会的な要請に応えるべく，各大学は自らの強みを生かした差別化や独自性を強化しつつあります。今後，大学の特色がより明確化するなか，自分に合った大学選びがますます重要になるでしょう。

創刊以来61年にわたり「大学選びの決定版」として信頼を得てきた本書は，大学改革の流れに的確に対応するため，2015年に大リニューアルをしました。おかげさまで，全国の受験生，保護者の方々，教育関係者の皆さまから圧倒的な支持を受け，８年連続売上実績NO. １を達成しました（2015年３月～2023年２月，全国３大主要書店チェーン調べ)。

本書の特長は，大学の概要や就職支援，国際化への取り組みなど，大学選びに有用な情報を比較検討しやすい誌面で構成している点にあります。また，独自のアンケートを実施することにより，大学のホームページやパンフレットでは公開されていない情報を掲載していることも支持されている理由のひとつです。さらに，併願戦略に欠かせない入試スケジュールを簡単に作成・管理できるツールをWebサービスとして公開しています。大学選びから入学手続きまで１年間，受験生の皆さまをサポートします。

以下に，本書の５つのポイントを紹介しましょう。

本書の５つのポイント

1. ２大予備校=河合塾と駿台予備学校，信頼の偏差値データを掲載

巻頭に河合塾入試難易予想ランキング表と駿台予備学校合格目標ライン一覧表を，さらに各大学の紹介ページにも偏差値を掲載しています。それぞれの偏差値算定の基礎となっているのは河合塾「全統模試」，駿台予備学校「駿台全国模試」です。いずれも全国の大学進学をめざす多くの受験生が利用する模試で，導き出される偏差値は精度の高いデータとなっています。ご自身の学力診断の参考としてください（掲載している合格可能性の％に違いがあるのでご注意ください。河合塾ボーダーラインは合格可能性50％，駿台予備学校合格目標ラインは合格可能性80％の数値です)。

2. 受験生・保護者・進路指導者３者で使える！

大学・学部の特色や入試情報を詳しく紹介するほか，「保護者向けインフォメーション」や「進路指導者も必見 学生を伸ばす面倒見」のコーナーを設けています。後者には初年次教育など面倒見のよさがわかる情報に加え，退学率や卒業率といった客観的指標も掲載しています。保護者や進路指導者の目線での大学選びに役立ちます。

3. 圧倒的な情報量で各大学の魅力を紹介

各大学の魅力を圧倒的な情報量で紹介しています。過去３年分の資料請求数や予備校の偏差値，入試倍率，民間調査会社のデータ等を参考に，掲載校を編集部でセレクト。当社独自のアンケート調査により，大学のパンフレットやホームページでは公表されていない情報も本書に掲載しました。また，ホームページに公開されている情報でも，より視覚的に見やすく比較しやすくなるよう，レイアウトを工夫しています。

4. 短大から大学院まで，高校卒業後の「学び」を提案

大学院の研究科紹介ページを掲載しています。大学卒業後に大学院へとステップアップすることを高校生の今から想定しておくことも選択肢のひとつになりえます。また，短大から大学へ編入するケースも想定し，本文で紹介している大学の短期大学部や系列の短期大学も掲載しています。

5. 本書とWebで学校選びから受験・入学手続きまでをサポート

受験生と保護者をサポートするWebサービス「らくらく併願カレンダー」を提供しています。大学・学部・入試方式ごとの出願期間，試験日，合格発表日，入学手続き，初年度納入額などを一覧でき，ムリのないムダのない併願戦略を立てるのに役立ってくれるはずです。Googleカレンダーへの同期やExcel（csv）形式での保存が可能です。最新情報として2024年度入試日程（2024年４月入学者対象）を2023年11月より配信します。カレンダー機能を併用することで大学選びから受験・入学手続きまで１年間ずっと活用していただけるのが本書の大きな特長です。

晶文社『大学受験案内』編集統括　**川崎俊**

大学受験案内 2024

目次

全国大学案内

掲載校一覧

私立大学

国立大学

公立大学

本書の利用法

本書は2023年度入試（2023年４月入学生を対象としたもの）に募集を行った私立・国立・公立大学を掲載の対象としています。過去３年分の資料請求数や予備校の偏差値，入試倍率，民間調査会社のデータなどを参考に，掲載校を編集部にてセレクトしました。

本書掲載内容は原則として2023年度入学案内・募集要項・アンケート調査の回答によって作成しました。大学からの回答がなかった項目については「NA（No Answer）」と記載しています。また，入試要項は2024年度入試に受験を予定される方の参考のため，2023年度入試（前年度）の実績をまとめたものです。2024年度の入試内容については，必ず各大学の「2024年度募集要項」を取り寄せて確認してください。大学の配列は，私立，国立，公立に分け，それぞれ北から南へ，同一都道府県内では50音順です。

なお，大学紹介ページに掲載している数値データは原則として学部生を対象としたものです（数値に大学院生等は含んでいません）。大学が公表している各種数値データと対象範囲が異なる場合がありますのでご注意ください。

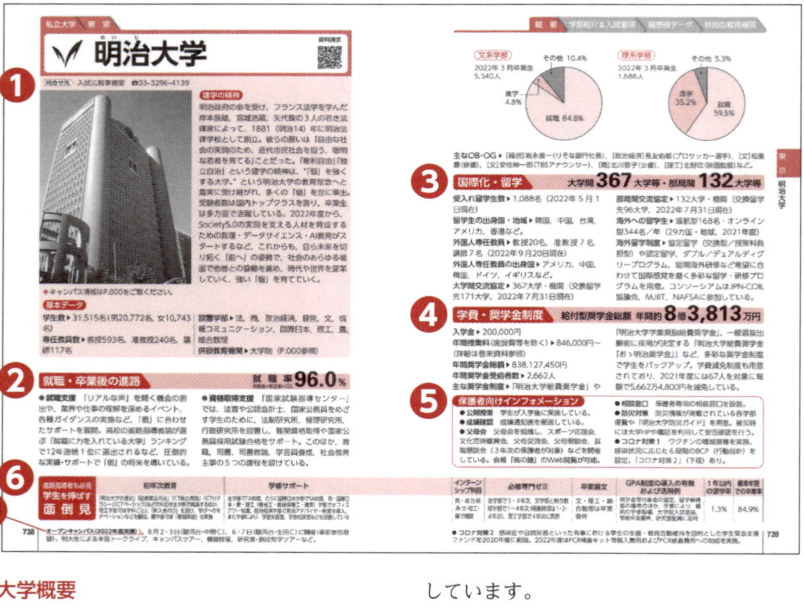

❶ 大学概要

●問合せ先―入試情報や入学案内・募集要項等の請求についての問合せ先である部署名と電話番号を掲載しています。

●建学の精神／大学の理念―「建学の精神」，「基本理念」，「育成目標」などを軸として大学の特色や取り組みを紹介しています。

キャンパス情報▶キャンパスの所在地を掲載しています。

●基本データ

学生数▶原則として2022年５月１日現在の学部生数です。

専任教員数▶原則として2022年５月１日現在の常勤の教員数です。

設置学部▶設置されている学部名。

併設教育機関▶大学院の研究科名と課程。課程の略記は以下のとおり。
M＝修士課程・博士前期課程，D＝博士課程・博士後期課程，P＝専門職課程
ほかに，通信教育部，短期大学部を掲載。なお，大学院および短期大学部について詳しく紹介している場合は紹介ページのノンブルを記載しています。

●**資料請求**—QRコードを読み取ると，各大学の資料をテレメールで請求できます。QRコードのほか，巻末の資料請求番号一覧も用意しています。

❷ 就職・卒業後の進路

●**就職率**—大学全体の2022年3月卒業生のうち就職希望者に対する就職者数の比率。

●**就職支援**—学生の就職活動やキャリア形成のために大学が行っている支援内容。

●**資格取得支援**—講座の開設など，資格取得をめざす学生へのサポートについて。

円グラフ▶原則として2022年3月卒業生の進路を文系学部，理系学部，その他の学部に分けて円グラフで表しています。なお，医学部（科）の初期臨床研修医および歯学部（科）の臨床研修歯科医は就職に含んでいます。

主なOB・OG▶著名な卒業生の卒業学部・氏名・肩書を掲載。

❸ 国際化・留学

受入れ留学生数▶原則として「留学」の在留資格により**学部**に在籍（正規生，非正規生および在籍期間は問わない）している留学生数。

留学生の出身国▶留学生の主な出身国。

外国人専任教員▶常勤の外国人専任教員数。

外国人専任教員の出身国▶外国人専任教員の主な出身国。

大学間交流協定▶大学間で協定を締結している大学数。交換留学先は協定校のうち，学部生が交換留学できる学生交流協定等を締結している大学数。

部局間交流協定▶学部・研究科など部局間で協定を締結している大学数。交換留学先は協定校のうち，学部生が交換留学できる学生交流協定等を締結している大学数。

海外への留学生数▶原則として年間の交換留学およびその他の長期・短期留学生数（**学部生**）の合計と国・地域数。渡航型とオンライン型を掲載。

海外留学制度▶大学独自の留学制度や留学を支援する奨学金制度などを紹介。

❹ 学費・奨学金制度

入学金▶各大学の入学金。

年間授業料（施設費等を除く）▶各大学の最低年間授業料で，諸費用などは含んでいません。学費は学部・学科により異なりますので，詳細は巻末の「2023年度学費一覧」を参照してください。

年間奨学金総額▶**学部生**を対象とした各大学独自の給付型奨学金の年間給付総額。原則として2021年度の実績です。

年間奨学金受給者数▶**学部生**を対象とした各大学独自の給付型奨学金の年間受給者総数。原則として2021年度の実績です。

主な奨学金制度▶各大学独自の主な奨学金制度や学費減免制度について紹介。

❺ 保護者向けインフォメーション

各大学が保護者向けに行っている情報提供や防災対策，コロナ対策など保護者向けの情報を紹介しています。

❻ 進路指導者も必見 学生を伸ばす面倒見

学生の能力を伸ばすための大学の基礎的な取り組みなどを紹介しています。

初年次教育▶大学での自主的な学習に必要な知識や技術を教える初年次教育の実施内容。

学修サポート▶履修指導や学修サポートなどの取り組み。

※TA（ティーチング・アシスタント）制度とは，大学公式のメンター制度として大学院生が学部学生に対し，助言や実験，実習，演習などの教育補助業務を行う制度です。

※SA（スチューデント・アシスタント）制度とは，学部学生が学部学生に対し，教育補助業務を行う制度です。

※オフィスアワー制度とは，学生からの質問や相談に応じるために，教員が必ず研究室などにいる時間帯を設定し，学生に公表する制度です。

※教員アドバイザー制度とは，専任教員が少人数の学生を担当し，履修内容や学生生活の指導・支援を行う制度です。

インターンシップ科目▶インターンシップを

取り入れた正規の授業科目(単位認定の対象)を開講しているか否か。

必修専門ゼミ▶必修の少人数双方向型演習の有無。

卒業論文▶卒業論文・研究・制作が卒業要件とされているか否か。

GPA制度の導入の有無および活用例▶国際的に通用する成績評価方法であるGPA(Grade Point Average)の導入と活用方法。

1年以内の退学率▶入学後1年間に退学した学生の比率。

2022年3月までの退学者
÷2021年4月入学者×100

標準年限での卒業率▶標準修業年限で卒業する学生の比率。

4年制学部学科：2022年3月の卒業者
÷2018年4月入学者×100
6年制学部学科：2022年3月の卒業者
÷2016年4月入学者×100

※留学や海外ボランティアなどに参加する学生が多い場合，卒業率が低くなる傾向があります。

❼ オープンキャンパス

2022年度のオープンキャンパス実施時期と内容を紹介しています。2023年度のオープンキャンパス情報は各大学のホームページなどで確認してください。

❽ 2024年度学部改組構想(予定)

2024年度に予定している学部の新設や改組，キャンパス移転などの構想を紹介しています。

❾ 学部紹介

学部・学科名とそれぞれの定員，特色を掲載しています。▶の後には学部全体について，▷の後には各学科の説明が入ります。新設の学部・学科には，NEW!のマークが入ります。

●**取得可能な資格**—学部ごとに，教職(教員免許状)，国家試験受験資格など，卒業により取得できる主な資格を記載しました。学科・コース等により取得できる資格は異なります。

●**進路状況**—学部ごとの2022年3月卒業生に対する就職者数の比率と進学者数の比率。

●**主な就職先**—学部ごとに，近年の主な就職先を記載。

❿ キャンパス

学部・学科・年次ごとに修業するキャンパス

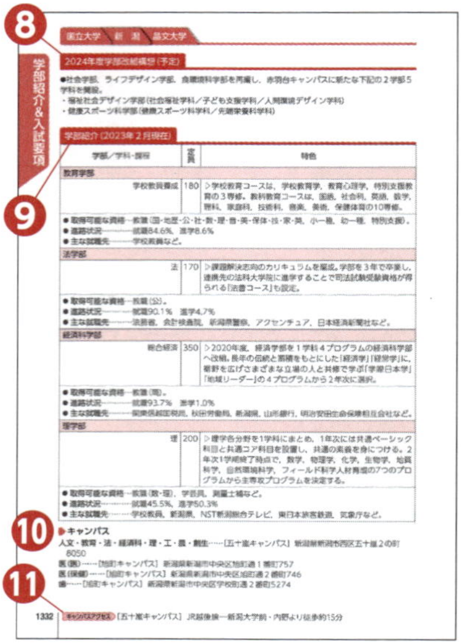
8
9
10
11

国立大学　新潟　新潟大学

学部紹介&入試要項

2024年度学部改組構想(予定)

●社会学部，ライフデザイン学部，食環境科学部を再編し，赤羽台キャンパスに新たな下記の2学部5学科を開設。
・福祉社会デザイン学部(社会福祉学科／子ども支援学科／人間環境デザイン学科)
・健康スポーツ科学部(健康スポーツ科学科／先端栄養科学科)

学部紹介(2023年2月現在)

学部／学科・課程	定員	特色
教育学部		
学校教員養成	180	▷学校教育コースは，学校教育学，教育心理学，特別支援教育の3専修。教科教育コースは，国語，社会科，英語，数学，理科，家庭科，技術科，音楽，美術，保健体育の10専修。
●取得可能な資格…教職(国・地歴・公・社・数・理・音・美・保体・技・家・英，小一種，幼一種，特別支援)。 ●進路状況………就職84.6%，進学8.6% ●主な就職先……学校教員など。		
法学部		
法	170	▷課題解決志向のカリキュラムを編成。学部を3年で卒業し，連携先の法科大学院に進学することで司法試験受験資格が得られる「法曹コース」も設定。
●取得可能な資格…教職(公)。 ●進路状況………就職90.1%　進学4.7% ●主な就職先……法務省，会計検査院，新潟県警察，アクセンチュア，日本経済新聞社など。		
経済科学部		
総合経済	350	▷2020年度，経済学部を1学科4プログラムの経済科学部へ改組。長年の伝統と業績をもとにした「経済学」「経営学」に，視野を広げさまざまな立場の人と共修で学ぶ「学際日本学」「地域リーダー」の4プログラムから2年次に選択。
●取得可能な資格…教職(商)。 ●進路状況………就職93.7%　進学1.0% ●主な就職先……関東信越国税局，秋田労働局，新潟県，山形銀行，明治安田生命保険相互会社など。		
理学部		
理	200	▷理学各分野を1学科にまとめ，1年次には共通ベーシック科目と共通コア科目を設置し，共通の素養を身につける。2年次1学期終了時点で，数学，物理学，化学，生物学，地質科学，自然環境科学，フィールド科学人材育成の7つのプログラムから主専攻プログラムを決定する。
●取得可能な資格…教職(数・理)，学芸員，測量士補など。 ●進路状況………就職45.5%，進学50.3% ●主な就職先……学校教員，新潟県，NST新潟総合テレビ，東日本旅客鉄道，気象庁など。		

▶キャンパス
人文・教育・法・経済科・理・工・農・創生……[五十嵐キャンパス] 新潟県新潟市西区五十嵐2の町8050
医(医)……[旭町キャンパス] 新潟県新潟市中央区旭町通1番町757
医(保健)……[旭町キャンパス] 新潟県新潟市中央区旭町通2番町746
歯……[旭町キャンパス] 新潟県新潟市中央区学校町通2番町5274

1332　キャンパスアクセス [五十嵐キャンパス] JR越後線一新潟大学前・内野より徒歩約15分

を記載。

⓫ キャンパスアクセス

各キャンパスへの交通アクセスを掲載。

2023年度入試要項(前年度実績)

掲載内容が異なるため，私立大学と国公立大学を別に説明します。

私立大学

入試要項は2023年1月時点における2023年度(前年度)入試の内容です。

⓬ 募集人員

一般選抜の入試方式別の募集人員です。主要な大学については共通テスト利用入試，学校推薦型選抜などの募集人員も掲載しています。

⓭ 2段階選抜

私立大学では実施していません。

⓮ 試験科目

学部ごとに，2023年度(前年度)の入試方式別の試験科目を掲載しています。

▢科目 はその試験方式の合計科目数を表しています。なお，理科に関しては「基礎を付した科目」も1科目として数えています。また，実技や面接も1科目として数え，書類審

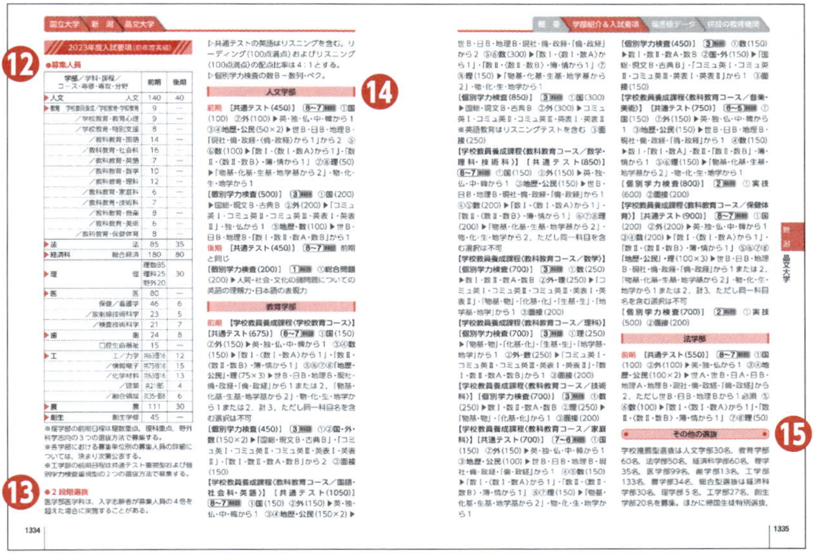

国立大学 新潟 晶文大学

2023年度入試要項(前年度実績)

12

●募集人員

学部／学科・課程／コース・専修・専攻・分野	前期	後期
▶人文 人文	140	40
▶教育 学校教員養成／学校教育・学校教育	9	—
／学校教育・教育心理	9	—
／学校教育・特別支援	8	—
／教科教育・国語	14	—
／教科教育・社会科	16	—
／教科教育・英語	7	—
／教科教育・数学	10	—
／教科教育・理科	12	—
／教科教育・家庭科	6	—
／教科教育・技術科	7	—
／教科教育・音楽	8	—
／教科教育・美術	6	—
／教科教育・保健体育	8	—
▶法 法	85	35
▶経済科 総合経済	180	80
▶理 理	理数85 理科25 野外20	30
▶医 医	80	—
保健／看護学	46	6
／放射線技術科学	23	5
／検査技術科学	21	7
▶歯 歯	24	8
口腔生命福祉	15	—
▶工 工／力学	共63個16	12
／情報電子	共75個16	15
／化学材料	共63個16	13
／建築	共21個5	4
／融合領域	共35個8	6
▶農 農	111	30
▶創生 創生学修	45	—

※理学部の前期日程は理数重点，理科重点，野外科学志向の３つの選抜方法で募集する。
※各学部における募集単位別の募集人員の詳細については，決まり次第公表する。
※工学部の前期日程は共通テスト重視型および個別学力検査重視型の２つの選抜方法で募集する。

13

●２段階選抜

医学部医学科は，入学志願者が募集人員の４倍を超えた場合に実施することがある。

1334

▷共通テストの英語はリスニングを含む。リーディング(100点満点)およびリスニング(100点満点)の配点比率は４：１とする。
▷個別学力検査の数Ｂ－数列・ベク。

14

人文学部

前期 【共通テスト(450)】 8~7科目 ①国(100) ②外(100)▶英・独・仏・中・韓から１ ③④地歴・公民(50×２)▶世Ｂ・日Ｂ・地理Ｂ・「現社・倫・政経・〈倫・政経〉から１」から２ ⑤⑥数(100)▶「数Ⅰ・〈数Ⅰ・数Ａ〉から１」・「数Ⅱ・〈数Ⅱ・数Ｂ〉・簿・情から１」 ⑦⑧理(50)▶「物基・化基・生基・地学基から２」・物・化・生・地学から１
【個別学力検査(500)】 3科目 ①国(200)▶国総・現文Ｂ・古典Ｂ ②外(200)▶「コミュ英Ⅰ・コミュ英Ⅱ・コミュ英Ⅲ・英表Ⅰ・英表Ⅱ」・独・仏から１ ③地歴・数(100)▶世Ｂ・日Ｂ・地理Ｂ・「数Ⅰ・数Ⅱ・数Ａ・数Ｂ」から１
後期 【共通テスト(450)】 8~7科目 前期と同じ
【個別学力検査(200)】 1科目 ①総合問題(200)▶人間・社会・文化の諸問題についての英語の理解力・日本語の表現力

教育学部

前期 【学校教員養成課程〈学校教育コース〉】【共通テスト(675)】 8~7科目 ①国(150) ②外(150)▶英・独・仏・中・韓から１ ③④数(150)▶「数Ⅰ・〈数Ⅰ・数Ａ〉から１」・「数Ⅱ・〈数Ⅱ・数Ｂ〉・簿・情から１」 ⑤⑥⑦⑧「地歴・公民」・理(75×３)▶世Ｂ・日Ｂ・地理Ｂ・現社・倫・政経・「倫・政経」から１または２，「物基・化基・生基・地学基から２」・物・化・生・地学から１または２，計３，ただし同一科目名を含む選択は不可
【個別学力検査(450)】 3科目 ①②国・外・数(150×２)▶「国総・現文Ｂ・古典Ｂ」・「コミュ英Ⅰ・コミュ英Ⅱ・コミュ英Ⅲ・英表Ⅰ・英表Ⅱ」・「数Ⅰ・数Ⅱ・数Ａ・数Ｂ」から２ ③面接(150)
【学校教員養成課程〈教科教育コース／国語・社会科・英語〉】【共通テスト(1050)】 8~7科目 ①国(150) ②外(150)▶英・独・仏・中・韓から１ ③④地歴・公民(150×２)▶世Ｂ・日Ｂ・地理Ｂ・現社・倫・政経・「倫・政経」から２ ⑤⑥数(300)▶「数Ⅰ・〈数Ⅰ・数Ａ〉から１」・「数Ⅱ・〈数Ⅱ・数Ｂ〉・簿・情から１」 ⑦⑧理(150)▶「物基・化基・生基・地学基から２」・物・化・生・地学から１
【個別学力検査(850)】 3科目 ①国(300)▶国総・現文Ｂ・古典Ｂ ②外(300)▶コミュ英Ⅰ・コミュ英Ⅱ・コミュ英Ⅲ・英表Ⅰ・英表Ⅱ ※英語教育はリスニングテストを含む ③面接(250)
【学校教員養成課程〈教科教育コース／数学・理科・技術科〉】【共通テスト(850)】 8~7科目 ①国(150) ②外(150)▶英・独・仏・中・韓から１ ③地歴・公民(150)▶世Ｂ・日Ｂ・地理Ｂ・現社・倫・政経・「倫・政経」から１ ④⑤数(200)▶「数Ⅰ・〈数Ⅰ・数Ａ〉から１」・「数Ⅱ・〈数Ⅱ・数Ｂ〉・簿・情から１」 ⑥⑦⑧理(200)▶「物基・化基・生基・地学基から２」・物・化・生・地学から２，ただし同一科目を含む選択は不可
【学校教員養成課程〈教科教育コース／数学〉】【個別学力検査(700)】 3科目 ①数(250)▶数Ⅰ・数Ⅱ・数Ａ・数Ｂ ②外・理(250)▶「コミュ英Ⅰ・コミュ英Ⅱ・コミュ英Ⅲ・英表Ⅰ・英表Ⅱ」・「物基・物」・「化基・化」・「生基・生」・「地学基・地学」から１ ③面接(200)
【学校教員養成課程〈教科教育コース／理科〉】【個別学力検査(700)】 3科目 ①理(250)▶「物基・物」・「化基・化」・「生基・生」・「地学基・地学」から１ ②外・数(250)▶「コミュ英Ⅰ・コミュ英Ⅱ・コミュ英Ⅲ・英表Ⅰ・英表Ⅱ」・「数Ⅰ・数Ⅱ・数Ａ・数Ｂ」から１ ③面接(200)
【学校教員養成課程〈教科教育コース／技術科〉】【個別学力検査(700)】 3科目 ①数(250)▶数Ⅰ・数Ⅱ・数Ａ・数Ｂ ②理(250)▶「物基・物」・「化基・化」から１ ③面接(200)
【学校教員養成課程〈教科教育コース／家庭科〉】【共通テスト(700)】 7~6科目 ①国(150) ②外(150)▶英・独・仏・中・韓から１ ③地歴・公民(100)▶世Ｂ・日Ｂ・地理Ｂ・現社・倫・政経・「倫・政経」から１ ④⑤数(150)▶「数Ⅰ・〈数Ⅰ・数Ａ〉から１」・「数Ⅱ・〈数Ⅱ・数Ｂ〉・簿・情から１」 ⑥⑦理(150)▶「物基・化基・生基・地学基から２」・物・化・生・地学から１
【個別学力検査(450)】 3科目 ①数(150)▶数Ⅰ・数Ⅱ・数Ａ・数Ｂ ②国・外(150)▶「国総・現文Ｂ・古典Ｂ」・「コミュ英Ⅰ・コミュ英Ⅱ・コミュ英Ⅲ・英表Ⅰ・英表Ⅱ」から１ ③面接(150)
【学校教員養成課程〈教科教育コース／音楽・美術〉】【共通テスト(750)】 6~5科目 ①国(150) ②外(150)▶英・独・仏・中・韓から１ ③地歴・公民(150)▶世Ｂ・日Ｂ・地理Ｂ・現社・倫・政経・「倫・政経」から１ ④数(150)▶数Ⅰ・「数Ⅰ・数Ａ」・数Ⅱ・「数Ⅱ・数Ｂ」・簿・情から１ ⑤⑥理(150)▶「物基・化基・生基・地学基から２」・物・化・生・地学から１
【個別学力検査(800)】 2科目 ①実技(600) ②面接(200)
【学校教員養成課程〈教科教育コース／保健体育〉】【共通テスト(900)】 8~7科目 ①国(200) ②外(200)▶英・独・仏・中・韓から１ ③④数(200)▶「数Ⅰ・〈数Ⅰ・数Ａ〉から１」・「数Ⅱ・〈数Ⅱ・数Ｂ〉・簿・情から１」 ⑤⑥⑦⑧「地歴・公民」・理(100×３)▶世Ｂ・日Ｂ・地理Ｂ・現社・倫・政経・「倫・政経」から１または２，「物基・化基・生基・地学基から２」・物・化・生・地学から１または２，計３，ただし同一科目名を含む選択は不可
【個別学力検査(700)】 2科目 ①実技(500) ②面接(200)

法学部

前期 【共通テスト(550)】 8~7科目 ①国(100) ②外(100)▶英・独・仏から１ ③④地歴・公民(100×２)▶世Ａ・世Ｂ・日Ａ・日Ｂ・地理Ａ・地理Ｂ・現社・倫・政経・「倫・政経」から２，ただし世Ｂ・日Ｂ・地理Ｂから１必須 ⑤⑥数(100)▶「数Ⅰ・〈数Ⅰ・数Ａ〉から１」・「数Ⅱ・〈数Ⅱ・数Ｂ〉・簿・情から１」 ⑦⑧理(50)

15

その他の選抜

学校推薦型選抜は人文学部30名，教育学部60名，法学部50名，経済科学部60名，理学35名，医学部99名，歯学部13名，工学部133名，農学部34名。総合型選抜は経済科学部30名，理学部５名，工学部27名，創生学部20名を募集。ほかに帰国生徒特別選抜，

新潟 晶文大学

1335

査は点数化する場合のみ１科目扱いです。教科名の後の(　)内は配点を表しています。主要大学については2023年度(前年度)の学校推薦型選抜や総合型選抜などの出願資格，選考方法も掲載しています。

⑮ その他の選抜

帰国生徒，社会人，外国人留学生対象の入試や特待生入試などを実施している場合に記載しています。また，都合により共通テスト利用入試，学校推薦型選抜，総合型選抜などもここに記載しています。

国公立大学

入試要項は2023年１月時点における2023年度(前年度)入試の内容です。

国立大学は分離分割方式ですが，一部に前期日程のみという学部・学科等があります。公立大学は分離分割方式，公立大学中期日程，独自日程のいずれかで，同じ大学でも学部・学科等によって異なることがあります。

⑫ 募集人員

一般選抜の日程別の募集人員です。主要な大学については学校推薦型選抜などの募集人員も掲載しています。

⑬ ２段階選抜

2023年度(前年度)の実績を記載。

⑭ 試験科目

学部ごとに，2023年度(前年度)の一般選抜の日程別の試験科目を掲載しています。

＊　＊　＊

共通テストについては2023年度(前年度)に利用された教科・科目です。

□科目 はその試験方式の合計科目数を表しています。なお，理科に関しては「基礎を付した科目」も１科目として数えています。また，共通テストの後の(　)内は共通テスト合計の配点を，教科名の後の(　)内は教科ごとの配点を表しています。

＊　＊　＊

個別学力検査は各大学が独自に行う２次試験の学力検査の教科・科目，実技検査，小論文，面接などです。

□科目 はその試験方法の合計科目数を表しています。個別学力検査の後の(　)内は個別学力検査合計の配点を，教科名の後の(　)内は教科ごとの配点を表しています。なお，理科に関しては「基礎を付した科目」も１科目として数えています。また，実技や面接も

1科目として数え，書類審査は点数化する場合のみ1科目扱いです。
主要大学については2023年度（前年度）の学校推薦型選抜や総合型選抜などの選考方法も掲載しています。

⑮ その他の選抜
帰国生徒，社会人，外国人留学生対象の入試や特待生入試などを実施している場合に記載しています。また，都合により学校推薦型選抜，総合型選抜などもここに記載しています。

偏差値データ

⑯ 偏差値および入試データ

私立大学

一般選抜の2023年度（前年度）の駿台予備学校と河合塾による偏差値を学部･学科･入試方式別に掲載しています。なお，募集人員が少ない入試方式については省略している場合があります。
一般選抜の2022年度（一昨年度）の入試実績を学部・学科・入試方式別に記載しています。なお，募集人員が少ない入試方式については省略している場合があります。

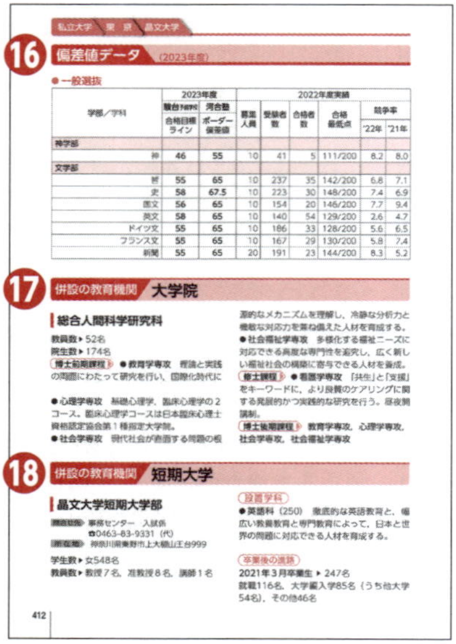
私立大学 ＼ 東　京 ＼ 晶文大学

16 偏差値データ（2023年度）

● 一般選抜

学部／学科	2023年度 駿台予備学校 合格目標ライン	2023年度 河合塾 ボーダー偏差値	2022年度実績 募集人員	受験者数	合格者数	合格最低点	競争率 '22年	競争率 '21年
神学部								
神	46	55	10	41	5	111/200	8.2	8.0
文学部								
哲	55	65	10	237	35	142/200	6.8	7.1
史	58	67.5	10	223	30	148/200	7.4	6.9
国文	56	65	10	154	20	146/200	7.7	9.4
英文	58	65	10	140	54	129/200	2.6	4.7
ドイツ文	55	65	10	186	33	128/200	5.6	6.5
フランス文	55	65	10	167	29	130/200	5.8	7.4
新聞	55	65	20	191	23	144/200	8.3	5.2

17 併設の教育機関 大学院

総合人間科学研究科
教員数▶52名
院生数▶174名
博士前期課程▶ ●教育学専攻　理論と実践の両面にわたって研究を行い，国際化時代に
●心理学専攻　基礎心理学，臨床心理学の2コース。臨床心理学コースは日本臨床心理士資格認定協会第1種指定大学院。
●社会学専攻　現代社会が直面する問題の根源的なメカニズムを理解し，冷静な分析力と機敏な対応力を兼ね備えた人材を育成する。
●社会福祉学専攻　多様化する福祉ニーズに対応できる高度な専門性を追究し，広く新しい福祉社会の構築に寄与できる人材を養成。
修士課程▶ ●看護学専攻　「共生」と「支援」をキーワードに，より良質のケアリングに関する発展的かつ実践的な研究を行う。昼夜開講制。
博士後期課程▶ 教育学専攻，心理学専攻，社会学専攻，社会福祉学専攻

18 併設の教育機関 短期大学

晶文大学短期大学部
問合せ先▶ 事務センター　入試係
☎0463-83-9331（代）
所在地▶ 神奈川県秦野市上大槻山王台999
学生数▶女548名
教員数▶教授7名，准教授8名，講師1名

設置学科
●英語科（250）　徹底的な英語教育と，幅広い教養教育と専門教育によって，日本と世界の問題に対応できる人材を育成する。

卒業後の進路
2021年3月卒業生▶247名
就職116名，大学編入学85名（うち他大学54名），その他46名

412

主要な大学については共通テスト利用入試の2023年度（前年度）の駿台予備学校と河合塾による偏差値を学部・学科・入試方式別に掲載しています。なお，募集人員が少ない入試方式については省略している場合があります。
主要な大学については共通テスト利用入試の2022年度（一昨年度）の入試実績を学部・学科・入試方式別に記載しています。なお，募集人員が少ない入試方式については省略している場合があります。
※合格者数には，追加合格者・第二志望合格者の発表がある場合は，その人数を含んでいます。
※原則として，合格最低点は正規（当初）合格者の合格最低点です。

国公立大学

一般選抜の2023年度（前年度）の駿台予備学校と河合塾による偏差値を日程・学部・学科別に掲載しています。
一般選抜の2022年度（一昨年度）の入試実績を学部・学科・日程別に記載しています。
※合格者数には，追加合格者・第二志望合格者の発表がある場合は，その人数を含んでいます。
※原則として，合格最低点は正規（当初）合格者の合格最低点です。

併設の教育機関

⑰ 大学院
主要な大学については設置している大学院を研究科ごとに紹介しています。
教員数▶原則として2022年5月1日現在の常勤の院生指導教員数。
院生数▶原則として2022年5月1日現在の修士・博士課程の合計院生数。

＊　＊　＊

修士課程，博士前期課程，専門職課程ごとに設置している専攻名と研究内容を記載。**博士課程と博士後期課程**については専攻名のみ記載しています。

⑱ 短期大学
設置している短期大学部がある場合に掲載。
問合せ先▶入試情報や入学案内・募集要項等の請求についての問合せ先である部署名と電話番号を掲載しています。
所在地▶本部や事務局の所在地を掲載してい

ます。
学生数▶原則として2022年5月1日現在の学科生数。
教員数▶原則として2022年5月1日現在の常勤の教員数。

●**設置学科**―学科名とそれぞれの定員，特色を紹介しています。
●**卒業後の進路**―2022年3月の学科卒業者数と卒業後の進路を記載。

出題教科・科目・範囲の表記

国語→国
国語総合→国総
国語表現→国表
現代文Ａ→現文Ａ
現代文Ｂ→現文Ｂ
古典Ａ→古典Ａ
古典Ｂ→古典Ｂ
近代以降の文章→近代
現代文→現文
古文→古文
漢文→漢文

地理歴史→地歴
世界史Ａ→世Ａ
世界史Ｂ→世Ｂ
日本史Ａ→日Ａ
日本史Ｂ→日Ｂ
地理Ａ→地理Ａ
地理Ｂ→地理Ｂ

公民→公民
現代社会→現社
倫理→倫
政治･経済→政経
倫理，政治･経済→倫･政経

数学→数
数学Ⅰ→数Ⅰ
数学Ⅱ→数Ⅱ
数学Ⅲ→数Ⅲ
数学Ａ→数Ａ
場合の数と確率→場合
整数の性質→整数
図形の性質→図形
数学Ｂ→数Ｂ
確率分布と統計的な推測→確率
数列→数列
ベクトル→ベク
数学活用→数活
簿記・会計→簿
情報関係基礎→情

※簿･情の２科目は私立大学では原則として数学に含まず，それぞれ単独の教科として扱います。

理科→理
科学と人間生活→科学
物理基礎→物基
物理→物
様々な運動→運動
波→波
電気と磁気→電気
原子→原子
化学基礎→化基
化学→化
物質の状態と平衡→物状
物質の変化と平衡→物変
無機物質の性質と利用→無機
有機化合物の性質と利用→有機
高分子化合物の性質と利用→高分子
生物基礎→生基
生物→生
生命現象と物質→生命
生殖と発生→生殖
生物の環境応答→環境応答
生態と環境→生態
生物の進化と系統→進化
地学基礎→地学基
地学→地学
地球の概観→概観
地球の活動と歴史→活動
地球の大気と海洋→大気
宇宙の構造→宇宙

外国語→外
コミュニケーション英語基礎→コミュ英基礎
コミュニケーション英語Ⅰ→コミュ英Ⅰ
コミュニケーション英語Ⅱ→コミュ英Ⅱ
コミュニケーション英語Ⅲ→コミュ英Ⅲ
英語表現Ⅰ→英表Ⅰ
英語表現Ⅱ→英表Ⅱ
英語会話→英会話
ドイツ語→独
フランス語→仏
中国語→中
韓国語→韓
イタリア語→伊
ロシア語→露
スペイン語→西

その他の教科
家庭→家　情報→情
農業→農　工業→工
商業→商　福祉→福
保健体育→保体
など

大学入学共通テストの教科・科目の表記

国公立大学の**共通テストの試験科目**および**私立大学の共通テスト利用入試**については，教科名のあとに配点，▶のあとに科目名，利用方法（選択・必須など）を掲げています。

〈例１〉

○国語→**国**(200)

○地理歴史（世界史A・世界史B・日本史A・日本史B・地理A・地理Bから１科目選択）
→**地歴**(100) ▶世A・世B・日A・日B・地理A・地理Bから1

○公民（現代社会・倫理・「政治・経済」・「倫理，政治・経済」から１科目選択）
→**公民**(100) ▶現社・倫・政経・「倫・政経」から1

○数学（数学Ⅰ・「数学Ⅰ・数学A」から１科目選択，数学Ⅱ・「数学Ⅱ・数学B」・「簿記・会計」・情報関係基礎から１科目選択）
→**数**(100×２) ▶「数Ⅰ・〈数Ⅰ・数A〉から１」・「数Ⅱ・〈数Ⅱ・数B〉・簿・情から１」

○理科（物理基礎・化学基礎・生物基礎・地学基礎から２科目選択）
→**理**(50×２) ▶物基・化基・生基・地学基から2

○理科（物理・化学・生物・地学から１科目選択）
→**理**(100) ▶物・化・生・地学から1

○外国語（英語・ドイツ語・フランス語・中国語・韓国語から１科目選択）
→**外**(200) ▶英・独・仏・中・韓から1

〈例２〉

○「数学Ⅰ・数学A」と「数学Ⅱ・数学B」の２科目を指定
→**数**(100×２) ▶「数Ⅰ・数A」・「数Ⅱ・数B」

○物理を指定，化学・生物から１科目選択の計２科目
→**理**(100×２) ▶物必須，化・生から1

○外国語は英語を指定
→**外**(200) ▶英

〈例３〉

○世界史B・日本史B・地理B・「倫理，政治・経済」から１科目選択
→**地歴・公民**(100) ▶世B・日B・地理B・「倫・政経」から1

○理科の「基礎を付した科目」から２科目選択または「基礎を付していない科目」から１科目選択
→**理**(100) ▶「物基・化基・生基・地学基から２」・物・化・生・地学から1

（注）各大学では，一部の科目について解答できる者に制限を設けている場合があります（「簿記・会計」「情報関係基礎」を選択解答できる者は，高校もしくは中等教員学校でこれらの科目を履修した者，および専修学校の高等課程の修了〈見込み〉者に限るなど）。

’23 年度

河合塾
入試難易予想ランキング表

資料提供　河合塾

■河合塾入試難易予想ランキング表――目次

’23
年度

私立大学
入試難易予想ランキング表

資料提供　河合塾

●このランキング表は，’23年度の私立大学のボーダー偏差値を一覧にしたものです。

●ボーダー偏差値とは，’22年度入試の結果と’22年10月実施の第3回全統模試の志望動向等をもとに，合否の可能性が50%に分かれるラインを偏差値帯で表したものです。

●今回の入試難易度設定の基礎となる’22年度入試結果調査データにおいて，不合格者が少ないため，合格率50%となる偏差値帯が存在しなかったものについてはボーダー・フリー（BF）としています。

●本一覧におけるボーダー偏差値はあくまでも入試の難易度を表したものであり，各大学の教育内容や社会的位置づけを示したものではありません。また，ボーダー設定の際に用いる科目数や配点は大学により異なるので，単純に大学間の入試難易を比較できない場合があります。

●一覧表は系統別にまとめています。大学の配列は偏差値の高い順ですが，同一偏差値内では，北→南に配列しています。なお，本文で紹介している大学のみを掲載しています。

●大学名・学部名・学科名は，誌面の都合上，略記している場合があります。

注　青山学院大学の共通テストを利用する個別学部日程，上智大学の学部学科試験・共通テスト併用方式および早稲田大学政治経済（併用）・教育（C・D方式）・国際教養（併用）・人間科（数学選抜方式）・スポーツ科（小論文方式）学部の一般選抜は共通テストを利用するため国公立大学の入試難易予想ランキング表に掲載しています。

文・人文学系

ボーダー偏差値	大学・学部（学科）日程方式
67.5	立教・異文化コミュニケーション（異文化コミュニケーション）
	早稲田・文（文）
	早稲田・文（文）英語４技能利用
	早稲田・教育（教育－教育学）Ａ方式
	早稲田・教育（教育－生涯教育学）Ａ方式
	早稲田・文化構想（文化構想）
	早稲田・文化構想（文化構想）英語４技能利用
65	青山学院・文（英米文）個別学部Ｂ方式
	青山学院・総合文化政策（総合文化政策）全学部日程
	慶應義塾・文（人文社会）
	上智・文（史）ＴＥＡＰ利用
	上智・文（フランス文）ＴＥＡＰ利用
	上智・外国語（ドイツ語）ＴＥＡＰ利用
	上智・外国語（イスパニア語）ＴＥＡＰ利用
	上智・総合人間科学（教育）ＴＥＡＰ利用
	上智・総合人間科学（心理）ＴＥＡＰ利用
	法政・文（日本文）Ｔ日程
	立教・現代心理（心理）
	早稲田・教育（教育－教育心理学）Ａ方式
	早稲田・教育（国語国文）Ａ方式
	早稲田・教育（英語英文）Ａ方式
	早稲田・教育（社会－地理歴史）Ａ方式
	早稲田・教育（複合文化）Ａ方式
	早稲田・教育（複合文化）Ｂ方式
	関西・文（総合人文）全学英語外部
62.5	青山学院・文（英米文）個別学部Ｃ方式
	青山学院・文（英米文）全学部日程
	青山学院・教育人間科学（心理）全学部日程
	上智・文（哲）ＴＥＡＰ利用
	上智・文（国文）ＴＥＡＰ利用
	上智・文（英文）ＴＥＡＰ利用
	上智・外国語（英語）ＴＥＡＰ利用
	上智・外国語（フランス語）ＴＥＡＰ利用
	上智・外国語（ポルトガル語）ＴＥＡＰ利用
	法政・文（地理）Ｔ日程
	法政・文（心理）Ｔ日程
	明治・文（文－日本文学）全学部統一
	明治・文（文－フランス文学）全学部統一
	明治・文（文－文芸メディア）全学部統一
	明治・文（史学－日本史学）学部別
	明治・文（史学－日本史学）全学部統一
	明治・文（史学－西洋史学）全学部統一
	明治・文（史学－考古学）全学部統一
	明治・文（史学－地理学）学部別
	明治・文（史学－地理学）全学部統一
	明治・文（心理－臨床心理学）学部別
	明治・文（心理－臨床心理学）全学部統一
	明治・文（心理－哲学）全学部統一
	明治学院・心理（心理）全学３教科型
	立教・文（文－英米文学）文学部日程
	立教・文（文－日本文学）文学部日程
	立教・文（文－文芸・思想）
	立教・文（文－文芸・思想）文学部日程
	立教・文（史）
	立教・文（史）文学部日程
	早稲田・教育（教育－初等教育学）Ａ方式
	同志社・文（哲）全学部日程文系
	同志社・文（国文）学部個別日程
	同志社・文（国文）全学部日程文系
	同志社・心理（心理）学部個別日程
	同志社・心理（心理）全学部日程文系
	同志社・心理（心理）全学部日程理系
	同志社・グローバル・コミュニケーション（英語）学部個別日程
	同志社・グローバル・コミュニケーション（英語）全学部日程文系
	関西・外国語（外国語）全学２教科
60	青山学院・文（フランス文）全学部日程
	青山学院・文（日本文）全学部日程
	青山学院・文（史）全学部日程
	青山学院・教育人間科学（教育）全学部日程
	学習院・文（教育）コア
	國學院・文（史）Ａ日程得意科目
	國學院・文（史）Ａ日程特色型
	上智・文（ドイツ文）ＴＥＡＰ利用
	上智・外国語（ロシア語）ＴＥＡＰ利用
	成蹊・文（日本文）２教科全学統一
	中央・文（日本史学）６学部共通
	中央・文（心理学）６学部共通
	法政・文（哲）Ａ方式
	法政・文（哲）Ｔ日程
	法政・文（英文）Ｔ日程
	法政・文（英文）英語外部利用
	法政・文（史）Ａ方式
	法政・文（史）Ｔ日程
	法政・文（心理）Ａ方式
	明治・文（文－日本文学）学部別
	明治・文（文－英米文学）学部別
	明治・文（文－英米文学）全学部統一
	明治・文（文－ドイツ文学）学部別
	明治・文（文－ドイツ文学）全学部統一
	明治・文（文－フランス文学）学部別
	明治・文（文－演劇学）学部別
	明治・文（文－演劇学）全学部統一
	明治・文（文－文芸メディア）学部別
	明治・文（史学－アジア史）学部別
	明治・文（史学－アジア史）全学部統一
	明治・文（史学－西洋史学）学部別
	明治・文（史学－考古学）学部別
	明治・文（心理－哲学）学部別
	明治学院・心理（心理）全学英語外部型
	立教・文（キリスト教）文学部日程
	立教・文（文－英米文学）
	立教・文（文－フランス文学）文学部日程
	立教・文（文－日本文学）
	立教・文（教育）
	立教・文（教育）文学部日程
	南山・外国語（英米）全学統一個別型
	同志社・文（哲）学部個別日程
	同志社・文（美学芸術）学部個別日程
	同志社・文（美学芸術）全学部日程文系
	同志社・文（文化史）学部個別日程
	同志社・文（文化史）全学部日程文系
	同志社・グローバル・コミュニケーション（中国語）全学部日程文系
	同志社・社会（教育文化）全学部日程文系
	関西・外国語（外国語）全学３教科
	関西外国語・英語キャリア（英語キャリア）前期Ｓ方式
57.5	文教・教育（学校－国語）Ａ日程
	学習院・文（史）コア
	学習院・文（日本語日本文）コア
	学習院・文（心理）コア
	学習院・文（心理）プラス
	学習院・文（教育）プラス
	國學院・文（日本文）Ａ日程３教科
	國學院・文（日本文）Ａ日程得意科目
	國學院・文（日本文）Ａ日程特色型
	國學院・文（中国文）Ａ日程特色型
	國學院・文（外国語文化）Ａ日程特色型
	國學院・文（史）Ａ日程３教科
	駒澤・文（国文）Ｓ方式
	駒澤・文（国文）全学部統一日程
	駒澤・文（歴史－日本史学）全学部統一日程

ボーダー偏差値	大学・学部（学科）日程方式
57.5	駒澤・文（歴史－外国史学）Ｓ方式
	駒澤・文（歴史－外国史学）全学部統一日程
	駒澤・文（歴史－考古学）全学部統一日程
	駒澤・文（心理）全学部統一日程
	成蹊・文（英語英米文）２教科全学統一
	専修・国際コミュニケーション（異文化コミュニケーション）全国
	玉川・教育（教育－初等教育・社会科教育）全学統一
	中央・文（国文学）学部別一般
	中央・文（国文学）６学部共通
	中央・文（国文学）学部別英語外部
	中央・文（英語文学文化）６学部共通
	中央・文（日本史学）学部別一般
	中央・文（日本史学）学部別英語外部
	中央・文（西洋史学）学部別一般
	中央・文（西洋史学）６学部共通
	中央・文（西洋史学）学部別英語外部
	中央・文（哲学）学部別一般
	中央・文（哲学）６学部共通
	中央・文（哲学）学部別英語外部
	中央・文（教育学）学部別一般
	中央・文（教育学）６学部共通
	中央・文（教育学）学部別英語外部
	中央・文（心理学）学部別一般
	中央・文（心理学）学部別英語外部
	中央・文（学びのパスポート）６学部共通
	東京女子・現代教養（心理－心理学）英語外部利用型
	東洋・文（哲）前期３教科①
	東洋・文（哲）前期３教科②
	東洋・文（哲）前期３教科英語
	東洋・文（日本文学文化）前期３国語①
	東洋・文（日本文学文化）前期３国語②
	東洋・文（日本文学文化）前期３教科①
	東洋・文（日本文学文化）前期３教科②
	東洋・文（日本文学文化）前期３教科③
	東洋・文（英米文）前期３英語①
	東洋・文（英米文）前期３英語②
	東洋・文（英米文）前期３教科①
	東洋・文（英米文）前期３教科②
	東洋・文（史）前期３教科①
	東洋・文（史）前期３教科②
	東洋・文（史）前期３教科③
	東洋・文（教育－初等教育）前期３教科①
	東洋・文（教育－初等教育）前期３教科②
	東洋・文（国際文化コミュニケーション）前期３英語①
	東洋・文（国際文化コミュニケーション）前期３英語②
	東洋・文（国際文化コミュニケーション）前期３教科①
	東洋・文（国際文化コミュニケーション）前期３教科②
	東洋・文（国際文化コミュニケーション）前期３教科③
	日本女子・人間社会（心理）英語外部利用型
	法政・文（日本文）Ａ方式
	法政・文（地理）Ａ方式
	法政・現代福祉（臨床心理）Ａ方式
	法政・現代福祉（臨床心理）Ｔ日程
	武蔵・人文（ヨーロッパ文化）全学部統一型
	武蔵・人文（日本・東アジア文化）全学グローバル
	明治学院・文（英文）全学３教科型
	明治学院・心理（心理）Ａ日程
	立教・文（キリスト教）
	立教・文（文－ドイツ文学）
	立教・文（文－ドイツ文学）文学部日程
	立教・文（文－フランス文学）
	立教・観光（交流文化）
	中京・文（歴史文化）前期Ａ３教科型
	中京・文（歴史文化）前期Ａ２教科型
	中京・文（歴史文化）前期Ｍ３教科型
	中京・文（歴史文化）前期Ｍ２教科型
	中京・文（日本文）前期Ａ２教科型

ボーダー偏差値	大学・学部（学科）日程方式
57.5	中京・文（言語表現）前期Ａ２教科型
	中京・文（言語表現）前期Ｍ２教科型
	中京・心理（心理）前期Ａ２教科型
	中京・心理（心理）前期Ｍ２教科型
	同志社・文（英文）学部個別日程
	同志社・文（英文）全学部日程文系
	同志社・神（神）全学部日程文系
	同志社・グローバル・コミュニケーション（中国語）学部個別日程
	同志社・社会（教育文化）学部個別日程
	立命館・文（日本文学研究）全学統一文系
	立命館・文（日本文学研究）学部個別配点
	立命館・文（日本史研究）全学統一文系
	立命館・文（日本史研究）学部個別配点
	立命館・文（国際文化）全学統一文系
	立命館・文（国際文化）学部個別配点
	立命館・文（言語コミュニケーション）全学統一文系
	立命館・文（言語コミュニケーション）学部個別配点
	立命館・総合心理（総合心理）全学統一文系
	立命館・総合心理（総合心理）学部個別文系
	立命館・総合心理（総合心理）理系３教科
	関西・文（総合人文）全学３教科同一
	関西・社会（心理学）全学３教科同一
	関西外国語・英語キャリア（英語キャリア）前期Ａ方式
55	獨協・外国語（英語）２科目学科別
	文教・教育（学校－社会）Ａ日程
	文教・教育（学校－社会）全国
	学習院・文（哲）コア
	学習院・文（英語英米文化）コア
	学習院・文（ドイツ語圏文化）コア
	学習院・文（フランス語圏文化）コア
	國學院・文（中国文）Ａ日程３教科
	國學院・文（中国文）Ａ日程得意科目
	國學院・文（哲）Ａ日程得意科目
	國學院・文（哲）Ａ日程特色型
	國學院・人間開発（初等教育）Ａ日程３教科
	國學院・人間開発（初等教育）Ａ日程得意科目
	國學院・人間開発（初等教育）Ａ日程特色型
	駒澤・文（歴史－日本史学）Ｓ方式
	駒澤・文（心理）Ｔ方式
	上智・神（神）ＴＥＡＰ利用
	昭和女子・人間社会（心理）Ｂ日程
	昭和女子・人間社会（現代教養）Ａ日程
	成蹊・文（英語英米文）２教科グローバ
	成蹊・文（日本文）３教科学部個別
	成城・文芸（文化史）Ａ方式３教科型
	成城・文芸（文化史）Ｓ方式
	専修・文（日本文学文化）前期Ａ方式
	専修・文（日本文学文化）前期Ｄ方式
	専修・文（日本文学文化）全国
	専修・文（英語英米文）全国
	専修・国際コミュニケーション（日本語）全国
	専修・国際コミュニケーション（異文化コミュニケーション）前期Ａ方式
	専修・国際コミュニケーション（異文化コミュニケーション）前期Ｃ方式
	専修・国際コミュニケーション（異文化コミュニケーション）全学部統一
	玉川・教育（教育－初等教育・社会科教育）地域創生教員
	玉川・教育（乳幼児発達）全学統一
	玉川・工（数学教員養成）地域創生教員
	中央・文（英語文学文化）学部別一般
	中央・文（英語文学文化）学部別英語外部
	中央・文（ドイツ語文学文化）学部別一般
	中央・文（ドイツ語文学文化）６学部共通
	中央・文（ドイツ語文学文化）学部別英語外部
	中央・文（中国言語文化）６学部共通
	中央・文（中国言語文化）学部別英語外部
	中央・文（東洋史学）学部別一般
	中央・文（東洋史学）６学部共通
	中央・文（東洋史学）学部別英語外部

ボーダー偏差値	大学・学部（学科）日程方式
55	中央・文（学びのパスポート）学部別一般
	東海・文化社会（心理・社会）文系学部統一
	東京家政・人文（心理カウンセリング）統一地区
	東京女子・現代教養（人文－哲学）英語外部利用型
	東京女子・現代教養（人文－歴史文化）英語外部利用型
	東京女子・現代教養（心理－心理学）個別学力試験型
	東洋・文（哲）前期４教科
	東洋・文（東洋思想文化）前期３教科①
	東洋・文（東洋思想文化）前期３教科②
	東洋・文（東洋思想文化）前期３教科③
	東洋・文（東洋思想文化）前期３教科英語
	東洋・文（東洋思想文化）前期４教科
	東洋・文（日本文学文化）前期４教科
	東洋・文（英米文）前期３教科③
	東洋・文（英米文）前期４教科
	東洋・文（史）前期４教科①
	東洋・文（史）前期４教科②
	東洋・文（教育－人間発達）前期４教科
	東洋・文（教育－初等教育）前期４教科
	東洋・文（国際文化コミュニケーション）前期４教科
	日本・文理（哲）Ｎ全学第１期
	日本・文理（史）Ｎ全学第１期
	日本・文理（国文）Ｎ全学第１期
	日本・文理（心理）Ｎ全学第１期
	日本女子・人間社会（心理）個別選抜型
	法政・文（英文）Ａ方式
	法政・現代福祉（臨床心理）英語外部利用
	武蔵・人文（英語英米文化）全学部統一型
	武蔵・人文（英語英米文化）全学グローバル
	武蔵・人文（ヨーロッパ文化）個別学部併願型
	武蔵・人文（ヨーロッパ文化）全学グローバル
	武蔵・人文（日本・東アジア文化）個別学部併願型
	武蔵・人文（日本・東アジア文化）全学部統一型
	武蔵野・文（日本文学文化）全学部統一
	明治学院・文（フランス文）全学３教科型
	明治学院・心理（教育発達）全学英語外部型
	立正・心理（臨床心理）Ｒ方式
	神奈川・国際日本（歴史民俗）Ｂ方式
	中京・文（日本文）前期Ａ３教科型
	中京・文（日本文）前期Ｍ３教科型
	中京・文（日本文）前期Ｍ２教科型
	中京・文（言語表現）前期Ａ３教科型
	中京・文（言語表現）前期Ｍ３教科型
	中京・心理（心理）前期Ａ３教科型
	中京・心理（心理）前期Ｍ３教科型
	南山・外国語（英米）
	南山・人文（人類文化）全学統一個別型
	南山・人文（心理人間）
	南山・人文（心理人間）全学統一個別型
	南山・人文（日本文化）
	同志社・神（神）学部個別日程
	立命館・文（人間研究）全学統一文系
	立命館・文（人間研究）学部個別配点
	立命館・文（東アジア研究）全学統一文系
	立命館・文（東アジア研究）学部個別配点
	立命館・文（地域研究）全学統一文系
	立命館・文（地域研究）学部個別配点
	立命館・文（国際コミュニケーション）全学統一文系
	立命館・文（国際コミュニケーション）学部個別配点
	関西・文（総合人文）全学３教科
	関西・文（総合－初等教育学）全学３教科
	関西・社会（心理学）全学３教科
	近畿・文芸（文－創作・評論）前期Ａ日程
	近畿・文芸（文化・歴史）前期Ａ日程
	関西学院・文（文化－哲学倫理学）全学部日程
	関西学院・文（文化－哲学倫理学）学部個別日程
	関西学院・文（文化－美学芸術学）全学部日程

ボーダー偏差値	大学・学部（学科）日程方式
55	関西学院・文（文化－美学芸術学）学部個別日程
	関西学院・文（文化－日本史学）全学部日程
	関西学院・文（文化－日本史学）学部個別日程
	関西学院・文（文化－アジア史学）全学部日程
	関西学院・文（文化－アジア史学）学部個別日程
	関西学院・文（文化－西洋史学）全学部日程
	関西学院・文（文化－西洋史学）学部個別日程
	関西学院・文（総合心理科学）全学部日程
	関西学院・文（総合心理科学）学部個別日程
	関西学院・文（文学－日本文学日本語学）全学部日程
	関西学院・文（文学－日本文学日本語学）学部個別日程
	関西学院・文（文学－英米文学英語学）学部個別日程
	関西学院・教育（幼児教育学）全学部日程理系
	関西学院・教育（幼児教育学）全学部日程
	関西学院・教育（幼児教育学）学部個別日程
	関西学院・教育（初等教育学）全学部日程
	関西学院・教育（初等教育学）全学部日程理系
	関西学院・教育（初等教育学）学部個別日程
	関西学院・教育（教育科学）全学部日程
	関西学院・教育（教育科学）学部個別日程
	甲南・文（歴史文化）前期２教科
	甲南・文（歴史文化）中期３教科
52.5	獨協・外国語（英語）２科目全学前期
	獨協・外国語（交流文化）２科目学科別
	文教・教育（学校－国語）全国
	文教・教育（学校－数学）Ａ日程
	文教・教育（学校－数学）全国
	文教・教育（学校－理科）Ａ日程
	文教・教育（学校－音楽）Ａ日程
	文教・教育（学校－体育）全国
	文教・教育（学校－家庭）全国
	文教・教育（学校－英語）全国
	文教・教育（発達－特別支援教育）全国
	文教・教育（発達－児童心理教育）全国
	國學院・文（外国語文化）Ａ日程３教科
	國學院・文（外国語文化）Ａ日程得意科目
	國學院・文（哲）Ａ日程３教科
	国士舘・文（教育－中等教育課程教育学）デリバリー
	国士舘・文（教育－初等教育課程初等教育）デリバリー
	駒澤・文（国文）Ｔ方式
	駒澤・文（英米文）Ｓ方式
	駒澤・文（英米文）全学部統一日程
	駒澤・文（歴史－日本史学）Ｔ方式
	駒澤・文（歴史－外国史学）Ｔ方式
	駒澤・文（歴史－考古学）Ｔ方式
	駒澤・文（歴史－考古学）Ｓ方式
	昭和女子・人間文化（歴史文化）Ａ日程
	昭和女子・人間社会（心理）Ａ日程
	昭和女子・人間社会（現代教養）Ｂ日程
	昭和女子・人間社会（初等教育）Ｂ日程
	昭和女子・国際（英語コミュニケーション）Ａ日程
	昭和女子・国際（英語コミュニケーション）Ｂ日程
	成蹊・文（英語英米文）３教科学部個別
	成城・文芸（国文）Ａ方式３教科型
	成城・文芸（国文）Ａ方式２教科型
	成城・文芸（国文）Ｓ方式
	成城・文芸（英文）Ａ方式３教科型
	成城・文芸（英文）Ａ方式２教科型
	成城・文芸（英文）Ｓ方式
	成城・文芸（ヨーロッパ文化）Ａ方式２教科型
	成城・文芸（ヨーロッパ文化）Ｓ方式
	専修・文（哲）全国
	専修・文（歴史）全学部統一
	専修・文（歴史）全国
	専修・文（環境地理）全国
	専修・人間科学（心理）前期Ａ方式
	専修・人間科学（心理）全学部統一

ボーダー偏差値	大学・学部（学科）日程方式
52.5	玉川・教育（乳幼児発達）地域創生教員
	玉川・工（数学教員養成）全学統一
	中央・文（フランス語文学文化）学部別一般
	中央・文（フランス語文学文化）６学部共通
	中央・文（フランス語文学文化）学部別英語外部
	中央・文（中国言語文化）学部別一般
	東海・文（歴史－日本史）文系学部統一
	東海・文（歴史－西洋史）文系学部統一
	東海・文（歴史－考古学）文系学部統一
	東海・文（日本文）文系学部統一
	東京女子・現代教養（国際英語）英語外部利用型
	東京女子・現代教養（人文－哲学）個別学力試験型
	東京女子・現代教養（人文－日本文学）個別学力試験型
	東京女子・現代教養（人文－日本文学）英語外部利用型
	東京女子・現代教養（人文－歴史文化）個別学力試験型
	二松学舎・文（国文）Ａ方式得意科目
	二松学舎・文（国文）Ｂ方式国語
	二松学舎・文（国文）Ｇ方式現代文
	二松学舎・文（国文）Ｓ方式奨学生
	日本・文理（哲）Ａ個別第１期
	日本・文理（史）Ａ個別第１期
	日本・文理（国文）Ａ個別第１期
	日本・文理（中国語中国文化）Ｎ全学第１期
	日本・文理（英文）Ｎ全学第１期
	日本・文理（教育）Ｎ全学第１期
	日本・文理（心理）Ａ個別第１期
	日本・文理（地理）Ｎ全学第１期
	日本女子・文（日本文）個別選抜型
	日本女子・文（日本文）英語外部利用型
	日本女子・人間社会（教育）個別選抜型
	日本女子・人間社会（教育）英語外部利用型
	武蔵・人文（英語英米文化）個別学部併願型
	武蔵野・文（日本文学文化）ＡＢ日程
	武蔵野・教育（教育）ＡＢ日程
	武蔵野・教育（教育）全学部統一
	武蔵野・グローバル（グローバルコミュニケーション）全学部統一
	明治学院・文（フランス文）全学英語外部型
	明治学院・心理（教育発達）Ａ日程
	明治学院・心理（教育発達）全学３教科型
	明星・教育（教科専門）Ｂ方式
	明星・心理（心理）Ａ方式
	明星・心理（心理）Ｂ方式
	立正・文（哲）２月前期
	立正・文（史）Ｒ方式
	神奈川・国際日本（日本文化）Ａ方式
	神奈川・国際日本（日本文化）Ｂ方式
	神奈川・国際日本（歴史民俗）Ａ方式
	愛知・文（歴史地理）前期
	愛知・国際コミュニケーション（英語）前期
	愛知学院・文（歴史）中期
	愛知学院・心理（心理）中期
	愛知淑徳・福祉貢献（子ども福祉）前期２教科
	中部・現代教育（現代－中等教育国語数学）前期ＢＭ方式
	南山・外国語（フランス）
	南山・外国語（フランス）全学統一個別型
	南山・外国語（アジア）
	南山・外国語（アジア）全学統一個別型
	南山・人文（人類文化）
	南山・人文（日本文化）全学統一個別型
	名城・外国語（国際英語）Ｂ方式
	龍谷・文（歴史－日本史学）前高得点重視
	龍谷・文（歴史－日本史学）中スタンダード
	龍谷・文（歴史－日本史学）中高得点重視
	龍谷・文（歴史－文化遺産学）前高得点重視
	龍谷・文（日本語日本文）前高得点重視
	龍谷・心理（心理）前スタンダード
	龍谷・心理（心理）前高得点重視

ボーダー偏差値	大学・学部（学科）日程方式
52.5	龍谷・心理（心理）中スタンダード
	龍谷・心理（心理）中高得点重視
	関西外国語・外国語（英米語）前期Ｓ方式
	関西外国語・国際共生（国際共生）前期Ｓ方式
	近畿・文芸（文－創作・評論）前期Ｂ日程
	近畿・文芸（文－言語・文学）前期Ａ日程
	近畿・文芸（文－言語・文学）前期Ｂ日程
	近畿・総合社会（心理系）前期Ａ日程
	近畿・総合社会（心理系）前期Ｂ日程
	近畿・国際（グローバル）前期Ａ国際独自
	関西学院・文（文化－地理学地域文化学）全学部日程
	関西学院・文（文化－地理学地域文化学）学部個別日程
	関西学院・文（文学－英米文学英語学）全学部日程
	関西学院・文（文学－フランス文学フランス語学）全学部日程
	関西学院・文（文学－フランス文学フランス語学）学部個別日程
	関西学院・文（文学－ドイツ文学ドイツ語学）全学部日程
	関西学院・文（文学－ドイツ文学ドイツ語学）学部個別日程
	関西学院・教育（教育科学）全学部日程理系
	甲南・文（日本語日本文）前期２教科
	甲南・文（日本語日本文）中期３教科
	甲南・文（英語英米文）中期３教科
	甲南・文（歴史文化）前期３教科
	武庫川女子・心理・社会福祉（心理）Ａ２科目型
	武庫川女子・心理・社会福祉（心理）Ｂ２科目同一
	西南学院・外国語（外国語）Ａ・Ｆ日程
	西南学院・外国語（外国語）英語４技能利用
	西南学院・人間科学（心理）Ａ・Ｆ日程
	西南学院・人間科学（心理）英語４技能利用
	福岡・人文（文化）前期
	福岡・人文（文化）系統別
	福岡・人文（歴史）前期
	福岡・人文（歴史）系統別
	福岡・人文（日本語日本文）前期
	福岡・人文（日本語日本文）系統別
	福岡・人文（英語）系統別
50	東北学院・文（総合人文）前期Ｂ日程
	東北学院・文（教育）前期Ａ日程
	東北学院・国際（国際教養）前期Ａ日程
	東北学院・国際（国際教養）前期Ｂ日程
	女子栄養・栄養（保健－保健養護）１期
	女子栄養・栄養（保健－保健養護）２期
	獨協・外国語（交流文化）２科目全学前期
	獨協・国際教養（言語文化）３科目学科別
	獨協・国際教養（言語文化）２科目全学前期
	文教・教育（学校－理科）全国
	文教・教育（学校－美術）Ａ日程方式２
	文教・教育（学校－美術）Ａ日程方式１
	文教・教育（学校－美術）全国
	文教・教育（学校－体育）Ａ日程
	文教・教育（学校－家庭）Ａ日程
	文教・教育（学校－英語）Ａ日程
	文教・教育（発達－初等連携教育）Ａ日程
	文教・教育（発達－初等連携教育）全国
	文教・教育（発達－児童心理教育）Ａ日程
	神田外語・外国語（アジ－韓国語）
	國學院・神道文化フレックスB／昼間主（神道文化）A日程3教科
	國學院・神道文化フレックスB／昼間主（神道文化）A日程得意科目
	國學院・神道文化フレックスB／昼間主（神道文化）A日程特色型
	国士舘・文（教育－中等教育課程教育学）前期
	国士舘・文（教育－初等教育課程初等教育）前期
	駒澤・文（英米文）Ｔ方式
	駒澤・文（地理－地域文化）Ｔ方式
	駒澤・文（地理－地域文化）全学部統一日程
	駒澤・文（地理－地域環境）全学部統一日程
	実践女子・文（国文）Ⅰ期２科目型
	実践女子・文（国文）Ⅱ期
	実践女子・文（英文）Ⅰ期２科目型

ボーダー偏差値	大学・学部（学科）日程方式
50	実践女子・文（英文）Ⅰ期３科目型
	実践女子・文（美学美術史）Ⅰ期２科目型
	昭和女子・人間社会（初等教育）Ａ日程
	成城・文芸（ヨーロッパ文化）Ａ方式３教科型
	専修・文（日本文学文化）全学部統一
	専修・文（英語英米文）前期Ａ方式
	専修・文（英語英米文）全学部統一
	専修・文（哲）前期Ａ方式
	専修・文（歴史）前期Ａ方式
	専修・国際コミュニケーション（日本語）前期Ａ方式
	専修・国際コミュニケーション（日本語）全学部統一
	専修・人間科学（心理）全国
	玉川・リベラルアーツ（リベラルアーツ）全学統一
	津田塾・学芸（英語英文）Ａ方式
	東海・文（歴史－日本史）一般
	東海・文（歴史－西洋史）一般
	東海・文（歴史－考古学）一般
	東海・文（日本文）一般
	東海・児童教育（児童教育）文理併学部統一
	東海・文化社会（北欧）文系学部統一
	東海・文化社会（文芸創作）文系学部統一
	東海・文化社会（心理・社会）一般
	東京経済・コミュニケーション（国際コミュニケーション）前期ベスト2型
	東京女子・現代教養（国際英語）個別学力試験型
	東洋・文（教育－人間発達）前期３教科英語
	東洋・文（教育－人間発達）前期３教科①
	東洋・文（教育－人間発達）前期３教科②
	東洋・文（教育－人間発達）前期３教科③
	二松学舎・文（歴史文化）Ａ方式得意科目
	二松学舎・文（歴史文化）Ｂ方式国語
	二松学舎・文（歴史文化）Ｇ方式現代文
	二松学舎・文（歴史文化）Ｓ方式奨学生
	日本・文理（中国語中国文化）Ａ個別第１期
	日本・文理（英文）Ａ個別第１期
	日本・文理（ドイツ文）Ｎ全学第１期
	日本・文理（教育）Ａ個別第１期
	日本・文理（地理）Ａ個別第１期
	日本女子・文（英文）個別選抜型
	日本女子・文（英文）英語外部利用型
	日本女子・文（史）個別選抜型
	日本女子・文（史）英語外部利用型
	明治学院・文（英文）Ａ日程
	明治学院・文（フランス文）Ａ日程
	明星・教育（小学校教員）Ａ方式
	明星・教育（小学校教員）Ｂ方式
	明星・教育（教科専門）Ａ方式
	明星・教育（特別支援教員）Ａ方式
	明星・教育（特別支援教員）Ｂ方式
	明星・教育（子ども臨床）Ａ方式
	明星・教育（子ども臨床）Ｂ方式
	立正・文（史）２月前期
	立正・心理（臨床心理）２月前期
	立正・心理（対人・社会心理）２月前期
	立正・心理（対人・社会心理）Ｒ方式
	神奈川・外国語（英語英文－ＩＥＳ）Ｂ方式
	愛知・文（心理）前期
	愛知・国際コミュニケーション（英語）Ｍ方式
	愛知淑徳・文（国文）前期３教科
	愛知淑徳・文（国文）前期２教科
	愛知淑徳・文（教育）前期２教科
	愛知淑徳・福祉貢献（子ども福祉）前期３教科
	中京・国際（言語－英米学）前期Ａ３教科型
	中京・国際（言語－英米学）前期Ａ２教科型
	中京・国際（言語－英米学）前期Ｍ３教科型
	中京・国際（言語－英米学）前期Ｍ２教科型
	南山・外国語（スペイン・ラテンアメリカ）
	南山・外国語（スペイン・ラテンアメリカ）全学統一個別型

ボーダー偏差値	大学・学部（学科）日程方式
50	南山・外国語（ドイツ）
	南山・外国語（ドイツ）全学統一個別型
	南山・人文（キリスト教）
	南山・人文（キリスト教）全学統一個別型
	名城・外国語（国際英語）Ａ方式
	京都産業・外国語（英語）２科目型
	京都女子・文（史）前期Ｂ方式
	京都女子・発達教育（教育－養護・福祉教育学）前期Ｂ方式
	京都女子・発達教育（心理）前期Ａ方式
	京都女子・発達教育（心理）前期Ｂ方式
	佛教・教育（教育）Ａ日程３科目型
	佛教・教育（教育）Ａ日程２科目型
	龍谷・文（哲－哲学）前スタンダード
	龍谷・文（哲－哲学）前高得点重視
	龍谷・文（歴史－日本史学）前スタンダード
	龍谷・文（歴史－文化遺産学）前スタンダード
	龍谷・文（歴史－文化遺産学）中スタンダード
	龍谷・文（歴史－文化遺産学）中高得点重視
	龍谷・文（日本語日本文）前スタンダード
	龍谷・文（日本語日本文）中スタンダード
	龍谷・文（日本語日本文）中高得点重視
	関西外国語・国際共生（国際共生）前期Ａ方式
	近畿・文芸（文－英語英米文学）前期Ａ日程
	近畿・文芸（文－英語英米文学）前期Ｂ日程
	近畿・文芸（文化・歴史）前期Ｂ日程
	近畿・文芸（文化デザイン）前期Ａ日程
	近畿・文芸（文化デザイン）前期Ｂ日程
	近畿・国際（グローバル）前期Ｂ国際独自
	関西学院・神　全学部日程
	関西学院・神　学部個別日程
	甲南・文（英語英米文）前期３教科
	甲南・文（英語英米文）前期２教科
	武庫川女子・教育（教育）Ａ２科目型
	武庫川女子・教育（教育）Ｂ２科目同一
	武庫川女子・心理・社会福祉（心理）Ａ３科目同一
	西南学院・神（神）Ａ・Ｆ日程
	西南学院・神（神）英語４技能利用
	西南学院・人間科学（児童教育）Ａ・Ｆ日程
	西南学院・人間科学（児童教育）英語４技能利用
	福岡・人文（教育・臨床心理）前期
	福岡・人文（英語）前期
	福岡・人文（東アジア地域言語）系統別
47.5	北海学園・人文（日本文化）
	東北学院・文（総合人文）前期Ａ日程
	東北学院・文（歴史）前期Ａ日程
	東北学院・文（歴史）前期Ｂ日程
	東北学院・文（教育）前期Ｂ日程
	文教・教育（発達－特別支援教育）Ａ日程
	神田外語・外国語（英米語）
	神田外語・外国語（アジ－中国語）
	神田外語・外国語（国コ－国際ビジネスキャリア）
	大妻女子・比較文化（比較文化）Ａ方式Ⅰ期
	國學院・神道文化フレックスA／夜間主（神道文化）A日程得意科目
	國學院・神道文化フレックスA／夜間主（神道文化）A日程特色型
	国士舘・文（教育－中等教育課程教育学）中期
	国士舘・文（教育－初等教育課程初等教育）中期
	駒澤・文（地理－地域環境）Ｔ方式
	実践女子・文（国文）Ⅰ期３科目型
	実践女子・文（国文）高校活動評価Ⅱ
	実践女子・文（美学美術史）Ⅰ期３科目型
	昭和女子・人間文化（日本語日本文）Ａ日程
	昭和女子・人間文化（日本語日本文）Ｂ日程
	昭和女子・人間文化（歴史文化）Ｂ日程
	聖心女子・現代教養　３教科Ａ方式
	聖心女子・現代教養　３教科Ｂ方式
	専修・文（哲）全学部統一
	専修・文（環境地理）前期Ａ方式

ボーダー偏差値	大学・学部（学科）日程方式
47.5	専修・文（環境地理）全学部統一
	大東文化・文（日本文）一般
	大東文化・文（日本文）全学部統一
	大東文化・文（中国文）全学部統一
	大東文化・文（歴史文化）一般Ａ
	大東文化・文（歴史文化）一般Ｂ
	大東文化・文（歴史文化）全学部統一
	玉川・文（英語教育）全学統一
	玉川・文（英語教育）地域創生教員
	玉川・文（国語教育）全学統一
	玉川・文（国語教育）地域創生教員
	玉川・教育（教育－保健体育）全学統一
	玉川・教育（教育－保健体育）地域創生教員
	帝京・文（心理）
	帝京・教育（教育文化）
	帝京・外国語（外国－英語）
	帝京・外国語（外国－ドイツ語）
	帝京・外国語（外国－フランス語）
	帝京・外国語（外国－スペイン語）
	帝京・外国語（外国－中国語）
	帝京・外国語（外国－コリア語）
	東海・文（文明）文系学部統一
	東海・文（英語文化コミュニケーション）文系学部統一
	東海・児童教育（児童教育）一般
	東海・文化社会（アジア）文系学部統一
	東海・文化社会（ヨーロッパ・アメリカ）文系学部統一
	東海・文化社会（北欧）一般
	東海・文化社会（文芸創作）一般
	東海・国際（国際）文系学部統一
	東洋・文第２部（東洋思想文化）前期ベスト２①
	東洋・文第２部（東洋思想文化）前期ベスト２②
	東洋・文第２部（日本文学文化）前期３教科
	東洋・文第２部（日本文学文化）前期ベスト２①
	東洋・文第２部（日本文学文化）前期ベスト２②
	東洋・文第２部（日本文学文化）前期ベスト２③
	東洋・文第２部（教育）前期３教科
	東洋・文第２部（教育）前期ベスト２①
	東洋・文第２部（教育）前期ベスト２②
	二松学舎・文（中国文）Ａ方式得意科目
	二松学舎・文（中国文）Ｂ方式国語
	二松学舎・文（中国文）Ｇ方式現代文
	二松学舎・文（中国文）Ｓ方式奨学生
	二松学舎・文（都市文化デザイン）Ａ方式得意科目
	二松学舎・文（都市文化デザイン）Ｂ方式国語
	二松学舎・文（都市文化デザイン）Ｇ方式現代文
	二松学舎・文（都市文化デザイン）Ｓ方式奨学生
	日本・文理（ドイツ文）Ａ個別第１期
	武蔵野・教育（幼児教育）全学部統一
	武蔵野・グローバル（日本語コミュニケーション）全学部統一
	明星・人文（日本文化）Ａ方式
	明星・人文（日本文化）Ｂ方式
	目白・外国語（韓国語）ＡＢ日程
	目白・外国語（韓国語）全学部統一
	立正・文（哲）Ｒ方式
	立正・文（文－日本語日本文学）２月前期
	立正・文（文－日本語日本文学）Ｒ方式
	立正・文（文－英語英米文学）Ｒ方式
	神奈川・外国語（英語英文－ＩＥＳ）Ａ方式
	神奈川・外国語（英語英文－ＧＥＣ）Ａ方式
	常葉・教育（初等教育）
	愛知・文（歴史地理）Ｍ方式
	愛知・文（日本語日本文）前期
	愛知・文（日本語日本文）Ｍ方式
	愛知・文（人社－現代文化）前期
	愛知・文（心理）Ｍ方式
	愛知・文（心理）数学重視型入試
	愛知学院・文（歴史）前期Ａ

ボーダー偏差値	大学・学部（学科）日程方式
47.5	愛知学院・文（歴史）前期Ｍ
	愛知学院・文（日本文化）中期
	愛知学院・心理（心理）前期Ａ
	愛知学院・心理（心理）前期Ｍ
	愛知淑徳・文（教育）前期３教科
	愛知淑徳・心理（心理）前期３教科
	愛知淑徳・心理（心理）前期２教科
	中京・国際（言語－複言語・複文化学）前期Ａ３教科型
	中京・国際（言語－複言語・複文化学）前期Ａ２教科型
	中京・国際（言語－複言語・複文化学）前期Ｍ３教科型
	中京・国際（言語－複言語・複文化学）前期Ｍ２教科型
	中部・現代教育（現代－中等教育国語数学）前期Ｂ２教科
	中部・現代教育（現代－中等教育国語数学）前期ＡＭ方式
	中部・人文（心理）前期Ａ方式
	中部・人文（歴史地理）前期ＡＭ方式
	京都産業・文化（国際文化）２科目型
	京都女子・文（国文）前期Ａ方式
	京都女子・文（国文）前期Ｂ方式
	京都女子・文（英文）前期Ａ方式
	京都女子・文（英文）前期Ｂ方式
	京都女子・文（史）前期Ａ方式
	京都女子・発達教育（教育－教育学）前期Ａ方式
	京都女子・発達教育（教育－教育学）前期Ｂ方式
	京都女子・発達教育（教育－養護・福祉教育学）前期Ａ方式
	京都女子・発達教育（教育－音楽教育学）前期Ｂ方式
	同志社女子・現代社会（現代こども）前期２教科
	龍谷・文（哲－哲学）中スタンダード
	龍谷・文（哲－哲学）中高得点重視
	龍谷・文（哲－教育学）前スタンダード
	龍谷・文（哲－教育学）前高得点重視
	龍谷・文（哲－教育学）中スタンダード
	龍谷・文（哲－教育学）中高得点重視
	龍谷・文（歴史－東洋史学）前スタンダード
	龍谷・文（歴史－東洋史学）前高得点重視
	龍谷・文（歴史－東洋史学）中スタンダード
	龍谷・文（歴史－東洋史学）中高得点重視
	龍谷・文（歴史－仏教史学）前スタンダード
	龍谷・文（歴史－仏教史学）前高得点重視
	龍谷・文（英語英米文）前スタンダード
	龍谷・文（英語英米文）前高得点重視
	龍谷・文（英語英米文）中スタンダード
	龍谷・文（英語英米文）中高得点重視
	龍谷・国際（グローバルスタディーズ）前高得点重視
	龍谷・国際（グローバルスタディーズ）前独自方式
	龍谷・国際（グローバルスタディーズ）中スタンダード
	関西外国語・外国語（英米語）前期Ａ方式
	関西外国語・外国語（英語・デジタルコミュニケーション）前期Ａ方式
	関西外国語・外国語（英語・デジタルコミュニケーション）前期Ｓ方式
	関西外国語・外国語（スペイン語）前期Ｓ方式
	関西外国語・英語国際（英語国際）前期Ｓ方式
	近畿・国際（グローバル）前期Ａ日程
	近畿・国際（グローバル）前期Ｂ日程
	近畿・国際（東アー中国語）前期Ａ日程
	近畿・国際（東アー中国語）前期Ｂ日程
	近畿・国際（東アー韓国語）前期Ａ日程
	近畿・国際（東アー韓国語）前期Ｂ日程
	甲南・文（日本語日本文）前期３教科
	神戸女子・心理（心理）中期２科目型
	武庫川女子・文（日本語日本文学）Ｂ２科目同一
	武庫川女子・文（英語グローバル）Ａ２科目型
	武庫川女子・教育（教育）Ａ３科目同一
	福岡・人文（教育・臨床心理）系統別
	福岡・人文（フランス語）前期
	福岡・人文（フランス語）系統別
	福岡・人文（東アジア地域言語）前期
45	北海学園・人文（英米文化）
	東北学院・文（英文）前期Ａ日程

ボーダー偏差値	大学・学部（学科）日程方式
45	獨協・外国語（ドイツ語）２科目学科別
	獨協・外国語（ドイツ語）２科目全学前期
	獨協・外国語（フランス語）２科目学科別
	獨協・外国語（フランス語）２科目全学前期
	文教・文（日本語日本文）Ａ日程
	文教・文（日本語日本文）全国
	文教・文（英米語英米文）Ａ日程
	文教・文（外国語）全国
	文教・教育（学校－音楽）全国
	文教・教育（発達－幼児心理教育）Ａ日程
	文教・教育（発達－幼児心理教育）全国
	神田外語・外国語（国コ－国際コミュニケーション）
	淑徳・人文（歴史）ＡＢ
	淑徳・総合福祉（実践心理）ＡＢ
	大妻女子・人間関係（人関－社会・臨床心理学）Ａ方式Ⅰ期
	学習院女子・国際文化交流（日本文化）Ａ方式
	学習院女子・国際文化交流（英語コミュニケーション）Ａ方式
	北里・医療衛生（保健－臨床心理学）
	共立女子・文芸（文芸）２月日程
	共立女子・文芸（文芸）全学統一方式
	杏林・外国語（英語）２科目前期
	國學院・神道文化フレックスA／夜間主（神道文化）A日程3教科
	国士舘・文（史学地理）中期
	国士舘・文（文）前期
	国士舘・文（文）デリバリー
	駒澤・仏教 全学部統一日程
	実践女子・文（英文）高校活動評価Ⅱ
	実践女子・文（美学美術史）Ⅱ期
	実践女子・文（美学美術史）高校活動評価Ⅱ
	清泉女子・文（英語英文）Ｂ日程
	清泉女子・文（英語英文）全学統一Ａ日程
	清泉女子・文（文化史）Ｂ日程
	清泉女子・文（文化史）全学統一Ａ日程
	清泉女子・文（日本語日本文）Ｂ日程
	清泉女子・文（日本語日本文）全学統一Ａ日程
	大正・文（日本文）４科目方式
	大正・文（人文）２科目方式
	大正・心理社会（臨床心理）２科目方式
	大正・心理社会（臨床心理）３科目方式
	大正・心理社会（臨床心理）４科目方式
	大正・表現（表現文化）２科目方式
	大東文化・文（中国文）一般
	大東文化・文（英米文）全学部統一
	大東文化・文（教育）一般
	大東文化・文（教育）全学部統一
	大東文化・外国語（英語）一般
	玉川・農（生産－理科教員養成）全学統一
	玉川・農（生産－理科教員養成）地域創生教員
	帝京・文（史）
	東海・文（文明）一般
	東海・文（英語文化コミュニケーション）一般
	東海・人文〈静岡〉（人文）文系学部統一
	東海・文化社会（アジア）一般
	東海・文化社会（ヨーロッパ・アメリカ）一般
	東海・国際（国際）一般
	東京家政・人文（英語コミュニケーション）統一地区
	東京家政・子ども支援（子ども支援）統一地区
	東京経済・コミュニケーション（国際コミュニケーション）前期3教科型
	東京経済・コミュニケーション（国際コミュニケーション）前期2教科型
	武蔵野・グローバル（グローバルコミュニケーション）AB日程
	立正・文（文－英語英米文学）２月前期
	神奈川・外国語（スペイン語）Ａ方式
	神奈川・外国語（スペイン語）Ｂ方式
	神奈川・外国語（中国語）Ａ方式
	関東学院・教育（こども発達）前期英語外部
	常葉・教育（心理教育）３教科型
	愛知・文（人社－現代文化）Ｍ方式

ボーダー偏差値	大学・学部（学科）日程方式
45	愛知・文（人社－欧米言語文化）前期
	愛知・現代中国（現代中国）前期
	愛知・現代中国（現代中国）Ｍ方式
	愛知学院・文（日本文化）前期Ａ
	愛知学院・文（日本文化）前期Ｍ
	愛知学院・文（宗教文化）前期Ａ
	愛知学院・文（宗教文化）前期Ｍ
	愛知学院・文（宗教文化）中期
	愛知淑徳・文（総合英語）前期２教科
	愛知淑徳・グローバル・コミュニケーション（グローバル・コミュニケーション）前期2教科
	愛知淑徳・交流文化（ランゲージ）前期２教科
	愛知淑徳・創造表現（創作表現）前期２教科
	中部・現代教育（現代－現代教育）前期Ａ方式
	中部・現代教育（現代－現代教育）前期Ｂ２教科
	中部・現代教育（現代－現代教育）前期ＢＭ方式
	中部・現代教育（現代－中等教育国語数学）前期Ａ方式
	中部・人文（心理）前期ＢＭ方式
	中部・人文（歴史地理）前期Ａ方式
	中部・人文（歴史地理）前期Ｂ方式
	中部・人文（歴史地理）前期ＢＭ方式
	京都産業・外国語（英語）３科目型
	京都産業・外国語（ヨーロッパ言語）３科目型
	京都産業・外国語（ヨーロッパ言語）２科目型
	京都産業・外国語（アジア言語）３科目型
	京都産業・外国語（アジア言語）２科目型
	京都産業・文化（京都文化）３科目型
	京都産業・文化（京都文化）２科目型
	京都産業・文化（国際文化）３科目型
	京都女子・発達教育（教育－音楽教育学）前期Ａ方式
	京都女子・発達教育（児童）前期Ｂ方式
	同志社女子・表象文化（日本語日本文）前期３教科
	同志社女子・表象文化（日本語日本文）前期２教科
	同志社女子・現代社会（現代こども）前期３教科
	佛教・教育（幼児教育）Ａ日程２科目型
	佛教・教育（臨床心理）Ａ日程３科目型
	佛教・教育（臨床心理）Ａ日程２科目型
	佛教・歴史（歴史）Ａ日程３科目型
	佛教・歴史（歴史）Ａ日程２科目型
	佛教・歴史（歴史文化）Ａ日程３科目型
	佛教・歴史（歴史文化）Ａ日程２科目型
	龍谷・文（歴史－仏教史学）中スタンダード
	龍谷・文（歴史－仏教史学）中高得点重視
	龍谷・国際（グローバルスタディーズ）前スタンダード
	龍谷・国際（グローバルスタディーズ）中高得点重視
	龍谷・国際（グローバルスタディーズ）中独自方式
	関西外国語・外国語（スペイン語）前期Ａ方式
	関西外国語・英語国際（英語国際）前期Ａ方式
	神戸女子・文（日本語日本文）中期２科目型
	神戸女子・文（日本語日本文）中期３科目型
	神戸女子・文（英語英米文）前期Ａ２科目型
	神戸女子・文（英語英米文）前期Ａ３科目型
	神戸女子・文（英語英米文）前期Ｂ２科目型
	神戸女子・文（英語英米文）中期２科目型
	神戸女子・文（英語英米文）中期３科目型
	神戸女子・文（史）中期２科目型
	神戸女子・文（史）中期３科目型
	神戸女子・文（教育）中期２科目型
	神戸女子・文（教育）中期３科目型
	神戸女子・心理（心理）前期Ａ２科目型
	神戸女子・心理（心理）前期Ａ３科目型
	神戸女子・心理（心理）前期Ｂ２科目型
	神戸女子・心理（心理）中期３科目型
	武庫川女子・文（日本語日本文学）Ａ２科目型
	武庫川女子・文（日本語日本文学）Ａ３科目同一
	武庫川女子・文（英語グローバル）Ｂ２科目同一
	福岡・人文（ドイツ語）前期
	福岡・人文（ドイツ語）系統別

ボーダー偏差値	大学・学部（学科）日程方式
42.5	文教・文（英米語英米文）全国
	文教・文（中国語中国文）Ａ日程方式１
	文教・文（中国語中国文）Ａ日程方式２
	文教・文（中国語中国文）全国
	文教・文（外国語）Ａ日程
	文教・人間科学（臨床心理）Ａ日程
	文教・人間科学（臨床心理）全国
	文教・人間科学（心理）Ａ日程
	文教・人間科学（心理）全国
	神田外語・外国語（アジ－インドネシア語）
	神田外語・外国語（イベ－スペイン語）
	淑徳・人文（表現）ＡＢ
	聖徳・文（日本語・日本文学）
	聖徳・文（歴史文化）
	麗澤・外国語（英語コミュニケーション）前期２科目型
	麗澤・外国語（英語コミュニケーション）前期３科目型
	麗澤・外国語（英語コミュニケーション）前期ベスト２
	麗澤・外国語（英語コミュニケーション）中期
	桜美林・教育探究科学（教育探究科学）３科目型
	桜美林・教育探究科学（教育探究科学）２科目型
	桜美林・教育探究科学（教育探究科学）理系３科目型
	桜美林・教育探究科学（教育探究科学）理系２科目型
	大妻女子・文（日本文）Ａ方式Ⅰ期
	大妻女子・文（英語英文）Ａ方式Ⅰ期
	大妻女子・文（コミュニケーション文化）Ａ方式Ⅰ期
	杏林・外国語（英語）３科目前期
	杏林・保健（臨床心理）
	国士舘・文（史学地理）前期
	国士舘・文（史学地理）デリバリー
	国士舘・文（文）中期
	駒澤・仏教　Ｔ方式
	駒澤・仏教　Ｓ方式
	白百合女子・文（英語英文）
	白百合女子・人間総合（児童文化）
	白百合女子・人間総合（発達心理）
	白百合女子・人間総合（初等教育）
	清泉女子・文（スペイン語スペイン文）Ｂ日程
	大正・文（日本文）２科目方式
	大正・文（日本文）３科目方式
	大正・文（人文）３科目方式
	大正・文（歴史）２科目方式
	大正・文（歴史）３科目方式
	大正・文（歴史）４科目方式
	大正・仏教（仏教）２科目方式
	大正・仏教（仏教）３科目方式
	大正・表現（表現文化）３科目方式
	大正・表現（表現文化）４科目方式
	大東文化・文（英米文）一般
	大東文化・文（書道）一般
	大東文化・文（書道）全学部統一
	大東文化・外国語（中国語）一般
	大東文化・外国語（中国語）全学部統一
	大東文化・外国語（英語）全学部統一
	大東文化・外国語（日本語）一般
	大東文化・外国語（日本語）全学部統一
	帝京・文（日本文化）
	帝京・教育（初等－初等教育）
	帝京・外国語（国際日本）
	帝京科学・教育人間科学（幼児保育）
	帝京科学・教育人間科学（学校－小学校）
	帝京科学・教育人間科学（学校－中高理科）
	帝京科学・教育人間科学（学校－中高保健体育）
	東海・人文〈静岡〉（人文）一般
	東海・国際文化〈北海道〉（国際コミュニケーション）文系学部統一
	武蔵野・教育（幼児教育）ＡＢ日程
	武蔵野・グローバル（日本語コミュニケーション）AB日程
	目白・人間（子ども）ＡＢ日程

ボーダー偏差値	大学・学部（学科）日程方式
42.5	立正・仏教　２月前期
	立正・地球環境科学（地理）Ｒ方式
	関東学院・教育（こども発達）前期３科目
	関東学院・教育（こども発達）前期２科目
	関東学院・教育（こども発達）中期３科目
	フェリス女学院・文（日本語日本文）Ａ日程２科目型
	常葉・教育（生涯学習）３教科型
	常葉・外国語（英米語）３教科型
	常葉・外国語（英米語）２教科型
	愛知・文（人社－欧米言語文化）Ｍ方式
	愛知淑徳・文（総合英語）前期３教科
	愛知淑徳・グローバル・コミュニケーション（グローバル・コミュニケーション）前期3教科
	愛知淑徳・交流文化（ランゲージ）前期３教科
	愛知淑徳・創造表現（創作表現）前期３教科
	中部・現代教育（幼児教育）前期Ｂ１教科
	中部・現代教育（現代－現代教育）前期ＡＭ方式
	中部・人文（日本語日本文化）前期Ａ方式
	中部・人文（日本語日本文化）前期Ｂ方式
	中部・人文（日本語日本文化）前期ＢＭ方式
	中部・人文（英語英米文化）前期Ｂ方式
	中部・人文（心理）前期Ｂ方式
	中部・人文（心理）前期ＡＭ方式
	京都女子・発達教育（児童）前期Ａ方式
	同志社女子・表象文化（英語英文）前期３教科
	同志社女子・表象文化（英語英文）前期２教科
	佛教・文（日本文）Ａ日程３科目型
	佛教・教育（幼児教育）Ａ日程３科目型
	佛教・仏教（仏教）Ａ日程３科目型
	佛教・仏教（仏教）Ａ日程２科目型
	龍谷・文（仏教）前高得点重視
	龍谷・文（仏教）中スタンダード
	龍谷・文（仏教）中高得点重視
	関西外国語・英語キャリア（英語－小学校教員）前期Ａ方式
	神戸女子・文（日本語日本文）前期Ａ２科目型
	神戸女子・文（日本語日本文）前期Ａ３科目型
	神戸女子・文（日本語日本文）前期Ｂ２科目型
	神戸女子・文（史）前期Ａ２科目型
	神戸女子・文（史）前期Ａ３科目型
	神戸女子・文（史）前期Ｂ２科目型
	神戸女子・文（教育）前期Ａ２科目型
	神戸女子・文（教育）前期Ｂ２科目型
	武庫川女子・文（英語グローバル）Ａ３科目同一
40	東北学院・文（英文）前期Ｂ日程
	国際医療福祉・赤坂心理・医療福祉マネジメント（心理）前期
	神田外語・外国語（アジ－ベトナム語）
	神田外語・外国語（アジ－タイ語）
	神田外語・外国語（イベ－ブラジル・ポルトガル語）
	淑徳・総合福祉（教育－学校教育）ＡＢ
	淑徳・総合福祉（教育－健康教育）ＡＢ
	聖徳・文（英語・英文学）
	聖徳・教育昼間主（児童－幼稚園教員養成）
	麗澤・外国語（英語・リベラルアーツ）前期２科目型
	麗澤・外国語（英語・リベラルアーツ）前期３科目型
	麗澤・外国語（英語・リベラルアーツ）前期ベスト２
	麗澤・外国語（英語・リベラルアーツ）中期
	麗澤・国際（国際－日本学・国際コミュニケーション）前期2科目型
	麗澤・国際（国際－日本学・国際コミュニケーション）前期3科目型
	麗澤・国際（国際－日本学・国際コミュニケーション）前期ベスト2
	麗澤・国際（国際－日本学・国際コミュニケーション）中期
	桜美林・グローバル・コミュニケーション（グローバル・コミュニケーション）3科目型
	桜美林・グローバル・コミュニケーション（グローバル・コミュニケーション）2科目型
	桜美林・健康福祉（保育学）２科目型
	桜美林・リベラルアーツ　３科目型
	桜美林・リベラルアーツ　２科目型
	桜美林・リベラルアーツ　理系３科目型
	桜美林・リベラルアーツ　理系２科目型
	杏林・外国語（中国語）３科目前期

ボーダー偏差値	大学・学部（学科）日程方式
40	杏林·外国語（中国語）２科目前期
	白百合女子·文（国語国文）
	清泉女子·文（スペイン語スペイン文）全学統一Ａ日程
	拓殖·外国語（英米語）全国
	拓殖·外国語（中国語）全国
	帝京·教育（初等－こども教育）
	帝京科学·教育人間科学（こども－小学校·幼稚園教諭）
	帝京科学·教育人間科学（こども－幼稚園教諭·保育士）
	帝京平成·人文社会（児童－小学校·特別支援）
	帝京平成·人文社会（人間－グローバルコミュニケーション）
	東海·国際文化〈北海道〉（国際コミュニケーション）一般
	目白·心理（心理カウンセリング）ＡＢ日程
	目白·心理（心理カウンセリング）全学部統一
	目白·外国語（中国語）ＡＢ日程
	目白·外国語（中国語）全学部統一
	目白·外国語（日本語·日本語教育）ＡＢ日程
	目白·外国語（日本語·日本語教育）全学部統一
	目白·人間（子ども）全学部統一
	立正·仏教 Ｒ方式
	関東学院·国際文化（英語文化）前期３科目
	関東学院·国際文化（英語文化）前期２科目
	関東学院·国際文化（英語文化）中期３科目
	関東学院·国際文化（英語文化）前期英語外部
	関東学院·国際文化（比較文化）前期３科目
	関東学院·国際文化（比較文化）前期２科目
	関東学院·国際文化（比較文化）中期３科目
	関東学院·国際文化（比較文化）前期英語外部
	関東学院·人間共生（コミュニケーション）前期３科目
	関東学院·人間共生（コミュニケーション）前期２科目
	関東学院·人間共生（コミュニケーション）中期３科目
	関東学院·人間共生（コミュニケーション）前期英語外部
	フェリス女学院·文（日本語日本文）Ａ日程３科目型
	フェリス女学院·文（日本語日本文）Ｂ日程
	常葉·外国語（グローバルコミュニケーション）３教科型
	常葉·外国語（グローバルコミュニケーション）２教科型
	愛知学院·文（英語英米文化）前期Ａ
	愛知学院·文（英語英米文化）前期Ｍ
	愛知学院·文（グローバル英語）前期Ａ
	愛知学院·文（グローバル英語）前期Ｍ
	愛知学院·文（グローバル英語）中期
	中部·現代教育（幼児教育）前期Ａ方式
	中部·現代教育（幼児教育）前期Ｂ２教科
	中部·現代教育（幼児教育）前期ＡＭ方式
	中部·現代教育（幼児教育）前期ＢＭ方式
	中部·人文（英語英米文化）前期Ａ方式
	中部·人文（英語英米文化）前期ＡＭ方式
	中部·人文（英語英米文化）前期ＢＭ方式
	佛教·文（日本文）Ａ日程２科目型
	佛教·文（中国）Ａ日程２科目型
	佛教·文（英米）Ａ日程２科目型
	龍谷·文（真宗）前スタンダード
	龍谷·文（真宗）前高得点重視
	龍谷·文（真宗）中スタンダード
	龍谷·文（真宗）中高得点重視
	龍谷·文（仏教）前スタンダード
	神戸学院·心理（心理）前期
	神戸学院·心理（心理）中期
	神戸女子·文（教育）前期Ａ３科目型
37.5	聖徳·心理·福祉（心理）
	聖徳·教育昼間主（児童－児童心理）
	聖徳·教育昼間主（教育－小学校教員養成）
	麗澤·外国語（ドイツ語·ヨーロッパ）前期２科目型
	麗澤·外国語（ドイツ語·ヨーロッパ）前期３科目型
	麗澤·外国語（ドイツ語·ヨーロッパ）前期ベスト２
	麗澤·外国語（ドイツ語·ヨーロッパ）中期
	麗澤·外国語（中国語·グローバルコミュニケーション）前期２科目型
	麗澤·外国語（中国語·グローバルコミュニケーション）前期３科目型

ボーダー偏差値	大学・学部（学科）日程方式
37.5	麗澤·外国語（中国語·グローバルコミュニケーション）前期ベスト２
	麗澤·外国語（中国語·グローバルコミュニケーション）中期
	桜美林·健康福祉（実践心理学）３科目型
	桜美林·健康福祉（実践心理学）２科目型
	桜美林·健康福祉（保育学）３科目型
	白百合女子·文（フランス語フランス文）
	大正·仏教（仏教）４科目方式
	拓殖·外国語（英米語）２月
	拓殖·外国語（中国語）２月
	拓殖·外国語（スペイン語）全国
	拓殖·外国語（スペイン語）２月
	拓殖·外国語（国際日本語）全国
	拓殖·外国語（国際日本語）２月
	帝京科学·教育人間科学（学校－中高英語）
	帝京平成·健康メディカル（心理）
	帝京平成·人文社会（児童－保育·幼稚園）
	文京学院·人間（児童発達）Ⅰ期Ａ日程
	文京学院·人間（心理）Ⅰ期Ａ日程
	文京学院·人間（心理）Ⅰ期Ｂ日程
	文京学院·人間（心理）ⅡⅢ期
	文京学院·人間（心理）全学統一
	目白·外国語（英米語）ＡＢ日程
	目白·外国語（英米語）全学部統一
	目白·人間（児童教育）ＡＢ日程
	目白·人間（児童教育）全学部統一
	立正·地球環境科学（地理）２月前期
	フェリス女学院·文（英語英米文）Ａ日程２科目型
	フェリス女学院·文（英語英米文）Ａ日程３科目型
	フェリス女学院·文（英語英米文）Ｂ日程
	中部·人文（日本語日本文化）前期ＡＭ方式
	佛教·文（中国）Ａ日程３科目型
	佛教·文（英米）Ａ日程３科目型
	神戸学院·グローバル·コミュニケーション（英語）前期
	神戸学院·グローバル·コミュニケーション（英語）中期
	神戸学院·人文（人文）前期
	神戸学院·人文（人文）中期
35	北海学園·人文２部（日本文化）
	東京国際·言語コミュニケーション（英語コミュニケーション）全学Ⅰ期３
	東京国際·言語コミュニケーション（英語コミュニケーション）全学Ⅰ期２
	東京国際·言語コミュニケーション（英語コミュニケーション）全学ⅡⅢ期３
	東京国際·言語コミュニケーション（英語コミュニケーション）全学ⅡⅢ期２
	淑徳·教育（こども教育）ＡＢ
	聖徳·文（書道文化）
	聖徳·教育昼間主（児童－保育士養成）
	聖徳·教育昼間主（児童－児童文化）
	聖徳·教育昼間主（教育－特別支援教育）
	聖徳·教育昼間主（教育－スポーツ教育）
	聖徳·教育夜間主（児童）
	聖徳·教育夜間主（教育）
	実践女子·文（英文）Ⅱ期
	文京学院·外国語（国際ビジネスコミュニケーション）Ⅰ期Ａ日程
	文京学院·外国語（国際ビジネスコミュニケーション）Ⅰ期Ｂ日程
	文京学院·外国語（国際ビジネスコミュニケーション）ⅡⅢ期
	文京学院·外国語（国際ビジネスコミュニケーション）全学統一
	文京学院·外国語（国際教養コミュニケーション）Ⅰ期Ａ日程
	文京学院·外国語（国際教養コミュニケーション）Ⅰ期Ｂ日程
	文京学院·外国語（国際教養コミュニケーション）ⅡⅢ期
	文京学院·外国語（国際教養コミュニケーション）全学統一
	文京学院·人間（児童発達）Ⅰ期Ｂ日程
	文京学院·人間（児童発達）ⅡⅢ期
	文京学院·人間（児童発達）全学統一
	愛知学院·文（英語英米文化）中期
BF	北海学園·人文２部（英米文化）
	大正·文（人文）４科目方式
	日本体育·児童スポーツ教育（児童スポーツ教育）
	日本体育·児童スポーツ教育（幼児教育保育）
	神戸学院·グローバル·コミュニケーション（中国語）前期

ボーダー偏差値	大学・学部（学科）日程方式
BF	神戸学院・グローバル・コミュニケーション（中国語）中期

社会・国際学系

ボーダー偏差値	大学・学部（学科）日程方式
70	上智・総合人間科学（社会）ＴＥＡＰ利用
	関西学院・国際（国際）全学部１科目
67.5	早稲田・社会科学（社会科学）
	立命館・国際関係（国際関係学）ＩＲ方式
	立命館・国際関係（グローバル・スタディーズ）ＩＲ方式
65	青山学院・国際政治経済（国際政治）全学部日程
	上智・文（新聞）ＴＥＡＰ利用
	上智・総合グローバル（総合グローバル）ＴＥＡＰ利用
	上智・法（国際関係法）ＴＥＡＰ利用
	立教・社会（社会）
	早稲田・教育（社会－公共市民学）Ａ方式
62.5	青山学院・国際政治経済（国際経済）全学部日程
	青山学院・国際政治経済（国際コミュニケーション）全学部日程
	上智・総合人間科学（社会福祉）ＴＥＡＰ利用
	中央・法（国際企業関係法）６学部共通３
	法政・国際文化（国際文化）Ｔ日程
	法政・国際文化（国際文化）英語外部利用
	明治・文（心理－現代社会学）学部別
	明治・文（心理－現代社会学）全学部統一
	明治・国際日本（国際日本）全学部３科目
	明治・国際日本（国際日本）全学英語４技能
	明治・情報コミュニケーション（情報コミュニケーション）学部別
	明治・情報コミュニケーション（情報コミュニケーション）全学部統一
	立教・社会（現代文化）
	立教・社会（メディア社会）
	同志社・グローバル地域文化（アメリカ）全学部日程文系
	同志社・社会（社会）全学部日程文系
	関西学院・国際（国際）全学部３科目
	関西学院・国際（国際）学部個別日程
	関西学院・国際（国際）英語・数学型
60	青山学院・地球社会共生（地球社会共生）全学部日程
	成蹊・文（国際文化）２教科グローバ
	成蹊・文（現代社会）２教科全学統一
	中央・法（国際企業関係法）６学部共通４
	中央・総合政策（国際政策文化）学部別英語外部
	中央・国際経営（国際経営）学部別一般
	中央・国際経営（国際経営）６学部共通４
	日本女子・人間社会（現代社会）英語外部利用型
	法政・グローバル教養（グローバル教養）Ａ方式
	法政・社会（社会政策科学）英語外部利用
	法政・社会（社会）Ｔ日程
	法政・社会（社会）英語外部利用
	法政・社会（メディア社会）英語外部利用
	法政・国際文化（国際文化）Ａ方式
	法政・法（国際政治）Ａ方式
	法政・法（国際政治）Ｔ日程
	法政・経済（国際経済）Ｔ日程
	法政・経済（国際経済）英語外部利用
	武蔵・社会（社会）全学部統一型
	武蔵・社会（社会）全学グローバル
	武蔵・社会（メディア社会）全学部統一型
	明治・国際日本（国際日本）学部別３科目
	明治・国際日本（国際日本）学部英語４技能
	同志社・グローバル地域文化（ヨーロッパ）学部個別日程
	同志社・グローバル地域文化（ヨーロッパ）全学部日程文系
	同志社・グローバル地域文化（アジア・太平洋）全学部日程文系
	同志社・グローバル地域文化（アメリカ）学部個別日程
	同志社・社会（社会）学部個別日程
	同志社・社会（社会福祉）全学部日程文系
	同志社・社会（メディア）学部個別日程

ボーダー偏差値	大学・学部（学科）日程方式
60	同志社・社会（メディア）全学部日程文系
57.5	学習院・国際社会科学（国際社会科学）コア
	学習院・国際社会科学（国際社会科学）プラス
	駒澤・文（社会－社会学）全学部統一日程
	成蹊・文（国際文化）２教科全学統一
	中央・文（社会学）学部別一般
	中央・文（社会学）６学部共通
	中央・文（社会学）学部別英語外部
	中央・文（社会情報学）学部別一般
	中央・文（社会情報学）学部別英語外部
	中央・法（国際企業関係法）学部別一般３
	中央・法（国際企業関係法）学部別一般４
	中央・総合政策（国際政策文化）学部別一般
	中央・総合政策（国際政策文化）６学部共通
	中央・経済（国際経済）学部別一般
	中央・国際経営（国際経営）６学部共通３
	中央・国際経営（国際経営）学部別英語外部
	東洋・社会（社会）前期３教科①
	東洋・社会（社会）前期３教科②
	東洋・社会（社会）前期３教科③
	東洋・社会（国際社会）前期３英語①
	東洋・社会（国際社会）前期３英語②
	東洋・社会（国際社会）前期３英語③
	東洋・社会（社会心理）前期３教科①
	東洋・社会（社会心理）前期３教科②
	東洋・社会（社会心理）前期３教科③
	東洋・国際観光（国際観光）前期３教科最高
	東洋・国際観光（国際観光）前期３教科英語
	東洋・国際昼間（グローバル・イノベーション）前期3教科英語
	東洋・国際昼間（グローバル・イノベーション）前期3教科①
	東洋・国際昼間（グローバル・イノベーション）前期3教科②
	日本女子・国際文化（国際文化）個別選抜型
	日本女子・国際文化（国際文化）英語外部利用型
	日本女子・人間社会（現代社会）個別選抜型
	法政・社会（メディア社会）Ａ方式
	法政・社会（メディア社会）Ｔ日程
	法政・現代福祉（福祉コミュニティ）Ｔ日程
	法政・現代福祉（福祉コミュニティ）英語外部利用
	法政・法（国際政治）英語外部利用
	法政・経済（国際経済）Ａ方式
	武蔵・国際教養（グローバルスタディーズ）個別学部併願型
	武蔵・国際教養（グローバルスタディーズ）全学部統一型
	武蔵・国際教養（グローバルスタディーズ）全学グローバル
	武蔵・社会（メディア社会）個別学部併願型
	武蔵・社会（メディア社会）全学グローバル
	明治学院・社会（社会）全学３教科型
	明治学院・社会（社会）全学英語外部型
	立教・観光（観光）
	立教・コミュニティ福祉（福祉）
	同志社・グローバル地域文化（アジア・太平洋）学部個別日程
	同志社・社会（社会福祉）学部個別日程
	同志社・社会（産業関係）全学部日程文系
	立命館・国際関係（国際関係学）全学統一文系
	立命館・国際関係（国際関係学）学部個別配点
	関西・社会（社会学）全学３教科同一
	関西・社会（メディア）全学３教科同一
	関西・社会（社会システムデザイン）全学３教科同一
	立命館アジア太平洋・アジア太平洋（アジア太平洋）前期
	立命館アジア太平洋・アジア太平洋（アジア太平洋）英語重視方式
55	駒澤・グローバル・メディア・スタディーズ（グローバル・メディア）S方式

ボーダー偏差値	大学・学部（学科）日程方式
55	成蹊･文（国際文化）３教科学部個別
	成蹊･文（現代社会）３教科学部個別
	成城･文芸（マスコミュニケーション）Ａ方式３教科型
	成城･文芸（マスコミュニケーション）Ｓ方式
	成城･社会イノベーション（心理社会）Ａ方式３教科型
	成城･社会イノベーション（心理社会）Ａ方式２教科型
	成城･社会イノベーション（心理社会）Ｓ方式
	中央･文（社会情報学）６学部共通
	中央･経済（国際経済）６学部共通
	中央･経済（国際経済）学部別英語外部
	東京女子･現代教養（国際－社会学）個別学力試験型
	東京女子･現代教養（国際－社会学）英語外部利用型
	東京女子･現代教養（国際－コミュニティ構想）英語外部利用型
	東京女子･現代教養（心理－コミュニケーション）英語外部利用型
	東京都市･メディア情報（社会メディア）前期
	東洋･社会（社会）前期４教科①
	東洋･社会（社会）前期４教科②
	東洋･社会（メディアコミュニケーション）前期３教科①
	東洋･社会（メディアコミュニケーション）前期３教科②
	東洋･社会（メディアコミュニケーション）前期３教科③
	東洋･社会（社会心理）前期４教科①
	東洋･国際観光（国際観光）前期３教科①
	東洋･国際観光（国際観光）前期３教科②
	東洋･国際観光（国際観光）前期３教科③
	東洋･国際観光（国際観光）前期３教科④
	東洋･国際観光（国際観光）前期４教科①
	東洋･国際観光（国際観光）前期４教科②
	東洋･国際観光（国際観光）前期４教科③
	東洋･経済（国際経済）前期３英語①
	東洋･経済（国際経済）前期３英語②
	東洋･経済（国際経済）前期３教科③
	法政･グローバル教養（グローバル教養）英語外部利用
	法政･社会（社会政策科学）Ａ方式
	法政･社会（社会政策科学）Ｔ日程
	法政･社会（社会）Ａ方式
	法政･現代福祉（福祉コミュニティ）Ａ方式
	武蔵･社会（社会）個別学部併願型
	明治学院･社会（社会）Ａ日程英語外部
	明治学院･社会（社会福祉）全学英語外部型
	明治学院･国際（国際）全学３教科型
	明治学院･国際（国際）全学英語外部型
	明治学院･国際（国際キャリア）Ａ日程
	明治学院･国際（国際キャリア）全学３教科型
	明治学院･法（グローバル法）全学３教科型
	明治学院･法（グローバル法）全学英語外部型
	明治学院･経済（国際経営）全学英語外部型
	立教･コミュニティ福祉（コミュニティ政策）
	南山･国際教養（国際教養）全学統一個別型
	同志社･社会（産業関係）学部個別日程
	立命館･産業社会（現代社会）全学統一文系
	立命館･産業社会（現代社会）学部個別配点
	立命館･産業社会（メディア社会）全学統一文系
	立命館･産業社会（メディア社会）学部個別配点
	立命館･産業社会（スポーツ社会）全学統一文系
	立命館･産業社会（スポーツ社会）学部個別配点
	立命館･産業社会（子ども社会）全学統一文系
	立命館･産業社会（子ども社会）学部個別配点
	立命館･産業社会（人間福祉）全学統一文系
	立命館･産業社会（人間福祉）学部個別配点
	立命館･経営（国際経営）全学統一文系
	立命館･経営（国際経営）学部個別配点
	関西･社会（社会学）全学３教科
	関西･社会（メディア）全学３教科
	関西･社会（社会システムデザイン）全学３教科
	関西･政策創造（国際アジア）全学３教科
	関西･政策創造（国際アジア）全学英語外部
	関西･政策創造（国際アジア）全学３教科同一

ボーダー偏差値	大学・学部（学科）日程方式
55	西南学院･国際文化（国際文化）Ａ･Ｆ日程
	西南学院･国際文化（国際文化）英語４技能利用
	西南学院･法（国際関係法）Ａ･Ｆ日程
	立命館アジア太平洋･国際経営（国際経営）前期
	立命館アジア太平洋･国際経営（国際経営）英語重視方式
52.5	國學院･観光まちづくり（観光まちづくり）Ａ日程３教科
	國學院･観光まちづくり（観光まちづくり）Ａ日程得意科目
	國學院･観光まちづくり（観光まちづくり）Ａ日程特色型
	駒澤･文（社会－社会学）Ｔ方式
	駒澤･文（社会－社会福祉学）全学部統一日程
	駒澤･グローバル･メディア･スタディーズ（グローバル･メディア）全学部統一日程
	実践女子･人間社会　Ⅰ期２科目型
	昭和女子･国際（国際）Ａ日程
	昭和女子･国際（国際）Ｂ日程
	専修･文（ジャーナリズム）全国
	専修･人間科学（社会）全学部統一
	専修･人間科学（社会）全国
	津田塾･学芸（国際関係）Ａ方式
	東京女子･現代教養（国際－国際関係）個別学力試験型
	東京女子･現代教養（国際－国際関係）英語外部利用型
	東京女子･現代教養（国際－コミュニティ構想）個別学力試験型
	東京女子･現代教養（心理－コミュニケーション）個別学力試験型
	東京都市･メディア情報（社会メディア）中期
	東洋･社会（国際社会）前期３教科①
	東洋･社会（国際社会）前期３教科②
	東洋･社会（国際社会）前期３教科③
	東洋･社会（国際社会）前期４教科
	東洋･社会（メディアコミュニケーション）前期４教科①
	東洋･社会（メディアコミュニケーション）前期４教科②
	東洋･社会（社会心理）前期４教科②
	東洋･福祉社会デザイン（社会福祉）前期３教科国語
	東洋･福祉社会デザイン（社会福祉）前期３教科英語
	東洋･国際昼間（国際－国際地域）前期３教科英語
	東洋･経済（国際経済）前期３教科①
	東洋･経済（国際経済）前期３教科②
	日本･文理（社会）Ｎ全学第１期
	日本･文理（社会福祉）Ｎ全学第１期
	日本･法（新聞）Ｎ全学第１期
	日本女子･人間社会（社会福祉）英語外部利用型
	明治学院･社会（社会）Ａ日程
	明治学院･社会（社会福祉）Ａ日程
	明治学院･社会（社会福祉）全学３教科型
	明治学院･法（グローバル法）Ａ日程
	明治学院･経済（国際経営）Ａ日程
	明治学院･経済（国際経営）全学３教科型
	神奈川･経営（国際経営）Ｂ方式
	中京･現代社会（社会学）前期Ａ３教科型
	中京･現代社会（社会学）前期Ａ２教科型
	中京･現代社会（社会学）前期Ｍ２教科型
	南山･国際教養（国際教養）
	立命館･経済（国際）全学統一文系
	龍谷･社会（社会）前高得点重視
	近畿･総合社会（社会･マスメディア系）前期Ａ日程
	近畿･総合社会（社会･マスメディア系）前期Ｂ日程
	関西学院･社会（社会）全学部日程
	関西学院･社会（社会）学部個別日程
	関西学院･人間福祉（社会福祉）全学部日程
	関西学院･人間福祉（社会福祉）学部個別日程
	関西学院･人間福祉（社会福祉）英語･数学型
	関西学院･人間福祉（社会起業）全学部日程
	関西学院･人間福祉（社会起業）学部個別日程
	関西学院･人間福祉（社会起業）英語･数学型
	甲南･文（社会）中期３教科
	武庫川女子･心理･社会福祉（社会福祉）Ａ２科目型
	武庫川女子･心理･社会福祉（社会福祉）Ｂ２科目同一
	西南学院･法（国際関係法）英語４技能利用
	西南学院･経済（国際経済）Ａ･Ｆ日程

ボーダー偏差値	大学・学部（学科）日程方式
52.5	西南学院・経済（国際経済）英語４技能利用
	立命館アジア太平洋・サステイナビリティ観光（サステイナビリティ観光）前期
	立命館アジア太平洋・サステイナビリティ観光（サステイナビリティ観光）英語重視方式
50	東北学院・地域総合（地域コミュニティ）前期Ａ日程
	獨協・法（国際関係法）２科目全学前期
	大妻女子・社会情報（社会生活情報学）Ａ方式Ｉ期
	駒澤・文（社会－社会福祉学）Ｔ方式
	駒澤・グローバル・メディア・スタディーズ（グローバル・メディア）Ｔ方式
	実践女子・人間社会　Ｉ期３科目型
	実践女子・人間社会　Ⅱ期
	実践女子・人間社会　高校活動評価Ⅱ
	昭和女子・人間社会（福祉社会）Ｂ日程
	専修・文（ジャーナリズム）前期Ａ方式
	専修・文（ジャーナリズム）全学部統一
	専修・経済（国際経済）前期Ｃ方式
	専修・経済（国際経済）全学部統一
	専修・経済（国際経済）全国
	専修・人間科学（社会）前期Ａ方式
	大東文化・社会（社会）一般Ａ
	玉川・観光（観光）全学統一
	津田塾・学芸（多文化・国際協力）Ａ方式
	東海・観光（観光）文系学部統一
	東京経済・コミュニケーション（メディア社会）前期2教科型
	東京経済・コミュニケーション（メディア社会）前期ベスト2型
	東洋・社会第２部（社会）前期ベスト２①
	東洋・社会第２部（社会）前期ベスト２②
	東洋・社会第２部（社会）前期ベスト２③
	東洋・福祉社会デザイン（社会福祉）前期３教科①
	東洋・福祉社会デザイン（社会福祉）前期３教科②
	東洋・福祉社会デザイン（社会福祉）前期３教科③
	東洋・福祉社会デザイン（社会福祉）前期３教科④
	東洋・福祉社会デザイン（社会福祉）前期４教科
	東洋・国際イブニング（国際－地域総合）前期ベスト２①
	東洋・国際イブニング（国際－地域総合）前期ベスト２②
	東洋・国際昼間（国際－国際地域）前期３教科①
	東洋・国際昼間（国際－国際地域）前期３教科②
	東洋・国際昼間（国際－国際地域）前期３教科③
	東洋・国際昼間（国際－国際地域）前期３教科④
	東洋・経済（国際経済）前期４教科
	日本・文理（社会）Ａ個別第１期
	日本・文理（社会福祉）Ａ個別第１期
	日本・法（新聞）Ａ個別第１期
	日本・法（新聞）Ａ個別第２期
	日本女子・人間社会（社会福祉）個別選抜型
	武蔵野・グローバル（グローバルビジネス）全学部統一
	明治学院・社会（社会福祉）Ａ日程英語外部
	明治学院・国際（国際）Ａ日程
	明星・人文（国際コミュニケーション）Ａ方式
	明星・人文（人間社会）Ｂ方式
	立正・文（社会）２月前期
	神奈川・国際日本（国際文化交流）Ａ方式
	神奈川・国際日本（国際文化交流）Ｂ方式
	愛知・国際コミュニケーション（国際教養）前期
	中京・現代社会（社会学）前期Ｍ３教科型
	中京・現代社会（コミュニティ学）前期Ａ３教科型
	中京・現代社会（コミュニティ学）前期Ａ２教科型
	中京・現代社会（社会福祉学）前期Ａ３教科型
	中京・現代社会（社会福祉学）前期Ａ２教科型
	中京・現代社会（社会福祉学）前期Ｍ２教科型
	中京・国際（国際－国際人間学）前期Ａ３教科型
	中京・国際（国際－国際人間学）前期Ａ２教科型
	中京・国際（国際－国際人間学）前期Ｍ３教科型
	中京・国際（国際－国際人間学）前期Ｍ２教科型
	中京・国際（国際－国際政治学）前期Ａ３教科型
	中京・国際（国際－国際政治学）前期Ａ２教科型
	中京・国際（国際－国際政治学）前期Ｍ３教科型
	中京・国際（国際－国際政治学）前期Ｍ２教科型

ボーダー偏差値	大学・学部（学科）日程方式
50	中京・国際（国際－国際経済学）前期Ａ３教科型
	中京・国際（国際－国際経済学）前期Ａ２教科型
	中京・国際（国際－国際経済学）前期Ｍ３教科型
	中京・国際（国際－国際経済学）前期Ｍ２教科型
	京都産業・現代社会（現代社会）２科目型
	甲南・文（社会）前期２教科
	武庫川女子・心理・社会福祉（社会福祉）Ａ３科目同一
	西南学院・人間科学（社会福祉）Ａ・Ｆ日程
	西南学院・人間科学（社会福祉）英語４技能利用
47.5	東北学院・地域総合（地域コミュニティ）前期Ｂ日程
	獨協・法（国際関係法）３科目学科別
	獨協・経済（国際環境経済）３科目学科別
	文教・国際〈東京〉（国際理解）全国
	大妻女子・人間関係（人関－社会学）Ａ方式Ｉ期
	国士舘・２１世紀アジア（２１世紀アジア）デリバリー
	順天堂・国際教養（国際教養）前期Ａ方式
	順天堂・国際教養（国際教養）中期
	昭和女子・人間社会（福祉社会）Ａ日程
	専修・経済（国際経済）前期Ａ方式
	大東文化・社会（社会）一般Ｂ
	東海・文化社会（広報メディア）文系学部統一
	東海・観光（観光）一般
	東京家政・人文（教育福祉）統一地区
	東洋・社会第２部（社会）前期３教科①
	東洋・社会第２部（社会）前期３教科②
	東洋・社会第２部（社会）前期３教科③
	二松学舎・国際政治経済（国際政治経済）Ｂ方式前期２
	二松学舎・国際政治経済（国際政治経済）Ｓ方式奨学生
	武蔵野・グローバル（グローバルビジネス）ＡＢ日程
	武蔵野・人間科学（社会福祉）全学部統一
	明星・人文（国際コミュニケーション）Ｂ方式
	明星・人文（人間社会）Ａ方式
	神奈川・経営（国際経営）Ａ方式
	愛知・文（人社－社会学）前期
	愛知・地域政策（まちづくり・文化）前期
	愛知・国際コミュニケーション（国際教養）Ｍ方式
	愛知淑徳・福祉貢献（社会福祉）前期３教科
	愛知淑徳・福祉貢献（社会福祉）前期２教科
	中京・現代社会（コミュニティ学）前期Ｍ３教科型
	中京・現代社会（コミュニティ学）前期Ｍ２教科型
	中京・現代社会（社会福祉学）前期Ｍ３教科型
	中京・現代社会（国際文化）前期Ａ３教科型
	中京・現代社会（国際文化）前期Ａ２教科型
	中京・現代社会（国際文化）前期Ｍ３教科型
	中京・現代社会（国際文化）前期Ｍ２教科型
	名城・経営（国際経営）Ａ方式
	名城・経営（国際経営）Ｂ方式
	京都産業・現代社会（現代社会）３科目型
	京都女子・現代社会（現代社会）前期Ｂ方式
	同志社女子・現代社会（社会システム）前期２教科
	龍谷・社会（社会）前スタンダード
	龍谷・社会（社会）中スタンダード
	龍谷・社会（社会）中高得点重視
	龍谷・社会（現代福祉）前高得点重視
	龍谷・社会（現代福祉）中高得点重視
	龍谷・国際（国際文化）前高得点重視
	龍谷・国際（国際文化）前独自方式
	龍谷・国際（国際文化）中スタンダード
	近畿・経済（国際経済）前期Ａ日程
	近畿・経済（国際経済）前期Ｂ日程
	甲南・文（社会）前期３教科
45	獨協・経済（国際環境経済）２科目全学前期
	文教・国際〈東京〉（国際理解）Ａ日程
	文教・国際〈東京〉（国際観光）全国
	亜細亜・国際関係（国際関係）一般３教科型
	亜細亜・国際関係（国際関係）全学統一
	大妻女子・人間関係（人間福祉）Ａ方式Ｉ期

ボーダー偏差値	大学・学部（学科）日程方式
45	学習院女子・国際文化交流（国際コミュニケーション）Ａ方式
	杏林・外国語（観光交流文化）２科目前期
	国士舘・２１世紀アジア（２１世紀アジア）前期
	国士舘・２１世紀アジア（２１世紀アジア）中期
	順天堂・国際教養（国際教養）前期Ｃ方式
	順天堂・国際教養（国際教養）前期Ｂ方式
	大東文化・社会（社会）全学部統一
	大東文化・国際関係（国際関係）全学部統一
	大東文化・国際関係（国際文化）全学部統一
	玉川・経営（国際経営）全学統一
	東海・文化社会（広報メディア）一般
	東京経済・コミュニケーション（メディア社会）前期3教科型
	二松学舎・国際政治経済（国際政治経済）Ａ方式得意科目
	二松学舎・国際政治経済（国際経営）Ａ方式得意科目
	二松学舎・国際政治経済（国際経営）Ｂ方式前期２
	二松学舎・国際政治経済（国際経営）Ｓ方式奨学生
	日本・国際関係〈静岡〉（国際総合政策）Ａ個別第１期
	日本・国際関係〈静岡〉（国際総合政策）Ａ個別第２期
	日本・国際関係〈静岡〉（国際総合政策）Ｎ全学第１期
	日本・国際関係〈静岡〉（国際教養）Ａ個別第１期
	日本・国際関係〈静岡〉（国際教養）Ａ個別第２期
	日本・国際関係〈静岡〉（国際教養）Ｎ全学第１期
	武蔵野・人間科学（社会福祉）ＡＢ日程
	明星・人文（福祉実践）Ａ方式
	明星・人文（福祉実践）Ｂ方式
	立正・文（社会）Ｒ方式
	立正・社会福祉（子ども教育福祉）２月前期
	立正・社会福祉（子ども教育福祉）Ｒ方式
	立正・経済（国際）２月前期
	立正・経済（国際）Ｒ方式
	愛知・文（人社－社会学）Ｍ方式
	愛知・地域政策（まちづくり・文化）Ｍ方式
	中部・人文（コミュニケーション）前期Ｂ方式
	京都産業・国際関係（国際関係）３科目型
	京都産業・国際関係（国際関係）２科目型
	京都女子・現代社会（現代社会）前期Ａ方式
	同志社女子・現代社会（社会システム）前期３教科
	龍谷・社会（コミュニティマネジメント）前スタンダード
	龍谷・社会（コミュニティマネジメント）前高得点重視
	龍谷・社会（コミュニティマネジメント）中スタンダード
	龍谷・社会（コミュニティマネジメント）中高得点重視
	龍谷・社会（現代福祉）前スタンダード
	龍谷・社会（現代福祉）中スタンダード
	龍谷・国際（国際文化）前スタンダード
	龍谷・国際（国際文化）中高得点重視
	龍谷・国際（国際文化）中独自方式
	摂南・現代社会（現代社会）前期２科目型
	神戸女子・文（国際教養）前期Ａ２科目型
	神戸女子・文（国際教養）前期Ａ３科目型
	神戸女子・文（国際教養）前期Ｂ２科目型
	神戸女子・文（国際教養）中期２科目型
	神戸女子・文（国際教養）中期３科目型
	神戸女子・健康福祉（社会福祉）前期Ｂ２科目型
	神戸女子・健康福祉（社会福祉）中期２科目型
	神戸女子・健康福祉（社会福祉）中期３科目型
42.5	文教・国際〈東京〉（国際観光）Ａ日程
	共立女子・国際（国際）２月日程
	共立女子・国際（国際）全学統一方式
	杏林・外国語（観光交流文化）３科目前期
	清泉女子・文（地球市民）Ｂ日程
	清泉女子・文（地球市民）全学統一Ａ日程
	大正・社会共生（社会福祉）２科目方式
	大東文化・国際関係（国際関係）一般
	大東文化・国際関係（国際文化）一般
	帝京・文（社会）
	目白・社会（社会情報）全学部統一
	立正・社会福祉（社福－ソーシャルワーク）２月前期

ボーダー偏差値	大学・学部（学科）日程方式
42.5	関東学院・社会（現代社会）前期２科目
	関東学院・社会（現代社会）前期英語外部
	フェリス女学院・文（コミュニケーション）Ａ日程３科目型
	愛知淑徳・交流文化（国際交流・観光）前期２教科
	中部・人文（コミュニケーション）前期Ａ方式
	中部・人文（コミュニケーション）前期ＢＭ方式
	中部・国際関係（国際）前期Ａ方式
	同志社女子・学芸（国際教養）前期３教科
	同志社女子・学芸（国際教養）前期２教科
	佛教・社会（現代社会）Ａ日程３科目型
	佛教・社会（現代社会）Ａ日程２科目型
	佛教・社会福祉（社会福祉）Ａ日程２科目型
	大阪経済・情報社会（情報社会）前期Ａ方式
	大阪経済・情報社会（情報社会）前期Ｂ方式
	摂南・現代社会（現代社会）前期３科目型
	摂南・国際（国際）前期３科目型
	摂南・国際（国際）前期２科目型
	神戸学院・現代社会（現代社会）中期
	神戸女子・健康福祉（社会福祉）前期Ａ２科目型
	神戸女子・健康福祉（社会福祉）前期Ａ３科目型
40	城西国際・国際人文（国際文化）
	城西国際・国際人文（国際交流）
	聖徳・心理・福祉（社会福祉）
	麗澤・国際（国際－国際交流・国際協力）前期２科目型
	麗澤・国際（国際－国際交流・国際協力）前期３科目型
	麗澤・国際（国際－国際交流・国際協力）前期ベスト２
	麗澤・国際（国際－国際交流・国際協力）中期
	亜細亜・国際関係（多文化コミュニケーション）一般3教科型
	亜細亜・国際関係（多文化コミュニケーション）全学統一
	亜細亜・都市創造（都市創造）全学統一
	桜美林・健康福祉（精神保健福祉学）３科目型
	桜美林・健康福祉（精神保健福祉学）２科目型
	大正・社会共生（社会福祉）３科目方式
	拓殖・国際（国際）全国
	拓殖・国際（国際）２月
	帝京・経済（国際経済）
	帝京科学・医療科学（医療福祉）
	帝京平成・人文社会（人間－福祉）
	東海・健康（健康マネジメント）文理併学部統一
	東海・文理融合〈熊本〉（地域社会）文理併学部統一
	目白・社会（社会情報）ＡＢ日程
	目白・社会（地域社会）ＡＢ日程
	目白・社会（地域社会）全学部統一
	立正・社会福祉（社福－教育福祉・社会デザイン）Ｒ方式
	関東学院・社会（現代社会）前期３科目
	関東学院・社会（現代社会）中期３科目
	フェリス女学院・文（コミュニケーション）Ａ日程２科目型
	フェリス女学院・文（コミュニケーション）Ｂ日程
	愛知淑徳・交流文化（国際交流・観光）前期３教科
	中部・人文（コミュニケーション）前期ＡＭ方式
	中部・国際関係（国際）前期Ｂ方式
	神戸学院・現代社会（現代社会）前期
	神戸学院・現代社会（社会防災）前期
	神戸学院・現代社会（社会防災）中期
37.5	流通経済・社会（社会）２科目型
	東京国際・人間社会（福祉心理）全学Ｉ期３
	東京国際・国際関係（国際関係）全学Ｉ期３
	東京国際・国際関係（国際関係）全学Ｉ期２
	東京国際・国際関係（国際メディア）全学Ｉ期３
	東京国際・国際関係（国際メディア）全学Ｉ期２
	淑徳・地域創生（地域創生）ＡＢ
	淑徳・総合福祉（社会福祉）ＡＢ
	城西国際・観光（観光）
	亜細亜・都市創造（都市創造）一般３教科型
	桜美林・健康福祉（社会福祉学）３科目型
	桜美林・健康福祉（社会福祉学）２科目型
	東海・健康（健康マネジメント）一般

ボーダー偏差値	大学・学部（学科）日程方式
37.5	東海・文理融合〈熊本〉（地域社会）一般 文京学院・人間（コミュニケーション社会）Ｉ期Ａ日程 目白・人間（人間福祉）ＡＢ日程 目白・人間（人間福祉）全学部統一 立正・社会福祉（社福－ソーシャルワーク）Ｒ方式 立正・社会福祉（社福－教育福祉・社会デザイン）２月前期 フェリス女学院・国際交流（国際交流）Ａ日程２科目型 フェリス女学院・国際交流（国際交流）Ａ日程３科目型 フェリス女学院・国際交流（国際交流）Ｂ日程 中部・国際関係（国際）前期ＡＭ方式 中部・国際関係（国際）前期ＢＭ方式 佛教・社会福祉（社会福祉）Ａ日程３科目型
35	流通経済・社会（社会）３科目型 流通経済・社会（国際文化ツーリズム）３科目型 流通経済・社会（国際文化ツーリズム）２科目型 東京国際・国際関係（国際関係）全学ⅡⅢ期３ 東京国際・国際関係（国際関係）全学ⅡⅢ期２

ボーダー偏差値	大学・学部（学科）日程方式
35	東京国際・国際関係（国際メディア）全学ⅡⅢ期３ 東京国際・国際関係（国際メディア）全学ⅡⅢ期２ 城西国際・福祉総合（福祉総合） 文京学院・人間（コミュニケーション社会）Ｉ期Ｂ日程 文京学院・人間（コミュニケーション社会）ⅡⅢ期 文京学院・人間（コミュニケーション社会）全学統一 文京学院・人間（人間福祉）Ｉ期Ａ日程 文京学院・人間（人間福祉）Ｉ期Ｂ日程 文京学院・人間（人間福祉）ⅡⅢ期 文京学院・人間（人間福祉）全学統一
BF	東京国際・人間社会（福祉心理）全学Ｉ期２ 東京国際・人間社会（福祉心理）全学ⅡⅢ期３ 東京国際・人間社会（福祉心理）全学ⅡⅢ期２ 大正・社会共生（社会福祉）４科目方式 神戸学院・総合リハビリテーション（社会リハビリテーション）前期 神戸学院・総合リハビリテーション（社会リハビリテーション）中期

法・政治学系

ボーダー偏差値	大学・学部（学科）日程方式
67.5	慶應義塾・法（法律） 慶應義塾・法（政治） 早稲田・法
65	上智・法（法律）ＴＥＡＰ利用 上智・法（地球環境法）ＴＥＡＰ利用 中央・法（法律）６学部共通３
62.5	青山学院・法（法）全学部日程 青山学院・法（ヒューマンライツ）全学部日程 中央・法（法律）学部別一般３ 中央・法（法律）６学部共通４ 中央・法（政治）６学部共通３ 法政・法（法律）Ｔ日程 法政・法（法律）英語外部利用 明治・政治経済（政治）全学部統一 明治・政治経済（地域行政）学部別 明治・政治経済（地域行政）全学部統一 立教・法（法） 立教・法（国際ビジネス法） 立教・法（政治） 同志社・法（法律）全学部日程文系 同志社・法（政治）全学部日程文系
60	学習院・法（法）コア 学習院・法（法）プラス 中央・法（法律）学部別一般４ 中央・法（政治）学部別一般３ 中央・法（政治）６学部共通４ 法政・法（法律）Ａ方式 法政・法（政治）Ａ方式 法政・法（政治）Ｔ日程 法政・法（政治）英語外部利用 明治・法（法律）学部別 明治・法（法律）全学部統一 明治・政治経済（政治）学部別 同志社・法（法律）学部個別日程 同志社・法（政治）学部個別日程
57.5	学習院・法（政治）コア 学習院・法（政治）プラス 國學院・法（法律）Ａ日程得意科目 國學院・法（法律）Ａ日程特色型 國學院・法（政治）Ａ日程得意科目 國學院・法（政治）Ａ日程特色型 駒澤・法フレックスＡ（法律）全学部統一日程 駒澤・法フレックスＡ（政治）全学部統一日程 成蹊・法（法律）２教科全学統一

ボーダー偏差値	大学・学部（学科）日程方式
57.5	成蹊・法（政治）２教科全学統一 専修・法（政治）全国 中央・法（政治）学部別一般４ 明治学院・法（法律）全学３教科型 明治学院・法（法律）全学英語外部型 関西・法（法学政治）全学英語外部 関西・法（法学政治）全学３教科同一 関西・政策創造（政策）全学英語外部
55	國學院・法（法律専門職）Ａ日程得意科目 國學院・法（法律専門職）Ａ日程特色型 國學院・法（政治）Ａ日程３教科 国士舘・政経（政治行政）デリバリー 成蹊・法（法律）３教科学部個別 成蹊・法（法律）２教科グローバ 成蹊・法（政治）３教科学部個別 成城・法（法律）Ａ方式 成城・法（法律）Ｓ方式 専修・法（法律）全国 東洋・法（法律）前期３教科国語 東洋・法（法律）前期３教科英語 東洋・法（法律）前期３教科① 東洋・法（法律）前期３教科② 東洋・法（法律）前期３教科③ 東洋・法（企業法）前期３教科国語 東洋・法（企業法）前期３教科英語 日本・法（法律）Ｎ全学第１期 明治学院・法（法律）Ａ日程 明治学院・法（政治）全学英語外部型 南山・法（法律） 南山・法（法律）全学統一個別型 立命館・法（法）全学統一文系 立命館・法（法）学部個別配点 関西・法（法学政治）全学３教科 関西・政策創造（政策）全学３教科 関西・政策創造（政策）全学３教科同一 関西学院・法（法律）学部個別日程 関西学院・法（法律）英語・数学型 関西学院・法（政治）全学部日程 関西学院・法（政治）学部個別日程 関西学院・法（政治）英語・数学型
52.5	國學院・法（法律）Ａ日程３教科 國學院・法（法律専門職）Ａ日程３教科 駒澤・法フレックスＡ（法律）Ｔ方式 駒澤・法フレックスＡ（政治）Ｔ方式

ボーダー偏差値	大学・学部（学科）日程方式
52.5	成蹊・法（政治）２教科グローバ
	専修・法（法律）前期Ａ方式
	専修・法（法律）全学部統一
	東洋・法（法律）前期４教科
	日本・法（法律）Ａ個別第１期
	日本・法（法律）Ａ個別第２期
	日本・法（政治経済）Ａ個別第２期
	日本・法（政治経済）Ｎ全学第１期
	日本・法（経営法）Ｎ全学第１期
	日本・法（公共政策）Ｎ全学第１期
	明治学院・法（消費情報環境法）全学３教科型
	明治学院・法（消費情報環境法）全学英語外部型
	明治学院・法（政治）Ａ日程
	明治学院・法（政治）全学３教科型
	愛知・法（法）前期
	中京・法（法律）前期Ａ３教科型
	中京・法（法律）前期Ａ２教科型
	中京・法（法律）前期Ｍ３教科型
	中京・法（法律）前期Ｍ２教科型
	近畿・法（法律）前期Ａ日程
	近畿・法（法律）前期Ｂ日程
	関西学院・法（法律）全学部日程
	西南学院・法（法律）Ａ・Ｆ日程
	西南学院・法（法律）英語４技能利用
50	獨協・法（法律）３科目学科別
	獨協・法（法律）２科目全学前期
	国士舘・法（法律）前期
	国士舘・法（法律）デリバリー
	国士舘・政経（政治行政）前期
	駒澤・法フレックスＢ（法律）全学部統一日程
	専修・法（政治）前期Ａ方式
	専修・法（政治）全学部統一
	東京経済・現代法（現代法）前期ベスト２型
	東洋・法（企業法）前期３教科①
	東洋・法（企業法）前期３教科②
	東洋・法（企業法）前期３教科③
	東洋・法（企業法）前期４教科
	日本・法（政治経済）Ａ個別第１期
	日本・法（経営法）Ａ個別第１期
	日本・法（経営法）Ａ個別第２期
	日本・法（公共政策）Ａ個別第１期
	日本・法（公共政策）Ａ個別第２期
	日本・危機管理（危機管理）Ｎ全学第１期
	武蔵野・法（法律）全学部統一
	武蔵野・法（政治）全学部統一
	明治学院・法（消費情報環境法）Ａ日程
	愛知・法（法）Ｍ方式
47.5	東北学院・地域総合（政策デザイン）前期Ａ日程
	東北学院・地域総合（政策デザイン）前期Ｂ日程
	国士舘・法（法律）中期
	国士舘・法（現代ビジネス法）デリバリー
	国士舘・政経（政治行政）中期
	駒澤・法フレックスＢ（法律）Ｔ方式
	大東文化・法（法律）一般
	東海・政治経済（政治）文理併学部統一
	東京経済・現代法（現代法）前期３教科型
	東京経済・現代法（現代法）前期２教科型
	東洋・法第２部（法律）前期３教科①
	東洋・法第２部（法律）前期３教科②
	日本・法第二部（法律）Ａ個別第１期
	日本・法第二部（法律）Ａ個別第２期
	日本・法第二部（法律）Ｎ全学第１期
	立正・法（法）２月前期
	立正・法（法）Ｒ方式
	愛知・法（法）数学重視型入試
	愛知学院・法（法律）前期Ｍ
	愛知学院・法（法律）中期
47.5	愛知学院・法（現代社会法）中期
	名城・法（法）Ａ方式
	京都女子・法（法）前期Ａ方式
	京都女子・法（法）前期Ｂ方式
	龍谷・法（法律）前スタンダード
	龍谷・法（法律）前高得点重視
	龍谷・法（法律）中スタンダード
	龍谷・法（法律）中高得点重視
	龍谷・政策（政策）前高得点重視
	龍谷・政策（政策）中スタンダード
	龍谷・政策（政策）中高得点重視
	甲南・法（法）前期３教科
	甲南・法（法）前期２教科
	甲南・法（法）中期３教科
	福岡・法（法律）系統別
45	北海学園・法
	東北学院・法（法律）前期Ａ日程
	東北学院・法（法律）前期Ｂ日程
	亜細亜・法（法律）全学統一
	国士舘・法（現代ビジネス法）前期
	国士舘・法（現代ビジネス法）中期
	大東文化・法（法律）全学部統一
	大東文化・法（政治）全学部統一
	東海・法（法律）文系学部統一
	東海・政治経済（政治）一般
	日本・危機管理（危機管理）Ａ個別方式
	武蔵野・法（法律）ＡＢ日程
	武蔵野・法（政治）ＡＢ日程
	愛知・地域政策（公共政策）前期
	愛知・地域政策（公共政策）Ｍ方式
	愛知学院・法（法律）前期Ａ
	愛知学院・法（現代社会法）前期Ａ
	愛知学院・法（現代社会法）前期Ｍ
	名城・法（法）Ｂ方式
	京都産業・法（法律）３科目型
	京都産業・法（法律）２科目型
	京都産業・法（法政策）３科目型
	京都産業・法（法政策）２科目型
	龍谷・政策（政策）前スタンダード
	大阪経済・経営（ビジネス法）前期Ａ方式
	大阪経済・経営（ビジネス法）前期Ｂ方式
	福岡・法（法律）前期
	福岡・法（経営法）前期
	福岡・法（経営法）系統別
42.5	亜細亜・法（法律）一般３教科型
	大東文化・法（政治）一般
	拓殖・政経（法律政治）全国
	拓殖・政経（法律政治）２月
	帝京・法（法律）
	帝京・法（政治）
	東海・法（法律）一般
	神奈川・法（法律）Ａ方式
	神奈川・法（自治行政）Ａ方式
	関東学院・法（法）前期３科目
	関東学院・法（法）前期２科目
	関東学院・法（法）中期３科目
	関東学院・法（法）前期英語外部
	関東学院・法（地域創生）前期３科目
	関東学院・法（地域創生）前期２科目
	関東学院・法（地域創生）中期３科目
	関東学院・法（地域創生）前期英語外部
	佛教・社会（公共政策）Ａ日程３科目型
	佛教・社会（公共政策）Ａ日程２科目型
	大阪工業・知的財産（知的財産）前期Ａ日程
	摂南・法（法律）前期３科目型
	摂南・法（法律）前期２科目型
40	北海学園・法２部

ボーダー偏差値	大学・学部（学科）日程方式
40	常葉・法（法律）３教科型
	大阪工業・知的財産（知的財産）前期Ｂ日程
37.5	流通経済・法（法律）３科目型
	流通経済・法（法律）２科目型
	流通経済・法（自治行政）３科目型

ボーダー偏差値	大学・学部（学科）日程方式
37.5	流通経済・法（自治行政）２科目型
	淑徳・コミュニティ政策（コミュニティ政策）ＡＢ
	神戸学院・法（法律）前期
	神戸学院・法（法律）中期
35	城西・現代政策（社会経済システム）Ａ日程

経済・経営・商学系

ボーダー偏差値	大学・学部（学科）日程方式
70	早稲田・商　地歴・公民型
67.5	慶應義塾・経済（経済）Ａ方式
	慶應義塾・経済（経済）Ｂ方式
	慶應義塾・商（商）Ｂ方式
	早稲田・商　数学型
	早稲田・商　英語４技能型
65	慶應義塾・商（商）Ａ方式
	上智・経済（経営）ＴＥＡＰ利用
	立教・経営（経営）
	立教・経営（国際経営）
62.5	青山学院・経済（経済）個別学部Ａ方式
	青山学院・経済（経済）個別学部Ｂ方式
	青山学院・経済（経済）全学部日程
	青山学院・経済（現代経済デザイン）個別学部Ａ方式
	青山学院・経済（現代経済デザイン）個別学部Ｂ方式
	青山学院・経済（現代経済デザイン）全学部日程
	青山学院・経営（経営）全学部日程
	青山学院・経営（マーケティング）全学部日程
	上智・経済（経済）ＴＥＡＰ理系
	法政・経営（経営）Ｔ日程
	明治・政治経済（経済）全学部統一
	明治・経営　学部英語４技能
	明治・経営　全学部３科目
	明治・経営　全学英語４技能
	明治・商（商）学部英語４技能
	明治・商（商）全学部統一
	同志社・商（商学総合）全学部日程文系
	同志社・商（フレックス複合）学部個別日程
	同志社・商（フレックス複合）全学部日程文系
60	学習院・経済（経営）プラス
	上智・経済（経済）ＴＥＡＰ文系
	成蹊・経済（現代経済）２教科全学統一
	中央・経済（経済）６学部共通
	中央・商フレックス（フリーメジャー）６学部共通
	東京理科・経営（経営）Ｂ方式
	東京理科・経営（経営）グローバル方式
	東京理科・経営（ビジネスエコノミクス）グローバル方式
	法政・経済（経済）Ｔ日程
	法政・経営（経営）Ａ方式
	法政・経営（経営）英語外部利用
	法政・経営（経営戦略）Ｔ日程
	法政・経営（経営戦略）英語外部利用
	法政・経営（市場経営）Ｔ日程
	法政・経営（市場経営）英語外部利用
	武蔵・経済（経済）全学部統一型
	武蔵・経済（経済）全学グローバル
	武蔵・経済（経営）全学部統一型
	武蔵・経済（金融）全学部統一型
	明治・政治経済（経済）学部別
	明治・経営　学部別３科目
	明治・商（商）学部別
	立教・経済（経済）
	立教・経済（経済政策）
	立教・経済（会計ファイナンス）
	同志社・経済（経済）学部個別日程
	同志社・経済（経済）全学部日程文系

ボーダー偏差値	大学・学部（学科）日程方式
60	同志社・商（商学総合）学部個別日程
57.5	学習院・経済（経済）コア
	学習院・経済（経済）プラス
	学習院・経済（経営）コア
	國學院・経済（経済）Ａ日程得意科目
	國學院・経済（経営）Ａ日程得意科目
	成蹊・経済（現代経済）３教科学部個別
	成蹊・経営（総合経営）２教科全学統一
	成蹊・経営（総合経営）２教科グローバ
	中央・経済（経済）学部別一般
	中央・経済（経済情報システム）学部別一般
	中央・経済（経済情報システム）６学部共通
	中央・経済（経済情報システム）学部別英語外部
	中央・経済（公共・環境経済）学部別一般
	中央・経済（公共・環境経済）６学部共通
	中央・商フレックス（経営プラス１）学部別一般
	中央・商フレックス（会計）学部別一般
	中央・商フレックス（会計プラス１）学部別一般
	中央・商フレックス（国際マーケティングプラス1）学部別一般
	中央・商フレックス（金融）学部別一般
	東京理科・経営（ビジネスエコノミクス）Ｂ方式
	東京理科・経営（国際デザイン経営）Ｂ方式
	東洋・経済（経済）前３英国地公①
	東洋・経済（経済）前３英国地公②
	東洋・経済（経済）前３英国地公③
	東洋・経営（マーケティング）前期３教科英語
	東洋・経営（マーケティング）前期３最高①
	東洋・経営（マーケティング）前期３最高②
	法政・経済（現代ビジネス）Ａ方式
	法政・経済（現代ビジネス）Ｔ日程
	法政・経営（経営戦略）Ａ方式
	法政・経営（市場経営）Ａ方式
	武蔵・国際教養（経済経営学）全学部統一型
	武蔵・経済（経済）個別学部併願型
	武蔵・経済（経営）個別学部併願型
	武蔵・経済（経営）全学グローバル
	武蔵・経済（金融）個別学部併願型
	関西・経済（経済）全学英語外部
	関西・経済（経済）全学３教科同一
55	國學院・経済（経済）Ａ日程３教科
	國學院・経済（経済）Ａ日程特色型
	國學院・経済（経営）Ａ日程３教科
	國學院・経済（経営）Ａ日程特色型
	駒澤・経済（商）全学部統一日程
	駒澤・経営（経営）全学部統一日程
	昭和女子・グローバルビジネス（ビジネスデザイン）Ａ日程
	昭和女子・グローバルビジネス（ビジネスデザイン）Ｂ日程
	昭和女子・グローバルビジネス（会計ファイナンス）Ａ日程
	成蹊・経済（経済数理）３教科学部個別
	成蹊・経済（経済数理）２教科全学統一
	成蹊・経済（現代経済）２教科グローバ
	成蹊・経営（総合経営）３教科学部個別
	成城・経済（経済）Ａ方式
	成城・経済（経済）Ｓ方式
	成城・経済（経営）Ａ方式
	成城・経済（経営）Ｓ方式

ボーダー偏差値	大学・学部（学科）日程方式
55	専修・商（マーケティング）前期Ａ方式
	中央・経済（経済）学部別英語外部
	中央・経済（公共・環境経済）学部別英語外部
	中央・商フレックス（経営）学部別一般
	中央・商フレックス（国際マーケティング）学部別一般
	中央・商フレックス（金融プラス１）学部別一般
	東京理科・経営（国際デザイン経営）グローバル方式
	東洋・経済（経済）前期３最高①
	東洋・経済（経済）前期３最高②
	東洋・経済（経済）前期３最高③
	東洋・経済（総合政策）前期３教科英語
	東洋・経済（総合政策）前期３教科数学
	東洋・経済（総合政策）前期３教科①
	東洋・経済（総合政策）前期３教科②
	東洋・経済（総合政策）前期３教科③
	東洋・経営（経営）前期３教科国語
	東洋・経営（経営）前期３教科数学
	東洋・経営（マーケティング）前期３教科①
	東洋・経営（マーケティング）前期３教科②
	東洋・経営（マーケティング）前期３教科③
	東洋・経営（マーケティング）前期３教科④
	東洋・経営（会計ファイナンス）前期３英語①
	東洋・経営（会計ファイナンス）前期３英語②
	法政・経済（経済）Ａ方式
	武蔵・国際教養（経済経営学）個別学部併願型
	武蔵・国際教養（経済経営学）全学グローバル
	武蔵・経済（金融）全学グローバル
	明治学院・経済（経済）全学３教科型
	明治学院・経済（経済）全学英語外部型
	明治学院・経済（経営）全学３教科型
	明治学院・経済（経営）全学英語外部型
	中京・経済（経済）前期Ａ２教科型
	中京・経営（経営）前期Ａ２教科型
	中京・経営（経営）前期Ｍ２教科型
	南山・経済（経済）全学統一個別型
	南山・経営（経営）Ｂ方式
	南山・経営（経営）全学統一個別型
	立命館・経営（経営）全学統一文系
	立命館・経営（経営）学部個別配点
	立命館・食マネジメント（食マネジメント）理系３教科
	関西・経済（経済）全学３教科
	関西・商（商）全学３教科
	関西学院・経済　英語・数学型
	関西学院・商　全学部日程
	関西学院・商　学部個別日程
	関西学院・商　英語・数学型
52.5	獨協・経済（経済）２科目全学前期
	駒澤・経済（経済）Ｔ方式
	駒澤・経済（経済）全学部統一日程
	駒澤・経営（市場戦略）全学部統一日程
	昭和女子・グローバルビジネス（会計ファイナンス）Ｂ日程
	専修・経営（経営）全国
	専修・商（マーケティング）前期Ｂ方式
	専修・商（マーケティング）前期Ｃ方式
	専修・商（マーケティング）前期Ｄ方式
	専修・商（マーケティング）全学部統一
	専修・商（マーケティング）全国
	専修・商（会計）前期Ａ方式
	専修・商（会計）前期Ｂ方式
	専修・商（会計）前期Ｃ方式
	専修・商（会計）前期Ｄ方式
	専修・商（会計）全国
	東京経済・経営　前期ベスト２型
	東京女子・現代教養（国際－経済学）個別学力試験型
	東京女子・現代教養（国際－経済学）英語外部利用型
	東洋・経済（経済）前期３英国数①
	東洋・経済（経済）前期３英国数②

ボーダー偏差値	大学・学部（学科）日程方式
52.5	東洋・経済（経済）前期３英国数③
	東洋・経済（経済）前期４教科①
	東洋・経済（経済）前期４教科②
	東洋・経済（経済）前期４教科③
	東洋・経営（経営）前期３教科①
	東洋・経営（経営）前期３教科②
	東洋・経営（経営）前期３教科③
	東洋・経営（経営）前期３教科④
	東洋・経営（会計ファイナンス）前期３数学①
	東洋・経営（会計ファイナンス）前期３数学②
	東洋・経営（会計ファイナンス）前期３教科①
	東洋・経営（会計ファイナンス）前期３教科②
	東洋・経営（会計ファイナンス）前期３教科③
	日本・経済（経済）Ａ個別第１期
	日本・経済（産業経営）Ｎ全学第１期
	日本・経済（金融公共経済）Ａ個別第１期
	日本・商（商業）Ｎ全学第１期
	武蔵野・経済（経済）全学部統一
	武蔵野・経営（経営）全学部統一
	明治学院・経済（経済）Ａ日程
	明治学院・経済（経営）Ａ日程
	明星・経営（経営）Ｂ方式
	愛知・経営（経営）前期
	愛知・経営（経営）数学重視型入試
	中京・経済（経済）前期Ａ３教科型
	中京・経済（経済）前期Ｍ３教科型
	中京・経済（経済）前期Ｍ２教科型
	中京・経営（経営）前期Ａ３教科型
	中京・経営（経営）前期Ｍ３教科型
	南山・経済（経済）Ａ方式
	南山・経済（経済）Ｂ方式
	南山・経営（経営）Ａ方式
	立命館・経済（経済）全学統一文系
	立命館・経済（経済）学部個別配点
	立命館・食マネジメント（食マネジメント）全学統一文系
	立命館・食マネジメント（食マネジメント）学部個別配点
	近畿・経済（経済）前期Ａ日程
	近畿・経済（経済）前期Ｂ日程
	近畿・経営（経営）前期Ａ日程
	関西学院・経済　全学部日程理系
	関西学院・経済　全学部日程
	関西学院・経済　学部個別日程
	西南学院・経済（経済）Ａ・Ｆ日程
	西南学院・経済（経済）英語４技能利用
	西南学院・商（商）Ａ・Ｆ日程
	西南学院・商（商）英語４技能利用
	西南学院・商（経営）Ａ・Ｆ日程
	西南学院・商（経営）英語４技能利用
50	獨協・経済（経営）２科目全学前期
	文教・経営〈東京〉（経営）全国
	国士舘・政経（経済）前期
	国士舘・政経（経済）デリバリー
	国士舘・経営（経営）前期
	国士舘・経営（経営）デリバリー
	駒澤・経済（商）Ｔ方式
	駒澤・経済（現代応用経済）Ｔ方式
	駒澤・経済（現代応用経済）全学部統一日程
	駒澤・経営（経営）Ｔ方式
	駒澤・経営（市場戦略）Ｔ方式
	産業能率・経営（経営）前期スタン
	産業能率・経営（経営）前期プラスワン
	産業能率・経営（経営）前期２教科
	産業能率・経営（マーケティング）前期スタン
	産業能率・経営（マーケティング）前期プラスワン
	産業能率・経営（マーケティング）前期２教科
	専修・経済（現代経済）前期Ａ方式
	専修・経済（現代経済）前期Ｂ方式

ボーダー偏差値	大学・学部（学科）日程方式
50	専修·経済（現代経済）全学部統一
	専修·経済（現代経済）全国
	専修·経営（経営）前期Ａ方式
	専修·経営（経営）全学部統一
	専修·経営（ビジネスデザイン）全学部統一
	専修·経営（ビジネスデザイン）全国
	専修·商（会計）全学部統一
	東海·政治経済（経済）文理併学部統一
	東海·経営（経営）文理併学部統一
	東京経済·経済 前期２教科型
	東京経済·経済 前期ベスト２型
	東京経済·経営 前期３教科型
	東京経済·経営 前期２教科型
	東京都市·都市生活（都市生活）前期
	東京都市·都市生活（都市生活）中期
	東洋·経済（総合政策）前期４教科
	東洋·経済第２部（経済）前期ベスト２①
	東洋·経済第２部（経済）前期ベスト２②
	日本·経済（経済）Ａ個別第２期
	日本·経済（経済）Ｎ全学第１期
	日本·経済（産業経営）Ａ個別第１期
	日本·経済（産業経営）Ａ個別第２期
	日本·経済（金融公共経済）Ａ個別第２期
	日本·経済（金融公共経済）Ｎ全学第１期
	日本·商（商業）Ａ個別第１期
	日本·商（商業）Ａ個別第２期
	日本·商（経営）Ａ個別第１期
	日本·商（経営）Ａ個別第２期
	日本·商（経営）Ｎ全学第１期
	日本·商（会計）Ａ個別第１期
	日本·商（会計）Ｎ全学第１期
	武蔵野·経営（会計ガバナンス）全学部統一
	武蔵野·アントレプレナーシップ（アントレプレナーシップ）AB日程
	武蔵野·アントレプレナーシップ（アントレプレナーシップ）全学部統一
	明星·経営（経営）Ａ方式
	立正·経済（金融）Ｒ方式
	常葉·経営（経営）２教科型
	愛知·経済（経済）前期
	愛知·経済（経済）Ｍ方式
	愛知·経営（経営）Ｍ方式
	名城·経済（経済）Ｂ方式
	名城·経営（経営）Ｂ方式
	近畿·経営（経営）前期Ｂ日程
	近畿·経営（商）前期Ａ日程
	近畿·経営（商）前期Ｂ日程
	近畿·経営（会計）前期Ａ日程
	近畿·経営（会計）前期Ｂ日程
	甲南·経済（経済）前期２教科
	甲南·経済（経済）中期３教科
	甲南·経営（経営）前期３教科
	甲南·経営（経営）前期２教科
	甲南·経営（経営）中期３教科
	武庫川女子·経営（経営）Ａ２科目型
	武庫川女子·経営（経営）Ｂ２科目同一
	福岡·経済（経済）系統別
	福岡·商（経営）系統別
	福岡·商（会計専門職）系統別
47.5	獨協·経済（経営）３科目学科別
	文教·経営〈東京〉（経営）Ａ日程
	共立女子·ビジネス（ビジネス）２月日程
	共立女子·ビジネス（ビジネス）全学統一方式
	国士舘·経営（経営）中期
	産業能率·経営（マーケティング）中期
	専修·経済（生活環境経済）前期Ａ方式
	専修·経済（生活環境経済）前期Ｂ方式
	専修·経済（生活環境経済）全学部統一
	専修·経済（生活環境経済）全国
47.5	専修·経営（経営）前期Ｃ方式
	専修·経営（ビジネスデザイン）前期Ａ方式
	専修·経営（ビジネスデザイン）前期Ｃ方式
	東海·政治経済（経済）一般
	東海·経営（経営）一般
	東京経済·経済 前期３教科型
	東洋·経済第２部（経済）前期３教科①
	東洋·経済第２部（経済）前期３教科②
	東洋·経営第２部（経営）前期ベスト２①
	日本·商（会計）Ａ個別第２期
	武蔵野·経営（経営）ＡＢ日程
	明星·経済（経済）Ｂ方式
	立正·経済（経済学）２月前期
	立正·経済（経済学）Ｒ方式
	立正·経営（経営）Ｒ方式
	神奈川·経済（現代ビジネス）Ｂ方式
	常葉·経営（経営）３教科型
	愛知·経済（経済）数学重視型入試
	愛知·経営（会計ファイナンス）前期
	愛知·経営（会計ファイナンス）Ｍ方式
	愛知学院·経済（経済）前期Ｍ
	愛知学院·経済（経済）中期
	愛知学院·経営（経営）前期Ｍ
	愛知学院·経営（経営）中期
	愛知淑徳·ビジネス（ビジネス）前期２教科
	中部·経営情報（経営総合）前期Ｂ方式
	名城·経済（経済）Ａ方式
	名城·経済（産業社会）Ａ方式
	名城·経済（産業社会）Ｂ方式
	名城·経営（経営）Ａ方式
	京都産業·経済（経済）２科目型
	京都産業·経営（マネジメント）２科目型
	龍谷·経済 前スタンダード
	龍谷·経済 前高得点重視
	龍谷·経済 中スタンダード
	龍谷·経済 中高得点重視
	龍谷·経営（経営）前スタンダード
	龍谷·経営（経営）前高得点重視
	龍谷·経営（経営）中スタンダード
	龍谷·経営（経営）中高得点重視
	近畿·経済（総合経済政策）前期Ａ日程
	近畿·経済（総合経済政策）前期Ｂ日程
	近畿·経営（キャリア·マネジメント）前期Ａ日程
	近畿·経営（キャリア·マネジメント）前期Ｂ日程
	甲南·経済（経済）前期３教科
	甲南·マネジメント創造（マネジメント創造）前期３教科
	甲南·マネジメント創造（マネジメント創造）前期２教科
	甲南·マネジメント創造（マネジメント創造）中期３教科
	武庫川女子·経営（経営）Ａ３科目同一
	福岡·経済（経済）前期
	福岡·経済（産業経済）系統別
	福岡·商（商）前期
	福岡·商（商）系統別
	福岡·商（経営）前期
	福岡·商（貿易）系統別
	福岡·商（会計専門職）前期
45	北海学園·経済
	北海学園·経営（経営）
	北海学園·経営（経営情報）
	東北学院·経済（経済）前期Ａ日程
	東北学院·経営（経営）前期Ａ日程
	東北学院·経営（経営）前期Ｂ日程
	獨協·経済（経済）３科目学科別
	亜細亜·経済（経済）一般３教科型
	亜細亜·経済（経済）一般２教科型
	亜細亜·経済（経済）全学統一
	亜細亜·経営（経営）全学統一

私立

経済・経営・商学系

ボーダー偏差値	大学・学部（学科）日程方式
45	杏林・総合政策（企業経営）２科目前期
	国士舘・政経（経済）中期
	産業能率・経営（経営）中期
	産業能率・情報マネジメント（現代マネジメント）前期スタン
	産業能率・情報マネジメント（現代マネジメント）前期プラスワン
	産業能率・情報マネジメント（現代マネジメント）前期2教科
	大東文化・経済（社会経済）一般
	大東文化・経済（社会経済）全学部統一
	大東文化・経済（現代経済）一般
	大東文化・経済（現代経済）全学部統一
	大東文化・経営（経営）全学部統一
	拓殖・商（経営）全国
	拓殖・商（経営）２月
	拓殖・商（会計）２月
	東海・国際文化〈北海道〉（地域創造）文系学部統一
	東海・文理融合〈熊本〉（経営）文理併学部統一
	東洋・経営第２部（経営）前期３教科
	東洋・経営第２部（経営）前期ベスト２②
	武蔵野・経済（経済）ＡＢ日程
	明星・経済（経済）Ａ方式
	立正・経済（金融）２月前期
	立正・経営（経営）２月前期
	神奈川・経済（経済－現代経済）Ａ方式
	神奈川・経済（経済－経済分析）Ｂ方式
	神奈川・経済（現代ビジネス）Ａ方式
	愛知・地域政策（経済産業）前期
	愛知・経営（会計ファイナンス）数学重視型入試
	愛知学院・経済（経済）前期Ａ
	愛知学院・経営（経営）前期Ａ
	愛知学院・商（商）前期Ａ
	愛知学院・商（商）前期Ｍ
	愛知学院・商（商）中期
	愛知淑徳・ビジネス（ビジネス）前期３教科
	中部・経営情報（経営総合）前期Ａ方式
	中部・経営情報（経営総合）前期ＡＭ方式
	中部・経営情報（経営総合）前期ＢＭ方式
	京都産業・経済（経済）３科目型
	京都産業・経営（マネジメント）３科目型
	大阪経済・経済（経済）前期Ａ方式
	大阪経済・経営（経営）前期Ａ方式
	福岡・経済（産業経済）前期
	福岡・商（貿易）前期
42.5	東北学院・経済（経済）前期Ｂ日程
	千葉工業・社会システム科学（経営情報科学）Ａ日程
	千葉工業・社会システム科学（経営情報科学）Ｂ日程
	千葉工業・社会システム科学（金融・経営リスク科学）Ａ日程
	千葉工業・社会システム科学（金融・経営リスク科学）Ｂ日程
	麗澤・経済（経済－経済）前期２科目型
	麗澤・経済（経済－経済）前期３科目型
	麗澤・経済（経済－経済）前期ベスト２
	麗澤・経済（経済－経済）中期
	麗澤・経済（経営－経営）前期２科目型
	麗澤・経済（経営－経営）前期３科目型
	麗澤・経済（経営－経営）前期ベスト２
	麗澤・経済（経営－経営）中期
	亜細亜・経営（経営）一般３教科型
	亜細亜・経営（ホスピタリティ・マネジメント）一般３教科型
	亜細亜・経営（ホスピタリティ・マネジメント）一般２教科型
	亜細亜・経営（ホスピタリティ・マネジメント）全学統一
	桜美林・ビジネスマネジメント　３科目型
	桜美林・ビジネスマネジメント　２科目型
	桜美林・航空・マネジメント（航空・マネジメント）3科目型
	桜美林・航空・マネジメント（航空・マネジメント）2科目型
	桜美林・航空・マネジメント（航空・マネジメント）理系3科目型
	桜美林・航空・マネジメント（航空・マネジメント）理系2科目型
	杏林・総合政策（企業経営）３科目前期
	産業能率・情報マネジメント（現代マネジメント）中期
	大正・地域創生（地域創生）２科目方式
	大東文化・経営（経営）一般
	拓殖・政経（経済）全国
	拓殖・政経（経済）２月
	拓殖・商（国際ビジネス）全国
	拓殖・商（国際ビジネス）２月
	拓殖・商（会計）全国
	帝京・経済（経済）
	帝京・経済（地域経済）
	帝京・経済（経営）
	帝京平成・人文社会（経営－経営）
	帝京平成・人文社会（経営－経営情報）
	東海・国際文化〈北海道〉（地域創造）一般
	武蔵野・経営（会計ガバナンス）ＡＢ日程
	神奈川・経済（経済－経済分析）Ａ方式
	関東学院・経済（経済）前期英語外部
	関東学院・経営（経営）前期３科目
	関東学院・経営（経営）前期２科目
	関東学院・経営（経営）中期３科目
	関東学院・経営（経営）前期英語外部
	愛知・地域政策（経済産業）Ｍ方式
	大阪経済・経済（経済）前期Ｂ方式
	大阪経済・経営（経営）前期Ｂ方式
	大阪経済・経営第２部（経営）前期Ａ方式
	大阪経済・経営第２部（経営）前期Ｂ方式
	摂南・経済（経済）前期３科目型
	摂南・経済（経済）前期２科目型
	摂南・経営（経営）前期３科目型
	摂南・経営（経営）前期２科目型
	福岡・商第二部（商）系統別
	福岡・商第二部（会計専門職）系統別
40	北海学園・経済２部
	北海学園・経営２部（経営）
	流通経済・経済（経済）３科目型
	流通経済・経済（経済）２科目型
	流通経済・経済（経営）３科目型
	流通経済・経済（経営）２科目型
	城西・経営（マネジメント総合）Ａ日程
	淑徳・経営（観光経営）ＡＢ
	麗澤・経済（経済－観光・地域創生）前期２科目型
	麗澤・経済（経済－観光・地域創生）前期３科目型
	麗澤・経済（経済－観光・地域創生）前期ベスト２
	麗澤・経済（経済－観光・地域創生）中期
	麗澤・経済（経営－スポーツビジネス）前期２科目型
	麗澤・経済（経営－スポーツビジネス）前期３科目型
	麗澤・経済（経営－スポーツビジネス）前期ベスト２
	麗澤・経済（経営－スポーツビジネス）中期
	大正・地域創生（地域創生）４科目方式
	帝京・経済（観光経営）
	帝京平成・人文社会（観光経営）
	関東学院・経済（経済）前期３科目
	関東学院・経済（経済）前期２科目
	関東学院・経済（経済）中期３科目
	金沢工業・情報フロンティア（経営情報）Ａ
	金沢工業・情報フロンティア（経営情報）Ｂ
	神戸学院・経済（経済）前期
	神戸学院・経営（経営・会計）前期
	神戸学院・経営（データサイエンス）前期
	神戸学院・経営（データサイエンス）中期
37.5	流通経済・流通情報（流通情報）３科目型
	流通経済・流通情報（流通情報）２科目型
	城西・経済（経済）Ａ日程
	東京国際・経済（現代経済）全学Ⅰ期３
	東京国際・経済（現代経済）全学Ⅰ期２
	東京国際・経済（ビジネスエコノミクス）全学Ⅰ期３
	東京国際・経済（ビジネスエコノミクス）全学Ⅰ期２
	東京国際・商（商）全学Ⅰ期２

ボーダー偏差値	大学・学部（学科）日程方式
37.5	東京国際・商（経営）全学Ｉ期２
	淑徳・経営（経営）ＡＢ
	城西国際・経営情報（総合経営〈東京〉）
	城西国際・経営情報（総合経営〈千葉〉）
	麗澤・国際（グローバルビジネス）前期２科目型
	麗澤・国際（グローバルビジネス）前期３科目型
	麗澤・国際（グローバルビジネス）前期ベスト２
	麗澤・国際（グローバルビジネス）中期
	麗澤・経済（経営－ＡＩ・ビジネス）前期２科目型
	麗澤・経済（経営－ＡＩ・ビジネス）前期３科目型
	麗澤・経済（経営－ＡＩ・ビジネス）前期ベスト２
	麗澤・経済（経営－ＡＩ・ビジネス）中期
	大正・地域創生（地域創生）３科目方式
	東海・文理融合〈熊本〉（経営）一般
	文京学院・経営（経営コミュニケーション）Ｉ期Ａ日程
	文京学院・経営（経営コミュニケーション）Ｉ期Ｂ日程
	文京学院・経営（経営コミュニケーション）ⅡⅢ期
	文京学院・経営（経営コミュニケーション）全学統一
	文京学院・経営（マーケティング・デザイン）Ｉ期Ａ日程

ボーダー偏差値	大学・学部（学科）日程方式
37.5	文京学院・経営（マーケティング・デザイン）Ｉ期Ｂ日程
	文京学院・経営（マーケティング・デザイン）ⅡⅢ期
	文京学院・経営（マーケティング・デザイン）全学統一
	目白・経営（経営）ＡＢ日程
	目白・経営（経営）全学部統一
	神戸学院・経済（経済）中期
	神戸学院・経営（経営・会計）中期
	福岡・商第二部（商）前期
35	東京国際・経済（現代経済）全学ⅡⅢ期３
	東京国際・経済（現代経済）全学ⅡⅢ期２
	東京国際・経済（ビジネスエコノミクス）全学ⅡⅢ期２
	東京国際・商（商）全学Ｉ期３
	東京国際・商（経営）全学Ｉ期３
BF	東京国際・経済（ビジネスエコノミクス）全学ⅡⅢ期３
	東京国際・商（商）全学ⅡⅢ期３
	東京国際・商（商）全学ⅡⅢ期２
	東京国際・商（経営）全学ⅡⅢ期３
	東京国際・商（経営）全学ⅡⅢ期２

理学系

ボーダー偏差値	大学・学部（学科）日程方式
65	慶應義塾・理工（学門Ａ）
	早稲田・基幹理工（学系Ｉ）
	早稲田・先進理工（物理）
	早稲田・先進理工（化学・生命化学）
62.5	東京理科・理（数学）Ｂ方式
	東京理科・理（物理）Ｂ方式
	東京理科・理（化学）グローバル方式
	東京理科・理（応用化学）Ｂ方式
	明治・総合数理（先端メディアサイエンス）学部別
	明治・総合数理（先端メディアサイエンス）全学部３科目
	早稲田・教育（理－地球科学）Ｂ方式
	早稲田・教育（数学）Ｂ方式
60	東京理科・理（数学）グローバル方式
	東京理科・理（物理）グローバル方式
	東京理科・理（化学）Ｂ方式
	東京理科・理（応用化学）グローバル方式
	東京理科・創域理工（数理科学）Ｂ方式
	東京理科・創域理工（数理科学）グローバル方式
	東京理科・創域理工（数理科学）Ｓ方式
	明治・総合数理（現象数理）学部別
	明治・総合数理（現象数理）全学部３科目
	明治・総合数理（先端メディアサイエンス）全学部４科目
	明治・総合数理（先端メディアサイエンス）全学英語４技能
	明治・総合数理（ネットワークデザイン）学部別
	明治・理工（物理）全学部統一
	同志社・理工（数理システム）全学部日程理系
57.5	青山学院・理工（化学・生命科学）全学部日程
	学習院・理（数学）プラス
	東京理科・理（応用数学）Ｂ方式
	東京理科・理（応用数学）グローバル方式
	東京理科・創域理工（先端物理）Ｂ方式
	東京理科・創域理工（先端物理）グローバル方式
	東京理科・創域理工（生命生物科学）Ｂ方式
	明治・総合数理（現象数理）全学部４科目
	明治・総合数理（現象数理）全学英語４技能
	明治・総合数理（ネットワークデザイン）全学部４科目
	明治・総合数理（ネットワークデザイン）全学英語４技能
	明治・理工（数学）全学部統一
	明治・理工（物理）学部別
	立教・理（数学）
	立教・理（化学）
	立教・理（生命理学）

ボーダー偏差値	大学・学部（学科）日程方式
57.5	同志社・理工（数理システム）学部個別日程
	同志社・生命医科学（医生命システム）学部個別日程
	同志社・生命医科学（医生命システム）全学部日程理系
55	青山学院・理工（物理科学）個別学部Ａ方式
	青山学院・理工（物理科学）全学部日程
	青山学院・理工（数理サイエンス）個別学部Ａ方式
	青山学院・理工（数理サイエンス）全学部日程
	青山学院・理工（化学・生命科学）個別学部Ａ方式
	学習院・理（物理）コア
	学習院・理（物理）プラス
	学習院・理（化学）コア
	学習院・理（数学）コア
	学習院・理（生命科学）コア
	学習院・理（生命科学）プラス
	工学院・先進工（生命化学）Ａ日程
	工学院・先進工（生命化学）Ｓ日程
	工学院・先進工（生命化学）英語外部試験
	工学院・先進工（応用物理）Ａ日程
	工学院・先進工（応用物理）Ｓ日程
	芝浦工業・システム理工（生命－生命科学）全学統一日程
	中央・理工（数学）学部別英語外部
	中央・理工（物理）学部別一般
	中央・理工（物理）学部別英語外部
	中央・理工（生命科学）学部別一般
	中央・理工（生命科学）学部別英語外部
	東京理科・創域理工（生命生物科学）グローバル方式
	法政・理工（創生科学）Ａ方式
	法政・理工（創生科学）英語外部利用
	明治・理工（数学）学部別
	立教・理（物理）
	関西・システム理工（数学）全学理数重視
	関西・システム理工（物理・応用物理）全学理数重視
	関西学院・理（物理・宇宙）全学部総合
52.5	北里・理（生物科学）
	工学院・先進工（応用物理）英語外部試験
	芝浦工業・システム理工（生命－生命科学）英語資格方式
	芝浦工業・システム理工（数理科学）全学統一日程
	成蹊・理工（データ数理）２教科全学統一
	中央・理工（数学）学部別一般
	法政・理工（創生科学）Ｔ日程
	立命館・理工（数理－数学）全学統一理系
	立命館・理工（数理－数学）学部個別理科１

ボーダー偏差値	大学・学部（学科）日程方式
52.5	立命館・理工（数理－数学）学部個別理科２
	立命館・生命科学（応用化学）全学統一理系
	立命館・生命科学（応用化学）学部個別理科１
	立命館・生命科学（応用化学）学部個別理科２
	立命館・生命科学（生命情報）全学統一理系
	立命館・生命科学（生命情報）学部個別理科１
	立命館・生命科学（生命情報）学部個別理科２
	立命館・生命科学（生命医科学）全学統一理系
	立命館・生命科学（生命医科学）学部個別理科１
	立命館・生命科学（生命医科学）学部個別理科２
	関西・システム理工（数学）全学理１科目
	関西・システム理工（数学）全学理２科目
	関西・システム理工（数学）全学理科設問
	関西・システム理工（物理・応用物理）全学理１科目
	関西・システム理工（物理・応用物理）全学理２科目
	関西・システム理工（物理・応用物理）全学理科設問
	関西学院・理（数理科学）全学部数理重視
	関西学院・理（数理科学）全学部総合
	関西学院・理（数理科学）英語・数学型
	関西学院・理（物理・宇宙）全学部数理重視
	関西学院・理（物理・宇宙）英語・数学型
	関西学院・生命環境（生物科学）全学部数理重視
	関西学院・生命環境（生物科学）全学部総合
	関西学院・生命環境（生物科学）英語・数学型
	関西学院・生命環境（生命－生命医科学）全学部数理重視
	関西学院・生命環境（生命－生命医科学）全学部総合
	関西学院・生命環境（生命－生命医科学）英語・数学型
	関西学院・生命環境（生命－発生再生医科学）全学部数理重視
	関西学院・生命環境（生命－発生再生医科学）全学部総合
	関西学院・生命環境（生命－発生再生医科学）英語・数学型
	関西学院・生命環境（生命－医工学）英語・数学型
50	北里・理（物理）
	北里・理（化学）
	芝浦工業・システム理工（生命－生命科学）前期日程
	芝浦工業・システム理工（数理科学）前期日程
	芝浦工業・システム理工（数理科学）英語資格方式
	津田塾・学芸（情報科学）Ａ方式
	東京女子・現代教養（数理－情報理学）英語外部利用型
	東京電機・理工（理学系）前期英語外部
	東京都市・理工（自然科学）前期
	東京薬科・生命科学（生命医科学）Ｂ方式Ⅰ期
	東洋・生命科学（生命科学）前期３理科①
	東洋・生命科学（生命科学）前期３理科②
	東洋・生命科学（生命科学）前期３理科③
	東洋・生命科学（生命科学）前期３理科④
	東洋・生命科学（応用生物科学）前期３教科①
	東洋・生命科学（応用生物科学）前期３教科②
	東洋・生命科学（応用生物科学）前期３教科③
	東洋・生命科学（応用生物科学）前期３教科④
	日本・文理（地球科学）Ｎ全学第１期
	日本・文理（数学）Ｎ全学第１期
	日本・文理（情報科学）Ｎ全学第１期
	日本・文理（物理）Ｎ全学第１期
	日本・文理（生命科学）Ｎ全学第１期
	日本・文理（化学）Ｎ全学第１期
	日本・理工（数学）Ａ個別方式
	日本・理工（数学）Ｎ全学第１期
	神奈川・理（総合理学）Ａ方式
	神奈川・理（総合理学）Ｂ方式
	名城・理工（数学）Ａ方式
	名城・理工（数学）Ｂ方式
	京都産業・理（宇宙物理・気象）２科目型
	立命館・理工（数理－データサイエンス）全学統一理系
	立命館・理工（数理－データサイエンス）学部個別理科１
	立命館・理工（数理－データサイエンス）学部個別理科２
	立命館・理工（物理科学）全学統一理系
	立命館・理工（物理科学）学部個別理科１

ボーダー偏差値	大学・学部（学科）日程方式
50	立命館・理工（物理科学）学部個別理科２
	近畿・理工（理－数学）前期Ａ日程
	関西学院・理（化学）全学部総合
	関西学院・理（化学）全学部数理重視
	関西学院・理（化学）英語・数学型
	関西学院・生命環境（生命－医工学）全学部数理重視
	関西学院・生命環境（生命－医工学）全学部総合
	福岡・理（化学）系統別
	福岡・理（社会数理・情報）前期
47.5	国士舘・理工（理工）前期
	成蹊・理工（データ数理）３教科学部個別
	津田塾・学芸（数学）Ａ方式
	東海・理（数学）理系学部統一
	東京女子・現代教養（数理－数学）英語外部利用型
	東京女子・現代教養（数理－情報理学）個別学力試験型
	東京電機・理工（理学系）前期
	東京電機・理工（生命科学系）前期
	東京電機・理工（生命科学系）前期英語外部
	東京薬科・生命科学（分子生命科学）Ｂ方式Ⅰ期
	東京薬科・生命科学（分子生命科学）Ｂ方式Ⅱ期
	東京薬科・生命科学（生命医科学）Ｂ方式Ⅱ期
	東京理科・理第二部（数学）Ｂ方式
	東邦・理（生物）Ｂ
	東邦・理（生物）Ｃ
	東邦・理（生物分子科学）Ｃ
	東邦・理（物理）Ｂ
	東邦・理（物理）Ｃ
	東邦・理（情報科学）Ｂ
	東邦・理（情報科学）Ｃ
	東洋・生命科学（生命科学）前期３教科①
	東洋・生命科学（生命科学）前期３教科②
	東洋・生命科学（生命科学）前期３教科③
	東洋・生命科学（生命科学）前期３教科④
	東洋・生命科学（応用生物科学）前期３理科①
	東洋・生命科学（応用生物科学）前期３理科②
	東洋・生命科学（応用生物科学）前期３理科③
	東洋・生命科学（応用生物科学）前期３理科④
	日本・文理（地球科学）Ａ個別第１期
	日本・文理（数学）Ａ個別第１期
	日本・文理（情報科学）Ａ個別第１期
	日本・文理（物理）Ａ個別第１期
	日本・文理（生命科学）Ａ個別第１期
	日本・文理（化学）Ａ個別第１期
	日本・理工（物理）Ａ個別方式
	日本・理工（物理）Ｎ全学第１期
	日本女子・理（化学生命科学）個別２教科
	日本女子・理（化学生命科学）英語外部利用型
	神奈川・理（数学）Ａ方式
	神奈川・理（物理）Ａ方式
	神奈川・理（化学）Ｂ方式
	神奈川・理（地球環境科学）Ｂ方式
	神奈川・情報（計算機科学）Ａ方式
	神奈川・情報（計算機科学）Ｂ方式
	南山・理工（データサイエンス）
	京都産業・理（数理科学）２科目型
	京都産業・理（宇宙物理・気象）３科目型
	近畿・理工（理－数学）前期Ｂ日程
	近畿・理工（理－物理学）前期Ａ日程
	近畿・理工（理－物理学）前期Ｂ日程
	甲南・理工（物理）中期３教科
	甲南・理工（生物）前期３教科
	甲南・理工（生物）中期３教科
	福岡・理（応用数学）前期
	福岡・理（応用数学）系統別
	福岡・理（化学）前期
	福岡・理（地球圏科学）系統別
	福岡・理（社会数理・情報）系統別

ボーダー偏差値	大学・学部（学科）日程方式
47.5	福岡・理（ナノサイエンス〈化学〉）系統別
45	国士舘・理工（理工）デリバリー
	国士舘・理工（理工）中期
	東海・理（数学）一般
	東海・理（情報数理）理系学部統一
	東海・理（物理）理系学部統一
	東海・理（化学）理系学部統一
	東京女子・現代教養（数理－数学）個別学力試験型
	東京都市・理工（自然科学）中期
	東邦・理（化学）Ａ
	東邦・理（化学）Ｂ
	東邦・理（化学）Ｃ
	東邦・理（生物）Ａ
	東邦・理（生物分子科学）Ａ
	東邦・理（生物分子科学）Ｂ
	東邦・理（物理）Ａ
	東邦・理（情報科学）Ａ
	東邦・理（生命圏環境科学）Ａ
	東邦・理（生命圏環境科学）Ｂ
	東邦・理（生命圏環境科学）Ｃ
	日本女子・理（数物情報科学）個別２教科
	日本女子・理（数物情報科学）個別３教科
	日本女子・理（数物情報科学）英語外部利用型
	日本女子・理（化学生命科学）個別３教科
	明星・理工（物理学）Ｂ方式
	神奈川・理（数学）Ｂ方式
	神奈川・理（物理）Ｂ方式
	神奈川・理（化学）Ａ方式
	神奈川・理（生物）Ｂ方式
	神奈川・理（地球環境科学）Ａ方式
	中部・理工（数理・物理サイエンス）前期Ａ方式
	中部・応用生物（応用生物化学）前期Ａ方式
	中部・応用生物（応用生物化学）前期Ｂ方式
	中部・応用生物（応用生物化学）前期ＢＭ方式
	南山・理工（データサイエンス）全学統一個別型
	京都産業・理（数理科学）３科目型
	京都産業・理（物理科学）３科目型
	京都産業・理（物理科学）２科目型
	龍谷・先端理工（数理・情報科学）中配点セレクト
	近畿・理工（理－化学）前期Ａ日程
	近畿・理工（理－化学）前期Ｂ日程
	摂南・理工（生命科学）前期３科目型
	摂南・理工（生命科学）前期２科目型
	甲南・理工（物理）前期３教科
	甲南・理工（機能分子化学）前期３教科
	甲南・理工（機能分子化学）中期３教科
	福岡・理（地球圏科学）前期
	福岡・理（ナノサイエンス〈化学〉）前期
42.5	東海・理（情報数理）一般
	東海・理（物理）一般
	東京理科・理第二部（化学）Ｂ方式
	明星・理工（物理学）Ａ方式
	明星・理工（化学・生命科学）Ａ方式
42.5	明星・理工（化学・生命科学）Ｂ方式
	明星・理工（フレキシブル）Ａ方式
	明星・理工（フレキシブル）Ｂ方式
	立正・地球環境科学（環境－生物・地球）２月前期
	立正・地球環境科学（環境－生物・地球）Ｒ方式
	神奈川・理（生物）Ａ方式
	関東学院・理工（数理・物理）前期２科目
	関東学院・理工（数理・物理）前期英語外部
	中部・応用生物（応用生物化学）前期ＡＭ方式
	中部・応用生物（環境生物科学）前期Ａ方式
	中部・応用生物（環境生物科学）前期Ｂ方式
	中部・応用生物（食品－食品栄養科学）前期Ａ方式
	中部・応用生物（食品－食品栄養科学）前期Ｂ方式
	中部・応用生物（食品－食品栄養科学）前期ＡＭ方式
	龍谷・先端理工（数理・情報科学）前スタンダード
	龍谷・先端理工（数理・情報科学）前配点セレクト
	龍谷・先端理工（数理・情報科学）中スタンダード
	甲南・フロンティアサイエンス（生命化学）前期３教科
	甲南・フロンティアサイエンス（生命化学）前期２教科
	甲南・フロンティアサイエンス（生命化学）中期３教科
	福岡・理（物理科学）前期
	福岡・理（物理科学）系統別
	福岡・理（ナノサイエンス〈物理科学〉）前期
	福岡・理（ナノサイエンス〈物理科学〉）系統別
40	帝京科学・生命環境（アニ－動物看護福祉）
	帝京科学・生命環境（アニ－動物看護以外）
	帝京科学・生命環境（生命－生命・健康）
	帝京科学・生命環境（生命－生命）
	東海・理（化学）一般
	東京理科・理第二部（物理）Ｂ方式
	立正・地球環境科学（環境－気象・水文）２月前期
	立正・地球環境科学（環境－気象・水文）Ｒ方式
	関東学院・理工（生命科学）前期３科目
	関東学院・理工（生命科学）前期２科目
	関東学院・理工（生命科学）中期３科目
	関東学院・理工（生命科学）前期英語外部
	関東学院・理工（数理・物理）前期３科目
	関東学院・理工（数理・物理）中期３科目
	金沢工業・バイオ・化学（応用化学）Ａ
	金沢工業・バイオ・化学（応用化学）Ｂ
	金沢工業・バイオ・化学（応用バイオ）Ａ
	金沢工業・バイオ・化学（応用バイオ）Ｂ
	中部・理工（数理・物理サイエンス）前期Ｂ方式
	中部・理工（数理・物理サイエンス）前期ＡＭ方式
	中部・理工（数理・物理サイエンス）前期ＢＭ方式
	中部・応用生物（環境生物科学）前期ＢＭ方式
	中部・応用生物（食品－食品栄養科学）前期ＢＭ方式
37.5	城西・理（数学〈坂戸〉）Ａ日程
	帝京・理工〈栃木〉（バイオサイエンス）
	神奈川工科・応用バイオ科学（生命科学）Ａ日程
	中部・応用生物（環境生物科学）前期ＡＭ方式
35	城西・理（数学〈東京〉）Ａ日程
BF	城西・理（化学）Ａ日程

工学系

ボーダー偏差値	大学・学部（学科）日程方式
67.5	早稲田・先進理工（生命医科学）
65	慶應義塾・理工（学門Ｂ）
	慶應義塾・理工（学門Ｃ）
	慶應義塾・理工（学門Ｄ）
	慶應義塾・理工（学門Ｅ）
	東京理科・工（電気工）グローバル方式
	東京理科・工（情報工）Ｂ方式
	東京理科・工（情報工）グローバル方式
65	早稲田・基幹理工（学系Ⅱ）
	早稲田・基幹理工（学系Ⅲ）
	早稲田・創造理工（建築）
	早稲田・創造理工（経営システム工）
	早稲田・創造理工（環境資源工）
	早稲田・先進理工（応用化学）
	早稲田・先進理工（電気・情報生命工）
62.5	上智・理工（情報理工）ＴＥＡＰ利用

ボーダー偏差値	大 学・学 部（学 科） 日程方式
62.5	東京理科・工（建築）Ｂ方式
	東京理科・工（建築）グローバル方式
	東京理科・工（機械工）Ｂ方式
	明治・理工（建築）全学部統一
	早稲田・創造理工（総合機械工）
	早稲田・創造理工（社会環境工）
	早稲田・先進理工（応用物理）
60	工学院・建築（建築）Ｓ日程
	芝浦工業・工（情報工）全学統一日程
	芝浦工業・工（情報工）英語資格方式
	芝浦工業・建築（空間・建築デザイン）前期日程
	芝浦工業・建築（空間・建築デザイン）全学統一日程
	芝浦工業・建築（都市・建築デザイン）全学統一日程
	芝浦工業・建築（都市・建築デザイン）英語資格方式
	中央・理工（情報工）学部別英語外部
	東京理科・工（電気工）Ｂ方式
	東京理科・工（機械工）グローバル方式
	東京理科・先進工（電子システム工）Ｂ方式
	東京理科・先進工（電子システム工）グローバル方式
	東京理科・先進工（マテリアル創成工）Ｂ方式
	東京理科・先進工（生命システム工）Ｂ方式
	東京理科・先進工（生命システム工）グローバル方式
	東京理科・先進工（物理工）Ｂ方式
	東京理科・先進工（物理工）グローバル方式
	東京理科・創域理工（建築）Ｂ方式
	東京理科・創域理工（建築）グローバル方式
	東京理科・創域理工（電気電子情報工）Ｂ方式
	東京理科・創域理工（電気電子情報工）グローバル方式
	東京理科・創域理工（機械航空宇宙工）Ｂ方式
	法政・デザイン工（システムデザイン）Ａ方式
	法政・デザイン工（システムデザイン）英語外部利用
	法政・生命科学（生命機能）Ｔ日程
	法政・生命科学（環境応用化学）英語外部利用
	法政・情報科学（コンピュータ科学）Ｔ日程
	明治・理工（電気－電気電子工学）全学部統一
	明治・理工（建築）学部別
	明治・理工（情報科学）学部別
	明治・理工（情報科学）全学部統一
	同志社・理工（インテリジェント情報工）学部個別日程
	同志社・理工（インテリジェント情報工）全学部日程理系
	同志社・理工（情報システムデザイン）全学部日程理系
	同志社・理工（電気工）学部個別日程
	同志社・理工（電気工）全学部日程理系
	同志社・理工（環境システム）全学部日程理系
57.5	青山学院・理工（経営システム工）全学部日程
	青山学院・理工（情報テクノロジー）個別学部Ａ方式
	青山学院・理工（情報テクノロジー）全学部日程
	工学院・建築（まちづくり）Ｓ日程
	工学院・建築（まちづくり）英語外部試験
	工学院・建築（建築）Ａ日程
	工学院・建築（建築）英語外部試験
	工学院・建築（建築デザイン）Ａ日程
	工学院・建築（建築デザイン）Ｓ日程
	工学院・建築（建築デザイン）英語外部試験
	工学院・建築（建築学部総合）Ｓ日程
	工学院・建築（建築学部総合）英語外部試験
	工学院・先進工（応用化学）Ｓ日程
	工学院・先進工（先進工学部大学院接続）Ｓ日程
	工学院・情報（情報通信工）Ａ日程
	工学院・情報（情報通信工）Ｓ日程
	工学院・情報（情報デザイン）Ｓ日程
	芝浦工業・工（情報通信工）英語資格方式
	芝浦工業・工（情報工）前期日程
	芝浦工業・建築（空間・建築デザイン）英語資格方式
	芝浦工業・建築（都市・建築デザイン）前期日程
	芝浦工業・建築（先進的プロジェクトデザイン）前期日程
	芝浦工業・建築（先進的プロジェクトデザイン）英語資格方式

ボーダー偏差値	大 学・学 部（学 科） 日程方式
57.5	中央・理工（電気電子情報通信工）学部別一般
	中央・理工（ビジネスデータサイエンス）学部別一般
	中央・理工（情報工）学部別一般
	東京都市・情報工（情報科学）前期
	東京都市・情報工（知能情報工）前期
	東京理科・工（工業化学）Ｂ方式
	東京理科・先進工（機能デザイン工）Ｂ方式
	東京理科・先進工（機能デザイン工）グローバル方式
	東京理科・創域理工（情報計算科学）Ｂ方式
	東京理科・創域理工（情報計算科学）グローバル方式
	東京理科・創域理工（先端化学）Ｂ方式
	東京理科・創域理工（先端化学）グローバル方式
	東京理科・創域理工（電気電子情報工）Ｓ方式
	東京理科・創域理工（経営システム工）Ｂ方式
	東京理科・創域理工（機械航空宇宙工）グローバル方式
	東京理科・創域理工（社会基盤工）Ｂ方式
	東京理科・創域理工（社会基盤工）グローバル方式
	法政・デザイン工（建築）Ａ方式
	法政・デザイン工（建築）Ｔ日程
	法政・デザイン工（建築）英語外部利用
	法政・デザイン工（都市環境デザイン工）Ｔ日程
	法政・デザイン工（都市環境デザイン工）英語外部利用
	法政・デザイン工（システムデザイン）Ｔ日程
	法政・理工（経営システム工）Ｔ日程
	法政・理工（経営システム工）英語外部利用
	法政・生命科学（生命機能）Ａ方式
	法政・生命科学（生命機能）英語外部利用
	法政・生命科学（環境応用化学）Ｔ日程
	法政・情報科学（ディジタルメディア）Ｔ日程
	明治・理工（電気－電気電子工学）学部別
	明治・理工（電気－生命理工学）学部別
	明治・理工（電気－生命理工学）全学部統一
	明治・理工（機械工）学部別
	明治・理工（機械工）全学部統一
	明治・理工（機械情報工）学部別
	明治・理工（機械情報工）全学部統一
	明治・理工（応用化学）学部別
	明治・理工（応用化学）全学部統一
	同志社・理工（情報システムデザイン）学部個別日程
	同志社・理工（電子工）学部個別日程
	同志社・理工（電子工）全学部日程理系
	同志社・理工（機械システム工）全学部日程理系
	同志社・理工（機械理工）学部個別日程
	同志社・理工（機械理工）全学部日程理系
	同志社・理工（機能分子・生命化学）全学部日程理系
	同志社・理工（化学システム創成工）学部個別日程
	同志社・理工（化学システム創成工）全学部日程理系
	同志社・理工（環境システム）学部個別日程
	同志社・生命医科学（医工）全学部日程理系
	立命館・理工（建築都市デザイン）全学統一理系
	立命館・理工（建築都市デザイン）学部個別理科１
	立命館・理工（建築都市デザイン）学部個別理科２
	関西・環境都市工（建築）全学理数重視
	近畿・情報（情報）前期Ａ日程
	近畿・情報（情報）前期Ｂ日程
	関西学院・工（情報工学）英語・数学型
55	青山学院・理工（電気電子工）個別学部Ａ方式
	青山学院・理工（電気電子工）全学部日程
	青山学院・理工（機械創造工）全学部日程
	青山学院・理工（経営システム工）個別学部Ａ方式
	工学院・工（機械工）Ｓ日程
	工学院・工（電気電子工）Ａ日程
	工学院・工（電気電子工）Ｓ日程
	工学院・建築（まちづくり）Ａ日程
	工学院・建築（建築学部総合）Ａ日程
	工学院・先進工（応用化学）Ａ日程
	工学院・先進工（応用化学）英語外部試験

ボーダー偏差値	大学・学部（学科）日程方式
55	工学院・先進工（環境化学）Ｓ日程
	工学院・先進工（機械－機械理工学）Ｓ日程
	工学院・先進工（機械－航空理工学）Ａ日程
	工学院・情報（情報通信工）英語外部試験
	工学院・情報（コンピュータ科学）Ｓ日程
	工学院・情報（情報デザイン）Ａ日程
	工学院・情報（情報デザイン）英語外部試験
	工学院・情報（情報科学）Ａ日程
	工学院・情報（情報科学）Ｓ日程
	工学院・情報（情報科学）英語外部試験
	芝浦工業・工（機械工）前期日程
	芝浦工業・工（機械工）全学統一日程
	芝浦工業・工（機械工）英語資格方式
	芝浦工業・工（応用化学）全学統一日程
	芝浦工業・工（応用化学）英語資格方式
	芝浦工業・工（情報通信工）前期日程
	芝浦工業・工（情報通信工）全学統一日程
	芝浦工業・システム理工（電子情報システム）前期日程
	芝浦工業・システム理工（電子情報システム）全学統一日程
	芝浦工業・システム理工（電子情報システム）英語資格方式
	芝浦工業・デザイン工（生産・プロダクトデザイン系）前期日程
	芝浦工業・デザイン工（生産・プロダクトデザイン系）全学統一日程
	上智・理工（物質生命理工）ＴＥＡＰ利用
	上智・理工（機能創造理工）ＴＥＡＰ利用
	成蹊・理工（コンピュータ科学）２教科全学統一
	中央・理工（都市環境）学部別一般
	中央・理工（都市環境）学部別英語外部
	中央・理工（精密機械工）学部別一般
	中央・理工（精密機械工）学部別英語外部
	中央・理工（電気電子情報通信工）学部別英語外部
	中央・理工（応用化学）学部別一般
	中央・理工（応用化学）学部別英語外部
	中央・理工（ビジネスデータサイエンス）学部別英語外部
	中央・理工（人間総合理工）学部別一般
	中央・理工（人間総合理工）学部別英語外部
	東京電機・システムデザイン工（情報システム工）前期英語外部
	東京都市・建築都市デザイン（建築）前期
	東京理科・工（工業化学）グローバル方式
	東京理科・先進工（マテリアル創成工）グローバル方式
	東京理科・創域理工（経営システム工）グローバル方式
	法政・デザイン工（都市環境デザイン工）Ａ方式
	法政・理工（機械－機械工学）Ａ方式
	法政・理工（機械－機械工学）Ｔ日程
	法政・理工（機械－機械工学）英語外部利用
	法政・理工（電気電子工）Ａ方式
	法政・理工（電気電子工）Ｔ日程
	法政・理工（電気電子工）英語外部利用
	法政・理工（応用情報工）Ａ方式
	法政・理工（応用情報工）Ｔ日程
	法政・理工（応用情報工）英語外部利用
	法政・理工（経営システム工）Ａ方式
	法政・情報科学（コンピュータ科学）Ａ方式
	法政・情報科学（コンピュータ科学）英語外部利用
	法政・情報科学（ディジタルメディア）英語外部利用
	中京・工（情報工）前期Ａ２教科型
	中京・工（情報工）前期Ｍ２教科型
	名城・情報工（情報工）Ａ方式
	同志社・理工（機械システム工）学部個別日程
	同志社・理工（機能分子・生命化学）学部個別日程
	同志社・生命医科学（医工）学部個別日程
	同志社・生命医科学（医情報）学部個別日程
	同志社・生命医科学（医情報）全学部日程理系
	関西・環境都市工（建築）全学理１科目
	関西・環境都市工（建築）全学理２科目
	関西・環境都市工（建築）全学理科設問
	関西・環境都市工（都市システム工）全学理数重視
	関西・環境都市工（エネルギー環境・化学工）全学理科設問

ボーダー偏差値	大学・学部（学科）日程方式
55	関西・環境都市工（エネルギー環境・化学工）全学理数重視
	関西・化学生命工（化学・物質工）全学理数重視
	関西・化学生命工（生命・生物工）全学理数重視
	関西・システム理工（機械工）全学理数重視
	関西・システム理工（電気電子情報工）全学理１科目
	関西・システム理工（電気電子情報工）全学理２科目
	関西・システム理工（電気電子情報工）全学理科設問
	関西・システム理工（電気電子情報工）全学理数重視
	近畿・建築（建築）前期Ａ日程
	関西学院・工（情報工学）全学部総合
	関西学院・工（情報工学）全学部数理重視
	関西学院・工（知能・機械工学）英語・数学型
52.5	千葉工業・情報科学（情報工）Ｂ日程
	青山学院・理工（機械創造工）個別学部Ａ方式
	工学院・工（機械工）英語外部試験
	工学院・工（機械システム工）Ｓ日程
	工学院・工（機械システム工）英語外部試験
	工学院・工（電気電子工）英語外部試験
	工学院・先進工（環境化学）英語外部試験
	工学院・先進工（機械－機械理工学）英語外部試験
	工学院・先進工（機械－航空理工学）Ｓ日程
	工学院・先進工（先進工学部大学院接続）Ａ日程
	工学院・先進工（先進工学部大学院接続）英語外部試験
	工学院・情報（コンピュータ科学）Ａ日程
	工学院・情報（コンピュータ科学）英語外部試験
	工学院・情報（情報学部総合）Ａ日程
	工学院・情報（情報学部総合）Ｓ日程
	工学院・情報（情報学部総合）英語外部試験
	芝浦工業・工（機械機能工）前期日程
	芝浦工業・工（機械機能工）英語資格方式
	芝浦工業・工（材料工）英語資格方式
	芝浦工業・工（応用化学）前期日程
	芝浦工業・工（電気工）全学統一日程
	芝浦工業・工（電気工）英語資格方式
	芝浦工業・工（電子工）全学統一日程
	芝浦工業・工（電子工）英語資格方式
	芝浦工業・システム理工（環境システム）英語資格方式
	芝浦工業・デザイン工（生産・プロダクトデザイン系）英語資格方式
	芝浦工業・デザイン工（ロボティクス・情報デザイン系）前期日程
	芝浦工業・デザイン工（ロボティクス・情報デザイン系）全学統一日程
	芝浦工業・デザイン工（ロボティクス・情報デザイン系）英語資格方式
	成蹊・理工（コンピュータ科学）３教科学部個別
	東京電機・未来科学（建築）前期
	東京電機・未来科学（建築）前期英語外部
	東京電機・未来科学（情報メディア）前期
	東京電機・未来科学（情報メディア）前期英語外部
	東京電機・工（情報通信工）前期
	東京電機・工（情報通信工）前期英語外部
	東京電機・システムデザイン工（情報システム工）前期
	東京電機・理工（情報システムデザイン学系）前期
	東京電機・理工（情報システムデザイン学系）前期英語外部
	東京都市・理工（応用化学）前期
	東京都市・情報工（情報科学）中期
	東京都市・情報工（知能情報工）中期
	東京都市・建築都市デザイン（建築）中期
	東洋・理工（電気電子情報工）前期３教科①
	東洋・理工（電気電子情報工）前期３教科②
	東洋・理工（電気電子情報工）前期３教科③
	東洋・理工（建築）前期３教科①
	東洋・理工（建築）前期３教科②
	東洋・理工（建築）前期３教科③
	東洋・理工（建築）前期３英語①
	東洋・理工（建築）前期３英語②
	東洋・理工（建築）前期３英語③
	日本・理工（建築）Ａ個別方式
	日本・理工（建築）Ｎ全学第１期
	日本・理工（海洋建築工）Ｎ全学第１期

ボーダー偏差値	大学・学部（学科）日程方式
52.5	日本・理工（応用情報工）Ａ個別方式
	日本・理工（応用情報工）Ｎ全学第１期
	法政・生命科学（環境応用化学）Ａ方式
	法政・情報科学（ディジタルメディア）Ａ方式
	中京・工（機械システム工）前期Ａ２教科型
	中京・工（機械システム工）前期Ｍ２教科型
	中京・工（電気電子工）前期Ａ２教科型
	中京・工（電気電子工）前期Ｍ２教科型
	中京・工（情報工）前期Ａ３教科型
	中京・工（情報工）前期Ｍ３教科型
	名城・理工（電気電子工）Ａ方式
	名城・理工（電気電子工）Ｂ方式
	名城・理工（応用化学）Ａ方式
	名城・理工（応用化学）Ｂ方式
	名城・情報工（情報工）Ｂ方式
	京都産業・情報理工（情報理工）２科目型
	立命館・情報理工（情報理工）全学統一理系
	立命館・情報理工（情報理工）学部個別理科１
	立命館・理工（電子情報工）全学統一理系
	立命館・理工（電子情報工）学部個別理科１
	立命館・理工（電子情報工）学部個別理科２
	立命館・理工（機械工）全学統一理系
	立命館・理工（機械工）学部個別理科１
	立命館・理工（機械工）学部個別理科２
	立命館・生命科学（生物工）全学統一理系
	立命館・生命科学（生物工）学部個別理科１
	立命館・生命科学（生物工）学部個別理科２
	関西・環境都市工（都市システム工）全学理１科目
	関西・環境都市工（都市システム工）全学理２科目
	関西・環境都市工（都市システム工）全学理科設問
	関西・環境都市工（エネルギー環境・化学工）全学理１科目
	関西・環境都市工（エネルギー環境・化学工）全学理２科目
	関西・化学生命工（化学・物質工）全学理２科目
	関西・化学生命工（生命・生物工）全学理１科目
	関西・化学生命工（生命・生物工）全学理２科目
	関西・化学生命工（生命・生物工）全学理科設問
	関西・システム理工（機械工）全学理２科目
	関西・システム理工（機械工）全学理科設問
	近畿・建築（建築）前期Ｂ日程
	関西学院・工（物質工学）英語・数学型
	関西学院・工（電気電子応用工学）英語・数学型
	関西学院・工（知能・機械工学）全学部数理重視
	関西学院・工（知能・機械工学）全学部総合
	関西学院・生命環境（環境応用化学）英語・数学型
	関西学院・建築（建築）全学部数理重視
	関西学院・建築（建築）英語・数学型
50	千葉工業・工（機械工）Ｂ日程
	千葉工業・工（情報通信システム工）Ａ日程
	千葉工業・工（情報通信システム工）Ｂ日程
	千葉工業・創造工（建築）Ａ日程
	千葉工業・創造工（建築）Ｂ日程
	千葉工業・先進工（知能メディア工）Ａ日程
	千葉工業・先進工（知能メディア工）Ｂ日程
	千葉工業・情報科学（情報工）Ａ日程
	北里・未来工（データサイエンス）
	共立女子・建築・デザイン（建築・デザイン）全学統一方式
	工学院・工（機械工）Ａ日程
	工学院・工（機械システム工）Ａ日程
	工学院・先進工（環境化学）Ａ日程
	工学院・先進工（機械－機械理工学）Ａ日程
	芝浦工業・工（機械機能工）全学統一日程
	芝浦工業・工（材料工）前期日程
	芝浦工業・工（材料工）全学統一日程
	芝浦工業・工（電気工）前期日程
	芝浦工業・工（電子工）前期日程
	芝浦工業・工（土木工）前期日程
	芝浦工業・工（土木工）全学統一日程
	芝浦工業・工（土木工）英語資格方式
	芝浦工業・システム理工（機械制御システム）前期日程
	芝浦工業・システム理工（機械制御システム）全学統一日程
	芝浦工業・システム理工（機械制御システム）英語資格方式
	芝浦工業・システム理工（環境システム）前期日程
	芝浦工業・システム理工（環境システム）全学統一日程
	芝浦工業・システム理工（生命－生命医工学）前期日程
	芝浦工業・システム理工（生命－生命医工学）全学統一日程
	芝浦工業・システム理工（生命－生命医工学）英語資格方式
	成蹊・理工（機械システム）２教科全学統一
	成蹊・理工（電気電子）２教科全学統一
	成蹊・理工（応用化学）２教科全学統一
	拓殖・工（情報工）全国
	東京電機・工（電子システム工）前期
	東京電機・工（電子システム工）前期英語外部
	東京電機・工（応用化学）前期
	東京電機・工（応用化学）前期英語外部
	東京電機・工（機械工）前期英語外部
	東京電機・システムデザイン工（デザイン工）前期
	東京都市・建築都市デザイン（都市工）前期
	東洋・理工（応用化学）前期３教科理科
	東洋・理工（都市環境デザイン）前期３教科数学
	日本・理工（海洋建築工）Ａ個別方式
	日本・理工（まちづくり工）Ｎ全学第１期
	日本・理工（航空宇宙工）Ｎ全学第１期
	武蔵野・工（建築デザイン）全学部統一
	神奈川・建築（建築）Ａ方式
	中京・工（機械システム工）前期Ａ３教科型
	中京・工（機械システム工）前期Ｍ３教科型
	中京・工（電気電子工）前期Ａ３教科型
	中京・工（電気電子工）前期Ｍ３教科型
	中京・工（メディア工）前期Ａ２教科型
	中京・工（メディア工）前期Ｍ２教科型
	南山・理工（ソフトウェア工）
	名城・理工（機械工）Ａ方式
	名城・理工（機械工）Ｂ方式
	名城・理工（環境創造工）Ａ方式
	名城・理工（環境創造工）Ｂ方式
	名城・理工（建築）Ａ方式
	名城・理工（建築）Ｂ方式
	立命館・理工（電気電子工）全学統一理系
	立命館・理工（電気電子工）学部個別理科１
	立命館・理工（電気電子工）学部個別理科２
	立命館・理工（ロボティクス）全学統一理系
	立命館・理工（ロボティクス）学部個別理科１
	立命館・理工（ロボティクス）学部個別理科２
	立命館・理工（環境都市工）全学統一理系
	立命館・理工（環境都市工）学部個別理科１
	立命館・理工（環境都市工）学部個別理科２
	関西・化学生命工（化学・物質工）全学理１科目
	関西・化学生命工（化学・物質工）全学理科設問
	関西・システム理工（機械工）全学理１科目
	近畿・理工（生命科学）前期Ａ日程
	近畿・理工（生命科学）前期Ｂ日程
	関西学院・工（物質工学）全学部数理重視
	関西学院・工（物質工学）全学部総合
	関西学院・工（電気電子応用工学）全学部総合
	関西学院・工（電気電子応用工学）全学部数理重視
	関西学院・生命環境（環境応用化学）全学部総合
	関西学院・生命環境（環境応用化学）全学部数理重視
	関西学院・建築（建築）全学部総合
	武庫川女子・建築（建築）Ｂ２科目同一
	福岡・工（電子情報工）系統別
	福岡・工（建築）系統別
47.5	千葉工業・工（機械工）Ａ日程
	千葉工業・工（機械電子創成工）Ｂ日程
	千葉工業・創造工（都市環境工）Ｂ日程

ボーダー偏差値	大学・学部（学科）日程方式
47.5	千葉工業・創造工（デザイン科学）A日程
	千葉工業・創造工（デザイン科学）B日程
	千葉工業・先進工（未来ロボティクス）B日程
	桜美林・航空・マネジメント（航空－フライト・オペレーション）
	共立女子・建築・デザイン（建築・デザイン）２月日程
	成蹊・理工（電気電子）３教科学部個別
	成蹊・理工（応用化学）３教科学部個別
	拓殖・工（情報工）２月
	東海・工（航空－航空宇宙学）理系学部統一
	東海・情報理工（情報科学）理系学部統一
	東海・情報理工（情報メディア）理系学部統一
	東海・建築都市（建築）文理併学部統一
	東海・海洋〈静岡〉（海洋－航海学）一般
	東海・海洋〈静岡〉（海洋－航海学）理系学部統一
	東京電機・未来科学（ロボット・メカトロニクス）前期
	東京電機・未来科学（ロボット・メカトロニクス）前期英語外部
	東京電機・工（電気電子工）前期
	東京電機・工（電気電子工）前期英語外部
	東京電機・工（機械工）前期
	東京電機・工（先端機械工）前期
	東京電機・工（先端機械工）前期英語外部
	東京電機・システムデザイン工（デザイン工）前期英語外部
	東京電機・理工（機械工学系）前期
	東京電機・理工（機械工学系）前期英語外部
	東京電機・理工（電子工学系）前期
	東京電機・理工（電子工学系）前期英語外部
	東京電機・理工（建築・都市環境学系）前期
	東京電機・理工（建築・都市環境学系）前期英語外部
	東京都市・理工（機械工）前期
	東京都市・理工（機械システム工）前期
	東京都市・理工（電気電子通信工）前期
	東京都市・理工（医用工）前期
	東京都市・理工（応用化学）中期
	東京都市・建築都市デザイン（都市工）中期
	東洋・理工（機械工）前期３理科①
	東洋・理工（機械工）前期３理科②
	東洋・理工（機械工）前期３数学①
	東洋・理工（機械工）前期３数学②
	東洋・理工（機械工）前期３教科①
	東洋・理工（機械工）前期３教科②
	東洋・理工（機械工）前期３教科③
	東洋・理工（電気電子情報工）前期３教科数学
	東洋・理工（応用化学）前期３教科①
	東洋・理工（応用化学）前期３教科②
	東洋・理工（応用化学）前期３教科③
	東洋・理工（都市環境デザイン）前期３教科①
	東洋・理工（都市環境デザイン）前期３教科②
	東洋・理工（都市環境デザイン）前期３教科③
	日本・理工（まちづくり工）A個別方式
	日本・理工（機械工）A個別方式
	日本・理工（機械工）N全学第１期
	日本・理工（航空宇宙工）A個別方式
	日本・理工（電気工）N全学第１期
	日本・理工（電子工）N全学第１期
	日本・理工（物質応用化学）A個別方式
	日本・理工（物質応用化学）N全学第１期
	武蔵野・工（サステナビリティ）全学部統一
	武蔵野・工（建築デザイン）A日程
	明星・建築（建築）A方式
	明星・建築（建築）B方式
	神奈川・建築（都市生活）A方式理系
	神奈川・建築（都市生活）A方式文系
	神奈川・情報（システム数理）A方式
	神奈川・情報（先端情報領域）A方式
	金沢工業・建築（建築）A
	金沢工業・建築（建築）B
	愛知淑徳・創造表現（建築・インテリアデザイン）前期3教科

ボーダー偏差値	大学・学部（学科）日程方式
47.5	愛知淑徳・創造表現（建築・インテリアデザイン）前期２教科
	中京・工（メディア工）前期A３教科型
	中京・工（メディア工）前期M３教科型
	中部・工（建築）前期A方式
	中部・工（応用化学）前期AM方式
	中部・工（情報工）前期B方式
	中部・工（情報工）前期BM方式
	南山・理工（ソフトウェア工）全学統一個別型
	南山・理工（電子情報工）
	南山・理工（電子情報工）全学統一個別型
	南山・理工（機械システム工）
	名城・理工（材料機能工）A方式
	名城・理工（材料機能工）B方式
	名城・理工（交通機械工）A方式
	名城・理工（交通機械工）B方式
	名城・理工（メカトロニクス工）A方式
	名城・理工（メカトロニクス工）B方式
	名城・理工（社会基盤デザイン工）A方式
	名城・理工（社会基盤デザイン工）B方式
	京都産業・情報理工（情報理工）３科目型
	大阪工業・工（建築）前期A日程
	大阪工業・工（建築）前期B日程
	大阪工業・ロボティクス&デザイン工（空間デザイン）前期A日程
	大阪工業・ロボティクス&デザイン工（空間デザイン）前期B日程
	大阪工業・情報科学（情報知能）前期A日程
	大阪工業・情報科学（情報知能）前期B日程
	大阪工業・情報科学（情報システム）前期A日程
	大阪工業・情報科学（情報メディア）前期A日程
	大阪工業・情報科学（情報メディア）前期B日程
	近畿・工〈広島〉（情報）前期A日程
	近畿・工〈広島〉（情報）前期B日程
	近畿・理工（応用化学）前期A日程
	近畿・理工（機械工）前期A日程
	近畿・理工（機械工）前期B日程
	近畿・理工（電気電子通信工）前期A日程
	近畿・理工（電気電子通信工）前期B日程
	近畿・産業理工〈福岡〉（建築・デザイン）前期A日程
	近畿・産業理工〈福岡〉（情報）前期A日程
	近畿・産業理工〈福岡〉（情報）前期B日程
	甲南・知能情報（知能情報）前期２教科
	甲南・知能情報（知能情報）中期３教科
	福岡・工（機械工）系統別
	福岡・工（電子情報工）前期
	福岡・工（建築）前期
45	東北学院・工（機械知能工）前期B日程
	東北学院・工（電気電子工）前期A日程
	東北学院・工（電気電子工）前期B日程
	千葉工業・工（機械電子創成工）A日程
	千葉工業・工（電気電子工）A日程
	千葉工業・工（電気電子工）B日程
	千葉工業・工（応用化学）A日程
	千葉工業・工（応用化学）B日程
	千葉工業・創造工（都市環境工）A日程
	千葉工業・先進工（未来ロボティクス）A日程
	千葉工業・先進工（生命科学）B日程
	成蹊・理工（機械システム）３教科学部個別
	拓殖・工（デザイン）全国
	拓殖・工（デザイン）２月
	玉川・工（情報通信工）全学統一
	玉川・工（マネジメントサイエンス）全学統一
	玉川・工（ソフトウェアサイエンス）全学統一
	東海・工（航空－航空宇宙学）一般
	東海・工（電気電子工）理系学部統一
	東海・工（応用化学）理系学部統一
	東海・情報理工（情報科学）一般
	東海・情報理工（コンピュータ応用工）理系学部統一
	東海・情報理工（情報メディア）一般

ボーダー偏差値	大学・学部（学科）日程方式
45	東海·情報通信(情報通信)理系学部統一
	東海·建築都市(建築)一般
	東京都市·理工(機械システム工)中期
	東京都市·理工(医用工)中期
	東京都市·理工(原子力安全工)前期
	東洋·理工(生体医工)前期３理科①
	東洋·理工(生体医工)前期３理科②
	東洋·理工(生体医工)前期３教科①
	東洋·理工(生体医工)前期３教科②
	東洋·理工(生体医工)前期３教科③
	日本·工〈福島〉(建築)Ａ個別方式
	日本·工〈福島〉(建築)Ｎ全学第１期
	日本·生産工(建築工)Ａ個別第２期
	日本·生産工(建築工)Ｎ全学第１期
	日本·生産工(マネジメント工)Ａ個別第２期
	日本·生産工(数理情報工)Ａ個別第２期
	日本·生産工(数理情報工)Ｎ全学第１期
	日本·生産工(創生デザイン)Ａ個別第２期
	日本·理工(交通システム工)Ａ個別方式
	日本·理工(交通システム工)Ｎ全学第１期
	日本·理工(精密機械工)Ｎ全学第１期
	日本·理工(電気工)Ａ個別方式
	日本·理工(電子工)Ａ個別方式
	武蔵野·工(サステナビリティ)ＡＢ日程
	明星·理工(機械工学)Ａ方式
	神奈川·工(機械工)Ａ方式
	神奈川·工(機械工)Ｂ方式
	神奈川·工(電気電子情報工)Ａ方式
	神奈川·工(電気電子情報工)Ｂ方式
	神奈川·工(経営工)Ａ方式
	神奈川·工(応用物理)Ａ方式
	神奈川·工(応用物理)Ｂ方式
	神奈川·化学生命(応用化学)Ａ方式
	神奈川·化学生命(応用化学)Ｂ方式
	関東学院·理工(情報ネット·メディア)前期２科目
	関東学院·理工(情報ネット·メディア)前期英語外部
	金沢工業·工(情報工)Ａ
	金沢工業·工(情報工)Ｂ
	愛知淑徳·人間情報(感性工学)前期２教科
	中部·工(建築)前期Ｂ方式
	中部·工(建築)前期ＡＭ方式
	中部·工(建築)前期ＢＭ方式
	中部·工(応用化学)前期ＢＭ方式
	中部·工(情報工)前期Ａ方式
	中部·工(情報工)前期ＡＭ方式
	南山·理工(機械システム工)全学統一個別型
	龍谷·先端理工(知能情報メディア)前配点セレクト
	龍谷·先端理工(知能情報メディア)中スタンダード
	龍谷·先端理工(知能情報メディア)中配点セレクト
	龍谷·先端理工(電子情報通信)前配点セレクト
	大阪工業·工(都市デザイン工)前期Ａ日程
	大阪工業·工(都市デザイン工)前期Ｂ日程
	大阪工業·工(機械工)前期Ａ日程
	大阪工業·工(機械工)前期Ｂ日程
	大阪工業·工(環境工)前期Ａ日程
	大阪工業·工(環境工)前期Ｂ日程
	大阪工業·工(生命工)前期Ａ日程
	大阪工業·工(生命工)前期Ｂ日程
	大阪工業·ロボティクス&デザイン工(ロボット工)前期Ａ日程
	大阪工業·ロボティクス&デザイン工(ロボット工)前期Ｂ日程
	大阪工業·ロボティクス&デザイン工(システムデザイン工)前期Ａ日程
	大阪工業·情報科学(情報システム)前期Ｂ日程
	大阪工業·情報科学(ネットワークデザイン)前期Ａ日程
	大阪工業·情報科学(ネットワークデザイン)前期Ｂ日程
	近畿·工〈広島〉(化学生命工)前期Ａ日程
	近畿·工〈広島〉(化学生命工)前期Ｂ日程
	近畿·工〈広島〉(電子情報工)前期Ａ日程
45	近畿·工〈広島〉(電子情報工)前期Ｂ日程
	近畿·工〈広島〉(建築)前期Ａ日程
	近畿·工〈広島〉(建築)前期Ｂ日程
	近畿·理工(応用化学)前期Ｂ日程
	近畿·理工(社会環境工)前期Ａ日程
	近畿·理工(社会環境工)前期Ｂ日程
	近畿·理工(エネルギー物質)前期Ａ日程
	近畿·理工(エネルギー物質)前期Ｂ日程
	近畿·産業理工〈福岡〉(生物環境化学)前期Ａ日程
	近畿·産業理工〈福岡〉(生物環境化学)前期Ｂ日程
	近畿·産業理工〈福岡〉(電気電子工)前期Ａ日程
	近畿·産業理工〈福岡〉(電気電子工)前期Ｂ日程
	近畿·産業理工〈福岡〉(建築·デザイン)前期Ｂ日程
	摂南·理工(建築)前期３科目型
	甲南·知能情報(知能情報)前期３教科
	武庫川女子·建築(景観建築)Ａ３科目同一
	武庫川女子·建築(景観建築)Ｂ２科目同一
	福岡·工(社会デザイン工)系統別
42.5	東北学院·工(環境建設工)前期Ａ日程
	千葉工業·先進工(生命科学)Ａ日程
	千葉工業·社会システム科学(プロジェクトマネジメント)Ａ日程
	千葉工業·社会システム科学(プロジェクトマネジメント)Ｂ日程
	拓殖·工(電子システム工)２月
	拓殖·工(国際)２月
	帝京·理工〈栃木〉(航空－ヘリパイロット)
	東海·工(機械工)理系学部統一
	東海·工(電気電子工)一般
	東海·工(生物工)理系学部統一
	東海·工(応用化学)一般
	東海·情報理工(コンピュータ応用工)一般
	東海·情報通信(情報通信)一般
	東海·建築都市(土木工)理系学部統一
	東京工科·工(機械工)Ａ日程
	東京電機·工第二部(機械工)
	東京電機·工第二部(情報通信工)
	東京都市·理工(機械工)中期
	東京都市·理工(電気電子通信工)中期
	東京都市·理工(原子力安全工)中期
	日本·工〈福島〉(土木工)Ａ個別方式
	日本·工〈福島〉(生命応用化学)Ｎ全学第１期
	日本·工〈福島〉(情報工)Ａ個別方式
	日本·工〈福島〉(情報工)Ｎ全学第１期
	日本·生産工(機械工)Ａ個別第２期
	日本·生産工(電気電子工)Ａ個別第２期
	日本·生産工(建築工)Ａ個別第１期
	日本·生産工(応用分子化学)Ａ個別第２期
	日本·生産工(マネジメント工)Ａ個別第１期
	日本·生産工(マネジメント工)Ｎ全学第１期
	日本·生産工(数理情報工)Ａ個別第１期
	日本·生産工(環境安全工)Ａ個別第２期
	日本·生産工(環境安全工)Ｎ全学第１期
	日本·生産工(創生デザイン)Ａ個別第１期
	日本·生産工(創生デザイン)Ｎ全学第１期
	日本·理工(土木工)Ａ個別方式
	日本·理工(土木工)Ｎ全学第１期
	日本·理工(精密機械工)Ａ個別方式
	武蔵野·工(数理工)Ａ日程
	武蔵野·工(数理工)全学部統一
	明星·理工(機械工学)Ｂ方式
	明星·理工(電気工学)Ａ方式
	明星·理工(電気工学)Ｂ方式
	神奈川·工(経営工)Ｂ方式
	神奈川·化学生命(生命機能)Ａ方式
	神奈川·化学生命(生命機能)Ｂ方式
	関東学院·建築·環境(建築·環境)前期３科目
	関東学院·建築·環境(建築·環境)前期２科目
	関東学院·建築·環境(建築·環境)中期３科目

ボーダー偏差値	大学・学部（学科）日程方式
42.5	関東学院・建築・環境（建築・環境）前期英語外部
	関東学院・理工（情報ネット・メディア）前期３科目
	関東学院・理工（情報ネット・メディア）中期３科目
	愛知淑徳・人間情報（感性工学）前期３教科
	中部・工（機械工）前期Ｂ方式
	中部・工（機械工）前期ＢＭ方式
	中部・工（電気電子システム工）前期Ａ方式
	中部・理工（ＡＩロボティクス）前期Ａ方式
	中部・理工（ＡＩロボティクス）前期Ｂ方式
	中部・理工（ＡＩロボティクス）前期ＢＭ方式
	龍谷・先端理工（知能情報メディア）前スタンダード
	龍谷・先端理工（電子情報通信）前スタンダード
	龍谷・先端理工（電子情報通信）中スタンダード
	龍谷・先端理工（電子情報通信）中配点セレクト
	龍谷・先端理工（機械工学・ロボティクス）前スタンダード
	龍谷・先端理工（機械工学・ロボティクス）前配点セレクト
	龍谷・先端理工（機械工学・ロボティクス）中スタンダード
	龍谷・先端理工（機械工学・ロボティクス）中配点セレクト
	龍谷・先端理工（応用化学）前スタンダード
	龍谷・先端理工（応用化学）前配点セレクト
	龍谷・先端理工（応用化学）中スタンダード
	龍谷・先端理工（応用化学）中配点セレクト
	龍谷・先端理工（環境生態工学）前スタンダード
	龍谷・先端理工（環境生態工学）前配点セレクト
	龍谷・先端理工（環境生態工学）中スタンダード
	龍谷・先端理工（環境生態工学）中配点セレクト
	大阪工業・工（電気電子システム工）前期Ａ日程
	大阪工業・工（電気電子システム工）前期Ｂ日程
	大阪工業・工（電子情報システム工）前期Ａ日程
	大阪工業・工（電子情報システム工）前期Ｂ日程
	大阪工業・工（応用化学）前期Ａ日程
	大阪工業・工（応用化学）前期Ｂ日程
	大阪工業・ロボティクス&デザイン工（システムデザイン工）前期Ｂ日程
	近畿・工〈広島〉（機械工）前期Ａ日程
	近畿・工〈広島〉（機械工）前期Ｂ日程
	近畿・工〈広島〉（ロボティクス）前期Ａ日程
	近畿・工〈広島〉（ロボティクス）前期Ｂ日程
	近畿・生物理工〈和歌山〉（生物工）前期Ａ日程
	近畿・生物理工〈和歌山〉（生物工）前期Ｂ日程
	近畿・生物理工〈和歌山〉（遺伝子工）前期Ａ日程
	近畿・生物理工〈和歌山〉（遺伝子工）前期Ｂ日程
	近畿・生物理工〈和歌山〉（医用工）前期Ａ日程
	近畿・生物理工〈和歌山〉（医用工）前期Ｂ日程
	近畿・産業理工〈福岡〉（経営ビジネス）前期Ａ日程
	近畿・産業理工〈福岡〉（経営ビジネス）前期Ｂ日程
	摂南・理工（住環境デザイン）前期２科目型
	摂南・理工（建築）前期２科目型
	摂南・理工（都市環境工）前期３科目型
	摂南・理工（都市環境工）前期２科目型
	摂南・理工（機械工）前期３科目型
	摂南・理工（機械工）前期２科目型
	摂南・理工（電気電子工）前期３科目型
	摂南・理工（電気電子工）前期２科目型
	武庫川女子・建築（建築）Ａ３科目同一
	福岡・工（機械工）前期
	福岡・工（電気工）前期
	福岡・工（電気工）系統別
	福岡・工（化学システム工）前期
	福岡・工（化学システム工）系統別
	福岡・工（社会デザイン工）前期
40	北海学園・工（生命工）
	東北学院・工（機械知能工）前期Ａ日程
	東北学院・工（環境建設工）前期Ｂ日程
	千葉工業・工（先端材料工）Ａ日程
	千葉工業・工（先端材料工）Ｂ日程
	拓殖・工（機械システム工）全国
	拓殖・工（電子システム工）全国

ボーダー偏差値	大学・学部（学科）日程方式
40	玉川・工（デザインサイエンス）全学統一
	帝京・理工〈栃木〉（機械・精密システム工）
	帝京・理工〈栃木〉（情報電子工）
	東海・工（機械工）一般
	東海・工（機械システム工）理系学部統一
	東海・工（医工）理系学部統一
	東海・工（生物工）一般
	東海・建築都市（土木工）一般
	東海・海洋〈静岡〉（海洋－海洋理工学）理系学部統一
	東海・文理融合〈熊本〉（人間情報工）文理併学部統一
	東京工科・コンピュータサイエンス（先進情報）Ａ日程
	東京工科・コンピュータサイエンス（人工知能）Ａ日程
	東京工科・工（電気電子工）Ａ日程
	東京工科・工（応用化学）Ａ日程
	東京電機・工第二部（電気電子工）
	日本・工〈福島〉（土木工）Ｎ全学第１期
	日本・工〈福島〉（機械工）Ａ個別方式
	日本・工〈福島〉（機械工）Ｎ全学第１期
	日本・工〈福島〉（電気電子工）Ａ個別方式
	日本・工〈福島〉（電気電子工）Ｎ全学第１期
	日本・工〈福島〉（生命応用化学）Ａ個別方式
	日本・生産工（機械工）Ａ個別第１期
	日本・生産工（機械工）Ｎ全学第１期
	日本・生産工（電気電子工）Ａ個別第１期
	日本・生産工（電気電子工）Ｎ全学第１期
	日本・生産工（土木工）Ａ個別第１期
	日本・生産工（土木工）Ａ個別第２期
	日本・生産工（土木工）Ｎ全学第１期
	日本・生産工（応用分子化学）Ａ個別第１期
	日本・生産工（応用分子化学）Ｎ全学第１期
	日本・生産工（環境安全工）Ａ個別第１期
	神奈川工科・工（機械－航空宇宙学）Ａ日程
	神奈川工科・情報（情報工）Ａ日程
	神奈川工科・情報（情報ネットワーク・コミュニケーション）Ａ日程
	神奈川工科・情報（情報メディア）Ａ日程
	関東学院・理工（応用化学）前期３科目
	関東学院・理工（応用化学）中期３科目
	関東学院・理工（表面工学）前期３科目
	関東学院・理工（表面工学）前期２科目
	関東学院・理工（表面工学）中期３科目
	関東学院・理工（表面工学）前期英語外部
	関東学院・理工（土木・都市防災）前期３科目
	関東学院・理工（土木・都市防災）前期２科目
	関東学院・理工（土木・都市防災）中期３科目
	関東学院・理工（土木・都市防災）前期英語外部
	金沢工業・工（機械工）Ａ
	金沢工業・工（機械工）Ｂ
	金沢工業・工（航空システム工）Ａ
	金沢工業・工（航空システム工）Ｂ
	金沢工業・工（環境土木工）Ａ
	金沢工業・工（環境土木工）Ｂ
	中部・工（機械工）前期Ａ方式
	中部・工（都市建設工）前期Ａ方式
	中部・工（都市建設工）前期Ｂ方式
	中部・工（都市建設工）前期ＡＭ方式
	中部・工（都市建設工）前期ＢＭ方式
	中部・工（応用化学）前期Ａ方式
	中部・工（応用化学）前期Ｂ方式
	中部・工（電気電子システム工）前期Ｂ方式
	中部・工（電気電子システム工）前期ＡＭ方式
	中部・理工（ＡＩロボティクス）前期ＡＭ方式
	中部・理工（宇宙航空）前期Ｂ方式
	中部・理工（宇宙航空）前期ＢＭ方式
	近畿・生物理工〈和歌山〉（生命情報工）前期Ａ日程
	近畿・生物理工〈和歌山〉（生命情報工）前期Ｂ日程
	近畿・生物理工〈和歌山〉（人間環境デザイン工）前期Ａ日程
	近畿・生物理工〈和歌山〉（人間環境デザイン工）前期Ｂ日程

ボーダー偏差値	大学・学部（学科）日程方式
40	摂南・理工（住環境デザイン）前期３科目型
37.5	北海学園・工（社会－環境情報）
	北海学園・工（建築）
	北海学園・工（電子情報工）
	拓殖・工（機械システム工）２月
	帝京・理工〈栃木〉（航空－航空宇宙工学）
	東海・工（機械システム工）一般
	東海・工（医工）一般
	東海・海洋〈静岡〉（海洋－海洋理工学）一般
	東海・文理融合〈熊本〉（人間情報工）一般
	神奈川工科・創造工（ホームエレクトロニクス開発）Ａ日程
	関東学院・理工（応用化学）前期２科目
	関東学院・理工（応用化学）前期英語外部
	関東学院・理工（先進機械）前期２科目
	関東学院・理工（先進機械）前期英語外部
	関東学院・理工（電気・電子）前期３科目
	関東学院・理工（電気・電子）前期２科目
	関東学院・理工（電気・電子）中期３科目
	関東学院・理工（電気・電子）前期英語外部
	関東学院・理工（健康科学・テクノロジー）前期３科目

ボーダー偏差値	大学・学部（学科）日程方式
37.5	関東学院・理工（健康科学・テクノロジー）前期２科目
	関東学院・理工（健康科学・テクノロジー）中期３科目
	関東学院・理工（健康科学・テクノロジー）前期英語外部
	金沢工業・工（ロボティクス）Ａ
	金沢工業・工（ロボティクス）Ｂ
	金沢工業・工（電気電子工）Ａ
	金沢工業・工（電気電子工）Ｂ
	中部・工（機械工）前期ＡＭ方式
	中部・工（電気電子システム工）前期ＢＭ方式
	中部・理工（宇宙航空）前期Ａ方式
	中部・理工（宇宙航空）前期ＡＭ方式
35	北海学園・工（社会－社会環境）
	神奈川工科・工（機械－機械工学）Ａ日程
	神奈川工科・工（電気電子情報工）Ａ日程
	神奈川工科・工（応用化学）Ａ日程
	神奈川工科・創造工（自動車システム開発工）Ａ日程
	神奈川工科・創造工（ロボット・メカトロニクス）Ａ日程
	関東学院・理工（先進機械）前期３科目
	関東学院・理工（先進機械）中期３科目

農学系

ボーダー偏差値	大学・学部（学科）日程方式
62.5	日本・生物資源科学（獣医）Ａ個別第２期
	日本獣医生命科学・獣医（獣医）
	明治・農（農）全学部３科目
	明治・農（農）全学英語４技能
	明治・農（農芸化学）全学部３科目
	明治・農（生命科学）全学部３科目
	明治・農（生命科学）全学英語４技能
	明治・農（食料環境政策）全学部３科目
60	日本・生物資源科学（獣医）Ｎ全学第１期
	明治・農（農芸化学）全学英語４技能
	明治・農（食料環境政策）全学英語４技能
	麻布・獣医（獣医）第Ⅰ期Ａ日程
57.5	北里・獣医（獣医）
	日本・生物資源科学（獣医）Ａ個別第１期
	明治・農（農）学部別
	明治・農（農芸化学）学部別
	明治・農（生命科学）学部別
	明治・農（食料環境政策）学部別
	麻布・獣医（獣医）第Ⅰ期Ｄ日程
55	法政・生命科学（応用植物科学）Ａ方式
	法政・生命科学（応用植物科学）Ｔ日程
	法政・生命科学（応用植物科学）英語外部利用
	名城・農（応用生物化学）Ｂ方式
52.5	東海・海洋〈静岡〉（海洋生物）理系学部統一
	名城・農（応用生物化学）Ａ方式
50	東京農業・農（生物資源開発）
	東京農業・応用生物科学（醸造科学）
	日本・生物資源科学（海洋生物）Ａ個別第１期
	日本・生物資源科学（海洋生物）Ａ個別第２期
	日本・生物資源科学（海洋生物）Ｎ全学第１期
	日本・生物資源科学（食品ビジネス）Ｎ全学第１期
	名城・農（生物資源）Ｂ方式
	名城・農（生物環境科学）Ｂ方式
	近畿・農〈奈良〉（水産）前期Ａ日程
	近畿・農〈奈良〉（水産）前期Ｂ日程
47.5	北里・海洋生命科学（海洋生命科学）前後期
	北里・海洋生命科学（海洋生命科学）中期
	玉川・農（先端食農）全学統一
	東海・海洋〈静岡〉（海洋生物）一般
	東京農業・農（農）
	東京農業・農（動物科学）

ボーダー偏差値	大学・学部（学科）日程方式
47.5	東京農業・応用生物科学（農芸化学）
	東京農業・生命科学（バイオサイエンス）
	東京薬科・生命科学（応用生命科学）Ｂ方式Ⅰ期
	東京薬科・生命科学（応用生命科学）Ｂ方式Ⅱ期
	日本・生物資源科学（バイオサイエンス）Ｎ全学第１期
	日本・生物資源科学（アグリサイエンス）Ｎ全学第１期
	日本・生物資源科学（食品開発）Ｎ全学第１期
	日本・生物資源科学（食品ビジネス）Ａ個別第１期
	日本・生物資源科学（食品ビジネス）Ａ個別第２期
	日本・生物資源科学（獣医保健看護）Ａ個別第１期
	日本・生物資源科学（獣医保健看護）Ａ個別第２期
	日本・生物資源科学（獣医保健看護）Ｎ全学第１期
	愛知・地域政策（食農環境）数学重視型入試
	名城・農（生物資源）Ａ方式
	名城・農（生物環境科学）Ａ方式
	京都産業・生命科学（先端生命科学）２科目型
	近畿・農〈奈良〉（農業生産科学）前期Ａ日程
	近畿・農〈奈良〉（農業生産科学）前期Ｂ日程
	近畿・農〈奈良〉（応用生命化学）前期Ａ日程
	近畿・農〈奈良〉（応用生命化学）前期Ｂ日程
	近畿・農〈奈良〉（環境管理）前期Ａ日程
	近畿・農〈奈良〉（環境管理）前期Ｂ日程
	近畿・農〈奈良〉（生物機能科学）前期Ａ日程
	近畿・農〈奈良〉（生物機能科学）前期Ｂ日程
45	東海・生物〈北海道〉（海洋生物科学）理系学部統一
	東海・海洋〈静岡〉（水産）理系学部統一
	東京農業・地域環境科学（森林総合科学）
	東京農業・地域環境科学（造園科学）
	東京農業・国際食料情報（アグリビジネス）
	東京農業・生命科学（分子生命化学）
	日本・生物資源科学（バイオサイエンス）Ａ個別第１期
	日本・生物資源科学（バイオサイエンス）Ａ個別第２期
	日本・生物資源科学（動物）Ｎ全学第１期
	日本・生物資源科学（アグリサイエンス）Ａ個別第１期
	日本・生物資源科学（アグリサイエンス）Ａ個別第２期
	日本・生物資源科学（食品開発）Ａ個別第２期
	日本・生物資源科学（国際共生）Ｎ全学第１期
	日本獣医生命科学・獣医（獣医保健看護）
	愛知・地域政策（食農環境）前期
	愛知・地域政策（食農環境）Ｍ方式
	京都産業・生命科学（先端生命科学）３科目型

ボーダー偏差値	大学・学部（学科）日程方式
45	京都産業・生命科学（産業生命科学）３科目型理系
	京都産業・生命科学（産業生命科学）３科目型文系
	京都産業・生命科学（産業生命科学）２科目型
	龍谷・農（生命科学）前農学型スタン
	龍谷・農（生命科学）前農学型高得点
	龍谷・農（農）前農学型高得点
	龍谷・農（食料農業システム）前農学型高得点
42.5	玉川・農（環境農）全学統一
	帝京平成・健康医療スポーツ（医療－動物医療）
	東海・海洋〈静岡〉（水産）一般
	東京工科・応用生物（食品・化粧品）Ａ日程
	東京農業・農（デザイン農）
	東京農業・地域環境科学（生産環境工）
	東京農業・地域環境科学（地域創成科学）
	東京農業・生物産業〈北海道〉（海洋水産）
	東京農業・国際食料情報（国際農業開発）
	東京農業・国際食料情報（食料環境経済）
	東京農業・国際食料情報（国際食農科学）
	東京農業・生命科学（分子微生物）
	日本・生物資源科学（動物）Ａ個別第１期
	日本・生物資源科学（動物）Ａ個別第２期
	日本・生物資源科学（森林）Ｎ全学第１期
	日本・生物資源科学（食品開発）Ａ個別第１期
	日本・生物資源科学（国際共生）Ａ個別第１期
	龍谷・農（生命科学）中農学型スタン
	龍谷・農（生命科学）中農学型高得点
	龍谷・農（農）前農学型スタン
	龍谷・農（農）中農学型スタン
	龍谷・農（農）中農学型高得点
	龍谷・農（食料農業システム）前農学型スタン
	龍谷・農（食料農業システム）前文系型スタン
	龍谷・農（食料農業システム）前文系型高得点
	龍谷・農（食料農業システム）中農学型スタン
	龍谷・農（食料農業システム）中農学型高得点
	龍谷・農（食料農業システム）中文系型スタン
	龍谷・農（食料農業システム）中文系型高得点

ボーダー偏差値	大学・学部（学科）日程方式
42.5	近畿・生物理工〈和歌山〉（食品安全工）前期Ａ日程
	摂南・農（農業生産）前期３科目型
	摂南・農（応用生物科学）前期３科目型
	摂南・農（応用生物科学）前期２科目型
40	北里・獣医（動物資源科学）前期
	玉川・農（生産農）全学統一
	東海・農〈熊本〉（農）理系学部統一
	東海・農〈熊本〉（動物科学）理系学部統一
	東海・農〈熊本〉（食生命科学）理系学部統一
	東海・生物〈北海道〉（生物）理系学部統一
	東海・生物〈北海道〉（海洋生物科学）一般
	東京農業・生物産業〈北海道〉（北方圏農）
	東京農業・生物産業〈北海道〉（食香粧化学）
	東京農業・生物産業〈北海道〉（自然資源経営）
	日本・生物資源科学（森林）Ａ個別第２期
	日本・生物資源科学（環境）Ａ個別第１期
	日本・生物資源科学（環境）Ａ個別第２期
	日本・生物資源科学（環境）Ｎ全学第１期
	日本・生物資源科学（国際共生）Ａ個別第２期
	近畿・生物理工〈和歌山〉（食品安全工）前期Ｂ日程
	摂南・農（農業生産）前期２科目型
	摂南・農（食農ビジネス）前期３科目型
	摂南・農（食農ビジネス）前期２科目型
37.5	北里・獣医（動物資源科学）中期
	北里・獣医（生物環境科学）前期
	北里・獣医（生物環境科学）中期
	東海・農〈熊本〉（農）一般
	東海・農〈熊本〉（動物科学）一般
	東海・農〈熊本〉（食生命科学）一般
	東海・生物〈北海道〉（生物）一般
	東京工科・応用生物（生命科学・医薬品）Ａ日程
	日本・生物資源科学（森林）Ａ個別第１期
	麻布・獣医（動物応用科学）第Ⅰ期
35	日本獣医生命科学・応用生命科学（動物科学）
	日本獣医生命科学・応用生命科学（食品科学）
	神奈川工科・応用バイオ科学（応用バイオ）Ａ日程

医・歯・薬学系

ボーダー偏差値	大学・学部（学科）日程方式
72.5	慶應義塾・医（医）
	順天堂・医（医）Ｂ方式
70	順天堂・医（医）茨城県地域枠
	順天堂・医（医）Ａ方式
	順天堂・医（医）東京都地域枠
	順天堂・医（医）新潟県地域枠
	順天堂・医（医）千葉県地域枠
	順天堂・医（医）埼玉県地域枠
	順天堂・医（医）静岡県地域枠
	東京慈恵会医科・医（医）
	日本医科・医（医）前期
	日本医科・医（医〈地域枠〉）前期
67.5	昭和・医（医）Ⅰ期
	昭和・医（医）新潟県地域枠
	昭和・医（医）茨城県地域枠
	昭和・医（医）静岡県地域枠
	東海・医（医）一般
	東邦・医（医）
	日本・医（医）Ｎ全学第１期
65	国際医療福祉・医〈千葉〉（医）
	杏林・医（医）
	杏林・医（医）東京都地域枠
	杏林・医（医）新潟県地域枠
	帝京・医（医）
	帝京・医（医）特別地域枠

ボーダー偏差値	大学・学部（学科）日程方式
65	近畿・医（医）静岡県地域枠
	近畿・医（医）和歌山県地域枠
	近畿・医（医）前期Ａ日程
	近畿・医（医）大阪府地域枠
	近畿・医（医）奈良県地域枠
	福岡・医（医）系統別
62.5	北里・医（医）相模原市枠
	北里・医（医）
	慶應義塾・薬（薬）
	慶應義塾・薬（薬科学）
	東京理科・薬（薬）Ｂ方式
	東京理科・薬（薬）グローバル方式
60	東京理科・薬（生命創薬科学）Ｂ方式
57.5	日本・歯（歯）Ｎ全学第１期
	北里・薬（薬）
	立命館・薬（薬）全学統一理系
	立命館・薬（薬）学部個別理科１
	立命館・薬（薬）薬学方式
55	北里・薬（生命創薬科学）
	東京理科・薬（生命創薬科学）グローバル方式
	立命館・薬（薬）学部個別理科２
	立命館・薬（創薬科学）全学統一理系
	立命館・薬（創薬科学）学部個別理科１
	立命館・薬（創薬科学）学部個別理科２
	立命館・薬（創薬科学）薬学方式

ボーダー偏差値	大学・学部（学科）日程方式
55	近畿・薬（医療薬）前期Ａ日程
	近畿・薬（医療薬）前期Ｂ日程
	福岡・薬（薬）系統別
52.5	昭和・歯（歯）
	東京薬科・薬（女子部）　Ｂ方式Ⅰ期
	東京薬科・薬（女子部）　Ｂ方式Ⅱ期
	日本・薬（薬）Ｎ全学第１期
	武蔵野・薬（薬）Ａ日程
	名城・薬（薬）Ａ方式
	名城・薬（薬）Ｂ方式
	近畿・薬（創薬科学）前期Ａ日程
	近畿・薬（創薬科学）前期Ｂ日程
	福岡・薬（薬）前期
50	昭和・薬（薬）
	東京薬科・薬（男子部）　Ｂ方式Ⅰ期
	東京薬科・薬（男子部）　Ｂ方式Ⅱ期
	東邦・薬（薬）
	日本・薬（薬）Ａ個別方式
	武蔵野・薬（薬）全学部統一
	福岡・薬（薬）前期理科重視型
47.5	日本・歯（歯）Ａ個別方式
	愛知学院・薬（医療薬）中期

ボーダー偏差値	大学・学部（学科）日程方式
45	国際医療福祉・薬（薬）前期
	国際医療福祉・福岡薬（薬）前期
	愛知学院・薬（医療薬）前期Ａ
	同志社女子・薬（医療薬）前期３教科
	摂南・薬（薬）前期２科目型
	武庫川女子・薬（薬）Ａ２科目型
	武庫川女子・薬（薬）Ｂ２科目同一
	武庫川女子・薬（健康生命薬科学）Ｂ２科目同一
42.5	日本・松戸歯（歯）Ａ個別第１期
	日本・松戸歯（歯）Ｎ全学第１期
	帝京・薬（薬）
	帝京平成・薬（薬）
	摂南・薬（薬）前期３科目型
	武庫川女子・薬（薬）Ａ３科目同一
	武庫川女子・薬（健康生命薬科学）Ａ２科目型
40	城西・薬（薬）Ａ日程
	愛知学院・歯（歯）前期Ａ
	愛知学院・歯（歯）中期
37.5	城西・薬（薬科学）Ａ日程
	神戸学院・薬（薬）前期
	神戸学院・薬（薬）中期
35	城西国際・薬（医療薬）高得点２科目

保健学系

ボーダー偏差値	大学・学部（学科）日程方式
65	早稲田・人間科学（健康福祉科学）文系方式
62.5	早稲田・人間科学（健康福祉科学）理系方式
60	慶應義塾・看護医療（看護）
57.5	北里・看護（看護）
	上智・総合人間科学（看護）ＴＥＡＰ利用
	武蔵野・看護（看護）全学部統一
55	杏林・保健（看護－看護学）
	中部・生命健康科学（理学療法）前期ＢＭ方式
	同志社女子・看護（看護）前期２教科
52.5	順天堂・医療看護（看護）
	帝京平成・ヒューマンケア（看護）
	東京慈恵会医科・医（看護）
	杏林・保健（リハ－理学療法学）
	駒澤・医療健康科学（診療放射線技術科学）Ｓ方式
	順天堂・医療科学（臨床検査）Ａ日程
	順天堂・医療科学（臨床検査）Ｂ日程
	中部・生命健康科学（保健看護）前期Ａ方式
	中部・生命健康科学（保健看護）前期ＢＭ方式
	中部・生命健康科学（理学療法）前期Ａ方式
	中部・生命健康科学（理学療法）前期Ｂ方式
	同志社女子・看護（看護）前期３教科
	佛教・保健医療技術（看護）Ａ日程２科目型
	神戸女子・看護（看護）前期Ａ２科目型
	神戸女子・看護（看護）前期Ｂ２科目型
	神戸女子・看護（看護）中期２科目型
	神戸女子・看護（看護）中期３科目型
	福岡・医（看護）系統別
50	国際医療福祉・成田看護（看護）前期
	国際医療福祉・小田原保健医療（看護）前期
	国際医療福祉・成田保健医療（放射線・情報科学）前期
	杏林・保健（看護－看護養護教育学）
	順天堂・保健看護〈静岡〉（看護）Ｂ日程
	帝京・医療技術（看護）
	帝京科学・医療科学（看護）
	東海・医（看護）一般
	東京家政・健康科学（看護）統一地区
	北里・医療衛生（医療工－診療放射線技術科学）
	杏林・保健（診療放射線技術）
	駒澤・医療健康科学（診療放射線技術科学）Ｔ方式

ボーダー偏差値	大学・学部（学科）日程方式
50	順天堂・保健医療（理学療法）
	順天堂・保健医療（診療放射線）
	順天堂・医療科学（臨床工）Ｂ日程
	中部・生命健康科学（保健看護）前期Ｂ方式
	中部・生命健康科学（保健看護）前期ＡＭ方式
	愛知淑徳・健康医療科学（スポ－救急救命学）前期３教科
	愛知淑徳・健康医療科学（スポ－救急救命学）前期２教科
	中部・生命健康科学（生命医科学）前期ＡＭ方式
	中部・生命健康科学（理学療法）前期ＡＭ方式
	中部・生命健康科学（作業療法）前期Ｂ方式
	摂南・看護（看護）前期２科目型
	神戸女子・看護（看護）前期Ａ３科目型
	福岡・医（看護）前期
47.5	国際医療福祉・成田保健医療（理学療法）前期
	国際医療福祉・成田保健医療（医学検査）前期
	共立女子・看護（看護）全学統一方式
	昭和・保健医療（看護）
	東邦・健康科学（看護）Ａ
	武蔵野・看護（看護）ＡＢ日程
	北里・医療衛生（医療検査）
	北里・医療衛生（リハ－理学療法学）
	昭和・保健医療（リハ－理学療法学）
	帝京・医療技術（診療放射線）
	帝京科学・医療科学（東京理学療法）
	東京家政・健康科学（リハ－理学療法学）統一地区
	中部・生命健康科学（生命医科学）前期Ａ方式
	中部・生命健康科学（生命医科学）前期ＢＭ方式
	中部・生命健康科学（作業療法）前期ＢＭ方式
	中部・生命健康科学（臨床工）前期Ｂ方式
	中部・生命健康科学（臨床工）前期ＡＭ方式
	中部・生命健康科学（臨床工）前期ＢＭ方式
	佛教・保健医療技術（看護）Ａ日程３科目型
	佛教・保健医療技術（理学療法）Ａ日程３科目型
	佛教・保健医療技術（理学療法）Ａ日程２科目型
	摂南・看護（看護）前期３科目型
	武庫川女子・看護（看護）Ａ２科目型
	武庫川女子・看護（看護）Ａ３科目同一
	武庫川女子・看護（看護）Ｂ２科目同一
45	国際医療福祉・保健医療（看護）前期

ボーダー偏差値	大学·学部（学科）日程方式
45	国際医療福祉·保健医療（理学療法）前期
	国際医療福祉·保健医療（放射線·情報科学）前期
	国際医療福祉·成田保健医療（作業療法）前期
	国際医療福祉·小田原保健医療（理学療法）前期
	国際医療福祉·小田原保健医療（作業療法）前期
	城西国際·看護（看護）高得点２科目
	共立女子·看護（看護）２月日程
	順天堂·保健看護〈静岡〉（看護）Ａ日程
	東京工科·医療保健（看護）Ａ日程
	東邦·看護（看護）
	東邦·健康科学（看護）Ｂ
	北里·医療衛生（医療工－臨床工学）
	杏林·保健（臨床検査技術）
	順天堂·医療科学（臨床工）Ａ日程
	帝京·福岡医療技術（診療放射線）
	帝京科学·医療科学（理学療法）
	帝京平成·健康メディカル（理学療法）
	東京家政·健康科学（リハ－作業療法学）統一地区
	北里·医療衛生（保健－環境保健学）
	杏林·保健（健康福祉）
	関東学院·看護（看護）前期２科目
	関東学院·看護（看護）前期英語外部
	常葉·保健医療（理学療法）２教科型
	愛知淑徳·健康医療科学（医療－視覚科学）前期２教科
	中部·生命健康科学（生命医科学）前期Ｂ方式
	中部·生命健康科学（作業療法）前期ＡＭ方式
	佛教·保健医療技術（作業療法）Ａ日程２科目型
	神戸学院·総合リハビリテーション（理学療法）中期
42.5	国際医療福祉·福岡保健医療（看護）前期
	国際医療福祉·保健医療（作業療法）前期
	国際医療福祉·保健医療（視機能療法）前期
	国際医療福祉·成田保健医療（言語聴覚）前期
	国際医療福祉·福岡保健医療（理学療法）前期
	淑徳·看護栄養（看護）Ａ
	杏林·保健（臨床工）
	杏林·保健（救急救命）
	杏林·保健（リハ－作業療法学）
	杏林·保健（リハ－言語聴覚療法学）
	昭和·保健医療（リハ－作業療法学）
	帝京·医療技術（臨床検査）
	帝京·医療技術（スポ－救急救命士）
	帝京·福岡医療技術（医療－救急救命士）
	帝京科学·生命環境（生命－臨床工学）
	帝京科学·医療科学（東京柔道整復）
	帝京科学·医療科学（作業療法）
	帝京平成·ヒューマンケア（鍼灸）
	帝京平成·ヒューマンケア（柔道整復）
	帝京平成·健康メディカル（作業療法）
	日本体育·保健医療（整復医療）
	関東学院·看護（看護）前期３科目
	関東学院·看護（看護）中期３科目
	常葉·健康科学（看護）３教科型
	常葉·保健医療（理学療法）３教科型
	愛知淑徳·健康医療科学（医療－言語聴覚学）前期３教科
	愛知淑徳·健康医療科学（医療－言語聴覚学）前期２教科
	愛知淑徳·健康医療科学（医療－視覚科学）前期３教科
	中部·生命健康科学（作業療法）前期Ａ方式
	中部·生命健康科学（臨床工）前期Ａ方式
	愛知学院·健康科学（健康科学）前期Ａ
	愛知学院·健康科学（健康科学）前期Ｍ
	愛知学院·健康科学（健康科学）中期
	愛知学院·健康科学（健康栄養）前期Ａ
	愛知学院·健康科学（健康栄養）中期
	佛教·保健医療技術（作業療法）Ａ日程３科目型
	神戸学院·総合リハビリテーション（理学療法）前期２科目
	神戸学院·総合リハビリテーション（作業療法）前期３科目
	神戸学院·総合リハビリテーション（作業療法）前期２科目
40	国際医療福祉·保健医療（言語聴覚）前期
	国際医療福祉·福岡保健医療（作業療法）前期
	国際医療福祉·福岡保健医療（医学検査）前期
	大東文化·スポーツ·健康科学（看護）一般Ａ
	大東文化·スポーツ·健康科学（看護）一般Ｂ
	大東文化·スポーツ·健康科学（看護）全学部統一
	文京学院·保健医療技術（看護）全学統一
	北里·医療衛生（リハ－作業療法学）
	北里·医療衛生（リハ－言語聴覚療法学）
	帝京·福岡医療技術（理学療法）
	帝京·福岡医療技術（医療－臨床工学）
	帝京科学·医療科学（柔道整復）
	帝京平成·健康医療スポーツ（柔道整復）
	帝京平成·健康医療スポーツ（リハ－作業療法）
	帝京平成·健康医療スポーツ（リハ－理学療法）
	帝京平成·健康医療スポーツ（医療－救急救命士）
	東京工科·医療保健（リハ－理学療法学）Ａ日程
	東京工科·医療保健（リハ－言語聴覚学）Ａ日程
	東京工科·医療保健（臨床検査）Ａ日程
	常葉·健康科学（静岡理学療法）３教科型
	神戸学院·総合リハビリテーション（理学療法）前期３科目
	神戸学院·総合リハビリテーション（作業療法）中期
37.5	東京国際·医療健康（理学療法）全学Ⅰ期２
	東京国際·医療健康（理学療法）全学ⅡⅢ期２
	聖徳·看護（看護）
	城西国際·福祉総合（理学療法）
	帝京·福岡医療技術（看護）
	帝京平成·健康医療スポーツ（看護）
	文京学院·保健医療技術（看護）Ⅰ期
	文京学院·保健医療技術（看護）ⅡⅢ期
	帝京·医療技術（視能矯正）
	帝京平成·健康メディカル（医療－救急救命士）
	東京工科·医療保健（リハ－作業療法学）Ａ日程
	東京工科·医療保健（臨床工）Ａ日程
	文京学院·保健医療技術（理学療法）Ⅰ期
	文京学院·保健医療技術（理学療法）ⅡⅢ期
	文京学院·保健医療技術（理学療法）全学統一
	文京学院·保健医療技術（作業療法）Ⅰ期
	文京学院·保健医療技術（作業療法）ⅡⅢ期
	文京学院·保健医療技術（作業療法）全学統一
	文京学院·保健医療技術（臨床検査）Ⅰ期
	文京学院·保健医療技術（臨床検査）全学統一
	目白·保健医療（理学療法）ＡＢ日程
	目白·保健医療（理学療法）全学部統一
	目白·保健医療（作業療法）ＡＢ日程
	目白·保健医療（作業療法）全学部統一
	神奈川工科·健康医療科学（看護）Ａ日程
	麻布·生命·環境科学（臨床検査技術）第Ⅰ期
35	国際医療福祉·医療福祉（医療福祉·マネジメント）前期
	目白·看護（看護）ＡＢ日程
	目白·看護（看護）全学部統一
	帝京·医療技術（柔道整復）
	帝京·福岡医療技術（作業療法）
	帝京平成·健康メディカル（言語聴覚）
	帝京平成·健康メディカル（医療－臨床工学）
	文京学院·保健医療技術（臨床検査）ⅡⅢ期
	目白·保健医療（言語聴覚）ＡＢ日程
	目白·保健医療（言語聴覚）全学部統一
	神奈川工科·健康医療科学（臨床工）Ａ日程
	常葉·保健医療（作業療法）３教科型
	常葉·健康プロデュース（健康鍼灸）３教科型
	常葉·健康プロデュース（健康鍼灸）２教科型
	常葉·健康プロデュース（健康柔道整復）３教科型
	常葉·健康プロデュース（健康柔道整復）２教科型
BF	国際医療福祉·赤坂心理·医療福祉マネジメント（医療マネジメント）前期
	北里·医療衛生（リハ－視覚機能療法学）
	日本体育·保健医療（救急医療）

ボーダー偏差値	大学・学部（学科）日程方式
BF	常葉・保健医療（作業療法）２教科型

生活科学系

ボーダー偏差値	大学・学部（学科）日程方式
62.5	日本女子・家政（食物－管理栄養士）個別２教科
60	日本女子・家政（食物－食物学）個別２教科
	日本女子・家政（食物－食物学）個別３教科
	日本女子・家政（食物－管理栄養士）個別３教科
	日本女子・家政（食物－管理栄養士）英語外部利用型
57.5	東京家政・栄養（管理栄養）統一地区
	日本女子・家政（食物－食物学）英語外部利用型
	日本女子・家政（住居－建築デザイン）個別２教科
	日本女子・家政（住居－建築デザイン）個別３教科
	日本女子・家政（住居－建築デザイン）英語外部利用型
55	大妻女子・家政（食物－管理栄養士）Ａ方式Ⅰ期
	昭和女子・食健康科学（健康デザイン）Ａ日程
	東京家政・栄養（栄養）統一地区
52.5	共立女子・家政（食物－管理栄養士）全学統一方式
	國學院・人間開発（子ども支援）Ａ日程３教科
	國學院・人間開発（子ども支援）Ａ日程得意科目
	國學院・人間開発（子ども支援）Ａ日程特色型
	昭和女子・食健康科学（管理栄養）Ａ日程
	昭和女子・食健康科学（管理栄養）Ｂ日程
	昭和女子・食健康科学（健康デザイン）Ｂ日程
	昭和女子・食健康科学（食安全マネジメント）Ａ日程
	昭和女子・食健康科学（食安全マネジメント）Ｂ日程
	昭和女子・環境デザイン（環境デザイン）Ａ日程
	東京農業・応用生物科学（栄養科学）
	東洋・福祉社会デザイン（人間環境デザイン）前期3英数理
	東洋・福祉社会デザイン（人間環境デザイン）前期3英国他①
	東洋・福祉社会デザイン（人間環境デザイン）前期3英国他②
	日本女子・家政（児童）個別２教科
	日本女子・家政（児童）英語外部利用型
	日本女子・家政（住居－居住環境デザイン）個別２教科
	日本女子・家政（住居－居住環境デザイン）個別３教科
	日本女子・家政（住居－居住環境デザイン）英語外部利用型
	日本女子・家政（家政経済）個別２教科
	日本女子・家政（家政経済）個別３教科
	日本女子・家政（家政経済）英語外部利用型
	京都女子・家政（食物栄養）前期Ｂ方式
	京都女子・家政（生活造形）前期Ｂ方式
	同志社女子・生活科学（人間生活）前期２教科
50	女子栄養・栄養（実践栄養）１期
	共立女子・家政（食物－食物学）全学統一方式
	実践女子・生活科学（食生活－管理栄養士）Ⅰ期２科目型
	実践女子・生活科学（生活－生活心理）Ⅰ期２科目型
	実践女子・生活科学（生活－生活心理）Ⅰ期３科目型
	実践女子・生活科学（生活－幼児保育）Ⅰ期２科目型
	実践女子・生活科学（生活－幼児保育）Ⅰ期３科目型
	昭和女子・環境デザイン（環境デザイン）Ｂ日程
	東洋・福祉社会デザイン（子ども支援）前期３教科国語
	東洋・福祉社会デザイン（子ども支援）前期３教科①
	東洋・福祉社会デザイン（子ども支援）前期３教科②
	東洋・福祉社会デザイン（子ども支援）前期３教科③
	東洋・福祉社会デザイン（子ども支援）前期４教科
	東洋・福祉社会デザイン（人間環境デザイン）前期４教科
	日本女子・家政（児童）個別３教科
	日本女子・家政（被服）個別２教科
	日本女子・家政（被服）個別３教科
	日本女子・家政（被服）英語外部利用型
	愛知淑徳・健康医療科学（健康栄養）前期２教科
	京都女子・家政（食物栄養）前期Ａ方式
	京都女子・家政（生活造形）前期Ａ方式
	同志社女子・生活科学（人間生活）前期３教科
50	同志社女子・生活科学（食物－管理栄養士）前期３教科
	近畿・農〈奈良〉（食品栄養）前期Ａ日程
	近畿・農〈奈良〉（食品栄養）前期Ｂ日程
47.5	女子栄養・栄養（実践栄養）２期
	大妻女子・家政（被服）Ａ方式Ⅰ期
	大妻女子・家政（食物－食物学）Ａ方式Ⅰ期
	大妻女子・家政（児童－児童学）Ａ方式Ⅰ期
	共立女子・家政（食物－管理栄養士）２月日程
	実践女子・生活科学（食生活－管理栄養士）Ⅰ期３科目型
	実践女子・生活科学（食生活－管理栄養士）Ⅱ期
	実践女子・生活科学（食生活－管理栄養士）高校活動評価Ⅱ
	実践女子・生活科学（食生活－食物科学）Ⅰ期２科目型
	実践女子・生活科学（食生活－食物科学）Ⅱ期
	実践女子・生活科学（食生活－食物科学）高校活動評価Ⅱ
	実践女子・生活科学（食生活－健康栄養）Ⅰ期２科目型
	実践女子・生活科学（食生活－健康栄養）Ⅱ期
	実践女子・生活科学（生活環境）Ⅰ期２科目型
	実践女子・生活科学（生活環境）Ⅰ期３科目型
	東京農業・応用生物科学（食品安全健康）
	神戸女子・家政（家政）中期３科目型
	神戸女子・家政（管理栄養士養成）中期２科目型
	武庫川女子・食物栄養科学（食物栄養）Ａ２科目型
	武庫川女子・食物栄養科学（食物栄養）Ａ３科目同一
	武庫川女子・食物栄養科学（食物栄養）Ｂ２科目同一
	武庫川女子・生活環境（生活環境）Ａ２科目型
	武庫川女子・生活環境（生活環境）Ｂ２科目同一
45	大妻女子・家政（児童－児童教育）Ａ方式Ⅰ期
	共立女子・家政（被服）２月日程
	共立女子・家政（被服）全学統一方式
	共立女子・家政（児童）全学統一方式
	実践女子・生活科学（食生活－食物科学）Ⅰ期３科目型
	実践女子・生活科学（食生活－健康栄養）Ⅰ期３科目型
	実践女子・生活科学（食生活－健康栄養）高校活動評価Ⅱ
	実践女子・生活科学（生活環境）Ⅱ期
	実践女子・生活科学（生活環境）高校活動評価Ⅱ
	実践女子・生活科学（生活－生活心理）Ⅱ期
	実践女子・生活科学（生活－幼児保育）Ⅱ期
	実践女子・生活科学（生活－幼児保育）高校活動評価Ⅱ
	東京家政・児童（児童－児童学）統一地区
	東京家政・児童（初等教育）統一地区
	東京都市・人間科学（人間科学）前期
	東京都市・人間科学（人間科学）中期
	東洋・食環境科学（食－フードサイエンス）前期３教科①
	東洋・食環境科学（食－フードサイエンス）前期３教科②
	東洋・食環境科学（食－フードサイエンス）前期３教科③
	東洋・食環境科学（食－フードサイエンス）前期３教科④
	東洋・食環境科学（健康栄養）前期３教科①
	東洋・食環境科学（健康栄養）前期３教科②
	東洋・食環境科学（健康栄養）前期３教科③
	東洋・食環境科学（健康栄養）前期３教科④
	東洋・食環境科学（健康栄養）前期３理科①
	東洋・食環境科学（健康栄養）前期３理科②
	東洋・健康スポーツ科学（栄養科学）前期３文系①
	東洋・健康スポーツ科学（栄養科学）前期３文系②
	東洋・健康スポーツ科学（栄養科学）前期３文系③
	東洋・健康スポーツ科学（栄養科学）前期３理系①
	東洋・健康スポーツ科学（栄養科学）前期３理系②
	東洋・健康スポーツ科学（栄養科学）前期３理系③
	愛知淑徳・健康医療科学（健康栄養）前期３教科
	同志社女子・生活科学（食物－食物科学）前期３教科

ボーダー偏差値	大学・学部（学科）日程方式
45	龍谷・農（食品栄養）前農学型高得点
	龍谷・農（食品栄養）中農学型スタン
	龍谷・農（食品栄養）中農学型高得点
	神戸女子・家政（家政）中期２科目型
	神戸女子・家政（管理栄養士養成）前期Ｂ２科目型
	神戸女子・家政（管理栄養士養成）中期３科目型
	武庫川女子・食物栄養科学（食創造科学）Ａ２科目型
	武庫川女子・生活環境（生活環境）Ａ３科目同一
42.5	女子栄養・栄養（保健－栄養科学）１期
	女子栄養・栄養（保健－栄養科学）２期
	淑徳・看護栄養（栄養）Ａ
	大妻女子・家政（ライフデザイン）Ａ方式Ⅰ期
	共立女子・家政（食物－食物学）２月日程
	共立女子・家政（児童）２月日程
	帝京平成・健康メディカル（健康栄養）
	東京家政・児童（児童－育児支援）統一地区
	東京家政・家政（環境教育）統一地区
	中部・応用生物（食品－管理栄養科学）前期Ｂ方式
	龍谷・農（食品栄養）前農学型スタン
	摂南・農（食品栄養）前期２科目型
	神戸女子・家政（家政）前期Ｂ２科目型
	神戸女子・家政（管理栄養士養成）前期Ａ２科目型
	神戸女子・家政（管理栄養士養成）前期Ａ３科目型
	武庫川女子・食物栄養科学（食創造科学）Ａ３科目同一
	武庫川女子・食物栄養科学（食創造科学）Ｂ２科目同一
40	文教・健康栄養〈神奈川〉（管理栄養）Ａ日程
	文教・健康栄養〈神奈川〉（管理栄養）全国
	聖徳・人間栄養（人間栄養）
	実践女子・生活科学（生活－生活心理）高校活動評価Ⅱ
	東京家政・家政（服飾美術）統一地区

ボーダー偏差値	大学・学部（学科）日程方式
40	関東学院・栄養（管理栄養）前期３科目
	関東学院・栄養（管理栄養）前期２科目
	関東学院・栄養（管理栄養）中期３科目
	関東学院・栄養（管理栄養）前期英語外部
	中部・応用生物（食品－管理栄養科学）前期Ａ方式
	中部・応用生物（食品－管理栄養科学）前期ＡＭ方式
	中部・応用生物（食品－管理栄養科学）前期ＢＭ方式
	摂南・農（食品栄養）前期３科目型
	神戸学院・栄養（管理栄養学）前期２科目
	神戸学院・栄養（臨床検査学）前期３科目
	神戸女子・家政（家政）前期Ａ２科目型
	神戸女子・家政（家政）前期Ａ３科目型
37.5	神奈川工科・健康医療科学（管理栄養）Ａ日程
	常葉・健康プロデュース（健康栄養）３教科型
	神戸学院・栄養（管理栄養学）前期３科目
	神戸学院・栄養（管理栄養学）中期
	神戸学院・栄養（臨床検査学）前期２科目
	神戸学院・栄養（臨床検査学）中期
35	女子栄養・栄養（食文化栄養）１期
	女子栄養・栄養（食文化栄養）２期
	実践女子・生活科学（現代生活）Ⅰ期２科目型
	実践女子・生活科学（現代生活）Ⅰ期３科目型
	常葉・保育（保育）３教科型
	常葉・健康プロデュース（こども健康）３教科型
	常葉・健康プロデュース（こども健康）２教科型
BF	城西・薬（医療栄養）Ａ日程
	実践女子・生活科学（現代生活）Ⅱ期
	実践女子・生活科学（現代生活）高校活動評価Ⅱ
	麻布・生命・環境科学（食品生命科学）第Ⅰ期

芸術・スポーツ科学系

ボーダー偏差値	大学・学部（学科）日程方式
62.5	立教・現代心理（映像身体）
60	青山学院・文（比較芸術）全学部日程
57.5	成城・文芸（芸術）Ａ方式２教科型
	成城・文芸（芸術）Ｓ方式
	日本・芸術（映画）Ｎ全学第１期
	日本・芸術（文芸）Ｎ全学第１期
	日本・芸術（放送）Ｎ全学第１期
	法政・スポーツ健康（スポーツ健康）Ｔ日程
	法政・スポーツ健康（スポーツ健康）英語外部利用
	明治学院・文（芸術）全学３教科型
55	成城・文芸（芸術）Ａ方式３教科型
	日本・芸術（写真）Ｎ全学第１期
	日本・芸術（演劇）Ｎ全学第１期
	日本・芸術（デザイン）Ｎ全学第１期
	法政・スポーツ健康（スポーツ健康）Ａ方式
	立教・スポーツウエルネス（スポーツウエルネス）
	中京・スポーツ科学（トレーナー）前期Ａ２教科型
	中京・スポーツ科学（トレーナー）前期Ｍ２教科型
	中京・スポーツ科学（スポーツ教育）前期Ａ２教科型
	中京・スポーツ科学（スポーツ教育）前期Ｍ２教科型
	同志社・スポーツ健康科学（スポーツ健康科学）学部個別文系型
	同志社・スポーツ健康科学（スポーツ健康科学）学部個別理系型
	同志社・スポーツ健康科学（スポーツ健康科学）全学部日程文系
	同志社・スポーツ健康科学（スポーツ健康科学）全学部日程理系
	立命館・映像（映像）全学統一文系
	立命館・映像（映像）学部個別文系
	立命館・映像（映像）学部個別理科１
	立命館・スポーツ健康科学（スポーツ健康科学）理系３教科
52.5	國學院・人間開発（健康体育）Ａ日程３教科
	國學院・人間開発（健康体育）Ａ日程得意科目
	國學院・人間開発（健康体育）Ａ日程特色型

ボーダー偏差値	大学・学部（学科）日程方式
52.5	東洋・健康スポーツ科学（健康スポーツ科学）前期３英語①
	東洋・健康スポーツ科学（健康スポーツ科学）前期３英語②
	東洋・健康スポーツ科学（健康スポーツ科学）前期３教科①
	東洋・健康スポーツ科学（健康スポーツ科学）前期３教科②
	東洋・健康スポーツ科学（健康スポーツ科学）前期３教科③
	東洋・健康スポーツ科学（健康スポーツ科学）前期３教科④
	日本・芸術（美術）Ｎ全学第１期
	日本・芸術（音楽〈作曲理論・声楽・ピアノ・情報音楽〉）Ｎ全学第1期
	日本・芸術（演劇）Ａ個別方式
	明治学院・文（芸術）Ａ日程
	中京・スポーツ科学（スポーツマネジメント）前期A3教科型
	中京・スポーツ科学（スポーツマネジメント）前期A2教科型
	中京・スポーツ科学（スポーツマネジメント）前期M3教科型
	中京・スポーツ科学（スポーツマネジメント）前期M2教科型
	中京・スポーツ科学（スポーツ健康科学）前期A2教科型
	中京・スポーツ科学（トレーナー）前期Ａ３教科型
	中京・スポーツ科学（トレーナー）前期Ｍ３教科型
	中京・スポーツ科学（スポーツ教育）前期Ａ３教科型
	中京・スポーツ科学（スポーツ教育）前期Ｍ３教科型
	中部・生命健康科学（スポーツ保健医療）前期Ｂ方式
	立命館・スポーツ健康科学（スポーツ健康科学）全学統一文系
	立命館・スポーツ健康科学（スポーツ健康科学）学部個別配点
	関西・人間健康（人間健康）全学３教科
	関西・人間健康（人間健康）全学英語外部
	関西・人間健康（人間健康）全学３教科同一
50	日本・文理（体育）Ｎ全学第１期
	日本・芸術（映画）Ａ個別方式
	日本・芸術（音楽）Ａ個別方式
	中京・スポーツ科学（スポーツ健康科学）前期Ａ３教科型
	中京・スポーツ科学（スポーツ健康科学）前期Ｍ３教科型
	中京・スポーツ科学（スポーツ健康科学）前期Ｍ２教科型

ボーダー偏差値	大学・学部（学科）日程方式
50	中京・スポーツ科学（競技スポーツ科学）前期Ａ３教科型
	中京・スポーツ科学（競技スポーツ科学）前期Ａ２教科型
	中京・スポーツ科学（競技スポーツ科学）前期Ｍ３教科型
	中京・スポーツ科学（競技スポーツ科学）前期Ｍ２教科型
	中部・生命健康科学（スポーツ保健医療）前期ＢＭ方式
	京都産業・現代社会（健康スポーツ社会）２科目型
	近畿・文芸（芸術－舞台芸術）前期Ａ日程
	近畿・文芸（芸術－舞台芸術）前期Ｂ日程
47.5	順天堂・スポーツ健康科学（スポーツ健康科学）基本方式
	東海・教養（芸術）文理併学部統一
	東洋・健康スポーツ科学（健康スポーツ科学）前期４教科
	日本・文理（体育）Ａ個別第１期
	日本・芸術（文芸）Ａ個別方式
	日本・芸術（放送）Ａ個別方式
	日本・芸術（デザイン）Ａ個別方式
	中部・生命健康科学（スポーツ保健医療）前期Ａ方式
	中部・生命健康科学（スポーツ保健医療）前期ＡＭ方式
	京都産業・現代社会（健康スポーツ社会）３科目型
	近畿・文芸（芸術－造形芸術）前期Ｂ日程
	武庫川女子・健康・スポーツ科学（健康・スポーツ科学）B2科目同一
	武庫川女子・健康・スポーツ科学（スポーツマネジメント）B2科目同一
	福岡・スポーツ科学（健康運動科学）系統別
45	国士舘・体育（スポーツ医科学）前期
	国士舘・体育（スポーツ医科学）デリバリー
	国士舘・体育（スポーツ医科学）中期
	大東文化・スポーツ・健康科学（スポーツ科学）一般
	玉川・芸術（音楽－音楽教育）全学統一
	玉川・芸術（演劇・舞踊）全学統一
	東海・教養（芸術）一般専門試験型
	東海・体育（体育）一般
	東海・体育（生涯スポーツ）文理併学部統一
	東京家政・家政（造形表現）統一地区（学）
	日本・スポーツ科学（競技スポーツ）Ｎ全学第１期
	明星・デザイン（デザイン）Ａ方式
	明星・デザイン（デザイン）Ｂ方式
	愛知・地域政策（健康・スポーツ）前期
	愛知・地域政策（健康・スポーツ）Ｍ方式
	愛知淑徳・健康医療科学（スポ－スポーツ・健康科学）前期2教科
	神戸女子・健康福祉（健康スポーツ栄養）前期Ｂ２科目型
	神戸女子・健康福祉（健康スポーツ栄養）中期２科目型
	神戸女子・健康福祉（健康スポーツ栄養）中期３科目型
	武庫川女子・健康・スポーツ科学（健康・スポーツ科学）A3科目同一
	武庫川女子・健康・スポーツ科学（スポーツマネジメント）A2科目型
	武庫川女子・健康・スポーツ科学（スポーツマネジメント）A3科目同一
	福岡・スポーツ科学（スポーツ科学）系統別
42.5	城西国際・メディア（映像芸術）
	国士舘・体育（体育）デリバリー
	玉川・芸術（音楽－演奏・創作）全学統一
	玉川・芸術（音楽－音楽教育）地域創生教員
	玉川・芸術（アート－メディア表現）全学統一
	玉川・芸術（アート－美術教育）全学統一
	東海・体育（体育）文理併学部統一
	東海・体育（競技スポーツ）文理併学部統一
	東京工科・デザイン（視覚デザイン）Ａ日程
	日本・芸術（写真）Ａ個別方式
	日本・芸術（美術）Ａ個別方式
	日本・スポーツ科学（競技スポーツ）Ａ個別方式
	日本体育・体育（体育）
	日本体育・スポーツマネジメント（スポーツマネジメント）
	関東学院・人間共生（共生デザイン）前期２科目
	関東学院・人間共生（共生デザイン）中期３科目
	関東学院・人間共生（共生デザイン）前期英語外部
	愛知淑徳・健康医療科学（スポ－スポーツ・健康科学）前期3教科
	同志社女子・学芸（音楽－演奏）前期実技方式
	同志社女子・学芸（音楽－音楽文化）前期３教科
	同志社女子・学芸（音楽－音楽文化）前期２教科
	神戸女子・健康福祉（健康スポーツ栄養）前期Ａ２科目型

ボーダー偏差値	大学・学部（学科）日程方式
42.5	神戸女子・健康福祉（健康スポーツ栄養）前期Ａ３科目型
	武庫川女子・健康・スポーツ科学（健康・スポーツ科学）A2科目型
	福岡・スポーツ科学（スポーツ科学）前期小論文型
	福岡・スポーツ科学（健康運動科学）前期
40	桜美林・芸術文化（演劇・ダンス）２科目型
	桜美林・芸術文化（音楽）３科目型
	桜美林・芸術文化（音楽）２科目型
	桜美林・芸術文化（ビジュアル・アーツ）２科目型
	国士舘・体育（体育）前期
	国士舘・体育（体育）中期
	国士舘・体育（こどもスポーツ教育）前期
	国士舘・体育（こどもスポーツ教育）デリバリー
	国士舘・体育（こどもスポーツ教育）中期
	大東文化・スポーツ・健康科学（スポーツ科学）全学部統一
	大東文化・スポーツ・健康科学（健康科学）一般Ａ
	大東文化・スポーツ・健康科学（健康科学）一般Ｂ
	大東文化・スポーツ・健康科学（健康科学）全学部統一
	玉川・芸術（音楽－ミュージカル）全学統一
	玉川・芸術（アート－美術教育）地域創生教員
	帝京平成・健康医療スポーツ（医療－トレーナー・スポーツ）
	帝京平成・人文社会（経営－トレーナー・スポーツ経営）
	東海・教養（芸術）一般筆記試験型
	東海・体育（武道）一般
	東海・体育（スポーツ・レジャーマネジメント）文理併学部統一
	東京工科・デザイン（工業デザイン）Ａ日程
	関東学院・人間共生（共生デザイン）前期３科目
	福岡・スポーツ科学（スポーツ科学）前期実技型
37.5	桜美林・芸術文化（演劇・ダンス）３科目型
	桜美林・芸術文化（ビジュアル・アーツ）３科目型
	桜美林・健康福祉（健康科学）３科目型
	桜美林・健康福祉（健康科学）２科目型
	桜美林・健康福祉（スポーツ科学）３科目型
	桜美林・健康福祉（スポーツ科学）２科目型
	国士舘・体育（武道）前期
	帝京・医療技術（スポ－健康スポーツ）
	東海・体育（競技スポーツ）一般
	東海・体育（武道）文理併学部統一
	東海・体育（生涯スポーツ）一般
	東海・体育（スポーツ・レジャーマネジメント）一般
	日本体育・体育（健康）
	常葉・造形（造形）２教科型
35	流通経済・スポーツ健康科学（スポーツ健康科学）３科目型
	流通経済・スポーツ健康科学（スポーツ健康科学）２科目型
	流通経済・スポーツ健康科学（スポーツコミュニケーション）3科目型
	流通経済・スポーツ健康科学（スポーツコミュニケーション）2科目型
	東京国際・人間社会（人間スポーツ）全学Ⅰ期３
	東京国際・人間社会（人間スポーツ）全学Ⅰ期２
	東京国際・人間社会（人間スポーツ）全学ⅡⅢ期２
	東京国際・人間社会（スポーツ科学）全学Ⅰ期３
	東京国際・人間社会（スポーツ科学）全学ⅡⅢ期２
	聖徳・音楽（音楽）
	国士舘・体育（武道）デリバリー
	帝京平成・健康医療スポーツ（医療－アスリート）
	日本体育・スポーツ文化（スポーツ国際）
	日本体育・スポーツマネジメント（スポーツライフマネジメント）
	フェリス女学院・音楽（音楽芸術）Ａ日程２科目型
	フェリス女学院・音楽（音楽芸術）Ａ日程３科目型
	常葉・造形（造形）３教科型
	常葉・健康プロデュース（心身マネジメント）３教科型
	常葉・健康プロデュース（心身マネジメント）２教科型
	武庫川女子・音楽（応用音楽）Ａ３科目型
	武庫川女子・音楽（応用音楽）Ｂ２科目同一
BF	東京国際・人間社会（人間スポーツ）全学ⅡⅢ期３
	東京国際・人間社会（スポーツ科学）全学Ⅰ期２
	東京国際・人間社会（スポーツ科学）全学ⅡⅢ期３
	国士舘・体育（武道）中期
	日本体育・スポーツ文化（武道教育）

ボーダー偏差値	大学・学部(学科) 日程方式
BF	フェリス女学院・音楽(音楽芸術)B日程 武庫川女子・音楽(演奏)A２科目型 武庫川女子・音楽(演奏)B２科目同一

総合・環境・情報・人間学系

ボーダー偏差値	大学・学部(学科) 日程方式
70	慶應義塾・総合政策(総合政策) 慶應義塾・環境情報(環境情報)
67.5	国際基督教・教養(アーツ・サイエンス)A方式
65	早稲田・人間科学(人間環境科学)文系方式 早稲田・人間科学(人間環境科学)理系方式
62.5	早稲田・人間科学(人間情報科学)文系方式 早稲田・人間科学(人間情報科学)理系方式
60	青山学院・社会情報(社会情報)全学部B方式 中央・国際情報(国際情報)学部別一般 中央・国際情報(国際情報)学部別英語外部 法政・キャリアデザイン(キャリアデザイン)T日程 法政・キャリアデザイン(キャリアデザイン)英語外部利用 法政・人間環境(人間環境)T日程 同志社・政策(政策)学部個別日程 同志社・政策(政策)全学部日程文系 同志社・文化情報(文化情報)全学部日程文系 同志社・文化情報(文化情報)全学部日程理系
57.5	青山学院・コミュニティ人間科学(コミュニティ人間科学)全学部日程 青山学院・社会情報(社会情報)全学部A方式 成城・社会イノベーション(政策イノベーション)A方式2教科型 中央・総合政策(政策科学)学部別一般 中央・総合政策(政策科学)６学部共通 中央・総合政策(政策科学)学部別英語外部 津田塾・総合政策(総合政策)A方式 東京都市・メディア情報(情報システム)前期 法政・キャリアデザイン(キャリアデザイン)A方式 法政・人間環境(人間環境)A方式 法政・人間環境(人間環境)英語外部利用 同志社・文化情報(文化情報)学部個別文系型 同志社・文化情報(文化情報)学部個別理系型 関西・総合情報(総合情報)２教科英数① 関西・総合情報(総合情報)２教科国数 関西・総合情報(総合情報)２教科英国
55	成城・社会イノベーション(政策イノベーション)A方式3教科型 成城・社会イノベーション(政策イノベーション)S方式 東京都市・デザイン・データ科学(デザイン・データ科学)前期 東洋・情報連携(情報連携)前３教科文系① 東洋・情報連携(情報連携)前３教科文系② 武蔵野・人間科学(人間科学)全学部統一 中京・総合政策(総合政策)前期A２教科型 中京・総合政策(総合政策)前期M２教科型 南山・総合政策(総合政策)全学統一個別型 立命館・政策科学(政策科学)全学統一文系 立命館・政策科学(政策科学)学部個別配点 関西・総合情報(総合情報)全学３教科 関西・総合情報(総合情報)２教科英数②
52.5	文教・情報〈神奈川〉(メディア表現)A日程 文教・情報〈神奈川〉(メディア表現)全国 東京都市・メディア情報(情報システム)中期 東京都市・デザイン・データ科学(デザイン・データ科学)中期 東洋・総合情報(総合情報)前期３文系① 東洋・総合情報(総合情報)前期３文系② 東洋・総合情報(総合情報)前期３文系③ 東洋・総合情報(総合情報)前期３理系① 東洋・総合情報(総合情報)前期３理系② 東洋・総合情報(総合情報)前期３理系③ 東洋・総合情報(総合情報)前期３英語文系 東洋・情報連携(情報連携)前３最高文系 東洋・情報連携(情報連携)前期３教科数学 東洋・情報連携(情報連携)前期３英国数① 東洋・情報連携(情報連携)前期３英国数② 東洋・情報連携(情報連携)前期３英国数③ 武蔵野・データサイエンス(データサイエンス)全学部統一 中京・総合政策(総合政策)前期A３教科型 中京・総合政策(総合政策)前期M３教科型 南山・総合政策(総合政策) 同志社女子・学芸(メディア創造)前期２教科 関西・社会安全(安全マネジメント)全学３教科 関西・社会安全(安全マネジメント)全学英語外部 関西・社会安全(安全マネジメント)全学２教科英数 関西・社会安全(安全マネジメント)全学数学重視 近畿・総合社会(環境・まちづくり系)前期A日程 近畿・総合社会(環境・まちづくり系)前期B日程 関西学院・人間福祉(人間科学)全学部日程 関西学院・人間福祉(人間科学)学部個別日程 関西学院・人間福祉(人間科学)英語・数学型 関西学院・総合政策 英語・数学型 甲南・文(人間科学)前期２教科 甲南・文(人間科学)中期３教科
50	東北学院・人間科学(心理行動科学)前期B日程 獨協・法(総合政策)３科目学科別 文教・情報〈神奈川〉(情報システム)A日程 文教・情報〈神奈川〉(情報システム)全国 千葉工業・情報科学(情報ネットワーク)A日程 千葉工業・情報科学(情報ネットワーク)B日程 専修・ネットワーク情報(ネットワーク情報)前期A方式 専修・ネットワーク情報(ネットワーク情報)全学部統一 専修・ネットワーク情報(ネットワーク情報)全国 東京都市・環境(環境創生)前期 東京都市・環境(環境創生)中期 東洋・総合情報(総合情報)前期３数学理系 東洋・総合情報(総合情報)前期４教科 東洋・情報連携(情報連携)前３教科理系① 東洋・情報連携(情報連携)前３教科理系② 東洋・情報連携(情報連携)前３最高理系① 東洋・情報連携(情報連携)前３最高理系② 武蔵野・人間科学(人間科学)AB日程 武蔵野・データサイエンス(データサイエンス)AB日程 神奈川・人間科学(人間科学)A方式 関西学院・総合政策 全学部日程 関西学院・総合政策 全学部日程理系 関西学院・総合政策 学部個別日程 甲南・文(人間科学)前期３教科
47.5	東北学院・人間科学(心理行動科学)前期A日程 獨協・法(総合政策)２科目全学前期 大妻女子・社会情報(環境情報学)A方式Ⅰ期 大妻女子・社会情報(情報デザイン)A方式Ⅰ期 順天堂・健康データサイエンス(健康データサイエンス)A日程 順天堂・健康データサイエンス(健康データサイエンス)B日程 専修・ネットワーク情報(ネットワーク情報)前期F方式 東京経済・キャリアデザインプログラム 前期３教科型 東京経済・キャリアデザインプログラム 前期２教科型 東京経済・キャリアデザインプログラム 前期ベスト２型 明星・情報(情報)B方式 明星・データサイエンス B方式 金沢工業・情報フロンティア(メディア情報)A 金沢工業・情報フロンティア(メディア情報)B 常葉・社会環境(社会環境)２教科型

ボーダー偏差値	大学・学部（学科）日程方式
47.5	愛知淑徳・人間情報（データサイエンス）前期２教科
	名城・都市情報（都市情報）Ａ方式
	名城・都市情報（都市情報）Ｂ方式
	名城・人間（人間）Ａ方式
	名城・人間（人間）Ｂ方式
	京都女子・データサイエンス（データサイエンス）前期A3科目型
	京都女子・データサイエンス（データサイエンス）前期A2科目型
	京都女子・データサイエンス（データサイエンス）前期B方式
	同志社女子・学芸（メディア創造）前期３教科
	大阪工業・情報科学（データサイエンス）前期Ａ日程理系
	大阪工業・情報科学（データサイエンス）前期Ｂ日程理系
	大阪工業・情報科学（データサイエンス）前期Ｂ日程文系
	武庫川女子・社会情報（情報メディア）Ａ２科目型
	武庫川女子・社会情報（情報メディア）Ｂ２科目同一
	武庫川女子・社会情報（情報サイエンス）Ａ２科目型
	武庫川女子・社会情報（情報サイエンス）Ｂ２科目同一
45	東北学院・情報（データサイエンス）前期Ａ日程
	東北学院・情報（データサイエンス）前期Ｂ日程
	文教・情報〈神奈川〉（情報社会）Ａ日程
	文教・情報〈神奈川〉（情報社会）全国
	文教・人間科学（人間科学）Ａ日程
	文教・人間科学（人間科学）全国
	神田外語・グローバル・リベラルアーツ（グローバル・リベラルアーツ）
	聖徳・文（図書館情報）
	亜細亜・経営（データサイエンス）一般３教科型
	亜細亜・経営（データサイエンス）一般２教科型
	亜細亜・経営（データサイエンス）全学統一
	杏林・総合政策（総合政策）２科目前期
	大正・心理社会（人間科学）３科目方式
	帝京平成・人文社会（人間－メディア文化）
	東海・教養（人間環境）文理併学部統一
	東京工科・メディア（メディア）Ａ日程
	東京都市・環境（環境経営システム）前期
	東洋・情報連携（情報連携）前期４教科①
	東洋・情報連携（情報連携）前期４教科②
45	東洋・情報連携（情報連携）前期４教科③
	明星・情報（情報）Ａ方式
	明星・データサイエンス　Ａ方式
	目白・メディア（メディア）全学部統一
	常葉・社会環境（社会環境）３教科型
	愛知学院・総合政策（総合政策）前期Ｍ
	愛知学院・総合政策（総合政策）中期
	愛知淑徳・人間情報（データサイエンス）前期３教科
	大阪経済・人間科学（人間科学）前期Ａ方式
	大阪経済・人間科学（人間科学）前期Ｂ方式
	大阪工業・情報科学（データサイエンス）前期Ａ日程文系
	武庫川女子・社会情報（情報メディア）Ａ３科目同一
42.5	淑徳・人文（人間科学）ＡＢ
	杏林・総合政策（総合政策）３科目前期
	大正・心理社会（人間科学）２科目方式
	大正・心理社会（人間科学）４科目方式
	大正・社会共生（公共政策）２科目方式
	大正・社会共生（公共政策）３科目方式
	帝京科学・生命環境（自然環境〈山梨〉）
	東海・教養（人間環境）一般
	東京都市・環境（環境経営システム）中期
	目白・メディア（メディア）ＡＢ日程
	愛知学院・総合政策（総合政策）前期Ａ
	愛知淑徳・創造表現（メディアプロデュース）前期３教科
	愛知淑徳・創造表現（メディアプロデュース）前期２教科
40	城西国際・メディア（ニューメディア）
	帝京科学・生命環境（自然環境〈東京〉）
	立正・データサイエンス（データサイエンス）Ｒ方式
	金沢工業・情報フロンティア（心理科学）Ａ
	金沢工業・情報フロンティア（心理科学）Ｂ
37.5	立正・データサイエンス（データサイエンス）２月前期
35	聖徳・文（教養デザイン）
	麻布・生命・環境科学（環境科学）第Ｉ期
BF	大正・社会共生（公共政策）４科目方式

’23
年度

国公立大学
入試難易予想ランキング表

資料提供　河合塾

●このランキング表は，’23年度の国公立大学のボーダーラインを一覧にしたもので，ボーダー得点率とボーダー偏差値があります。

●ボーダー得点率は，’22年度入試の結果と’22年10月実施の第3回全統共通テスト模試の志望動向等をもとに，合否の可能性が50%に分かれるラインを１%幅で設定しています。ボーダー偏差値とは’22年度入試の結果と’22年10月実施の第3回全統模試の志望動向等をもとに，合否の可能性が50%に分かれるラインを偏差値帯で表したものです。

●本一覧におけるボーダー得点率およびボーダー偏差値はあくまでも入試の難易度を表したものであり，各大学の教育内容や社会的位置づけを示したものではありません。また，ボーダー設定の際に用いる科目数や配点は大学により異なるので，単純に大学間の入試難易を比較できない場合があります。

●一覧表は系統別にまとめています。大学の配列はボーダー得点率の高い順ですが，同一得点率内では，北→南に配列しています。なお，本文で紹介している大学のみを掲載しています。

●大学名・学部名・学科名は，誌面の都合上，略記している場合があります。

国公立
文・人文学系

文・人文学系

ボーダー得点率	ボーダー偏差値	日程	大学・学部（学科）
86%	67.5	一	上智・文（史）
85%	65	後	京都府立・文（歴史）
	–	一	早稲田・教育（教育－教育学）
	–	一	早稲田・教育（教育－教育心理学）
84%	–	後	愛知県立・外国語（英米）
	62.5	後	京都府立・文（日本・中国文）
	–	一	上智・文（哲）
83%	–	後	愛知県立・外国語（ヨーロ－スペイン語圏）
	–	後	愛知県立・外国語（ヨーロ－ポルトガル語圏）
	62.5	後	京都府立・文（欧米言語文化）
	67.5	後	神戸・文（人文）
	70	一	上智・外国語（英語）
	62.5	一	上智・外国語（フランス語）
	–	一	上智・総合人間科学（教育）
	–	一	上智・総合人間科学（心理）
	–	一	早稲田・教育（社会－地理歴史）
82%	67.5	前	東京・文科三類
	67.5	前	京都・文（人文）
	62.5	一	上智・文（国文）
	–	一	上智・文（ドイツ文）
	–	一	上智・文（フランス文）
	62.5	一	早稲田・教育（英語英文）
81%	65	一	上智・文（英文）
	65	一	上智・外国語（ドイツ語）
	65	一	上智・外国語（イスパニア語）
80%	67.5	前	京都・教育（教育科学文系）
	65	前	京都・教育（教育科学理系）
	–	後	筑波・人文・文化（人文）
	–	後	筑波・人間（教育）
	–	後	お茶の水女子・文教育（人文科学）
	–	後	愛知県立・外国語（ヨーロ－フランス語圏）
	–	後	愛知県立・外国語（ヨーロ－ドイツ語圏）
	67.5	後	神戸・国際人間科学（グローバル文化）
	–	一	早稲田・教育（教育－初等教育学）
79%	–	中	都留文科・文（国際教育）
	–	後	東京都立・人文社会（人文）
	–	後	神戸・国際人間科学（子ども教育）
	62.5	一	青山学院・文（史）
	–	一	青山学院・教育人間科学（心理）
	60	一	上智・外国語（ロシア語）
	60	一	上智・外国語（ポルトガル語）
	–	一	早稲田・教育（教育－生涯教育学）
	62.5	一	早稲田・教育（国語国文）
	–	一	早稲田・教育（複合文化）
78%	60	前	筑波・人文・文化（比較文化）
	62.5	前	京都府立・文（歴史）
	55	中	都留文科・文（国文）
	55	中	都留文科・文（英文３科目型）
	55	中	都留文科・文（比較文化）
	–	後	筑波・人間（心理）
	–	後	愛知県立・外国語（中国）
	–	後	大阪公立・文
	–	後	神戸市外国語・外国語（英米）
	–	後	九州・文（人文）
	–	一	青山学院・教育人間科学（教育）
77%	–	前	都留文科・文（国文）
	–	後	北海道・文（人文科学）
	–	後	神戸市外国語・外国語（イスパニア）
76%	65	前	筑波・人間（心理）
	57.5	前	東京都立・人文社会（人文）
	55	前	金沢・文系一括
	65	前	大阪・文（人文）
	–	後	名古屋市立・人文社会（心理教育）
	–	後	神戸市外国語・外国語（ロシア）
	–	後	神戸市外国語・外国語（中国）

ボーダー得点率	ボーダー偏差値	日程	大学・学部（学科）
76%	–	後	広島・文（人文）
	–	一	上智・神（神）
75%	62.5	前	北海道・文（人文科学）
	62.5	前	筑波・人間（教育）
	62.5	前	お茶の水女子・生活科学（心理）
	–	前	都留文科・文（比較文化）
	–	前	都留文科・文（国際教育）
	62.5	前	神戸・文（人文）
	60	前	神戸市外国語・外国語（英米）
	–	後	北海道・教育（教育）
	–	後	千葉・文（行動科学）
	–	後	千葉・文（歴史学）
	–	後	愛知県立・日本文化（国語国文）
	–	後	高知・人文社会科学（人文科学）
	–	後	北九州市立・外国語（英米）
	–	後	鹿児島・法文（人文－多元地域文化）
74%	62.5	前	北海道・総合入試文系
	62.5	前	筑波・人文・文化（人文）
	65	前	東京外国語・言語文化（イタリア語）
	65	前	東京外国語・言語文化（朝鮮語）
	–	前	都留文科・文（英文３科目型）
	–	前	信州・人文（人文）
	60	前	京都府立・文（日本・中国文）
	57.5	前	神戸市外国語・外国語（イスパニア）
	–	後	信州・人文（人文）
	–	後	三重・人文（文化）
	–	後	京都府立・文（和食文化）
73%	60	前	北海道・教育（教育）
	65	前	東京外国語・言語文化（英語）
	62.5	前	名古屋・文（人文）
	60	前	京都府立・文（欧米言語文化）
	62.5	前	大阪・外国語（英語）
	62.5	前	神戸・国際人間科学（グローバル文化）
	57.5	前	神戸市外国語・外国語（ロシア）
	57.5	前	神戸市外国語・外国語（中国）
	–	後	岩手・人文社会科学（人間文化）
	–	後	埼玉・教養（教養）
	60	後	奈良女子・文
	–	後	広島・教育（人間－心理学系）
	–	後	北九州市立・文（比較文化）
72%	60	前	東北・文（人文社会）
	62.5	前	筑波・総合選抜入試（文系）
	60	前	お茶の水女子・文教育（人文科学）
	65	前	東京外国語・言語文化（フランス語）
	60	前	東京外国語・言語文化（ロシア語）
	60	前	名古屋市立・人文社会（心理教育）
	62.5	前	大阪・外国語（ドイツ語）
	62.5	前	大阪・外国語（フランス語）
	62.5	前	大阪・外国語（イタリア語）
	62.5	前	大阪・外国語（スペイン語）
	60	前	神戸・国際人間科学（子ども教育）
	52.5	前	長崎・多文化社会（多文化社会）
	–	後	愛知県立・日本文化（歴史文化）
	–	後	滋賀県立・人間文化（地域文化）
	–	後	広島・教育（人間－教育学系）
	60	後	熊本・文（歴史）
	–	後	熊本・文（文）
71%	60	前	東北・教育（教育科学）
	60	前	千葉・文（歴史学）
	62.5	前	お茶の水女子・文教育（言語文化）
	62.5	前	名古屋・教育（人間発達科学）
	60	前	大阪・外国語（中国語）
	60	前	大阪・外国語（朝鮮語）
	60	前	大阪・外国語（ロシア語）
	60	前	大阪・外国語（デンマーク語）

ボーダー得点率	ボーダー偏差値	日程	大学・学部（学科）
71%	60	前	大阪・外国語（スウェーデン語）
	60	前	大阪・外国語（ポルトガル語）
	60	前	大阪・外国語（日本語）
	60	前	大阪公立・現代システム科学（心理〈英・国型〉）
	55	前	岡山・文（人文）
	55	中	都留文科・文（英文５科目型）
	–	後	山形・人文社会科学（人間文化）
	–	後	神戸市外国語・外国語第２部（英米）
70%	57.5	前	千葉・文（行動科学）
	60	前	千葉・文（日本・ユーラシア文化）
	65	前	東京外国語・言語文化（スペイン語）
	65	前	東京外国語・言語文化（ポルトガル語）
	62.5	前	東京外国語・言語文化（中国語）
	55	前	京都府立・文（和食文化）
	60	前	大阪公立・文
	60	前	広島・教育（人間－心理学系）
	–	前	県立広島・地域創生（地域文化）
	57.5	前	九州・文（人文）
	52.5	前	北九州市立・外国語（英米）
	–	後	島根・法文（言語文化）
	–	後	愛媛・法文昼間主（人文社会）
	–	後	北九州市立・外国語（中国）
69%	62.5	前	東京外国語・言語文化（ドイツ語）
	62.5	前	東京外国語・言語文化（ポーランド語・チェコ語）
	–	前	都留文科・文（英文５科目型）
	60	前	大阪・外国語（インドネシア語）
	60	前	大阪・外国語（タイ語）
	60	前	大阪・外国語（ベトナム語）
	60	前	大阪・外国語（アラビア語）
	60	前	大阪・外国語（トルコ語）
	60	前	大阪・外国語（ハンガリー語）
	57.5	前	広島・文（人文）
	60	前	九州・教育
	–	後	茨城・人文社会科学（人間文化）
	–	後	静岡・人文社会科学昼間（言語文化）
68%	52.5	前	茨城・人文社会科学（人間文化）
	55	前	埼玉・教養（教養）
	62.5	前	東京外国語・言語文化（ロシア語及びウズベク語・モンゴル語）
	62.5	前	東京外国語・言語文化（インドネシア・マレーシア・フィリピン語）
	60	前	東京外国語・言語文化（タイラオスベトナムカンボジアビルマ語）
	60	前	東京外国語・言語文化（ウルドゥー語・ヒンディー語・ベンガル語）
	60	前	東京外国語・言語文化（アラビア語・ペルシア語・トルコ語）
	55	前	愛知県立・外国語（英米）
	57.5	前	大阪・外国語（モンゴル語）
	57.5	前	大阪・外国語（フィリピン語）
	57.5	前	大阪・外国語（ビルマ語）
	57.5	前	大阪・外国語（ヒンディー語）
	57.5	前	大阪・外国語（ウルドゥー語）
	57.5	前	大阪・外国語（ペルシア語）
	57.5	前	大阪・外国語（スワヒリ語）
	52.5	前	長崎・多文化社会（多文化－オランダ特別）
	–	後	新潟・人文（人文）
	–	後	富山・人文（人文）
	–	後	愛知県立・教育福祉（教育－小学校教育）
67%	50	前	静岡・人文社会科学昼間（言語文化）
	57.5	前	愛知県立・日本文化（国語国文）
	57.5	前	大阪公立・現代システム科学（心理〈理・数型〉）
	55	前	神戸市外国語・外国語第２部（英米）
	–	前	愛媛・社会共創（地域－文化資源マネジメント）
	47.5	前	北九州市立・文（比較文化）

ボーダー得点率	ボーダー偏差値	日程	大学・学部（学科）
67%	–	後	愛知県立・教育福祉（教育－保育幼児教育）
	–	後	熊本県立・文（日本語日本文）
66%	55	前	愛知県立・日本文化（歴史文化）
	57.5	前	奈良女子・文
	57.5	前	広島・教育（人間－教育学系）
	55	前	熊本・文（文）
	52.5	後	熊本県立・文（英語英米文）
65%	52.5	前	山形・人文社会科学（グローバル・スタディーズ）
	55	前	金沢・人間社会（人文）
	50	前	滋賀県立・人間文化（地域文化）
	50	前	北九州市立・外国語（中国）
	52.5	前	熊本・文（歴史）
	57.5	前	熊本・文（コミュニケーション情報）
	–	後	愛媛・法文夜間主（人文社会）
	50	後	佐賀・芸術地域デザイン（地域デザイン）
64%	55	前	山形・人文社会科学（人間文化）
	52.5	前	熊本県立・文（日本語日本文）
	–	後	山口・人文（人文）
63%	50	前	岩手・人文社会科学（人間文化）
	50	前	愛知県立・外国語（ヨーロ－フランス語圏）
	50	前	愛媛・法文昼間主（人文社会）
62%	50	前	新潟・人文（人文）
	50	前	愛知県立・外国語（ヨーロ－スペイン語圏）
	50	前	愛知県立・外国語（ヨーロ－ポルトガル語圏）
	50	前	愛知県立・外国語（中国）
	55	前	三重・人文（文化）
	50	前	熊本県立・文（英語英米文）
	50	前	鹿児島・法文（人文－心理学）
	–	後	福島・人文社会昼間（Ａ系）
61%	52.5	前	愛知県立・教育福祉（教育－保育幼児教育）
	50	前	島根・法文（言語文化）
	52.5	前	香川・医（臨床心理）
	–	前	佐賀・芸術地域デザイン（地域デザイン）
	–	後	福島・人文社会昼間（Ｂ系）
60%	50	前	愛知県立・外国語（ヨーロ－ドイツ語圏）
	50	前	愛知県立・教育福祉（教育－小学校教育）
	47.5	前	高知・人文社会科学（人文科学）
	47.5	前	鹿児島・法文（人文－多元地域文化）
	–	後	弘前・人文社会科学（文化創生）
	–	後	山形・地域教育文化（児童教育）
	–	後	山形・地域教育文化（文化創生）
	–	後	鳥取・地域（人間形成）
	–	後	琉球・人文社会（琉球アジア文化）
59%	55	前	福島・人文社会昼間（人間－人文科学〈国語〉）
	50	前	富山・人文（人文）
	47.5	前	山口・人文（人文）
58%	50	前	弘前・人文社会科学（文化創生）
	–	前	福島・人文社会昼間（人間－心理学・幼児教育〈小論文〉）
	52.5	前	福島・人文社会昼間（人間－人文科学〈英語〉）
	–	前	福島・人文社会昼間（人間－人文科学〈小論文〉）
	47.5	前	愛媛・法文夜間主（人文社会）
57%	47.5	前	山形・地域教育文化（児童教育）
	47.5	前	山形・地域教育文化（文化創生）
	–	前	福島・人文社会昼間（人間－教育実践）
	–	前	福島・人文社会昼間（人間－心理学・幼児教育〈検査〉）
	–	前	琉球・人文社会（琉球アジア文化）
56%	–	前	大分・福祉健康科学（心理学）
55%	–	前	福島・人文社会昼間（人間－特別支援・生活科学）
53%	47.5	前	鳥取・地域（人間形成）

社会・国際学系

ボーダー得点率	ボーダー偏差値	日程	大学・学部（学科）
98%	–	C	国際教養・国際教養（国際教養C日程）
88%	–	後	東京外国語・国際社会（西南ヨーロッパ）
	–	後	東京外国語・国際社会（ロシア・中央アジア）
	70	B	国際教養・国際教養（国際教養B日程）
87%	–	一	上智・総合人間科学（社会）
86%	–	後	東京外国語・国際社会（北西ヨーロッパ／北アメリカ）
	–	後	東京外国語・国際社会（アフリカ）
85%	–	一	上智・文（新聞）
84%	–	後	東京外国語・国際社会（中央ヨーロッパ）
	–	後	東京外国語・国際社会（東アジア）
	–	後	東京外国語・国際社会（東南アジア第２）
83%	67.5	前	一橋・社会（社会）
	67.5	一	上智・総合グローバル（総合グローバル）
	–	一	上智・法（国際関係法）
	70	一	早稲田・国際教養（国際教養）
82%	60	前	横浜市立・国際教養（国際教養Ｂ方式）
	67.5	一	早稲田・政治経済（国際政治経済）
80%	–	後	東京外国語・国際社会（イベリア／ラテンアメリカ）
	–	後	東京外国語・国際社会（東南アジア第１）
	–	後	東京外国語・国際社会（南アジア）
	–	後	東京外国語・国際社会（中東）
	–	後	東京都立・人文社会（人間社会）
	–	後	愛知県立・外国語（国際関係）
	67.5	A	国際教養・国際教養（国際教養Ａ日程）
	–	一	青山学院・地球社会共生（地球社会共生）
	–	一	上智・総合人間科学（社会福祉）
	–	一	早稲田・教育（社会－公共市民学）
79%	–	後	神戸市外国語・外国語（国際関係）
78%	–	一	青山学院・国際政治経済（国際経済）
77%	–	中	都留文科・教養（地域社会）
	–	後	埼玉県立・保健医療福祉（社会－福祉子ども学）
76%	62.5	前	東京外国語・国際社会（中央ヨーロッパ）
	60	前	神戸市外国語・外国語（国際関係）
	–	後	福井・国際地域（国際地域）
75%	65	前	筑波・社会・国際（社会）
	62.5	前	東京外国語・国際社会（アフリカ）
	60	前	広島・総合科学（国際共創文科系）
	–	後	筑波・人間（障害科学）
	–	後	東京都立・都市環境（観光科学）
	–	後	横浜国立・都市科学（都市社会共生）
74%	65	前	東京外国語・国際社会（北西ヨーロッパ／北アメリカ）
	65	前	東京外国語・国際社会（イベリア／ラテンアメリカ）
	62.5	前	東京外国語・国際日本（国際日本）
	60	前	東京都立・人文社会（人間社会）
	–	前	都留文科・教養（地域社会）
	–	後	名古屋市立・人文社会（現代社会）
	–	後	名古屋市立・人文社会（国際文化）
	–	後	島根・法文（社会文化）
73%	–	後	高知・人文社会科学（国際社会）
	–	後	北九州市立・外国語（国際関係）
72%	65	前	筑波・社会・国際（国際総合）
	60	前	千葉・国際教養（国際教養）
	65	前	東京外国語・国際社会（西南ヨーロッパ）
	60	前	東京外国語・国際社会（東アジア）
	–	前	横浜国立・都市科学（都市社会共生）
	–	後	静岡・人文社会科学昼間（社会）
71%	60	前	筑波・人間（障害科学）
	62.5	前	東京外国語・国際社会（中東）
	60	前	東京外国語・国際社会（オセアニア）
	50	前	静岡県立・国際関係（国際言語文化）
	60	前	名古屋市立・人文社会（国際文化）
	60	前	九州・共創（共創）
	–	後	京都府立・公共政策（福祉社会）
70%	57.5	前	千葉・文（国際言語文化学）
	65	前	東京外国語・国際社会（東南アジア第１）
	52.5	前	静岡県立・国際関係（国際関係）
	55	前	名古屋市立・人文社会（現代社会）
	–	前	北九州市立・地域創生（地域創生）
	–	後	埼玉県立・保健医療福祉（社会－社会福祉学）
	–	後	滋賀県立・人間文化（国際コミュニケーション）
69%	60	前	東京外国語・国際社会（ロシア）
	57.5	前	大阪公立・生活科学（人間福祉）
	50	前	北九州市立・外国語（国際関係）
	–	後	鳥取・地域（地域創造）
68%	65	前	東京外国語・国際社会（中央アジア）
	65	前	東京外国語・国際社会（東南アジア第２）
	62.5	前	東京外国語・国際社会（南アジア）
	52.5	前	静岡・人文社会科学昼間（社会）
	55	前	京都府立・公共政策（福祉社会）
	57.5	前	大阪公立・現代システム科学（教育福祉）
	52.5	後	静岡・グローバル共創科学（グローバル共創科学）
67%	55	前	金沢・人間社会（国際）
	52.5	前	滋賀県立・人間文化（国際コミュニケーション）
	57.5	前	広島・総合科学（国際共創理科系）
	52.5	後	茨城・人文社会科学（現代社会）
	–	後	愛知県立・教育福祉（社会福祉）
66%	50	前	茨城・人文社会科学（現代社会）
	55	前	宇都宮・国際（国際）
	57.5	前	東京都立・都市環境（観光科学）
	55	前	横浜市立・国際教養（国際教養Ａ方式）
	52.5	前	静岡・グローバル共創科学（グローバル共創科学）
	52.5	前	愛知県立・外国語（国際関係）
	–	後	山梨・生命環境（地域社会システム）
	–	後	県立広島・保健福祉（保健－人間福祉学）
65%	52.5	前	金沢・人間社会（地域創造）
	52.5	前	金沢・融合（観光デザイン〈文系傾斜〉）
	–	前	鳥取・地域（地域創造）
	–	前	県立広島・保健福祉（保健－人間福祉学）
	–	後	鳥取・地域（国際地域文化）
64%	–	後	宇都宮・地域デザイン科学（コミュニティデザイン）
	–	後	山口・国際総合科学（国際総合科学）
63%	50	前	島根・法文（社会文化）
62%	–	前	宇都宮・地域デザイン科学（コミュニティデザイン）
	–	前	埼玉県立・保健医療福祉（社会－福祉子ども学）
	55	前	愛知県立・教育福祉（社会福祉）
	–	後	琉球・人文社会（国際法政）
61%	–	後	大分・福祉健康科学（社会福祉実践）
	–	後	琉球・人文社会（人間社会）
60%	–	前	埼玉県立・保健医療福祉（社会－社会福祉学）
	52.5	前	金沢・融合（観光デザイン〈理系傾斜〉）
	–	前	山梨・生命環境（地域社会システム）
	–	前	山梨・生命環境（地社－観光政策科学特別）
	52.5	前	兵庫県立・国際商経（グローバルビジネス）
	–	前	高知・人文社会科学（国際社会）
	–	後	秋田・国際資源（資源政策）
59%	50	前	福井・国際地域（国際地域）
	50	前	鳥取・地域（国際地域文化）
	45	前	琉球・人文社会（国際法政）
	50	後	長崎県立・国際社会（国際社会）
	–	後	琉球・国際地域創造昼間主（国際地域創造〈論理的思考系〉）
	–	後	琉球・国際地域創造昼間主（国際地域創造〈国際的思考系〉）
58%	–	前	琉球・人文社会（人間社会）
	–	前	琉球・国際地域創造昼間主（国際地域創造〈論理的思考系〉）
57%	45	前	琉球・国際地域創造昼間主（国際地域創造〈国際的思考系〉）
	45	前	琉球・国際地域創造昼間主（国際地域創造〈数学的思考系〉）
56%	–	前	和歌山・観光（観光）
	47.5	前	山口・国際総合科学（国際総合科学）
55%	47.5	前	秋田・国際資源（資源政策）
54%	–	前	大分・福祉健康科学（社会福祉実践）
	–	後	琉球・国際地域創造夜間主（国際地域創造〈論理的思考系〉）

ボーダー得点率	ボーダー偏差値	日程	大学・学部（学科）
53%	−	後	琉球・国際地域創造夜間主（国際地域創造〈国際的思考系〉）
52%	47.5	前	長崎県立・国際社会（国際社会）
52%	−	前	琉球・国際地域創造夜間主（国際地域創造〈論理的思考系〉）
51%	42.5	前	琉球・国際地域創造夜間主（国際地域創造〈国際的思考系〉）

法・政治学系

ボーダー得点率	ボーダー偏差値	日程	大学・学部（学科）
87%	−	後	京都・法（特色）
84%	−	一	上智・法（法律）
	−	一	上智・法（地球環境法）
83%	70	一	早稲田・政治経済（政治）
82%	67.5	前	東京・文科一類
	67.5	前	京都・法
	−	後	広島・法昼間（法）
81%	67.5	前	一橋・法（法律）
80%	−	後	東京都立・法（法）
79%	60	前	東京都立・法（法）
	−	後	神戸・法（法律）
	−	後	九州・法
76%	65	前	大阪・法（法）
	65	前	大阪・法（国際公共政策）
	−	後	東京都立・都市環境（都市政策科学）
	−	後	大阪公立・法（法）
75%	−	後	北海道・法（法学）
	−	後	千葉・法政経（法政経）
	−	後	鹿児島・法文（法経－法学）
74%	62.5	前	神戸・法（法律）
	−	後	富山・経済昼間主（経営法）
	−	後	京都府立・公共政策（公共政策）
73%	60	前	名古屋・法（法律・政治）
	60	前	九州・法
	−	後	北九州市立・法（法律）
72%	60	前	北海道・法（法学）
	60	前	東北・法（法）
	55	前	東京都立・都市環境（都市政策科学〈文系〉）
	57.5	前	広島・法昼間（法）
	−	後	静岡・人文社会科学昼間（法）
	−	後	熊本・法（法）
71%	52.5	前	東京都立・都市環境（都市政策科学〈理系〉）
	−	後	岩手・人文社会科学（地域政策）
	−	後	新潟・法（法）
70%	57.5	前	千葉・法政経（法政経）
	57.5	前	京都府立・公共政策（公共政策）
70%	−	後	三重・人文（法律経済）
	−	後	島根・法文（法経）
	−	後	広島・法夜間主（法）
69%	52.5	前	静岡・人文社会科学昼間（法）
	−	後	北九州市立・法（政策科学）
68%	57.5	前	大阪公立・法（法）
	55	前	岡山・法昼間（法）
	−	前	北九州市立・法（法律）
67%	−	後	山形・人文社会科学（総合法律・地域公共政策・経済マネジメント）
	−	後	香川・法（法）
66%	52.5	前	金沢・人間社会（法）
	−	前	北九州市立・法（政策科学）
	−	後	福島・人文社会昼間（行政政策）
65%	52.5	前	熊本・法（法）
	−	後	高崎経済・地域政策（３教科３科目）
64%	50	前	島根・法文（法経）
63%	52.5	前	高崎経済・地域政策（３教科３科目）
	52.5	前	信州・経法（総合法律）
	−	後	富山・経済夜間主（経営法）
62%	50	前	岩手・人文社会科学（地域政策）
	52.5	前	新潟・法（法）
	50	前	岡山・法夜間主（法）
61%	52.5	前	三重・人文（法律経済）
60%	50	前	山形・人文社会科学（総合法律・地域公共政策・経済マネジメント）
	50	前	広島・法夜間主（法）
	50	前	香川・法（法）
	−	後	佐賀・経済（経済法）
59%	50	前	鹿児島・法文（法経－法学）
58%	−	前	福島・人文社会昼間（行政政策）
	47.5	前	富山・経済昼間主（経営法）
	−	後	高崎経済・地域政策（５教科５科目）
57%	47.5	前	佐賀・経済（経済法）
56%	50	前	高崎経済・地域政策（５教科５科目）
54%	52.5	後	長崎県立・地域創造（公共政策）
50%	47.5	前	長崎県立・地域創造（公共政策〈数〉）
	47.5	前	長崎県立・地域創造（公共政策〈英〉）

経済・経営・商学系

ボーダー得点率	ボーダー偏差値	日程	大学・学部（学科）
90%	–	後	九州・経済（経済・経営）
88%	72.5	後	一橋・経済（経済）
84%	70	一	上智・経済（経営）
	70	一	上智・経済（経営）
	70	一	早稲田・政治経済（経済）
82%	67.5	前	東京・文科二類
	67.5	前	京都・経済（経済経営文系）
	65	前	京都・経済（経済経営理系）
	67.5	後	東北・経済（文系）
81%	67.5	後	東北・経済（理系）
79%	65	前	一橋・商
	62.5	前	横浜市立・国際商（国際商Ｂ方式）
78%	–	前	埼玉・経済昼間（経済〈国際プログラム枠〉）
	67.5	一	上智・経済（経済）
77%	65	前	一橋・経済（経済）
	–	後	広島・経済昼間（経済）
76%	65	前	大阪・経済（経済・経営）
	–	後	大阪公立・経済（経済〈高得点選抜〉）
	–	後	大阪公立・商
75%	55	前	滋賀・経済昼間主（総合経済A方式〈英・国〉）
	62.5	前	神戸・経営（経営）
	–	後	北海道・経済
	67.5	後	横浜国立・経済（経済ＤＳＥＰ）
	67.5	後	横浜国立・経済（経済一般）
	62.5	後	横浜国立・経営（経営一般）
	67.5	後	横浜国立・経営（経営ＤＳＥＰ）
	–	後	富山・経済昼間主（経営）
	65	後	名古屋市立・経済（Ｅコース〈英語〉）
	55	後	滋賀・経済昼間主（総合経済A方式〈英・国〉）
	55	後	滋賀・経済昼間主（総合経済A方式〈英・数〉）
74%	60	前	東北・経済（文系）
	60	前	東北・経済（理系）
	62.5	前	横浜国立・経営（経営一般）
	62.5	前	名古屋・経済
	55	前	滋賀・経済昼間主（総合経済A方式〈英・数〉）
	65	前	神戸・経済（経済〈数学〉）
	62.5	前	神戸・経済（経済〈英数〉）
	60	前	神戸・経済（経済〈総合〉）
	60	前	九州・経済（経済・経営）
	–	後	埼玉・経済昼間（経済）
	–	後	東京都立・経済経営（経済経営）
	67.5	後	横浜国立・経済（経済ＬＢＥＥＰ）
	–	後	静岡県立・経営情報（経営情報）
	67.5	後	名古屋市立・経済（Ｍコース〈数学〉）
73%	60	前	北海道・経済
	62.5	前	横浜国立・経済（経済ＤＳＥＰ）
72%	62.5	前	横浜国立・経済（経済ＬＢＥＥＰ）
	62.5	前	横浜国立・経営（経営ＤＳＥＰ）
	55	後	茨城・人文社会科学（法律経済）
	57.5	後	九州・経済（経済工）
	–	後	鹿児島・法文（法経－地域社会・経済）
70%	–	後	新潟・経済科学（総合経済）
	–	後	富山・経済昼間主（経済）
	55	後	滋賀・経済昼間主（総合経済B方式〈英・数〉）
	55	後	滋賀・経済昼間主（総合経済B方式〈英・国〉）
	–	後	大阪公立・経済（経済〈ユニーク選抜〉）
	–	後	和歌山・経済（経済）
69%	55	前	大阪公立・経済（経済）
	55	前	大阪公立・商
	55	中	高崎経済・経済
	–	後	香川・経済（経済）
68%	60	前	横浜国立・経済（経済一般）
	57.5	前	名古屋市立・経済
	57.5	前	九州・経済（経済工）
67%	57.5	前	東京都立・経済経営（経済経営〈数理〉）

ボーダー得点率	ボーダー偏差値	日程	大学・学部（学科）
67%	60	前	東京都立・経済経営（経済経営〈一般〉）
	55	前	岡山・経済昼間（経済）
66%	55	前	横浜市立・国際商（国際商Ａ方式）
	–	後	富山・経済夜間主（経済）
	–	後	富山・経済夜間主（経営）
	–	後	静岡・人文社会科学昼間（経済）
	57.5	後	兵庫県立・国際商経（経済学・経営学）
	–	後	県立広島・地域創生（地域文化・地域産業〈経過選択〉）
65%	47.5	前	茨城・人文社会科学（法律経済）
	55	前	埼玉・経済昼間（経済〈一般枠〉）
	52.5	前	金沢・人間社会（経済）
	55	前	滋賀・経済昼間主（総合経済B方式〈英・国〉）
	55	前	滋賀・経済昼間主（総合経済B方式〈英・数〉）
	50	後	福島・人文社会昼間（経済経営）
64%	50	前	高崎経済・経済
	50	前	信州・経法（応用経済）
	57.5	前	広島・経済昼間（経済）
	–	後	北九州市立・経済（経済）
63%	57.5	前	岐阜・社会システム経営
	50	前	静岡・人文社会科学昼間（経済）
	–	後	北九州市立・経済（経営情報）
	–	後	長崎・経済（総合経済）
62%	–	前	愛媛・社会共創（地域－農山漁村マネジメント）
	–	前	高知・地域協働（地域協働）
61%	55	前	兵庫県立・国際商経（経済学・経営学）
	50	前	香川・経済（経済）
	50	前	北九州市立・経済（経済〈英語選択〉）
	50	前	北九州市立・経済（経済〈数学選択〉）
	50	前	北九州市立・経済（経営情報〈英語選択〉）
	50	前	北九州市立・経済（経営情報〈数学選択〉）
	–	後	弘前・人文社会科学（社会経営）
	–	後	佐賀・経済（経済）
60%	50	前	富山・経済昼間主（経営）
	50	前	静岡県立・経営情報（経営情報）
	–	前	愛媛・社会共創（産業マネジメント）
	–	前	愛媛・社会共創（産業イノベーション）
	–	後	山口・経済
	–	後	佐賀・経済（経営）
	–	後	大分・経済
59%	50	前	新潟・経済科学（総合経済）
	–	前	県立広島・地域創生（地域産業〈経営志向枠〉）
	50	後	宮城・事業構想
58%	47.5	前	福島・人文社会昼間（経済経営）
	50	前	和歌山・経済（経済）
	50	前	佐賀・経済（経済）
	47.5	前	佐賀・経済（経営）
57%	50	前	富山・経済昼間主（経済）
	52.5	前	岡山・経済夜間主（経済）
	–	前	高知・人文社会科学（社会科学Ｂ選抜）
	–	前	高知・人文社会科学（社会科学Ａ選抜）
	52.5	後	長崎県立・経営（国際経営）
56%	47.5	前	弘前・人文社会科学（社会経営〈国語選択〉）
	47.5	前	弘前・人文社会科学（社会経営〈数学選択〉）
	47.5	前	山口・経済
	50	前	長崎・経済（総合経済）
	47.5	前	鹿児島・法文（法経－地域社会・経済）
55%	45	前	宮城・事業構想
	50	前	県立広島・地域創生（地域産業〈応用情報志向枠〉）
	50	前	大分・経済
	–	後	広島・経済夜間主（経済）
	–	後	長崎県立・経営（経営）
	–	後	宮崎・地域資源創成（地域資源創成）
53%	50	前	長崎県立・経営（国際経営）
52%	–	前	宮崎・地域資源創成（地域資源創成）
	–	後	長崎県立・地域創造（実践経済）

ボーダー得点率	ボーダー偏差値	日程	大学・学部（学科）
51%	47.5	前	広島·経済夜間主(経済)
50%	45	前	長崎県立·経営(経営)
48%	47.5	前	長崎県立·地域創造(実践経済〈数〉)
	45	前	長崎県立·地域創造(実践経済〈英〉)

教育―教員養成課程

ボーダー得点率	ボーダー偏差値	日程	大学・学部（学科）
76%	–	後	東京学芸·教育(中等－音楽)
75%	–	前	東京学芸·教育(中等－音楽)
74%	–	後	東京学芸·教育(中等－社会)
73%	–	中	都留文科·教養(学校教育３科目型)
	–	後	東京学芸·教育(初等－学校教育)
71%	62.5	前	東京学芸·教育(中等－英語)
	–	後	山梨·教育(学校－幼小発達教育)
70%	57.5	前	千葉·教育(中学－数学科教育)
	62.5	前	東京学芸·教育(中等－社会)
	–	前	東京学芸·教育(中等－保健体育)
	–	前	都留文科·教養(学校教育)
	–	後	東京学芸·教育(中等－数学)
69%	–	前	埼玉·教育(中学－社会)
	55	前	千葉·教育(中学－社会科教育)
	55	前	千葉·教育(中学－理科教育)
	57.5	前	東京学芸·教育(初等－英語)
	57.5	前	東京学芸·教育(中等－数学)
	–	前	横浜国立·教育(言語·文化·社会系教育)
	–	後	東京学芸·教育(初等－学校心理)
	–	後	東京学芸·教育(初等－環境教育)
	–	後	山梨·教育(学校－言語教育)
	–	後	三重·教育(学校－社会科〈中〉)
68%	55	前	埼玉·教育(中学－国語)
	55	前	埼玉·教育(中学－英語)
	55	前	千葉·教育(中学－国語科教育)
	57.5	前	千葉·教育(英語教育)
	–	前	東京学芸·教育(初等－学校教育)
	–	前	横浜国立·教育(芸術－心理学)
	–	後	茨城·教育(学校－社会)
	–	後	茨城·教育(学校－英語)
	–	後	東京学芸·教育(初等－数学)
	–	後	富山·教育(共同教員養成)
	–	後	山梨·教育(学校－生活社会教育)
	–	後	信州·教育(学校－保健体育)
	–	後	信州·教育(学校－心理支援教育)
	–	後	三重·教育(学校－社会科〈初〉)
67%	55	前	埼玉·教育(中学－数学)
	62.5	前	東京学芸·教育(初等－社会)
	52.5	前	東京学芸·教育(初等－数学)
	–	前	東京学芸·教育(初等－学校心理)
	62.5	前	東京学芸·教育(中等－国語)
	–	中	都留文科·教養(学校教育５科目型)
	55	後	秋田·教育文化(学校－英語教育)
	–	後	茨城·教育(学校－教育実践科学)
	–	後	群馬·共同教育(学校－国語)
	–	後	東京学芸·教育(初等－社会)
	–	後	東京学芸·教育(中等－理科)
	–	後	東京学芸·教育(特別支援教育)
	–	後	信州·教育(学校－音楽教育)
66%	–	前	東京学芸·教育(初等－保健体育)
	57.5	前	東京学芸·教育(中等－理科)
	–	前	横浜国立·教育(芸術－特別支援教育)
	–	後	群馬·共同教育(学校－社会)
	–	後	香川·教育(学校－中学校教育)
65%	–	前	宇都宮·共同教育(学校－社会)
	–	前	群馬·共同教育(学校－国語)
	–	前	群馬·共同教育(学校－社会)
	–	前	群馬·共同教育(学校－教育心理)
	52.5	前	埼玉·教育(小学－国語)
	52.5	前	埼玉·教育(小学－英語)
	52.5	前	埼玉·教育(中学－理科)
	55	前	東京学芸·教育(初等－環境教育)
	–	前	横浜国立·教育(自然·生活系教育)
	–	前	岡山·教育(養護教諭養成)
	–	後	東京学芸·教育(初等－国語)
	–	後	東京学芸·教育(初等－音楽)
	–	後	信州·教育(学校－現代教育)
	–	後	信州·教育(学校－野外教育)
	–	後	和歌山·教育(学校－文科系)
	52.5	後	佐賀·教育(学校－中等教育主免)
64%	–	前	宇都宮·共同教育(学校－国語)
	–	前	宇都宮·共同教育(学校－英語)
	50	前	埼玉·教育(小学－教育学)
	52.5	前	埼玉·教育(小学－心理·教育実践学)
	–	前	埼玉·教育(小学－社会)
	52.5	前	埼玉·教育(小学－算数)
	52.5	前	埼玉·教育(小学－理科)
	50	前	埼玉·教育(学校－乳幼児教育)
	55	前	東京学芸·教育(初等－国語)
	–	前	東京学芸·教育(初等－音楽)
	–	前	東京学芸·教育(初等－国際教育)
	–	前	東京学芸·教育(特別支援教育)
	–	前	横浜国立·教育(芸術－保健体育)
	55	前	岡山·教育(学校－中学校教育文系)
	52.5	前	岡山·教育(学校－中学校教育理系)
	52.5	前	愛媛·教育(学校－中等社会科)
	–	後	和歌山·教育(学校－理科系)
	–	後	香川·教育(学校－小学校教育)
63%	–	前	茨城·教育(学校－教育実践科学)
	–	前	茨城·教育(学校－英語)
	–	前	宇都宮·共同教育(学校－教育)
	–	前	埼玉·教育(養護教諭養成)
	55	前	広島·教育(学校－初等教育)
	50	前	山口·教育(学校－社会科)
	50	前	熊本·教育(初中－社会)
	–	後	秋田·教育文化(学校－教育実践〈小論文選択〉)
	–	後	茨城·教育(学校－国語)
	–	後	茨城·教育(学校－数学)
	–	後	茨城·教育(養護教諭養成)
	–	後	群馬·共同教育(学校－英語)
	–	後	山梨·教育(学校－障害児教育)
62%	–	前	茨城·教育(学校－国語)
	–	前	埼玉·教育(小学－ものづくりと情報)
	50	前	埼玉·教育(小学－家庭科)
	50	前	千葉·教育(小学校)
	50	前	千葉·教育(小中－家庭科教育)
	52.5	前	千葉·教育(特別支援教育)
	55	前	千葉·教育(養護教諭)
	–	前	東京学芸·教育(初等－家庭)
	–	前	東京学芸·教育(中等－美術)
	–	前	東京学芸·教育(中等－家庭)
	52.5	前	信州·教育(学校－現代教育)
	52.5	前	三重·教育(学校－社会科〈中〉)
	50	前	滋賀·教育(学校教育－面接型)
	52.5	前	長崎·教育(学校－中学文系)
	52.5	前	熊本·教育(初中－国語)
	52.5	前	熊本·教育(初中－英語)
	–	後	秋田·教育文化(学校－特別支援教育)

ボーダー得点率	ボーダー偏差値	日程	大学・学部(学科)
62%	–	後	茨城・教育(学校－理科)
	–	後	茨城・教育(学校－家庭)
	–	後	群馬・共同教育(学校－数学)
	–	後	群馬・共同教育(学校－保健体育)
	–	後	東京学芸・教育(中等－情報)
	–	後	福井・教育(初等教育〈統合型〉)
	–	後	福井・教育(中等教育〈統合型〉)
	–	後	信州・教育(学校－社会科教育)
	–	後	静岡・教育(学校－養護教育)
	50	後	静岡・教育(学校－数学教育)
	–	後	三重・教育(学校－国語〈中〉)
61%	–	前	宇都宮・共同教育(学校－教育心理)
	–	前	宇都宮・共同教育(学校－保健体育)
	–	前	群馬・共同教育(学校－英語)
	–	前	群馬・共同教育(学校－教育)
	–	前	東京学芸・教育(初等－美術)
	–	前	東京学芸・教育(初等－幼児教育)
	–	前	東京学芸・教育(養護教育)
	52.5	前	新潟・教育(学校－教育心理学)
	50	前	山梨・教育(学校－言語教育)
	52.5	前	岐阜・教育(学校－心理学)
	52.5	前	三重・教育(学校－社会科〈初〉)
	55	前	三重・教育(学校－数学〈中〉)
	52.5	前	岡山・教育(学校－小学校教育)
	52.5	前	岡山・教育(学校－特別支援教育)
	52.5	前	岡山・教育(学校－幼児教育)
	50	前	山口・教育(学校－国語)
	50	前	愛媛・教育(学校－中等英語)
	50	前	熊本・教育(初中－数学)
	–	後	岩手・教育(小学校教育)
	–	後	岩手・教育(特別支援教育)
	–	後	秋田・教育文化(学校－理数教育)
	–	後	茨城・教育(学校－特別支援教育)
	–	後	静岡・教育(学校－教育実践学)
	–	後	三重・教育(学校－国語〈初〉)
60%	52.5	前	茨城・教育(学校－数学)
	–	前	茨城・教育(養護教諭養成)
	–	前	宇都宮・共同教育(学校－数学)
	–	前	宇都宮・共同教育(学校－家政)
	–	前	埼玉・教育(小学－音楽)
	–	前	埼玉・教育(小学－図画工作)
	–	前	埼玉・教育(小学－体育)
	–	前	埼玉・教育(中学－音楽)
	–	前	埼玉・教育(中学－美術)
	–	前	埼玉・教育(中学－保健体育)
	–	前	埼玉・教育(中学－技術)
	47.5	前	埼玉・教育(中学－家庭科)
	50	前	埼玉・教育(学校－特別支援教育)
	52.5	前	千葉・教育(小中－保健体育科教育)
	55	前	千葉・教育(乳幼児教育)
	–	前	東京学芸・教育(中等－技術)
	52.5	前	東京学芸・教育(中等－情報)
	–	前	横浜国立・教育(芸術－音楽)
	52.5	前	金沢・人間社会(学校教育〈共同教員養成〉B)
	52.5	前	金沢・人間社会(学校教育〈共同教員養成〉A)
	45	前	山梨・教育(学校－生活社会教育)
	47.5	前	信州・教育(学校－社会科教育)
	47.5	前	信州・教育(学校－数学教育)
	52.5	前	信州・教育(学校－心理支援教育)
	52.5	前	静岡・教育(学校－養護教育)
	47.5	前	静岡・教育(学校－数学教育)
	47.5	前	和歌山・教育(学校－文科系)
	50	前	広島・教育(学校－特別支援教育)
	55	前	愛媛・教育(学校－幼年教育)
	50	前	熊本・教育(初中－理科)
	50	前	熊本・教育(養護教育)
	–	後	秋田・教育文化(学校－教育実践〈体育選択〉)

ボーダー得点率	ボーダー偏差値	日程	大学・学部(学科)
60%	–	後	茨城・教育(学校－保健体育)
	–	後	群馬・共同教育(学校－理科)
	–	後	群馬・共同教育(学校－家政)
	–	後	山梨・教育(学校－科学教育)
	–	後	山梨・教育(学校－芸術身体教育)
	–	後	信州・教育(学校－国語教育)
	–	後	信州・教育(学校－英語教育)
	–	後	信州・教育(学校－数学教育)
	–	後	信州・教育(学校－特別支援教育)
	–	後	静岡・教育(学校－国語教育)
	–	後	静岡・教育(学校－社会科教育)
	–	後	静岡・教育(学校－理科教育)
	52.5	後	佐賀・教育(学校－初等教育主免)
59%	50	前	岩手・教育(中学－国語)
	50	前	岩手・教育(中学－英語)
	50	前	千葉・教育(小中－音楽科教育)
	50	前	千葉・教育(小中－図画工作・美術科教育)
	52.5	前	東京学芸・教育(初等－理科)
	–	前	横浜国立・教育(芸術－美術)
	50	前	新潟・教育(学校－学校教育学)
	50	前	新潟・教育(教科－社会科)
	52.5	前	岐阜・教育(学校－社会科)
	52.5	前	岐阜・教育(学校－英語)
	50	前	静岡・教育(学校－教育心理学)
	47.5	前	静岡・教育(学校－社会科教育)
	50	前	静岡・教育(学校－英語教育)
	50	前	三重・教育(学校－国語〈中〉)
	52.5	前	三重・教育(学校－英語〈中〉)
	47.5	前	和歌山・教育(学校－理科系)
	50	前	山口・教育(学校－数学)
	52.5	前	香川・教育(学校－中学校教育〈A系〉)
	50	前	香川・教育(学校－中学校教育〈B系〉)
	50	前	佐賀・教育(学校－中等教育主免)
	–	後	弘前・教育(学校－小学校)
	–	後	秋田・教育文化(学校－教育実践〈音楽選択〉)
	–	後	秋田・教育文化(学校－こども発達)
	–	後	群馬・共同教育(学校－特別支援教育)
	–	後	東京学芸・教育(初等－理科)
	–	後	静岡・教育(学校－特別支援教育)
	–	後	静岡・教育(学校－家庭科教育)
	52.5	後	佐賀・教育(学校－幼小連携教育)
58%	50	前	秋田・教育文化(学校－英語教育)
	–	前	茨城・教育(学校－保健体育)
	–	前	宇都宮・共同教育(学校－特別支援教育)
	–	前	群馬・共同教育(学校－数学)
	–	前	群馬・共同教育(学校－保健体育)
	–	前	東京学芸・教育(初等－ものづくり技術)
	47.5	前	新潟・教育(教科－数学)
	47.5	前	信州・教育(学校－国語教育)
	50	前	信州・教育(学校－英語教育)
	50	前	岐阜・教育(学校－理科)
	50	前	静岡・教育(学校－教育実践学)
	50	前	静岡・教育(学校－国語教育)
	50	前	静岡・教育(学校－家庭科教育)
	47.5	前	三重・教育(学校－理科〈中〉)
	–	前	三重・教育(学校－保健体育〈中〉)
	52.5	前	三重・教育(学校－教育心理学)
	–	前	島根・教育(学校教育Ⅱ類－保健体育)
	50	前	山口・教育(学校－心理学)
	47.5	前	山口・教育(学校－幼児教育)
	50	前	山口・教育(学校－英語)
	–	前	香川・教育(学校－中学校教育〈C系〉)
	50	前	愛媛・教育(学校－中等数学)
	–	後	信州・教育(学校－理科教育)
	–	後	信州・教育(学校－図画工作・美術教育)
	–	後	三重・教育(学校－保健体育〈中〉)
	–	後	愛媛・教育(学校－小学校)

ボーダー得点率	ボーダー偏差値	日程 大学・学部（学科）
58%	−	後 大分・教育（初等中等教育）
	−	後 鹿児島・教育（学校−初等教育一般〈文系型〉）
	−	後 鹿児島・教育（学校−初等教育一般〈理系型〉）
57%	50	前 岩手・教育（小学校教育）
	50	前 岩手・教育（中学−社会）
	47.5	前 岩手・教育（理数−数学）
	47.5	前 岩手・教育（理数−理科）
	50	前 秋田・教育文化（学校−教育実践〈教科選択〉）
	47.5	前 秋田・教育文化（学校−理数教育）
	50	前 秋田・教育文化（学校−こども発達）
	−	前 茨城・教育（学校−社会）
	−	前 茨城・教育（学校−家庭）
	−	前 茨城・教育（学校−特別支援教育）
	50	前 千葉・教育（中学−技術科教育）
	47.5	前 山梨・教育（学校−科学教育）
	−	前 信州・教育（学校−野外教育）
	47.5	前 信州・教育（学校−理科教育）
	−	前 信州・教育（学校−音楽教育）
	−	前 信州・教育（学校−保健体育）
	50	前 岐阜・教育（学校−数学）
	50	前 静岡・教育（学校−特別支援教育）
	−	前 静岡・教育（学校−保健体育教育）
	50	前 三重・教育（学校−国語〈初〉）
	52.5	前 三重・教育（学校−英語〈初〉）
	52.5	前 愛媛・教育（学校−中等国語）
	−	前 愛媛・教育（学校−中等保健体育）
	50	前 愛媛・教育（学校−特別支援教育）
	52.5	前 長崎・教育（学校−中学理系）
	50	前 熊本・教育（初中−小学校）
	50	前 熊本・教育（特別支援教育）
	47.5	前 鹿児島・教育（学校−社会）
	47.5	前 鹿児島・教育（学校−数学）
	47.5	前 琉球・教育（中学−国語教育）
	−	前 琉球・教育（中学−社会科教育）
	50	前 琉球・教育（中学−英語教育）
	−	後 秋田・教育文化（学校−教育実践〈美術選択〉）
	−	後 茨城・教育（学校−美術）
	−	後 信州・教育（学校−ものづくり・技術教育）
	−	後 静岡・教育（学校−初等学習開発学）
	−	後 三重・教育（学校−特別支援教育）
56%	50	前 弘前・教育（学校−小学校）
	52.5	前 弘前・教育（学校−中学国語）
	50	前 弘前・教育（学校−中学社会）
	50	前 弘前・教育（学校−中学英語）
	−	前 茨城・教育（学校−美術）
	−	前 茨城・教育（学校−技術）
	−	前 宇都宮・共同教育（学校−理科）
	−	前 群馬・共同教育（学校−特別支援教育）
	50	前 新潟・教育（教科−家庭科）
	52.5	前 富山・教育（共同教員養成）
	47.5	前 山梨・教育（学校−幼小発達教育）
	47.5	前 信州・教育（学校−ものづくり・技術教育）
	50	前 信州・教育（学校−家庭科教育）
	50	前 信州・教育（学校−特別支援教育）
	50	前 岐阜・教育（学校−国語）
	−	前 岐阜・教育（学校−保健体育）
	52.5	前 岐阜・教育（学校−教職基礎）
	47.5	前 静岡・教育（学校−理科教育）
	50	前 三重・教育（学校−理科〈初〉）
	−	前 三重・教育（学校−音楽〈中〉）
	50	前 三重・教育（学校−幼児教育）
	50	前 滋賀・教育（学校教育−文系型）
	50	前 滋賀・教育（学校教育−理系型）
	−	前 岡山・教育（学校−中学校教育実技系）
	50	前 山口・教育（学校−国際理解教育）
	45	前 山口・教育（学校−特別支援教育）
	−	前 山口・教育（学校−音楽）

ボーダー得点率	ボーダー偏差値	日程 大学・学部（学科）
56%	47.5	前 山口・教育（学校−技術）
	50	前 香川・教育（学校−幼児教育）
	50	前 愛媛・教育（学校−中等理科）
	50	前 熊本・教育（初中−実技系）
	−	後 茨城・教育（学校−技術）
	−	後 群馬・共同教育（学校−美術）
	−	後 信州・教育（学校−家庭科教育）
	−	後 滋賀・教育（学校教育教員養成）
	−	後 宮崎・教育（学校−小学校主免）
55%	47.5	前 弘前・教育（学校−中学数学）
	47.5	前 弘前・教育（学校−中学理科）
	47.5	前 弘前・教育（養護教諭養成）
	47.5	前 岩手・教育（特別支援教育）
	50	前 茨城・教育（学校−理科）
	−	前 宇都宮・共同教育（学校−音楽）
	−	前 群馬・共同教育（学校−理科）
	52.5	前 新潟・教育（教科−英語）
	−	前 新潟・教育（教科−保健体育）
	50	前 福井・教育（初等教育〈文系型〉）
	50	前 福井・教育（中等教育〈文系型〉）
	45	前 山梨・教育（学校−障害児教育）
	52.5	前 岐阜・教育（学校−特別支援教育）
	50	前 静岡・教育（学校−幼児教育）
	50	前 静岡・教育（学校−初等学習開発学）
	52.5	前 三重・教育（学校−数学〈初〉）
	−	前 三重・教育（学校−保健体育〈初〉）
	50	前 三重・教育（学校−家政〈初〉）
	52.5	前 三重・教育（学校−教育学）
	−	前 和歌山・教育（学校−実技系〈保健体育〉）
	−	前 島根・教育（学校教育Ⅰ類）
	−	前 島根・教育（学校教育Ⅱ類−美術）
	−	前 山口・教育（学校−保健体育）
	50	前 香川・教育（学校−小学校教育）
	50	前 愛媛・教育（学校−小学校）
	50	前 愛媛・教育（学校−中等家政）
	45	前 高知・教育（学校教育教員〈幼児教育・科学技術除く〉）
	50	前 鹿児島・教育（学校−初等教育一般〈文系型〉）
	−	後 茨城・教育（学校−音楽）
	−	後 群馬・共同教育（学校−技術）
	−	後 三重・教育（学校−保健体育〈初〉）
	−	後 島根・教育（学校教育Ⅰ類）
	−	後 鹿児島・教育（学校−特別支援教育〈理系型〉）
	−	後 鹿児島・教育（学校−特別支援教育〈文系型〉）
54%	47.5	前 秋田・教育文化（学校−特別支援教育）
	−	前 宇都宮・共同教育（学校−技術）
	−	前 宇都宮・共同教育（学校−美術）
	47.5	前 新潟・教育（教科−国語）
	−	前 新潟・教育（教科−音楽）
	−	前 和歌山・教育（学校−実技系〈音楽または美術〉）
	−	前 島根・教育（学校教育Ⅱ類−音楽）
	50	前 愛媛・教育（学校−中等技術）
	45	前 高知・教育（学校−幼児教育）
	45	前 高知・教育（学校−科学技術教育）
	50	前 佐賀・教育（学校−幼小連携教育）
	50	前 佐賀・教育（学校−初等教育主免）
	50	前 長崎・教育（学校−小学校教育）
	50	前 長崎・教育（学校−中学実技系）
	50	前 長崎・教育（学校−幼児教育）
	50	前 大分・教育（初等中等教育）
	47.5	前 宮崎・教育（学校−中学校主免〈2／3型〉）
	47.5	前 鹿児島・教育（学校−国語）
	−	前 琉球・教育（小学−学校教育）
	45	前 琉球・教育（小学−教科教育）
	−	後 静岡・教育（学校−美術教育）
	−	後 大分・教育（特別支援教育）
53%	45	前 弘前・教育（学校−中学技術）
	45	前 弘前・教育（学校−中学家庭科）

ボーダー得点率	ボーダー偏差値	日程 大学・学部（学科）
53%	47.5	前 弘前・教育（学校－特別支援教育）
	–	前 岩手・教育（中学－音楽）
	–	前 岩手・教育（中学－美術）
	–	前 岩手・教育（中学－保健体育）
	–	前 茨城・教育（学校－音楽）
	–	前 群馬・共同教育（学校－技術）
	–	前 群馬・共同教育（学校－音楽）
	–	前 群馬・共同教育（学校－家政）
	50	前 新潟・教育（教科－理科）
	50	前 岐阜・教育（学校－家政）
	–	前 静岡・教育（学校－音楽教育）
	47.5	前 静岡・教育（学校－技術教育）
	50	前 三重・教育（学校－家政〈中〉）
	50	前 三重・教育（学校－特別支援教育）
	47.5	前 山口・教育（学校－理科）
	47.5	前 宮崎・教育（学校－小学校主免〈2／3型〉）
	45	前 宮崎・教育（学校－中学校主免〈理系〉）
	47.5	前 鹿児島・教育（学校－初等教育一般〈理系型〉）
	47.5	前 鹿児島・教育（学校－英語）
52%	47.5	前 秋田・教育文化（学校－教育実践〈音楽選択〉）
	47.5	前 秋田・教育文化（学校－教育実践〈体育選択〉）
	47.5	前 秋田・教育文化（学校－教育実践〈美術選択〉）
	47.5	前 東京学芸・教育（中等－書道）
	50	前 新潟・教育（学校－特別支援教育）
	45	前 新潟・教育（教科－技術科）
	45	前 岐阜・教育（学校－音楽）
	–	前 三重・教育（学校－音楽〈初〉）
	47.5	前 三重・教育（学校－技術・ものづくり〈初〉）
	47.5	前 三重・教育（学校－技術・ものづくり〈中〉）
	52.5	前 山口・教育（学校－教育学）
	47.5	前 大分・教育（特別支援教育）
	47.5	前 宮崎・教育（学校－教職実践基礎）
	–	後 三重・教育（学校－音楽〈初〉）
51%	–	前 岐阜・教育（学校－美術）
	47.5	前 岐阜・教育（学校－技術）
	47.5	前 滋賀・教育（学校教育－実技型〈体育〉）
	–	前 山口・教育（学校－美術）
	–	前 高知・教育（学校－保健体育教育）
	50	前 長崎・教育（学校－特別支援教育）
	45	前 宮崎・教育（学校－子ども理解）
	47.5	前 鹿児島・教育（学校－理科）
	45	前 琉球・教育（中学－数学教育）
	45	前 琉球・教育（中学－理科教育）
50%	–	前 群馬・共同教育（学校－美術）
	50	前 福井・教育（初等教育〈理系型〉）
	–	前 福井・教育（初等教育〈実技型音楽〉）
	–	前 福井・教育（初等教育〈実技型体育〉）
	50	前 福井・教育（中等教育〈理系型〉）
	–	前 福井・教育（中等教育〈実技型音楽〉）
	–	前 福井・教育（中等教育〈実技型体育〉）
	–	前 山梨・教育（学校－芸術身体教育）
	–	前 信州・教育（学校－図画工作・美術教育）
	–	前 静岡・教育（学校－美術教育）
	–	前 山口・教育（学校－小学校総合）
	47.5	前 山口・教育（学校－情報教育）
	45	前 山口・教育（学校－家政）
	–	前 高知・教育（学校－音楽教育・美術教育）
	45	前 宮崎・教育（学校－小学校主免〈理系〉）
	45	前 宮崎・教育（学校－特別支援教育）
	45	前 鹿児島・教育（学校－技術）
	45	前 鹿児島・教育（学校－家政）
	–	前 鹿児島・教育（学校－美術）
	47.5	前 鹿児島・教育（学校－特別支援教育〈文系型〉）
	–	前 琉球・教育（中学－保健体育）
49%	–	前 新潟・教育（教科－美術）
	–	前 三重・教育（学校－美術〈初〉）
	45	前 滋賀・教育（学校教育－実技型〈音楽〉）
	–	前 鹿児島・教育（学校－音楽）
	–	前 鹿児島・教育（学校－保健体育）
48%	–	前 琉球・教育（中学－生活科学教育）
47%	–	前 三重・教育（学校－美術〈中〉）
	45	前 滋賀・教育（学校教育－実技型〈美術〉）
	47.5	前 鹿児島・教育（学校－特別支援教育〈理系型〉）
46%	–	前 琉球・教育（中学－音楽教育）
	–	前 琉球・教育（特別支援教育）
45%	42.5	前 琉球・教育（中学－技術教育）
44%	–	前 琉球・教育（中学－美術教育）

教育―総合科学課程

ボーダー得点率	ボーダー偏差値	日程 大学・学部（学科）
73%	－	後 広島・教育（科学－社会系）
72%	－	後 広島・教育（生涯－健康スポーツ系）
71%	－	前 東京学芸・教育（教育－カウンセリング）
	57.5	前 広島・教育（言語－英語文化系）
70%	－	後 東京学芸・教育（教育－多文化共生教育）
	－	後 広島・教育（科学－自然系）
69%	－	後 東京学芸・教育（教育－生涯学習・文化遺産教育）
	－	後 広島・教育（科学－数理系）
68%	－	前 東京学芸・教育（教育－多文化共生教育）
	55	前 広島・教育（科学－社会系）
	－	前 広島・教育（生涯－健康スポーツ系）
67%	55	前 広島・教育（科学－数理系）
66%	－	前 東京学芸・教育（教育－表現教育）
65%	55	前 広島・教育（言語－国語文化系）
	55	前 広島・教育（言語－日本語教育系）

ボーダー得点率	ボーダー偏差値	日程 大学・学部（学科）
65%	－	後 秋田・教育文化（地域文化）
64%	－	前 東京学芸・教育（教育－ソーシャルワーク）
	－	前 東京学芸・教育（教育－生涯スポーツ）
	－	後 広島・教育（生涯－人間生活系）
63%	－	後 東京学芸・教育（教育－情報教育）
	－	後 広島・教育（科学－技術・情報系）
62%	52.5	前 東京学芸・教育（教育－情報教育）
	－	後 広島・教育（生涯－造形芸術系）
61%	50	前 広島・教育（科学－自然系）
60%	－	前 東京学芸・教育（教育－生涯学習・文化遺産教育）
	50	前 広島・教育（科学－技術・情報系）
	52.5	前 広島・教育（生涯－人間生活系）
	－	前 広島・教育（生涯－音楽文化系）
	－	前 広島・教育（生涯－造形芸術系）
59%	50	前 秋田・教育文化（地域文化）

理学系

ボーダー得点率	ボーダー偏差値	日程 大学・学部（学科）
91%	67.5	後 東北・理（物理系）
89%	67.5	後 東北・理（化学系）
	67.5	後 東北・理（地球科学系）
	67.5	後 東北・理（生物系）
88%	67.5	後 東北・理（数学系）
84%	60	一 早稲田・教育（数学）
83%	62.5	後 北海道・理（地球惑星科学）
	62.5	一 早稲田・教育（理－地球科学）
82%	65	前 京都・理（理）
	62.5	後 北海道・理（物理）
	62.5	後 神戸・理（物理）
	65	後 神戸・理（化学）
	－	後 九州・理（物理）
	62.5	一 早稲田・教育（理－生物学）
81%	52.5	前 横浜市立・理（理B方式）
	62.5	一 早稲田・教育（理－生物学）
80%	62.5	後 大阪公立・理（物理）
	65	後 神戸・理（数学）
	65	後 神戸・理（生物）
	62.5	後 神戸・理（惑星）
	65	後 九州・理（化学）
	－	後 九州・理（生物）
79%	65	後 北海道・理（数学）
	60	後 横浜国立・理工（化学－化学・化学応用）
	62.5	後 横浜国立・理工（数物－数理科学）
	－	後 九州・理（地球惑星科学）
78%	－	後 筑波・理工（物理）
	62.5	後 大阪公立・理（化学）
	62.5	後 大阪公立・理（生物）
	－	後 大阪公立・理（生物化学）
77%	－	後 筑波・理工（化学）
	－	後 お茶の水女子・理（物理）
	－	後 お茶の水女子・理（生物）
	60	後 横浜国立・理工（数物－物理工学）
	62.5	後 大阪公立・理（数学）
	－	後 大阪公立・理（地球）
	62.5	後 広島・理（数学）
	60	後 広島・理（物理）
	－	後 広島・理（化学）
76%	62.5	後 北海道・理（生物－生物学）
	65	後 北海道・理（生物－高分子機能学）
	60	後 千葉・理（数学・情報数理）
	57.5	後 千葉・理（物理）
	62.5	後 千葉・理（化学）

ボーダー得点率	ボーダー偏差値	日程 大学・学部（学科）
76%	－	後 お茶の水女子・理（情報科学）
	60	後 東京都立・理（物理）
	－	後 富山・理（自然環境科学）
	－	後 広島・理（地球惑星システム）
75%	60	前 東北・理（数学系）
	60	前 東北・理（化学系）
	65	前 東京工業・理
	62.5	前 大阪・理（数学）
	62.5	前 大阪・理（物理）
	60	前 大阪・理（化学）
	62.5	前 大阪・理（生物－生物科学）
	60	前 大阪・理（生物－生命理学）
	60	後 北海道・理（化学）
	－	後 お茶の水女子・理（化学）
74%	60	前 東北・理（物理系）
	57.5	前 東北・理（地球科学系）
	57.5	前 筑波・理工（化学）
	57.5	前 お茶の水女子・理（生物）
	57.5	前 神戸・理（物理）
	57.5	前 神戸・理（化学）
	55	前 神戸・理（惑星）
	－	後 お茶の水女子・理（数学）
	60	後 東京都立・理（数理科学）
	－	後 東京都立・理（生命科学）
73%	60	前 東北・理（生物系）
	57.5	前 お茶の水女子・理（化学）
	55	前 神戸・理（生物）
72%	60	前 千葉・理（数学・情報数理）
	57.5	前 お茶の水女子・理（情報科学）
	57.5	前 横浜国立・理工（数物－数理科学）
	57.5	前 神戸・理（数学）
	－	後 筑波・生命環境（地球）
	62.5	後 千葉・理（生物）
71%	57.5	前 筑波・総合選抜入試（理系Ⅰ）
	57.5	前 筑波・総合選抜入試（理系Ⅲ）
	57.5	前 筑波・理工（物理）
	－	後 筑波・生命環境（生物）
	55	後 埼玉・理（物理）
	57.5	後 東京都立・理（化学）
	－	後 横浜市立・理（理）
70%	57.5	前 筑波・総合選抜入試（理系Ⅱ）
	55	前 筑波・生命環境（生物）
	57.5	前 筑波・生命環境（地球）
	57.5	前 千葉・理（物理）

ボーダー得点率	ボーダー偏差値	日程	大学・学部（学科）
70%	57.5	前	千葉·理（化学）
	57.5	前	お茶の水女子·理（物理）
	52.5	前	横浜市立·理（理Ａ方式）
	57.5	前	名古屋·理
	57.5	前	九州·理（物理）
	57.5	後	埼玉·理（数学）
	52.5	後	埼玉·理（基礎化学）
	52.5	後	信州·理（理－物理学）
69%	57.5	前	筑波·理工（数学）
	50	後	信州·理（理－化学）
	52.5	後	熊本·理（理）
68%	55	前	埼玉·理（物理）
	55	前	横浜国立·理工（数物－物理工学）
	52.5	前	大阪公立·理（生物化学）
	57.5	前	九州·理（化学）
	55	前	九州·理（地球惑星科学）
	57.5	前	九州·理（数学）
	52.5	後	埼玉·理（分子生物）
	–	後	埼玉·理（生体制御）
	57.5	後	千葉·理（地球科学）
	55	後	名古屋市立·総合生命理学（総合生命理学）
	52.5	後	奈良女子·理（化生－化学）
67%	60	前	お茶の水女子·理（数学）
	55	前	東京都立·理（物理）
	55	前	東京都立·理（生命科学）
	57.5	前	九州·理（生物）
	52.5	後	静岡·理（物理）
	52.5	後	静岡·理（化学）
	52.5	後	奈良女子·理（化生－生物科学）
66%	57.5	前	埼玉·理（数学）
	–	前	埼玉·理（基礎化学）
	57.5	前	千葉·理（生物）
	55	前	千葉·理（地球科学）
	55	前	横浜国立·理工（化学－化学·化学応用）
	50	前	信州·理（理－化学）
	55	前	大阪公立·理（物理）
	52.5	前	大阪公立·理（生物）
	55	前	広島·理（数学）
	47.5	後	岩手·理工（化学－化学）
	47.5	後	岩手·理工（化学－生命）
	50	後	茨城·理（物理学）
	57.5	後	富山·理（物理）
	60	後	富山·理（生物）
	50	後	信州·理（数学）
	52.5	後	信州·理（理－地球学）
	52.5	後	信州·理（理－生物学）
	55	後	静岡·理（数学）
	52.5	後	静岡·理（創造理学）
	52.5	後	愛媛·理（理Ａ〈数学〉）
65%	–	前	埼玉·理（分子生物）
	55	前	埼玉·理（生体制御）
	57.5	前	東京都立·理（数理科学）
	55	前	東京都立·理（化学）
	52.5	前	信州·理（理－生物学）
	55	前	大阪公立·理（数学）
	52.5	前	大阪公立·理（地球）
	50	後	岩手·理工（物理－数理·物理）
	–	後	山形·理（理）
	–	後	新潟·理（理）
	55	後	富山·理（化学）
	52.5	後	信州·理（理－物質循環学）
	52.5	後	奈良女子·理（化生－環境科学）
	–	後	鳥取·医（生命科学）
	–	後	愛媛·理（理Ｂ〈面接〉）
	–	後	鹿児島·理（理）
64%	52.5	前	信州·理（数学）
	52.5	前	信州·理（理－物理学）

ボーダー得点率	ボーダー偏差値	日程	大学・学部（学科）
64%	55	前	大阪公立·理（化学）
	52.5	前	広島·理（化学）
	50	後	弘前·理工（数物科学〈理科選択〉）
	57.5	後	富山·理（数学）
	52.5	後	静岡·理（生物科学）
	52.5	後	山口·理（生物）
	–	後	山口·理（地球圏システム科学）
	–	後	高知·理工（情報科学）
63%	45	前	茨城·理（物理学）
	52.5	前	岡山·理（物理）
	55	前	広島·理（物理）
	50	後	弘前·理工（数物科学〈数学選択〉）
	52.5	後	富山·都市デザイン（地球システム科学）
	–	後	静岡·理（地球科学）
	50	後	奈良女子·理（数物科学）
	52.5	後	山口·理（化学）
62%	57.5	前	金沢·理系一括
	52.5	前	金沢·理工（数物科学）
	52.5	前	金沢·理工（物質化学）
	–	前	信州·理（理－地球学）
	50	前	奈良女子·理（化生－化学）
	50	前	奈良女子·理（化生－生物科学）
	50	前	奈良女子·理（化生－環境科学）
	50	前	岡山·理（化学）
	47.5	後	弘前·理工（地球環境防災）
	52.5	後	茨城·理（数学·情報数理）
	55	後	茨城·理（生物科学）
	52.5	後	茨城·理（地球環境科学）
	–	後	島根·総合理工（地球科学）
	55	後	山口·理（数理科学）
	52.5	後	山口·理（物理·情報科学）
	50	後	徳島·理工昼間（数理科学）
61%	50	前	富山·理（化学ａ）
	52.5	前	静岡·理（物理）
	52.5	前	静岡·理（化学）
	50	前	岡山·理（生物）
	50	前	広島·理（生物科学）
	52.5	前	広島·理（地球惑星システム）
	47.5	後	弘前·理工（物質創成化学）
	52.5	後	茨城·理（化学）
	52.5	後	茨城·理（学際理学）
	–	後	高知·理工（数学物理）
60%	50	前	茨城·理（数学·情報数理）
	50	前	茨城·理（化学）
	52.5	前	静岡·理（数学）
	50	前	静岡·理（創造理学）
	47.5	前	奈良女子·理（数物科学）
	55	前	岡山·理（数学）
	50	前	岡山·理（地球科学）
	50	前	愛媛·理（理〈物理受験〉）
	47.5	前	熊本·理（理）
	50	中	兵庫県立·理（物質科学）
	52.5	中	兵庫県立·理（生命科学）
	–	後	島根·総合理工（物質化学）
	47.5	後	島根·総合理工（数理科学）
	–	後	島根·生物資源科学（生命科学）
	47.5	後	徳島·理工昼間（自然科学）
59%	50	前	茨城·理（地球環境科学）
	50	前	富山·理（生物）
	52.5	前	富山·理（自然環境科学ａ）
	47.5	前	愛媛·理（理〈数学受験〉）
	50	後	秋田·理工（生命科学）
58%	50	前	茨城·理（生物科学）
	47.5	前	新潟·理（理〈理科重点選抜〉）
	47.5	前	新潟·理（理〈理数重点選抜〉）
	47.5	前	新潟·理（理〈野外科学志向選抜〉）
	50	前	静岡·理（生物科学）

ボーダー得点率	ボーダー偏差値	日程	大学·学部(学科)
58%	50	前	山口·理(地球圏システム科学)
	47.5	前	愛媛·理(理〈化学受験〉)
	–	後	高知·理工(生物科学)
	47.5	後	琉球·理(数理科学)
	–	後	琉球·理(海洋自然科学〈生物系〉)
57%	47.5	前	岩手·理工(化学－化学)
	45	前	岩手·理工(化学－生命)
	47.5	前	岩手·理工(物理－数理·物理)
	–	前	信州·理(理－物質循環学)
	52.5	前	静岡·理(地球科学)
	–	後	高知·理工(地球環境防災)
	–	後	琉球·理(海洋自然科学〈化学系〉)
56%	47.5	前	山形·理(理)
	47.5	前	茨城·理(学際理学)
	50	前	富山·理(物理ａ)
	50	前	鳥取·医(生命科学)
	45	前	島根·総合理工(地球科学)
	50	前	島根·生物資源科学(生命科学)
	50	前	山口·理(生物)
	47.5	前	鹿児島·理(理－数理情報科学)
	–	後	琉球·理(物質地球科学〈物理系〉)
55%	47.5	前	弘前·理工(数物科学〈数学·理科選択〉)
	45	前	秋田·理工(生命科学ａ)
	45	前	福島·人文社会昼間(人間－数理自然科学)
	50	前	富山·理(数学)
	50	前	富山·理(化学ｂ)
	47.5	前	富山·都市デザイン(地球システム科学)
	45	前	島根·総合理工(数理科学)
	50	前	山口·理(数理科学)

ボーダー得点率	ボーダー偏差値	日程	大学·学部(学科)
55%	50	前	山口·理(物理·情報科学)
	50	前	山口·理(化学)
	47.5	前	愛媛·理(理〈地学受験〉)
	47.5	前	愛媛·理(理〈生物受験〉)
	47.5	前	鹿児島·理(理－物理·宇宙)
	–	後	琉球·理(物質地球科学〈地学系〉)
54%	47.5	前	弘前·理工(数物科学〈数学選択〉)
	45	前	弘前·理工(地球環境防災)
	50	前	高知·理工(情報科学)
53%	47.5	前	秋田·理工(生命科学ｂ)
	45	前	島根·総合理工(物質化学)
	47.5	前	高知·理工(数学物理〈数学受験〉)
	47.5	前	鹿児島·理(理－化学)
	45	前	鹿児島·理(理－生物学)
	45	前	琉球·理(海洋自然科学〈生物系〉)
52%	45	前	弘前·理工(物質創成化学)
	50	前	富山·理(物理ｂ)
	60	前	富山·理(自然環境科学ｂ)
	47.5	前	徳島·理工昼間(数理科学)
	47.5	前	徳島·理工昼間(自然科学)
	47.5	前	高知·理工(数学物理〈理科受験〉)
	47.5	前	高知·理工(生物科学)
	47.5	前	高知·理工(地球環境防災)
	45	前	鹿児島·理(理－地球科学)
	45	前	琉球·理(数理科学)
51%	42.5	前	琉球·理(海洋自然科学〈化学系〉)
48%	42.5	前	琉球·理(物質地球科学〈物理系〉)
	42.5	前	琉球·理(物質地球科学〈地学系〉)

工学系

ボーダー得点率	ボーダー偏差値	日程	大学·学部(学科)
85%	67.5	前	東京·理科一類
83%	65	前	京都·工(建築)
	67.5	前	京都·工(情報)
	65	後	神戸·工(情報知能工)
82%	65	前	京都·工(物理工)
	65	前	京都·工(電気電子工)
	65	後	神戸·工(機械工)
	65	後	九州·工(Ⅰ群)
81%	62.5	前	京都·工(地球工)
	65	後	横浜国立·都市科学(建築)
	62.5	後	横浜国立·都市科学(都市基盤)
	62.5	後	神戸·工(建築)
	65	後	神戸·工(電気電子工)
	62.5	後	九州·工(Ⅱ群)
	65	後	九州·工(Ⅲ群)
80%	62.5	前	京都·工(工業化学)
	57.5	後	東京都立·システムデザイン(航空宇宙システム工)
	62.5	後	横浜国立·理工(機械－海洋空間のシステムデザイン)
	60	後	横浜国立·理工(数物－情報工学)
	62.5	後	神戸·工(応用化学)
	65	後	九州·工(Ⅵ群)
79%	60	後	北海道·工(機械知能工)
	60	後	東京都立·都市環境(建築)
	62.5	後	神戸·工(市民工)
78%	60	前	筑波·情報(情報メディア創成)
	–	後	東京都立·都市環境(地理環境)
	62.5	後	横浜国立·理工(機械－機械工学)
	60	後	京都工芸繊維·工芸科学(情報工学)
	–	後	広島·工(第三類〈応用化学·生物工学·化学工学系〉)
	62.5	後	九州·工(Ⅳ群)
	62.5	一	上智·理工(情報理工)
77%	65	前	東京工業·情報理工

ボーダー得点率	ボーダー偏差値	日程	大学·学部(学科)
77%	62.5	前	大阪·基礎工(情報科学)
	–	後	筑波·理工(応用理工)
	57.5	後	京都工芸繊維·工芸科学(電子システム工学)
	57.5	後	京都工芸繊維·工芸科学(機械工学)
76%	60	前	東京都立·都市環境(建築)
	62.5	中	大阪公立·工(建築)
	57.5	後	北海道·工(情報エレクトロニクス)
	–	後	筑波·理工(工学システム)
	–	後	筑波·理工(社会工)
	62.5	後	横浜国立·理工(機械－材料工学)
	57.5	後	横浜国立·理工(化学－バイオ)
	–	後	広島·工(第一類〈機械·輸送·材料·エネルギー系〉)
	60	一	上智·理工(物質生命理工)
	60	一	上智·理工(機能創造理工)
75%	65	前	東京工業·工
	65	前	東京工業·環境·社会理工
	62.5	前	横浜国立·都市科学(建築)
	62.5	前	大阪·工(電子情報工)
	57.5	前	大阪公立·工(航空宇宙工)
	60	前	神戸·工(情報知能工)
	60	前	九州·芸術工(芸術－音響設計)
	62.5	中	大阪公立·工(航空宇宙工)
	62.5	中	大阪公立·工(都市)
	62.5	中	大阪公立·工(情報工)
	62.5	中	大阪公立·工(電気電子システム工)
	60	中	大阪公立·工(応用化学)
	60	中	大阪公立·工(化学工)
	57.5	後	北海道·工(応用理工系)
	57.5	後	北海道·工(環境社会工)
	57.5	後	東京都立·システムデザイン(情報科学)
	65	後	横浜国立·理工(数物－電子情報システム)
	57.5	後	京都工芸繊維·工芸科学(応用化学)

ボーダー得点率	ボーダー偏差値	日程	大学・学部(学科)
75%	60	後	神戸・海洋政策科学(海洋政策科学理系)
	–	後	広島・工(第二類〈電気電子・システム情報系〉)
74%	60	前	東北・工(機械知能・航空工)
	60	前	東北・工(電気情報物理工)
	60	前	東北・工(化学・バイオ工)
	60	前	筑波・理工(社会工)
	57.5	前	筑波・情報(情報科学)
	65	前	東京工業・生命理工(生命理工)
	65	前	東京工業・物質理工
	57.5	前	東京都立・システムデザイン(情報科学)
	60	前	名古屋・工(電気電子情報工)
	57.5	前	名古屋・工(機械・航空宇宙工)
	60	前	大阪・工(応用理工)
	60	前	大阪・工(環境・エネルギー工)
	60	前	大阪・基礎工(電子物理科学)
	60	前	大阪・基礎工(システム科学)
	62.5	中	大阪公立・工(機械工)
	62.5	中	大阪公立・工(電子物理工)
	60	中	大阪公立・工(マテリアル工)
	60	中	大阪公立・工(化学バイオ工)
	60	後	千葉・工(電気電子工学)
	62.5	後	千葉・工(情報工学)
	57.5	後	電気通信・情報理工昼間(Ⅰ類〈情報系〉)
73%	60	前	東北・工(材料科学総合)
	60	前	東北・工(建築・社会環境工)
	57.5	前	筑波・理工(工学システム)
	60	前	横浜国立・理工(数物－情報工学)
	60	前	名古屋・工(物理工)
	60	前	大阪・工(応用自然科学)
	60	前	大阪・工(地球総合工)
	60	前	大阪・基礎工(化学応用科学)
	60	前	神戸・工(建築)
	57.5	前	神戸・工(機械工)
	57.5	前	神戸・工(応用化学)
	57.5	前	九州・芸術工(芸術－メディアデザイン)
	65	後	千葉・工(建築学)
	–	後	京都工芸繊維・工芸科学(応用生物学)
72%	57.5	前	北海道・総合入試理系(総合科学)
	57.5	前	筑波・理工(応用理工)
	60	前	横浜国立・都市科学(都市基盤)
	60	前	名古屋・工(化学生命工)
	57.5	前	大阪公立・工(情報工)
	57.5	前	神戸・工(電気電子工)
	57.5	前	九州・芸術工(学科一括)
	57.5	中	大阪公立・工(海洋システム工)
	50	後	埼玉・工(環境社会デザイン)
	57.5	後	千葉・工(都市工学)
	57.5	後	千葉・工(共生応用化学)
	57.5	後	東京都立・都市環境(環境応用化学)
	55	後	信州・工(建築)
	57.5	後	名古屋工業・工(情報工)
	60	後	名古屋工業・工(社会－建築・デザイン)
	–	後	広島・工(第四類〈建設・環境系〉)
71%	57.5	前	北海道・総合入試理系(物理重点)
	57.5	前	北海道・総合入試理系(化学重点)
	57.5	前	北海道・総合入試理系(生物重点)
	57.5	前	電気通信・情報理工昼間(Ⅰ類〈情報系〉)
	55	前	東京都立・都市環境(地理環境)
	55	前	横浜国立・理工(化学－バイオ)
	57.5	前	名古屋・工(環境土木・建築)
	57.5	前	大阪公立・工(建築)
	57.5	前	神戸・工(市民工)
	57.5	前	神戸・海洋政策科学(海洋政策科学文系)
	57.5	前	九州・工(Ⅰ群)
	57.5	前	九州・工(Ⅴ群)
	60	後	千葉・工(機械工学)
	60	後	千葉・工(医工学)
71%	57.5	後	電気通信・情報理工昼間(Ⅱ類〈融合系〉)
	55	後	東京農工・工(生命工)
	57.5	後	名古屋工業・工(電気・機械工)
	–	後	名古屋市立・芸術工(建築都市デザイン〈小論文〉)
70%	57.5	前	北海道・総合入試理系(数学重点)
	60	前	千葉・工(建築学)
	57.5	前	千葉・工(情報工学)
	57.5	前	横浜国立・理工(数物－電子情報システム)
	57.5	前	名古屋・工(マテリアル工)
	57.5	前	名古屋・工(エネルギー理工)
	55	前	大阪公立・工(電子物理工)
	55	前	大阪公立・工(電気電子システム工)
	55	前	大阪公立・工(化学工)
	57.5	前	九州・工(Ⅲ群)
	55	前	九州・芸術工(芸術－環境設計)
	–	後	山形・工昼間(建築・デザイン)
	50	後	埼玉・工(情報工)
	57.5	後	電気通信・情報理工昼間(Ⅲ類〈理工系〉)
	57.5	後	東京都立・都市環境(都市基盤環境)
	–	後	新潟・工(工)
	57.5	後	名古屋工業・工(生命・応用化学)
	57.5	後	名古屋工業・工(物理工)
	–	後	熊本・工(情報電気工)
69%	57.5	前	千葉・工(機械工学)
	57.5	前	千葉・工(共生応用化学)
	57.5	前	東京都立・システムデザイン(航空宇宙システム工)
	57.5	前	横浜国立・理工(機械－機械工学)
	55	前	横浜国立・理工(機械－材料工学)
	57.5	前	名古屋工業・工(情報工)
	50	前	名古屋市立・芸術工(情報環境デザイン〈実技〉)
	57.5	前	京都工芸繊維・工芸科学(情報工学)
	55	前	大阪公立・工(機械工)
	55	前	大阪公立・工(応用化学)
	55	前	大阪公立・工(マテリアル工)
	55	前	九州・工(Ⅳ群)
	57.5	前	九州・工(Ⅵ群)
	55	前	九州・芸術工(芸術－インダストリアルデザイン)
	52.5	後	埼玉・工(応用化学)
	57.5	後	東京農工・工(生体医用システム工)
	57.5	後	東京農工・工(応用化学)
	57.5	後	東京農工・工(機械システム工)
	57.5	後	東京農工・工(知能情報システム工)
	57.5	後	東京都立・システムデザイン(機械システム工)
	50	後	信州・工(電子情報システム工)
	57.5	後	名古屋工業・工(社会－環境都市)
	57.5	後	名古屋工業・工(社会－経営システム)
	55	後	奈良女子・工(工)
68%	55	前	千葉・工(都市工学)
	57.5	前	千葉・工(デザイン)
	57.5	前	千葉・工(医工学)
	57.5	前	千葉・工(電気電子工学)
	55	前	千葉・工(物質科学)
	57.5	前	名古屋工業・工(電気・機械工)
	57.5	前	名古屋工業・工(社会－建築・デザイン)
	55	前	京都工芸繊維・工芸科学(デザイン・建築学)
	55	前	大阪公立・工(海洋システム工)
	55	前	大阪公立・工(都市)
	55	前	大阪公立・工(化学バイオ工)
	55	前	九州・工(Ⅱ群)
	55	前	九州・芸術工(芸術－未来構想デザイン)
	–	後	山形・工昼間(情報－情報・知能)
	50	後	埼玉・工(機械工学・システムデザイン)
	50	後	埼玉・工(電気電子物理工)
	55	後	東京農工・工(化学物理工)
	57.5	後	東京都立・システムデザイン(電子情報システム工)
	55	後	名古屋工業・工(創造－材料・エネルギー)
	52.5	後	名古屋工業・工(創造－情報・社会)

ボーダー得点率	ボーダー偏差値	日程	大学・学部（学科）
68%	–	後	熊本・工（機械数理工）
67%	50	前	埼玉・工（情報工）
	55	前	電気通信・情報理工昼間（Ⅱ類〈融合系〉）
	52.5	前	東京農工・工（生命工）
	55	前	東京農工・工（機械システム工）
	55	前	東京都立・都市環境（環境応用化学）
	57.5	前	東京都立・システムデザイン（機械システム工）
	55	前	名古屋工業・工（物理工）
	55	前	名古屋工業・工（社会－環境都市）
	57.5	前	名古屋工業・工（社会－経営システム）
	55	前	名古屋市立・芸術工（建築都市デザイン）
	55	前	京都工芸繊維・工芸科学（電子システム工学）
	55	前	神戸・海洋政策科学（海洋政策科学理系）
	52.5	前	奈良女子・工（工）
	52.5	後	東京海洋・海洋工（海事システム工）
	52.5	後	東京海洋・海洋工（流通情報工）
	55	後	東京都立・システムデザイン（インダストリアルアート）
	55	後	岐阜・工（電気－情報）
	57.5	後	岐阜・工（電気－応用物理）
	–	後	名古屋市立・芸術工（建築都市デザイン〈実技〉）
	–	後	三重・工（建築学）
	55	後	三重・工（情報工学）
	–	後	島根・総合理工（建築デザイン）
66%	55	前	電気通信・情報理工昼間（Ⅲ類〈理工系〉）
	52.5	前	東京農工・工（生体医用システム工）
	52.5	前	東京農工・工（応用化学）
	55	前	東京農工・工（知能情報システム工）
	55	前	東京都立・システムデザイン（電子情報システム工）
	57.5	前	東京都立・システムデザイン（インダストリアルアート）
	57.5	前	横浜国立・理工（機械－海洋空間のシステムデザイン）
	55	前	名古屋工業・工（生命・応用化学）
	55	前	名古屋工業・工（創造－情報・社会）
	50	前	名古屋市立・芸術工（情報環境デザイン〈小論文〉）
	55	前	三重・工（建築学）
	52.5	前	京都工芸繊維・工芸科学（応用生物学）
	55	前	京都工芸繊維・工芸科学（応用化学）
	55	前	京都工芸繊維・工芸科学（機械工学）
	47.5	後	岩手・理工（シス－電気電子通信）
	47.5	後	岩手・理工（シス－知能・メディア情報）
	–	後	宇都宮・地域デザイン科学（建築都市デザイン）
	52.5	後	東京海洋・海洋工（海洋電子機械工）
	52.5	後	信州・工（物質化学）
	50	後	信州・工（機械システム工）
	55	後	岐阜・工（機械－知能機械）
	–	後	名古屋市立・芸術工（情報環境デザイン）
	–	後	熊本・工（土木建築）
	–	後	熊本・工（材料・応用化学）
65%	50	前	埼玉・工（機械工学・システムデザイン）
	50	前	埼玉・工（電気電子物理工）
	50	前	埼玉・工（応用化学）
	50	前	埼玉・工（環境社会デザイン）
	52.5	前	東京農工・工（化学物理工）
	52.5	前	信州・工（建築）
	55	前	名古屋工業・工（創造－材料・エネルギー）
	52.5	前	三重・工（情報工学）
	52.5	前	岡山・工（情報・電気・数理データサイエンス系）
	50	前	広島・工（第二類〈電気電子・システム情報系〉）
	50	前	広島・工（第四類〈建設・環境系〉）
	–	後	山形・工昼間（化学－バイオ化学工学）
	50	後	福井・工（建築・都市環境工）
	–	後	山梨・工（コンピュータ理工）
	50	後	信州・繊維（先進繊維・感性工）
	55	後	岐阜・工（社会基盤工）
	55	後	岐阜・工（機械－機械）
	55	後	岐阜・工（電気－電気電子）
64%	50	前	名古屋市立・芸術工（産業イノベーションデザイン）
	47.5	後	岩手・理工（物理－マテリアル）
	52.5	後	富山・工（電気電子工学）
	52.5	後	富山・工（知能情報工学）
	–	後	山梨・工（応用化学）
	55	後	岐阜・工（化学－生命化学）
	52.5	後	静岡・工（機械工）
	52.5	後	静岡・工（電気電子工）
	–	後	名古屋市立・芸術工（産業イノベーションデザイン）
	50	後	滋賀県立・工（電子システム工）
	–	後	鹿児島・工（建築）
63%	50	前	東京海洋・海洋工（海事システム工）
	55	前	東京都立・都市環境（都市基盤環境）
	50	前	三重・工（総合工学）
	50	前	岡山・工（機械システム系）
	50	前	広島・工（第一類〈機械・輸送・材料・エネルギー系〉）
	50	前	広島・工（第三類〈応用化学・生物工学・化学工学系〉）
	47.5	後	岩手・理工（シス－機械科学）
	47.5	後	岩手・理工（シス－社会基盤・環境）
	–	後	宇都宮・地域デザイン科学（社会基盤デザイン）
	–	後	宇都宮・工（基盤工）
	50	後	福井・工（電気電子情報工）
	–	後	山梨・工（電気電子工）
	47.5	後	信州・繊維（機械・ロボット）
	52.5	後	岐阜・工（化学－物質化学）
	52.5	後	静岡・工（化学バイオ工）
	52.5	後	静岡・工（数理システム工）
	52.5	後	三重・工（機械工学）
	47.5	後	兵庫県立・工（電気電子情報工）
	52.5	後	和歌山・システム工（システム工）
	–	後	島根・総合理工（機械・電気電子工）
	52.5	後	徳島・理工昼間（知能情報）
	47.5	後	愛媛・工（工）
	–	後	愛媛・工（工－社会デザイン）
62%	50	前	東京海洋・海洋工（海洋電子機械工）
	50	前	東京海洋・海洋工（流通情報工）
	52.5	前	金沢・理工（地球社会基盤）
	52.5	前	金沢・理工（生命理工学）
	50	前	信州・工（電子情報システム工）
	50	前	信州・工（機械システム工）
	52.5	前	岐阜・工（電気－情報）
	52.5	前	三重・工（機械工学）
	50	前	三重・工（電気電子工学）
	50	前	岡山・工（環境・社会基盤系）
	47.5	前	広島・工（工学特別コース）
	47.5	後	弘前・理工（電子情報工）
	47.5	後	弘前・理工（機械科学）
	47.5	後	弘前・理工（自然エネルギー）
	–	後	富山・工（生命工学）
	–	後	山梨・工（機械工）
	–	後	山梨・工（土木環境工）
	50	後	信州・工（水環境・土木工）
	52.5	後	静岡・工（電子物質科学）
	50	後	三重・工（電気電子工学）
	–	後	島根・総合理工（知能情報デザイン）
	47.5	後	徳島・理工昼間（社会基盤デザイン）
	50	後	徳島・理工昼間（応用化学システム）
	–	後	鹿児島・工（先進－電気電子工学）
61%	52.5	前	岐阜・工（機械－機械）
	50	前	三重・工（応用化学）
	47.5	後	茨城・工昼間（情報工）
	–	後	山梨・工（メカトロニクス工）
	–	後	山梨・工（先端材料理工）
	52.5	後	三重・工（応用化学）
	–	後	山口・工（感性デザイン工）
	50	後	徳島・理工昼間（電気電子システム）
	–	後	北九州市立・国際環境工（建築デザイン）
	–	後	鹿児島・工（先進－情報・生体工学）
60%	45	前	岩手・理工（シス－知能・メディア情報）

ボーダー得点率	ボーダー偏差値	日程	大学・学部（学科）
60%	47.5	前	茨城・工昼間（情報工）
	42.5	前	宇都宮・工（基盤工）
	50	前	金沢・理工（機械工学・フロンティア工学・電子情報通信）
	47.5	前	山梨・工（コンピュータ理工）
	47.5	前	信州・工（水環境・土木工）
	52.5	前	岐阜・工（社会基盤工）
	52.5	前	岐阜・工（電気－電気電子）
	52.5	前	岐阜・工（電気－応用物理）
	50	前	静岡・工（電気電子工）
	50	前	静岡・工（数理システム工）
	45	前	島根・総合理工（知能情報デザイン）
	47.5	前	島根・総合理工（建築デザイン）
	47.5	前	岡山・工（化学・生命系）
	–	後	山形・工昼間（高分子・有機材料工）
	–	後	山形・工昼間（化学－応用化学・化学工学）
	–	後	山形・工昼間（情報－電気・電子通信）
	–	後	山形・工昼間（機械システム工）
	–	後	群馬・理工（電子・機械）
	52.5	後	富山・都市デザイン（都市・交通デザイン）
	47.5	後	福井・工（機械・システム工）
	50	後	信州・繊維（化学・材料）
	50	後	滋賀県立・工（機械システム工）
	47.5	後	兵庫県立・工（応用化学工）
	–	後	島根・総合理工（物理工）
	50	後	徳島・理工昼間（機械科学）
	50	後	長崎・工（工）
	–	後	鹿児島・工（先進－機械工学）
	–	後	鹿児島・工（先進－化学生命工学）
59%	45	前	山形・工昼間（情報－情報・知能）
	47.5	前	新潟・工（工〈共通テスト重視型〉）
	47.5	前	富山・工（生命工学 a）
	50	前	静岡・工（機械工）
	47.5	前	兵庫県立・工（電気電子情報工）
	45	前	熊本・工（土木建築）
	47.5	前	熊本・工（情報電気工）
	50	後	秋田・理工（数理・電気電子情報）
	–	後	山形・工フレックス（システム創成工）
	47.5	後	茨城・工昼間（電気電子システム工）
	45	後	茨城・工昼間（物質科学工）
	45	後	茨城・工昼間（都市システム工）
	47.5	後	福井・工（物質・生命化学）
	47.5	後	福井・工（応用物理）
	47.5	後	滋賀県立・工（材料化学）
	47.5	後	兵庫県立・工（機械・材料工）
	47.5	後	鳥取・工（電気情報系）
	50	後	徳島・理工昼間（光システム）
	–	後	香川・創造工（創造工）
	50	後	北九州市立・国際環境工（情報システム工）
	52.5	後	佐賀・理工（理工）
58%	45	前	山形・工昼間（化学－バイオ化学工学）
	–	前	山形・工昼間（建築・デザイン）
	47.5	前	宇都宮・地域デザイン科学（建築都市デザイン）
	50	前	信州・工（物質化学）
	50	前	信州・繊維（先進繊維・感性工）
	50	前	岐阜・工（化学－物質化学）
	50	前	静岡・工（電子物質科学）
	50	前	静岡・工（化学バイオ工）
	47.5	前	兵庫県立・工（応用化学工）
	50	前	和歌山・システム工（システム工）
	–	後	秋田・国際資源（資源地球科学）
	50	後	秋田・理工（物質科学）
	47.5	後	秋田・理工（システムデザイン工）
	47.5	後	福島・理工（共生システム理工）
	47.5	後	茨城・工昼間（機械システム工）
	52.5	後	富山・工（応用化学）
	45	後	鳥取・工（化学バイオ系）
	45	後	鳥取・工（社会システム土木系）
	–	後	島根・材料エネルギー（材料エネルギー）
	–	後	鹿児島・工（先進－海洋土木工学）
	–	後	鹿児島・工（先進－化学工学）
57%	45	前	茨城・工昼間（機械システム工）
	45	前	宇都宮・地域デザイン科学（社会基盤デザイン）
	50	前	福井・工（建築・都市環境工）
	45	前	山梨・工（応用化学）
	50	前	信州・繊維（機械・ロボット）
	50	前	岐阜・工（機械－知能機械）
	50	前	岐阜・工（化学－生命化学）
	47.5	前	兵庫県立・工（機械・材料工）
	47.5	前	愛媛・工（工－社会デザイン）
	47.5	前	熊本・工（機械数理工）
	47.5	前	熊本・工（材料・応用化学）
	47.5	前	鹿児島・工（建築）
	–	後	秋田・国際資源（資源開発環境）
	–	後	高知・理工（化学生命理工）
56%	45	前	岩手・理工（シス－電気電子通信）
	45	前	群馬・理工（電子・機械）
	47.5	前	富山・工（知能情報工学 a）
	47.5	前	富山・工（応用化学 a）
	47.5	前	福井・工（電気電子情報工）
	45	前	山梨・工（機械工）
	50	前	信州・繊維（化学・材料）
	47.5	前	滋賀県立・工（電子システム工）
	50	前	徳島・理工昼間（知能情報）
	47.5	前	愛媛・工（工）
	–	後	群馬・理工（物質・環境）
	52.5	後	富山・工（機械工学）
	50	後	富山・都市デザイン（材料デザイン工）
	47.5	後	鳥取・工（機械物理系）
	–	後	山口・工（機械工）
	47.5	後	北九州市立・国際環境工（機械システム工）
	–	後	大分・理工（理工）
55%	45	前	山形・工昼間（高分子・有機材料工）
	45	前	山形・工昼間（化学－応用化学・化学工学）
	45	前	山形・工昼間（情報－電気・電子通信）
	45	前	山形・工昼間（機械システム工）
	47.5	前	富山・工（電気電子工学 a）
	45	前	富山・工（機械工学 a）
	45	前	福井・工（機械・システム工）
	45	前	山梨・工（メカトロニクス工）
	42.5	前	山梨・工（電気電子工）
	45	前	山梨・工（土木環境工）
	47.5	前	滋賀県立・工（機械システム工）
	45	前	島根・総合理工（物理工）
	45	前	島根・総合理工（機械・電気電子工）
	45	前	鹿児島・工（先進－電気電子工学）
	45	後	茨城・工フレックス（機械システム工）
	–	後	山口・工（応用化学）
	–	後	山口・工（知能情報工）
	47.5	後	北九州市立・国際環境工（環境生命工）
	50	後	宮崎・工（工）
	–	後	琉球・工（工）
54%	45	前	岩手・理工（物理－マテリアル）
	45	前	岩手・理工（シス－機械科学）
	45	前	秋田・理工（数理・電気電子情報 a）
	45	前	福島・理工（共生システム理工）
	45	前	茨城・工昼間（電気電子システム工）
	42.5	前	茨城・工昼間（物質科学工）
	42.5	前	茨城・工昼間（都市システム工）
	45	前	群馬・理工（物質・環境）
	47.5	前	新潟・工（工〈個別学力検査重視型〉）
	52.5	前	富山・工（機械工学 b）
	50	前	富山・工（生命工学 b）
	50	前	富山・工（応用化学 b）
	45	前	島根・材料エネルギー（材料エネルギー）

ボーダー得点率	ボーダー偏差値	日程 大学・学部（学科）
54%	47.5	前 徳島・理工昼間（社会基盤デザイン）
	47.5	前 徳島・理工昼間（応用化学システム）
	47.5	前 徳島・理工昼間（電気電子システム）
	47.5	前 佐賀・理工（理工）
	45	前 鹿児島・工（先進－機械工学）
	47.5	前 鹿児島・工（先進－化学生命工学）
	42.5	前 鹿児島・工（先進－情報・生体工学）
	–	後 山口・工（電気電子工）
	47.5	後 北九州市立・国際環境工（エネルギー循環化学）
53%	45	前 弘前・理工（電子情報工）
	45	前 弘前・理工（機械科学）
	45	前 弘前・理工（自然エネルギー）
	45	前 岩手・理工（シス－社会基盤・環境）
	42.5	前 秋田・国際資源（資源地球科学）
	42.5	前 秋田・国際資源（資源開発環境）
	52.5	前 富山・工（電気電子工学ｂ）
	50	前 富山・工（知能情報工学ｂ）
	45	前 富山・都市デザイン（都市・交通デザイン）
	45	前 福井・工（物質・生命化学）
	45	前 福井・工（応用物理）
	45	前 山梨・工（先端材料理工）
	47.5	前 鳥取・工（電気情報系）
	47.5	前 徳島・理工昼間（医光／医工融合）
	47.5	前 香川・創造工（創造工〈防災・危機管理〉Bタイプ）
	47.5	前 香川・創造工（創造工Ａタイプ）
	47.5	前 香川・創造工（創造工〈造形・メディアデザイン〉Bタイプ）
	45	前 北九州市立・国際環境工（建築デザイン）
	45	前 長崎・工（工ａ方式）
	45	前 大分・理工（理工）
52%	42.5	前 秋田・理工（物質科学ａ）
	50	前 秋田・理工（数理・電気電子情報ｂ）
	42.5	前 秋田・理工（システムデザイン工ａ）
	45	前 山形・工フレックス（システム創成工）
	45	前 茨城・工フレックス（機械システム工）
	45	前 富山・都市デザイン（材料デザイン工ａ）
	47.5	前 富山・都市デザイン（材料デザイン工ｂ）
	47.5	前 徳島・理工昼間（機械科学）
	47.5	前 徳島・理工昼間（光システム）
	47.5	前 高知・理工（化学生命理工）
	42.5	前 北九州市立・国際環境工（機械システム工）
	45	前 北九州市立・国際環境工（情報システム工）
	–	後 山口・工（循環環境工）
51%	45	前 滋賀県立・工（材料化学）
	47.5	前 鳥取・工（機械物理系）
	47.5	前 鳥取・工（化学バイオ系）
	45	前 鳥取・工（社会システム土木系）
	42.5	前 山口・工（機械工）
	45	前 山口・工（応用化学）
	45	前 山口・工（電気電子工）
	45	前 山口・工（知能情報工）
	45	前 山口・工（感性デザイン工）
	42.5	前 鹿児島・工（先進－海洋土木工学）
	45	前 鹿児島・工（先進－化学工学）
	42.5	前 鹿児島・工（先進工〈括り枠〉）
50%	47.5	前 秋田・理工（物質科学ｂ）
	47.5	前 秋田・理工（システムデザイン工ｂ）
	42.5	前 徳島・理工夜間主（知能情報）
	47.5	前 長崎・工（工ｂ方式）
	–	後 山口・工（社会建設工）
49%	42.5	前 北九州市立・国際環境工（エネルギー循環化学）
	42.5	前 北九州市立・国際環境工（環境生命工）
	42.5	前 宮崎・工（工）
48%	45	前 山口・工（社会建設工）
	45	前 山口・工（循環環境工）
	42.5	前 徳島・理工夜間主（社会基盤デザイン）
	42.5	前 徳島・理工夜間主（機械科学）
	42.5	前 徳島・理工夜間主（応用化学システム）
	42.5	前 徳島・理工夜間主（電気電子システム）
47%	40	前 琉球・工（工）

農学系

ボーダー得点率	ボーダー偏差値	日程 大学・学部（学科）
85%	67.5	前 東京・理科二類
82%	65	後 北海道・獣医（共同獣医学）
	70	後 東京農工・農（共同獣医）
81%	65	前 北海道・獣医（共同獣医学）
	65	前 京都・農（食品生物科学）
	62.5	後 神戸・農（食料－食料環境経済学）
80%	65	前 京都・農（資源生物科学）
	65	前 京都・農（応用生命科学）
	62.5	後 神戸・農（資源－応用動物学）
79%	62.5	前 京都・農（地域環境工）
	62.5	前 京都・農（食料・環境経済）
	62.5	前 京都・農（森林科学）
	60	後 神戸・農（生命－応用生命化学）
	－	後 鹿児島・共同獣医（獣医）
78%	60	後 神戸・農（食料－生産環境工学）
	60	後 神戸・農（資源－応用植物学）
	62.5	後 神戸・農（生命－応用機能生物学）
77%	60	後 北海道・農
	－	後 東京海洋・海洋生命科学（海洋政策文化）
	65	後 宮崎・農（獣医）
76%	62.5	前 東京農工・農（共同獣医）
75%	60	前 大阪公立・獣医（獣医）
	60	後 東京農工・農（応用生物科学）
	－	後 大阪公立・農（緑地環境科学）
	－	後 山口・共同獣医（獣医）
74%	62.5	前 岐阜・応用生物科学（共同獣医）
	－	後 帯広畜産・畜産（共同獣医学）
	62.5	後 東京農工・農（生物生産）
73%	60	前 帯広畜産・畜産（共同獣医学）
	62.5	前 山口・共同獣医（獣医）
	62.5	前 宮崎・農（獣医）
	60	前 鹿児島・共同獣医（獣医ａ）
	57.5	後 千葉・園芸（応用生命化学）
	－	後 東京海洋・海洋生命科学（海洋生物資源）
72%	60	前 岩手・農（共同獣医）
	57.5	前 東北・農
	57.5	後 北海道・水産
	－	後 岩手・農（動物科学）
	－	後 筑波・生命環境（生物資源）
	－	後 東京海洋・海洋生命科学（食品生産科学）
	－	後 京都府立・生命環境（農学生命科学）
	－	後 大阪公立・農（応用生物科学）
	－	後 大阪公立・農（生命機能化学）
	－	後 九州・農（生物資源環境）
71%	52.5	前 東京海洋・海洋資源環境（海洋環境科学）
	52.5	前 東京農工・農（応用生物科学）
	57.5	前 名古屋・農（応用生命科学）
	57.5	前 神戸・農（資源－応用植物学）
	57.5	前 神戸・農（生命－応用生命化学）
	60	前 鳥取・農（共同獣医）
	－	後 東京海洋・海洋資源環境（海洋環境科学）
	－	後 京都府立・生命環境（生命分子化学）
70%	55	前 北海道・水産
	55	前 筑波・生命環境（生物資源）
	55	前 名古屋・農（生物環境科学）
	55	前 名古屋・農（資源生物科学）
	57.5	前 神戸・農（食料－生産環境工学）
	57.5	前 神戸・農（食料－食料環境経済学）
	57.5	前 神戸・農（資源－応用動物学）
	57.5	前 神戸・農（生命－応用機能生物学）
	62.5	前 鹿児島・共同獣医（獣医ｂ）
	－	後 千葉・園芸（食料資源経済）
	60	後 東京農工・農（環境資源科学）
	60	後 東京農工・農（地域生態システム）
	－	後 京都府立・生命環境（森林科学）
69%	52.5	前 東京海洋・海洋生命科学（海洋政策文化）
	52.5	前 東京海洋・海洋資源環境（海洋資源エネルギー）
	－	後 東京海洋・海洋資源環境（海洋資源エネルギー）
	－	後 山梨・生命環境（生命工）
68%	55	前 東京海洋・海洋生命科学（海洋生物資源）
	55	前 東京海洋・海洋生命科学（食品生産科学）
	52.5	前 東京農工・農（環境資源科学）
	55	前 九州・農（生物資源環境）
	55	後 岐阜・応用生物科学（応用生命科学）
	57.5	後 岐阜・応用生物科学（生産環境科学）
	－	後 広島・生物生産（生物生産）
67%	55	前 大阪公立・農（生命機能化学）
	55	後 千葉・園芸（園芸）
	－	後 新潟・農（農）
66%	57.5	前 千葉・園芸（応用生命化学）
	50	前 東京農工・農（生物生産）
	50	前 東京農工・農（地域生態システム）
	55	前 大阪公立・農（応用生物科学）
	55	前 大阪公立・農（緑地環境科学）
	－	後 岩手・農（応用生物化学）
	52.5	後 信州・農（農学生命科学）
65%	52.5	前 京都府立・生命環境（生命分子化学）
	－	後 岩手・農（食料－農村地域デザイン・食産業システム）
	52.5	後 静岡・農（応用生命科学）
64%	52.5	前 岩手・農（動物科学）
	55	前 千葉・園芸（園芸）
	57.5	前 千葉・園芸（食料資源経済）
	50	前 岐阜・応用生物科学（応用生命科学）
	52.5	前 京都府立・生命環境（農学生命科学）
	50	前 京都府立・生命環境（森林科学）
	－	後 岩手・農（植物生命科学）
	－	後 岩手・農（森林科学）
	－	後 千葉・園芸（緑地環境）
	－	後 島根・生物資源科学（農林生産）
	－	後 愛媛・農（生命機能）
63%	－	後 岩手・農（食料－水産システム）
	－	後 山梨・生命環境（地域食物科学）
	－	後 山梨・生命環境（環境科学）
	50	後 信州・繊維（応用生物科学）
	52.5	後 静岡・農（生物資源科学）
62%	52.5	前 岐阜・応用生物科学（生産環境科学）
	50	前 静岡・農（応用生命科学）
	－	後 宇都宮・農（応用生命化学）
	52.5	後 三重・生物資源（共生環境）
	－	後 愛媛・農（生物環境）
	－	後 鹿児島・農（食料生命科学）
	－	後 鹿児島・農（農林環境科学）
61%	50	前 岩手・農（応用生物化学）
	52.5	前 千葉・園芸（緑地環境）
	52.5	前 岡山・農（総合農業科学）
	50	前 広島・生物生産（生物生産）
	－	後 弘前・農学生命科学（分子生命科学）
	－	後 宇都宮・農（生物資源科学）
	－	後 宇都宮・農（農業経済）
	55	後 三重・生物資源（海洋生物資源）
	－	後 鹿児島・農（農業生産科学）
60%	47.5	前 信州・農（生命機能科学）
	－	後 弘前・農学生命科学（生物）
	－	後 宇都宮・農（農業環境工）
	－	後 静岡県立・食品栄養科学（食品生命科学）
	－	後 静岡県立・食品栄養科学（環境生命科学）
	52.5	後 三重・生物資源（資源循環）
	52.5	後 三重・生物資源（生物圏生化学）
	47.5	後 滋賀県立・環境科学（生物資源管理）
	－	後 愛媛・農（食料生産）

ボーダー得点率	ボーダー偏差値	日程	大学・学部（学科）
60%	—	後	高知·農林海洋科学(農林－農芸化学)
	—	後	高知·農林海洋科学(海洋資源科学)
59%	47.5	前	岩手·農(植物生命科学)
	—	前	山梨·生命環境(地食－ワイン科学特別)
	50	前	静岡·農(生物資源科学)
	50	前	三重·生物資源(生物圏生命化学)
	50	前	三重·生物資源(海洋生物資源)
	45	前	愛媛·農(生命機能)
	—	後	弘前·農学生命科学(食料資源)
	—	後	弘前·農学生命科学(国際園芸農)
	—	後	弘前·農学生命科学(地域環境工)
	—	後	香川·農(応用生物科学)
	—	後	長崎·水産(水産)
58%	—	前	山梨·生命環境(生命工)
	—	前	山梨·生命環境(環境科学)
	50	前	信州·農(森林·環境共生学)
	50	前	静岡県立·食品栄養科学(食品生命科学)
	—	後	鳥取·農(生命環境農)
	45	後	県立広島·生物資源科学(生命環境〈経過選択〉)
	47.5	後	徳島·生物資源産業(生物資源産業)
	—	後	鹿児島·水産(水産－水圏科学)
	—	後	鹿児島·水産(水産－水産資源科学)
	—	後	鹿児島·水産(水産－食品生命科学)
57%	47.5	前	岩手·農(森林科学)
	50	前	宇都宮·農(農業経済)
	50	前	新潟·農(農)
	—	前	山梨·生命環境(地域食物科学)
	50	前	信州·農(動物資源生命科学)
	47.5	前	三重·生物資源(資源循環)
	52.5	前	島根·生物資源科学(農林生産)
	45	前	愛媛·農(生物環境)
	47.5	前	高知·農林海洋科学(海洋－海洋生命科学)
	—	後	山形·農(食料生命環境)
	50	後	茨城·農(食生命科学)
	50	後	茨城·農(地域－地域共生)
	—	後	島根·生物資源科学(環境共生科学)
	—	後	山口·農(生物機能科学)
	—	後	高知·農林海洋科学(農林－フィールド科学)
	50	後	佐賀·農(生物資源科学)
56%	47.5	前	岩手·農(食料－水産システム)
	52.5	前	宇都宮·農(生物資源科学)
	45	前	宇都宮·農(応用生命化学)
	47.5	前	宇都宮·農(農業環境工)
	50	前	信州·繊維(応用生物科学)
	47.5	前	信州·農(植物資源科学)
	47.5	前	静岡県立·食品栄養科学(環境生命科学)
	47.5	前	三重·生物資源(共生環境)
	45	前	滋賀県立·環境科学(生物資源管理)
	—	前	高知·農林海洋科学(海洋－海洋生物生産学)
	50	前	長崎·水産(水産)
55%	50	前	弘前·農学生命科学(分子生命科学)
	47.5	前	岩手·農(食料－農村地域デザイン·食産業システム)
	50	前	茨城·農(食生命科学)
	45	前	宇都宮·農(森林科学)
	50	前	島根·生物資源科学(環境共生科学)
	50	後	福島·農(食農)
	50	後	茨城·農(地域－農業科学)
	—	後	山口·農(生物資源環境科学)
	52.5	後	宮崎·農(応用生物科学)
54%	50	前	弘前·農学生命科学(生物)
	47.5	前	茨城·農(地域－農業科学)
	50	前	茨城·農(地域－地域共生)
	45	前	鳥取·農(生命環境農)
	45	前	愛媛·農(食料生産)
	47.5	前	高知·農林海洋科学(農林－フィールド科学)
	—	前	高知·農林海洋科学(農林－農芸化学)
	—	前	高知·農林海洋科学(海洋－海底資源環境学)
	47.5	前	佐賀·農(生物資源科学)
	45	前	鹿児島·農(食料生命科学)
	47.5	後	宮城·食産業
53%	45	前	帯広畜産·畜産(畜産科学)
	47.5	前	弘前·農学生命科学(食料資源)
	47.5	前	弘前·農学生命科学(国際園芸農)
	47.5	前	弘前·農学生命科学(地域環境工)
	47.5	前	山形·農(食料生命環境)
	47.5	前	福島·農(食農)
	47.5	前	山口·農(生物機能科学)
	47.5	前	鹿児島·水産(国際食料資源学特別)
	—	後	帯広畜産·畜産(畜産科学)
	50	後	宮崎·農(植物生産環境科学)
	52.5	後	宮崎·農(海洋生物環境)
	—	後	琉球·農(亜熱帯生物資源科学)
52%	45	前	宮城·食産業
	47.5	前	徳島·生物資源産業(生物資源産業)
	50	前	宮崎·農(応用生物科学)
	47.5	前	鹿児島·農(国際食料資源学特別)
	45	前	鹿児島·農(農業生産科学)
	45	前	鹿児島·農(農林環境科学)
	45	前	鹿児島·水産(水産－水圏科学)
	45	前	鹿児島·水産(水産－食品生命科学)
	47.5	後	宮崎·農(森林緑地環境科学)
	50	後	宮崎·農(畜産草地科学)
51%	45	前	山口·農(生物資源環境科学)
	47.5	前	香川·農(応用生物科学)
	45	前	鹿児島·水産(水産－水産資源科学)
	—	後	琉球·農(亜熱帯地域農)
	—	後	琉球·農(亜熱帯農林環境科学)
50%	—	前	県立広島·生物資源科学(地域資源開発)
	45	前	県立広島·生物資源科学(生命－生命科学)
	45	前	宮崎·農(森林緑地環境科学)
	50	前	宮崎·農(海洋生物環境)
	47.5	前	宮崎·農(畜産草地科学)
	45	前	琉球·農(亜熱帯生物資源科学)
	—	後	琉球·農(地域農業工)
49%	42.5	前	県立広島·生物資源科学(生命－環境科学)
	47.5	前	宮崎·農(植物生産環境科学)
	45	前	琉球·農(亜熱帯農林環境科学)
48%	45	前	琉球·農(亜熱帯地域農)
47%	42.5	前	琉球·農(地域農業工)

医・歯・薬学系

ボーダー得点率	ボーダー偏差値	日程	大学・学部（学科）
91%	72.5	前	東京・理科三類
89%	–	後	東京医科歯科・医（医）
87%	70	後	千葉・医（医〈一般枠〉）
86%	70	前	東京医科歯科・医（医）
	72.5	前	京都・医（医）
	70	後	山梨・医（医）
85%	67.5	前	千葉・医（医〈一般枠〉）
	67.5	前	千葉・医（医〈千葉県地域枠〉）
	67.5	前	横浜市立・医（医〈神奈川県指定診療科枠〉）
	67.5	前	横浜市立・医（医〈一般枠〉）
	67.5	前	横浜市立・医（医〈地域医療枠〉）
	70	前	大阪・医（医）
84%	–	後	名古屋・医（医〈一般枠〉）
83%	–	後	福井・医（医）
	–	後	三重・医（医）
	–	後	山口・医（医〈地域枠〉）
	–	後	山口・医（医〈全国枠〉）
82%	65	前	北海道・医（医）
	67.5	前	東北・医（医）
	65	前	筑波・医（医）
	65	前	筑波・医（医〈地域枠〉【全国】）
	65	前	筑波・医（医〈地域枠〉【茨城】）
	67.5	前	名古屋・医（医〈地域枠〉）
	67.5	前	名古屋・医（医〈一般枠〉）
	67.5	前	神戸・医（医）
	67.5	前	九州・医（医）
	–	後	秋田・医（医〈一般枠〉）
	–	後	山形・医（医）
	–	後	佐賀・医（医）
	–	後	鹿児島・医（医）
81%	65	前	京都・薬
	65	前	大阪公立・医（医〈一般枠〉）
	67.5	前	岡山・医（医）
80%	65	前	広島・医（医）
	–	後	秋田・医（医〈秋田県地域枠〉）
	67.5	後	宮崎・医（医）
79%	65	前	名古屋市立・医（医）
	62.5	後	北海道・薬
	–	後	琉球・医（医）
78%	65	前	熊本・医（医）
77%	62.5	前	山形・医（医〈一般枠〉）
	65	前	新潟・医（医）
	65	前	金沢・医薬保健（医）
	65	前	三重・医（医〈一般枠〉）
	65	前	三重・医（医〈三重県地域医療枠〉）
	62.5	前	大阪・薬（薬）
	65	前	島根・医（医〈県内定着枠〉）
	65	前	島根・医（医）
	62.5	前	香川・医（医〈一般枠〉）
	65	前	愛媛・医（医）
	65	前	長崎・医（医）
	–	後	富山・薬（薬）
	67.5	後	九州・薬（臨床薬）
76%	–	前	弘前・医（医〈一般枠〉）
	62.5	前	秋田・医（医）
	65	前	群馬・医（医〈地域医療枠〉）
	65	前	群馬・医（医〈一般枠〉）
	62.5	前	富山・医（医）
	62.5	前	福井・医（医）
	65	前	信州・医（医）
76%	62.5	前	岐阜・医（医）
	62.5	前	鳥取・医（医〈一般枠〉）
	62.5	前	鳥取・医（医〈鳥取県枠〉）
	62.5	前	鳥取・医（医〈兵庫県枠〉）
	62.5	前	鳥取・医（医〈島根県枠〉）
	65	前	山口・医（医）
	62.5	前	徳島・医（医）
	62.5	前	香川・医（医〈地域枠〉）
	62.5	前	高知・医（医〈一般枠〉）
	62.5	前	佐賀・医（医）
	62.5	前	鹿児島・医（医）
	65	後	千葉・薬（薬科学）
75%	–	前	弘前・医（医〈青森県定着枠〉）
	62.5	前	高知・医（医〈地域枠〉）
	62.5	前	大分・医（医〈一般枠〉）
	62.5	前	宮崎・医（医）
	–	後	東京医科歯科・歯（歯）
	57.5	後	徳島・薬（薬）
	67.5	後	九州・薬（創薬科学）
	–	後	長崎・薬（薬）
74%	62.5	前	千葉・薬
	60	前	九州・薬（臨床薬）
	62.5	前	大分・医（医〈地元出身者枠〉）
	62.5	前	琉球・医（医）
	62.5	中	名古屋市立・薬（薬）
	–	後	広島・歯（歯）
72%	60	前	東北・薬
	62.5	前	東京医科歯科・歯（歯）
	60	前	広島・薬（薬）
	60	前	九州・薬（創薬科学）
	60	中	名古屋市立・薬（生命薬科学）
	–	後	徳島・歯（歯）
	–	後	鹿児島・歯（歯）
71%	60	前	大阪・歯（歯）
	57.5	前	熊本・薬（薬）
	–	後	新潟・歯（歯）
	–	後	富山・薬（創薬科学）
	–	後	長崎・薬（薬科学）
70%	55	前	富山・薬（薬）
	57.5	前	金沢・医薬保健（薬）
	57.5	前	岡山・薬（薬）
	57.5	前	九州・歯（歯）
69%	57.5	前	広島・歯（歯）
	57.5	前	広島・薬（薬科学）
	57.5	前	徳島・薬（薬）
	57.5	前	長崎・薬（薬）
	60	中	静岡県立・薬（薬）
68%	55	前	北海道・歯（歯）
	55	前	岡山・薬（創薬科学）
	55	前	熊本・薬（創薬・生命薬科学）
67%	55	前	東北・歯（歯）
	57.5	前	新潟・歯（歯）
	55	前	金沢・医薬保健（医薬科学）
	55	前	岡山・歯（歯）
66%	52.5	前	富山・薬（創薬科学）
	57.5	前	長崎・歯（歯）
	52.5	前	鹿児島・歯（歯）
65%	52.5	前	長崎・薬（薬科学）
	57.5	中	静岡県立・薬（薬科学）
64%	55	前	徳島・歯（歯）

保健学系

ボーダー得点率	ボーダー偏差値	日程	大学・学部（学科）
77%	62.5	一	早稲田・人間科学（健康福祉科学）
74%	60	前	京都・医（人間健康科学）
	62.5	後	神戸・医（保健－検査技術科学）
73%	60	後	神戸・医（保健－理学療法学）
72%	60	後	神戸・医（保健－看護学）
	–	一	上智・総合人間科学（看護）
71%	57.5	前	九州・医（生命科学）
70%	–	後	埼玉県立・保健医療福祉（看護）
	–	後	埼玉県立・保健医療福祉（健康－健康行動科学）
	–	後	埼玉県立・保健医療福祉（健康－口腔保健科学）
	–	後	東京医科歯科・医（保健－検査技術学）
69%	57.5	前	大阪・医（保健－放射線技術科学）
	57.5	前	大阪・医（保健－検査技術科学）
	–	後	東京都立・健康福祉（理学療法
	–	後	大阪公立・医（リハ－作業療法学）
68%	55	前	東北・医（保健－放射線技術科学）
	60	前	東京医科歯科・医（保健－看護学）
	55	前	東京医科歯科・医（保健－検査技術学）
	57.5	前	大阪・医（保健－看護学）
	57.5	前	神戸・医（保健－検査技術科学）
67%	52.5	前	北海道・医（保健－放射線技術科学）
	–	前	東京都立・健康福祉（理学療法
	55	前	名古屋・医（保健－理学療法学）
	55	前	神戸・医（保健－理学療法学）
	55	前	神戸・医（保健－作業療法学）
	–	後	大阪公立・看護（看護）
	–	後	徳島・医（保健－放射線技術科学）
66%	52.5	前	北海道・医（保健－理学療法学）
	55	前	東北・医（保健－検査技術科学）
	55	前	名古屋・医（保健－放射線技術科学）
	52.5	前	大阪公立・医（リハ－理学療法学）
	55	前	神戸・医（保健－看護学）
	55	前	九州・医（保健－放射線技術科学）
	–	後	埼玉県立・保健医療福祉（理学療法）
	–	後	埼玉県立・保健医療福祉（健康－検査技術科学〈理2選択〉）
	–	後	埼玉県立・保健医療福祉（健康－検査技術科学〈理1選択〉）
	–	後	東京都立・健康福祉（看護）
	–	後	新潟・医（保健－放射線技術科学）
	–	後	大阪公立・医（リハ－理学療法学）
	–	後	島根・医（看護）
	–	後	県立広島・保健福祉（保健－理学療法学）
65%	52.5	前	北海道・医（保健－検査技術科学）
	52.5	前	弘前・医（心理支援科学）
	55	前	筑波・医（看護）
	55	前	筑波・医（医療科学）
	52.5	前	千葉・看護（看護）
	–	前	東京都立・健康福祉（看護）
	–	前	横浜市立・医（看護）
	52.5	前	大阪公立・看護（看護）
	–	後	埼玉県立・保健医療福祉（作業療法〈理1選択〉）
	–	後	埼玉県立・保健医療福祉（作業療法〈理2選択〉）
	–	後	山梨・医（看護）
	–	後	愛知県立・看護（看護）
	–	後	三重・医（看護）
	–	後	県立広島・保健福祉（保健－コミュニケーション障害学）
64%	52.5	前	金沢・医薬保健（保健－診療放射線技術学）
	50	前	金沢・医薬保健（保健－検査技術科学）
	52.5	前	名古屋・医（保健－看護学）
	52.5	前	名古屋・医（保健－検査技術科学）
	50	前	徳島・医（保健－検査技術科学）
	52.5	前	九州・医（保健－検査技術科学）
	–	後	東京都立・健康福祉（放射線
	–	後	信州・医（保健－看護学）
	–	後	大分・福祉健康科学（理学療法
63%	52.5	前	東北・医（保健－看護学）
	52.5	前	東京都立・健康福祉（放射線）
	50	前	新潟・医（保健－放射線技術科学）
	55	前	信州・医（保健－理学療法学）
	50	前	大阪公立・医（リハ－作業療法学）
	–	前	島根・医（看護）
	50	前	広島・医（保健－理学療法学理科系）
	50	前	広島・医（保健－理学療法学文科系）
	–	後	山形・医（看護）
	–	後	東京都立・健康福祉（作業療法
	–	後	新潟・医（保健－看護学）
	–	後	信州・医（保健－検査技術科学）
	–	後	兵庫県立・看護（看護）
	–	後	徳島・医（保健－看護学）
	–	後	大分・医（先進－生命健康科学）
	–	後	大分・医（先進－臨床医工学）
62%	50	前	北海道・医（保健－看護学）
	–	前	埼玉県立・保健医療福祉（看護）
	–	前	埼玉県立・保健医療福祉（理学療法〈理2選択〉）
	–	前	埼玉県立・保健医療福祉（理学療法〈理1選択〉）
	–	前	埼玉県立・保健医療福祉（健康－検査技術科学〈理1選択〉）
	–	前	埼玉県立・保健医療福祉（健康－検査技術科学〈理2選択〉）
	52.5	前	東京医科歯科・歯（口腔－口腔保健衛生学）
	50	前	広島・歯（口腔－口腔保健学）
	52.5	前	熊本・医（保健－放射線技術科学）
	–	後	群馬・医（保健－理学療法学）
	–	後	福井・医（看護）
	–	後	佐賀・医（看護）
61%	50	前	名古屋市立・看護（看護）
	50	前	岡山・医（保健－検査技術科学）
	50	前	徳島・医（保健－放射線技術科学）
	52.5	前	九州・医（保健－看護学）
	52.5	前	長崎・医（保健－理学療法学）
	50	前	熊本・医（保健－検査技術科学）
	–	後	秋田・医（保健－理学療法学）
	–	後	群馬・医（保健－検査技術科学）
	–	後	山口・医（保健－看護学）
	–	後	山口・医（保健－検査技術科学）
	–	後	高知・医（看護）
60%	50	前	北海道・医（保健－作業療法学）
	52.5	前	弘前・医（保健－放射線技術科学）
	52.5	前	弘前・医（保健－検査技術科学）
	47.5	前	群馬・医（保健－検査技術科学）
	–	前	埼玉県立・保健医療福祉（作業療法〈理1選択〉）
	–	前	埼玉県立・保健医療福祉（作業療法〈理2選択〉）
	–	前	埼玉県立・保健医療福祉（健康－口腔保健科学）
	–	前	東京都立・健康福祉（作業療法）
	50	前	金沢・医薬保健（保健－理学療法学）
	50	前	金沢・医薬保健（保健－作業療法学）
	50	前	名古屋・医（保健－作業療法学）
	–	前	兵庫県立・看護（看護）
	52.5	前	岡山・医（保健－放射線技術科学）
	52.5	前	広島・医（保健－看護学理科系）
	–	後	秋田・医（保健－看護学）
	–	後	新潟・医（保健－検査技術科学）
	–	後	富山・医（看護）
	–	後	信州・医（保健－作業療法学）
	–	後	静岡県立・看護（看護）
	–	後	鳥取・医（保健－看護学）
	–	後	鳥取・医（保健－検査技術科学）
	–	後	県立広島・保健福祉（保健－作業療法学）
	–	後	広島・歯（口腔－口腔工学）
	–	後	徳島・歯（口腔保健
	–	後	鹿児島・医（保健－理学療法学）
	–	後	鹿児島・医（保健－作業療法学）
59%	50	前	秋田・医（保健－理学療法学）

ボーダー得点率	ボーダー偏差値	日程	大学・学部（学科）
59%	47.5	前	群馬・医（保健－理学療法学）
	47.5	前	富山・医（看護）
	50	前	金沢・医薬保健（保健－看護学）
	－	前	山梨・医（看護）
	55	前	信州・医（保健－検査技術科学）
	50	前	信州・医（保健－作業療法学）
	47.5	前	三重・医（看護）
	47.5	前	鳥取・医（保健－看護学〈鳥取県枠〉）
	47.5	前	鳥取・医（保健－看護学〈一般枠〉）
	52.5	前	広島・医（保健－看護学文科系）
	－	前	県立広島・保健福祉（保健－理学療法学）
	47.5	後	宮城・看護（看護）
58%	50	前	弘前・医（保健－理学療法学）
	－	前	埼玉県立・保健医療福祉（健康－健康行動科学）
	－	前	東京医科歯科・歯（口腔－口腔保健工学）
	－	前	静岡県立・看護（看護）
	52.5	前	愛知県立・看護（看護）
	－	前	県立広島・保健福祉（保健－コミュニケーション障害学）
	－	前	愛媛・医（看護）
	－	後	岐阜・医（看護）
	－	後	滋賀県立・人間看護（人間看護）
	－	後	県立広島・保健福祉（保健－看護学）
	－	後	大分・医（看護）
	－	後	琉球・医（保健）
57%	47.5	前	山形・医（看護）
	45	前	新潟・歯（口腔生命福祉）
	－	前	福井・医（看護）
	52.5	前	信州・医（保健－看護学）
	47.5	前	滋賀県立・人間看護（人間看護）
	52.5	前	鳥取・医（保健－検査技術科学）
	50	前	岡山・医（保健－看護学）
	50	前	広島・医（保健－作業療法学理科系）
	50	前	広島・医（保健－作業療法学文科系）
	47.5	前	広島・歯（口腔－口腔工学）
	50	前	山口・医（保健－看護学）
	－	前	香川・医（看護）
57%	－	前	高知・医（看護）
	50	前	熊本・医（保健－看護学）
	－	前	大分・福祉健康科学（理学療法）
	50	前	鹿児島・医（保健－理学療法学）
	－	後	秋田・医（保健－作業療法学）
	－	後	群馬・医（保健－作業療法学）
	50	後	長崎県立・看護栄養（看護）
	－	後	宮崎・医（看護）
56%	47.5	前	新潟・医（保健－看護学）
	50	前	新潟・医（保健－検査技術科学）
	52.5	前	岐阜・医（看護）
	－	前	県立広島・保健福祉（保健－作業療法学）
	－	前	県立広島・保健福祉（保健福祉〈コース選択〉）
	52.5	前	山口・医（保健－検査技術科学）
	47.5	前	徳島・歯（口腔保健）
	47.5	前	長崎・医（保健－看護学）
	47.5	前	大分・医（先進－生命健康科学）
55%	－	前	県立広島・保健福祉（保健－看護学）
	－	前	佐賀・医（看護）
	47.5	前	長崎・医（保健－作業療法学）
	47.5	前	大分・医（先進－臨床医工学）
	47.5	前	鹿児島・医（保健－看護学）
	－	後	群馬・医（保健－看護学）
54%	47.5	前	弘前・医（保健－看護学）
	50	前	弘前・医（保健－作業療法学）
	45	前	宮城・看護（看護）
	47.5	前	秋田・医（保健－看護学）
	47.5	前	群馬・医（保健－作業療法学）
	47.5	前	徳島・医（保健－看護学）
	－	前	宮崎・医（看護）
	50	前	鹿児島・医（保健－作業療法学）
53%	47.5	前	秋田・医（保健－作業療法学）
	47.5	前	群馬・医（保健－看護学）
	－	前	大分・医（看護）
52%	47.5	前	長崎県立・看護栄養（看護）
	47.5	前	琉球・医（保健）

生活科学系

ボーダー得点率	ボーダー偏差値	日程 大学・学部（学科）
77%	–	後 お茶の水女子・生活科学（食物栄養）
76%	–	後 お茶の水女子・生活科学（人間・環境科学）
75%	62.5	前 お茶の水女子・生活科学（人間生活）
74%	62.5	前 お茶の水女子・生活科学（食物栄養）
	60	前 お茶の水女子・生活科学（人間・環境科学）
72%	–	後 奈良女子・生活環境（食物栄養）
71%	–	後 奈良女子・生活環境（住環境）
70%	57.5	前 大阪公立・生活科学（食栄養〈理数重点型〉）
	57.5	前 奈良女子・生活環境（食物栄養）
	–	後 奈良女子・生活環境（文化－生活文化学）
69%	57.5	前 大阪公立・生活科学（居住環境）
68%	57.5	前 奈良女子・生活環境（住環境）
67%	57.5	前 大阪公立・生活科学（食栄養〈均等型〉）
66%	57.5	前 奈良女子・生活環境（文化－生活文化学）
	–	後 滋賀県立・人間文化（生活デザイン）
64%	55	前 滋賀県立・人間文化（生活デザイン）
63%	55	前 京都府立・生命環境（食保健）
	52.5	前 京都府立・生命環境（環境デザイン）
62%	–	後 静岡県立・食品栄養科学（栄養生命科学）
61%	52.5	前 兵庫県立・環境人間（環境－食環境栄養）
60%	50	前 静岡県立・食品栄養科学（栄養生命科学）
	50	前 徳島・医（医科栄養）
59%	52.5	前 滋賀県立・人間文化（生活栄養）
	52.5	後 滋賀県立・人間文化（生活栄養）
58%	50	前 県立広島・地域創生（健康科学）
55%	45	後 長崎県立・看護栄養（栄養健康）
	–	後 熊本県立・環境共生（居住環境学）
54%	–	後 熊本県立・環境共生（食健康環境学）
53%	47.5	前 熊本県立・環境共生（居住環境学）
52%	47.5	前 熊本県立・環境共生（食健康環境学）
50%	42.5	前 長崎県立・看護栄養（栄養健康）
47%	45	前 琉球・農（亜生物－健康栄養科学）

芸術・スポーツ科学系

ボーダー得点率	ボーダー偏差値	日程 大学・学部（学科）
84%	–	後 筑波・芸術
77%	–	一 早稲田・スポーツ科学（スポーツ科学）
75%	–	後 お茶の水女子・文教育（芸術－音楽表現）
	–	後 富山・芸術文化（芸術文化ｂ）
	–	後 富山・芸術文化（芸術文化ａ）
	–	一 青山学院・文（比較芸術）
72%	–	前 筑波・芸術
71%	–	後 奈良女子・生活環境（心身健康）
70%	57.5	前 お茶の水女子・文教育（芸術－音楽表現）
69%	–	前 筑波・体育
	57.5	前 お茶の水女子・文教育（芸術－舞踊教育学）
69%	57.5	前 奈良女子・生活環境（心身健康）
65%	–	前 愛媛・社会共創（地域－スポーツ健康マネジメント）
64%	–	前 富山・芸術文化（芸術文化ａ）
62%	–	前 富山・芸術文化（芸術文化ｂ）
61%	–	後 佐賀・芸術地域デザイン（芸術表現）
60%	–	前 佐賀・芸術地域デザイン（芸術表現3科目型）
57%	–	前 佐賀・芸術地域デザイン（芸術表現4科目型）
54%	–	前 福島・人文社会昼間（人間－スポーツ健康科学）
50%	–	前 福島・人文社会昼間（人間－芸術・表現〈美術〉）
	–	前 福島・人文社会昼間（人間－芸術・表現〈音楽〉）

総合・環境・情報・人間学系

ボーダー得点率	ボーダー偏差値	日程	大学・学部(学科)
90%	67.5	前	京都・総合人間(総合人間文系)
89%	65	前	京都・総合人間(総合人間理系)
84%	65	後	一橋・ソーシャル・データサイエンス(ソーシャル・データサイエンス)
81%	－	後	神戸・国際人間科学(発達コミュニティ)
80%	65	前	大阪・人間科学(人間科学Aパターン)
	65	前	大阪・人間科学(人間科学Bパターン)
	－	後	横浜市立・データサイエンス(データサイエンス)
	－	後	神戸・国際人間科学(環境共生〈文科系〉)
79%	62.5	後	神戸・国際人間科学(環境共生〈理科系〉)
78%	65	前	一橋・ソーシャル・データサイエンス(ソーシャル・データサイエンス)
	－	後	お茶の水女子・文教育(人間社会科学)
	65	一	早稲田・人間科学(人間環境科学)
77%	－	後	島根・人間科学(人間科学)
	65	一	早稲田・人間科学(人間情報科学)
76%	60	前	名古屋・情報(コンピュータ科学)
	－	後	滋賀県立・人間文化(人間関係)
75%	－	後	筑波・情報(知識情報・図書館)
	－	後	大阪公立・現代システム科学
	－	一	青山学院・コミュニティ人間科学(コミュニティ人間科学)
74%	62.5	前	名古屋・情報(人間・社会情報)
	－	後	広島・情報科学(情報科学)
73%	62.5	前	お茶の水女子・文教育(人間社会科学)
	60	前	名古屋・情報(自然情報)
	60	前	神戸・国際人間科学(発達コミュニティ)
72%	60	前	神戸・国際人間科学(環境共生〈文科系〉)
	57.5	後	横浜国立・都市科学(環境リスク共生)
71%	55	前	大阪公立・現代システム科学(理・数型)
	－	後	広島・総合科学(総合科学)
	－	後	熊本・文(総合人間)
70%	57.5	前	横浜市立・データサイエンス(データサイエンス)
	60	前	神戸・国際人間科学(環境共生〈理科系〉)
	－	後	奈良女子・生活環境(文化－生活情報通信科学)
	－	後	北九州市立・文(人間関係)
69%	57.5	前	名古屋市立・データサイエンス(データサイエンス)
	57.5	前	大阪公立・現代システム科学(環境社会システム〈英・国型〉)
	55	前	大阪公立・現代システム科学(英・国型)
	55	前	大阪公立・現代システム科学(英・小論型)
	52.5	後	静岡・情報(情報科学)
	－	後	兵庫県立・環境人間(環境人間)
	－	後	熊本県立・総合管理(総合管理B方式)
68%	55	前	横浜国立・都市科学(環境リスク共生)
	52.5	前	広島・総合科学(総合科学理科系)
	－	後	岐阜・地域科学
	－	後	愛知県立・情報科学(情報科学)
	55	後	滋賀・データサイエンス(データサイエンス)
67%	55	前	大阪公立・現代システム科学(知識情報システム)
	57.5	前	広島・総合科学(総合科学文科系)
	－	前	北九州市立・文(人間関係)
	－	前	熊本県立・総合管理(総合管理B方式)
	－	後	徳島・総合科学(社会総合科学)
	－	後	長崎・環境科学(環境科学A〈文系〉)
66%	55	前	奈良女子・生活環境(文化－生活情報通信科学)
	57.5	前	広島・情報科学(情報科学A型)
	57.5	前	熊本・文(総合人間)
	52.5	中	兵庫県立・社会情報科学(社会情報科学)
65%	52.5	前	金沢・融合(先導〈文系傾斜〉)
	52.5	前	金沢・融合(スマート創成科学〈文系傾斜〉)
	55	前	大阪公立・現代システム科学(英・数型)
	55	前	広島・情報科学(情報科学B型)
	－	後	群馬・情報(情報〈共通テスト重視型〉)
	50	後	静岡・情報(情報社会)
	55	後	静岡・情報(行動情報)
64%	50	前	静岡・情報(情報科学)
	52.5	前	京都府立・生命環境(環境・情報科学)
	57.5	前	大阪公立・現代システム科学(環境社会システム〈理・数型〉)
	52.5	前	徳島・総合科学(社会総合科学)
63%	52.5	前	滋賀・データサイエンス(データサイエンス)
	52.5	前	滋賀県立・人間文化(人間関係)
	50	後	滋賀県立・環境科学(環境生態)
62%	52.5	前	新潟・創生(創生学修)
	50	前	静岡・情報(情報社会)
	50	前	静岡・情報(行動情報A)
	50	前	静岡・情報(行動情報B)
	52.5	前	愛知県立・情報科学(情報科学)
	52.5	前	兵庫県立・環境人間(環境人間)
	47.5	前	島根・人間科学(人間科学)
	－	前	愛媛・社会共創(環境デザイン)
	－	後	群馬・情報(情報〈小論文重視型〉)
	－	後	滋賀県立・環境科学(環境建築デザイン)
	50	後	長崎・情報データ科学(情報データ科学)
61%	52.5	前	金沢・融合(先導〈理系傾斜〉)
	55	前	岐阜・地域科学
	50	後	長崎県立・情報システム(情報システム)
60%	50	前	群馬・情報(情報)
	52.5	前	金沢・融合(スマート創成科学〈理系傾斜〉)
	－	後	長崎・環境科学(環境科学B〈理系〉)
59%	50	前	兵庫県立・社会情報科学(社会情報科学)
	－	後	滋賀県立・環境科学(環境政策・計画)
	47.5	後	長崎県立・情報システム(情報セキュリティ)
58%	47.5	前	滋賀県立・環境科学(環境生態)
	47.5	前	滋賀県立・環境科学(環境建築デザイン)
	45	前	長崎県立・情報システム(情報システム)
57%	－	後	熊本県立・総合管理(総合管理A方式)
56%	50	前	和歌山・社会インフォマティクス
55%	47.5	前	滋賀県立・環境科学(環境政策・計画)
	45	前	長崎・情報データ科学(情報データ科学)
	－	前	熊本県立・総合管理(総合管理A方式)
54%	47.5	前	長崎・環境科学(環境科学B〈理系〉)
	50	後	熊本県立・環境共生(環境資源学)
53%	47.5	前	長崎・環境科学(環境科学A〈文系〉)
	42.5	前	長崎県立・情報システム(情報セキュリティ)
50%	45	前	熊本県立・環境共生(環境資源学)

’23
年度

駿台予備学校
合格目標ライン一覧表

資料提供　駿台予備学校

■ 合格目標ライン一覧表——目次

■私立大学合格目標ライン一覧表 …… 83

■国公立大学合格目標ライン一覧表 …… 121

’23
年度

私立大学
合格目標ライン一覧表

資料提供　駿台予備学校

●この合格目標ライン一覧は，’23年度の私立大学の一般選抜の合格レベルを予想したものです。

●合格目標ラインの偏差値は，’22年９月実施の第２回駿台全国模試の結果に基づいています。また，合格目標ラインの評価は，’22年度入試における各大学の合格ラインの分布と駿台実施模試の累計データ，さらに’22年駿台全国模試受験生の志望動向を総合的に分析して算出しています。

●偏差値は各大学の入試教科数などを加味して算出しています。

●合格目標ラインとして示した偏差値は，合格可能性80%に相当する駿台全国模試の偏差値です。

●一覧表は系統別にまとめています。大学の配列は偏差値の高い順ですが，同一偏差値内では，北→南に配列しています。なお，本文で紹介している大学のみを掲載しています。

●大学名・学部名・学科名は，誌面の都合上，略記している場合があります。

注）本一覧表における偏差値は，入試の難易度を示したものであり，各大学の教育内容や社会的な位置づけを示したものではありません。

人文科学部系統

合格目標ライン	大学・学部（学科）日程方式
61	早大・教育（社会／地理歴史）〈共〉Ｃ方式
60	上智大・文（英文）〈共〉併用 早大・文（文）３教科 早大・教育（社会／地理歴史）Ａ方式
59	慶大・文（人文社会） 上智大・文（史）〈共〉併用 上智大・総合人間科学（心理）〈共〉併用 早大・文（文）英語 早大・文化構想（文化構想）３教科 早大・教育（国語国文）〈共〉Ｃ方式 早大・教育（教育／教育心理）〈共〉Ｃ方式 同志社大・文（文化史）全学文系
58	国際基督教大・教養（アーツ・サイ）Ａ方式 上智大・文（英文）ＴＥＡ 上智大・文（国文）〈共〉併用 上智大・文（史）ＴＥＡ 早大・文化構想（文化構想）英語 早大・教育（国語国文）Ａ方式 早大・教育（教育／教育心理）Ａ方式 同志社大・文（文化史）学部個別 同志社大・心理（心理）全学理系 同志社大・グロ地域文化（グロ／ヨーロッパ）全学文系
57	国際基督教大・教養（アーツ・サイ）Ｂ方式 上智大・文（フランス文）〈共〉併用 上智大・総合人間科学（心理）ＴＥＡ 早大・教育（複合文化）Ａ方式 早大・教育（複合文化）〈共〉Ｃ方式 同志社大・文（哲学）全学文系 同志社大・文（国文）学部個別 同志社大・文（国文）全学文系 同志社大・心理（心理）学部個別 同志社大・心理（心理）全学文系 同志社大・グロ地域文化（グロ／ヨーロッパ）学部個別
56	青山学院大・文（英米文）個別Ｂ 青山学院大・文（英米文）〈共〉個別Ａ 上智大・文（国文）ＴＥＡ 上智大・文（哲学）〈共〉併用 上智大・文（ドイツ文）〈共〉併用 明治大・文（史学／日本史）学部別 明治大・文（史学／日本史）全学部 明治大・文（文／英米文）全学部 明治大・文（心理／臨床心理）学部別 明治大・文（心理／臨床心理）全学部 立教大・文（史） 立教大・異文化コミュ（異文化コミュニ） 早大・教育（複合文化）Ｂ方式 同志社大・文（英文）学部個別 同志社大・文（英文）全学文系 同志社大・文（哲学）学部個別 同志社大・グロ地域文化（グロ／アメリカ）全学文系
55	青山学院大・文（英米文）全学部 青山学院大・文（史）全学部 青山学院大・文（史）〈共〉個別 上智大・文（哲学）ＴＥＡ 上智大・文（ドイツ文）ＴＥＡ 上智大・文（フランス文）ＴＥＡ 明治大・文（史学／西洋史）学部別 明治大・文（史学／西洋史）全学部 明治大・文（文／英米文）学部別 明治大・文（心理／現代社会）学部別 明治大・文（心理／現代社会）全学部 同志社大・グロ地域文化（グロ／アジア太平洋）学部個別 同志社大・グロ地域文化（グロ／アジア太平洋）全学文系 同志社大・グロ地域文化（グロ／アメリカ）学部個別
54	青山学院大・文（日本文）全学部 青山学院大・文（日本文）〈共〉個別Ａ 青山学院大・文（日本文）〈共〉個別Ｂ 青山学院大・総合文化政策（総合文化政策）全学部 青山学院大・総合文化政策（総合文化政策）〈共〉個別Ａ 青山学院大・総合文化政策（総合文化政策）〈共〉個別Ｂ 青山学院大・教育人間科学（心理）全学部 青山学院大・教育人間科学（心理）〈共〉個別 明治大・文（史学／アジア史）学部別 明治大・文（史学／アジア史）全学部 明治大・文（史学／考古学）学部別 明治大・文（史学／考古学）全学部 明治大・文（文／日本文）学部別 明治大・文（文／日本文）全学部 明治大・文（文／ドイツ文）学部別 明治大・文（文／ドイツ文）全学部 明治大・文（文／フランス文）学部別 明治大・文（文／フランス文）全学部 明治大・文（心理／哲学）全学部 立教大・文（文／英米文） 立教大・現代心理（心理） 立教大・社会（現代文化） 立命館大・文（人文／日本史）文系 立命館大・文（人文／日本史）学部 立命館大・文（人文／国際文化）学部 立命館大・総合心理（総合心理）学部
53	青山学院大・文（英米文）個別Ｃ 青山学院大・文（フランス文）〈共〉個別Ａ 青山学院大・文（フランス文）〈共〉個別Ｂ 学習院大・文（史）コア 法政大・文（英文）ＡⅡ日程 法政大・文（史）ＡⅠ日程 明治大・文（史学／地理）学部別 明治大・文（史学／地理）全学部 明治大・文（心理／哲学）学部別 立教大・文（文／ドイツ文） 立教大・文（文／日本文） 立教大・文（文／文芸・思想） 立命館大・文（人文／人間研究）文系 立命館大・文（人文／日本文）文系 立命館大・文（人文／日本文）学部 立命館大・文（人文／国際文化）文系 立命館大・総合心理（総合心理）文系 立命館大・総合心理（総合心理）理系３ 関西学院大・文（文化／日本史）学部 関西学院大・文（文化／日本史）全学部
52	青山学院大・文（フランス文）全学部 学習院大・文（心理）コア 学習院大・文（心理）プラス 学習院大・文（日本語日本文）コア 中央大・文（人文／心理）学部別 中央大・文（人文／心理）共通 中央大・総合政策（国際政策）共通 法政大・文（心理）ＡⅡ日程 立教大・文（文／フランス文） 立命館大・文（人文／人間研究）学部 立命館大・文（人文／東アジア）文系 立命館大・文（人文／東アジア）学部 立命館大・文（人文／地域研究）学部 関西学院大・文（総合心理科学）学部 関西学院大・文（総合心理科学）全学部 関西学院大・文（文化／西洋史）学部 関西学院大・文（文化／西洋史）全学部
51	学習院大・文（哲）コア 國學院大・文（史）Ａ得意 國學院大・文（史）Ａ特色 國學院大・文（史）Ａ３ 中央大・文（人文／国文）学部別

合格目標ライン	大学・学部（学科）日程方式
51	中央大･文(人文／英語文)学部別
	中央大･文(人文／日本史)学部別
	中央大･文(人文／日本史)共通
	中央大･文(人文／西洋史)学部別
	中央大･文(人文／西洋史)共通
	中央大･文(人文／哲学)学部別
	中央大･文(人文／心理)英語
	中央大･文(人文／学びのパス)学部別
	中央大･文(人文／学びのパス)共通
	津田塾大･学芸(英語英文)Ａ方式
	日本女大･文(史)個別型
	日本女大･文(史)英語外部
	法政大･文(英文)英語外部
	法政大･文(英文)Ｔ日程
	法政大･文(史)Ｔ日程
	法政大･文(地理)ＡⅡ日程
	法政大･文(哲学)ＡⅠ日程
	法政大･文(日本文)ＡⅠ日程
	法政大･文(心理)Ｔ日程
	法政大･国際文化(国際文化)英語外部
	法政大･国際文化(国際文化)Ａ方式
	法政大･国際文化(国際文化)Ｔ日程
	立教大･文(キリスト教)
	南山大･人文(心理人間)
	南山大･人文(心理人間)個別文系
	南山大･人文(日本文化)
	南山大･人文(日本文化)個別文系
	同志社大･神(神)学部個別
	同志社大･神(神)全学文系
	立命館大･文(人文／地域研究)文系
	関西大･文(総合人文)全Ⅰ3
	関西大･文(総合人文)全Ⅱ同
	関西学院大･文(文学／日本文)学部
	関西学院大･文(文学／日本文)全学部
	関西学院大･文(文学／英米文)学部
	関西学院大･文(文学／英米文)全学部
	関西学院大･文(文化／地理学)学部
	関西学院大･文(文化／地理学)全学部
	関西学院大･文(文化／アジア)学部
	関西学院大･文(文化／アジア)全学部
50	國學院大･文(日本文)Ａ得意
	中央大･文(人文／国文)共通
	中央大･文(人文／英語文)共通
	中央大･文(人文／ドイツ語)学部別
	中央大･文(人文／ドイツ語)共通
	中央大･文(人文／日本史)英語
	中央大･文(人文／東洋史)学部別
	中央大･文(人文／東洋史)共通
	中央大･文(人文／西洋史)英語
	中央大･文(人文／哲学)共通
	中央大･総合政策(国際政策)学部別
	中央大･総合政策(国際政策)英語
	日本女大･文(英文)個別型
	日本女大･文(英文)英語外部
	日本女大･人間社会(心理)個別型
	日本女大･国際文化(国際文化)個別型
	法政大･文(地理)Ｔ日程
	法政大･文(哲学)Ｔ日程
	法政大･文(日本文)Ｔ日程
	明治学院大･心理(心理)全３教科
	関西大･文(総合人文)全Ⅰ２
	関西大･文(総合人文)全Ⅱ３
	関西学院大･文(文学／フランス)学部
	関西学院大･文(文学／フランス)全学部
	関西学院大･文(文学／ドイツ)学部
	関西学院大･文(文学／ドイツ)全学部
	関西学院大･文(文化／哲学倫理)学部
	関西学院大･文(文化／哲学倫理)全学部
	西南学院大･国際文化(国際文化)Ａ･Ｆ
	西南学院大･人間科学(心理)Ａ･Ｆ
49	國學院大･文(哲学)Ａ得意
	國學院大･文(日本文)Ａ特色
	國學院大･文(日本文)Ａ３
	中央大･文(人文／国文)英語
	中央大･文(人文／英語文)英語
	中央大･文(人文／ドイツ語)英語
	中央大･文(人文／フランス語)学部別
	中央大･文(人文／フランス語)共通
	中央大･文(人文／東洋史)英語
	中央大･文(人文／哲学)英語
	東京女大･現代教養(人文／日本文)個別
	東京女大･現代教養(人文／歴史文化)個別
	東京女大･現代教養(心理／心理)個別
	日本大･文理(史)Ｎ１期
	日本女大･文(日本文)個別型
	日本女大･文(日本文)英語外部
	法政大･現代福祉(臨床心理)Ａ方式
	明治学院大･文(英文)全３教科
	明治学院大･心理(心理)Ａ３教科
	明治学院大･心理(心理)全英資格
	明治学院大･心理(心理)Ａ英換算
	京都女大･文(史)前期Ａ
	京都女大･文(史)前期Ｂ
	龍谷大･文(歴史／日本史)前高得
	龍谷大･文(歴史／日本史)前スタ
	西南学院大･国際文化(国際文化)英語
	西南学院大･人間科学(心理)英語
48	獨協大･国際教養(言語文化)学科別
	國學院大･文(哲学)Ａ特色
	國學院大･文(哲学)Ａ３
	國學院大･文(中国文)Ａ得意
	國學院大･文(中国文)Ａ特色
	國學院大･文(外国語文化)Ａ得意
	國學院大･文(外国語文化)Ａ特色
	駒澤大･文(心理)全学部
	駒澤大･文(歴史／日本史)Ｓ方式
	駒澤大･文(歴史／日本史)全学部
	上智大･神(神)〈共〉併用
	成蹊大･文(日本文)３個別
	成蹊大･文(国際文化)３個別
	成蹊大･文(国際文化)２統一
	成蹊大･文(国際文化)２グロ
	成城大･文芸(英文)Ａ３教科Ⅱ
	成城大･文芸(英文)Ａ２教科Ⅱ
	成城大･文芸(英文)Ｓ方式
	成城大･文芸(英文)Ａ方式Ⅰ
	成城大･文芸(英文)Ａ方式Ⅳ
	聖心女大･現代教養　３教科Ｂ
	中央大･文(人文／フランス語)英語
	東京女大･現代教養(人文／哲学)個別
	東京女大･現代教養(人文／日本文)英語外部
	東京女大･現代教養(人文／歴史文化)英語外部
	東京女大･現代教養(心理／心理)英語外部
	日本大･文理(史)Ａ１期
	日本大･文理(心理)Ｎ１期
	日本女大･人間社会(心理)英語外部
	日本女大･国際文化(国際文化)英語外部
	法政大･現代福祉(臨床心理)Ｔ日程
	法政大･現代福祉(臨床心理)英語外部
	明治学院大･文(英文)Ａ３教科
	明治学院大･文(英文)Ａ英換算
	明治学院大･文(フランス文)全３教科
	明治学院大･心理(教育発達)Ａ３教科
	明治学院大･心理(教育発達)全３教科
	南山大･人文(人類文化)
	南山大･人文(人類文化)個別文系

私立

人文科学部系統

合格目標ライン	大学・学部（学科）日程方式
48	京都女大・文（英文）前期Ａ
	龍谷大・文（英語英米文）前高得
	龍谷大・文（歴史／日本史）中スタ
	龍谷大・文（歴史／日本史）中高得
	龍谷大・文（歴史／東洋史）前高得
	龍谷大・文（日本語日本文）前高得
	龍谷大・文（日本語日本文）前スタ
	龍谷大・文（歴史／文化遺産）前高得
	龍谷大・心理（心理）前スタ
	龍谷大・心理（心理）前高得
	龍谷大・国際（国際文化）前高得
	福岡大・人文（歴史）系統別
47	獨協大・国際教養（言語文化）統一前
	國學院大・文（中国文）Ａ３
	國學院大・文（外国語文化）Ａ３
	駒澤大・文（国文）Ｓ方式
	駒澤大・文（国文）全学部
	駒澤大・文（心理）２月Ｔ
	駒澤大・文（歴史／日本史）２月Ｔ
	駒澤大・文（歴史／外国史）Ｓ方式
	駒澤大・文（歴史／外国史）全学部
	成蹊大・文（日本文）２統一
	成城大・文芸（国文）Ａ３教科Ⅱ
	成城大・文芸（国文）Ａ２教科Ⅱ
	成城大・文芸（国文）Ｓ方式
	成城大・文芸（国文）Ａ方式Ⅳ
	聖心女大・現代教養　３教科Ａ
	専修大・文（歴史）全国
	専修大・人間科学（心理）全国
	東海大・文（歴史／西洋史）文系前期
	東海大・文（歴史／日本史）文系前期
	東京女大・現代教養（人文／哲学）英語外部
	東洋大・文（史）前期３均
	日本大・文理（国文）Ｎ１期
	日本大・文理（心理）Ａ１期
	武蔵大・人文（英語英米文化）全学部
	武蔵大・人文（英語英米文化）個別併
	武蔵大・人文（英語英米文化）全学グロ
	明治学院大・文（フランス文）Ａ３教科
	明治学院大・文（フランス文）全英資格
	明治学院大・心理（教育発達）全英資格
	明治学院大・心理（教育発達）Ａ英換算
	愛知淑徳大・心理（心理）前期３
	愛知淑徳大・心理（心理）前期２
	中京大・心理（心理）前期Ｍ３
	京都女大・文（英文）前期Ｂ
	京都女大・文（国文）前期Ａ
	京都女大・文（国文）前期Ｂ
	京都女大・発達教育（心理）前期Ａ
	同志社女大・表象文化（英語英文）前期３
	同志社女大・表象文化（英語英文）前期２
	龍谷大・文（英語英米文）前スタ
	龍谷大・文（英語英米文）中スタ
	龍谷大・文（英語英米文）中高得
	龍谷大・文（歴史／東洋史）前スタ
	龍谷大・文（歴史／東洋史）中スタ
	龍谷大・文（歴史／東洋史）中高得
	龍谷大・文（哲／哲学）前高得
	龍谷大・文（日本語日本文）中スタ
	龍谷大・文（日本語日本文）中高得
	龍谷大・文（歴史／文化遺産）前スタ
	龍谷大・文（歴史／文化遺産）中スタ
	龍谷大・文（歴史／文化遺産）中高得
	龍谷大・心理（心理）中スタ
	龍谷大・心理（心理）中高得
	龍谷大・国際（国際文化）前スタ
	龍谷大・国際（国際文化）中スタ
	龍谷大・国際（国際文化）中高得

合格目標ライン	大学・学部（学科）日程方式
47	龍谷大・国際（国際文化）前独自
	龍谷大・国際（国際文化）中独自
	関西大・社会（社会／心理）全学Ⅰ
	関西大・社会（社会／心理）全Ⅱ３
	甲南大・文（英語英米文）前３一般
	甲南大・文（英語英米文）中一般
	福岡大・人文（歴史）前期
46	文教大・教育（発達／児童心理）Ａ
	文教大・教育（発達／児童心理）全国
	駒澤大・文（英米文）全学部
	駒澤大・文（英米文）Ｓ方式
	駒澤大・文（国文）２月Ｔ
	駒澤大・文（歴史／外国史）２月Ｔ
	駒澤大・文（歴史／考古）Ｓ方式
	駒澤大・文（歴史／考古）全学部
	上智大・神（神）ＴＥＡ
	成城大・文芸（文化史）Ａ３教科Ⅱ
	成城大・文芸（文化史）Ｓ方式
	成城大・文芸（文化史）Ａ方式Ⅳ
	専修大・文（歴史）前期Ａ
	専修大・文（歴史）前期統一
	専修大・人間科学（心理）前期Ａ
	専修大・人間科学（心理）前期統一
	東海大・文（歴史／考古）文系前期
	東海大・文（歴史／西洋史）
	東海大・文（歴史／日本史）
	東海大・文化社会（心理・社会）文系前期
	東洋大・文（史）前期４均
	二松学舎大・文　Ｓ方式
	日本大・国際関係（国際教養）Ｎ１期
	日本大・文理（英文）Ａ１期
	日本大・文理（英文）Ｎ１期
	日本大・文理（国文）Ａ１期
	武蔵大・人文（ヨーロッパ）全学部
	武蔵大・人文（ヨーロッパ）個別併
	明治学院大・文（フランス文）Ａ英換算
	学習院女大・国際文化交流（日本文化）Ａ方式
	愛知淑徳大・文（国文）前期３
	愛知淑徳大・文（国文）前期２
	中京大・心理（心理）前Ａ３
	中京大・心理（心理）前Ａ２
	中京大・心理（心理）前期Ｍ２
	京都女大・発達教育（心理）前期Ｂ
	同志社女大・表象文化（日本語日本文）前期３
	同志社女大・表象文化（日本語日本文）前期２
	龍谷大・文（歴史／仏教史）前高得
	龍谷大・文（哲／哲学）前スタ
	龍谷大・文（哲／哲学）中スタ
	龍谷大・文（哲／哲学）中高得
	関西大・社会（社会／心理）全Ⅱ同
	近畿大・文芸（文化・歴史）前期Ａ
	近畿大・総合社会（総合／心理）前期Ａ
	甲南大・文（英語英米文）前３外
	甲南大・文（英語英米文）前２外
	甲南大・文（英語英米文）前２一般
	甲南大・文（英語英米文）中外部
	甲南大・文（日本語日本文）前３一般
	甲南大・文（日本語日本文）中一般
	甲南大・文（歴史文化）前３一般
	甲南大・文（歴史文化）中一般
	武庫川女大・文（日本語）Ａ２科目
	武庫川女大・文（日本語）Ａ３科目
	武庫川女大・心理社会福祉（心理）Ａ２科目
	武庫川女大・心理社会福祉（心理）Ａ３科目
	武庫川女大・心理社会福祉（心理）Ｂ２科目
	西南学院大・神（神）Ａ・Ｆ
	福岡大・人文（日本語日本文）前期
	福岡大・人文（日本語日本文）系統別

合格目標ライン	大学・学部（学科）日程方式
46	福岡大・人文（文化）前期
	福岡大・人文（文化）系統別
45	東北学院大・文（歴史）前期Ａ
	東北学院大・文（歴史）前期Ｂ
	東北学院大・文（総合人文）前期Ａ
	東北学院大・文（総合人文）前期Ｂ
	文教大・文（英米語英米文）Ａ
	文教大・文（英米語英米文）全国
	文教大・人間科学（臨床心理）Ａ
	文教大・人間科学（臨床心理）全国
	駒澤大・文（英米文）２月Ｔ
	駒澤大・文（歴史／考古）２月Ｔ
	成城大・文芸（ヨーロッパ文化）Ａ３教科Ⅱ
	成城大・文芸（ヨーロッパ文化）Ａ２教科Ⅱ
	成城大・文芸（ヨーロッパ文化）Ｓ方式
	成城大・文芸（ヨーロッパ文化）Ａ方式Ⅳ
	清泉女大・文（英語英文）Ｂ
	清泉女大・文（英語英文）Ａ
	清泉女大・文（日本語日本文）Ｂ
	清泉女大・文（日本語日本文）Ａ
	清泉女大・文（文化史）Ｂ
	清泉女大・文（文化史）Ａ
	専修大・文（日本文学文化）前期Ａ
	専修大・文（日本文学文化）全国
	専修大・文（哲学）前期Ａ
	専修大・文（哲学）全国
	専修大・文（環境地理）全国
	専修大・国際コミュニ（異文化コミュ）全国
	東海大・文（歴史／考古）
	東海大・文化社会（心理・社会）
	東洋大・文（英米文）前期３均
	東洋大・文（日本文学文化）前期３均
	東洋大・文（哲学）前期３均
	東洋大・文（哲学）前期３英
	東洋大・文（国際文化）前期３均
	東洋大・文（国際文化）前期３英
	二松学舎大・文　Ａ方式
	二松学舎大・文　Ｂ方式
	二松学舎大・文　Ｇ方式
	日本大・国際関係（国際教養）Ａ１期
	日本大・文理（地理）Ｎ１期
	日本大・文理（哲学）Ｎ１期
	武蔵大・人文（ヨーロッパ）全学グロ
	武蔵大・人文（日本東アジア）全学部
	武蔵大・人文（日本東アジア）個別併
	愛知学院大・文（歴史）前期Ａ
	愛知学院大・心理（心理）前期ＡⅠ
	中京大・文（日本文）前期Ｍ３
	中京大・文（歴史文化）前期Ｍ３
	南山大・人文（キリスト教）
	南山大・人文（キリスト教）個別文系
	佛教大・教育（臨床心理）Ａ日程３
	佛教大・教育（臨床心理）Ａ日程２
	龍谷大・文（歴史／仏教史）前スタ
	近畿大・文芸（文／日本文）前期Ａ
	近畿大・文芸（文化・歴史）前期Ｂ
	近畿大・総合社会（総合／心理）前期Ｂ
	甲南大・文（日本語日本文）前３外
	甲南大・文（日本語日本文）前２外
	甲南大・文（日本語日本文）前２一般
	甲南大・文（日本語日本文）中外部
	甲南大・文（歴史文化）前３外
	甲南大・文（歴史文化）前２一般
	甲南大・文（歴史文化）前２外
	甲南大・文（歴史文化）中外部
	武庫川女大・文（日本語）Ｂ２科目
	西南学院大・神（神）英語
44	東北学院大・文（英文）前期Ａ
	東北学院大・文（英文）前期Ｂ
	東北学院大・人間科（心理行動科学）前期Ａ
	東北学院大・人間科（心理行動科学）前期Ｂ
	文教大・文（日本語日本文）全国
	文教大・人間科学（心理）Ａ
	文教大・人間科学（心理）全国
	駒澤大・文（地理／地域文化）２月Ｔ
	駒澤大・文（地理／地域文化）全学部
	専修大・文（日本文学文化）前期Ｄ
	専修大・文（日本文学文化）前期統一
	専修大・文（哲学）前期統一
	専修大・文（環境地理）前期Ａ
	専修大・文（環境地理）前期統一
	専修大・国際コミュニ（異文化コミュ）前期統一
	専修大・国際コミュニ（異文化コミュ）前期Ａ
	専修大・国際コミュニ（異文化コミュ）前期Ｃ
	東海大・文（日本文）文系前期
	東海大・文化社会（ヨーロ・アメ）文系前期
	東海大・文化社会（北欧）文系前期
	東洋大・文（英米文）前期３英
	東洋大・文（日本文学文化）前期３国
	東洋大・文（哲学）前期４均
	東洋大・文（東洋思想文化）前期３均
	東洋大・文（国際文化）前期４均
	日本大・文理（中国語）Ｎ１期
	日本大・文理（地理）Ａ１期
	日本大・文理（哲学）Ａ１期
	日本大・文理（ドイツ文）Ｎ１期
	武蔵大・人文（日本東アジア）全学グロ
	立正大・心理（臨床心理）２月前期
	立正大・心理（臨床心理）Ｒ方式
	立正大・心理（対人・社会）２月前期
	立正大・心理（対人・社会）Ｒ方式
	神奈川大・国際日本（歴史民俗）前期Ａ
	愛知大・文（心理）前期
	愛知大・文（心理）Ｍ方式
	愛知大・文（心理）数学
	愛知大・文（歴史地理）Ｍ方式
	愛知大・文（歴史地理）前期
	愛知学院大・文（歴史）前期Ｍ
	愛知学院大・文（歴史）中期
	愛知学院大・心理（心理）前期Ｍ
	愛知学院大・心理（心理）中期
	中京大・文（日本文）前Ａ３
	中京大・文（日本文）前Ａ２
	中京大・文（日本文）前期Ｍ２
	中京大・文（歴史文化）前Ａ３
	中京大・文（歴史文化）前Ａ２
	中京大・文（歴史文化）前期Ｍ２
	中京大・現代社会（現代／国際文化）前期Ｍ３
	中京大・国際（国際／国際人間）前Ａ３
	中京大・国際（国際／国際人間）前期Ｍ３
	京都産大・文化（国際文化）前期３
	京都産大・文化（国際文化）前期２
	京都産大・文化（国際文化）中期
	京都産大・文化（京都文化）前期３
	京都産大・文化（京都文化）前期２
	京都産大・文化（京都文化）中期
	龍谷大・文（歴史／仏教史）中スタ
	龍谷大・文（歴史／仏教史）中高得
	近畿大・文芸（文／日本文）前期Ｂ
	関西学院大・神　学部
	関西学院大・神　全学部
43	北海学園大・人文（英米文化）
	国際医療福祉大・赤坂心理医療（心理）前期
	文教大・文（日本語日本文）Ａ
	北里大・医療衛生（保健／臨床心理）前期
	杏林大・保健（臨床心理）

合格目標ライン	大学・学部（学科）日程方式
43	国士舘大・文（史学地理）前期
	駒澤大・文（地理／地域環境）全学部
	昭和女大・人間社会（心理）Ａ日程
	昭和女大・人間文化（日本語日本文）Ａ日程
	昭和女大・人間文化（歴史文化）Ａ日程
	白百合女大・文（国語国文）
	帝京大・文（史）Ⅰ期
	帝京大・文（心理）Ⅰ期
	東海大・文（日本文）
	東海大・文化社会（ヨーロ・アメ）
	東海大・文化社会（北欧）
	東洋大・文（英米文）前期４均
	東洋大・文（日本文学文化）前期４均
	東洋大・文（東洋思想文化）前期３英
	東洋大・文（東洋思想文化）前期４均
	日本大・文理（中国語）Ａ１期
	日本大・文理（ドイツ文）Ａ１期
	神奈川大・国際日本（歴史民俗）前期Ｂ
	フェリス女学院大・文（英語英米文）Ａ日程２
	フェリス女学院大・文（英語英米文）Ａ日程３
	常葉大・教育（心理教育）前期３
	愛知大・文（人文／現代文化）Ｍ方式
	愛知大・文（人文／現代文化）前期
	愛知大・文（日本語日本文）Ｍ方式
	愛知大・文（日本語日本文）前期
	愛知大・国際コミュニ（国際教養）前期
	愛知大・国際コミュニ（国際教養）Ｍ方式
	愛知学院大・文（日本文化）前期Ａ
	愛知学院大・心理（心理）前期ＡⅡ
	中京大・現代社会（現代／国際文化）前Ａ３
	中京大・現代社会（現代／国際文化）前Ａ２
	中京大・現代社会（現代／国際文化）前期Ｍ２
	中京大・国際（国際／国際人間）前Ａ２
	中京大・国際（国際／国際人間）前期Ｍ２
	佛教大・歴史（歴史）Ａ日程３
42	北海学園大・人文（日本文化）
	國學院大・神道文化（神道文化）Ａ得意
	國學院大・神道文化（神道文化）Ａ特色
	国士舘大・文（文）前期
	駒澤大・文（地理／地域環境）２月Ｔ
	昭和女大・人間社会（心理）Ｂ日程
	昭和女大・人間文化（日本語日本文）Ｂ日程
	昭和女大・人間文化（歴史文化）Ｂ日程
	白百合女大・人間総合（発達心理）
	大正大・文（歴史）前期２
	大正大・文（歴史）前期３
	大正大・文（歴史）前期４
	大正大・文（歴史）チャレ
	大正大・心理社会（臨床心理）前期２
	大正大・心理社会（臨床心理）前期３
	大正大・心理社会（臨床心理）前期４
	大正大・心理社会（臨床心理）チャレ
	大東文化大・文（歴史文化）３Ａ独
	大東文化大・文（歴史文化）３Ｂ独
	東海大・文（文明）文系前期
	東海大・文化社会（アジア）文系前期
	東京家政大・人文（心理カウンセ）統一
	立正大・文（史）２月前期
	立正大・文（史）Ｒ方式
	立正大・文（文／日本語）２月前期
	立正大・文（文／日本語）Ｒ方式
	神奈川大・国際日本（日本文化）前期Ａ
	フェリス女学院大・文（日本語日本文）Ａ日程２
	フェリス女学院大・文（日本語日本文）Ａ日程３
	愛知学院大・文（日本文化）前期Ｍ
	愛知学院大・文（日本文化）中期
	佛教大・文（日本文）Ａ日程３
	佛教大・歴史（歴史）Ａ日程２

合格目標ライン	大学・学部（学科）日程方式
42	佛教大・歴史（歴史文化）Ａ日程３
	神戸学院大・心理（心理）前期
41	國學院大・神道文化（神道文化）Ａ３
	国士舘大・文（史学地理）デリバリ
	国士舘大・文（史学地理）中期
	大正大・文（人文）前期２
	大正大・文（人文）前期３
	大正大・文（人文）前期４
	大正大・文（人文）チャレ
	大正大・文（日本文）前期２
	大正大・文（日本文）前期３
	大正大・文（日本文）前期４
	大正大・文（日本文）チャレ
	大東文化大・文（日本文）全前独
	大東文化大・文（日本文）３独自
	大東文化大・文（日本文）全前英
	大東文化大・文（歴史文化）全前独
	大東文化大・文（歴史文化）３Ａ英
	大東文化大・文（歴史文化）３Ｂ英
	拓殖大・外国語（国際日本語）２月
	帝京大・文（日本文化）Ⅰ期
	東海大・文（文明）
	東海大・人文（人文）文系前期
	東海大・文化社会（アジア）
	東京経大・コミュニ（国際コミュニ）前ベスト
	神奈川大・国際日本（国際文化交流）前期Ａ
	神奈川大・国際日本（国際文化交流）前期Ｂ
	神奈川大・国際日本（日本文化）前期Ｂ
	愛知学院大・文（英語英米文化）前期Ａ
	愛知学院大・文（英語英米文化）前期Ｍ
	愛知学院大・文（英語英米文化）中期
	佛教大・文（中国）Ａ日程３
	佛教大・文（日本文）Ａ日程２
	佛教大・歴史（歴史文化）Ａ日程２
40	麗澤大・国際（国際／日本学）前期２
	麗澤大・国際（国際／日本学）前期３
	麗澤大・国際（国際／日本学）前期ベ
	大妻女大・文（英語英文）ＡⅠ期
	大妻女大・文（日本文）ＡⅠ期
	大妻女大・文（コミュニ文化）ＡⅠ期
	共立女大・文芸（文芸）統一
	杏林大・外国語（観光交流文化）前期３
	杏林大・外国語（観光交流文化）前期２
	国士舘大・文（文）デリバリ
	国士舘大・文（文）中期
	大東文化大・文（英米文）全前独
	大東文化大・文（英米文）３独自
	大東文化大・文（英米文）全前英
	大東文化大・文（歴史文化）全前英
	拓殖大・外国語（国際日本語）全国
	東海大・人文（人文）
	東京経大・コミュニ（国際コミュニ）前期３
	立正大・文（文／英語英米）２月前期
	立正大・文（文／英語英米）Ｒ方式
	佛教大・文（中国）Ａ日程２
	龍谷大・文（仏教）前高得
	龍谷大・文（仏教）中スタ
	神戸学院大・心理（心理）中期
39	文教大・文（中国語中国文）Ａ１
	文教大・文（中国語中国文）Ａ２
	文教大・文（中国語中国文）全国
	大妻女大・人間関係（関係／社会・臨床）ＡⅠ期
	共立女大・文芸（文芸）２月
	大東文化大・文（英米文）３英語
	大東文化大・文（中国文）３独自
	大東文化大・文（中国文）全前独
	大東文化大・文（中国文）全前英
	大東文化大・文（中国文）３英語

合格目標ライン	大学・学部（学科）日程方式
39	大東文化大・文（日本文）３英語
	東京経大・コミュニ（国際コミュニ）前期２
	立正大・文（哲学）２月前期
	立正大・文（哲学）Ｒ方式
	佛教大・仏教（仏教）Ａ日程３
	龍谷大・文（真宗）前高得
	龍谷大・文（仏教）前スタ
	龍谷大・文（仏教）中高得
	神戸学院大・人文（人文）前期
38	桜美林大・リベラル（人文）前期３
	桜美林大・リベラル（人文）前期２
	桜美林大・リベラル（人文）前理３
	桜美林大・リベラル（人文）前理２
	桜美林大・健康福祉（実践心理）前期３
	桜美林大・健康福祉（実践心理）前期２
	大妻女大・比較文化（比較文化）ＡⅠ期
	実践女大・文（英文）Ⅰ期２
	実践女大・文（英文）Ⅰ期３
	実践女大・文（英文）Ⅰ期外部
	大正大・仏教（仏教）前期２
	大正大・仏教（仏教）前期３
	大正大・仏教（仏教）前期４
	大正大・仏教（仏教）チャレ
	大東文化大・国際関係（国際文化）全前独
	大東文化大・国際関係（国際文化）３独自
	大東文化大・国際関係（国際文化）全前英
	佛教大・仏教（仏教）Ａ日程２
	龍谷大・文（真宗）前スタ
	龍谷大・文（真宗）中スタ
	龍谷大・文（真宗）中高得
	神戸学院大・人文（人文）中期
	神戸女大・文（日本語日本文）前期Ａ
	神戸女大・文（日本語日本文）前期Ａ３
	神戸女大・文（日本語日本文）前期Ｂ
37	淑徳大・総合福祉（実践心理）Ａ
	城西国際大・国際人文（国際文化）ＡＢ日程
	帝京平成大・健康メディ（心理）Ⅰ期
	実践女大・文（国文）Ⅰ期２
	実践女大・文（国文）Ⅰ期３
	実践女大・文（国文）Ⅰ期外部
	大東文化大・国際関係（国際文化）３英語
	関東学院大・国際文化（比較文化）前期３
	関東学院大・国際文化（比較文化）中期３
	中部大・人文（歴史地理）前期Ａ
	中部大・人文（歴史地理）前期ＡＭ
	神戸女大・文（英語英米文）前期Ａ
	神戸女大・文（英語英米文）前期Ａ３
	神戸女大・文（英語英米文）前期Ｂ

合格目標ライン	大学・学部（学科）日程方式
36	淑徳大・人文（歴史）Ａ
	文京学院大・人間（心理）Ⅰ期
	文京学院大・人間（心理）Ⅱ期
	文京学院大・人間（心理）全学
	國學院大・神道文化Ａ夜（神道文化）Ａ得意
	國學院大・神道文化Ａ夜（神道文化）Ａ特色
	関東学院大・国際文化（比較文化）前期統一
	中部大・人文（心理）前期Ａ
	中部大・人文（心理）前期Ｂ
	中部大・人文（心理）前期ＡＭ
	中部大・人文（心理）前期ＢＭ
	中部大・人文（歴史地理）前期Ｂ
	中部大・人文（歴史地理）前期ＢＭ
	神戸女大・文（史）前期Ａ
	神戸女大・文（史）前期Ａ３
	神戸女大・文（史）前期Ｂ
35	目白大・心理（心理カウンセ）Ａ日程
	目白大・心理（心理カウンセ）全学部
	國學院大・神道文化Ａ夜（神道文化）Ａ３
	駒澤大・仏教　Ｓ方式
	駒澤大・仏教　全学部
	東洋大・文夜（日本文学文化）前期３均
	東洋大・文夜（日本文学文化）前期３ベ
	明星大・心理（心理）前期Ａ
	神戸女大・心理（心理）前期Ａ
	神戸女大・心理（心理）前期Ａ３
	神戸女大・心理（心理）前期Ｂ
34	北海学園大・人文２（英米文化）
	北海学園大・人文２（日本文化）
	駒澤大・仏教　２月Ｔ
	東洋大・文夜（東洋思想文化）前期３ベ
	明星大・人文（日本文化）前期Ａ
	明星大・心理（心理）前期Ｂ
	愛知学院大・文（宗教文化）前期Ａ
	愛知学院大・文（宗教文化）前期Ｍ
33	聖徳大・文（文／歴史文化）Ａ日程
	聖徳大・心理・福祉（心理）Ａ日程
	聖徳大・教育（児童／児童心理）Ａ日程
	明星大・人文（日本文化）前期Ｂ
	立正大・仏教　２月前期
	立正大・仏教　Ｒ方式
	愛知学院大・文（宗教文化）中期
	中部大・人文（日本語）前期Ａ
	中部大・人文（日本語）前期Ｂ
	中部大・人文（日本語）前期ＡＭ
	中部大・人文（日本語）前期ＢＭ
32	聖徳大・文（文／英語英文）Ａ日程
	聖徳大・文（文／日本語）Ａ日程

外国語学部系統

合格目標ライン	大学・学部（学科）日程方式
63	上智大・外国語（英語）〈共〉併用
61	上智大・外国語（英語）ＴＥＡ
60	上智大・外国語（ドイツ語）〈共〉併用
	上智大・外国語（フランス語）〈共〉併用
	早大・教育（英語英文）〈共〉Ｃ方式
59	上智大・外国語（イスパニア語）〈共〉併用
	早大・教育（英語英文）Ａ方式
	同志社大・グローバル（グロ／英語）全学文系
58	上智大・外国語（ドイツ語）ＴＥＡ
	上智大・外国語（フランス語）ＴＥＡ
	同志社大・グローバル（グロ／英語）学部個別
57	上智大・外国語（イスパニア語）ＴＥＡ
	上智大・外国語（ロシア語）〈共〉併用
56	上智大・外国語（ポルトガル語）〈共〉併用

合格目標ライン	大学・学部（学科）日程方式
56	上智大・外国語（ロシア語）ＴＥＡ
	同志社大・グローバル（グロ／中国語）全学文系
55	上智大・外国語（ポルトガル語）ＴＥＡ
	同志社大・グローバル（グロ／中国語）学部個別
54	南山大・外国語（英米）個別文系
53	南山大・外国語（英米）
52	学習院大・文（英語英米文化）コア
	法政大・グローバル（グローバル）Ａ方式
	立命館大・文（人文／言語コミ）文系
	立命館大・文（人文／言語コミ）学部
51	法政大・グローバル（グローバル）英語外部
	南山大・外国語（スペ・ラテン）
	南山大・外国語（スペ・ラテン）個別文系
	立命館大・文（人文／国際コミ）文系

私立
外国語学部系統

合格目標ライン	大学・学部（学科）日程方式
51	立命館大・文（人文／国際コミ）学部
	関西大・外国語（外国語）全学Ⅰ
	西南学院大・外国語（外国語）Ａ・Ｆ
50	獨協大・外国語（英語）学科別
	学習院大・文（ドイツ語圏文化）コア
	学習院大・文（フランス語圏文化）コア
	東京女大・現代教養（国際英語）個別
	南山大・外国語（フランス）
	南山大・外国語（フランス）個別文系
	南山大・外国語（ドイツ）
	南山大・外国語（ドイツ）個別文系
	関西大・外国語（外国語）全学Ⅱ
	西南学院大・外国語（外国語）英語
49	獨協大・外国語（英語）統一前
	東京女大・現代教養（国際英語）英語外部
	南山大・外国語（アジア）
	南山大・外国語（アジア）個別文系
48	獨協大・外国語（交流文化）学科別
	成蹊大・文（英語英米文）３個別
	関西外大・英語キャリア（英語キャリア）前期Ａ
	関西外大・英語キャリア（英語キャリア）前期Ｓ
	福岡大・人文（英語）前期
	福岡大・人文（英語）系統別
47	獨協大・外国語（ドイツ語）学科別
	獨協大・外国語（フランス語）学科別
	獨協大・外国語（交流文化）統一前
	成蹊大・文（英語英米文）２統一
	成蹊大・文（英語英米文）２グロ
	専修大・文（英語英米文）全国
	中央大・文（人文／中国言語）学部別
	中央大・文（人文／中国言語）共通
	関西外大・外国語（英米語）前期Ａ
	関西外大・外国語（英米語）前期Ｓ
46	獨協大・外国語（ドイツ語）統一前
	獨協大・外国語（フランス語）統一前
	専修大・文（英語英米文）前期Ａ
	専修大・文（英語英米文）前期統一
	中央大・文（人文／中国言語）英語
	愛知淑徳大・文（総合英語）前期３
	愛知淑徳大・文（総合英語）前期２
	京都産大・外国語（英語）前期２
	京都産大・外国語（英語）前期３
	関西外大・外国語（スペイン語）前期Ａ
	関西外大・外国語（スペイン語）前期Ｓ
	関西外大・外国語（英語・デジタル）前期Ａ
	関西外大・外国語（英語・デジタル）前期Ｓ
	武庫川女大・文（英語グローバル）Ａ２科目
	武庫川女大・文（英語グローバル）Ａ３科目
45	神田外大・外国語（英米語）前期
	専修大・国際コミュニ（日本語）全国
	東海大・文（英語文化コミ）文系前期
	中京大・文（言語表現）前Ａ３
	中京大・文（言語表現）前期Ｍ３
	京都産大・外国語（英語）中期
	近畿大・文芸（文／英語英米文）前期Ａ
	武庫川女大・文（英語グローバル）Ｂ２科目
	福岡大・人文（フランス語）前期
	福岡大・人文（フランス語）系統別
	福岡大・人文（東アジア地域）前期
	福岡大・人文（東アジア地域）系統別
44	文教大・文（外国語）Ａ
	文教大・文（外国語）全国
	神田外大・外国語（国際／国際コミ）前期
	神田外大・外国語（国際／国際ビジ）前期
	白百合女大・文（英語英文）
	専修大・国際コミュニ（日本語）前期統一
	専修大・国際コミュニ（日本語）前期Ａ
	東海大・文（英語文化コミ）
	武蔵野大・グローバル（グロコミュニ）Ａ日程文
	武蔵野大・グローバル（グロコミュニ）全学部
	武蔵野大・グローバル（グロコミュニ）Ｂ日程
	愛知大・国際コミュニ（英語）前期
	愛知大・国際コミュニ（英語）Ｍ方式
	中京大・文（言語表現）前Ａ２
	中京大・文（言語表現）前期Ｍ２
	中京大・国際（言語／複言語）前Ａ３
	中京大・国際（言語／複言語）前期Ｍ３
	中京大・国際（言語／英米学）前Ａ３
	中京大・国際（言語／英米学）前期Ｍ３
	京都産大・外国語（ヨーロッパ）前期３
	京都産大・外国語（ヨーロッパ）前期２
	京都産大・外国語（ヨーロッパ）中期
	近畿大・文芸（文／英語英米文）前期Ｂ
	近畿大・国際（国際／東アジア中国）前期Ａ
	近畿大・国際（国際／東アジア中国）前期Ｂ
	福岡大・人文（ドイツ語）前期
	福岡大・人文（ドイツ語）系統別
43	神田外大・外国語（イベロ／スペイン）前期
	昭和女大・国際（英語コミュニ）Ａ日程
	昭和女大・国際（英語コミュニ）Ｂ日程
	白百合女大・文（仏語仏文）
	清泉女大・文（スペイン語）Ｂ
	清泉女大・文（スペイン語）Ａ
	拓殖大・外国語（英米語）２月
	玉川大・文（英語教育）全学前期
	玉川大・文（英語教育）地域創生
	玉川大・文（英語教育）英語外前
	玉川大・文（国語教育）全学前期
	玉川大・文（国語教育）地域創生
	玉川大・文（国語教育）英語外前
	武蔵野大・グローバル（日本語コミュニ）Ａ日程文
	武蔵野大・グローバル（日本語コミュニ）Ｂ日程
	武蔵野大・グローバル（日本語コミュニ）全学部
	武蔵野大・グローバル（グロビジネス）Ａ日程文
	武蔵野大・グローバル（グロビジネス）Ｂ日程
	武蔵野大・グローバル（グロビジネス）全学部
	神奈川大・外国語（英語／ＩＥＳ）前期Ａ
	愛知大・文（人文／欧米言語）Ｍ方式
	愛知大・文（人文／欧米言語）前期
	愛知学院大・文（グローバル英語）前期Ａ
	愛知淑徳大・交流文化（交流／ランゲ）前期３
	中京大・国際（言語／複言語）前Ａ２
	中京大・国際（言語／複言語）前期Ｍ２
	中京大・国際（言語／英米学）前Ａ２
	中京大・国際（言語／英米学）前期Ｍ２
	京都産大・外国語（アジア言語）前期３
	京都産大・外国語（アジア言語）前期２
	京都産大・外国語（アジア言語）中期
	近畿大・国際（国際／東アジア韓国）前期Ａ
	近畿大・国際（国際／東アジア韓国）前期Ｂ
42	神田外大・外国語（アジア／中国語）前期
	神田外大・外国語（アジア／韓国語）前期
	神田外大・外国語（イベロ／ブラポル）前期
	麗澤大・外国語（外／英語コミ）前期２
	麗澤大・外国語（外／英語コミ）前期３
	麗澤大・外国語（外／英語コミ）前期ベ
	麗澤大・外国語（外／英語リベ）前期２
	麗澤大・外国語（外／英語リベ）前期３
	麗澤大・外国語（外／英語リベ）前期ベ
	帝京大・外国語（外国語）Ⅰ期
	神奈川大・外国語（英語／ＩＥＳ）前期Ｂ
	神奈川大・外国語（英語／ＧＥＣ）前期Ａ
	愛知学院大・文（グローバル英語）前期Ｍ
	愛知学院大・文（グローバル英語）中期
	愛知淑徳大・交流文化（交流／ランゲ）前期２
	名城大・外国語（国際英語）Ａ方式

合格目標ライン	大学・学部（学科）日程方式
42	名城大・外国語（国際英語）Ｂ方式
	佛教大・文（英米）Ａ日程３
41	神田外大・外国語（アジア／インドネ）前期
	神田外大・外国語（アジア／ベトナム）前期
	神田外大・外国語（アジア／タイ語）前期
	麗澤大・外国語（外／ドイツ語）前期２
	麗澤大・外国語（外／ドイツ語）前期３
	麗澤大・外国語（外／ドイツ語）前期ベ
	亜細亜大・国際関係（多文化コミュニ）３教科
	杏林大・外国語（英語）前期３
	杏林大・外国語（英語）前期２
	大東文化大・外国語（英語）３独自
	大東文化大・外国語（英語）全前独
	大東文化大・外国語（英語）３英語
	拓殖大・外国語（英米語）全国
	拓殖大・外国語（スペイン語）２月
	帝京大・外国語（国際日本）Ⅰ期
	神奈川大・外国語（スペイン語）前期Ａ
	佛教大・文（英米）Ａ日程２
40	東京国際大・言語コミュニ（英語コミュニ）Ⅰ期３
	東京国際大・言語コミュニ（英語コミュニ）Ⅰ期２
	東京国際大・言語コミュニ（英語コミュニ）Ⅱ期３
	東京国際大・言語コミュニ（英語コミュニ）Ⅱ期２
	亜細亜大・国際関係（多文化コミュニ）統一前期
	亜細亜大・国際関係（多文化コミュニ）統一中期
	大正大・表現（表現文化）前期２
	大正大・表現（表現文化）前期３
	大正大・表現（表現文化）前期４
	大正大・表現（表現文化）チャレ
	拓殖大・外国語（中国語）２月
	東京家政大・人文（英語コミュニ）統一
	神奈川大・外国語（スペイン語）前期Ｂ
	神奈川大・外国語（中国語）前期Ａ
39	麗澤大・外国語（外／中国語）前期２
	麗澤大・外国語（外／中国語）前期３
	麗澤大・外国語（外／中国語）前期ベ
	大東文化大・外国語（英語）全前英
	大東文化大・外国語（日本語）３独自
	大東文化大・外国語（日本語）全前独
	大東文化大・外国語（日本語）全前英
	大東文化大・外国語（日本語）３英語

合格目標ライン	大学・学部（学科）日程方式
39	拓殖大・外国語（スペイン語）全国
	神戸学院大・現代社会（現代社会）前期
	神戸学院大・グローバル（グロ／英語）前期
38	杏林大・外国語（中国語）前期２
	杏林大・外国語（中国語）前期３
	拓殖大・外国語（中国語）全国
	神戸学院大・グローバル（グロ／中国語）前期
37	桜美林大・グローバル　前期３
	大東文化大・外国語（中国語）全前独
	大東文化大・外国語（中国語）３独自
	常葉大・外国語（英米語）前期３
	常葉大・外国語（英米語）前期２
	神戸学院大・現代社会（現代社会）中期
	神戸学院大・グローバル（グロ／英語）中期
	神戸学院大・グローバル（グロ／中国語）中期
36	桜美林大・グローバル　前期２
	大東文化大・外国語（中国語）全前英
	大東文化大・外国語（中国語）３英語
	関東学院大・国際文化（英語文化）前期３
	関東学院大・国際文化（英語文化）中期３
	常葉大・外国語（グローバル）前期３
	常葉大・外国語（グローバル）前期２
35	文京学院大・外国語（英語／国際ビジ）Ⅰ期
	文京学院大・外国語（英語／国際ビジ）Ⅱ期
	文京学院大・外国語（英語／国際ビジ）全学
	文京学院大・外国語（英語／国際教養）Ⅰ期
	文京学院大・外国語（英語／国際教養）Ⅱ期
	文京学院大・外国語（英語／国際教養）全学
	関東学院大・国際文化（英語文化）前期統一
34	中部大・人文（英語英米文化）前期Ａ
	中部大・人文（英語英米文化）前期Ｂ
	中部大・人文（英語英米文化）前期ＡＭ
33	目白大・外国語（英米語）Ａ日程
	目白大・外国語（英米語）全学部
	中部大・人文（英語英米文化）前期ＢＭ
32	目白大・外国語（韓国語）Ａ日程
	目白大・外国語（韓国語）全学部
	目白大・外国語（日本語・教育）Ａ日程
	目白大・外国語（日本語・教育）全学部
31	目白大・外国語（中国語）Ａ日程
	目白大・外国語（中国語）全学部

法学部系統

合格目標ライン	大学・学部（学科）日程方式
65	早大・法
64	慶大・法（政治）
	慶大・法（法律）
	早大・政治経済（国際政治経済）〈共〉一般
63	早大・政治経済（政治）〈共〉一般
61	上智大・法（国際関係法）ＴＥＡ
	上智大・法（国際関係法）〈共〉併用
60	上智大・法（法律）ＴＥＡ
	上智大・法（法律）〈共〉併用
59	上智大・法（地球環境法）〈共〉併用
58	慶大・総合政策（総合政策）
	上智大・法（地球環境法）ＴＥＡ
	明治大・法（法律）全学部
	同志社大・法（法律）全学文系
57	中央大・法（政治）共通３
	中央大・法（法律）学部３
	中央大・法（法律）学部４
	中央大・法（法律）共通３
	明治大・政治経済（政治）学部別
	明治大・政治経済（政治）全学部
	同志社大・法（政治）全学文系

合格目標ライン	大学・学部（学科）日程方式
57	同志社大・法（法律）学部個別
56	青山学院大・法（法）全学部
	青山学院大・法（法）〈共〉個別Ａ
	青山学院大・法（法）〈共〉個別Ｂ
	青山学院大・国際政治経済（国際政治）〈共〉個別Ｂ
	中央大・法（政治）学部４
	中央大・法（政治）共通４
	中央大・法（法律）共通４
	明治大・法（法律）学部別
	立教大・法（法）
	同志社大・法（政治）学部個別
55	中央大・法（国際企業関係法）学部３
	中央大・法（国際企業関係法）学部４
	中央大・法（国際企業関係法）共通３
	中央大・法（政治）学部３
54	青山学院大・法（ヒューマンラ）全学部
	青山学院大・法（ヒューマンラ）〈共〉個別Ａ
	青山学院大・法（ヒューマンラ）〈共〉個別Ｂ
	青山学院大・国際政治経済（国際政治）全学部
	青山学院大・国際政治経済（国際政治）〈共〉個別Ａ
	中央大・法（国際企業関係法）共通４

合格目標ライン	大学・学部（学科）日程方式
54	立教大・法（国際ビジネス法）
	立教大・法（政治）
53	明治大・政治経済（地域行政）学部別
	明治大・政治経済（地域行政）全学部
	同志社大・政策（政策）学部個別
	同志社大・政策（政策）全学文系
52	学習院大・法（政治）コア
	学習院大・法（政治）プラス
	学習院大・法（法）コア
	学習院大・法（法）プラス
	法政大・法（国際政治）ＡⅠ日程
	立命館大・法（法）文系
	関西学院大・法（法律）学部
	関西学院大・法（法律）全学部
51	法政大・法（法律）ＡⅡ日程
	法政大・法（国際政治）英語外部
	法政大・法（国際政治）Ｔ日程
	南山大・法（法律）
	南山大・法（法律）個別文系
	立命館大・法（法）学部
	関西学院大・法（政治）学部
	関西学院大・法（政治）全学部
	関西学院大・法（政治）英・数
	関西学院大・法（法律）英・数
50	法政大・法（政治）ＡⅡ日程
	法政大・法（政治）英語外部
	法政大・法（法律）英語外部
	法政大・法（法律）Ｔ日程
	明治学院大・法（法律）全３教科
	西南学院大・法（国際関係法）Ａ・Ｆ
	西南学院大・法（法律）Ａ・Ｆ
49	國學院大・法（法律／法律）Ａ得意
	成蹊大・法（法律）３個別
	日本大・法（法律）Ｎ１期
	法政大・法（政治）Ｔ日程
	明治学院大・法（法律）Ａ３教科
	明治学院大・法（法律）全英資格
	明治学院大・法（政治）Ａ３教科
	明治学院大・法（政治）全３教科
	関西大・法（法学政治）全Ⅰ３
	関西大・法（法学政治）全Ⅱ同
	西南学院大・法（国際関係法）英語
	西南学院大・法（法律）英語
48	國學院大・法（法律／法律）Ａ３
	國學院大・法（法律／法律）Ａ特色
	成蹊大・法（政治）３個別
	成蹊大・法（政治）２統一
	成蹊大・法（法律）２グロ
	成蹊大・法（法律）２統一
	成城大・法（法律）Ａ方式Ⅳ
	成城大・法（法律）Ａ方式Ⅱ
	成城大・社会イノベ（政策イノベ）Ａ３教科Ⅰ
	成城大・社会イノベ（政策イノベ）Ａ方式Ⅱ
	成城大・社会イノベ（政策イノベ）Ａ方式Ⅲ
	日本大・法（政治経済）Ｎ１期
	日本大・法（法律）Ａ１期
	明治学院大・法（法律）Ａ英換算
	明治学院大・法（政治）全英資格
	明治学院大・法（政治）Ａ英換算
	南山大・総合政策（総合政策）
	京都女大・法（法）前期Ａ
	龍谷大・法（法律）前高得
	龍谷大・法（法律）前スタ
	関西大・法（法学政治）全Ⅰ２
	関西大・法（法学政治）全Ⅱ３
	関西大・政策創造（政策）全Ⅰ３
	関西大・政策創造（国際アジア）全Ⅰ３
	関西大・政策創造（国際アジア）全Ⅱ同

合格目標ライン	大学・学部（学科）日程方式
47	駒澤大・法（法律）全学部
	成蹊大・法（政治）２グロ
	成城大・法（法律）Ｓ方式
	成城大・社会イノベ（政策イノベ）Ａ２教科Ⅰ
	専修大・法（法律）前期統一
	東洋大・法（法律）前期３均
	東洋大・法（法律）前期３英
	東洋大・法（法律）前期３国
	日本大・法（公共政策）Ｎ１期
	日本大・法（政治経済）Ａ１期
	南山大・総合政策（総合政策）個別文系
	京都女大・法（法）前期Ｂ
	龍谷大・法（法律）中スタ
	龍谷大・法（法律）中高得
	龍谷大・政策（政策）前高得
	関西大・政策創造（政策）全Ⅰ２
	関西大・政策創造（政策）全Ⅱ３
	関西大・政策創造（政策）全Ⅱ同
	関西大・政策創造（国際アジア）全Ⅰ２
	関西大・政策創造（国際アジア）全Ⅱ３
46	獨協大・法（法律）学科３
	獨協大・法（国際関係法）学科３
	獨協大・法（総合政策）学科３
	國學院大・法（法律／法律専門）Ａ得意
	國學院大・法（法律／法律専門）Ａ３
	國學院大・法（法律／法律専門）Ａ特色
	國學院大・法（法律／政治）Ａ得意
	國學院大・法（法律／政治）Ａ３
	國學院大・法（法律／政治）Ａ特色
	駒澤大・法（政治）全学部
	駒澤大・法（法律）２月Ｔ
	成城大・社会イノベ（政策イノベ）Ｓ方式
	専修大・法（法律）前期Ａ
	専修大・法（法律）全国
	専修大・法（政治）全国
	東洋大・法（法律）前期４均
	日本大・法（公共政策）Ａ１期
	日本大・法（経営法）Ｎ１期
	明治学院大・法（消費情報）Ａ３教科
	明治学院大・法（消費情報）全３教科
	龍谷大・政策（政策）前スタ
	龍谷大・政策（政策）中スタ
	龍谷大・政策（政策）中高得
	福岡大・法（法律）前期
45	北海学園大・法　Ⅰ
	北海学園大・法　Ⅱ
	獨協大・法（法律）学科外
	獨協大・法（国際関係法）学科外
	獨協大・法（総合政策）学科外
	駒澤大・法（政治）２月Ｔ
	専修大・法（政治）前期Ａ
	専修大・法（政治）前期統一
	日本大・法（経営法）Ａ１期
	明治学院大・法（消費情報）全英資格
	明治学院大・法（消費情報）Ａ英換算
	愛知大・法（法）前期
	愛知大・法（法）数学
	愛知大・法（法）Ｍ方式
	中京大・法（法律）前期Ｍ３
	中京大・国際（国際／国際政治）前期Ｍ３
	近畿大・法（法律）前期Ａ
	福岡大・法（法律）系統別
44	東北学院大・法（法律）前期Ａ
	東北学院大・法（法律）前期Ｂ
	獨協大・法（法律）統一前
	獨協大・法（国際関係法）統一前
	獨協大・法（総合政策）統一前
	東洋大・法（企業法）前期３英

合格目標ライン	大 学・学 部（学 科） 日程方式
44	東洋大・法（企業法）前期３均
	東洋大・法（企業法）前期３国
	武蔵野大・法（法律）Ａ日程文
	武蔵野大・法（法律）Ｂ日程
	武蔵野大・法（法律）全学部
	武蔵野大・法（政治）Ａ日程文
	武蔵野大・法（政治）Ｂ日程
	武蔵野大・法（政治）全学部
	中京大・法（法律）前Ａ３
	中京大・法（法律）前Ａ２
	中京大・法（法律）前期Ｍ２
	中京大・総合政策（総合政策）前期Ｍ３
	中京大・国際（国際／国際政治）前Ａ３
	中京大・国際（国際／国際政治）前Ａ２
	中京大・国際（国際／国際政治）前期Ｍ２
	近畿大・法（法律）前期Ｂ
	甲南大・法（法）前３一般
	甲南大・法（法）中一般
	福岡大・法（経営法）前期
	福岡大・法（経営法）系統別
43	東海大・法（法律）文系前期
	東海大・政治経済（政治）文理前
	東洋大・法（企業法）前期４均
	東洋大・経済（総合政策）前期３均
	東洋大・経済（総合政策）前期３英
	中京大・総合政策（総合政策）前Ａ３
	中京大・総合政策（総合政策）前Ａ２
	中京大・総合政策（総合政策）前期Ｍ２
	京都産大・法（法律）前期３
	京都産大・法（法律）前期２
	京都産大・法（法律）中期
	京都産大・法（法政策）前期３
	京都産大・法（法政策）前期２
	京都産大・法（法政策）中期
	甲南大・法（法）前３外
	甲南大・法（法）前２外
	甲南大・法（法）前２一般
	甲南大・法（法）中外部
42	東北学院大・地域総合（政策デザイン）前期Ａ
	東北学院大・地域総合（政策デザイン）前期Ｂ
	国士舘大・法（法律）前期
	国士舘大・政経（政治行政）前期トッ
	国士舘大・政経（政治行政）前期総
	帝京大・法（法律）Ⅰ期
	東海大・法（法律）
	東海大・政治経済（政治）
	東洋大・経済（総合政策）前期４均
	東洋大・経済（総合政策）前期３数
	神奈川大・法（法律）前期Ａ
	愛知大・地域政策（地域／公共政策）前期
	愛知大・地域政策（地域／公共政策）Ｍ方式
	名城大・法（法）Ａ方式
41	帝京大・法（政治）Ⅰ期
	神奈川大・法（自治行政）前期Ａ
	愛知学院大・法（法律）前期Ｍ
	愛知学院大・法（法律）前期Ａ
	名城大・法（法）Ｂ方式
	摂南大・法（法律）前期３
	摂南大・法（法律）前期２
40	亜細亜大・法（法律）３教科
	杏林大・総合政策（総合政策）前期３
	国士舘大・法（法律）デリバリ
	国士舘大・法（法律）中期
	国士舘大・政経（政治行政）中期ト
	国士舘大・政経（政治行政）中期総
	国士舘大・政経（政治行政）デリトッ

合格目標ライン	大 学・学 部（学 科） 日程方式
40	国士舘大・政経（政治行政）デリ総合
	大東文化大・法（政治）全前英
	大東文化大・法（法律）３独自
	拓殖大・政経（法律政治）２月
	東京経大・現代法（現代法）前ベスト
	東京経大・キャリア 前ベスト
	立正大・法（法）２月前期
	立正大・法（法）Ｒ方式
	愛知学院大・法（法律）中期
	愛知学院大・法（現代社会法）前期Ａ
	愛知学院大・法（現代社会法）前期Ｍ
	愛知学院大・総合政策（総合政策）前期Ａ
	大阪経大・経営（ビジネス法）前期Ａ
	大阪経大・経営（ビジネス法）前期Ｂ
	大阪工大・知的財産（知的財産）前期Ｂ
39	亜細亜大・法（法律）統一前期
	亜細亜大・法（法律）統一中期
	杏林大・総合政策（総合政策）前期２
	国士舘大・法（現代ビジネス）前期
	大東文化大・法（政治）全前独
	大東文化大・法（政治）３独自
	大東文化大・法（法律）全前独
	大東文化大・法（法律）３英語
	拓殖大・政経（法律政治）全国
	東京経大・現代法（現代法）前期３
	東京経大・キャリア 前期３
	二松学舎大・国際政経 Ｓ方式
	愛知学院大・法（現代社会法）中期
	愛知学院大・総合政策（総合政策）前期Ｍ
	愛知学院大・総合政策（総合政策）中期
	大阪工大・知的財産（知的財産）前期Ａ
	神戸学院大・法（法律）前期
38	大東文化大・法（政治）３英語
	大東文化大・法（法律）全前英
	東京経大・現代法（現代法）前期２
	東京経大・キャリア 前期２
	二松学舎大・国際政経 Ａ方式
	二松学舎大・国際政経 Ｂ方式
	日本大・二法（法律）Ｎ１期
	神戸学院大・法（法律）中期
37	国士舘大・法（現代ビジネス）デリバリ
	国士舘大・法（現代ビジネス）中期
	駒澤大・法Ｂ（法律）３月Ｔ
	駒澤大・法Ｂ（法律）全学部
	駒澤大・法Ｂ（法律）２月Ｔ
	日本大・二法（法律）Ａ１期
36	東洋大・法夜（法律）前期３均
	関東学院大・法（法）前期３
	関東学院大・法（法）中期３
	関東学院大・法（地域創生）前期３
	関東学院大・法（地域創生）中期３
	常葉大・法（法律）前期３
35	城西大・現代政策（社会経済シス）Ａ日程
	関東学院大・法（法）前期統一
	関東学院大・法（地域創生）前期統一
34	北海学園大・法２ Ⅰ
	北海学園大・法２ Ⅱ
30	流通経大・法（ビジネス法）２科１
	流通経大・法（ビジネス法）２科２
	流通経大・法（ビジネス法）３科１
	流通経大・法（ビジネス法）３科２
	流通経大・法（自治行政）２科１
	流通経大・法（自治行政）２科２
	流通経大・法（自治行政）３科１
	流通経大・法（自治行政）３科２

経済・経営・商学部系統

合格目標ライン	大　学・学　部（学　科）　日程方式
63	慶大・経済（経済）Ａ方式
	慶大・経済（経済）Ｂ方式
62	慶大・商（商）Ａ方式
	早大・政治経済（経済）〈共〉一般
61	早大・商　地歴公
	早大・商　数学型
	早大・商　英語
60	慶大・商（商）Ｂ方式
58	上智大・経済（経済）〈共〉併用
57	上智大・経済（経営）ＴＥＡ
	明治大・政治経済（経済）全学部
56	上智大・経済（経済）Ｔ文系
	同志社大・経済（経済）全学文系
55	上智大・経済（経済）Ｔ理系
	明治大・政治経済（経済）学部別
	同志社大・経済（経済）学部個別
	同志社大・商（商／商学総合）全学文系
	同志社大・商（商／フレックス）全学文系
54	青山学院大・国際政治経済（国際経済）全学部
	青山学院大・国際政治経済（国際経済）〈共〉個別
	青山学院大・経済（経済）全学部
	青山学院大・経営（経営）〈共〉個別Ａ
	青山学院大・経営（経営）〈共〉個別Ｂ
	明治大・経営　学部３
	明治大・経営　全学３
	明治大・商（商）全学部
	立教大・経営（国際経営）
	同志社大・商（商／商学総合）学部個別
	同志社大・商（商／フレックス）学部個別
53	青山学院大・経営（経営）全学部
	中央大・商（金融／フレＰ）学部Ｂ
	東京理大・経営（経営）Ｂ方式
	明治大・商（商）学部別
	明治大・商（商）学部英
	立教大・経営（経営）
52	青山学院大・経済（経済）個別Ａ
	青山学院大・経営（マーケティ）〈共〉個別Ａ
	青山学院大・経営（マーケティ）〈共〉個別Ｂ
	学習院大・経済（経済）コア
	中央大・経済（経済）共通
	中央大・商（会計／フレＰ）学部Ａ
	中央大・商（経営／フレＰ）学部Ｂ
	中央大・商（国際／フレＰ）学部Ａ
	中央大・商（フリーメジャー）共通
	中央大・商（金融／フレ）学部Ｂ
	東京理大・経営（国際デザ経営）Ｂ方式
	明治大・経営　学部英
	明治大・経営　全学英
	立教大・経済（経済）
	立教大・経済（会計ファイナンス）
51	青山学院大・経済（経済）個別Ｂ
	青山学院大・経済（現代経済デザ）全学部
	青山学院大・経営（マーケティ）全学部
	学習院大・経済（経営）コア
	学習院大・経済（経営）プラス
	学習院大・経済（経済）プラス
	中央大・経済（経済）学部Ⅱ
	中央大・商（会計／フレ）学部Ａ
	中央大・商（経営／フレ）学部Ｂ
	中央大・商（国際／フレ）学部Ａ
	東京理大・経営（経営）グローバル
	東京理大・経営（ビジネスエコ）Ｂ方式
	立教大・経済（経済政策）
	立命館大・経済（経済／国際）文系
50	中央大・経済（経済）学部Ⅰ
	中央大・経済（経済）Ⅰ英語
	中央大・経済（経済）Ⅱ英語
	中央大・国際経営（国際経営）共通３
	東京理大・経営（国際デザ経営）グローバル
	法政大・経済（国際経済）ＡⅠ日程
	法政大・経済（国際経済）Ｔ日程
	法政大・経営（経営）ＡⅠ日程
	法政大・経営（市場経営）ＡⅡ日程
	南山大・経済（経済）Ａ方式
	南山大・経済（経済）個別文系
	立命館大・経済（経済／経済）文系
	立命館大・経済（経済／経済）学部
	立命館大・経営（経営）文系
	立命館大・経営（経営）学部
	立命館大・経営（国際経営）文系
	立命館大・経営（国際経営）学部
	関西学院大・経済　学部文
	関西学院大・経済　全学文
	関西学院大・経済　全学理
49	青山学院大・経済（現代経済デザ）個別Ａ
	青山学院大・経済（現代経済デザ）個別Ｂ
	中央大・経済（公共・環境）学部Ⅰ
	中央大・経済（国際経済）学部Ⅱ
	中央大・経済（国際経済）共通
	中央大・国際経営（国際経営）学部別
	中央大・国際経営（国際経営）共通４
	中央大・国際経営（国際経営）英語
	東京女大・現代教養（国際／経済）個別
	東京理大・経営（ビジネスエコ）グローバル
	法政大・経済（経済）ＡⅡ日程
	法政大・経済（経済）Ｔ日程
	法政大・経済（国際経済）英語外部
	法政大・経済（現代ビジネス）ＡⅠ日程
	法政大・経済（現代ビジネス）Ｔ日程
	法政大・経営（経営）Ｔ日程
	法政大・経営（経営）英語外部
	法政大・経営（市場経営）Ｔ日程
	法政大・経営（市場経営）英語外部
	法政大・経営（経営戦略）ＡⅡ日程
	法政大・経営（経営戦略）Ｔ日程
	法政大・経営（経営戦略）英語外部
	明治学院大・経済（経営）全３教科
	明治学院大・経済（国際経営）全３教科
	南山大・経済（経済）Ｂ方式
	南山大・経営（経営）Ａ方式
	南山大・経営（経営）個別文系
	関西大・経済（経済）全Ⅰ３
	関西大・経済（経済）全Ⅱ３
	関西大・経済（経済）全Ⅱ同
	関西学院大・経済　英・数
	関西学院大・商　全学部
	西南学院大・経済（経済）Ａ・Ｆ
	立命館アジア大・国際経営　前期
	立命館アジア大・国際経営　英語
48	國學院大・経済（経営）Ａ得意
	成蹊大・経済（現代経済）３個別
	成蹊大・経営（総合経営）３個別
	成城大・経済（経済）Ａ方式Ⅲ
	成城大・経済（経済）Ａ方式Ⅰ
	中央大・経済（公共・環境）共通
	中央大・経済（公共・環境）Ⅰ英語
	中央大・経済（国際経済）Ⅱ英語
	中央大・経済（経済情報）学部Ⅰ
	中央大・経済（経済情報）共通
	東京女大・現代教養（国際／経済）英語外部
	明治学院大・経済（経済）Ａ３教科
	明治学院大・経済（経済）全３教科

合格目標ライン	大学・学部（学科）日程方式
48	明治学院大・経済（経営）Ａ３教科
	明治学院大・経済（経営）全英資格
	明治学院大・経済（国際経営）Ａ３教科
	明治学院大・経済（国際経営）全英資格
	南山大・経営（経営）Ｂ方式
	関西大・経済（経済）全Ｉ２
	関西大・商（商）全学Ｉ
	関西学院大・商　学部
	西南学院大・経済（経済）英語
	西南学院大・経済（国際経済）Ａ・Ｆ
47	國學院大・経済（経営）Ａ３
	國學院大・経済（経営）Ａ特色
	成蹊大・経済（現代経済）２統一
	成蹊大・経営（総合経営）２統一
	成城大・経済（経営）Ａ方式Ｉ
	成城大・経済（経営）Ａ方式Ⅲ
	中央大・経済（経済情報）Ｉ英語
	日本大・経済（経済）Ａ１期
	日本大・経済（経済）Ｎ１期
	日本大・商（経営）Ｎ１期
	日本大・商（商業）Ｎ１期
	関西大・商（商）全学Ⅱ
	関西学院大・商　英・数
	西南学院大・経済（国際経済）英語
	西南学院大・商（経営）Ａ・Ｆ
	西南学院大・商（商）Ａ・Ｆ
46	國學院大・経済（経済）Ａ３
	國學院大・経済（経済）Ａ得意
	駒澤大・経済（経済）全学部
	駒澤大・経済（商）全学部
	駒澤大・経営（経営）全学部
	成蹊大・経済（現代経済）２グロ
	成蹊大・経営（総合経営）２グロ
	成城大・経済（経済）Ｓ方式
	東洋大・経済（経済）前３国歴
	日本大・経済（経済）Ａ２期
	日本大・商（会計）Ｎ１期
	日本大・商（経営）Ａ１期
	日本大・商（商業）Ａ１期
	武蔵大・国際教養（国際／経済経営）全学部
	武蔵大・国際教養（国際／経済経営）全グロ
	武蔵大・国際教養（国際／経済経営）個別Ｉ
	武蔵大・国際教養（国際／経済経営）個別Ⅱ
	明治学院大・経済（経済）全英資格
	龍谷大・経済　前高得
	龍谷大・経営（経営）前高得
	龍谷大・経営（経営）前スタ
	武庫川女大・経営（経営）Ａ２科目
	武庫川女大・経営（経営）Ａ３科目
	武庫川女大・経営（経営）Ｂ２科目
	西南学院大・商（経営）英語
	西南学院大・商（商）英語
45	國學院大・経済（経済）Ａ特色
	駒澤大・経済（経済）２月Ｔ
	駒澤大・経済（商）２月Ｔ
	駒澤大・経営（経営）２月Ｔ
	成城大・経済（経営）Ｓ方式
	専修大・経済（国際経済）全国
	専修大・経済（国際経済）前期統一
	専修大・経済（現代経済）全国
	専修大・経営（経営）全国
	東洋大・経済（経済）前３最高
	東洋大・経済（経済）前３国数
	東洋大・経済（経済）前期４均
	日本大・経済（産業経営）Ａ１期
	日本大・経済（産業経営）Ｎ１期
	日本大・経済（金融公共経済）Ａ１期
	日本大・経済（金融公共経済）Ｎ１期
45	日本大・商（会計）Ａ１期
	中京大・経済（経済）前期Ｍ３
	中京大・国際（国際／国際経済）前期Ｍ３
	龍谷大・経済　前スタ
	龍谷大・経済　中スタ
	龍谷大・経済　中高得
	龍谷大・経営（経営）中スタ
	龍谷大・経営（経営）中高得
	甲南大・マネジメント（マネジメント）前３一般
	甲南大・マネジメント（マネジメント）中一般
	福岡大・経済（経済）前期
	福岡大・経済（経済）系統別
44	獨協大・経済（経営）学科別
	獨協大・経済（経済）学科別
	駒澤大・経営（市場戦略）全学部
	専修大・経済（国際経済）前期Ａ
	専修大・経済（国際経済）前期Ｃ
	専修大・経済（現代経済）前期統一
	専修大・経済（現代経済）前期Ａ
	専修大・経済（現代経済）前期Ｂ
	専修大・経済（生活環境経済）全国
	専修大・経済（生活環境経済）前期統一
	専修大・経営（経営）前期Ａ
	専修大・経営（経営）前期Ｃ
	専修大・経営（経営）前期統一
	専修大・経営（ビジネスデザ）全国
	専修大・経営（ビジネスデザ）前期統一
	専修大・商（会計）全国
	東洋大・経済（国際経済）前期３英
	東洋大・経済（国際経済）前期３均
	東洋大・経営（経営）前期３均
	東洋大・経営（マーケティン）前３最高
	日本大・経済（産業経営）Ａ２期
	日本大・経済（金融公共経済）Ａ２期
	武蔵大・経済（金融）全学グロ
	武蔵大・経済（金融）個別併
	武蔵大・経済（金融）全学部
	武蔵大・経済（経営）全学部
	武蔵大・経済（経営）全学グロ
	武蔵大・経済（経営）個別併
	武蔵大・経済（経済）全学部
	武蔵大・経済（経済）全学グロ
	武蔵大・経済（経済）個別併
	東京都市大・都市生活（都市生活）前期
	愛知淑徳大・ビジネス（ビジネス）前期３
	愛知淑徳大・ビジネス（ビジネス）前期２
	中京大・経済（経済）前Ａ３
	中京大・経済（経済）前Ａ２
	中京大・経営（経営）前期Ｍ３
	中京大・経済（経済）前期Ｍ２
	中京大・国際（国際／国際経済）前Ａ３
	中京大・国際（国際／国際経済）前Ａ２
	中京大・国際（国際／国際経済）前期Ｍ２
	近畿大・経済（経済）前期Ａ
	近畿大・経済（総合経済政策）前期Ｂ
	近畿大・経営（経営）前期Ａ
	近畿大・経営（商）前期Ａ
	甲南大・マネジメント（マネジメント）前３外
	甲南大・マネジメント（マネジメント）前２外
	甲南大・マネジメント（マネジメント）前２一般
	甲南大・マネジメント（マネジメント）中外部
	福岡大・商（商）前期
	福岡大・商（商）系統別
	福岡大・商（経営）前期
	福岡大・商（経営）系統別
	福岡大・商（経営／会計専門）前期
	福岡大・商（経営／会計専門）系統別
43	北海学園大・経済　Ｉ

合格目標ライン	大学・学部（学科）日程方式
43	北海学園大・経済 Ⅱ
	獨協大・経済（経済）統一前
	獨協大・経済（国際環境経済）学科別
	文教大・経営（経営）Ａ
	駒澤大・経済（現代応用経済）全学部
	駒澤大・経営（市場戦略）２月Ｔ
	専修大・経済（生活環境経済）前期Ａ
	専修大・経済（生活環境経済）前期Ｂ
	専修大・経営（ビジネスデザ）前期Ａ
	専修大・経営（ビジネスデザ）前期Ｃ
	専修大・商（会計）前期Ａ
	専修大・商（会計）前期Ｂ
	専修大・商（会計）前期Ｃ
	専修大・商（会計）前期Ｄ
	専修大・商（会計）前期統一
	専修大・商（マーケティング）全国
	東海大・政治経済（経済）文理前
	東海大・経営（経営）文理前
	東洋大・経済（国際経済）前期４均
	東洋大・経営（経営）前期３国
	東洋大・経営（経営）前期３数
	東洋大・経営（マーケティン）前期３均
	東洋大・経営（マーケティン）前期３英
	東洋大・経営（会計ファイ）前期３英
	東洋大・経営（会計ファイ）前期３均
	武蔵野大・経済（経済）Ａ日程文
	武蔵野大・経済（経済）Ｂ日程
	武蔵野大・経済（経済）全学Ⅰ
	武蔵野大・経済（経済）全学Ⅱ
	武蔵野大・経営（経営）Ａ日程文
	武蔵野大・経営（経営）Ｂ日程
	武蔵野大・経営（経営）全学部
	武蔵野大・経営（会計ガバナン）Ａ日程文
	武蔵野大・経営（会計ガバナン）Ｂ日程
	武蔵野大・経営（会計ガバナン）全学部
	武蔵野大・アントレ（アントレプレ）Ａ日程文
	武蔵野大・アントレ（アントレプレ）Ｂ日程
	愛知大・経済（経済）前期
	愛知大・経済（経済）Ｍ方式
	愛知大・経済（経済）数学
	愛知大・経営（経営）前期
	愛知大・経営（経営）Ｍ方式
	愛知大・経営（経営）数学
	中京大・経営（経営）前Ａ３
	中京大・経営（経営）前Ａ２
	中京大・経営（経営）前期Ｍ２
	近畿大・経済（経済）前期Ｂ
	近畿大・経済（総合経済政策）前期Ａ
	近畿大・経済（国際経済）前期Ａ
	近畿大・経済（国際経済）前期Ｂ
	近畿大・経営（経営）前期Ｂ
	近畿大・経営（商）前期Ｂ
	近畿大・経営（会計）前期Ａ
	甲南大・経済（経済）前３一般
	甲南大・経済（経済）中一般
	甲南大・経営（経営）前３一般
	甲南大・経営（経営）中一般
	福岡大・経済（産業経済）前期
	福岡大・経済（産業経済）系統別
	福岡大・商（貿易）前期
	福岡大・商（貿易）系統別
42	北海学園大・経営（経営）
	東北学院大・経済（経済）前期Ａ
	東北学院大・経済（経済）前期Ｂ
	東北学院大・経営（経営）前期Ａ
	東北学院大・経営（経営）前期Ｂ
	獨協大・経済（経営）統一前
	文教大・経営（経営）全国

合格目標ライン	大学・学部（学科）日程方式
42	国士舘大・政経（経済）前期トッ
	国士舘大・政経（経済）前期総
	駒澤大・経済（現代応用経済）２月Ｔ
	昭和女大・グローバル（ビジネスデザ）Ａ日程
	昭和女大・グローバル（ビジネスデザ）Ｂ日程
	専修大・商（マーケティング）前期Ａ
	専修大・商（マーケティング）前期Ｂ
	専修大・商（マーケティング）前期Ｃ
	専修大・商（マーケティング）前期Ｄ
	専修大・商（マーケティング）前期統一
	玉川大・経営（国際経営）全学前期
	玉川大・経営（国際経営）英語外前
	東海大・政治経済（経済）
	東海大・経営（経営）
	東海大・文理融合（経営）文理前
	東海大・体育（スポーツ・レ）文理前
	東洋大・経営（会計ファイ）前期３数
	武蔵野大・アントレ（アントレプレ）全学部
	愛知大・地域政策（地域／経済産業）前期
	愛知大・地域政策（地域／経済産業）Ｍ方式
	京都産大・経済（経済）前期３
	大阪経大・経済（経済）前期Ａ
	大阪経大・経済（経済）前期Ｂ
	大阪経大・経営（経営）前期Ａ
	大阪経大・経営（経営）前期Ｂ
	近畿大・経営（会計）前期Ｂ
	近畿大・経営（キャリアマネ）前期Ａ
	甲南大・経済（経済）前３外
	甲南大・経済（経済）前２外
	甲南大・経済（経済）前２一般
	甲南大・経済（経済）中外部
	甲南大・経営（経営）前３外
	甲南大・経営（経営）前２外
	甲南大・経営（経営）前２一般
	甲南大・経営（経営）中外部
41	北海学園大・経営（経営情報）
	獨協大・経済（国際環境経済）統一前
	共立女大・ビジネス（ビジネス）統一
	国士舘大・経営（経営）前期
	昭和女大・グローバル（会計ファイナ）Ａ日程
	昭和女大・グローバル（会計ファイナ）Ｂ日程
	東海大・文理融合（経営）
	東海大・体育（スポーツ・レ）
	東京経大・経済 前ベスト
	東京経大・経営 前ベスト
	産業能率大・経営（マーケティング）前期２
	産業能率大・情報マネ（現代マネジ）前期２
	神奈川大・経済（経済／現代経済）前期Ａ
	神奈川大・経営（国際経営）前期Ａ
	愛知大・経営（会計ファイナ）前期
	愛知大・経営（会計ファイナ）Ｍ方式
	愛知大・経営（会計ファイナ）数学
	愛知学院大・経済（経済）前期Ａ
	愛知学院大・経営（経営）前期Ａ
	名城大・経済（経済）Ａ方式
	京都産大・経済（経済）前期２
	京都産大・経済（経済）中期
	京都産大・経営（マネジメント）前期３
	近畿大・経営（キャリアマネ）前期Ｂ
40	国際医療福祉大・赤坂心理医療（医療マネジ）前期
	麗澤大・国際（グローバル）前期２
	麗澤大・国際（グローバル）前期３
	麗澤大・国際（グローバル）前期ベ
	共立女大・ビジネス（ビジネス）２月
	国士舘大・政経（経済）中期ト
	国士舘大・政経（経済）中期総
	国士舘大・政経（経済）デリトッ
	国士舘大・政経（経済）デリ総合

合格目標ライン	大学・学部（学科）日程方式
40	国士舘大・経営（経営）デリバリ
	国士舘大・経営（経営）中期
	帝京大・経済（経済）Ⅰ期
	帝京大・経済（経営）Ⅰ期
	東京経大・経済 前期３
	東京経大・経営 前期３
	産業能率大・経営（経営）前期２
	産業能率大・経営（マーケティング）前期スタ
	産業能率大・経営（マーケティング）前期プラ
	産業能率大・情報マネ（現代マネジ）前期スタ
	産業能率大・情報マネ（現代マネジ）前期プラ
	神奈川大・経済（現代ビジネス）前期Ａ
	神奈川大・経済（経済／経済分析）前期Ａ
	神奈川大・経営（国際経営）前期Ｂ
	愛知学院大・経済（経済）前期Ｍ
	愛知学院大・経済（経済）中期
	愛知学院大・経営（経営）前期Ｍ
	愛知学院大・経営（経営）中期
	愛知学院大・商（商）前期Ａ
	名城大・経済（経済）Ｂ方式
	京都産大・経営（マネジメント）前期２
	京都産大・経営（マネジメント）中期
39	千葉工大・社会シス（金融・経営）Ａ日程Ⅰ
	亜細亜大・経済（経済）３教科
	亜細亜大・経営（経営）３教科
	亜細亜大・経営（ホスピタリ）３教科
	亜細亜大・経営（データサイエンス）３教科
	亜細亜大・都市創造（都市創造）３教科
	大正大・地域創生（地域創生）チャレ
	大正大・地域創生（地域創生）前期２
	大正大・地域創生（地域創生）前期３
	大正大・地域創生（地域創生）前期４
	大東文化大・経済（社会経済）３独自
	拓殖大・政経（経済）２月
	拓殖大・政経（経済）全国
	拓殖大・商（経営）２月
	帝京大・経済（地域経済）Ⅰ期
	帝京大・経済（国際経済）Ⅰ期
	東京経大・経済 前期２
	東京経大・経営 前期２
	立正大・経済（経済）２月前期
	立正大・経済（経済）Ｒ方式
	立正大・経営（経営）２月前期
	立正大・経営（経営）Ｒ方式
	産業能率大・経営（経営）前期スタ
	産業能率大・経営（経営）前期プラ
	神奈川大・経済（現代ビジネス）前期Ｂ
	愛知学院大・商（商）前期Ｍ
	愛知学院大・商（商）中期
	名城大・経営（経営）Ａ方式
	名城大・経営（経営）Ｂ方式
	名城大・経営（国際経営）Ａ方式
	名城大・経営（国際経営）Ｂ方式
	摂南大・経済（経済）前期３
	摂南大・経済（経済）前期２
	摂南大・経営（経営）前期３
	摂南大・経営（経営）前期２
	神戸学院大・経済（経済）前期
	神戸学院大・経営（経営／経営・会計）前期
	神戸学院大・経営（経営／データサイエ）前期
38	千葉工大・社会シス（金融・経営）Ａ日程Ⅱ
	麗澤大・経済（経済／経済）前期２
	麗澤大・経済（経済／経済）前期３
	麗澤大・経済（経済／経済）前期ベ
	麗澤大・経済（経営／経営）前期２
	麗澤大・経済（経営／経営）前期３
	麗澤大・経済（経営／経営）前期ベ
	麗澤大・経済（経営／ＡＩビジ）前期２
38	麗澤大・経済（経営／ＡＩビジ）前期３
	麗澤大・経済（経営／ＡＩビジ）前期ベ
	亜細亜大・経済（経済）２教科
	亜細亜大・経済（経済）統一前期
	亜細亜大・経済（経済）統一中期
	亜細亜大・経営（経営）統一前期
	亜細亜大・経営（経営）統一中期
	亜細亜大・経営（ホスピタリ）２教科
	亜細亜大・経営（ホスピタリ）統一前期
	亜細亜大・経営（ホスピタリ）統一中期
	亜細亜大・経営（データサイエンス）統一前期
	亜細亜大・経営（データサイエンス）統一中期
	亜細亜大・経営（データサイエンス）２教科
	亜細亜大・都市創造（都市創造）統一前期
	亜細亜大・都市創造（都市創造）統一中期
	杏林大・総合政策（企業経営）前期３
	杏林大・総合政策（企業経営）前期２
	大東文化大・経済（社会経済）全前英
	大東文化大・経済（社会経済）３英語
	大東文化大・経済（現代経済）３独自
	大東文化大・経営（経営）３独自
	拓殖大・商（国際ビジ）２月
	神奈川大・経済（経済／経済分析）前期Ｂ
	名城大・経済（産業社会）Ａ方式
37	麗澤大・経済（経営／スポーツ）前期２
	麗澤大・経済（経営／スポーツ）前期３
	麗澤大・経済（経営／スポーツ）前期ベ
	桜美林大・ビジネスマネ 前期３
	桜美林大・航空マネジ（空港マネジメ）前期３
	桜美林大・航空マネジ（空港マネジメ）前期理３
	大東文化大・経済（社会経済）全前独
	大東文化大・経済（現代経済）全前独
	大東文化大・経済（現代経済）全前英
	大東文化大・経済（現代経済）３英語
	大東文化大・経営（経営）全前独
	大東文化大・経営（経営）全前英
	大東文化大・経営（経営）３英語
	拓殖大・商（経営）全国
	拓殖大・商（国際ビジ）全国
	拓殖大・商（会計）２月
	金沢工大・情報フロン（経営情報）Ａ
	名城大・経済（産業社会）Ｂ方式
	神戸学院大・経済（経済）中期
	神戸学院大・経営（経営／経営・会計）中期
	神戸学院大・経営（経営／データサイエ）中期
36	城西大・経済（経済）Ａ日程
	城西大・経営（マネジメント）Ａ日程
	桜美林大・ビジネスマネ 前期２
	桜美林大・航空マネジ（空港マネジメ）前期２
	桜美林大・航空マネジ（空港マネジメ）前期理２
	拓殖大・商（会計）全国
	東洋大・経営夜（経営）前期３均
	東洋大・経営夜（経営）前期３ベ
	東洋大・経済夜（経済）前期３ベ
	東洋大・経済夜（経済）前期３均
	関東学院大・経済（経済）前期３
	関東学院大・経済（経済）中期３
	関東学院大・経営（経営）前期３
	関東学院大・経営（経営）中期３
35	文京学院大・経営（経営コミュ）Ⅰ期
	文京学院大・経営（経営コミュ）Ⅱ期
	文京学院大・経営（経営コミュ）全学
	文京学院大・経営（マーケティング・デザ）Ⅰ期
	文京学院大・経営（マーケティング・デザ）Ⅱ期
	文京学院大・経営（マーケティング・デザ）全学
	関東学院大・経済（経済）前期統一
	関東学院大・経営（経営）前期統一
	中部大・経営情報（経営総合）前期Ａ

合格目標ライン	大学・学部（学科）日程方式
35	中部大・経営情報（経営総合）前期Ｂ
	中部大・経営情報（経営総合）前期ＡＭ
	中部大・経営情報（経営総合）前期ＢＭ
34	東京国際大・経済（経済／現代経済）Ⅰ期３
	東京国際大・経済（経済／現代経済）Ⅰ期２
	東京国際大・経済（経済／現代経済）Ⅱ期３
	東京国際大・経済（経済／現代経済）Ⅱ期２
	東京国際大・経済（経済／ビジネス）Ⅰ期３
	東京国際大・経済（経済／ビジネス）Ⅰ期２
	東京国際大・経済（経済／ビジネス）Ⅱ期３
	東京国際大・経済（経済／ビジネス）Ⅱ期２
	東京国際大・商（商）Ⅰ期３
	東京国際大・商（商）Ⅰ期２
	東京国際大・商（商）Ⅱ期３
	東京国際大・商（商）Ⅱ期２
	東京国際大・商（商）データⅠ期
	東京国際大・商（商）データⅡ期
	東京国際大・商（経営）Ⅰ期３
	東京国際大・商（経営）Ⅰ期２
	東京国際大・商（経営）Ⅱ期３
	東京国際大・商（経営）Ⅱ期２
	東京国際大・商（経営）データⅠ期
	東京国際大・商（経営）データⅡ期
	淑徳大・経営（経営）Ａ
	淑徳大・経営（観光経営）Ａ
	城西国際大・経営情報（総合／東京紀）ＡＢ日程
	城西国際大・経営情報（総合／千葉東）ＡＢ日程
	明星大・経済（経済）前期Ａ
	明星大・経営（経営）前期Ａ
34	福岡大・商二（商）前期
	福岡大・商二（商）系統別
	福岡大・商二（商／会計専門）系統別
33	北海学園大・経営２（経営）
	北海学園大・経済２　Ⅰ
	北海学園大・経済２　Ⅱ
	目白大・経営（経営）Ａ日程
	目白大・経営（経営）全学部
	明星大・経済（経済）前期Ｂ
	明星大・経営（経営）前期Ｂ
	常葉大・経営（経営）前期３
	常葉大・経営（経営）前期２
32	大阪経大・経営２（経営）前期Ａ
	大阪経大・経営２（経営）前期Ｂ
31	帝京平成大・人文社会（経営／経営）Ⅰ期
	帝京平成大・人文社会（経営／経営情報）Ⅰ期
30	流通経大・経済（経営）２科１
	流通経大・経済（経営）２科２
	流通経大・経済（経営）３科１
	流通経大・経済（経営）３科２
	流通経大・経済（経済）２科１
	流通経大・経済（経済）２科２
	流通経大・経済（経済）３科１
	流通経大・経済（経済）３科２
	流通経大・流通情報（流通情報）２科１
	流通経大・流通情報（流通情報）２科２
	流通経大・流通情報（流通情報）３科１
	流通経大・流通情報（流通情報）３科２

社会学部系統

合格目標ライン	大学・学部（学科）日程方式
60	早大・社会科学（社会科学）
58	上智大・総合人間科学（社会）ＴＥＡ
	上智大・総合人間科学（社会）〈共〉併用
	早大・教育（社会／公共市民）〈共〉Ｃ方式
57	上智大・文（新聞）〈共〉併用
	早大・教育（社会／公共市民）Ａ方式
	同志社大・社会（社会）全学文系
56	上智大・総合人間科学（社会福祉）〈共〉併用
	同志社大・社会（社会）学部個別
	同志社大・社会（メディア）全学文系
55	上智大・文（新聞）ＴＥＡ
	上智大・総合人間科学（社会福祉）ＴＥＡ
	立教大・社会（社会）
	早大・人間科学（健康福祉科学）〈共〉＋数学
	同志社大・社会（メディア）学部個別
54	早大・人間科学（健康福祉科学）文系
	早大・人間科学（健康福祉科学）理系
	同志社大・社会（社会福祉）全学文系
53	立教大・社会（メディア社会）
	同志社大・社会（社会福祉）学部個別
52	中央大・文（人文／社会）学部別
	中央大・文（人文／社会）共通
	同志社大・社会（産業関係）学部個別
	同志社大・社会（産業関係）全学文系
51	立教大・観光（観光）
50	中央大・文（人文／社会）英語
	法政大・社会（メディア社会）ＡⅠ日程
	法政大・社会（メディア社会）Ｔ日程
	法政大・社会（メディア社会）英語外部
	立教大・観光（交流文化）
	立命館大・産業社会（現代／現代社会）文系
	立命館大・産業社会（現代／現代社会）学部
	立命館大・産業社会（現代／メディア）文系
50	立命館大・産業社会（現代／メディア）学部
	立命館大・産業社会（現代／人間福祉）文系
	立命館大・産業社会（現代／人間福祉）学部
49	東京女大・現代教養（国際／社会）個別
	東京女大・現代教養（国際／コミュニ）個別
	日本女大・人間社会（現代社会）個別型
	法政大・社会（社会政策）ＡⅠ日程
	法政大・社会（社会政策）Ｔ日程
	法政大・社会（社会政策）英語外部
	法政大・社会（社会）ＡⅡ日程
	法政大・社会（社会）Ｔ日程
	法政大・社会（社会）英語外部
	明治学院大・社会（社会）Ａ３教科
	明治学院大・社会（社会）全３教科
	関西学院大・社会（社会）学部
	関西学院大・社会（社会）全学部
	関西学院大・人間福祉（社会福祉）全学部
	関西学院大・人間福祉（社会福祉）英・数
	関西学院大・人間福祉（社会起業）全学部
	立命館アジア大・サステイナビリ　前期
	立命館アジア大・サステイナビリ　英語
48	成蹊大・文（現代社会）３個別
	東京女大・現代教養（国際／社会）英語外部
	東京女大・現代教養（国際／コミュニ）英語外部
	東京女大・現代教養（心理／コミュニ）個別
	日本大・文理（社会）Ｎ１期
	日本女大・人間社会（現代社会）英語外部
	日本女大・人間社会（社会福祉）個別型
	日本女大・人間社会（社会福祉）英語外部
	明治学院大・社会（社会）全英資格
	立教大・コミュニ福祉（福祉）
	立教大・コミュニ福祉（コミュニ政策）
	関西大・社会（社会／社会）全学Ⅰ

合格目標ライン	大学・学部（学科）日程方式
48	関西大・社会（社会／社会）全Ⅱ３
	関西学院大・人間福祉（社会福祉）学部
	関西学院大・人間福祉（社会起業）学部
	関西学院大・人間福祉（社会起業）英・数
	西南学院大・人間科学（社会福祉）Ａ・Ｆ
	西南学院大・人間科学（社会福祉）英語
47	國學院大・観光まちづくり（観光まちづくり）Ａ得意
	國學院大・観光まちづくり（観光まちづくり）Ａ特色
	駒澤大・文（社会／社会）全学部
	成蹊大・文（現代社会）２統一
	成城大・社会イノベ（心理社会）Ａ３教科Ⅰ
	成城大・社会イノベ（心理社会）Ａ方式Ⅱ
	成城大・社会イノベ（心理社会）Ａ方式Ⅲ
	東京女大・現代教養（心理／コミュニ）英語外部
	日本大・法（新聞）Ｎ１期
	日本大・文理（社会）Ａ１期
	法政大・現代福祉（福祉コミュニ）Ａ方式
	明治学院大・社会（社会）Ａ英資格
	明治学院大・社会（社会福祉）Ａ３教科
	明治学院大・社会（社会福祉）全３教科
	明治学院大・社会（社会福祉）全英資格
	京都女大・現代社会（現代社会）前期Ｂ
	京都女大・現代社会（現代社会）前期Ａ
	関西大・社会（社会／社会）全Ⅱ同
	関西大・社会（社会／メディア）全学Ⅰ
	関西大・社会（社会／メディア）全Ⅱ３
	関西大・社会（社会／メディア）全Ⅱ同
46	國學院大・観光まちづくり（観光まちづくり）Ａ３
	駒澤大・文（社会／社会）２月Ｔ
	駒澤大・文（社会／社会福祉）全学部
	成城大・文芸（マスコミュニ）Ａ３教科Ⅱ
	成城大・文芸（マスコミュニ）Ａ方式Ⅰ
	成城大・文芸（マスコミュニ）Ａ方式Ⅳ
	成城大・文芸（マスコミュニ）Ｓ方式
	成城大・社会イノベ（心理社会）Ａ２教科Ⅰ
	東洋大・社会（社会）前期３均
	日本大・法（新聞）Ａ１期
	法政大・現代福祉（福祉コミュニ）Ｔ日程
	法政大・現代福祉（福祉コミュニ）英語外部
	明治学院大・社会（社会福祉）Ａ英資格
	同志社女大・現代社会（社会シス）前期３
	同志社女大・現代社会（社会シス）前期２
	龍谷大・社会（社会）前高得
	龍谷大・社会（社会）前スタ
	龍谷大・社会（現代福祉）前高得
	龍谷大・社会（現代福祉）前スタ
	関西大・社会（社会／社会シス）全学Ⅰ
	関西大・社会（社会／社会シス）全Ⅱ３
	甲南大・文（社会）前３一般
	甲南大・文（社会）中一般
45	駒澤大・文（社会／社会福祉）２月Ｔ
	成城大・社会イノベ（心理社会）Ｓ方式
	専修大・文（ジャーナリズ）全国
	専修大・文（ジャーナリズ）前期Ａ
	専修大・人間科学（社会）全国
	東海大・文化社会（広報メディア）文系前期
	東洋大・社会（社会）前期４均
	日本大・文理（社会福祉）Ｎ１期
	武蔵大・社会（社会）全学グロ
	武蔵大・社会（社会）個別併
	武蔵大・社会（社会）全学部
	愛知淑徳大・福祉貢献（福祉／社会福祉）前期３
	愛知淑徳大・福祉貢献（福祉／社会福祉）前期２
	中京大・現代社会（現代／社会）前期Ｍ３
	龍谷大・社会（社会）中スタ
	龍谷大・社会（社会）中高得
	龍谷大・社会（コミュニティ）前高得
	龍谷大・社会（コミュニティ）前スタ

合格目標ライン	大学・学部（学科）日程方式
45	龍谷大・社会（コミュニティ）中高得
	龍谷大・社会（現代福祉）中スタ
	龍谷大・社会（現代福祉）中高得
	関西大・社会（社会／社会シス）全Ⅱ同
	近畿大・総合社会（総合／社会・マス）前期Ａ
	甲南大・文（社会）前３外
	甲南大・文（社会）前２外
	甲南大・文（社会）前２一般
	甲南大・文（社会）中外部
	武庫川女大・心理社会福祉（社会福祉）Ａ２科目
	武庫川女大・心理社会福祉（社会福祉）Ａ３科目
	武庫川女大・心理社会福祉（社会福祉）Ｂ２科目
44	清泉女大・文（地球市民）Ｂ
	清泉女大・文（地球市民）Ａ
	専修大・文（ジャーナリズ）前期統一
	専修大・人間科学（社会）前期Ａ
	専修大・人間科学（社会）前期統一
	東海大・文化社会（広報メディア）
	東洋大・社会（メディア）前期３均
	東洋大・社会（社会心理）前期３均
	日本大・文理（社会福祉）Ａ１期
	武蔵大・社会（メディア社会）個別併
	武蔵大・社会（メディア社会）全学部
	武蔵大・社会（メディア社会）全学グロ
	フェリス女学院大・文（コミュニ）Ａ日程２
	フェリス女学院大・文（コミュニ）Ａ日程３
	中京大・現代社会（現代／社会）前Ａ３
	中京大・現代社会（現代／社会）前Ａ２
	中京大・現代社会（現代／社会）前期Ｍ２
	龍谷大・社会（コミュニティ）中スタ
	近畿大・総合社会（総合／社会・マス）前期Ｂ
43	昭和女大・人間社会（現代教養）Ａ日程
	玉川大・観光（観光）全学前期
	玉川大・観光（観光）英語外前
	東海大・観光（観光）文系前期
	東洋大・社会（メディア）前期４均
	東洋大・社会（社会心理）前期４均
	東洋大・国際観光（国際観光）前期３均
	東洋大・福祉社会デザ（社会福祉）前期３均
	東洋大・福祉社会デザ（社会福祉）前期３英
	東洋大・福祉社会デザ（社会福祉）前期３国
	愛知大・文（人文／社会）Ｍ方式
	愛知大・文（人文／社会）前期
	中京大・現代社会（現代／コミュニ）前期Ｍ３
	京都産大・現代社会（現代社会）前期３
42	文教大・国際（国際観光）Ａ
	文教大・情報（メディア表現）Ａ
	文教大・情報（メディア表現）全国
	昭和女大・人間社会（福祉社会）Ａ日程
	昭和女大・人間社会（現代教養）Ｂ日程
	帝京大・文（社会）Ⅰ期
	東海大・観光（観光）
	東洋大・国際観光（国際観光）前３最高
	東洋大・国際観光（国際観光）前期３英
	東洋大・福祉社会デザ（社会福祉）前期４均
	東京都市大・メディア情報（社会メディア）前期
	武蔵野大・人間科学（社会福祉）Ａ日程文
	武蔵野大・人間科学（社会福祉）Ｂ日程
	武蔵野大・人間科学（社会福祉）全学部
	中京大・現代社会（現代／コミュニ）前Ａ３
	中京大・現代社会（現代／コミュニ）前Ａ２
	中京大・現代社会（現代／コミュニ）前期Ｍ２
	中京大・現代社会（現代／社会福祉）前Ａ３
	中京大・現代社会（現代／社会福祉）前期Ｍ３
	京都産大・現代社会（現代社会）前期２
	京都産大・現代社会（現代社会）中期
	佛教大・社会（現代社会）Ａ日程３
41	文教大・国際（国際観光）全国

私立
社会学部系統

合格目標ライン	大学・学部（学科）日程方式
41	昭和女大・人間社会（福祉社会）Ｂ日程
41	東京経大・コミュニ（メディア社会）前ベスト
41	東洋大・国際観光（国際観光）前期４均
41	立正大・文（社会）２月前期
41	立正大・文（社会）Ｒ方式
41	中京大・現代社会（現代／社会福祉）前Ａ２
41	中京大・現代社会（現代／社会福祉）前期Ｍ２
41	佛教大・社会（現代社会）Ａ日程２
41	佛教大・社会福祉（社会福祉）Ａ日程３
40	東海大・国際文化（地域創造）
40	東海大・国際文化（国際コミュニ）
40	東京経大・コミュニ（メディア社会）前期３
40	佛教大・社会福祉（社会福祉）Ａ日程２
40	大阪経大・情報社会（情報社会）前期Ａ
40	大阪経大・情報社会（情報社会）前期Ｂ
39	東京国際大・人間社会（福祉心理）Ⅰ期３
39	東京国際大・人間社会（福祉心理）Ⅰ期２
39	東京国際大・人間社会（福祉心理）Ⅱ期３
39	東京国際大・人間社会（福祉心理）Ⅱ期２
39	実践女大・人間社会　Ⅰ期２
39	実践女大・人間社会　Ⅰ期３
39	実践女大・人間社会　Ⅰ期外部
39	大正大・社会共生（社会福祉）前期２
39	大正大・社会共生（社会福祉）前期３
39	大正大・社会共生（社会福祉）前期４
39	大正大・社会共生（社会福祉）チャレ
39	大東文化大・社会（社会）３Ａ独
39	大東文化大・社会（社会）３Ｂ独
39	帝京大・経済（観光経営）Ⅰ期
39	東海大・国際文化（地域創造）文系前期
39	東海大・国際文化（国際コミュニ）文系前期
39	東京経大・コミュニ（メディア社会）前期２
39	立正大・社会福祉（社会福祉）２月前期
39	立正大・社会福祉（社会福祉）Ｒ方式
39	立正大・社会福祉（子ども教育）２月前期
39	立正大・社会福祉（子ども教育）Ｒ方式
39	摂南大・現代社会（現代社会）前期２
39	摂南大・現代社会（現代社会）前期３
39	神戸学院大・総合リハビリ（社会リハビリ）前期
38	桜美林大・リベラル（社会）前期３
38	桜美林大・リベラル（社会）前期２
38	桜美林大・リベラル（社会）前理３
38	桜美林大・リベラル（社会）前理２
38	大東文化大・社会（社会）全前独
38	大東文化大・社会（社会）全前英
38	大東文化大・社会（社会）３Ａ英
38	大東文化大・社会（社会）３Ｂ英
37	国際医療福祉大・医療福祉（医療・マネジ）前期
37	麗澤大・経済（経済／観光地域）前期２
37	麗澤大・経済（経済／観光地域）前期３
37	麗澤大・経済（経済／観光地域）前期べ
37	桜美林大・健康福祉（社会福祉）前期３
37	桜美林大・健康福祉（社会福祉）前期２
37	桜美林大・健康福祉（精神保健福祉）前期３
37	桜美林大・健康福祉（精神保健福祉）前期２
37	大妻女大・人間関係（関係／社会）ＡⅠ期
37	大妻女大・人間関係（人間福祉）ＡⅠ期
37	関東学院大・社会（現代社会）前期３
37	関東学院大・社会（現代社会）中期３
37	神戸学院大・総合リハビリ（社会リハビリ）中期
37	神戸女大・健康福祉（社会福祉）前期Ａ３
36	淑徳大・総合福祉（社会福祉）Ａ
36	関東学院大・人間共生（コミュニ）前期３
36	関東学院大・人間共生（コミュニ）中期３
36	神戸女大・健康福祉（社会福祉）前期Ａ
36	神戸女大・健康福祉（社会福祉）前期Ｂ
35	淑徳大・コミュニ政策（コミュニ政策）Ａ
35	城西国際大・福祉総合（福祉／子ども）ＡＢ日程
35	城西国際大・福祉総合（福祉／社会福祉）ＡＢ日程
35	城西国際大・福祉総合（福祉／福祉マネ）ＡＢ日程
35	文京学院大・人間（コミュニ社会）Ⅰ期
35	文京学院大・人間（コミュニ社会）Ⅱ期
35	文京学院大・人間（コミュニ社会）全学
35	東洋大・社会夜（社会）前期３べ
35	東洋大・社会夜（社会）前期３均
35	明星大・人文（人間社会）前期Ａ
35	関東学院大・社会（現代社会）前期統一
35	関東学院大・人間共生（コミュニ）前期統一
34	城西国際大・観光（観光）ＡＢ日程
34	明星大・人文（人間社会）前期Ｂ
34	帝京科学大・医療科学（医療福祉）Ⅰ期
33	目白大・人間（人間福祉）Ａ日程
33	目白大・人間（人間福祉）全学部
33	明星大・人文（福祉実践）前期Ａ
33	中部大・人文（コミュニ）前期Ａ
33	中部大・人文（コミュニ）前期Ｂ
33	中部大・人文（コミュニ）前期ＡＭ
33	中部大・人文（コミュニ）前期ＢＭ
32	聖徳大・文（文／教養デザイン）Ａ日程
32	聖徳大・心理・福祉（社会福祉）Ａ日程
32	目白大・社会（地域社会）Ａ日程
32	目白大・社会（地域社会）全学部
32	帝京平成大・人文社会（人間／福祉）Ⅰ期
32	帝京平成大・人文社会（観光経営）Ⅰ期
32	明星大・人文（福祉実践）前期Ｂ
31	流通経大・社会（社会）２科１
31	流通経大・社会（社会）２科２
31	流通経大・社会（社会）３科１
31	流通経大・社会（社会）３科２
30	流通経大・社会（国際観光）２科１
30	流通経大・社会（国際観光）２科２
30	流通経大・社会（国際観光）３科１
30	流通経大・社会（国際観光）３科２

国際関係学部系統

合格目標ライン	大学・学部（学科）日程方式
66	早大・国際教養（国際教養）〈共〉
60	上智大・総合グロ（総合グローバル）〈共〉併用
59	上智大・総合グロ（総合グローバル）ＴＥＡ
56	明治大・国際日本（国際日本）全学３
55	青山学院大・国際政治経済（国際コミュニ）〈共〉個別Ａ 明治大・国際日本（国際日本）学部３ 明治大・国際日本（国際日本）学部英 関西学院大・国際（国際）学部
54	青山学院大・国際政治経済（国際コミュニ）〈共〉個別Ｂ 明治大・国際日本（国際日本）全学英 立命館大・国際関係（国際／国際関係）学部 立命館大・国際関係（国際／グローバル）ＩＲ方式 関西学院大・国際（国際）全学３ 関西学院大・国際（国際）全学英
53	青山学院大・国際政治経済（国際コミュニ）全学部 津田塾大・学芸（国際関係）Ａ方式 立命館大・国際関係（国際／国際関係）文系 立命館大・国際関係（国際／国際関係）ＩＲ方式 関西学院大・国際（国際）英・数
52	学習院大・国際社会科学（国際社会科学）コア
51	学習院大・国際社会科学（国際社会科学）プラス 明治学院大・国際（国際キャリア）Ａ３教科 明治学院大・国際（国際キャリア）全３教科 南山大・国際教養（国際教養）
50	青山学院大・地球社会共生（地球社会共生）全学部 青山学院大・地球社会共生（地球社会共生）〈共〉個別 東京女大・現代教養（国際／国際関係）個別 明治学院大・国際（国際）Ａ３教科 明治学院大・国際（国際）全３教科 南山大・国際教養（国際教養）個別文系
49	東京女大・現代教養（国際／国際関係）英語外部 明治学院大・国際（国際）全英資格 立命館アジア大・アジア太平洋 前期 立命館アジア大・アジア太平洋 英語
48	津田塾大・学芸（多文化・国際）Ａ方式
47	武蔵大・国際教養（国際／グロー）個別Ⅰ 武蔵大・国際教養（国際／グロー）個別Ⅱ 学習院女大・国際文化交流（国際コミュニ）Ａ方式 学習院女大・国際文化交流（英語コミュニ）Ａ方式 同志社女大・学芸（国際教養）前期３ 同志社女大・学芸（国際教養）前期２ 龍谷大・国際（グローバル）前スタ 龍谷大・国際（グローバル）前高得 龍谷大・国際（グローバル）前独自 龍谷大・国際（グローバル）中独自
46	武蔵大・国際教養（国際／グロー）全学部 武蔵大・国際教養（国際／グロー）全グロ 明治学院大・法（グローバル法）全３教科 龍谷大・国際（グローバル）中スタ 龍谷大・国際（グローバル）中高得 関西外大・英語国際（英語国際）前期Ａ 関西外大・英語国際（英語国際）前期Ｓ 関西外大・国際共生（国際共生）前期Ａ 関西外大・国際共生（国際共生）前期Ｓ
45	東北学院大・国際（国際教養）前期Ａ 東北学院大・国際（国際教養）前期Ｂ 順天堂大・国際教養（国際教養）前期Ｃ 順天堂大・国際教養（国際教養）中期 日本大・国際関係（国際総合政策）Ｎ１期 明治学院大・法（グローバル法）Ａ３教科 明治学院大・法（グローバル法）全英資格
44	神田外大・グローバル（グローバル）前期 昭和女大・国際（国際）Ａ日程 昭和女大・国際（国際）Ｂ日程 東洋大・社会（国際社会）前期３均 東洋大・社会（国際社会）前期３英 日本大・国際関係（国際総合政策）Ａ１期 明治学院大・法（グローバル法）Ａ英換算 フェリス女学院大・国際交流（国際交流）Ａ日程２ フェリス女学院大・国際交流（国際交流）Ａ日程３ 愛知淑徳大・グローバル（グローバル）前期３ 愛知淑徳大・グローバル（グローバル）前期２ 近畿大・国際（国際／グロー）前期Ａ 近畿大・国際（国際／グロー）前Ａ独自
43	文教大・国際（国際理解）Ａ 順天堂大・国際教養（国際教養）前期Ｂ 順天堂大・国際教養（国際教養）前期Ａ 東洋大・社会（国際社会）前期４均 東洋大・国際（グローバル）前期３英 東洋大・国際（グローバル）前期３均 東洋大・国際（国際地域）前期３均 東洋大・国際（国際地域）前期３英 愛知淑徳大・交流文化（交流／国際交流）前期３ 京都産大・国際関係（国際関係）前期３ 近畿大・国際（国際／グロー）前期Ｂ 近畿大・国際（国際／グロー）前Ｂ独自
42	文教大・国際（国際理解）全国 共立女大・国際（国際）２月 共立女大・国際（国際）統一 東海大・国際（国際） 東海大・国際（国際）文系前期 愛知大・現代中国（現代中国）前期 愛知大・現代中国（現代中国）Ｍ方式 愛知淑徳大・交流文化（交流／国際交流）前期２ 京都産大・国際関係（国際関係）前期２ 京都産大・国際関係（国際関係）中期
41	麗澤大・国際（国際／国際交流）前期２ 麗澤大・国際（国際／国際交流）前期３ 麗澤大・国際（国際／国際交流）前期ベ 亜細亜大・国際関係（国際関係）３教科 国士舘大・２１世紀ア（２１世紀ア）前期 摂南大・国際（国際）前期２ 摂南大・国際（国際）前期３
40	亜細亜大・国際関係（国際関係）統一前期 亜細亜大・国際関係（国際関係）統一中期 大東文化大・国際関係（国際関係）３独自 拓殖大・国際（国際）２月
39	国士舘大・２１世紀ア（２１世紀ア）デリバリ 国士舘大・２１世紀ア（２１世紀ア）中期 大東文化大・国際関係（国際関係）全前独 大東文化大・国際関係（国際関係）全前英
38	大東文化大・国際関係（国際関係）３英語 拓殖大・国際（国際）全国
37	神戸女大・文（国際教養）前期Ａ 神戸女大・文（国際教養）前期Ａ３ 神戸女大・文（国際教養）前期Ｂ
36	東京国際大・国際関係（国際関係）Ⅰ期３ 東京国際大・国際関係（国際関係）Ⅰ期２ 東京国際大・国際関係（国際関係）Ⅱ期３ 東京国際大・国際関係（国際関係）Ⅱ期２ 東京国際大・国際関係（国際メディア）Ⅰ期３ 東京国際大・国際関係（国際メディア）Ⅰ期２ 東京国際大・国際関係（国際メディア）Ⅱ期３ 東京国際大・国際関係（国際メディア）Ⅱ期２
35	城西国際大・国際人文（国際交流）ＡＢ日程 東洋大・国際夜（国際地域）前期３ベ 明星大・人文（国際コミュニ）前期Ａ 中部大・国際関係（国際）前期Ａ 中部大・国際関係（国際）前期Ｂ 中部大・国際関係（国際）前期ＡＭ 中部大・国際関係（国際）前期ＢＭ
34	明星大・人文（国際コミュニ）前期Ｂ

私立　国際関係学部系統

合格目標ライン	大学・学部（学科）日程方式
31	帝京平成大・人文社会（人間／グロー）Ⅰ期

教員養成・教育学部系統

合格目標ライン	大学・学部（学科）日程方式
60	早大・教育（教育／教育）〈共〉Ｃ方式
59	早大・教育（教育／教育）Ａ方式
	早大・教育（教育／生涯教育）〈共〉Ｃ方式
58	早大・教育（教育／生涯教育）Ａ方式
	早大・教育（教育／初等教育）〈共〉Ｃ方式
57	上智大・総合人間科学（教育）〈共〉併用
	早大・教育（教育／初等教育）Ａ方式
56	上智大・総合人間科学（教育）ＴＥＡ
55	同志社大・社会（教育文化）全学文系
54	同志社大・社会（教育文化）学部個別
53	立教大・文（教育）
52	青山学院大・教育人間科学（教育）〈共〉個別
	関西学院大・教育（教育／初等教育）学部文
	関西学院大・教育（教育／初等教育）全学文
	関西学院大・教育（教育／初等教育）全学理
51	青山学院大・教育人間科学（教育）全学部
	学習院大・文（教育）コア
	学習院大・文（教育）プラス
	中央大・文（人文／教育）学部別
	中央大・文（人文／教育）共通
	関西大・文（総合／初等教育）全学Ⅰ
	関西大・文（総合／初等教育）全学Ⅱ
	関西学院大・教育（教育／幼児教育）全学文
	関西学院大・教育（教育／幼児教育）全学理
	関西学院大・教育（教育／教育科）学部文
	関西学院大・教育（教育／教育科）全学文
	関西学院大・教育（教育／教育科）全学理
50	中央大・文（人文／教育）英語
	関西学院大・教育（教育／幼児教育）学部文
49	日本女大・人間社会（教育）個別型
	日本女大・人間社会（教育）英語外部
	武庫川女大・教育（教育）Ａ３科目
	武庫川女大・教育（教育）Ａ２科目
48	文教大・教育（学校／英語）Ａ
	文教大・教育（学校／英語）全国
	日本大・文理（教育）Ｎ１期
	京都女大・発達教育（教育／教育）前期Ａ
	京都女大・発達教育（教育／教育）前期Ｂ
	武庫川女大・教育（教育）Ｂ２科目
47	文教大・教育（学校／国語）全国
	文教大・教育（学校／社会）全国
	日本大・文理（教育）Ａ１期
	龍谷大・文（哲／教育）前高得
46	文教大・教育（学校／国語）Ａ
	文教大・教育（学校／社会）Ａ
	文教大・教育（学校／数学）Ａ
	文教大・教育（学校／数学）全国
	文教大・教育（学校／理科）Ａ
	文教大・教育（学校／理科）全国
	國學院大・人間開発（初等教育）Ａ得意
	東洋大・文（教育／初等教育）前期３均
	愛知淑徳大・文（教育）前期３
	愛知淑徳大・文（教育）前期２
	京都女大・発達教育（教育／養護福祉）前期Ａ
	佛教大・教育（教育）Ａ日程３
	龍谷大・文（哲／教育）前スタ
	龍谷大・文（哲／教育）中スタ
	龍谷大・文（哲／教育）中高得
	関西外大・英語キャリア（英語／小学校）前期Ａ
	福岡大・人文（教育・臨床）前期
	福岡大・人文（教育・臨床）系統別

合格目標ライン	大学・学部（学科）日程方式
45	國學院大・人間開発（初等教育）Ａ３
	玉川大・教育（教育）全学前期
	玉川大・教育（教育）地域創生
	玉川大・教育（教育）英語外前
	東洋大・文（教育／初等教育）前期４均
	武蔵野大・教育（教育）Ａ日程文
	武蔵野大・教育（教育）Ａ日程理
	武蔵野大・教育（教育）Ｂ日程
	武蔵野大・教育（教育）全学部
	京都女大・発達教育（教育／養護福祉）前期Ｂ
	佛教大・教育（教育）Ａ日程２
	佛教大・教育（幼児教育）Ａ日程３
44	東北学院大・文（教育）前期Ａ
	東北学院大・文（教育）前期Ｂ
	文教大・教育（学校／家庭）Ａ
	文教大・教育（学校／家庭）全国
	文教大・教育（発達／特別支援）Ａ
	文教大・教育（発達／特別支援）全国
	文教大・教育（発達／初等連携）Ａ
	文教大・教育（発達／初等連携）全国
	國學院大・人間開発（初等教育）Ａ特色
	國學院大・人間開発（健康体育）Ａ得意
	国士舘大・文（教育／中等教育）前期
	玉川大・教育（乳幼児発達）全学前期
	玉川大・教育（乳幼児発達）地域創生
	玉川大・教育（乳幼児発達）英語外前
	帝京大・教育（初等／初等教育）Ⅰ期
	東海大・児童教育（児童教育）
	東海大・児童教育（児童教育）文理前
	常葉大・教育（初等教育）前期文系
	佛教大・教育（幼児教育）Ａ日程２
43	國學院大・人間開発（健康体育）Ａ３
	国士舘大・文（教育／中等教育）デリバリー
	国士舘大・文（教育／初等教育）前期
	国士舘大・文（教育／初等教育）デリバリー
	昭和女大・人間社会（初等教育）Ａ日程
	帝京大・教育（教育文化）Ⅰ期
	帝京大・教育（初等／こども教育）Ⅰ期
	常葉大・教育（初等教育）前期理系
42	文教大・教育（学校／音楽）Ａ
	文教大・教育（学校／音楽）全国
	文教大・教育（学校／体育）Ａ
	文教大・教育（学校／体育）全国
	女子栄養大・栄養（保健／保健養護）１期
	大妻女大・家政（児童／児童教育）ＡⅠ期
	國學院大・人間開発（健康体育）Ａ特色
	国士舘大・文（教育／中等教育）中期
	国士舘大・文（教育／初等教育）中期
	昭和女大・人間社会（初等教育）Ｂ日程
	白百合女大・人間総合（初等教育）
	大東文化大・文（教育）３独自
	大東文化大・文（教育）全前独
	玉川大・教育（教育／保健体育）全学前期
	玉川大・教育（教育／保健体育）地域創生
	玉川大・教育（教育／保健体育）英語外前
	玉川大・芸術（音楽／音楽）全学前期
	玉川大・芸術（音楽／音楽）地域創生
	玉川大・芸術（音楽／音楽）英語外前
	玉川大・芸術（アート／美術教育）全学前期
	玉川大・芸術（アート／美術教育）地域創生
	玉川大・芸術（アート／美術教育）英語外前

合格目標ライン	大学・学部（学科）日程方式
42	明星大・教育（教育）前期Ａ 常葉大・教育（生涯学習）前期３ 中京大・スポーツ科学（スポーツ教育）前Ａ３ 中京大・スポーツ科学（スポーツ教育）前期Ｍ３
41	文教大・教育（学校／美術）Ａ１ 文教大・教育（学校／美術）Ａ２ 文教大・教育（学校／美術）全国 大東文化大・文（教育）全前英 東京家政大・児童（初等教育）統一 明星大・教育（教育）前期Ｂ 中京大・スポーツ科学（スポーツ教育）前Ａ２ 中京大・スポーツ科学（スポーツ教育）前期Ｍ２
40	東京家政大・人文（教育福祉）統一 神戸女大・文（教育）前期Ａ 神戸女大・文（教育）前期Ａ３ 神戸女大・文（教育）前期Ｂ
39	大東文化大・文（教育）３英語 常葉大・教育（初等教育）前期実技
38	帝京科学大・教育人間科学（学校／中高理科）Ｉ期 帝京科学大・教育人間科学（学校／中高英語）Ｉ期 関東学院大・教育（こども発達）前期３ 関東学院大・教育（こども発達）中期３
37	淑徳大・総合福祉（教育／学校教育）Ａ 淑徳大・総合福祉（教育／健康教育）Ａ 桜美林大・教育探究科（教育探究）前期３ 桜美林大・教育探究科（教育探究）前期２ 桜美林大・教育探究科（教育探究）前理３ 桜美林大・教育探究科（教育探究）前理２ 帝京科学大・教育人間科学（学校／小学校）Ｉ期

合格目標ライン	大学・学部（学科）日程方式
37	帝京科学大・教育人間科学（こども／小学・幼稚）Ｉ期 帝京科学大・教育人間科学（こども／幼稚・保育）Ｉ期 関東学院大・教育（こども発達）前期統一 中部大・現代教育（幼児教育）前期ＡＭ 中部大・現代教育（現代／現代教育）前期ＡＭ 中部大・現代教育（現代／中等国数）前期Ａ 中部大・現代教育（現代／中等国数）前期ＡＭ 中部大・現代教育（現代／中等国数）前期ＢＭ
36	淑徳大・教育（こども教育）Ａ 中部大・現代教育（幼児教育）前期Ａ 中部大・現代教育（幼児教育）前期Ｂ２ 中部大・現代教育（幼児教育）前期Ｂ１ 中部大・現代教育（幼児教育）前期ＢＭ 中部大・現代教育（現代／現代教育）前期Ａ 中部大・現代教育（現代／現代教育）前期Ｂ 中部大・現代教育（現代／現代教育）前期ＢＭ 中部大・現代教育（現代／中等国数）前期Ｂ
35	東洋大・文夜（教育）前期３ベ 東洋大・文夜（教育）前期３均
34	目白大・人間（児童教育）Ａ日程 目白大・人間（児童教育）全学部 帝京平成大・人文社会（児童／小学校）Ｉ期 帝京科学大・教育人間科学（学校／中高保体）Ｉ期
33	聖徳大・教育（児童／幼稚園）Ａ日程 聖徳大・教育（児童／児童文化）Ａ日程 聖徳大・教育（教育／小学校）Ａ日程 聖徳大・教育（教育／特別支援）Ａ日程
30	聖徳大・教育夜（児童）Ａ日程 聖徳大・教育夜（教育）Ａ日程

生活科学部系統

合格目標ライン	大学・学部（学科）日程方式
55	日本女大・家政（食物／管理栄養士）個別３
54	日本女大・家政（食物／管理栄養士）個別２ 日本女大・家政（食物／管理栄養士）英語外部
52	日本女大・家政（食物／食物）個別２ 日本女大・家政（食物／食物）個別３ 日本女大・家政（食物／食物）英語外部
51	立命館大・産業社会（現代／子ども）文系 立命館大・産業社会（現代／子ども）学部 立命館大・食マネジ（食マネジ）文系 立命館大・食マネジ（食マネジ）学部文系 立命館大・食マネジ（食マネジ）理系３
50	東京農大・応用生物科学（栄養科学）Ａ日程 近畿大・農（食品栄養）前期Ａ
49	京都女大・家政（食物栄養）前期Ａ 京都女大・家政（食物栄養）前期Ｂ 同志社女大・生活科学（食物／管理栄養士）前期 近畿大・農（食品栄養）前期Ｂ 西南学院大・人間科学（児童教育）Ａ・Ｆ
48	日本女大・家政（家政経済）個別２ 日本女大・家政（家政経済）個別３ 日本女大・家政（児童）個別３ 京都女大・発達教育（児童）前期Ａ 京都女大・発達教育（児童）前期Ｂ 京都女大・家政（生活造形）前期Ｂ 西南学院大・人間科学（児童教育）英語
47	日本女大・家政（家政経済）英語外部 日本女大・家政（児童）個別２ 日本女大・家政（被服）個別３ 日本女大・家政（住居／居住環境）個別３ 京都女大・家政（生活造形）前期Ａ
46	國學院大・人間開発（子ども支援）Ａ得意 東京家政大・栄養（管理栄養）統一 日本女大・家政（児童）英語外部

合格目標ライン	大学・学部（学科）日程方式
46	日本女大・家政（被服）個別２ 日本女大・家政（住居／居住環境）個別２ 同志社女大・現代社会（現代こども）前期３ 同志社女大・現代社会（現代こども）前期２ 同志社女大・生活科学（人間生活）前期３ 同志社女大・生活科学（人間生活）前期２ 同志社女大・生活科学（食物／食物科学）前期
45	文教大・教育（発達／幼児心理）Ａ 文教大・教育（発達／幼児心理）全国 國學院大・人間開発（子ども支援）Ａ３ 國學院大・人間開発（子ども支援）Ａ特色 昭和女大・食健康科学（管理栄養）Ａ日程 東京農大・応用生物科学（食品安全健康）Ａ日程 日本女大・家政（被服）英語外部 日本女大・家政（住居／居住環境）英語外部 武蔵野大・教育（幼児教育）Ａ日程文 武蔵野大・教育（幼児教育）Ｂ日程 武蔵野大・教育（幼児教育）全学部
44	大妻女大・家政（食物／管理栄養士）ＡＩ期 昭和女大・食健康科学（管理栄養）Ｂ日程 愛知淑徳大・福祉貢献（福祉／子ども福祉）前期３ 愛知淑徳大・健康医療（健康栄養）前期２ 神戸女大・家政（管理栄養士）前期Ａ３ 武庫川女大・食物栄養科学（食物栄養）Ａ２科目 武庫川女大・食物栄養科学（食物栄養）Ａ３科目 武庫川女大・食物栄養科学（食物栄養）Ｂ２科目 武庫川女大・食物栄養科学（食創造科学）Ａ２科目 武庫川女大・食物栄養科学（食創造科学）Ａ３科目 武庫川女大・食物栄養科学（食創造科学）Ｂ２科目
43	大妻女大・家政（食物／食物）ＡＩ期 共立女大・家政（食物／管理栄養士）統一 東京家政大・栄養（栄養）統一 東京都市大・人間科学（人間科学）前期

合格目標ライン	大学・学部（学科）日程方式
43	武蔵野大・工（建築デザ）全学部
	愛知淑徳大・福祉貢献（福祉／子ども福祉）前期２
	愛知淑徳大・健康医療（健康栄養）前期３
	龍谷大・農（食品栄養）前農ス
	神戸女大・家政（管理栄養士）前期Ａ
	神戸女大・家政（管理栄養士）前期Ｂ
	武庫川女大・生活環境（生活環境）Ａ２科目
	武庫川女大・生活環境（生活環境）Ａ３科目
	武庫川女大・生活環境（生活環境）Ｂ２科目
42	女子栄養大・栄養（実践栄養）１期
	大妻女大・家政（児童／児童）ＡⅠ期
	共立女大・家政（食物／管理栄養士）２月
	共立女大・家政（児童）統一
	実践女大・生活科学（食生／管理栄養士）Ⅰ期２
	実践女大・生活科学（食生／管理栄養士）Ⅰ期３
	実践女大・生活科学（食生／管理栄養士）Ⅰ期外部
	昭和女大・食健康科学（健康デザ）Ａ日程
	昭和女大・食健康科学（食安全マネジ）Ａ日程
	昭和女大・食健康科学（食安全マネジ）Ｂ日程
	東京家政大・児童（児童／児童学）統一
	東京家政大・児童（児童／育児支援）統一
	日本獣医生命大・応用生命科学（食品科学）第１回
	武蔵野大・工（建築デザ）Ａ日程理
	麻布大・生命・環境（食品生命科学）Ⅰ期２
	麻布大・生命・環境（食品生命科学）Ⅰ期総
	愛知学院大・健康科（健康栄養）前期Ａ
	愛知学院大・健康科（健康栄養）中期
	龍谷大・農（食品栄養）中農ス
41	共立女大・家政（食物／食物）２月
	共立女大・家政（食物／食物）統一
	共立女大・家政（児童）２月
	昭和女大・食健康科学（健康デザ）Ｂ日程
	白百合女大・人間総合（児童文化）
	東京家政大・子ども支援（子ども支援）統一
	東洋大・食環境科学（健康栄養）前期３均
	東洋大・食環境科学（健康栄養）前期３理
	龍谷大・農（食品栄養）前農高
	龍谷大・農（食品栄養）中農高
	神戸学院大・栄養（栄養／管理栄養）前期２
	神戸学院大・栄養（栄養／管理栄養）前期３
40	文教大・健康栄養（管理栄養）Ａ
	文教大・健康栄養（管理栄養）全国
	女子栄養大・栄養（保健／栄養科学）１期
	大妻女大・家政（被服）ＡⅠ期
	共立女大・家政（被服）統一
	実践女大・生活科学（食生／食物科学）Ⅰ期２
	実践女大・生活科学（食生／食物科学）Ⅰ期３
	実践女大・生活科学（食生／食物科学）Ⅰ期外部
	実践女大・生活科学（生活／幼児保育）Ⅰ期２
	実践女大・生活科学（生活／幼児保育）Ⅰ期３
	実践女大・生活科学（生活／幼児保育）Ⅰ期外部
	東洋大・福祉社会デザ（子ども支援）前期３均
	関東学院大・栄養（管理栄養）前期３
	関東学院大・栄養（管理栄養）中期３
	中部大・応用生物（食品／食品栄養）前期ＡＭ
	神戸学院大・栄養（栄養／管理栄養）中期
	神戸女大・家政（家政）前期Ａ
	神戸女大・家政（家政）前期Ａ３

合格目標ライン	大学・学部（学科）日程方式
40	神戸女大・家政（家政）前期Ｂ
39	女子栄養大・栄養（食文化栄養）１期
	桜美林大・健康福祉（保育）前期３
	桜美林大・健康福祉（保育）前期２
	大妻女大・家政（ライフデザ）ＡⅠ期
	共立女大・家政（被服）２月
	実践女大・生活科学（生活環境）Ⅰ期２
	実践女大・生活科学（生活環境）Ⅰ期３
	実践女大・生活科学（生活環境）Ⅰ期外部
	実践女大・生活科学（食生／健康栄養）Ⅰ期２
	実践女大・生活科学（食生／健康栄養）Ⅰ期３
	実践女大・生活科学（食生／健康栄養）Ⅰ期外部
	東京家政大・家政（服飾美術）統一
	東京工科大・デザイン（デザ／工業デザ）Ａ日程
	東洋大・福祉社会デザ（子ども支援）多面前３
	東洋大・福祉社会デザ（子ども支援）前期３国
	東洋大・福祉社会デザ（子ども支援）前期４均
	東洋大・健康スポーツ（栄養科学）前３均文
	東洋大・健康スポーツ（栄養科学）前３均理
	日本体育大・児童スポーツ（児童／幼児教育）
	神奈川工大・健康医療科学（管理栄養）Ａ日程
	関東学院大・栄養（管理栄養）前期統一
	中部大・応用生物（食品／食品栄養）前期ＢＭ
	中部大・応用生物（食品／管理栄養）前期ＡＭ
38	淑徳大・看護栄養（栄養）Ａ
	帝京平成大・健康メディ（健康栄養）Ⅰ期
	実践女大・生活科学（生活／生活心理）Ⅰ期２
	実践女大・生活科学（生活／生活心理）Ⅰ期３
	実践女大・生活科学（生活／生活心理）Ⅰ期外部
	東洋大・福祉社会デザ（人間環境デザイン）前３国選
	東洋大・福祉社会デザ（人間環境デザイン）前３数理
	中部大・応用生物（食品／食品栄養）前期Ａ
	中部大・応用生物（食品／食品栄養）前期Ｂ
	中部大・応用生物（食品／管理栄養）前期Ａ
	中部大・応用生物（食品／管理栄養）前期Ｂ
	中部大・応用生物（食品／管理栄養）前期ＢＭ
37	城西大・薬（医療栄養）Ａ日程
	実践女大・生活科学（現代生活）Ⅰ期２
	実践女大・生活科学（現代生活）Ⅰ期３
	実践女大・生活科学（現代生活）Ⅰ期外部
	東洋大・福祉社会デザ（人間環境デザイン）前期４均
	常葉大・健康プロデュ（健康栄養）前期３
	摂南大・農（食品栄養）前期３
	摂南大・農（食品栄養）前期２
36	文京学院大・人間（児童発達）Ⅰ期
	文京学院大・人間（児童発達）Ⅱ期
	文京学院大・人間（児童発達）全学
	東洋大・福祉社会デザ（人間環境デザイン）実技前期
	帝京科学大・教育人間科学（幼児保育）Ⅰ期
	常葉大・健康プロデュ（こども健康）前期３
	常葉大・健康プロデュ（こども健康）前期２
35	常葉大・保育（保育）前期３
34	目白大・人間（子ども）Ａ日程
	目白大・人間（子ども）全学部
33	聖徳大・教育（児童／保育士）Ａ日程
	聖徳大・人間栄養（人間栄養）Ａ日程
	帝京平成大・人文社会（児童／保育幼稚）Ⅰ期

芸術学部系統

合格目標ライン	大学・学部（学科）日程方式
55	明治大・文（文／文芸メデ）学部別 明治大・文（文／文芸メデ）全学部
54	明治大・文（文／演劇）全学部 同志社大・文（美学芸術）学部個別 同志社大・文（美学芸術）全学文系
53	明治大・文（文／演劇）学部別
52	青山学院大・文（比較芸術）全学部 青山学院大・文（比較芸術）〈共〉個別
51	関西学院大・文（文化／美学芸術）学部 関西学院大・文（文化／美学芸術）全学部
48	立命館大・映像（映像）文系 立命館大・映像（映像）学部文系 立命館大・映像（映像）学部理系
47	明治学院大・文（芸術）全３教科
46	明治学院大・文（芸術）Ａ３教科
45	成城大・文芸（芸術）Ａ３教科Ⅱ 成城大・文芸（芸術）Ａ２教科Ⅱ 成城大・文芸（芸術）Ｓ方式 成城大・文芸（芸術）Ａ方式Ⅰ 成城大・文芸（芸術）Ａ方式Ⅳ
44	東海大・文化社会（文芸創作）文系前期 日本大・芸術（映画）Ｎ１期 日本大・芸術（放送）Ｎ１期 京都女大・発達教育（教育／音楽教育）前期Ａ 京都女大・発達教育（教育／音楽教育）前期Ｂ 近畿大・文芸（文化デザ）前期Ａ
43	東海大・文化社会（文芸創作） 日本大・芸術（映画）Ａ 日本大・芸術（放送）Ａ 愛知淑徳大・創造表現（創造／メディア）前期３ 愛知淑徳大・創造表現（創造／メディア）前期２ 近畿大・文芸（文化デザ）前期Ｂ
42	昭和女大・環境デザ（環境デザ）Ａ日程 昭和女大・環境デザ（環境デザ）Ｂ日程 玉川大・芸術（演劇・舞踊）全学前期 玉川大・芸術（演劇・舞踊）英語外前 玉川大・芸術（音楽／演奏創作）全学前期 玉川大・芸術（音楽／演奏創作）英語外前 玉川大・芸術（音楽／ミュージ）全学前期 玉川大・芸術（音楽／ミュージ）英語外前 玉川大・芸術（アート／メディア）全学前期 玉川大・芸術（アート／メディア）英語外前 日本大・芸術（演劇）Ａ個別 日本大・芸術（演劇）Ｎ１期 日本大・芸術（写真）Ｎ１期 日本大・芸術（文芸）Ａ 日本大・芸術（文芸）Ｎ１期 愛知淑徳大・創造表現（創造／創作表現）前期３ 愛知淑徳大・創造表現（創造／創作表現）前期２ 同志社女大・学芸（音楽／音楽文化）前期３ 同志社女大・学芸（音楽／音楽文化）前期２
41	日本大・芸術（写真）Ａ 日本大・芸術（美術）ＡⅠ 日本大・芸術（美術）ＡⅡ 日本大・芸術（美術）Ｎ１期

合格目標ライン	大学・学部（学科）日程方式
41	日本大・芸術（デザイン）Ａ 日本大・芸術（デザイン）Ｎ１期 日本大・芸術（音楽／情報音楽）Ａ 日本大・芸術（音楽／情報音楽）Ｎ１期 日本大・芸術（音楽／作曲理論）Ａ 日本大・芸術（音楽／作曲理論）Ｎ１期 日本大・芸術（音楽／音楽教育）Ａ 日本大・芸術（音楽／声楽）Ａ 日本大・芸術（音楽／声楽）Ｎ１期 日本大・芸術（音楽／ピアノ）Ａ 日本大・芸術（音楽／ピアノ）Ｎ１期 日本大・芸術（音楽／弦管打楽）Ａ 同志社女大・学芸（音楽／演奏）前期実技
40	大東文化大・文（書道）全前独 大東文化大・文（書道）全前英 近畿大・文芸（芸術／舞台芸術）前期Ａ 近畿大・文芸（芸術／造形芸術）前期Ｂス
39	大東文化大・文（書道）３独自 東海大・教養（芸術）文理前 東海大・教養（芸術）筆記型 東京工科大・デザイン（デザ／視覚デザ）Ａ日程 フェリス女学院大・音楽（音楽芸術）Ａ２ フェリス女学院大・音楽（音楽芸術）Ａ３ 近畿大・文芸（芸術／舞台芸術）前期Ｂ 近畿大・文芸（芸術／造形芸術）前期Ａ 近畿大・文芸（芸術／造形芸術）前期Ｂ実
38	大東文化大・文（書道）３英語 東海大・教養（芸術）専門型
37	桜美林大・芸術文化（ビジュアル）前期３ 桜美林大・芸術文化（ビジュアル）前期２ 東京家政大・家政（造形表現）統一学力 東京家政大・家政（造形表現）統一実技
36	桜美林大・芸術文化（音楽）前期３ 桜美林大・芸術文化（音楽）前期２ 桜美林大・芸術文化（演劇ダンス）前期３ 桜美林大・芸術文化（演劇ダンス）前期２ 武庫川女大・音楽（演奏）Ａ２科目 武庫川女大・音楽（演奏）Ｂ２科目 武庫川女大・音楽（応用音楽）Ａ３科目 武庫川女大・音楽（応用音楽）Ｂ２科目
35	淑徳大・人文（表現）Ａ 城西国際大・メディア（メデ／ニュー）ＡＢ日程 城西国際大・メディア（メデ／映像芸術）ＡＢ日程 実践女大・文（美学美術史）Ⅰ期２ 実践女大・文（美学美術史）Ⅰ期３ 実践女大・文（美学美術史）Ⅰ期外部 常葉大・造形（造形）前期３
34	常葉大・造形（造形）前期２
33	目白大・メディア（メディア）Ａ日程 目白大・メディア（メディア）全学部 明星大・デザイン（デザイン）前期Ａ
32	聖徳大・文（文／書道文化）Ａ日程 帝京平成大・人文社会（人間／メディア）Ⅰ期 明星大・デザイン（デザイン）前期Ｂ
31	聖徳大・音楽（音楽）Ａ日程

総合科学部系統

合格目標ライン	大学・学部（学科）日程方式
58	慶大・環境情報（環境情報）
	早大・人間科学（人間環境科学）文系
	早大・人間科学（人間情報科学）文系
57	早大・人間科学（人間環境科学）〈共〉＋数学
	早大・人間科学（人間情報科学）〈共〉＋数学
56	早大・人間科学（人間環境科学）理系
	早大・人間科学（人間情報科学）理系
54	明治大・情報コミュニ（情報コミュニ）全学部
53	明治大・情報コミュニ（情報コミュニ）学部別
	同志社大・文化情報（文化情報）全学理系
52	同志社大・文化情報（文化情報）学部理系
	同志社大・文化情報（文化情報）全学文系
51	中央大・総合政策（政策）共通
	津田塾大・総合政策（総合政策）Ａ方式
	立教大・現代心理（映像身体）
	同志社大・文化情報（文化情報）学部文系
	立命館大・政策科学（政策科学）文系
	立命館大・政策科学（政策科学）学部
50	青山学院大・社会情報（社会情報）全学部Ａ
	青山学院大・社会情報（社会情報）〈共〉個別Ａ
	青山学院大・社会情報（社会情報）〈共〉個別Ｂ
	青山学院大・社会情報（社会情報）〈共〉個別Ｃ
	青山学院大・社会情報（社会情報）〈共〉個別Ｄ
	青山学院大・コミュニティ（コミュニティ）〈共〉個別
	中央大・文（人文／社会情報）学部別
	中央大・文（人文／社会情報）共通
	法政大・人間環境（人間環境）Ａ方式
	関西学院大・総合政策　全学文
	関西学院大・総合政策　全学理
	関西学院大・人間福祉（人間科学）全学部
	関西学院大・人間福祉（人間科学）英・数
49	青山学院大・コミュニティ（コミュニティ）全学部
	中央大・文（人文／社会情報）英語
	中央大・総合政策（政策）学部別
	中央大・総合政策（政策）英語
	法政大・人間環境（人間環境）Ｔ日程
	法政大・人間環境（人間環境）英語外部
	関西学院大・総合政策　学部文
	関西学院大・総合政策　英・数
	関西学院大・人間福祉（人間科学）学部
48	青山学院大・社会情報（社会情報）全学部Ｂ
	中央大・国際情報（国際情報）学部別
	中央大・国際情報（国際情報）英語
	南山大・理工（データサイエ）
	南山大・理工（データサイエ）個別理系
	関西大・総合情報（総合情報）全Ⅰ３
	関西大・総合情報（総合情報）全Ⅱ３
47	成蹊大・経済（経済数理）２統一
	成蹊大・経済（経済数理）３個別
	法政大・情報科学（ディジタル）ＡⅠ日程
	法政大・キャリアデザ（キャリアデザ）Ａ方式
	法政大・キャリアデザ（キャリアデザ）Ｔ日程
	京都女大・データサイエ（データサイエンス）前期
	関西大・総合情報（総合情報）全Ⅱ２
	関西大・総合情報（総合情報）英数Ⅰ
	関西大・総合情報（総合情報）英数Ⅱ
	関西大・総合情報（総合情報）Ⅰ英国
	関西大・総合情報（総合情報）Ⅰ国数
	甲南大・文（人間科学）前３一般
	甲南大・文（人間科学）中一般
46	法政大・情報科学（ディジタル）Ｔ日程
	法政大・情報科学（ディジタル）英語外部
	法政大・キャリアデザ（キャリアデザ）英語外部
	同志社女大・学芸（メディア創造）前期３
	同志社女大・学芸（メディア創造）前期２
	関西大・総合情報（総合情報）学部
46	関西大・人間健康（人間健康）全Ⅱ同
	関西大・人間健康（人間健康）全Ⅰ３
	関西大・人間健康（人間健康）全Ⅱ３
	甲南大・文（人間科学）前３外
	甲南大・文（人間科学）前２一般
	甲南大・文（人間科学）前２外
	甲南大・文（人間科学）中外部
45	駒澤大・グローバル（グローバル）２月Ｔ
	駒澤大・グローバル（グローバル）Ｓ方式
	駒澤大・グローバル（グローバル）全学部
	東洋大・文（教育／人間発達）前期３英
	東洋大・文（教育／人間発達）前期３均
	関西大・社会安全（安全マネジ）全Ⅰ３
	関西大・社会安全（安全マネジ）全Ⅱ３
	関西大・人間健康（人間健康）全Ⅰ２
	武庫川女大・社会情報（社会情報／情報メディア）A3科目
44	東北学院大・地域総合（地域コミュニ）前期Ａ
	東北学院大・地域総合（地域コミュニ）前期Ｂ
	文教大・人間科学（人間科学）Ａ
	文教大・人間科学（人間科学）全国
	順天堂大・健康データサイ（健康データサイエンス）A日程
	東洋大・文（教育／人間発達）前期４均
	東京都市大・デザイン・データ（デザイン・データ）前期3
	関西大・社会安全（安全マネジ）全Ⅰ英
	関西大・社会安全（安全マネジ）全Ⅱ数
	関西大・社会安全（安全マネジ）Ⅰ英数
	関西大・社会安全（安全マネジ）Ⅱ英数
	武庫川女大・社会情報（社会情報／情報メディア）A2科目
	武庫川女大・社会情報（社会情報／情報メディア）B2科目
43	東北学院大・情報（データサイエ）前期Ａ
	東北学院大・情報（データサイエ）前期Ｂ
	工学院大・情報（コンピュータ）Ａ日程
	工学院大・情報（コンピュータ）Ｓ日程
	工学院大・情報（情報デザ）Ｓ日程
	順天堂大・健康データサイ（健康データサイエンス）B日程
	日本大・危機管理（危機管理）Ａ個別
	日本大・生物資源科学（環境）Ａ個別１
	日本大・生物資源科学（環境）Ｎ１期
	日本大・生物資源科学（国際共生）Ａ個別１
	日本大・生物資源科学（国際共生）Ｎ１期
	武蔵野大・文（日本文学文化）Ａ日程文
	武蔵野大・人間科学（人間科学）Ａ日程文
	武蔵野大・人間科学（人間科学）Ｂ日程
	武蔵野大・人間科学（人間科学）全学部
	愛知大・地域政策（地域／まちづくり）前期
	愛知大・地域政策（地域／まちづくり）Ｍ方式
	近畿大・総合社会（総合／環境・まち）前期Ａ
42	工学院大・情報（コンピュータ）英語外部
	工学院大・情報（情報デザ）Ａ日程
	玉川大・リベラル（リベラル）全学前期
	玉川大・リベラル（リベラル）英語外前
	東海大・文理融合（地域社会）文理前
	日本大・危機管理（危機管理）Ｎ１期
	武蔵野大・文（日本文学文化）Ｂ日程
	武蔵野大・文（日本文学文化）全学部
	武蔵野大・データサイエ（データサイエ）全学部
	武蔵野大・工（サステナビリティ）全学部
	神奈川大・人間科学（人間科学）前期Ａ
	愛知淑徳大・人間情報（人間情報／データ）前期３
	愛知淑徳大・人間情報（人間情報／データ）前期２
	名城大・人間（人間）Ａ方式
	近畿大・総合社会（総合／環境・まち）前期Ｂ
41	工学院大・情報（情報デザ）英語外部
	専修大・ネットワーク（ネットワーク）全国
	東海大・教養（人間環境）
	東海大・文理融合（地域社会）

私立
総合科学部系統

合格目標ライン	大学・学部（学科）日程方式
41	東洋大・情報連携（情報連携）前３均文 東洋大・情報連携（情報連携）前３均理 東洋大・情報連携（情報連携）前３最高文 東洋大・情報連携（情報連携）前３最高理 東洋大・情報連携（情報連携）前３国数 東洋大・情報連携（情報連携）前期３数 武蔵野大・データサイエ（データサイエ）Ａ日程文 武蔵野大・データサイエ（データサイエ）Ａ日程理 武蔵野大・データサイエ（データサイエ）Ｂ日程 武蔵野大・工（サステナビリティ）Ａ日程理 武蔵野大・工（サステナビリティ）Ｂ日程 麻布大・生命・環境（環境科学）Ⅰ期２ 麻布大・生命・環境（環境科学）Ⅰ期総 名城大・人間（人間）Ｂ方式 佛教大・社会（公共政策）Ａ日程３ 大阪工大・情報科学（データサイエ）前期Ａ理系
40	専修大・ネットワーク（ネットワーク）前期Ｆ 大正大・心理社会（人間科学）前期２ 大正大・心理社会（人間科学）前期３ 大正大・心理社会（人間科学）前期４ 大正大・心理社会（人間科学）チャレ 東海大・教養（人間環境）文理前 東京工科大・メディア（メディア）Ａ日程 東洋大・総合情報（総合情報）前３均文 東洋大・総合情報（総合情報）前期３英 東洋大・情報連携（情報連携）前期４均 佛教大・社会（公共政策）Ａ日程２ 大阪経大・人間科学（人間科学）前期Ａ 大阪経大・人間科学（人間科学）前期Ｂ 大阪工大・情報科学（データサイエ）前期Ａ文系 大阪工大・情報科学（データサイエ）前期Ｂ理系 大阪工大・情報科学（データサイエ）前期Ｂ文系
39	文教大・情報（情報シス）Ａ 文教大・情報（情報シス）全国 東洋大・総合情報（総合情報）前４均文 東洋大・総合情報（総合情報）前３均理 東洋大・総合情報（総合情報）前期３数 立正大・データサイエ（データサイエ）２月前期 立正大・データサイエ（データサイエ）Ｒ方式
38	文教大・情報（情報社会）Ａ 文教大・情報（情報社会）全国 大正大・社会共生（公共政策）前期２ 大正大・社会共生（公共政策）前期３ 大正大・社会共生（公共政策）前期４ 大正大・社会共生（公共政策）チャレ 東京家政大・家政（環境教育）統一 金沢工大・情報フロン（心理科学）Ａ 名城大・都市情報（都市情報）Ａ方式 神戸学院大・現代社会（社会防災）前期
37	関東学院大・人間共生（共生デザ）前期３ 関東学院大・人間共生（共生デザ）中期３
36	淑徳大・人文（人間科学）Ａ 淑徳大・地域創生（地域創生）Ａ 大妻女大・社会情報（社会／環境情報）ＡⅠ期 大妻女大・社会情報（社会／社会生活）ＡⅠ期 関東学院大・人間共生（共生デザ）前期統一 名城大・都市情報（都市情報）Ｂ方式 神戸学院大・現代社会（社会防災）中期
35	文京学院大・人間（人間福祉）Ⅰ期 文京学院大・人間（人間福祉）全学 文京学院大・人間（人間福祉）Ⅱ期 大妻女大・社会情報（社会／情報デザ）ＡⅠ期
34	明星大・データサイエ 前期Ａ 関東学院大・理工（理工／健康科・テクノ）前期３ 関東学院大・理工（理工／健康科・テクノ）中期３
33	目白大・社会（社会情報）Ａ日程 目白大・社会（社会情報）全学部 明星大・データサイエ 前期Ｂ 関東学院大・理工（理工／健康科・テクノ）前期統一 常葉大・社会環境（社会環境）前期３ 常葉大・社会環境（社会環境）前期２
32	聖徳大・文（文／図書館）Ａ日程

保健衛生学部系統

合格目標ライン	大学・学部（学科）日程方式
52	慶大・看護医療（看護）
51	上智大・総合人間科学（看護）〈共〉併用
50	上智大・総合人間科学（看護）ＴＥＡ
49	同志社女大・看護（看護）前期３
48	順天堂大・医療看護（看護）Ａ・Ｂ日程
47	同志社女大・看護（看護）前期２
46	北里大・医療衛生（リハ／理学療法）前期 北里大・看護（看護） 杏林大・保健（リハビリ／理学療法） 東京慈恵会医大・医（看護） 佛教大・保健医療（理学療法）Ａ日程３
45	杏林大・保健（看護／看護） 順天堂大・保健医療（理学療法）Ａ・Ｂ日程 順天堂大・保健医療（診療放射線）Ａ・Ｂ日程 昭和大・保健医療（看護）Ⅰ期 武蔵野大・看護（看護）Ａ日程文 武蔵野大・看護（看護）Ｂ日程 武蔵野大・看護（看護）全学部 愛知淑徳大・健康医療（スポ／救急救命）前期３ 佛教大・保健医療（理学療法）Ａ日程２ 佛教大・保健医療（看護）Ａ日程３
44	国際医療福祉大・保健医療（看護）前期 国際医療福祉大・小田原保健（看護）前期 国際医療福祉大・成田看護（看護）前期 国際医療福祉大・成田保健医療（理学療法）前期 北里大・医療衛生（医療／診療放射線）前期 北里大・医療衛生（リハ／作業療法）前期 北里大・医療衛生（医療検査）前期 杏林大・保健（臨床検査技術） 杏林大・保健（看護／看護養護） 杏林大・保健（リハビリ／作業療法） 駒澤大・医療健康（診療放射線）Ｓ方式 順天堂大・保健看護（看護）Ａ日程 順天堂大・保健看護（看護）Ｂ日程 順天堂大・医療科（臨床検査）Ａ日程 東海大・医（看護） 麻布大・生命・環境（臨床検査技術）Ⅰ期２ 麻布大・生命・環境（臨床検査技術）Ⅰ期総 愛知淑徳大・健康医療（スポ／救急救命）前期２ 佛教大・保健医療（看護）Ａ日程２ 福岡大・医（看護）前期 福岡大・医（看護）系統別
43	国際医療福祉大・保健医療（作業療法）前期 国際医療福祉大・保健医療（理学療法）前期 国際医療福祉大・福岡保健医療（理学療法）前期 国際医療福祉大・福岡保健医療（看護）前期 国際医療福祉大・小田原保健（理学療法）前期 国際医療福祉大・成田保健医療（作業療法）前期 国際医療福祉大・成田保健医療（医学検査）前期 国際医療福祉大・成田保健医療（放射線・情報）前期 北里大・医療衛生（医療／臨床工）前期 北里大・医療衛生（保健／環境保健）前期

合格目標ライン	大学・学部（学科）日程方式
43	共立女大・看護（看護）統一
	杏林大・保健（臨床工）
	杏林大・保健（診療放射線）
	駒澤大・医療健康（診療放射線）２月Ｔ
	順天堂大・医療科（臨床検査）Ｂ日程
	順天堂大・医療科（臨床工）Ａ日程
	昭和大・保健医療（理学療法）Ⅰ期
	東京家政大・健康科学（看護）統一
	東邦大・看護（看護）
	東邦大・健康科学（看護）Ａ・Ｂ
	佛教大・保健医療（作業療法）Ａ日程３
	武庫川女大・看護（看護）Ａ２科目
	武庫川女大・看護（看護）Ａ３科目
	武庫川女大・看護（看護）Ｂ２科目
42	国際医療福祉大・保健医療（放射線・情報）前期
	国際医療福祉大・福岡保健医療（作業療法）前期
	国際医療福祉大・福岡保健医療（医学検査）前期
	国際医療福祉大・小田原保健（作業療法）前期
	国際医療福祉大・成田保健医療（言語聴覚）前期
	北里大・医療衛生（リハ／言語聴覚）前期
	北里大・医療衛生（リハ／視覚機能）前期
	共立女大・看護（看護）２月
	杏林大・保健（救急救命）
	杏林大・保健（リハビリ／言語聴覚療法）
	順天堂大・医療科（臨床工）Ｂ日程
	帝京大・医療技術（看護）Ⅰ期
	帝京大・医療技術（臨床検査）Ⅰ期
	東海大・健康（健康マネジ）
	東海大・健康（健康マネジ）文理前
	東京家政大・健康科学（リハ／理学療法）統一
	東京工科大・医療保健（看護）Ａ日程
	愛知淑徳大・健康医療（医療／言語聴覚）前期３
	愛知淑徳大・健康医療（医療／言語聴覚）前期２
	愛知淑徳大・健康医療（医療／視覚科学）前期３
	愛知淑徳大・健康医療（医療／視覚科学）前期２
	佛教大・保健医療（作業療法）Ａ日程２
	神戸女大・看護（看護）前期Ａ
	神戸女大・看護（看護）前期Ａ３
	神戸女大・看護（看護）前期Ｂ
41	杏林大・保健（健康福祉）
	昭和大・保健医療（作業療法）Ⅰ期
	帝京大・医療技術（診療放射線）Ⅰ期
	帝京大・福岡医療技術（理学療法）Ⅰ期
	東京家政大・健康科学（リハ／作業療法）統一
	東京工科大・医療保健（臨床検査）Ａ日程
	東京工科大・医療保健（リハ／理学療法）Ａ日程
	東京工科大・医療保健（リハ／作業療法）Ａ日程
	関東学院大・看護（看護）前期３
	関東学院大・看護（看護）中期３
	中部大・生命健康（生命医科学）前期ＡＭ
	中部大・生命健康（理学療法）前期ＡＭ
	神戸学院大・総合リハビリ（理学療法）前期３
	神戸学院大・総合リハビリ（理学療法）前期２
	神戸学院大・栄養（栄養／臨床検査）前期３
	神戸学院大・栄養（栄養／臨床検査）前期２
40	国際医療福祉大・保健医療（言語聴覚）前期
	国際医療福祉大・保健医療（視機能療法）前期
	帝京平成大・健康メディ（理学療法）Ⅰ期
	大東文化大・スポーツ健康（看護）３Ａ独
	帝京大・福岡医療技術（作業療法）Ⅰ期
	帝京大・福岡医療技術（看護）Ⅰ期
	東海大・工（医工）理系前期
	東京工科大・医療保健（臨床工）Ａ日程
	東京工科大・医療保健（リハ／言語聴覚）Ａ日程
	関東学院大・看護（看護）前期統一
	常葉大・健康科学（看護）前期３
	中部大・生命健康（保健看護）前期Ａ
	中部大・生命健康（保健看護）前期Ｂ

合格目標ライン	大学・学部（学科）日程方式
40	中部大・生命健康（保健看護）前期ＡＭ
	中部大・生命健康（保健看護）前期ＢＭ
	中部大・生命健康（理学療法）前期Ｂ
	中部大・生命健康（理学療法）前期ＢＭ
	摂南大・看護（看護）前期３
	摂南大・看護（看護）前期２
	神戸学院大・総合リハビリ（理学療法）中期
	神戸学院大・総合リハビリ（作業療法）前期３
	神戸学院大・総合リハビリ（作業療法）前期２
	神戸学院大・栄養（栄養／臨床検査）中期
39	淑徳大・看護栄養（看護）Ａ
	目白大・看護（看護）全学部
	帝京平成大・ヒューマン（看護）Ⅰ期
	大東文化大・スポーツ健康（看護）全前独
	大東文化大・スポーツ健康（看護）３Ｂ独
	大東文化大・スポーツ健康（看護）全前英
	大東文化大・スポーツ健康（看護）３Ａ英
	大東文化大・スポーツ健康（看護）３Ｂ英
	帝京大・医療技術（視能矯正）Ⅰ期
	帝京大・福岡医療技術（診療放射線）Ⅰ期
	東海大・工（医工）
	神奈川工大・健康医療科学（看護）Ａ日程
	常葉大・健康科学（静岡理学療法）前期３
	中部大・生命健康（生命医科学）前期Ａ
	中部大・生命健康（生命医科学）前期Ｂ
	中部大・生命健康（生命医科学）前期ＢＭ
	中部大・生命健康（理学療法）前期Ａ
	中部大・生命健康（作業療法）前期ＡＭ
	神戸学院大・総合リハビリ（作業療法）中期
38	文京学院大・保健医療（理学療法）Ⅰ期
	目白大・保健医療（理学療法）全学部
	目白大・看護（看護）Ａ日程
	帝京平成大・健康メディ（作業療法）Ⅰ期
	帝京大・医療技術（スポ／救急救命）Ⅰ期
	帝京大・福岡医療技術（医療技術）Ⅰ期
	日本体育大・保健医療（整復医療）
	日本体育大・保健医療（救急医療）
	帝京科学大・医療科学（東京理学療法）Ⅰ期
	神奈川工大・健康医療科学（臨床工）Ａ日程
	中部大・生命健康（作業療法）前期Ａ
	中部大・生命健康（作業療法）前期Ｂ
	中部大・生命健康（作業療法）前期ＢＭ
	中部大・生命健康（臨床工）前期ＡＭ
37	城西国際大・看護（看護）ＡＢ日程
	文京学院大・保健医療（理学療法）全学
	文京学院大・保健医療（理学療法）Ⅱ期
	文京学院大・保健医療（看護）Ⅰ期
	目白大・保健医療（理学療法）Ａ日程
	目白大・保健医療（作業療法）全学部
	帝京平成大・健康医療（看護）Ⅰ期
	帝京平成大・健康医療（リハ／作業療法）Ⅰ期
	帝京平成大・健康医療（リハ／理学療法）Ⅰ期
	帝京大・医療技術（柔道整復）Ⅰ期
	帝京科学大・医療科学（理学療法）Ⅰ期
	帝京科学大・医療科学（看護）Ⅰ期
	常葉大・保健医療（理学療法）前期３
	中部大・生命健康（臨床工）前期Ａ
	中部大・生命健康（臨床工）前期Ｂ
	中部大・生命健康（臨床工）前期ＢＭ
36	東京国際大・医療健康（理学療法）Ⅰ期
	東京国際大・医療健康（理学療法）Ⅱ期
	文京学院大・保健医療（作業療法）Ⅰ期
	文京学院大・保健医療（臨床検査）Ⅰ期
	文京学院大・保健医療（看護）全学
	文京学院大・保健医療（看護）Ⅱ期
	目白大・保健医療（作業療法）Ａ日程
	目白大・保健医療（言語聴覚）全学部
	帝京平成大・健康メディ（言語聴覚）Ⅰ期

合格目標ライン	大 学・学 部（学 科） 日程方式
36	帝京平成大・健康メディ（医療／救急救命）Ⅰ期
	帝京平成大・健康メディ（医療／臨床工）Ⅰ期
	帝京平成大・健康医療（医療スポ／救急救命）Ⅰ期
	帝京科学大・生命環境（生命／臨床工）Ⅰ期
	帝京科学大・医療科学（作業療法）Ⅰ期
	常葉大・保健医療（理学療法）前期２
35	聖徳大・看護（看護）Ａ日程
	文京学院大・保健医療（作業療法）全学
	文京学院大・保健医療（作業療法）Ⅱ期
	文京学院大・保健医療（臨床検査）全学
	文京学院大・保健医療（臨床検査）Ⅱ期
	目白大・保健医療（言語聴覚）Ａ日程

合格目標ライン	大 学・学 部（学 科） 日程方式
35	帝京平成大・ヒューマン（柔道整復）Ⅰ期
	帝京平成大・ヒューマン（鍼灸）Ⅰ期
	帝京科学大・医療科学（東京柔道整復）Ⅰ期
	常葉大・保健医療（作業療法）前期３
34	城西国際大・福祉総合（理学療法）ＡＢ日程
	帝京平成大・健康医療（柔道整復）Ⅰ期
	帝京科学大・医療科学（柔道整復）Ⅰ期
	常葉大・保健医療（作業療法）前期２
32	常葉大・健康プロデュ（健康鍼灸）前期３
	常葉大・健康プロデュ（健康鍼灸）前期２
	常葉大・健康プロデュ（健康柔道整復）前期３
	常葉大・健康プロデュ（健康柔道整復）前期２

医・歯・薬学部系統

合格目標ライン	大 学・学 部（学 科） 日程方式
72	慶大・医（医）
66	東京慈恵会医大・医（医）
65	順天堂大・医（医）Ａ方式
	順天堂大・医（医）Ｂ方式
	順天堂大・医（医）東京枠
	順天堂大・医（医）新潟枠
	順天堂大・医（医）千葉枠
	順天堂大・医（医）埼玉枠
	順天堂大・医（医）静岡枠
	順天堂大・医（医）茨城枠
64	日本医大・医（医）前期
	日本医大・医（医）前期千葉
	日本医大・医（医）前期埼玉
	日本医大・医（医）前期静岡
	日本医大・医（医）前期東京
61	国際医療福祉大・医（医）
	昭和大・医（医）Ⅰ期
	昭和大・医（医）新潟県
	昭和大・医（医）静岡県
	昭和大・医（医）茨城県
59	慶大・薬（薬）
	慶大・薬（薬科学）
	東邦大・医（医）
	東邦大・医（医）千葉県
	東邦大・医（医）新潟県
	近畿大・医（医）前期
	近畿大・医（医）大阪府
	近畿大・医（医）奈良県
	近畿大・医（医）和歌山
	近畿大・医（医）静岡前
58	杏林大・医（医）
	杏林大・医（医）東京都枠
	杏林大・医（医）新潟県枠
57	北里大・医（医）
	北里大・医（医）相模原枠
	帝京大・医（医）
	帝京大・医（医）千葉枠
	帝京大・医（医）静岡枠
	帝京大・医（医）茨城枠
	帝京大・医（医）福島枠
	東海大・医（医）
	日本大・医（医）Ｎ１期
	日本大・医（医）地域枠
56	東京理大・薬（薬）Ｂ方式
	福岡大・医（医）系統別
55	東京理大・薬（薬）グローバル
	東京理大・薬（生命創薬科学）Ｂ方式
54	東京理大・薬（生命創薬科学）グローバル
	立命館大・薬（薬）薬学
	立命館大・薬（薬）理系

合格目標ライン	大 学・学 部（学 科） 日程方式
54	立命館大・薬（薬）学部理２
53	北里大・薬（薬）
	立命館大・薬（薬）学部理１
52	立命館大・薬（創薬科学）理系
	立命館大・薬（創薬科学）学部理２
	近畿大・薬（医療薬）前期Ａ
51	北里大・薬（生命創薬科学）
	近畿大・薬（医療薬）前期Ｂ
50	立命館大・薬（創薬科学）薬学
	立命館大・薬（創薬科学）学部理１
	福岡大・薬（薬）前期理科
	福岡大・薬（薬）系統別
49	昭和大・歯（歯）Ⅰ期
	福岡大・薬（薬）前期
48	昭和大・薬（薬）Ⅰ期
	東京薬大・薬（女子部）ＢⅠ期
	東京薬大・薬（女子部）ＢⅡ期
	東邦大・薬（薬）
	名城大・薬（薬）Ｂ方式
	近畿大・薬（創薬科学）前期Ａ
47	東京薬大・薬（男子部）ＢⅠ期
	東京薬大・薬（男子部）ＢⅡ期
	日本大・歯（歯）Ｎ１期
	武蔵野大・薬（薬）全学部
	愛知学院大・歯（歯）前期Ａ
	愛知学院大・歯（歯）中期
	名城大・薬（薬）Ａ方式
	近畿大・薬（創薬科学）前期Ｂ
46	日本大・歯（歯）Ａ個別
	日本大・薬（薬）Ｎ１期
	武蔵野大・薬（薬）Ａ日程理
45	国際医療福祉大・薬（薬）前期
	日本大・薬（薬）Ａ個別
	同志社女大・薬（医療薬）前期
44	国際医療福祉大・福岡薬（薬）前期
	日本大・松戸歯（歯）Ｎ１期
	愛知学院大・薬（医療薬）前期Ａ
	愛知学院大・薬（医療薬）中期
43	帝京平成大・薬（薬）Ⅰ期
	日本大・松戸歯（歯）Ａ１期
	武庫川女大・薬（薬）Ａ３科目
42	帝京大・薬（薬）Ⅰ期
	摂南大・薬（薬）前期３
	神戸学院大・薬（薬）前期
	武庫川女大・薬（薬）Ａ２科目
	武庫川女大・薬（薬）Ｂ２科目
41	摂南大・薬（薬）前期２
	神戸学院大・薬（薬）中期
	武庫川女大・薬（健康生命薬科学）Ａ２科目
	武庫川女大・薬（健康生命薬科学）Ｂ２科目

合格目標ライン	大学・学部（学科）日程方式
40	城西大・薬（薬）A日程
	城西大・薬（薬科学）A日程

合格目標ライン	大学・学部（学科）日程方式
40	城西国際大・薬（医療薬）AB日程

私立

理学部系統

理学部系統

合格目標ライン	大学・学部（学科）日程方式
63	慶大・理工（学門A）
	早大・基幹理工（学系Ⅰ）
	早大・先進理工（物理）
62	慶大・理工（学門E）
	早大・先進理工（化学・生命化）
59	同志社大・理工（数理シス）全学理系
58	早大・教育（理／生物）〈共〉C方式
	早大・教育（理／生物）〈共〉D方式
	早大・教育（数学）〈共〉C方式
	同志社大・理工（数理シス）学部個別
57	東京理大・理（物理）B方式
	早大・教育（理／地球科学）〈共〉C方式
	早大・教育（数学）B方式
56	東京理大・理（数学）B方式
	東京理大・創域理工（情報計算科学）B方式
	早大・教育（理／地球科学）B方式
	同志社大・理工（環境シス）全学理系
55	上智大・理工（機能創造理工）〈共〉併用
	上智大・理工（情報理工）〈共〉併用
	東京理大・理（化学）B方式
	東京理大・理（数学）グローバル
	東京理大・理（物理）グローバル
	明治大・理工（数学）学部別
	明治大・理工（数学）全学部
	同志社大・理工（環境シス）学部個別
54	上智大・理工（物質生命理工）〈共〉併用
	東京理大・理（応用数学）B方式
	東京理大・創域理工（情報計算科学）グローバル
	東京理大・創域理工（数理科学）B方式
	東京理大・創域理工（先端物理）B方式
	明治大・理工（物理）全学部
53	青山学院大・理工（物理科学）〈共〉個別B
	上智大・理工（機能創造理工）TEA
	上智大・理工（情報理工）TEA
	東京理大・理（化学）グローバル
	東京理大・創域理工（数理科学）S方式
	東京理大・創域理工（先端物理）グローバル
	明治大・理工（物理）学部別
52	青山学院大・理工（化学・生命）全学部
	青山学院大・理工（化学・生命）〈共〉個別B
	青山学院大・理工（物理科学）個別A
	青山学院大・理工（物理科学）全学部
	上智大・理工（物質生命理工）TEA
	東京理大・理（応用数学）グローバル
	東京理大・創域理工（数理科学）グローバル
	立命館大・理工（数理／数学）理系
51	青山学院大・理工（化学・生命）個別A
	青山学院大・理工（数理サイエン）〈共〉個別B
	明治大・総合数理（先端メディア）全学4
	立教大・理（数学）
	立教大・理（物理）
	立教大・理（生命理）
	立命館大・理工（物理科学）理系
	立命館大・理工（数理／数学）学部理2
50	青山学院大・理工（数理サイエン）個別A
	青山学院大・理工（数理サイエン）全学部
	学習院大・理（生命科学）コア
	北里大・理（生物科学）
	中央大・理工（数学）学部別
	中央大・理工（物理）学部別

合格目標ライン	大学・学部（学科）日程方式
50	中央大・理工（人間総合理工）学部別
	明治大・総合数理（ネットワーク）全学4
	立教大・理（化学）
	立命館大・理工（物理科学）学部理2
	立命館大・理工（数理／数学）学部理1
	立命館大・情報理工（情報理工）理系
	関西大・システム理工（数学）全設問
	関西大・システム理工（数学）全理数
	関西学院大・理（物理・宇宙）全学総
	関西学院大・理（物理・宇宙）全数理
49	学習院大・理（化学）コア
	学習院大・理（数学）コア
	学習院大・理（生命科学）プラス
	中央大・理工（数学）英語
	中央大・理工（物理）英語
	中央大・理工（人間総合理工）英語
	明治大・総合数理（現象数理）全学3
	明治大・総合数理（現象数理）全学4
	明治大・総合数理（先端メディア）学部別
	明治大・総合数理（先端メディア）全学3
	明治大・総合数理（先端メディア）全学英
	明治大・総合数理（ネットワーク）学部別
	立命館大・理工（物理科学）学部理1
	立命館大・理工（数理／データ）理系
	立命館大・情報理工（情報理工）学部
	関西学院大・理（数理科学）全学総
	関西学院大・理（数理科学）全数理
	関西学院大・理（物理・宇宙）英・数
48	学習院大・理（物理）コア
	学習院大・理（物理）プラス
	北里大・理（化学）
	芝浦工大・システム理工（生命／生命科学）前期
	芝浦工大・システム理工（数理科学）前期
	日本女大・理（化学生命科学）個別2
	日本女大・理（化学生命科学）英語外部
	日本女大・理（化学生命科学）個別3
	明治大・総合数理（現象数理）学部別
	明治大・総合数理（ネットワーク）全学英
	立命館大・理工（数理／データ）学部理1
	立命館大・理工（数理／データ）学部理2
	関西大・システム理工（数学）全理1
	関西大・システム理工（数学）全設2
	関西学院大・理（化学）全学総
	関西学院大・理（化学）全数理
	関西学院大・理（数理科学）英・数
47	学習院大・理（数学）プラス
	北里大・理（物理）
	芝浦工大・システム理工（生命／生命科学）全学統一
	芝浦工大・システム理工（数理科学）全学統一
	津田塾大・学芸（情報科学）A方式
	東邦大・理（生物）B
	日本女大・理（数物情報科学）英語外部
	日本女大・理（数物情報科学）個別3
	法政大・理工（創生科学）AⅡ日程
	明治大・総合数理（現象数理）全学英
	関西学院大・理（化学）英・数
46	芝浦工大・システム理工（生命／生命科学）英語
	芝浦工大・システム理工（数理科学）英語
	東海大・海洋（海洋生物）理系前期
	東京女大・現代教養（数理／情報理学）個別

合格目標ライン	大 学・学 部（学 科） 日程方式
46	東邦大・理（生物分子）Ｂ 日本女大・理（数物情報科学）個別２ 名城大・理工（数学）Ａ方式 名城大・理工（数学）Ｂ方式 近畿大・理工（理／数学）前期Ａ
45	成蹊大・理工（理工／データ数理）３個別 成蹊大・理工（理工／データ数理）２統一 津田塾大・学芸（数学）Ａ方式 東海大・海洋（海洋生物） 東京女大・現代教養（数理／情報理学）英語外部 東邦大・理（化学）Ｂ 東邦大・理（生物）Ａ 東邦大・理（生物分子）Ａ 東邦大・理（物理）Ｂ 東邦大・理（生命圏環境）Ｂ 日本大・文理（地球科学）Ａ１期 日本大・文理（地球科学）Ｎ１期 日本大・文理（化学）Ｎ１期 日本大・理工（数学）Ａ個別 日本大・理工（数学）Ｎ１期 法政大・理工（創生科学）Ｔ日程 法政大・理工（創生科学）英語外部 近畿大・理工（理／数学）前期Ｂ 近畿大・理工（理／物理）前期Ａ 近畿大・理工（理／化学）前期Ａ 近畿大・理工（理／化学）前期Ｂ
44	東京女大・現代教養（数理／数学）個別 東京女大・現代教養（数理／数学）英語外部 東京電機大・理工（理工／理学）前期 東京理大・理二（化学）Ｂ方式 東邦大・理（化学）Ａ 東邦大・理（物理）Ａ 東邦大・理（生命圏環境）Ａ 日本大・文理（情報科学）Ａ１期 日本大・文理（情報科学）Ｎ１期 日本大・文理（化学）Ａ１期 日本大・文理（数学）Ｎ１期 日本大・理工（物理）Ａ個別 日本大・理工（物理）Ｎ１期 日本大・生物資源科学（動物）Ａ個別１ 日本大・生物資源科学（動物）Ｎ１期 福岡大・理（応用数学）前期 福岡大・理（化学）前期 福岡大・理（化学）系統別
43	東京電機大・理工（理工／生命科学）前期 日本大・文理（数学）Ａ１期 日本大・文理（物理）Ｎ１期 東京都市大・理工（自然科学）前期 神奈川大・情報（計算機科学）前期Ａ 近畿大・理工（理／物理）前期Ｂ 近畿大・生物理工（生命情報工）前期Ａ 近畿大・生物理工（生命情報工）前期Ｂ 甲南大・理工（物理）中一般 甲南大・理工（物理）前一般 甲南大・理工（生物）中一般 甲南大・理工（生物）前一般 福岡大・理（応用数学）系統別 福岡大・理（物理科学）前期 福岡大・理（物理科学）系統別 福岡大・理（地球圏科学）前期 福岡大・理（地球圏科学）系統別 福岡大・理（社会数理・情報）前期 福岡大・理（社会数理・情報）系統別 福岡大・理（ナノ／化学）前期 福岡大・理（ナノ／化学）系統別
42	東海大・理（数学）理系前期 東海大・生物（生物）理系前期 東京電機大・理工（理工／理学）前英外

合格目標ライン	大 学・学 部（学 科） 日程方式
42	東京理大・理二（物理）Ｂ方式 東邦大・理（情報科学）Ａ 東邦大・理（情報科学）Ｂ 日本大・文理（物理）Ａ１期 東京都市大・メディア情報（情報シス）前期 武蔵野大・工（数理工）全学部 神奈川大・情報（計算機科学）前期Ｂ 神奈川大・情報（先端情報領域）前期Ａ 神奈川大・理（理学／数学）前期Ａ 神奈川大・理（理学／物理）前期Ａ 神奈川大・理（理学／化学）前期Ａ 神奈川大・理（理学／生物）前期Ａ 神奈川大・理（理学／地球環境）前期Ａ 京都産大・理（数理科学）前期３ 京都産大・理（物理科学）前期３ 龍谷大・先端理工（数理・情報科）前スタ 龍谷大・先端理工（数理・情報科）前数学 龍谷大・先端理工（数理・情報科）前理科 甲南大・理工（物理）前外部 甲南大・理工（物理）中外部 甲南大・理工（生物）前外部 甲南大・理工（生物）中外部 福岡大・理（ナノ／物理科学）前期 福岡大・理（ナノ／物理科学）系統別
41	東海大・理（数学） 東海大・生物（生物） 東京電機大・理工（理工／情報シス）前期 東京電機大・理工（理工／生命科学）前英外 東京理大・理二（数学）Ｂ方式 日本大・生産工（数理情報工）Ｎ１期 武蔵野大・工（数理工）Ａ日程理 神奈川大・理（理学／数学）前期Ｂ 神奈川大・理（理学／物理）前期Ｂ 神奈川大・理（理学／化学）前期Ｂ 神奈川大・理（理学／生物）前期Ｂ 神奈川大・理（理学／地球環境）前期Ｂ 神奈川大・理（理学／総合理学）前期Ａ 京都産大・理（数理科学）前期２ 京都産大・理（数理科学）中期 京都産大・理（物理科学）前期２ 京都産大・理（物理科学）中期 京都産大・理（宇宙物理気象）前期３ 京都産大・理（宇宙物理気象）中期 龍谷大・先端理工（数理・情報科）中スタ 龍谷大・先端理工（数理・情報科）中数学 龍谷大・先端理工（数理・情報科）中理科
40	千葉工大・情報科学（情報ネット）Ａ日程Ⅰ 東海大・理（化学）理系前期 東海大・理（情報数理）理系前期 東海大・理（物理）理系前期 東海大・情報理工（情報科学）理系前期 東海大・情報理工（情報メディア）理系前期 東京電機大・理工（理工／情報シス）前英外 日本大・生産工（数理情報工）Ａ１期 日本大・生産工（数理情報工）Ａ２期 神奈川大・理（理学／総合理学）前期Ｂ 京都産大・理（宇宙物理気象）前期２
39	千葉工大・情報科学（情報ネット）Ａ日程Ⅱ 東海大・理（化学） 東海大・理（情報数理） 東海大・理（物理） 東海大・情報理工（情報科学） 東海大・情報理工（情報メディア） 立正大・地球環境科学（地理）２月前期 立正大・地球環境科学（地理）Ｒ方式 中部大・応用生物（環境生物科学）前期Ｂ 中部大・応用生物（環境生物科学）前期ＡＭ 中部大・応用生物（環境生物科学）前期ＢＭ

私立 理学部系統

合格目標ライン	大学・学部（学科）日程方式
38	桜美林大・リベラル（自然）前理３
	桜美林大・リベラル（自然）前理２
	玉川大・工（数学教員）全学前期
	玉川大・工（数学教員）地域創生
	玉川大・工（数学教員）英語外前
	中部大・応用生物（環境生物科学）前期Ａ
37	城西大・理（化学）Ａ日程
	帝京科学大・生命環境（自然・千住）Ⅰ期
	中部大・理工（数理・物理サイエ）前期Ａ
	中部大・理工（数理・物理サイエ）前期Ｂ
	中部大・理工（数理・物理サイエ）前期ＡＭ

合格目標ライン	大学・学部（学科）日程方式
37	中部大・理工（数理・物理サイエ）前期ＢＭ
36	城西大・理（数学・埼玉）Ａ日程
	城西大・理（数学・東京）Ａ日程
	帝京科学大・生命環境（アニマル）Ⅰ期
	関東学院大・理工（理工／数理物理）前期３
	関東学院大・理工（理工／数理物理）中期３
35	帝京科学大・生命環境（自然・東京西）Ⅰ期
	関東学院大・理工（理工／数理物理）前期統一
34	明星大・理工（総合理工）前期Ａ
33	明星大・理工（総合理工）前期Ｂ

工学部系統

合格目標ライン	大学・学部（学科）日程方式
63	早大・基幹理工（学系Ⅱ）
	早大・先進理工（応用物理）
	早大・先進理工（生命医科）
62	慶大・理工（学門Ｂ）
	慶大・理工（学門Ｃ）
	慶大・理工（学門Ｄ）
	早大・基幹理工（学系Ⅲ）
	早大・先進理工（応用化）
60	早大・創造理工（経営シス）
	早大・先進理工（電気・情報生命）
59	早大・創造理工（建築）
	早大・創造理工（総合機械工）
	早大・創造理工（社会環境工）
58	東京理大・工（情報工）Ｂ方式
	早大・創造理工（環境資源工）
	同志社大・理工（機能分子生命）全学理系
57	東京理大・理（応用化学）Ｂ方式
	東京理大・工（機械工）Ｂ方式
	同志社大・理工（インテリ情報）学部個別
	同志社大・理工（インテリ情報）全学理系
	同志社大・理工（情報シスデザ）全学理系
	同志社大・理工（電気工）全学理系
	同志社大・理工（電子工）全学理系
	同志社大・理工（機能分子生命）学部個別
	同志社大・理工（化学シス創成）全学理系
	同志社大・生命医科学（医生命シス）学部個別
	同志社大・生命医科学（医生命シス）全学理系
56	東京理大・工（建築）Ｂ方式
	東京理大・工（情報工）グローバル
	東京理大・先進工（生命シス工）Ｂ方式
	同志社大・理工（情報シスデザ）学部個別
	同志社大・理工（電子工）学部個別
	同志社大・理工（機械シス）学部個別
	同志社大・理工（機械シス）全学理系
	同志社大・理工（機械理工）全学理系
	同志社大・生命医科学（医工）学部個別
	同志社大・生命医科学（医工）全学理系
55	東京理大・工（機械工）グローバル
	東京理大・工（電気工）Ｂ方式
	東京理大・創域理工（生命生物科学）Ｂ方式
	東京理大・創域理工（機械航空宇宙）Ｂ方式
	東京理大・創域理工（電気電子）Ｂ方式
	東京理大・先進工（マテリアル）Ｂ方式
	明治大・理工（情報科学）全学部
	明治大・理工（機械情報工）全学部
	同志社大・理工（電気工）学部個別
	同志社大・理工（化学シス創成）学部個別
	同志社大・理工（機械理工）学部個別
54	東京理大・理（応用化学）グローバル
	東京理大・工（建築）グローバル
	東京理大・創域理工（経営シス工）Ｂ方式

合格目標ライン	大学・学部（学科）日程方式
54	東京理大・創域理工（建築）Ｂ方式
	東京理大・創域理工（先端化学）Ｂ方式
	東京理大・創域理工（電気電子）Ｓ方式
	東京理大・先進工（生命シス工）グローバル
	東京理大・先進工（物理工）Ｂ方式
	明治大・理工（機械工）学部別
	明治大・理工（建築）全学部
	明治大・理工（応用化学）学部別
	明治大・理工（応用化学）全学部
	明治大・理工（情報科学）学部別
	明治大・理工（電気／電気電子）全学部
	明治大・理工（電気／生命理工）全学部
	同志社大・生命医科学（医情報）全学理系
53	青山学院大・理工（機械創造）個別Ａ
	青山学院大・理工（機械創造）〈共〉個別Ｂ
	青山学院大・理工（経営シス）全学部
	青山学院大・理工（経営シス）〈共〉個別Ｂ
	青山学院大・理工（情報テクノ）個別Ａ
	青山学院大・理工（情報テクノ）〈共〉個別Ｂ
	東京理大・工（工業化学）Ｂ方式
	東京理大・工（電気工）グローバル
	東京理大・創域理工（生命生物科学）グローバル
	東京理大・創域理工（機械航空宇宙）グローバル
	東京理大・創域理工（電気電子）グローバル
	東京理大・創域理工（社会基盤工）Ｂ方式
	東京理大・先進工（マテリアル）グローバル
	東京理大・先進工（電子システム工）Ｂ方式
	東京理大・先進工（物理工）グローバル
	明治大・理工（機械工）全学部
	明治大・理工（建築）学部別
	明治大・理工（機械情報工）学部別
	明治大・理工（電気／電気電子）学部別
	明治大・理工（電気／生命理工）学部別
	同志社大・生命医科学（医情報）学部個別
	立命館大・生命科学（生命医科学）理系
52	青山学院大・理工（機械創造）全学部
	青山学院大・理工（経営シス）個別Ａ
	青山学院大・理工（情報テクノ）全学部
	東京理大・創域理工（経営シス工）グローバル
	東京理大・創域理工（建築）グローバル
	東京理大・創域理工（先端化学）グローバル
	東京理大・創域理工（社会基盤工）グローバル
	東京理大・先進工（機能デザイン）Ｂ方式
	立命館大・理工（機械工）理系
	立命館大・理工（建築都市）理系
	立命館大・生命科学（生命医科学）学部理１
	立命館大・生命科学（生命医科学）学部理２
	立命館大・生命科学（生命情報）理系
	関西学院大・工（情報工学）全学総
51	青山学院大・理工（電気電子）〈共〉個別Ｂ
	芝浦工大・工（機械工）前期

合格目標ライン	大学・学部（学科）日程方式
51	芝浦工大・工（情報工）前期
	芝浦工大・建築（建築／空間建築）前期
	芝浦工大・建築（建築／都市建築）前期
	東京理大・工（工業化学）グローバル
	東京理大・先進工（電子システム工）グローバル
	東京理大・先進工（機能デザイン）グローバル
	立命館大・理工（機械工）学部理１
	立命館大・理工（機械工）学部理２
	立命館大・理工（建築都市）学部理２
	立命館大・生命科学（応用化学）学部理１
	立命館大・生命科学（生物工）学部理１
	関西大・システム理工（電気電子情報）全設問
	関西大・システム理工（電気電子情報）全理数
	関西大・環境都市工（建築）全設問
	関西学院大・生命環境（生物科学）全学総
	関西学院大・生命環境（生物科学）全数理
	関西学院大・生命環境（環境応用化学）全学総
	関西学院大・生命環境（環境応用化学）全数理
	関西学院大・生命環境（生命／生命医）全学総
	関西学院大・生命環境（生命／生命医）全数理
	関西学院大・工（情報工学）全数理
	関西学院大・工（知能・機械工）全学総
	関西学院大・工（知能・機械工）全数理
	関西学院大・建築（建築）全学総
	関西学院大・建築（建築）全数理
50	青山学院大・理工（電気電子）個別Ａ
	青山学院大・理工（電気電子）全学部
	芝浦工大・工（機械工）全学統一
	芝浦工大・工（応用化学）前期
	芝浦工大・工（応用化学）全学統一
	芝浦工大・工（情報工）全学統一
	芝浦工大・建築（建築／空間建築）全学統一
	中央大・理工（応用化学）学部別
	中央大・理工（情報工）学部別
	中央大・理工（精密機械工）学部別
	中央大・理工（生命科学）学部別
	日本女大・家政（住居／建築デザ）個別３
	法政大・デザイン工（システムデザ）ＡＩ日程
	立命館大・理工（電気電子工）理系
	立命館大・理工（ロボティクス）理系
	立命館大・理工（電子情報工）理系
	立命館大・理工（電子情報工）学部理２
	立命館大・理工（建築都市）学部理１
	立命館大・理工（環境都市工）学部理２
	立命館大・生命科学（応用化学）理系
	立命館大・生命科学（応用化学）学部理２
	立命館大・生命科学（生物工）理系
	立命館大・生命科学（生物工）学部理２
	立命館大・生命科学（生命情報）学部理１
	立命館大・生命科学（生命情報）学部理２
	関西大・システム理工（物理・応物）全理１
	関西大・システム理工（物理・応物）全設２
	関西大・システム理工（電気電子情報）全理１
	関西大・システム理工（電気電子情報）全設２
	関西大・化学生命工（生命・生物工）全理１
	関西大・環境都市工（建築）全理１
	関西大・環境都市工（建築）全設２
	関西学院大・生命環境（生命／発生再）全学総
	関西学院大・生命環境（生命／発生再）全数理
	関西学院大・工（物質工）全学総
	関西学院大・工（物質工）全数理
	関西学院大・工（電気電子応用）全学総
	関西学院大・工（電気電子応用）全数理
	関西学院大・建築（建築）英・数
49	芝浦工大・工（機械工）英語
	芝浦工大・工（応用化学）英語
	芝浦工大・工（情報工）英語
	芝浦工大・建築（建築／空間建築）英語
49	芝浦工大・建築（建築／都市建築）全学統一
	芝浦工大・建築（建築／都市建築）英語
	芝浦工大・建築（建築／先進的）前期
	中央大・理工（応用化学）英語
	中央大・理工（ビジネスデー）学部別
	中央大・理工（情報工）英語
	中央大・理工（精密機械工）英語
	中央大・理工（都市環境）学部別
	中央大・理工（生命科学）英語
	日本女大・家政（住居／建築デザ）個別２
	日本女大・家政（住居／建築デザ）英語外部
	法政大・デザイン工（建築）ＡⅡ日程
	法政大・理工（機械／機械工）ＡＩ日程
	法政大・生命科学（生命機能）ＡＩ日程
	立命館大・理工（電気電子工）学部理２
	立命館大・理工（ロボティクス）学部理１
	立命館大・理工（ロボティクス）学部理２
	立命館大・理工（環境都市工）理系
	立命館大・理工（環境都市工）学部理１
	関西大・システム理工（物理・応物）全設問
	関西大・システム理工（機械工）全設問
	関西大・システム理工（機械工）全理数
	関西大・化学生命工（化学・物質工）全設２
	関西大・化学生命工（化学・物質工）全理数
	関西大・化学生命工（生命・生物工）全設２
	関西大・化学生命工（生命・生物工）全理数
	関西大・環境都市工（建築）全理数
	関西学院大・生命環境（生物科学）英・数
	関西学院大・生命環境（環境応用化学）英・数
	関西学院大・生命環境（生命／生命医）英・数
	関西学院大・生命環境（生命／発生再）英・数
	関西学院大・生命環境（生命／医工学）全学総
	関西学院大・生命環境（生命／医工学）全数理
	関西学院大・工（情報工学）英・数
	関西学院大・工（知能・機械工）英・数
48	北里大・未来工（データサイエンス）
	芝浦工大・工（材料工）前期
	芝浦工大・工（材料工）全学統一
	芝浦工大・システム理工（電子情報シス）前期
	芝浦工大・デザイン工（デザ／生産プロ）前期
	中央大・理工（ビジネスデー）英語
	中央大・理工（電気電子）学部別
	中央大・理工（都市環境）英語
	法政大・情報科学（コンピュータ）ＡⅡ日程
	法政大・デザイン工（建築）Ｔ日程
	法政大・デザイン工（都市環境デザ）ＡＩ日程
	法政大・デザイン工（システムデザ）Ｔ日程
	法政大・デザイン工（システムデザ）英語外部
	法政大・理工（機械／機械工）Ｔ日程
	法政大・生命科学（生命機能）Ｔ日程
	南山大・理工（ソフトウェア工）
	南山大・理工（ソフトウェア工）個別理系
	南山大・理工（電子情報工）
	南山大・理工（電子情報工）個別理系
	南山大・理工（機械シス）
	南山大・理工（機械シス）個別理系
	名城大・理工（機械工）Ａ方式
	名城大・理工（機械工）Ｂ方式
	立命館大・理工（電気電子工）学部理１
	関西大・システム理工（物理・応物）全理数
	関西大・システム理工（機械工）全理１
	関西大・システム理工（機械工）全設２
	関西大・化学生命工（化学・物質工）全理１
	関西大・化学生命工（化学・物質工）全設問
	関西大・化学生命工（生命・生物工）全設問
	関西大・環境都市工（都市シス）全設問
	関西大・環境都市工（都市シス）全設２
	関西大・環境都市工（エネ環境・化学工）全理１

合格目標ライン	大学・学部（学科）日程方式
48	関西大・環境都市工（エネ環境・化学工）全理数
	関西学院大・生命環境（生命／医工学）英・数
	関西学院大・工（物質工）英・数
	関西学院大・工（電気電子応用）英・数
47	芝浦工大・工（機械機能工）前期
	芝浦工大・工（機械機能工）全学統一
	芝浦工大・工（材料工）英語
	芝浦工大・工（電気工）前期
	芝浦工大・工（電子工）前期
	芝浦工大・システム理工（環境シス）前期
	芝浦工大・システム理工（電子情報シス）全学統一
	芝浦工大・システム理工（生命／生命医工）前期
	芝浦工大・システム理工（生命／生命医工）全学統一
	芝浦工大・デザイン工（デザ／生産プロ）全学統一
	芝浦工大・建築（建築／先進的）英語
	中央大・理工（電気電子）英語
	日本大・理工（航空宇宙工）Ａ個別
	日本大・理工（航空宇宙工）Ｎ１期
	法政大・情報科学（コンピュータ）Ｔ日程
	法政大・情報科学（コンピュータ）英語外部
	法政大・デザイン工（建築）英語外部
	法政大・デザイン工（都市環境デザ）Ｔ日程
	法政大・理工（応用情報工）ＡⅠ日程
	法政大・理工（電気電子工）ＡⅡ日程
	法政大・理工（経営シス）ＡⅡ日程
	法政大・理工（経営シス）Ｔ日程
	法政大・理工（機械／機械工）英語外部
	法政大・生命科学（環境応用化学）ＡⅡ日程
	法政大・生命科学（生命機能）英語外部
	東京都市大・建築都市（建築）前期
	名城大・理工（建築）Ａ方式
	名城大・理工（応用化学）Ａ方式
	名城大・理工（応用化学）Ｂ方式
	名城大・情報工（情報工）Ａ方式
	名城大・情報工（情報工）Ｂ方式
	立命館大・理工（電子情報工）学部理１
	関西大・環境都市工（都市シス）全理１
	関西大・環境都市工（エネ環境・化学工）全設問
	関西大・環境都市工（エネ環境・化学工）全設２
	近畿大・農（生物機能科学）前期Ａ
46	芝浦工大・工（機械機能工）英語
	芝浦工大・工（情報通信工）前期
	芝浦工大・工（電気工）全学統一
	芝浦工大・工（電子工）英語
	芝浦工大・工（電子工）全学統一
	芝浦工大・工（土木工）前期
	芝浦工大・工（土木工）全学統一
	芝浦工大・システム理工（環境シス）全学統一
	芝浦工大・システム理工（機械制御シス）英語
	芝浦工大・システム理工（機械制御シス）前期
	芝浦工大・システム理工（電子情報シス）英語
	芝浦工大・デザイン工（デザ／生産プロ）英語
	成蹊大・理工（理工／コンピュータ科学）３個別
	成蹊大・理工（理工／コンピュータ科学）２統一
	成蹊大・理工（理工／機械システム）３個別
	成蹊大・理工（理工／機械システム）２統一
	東京電機大・工（機械工）前期
	東京電機大・工（情報通信工）前期
	東京薬大・生命科学（分子生命科学）ＢⅠ期
	東京薬大・生命科学（生命医科学）ＢⅠ期
	日本大・理工（建築）Ａ個別
	日本大・理工（建築）Ｎ１期
	日本大・理工（応用情報工）Ａ個別
	日本大・理工（応用情報工）Ｎ１期
	法政大・デザイン工（都市環境デザ）英語外部
	法政大・理工（応用情報工）Ｔ日程
	法政大・生命科学（環境応用化学）英語外部
	東京都市大・情報工（知能情報工）前期
	名城大・理工（建築）Ｂ方式
	名城大・理工（電気電子工）Ａ方式
	名城大・理工（電気電子工）Ｂ方式
	名城大・理工（メカトロ）Ａ方式
	名城大・理工（メカトロ）Ｂ方式
	関西大・環境都市工（都市シス）全理数
	近畿大・情報（情報）前Ａ理
	近畿大・情報（情報）前Ａ国
	近畿大・情報（情報）前Ｂ理
	近畿大・情報（情報）前Ｂ国
	近畿大・理工（機械工）前期Ａ
45	芝浦工大・工（情報通信工）全学統一
	芝浦工大・工（電気工）英語
	芝浦工大・工（土木工）英語
	芝浦工大・システム理工（環境シス）英語
	芝浦工大・システム理工（機械制御シス）全学統一
	芝浦工大・システム理工（生命／生命医工）英語
	芝浦工大・デザイン工（デザ／ロボ情報）前期
	芝浦工大・デザイン工（デザ／ロボ情報）全学統一
	成蹊大・理工（理工／電気電子）３個別
	成蹊大・理工（理工／応用化学）３個別
	東京電機大・工（機械工）前英外
	東京電機大・工（情報通信工）前英外
	東京電機大・工（応用化学）前期
	東京薬大・生命科学（応用生命科学）ＢⅠ期
	東京薬大・生命科学（分子生命科学）ＢⅡ期
	東京薬大・生命科学（生命医科学）ＢⅡ期
	日本大・工（建築）Ｎ１期
	日本大・理工（物質応用化学）Ａ個別
	日本大・理工（物質応用化学）Ｎ１期
	法政大・理工（応用情報工）英語外部
	法政大・理工（電気電子工）Ｔ日程
	法政大・理工（電気電子工）英語外部
	法政大・理工（経営シス）英語外部
	法政大・生命科学（環境応用化学）Ｔ日程
	東京都市大・情報工（情報科学）前期
	東京都市大・理工（機械工）前期
	東京都市大・理工（応用化学）前期
	名城大・理工（環境創造工）Ａ方式
	名城大・理工（環境創造工）Ｂ方式
	近畿大・理工（機械工）前期Ｂ
	近畿大・理工（生命科学）前期Ａ
	近畿大・理工（生命科学）前期Ｂ
	近畿大・建築（建築）前期Ａ
	近畿大・農（生物機能科学）前期Ｂ
	近畿大・生物理工（医用工）前期Ａ
	近畿大・生物理工（医用工）前期Ｂ
44	工学院大・建築（建築）Ｓ日程
	工学院大・先進工（応用化学）Ｓ日程
	芝浦工大・工（情報通信工）英語
	成蹊大・理工（理工／電気電子）２統一
	成蹊大・理工（理工／応用化学）２統一
	東京電機大・未来科学（情報メディア）前期
	東京電機大・未来科学（建築）前期
	東京薬大・生命科学（応用生命科学）ＢⅡ期
	日本大・文理（生命科学）Ｎ１期
	日本大・工（機械工）Ａ個別
	日本大・工（建築）Ａ個別
	日本大・工（生命応用化学）Ｎ１期
	日本大・工（情報工）Ａ個別
	日本大・工（情報工）Ｎ１期
	日本大・理工（機械工）Ａ個別
	日本大・理工（機械工）Ｎ１期
	東京都市大・理工（電気電子通信）前期
	東京都市大・理工（医用工）前期
	名城大・理工（交通機械工）Ａ方式
	名城大・理工（交通機械工）Ｂ方式
	名城大・理工（材料機能工）Ｂ方式

合格目標ライン	大学・学部（学科）日程方式
44	近畿大・理工(応用化学)前期Ａ
	近畿大・建築(建築)前期Ｂ
	近畿大・生物理工(遺伝子)前期Ａ
	甲南大・フロンティア(生命化学)前３一般
	甲南大・フロンティア(生命化学)中一般
	甲南大・知能情報(知能情報)前３一般
	甲南大・知能情報(知能情報)中一般
	武庫川女大・社会情報(社会情報／情報サイエンス)A2科目
	武庫川女大・社会情報(社会情報／情報サイエンス)B2科目
	武庫川女大・建築(建築)Ａ３科目
	武庫川女大・建築(建築)Ｂ２科目
	武庫川女大・建築(景観建築)Ａ３科目
	武庫川女大・建築(景観建築)Ｂ２科目
	福岡大・工(建築)前期
43	共立女大・建築・デザイン(建築・デザイン)統一
	工学院大・情報(学部総合)Ｓ日程
	工学院大・建築(建築)Ａ日程
	工学院大・建築(建築)英語外部
	工学院大・建築(学部総合)Ａ日程
	工学院大・先進工(生命化学)Ｓ日程
	工学院大・先進工(応用化学)Ａ日程
	工学院大・先進工(応用化学)英語外部
	芝浦工大・デザイン工(デザ／ロボ情報)英語
	東海大・工(航空／航空宇宙)理系前期
	東海大・海洋(海洋／航海学)理系前期
	東京電機大・工(電気電子工)前期
	東京電機大・工(応用化学)前英外
	東京電機大・理工(理工／建築・都市)前期
	東京電機大・未来科学(建築)前英外
	東京電機大・システムデザ(情報シス)前期
	東京電機大・システムデザ(デザイン工)前期
	日本大・文理(生命科学)Ａ１期
	日本大・工(生命応用化学)Ａ個別
	日本大・工(電気電子工)Ａ個別
	日本大・理工(精密機械工)Ｎ１期
	日本大・理工(電気工)Ｎ１期
	日本大・理工(電子工)Ａ個別
	日本大・理工(電子工)Ｎ１期
	日本大・理工(まちづくり工)Ａ個別
	日本大・理工(まちづくり工)Ｎ１期
	東京都市大・理工(機械シス)前期
	東京都市大・建築都市(都市工)前期
	愛知淑徳大・創造表現(創造／建築・イン)前期３
	名城大・理工(材料機能工)Ａ方式
	名城大・理工(社会基盤デザ)Ａ方式
	名城大・理工(社会基盤デザ)Ｂ方式
	京都産大・生命科学(先端生命科学)前期３
	京都産大・生命科学(産業生命科学)前期３理
	龍谷大・先端理工(機械・ロボ)前スタ
	龍谷大・先端理工(機械・ロボ)前数学
	龍谷大・先端理工(機械・ロボ)前理科
	龍谷大・先端理工(応用化学)前スタ
	龍谷大・先端理工(応用化学)前数学
	龍谷大・先端理工(応用化学)前理科
	近畿大・工(化学生命工)前期Ａ
	近畿大・理工(応用化学)前期Ｂ
	近畿大・理工(社会環境工)前期Ａ
	近畿大・理工(電気電子通信工)前期Ａ
	近畿大・理工(エネルギー物)前期Ｂ
	近畿大・生物理工(生物工)前期Ａ
	近畿大・生物理工(遺伝子)前期Ｂ
	近畿大・生物理工(人間環境デザ)前期Ａ
	甲南大・フロンティア(生命化学)前２一般
	甲南大・フロンティア(生命化学)前３外
	甲南大・フロンティア(生命化学)前２外
	甲南大・フロンティア(生命化学)中外部
	甲南大・理工(機能分子化学)前一般
	甲南大・理工(機能分子化学)中一般

合格目標ライン	大学・学部（学科）日程方式
43	甲南大・知能情報(知能情報)前３外
	甲南大・知能情報(知能情報)前２外
	甲南大・知能情報(知能情報)前２一般
	甲南大・知能情報(知能情報)中外部
	福岡大・工(建築)系統別
	福岡大・工(電子情報工)前期
42	千葉工大・情報科学(情報工)Ａ日程Ⅰ
	千葉工大・創造工(建築)Ａ日程Ⅰ
	千葉工大・先進工(未来ロボ)Ａ日程Ⅰ
	共立女大・建築・デザイン(建築・デザイン)２月
	工学院大・情報(学部総合)Ａ日程
	工学院大・情報(学部総合)英語外部
	工学院大・工(機械工)Ａ日程
	工学院大・工(機械工)Ｓ日程
	工学院大・工(電気電子工)Ｓ日程
	工学院大・建築(建築デザ)Ｓ日程
	工学院大・建築(学部総合)Ｓ日程
	工学院大・先進工(生命化学)Ａ日程
	工学院大・先進工(生命化学)英語外部
	工学院大・先進工(環境化学)Ｓ日程
	工学院大・先進工(大学院接続型)Ｓ日程
	工学院大・先進工(機械／航空理工)Ａ日程
	帝京大・理工(航空／航空宇宙)Ⅰ期
	東海大・工(航空／航空宇宙)
	東海大・海洋(海洋／航海学)
	東京電機大・工(電気電子工)前英外
	東京電機大・理工(理工／電子工)前期
	東京電機大・理工(理工／機械工)前期
	東京電機大・未来科学(ロボ・メカ)前期
	東京電機大・未来科学(情報メディア)前英外
	東京電機大・システムデザ(情報シス)前英外
	東京電機大・システムデザ(デザイン工)前英外
	東洋大・理工(応用化学)前期３均
	東洋大・理工(応用化学)前期３理
	東洋大・理工(電気電子情報)前期３均
	日本大・工(機械工)Ｎ１期
	日本大・工(電気電子工)Ｎ１期
	日本大・工(土木工)Ａ個別
	日本大・工(土木工)Ｎ１期
	日本大・理工(海洋建築工)Ａ個別
	日本大・理工(海洋建築工)Ｎ１期
	日本大・理工(交通シス)Ａ個別
	日本大・理工(交通シス)Ｎ１期
	日本大・理工(精密機械工)Ａ個別
	日本大・理工(電気工)Ａ個別
	東京都市大・環境(環境創生)前期
	東京都市大・理工(原子力安全工)前期
	神奈川大・情報(システム数理)前期Ａ
	神奈川大・建築(建築／建築学)前期Ａ
	金沢工大・バイオ化学(応用バイオ)Ａ
	金沢工大・バイオ化学(応用化学)Ａ
	金沢工大・建築(建築)Ａ
	愛知淑徳大・人間情報(人間情報／感性工)前期３
	愛知淑徳大・人間情報(人間情報／感性工)前期２
	愛知淑徳大・創造表現(創造／建築・イン)前期２
	京都産大・情報理工(情報理工)前期３
	京都産大・生命科学(先端生命科学)前期２
	京都産大・生命科学(先端生命科学)中期
	京都産大・生命科学(産業生命科学)前期３文
	龍谷大・先端理工(知能情報メデ)前スタ
	龍谷大・先端理工(知能情報メデ)前数学
	龍谷大・先端理工(知能情報メデ)前理科
	龍谷大・先端理工(電子情報通信)前スタ
	龍谷大・先端理工(電子情報通信)前数学
	龍谷大・先端理工(電子情報通信)前理科
	龍谷大・先端理工(機械・ロボ)中スタ
	龍谷大・先端理工(機械・ロボ)中数学
	龍谷大・先端理工(機械・ロボ)中理科

合格目標ライン	大学・学部（学科）日程方式
42	龍谷大・先端理工（応用化学）中スタ
	龍谷大・先端理工（応用化学）中数学
	龍谷大・先端理工（応用化学）中理科
	近畿大・工（機械工）前期A
	近畿大・工（機械工）前期B
	近畿大・工（建築）前期A
	近畿大・工（化学生命工）前期B
	近畿大・工（電子情報工）前期A
	近畿大・理工（社会環境工）前期B
	近畿大・理工（電気電子通信工）前期B
	近畿大・理工（エネルギー物）前期A
	近畿大・生物理工（生物工）前期B
	近畿大・生物理工（人間環境デザ）前期B
	甲南大・理工（機能分子化学）前外部
	甲南大・理工（機能分子化学）中外部
	福岡大・工（化学シス）前期
	福岡大・工（機械工）前期
	福岡大・工（電子情報工）系統別
41	千葉工大・情報科学（情報工）A日程Ⅱ
	千葉工大・創造工（建築）A日程Ⅱ
	千葉工大・創造工（都市環境工）A日程Ⅰ
	千葉工大・創造工（デザイン科学）A日程Ⅰ
	千葉工大・先進工（未来ロボ）A日程Ⅱ
	工学院大・情報（情報科学）S日程
	工学院大・情報（情報通信工）A日程
	工学院大・情報（情報通信工）S日程
	工学院大・工（機械工）英語外部
	工学院大・工（電気電子工）A日程
	工学院大・建築（建築デザ）A日程
	工学院大・建築（建築デザ）英語外部
	工学院大・建築（学部総合）英語外部
	工学院大・先進工（環境化学）A日程
	工学院大・先進工（応用物理）A日程
	工学院大・先進工（応用物理）S日程
	工学院大・先進工（大学院接続型）A日程
	工学院大・先進工（大学院接続型）英語外部
	工学院大・先進工（機械／機械理工）A日程
	工学院大・先進工（機械／航空理工）S日程
	帝京大・理工（バイオサイエ）Ⅰ期
	東海大・工（応用化学）理系前期
	東海大・工（生物工）理系前期
	東海大・海洋（海洋／海洋理工）
	東海大・海洋（海洋／海洋理工）理系前期
	東京工科大・工（機械工）A日程
	東京工科大・工（応用化学）A日程
	東京電機大・工（電子シス）前期
	東京電機大・工（先端機械工）前期
	東京電機大・理工（理工／建築・都市）前英外
	東京電機大・理工（理工／電子工）前英外
	東京電機大・理工（理工／機械工）前英外
	東洋大・理工（機械工）前期３均
	東洋大・理工（機械工）前期３理
	東洋大・理工（建築）前期３均
	東洋大・理工（電気電子情報）前期３数
	東洋大・生命科学（生命科学）前期３均
	東洋大・生命科学（生命科学）前期３理
	日本大・理工（土木工）A個別
	日本大・理工（土木工）N１期
	神奈川大・工（機械工）前期A
	神奈川大・工（電気電子情報）前期A
	金沢工大・工（情報工）A
	中部大・応用生物（応用生物化学）前期AM
	京都産大・情報理工（情報理工）前期２
	京都産大・情報理工（情報理工）中期
	京都産大・生命科学（産業生命科学）前期２
	京都産大・生命科学（産業生命科学）中期
	龍谷大・先端理工（知能情報メデ）中スタ
	龍谷大・先端理工（知能情報メデ）中数学
	龍谷大・先端理工（知能情報メデ）中理科
	龍谷大・先端理工（電子情報通信）中スタ
	龍谷大・先端理工（電子情報通信）中数学
	龍谷大・先端理工（電子情報通信）中理科
	龍谷大・先端理工（環境生態工）前数学
	大阪工大・工（機械工）前期A
	大阪工大・工（機械工）前期B
	大阪工大・工（建築）前期A
	大阪工大・工（建築）前期B
	大阪工大・ロボ＆デザ（ロボット工）前期A
	大阪工大・ロボ＆デザ（ロボット工）前期B
	大阪工大・ロボ＆デザ（システムデザ）前期A
	大阪工大・ロボ＆デザ（システムデザ）前期B
	大阪工大・ロボ＆デザ（空間デザ）前期A
	大阪工大・ロボ＆デザ（空間デザ）前期B
	近畿大・工（建築）前期B
	近畿大・工（電子情報工）前期B
	近畿大・産業理工（建築・デザ）前期A
	福岡大・工（化学シス）系統別
	福岡大・工（機械工）系統別
	福岡大・工（電気工）前期
	福岡大・工（社会デザ）前期
40	千葉工大・工（機械工）A日程Ⅰ
	千葉工大・工（機械電子創成）A日程Ⅰ
	千葉工大・工（情報通信シス）A日程Ⅰ
	千葉工大・工（応用化学）A日程Ⅰ
	千葉工大・創造工（都市環境工）A日程Ⅱ
	千葉工大・創造工（デザイン科学）A日程Ⅱ
	千葉工大・先進工（生命科学）A日程Ⅰ
	千葉工大・先進工（知能メディア）A日程Ⅰ
	工学院大・情報（情報科学）A日程
	工学院大・情報（情報科学）英語外部
	工学院大・工（機械シス）A日程
	工学院大・工（機械シス）S日程
	工学院大・建築（まちづくり）S日程
	工学院大・先進工（環境化学）英語外部
	工学院大・先進工（機械／機械理工）S日程
	工学院大・先進工（機械／機械理工）英語外部
	国士舘大・理工（理工）前期
	帝京大・理工（情報電子工）Ⅰ期
	帝京大・理工（航空／ヘリパイ）Ⅰ期
	東海大・工（応用化学）
	東海大・工（電気電子工）理系前期
	東海大・工（生物工）
	東海大・情報通信（情報通信）理系前期
	東京工科大・工（電気電子工）A日程
	東京工科大・コンピュータ（コン／人工知能）A日程
	東京工科大・コンピュータ（コン／先進情報）A日程
	東京工科大・応用生物（応用／生命科学）A日程
	東京電機大・工（電子シス）前英外
	東京電機大・工（先端機械工）前英外
	東京電機大・未来科学（ロボ・メカ）前英外
	東洋大・理工（機械工）前期３数
	東洋大・理工（建築）前期３英
	東洋大・理工（都市環境デザ）前期３均
	東洋大・理工（都市環境デザ）前期３数
	東洋大・理工（生体医工）前期３均
	東洋大・理工（生体医工）前期３理
	東洋大・生命科学（応用生物科学）前期３均
	東洋大・生命科学（応用生物科学）前期３理
	日本大・生産工（機械工）A１期
	日本大・生産工（機械工）N１期
	日本大・生産工（建築工）A１期
	日本大・生産工（建築工）A２期
	日本大・生産工（建築工）N１期
	日本大・生産工（応用分子化学）A１期
	日本大・生産工（応用分子化学）N１期
	日本大・生産工（電気電子工）N１期

合格目標ライン	大 学・学 部（学 科） 日程方式
40	日本大・生産工（創生デザ）Ａ１期
	日本大・生産工（創生デザ）Ｎ１期
	東京都市大・環境（環境経営シス）前期
	神奈川大・工（機械工）前期Ｂ
	神奈川大・工（電気電子情報）前期Ｂ
	神奈川大・工（経営工）前期Ａ
	神奈川大・工（応用物理）前期Ａ
	神奈川大・建築（建築／都市生活）前Ａ理
	神奈川大・建築（建築／都市生活）前Ａ文
	神奈川大・化学生命（応用化学）前期Ａ
	神奈川大・化学生命（生命機能）前期Ａ
	金沢工大・工（機械工）Ａ
	金沢工大・工（航空シス）Ａ
	金沢工大・工（電気電子工）Ａ
	中部大・応用生物（応用生物化学）前期Ａ
	中部大・応用生物（応用生物化学）前期Ｂ
	龍谷大・先端理工（環境生態工）前スタ
	龍谷大・先端理工（環境生態工）前理科
	龍谷大・先端理工（環境生態工）中スタ
	龍谷大・先端理工（環境生態工）中数学
	龍谷大・先端理工（環境生態工）中理科
	大阪工大・情報科学（情報知能）前期Ａ
	大阪工大・情報科学（情報シス）前期Ａ
	大阪工大・情報科学（情報メディア）前期Ａ
	大阪工大・情報科学（ネットワーク）前期Ａ
	大阪工大・工（応用化学）前期Ａ
	大阪工大・工（応用化学）前期Ｂ
	大阪工大・工（都市デザ）前期Ａ
	大阪工大・工（都市デザ）前期Ｂ
	大阪工大・工（環境工）前期Ａ
	大阪工大・工（生命工）前期Ａ
	大阪工大・工（生命工）前期Ｂ
	近畿大・工（ロボティクス）前期Ａ
	近畿大・工（情報）前期Ａ
	近畿大・工（情報）前期Ｂ
	近畿大・産業理工（生物環境化学）前期Ａ
	近畿大・産業理工（生物環境化学）前期Ｂ
	近畿大・産業理工（建築・デザ）前期Ｂ
	摂南大・理工（生命科学）前期３
	摂南大・理工（生命科学）前期２
	福岡大・工（電気工）系統別
	福岡大・工（社会デザ）系統別
39	千葉工大・社会シス（プロジェクト）Ａ日程Ⅰ
	千葉工大・工（機械工）Ａ日程Ⅱ
	千葉工大・工（機械電子創成）Ａ日程Ⅱ
	千葉工大・工（先端材料工）Ａ日程Ⅰ
	千葉工大・工（電気電子工）Ａ日程Ⅰ
	千葉工大・工（情報通信シス）Ａ日程Ⅱ
	千葉工大・工（応用化学）Ａ日程Ⅱ
	千葉工大・先進工（生命科学）Ａ日程Ⅱ
	千葉工大・先進工（知能メディア）Ａ日程Ⅱ
	工学院大・情報（情報通信工）英語外部
	工学院大・工（機械シス）英語外部
	工学院大・工（電気電子工）英語外部
	工学院大・建築（まちづくり）Ａ日程
	工学院大・建築（まちづくり）英語外部
	工学院大・先進工（応用物理）英語外部
	東海大・工（機械工）
	東海大・工（機械工）理系前期
	東海大・工（電気電子工）
	東海大・情報理工（コンピュータ）理系前期
	東海大・情報通信（情報通信）
	東海大・建築都市（建築）文理前
	日本大・生産工（マネジメント）Ｎ１期
	日本大・生産工（機械工）Ａ２期
	日本大・生産工（応用分子化学）Ａ２期
	日本大・生産工（電気電子工）Ａ１期
	日本大・生産工（電気電子工）Ａ２期
	日本大・生産工（創生デザ）Ａ２期
	神奈川大・工（経営工）前期Ｂ
	神奈川大・工（応用物理）前期Ｂ
	神奈川大・化学生命（応用化学）前期Ｂ
	神奈川大・化学生命（生命機能）前期Ｂ
	神奈川工大・情報（情報）Ａ日程
	神奈川工大・応用バイオ（応用／生命科学）Ａ日程
	金沢工大・工（ロボティクス）Ａ
	金沢工大・工（環境土木工）Ａ
	中京大・工（情報工）前Ａ３
	中京大・工（情報工）前期Ｍ３
	中京大・工（情報工）前期Ｍ２
	中京大・工（情報工）前Ａ２
	中部大・応用生物（応用生物化学）前期ＢＭ
	大阪工大・情報科学（情報知能）前期Ｂ
	大阪工大・情報科学（情報シス）前期Ｂ
	大阪工大・情報科学（情報メディア）前期Ｂ
	大阪工大・情報科学（ネットワーク）前期Ｂ
	大阪工大・工（電気電子シス）前期Ａ
	大阪工大・工（電気電子シス）前期Ｂ
	大阪工大・工（電子情報シス）前期Ａ
	大阪工大・工（電子情報シス）前期Ｂ
	大阪工大・工（環境工）前期Ｂ
	近畿大・工（ロボティクス）前期Ｂ
38	千葉工大・社会シス（経営情報科学）Ａ日程Ⅰ
	千葉工大・社会シス（プロジェクト）Ａ日程Ⅱ
	千葉工大・工（先端材料工）Ａ日程Ⅱ
	千葉工大・工（電気電子工）Ａ日程Ⅱ
	国士舘大・理工（理工）デリバリ
	国士舘大・理工（理工）中期
	帝京大・理工（機械精密シス）Ⅰ期
	東海大・工（機械シス工）理系前期
	東海大・情報理工（コンピュータ）
	東海大・建築都市（建築）
	日本大・生産工（マネジメント）Ａ１期
	日本大・生産工（マネジメント）Ａ２期
	日本大・生産工（土木工）Ｎ１期
	日本大・生産工（環境安全工）Ａ１期
	日本大・生産工（環境安全工）Ａ２期
	日本大・生産工（環境安全工）Ｎ１期
	立正大・地球環境科学（環境シス）２月前期
	立正大・地球環境科学（環境シス）Ｒ方式
	神奈川工大・情報（情報メディア）Ａ日程
	神奈川工大・工（応用化学）Ａ日程
	神奈川工大・工（機械／航空宇宙）Ａ日程
	神奈川工大・創造工（ホームエレク）Ａ日程
	金沢工大・情報フロン（メディア）Ａ
	中京大・工（機械シス）前Ａ３
	中京大・工（機械シス）前Ａ２
	中京大・工（機械シス）前期Ｍ３
	中京大・工（機械シス）前期Ｍ２
	中京大・工（電気電子工）前Ａ３
	中京大・工（電気電子工）前Ａ２
	中京大・工（電気電子工）前期Ｍ３
	中京大・工（電気電子工）前期Ｍ２
	中京大・工（メディア工）前Ａ３
	中京大・工（メディア工）前Ａ２
	中京大・工（メディア工）前期Ｍ３
	中京大・工（メディア工）前期Ｍ２
	近畿大・産業理工（電気電子工）前期Ａ
	近畿大・産業理工（電気電子工）前期Ｂ
	近畿大・産業理工（情報）前期Ａ
	近畿大・産業理工（情報）前期Ｂ
	摂南大・理工（建築）前期３
	摂南大・理工（建築）前期２
	摂南大・理工（機械工）前期３
	摂南大・理工（機械工）前期２
37	東北学院大・工（電気電子工）前期Ａ

合格目標ライン	大学・学部（学科）日程方式
37	東北学院大·工(電気電子工)前期Ｂ
	東北学院大·工(機械知能工)前期Ａ
	東北学院大·工(機械知能工)前期Ｂ
	東北学院大·工(環境建設工)前期Ａ
	東北学院大·工(環境建設工)前期Ｂ
	千葉工大·社会シス(経営情報科学)Ａ日程Ⅱ
	桜美林大·航空マネジ(航空管制)前期３
	桜美林大·航空マネジ(航空管制)前期理３
	桜美林大·航空マネジ(整備管理)前期３
	桜美林大·航空マネジ(整備管理)前期理３
	桜美林大·航空マネジ(フライト·オペ)
	玉川大·工(デザインサイエ)全学前期
	玉川大·工(デザインサイエ)英語外前
	東海大·文理融合(人間情報工)文理前
	東海大·工(機械シス工)
	東海大·建築都市(土木工)
	東海大·建築都市(土木工)理系前期
	日本大·生産工(土木工)Ａ１期
	日本大·生産工(土木工)Ａ２期
	神奈川工大·情報(情報ネット)Ａ日程
	神奈川工大·工(電気電子情報)Ａ日程
	神奈川工大·工(機械／機械工)Ａ日程
	神奈川工大·創造工(自動車シス)Ａ日程
	神奈川工大·創造工(ロボット)Ａ日程
	関東学院大·理工(理工／生命科学)前期３
	関東学院大·理工(理工／生命科学)中期３
	中部大·工(機械工)前期Ａ
	中部大·工(機械工)前期Ｂ
	中部大·工(機械工)前期ＡＭ
	中部大·工(機械工)前期ＢＭ
	中部大·工(建築)前期Ａ
	中部大·工(建築)前期Ｂ
	中部大·工(建築)前期ＡＭ
	中部大·工(建築)前期ＢＭ
	中部大·工(応用化学)前期Ａ
	中部大·工(情報工)前期Ａ
	中部大·理工(ＡＩロボティクス)前期Ａ
	中部大·理工(ＡＩロボティクス)前期Ｂ
	中部大·理工(ＡＩロボティクス)前期ＡＭ
	中部大·理工(ＡＩロボティクス)前期ＢＭ
	中部大·理工(宇宙航空)前期Ａ
	中部大·理工(宇宙航空)前期Ｂ
	中部大·理工(宇宙航空)前期ＡＭ
	中部大·理工(宇宙航空)前期ＢＭ
	近畿大·産業理工(経営ビジ)前期Ａ
	近畿大·産業理工(経営ビジ)前期Ｂ
	摂南大·理工(電気電子工)前期３
	摂南大·理工(電気電子工)前期２
	摂南大·理工(住環境デザ)前期３
	摂南大·理工(住環境デザ)前期２
	摂南大·理工(住環境デザ)前２文
	摂南大·農(応用生物科学)前期３
	摂南大·農(応用生物科学)前期２
36	北海学園大·工(建築)
	北海学園大·工(生命)
	桜美林大·航空マネジ(航空管制)前期２
	桜美林大·航空マネジ(航空管制)前期理２
	桜美林大·航空マネジ(整備管理)前期２
	桜美林大·航空マネジ(整備管理)前期理２
	拓殖大·工(機械シス)２月
	拓殖大·工(情報工)２月
	拓殖大·工(電子シス)２月
	玉川大·工(マネジメント)英語外前
	玉川大·工(マネジメント)全学前期
合格目標ライン	大学・学部（学科）日程方式
36	玉川大·工(ソフトウェア)英語外前
	玉川大·工(ソフトウェア)全学前期
	東海大·文理融合(人間情報工)
	帝京科学大·生命環境(生命／生命)Ⅰ期
	関東学院大·理工(理工／生命科学)前期統一
	関東学院大·理工(理工／応用化学)前期３
	関東学院大·理工(理工／応用化学)中期３
	関東学院大·建築·環境(建築·環境)前期３
	関東学院大·建築·環境(建築·環境)中期３
	中部大·工(応用化学)前期Ｂ
	中部大·工(応用化学)前期ＡＭ
	中部大·工(応用化学)前期ＢＭ
	中部大·工(情報工)前期Ｂ
	中部大·工(情報工)前期ＡＭ
	中部大·工(情報工)前期ＢＭ
	摂南大·理工(都市環境工)前期３
	摂南大·理工(都市環境工)前期２
35	北海学園大·工(電子情報)
	拓殖大·工(情報工)全国
	拓殖大·工(電子シス)全国
	拓殖大·工(国際／機械シス)２月
	拓殖大·工(国際／電子シス)２月
	拓殖大·工(国際／情報工)２月
	拓殖大·工(国際／デザイン)２月
	拓殖大·工(デザイン)２月
	玉川大·工(情報通信工)全学前期
	玉川大·工(情報通信工)英語外前
	関東学院大·理工(理工／応用化学)前期統一
	関東学院大·理工(理工／電気電子)前期３
	関東学院大·理工(理工／電気電子)中期３
	関東学院大·理工(理工／情報ネット)前期３
	関東学院大·理工(理工／情報ネット)中期３
	関東学院大·理工(理工／土木都市)前期３
	関東学院大·理工(理工／土木都市)中期３
	関東学院大·理工(理工／先進機械)前期３
	関東学院大·理工(理工／先進機械)中期３
	関東学院大·理工(理工／表面工学)前期３
	関東学院大·理工(理工／表面工学)中期３
	関東学院大·建築·環境(建築·環境)前期統一
	中部大·工(都市建設工)前期ＡＭ
	中部大·工(電気電子シス)前期Ａ
	中部大·工(電気電子シス)前期Ｂ
	中部大·工(電気電子シス)前期ＡＭ
	中部大·工(電気電子シス)前期ＢＭ
34	北海学園大·工(社会／社会環境)
	北海学園大·工(社会／環境情報)
	拓殖大·工(機械シス)全国
	拓殖大·工(デザイン)全国
	東京電機大·工二(機械工)
	東京電機大·工二(情報通信工)
	東京電機大·工二(電気電子工)
	明星大·建築(建築)前期Ａ
	関東学院大·理工(理工／電気電子)前期統一
	関東学院大·理工(理工／情報ネット)前期統一
	関東学院大·理工(理工／土木都市)前期統一
	関東学院大·理工(理工／先進機械)前期統２
	関東学院大·理工(理工／表面工学)前期統一
	中部大·工(都市建設工)前期Ａ
	中部大·工(都市建設工)前期Ｂ
	中部大·工(都市建設工)前期ＢＭ
33	明星大·情報(情報)前期Ａ
	明星大·建築(建築)前期Ｂ
32	明星大·情報(情報)前期Ｂ

農・水産学部系統

合格目標ライン	大学・学部（学科）日程方式
56	日本大・生物資源科学（獣医）Ａ１期
	日本大・生物資源科学（獣医）Ｎ１期
	日本獣医生命大・獣医（獣医）第１回
55	明治大・農（農）全学３
54	明治大・農（農）学部別
	明治大・農（食料環境政策）全学３
	明治大・農（生命科学）全学３
	麻布大・獣医（獣医）Ⅰ期Ａ
	麻布大・獣医（獣医）Ⅰ期Ｄ
53	北里大・獣医（獣医）前期
	明治大・農（農）全学英
	明治大・農（食料環境政策）学部別
	明治大・農（農芸化学）全学３
	明治大・農（生命科学）学部別
52	明治大・農（食料環境政策）全学英
	明治大・農（農芸化学）学部別
	明治大・農（生命科学）全学英
51	明治大・農（農芸化学）全学英
49	近畿大・農（水産）前期Ａ
48	東京農大・農（農）Ａ日程
	東京農大・応用生物科学（農芸化学）Ａ日程
	名城大・農（応用生物化学）Ａ方式
	近畿大・農（水産）前期Ｂ
	近畿大・農（応用生命化学）前期Ａ
	近畿大・農（環境管理）前期Ａ
47	玉川大・農（先端食農）全学前期
	玉川大・農（先端食農）英語外前
	東京農大・農（動物科学）Ａ日程
	東京農大・応用生物科学（醸造科学）Ａ日程
	東京農大・生命科学（バイオ）Ａ日程
	法政大・生命科学（応用植物科学）ＡⅡ日程
	名城大・農（生物資源）Ａ方式
	名城大・農（応用生物化学）Ｂ方式
	近畿大・農（農業生産科学）前期Ａ
	近畿大・農（農業生産科学）前期Ｂ
	近畿大・農（応用生命化学）前期Ｂ
46	玉川大・農（生産／理科教員）全学前期
	玉川大・農（生産／理科教員）地域創生
	玉川大・農（生産／理科教員）英語外前
	東京農大・農（生物資源開発）Ａ日程
	東京農大・生命科学（分子生命化学）Ａ日程
	東京農大・生命科学（分子微生物）Ａ日程
	法政大・生命科学（応用植物科学）Ｔ日程
	近畿大・農（環境管理）前期Ｂ
45	玉川大・農（生産農）全学前期
	玉川大・農（生産農）英語外前
	東京農大・国際食料情報（国際農業開発）Ａ日程
	東京農大・農（デザイン農）Ａ日程
	日本大・生物資源科学（アグリサイエ）Ａ個別１
	日本大・生物資源科学（アグリサイエ）Ｎ１期
	日本獣医生命大・獣医（獣医保健看護）第１回
	法政大・生命科学（応用植物科学）英語外部
	名城大・農（生物環境科学）Ａ方式
	名城大・農（生物環境科学）Ｂ方式
44	北里大・獣医（動物資源科学）中期
	北里大・海洋生命（海洋生命科学）前期
	玉川大・農（環境農）全学前期
	玉川大・農（環境農）英語外前
	東海大・農（動物科学）理系前期
	東海大・海洋（水産）理系前期
	東京農大・国際食料情報（食料環境経済）Ａ日程
	東京農大・地域環境科学（森林総合科学）Ａ日程
	東京農大・地域環境科学（地域創成科学）Ａ日程
	日本大・生物資源科学（バイオ）Ａ個別１
	日本大・生物資源科学（バイオ）Ｎ１期
44	日本大・生物資源科学（海洋生物）Ａ個別１
	日本大・生物資源科学（海洋生物）Ｎ１期
	日本大・生物資源科学（森林）Ａ個別１
	日本大・生物資源科学（森林）Ｎ１期
	日本大・生物資源科学（食品開発）Ａ個別１
	日本大・生物資源科学（食品開発）Ｎ１期
	名城大・農（生物資源）Ｂ方式
43	北里大・獣医（動物資源科学）前期
	北里大・海洋生命（海洋生命科学）中期
	東海大・農（動物科学）
	東海大・農（食生命科学）理系前期
	東海大・海洋（水産）
	東海大・生物（海洋生物科学）理系前期
	東京農大・国際食料情報（アグリビジネス）Ａ日程
	東京農大・国際食料情報（国際食農科学）Ａ日程
	東京農大・地域環境科学（生産環境工）Ａ日程
	東京農大・地域環境科学（造園科学）Ａ日程
	東京農大・生物産業（食香粧化学）Ａ日程
	日本大・生物資源科学（食品ビジ）Ａ１期
	日本大・生物資源科学（食品ビジ）Ｎ１期
	日本大・生物資源科学（獣医保健看護）Ａ個別１
	日本大・生物資源科学（獣医保健看護）Ｎ１期
	日本獣医生命大・応用生命科学（動物科学）第１回
	近畿大・生物理工（食品安全工）前期Ａ
42	東海大・農（農）
	東海大・農（農）理系前期
	東海大・農（食生命科学）
	東海大・生物（海洋生物科学）
	東京農大・生物産業（自然資源経営）Ａ日程
	東京農大・生物産業（北方圏農）Ａ日程
	東京農大・生物産業（海洋水産）Ａ日程
	麻布大・獣医（動物応用科学）Ⅰ期２
	麻布大・獣医（動物応用科学）Ⅰ期総
	愛知大・地域政策（地域／食農環境）前期
	愛知大・地域政策（地域／食農環境）Ｍ方式
	愛知大・地域政策（地域／食農環境）数学
	龍谷大・農（生命科学）前農ス
	近畿大・生物理工（食品安全工）前期Ｂ
41	北里大・獣医（生物環境科学）前期
	北里大・獣医（生物環境科学）中期
	東洋大・食環境科学（食環境科学）前期３均
	龍谷大・農（生命科学）中農ス
	龍谷大・農（生命科学）中農高
	龍谷大・農（農）前農ス
	龍谷大・農（農）前農高
	龍谷大・農（農）中農ス
	龍谷大・農（農）中農高
	龍谷大・農（食料農業シス）前文ス
	龍谷大・農（食料農業シス）前文高
	龍谷大・農（食料農業シス）前農高
	龍谷大・農（食料農業シス）中農高
40	東京工科大・応用生物（応用／食品化粧）Ａ日程
	龍谷大・農（生命科学）前農高
	龍谷大・農（食料農業シス）前農ス
	龍谷大・農（食料農業シス）中農ス
	龍谷大・農（食料農業シス）中文ス
	龍谷大・農（食料農業シス）中文高
39	神奈川工大・応用バイオ（応用／応用バイ）Ａ日程
38	帝京科学大・生命環境（アニマル／動物看護）Ⅰ期
37	帝京平成大・健康医療（医療スポ／動物医療）Ⅰ期
	摂南大・農（農業生産）前期３
	摂南大・農（農業生産）前期２
36	摂南大・農（食農ビジネス）前３理
	摂南大・農（食農ビジネス）前３文
35	摂南大・農（食農ビジネス）前期２

スポーツ・健康学部系統

合格目標ライン	大学・学部（学科）日程方式
51	同志社大・スポーツ健康（スポーツ健康）学部文系
	同志社大・スポーツ健康（スポーツ健康）学部理系
	同志社大・スポーツ健康（スポーツ健康）全学文系
	同志社大・スポーツ健康（スポーツ健康）全学理系
49	早大・スポーツ科学（スポーツ科学）〈共〉＋小論文
	立命館大・産業社会（現代／スポーツ）文系
	立命館大・産業社会（現代／スポーツ）学部
	立命館大・スポーツ健康（スポーツ健康）文系
	立命館大・スポーツ健康（スポーツ健康）学部文系
	立命館大・スポーツ健康（スポーツ健康）理系３
48	立教大・スポーツウエル（スポウエ）
47	法政大・スポーツ健康（スポーツ健康）Ａ方式
46	法政大・スポーツ健康（スポーツ健康）Ｔ日程
	法政大・スポーツ健康（スポーツ健康）英語外部
45	愛知淑徳大・健康医療（スポ／スポーツ）前期３
44	愛知学院大・健康科（健康科学）前期ＡⅠ
	愛知淑徳大・健康医療（スポ／スポーツ）前期２
	武庫川女大・健康・スポ（健康・スポ）Ａ２科目
	武庫川女大・健康・スポ（健康・スポ）Ａ３科目
	武庫川女大・健康・スポ（健康・スポ）Ｂ２科目
	武庫川女大・健康・スポ（スポーツマネジメント）A2科目
	武庫川女大・健康・スポ（スポーツマネジメント）A3科目
	武庫川女大・健康・スポ（スポーツマネジメント）B2科目
43	愛知学院大・健康科（健康科学）前期Ｍ
42	順天堂大・スポーツ健康（スポーツ健康）Ａ・Ｂ日程
	日本大・文理（体育）Ａ１期
	日本大・文理（体育）Ｎ１期
	愛知大・地域政策（地域／健康・スポ）前期
	愛知大・地域政策（地域／健康・スポ）Ｍ方式
	愛知学院大・健康科（健康科学）前期ＡⅡ
	愛知学院大・健康科（健康科学）中期
	中京大・スポーツ科学（トレーナー）前Ａ３
	中京大・スポーツ科学（トレーナー）前期Ｍ３
	中京大・スポーツ科学（スポーツマネ）前Ａ３
	中京大・スポーツ科学（スポーツマネ）前期Ｍ３
	京都産大・現代社会（健康スポーツ）前期３
41	東海大・体育（生涯スポ）
	東海大・体育（生涯スポ）文理前
	東海大・体育（体育）
	東海大・体育（体育）文理前
	東海大・体育（競技スポ）文理前
	日本大・スポーツ科学（競技スポ）Ａ個別
	中京大・スポーツ科学（スポーツ健康）前Ａ３
	中京大・スポーツ科学（スポーツ健康）前期Ｍ３
	中京大・スポーツ科学（競技スポーツ）前Ａ３
	中京大・スポーツ科学（競技スポーツ）前期Ｍ３
	中京大・スポーツ科学（トレーナー）前Ａ２
	中京大・スポーツ科学（スポーツマネ）前Ａ２
	京都産大・現代社会（健康スポーツ）前期２
	京都産大・現代社会（健康スポーツ）中期
40	国士舘大・体育（体育）前期
	国士舘大・体育（体育）デリバリ
	国士舘大・体育（体育）中期
	国士舘大・体育（スポーツ医科学）前期
	国士舘大・体育（スポーツ医科学）デリバリ
	国士舘大・体育（スポーツ医科学）中期
	東海大・体育（競技スポ）
	東洋大・健康スポーツ（健康スポーツ）前期３均
	日本大・スポーツ科学（競技スポ）Ｎ１期
	中京大・スポーツ科学（スポーツ健康）前Ａ２
	中京大・スポーツ科学（スポーツ健康）前期Ｍ２
	中京大・スポーツ科学（競技スポーツ）前Ａ２
	中京大・スポーツ科学（競技スポーツ）前期Ｍ２
	中京大・スポーツ科学（トレーナー）前期Ｍ２
	中京大・スポーツ科学（スポーツマネ）前期Ｍ２
39	国士舘大・体育（こどもスポ）前期
	国士舘大・体育（こどもスポ）デリバリ
	国士舘大・体育（こどもスポ）中期
	大東文化大・スポーツ健康（スポーツ科学）３独自
	大東文化大・スポーツ健康（スポーツ科学）全前独
	大東文化大・スポーツ健康（スポーツ科学）３英語
	帝京大・医療技術（スポ／健康スポ）Ⅰ期
	東洋大・健康スポーツ（健康スポーツ）前期３英
	東洋大・健康スポーツ（健康スポーツ）前期４均
	日本体育大・体育（健康）
	日本体育大・体育（体育）
	日本体育大・児童スポーツ（児童／児童スポ）
	福岡大・スポーツ科学（スポーツ科学）系統別
38	桜美林大・健康福祉（健康科学）前期３
	桜美林大・健康福祉（健康科学）前期２
	国士舘大・体育（武道）前期
	国士舘大・体育（武道）デリバリ
	国士舘大・体育（武道）中期
	大東文化大・スポーツ健康（スポーツ科学）全前英
	大東文化大・スポーツ健康（健康科学）全前独
	大東文化大・スポーツ健康（健康科学）３Ａ独
	大東文化大・スポーツ健康（健康科学）３Ｂ独
	大東文化大・スポーツ健康（健康科学）全前英
	大東文化大・スポーツ健康（健康科学）３Ａ英
	大東文化大・スポーツ健康（健康科学）３Ｂ英
	福岡大・スポーツ科学（スポーツ科学）前期実技
	福岡大・スポーツ科学（スポーツ科学）前期小論
	福岡大・スポーツ科学（健康運動科学）系統別
37	東京国際大・人間社会（人間スポ）Ⅰ期３
	東京国際大・人間社会（人間スポ）Ⅰ期２
	東京国際大・人間社会（人間スポ）Ⅱ期３
	東京国際大・人間社会（人間スポ）Ⅱ期２
	東京国際大・人間社会（スポーツ科学）Ⅰ期３
	東京国際大・人間社会（スポーツ科学）Ⅰ期２
	東京国際大・人間社会（スポーツ科学）Ⅱ期３
	東京国際大・人間社会（スポーツ科学）Ⅱ期２
	桜美林大・健康福祉（スポーツ科学）前期３
	桜美林大・健康福祉（スポーツ科学）前期２
	日本体育大・スポーツ文化（スポーツ国際）
	中部大・生命健康（スポーツ保健）前期ＡＭ
	福岡大・スポーツ科学（健康運動科学）前期
36	東海大・体育（武道）文理前
	日本体育大・スポーツマネ（スポーツマネ）
	日本体育大・スポーツマネ（スポーツライ）
	帝京科学大・生命環境（生命／生命・健康）Ⅰ期
	中部大・生命健康（スポーツ保健）前期Ａ
	中部大・生命健康（スポーツ保健）前期Ｂ
	中部大・生命健康（スポーツ保健）前期ＢＭ
35	帝京平成大・健康医療（医療スポ／トレーナー）Ⅰ期
	東海大・体育（武道）
	日本体育大・スポーツ文化（武道教育）
	常葉大・健康プロデュ（心身マネジ）前期３
	常葉大・健康プロデュ（心身マネジ）前期２
	神戸女大・健康福祉（健康スポーツ）前期Ａ
	神戸女大・健康福祉（健康スポーツ）前期Ａ３
	神戸女大・健康福祉（健康スポーツ）前期Ｂ
34	帝京平成大・健康医療（医療スポ／アスリート）Ⅰ期
32	聖徳大・教育（教育／スポーツ）Ａ日程
31	流通経大・スポーツ（スポーツ健康）２科１
	流通経大・スポーツ（スポーツ健康）２科２
	流通経大・スポーツ（スポーツ健康）３科１
	流通経大・スポーツ（スポーツ健康）３科２
	流通経大・スポーツ（スポーツコミ）２科１
	流通経大・スポーツ（スポーツコミ）２科２
	流通経大・スポーツ（スポーツコミ）３科１
	帝京平成大・人文社会（経営／トレーナー）Ⅰ期
30	流通経大・スポーツ（スポーツコミ）３科２

'23 年度

国公立大学 合格目標ライン一覧表

資料提供　駿台予備学校

●この合格目標ライン一覧は，'23年度の国公立大学の一般選抜の合格レベルを予想したものです。

●合格目標ラインの偏差値は，'22年９月実施の第２回駿台全国模試の結果に基づいています。また，合格目標ラインの評価は，'22年度入試における各大学の合格ラインの分布と駿台実施模試の累計データ，さらに'22年駿台全国模試受験生の志望動向を総合的に分析して算出しています。

●偏差値は各大学の入試教科数などを加味して算出しています。

●合格目標ラインとして示した偏差値は，合格可能性80%に相当する駿台全国模試の偏差値です。

●一覧表は系統別にまとめています。大学の配列は偏差値の高い順ですが，同一偏差値内では，北→南に配列しています。なお，本文で紹介している大学のみを掲載しています。

●大学名・学部名・学科名は，誌面の都合上，略記している場合があります。

注）本一覧表における偏差値は，入試の難易度を示したものであり，各大学の教育内容や社会的な位置づけを示したものではありません。

人文科学部系統

合格目標ライン	日程 大 学・学 部（学 科）
65	前 東大・文三
64	前 京大・文(人文)
61	前 阪大・文(人文)
	後 筑波大・人間(心理)
	後 お茶の水女大・文教育(人文科学)
60	後 北大・文(人文科学)
	後 京都府大・文(歴史)
59	前 筑波大・人間(心理)
	前 京都府大・文(歴史)
	後 神戸大・文(人文)
58	前 北大・文(人文科学)
	後 筑波大・人文・文化(人文)
	後 お茶の水女大・文教育(人間社会科学)
	後 九大・文(人文)
57	前 筑波大・人文・文化(人文)
	前 筑波大・人文・文化(比較文化)
	前 お茶の水女大・文教育(人文科学)
	前 お茶の水女大・生活科学(心理)
	前 名大・文(人文)
56	前 筑波大・総合選抜文系
	前 お茶の水女大・文教育(言語文化)
	前 お茶の水女大・文教育(人間社会科学)
	前 神戸大・文(人文)
	前 九大・文(人文)
	後 京都府大・文(和食文化)
	後 広島大・教育(人間／心理学系)
55	前 東北大・文(人文社会)
	前 千葉大・文(人文／歴史)
	前 千葉大・文(人文／国際言語)
	前 京都府大・文(欧米言語文化)
	前 京都府大・文(和食文化)
	中 都留文科大・文(国文)
	後 千葉大・文(人文／歴史)
	後 東京都大・人文社会(人文)
	後 京都府大・文(欧米言語文化)
	後 奈良女大・文
54	前 千葉大・文(人文／日本ユーラ)
	前 東京都大・人文社会(人文)
	前 京都府大・文(日本・中国文)
	前 広島大・教育(人間／心理学系)
	中 都留文科大・文(英文３科目)
	後 京都府大・文(日本・中国文)
	後 大阪公立大・文
53	前 大阪公立大・文
	中 都留文科大・文(英文５科目)
	後 名古屋市大・人文社会(国際文化)
52	前 名古屋市大・人文社会(国際文化)
	前 奈良女大・文
	後 埼玉大・教養(教養)
	後 広島大・文(人文)
	後 熊本大・文(歴史)
	後 熊本大・文(文)
51	前 埼玉大・教養(教養)
	前 新潟大・人文(人文)
	前 金沢大・人間社会(人文)
	前 大阪公立大・現代システム科学域(心理学類〈理・数〉)
	前 岡山大・文(人文)
	前 広島大・文(人文)
	前 長崎大・多文化社会(多文化社会)
	前 熊本大・文(文)
	中 都留文科大・文(比較文化)
	後 新潟大・人文(人文)
51	後 静岡大・人文社会科学(言語文化)
50	前 横浜国大・教育(学校／心理学)
	前 都留文科大・文(英文３科目)
	前 岐阜大・教育(学校／心理)
	前 静岡大・人文社会科学(言語文化)
	前 静岡県大・国際関係(国際言語文化)
	前 大阪公立大・現代システム科学域(心理学類〈英・国〉)
	前 長崎大・多文化社会(多文化／オランダ)
	前 熊本大・文(歴史)
	後 信州大・人文(人文)
	後 愛知県大・日本文化(国語国文)
49	前 都留文科大・文(英文５科目)
	前 都留文科大・文(国文)
	前 信州大・人文(人文)
	前 愛知県大・日本文化(国語国文)
	前 熊本県大・文(日本語日本文)
	前 鹿児島大・法文(人文／心理)
	後 岩手大・人文社会(人間文化)
	後 茨城大・人文社会科学(人間文化)
	後 愛知県大・日本文化(歴史文化)
	後 三重大・人文(文化)
	後 熊本県大・文(英語英米文)
	後 鹿児島大・法文(人文／多元地域)
48	前 岩手大・人文社会(人間文化)
	前 茨城大・人文社会科学(人間文化)
	前 都留文科大・文(比較文化)
	前 愛知県大・日本文化(歴史文化)
	前 三重大・人文(文化)
	前 熊本県大・文(英語英米文)
	前 大分大・福祉健康科学(福祉／心理)
	前 鹿児島大・法文(人文／多元地域)
	後 弘前大・人文社会科学(文化創生)
	後 富山大・人文(人文)
	後 島根大・法文(言語文化)
	後 山口大・人文(人文)
	後 熊本県大・文(日本語日本文)
47	前 弘前大・人文社会科学(文化創生)
	前 弘前大・医(心理支援)
	前 福島大・人文社会(人間／心理幼児〈表現基〉)
	前 富山大・人文(人文)
	前 島根大・法文(言語文化)
	前 県立広島大・地域創生(地域／地域文化)
	前 山口大・人文(人文)
	前 香川大・医(臨床心理)
	後 県立広島大・地域創生(地域創生経過選択)
	後 高知大・人文社会科学(人文／人文科学)
	後 北九州市大・文(比較文化)
46	前 福島大・人文社会(人間／人文科学〈国語〉)
	前 福島大・人文社会(人間／人文科学〈英語〉)
	前 高知大・人文社会科学(人文／人文科学)
	前 北九州市大・文(比較文化)
	後 滋賀県大・人間文化(地域文化)
	後 琉球大・人文社会(琉球アジア)
45	前 福島大・人文社会(人間／心理幼児〈小論文〉)
	前 滋賀県大・人間文化(地域文化)
	前 鳥取大・地域(地域／国際地域)
	前 琉球大・人文社会(琉球アジア)
	後 鳥取大・地域(地域／国際地域)
44	前 山形大・地域教育文化(地域／文化創生)
	前 福島大・人文社会(人間／人文科学〈小論文〉)
	前 愛媛大・社会共創(地域／文化資源)
	後 山形大・地域教育文化(地域／文化創生)

外国語学部系統

合格目標ライン	日程 大学・学部（学科）
62	前 東京外大・言語文化（言語／英語）
61	前 東京外大・言語文化（言語／スペイン語）
60	前 東京外大・言語文化（言語／ドイツ語）
	前 東京外大・言語文化（言語／フランス語）
	前 東京外大・言語文化（言語／イタリア語）
	前 阪大・外国語（外／英語）
59	前 東京外大・言語文化（言語／ポルトガル語）
	前 東京外大・言語文化（言語／ロシア語）
	前 東京外大・国際日本（国際日本）
	前 阪大・外国語（外／フランス語）
	前 阪大・外国語（外／スペイン語）
58	前 東京外大・言語文化（言語／中国語）
	前 東京外大・言語文化（言語／中央ヨーロ）
	前 阪大・外国語（外／スウェーデン語）
	前 阪大・外国語（外／ドイツ語）
	前 阪大・外国語（外／イタリア語）
57	前 東京外大・言語文化（言語／朝鮮語）
	前 東京外大・言語文化（言語／東南アジア１）
	前 東京外大・言語文化（言語／中東）
	前 阪大・外国語（外／中国語）
	前 阪大・外国語（外／ロシア語）
	前 阪大・外国語（外／ハンガリー語）
	前 阪大・外国語（外／デンマーク語）
	前 阪大・外国語（外／ポルトガル語）
	前 阪大・外国語（外／日本語）
	前 神戸市外大・外国語（英米）
56	前 東京外大・言語文化（言語／東南アジア２）
	前 東京外大・言語文化（言語／南アジア）
	前 阪大・外国語（外／朝鮮語）
	前 阪大・外国語（外／インドネシア語）
	前 阪大・外国語（外／アラビア語）
	前 阪大・外国語（外／ペルシア語）
	前 阪大・外国語（外／トルコ語）
	前 神戸市外大・外国語（イスパニア）
	後 神戸市外大・外国語（英米）
55	前 東京外大・言語文化（言語／中央アジア）
	前 阪大・外国語（外／モンゴル語）
	前 阪大・外国語（外／フィリピン語）
	前 阪大・外国語（外／タイ語）
	前 阪大・外国語（外／ベトナム語）
	前 阪大・外国語（外／ビルマ語）
	前 阪大・外国語（外／ヒンディー語）
	前 阪大・外国語（外／ウルドゥー語）
	前 阪大・外国語（外／スワヒリ語）
	前 神戸市外大・外国語（中国）
	前 神戸市外大・外国語（ロシア）
	後 神戸市外大・外国語（イスパニア）
54	後 神戸市外大・外国語（中国）
	後 神戸市外大・外国語（ロシア）
53	中 都留文科大・文（国際教育）
52	後 愛知県大・外国語（英米）
	後 北九州市大・外国語（英米）
51	前 愛知県大・外国語（英米）
	前 愛知県大・外国語（ヨーロッパ／ポルトガル語圏）
	前 北九州市大・外国語（英米）
	後 愛知県大・外国語（ヨーロッパ／フランス語）
	後 愛知県大・外国語（ヨーロッパ／スペイン語圏）
	後 愛知県大・外国語（ヨーロッパ／ポルトガル語圏）
50	前 都留文科大・文（国際教育）
	前 愛知県大・外国語（ヨーロッパ／フランス語）
	前 愛知県大・外国語（ヨーロッパ／スペイン語圏）
	前 神戸市外大・外国語２（英米）
	後 愛知県大・外国語（中国）
	後 愛知県大・外国語（ヨーロッパ／ドイツ語）
49	前 愛知県大・外国語（中国）
	前 愛知県大・外国語（ヨーロッパ／ドイツ語）
	前 北九州市大・外国語（中国）
48	後 神戸市外大・外国語２（英米）
	後 北九州市大・外国語（中国）
47	前 山形大・人文社会科学（人文／グローバル）

法学部系統

合格目標ライン	日程 大学・学部（学科）
67	前 東大・文一
	後 京大・法（特色）
65	前 京大・法
64	前 一橋大・法（法律）
62	前 阪大・法（国際公共政策）
61	前 阪大・法（法）
59	後 神戸大・法（法律）
58	前 東北大・法（法）
	前 名大・法（法律・政治）
	後 千葉大・法政経（法政経）
	後 九大・法
57	前 神戸大・法（法律）
	前 九大・法
	後 北大・法（法）
55	前 北大・法（法）
54	前 東京都大・法（法）
	後 東京都大・法（法）
	後 大阪公立大・法（法）
	後 広島大・法（法）
53	前 千葉大・法政経（法政経）
	前 大阪公立大・法（法）
	後 高崎経大・地域政策〈３教科〉
52	前 高崎経大・地域政策〈３教科〉
	前 金沢大・人間社会（法）
	後 高崎経大・地域政策〈５教科〉
	後 京都府大・公共政策（公共政策）
51	前 高崎経大・地域政策〈５教科〉
	前 岡山大・法（法）
	前 広島大・法（法）
	後 熊本大・法（法）
50	前 信州大・経法（総合法律）
	前 京都府大・公共政策（公共政策）
	前 熊本大・法（法）
	後 新潟大・法（法）
	後 岐阜大・地域科学
	後 静岡大・人文社会科学（法）
	後 三重大・人文（法律経済）
	後 鹿児島大・法文（法経／法）
49	前 新潟大・法（法）
	前 岐阜大・地域科学
	前 静岡大・人文社会科学（法）
	前 三重大・人文（法律経済）
	前 香川大・法（法）
	前 鹿児島大・法文（法経／法）
	後 茨城大・人文社会科学（法律経済）
	後 富山大・経済（経営法）
48	前 茨城大・人文社会科学（法律経済）
	前 富山大・経済（経営法）

合格目標ライン	日程	大学・学部（学科）
48	後	香川大・法（法）
47	後	岩手大・人文社会（地域政策）
	後	島根大・法文（法経）
46	前	岩手大・人文社会（地域政策）
	前	山形大・人文社会科学（人文／法政経）
	前	島根大・法文（法経）
	前	岡山大・法夜（法）
	前	広島大・法夜（法）
	後	秋田大・教育文化（地域文化）
	後	山形大・人文社会科学（人文／法政経）
	後	宇都宮大・地域デザ（コミュニ）
	後	北九州市大・法（政策科学）
	後	北九州市大・法（法律）
45	前	秋田大・教育文化（地域文化）
	前	宇都宮大・地域デザ（コミュニ）

合格目標ライン	日程	大学・学部（学科）
45	前	高知大・人文社会科学（人文／社会科学〈Ａ〉）
	前	高知大・人文社会科学（人文／社会科学〈Ｂ〉）
	前	北九州市大・法（政策科学）
	前	北九州市大・法（法律）
	前	長崎県大・地域創造（公共政策〈数学〉）
	後	福島大・人文社会（行政政策）
	後	鳥取大・地域（地域／地域創造）
	後	広島大・法夜（法）
	後	長崎県大・地域創造（公共政策）
44	前	福島大・人文社会（行政政策）
	前	鳥取大・地域（地域／地域創造）
	前	長崎県大・地域創造（公共政策〈英語〉）
	前	琉球大・人文社会（国際法政）
43	後	琉球大・人文社会（国際法政）
42	後	富山大・経済夜（経営法）

経済・経営・商学部系統

合格目標ライン	日程	大学・学部（学科）
70	後	一橋大・経済（経済）
66	前	東大・文二
64	前	京大・経済（経済経営文系）
63	前	一橋大・経済（経済）
	前	一橋大・商
62	前	京大・経済（経済経営理系）
60	前	阪大・経済（経済・経営）
	後	東北大・経済（文系）
	後	横浜国大・経済（経済／ＤＳＥＰ）
	後	横浜国大・経営（経営／ＤＳＥＰ）
59	後	東北大・経済（理系）
57	前	横浜国大・経済（経済／ＤＳＥＰ）
	前	横浜国大・経済（経済／ＬＢＥＥＰ）
	前	横浜国大・経営（経営／ＤＳＥＰ）
	前	名大・経済
	前	神戸大・経済（経済数学）
	前	神戸大・経営（経営）
	後	横浜国大・経済（経済）
	後	横浜国大・経済（経済／ＬＢＥＥＰ）
	後	九大・経済（経済・経営）
56	前	神戸大・経済（経済英数）
	前	神戸大・経済（経済総合）
	前	九大・経済（経済・経営）
	後	北大・経済
	後	横浜国大・経営（経営）
55	前	北大・経済
	前	東北大・経済（文系）
	前	東北大・経済（理系）
	後	九大・経済（経済工）
54	前	大阪公立大・商
	後	東京都大・経済経営（経済経営）
	後	名古屋市大・経済〈Ｅコース〉
	後	名古屋市大・経済〈Ｍコース〉
	後	大阪公立大・経済（経済高得点）
	後	大阪公立大・商
53	中	高崎経大・経済
	前	東京都大・経済経営（経済経営〈一般〉）
	前	東京都大・経済経営（経済経営〈数理〉）
	前	横浜国大・経営（経営）
	前	名古屋市大・経済
	前	大阪公立大・経済（経済）
	前	九大・経済（経済工）
52	前	横浜国大・経済（経済）
	後	埼玉大・経済（経済）
	後	大阪公立大・経済（経済〈ユニーク〉）
	後	広島大・経済（経済）

合格目標ライン	日程	大学・学部（学科）
51	前	埼玉大・経済（経済〈一般枠〉）
	前	埼玉大・経済（経済〈国際枠〉）
	前	横浜市大・国際商（国際商〈Ｂ方式〉）
	前	金沢大・人間社会（経済）
	前	岡山大・経済（経済）
	前	広島大・経済（経済）
50	前	横浜市大・国際商（国際商〈Ａ方式〉）
	前	信州大・経法（応用経済）
	前	岐阜大・社会システム経営学環
49	前	高崎経大・経済
	後	富山大・経済（経済）
	後	静岡大・人文社会科学（経済）
	後	静岡県大・経営情報（経営情報）
	後	滋賀大・経済（総合経済〈Ａ国外〉）
	後	滋賀大・経済（総合経済〈Ａ数外〉）
48	前	富山大・経済（経済）
	前	静岡大・人文社会科学（経済）
	前	静岡県大・経営情報（経営情報）
	前	滋賀大・経済（総合経済〈Ａ国外〉）
	前	滋賀大・経済（総合経済〈Ａ数外〉）
	前	山口大・経済
	前	北九州市大・経済（経営情報〈数学〉）
	前	北九州市大・経済（経済〈数学〉）
	前	大分大・経済
	後	富山大・経済（経営）
	後	滋賀大・経済（総合経済〈Ｂ国外〉）
	後	滋賀大・経済（総合経済〈Ｂ数外〉）
	後	兵庫県大・国際商経（国際／経済経営）
47	前	新潟大・経済科学（総合経済）
	前	富山大・経済（経営）
	前	滋賀大・経済（総合経済〈Ｂ国外〉）
	前	滋賀大・経済（総合経済〈Ｂ数外〉）
	前	和歌山大・観光（観光）
	後	新潟大・経済科学（総合経済）
	後	山口大・経済
	後	北九州市大・経済（経営情報）
	後	北九州市大・経済（経済）
	後	長崎大・経済（総合経済）
	後	大分大・経済
46	前	兵庫県大・国際商経（国際／経済経営）
	前	県立広島大・地域創生（地域／地域産業応用情報）
	前	香川大・経済（経済）
	前	北九州市大・経済（経営情報〈英語〉）
	前	北九州市大・経済（経済〈英語〉）
	前	長崎大・経済（総合経済）
	前	長崎県大・経営（国際経営）

合格目標ライン	日程	大学・学部（学科）
46	前	長崎県大・地域創造（実践経済〈数学〉）
	後	宮城大・事業構想
	後	和歌山大・経済（経済）
	後	佐賀大・経済（経済）
	後	佐賀大・経済（経営）
	後	佐賀大・経済（経済法）
	後	長崎県大・経営（国際経営）
45	前	宮城大・事業構想
	前	和歌山大・経済（経済）
	前	愛媛大・社会共創（産業マネジ）
	前	佐賀大・経済（経済）
	前	佐賀大・経済（経営）
	前	佐賀大・経済（経済法）
	後	香川大・経済（経済）
	後	長崎県大・地域創造（実践経済）
44	前	県立広島大・地域創生（地域／地域産業〈経営志向〉）

合格目標ライン	日程	大学・学部（学科）
44	前	高知大・地域協働（地域協働）
	前	長崎県大・経営（経営）
	前	長崎県大・地域創造（実践経済〈英語〉）
	後	福島大・人文社会（経済経営）
	後	長崎県大・経営（経営）
43	前	福島大・人文社会（経済経営）
	前	岡山大・経済夜（経済）
42	後	富山大・経済夜（経営）
	後	富山大・経済夜（経済）
	後	琉球大・国際地域夜（国際地域〈国際的〉）
41	前	広島大・経済夜（経済）
	前	琉球大・国際地域夜（国際地域〈国際的〉）
	後	広島大・経済夜（経済）
	後	琉球大・国際地域夜（国際地域〈論理的〉）
40	前	琉球大・国際地域夜（国際地域〈論理的〉）

社会学部系統

合格目標ライン	日程	大学・学部（学科）
63	前	一橋大・社会（社会）
59	前	筑波大・社会・国際（社会）
56	後	東京都大・人文社会（人間社会）
55	前	東京都大・人文社会（人間社会）
52	前	金沢大・人間社会（地域創造）
	前	大阪公立大・生活科学部（人間福祉）
	後	東京都大・都市環境（観光科学）
	後	名古屋市大・人文社会（現代社会）
	後	京都府大・公共政策（福祉社会）
51	前	名古屋市大・人文社会（現代社会）
50	前	東京都大・都市環境（観光科学）
	前	金沢大・融合学域（観光デザイン学類〈文系傾斜〉）
	前	京都府大・公共政策（福祉社会）
49	前	金沢大・融合学域（観光デザイン学類〈理系傾斜〉）
	前	静岡大・グローバル共創（グローバル共創）
	前	大阪公立大・現代システム科学域（教育福祉学類）
	後	静岡大・人文社会科学（社会）
	後	愛知県大・教育福祉（社会福祉）
48	前	静岡大・人文社会科学（社会）
	前	愛知県大・教育福祉（社会福祉）
	中	都留文科大・教養（地域社会）
	後	茨城大・人文社会科学（現代社会）
	後	鹿児島大・法文（法経／地域経済）
47	前	茨城大・人文社会科学（現代社会）
	後	弘前大・人文社会科学（社会経営）
	後	埼玉県大・保健医療福祉（社会／社会福祉）

合格目標ライン	日程	大学・学部（学科）
47	後	島根大・法文（社会文化）
	後	県立広島大・保健福祉（保健／人間福祉）
	後	愛媛大・法文（人文社会）
	後	大分大・福祉健康科学（福祉／社会福祉）
46	前	弘前大・人文社会科学（社会経営〈国語〉）
	前	弘前大・人文社会科学（社会経営〈数学〉）
	前	埼玉県大・保健医療福祉（社会／社会福祉）
	前	都留文科大・教養（地域社会）
	前	島根大・法文（社会文化）
	前	県立広島大・保健福祉（保健／人間福祉）
	前	愛媛大・法文（人文社会）
	前	大分大・福祉健康科学（福祉／社会福祉）
	前	鹿児島大・法文（法経／地域経済）
	後	静岡大・グローバル共創（グローバル共創）
45	前	山梨大・生命環境（地域社／観光政策）
	後	琉球大・国際地域（国際地域〈国際的〉）
44	前	琉球大・国際地域（国際地域〈国際的〉）
	前	琉球大・国際地域（国際地域〈数学的〉）
	後	琉球大・人文社会（人間社会）
	後	琉球大・国際地域（国際地域〈論理的〉）
43	前	愛媛大・法文夜（人文社会）
	前	琉球大・人文社会（人間社会）
	前	琉球大・国際地域（国際地域〈論理的〉）
	後	愛媛大・法文夜（人文社会）
42	前	北九州市大・地域創生（地域創生）

国際関係学部系統

合格目標ライン	日程	大学・学部（学科）
64	後	東京外大･国際社会（国際／北西ヨーロ）
63	前	東京外大･国際社会（国際／北西ヨーロ）
	後	東京外大･国際社会（国際／中央ヨーロ）
	後	東京外大･国際社会（国際／イベ･ラテ）
62	前	東京外大･国際社会（国際／中央ヨーロ）
	前	東京外大･国際社会（国際／イベ･ラテ）
	後	東京外大･国際社会（国際／西南ヨーロ）
61	前	東京外大･国際社会（国際／西南ヨーロ）
	後	東京外大･国際社会（国際／ロシア中央）
	独	国際教養大･国際教養（国際教養〈Ａ日程〉）
60	前	東京外大･国際社会（国際／オセアニア）
	前	東京外大･国際社会（国際／ロシア）
	独	国際教養大･国際教養（国際教養〈Ｃ日程〉）
59	後	東京外大･国際社会（国際／東アジア）
	後	東京外大･国際社会（国際／中東）
	後	東京外大･国際社会（国際／アフリカ）
	独	国際教養大･国際教養（国際教養〈Ｂ日程〉）
58	前	筑波大･社会･国際（国際総合）
	前	東京外大･国際社会（国際／東アジア）
	前	東京外大･国際社会（国際／中東）
	前	東京外大･国際社会（国際／アフリカ）
	後	東京外大･国際社会（国際／東南アジア１）
	後	神戸大･国際人間科学（グローバル）
57	前	東京外大･国際社会（国際／東南アジア１）
	後	東京外大･国際社会（国際／東南アジア２）
	後	東京外大･国際社会（国際／南アジア）
56	前	千葉大･国際教養（国際教養）
	前	東京外大･国際社会（国際／東南アジア２）
	前	東京外大･国際社会（国際／南アジア）
	前	神戸大･国際人間科学（グローバル）
	前	神戸市外大･外国語（国際関係）
55	前	東京外大･国際社会（国際／中央アジア）
	後	神戸市外大･外国語（国際関係）
53	前	横浜市大･国際教養（国際教養〈Ｂ方式〉）
52	前	横浜市大･国際教養（国際教養〈Ａ方式〉）
	前	金沢大･人間社会（国際）
	後	福井大･国際地域（国際地域）
51	前	宇都宮大･国際（国際）
50	前	福井大･国際地域（国際地域）
	前	静岡県大･国際関係（国際関係）
	前	北九州市大･外国語（国際関係）
	後	愛知県大･外国語（国際関係）
	後	滋賀県大･人間文化（国際コミュニ）
	後	長崎県大･国際社会（国際社会）
49	前	愛知県大･外国語（国際関係）
	前	滋賀県大･人間文化（国際コミュニ）
	後	山口大･国際総合科学（国際総合科学）
	後	北九州市大･外国語（国際関係）
48	前	山口大･国際総合科学（国際総合科学）
	前	長崎県大･国際社会（国際社会）
47	前	兵庫県大･国際商経（国際／グロー）
	後	高知大･人文社会科学（人文／国際社会）
46	前	高知大･人文社会科学（人文／国際社会）
44	後	秋田大･国際資源（国際／資源政策）
43	前	秋田大･国際資源（国際／資源政策）

教員養成・教育学部系統

合格目標ライン	日程	大学・学部（学科）
63	前	京大･教育（教育科学〈文系〉）
61	前	京大･教育（教育科学〈理系〉）
59	後	筑波大･人間（教育）
58	前	名大･教育（人間発達）
	後	筑波大･人間（障害科学）
	後	神戸大･国際人間科学（子ども教育）
57	前	筑波大･人間（教育）
	前	筑波大･人間（障害科学）
56	前	東京学芸大･教育（学校教育／中等英語）
	前	東京学芸大･教育（学校教育／中等社会）
	前	神戸大･国際人間科学（子ども教育）
	前	九大･教育
	後	北大･教育（教育）
	後	東京学芸大･教育（学校教育／初等学校心理）
	後	東京学芸大･教育（学校教育／中等社会）
55	前	東北大･教育（教育科学）
	前	東京学芸大･教育（学校教育／初等英語）
	前	東京学芸大･教育（学校教育／初等学校心理）
	前	広島大･教育（言語／英語文化系）
	後	広島大･教育（科学／数理系）
54	前	北大･教育（教育）
	前	千葉大･教育（学校／中学数学）
	前	東京学芸大･教育（学校教育／初等社会）
	前	東京学芸大･教育（学校教育／中等国語）
	前	広島大･教育（学校／初等）
	後	東京学芸大･教育（教育支援／多文化共生）
	後	東京学芸大･教育（学校教育／初等社会）
	後	広島大･教育（人間／教育学系）
53	前	千葉大･教育（学校／小学校）
	前	千葉大･教育（学校／中学理科）
	前	千葉大･教育（学校／乳幼児）
	前	東京学芸大･教育（教育支援／多文化共生）
	前	東京学芸大･教育（学校教育／初等国語）
	前	東京学芸大･教育（学校教育／初等環境教育）
	前	岡山大･教育（学校／小学校）
	前	岡山大･教育（学校／幼児）
	前	広島大･教育（科学／数理系）
	前	広島大･教育（言語／日本語系）
	前	広島大･教育（人間／教育学系）
	後	東京学芸大･教育（教育支援／生涯学習）
	後	東京学芸大･教育（学校教育／初等国語）
	後	東京学芸大･教育（学校教育／初等環境教育）
	後	広島大･教育（科学／社会系）
52	前	埼玉大･教育（学校／中学校･社会）
	前	埼玉大･教育（学校／中学校･言語英語）
	前	埼玉大･教育（学校／中学校･自然数学）
	前	埼玉大･教育（学校／中学校･自然理科）
	前	千葉大･教育（学校／中学国語）
	前	千葉大･教育（学校／英語）
	前	東京学芸大･教育（教育支援／生涯学習）
	前	東京学芸大･教育（学校教育／中等数学）
	前	東京学芸大･教育（学校教育／中等理科）
	前	金沢大･人間社会（学校教育〈Ａ〉）
	前	金沢大･人間社会（学校教育〈Ｂ〉）
	前	広島大･教育（言語／国語文化系）
	後	東京学芸大･教育（学校教育／特別支援）
	後	東京学芸大･教育（学校教育／中等数学）
	後	東京学芸大･教育（学校教育／中等理科）
	後	広島大･教育（科学／技術情報系）
51	前	埼玉大･教育（学校／中学校･言語国語）
	前	東京学芸大･教育（学校教育／特別支援）
	前	東京学芸大･教育（学校教育／初等数学）

合格目標ライン	日程 大学・学部（学科）
51	前 東京学芸大・教育（学校教育／初等理科）
	前 東京学芸大・教育（学校教育／初等国際教育）
	前 静岡大・教育（学校／英語）
	前 岡山大・教育（学校／中学校文系）
	前 岡山大・教育（学校／中学校理系）
	前 岡山大・教育（学校／特別支援）
	前 広島大・教育（科学／技術情報系）
	前 広島大・教育（科学／社会系）
	前 長崎大・教育（学校／中学文系）
	前 熊本大・教育（学校教育／英語）
	前 大分大・教育（学校／初等中等）
	前 宮崎大・教育（学校／中学校）
	後 東京学芸大・教育（学校教育／初等数学）
	後 東京学芸大・教育（学校教育／初等理科）
	後 東京学芸大・教育（学校教育／初等学校教育）
	後 広島大・教育（科学／自然系）
	後 宮崎大・教育（学校／小学校）
50	前 群馬大・共同教育（学校／英語）
	前 埼玉大・教育（養護教諭）
	前 埼玉大・教育（学校／乳幼児）
	前 埼玉大・教育（学校／小学校・教育）
	前 埼玉大・教育（学校／小学校・心理）
	前 埼玉大・教育（学校／小学校・社会）
	前 埼玉大・教育（学校／小学校・言語国語）
	前 埼玉大・教育（学校／小学校・言語英語）
	前 埼玉大・教育（学校／小学校・自然算数）
	前 埼玉大・教育（学校／小学校・自然理科）
	前 千葉大・教育（学校／中学社会）
	前 千葉大・教育（学校／特別支援）
	前 千葉大・教育（学校／養護教諭）
	前 東京学芸大・教育（学校教育／養護教育）
	前 東京学芸大・教育（教育支援／カウンセ）
	前 東京学芸大・教育（教育支援／情報教育）
	前 東京学芸大・教育（学校教育／初等学校教育）
	前 東京学芸大・教育（学校教育／初等幼児教育）
	前 横浜国大・教育（学校／言文社）
	前 信州大・教育（学校／社会科）
	前 信州大・教育（学校／英語）
	前 信州大・教育（学校／心理支援）
	前 岐阜大・教育（学校／英語）
	前 静岡大・教育（学校／教育心理）
	前 静岡大・教育（学校／幼児教育）
	前 岡山大・教育（養護教諭）
	前 広島大・教育（学校／特別支援）
	前 広島大・教育（科学／自然系）
	前 広島大・教育（生涯／音楽文化系）
	前 山口大・教育（学校／英語）
	前 山口大・教育（学校／小学心理）
	前 香川大・教育（学校／中学校〈A系〉）
	前 香川大・教育（学校／中学校〈B系〉）
	前 香川大・教育（学校／中学校〈C系〉）
	前 愛媛大・教育（学校／中等英語）
	前 長崎大・教育（学校／幼児）
	前 長崎大・教育（学校／中学理系）
	前 宮崎大・教育（学校／小学校）
	前 宮崎大・教育（学校／小学校〈理系型〉）
	前 宮崎大・教育（学校／中学校〈理系型〉）
	中 都留文科大・教養（学校教育〈5科目〉）
	後 茨城大・教育（学校／英語）
	後 群馬大・共同教育（学校／英語）
	後 群馬大・共同教育（学校／理科）
	後 福井大・教育（学校／中等教育〈統合型〉）
	後 福井大・教育（学校／初等教育〈統合型〉）
	後 信州大・教育（学校／英語）
	後 信州大・教育（学校／心理支援）
	後 静岡大・教育（学校／教育実践）
	後 静岡大・教育（学校／特別支援）
	後 静岡大・教育（学校／国語）
	後 静岡大・教育（学校／数学）
	後 静岡大・教育（学校／理科）
	後 静岡大・教育（学校／初等学習）
	後 愛知県大・教育福祉（教育／小学校）
	後 愛知県大・教育福祉（教育／保育幼児）
	後 広島大・教育（生涯／人間生活系）
	後 香川大・教育（学校／中学校）
	後 大分大・教育（学校／初等中等）
	後 鹿児島大・教育（学校／初等一般〈文系型〉）
	後 鹿児島大・教育（学校／初等一般〈理系型〉）
49	前 弘前大・教育（学校／中学英語）
	前 茨城大・教育（学校／英語）
	前 群馬大・共同教育（学校／理科）
	前 埼玉大・教育（学校／特別支援）
	前 東京学芸大・教育（教育支援／ソーシャル）
	前 東京学芸大・教育（教育支援／表現教育）
	前 横浜国大・教育（学校／自然生活）
	前 福井大・教育（学校／中等教育〈文系型〉）
	前 山梨大・教育（学校／幼小発達）
	前 信州大・教育（学校／現代教育）
	前 信州大・教育（学校／国語）
	前 岐阜大・教育（学校／国語）
	前 岐阜大・教育（学校／教職基礎）
	前 静岡大・教育（学校／教育実践）
	前 静岡大・教育（学校／特別支援）
	前 静岡大・教育（学校／国語）
	前 静岡大・教育（学校／数学）
	前 静岡大・教育（学校／理科）
	前 静岡大・教育（学校／初等学習）
	前 静岡大・教育（学校／養護教育）
	前 愛知県大・教育福祉（教育／小学校）
	前 愛知県大・教育福祉（教育／保育幼児）
	前 三重大・教育（学校／幼児教育）
	前 三重大・教育（学校／英語・中等）
	前 三重大・教育（学校／教育心理）
	前 岡山大・教育（学校／中学校実技）
	前 広島大・教育（生涯／人間生活系）
	前 山口大・教育（学校／小学教育）
	前 山口大・教育（学校／小学国際）
	前 香川大・教育（学校／幼児教育）
	前 香川大・教育（学校／小学校）
	前 愛媛大・教育（学校／初等幼年）
	前 愛媛大・教育（学校／初等小学）
	前 愛媛大・教育（学校／中等国語）
	前 長崎大・教育（学校／小学校）
	前 熊本大・教育（学校教育／小学校）
	前 熊本大・教育（学校教育／数学）
	前 大分大・教育（学校／特別支援）
	前 宮崎大・教育（学校／教職実践）
	前 宮崎大・教育（学校／子ども）
	前 鹿児島大・教育（学校／初等一般〈文系型〉）
	前 鹿児島大・教育（学校／初等一般〈理系型〉）
	前 鹿児島大・教育（学校／中等英語）
	前 鹿児島大・教育（学校／中等数学）
	中 都留文科大・教養（学校教育〈3科目〉）
	後 弘前大・教育（学校／小学校）
	後 岩手大・教育（学校／小学校）
	後 秋田大・教育文化（学校／こども）
	後 茨城大・教育（学校／国語）
	後 群馬大・共同教育（学校／国語）
	後 東京学芸大・教育（教育支援／情報教育）
	後 山梨大・教育（学校／幼小発達）
	後 信州大・教育（学校／社会科）
	後 信州大・教育（学校／現代教育）
	後 信州大・教育（学校／国語）
	後 静岡大・教育（学校／社会）

合格目標ライン	日程 大学・学部（学科）
49	後 静岡大・教育（学校／養護教育）
	後 香川大・教育（学校／小学校）
	後 愛媛大・教育（学校／初等小学）
	後 佐賀大・教育（学校／中等教育）
48	前 弘前大・教育（学校／小学校）
	前 弘前大・教育（学校／中学国語）
	前 弘前大・教育（学校／中学理科）
	前 岩手大・教育（学校／小学校）
	前 岩手大・教育（学校／中学英語）
	前 秋田大・教育文化（学校／こども）
	前 茨城大・教育（学校／国語）
	前 宇都宮大・共同教育（学校／人文社会）
	前 宇都宮大・共同教育（学校／自然科学）
	前 群馬大・共同教育（学校／国語）
	前 群馬大・共同教育（学校／数学）
	前 群馬大・共同教育（学校／教育心理）
	前 東京学芸大・教育（学校教育／初等ものづくり）
	前 横浜国大・教育（学校／特別支援）
	前 新潟大・教育（学校／英語）
	前 新潟大・教育（学校／教育心理）
	前 福井大・教育（学校／中等教育〈理系型〉）
	前 福井大・教育（学校／初等教育〈文系型〉）
	前 山梨大・教育（学校／科学教育）
	前 信州大・教育（学校／数学）
	前 信州大・教育（学校／理科）
	前 岐阜大・教育（学校／数学）
	前 岐阜大・教育（学校／理科）
	前 岐阜大・教育（学校／社会科）
	前 静岡大・教育（学校／社会）
	前 三重大・教育（学校／英語・初等）
	前 三重大・教育（学校／教育学）
	前 山口大・教育（学校／国語）
	前 山口大・教育（学校／数学）
	前 山口大・教育（学校／理科）
	前 山口大・教育（学校／幼児）
	前 山口大・教育（学校／特別支援）
	前 山口大・教育（学校／小学総合）
	前 愛媛大・教育（学校／中等社会）
	前 愛媛大・教育（学校／中等数学）
	前 愛媛大・教育（学校／中等理科）
	前 高知大・教育（学校／科学技術）
	前 高知大・教育（学校／幼児教育）
	前 佐賀大・教育（学校／中等教育）
	前 熊本大・教育（学校教育／国語）
	前 熊本大・教育（学校教育／社会）
	前 熊本大・教育（学校教育／理科）
	前 熊本大・教育（学校教育／養護教育）
	前 宮崎大・教育（学校／特別支援）
	前 鹿児島大・教育（学校／中等国語）
	前 鹿児島大・教育（学校／中等理科）
	後 秋田大・教育文化（学校／理数教育）
	後 秋田大・教育文化（学校／英語教育）
	後 秋田大・教育文化（学校／特別支援）
	後 茨城大・教育（養護教諭）
	後 茨城大・教育（学校／社会）
	後 茨城大・教育（学校／数学）
	後 茨城大・教育（学校／理科）
	後 茨城大・教育（学校／教育実践）
	後 群馬大・共同教育（学校／社会）
	後 群馬大・共同教育（学校／数学）
	後 埼玉県大・保健医療福祉（社会／福祉子ども）
	後 富山大・教育（共同教員養成）
	後 山梨大・教育（学校／言語教育）
	後 山梨大・教育（学校／科学教育）
	後 信州大・教育（学校／数学）
	後 信州大・教育（学校／理科）
	後 三重大・教育（学校／特別支援）

合格目標ライン	日程 大学・学部（学科）
48	後 三重大・教育（学校／国語・中等）
	後 和歌山大・教育（学校／文科系）
	後 和歌山大・教育（学校／理科系）
	後 島根大・教育（学校Ⅰ類）
	後 佐賀大・教育（学校／幼小連携）
	後 佐賀大・教育（学校／初等教育）
	後 大分大・教育（学校／特別支援）
47	前 弘前大・教育（養護教諭）
	前 弘前大・教育（学校／特別支援）
	前 弘前大・教育（学校／中学数学）
	前 岩手大・教育（学校／中学国語）
	前 岩手大・教育（学校／理数数学）
	前 岩手大・教育（学校／理数理科）
	前 秋田大・教育文化（学校／教育実践〈教科選〉）
	前 秋田大・教育文化（学校／理数教育）
	前 秋田大・教育文化（学校／英語教育）
	前 茨城大・教育（養護教諭）
	前 茨城大・教育（学校／社会）
	前 茨城大・教育（学校／数学）
	前 茨城大・教育（学校／理科）
	前 茨城大・教育（学校／教育実践）
	前 群馬大・共同教育（学校／社会）
	前 埼玉大・教育（学校／中学校・生活技術）
	前 埼玉大・教育（学校／中学校・生活家庭科）
	前 埼玉県大・保健医療福祉（社会／福祉子ども）
	前 千葉大・教育（学校／中学技術）
	前 千葉大・教育（学校／小中家庭）
	前 東京学芸大・教育（学校教育／中等家庭）
	前 横浜国大・教育（学校／音楽）
	前 横浜国大・教育（学校／保健体）
	前 新潟大・教育（学校／理科）
	前 新潟大・教育（学校／学校）
	前 富山大・教育（共同教員養成）
	前 福井大・教育（学校／初等教育〈理系型〉）
	前 山梨大・教育（学校／言語教育）
	前 山梨大・教育（学校／生活社会）
	前 都留文科大・教養（学校教育）
	前 岐阜大・教育（学校／特別支援）
	前 静岡大・教育（学校／家庭）
	前 三重大・教育（学校／特別支援）
	前 三重大・教育（学校／国語・中等）
	前 三重大・教育（学校／理科・中等）
	前 三重大・教育（学校／数学・中等）
	前 和歌山大・教育（学校／文科系）
	前 島根大・教育（学校Ⅰ類）
	前 広島大・教育（生涯／造形芸術系）
	前 山口大・教育（学校／社会）
	前 山口大・教育（学校／情報教育）
	前 高知大・教育（学校／保健体育）
	前 高知大・教育（学校／教育教科支援）
	前 佐賀大・教育（学校／幼小連携）
	前 佐賀大・教育（学校／初等教育）
	前 長崎大・教育（学校／特別支援）
	前 鹿児島大・教育（学校／中等社会）
	後 秋田大・教育文化（学校／教育実践〈小論文〉）
	後 山形大・地域教育文化（地域／児童教育）
	後 福島大・人文社会（人間発達文化〈B系〉）
	後 茨城大・教育（学校／家庭）
	後 茨城大・教育（学校／特別支援）
	後 群馬大・共同教育（学校／特別支援）
	後 山梨大・教育（学校／生活社会）
	後 信州大・教育（学校／特別支援）
	後 静岡大・教育（学校／家庭）
	後 三重大・教育（学校／国語・初等）
	後 三重大・教育（学校／社会・中等）
	後 滋賀大・教育（学校教育）
	後 広島大・教育（生涯／造形芸術系）

合格目標ライン	日程	大学・学部（学科）
47	後	鹿児島大・教育（学校／特別支援〈文系型〉）
	後	鹿児島大・教育（学校／特別支援〈理系型〉）
46	前	弘前大・教育（学校／中学社会）
	前	弘前大・教育（学校／中学技術）
	前	弘前大・教育（学校／中学家庭）
	前	岩手大・教育（学校／中学社会）
	前	秋田大・教育文化（学校／特別支援）
	前	山形大・地域教育文化（地域／児童教育）
	前	茨城大・教育（学校／家庭）
	前	茨城大・教育（学校／特別支援）
	前	宇都宮大・共同教育（学校／教育人間）
	前	群馬大・共同教育（学校／教育）
	前	群馬大・共同教育（学校／特別支援）
	前	東京学芸大・教育（学校教育／中等保健体育）
	前	東京学芸大・教育（学校教育／中等技術）
	前	東京学芸大・教育（学校教育／初等家庭）
	前	横浜国大・教育（学校／美術）
	前	新潟大・教育（学校／数学）
	前	新潟大・教育（学校／特別支援）
	前	山梨大・教育（学校／障害児）
	前	岐阜大・教育（学校／保健体育）
	前	岐阜大・教育（学校／技術）
	前	岐阜大・教育（学校／家政）
	前	静岡大・教育（学校／技術）
	前	三重大・教育（学校／国語・初等）
	前	三重大・教育（学校／社会・中等）
	前	三重大・教育（学校／理科・初等）
	前	三重大・教育（学校／数学・初等）
	前	和歌山大・教育（学校／理科系）
	前	鳥取大・地域（地域／人間形成）
	前	山口大・教育（学校／技術）
	前	山口大・教育（学校／家政）
	前	愛媛大・教育（学校／中等家政）
	前	愛媛大・教育（学校／中等技術）
	前	愛媛大・教育（学校／特別支援）
	前	高知大・教育（学校／音楽美術）
	前	熊本大・教育（学校教育／特別支援）
	前	熊本大・教育（学校教育／技術）
	前	熊本大・教育（学校教育／家庭）
	前	鹿児島大・教育（学校／中等技術）
	前	鹿児島大・教育（学校／中等家政）
	前	琉球大・教育（中学／英語）
	後	岩手大・教育（学校／特別支援）
	後	秋田大・教育文化（学校／教育実践〈音楽〉）
	後	福島大・人文社会（人間発達文化〈Ａ系〉）
	後	茨城大・教育（学校／技術）
	後	群馬大・共同教育（学校／技術）
	後	群馬大・共同教育（学校／家政）
	後	山梨大・教育（学校／障害児）
	後	信州大・教育（学校／家庭科）
	後	信州大・教育（学校／野外教育）
	後	三重大・教育（学校／社会・初等）
	後	鳥取大・地域（地域／人間形成）
45	前	岩手大・教育（学校／特別支援）
	前	福島大・人文社会（人間／教育実践）
	前	福島大・人文社会（人間／特別支援）
	前	茨城大・教育（学校／技術）
	前	群馬大・共同教育（学校／技術）
	前	群馬大・共同教育（学校／家政）
	前	埼玉大・教育（学校／小学校・身体体育）
	前	埼玉大・教育（学校／小学校・芸術音楽）
	前	埼玉大・教育（学校／小学校・芸術図工）
	前	埼玉大・教育（学校／小学校・生活家庭科）
	前	千葉大・教育（学校／小中保体）
	前	東京学芸大・教育（学校教育／中等音楽）
	前	東京学芸大・教育（学校教育／中等美術）
	前	東京学芸大・教育（教育支援／生涯スポ）
45	前	東京学芸大・教育（学校教育／初等音楽）
	前	東京学芸大・教育（学校教育／初等保健体育）
	前	新潟大・教育（学校／社会）
	前	新潟大・教育（学校／国語）
	前	新潟大・教育（学校／技術）
	前	新潟大・教育（学校／家庭）
	前	山梨大・教育（学校／芸術身体）
	前	信州大・教育（学校／ものづくり）
	前	信州大・教育（学校／家庭科）
	前	信州大・教育（学校／野外教育）
	前	信州大・教育（学校／特別支援）
	前	岐阜大・教育（学校／音楽）
	前	岐阜大・教育（学校／美術）
	前	三重大・教育（学校／社会・初等）
	前	三重大・教育（学校／家政・初等）
	前	三重大・教育（学校／家政・中等）
	前	滋賀大・教育（学校教育文系型）
	前	滋賀大・教育（学校教育理系型）
	前	山口大・教育（学校／音楽）
	前	山口大・教育（学校／保健体育）
	前	愛媛大・教育（学校／中等保体）
	前	長崎大・教育（学校／中学実技）
	前	熊本大・教育（学校教育／音楽）
	前	鹿児島大・教育（学校／特別支援〈文系型〉）
	前	鹿児島大・教育（学校／特別支援〈理系型〉）
	前	琉球大・教育（中学／国語）
	前	琉球大・教育（中学／数学）
	前	琉球大・教育（中学／理科）
	後	秋田大・教育文化（学校／教育実践〈体育〉）
	後	茨城大・教育（学校／音楽）
	後	茨城大・教育（学校／美術）
	後	茨城大・教育（学校／保健体育）
	後	群馬大・共同教育（学校／保健体育）
	後	東京学芸大・教育（学校教育／中等音楽）
	後	東京学芸大・教育（学校教育／初等音楽）
	後	山梨大・教育（学校／芸術身体）
	後	信州大・教育（学校／保健体育）
	後	信州大・教育（学校／ものづくり）
44	前	秋田大・教育文化（学校／教育実践音楽）
	前	茨城大・教育（学校／音楽）
	前	茨城大・教育（学校／美術）
	前	茨城大・教育（学校／保健体育）
	前	群馬大・共同教育（学校／保健体育）
	前	埼玉大・教育（学校／中学校・身体保健体育）
	前	埼玉大・教育（学校／小学校・生活ものづくり）
	前	埼玉大・教育（学校／中学校・芸術音楽）
	前	千葉大・教育（学校／小中音楽）
	前	千葉大・教育（学校／小中図美）
	前	東京学芸大・教育（学校教育／中等書道）
	前	東京学芸大・教育（学校教育／中等情報）
	前	東京学芸大・教育（学校教育／初等美術）
	前	福井大・教育（学校／中等教育〈音楽〉）
	前	福井大・教育（学校／中等教育〈体育〉）
	前	信州大・教育（学校／保健体育）
	前	三重大・教育（学校／技術・初等）
	前	三重大・教育（学校／技術・中等）
	前	滋賀大・教育（学校／障害児面接型）
	前	和歌山大・教育（学校／音楽・美術）
	前	和歌山大・教育（学校／保健体育）
	前	熊本大・教育（学校教育／保健体育）
	前	鹿児島大・教育（学校／中等音楽）
	前	鹿児島大・教育（学校／中等保体）
	前	琉球大・教育（小学／学校教育）
	前	琉球大・教育（中学／社会科）
	後	秋田大・教育文化（学校／教育実践〈美術〉）
	後	東京学芸大・教育（学校教育／中等情報）
43	前	岩手大・教育（学校／中学保体）

国公立　教員養成・教育学部系統

合格目標ライン	日程 大学・学部（学科）
43	前 秋田大・教育文化（学校／教育実践〈体育〉）
	前 宇都宮大・共同教育（学校／芸術生活健康）
	前 群馬大・共同教育（学校／音楽）
	前 埼玉大・教育（学校／中学校・芸術美術）
	前 新潟大・教育（学校／音楽）
	前 新潟大・教育（学校／保健体育）
	前 福井大・教育（学校／初等教育〈音楽〉）
	前 福井大・教育（学校／初等教育〈体育〉）
	前 信州大・教育（学校／音楽）
	前 静岡大・教育（学校／音楽）
	前 静岡大・教育（学校／保健体育）
	前 三重大・教育（学校／音楽・中等）
	前 三重大・教育（学校／保体・中等）
	前 島根大・教育（学校／保健体育）
	前 熊本大・教育（学校教育／美術）
	前 鹿児島大・教育（学校／中等美術）
	後 群馬大・共同教育（学校／美術）
	後 信州大・教育（学校／音楽）
	後 三重大・教育（学校／保体・中等）
42	前 岩手大・教育（学校／中学音楽）
	前 岩手大・教育（学校／中学美術）
	前 秋田大・教育文化（学校／教育実践〈美術〉）
	前 群馬大・共同教育（学校／美術）
	前 新潟大・教育（学校／美術）
	前 静岡大・教育（学校／美術）
	前 三重大・教育（学校／音楽・初等）
	前 三重大・教育（学校／美術・中等）
	前 三重大・教育（学校／保体・初等）
	前 島根大・教育（学校／音楽科）
	前 山口大・教育（学校／美術）
	前 琉球大・教育（小学／教科教育）
	前 琉球大・教育（中学／技術）
	前 琉球大・教育（特別支援）
	後 静岡大・教育（学校／美術）
	後 三重大・教育（学校／音楽・初等）
	後 三重大・教育（学校／保体・初等）
41	前 信州大・教育（学校／図画美術）
	前 三重大・教育（学校／美術・初等）
	前 滋賀大・教育（学校教育〈音楽〉）
	前 滋賀大・教育（学校教育〈保健体育〉）
	前 島根大・教育（学校／美術科）
	前 琉球大・教育（中学／音楽）
	前 琉球大・教育（中学／保健体育）
	前 琉球大・教育（中学／生活科学）
	後 信州大・教育（学校／図画美術）
40	前 滋賀大・教育（学校教育〈美術〉）
39	前 琉球大・教育（中学／美術）

国公立　生活科学部系統

生活科学部系統

合格目標ライン	日程 大学・学部（学科）
59	前 お茶の水女大・生活科学（食物栄養）
	後 お茶の水女大・生活科学（食物栄養）
57	前 お茶の水女大・生活科学（人間生活）
54	前 大阪公立大・生活科学部（食栄養〈理数型〉）
	前 奈良女大・生活環境（食物栄養）
	後 奈良女大・生活環境（食物栄養）
53	前 奈良女大・生活環境（心身健康）
	後 奈良女大・生活環境（心身健康）
52	前 大阪公立大・生活科学部（食栄養〈均等型〉）
	前 大阪公立大・生活科学部（居住環境）
	前 奈良女大・生活環境（住環境）
	前 奈良女大・生活環境（文化／生活文化）
	後 奈良女大・生活環境（住環境）
	後 奈良女大・生活環境（文化／生活文化）
51	後 滋賀県大・人間文化（生活栄養）
49	前 京都府大・生命環境（食保健）
49	前 京都府大・生命環境（環境デザ）
48	前 滋賀県大・人間文化（生活栄養）
	前 徳島大・医（医科栄養）
	後 静岡県大・食品栄養科学（栄養生命科学）
	後 静岡県大・食品栄養科学（食品生命科学）
47	前 静岡県大・食品栄養科学（栄養生命科学）
	前 静岡県大・食品栄養科学（食品生命科学）
	前 兵庫県大・環境人間（環境／食環境栄養）
	後 滋賀県大・人間文化（生活デザ）
	後 長崎県大・看護栄養（栄養健康）
46	前 滋賀県大・人間文化（生活デザ）
	前 長崎県大・看護栄養（栄養健康）
	後 熊本県大・環境共生（環境／居住環境）
	後 熊本県大・環境共生（環境／食健康）
45	前 熊本県大・環境共生（環境／居住環境）
	前 熊本県大・環境共生（環境／食健康）

芸術学部系統

合格目標ライン	日程	大学・学部（学科）
55	前	九大・芸術工（芸術／メディア）
53	後	お茶の水女大・文教育（芸・表／音楽表現）
52	前	お茶の水女大・文教育（芸・表／音楽表現）
51	前	お茶の水女大・文教育（芸・表／舞踊教育）
49	後	筑波大・芸術
48	前	筑波大・芸術
46	後	富山大・芸術文化（芸術文化〈ａ〉）
	後	富山大・芸術文化（芸術文化〈ｂ〉）
45	前	富山大・芸術文化（芸術文化〈ａ〉）
	前	富山大・芸術文化（芸術文化〈ｂ〉）

合格目標ライン	日程	大学・学部（学科）
45	後	名古屋市大・芸術工（情報環境デザ）
44	前	名古屋市大・芸術工（情報環境デザ）
43	前	福島大・人文社会（人間／芸術表現音楽）
	前	福島大・人文社会（人間／芸術表現美術）
	後	佐賀大・芸術地域デザ（芸術／地域デザ）
42	前	佐賀大・芸術地域デザ（芸術／芸術表現〈３科目〉）
	前	佐賀大・芸術地域デザ（芸術／地域デザ）
	後	佐賀大・芸術地域デザ（芸術／芸術表現）
41	前	佐賀大・芸術地域デザ（芸術／芸術表現〈４科目〉）

総合科学部系統

合格目標ライン	日程	大学・学部（学科）
70	後	一橋大・ソーシャル・データサ（ソーシャル・データサ）
65	前	京大・総合人間（総合人間〈文系〉）
63	前	一橋大・ソーシャル・データサ（ソーシャル・データサ）
62	前	京大・総合人間（総合人間〈理系〉）
61	前	阪大・人間科学（人間科学）
58	前	名大・情報（人間・社会）
	後	お茶の水女大・生活科学（人間・環境科学）
57	前	お茶の水女大・生活科学（人間・環境科学）
	後	神戸大・国際人間科学（発達コミュニ）
56	前	名大・情報（自然情報）
	後	神戸大・国際人間科学（環境共生〈文科系〉）
55	前	神戸大・国際人間科学（発達コミュニ）
	前	神戸大・国際人間科学（環境共生〈文科系〉）
	前	九大・共創（共創）
	後	千葉大・文（人文／行動科学）
	後	横浜国大・都市科学（都市社会共生）
	後	神戸大・国際人間科学（環境共生〈理科系〉）
54	前	千葉大・文（人文／行動科学）
	前	横浜国大・都市科学（都市社会共生）
	前	神戸大・国際人間科学（環境共生〈理科系〉）
	後	横浜国大・都市科学（環境リスク）
	後	広島大・総合科学（総合科学）
53	前	筑波大・総合選抜理系Ⅲ
	前	横浜国大・都市科学（環境リスク）
	前	名古屋市大・データサイエ（データサイエ）
	前	広島大・総合科学（総合科学〈文科系〉）
	前	広島大・総合科学（国際共創〈文科系〉）
	後	筑波大・情報（知識・図書館）
	後	電通大・情報理工（Ⅰ類）
	後	横浜市大・データサイエ（データサイエ）
52	前	電通大・情報理工（Ⅰ類）
	前	横浜市大・データサイエ（データサイエ）
	前	広島大・総合科学（総合科学〈理科系〉）
	前	広島大・総合科学（国際共創〈理科系〉）
	後	東京都大・都市環境（都市政策科学）
	後	名古屋市大・人文社会（心理教育）
	後	大阪公立大・現代システム科学域（学域一括）
	後	熊本大・文（総合人間）
51	前	東京都大・都市環境（都市政策科学文系）
	前	名古屋市大・人文社会（心理教育）
	前	大阪公立大・現代システム科学域（環境社会シス〈理・数〉）
	前	大阪公立大・現代システム科学域（学域一括〈英・国〉）
	前	九大・芸術工（芸術／未来構想）
	前	熊本大・文（総合人間）
	前	熊本大・文（コミュニ情報）
50	前	東京都大・都市環境（都市政策科学理系）
	前	金沢大・融合学域（先導学類文系）
	前	金沢大・融合学域（スマート創成科学類文系傾斜）
	前	大阪公立大・現代システム科学域（環境社会シス英・国）

合格目標ライン	日程	大学・学部（学科）
50	前	大阪公立大・現代システム科学域（学域一括英・数）
49	前	東京海洋大・海洋生命科学（海洋政策文化）
	前	金沢大・融合学域（先導学類〈理系〉）
	前	金沢大・融合学域（スマート創成科学類〈理系傾斜〉）
	前	大阪公立大・現代システム科学域（知識情報シス）
	前	大阪公立大・現代システム科学域（学域一括〈英・小〉）
	前	大阪公立大・現代システム科学域（学域一括〈理・数〉）
	中	兵庫県大・社会情報科学（社会情報科学）
	後	東京海洋大・海洋生命科学（海洋政策文化）
48	前	群馬大・情報（情報）
	前	新潟大・創生（創生〈文系型〉）
	前	新潟大・創生（創生〈理系型〉）
	前	静岡大・情報（行動情報〈Ａ〉）
	前	静岡大・情報（行動情報〈Ｂ〉）
	前	兵庫県大・社会情報科学（社会情報科学）
	後	群馬大・情報（情報小論文）
	後	静岡大・情報（情報社会）
	後	静岡大・情報（行動情報）
	後	滋賀県大・人間文化（人間関係）
	後	熊本県大・環境共生（環境／環境資源）
	後	宮崎大・地域資源創成（地域資源創成）
47	前	静岡大・情報（情報社会）
	前	滋賀県大・人間文化（人間関係）
	前	島根大・人間科学（人間科学）
	前	長崎大・環境科学（環境科学〈Ｂ理系〉）
	前	宮崎大・地域資源創成（地域資源創成）
	後	山形大・人文社会科学（人文／人間文化）
	後	群馬大・情報（情報共通）
	後	静岡県大・食品栄養科学（環境生命科学）
	後	滋賀大・データサイエ（データサイエ）
	後	滋賀県大・環境科学（環境政策・計画）
	後	兵庫県大・環境人間（環境）
	後	島根大・人間科学（人間科学）
	後	北九州市大・文（人間関係）
	後	長崎大・環境科学（環境科学〈Ｂ理系〉）
46	前	山形大・人文社会科学（人文／人間文化）
	前	静岡県大・食品栄養科学（環境生命科学）
	前	滋賀大・データサイエ（データサイエ）
	前	滋賀県大・環境科学（環境政策・計画）
	前	兵庫県大・環境人間（環境）
	前	和歌山大・社会インフォマテ
	前	愛媛大・社会共創（環境デザ）
	前	北九州市大・文（人間関係）
	前	長崎大・環境科学（環境科学〈Ａ文系〉）
	後	弘前大・理工（自然エネ）
	後	徳島大・総合科学（社会総合科学）
	後	長崎大・環境科学（環境科学〈Ａ文系〉）
	後	長崎大・情報データ（情報データ）
	後	熊本県大・総合管理（総合管理〈Ａ方式〉）

合格目標ライン	日程	大学・学部(学科)
46	後	熊本県大・総合管理(総合管理〈B方式〉)
45	前	徳島大・総合科学(社会総合科学)
	前	長崎大・情報データ(情報データ)
	前	熊本県大・総合管理(総合管理〈A方式〉)

合格目標ライン	日程	大学・学部(学科)
45	前	熊本県大・総合管理(総合管理〈B方式〉)
	前	熊本県大・環境共生(環境/環境資源)
44	前	弘前大・理工(自然エネ)
	前	愛媛大・社会共創(地域/農山漁村)

保健衛生学部系統

合格目標ライン	日程	大学・学部(学科)
59	前	京大・医(人間健康科学)
56	前	阪大・医(保健/検査技術)
	前	阪大・医(保健/放射線技術)
	後	神戸大・医(保健/理学療法)
55	前	名大・医(保健/検査技術)
	前	名大・医(保健/理学療法)
	前	神戸大・医(保健/理学療法)
	後	神戸大・医(保健/検査技術)
54	前	北大・医(保健/放射線技術)
	前	北大・医(保健/理学療法)
	前	東京医歯大・医(保健/看護)
	前	東京医歯大・医(保健/検査技術)
	前	名大・医(保健/放射線技術)
	前	阪大・医(保健/看護)
	前	神戸大・医(保健/検査技術)
	前	九大・医(保健/検査技術科学)
	後	神戸大・医(保健/看護)
53	前	北大・医(保健/検査技術)
	前	東北大・医(保健/放射線技術)
	前	東北大・医(保健/検査技術)
	前	神戸大・医(保健/作業療法)
	前	九大・医(保健/放射線技術科学)
	後	東京医歯大・医(保健/検査技術)
	後	東京都大・健康福祉(理学療法)
52	前	東北大・医(保健/看護)
	前	筑波大・医(医療科学)
	前	東京都大・健康福祉(理学療法)
	前	金沢大・医薬保健(保健/診療放射線
	前	金沢大・医薬保健(保健/検査技術)
	前	金沢大・医薬保健(保健/理学・作業)
	前	名大・医(保健/看護)
	前	名大・医(保健/作業療法)
	前	神戸大・医(保健/看護)
51	前	北大・医(保健/看護)
	前	北大・医(保健/作業療法)
	前	千葉大・看護(看護)
	前	東京医歯大・歯(口腔/口腔保健衛生)
	前	新潟大・医(保健/検査技術)
	前	岡山大・医(保健/放射線技術)
	前	岡山大・医(保健/検査技術)
	前	広島大・医(保健/理学療法文科系)
	前	広島大・医(保健/理学療法理科系)
	前	九大・医(保健/看護)
50	前	筑波大・医(看護)
	前	東京医歯大・歯(口腔/口腔保健工)
	前	信州大・医(保健/理学療法)
	前	広島大・医(保健/作業療法文科系)
	前	広島大・医(保健/作業療法理科系)
	前	山口大・医(保健/検査技術)
	後	群馬大・医(保健/検査技術)
	後	群馬大・医(保健/理学療法)
	後	埼玉県大・保健医療福祉(理学療法)
	後	東京都大・健康福祉(作業療法)
	後	東京都大・健康福祉(放射線)
	後	新潟大・医(保健/検査技術)
	後	信州大・医(保健/検査技術科学)
	後	大阪公立大・看護(看護)

合格目標ライン	日程	大学・学部(学科)
50	後	鹿児島大・医(保健/理学療法)
49	前	群馬大・医(保健/検査技術)
	前	群馬大・医(保健/理学療法)
	前	東京都大・健康福祉(作業療法)
	前	東京都大・健康福祉(放射線
	前	金沢大・医薬保健(保健/看護)
	前	信州大・医(保健/検査技術科学)
	前	大阪公立大・医(リハ/理学療法)
	前	大阪公立大・看護(看護)
	前	岡山大・医(保健/看護)
	前	広島大・医(保健/看護文科系)
	前	広島大・医(保健/看護理科系)
	前	広島大・歯(口腔/口腔保健)
	前	広島大・歯(口腔/口腔工)
	前	長崎大・医(保健/理学療法)
	前	熊本大・医(保健/放射線技術)
	前	熊本大・医(保健/検査技術)
	前	鹿児島大・医(保健/理学療法)
	後	埼玉県大・保健医療福祉(健康/検査技術)
	後	新潟大・医(保健/放射線技術)
	後	信州大・医(保健/看護)
	後	信州大・医(保健/作業療法)
	後	岐阜大・医(看護)
	後	大阪公立大・医(リハ/理学療法)
	後	広島大・歯(口腔/口腔工)
	後	山口大・医(保健/検査技術)
	後	徳島大・医(保健/放射線)
	後	鹿児島大・医(保健/作業療法)
48	前	秋田大・医(保健/理学療法)
	前	埼玉県大・保健医療福祉(理学療法)
	前	埼玉県大・保健医療福祉(健康/検査技術)
	前	横浜市大・医(看護)
	前	新潟大・医(保健/放射線技術)
	前	新潟大・歯(口腔生命福祉)
	前	信州大・医(保健/看護)
	前	信州大・医(保健/作業療法)
	前	岐阜大・医(看護)
	前	名古屋市大・看護(看護)
	前	大阪公立大・医(リハ/作業療法)
	前	鳥取大・医(保健/検査技術科学)
	前	徳島大・医(保健/放射線)
	前	徳島大・医(保健/検査技術)
	前	徳島大・歯(口腔保健)
	前	愛媛大・医(看護)
	前	熊本大・医(保健/看護)
	前	鹿児島大・医(保健/作業療法)
	後	秋田大・医(保健/理学療法)
	後	群馬大・医(保健/看護)
	後	群馬大・医(保健/作業療法)
	後	埼玉県大・保健医療福祉(作業療法)
	後	東京都大・健康福祉(看護)
	後	新潟大・医(保健/看護)
	後	福井大・医(看護)
	後	大阪公立大・医(リハ/作業療法)
	後	鳥取大・医(保健/検査技術科学)
	後	県立広島大・保健福祉(保健/理学療法)
	後	県立広島大・保健福祉(保健/コミュニ障害)

合格目標ライン	日程	大学・学部（学科）
48	後	徳島大・歯（口腔保健）
	後	大分大・福祉健康科学（福祉／理学療法）
47	前	弘前大・医（保健／理学療法）
	前	群馬大・医（保健／看護）
	前	群馬大・医（保健／作業療法）
	前	埼玉県大・保健医療福祉（作業療法）
	前	東京都大・健康福祉（看護）
	前	新潟大・医（保健／看護）
	前	福井大・医（看護）
	前	愛知県大・看護（看護）
	前	県立広島大・保健福祉（保健／理学療法）
	前	県立広島大・保健福祉（保健／コミュニ障害）
	前	長崎大・医（保健／作業療法）
	前	大分大・福祉健康科学（福祉／理学療法）
	前	琉球大・医（保健）
	後	宮城大・看護（看護）
	後	富山大・医（看護）
	後	静岡県大・看護（看護）
	後	愛知県大・看護（看護）
	後	三重大・医（看護）
	後	兵庫県大・看護（看護）
	後	鳥取大・医（保健／看護）
	後	島根大・医（看護）
	後	県立広島大・保健福祉（保健／作業療法）
	後	徳島大・医（保健／看護）
	後	高知大・医（看護）
	後	宮崎大・医（看護）
	後	琉球大・医（保健）
46	前	弘前大・医（保健／放射線）
	前	弘前大・医（保健／検査技術）
	前	宮城大・看護（看護）
	前	秋田大・医（保健／作業療法）
	前	埼玉県大・保健医療福祉（看護）
	前	富山大・医（看護）
	前	静岡県大・看護（看護）
	前	三重大・医（看護）
	前	兵庫県大・看護（看護）
	前	鳥取大・医（保健／看護）
	前	鳥取大・医（保健／看護鳥取県枠）
	前	島根大・医（看護）
	前	県立広島大・保健福祉（保健／作業療法）
	前	県立広島大・保健福祉（保健福祉コース選択）
	前	山口大・医（保健／看護）
	前	徳島大・医（保健／看護）
	前	香川大・医（看護）
	前	高知大・医（看護）
	前	長崎大・医（保健／看護）
	前	大分大・医（先進医療／生命健康）
	前	大分大・医（先進医療／臨床医工学）
	前	宮崎大・医（看護）
	前	鹿児島大・医（保健／看護）
	後	秋田大・医（保健／作業療法）
	後	埼玉県大・保健医療福祉（看護）
	後	山梨大・医（看護）
	後	県立広島大・保健福祉（保健／看護）
	後	山口大・医（保健／看護）
	後	佐賀大・医（看護）
	後	長崎県大・看護栄養（看護）
45	前	弘前大・医（保健／作業療法）
	前	秋田大・医（保健／看護）
	前	山形大・医（看護）
	前	山梨大・医（看護）
	前	滋賀県大・人間看護（人間看護）
	前	県立広島大・保健福祉（保健／看護）
	前	佐賀大・医（看護）
	前	長崎県大・看護栄養（看護）
	前	大分大・医（看護）
	後	秋田大・医（保健／看護）
	後	山形大・医（看護）
	後	埼玉県大・保健医療福祉（健康／口腔保健）
	後	大分大・医（看護）
	後	大分大・医（先進医療／生命健康）
	後	大分大・医（先進医療／臨床医工学）
44	前	弘前大・医（保健／看護）
	前	埼玉県大・保健医療福祉（健康／口腔保健）
	後	滋賀県大・人間看護（人間看護）

医・歯・薬学部系統

合格目標ライン	日程	大学・学部（学科）
78	前	東大・理三
76	前	京大・医（医）
74	後	東京医歯大・医（医）
73	前	東京医歯大・医（医）
	前	阪大・医（医）
71	後	千葉大・医（医）
70	後	名大・医（医）
69	前	東北大・医（医）
	前	名大・医（医）
	前	名大・医（医〈地域枠〉）
	前	九大・医（医）
68	前	北大・医（医）
	前	千葉大・医（医）
	前	大阪公立大・医（医）
	前	大阪公立大・医（医〈大阪府〉）
	前	神戸大・医（医）
67	前	千葉大・医（医〈地域枠〉）
	前	横浜市大・医（医）
	前	金沢大・医薬保健（医）
	前	岡山大・医（医）
	前	広島大・医（医）
	後	山梨大・医（医）
	後	三重大・医（医）
66	前	筑波大・医（医）
	前	筑波大・医（医全国）
	前	横浜市大・医（医〈地域枠〉）
	前	横浜市大・医（医〈診療科枠〉）
	前	新潟大・医（医）
	前	名古屋市大・医（医）
65	前	筑波大・医（医〈茨城県〉）
	前	岐阜大・医（医）
	前	三重大・医（医）
	前	三重大・医（医〈医療枠〉）
	前	長崎大・医（医）
	前	熊本大・医（医）
	後	山口大・医（医）
	後	山口大・医（医〈地域枠〉）
64	前	群馬大・医（医）
	前	群馬大・医（医〈地域医療枠〉）
	前	富山大・医（医）
	前	信州大・医（医）
	前	京大・薬
	前	山口大・医（医）
	前	鹿児島大・医（医）
	後	鹿児島大・医（医）
63	前	鳥取大・医（医）
	前	鳥取大・医（医〈鳥取県枠〉）
	前	鳥取大・医（医〈兵庫県枠〉）
	前	鳥取大・医（医〈島根県枠〉）
	前	香川大・医（医）
	前	香川大・医（医〈地域枠〉）
	前	愛媛大・医（医）
	前	高知大・医（医）
	前	高知大・医（医〈地域枠〉）
	前	大分大・医（医）
	後	福井大・医（医）
62	前	福井大・医（医）
	前	徳島大・医（医）
	前	大分大・医（医〈地元枠〉）
	前	宮崎大・医（医）
	中	名古屋市大・薬（薬）
62	後	秋田大・医（医）
	後	秋田大・医（医〈地域枠〉）
	後	山形大・医（医）
	後	宮崎大・医（医）
61	前	山形大・医（医）
	前	山形大・医（医〈地域枠〉）
	前	阪大・薬（薬）
	前	佐賀大・医（医）
	前	琉球大・医（医）
	後	佐賀大・医（医）
	後	琉球大・医（医）
60	前	弘前大・医（医）
	前	弘前大・医（医〈定着枠〉）
	前	秋田大・医（医）
	前	島根大・医（医）
	前	島根大・医（医〈定着枠〉）
	中	名古屋市大・薬（生命薬科学）
	後	北大・薬
	後	九大・薬（臨床薬）
59	前	東北大・薬
	前	千葉大・薬
	前	東京医歯大・歯（歯）
	前	阪大・歯（歯）
	前	九大・薬（臨床薬）
	後	東京医歯大・歯（歯）
	後	九大・薬（創薬科学）
58	前	北大・歯（歯）
	前	岡山大・薬（薬）
	前	九大・歯（歯）
	前	九大・薬（創薬科学）
57	前	東北大・歯（歯）
	前	岡山大・歯（歯）
	前	広島大・歯（歯）
	前	広島大・薬（薬）
	前	長崎大・歯（歯）
	中	静岡県大・薬（薬）
	後	千葉大・薬（薬科学）
	後	広島大・歯（歯）
56	前	金沢大・医薬保健（薬学類）
	前	長崎大・薬（薬）
	後	徳島大・歯（歯）
	後	徳島大・薬（薬）
	後	長崎大・薬（薬）
55	前	新潟大・歯（歯）
	前	金沢大・医薬保健（医薬科学類）
	前	岡山大・薬（創薬科学）
	前	徳島大・歯（歯）
	前	熊本大・薬（薬）
	前	鹿児島大・歯（歯）
	後	新潟大・歯（歯）
	後	富山大・薬（薬）
	後	鹿児島大・歯（歯）
54	前	富山大・薬（薬）
	前	広島大・薬（薬科学）
	前	徳島大・薬（薬）
	前	長崎大・薬（薬科学）
	中	静岡県大・薬（薬科学）
	後	長崎大・薬（薬科学）
52	前	熊本大・薬（創薬・生命薬）
	後	富山大・薬（創薬科学）
51	前	富山大・薬（創薬科学）

理学部系統

合格目標ライン	日程	大学・学部（学科）
64	前	東工大・情報理工
	前	京大・理（理）
63	後	東北大・理（物理系）
62	後	北大・理（数学）
61	前	東工大・理
	後	北大・理（物理）
	後	東北大・理（化学系）
	後	東北大・理（数学系）
	後	東北大・理（生物系）
60	後	北大・理（化学）
	後	東北大・理（地球科学系）
59	後	北大・理（生物／生物）
	後	北大・理（生物／高分子機能）
	後	九大・理（化学）
58	前	東北大・理（化学系）
	前	東北大・理（物理系）
	前	阪大・理（化学）
	前	阪大・理（数学）
	前	阪大・理（物理）
	前	阪大・理（生物／生物科学）
	後	北大・理（地球惑星科学）
	後	神戸大・理（化学）
	後	神戸大・理（数学）
	後	神戸大・理（生物）
	後	神戸大・理（物理）
57	前	東北大・理（数学系）
	前	東北大・理（生物系）
	前	名大・情報（コンピュータ）
	前	阪大・理（生物／生命理）
	後	千葉大・理（数学・情報）
	後	お茶の水女大・理（化学）
	後	横浜国大・理工（化学／化学）
	後	横浜国大・理工（数物／物理工）
	後	九大・理（生物）
	後	九大・理（物理）
56	前	名大・理
	前	九大・理（数学）
	後	筑波大・生命環境（生物）
	後	千葉大・理（化学）
	後	千葉大・理（生物）
	後	千葉大・理（物理）
	後	お茶の水女大・理（情報科学）
	後	お茶の水女大・理（数学）
	後	お茶の水女大・理（生物）
	後	お茶の水女大・理（物理）
	後	横浜国大・理工（化学／バイオ）
	後	神戸大・理（惑星）
	後	九大・理（地球惑星科学）
55	前	東北大・理（地球科学系）
	前	千葉大・理（数学・情報）
	前	お茶の水女大・理（化学）
	前	お茶の水女大・理（情報科学）
	前	神戸大・理（生物）
	前	九大・理（化学）
	前	九大・理（生物）
	前	九大・理（物理）
	後	筑波大・理工（物理）
	後	筑波大・理工（化学）
	後	横浜国大・理工（数物／数理科学）
54	前	筑波大・情報（情報科学）
	前	筑波大・理工（数学）
	前	筑波大・理工（物理）
	前	千葉大・理（化学）
	前	千葉大・理（生物）
	前	千葉大・理（物理）
	前	お茶の水女大・理（数学）
	前	お茶の水女大・理（生物）
	前	神戸大・理（化学）
	前	神戸大・理（数学）
	前	神戸大・理（物理）
	前	九大・理（地球惑星科学）
	後	東京都大・理（数理科学）
	後	東京都大・理（物理）
	後	大阪公立大・理（数学）
	後	広島大・理（化学）
	後	広島大・理（数学）
53	前	筑波大・理工（化学）
	前	筑波大・生命環境（生物）
	前	筑波大・総合選抜理系Ⅱ
	前	お茶の水女大・理（物理）
	前	横浜国大・理工（化学／化学）
	前	横浜国大・理工（数物／数理科学）
	前	横浜国大・理工（数物／物理工）
	前	横浜国大・理工（化学／バイオ）
	前	神戸大・理（惑星）
	前	奈良女大・生活環境（文化／生活情報通信）
	後	筑波大・生命環境（地球）
	後	埼玉大・理（数学）
	後	埼玉大・理（分子生物）
	後	埼玉大・理（生体制御）
	後	千葉大・理（地球科学）
	後	東京都大・理（化学）
	後	東京都大・理（生命科学）
	後	大阪公立大・理（物理）
	後	大阪公立大・理（化学）
	後	大阪公立大・理（生物）
	後	大阪公立大・理（生物化学）
	後	奈良女大・生活環境（文化／生活情報通信）
	後	広島大・理（物理）
52	前	埼玉大・理（数学）
	前	埼玉大・理（生体制御）
	前	千葉大・理（地球科学）
	前	横浜市大・理（理〈B方式〉）
	前	岡山大・理（数学）
	前	広島大・理（化学）
	前	広島大・理（数学）
	前	広島大・理（生物科学）
	前	広島大・理（物理）
	中	兵庫県大・理（生命科学）
	後	埼玉大・理（基礎化学）
	後	埼玉大・理（物理）
	後	大阪公立大・理（地球）
	後	奈良女大・理（化学／生物科学）
	後	広島大・情報科学（情報科学）
	後	熊本大・理（理）
51	前	筑波大・生命環境（地球）
	前	埼玉大・理（基礎化学）
	前	埼玉大・理（分子生物）
	前	埼玉大・理（物理）
	前	東京都大・理（数理科学）
	前	東京都大・理（物理）
	前	東京都大・理（化学）
	前	東京都大・理（生命科学）
	前	横浜市大・理（理〈A方式〉）
	前	大阪公立大・理（数学）
	前	大阪公立大・理（物理）
	前	大阪公立大・理（化学）
	前	大阪公立大・理（生物）
	前	大阪公立大・理（生物化学）
	前	岡山大・理（化学）

合格目標ライン	日程 大学・学部(学科)
51	前 岡山大・理(生物)
	前 岡山大・理(地球科学)
	前 岡山大・理(物理)
	前 広島大・情報科学(情報科学〈B型〉)
	後 東京都大・都市環境(地理環境)
	後 横浜市大・理(理)
	後 富山大・理(生物)
	後 信州大・理(理/生物)
	後 静岡大・理(化学)
	後 静岡大・理(数学)
	後 静岡大・理(生物科学)
	後 静岡大・理(物理)
	後 静岡大・理(創造理学)
	後 奈良女大・理(化学/化学)
	後 奈良女大・理(化学/環境科学)
	後 広島大・理(地球惑星シス)
50	前 東京都大・都市環境(地理環境)
	前 新潟大・理(理理数)
	前 新潟大・理(理野外科学)
	前 金沢大・理工(数物科学)
	前 金沢大・理工(物質化学)
	前 信州大・理(理/生物)
	前 大阪公立大・理(地球)
	前 奈良女大・理(化学/生物科学)
	前 広島大・情報科学(情報科学〈A型〉)
	前 広島大・理(地球惑星シス)
	前 熊本大・理(理)
	前 鹿児島大・理(理/化学)
	前 鹿児島大・理(理/生物学)
	中 兵庫県大・理(物質科学)
	後 茨城大・理(理/数学・情報数理)
	後 茨城大・理(理/化学)
	後 茨城大・理(理/生物科学)
	後 新潟大・理(理)
	後 信州大・理(理/物理)
	後 信州大・理(理/化学)
	後 静岡大・理(地球科学)
	後 奈良女大・理(数物科学)
	後 山口大・理(物理・情報科学)
	後 山口大・理(地球圏シス)
	後 山口大・理(化学)
	後 山口大・理(生物)
	後 愛媛大・理(理A)
49	前 茨城大・理(理/数学・情報数理)
	前 茨城大・理(理/化学)
	前 茨城大・理(理/生物科学)
	前 新潟大・理(理理科)
	前 富山大・理(生物)
	前 信州大・理(数学)
	前 信州大・理(理/物理)
	前 信州大・理(理/化学)
	前 静岡大・理(化学)
	前 静岡大・理(数学)
	前 静岡大・理(生物科学)
	前 静岡大・理(地球科学)
	前 静岡大・理(物理)
	前 奈良女大・理(化学/化学)
	前 奈良女大・理(化学/環境科学)
	前 島根大・生物資源科学(生命科学)
	前 山口大・理(物理・情報科学)
	前 山口大・理(地球圏シス)
	前 山口大・理(化学)
	前 山口大・理(生物)
	前 愛媛大・理(理化学)
	前 愛媛大・理(理生物)
	前 鹿児島大・理(理/物理宇宙)
	後 弘前大・農学生命科学(生物)

合格目標ライン	日程 大学・学部(学科)
49	後 山形大・理(理)
	後 茨城大・理(理/物理)
	後 茨城大・理(理/地球環境科学)
	後 茨城大・理(理/学際理)
	後 富山大・理(化学)
	後 富山大・理(数学)
	後 信州大・理(数学)
	後 名古屋市大・総合生命理(総合生命理)
	後 山口大・理(数理科学)
48	前 弘前大・農学生命科学(生物)
	前 山形大・理(理)
	前 茨城大・理(理/物理)
	前 茨城大・理(理/地球環境科学)
	前 茨城大・理(理/学際理)
	前 富山大・理(数学)
	前 富山大・理(自然環境科学〈b〉)
	前 静岡大・理(創造理学)
	前 京都府大・生命環境(環境・情報科学)
	前 奈良女大・理(数物科学)
	前 山口大・理(数理科学)
	前 愛媛大・理(理数学)
	前 高知大・理工(生物科学)
	前 高知大・理工(化学生命理工)
	前 鹿児島大・理(理/地球科学)
	後 富山大・理(自然環境科学)
	後 静岡大・情報(情報科学)
	後 鳥取大・医(生命科学)
	後 島根大・生物資源科学(生命科学)
	後 愛媛大・理(理〈B〉)
	後 高知大・理工(生物科学)
	後 高知大・理工(化学生命理工)
	後 鹿児島大・理(理〈括り枠〉)
47	前 富山大・理(化学〈a〉)
	前 富山大・理(化学〈b〉)
	前 富山大・理(自然環境科学〈a〉)
	前 静岡大・情報(情報科学)
	前 鳥取大・医(生命科学)
	前 愛媛大・理(理物理)
	前 愛媛大・理(理地学)
	前 高知大・理工(数学物理数学)
	前 高知大・理工(数学物理理科)
	前 高知大・理工(情報科学)
	前 高知大・理工(地球環境防災)
	前 鹿児島大・理(理/数理情報)
	後 弘前大・理工(数物科学数学)
	後 弘前大・理工(数物科学理科)
	後 富山大・理(物理)
	後 信州大・理(理/地球)
	後 滋賀県大・環境科学(環境生態)
	後 徳島大・理工(理工/数理科学)
	後 徳島大・理工(理工/自然科学)
	後 高知大・理工(数学物理)
	後 高知大・理工(情報科学)
	後 高知大・理工(地球環境防災)
46	前 福島大・人文社会(人間/数理自然)
	前 富山大・理(物理〈a〉)
	前 富山大・理(物理〈b〉)
	前 信州大・理(理/地球)
	前 愛知県大・情報科学(情報科学)
	後 弘前大・理工(地球環境防災)
	後 信州大・理(理/物質循環)
	後 愛知県大・情報科学(情報科学)
	後 島根大・総合理工(地球科学)
	後 島根大・総合理工(数理科学)
45	前 弘前大・理工(数物科学数学)
	前 弘前大・理工(数物科学数理)
	前 信州大・理(理/物質循環)

合格目標ライン	日程 大学・学部(学科)
45	前 滋賀県大・環境科学(環境生態
	前 島根大・総合理工(地球科学)
	前 島根大・総合理工(数理科学)
	前 徳島大・理工(理工/数理科学)
	前 徳島大・理工(理工/自然科学)
	後 富山大・都市デザ(地球シス)
	後 島根大・総合理工(物質化学)
	後 琉球大・理(数理科学)
	後 琉球大・理(海洋/生物系)
44	前 弘前大・理工(地球環境防災)
	前 秋田大・国際資源(国際/資源地球科学)
	前 富山大・都市デザ(地球シス)
	前 島根大・総合理工(物質化学)

合格目標ライン	日程 大学・学部(学科)
44	前 大分大・理工(理工/数理科学)
	前 琉球大・理(海洋/生物系)
	後 秋田大・国際資源(国際/資源地球科学)
	後 島根大・総合理工(物理工学)
43	前 島根大・総合理工(物理工学)
	前 琉球大・理(数理科学)
	後 琉球大・理(海洋/化学系)
	後 琉球大・理(物質/物理系)
42	前 琉球大・理(海洋/化学系)
	前 琉球大・理(物質/物理系)
	前 琉球大・理(物質/地学系)
	後 琉球大・理(物質/地学系)

工学部系統

合格目標ライン	日程 大学・学部(学科)
68	前 東大・理一
65	前 京大・工(情報)
64	前 京大・工(物理工)
63	前 京大・工(建築)
	前 京大・工(電気電子工)
61	前 東工大・工
	前 東工大・物質理工
	前 京大・工(工業化学)
	前 京大・工(地球工)
	前 阪大・基礎工(情報科学)
60	前 東工大・生命理工(生命理工)
	前 東工大・環境社会理工
	後 北大・工(情報エレ)
	後 北大・工(機械知能工)
	後 九大・工(Ⅰ群)
59	後 北大・工(環境社会工)
	後 北大・工(応用理工系)
	後 神戸大・工(情報知能)
	後 神戸大・工(建築)
	後 九大・工(Ⅲ群)
58	前 名大・工(機械航空宇宙工)
	前 阪大・工(応用理工)
	前 阪大・工(地球総合)
	前 阪大・工(電子情報)
	前 阪大・基礎工(システム科学)
	後 神戸大・工(電気電子)
	後 神戸大・工(市民)
	後 九大・工(Ⅵ群)
57	前 東北大・工(機械知能・航空)
	前 東北大・工(電気情報物理工)
	前 名大・工(電気電子情報工)
	前 阪大・工(応用自然科学)
	前 阪大・工(環境・エネルギー)
	前 阪大・基礎工(化学応用科学)
	前 阪大・基礎工(電子物理科学)
	前 九大・医(生命科学)
	中 大阪公立大・工(航空宇宙工)
	中 大阪公立大・工(機械工)
	中 大阪公立大・工(建築)
	中 大阪公立大・工(情報工)
	中 大阪公立大・工(電気電子シス)
	中 大阪公立大・工(応用化学)
	中 大阪公立大・工(化学工)
	中 大阪公立大・工(マテリアル工)
	後 横浜国大・都市科学(建築)
	後 横浜国大・理工(数物/電子情報)
	後 横浜国大・理工(数物/情報工)
	後 神戸大・工(応用化学)

合格目標ライン	日程 大学・学部(学科)
57	後 神戸大・工(機械)
	後 九大・工(Ⅱ群)
	後 九大・工(Ⅳ群)
56	前 東北大・工(化学・バイオ)
	前 東北大・工(材料科学総合)
	前 東北大・工(建築・社会環境)
	前 名大・工(物理工)
	前 名大・工(環境土木・建築)
	前 名大・工(化学生命工)
	前 名大・工(マテリアル工)
	前 九大・芸術工(芸術/音響設計)
	中 大阪公立大・工(海洋シス工)
	中 大阪公立大・工(都市)
	中 大阪公立大・工(電子物理工)
	中 大阪公立大・工(化学バイオ工)
	後 筑波大・理工(応用理工)
	後 筑波大・理工(工学シス)
	後 千葉大・工(総合/情報工)
	後 横浜国大・理工(機械/海洋空間)
55	前 横浜国大・都市科学(建築)
	前 名大・工(エネルギー理工)
	前 九大・工(Ⅰ群)
	前 九大・工(Ⅲ群)
	前 九大・工(Ⅴ群)
	後 千葉大・工(総合/建築)
	後 千葉大・工(総合/機械工)
	後 千葉大・工(総合/医工学)
	後 千葉大・工(総合/電気電子)
	後 東京農工大・工(生命工)
	後 東京農工大・工(知能情報シス)
	後 横浜国大・都市科学(都市基盤)
	後 横浜国大・理工(機械/機械工)
	後 横浜国大・理工(機械/材料工)
	後 名古屋工大・工(生命応用化学)
	後 名古屋工大・工(物理工)
	後 名古屋工大・工(電気・機械工)
	後 神戸大・海洋政策科学(海洋政策科学〈理系〉)
54	前 筑波大・理工(工学シス)
	前 千葉大・工(総合/情報工)
	前 横浜国大・都市科学(都市基盤)
	前 横浜国大・理工(数物/情報工)
	前 大阪公立大・工(航空宇宙工)
	前 神戸大・工(建築)
	後 筑波大・理工(社会工)
	後 千葉大・工(総合/都市工学)
	後 千葉大・工(総合/共生応用化)
	後 東京農工大・工(機械シス)
	後 東京農工大・工(応用化学)

合格目標ライン	日程　大学・学部（学科）
54	後 東京農工大·工（化学物理工）
	後 東京農工大·工（生体医用シス）
	後 東京都大·都市環境（建築）
	後 東京都大·システムデザ（航空宇宙シス）
	後 名古屋工大·工（情報工）
	後 名古屋工大·工（社会／建築·デザ）
53	前 筑波大·情報（情報メディア創成）
	前 筑波大·理工（応用理工）
	前 筑波大·総合選抜理系Ⅰ
	前 千葉大·工（総合／建築）
	前 千葉大·工（総合／機械工）
	前 千葉大·工（総合／医工学）
	前 千葉大·工（総合／電気電子）
	前 横浜国大·理工（数物／電子情報）
	前 横浜国大·理工（機械／機械工）
	前 横浜国大·理工（機械／海洋空間）
	前 大阪公立大·工（情報工）
	前 神戸大·工（応用化学）
	前 神戸大·工（機械）
	前 神戸大·工（情報知能）
	前 神戸大·工（電気電子）
	前 神戸大·工（市民）
	前 九大·工（Ⅱ群）
	前 九大·工（Ⅳ群）
	前 九大·工（Ⅵ群）
	後 電通大·情報理工（Ⅱ類）
	後 電通大·情報理工（Ⅲ類）
	後 名古屋工大·工（社会／環境都市）
	後 名古屋工大·工（社会／経営シス）
	後 京都工繊大·工芸科学（化学／一般プロ）
	後 京都工繊大·工芸科学（情報／一般プロ）
52	前 筑波大·理工（社会工）
	前 千葉大·工（総合／都市工学）
	前 千葉大·工（総合／デザイン）
	前 千葉大·工（総合／共生応用化）
	前 電通大·情報理工（Ⅱ類）
	前 電通大·情報理工（Ⅲ類）
	前 東京都大·都市環境（建築）
	前 横浜国大·理工（機械／材料工）
	前 名古屋工大·工（情報工）
	前 名古屋工大·工（生命応用化学）
	前 名古屋工大·工（物理工）
	前 名古屋工大·工（電気·機械工）
	前 名古屋工大·工（社会／建築·デザ）
	前 大阪公立大·工（機械工）
	前 大阪公立大·工（建築）
	前 九大·芸術工（芸術工学科一括）
	前 九大·芸術工（芸術／インダス）
	後 埼玉大·工（応用化学）
	後 東京都大·都市環境（都市基盤環境）
	後 東京都大·都市環境（環境応用化学）
	後 東京都大·システムデザ（情報科学）
	後 東京都大·システムデザ（インダストリ）
	後 名古屋工大·工（創造／材料·エネ）
	後 名古屋工大·工（創造／情報·社会）
	後 京都工繊大·工芸科学（生物／一般プロ）
	後 京都工繊大·工芸科学（電子／一般プロ）
	後 京都工繊大·工芸科学（機械／一般プロ）
51	前 千葉大·工（総合／物質科学）
	前 東京農工大·工（機械シス）
	前 東京農工大·工（生命工）
	前 東京農工大·工（知能情報シス）
	前 東京都大·システムデザ（航空宇宙シス）
	前 京都工繊大·工芸科学（化学／一般プロ）
	前 京都工繊大·工芸科学（情報／一般プロ）
	前 京都工繊大·工芸科学（化学／地域創生）
	前 京都工繊大·工芸科学（情報／地域創生）

合格目標ライン	日程　大学・学部（学科）
51	前 大阪公立大·工（都市）
	前 大阪公立大·工（電子物理工）
	前 大阪公立大·工（電気電子シス）
	前 大阪公立大·工（応用化学）
	前 大阪公立大·工（化学工）
	前 大阪公立大·工（マテリアル工）
	前 大阪公立大·工（化学バイオ工）
	前 神戸大·海洋政策科学（海洋政策科学〈文系〉）
	前 九大·芸術工（芸術／環境設計）
	後 東京都大·システムデザ（電子情報シス）
	後 東京都大·システムデザ（機械シス）
	後 静岡大·農（応用生命科学）
	後 広島大·工（第四類〈建設〉）
	後 広島大·工（第一類〈機械〉）
50	前 東京海洋大·海洋資源環境（海洋資源エネ）
	前 東京農工大·工（応用化学）
	前 東京農工大·工（化学物理工）
	前 東京農工大·工（生体医用シス）
	前 東京都大·都市環境（都市基盤環境）
	前 東京都大·都市環境（環境応用化学）
	前 名古屋工大·工（社会／環境都市）
	前 名古屋工大·工（社会／経営シス）
	前 京都工繊大·工芸科学（生物／一般プロ）
	前 京都工繊大·工芸科学（電子／一般プロ）
	前 京都工繊大·工芸科学（機械／一般プロ）
	前 京都工繊大·工芸科学（デザ／一般プロ）
	前 京都工繊大·工芸科学（生物／地域創生）
	前 京都工繊大·工芸科学（電子／地域創生）
	前 京都工繊大·工芸科学（機械／地域創生）
	前 京都工繊大·工芸科学（デザ／地域創生）
	前 大阪公立大·工（海洋シス工）
	前 神戸大·海洋政策科学（海洋政策科学〈理系〉）
	前 広島大·工（第四類〈建設〉）
	前 広島大·工（第一類〈機械〉）
	前 広島大·工（第二類〈電気〉）
	後 東京海洋大·海洋資源環境（海洋資源エネ）
	後 信州大·繊維（化学·材料）
	後 岐阜大·工（電気／情報）
	後 三重大·生物資源（生物圏生命化学）
	後 広島大·工（第二類〈電気〉）
	後 広島大·工（第三類〈応化〉）
49	前 東京都大·システムデザ（情報科学）
	前 東京都大·システムデザ（インダストリ）
	前 金沢大·理工（機械フロ電子）
	前 金沢大·理工（地球社会基盤）
	前 金沢大·理工（生命理工）
	前 岐阜大·工（電気／情報）
	前 静岡大·農（応用生命科学）
	前 名古屋工大·工（創造／材料·エネ）
	前 名古屋工大·工（創造／情報·社会）
	前 岡山大·工（工／情電数理）
	前 広島大·工（第三類〈応化〉）
	前 広島大·工（工学特別）
	後 弘前大·農学生命科学（分子生命科学）
	後 埼玉大·工（機械·シス）
	後 埼玉大·工（情報工）
	後 信州大·繊維（応用生物科学）
	後 信州大·繊維（先進繊維）
	後 信州大·繊維（機械·ロボ）
	後 岐阜大·工（機械／機械）
	後 岐阜大·工（機械／知能機械）
	後 岐阜大·工（化学／物質化学）
	後 岐阜大·工（化学／生命化学）
	後 岐阜大·工（電気／電気電子）
	後 静岡大·工（機械工）
	後 静岡大·工（電気電子工）
	後 静岡大·工（電子物質科学）

合格目標ライン	日程	大 学・学 部（学 科）
49	後	静岡大・工(化学バイオ工)
	後	静岡大・工(数理シス)
	後	三重大・工(総合／建築)
	後	三重大・工(総合／情報工)
48	前	弘前大・農学生命科学(分子生命科学)
	前	埼玉大・工(機械・シス)
	前	埼玉大・工(情報工)
	前	東京都大・システムデザ(電子情報シス)
	前	東京都大・システムデザ(機械シス)
	前	信州大・繊維(化学・材料)
	前	岐阜大・工(機械／機械)
	前	岐阜大・工(機械／知能機械)
	前	岐阜大・工(化学／物質化学)
	前	岐阜大・工(化学／生命化学)
	前	岐阜大・工(電気／電気電子)
	前	三重大・生物資源(生物圏生命化学)
	前	奈良女大・工(工)
	前	岡山大・工(工／機械シス)
	前	岡山大・工(工／環境・社会)
	前	岡山大・工(工／化学・生命)
	前	長崎大・工(工〈b〉)
	後	埼玉大・工(電気電子物理)
	後	埼玉大・工(環境社会デザ)
	後	東京海洋大・海洋工(流通情報工)
	後	岐阜大・工(社会基盤工)
	後	岐阜大・工(電気／応用物理)
	後	三重大・工(総合／機械工)
	後	三重大・工(総合／電気電子)
	後	三重大・工(総合／応用化学)
	後	奈良女大・工(工)
	後	島根大・総合理工(建築デザ)
	後	県立広島大・生物資源科学(生命環境〈経過選択〉)
	後	山口大・工(応用化学)
	後	長崎大・工(工)
	後	熊本大・工(情報電気工)
	後	鹿児島大・工(建築)
47	前	埼玉大・工(応用化学)
	前	埼玉大・工(電気電子物理)
	前	埼玉大・工(環境社会デザ)
	前	信州大・繊維(応用生物科学)
	前	信州大・繊維(先進繊維)
	前	信州大・繊維(機械・ロボ)
	前	岐阜大・工(社会基盤工)
	前	岐阜大・工(電気／応用物理)
	前	静岡大・工(機械工)
	前	静岡大・工(電気電子工)
	前	静岡大・工(電子物質科学)
	前	静岡大・工(化学バイオ工)
	前	静岡大・工(数理シス)
	前	三重大・工(総合／建築)
	前	三重大・工(総合／情報工)
	前	滋賀県大・環境科学(環境建築デザ)
	前	島根大・総合理工(建築デザ)
	前	山口大・工(応用化学)
	前	徳島大・理工(理工／医光・医)
	前	長崎大・工(工〈a〉)
	前	熊本大・工(情報電気工)
	後	弘前大・理工(電子情報工)
	後	岩手大・理工(化学／生命)
	後	茨城大・工(物質科学工)
	後	東京海洋大・海洋工(海洋電子機械)
	後	新潟大・工(工)
	後	富山大・工(工／電気電子)
	後	富山大・工(工／知能情報)
	後	富山大・工(工／機械工)
	後	富山大・工(工／生命工)
	後	富山大・工(工／応用化学)
47	後	福井大・工(建築・都市)
	後	信州大・工(建築)
	後	信州大・工(物質化学)
	後	名古屋市大・芸術工(建築都市デザ)
	後	滋賀県大・環境科学(環境建築デザ)
	後	滋賀県大・工(機械シス)
	後	徳島大・理工(理工／社会基盤)
	後	徳島大・理工(理工／機械科学)
	後	徳島大・理工(理工／応用化学シス)
	後	徳島大・理工(理工／電気電子)
	後	徳島大・理工(理工／知能情報)
	後	徳島大・理工(理工／光システム)
	後	愛媛大・工(工理型)
	後	佐賀大・理工(理工)
	後	熊本大・工(土木建築)
	後	熊本大・工(機械数理工)
	後	熊本大・工(材料応用化学)
	後	鹿児島大・工(先進／情報生体)
46	前	茨城大・工(情報工)
	前	茨城大・工(物質科学工)
	前	宇都宮大・工(基盤工)
	前	群馬大・理工(物質・環境類)
	前	群馬大・理工(電子・機械類)
	前	東京海洋大・海洋工(流通情報工)
	前	新潟大・工(工共通)
	前	新潟大・工(工個別)
	前	信州大・工(建築)
	前	信州大・工(物質化学)
	前	三重大・工(総合／総合工)
	前	三重大・工(総合／機械工)
	前	三重大・工(総合／電気電子)
	前	三重大・工(総合／応用化学)
	前	熊本大・工(土木建築)
	前	熊本大・工(機械数理工)
	前	熊本大・工(材料応用化学)
	前	鹿児島大・工(建築)
	後	弘前大・理工(物質創成化学)
	後	弘前大・理工(機械科学)
	後	岩手大・理工(化学／化学)
	後	秋田大・理工(物質科学)
	後	秋田大・理工(数理電気電子)
	後	秋田大・理工(システムデザ)
	後	山形大・工(建築・デザ)
	後	山形大・工(化学／応用化学)
	後	山形大・工(化学／バイオ化学)
	後	茨城大・工(情報工)
	後	茨城大・工(機械シス)
	後	宇都宮大・地域デザ(建築都市デザ)
	後	宇都宮大・工(基盤工)
	後	群馬大・理工(物質・環境類)
	後	群馬大・理工(電子・機械類)
	後	東京海洋大・海洋工(海事シス)
	後	富山大・都市デザ(都市交通デザ)
	後	福井大・工(物質・生命)
	後	山梨大・生命環境(生命工)
	後	山梨大・工(コン理工)
	後	山梨大・工(先端材料理工)
	後	信州大・工(電子情報シス)
	後	滋賀県大・工(電子シス)
	後	兵庫県大・工(応用化学工)
	後	和歌山大・システム工(システム工)
	後	島根大・総合理工(知能情報デザ)
	後	島根大・材料エネルギー(材料エネ)
	後	山口大・工(知能情報)
	後	山口大・工(電気電子)
	後	山口大・工(感性デザ)
	後	山口大・工(循環環境)

合格目標ライン	日程 大学・学部（学科）
46	後 長崎県大・情報シス（情報シス）
	後 大分大・理工（理工／生命物質）
	後 鹿児島大・工（先進／機械工）
	後 鹿児島大・工（先進／電気電子）
	後 鹿児島大・工（先進／化学生命）
45	前 弘前大・理工（電子情報工）
	前 岩手大・理工（化学／生命）
	前 山形大・工（建築・デザ）
	前 山形大・工（化学／応用化学）
	前 山形大・工（化学／バイオ化学）
	前 茨城大・工（都市シス）
	前 茨城大・工（機械シス）
	前 茨城大・工（電気電子シス）
	前 宇都宮大・地域デザ（建築都市デザ）
	前 東京海洋大・海洋工（海洋電子機械）
	前 東京海洋大・海洋工（海事シス）
	前 富山大・工（工／電気電子〈a〉）
	前 富山大・工（工／電気電子〈b〉）
	前 富山大・工（工／知能情報〈a〉）
	前 富山大・工（工／知能情報〈b〉）
	前 富山大・工（工／機械工〈a〉）
	前 富山大・工（工／機械工〈b〉）
	前 富山大・工（工／生命工〈a〉）
	前 富山大・工（工／生命工〈b〉）
	前 富山大・工（工／応用化学〈a〉）
	前 富山大・工（工／応用化学〈b〉）
	前 富山大・都市デザ（都市交通デザ）
	前 福井大・工（建築・都市）
	前 山梨大・生命環境（生命工）
	前 信州大・工（電子情報シス）
	前 名古屋市大・芸術工（建築都市デザ）
	前 滋賀県大・工（機械シス）
	前 滋賀県大・工（電子シス）
	前 兵庫県大・工（応用化学工）
	前 島根大・総合理工（知能情報デザ）
	前 島根大・材料エネルギー（材料エネ）
	前 県立広島大・生物資源科学（生命／生命科学）
	前 山口大・工（機械）
	前 山口大・工（社会建設）
	前 山口大・工（知能情報）
	前 山口大・工（電気電子）
	前 山口大・工（感性デザ）
	前 山口大・工（循環環境）
	前 徳島大・理工（理工／社会基盤）
	前 徳島大・理工（理工／機械科学）
	前 徳島大・理工（理工／応用化学シス）
	前 徳島大・理工（理工／電気電子）
	前 徳島大・理工（理工／知能情報）
	前 徳島大・理工（理工／光システム）
	前 香川大・創造工（創造工〈A〉）
	前 香川大・創造工（創造／造形防〈B〉）
	前 愛媛大・工（工理型）
	前 長崎県大・情報シス（情報シス）
	前 大分大・理工（理工／物理学）
	前 鹿児島大・工（先進／情報生体）
	後 岩手大・理工（物理／数理物理）
	後 岩手大・理工（物理／マテリアル）
	後 岩手大・理工（シス／電気電子）
	後 岩手大・理工（シス／知能メディ）
	後 岩手大・理工（シス／機械科学）
	後 岩手大・理工（シス／社会基盤）
	後 秋田大・理工（生命科学）
	後 山形大・工（情報／情報知能）
	後 福島大・理工（共生シス理工）
	後 茨城大・工（電気電子シス）
	後 宇都宮大・地域デザ（社会基盤デザ）
	後 富山大・都市デザ（材料デザ）
45	後 福井大・工（機械・シス）
	後 福井大・工（電気電子情報）
	後 福井大・工（応用物理）
	後 山梨大・工（土木環境工）
	後 山梨大・工（応用化学）
	後 山梨大・工（機械工）
	後 山梨大・工（電気電子工）
	後 山梨大・工（メカトロニクス）
	後 信州大・工（機械シス）
	後 信州大・工（水環境土木）
	後 名古屋市大・芸術工（産業イノベ）
	後 滋賀県大・工（材料化学）
	後 兵庫県大・工（電気電子情報）
	後 兵庫県大・工（機械・材料工）
	後 鳥取大・工（機械物理系）
	後 鳥取大・工（電気情報系）
	後 山口大・工（機械）
	後 山口大・工（社会建設）
	後 香川大・創造工（創造工）
	後 愛媛大・工（工／社会デザ文理型）
	後 北九州市大・国際環境工（建築デザ）
	後 長崎県大・情報シス（情報セキュリ）
	後 大分大・理工（理工／知能情報）
	後 大分大・理工（理工／建築学）
	後 宮崎大・工（工）
	後 鹿児島大・工（先進／海洋土木）
	後 鹿児島大・工（先進／化学工）
44	前 弘前大・理工（物質創成化学）
	前 弘前大・理工（機械科学）
	前 岩手大・理工（化学／化学）
	前 岩手大・理工（物理／数理物理）
	前 岩手大・理工（物理／マテリアル）
	前 岩手大・理工（シス／電気電子）
	前 岩手大・理工（シス／知能メディ）
	前 岩手大・理工（シス／機械科学）
	前 岩手大・理工（シス／社会基盤）
	前 秋田大・理工（生命科学〈b〉）
	前 秋田大・理工（物質科学〈b〉）
	前 秋田大・理工（数理電気電子〈b〉）
	前 秋田大・理工（システムデザ〈b〉）
	前 山形大・工（情報／情報知能）
	前 福島大・理工（共生シス理工）
	前 宇都宮大・地域デザ（社会基盤デザ）
	前 富山大・都市デザ（材料デザ〈a〉）
	前 富山大・都市デザ（材料デザ〈b〉）
	前 福井大・工（物質・生命）
	前 山梨大・工（コン理工）
	前 山梨大・工（先端材料理工）
	前 信州大・工（機械シス）
	前 信州大・工（水環境土木）
	前 名古屋市大・芸術工（産業イノベ）
	前 滋賀県大・工（材料化学）
	前 兵庫県大・工（電気電子情報）
	前 兵庫県大・工（機械・材料工）
	前 和歌山大・システム工（システム工）
	前 北九州市大・国際環境工（建築デザ）
	前 佐賀大・理工（理工）
	前 長崎県大・情報シス（情報セキュリ）
	前 大分大・理工（理工／生命物質）
	前 宮崎大・工（工）
	前 鹿児島大・工（先進／機械工）
	前 鹿児島大・工（先進／電気電子）
	前 鹿児島大・工（先進／化学生命）
	前 鹿児島大・工（先進工括り枠）
	後 秋田大・国際資源（国際／資源開発環境）
	後 山形大・工（機械シス）
	後 山形大・工（高分子・有機）

合格目標ライン	日程	大学・学部（学科）
44	後	山形大・工（情報／電気電子）
	後	茨城大・工（都市シス）
	後	鳥取大・工（化学バイオ系）
	後	鳥取大・工（社会シス系）
	後	島根大・総合理工（機械電気電子）
	後	北九州市大・国際環境工（機械シス）
43	前	秋田大・国際資源（国際／資源開発環境）
	前	秋田大・理工（生命科学〈a〉）
	前	秋田大・理工（物質科学〈a〉）
	前	秋田大・理工（数理電気電子〈a〉）
	前	秋田大・理工（システムデザ〈a〉）
	前	山形大・工（機械シス）
	前	山形大・工（高分子・有機）
	前	山形大・工（情報／電気電子）
	前	福井大・工（機械・シス）
	前	福井大・工（電気電子情報）
	前	福井大・工（応用物理）
	前	山梨大・工（土木環境工）
	前	山梨大・工（応用化学）
	前	山梨大・工（機械工）
	前	山梨大・工（電気電子工）
	前	山梨大・工（メカトロニク）
	前	鳥取大・工（機械物理系）
	前	鳥取大・工（電気情報系）
	前	島根大・総合理工（機械電気電子）
	前	愛媛大・工（工／社会デザ文理型）
	前	北九州市大・国際環境工（機械シス）
	前	大分大・理工（理工／知能情報）
	前	大分大・理工（理工／地域環境）

合格目標ライン	日程	大学・学部（学科）
43	前	大分大・理工（理工／建築学）
	前	鹿児島大・工（先進／海洋土木）
	前	鹿児島大・工（先進／化学工）
	後	北九州市大・国際環境工（情報シス）
	後	北九州市大・国際環境工（エネ循環化学）
	後	北九州市大・国際環境工（環境生命工）
	後	大分大・理工（理工／電気エネ）
	後	大分大・理工（理工／機械工学）
	後	大分大・理工（理工／知能機械）
	後	琉球大・工（工）
42	前	鳥取大・工（化学バイオ系）
	前	鳥取大・工（社会シス系）
	前	北九州市大・国際環境工（情報シス）
	前	北九州市大・国際環境工（エネ循環化学）
	前	北九州市大・国際環境工（環境生命工）
	後	山形大・工フレ（システム創成工）
41	前	山形大・工フレ（システム創成工）
	前	茨城大・工フレ（機械シス）
	前	大分大・理工（理工／電気エネ）
	前	大分大・理工（理工／機械工学）
	前	大分大・理工（理工／知能機械）
	前	琉球大・工（工）
	後	茨城大・工フレ（機械シス）
40	前	徳島大・理工夜（理工／社会基盤）
	前	徳島大・理工夜（理工／機械科学）
	前	徳島大・理工夜（理工／応用化学シス）
	前	徳島大・理工夜（理工／電気電子）
	前	徳島大・理工夜（理工／知能情報）

農・水産学部系統

合格目標ライン	日程	大学・学部（学科）
65	前	東大・理二
64	前	北大・獣医（共同獣医）
	後	北大・獣医（共同獣医）
62	前	京大・農（応用生命科学）
	前	京大・農（食品生物科学）
61	前	京大・農（資源生物科学）
	前	京大・農（食料・環境経済）
	後	北大・農
	後	東京農工大・農（共同獣医）
	後	宮崎大・農（獣医）
60	前	東京農工大・農（共同獣医）
	前	京大・農（地域環境工）
	前	京大・農（森林科学）
	後	鹿児島大・共同獣医（獣医）
59	前	帯広畜産大・畜産（共同獣医）
	前	岐阜大・応用生物科学（共同獣医）
	前	大阪公立大・獣医（獣医）
	前	宮崎大・農（獣医）
	前	鹿児島大・共同獣医（獣医〈a〉）
	前	鹿児島大・共同獣医（獣医〈b〉）
	後	帯広畜産大・畜産（共同獣医）
	後	山口大・共同獣医（獣医）
58	前	岩手大・農（共同獣医）
	前	山口大・共同獣医（獣医）
57	前	鳥取大・農（共同獣医）
	後	神戸大・農（資源／応用植物）
	後	神戸大・農（生命／応用生命）
56	前	東北大・農
	前	名大・農（応用生命科学）
	後	東京農工大・農（応用生物科学）
	後	神戸大・農（食料／生産環境）
	後	神戸大・農（食料／食料環境）
	後	神戸大・農（資源／応用動物）
	後	神戸大・農（生命／応用機能）
	後	九大・農（生物資源環境）
55	前	名大・農（生物環境科学）
	前	名大・農（資源生物科学）
	前	神戸大・農（資源／応用植物）
	前	神戸大・農（生命／応用生命）
	後	東京農工大・農（地域生態シス）
	後	東京農工大・農（生物生産）
	後	東京農工大・農（環境資源科学）
54	前	東京農工大・農（応用生物科学）
	前	神戸大・農（食料／生産環境）
	前	神戸大・農（食料／食料環境）
	前	神戸大・農（資源／応用動物）
	前	神戸大・農（生命／応用機能）
	前	九大・農（生物資源環境）
	後	北大・水産
53	前	筑波大・生命環境（生物資源）
	前	東京農工大・農（地域生態シス）
	前	東京農工大・農（生物生産）
	前	東京農工大・農（環境資源科学）
	前	大阪公立大・農（生命機能化学）
	後	筑波大・生命環境（生物資源）
	後	岐阜大・応用生物科学（生産環境科学）
	後	大阪公立大・農（生命機能化学）
	後	宮崎大・農（海洋生物環境）
52	前	岩手大・農（動物科学）
	前	大阪公立大・農（応用生物科学）
	前	宮崎大・農（海洋生物環境）
	後	岐阜大・応用生物科学（応用生命科学）
	後	大阪公立大・農（応用生物科学）
	後	宮崎大・農（応用生物科学）
51	前	北大・水産

合格目標ライン	日程	大学・学部（学科）
51	前	東京海洋大・海洋資源環境（海洋環境科学）
	前	岐阜大・応用生物科学（生産環境科学）
	前	宮崎大・農（応用生物科学）
	後	岩手大・農（動物科学）
	後	千葉大・園芸（園芸）
	後	千葉大・園芸（応用生命化学）
	後	東京海洋大・海洋資源環境（海洋環境科学）
	後	三重大・生物資源（海洋生物資源）
	後	広島大・生物生産（生物生産）
50	前	岩手大・農（応用生物化学）
	前	千葉大・園芸（応用生命化学）
	前	東京海洋大・海洋生命科学（海洋生物資源）
	前	東京海洋大・海洋生命科学（食品生産科学）
	前	岐阜大・応用生物科学（応用生命科学）
	前	京都府大・生命環境（生命分子化学）
	前	大阪公立大・農（緑地環境科学）
	前	広島大・生物生産（生物生産）
	後	千葉大・園芸（緑地環境）
	後	千葉大・園芸（食料資源経済）
	後	東京海洋大・海洋生命科学（海洋生物資源）
	後	東京海洋大・海洋生命科学（食品生産科学）
	後	信州大・農（農学生命科学）
	後	静岡大・農（生物資源科学）
	後	三重大・生物資源（資源循環）
	後	三重大・生物資源（共生環境）
	後	京都府大・生命環境（農学生命科学）
	後	京都府大・生命環境（生命分子化学）
	後	大阪公立大・農（緑地環境科学）
	後	宮崎大・農（植物生産環境）
	後	宮崎大・農（畜産草地科学）
49	前	岩手大・農（植物生命科学）
	前	岩手大・農（森林科学）
	前	岩手大・農（食料／水産シス）
	前	千葉大・園芸（緑地環境）
	前	千葉大・園芸（園芸）
	前	千葉大・園芸（食料資源経済）
	前	新潟大・農（農）
	前	信州大・農（農／動物資源）
	前	三重大・生物資源（海洋生物資源）
	前	京都府大・生命環境（農学生命科学）
	前	鳥取大・農（生命環境農）
	前	岡山大・農（総合農業科学）
	前	宮崎大・農（植物生産環境）
	前	宮崎大・農（畜産草地科学）
	後	岩手大・農（応用生物化学）
	後	京都府大・生命環境（森林科学）
	後	山口大・農（生物機能科学）
	後	佐賀大・農（生物資源科学）
	後	宮崎大・農（森林緑地環境）
48	前	帯広畜産大・畜産（畜産科学）
	前	岩手大・農（食料／農・食）
	前	宇都宮大・農（生物資源科学）
	前	信州大・農（農／生命機能）
	前	信州大・農（農／植物資源）
	前	信州大・農（農／森林・環境）
	前	静岡大・農（生物資源科学）
	前	三重大・生物資源（資源循環）
	前	三重大・生物資源（共生環境）
	前	京都府大・生命環境（森林科学）
	前	島根大・生物資源科学（農林生産）
	前	島根大・生物資源科学（環境共生科学）
	前	山口大・農（生物機能科学）
	前	香川大・農（応用生物科学）
	前	長崎大・水産（水産）
	前	宮崎大・農（森林緑地環境）

合格目標ライン	日程	大学・学部（学科）
48	前	鹿児島大・農(国際食料資源)
	前	鹿児島大・農(食料生命科学)
	後	帯広畜産大・畜産(畜産科学)
	後	弘前大・農学生命科学(食料資源)
	後	弘前大・農学生命科学(国際園芸農
	後	岩手大・農(植物生命科学)
	後	岩手大・農(森林科学)
	後	岩手大・農(食料／水産シス)
	後	宮城大・食産業
	後	宇都宮大・農(生物資源科学)
	後	新潟大・農(農)
	後	滋賀県大・環境科学(生物資源管理)
	後	鳥取大・農(生命環境農)
	後	山口大・農(生物資源環境)
	後	香川大・農(応用生物科学)
	後	愛媛大・農(食料生産)
	後	愛媛大・農(生命機能)
	後	愛媛大・農(生物環境)
	後	長崎大・水産(水産)
	後	鹿児島大・農(食料生命科学)
47	前	弘前大・農学生命科学(食料資源)
	前	弘前大・農学生命科学(国際園芸農
	前	宇都宮大・農(農業経済)
	前	山口大・農(生物資源環境)
	前	愛媛大・農(食料生産)
	前	愛媛大・農(生命機能)
	前	愛媛大・農(生物環境)
	前	高知大・農林海洋科学(海洋／海底資源)
	前	高知大・農林海洋科学(海洋／海洋生命)
	前	鹿児島大・農(農業生産科学)
	後	岩手大・農(食料／農・食)
	後	福島大・農(食農)
	後	茨城大・農(食生命科学)
	後	茨城大・農(地域／農業科学)
	後	茨城大・農(地域／地域共生)
	後	宇都宮大・農(農業経済)
	後	島根大・生物資源科学(農林生産)
	後	島根大・生物資源科学(環境共生科学)
	後	鹿児島大・農(農業生産科学)
	後	琉球大・農(亜熱帯農林環境)
	後	琉球大・農(亜熱帯生物資源)
46	前	宮城大・食産業
	前	山形大・農(食料生命環境)
	前	福島大・農(食農)
	前	茨城大・農(食生命科学)

合格目標ライン	日程	大学・学部（学科）
46	前	茨城大・農(地域／農業科学)
	前	茨城大・農(地域／地域共生)
	前	宇都宮大・農(森林科学)
	前	宇都宮大・農(農業環境工)
	前	宇都宮大・農(応用生命化学)
	前	山梨大・生命環境(地域食／ワイン)
	前	滋賀県大・環境科学(生物資源管理)
	前	県立広島大・生物資源科学(地域資源開発)
	前	愛媛大・社会共創(産業イノベ)
	前	佐賀大・農(生物資源科学)
	前	鹿児島大・農(農林環境科学)
	前	鹿児島大・水産(水産／水圏科学)
	前	鹿児島大・水産(水産／水産資源)
	前	鹿児島大・水産(水産／食品生命)
	前	鹿児島大・水産(国際食料資源)
	前	琉球大・農(亜熱帯農林環境)
	前	琉球大・農(亜熱帯生物資源)
	後	弘前大・農学生命科学(地域環境工)
	後	宇都宮大・農(農業環境工)
	後	宇都宮大・農(応用生命化学)
	後	山梨大・生命環境(地域食物科学)
	後	山梨大・生命環境(環境科学)
	後	山梨大・生命環境(地域社会シス)
	後	高知大・農林海洋科学(海洋資源科学)
	後	鹿児島大・農(農林環境科学)
	後	鹿児島大・水産(水産／水圏科学)
	後	鹿児島大・水産(水産／水産資源)
	後	鹿児島大・水産(水産／食品生命)
	後	琉球大・農(亜熱帯地域農)
45	前	弘前大・農学生命科学(地域環境工)
	前	山梨大・生命環境(地域食物科学)
	前	山梨大・生命環境(環境科学)
	前	山梨大・生命環境(地域社会シス)
	前	県立広島大・生物資源科学(生命／環境科学)
	前	琉球大・農(亜熱帯地域農)
	後	山形大・農(食料生命環境)
	後	徳島大・生物資源産業(生物資源産業)
	後	高知大・農林海洋科学(農林資源／農芸化学)
	後	琉球大・農(地域農業工)
44	前	徳島大・生物資源産業(生物資源産業)
	前	高知大・農林海洋科学(海洋／海洋生物)
	前	高知大・農林海洋科学(農林資源／フィールド科学)
	前	高知大・農林海洋科学(農林資源／農芸化学)
	前	琉球大・農(地域農業工)
	後	高知大・農林海洋科学(農林資源／フィールド科学)

スポーツ・健康学部系統

合格目標ライン	日程 大学・学部（学科）
51	前 広島大・教育（生涯／健康スポ系） 後 広島大・教育（生涯／健康スポ系）
48	前 筑波大・体育 前 県立広島大・地域創生（地域／健康科学）
46	後 埼玉県大・保健医療福祉（健康／健康行動）
45	前 埼玉県大・保健医療福祉（健康／健康行動） 前 愛媛大・社会共創（地域／スポーツ） 前 琉球大・農（亜熱帯／健康栄養）
43	前 福島大・人文社会（人間／スポーツ）

その他

合格目標ライン	日程 大学・学部（学科）
58	前 北大・総合入試文系
56	前 北大・総合入試理系（化学重点）
55	前 北大・総合入試理系（物理重点） 前 北大・総合入試理系（生物重点）
55	前 北大・総合入試理系（総合科学）
54	前 北大・総合入試理系（数学重点）
51	前 金沢大・文系一括 前 金沢大・理系一括

解説記事

'24年度
大学入試はこう行われる!

文・データ:大学通信　井沢秀

1 コロナの影響が薄れた2022年度入試

2021年度入試(2021年4月入学)で大学入試改革があり,これにより大学入試は大きく変わるはずでした。今までの大学入試センター試験(以下,センター試験)は大学入学共通テスト(以下,共通テスト)に替わり,そのなかで目玉だった英語4技能(リーディング,リスニング,ライティング,スピーキング)を問うことや,数学と国語で記述式問題が構想されていました。しかし,いずれも中止になり,今後も出題されないことになりました。このように大学入試改革は当初に比べ,大きく後退してしまいました。

●図表1　入試名称の変更

2020年度まで		2021年度以降
一般入試	→	一般選抜
推薦入試	→	学校推薦型選抜
AO入試	→	総合型選抜

変わったのは入試の名称です(図表1参照)。今までの一般入試は「一般選抜」,推薦入試は「学校推薦型選抜」,AO入試は「総合型選抜」に変わりました。総合型選抜や学校推薦型選抜では,学力を求める試験を課すことになりました。今までのように部活動で活躍しただけではダメで,学力も必要になります。逆に一般選抜では試験に合格するだけではダメで,高校時代の活動歴を合否に活用するよう求めています。現時点で一般選抜に大きな変化はありませんが,今後はどの入試も多面的評価に変わっていく予定です。

大学入試改革後,2回目となった2022年度の共通テストは,53万367人の受験生が出願し,現役生は44万9,369人でした。18歳人口は減少していますが,過去最高の現役志願率となったことから,出願者は0.1%減でほぼ前年並みでした。一方,浪人生は7万6,785人で5.8%減となっています。浪人生が8万人を下回ったのはセンター試験時代も含めて初めてのことです。2022年度の共通テストは,今の入試が現役生中心になっていることを,大きく印象付ける出願状況になりました。

現役生が前年並みとなった要因として,私立大の共通テスト利用方式を活用しようと考える受験生が増えた影響が考えられます。大半の共通テスト利用方式は，出願するだけで合否が決まります。そのため，コロナ禍で入試のために移動をしたくない。もしくは，罹患して受けられなかったことを想定し，共通テストを受けておこうと考える現役生が多くなったのでしょう。

共通テストはセンター試験より難易度が高くなると見られていましたが，初回の2021年度はセンター試験の平均点を上回りました。そのため，2022年度は平均点が下がると言われていましたが，予想より大幅に難化しました。大学入試センターからは公表されませんが，多くの国公立大入試で必要とされる５（６）教科７科目の平均点は，予備校などが自己採点を基に算出したところ，前年を50点程度下回っていました。

特に難化が顕著だったのは数学で，数Ⅰ・Ａは前年を19.72点下回る37.96点。40点を下回るのはセンター試験時代を含めて初めてのことです。数Ⅱ・Ｂは16.87点下回る43.06点でした。2022年度の数学は傾向が変わりました。問題文が長文化され，数学的な力の前に問題文を読み解く読解力が求められたのです。思考力を問われる問題形式は，成績上位層も苦戦しました。思考力が求められるのは数学に限らず，他の教科にも広がっています。これからの勉強は暗記だけではなく，様々な知識を活用して解答する能力が求められるのです。

コロナ禍で強まった地元志向弱まる

2022年度の一般選抜の志願者は，国公立大が増加し私立大は前年並みでした。2021年度はコロナ禍で移動を嫌う受験生の影響から国公立大と私立大ともに地元の大学の人気が高まり，コロナの感染が拡大する大都市圏の大学を避ける傾向にありました。

一方，2022年度はそうしたコロナ禍の影響の弱まりを実感する入試となりました。国立大で見ますと，東大や京大，北海道大など，2021年度入試で一般選抜の志願者が減少した，全国区型の大学の志願者が増加に転じました。大都市圏の大学の合格者に占める地元占有率からも，コロナ禍の影響緩和が見られます。

次頁の図表２を見てください。これは，東京圏の大学なら１都３県（東京，埼玉，千葉，神奈川），近畿圏の大学なら２府４県（京都，大阪，滋賀，兵庫，奈良，和歌山）の学校出身者が合格者に占める割合を示したものです。東大は2021年度の53.2％から56.5％に上がっていますが，京大が50.5％から47.0％に下がるなど，大阪大，一橋大，神戸大，東京農工大，横浜国立大などで地元占有率が下がっています。

私立大も，2021年度は東京の人気大学で関東ローカル化が進みました。早稲田大と慶應義塾大の一般選抜の合格者を見ますと，早稲田大は１都３県から

●図表２　合格者に占める地元占有率比較

大学	所在地	2021年	増減	2022年
青山学院大	東京	76.4%	↘	75.5%
慶應義塾大	東京	75.0%	↗	75.4%
上智大	東京	78.7%	↘	76.8%
成蹊大	東京	81.8%	↘	81.7%
成城大	東京	83.1%	↘	82.7%
中央大	東京	66.6%	↗	69.7%
東洋大	東京	71.9%	↗	74.0%
日本大	東京	74.0%	↗	75.0%
法政大	東京	74.6%	↗	75.3%
明治大	東京	77.3%	↘	76.5%
立教大	東京	83.1%	↘	81.8%
早稲田大	東京	76.9%	↘	75.6%
東京大	東京	53.2%	↗	56.5%
東京工業大	東京	71.1%	→	71.1%
一橋大	東京	71.4%	↘	71.1%

大学	所在地	2021年	増減	2022年
埼玉大	埼玉	52.7%	↗	56.9%
千葉大	千葉	63.2%	→	63.2%
お茶の水女子大	東京	59.2%	↗	61.2%
東京農工大	東京	71.0%	↘	70.3%
横浜国立大	神奈川	64.5%	↘	61.9%
同志社大	京都	59.6%	↘	57.7%
立命館大	京都	45.7%	↘	44.8%
京都産業大	京都	56.0%	↘	53.2%
龍谷大	京都	69.5%	↘	68.6%
関西大	大阪	77.8%	↗	78.1%
近畿大	大阪	59.3%	↗	60.3%
甲南大	兵庫	84.8%	↘	83.9%
京都大	京都	50.5%	↘	47.0%
大阪大	大阪	55.2%	↘	52.3%
神戸大	兵庫	63.7%	↘	61.9%

※東京圏の大学の地元は１都３県（東京，埼玉，千葉，神奈川）
※近畿圏の大学の地元は２府４県（京都，大阪，滋賀，兵庫，奈良，和歌山）

の合格者が前年の73.2％から76.9％，慶應義塾大は73.3％から75.0％に上がりました。それが図表２を見ますと，慶應義塾大はやや上がっていますが早稲田大はダウン。青山学院大，明治大，立教大なども地元占有率が下がっています。2021年度に東京ほどローカル化が進まなかった近畿では，2022年度も同志社大や立命館大などで地元占有率が下がっています。このように2022年度は，国公立大と私立大ともに，受験生の移動が見られるようになりました。

共通テスト難化も国公立大は志願者増

共通テストの平均点が下がったことから，国公立大の志願者が減少すると見られていましたが，42万8,657人で前年を3,242人（0.8％）上回りました。志願者が増えたのは19年度以来，３年ぶりです。国立大と公立大で分けて見ますと，国立大が30万2,953人で7,022人増に対し，公立大は12万5,704人で3,780人減少しました（独自日程の国際教養大，新潟県立大，叡啓大，芸術文化観光専門職大を除く）。

共通テストの平均点が下がったにもかかわらず，国公立大の志願者が増えたのは，共通テストの平均点ダウンにより１次試験のボーダーラインが下がっていることを冷静に分析する受験生が多かったのでしょう。

国公立大の志願者が増えたのは，難関大志向が強まった影響もあります。難関国立10大学（北海道大，東北大，東京大，名古屋大，京都大，大阪大，九州大，東京工業大，一橋大，神戸大）の内，志願者が減少したのは，東北大と名古屋大，神戸大の３大学のみでした。難関大の人気が上がったのは，コロナ禍で社会状況が不透明になるなか，難関大に進学することで，将来に備えたいと考える受験生が増えた影響だと見られています。

一方，筑波大，千葉大，横浜国立大，新潟大，金沢大，岡山大，広島大，熊本大，東京都立大，大阪公立大など，難関国立10大学に次ぐ難易度レベルの準難関大では，全体的に志願者が減少しました。難関大志望者に初志貫徹する傾向が強かったのに対し，準難関大クラスを目指す受験生のなかには，難易度が低い，一般的な地方国立大に志望変更した受験生が多くいたようです。

早稲田大や慶應義塾大，MARCH（明治大，青山学院大，立教大，中央大，法政大）など，有力な私立大が多い首都圏では，準難関国公立大から私立大に志望変更した受験生の影響もあり，筑波大や千葉大，東京都立大，横浜市立大などで志願者が減少しました。

一般的な地方国立大の志望者は難易度が低い公立大に志望を下げる傾向も見られました。また，公立大志望者のなかには，公立大を諦めてより難易度が低い私立大などに志望変更した受験生が少なくなかったようです。このため，公立大全体の志願者が減少したとみられます。

私立大の入り易い状況が続く

2021年度の私立大一般選抜の志願者は，史上最大といわれる14%の減少となりました。2022年度は前年並みの志願者数に留まっているので，私立大の志願者数は底を打ったままと言えるでしょう。18歳人口の減少に加え浪人生が大きく減っていること。さらに，総合型選抜や学校推薦型選抜で合格を勝ち取る受験生が増えた影響です。

一般的に大学の志願者数が減少すると，翌年は狙い目と考える受験生が増えることから，反動で増える傾向が見られるものですが，2021年度に志願者が減った大学のなかには，反動が見られず2022年度も連続で減少する大学も少なくありませんでした。

2022年度の一般選抜で志願者が最も多かったのは９年連続の近畿大（15万7,470人）で，２位はコロナ禍で経済状況が苦しい家計が増えるなか，2021年度に続いて共通テスト利用方式の受験料を無料にした千葉工業大（13万9,074人）でした。この２大学に加え，３位の法政大（10万8,280人）と４位の明治大（10万2,426人）まで，志願者が10万人を超えています。

以下，ベスト10は，５位東洋大（９万8,261人），６位早稲田大（９万3,843人），７位日本大（９万3,770人），８位立命館大（８万8,335人），９位関西大（７万9,396人），10位中央大（６万4,795人）となっています。

国公立大と同様の理由から私立大も難関大の人気が高く，東京の大学では，早稲田大，慶應義塾大，東京理科大といった最難関大から，青山学院大，法政大，明治大などの難関大まで，多くの大学で志願者が増えました。近畿の難関大でも，同志社大，立命館大，関西学院大の志願者が増えています。これらの大学に次ぐ準難関大では，東洋大や近畿大の志願者が大きく増えました。

このように，難関大や準難関大で志願者が増える大学がありましたが，大半の大学は，大学入試改革前の2020年度の志願者数レベルには戻っていません。2022年度は志願者が増えましたが，難関私立大の倍率が極端に上がったわけではありません。

2 大学に入るための選抜の種類は主に3つ

どのようなことが起ころうとも，基本的に大学の選抜は変わりません。大学進学には，何らかの試験に合格しないと進学できません。その試験のなかで，主要なものは一般選抜，学校推薦型選抜，総合型選抜の３つです。**図表３**を見てください。これは2021年の大学入学者が，どの試験に合格して進学したかを表したグラフです。「その他」は帰国子女や社会人などを対象にした入試です。国公立大では一般選抜の割合が78.9%と高く，学校推薦型が15.7%，総合型が5.1%の割合でした。10年前と比べて一般選抜の割合が下がり，学校推薦型，総合型の割合が上がっています。学校推薦型を実施しているのは2021年現在170校で，全国公立大の96.0%を占めます。総合型を実施しているのは101校で57.1%の国公立大が実施しています。2016年から東京大が推薦入試を，京都大は特色入試（推薦入試とAO入試）をスタートし，実施校が年々増えています。

一方，私立大は一般選抜が41.5%で，学校推薦型43.5%，総合型が14.7% です。この10年で比べても，一般選抜が減少し，学校

●図表３ 方式別入学者数グラフ（2021と2011比較）

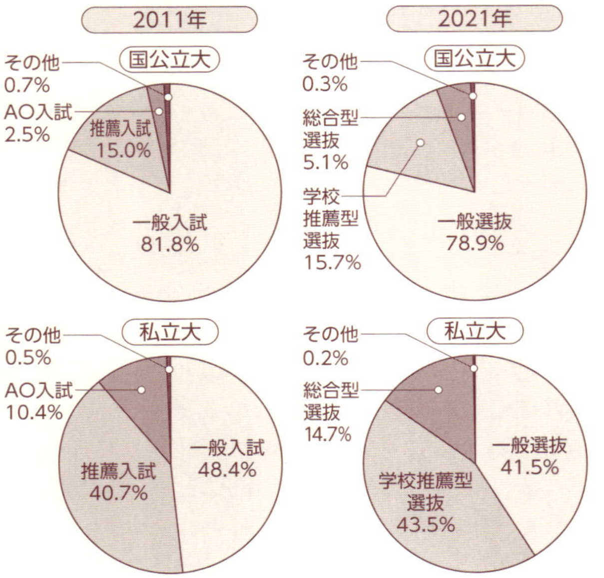

推薦型と総合型の入学者が増えています。学校推薦型実施校は595校で，私立大全体の99.7%に当たります。総合型は542校が実施し，全体の90.8%の私立大が実施しています。

各試験ごとの全体の倍率は図表4のようになります。一般的に学校推薦型の倍率が低くなっていることがわかります。なかでも私立大は学校推薦型と総合型の倍率が低くなっているのが特徴です。ただ，大学ごとに異なりますので，データに注意しましょう。

●図表4　2021年の各試験ごとの倍率

	一般選抜	学校推薦型選抜	総合型選抜
国立大学	3.4	2.5	2.9
公立大学	4.2	2.3	3.3
私立大学	3.0	1.6	2.1

倍率＝志願者数÷合格者数

3 国公立大一般選抜はどうのような仕組みか

入試というと，２月から始まる一般選抜を思い浮かべる人が多いのではないでしょうか。国公立大は全大学が，決められた日程で入試を行います。この方式は分離分割方式と言われ，国立大ですと１大学が定員を２つに分けて入試を行う方式です。図表５を見てください。国立大は２月25日から始まる前期日程と３月12日から始まる後期日程で入試を行います。公立大も国立大と同じ日程ですが，３月８日から始まる中期日程を実施しているところもあります。国公立大の受験チャンスは３回です。中期日程は実施大学が少ないために受験生が殺到します。

最近では前期日程だけを実施し，後期日程を行わず，代わりに総合型や学校推薦型選抜を実施する大学が増えてきました。試験は１日だけでなく，２日以上実施する大学もあります。前期日程の合格発表は，公立大が３月１日～10日，国立大が３月６日～10日の間に各大学が定めた日に発表します。そこで不合格になった受験生が後期日程にのぞむのが一般的です。つまり，第一志望校は前期日程で受けることになります。入学定員も８対２で前期日程の方が多くなっています（なかには後期日程の定員を多くしている大学もあります）。国公

●図表５　2023年度 国公立大一般選抜スケジュール

2023年	項目
1月14日・15日	大学入学共通テスト実施
1月23日～2月3日	国公立大二次試験出願期間
2月25日	国公立大前期日程試験開始
3月１日～10日（国立大は６日以降）	国公立大前期日程合格発表
3月８日	公立大中期日程試験開始
3月12日	国公立大後期日程試験開始
3月15日	国公立大前期日程入学手続き締め切り
3月20日～23日	国公立大，中期，後期日程合格発表

立大は，すべての試験を１月23日～２月３日までに出願することになっています。

前期日程の入学手続き締め切りは３月15日です。ここで入学手続きを取ってしまうと，たとえ中期や後期日程を受けていても合格の権利を失います。合格することはありません。つまり，中期や後期日程は，前期日程の敗者復活の入試ということになります。そのため，中期や後期日程は出願締め切り時には高倍率になっているケースも多いのですが，ふたを開けてみたら倍率が１倍台だったということもよくあります。前期日程で合格した受験生が受けないからです。諦めずに中期や後期日程まで受け続けることが大切になってきます。

また，東京大，京都大，大阪大など後期日程を廃止し，その代わりに学校推薦型や総合型選抜を実施する大学も増えています。大学全体でなくても，学部によって後期日程を実施する大学もあります。京都大では法学部，名古屋大では医学部医学科だけが後期日程を実施しています。中期日程と後期日程の合格発表日はともに３月20日～23日です。

共通テストとはどのような試験なのか

国公立大入試を受けるためには，共通テスト受験が必須になります。私立大でも共通テスト利用入試を実施しています。共通テストは国語，地理歴史，公民，数学，理科，外国語の６教科から出題されます（図表６参照）。このなかから受験生は，大学が指定する教科を受けておかなければなりません。前期日程，中期日程，後期日程で受けようと思う大学が課している共通テストの科目をしっかり調べておく必要があります。国立大の多くは５(６)教科７科目を課していますから，それにそって受験科目を決めておきます。

国語は近代以降の文章（現代文100点満点）と古典（古文，漢文各50点満点）です。地理歴史と公民は同じ時間帯に実施され，２科目（１科目100点満点）まで解答できます。数学は①と②があり，いずれも100点満点で，①は数学Ⅰ・A，②は数Ⅱ・Bを選択する受験生が多くなっています。理科は①が物理基礎，化学基礎，生物基礎，地学基礎で50点満点で２科目受けることになります。理科②は基礎のついていない科目で100点満点で，１科目か２科目を選べます。

基礎科目は文系学部の入試で課されていることが多くなっています。外国語は英語以外にもあり，英語受験者はリスニング試験を受けることになります。ただ，共通テストは基本的な出題が多く，それほど恐れる必要はありません。

共通テストは，高校３年生の場合は，指定された大学の試験会場に受けに行くことになります。だいたいクラスメイトと一緒です。浪人生は住んでいるところの近くの会場になります。共通テストは自己採点ができるようになっています。解答もその日のうちにネットに公開され，翌日の新聞朝刊にも掲載され

● 図表6　出題教科・科目の選択範囲及び試験時間

教科	グループ	出題科目	試験時間
国語		「国語」	80分
地理歴史		「世界史Ａ」「世界史Ｂ」「日本史Ａ」 「日本史Ｂ」「地理Ａ」「地理Ｂ」	１科目選択　60分 ２科目選択　130分（うち解答時間120分）
公民		「現代社会」「倫理」「政治・経済」 「倫理，政治・経済」	
数学	①	「数学Ⅰ」「数学Ⅰ・数学Ａ」	70分
	②	「数学Ⅱ」「数学Ⅱ・数学Ｂ」 「簿記・会計」「情報関係基礎」	60分
理科	①	「物理基礎」「化学基礎」「生物基礎」 「地学基礎」	２科目選択　60分
	②	「物理」「化学」「生物」「地学」	１科目選択　60分 ２科目選択　130分（うち解答時間120分）
外国語		「英語」「ドイツ語」「フランス語」 「中国語」「韓国語」	「英語」【リーディング】80分 【リスニング】60分（うち解答時間30分） 「ドイツ語」「フランス語」「中国語」「韓国語」 【筆記】80分

ます。この自己採点した点数を予備校など，自己採点を集計してくれるところに送ると，模試と同じように自分の成績がわかり，それをもとに出願校を決めていくことになります。問題は持ち帰れますので，自己採点は正しく行うことが大切です。ただ，自己採点結果が戻ってきても，国公立大の出願まであまり日数がありません。2023年ですと，１月23日から２月３日までが出願期間でした。各科目の平均点も公表され，地理歴史や理科などで，科目間で20点以上も平均点差が生じた場合は得点調整が行われます。低い科目の点数を上げます。この平均点情報にも注意が必要です。

平均点が低い時は，だいたい受験生は弱気な出願になりがちです。平均点が低い時は自分だけでなく，みんなができなかったということですから，本来ならあまり弱気になる必要はありません。ただ，平均点がどうなるかは，試験が終わってみないとわかりません。共通テストの自分の成績は，事前に申し込んでおくと４月になって送られてきます。ですから，入試にタイムリーに正しい点数は活用できません。あくまでも自己採点の点数で進めていくことになり，正確に採点しておくことが大切になります。

共通テストと二次試験の合計で合否が決まる

ほとんどの国公立大が，共通テストの成績と大学独自の二次試験（個別入学検査）の成績で合否を決めています。なかには，東京都立大などのように，調査書を点数化する大学も出てきています。後期日程などでは，共通テストの成績だけで合否を決めている大学もあります。

注意したいのは門前払いになる可能性があることです。東京大は各科類で倍率が高くなると共通テストの成績で二段階選抜を実施します。文系では募集人員の約３倍を超えると第一段階選抜を実施し，合格した受験生だけが大学独自の二次試験を受験できます。2022年は全ての科類で二段階選抜が行われました。ただ，二段階選抜を実施している大学は少なく，人気の難関大学や医学部医学科で実施しているところが多くなっています。志望校が実施しているかどうか，あらかじめ調べておくことが必要です。

共通テストと二次試験の配点比率は各大学が定めます。たとえば2022年入試の東京大は共通テスト110点満点，二次試験440点満点の550点満点でした。東京大は共通テストの成績を110点満点に圧縮します。この方式でずっと入試を行ってきました。そのため，2022年の東京大の文科Ⅰ類の合格最低点は302.5889点です。共通テストの成績を圧縮しているので，小数点の最低点になっているわけです。東京大のように二次試験の方の配点が高い大学は少数派で，共通テストの配点が高い大学の方が多くなっています。それだけ共通テストの重みが大きくなっています。特に，新型コロナウイルスが猛威を振るった時など，大学での独自試験を中止し，共通テストの成績だけで合否を判定する可能性が高くなります。共通テストはしっかり得点をとるようにしたいものです。

4 多彩な入試方式の私立大一般選抜

私立大入試の日程は，国公立大と異なり２月１日から始まることが決められているだけです。したがって各大学は自由に試験日を決めることができます。なかには１月から入試を始める大学もあります。出願は12月から始める大学もありますが，ほとんどが１月の正月明けからでネット出願です。

入試方式もさまざまです。オーソドックスなのは３教科型です。文系だと英語，国語，選択科目，理系だと英語，数学，理科です。文系の選択科目では地理歴史，公民，数学などから１科目選ぶのが一般的です。いずれも３科目を受験する場合がほとんどですが，早稲田大や慶應義塾大の理工学部のように，理科を２科目課して４科目の大学もあります。早稲田大の政治経済学部では2021年度から共通テストの数学Ⅰ・Aを必須にし，志願者が３割ほど減りました。文系学部で数学必須はまだまだ敷居が高いようですが，数学は文系，理系に関係なく必要な時代が到来しており，今後は追随する大学も出てくると見られます。２科目入試を実施している大学もあり，その場合は英語と国語や英語と数学のパターンが多くなっています。医学部医学科では一般選抜でも面接があります。これは国公立大でも同じです。

●図表7　私立大学の入試方式の例

方式名	内容
試験日自由選択	連続して試験日が設けられており，３日間なら３日間とも受けることができ，他大学との併願を考えながら，自分の受けたい日に受験できる方式 合格発表は１回だけ
全学統一	大学の全学部が同じ日に試験を行い，第二志望で別の学部の志望を認める大学もある １回の受験で複数学部の合否判定を受けられる
地方試験	東京にある大学なら，札幌，名古屋，大阪，福岡など，地方に試験会場を設けて，大学に受けに行かなくても受験できる方式 東京でも関西など，さまざまな地域の大学が入試を行っている
民間英語試験利用	民間英語試験の成績を一般選抜の英語の試験に置き換えたり，大学の英語試験の成績と民間英語試験のスコアと高いほうを得点に認めたりする方式
配点変動方式	配点を得意科目だけ高くしたり，３科目受験して高得点の２科目で合否を判定したりする方式

共通テスト利用入試も実施されています。私立大の場合，共通テストの成績だけで合否が決まる方式がほとんどです。大学によって３教科や５教科で判定するなど，さまざまな方式があります。共通テストの成績と大学独自試験の成績で合否判定する大学もあり，これは共通テスト併用方式と呼ばれています。

また，大学入試改革の影響で，私立大にもかかわらず一般選抜に共通テストを受けていないと入試を受けられない大学・学部も出てきました。早稲田大の政治経済，国際教養，スポーツ科学の３学部は，共通テストの成績と大学独自試験で合否を判定する方式で国立大と同じ方式でした。上智大や青山学院大でも同じような方式の入試が行われましたが，早稲田大の３学部とは異なり，ほかにも方式があるため共通テストを受けていないと受験できないということはありません。ただ，国立大と同じような方式は，私立大志望者に敬遠され志願者が減少しました。2022年度は志願者が増加傾向ですが，新方式導入前の志願者数まで戻っていません。対策を立てやすい従来型の入試が人気になっています。

このほかにも図表７のようにさまざまな方式があり，大学によって名称が異なることもありますので注意してください。このなかのいくつかを組み合わせている大学もあります。全学方式を実施し，それを地方会場でも行っているなどです。これらの方式から，自分に合う方式を選んで受けることになります。

私立大受験で注意したいお金の話

私立大の一般選抜は，何校でも受けることができます。２月１日から毎日受験しても構いません。そして，合格したなかから入学校を１校選びます。受験料は一般選抜は平均３万５千円です。医学部は６万円のところが多くなっています。共通テスト利用入試は半額以下のところが多くなっています。共通テストの受験料が１万８千円ですから，３万５千円－１万８千円＝１万７千円というわけです。ただ，受験料も値下げが相次いでおり，１回５千円引きとか，受験料が１万円の大学もあります。2022年度はコロナ禍の特例で，受験料を無料にする大学・学部や方式がありました。

さて，併願となると受験料の問題がありますが，もうひとつは無駄金が出ないように工夫も必要です。例をあげましょう。

●スベリ止めのＡ大学文学部 試験日２/５，合格発表日２/10，１次入学手続き締切日２/17 ●第一志望のＢ大学文学部 試験日２/９，合格発表日２/18

仮にこんな併願プランを立てたとしましょう。入学手続き締切日は，入学のための書類提出と，学費を払い込む期限です。学費は分納を認めている大学では，１次，２次などに分けて納めることができます。１次で入学金を納めさせる大学が多く，残りをだいたい３月の２次の締切日までに振り込みます。これを忘れたら，合格していても入学辞退したとみなされ入学できません。

さて，上の併願プランですが，スベリ止めの１次の入学手続き締切日２／17が，第一志望の合格発表２／18の前日になります。となると，Ｂ大学の合否がわかりませんから，とりあえずＡ大学に入学手続きを取り，入学金を納めることになります。翌日，Ｂ大学に合格すると，当然，第一志望ですからＢ大学に入学手続きを取ります。そうすると，Ａ大学に納めた入学金が無駄になります。一度，払い込んだ入学金は戻ってこない大学がほとんどです。もし，全額を一度に納めた時は，入学金以外は戻ってくる場合がほとんどです。

併願プランを立てる時は，無駄金が出ないように考え，立てた方がいいことは言うまでもありません。また，初年度納入金は必ず決められた額を締切日までに納入しないと，合格していても入学できませんから，必要なお金を事前に用意しておかなければなりません。**図表８**は学部別の平均学費です。私立大は大学・学部ごとに学費が異なります。国立大と公立大は，ほぼ同じ金額ですが，公立大は地方自治体が作った大学ですので，大学の所在地に住んでいる学生とそうでない学生で入学金が異なります。国立大は標準額が設けられており，各大学の裁量で値上げができます。国立大で授業料を約10万円値上げしているのが東京工業大，東京芸術大，千葉大，一橋大，東京医科歯科大です。

私立大は入学金と授業料を合計しても初年度納入金にならないのは，施設設備費などが徴収されるからです。これらのお金は教室や図書館，グランドなどキャンパスを維持するために使われます。

総費用は修業年限が４年または６年間に必要な学費の合計です。これを見ると，私立大の学費が国公立大より高いのがわかりますが，理系学部の方が文系

●図表８　2022年 学部系統別学費の平均　　単位：円

設置	学部系統	入学金平均	授業料平均	初年度平均	総費用平均
私立大学	法・政治	222,818	798,477	1,266,324	4,435,835
	商・経済・経営	226,280	776,210	1,275,260	4,429,627
	文・人文	225,875	829,151	1,319,110	4,631,974
	社会・福祉	230,051	802,575	1,321,349	4,609,430
	国際	220,569	845,253	1,354,273	4,801,689
	情報	228,164	961,408	1,487,079	5,300,065
	家政・栄養	243,810	811,419	1,445,144	5,027,802
	理工	229,103	1,101,364	1,662,523	6,188,048
	医	1,346,774	2,709,516	7,323,665	32,824,706
	歯	594,118	3,157,647	5,447,012	27,753,541
	薬（６年）	315,213	1,441,915	2,239,868	12,166,949
	薬（４年）	314,286	1,222,057	1,927,229	6,922,691
	獣医	263,333	1,551,667	2,522,790	13,790,623
	農・バイオ・水産	244,000	973,248	1,619,190	5,887,218
	体育	240,680	850,264	1,470,259	5,171,043
	看護	270,759	1,044,421	1,838,212	6,567,466
	医療技術	261,458	1,003,258	1,723,103	6,192,390
	音楽	239,700	1,184,120	1,980,202	7,234,257
	芸術	236,840	1,106,657	1,747,981	6,237,494
	教育	240,343	824,822	1,415,637	4,912,568
国立大学	全学部（標準額）　４年	282,000	535,800	817,800	2,425,200
	６年	282,000	535,800	817,800	3,496,800
公立大学	全学部（地域内）　４年	228,613	536,363	763,840	2,372,966
	６年	228,613	536,363	763,840	3,445,716
	全学部（地域外）　４年	391,305	536,363	927,302	2,536,428
	６年	391,305	536,363	927,302	3,609,178

※二部・夜間は除く，公立大は2021年参考

学部より差が大きくなっています。特に医学部は大きな差です。理系で国公立大人気が高いのは，学費の格差が大きな理由です。巻末の大学・学部・学科別の学費も参考にしてください。

5 学校推薦型選抜，総合型選抜はどのような試験か

さまざまな種類がある学校推薦型選抜

学校推薦型選抜は一般的に学校長の推薦状が必要です。11月以降に実施され，一般選抜の前に行われます。さらに，出願基準として，高校時代の評定平均値の下限を大学が決めている場合がほとんどです。評定平均値とは，各教科の学期ごとの成績を５点満点に換算したものです。これを高校３年生の１学期

までの成績を集計して平均をとったものです。高校受験の内申点と同じです。さらに，その成績によって，学習成績概評としてＡ～Ｅに分けられます。**図表９**を見てください。Ｂ段階以上の学生を求める大学では，評定平均値が3.5以上でないと出願できません。また，合格すると入学しなければならない専願制の大学が多くなっています。

●図表９　評定平均値

学習成績概評	全体の評定平均値
A	5.0～4.3
B	4.2～3.5
C	3.4～2.7
D	2.6～1.9
E	1.8以下

国公立大と私立大では選抜が変わります。国公立大では大きく分けると，共通テストの成績が必要な方式と，必要ではない方式に分かれます。東京大の学校推薦型選抜では，選考は12月中に終わり，１月の共通テストで概ね８割を取っていることが必要とされています。これに達していないと不合格になります。共通テストの成績が不要ですと，早くに合格が決まる大学もありますが，倍率が高くなるのが一般的です。

私立大の学校推薦型選抜は大きく２つに分かれます。指定校制と公募制です。指定校は大学が出願を認める高校を指定する方式です。出願したくても，指定校になっていなければ出願することはできません。多くの場合，何年にもわたって入学者が一定数いる高校を指定する場合が多いようです。よほどのことがない限り全員合格の方式で，近年，人気になっています。ただ，入学後の成績が悪いと，大学が指定校を取り消すケースもあり，後輩に迷惑をかけてしまいます。試験は小論文や面接中心です。

公募制は大学が定めた基準を超えていれば，在学高校に関係なく出願できます。そこで面接や小論文などの試験を受けて合否が決まります。関西の大学などを中心に併願を認める公募制もあります。いくつも学校推薦型選抜を受け，入学校はその後，決められます。試験も英語，国語など学科試験で行われます。ほぼ一般選抜と同じです。

このほかにも，学校長ではなく自分で自分を推薦する自己推薦方式，キリスト教信者に限るなどの宗教に特化した募集の方式，スポーツや芸術に秀でた人を募集する方式など，さまざまな方式があります。

実施校，受験者が増えている総合型選抜

総合型選抜は1990年に慶應義塾大が始めた新しい選抜方式です。９月以降に実施され，３つの選抜のなかではもっとも早く始まります。受験生が「この大学・学部に進学したい」と望み，大学が「この受験生なら，うちにきてほしい」と，双方が納得して入学させる方式です。

一般的な選抜方法は，受験生がエントリーシートを大学に提出。そこで書類選考があり，合格した受験生が大学の試験を受けます。面接中心ですが，基本

的な学科試験や小論文などを課す大学もあります。面接では，主に「過去・現在・未来」を聞かれます。過去は高校時代，何をやってきたか，現在はこの大学を志望した動機，未来は大学入学後に何をしたいかなどです。この面接では自己PRが重要で，プレゼンテーション能力が問われます。面接がグループディスカッションの場合もあります。

2021年入学者から学校推薦型，総合型選抜についても，文科省は学力を求めています。提示されたのが，小論文，プレゼンテーション，口頭試問，実技，各教科・科目に係るテスト，資格・検定試験の成績，共通テストの成績などです。従来，総合型選抜は面接中心でしたので，新たに科目が加わりました。

2022年度入試では，学校推薦型選抜のなかでも指定校推薦が人気になりました。コロナ禍で不安ななか，年内に早く合格を決めたいとの気持ちが強くなりました。一方，同じ年内に決まる総合型選抜の志願者は減少しました。学校が休校になったのと同じように，各種スポーツ･文化関係の行事，大会，資格･検定試験等が中止，または延期等で，出願資格に影響したからです。それでも潜在的に総合型選抜の人気は高く，大学も導入を進めていることから，公募制の学校推薦型選抜も含め，年内入試の人気は高まると見られています。

2021年度の私立大入試は，入学者数が入学定員を下回り，大学を選ばなければどこかの大学に入れる，「全入状態」となりました。2022年度入試もその流れを継続しています。少子化が進み，大学はますます入りやすくなることは間違いありません。将来，どのような道に進みたいのかを考えながら大学・学部を選ぶことが大切です。

出身大学・学部は一生のものです。コロナ禍やウクライナ危機による社会情勢の不安定化など，不安になることが多い今だからこそ「入れる大学・学部選び」ではなく，「入りたい大学・学部選び」をして，その目標を叶えるための手段として入試方式を検討してください。強気に志望校を選んでいくことが，大切になってきています。最後まで第一志望にこだわっていきましょう。

井沢秀（いざわ・しげる）▶大学通信 情報調査・編集部部長。明治大学卒業後，1992年大学通信入社。現在，編集とマスコミへの情報提供の責任者。大学案内書，中高案内書，情報誌などを編集。大学の入り口（入試）から出口（就職）まで，情報を収集し発信。「サンデー毎日」「朝日新聞EduA」の年間を通しての教育企画，「東洋経済」「ダイヤモンド」「プレジでント」など，各誌へ情報提供と記事執筆を行う。

保護者のための受験ガイド

文・データ：駿台予備学校　石原賢一

2022年度も引き続き新型コロナウイルス感染症の影響が残った1年でした。学校生活自体は，ワクチン接種が広まったことや感染した場合の治療に対しての方策が確立されつつあることで，コロナ禍以前の状態に戻りつつあり，学校行事や部活動，課外活動も徐々に正常化してきました。しかしながら，大都市部を中心に感染者数は増減を繰り返しており，なかなか収束には至っていません。受験生にとっては，入試情報収集の面で，対面形式のオープンキャンパスや業者主催の大学合同説明会は再開されたものの，感染症対策から参加人数に制限が残るなど，まだまだコロナ禍以前と比較すると不便が残る環境でした。しかし一方で，オンラインを利用した大学広報はコロナ禍が続く中で，色々と工夫が凝らされて，充実してきました。これによって地方在住の受験生にとっては，コロナ禍前よりも大都市部にある大学についての情報収集の環境が良くなったとも言えます。

このように，誰もが予測することができなかったコロナ禍の中での入試が続いていますが，大学入試改革への歩みは続いており，大学入試は変わりつつあります。まず，共通認識として大学入試はどう変わっているのかについて，見ていくことにします。

1 大学入試はどう変わったのか？

創立100周年を超えた「駿台」が，長きに渡って受験生たちへのエールとして掲げてきたキャッチフレーズに「第一志望は，ゆずれない。」があります。これは，いつの時代にも，高い目標を掲げて，それに邁進する受験生たちを応援する力強いメッセージだと自負しています。しかし，今は「第一志望」をしっかりと定めて，それに向かって安易に妥協することなく，堅持して着実に努力するという当たり前のことが難しい時代になってしまっています。

こういった時代の変化が起きているからこそ，「大学選び」がいっそう重要な意味を持っているわけです。大学教育や大学入試を取り巻く環境が大きく変

●図表１　共通一次試験から大学入学共通テストまでの変遷

入試制度	共通第一次学力試験（共通一次試験）1979年～	大学入試センター試験（センター試験）1990年～	大学入学共通テスト（共通テスト）2021年～
	国公立大の入学志願者に対し，各大学が実施する試験に先立ち，全国同一期日に同一問題で行われた試験。一律に５教科利用を原則としたこと等により，共通一次試験の成績による大学の序列化やいわゆる輪切りによる進路指導の問題が顕在化したこと，国公立大のみの入試改革にとどまったこと，各大学の第二次試験の改善が必ずしも十分でなく，受験生にとって過重な負担となったこと等の課題があった。	高等学校段階における基礎的な学習の達成の程度を判定することを主たる目的として，参加する国公私立の各大学が，それぞれの大学の試験に先立ち，大学入試センターと協力して，全国同一の期日に同一の試験問題により共同で実施するものであり，利用教科・科目数などについては，共通一次試験と異なり，各大学の判断と創意工夫に基づき，自由に利用できることとされた。	高等学校段階における基礎的な学習の達成の程度を判定し，大学教育を受けるために必要な能力について把握することを目的とする。各教科・科目の特質に応じ，知識・技能を十分有しているかの評価も行いつつ，思考力・判断力を中心に評価を行うものとされた。「国語」，「数学Ⅰ」，「数学Ⅰ・数学Ａ」については，記述式問題を出題することが検討されていたが，導入は見送られた。

化する中で，志望校をどのように選べば良いのか？　さらに，受験生たちの将来の可能性を伸ばす「第一志望」とはどのような大学なのか？　これを考えていきたいと思います。

最初に，2023年４月に高３生となる皆さんが受験する2024年度入試は，基本的には2023年度入試と同じシステムで行われます。2021年度入試から，2020年度入試まで約30年間に渡って実施されてきた「大学入試センター試験」（以下,「センター試験」）に代わって,新しく「大学入学共通テスト」（以下,「共通テスト」）が導入されました。中身は，当初予定された大改革のほとんどが見送りとなり，マイナーチェンジに留まりましたが，新しい枠組みでの大学入試がスタートしました。次は，高等学校の学習指導要領（カリキュラム）が改訂された2022年４月入学の高１生が受験する2025年度入試に向けて，また大きな改革が行われようとしています。したがって，2024年度入試は，コロナ禍対策の特別措置を除いて，2021年度入試～2023年度入試と同じシステムで行われるわけです。

今回の共通テスト導入に象徴されるように，大学入試のシステムは社会や環境の変化に伴い変わっていきます。まず，大学入試において「変わっていること」と「変わらないこと」を理解することが大切です。受験生自身の可能性を最も伸ばすことのできる大学を選び，第一志望校合格をめざして，自分に厳しさを持って大学入試に取り組むという姿勢は，いつの時代も本質的には変わらないでしょう。一方で，大学入試を取り巻く環境や志望校選択の考え方は，大きく変化しており，保護者の皆さんが大学入試に臨まれた時代とは様変わりしています。1980年代後半から1990年代前半の時代は，受験人口（大学・短大志願者数）がピークを迎えた時代で，「受験戦争」とか「受験地獄」といった言葉まで生まれました。ところが，1992年度入試をピークに受験人口の減少が続いており，2022年度入試以降では受験人口が大学・短大の入学定員合計を下回る「大学全入時代」になっています。しかし，選ばなければどこかの大学には入学できる時代になっているからこそ，受験生自身が主体的に進路を考え，大学入試に取り組んでいくことが重要になっているわけです。

進む大学の二極化

実際に大学入試突破は簡単になっているのでしょうか？　受験人口が大学・短大の入学定員合計を下回っていても，大学間で大きな差が生じています。現役合格に失敗して再チャレンジしてでも合格をめざそうとする受験生が多数存在する難関大もあれば，一方で志願者確保が厳しく，定員充足率が100％を切っている私立大が2022年度入試では全体の47.5％もあるのが現状です。特に，2021年度入試ではコロナ禍の影響で１人当たりの併願校数が絞り込まれた結果，前年度よりも定員充足率が100％を切る大学の割合が15.4ポイントの大幅アップでしたが，2022年度入試ではさらに1.1ポイントアップしました。

このように，誰もが行きたいと考える大学とそうではない大学の「二極化」が進み，大学が生き残っていけるか否かの岐路に立たされているのです。そのため，私立大を中心に優秀な学生の確保にさまざまな施策が行われています。学部・学科の新設や改組をはじめ，総合型選抜（旧AO入試）や学校推薦型選抜（旧推薦入試）の拡大，一般選抜でも共通テスト利用型入試の導入は当たり前で，大学独自の出題による一般入試においても学部個別入試に加えて全学部入試を採用し，受験機会を増やすことが一般化しています。グローバル化の進展に対応するために，民間の団体が主催する英語４技能資格・検定試験を利用した入試も拡大しています。さらに，キャンパスの新築・改築や都心への移転を進め，学生が学習しやすい環境を提供しています。1990年代に入り500校を超えた大学数はいまや約800校になり，志望大学選定には教育内容や入試制度・動向など，さまざまな角度からの情報収集がますます重要になっています。

では，次の章では，具体的に2022年度入試を例にして現在の大学入試の動向を説明します。

大学入試の最新動向

まず，2022年度入試では，共通テストの大幅な平均点ダウン（難化）がありました。大学入試センターが発表した「2022年度大学入学共通テスト実施結果の概要（最終集計）」によると，主要科目では受験者数が１万人に満たなかった地学を除いて，平均点がアップしたのは英語リスニング（＋3.3点），化学基礎（＋3.1点），英語リーディング（＋3.0点），現代社会（＋2.4点），世界史Ｂ（＋2.3点）などでした。一方で，平均点がダウンしたのは，生物（－23.8点），数学Ⅰ・Ａ（－19.7点），数学Ⅱ・Ｂ（－16.9点），日本史Ｂ（－11.5点），化学（－10.0点）などでした。数学Ⅰ・Ａの得点率は2021年度は57.7点で約６割でしたが，2022年度は38.0点で４割を割り込みました。この結果，５教科900点集計の最終予想平均点（データネット実行委員会〔駿台予備学校／ベネッセコーポレーション主催〕の推定）は，５教科８科目文系では508点（得点率56.4％，対前年度比－44点），５教科７科目理系では513点（得点率57.0％，対前年度比－59点）となりました。新しいテストの２年目は平均点がダウンするという状況はかつての共通一次試験，センター試験でも見られましたが，予想をはるかに超えるダウンとなり，得点率は文理ともに６割を下回るという結果で，データネットにおける得点率８割以上の高得点者の人数は前年度比で文系が33.8％，理系が37.5％に留まり，成績上位層にも大きな影響を与えました。

この要因は，「数学ショック」ともいわれた数学Ⅰ・Ａ，数学Ⅱ・Ｂの平均点がそれぞれ－19.7点，－16.9点の大幅ダウンだったことです。また，理系がより大きくダウンしたのは化学，生物がそれぞれ－10.0点，－23.8点と大幅ダウンしたためでした。平均点ダウンが大きかった科目は，設問の教科的なレベルアップがあったこともありますが，問題文の分量増加に対応できる読解力や複数のテキストを題材としたことでより高度なレベルの思考力，判断力が要求されたためでした。また，受験生が対話形式の問題や目新しい題材を取り扱った問題に苦戦した状況が見られました。

まず，国公立大の動向です。2022年度国公立大一般選抜の確定志願状況，及び独自日程の国際教養大，新潟県立大，叡啓大の大学発表の確定志願者数を合計すると432,296人で，前年度と比べて2,733人（前年度対比指数101）の増加で，微増ですが３年ぶりに増加でした。募集人員は国公立大全体で415人の微減で，志願倍率は4.32倍→4.37倍とほぼ前年度並でした。この志願者数増加の背景には以下の４つの要因がありました。

①共通テスト志願者数は減少したが，受験率アップにより，受験者数は増加
②前年度のコロナ禍による極端な長距離移動への敬遠傾向が緩和
③共通テスト難化で個別試験勝負となった難関大や医学部医学科への強気な出願
④私立文系３教科型の平均点ダウンが小さく，私立文系型募集単位への影

響が小さかった。

次に，私立大の動向です。駿台が集計した私立大545大学の一般選抜の延べ志願者数は，約323万人（前年度対比指数100）で前年度並となりました。この数値から推定される最終的な全私立大の延べ志願者数は，前年度14.5％減少した322.8万人との比較で，ほぼ変わらない323万人前後になると予想されます。志願者数の反動増が起きずに前年度並となった背景には，以下の４点が考えられます。

①コロナ禍の中で併願校数を絞り込み，長距離移動を避けるという志望動向が継続。

②2022年度入試における共通テスト難化が，共通テスト受験後に出願可能な「事後出願」の共通テスト利用方式への敬遠傾向が増加。

③2021年度入試で青山学院大，上智大，早稲田大の一部の学部等で導入された，新しい共通テスト併用方式が２年目となり周知されたが，この新方式への敬遠傾向の緩和がまだ限定的。

④中下位大学での一般選抜から総合型選抜などの特別選抜へのシフトの強化。

共通テストとセンター試験との違い

2021年度入試から導入された共通テストはセンター試験からどのように変化したのでしょうか？　なぜ，大学入試改革が行われるのかとともにまとめてみたいと思います。

今の高校生や中学生が社会の中心で活躍する数十年後には，日本国内では少子高齢化による人口減少が進み，世界規模では国境というボーダーを超えるグローバル化がさらに拡大することが予想されています。また，「第４次産業革命」ともいわれる，AI（人工知能）の活用が，我々の身近な日常生活にも拡がっていきます。すると，単純な肉体労働だけでなく，かなり高度な知的労働も機械に取って代わられてしまう社会になります。まさに，SFの中の世界がすぐそこまで迫っているのです。

すると，学力の評価もいままでの「知識，技能」の量を基準としたものから，人間だけが持っている「思考力，判断力，表現力」を重視したものへと変化していくことは避けられません。また，グローバル化がさらに進んでいくことから，「世界共通語」とも言える英語を自由に扱うために，４技能（読む，書く，聞く，話す）をバランスよく身につける必要があります。さらに，外国人など育った環境や文化が異なる多様な人々と一緒になって，自らが率先して考え，そして物事を成し遂げていく能力が今まで以上に重要で，不可欠なものになっていきます。

このような状況の中で，大学入試改革の一環として2021年度入試から「共通テスト」が導入されたわけですが，センター試験と大きく変わった点は下記の３点でした。

① 共通テストの英語において，リーディング（センター試験時代の筆記）は読解に特化したものとし，発音・アクセント，文法問題，文整序問題は出題しない。リスニングは，従来の２回読みに加えて１回読みの問題を出題する。また，リーディングとリスニングの配点を各100点とし，センター試験よりもリスニングを重視する。

② 国語（現代文）で「実用的な文章」を出題する。

③ 思考力，判断力，表現力をいっそう重視した作問のためにマークシート方式問題の改善を行う。

しかしながら，当初予定された国語や数学での記述式問題の導入や英語における民間の４技能資格・検定試験の併用は試験実施上の公平性確保の部分での課題が解決できずに見送りとなりました。そこで，新しい学習指導要領（新課程）による出題となる2025年度入試に向けて，文部科学省では新たな方針で共通テストの制度設計をやり直すことになりました。

ところで，この新課程による大学入学共通テストの制度設計が2022年11月に発表になりました。これに従って，地歴・公民，数学などでは学習指導要領の改訂に伴う新科目や新分野の試作問題が示され，初めて共通テストで出題される「情報」の問題も大問４題で満点100点満点として作成されました。

また，国語（現代文）では文章を図表と関連付けながら的確に読み取る力や，レポートの作成に向けて文章を適切に解釈し，目次の内容や構成について分析したり検討したりする力等を問う問題，資料をレポートに引用するために，複数の文章やグラフの内容や要旨を適切に解釈する力，よりよいレポートにするために，レポートの内容を捉え直したり，根拠の示し方について考察したりする力等を問う問題が出題されました。英語リーディングでは複数の意見を読んで，それぞれの意見とその根拠を理解して整理することができるかを問う問題，特定の立場に立って文章を書くための準備として，自分の意見の理由や根拠を明確に示すために複数の資料を活用したり，書こうとする文章のアウトラインを組み立てたりすることができるかを問う問題，自分が書いた原稿を推敲するという場面を取り上げ，読み手に分かりやすいように，文章の論理の構成や展開に配慮して文章を修正することができるかを問う問題が示されました。このように，国語や英語では「書く力」の評価をマークシート式の出題形式の中でなんとか工夫して行おうとしています。「思考力・判断力・表現力」の評価を重視していることがはっきりとわかる出題形式であることから，過去問演習に重点を置いた従来型の準備では対応が難しくなっているのです。

先入観を捨て，正しい知識を

以上のように，保護者の皆さんがかつての経験から把握している大学入試と現在の受験生が立ち向かっている大学入試とは大きく異なっています。過去の物差しで受験を厳しく捉え過ぎて安全な志望校ばかりを勧めたり，逆に大学が入りやすくなっているからと過度な期待をしたり，こうしたすれ違いが不本意な結果を生む原因になります。先入観を捨てて，現在の大学受験について正確な知識を持っていただきたいと思います。

現在の大学入試は，特に私立大においては入試方式が多様化し，受験のチャンスが増えています。その結果，大学・学部・学科の選択に加えて，入試方式や日程など，受験生が選択すべき事柄が保護者の皆さんの認識以上に多岐にわたり，複雑になっています。しかも，入試方式は毎年のように変更されます。受験生への期待や叱咤激励は当然ですが，客観的な情報の提供や学習方法についてのアドバイスは，学校の先生や予備校・塾の講師・職員など，受験のプロに任せるのが得策です。保護者の皆さんが学校の方針などと異なるアドバイスをしてしまうと，受験生たちを混乱させる原因にもなります。インターネットから得られる情報も，その受験生が置かれている状況によって，そのまま一概に鵜呑みにしてしまうことは危険です。また，情報源にはその質にも差があることも注意すべき点です。まず，冷静に現在の大学を取り巻く環境をしっかりと把握して，受験生と同じ目線で大学入試を考えられるようにすることから保護者の皆さんの受験対策は始まります。

2 大学選び，どんなアドバイスをすればよいのか？

大学の選び方も大きく変わっています。しかし，「自分の学びたいことが実現できる大学・学部・学科」を選ぶという本質は変わりません。学部・学科構成や入試方式が多様化している今だからこそ，この本質を再認識していただきたいと思います。

かつては「○○大学ならどの学部・学科でもいい」という受験生が多くいました。また，景気低迷期には，資格直結型や職業直結型の学部・学科を選ぶ傾向がありました。コロナ禍前の2019年度入試までの数年間は，景気や大学卒業生の就職状況が好調だったことから，社会の中で話題として取り上げられることの多い分野への志望者が増加しました。こういった風潮を一概に否定しませんが，目先の情報に囚われすぎて進路選択を行うと大学入学後のモチベーションがダウンしてしまう懸念があります。

現在は，コロナ禍の完全終息が予測できず，ウクライナ情勢の今後の推移など先が読めない混迷の時代とも言えます。こんな時代だからこそ，企業や社会では，大学生に対して主体的に「何を，どう学んできたか」を一層重視する時代になっています。自分に合わないけれど，就職に有利だなどという理由で進学して，嫌々学習や研究を行っても身にはつかないでしょう。

【図表２】は2023年度入試まで６年間の再受験者の数です。過去２年間はコロナ禍の影響で減ったものの大学に入った後に，理想と現実のギャップに襲われたり，あるいは思い入れが弱く事前の下調べが不十分だった大学になんとなく入学した結果，後悔して受験をやり直す学生が例年多くいることを示しています。ここで，再受験生増加の原因の一端に挙げられるのは総合型選抜（難関大で実施されている厳しい出願要件や高い学力を要求されるAO〈Admission Office〉入試ではなく，残念ですが学力をあまり問わないAO〈All OK〉入試といわれるような入試）や安易な学校推薦型選抜の利用があります。第一志望や第二志望以下であっても本当に学習・研究をしたい学問に取り組めるなど，自分で納得がいく大学への進学ならば，どのような入試方式でも問題はありません。むしろ，早く進路が決定できる総合型選抜や学校推薦型選抜をうまく利用すべきだと思います。問題は，「本当に行きたい大学ではないけれど，一般選抜より楽に入学できそう」「少し進路は違うけれど，これから受験勉強をしてもそんなに大きく成績は伸びないかもしれない。それならば指定校推薦で決めてしまおう」といった安易で楽な道を選択してしまうケースが少なくないことです。

さらに，受験生が傷つくことや苦労することを心配するあまり，保護者が率

●図表２　大学入試における再受験者数推移（駿台推定）

❶ 大学･短大志願状況（※文部科学省集計データより）

	2017年度	2018年度	2019年度	2020年度	2021年度	2022年度
(A) 大学・短大志願者数	72.7万人	72.4万人	71.6万人	70.5万人	69.6万人	66.5万人
(B) 大学・短大入学者数	65.0万人	64.4万人	64.3万人	64.6万人	63.8万人	61.0万人
※最大既卒受験生数 (C)＝(A)－(B)	7.7万人	8.0万人	7.3万人	5.9万人	5.8万人	5.5万人

❷ 翌年度大学入学共通テスト（旧センター試験）志願者数（※大学入試センター発表より）

	2018年度	2019年度	2020年度	2021年度	2022年度	2023年度
(D) 純粋な既卒生志願者数	10.4万人	10.7万人	10.0万人	8.1万人	7.7万人	7.2万人
※再受験生 (D)－(C)	2.7万人	2.7万人	2.7万人	2.2万人	1.9万人	1.7万人

❶ 各年度の大学・短大志願者(A)から入学者数(B)を引き，これを最大既卒受験生数(C)とします。

❷ 次年度の共通テスト(旧センター試験)の既卒生志願者数(D)から最大既卒受験生数(C)を引くと，現役生でも既卒受験生でもない「再受験生」の人数がおおまかに割り出せます。

※網掛けの列の小数点以下の数値は，四捨五入の関係で表内の数値による計算式で算出される数値とは異なる年度があります。

先して安易な進路を容認したり，勧めるケースもあるようです。逃避型の志向から総合型選抜や学校推薦型選抜を利用して大学に入学しても，大学の中身をあまり把握していなかったことで，入学後に不満や不安が生じる可能性が高いことは容易に想像できると思います。周囲の友人たちの多くは，志望校選択時点で大学の中身をよく理解して，希望に燃えて通学しているわけで，だんだんと疎外感を感じて，ついには再受験の道を選ぶということになるのです。

「第一志望は，ゆずれない。」とは，大学選択においてさまざまな角度から熟考し，自分が将来やりたいことやめざすべき進路を見極めた上で，その実現のための努力を怠らないという意味なのです。

大人の視点で大学を見る

大学を選ぶのに，まず必要なのは情報です。現在は各大学もWEBサイト（ホームページ）が充実しており，これを利用すれば最新の情報が簡単に手に入ります。「自分はその大学に何を求めるのか」「自分は何のためにその大学に行くのか」，これらをしっかりと考えた上で，さまざまな情報を検討し，大学を選ぶ必要があります。そのためには，各大学が実施しているオープンキャンパスに参加することは大学を知る上で非常によい機会です。その際に，保護者の皆さんも一緒に参加することはさまざまなメリットがあります。コロナ禍の影響で，対面によるオープンキャンパスへの実施には制限がかかっていました。そこで，各大学はオンラインでのオープンキャンパスをWEB上に展開しました。当初は，明らかに対面よりも見劣りするコンテンツも多かったですが，大学も経験を積んだことで，優れたコンテンツの提供が行われるようになっています。以前と違って，居住地から離れた大学の情報も入手しやすくなったというメリットもあります。

まず，保護者の皆さんが現在の大学の姿を実際に見聞きすることで，今まで持っていたイメージが変わるかもしれません。受験生が抱いている大学のイメージに近づくことで，受験生と保護者との進路に関するコミュニケーションがより円滑なものに変わっていくと思います。オープンキャンパスに対面であれ，オンラインであれ一緒に参加した経験があれば，アドバイスも説得力を持つはずです。

参加する時には，ぜひ「大人の視点」を持って参加し，受験生にアドバイスを与えてください。受験生は純粋に「学びたいものがある大学」「将来の職業に向けて最適な大学」など，さまざまな夢を抱いて，第一志望の大学を決めていきます。しかし，この想いは純粋なあまり，大学の良い面だけを見て，突き進んでしまうおそれがあります。どの大学に進学するかは一生の問題ですから，長い目で見てその選択が本当に適当か，リスクはないかなどを大学の環境や在籍生の姿，大学教職員からの説明などを通して，大人の視点で客観的に判断し，助言を与えてほしいと思います。

また，保護者と受験生の認識にギャップがあると，互いに余計なストレスを抱えることにもなってしまいます。志望校を決定する前に，家庭の方針，経済的な事情などをきちんと受験生に伝えましょう。ここでのコミュニケーションの不足が，受験直前になって保護者と受験生との関係をこじれさせるケースがよくあります。「私立大だったら自宅通学圏の大学」「国公立大だったら自宅通学圏以外でもOK」など，事前の進路に対する合意事項をはっきりとしておくことは重要です。万が一，第一志望校が不合格の場合には，もう一年再チャレンジ可能かどうかについても，早い段階できちんと話し合っておくと，受験生も気持ちの整理ができます。保護者と受験生の意見をしっかりと統一して，サポート体制を築くことが肝要です。

強気の受験を心がける

まず，保護者の皆さんには受験生に「積極的な（強気の）出願を心がける」ことをアドバイスしてほしいと思います。

一般的に，共通テストの平均点が前年度に比べてダウンした場合，多くの受験生が志望校をレベルダウンさせて出願をする場合が多く，結果的には最難関校よりもむしろそれに次ぐレベルの大学の競争が厳しくなります。この場合，第一志望をレベルダウンさせることで，むしろ厳しい競争の場に身を置くことになるので，決して得策とは言えません。もちろん強気と無謀とは異なりますが，「大学入試総難化時代」といわれた40代から50代の保護者の皆さんの時代とは様変わりした大学入試を取り巻く環境を大いに利用したいものです。

近年の大学入試はいわゆる「安全志向（安易志向）」が広がった結果，難関大といわれる大学の倍率がダウンする傾向にあります。「無理をして難関大に行っても，そこで苦労するのでは……」と考える保護者の皆さんもいますが，高いレベルの大学であれば，環境はもちろんのことそこで出会う先生や友人から得るものは大きなものがあります。学力や意識が高い友人たちと競い合うことで，自分自身を高めることができ，厳しい社会に出る準備となります。

「受験生に辛い思いをさせたくない」と考えるのは保護者としては当然ですが，受験はあくまでも一つの通過点で，その後の長い人生にとってプラスになるような選択を考えたいものです。合格はもちろん大事ですが，高い目標を設定し，それに向けてしっかりとした自己管理も行なって，受験対策に取り組んだ経験は，社会に出てからもきっと強い武器になるはずです。

3 受験生のケア，保護者ができることは？

これまでも述べてきたように，受験人口減少により「難関大に入りやすい環境に変化している」という大きなチャンスを生かして，強気な出願を心がけたいものです。ポジティブな選択が，将来の可能性をさらに高めます。

ところで，駿台では年間数回，高卒クラスも高校生クラスも保護者会を実施していますが，下記のような言葉をよく耳にします。

「この子だけは失敗させたくない」
　一人っ子なので，この子に一家の期待が……
「辛い思いをさせるくらいなら，そこそこで」
　東大とか京大とか夢をみないで，堅実に。入試教科・科目を絞っても……
「就職に有利なら，どこでも……」
　いい企業に就職させたい，そのためにはやはり資格を取れる学部・学科が有利なのかしら？
「できれば，学費が安く，自宅から通学してほしい」
　地元国公立大へ進学させたい，もし遠くに行かせるならついていく⁉
「こんな成績で受かるはずもないし」
　伸びると言われても，うちの子だし……

見守る立場の者の一番の役割は弱気になりがちな受験生のモチベーションを高いレベルに維持させることです。相談を受ける側が安全志向や弱気になってしまえば，受験生も影響を受けるでしょう。今大学では，従来型の一方的な講義だけではなく，主体性を持って行動できる人材を求めるという社会からの要請に応えるためにアクティブ・ラーニングや課題解決型学習（PBL＝Project Based Learning）などの学生が主体的に学ぶ形式のカリキュラムが重視されています。大学入試とは受験生がその大学で学ぶのにふさわしい学力や意欲を備えているかを評価するものである以上，学びを真摯に受け止めながら真正面から着実に取り組んでいく姿勢を育むことが求められます。

受験生といい関係でいるためには

保護者の皆さんは，受験直前期にナーバスになっている受験生への接し方でしばしば悩むことがあるでしょう。受験生と保護者との関係が，何となくうまくいかないことはどの家庭にも見受けられることです。17，8歳は自立を志向する年代だけに精神的に不安定になりがちです。保護者との関係を煩わしく思うのはある意味自然で，普通の状況であればこのような関係の変化にもうまく適応できます。しかし，大学受験という強いストレスの下ではその余裕がなくなり，多かれ少なかれ歪みが表れてきます。

この難しい関係は，将来の経済的にも精神的にも大人同士として付き合える日が来るまで，つまり，一般的には受験生が社会人として独り立ちするまで続くものなのです。本質的な解決策はなかなか見つかりませんが，一つ言えることは保護者が受験生と同じように動揺することは禁物だということです。当たり前のことを自然に行なっていくことが何より大切です。「これ以上悪化しないよう気をつけつつ，なんとか凌いでいく」くらいの気持ちを持って，落ち着いて構えていたいものです。大学受験を乗り越えれば，嘘のようにその後の関係がスムーズに行くことが多いようです。

保護者は待つことのエキスパート

保護者は「待つ」ことにかけてはエキスパートのはずです。子どもたちには「歩き始めるのが遅い」，「食が細い」などから始まり，育児の過程で何かと気を揉むことが多いものです。そして，時間がその「焦り」を解決させ，「ほっ」とするということを繰り返してきました。幼い頃は成長が早い分，解決も早いですが，しだいに成長速度は遅くなり，解決までの時間も長くかかるようになります。保護者はそれでも「待つ」ことになります。こうやって鍛えられた「待つ」という能力をフルに発揮して，どっしり構えているのが理想的な保護者なのです。心配に苛まれて待ちきれない時には，幼かった頃の出来事や体験を思い出し，あの「ほっ」がそのうち来ると思っていてください。

ただ，これまでと違う点は，受験生も自立が進み，保護者の思うようにはなかなかいかないことです。お互いの関係が変わりつつあることも意識する必要があります。「保護者が思うような」理想的な関係を求めること自体に無理があると考えた方がいいのかもしれません。「待つ」という能力を発揮するためには，気持ちの余裕を持ち続けることが何よりも重要でしょう。

人生経験豊富な保護者は，受験生の行動に一喜一憂するのではなく，一歩引いた視点に立って「この子も辛いのだな」と温かく接する方が望ましいでしょう。保護者が関わり方をちょっと変えてみることで，受験生のやる気を伸ばすことができます。以下は，受験生の持っている力を生かすための３つのヒントです。

その１　認める

保護者の価値観をひとまず脇に置いて，受験生の言い分をありのままに認め，言うことに耳を傾けてみましょう。進路について意見の相違がある時など，頭ごなしに意見を押しつけると，意欲を失わせ，その能力を閉ざすことになりかねません。まずはよく聞いて，それから お互いの考えを話し合いましょう。

その2 励ます

「できそうもないこと」ではなく，「できそうなこと」を励ましましょう。叱ったり，激励するつもりで「なぜできないの，やらないの」と責めるより，「今日はこれができたね」と，肯定的な面に目を向けることが大切です。苦手や失敗は本人が一番よくわかっています。それより，受験生が気づかない「うまくやっていること」「能力があること」を探し出しましょう。褒めることでもっと頑張ろうという意欲や自信を与えることができます。焦りで一杯の受験生に対しての一番の援助は，小さな進歩や努力を認めて褒めてあげることです。

その3 気づく

現在の受験生に共通して感じるのは，「優しさ」です。競争意識が薄い，他人を押しのけてまで前に出ようとしないなど，やや歯がゆさを感じるところもありますが，素晴らしい長所でもあります。そして，保護者に対しても実に優しい視線を向けています。特に，夜食を準備してくれる，栄養のバランスに気を配ってくれる，といった「さりげない」気配りに愛情や感謝を感じているようです。一方，下記のコメントは駿台生の保護者に対しての要望を尋ねたアンケートの一部です。

- 最後まで自分を信じてほしい，もっと褒めてほしい
- 保護者の人間関係のグチは聞きたくない。心が傷つく
- 「志望校下げたら？」はモチベーションが下がります
- テストの結果を見て，私より不安にならないでほしい
- 夜中まで一緒に起きているのはやめて！　早く寝てください
- 気を遣い過ぎないでください。普段と同じが一番です

あくまでも例ですが，特別な意見ではありません。よく耳にする意見が並んでいます。「ネガティブなことは言わないでほしい」「必要以上の気遣いはやめてほしい」ということに集約されるようです。受験生が望んでいるのは，保護者が自分を信頼し，「口を出さずにほどほどに手をかけてくれる」ことではないでしょうか。「受験生が主役」という視点を持ってコミュニケーションをとっていくことが理想です。難しいことですが，過干渉と無関心の中間がベストと言えます。

何でも保護者が決めてしまうことは過干渉であり，本人の自主性も損なわれるでしょう。大学受験は保護者の力だけでどうにかなるものではなく，学校や予備校などとも連携しながら，チームプレーでサポートしていくべきです。逆

に，全く無関心で本人任せなのも考えものです。日頃の生活態度や生活リズムを整えてあげるのは保護者の役目です。たとえば夜型の受験生なら，できるだけ早い時期に朝型に戻した方がよいでしょう。ほとんどの入試は朝から始まりますから，午前中に頭が回転する生活でないと本来の力を発揮できません。こうしたサポートができるのは最も身近にいる保護者以外にはないのです。

「受験生が伸びるために」を一番に考える

医師の世界で「病気を診るより，人を診よ」という教えがあります。人の気持ちを動かすことで，病気が良くなることもあるはずです。受験も同じようなことが言えるのではないでしょうか。成績は人の努力の結果です。そして，人には感情があります。どんなに良薬を与えても，本人が良くなろうとする気持ちを持たなければ効果は期待できません。「この判定では無理」といったネガティブな発言や「○○君は成績が良かったけれど……」など他人と比較することが逆効果なのは言うまでもないでしょう。いい成績を褒める時に，芳しくない部分を合わせて指摘して励ますような配慮が不可欠です。

ぜひ，どうしたら「受験生が伸びるか」を一番に考えて，声をかけていただきたいと思います。伸びる原動力はやる気になることです。負担となるような過度な期待ではなく，また安易に妥協するのではなく，受験生の本来持っている可能性を信じたいものです。保護者自身の感情を知ることも大切です。どこからが過度で，どこからが妥協なのかは，内面の感情を振り返ることで明らかになってくるでしょう。

最後に，大学をめざして日々努力を続けているすべての受験生が志望大学に合格し，受験が終わった後には，ご家族全員がいい経験だったと笑顔で振り返っていただける日が訪れることを，心よりお祈りいたします。

石原賢一（いしはら・けんいち）▶駿台予備学校 進学情報事業部長。駿台予備学校に入職後，学生指導，高校営業，カリキュラム編成を担当後，神戸校校舎長を経て，'06より現職。

年間約32万人が利用

学びを経済面から強力サポート「高等教育の修学支援新制度」とは?

2020年４月にスタートした「高等教育の修学支援新制度」は国の新しい修学支援制度です。入学金・授業料の減免と給付型奨学金により，意欲ある学生のみなさんの「学び」を支援します。2021年度には約32万人の学生が利用しました。ここでは，修学支援新制度のサポート内容や申請基準，申請の方法などをわかりやすく解説します。

1 大学受験から卒業までにいくら必要？

いったい，奨学金はいくらあれば十分なのでしょうか。そこでまず，大学受験から卒業までに「いつ」「いくら」必要なのかをみておきましょう。

❶ 入学までにかかる費用（140〜200万円以上）

最初に必要となるのが，**入学までにかかる費用**です。入学までにかかる費用とは，受験のための検定料や交通費，入学手続きのための費用，入学しなかった大学への納付金などです。下宿をする場合は，住まいの準備費用も必要です。

【図表１】は全国大学生活協同組合連合会の調査による入学までにかかった費用です。進学する大学の種別や学部，自宅通学か一人暮らしかによって，その総額は異なりますが，140〜200万円以上のまとまったお金を準備しておく必要があることがわかります。

❷ 学生納付金（200〜3,000万円）

つぎに，大学に入学してから支払う**学生納付金**をみていきましょう。学生納付金には**入学金**，**授業料**のほか，**施設設備費**や**実験実習費**などがあります。国公立大学は，授業料に施設設備費等が含まれているケースがほとんどです。

【図表2-1】は進学先別の入学金と授業料等（年額）の平均額です。国立大学の入学金と授業料は学部に関係なく一律です。さらに，授業料には標準額（2023年度の授業料標準額は535,800円〈予定〉）が設定されており，標準額の

● 図表１　入学までにかかった費用

（円）

● 国公立大学

	国公立文科系		国公立理工系		国公立医歯薬系	
	自宅生	下宿生	自宅生	下宿生	自宅生	下宿生
出願をするためにかかった費用	125,400	117,700	110,600	113,000	92,700	117,500
受験のための費用	26,400	79,700	27,500	78,400	39,100	97,000
入学した大学への学校納付金	602,000	606,200	611,400	606,600	614,200	654,600
入学しなかった大学への学校納付金	249,200	245,500	251,000	253,300	310,300	403,400
合格発表や入学手続きのための費用	10,200	48,100	11,500	51,800	11,400	57,200
入学式出席のための費用	11,800	38,600	12,300	39,000	13,400	41,900
教科書・教材購入費用	215,300	238,000	228,000	252,000	271,200	281,600
住まい探しの費用	—	236,000	—	222,500	—	268,400
生活用品購入費用	83,900	296,200	90,800	294,500	93,000	343,600
その他の費用	120,600	333,300	126,300	363,300	132,000	382,900
合計	1,377,800	2,091,500	1,388,000	2,117,900	1,426,800	2,297,800

（円）

● 私立大学

	私立文科系		私立理工系		私立医歯薬系	
	自宅生	下宿生	自宅生	下宿生	自宅生	下宿生
出願をするためにかかった費用	143,800	126,900	143,600	134,800	147,400	152,300
受験のための費用	32,100	74,200	33,700	86,700	38,800	94,300
入学した大学への学校納付金	845,200	858,100	1,016,800	1,018,400	1,413,500	1,409,500
入学しなかった大学への学校納付金	255,400	249,400	262,400	265,400	397,100	313,800
合格発表や入学手続きのための費用	12,400	50,100	14,900	58,600	22,700	47,400
入学式出席のための費用	12,600	39,700	14,500	44,900	10,700	29,800
教科書・教材購入費用	170,900	205,100	197,500	224,200	220,000	235,800
住まい探しの費用	—	297,700	—	280,600	—	340,400
生活用品購入費用	80,100	305,800	80,100	285,100	74,900	265,700
その他の費用	101,400	299,000	97,100	300,200	112,600	280,500
合計	1,618,400	2,360,200	1,973,900	2,659,400	2,689,100	3,241,100

※「各項目」および「合計」の平均額は，それぞれ「０」と無回答を除いた「有額平均」で表示しています。
※費目のいずれかに「０」が含まれていても合計の平均額には反映されるため，「各費目の平均額合計」と「合計」は一致しない場合があります。

全国大学生活協同組合連合会2022年調べ

● 図表2-1　進学先別学生納付金の平均額（昼間部）

区分	入学金	授業料	施設設備費	実験実習費	その他
国立大学	282,000円	535,800円	—	—	—
私立大学文科系	225,651円	815,069円	148,272円	8,319円	75,126円
私立大学理科系	251,029円	1,136,074円	179,159円	61,004円	62,758円
私立大学医歯系	1,076,278円	2,882,894円	931,367円	200,419円	1,400,106円
私立大学その他	254,836円	969,074円	235,702円	78,917円	93,619円

※入学金以外は年額です。
※国立大学の場合，ほかに諸費用が必要になる場合があります。

国立大学は令和５年度の入学金と授業料標準額（予定），私立大学は文部科学省「令和３年度私立大学入学者に係る初年度学生納付金平均額」をもとに作成

● 図表2-2　進学先別学生納付金の平均額（昼間部）

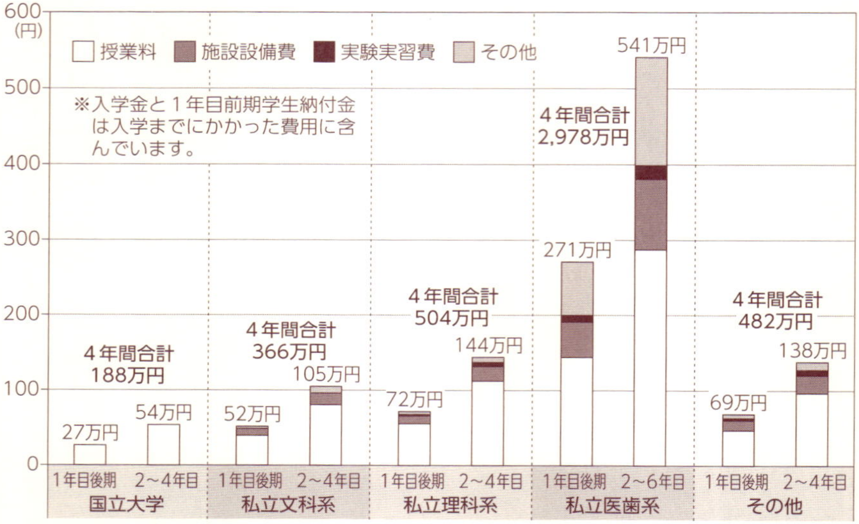

国立大学は令和5年度の入学金と標準額（予定），私立大学は文部科学省「令和3年度私立大学入学者に係る初年度学生納付金平均額」をもとに作成

120%を超えない範囲で大学が授業料を設定できます。現在，標準額を超える授業料を設定しているのは，千葉大学，東京医科歯科大学，東京工業大学，東京芸術大学，一橋大学の5大学です。公立大学の学生納付金は大学ごとに少しずつ異なりますが，国立大学と同水準かやや高い水準です。

一方，私立大学の学生納付金は進学する学部によって大きく異なります。志望校，志望学部を決めるときに学生納付金の額も併せて調べておくことがとても大切になります。

それぞれの平均額をもとに卒業するまでに必要なお金をまとめたのが**【図表2-2】**です。国公立大学の場合は，諸費用を含めた4年間の納付金は約200万円と考えておけばよいでしょう。私立大学では，比較的費用が安い文科系学部でも卒業までには400万円近い費用が必要になります。理科系学部は約500万円，医歯系学部になると6年間で約3,000万円もかかります。ちなみに，その他は，家政・芸術・体育・保健区分です。

では，学生納付金はいつ納付するのでしょうか。入学金と1年目前期の授業料等は，**入学手続き時**に支払います（後期分もまとめて一括で支払うことも可能）。2年目以降の授業料等は**春に1年分**をまとめて大学に納めます。前期と後期に分け，**春と秋に分納**することもできますが，いずれにせよ毎年決まった時期にまとまったお金が必要となります。

学生納付金については，進学する「大学の種別や学部によって大きく異なる」

こと，「年１回または２回，まとまったお金が必要だ」ということをしっかりと理解しておきましょう。

❸生活費（自宅５万円／月・一人暮らし10万円／月）

最後に，大学に進学してからの通学費や食費など大学生活にかかる費用，**生活費**をみておきましょう。生活費は自宅通学なのか一人暮らしなのかで大きく異なります。日本学生支援機構（JASSO）の令和２年度学生生活調査大学昼間部をみると，自宅通学の場合の生活費が月額４万円強，一人暮らしの場合は月額約10万円です【図表３】。ただし，これは令和元年12月から令和２年11月の生活費調査です。コロナの影響でオンライン授業が増えたため，課外活動費や通学費，娯楽・し好費などが例年より少なくなっています。コロナ前の大学生活を送る場合を想定すると，自宅通学で月額５万円強，一人暮らしで月額10万円強は必要でしょう。また，この生活費は全国の平均値です。家賃の高い東京での一人暮らしとなると，月額13～15万円はかかります。志望する大学の所在地の家賃相場も事前に調べておきましょう。

さて，毎月の生活費を賄うお金としては，保護者からの小遣いや仕送り，学生本人のアルバイト代，奨学金などが考えられます。生活費をどのように賄うのか，奨学金を利用する必要があるのか，入学前に親子でしっかりと話し合っておくことが大切です。

●図表３　大学生活で１年にかかる生活費（大学昼間部）

	自宅		学寮		下宿・アパート・その他	
	国立	私立	国立	私立	国立	私立
修学費	50,100	45,900	55,200	51,100	47,000	45,700
課外活動費	20,700	16,200	31,300	39,600	26,900	23,300
通学費	61,800	66,200	8,400	13,900	8,500	17,700
食費	80,300	86,700	264,000	230,100	288,400	267,400
住居・光熱費	—	—	227,000	315,800	530,400	483,000
保健衛生費	36,600	41,400	36,100	38,100	40,200	43,100
娯楽・し好費	113,500	131,100	116,300	116,500	136,900	135,700
その他の日常費	123,800	132,800	153,900	144,100	146,900	162,400
合計	486,800	520,300	892,200	949,200	1,225,200	1,178,300
月額	40,567	43,358	74,350	79,100	102,100	98,192

日本学生支援機構「令和２年度学生生活調査大学昼間部」をもとに作成

2 新しい修学支援制度の仕組みを知ろう

いよいよ本題です。「高等教育の修学支援新制度」のサポート内容，申請の条件，申請と支給のスケジュールなどを詳しくみていきましょう。

※昼間制の大学に進学し2024年４月から奨学金の支給を受けるケースを想定しています。

「入学金・授業料減免+給付型奨学金」のセットで手厚くサポート

まず，サポート内容からみていきましょう。修学支援新制度は「**①入学金と授業料の減免**」「**②給付型奨学金の支給**」の２つから成っており，いずれも，世帯収入に応じた３段階の区分が設定されています。３つの区分の世帯年収の目安が【図表４】，区分ごとのサポート内容が【図表５】です。

入学金・授業料の減免額には上限額が設定されています。国公立大学の場合は全額免除を想定した設定となっていますが，私立大学の場合は大学によって上限額との過不足が生じます。進学した大学の入学金や授業料が上限額を超える場合は，超える部分は自己負担となります。逆に，上限額より少ない場合は実費額が減免されます。第Ⅱ区分の減免額は第Ⅰ区分の２/３，第Ⅲ区分は１/３の額です。

●図表４　３区分の年収の目安

区分	年収の目安
第Ⅰ区分	～270万円
第Ⅱ区分	～300万円
第Ⅲ区分	～380万円

※住民税非課税世帯

●図表５　サポート内容

①授業料・入学金の減免上限額（第Ⅰ区分）

区分	入学金減免額	授業料減免額
国公立大学	282,000円	535,800円
私立大学	260,000円	700,000円

※上限額を超える部分は自己負担，上限に満たない場合は実費額の減免となります。

※第Ⅱ区分は上記金額（上限または実費）の2/3，第Ⅲ区分は上記金額の1/3の額を減免します。

＋

②給付型奨学金の支給（月額）

● 国公立大学

区分	自宅通学	自宅外通学
第Ⅰ区分	29,200円（33,300円）	66,700円
第Ⅱ区分	19,500円（22,200円）	44,500円
第Ⅲ区分	9,800円（11,100円）	22,300円

● 私立大学

区分	自宅通学	自宅外通学
第Ⅰ区分	38,300円（42,500円）	75,800円
第Ⅱ区分	25,600円（28,400円）	50,600円
第Ⅲ区分	12,800円（14,200円）	25,300円

※（　）内は，生活保護世帯で自宅から通学する学生および児童養護施設等から通学する学生の金額です。

ここで，「**入学金21万円，授業料90万円**」の私立Ａ大学を例に減免額をみておきましょう。第Ⅰ区分の学生が減免される入学金は21万円（実費），授業料は70万円（上限）となります。第Ⅱ区分の学生の減免額は第Ⅰ区分の２/３で，入学金14万円，授業料46万6,600円（十の位以下を切り捨て）となります。第Ⅲ区分の学生の減免額は，入学金７万円，授業料23万3,300円です。

なお，授業料とは別に**施設設備費**や**実験実習費**が設定されている場合，これらの費用は**減免の対象とはなりません**。実費を大学に納付する必要がありますので，いくら必要なのかをきちんと把握しておくことが大切です。また，大学によっては入学手続き時に一旦，入学金と前期の授業料等を納付し，入学後に減免額を還付するケースがあります。入学手続きをする前に，納付が必要かどうかを大学に確認しましょう。

一方，給付型奨学金は区分ごと大学種別ごと，さらに自宅通学か否かで細分化して支給額が設定されおり，大学入学後に，毎月，本人の口座に振り込まれます。

支援対象の上限の目安は４人家族で世帯収入380万円未満

さて，最も気になるのは自分（子ども）がこの支援を受けられるのか，ということでしょう。支援の対象となるのは以下の２つの要件を満たす学生です。

①学力基準……申し込み時点で高等学校等における全履修科目の評定平均値が，５段階評価で3.5以上。3.5未満の場合は将来，社会で自立し，および活躍する目標をもって，進学しようとする大学等における学修意欲を有すること。
②家計基準……住民税非課税世帯およびそれに準ずる世帯

家計基準は前年（2022年）の１月から12月の収入に課せられる住民税情報により算出された支給額算定基準額により判定します。さらに，支給額算定基準額により支援は３段階に区分されます。支援の対象となるおおよその世帯年収上限の目安は，両親・本人・中学生の４人世帯を仮定した場合，年収約380万円未満です【図表４】。自分が支援の対象となるか，どのくらいの支援が受けられるか，日本学生支援機構のホームページで大まかに調べることができますので，まずは調べてみましょう。（進学資金シミュレーター：https://www.jasso.go.jp/shogakukin/oyakudachi/document/shogakukin-simulator.html）。なお，支援区分は毎年マイナンバーを利用して住民税情報を確認し，10月分の支援から見直されます。入学時の支援内容が卒業まで続くわけではないことを理解しておきましょう。

申し込みは高校３年の春頃，春休みに家族でお金のことを考えよう

予約採用の申請スケジュールは【図表６】のとおりです。給付型奨学金は高校を通じて申し込みます。一般的には，高校３年の４月頃に高校が説明会を開催し，４月から６月頃に申し込みを受けつけます。ただし，説明会の時期や申込期間は高校によって異なりますので，「奨学金を申し込みたい」と思ったら，まずは先生に相談をしましょう。そして，高校３年生になる前の春休みに，家族で進学に必要なお金についてしっかりと話し合っておくことが大切です。

また，JASSOの給付型奨学金と貸与型奨学金は併用できます。給付型奨学金だけでは生活費が不足する場合などは，同時に貸与型の第一種奨学金（無利子）と第二種奨学金（有利子）も申し込んでおきましょう。あとで辞退や月額変更ができますので，不安な場合はとりあえず申し込んでおくことをお勧めします。

なお，入学金と授業料の減免は，大学入学後，大学に申請します。入学したら，大学の奨学金窓口で相談をしましょう。

●図表６　予約採用の申請スケジュール

2023年	3～4月	準備する	•家族で奨学金が必要かを話し合う。 •高校で実施される奨学金説明会に参加する。 •文部科学省やJASSOのホームページで給付型奨学金について調べる。 [日本学生支援機構 ホームページ] https://www.jasso.go.jp/ •受験したい大学が給付奨学金の対象となっているかを文部科学省のホームページで確認する。 [支援の対象となる大学・短大・高専・専門学校一覧] https://www.mext.go.jp/kyufu/support_tg.htm •保護者と自分のマイナンバーカードを準備する。
	4月下旬～	申し込む	•「対象かも」と思ったら高校で申込書類をもらう。 •高校に必要書類を提出し，スカラネットでJASSOに申し込む。 ※高校から配布されたIDとパスワードを使用。マイナンバーを提出。
	10月下旬から12月頃	受け取る	•審査結果が高校を通じて本人に通知される。採用された場合「採用候補者決定通知」が届く。
2024年	4月	届け出る	•大学に入学したら，スカラネットでJASSOに進学届を提出。 ※大学から配布されたIDとパスワード，採用候補者決定通知の進学届出用パスワードを使用。
		支援の開始	•奨学金は４月または５月から，毎月，本人の口座に振り込まれる（４月分から）。 •入学金と授業料の減免については大学の窓口で確認する。

今年になって家計が急変した場合は進学後の申し込みの検討を

「前年（2022年）の世帯年収は600万円だったけど，今年（2023年）になって失業してしまった」という場合はどうすればよいのでしょうか。この場合

は進学後３カ月以内に給付型奨学金の家計急変採用に申し込むか，進学後の秋頃に申し込む在学採用を検討しましょう。どちらも進学後，在学中の大学を通じてJASSOに申し込みます。このとき併せて，大学に入学金・授業料減免を申し込みます。なお，進学後の秋頃に申し込む在学採用では，４月入学の場合，入学金は減免の対象外となります。また，授業料の減免は後期授業料からが対象となります。奨学金が必要な場合は大学に入学したらすぐ，窓口で相談をすることが大切です。

3 打ち切りや返還も―修学支援新制度の注意点

修学支援新制度が利用できない大学もある

修学支援新制度の対象となるのは，文部科学省が定めた「教育基準」「健全経営」「適正な実績データ公開」などの要件を満たし，国または地方自治体から認定された学校です。ほとんどの大学は対象となっていますが，一部対象ではない大学がありますので注意が必要です。文部科学省のホームページで公表されていますので，確認をしておきましょう。

[支援の対象となる大学・短大・高専・専門学校一覧]
https://www.mext.go.jp/kyufu/support_tg.htm

支援開始は入学後，入学までに必要なお金は別に準備を

入学金・授業料の減免と奨学金の給付は大学入学後に行われます。

ここで，入学金と授業料について再考しておきましょう。一般的に入学金と１年目の授業料は入学手続き時（入学前）に大学に納めると説明しました。入学金等が減免となる修学支援新制度の支援対象者も手続き時に納付するのでしょうか。これは，大学によって対応が異なります。納付期限を減免決定後まで猶予する大学と，一旦納付したのちに還付される大学があります。必ず，大学に確認をしておきましょう。

入学前には，ほかにも検定料や交通費，進学しなかった大学への納付金など，さまざまなお金が必要です。いま一度，①**入学までにかかる費用**（→P.174）を確認し，入学前に自分が必要なお金を把握してください。保護者の貯金や学資保険で足りない場合は，お金を借りて準備をする必要があります。検討してほしいのが，自治体の社会福祉協議会による「教育支援資金」と日本政策金融公庫の「国の教育ローン」です。「教育支援資金」は「就学支度費」として50万円まで無利子で貸与しています。また，「国の教育ローン」の貸付限度額は350万円（一定の要件に該当する場合は450万円），金利は年1.95％（固定金利，

2022年11月現在）です。いずれも審査に時間がかかりますので，必要な場合は早めに申し込んでおきましょう。

［問合せ先］
教育支援資金：居住地の市区町村社会福祉協議会
国の教育ローン：日本政策金融公庫
https://www.jfc.go.jp/n/finance/search/ippan.html

第一種奨学金の併用には受給額の制限がある

給付型奨学金と，同じJASSOの貸与型奨学金は併用できます。ただし，第一種奨学金（無利子）の貸与を受ける場合，貸与を受けられる月額が制限されます。第Ⅰ区分と第Ⅱ区分の対象者の第一種奨学金は０円となります。第Ⅲ区分の対象者の貸与月額は【図表７】のとおりです。

●図表７　第一種奨学金の調整後の貸与月額

区分		第Ⅰ区分	第Ⅱ区分	第Ⅲ区分
国公立大学	自宅	0円	0円	20,300円
	自宅外	0円	0円	13,800円
私立大学	自宅	0円	0円	21,700円
	自宅外	0円	0円	19,200円

第二種奨学金（有利子）については利用額の制限はありませんので，給付型奨学金だけでは不足する場合は利用することをお勧めします。有利子といっても一般のローンと比べ超低金利だからです。第二種奨学金の金利の算定方式には「利率固定方式」と「利率見直し方式」があり，申し込む際に選択します。「利率固定方式」は貸与が終了した月の金利が採用され，奨学金の返済が終わるまで変わることはありません。一方の「利率見直し方式」は，貸与終了月の金利からスタートし，おおむね５年ごとに金利の見直しが行われます。市場金利次第で利率が高くなったり低くなったりする仕組みです。ちなみに，2022年３月の基本月額（増額部分は別）に対する金利は，利率固定方式で年0.369%，利率見直し方式では年0.040%です。

ただし，貸与型奨学金はお金を借りるわけですから，大学卒業後から返済義務が生じます。いくら金利が低くても借りすぎには注意しましょう。

大学の成績によっては支援の打ち切りや返還を求められるケースも

大学進学後には，定期的に学業に関する審査が行われます。成績が悪かったり出席日数が足りないなど基準を満たさない場合には，支給が打ち切られたり返還を求められたりすることがあるため注意しましょう。支給が打ち切られるのは以下のようなケースです。

- 修業年限で卒業できないこと（卒業延期）が確定
- 修得単位数の合計数が標準単位数の５割以下
- 出席率が５割以下など学修意欲が著しく低いと大学が判断

修学支援新制度は学生がお金の心配なく学業に専念できるように設けられた制度です。打ち切りや返還を求められることのないよう勉学に励みましょう。

今回紹介した国の修学支援制度以外にも，さまざまな奨学金制度があります。「高等教育の修学支援新制度」の受給条件には当てはまらないけど，給付型の奨学金を受給したいという場合は，大学や企業が独自に設けている奨学金制度を検討してみるとよいでしょう。

大学，特に私立大学には多くの奨学金制度が設けられています。給付型奨学金制度で多いのは，入学試験の成績優秀者を対象に学費を免除・減免する「特待生制度」です。最近の傾向として，受験前に申請をして採用が決まる「入学前予約採用型給付奨学金」も増えてきています。世帯収入と高校在学中の成績に基準が設けられているケースが多いのですが，「高等教育の修学支援新制度」に比べて条件は緩やかで，利用しやすい制度となっています。志望校を検討するときに，奨学金についても調べておきましょう。

一方，企業の奨学金制度は大学入学後に申請する制度が多くなっています。さらに，対象となる大学が指定されているケースが多いのが特徴です。なかには，コカ・コーラ教育・環境財団やDAISO財団，電通育英会が実施している奨学金制度のように大学入学前に申請できる制度もありますので，インターネットで調べてみましょう。

奨学金を利用するためには情報を集めることが何より大切です。経済的な理由で進学をあきらめることがないよう，上手に奨学金を活用してください。

Web Service

大学受験案内

らくらく併願カレンダー

受験生と保護者をサポートするWebサービス「らくらく併願カレンダー」を提供しています。大学・学部・入試方式ごとの出願期間，試験日，合格発表日，入学手続き，初年度納入額などを一覧でき，ムリのないムダのない併願戦略を立てることができます。
Googleカレンダーへの同期や，PC版ではExcel（csv）形式での保存が可能です。

「らくらく併願カレンダー」の詳細を確認するには
コチラへアクセスしてください。
https://www.shobunsha.co.jp/?page_id=7480

＊2024年度入試日程（2024年４月入学者対象）は，
2023年11月より配信します。

私立大学

掲載 117 校

北海学園大学

ほっかいがくえん

資料請求

問合せ先　入試部入試課　☎0120-86-2244

建学の精神

「開拓者精神」を掲げ，1885（明治18）年に創設された北海英語学校を礎とする，北海道で最古かつ最大規模の私立総合大学。母体となった北海英語学校は，北海道開拓のための人材育成に寄与しようと設立され，それをルーツとして受け継いでいるだけに，道内に所在を置く企業の出身大学別社長数では首位の座に君臨し，国家公務員一般職試験の合格者数では，北海道・東北地区の私立大学で第１位に輝くなど，その活躍の場は，北海道はもちろん全国に及び，約94,000名の卒業生たちがさまざまな分野で「開拓者精神」を発揮。この歴史・伝統を踏まえつつ，将来に向けての「北海学園大学ミッション・ビジョン」を制定し，“Catch The World, Catch The Future” 人材を育成するため，新しい時代を切り拓く大学づくりに取り組んでいる。

- 豊平キャンパス……〒062-8605　北海道札幌市豊平区旭町4-1-40
- 山鼻キャンパス……〒064-0926　北海道札幌市中央区南26条西11-1-1

基本データ

学生数▶7,966名（男5,539名，女2,427名）
専任教員数▶教授170名，准教授44名，講師14名
設置学部▶経済，経営，法，人文（以上１部・２部），工
併設教育機関▶大学院─経済学・経営学・法学・文学・工学（以上M・D）

就職・卒業後の進路

就職率 89.2%
就職者÷希望者×100

●**就職支援**　キャリア支援センターのきめ細やかなバックアップ体制をもとに，学生本人が早いうちから就職に対する意識を強く持ち，能力を引き出すよう支援。また，受講生が毎年400人を超える公務員講座は２年次の10月からスタート。公務員志望者同士，先輩やOB・OGとの「横」と「縦」のつながりを生み出す支援も合格実績の支えとなっている。

●**資格取得支援**　１年次から受講可能で，学外のスクールより低価格で学ぶことができる学内資格取得講座を開講。社会人基礎力や専門力の向上に向けて，さまざまな講座を用意

進路指導者も必見 学生を伸ばす 面倒見

初年次教育	学修サポート
各学部が実施するゼミナールにおいて，レポート・論文の書き方やプレゼンテーション技法，ITの基礎技術，情報収集や資料整理の方法などを身につけるほか，論理的思考や問題発見・解決能力の向上に努めている	全学部でTA制度，オフィスアワー制度を導入し，学生の履修や学修の支援，学生からの質問や相談に応じている

オープンキャンパス（2022年度実績）　春（5・6月，工学部は６月のみ），夏（8月10日はWeb，11日はリアル），秋（9月は工学部と２部，10月は１部文系学部）に開催。道内各地でミニオープンキャンパス（7月）も実施。

しており，希望に合わせたスキルアップ・ステップアップがめざせるようになっている。

文系学部

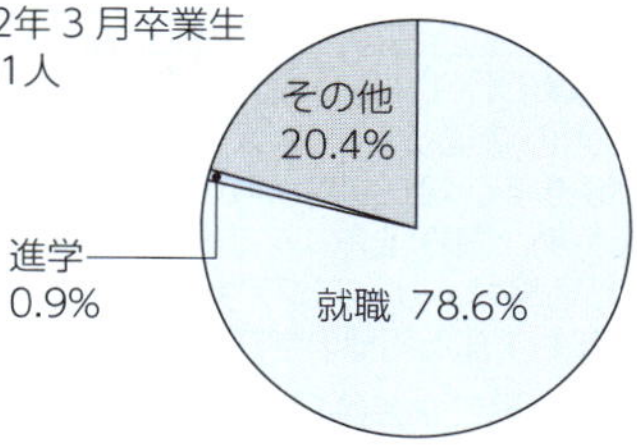

理系学部

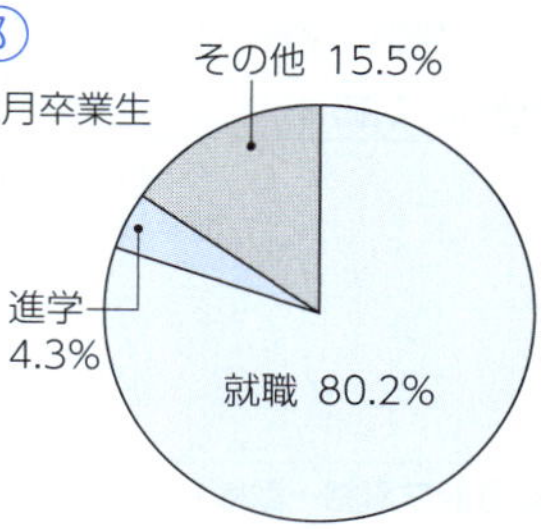

主なOB・OG▶［経済］似鳥昭雄（ニトリ創業者），［経済］蔦谷好位置（音楽プロデューサー），［経済］大泉洋（俳優），［経営］安田顕（俳優），［経済２部］伊藤博之（クリプトン・フューチャー・メディア社長）など。

国際化・留学　大学間 11 大学

受入れ留学生数▶４名（2022年５月１日現在）

留学生の出身国▶中国。

外国人専任教員▶教授５名，准教授３名，講師０名（2022年５月１日現在）

外国人専任教員の出身国▶カナダ，韓国，アメリカ，イギリス，中国。

大学間交流協定▶11大学（交換留学先２大学，2022年５月１日現在）

海外への留学生数▶渡航型18名／年（４カ国・地域，2021年度）

海外留学制度▶「学生交換事業（派遣）・夏期海外研修」「学生交換事業（短期派遣）・１年以内」といったプログラムを，カナダや韓国などの協定校で実施。学部独自でも，経営学部の「海外総合実習」，法学部の「グローバルセミナー」，人文学部の「英米文化特別演習」「国際文化特別演習」などを行っている。

学費・奨学金制度　給付型奨学金総額 年間約 3,444万円

入学金▶200,000円（２部100,000円）

年間授業料（施設費等を除く）▶872,000円～（２部436,000円～）（詳細は巻末資料参照）

年間奨学金総額▶34,438,000円

年間奨学金受給者数▶318人

主な奨学金制度▶「北海学園奨学金（第１種・第２種・第４種）」や「北海学園大学同窓会奨学金（第Ⅰ種）」「北海学園大学教育振興資金（奨学金A・B・C）」を設置し，入学直後に奨学金説明会を実施。また，学費減免制度も用意されており，2021年度は６人を対象に総額で159万8,400円を減免している。

保護者向けインフォメーション

● **オープンキャンパス**　通常のオープンキャンパス時に保護者向けの説明会を実施している。

● **成績確認**　成績表や履修科目と取得単位数および就職活動に関する情報を郵送している。

● **広報紙**　「学報」を年４回発行し，郵送。

● **保護者懇談会**　例年10月前後に本学と道内各地域で保護者懇談会を開催し，教育活動状況や就職活動支援などの説明を行っている。

● **防災対策**　大災害時の学生の安否は，ポータルサイトを利用して確認するようにしている。

● **コロナ対策１**　ワクチンの職域接種を実施。感染状況に応じた７段階のBCP（行動指針）を設定。「コロナ対策２」（下段）あり。

インターンシップ科目	必修専門ゼミ	卒業論文	GPA制度の導入の有無および活用例	１年以内の退学率	標準年限での卒業率
全学部で開講している	人文学部で１～４年次，工学部で４年次に実施	人文学部と工学部は卒業要件	一部の学部で，奨学金や授業料免除対象者の選定基準，学生に対する個別の学修指導に活用	非公表	76.4%

● **コロナ対策２**　対面授業とオンライン授業を感染状況に応じて併用。入構時には検温と消毒を実施し，講義室の空調設備などの環境を整備し，収容人数を調整・管理。経済的に修学が困難となった学生に奨学金を給付。

学部紹介

学部／学科	定員	特色
経済学部(同2部)		
経済 地域経済	300 (120)	▶学部単位で募集し，1年次は全員が経済学や社会科学の基礎を学び，本人の希望と1学期のGPAによって2年次からの所属学科が決まる。経済学科は財政・金融，経済・産業と政策，くらしと労働，国際経済の4コース。地域経済学科は地域経済・産業，地域づくり，アジア共生，自然資源と地域の4コース。2部も1部と同様の学びが可能。
●取得可能な資格…教職(地歴・公・社・商業)，司書，司書教諭，学芸員(1部のみ)など。 ●進路状況…………[1部]就職86.3%　進学0.6%　[2部]就職70.7%　進学0.9% ●主な就職先………国家公務員一般職，北海道職員，ニトリ，札幌市役所，国税専門官，ツルハなど。		
経営学部(同2部)		
経営	160 (100)	▷組織・マネジメント，戦略・マーケティングの2コース。組織やマーケティングをキーワードに，ビジネスをリアルに学ぶ。2部は上記2コースに心理・人間行動を加えた3コース。
経営情報	140	▷会計・ファイナンス，情報・マネジメント，心理・人間行動の3コース。お金と人と情報の扱い方を学び，「個」の力を伸ばして多面的に活躍できる人材を育成する。
●取得可能な資格…教職(公・社・情・商業)，司書，司書教諭，学芸員(1部のみ)など。 ●進路状況…………[1部]就職86.6%　進学0.3%　[2部]就職69.3%　進学5.0% ●主な就職先………アクセンチュア，ホクレン農業協同組合連合会，リクルート北海道じゃらんなど。		
法学部(同2部)		
法律 政治	255 (180)	▶学部単位で募集し，1年次末に学科を選択。法律学科では，めざすキャリアにつながるリーガルマインドを養う。政治学科では，物事を鵜呑みにするのではなく批判的に考えるクリティカルシンキングを身につける。法律学科では，一定の要件を満たすと3年で早期卒業し，北海道大学法科大学院に論文試験なしで入学できる「法曹養成プログラム」を開設している。2部も1部と同様の学びが可能。
●取得可能な資格…教職(地歴・公・社)，司書，司書教諭，学芸員(1部のみ)など。 ●進路状況…………[1部]就職77.8%　進学0.4%　[2部]就職69.0%　進学0.6% ●主な就職先………国家公務員一般職，北海道職員，北海道警察，札幌市役所，北海道電力など。		
人文学部(同2部)		
		▶「文化を学ぶ，世界とつながる」をモットーに，充実した体験型学修を用意。2部も1部と同様の学びが可能。
日本文化	100 (40)	▷文献講読を中心に，映像テクストの解析や詩歌の創作，各地の文化遺産や古都でのフィールドワーク，着付け・茶・生け花の実習，さらには欧米をはじめとする異文化理解を通し，日本文化とは，“わたし”とは何かを探究する。
英米文化	95 (30)	▷英語4技能を習得できるように，多彩な英語科目を用意し，英語運用能力向上を全力でサポート。言語学・文学・歴史学・哲学・宗教学・人類学・メディア論など，人間を多角的にとらえるための専門知識を学べる科目も豊富に開講している。
●取得可能な資格…教職(国・地歴・英)，司書，司書教諭，学芸員(1部のみ)など。 ●進路状況…………[1部]就職76.7%　進学1.0%　[2部]就職62.5%　進学2.8% ●主な就職先………北海道教員，アイングループ，イオン北海道，北海道エアポート，北洋銀行など。		

キャンパスアクセス [豊平キャンパス] 地下鉄東豊線一学園前より直結／地下鉄南北線一中の島・平岸より徒歩15分

工学部		
社会環境工	60	▷社会環境，環境情報の２コース。市民生活を支えるインフラの再構築に携わる技術者を育成する。
建築	70	▷基礎から応用までの発展型カリキュラムを展開し，積雪寒冷地・北海道で蓄積してきた建築の知恵と技術を身につける。
電子情報工	70	▷より幅広く社会のニーズに対応するため，電子工学と情報工学の両方について，基礎から応用まで幅広く学ぶ。
生命工	60	▷生命科学と人間情報工学の２分野を横断的に学べるカリキュラムを用意し，幅広い知識・スキルを身につける。

● **取得可能な資格**…教職（数・理・情・工業），測量士補，１・２級建築士受験資格など。
● **進路状況**…………就職80.2%　進学4.3%
● **主な就職先**………北海道職員，札幌市役所，大成建設，伊藤組土建，岩田地崎建設，雪印種苗など。

キャンパス

経済・経営・法・人文，工１年次……［豊平キャンパス］北海道札幌市豊平区旭町4-1-40
工２～４年次……［山鼻キャンパス］北海道札幌市中央区南26条西11-1-1

2023年度入試要項（前年度実績）

●募集人員

学部／学科（コース）		一般
経済	経済	2/9試験80
	地域経済	2/10試験80
経営	経営	69
	経営情報	55
法	法律	2/11試験65
	政治	2/12試験65
人文	日本文化	51
	英米文化	46
工	社会環境工（社会環境）	13
	（環境情報）	10
	建築	20
	電子情報工	35
	生命工	20
経済２部	経済	2/9試験26
	地域経済	2/10試験26
経営２部	経営	50
法２部	法律	72
	政治	
人文２部	日本文化	14
	英米文化	10

※経済学部と法学部は学部一括募集。

経済学部

一般選抜（2/9・10試験）　３科目　①**国**（100）▶国総（近代）・現文Ｂ　②**外**（150）▶コミュ英Ⅰ・コミュ英Ⅱ・コミュ英Ⅲ・英表Ⅰ・英表Ⅱ　③**地歴・公民・数**（100）▶世Ｂ・日Ｂ・地理Ｂ・政経・「〈数Ⅰ・数Ａ（場合・整数）〉から２題必須，〈数Ⅰ・数Ａ（場合・整数）〉・数Ⅱ・数Ｂ（数列・ベク）から１題選択」から１

経営学部

一般選抜　３科目　①**国**（100）▶国総（近代）・現文Ｂ　②**外**（経営150・経営情報100）▶コミュ英Ⅰ・コミュ英Ⅱ・コミュ英Ⅲ・英表Ⅰ・英表Ⅱ　③**地歴・公民・数**（経営100・経営情報150）▶世Ｂ・日Ｂ・地理Ｂ・政経・「〈数Ⅰ・数Ａ（場合・整数）〉から２題必須，〈数Ⅰ・数Ａ（場合・整数）〉・数Ⅱ・数Ｂ（数列・ベク）から１題選択」から１

法学部

一般選抜（2/11試験）　３科目　①**国**（100）▶国総（近代）・現文Ｂ　②**外**（100）▶コミュ英Ⅰ・コミュ英Ⅱ・コミュ英Ⅲ・英表Ⅰ・英表Ⅱ　③**地歴・公民・数**（100）▶世Ｂ・日Ｂ・地理Ｂ・政経・「〈数Ⅰ・数Ａ（場合・整数）〉から２題必須，〈数Ⅰ・数Ａ（場合・整数）〉・数Ⅱ・数Ｂ（数列・ベク）から１題選択」から１

一般選抜（2/12試験）　３科目　①**国**（100）▶

国総(近代)・現文B　②外(100)▶コミュ英Ⅰ・コミュ英Ⅱ・コミュ英Ⅲ・英表Ⅰ・英表Ⅱ　③地歴・公民(100)▶世B・日B・地理B・政経から1

人文学部

一般選抜　【日本文化学科】 3科目　①国(150)▶国総(漢文を除く)・現文B　②外(100)▶コミュ英Ⅰ・コミュ英Ⅱ・コミュ英Ⅲ・英表Ⅰ・英表Ⅱ　③地歴・公民(100)▶世B・日B・地理B・政経から1

【英米文化学科】 3科目　①国(100)▶国総(近代)・現文B　②外(150〈うちリスニング30〉)▶コミュ英Ⅰ・コミュ英Ⅱ・コミュ英Ⅲ・英表Ⅰ・英表Ⅱ(リスニングを含む)　③地歴・公民(100)▶世B・日B・地理B・政経から1

工学部

一般選抜　【社会環境工学科〈社会環境コース〉】 3科目　①外(100)▶コミュ英Ⅰ・コミュ英Ⅱ・コミュ英Ⅲ・英表Ⅰ・英表Ⅱ　②数(150)▶「数Ⅰ・数Ⅱ」必須，数Ⅲ・数A・数Bから1題選択　③国・理(100)▶「国総(近代)・現文B」・「物基・物」から1

【社会環境工学科〈環境情報コース〉】 4〜3科目　①外(100)▶コミュ英Ⅰ・コミュ英Ⅱ・コミュ英Ⅲ・英表Ⅰ・英表Ⅱ　②数(100)▶「数Ⅰ・数Ⅱ」必須，数Ⅲ・数A・数Bから1題選択　③④国・理(100)▶「国総(近代)・現文B」・「物基・化基・生基・〈物基・物〉・〈化基・化〉・〈生基・生〉より各1問計6問から2問選択」から1

【建築学科】 3科目　①外(100)▶コミュ英Ⅰ・コミュ英Ⅱ・コミュ英Ⅲ・英表Ⅰ・英表Ⅱ　②数(100)▶数Ⅰ必須，数Ⅱ・数A・数Bから2題選択　③国・理(100)▶「国総(近代)・現文B」・「物基・物」から1

【電子情報工学科】 3科目　①外(100)▶コミュ英Ⅰ・コミュ英Ⅱ・コミュ英Ⅲ・英表Ⅰ・英表Ⅱ　②数(150)▶「数Ⅰ・数Ⅱ・数Ⅲ」必須，数A・数Bから1題選択　③理(100)▶物基・物

【生命工学科】 4〜3科目　①外(100)▶コミュ英Ⅰ・コミュ英Ⅱ・コミュ英Ⅲ・英表Ⅰ・英表Ⅱ　②数(100)▶「数Ⅰ・数Ⅱ」必須，数Ⅲ・数A・数Bから1題選択　③④理(100)▶物基・化基・生基・「物基・物」・「化基・化」・「生基・生」より各1問計6問から2問選択

経済学部2部・経営学部2部

一般選抜　2科目　①国(100)▶国総(近代)・現文B　②外・地歴・公民・数(100)▶「コミュ英Ⅰ・コミュ英Ⅱ・コミュ英Ⅲ・英表Ⅰ・英表Ⅱ」・世B・日B・地理B・政経・「数Ⅰ・数A(場合・整数)」から1

※経済学部2部は2/9・10試験。

法学部2部

一般選抜(2/11試験)　2科目　①国(100)▶国総(近代)・現文B　②外・地歴・公民・数(100)▶「コミュ英Ⅰ・コミュ英Ⅱ・コミュ英Ⅲ・英表Ⅰ・英表Ⅱ」・世B・日B・地理B・政経・「〈数Ⅰ・数A(場合・整数)〉から2題必須，〈数Ⅰ・数A(場合・整数)〉・数Ⅱ・数B(数列・ベク)から1題選択」から1

一般選抜(2/12試験)　2科目　①国(100)▶国総(近代)・現文B　②外・地歴・公民(100)▶「コミュ英Ⅰ・コミュ英Ⅱ・コミュ英Ⅲ・英表Ⅰ・英表Ⅱ」・世B・日B・地理B・政経から1

人文学部2部

一般選抜　【日本文化学科】 2科目　①国(100)▶国総(近代)・現文B　②外・地歴・公民(100)▶「コミュ英Ⅰ・コミュ英Ⅱ・コミュ英Ⅲ・英表Ⅰ・英表Ⅱ」・世B・日B・地理B・政経から1

【英米文化学科】 2科目　①外(100)▶コミュ英Ⅰ・コミュ英Ⅱ・コミュ英Ⅲ・英表Ⅰ・英表Ⅱ　②国・地歴・公民(100)▶「国総(近代)・現文B」・世B・日B・地理B・政経から1

その他の選抜

共通テスト利用選抜は経済学部33名，経営学部110名，法学部35名，人文学部30名，工学部58名，経営学部2部15名，法学部2部18名，人文学部2部12名を，学校推薦型選抜(公募制)は経済学部30名，人文学部20名，工学部16名(専門教育を主とする学科2名を含む)，経済学部2部36名，人文学部2部18名を募集。ほかに学校推薦型選抜(指定

校・併設校），特別選抜（課題小論文〈法学部２部30名〉，海外帰国生徒，社会人，外国人留学生）を実施。

偏差値データ（2023年度）

●一般選抜

学部／学科／コース	2023年度 駿台予備学校 合格目標ライン	2023年度 河合塾 ボーダー偏差値	2022年度 競争率
▶経済学部			
経済・地域経済(2/9)	43	45	2.2
(2/10)	43		2.1
▶経営学部			
経営	42	45	2.1
経営情報	41	45	1.9
▶法学部			
法律・政治(2/11)	45	45	2.4
(2/12)	45		2.5
▶人文学部			
日本文化	42	47.5	2.9
英米文化	43	45	2.0
▶工学部			
社会環境工／社会環境	34	35	1.3
／環境情報	34	37.5	1.4
建築	36	37.5	1.8
電子情報工	35	37.5	1.6
生命工	36	40	1.5
▶経済学部２部			
経済・地域経済(2/9)	33	40	1.8
(2/10)	33		1.8
▶経営学部２部			
経営	33	40	1.4
▶法学部２部			
法律・政治(2/11)	34	40	1.5
(2/12)	34		1.4
▶人文学部２部			
日本文化	34	35	1.8
英米文化	34	BF	1.5

- 駿台予備学校合格目標ラインは合格可能性80％に相当する駿台模試の偏差値です。
- 河合塾ボーダー偏差値は合格可能性50％に相当する河合塾全統模試の偏差値です。
- 競争率は受験者÷合格者の実質倍率

東北学院大学（とうほくがくいん）

資料請求

問合せ先 アドミッションズ・オフィス ☎022-264-6455

建学の精神

1886（明治19）年に設立された「仙台神学校」を起源とする，東北屈指の私立高等教育機関。LIFE：命（生命の尊さ），LIGHT：光（知識・希望），LOVE：愛（隣人愛）は，東北学院大学の基礎をなす言葉であり，この「LIFE LIGHT LOVE」をスクールモットーに掲げ，キリスト教の教えに基づく「個人の尊厳の重視と人格の完成」をめざした教育は，2015（平成27）年に導入したカリキュラム「TGベーシック」として結実。多彩な共通教育科目による教養と各学科の専門性に加え，知力を柱に人々とともに生きる姿勢・心を持つ，豊かな人間性を育んでいる。2023年４月には五橋キャンパスが誕生。土樋キャンパスと一体となったONE CAMPUSでの「文理融合」によってそれぞれの専門分野を相互に深め，新たな時代を切り拓いていく人材を育成し続けていく。

- 土樋キャンパス……〒980-8511 宮城県仙台市青葉区土樋1-3-1
- 五橋キャンパス……〒984-0075 宮城県仙台市若林区清水小路3-1

基本データ

学生数▶11,072名（男7,497名，女3,575名）
専任教員数▶教授176名，准教授86名，講師21名
設置学部▶文，経済，経営，法，工，地域総合，情報，人間科，国際
併設教育機関▶大学院―文学・経済学・法学・工学・人間情報学（以上M・D），経営学（M）

就職・卒業後の進路

就職率 **95.4**％
就職者÷希望者×100

●**就職支援**　経験豊かな職員や専門のキャリアカウンセラーが，一人ひとりのニーズに合わせて丁寧にサポートするほか，就職に向けた準備講座やセミナーも充実。東北最大の私立総合大学だけに，社長の出身大学ランキングでは宮城県内の企業はもちろん，東北地方においても１位を誇り，TG会（同窓会）のネットワークも大きな支えとなっている。

●**資格取得支援**　公務員をめざす学生のため，実績と経験豊富な予備校と連携して，公務員試験対策講座を開講。教員をめざす学生には教職課程センターがサポート。指定された国家資格取得者や英語外部試験の基準点取得者に報奨金を給付する制度も設置している。

進路指導者も必見 学生を伸ばす 面倒見

初年次教育
「読解・作文の技法」「研究・発表の技法」「クリティカル・シンキング」「メディア・リテラシー」「情報リテラシー」「情報化社会の基礎」のほか，一部の学部で「東北学院の歴史」「大学生活入門」「キャリア形成と大学生活」などの科目を開講

学修サポート
全学部でTA・SA制度，オフィスアワーを導入。また，レポートの書き方やプレゼンの仕方など，さまざまな学習相談に応じるラーニング・コモンズ「コラトリエ」，外国語の学習をサポートする外国語教育センターを設置

オープンキャンパス（2022年度実績） 夏（7月30日・8月27日）・秋（10月15日）・冬（12月10日）のオープンキャンパスを開催し，秋と冬には，９月に竣工したばかりの五橋キャンパスツアーも実施（事前申込制）。

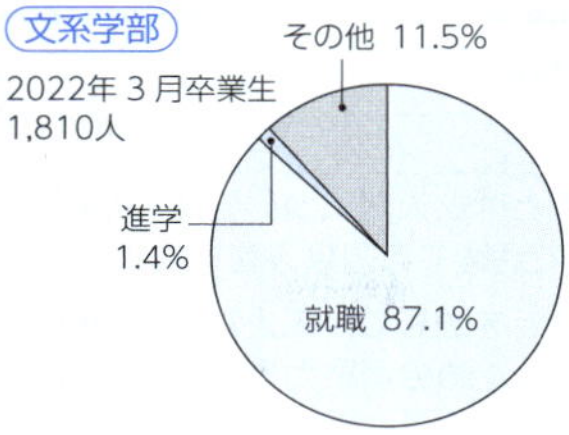

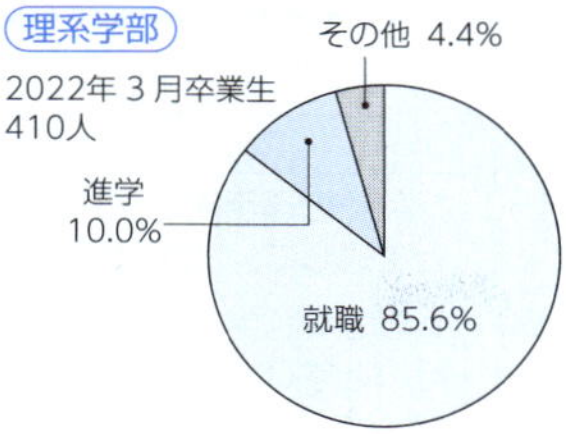

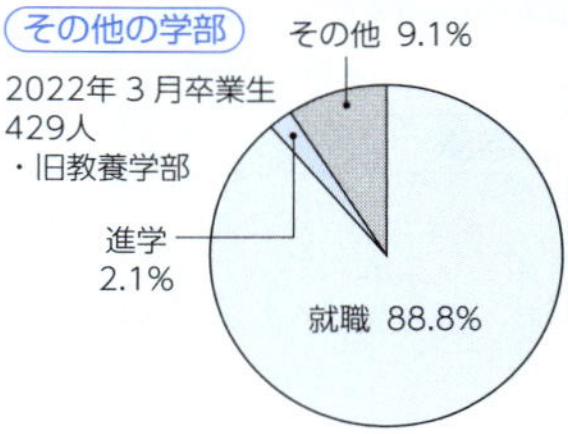

主なOB・OG▶［法］亀井文行（カメイ社長），［経営］山寺宏一（声優・俳優），［経済］郡和子（仙台市長），［経済］大友康平（ミュージシャン），［経済］鈴木京香（女優），［経済］岸孝之（プロ野球選手）など。

国際化・留学　大学間 33 大学

受入れ留学生数▶26名（2022年５月１日現在）
留学生の出身国・地域▶中国，ドイツ，韓国，台湾，タイ，モンゴルなど。
外国人専任教員▶教授12名，准教授６名，講師１名，助教１名（2022年５月１日現在）
外国人専任教員の出身国▶イギリス，アメリカ，中国，韓国，ニュージーランドなど。
大学間交流協定▶33大学（交換留学先28大学，2022年５月１日現在）
海外への留学生数▶渡航型３名／年（２カ国・地域，2021年度）
海外留学制度▶長期休暇を利用した短期留学や，半年から１年の長期留学（交換，認定）を実施。短期留学には語学研修やホームステイ体験などさまざまなプログラムがあり，協定校のアーサイナス大学への「アメリカ研究夏期留学」は，すでに48回を数えている。

学費・奨学金制度　給付型奨学金総額 年間約 1億7,798万円

入学金▶270,000円
年間授業料（施設費等を除く）▶780,000円～（詳細は巻末資料参照）
年間奨学金総額▶177,984,000円
年間奨学金受給者数▶653人
主な奨学金制度▶「東北学院大学予約型入学時給付奨学金〈LIGHT UP奨学金〉」は入試受験前に候補者として採択され，入学後に本採用された場合に，学生納付金額に充当することで奨学金を給付。このほか，「東北学院大学給付奨学金」「東北学院大学緊急給付奨学金」「特待生・優等生制度」などを設置。

保護者向けインフォメーション

● **オープンキャンパス**　通常のオープンキャンパス時に保護者向けの説明会を実施している。
● **ガイドブック**　気になる情報を１冊にまとめた保護者向けのガイドブックを毎年発行。
● **成績確認**　授業・時間割表と履修成績通知書のWeb閲覧が可能。郵送もしている。
● **後援会**　保護者を会員とする後援会があり，後援会総会や地区後援会，就職セミナー（３年次の保護者対象）を開催。「保護者のための大学ガイド」や後援会通信「GROWTH」も発行。
● **防災対策**　災害時の学生の安否は，アプリを利用して確認するようにしている。
● **コロナ対策１**　ワクチンの職域接種を実施。感染状況に応じた５段階のBCP（行動指針）を設定。「コロナ対策２」（下段）あり。

インターンシップ科目	必修専門ゼミ	卒業論文	GPA制度の導入の有無および活用例	１年以内の退学率	標準年限での卒業率
文学部と工学部で開講	文学部教育学科と経済学部で１年次，工学部で２～４年次に実施	文学部英文学科と工学部は卒業要件	学生に対する個別の学修指導，奨学金対象者選定や退学勧告基準に活用するほか，一部の学部でGPAに応じた履修上限単位数を設定	0.4%	88.3%

● **コロナ対策２**　入構時に検温と消毒，講義室の入口で消毒を実施。対面授業では講義室の収容人数を２分の１に調整。教職員にフェイスシールドを配布。また，学生に5,000円のクオカードを支給。相談窓口も開設した。

学部紹介

学部／学科	定員	特色
文学部		
英文	150	▷英語の運用能力を高め，ことばと人間について深く学ぶことを通して，国際・地域社会で活躍する国際人を育成する。
総合人文	60	▷思想や哲学，文化，芸術などを通して，先人たちの知恵や行いを学び，人生を豊かにするための洞察力と感性を育む。
歴史	170	▷現代社会を広く，深く理解するために，歴史の知識と考え方を身につけて，課題を見つけて解決する能力を養う。
教育	70	▷人の学びと人間的成長を支えるための幅広い専門的知識や，教師としての実践的指導力を身につける。
● **取得可能な資格**…教職(地歴・社・英・宗，小一種)，司書，司書教諭，学芸員など。 ● **進路状況**…………就職86.4%　進学2.0% ● **主な就職先**………宮城県教員，国家公務員一般職，東日本旅客鉄道，全日本空輸，NTTドコモなど。		
経済学部		
経済	430	▷経済の視点から人間の営為を俯瞰・分析し，予測不能な現代と未来を生き抜くための知恵と自己実現の力を養う。
● **取得可能な資格**…教職(公・社・商業)。　● **進路状況**…就職87.3%　進学1.1% ● **主な就職先**………東北電力，カメイ，仙台銀行，東北労働金庫，日本郵便，アイリスオーヤマなど。		
経営学部		
経営	341	▷企業や地域社会の現状を理解し，それを独自の視点で評価できる能力を養い，課題を解決していく人材を育成する。
● **取得可能な資格**…教職(公・社・商業)。　● **進路状況**…就職89.1%　進学0.6% ● **主な就職先**………伊藤園，日本通運，七十七銀行，アイリスオーヤマ，マイナビ，国税専門官など。		
法学部		
法律	355	▷政策・行政，企業法務，法律専門職の３コース。人・社会の幸せのための法的知識と法的思考力を養う。
● **取得可能な資格**…教職(地歴・公・社)。　● **進路状況**…就職85.5%　進学2.2% ● **主な就職先**………国家公務員，裁判所事務官，地方公務員(宮城県・警察官等)，日本年金機構など。		
工学部		
機械知能工	115	▷機械工学を学び，理解し，創造する力を培い，モノづくりを通して社会の問題を解決できる国際的エンジニアを養成する。
電気電子工	130	▷電気系を網羅した基礎技術を体系的に学び，マルチな電気技術者を養成する。
環境建設工	115	▷建設系技術者として不可欠なスキルを基礎から応用まで段階的に習得し，時代が求める創造的な人材を養成する。
● **取得可能な資格**…教職(工業)，測量士補，１・２級建築士受験資格など。 ● **進路状況**…………就職85.6%　進学10.0% ● **主な就職先**………ユアテック，きんでん，メイテック，東北電力，安藤・間，NTT東日本-東北など。		
地域総合学部		
地域コミュニティ	150	▷**NEW!** '23年新設。地域住民の視点で，地域の課題を解決していくことのできる人材を育成する。
政策デザイン	145	▷**NEW!** '23年新設。地域において多様な人々が共生するための政策を「デザイン」できる人材を育成する。
● **取得可能な資格**…教職(地歴・公・社)，測量士補など。		

キャンパスアクセス［土樋キャンパス］JR東北本線・仙石線一仙台より徒歩20分／地下鉄南北線一五橋（東北学院大学前）・愛宕橋より徒歩5分

情報学部		
データサイエンス	190	▷NEW! '23年新設。情報科学・数理科学・社会科学などを幅広く学び，情報を生かし新たな時代を創出する人材を育成。
●取得可能な資格…教職（数・情）など。		
人間科学部		
心理行動科	165	▷NEW! '23年新設。人間の心と行動を複数の視点からとらえつつ，科学的に分析する技法と思考力を身につける。
●取得可能な資格…教職（保体）など。		
国際学部		
国際教養	130	▷NEW! '23年新設。「使える外国語」の習得とともに，世界を形づくる言語・文化・歴史・社会の仕組みなどを学び，広い視野で課題の解決方法を考えることができる国際人を育成。

キャンパス

文・経済・経営・法３～４年次……［土樋キャンパス］宮城県仙台市青葉区土樋1-3-1
文・経済・経営・法１～２年次，工・地域総合・情報・人間科・国際……［五橋キャンパス］宮城県仙台市若林区清水小路3-1

2023年度入試要項（前年度実績）

●募集人員

学部／学科		一般前期A日程	一般前期B日程	一般後期
文	英文	25	25	5
	総合人文	10	10	3
	歴史	32	31	9
	教育	14	13	3
経済	経済	105	105	10
経営	経営	59	58	14
法	法律	70	70	25
工	機械知能工	22	21	4
	電気電子工	25	24	5
	環境建設工	22	21	4
地域総合	地域コミュニティ	30	30	7
	政策デザイン	29	29	7
情報	データサイエンス	38	38	9
人間科	心理行動科	33	33	6
国際	国際教養	30	30	6

▷一般選抜前期B日程において，指定された英語資格・検定試験（ケンブリッジ英検，英検，GTEC，TOEIC L&R/TOEIC S&W，TOEFL iBT，IELTS，TEAP，TEAP CBT）公式スコアを持っている者は，その証明書を提出することで，本学換算点と試験日に受験した「英語」の点数を比較して，高得点の方を評価に使用する。なお，B日程において「英語」は受験必須科目。

文学部

一般選抜前期（A・B日程） 3科目 ①外（100）▶コミュ英Ⅰ・コミュ英Ⅱ・コミュ英Ⅲ・英表Ⅰ・英表Ⅱ ②③**国・地歴・公民・数**（100×2）▶国総（古文・漢文を除く）・「世B・日B・地理Bから1」・政経・「数Ⅰから1題必答，数Ⅰ・数Ⅱ・数A・数Bから2題選択」から2

一般選抜後期 【英文学科・総合人文学科・教育学科】 2科目 ①外（100）▶コミュ英Ⅰ・コミュ英Ⅱ・コミュ英Ⅲ・英表Ⅰ・英表Ⅱ ②**国・地歴・公民・数・小論文**（100）▶国総（古文・漢文を除く）・世B・日B・地理B・政経・「数Ⅰから1題必答，数Ⅰ・数Ⅱ・数A・数Bから2題選択」・小論文から1

【歴史学科】 2科目 ①②**地歴・「国・外・公民・数・小論文」**（100×2）▶世B・日B・地理B・「国総（古文・漢文を除く）・〈コミュ英Ⅰ・コミュ英Ⅱ・コミュ英Ⅲ・英表Ⅰ・英表Ⅱ〉・政経・〈数Ⅰから1題必答，数Ⅰ・数Ⅱ・数A・数Bから2題選択〉・小論文から1」から2，ただし地歴から2科目選択可

キャンパスアクセス ［五橋キャンパス］JR東北本線・仙石線―仙台より徒歩15分／地下鉄南北線―五橋駅（東北学院大学前）直結

経済学部・経営学部・法学部

一般選抜前期(A・B日程) 3科目 ①外(100)▶コミュ英Ⅰ・コミュ英Ⅱ・コミュ英Ⅲ・英表Ⅰ・英表Ⅱ ②③**国・地歴・公民・「数・簿」**(100×2)▶国総(古文・漢文を除く)・「世B・日B・地理Bから1」・政経・「〈数Ⅰから1題必答, 数Ⅰ・数Ⅱ・数A・数Bから2題選択〉・簿から1」から2

一般選抜後期 2科目 ①②**国・外・地歴・公民・数・簿・小論文**(100×2)▶国総(古文・漢文を除く)・「コミュ英Ⅰ・コミュ英Ⅱ・コミュ英Ⅲ・英表Ⅰ・英表Ⅱ」・世B・日B・地理B・政経・「数Ⅰから1題必答, 数Ⅰ・数Ⅱ・数A・数Bから2題選択」・簿・小論文から2

※簿記・会計は簿記および財務会計Ⅰを総合した出題範囲とし, 財務会計Ⅰについては株式会社の会計の基礎的事項を含め, 財務会計の基礎を出題範囲とする。

工学部

一般選抜前期(A・B日程) 3科目 ①外(100)▶コミュ英Ⅰ・コミュ英Ⅱ・コミュ英Ⅲ・英表Ⅰ・英表Ⅱ ②**数**(100)▶「数Ⅰ・数Ⅱ・数A・数B」から2題必須, 「数Ⅱ・数B」・数Ⅲより2題から1題選択 ③**理**(100)▶「物基・物」・「化基・化」から1

一般選抜後期 2科目 ①**数**(200)▶「数Ⅰ・数Ⅱ・数A・数B」から2題必須, 「数Ⅱ・数B」・数Ⅲより2題から1題選択 ②**外・理**(100)▶「コミュ英Ⅰ・コミュ英Ⅱ・コミュ英Ⅲ・英表Ⅰ・英表Ⅱ」・「物基・物」・「化基・化」から1

※数Ⅰはデータの分析・課題学習, 数Aは課題学習, 数Bは確率を除く。物理は原子を除く。

地域総合学部

一般選抜前期(A・B日程) **【地域コミュニティ学科】** 3科目 ①外(100)▶コミュ英Ⅰ・コミュ英Ⅱ・コミュ英Ⅲ・英表Ⅰ・英表Ⅱ ②③**国・地歴・公民・数**(100×2)▶国総(古文・漢文を除く)・「世B・日B・地理Bから1」・政経・「数Ⅰから1題必答, 数Ⅰ・数Ⅱ・数A・数Bから2題選択」から2

【政策デザイン学科】 3科目 ①外(100)▶コミュ英Ⅰ・コミュ英Ⅱ・コミュ英Ⅲ・英表Ⅰ・英表Ⅱ ②③**国・地歴・公民・「数・簿」**(100×2)▶国総(古文・漢文を除く)・「世B・日B・地理Bから1」・政経・「〈数Ⅰから1題必答, 数Ⅰ・数Ⅱ・数A・数Bから2題選択〉・簿から1」から2

一般選抜後期 2科目 ①②**国・外・地歴・公民・数・簿・小論文**(100)▶国総(古文・漢文を除く)・「コミュ英Ⅰ・コミュ英Ⅱ・コミュ英Ⅲ・英表Ⅰ・英表Ⅱ」・世B・日B・地理B・政経・「数Ⅰから1題必答, 数Ⅰ・数Ⅱ・数A・数Bから2題選択」・簿・小論文から2

※簿記・会計は簿記および財務会計Ⅰを総合した出題範囲とし, 財務会計Ⅰについては株式会社の会計の基礎的事項を含め, 財務会計の基礎を出題範囲とする。

情報学部

一般選抜前期(A・B日程) 3科目 ①外(100)▶コミュ英Ⅰ・コミュ英Ⅱ・コミュ英Ⅲ・英表Ⅰ・英表Ⅱ ②③**国・地歴・公民・数・理**(100×2)▶ 国総(古文・漢文を除く)・「世B・日B・地理Bから1」・政経・「数Ⅰから1題必答, 数Ⅰ・数Ⅱ・数A・数Bから2題選択」・「〈数Ⅰ(データの分析・課題学習を除く)・数Ⅱ・数A(課題学習を除く)・数B(確率を除く)〉から2題必須, 〈数Ⅱ・数B(確率を除く)〉・数Ⅲより2題から1題選択」・「物基・物(原子を除く)」・「化基・化」から2

一般選抜後期 2科目 ①②**国・外・地歴・公民・数・簿・理・小論文**(100)▶国総(古文・漢文を除く)・「コミュ英Ⅰ・コミュ英Ⅱ・コミュ英Ⅲ・英表Ⅰ・英表Ⅱ」・世B・日B・地理B・政経・「数Ⅰから1題必答, 数Ⅰ・数Ⅱ・数A・数Bから2題選択」・簿・「〈物基・物〉・〈化基・化〉から1」・小論文から2

※簿記・会計は簿記および財務会計Ⅰを総合した出題範囲とし, 財務会計Ⅰについては株式会社の会計の基礎的事項を含め, 財務会計の基礎を出題範囲とする。また, 物理は原子を除く。

人間科学部・国際学部

一般選抜前期(A・B日程) 3科目 ①外(100)▶コミュ英Ⅰ・コミュ英Ⅱ・コミュ英

Ⅲ・英表Ⅰ・英表Ⅱ　②③**国・地歴・公民・数**(100×2) ▶ 国総(古文・漢文を除く)・「世B・日B・地理Bから1」・政経・「数Ⅰから1題必答，数Ⅰ・数Ⅱ・数A・数Bから2題選択」から2

一般選抜後期　**2**科目　①②**国・外・地歴・公民・数・簿・小論文**(100) ▶国総(古文・漢文を除く)・「コミュ英Ⅰ・コミュ英Ⅱ・コミュ英Ⅲ・英表Ⅰ・英表Ⅱ」・世B・日B・地理B・政経・「数Ⅰから1題必答，数Ⅰ・数Ⅱ・数A・数Bから2題選択」・簿・小論文から2

※簿記・会計は簿記および財務会計Ⅰを総合した出題範囲とし，財務会計Ⅰについては株式会社の会計の基礎的事項を含め，財務会計の基礎を出題範囲とする。

その他の選抜

共通テスト利用選抜は文学部59名，経済学部41名，経営学部34名，法学部43名，工学部34名，地域総合学部35名，情報学部19名，人間科学部15名，国際学部16名を，総合型選抜は文学部66名，経済学部35名，経営学部44名，法学部34名，工学部41名，地域総合学部39名，情報学部20名，人間科学部29名，国際学部18名を募集。ほかに学校推薦型選抜(学業成績による推薦〈指定校推薦〉，キリスト者等推薦〈公募推薦〉，資格取得による推薦〈指定校推薦・公募推薦〉，スポーツに優れた者の推薦〈公募推薦〉，文化活動に優れた者の推薦〈公募推薦〉)，帰国生特別選抜，社会人特別選抜，外国人留学生特別選抜を実施。

偏差値データ(2023年度)

●一般選抜前期（A・B日程）

学部／学科	2023年度 駿台予備学校 合格目標ライン	2023年度 河合塾 ボーダー偏差値	2022年度 競争率
▶文学部			
英文	44	40～45	1.3
総合人文	45	47.5～50	2.6
歴史	45	47.5	2.1
教育	44	47.5～50	1.6
▶経済学部			
経済	42	42.5～45	1.8
▶経営学部			
経営	42	45	2.0
▶法学部			
法律	44	45	1.7
▶工学部			
機械知能工	37	40～45	1.6
電気電子工	37	45	2.6
環境建設工	37	40～42.5	1.7
▶地域総合学部			
地域コミュニティ	44	47.5～50	新
政策デザイン	42	47.5	新
▶情報学部			
データサイエンス	43	45	新
▶人間科学部			
心理行動科	44	47.5～50	新
▶国際学部			
国際教養	45	50	新

●駿台予備学校合格目標ラインは合格可能性80％に相当する駿台模試の偏差値です。
●河合塾ボーダー偏差値は合格可能性50％に相当する河合塾全統模試の偏差値です。
●競争率は受験者÷合格者の実質倍率

RKU 流通経済大学（りゅうつうけいざい）

資料請求

問合せ先　入試センター　0120-297-141

建学の精神

「流通経済の研究を進め，高い知見をもった専門的人材を社会に送り出さなければならない」――そんな決意のもと，世界有数の総合物流企業である日本通運株式会社の支援により，経済学部経済学科のみの単科大学として1965（昭和40）年に創設。わが国最初の産学協調型大学ならではの，実学による社会に直結した学びや，多くの企業との強いつながりを生かしたキャリアサポートを展開し，現在では中規模総合大学へと発展。RKUの３つの伝統である「実学主義」「教養教育」「少人数教育」を継承しながら，「誰一人取り残さない」世界を実現するために，「教育・研究」「キャンパスライフ」「地域・社会との連携」を３つの柱に，日本で一番学生に寄り添った教育を行い，誰一人取り残さず，学生を中心とした居心地の良い学びの場を提供している。

- 龍ケ崎キャンパス……〒301-8555　茨城県龍ケ崎市120
- 新松戸キャンパス……〒270-8555　千葉県松戸市新松戸3-2-1

基本データ

学生数▶5,161名（男4,191名，女970名）
専任教員数▶教授86名，准教授47名，講師10名
設置学部▶経済，社会，流通情報，法，スポーツ健康科
併設教育機関▶大学院―経済学・社会学・物流情報学（以上M・D），法学・スポーツ健康科学（以上M）

就職・卒業後の進路

就職率 96.6%（就職者÷希望者×100）

●**就職支援**　就職キャリア支援センターでは，各業界のエキスパートスタッフが中規模大学の利点を生かし，全学生の適性データと目標を把握した上で，一人ひとりを丁寧にサポート。体系的・段階的な取り組みによって，学生が希望する進路（就職先）へと導いている。

●**資格取得支援**　「公務員になりたい」「語学力をアップしたい」「ビジネスの現場で使える資格を取りたい」という学生たちの熱い思いに応えられるよう，多彩な22の講座をキャンパス内で無料開講。授業の空き時間に受講できるので，「続けやすい」と評判も上々。

進路指導者も必見 学生を伸ばす 面倒見

初年次教育
ガイダンスやゼミ仲間との顔合わせ，先輩との交流企画を通して，楽しみながら大学に慣れていく導入教育「RKU WEEK」を入学式後から開始。教員や先輩が履修やキャリアプランニングの相談にも乗ってくれる

学修サポート
TA制度，オフィスアワー，「RKU WEEK」で活用するSA制度を導入。また，レポート対策講座や修学基礎講座も授業で実施している。不安や悩みを気軽に相談できる「教育学習支援センター」を両キャンパスに設置

オープンキャンパス（2022年度実績）　５月から12月にかけて，両キャンパスで複数回のオープンキャンパスを実施。人気の学部・学科紹介コーナー，キャンパスツアーのほか，定番・充実のプログラムを豊富に用意。

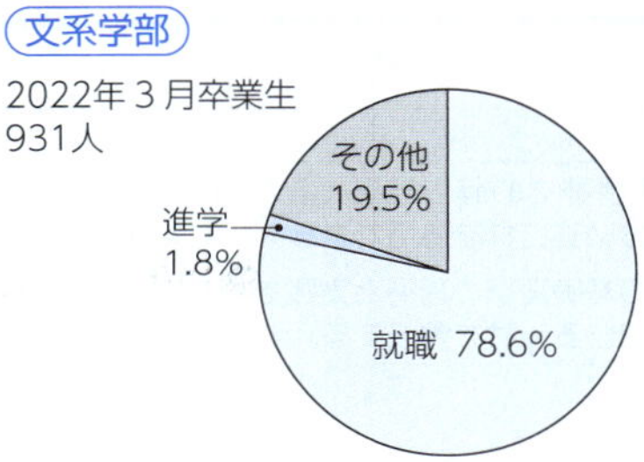

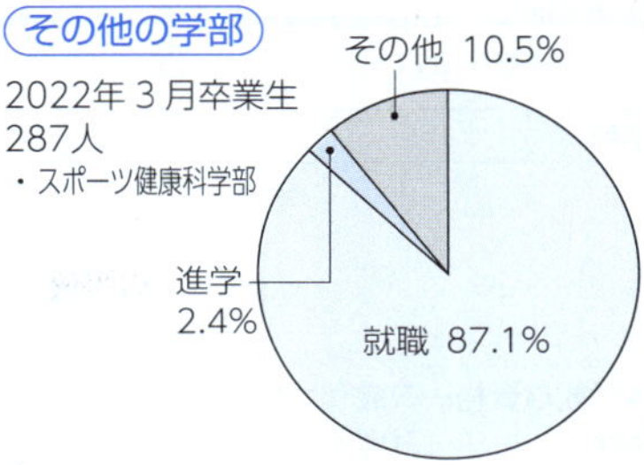

主なOB・OG ▶ ［経済］今井利彦（南総通運社長），［経済］片岡安祐美（女子野球選手，タレント），［社会］堂込麻紀子（衆議院議員），［スポーツ健康科］中島イシレリ（ラグビー選手）など。

国際化・留学

大学間 8 大学

受入れ留学生数 ▶ 369名（2022年５月１日現在）

留学生の出身国 ▶ 中国，ベトナム，スリランカ，韓国など。

外国人専任教員 ▶ 教授４名，准教授３名，助教１名（2022年５月１日現在）

外国人専任教員の出身国 ▶ 中国，韓国，イギリス，アメリカなど。

大学間交流協定 ▶ ８大学（交換留学先４大学，2022年５月１日現在）

海外への留学生数 ▶ 渡航型０名／年（2021年度）

海外留学制度 ▶ 春・夏・冬の休業期間に，語学の勉強や海外インターンシップを行う国際交流センター主催の異文化研修，協定校で半年または１年間学ぶ交換留学（留学先授業料免除），協定校以外の大学などで学ぶ海外留学の３つの留学制度を用意。

学費・奨学金制度

入学金 ▶ 260,000円

年間授業料（施設費等を除く）▶ 830,000円（詳細は巻末資料参照）

年間奨学金総額 ▶ NA

年間奨学金受給者数 ▶ NA

主な奨学金制度 ▶ 入試で優秀な成績を収めながら，経済的な理由で修学が困難な者を対象にした「流通経済大学特別奨学生制度」のほか，年間授業料相当額や半額相当額を原則４年間給付する「給付型奨学生選抜」を実施。

保護者向けインフォメーション

●**オープンキャンパス**　通常のオープンキャンパス時に保護者説明会を実施している。
●**広報誌**　学報「RKU Today」のWeb閲覧が可能（2021年秋発行号より，SDGsの取り組みのひとつとしてペーパーレス化）。
●**成績確認**　成績や履修状況などを閲覧することができる「保護者ポータルサイト（保護者Ring）」を2022年度に開設。
●**相談会**　保護者相談会（旧父母懇談会）を開催している。
●**防災対策**　災害時の学生の状況は，メールおよびポータルサイトを利用して確認する。
●**コロナ対策１**　ワクチンの職域接種を実施。感染状況に応じた７段階の活動制限指針を設定している。「コロナ対策２」（下段）あり。

インターンシップ科目	必修専門ゼミ	卒業論文	GPA制度の導入の有無および活用例	１年以内の退学率	標準年限での卒業率
全学部で開講している	全学部で１年次から４年次まで実施	経営学科と流通情報・社会学部は卒業要件	奨学金や授業料免除対象者の選定や大学院への内部推薦の選抜基準として活用	NA	NA

●**コロナ対策２**　対面授業とオンライン授業（オンデマンド授業またはリアルタイム中継事業）を感染状況に応じて併用。入構時に検温と消毒を実施し，机や壁に抗ウイルスコーティングを施した。

学部紹介

学部／学科	定員	特色
経済学部		
経済	220	▷経済・社会情勢を的確に見極めるための基礎知識を持ち，実践の場においてこれを応用できる人材を養成する。
経営	150	▷経営全般の基礎理論の習得と実践を通じて，現場の多様な課題に対応できる人材を養成する。
● **取得可能な資格**…教職（地歴・公・社・商業）など。 ● **進路状況**…………就職81.7%　進学0.3% ● **主な就職先**………NX商事，日本郵便，NXトランスポート，コメリ，ヤマダホールディングスなど。		
社会学部		
社会	130	▷さまざまな社会問題の実態を明らかにし，適切に対応しうる実証的な思考能力と行動力を備えた人材を養成する。
国際文化ツーリズム	120	▷2023年度より，国際観光学科から名称変更。グローバルな世界と身近な地域の両方を見つめ，新たな時代の創造に貢献できる人材を養成する。
● **取得可能な資格**…教職（公・社），保育士など。 ● **進路状況**…………就職73.2%　進学3.5% ● **主な就職先**………ベネッセスタイルケア，星野リゾートグループ，トヨタモビリティ東京など。		
流通情報学部		
流通情報	130	▷情報科学と流通科学を有機的統合した視点から，これからの新しい社会の姿をデザインできる人材を養成する。産学連携による実践講座や企業訪問が充実。
● **取得可能な資格**…教職（情）など。　● **進路状況**…………就職73.9%　進学3.6% ● **主な就職先**………三菱ケミカル物流，サントリーロジスティクス，日水物流，Sky，サミットなど。		
法学部		
法律	100	▷2023年度より，ビジネス法学科から名称変更。ビジネス法務，法律専門職，スポーツ法務の３コース。「法」の知識に基づく論理的思考力を生かして活躍できる人材を養成する。
自治行政	100	▷専門の法律や政治・行政について理解し，地方自治に関わる分野で，法的思考力や政策形成能力を発揮できる人材を養成する。行政の第一線に触れる機会が充実。
● **取得可能な資格**…教職（公・社）など。　● **進路状況**…………就職82.5%　進学1.4% ● **主な就職先**………警視庁ほか各県警察本部，松戸市消防局，新生銀行，日本通運，積水ハウスなど。		
スポーツ健康科学部		
スポーツ健康科	200	▷スポーツの競技力向上や健康の維持・増進活動，学校教育や社会教育の推進に貢献できる人材を養成する。
スポーツコミュニケーション	100	▷スポーツをする・みる・ささえる人材のみではなく，広く社会一般においてスポーツから得た高度なコミュニケーション能力を活用できる人材を養成する。
● **取得可能な資格**…教職（保体）など。　● **進路状況**…………就職87.1%　進学2.4% ● **主な就職先**………日本通運，清水建設，野村不動産ライフ＆スポーツ，住友電装，東京消防庁など。		

▶キャンパス

経済・法・スポーツ健康科……［龍ケ崎キャンパス］ 茨城県龍ケ崎市120
経済・社会・流通情報・法……［新松戸キャンパス］ 千葉県松戸市新松戸3-2-1
※経済学部と法学部はキャンパス選択制。

キャンパスアクセス ［龍ケ崎キャンパス］ JR常磐線ー龍ケ崎市（旧佐貫）よりシャトルバス10分

2023年度入試要項（前年度実績）

●募集人員

学部／学科		一般	共通テスト
▶経済	経済	55	21
	経営	37	14
▶社会	社会	34	12
	国際文化ツーリズム	28	11
▶流通情報	流通情報	25	10
▶法	法律	21	8
	自治行政	25	10
▶スポーツ健康科	スポーツ健康科	50	19
	スポーツコミュニケーション	25	10

全学部

一般選抜３科目型　**3**科目　①国（100）▶国総（古文・漢文を除く）　②外（100）▶コミュ英Ⅰ・コミュ英Ⅱ・英表Ⅰ　③**地歴・公民・数**（100）▶世Ｂ・日Ｂ・政経・「数Ⅰ・数Ａ」から１

一般選抜２科目型　**2**科目　①②**国・外・「地歴・公民・数」**（100×2）▶国総（古文・漢文を除く）・「コミュ英Ⅰ・コミュ英Ⅱ・英表Ⅰ」・「世Ｂ・日Ｂ・政経・〈数Ⅰ・数Ａ〉から１」から２

一般選抜科目自由選択型　**2**科目　①②**国・外・数**（100）▶国総（古文・漢文を除く）・「コミュ英Ⅰ・コミュ英Ⅱ・英表Ⅰ」・「数Ⅰ・数Ａ」から１問ずつ計３問出題，うち２問選択

※一般選抜において，数Ⅰ・数Ａはいずれも図形問題を除く。

共通テスト利用型選抜３科目型　**4～3**科目　①**国**（100）▶国（近代）　②**外**（100）▶英（リスニングを除く）　③④**地歴・公民・数・理**（100）▶世Ｂ・日Ｂ・地理Ｂ・現社・倫・政経・「倫・政経」・数Ⅰ・「数Ⅰ・数Ａ」・簿・情・「物基・化基・生基・地学基から２」・物・化・生・地学から１，ただし理科はスポーツ健康科学部のみ選択可

［個別試験］ 行わない。

共通テスト利用型選抜高得点２科目型　**3～2**科目　①②③**国・外・「地歴・公民・数・理」**（100×2）▶国（近代）・英（リスニングを除く）・「世Ｂ・日Ｂ・地理Ｂ・現社・倫・政経・〈倫・政経〉・数Ⅰ・〈数Ⅰ・数Ａ〉・簿・情・〈物基・化基・生基・地学基から２〉・物・化・生・地学から１」から２，ただし理科はスポーツ健康科学部のみ選択可

［個別試験］ 行わない。

その他の選抜

総合型選抜（エントリー型，課題チャレンジ型，課外活動型）は経済学部119名，社会学部79名（社会人20名を含む），流通情報学部33名，法学部62名，スポーツ健康科学部102名を募集。ほかに一般選抜給付型奨学生選抜，学校推薦型選抜（指定校推薦，付属校推薦，教育提携校推薦），外国人留学生選抜を実施。

偏差値データ（2023年度）

●一般選抜３科目型

学部／学科	2023年度 駿台予備学校 合格目標ライン	2023年度 河合塾 ボーダー偏差値	2022年度 競争率
▶経済学部			
経済	30	40	2.3
経営	30	40	2.5
▶社会学部			
社会	31	35	1.9
国際文化ツーリズム	30	35	2.3
▶流通情報学部			
流通情報	30	37.5	2.1
▶法学部			
法律	30	37.5	2.5
自治行政	30	37.5	2.0
▶スポーツ健康科学部			
スポーツ健康科	31	35	2.2
スポーツコミュニケーション	30～31	35	1.7

- 駿台予備学校合格目標ラインは合格可能性80%に相当する駿台模試の偏差値です。
- 河合塾ボーダー偏差値は合格可能性50%に相当する河合塾全統模試の偏差値です。
- 競争率は2022年度一般選抜全体の志願者÷合格者の志願倍率

キャンパスアクセス［新松戸キャンパス］JR武蔵野線・常磐線─新松戸より徒歩4分

国際医療福祉大学

こくさいいりょうふくし

資料請求

問合せ先 ☎0476-20-7810（入試事務統括センター） ☎0287-24-3200（大田原キャンパス入試事務室） ☎03-5574-3903（東京赤坂キャンパス入試事務室） ☎0465-21-0361（小田原キャンパス入試事務室） ☎0944-89-2100（九州地区入試事務室）

●キャンパス情報はP.206をご覧ください。

建学の精神

1995（平成７）年に開学した，日本初の医療福祉の総合大学。５つのキャンパスに10学部25学科を設置し，学びの領域は医療福祉のほぼ全域をカバー。６つの附属病院など関連医療福祉施設と緊密に連携し，第一線で活躍する教員のもと，医療福祉の臨床現場に不可欠な「チーム医療・チームケア」を，学部・学科の垣根を越えたチームで実践しながら学ぶ「関連職種連携教育」をはじめとする質の高い教育を行っている。その成果として，国家試験合格率は常に全国トップクラス，就職率は毎年100％を実現。建学の精神である「病める人も，障害を持つ人も，健常な人も，互いを認め合って暮らせる『共に生きる社会』の実現を目指して」のもと，地域医療への貢献はもちろん，グローバルに活躍できる多くの医療人が飛び立ち，高い評価を受けている。

基本データ

学生数▶8,907名（男3,096名，女5,811名）
専任教員数▶教授442名，准教授172名，講師227名
設置学部▶保健医療，医療福祉，薬，医，成田看護，成田保健医療，赤坂心理・医療福祉マネジメント，小田原保健医療，福岡保健医療，福岡薬
併設教育機関▶大学院—医療福祉学・医学（以上M・D），薬科学（M），薬学（D）

就職・卒業後の進路

就職率 **99.6**％
就職者÷希望者×100

●**就職支援**　担任やチューター，ゼミ指導教員による丁寧な個別指導やキャリア支援センターのサポートなど，大学を挙げて，学生の希望に沿い，個々の長所を生かせる就職先へと導き，毎年ほぼ100％の就職率を実現。

●**資格取得支援**　教職員で構成される「国家試験等対策委員会」を中心に，全員が国家資格を取得できるよう全力で支援。対策講座や個別指導，模擬試験など，きめ細かなサポートを行い，毎年，高い実績を挙げている。

進路指導者も必見 学生を伸ばす 面倒見

初年次教育
「大学入門講座」「情報処理Ⅰ・Ⅱ」を開講。薬学部や赤坂心理・医療福祉マネジメント学部で医療現場の見学，小田原保健医療学部でフレッシュマンプログラム，医学部で授業開始前に3日間，大学への学びと医学への導入を行うオリエンテーションを実施

学修サポート
全学部でオフィスアワー制度，教員アドバイザー制度，学部によりTA制度を導入。また，リーディングスキルテストを実施し学修指導に役立てている薬学部，学修支援センターを設置している大川キャンパスなど，各学部で特色あるサポートを実施

オープンキャンパス（2022年度実績）　各キャンパスで５月から11月にかけて複数回のオープンキャンパスを開催。大田原・小田原・大川の３キャンパスでは，通常のオープンキャンパス時に保護者対象の説明会も実施。

文系学部
2022年３月卒業生
244人

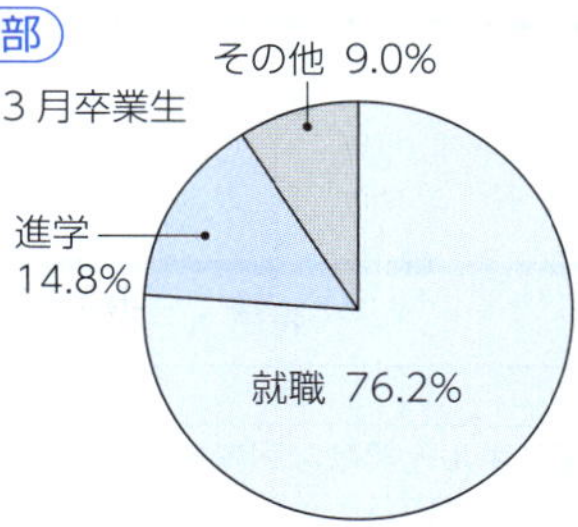

理系学部
2022年３月卒業生
1,376人

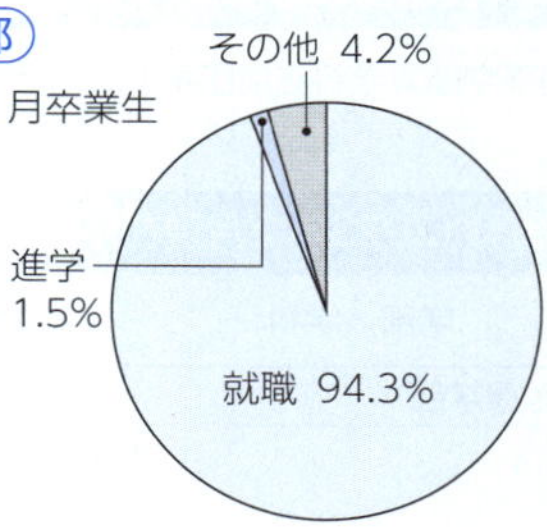

国際化・留学　　大学間 **37** 大学等・部局間 **2** 大学

受入れ留学生数▶165名（2022年５月１日現在）

留学生の出身国▶中国，ベトナム，ミャンマー，モンゴル，韓国など。

外国人専任教員▶教授３名，准教授１名，講師８名（2022年５月１日現在）

外国人専任教員の出身国▶アメリカ，韓国，モンゴル，中国，ベトナムなど。

大学間交流協定▶37大学・機関（2022年９月30日現在）

部局間交流協定▶２大学（2022年９月30日現在）

海外への留学生数▶オンライン型755名／年（９カ国・地域，2021年度）

海外留学制度▶10日から２週間の日程で実施する「海外保健福祉事情」は，海外の医療福祉現場に触れることで国際的な視点を養う貴重な機会となっている。このほか「国際看護研修」なども実施。また，2021年度はリアルタイムでのオンライン海外研修を行った。

学費・奨学金制度　　給付型奨学金総額 年間約 **4** 億 **5,851** 万円

入学金▶200,000円（医1,500,000円）～

年間授業料（施設費等を除く）▶700,000円～（詳細は巻末資料参照）

年間奨学金総額▶458,509,800円

年間奨学金受給者数▶825人

主な奨学金制度▶特待奨学生特別選抜や一般選抜前期，共通テスト利用選抜の成績上位合格者対象の「特待奨学生制度」や，「国際医療福祉大学年間成績優秀賞」「あいおいニッセイ同和損害保険㈱奨学金」などを設置。学費減免制度もあり，2021年度には44人を対象に総額で1,865万円を減免している。

保護者向けインフォメーション

●**成績確認**　成績表を郵送するほか，Web閲覧も可能。授業への出席状況や学校での様子などは，電話や面談で対応している。

●**広報誌**　「IUHW」を発行し，情報を発信。

●**教育後援会**　教育後援会を組織し，「幹事会」「会員のつどい」「保護者懇談会」などを開催。大田原と小田原キャンパスでは「キャリア支援ハンドブック（保護者編）」も配布している。

●**防災対策**　防災情報が掲載されている「学生便覧」などを入学時に配布（キャンパスにより異なる）。被災時の学生の安否は，メールや独自のユニバーサルパスポートで確認する。

●**コロナ対策１**　ワクチンの職域接種を実施。感染状況に応じた４～５段階のBCP（行動指針）を設定。「コロナ対策２」（下段）あり。

インターンシップ科目	必修専門ゼミ	卒業論文	GPA制度の導入の有無および活用例	１年以内の退学率	標準年限での卒業率
開講していない	保健医療は４年次，医療福祉と赤坂心理，小田原保健医療は１～４年次，薬は５・６年次，福岡保健医療は３・４年次に実施	医療福祉，薬，福岡薬，赤坂は卒業要件（保健医療系は学科により異なる）	奨学金対象者選定や退学勧告基準，個別学修指導のほか，一部の学部で大学院入試の選抜や履修上限単位数の設定（医を除く）に活用	1.5%	86.6%（４年制）59.3%（薬）

●**コロナ対策２**　「学生応援プロジェクト」を立ち上げ，生活困窮学生へ食料を支援（大田原Cのみ）したほか，臨床実習参加前のPCR検査を実施（費用は大学負担）。また，学生支援基金奨学金制度や相談窓口を設置。

2024年度学部改組構想（予定）

● 成田薬学部薬学科を成田キャンパスに新設。

学部紹介（2023年２月現在）

学部／学科	定員	特色
保健医療学部		
看護	115	▷高度な看護スキルと柔軟な思考を修得し，多様な時代に対応できる看護職のプロフェッショナルを養成する。
理学療法	100	▷自ら主体的に考え行動し，患者さんの心に寄り添える理学療法士を養成する。国家試験合格率は全国トップクラス。
作業療法	80	▷実践能力強化型臨床教育システムによる体系的な教育で，対象者の生きる力を引き出し支える作業療法士を養成する。
言語聴覚	80	▷コミュニケーションの専門家として高い臨床技能を持ち，人間力のある言語聴覚士を養成する。
視機能療法	50	▷高度化した眼科医療に対応できる，臨床に強い視能訓練士を養成する。８年連続で国家試験合格率100％を実現。
放射線・情報科	110	▷各分野のスペシャリストが，基礎から専門技術までを指導し，日々進化する放射線分野に対応できる人材を育成する。
● **取得可能な資格**…教職（養護二種），看護師・保健師・診療放射線技師・理学療法士・作業療法士・言語聴覚士・視能訓練士受験資格など。 ● **進路状況**…………就職94.3％　進学1.1％ ● **主な就職先**………国際医療福祉大学グループ各施設，筑波記念病院，総合南東北病院，福島県など。		
医療福祉学部		
医療福祉・マネジメント	140	▷２年次進級時に社会福祉，精神保健福祉，介護福祉，診療情報管理，医療福祉マネジメントの５コースから選択。
● **取得可能な資格**…介護福祉士・社会福祉士・精神保健福祉士受験資格など。 ● **進路状況**…………就職90.2％　進学4.5％ ● **主な就職先**………国際医療福祉大学グループ各施設，福島県社会福祉事業団，栃木県，茨城県など。		
薬学部		
薬	180	▷６年制。現代医療に欠かせない「チーム医療・チームケア」の知識やスキルを実践的に学び，臨床に強い薬剤師を養成。
● **取得可能な資格**…薬剤師受験資格。 ● **進路状況**…………就職93.2％　進学0.0％ ● **主な就職先**………国際医療福祉大学グループ各施設，宮城県立病院機構，富士薬品，日本調剤など。		
医学部		
医	140	▷７人に１人は留学生という，日本の医学部では類を見ない国際性豊かな学修環境のもと，世界水準の革新的な医学教育を展開し，グローバルに活躍できる医師を養成する。
● **取得可能な資格**…医師受験資格。 ● **進路状況**…………2017年度開設のため卒業生はいない。		
成田看護学部		
看護	100	▷海外研修や留学生との交流で国際感覚を養い，グローバルな視点を持ち，未来の看護を創る先駆者となる人材を育成。

キャンパスアクセス ［大田原キャンパス］ JR東北本線（宇都宮線）・東北新幹線一那須塩原よりスクールバス20分

● 取得可能な資格…教職（養護二種），看護師・保健師受験資格。
● 進路状況…………就職94.5%　進学3.7%
● 主な就職先………国際医療福祉大学グループ各施設，国立がん研究センター東病院，南相馬市など。

成田保健医療学部

理学療法	80	▷世界の理学療法分野をリードし，社会から選ばれ続ける理学療法士を養成する。医学部との連携で質の高い講義を展開。
作業療法	40	▷作業療法の王道をしっかりと身につけ，人生のあらゆる場面に寄り添う，「多様性に強い作業療法士」を養成する。
言語聴覚	40	▷高度な専門性と豊かな人間性を育み，「共に生きる社会」の実現に貢献できる言語聴覚士を養成する。
医学検査	80	▷最先端の検査技術を持ち，病気の早期発見・治療に，国際的にも貢献できる人材を育成する。
放射線・情報科	50	▷日々進化する放射線分野に対応し，国内外の第一線で活躍できる診療放射線技師を養成する。

● 取得可能な資格…診療放射線技師・臨床検査技師・理学療法士・作業療法士・言語聴覚士受験資格など。
● 進路状況…………就職90.8%　進学5.0%
● 主な就職先………国際医療福祉大学グループ各施設，成田リハビリテーション病院，茨城県庁など。

赤坂心理・医療福祉マネジメント学部

心理	60	▷「チーム医療」重視の実践的な教育で，ストレス社会が求める心のケアの専門職を養成する。
医療マネジメント	60	▷ITデータを活用し，「医療の質」を高める，新時代の医療を支える専門職を養成する。

● 進路状況…………就職59.5%　進学27.0%
● 主な就職先………国際医療福祉大学各附属病院・施設，東京都保健医療公社，木下の介護など。

小田原保健医療学部

看護	80	▷社会における健康ニーズの解決・改善のために創造的に取り組み，自ら学び磨き続ける能力を持った看護職を養成する。
理学療法	80	▷多彩な臨床実習で最新技術を修得し，バランスの取れた人材を養成。障がい者スポーツ指導員などの資格取得も可能。
作業療法	40	▷人の価値観に気づける豊かな感性を備えた作業療法士を養成する。４学年合同で構成した縦割りクラスで学ぶ。

● 取得可能な資格…教職（養護一種・二種），看護師・保健師・理学療法士・作業療法士受験資格など。
● 進路状況…………就職99.5%　進学0.0%
● 主な就職先………国際医療福祉大学グループ各施設，平塚共済病院，北里大学病院，酒田市など。

福岡保健医療学部

看護	60	▷NEW! '23年新設。時代のニーズに対応した看護の役割を開拓，創造できる看護実践力を持った人材を育成する。
理学療法	50	▷科学的な思考力と探求心を育み，患者さんと喜びを分かち合える「次世代の理学療法士」を養成する。
作業療法	30	▷「広い視野で物事を考えられる力」を身につけた，身体面でも精神面でも頼りにされる作業療法士を養成する。
医学検査	80	▷高度先進医療を支える臨床検査技師を養成する。隣接する高木病院と連携した，より高度で実践的な教育を実現。

キャンパスアクセス ［成田キャンパス］ 京成本線―公津の杜駅前

●取得可能な資格…教職(養護二種)，看護師・保健師・臨床検査技師・理学療法士・作業療法士受験資格など。 ●進路状況…………就職94.0％ 進学0.0％ ●主な就職先………国際医療福祉大学グループ各施設，聖マリア病院，LSIメディエンスなど。		
福岡薬学部		
薬	120	▷6年制。充実した臨床実習を通して，リサーチマインドを持った臨床に強い「医療人としての薬剤師」を養成する。
●取得可能な資格…薬剤師受験資格。 ●主な就職先………2020年度開設のため卒業生はいない。		

▶キャンパス

保健医療・医療福祉・薬……［大田原キャンパス］ 栃木県大田原市北金丸2600-1
医・成田看護・成田保健医療……［成田キャンパス］ 千葉県成田市公津の杜4-3
赤坂心理・医療福祉マネジメント……［東京赤坂キャンパス］ 東京都港区赤坂4-1-26
小田原保健医療……［小田原キャンパス］ 神奈川県小田原市城山1-2-25（本校舎）／神奈川県小田原市南町1-6-34（城内校舎）
福岡保健医療・福岡薬……［大川キャンパス］ 福岡県大川市榎津137-1

2023年度入試要項(前年度実績)

●募集人員

学部／学科		一般前期	一般後期	共通テスト
▶保健医療	看護	43	若干名	17
	理学療法	41	若干名	17
	作業療法	26	若干名	6
	言語聴覚	25	若干名	11
	視機能療法	13	若干名	3
	放射線・情報科	48	若干名	22
▶医療福祉	医療福祉・マネジメント	25	若干名	18
▶薬	薬	55	若干名	30
▶医	医	105		15
▶成田看護	看護	42	若干名	16
▶成田保健医療	理学療法	33	若干名	12
	作業療法	14	若干名	5
	言語聴覚	14	若干名	5
	医学検査	31	若干名	12
	放射線・情報科	22	若干名	8
▶赤坂心理・医療福祉マネジメント	心理	20	若干名	12
	医療マネジメント	14	若干名	8
▶小田原保健医療	看護	30	若干名	10
	理学療法	30	若干名	10
	作業療法	13	若干名	3
▶福岡保健医療	看護	35	若干名	7
	理学療法	20	若干名	4
	作業療法	10	若干名	3
	医学検査	30	若干名	8
▶福岡薬	薬	40	若干名	20

※薬学部の一般選抜では，栃木県内の高校出身者の中から前期・後期合計で15名を地域特別選抜枠として優先的に選抜する。

保健医療学部

一般選抜前期 【看護学科・理学療法学科・作業療法学科・言語聴覚学科・視機能療法学科】 4～3科目 ①外(100)▶コミュ英Ⅰ・コミュ英Ⅱ・英表Ⅰ ②③国・地歴・数・理(100)▶国総(古文・漢文を除く)・日B・「数Ⅰ・数A(場合・図形)」・「数Ⅱ・数B(数列・ベク)」・「物基・物(運動・波・電気)」・「化基・化(高分子を除く)」・「生基・生(生命・生殖・環境応答)」・「物基・化基」・「化基・生基」から1 ④小論文(段階評価)

【放射線・情報科学科】 4～3科目 ①外(100)▶コミュ英Ⅰ・コミュ英Ⅱ・英表Ⅰ ②③数・理(100)▶「数Ⅱ・数B(数列・ベク)」・「物基・物(運動・波・電気)」・「化基・化(高分子を除く)」・「生基・生(生命・生殖・環境応答)」・「物基・化基」・「化基・生基」から1 ④小論文(段階評価)

一般選抜後期 【看護学科・理学療法学科・作業療法学科・言語聴覚学科・視機能療法学科】 2科目 ①外(100)▶コミュ英Ⅰ・コミュ英

 キャンパスアクセス ［東京赤坂キャンパス］ 東京メトロ銀座線・丸ノ内線―赤坂見附より徒歩3分

Ⅱ・英表Ⅰ　②**個人面接**（段階評価）
【放射線・情報科学科】　**2**科目　①**数**（100）▶数Ⅰ・数Ａ（場合・図形）　②**個人面接**（段階評価）
共通テスト利用選抜　**【看護学科・理学療法学科・作業療法学科・言語聴覚学科・視機能療法学科】**　**4〜3**科目　①**外**（100）▶英（リスニングを除く）　②③④**国・地歴・公民・数・理**（100×2）▶国（近代）・世Ｂ・日Ｂ・現社・「数Ⅰ・数Ａ」・「数Ⅱ・数Ｂ」・「物基・化基・生基から２」・物・化・生から２，ただし物・化・生のいずれかと基礎科目の組み合わせは不可
［個別試験］　行わない。
【放射線・情報科学科】　**4〜3**科目　①**外**（100）▶英（リスニングを除く）　②③④**数・理・「国・地歴・公民・数」**（100×2）▶「数Ⅱ・数Ｂ」・「物基・化基・生基から２」・物・化・生・「国（近代）・世Ｂ・日Ｂ・現社・〈数Ⅰ・数Ａ〉から１」から２，ただし物・化・生のいずれかと基礎科目の組み合わせは不可
［個別試験］　行わない。

医療福祉学部

一般選抜前期　**3〜2**科目　①②③**国・外・「地歴・数・理」**（100×2）▶国総（古文・漢文を除く）・「コミュ英Ⅰ・コミュ英Ⅱ・英表Ⅰ」・「日Ｂ・〈数Ⅰ・数Ａ（場合・図形）〉・〈数Ⅱ・数Ｂ（数列・ベク）〉・〈物基・物（運動・波・電気）〉・〈化基・化（高分子を除く）〉・〈生基・生（生命・生殖・環境応答）〉・〈物基・化基〉・〈化基・生基〉から１」から２
一般選抜後期　**2**科目　①**外**（100）▶コミュ英Ⅰ・コミュ英Ⅱ・英表Ⅰ　②**個人面接**（段階評価）
共通テスト利用選抜　**2**科目　①②**国・外・「地歴・公民・数」**（100×2）▶国（近代）・英（リスニングを除く）・「世Ｂ・日Ｂ・現社・倫・政経・〈倫・政経〉・〈数Ⅰ・数Ａ〉から１」から２
［個別試験］　行わない。

薬学部・福岡薬学部

一般選抜前期　**3**科目　①**外**（100）▶コミュ英Ⅰ・コミュ英Ⅱ・英表Ⅰ　②**理**（100）▶化基・化（高分子を除く）　③**数・理**（100）▶「数Ⅰ・数Ａ（場合・図形）」・「数Ⅱ・数Ｂ（数列・ベク）」・「物基・物（運動・波・電気）」・「生基・生（生命・生殖・環境応答）」から１
一般選抜後期　**3**科目　①**外**（100）▶コミュ英Ⅰ・コミュ英Ⅱ・英表Ⅰ　②**理**（100）▶化基・化（高分子を除く）　③**個人面接**（段階評価）
共通テスト利用選抜　**3**科目　①**外**（100）▶英（リスニングを除く）　②**理**（100）▶化　③**数・理**（100）▶「数Ⅰ・数Ａ」・「数Ⅱ・数Ｂ」・物・生から１
［個別試験］　行わない。

医学部

一般選抜　〈一次選考〉　**5**科目　①**外**（200）▶コミュ英Ⅰ・コミュ英Ⅱ・コミュ英Ⅲ・英表Ⅰ・英表Ⅱ　②**数**（150）▶数Ⅰ・数Ⅱ・数Ⅲ・数Ａ・数Ｂ（数列・ベク）　③④**理**（100×2）▶「物基・物」・「化基・化」・「生基・生」から２　⑤**小論文**（段階評価）
※小論文の評価結果は一次選考では使用せず，二次選考の合否判定に使用する。
〈二次選考〉　**1**科目　①**個人面接**（段階評価）
※一次選考合格者に対して実施する。
※二次選考の個人面接で，希望する者には一部英語による面接を行う。
※二次選考後に三次選考（個人面接のみ）を行う場合あり。
共通テスト利用選抜　〈一次選考〉　**7**科目　①**国**（200）▶国（近代・古典〈古文・漢文〉）　②**外**（200）▶英（リスニング〈100〉を含む）　③**地歴・公民**（100）▶世Ｂ・日Ｂ・地理Ｂ・「倫・政経」から１　④⑤**数**（100×2）▶「数Ⅰ・数Ａ」・「数Ⅱ・数Ｂ」　⑥⑦**理**（100×2）▶物・化・生から２
［個別試験］　〈二次選考〉　**3**科目　①**外**（100）▶英　②**小論文**（段階評価）　③**個人面接**（段階評価）
※個別試験（二次選考）は，共通テストによる一次選考合格者に対して実施する。
※個別試験（二次選考）の個人面接で，希望する者には一部英語による面接を行う。
※二次選考後に三次選考（個人面接のみ）を行う場合あり。

成田看護学部

一般選抜前期　**4〜3**科目　①**外**（100）▶コミ

栃木　国際医療福祉大学

ュ英Ⅰ・コミュ英Ⅱ・英表Ⅰ ②③**国・地歴・数・理**(100)▶国総(古文・漢文を除く)・日B・「数Ⅰ・数A(場合・図形)」・「数Ⅱ・数B(数列・ベク)」・「物基・物(運動・波・電気)」・「化基・化(高分子を除く)」・「生基・生(生命・生殖・環境応答)」・「物基・化基」・「化基・生基」から1 ④**小論文**(段階評価)

一般選抜後期 2科目 ①**外**(100)▶コミュ英Ⅰ・コミュ英Ⅱ・英表Ⅰ ②**個人面接**(段階評価)

共通テスト利用選抜 4~3科目 ①**外**(100)▶英(リスニングを除く) ②③④**国・地歴・公民・数・理**(100×2)▶国(近代)・世B・日B・現社・「数Ⅰ・数A」・「数Ⅱ・数B」・「物基・化基・生基から2」・物・化・生から2,ただし物・化・生のいずれかと基礎科目の組み合わせは不可

[個別試験] 行わない。

成田保健医療学部

一般選抜前期 **【理学療法学科・作業療法学科・言語聴覚学科・医学検査学科】** 4~3科目 ①**外**(100)▶コミュ英Ⅰ・コミュ英Ⅱ・英表Ⅰ ②③**国・地歴・数・理**(100)▶国総(古文・漢文を除く)・日B・「数Ⅰ・数A(場合・図形)」・「数Ⅱ・数B(数列・ベク)」・「物基・物(運動・波・電気)」・「化基・化(高分子を除く)」・「生基・生(生命・生殖・環境応答)」・「物基・化基」・「化基・生基」から1 ④**小論文**(段階評価)

【放射線・情報科学科】 4~3科目 ①**外**(100)▶コミュ英Ⅰ・コミュ英Ⅱ・英表Ⅰ ②③**数・理**(100)▶「数Ⅱ・数B(数列・ベク)」・「物基・物(運動・波・電気)」・「化基・化(高分子を除く)」・「生基・生(生命・生殖・環境応答)」・「物基・化基」・「化基・生基」から1 ④**小論文**(段階評価)

一般選抜後期 **【理学療法学科・作業療法学科・言語聴覚学科・医学検査学科】** 2科目 ①**外**(100)▶コミュ英Ⅰ・コミュ英Ⅱ・英表Ⅰ ②**個人面接**(段階評価)

【放射線・情報科学科】 2科目 ①**数**(100)▶数Ⅰ・数A(場合・図形) ②**個人面接**(段階評価)

共通テスト利用選抜 **【理学療法学科・作業療法学科・言語聴覚学科・医学検査学科】** 4~3科目 ①**外**(100)▶英(リスニングを除く) ②③④**国・地歴・公民・数・理**(100×2)▶国(近代)・世B・日B・現社・「数Ⅰ・数A」・「数Ⅱ・数B」・「物基・化基・生基から2」・物・化・生から2,ただし物・化・生のいずれかと基礎科目の組み合わせは不可

[個別試験] 行わない。

【放射線・情報科学科】 4~3科目 ①**外**(100)▶英(リスニングを除く) ②③④**数・理・「国・地歴・公民・数」**(100×2)▶「数Ⅱ・数B」・「物基・化基・生基から2」・物・化・生・「国(近代)・世B・日B・現社・〈数Ⅰ・数A〉から1」から2,ただし物・化・生のいずれかと基礎科目の組み合わせは不可

[個別試験] 行わない。

赤坂心理・医療福祉マネジメント学部

一般選抜前期 4~3科目 ①**外**(100)▶コミュ英Ⅰ・コミュ英Ⅱ・英表Ⅰ ②③**国・地歴・数・理**(100)▶国総(古文・漢文を除く)・日B・「数Ⅰ・数A(場合・図形)」・「数Ⅱ・数B(数列・ベク)」・「物基・物(運動・波・電気)」・「化基・化(高分子を除く)」・「生基・生(生命・生殖・環境応答)」・「物基・化基」・「化基・生基」から1 ④**小論文**(段階評価)

一般選抜後期 2科目 ①**外**(100)▶コミュ英Ⅰ・コミュ英Ⅱ・英表Ⅰ ②**個人面接**(段階評価)

共通テスト利用選抜 4~3科目 ①**外**(100)▶英(リスニングを除く) ②③④**国・地歴・公民・数・理**(100×2)▶国(近代)・世B・日B・地理B・現社・政経・「倫・政経」・「数Ⅰ・数A」・「物基・化基・生基から2」・化・生から2,ただし化・生のいずれかと基礎科目の組み合わせは不可

[個別試験] 行わない。

小田原保健医療学部・福岡保健医療学部

一般選抜前期 4~3科目 ①**外**(100)▶コミュ英Ⅰ・コミュ英Ⅱ・英表Ⅰ ②③**国・地歴・数・理**(100)▶国総(古文・漢文を除く)・日B・「数Ⅰ・数A(場合・図形)」・「数Ⅱ・数B(数列・ベク)」・「物基・物(運動・波・電気)」・「化基・化(高分子を除く)」・「生基・生(生命・生殖・環境応答)」・「物基・化基」・「化基・生基」から1 ④**小論文**(段階評価)

キャンパスアクセス [大川キャンパス] 西鉄天神大牟田線―西鉄柳川よりバス20分/JR長崎本線―佐賀よりバス30分

一般選抜後期　**2**科目　①外(100)▶コミュ英Ⅰ・コミュ英Ⅱ・英表Ⅰ　②**個人面接**(段階評価)

共通テスト利用選抜　**4〜3**科目　①外(100)▶英(リスニングを除く)　②③④**国・地歴・公民・数・理**(100×2)▶国(近代)・世B・日B・現社・「数Ⅰ・数A」・「数Ⅱ・数B」・「物基・化基・生基から2」・物・化・生から2，ただし物・化・生のいずれかと基礎科目の組み合わせは不可

[個別試験]　行わない。

その他の選抜

学校推薦型選抜(公募制・指定校制)は保健医療学部133名，医療福祉学部52名，薬学部40名，成田看護学部32名，成田保健医療学部93名，赤坂心理・医療福祉マネジメント学部36名，小田原保健医療学部54名，福岡保健医療学部48名，福岡薬学部20名を，総合型選抜は保健医療学部71名，医療福祉学部30名，薬学部5名，赤坂心理・医療福祉マネジメント学部14名，小田原保健医療学部26名，福岡保健医療学部15名，福岡薬学部5名を募集。ほかに特待奨学生特別選抜，全国商業高等学校長協会会員校対象特別推薦入試(医療福祉学部，赤坂心理・医療福祉マネジメント学部)，帰国生徒特別選抜，医学部帰国生および外国人学校卒業生特別選抜，社会人特別選抜，留学生特別選抜を実施。

偏差値データ(2023年度)

●一般選抜前期

学部／学科	2023年度 駿台予備学校 合格目標ライン	2023年度 河合塾 ボーダー偏差値	2022年度 競争率
▶保健医療学部			
看護	44	45	5.2
理学療法	43	45	5.3
作業療法	43	42.5	2.6
言語聴覚	40	40	1.3
視機能療法	40	42.5	1.4
放射線・情報科	42	45	4.2
▶医療福祉学部			
医療福祉・マネジメント	37	35	1.4
▶薬学部			
薬	45	45	2.5
▶医学部			
医	61	65	10.6
▶成田看護学部			
看護	44	50	8.7
▶成田保健医療学部			
理学療法	44	47.5	5.0
作業療法	43	45	2.4
言語聴覚	42	42.5	2.9
医学検査	43	47.5	4.6
放射線・情報科	43	50	15.1
▶赤坂心理・医療福祉マネジメント学部			
心理	43	40	2.5
医療マネジメント	40	BF	1.1
▶小田原保健医療学部			
看護	44	50	4.8
理学療法	43	45	5.2
作業療法	42	45	6.5
▶福岡保健医療学部			
看護	43	42.5	新
理学療法	43	42.5	3.9
作業療法	42	40	1.2
医学検査	42	40	2.5
▶福岡薬学部			
薬	44	45	4.3

- 駿台予備学校合格目標ラインは合格可能性80%に相当する駿台模試の偏差値です。
- 河合塾ボーダー偏差値は合格可能性50%に相当する河合塾全統模試の偏差値です。
- 競争率は受験者÷合格者の実質倍率。
- 医学部の競争率は受験者÷正規合格者。
- 医学部は一般選抜。

城西大学（じょうさいだい）

資料請求

問合せ先 入試課　☎049-271-7711

建学の精神

「協創力」のある人間を，大学での「学び」を通して育てるという「学問による人間形成」を建学の精神に，1965（昭和40）年に創立。文系３学科理系５学科を擁する埼玉県の私立大学では数少ない総合大学の１つとして，図書館をはじめとする総合大学ならではの充実した学びの環境。留学や語学教育などグローバルに活躍するための国際教育。地域について学び，地域の人々と協力して実践経験を積める学外での学びの場。学生生活から就職までを支援するきめ細かなサポート体制など，学生たちがチャレンジし，興味や可能性を広げられる環境があり，さらに2023年夏には，学びとコミュニケーションの核となる新しい拠点「JOSAI HUB」がグランドオープン。学びがチカラとなり，学生たちが未来を見つめられる施設・設備の充実に力を入れている。

- 埼玉坂戸キャンパス………〒350-0295　埼玉県坂戸市けやき台1-1
- 東京紀尾井町キャンパス…〒102-0093　東京都千代田区平河町2-3-24

基本データ

学生数▶7,139名（男5,274名，女1,865名）
専任教員数▶教授92名，准教授66名，助教58名
設置学部▶経済，現代政策，経営，理，薬

併設教育機関▶大学院—薬学（M・D），経済学・経営学・理学（以上M）　短期大学（P.215参照）

就職・卒業後の進路

就職率 94.4%（就職者÷希望者×100）

● **就職支援**　ゼミもしくは学科ごとに進路指導の時間を設け，有資格のキャリアカウンセラーが進路への意識形成と就職活動に向けた準備，直前対策などを実施。キャリアサポートセンターは企業研究会に力を入れ，優良企業とつながる貴重な機会となっている。

● **資格取得支援**　JUキャリアラウンジを設け，社会人になってから「自分の武器」になる各種資格対策講座を開講。教職課程センターでは，教員になるための資質の向上をモットーに，教員免許状の取得や教員採用試験の受験対策などさまざまなニーズに応えている。

進路指導者も必見 学生を伸ばす 面倒見

初年次教育	学修サポート
「フレッシュマンセミナー」を開講し，レポート・論文の書き方，プレゼン技法，ITの基礎技術などを修得するほか，論理的思考や問題発見・解決能力の向上を図っている	全学部でオフィスアワー制度，経済・経営・理・薬の４学部でTA制度を導入。また，学習面における個別指導や相談に応じるキャリアサポートセンターを設置している

オープンキャンパス（2022年度実績）　両キャンパスで５月・７月・８月・９月・10月・３月に計８回のオープンキャンパスを開催（完全予約制，定員あり）。学部・学科説明会，入試説明会，キャンパスツアー，個別相談など。

文系学部

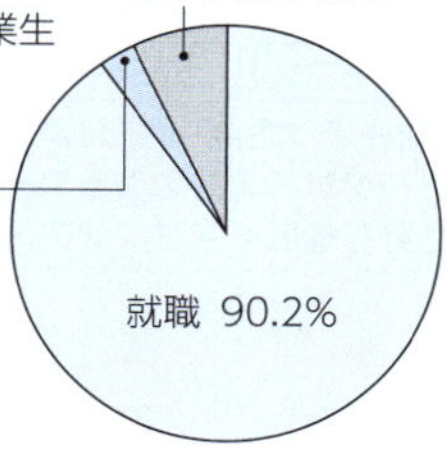

理系学部

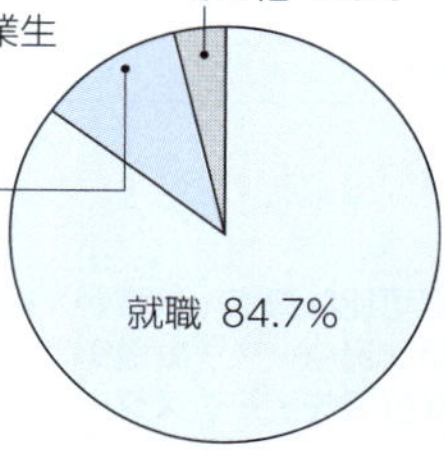

主なOB・OG▶［経済］竹中一博（バンダイ社長），［経済］矢都木二郎（麺屋武蔵社長），［経営］山口浩勢（陸上競技選手），［理］石切山英詔（ゲームプロデューサー），［薬］関伸治（セキ薬品会長）など。

国際化・留学　大学間 31 大学

受入れ留学生数▶168名（2022年５月１日現在）

留学生の出身国・地域▶中国，韓国，ベトナム，カンボジア，台湾など。

外国人専任教員▶教授３名，准教授５名，助教６名（2022年５月１日現在）

外国人専任教員の出身国▶韓国，中国，アメリカ，スロベニア，ミャンマーなど。

大学間交流協定▶31大学（交換留学先10大学，2022年９月１日現在）

海外への留学生数▶オンライン型13名／年（14カ国・地域，2021年度）　※複数国のオンラインプログラムに参加した学生あり。

海外留学制度▶コロナ禍の中，「英語研修＋SDGs」「英語研修＋Nutrition（栄養学）」「国際交流研修（ベトナム）」「国際グローバル研修（ハンガリー）」「Jump in 週末留学」といったプログラムをオンラインで実施。

学費・奨学金制度　給付型奨学金総額 年間 1,860 万円

入学金▶270,000円～

年間授業料（施設費等を除く）▶700,000円～（詳細は巻末資料参照）

年間奨学金総額▶18,600,000円

年間奨学金受給者数▶62人

主な奨学金制度▶成績優秀者対象の「城西大学・城西短期大学奨学生制度」，学校推薦型・総合型選抜受験者対象の「グローバルチャレンジ奨学金制度」，経済支援の「学校法人城西大学上原育英奨学金制度」などを設置。学費減免制度もあり，2021年度には15人を対象に総額で約1,168万円を減免している。

保護者向けインフォメーション

- **オープンキャンパス**　通常のオープンキャンパス時に「保護者説明会」を実施している。
- **広報誌**　「JOSAI GUIDE BOOK」や広報誌「城西」を発行している。
- **成績確認**　成績表を送付している。
- **父母後援会**　父母後援会を組織し，本学および全国各地区で地区懇談会を開催。会報誌「こまがわ」も発行している。
- **防災対策**　「防災ハンドブック」を入学時に配布。災害時の学生の安否は，ポータルサイトやはがきによる報告で確認するようにしている。
- **コロナ対策１**　ワクチンの職域接種を実施。「コロナ対策２」（下段）あり。

インターンシップ科目	必修専門ゼミ	卒業論文	GPA制度の導入の有無および活用例	１年以内の退学率	標準年限での卒業率
全学部で開講している	全学部で実施している	全学部卒業要件	奨学金や授業料免除対象者の選定基準として活用	非公表	非公表

● **コロナ対策２**　講義室の収容人数を調整・管理して行う対面授業とオンライン授業を感染状況に応じて併用。入構時に検温と消毒を実施。また，オンライン学習受講エリアを設置し，PC（推奨機）を補助した。

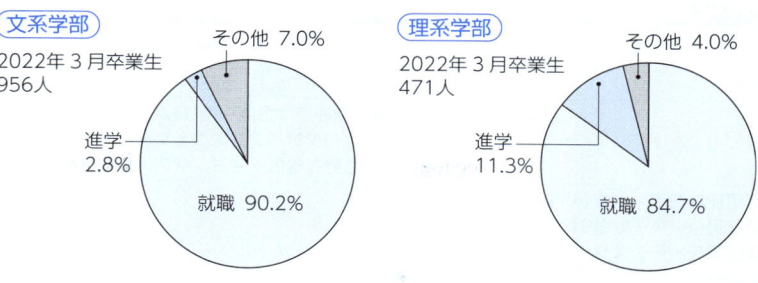

学部紹介&入試要項

学部紹介

学部／学科	定員	特色
経済学部		
経済	300	▷アジア・国際経済，企業・産業経済，金融・証券経済，地域・環境経済，データサイエンスの5コース。経済学だけでなくさまざまな分野を幅広く学び，グローバルな視野を養う。
● 取得可能な資格…教職(公・社)。 ● 進路状況…………就職91.9%　進学1.2% ● 主な就職先………スターツアメニティー，コニカミノルタホールディングス，東電不動産など。		
現代政策学部		
社会経済システム	250	▷公共政策，医療福祉政策，ビジネス法務，地域イノベーション，国際文化政策の5専攻分野。問題を発見し解決する力を身につけ，時代に求められる人材を育成する。
● 取得可能な資格…教職(公・社)。 ● 進路状況…………就職86.3%　進学4.9% ● 主な就職先………警視庁，埼玉縣信用金庫，ビバホーム，ベネッセスタイルケア，日高市役所など。		
経営学部		
マネジメント総合	500	▷社会におけるすべての組織に適合するマネジメントを学際的に研究・教育し，グローバルに物事をとらえる視覚とローカルな視点を持ったマネジメントの専門家を育成する。
● 取得可能な資格…教職(公・社・保体・情・商業)。 ● 進路状況…………就職91.1%　進学2.8% ● 主な就職先………アイリスオーヤマ，星野リゾート・マネジメント，東日本電信電話，ササキなど。		
理学部		
数	120	▷埼玉坂戸と東京紀尾井町の2キャンパス選択制(各60名)。埼玉坂戸は「純粋数学」を主軸に科目を開講。東京紀尾井町はコンピュータ科学をはじめ「応用数学」の科目が充実。
化	90	▷化学物質の構造や機能，反応などを系統的に理解し，有用な物質やデバイスを創成することで社会に貢献する。
● 取得可能な資格…教職(数・理・情)，測量士補など。 ● 進路状況…………就職87.0%　進学9.8% ● 主な就職先………トキコシステムソリューションズ，フジフーズ，日研トータルソーシングなど。		
薬学部		
薬	250	▷6年制。医薬分業と医療の高度化に対応できる「食」と「栄養」に強い，質の高い薬剤師を育成する。
薬科	50	▷4年制。生活者の視点に立って医薬品・化粧品・食品の研究を通して，人々の健康的な生活に貢献できる人材を育成する。
医療栄養	100	▷4年制。食品や料理だけでなく，医療，薬，サプリメントなどについても深く学び，食で健康を支え，薬のわかる管理栄養士を育成する。入学者の約2割が男子学生。
● 取得可能な資格…教職(理，栄養)，栄養士，薬剤師・管理栄養士受験資格など。 ● 進路状況…………[薬]就職93.6%　進学1.2%　[薬科・医療栄養]就職68.1%　進学28.4% ● 主な就職先………日本赤十字社，総合メディカル，杏林製薬，日清医療食品，明治，チチヤスなど。		

▶キャンパス

全学部……[埼玉坂戸キャンパス] 埼玉県坂戸市けやき台1-1
理(数)……[東京紀尾井町キャンパス] 東京都千代田区平河町2-3-24

キャンパスアクセス [埼玉坂戸キャンパス] 東武越生線—川角より徒歩10分／JR八高線—高麗川よりシャトルバス20分／西武池袋線—飯能よりシャトルバス40分／東武東上線—坂戸より女子学生専用シャトルバス25分

2023年度入試要項（前年度実績）

●募集人員

学部／学科（キャンパス）	一般A	一般A（共通併用）	一般B	一般C	共通Ⅰ期前期	共通Ⅰ期後期	共通Ⅱ期	共通Ⅲ期
▶経済　経済	50	4	20	5	40	15	8	5
▶現代政策　社会経済システム	40	5	5	5	30	10	8	5
▶経営　マネジメント総合	60	10	20	10	66	20	10	5
▶理　数（埼玉坂戸）	22	6	8	—	10	2	—	—
（東京紀尾井町）	22	6	8	—	10	2	—	—
化	20	3	3	3	20	3	3	3
▶薬　薬	60	5	15	—	20	5	2	若干名
薬科	12	2	5	若干名	5	2	2	若干名
医療栄養	10	2	6	若干名	5	5	2	若干名

▷一般選抜A日程・A日程共通テスト併用型・B日程・C日程において，経済学部・現代政策学部・経営学部による統一入試を実施。

経済学部・経営学部

一般選抜Ａ日程　②科目　①②**国・外・「地歴・公民・数」**（100×2）▶「国総・国表（古文・漢文を除く）」・「コミュ英Ⅰ・コミュ英Ⅱ・英表Ⅰ」・「世Ｂ・日Ｂ・政経・〈数Ⅰ・数Ⅱ・数Ａ〉から１」から２

一般選抜Ａ日程共通テスト併用型　〈共通テスト科目〉　①科目　①**地歴・公民・数**（100）▶世Ｂ・日Ｂ・地理Ｂ・現社・倫・政経・「倫・政経」・「数Ⅰ・数Ａ」・簿・情から１

〈独自試験科目〉　②科目　①**国**（100）▶国総・国表（古文・漢文を除く）　②**外**（100）▶コミュ英Ⅰ・コミュ英Ⅱ・英表Ⅰ

一般選抜Ｂ日程・Ｃ日程　②科目　①**国**（100）▶国総・国表（古文・漢文を除く）　②**外**（100）▶コミュ英Ⅰ・コミュ英Ⅱ・英表Ⅰ

共通テスト利用選抜Ⅰ期前期・後期～Ⅲ期　③～②科目　①②③**国・外・地歴・公民・数**（Ⅰ期前期100×3，Ⅰ期後期～Ⅲ期100×2）▶国（近代）・英（リスニングを含む）・「世Ｂ・日Ｂ・地理Ｂから１」・「現社・倫・政経・〈倫・政経〉から１」・「数Ⅰ・数Ａ」・「簿・情から１」からⅠ期前期は３，Ⅰ期後期～Ⅲ期は２

［個別試験］　行わない。

※共通テスト利用選抜の英語はリーディング80点・リスニング20点に換算。

現代政策学部

一般選抜Ａ日程　②科目　①②**国・外・「地歴・公民・数」**（100×2）▶「国総・国表（古文・漢文を除く）」・「コミュ英Ⅰ・コミュ英Ⅱ・英表Ⅰ」・「世Ｂ・日Ｂ・政経・〈数Ⅰ・数Ⅱ・数Ａ〉から１」から２

一般選抜Ａ日程共通テスト併用型　〈共通テスト科目〉　①科目　①**地歴・公民・数**（100）▶世Ｂ・日Ｂ・地理Ｂ・現社・倫・政経・「倫・政経」・「数Ⅰ・数Ａ」・簿・情から１

〈独自試験科目〉　②科目　①**国**（100）▶国総・国表（古文・漢文を除く）　②**外**（100）▶コミュ英Ⅰ・コミュ英Ⅱ・英表Ⅰ

一般選抜Ｂ日程・Ｃ日程　②科目　①**国**（100）▶国総・国表（古文・漢文を除く）　②**外**（100）▶コミュ英Ⅰ・コミュ英Ⅱ・英表Ⅰ

共通テスト利用選抜Ⅰ期前期・後期～Ⅲ期　③～②科目　①②③**国・外・地歴・公民・数・理**（100×2）▶国（近代）・英（リスニングを含む）・「世Ｂ・日Ｂ・地理Ｂから１」・「現社・倫・政経・〈倫・政経〉から１」・「数Ⅰ・数Ａ」・「簿・情から１」・「物基・化基・生基・地学基から２」・「物・化・生・地学から１」から２

［個別試験］　行わない。

※共通テスト利用選抜の英語はリーディング80点，リスニング20点に換算。

理学部

一般選抜Ａ日程　**【数学科】**　②科目　①**外**（100）▶コミュ英Ⅰ・コミュ英Ⅱ・英表Ⅰ　②**数**（200）▶数Ⅰ・数Ⅱ・数Ⅲ・数Ａ・数Ｂ（数列・ベク）

【化学科】　②科目　①**理**（150）▶「化基・化」・「生基・生」から１　②**外・数**（100）▶「コミュ英Ⅰ・コミュ英Ⅱ・英表Ⅰ」・「数Ⅰ・数Ⅱ・数Ａ・数Ｂ（数列・ベク）」から１

一般選抜Ａ日程共通テスト併用型　**【数学科】**　〈共通テスト科目〉　③科目　①**外**（50）▶英（リーディングのみ）　②③**数**（50×2）▶「数Ⅰ・数Ａ」・「数Ⅱ・数Ｂ」

〈独自試験科目〉　①科目　①**数**（150）▶数Ⅰ・

埼玉　城西大学

キャンパスアクセス　［東京紀尾井町キャンパス］東京メトロ有楽町線―麹町より徒歩3分／東京メトロ南北線・半蔵門線―永田町より徒歩5分／JR中央線・総武線―四ツ谷より徒歩10分

数Ⅱ・数Ⅲ・数A・数B
【化学科】〈共通テスト科目〉 2科目 ①外(100)▶英(リーディングのみ) ②数(100)▶「数Ⅰ・数A」・「数Ⅱ・数B」から1
〈独自試験科目〉 1科目 ①理(150)▶化基・化
一般選抜B日程 【数学科】 1科目 ①数(100)▶数Ⅰ・数Ⅱ・数Ⅲ・数A・数B
【化学科】 2科目 ①理(150)▶化基・化 ②調査書(100)
一般選抜C日程 【化学科】 B日程と同じ
共通テスト利用選抜Ⅰ期前期・後期 【数学科】〈A方式〉 5~4科目 ①外(150)▶英(リーディングのみ) ②③数(150×2)▶「数Ⅰ・数A」・「数Ⅱ・数B」 ④⑤国・理(150)▶国(近代)・「物基・化基・生基・地学基から2」・物・化・生・地学から1
[個別試験] 行わない。
〈B方式〉 3科目 ①外(200)▶英(リーディングのみ) ②③数(200×2)▶「数Ⅰ・数A」・「数Ⅱ・数B」
[個別試験] 行わない。
〈C方式〉 2科目 ①②数(300×2)▶「数Ⅰ・数A」・「数Ⅱ・数B」
[個別試験] 行わない。
※Ⅰ期後期はA方式のみ実施。
【化学科】 4~3科目 ①②③④外・数・理(100×2)▶英(リーディングのみ)・「〈数Ⅰ・数A〉・〈数Ⅱ・数B〉から1」・「化基・〈物基・生基・地学基から1〉」・「物・生から1」・化から3
※3科目以上を受験することを条件とし，高得点の2科目を判定に使用する。
[個別試験] 行わない。
共通テスト利用選抜Ⅱ期~Ⅲ期 【化学科】 Ⅰ期前期・後期と同じ

薬学部

一般選抜A日程 【薬学科】 2科目 ①理(100)▶「化基・化」・「生基・生」から1 ②外・数(100)▶「コミュ英Ⅰ・コミュ英Ⅱ・英表Ⅰ」・「数Ⅰ・数Ⅱ・数A・数B (数列・ベク)」から1
【薬科学科】 2科目 ①理(100)▶「化基・化」・「生基・生」から1 ②国・外・数(100)▶「国総・国表(古文・漢文を除く)」・「コミュ英Ⅰ・コミュ英Ⅱ・英表Ⅰ」・「数Ⅰ・数Ⅱ・数A・数B (数列・ベク)」から1
【医療栄養学科】 2科目 ①②外・理・「国・数」(100×2)▶「コミュ英Ⅰ・コミュ英Ⅱ・英表Ⅰ」・「〈化基・化〉・〈生基・生〉から1」・「〈国総・国表(古文・漢文を除く)〉・〈数Ⅰ・数Ⅱ・数A・数B (数列・ベク)〉から1」から2
一般選抜A日程共通テスト併用型 【薬学科】〈共通テスト科目〉 2~1科目 ①②外・数(100)▶英(リーディングのみ)・「〈数Ⅰ・数A〉・〈数Ⅱ・数B〉」から1
〈独自試験科目〉 1科目 ①理(100)▶「化基・化」・「生基・生」から1
【薬科学科】〈共通テスト科目〉 2~1科目 ①②国・外・数(100)▶国(近代)・英(リーディングのみ)・「〈数Ⅰ・数A〉・〈数Ⅱ・数B〉」から1
〈独自試験科目〉 1科目 ①理(100)▶「化基・化」・「生基・生」から1
【医療栄養学科】〈共通テスト科目〉 2~1科目 ①②国・外・数・理(100)▶国(近代)・英(リーディングのみ)・「数Ⅰ・数A」・「数Ⅱ・数B」・「化基・生基」・化・生から1
〈独自試験科目〉 1科目 ①国・外(100)▶「国総・国表(古文・漢文を除く)」・「コミュ英Ⅰ・コミュ英Ⅱ・英表Ⅰ」から1
一般選抜B日程 【薬学科・薬科学科】 2科目 ①理(100)▶「化基・化」・「生基・生」から1 ②面接(25)
【医療栄養学科】 1科目 ①国・理(100)▶「国総・国表(古文・漢文を除く)」・「化基・化」・「生基・生」から1
一般選抜C日程 【薬科学科】 2科目 ①小論文(100) ②面接(25)
【医療栄養学科】 3科目 ①小論文(100) ②面接(50) ③調査書(50)
共通テスト利用選抜Ⅰ期前期・後期~Ⅲ期 【薬学科】 3~2科目 ①理(100)▶物・化・生から1 ②③外・数(100)▶英(リーディングのみ)・「〈数Ⅰ・数A〉・〈数Ⅱ・数B〉」から1
[個別試験] 行わない。
【薬科学科】 3~2科目 ①理(100)▶化・生から1 ②③国・外・数(100)▶国(近代)・英(リーディングのみ)・「〈数Ⅰ・数A〉・〈数Ⅱ・数B〉」から1

［個別試験］ 行わない。
【医療栄養学科】 3〜2科目 ①②③**国・外・数・理**(100×2) ▶国(近代)・英(リーディングのみ)・「〈数Ⅰ・数A〉・〈数Ⅱ・数B〉から1」・「化基・生基」・化・生から2(化・生の2科目選択可)
［個別試験］ 行わない。

その他の選抜

総合型選抜(専願制・併願制)は経済学部61名，現代政策学部47名，経営学部70名，理学部10名，薬学部87名を募集。ほかに学校推薦型選抜(指定校制，附属校，スポーツ推薦)，総合型選抜卒業生子弟・子女入試，帰国生徒入試，社会人入試，外国人留学生入試を実施。

偏差値データ（2023年度）

●一般選抜A日程

学部／学科	2023年度 駿台予備学校 合格目標ライン	2023年度 河合塾 ボーダー偏差値	2022年度 競争率
▶経済学部			
経済	36	37.5	1.1
▶現代政策学部			
社会経済システム	35	35	1.1
▶経営学部			
マネジメント総合	36	40	2.6
▶理学部			
数(埼玉)	36	37.5	1.7
数(東京)	36	35	1.7
化	37	BF	1.1
▶薬学部			
薬	40	40	1.1
薬科	40	37.5	1.4
医療栄養	37	BF	1.1

● 駿台予備学校合格目標ラインは合格可能性80%に相当する駿台模試の偏差値です。
● 河合塾ボーダー偏差値は合格可能性50%に相当する河合塾全統模試の偏差値です。なお，化・薬・薬科学科はABC日程，医療栄養学科はAB日程の偏差値です。
● 競争率は受験者÷合格者の実質倍率

併設の教育機関　短期大学

城西短期大学

問合せ先　入試課
☎049-271-7711
所在地　埼玉県坂戸市けやき台1-1／東京都千代田区平河町2-3-24（キャンパス選択制）

学生数▶182名（男75名，女107名）
教員数▶教授4名，准教授6名

設置学科

●ビジネス総合学科（120）　職業，資格取得に直結する8種の専門ユニットから，自由に組み合わせて学ぶ体験型授業で，社会人基礎力を身につける。キャンパス選択制。

卒業後の進路

2022年3月卒業生 ▶ 128名
就職68名，進学50名，その他10名

女子栄養大学

資料請求

問合せ先 入試広報課 ☎049-282-7331

建学の精神

共に医師であった香川綾とその夫・省三が，病気を予防する栄養学に人生をかけて取り組む決意をして1933（昭和８）年に発足させた家庭食養研究会が女子栄養大学の前身。建学の精神である「食により人間の健康の維持・改善を図る」のもと，「全ては健康を求めるあらゆる人のために」を基本とした食と健康をテーマに，栄養学と保健学の教育と研究，食文化の探求と創造に力を注ぎ，多くの管理栄養士，栄養士，臨床検査技師，養護・家庭科・栄養教諭，食の専門家を送り出し，人々の健康維持・増進に貢献。現在では，専門学校から大学院まで有する，他に類を見ない「食」に関する総合学園へと発展している。“実践栄養学”を確立して90年。今までも，これからも，栄養教育のパイオニアとして人々の健康のために貢献できる人材を育成し続けていく。

● **坂戸キャンパス**……〒350-0288　埼玉県坂戸市千代田3-9-21

基本データ

学生数▶女1,982名

専任教員数▶教授37名，准教授25名，講師9名

設置学部▶栄養

併設教育機関▶大学院―栄養学（M・D，男女共学）　短期大学部（P.219参照）

就職・卒業後の進路

就職率 99.6%
就職者÷希望者×100

● **就職支援**　「病院，保健センター，福祉施設」「企業（開発職，総合職等）」「公務員」「学校教諭」など，希望に合わせた進路を実現するため，適切なアドバイスができる就職活動支援プログラムを用意。年に数回開催するガイダンス，テーマ別プログラム，個人面談などを行い，一人ひとりの希望と可能性に応じたキャリア形成を支援している。

● **資格取得支援**　合格者数全国１位を誇る管理栄養士国家試験対策では，高い専門性を持つ教員が，過去問題の研究や出題傾向の分析を行いながら，合格ラインを越えるまで徹底指導。本学教員による試験対策用のオリジナルテキストを使用するほか，スマートフォンによるモバイル学習も可能で，いつでもどこでも勉強に集中できる環境を整えている。

進路指導者も必見 学生を伸ばす 面倒見

初年次教育	学修サポート
「実践栄養学特論Ⅱ」「フレッシュマンセミナー」「保健養護特論」「食文化栄養学総論Ⅰ」「スタディスキルズ」などの科目を，各学科・専攻で開講している	TA制度，オフィスアワー制度を全学科で，学科により教員アドバイザー制度を導入。また，実践栄養学科でSA制度を導入し，国家試験対策の勉強だけでなく，調理学実習の実技試験対策などでもアドバイスしている

オープンキャンパス（2022年度実績） 5月，6月，7月，8月（4日間），10月に開催したほか，12月には高校１・２年生対象のオープンキャンパスを実施。平日および土曜日にも見学・個別相談を随時受け付けている。

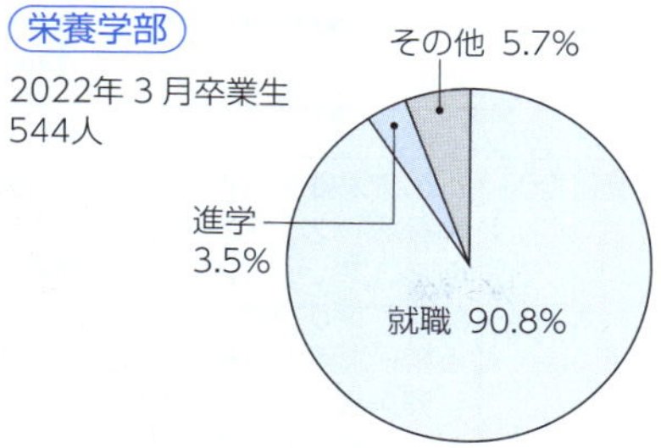

主なOG▶［栄養］藤井恵(料理研究家)，［栄養］弥冨秀江(ヘルスイノベーション代表)，［栄養］平野美由紀(食デザイナー)，［栄養］ DJみそしるとMCごはん(ミュージシャン)，［旧短大二部］石田ゆり子(女優)など。

国際化・留学　大学間 5 大学

受入れ留学生数▶４名（2022年10月１日現在）
留学生の出身国・地域▶中国，韓国，台湾。
外国人専任教員▶教授０名，准教授０名，講師０名（2022年10月１日現在）
大学間交流協定▶５大学（交換留学先１大学，2022年10月１日現在）
海外への留学生数▶０名／年（2021年度）
海外留学制度▶国際交流センターが主催する「オーストラリア栄養学・英語研修」「台湾・料理文化研修」，食文化栄養学科主催の「国際食活動フィールドワーク実習」，栄養科学専攻主催の「海外スポーツ栄養体験実習」などの研修プログラムを用意。協定留学の「ソウル国立大学校生活科学大学交換留学プログラム」なども行っている。

学費・奨学金制度　給付型奨学金総額 年間 1,425 万円

入学金▶261,000円～
年間授業料(施設費等を除く)▶817,000円～(詳細は巻末資料参照)
年間奨学金総額▶14,250,000円
年間奨学金受給者数▶304人
※総額，受給者数ともコロナ対応による臨時奨学金を含む。
主な奨学金制度▶「北郁子奨学基金奨学金」は，本学卒業生北郁子氏の「経済的理由のために母校で学ぶことができないことはないように，若い方々を支援し育成したい」との遺志を継いだ奨学金制度。このほか，「DNP奨学金」や「野口医学研究所奨学金」「香友会わかば奨学金」などの制度を設置している。

保護者向けインフォメーション

- **公開授業**　例年，前期授業や後期授業を保護者に公開している。
- **成績確認**　成績表を郵送している。
- **保護者の集い**　各学科・専攻で「保護者の集い」を開催し，取り組みと近況，就職について報告しているほか，年５回程度，全国各地でも保護者会を実施している。また，保護者会の会報誌「Bouquet（ブーケ）」も発行。
- **防災対策**　「危機管理の手引き」を入学時および新学期ごとに全学生に配布。被災時の学生の安否は，アプリやメールを利用して確認する。
- **コロナ対策**　教室の収容人数を調整して行う対面授業とオンライン授業を感染状況に応じて併用。また，PCR検査費用補助や実習前のアルバイト自粛補助なども行った。

インターンシップ科目	必修専門ゼミ	卒業論文	GPA制度の導入の有無および活用例	１年以内の退学率	標準年限での卒業率
食文化栄養学科で開講	食文化栄養学科で２年次に実施	食文化栄養学科は卒業要件	奨学金対象者選定・退学勧告・卒業判定・大学院入試選抜基準，留学候補者選考，個別の学修指導，履修上限単位数の設定に活用	1.5%	94.7%

学部紹介

学部／学科	定員	特色
栄養学部		
実践栄養	200	▷医療栄養系，福祉栄養系，地域栄養・食支援系，スポーツ栄養系，フードサービスマネジメント系，食品開発系の６つのプロフェッショナル科目群を配置し，深い知識と高度な技法を有する“栄養のプロ”として，リーダーシップを発揮できる管理栄養士を育成する。2022年２月に実施された第36回管理栄養士国家試験では229名が合格（合格率99.6％）し，10年連続合格者数全国１位を達成。
保健栄養	150	▷〈栄養科学専攻100名，保健養護専攻50名〉栄養科学専攻は臨床検査学，家庭科教職，健康スポーツ栄養，食品安全管理の４コース。現代社会のさまざまな場面やライフステージで「食による健康の維持・改善」を図ることのできる「栄養士資格を有する専門家」を養成する。家庭科教職と健康スポーツ栄養の２コースのみ，併修が可能。保健養護専攻では，栄養学から看護学まで幅広く学び，多面的に子どもを支援できる力を養う。
食文化栄養	87	▷食の社会文化，食のビジネス，食の表現，食の国際，調理・製菓プロフェッショナルの５コース。豊かで健康的な食生活の提案をはじめ，メニュー・商品開発，レストラン・カフェなどの企画・運営，食品のパッケージ制作，食育，食を通した地域活動などに役立つ実践的な知識を修得し，地域社会や食産業の発展を推進できる，新しい食の世界を創造する食の専門家を養成。調理・製菓プロフェッショナルコースは３年次に１年間，香川調理製菓専門学校で専門技術を身につける。

● **取得可能な資格**…教職（保健・看・家，養護一種，栄養），栄養士，臨床検査技師・管理栄養士受験資格など。
● **進路状況**…………就職90.8％　進学3.5％
● **主な就職先**………エームサービス，LEOC，グリーンハウス，はごろもフーズ，三井食品，武蔵野，ホームデリカ，ロック・フィールド，IMSグループ，サンヨー食品，教員など。

▶キャンパス

栄養……［坂戸キャンパス］埼玉県坂戸市千代田3-9-21

2023年度入試要項（前年度実績）

●募集人員

学部／学科（専攻）	一般1期	一般2期	一般3期	共通1期	共通2期
▶栄養　実践栄養	47	15	2	24	2
保健栄養（栄養科学）	26	8	2	10	1
（保健養護）	10	5	2	7	1
食文化栄養	15	3	1	10	1

栄養学部

一般選抜１期　2科目　①②外・理・「国・数」（100×2）▶「コミュ英Ⅰ・コミュ英Ⅱ」・「化基・生基（生物の多様性と生態系からの出題は除く）から１」・「〈国総（古文・漢文を除く）・現文Ｂ〉・〈数Ⅰ・数Ⅱ・数Ａ〉から１」から２

一般選抜２期　2科目　①理（100）▶化基・生基（生物の多様性と生態系からの出題は除く）から１　②国・外（100）▶「国総（古文・漢文を除く）・現文Ｂ」・「コミュ英Ⅰ・コミュ英Ⅱ」から１

一般選抜３期　2科目　①②国・外・理（200）

キャンパスアクセス　［坂戸キャンパス］東武東上線─若葉より徒歩3分

▶「国総(古文・漢文を除く)・現文Ｂ」・「コミュ英Ⅰ・コミュ英Ⅱ」・化基・生基(生物の多様性と生態系からの出題は除く)から２
※一般選抜１期・２期では各科目の得点を科目ごとに偏差値化し合計した数値を，３期では得点(素点)の合計を合否判定に使用する。また，「全体の学習成績の状況」を偏差値化し，１・２期では「科目試験」と「全体の学習成績の状況」の配点比率を20：１で，３期では得点(素点)の合計に全体の学習成績の状況を偏差値化したものを加え合否判定に使用する。なお，調査書が入手できない場合や，高卒認定合格者，大検合格者等は「学習成績の状況平均値」を本学の基準に照らし合否判定に加える。

共通テスト利用型１期・２期　3〜2科目　①国・外(100)▶国(近代)・英(リーディングのみ)から１　②③数・理(100)▶「数Ⅰ・数Ａ」・「数Ⅱ・数Ｂ」・「化基・生基」・化・生から１
[個別試験] 行わない。

その他の選抜

学校推薦型選抜(一般推薦)は実践栄養学科15名，保健栄養学科12名(栄養科学専攻５名，保健養護専攻７名)，食文化栄養学科３名を，学校推薦型選抜(公募推薦)は実践栄養学科20名，保健栄養学科５名(栄養科学専攻３名，保健養護専攻２名)，食文化栄養学科３名を，総合型選抜(アクティブ・ラーニング)は実践栄養学科20名，保健栄養学科29名(栄養科学専攻20名，保健養護専攻９名)，食文化栄養学科25名を募集。ほかに学校推薦型選抜(指定校推薦，卒業生子女推薦)，社会人特別入試，私費外国人留学生特別入試を実施。

偏差値データ (2023年度)

●一般選抜１期・２期

学部／学科／専攻	2023年度 駿台予備学校 合格目標ライン	2023年度 河合塾 ボーダー偏差値	2022年度 競争率
▶栄養学部			
実践栄養(１期)	42	50	2.7
(２期)	—	47.5	3.5
保健栄養/栄養科学(１期)	40	42.5	1.1
(２期)	—	42.5	2.8
／保健養護(１期)	42	50	2.4
(２期)	—	50	3.0
食文化栄養(１期)	39	35	1.0
(２期)	—	35	1.2

●駿台予備学校合格目標ラインは合格可能性80％に相当する駿台模試の偏差値です。
●河合塾ボーダー偏差値は合格可能性50％に相当する河合塾全統模試の偏差値です。
●競争率は受験者÷合格者の実質倍率

併設の教育機関　短期大学

女子栄養大学短期大学部

問合せ先　入試広報課
☎049-282-7331
所 在 地　東京都豊島区駒込3-24-3

学生数▶女241名
教員数▶教授９名，准教授５名，講師０名

設置学科

●**食物栄養学科**(160)　保育・福祉，病院・給食会社，フードビジネス，公務員，四大編入・進学の５つの専門フィールドをすべて学び，栄養士としての実践力を身につける。大学編入(３年次)希望者のための学園内推薦編入学制度も用意。

卒業後の進路

2022年３月卒業生▶125名
就職66名，大学編入学35名(うち他大学３名)，その他24名

東京国際大学

（とうきょうこくさい）

資料請求

問合せ先　入学センター　☎049-232-1116

建学の精神

「公徳心を体した真の国際人の育成」を創学理念に，未来に向かって「大志／Vision」を掲げ，行動する「勇気／Courage」を持ち，「知性／Intelligence」を磨き，国際社会が求める人材を育成するため，約90カ国の学生が集まり，全授業を英語で行うE-Track（英語学位プログラム）など，キャンパスにグローバル環境を創出。また，東京国際大学アメリカを開設し，姉妹校ウィラメット大学（オレゴン州）への留学を支援するほか，交換留学を推進する世界的組織ISEPに加盟。多様なプログラムで個人の実力と目的に応じて留学期間や留学先を選択でき，卒業生の７人に１人が留学を経験している。2023年９月開設の「池袋キャンパス」はグローバル教育機能を集約し，学生数3,500人のうち2,000人は100カ国を超える留学生で構成する予定。

- 第１キャンパス……〒350-1197　埼玉県川越市的場北1-13-1
- 第２キャンパス……〒350-1198　埼玉県川越市的場2509

基本データ

学生数▶6,266名（男4,238名，女2,028名）
専任教員数▶教授110名，准教授50名，講師89名
設置学部▶商，経済，言語コミュニケーション，国際関係，人間社会，医療健康
併設教育機関▶大学院―商学・経済学・臨床心理学（以上M・D），国際関係学（M）

就職・卒業後の進路

就職率 99.0%
就職者÷希望者×100

●**就職支援**　経験豊富な専門のコンサルタントが常駐する「就職支援デスク」を設置。個々の学生の希望をヒアリングし，特長や適性を生かして最適な企業の紹介・マッチングを行っている。また,「アスリート就職支援デスク」も設けられ，強化クラブなど，スポーツに取り組む学生の就職活動を支えている。

●**資格取得支援**　学生の資格取得をバックアップする「エクステンションセンター」を設けて，学内でさまざまな講座を実施。専門学校と変わらない充実した内容で，進路決定・資格取得に大きな成果を上げている。

進路指導者も必見 学生を伸ばす 面倒見

初年次教育	学修サポート
大学での学びの全体像を理解し，４年間を通じた学習体系のグランドデザインを描く「初年次演習」，パソコンの基本操作と情報セキュリティについて理解する「ICT基礎」のほか，「大学生活デザイン演習」を開講	全学部でTA制度，オフィスアワー制度を，さらに医療健康学部では，１人の教員が約８人の学生を担当する教員アドバイザー制度を導入。また，英語４技能の習得に理想的な空間「English PLAZA」を設置している

オープンキャンパス（2022年度実績）　対面型オープンキャンパスを６月から８月にかけて５日間開催（予約制。保護者対象説明会など一部予約不要）。学部学科紹介，個別相談，体験授業，入試説明，キャンパスツアーなど。

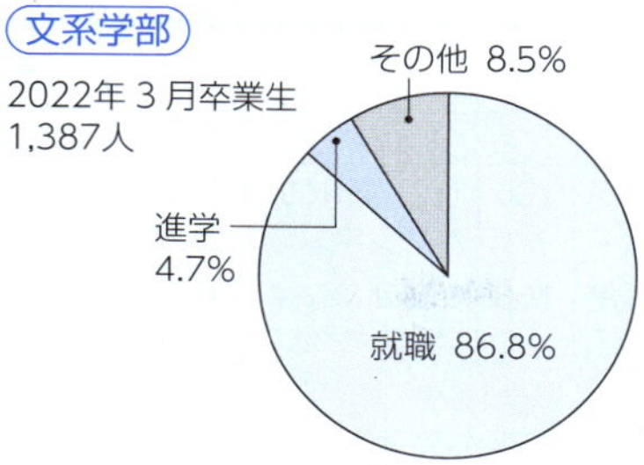

主なOB・OG▶［商］西見雄一郎（鷺宮製作所会長），［商］池田洋人（ALiNKインターネット社長），［商］吉田英男（神奈川県三浦市長），［商］横山秀夫（小説家），［商］宮本浩次（ロックミュージシャン）など。

国際化・留学　大学間 287 大学等

受入れ留学生数▶1,443名（2022年５月１日現在）
留学生の出身国▶ベトナム，インドネシア，バングラデシュ，中国，ネパールなど。
外国人専任教員▶教授12名，准教授18名，講師52名（2022年５月１日現在）
外国人専任教員の出身国▶アメリカ，カナダ，インド，中国，韓国など。
大学間交流協定▶287大学・機関（交換留学先286大学，2022年５月１日現在）
海外への留学生数▶渡航型21名・オンライン型８名／年（６カ国・地域，2021年度）
海外留学制度▶姉妹校のウィラメット大学の一員として約半年間・１年間にわたって学ぶアメリカンスタディーズ・プログラム（ASP）には，1989年のプログラム開講以来約3,300名もの学生が参加。このほか，ISEP加盟大学や，独自に国際交流協定を結んでいる協定校への交換留学，セメスター語学留学，海外ゼミナール（短期留学）など，多彩な留学プログラムを用意している。ASP参加者や留学試験成績優秀者への奨学金も充実。

学費・奨学金制度　奨学金・学費減免総額 年間約 7 億 3,473 万円

入学金▶250,000円
年間授業料（施設費等を除く）▶850,000円～（詳細は巻末資料参照）
年間奨学金・学費減免総額▶734,728,500円
年間奨学金受給者数▶1,559人
主な奨学金制度▶入学金と４年間の学費が全額免除（２年次以降は成績基準あり）となる「特待生A」と，初年度の授業料が全額免除となる「特待生B」を募集する「特待生入試奨学金」，学業成績，家計状況を踏まえ選考し，授業料の半額を免除する「東京国際大学修学支援奨学金」などの制度を設置している。

保護者向けインフォメーション

●**成績確認**　成績表を郵送するほか，問い合わせに応じて，出席状況の情報も提供している。
●**広報紙**　「東京国際大学 広報」を年３回発行している。
●**防災対策**　災害時の学生の安否は，ポータルサイトを利用して確認するようにしている。
●**コロナ対策１**　ワクチンの職域接種を実施。感染状況に応じた４段階のBCP（行動指針）を設定。「コロナ対策２」（下段）あり。

インターンシップ科目	必修専門ゼミ	卒業論文	GPA制度の導入の有無および活用例	１年以内の退学率	標準年限での卒業率
文系学部で開講している	文系学部で１年次，医療健康学部で１～３年次に実施	医療健康学部は卒業要件	奨学金等対象者の選定・退学勧告・卒業判定基準，留学候補者選考，個別の学修指導のほか，GPAに応じた履修上限単位数の設定に活用	非公表	非公表

●**コロナ対策２**　大学入構時，授業受講時等のガイドラインを設け，キャンパス内収容人数を制限。また，オンライン授業を併用し，受講場所の確保，学内Wi-Fiの整備などを行った。

学部紹介

学部／学科	定員	特色
商学部		
商	100	▷国内外に広がる「市場」について専門的に学びながら，多彩なビジネス分野で活躍できる人材を育成する。
経営	160	▷最新のマネジメントを実践するために必要となる経営，会計・ファイナンス，情報に関連した科目を中心に学ぶ。
●**進路状況**…………就職87.4%　進学1.9% ●**主な就職先**………アイリスオーヤマ，東京海上日動火災保険，アパホテル，ヤマト運輸，島忠など。		
経済学部		
経済	475	▷〈現代経済専攻185名，ビジネスエコノミクス専攻290名〉E-Track生と合同の授業を一部展開。
●**進路状況**…………就職82.4%　進学8.4% ●**主な就職先**………東日本旅客鉄道，パソナグループ，アマゾンジャパン，丸大食品，東邦銀行など。		
言語コミュニケーション学部		
英語コミュニケーション	250	▷言語と文化，英語ビジネス，英語教育の３履修モデル。コミュニケーションを重視しつつ，多角的な英語を学ぶ。
●**取得可能な資格**…教職（英）など。　●**進路状況**…………就職90.3%　進学1.8% ●**主な就職先**………星野リゾート・マネジメント，USEN-NEXT HOLDINGS，ディップ，教員など。		
国際関係学部		
国際関係	310	▷実際の現場に立ち，問題の本質を見つめながら，国際社会にチャレンジする知恵を深め，行動力を養う。
国際メディア	60	▷メディア，ツーリズム，コミュニケーションの３つを柱に，「人と人をつなぐ人材」を育成する。
●**進路状況**…………就職78.7%　進学10.0% ●**主な就職先**………ファーストリテイリンググループ，日本生命保険，アパホテル，佐川急便など。		
人間社会学部		
福祉心理	45	▷福祉と心理の両面から子ども，高齢者，障がい者を支援する専門性と総合力を併せ持つ人材を育成する。
人間スポーツ	245	▷健康の維持・増進への社会的ニーズに応え，幅広い世代・レベルに対応できる運動・スポーツ指導のエキスパートを育成。
スポーツ科	210	▷スポーツを多様な視点から科学的に探究し，第一線で活躍できるトップアスリート，指導者を育成する。
●**取得可能な資格**…教職（保体）など。　●**進路状況**…………就職92.5%　進学1.9% ●**主な就職先**………大成建設，コナミスポーツクラブ，Apple Japan，教員，警察官，消防官など。		
医療健康学部		
理学療法	80	▷医療・福祉分野のみならず，健康増進・介護予防分野においても活躍できる理学療法士を育成する。
●**取得可能な資格**…理学療法士受験資格など。 ●**主な就職先**………2021年度開設のため卒業生はいない。		

キャンパス

商・経済・言語コミュニケーション・国際関係・医療健康…［第１キャンパス］ 埼玉県川越市的場北1-13-1
人間社会……［第２キャンパス］ 埼玉県川越市的場2509
※2023年９月に池袋キャンパスが開設し，商学部（選択コースによる）および経済学科，英語コミュニケーション学科，国際関係学科の2023年度入学生は２年次より池袋キャンパスに移転予定。

キャンパスアクセス ［第１キャンパス］ 東武東上線―霞ヶ関より徒歩５分／JR川越線―的場より徒歩13分

2023年度入試要項（前年度実績）

●募集人員

学部／学科（専攻）	全学部 Ⅰ～Ⅳ期	学部／学科（専攻）	全学部 Ⅰ～Ⅳ期
▶商　商	30	▶国際関係　国際関係	60
経営	50	国際メディア	15
▶経済　経済（現代経済）	60	▶人間社会　福祉心理	10
（ビジネスエコノミクス）	8	人間スポーツ	60
▶言語コミュニケーション　英語コミュニケーション	80	スポーツ科	50
		▶医療健康　理学療法	20

▷全学部統一入試全期において，東京都および埼玉県以外の受験生は，オンライン試験（在宅CBT方式）の受験も選択可能。

商学部・経済学部・言語コミュニケーション学部・国際関係学部・人間社会学部

全学部統一入試Ⅰ期・Ⅱ期・Ⅲ期・Ⅳ期（３教科方式）　③科目　①国（100）▶国総（現文）　②外（言語150・その他の学部100）▶コミュ英Ⅰ・コミュ英Ⅱ・コミュ英Ⅲ・英表Ⅰ・英表Ⅱ　③地歴・公民・数・理（100）▶世Ｂ・日Ｂ・政経・「数Ⅰ・数Ａ」・物基・化基・生基から１，ただし理は人間社会学部のみ選択可（Ⅰ期～Ⅲ期），また地歴・公民はⅠ期のみ選択可，Ⅳ期は全学部が数必須

全学部統一入試Ⅰ期・Ⅱ期・Ⅲ期・Ⅳ期（２教科方式）　②科目　①②国・外・地歴・公民・数・理（言語〈外200・他１科目100〉・その他の学部150×2）▶国総（現文）・「コミュ英Ⅰ・コミュ英Ⅱ・コミュ英Ⅲ・英表Ⅰ・英表Ⅱ」・世Ｂ・日Ｂ・政経・「数Ⅰ・数Ａ」・物基・化基・生基から商・経済・言語コミュニケーション・国際関係の４学部は外を含む２，人間社会学部は国・外のいずれかを含む２教科２科目，ただし理は人間社会学部のみ選択可（Ⅰ期～Ⅲ期），また地歴・公民はⅠ期のみ選択可（Ⅳ期の試験科目は国・外・数の３科目）

医療健康学部

全学部統一入試Ⅰ期・Ⅱ期・Ⅲ期・Ⅳ期　③科目　①国・外（150）▶国総（現文）・「コミュ英Ⅰ・コミュ英Ⅱ・コミュ英Ⅲ・英表Ⅰ・英表Ⅱ」から１　②数・理（150）▶「数Ⅰ・数Ａ」・物基・化基・生基から１，ただしⅣ期は数必須　③面接（グループ面接）

その他の選抜

共通テスト利用入試は商学部80名，経済学部68名，言語コミュニケーション学部80名，国際関係学部75名，人間社会学部95名，医療健康学部20名を募集。ほかに公募制推薦入試，指定校制推薦入試，スポーツ推薦入試，公募制スポーツ推薦入試，吹奏楽団推薦入試，AO入試，資格者AO入試，グローバルコース入試，グローバルビジネスコース入試，グローバルデータサイエンスコース入試，データサイエンスコース入試，特待生入試，アメリカ留学（ASP）特待生入試，特定校特待生入試，E-Track入試，帰国生入試，社会人入試，外国人留学生入試を実施。

偏差値データ（2023年度）

●全学部統一入試Ⅰ期

学部／学科／専攻	2023年度 駿台予備学校 合格目標ライン	2023年度 河合塾 ボーダー偏差値	2022年度 競争率
▶商学部			
商	34	35～37.5	1.4
経営	34	35～37.5	1.6
▶経済学部			
経済／現代経済	34	37.5	2.0
／ビジネスエコノミクス	34	37.5	1.9
▶言語コミュニケーション学部			
英語コミュニケーション	40	35	1.2
▶国際関係学部			
国際関係	36	37.5	1.3
国際メディア	36	37.5	1.3
▶人間社会学部			
福祉心理	39	37.5	1.2
人間スポーツ	37	35	1.4
スポーツ科	37	35	1.3
▶医療健康学部			
理学療法	36	37.5	1.2

●駿台予備学校合格目標ラインは合格可能性80％に相当する駿台模試の偏差値です。
●河合塾ボーダー偏差値は合格可能性50％に相当する河合塾全統模試の偏差値です。
●競争率は受験者÷合格者の実質倍率

獨協大学（どっきょう）

資料請求

問合せ先 入試課　☎048-946-1900

建学の精神

法律，政治経済，医薬，科学をはじめとするドイツの学問や文化を学び取り，日本の近代化，国際化に貢献する人材の育成を目的に，1883（明治16）年に創設された「獨逸学協会学校」を源流に，1964（昭和39）年，獨協学園創立80周年を機に設立。外国人学生のための日本語教育を含め，現在16言語の教育体制を整え，外国語の運用能力はもちろん，経済知識，リーガルマインドを備えた人材の育成と国際化に対応した教育に努めている。獨逸学協会学校創設から139年経た今も，国際的視野に立つ人間形成の精神は受け継がれ，「大学は『学問＝Wissenschaft（ヴィッセンシャフト）』を通じての人間形成の場である」という建学理念のもと，「語学」「教養」「専門」の３つの学びで，獨協大学はこれからも，主体的に未来を切り拓く人を育成していく。

● 獨協大学キャンパス……〒340-8585　埼玉県草加市学園町1-1

基本データ

学生数▶8,147名（男4,461名，女3,686名）
専任教員数▶教授140名，准教授44名，講師18名

設置学部▶外国語，国際教養，経済，法
併設教育機関▶大学院—法学・外国語学・経済学（以上M・D）

就職・卒業後の進路

就職率 94.2%（就職者÷希望者×100）

● **就職支援**　キャリアセンターでは，就職率だけではなく，学生一人ひとりの満足度を特に重視し，全学生が多彩な経験を通して，自分らしいキャリアデザインを描く４年間を過ごすために「自分を磨く講座」から「就職に役立つ講座」まで，１年次から受講できる50講座，約300コマの実践的な講座・プログラムを開講している。また，就職イベントをオンライン開催するなど，コロナ禍においても就職活動支援で獨協生を強力にサポート。

● **資格取得支援**　公務員，総合旅行業務取扱管理者，法学検定，簿記検定，宅地建物取引士，秘書検定，ファイナンシャル・プランニング，公認会計士など，キャンパス内で受講できる資格講座を多数開講し，授業の合間や放課後に効率的に学ぶことができる。

進路指導者も必見 学生を伸ばす 面倒見

初年次教育	学修サポート
「基礎演習」（外国語・国際教養），「クラスセミナー」（経済），「入門演習」（法）といったゼミや全学共通実践科目によって，論文の書き方やプレゼン技術，課題発見と解決の方法などの知識と技術を磨いている	全学部でTA制度，オフィスアワー制度，教員アドバイザー制度を導入。また，教育研究支援センターでドイツ語・フランス語相談を行っているほか，英語学習サポートルームや自律学習スペース「CLEAS」なども設置

オープンキャンパス（2022年度実績）　6月，8月（4日間），10月に実施（事前申込制，定員制，保護者同伴可）。入試制度説明会，大学紹介，学部・学科体験，学生トークライブ，キャンパスツアー，個別相談コーナーなど。

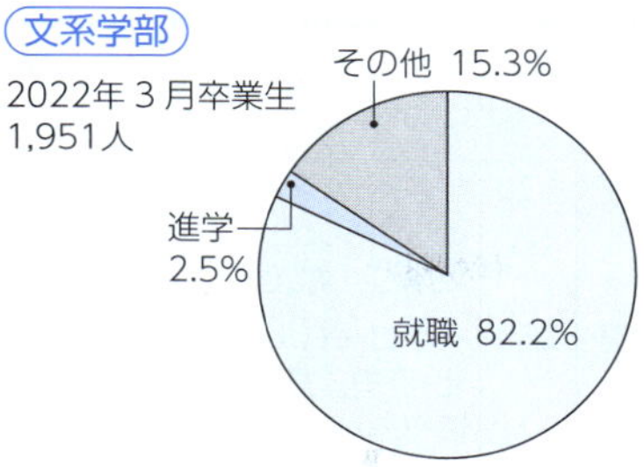

主なOB・OG ▶ [法] 高島宗一郎（福岡県福岡市長），[法] 蛯原哲（日本テレビアナウンサー），[経済] 田口義隆（セイノーホールディングス代表取締役社長），[経済] 並木秀尊（プロ野球選手）など。

国際化・留学　大学間 53 大学等・部局間 2 大学

受入れ留学生数 ▶ 79名（2022年10月１日現在）

留学生の出身国・地域 ▶ 中国，ドイツ，韓国，イギリス，台湾など。

外国人専任教員 ▶ 教授11名，准教授７名，講師２名（2022年５月１日現在）

外国人専任教員の出身国 ▶ アメリカ，韓国，ドイツ，中国，スペインなど。

大学間交流協定 ▶ 53大学・機関（交換留学先45大学，2022年10月１日現在）

部局間交流協定 ▶ ２大学（交換留学先１大学，2022年10月１日現在）

海外への留学生数 ▶ 渡航型20名・オンライン型２名／年（９カ国・地域，2021年度）

海外留学制度 ▶ 交換留学（協定校への留学）と認定留学（個人で選んだ大学への留学）の２タイプがある長期留学制度と，夏季と春季に海外で実施する「短期集中外国語研修」（短期協定校留学，短期認定留学）を用意し，全学生に留学を推奨している。

学費・奨学金制度　給付型奨学金総額 年間 9,168 万円

入学金 ▶ 270,000円

年間授業料（施設費等を除く）▶ 760,000円（詳細は巻末資料参照）

年間奨学金総額 ▶ 91,680,000円

年間奨学金受給者数 ▶ 185人

主な奨学金制度 ▶「獨協大学一種奨学金」「獨協大学父母の会奨学金」「中村甫尚・惠卿奨学金」「獨協大学応急奨学金」など独自の奨学金制度はすべて給付型で返還不要。2021年度は，新入生の出願者の２人に１人が受給。

保護者向けインフォメーション

● **広報誌**　「獨協大学ニュース」（年４回発行）を全保証人に郵送。「父母の栞」も発行。

● **成績確認**　成績通知表を送付している。

● **父母の会**　「父母の会」があり，父母懇談会や交流会（学内外会場）を開催し，懇談会の企画として就職に関する講演も行っている。また，「会報」も発行している。

● **防災対策**　「獨協大学携帯用防災マニュアル」を入学時に配布。災害時の学生の安否は，アプリおよびポータルサイトを利用して確認する。

● **コロナ対策１**　教室の収容人数を調整して行う対面授業とオンライン授業を感染状況に応じて併用。「コロナ対策２」（下段）あり。

インターンシップ科目	必修専門ゼミ	卒業論文	GPA制度の導入の有無および活用例	１年以内の退学率	標準年限での卒業率
全学部で開講	法学部を除き，実施	国際教養学部は卒業要件	奨学金対象者の選定や留学候補者の選考のほか，一部の学部で学生に対する個別の学修指導，大学院入試の選抜に活用	1.6%	97.8%

● **コロナ対策２**　学内の自習スペースを拡大し，フリースペースで利用できるPCを増設。言語学習サポートとして，チャットルームのオンライン対応を図った。また，キャンパス内の入退構をログ管理し，入退構門を制限。

学部紹介

学部／学科	定員	特色
外国語学部		
ドイツ語	120	▷言語・文学・思想研究，芸術・文化研究，現代社会・歴史研究の３コース。ドイツ語圏の社会や文化を全国最大規模の環境で学び，高い語学力と専門知識，論理的思考力を身につける。
英語	250	▷グローバル社会，メディア・コミュニケーション，文学・文化・歴史，言語・教育の４コース。「海外留学と国際理解」「国際ツーリズム論」など，進路に関わりの深い科目も用意。
フランス語	95	▷フランス語コミュニケーション，フランス芸術文化，フランス現代社会の３コース。国内最大の教員数を誇る環境で，幅広い分野から生きた知識を吸収する。
交流文化	100	▷語学とツーリズムを融合させ，「交流する文化」を学ぶ。「英語プラス１言語」を学ぶ充実の語学カリキュラムを用意。
● **取得可能な資格**…教職（英・独・仏），司書，司書教諭。 ● **進路状況**…………就職77.1％　進学4.6％ ● **主な就職先**………伊藤園，星野リゾート・マネジメント，アマゾンジャパン，楽天グループなど。		
国際教養学部		
言語文化	150	２言語併習（英語とスペイン語・中国語・韓国語）と８研究科目群（スペイン・ラテンアメリカ，中国，韓国，日本，言語教育，グローバル社会，人間発達科学，総合科学）で幅広い学びを実現。他国に加え，日本を知る授業も充実。
● **取得可能な資格**…教職（地歴・公・社・英），司書，司書教諭。 ● **進路状況**…………就職77.8％　進学3.7％ ● **主な就職先**………三井不動産商業マネジメント，東映アニメーション，NTTドコモ，大王製紙など。		
経済学部		
経済	280	▷経済理論，総合政策，国際経済の３コース。グローバル社会をリードする，外国語能力と思考力を養成する。
経営	280	▷マネジメント，ビジネス，会計，情報の４コース制で実践的な教育を行うとともに，外国語教育を特に重視。“使える経営学”と多言語で，ビジネスの今に切り込む。
国際環境経済	120	▷環境経済，国際政策の２コース。持続可能な社会の実現をめざして，地域社会や国際社会に貢献できる人材を育成する。
● **取得可能な資格**…教職（地歴・公・社・情），司書，司書教諭。 ● **進路状況**…………就職85.2％　進学1.2％ ● **主な就職先**………SUBARU，帝国データバンク，りそなホールディングス，アシックス商事など。		
法学部		
法律	210	▷行政法務，企業法務，法曹の３コース。自ら問題を発見し，解決することのできる「法的思考」と「語学力」を身につけたスペシャリストを育成する。
国際関係法	75	▷国際社会の問題を法学と政治学の視点から考察し，研究する。英語の授業数が法律学科の1.5倍開講されるなど，国際社会で活躍する手段としての英語教育にも力を入れている。
総合政策	70	▷「政策・地域」「政治・基礎法」「法律」を三本柱に政治学・法学の知識や分析法を駆使して，国際的なセンスで日本の未来を構築できる人材を育成する。

キャンパスアクセス ［獨協大学キャンパス］ 東京メトロ日比谷線・半蔵門線直通東武スカイツリーライン
—獨協大学前（草加松原）より徒歩5分

● **取得可能な資格**…教職（地歴・公・社），司書，司書教諭。
● **進路状況**…………就職86.2％　進学1.2％
● **主な就職先**………清水建設，伊藤忠食品，ニトリ，TOHOシネマズ，千葉地方検察庁，警察官など。

キャンパス

全学部……［獨協大学キャンパス］埼玉県草加市学園町1-1

2023年度入試要項（前年度実績）

●募集人員

学部／学科（専攻）		一般学科別	一般全学（前期）	一般全学（後期）
▶外国語	ドイツ語	2科30 外検5	25	若干名
	英語	2科60 外検15	60	15
	フランス語	2科30 外検5	10	若干名
	交流文化	2科30 外検5	30	若干名
▶国際教養	言語文化	3科30 外検5	35	5
▶経済	経済	3科60 外検20	65	若干名
	経営	3科60 外検20	65	若干名
	国際環境経済	3科25 外検5	30	若干名
▶法	法律	55	40	若干名
	国際関係法	20	15	若干名
	総合政策	20	15	若干名

※一般学科別は「一般入試２・３科目学科別／外検＋」。ただし，法学部は外検＋を実施せず，３科目型と外部検定試験活用型を行い，試験区分を出願時に選択する（併願は不可）。一般全学（前期）は「一般入試２科目全学統一（前期）」。一般全学（後期）は「一般入試２科目全学統一（後期）」で，英語・国語型と共通テスト併用型を行い，出願時に試験区分を選択する（併願は不可）。
※次のように略しています。科目→科。

▷外検＋と法学部外部検定試験活用型は各学科が指定する外部検定試験の基準以上の資格をいずれか１つ満たしていることを出願資格とする。また，外検＋は，一般入試２・３科目学科別で出願した学科と同一学科に限り併願ができる。

外国語学部

一般入試２科目学科別　**【ドイツ語学科】**　②科目　①**国**（100）▶国総（近代）・現文Ｂ　②**外**（200）▶「コミュ英Ⅰ・コミュ英Ⅱ・コミュ英Ⅲ」・独から１
※英語受験者は，各科目の得点を偏差値換算し，偏差値の合計で判定する（ドイツ語受験者は素点）。ただし，外国語（英語）の偏差値を２倍にして計算する。
【英語学科・交流文化学科】　②科目　①**外**（200）▶コミュ英Ⅰ・コミュ英Ⅱ・コミュ英Ⅲ　②**国・外**（100）▶「国総（近代）・現文Ｂ」・Reading&Writing（コミュ英Ⅰ・コミュ英Ⅱ・コミュ英Ⅲ・英表Ⅰ・英表Ⅱ）から１
※各科目の得点を偏差値換算し，偏差値の合計で判定する。ただし，必須の外国語（英語）の偏差値を２倍にして計算する。
【フランス語学科】　②科目　①**国**（100）▶国総（近代）・現文Ｂ　②**外**（200）▶「コミュ英Ⅰ・コミュ英Ⅱ・コミュ英Ⅲ」・仏から１
※英語受験者は，各科目の得点を偏差値換算し，偏差値の合計で判定する（フランス語受験者は素点）。ただし，外国語（英語）の偏差値を２倍にして計算する。
一般入試外検＋　※ドイツ語学科とフランス語学科は一般入試２科目学科別で受験した国語を，英語学科と交流文化学科は国語またはＲ＆Ｗを判定に使用する。配点はいずれも100点。
一般入試２科目全学統一（前期）　②科目　①**外**（200）▶コミュ英Ⅰ・コミュ英Ⅱ・コミュ英Ⅲ　②**国・地歴・公民・数**（100）▶「国総（近代）・現文Ｂ」・世Ｂ・日Ｂ・「地理Ａ・地理Ｂ」・政経・「数Ⅰ・数Ⅱ・数Ａ・数Ｂ」から１
※各科目の得点を偏差値換算し，偏差値の合計で判定する。ただし，外国語は偏差値を２倍にして計算する。
一般入試２科目全学統一（後期〈英語・国語

型〉〉 2科目 ①国(100)▶国総(近代)・現文B ②外(100)▶コミュ英Ⅰ・コミュ英Ⅱ・コミュ英Ⅲ
※各科目の得点を偏差値換算し，偏差値の合計で判定する。
一般入試２科目全学統一(後期〈共通テスト併用型〉〉 〈共通テスト科目〉 1科目 ①国・地歴・公民・数(100)▶国(近代)・世A・世B・日A・日B・地理A・地理B・現社・倫・政経・「倫・政経」・数Ⅰ・「数Ⅰ・数A」・数Ⅱ・「数Ⅱ・数B」・簿・情から１
〈個別試験科目〉 1科目 ①外(100)▶コミュ英Ⅰ・コミュ英Ⅱ・コミュ英Ⅲ
※素点の合計で判定する。

国際教養学部

一般入試３科目学科別 3科目 ①国(100)▶国総(近代)・現文B ②外(200)▶コミュ英Ⅰ・コミュ英Ⅱ・コミュ英Ⅲ ③地歴・公民・数(100)▶世B・日B・「地理A・地理B」・政経・「数Ⅰ・数Ⅱ・数A・数B」から１
※各科目の得点を偏差値換算し，偏差値の合計で判定する。ただし，外国語は偏差値を２倍にして計算する。
一般入試外検＋ ※一般入試３科目学科別で受験した英語を除く２科目を判定に使用する。配点は200点。
一般入試２科目全学統一(前期) 2科目 ①外(100)▶コミュ英Ⅰ・コミュ英Ⅱ・コミュ英Ⅲ ②国・地歴・公民・数(100)▶「国総(近代)・現文B」・世B・日B・「地理A・地理B」・政経・「数Ⅰ・数Ⅱ・数A・数B」から１
※各科目の得点を偏差値換算し，偏差値の合計で判定する。
一般入試２科目全学統一(後期〈英語・国語型〉〉 2科目 ①国(100)▶国総(近代)・現文B ②外(100)▶コミュ英Ⅰ・コミュ英Ⅱ・コミュ英Ⅲ
※各科目の得点を偏差値換算し，偏差値の合計で判定する。
一般入試２科目全学統一(後期〈共通テスト併用型〉〉 〈共通テスト科目〉 2~1科目 ①②国・地歴・公民・数・理(100)▶国(近代)・国(古文・漢文)・世A・世B・日A・日B・地理A・地理B・現社・倫・政経・「倫・政経」・数Ⅰ・「数Ⅰ・数A」・数Ⅱ・「数Ⅱ・数B」・簿・情・「物基・化基・生基・地学基から２」・物・化・生・地学から１
〈個別試験科目〉 1科目 ①外(100)▶コミュ英Ⅰ・コミュ英Ⅱ・コミュ英Ⅲ
※素点の合計で判定する。

経済学部

一般入試３科目学科別 3科目 ①国(100)▶国総(近代)・現文B ②外(経済・経営100，国際環境経済200)▶コミュ英Ⅰ・コミュ英Ⅱ・コミュ英Ⅲ ③地歴・公民・数(100)▶世B・日B・「地理A・地理B」・政経・「数Ⅰ・数Ⅱ・数A・数B」から１
※各科目の得点を偏差値換算し，偏差値の合計で判定する。ただし，国際環境経済学科の外国語については，偏差値を２倍にして計算する。
一般入試外検＋ ※一般入試３科目学科別で受験した英語を除く２科目のうち，高偏差値の１科目を判定に使用する。配点は100点。
一般入試２科目全学統一(前期) 2科目 ①外(経済・経営100，国際環境経済200)▶コミュ英Ⅰ・コミュ英Ⅱ・コミュ英Ⅲ ②国・地歴・公民・数(100)▶「国総(近代)・現文B」・世B・日B・「地理A・地理B」・政経・「数Ⅰ・数Ⅱ・数A・数B」から１
※各科目の得点を偏差値換算し，偏差値の合計で判定する。ただし，経済学科と経営学科は高偏差値の科目いずれか１科目を，国際環境経済学科は外国語の偏差値を２倍にして計算する。
一般入試２科目全学統一(後期〈英語・国語型〉〉 2科目 ①国(100)▶国総(近代)・現文B ②外(100)▶コミュ英Ⅰ・コミュ英Ⅱ・コミュ英Ⅲ
※各科目の得点を偏差値換算し，偏差値の合計で判定する。
一般入試２科目全学統一(後期〈共通テスト併用型〉〉 〈共通テスト科目〉 2~1科目 ①②国・地歴・公民・数・理(100)▶国(近代)・世A・世B・日A・日B・地理A・地理B・現社・倫・政経・「倫・政経」・数Ⅰ・「数Ⅰ・数A」・数Ⅱ・「数Ⅱ・数B」・簿・情・「物基・化基・生基・地学基から２」・物・化・生・地学から１
〈個別試験科目〉 1科目 ①外(100)▶コミ

ュ英Ⅰ・コミュ英Ⅱ・コミュ英Ⅲ
※素点の合計で判定する。

法学部

一般入試学科別（3科目型） 3科目 ①国(100)▶国総(近代)・現文B ②外(100)▶コミュ英Ⅰ・コミュ英Ⅱ・コミュ英Ⅲ ③**地歴・公民・数**(100)▶世B・日B・「地理A・地理B」・政経・「数Ⅰ・数Ⅱ・数A・数B」から1
※各科目の得点を偏差値換算し，偏差値の合計で判定する。

一般入試学科別（外部検定試験活用型） 2科目 ①国(100)▶国総(近代)・現文B ②**地歴・公民・数**(100)▶世B・日B・「地理A・地理B」・政経・「数Ⅰ・数Ⅱ・数A・数B」から1
※各科目の得点を偏差値換算し，偏差値の合計で判定する。

一般入試2科目全学統一（前期） 2科目 ①**外**(100)▶コミュ英Ⅰ・コミュ英Ⅱ・コミュ英Ⅲ ②**国・地歴・公民・数**(100)▶「国総(近代)・現文B」・世B・日B・「地理A・地理B」・政経・「数Ⅰ・数Ⅱ・数A・数B」から1
※各科目の得点を偏差値換算し，偏差値の合計で判定する。

一般入試2科目全学統一（後期〈英語・国語型〉） 2科目 ①**国**(100)▶国総(近代)・現文B ②**外**(100)▶コミュ英Ⅰ・コミュ英Ⅱ・コミュ英Ⅲ
※各科目の得点を偏差値換算し，偏差値の合計で判定する。

一般入試2科目全学統一（後期〈共通テスト併用型〉） **〈共通テスト科目〉** 1科目 ①**国・地歴・公民・数**(100)▶国(近代)・世A・世B・日A・日B・地理A・地理B・現社・倫・政経・「倫・政経」・数Ⅰ・「数Ⅰ・数A」・数Ⅱ・「数Ⅱ・数B」・簿・情から1
〈個別試験科目〉 1科目 ①**外**(100)▶コミュ英Ⅰ・コミュ英Ⅱ・コミュ英Ⅲ
※素点の合計で判定する。

その他の選抜

共通テスト利用入試は外国語学部80名，国際教養学部25名，経済学部135名，法学部55名を，総合型選抜（公募制入試）は外国語学部70名，国際教養学部25名，経済学部40名，法学部40名を募集。ほかに学校推薦型選抜（課外活動推薦入試，指定校推薦入試，全商協会特別推薦入試），卒業生子女・弟妹入試，帰国生徒特別入試，社会人入試，外国人学生特別入試を実施。

偏差値データ（2023年度）

●一般入試学科別・全学統一（前期）

学部／学科	2023年度 駿台予備学校 合格目標ライン	2023年度 河合塾 ボーダー偏差値	2022年度 競争率
▶外国語学部			
ドイツ語(学科別)	47	45	1.4
(全学)	46	45	1.6
英語(学科別)	50	55	2.9
(全学)	49	52.5	3.0
フランス語(学科別)	47	45	1.6
(全学)	46	45	1.8
交流文化(学科別)	48	52.5	2.8
(全学)	47	50	2.9
▶国際教養学部			
言語文化(学科別)	48	50	2.5
(全学)	47	50	2.7
▶経済学部			
経済(学科別)	44	45	2.6
(全学)	43	52.5	2.7
経営(学科別)	44	47.5	2.4
(全学)	42	50	2.9
国際環境経済(学科別)	43	47.5	2.0
(全学)	41	45	2.0
▶法学部			
法律(学科別)	46	50	2.0
(学科別外部)	45	—	2.0
(全学)	44	50	2.1
国際関係法(学科別)	46	47.5	2.3
(学科別外部)	45	—	2.3
(全学)	44	50	2.4
総合政策(学科別)	46	50	2.2
(学科別外部)	45	—	2.3
(全学)	44	47.5	2.2

- 駿台予備学校合格目標ラインは合格可能性80%に相当する駿台模試の偏差値です。
- 河合塾ボーダー偏差値は合格可能性50%に相当する河合塾全統模試の偏差値です。
- 競争率は受験者÷合格者の実質倍率

文教大学（ぶんきょうだいがく）

資料請求

問合せ先 入学センター ☎0467-54-4300

建学の精神

1966（昭和41）年の創立以来，教育理念である「人間愛の教育」のもと，建学の精神としての「人間愛＝人間性の絶対的尊厳と，その無限の発展性とを確信し，すべての人間を信じ，尊重し，あたたかく慈しみ，優しく思いやり，はぐくむこと」に基づく教育を展開している総合大学。特に，1969年に私立大学初の教員養成を目的として開設された教育学部からは，これまで1万人以上の先生を教育界に送り出し，小・中学校教員採用者数私大No.1の実績を誇るなど，「わが国の教員養成の基幹」として高い評価を得ている。しかし，文教大学の強みは教員養成だけではなく，社会を変革していく経営や，健康へのニーズの高まりなど，多方面において次代が求める人材，リーダーを輩出。これからも，「育ての，文教。」として進化しながら次へと向かっている。

- **越谷キャンパス**……………〒343-8511 埼玉県越谷市南荻島3337
- **湘南キャンパス**……………〒253-8550 神奈川県茅ケ崎市行谷1100
- **東京あだちキャンパス**……〒121-8577 東京都足立区花畑5-6-1

基本データ

学生数▶8,134名（男3,815名，女4,319名）

専任教員数▶教授159名，准教授56名，講師21名

設置学部▶教育，人間科，文，情報，健康栄養，国際，経営

併設教育機関▶大学院―人間科学・言語文化（以上M・D），教育学・情報学・国際学（以上M）

就職・卒業後の進路

就職率 97.7%
就職者÷希望者×100

● **就職支援**　キャリア支援課では，個別就職相談をはじめ，教員，企業，公務員，幼稚園教諭・保育士など進路に合わせたサポートプログラムを用意。越谷校舎では教員志望が多いため，校長経験者を教職専門員として配置。

● **資格取得支援**　全国トップレベルの教員採用実績を誇るだけに，各キャンパスで多彩な教員就職支援を実施。また，健康栄養学部では，公務員試験対策自主講座や，管理栄養士試験対策特別講座を行っている。

進路指導者も必見 学生を伸ばす 面倒見

初年次教育	学修サポート
全校舎の図書館で，図書館の使い方や文献検索方法に関するガイダンスを実施。健康栄養学部では入学前にスクーリングを行い，管理栄養士をめざすための基礎となる学習ポイントの教示や在学生との交流の機会を設定	全学部でTA制度，オフィスアワー制度，専任教員が学生約10～50人を担当するアドバイザー制度，さらに，文学部で留学生を対象としたチューター制度を導入。また，健康栄養学部で正課外として化学補習を行っている

オープンキャンパス（2022年度実績） 6・7・8・9月に各キャンパスで，来場型のオープンキャンパスを開催。越谷Cではオープンキャンパスに参加できなかった受験生向けに，8月下旬の2日間，来場型の開放デーも実施。

文系学部

2022年３月卒業生
1,273人

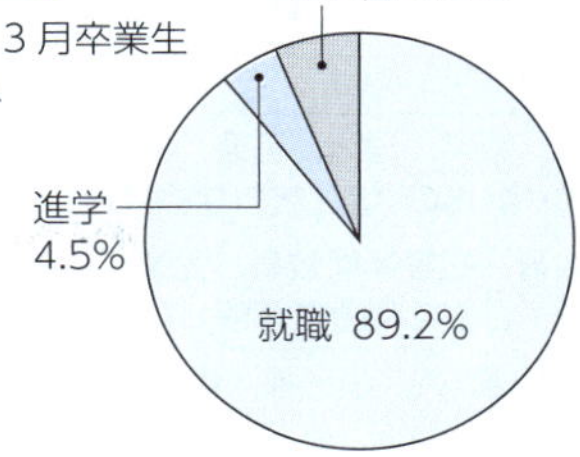

その他の学部

2022年３月卒業生
772人
・教育学部
・情報学部
・健康栄養学部

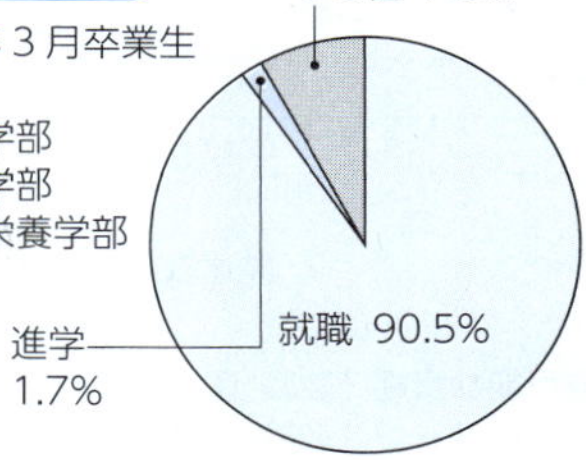

主なOB・OG▶［人間科］伊藤岳（参議院議員），［文］真藤順丈（小説家），［文］高橋弘希（小説家），［情報］イモトアヤコ（お笑いタレント），［情報］蔵人賢樹（大戸屋ホールディングス社長）など。

国際化・留学　大学間 16 大学等・部局間 30 大学等

受入れ留学生数▶71名（2022年5月1日現在）
留学生の出身国・地域▶中国，台湾，ベトナム，韓国，スウェーデンなど。
外国人専任教員▶教授１名，准教授４名，講師２名（2022年５月１日現在）
外国人専任教員の出身国▶アメリカ，韓国，中国，フランスなど。
大学間交流協定▶16大学・機関（交換留学先９大学，2022年５月１日現在）
部局間交流協定▶30大学・機関（交換留学先９大学，2022年５月１日現在）
海外への留学生数▶渡航型３名・オンライン型約100名／年（２カ国・地域，2021年度）
海外留学制度▶健康栄養学部を除く６学部生を対象とする協定校派遣留学や認定留学，約１～６週間の海外研修プログラム，国際学部や文学部外国語学科で実施する短期留学などがあり，例年300名以上の学生が海外に渡航している。コロナ対策として，単位認定を伴うオンライン海外研修プログラムも実施。

学費・奨学金制度　給付型奨学金総額 年間約 4,691 万円

入学金▶280,000円
年間授業料（施設費等を除く）▶772,000円～（詳細は巻末資料参照）
年間奨学金総額▶46,914,400円
年間奨学金受給者数▶234人
主な奨学金制度▶経済的に修学が困難な学生を対象にした「文教大学奨学金」や「文教大学緊急特別奨学金」のほか，「文教大学学業成績優秀者奨励金」「文教大学チャレンジ育英制度」などの奨励金制度を設置。学費減免制度も用意し，2021年度には72人を対象に総額で2,208万4,800円を減免している。

保護者向けインフォメーション

● **留学説明会**　文学部外国語学科で，短期留学事前説明会を実施している。
● **成績確認**　成績通知書を郵送している。
● **父母会**　父母と教職員の会があり，支部総会や「父母のための一日大学」「親と子のための進路問題研修会（12月）」などを開催している。
● **防災対策**　災害発生時の学生の状況を把握する安否確認システムを導入している。
● **コロナ対策１**　ワクチンの職域接種を実施。感染状況に応じたBCP（行動指針）を設定している。「コロナ対策２」（下段）あり。

インターンシップ科目	必修専門ゼミ	卒業論文	GPA制度の導入の有無および活用例	１年以内の退学率	標準年限での卒業率
文・情報・国際・経営で開講	教育・人間科・文・情報の4学部で3・4年次，国際学部で1・3・4年次，経営学部で3年次に実施	教育・人間科・文・情報・国際は卒業要件	個別の学修指導，奨学金等対象者選定・退学勧告基準のほか，一部の学部で，大学院入試の選抜基準や履修上限単位数の設定に活用	1.4%	86.4%

● **コロナ対策２**　教室の収容人数を調整・管理。オンライン授業を感染状況に応じて併用し，希望者にはノートPCを貸与。家計が急変し，学業の継続が困難な学生を対象に文教大学緊急特別奨学金「新型コロナ対応」を実施。

学部紹介

学部／学科・課程	定員	特色
教育学部		
学校教育	200	▷国語，社会，数学，理科，音楽，美術，体育，家庭，英語の９専修。小・中・高の「学びをつなぐ」教員を育成する。
発達教育	150	▷特別支援教育，初等連携教育，児童心理教育，幼児心理教育の４専修。子どもの発達を理解した先生を育成する。
●取得可能な資格…教職(国・地歴・社・数・理・音・美・保体・家・英，小一種，幼一種，特別支援)，司書教諭，保育士など。 ●進路状況…………就職94.5％　進学2.9％ ●主な就職先………公立幼稚園・小中高等学校・特別支援学校教員，公務員，保育士，JALスカイなど。		
人間科学部		
人間科	140	▷社会文化，人間教育，社会福祉，スポーツ・コミュニティの４コース。多彩な視点から人間を探究する。
臨床心理	120	▷体験型学習を通して，誰かを助ける力につながる"人の話を聞く力"と"人の心に寄り添う力"を育む。
心理	140	▷心理学，健康心理学，ビジネス心理学の３コース。日常生活やビジネスの現場で役立つ，実践的な心理学を学ぶ。
●取得可能な資格…教職(公・社・福)，司書，司書教諭，社会福祉士・精神保健福祉士受験資格など。 ●進路状況…………就職88.4％　進学6.6％ ●主な就職先………IMSグループ，LITALICO，東日本旅客鉄道，大塚商会，ディップ，ナガセなど。		
文学部		
日本語日本文	120	▷日本語の豊かな表現の仕組みを探究し，社会で活躍するための実践的なことばの能力を身につける。
英米語英米文	100	▷英語教育，英米文化の２コース。英語力を磨き，英語圏の文化を学び，国際社会で活躍する力を養う。
中国語中国文	70	▷中国語学・応用中国語，中国現代社会・文化，中国古典・教養の３コース。中国の過去と現在，未来を学ぶ。
外国語	70	▷英語キャリア，グローバルスタディーズの２コース。２年次の春学期に行う参加必須の海外留学で世界への扉を開く。
●取得可能な資格…教職(国・書・英・中)，司書，司書教諭など。 ●進路状況…………就職87.3％　進学5.6％ ●主な就職先………公立学校教員，東京地下鉄，マキタ，ANAエアポートサービス，栃木県庁など。		
情報学部		
情報システム	95	▷システム開発，情報デザインの２領域。新時代を創り出すシステムエンジニアやデジタルクリエイターを養成する。
情報社会	95	▷計算社会科学，プロジェクトマネジメントの２領域。「創造」と「解決」で，新しい情報社会を創造する人材を育成する。
メディア表現	95	▷マスメディア，ソーシャルメディアの２領域。メディア業界で活躍する，表現のプロフェッショナルを育成する。
●取得可能な資格…教職(数・情)，司書など。 ●進路状況…………就職85.1％　進学0.4％ ●主な就職先………サイバーエージェント，インテック，日テレ アックスオン，公立学校教員など。		
健康栄養学部		
管理栄養	100	▷栄養教諭，健康栄養，臨床栄養の３コース。人間のカラダとココロを学び，人の心に寄り添える管理栄養士を育成する。

キャンパスアクセス ［越谷キャンパス］東武スカイツリーライン，東京メトロ日比谷線・半蔵門線―北越谷より徒歩10分

● 取得可能な資格…教職(栄養)，栄養士，管理栄養士受験資格など。
● 進路状況…………就職88.1％　進学0.0％
● 主な就職先………日清医療食品，グリーンハウス，薬樹，明治，ウエルシアホールディングスなど。

国際学部		
国際理解	120	▷世界の仕組みを理解し，地球市民としてのスキルを身につけ，グローバル化が進む社会で力強く活躍する人材を育成。
国際観光	125	▷「世界のつながりと交流」のより望ましいあり方，観光産業の未来を考え，国際舞台や地域で活躍できる人材を育成。

● 取得可能な資格…教職(公・社・英)など。
● 進路状況…………就職87.4％　進学2.6％
● 主な就職先………星野リゾート・マネジメント，ニトリホールディングス，静岡銀行，公務員など。

経営学部		
経営	165	▷「人間尊重の経営」のコンセプトをもとに，人間的に豊かな企業経営・公共経営・会計のスペシャリストを育成する。

● 取得可能な資格…教職(商業)など。　● 進路状況…………就職87.4％　進学2.6％
● 主な就職先………ゆうちょ銀行，キーエンス，大和ハウス工業，トヨタモビリティ東京，教員など。

キャンパス

教育・人間科・文……［越谷キャンパス］埼玉県越谷市南荻島3337
情報・健康栄養……［湘南キャンパス］神奈川県茅ケ崎市行谷1100
国際・経営……［東京あだちキャンパス］東京都足立区花畑5-6-1

2023年度入試要項(前年度実績)

●募集人員

学部／学科・課程	全国	一般A	一般B	一般C
▶教育　学校教育	20	84	—	8
発達教育	15	66	—	7
▶人間科　人間科	20	50	—	10
臨床心理	20	50	—	10
心理	20	50	—	12
▶文　日本語日本文	10	46	—	8
英米語英米文	13	30	—	方式1・5 方式2・若干名
中国語中国文	8	方式1・18 方式2・若干名	—	6
外国語	6	20	—	方式1・6 方式2・若干名
▶情報　情報システム	5	18	4	若干名
情報社会	5	17	4	4
メディア表現	7	16	4	若干名
▶健康栄養　管理栄養	10	25	—	若干名
▶国際　国際理解	15	45	5	5
国際観光	15	45	5	5
▶経営　経営	10	35	10	5

▷教育学部A日程の実技と美術専修の〈方式2〉および中国語中国文学科のA日程〈方式2〉，教育学部・文学部のC日程，国際学部C日程〈方式2〉は素点，その他の試験は偏差値換算で判定する。
▷一般選抜A日程は2月7・8・9日(一部日程を除く)に行い，地理Bは2月7日のみ，また「生基・生」は2月7日のみ，「物基・物」は2月8日のみ，「化基・化」は2月9日のみ実施する。
▷文学部英米語英米文学科・外国語学科，国際学部のC日程〈方式2〉は指定された英語外部検定試験のスコアを出願資格とする。

教育学部

一般選抜全国入試　3科目　①**国**(100)▶国総(近代)　②**外**(100)▶コミュ英Ⅰ・コミュ英Ⅱ・英表Ⅰ　③**地歴・公民・数・理**(100)▶世B・日B・地理B・政経・「数Ⅰ・数A」・「数Ⅰ・数Ⅱ・数A・数B」・「化基・化」・「生基・生」から1
※音楽専修は実技課題の提出が必要。

一般選抜A日程　【全専修(美術専修は〈方式1〉)】　4～3科目　①**国**(100)▶国総(近代)　②**外**(100)▶コミュ英Ⅰ・コミュ英Ⅱ・英表Ⅰ　③**地歴・公民・数・理・音**(100)▶世B・日B・地

理Ｂ・政経・「数Ⅰ・数Ａ」・「数Ⅰ・数Ⅱ・数Ａ・数Ｂ」・「物基・物」・「化基・化」・「生基・生」・楽典から１，ただし楽典は音楽専修の２月９日試験のみ選択可　④**実技**(100)▶音楽専修のみ実施
※数学専修・理科専修で数学を選択する場合は数Ⅰ・数Ⅱ・数Ａ・数Ｂで受験すること。
【美術専修〈方式２〉】 **2**科目　①**国**(100)▶国総(近代)　②**実技**(100)▶水彩による静物画
一般選抜Ｃ日程　**2**科目　①**外**(100)▶コミュ英Ⅰ・コミュ英Ⅱ・英表Ⅰ　②**国・数・実技**(100)▶［国語・社会・体育・家庭・英語専修，発達教育課程］－国総(近代)，［数学・理科専修］－数Ⅰ・数Ⅱ・数Ⅲ・数Ａ・数Ｂ，［音楽専修］－音楽実技，［美術専修］－水彩による静物画

人間科学部

一般選抜全国入試　**3**科目　①**国**(100)▶国総(近代)　②**外**(100)▶コミュ英Ⅰ・コミュ英Ⅱ・英表Ⅰ　③**地歴・公民・数・理**(100)▶世Ｂ・日Ｂ・地理Ｂ・政経・「数Ⅰ・数Ａ」・「数Ⅰ・数Ⅱ・数Ａ・数Ｂ」・「化基・化」・「生基・生」から１
一般選抜Ａ日程　**3**科目　①**国**(100)▶国総(近代)　②**外**(100)▶コミュ英Ⅰ・コミュ英Ⅱ・英表Ⅰ　③**地歴・公民・数・理**(100)▶世Ｂ・日Ｂ・地理Ｂ・政経・「数Ⅰ・数Ａ」・「数Ⅰ・数Ⅱ・数Ａ・数Ｂ」・「物基・物」・「化基・化」・「生基・生」から１
一般選抜Ｃ日程　**2**科目　①**国**(100)▶国総(近代)　②**外**(100)▶コミュ英Ⅰ・コミュ英Ⅱ・英表Ⅰ

文学部

一般選抜全国入試　**3**科目　①**国**(100)▶国総(近代)　②**外**(100)▶コミュ英Ⅰ・コミュ英Ⅱ・英表Ⅰ　③**地歴・公民・数・理**(100)▶世Ｂ・日Ｂ・地理Ｂ・政経・「数Ⅰ・数Ａ」・「数Ⅰ・数Ⅱ・数Ａ・数Ｂ」・「化基・化」・「生基・生」から１
※日本語日本文学科は国語の偏差値を２倍，英米語英米文学科・外国語学科は外国語の偏差値を２倍にする。
一般選抜Ａ日程　**【日本語日本文学科】** **3**科目　①**国**(100)▶国総(近代)　②**国**(100)▶国総(古文・漢文，漢文は選択のみ)　③**外**(100)▶コミュ英Ⅰ・コミュ英Ⅱ・英表Ⅰ
【英米語英米文学科・外国語学科】 **3**科目　①**国**(100)▶国総(近代)　②**外**(100)▶コミュ英Ⅰ・コミュ英Ⅱ・英表Ⅰ　③**地歴・公民・数**(100)▶世Ｂ・日Ｂ・地理Ｂ・政経・「数Ⅰ・数Ａ」・「数Ⅰ・数Ⅱ・数Ａ・数Ｂ」から１
※３科目を受験し，外国語の偏差値を２倍し，国語または選択科目の中で偏差値のより高い科目を判定に使用する。
【中国語中国文学科】〈方式１〉 **3**科目　①**国**(100)▶国総(近代)　②**外**(100)▶コミュ英Ⅰ・コミュ英Ⅱ・英表Ⅰ　③**国・地歴・公民・数**(100)▶国総(古文・漢文，漢文は選択のみ)・世Ｂ・日Ｂ・地理Ｂ・政経・「数Ⅰ・数Ａ」・「数Ⅰ・数Ⅱ・数Ａ・数Ｂ」から１
〈方式２〉 **1**科目　①**国・外**(100)▶国総(近代・漢文)・中から１
一般選抜Ｃ日程　**【日本語日本文学科】** **1**科目　①**国**(100)▶国総(近代・古文・漢文)
【英米語英米文学科・外国語学科】〈方式１〉 **1**科目　①**外**(100)▶コミュ英Ⅰ・コミュ英Ⅱ・英表Ⅰ
〈方式２〉 **1**科目　①**口頭試問**(100)▶日本語および英語による
【中国語中国文学科】 **1**科目　①**国**(100)▶国総(近代)

情報学部・経営学部

一般選抜全国入試　**3**科目　①**国**(100)▶国総(近代)　②**外**(100)▶コミュ英Ⅰ・コミュ英Ⅱ・英表Ⅰ　③**地歴・公民・数・理**(100)▶世Ｂ・日Ｂ・地理Ｂ・政経・「数Ⅰ・数Ａ」・「数Ⅰ・数Ⅱ・数Ａ・数Ｂ」・「化基・化」・「生基・生」から１
一般選抜Ａ日程　**3**科目　①**国**(100)▶国総(近代)　②**外**(100)▶コミュ英Ⅰ・コミュ英Ⅱ・英表Ⅰ　③**国・地歴・公民・数・理**(100)▶国総(古文・漢文，漢文は選択のみ)・世Ｂ・日Ｂ・地理Ｂ・政経・「数Ⅰ・数Ａ」・「数Ⅰ・数Ⅱ・数Ａ・数Ｂ」・「物基・物」・「化基・化」・「生基・生」から１
一般選抜Ｂ日程・Ｃ日程　**1**科目　①**国・外・数**(100)▶国総(近代)・「コミュ英Ⅰ・コミュ英Ⅱ・英表Ⅰ」・「数Ⅰ・数Ａ」から１

キャンパスアクセス［東京あだちキャンパス］東武スカイツリーライン一谷塚より徒歩13分，竹ノ塚よりバス20分／つくばエクスプレス一六町よりバス15分

健康栄養学部

一般選抜全国入試 ③科目 ①**国**(100) ▶国総(近代) ②**外**(100) ▶コミュ英Ⅰ・コミュ英Ⅱ・英表Ⅰ ③**地歴・公民・数・理**(100) ▶世B・日B・地理B・政経・「数Ⅰ・数A」・「数Ⅰ・数Ⅱ・数A・数B」・「化基・化」・「生基・生」から1

一般選抜A日程 ③科目 ①**国**(100) ▶国総(近代) ②**外**(100) ▶コミュ英Ⅰ・コミュ英Ⅱ・英表Ⅰ ③**地歴・公民・数・理**(100) ▶世B・日B・地理B・政経・「数Ⅰ・数A」・「物基・物」・「化基・化」・「生基・生」から1

一般選抜C日程 ①科目 ①**国・外・数**(100) ▶国総(近代)・「コミュ英Ⅰ・コミュ英Ⅱ・英表Ⅰ」・「数Ⅰ・数A」から1

国際学部

一般選抜全国入試 ③科目 ①**国**(100) ▶国総(近代) ②**外**(100) ▶コミュ英Ⅰ・コミュ英Ⅱ・英表Ⅰ ③**地歴・公民・数・理**(100) ▶世B・日B・地理B・政経・「数Ⅰ・数A」・「数Ⅰ・数Ⅱ・数A・数B」・「化基・化」・「生基・生」から1

一般選抜A日程 ③科目 ①**国**(100) ▶国総(近代) ②**外**(100) ▶コミュ英Ⅰ・コミュ英Ⅱ・英表Ⅰ ③**国・地歴・公民・数・理**(100) ▶国総(古文・漢文，漢文は選択のみ)・世B・日B・地理B・政経・「数Ⅰ・数A」・「数Ⅰ・数Ⅱ・数A・数B」・「物基・物」・「化基・化」・「生基・生」から1

一般選抜B日程 ①科目 ①**国・外・数**(100) ▶国総(近代)・「コミュ英Ⅰ・コミュ英Ⅱ・英表Ⅰ」・「数Ⅰ・数A」から1

一般選抜C日程 〈方式1〉 ①科目 ①**国・外**(100) ▶国総(近代)・「コミュ英Ⅰ・コミュ英Ⅱ・英表Ⅰ」から1
〈方式2〉 ②科目 ①**口頭試問**(100) ▶日本語および英語による ②**書類審査**(50)

その他の選抜

共通テスト利用入試は教育学部36名，人間科学部44名，文学部55名，情報学部57名，健康栄養学部９名，国際学部40名，経営学部40名を募集。ほかに学校推薦型選抜(公募制，指定校，付属校)，総合型選抜，帰国生入試，社会人入試，外国人留学生入試を実施。

偏差値データ（2023年度）

●一般選抜A日程

学部／学科・課程／専修・コース	2023年度 駿台予備学校 合格目標ライン	2023年度 河合塾 ボーダー偏差値	2022年度 競争率
▶教育学部			
学校教育／国語	46	57.5	7.4
／社会	46	55	7.7
／数学	46	52.5	7.7
／理科	46	52.5	4.3
／音楽	42	52.5	4.4
／美術	41	50	3.4
／体育	42	50	6.5
／家庭	44	50	4.0
／英語	48	50	4.8
発達教育／特別支援教育	44	47.5	2.0
／初等連携教育	44	50	3.1
／児童心理教育	46	50	2.6
／幼児心理教育	45	45	2.0
▶人間科学部			
人間科	44	45	1.8
臨床心理	45	42.5	2.0
心理	44	42.5	1.9
▶文学部			
日本語日本文	43	45	2.0
英米語英米文	45	45	1.4
中国語中国文	39	42.5	1.2
外国語	44	42.5	1.1
▶情報学部			
情報システム	39	50	8.7
情報社会	38	45	2.0
メディア表現	42	52.5	6.4
▶健康栄養学部			
管理栄養	40	40	1.1
▶国際学部			
国際理解	43	45	2.1
国際観光	42	42.5	1.9
▶経営学部			
経営	43	47.5	2.7

- 駿台予備学校合格目標ラインは合格可能性80%に相当する駿台模試の偏差値です。
- 河合塾ボーダー偏差値は合格可能性50%に相当する河合塾全統模試の偏差値です。
- 競争率は受験者÷合格者の実質倍率

神田外語大学

資料請求

問合せ先　アドミッション&コミュニケーション部　☎043-273-2476

建学の精神

開学は1987（昭和62）年。真の国際人に必要な異文化コミュニケーション能力を養うため，世界各国出身の70名を超える英語教育のプロフェッショナル集団「ＥＬＩ（English Language Institute）」による授業や，学生の「自立学習」を支援する施設「SALC（Self-Access Learning Center）」，学内にいながら留学体験できる多言語空間「MULC（Multilingual Communication Center）」など，世界共通語である英語運用能力，経済成長が著しいアジアや中南米諸国の言葉と文化の習得，日本文化と異文化を理解する教養力を身につける環境を整備。2021年４月に，Global Liberal Arts for Peaceをコンセプトにした「グローバル・リベラルアーツ学部」を開設し，２度の留学（必修）などで世界の課題に挑み，平和に貢献する人材を育成する教育を展開している。

● 神田外語大学キャンパス……〒261-0014　千葉県千葉市美浜区若葉1-4-1

基本データ

学生数▶4,170名（男1,192名，女2,978名）
専任教員数▶教授54名，准教授42名，講師128名

設置学部▶外国語，グローバル・リベラルアーツ
併設教育機関▶大学院―言語科学（M・D）

就職・卒業後の進路

就職率 94.5%
就職者÷希望者×100

●**就職支援**　「将来のキャリア形成」を大学教育の一環ととらえ，低年次から，企業の担当者や卒業生を招いての講演会をはじめ，グループワーク，自己分析や職業適性検査，業界・企業研究，ビジネス・インターンシップなど，実践的できめ細かなプログラムを実施。キャリア教育センターには，専門知識を有するキャリアカウンセラーが常駐。担当者の多くは，企業経験者で，実務経験に基づいた適切な指導のほか，日頃から企業訪問を重ねて入手した最新の情報を提供している。

●**資格取得支援**　時代に求められる教員の養成に力を入れ，特に英語教員においては，千葉県内でトップクラスの合格実績を誇るだけに，履修における厳しい基準を設け，実践的なシミュレーションなどを行っている。

進路指導者も必見 学生を伸ばす 面倒見

初年次教育
2023年度より，「アカデミック・ライティング」「デジタル・シチズンシップ」「クリティカル・リーディング」「数的思考（データサイエンス）」「キャリア・デザイン」の５領域の科目が加わり，新時代の基盤教育がスタート

学修サポート
チューター（先輩）の支援のもと，グループで英語学習を行うピアチュータープログラムやオフィスアワーを導入。また，英語・日本語に関する学習機会を提供するアカデミックサクセスセンター（ASC）やSALCを設置

オープンキャンパス（2022年度実績）　オンラインとオンキャンパスのハイフレックス型で開催。自宅にいながら大学の特色を知ることができるオンライン説明会，グローバルな世界を体験できるキャンパス見学会を実施。

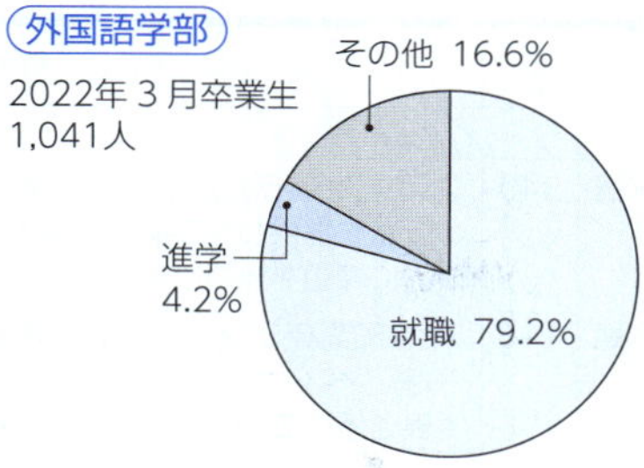

主なOB・OG ▶ ［外国語（英米語）］南まゆ子（アイエフラッシュ社長），［外国語（英米語）］持田将史（S**t kingzリーダー），［外国語（国際コミュニケーション）］比嘉バービィ（モデル・タレント）など。

国際化・留学　大学間 109 大学

受入れ留学生数 ▶ 96名（2022年５月１日現在）

留学生の出身国・地域 ▶ 中国，韓国，ベトナム，台湾，アメリカ，ペルーなど。

外国人専任教員 ▶ 教授11名，准教授７名，講師88名（2022年５月１日現在）

外国人専任教員の出身国 ▶ アメリカ，イギリス，韓国，オーストラリア，スペインなど。

大学間交流協定 ▶ 109大学（交換留学先88大学，2022年６月15日現在）

海外への留学生数 ▶ 渡航型38名・オンライン型162名／年（11カ国・地域，2021年度）

海外留学制度 ▶ 外国語学部では認定留学（交換・推薦・私費）のほか，ダブルディグリープログラムや春季・夏季休暇中の海外短期研修，海外インターンシップ，国際提携大学とのオンラインプログラムを実施。グローバル・リベラルアーツ学部は，全学生が必修で２回の海外留学（海外スタディ・ツアー，ニューヨーク州立大学セメスター留学）に参加。

学費・奨学金制度　給付型奨学金総額 年間約 808 万円

入学金 ▶ 200,000円

年間授業料（施設費等は除く）▶ 980,000円（詳細は巻末資料参照）

年間奨学金総額 ▶ 8,081,000円

年間奨学金受給者数 ▶ 174人

主な奨学金制度 ▶ 両学部対象の「資格取得奨学金」，外国語学部対象の「国外留学奨学金」，グローバル・リベラルアーツ学部対象の「特待生スカラシップ」「成績優秀者スカラシップ」などの制度を設置。また，学費減免制度も用意されており，2021年度には110人を対象に総額で3,759万円が減免されている。

保護者向けインフォメーション

● **学報**　「神田外語大学報」を年２回発行。
● **成績確認**　成績通知表を郵送している。
● **保護者懇談会**　留学やキャリア教育の話題を中心とした保護者懇談会やWEB合同会社説明会事前セミナー，オンライン個別相談会，公務員試験対策講座ガイダンスなどを開催。
● **防災対策**　「大規模地震マニュアル」を作成し，キャンパス内に常設。大災害時の学生の安否は，「Googleフォーム」を利用して確認する。
● **コロナ対策１**　ワクチンの職域接種を実施。「コロナ対策２」（下段）あり。

インターンシップ科目	必修専門ゼミ	卒業論文	GPA制度の導入の有無および活用例	１年以内の退学率	標準年限での卒業率
外国語学部で開講している	グローバル・リベラルアーツ学部で２～４年次に実施	GLA学部は卒業要件	学生に対する個別の学修指導のほか，学部により，奨学金や授業料免除対象者の選定，留学候補者選考，履修上限単位数の設定に活用	0.9%	77.4%

● **コロナ対策２**　「新型コロナウイルス感染症の影響を踏まえた項目別運用表」を策定し，３段階の運用レベルを設定。入構時および教室入室時の検温，手消毒を実施するとともに，教室の空調を整備し，アクリル板を設置。

学部紹介

学部／学科	定員	特色
外国語学部		
英米語	340	▷「英語を学ぶ」から「英語で学ぶ」に段階的に移行するカリキュラムを提供し，英語運用能力とともに，英語を駆使し，主体的に課題を見つけ解決する力を身につける。
アジア言語	196	▷〈中国語専攻56名，韓国語専攻56名，インドネシア語専攻28名，ベトナム語専攻28名，タイ語専攻28名〉世界の熱い視線を浴びる「アジア」を学び，未来の舞台に立つ人材を育成。
イベロアメリカ言語	128	▷〈スペイン語専攻84名，ブラジル・ポルトガル語専攻44名〉環太平洋のキーエリア「イベロアメリカ」の言語と文化を学び，世界の第一線で活躍する新しい時代の人材を育成する。
国際コミュニケーション	197	▷〈国際コミュニケーション専攻167名，国際ビジネスキャリア専攻30名〉グローバル・リテラシーを養い，世界を舞台に活躍する人材を育成する。
● 取得可能な資格…教職（英・中・韓・西）。 ● 進路状況……就職79.2%　進学4.2% ● 主な就職先………日本航空，全日本空輸，東日本旅客鉄道，郵船ロジスティクス，東洋水産など。		
グローバル・リベラルアーツ（GLA）学部		
グローバル・リベラルアーツ	60	▷世界の課題に対して，主体的に貢献するためのスキルとマインドを身につける。1年次に海外スタディ・ツアー，3年次にはニューヨーク州立大学に1セメスター，全員が留学。
● 主な就職先………2021年度開設のため卒業生はいない。		

▶キャンパス

全学部……［神田外語大学キャンパス］千葉県千葉市美浜区若葉1-4-1

2023年度入試要項（前年度実績）

●募集人員

学部／学科（専攻）	一般前期	一般後期	共通プラス	共通前期	共通後期
▶外国語　英米語	100	20	7	85	8
アジア言語（中国語）	15	5	3	12	—
（韓国語）	15	5	3	12	—
（インドネシア語）	8	若干名	2	5	—
（ベトナム語）	8	若干名	2	5	—
（タイ語）	8	若干名	2	5	—
イベロアメリカ言語（スペイン語）	22	5	3	18	—
（ブラジル・ポルトガル語）	12	4	2	8	—
国際コミュニケーション（国際コミュニケーション）	50	7	5	40	5
（国際ビジネスキャリア）	9	若干名	2	7	—
▶グローバル・リベラルアーツ　グローバル・リベラルアーツ	15	4	3	10	—

※一般入試前期はA・B・C日程を実施。

▷外国語学部は一般選抜（一般入試，共通テストプラス入試，共通テスト利用入試）のすべての入試区分において，指定された英語の外部資格・検定試験（4技能）の一定基準の資格・スコアを取得している場合，「英語」をみなし満点，または5点加点し，合否判定を行う。また，外国語学部は一般入試と共通テストプラス入試において，筆記試験終了後に志望理由等を本学所定用紙に記入。記入された資料は合否判定時の参考にする。

全学部

一般入試前期（A・B・C日程）・後期 3〜2科目
①国（100）▶国総（近代） ②外（200〈うちリスニング60〉）▶コミュ英Ⅰ・コミュ英Ⅱ・コミュ英Ⅲ・英表Ⅰ（リスニングを含む） ③面接（60）▶個人面接をオンラインで実施
※外国語学部は面接を行わない。

共通テストプラス入試 〈共通テスト科目〉 2〜1科目 ①②地歴・公民・数・理（100）▶世

キャンパスアクセス JR京葉線—海浜幕張より徒歩15分またはバス5分／JR総武線—幕張より徒歩20分／京成電鉄—京成幕張より徒歩15分／JR総武線—幕張本郷，京成電鉄—京成幕張本郷よりバス8分

A・世B・日A・日B・地理A・地理B・現社・倫・政経・「倫・政経」・数Ⅰ・「数Ⅰ・数A」・数Ⅱ・「数Ⅱ・数B」・簿・情・「物基・化基・生基・地学基から2」・物・化・生・地学から1

〈個別試験科目〉 一般入試前期と同じ。ただし，グローバル・リベラルアーツ学部の面接の配点は80点

共通テスト利用入試前期(2科目)・後期(2科目) 2科目 ①**国**(150)▶国(近代) ②**外**(250)▶英(リスニング〈100〉を含む)

[個別試験] 1科目 ①**面接**(80)▶個人面接をオンラインで実施

※外国語学部は個別試験を行わない。

共通テスト利用入試前期(3科目)・後期(3科目) 4〜3科目 ①**国**(100)▶国(近代) ②**外**(250)▶英(リスニング〈100〉を含む) ③④**地歴・公民・数・理**(100)▶世A・世B・日A・日B・地理A・地理B・現社・倫・政経・「倫・政経」・数Ⅰ・「数Ⅰ・数A」・数Ⅱ・「数Ⅱ・数B」・簿・情・「物基・化基・生基・地学基から2」・物・化・生・地学から1

[個別試験] 1科目 ①**面接**(90)▶個人面接をオンラインで実施

※外国語学部は個別試験を行わない。

共通テスト利用入試前期(4科目) 5〜4科目 ①**国**(100)▶国(近代) ②**外**(250)▶英(リスニング〈100〉を含む) ③④⑤**地歴・公民・数・理**(100×2)▶世A・世B・日A・日B・地理A・地理B・現社・倫・政経・「倫・政経」・数Ⅰ・「数Ⅰ・数A」・数Ⅱ・「数Ⅱ・数B」・簿・情・「物基・化基・生基・地学基から2」・物・化・生・地学から2

[個別試験] 1科目 ①**面接**(110)▶個人面接をオンラインで実施

※外国語学部は個別試験を行わない。

その他の選抜

公募学校推薦入試は外国語学部116名，GLA学部8名を，総合型選抜は外国語学部125名，GLA学部15名を募集。ほかに指定校推薦入試，英語資格特別選抜，海外経験特別選抜，社会人特別選抜，外国人留学生特別入試を実施。

偏差値データ (2023年度)

●一般入試前期

学部／学科／専攻	2023年度 駿台予備学校 合格目標ライン	2023年度 河合塾 ボーダー偏差値	2022年度 競争率
▶外国語学部			
英米語(A)	45	47.5	2.3
(B)			2.3
(C)			2.9
アジア言語/中国語(A)	42	47.5	2.1
(B)			2.7
(C)			2.6
／韓国語(A)	42	50	5.7
(B)			7.2
(C)			4.9
／インドネシア語(A)	41	42.5	1.9
(B)			1.9
(C)			2.3
／ベトナム語(A)	41	40	1.9
(B)			1.8
(C)			1.8
／タイ語(A)	41	40	1.7
(B)			1.8
(C)			1.4
イベロアメリカ言語/スペイン語(A)	43	42.5	2.2
(B)			2.4
(C)			2.3
ブラジル・ポルトガル語(A)	42	40	1.4
(B)			1.7
(C)			1.4
国際コミュニケーション/国際コミュニケーション(A)	44	45	1.5
(B)			2.1
(C)			2.2
／国際ビジネスキャリア(A)	44	47.5	2.5
(B)			2.5
(C)			2.9
▶グローバル・リベラルアーツ学部			
グローバル・リベラルアーツ(A)	44	45	1.4
(B)			1.6
(C)			1.5

- 駿台予備学校合格目標ラインは合格可能性80%に相当する駿台模試の偏差値です。
- 河合塾ボーダー偏差値は合格可能性50%に相当する河合塾全統模試の偏差値です。なお，一般選抜前期・後期の偏差値です。
- 競争率は受験者÷合格者の実質倍率

淑徳大学（しゅくとく）

SHUKUTOKU

資料請求

問合せ先 大学アドミッションセンター ☎03-5918-8125

建学の精神

「他者に生かされ，他者を生かし，共に生きる」を意味する「利他共生」の精神のもと，1965（昭和40）年に社会福祉学科の単科大学からスタートし，2023年４月には地域創生学部地域創生学科と人文学部人間科学科が新設され，首都圏４キャンパスに７学部13学科，大学院２研究科を擁する総合大学へとスケールアップ。開学当初から福祉を学びの中心に据え，他者の思いをくみ取る「福祉マインド」を持った人材を育成するため，時代に即し，社会に役立つ「実学教育」を重視した教育を展開。これからの社会を生き抜くために必要な基本的な力を身につける全学共通基礎教育科目「S-BASIC」も始まり，建学の精神である「利他共生」を実践する人材を育成するという目的のもと，新生・淑徳大学は時代の要請に応えるべく，新たな取り組みを続けている。

● キャンパス情報はP.243をご覧ください

基本データ

学生数▶4,862名（男1,986名，女2,876名）
専任教員数▶教授78名，准教授44名，講師５名
設置学部▶総合福祉，コミュニティ政策，看護栄養，教育，地域創生，経営，人文
併設教育機関▶大学院―総合福祉（M・D），看護学（M）

就職・卒業後の進路

就職率 **98.9**%
就職者÷希望者×100

● **就職支援**　各キャンパスにキャリア支援センターや総合キャリア支援室があり，専門のスタッフが面談を通して学生の適性を見極めた上で，１年次から４年次までのキャリア形成や就職活動をきめ細かくバックアップ。内定をゴールにするのではなく，将来のキャリアプランまでを見据えてサポートしている。

● **資格取得支援**　社会福祉学科では４年次に，年間120コマの受験対策講座・演習とeラーニングで継続的な学習をサポート。看護栄養学部では，国家試験ガイダンスや国家試験対策講座・模擬試験を実施。教育福祉学科に保育・教職課程センター，教育学部に教員・保育士養成支援センターを設置している。

進路指導者も必見 学生を伸ばす 面倒見

初年次教育	学修サポート
2023年４月から全学共通基礎教育科目（S-BASIC）がスタートし，「初年次セミナー」「利他共生」「情報リテラシー」「データリテラシー」「表現技法Ⅰ・Ⅱ」「チームワークとリーダーシップ」などの科目を開講	オフィスアワー制度とアドバイザー制度（教員が学生15～41名を担当）のほか，総合福祉・看護栄養でTA制度，教育・経営でSA制度を導入。学習面における指導や相談に応じる学修支援室や学生相談室も設置

オープンキャンパス（2022年度実績）　５月から11月にかけて，および３月に，各キャンパスで来場型を中心としたオープンキャンパスを開催（要予約）。通常のオープンキャンパス時には保護者向けの説明会も実施している。

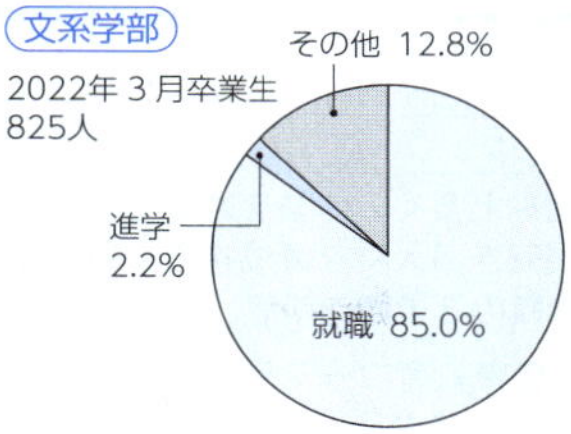

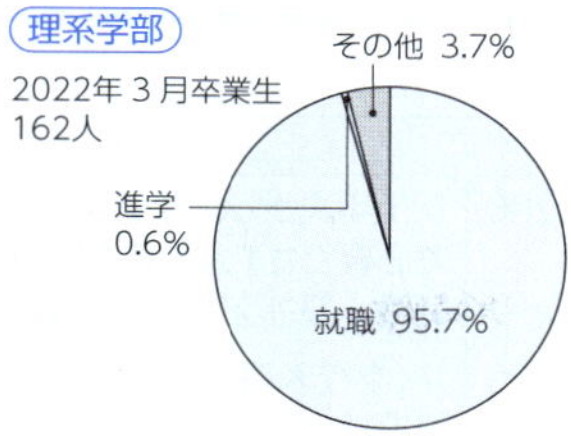

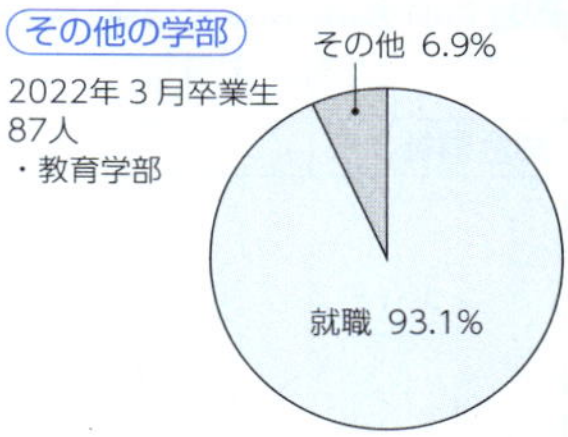

主なOB・OG▶［旧社会福祉］岩本剛人（参議院議員），［旧社会福祉］小林和公（プロ野球審判員），［旧国際コミュニケーション］四元奈生美（元プロ卓球選手，スポーツウェアデザイナー）など。

国際化・留学　大学間 7 大学・部局間 4 大学

受入れ留学生数▶58名（2022年5月1日現在）
留学生の出身国・地域▶中国，台湾，ミャンマー，ベトナム，韓国など。
外国人専任教員▶教授２名，准教授０名，講師０名（2022年５月１日現在）
外国人専任教員の出身国▶チェコなど。
大学間交流協定▶７大学（交換留学先０大学，2022年９月15日現在）
部局間交流協定▶４大学（交換留学先０大学，2022年10月１日現在）
海外への留学生数▶オンライン型２名／年（１カ国・地域，2021年度）
海外留学制度▶創立者である学祖・長谷川良信が福祉実践家としてブラジルに残した事跡をたどるブラジル研修，カナダやセブ島での英語研修，オーストラリア短期海外研修など，さまざまな留学プログラムを用意。2022年より，オンライン英会話サロンを設置。

学費・奨学金制度　給付型奨学金総額 年間約 6,196 万円

入学金▶200,000円
年間授業料（施設費等を除く）▶800,000円～（詳細は巻末資料参照）
年間奨学金総額▶61,958,196円
年間奨学金受給者数▶208人
主な奨学金制度▶成績・経済状況・人物を審査標準に，年額40万円以内（看護学科52万5,000円，栄養学科40万円）を給付する「淑徳大学一般給付奨学金」や「淑徳大学特別給付修学金」などの制度を設置。また，学費減免制度もあり，2021年度には15人を対象に，総額で417万5,000円を減免している。

保護者向けインフォメーション

● **広報誌**　広報誌「Together」や小冊子「知っておきたい今の大学と大学選び」を発行。
● **成績確認**　成績表を郵送するほか，保護者用のポータルシステム「S-Navi」があり，成績照会ができるようになっている。
● **保護者懇談会**　保護者懇談会を開催し，キャリア個別相談なども実施している。
● **就職説明会**　保護者向けの就職説明会を，総合福祉・コミュニティ・教育・経営（以上全学年対象）・人文（３年次対象）で実施。保護者向けの就職情報冊子やニュースレターも制作。
● **防災対策**　入学時に「防災カード」を配布するほか，キャンパス内に常設。災害時の学生の安否確認は，メールやポータルサイトを利用。
● **コロナ対策１**　対面授業を重視し，内容や感染状況によってオンラインを併用。５段階の行動指針を設定。「コロナ対策２」（下段）あり。

インターンシップ科目	必修専門ゼミ	卒業論文	GPA制度の導入の有無および活用例	１年以内の退学率	標準年限での卒業率
総合福祉・教育・経営で開講	総合福祉と看護栄養は４年次，コミュニティと人文は３・４年次，教育・経営は１～４年次に実施	看護栄養，教育，経営，人文は卒業要件	奨学金や授業料免除対象者の選定および学生に対する個別の学修指導のほか，学部により退学勧告基準や履修上限単位数の設定に活用	1.5%	83.3%

● **コロナ対策２**　入構時に検温を実施し，各所にアクリルパネルによる飛沫拡散防止や消毒液を常設。教室にサーキュレーターを置き，換気を徹底。経済的支援として，給与奨学金の設置やPCR検査費の補助などを行った。

学部紹介

学部／学科	定員	特色
総合福祉学部		
社会福祉	200	▷1年次から始まる学外実習など多くの体験を通して，社会で必要とされる「福祉」を実現できる人材を育成する。福祉専門職，福祉デザイン，福祉教職の3専修を設置。
教育福祉	150	▷〈学校教育コース100名，健康教育コース50名〉教育と児童福祉の両面から子どもの幸せを追求し，質の高い専門家を養成する。
実践心理	100	▷公認心理師，臨床心理，発達・福祉心理，対人心理の4つのプログラムを用意し，さまざまなフィールドで活躍する心のプロフェッショナルを養成する。
●取得可能な資格…教職（公・社・保体，小一種，幼一種，特別支援，養護一種），保育士，社会福祉士・精神保健福祉士受験資格など。 ●進路状況…………就職87.6%　進学1.0% ●主な就職先………公立学校教員，社会福祉法人，SOMPOケア，ドットライン，LITALICOなど。		
コミュニティ政策学部		
コミュニティ政策	95	▷課題解決力の基礎となる社会学，経済学，法律学，政策学の4分野の基礎知識を確実に修得し，行政，ビジネス，スポーツ・文化の3つのプログラムに基づきながら，地域に貢献して活躍するための実践力を身につける。
●取得可能な資格…社会福祉主事任用資格など。 ●進路状況…………就職86.9%　進学8.1% ●主な就職先………綜合警備保障，大成建設，千葉信用金庫，イオンリテール，ライフランドなど。		
看護栄養学部		
看護	100	▷国立病院機構千葉東病院の敷地内に設置されたキャンパスで，福祉マインドを備えた看護職者を育成する。
栄養	80	▷「栄養・食」の観点から健康づくりの活動を行える栄養の専門家を育成する。看護や福祉などの他学科と学ぶ授業も用意。
●取得可能な資格…教職（養護二種，栄養），栄養士，看護師・保健師・管理栄養士受験資格など。 ●進路状況…………就職95.7%　進学0.6% ●主な就職先………千葉県済生会習志野病院，エームサービス，千葉東病院，聖隷佐倉市民病院など。		
教育学部		
こども教育	150	▷初等教育，幼児教育の2コース。1年次から教育現場を経験し，子どもに寄り添い，共に学ぶことを通して，信頼される保育者・教育者を育成する。
●取得可能な資格…教職（小一種，幼一種），保育士など。 ●進路状況…………就職93.1%　進学0.0% ●主な就職先………小学校教諭，保育士，幼稚園教諭，認定こども園，東京都特別区（福祉職）など。		
地域創生学部		
地域創生	95	▷NEW! '23年新設。カリキュラムの約3割を占める「地域実習」で地域の課題を見つける力や分析力，提案や実行する力を養い，地域の発展と継承に貢献する。
経営学部		
		▶2023年度より，キャンパスを埼玉から東京に移転。

キャンパスアクセス［千葉キャンパス］ JR各線―蘇我よりスクールバス8分または徒歩18分／京成電鉄千原線―大森台より徒歩18分

経営	150	▷「実践×実証×専門知識」のトライアングルカリキュラムで，変化し続ける時代に必要な，自ら学び，考え，行動できる力を身につける。豊富なデータサイエンス科目も展開。
観光経営	90	▷観光経営に必要な観光学と経営学の知識を多面的に学ぶとともに，体験型学習により実践力を身につけ，観光の現場に貢献する経営人材を育成する。

● **進路状況**…………就職86.6%　進学0.5%
● **主な就職先**………オリックス・ホテルマネジメント，日本貨物鉄道，ドン・キホーテ，大塚商会など。

人文学部

歴史	60	▷歴史資源，歴史教育，歴史探究の３コース。史跡や博物館でのフィールドワークなどから古文書や実物資料に触れ，過去のできごとを深く理解し，歴史的なものの見方を習得する。
表現	85	▷文芸表現，編集表現，放送表現の３コース。さまざまな分野で活躍する教員陣が実践に即した授業を行い，どの分野の仕事でも必要となる「伝えるための日本語力」を身につける。
人間科	100	▷NEW! '23年新設。心理，福祉，教育，健康の４領域を横断しながら，人間に関する多様な問題を探求する。公認心理師取得に向けた大学院進学のサポートも実施。

● **取得可能な資格**…教職（地歴・社），学芸員など。
● **進路状況**…………就職74.5%　進学3.4%
● **主な就職先**………リクルートスタッフィング情報サービス，大乗淑徳学園，星野リゾートなど。

キャンパス

総合福祉・コミュニティ政策……［千葉キャンパス］千葉県千葉市中央区大巌寺町200
看護栄養……［千葉第二キャンパス］千葉県千葉市中央区仁戸名町673
教育・地域創生……［埼玉キャンパス］埼玉県入間郡三芳町藤久保1150-1
経営・人文……［東京キャンパス］東京都板橋区前野町2-29-3

2023年度入試要項（前年度実績）

●募集人員

学群／学科（コース）		一般A〜C	共通3期1〜
▶総合福祉	社会福祉	55	15
	教育福祉（学校教育）	25	10
	（健康教育）	15	5
	実践心理	25	10
▶コミュニティ政策	コミュニティ政策	25	10
▶看護栄養	看護	40	10
	栄養	25	10
▶教育	こども教育	30	25
▶地域創生	地域創生	25	10
▶経営	経営	30	20
	観光経営	20	10
▶人文	歴史	20	10
	表現	30	10
	人間科	25	10

▷看護栄養学部においては出願資格として，入学後の学びに必要なため，化基・生基の単位を修得している（あるいは履修中である）ことが望ましい。

総合福祉学部・コミュニティ政策学部・教育学部・地域創生学部

一般選抜A・B　③科目　①**国**（100）▶国総（古文・漢文を除く）　②**外**（100）▶コミュ英Ⅰ・コミュ英Ⅱ　③**調査書**（10）▶学習成績の状況（評定平均値）を採点対象とする
※調査書が提出できない者については，志望理由書を10点満点で採点する。

一般選抜C　②科目　①**一般教養テスト**（100）▶国語・英語を中心とした一般教養テスト（記述式を含む）　②**調査書**（10）▶学習成績の状況（評定平均値）を採点対象とする
※調査書が提出できない者については，志望理由書を10点満点で採点する。

キャンパスアクセス［千葉第二キャンパス］JR各線—千葉よりバス20分／JR各線—蘇我よりスクールバス15分，京成電鉄千原線—大森台より徒歩18分

共通テスト利用選抜1期・2期・3期
3〜2科目 ①②③**国・外・「地歴・公民」・数・理**(200×2) ▶国(近代)・「英(リスニング〈100〉を含む)・独・仏・中・韓から1」・「世A・世B・日A・日B・地理A・地理B・現社・倫・政経・〈倫・政経〉から1」・「数Ⅰ・〈数Ⅰ・数A〉・数Ⅱ・〈数Ⅱ・数B〉・簿・情から1」・「〈物基・化基・生基・地学基から2〉・物・化・生・地学から1」から2
[個別試験] **1**科目 ①**調査書**(10) ▶学習成績の状況(評定平均値)を採点対象とする
※調査書が提出できない者については，志望理由書を10点満点で採点する。

看護栄養学部

一般選抜A 【看護学科】 **4**科目 ①**国・外**(100) ▶国総(古文・漢文を除く)・「コミュ英Ⅰ・コミュ英Ⅱ」から1 ②**数・理**(100) ▶「数Ⅰ・数A(場合・図形)」・化基・生基から1 ③**グループ面接**(50) ▶4人程度で1グループの予定(約30分) ④**調査書**(10) ▶学習成績の状況(評定平均値)を採点対象とする
※看護学科一般選抜Aのグループ面接は，本学会場(千葉キャンパス)以外の学外会場(仙台・水戸・新潟・三島)で受験する場合，オンラインで行う予定。
【栄養学科】 **3**科目 ①**国・外**(100) ▶国総(古文・漢文を除く)・「コミュ英Ⅰ・コミュ英Ⅱ」から1 ②**数・理**(100) ▶「数Ⅰ・数A(場合・図形)」・化基・生基から1 ③**調査書**(10) ▶学習成績の状況(評定平均値)を採点対象とする
※両学科とも，調査書が提出できない者については，志望理由書を10点満点で採点する。
一般選抜B 【看護学科】 **4**科目 ①**国**(100) ▶国総(古文・漢文を除く) ②**外**(100) ▶コミュ英Ⅰ・コミュ英Ⅱ ③**グループ面接**(50) ▶4人程度で1グループの予定(約30分) ④**調査書**(10) ▶学習成績の状況(評定平均値)を採点対象とする
【栄養学科】 **3**科目 ①**国**(100) ▶国総(古文・漢文を除く) ②**外**(100) ▶コミュ英Ⅰ・コミュ英Ⅱ ③**調査書**(10) ▶学習成績の状況(評定平均値)を採点対象とする
※両学科とも，調査書が提出できない者については，志望理由書を10点満点で採点する。
一般選抜C **3**科目 ①**一般教養テスト**(100) ▶国語・英語を中心とした一般教養テスト(記述式を含む) ②**グループ面接**(50) ▶4人程度で1グループの予定(約30分)。ただし，志願者数によって「個人面接(15分)」となることがある ③**調査書**(10) ▶学習成績の状況(評定平均値)を採点対象とする
※調査書が提出できない者については，志望理由書を10点満点で採点する。
共通テスト利用選抜1期・2期・3期
4〜3科目 ①②③④**国・外・数・理**(200×3) ▶国(近代)・「英(リスニング〈100〉を含む)・独・仏・中・韓から1」・「数Ⅰ・〈数Ⅰ・数A〉・数Ⅱ・〈数Ⅱ・数B〉・簿・情から1」・「〈物基・化基・生基・地学基から2〉・物・化・生・地学から1」から3
[個別試験] **1**科目 ①**調査書**(10) ▶学習成績の状況(評定平均値)を採点対象とする
※調査書が提出できない者については，志望理由書を10点満点で採点する。

経営学部・人文学部

一般選抜A・B **3**科目 ①②**国・外・地歴**(100×2) ▶国総(古文・漢文を除く)・「コミュ英Ⅰ・コミュ英Ⅱ」・「世B・日Bから1」から2 ③**調査書**(10) ▶学習成績の状況(評定平均値)を採点対象とする
※調査書が提出できない者については，志望理由書を10点満点で採点する。
一般選抜C **2**科目 ①**一般教養テスト**(100) ▶国語・英語を中心とした一般教養テスト(記述式を含む) ②**調査書**(10) ▶学習成績の状況(評定平均値)を採点対象とする
※調査書が提出できない者については，志望理由書を10点満点で採点する。
共通テスト利用選抜1期・2期・3期
3〜2科目 ①②③**国・外・「地歴・公民」・数・理**(200×2) ▶国(近代)・「英(リスニング〈100〉を含む)・独・仏・中・韓から1」・「世A・世B・日A・日B・地理A・地理B・現社・倫・政経・〈倫・政経〉から1」・「数Ⅰ・〈数Ⅰ・数A〉・数Ⅱ・〈数Ⅱ・数B〉・簿・情から1」・「〈物基・化基・生基・地学基から2〉・物・化・生・地学から1」から2

キャンパスアクセス [埼玉キャンパス] 東武東上線—みずほ台よりスクールバス10分／JR武蔵野線—東所沢よりスクールバス20分

［個別試験］ 1科目 ①調査書（10）▶学習成績の状況（認定平均値）を採点対象とする
※調査書が提出できない者については，志望理由書を10点満点で採点する。

その他の選抜

学校推薦型選抜（公募・指定校・学園傘下特別選抜〈以上全学部〉，指定校部活動特待生〈社会福祉学科・コミュニティ政策学科のみ〉）は総合福祉学部180名，コミュニティ政策学部35名，看護栄養学部50名，教育学部50名，地域創生学部35名，経営学部90名，人文学部80名を，総合型選抜は総合福祉学部110名，コミュニティ政策学部25名，看護栄養学部45名，教育学部45名，地域創生学部25名，経営学部70名，人文学部60名を募集。ほかに帰国生徒特別選抜，社会人特別選抜，外国人留学生特別選抜を実施。

偏差値データ（2023年度）

●一般選抜

学部／学科（コース）	2023年度 駿台予備学校 合格目標ライン	2023年度 河合塾 ボーダー偏差値	2022年度 競争率
▶総合福祉学部			
社会福祉	36	37.5	1.1
教育福祉（学校教育）	37	40	1.2
（健康教育）	37	40	2.5
実践心理	37	45	3.2
▶コミュニティ政策学部			
コミュニティ政策	35	37.5	1.2
▶看護栄養学部			
看護	39	42.5	1.5
栄養	38	42.5	2.7
▶教育学部			
こども教育	36	35	1.1
▶地域創生学部			
地域創生	36	37.5	新
▶経営学部			
経営	34	37.5	1.0
観光経営	34	40	1.1
▶人文学部			
歴史	36	45	1.2
表現	35	42.5	1.2
人間科	36	42.5	新

- 駿台予備学校合格目標ラインは合格可能性80％に相当する駿台模試の偏差値です。なお，全学部とも一般選抜Aの偏差値です。
- 河合塾ボーダー偏差値は合格可能性50％に相当する河合塾全統模試の偏差値です。なお，看護栄養学部は一般選抜A，その他の学部は一般選抜ABの偏差値です。
- 競争率は2022年度一般選抜A・B・C（看護栄養学部のみA）の受験者÷合格者の実質倍率

キャンパスアクセス ［東京キャンパス］ 東武東上線―ときわ台より徒歩12分／都営地下鉄三田線―志村三丁目より徒歩18分

城西国際大学
じょうさいこくさい

資料請求

問合せ先 入試課 ☎0475-55-8855

戦後日本の経済復興と成長に尽力した政治家・水田三喜男が，「学問による人間形成」を建学の理念として掲げ設立した学校法人城西大学を母体に，1992（平成４）年に開学。“つながる大学”をキーワードに，学内外でのグローバルな学びで，社会に貢献する国際人を育成する「国際教育」，地域密着型の学びで，地元の人々と一緒に課題解決に取り組む「地域基盤型教育」，初年次から将来の自分を具体的にイメージし，その夢を叶えるための充実したサポートを行う「キャリア形成教育」を人材育成の３本柱として，緑豊かな千葉東金キャンパスと，超都心に位置する東京紀尾井町キャンパスの２拠点で，それぞれの特長を生かした学びを展開。「世界」「地域」とつながるプログラムを多彩に展開することで，学生の「未来」の可能性を広げられる機会を用意している。

- **千葉東金キャンパス**………〒283-8555　千葉県東金市求名１番地
- **東京紀尾井町キャンパス**…〒102-0094　東京都千代田区紀尾井町3-26（1号棟）

基本データ

学生数▶5,984名（男3,024名，女2,960名）
専任教員数▶教授92名，准教授77名，助教60名

設置学部▶国際人文，観光，経営情報，メディア，薬，福祉総合，看護
併設教育機関▶大学院（P.249参照）

就職・卒業後の進路

就職率 96.8%
就職者÷希望者×100

● **就職支援**　学科ごとに担当のキャリアカウンセラーがサポートし，就職活動の進め方，自己分析の仕方，業界・企業研究の仕方，エントリーシート・履歴書等添削，面接・グループディスカッション指導など，きめ細やかにフォロー。薬学部と福祉総合学部を対象とした専門職に関する業界研究会も開催。

● **資格取得支援**　将来の夢の実現に向けて，学内で受講できる資格取得・試験対策講座や，学外講座の割引優遇制度が充実。１年次には，資格取得講座説明会も開催している。また，教職をめざす学生のための「教職支援室」を設置し，教員養成にも力を注いでいる（教職課程は千葉東金キャンパスで開講）。

進路指導者も必見 学生を伸ばす 面倒見

初年次教育	学修サポート
「アカデミック・スキルズ」「基礎演習」「基礎ゼミ」「ビジネスキャリア」「情報セキュリティ」「データ分析の基礎」「情報メディア演習」などの科目を開講。2022年度より，文理の枠を超えた全学部共通基盤科目を導入	国際人文・経営情報・メディア・薬学部でSA制度，福祉総合を加えた5学部でTA制度，さらに全学部でアドバイザー（担任）制度を導入し，大学生生活全般についてアドバイス。オフィスアワーでは気軽に相談も可能

オープンキャンパス（2022年度実績）　5月から12月にかけて，および３月に，両キャンパスで対面式のオープンキャンパスを実施（予約制。開催日はキャンパスによって異なる）。各学部・学科説明，キャンパスツアーなど。

文系学部

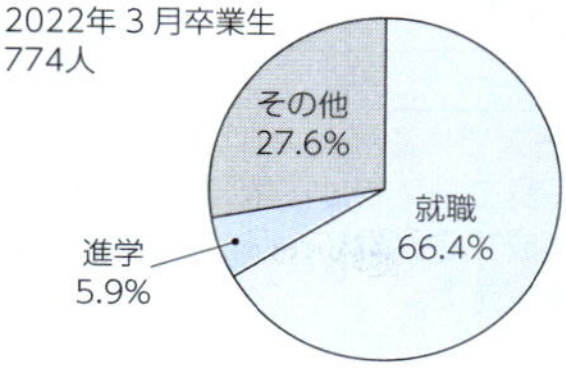

理系学部

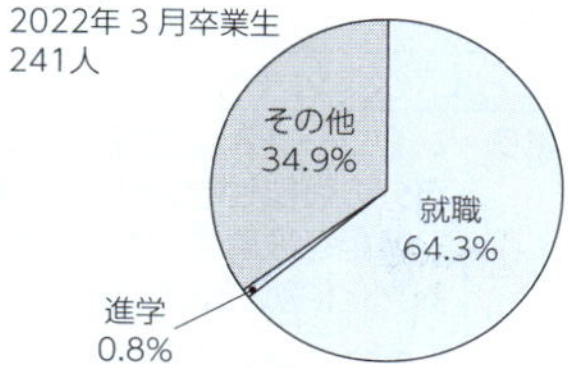

その他の学部

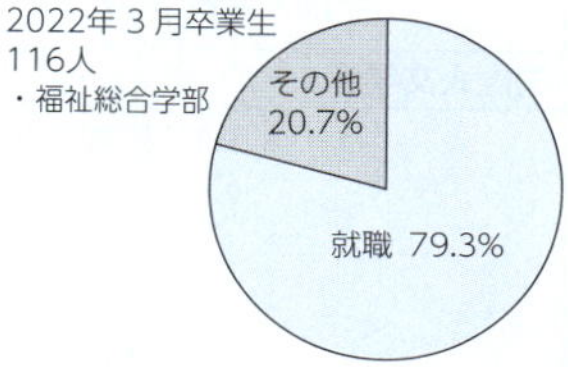

主なOB・OG ▶ ［旧環境社会］宇佐見真吾（プロ野球選手），［メディア］名倉七海（タレント，世界エア・ギター選手権優勝者），［メディア］佐久間大介・真田佑馬・目黒蓮（タレント・俳優・歌手）など。

国際化・留学　大学間 212 大学等・部局間 17 大学

受入れ留学生数 ▶ 473名（2022年５月１日現在）

留学生の出身国・地域 ▶ 中国，韓国，ベトナム，台湾，フランスなど。

外国人専任教員 ▶ 教授６名，准教授８名，助教11名（2022年５月１日現在）

外国人専任教員の出身国 ▶ アメリカ，中国，韓国，ブラジル，ハンガリーなど。

大学間交流協定 ▶ 212大学・機関（交換留学先45大学，2022年５月１日現在）

部局間交流協定 ▶ 17大学（2022年５月１日現在）

海外への留学生数 ▶ 渡航型15名・オンライン型400名／年（14カ国・地域，2021年度）

海外留学制度 ▶ 留学中は最大30単位認められ，休学せずに卒業できるJEAP（城西国際大学海外教育プログラム）や夏期・冬期休暇中の２～３週間を利用した短期留学，学部独自の海外研修プログラムのほか，オンラインプログラムも提供。UNAI（国連アカデミック・インパクト）やJACAC（日本・カナダ学術コンソーシアム）などにも参加している。

学費・奨学金制度　給付型奨学金総額 年間 1,118 万円

入学金 ▶ 270,000円～

年間授業料（施設費等を除く）▶ 800,000円～（詳細は巻末資料参照）

年間奨学金総額 ▶ 11,180,000円

年間奨学金受給者数 ▶ 82人

主な奨学金制度 ▶ ２年生以上の人物，学業成績ともに優れた学生を対象とした「水田奨学生制度」や「上原育英奨学金」「水田国際奨学生制度」などを設置。また，「特待生入試」や「J特待生制度」といった授業料を減免する制度もあり，2021年度には104人を対象に総額で約5,589万円を減免している。

保護者向けインフォメーション

● **公開授業**　参加者と同伴で，オープンキャンパスで開催される模擬授業の聴講が可能。

● **成績確認**　成績通知表を年２回送付している。

● **父母懇談会**　父母後援会があり，全国各地区で「父母地区懇談会」を開催し，学生の履修状況や学業成績，今後の進路に至るまで，職員が幅広く情報を提供している。

● **防災対策**　「学生生活のしおり」内に，災害等緊急時の対応について掲載。災害時の学生の安否は，ポータルサイトを利用して確認する。

● **コロナ対策１**　ワクチンの職域接種を実施。感染状況に応じた３段階のBCP（行動指針）を設定。「コロナ対策２」（下段）あり。

インターンシップ科目	必修専門ゼミ	卒業論文	GPA制度の導入の有無および活用例	１年以内の退学率	標準年限での卒業率
薬・看護を除き開講している	全学部で実施（薬３～６年次，他学部３・４年次）	福祉総合学科と看護学科を除き卒業要件	学生に対する個別の学修指導のほか，学部により奨学金等対象者選定，留学候補者選考，進級判定基準，履修上限単位数の設定に活用	2.6%	79.5%（４年制）59.4%（薬）

● **コロナ対策２**　オンライン授業に対応するための学修環境整備のために，全学生に５万円を給付。また，家計支持者の収入やアルバイト収入の減少により，学業継続が困難になった学生を対象に10万円を給付。

学部紹介

学部／学科	定員	特色
国際人文学部		
国際文化	80	▷２コース制。国際文化コースでは，多様な学びを通して，自分の可能性を広げる。韓国語コースでは，韓国語を究めて日韓相互理解のリーダーを育成する。両コースとも，海外の異文化に肌で触れる海外留学が充実。
国際交流	120	▷授業を通じて語学力やコミュニケーション能力，国際関係から開発協力まで幅広い国際教養を身につけ，留学・海外研修を経験し，グローバル社会で活躍する人材を育成する。
●取得可能な資格…教職(国・地歴・社・英)，学芸員など。 ●進路状況…………就職64.6％　進学8.2％ ●主な就職先………JALスカイ，千葉銀行，大林組，ヒルトン東京ベイ，近畿日本ツーリストなど。		
観光学部		
観光	100	▷多様なフィールドワークを通して，観光ビジネス，観光まちづくり，観光メディアを多角的に学ぶ。原則として１年間，ホテルの客室または社員寮に住みながら，授業時間外や休日にホテル業務に携わる「ホテル奨学生制度」を設置。
●進路状況…………就職63.0％　進学9.3％ ●主な就職先………ザ・リッツ・カールトン東京，ザ・ペニンシュラ東京，クラブツーリズムなど。		
経営情報学部		
総合経営	400	▷２コース制。千葉東金キャンパスで学ぶ総合経営コース(200名)では，民間企業に加え，国際社会や地域社会，スポーツから教育まで，多様な分野で活躍できる人財を育成する。東京紀尾井町キャンパスで学ぶグローバル経営情報コース(200名)では，経営学と情報学が融合した現代的な「経営情報学」の実践をめざした教育を展開。
●取得可能な資格…教職(公・社・保体)など。 ●進路状況…………就職74.3％　進学3.3％ ●主な就職先………EY新日本有限責任監査法人，清水建設，千葉興業銀行，茨城県庁，警視庁など。		
メディア学部		
メディア情報	360	▷東京紀尾井町キャンパスで学ぶ映像芸術コース(260名)では，エンタテインメント分野を複合的に，実践的に学ぶ。千葉東金キャンパスで学ぶニューメディアコース(100名)では，「アート＋テクノロジー＋デザイン」の新しいメディアを学び，幅広い分野で活躍できる人材を育成する。
●進路状況…………就職60.7％　進学6.6％ ●主な就職先………AOI Pro.，テレビ東京アート，バンダイ，富士ソフト，東宝，Apple Japanなど。		
薬学部		
医療薬	110	▷６年制。行政や小中学校と連携して行う薬物乱用防止教室をはじめとする実践力を磨く特論演習科目などを通じて，人と社会と未来を見つめる，クスリと健康の専門家を育成する。
●取得可能な資格…薬剤師受験資格など。 ●進路状況…………就職40.3％　進学1.4％ ●主な就職先………国立がん研究センター中央病院・東病院，筑波大学附属病院，EAファーマなど。		

キャンパスアクセス［千葉東金キャンパス］JR東金線―求名より徒歩5分

福祉総合学部		
福祉総合	140	▷子ども福祉（50名），社会福祉（40名）の２コースに，2023年度より，福祉行政コースから名称変更した福祉マネジメントコース（50名）を設置。思いやりのプロになる「福祉力」を身につけて，人を，社会をしあわせにできる人材を育成する。
理学療法	80	▷高度先進医療にも対応するため最新鋭の設備を使った実習や各専門分野の理学療法士によるわかりやすい授業を通して，保健・医療・福祉に加え，地域やスポーツを支え，国際性に優れた「次世代型」理学療法士を育成する。

● **取得可能な資格**…教職（幼一種），保育士，理学療法士・社会福祉士・精神保健福祉士受験資格など。
● **進路状況**…………就職79.3%　進学0.0%
● **主な就職先**………千葉県福祉援護会，東京都社会福祉事業団，国保旭中央病院，千葉県，柏市など。

看護学部		
看護	100	▷深く広い知識・技術と，グローバルな視点を持って，多様な場で活躍できる看護師を育成する。総合大学ならではの専門職連携教育も実施。１年次のアメリカ看護研修は全員参加の必修科目で，費用は全額，大学が負担する。

● **取得可能な資格**…教職（養護一種），看護師・保健師・助産師受験資格など。
● **進路状況**…………就職97.1%　進学0.0%
● **主な就職先**………成田赤十字病院，千葉大学医学部附属病院，国立国際医療研究センターなど。

大学院

人文科学・経営情報学（以上M・D），福祉総合学・ビジネスデザイン・国際アドミニストレーション・健康科学（以上M），薬学（D）

キャンパス

国際人文・観光・経営情報（総合経営コース）・メディア（ニューメディアコース）・薬・福祉総合・看護……［千葉東金キャンパス］千葉県東金市求名１番地
経営情報（グローバル経営情報コース）・メディア（映像芸術コース）……［東京紀尾井町キャンパス］東京都千代田区紀尾井町3-26（1号棟）

2023年度入試要項（前年度実績）

●募集人員

学部／学科（コース・キャンパス）		一般	共通1期	共通2期	共通3期
▶国際人文	国際文化	15	8		
	国際交流	25	13		
▶観光	観光	10	10		
▶経営情報	総合経営（東京紀尾井町）	60	15		
	（千葉東金）	40	10		
▶メディア	メディア情報（映像芸術）	60	20		—
	（ニューメディア）	15	5		—
▶薬	薬	45	15		
▶福祉総合	福祉総合	8	7		
	理学療法	15	5		
▶看護	看護	20	7		—

※一般選抜は看護学部がA・B日程，その他の学部はA・B・C日程を実施。
※福祉総合学科の一般選抜の募集人員の内訳は，こども福祉コース３名，社会福祉コース３名，福祉マネジメントコース２名。一般選抜共通テスト利用は子ども福祉コース２名，社会福祉コース４名，福祉マネジメントコース１名。

▷国際人文・観光・経営情報・メディア・福祉総合の５学部の一般選抜（共通テスト利用を除く）はWエントリー選抜として実施。Wエントリー選抜は，指定された３科目を受験し，「３科目（300点満点）」と「高得点２科目（外国語＋高得点１科目〈200点満点〉）」の２つの判定方式で審査する。

キャンパスアクセス ［東京紀尾井町キャンパス］東京メトロ有楽町線—麹町より徒歩3分，南北線・半蔵門線・有楽町線—永田町より徒歩5分／JR中央線・総武線—四ツ谷より徒歩10分

国際人文学部・観光学部・経営情報学部

一般選抜(Wエントリー選抜)A日程・B日程・C日程 **3科目** ①外(100)▶コミュ英Ⅰ・コミュ英Ⅱ・英表Ⅰ ②国・数(100)▶「国総(古文・漢文を除く)・現文B」・「数Ⅰ・数A」から1 ③地歴・公民(100)▶世B・日B・政経から1
※3科目を受験し，3科目(300点)と高得点2科目(外国語＋高得点1科目，計200点)の2つの選考方式で判定する。

一般選抜(共通テスト利用)第1期・第2期・第3期 **2科目** ①②国・外・数・「地歴・公民」(100×2)▶国(近代)・「英(リスニングを含む)・独・仏・中・韓から1」・「数Ⅰ・数A」・「世B・日B・現社・政経から1」から2
※外国語は共通テストの配点を100点に換算。
[個別試験] 行わない。

メディア学部

一般選抜(Wエントリー選抜)A日程・B日程・C日程 **3科目** ①外(100)▶コミュ英Ⅰ・コミュ英Ⅱ・英表Ⅰ ②国・数(100)▶「国総(古文・漢文を除く)・現文B」・「数Ⅰ・数A」から1 ③地歴・公民(100)▶世B・日B・政経から1
※3科目を受験し，3科目(300点)と高得点2科目(外国語＋高得点1科目，計200点)の2つの選考方式で判定する。

一般選抜(共通テスト利用)第1期・第2期 **2科目** ①外(100)▶英(リスニングを含む)・独・仏・中・韓から1 ②国・地歴・公民・数(100)▶国(近代)・世B・日B・現社・政経・「数Ⅰ・数A」から1
※外国語は共通テストの配点を100点に換算。
[個別試験] 行わない。

薬学部

一般選抜(高得点2科目選抜)A日程・B日程・C日程 **4科目** ①外(100)▶コミュ英Ⅰ・コミュ英Ⅱ・英表Ⅰ ②数(100)▶数Ⅰ・数Ⅱ・数A・数B ③理(100)▶「化基・化」・「生基・生」から1 ④面接(筆記試験終了後)
※3科目を受験し，高得点の2科目と面接で判定する。

一般選抜(共通テスト利用〈A方式〉)第1期・第3期 **4科目** ①外(200)▶英(リスニング〈100〉を含む)・独・仏・中・韓から1 ②③数(100×2)▶「数Ⅰ・数A」・「数Ⅱ・数B」 ④理(200)▶化・生から1
[個別試験] 行わない。

一般選抜(共通テスト利用〈B方式〉)第2期 **3〜2科目** ①理(200)▶化 ②③外・数・理(200〈数100×2〉)▶英(リスニング〈100〉を含む)・独・仏・中・韓・「〈数Ⅰ・数A〉・〈数Ⅱ・数B〉」・生から1
[個別試験] 行わない。
※一般選抜の選考において，「薬学部での修学(実習や実地研修を含む)に著しく適性を欠く」と判断した場合には，「不合格」となる場合がある。

福祉総合学部

一般選抜(Wエントリー選抜)A日程・B日程・C日程 【福祉総合学科】 **3科目** ①外(100)▶コミュ英Ⅰ・コミュ英Ⅱ・英表Ⅰ ②国・数(100)▶「国総(古文・漢文を除く)・現文B」・「数Ⅰ・数A」から1 ③地歴・公民(100)▶世B・日B・政経から1
※3科目を受験し，3科目(300点)と，高得点2科目(外国語＋高得点1科目，計200点)の2つの選考方式で判定する。
【理学療法学科】 **3科目** ①外(100)▶コミュ英Ⅰ・コミュ英Ⅱ・英表Ⅰ ②理(100)▶化基・生基から1 ③国・数(100)▶「国総(古文・漢文を除く)・現文B」・「数Ⅰ・数A」から1
※3科目を受験し，3科目(300点)と高得点2科目(外国語＋高得点1科目，計200点)の2つの選考方式で判定する。

一般選抜(共通テスト利用)第1期・第2期・第3期 【福祉総合学科】 **2科目** ①②国・外・数・「地歴・公民」(100×2)▶国(近代)・「英(リスニングを含む)・独・仏・中・韓から1」・「数Ⅰ・数A」・「世B・日B・現社・政経から1」から2
※外国語は共通テストの配点を100点に換算。
[個別試験] 行わない。
【理学療法学科】 **4〜3科目** ①外(100)▶英(リスニングを含む)・独・仏・中・韓から1 ②③④国・数・理(100×2)▶国(近代)・「数Ⅰ・

数Ａ」・「〈化基・生基〉・化・生から１」から２
※外国語は共通テストの配点を100点に換算。
［個別試験］ 行わない。
※一般選抜の選考において，「福祉総合学部での修学（実習や実地研修を含む）に著しく適性を欠く」と判断した場合には，「不合格」となる場合がある。

看護学部

一般選抜（高得点２科目選抜）Ａ日程・Ｂ日程
4科目　①**外**（100）▶コミュ英Ⅰ・コミュ英Ⅱ・英表Ⅰ　②**理**（100）▶化基・生基から１　③**国・数**（100）▶「国総（古文・漢文を除く）・現文Ｂ」・「数Ⅰ・数Ａ」から１　④**面接**（筆記試験終了後）
※３科目を受験し，高得点の２科目と面接で判定する。
一般選抜（共通テスト利用）第１期・第２期
4〜3科目　①**外**（100）▶英（リスニングを含む）・独・仏・中・韓から１　②③④**国・数・理**（100×２）▶国（近代）・「数Ⅰ・数Ａ」・「〈物基・化基・生基・地学基から２〉・物・化・生・地学から１」から２
※外国語は共通テストの配点を100点に換算。
［個別試験］ 行わない。
※一般選抜の選考において，「看護学部での修学（実習や実地研修を含む）に著しく適性を欠く」と判断した場合には，「不合格」となる場合がある。

その他の選抜

学校推薦型選抜（公募制推薦）は国際人文学部17名（国際文化学科５名，国際交流学科12名），観光学部10名，経営情報学部25名（東京紀尾井町キャンパス15名，千葉東金キャンパス10名），メディア学部30名（映像芸術コース20名，ニューメディアコース10名），薬学部10名，福祉総合学部20名（福祉総合学科10名〈子ども福祉コース５名，社会福祉コース３名，福祉マネジメントコース２名〉，理学療法学科10名），看護学部10名を募集。総合型選抜は国際人文学部45名（国際文化学科20名，国際交流学科25名），観光学部20名，経営情報学部105名（東京紀尾井町キャンパス25名，千葉東金キャンパス80名），メディア学部100名（映像芸術コース70名，ニューメディアコース30名），薬学部20名，福祉総合学部48名（福祉総合学科30名〈子ども福祉コース10名，社会福祉コース10名，福祉マネジメントコース10名〉，理学療法学科18名），看護学部21名を募集（薬学部と看護学部および経営情報学部東京紀尾井町キャンパス，メディア学部映像芸術コースを除き，スポーツ総合型選抜を含む）。ほかに，学校推薦型選抜（指定校推薦），スポーツ総合型選抜，９月入試，帰国生徒選抜，社会人入試，外国人留学生特別入試を実施。

偏差値データ（2023年度）

●一般選抜

学部／学科／コース	2023年度 駿台予備学校 合格目標ライン	2023年度 河合塾 ボーダー偏差値	2022年度 競争率
▶国際人文学部			
国際文化	37	40	2.3
国際交流	35	40	2.3
▶観光学部			
観光	34	37.5	1.3
▶経営情報学部			
総合経営（東京紀尾井町）	34	37.5	1.4
（千葉東金）	34	37.5	
▶メディア学部			
メディア情報／映像芸術	35	42.5	5.7
／ニューメディア	35	40	
▶薬学部			
医療薬	40	35	1.1
▶福祉総合学部			
福祉総合	35	35	1.1
理学療法	34	37.5	1.4
▶看護学部			
看護	37	45	1.4

- 駿台予備学校合格目標ラインは合格可能性80％に相当する駿台模試の偏差値です。なお，一般選抜Ａ・Ｂ日程の偏差値です。
- 河合塾ボーダー偏差値は合格可能性50％に相当する河合塾全統模試の偏差値です。
- 競争率は受験者÷合格者の実質倍率

聖徳大学

せいとく

SEITOKU

資料請求

問合せ先　入学センター　☎047-366-5551

建学の精神

学部・学科がひとつのキャンパスに集う，自立するチカラを育む女性総合大学。1933（昭和8）年に聖徳家政学院として創立し，65年の聖徳学園短期大学（現短期大学部）の開設を経て，90（平成2）年に大学が開学。建学の理念である，なごみであり，親しみであり，穏やかさであり，助け合うことであり，他者を思いやることである「和」の精神に基づいた独自の「人間教育」を通じて美しい心を育むとともに，常に新しい教育に挑戦し進化。聖徳夢プロジェクト，聖徳教養教育，学際的な学びのプログラム「フィールド・リンケージ」など，時代のニーズに応える教育改革を進め，豊かな人間性，学際的な洞察力，専門性の高い実践力を培う“聖徳の学び”により，協創する力と挑戦する心を育み，新時代に新しい価値を創造する人を育成している。

● 松戸キャンパス……〒271-8555　千葉県松戸市岩瀬550

基本データ

学生数▶女3,198名
専任教員数▶教授108名，准教授69名，講師28名
設置学部▶教育（昼間主・夜間主），心理・福祉，文，人間栄養，看護，音楽
併設教育機関▶大学院―児童学・臨床心理学・言語文化・人間栄養学・音楽文化（以上M・D），看護学（M），教職（P）　通信教育部―教育学部，心理・福祉学部，文学部，短期大学部保育科　通信制大学院―児童学（M・D）　短期大学部（P.257参照）

就職・卒業後の進路

就職率 **99.4**%
就職者÷希望者×100

●就職支援　1年次から始まるキャリア教育で，就職することが目標ではなく，これからの人生を設計するというキャリアに関するマインドを固めた上で一人ひとりが希望する職種，進路を実現するための実践的な支援プログラムを展開。2022年3月卒業生の実就職率97.4％を達成し，2年連続で全国女子大学第1位に輝いている（卒業生100名以上）。
●資格取得支援　それぞれの学科・コースで免許・資格の取得を念頭に置いたカリキュラ

進路指導者も必見 学生を伸ばす 面倒見

初年次教育	学修サポート
大学への学びの転換をはかる「初年次教育研修」，協調性や対人スキルを高める「学外研修Ⅰ」，自己分析力や論理的思考力などを養う「夢プロジェクト」，情報活用能力を習得する「情報活用演習（基礎）」などを実施	全学部でTA制度，オフィスアワー制度を導入。また，入学から卒業までの一貫したサポート体制で，基礎学力の向上，在学中の履修支援，個別学習相談，各種セミナーなどを行う聖徳ラーニングデザインセンターを設置

オープンキャンパス（2022年度実績）　オンライン型同時配信の来校型オープンキャンパスを中心に，4月から11月にかけて複数回実施。教育学部など，学部限定のオープンキャンパスや，出張オープンキャンパスも開催。

ムを用意し，特別講座などを通して一人ひとりのやる気をバックアップ。教職実践センターでは，教育委員会で実際に教員採用に携わった経験豊かな教授陣などがサポート。

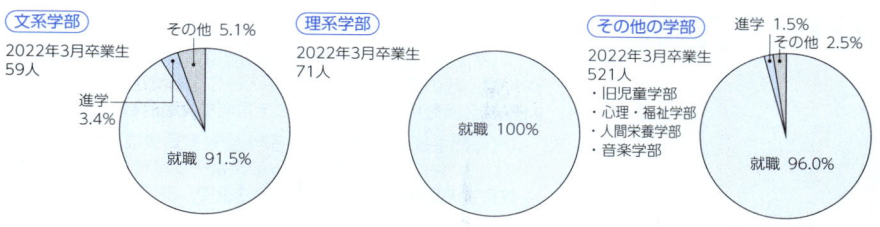

文系学部
2022年3月卒業生
59人

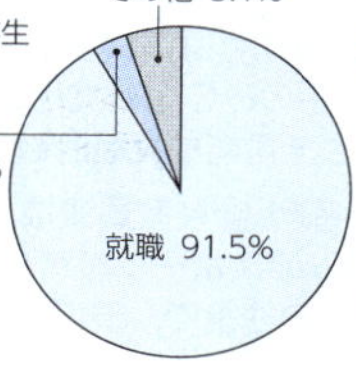

理系学部
2022年3月卒業生
71人

その他の学部
2022年3月卒業生
521人
・旧児童学部
・心理・福祉学部
・人間栄養学部
・音楽学部

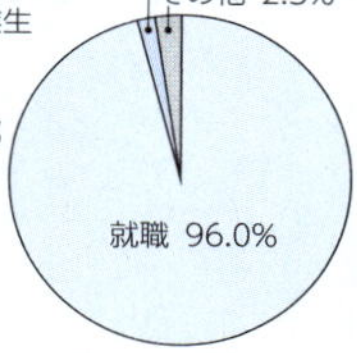

国際化・留学　大学間 15 大学・部局間 1 大学

受入れ留学生数▶７名（2022年５月１日現在）
留学生の出身国▶中国，マレーシア。
外国人専任教員▶教授０名，准教授５名，講師２名（2022年５月１日現在）
外国人専任教員の出身国▶NA
大学間交流協定▶15大学（交換留学先15大学，2022年５月１日現在）
部局間交流協定▶１大学（交換留学先１大学，2022年５月１日現在）
海外への留学生数▶渡航型１名／年（１カ国・地域，2021年度）
海外留学制度▶アメリカをはじめとする７カ国・地域の協定校への留学は，留学期間のうち上限１年間を卒業要件として在学期間に含めることが可能。このほか，認定留学，短期留学，学科・コースに関連する各国の教育等を直接肌で感じる海外研修などを実施。

学費・奨学金制度

入学金▶250,000円（夜間主240,000円）～
年間授業料(施設費等を除く)▶680,000円(夜間主550,000円)～(詳細は巻末資料参照)
年間奨学金総額▶非公表
年間奨学金受給者数▶非公表
主な奨学金制度▶授業料の減免と学資支給金の給付を行う「学校法人東京聖徳学園修学支援」，国際社会に通用する優れた人材を育成することを大きな目的とした「聖徳学園川並奨学金」，前期型入試受験生対象の「聖徳大学入学サポート奨学金」，在学生対象の「在学特別奨学生」などの制度を設置している。

保護者向けインフォメーション

●**オープンキャンパス**　通常のオープンキャンパス時に保護者向けの説明会を実施している。
●**広報誌**　学園広報誌「聖徳フラッシュ」のほか，「聖徳学園の教育『和』」を発行している。
●**後援会**　後援会による支部総会と保護者会を併せて開催し，就職活動などについても説明している。また，「後援会報」も発行。
●**成績確認**　成績表等を保護者宛に郵送。出席状況などの情報は保護者会で提供している。
●**防災対策**　入学時に「災害時対応マニュアル」を配布。被災した際には，大学HPおよびポータルサイトを利用して学生の安否を確認する。
●**コロナ対策１**　ワクチンの職域接種を実施。感染状況に応じたBCP（行動指針）を設定している。「コロナ対策２」（下段）あり。

インターンシップ科目	必修専門ゼミ	卒業論文	GPA制度の導入の有無および活用例	１年以内の退学率	標準年限での卒業率
全学部で開講している	全学部で３・４年次に実施	全学部で卒業要件	奨学金や授業料免除対象者選定・退学勧告基準，学生に対する個別の学修指導に活用するほか，GPAに応じた履修上限単位数を設定	非公表	非公表

● **コロナ対策２**　対面授業とオンライン授業を感染状況に応じて併用。入構時に検温を実施し，各号館の入口や教室前の廊下に消毒液を設置。教室では換気を徹底。学生への経済的支援として校納金の延納措置を行った。

学部紹介

学部／学科	定員	特色
教育学部		
児童	332	▷〈昼間主325名，夜間主７名〉幼稚園教員養成，保育士養成，児童心理の３コースに，昼間主のみの児童文化コースを設置。附属７園を持つ本学だからこそ可能な実践的な学びを展開。
教育	83	▷〈昼間主80名，夜間主３名〉小学校教員養成，特別支援教育の２コースに，昼間主のみのスポーツ教育コースを設置。教育学の理論と現場での実践の往復で，現場実践力を磨く。
●取得可能な資格…教職（小一種，幼一種，特別支援），司書，司書教諭，学芸員，保育士など。 ●進路状況…………就職96.4％　進学1.0％（旧児童学部実績） ●主な就職先………幼稚園，こども園，保育園，東京聖徳学園，ねばぁらんど，東邦オートなど。		
心理・福祉学部		
心理	60	▷心理支援，産業・社会心理，危機管理，教育・発達心理，家族支援の５専修。専門資格取得へのサポート体制を整備。
社会福祉	80	▷社会福祉，介護福祉，養護教諭の３コース。地域社会で生かせる知識と技術を身につけた社会福祉のプロを育成する。
●取得可能な資格…教職（地歴・社・福，養護一種），司書，司書教諭，学芸員，保育士，介護福祉士・社会福祉士・精神保健福祉士受験資格など。 ●進路状況…………就職93.8％　進学2.5％ ●主な就職先………トランスコスモス，ニチイケアパレス，千葉県教育委員会，聖隷福祉事業団など。		
文学部		
文	110	▷教養デザイン，英語・英文学，日本語・日本文学，書道文化，歴史文化，図書館情報の６コース。体験型授業「RE科目」によって本質を多面的に究めて，国際教養人を育成する。
●取得可能な資格…教職（国・地歴・社・書・英），司書，司書教諭，学芸員など。 ●進路状況…………就職91.5％　進学3.4％ ●主な就職先………アイ・ケイ・ケイホールディングス，千葉興業銀行，オーケー，エイジェックなど。		
人間栄養学部		
人間栄養	160	▷管理栄養士養成課程。豊かな人間性と科学的根拠に基づく栄養指導能力と課題解決能力を備え，多様な就職先で活躍する管理栄養士のプロを育成する。
●取得可能な資格…教職（保健・家，栄養），司書，司書教諭，学芸員，栄養士，管理栄養士受験資格など。 ●進路状況…………就職96.6％　進学1.7％ ●主な就職先………徳洲会グループ，エームサービスジャパン，日清医療食品，ウエルシア薬局など。		
看護学部		
看護	80	▷気品と実践力を備えた「凛」とした看護師を育成する。小グループの臨地実習で多様な病院・施設を経験。
●取得可能な資格…教職（養護二種），看護師・保健師受験資格。 ●進路状況…………就職100％　進学0.0％ ●主な就職先………三井記念病院，国立がん研究センター中央病院，千葉大学医学部附属病院など。		
音楽学部		
音楽	60	▷音楽表現，音楽教育，音楽療法，プロ・アーティストの４つのメジャー（領域）から自分のメジャーを決め，豊富な選択科目から自分に合った学びを組み立てることが可能。

キャンパスアクセス ［松戸キャンパス］JR常磐線，JR上野東京ライン，東京メトロ千代田線，新京成線―松戸より徒歩５分

● **取得可能な資格**…教職（音），司書，司書教諭，学芸員，音楽療法士（一種）など。
● **進路状況**…………就職94.7％　進学5.3％
● **主な就職先**………千葉県教育委員会，ヤマハミュージックリテイリング，角川ドワンゴ学園など。

キャンパス

全学部……［松戸キャンパス］千葉県松戸市岩瀬550

2023年度入試要項（前年度実績）

●**募集人員**

学部／学科	一般A	一般B	一般C	実技
▶**教育** 児童〔昼間主〕	一般33 共通33	40	24	—
〔夜間主〕	一般1 共通1	1	若干名	—
教育〔昼間主〕	一般7 共通7	12	6	—
〔夜間主〕	一般・共通 若干名	若干名	若干名	—
▶**心理・福祉** 心理	一般8 共通8	10	4	—
社会福祉	一般11 共通11	12	6	—
▶**文** 文	一般12 共通12	20	10	—
▶**人間栄養** 人間栄養	一般19 共通19	18	8	—
▶**看護** 看護	一般・共通18	12	若干名	—
▶**音楽** 音楽	一般9 共通9	8	4	若干名

※一般B・C日程には共通テスト利用選抜の募集人員を含む。
※音楽学部の実技は実技特別選抜。

▷一般選抜および共通テスト利用選抜において，対象となる外部英語検定試験（英検，GTEC，TOEFL iBT，ケンブリッジ英検，IELTS，TEAP，TEAP CBT）の基準を満たしている場合，「英語」の試験の得点とみなす（100点・80点・70点）。一般選抜で本学独自の「英語」試験を受験した場合は，どちらか高得点となる点数で合否判定を行う。

教育学部

一般選抜A・B・C日程　3〜2科目　①国（100）▶国総・国表（近代）　②**外・地歴・数・理**（100）▶「コミュ英Ⅰ・コミュ英Ⅱ・英表Ⅰ」・世B・日B・「数Ⅰ・数A」・化基・生基から1　③**スポーツ実技**▶上体起こしまたは反復横跳び。ただし，スポーツ実技は教育学科スポーツ教育コースのみ実施

共通テスト利用選抜A・B・C日程　3〜2科目　①国（100）▶国（近代）　②③**外・地歴・数・理**（100）▶英（リスニングを含む）・世B・日B・「数Ⅰ・数A」・「物基・化基・生基・地学基から2」から1

［個別試験］　1科目　①**スポーツ実技**▶上体起こしまたは反復横跳び，ただし，スポーツ実技は教育学科スポーツ教育コースのみ実施し，他の学科・コースは個別試験を行わない
※英語はリーディングを5割，リスニングを5割で100点満点に換算し評価する。
※一般選抜，共通テスト利用選抜において，必要に応じて面接を実施する場合がある。

心理・福祉学部

一般選抜A・B・C日程　2科目　①国（100）▶国総・国表（近代）　②**外・地歴・数・理**（100）▶「コミュ英Ⅰ・コミュ英Ⅱ・英表Ⅰ」・世B・日B・「数Ⅰ・数A」・化基・生基から1
※心理学科で大学院進学（公認心理師および臨床心理士受験資格取得）を希望する者は，英語を選択することが望ましい。

共通テスト利用選抜A・B・C日程　3〜2科目　①国（100）▶国（近代）　②③**外・地歴・数・理**（100）▶英（リスニングを含む）・世B・日B・「数Ⅰ・数A」・「物基・化基・生基・地学基から2」から1
※英語はリーディングを5割，リスニングを5割で100点満点に換算し評価する。
［個別試験］　行わない。
※一般選抜，共通テスト利用選抜において，必要に応じて面接を実施する場合がある。

文学部

一般選抜A・B・C日程　〈教養デザインコー

ス・歴史文化コース・図書館情報コース〉 2科目 ①②国・外・「地歴・数」(100×2) ▶「国総・国表(近代。古文〈漢文を除く〉は選択のみ)」・「コミュ英Ⅰ・コミュ英Ⅱ・英表Ⅰ」・「世B・日B・〈数Ⅰ・数A〉から1」から2

〈英語・英文学コース〉 2科目 ①外(100) ▶コミュ英Ⅰ・コミュ英Ⅱ・英表Ⅰ ②国・地歴・数(100) ▶「国総・国表(近代。古文〈漢文を除く〉は選択のみ)」・世B・日B・「数Ⅰ・数A」から1

〈日本語・日本文化コース〉 2科目 ①国(100) ▶ 国総・国表(近代。古文〈漢文を除く〉は選択のみ) ②外・地歴・数(100) ▶「コミュ英Ⅰ・コミュ英Ⅱ・英表Ⅰ」・世B・日B・「数Ⅰ・数A」から1

〈書道文化コース〉 2科目 ①書道(100) ▶実技 ②国・外(100) ▶「国総・国表(近代。古文〈漢文を除く〉は選択のみ)」・「コミュ英Ⅰ・コミュ英Ⅱ・英表Ⅰ」から1

共通テスト利用選抜A・B・C日程 〈教養デザインコース／英語・英文学コース〉 2科目 ①外(100) ▶英(リーディング) ②国・外・地歴・数(100) ▶国(近代)・英(リスニング)・世B・日B・「数Ⅰ・数A」・簿・情から1，ただし簿・情は教養デザインコースのみ選択可

[個別試験] 行わない。

〈日本語・日本文学コース〉 2科目 ①国(100) ▶国(近代) ②国・外・地歴・数(100) ▶国(古文)・英(リスニングを含む)・世B・日B・「数Ⅰ・数A」から1

[個別試験] 行わない。

〈書道文化コース・歴史文化コース・図書館情報コース〉 2科目 ①②国・外・「地歴・数」(100×2) ▶国(近代)・英(リスニングを含む)・「世B・日B・〈数Ⅰ・数A〉・簿・情から1」から2，ただし簿・情は図書館情報コースのみ選択可

[個別試験] 行わない。ただし，書道文化コースのみ書道実技として，出願時に作品を提出すること

※英語はリーディングを5割，リスニングを5割で100点満点に換算し評価する。ただし，教養デザインコースと英語・英文学コースはリーディング・リスニングそれぞれを1科目100点満点とみなして評価する。

※一般選抜，共通テスト利用選抜において，必要に応じて面接を実施する場合がある。

人間栄養学部

一般選抜A・B・C日程 2科目 ①国・外(100) ▶「国総・国表(近代)」・「コミュ英Ⅰ・コミュ英Ⅱ・英表Ⅰ」から1 ②数・理(100) ▶「数Ⅰ・数A」・化基・生基から1

共通テスト利用選抜A・B・C日程 3〜2科目 ①国・外(100) ▶国(近代)・英(リスニングを含む)から1 ②③数・理(100) ▶「数Ⅰ・数A」・「化基・生基」・化・生から1

※英語はリーディングを5割，リスニングを5割で100点満点に換算し評価する。

[個別試験] 行わない。

※一般選抜，共通テスト利用選抜において，必要に応じて面接を実施する場合がある。

看護学部

一般選抜A・B・C日程 4科目 ①国(100) ▶国総・国表(近代) ②外(100) ▶コミュ英Ⅰ・コミュ英Ⅱ・英表Ⅰ ③数・理(100) ▶「数Ⅰ・数A」・「化基・化」・「生基・生」から1 ④面接

共通テスト利用選抜A・B・C日程 3科目 ①国(100) ▶国(近代) ②外(100) ▶英(リスニングを含む) ③数・理(100) ▶「数Ⅰ・数A」・化・生から1

※英語はリーディングを5割，リスニングを5割で100点満点に換算し評価する。

[個別試験] 1科目 ①面接

音楽学部

※プロ・アーティストメジャー志願者のみ，一般選抜，共通テスト利用選抜および実技特別選抜で募集を行い，その他のメジャー志願者は入試時点でメジャーを決定する必要はない。プロ・アーティストメジャーを受験して不合格になった場合でも，音楽学科として合格になる場合がある。

一般選抜A・B・C日程 4〜3科目 ①国(100) ▶国総・国表(近代) ②外・地歴・数・理(100) ▶「コミュ英Ⅰ・コミュ英Ⅱ・英表Ⅰ」・世B・日B・「数Ⅰ・数A」・化基・生基から1 ③音楽実技等(100，プロ・アーティストメジ

ャー200）▶音楽実技等にかえて動画提出も可（プロ・アーティストメジャー志願者は除く）④面接（プロ・アーティストメジャー志願者のみ）

実技特別選抜　3科目　①音楽実技等 ②面接 ③書類審査（調査書，志望理由書）

共通テスト利用選抜A・B・C日程　3〜2科目　①②③国・外・地歴・数・理（100×2）▶国（近代）・英（リスニングを含む）・世B・日B・「数Ⅰ・数A」・「物基・化基・生基・地学基から2」から2

※英語はリーディングを5割，リスニングを5割で100点満点に換算し評価する。

［個別試験］　2〜1科目　①音楽実技等 ②面接（プロ・アーティストメジャー志願者のみ）

※一般選抜，共通テスト利用選抜において，プロ・アーティストメジャー志願者以外でも，必要に応じて面接を実施する場合がある。

その他の選抜

総合型選抜は教育学部123名，心理・福祉学部35名，文学部28名，人間栄養学部48名，看護学部10名，音楽学部15名を募集。ほかに学校推薦型選抜（公募制等・指定校制），帰国子女特別入試，社会人特別入試，私費留学生特別奨学生入試，私費留学生特別入試を実施。

偏差値データ（2023年度）

●一般選抜

学部／学科	2023年度 駿台予備学校 合格目標ライン	2023年度 河合塾 ボーダー偏差値	2022年度 競争率
▶教育学部			
児童〔昼間主〕	33	35〜40	1.2
〔夜間主〕	30	35	3.0
教育〔昼間主〕	32〜33	35〜37.5	1.3
〔夜間主〕	30	35	—
▶心理・福祉学部			
心理	33	37.5	1.5
社会福祉	32	40	1.5
▶文学部			
文	32〜33	35〜42.5	2.6
▶人間栄養学部			
人間栄養	33	40	1.4
▶看護学部			
看護	35	37.5	1.5
▶音楽学部			
音楽	31	35	1.4

- 駿台予備学校合格目標ラインは合格可能性80％に相当する駿台模試の偏差値です。なお，一般選抜A日程の偏差値です。
- 河合塾ボーダー偏差値は合格可能性50％に相当する河合塾全統模試の偏差値です。
- 競争率は2022年度一般選抜A日程の志願者÷合格者の志願倍率

併設の教育機関　短期大学

聖徳大学短期大学部

問合せ先　入学センター
☎047-366-5551
所在地　千葉県松戸市岩瀬550

学生数▶女327名
教員数▶教授25名，准教授13名，講師3名

設置学科

●保育科第一部（160）・第二部（10）　幼稚園教諭，保育士の2コース。「保育の聖徳」としての伝統を生かし，幼児教育・保育系への就職率は9年連続100％を達成。第二部（夜間・3年制）も第一部（昼間・2年制）と同様の学びが可能。

●総合文化学科（50）　図書館司書・IT，国際観光・ホテル，フードマネジメント，ファッション・造形デザインの4コース。変化する時代に，社会で生き抜くための広い視野と実践力を身につける。

卒業後の進路

2022年3月卒業生▶203名
就職187名，大学編入学7名（うち他大学6名），その他9名

千葉工業大学

（ちばこうぎょうだいがく）

資料請求

問合せ先 入試広報部 ☎047-478-0222

建学の精神

欧米の先進国に負けない工学教育を行い，日本だけでなくアジア全体の工業力を高めようという使命を持って1942（昭和17）年に創立。建学の精神である「世界文化に技術で貢献する」を実現するため，「未来ロボット技術研究センター」「惑星探査研究センター」「地球学研究センター」「変革センター」「人工知能・ソフトウェア技術研究センター」「次世代海洋資源研究センター」「数理工学研究センター」「日本文化再生研究センター」から，社会の進歩につながる最先端のテクノロジーを生み出し，これからの未来をつくる技術革新に貢献。日本で最古の私立工業大学として確固たる地位を築き，近年では，最先端の研究成果がマスコミで度々取り上げられ，その名が広く知れわたるようになり，今や総志願者数でも，全国でトップクラスになっている。

- 津田沼キャンパス……〒275-0016　千葉県習志野市津田沼2-17-1
- 新習志野キャンパス…〒275-0023　千葉県習志野市芝園2-1-1

基本データ

学生数▶9,332名（男7,916名，女1,416名）
専任教員数▶教授177名，准教授71名，助教・助手26名
設置学部▶工，創造工，先進工，情報科，社会システム科
併設教育機関▶大学院―工学・情報科学・社会システム科学（以上M・D），創造工学・先進工学（以上M）

就職・卒業後の進路

就職率 98％
就職者÷希望者×100

●**就職支援**　各種ガイダンスやセミナー，対策講座など年間1,900回を超える支援講座，年間90回以上の学内企業説明会，OB・OGを招いての懇談会など，豊富な内容で夢の実現をサポート。就職・進路支援部にはプロのキャリアカウンセラーが常駐し，いつでも疑問や悩みを相談できる体制を整えている。

●**資格取得支援**　キャリアスキルアップ支援プログラムとして，公務員集中模擬試験や公務員試験，知的財産管理技能検定，秘書技能検定，FP（ファイナンシャル・プランニング）技能検定などの充実した対策講座を開講。

進路指導者も必見 学生を伸ばす 面倒見

初年次教育
新入生ガイダンスやオリエンテーションで，授業の受け方や学習への取り組み，レポートの書き方，履修計画の作成などについて，丁寧にフォロー。また，1年次の前期に全員が「初年次教育」を履修する

学修サポート
全学部でTA制度，オフィスアワー制度，専任教員が約60～80人の学生を担当するクラス担任制を導入。また，学生サポートセンターや，気軽に英語コミュニケーションを体験できるグローバルラウンジを設置

オープンキャンパス（2022年度実績） 事前予約制で6月（津田沼キャンパス），7月（新習志野キャンパス），12月（津田沼キャンパス）に対面とオンラインにて開催。このほか，保護者も同席可能なオンライン個別相談も実施。

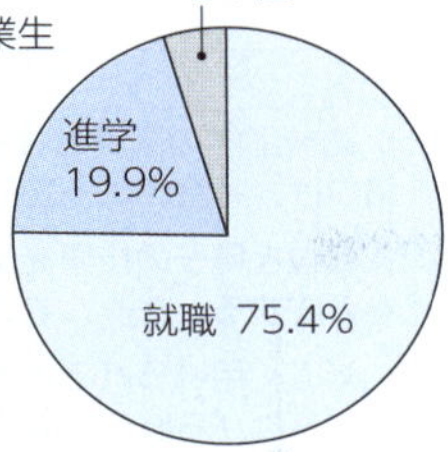

主なOB・OG ▶ ［工］畠山稔（埼玉県上尾市長），［工］舘ひろし（俳優），［工］鈴木勇人（AC福島ユナイテッド社長），［工］貞末良雄（メーカーズシャツ鎌倉創業者），［工］岡田晴恵（公衆衛生学者）など。

国際化・留学　大学間 41 大学・部局間 1 大学

受入れ留学生数 ▶ 50名（2022年5月1日現在）
留学生の出身国・地域 ▶ 中国，台湾，モンゴルなど。
外国人専任教員 ▶ 教授３名，准教授１名，助教２名（2022年５月１日現在）
外国人専任教員の出身国 ▶ 中国，アメリカ。
大学間交流協定 ▶ 41大学（交換留学先22大学，2022年５月１日現在）
部局間交流協定 ▶ １大学（交換留学先１大学，2022年５月１日現在）
海外への留学生 ▶ 渡航型４名・オンライン型47名／年（４カ国・地域，2021年度）
海外留学制度 ▶ コロナ禍で海外研修プログラムなどの募集は行われなかったが，「グアム大学オンライン講義」やデザイン科学科主催の「グローバルデザインワークショップ」などを実施。また，国内外の産学官が連携したGTIコンソーシアムに参加している。

学費・奨学金制度　給付型奨学金総額 年間約 1,787 万円

入学金 ▶ 250,000円
年間授業料（施設費等を除く）▶ 1,390,000円（詳細は巻末資料参照）
年間奨学金総額 ▶ 17,873,000円
年間奨学金受給者数 ▶ 27人
主な奨学金制度 ▶ 経済的困窮により，修学の継続が困難になった３年次生以降の者を対象とした「千葉工業大学経済的支援奨学生」や，「千葉工業大学災害見舞奨学生」「千葉工業大学家計急変奨学生」などの制度を設置。また，学費減免制度があり，2021年度には48人を対象に総額で約2,087万円を減免している。

保護者向けインフォメーション

- **広報誌**　学報「NEWS CIT」を発行。ウエブサイトにおいても配信している。
- **成績確認**　成績表や履修科目と単位数，授業への出席状況などの情報がWeb閲覧できるほか，郵送もしている。
- **保護者会**　PPA（保護者と教職員の会）を組織し，毎年全国各地で懇談会を開催。該当地区の就職状況なども聞くことができる。
- **防災対策**　在学時に起こりうる大地震などに備え，「防災対応マニュアル」を用意。災害時の学生の安否確認はポータルサイトを利用。
- **コロナ対策１**　ワクチンの職域接種を実施。「コロナ対策２」（下段）あり。

インターンシップ科目	必修専門ゼミ	卒業論文	GPA制度の導入の有無および活用例	１年以内の退学率	標準年限での卒業率
全学部で開講している	全学部で３・４年次に実施	全学部で卒業要件	奨学金や授業料免除対象者の選定基準や学生に対する個別の学修指導に活用	2.3%	83.4%

● **コロナ対策２**　iPadを全員に無償貸与しているため，スムーズにオンライン授業に移行。実習・実験を伴う授業は，徹底した感染対策を行った上で早期に対面に切り替え。学食のミールチケットの無料配布なども実施。

学部紹介

学部／学科	定員	特色
工学部		
機械工	140	▷機械工学の基礎となる四大力学や製図・設計のスキルを身につけ，社会のニーズに対応できる機械エンジニアを育成。
機械電子創成工	110	▷機械と電子の技術を駆使できる総合力を持ったエンジニアを育成する。チームでオリジナルのロボットを製作。
先端材料工	110	▷幅広く用いられる金属材料を中心に，コストや環境負荷を加味しながら製法を考察し，新材料の開発に取り組む。
電気電子工	140	▷社会を動かす電気・電子インフラの基礎を学び，社会の課題解決や利便性向上に貢献する技術者を育成する。
情報通信システム工	110	▷ハード・ソフトを横断的に修得し，今とこれからの生活・産業の基盤をつくる情報通信のエンジニアを育成する。
応用化	110	▷「元素」の世界を探究し，材料開発のプロセスを学び，産業・社会の発展に貢献できる化学の専門家を育成する。
●取得可能な資格…教職（理・工業）など。 ●進路状況…………就職70.5%　進学26.3% ●主な就職先………メイテック，SUBARU，東京電力ホールディングス，TDK，東海旅客鉄道など。		
創造工学部		
建築	140	▷人と文化・環境が調和した建築づくりに必要な知見を身につけた建築のプロを育成する。第一線のプロが実践力を伝授。
都市環境工	110	▷インフラ構築，都市計画，環境保全に精通した，快適で環境に優しいまちをつくるプロフェッショナルを育成する。
デザイン科	120	▷日用品から医療機器，空間設計まで幅広く携わり，工学的視点から社会に役立つデザインの方法を学ぶ。
●取得可能な資格…教職（工業），測量士補，１・２級建築士受験資格など。 ●進路状況…………就職78.0%　進学16.7% ●主な就職先………新昭和，千葉県庁，新日本建設，ポラス，大成建設，パナソニックホームズなど。		
先進工学部		
未来ロボティクス	120	▷ロボット開発に必要な機械・電気電子・情報を総合的に学ぶとともに，創造力・応用力を磨き，「伝える力」を養う。
生命科	110	▷生命を分子レベルで解明し，新技術の開発に挑み，バイオ産業に貢献できる技術者を育成する。
知能メディア工	110	▷メディア工学，知識工学，情報デザインの３領域を総合的に学び，創造力を養い，数歩先の未来を創出する。
●進路状況…………就職72.2%　進学24.8% ●主な就職先………NECネッツエスアイ，臼井国際産業，DTS，シャープ，ミネベアミツミなど。		
情報科学部		
情報工	140	▷ソフト・ハードの両方からAI，IoT，通信分野などの知識を総合的に身につけ，社会に貢献できる情報技術者を育成する。
情報ネットワーク	140	▷社会に役立つ実践的なネットワーク技術を身につけ，「情報と人」のネットワークで新しい価値を創造する。
●取得可能な資格…教職（数・情）など。 ●進路状況…………就職74.2%　進学17.6% ●主な就職先………NID・MI，TDCソフト，AJS，キヤノンITソリューションズ，ジャステックなど。		

キャンパスアクセス［津田沼キャンパス］ JR総武線—津田沼駅前／新京成線—新津田沼より徒歩3分／京成本線—京成津田沼より徒歩10分

社会システム科学部		
経営情報科	110	▷最先端の情報技術を駆使し，企業経営の問題解決法を導き出すことのできる「経営」と「情報」のスペシャリストを育成。
プロジェクトマネジメント	110	▷理論と実践をバランスよく学び，幅広く応用できるマネジメント力を養う。実践的なプロジェクト演習を実施。
金融・経営リスク科	60	▷日本で先駆けて開設された，リスクマネジメントに特化した学科。未経験のリスクに対応する力を身につける。

- **取得可能な資格**…教職（数・情・工業・商業）など。
- **進路状況**…………就職89.8%　進学3.3%
- **主な就職先**………NECフィールディング，シー・エス・イー，伊藤忠テクノソリューションズなど。

キャンパス

全学部３・４年次……［津田沼キャンパス］ 千葉県習志野市津田沼2-17-1
全学部１・２年次……［新習志野キャンパス］ 千葉県習志野市芝園2-1-1

2023年度入試要項（前年度実績）

●募集人員

学部／学科	一般A	一般SA	一般B	一般SB	一般C	共通前期	共通中期	共通後期
▶工　機械工	42	20	10	12	20	29	6	18
機械電子創成工	32		7			22	5	
先端材料工	32		7			22	5	
電気電子工	42		10			29	6	
情報通信システム工	32		7			22	5	
応用化	32		7			22	5	
▶創造工　建築	42	10	10	6	10	29	6	9
都市環境工	32		7			22	5	
デザイン科	35		8			25	6	
▶先進工　未来ロボティクス	35	9	8	6	9	25	6	9
生命科	32		7			22	5	
知能メディア工	32		7			22	5	
▶情報科　情報工	44	8	10	4	8	29	6	6
情報ネットワーク	42		10			29	6	
▶社会システム科　経営情報科	33	9	7	6	8	19	4	8
プロジェクトマネジメント	32		5			18	4	
金融・経営リスク科	17		3			10	2	

※一般選抜SA日程入試は共通テスト併用。

▷一般選抜Ｂ・Ｃ日程のタイプⅡの英語については，本学独自試験は行わず，共通テストの英語と英語資格・検定試験の換算点のどちらか高得点を判定に採用する。指定されている英語資格・検定試験は以下の通り。
GTEC，ケンブリッジ英検，英検，TEAP，TEAP CBT，TOEIC L&R/TOEIC S&W。
▷共通テスト利用入試の全日程において，指定された英語資格・検定試験で基準以上のスコアを満たしていれば，共通テストにおける外国語の得点は，定められたスコア対照表に基づいた換算点とみなし，共通テストの外国語と英語資格・検定試験の換算点とを比較し，高得点を採用する。指定されている英語資格・検定試験は一般選抜と同じ。
▷一般選抜Ｂ・Ｃ日程のタイプⅡおよび共通テスト利用入試において，共通テストの英語はリーディング（100）とリスニング（100）の計200点満点と，リーディング（100）のみの点数を200点満点に換算した点数とを比較し，高得点を採用する。

全学部

一般選抜Ａ日程（タイプⅠ・タイプⅡ）
3〜2科目　①**外**（100）▶コミュ英Ⅰ・コミュ英Ⅱ・英表Ⅰ　②**数**（100）▶数Ⅰ・数Ⅱ・数Ａ（場合・図形）・数Ｂ（数列・ベク）　③**国・理**（100）▶国総（古文・漢文を除く）・「物基・物」・「化基・化」・「生基・生」から１，ただし国は創造工学部デザイン科学科と社会システム科学部のみ選択可
※タイプⅡは英語の試験は行わず，指定された英語資格・検定試験において基準以上のスコアを保持していることを出願要件とする。

キャンパスアクセス ［新習志野キャンパス］ JR京葉線―新習志野より徒歩６分／JR総武線―津田沼よりバス15分・千葉工業大学入口下車徒歩３分

※国語は一部記述問題を出題する。
※「タイプⅠ」と「タイプⅡ」を選択して出願することも，両方を出願することも可能。

一般選抜SA日程（共通テスト併用） 〈共通テスト科目〉 2科目 ①②数（100×2）▶「数Ⅰ・数A」・「数Ⅱ・数B」
〈独自試験科目〉 1科目 ①数（200）▶数Ⅰ・数Ⅱ・数A（場合・図形）・数B（数列・ベク）

一般選抜B日程〈タイプⅠ（理科選択型）〉 2科目 ①数（200）▶数Ⅰ・数Ⅱ・数A（場合・図形）・数Ⅱ（数列・ベク） ②理（200）▶「物基・物」・「化基・化」・「生基・生」から1

一般選抜B日程〈タイプⅡ（英語選択型）〉 2科目 ①数（200）▶数Ⅰ・数Ⅱ・数A（場合・図形）・数Ⅱ（数列・ベク） ②外（200）▶共通テスト「英語」または英語資格・検定試験
※「タイプⅠ」と「タイプⅡ」を選択して出願することも，両方を出願することも可能。

一般選抜SB日程 1科目 ①総合問題（100）▶国総（古文・漢文を除く）と「数Ⅰ・数Ⅱ・数A（場合・図形）・数B（数列・ベク）」を出題範囲とした総合問題
※提示する文章や資料（図表等を含む）を読み解く力，論理的に思考する力，数学的な知識に基づき処理する力を測る。

一般選抜C日程〈タイプⅠ（理数科目選択型）〉 2科目 ①数（200）▶数Ⅰ・数Ⅱ・数A（場合・図形）・数Ⅱ（数列・ベク） ②数・理（200）▶「数Ⅰ・数Ⅱ・数Ⅲ・数A（場合・整数・図形）・数B（数列・ベク）」・「物基・物」・「化基・化」から1

一般選抜C日程〈タイプⅡ（英語選択型）〉 2科目 ①数（200）▶数Ⅰ・数Ⅱ・数A（場合・図形）・数Ⅱ（数列・ベク） ②外（200）▶共通テスト「英語」または英語資格・検定試験
※「タイプⅠ」と「タイプⅡ」を選択して出願することも，両方を出願することも可能。

共通テスト利用入試前期（タイプⅠ・タイプⅡ） 3科目 ①②③国・外・地歴・公民・数・理（200×3）▶国（近代）・「英（リスニング〈100〉を含む）・独・仏・中・韓から1」・「世A・世B・日A・日B・地理A・地理Bから1」・「現社・倫・政経・〈倫・政経〉から1」・「数Ⅰ・〈数Ⅰ・数A〉・数Ⅱ・〈数Ⅱ・数B〉・簿・情から1」・「物・化・生・地学から1」から3，ただしタイプⅡは数・理のいずれか必須
※タイプⅡは数学または理科の高得点科目を2倍にし，計800点満点で判定する。
［個別試験］ 行わない。
※「タイプⅠ」と「タイプⅡ」を選択して出願することも，両方を出願することも可能。

共通テスト利用入試中期（タイプⅠ） 2科目 ①国・外（200）▶国（近代）・英（リスニング〈100〉を含む）・独・仏・中・韓から1 ②数・理（200）▶数Ⅰ・「数Ⅰ・数A」・数Ⅱ・「数Ⅱ・数B」・簿・情・物・化・生・地学から1
［個別試験］ 行わない。

共通テスト利用入試中期（タイプⅡ） 4科目 ①外（200）▶英（リスニング〈100〉を含む）・独・仏・中・韓から1 ②数（200）▶数Ⅰ・「数Ⅰ・数A」・数Ⅱ・「数Ⅱ・数B」・簿・情から1 ③理（200）▶物・化・生・地学から1 ④国・地歴・公民（200）▶国（近代）・世A・世B・日A・日B・地理A・地理B・現社・倫・政経・「倫・政経」から1
［個別試験］ 行わない。
※「タイプⅠ」と「タイプⅡ」を選択して出願することも，両方を出願することも可能。

共通テスト利用入試後期（タイプⅠ） 2科目 ①②数・「国・外・地歴・公民・理」（200×2）▶「数Ⅰ・〈数Ⅰ・数A〉・数Ⅱ・〈数Ⅱ・数B〉・簿・情から1」・「国（近代）・英（リスニング〈100〉を含む）・独・仏・中・韓・世A・世B・日A・日B・地理A・地理B・現社・倫・政経・〈倫・政経〉・物・化・生・地学から1」から2
［個別試験］ 行わない。

共通テスト利用入試後期（タイプⅡ） 3科目 ①②③数・理（200×3）▶「数Ⅰ・〈数Ⅰ・数A〉から1」・「数Ⅱ・〈数Ⅱ・数B〉・簿・情から1」・物・化・生・地学から3
［個別試験］ 行わない。

共通テスト利用入試後期（タイプⅢ） 4科目 ①外（200）▶英（リスニング〈100〉を含む）・独・仏・中・韓から1 ②数（200）▶数Ⅰ・「数Ⅰ・数A」・数Ⅱ・「数Ⅱ・数B」・簿・情から1 ③理（200）▶物・化・生・地学から1 ④国・地歴・公民（200）▶国（近代）・世A・世B・日A・日B・地理A・地理B・現社・倫・政経・「倫・政経」から1
［個別試験］ 行わない。
※「タイプⅠ」「タイプⅡ」「タイプⅢ」を選択

して出願することも，３方式すべてを出願することも可能。

その他の選抜

学校推薦型選抜（公募制・専門高校）は工学部36名（うち専門12名），創造工学部18名（うち専門６名），先進工学部18名（うち専門６名），情報科学部12名（うち専門４名），社会システム科学部17名（うち専門６名）を，総合型（創造）選抜は工学部66名，創造工学部34名，先進工学部31名，情報科学部23名，社会システム科学部45名を募集。ほかに学校推薦型選抜（指定校制，帰国生徒指定校制），帰国生徒特別選抜，社会人特別選抜，外国人留学生特別選抜を実施。

偏差値データ（2023年度）

●一般選抜Ａ日程

学部／学科	2023年度 駿台予備学校 合格目標ライン	2023年度 河合塾 ボーダー偏差値	2022年度 競争率
▶工学部			
機械工	39〜40	47.5	3.4
機械電子創成工	39〜40	45	3.0
先端材料工	38〜39	40	2.4
電気電子工	38〜39	45	3.3
情報通信システム工	39〜40	50	8.5
応用化	39〜40	45	2.8
▶創造工学部			
建築	41〜42	50	5.3
都市環境工	40〜41	45	4.0
デザイン科	40〜41	47.5	4.5
▶先進工学部			
未来ロボティクス	41〜42	45	3.7
生命科	39〜40	42.5	2.0
知能メディア工	39〜40	50	5.0
▶情報科学部			
情報工	41〜42	50	8.9
情報ネットワーク	39〜40	50	6.7
▶社会システム科学部			
経営情報科	37〜38	42.5	2.7
プロジェクトマネジメント	38〜39	42.5	3.0
金融・経営リスク科	38〜39	42.5	2.0

- 駿台予備学校合格目標ラインは合格可能性80％に相当する駿台模試の偏差値です。
- 河合塾ボーダー偏差値は合格可能性50％に相当する河合塾全統模試の偏差値です。
- 競争率は受験者÷合格者の実質倍率

麗澤(れいたく)大学

資料請求

問合せ先 大学入試課 ☎04-7173-3500

建学の精神

「優れた能力というものは，高い道徳性に支えられて初めて本来の価値を発揮する」という考え方である「知徳一体」を建学の理念に，1935（昭和10）年に「道徳科学専攻塾」として開塾。教育目標である「品格あるグローバル人材の育成」を達成するために，教養教育とともに「麗澤スタンダード」を構成する「グローバル教育」「道徳教育」「データサイエンス教育」「キャリア教育」を４つの柱に据え，学生が４つの柱を基盤としバランスよく学び，社会へ羽ばたいていくための環境を整備。さらに，2024年４月に工学部，経営学部の設置を構想するなど，教員との距離の近さや密度の濃い教育といった小規模ならではの魅力はそのままに，社会の要望に広く応え，学生の多彩な夢をかなえるために——。未来を切り拓く，進化への挑戦が始まっている。

● 麗澤大学キャンパス……〒277-8686　千葉県柏市光ヶ丘2-1-1

基本データ

学生数▶2,540名（男1,415名，女1,125名）
専任教員数▶教授64名，准教授30名，講師19名

設置学部▶国際，外国語，経済
併設教育機関▶大学院―経済（M・D），言語教育・学校教育（以上M）

就職・卒業後の進路

就職率 94.8％（就職者÷希望者×100）

● **就職支援**　キャリアセンターでは「顔の見える支援」を徹底し，３年次の６月から，必ず一人１回は進路相談をする「全員面談」を行い，性格や適性を把握し，ベストな選択をサポート。スタッフには企業出身者が多く，旅行会社・百貨店・家電メーカー・ブライダルなど出身業界もさまざまで，各業界の事情を熟知し，実践的な助言を行っている。

● **資格取得支援**　経済学部では約30の資格について，受験対策となる授業を開講。試験に合格または所定の成績を収めた場合に受講料の全額もしくは半額を補助する経済的支援も実施し，学生の挑戦を後押ししている。また，公務員試験で高い実績を誇る専門学校と連携し，公務員を志望する２・３年次生を対象に対策講座を開講する公務員コースも設置。

進路指導者も必見 学生を伸ばす 面倒見

初年次教育	学修サポート
「麗澤スピリットとキャリア」「麗澤スタディーズ」のほか，論文の書き方やプレゼン技法，ITの基礎技術，問題発見・解決能力などを習得するための「スタートアップセミナー」「基礎ゼミナール」「情報リテラシー」「情報科学」などの科目を開講	全学部でSA制度，オフィスアワー制度を導入。また，教員や留学生との交流はもちろん，マンツーマン指導やプレゼンテーションなど，目的に沿ったエリアで外国語のスキルを磨くことができる「iFloor」を設置

オープンキャンパス（2022年度実績） 事前予約制で５月から９月にかけて開催。大学・学部・入試説明会，学科・専攻紹介ブース，キャンパスツアー＆iFloor体験，入学者選抜対策講座，個別相談など。保護者の同伴も可能。

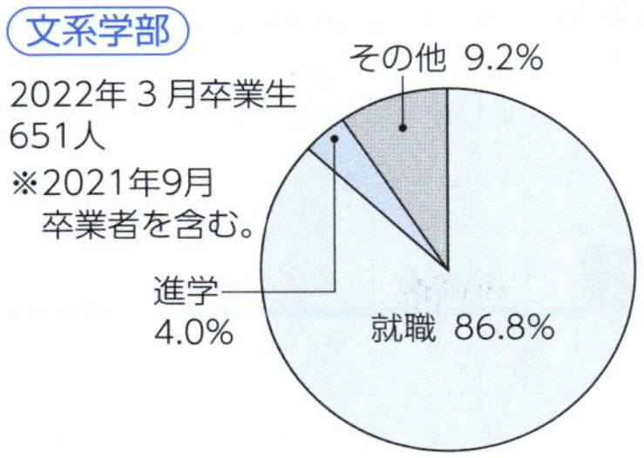

主なOB・OG ▶ ［外国語］松田康博（国際政治学者），［外国語］黒田成彦（長崎県平戸市長），［国際経済（現経済）］国枝慎吾（プロ車いすテニス選手），［国際経済（現経済）］伊藤巧（プロアングラー）など。

国際化・留学　大学間 44 大学等

受入れ留学生数 ▶ 184名（2022年５月１日現在）

留学生の出身国・地域 ▶ 中国，韓国，ベトナム，台湾，マレーシアなど。

外国人専任教員 ▶ 教授６名，准教授８名，講師15名（2022年５月１日現在）

外国人専任教員の出身国 ▶ アメリカ，イギリス，カナダ，ドイツ，中国など。

大学間交流協定 ▶ 44大学・機関（交換留学先29大学，2022年５月現在）

海外への留学生数 ▶ 渡航型１名／オンライン型100名／年（８カ国・地域，2021年度）

海外留学制度 ▶ 交換留学（授業料免除）や語学留学，クロス留学，短期留学，学部留学，スタディツアーなどのほか，日本にいながら海外とつながるオンライン留学も活発に展開。文部科学省が官民協働で取り組む「トビタテ！留学JAPAN 日本代表プログラム 派遣留学生」にも合格者を輩出している。コンソーシアムはJPN-COIL協議会に参加。

学費・奨学金制度　給付型奨学金総額 年間約 3,560 万円

入学金 ▶ 260,000円

年間授業料（施設費等を除く）▶ 830,000円（詳細は巻末資料参照）

年間奨学金総額 ▶ 35,595,000円

年間奨学金受給者数 ▶ 112人

主な奨学金制度 ▶ 入学後の家計の急変により，学業の継続が特に困難となった学生が対象の「麗澤大学一般支給奨学金」，所定の外国語試験で基準以上の成績・得点を獲得した学生対象の「麗澤大学特別奨学金」などを設置。

保護者向けインフォメーション

● **成績確認**　時間割や成績，各授業の出席状況をポータルサイト上で確認することができる。
● **情報誌**　大学情報誌やメールマガジンを提供。
● **後援会**　保護者・保証人で構成される後援会があり，例年秋に父母懇談会を開催し，キャンパスライフ相談会や個別面談などを実施している（コロナ禍ではオンライン開催）。
● **防災対策**　災害時の学生の安否は，大学HPやアプリ，SNS，メール，ポータルサイトを利用して確認するようにしている。
● **コロナ対策１**　ワクチンの職域接種を実施。感染状況に応じたBCP（行動指針）を設定している。「コロナ対策２」（下段）あり。

インターンシップ科目	必修専門ゼミ	卒業論文	GPA制度の導入の有無および活用例	１年以内の退学率	標準年限での卒業率
全学部で開講している	外国語学部と国際学部で３・４年次に実施	外国語学部と国際学部は卒業要件	奨学金や授業料免除対象者の選定や留学候補者の選考，個別の学修指導のほか，一部の学部で大学院入試の選抜基準として活用	1.8%	81.0%

● **コロナ対策２**　対面授業とオンライン授業を感染状況に応じて併用。入構時および講義室の入口で検温と消毒を実施するとともに，講義室の空調などの環境を整備し，収容人数を調整・管理。

2024年度学部改組構想（予定）

● 経営学部経営学科（仮称）と工学部工学科（仮称）を新設。経営学科にはAI・ビジネス，スポーツビジネスの２専攻に，経営専攻をリニューアルしたビジネスデザイン専攻と，新たにファミリービジネス専攻を設置。

学部紹介（2023年２月現在）

学部／学科	定員	特色
国際学部		
国際	80	▷日本学・国際コミュニケーション（JIC），国際交流・国際協力（IEC）の２専攻。多文化共生の視点で世界の「今」を知る。
グローバルビジネス	80	▷グローバルビジネス専攻を設置。国内・海外ビジネスの実践力を養い，グローバル人材を育成する。
● 主な就職先………2020年度開設のため卒業生はいない。		
外国語学部		
外国語	220	▷英語コミュニケーション，英語・リベラルアーツ，ドイツ語・ヨーロッパ，中国語・グローバルコミュニケーションの４専攻。語学習得のための理想的な環境を用意。
● 取得可能な資格…教職（英）　● 進路状況…………就職88.3%　進学5.1% ● 主な就職先………マブチモーター，近鉄エクスプレス，アイリスオーヤマ，YKK，千葉銀行など。		
経済学部		
経済 経営	110 110	▶社会やビジネスの「問題」を出発点とした学びで産官学連携プロジェクトに積極的に参加し，データサイエンスを用いた解決策を探る。経済学科は経済，観光・地域創生の２専攻。経営学科は経営，AI・ビジネス，スポーツビジネスの３専攻。
● 進路状況…………就職85.3%　進学2.8% ● 主な就職先………TDK，日本アイ・ビー・エム，西日本旅客鉄道，宮崎県庁，千葉県警察など。		

▶キャンパス

全学部……［麗澤大学キャンパス］ 千葉県柏市光ヶ丘2-1-1

2023年度入試要項（前年度実績）

●募集人員

学部／学科（専攻）	一般前期	一般中期	一般後期
▶国際　国際（日本学・国際コミュニケーション）	9	4	4
（国際交流・国際協力）	9		
グローバルビジネス（グローバルビジネス）	16	4	4
▶外国語　外国語（英語コミュニケーション）	20	10	10
（英語・リベラルアーツ）	20		
（ドイツ語・ヨーロッパ）	10		
（中国語・グローバルコミュニケーション）	10		
▶経済　経済（経済）	15	5	5
（観光・地域創生）	10		
経営（経営）	10	5	5
（AI・ビジネス）	10		
（スポーツビジネス）	10		

※一般選抜中期・後期の募集人員には，共通テスト利用選抜中期・後期を含む。

全学部

一般選抜前期（Ａ日程・Ｂ日程）〈３科目型・３科目ベスト２科目型〉 ③科目 ①国（100）▶国総（古文・漢文を除く） ②外（100）▶コミュ英Ⅰ・コミュ英Ⅱ・コミュ英Ⅲ・英表Ⅰ・英表Ⅱ ③地歴・公民・数（100）▶世Ｂ・日Ｂ・政経・数

キャンパスアクセス ［麗澤大学キャンパス］ JR常磐線―南柏よりバス４分／東武アーバンパークライン（東武野田線）―新柏より徒歩15分

Ⅰから１
※３科目ベスト２科目型は３科目を受験し，高得点２科目で判定する。

一般選抜前期(Ａ日程・Ｂ日程)〈２科目型〉
②科目 ①②国・外・「地歴・公民・数」(国際・外国語〈外200・その他100〉，経済100×2)▶国総(古文・漢文を除く)・「コミュ英Ⅰ・コミュ英Ⅱ・コミュ英Ⅲ・英表Ⅰ・英表Ⅱ」・「世Ｂ・日Ｂ・政経・数Ⅰから１」から２，ただし国際学部は英を含み，外国語学部は国・英指定

一般選抜前期(Ａ日程・Ｂ日程)〈共通テストプラス〉〈共通テスト科目〉②〜①科目 ①②国・外・地歴・公民・数・理(100)▶国(近代)・国(古典〈古文・漢文〉)・英(リスニングを含む)・独・仏・中・韓・世Ａ・世Ｂ・日Ａ・日Ｂ・地理Ａ・地理Ｂ・現社・倫・政経・「倫・政経」・数Ⅰ・「数Ⅰ・数Ａ」・数Ⅱ・「数Ⅱ・数Ｂ」・簿・情・「物基・化基・生基・地学基から２」・物・化・生・地学から１
〈個別試験科目〉一般前期のいずれかで受験した科目の中から高得点１科目(100)を利用

一般選抜中期・後期〈２科目型〉 ②科目 ①②国・外・数(100×2)▶国総(古文・漢文を除く)・「コミュ英Ⅰ・コミュ英Ⅱ・コミュ英Ⅲ・英表Ⅰ・英表Ⅱ」・数Ⅰから２，ただし国際学部と外国語学部は国・英指定

一般選抜後期〈１科目型〉 ①科目 ①国・数(100)▶国総(古文・漢文を除く)・数Ⅰから１，ただし国際学部と外国語学部は国指定
※英語外部試験の指定されたいずれかの資格を取得していることを出願条件とする。

一般選抜後期〈共通テストプラス〉〈共通テスト科目〉②〜①科目 ①②国・外・地歴・公民・数・理(100)▶国(近代)・国(古典〈古文・漢文〉)・英(リスニングを含む)・独・仏・中・韓・世Ａ・世Ｂ・日Ａ・日Ｂ・地理Ａ・地理Ｂ・現社・倫・政経・「倫・政経」・数Ⅰ・「数Ⅰ・数Ａ」・数Ⅱ・「数Ⅱ・数Ｂ」・簿・情・「物基・化基・生基・地学基から２」・物・化・生・地学から１
〈個別試験科目〉２科目型受験の場合，受験した科目の中から高得点１科目(100)，１科目型受験の場合は受験した科目(100)の得点を利用
※一般選抜前期・後期の共通テストプラスの英語は200点満点を100点満点に換算。

一般選抜後期面接型【国際学部・外国語学部】①科目 ①面接(100)
※国際学部グローバルビジネス専攻，外国語学部英語コミュニケーション専攻および英語・リベラルアーツ専攻は一部英語での面接を含む。
※指定された外国語外部試験のいずれかを取得していることを出願条件とする。

その他の選抜

共通テスト利用選抜，学校推薦型選抜(指定校推薦)，総合型選抜(課題プレゼン型・グループディスカッション型・基礎学力型・面接型・麗澤会員子女／維持員子女等・帰国子女)，外国人留学生入学者選抜。

偏差値データ (2023年度)

●一般選抜前期Ａ日程

学部／学科／専攻	2023年度 駿台予備学校 合格目標ライン	2023年度 河合塾 ボーダー偏差値	2022年度 競争率
▶国際学部			
国際／日本学・国際コミュニケーション	40	40	1.5
／国際交流・国際協力	41	40	1.5
グローバルビジネス	40	37.5	1.3
▶外国語学部			
外国語／英語コミュニケーション	42	42.5	2.7
／英語・リベラルアーツ	42	40	1.3
／ドイツ語・ヨーロッパ	41	37.5	1.5
／中国語・グローバルコミュニケーション	39	37.5	1.2
▶経済学部			
経済／経済	38	42.5	2.5
／観光・地域創生	37	40	3.0
経営／経営	38	42.5	2.5
／AI・ビジネス	38	37.5	2.7
／スポーツビジネス	37	40	2.4

- 駿台予備学校合格目標ラインは合格可能性80％に相当する駿台模試の偏差値です。
- 河合塾ボーダー偏差値は合格可能性50％に相当する河合塾全統模試の偏差値です。
- 競争率は受験者÷合格者の実質倍率

青山学院大学

あおやまがくいん

資料請求

問合せ先 入学広報部 ☎03-3409-0135

建学の精神

青山学院は，米国のメソジスト監督協会が日本に派遣した宣教師によって，1874（明治７）年創立の「女子小学校」をはじめとする，1870年代に創設された３つの学校をその源流とする。以来，145年を超える歴史の中で，寛容性・他者理解・個性尊重を根幹とするキリスト教信仰にもとづく教育を堅持し，たゆまぬ歩みを続けてきた。その建学の精神は少しも揺らぐことなく，今日に受け継がれ，学部・学科の枠を超えて，現代社会で求められる知識・教養と技能・能力を身につける「青山スタンダード」などで「良き市民（good citizen）」を育成。「地の塩，世の光」をスクール・モットーに掲げ，「地の塩」として周囲に尽くし，「世の光」として他者を導く。その精神を体現する者――「サーバント・リーダー」を世に送り続けることを使命としている。

- 青山キャンパス……〒150-8366　東京都渋谷区渋谷4-4-25
- 相模原キャンパス…〒252-5258　神奈川県相模原市中央区淵野辺5-10-1

基本データ

学生数▶18,991名（男9,435名，女9,556名）
専任教員数▶教授408名，准教授123名，助教88名
設置学部▶文，教育人間科，経済，法，経営，国際政治経済，総合文化政策，理工，社会情報，地球社会共生，コミュニティ人間科
併設教育機関▶大学院（P.282参照）

就職・卒業後の進路

就職率 **95.6**％
就職者÷希望者×100

● **就職支援**　丁寧な個別面談と，年間400回以上行われる豊富な就職支援行事を特長に，各キャンパスの学問領域や特性に合わせ，４年間を通じて進路・就職支援を実施。内定を得たばかりの４年生，卒業生による在校生就職支援委員会も強力にバックアップ。

● **資格取得支援**　税理士試験の第一ステップとして，簿記２級・３級試験対策と所得税法・相続税法の課外講座を開催するほか，FP技能検定受験対策講座なども実施。また，教員をめざす学生に対しては，対策講座や説明会，同窓会による補講なども行っている。

進路指導者も必見 学生を伸ばす 面倒見

初年次教育	学修サポート
「青山学院大学の歴史」「ウェルカム・レクチャー」「情報スキルⅠ」「情報科学概論」などを全学部で実施するほか，学部により，「入門セミナーⅠ・Ⅱ」「基礎演習Ⅰ・Ⅱ」「心理学基礎演習Ⅰ」などの科目を開講	9学部（地球・コミュニティ以外）でTA制度，8学部（理工と前記2学部以外）でSA制度，10学部でオフィスアワー（地球以外）を導入。大学院生チューターが文書作成支援を行うアカデミックライティングセンターを設置

オープンキャンパス（2022年度実績）　7月10日に相模原キャンパスで来場型オープンキャンパス，8月2・3日に青山キャンパスで入学者選抜説明会（来場型）を開催。7月28日～9月30日に青山オンラインも実施。

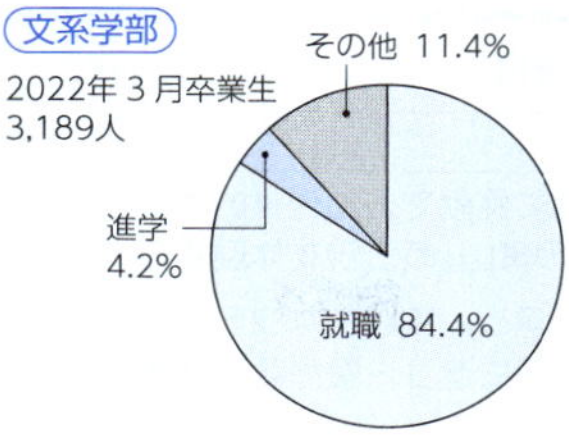

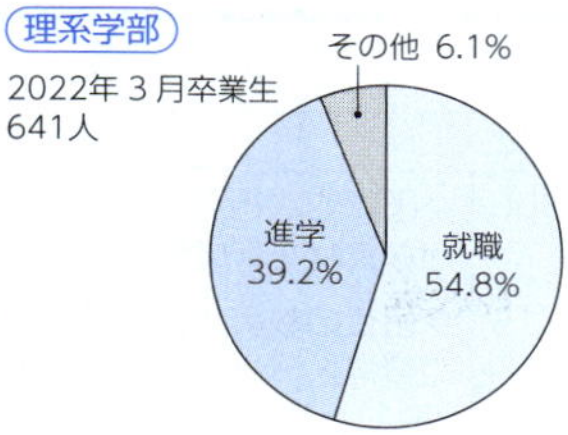

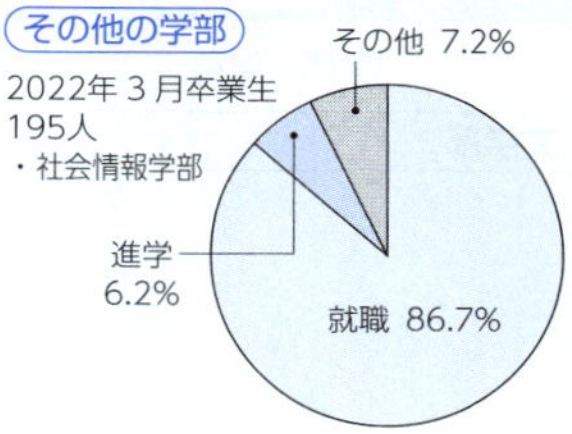

主なOB・OG▶［法］井阪隆一（セブン&アイ・ホールディングス社長），［経営］藤田晋（サイバーエージェント社長），［文］ホラン千秋（タレント，キャスター），［社会情報］吉田正尚（メジャーリーガー）など。

国際化・留学　大学間 176 大学等・部局間 13 大学

受入れ留学生数▶294名（2022年５月１日現在）

留学生の出身国・地域▶中国，韓国，台湾，香港，ミャンマーなど。

外国人専任教員▶教授30名，准教授14名，助教５名（2022年５月１日現在）

外国人専任教員の出身国▶アメリカ，韓国，中国，フランス，イギリス，カナダなど。

大学間交流協定▶176大学・機関（交換留学先140大学，2022年９月29日現在）

部局間交流協定▶13大学（交換留学先８大学，2022年10月１日現在）

海外への留学生数▶渡航型76名・オンライン型22名／年（20カ国・地域，2021年度）

海外留学制度▶長期の協定校留学（派遣交換留学・私費留学）や認定校留学，ASEAN諸国協定校特別派遣プログラム，短期の海外語学・文化研修や海外インターンシップ，主に学部・学科が主催する短期留学など，目的や渡航先，期間，レベルなどに合わせて選択が可能。オンラインを活用した国際交流プログラムも展開している。

学費・奨学金制度

入学金▶200,000円

年間授業料（施設費等を除く）▶833,000円～（詳細は巻末資料参照）

年間奨学金総額▶非公開

年間奨学金受給者数▶非公開

主な奨学金制度▶入学前予約型給付奨学金の「地の塩，世の光奨学金」や「青山学院大学経済支援給付奨学金」「青山学院万代基金給付奨学金」などの制度を設置。「青山学院大学学業成績優秀者表彰制度」も設けている。

保護者向けインフォメーション

● **広報誌**　メールマガジン「AGU NEWS」を大学HPで公開している。

● **成績確認**　保証人宛成績通知書を郵送。

● **後援会**　後援会を組織し，ペアレンツウィークエンド（キャンパス見学会，地区懇談会，オンライン個別相談会）を実施している。また，５月に保護者対象進路・就職説明会を動画配信。「保護者のための就活イドブック」も発行。

● **防災対策**　「災害カード」を入学時に配布。災害時の学生の安否は，ポータルサイトを利用して確認するようにしている。

● **コロナ対策１**　感染状況に応じた５段階の行動指針を設定。「コロナ対策２」（下段）あり。

インターンシップ科目	必修専門ゼミ	卒業論文	GPA制度の導入の有無および活用例	１年以内の退学率	標準年限での卒業率
コミュニティを除き開講	文３年次，教育人間科1～４年次，経営・理工４年次，総合文化政策２年次，地球社会共生１年次，コミュニティ人間科３・４年次で実施	理工・社会情報・コミュニティおよび日本文・史・教育学科は卒業要件	奨学金対象者選定・退学勧告基準，留学候補者選考のほか，一部の学部で個別学修指導，大学院入試選抜，国際プログラム選考等に活用	0.5%	82.4%

● **コロナ対策２**　学生食堂，図書館，PC教室等共有スペースに抗菌・抗ウイルス光触媒コーティング加工を行い，安定した感染症対策を確立。家計が急変した学生を対象とした給付型奨学金を新設（2020・2021年度実施）。

学部紹介

学部／学科	定員	特色
文学部		
英米文	300	▷国際的な視野を持って社会に貢献できる個性的で創造性豊かな人材を育成する。「英語の青山」の伝統を体現する学科。
フランス文	115	▷日仏の教員が適材適所で指導し，実践的なフランス語能力の習得と，フランス文化の真髄に迫り，豊かな感性を磨く。
日本文	120	▷「ことば」の向こう側にいる他者の目を通して今一度自分自身を見つめ直し，国際社会に通用する深い洞察力を養う。
史	120	▷日本史，東洋史，西洋史，考古学の視点から，人間と社会について広く深い理解力を養い，社会の持続可能性も探る。
比較芸術	85	▷美術，音楽，演劇映像の３領域。五感を研ぎ澄ませて芸術的創造力の本質に迫り，芸術的教養や国際的視野を養う。
●**取得可能な資格**…教職（国・地歴・社・英・仏），司書，司書教諭，学芸員など。 ●**進路状況**…………就職81.4%　進学5.1% ●**主な就職先**………楽天グループ，日本生命保険，アパホテル，ファーストリテイリング，富士通，星野リゾート，クイック，大和証券，凸版印刷，パーソルテンプスタッフなど。		
教育人間科学部		
教育	188	▷教育の本質とそれを担う人間という存在について理解を深める。幼稚園から高校まで幅広い教員免許状の取得が可能。
心理	110	▷認知・発達・社会・臨床の４領域で専門的に学び，心の問題を実践的に解決する「心の専門家」を育成する。
●**取得可能な資格**…教職（国・地歴・公・社・英，小一種，幼一種），司書，司書教諭，学芸員など。 ●**進路状況**…………就職79.1%　進学6.5% ●**主な就職先**………公立小中学校（東京・神奈川・埼玉・千葉），ベネッセスタイルケア，パーソルキャリア，LITALICO，クイック，ダイワボウ情報システム，明治安田生命保険など。		
経済学部		
経済	407	▷理論・政策・歴史という伝統的な視点から資源配分の効率性について学び，より公正な社会の実現に貢献できる力を育む。
現代経済デザイン	132	▷公共性の視点にもとづいた，誰もが公平で幸せに暮らせる社会経済システムを提案できる人材を育成する。
●**取得可能な資格**…司書，学芸員など。　●**進路状況**…………就職86.9%　進学2.9% ●**主な就職先**………みずほフィナンシャルグループ，電通デジタル，東京海上日動火災保険，三井住友銀行，オリックス，キーエンス，日本政策金融公庫，ローソン，戸田建設など。		
法学部		
法	380	▷法知識や思考力を駆使し，現代社会の複雑な諸問題への対処において妥当な解決策を導く能力を持つ人材を育成する。
ヒューマンライツ	120	▷「人権」について，多様な学問分野から学ぶ日本初の学科。
●**取得可能な資格**…司書，学芸員など。　●**進路状況**…………就職82.0%　進学4.9% ●**主な就職先**………三井住友信託銀行，日本生命保険，パーソルキャリア，川崎市役所，電通デジタル，東急リバブル，ベリーベスト弁護士法人，三井住友海上火災保険など。		
経営学部		
経営	360	▷経営学，商学，会計学の３分野をバランスよく学び，「より良い経営」のための理論と実践技術を身につける。
マーケティング	160	▷戦略から消費者行動，広告コミュニケーション，データ分析まで，マーケティングに関する専門的な知識・能力を養う。

キャンパスアクセス［青山キャンパス］JR山手線・埼京線，東急線，京王井の頭線，東京メトロ副都心線ほか―渋谷より徒歩10分／東京メトロ銀座線・千代田線・半蔵門線―表参道より徒歩５分

● 取得可能な資格…司書，学芸員など。 ● 進路状況…………就職89.9％ 進学2.7％ ● 主な就職先………三井住友信託銀行，東急リバブル，楽天グループ，あいおいニッセイ同和損害保険，アイレップ，SMBCコンシューマーファイナンス，SMBC日興証券など。		
国際政治経済学部		
国際政治	115	▶３学科×政治外交・安全保障，グローバル・ガバナンス，国際経済政策，国際ビジネス，国際コミュニケーションの５コース体制のもと，専門性と国際性を高める独自の学際教育で世界の課題を解決へと導く実践力を養う。
国際経済	115	
国際コミュニケーション	74	
● 取得可能な資格…司書，学芸員など。 ● 進路状況…………就職83.5％ 進学3.4％ ● 主な就職先………楽天グループ，東京海上日動火災保険，日本電気，日本アイ・ビー・エムデジタルサービス，富士通，丸紅，三井住友銀行，三菱UFJ銀行，アクセンチュアなど。		
総合文化政策学部		
総合文化政策	259	▷理論と実践を融合したチャレンジングな学びで，文化創造を担うマネジメント力や世界への発信力を養う。
● 取得可能な資格…司書，学芸員など。 ● 進路状況…………就職83.7％ 進学3.9％ ● 主な就職先………トランス・コスモス，テー・オー・ダブリュー，日本生命保険，青山学院，エヌ・ティ・ティ・データ，丸井グループ，USEN-NEXT HOLDINGS，横浜市役所など。		
理工学部		
物理科	105	▷自然科学全般だけでなく，現実世界の諸問題を，物理学の思考法・手法を運用して解決できる人材を育成する。
数理サイエンス	55	▷社会の諸問題を記述し解決する道具としての数学を学ぶ。
化学・生命科	115	▷有機EL照明をはじめとする工業化学や遺伝子関連のバイオテクノロジーなど，最新分野にもアプローチが可能。
電気電子工	120	▷進展するテクノロジーに対応する応用力と，新技術創出の源泉となる基礎力を身につけるため，多面的な学びに注力。
機械創造工	95	▷「未来を創造する機械工学」をモットーに，創造力と想像力を養い，21世紀のものづくりを担う人材を育成する。
経営システム工	95	▷社会科学と工学を融合させた学びで，課題解決力を養う。
情報テクノロジー	95	▷デジタルメディア／CG・Web，高度機械学習／AI，人間情報学／XR，ロボティクス／IoTを中心に学びを編成。
● 取得可能な資格…教職（数・理・情・工業），司書，司書教諭，学芸員など。 ● 進路状況…………就職54.8％ 進学39.2％ ● 主な就職先………TIS，SCSK，日本総合研究所，NECソリューションイノベータ，富士フイルムビジネスイノベーションジャパン，メイテック，東海旅客鉄道，三菱電機など。		
社会情報学部		
社会情報	220	▷文理の領域をつなぎ，各分野の“知”を“融合知”に高める学びを通じて，現代社会に必要な考える力と実践力を養う。
● 取得可能な資格…教職（数・情），司書，司書教諭，学芸員など。 ● 進路状況…………就職86.7％ 進学6.2％ ● 主な就職先………SCSK，ソフトバンク，日本総合研究所，アイネット，アクシス，伊藤忠テクノソリューションズ，ウィルグループ，凸版印刷，日本電気，三井住友信託銀行など。		
地球社会共生学部		
地球社会共生	190	▷異文化理解を深める幅広い学びを展開し，Global Issuesを共に解決し協働できる「共生マインド」を養う。
● 取得可能な資格…司書，学芸員など。 ● 進路状況…………就職92.2％ 進学4.2％ ● 主な就職先………ビズリーチ，楽天グループ，ファーストリテイリング，星野リゾート，レイヤーズ・コンサルティング，SBIホールディングス，東京電力ホールディングスなど。		

キャンパスアクセス [相模原キャンパス] JR横浜線一淵野辺より徒歩7分

コミュニティ人間科学部		
コミュニティ人間科	240	▷地域を理解し，地域で体験し行動するプログラムを通じて，課題解決力とコミュニティの未来を拓く力を養う。

● 取得可能な資格…司書，学芸員など。
● 主な就職先………2019年度開設のため卒業生はいない。

▶キャンパス

文・教育人間科・経済・法・経営・国際政治経済・総合文化政策……［青山キャンパス］東京都渋谷区渋谷4-4-25

理工・社会情報・地球社会共生・コミュニティ人間科……［相模原キャンパス］神奈川県相模原市中央区淵野辺5-10-1

2023年度入試要項（前年度実績）

●募集人員

学部／学科	全学部	個別	共通テスト	自己推薦
▶文 英米文	約5	A約70 B約40 C約40	約15	約30
フランス文	約15	A約40 B約10	約10	—
日本文	約8	A約55 B約10	約5	—
史	約20	約52	3科約5 6科約5	約13
比較芸術	約5	約45	約5	約8
▶教育人間科 教育	約70	約20	約10	—
心理	約58	約15	約10	—
▶経済 経済	約30	A約180 B約100	約10	—
現代経済デザイン	約10	A約50 B約25	約10	—
▶法 法	約80	A約80 B約25	約10	—
ヒューマンライツ	約25	A約20 B約10	約5	—
▶経営 経営	約25	A約160 B約40	約10	—
マーケティング	約15	A約80 B約20	約5	—
▶国際政治経済 国際政治	約5	A約64 B約6	3科約10 4科約10	—
国際経済	約5	約70	3科約10 4科約10	—
国際コミュニケーション	約5	A約27 B約20	約10	—
▶総合文化政策 総合文化政策	約55	A約70 B約50	約10	—
▶理工 物理科	約12	A約35 B約28	約8	—
数理サイエンス	約6	A約20 B約13	約4	—
化学・生命科	約13	A約50 B約20	約10	—
電気電子工	約13	A約40 B約20	約10	—
機械創造工	約15	A約40 B約20	約10	—
経営システム工	約10	A約35 B約23	約10	—
情報テクノロジー	約10	A約35 B約20	約10	—
▶社会情報 社会情報	A約17 B約10	A約45 B約25 C約35 D約15	約15	—
▶地球社会共生 地球社会共生	約45	約30	約20	約31
▶コミュニティ人間科 コミュニティ人間科	約50	約34	約12	約12

※次のように略しています。科目型→科。

▷共通テストの「英語」の得点を扱う場合には，リーディング100点，リスニング100点の配点比率を変えずにそのまま合計して200点満点としたうえで，各学部・学科が定める外国語の配点に換算して利用する。

文学部

一般選抜(全学部日程)　3科目　①国(英米文・フランス文100，日本文・史・比較芸術150)▶国総(英米文学科とフランス文学科は古文・漢文を除く)　②外(150)▶コミュ英Ⅰ・コミュ英Ⅱ・コミュ英Ⅲ・英表Ⅰ・英表Ⅱ　③**地歴・公民・数**(100)▶世B・日B・政経・「数Ⅰ・数Ⅱ・数A・数B(数列・ベク)」から1

一般選抜(個別学部日程)　**【英米文学科】〈A方式・共通テスト併用〉〈共通テスト科目〉**　3科目　①**国**(100)▶国　②**外**(100)▶英(リーディング・リスニング)　③**地歴・公民**(100)▶世B・日B・地理B・現社・倫・政経・「倫・政経」から1

〈学部独自問題〉　1科目　①**外**(200)▶コミュ英Ⅰ・コミュ英Ⅱ・コミュ英Ⅲ・英表Ⅰ・英表Ⅱ(リスニングを含む)

〈B方式〉　2科目　①**外**(200)▶コミュ英Ⅰ・コミュ英Ⅱ・コミュ英Ⅲ・英表Ⅰ・英表Ⅱ(リスニングを含む)　②**総合問題**(200)▶記述式問題および小論文(英語による)

〈C方式〉　2科目　①**国**(100)▶国総(漢文を除く)　②**外**(200)▶コミュ英Ⅰ・コミュ英Ⅱ・コミュ英Ⅲ・英表Ⅰ・英表Ⅱ(リスニングを含む)

【フランス文学科】〈A方式・共通テスト併用〉〈共通テスト科目〉　2科目　①**外**(200)▶英(リーディング・リスニング)・独・仏から1　②**地歴・公民**(100)▶世B・日B・地理B・現社・倫・政経・「倫・政経」から1

〈学部独自問題〉　1科目　①**総合問題**(200)▶文章読解を中心とし，読解力，論理的思考力，言葉の知識，外国の文化・社会についての理解を問う

〈B方式・共通テスト併用〉〈共通テスト科目〉　1科目　①**外**(200)▶英(リーディング・リスニング)・独・仏から1

〈学部独自問題〉　1科目　①**総合問題**(論述)(200)▶文化・社会等に関する長文読解を課し，言葉の知識・思考力，論述力を問う

※総合問題(論述)に基準点を設け，基準点に達した者のうち，共通テストの「外国語」の得点の上位者を合格とする。

【日本文学科】〈A方式・共通テスト併用〉〈共通テスト科目〉　2科目　①**外**(100)▶英(リーディング・リスニング)　②**地歴**(100)▶世B・日Bから1

〈学部独自問題〉　1科目　①**国**(150)▶国総・古典B

〈B方式・共通テスト併用〉〈共通テスト科目〉　1科目　①**外**(100)▶英(リーディング・リスニング)

〈学部独自問題〉　1科目　①**国**(100)▶国総・古典B

【史学科】〈共通テスト併用〉〈共通テスト科目〉　4～3科目　①**国**(100)▶国　②**外**(100)▶英(リーディング・リスニング)・独・仏・中・韓から1　③④**地歴・公民・数・理**(100)▶世B・日B・地理B・現社・倫・政経・「倫・政経」・「数Ⅰ・数A」・「数Ⅱ・数B」・「物基・化基・生基・地学基から2」・物・化・生・地学から1

〈学部独自問題〉　1科目　①**地歴**(150)▶世B・日Bから1(記述・論述を含む)

【比較芸術学科】〈共通テスト併用〉〈共通テスト科目〉　3科目　①**国**(100)▶国　②**外**(100)▶英(リーディング・リスニング)　③**地歴**(100)▶世B・日Bから1

〈学部独自問題〉　1科目　①**論述**(150)▶芸術に関わる評論を読み，そのテーマに沿って具体的な例をあげながら，考えるところを論述する。800字程度

共通テスト利用入学者選抜　4～3科目　①**国**(英米文100，その他の学科200)▶国　②**外**(200)▶英(リーディング・リスニング)・独・仏・中・韓から1，ただし英米文学科は英語指定，フランス文学科は中・韓の選択不可　③④**地歴・公民・数・理**(英米文・フランス文100，日本文・史・比較芸術200)▶世B・日B・地理B・現社・倫・政経・「倫・政経」・「数Ⅰ・数A」・「数Ⅱ・数B」・「物基・化基・生基・地学基から2」・物・化・生・地学から1

[個別試験]　行わない。

※史学科は3科目型として実施。

共通テスト利用入学者選抜6科目型　**【史学科】**　7～6科目　①**国**(200)▶国　②**外**(200)▶英(リーディング・リスニング)・独・仏・中・韓から1　③④**地歴・公民**(200)▶世B・日B・地理B・現社・倫・政経・「倫・政経」から2　⑤**数**(100)▶「数Ⅰ・数A」・「数Ⅱ・数B」から1　⑥⑦**理**(100)▶「物基・化基・生基・地学基から

2」・物・化・生・地学から1
［個別試験］ 行わない。
総合型選抜自己推薦 ［出願資格］ 英米文学科は指定された英語資格・検定試験のスコア・級のいずれかに該当する者。史学科と比較芸術学科は第1志望，現役のほか，全体および指定教科の，学習成績の状況の要件を満たしている者。
［選考方法］ 書類審査通過者を対象に，面接（英米文学科は英語および日本語）のほか，英米文学科は小論文（英語および日本語。英文を読み，英語と日本語の両方で文章を書く），史学科は歴史分野の学力を問う論述，比較芸術学科は芸術に関する基礎知識を問う。

教育人間科学部

一般選抜（全学部日程） 3科目 ①国（100）▶国総（古文・漢文を除く） ②外（150）▶コミュ英Ⅰ・コミュ英Ⅱ・コミュ英Ⅲ・英表Ⅰ・英表Ⅱ ③地歴・公民・数（100）▶世B・日B・政経・「数Ⅰ・数Ⅱ・数A・数B（数列・ベク）」から1
一般選抜（個別学部日程）〈共通テスト併用〉〈共通テスト科目〉 2科目 ①国（100）▶国 ②外（100）▶英（リーディング・リスニング）
〈学部独自問題〉 1科目 ①小論文（100）▶教育学科は，文章・図表などに基づいて読解・論述する問題を課す。心理学科は，日本語の文章やデータを読み，物事を論理的に考察し，自分の考えを的確に表現できる力を総合的に問う論述等を課す。
※教育学科は共通テストの国語と英語の合計点に基準点を設け，基準点に達した者のうち，小論文の得点の上位者を，心理学科は共通テストの英語に基準点を設け，基準点に達した者のうち，総合点の上位者を合格とする。
共通テスト利用入学者選抜 【教育学科】 4～3科目 ①国（200）▶国 ②外（200）▶英（リーディング・リスニング） ③④地歴・公民・数・理（100）▶世B・日B・地理B・現社・倫・政経・「倫・政経」・「数Ⅰ・数A」・「数Ⅱ・数B」・「物基・化基・生基・地学基から2」・物・化・生・地学から1
［個別試験］ 行わない。
【心理学科】 4～3科目 ①国（200）▶国 ②外（200）▶英（リーディング・リスニング） ③④地歴・公民・数・理（50）▶世A・世B・日A・日B・地理A・地理B・現社・倫・政経・「倫・政経」・数Ⅰ・「数Ⅰ・数A」・数Ⅱ・「数Ⅱ・数B」・情・「物基・化基・生基・地学基から2」・物・化・生・地学から1
［個別試験］ 行わない。

経済学部

一般選抜（全学部日程） 3科目 ①国（100）▶国総（古文・漢文を除く） ②外（150）▶コミュ英Ⅰ・コミュ英Ⅱ・コミュ英Ⅲ・英表Ⅰ・英表Ⅱ ③地歴・公民・数（100）▶世B・日B・政経・「数Ⅰ・数Ⅱ・数A・数B（数列・ベク）」から1
一般選抜（個別学部日程）〈A方式〉 2科目 ①外（150）▶コミュ英Ⅰ・コミュ英Ⅱ・コミュ英Ⅲ・英表Ⅰ・英表Ⅱ ②地歴・公民（100）▶世B・日B・政経から1
一般選抜（個別学部日程）〈B方式〉 2科目 ①外（150）▶コミュ英Ⅰ・コミュ英Ⅱ・コミュ英Ⅲ・英表Ⅰ・英表Ⅱ ②数（100）▶数Ⅰ・数Ⅱ・数A・数B
共通テスト利用入学者選抜 4科目 ①国（100）▶国（近代） ②外（200）▶英（リーディング・リスニング） ③地歴・公民（100）▶世B・日B・地理B・現社・倫・政経・「倫・政経」から1 ④数（100）▶「数Ⅰ・数A」・「数Ⅱ・数B」から1
［個別試験］ 行わない。

法学部

一般選抜（全学部日程） 3科目 ①国（100）▶国総（古文・漢文を除く） ②外（150）▶コミュ英Ⅰ・コミュ英Ⅱ・コミュ英Ⅲ・英表Ⅰ・英表Ⅱ ③地歴・公民・数（100）▶世B・日B・政経・「数Ⅰ・数Ⅱ・数A・数B（数列・ベク）」から1
一般選抜（個別学部日程）〈A方式・共通テスト併用／B方式・共通テスト併用〉〈共通テスト科目〉 3科目 ①国（A100・B65）▶国 ②外（A65・B100）▶英（リーディング・リスニング）・独・仏・中・韓から1 ③地歴・公民・数（35）▶世A・世B・日A・日B・地理A・地理B・現社・倫・政経・「倫・政経」・数Ⅰ・「数Ⅰ・数A」・数Ⅱ・「数Ⅱ・数B」から1
〈学部独自問題〉 1科目 ①総合問題（200）▶［A方式］ 一国総（古文・漢文を除く）と世B

（17世紀以降），日Ｂ（17世紀以降），政経との総合問題とする　［Ｂ方式］—英語（コミュ英Ⅰ・コミュ英Ⅱ・コミュ英Ⅲ・英表Ⅰ・英表Ⅱ）と世Ｂ（17世紀以降），日Ｂ（17世紀以降），政経との総合問題とする

共通テスト利用入学者選抜３科目型　**4〜3**科目　①国（150）▶国　②外（100）▶英（リーディング・リスニング）・独・仏・中・韓から１　③④**地歴・公民・数・理**（100）▶世Ｂ・日Ｂ・地理Ｂ・現社・倫・政経・「倫・政経」・「数Ⅰ・数Ａ」・「数Ⅱ・数Ｂ」・「物基・化基・生基・地学基から２」・物・化・生・地学から１

［個別試験］ 行わない。

共通テスト利用入学者選抜５科目型　**6〜5**科目　①国（200）▶国　②外（200）▶英（リーディング・リスニング）・独・仏・中・韓から１　③**数**（100）▶数Ⅰ・数Ａ　④**地歴・公民**（100）▶世Ｂ・日Ｂ・地理Ｂ・現社・倫・政経・「倫・政経」から１　⑤⑥**地歴・公民・数・理**（100）▶世Ｂ・日Ｂ・地理Ｂ・現社・倫・政経・「倫・政経」・「数Ⅱ・数Ｂ」・「物基・化基・生基・地学基から２」・物・化・生・地学から１，ただし地歴・公民を選択する場合は④で選択した科目を除く

［個別試験］ 行わない。

経営学部

一般選抜（全学部日程）　**3**科目　①国（100）▶国総（古文・漢文を除く）　②外（150）▶コミュ英Ⅰ・コミュ英Ⅱ・コミュ英Ⅲ・英表Ⅰ・英表Ⅱ　③**地歴・公民・数**（100）▶世Ｂ・日Ｂ・政経・「数Ⅰ・数Ⅱ・数Ａ・数Ｂ（数列・ベク）」から１

一般選抜（個別学部日程）〈Ａ方式・共通テスト併用〉　〈共通テスト科目〉　**3**科目　①国（100）▶国　②外（50）▶英（リーディング・リスニング）　③**地歴・公民・数**（100）▶世Ｂ・日Ｂ・地理Ｂ・政経・「数Ⅰ・数Ａ」・「数Ⅱ・数Ｂ」から１

〈学部独自問題〉　**1**科目　①外（150）▶英語の長文読解を中心として基礎力・総合力を問う問題（記述式問題を含む）

一般選抜（個別学部日程）〈Ｂ方式・共通テスト併用〉　〈共通テスト科目〉　**4**科目　①外（50）▶英（リーディング・リスニング）　②③**数**（150）▶「数Ⅰ・数Ａ」・「数Ⅱ・数Ｂ」　④**国・地歴・公民**（50）▶国・世Ｂ・日Ｂ・地理Ｂ・政経から１

〈学部独自問題〉　Ａ方式と同じ

共通テスト利用入学者選抜　**3**科目　①国（100）▶国　②外（100）▶英（リーディング・リスニング）　③**地歴・公民・数**（100）▶世Ｂ・日Ｂ・地理Ｂ・現社・倫・政経・「倫・政経」・「数Ⅰ・数Ａ」・「数Ⅱ・数Ｂ」から１

［個別試験］ 行わない。

国際政治経済学部

一般選抜（全学部日程）　**3**科目　①国（100）▶国総（古文・漢文を除く）　②外（150）▶コミュ英Ⅰ・コミュ英Ⅱ・コミュ英Ⅲ・英表Ⅰ・英表Ⅱ　③**地歴・公民・数**（100）▶世Ｂ・日Ｂ・政経・「数Ⅰ・数Ⅱ・数Ａ・数Ｂ（数列・ベク）」から１

一般選抜（個別学部日程）〈Ａ方式・共通テスト併用〉〈共通テスト科目〉　**3**科目　①国（25）▶国（近代）　②外（50）▶英（リーディング・リスニング）　③**地歴・公民・数**（25）▶世Ｂ・日Ｂ・地理Ｂ・現社・倫・政経・「倫・政経」・「数Ⅰ・数Ａ」・「数Ⅱ・数Ｂ」から１

〈学部独自問題〉　**1**科目　論述・総合問題（100）▶国際政治学科は，国際政治分野に関する日本語・英語の文章および資料を読解した上で，論理的な思考を通じて解答する問題（解答を英語で表現する問題を含む）。国際経済学科は，数量的理解および読解力・論理的思考力を問う問題（問題に英文を含む）。国際コミュニケーション学科は，英文読解力と論理的思考力・表現力を問う問題。

※国際経済学科は一般選抜（個別学部日程）として実施。

一般選抜（個別学部日程）〈Ｂ方式・共通テスト併用〉　〈共通テスト科目〉　**2**科目　①国（40）▶国（近代）　②外（60）▶英（リーディング・リスニング）

〈学部独自試験〉 Ａ方式と同じ。ただし，国際経済学科はB方式を実施しない。

※B方式は，指定された英語資格・検定試験のスコア・級（英検準１級以上，IELTS5.0以上〈Academic Module オーバーオール・バンド・スコアに限る〉，TOEFL iBT57点以上）を出願資格とする。

共通テスト利用入学者選抜３科目型　**3**科目

①国(100)▶国(近代) ②外(200)▶英(リーディング・リスニング) ③地歴・公民・数(100)▶世B・日B・地理B・現社・倫・政経・「倫・政経」・「数Ⅰ・数A」・「数Ⅱ・数B」から1
[個別試験] 行わない。
共通テスト利用入学者選抜4科目型 **【国際政治学科・国際経済学科】** 4科目 ①国(100)▶国(近代) ②外(200)▶英(リーディング・リスニング) ③地歴・公民(100)▶世B・日B・地理B・現社・倫・政経・「倫・政経」から1 ④数(200)▶「数Ⅰ・数A」・「数Ⅱ・数B」から1
[個別試験] 行わない。

総合文化政策学部

一般選抜(全学部日程) 3科目 ①国(100)▶国総(古文・漢文を除く) ②外(150)▶コミュ英Ⅰ・コミュ英Ⅱ・コミュ英Ⅲ・英表Ⅰ・英表Ⅱ ③地歴・公民・数(100)▶世B・日B・政経・「数Ⅰ・数Ⅱ・数A・数B(数列・ベク)」から1
一般選抜(個別学部日程)〈A方式・共通テスト併用〉〈共通テスト科目〉 2科目 ①国(100)▶国(近代) ②地歴・公民・数(100)▶世B・日B・「倫・政経」・「数Ⅰ・数A」・「数Ⅱ・数B」から1
〈学部独自問題〉 1科目 ①総合問題(100)▶国総(近代)・「地歴・公民(主に世B〈現代史〉, 日B〈現代史〉, 倫・政経)」
※指定された英語資格・検定試験のスコア(TEAP260点以上〈4技能パターンに限る〉, 英検CSEスコア2100点以上, IELTS4.5以上〈Academic Module オーバーオール・バンド・スコアに限る〉, TOEFL iBT50点以上, TOEIC L&R+TOEIC S&W合計940点以上, GTEC1100点以上)を出願資格とする。
一般選抜(個別学部日程)〈B方式・共通テスト併用〉〈共通テスト科目〉 2科目 ①外(100)▶英(リーディング・リスニング) ②地歴・公民・数(50)▶世B・日B・「倫・政経」・「数Ⅰ・数A」・「数Ⅱ・数B」から1
〈学部独自問題〉 1科目 ①論述(200)▶文章やデータを読み, 分析する能力, 自分の文章を論理的に展開できる力, 自由に発想する力, 自分の意見や発想を十分に表現する力を総合的に問う論述等を課す
共通テスト利用入学者選抜3科目型・4科目型 4～3科目 ①国(100)▶国(近代) ②外(200)▶英(リーディング・リスニング) ③地歴・公民・数(3科目型100・4科目型100×2)▶世B・日B・地理B・現社・倫・政経・「倫・政経」・「数Ⅰ・数A」・「数Ⅱ・数B」から3科目型は1, 4科目型は「地歴・公民」から1, 数から1の2
[個別試験] 行わない。
共通テスト利用入学者選抜5科目型 6～5科目 ①国(100)▶国(近代) ②外(200)▶英(リーディング・リスニング) ③地歴・公民(100)▶世B・日B・地理B・現社・倫・政経・「倫・政経」から1 ④数(100)▶「数Ⅰ・数A」・「数Ⅱ・数B」から1 ⑤⑥理(100)▶「物基・化基・生基・地学基から2」・物・化・生・地学から1
[個別試験] 行わない。

理工学部

一般選抜(全学部日程) 3科目 ①外(150)▶コミュ英Ⅰ・コミュ英Ⅱ・コミュ英Ⅲ・英表Ⅰ・英表Ⅱ ②数(150)▶数Ⅰ・数Ⅱ・数Ⅲ・数A・数B(数列・ベク) ③理(100)▶「物基・物」・「化基・化」から1, ただし物理科学科は物基・物指定
一般選抜(個別学部日程)〈A方式〉 3科目 ①外(150)▶コミュ英Ⅰ・コミュ英Ⅱ・コミュ英Ⅲ・英表Ⅰ・英表Ⅱ ②数(150)▶数Ⅰ・数Ⅱ・数Ⅲ・数A・数B(数列・ベク) ③理(150)▶「物基・物」・「化基・化」から1, ただし物理科学科は物基・物, 化学・生命科学科は化基・化指定
一般選抜(個別学部日程)〈B方式・共通テスト併用〉〈共通テスト科目〉 1科目 ①外(100)▶英(リーディング・リスニング)
〈学部独自問題〉 2科目 ①数(200)▶数Ⅰ・数Ⅱ・数Ⅲ・数A・数B(数列・ベク) ②理(200)▶「物基・物」・「化基・化」から1, ただし物理科学科は物基・物, 化学・生命科学科は化基・化指定
共通テスト利用入学者選抜 4科目 ①外(200)▶英(リーディング・リスニング) ②③数(200)▶「数Ⅰ・数A」・「数Ⅱ・数B」 ④理(物理科学科／数理サイエンス学科／化学・生命科学科／電気電子工学科／機械創造工学科

200，経営システム工学科・情報テクノロジー学科100）▶［物理科学科］一物，［数理サイエンス学科・電気電子工学科・機械創造工学科・経営システム工学科・情報テクノロジー学科］一物・化から１，［化学・生命科学科］一物・化・生から１
［個別試験］ 行わない。

社会情報学部

一般選抜（全学部日程）〈A方式〉 **3**科目 ①**国**（100）▶国総（古文・漢文を除く） ②**外**（150）▶コミュ英Ⅰ・コミュ英Ⅱ・コミュ英Ⅲ・英表Ⅰ・英表Ⅱ ③**地歴・公民・数**（100）▶世B・日B・政経・「数Ⅰ・数Ⅱ・数A・数B（数列・ベク）」から１

一般選抜（全学部日程）〈B方式〉 **3**科目 ①**外**（150）▶コミュ英Ⅰ・コミュ英Ⅱ・コミュ英Ⅲ・英表Ⅰ・英表Ⅱ ②**数**（150）▶数Ⅰ・数Ⅱ・数Ⅲ・数A・数B（数列・ベク） ③**数**（100）▶数Ⅰ・数Ⅱ・数A・数B（数列・ベク）

一般選抜（個別学部日程）〈A方式・共通テスト併用〉 〈共通テスト科目〉 **2**科目 ①**国**（100）▶国（近代） ②**地歴・公民**（100）▶世B・日B・地理B・現社・倫・政経・「倫・政経」から１
〈学部独自問題〉 **1**科目 ①**外**（200）▶コミュ英Ⅰ・コミュ英Ⅱ・コミュ英Ⅲ・英表Ⅰ・英表Ⅱ

一般選抜（個別学部日程）〈B方式・共通テスト併用〉 〈共通テスト科目〉 **2**科目 ①**国**（100）▶国（近代） ②**外**（100）▶英（リーディング・リスニング）
〈独自試験科目〉 **1**科目 ①**数**（200）▶数Ⅰ・数Ⅱ・数A・数B（数列・ベク）

一般選抜（個別学部日程）〈C方式・共通テスト併用〉 〈共通テスト科目〉 **3**科目 ①**外**（100）▶英（リーディング・リスニング） ②③**数**（100）▶「数Ⅰ・数A」・「数Ⅱ・数B」
〈学部独自問題〉 **1**科目 ①**数**（200）▶数Ⅰ・数Ⅱ・数Ⅲ・数A・数B（数列・ベク）

一般選抜（個別学部日程）〈D方式・共通テスト併用〉 〈共通テスト科目〉 **2**科目 ①**外**（100）▶英（リーディング・リスニング） ②**国・地歴・公民**（100）▶国（近代）・世B・日B・地理B・現社・倫・政経・「倫・政経」から１
〈学部独自問題〉 **1**科目 ①**総合問題**（200）▶日本語の文章やデータを読み解き，物事を論理的に考察し，的確に表現する力を問う論述等を課す

共通テスト利用入学者選抜３科目型・４科目A型 **4〜3**科目 ①**外**（100）▶英（リーディング・リスニング） ②③④**国・「地歴・公民」・数**（３科目型200・４科目型〈国100・その他200〉）▶国（近代）・「世B・日B・地理B・現社・倫・政経・〈倫・政経〉から１」・「数Ⅰ・数A」・「数Ⅱ・数B」から３科目型は２，４科目型は国を含む３
［個別試験］ 行わない。

共通テスト利用入学者選抜４科目B型 **4**科目 ①**外**（100）▶英（リーディング・リスニング） ②③**数**（100×2）▶「数Ⅰ・数A」・「数Ⅱ・数B」 ④**理**（100）▶物・化・生・地学から１
［個別試験］ 行わない。

共通テスト利用入学者選抜５科目型 **5**科目 ①**国**（100）▶国（近代） ②**外**（100）▶英（リーディング・リスニング） ③**地歴・公民**（100）▶世B・日B・地理B・現社・倫・政経・「倫・政経」から１ ④**数**（100）▶「数Ⅰ・数A」・「数Ⅱ・数B」から１ ⑤**理**（100）▶物・化・生・地学から１
［個別試験］ 行わない。

地球社会共生学部

一般選抜（全学部日程） **3**科目 ①**国**（100）▶国総（古文・漢文を除く） ②**外**（150）▶コミュ英Ⅰ・コミュ英Ⅱ・コミュ英Ⅲ・英表Ⅰ・英表Ⅱ ③**地歴・公民・数**（100）▶世B・日B・政経・「数Ⅰ・数Ⅱ・数A・数B（数列・ベク）」から１

一般選抜（個別学部日程）〈共通テスト併用〉
〈共通テスト科目〉 **2**科目 ①**外**（100）▶英（リーディング・リスニング） ②**国・地歴・公民・数**（80）▶国（近代）・世B・日B・地理B・現社・倫・政経・「倫・政経」・「数Ⅰ・数A」・「数Ⅱ・数B」から１
〈学部独自問題〉 **1**科目 ①**論述**（120）▶日本語の文章を読み，理解力，分析する能力，自分の文章を論理的に展開できる力，自分の意見や発想を十分に表現する力を総合的に問う論述等を課す

共通テスト利用入学者選抜 **3**科目 ①**国**

(100) ▶国(近代) ②外(200) ▶英(リーディング・リスニング) ③地歴・公民・数(100) ▶世B・日B・地理B・現社・倫・政経・「倫・政経」・「数Ⅰ・数A」・「数Ⅱ・数B」から1
[個別試験] 行わない。
総合型選抜自己推薦 [出願資格] 第1志望, 現役のほか, 定められた自己アピールできる分野のいずれかに該当し, 定められた全体の学習成績の状況, 英語資格の要件を満たしている者など。
[選考方法] 書類審査通過者を対象に, 小論文, 面接を行う。

コミュニティ人間科学部

一般選抜(全学部日程) 3科目 ①国(100) ▶国総(古文・漢文を除く) ②外(150) ▶コミュ英Ⅰ・コミュ英Ⅱ・コミュ英Ⅲ・英表Ⅰ・英表Ⅱ ③地歴・公民・数(100) ▶世B・日B・政経・「数Ⅰ・数Ⅱ・数A・数B(数列・ベク)」から1
一般選抜(個別学部日程)〈共通テスト併用〉
〈共通テスト科目〉 2科目 ①国(100) ▶国 ②外(100) ▶英(リーディング・リスニング)
〈学部独自問題〉 1科目 ①論述(100) ▶文章を読み, 分析する力, 思考・判断する力, 並びに文章を論理的に展開・表現する力を総合的に問う論述などを課す
共通テスト利用入学者選抜3科目型
4~3科目 ①国(200) ▶国 ②外(200) ▶英(リーディング・リスニング) ③④地歴・公民・数・理(100) ▶世B・日B・地理B・現社・倫・政経・「倫・政経」・「数Ⅰ・数A」・数Ⅱ・「数Ⅱ・数B」・「物基・化基・生基・地学基から2」・物・化・生・地学から1
[個別試験] 行わない。
共通テスト利用入学者選抜4科目型・5科目型
6~4科目 ①国(100) ▶国 ②外(4科目型200・5科目型100) ▶英(リーディング・リスニング) ③④⑤⑥「地歴・公民」・公民・数・理(4科目型200・5科目型300) ▶「世B・日B・地理B・現社から1」・「倫・政経・〈倫・政経〉から1」・「〈数Ⅰ・数A〉・数Ⅱ・〈数Ⅱ・数B〉から1」・「〈物基・化基・生基・地学基から2〉・物・化・生・地学から1」から4科目型は2, 5科目型は3
[個別試験] 行わない。
総合型選抜自己推薦 [出願資格] 第1志望のほか, 高校卒業後, 職に就いている者, または定時制・通信制・単位制の現役ですでに職に就いている者, もしくは全体の学習成績の状況が3.5以上であり, 個人で1年以上にわたってボランティア活動などの社会貢献活動歴がある者など。
[選考方法] 書類審査通過者を対象に, 小論文, 面接を行う。

その他の選抜

学校推薦型選抜(指定校推薦, 提携校推薦, キリスト教学校教育同盟加盟高等学校推薦, 全国高等学校キリスト者推薦), 総合型選抜(スポーツに優れた者, 全国児童養護施設推薦), 海外就学経験者選抜, 外国人留学生選抜。

偏差値データ (2023年度)

●一般選抜

学部/学科	2023年度			2022年度実績					
	駿台予備学校	河合塾						競争率	
	合格目標ライン	ボーダー得点率	ボーダー偏差値	募集人員	受験者数	合格者数	合格最低点	'22年	'21年
文学部									
英米文(全学部)	55	—	62.5	5	269	15	297.0/350	17.9	8.9
(個別A)	56	75%	60	70	517	238	345.5/500	2.2	2.3
(個別B)	56	—	65	40	385	124	271.0/400	3.1	5.1
(個別C)	53	—	62.5	40	623	96	200.0/300	6.5	5.0
フランス文(全学部)	52	—	60	15	470	67	282.0/350	7.0	2.6
(個別A)	53	82%	—	40	235	97	—	2.4	2.3

学部／学科	2023年度 駿台予備学校 合格目標ライン	2023年度 河合塾 ボーダー得点率	2023年度 河合塾 ボーダー偏差値	2022年度実績 募集人員	受験者数	合格者数	合格最低点	競争率 '22年	競争率 '21年
（個別Ｂ）	53	87%	—	10	68	21	—	3.2	2.4
日本文（全学部）	54	—	60	8	129	31	321.0/400	4.2	6.7
（個別Ａ）	54	79%	62.5	55	452	165	276.0/350	2.7	3.1
（個別Ｂ）	54	84%	62.5	10	143	32	167.0/250	4.5	3.2
史（全学部）	55	—	60	20	214	66	312.0/400	3.2	5.8
（個別）	55	79%	62.5	55	570	184	315.0/450	3.1	2.5
比較芸術（全学部）	52	—	60	5	150	23	323.0/400	6.5	7.3
（個別）	52	75%	—	45	202	88	315.0/450	2.3	2.7
教育人間科学部									
教育（全学部）	51	—	60	70	989	236	276.0/350	4.2	8.5
（個別）	52	78%	—	20	404	76	—	5.3	2.6
心理（全学部）	54	—	62.5	58	685	129	283.0/350	5.3	6.0
（個別）	54	79%	—	15	245	51	—	4.8	1.8
経済学部									
経済（全学部）	54	—	62.5	30	555	93	283.0/350	6.0	9.3
（個別Ａ）	52	—	62.5	180	2,921	487	—	6.0	5.9
（個別Ｂ）	51	—	62.5	100	1,494	227	143.0/250	6.6	6.9
現代経済デザイン（全学部）	51	—	62.5	10	170	20	283.0/350	8.5	7.3
（個別Ａ）	49	—	62.5	50	1,038	113	169.0/250	9.2	6.6
（個別Ｂ）	49	—	62.5	25	321	51	138.0/250	6.3	5.0
法学部									
法（全学部）	56	—	62.5	80	1,550	390	280.0/350	4.0	3.1
（個別Ａ）	56	74%	60	80	548	201	291.0/400	2.7	1.9
（個別Ｂ）	56	74%	57.5	25	145	69	270.0/400	2.1	2.0
ヒューマンライツ（全学部）	54	—	62.5	25	717	128	282.0/350	5.6	—
（個別Ａ）	54	75%	60	20	239	52	299.0/400	4.6	—
（個別Ｂ）	54	76%	60	10	132	39	285.3/400	3.4	—
経営学部									
経営（全学部）	53	—	62.5	25	932	76	293.0/350	12.3	7.3
（個別Ａ）	54	78%	62.5	160	1,125	473	283.5/400	2.4	2.6
（個別Ｂ）	54	69%	60	40	212	114	247.3/400	1.9	1.4
マーケティング（全学部）	51	—	62.5	15	444	54	292.0/350	8.2	8.5
（個別Ａ）	52	77%	57.5	80	447	192	285.5/400	2.3	2.5
（個別Ｂ）	52	66%	57.5	20	70	45	238.0/400	1.6	1.6
国際政治経済学部									
国際政治（全学部）	54	—	65	5	189	23	296.0/350	8.2	5.4
（個別Ａ）	54	82%	—	64	346	116	127.8/200	3.0	2.0
（個別Ｂ）	56	89%	—	6	19	8	119.8/200	2.4	3.4
国際経済（全学部）	54	—	62.5	5	120	16	297.0/350	7.5	7.2
（個別）	54	78%	—	70	236	130	127.8/200	1.8	2.0
国際コミュニケーション（全学部）	53	—	62.5	5	161	16	297.0/350	10.1	7.3
（個別Ａ）	55	84%	65	27	273	71	149.3/200	3.8	2.2

学部／学科	2023年度			2022年度実績					
	駿台予備学校	河合塾						競争率	
	合格目標ライン	ボーダー得点率	ボーダー偏差値	募集人員	受験者数	合格者数	合格最低点	'22年	'21年
(個別Ｂ)	54	87%	65	20	144	25	159.9/200	5.8	3.2
総合文化政策学部									
総合文化政策(全学部)	54	—	65	55	922	156	290.0/350	5.9	8.5
(個別Ａ)	54	85%	65	70	406	86	250.0/300	4.7	5.1
(個別Ｂ)	54	83%	—	50	432	100	275.5/350	4.3	4.1
理工学部									
物理科(全学部)	52	—	55	12	221	71	275.0/400	3.1	2.8
(個別Ａ)	52	—	55	35	723	190	278.0/450	3.8	2.3
(個別Ｂ)	53	76%	55	28	224	87	326.8/500	2.6	1.6
数理サイエンス(全学部)	50	—	55	6	149	56	244.0/400	2.7	2.2
(個別Ａ)	50	—	55	20	271	122	252.0/450	2.2	2.7
(個別Ｂ)	51	74%	55	13	94	42	289.8/500	2.2	2.3
化学・生命科(全学部)	52	—	57.5	13	128	28	274.0/400	4.6	5.4
(個別Ａ)	51	—	55	50	795	348	250.0/450	2.3	2.1
(個別Ｂ)	52	76%	55	20	190	109	311.0/500	1.7	1.9
電気電子工(全学部)	50	—	55	13	165	41	269.0/400	4.0	4.7
(個別Ａ)	50	—	55	40	579	177	267.0/450	3.3	2.9
(個別Ｂ)	51	76%	55	20	161	70	295.2/500	2.3	1.8
機械創造工(全学部)	52	—	55	15	141	30	270.0/400	4.7	4.2
(個別Ａ)	53	—	52.5	40	717	299	252.0/450	2.4	1.7
(個別Ｂ)	53	75%	52.5	20	132	69	291.1/500	1.9	1.6
経営システム工(全学部)	53	—	57.5	10	183	34	290.0/400	5.4	6.5
(個別Ａ)	52	—	55	35	620	207	273.0/450	3.0	2.8
(個別Ｂ)	53	79%	55	23	162	58	316.7/500	2.8	2.8
情報テクノロジー(全学部)	52	—	57.5	10	175	19	294.0/400	9.2	7.7
(個別Ａ)	53	—	57.5	35	717	177	280.0/450	4.1	5.0
(個別Ｂ)	53	81%	57.5	20	185	86	312.0/500	2.2	2.9
社会情報学部									
社会情報(全学部Ａ)	50	—	57.5	17	228	43	276.0/350	5.3	5.0
(全学部Ｂ)	48	—	60	10	154	29	300.0/400	5.3	5.5
(個別Ａ)	50	83%	65	45	378	111	299.0/400	3.4	3.1
(個別Ｂ)	50	83%	57.5	25	307	67	302.5/400	4.6	3.7
(個別Ｃ)	50	70%	57.5	35	293	80	273.5/400	3.7	2.6
(個別Ｄ)	50	84%	—	15	178	42	310.5/400	4.2	4.0
地球社会共生学部									
地球社会共生(全学部)	50	—	60	45	429	140	272.0/350	3.1	3.3
(個別)	50	80%	—	30	291	101	224.0/300	2.9	2.0
コミュニティ人間科学部									
コミュニティ人間科(全学部)	49	—	57.5	50	845	197	269.0/350	4.3	2.1
(個別)	50	75%	—	34	154	104	197.0/300	1.5	5.5

- 駿台予備学校合格目標ラインは合格可能性80%に相当する駿台模試の偏差値です。 ●競争率は受験者÷合格者の実質倍率
- 河合塾ボーダー得点率は合格可能性50%に相当する共通テストの得点率です。また，ボーダー偏差値は合格可能性50%に相当する河合塾全統模試の偏差値です。

●共通テスト利用入学者選抜

学部／学科	2023年度 駿台予備学校 合格目標ライン	2023年度 河合塾 ボーダー得点率	2023年度 河合塾 ボーダー偏差値	2022年度実績 募集人員	受験者数	合格者数	競争率 '22年	競争率 '21年
文学部								
英米文	56	83%	—	15	505	150	3.4	3.0
フランス文	53	81%	—	10	666	150	4.4	2.7
日本文	54	84%	—	5	202	46	4.4	4.6
史（3科目）	55	85%	—	5	504	96	5.3	2.7
（6科目）	54	80%	—	—	—	—	新	—
比較芸術	52	87%	—	5	201	35	5.7	5.5
教育人間科学部								
教育	52	81%	—	10	492	103	4.8	7.0
心理	54	83%	—	10	331	67	4.9	7.7
経済学部								
経済	54	80%	—	10	578	157	3.7	3.2
現代経済デザイン	51	80%	—	10	143	20	7.2	2.8
法学部								
法（3科目）	56	80%	—	10	675	198	3.4	3.7
（5科目）	55	76%	—	—	—	—	新	—
ヒューマンライツ（3科目）	54	80%	—	5	265	54	4.9	—
（5科目）	53	76%	—	—	—	—	新	—
経営学部								
経営	54	85%	—	10	928	104	8.9	6.5
マーケティング	52	86%	—	5	365	33	11.1	4.8
国際政治経済学部								
国際政治（3教科）	56	87%	—	10	323	89	3.6	5.0
（4教科）	55	77%	—	10	128	51	2.5	2.8
国際経済（3教科）	54	87%	—	10	264	52	5.1	5.7
（4教科）	55	79%	—	10	123	38	3.2	4.2
国際コミュニケーション	54	88%	—	10	238	46	5.2	6.9
総合文化政策学部								
総合文化政策（3科目）	54	88%	—	10	602	58	10.4	9.6
総合文化政策（4科目）	53	86%	—	—	—	—	新	—
総合文化政策（5科目）	53	84%	—	—	—	—	新	—
理工学部								
物理科	53	74%	—	8	783	172	4.6	2.1
数理サイエンス	51	74%	—	4	212	56	3.8	3.6
化学・生命科	52	76%	—	10	289	60	4.8	6.4
電気電子工	51	75%	—	10	238	56	4.3	4.9
機械創造工	53	72%	—	10	270	99	2.7	3.8
経営システム工	53	76%	—	10	264	51	5.2	6.0
情報テクノロジー	53	80%	—	10	477	49	9.7	4.3

社会情報学部								
社会情報(3科目)	50	87%	—	15	538	44	12.2	8.4
(4科目A)	49	85%	—	—	—	—	新	—
(4科目B)	49	81%	—	—	—	—	新	—
(5科目)	49	83%	—	—	—	—	新	—
地球社会共生学部								
地球社会共生	50	85%	—	20	390	85	4.6	4.3
コミュニティ人間科学部								
コミュニティ人間科(3科目)	50	79%	—	12	126	24	5.3	13.2
(4科目)	49	77%	—	—	—	—	新	—
(5科目)	49	75%	—	—	—	—	新	—

●駿台予備学校合格目標ラインは合格可能性80%に相当する駿台模試の偏差値です。●競争率は受験者÷合格者の実質倍率
●河合塾ボーダー得点率は合格可能性50%に相当する共通テストの得点率です。また，ボーダー偏差値は合格可能性50%に相当する河合塾全統模試の偏差値です。

併設の教育機関 大学院

文学研究科

教員数▶82名
院生数▶91名
博士前期課程 ●**英米文学専攻**　英米文学や英語学，英語教育学・コミュニケーション分野で，きめ細かい指導を実施。昼夜開講制。
●**フランス文学・語学専攻**　フランス文学の多彩な時代と分野をカバーし，フランス語を学問的に研究する体制も整備。
●**日本文学・日本語専攻**　日本文学・日本語・漢文学・日本語教育と幅広い研究領域をカバーし，最先端の研究を踏まえた指導を実施。
●**史学専攻**　総合歴史部門を含め，広い分野を包括する研究・教育体制が特色。
●**比較芸術学専攻**　美術・音楽・演劇映像の3領域。比較研究の方法で指導を実施。
博士後期課程 英米文学専攻，フランス文学・語学専攻，日本文学・日本語専攻，史学専攻，比較芸術学専攻

教育人間科学研究科

教員数▶30名
院生数▶23名
博士前期課程 ●**教育学専攻**　幼児期から青年期，成人期を経て老年期に至るライフサイクル全体を視野に入れながら，研究を行う。
●**心理学専攻**　心理学，臨床心理学の2コース。臨床心理学コースは，日本臨床心理士資格認定協会の第1種指定を受けている。
博士後期課程 教育学専攻，心理学専攻

経済学研究科

教員数▶35名
院生数▶22名
博士前期課程 ●**経済学専攻**　経済学の研究能力と高度な専門性を要する職業などに必要とされる能力を養う。
●**公共・地域マネジメント専攻**　高度な専門知識と実践力に裏づけられた政策立案エキスパートや地域開発エキスパートを育成する。
博士後期課程 経済学専攻，公共・地域マネジメント専攻

法学研究科

教員数▶40名
院生数▶36名
博士前期・修士課程 ●**私法専攻**　伝統的な私法分野はもとより，新たに台頭した著作権法，経済法，保険法などの分野も研究する。
●**公法専攻**　伝統的な科目以外に，国際法，国際刑事法などの国際的な科目，税法や社会保障法などの実務上の要請が高い科目も網羅。

●ビジネス法務専攻　ビジネスロー・リテラシーを有する職業人を育成する「社会人大学院」。平日夜間・土曜開講。

博士後期課程　私法専攻，公法専攻

経営学研究科

教員数▶38名
院生数▶39名

博士前期課程　●経営学専攻　経営学，会計学，IMC統合マーケティング，知的財産権プログラムの4部門から構成。昼夜開講制。

博士後期課程　経営学専攻

国際政治経済学研究科

教員数▶43名
院生数▶51名

修士課程　●国際政治学専攻　安全保障，グローバルガバナンスの2コース。

●国際経済学専攻　多様な経済現象をグローバルな観点から学び，新たな視野を切り拓く。

●国際コミュニケーション専攻　国際的な諸事象の解明に必要な言語・文化・コミュニケーションの理論と応用力を身につける。

※3専攻とも昼夜開講制。

博士後期課程　国際政治学専攻，国際経済学専攻，国際コミュニケーション専攻

総合文化政策学研究科

教員数▶19名
院生数▶15名

修士課程　●文化創造マネジメント専攻　フィールドワークの実践的知識を身につけるため，社会調査士および専門社会調査士の資格取得が可能。3年制のコースも設置。

5年一貫制博士課程　●総合文化政策学専攻　日本を中心とした文化や芸術，社会の情報を世界に発信できる能力を養う。

理工学研究科

教員数▶73名
院生数▶496名

博士前期課程　●理工学専攻　基礎科学，化学，機能物質創成，生命科学，電気電子工学，機械創造，知能情報，マネジメントテクノロジーの8コース。

博士後期課程　理工学専攻

社会情報学研究科

教員数▶21名
院生数▶35名

博士前期課程　●社会情報学専攻　社会情報学，ヒューマンイノベーションの2コース。

博士後期課程　社会情報学専攻

国際マネジメント研究科

教員数▶19名
院生数▶299名

専門職学位課程　●国際マネジメント専攻　主に昼間に履修するデイタイムコースと，3年以上の職業実務経験者が対象のイブニングコースの2つのMBAプログラムを設置。

5年一貫制博士課程　●国際マネジメントサイエンス専攻　5年制のPh.D.コースは学士対象。3年制（3年次編入）のDBAコースはMBA等の修士取得者が対象。

会計プロフェッション研究科

教員数▶15名
院生数▶188名

専門職学位課程　●会計プロフェッション専攻　会計プロフェッションを養成する会計専門職大学院。昼夜開講制。

博士後期課程　プロフェッショナル会計学専攻

亜細亜(あじあ)大学

資料請求

問合せ先 アドミッションセンター　☎0422-36-3273

建学の精神

亜細亜大学の前身である興亜専門学校は，一人ひとりがしっかりとした自己を確立し，それぞれの道を切り拓く「自助」と，自立した人間同士の協力関係を意味する「協力」という「自助協力」の精神を身につけた誠実な人材を育成して，アジア全体の発展に貢献することを建学の使命に，1941（昭和16）年に開設された。複雑化するグローバル化の現代においても，その精神は脈々と受け継がれ，一人ひとりの学力と人間力を磨き上げ，“個性知を伸ばす”学びの環境を整備している。特にグローバル人材育成教育では，グローバル社会で求められる行動力と国際感覚を身につけられる亜細亜大学独自の多彩な留学プログラムを提供。「アジア交流の拠点」として，アジアの共生に貢献し，多様な夢に挑み，新たな価値を創造できるグローバル人材を育成している。

● 武蔵野キャンパス……〒180-8629　東京都武蔵野市境5-8

基本データ

学生数▶6,284名（男3,877名，女2,407名）
専任教員数▶教授86名，准教授56名，講師41名
設置学部▶経営，経済，法，国際関係，都市創造
併設教育機関▶大学院—〈アジア・国際経営戦略〉・経済学・法学（以上M・D）

就職・卒業後の進路

就職率 96.2%
就職者÷希望者×100

● **就職支援**　キャリアセンターでは，「ガイダンス」「キャリア支援ツール」「個人面談」の３つを中心に，キャリア形成に重きを置いた支援プログラムを提供。振り返りにも役立つ亜細亜大学独自のキャリア支援サイトを設置するなど，学生それぞれがイメージする将来像を形にできるように，４年一貫で一人ひとりに寄り添う支援をしている。

● **資格取得支援**　公務員試験や貿易実務検定，宅地建物取引士，総合・国内旅行業務取扱管理者，FP技能士３級，日商簿記検定，秘書検定などの各種資格試験対策講座を幅広く開講。専門の講師が合格へと導き，受講料の割引や報奨金，助成金が給付される講座もある。

進路指導者も必見　学生を伸ばす　面倒見

初年次教育	学修サポート
「オリエンテーションゼミナール」や「基礎ゼミナール」の科目を設置し，授業の受け方，図書館の資料の調べ方，発表の仕方などのスタディー・スキルを身につけている。また，「フレッシュマン・イングリッシュ」も開講	オフィスアワー制度と，専任教員が学生約20人を担当し，履修内容や学生生活の指導・支援を行う教員アドバイザー制度を全学部で導入している

オープンキャンパス（2022年度実績）　6月・7月・8月（２日間）・9月に開催（事前申込制）。学部・学科紹介＋体験授業，留学プログラム説明会，キャンパスツアー，在学生による座談会，個別相談，保護者向け講演など。

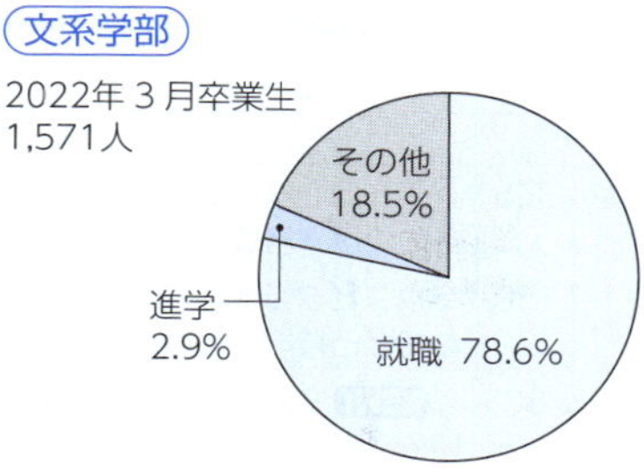

主なOB・OG▶［経済］近藤哲司（産業経済新聞社社長），［経済］西脇綾香（Perfume），［経営］松村北斗（歌手，俳優），［法］星野正則（ドトールコーヒー社長），［国際関係］野口健（アルピニスト）など。

国際化・留学　大学間 86 大学等・部局間 23 大学等

受入れ留学生数▶222名（2022年５月１日現在）

留学生の出身国▶中国，ベトナム，タイ，マレーシア，ミャンマーなど。

外国人専任教員▶教授５名，准教授５名，講師29名（2022年５月１日現在）

外国人専任教員の出身国▶アメリカ，イギリス，韓国，カナダ，中国など。

大学間交流協定▶86大学・機関（交換留学先23大学，2022年５月１日現在）

部局間交流協定▶23大学・機関（交換留学先５大学，2022年５月１日現在）

海外への留学生数▶渡航型39名・オンライン型220名／年（２カ国・地域，2021年度）

海外留学制度▶亜細亜大学アメリカプログラム（AUAP），アジア夢カレッジ―キャリア開発中国プログラム―（AUCP）などの長期から，約２カ月のワシントンスプリングプログラム（WSP）や都市創造学部春季アメリカ派遣プログラム（UISP），さらにはオンライン留学など，多彩な海外留学プログラムを用意。コンソーシアムはSAFに参加している。

学費・奨学金制度　給付型奨学金総額 年間約 2,499 万円

入学金▶230,000円

年間授業料（施設費等を除く）▶760,000円～（詳細は巻末資料参照）

年間奨学金総額▶24,985,000円

年間奨学金受給者数▶289人

主な奨学金制度▶成績優秀者対象の「亜細亜学園奨学金」「東急奨学金」「青々会奨学金」など，すべて給付型の制度を多数用意。また，学費減免制度もあり，2021年度には29人を対象に総額で2,028万円を減免している。

保護者向けインフォメーション

●**広報紙**　「広報アジア」を毎号郵送している。
●**成績確認**　成績表を郵送している。
●**保護者会**　夏季休暇期間を利用して各地で保護者会を開催し，出席・学業状況や大学の近況などを説明している。「後援会だより」も発行。
●**防災対策**　「災害時対応マニュアル」をHPに掲載。災害時の学生の安否は，ポータルサイトを利用して確認するようにしている。
●**コロナ対策１**　５段階のBCP（行動指針）を設定し，感染状況に応じて対面授業とオンライン授業を併用。「コロナ対策２」（下段）あり。

インターンシップ科目	必修専門ゼミ	卒業論文	GPA制度の導入の有無および活用例	１年以内の退学率	標準年限での卒業率
全学部で開講している	経済学部と法学部および経営学科で１・３・４年次，その他の学部・学科で１～４年次に実施	経営・経済・法律学科を除き卒業要件	奨学金や授業料免除対象者の選定や大学院入試の選抜基準のほか，留学候補者の選考，学生に対する個別の学修指導に活用している	1.1%	85.1%

●**コロナ対策２**　入構時に検温と消毒を実施したほか，すべての教室・図書館等の机・椅子・ドアノブ・手すり等にウイルス増殖環境消滅剤で抗菌を施した。また，ワクチンの接種には「TOKYOワクチンパス」を利用。

学部紹介&入試要項 偏差値データ

学部紹介

学部／学科	定員	特色
経営学部		
経営	325	▷実践力を育むプログラムで主体的に経営の知識やスキルを身につけ，自ら人生を切り拓く力を持つ人材を育成する。
ホスピタリティ・マネジメント	150	▷ホスピタリティ・ビジネスの実務現場で即戦力となる高度な知識と技能を修得し，活用できる人材を育成する。
データサイエンス	80	▷NEW! '23年新設。経営学とデータサイエンスをつなぐ画期的な学びを展開し，ビジネス志向のDX人材を育成する。
● 取得可能な資格…教職(公・社・商業)，司書，司書教諭など。 ● 進路状況…………就職79.8%　進学3.5% ● 主な就職先………大和ハウス工業，キーエンス，トヨタ自動車，日本生命保険，星野リゾートなど。		
経済学部		
経済	250	▷現代社会が直面する経済の諸問題を発見し，解決するために必要な専門知識と分析力を身につけた人材を育成する。
● 取得可能な資格…教職(公・社)，司書，司書教諭など。 ● 進路状況…………就職74.0%　進学3.3% ● 主な就職先………山崎製パン，本田技研工業，多摩信用金庫，大和証券，リゾートトラストなど。		
法学部		
法律	320	▷法律専門職，公務員，企業，現代法文化の４コース。
● 取得可能な資格…教職(公・社)，司書，司書教諭など。 ● 進路状況…………就職79.7%　進学1.7% ● 主な就職先………住友林業，東京地下鉄，東日本旅客鉄道，東京国税局，警視庁，東京消防庁など。		
国際関係学部		
国際関係	130	▷国際間の協力・競争に強い真のグローバル人材を育成する。
多文化コミュニケーション	130	▷世界の諸地域で多文化共生を促進できる人材を育成する。
● 取得可能な資格…教職(公・社・英)，司書，司書教諭など。 ● 進路状況…………就職78.0%　進学3.7% ● 主な就職先………積水ハウス，紀文食品，トーヨーカネツ，リコージャパン，東日本電信電話など。		
都市創造学部		
都市創造	145	▷アジア融合の視点から社会学・経営学・ICTの高度な知識を用いて，都市の課題解決に貢献できる人材を育成する。
● 取得可能な資格…司書など。　● 進路状況……就職78.0%　進学3.7% ● 主な就職先………日本通運，システナ，ノジマ，明治安田生命保険，インテック，日本郵便など。		

▶キャンパス

全学部……［武蔵野キャンパス］東京都武蔵野市境5-8

2023年度入試要項(前年度実績)

●募集人員

学部／学科		一般(学科別)	全学前期	全学中期	全学後期	DS後期
▶経営	経営	120	30	20	10	—
	ホスピタリティ・マネジメント	50	4	3	3	—
	データサイエンス	30	8	5	—	10
▶経済	経済	100	25	15	10	—
▶法	法律	120	30	15	15	—
▶国際関係	国際関係	58	10	5	4	—
	多文化コミュニケーション	58	10	5	4	—
▶都市創造	都市創造	45	10	10	5	—

※経営学部ホスピタリティ・マネジメント学科とデータサイエンス学科および経済学部は，一般入

キャンパスアクセス［武蔵野キャンパス］JR中央線一武蔵境より徒歩12分またはバス５分

試（学科別）で３教科型と２教型を実施し，募集人員は３教科型と２教科型の合計数。

全学部

一般入試（学科別）　〈３教科型〉 **3**科目 ①**国**（100）▶国総（古文・漢文を除く） ②**外**（100）▶コミュ英Ⅰ・コミュ英Ⅱ・コミュ英Ⅲ・英表Ⅰ・英表Ⅱ ③**地歴・公民・数**（100）▶世Ｂ・日Ｂ・政経・「数Ⅰ・数Ａ」から１，ただしデータサイエンス学科は数指定

一般入試（学科別）　〈２教科型〉**【ホスピタリティ・マネジメント学科／データサイエンス学科／経済学科】** **2**科目 ①**外**（100）▶コミュ英Ⅰ・コミュ英Ⅱ・コミュ英Ⅲ・英表Ⅰ・英表Ⅱ ②**国・数**（100・データのみ200）▶［ホスピタリティ・マネジメント学科／経済学科］―国総（古文・漢文を除く），［データサイエンス学科］―数Ⅰ・数Ⅱ・数Ａ・数Ｂ（数列・ベク）

一般入試（学科別：DS後期）　**【データサイエンス学科】** **2**科目 ①**外**（100）▶コミュ英Ⅰ・コミュ英Ⅱ・コミュ英Ⅲ・英表Ⅰ・英表Ⅱ ②**数**（100）▶数Ⅰ・数Ⅱ・数Ａ

※指定された英語外部試験の基準点を満たし，出願時にスコアを提出できる者を対象に，本学の英語試験において80点とみなす。ただし，本学の英語試験の受験も可能で，その場合はどちらか高得点のものを用いて判定する。

全学統一入試前期・中期・後期　**2**科目 ①**国**（100）▶国総（古文・漢文を除く） ②**外**（ホスピタリティ200・その他の学部学科100）▶コミュ英Ⅰ・コミュ英Ⅱ・コミュ英Ⅲ・英表Ⅰ・英表Ⅱ

※全学統一入試後期において，指定された英語外部試験の基準点を満たし，出願時にスコアを提出できる者を対象に，本学の英語試験において80点（ホスピタリティ・マネジメント学科は160点）とみなす。ただし，本学の英語試験の受験も可能で，その場合はどちらか高得点のものを用いて判定する。

※データサイエンス学科は，後期は行わない。

その他の選抜

共通テスト利用入試は経営学部92名，経済学部45名，法学部70名，国際関係学部58名，都市創造学部25名を，公募推薦入試は経営学部35名（商業系課程５名を含む），経済学部20名，法学部25名，国際関係学部20名，都市創造学部25名を募集。ほかにホスピタリティ AO入試（ホスピタリティ・マネジメント学科53名），ホスピタリティ入試（ホスピタリティ・マネジメント学科15名），スポーツ・文化活動入試，グローバル人材育成入試，一芸一能入試，同窓生子女入試，帰国生入試，社会人入試，外国人留学生入試を実施。

偏差値データ（2023年度）

●一般入試・全学統一入試

学部／学科	2023年度 駿台予備学校 合格目標ライン	2023年度 河合塾 ボーダー偏差値	2022年度 競争率
▶経営学部			
経営（学科別）	39	42.5	1.5
（全学統一）	38	45	1.5
ホスピタリティ・マネジメント（学科別）	39	42.5	1.6
（全学統一）	38	42.5	1.4
データサイエンス（学科別）	39	45	新
（全学統一）	38	45	新
▶経済学部			
経済（学科別）	39	45	3.7
（全学統一）	38	45	3.4
▶法学部			
法律（学科別）	40	42.5	2.1
（全学統一）	39	45	2.1
▶国際関係学部			
国際関係（学科別）	41	45	1.9
（全学統一）	40	45	1.9
多文化コミュニケーション（学科別）	41	40	1.5
（全学統一）	40	40	1.7
▶都市創造学			
都市創造（学科別）	39	37.5	1.3
（全学統一）	38	40	1.8

- 駿台予備学校合格目標ラインは合格可能性80％に相当する駿台模試の偏差値です。なお，学科別一般入試は３教科型，全学統一入試は前期の偏差値です。
- 河合塾ボーダー偏差値は合格可能性50％に相当する河合塾全統模試の偏差値です。
- 競争率は受験者÷合格者の実質倍率（ホスピタリティ・マネジメント学科と経済学科の学科別は２教科型と３教科型の合計。また，全学統一は前期の実績です）

桜美林大学

資料請求

問合せ先〉インフォメーションセンター ☎042-797-1583

建学の精神

民族意識の壁のない自由な教育を行い，「北京の聖者」として慕われた清水安三が，1921（大正10）年に中国で創立した「崇貞学園」を前身とする。建学の理念である「キリスト教精神を礎として，教育を通してグローバルな社会に貢献する人を育成する」，学園の行動指針である「学而事人」（学んだことを人や社会にために役立てる）の精神のもと，「グローバルな人材」「『学而事人』の精神を受け継ぐ人材」を輩出するため，日本の私立大学として初めて取り入れた「学群制」で，「リベラルアーツ」と「プロフェッショナルアーツ」という２つの学びを実現。桜美林学園が100周年を迎えた今だからこそ，次の100年も，学而事人をずっとずっと受け継いでいくために，「自分も人も，咲かせる学びを。」に想いを込め，学問を通じて，ふたつの花を咲かせていく。

● キャンパス情報はP.291をご覧ください。

基本データ

学生数▶10,124名（男4,105名，女6,019名）
専任教員数▶教授159名，准教授72名，講師23名
設置学群▶リベラルアーツ，グローバル・コミュニケーション，ビジネスマネジメント，健康福祉，芸術文化，教育探究科，航空・マネジメント
併設教育機関▶大学院─国際学術（M・D）
※一部プログラムは通信教育課程。

就職・卒業後の進路

就 職 率 **94.5**%
就職者÷希望者×100

● **就職支援**　学生の将来設計を入学時から卒業まで一貫してサポート。低学年時から始まるキャリアデザインの授業，多種多様なテーマで実施される就職イベントやセミナー，経験豊かなキャリアアドバイザーの三位一体となって，学生の思いに向き合い，納得感の高い進路に出会えるように支援している。

● **資格取得支援**　教職課程と博物館学芸員課程を設置し，資格取得をサポート。資格・教職センター（町田キャンパス）では，教員採用試験の個別指導にも力を入れ，近年，教育現場に多様な教科の教員を送り出している。

進路指導者も必見 学生を伸ばす 面倒見

初年次教育	学修サポート
「アカデミックスキル」「アカデミックリテラシーⅠ・Ⅱ」「基礎ゼミナール」「日本語コミュニケーションⅠ」「コンピュータリテラシーⅠ」「情報リテラシー」「日本語表現Ⅰ・Ⅱ」などの科目を各学群で開講している	オフィスアワー制度，アドバイザー制度を導入し，学生の履修登録と成績をモニターするとともに，学生生活においても指導・助言を行っている。2022年度にはビジネスマネジメント学群で学群生のTAを初めて活用した

オープンキャンパス（2022年度実績）　事前予約制で，全学群合同オープンキャンパスを６月・７月・８月に実施したほか，８月６～８日のオープンキャンパスは学群別に日程を分けて開催（学群により来学型・オンライン型）。

文系学群

2022年３月卒業生
723人

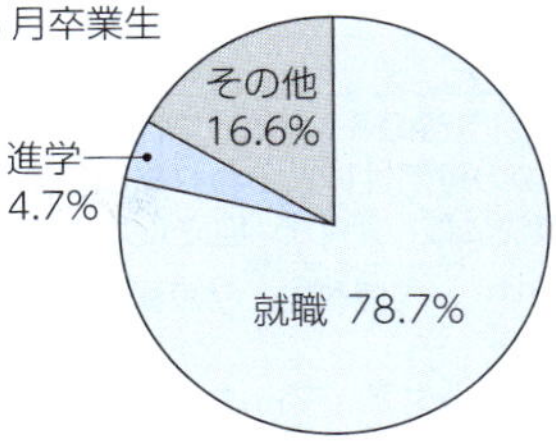

その他の学群

2022年３月卒業生
1,509人
・リベラルアーツ学群
・健康福祉学群
・芸術文化学群

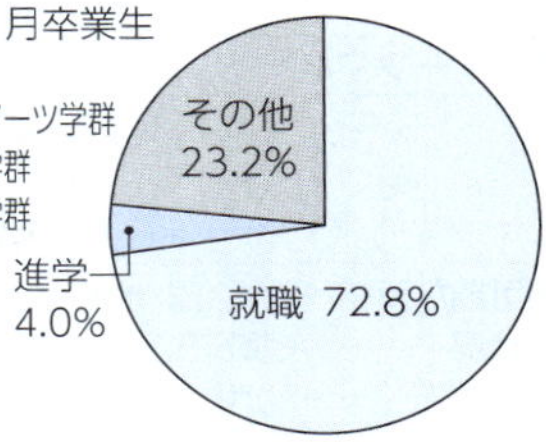

主なOB・OG▶［旧経済］髙木勝裕（東映アニメーション社長），［旧経済］福田薫・［旧経営政策］益子卓郎（「U字工事」），［リベラルアーツ］樫野有香（Perfume），［健康福祉］佐々木千隼（プロ野球選手）など。

国際化・留学　　大学間 186 大学等

受入れ留学生数▶759名（2022年５月１日現在　※大学院を含む）

留学生の出身国・地域▶中国，韓国，台湾，モンゴル，ベトナム，アメリカなど。

外国人専任教員▶教授15名，准教授７名，講師６名（2022年５月１日現在）

外国人専任教員の出身国▶中国，アメリカ，イギリス，韓国など。

大学間交流協定▶186大学・機関（2022年７月１日現在）

海外への留学生数▶渡航型29名・オンライン型263名／年（2021年度）

海外留学制度▶約30種類のテーマ別プログラムがある短期プログラムと長期交換プログラムは，全学群が対象。このほか，中期プログラムやダブルディグリープログラム，各学群が独自に行う留学プログラムが多数用意されており，学びに合わせた留学が可能。また，ACUCAやUNAI，日加コンソーシアムなどにも参加している。

学費・奨学金制度

入学金▶100,000円

年間授業料（施設費等を除く）▶914,000円～（詳細は巻末資料参照）

年間奨学金総額▶非公開

年間奨学金受給者数▶非公開

主な奨学金制度▶給付型の「学業優秀者奨学金」「学群奨学金」，減免型の「学而事人奨学金」などの制度を設置。「グローバル人材育成奨学金」や奨励金制度など，海外研修や留学プログラムに関する奨学金制度が充実。

保護者向けインフォメーション

●**情報誌**　本学の特色や各学群のカリキュラム，就職や進路についてなどの情報が満載の「保護者のためのHandbook」を毎年，制作している。
●**成績確認**　成績・履修記録通知表を郵送。
●**懇談会**　全国各地で保護者懇談会を開催し，就職や進路についての情報を届けている。
●**防災対策**　災害時の対応やハザードマップが掲載されている「学生生活ガイド」を入学時に配布。大規模災害時の学生の安否は「安否情報カード」やメールや電話を利用して確認する。
●**コロナ対策１**　職域接種（大学コンソーシアム八王子）を実施。感染状況に応じた５段階の活動指針を設定。「コロナ対策２」（下段）あり。

インターンシップ科目	必修専門ゼミ	卒業論文	GPA制度の導入の有無および活用例	１年以内の退学率	標準年限での卒業率
全学群で開講している	学群による	学群による	奨学金や授業料免除対象の選定や卒業判定基準，留学候補者の選考などに活用するほか，GPAに応じた履修上限単位数を設定	非公開	非公開

●**コロナ対策２**　館内の入口にサーモグラフィー，消毒液を設置し，検温を行うとともに，教室ではソーシャルディスタンスを確保。また，経済的に困窮している学生のために，「学業継続奨学金（給付・貸与）」を設けた。

学部紹介

学群	定員	特色
リベラルアーツ学群		
	900	▷人文，社会，自然の３領域に，統合型を加えた４プログラムを設置。一つの専門性にとらわれない学際的思考を駆使し，社会課題の解決に取り組める「自立した学習者」を育成する。
●取得可能な資格…教職（国・地歴・公・社・数・理・情・英・中），司書教諭，学芸員など。 ●進路状況…………就職75.3%　進学4.7% ●主な就職先………Earth Technology，ベネッセスタイルケア，マーキュリー，日本情報産業など。		
グローバル・コミュニケーション学群		
	250	▷パブリック・リレーションズ，言語探究，文化共創の３専修。複数の外国語を学ぶ「トリリンガル」トラックを設置し，言語を操り，明日の世界を変えていく人材を育成する。
●取得可能な資格…学芸員など。　●進路状況……就職74.6%　進学6.0% ●主な就職先………GRACE，ベネッセスタイルケア，アパホテル，小田急リゾーツ，全日本空輸など。		
ビジネスマネジメント学群		
	480	▷２学類制。ビジネスマネジメント学類ではビジネスの幅広い知識を修得。アビエーションマネジメント学類はエアライン・ビジネス，エアライン・ホスピタリティの２コース。
●取得可能な資格…学芸員など。　●進路状況……就職80.8%　進学4.0% ●主な就職先………日本航空，星野リゾート・マネジメント，ANAウイングス，Peach Abiationなど。		
健康福祉学群		
	300	▷2023年度にカリキュラム改革を行い，健康・スポーツ（健康科学，スポーツ科学），保育（保育学），福祉・心理（社会福祉学，精神保健福祉学，実践心理学）の３領域・６専攻に改組。
●取得可能な資格…教職（保体，幼一種），司書教諭，学芸員，保育士，社会福祉士・精神保健福祉士受験資格など。 ●進路状況…………就職84.1%　進学3.4% ●主な就職先………ファクトリージャパングループ，IMSグループ，ニチイ学館，横浜市役所など。		
芸術文化学群		
	400	▷演劇・ダンス，音楽，ビジュアル・アーツの３専修。創作，表現活動を支える本格的な施設，発表の場が充実。
●取得可能な資格…教職（音・美），司書教諭，学芸員など。 ●進路状況…………就職57.0%　進学2.4% ●主な就職先………ベネッセスタイルケア，アウトソーシングテクノロジー，Cygames，パルなど。		
教育探究科学群		
	150	▷NEW! '23年新設。「教えて，学ぶ」という学びを実践し，すべての人々が人間らしさを発揮し，誰一人取り残すことのない，持続可能な社会の構築に貢献できる人材を育成する。
航空・マネジメント学群		
	140	▷フライト・オペレーション（パイロット養成），航空管制，整備管理，空港マネジメントの４コース。航空業界で必須の専門知識・実務能力やマネジメント系知識に，卓越した英語力も兼ね備えた飛行機を動かすスペシャリストを育成する。
●取得可能な資格…学芸員など。 ●主な就職先………2020年度開設のため，卒業生はいない。		

キャンパスアクセス [町田キャンパス] JR横浜線―淵野辺よりスクールバス８分または徒歩25分

キャンパス

リベラルアーツ・〈グローバル・コミュニケーション〉・健康福祉……［町田キャンパス］東京都町田市常盤町3758
ビジネスマネジメント……［新宿キャンパス］東京都新宿区百人町3-23-1
芸術文化……［東京ひなたやまキャンパス］東京都町田市本町田2600-4
教育探究科……［プラネット淵野辺キャンパス(PFC)］神奈川県相模原市中央区淵野辺4-16-1
航空・マネジメント……［多摩アカデミーヒルズ(多摩キャンパス)］東京都多摩市落合2-31-1

2023年度入試要項（前年度実績）

●募集人員

学群／コース	一般前期	一般中期	一般後期
リベラルアーツ	210	60	30
グローバル・コミュニケーション	60	17	8
ビジネスマネジメント	96	27	14
健康福祉	62	17	9
芸術文化	64	16	9
教育探究科	25	7	3
航空・マネジメント　フライト・オペレーション	10		
航空管制・整備管理・空港マネジメント	20	7	3

※航空・マネジメント学群の航空管制・整備管理・空港マネジメントの３コースは一括で募集し，１年次秋学期にコースを決定する。
※フライト・オペレーションコースを除き，一般前期は４科目型・３科目型・２科目型を，中期は３科目型・２科目型を行い，それぞれ募集人員が定められており，上記の表には合計募集人員を記載。

リベラルアーツ学群・教育探究科学群

一般選抜前期〈学群統一方式３科目型〉
3科目　①**国**(100)▶国総(古典を除く)・現文Ｂ　②**外**(100)▶コミュ英Ⅰ・コミュ英Ⅱ・コミュ英Ⅲ・英表Ⅰ・英表Ⅱ　③**地歴・公民・数**(100)▶世Ｂ・日Ｂ・政経・「数Ⅰ・数Ⅱ・数Ａ・数Ｂ」から１

一般選抜前期〈学群統一方式２科目型〉
2科目　①**国**(100)▶国総(古典を除く)・現文Ｂ　②**外**(100)▶コミュ英Ⅰ・コミュ英Ⅱ・コミュ英Ⅲ・英表Ⅰ・英表Ⅱ
※学群統一方式３・２科目型のリベラルアーツ学群は，人文・社会領域志願者を対象とする。

一般選抜前期〈理系３科目型〉　**5〜3**科目
①**外**(100)▶コミュ英Ⅰ・コミュ英Ⅱ・コミュ英Ⅲ・英表Ⅰ・英表Ⅱ　②**数**(100)▶数Ⅰ・数Ⅱ・数Ａ・数Ｂ　③④⑤**理**(100)▶〈２月１日〉「物基・物」・「化基・化」・「生基・生」から各３問出題し３問自由選択，〈２月３日〉「物基・物」・「化基・化」・「生基・生」から１

一般選抜前期〈理系２科目型〉　**4〜2**科目
①**外**(100)▶コミュ英Ⅰ・コミュ英Ⅱ・コミュ英Ⅲ・英表Ⅰ・英表Ⅱ　②③④**数・理**(100)▶「数Ⅰ・数Ⅱ・数Ａ・数Ｂ」・「〈物基・物〉・〈化基・化〉・〈生基・生〉から各３問出題し３問自由選択(２月１日)または〈物基・物〉・〈化基・化〉・〈生基・生〉から１(２月３日)」から１，ただし２月２日・４日は数指定
※学群統一方式３科目型および理系３科目型は，受験する３科目のうち２科目を利用して，それぞれ自動的に２科目型としても判定される(２科目パック)。合否判定には受験した科目のうち高偏差値の科目を使用する(英語必須)。ただし，リベラルアーツ学群の自然領域出願者は英語と数字もしくは英語と理科での判定となる。

一般選抜中期〈学群統一方式２科目型〉・後期〈２科目型〉　前期学群統一方式２科目型と同じ(リベラルアーツ学群は人文・社会領域志願者を対象とする)
※前期・中期は，本学の一般選抜で受験した科目に，共通テスト利用選抜の受験科目のうち，高偏差値科目(共通テスト指定科目)を１科目プラスして出願することも可能(共テplus)。３科目型は４科目型として，２科目型は３科目型としても合否判定を受けることができる。

一般選抜中期・後期〈理系・共テplus ３科目型(共通テスト併用)〉　**【リベラルアーツ学群〈自然領域志願者のみ〉】**　**〈共通テスト科目〉**　**1**科目　①**数**(100)▶数Ⅱ・数Ｂ
〈個別試験科目〉　**2**科目　①**国**(100)▶国総(古典を除く)・現文Ｂ　②**外**(100)▶コミュ英Ⅰ・コミュ英Ⅱ・コミュ英Ⅲ・英表Ⅰ・英表Ⅱ

キャンパスアクセス ［新宿キャンパス］JR山手線一新大久保より徒歩８分／JR中央線・総武線一大久保より徒歩６分／JR山手線，東京メトロ東西線，西武新宿線一高田馬場より徒歩13分

※一般選抜の全日程において，英語資格・検定試験の活用も可。指定された英語資格・検定試験の級またはスコアを換算表に基づき，英語科目の得点に換算し，一般選抜で受験した英語の得点と比較して，高得点のものを合否判定に使用する。

グローバル・コミュニケーション学群／ビジネスマネジメント学群／健康福祉学群／芸術文化学群

一般選抜前期〈学群統一方式３科目型〉
3科目 ①国(100)▶国総(古典を除く)・現文Ｂ ②外(100)▶コミュ英Ⅰ・コミュ英Ⅱ・コミュ英Ⅲ・英表Ⅰ・英表Ⅱ ③地歴・公民・数(100)▶世Ｂ・日Ｂ・政経・｢数Ⅰ・数Ⅱ・数Ａ・数Ｂ｣から１
※学群統一方式３科目型は，受験する３科目のうち２科目を利用して，自動的に２科目型としても判定される(２科目パック)。合否判定には受験した科目のうち高偏差値の科目を使用する(英語必須)。ただし，ビジネスマネジメント学群は国語と英語で判定する。

一般選抜前期〈学群統一方式２科目型〉・中期〈学群統一方式２科目型〉・後期〈２科目型〉
2科目 ①国(100)▶国総(古典を除く)・現文Ｂ ②外(100)▶コミュ英Ⅰ・コミュ英Ⅱ・コミュ英Ⅲ・英表Ⅰ・英表Ⅱ
※前期・中期は，本学の一般選抜で受験した科目に，共通テスト利用選抜の受験科目のうち，高偏差値科目(共通テスト指定科目)を１科目プラスして出願することも可能(共テplus)。３科目型は４科目型として，２科目型は３科目型としても合否判定を受けることができる。
※一般選抜の全日程において，英語資格・検定試験の活用も可。指定された英語資格・検定試験の級またはスコアを換算表に基づき，英語科目の得点に換算し，一般選抜で受験した英語の得点と比較して，高得点のものを合否判定に使用する。

航空・マネジメント学群

※フライト・オペレーション(パイロット養成)コースは出願条件があり，指定された英語資格・検定試験の級またはスコアを有する者のほか，2022年５月６日以降に本学の指定医療機関において航空身体検査を受診し，｢第１種相当｣に適合と診断された証明書の写し(コピー)を出願書類として提出できる者，およびオルソケラトロジー（レーシック，PRKとは異なる)による矯正を行っていないこと。

一般選抜 【フライト・オペレーション(パイロット養成)コース】〈一次審査〉 3科目 ①国(100)▶国総(古典を除く)・現文Ｂ ②外(100)▶コミュ英Ⅰ・コミュ英Ⅱ・コミュ英Ⅲ・英表Ⅰ・英表Ⅱ ③数(100)▶数Ⅰ・数Ⅱ・数Ａ・数Ｂ
〈二次審査〉 4科目 ①適性検査▶本学指定の機器を使用する飛行適性検査を含む ②面接▶日本語および英語にてそれぞれ実施 ③グループ討論 ④書類審査
※一次審査通過者のみに実施。
※フライト・オペレーション(パイロット養成)に出願する者は，航空３コース(航空管制・整備管理・空港マネジメント)としても自動的に合否判定を行う(検定料不要)。

一般選抜前期 【航空管制コース・整備管理コース・空港マネジメントコース】〈学群統一方式３科目型〉 3科目 ①国(100)▶国総(古典を除く)・現文Ｂ ②外(100)▶コミュ英Ⅰ・コミュ英Ⅱ・コミュ英Ⅲ・英表Ⅰ・英表Ⅱ ③地歴・公民・数(100)▶世Ｂ・日Ｂ・政経・｢数Ⅰ・数Ⅱ・数Ａ・数Ｂ｣から１
〈学群統一方式２科目型〉 2科目 ①国(100)▶国総(古典を除く)・現文Ｂ ②外(100)▶コミュ英Ⅰ・コミュ英Ⅱ・コミュ英Ⅲ・英表Ⅰ・英表Ⅱ
〈理系３科目型〉 5~3科目 ①外(100)▶コミュ英Ⅰ・コミュ英Ⅱ・コミュ英Ⅲ・英表Ⅰ・英表Ⅱ ②数(100)▶数Ⅰ・数Ⅱ・数Ａ・数Ｂ ③④⑤理(100)▶〈２月１日〉｢物基・物｣・｢化基・化｣・｢生基・生｣から各３問出題し３問自由選択，〈２月３日〉｢物基・物｣・｢化基・化｣・｢生基・生｣から１
〈理系２科目型〉 4~2科目 ①外(100)▶コミュ英Ⅰ・コミュ英Ⅱ・コミュ英Ⅲ・英表Ⅰ・英表Ⅱ ②③④数・理(100)▶｢数Ⅰ・数Ⅱ・数Ａ・数Ｂ｣・｢〈物基・物〉・〈化基・化〉・〈生基・生〉から各３問出題し３問自由選択(２月１日)または〈物基・物〉・〈化基・化〉・〈生基・生〉から１(２

キャンパスアクセス [東京ひなたやまキャンパス] JR横浜線，小田急小田原線・江ノ島線一町田よりバス20分・山崎団地センター下車徒歩3分／［プラネット淵野辺キャンパス] JR横浜線一淵野辺より徒歩1分

月３日)」から１，ただし２月２日・４日は数指定
※学群統一方式３科目型および理系３科目型は，受験する３科目のうち２科目を利用して，それぞれ自動的に２科目型としても判定される（２科目パック）。合否判定には受験した科目のうち高偏差値の科目を使用する（英語必須）。
一般選抜中期〈学群統一方式２科目型〉・後期〈２科目型〉　前期学群統一方式２科目型と同じ
※前期・中期は，本学の一般選抜で受験した科目に，共通テスト利用選抜の受験科目のうち，高偏差値科目（共通テスト指定科目）を１科目プラスして出願することも可能（共テplus）。３科目型は４科目型として，２科目型は３科目型としても合否判定を受けることができる。

その他の選抜

共通テスト利用選抜はリベラルアーツ学群104名，グローバル・コミュニケーション学群45名，ビジネスマネジメント学群74名，健康福祉学群38名，芸術文化学群37名，教育探究科学群10名，航空・マネジメント学群30名を，学校推薦型選抜（公募制・指定校制）はリベラルアーツ学群233名，グローバル・コミュニケーション学群32名，ビジネスマネジメント学群100名，健康福祉学群72名，芸術文化学群93名，教育探究科学群50名，航空・マネジメント学群20名を，総合型選抜（一般，グローバル人材育成奨学生選抜，帰国生徒，キリスト教学校教育同盟，スポーツ，同窓生徒，キリスト者，ディスカバ！育成型，外部アワード活用型，探究入試〈Spiral〉）はリベラルアーツ学群263名，グローバル・コミュニケーション学群57名，ビジネスマネジメント学群120名，健康福祉学群92名，芸術文化学群171名，教育探究科学群55名，航空・マネジメント学群50名を募集。ほかに社会人選抜，国際学生選抜を実施。

偏差値データ（2023年度）

●一般選抜

学群／コース	2023年度 駿台予備学校 合格目標ライン	2023年度 河合塾 ボーダー偏差値	2022年度 競争率
▶リベラルアーツ学群			
	38	40	1.7
▶グローバルコミュニケーション学群			
	36〜37	40	1.2
▶ビジネスマネジメント学群			
	36〜37	42.5	2.1
▶健康福祉学群			
	37〜39	37.5〜40	1.6
▶芸術文化学群			
	36〜37	37.5〜40	1.7
▶教育探究科学群			
	37	42.5	新
▶航空・マネジメント			
フライト・オペレーション	37	47.5	1.5
航空管制・整備管理・空港マネジメント	36〜37	42.5	

- 駿台予備学校合格目標ラインは合格可能性80％に相当する駿台模試の偏差値です。なお，前期の偏差値です。
- 河合塾ボーダー偏差値は合格可能性50％に相当する河合塾全統模試の偏差値です。
- 競争率は受験者÷合格者の実質倍率

キャンパスアクセス　[多摩アカデミーヒルズ（多摩キャンパス）] 京王相模原線，小田急多摩線，多摩都市モノレール線一多摩センターより徒歩10分

大妻女子大学

おおつまじょし

資料請求

問合せ先　広報・入試センター　☎03-5275-6011

建学の精神

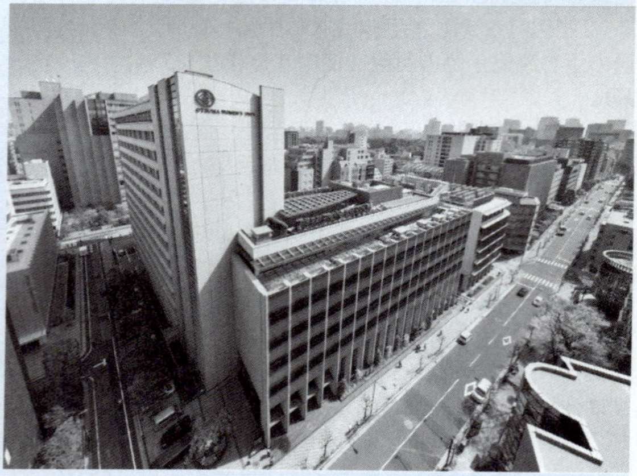

創立者・大妻コタカが1908（明治41）年に，女性のために開いた裁縫・手芸の私塾が大妻女子大学の始まり。創立の時から「女性の自立」を教育理念の柱に据え，114年の時を過ごす中で，今日では，５学部および短期大学部，大学院人間文化研究科からなる総合大学，全国最大規模の女子教育機関へと発展。他人ではなく，自らを戒める言葉である校訓「恥を知れ」を胸に刻み，「女子も自ら学び，社会に貢献できる力を身につけ，その力を広く世の中で発揮していくことが女性の自立につながる」と確信していたコタカの精神は，変わり続ける時代の中でもぶれることなく受け継がれ，大妻の学びを生かして，常に時代の変化に適応し，「学び働き続ける女性」として，社会のあらゆる分野に主体的に参画，貢献できる自立した女性を育成している。

- 千代田キャンパス…〒102-8357　東京都千代田区三番町12番地
- 多摩キャンパス……〒206-8540　東京都多摩市唐木田2丁目7番地1

基本データ

学生数▶女6,758名
専任教員数▶教授120名，准教授53名，講師27名
設置学部▶家政，文，社会情報，人間関係，比較文化
併設教育機関▶大学院―人間文化（M・D）　短期大学部（P.299参照）

就職・卒業後の進路

就職率 96.0%
就職者÷希望者×100

● **就職支援**　就職支援センターでは，キャリアカウンセラーによる指導，質・量ともに充実した就職プログラム，卒業生の活躍で築かれた企業との太いパイプを生かし，全員の内定獲得をめざして徹底サポート。社会人として必要なマナー習得にも力を入れている。

● **資格取得支援**　ビジネスの世界で役立つ知識やスキルを総合的に習得することを目的とした学内ダブルスクールがあり，特にビジネス系人気講座トップ３の「日商簿記」「FP」「宅建」については，３つの資格を１年間で取得できるスケジュールが組まれている。

進路指導者も必見 学生を伸ばす 面倒見

初年次教育
本学の歴史や学ぶ意義，女性のキャリア形成などいくつかのテーマが設定され，全8回のオムニバス形式で開講する「大妻教養講座」や,「日本語A･B」「コンピュータ基礎A」「キャリア・ディベロップメント・プログラムⅠ」などを開講

学修サポート
全学部でTA制度，オフィスアワー制度を導入。また，在学中のさまざまな問題や疑問などが生じた際に，相談しやすい環境を整えるためのクラス指導主任制度（1クラス20～70人）も導入されている

オープンキャンパス（2022年度実績）　事前予約制で，千代田キャンパスで5・6・7・8・9・10・11月，多摩キャンパスで6・7・8・10月に開催。例年３月下旬に，新高３・高２年生向けの学科説明会も実施している。

文系学部

2022年３月卒業生
572人

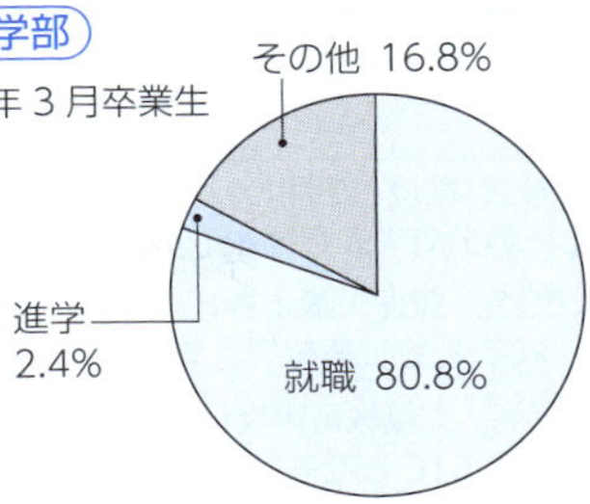

その他の学部

2022年３月卒業生
1,138人
・家政学部
・社会情報学部
・人間関係学部

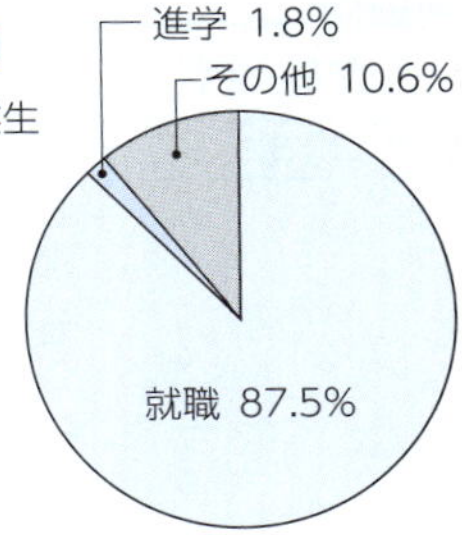

主なOG▶［社会情報］徳永有美（キャスター），［社会情報］柳澤綾子（ケイト・スペード ジャパンプレジデント），［人間関係］堤礼実（フジテレビアナウンサー），［短大（英文）］屋敷和子（JALスカイ社長）など。

国際化・留学　大学間 36 大学等・部局間 7 機関

受入れ留学生数▶８名（2022年５月１日現在）
留学生の出身国▶中国，ベトナム，韓国，モンゴル。
外国人専任教員▶教授４名，准教授２名，講師２名（2022年５月１日現在）
外国人専任教員の出身国▶アメリカ，韓国，中国。
大学間交流協定▶36大学・機関（交換留学先４大学，2022年５月１日現在）
部局間交流協定▶７機関（2022年５月１日現在）
海外への留学生数▶オンライン型110名／年（７カ国・地域，2021年度）
海外留学制度▶短期研修，長期留学，交換留学の３つのプログラムに分かれているため，各自の留学の目的に合わせて参加することが可能。また，単位認定対象プログラムとして９カ国12大学でのオンライン短期留学研修を用意。コンソーシアムは，UNAI（国連アカデミック・インパクト）に参加している。

学費・奨学金制度　給付型奨学金総額 年間 1,438 万円

入学金▶250,000円
年間授業料（施設費等を除く）▶745,000円～（詳細は巻末資料参照）
年間奨学金総額▶14,380,000円
年間奨学金受給者数▶63人
主な奨学金制度▶経済的理由で学業困難な学生を支えるため，「大妻女子大学育英奨学金」「学校法人大妻学院特別育英奨学金」「一般財団法人大妻コタカ記念会育英奨学金」「学校法人大妻学院石間奨学金」などを設置。

保護者向けインフォメーション

●**オープンキャンパス**　通常のオープンキャンパス時に保護者向けガイダンスを実施している。
●**成績確認**　ポータルサイトで学生の成績・時間割表・出欠状況などが確認できる。
●**父母会**　千鳥会（父母会）を組織し，保護者・教育懇談会や就職後援会を開催。機関誌「千鳥会報」も発行している。
●**防災対策**　「防災のしおり」を入学時に配布。大災害時の学生の安否は，メールおよびポータルサイトで確認するようにしている。
●**コロナ対策１**　感染状況に応じた３段階のBCP（行動指針）を設定している。「コロナ対策２」（下段）あり。

インターンシップ科目	必修専門ゼミ	卒業論文	GPA制度の導入の有無および活用例	１年以内の退学率	標準年限での卒業率
家政学部で開講している	全学部で４年次に実施	ライフデザイン学科を除き卒業要件	奨学金対象者選定，留学候補者選考，退学勧告，大学院入試選抜，個別の学修指導，GPAに応じた履修上限単位数の設定などに活用	0.7%	93.0%

●**コロナ対策２**　講義室の収容人数を調整して行う対面授業とオンライン授業を併用。経済的支援として「大妻女子大学育英奨学金」採用枠を増枠。また，コロナ禍の活動指針として，課外活動実施要領を定めている。

学部紹介

学部／学科	定員	特色
家政学部		
被服	110	▷「被服と人間・社会・環境との関わり」を総合的に学び，本当の価値を見出し，自分で考え行動する女性を育成する。
食物	130	▷〈食物学専攻80名，管理栄養士専攻50名〉「食と健康づくり」の専門家として，社会に貢献できる人材を育成する。
児童	130	▷〈児童学専攻80名，児童教育専攻50名〉子どもとともに「いる」「つくる」「生きる」ことを考える人材を育成する。
ライフデザイン	120	▷未来の日本人のライフスタイルのあるべき姿を構想し，「真の豊かさ」の実現に必要な知識と感性，行動力を養う。
● 取得可能な資格…教職（理・家，小一種，幼一種，栄養），司書，司書教諭，学芸員，保育士，栄養士，管理栄養士受験資格など。 ● 進路状況…………就職88.5%　進学1.6% ● 主な就職先………東京都ほか教育委員会，エームサービスジャパン，日本生命保険，東京都庁など。		
文学部		
日本文	120	▷その時代に生きた人々の「ことば」と「文学」を通して，豊かな人間性と教養を身につけ，人間理解を深める。
英語英文	120	▷グローバル化の進む世界で必要とされる“本物の英語力”を養い，世界に通用する人材を育成する。
コミュニケーション文化	120	▷他者との関わりを通して異文化に対する理解を深め，国際社会で求められる言語力とコミュニケーション力を育む。
● 取得可能な資格…教職（国・英），司書，司書教諭，学芸員など。 ● 進路状況…………就職80.5%　進学3.1% ● 主な就職先………システナ，住友生命保険，星野リゾート・マネジメント，三菱UFJ銀行，教員など。		
社会情報学部		
社会情報	300	▷〈社会生活情報学専攻100名，環境情報学専攻100名，情報デザイン専攻100名〉現代社会が要求する情報リテラシーを修得し，IT社会で活躍することのできる人材を養成する。
● 取得可能な資格…教職（理・情），司書，司書教諭，学芸員，2級建築士受験資格など。 ● 進路状況…………就職88.9%　進学1.1% ● 主な就職先………積水ハウス，DTS，村田製作所，富士通コミュニケーションサービス，NSDなど。		
人間関係学部		
人間関係	160	▷２専攻制。社会学専攻（80名）では身近な事柄を手がかりに，社会のあり方を広く深く学ぶ。社会・臨床心理学専攻（80名）では，人間関係と心の問題を解明する能力を身につける。
人間福祉	100	▷福祉分野からビジネスの世界まで見渡し，生活上のさまざまな問題を自分で考え，行動できる人材を育成する。
● 取得可能な資格…司書，学芸員，保育士，介護福祉士・社会福祉士・精神保健福祉士受験資格など。 ● 進路状況…………就職84.0%　進学3.2% ● 主な就職先………ベネッセスタイルケア，オーケー，江東微生物研究所，日本銀行，住友化学など。		
比較文化学部		
比較文化	165	▷アジア，アメリカ，ヨーロッパの３つの文化コースを設置。世界を見つめ日本を理解し視野を広げ，国際感覚を養う。
● 取得可能な資格…司書，学芸員など。　● 進路状況…………就職81.4%　進学1.1% ● 主な就職先………ダイドー，清水建設，クリナップ，スズキ，東日本旅客鉄道，高千穂交易など。		

キャンパスアクセス［千代田キャンパス］ JR総武線，東京メトロ有楽町線・南北線，都営新宿線―市ケ谷より徒歩7～10分／東京メトロ半蔵門線―半蔵門より徒歩5分／東京メトロ東西線―九段下より徒歩12分

キャンパス
家政・文・社会情報・比較文化……［千代田キャンパス］東京都千代田区三番町12番地
人間関係……［多摩キャンパス］東京都多摩市唐木田2丁目7番地1

2023年度入試要項（前年度実績）

●募集人員

学部／学科（専攻）	A I期	A II期	B I期	B II期
▶家政　被服	22	5	8	—
食物（食物学）	26	—	4	—
（管理栄養士）	17	—	6	—
児童（児童学）	22	5	10	—
（児童教育）	15	4	9	3
ライフデザイン	20	5	15	5
▶文　日本文	20	5	14	5
英語英文	35	5	14	3
コミュニケーション文化	20	5	12	3
▶社会情報　社会情報（社会生活情報学）	22	5	18	5
（環境情報学）	20	8	20	5
（情報デザイン）	25	10	20	6
▶人間関係　人間関係（社会学）	15	5	10	5
（社会・臨床心理学）	20	—	10	5
人間福祉	16	5	7	3
▶比較文化　比較文化	40	10	15	5

※一般選抜B方式は共通テスト利用。

▷共通テストの「英語」は，共通テストの配点(200)を各学科・専攻の配点に換算する。

家政学部

一般選抜A方式Ⅰ期　【被服学科・食物学科】　3科目　①②国・外・理(100×2)▶国総(現文)・「コミュ英Ⅰ・コミュ英Ⅱ・英表Ⅰ」・「〈化基・化(無機・有機)〉・〈生基・生(進化を除く)〉から1」から2，ただし被服学科は英必須，食物学科は理必須　③調査書(10)
【児童学科・ライフデザイン学科〈2月1日〉】　3科目　①国(100)▶国総(現文)　②外・理(100)▶「コミュ英Ⅰ・コミュ英Ⅱ・英表Ⅰ」・化基・生基から1，ただし化基・生基は児童学科児童教育専攻のみ選択可　③調査書(10)
【ライフデザイン学科〈2月2日〉】　3科目　①外(100)▶コミュ英Ⅰ・コミュ英Ⅱ・英表Ⅰ　②国・地歴・理(100)▶国総(現文)・世B・日B・「生基・生(進化を除く)」から1　③調査書(10)

一般選抜A方式Ⅱ期　【被服学科】　2科目　①外(100)▶コミュ英Ⅰ・コミュ英Ⅱ・英表Ⅰ　②調査書(10)
【児童学科】〈児童学専攻〉　3科目　①国・外(100)▶国総(現文)・「コミュ英Ⅰ・コミュ英Ⅱ・英表Ⅰ」から1　②面接(100)　③調査書(10)
〈児童教育専攻〉　3科目　①外(100)▶コミュ英Ⅰ・コミュ英Ⅱ・英表Ⅰ　②小論文(100)　③調査書(10)
【ライフデザイン学科】　2科目　①国・外(100)▶国総(現文)・「コミュ英Ⅰ・コミュ英Ⅱ・英表Ⅰ」から1　②調査書(10)

一般選抜B方式Ⅰ期(共通テスト利用)　【被服学科】〈2科目型〉　3〜2科目　①国・外(200)▶国(近代)・英(リスニングを含む)から1　②③地歴・数・理(200)▶世B・日B・地理B・情・「物基・化基・生基から2」・物・化・生から1
[個別試験]　1科目　①調査書(10)
〈3科目型〉　4〜3科目　①②③④国・外・地歴・公民・数・理(200×3)▶国(近代)・英(リスニングを含む)・世B・日B・地理B・現社・倫・政経・「倫・政経」・数Ⅰ・「数Ⅰ・数A」・数Ⅱ・「数Ⅱ・数B」・「物基・化基・生基・地学基から2」・物・化・生・地学から3
[個別試験]　1科目　①調査書(10)
【食物学科】　4〜3科目　①国(200)▶国(近代)　②外(200)▶英(リスニングを含む)　③④理(200)▶「物基・化基・生基から2」・物・化・生から1
[個別試験]　1科目　①調査書(10)
【児童学科〈児童学専攻〉】　2科目　①国(200)▶国(近代)　②外(200)▶英(リスニングを含む)
[個別試験]　1科目　①調査書(10)

一般選抜B方式Ⅰ期・Ⅱ期(共通テスト利用)

東京　大妻女子大学

キャンパスアクセス　［多摩キャンパス］小田急多摩線一唐木田より徒歩5分

【児童学科〈児童教育専攻〉】 3～2科目 ①国(200)▶国(近代) ②③④外・数・理(2科目型200・3科目型200×2)▶英(リスニングを含む)・数Ⅰ・「数Ⅰ・数A」・数Ⅱ・「数Ⅱ・数B」・「物基・化基・生基・地学基から2」・物・化・生・地学から2科目型は1，3科目型は2，ただし2科目型は数の選択不可
※3科目型はⅠ期のみ実施。
[個別試験] 1科目 ①調査書(10)
【ライフデザイン学科】 3～2科目 ①国・外(200)▶国(近代)・英(リスニングを含む)から1 ②③地歴・公民・数・理(200)▶世B・日B・地理B・現社・倫・政経・「倫・政経」・数Ⅰ・「数Ⅰ・数A」・数Ⅱ・「数Ⅱ・数B」・情・「物基・化基・生基から2」・物・化・生から1
[個別試験] 1科目 ①調査書(10)

文学部

一般選抜A方式Ⅰ期 3科目 ①国(100)▶国総(日本文は現文・古文・漢文，その他の学科は現文) ②外(日本文50・英語英文150・コミュニケーション100)▶コミュ英Ⅰ・コミュ英Ⅱ・英表Ⅰ ③調査書(日本文5・その他の学科10)
一般選抜A方式Ⅱ期 【日本文学科】 2科目 ①国(100)▶国総(現文・古文・漢文) ②調査書(5)
【英語英文学科】 2科目 ①外(100)▶コミュ英Ⅰ・コミュ英Ⅱ・英表Ⅰ ②調査書(10)
【コミュニケーション文化学科】 3科目 ①外(100)▶コミュ英Ⅰ・コミュ英Ⅱ・英表Ⅰ ②小論文(100) ③調査書(10)
一般選抜B方式Ⅰ期・Ⅱ期(共通テスト利用)
【日本文学科】 3～2科目 ①国(200)▶国 ②③外・地歴・公民(2科目型100・3科目型100×2)▶英(リスニングを含む)・世B・日B・地理B・現社・倫・政経・「倫・政経」から2科目型は1，3科目型は英を含む2
※3科目型はⅠ期のみ実施。
[個別試験] 1科目 ①調査書(5)
【英語英文学科・コミュニケーション文化学科】 3～2科目 ①外(英語英文300・コミュニケーション200)▶英(リスニングを含む) ②③国・地歴・公民(2科目型〈英語英文150・コミュニケーション200〉・3科目型100×2)▶国(近代)・世B・日B・地理B・現社・倫・政経・「倫・政経」から2科目型は1，3科目型は国を含む2
※3科目型は英語英文学科のⅠ期のみ実施。
[個別試験] 1科目 ①調査書(10)

社会情報学部

一般選抜A方式Ⅰ期〈2月1日〉 3科目 ①国(100)▶国総(現文) ②外(100)▶コミュ英Ⅰ・コミュ英Ⅱ・英表Ⅰ ③調査書(10)
一般選抜A方式Ⅰ期〈2月2日〉 3科目 ①外(100)▶コミュ英Ⅰ・コミュ英Ⅱ・英表Ⅰ ②国・地歴・数・理(100)▶国総(現文)・世B・日B・「数Ⅰ・数Ⅱ・数A」・「化基・化(無機・有機)」・「生基・生(進化を除く)」から1，ただし社会生活情報学専攻は理の選択不可 ③調査書(10)
一般選抜A方式Ⅱ期 3～2科目 ①国・外(100)▶国総(現文)・「コミュ英Ⅰ・コミュ英Ⅱ・英表Ⅰ」から1 ②面接(50) ②または③調査書(社会生活情報5・その他の専攻10)
※社会生活情報学専攻は面接を行わない。
一般選抜B方式Ⅰ期・Ⅱ期(共通テスト利用)
4～2科目 ①②国・外(社会生活情報200×2・その他の専攻200)▶国(近代)・英(リスニングを含む)から社会生活情報学専攻は2，その他の専攻は1 ②③④地歴・公民・数・理(200)▶世B・日B・地理B・現社・数Ⅰ・「数Ⅰ・数A」・数Ⅱ・「数Ⅱ・数B」・「物基・化基・生基・地学基から2」・物・化・生・地学から1
[個別試験] 1科目 ①調査書(10)

人間関係学部

一般選抜A方式Ⅰ期〈2月1日〉 3科目 ①国(100)▶国総(現文) ②外(100)▶コミュ英Ⅰ・コミュ英Ⅱ・英表Ⅰ ③調査書(10)
一般選抜A方式Ⅰ期〈2月2日〉 【人間福祉学科】 3科目 ①国(100)▶国総(現文) ②外・地歴(100)▶「コミュ英Ⅰ・コミュ英Ⅱ・英表Ⅰ」・世B・日Bから1 ③調査書(10)
一般選抜A方式Ⅱ期 【人間関係学科〈社会学専攻〉・人間福祉学科】 3～2科目 ①国・外(100)▶国総(現文)・「コミュ英Ⅰ・コミュ英Ⅱ・英表Ⅰ」から1 ②面接(50)，ただし人間福祉学科のみ実施 ③調査書(社会学5・人間

福祉10)

一般選抜B方式Ⅰ期・Ⅱ期(共通テスト利用)

【人間関係学科〈社会学専攻〉・人間福祉学科】

2科目　①国(100)▶国(近代)　②外・地歴・公民(100)▶英(リスニングを含む)・世B・日B・現社から1，ただし社会学専攻は英指定

[個別試験]　1科目　①調査書(10)

【人間関係学科〈社会・臨床心理学専攻〉】

2科目　①②国・外・数(100×2)▶国(近代)・英(リスニングを含む)・「数Ⅰ・〈数Ⅰ・数A〉・数Ⅱ・〈数Ⅱ・数B〉から1」から2

[個別試験]　1科目　①調査書(10)

比較文化学部

一般選抜A方式Ⅰ期　3科目　①外(100)▶コミュ英Ⅰ・コミュ英Ⅱ・英表Ⅰ　②国・地歴(100)▶国総(現文・古文)・世B・日Bから1　③調査書(10)

一般選抜A方式Ⅱ期　2科目　①国・外(100)▶国総(現文・古文)・「コミュ英Ⅰ・コミュ英Ⅱ・英表Ⅰ」から1　②調査書(10)

一般選抜B方式Ⅰ期・Ⅱ期(共通テスト利用)

3科目　①国(200)▶国(近代・古文)　②外(200)▶英(リスニングを含む)　③地歴・公民(200)▶世B・日B・地理B・現社・倫・政経・「倫・政経」から1

[個別試験]　1科目　①調査書(10)

その他の選抜

学校推薦型選抜(公募制，指定校制，同窓生子女推薦)，総合型選抜(自己推薦型，情報技術評価型)，社会人入試，外国人留学生入試。

偏差値データ (2023年度)

●一般選抜A方式Ⅰ期

学部／学科／専攻	2023年度 駿台予備学校 合格目標ライン	2023年度 河合塾 ボーダー偏差値	2022年度 競争率
▶家政学部			
被服	40	47.5	3.5
食物／食物学	43	47.5	2.6
／管理栄養士	44	55	7.5
児童／児童学	42	47.5	5.5
／児童教育	42	45	1.5
ライフデザイン	39	42.5	3.2
▶文学部			
日本文	40	42.5	1.3
英語英文	40	42.5	2.0
コミュニケーション文化	40	42.5	3.6
▶社会情報学部			
社会情報／社会生活情報学	36	50	3.0
／環境情報学	36	47.5	2.0
／情報デザイン	35	47.5	3.2
▶人間関係学部			
人間関係／社会学	37	47.5	2.0
／社会・臨床心理学	39	45	1.8
人間福祉	37	45	2.8
▶比較文化学部			
比較文化	38	47.5	1.5

- 駿台予備学校合格目標ラインは合格可能性80%に相当する駿台模試の偏差値です。
- 河合塾ボーダー偏差値は合格可能性50%に相当する河合塾全統模試の偏差値です。
- 競争率は受験者÷合格者の実質倍率

併設の教育機関　短期大学

大妻女子大学短期大学部

問合せ先　広報・入試センター
☎03-5275-6011
所在地　東京都千代田区三番町12番地

学生数▶女473名
教員数▶教授19名，准教授6名，講師3名

設置学科

●家政科(260)　家政（90名），生活総合ビジネス（70名），食物栄養（100名）の3専攻。
●国文科(45)　日本語と日本文学・文化を深くみつめ，確かな教養を身につける。
●英文科(45)　現代の社会で活躍できる「国際センス」を身につけた女性を育成する。

卒業後の進路

2022年3月卒業生▶350名
就職190名，大学編入学66名（うち他大学23名），その他94名

東京　大妻女子大学

学習院大学

（がくしゅういん）

資料請求

問合せ先　アドミッションセンター　☎03-5992-1083・9226

建学の精神

1847（弘化4）年に京都御所日ノ御門前で開講した学習所を起源とし，1877（明治10）年に華族の教育機関として創立。四季折々の自然美を楽しむことができる「目白の杜」のワンキャンパスに，すべての学生が集い，専門性と学際性が共存する〈知〉のコミュニティを形成。一般選抜では，大学独自のコア試験・プラス試験制度に加え，2021年度より「大学入学共通テスト利用入学者選抜」を導入し，より一層多様な学生が集まる環境となり，さらに2023年度には，より自由でアクティブな学習環境をめざして建設中の「新東1号館（仮称）」が開館予定。さまざまな価値観を持った学生たちがつながり，互いに高め合い，「ひろい視野 たくましい創造力 ゆたかな感受性」を身につけていく場所であり続けるために，学習院大学は今後も進化を続けていく。

● 目白キャンパス……〒171-8588　東京都豊島区目白1-5-1

基本データ

学生数▶8,798名（男3,977名，女4,821名）
専任教員数▶教授222名，准教授30名，講師1名

設置学部▶法，経済，文，理，国際社会科
併設教育機関▶大学院（P.308参照）

就職・卒業後の進路

就職率 97.3%
就職者÷希望者×100

● **就職支援**　就職希望学生の大多数が参加する「面接対策セミナー（メンタイ）」は，一方的にノウハウを伝える就職支援とは異なり，社会で活躍する約300名のOB・OGが講師を務め，現役内定者もサポーターとしてアドバイス。また，就職活動や実際の仕事で必要な「自ら考える力」「伝える力」「聴く力」を育てることに注力した就職セミナーを開催するほか，就職支援とは別に「キャリア教育」も正課授業として開講している。

● **資格取得支援**　教職ゼミや合宿といった課外活動も行う「教職課程」と，現場で活躍する学芸員を講師に迎え，授業を行っている「学芸員課程」を開設。公開講座の「学習院さくらアカデミー」では，秘書検定，宅地建物取引士，行政書士，日商簿記などの講座を開講。

進路指導者も必見 学生を伸ばす 面倒見

初年次教育	学修サポート
自校史を学ぶ「近代日本と学習院」，大学での基礎となるスキルを習得する「アカデミック・スキルズ」「日本語表現法」などのほか，情報リテラシーを習得するための科目を提供。データサイエンス入門科目もスタート	TA制度，オフィスアワー制度を導入。また，論文やレポートの書き方，プレゼン技法などの学習支援を行うほか，効率的なノートの取り方，卒論の書き方などの各種セミナーも開催するラーニング・サポートセンターを設置

オープンキャンパス（2022年度実績）　8月5・6・21日に夏季，10月29日に秋季の来場型オープンキャンパスを開催（予約制）したほか，7月22日～8月31日・10月14日～11月6日にオンラインでも実施（登録制）。

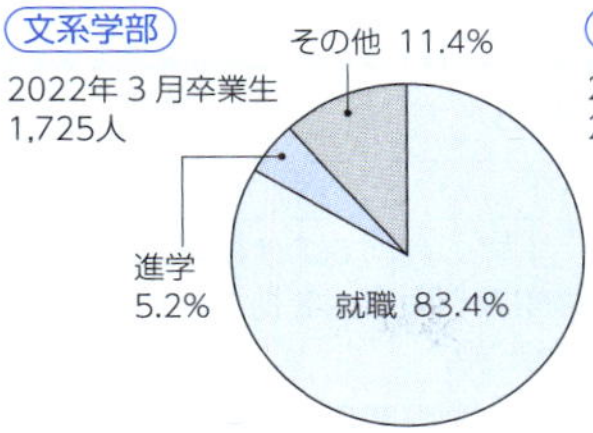

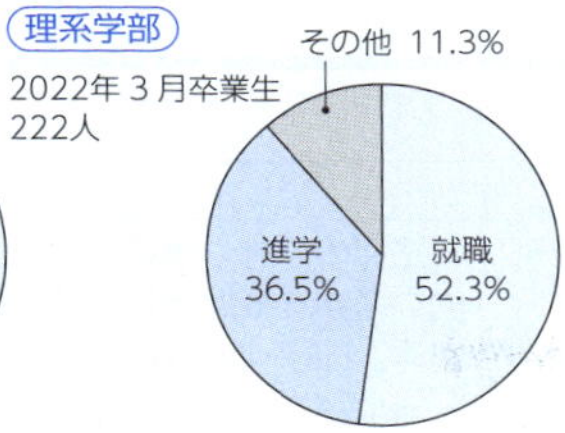

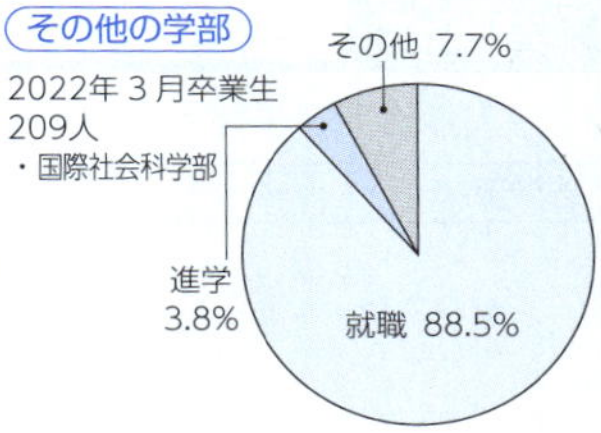

主なOB・OG▶［旧政経］宮崎駿（映画監督），［旧政経］麻生太郎（第92代内閣総理大臣），［経済］尾関一郎（セコム社長），［経済］誉田哲也（小説家），［文］佐々木明子（テレビ東京アナウンサー）など。

国際化・留学　大学間 71 大学・部局間 5 大学

受入れ留学生数▶111名（2022年５月１日現在）

留学生の出身国・地域▶中国，韓国，台湾，タイなど。

外国人専任教員▶教授11名，准教授４名，講師０名（2022年５月１日現在）

外国人専任教員の出身国▶アメリカ，イギリス，中国，フランス，ドイツなど。

大学間交流協定▶71大学（交換留学先45大学，2022年５月１日現在）

部局間交流協定▶５大学（交換留学先０大学，2022年５月１日現在）

海外への留学生数▶渡航型23名／オンライン型267名／年（15カ国・地域，2021年度）

海外留学制度▶長期留学（協定留学，協定外留学，休学による留学）と，国際センターや各学部・学科による海外短期研修（グローバル・キャンパス・ヨーロッパおよびアジア，短期語学研修，海外フィールド研修など）を設け，海外で学ぶことを希望する学生を支援。また，コロナ禍でオンライン留学も行っている。コンソーシアムはUMAPに参加。

学費・奨学金制度　給付型奨学金総額 年間約 3,632 万円

入学金▶200,000円

年間授業料（施設費等を除く）▶776,000円～（詳細は巻末資料参照）

年間奨学金総額▶36,322,632円

年間奨学金受給者数▶113人

主な奨学金制度▶学費支弁が困難な新入学生に対して，入学金相当額を給付する「学習院大学新入学生特別給付奨学金」のほか，「学習院大学学費支援給付奨学金」「学習院大学教育ローン金利助成奨学金」などを設置。学費減免制度もあり，2021年度には82人を対象に総額で約2,060万円を減免している。

保護者向けインフォメーション

- **情報誌**　学習院大学通信「COMPASS」を年４回発行し，保証人宛に送付している。
- **成績確認**　ポータルサイトで，学生の成績や履修科目と単位数の情報などが閲覧可能。
- **懇談会**　「保証人との懇談会」を11月に開催している（近況報告，キャリア支援体制・進路状況，キャンパスツアー，個別相談など）。
- **就職ガイダンス**　３年次の保護者を対象とした就職ガイダンスを７月に実施。
- **防災対策**　「大地震対応マニュアル」と「帰宅支援マップ」を入学時に配布。災害時の学生の安否は，メールおよびポータルサイトを利用して確認するようにしている。
- **コロナ対策１**　対面と遠隔授業を感染状況に応じて併用。「コロナ対策２」（下段）あり。

インターンシップ科目	必修専門ゼミ	卒業論文	GPA制度の導入の有無および活用例	１年以内の退学率	標準年限での卒業率
全学部で開講している	全学部で実施	文学部と理学部は卒業要件	奨学金や授業料免除対象者の選定基準や留学候補者の選考などに活用するほか，一部の学部で大学院入試の選抜基準としても利用	0.5%	86.7%

● **コロナ対策２**　新型コロナの影響で家計が急変し，経済的に修学が困難になった学生に対して授業料の減免を実施。HPに新型コロナに関するページを設け，授業，課外活動の方針等の情報を掲載し，随時更新している。

学部紹介

学部／学科	定員	特色
法学部		
法	250	▷法律の目的や解釈を学び，実際の裁判での使用例など包括的な考察を根拠とした法的な知識や思考力を持つ人材を育成する。国家･地方公務員対策が充実。
政治	230	▷政治史，政治理論，比較政治，国際関係，社会学などを総合的に学び，主体的市民として，社会の課題を発見･解決するための実践力と指導力を身につける。
● 取得可能な資格…教職（公･社），司書，学芸員。 ● 進路状況…………就職85.4%　進学4.3% ● 主な就職先………東京23特別区人事委員会，防衛省，東京国税局，埼玉県市町村(さいたま市を除く)，東京都市町村，りそなホールディングス，ディップ，三井住友銀行など。		
経済学部		
経済	250	▷経済理論や経済政策，経済発展の歴史などに関する専門知識を学習し，経済理論に基づく分析力と国際性を兼ね備え，バランス感覚に優れた経済人を育成する。
経営	250	▷経営に関する基礎的･専門的知識を学修することにより，優れた経営の実現に向けてクリアすべき課題を抽出し，その解決策を見出す力を育み，社会で活躍できる人材を養成する。
● 取得可能な資格…教職（公･社･情），司書，学芸員。 ● 進路状況…………就職86.4%　進学1.8% ● 主な就職先………千葉銀行，日本生命保険，りそなホールディングス，東京23特別区人事委員会，パーソルプロセス&テクノロジー，三井不動産リアルティ，アクセンチュアなど。		
文学部		
哲	95	▷文献の正確な読解や，作品の豊かな解釈と理解を促す思考法を身につけ，哲学と美術史学の学問領域にアプローチする。
史	95	▷日本史，東洋史，西洋史の３分野に自由な関心を持って幅広くアプローチし，歴史の真実を探り，現代社会が直面する問題にも能動的に対応する力を養う。
日本語日本文	115	▷日本語日本文学系，日本語教育系の２コース。国際的な感覚を大切にしながら，日本語や日本文化を学際的に学ぶ。
英語英米文	115	▷現代研究，英語文化，言語･教育の３コース。言語，文学，社会，歴史，思想などさまざまな視点から英語圏の社会や文化に迫り，段階的な英語教育で国際人を育成する。
ドイツ語圏文化	50	▷言語･情報，文学･文化，現代地域事情の３コース。言語･文学研究からサブカルチャーまで，ドイツ語圏の諸事情に通じたエキスパートを養成する。
フランス語圏文化	65	▷文学･思想，言語･翻訳，舞台･映像，広域文化の４コース。世界の共通語のひとつであるフランス語を軸に世界の複数の文化をとらえ，柔軟な広い視野を身につける。
心理	90	▷発達･教育，学習･認知，臨床，社会の各心理学分野の学びを通して，心理学的にものを見る目と幅広い知識を養う。
教育	50	▷教育や社会に関する幅広い知見と教育における専門技能を身につけた，子どもに寄り添う小学校教員を養成する。

キャンパスアクセス ［目白キャンパス］ JR山手線―目白より徒歩30秒／東京メトロ副都心線―雑司が谷より徒歩7分

● 取得可能な資格…教職（国・地歴・公・社・書・英・独・仏，小一種，職業指導），司書，学芸員など。
● 進路状況…………就職79.6%　進学8.6%
● 主な就職先………東京都・埼玉県・神奈川県・千葉県教育委員会，学習院，東京23特別区人事委員会，りそなホールディングス，マンパワーグループ，東京海上日動火災保険など。

理学部

物理	48	▷ミクロな原子や素粒子から，生命を支える生体分子，さらには宇宙まで，実験を通して未知なる世界を探究する。
化	54	▷化学を学ぶために必要な基礎から段階的に，より専門的な分野を学び，「化学の専門家」としての素養と見識を養う。
数	60	▷アクティブな現代数学に触れ，問題解決能力を培い，数学的センスを磨き，「真の数学」の魅力を知る。
生命科	48	▷生物の基本単位である細胞を分子の言葉で理解することをめざす分子細胞生物学を基盤に，幅広い教育研究を展開。

● 取得可能な資格…教職（数・理），司書，学芸員。
● 進路状況…………就職52.3%　進学36.5%
● 主な就職先………東京都教育委員会，NECソリューションイノベータ，富士ソフト，SCSK，ノースサンド，アクセンチュア，東日本旅客鉄道，コニカミノルタプラネタリウムなど。

国際社会科学部

国際社会科	200	▷社会科学を幅広く学び，論理的思考力や統計の手法を用いた分析力を養うとともに，英語で発信するコミュケーション能力を身につけ，グローバルビジネスを担う人材を育成する。

● 取得可能な資格…教職（公・社），司書，学芸員。
● 進路状況…………就職88.5%　進学3.8%
● 主な就職先………楽天グループ，アクセンチュア，日本生命保険，あいおいニッセイ同和損害保険，太陽生命保険，日本軽金属，日本オラクル，みずほフィナンシャルグループなど。

キャンパス

全学部……［目白キャンパス］東京都豊島区目白1-5-1

2023年度入試要項（前年度実績）

●募集人員

学部／学科		一般・コア	一般・プラス	共通テスト	学校推薦（公募）	総合型（AO）
▶法	法	150	15	15	—	—
	政治	120	15	15	5程度	—
▶経済	経済	130	20	4科10 6科10	若干名	—
	経営	130	15	—	若干名	—
▶文	哲	55	—	5	若干名	—
	史	55	—	5	若干名	—
	日本語日本文	75	—	—	—	—
	英語英米文化	70	—	10	若干名	—
	ドイツ語圏文化	30	—	3	若干名	—
	フランス語圏文化	35	—	3	若干名	—
	心理	60	5	—	—	—
	教育	25	5	3	若干名	—
▶理	物理	35	5	—	若干名	—
	化	35	—	5	若干名	—
	数	34	6	—	若干名	—
	生命科	35	5	—	若干名	—
▶国際社会科	国際社会科	80	15	5	若干名	20

※コア試験は各学部独自の試験問題で選抜。プラス試験は他学部のコア試験日に，そのコア試験と同じ問題で選抜（一部を除く）。
※次のように略しています。科目型→科。

▷国際社会科学部の一般選抜プラス試験の合否判定に利用する外部の英語資格・検定試験，および法学部政治学科と経済学部の学校推薦型選抜，国際社会科学部の学校推薦型選抜と総合型選抜（AO）の出願資格に指定されている外国語検定試験は以下の通り。
GTEC（４技能オフィシャルスコアに限る），

英検CSEスコア(従来型に加え，英検CBT・英検S-CBT・英検S-Interviewも利用可)，TOEFL iBT (ITP除く)，IELTS (Academic Moduleのみ)，TEAP，TEAP CBT，ケンブリッジ英検，TOEIC L&R＋TOEIC S&W。

法学部

一般選抜コア試験　3科目　①国(100)▶国総・古典B(漢文を除く)　②外(150)▶「コミュ英Ⅰ・コミュ英Ⅱ・コミュ英Ⅲ・英表Ⅰ・英表Ⅱ」・独・仏(ディクテーション〈書き取り〉を含む)から1　③**地歴・公民・数**(100)▶世B・日B・地理B・政経・「数Ⅰ・数Ⅱ・数A(場合・整数・図形)・数B(数列・ベク)」から1

一般選抜プラス試験　3科目　①国(120)▶国総(漢文を除く)　②**外**(150)▶コミュ英Ⅰ・コミュ英Ⅱ・コミュ英Ⅲ・英表Ⅰ・英表Ⅱ　③**地歴・公民・数**(120)▶世B・日B・政経・「数Ⅰ・数Ⅱ・数A(場合・整数・図形)・数B(数列・ベク)」から1

一般選抜共通テスト利用入学者選抜　4～3科目　①国(100)▶国　②**外**(150)▶英(リスニングを含む)　※リーディング100点，リスニング100点の200点満点から換算。③④**地歴・公民・数**(100)▶世B・日B・地理B・政経・「倫・政経」・「〈数Ⅰ・数A〉・〈数Ⅱ・数B〉」から1

[個別試験] 行わない。

政治学科学校推薦型選抜(公募制)　**[出願資格]** 第1志望，校長推薦，2浪まで，入学確約者，全体の学習成績の状況が3.8以上のほか，指定された外国語検定試験のいずれかの基準を満たす者。

[選考方法] 書類審査通過者を対象に，英語問題，論述問題，面接を行う。

経済学部

一般選抜コア試験　3科目　①国(120)▶国総(漢文を除く)　②**外**(150)▶「コミュ英Ⅰ・コミュ英Ⅱ・コミュ英Ⅲ・英表Ⅰ・英表Ⅱ」・独・仏(ディクテーション〈書き取り〉を含む)から1　③**地歴・公民・数**(120)▶世B・日B・地理B・政経・「数Ⅰ・数Ⅱ・数A(場合・整数・図形)・数B(数列・ベク)」から1

一般選抜プラス試験　3科目　①国(120)▶国総(漢文を除く)　②**外**(150)▶コミュ英Ⅰ・コミュ英Ⅱ・コミュ英Ⅲ・英表Ⅰ・英表Ⅱ　③**地歴・公民・数**(120)▶世B・日B・政経・「数Ⅰ・数Ⅱ・数A(場合・整数・図形)・数B(数列・ベク)」から1

※プラス試験の「英語」については，問題指示文を英語で表記する。

一般選抜共通テスト利用入学者選抜(4科目型)　**【経済学科】**　4科目　①国(150)▶国　②**外**(200〈英語はリーディング160・リスニング40〉)▶英(リスニングを含む)・独・仏・中・韓から1　※英語はリーディング100点満点，リスニング100点満点から換算。③**数**(100)▶数Ⅰ・数A　④**地歴・公民・数**(100)▶世B・日B・地理B・現社・倫・政経・「倫・政経」・「数Ⅱ・数B」から1

[個別試験] 行わない。

一般選抜共通テスト利用入学者選抜(6科目型)　**【経済学科】**　7～6科目　①国(200)▶国　②**外**(200〈英語はリーディング160・リスニング40〉)▶英(リスニングを含む)・独・仏・中・韓から1　※英語はリーディング100点満点，リスニング100点満点から換算。③④**数**(100×2)▶「数Ⅰ・数A」・「数Ⅱ・数B」　⑤⑥⑦**地歴・公民・理**(100×2)▶世B・日B・地理B・「現社・倫・政経・〈倫・政経〉から1」・「物基・化基・生基・地学基から2」・物・化・生・地学から2

[個別試験] 行わない。

学校推薦型選抜(公募制)　**[出願資格]** 第1志望，校長推薦，2浪まで，入学確約者，指定された外国語検定試験のいずれかの基準を満たす者のほか，経済学科は全体の学習成績の状況が3.8以上，および数Ⅰ，数Ⅱ，数Aのすべてを履修し，かつ3科目の学習成績の状況が4.0以上の者，経営学科はそれぞれ4.0以上，3.8以上の者。

[選考方法] 書類審査通過者を対象に，小論文，面接を行う。

文学部

一般選抜コア試験　3科目　①国(150)▶国総・現文B・古典B　②**外**(150)▶「コミュ英Ⅰ・コミュ英Ⅱ・コミュ英Ⅲ・英表Ⅰ・英表Ⅱ」・独・仏(ディクテーション〈書き取り〉を含む)

から１ ③**地歴・公民・数**(100) ▶世Ｂ・日Ｂ・地理Ｂ・政経・「数Ⅰ・数Ⅱ・数Ａ（場合・整数・図形）・数Ｂ（数列・ベク）」から１

一般選抜プラス試験 【心理学科・教育学科】 **3**科目 ①**外**(150) ▶コミュ英Ⅰ・コミュ英Ⅱ・コミュ英Ⅲ・英表Ⅰ・英表Ⅱ ②**数**(150) ▶数Ⅰ・数Ⅱ・数Ⅲ・数Ａ（場合・整数・図形）・数Ｂ（数列・ベク） ③**理**(100) ▶「物基・物」・「化基・化」・「生基・生」から１

一般選抜共通テスト利用入学者選抜 【哲学科】 **4〜3**科目 ①**国**(150) ▶国 ②**外**(150) ▶英（リスニングを含む）・独・仏から１ ※英語はリーディング100点，リスニング100点の200点満点から換算。③④**地歴・公民・数・理**(100) ▶世Ｂ・日Ｂ・地理Ｂ・倫・政経・「倫・政経」・「数Ⅰ・数Ａ」・「物基・化基・生基・地学基から２」から１

［個別試験］ 行わない。

【史学科】 **3**科目 ①**国**(100) ▶国 ②**外**(100) ▶英（リスニングを含む）・独・仏・中・韓から１ ※英語はリーディング100点，リスニング100点の200点満点から換算。③**地歴・公民**(100) ▶世Ｂ・日Ｂ・地理Ｂ・政経から１

［個別試験］ 行わない。

【英語英米文化学科】 **4〜3**科目 ①**国**(150) ▶国 ②**外**(150) ▶英（リスニングを含む） ※リーディング100点，リスニング100点の200点満点から換算。③④**地歴・公民・数・理**(100) ▶世Ａ・世Ｂ・日Ａ・日Ｂ・地理Ａ・地理Ｂ・現社・倫・政経・「倫・政経」・数Ⅰ・「数Ⅰ・数Ａ」・数Ⅱ・「数Ⅱ・数Ｂ」・簿・情・「物基・化基・生基・地学基から２」・物・化・生・地学から１

［個別試験］ 行わない。

【ドイツ語圏文化学科】 **3**科目 ①**国**(150) ▶国 ②**外**(150) ▶英（リスニングを含む）・独・仏から１ ※英語はリーディング100点，リスニング100点の200点満点から換算。③**地歴・公民・数**(100) ▶世Ｂ・日Ｂ・地理Ｂ・倫・政経・「数Ⅰ・数Ａ」から１

［個別試験］ 行わない。

【フランス語圏文化学科】 **3**科目 ①**国**(150) ▶国 ②**外**(150) ▶英（リスニングを含む）・独・仏・中・韓から１ ※英語はリーディング100点，リスニング100点の200点満点から換算。③**地歴・公民・数**(100) ▶世Ｂ・日Ｂ・地理Ｂ・倫・政経・「数Ⅰ・数Ａ」から１

［個別試験］ 行わない。

【教育学科】 **6〜5**科目 ①**国**(100) ▶国 ②**外**(100) ▶英（リスニングを含む） ※リーディング100点，リスニング100点の200点満点から換算。 ③**地歴・公民**(100) ▶世Ａ・世Ｂ・日Ａ・日Ｂ・地理Ａ・地理Ｂ・現社・倫・政経・「倫・政経」から１ ④**数**(100) ▶数Ⅰ・「数Ⅰ・数Ａ」・数Ⅱ・「数Ⅱ・数Ｂ」から１ ⑤⑥**理**(100) ▶「物基・化基・生基・地学基から２」・物・化・生・地学から１

［個別試験］ 行わない。

学校推薦型選抜（公募制） ［出願資格］ 校長推薦，現役，入学確約者のほか，哲学科と史学科は全体の学習成績の状況が3.8以上，英語英米文化学科は全体4.2以上かつ英語4.4以上，ドイツ語圏文化学科は外国語3.8以上，フランス語圏文化学科は全体3.5以上，教育学科は全体4.1以上，または全体4.0以上で，かつ数学および理科の履修したすべての科目の学習成績の状況が4.2以上の者。

［選考方法］ 書類審査，小論文（史学科は小論文１・２），面接（教育学科は集団面接・個人面接）を行う。

理学部

一般選抜コア試験 **3**科目 ①**外**(150) ▶コミュ英Ⅰ・コミュ英Ⅱ・コミュ英Ⅲ・英表Ⅰ・英表Ⅱ ②**数**(150) ▶数Ⅰ・数Ⅱ・数Ⅲ・数Ａ（場合・整数・図形）・数Ｂ（数列・ベク） ③**理**(150) ▶［物理学科］ ―物基・物，［化学科］ ―「物基・物」・「化基・化」から１，［数学科・生命科学科］ ―「物基・物」・「化基・化」・「生基・生」から１

一般選抜プラス試験 【物理学科・生命科学科】 **3**科目 ①**外**(150) ▶コミュ英Ⅰ・コミュ英Ⅱ・コミュ英Ⅲ・英表Ⅰ・英表Ⅱ ②**数**(150) ▶数Ⅰ・数Ⅱ・数Ⅲ・数Ａ（場合・整数・図形）・数Ｂ（数列・ベク） ③**理**(150) ▶［物理学科］―物基・物，［生命科学科］ ―「物基・物」・「化基・化」・「生基・生」から１

【数学科】 **2**科目 ①**外**(150) ▶コミュ英Ⅰ・コミュ英Ⅱ・コミュ英Ⅲ・英表Ⅰ・英表Ⅱ ②**数**(150) ▶数Ⅰ・数Ⅱ・数Ⅲ・数Ａ（場合・整数・図形）・数Ｂ（数列・ベク）

一般選抜共通テスト利用入学者選抜 【化学科】 6科目 ①国(200)▶国 ②外(200)▶英(リスニング〈100〉を含む)・独・仏・中・韓から1 ③④数(100×2)▶「数Ⅰ・数A」・「数Ⅱ・数B」 ⑤⑥理(100×2)▶物・化

[個別試験] 行わない。

学校推薦型選抜(公募制) [出願資格] 校長・担任または物理・化・生命科の3学科は理科の担当教員，数学科は数学の担当教員のいずれかの推薦(推薦者は志願者の高校の専任教員)，2浪まで，入学確約者のほか，数Ⅰ，数Ⅱ，数Ⅲ，数A，数Bのすべてを履修した者で，さらに物理学科は物理基礎，物理を含む理科10単位以上履修し，物理，物理以外のすべての理科，数学，外国語のそれぞれの学習成績の状況の平均値が4.0以上で，物理が4.0以上の者。化学科は化学基礎，化学，物理基礎を含む理科12単位以上履修し，物理，化学，数学，外国語のそれぞれの学習成績の状況の平均値が4.0以上の者。数学科は数学，理科，国語，外国語のそれぞれの学習成績の状況の平均値が4.0以上で，数学が4.1以上の者。生命科学科は「生基・生」「化基・化」「物基・物」の組み合わせの中から2分野を選択し，理科計4科目12単位以上履修し，理科，数学，外国語のそれぞれの学習成績の状況の平均値が4.0以上の者。

[選考方法] 書類審査通過者を対象に，面接のほか，物理学科は物理と数学の基礎的な筆記試験，化学科は化学の筆記試験，数学科は数学の筆記試験，生命科学科は理科(生物・化学・物理のいずれかを出願時に選択)の筆記試験を行う。

国際社会科学部

一般選抜コア試験 3科目 ①国(100)▶国総(漢文を除く) ②外(150)▶コミュ英Ⅰ・コミュ英Ⅱ・コミュ英Ⅲ・英表Ⅰ・英表Ⅱ ③地歴・公民・数(100)▶世B・日B・政経・「数Ⅰ・数Ⅱ・数A(場合・整数・図形)・数B(数列・ベク)」から1

※コア試験の「英語」については，問題指示文を英語で表記する。

一般選抜プラス試験 2科目 ①国(100)▶国総・古典B(漢文を除く) ②地歴・公民・数(100)▶世B・日B・政経・「数Ⅰ・数Ⅱ・数A(場合・整数・図形)・数B(数列・ベク)」から1

※英語の筆記試験は行わず，出願時に提出する指定された外部の英語資格・検定試験(4技能)の成績を，最大150点に換算し，独自試験の得点と合わせて350点満点で判定する。

一般選抜共通テスト利用入学者選抜 4科目 ①国(100)▶国 ②外(150)▶英(リスニングを含む) ※リーディング100点，リスニング100点の200点満点から換算。③数(100)▶数Ⅰ・数A ④地歴・公民・数(100)▶世B・日B・政経・「数Ⅱ・数B」から1

[個別試験] 行わない。

学校推薦型選抜(公募制) [出願資格] 第1志望，校長推薦，2浪まで，入学確約者，指定された外国語検定試験のいずれかの基準を満たす者のほか，全体の学習成績の状況が4.2以上であり，かつ数Ⅰ，数Ⅱ，数A，数Bの4科目すべてを履修している者。

[選考方法] 調査書(留学等をしている場合は成績証明書)，推薦書，英語資格・検定試験の成績証明書，志望理由書，大学4年間の計画表による書類審査通過者を対象に，筆記試験(英語で出題，英語または日本語で解答)，口頭試問(英語と日本語)を行う。

総合型選抜(AO) [出願資格] 2浪まで，指定された外国語検定試験のいずれかの基準を満たす者など。

[選考方法] 調査書(留学等をしている場合は成績証明書)，英語資格・検定試験の成績証明書，志望理由書，大学4年間の計画表による書類審査通過者を対象に，筆記試験(英語で出題，英語または日本語で解答)，口頭試問(英語と日本語)を行う。

その他の選抜

学校推薦型選抜(指定校)，海外帰国入試，社会人入学，外国人留学生入試。

偏差値データ（2023年度）

●一般選抜

学部／学科	2023年度 駿台予備学校 合格目標ライン	2023年度 河合塾 ボーダー偏差値	2022年度実績 募集人員	受験者数	合格者数	合格最低点	競争率 '22年	競争率 '21年
法学部								
法（コア）	52	60	150	1,566	375	198.0/350	4.2	4.1
（プラス）	52	60	—	—	—	—	新	—
政治（コア）	52	57.5	120	644	204	196.0/350	3.2	8.4
（プラス）	52	57.5	—	—	—	—	新	—
経済学部								
経済（コア）	52	57.5	130	1,999	583	215.0/390	3.4	4.1
（プラス）	51	57.5	20	273	63	216.5/390	4.3	4.8
経営（コア）	51	57.5	130	1,614	470	215.6/390	3.4	5.2
（プラス）	51	60	15	311	52	224.7/390	6.0	3.9
文学部								
哲（コア）	51	55	55	412	161	221.0/400	2.6	4.3
史（コア）	53	57.5	55	618	222	225.0/400	2.8	4.0
日本語日本文（コア）	52	57.5	75	699	262	224.0/400	2.7	2.7
英語英米文化（コア）	52	55	70	470	206	216.0/400	2.3	2.7
ドイツ語圏文化（コア）	50	55	30	151	108	203.0/400	1.4	5.5
フランス語圏文化（コア）	50	55	35	241	117	210.0/400	2.1	2.6
心理（コア）	52	57.5	60	496	112	241.0/400	4.4	5.4
（プラス）	52	57.5	5	21	6	283.0/400	3.5	5.8
教育（コア）	51	60	25	343	118	220.0/400	2.9	4.3
（プラス）	51	57.5	5	22	5	255.0/400	4.4	2.4
理学部								
物理（コア）	48	55	35	340	86	287.0/450	4.0	4.2
（プラス）	48	55	5	75	20	285.0/450	3.8	5.7
化（コア）	49	55	35	336	125	277.1/450	2.7	3.0
数（コア）	49	55	34	300	83	282.8/450	3.6	3.8
（プラス）	47	57.5	6	145	23	224.0/300	6.3	6.4
生命科（コア）	50	55	35	339	102	292.5/450	3.3	4.3
（プラス）	49	55	5	85	15	304.2/450	5.7	7.2
国際社会科学部								
国際社会科（コア）	52	57.5	80	1,404	379	193.3/350	3.7	3.0
（プラス）	51	57.5	15	367	149	228.3/350	2.5	—

●駿台予備学校合格目標ラインは合格可能性80%に相当する駿台模試の偏差値です。　●競争率は受験者÷合格者の実質倍率
●河合塾ボーダー偏差値は合格可能性50%に相当する河合塾全統模試の偏差値です。
※合格最低点は得点調整後の点数です。

●共通テスト利用入学者選抜

学部／学科	2023年度			2022年度実績				
	駿台予備学校	河合塾		募集人員	受験者数	合格者数	競争率	
	合格目標ライン	ボーダー得点率	ボーダー偏差値				'22年	'21年
法学部								
法	53	84%	—	15	276	39	7.1	19.3
政治	53	84%	—	15	178	22	8.1	18.0
経済学部								
経済(4科目)	52	79%	—	10	274	39	7.0	5.4
(6科目)	52	75%	—	10	384	148	2.6	1.9
文学部								
哲	52	82%	—	5	218	50	4.4	6.9
史	54	78%	—	5	297	147	2.0	6.0
英語英米文化	53	76%	—	10	284	120	2.4	3.5
ドイツ語圏文化	51	75%	—	3	80	50	1.6	4.1
フランス語圏文化	51	80%	—	3	210	46	4.6	5.1
教育	52	71%	—	3	172	64	2.7	4.4
理学部								
化	50	70%	—	5	165	45	3.7	3.6
国際社会科学部								
国際社会科	53	75%	—	5	172	95	1.8	3.2

●駿台予備学校目標ラインは合格可能性80%に相当する駿台模試の偏差値です。
●河合塾ボーダー得点率は合格可能性50%に相当する共通テスト試験の得点率です。
●競争率は受験者÷合格者の実質倍率

併設の教育機関 大学院

法学研究科

教員数▶27名
院生数▶1名

博士前期課程 ●法律学専攻　法的問題の背後にある歴史的・社会的な背景とも関連させながら，法律を深く理解する機会を提供。

博士後期課程 法律学専攻

政治学研究科

教員数▶19名
院生数▶12名

博士前期課程 ●政治学専攻　政策実務科目やインターンシップなどを特色とするカリキュラムを提供。

博士後期課程 政治学専攻

経済学研究科

教員数▶19名
院生数▶13名

博士前期課程 ●経済学専攻　広く深い視野から経済学を理論的，実証的に学び，経済現象のより的確な理解に迫る。

博士後期課程 経済学専攻

経営学研究科

教員数▶20名
院生数▶25名

博士前期課程 ●経営学専攻　学際化，国際化，情報化の3つを教育・研究の柱に，次代を担う経営学の研究者などを養成する。

博士後期課程 経営学専攻

人文科学研究科

教員数▶91名
院生数▶231名
博士前期課程 ●哲学専攻　西洋および日本の哲学・思想史にわたって，専門的な研究と教育を行う。
●美術史学専攻　専門的知識・見識を生かして，美術と人々を仲介する人材を養成する。
●史学専攻　日本史・東洋史・西洋史を統合した編成をとり，３分野の院生たちが互いに刺激し合いながら研究・教育を進めている。
●日本語日本文学専攻　古代から現代までの日本語・日本文学・日本文化の研究，日本語教育研究に対応できるカリキュラムを編成。
●英語英米文学専攻　イギリス文学，アメリカ文学，英語学はもちろんのこと，従来の枠組みから大きく外れる研究対象にも果敢に取り組み，新たな「英語英米文学」を創造する。
●ドイツ語ドイツ文学専攻　ドイツ語圏の文学・言語学研究はもちろんのこと，文化現象としてとらえた「文化研究」の場を提供。
●フランス文学専攻　フランス語圏の多岐にわたる文化的事象（文学，思想，言語，演劇，映画等）を研究対象とすることが可能。
●心理学専攻　研究指導は認知・社会・発達・教育の４つの心理学分野を専門とする教員が大学院生１人に対し，３名で指導。
●臨床心理学専攻　臨床心理士養成を軸とし，公認心理師受験資格にも対応した充実のカリキュラムを用意。
●教育学専攻　教育基礎学，教育実践学，教育創造の３コース。教育のプロフェッショナルとして高度の知識と実践的見識を学ぶ。
●アーカイブズ学専攻　アーカイブズの専門職として，未知なる無数の課題を抱える人間と社会に時代を超える視点を持って奉仕する。
●身体表象文化学専攻　舞台芸術，映像芸術，マンガ・アニメーションという領域を言語，地域，専攻領域を超えて，身体と関わる文化学として，より幅広く深く学ぶ。
博士後期課程 哲学専攻，美術史学専攻，史学専攻，日本語日本文学専攻，英語英米文学専攻，ドイツ語ドイツ文学専攻，フランス文学専攻，心理学専攻，臨床心理学専攻，教育学専攻，アーカイブズ学専攻，身体表象文化学専攻

自然科学研究科

教員数▶36名
院生数▶120名
博士前期課程 ●物理学専攻　６つの実験物理学の研究室と理論物理学の研究グループがあり，堅実で質の高い研究を展開。
●化学専攻　無機系，物理化学系，有機系の９つの研究室のいずれかに所属し，「分子の振る舞いから地球の不思議」まで多岐にわたる研究を行っている。
●数学専攻　教員には代数・幾何・解析の各分野の研究者が集まっており，数学の主要な研究テーマをカバーしている。
●生命科学専攻　分子・細胞生物学を基盤として，基礎生命科学，統合生命科学，応用生命科学の３分野で教育・研究を進めている。
博士後期課程 物理学専攻，化学専攻，数学専攻，生命科学専攻

法務研究科

教員数▶13名
院生数▶44名
専門職学位課程 ●法務専攻　徹底した少人数教育による密度の濃い指導で，真のプロフェッショナルと呼べる法曹を養成する。

学習院女子大学

がくしゅういんじょし

資料請求

問合せ先 入試係 ☎03-3203-1906（代）

建学の精神

1877（明治10）年の創立当初から女子にも門戸を開き，「高雅風彩の教育」を実践した「学習院」が，学習院の女子教育の淵源。その後，幾多の変遷を経て1998（平成10）年，遠く明治初頭に遡る学習院の女子教育の伝統を現代へと受け継ぎながら，学習院女子大学が開学した。以来，一貫してグローバル社会で活躍できる人材の育成を掲げて教育を展開。日本の歴史や文化，その国際的な位置づけを学びつつ，プログラムとして，海外での学習を先進国から途上国まで，手法としては理論と実践の両面から，研修の期間としては短期と長期など，さまざまな手法で教育を行うとともに，学科を越えたさまざまな分野の授業を履修できる機会も豊富に用意。日本を学び，世界を知り，英語で伝える３学科体制で地に足の着いたグローバル人材教育を実践している。

● 戸山キャンパス……〒162-8650　東京都新宿区戸山3-20-1

基本データ

学生数▶女1,544名
専任教員数▶教授30名，准教授13名，講師0名
設置学部▶国際文化交流
併設教育機関▶大学院ー国際文化交流（M）

就職・卒業後の進路

就職率 97.5％
就職者÷希望者×100

● **就職支援**　各学年に応じたプログラムに加え，学生のニーズに応じて随時セミナーを企画・実施するなど，入学したその日から卒業後の未来を見据えて，一人ひとりを手厚くバックアップ。４年生による内定者報告会やマナー・メイク講座，公務員セミナー，筆記試験対策，グループディスカッション対策，アナウンサー志望向け講座など，さまざまなプログラムを開催している。また，より多くの学生が参加しやすい環境を整え（ランチの時間帯を利用したランチセミナーなど），学業と就職活動の両立が図れるよう支援している。

● **資格取得支援**　教員免許状を取得するための教職課程のほか，図書館司書や学芸員課程，日本語教員養成講座を設け，資格取得に向けて効率的なカリキュラムを用意している。

進路指導者も必見 学生を伸ばす 面倒見

初年次教育	学修サポート
学習院の歴史を知る「学習院史」，日本語の表現力を身につける「日本語表現法」，ICTを活用する能力を育む「情報処理」，論理的思考や問題発見・解決能力の向上を図る各学科の「基礎演習」などの科目を開講	教員が学生の質問や相談に応じるオフィスアワーを導入。また，ノートテイキングの手法，文献検索やライティング，プレゼンテーションなどのサポートを行うラーニングサポートルームを設置している

オープンキャンパス（2022年度実績）　全体説明や個別相談，模擬授業，留学相談，在学生による相談，キャンパスツアーなど多くのイベントを用意しているオープンキャンパスを６・７・８・９・11月に開催（予約不要）。

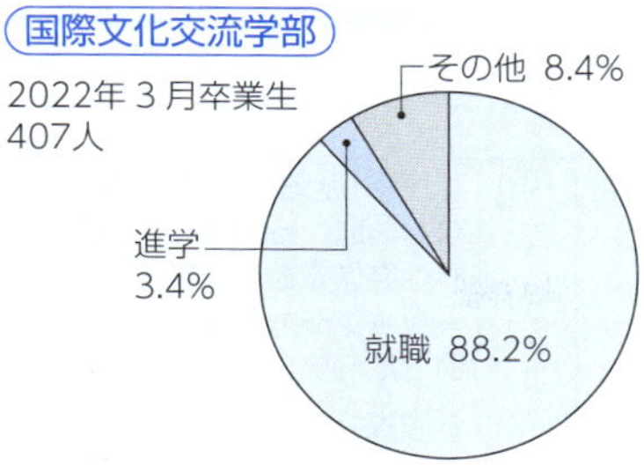

主なOG ▶［国際文化交流］安藤サクラ（女優），chay（シンガーソングライター），一柳亜矢子（NHKアナウンサー），新妻さと子（女優），菅井友香（歌手，タレント），［旧短大］津村節子（小説家）など。

国際化・留学　大学間 23 大学

受入れ留学生数 ▶ 51名（2022年５月１日現在）

留学生の出身国・地域 ▶ 中国，韓国，マレーシア，ベトナム，台湾など。

外国人専任教員 ▶ 教授４名，准教授１名，講師０名（2022年５月１日現在）

外国人専任教員の出身国 ▶ イタリア，韓国，アメリカ。

大学間交流協定 ▶ 23大学（交換留学先23大学，2022年９月１日現在）

海外への留学生数 ▶ 渡航型２名・オンライン型145名／年（14カ国・地域，2021年度）

海外留学制度 ▶ 協定校への留学や自身で留学先を選び，許可を得て留学する私費留学，本学と留学先大学双方の学位を取得するダブルディグリー留学，長期休暇中の海外研修など，世界の幅広い国・地域へ学生を送り出している。特に海外研修では，実践的教育を重視した体験型プログラムや中進国，開発途上国を訪れる研修が充実。

学費・奨学金制度　給付型奨学金総額 年間約 2,588 万円

入学金 ▶ 200,000円

年間授業料（施設費等を除く）▶ 940,000円（詳細は巻末資料参照）

年間奨学金総額 ▶ 25,884,441円

年間奨学金受給者数 ▶ 105人

主な奨学金制度 ▶ 学業成績および人物優秀な学生が対象の「安倍能成記念教育基金女子大学学部奨学金」や「学習院女子大学学業成績優秀者給付奨学金」，経済支援の「学習院女子大学学費支援給付奨学金」などを設置。また学費減免制度もあり，2021年度には43人を対象に総額で1,290万円を減免している。

保護者向けインフォメーション

- **学校説明会**　保護者を対象にした「イブニング学校説明会」を，年に複数回開催している。
- **広報誌**　学習院女子大学だより「yawaragi」を年１回，発行している。
- **成績確認**　成績表を郵送している。
- **父母会**　「父母会」を開催している。
- **防災対策**　「大地震対応マニュアル」を入学時に配布。災害時の学生の状況は，大学HPやポータルサイト，メールを利用して確認する。
- **コロナ対策１**　学生・教員向けの詳細マニュアルを作成。「コロナ対策２」（下段）あり。

インターンシップ科目	必修専門ゼミ	卒業論文	GPA制度の導入の有無および活用例	１年以内の退学率	標準年限での卒業率
開講していない	全学科で１～４年次に実施	日本文化学科は卒業要件	学生に対する個別の学修指導，奨学金や授業料免除対象者の選定，留学候補者の選考，GPAに応じた履修上限単位数の設定などに活用	非公表	94.7%

● **コロナ対策２**　2022年度は一部の科目を除き，原則として対面授業を実施。オンライン授業対応としては，希望者にWi-Fiルータを貸出し。経済的支援として，学生の学びを継続するための緊急給付金を募集した。

学部紹介

学部／学科	定員	特色
国際文化交流学部		
日本文化	140	▷民俗・歴史系，文学・芸術・思想系，現代社会系などさまざまな角度から日本文化の現代に至る歴史や特質を理解し，世界へ発信できる語学力，情報処理能力など，高いコミュニケーション能力を養う。茶道，華道，書道，香道，有職故実といった伝統文化も，実践と理論の両面から修得可能。
国際コミュニケーション	170	▷国際社会を理解するため，政治，経済，経営，法，開発，環境，メディアまで幅広く学び，さまざまな国が共存する方法を探求するとともに，世界のさまざまな地域の異文化を理解することで，高いコミュニケーション能力と豊かなグローバル感覚を培い，より良い国際社会を実現する。
英語コミュニケーション	45	▷２年次に全員が体験するカナダの協定校への半年間の留学(予定)や，１クラス約15名という少人数教育で，高度な英語コミュニケーション能力と国際教養を身につけ，グローバルな現代社会で活躍できる人材を育成する。

● 取得可能な資格…教職(国・英)，司書，学芸員など。
● 進路状況…………就職88.2%　進学3.4%
● 主な就職先………星野リゾート・マネジメント，森ビルホスピタリティコーポレーション，MXモバイリング，アパホテル，スタッフサービス，アクセンチュア，学習院など。

キャンパス

国際文化交流……［戸山キャンパス］東京都新宿区戸山3-20-1

2023年度入試要項(前年度実績)

●募集人員

学部／学科	一般A	一般B
▶国際文化交流 日本文化	60	20
国際コミュニケーション	70	30
英語コミュニケーション	30	10

国際文化交流学部

一般選抜Ａ方式　【日本文化学科・国際コミュニケーション学科】 3科目 ①国(100)▶国総(漢文を除く。現文・古文と現文から選択) ②外(100)▶コミュ英Ⅰ・コミュ英Ⅱ・コミュ英Ⅲ・英表Ⅰ・英表Ⅱ ③地歴(100)▶世Ｂ・日Ｂから１

【英語コミュニケーション学科】 4科目 ①国(100)▶国総(漢文を除く。現文・古文と現文から選択) ②外(200)▶コミュ英Ⅰ・コミュ英Ⅱ・コミュ英Ⅲ・英表Ⅰ・英表Ⅱ ③外(100)▶英語ライティング ④地歴(100)▶世Ｂ・日Ｂから１

一般選抜Ｂ方式　【日本文化学科・国際コミュニケーション学科】 2科目 ①国(100)▶国総(漢文を除く。現文・古文と現文から選択) ②外(100)▶コミュ英Ⅰ・コミュ英Ⅱ・コミュ英Ⅲ・英表Ⅰ・英表Ⅱ

【英語コミュニケーション学科】 3科目 ①国(100)▶国総(漢文を除く。現文・古文と現文から選択) ②外(100)▶コミュ英Ⅰ・コミュ英Ⅱ・コミュ英Ⅲ・英表Ⅰ・英表Ⅱ ③外(100)▶英語ライティング

※英語コミュニケーション学科のＡ方式・Ｂ方式の英語ライティングは，英語によるショート・エッセーなど。

その他の選抜

学校推薦型選抜Ｂ(公募制)は日本文化学科10名，国際コミュニケーション学科10名を募集(出願資格は第１志望，校長推薦，全体

キャンパスアクセス ［戸山キャンパス］東京メトロ副都心線一西早稲田より徒歩1分／東京メトロ東西線一早稲田より徒歩10分／JR山手線，西武新宿線，東京メトロ東西線一高田馬場より徒歩15分

の学習成績の状況（評定平均値）が3.5以上の者。選考方法は小論文〈日本語〉，口頭試問〈日本語〉）。総合型選抜は英語コミュニケーション学科若干名を募集（出願資格は高校を卒業してから２年以内で，TOEIC〈L&R〉600点以上，TOEFL iBT50点以上，またはIELTS4.5以上のいずれか１つを満たす者。スコアは原則２年以内のスコアとする。選考方法は小論文〈英語・日本語〉，口頭試問〈英語・日本語〉）。ほかに学校推薦型選抜Ａ（指定校制），海外帰国生徒入試，社会人入試，外国人留学生入試を実施。

偏差値データ（2023年度）

●一般選抜

学部／学科	2023年度 駿台予備学校 合格目標ライン	2023年度 河合塾 ボーダー偏差値	2022年度 競争率
▶国際文化交流学部			
日本文化（Ａ方式）	46	45	1.4
（Ｂ方式）	—	—	1.6
国際コミュニケーション（Ａ方式）	47	45	1.7
（Ｂ方式）	—	—	1.4
英語コミュニケーション（Ａ方式）	47	45	1.3
（Ｂ方式）	—	—	1.3

- 駿台予備学校合格目標ラインは合格可能性80％に相当する駿台模試の偏差値です。
- 河合塾ボーダー偏差値は合格可能性50％に相当する河合塾全統模試の偏差値です。
- 競争率は受験者÷合格者の実質倍率

MEMO

北里大学（きたさとだいがく）

資料請求

問合せ先 入学センター ☎042-778-9760

建学の精神

破傷風菌の純粋培養の成功やペスト菌の発見など偉大な研究者として知られる一方，日本初の伝染病研究所や結核専門病院の設立，後進の育成にと社会事業，教育者としても功績を残した学祖・北里柴三郎の生涯を集大成して導き出した「開拓」「報恩」「叡智と実践」「不撓不屈」を建学の精神として，1962（昭和37）年に創設された生命科学の総合大学。生命現象を解明するために「生命科学の基礎的研究を行う分野」「人間の生命と健康に関する分野」「動植物と環境に関する分野」から総合的にアプローチし，「人の役に立つ実学」を顕現した学祖の精神を現在進行形で実践。生命科学の叡智に触れ，公益に資する実学を究めて社会に貢献する“北里スピリット”を継承する人材を育成し続けている。2024年より，新千円札の肖像に北里柴三郎が採用される。

- 相模原キャンパス…〒252-0373　神奈川県相模原市南区北里1-15-1
- 白金キャンパス……〒108-8641　東京都港区白金5-9-1
- 十和田キャンパス…〒034-8628　青森県十和田市東二十三番町35-1

基本データ

学生数▶7,957名（男3,489名，女4,468名）
専任教員数▶教授225名，准教授153名，講師285名
設置学部▶未来工，理，獣医，海洋生命科，薬，医，看護，医療衛生
併設教育機関▶大学院―理学・獣医学系・海洋生命科学・薬学・看護学・医療系・感染制御科学府（以上M・D）

就職・卒業後の進路

就職率 **99.2**％
就職者÷希望者×100

●**就職支援**　就職センターでは充実した就職活動の実現と，そのための多彩なプログラムを用意して，各学部の就職担当教員・職員とも連携し支援を実施。就職活動時期以外でも，模擬面接や応募書類の添削を受けることも可能で，どのキャンパスからでも相談できるよう，Zoomなどによる遠隔面談も行っている。
●**資格取得支援**　13の国家資格に関わる医療専門職および獣医師養成の大学教育を行い，国試対策委員会や教員の自主的指導のもとに，

進路指導者も必見 **学生を伸ばす 面倒見**

初年次教育	学修サポート
科学的思考や批判的能力を育み，実技能力を伸ばす基礎教育，従来の「学問」にはない視点から人間を考える総合領域，自主的に課題を設定する能力や問題解決能力を育む教養演習系などで構成される「一般教育科目」を1年次教育として展開	全学部で教員アドバイザー制度，医以外の学部でTA制度，理・薬でSA制度とオフィスアワー制度を導入。高校までの学習内容を基礎として大学での学習が円滑に行えるよう，個別に指導・支援する一般教育部学習サポートセンターも設置

オープンキャンパス（2022年度実績） 全学部対象のオープンキャンパスを８月と３月に相模原Ｃで，薬学部対象を７月と８月に白金Ｃで実施したほか，獣医学部オープンキャンパスを十和田Ｃで10月に，学園祭と同日開催。

万全の教育体制を講じ，毎年多くの国家試験合格者を輩出している。

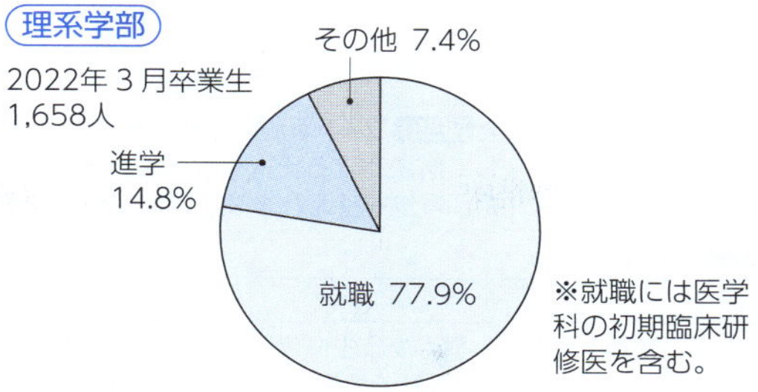

主なOB・OG▶［医］吉田たかよし（医師），［畜産（現獣医）］小山田久（青森県十和田市長），［獣医］中島文彦（獣医師。ノーザンファームGM），［薬］杉浦佳子（東京パラリンピック自転車競技金メダリスト）など。

国際化・留学　大学間 12 大学・部局間 25 大学等

受入れ留学生数▶10名（2022年5月1日現在）
留学生の出身国▶中国，韓国など。
外国人専任教員▶教授１名，准教授４名，講師２名（2022年５月１日現在）
外国人専任教員の出身国▶韓国，中国，アメリカ，イギリス，ミャンマーなど。
大学間交流協定▶12大学（交換留学先０大学，2022年５月１日現在）
部局間交流協定▶25大学・機関（交換留学先０大学，2022年５月１日現在）
海外への留学生数▶オンライン型21名／年（１カ国・地域，2021年度）
海外留学制度▶理学部の短期留学プログラム，獣医学部の米国２大学研修，薬学部の夏期臨床薬学研修，医学部の海外選択実習，看護学部の海外研修プログラムなど，各部門において国際交流が活発に行われており，世界を舞台に教育・研究活動が広がっている。

学費・奨学金制度

入学金▶200,000円～1,500,000円
年間授業料（施設費等を除く）▶830,000円～（詳細は巻末資料参照）
年間奨学金総額▶非公表
年間奨学金受給者数▶18人
主な奨学金制度▶全学部を対象とした給付型の「北里大学給付奨学金」や「北里大学PPA給付奨学金」「北里大学学生表彰による奨学金（北島賞）」といった制度のほか，理・薬学部の一般選抜成績上位者および医学部の一般選抜合格者を対象としている減免型の「特別待遇奨学生制度（特待生制度）」などを設置。

保護者向けインフォメーション

● **オープンキャンパス**　通常のオープンキャンパス時に保護者向けの説明会を実施している。
● **広報誌**　保護者も閲覧可能な「Sophia kai Ergon」（学内広報誌）を発行している。
● **成績確認**　成績通知書を郵送している。
● **PPA**　保護者と教職員の組織であるPPAがあり，地区懇談会や定期総会を実施。「PPA会報」や「保護者向け就職ガイドブック」も発行。
● **防災対策**　入学時および新年度ガイダンスで「災害対策カード」を配布。災害時の学生の安否はメールや通信衛星電話を利用して確認する。
● **コロナ対策１**　ワクチンの職域接種を実施。「コロナ対策２」（下段）あり。

インターンシップ科目	必修専門ゼミ	卒業論文	GPA制度の導入の有無および活用例	１年以内の退学率	標準年限での卒業率
獣医・海洋生命科・医療衛生学部で開講	全学部で４年次に実施（４年制学部・学科）	医学部を除き卒業要件	退学勧告基準のほか，一部の学部で学生に対する個別の学修指導や大学院入試の選抜基準として活用	1.7%	86.2%（4年制）86.8%（6年制）

● **コロナ対策２**　対面授業とオンライン授業を感染状況に応じて併用。入構時および講義室の入口で検温と消毒を実施。また，学内にPCRセンターを設置して，臨床実習や教育実習などの学生のためにPCR検査を行った。

学部紹介

学部／学科	定員	特色
未来工学部		
データサイエンス	100	▷NEW! '23年新設。未来の課題をいち早く見出し，先回りして解決できるデータサイエンティストを育成する。充実したIT環境を整えた未来工学部棟が2024年２月に竣工予定。
● **取得可能な資格**…教職(情)など。		
理学部		
物理	53	▷宇宙から生命までさまざまな現象の解明に取り組むとともに，新機能性物質の開拓や新しい物理測定法の開発もめざす。
化	80	▷広く化学を学び，原子・分子から優れた物性や機能を持ち，生命や環境にやさしい化学物質の設計・合成に取り組む。
生物科	80	▷複雑な生命活動を分子のレベルで解明することのできる人材の育成をめざし，専門性の高い研究・教育を展開。
● **取得可能な資格**…教職(理)，測量士補など。 ● **進路状況**…………就職44.2%　進学51.5% ● **主な就職先**………Modis，WDB，ソフトウエア情報開発，ワールドインテック，山崎製パンなど。		
獣医学部		
獣医	120	▷２つの附属動物病院で質の高い臨床実習を実施し，さまざまな動物の病気と闘い，公衆衛生の向上に貢献する獣医師を養成する。全国の獣医師のうち10人に１人が本学卒業生。
動物資源科	130	▷動物資源科学に関する専門性に加え，人の健康や医療と動物資源とのつながりを理解し，社会課題を解決する力を養う。
生物環境科	90	▷人と自然の調和の視点から，実践的かつ総合的に野生動物の保護や生物共生空間の創出を探求する。
● **取得可能な資格**…教職(理・農)，測量士補，獣医師受験資格など。 ● **進路状況**…………就職82.4%　進学4.5% ● **主な就職先**………ケミカルグラウト，静岡県庁，共立製薬，青森県庁，農林水産省，瑞穂農場など。		
海洋生命科学部		
海洋生命科	180	▷生命科学の視点から海洋生物の生命現象を研究し，その成果を海洋生物資源の持続的かつ有効な活用に応用する。
● **取得可能な資格**…教職(理)，学芸員など。 ● **進路状況**…………就職74.1%　進学18.9% ● **主な就職先**………角上魚類ホールディングス，魚力，シー・アイ・シー，東都水産，理科研など。		
薬学部		
薬	260	▷６年制。総合的な薬学教育で幅広い職域で活躍する薬剤師を養成する。大学附属病院で一貫した臨床薬学教育を実施。
生命創薬科	35	▷４年制。創薬科学と生命科学の知識を備えた研究者を育成する。学内外との連携により，高度で実践的な学びを実現。
● **取得可能な資格**…薬剤師受験資格(薬学科)など。 ● **進路状況**…………[薬]就職86.6%　進学0.0%　[生命創薬科]就職2.7%　進学97.3% ● **主な就職先**………日本調剤，富士薬品，ウエルシア薬局，アインホールディングス，スギ薬局など。		
医学部		
医	125	▷人体を臓器別に分けて学ぶ独自のカリキュラム「器官系別総合教育」で疾患を総合的に理解し，新たな時代の生命科学・医学を担う，人間性豊かで優れた医師を育成する。

キャンパスアクセス [相模原キャンパス] 小田急線一相模大野よりスクールバス25分／JR横浜線一相模原よりバス25分

<table>
<tr><td colspan="3">● 取得可能な資格…医師受験資格。
● 進路状況…………初期臨床研修医95.9％</td></tr>
<tr><td colspan="3">看護学部</td></tr>
<tr><td>看護</td><td>125</td><td>▷日々進化する医療に対応し，リーダーとして活躍できる看護師を養成する。北里大学病院看護部と密接に連携。</td></tr>
<tr><td colspan="3">● 取得可能な資格…教職（養護一種・二種），看護師・保健師・助産師受験資格。
● 進路状況…………就職99.2％　進学0.0％
● 主な就職先………北里大学病院，虎の門病院，北里大学北里研究所病院，慶應義塾大学病院など。</td></tr>
<tr><td colspan="3">医療衛生学部</td></tr>
<tr><td>保健衛生</td><td>40</td><td>▷環境保健学，臨床心理学の２コース。予防医学の知識と技術を兼ね備えた保健衛生のプロフェッショナルを育成する。</td></tr>
<tr><td>医療検査</td><td>105</td><td>▷多様化する医療現場のニーズに応えられる専門性の高い臨床検査技師を養成する。細胞検査士の資格も取得可能。</td></tr>
<tr><td>医療工</td><td>115</td><td>▷２専攻制。臨床工学専攻（45名）では最新の医療機器の操作・保守管理に必要な高い技術を身につけた臨床工学技士を，診療放射線技術科学専攻（70名）では画像検査と放射線治療に必要不可欠な診療放射線技師を養成する。</td></tr>
<tr><td>リハビリテーション</td><td>145</td><td>▷４専攻制。理学療法学専攻（45名）では身体機能の回復をサポートする理学療法のプロフェッショナルを，作業療法学専攻（40名）では作業を通して生活動作や社会参加を援助し，世界で活躍できる作業療法士を，言語聴覚療法学専攻（30名）では高い専門性と豊かな人間性を兼ね備えた言語聴覚士を，視覚機能療法学専攻（30名）では視覚科学や視機能検査，視能矯正・訓練のプロフェッショナルである視能訓練士を養成する。</td></tr>
<tr><td colspan="3">● 取得可能な資格…診療放射線技師・臨床検査技師・臨床工学技士・理学療法士・作業療法士・言語聴覚士・視能訓練士受験資格など。
● 進路状況…………就職82.5％　進学13.3％
● 主な就職先………湘南藤沢徳洲会病院，聖マリアンナ医科大学病院，東海大学医学部付属病院など。</td></tr>
</table>

キャンパス

未来工・理・海洋生命科・医・看護・医療衛生，獣医・薬１年次……［相模原キャンパス］神奈川県相模原市南区北里1-15-1
薬２年次以降……［白金キャンパス］東京都港区白金5-9-1
獣医２年次以降……［十和田キャンパス］青森県十和田市東二十三番町35-1

2023年度入試要項（前年度実績）

●募集人員

学部／学科（専攻）	一般前期	一般中期	一般後期	共通プラス	共通前期	共通後期
未来工 データサイエンス	50	—	—	—	5	—
理 物理	27	—	—	—	10	5
化	50	—	—	—	10	5
生物科	38	—	—	—	17	5
獣医 獣医	45	—	10	—	3教8 5教4	3
動物資源科	30	25	5	5	2教15 3教15	5
生物環境科	22	15	5	5	2教10 3教15	3
海洋生命科 海洋生命科	50	50	15	—	30	—
薬 薬	160	—	—	—	—	—
生命創薬科	20	—	—	—	—	—
医 医	74	—	—	—	—	—
看護 看護	70	—	—	—	—	—
医療衛生 保健衛生	22	—	4	—	—	—
医療検査	50	—	5	—	—	—

キャンパスアクセス ［白金キャンパス］東京メトロ日比谷線―広尾より徒歩10分／東京メトロ南北線，都営地下鉄三田線―白金高輪より徒歩10分／JR各線，東京メトロ日比谷線―恵比寿より徒歩15分またはバス7分

医療工(臨床工学)	23	—	3	—	—	—
(診療放射線技術科学)	38	—	7	—	—	—
リハビリテーション(理学療法学)	20	—	5	—	—	—
(作業療法学)	18	—	3	—	—	—
(言語聴覚療法学)	14	—	2	—	—	—
(視覚機能療法学)	10	—	2	—	—	—

※医学部の募集人員には，相模原市修学資金枠（2名）を含む。
※医療衛生学部保健衛生学科の募集人員の内訳は，一般前期は環境保健学コースと臨床心理学コース各11名，一般後期は各2名。
※次のように略しています。教科→教。

未来工学部

一般選抜試験 2科目 ①外(100)▶コミュ英Ⅰ・コミュ英Ⅱ・コミュ英Ⅲ・英表Ⅰ・英表Ⅱ ②数(100)▶数Ⅰ・数Ⅱ・数A・数B
共通テスト利用選抜試験 5〜4科目 ①外(200)▶英(リスニング〈100〉を含む) ②③数(200)▶「数Ⅰ・数A」・「数Ⅱ・数B」 ④⑤理(100)▶「物基・化基・生基から2」・物・化・生から1
[個別試験] 行わない。

理学部

一般選抜試験 【物理学科・化学科】 4〜2科目 ①外・数(200)▶「コミュ英Ⅰ・コミュ英Ⅱ・英表Ⅰ」・「数Ⅰ・数Ⅱ・数A・数B(確率を除く)」から1 ②③④理(300)▶「物基・物(原子を除く)」・「化基・化」・「生基・生」から各3題計9題から3題選択
【生物科学科】 3〜2科目 ①外・数(200)▶「コミュ英Ⅰ・コミュ英Ⅱ・英表Ⅰ」・「数Ⅰ・数Ⅱ・数A・数B(確率を除く)」から1 ②③理(300)▶「化基・化」・「生基・生」から各3題計6題から3題選択
共通テスト利用選抜試験前期 【物理学科・化学科】 4〜3科目 ①外(100)▶英(リスニングを含む) ※素点×0.5。②数(100)▶数Ⅰ・数A ③④理(200)▶「物基・化基・生基から2」・物・化・生から1
[個別試験] 行わない。
【生物科学科】 4〜3科目 ①外(100)▶英(リスニングを含む) ※素点×0.5。②数(100)▶数Ⅰ・数A ③④理(200)▶「化基・生基」・化・生から1
[個別試験] 行わない。
共通テスト利用選抜試験後期 【物理学科・化学科】 3〜2科目 ①国・外・数(100)▶国(近代)・英(リスニングを含む)・「数Ⅰ・数A」・「数Ⅱ・数B」から1 ※英語は素点×0.5。②③理(200)▶「物基・化基・生基から2」・物・化・生から1
[個別試験] 1科目 ①面接(100)▶個人面接(10分)
【生物科学科】 3〜2科目 ①国・外・数(100)▶国(近代)・英(リスニングを含む)・「数Ⅰ・数A」から1 ※英語は素点×0.5。②③理(200)▶「化基・生基」・化・生から1
[個別試験] 1科目 ①面接(100)▶個人面接(10分)

獣医学部

一般選抜試験前期 【獣医学科】 3科目 ①外(100)▶コミュ英Ⅰ・コミュ英Ⅱ・コミュ英Ⅲ・英表Ⅰ・英表Ⅱ ②数(100)▶数Ⅰ・数Ⅱ・数A・数B ③理(100)▶「物基・物」・「化基・化」・「生基・生」から1
【動物資源科学科・生物環境科学科】 2科目 ①理(100)▶「物基・物」・「化基・化」・「生基・生」から1 ②国・外・数(100)▶「国総(古文・漢文を除く)・現文B」・「コミュ英Ⅰ・コミュ英Ⅱ・コミュ英Ⅲ・英表Ⅰ・英表Ⅱ」・「数Ⅰ・数Ⅱ・数A・数B」から1
一般選抜試験中期 【動物資源科学科・生物環境科学科】 3科目 ①外(100)▶コミュ英Ⅰ・コミュ英Ⅱ・コミュ英Ⅲ・英表Ⅰ・英表Ⅱ ②理(100)▶「物基・物」・「化基・化」・「生基・生」から1 ③国・数(100)▶「国総(古文・漢文を除く)・現文B」・「数Ⅰ・数Ⅱ・数A」から1
一般選抜試験後期 【獣医学科】 3科目 ①外(100)▶コミュ英Ⅰ・コミュ英Ⅱ・英表Ⅰ ②数(100)▶数Ⅰ・数Ⅱ・数A・数B ③理(100)▶「物基・物」・「化基・化」・「生基・生」から1
【動物資源科学科・生物環境科学科】 3科目 ①外(100)▶コミュ英Ⅰ・コミュ英Ⅱ・英表Ⅰ ②理(100)▶「物基・物」・「化基・化」・「生基・生」から1 ③国・数(100)▶「国総(古文・漢文を除く)・現文B」・「数Ⅰ・数Ⅱ・数A・数B」か

 キャンパスアクセス [十和田キャンパス] 青い森鉄道—三沢よりバス20分・北里大学通下車徒歩5分

ら１

共通テストプラス選抜試験　【動物資源科学科・生物環境科学科】〈共通テスト科目〉 1科目　①国・外・数(200) ▶国(近代)・英(リスニング〈100〉を含む)・「数Ⅰ・数Ａ」・「数Ⅱ・数Ｂ」から１

〈個別試験科目〉 1科目　①理(200) ▶「物基・物」・「化基・化」・「生基・生」から１

※出願資格は，一般選抜試験前期において，同じ学科に第１志望として出願する者。

共通テスト利用選抜試験前期(２教科方式)

【動物資源科学科・生物環境科学科】 3〜2科目　①国・外・地歴・数(200) ▶国(近代)・英(リスニング〈100〉を含む)・世Ａ・世Ｂ・日Ａ・日Ｂ・地理Ａ・地理Ｂ・「数Ⅰ・数Ａ」・「数Ⅱ・数Ｂ」から１　②③理(200) ▶「物基・化基・生基から２」・物・化・生から１

[個別試験] 行わない。

共通テスト利用選抜試験前期(３教科方式)

【獣医学科】 5〜4科目　①外(200) ▶英(リスニング〈100〉を含む)　②③数(200) ▶「数Ⅰ・数Ａ」・「数Ⅱ・数Ｂ」　④⑤理(200) ▶「物基・化基・生基から２」・物・化・生から１

[個別試験] 行わない。

【動物資源科学科・生物環境科学科】 4〜3科目　①外(200) ▶英(リスニング〈100〉を含む)　②数(200) ▶数Ⅰ・数Ａ　③④理(200) ▶「物基・化基・生基から２」・物・化・生から１

[個別試験] 行わない。

共通テスト利用選抜試験前期(５教科方式)

【獣医学科】 7科目　①国(200) ▶国　②外(200) ▶英(リスニング〈100〉を含む)　③地歴・公民(100) ▶世Ａ・世Ｂ・日Ａ・日Ｂ・地理Ａ・地理Ｂ・現社・倫・政経・「倫・政経」から１　④⑤数(200) ▶「数Ⅰ・数Ａ」・「数Ⅱ・数Ｂ」　⑥⑦理(200) ▶物・化・生から２

[個別試験] 行わない。

共通テスト利用選抜試験後期　【獣医学科】 4科目　①外(200) ▶英(リスニング〈100〉を含む)　②③数(200) ▶「数Ⅰ・数Ａ」・「数Ⅱ・数Ｂ」 ④理(200) ▶物・化・生から１

[個別試験] 行わない。

【動物資源科学科】 3〜2科目　①国・外・地歴・数(200) ▶国(近代)・英(リスニング〈100〉を含む)・世Ａ・世Ｂ・日Ａ・日Ｂ・地理Ａ・地理Ｂ・「数Ⅰ・数Ａ」・「数Ⅱ・数Ｂ」から１ ②③理(200) ▶「物基・化基・生基から２」・物・化・生から１

[個別試験] 行わない。

【生物環境科学科】 3〜2科目　①②③国・外・数・理(200×2) ▶国(近代)・英(リスニング〈100〉を含む)・「〈数Ⅰ・数Ａ〉・〈数Ⅱ・数Ｂ〉から１」・「〈物基・化基・生基から２〉・物・化・生から１」から２

[個別試験] 行わない。

海洋生命科学部

一般選抜試験前期　3科目　①外(100) ▶コミュ英Ⅰ・コミュ英Ⅱ・コミュ英Ⅲ・英表Ⅰ・英表Ⅱ　②数(100) ▶数Ⅰ・数Ⅱ・数Ａ・数Ｂ　③理(100) ▶「物基・物」・「化基・化」・「生基・生」から１

一般選抜試験中期　3科目　①外(100) ▶コミュ英Ⅰ・コミュ英Ⅱ・コミュ英Ⅲ・英表Ⅰ・英表Ⅱ　②数(100) ▶数Ⅰ・数Ⅱ・数Ａ　③理(100) ▶「物基・物」・「化基・化」・「生基・生」から１

一般選抜試験後期　3科目　①外(100) ▶コミュ英Ⅰ・コミュ英Ⅱ・英表Ⅰ　②数(100) ▶数Ⅰ・数Ⅱ・数Ａ・数Ｂ　③理(100) ▶「物基・物」・「化基・化」・「生基・生」から１

共通テスト利用選抜試験　4〜3科目　①外(100) ▶英(リスニングを除く)　②数(100) ▶数Ⅰ・数Ａ　③④理(100) ▶「物基・化基・生基から２」・物・化・生から１

[個別試験] 行わない。

薬学部

一般選抜試験　3科目　①外(100) ▶コミュ英Ⅰ・コミュ英Ⅱ・コミュ英Ⅲ・英表Ⅰ・英表Ⅱ　②数(100) ▶数Ⅰ・数Ⅱ・数Ａ・数Ｂ(確率を除く)　③理(100) ▶化基・化

医学部

一般選抜試験〈第１次〉 4科目　①外(150) ▶コミュ英Ⅰ・コミュ英Ⅱ・コミュ英Ⅲ・英表Ⅰ・英表Ⅱ　②数(150) ▶数Ⅰ(データの分析を除く)・数Ⅱ・数Ⅲ・数Ａ・数Ｂ(確率を除く)　③④理(200) ▶「物基・物(原子を除

く)」・「化基・化」・「生基・生」から2
〈第2次〉 2科目 ①論文▶1つのテーマについての論述 ②面接▶形態はグループ面接または個人面接，あるいは両方を複合した方式
※第2次試験は，第1次試験合格者のみに実施。

看護学部

一般選抜試験 3科目 ①外(100)▶コミュ英Ⅰ・コミュ英Ⅱ・英表Ⅰ ②数・理(100)▶「数Ⅰ・数A」・化基・生基から1 ③小論文(3段階評価)

医療衛生学部

一般選抜試験前期・後期 【保健衛生学科】 2科目 ①外(100)▶コミュ英Ⅰ・コミュ英Ⅱ・英表Ⅰ ②数・理(100)▶「数Ⅰ・数Ⅱ・数A」・「物基・物(原子を除く)」・「化基・化(物状・高分子を除く)」・「生基・生(生態〈生物と環境〉・進化を除く)」から1
[個別試験] 行わない。
【医療検査学科・医療工学科】 3科目 ①外(100)▶コミュ英Ⅰ・コミュ英Ⅱ・英表Ⅰ ②③数・理(100×2)▶「数Ⅰ・数Ⅱ・数A」・「物基・物(原子を除く)」・「化基・化(物状・高分子を除く)」・「生基・生(生態〈生物と環境〉・進化を除く)」から2，ただし理から2科目選択可
[個別試験] 行わない。
【リハビリテーション学科】 3科目 ①外(100)▶コミュ英Ⅰ・コミュ英Ⅱ・英表Ⅰ ②③国・数・理(100×2)▶国総(古文・漢文を除く)・「数Ⅰ・数Ⅱ・数A」・「物基・物(原子を除く)」・「化基・化(物状・高分子を除く)」・「生基・生(生態〈生物と環境〉・進化を除く)」から2，ただし理から2科目選択可
[個別試験] 行わない。

その他の選抜

学校推薦型選抜試験(公募制)は未来工学部45名，理学部24名，獣医学部35名，海洋生命科学部25名，薬学部40名，医療衛生学部76名を，総合型選抜試験は獣医学部25名，医療衛生学部23名を募集。ほかに学校推薦型選抜試験(指定校，医学部地域枠指定校)，獣医学科地域枠特別選抜試験，学士入学者選抜試験，帰国生徒特別選抜試験，社会人特別選抜試験を実施。

偏差値データ(2023年度)

●一般選抜

学部／学科／専攻	2023年度 駿台予備学校 合格目標ライン	2023年度 河合塾 ボーダー偏差値	2022年度 競争率
▶未来工学部			
データサイエンス	48	50	新
▶理学部			
物理	47	50	1.6
化	48	50	1.8
生物科	50	52.5	2.2
▶獣医学部			
獣医(前期)	53	57.5	4.4
動物資源科(前期)	43	40	1.1
生物環境科(前期)	41	37.5	1.0
▶海洋生命科学部			
海洋生命科(前期)	44	47.5	2.1
▶薬学部			
薬	53	57.5	3.6
生命創薬科	51	55	2.4
▶医学部			
医	57	62.5	6.3
▶看護学部			
看護	46	57.5	3.5
▶医療衛生学部			
保健衛生(前期)	43	45	1.0
医療検査(前期)	44	47.5	1.5
医療工/臨床工(前期)	43	45	1.9
/診療放射線(前期)	44	50	3.3
リハビリテーション/理学療法(前期)	46	47.5	2.5
/作業療法(前期)	44	40	1.0
/言語聴覚(前期)	42	40	1.1
/視覚機能(前期)	42	BF	1.0

- 駿台予備学校合格目標ラインは合格可能性80%に相当する駿台模試の偏差値です。
- 河合塾ボーダー偏差値は合格可能性50%に相当する河合塾全統模試の偏差値です。なお，医療衛生学部および獣医学科と海洋生命科学科は一般選抜前期・後期の偏差値です。
- 競争率は受験者÷合格者の実質倍率

MEMO

共立女子大学（きょうりつじょし）

資料請求

問合せ先 大学企画課 ☎03-3237-5927

建学の精神

1886（明治19）年創立の共立女子職業学校を前身として創設以来，一貫して「女性の自立と自活」を建学の精神に掲げ，皇居にほど近い東京の中心部で教育を行ってきた女子総合大学。自己を確立し，生涯努力し続ける「自律と努力」，新たな価値を創造し，社会を生き抜く「創造とキャリア」，他者と協働し，リーダーシップを発揮する「協働とリーダーシップ」をビジョンに，すべての学生が所属する各学部・学科で実学性に根ざした専門的な知識・技能を学びながら，所属に関係なく全員が「リーダーシップ（他者と協力し合いながら物事を進めていく力）」を学ぶ体制を整備。これからの時代に対応するスキルであるリーダーシップを養うための教育に取り組み，チームのめざす成果や環境にポジティブな影響を与えることができる人材を育成している。

- 神田一ツ橋キャンパス……［本館・４号館］〒101-8437 東京都千代田区一ツ橋2-2-1
  ［3号館］〒101-0051 東京都千代田区神田神保町3-27

基本データ

学生数▶女5,410名
専任教員数▶教授102名，准教授38名，講師13名
設置学部▶家政，文芸，国際，看護，ビジネス，建築・デザイン
併設教育機関▶大学院―家政学（M・D），文芸学・国際学・看護学（以上M） 短期大学（P.327参照）

就職・卒業後の進路

就職率 94.9%
就職者÷希望者×100

● **就職支援** １年次から将来のキャリアを考える，全員参加のガイダンスを開くなど，入学後の早い段階から一人ひとりの状況に応じたキャリア支援を実施。「学生支援課キャリア支援グループ」では，学生個人が納得できる進路決定ができるよう，専任職員やキャリアカウンセラーとの面談や多様なプログラムを通じて，手厚いサポートを行っている。
● **資格取得支援** 「共立アカデミー」では，秘書検定，医療事務検定，宅地建物取引士，ファイナンシャルプランナー，簿記検定など，在学中に取得しておくと就職活動に有利にな

進路指導者も必見 学生を伸ばす 面倒見

初年次教育
今後の学修に必要な知識やスキルを身につける「基礎ゼミナール」「課題解決ワークショップ」，リテラシーレベルの数理・データサイエンス・AIに関する知識・技能を修得する「データサイエンスとICTの基礎」などを実施

学修サポート
全学部でオフィスアワー制度，家政学部と文芸学部でTA制度，ビジネス学部でSA制度を導入。また，学生ごとに担任（アカデミック・アドバイザー）がつく制度があり，学修や学生生活，キャリアについて支援している

オープンキャンパス（2022年度実績） 5月・6月・7月・8月（3日間）・12月・3月に開催。体験授業，ガイダンス，キャンパスツアー，個別相談など。10月（２日間）には，進学相談会を共立祭（学園祭）と同時開催。

る資格・検定講座を多数開講。在学中は会費が必要なく，受講料も安価に設定されている。

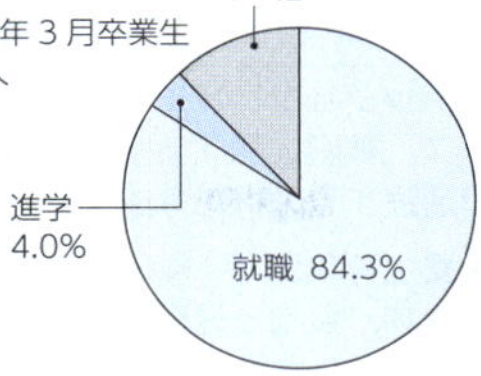

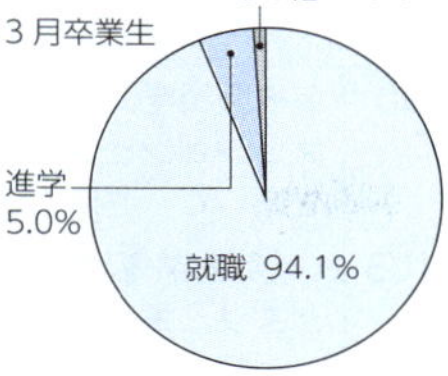

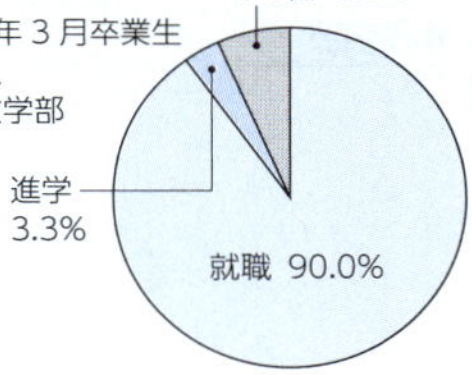

主なOG ▶［家政］桂由美（ブライダルファッションデザイナー），［家政］入山法子（モデル，女優），［家政］小方真弓（カカオハンター），［文芸］上野通子（参議院議員），［国際］菜々緒（女優，モデル）など。

国際化・留学　大学間 10 大学

受入れ留学生数 ▶ 25名（2022年５月１日現在）

留学生の出身国・地域 ▶ 中国，台湾，韓国，ベトナム，ミャンマーなど。

外国人専任教員 ▶ 教授５名，准教授１名，講師０名（2022年５月１日現在）

外国人専任教員の出身国 ▶ アメリカ，イギリス，オーストラリア，中国。

大学間交流協定 ▶ 10大学（交換留学先４大学，2022年９月１日現在）

海外への留学生数 ▶ オンライン型35名／年（３カ国・地域，2021年度）

海外留学制度 ▶ 協定校や提携校への交換留学，派遣留学，学生が自ら留学先を選択する一般留学（認定校）などの長期プログラム，夏季・春季海外研修などの短期プログラムのほか，国際学部や家政学部，文芸学部で語学プログラム，海外研修旅行を実施。コンソーシアムはJPN-COIL協議会に加盟し，国内外の大学とオンラインで交流を図っている。

学費・奨学金制度　給付型奨学金総額 年間約 1,806 万円

入学金 ▶ 150,000円

年間授業料（施設費等を除く）▶ 680,000円～（詳細は巻末資料参照）

年間奨学金総額 ▶ 18,058,060円

年間奨学金受給者数 ▶ 108人

主な奨学金制度 ▶ 本学事務局内の実務体験を伴う「共立女子大学・共立女子短期大学実務体験奨学金」のほか，「廣川シゲ給付奨学金」，家政学部被服学科２年次以上の学生を対象にした「桂由美給付奨学金」などを設置。学費減免制度もあり，2021年度には11人を対象に総額で234万円を減免している。

保護者向けインフォメーション

- **授業見学会**　毎年６月に授業見学会を開催。
- **成績確認**　共立教育ネットワークシステムの「Kyonet」で，学生本人の時間割，出席状況，成績を閲覧することができる。
- **家族懇談会**　５月と10月に「在学生家族懇談会」を開催し，全体会では本学での学生生活や就職活動について説明を行っている。
- **防災対策**　「CAMPUS GUIDE―災害対応マニュアル―」を入学時に配布。災害時の学生の状況は「Kyonet」を利用して確認する。
- **コロナ対策**　ワクチンの職域接種を実施。入構時に検温と消毒を行い，教室では換気を徹底し，収容人数を調整・管理。

インターンシップ科目	必修専門ゼミ	卒業論文	GPA制度の導入の有無および活用例	１年以内の退学率	標準年限での卒業率
家政学部で開講している	全学部で１・４年次に実施	管理栄養士専攻を除き卒業要件	一部の学部でGPAに応じた履修上限単位数を設定しているほか，奨学金等対象者選定，退学勧告基準，学生個々への学修指導に活用	0.6%	90%

学部紹介

学部／学科	定員	特色
家政学部		
被服	90	▷被服科学，染織文化財，ファッションクリエイション，ファッションビジネスの４コース。被服に関する多面的な学びを通して，さまざまな分野で活躍する人材を育成する。
食物栄養	105	▷〈食物学専攻55名，管理栄養士専攻50名〉食の安全性はもとより，栄養の素材としての食物，食物と健康に関する幅広い知識とその実践的能力を身につけた女性を育成する。
児童	150	▷児童教育に関する免許・資格を２つの組み合わせで取得できる，幼保履修モデルと幼小履修モデルを設置。
●取得可能な資格…教職（家，小一種，幼一種，栄養），司書教諭，学芸員，保育士，栄養士，管理栄養士受験資格など。 ●進路状況…………就職90.0%　進学3.3% ●主な就職先………アイリスオーヤマ，大塚商会，LEOC，ベネッセスタイルケア，小学校教員など。		
文芸学部		
文芸	350	▷言語・文学（日本語・日本文学，英語・英語圏文学，フランス語・フランス文学），芸術（劇芸術，美術史），文化（文化），メディア（文芸メディア）の４領域７専修。
●取得可能な資格…教職（国・情・英），司書，司書教諭，学芸員など。 ●進路状況…………就職81.1%　進学4.7% ●主な就職先………鹿島建設，NTTインターネット，日本銀行，星野リゾート・マネジメントなど。		
国際学部		
国際	250	▷エリア，コミュニケーション，グローバルの３つのスタディーズ・コースに17の専攻分野を設定。卒業に必要な単位の半分を英語で学ぶCSEプログラムも用意。
●取得可能な資格…教職（地歴・公・社・英），司書教諭，学芸員など。 ●進路状況…………就職88.3%　進学3.2% ●主な就職先………積水ハウス，ソフトバンク，東日本旅客鉄道，オリエンタルランド，東京都など。		
看護学部		
看護	100	▷医療の進歩と地域包括ケアシステムを踏まえた最新のカリキュラムで，自立した看護師・保健師を育成する。
●取得可能な資格…教職（養護二種），看護師・保健師（選択制）受験資格など。 ●進路状況…………就職94.1%　進学5.0% ●主な就職先………三井記念病院，東京都済生会中央病院，日本大学病院，東京都立墨東病院など。		
ビジネス学部		
ビジネス	150	▷ビジネスの場に必要不可欠な経営，マーケティング，経済，会計という主要４分野の知識を修得するとともに，リーダーシップ開発プログラムで知識を「使える」力を身につける。
●主な就職先………2020年度開設のため卒業生はいない。		
建築・デザイン学部		
建築・デザイン	100	▷2023年度より，家政学部建築・デザイン学科から学部に改組。美術の視点から建築・デザインの基礎・基盤を学び，それぞれの専門領域で創造的に形にしていく力を身につける。
●取得可能な資格…学芸員，１級・２級建築士受験資格など。 ●主な就職先………戸田建設，ポラス，パナソニック，カインズ，バンダイなど（旧学部体制実績）。		

キャンパスアクセス ［神田一ツ橋キャンパス］ 東京メトロ東西線一竹橋より徒歩3分／東京メトロ半蔵門線，都営地下鉄三田線・新宿線一神保町より徒歩1分／東京メトロ東西線・半蔵門線一九段下より徒歩2分

キャンパス

家政(児童学科を除く)・文芸・国際・ビジネス・〈建築・デザイン〉……［本館・4号館］東京都千代田区一ツ橋2-2-1
家政(児童学科)・看護……［3号館］東京都千代田区神田神保町3-27

2023年度入試要項(前年度実績)

●募集人員

学部／学科(専攻)		全学統一	一般2月	一般3月	共通2月	共通3月	共通併用
家政	被服	25	22	3	5	2	—
	食物栄養(食物学)	15	16	2	5	—	—
	(管理栄養士)	11	15	2	5	—	—
	児童	30	20	5	10	2	—
文芸	文芸	80	81	10	35	2	—
国際	国際	53	56	20	22	2	5
看護	看護	32	20	3	5	—	—
ビジネス	ビジネス	40	30	4	2	—	—
建築・デザイン	建築・デザイン	20	25	2	5	—	5

▷一般選抜全学統一方式において，出願時点で，対象となる外部英語検定試験の基準を満たしている場合，外国語(英語)の試験の得点とみなし判定する。本学独自の外国語(英語)の試験を受験した場合，高得点の点数で合否判定を行う。

▷一般選抜および共通テスト利用選抜において判定に利用する調査書は，全体の学習成績の状況を2倍して10点満点として換算。調査書が発行されない場合は卒業証明書と成績証明書または調査書が発行されないことに関する理由書を提出すること。

家政学部／建築・デザイン学部

一般選抜全学統一方式・2月日程　4科目　①**国**(100)▶国総(漢文を除く。古文は選択のみ)　②**外**(100)▶コミュ英Ⅰ・コミュ英Ⅱ・コミュ英Ⅲ・英表Ⅰ・英表Ⅱ　③**地歴・数・理**(100)▶世B・日B・地理B・「数Ⅰ・数Ⅱ・数A・数B(数列のみ)」・「化基・化(物状・物変〈化学反応と平衡を除く〉・無機・有機)」・「生基・生(生命・環境応答)」から1，ただし食物栄養学科管理栄養士専攻は地歴の選択不可　④**調査書**(10)

※一般選抜2月日程において，地歴は2月5日のみ出題。また，化学・生物は2月4日のみ出題。

一般選抜3月日程　3科目　①**国**(100)▶国総(漢文を除く。古文は選択のみ)　②**外**(100)▶コミュ英Ⅰ・コミュ英Ⅱ・コミュ英Ⅲ・英表Ⅰ・英表Ⅱ　③**調査書**(10)

※食物栄養学科は化学・生物のいずれかを履修していることが出願条件となる。

共通テスト利用選抜2月日程　**【食物栄養学科】**　4～3科目　①**国**(200)▶国(近代)　②**外**(200)▶英(リスニング〈100〉を含む)　③④**数・理**(200)▶数Ⅰ・「数Ⅰ・数A」・数Ⅱ・「数Ⅱ・数B」・「物基・化基・生基から2」・物・化・生から1

［個別試験］　1科目　①**調査書**(10)

【その他の学科】　4～3科目　①**国**(200)▶国(近代)　②**外**(200)▶英(リスニング〈100〉を含む)　③④**地歴・公民・数・理**(200)▶世B・日B・地理B・現社・倫・政経・「倫・政経」・数Ⅰ・「数Ⅰ・数A」・数Ⅱ・「数Ⅱ・数B」・「物基・化基・生基・地学基から2」・物・化・生・地学から1

［個別試験］　1科目　①**調査書**(10)

共通テスト利用選抜3月日程　**【被服学科】**　3～2科目　①**外**(200)▶英(リスニング〈100〉を含む)　②③**国・地歴・公民・数・理**(200)▶国(近代)・世B・日B・地理B・現社・倫・政経・「倫・政経」・数Ⅰ・「数Ⅰ・数A」・数Ⅱ・「数Ⅱ・数B」・「物基・化基・生基・地学基から2」・物・化・生・地学から1

［個別試験］　1科目　①**調査書**(10)

【児童学科】　2科目　①**国**(200)▶国(近代)　②**外**(200)▶英(リスニング〈100〉を含む)

［個別試験］　1科目　①**調査書**(10)

共通テスト併用選抜　**【環境・デザイン学科】**

〈共通テスト科目〉　1科目　①**国・外・数**(100)▶国・英(リスニングを含む)・数Ⅰ・「数Ⅰ・数A」から1

※英語は，リーディング(100点)・リスニング(100点)の合計得点を100点満点に圧縮。

〈個別試験科目〉　2科目　①**実技**(100)　②**調査書**(10)

文芸学部

一般選抜全学統一方式・2月日程 4科目 ①国(100)▶国総(現文・古文) ②外(100)▶コミュ英Ⅰ・コミュ英Ⅱ・コミュ英Ⅲ・英表Ⅰ・英表Ⅱ ③**地歴・数・理**(100)▶世B・日B・地理B・「数Ⅰ・数Ⅱ・数A・数B(数列のみ)」・「化基・化(物状・物変〈化学反応と平衡を除く〉・無機・有機)」・「生基・生(生命・環境応答)」から1 ④**調査書**(10)
※一般選抜2月日程において，地歴は2月5日のみ出題。また，化学・生物は2月4日のみ出題。

一般選抜3月日程 3科目 ①国(100)▶国総(現文・古文) ②外(100)▶コミュ英Ⅰ・コミュ英Ⅱ・コミュ英Ⅲ・英表Ⅰ・英表Ⅱ ③**調査書**(10)

共通テスト利用選抜2月日程・3月日程 4〜3科目 ①国(200)▶国(近代・古文) ②外(200)▶英(リスニング〈100〉を含む)・仏から1 ③④**地歴・公民・数・理**(200)▶世B・日B・地理B・現社・倫・政経・「倫・政経」・数Ⅰ・「数Ⅰ・数A」・数Ⅱ・「数Ⅱ・数B」・「物基・化基・生基・地学基から2」・物・化・生・地学から1
[個別試験] 1科目 ①**調査書**(10)

国際学部・ビジネス学部

一般選抜全学統一方式 4科目 ①国(100)▶国総(漢文を除く。古文は選択のみ) ②外(100)▶コミュ英Ⅰ・コミュ英Ⅱ・コミュ英Ⅲ・英表Ⅰ・英表Ⅱ ③**地歴・数**(100)▶世B・日B・地理B・「数Ⅰ・数Ⅱ・数A・数B(数列のみ)」から1 ④**調査書**(10)

一般選抜2月日程 4科目 ①国(100)▶国総(漢文を除く。古文は選択のみ) ②外(100)▶コミュ英Ⅰ・コミュ英Ⅱ・コミュ英Ⅲ・英表Ⅰ・英表Ⅱ ③**地歴・数・理**(100)▶世B・日B・地理B・「数Ⅰ・数Ⅱ・数A・数B(数列のみ)」・「化基・化(物状・物変〈化学反応と平衡を除く〉・無機・有機)」・「生基・生(生命・環境応答)」から1 ④**調査書**(10)
※地歴は2月5日のみ出題。また，化学・生物は2月4日のみ出題。

一般選抜3月日程 3科目 ①国(100)▶国総(漢文を除く。古文は選択のみ) ②外(100)▶コミュ英Ⅰ・コミュ英Ⅱ・コミュ英Ⅲ・英表Ⅰ・英表Ⅱ ③**調査書**(10)

共通テスト利用選抜2月日程・3月日程 【国際学部】 3科目 ①国(200)▶国(近代) ②外(300)▶英(リスニングを含む)・仏・中から1 ※英語はリーディング(100)・リスニング(100)の合計得点を1.5倍し，300点満点に換算。③**地歴・公民・数**(200)▶世B・日B・地理B・現社・倫・政経・「倫・政経」・数Ⅰ・「数Ⅰ・数A」・数Ⅱ・「数Ⅱ・数B」から1
[個別試験] 1科目 ①**調査書**(10)

共通テスト利用選抜2月日程 【ビジネス学部】 3科目 ①国(200)▶国(近代) ②外(200)▶英(リスニング〈100〉を含む) ③数(200)▶数Ⅰ・「数Ⅰ・数A」・数Ⅱ・「数Ⅱ・数B」から1
[個別試験] 1科目 ①**調査書**(10)

共通テスト併用選抜 【国際学部】〈共通テスト科目〉 1科目 ①**国・外・地歴・公民・数**(100)▶国・英(リスニングを含む)・仏・中・世B・日B・地理B・現社・倫・政経・「倫・政経」・数Ⅰ・「数Ⅰ・数A」から1
※英語は，リーディング(100点)・リスニング(100点)の合計得点を100点満点に圧縮。
〈個別試験科目〉 3科目 ①国(100)▶国総(漢文を除く。古文は選択のみ) ②外(100)▶コミュ英Ⅰ・コミュ英Ⅱ・コミュ英Ⅲ・英表Ⅰ・英表Ⅱ ③**調査書**(10)

看護学部

一般選抜全学統一方式 4科目 ①国(100)▶国総(漢文を除く。古文は選択のみ) ②外(100)▶コミュ英Ⅰ・コミュ英Ⅱ・コミュ英Ⅲ・英表Ⅰ・英表Ⅱ ③**数・理**(100)▶「数Ⅰ・数Ⅱ・数A・数B(数列のみ)」・「化基・化(物状・物変〈化学反応と平衡を除く〉・無機・有機)」・「生基・生(生命・環境応答)」から1 ④**調査書**(10)

一般選抜2月日程 4科目 ①国(100)▶国総(漢文を除く。古文は選択のみ) ②外(100)▶コミュ英Ⅰ・コミュ英Ⅱ・コミュ英Ⅲ・英表Ⅰ・英表Ⅱ ③理(100)▶「化基・化(物状・物変〈化学反応と平衡を除く〉・無機・有機)」・「生基・生(生命・環境応答)」から1 ④**調査書**(10)

一般選抜３月日程　3科目　①**国**(100)▶国総(漢文を除く。古文は選択のみ)　②**外**(100)▶コミュ英Ⅰ・コミュ英Ⅱ・コミュ英Ⅲ・英表Ⅰ・英表Ⅱ　③**調査書**(10)
※化学・生物のいずれかを履修していることが出願条件となる。

共通テスト利用選抜２月日程　4〜3科目　①**国**(100)▶国(近代)　②**外**(100)▶英(リスニングを含む)　※リーディング(100点)・リスニング(100点)の合計得点を100点満点に圧縮。③④**理**(100)▶「化基・生基」・化・生から1
[個別試験]　1科目　①**調査書**(10)

その他の選抜

学校推薦型選抜(公募制推薦)は家政学部35名，文芸学部20名，国際学部20名，看護学部８名，建築・デザイン学部８名を，総合型選抜は家政学部52名(被服学科13名〈面接・小論文方式〉，食物栄養学科４名〈面接・小論文方式〉，児童学科35名〈面接・小論文方式〉)，文芸学部50名(ゼミ方式)，国際学部20名(面接・プレゼン方式)，看護学部10名(チームワーク思考方式)，ビジネス学部25名(リーダーシップ方式)，建築・デザイン学部20名(実技・面接方式)を，商業資格特別入試はビジネス学部５名を募集。ほかに学校推薦型選抜(指定校制推薦，卒業生子女推薦)，海外帰国子女特別選抜，社会人特別選抜，外国人留学生入試を実施。

偏差値データ(2023年度)

●一般選抜

学部／学科／専攻	2023年度 駿台予備学校 合格目標ライン	2023年度 河合塾 ボーダー偏差値	2022年度 競争率
▶家政学部			
被服(２月)	39	45	1.7
(統一)	40	45	2.5
食物栄養／食物学(２月)	41	42.5	2.1
(統一)	41	50	2.0
／管理栄養士(２月)	42	47.5	5.1
(統一)	43	52.5	6.5
児童(２月)	41	42.5	1.2
(統一)	42	45	2.0
▶文芸学部			
文芸(２月)	39	45	1.3
(統一)	40	45	1.1
▶国際学部			
国際(２月)	42	42.5	1.3
(統一)	42	42.5	1.2
▶看護学部			
看護(２月)	42	45	3.5
(統一)	43	47.5	2.6
▶ビジネス学部			
ビジネス(２月)	40	47.5	2.6
(統一)	41	47.5	1.9
▶建築・デザイン学部			
建築・デザイン(２月)	42	47.5	2.9
(統一)	43	50	2.6

●駿台予備学校合格目標ラインは合格可能性80％に相当する駿台模試の偏差値です。
●河合塾ボーダー偏差値は合格可能性50％に相当する河合塾全統模試の偏差値です。
●競争率は受験者÷合格者の実質倍率

併設の教育機関　短期大学

共立女子短期大学

問合せ先　大学企画課　☎03-3237-5927
所在地　東京都千代田区一ツ橋2-2-1

学生数▶女330名
教員数▶教授10名，准教授３名，講師１名

設置学科

●**生活科学科**（100）　メディア社会，生活デザイン，食・健康の３コース。「生活」を科学的に研究し，社会につながる専門的知識と実践力を身につける。
●**文科**（100）　日本文学・表現，英語，心理学の３コース。ことばと心に関する多様な学びから，女性としての人間力を育む。

卒業後の進路

2022年３月卒業生▶227名
就職84名，大学編入学100名（うち他大学29名），その他43名

杏林大学

資料請求

問合せ先 入学センター　☎0422-47-0077

建学の精神

1966（昭和41）年に学校法人杏林学園の設置が認可され，短期大学開設。70年に，「医」の道を志す者のための学び舎として，杏林大学医学部および医学部付属病院を開設・開院した。建学の精神である「眞善美の探究」を通じて，優れた人格を持ち，人のために尽くすことのできる国際的な人材を育成するという教育理念は，医学部を起点にして，保健学部，総合政策学部，外国語学部へと広がった現在も受け継がれ，総合大学へと成長。「よい環境がよい人材を育てる」をコンセプトにデザインされた校舎内に最新設備を備えた井の頭キャンパスと，医学部付属病院に隣接し，2021年３月にアリーナが，2022年４月に医学部新講義棟も完成した三鷹キャンパスは，学生の豊かな感性を刺激し，探究心を育むために考え抜かれた施設となっている。

- **井の頭キャンパス**…〒181-8612　東京都三鷹市下連雀5-4-1
- **三鷹キャンパス**……〒181-8611　東京都三鷹市新川6-20-2

基本データ

学生数▶5,727名（男2,206名，女3,521名）
専任教員数▶教授184名，准教授107名，講師126名
設置学部▶外国語，総合政策，保健，医
併設教育機関▶大学院─国際協力・保健学（以上M・D），医学（D）

就職・卒業後の進路

就 職 率 **98.3**％
就職者÷希望者×100

●**就職支援**　キャリアサポートセンターと学部の教員が連携し，体系化された１年次からの「キャリア教育」授業を柱に，目的に応じて選択できる「就職支援プラグロム」，個別の悩みや課題に応じた「個別面談」の３つの角度からキャリア支援を実施。文系学生にはキャリア教育の一環として，企業の採用試験を疑似体験する独自の「就活トライアル」「就活シミュレーション」を行っている。

●**資格取得支援**　４年間の大学生活を，目標を持って取り組んでもらえるよう，将来に役立つ約10（総合旅行業務取扱管理者，宅地建物取引士，世界遺産検定２級，ITパスポート，TOEIC，MOSなど）の講座を開講。

進路指導者も必見 学生を伸ばす 面倒見

初年次教育	学修サポート
自ら学修計画を立て，主体的な学びが実践できるように，および主体的に問題点・課題点を発見するように，総合政策学部で「プレゼミナール」，外国語学部で「大学入門」を配置。健康学部でも各学科で初年次教育を実施	オフィスアワー制度や担任制度，アカデミックアドバイザー制度を全学部で導入。レポートや小論文，プレゼンテーション資料など文章作成のコツを教えるライティングセンターも設置

オープンキャンパス（2022年度実績）　対面式オープンキャンパスを総合政策・外国語学部で５・７・８月，保健学部で８月，医学部で７月に実施（予約制）。学科・入試説明，模擬講義・実習・展示，キャンパスツアーなど。

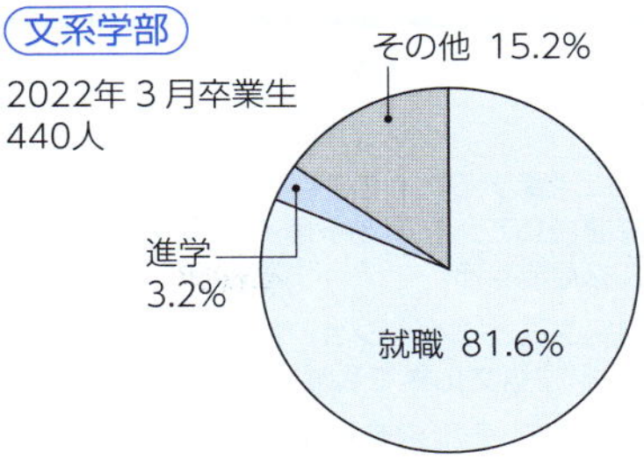

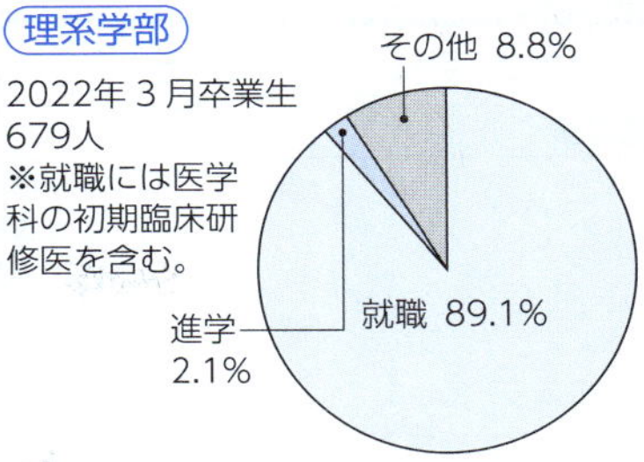

主なOB・OG▶［外国語］神谷英樹（ゲームデザイナー）・阿部美里（東日本放送アナウンサー），［医］水谷佑毅（DYM社長，医師），［旧社会科］鳩山二郎（衆議院議員）・中本広太郎（日本製麻社長）など。

国際化・留学　大学間 57 大学等・部局間 4 大学等

受入れ留学生数▶10名（2022年５月１日現在）

留学生の出身国・地域▶中国，韓国，台湾など。

外国人専任教員▶教授５名，准教授０名，講師３名（2022年５月１日現在）

外国人専任教員の出身国▶中国，韓国，アメリカ，イギリスなど。

大学間交流協定▶57大学・機関（交換留学先49大学，2022年３月現在）

部局間交流協定▶４大学・機関（交換留学先４大学，2022年３月現在）

海外への留学生数▶渡航型２名・オンライン型42名／年（６カ国，2021年度）

海外留学制度▶「交換留学」「私費留学（大学提供・個人手配プログラム）」があり，自分の能力・ニーズに合わせて留学先・期間を選ぶことが可能。また，春・夏休み期間にも，語学学習や異文化体験を目的とした，10日～1カ月間程度の海外研修が実施されている。コンソーシアムはUMAPに参加。

学費・奨学金制度

入学金▶250,000円（医1,500,000円）

年間授業料（施設費等を除く）▶720,000円～（詳細は巻末資料参照）

年間奨学金総額▶NA

年間奨学金受給者数▶NA

主な奨学金制度▶経済的支援を目的とした「杏林大学奨学金」や，「杏林大学特別表彰学生表彰金」「杏林大学成績優秀学生表彰金」といった表彰制度，海外留学に特化した「杏林大学海外研修・留学奨学金」「外国語学部熊谷奨学金」など，さまざまな形で支援する奨学金・奨励金を用意している。

保護者向けインフォメーション

- **成績確認**　成績通知書を送付している。
- **保護者会**　各学部で杏会（保護者会）を組織し，総会や保護者会，保護者向け就職説明会などを開催。保健学部では「杏会報」を発行。
- **相談窓口**　保護者専用の窓口を設置している。
- **防災対策**　「ハンドブック」に防災情報を掲載。災害時の学生の状況は，ポータルサイトを利用して確認するようにしている。
- **コロナ対策１**　ワクチンの職域接種を実施。感染状況に応じたBCP（行動指針）を設定している。「コロナ対策２」（下段）あり。

インターンシップ科目	必修専門ゼミ	卒業論文	GPA制度の導入の有無および活用例	１年以内の退学率	標準年限での卒業率
外国語と総合政策学部で開講している	外国語学部と保健学部で実施	外国語学部と保健学部は卒業要件	奨学金対象者の選定基準や進級判定・卒業判定基準，学生の個別学習指導に活用するほか，GPAに応じた履修上限単位数を設定	NA	NA

● **コロナ対策２**　入構時や教室の入口で検温や消毒を実施するとともに，教室の換気を徹底し，収容人数を調整・管理。また，感染状況に応じてオンライン授業も併用し，希望者にはWi-FiルータやPCを貸与。

学部紹介

学部／学科	定員	特色
外国語学部		
英語	130	▷グローバルに活躍するための語学力を鍛えるとともに，高度な専門教育を通じて，物事を多角的な視野から見ることのできる国際人を養成する。
中国語	32	▷高度な中国語コミュニケーション能力と幅広い知識を身につけ，アジア・中国語文化圏で活躍する人材を養成する。
観光交流文化	90	▷人々の移動と滞在，それを支えるホスピタリティを探究し，地域創造や国際貢献の分野で活躍する人材を養成する。
●取得可能な資格…教職(英)など。 ●進路状況…………就職78.9%　進学4.0% ●主な就職先………高見，星野リゾート・マネジメント，青梅信用金庫，GMOインターネットなど。		
総合政策学部		
総合政策	150	▶国際的なビジネスパーソンを育てるGCP（グローバル・キャリア・プログラム）とデータを活用して解決策をデザインするDDP（データ・デザイン・プログラム）を設置。 ▷社会を動かす政治，社会に必要なものを巡らせる経済，社会の枠組みを担う法律を学ぶとともに，これらの学問を横断して国際関係や福祉，環境を分析する。
企業経営	80	▷経営戦略やマーケティング，会計などを学ぶことで企業や組織について理解し，根拠を持って判断する力を身につける。
●取得可能な資格…教職(公・社)など。 ●進路状況…………就職84.5%　進学2.3% ●主な就職先………多摩信用金庫，能美防災，京王不動産，ドコモ・データコム，SOMPOケアなど。		
保健学部		
臨床検査技術	120	▷診断，治療，予防の面から医療全般を支える臨床検査技師を育成する。細胞・遺伝子レベルの検査技術も習得可能。
健康福祉	120	▷豊かな医療知識と技術を持った「保健室の先生」「福祉の専門家」「健康スポーツのエキスパート」を育成する。
看護	150	▷２専攻制。看護学専攻(100名)では，臨床との連携・協働のもと，確実な実践能力を持った看護職を育成する。看護養護教育学専攻(50名)では，ヘルスプロモーションを実践できる能力を身につけた養護教諭や看護師を育成する。
臨床工	60	▷東京初の臨床工学技士を養成する学科として，豊富なノウハウで他大学より一歩進んだチーム医療を実践的に指導し，最先端医療を支える「いのちのエンジニア」を育成する。
救急救命	50	▷医学部付属病院と連携しながら質の高い救急医学教育を展開し，命と向き合う専門的な能力と使命感を持った，救急医療のスペシャリストを育成する。
リハビリテーション	140	▷NEW! '23年新設。従来の理学療法と作業療法の２学科を専攻制に改組し，新たに言語聴覚療法学専攻を開設。理学療法学専攻(65名)では人間性豊かな理学療法士を，作業療法学専攻(50名)では患者さんに寄り添う作業療法士を，言語聴覚療法学専攻(25名)では「話す」「聞く」「食べる」に障がいを持つ方々を支える言語聴覚士を養成する。

キャンパスアクセス［井の頭キャンパス］JR中央線・総武線，京王井の頭線—吉祥寺よりバス15分／JR中央線・総武線—三鷹よりバス15分／京王線—仙川・千歳烏山よりバス20分，調布よりバス25分

診療放射線技術	66	▷予防治療やがん治療を支え，チーム医療に貢献できる診療放射線技師を育成する。
臨床心理	80	▷チーム医療の中で心理的側面を支援し，人に寄り添う公認心理師をめざす人材を養成する。

● **取得可能な資格**…教職(保健・養護一種)，保育士，看護師・保健師・助産師・診療放射線技師・臨床検査技師・臨床工学技士・救急救命士・理学療法士・作業療法士・言語聴覚士・社会福祉士・精神保健福祉士受験資格など。
● **進路状況**…………就職87.5%　進学2.5%
● **主な就職先**………杏林大学医学部付属病院，聖路加国際病院，EP綜合，東京都，東京消防庁など。

医学部

医	118	▷知的探究心を活性化して深く考える能力を養うと同時に，さまざまな人と触れ合う実習の場を通じ，責任ある行動の取れる「良き医師」を育成する。

● **取得可能な資格**…医師受験資格。　● **進路状況**…初期臨床研修医96.7%

キャンパス

外国語・総合政策・保健……［井の頭キャンパス］東京都三鷹市下連雀5-4-1
医・保健(看護学専攻，臨床心理２～４年次)……［三鷹キャンパス］東京都三鷹市新川6-20-2

2023年度入試要項(前年度実績)

●募集人員

学部／学科(専攻)	一般前期	一般後期	共通前期	共通後期
▶外国語　英語	26	10	8	5
中国語	6	3	2	2
観光交流文化	22	3	5	3
▶総合政策　総合政策	2科26 3科22	8	2科10 3科7	8
企業経営	2科13 3科10	4	2科6 3科4	4
▶保健　臨床検査技術	66		3	
健康福祉	20		3	
看護(看護学)	56		3	
(看護養護教育学)	23		3	
臨床工	26		3	
救急救命	15		3	
リハビリテーション(理学療法学)	38		3	
(作業療法学)	15		3	
(言語聴覚療法学)	10		3	
診療放射線技術	36		3	
臨床心理	36		3	
▶医　医	102		15	

※医学部の一般選抜の募集人員には東京都地域枠選抜10名，新潟県地域枠選抜３名を含む。
※次のように略しています。科目型→科。

外国語学部

一般選抜前期日程(２科目〈英語重視〉型)　**2科目**　①**外**(200)▶コミュ英Ⅰ・コミュ英Ⅱ・コミュ英Ⅲ・英表Ⅰ・英表Ⅱ　②**国・地歴・公民・数**(100)▶国総(近代)・世Ｂ・日Ｂ・政経・「数Ⅰ・数Ａ」から１

一般選抜前期日程(３科目型)　**3科目**　①**外**(100)▶コミュ英Ⅰ・コミュ英Ⅱ・コミュ英Ⅲ・英表Ⅰ・英表Ⅱ　②③**国・地歴・公民・数**(100×2)▶国総(近代)・世Ｂ・日Ｂ・政経・「数Ⅰ・数Ａ」から２

一般選抜後期日程　**2科目**　①**国**(100)▶国総(近代)　②**外**(100)▶コミュ英Ⅰ・コミュ英Ⅱ・コミュ英Ⅲ・英表Ⅰ・英表Ⅱ

共通テスト利用選抜前期日程(２科目〈外国語重視〉型)・後期日程(２科目型)　**2科目**　①**外**(前期200・後期100)▶英(リスニングを含む)・中から１，ただし中は中国語学科のみ選択可　②**国・地歴・公民・数**(100)▶国(近代)・世Ｂ・日Ｂ・地理Ｂ・現社・政経・数Ⅰ・「数Ⅰ・数Ａ」から１
※英語は，前期はリーディング・リスニング各100点，後期はリーディング・リスニング各100点の計200点を100点に換算。
［個別試験］行わない。

共通テスト利用選抜前期日程(３科目型)
3科目　①**外**(100)▶英(リスニングを含む)・

中から1，ただし中は中国語学科のみ選択可 ②③国・地歴・公民・数(100×2)▶国(近代)・世B・日B・地理B・現社・政経・数Ⅰ・「数Ⅰ・数A」から2

※英語はリーディング・リスニング各100点の計200点を100点に換算。

[個別試験] 行わない。

総合政策学部

一般選抜前期日程(2科目型) 2科目 ①②国・外・地歴・公民・数(100×2)▶国総(近代)・「コミュ英Ⅰ・コミュ英Ⅱ・コミュ英Ⅲ・英表Ⅰ・英表Ⅱ」・世B・日B・政経・「数Ⅰ・数A」から2

一般選抜前期日程(3科目型) 3科目 ①外(100)▶コミュ英Ⅰ・コミュ英Ⅱ・コミュ英Ⅲ・英表Ⅰ・英表Ⅱ ②③国・地歴・公民・数(100×2)▶国総(近代)・世B・日B・政経・「数Ⅰ・数A」から2

一般選抜後期日程 2科目 ①国(100)▶国総(近代) ②外(100)▶コミュ英Ⅰ・コミュ英Ⅱ・コミュ英Ⅲ・英表Ⅰ・英表Ⅱ

共通テスト利用選抜前期日程(2科目型)・後期日程(2科目型) 3~2科目 ①②③国・外・地歴・公民・数・理(100×2)▶国(近代)・英(リスニングを含む)・世B・日B・地理B・現社・政経・数Ⅰ・「数Ⅰ・数A」・数Ⅱ・「数Ⅱ・数B」・簿・「物基・化基・生基・地学基から2」・「物・化・生・地学から1」から2

※英語はリーディング・リスニング各100点の計200点を100点に換算。

[個別試験] 行わない。

共通テスト利用選抜前期日程(3科目型) 4~3科目 ①外(100)▶英(リスニングを含む) ②③④国・地歴・公民・数・理(100×2)▶国(近代)・世B・日B・地理B・現社・政経・数Ⅰ・「数Ⅰ・数A」・数Ⅱ・「数Ⅱ・数B」・簿・「物基・化基・生基・地学基から2」・「物・化・生・地学から1」から2

※英語はリーディング・リスニング各100点の計200点を100点に換算。

[個別試験] 行わない。

保健学部

一般選抜 【臨床検査技術学科・臨床工学科・診療放射線技術学科】 3科目 ①外(150)▶コミュ英Ⅰ・コミュ英Ⅱ・コミュ英Ⅲ・英表Ⅰ・英表Ⅱ ②③数・理(100×2)▶「数Ⅰ・数A」・「物基・物」・「化基・化(高分子を除く)」・「生基・生」から2

【健康福祉学科・リハビリテーション学科(言語聴覚療法学専攻)・臨床心理学科】 2科目 ①外(150)▶コミュ英Ⅰ・コミュ英Ⅱ・コミュ英Ⅲ・英表Ⅰ・英表Ⅱ ②国・数・理(100)▶国総(近代)・「数Ⅰ・数A」・物基・化基・生基から1

【看護学科・救急救命学科・リハビリテーション学科(理学療法学専攻・作業療法学専攻)】 3科目 ①外(150)▶コミュ英Ⅰ・コミュ英Ⅱ・コミュ英Ⅲ・英表Ⅰ・英表Ⅱ ②③国・数・理(100×2)▶国総(近代)・「数Ⅰ・数A」・物基・化基・生基から2

共通テスト利用選抜 【臨床検査技術学科・臨床工学科・診療放射線技術学科】 4~3科目 ①外(150)▶英(リスニングを含む) ②③④数・理(100×2)▶「数Ⅰ・数A」・「物基・化基・生基から2」・物・化・生から2

[個別試験] 行わない。

【健康福祉学科・リハビリテーション学科(言語聴覚療法学専攻)・臨床心理学科】 3~2科目 ①外(150)▶英(リスニングを含む) ②③国・数・理(100)▶国(近代)・「数Ⅰ・数A」・「物基・化基・生基から2」・物・化・生から1

[個別試験] 行わない。

【看護学科・救急救命学科・リハビリテーション学科(理学療法学専攻・作業療法学専攻)】 4~3科目 ①外(150)▶英(リスニングを含む) ②③④国・数・理(100×2)▶国(近代)・「数Ⅰ・数A」・「物基・化基・生基から2」・物・化・生から2

[個別試験] 行わない。

※英語はいずれもリーディング・リスニング各100点の計200点を150点に換算。

医学部

一般選抜 〈1次試験〉 4科目 ①外(100)▶コミュ英Ⅰ・コミュ英Ⅱ・コミュ英Ⅲ・英表Ⅰ・英表Ⅱ ②数(100)▶数Ⅰ・数Ⅱ・数Ⅲ・数A・数B(確率を除く) ③④理(75×2)▶「物

基・物」・「化基・化」・「生基・生」から２
〈２次試験〉 **2**科目 ①小論文 ②面接
※２次試験は１次試験合格者のみに実施。
共通テスト利用選抜 **5**科目 ①外(200) ▶英(リスニング〈100〉を含む) ②③数(100×2) ▶「数Ⅰ・数A」・「数Ⅱ・数B」 ④⑤理(100×2) ▶物・化・生から２
[個別試験(２次試験)] **2**科目 ①小論文 ②面接
※個別試験(２次試験)は，共通テストによる１次試験合格者のみに実施。

その他の選抜

学校推薦型選抜(外国語学部と総合政策学部は指定校制を含む)は外国語学部103名，総合政策学部60名，保健学部215名を，総合型選抜(AO入試)は外国語学部51名，総合政策学部43名，保健学部186名を募集。ほかに医学部東京都地域枠選抜，医学部新潟県地域枠選抜，外国人留学生選抜を実施。

偏差値データ (2023年度)

●一般選抜

学部／学科／専攻	2023年度 駿台予備学校 合格目標ライン	2023年度 河合塾 ボーダー偏差値	2022年度 競争率
▶外国語学部			
英語(前期２科目)	41	45	1.1
(前期３科目)	41	42.5	
中国語(前期２科目)	38	40	1.0
(前期３科目)	38	40	
観光交流文化(前期２科目)	40	45	1.0
(前期３科目)	40	42.5	
▶総合政策学部			
総合政策(前期２科目)	39	45	3.1
(前期３科目)	40	42.5	2.4
企業経営(前期２科目)	38	45	2.6
(前期３科目)	38	42.5	2.0
▶保健学部			
臨床検査技術	44	45	2.5
健康福祉	41	45	1.8
看護／看護学	45	55	4.6
／看護養護教育学	44	50	4.2
臨床工	43	42.5	1.6
救急救命	42	42.5	3.4
リハビリテーション／理学療法	46	52.5	5.2
／作業療法	44	42.5	1.3
／言語聴覚療法	42	42.5	新
診療放射線技術	43	50	4.8
臨床心理	43	42.5	1.1
▶医学部			
医	58	65	13.2

- 駿台予備学校合格目標ラインは合格可能性80%に相当する駿台模試の偏差値です。
- 河合塾ボーダー偏差値は合格可能性50%に相当する河合塾全統模試の偏差値です。
- 競争率は受験者÷合格者の実質倍率

慶應義塾大学

資料請求

問合せ先 入学センター ☎03-5427-1566

建学の精神

創立者である福澤諭吉が1858（安政５）年に江戸築地鉄砲洲の中津藩中屋敷内に開いた蘭学塾を起源とする，江戸時代から続く日本最古の私立総合大学。68（慶応４）年，時の年号をとって塾名を「慶應義塾」と定める。欧米諸国を見聞して帰国した福澤は，古いしきたりや慣習にとらわれない教育を実践。その基礎となった「独立自尊（自立した人を，学問で育む）」「実学（“自分の頭で考える”学びへ）」「半学半教（学びつつ教え，教えつつ学ぶ）」「自我作古（前人未到に，挑む意志）」「人間交際（人との交流が，人間力を培う）」「社中協力（人のつながりを，未来への力に）」など数々の理念は，現在に脈々と受け継がれ，幾多の人材を輩出。福澤が著した『学問のすゝめ』に則り，まわりに流されず，自分自身で考えて歩んでいくために，学問をすゝめている。

●キャンパス情報はP.338をご覧ください。

基本データ

学生数▶28,641名（男18,286名，女10,355名）
専任教員数▶教授833名，准教授360名，講師387名
設置学部▶文，経済，法，商，医，理工，総合政策，環境情報，看護医療，薬
併設教育機関▶大学院（P.341参照） 通信教育課程―文学部，経済学部，法学部

就職・卒業後の進路

●**就職支援**　三田，矢上，湘南藤沢，芝共立の各キャンパス就職・進路支援担当部署が，さまざまなテーマのガイダンスをそれぞれの特色を生かしながら，全キャンパスで年間計130回程度開催。一部上場企業の社長輩出大学第１位を誇るなど，あらゆる業界の名だたる企業で卒業生（塾員）が活躍しているだけに，その塾員たちで構成されている「三田会」のネットワークも大きな支えとなっている。

●**資格取得支援**　公認会計士や法曹などをめざす学生を支援する会計研究室や法学研究所を設置。公認会計士試験では，大学別合格者数で47年連続１位を継続中で，また2022年度司法試験でも104名が合格している。

進路指導者も必見 学生を伸ばす 面倒見

初年次教育	学修サポート
文学部では各専攻が「特論」として少人数クラスを設置。独自の「アカデミック・スキルズ」科目も開講している。医療系3学部では合同教育（初期）を行い，将来のチーム医療を見据え，チームワークの有用性を体験	日吉キャンパスの情報処理科目や湘南藤沢キャンパス（SFC），理工学部，薬学部などでTA・SA制度を導入。医学部では学生５～６名に対し，教員１名が担任として学習相談，学生生活相談に乗っている

オープンキャンパス（2022年度実績） SFCで総合政策学部と環境情報学部がオンライン＆オンキャンパスで，複数のイベントを展開したほか，看護医療学部と薬学部がオンラインでオープンキャンパスを開催。

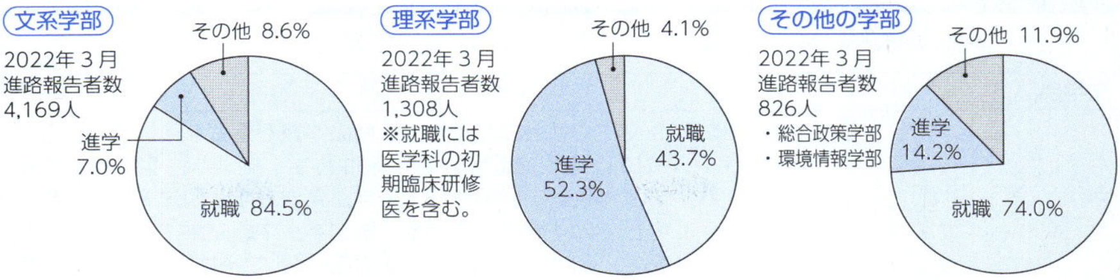

主なOB・OG▶［法］豊田章男（トヨタ自動車社長），［理工］井伊基之（NTTドコモ社長），［文・法］池井戸潤（小説家），［文］水卜麻美（日本テレビアナウンサー），［経済］櫻井翔（タレント，キャスター）など。

国際化・留学　大学間 143 大学

受入れ留学生数▶797名（正規学部生，2022年11月1日現在）
留学生の出身国・地域▶中国，韓国，フランス，台湾，ドイツ，アメリカ，イタリアなど。
外国人専任教員▶NA
外国人専任教員の出身国▶NA
大学間交流協定▶143大学（派遣交換留学制度協定校，2022年１月現在）
海外への留学生数▶渡航型242名／年（派遣交換留学生数，2021年度）
海外留学制度▶派遣交換留学制度やダブルディグリー・プログラムなどの長期から，夏季・春季休校期間を利用した国際センター主催の短期海外研修プログラム，学部独自の留学プログラムなどを実施。慶應義塾大学では，あらかじめ「国外留学申請書」を提出し，教育上有益と認められた場合，「留学」の認定を受けて留学することができる。

学費・奨学金制度　給付型奨学金総額 年間 6 億 6,043 万円

入学金▶200,000円
年間授業料（施設費等を除く）▶900,000円～（詳細は巻末資料参照）
年間奨学金総額▶660,430,000円
年間奨学金受給者数▶延べ約1,160人（2021年度学部生）
主な奨学金制度▶首都圏以外出身の受験生を対象とする入学前予約型奨学金「学問のすゝめ奨学金」や「慶應義塾維持会奨学金」「慶應義塾大学給費奨学金」を用意。さらに，従来の複数の制度を一本化した「修学支援奨学金」は，家計急変や大規模自然災害による被災などさまざまな理由で経済的に修学が困難な学生をより幅広く柔軟にサポートしている。

保護者向けインフォメーション

- **成績確認**　2021年度から学業成績表の郵送制度が廃止されたが，オンラインで閲覧が可能。
- **広報誌**　1963年創刊の「塾」を季節ごとに年４回発行し，学部生保証人へ送付している。
- **地域連絡会**　東京圏以外の全国各地区で「大学塾生家族地域連絡会」を隔年で開催し，教職員が大学の近況，塾生の勉学・学生生活・進路などについて説明している。
- **防災対策**　「災害・緊急時ポケットガイド」を作成。大地震が発生した場合は，指定URLを利用して安否を確認するようにしている。
- **コロナ対策１**　2022年５月までに３回目の職域接種を実施。「コロナ対策２」（下段）あり。

インターンシップ科目	必修専門ゼミ	卒業論文	GPA制度の導入の有無および活用例	１年以内の退学率	標準年限での卒業率
学部により開講	学部により異なる（SFCは１年次より参加可，希望制）	ゼミ生は卒業要件。文学部は専攻により異なる	商学部の「GPP（Global Passport Program）」の選考や，薬学科のアドバンスト病院実習（国内・海外）への参加資格などに活用	NA	NA

● **コロナ対策２**　各キャンパスにおいて，教室の換気設備増強等の環境整備を行い，2021年度中に完了。2022年度は，必要な感染防止対策を継続しながら，大学全体として概ね９割を超える授業科目を対面で実施した。

学部紹介

学部／学科	定員	特色
文学部		
人文社会	800	▷文化や社会のあり方，人間の本質を追究する。以下の５学系に17専攻を設置。哲学系は哲学，倫理学，美学美術史学の３専攻。史学系は日本史学，東洋史学，西洋史学，民族学考古学の４専攻。文学系は国文学，中国文学，英米文学，独文学，仏文学の５専攻。図書館・情報学系は図書館・情報学の１専攻。人間関係学系は社会学，心理学，教育学，人間科学の４専攻。１年次修了時に専攻を決定する。
● 取得可能な資格…教職（国・地歴・公・社・情・英・独・仏・中），司書，司書教諭，学芸員。 ● 進路状況…………就職81.4%　進学8.5% ● 主な就職先………楽天グループ，東京海上日動火災保険，アクセンチュア，エヌ・ティ・ティ・データ，日本放送協会，三菱UFJ銀行，大和証券，りそなホールディングスなど。		
経済学部		
経済	1,200	▷「研究会（ゼミナール）」「PCP（プロフェッショナル・キャリア・プログラム）」「研究プロジェクト」という３つを柱に専門教育を行い，世界経済をリードしうる次代の経済人を育成する。2022年度より，データサイエンスとフィールドリサーチに関する２つの履修プログラムを新たに開設。
● 取得可能な資格…教職（地歴・公・社），学芸員。 ● 進路状況…………就職86.9%　進学4.4% ● 主な就職先………PwCコンサルティング，アクセンチュア，三菱UFJ銀行，ベイカレント・コンサルティング，みずほ銀行，野村證券，有限責任あずさ監査法人，大和証券など。		
法学部		
法律	600	▷法律学を分野ごとの区分ではなく習熟度別に，体系的に修得し，社会現象を法的にとらえる能力・考え方を育成する。
政治	600	▷幅広い領域の政治学を多角的に研究し，ルールを構想・創造・運営・変革する能力や考え方を育成する。
● 取得可能な資格…教職（地歴・公・社），学芸員。 ● 進路状況…………就職80.2%　進学11.8% ● 主な就職先………PwCコンサルティング，三井住友信託銀行，アクセンチュア，東京海上日動火災保険，三菱UFJ銀行，楽天グループ，みずほ銀行，三菱UFJ信託銀行など。		
商学部		
商	1,000	▷産業社会全般を科学するために，学問のコアを経営，会計，商業，経済・産業という４つのフィールドから構成し，社会を変えるための問題発見・解決能力を養う。
● 取得可能な資格…教職（地歴・公・社・商業），学芸員。 ● 進路状況…………就職89.6%　進学2.5% ● 主な就職先………ベイカレント・コンサルティング，有限責任監査法人トーマツ，大和証券，有限責任あずさ監査法人，PwCコンサルティング，野村総合研究所，三井住友銀行など。		
医学部		
医	110	▷基礎臨床一体型医学・医療を実現するため，臨床実習の基礎となる密度の高い授業や臨床教育を重視した豊富な実習など，医療プロフェッショナリズムを一貫して学ぶ教育を実施。
● 取得可能な資格…医師受験資格。 ● 進路状況…………初期臨床研修医97.2%　進学1.8%		

キャンパスアクセス ［三田キャンパス］ JR山手線・京浜東北線一田町より徒歩８分／都営地下鉄浅草線・三田線一三田より徒歩7分／都営地下鉄大江戸線一赤羽橋より徒歩８分

理工学部		
		▶入学後は，入試で選択した学門（A:物理・電気・機械分野，B:電気・情報分野，C:情報・数学・データサイエンス分野，D:機械・システム分野，E:化学・生命分野）で学び，第２学年進級時に合わせて所属学科を決める。
機械工	932	▷地球・社会環境も視野に入れた総合的な現象解明や創造的な設計・ものづくりができる技術者・研究者を育成する。
電気情報工		▷明日のエレクトロニクス分野に変革を起こすことのできる人材を育成する。
応用化		▷最先端の研究を通して化学が関連するグローバルな問題解決能力を身につけた，未来を切り拓くリーダーを育成する。
物理情報工		▷世界を革新する応用物理を学び，世界を先導するサイエンティストやエンジニアを育成する。
管理工		▷「人間」「もの」「情報」「金」をキーワードに，さまざまな視点や発想から科学技術とマネジメントを考える。
数理科		▷数学，統計学の２専攻。さまざまな自然現象や社会現象を表現し，その本質を理解する。
物理		▷「普遍性」と「創発」を理解して，素粒子から宇宙，社会現象までを解明する。
化		▷科学の「幹」となる化学探究・解明で，新分野を開拓し，独創的な新技術を創成することができる人材を育成する。
システムデザイン工		▷基盤技術を総合的に活用し，技術と技術・人間・社会がより高度に調和した新しいシステムをデザインする。
情報工		▷情報通信の技術とその未来を正しく理解し，世界をリードする先端技術者を育成する。
生命情報		▷生命現象をシステムとしてとらえ，生命科学の新しい時代を拓き，リードしていく人材を育成する。

- **取得可能な資格**…教職（数・理・情・工業），学芸員，１・２級建築士受験資格など。
- **進路状況**…………就職25.5％　進学70.4％
- **主な就職先**………PwCコンサルティング，エヌ・ティ・ティ・データ，三菱UFJ銀行，NTTドコモ，日立製作所，アクセンチュア，アビームコンサルティング，野村総合研究所など。

総合政策学部		
総合政策	425	▷問題の本質を発見し，政治，法律，経済，社会，文化，テクノロジー，心と体など，さまざまな領域を取り込みながら，学生と教員が一体となって解決をめざす。環境情報学部の授業や研究会を自由に行き来して学ぶことが可能。

- **取得可能な資格**…教職（公・社），学芸員，１・２級建築士受験資格など。
- **進路状況**…………就職79.8％　進学10.0％
- **主な就職先**………楽天グループ，PwCコンサルティング，キーエンス，三菱UFJ銀行，リクルート，キリンホールディングス，日本タタ・コンサルタンシー・サービシズなど。

環境情報学部		
環境情報	425	▷先端のサイエンスを追求し，生命，心身の健康，環境とエネルギー，デザイン，防災やメディアなどの新しい課題に，総合政策学部と一体となった社会科学のアプローチで，変動する国際社会の未来を担うグローバル情報社会を創造する。

キャンパスアクセス ［日吉キャンパス］東急東横線・目黒線，横浜市営地下鉄グリーンライン―日吉より徒歩1分

●取得可能な資格…教職（情），学芸員，1・2級建築士受験資格など。 ●進路状況…………就職67.7%　進学18.7% ●主な就職先………アクセンチュア，PwCコンサルティング，ソフトバンク，博報堂，楽天グループ，サイバーエージェント，ベイカレント・コンサルティング，ソニーグループなど。		
看護医療学部		
看護	100	▷人間に対する深い理解と尊重とともに健康と生活の状態を把握する力，専門的知識や看護実践力，国際的な視野などを身につけ，保健・医療・福祉を一体化できる先導者を育成する。
●取得可能な資格…看護師・保健師・助産師受験資格。 ●進路状況…………就職90.8%　進学3.7% ●主な就職先………慶應義塾大学病院（就職者の約77.8%）など。		
薬学部		
薬	150	▷６年制。薬物の適正使用に必要な知識とその進歩に追随できる科学者としての基盤を持ち，患者さんを最優先にしたチーム医療を担う薬剤師を育成する。
薬科	60	▷４年制。有効かつ安全性の高い医薬品の創製，開発，生産，さらには食品，化粧品，環境や衛生分野などの薬学関連領域での教育・研究に従事する人材を育成する。
●取得可能な資格…薬剤師受験資格（薬学科）。 ●進路状況…………［薬］就職85.4%　進学9.5%　［薬科］就職9.1%　進学90.9% ●主な就職先………ウエルシア薬局，慶應義塾，スギ薬局，マツモトキヨシ，IQVIAサービシーズジャパン，医薬品医療機器総合機構，クリエイトエス・ディー，日本調剤など。		

▶キャンパス

文２～４年次，経済・法・商３・４年次……［三田キャンパス］東京都港区三田2-15-45
文・医・薬１年次，経済・法・商・理工１・２年次……［日吉キャンパス］神奈川県横浜市港北区日吉4-1-1
理工３・４年次……［矢上キャンパス］神奈川県横浜市港北区日吉3-14-1
医２～６年次，看護医療３・４年次……［信濃町キャンパス］東京都新宿区信濃町35
総合政策・環境情報，看護医療１・２・４年次……［湘南藤沢キャンパス］神奈川県藤沢市遠藤5322
薬（薬科２～４年次，薬２～６年次）……［芝共立キャンパス］東京都港区芝公園1-5-30

2023年度入試要項（前年度実績）

●募集人員

学部／学科（専攻）	一般	自己推薦	総合（FIT）	総合（AO）
▶文　人文社会	580	120	—	—
▶経済　経済（A方式）	420	—	—	—
（B方式）	210	—	—	—
▶法　法律	230	—	80	—
政治	230	—	80	—
▶商　商（A方式）	480	—	—	—
（B方式）	120	—	—	—
▶医　医	66	—	—	—
▶理工　学門A	130	—	—	若干名
学門B	110	—		
学門C	140	—		
学門D	140	—		
学門E	130	—		
▶総合政策　総合政策	225	—	—	150
▶環境情報　環境情報	225	—	—	150
▶看護医療　看護	70	—	—	若干名
▶薬　薬	100	—	—	—
薬科	50	—	—	—

※理工学部の各学門に対応する学科は以下の通り。学門A（機械工・電気情報工・物理情報工・物理），学門B（電気情報工・物理情報工・システムデザイン工・情報工），学門C（管理工・数理科・情報工・生命情報），学門D（機械工・管理工・システムデザイン工），学門E（応用化・化・生命情報）。
※総合型選抜の文学部は自主応募制による推薦入

キャンパスアクセス ［矢上キャンパス］東急東横線・目黒線，横浜市営地下鉄グリーンライン―日吉より徒歩15分

学者選考，法学部はFIT入試。
※総合政策学部と環境情報学部のAO入試の募集人員は，複数回実施するAO入試（４月入学・９月入学）の合計数。

文学部

一般選抜　3科目　①**外**（150）▶「コミュ英基礎・コミュ英Ⅰ・コミュ英Ⅱ・コミュ英Ⅲ・英表Ⅰ・英表Ⅱ」・独・仏・中から１　②**地歴**（100）▶世Ｂ・日Ｂから１　③**小論文**（100）▶資料を与えて，理解と表現の能力を総合的に問う

自主応募制による推薦入学者選考　**［出願資格］**第１志望，現役，全体の学習成績の状況が4.1以上，評価書に在籍学校長の署名および学校長印を受けることのできる者。
［選考方法］書類審査，総合考査Ⅰ（小論文形式），総合考査Ⅱ（与えられたテーマについての記述）。

経済学部

一般選抜Ａ方式　3科目　①**外**（200）▶コミュ英Ⅰ・コミュ英Ⅱ・コミュ英Ⅲ・英表Ⅰ・英表Ⅱ　②**数**（150）▶数Ⅰ・数Ⅱ（微積においては一般の多項式を扱う）・数Ａ（場合・整数・図形）・数Ｂ（数列・ベク）　③**小論文**（70）

一般選抜Ｂ方式　3科目　①**外**（200）▶コミュ英Ⅰ・コミュ英Ⅱ・コミュ英Ⅲ・英表Ⅰ・英表Ⅱ　②**地歴**（150）▶世Ｂ・日Ｂから１（世Ｂは1500年以降，日Ｂは1600年以降を中心とする）③**小論文**（70）
※小論文はいずれも，高校生にふさわしい知識，理解力，分析力，構想力，表現力を問い，高校の特定の教科とは直接には関わらない。

法学部

一般選抜　3科目　①**外**（200）▶コミュ英Ⅰ・コミュ英Ⅱ・コミュ英Ⅲ・英表Ⅰ・英表Ⅱ　②**地歴**（100）▶世Ｂ・日Ｂから１　③**論述力**（100）▶資料を与えて，理解，構成，発想，表現の能力を問う

FIT入試　**［出願資格］**第１志望のほか，Ａ方式は学業を含めたさまざまな活動に積極的に取り組み，優れた実績をあげた者。Ｂ方式は国・外・地歴・公民・数および全体の学習成績の状況が4.0以上で，調査書の発行を受けられ，教員より１通の評価書を提出できる者。
［選考方法］書類審査通過者を対象に，Ａ方式は論述試験（模擬講義後），口頭試問（自己アピール後）。Ｂ方式は総合考査Ⅰ（与えられた資料の読解文）・Ⅱ（与えられたテーマの小論文），個人面接。
※Ｂ方式は日本全国を７つのブロック（北海道・東北，北関東・甲信越，南関東，北陸・東海，近畿，中国・四国，九州・沖縄）に分け，各ブロックから各学科それぞれ最大10名程度を合格者とする。

商学部

一般選抜Ａ方式　3科目　①**外**（200）▶コミュ英Ⅰ・コミュ英Ⅱ・コミュ英Ⅲ・英表Ⅰ・英表Ⅱ　②**地歴**（100）▶世Ｂ・日Ｂ・地理Ｂから１　③**数**（100）▶数Ⅰ・数Ⅱ・数Ａ（場合・整数・図形）・数Ｂ（数列・ベク）

一般選抜Ｂ方式　3科目　①**外**（200）▶コミュ英Ⅰ・コミュ英Ⅱ・コミュ英Ⅲ・英表Ⅰ・英表Ⅱ　②**地歴**（100）▶世Ｂ・日Ｂ・地理Ｂから１　③**論文テスト**（100）▶資料を与えて，論理的理解力と表現力を問う

医学部

一般選抜　**〈第１次試験〉**　4科目　①**外**（150）▶コミュ英Ⅰ・コミュ英Ⅱ・コミュ英Ⅲ・英表Ⅰ・英表Ⅱ　②**数**（150）▶数Ⅰ・数Ⅱ・数Ⅲ・数Ａ（場合・整数・図形）・数Ｂ（数列・ベク）　③④**理**（100×2）▶「物基・物」・「化基・化」・「生基・生」から２
〈第２次試験〉　2科目　①**小論文**　②**面接**
※第１次試験合格者が対象。

理工学部

一般選抜　4科目　①**外**（150）▶コミュ英Ⅰ・コミュ英Ⅱ・コミュ英Ⅲ・英表Ⅰ・英表Ⅱ　②**数**（150）▶数Ⅰ・数Ⅱ・数Ⅲ・数Ａ（場合・整数・図形）・数Ｂ（数列・ベク）　③④**理**（100×2）▶「物基・物」・「化基・化」

ＡＯ入試　**［出願資格］**第１志望，現役，全体の学習成績の状況が4.1以上，欠席日数の合計が30日以内のほか，数Ⅰ・数Ⅱ・数Ⅲ・数Ａ・数Ｂ（合計15単位以上），物基・物・化基・化（合計12単位以上）を履修し，すべての評

定が4.0以上，およびコミュ英Ⅰ・コミュ英Ⅱを含み，外国語を合計14単位以上修得している者。
［選考方法］ 書類審査通過者を対象に，数学・物理・化学の口頭試問および総合面接を行う。

総合政策学部・環境情報学部

一般選抜 4～2科目 ①②③外・「外・数」・「数または情」（200）▶「〈コミュ英Ⅰ・コミュ英Ⅱ・コミュ英Ⅲ・英表Ⅰ・英表Ⅱ〉・〈コミュ英Ⅰ・コミュ英Ⅱ・コミュ英Ⅲ・英表Ⅰ・英表Ⅱ・独〉・〈コミュ英Ⅰ・コミュ英Ⅱ・コミュ英Ⅲ・英表Ⅰ・英表Ⅱ・仏〉から1」・「〈(コミュ英Ⅰ・コミュ英Ⅱ・コミュ英Ⅲ・英表Ⅰ・英表Ⅱ)・(コミュ英Ⅰ・コミュ英Ⅱ・コミュ英Ⅲ・英表Ⅰ・英表Ⅱ・独)・(コミュ英Ⅰ・コミュ英Ⅱ・コミュ英Ⅲ・英表Ⅰ・英表Ⅱ・仏)から1〉・〈数Ⅰ・数Ⅱ・数A（場合・整数・図形）・数B（確率・数列・ベク）〉」・「〈数Ⅰ・数Ⅱ・数A（場合・整数・図形）・数B（確率・数列・ベク）〉・〈情（社会と情報・情報の科学）〉から1」から1　④小論文（200）▶発想，論理的構成，表現などの総合的能力を問う

AO入試 **［出願資格］** 第1志望など。AO入試は2022夏AO，2022秋AO，2022冬AO（グローバル），2023春AOの4回実施。
［選考方法］ 2022夏・秋，2023春AOは書類審査通過者を対象に，面接（日本語または英語）を行う。ただし，指定されたコンテストについて所定の成績をおさめ，そのことを証明する書面を提出することができる者については，書類審査を免除する。2022冬AOは書類審査，ビデオ選考。

看護医療学部

一般選抜 〈第1次試験〉 3科目 ①外（300）▶コミュ英基礎・コミュ英Ⅰ・コミュ英Ⅱ・コミュ英Ⅲ・英表Ⅰ・英表Ⅱ　②数・理（200）▶「数Ⅰ・数Ⅱ・数A（場合・整数・図形）・数B（数列・ベク）」・「化基・化」・「生基・生」から1　③小論文▶高校生にふさわしい知識，理解力，分析力，構想力，表現力を問う
※小論文は第2次試験の選考に使用。
〈第2次試験〉 1科目 ①面接
※第1次試験合格者が対象。

AO入試 **［出願資格］** 第1志望のほか，A方式は学業を含めたさまざまな活動に積極的に取り組み，その成果を自己評価できる者。B方式は全体の学習成績の状況4.5以上の者。
［選考方法］ 書類審査通過者を対象に，面接を行う。

薬学部

一般選抜 3科目 ①外（100）▶コミュ英Ⅰ・コミュ英Ⅱ・コミュ英Ⅲ・英表Ⅰ・英表Ⅱ　②数（100）▶数Ⅰ・数Ⅱ・数A（場合・整数・図形）・数B（数列・ベク）　③理（150）▶化基・化

その他の選抜

経済学部PEARL入試は100名程度を募集。ほかに指定校推薦入試，帰国生入試，国際バカロレア（IB）入試，外国人留学生入試を実施。

偏差値データ（2023年度）

●一般選抜

学部／学科・学門	2023年度 駿台予備学校 合格目標ライン	2023年度 河合塾 ボーダー偏差値	2022年度実績 募集人員	受験者数	合格者数	合格最低点	競争率 '22年	競争率 '21年
文学部								
人文社会	59	65	580	3,849	1,189	218/350	3.2	3.2
経済学部								
経済A	63	67.5	420	3,383	1,104	209/420	3.1	3.1

キャンパスアクセス ［湘南藤沢キャンパス］ 小田急江ノ島線，相鉄いずみ野線，横浜市営地下鉄ブルーライン―湘南台よりバス15分／JR東海道線―辻堂よりバス25分

学部／学科・学門	2023年度 駿台予備学校 合格目標ライン	2023年度 河合塾 ボーダー偏差値	2022年度実績 募集人員	受験者数	合格者数	合格最低点	競争率 '22年	競争率 '21年
経済Ｂ	63	67.5	210	1,905	462	239/420	4.1	3.8
法学部								
法律	64	67.5	230	1,633	378	239/400	4.3	4.2
政治	64	67.5	230	1,190	301	236/400	4.0	3.7
商学部								
商Ａ	62	65	480	3,716	1,588	240/400	2.3	2.2
商Ｂ	60	67.5	120	2,707	405	302/400	6.7	7.3
医学部								
医	72	72.5	66	1,179	178	308/500	6.6	6.1
理工学部								
学門Ａ～Ｅ	62～63	65	650	7,324	2,641	340/500	2.8	3.0
総合政策学部								
総合政策	58	70	225	2,731	518	260～275/400	5.3	7.1
環境情報学部								
環境情報	58	70	225	2,450	446	234～248/400	5.5	7.7
看護医療学部								
看護	52	60	70	601	160	310/500	3.8	2.9
薬学部								
薬	59	62.5	100	1,292	333	204/350	3.9	3.7
薬科	59	62.5	50	726	272	209/350	2.7	3.1

●駿台予備学校合格目標ラインは合格可能性80％に相当する駿台模試の偏差値です。 ●競争率は受験者÷合格者の実質倍率
●河合塾ボーダー偏差値は合格可能性50％に相当する河合塾全統模試の偏差値です。
※法・商・総合政策・環境情報・看護医療学部の合格最低点は得点補正後の点数です。
※合格最低点は正規合格者の最低総合点です。

併設の教育機関 大学院

文学研究科

院生数▶226名

修士課程 ●**哲学・倫理学専攻** 哲学分野では伝統と現代の二点に研究の焦点を定め，倫理学分野では規範倫理学はもちろん，メタ倫理学や応用倫理学の研究・教育も展開。

●**美学美術史学専攻** 美学美術史学分野と，修士課程のみの社会人を対象としたアート・マネジメント分野で構成。

●**史学専攻** 日本史学，東洋史学，西洋史学，民族学考古学の４分野で構成。歴史を学び，人間とその生きた社会を知る。

●**国文学専攻** 日本の文学・言語・文化を総合的，専門的に探求。日本語・日本語教育の専門家を養成する日本語教育学分野も設置。

●**中国文学専攻** 中国古典文学，中国現代文学，中国語学を３本の柱に，幅広い中国の文化全般を研究対象としている。

●**英米文学専攻** 英文学，米文学，英語学のほか，書物史や現代批評理論なども視野に入れて研究を展開している。

●**独文学専攻** ドイツ語圏の広義の文化を研究対象に，徹底的にドイツ語と学問的思考法の習熟をめざす。

●**仏文学専攻** 教員の専門は文学と言語学を中心に幅広い分野にわたり，学生の多様な関心や要求に的確に対応できる態勢を整備。

キャンパスアクセス ［芝共立キャンパス］ JR山手線・京浜東北線，東京モノレール一浜松町より徒歩10分／都営地下鉄三田線一御成門より徒歩２分／都営地下鉄浅草線・大江戸線一大門より徒歩６分

●図書館・情報学専攻　情報システム，情報メディア，情報検索を柱に研究を展開。社会人を対象にした情報資源管理分野も設置。

博士後期課程　哲学・倫理学専攻，美学美術史学専攻，史学専攻，国文学専攻，中国文学専攻，英米文学専攻，独文学専攻，仏文学専攻，図書館・情報学専攻

経済学研究科

院生数▸108名

修士課程　●経済学専攻　経済現象を適切に分析し深く考察できる，高度な研究能力を持つ研究家を養成する。多くの経済学専門科目を英語で開講。

博士後期課程　経済学専攻

法学研究科

院生数▸173名

修士課程　●民事法学専攻　私法学基礎理論，民法，商法，民事訴訟法，国際私法などを研究対象に教育を展開。

●公法学専攻　憲法，行政法，租税法，国際法，刑法，刑事訴訟法などを研究対象とする。広く宇宙関係の活動に携わる法務担当者の養成を目的とした宇宙法専修コースも設置。

●政治学専攻　政治思想論，政治・社会論，日本政治論，地域研究・比較政治論，国際政治論をカバー。公共政策，ジャーナリズムの２つの専修コースを設置。

博士後期課程　民事法学専攻，公法学専攻，政治学専攻

社会学研究科

院生数▸99名

修士課程　●社会学専攻　社会学，文化人類学・民俗学，コミュニケーション／マス・コミュニケーション研究，社会心理学の領域で幅広い調査研究を展開。

●心理学専攻　実験心理学を主に，自ら実験を行うことにより研鑽を積み，問題発見能力や独創性，研究運営の方法を学ぶ。

●教育学専攻　広く人間形成に関わるさまざまな営みを，理論的，歴史的あるいは実証的・実験的に研究できる人材を育成する。

博士後期課程　社会学専攻，心理学専攻，教育学専攻

商学研究科

院生数▸40名

修士課程　●商学専攻　理論と実証を通じてグローバル化した現代社会を把握し，その進歩と変革への方向を洞察する。

博士後期課程　商学専攻

医学研究科

院生数▸426名

修士課程　●医科学専攻　医学部以外の出身者にも門戸を開き，医学・生命科学・医療および関連した領域に関わる専門家を育成。

４年制博士課程　●医学研究系専攻　独創性の高い基礎研究や疾患の病態メカニズムの解明，難病の治療法の開発につながる研究を遂行できる研究者を養成する。

●医療科学系専攻　多様な新ニーズに対応する「がん専門医療人材」養成プランに代表される臨床研究のプロを育成する。

理工学研究科

院生数▸1,671名

修士課程　●基礎理工学専攻　「今ある最先端を学ぶのではなく，次の最先端を拓くための基礎を学ぶ」をモットーに教育研究を展開。数理科学，物理学，分子化学，物理情報，生物化学，生命システム情報の６専修。

●総合デザイン工学専攻　工学の本流である創造的活動を重視した研究教育を展開。マルチディシプリナリ・デザイン科学，システム統合工学，電気電子工学，マテリアルデザイン科学の４専修。

●開放環境科学専攻　新しい科学である「開放系科学」を提唱し，現実世界の課題解決に資する科学技術を考究する。空間・環境デザイン工学，環境エネルギー科学，応用力学・計算力学，情報工学，オープンシステムマネ

ジメントの５専修。
博士後期課程 基礎理工学専攻，総合デザイン工学専攻，開放環境科学専攻

経営管理研究科

院生数▶280名
修士課程 ●経営管理専攻　将来の企業経営を担う総合的なマネジメント能力を備えた革新的なリーダーを養成するMBAプログラム。職務経験15年相当以上の中核ミドル層を対象としたEMBAプログラムも開設。
博士後期課程 経営管理専攻

政策・メディア研究科

院生数▶623名
修士課程 ●政策・メディア専攻　複合的・学際的なアプローチを通して，先端的なテクノロジーを前提とした人間や社会のありようについて探究し，提案する。
博士後期課程 政策・メディア専攻

健康マネジメント研究科

院生数▶151名
修士課程 ●看護学専攻　看護ケアの新しいあり方を開発・構築し，深遠な知識，卓越した技術および柔軟な発想を持って実践できる人材を育成する。
●公衆衛生・スポーツ健康科学専攻　医療マネジメントを含む公衆衛生やスポーツ，健康のあり方を構想できる人材を育成する。
博士後期課程 看護学専攻，公衆衛生・スポーツ健康科学専攻

システムデザイン・マネジメント研究科

院生数▶194名
修士課程 ●システムデザイン・マネジメント専攻　科学技術領域，社会領域，人間領域を問わず，広く「システム」という共通の視座から大規模・複雑化する諸問題の解決に取り組む文理融合型大学院。
博士後期課程 システムデザイン・マネジメント専攻

メディアデザイン研究科

院生数▶244名
修士課程 ●メディアデザイン専攻　「リアルプロジェクト」を活動の中心に，イノベーションを生み出し，社会に向けて価値を創出する「メディア・イノベータ」を育成する。
博士後期課程 メディアデザイン専攻

薬学研究科

院生数▶176名
修士課程 ●薬科学専攻　創薬から環境，生命科学など幅広い薬学関連分野での研究教育を通して，人の健康と福祉に貢献できる薬学研究者・教育者を養成する。
４年制博士課程 ●薬学専攻　薬学と医療のより臨床に密着した分野での研究教育を通して，高度化している薬物治療や臨床開発に対応できる研究者・指導者および指導的な薬剤師を養成する。
博士後期課程 薬科学専攻

法務研究科

院生数▶385名
専門職学位課程 ●法曹養成専攻　国際性・学際性・先端性という３つの理念に基づき，法曹の養成を行う。法律基本科目，法律実務基礎科目のほか，企業・金融・渉外・知財法務など多彩な選択科目を用意。
●グローバル法務専攻　英語を使用言語として，原則１年間で学位を取得。日本やアジアの法制度を習得し，最先端のグローバル・ビジネス法務や国際紛争解決法務などを学ぶ。

工学院大学

資料請求

問合せ先 アドミッションセンター　☎03-3340-0130

建学の精神

「工手学校」として1887（明治20）年に創立以来，135年にわたって先駆的な工学教育を続け，日本の発展を支える多くのスペシャリストを輩出。工学院大学がこれまで取り組んできた企業や地域，世界の多様な人と協力し，新しい価値を創造する共創，“CO×LAB.（コラボ）”は，今まさに世の中に求められているものであり，工学院大学では実社会の働き方を先取りできる多種多様な共創体験の場を用意。建学の理念である「工の精神」のもと，工科系分野４学部15学科168研究室におよぶ教育と研究を通じ，ハードづくりとソフトづくりのいずれもこなせる次世代を担うモノづくり人材「21世紀工手」を育成するため，工学とその関連分野の専門知識や技術の修得に留まらず，総合的な人間力を備えたリーダーシップを育む環境を整えている。

- 新宿キャンパス……〒163-8677　東京都新宿区西新宿1-24-2
- 八王子キャンパス…〒192-0015　東京都八王子市中野町2665-1

基本データ

学生数▶5,921名（男4,752名，女1,169名）
専任教員数▶教授128名，准教授74名，講師15名
設置学部▶先進工，工，建築，情報
併設教育機関▶大学院―工学（M・D）

就職・卒業後の進路

就職率 **96.6**%
就職者÷希望者×100

●**就職支援**　大学・大学院での学びを生かした就職へ，学業と就活を効率的にバランスよく進められるように年間プログラムを計画・構成。就職支援センターやキャリアデザインセンター，学生支援センター，教員・研究室といった学生に関わる各セクションが連携し，多角的・体系的に人材育成に取り組み，「就職に強い」工学院大学につなげている。

●**資格取得支援**　各学科で取得に有利な優遇措置のある資格が多数あるため，キャリアアップにつながる資格取得を推奨。災害やボランティアの現場でリーダーシップをとり活動することができる人材であることを認定する社会貢献活動支援士の課程も設置している。

進路指導者も必見
学生を伸ばす 面倒見

初年次教育	学修サポート
工学院大生としてのアイデンティティと仲間意識を醸成し，社会人として必要な素養を身につける「工学院大スタディーズ」のほか，「ロジカルライティングⅠ／Ⅱ」「情報処理入門／演習」などの科目を全学部で開講	全学部でTA制度とオフィスアワー制度，さらに情報学部でSA制度を導入。また，基礎科目と大学の授業の橋渡しをする基礎講座と，一人ひとりの質問や疑問に応える個別指導を行う「学習支援センター」を設置

オープンキャンパス（2022年度実績）　オンラインオープンキャンパスを６月，７月，10月に開催したほか，来場型のキャンパスツアーなども実施。通常のオープンキャンパス時には，保護者向けの説明会も行っている。

理系学部

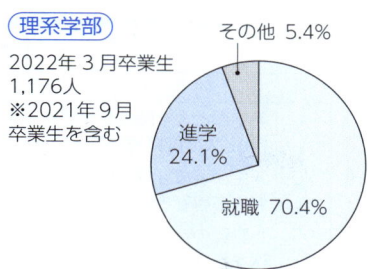

2022年３月卒業生
1,176人
※2021年９月
卒業生を含む

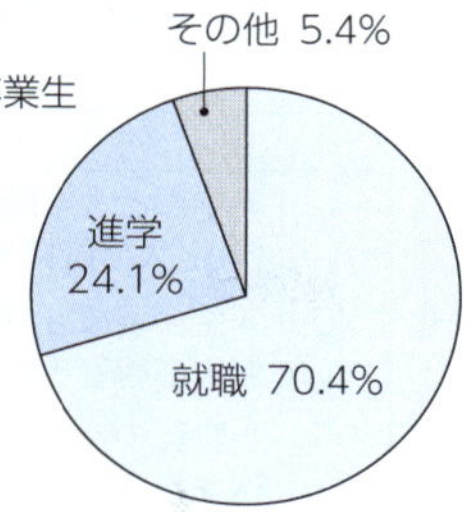

主なOB･OG▶［工］藤井裕久（富山県富山市長），［工］野水重明（ツインバード社長），［工］中村悟（M&Aキャピタルパートナーズ創業者・社長），［建築］長谷川真弓（クリエイティブディレクター）など。

国際化・留学　大学間 37 大学等・部局間 1 大学

受入れ留学生数▶36名（2022年５月１日現在）

留学生の出身国▶中国，韓国，ベトナム，タイ，ミャンマーなど。

外国人専任教員▶教授６名，准教授６名，講師０名（2022年５月１日現在）

外国人専任教員の出身国▶中国，韓国，アメリカ，ニュージーランド，スリランカなど。

大学間交流協定▶37大学・機関（2022年10月１日現在）

部局間交流協定▶１大学（2022年10月１日現在）

海外への留学生数▶オンライン型７名／年（１カ国・地域，2021年度）

海外留学制度▶留学のハードルを下げ，“まず海を渡る”ことで海外での経験値を高めるハイブリッド留学は，本学が開発した日本初の独自の留学プログラム。専門科目は本学教員により，オンラインや現地へ赴いて対面授業で実施されるため，単位の修得も可能。このほか，ディプロマット留学，海外語学研修，創造工学海外研修などを実施している。

学費・奨学金制度　給付型奨学金総額 年間 3,256 万円

入学金▶250,000円

年間授業料（施設費等を除く）▶1,000,000円（詳細は巻末資料参照）

年間奨学金総額▶32,560,000円

年間奨学金受給者数▶80人

主な奨学金制度▶「入学試験成績優秀者奨学金」や「大学成績優秀学生奨励奨学金」など，成績優秀な学生を奨励する制度が充実。学費減免制度もあり，2021年度には43人を対象に総額で約1,788万円を減免している。

保護者向けインフォメーション

- **ガイダンス**　学生が入学前に保護者向けのガイダンスを実施している。
- **成績確認**　成績表を郵送している。
- **後援会**　後援会を組織し，全国各地区で父母懇談会を開催するほか，就職に関する懇談会も実施。「後援会のしおり」も発行している。
- **防災対策**　「防災マニュアル」を入学時に配布。大災害の際の学生の安否は，ポータルサイトを利用して確認するようにしている。
- **コロナ対策１**　感染状況に応じた５段階の行動指針を設定。「コロナ対策２」（下段）あり。

インターンシップ科目	必修専門ゼミ	卒業論文	GPA制度の導入の有無および活用例	１年以内の退学率	標準年限での卒業率
全学部で開講している	先進工学部で２・３年次，工学部と情報学部で３年次に実施	全学部卒業要件	奨学金対象者の選定や大学院入試の学内推薦，個別の学修指導，履修上限単位数の設定のほか，一部の学部で留学候補者の選考に活用	1.1%	79.7%

● **コロナ対策２**　対面授業とオンライン授業を感染状況に応じて併用したが，2022年度より，１限・６限を原則遠隔（オンデマンド型）授業とする「キャンパスライフ・イノベーション」をスタートさせている。

学部紹介

学部／学科	定員	特色
先進工学部		
		▶学部と大学院の６年間を一体的にとらえたカリキュラムで学ぶ「大学院接続型コース」を設置。２年次より学科を選択。
生命化	70	▷生命現象を分子のレベルで考察し，創薬・医療・生物資源開発に応用できる知識を養う。
応用化	95	▷物質の合成や製造法など化学の力を用いたものづくりの手法を学び，実践力を身につける。
環境化	70	▷豊かな自然と快適なくらしを支える方法を学び，環境保全のための最先端の化学技術を開発する。
応用物理	65	▷応用物理学専攻と宇宙理工学専攻を設置。物理と工学を融合した，実践的な研究開発能力を育む。
機械理工	65	▷機械理工学専攻と航空理工学専攻を設置。数学や物理の基礎と工学の知識を応用し，課題を解決する能力を修得する。
● **取得可能な資格**…教職（理・工業），学芸員など。 ● **進路状況**…………就職69.1％　進学26.6％ ● **主な就職先**………キユーピー，コニカミノルタ，ぺんてる，山崎製パン，東日本旅客鉄道など。		
工学部		
機械工	154	▷機械を「つくる」ために必要な，原理やメカニズム，材料，加工，安全性などを追究する。
機械システム工	105	▷機械をつくり，賢く安全に快適に「うごかす」ための制御やシステム設計を学ぶ。
電気電子工	120	▷電磁気，電気回路，エレクトロニクス，システム制御の学びを通して，持続可能型高度情報化社会で活躍できる能力を身につける。
● **取得可能な資格**…教職（数・技・工業），学芸員など。 ● **進路状況**…………就職66.4％　進学27.6％ ● **主な就職先**………キヤノン，ニコン，日産自動車，本田技研工業，三菱重工業，ヤマハ発動機など。		
建築学部		
まちづくり	85	▷人のくらしを見つめ，快適で持続可能なまちをつくる知識や技術，マネジメント能力を修得する。
建築	145	▷災害に強く，いつまでも使い続けられ，かつ現代社会のニーズに応じた建築の技術を開発する。
建築デザイン	115	▷機能的で美しく，快適で誰もが使いやすい建築や家具・インテリア，住環境，保存・再生のデザインを考える。
● **取得可能な資格**…教職（数・工業），学芸員，１・２級建築士受験資格など。 ● **進路状況**…………就職69.6％　進学24.9％ ● **主な就職先**………大林組，鹿島建設，大成建設，大和ハウス工業，長谷工コーポレーションなど。		
情報学部		
情報通信工	90	▷ネットワーク，通信，デバイス技術の原理から応用まで幅広く理解し，情報社会の高度化に貢献する人材を育成する。
コンピュータ科	90	▷ソフトウェア開発とコンピュータ応用，セキュリティ管理のエキスパートを育成する。
情報デザイン	70	▷マルチメディアコンテンツで，人とコンピュータの調和を実現する人材を育成する。

キャンパスアクセス ［新宿キャンパス］JR各線，京王線，小田急線，東京メトロ丸ノ内線，都営地下鉄新宿線・大江戸線一新宿より徒歩５分／都営地下鉄大江戸線一都庁前より徒歩３分／西武新宿線一西武新宿より徒歩10分

情報科	60	▷2023年度より，システム数理学科から名称変更。AIや統計などを駆使したデータ分析により，新しいサービスを創出するデータサイエンティスト，エンジニアなどを育成する。

● **取得可能な資格**…教職（数・情），学芸員など。　● **進路状況**…就職77.4%　進学16.5%
● **主な就職先**………京セラ，KDDI，凸版印刷，日本電気，富士通，ソフトバンク，NTTドコモなど。

キャンパス

全学部３年次……［新宿キャンパス］東京都新宿区西新宿1-24-2
全学部１・２年次……［八王子キャンパス］東京都八王子市中野町2665-1
※4年次は所属する研究室によりキャンパスは異なる。

2023年度入試要項（前年度実績）

●募集人員

学部／学科（専攻・コース）	一般S	一般A	英語外部	一般B	一般M	共通前期	共通後期
▶先進工　生命化	8	18	10	6	10	16	5
応用化	12	25		9		17	
環境化	8	17		8		15	
応用物理	12	15		5		13	
機械理工（機械理工学）	5	16		6		8	
（航空理工学）	2	3	—	—	—	3	—
先進工学部大学院接続型	3	4	(10)	—	—	6	—
▶工　機械工	20	44	6	5	4	40	2
機械システム工	11	28		5		30	
電気電子工	12	31		5		32	
▶建築　まちづくり	7	16	6	20	6	12	7
建築	20	43				34	
建築デザイン	16	30				25	
建築学部総合	9	19				16	
▶情報　情報通信工	12	24	5	6	6	18	4
コンピュータ科	12	24		6		18	
情報デザイン	10	18		5		14	
情報科	8	15		5		12	
情報学部総合	5	9		4		8	

※各学科指定の出願に加え，先進工学部は大学院接続型コース，建築学部と情報学部はそれぞれ総合にも出願が可能。なお，建築学部総合は３年次に各学科に，情報学部総合は２年次第３クォーターに各学科に所属する。

▷英語外部試験利用日程および先進工学部機械理工学科航空理工学専攻一般選抜S日程は，指定された英語外部試験・検定試験のいずれかにおいて，基準スコア以上を保持していることを出願資格・条件とする。
▷共通テストの英語はリーディング・リスニング（各100点）を，それぞれ150点満点・50点満点に換算する（本学の配点が100点の場合は，合計点をさらに100点満点に換算）。

先進工学部

一般選抜Ｓ日程・Ａ日程・英語外部試験利用日程・Ｂ日程　**【生命化学科・応用化学科・環境化学科・先進工学部大学院接続型コース】** 3〜2科目 ①**外**（100）▶コミュ英Ⅰ・コミュ英Ⅱ・コミュ英Ⅲ・英表Ⅰ・英表Ⅱ ②**数**（100）▶「数Ⅰ・数Ⅱ・数Ａ・数Ｂ（数列・ベク）」・「数Ⅰ・数Ⅱ・数Ⅲ・数Ａ・数Ｂ（数列・ベク）」から１ ③**理**（100）▶「物基・物」・「化基・化」・「生基・生」から１

【応用物理学科・機械理工学科〈機械理工学専攻・航空理工学専攻〉】 3〜2科目 ①**外**（100）▶コミュ英Ⅰ・コミュ英Ⅱ・コミュ英Ⅲ・英表Ⅰ・英表Ⅱ ②**数**（100）▶数Ⅰ・数Ⅱ・数Ⅲ・数Ａ・数Ｂ（数列・ベク） ③**理**（100）▶「物基・物」・「化基・化」から１，ただし化基・化はＢ日程のみ選択可

※英語外部試験利用日程はいずれも，英語を除いた２科目で判定する。
※航空理工学専攻は，Ｓ日程・Ａ日程のみを第一次選考として実施する。
〈第二次選考〉 1科目 ①**面接等**
※航空理工学専攻のみ実施。

一般選抜M日程 2科目 ①**数**（100）▶数Ⅰ・数Ⅱ・数Ａ・数Ｂ（数列・ベク） ②**外・理**（100）▶「コミュ英Ⅰ・コミュ英Ⅱ・コミュ英Ⅲ・英表Ⅰ・英表Ⅱ」・「物基・物」・「化基・化」から１

共通テスト利用前期日程（３教科型） 4科目 ①**外**（200）▶英（リスニングを含む） ②③**数**（200）▶「数Ⅰ・数Ａ」・「数Ⅱ・数Ｂ」 ④**理**（200）▶物・化・生から１，ただし応用物理学

科と機械理工学科は物・化から1
[個別試験] 1科目 ①面接等
※航空理工学専攻のみ共通テストの得点で第一次選考を行い，合格者を対象に第二次選考（個別試験）を実施する。

共通テスト利用前期日程（4教科型） 5科目
①国（100）▶国（近代） ②外（200）▶英（リスニングを含む） ③④数（200）▶「数Ⅰ・数A」・「数Ⅱ・数B」 ⑤理（100）▶物・化・生から1，ただし応用物理学科と機械理工学科は物・化から1
[個別試験] 1科目 ①面接等
※航空理工学専攻のみ共通テストの得点で第一次選考を行い，合格者を対象に第二次選考（個別試験）を実施する。

共通テスト利用後期日程 【応用物理学科】 7〜6科目 ①国（100）▶国（近代） ②外（100）▶英（リスニングを含む） ③④数（50×2）▶「数Ⅰ・数A」・「数Ⅱ・数B」 ⑤⑥⑦理（100）▶物必須，「物基・化基・生基・地学基から2」・化・生・地学から1
※高得点の2教科の得点を2倍にし，計600点満点で判定する。
[個別試験] 行わない。

【その他の学科・専攻】 5〜4科目 ①②数（200）▶「数Ⅰ・数A」・「数Ⅱ・数B」 ③④⑤国・外・「地歴・公民」・理（200×2）▶国（近代）・英（リスニングを含む）・「世A・世B・日A・日B・地理A・地理B・現社・倫・政経・〈倫・政経〉から1」・「〈物基・化基・生基・地学基から2〉・物・化・生・地学から1」から2
[個別試験] 行わない。

工学部・情報学部

一般選抜S日程・A日程・英語外部試験利用日程・B日程 3〜2科目 ①外（100）▶コミュ英Ⅰ・コミュ英Ⅱ・コミュ英Ⅲ・英表Ⅰ・英表Ⅱ ②数（100）▶数Ⅰ・数Ⅱ・数Ⅲ・数A・数B（数列・ベク） ③理（100）▶「物基・物」・「化基・化」から1
※英語外部試験利用日程は英語を除いた2科目で判定する。

一般選抜M日程 2科目 ①数（100）▶数Ⅰ・数Ⅱ・数A・数B（数列・ベク） ②外・理（100）▶「コミュ英Ⅰ・コミュ英Ⅱ・コミュ英Ⅲ・英表Ⅰ・英表Ⅱ」・「物基・物」・「化基・化」から1

共通テスト利用前期日程（3教科型） 4科目
①外（200）▶英（リスニングを含む） ②③数（200）▶「数Ⅰ・数A」・「数Ⅱ・数B」 ④理（200）▶物・化から1
[個別試験] 行わない。

共通テスト利用前期日程（4教科型） 5科目
①国（100）▶国（近代） ②外（200）▶英（リスニングを含む） ③④数（200）▶「数Ⅰ・数A」・「数Ⅱ・数B」 ⑤理（100）▶物・化から1
[個別試験] 行わない。

共通テスト利用後期日程 【工学部（機械工学科・機械システム工学科）】 5〜4科目 ①②数（200）▶「数Ⅰ・数A」・「数Ⅱ・数B」 ③④⑤国・外・「地歴・公民」・理（200×2）▶国（近代）・英（リスニングを含む）・「世A・世B・日A・日B・地理A・地理B・現社・倫・政経・〈倫・政経〉から1」・「〈物基・化基・生基・地学基から2〉・物・化・生・地学から1」から2
[個別試験] 行わない。

【工学部（電気電子工学科）・情報学部】 7〜6科目 ①国（100）▶国（近代） ②外（100）▶英（リスニングを含む） ③④数（50×2）▶「数Ⅰ・数A」・「数Ⅱ・数B」 ⑤⑥⑦理（100）▶物必須，「物基・化基・生基・地学基から2」・化・生・地学から1
※高得点の2教科の得点を2倍にし，計600点満点で判定する。
[個別試験] 行わない。

建築学部

一般選抜S日程 3科目 ①外（100）▶コミュ英Ⅰ・コミュ英Ⅱ・コミュ英Ⅲ・英表Ⅰ・英表Ⅱ ②数（100）▶「数Ⅰ・数Ⅱ・数A・数B（数列・ベク）」・「数Ⅰ・数Ⅱ・数Ⅲ・数A・数B（数列・ベク）」から1 ③国・理（100）▶国総（古文・漢文を除く）・「物基・物」・「化基・化」・「生基・生」から1

一般選抜A日程・英語外部試験利用日程・B日程 3〜2科目 ①②③国・外・数・理（100×3）▶国総（古文・漢文を除く）・「コミュ英Ⅰ・コミュ英Ⅱ・コミュ英Ⅲ・英表Ⅰ・英表Ⅱ」・「〈数Ⅰ・数Ⅱ・数A・数B（数列・ベク）〉・〈数Ⅰ・数Ⅱ・数Ⅲ・数A・数B（数列・ベク）〉から1」・「〈物基・物〉・〈化基・化〉・〈生基・生〉から1」か

らＡ日程とＢ日程は３，英語外部試験利用日程は国・数・理から２
※英語外部試験利用日程は英語を除いた２科目で判定する。

一般選抜M日程　**2**科目　①②**外・数・理**(100×2) ▶「コミュ英Ⅰ・コミュ英Ⅱ・コミュ英Ⅲ・英表Ⅰ・英表Ⅱ」・「数Ⅰ・数Ⅱ・数Ａ・数Ｂ(数列・ベク)」・「〈物基・物〉・〈化基・化〉から１」から２

共通テスト利用前期日程（３教科型）
4～3科目　①**外**(200) ▶英(リスニングを含む)　②③**数**(200) ▶「数Ⅰ・数Ａ」・「〈数Ⅰ・数Ａ〉・〈数Ⅱ・数Ｂ〉」から１　④**国・理**(200) ▶国(近代)・物・化・生・地学から１
[個別試験] 行わない。

共通テスト利用前期日程（４教科型）
5～4科目　①**外**(200) ▶英(リスニングを含む)　②③**数**(200) ▶「数Ⅰ・数Ａ」・「〈数Ⅰ・数Ａ〉・〈数Ⅱ・数Ｂ〉」から１　④⑤**国・理・「地歴・公民」**(100×2) ▶国(近代)・「物・化・生・地学から１」・「世Ｂ・日Ｂ・地理Ｂ・現社・倫・政経・〈倫・政経〉から１」から２
[個別試験] 行わない。

共通テスト利用後期日程　**4～3**科目　①②③④**国・外・「地歴・公民」・数・理**(200×3) ▶国(近代)・英(リスニングを含む)・「世Ａ・世Ｂ・日Ａ・日Ｂ・地理Ａ・地理Ｂ・現社・倫・政経・〈倫・政経〉から１」・「〈数Ⅰ・数Ａ〉・〈数Ⅱ・数Ｂ〉から１」・「〈物基・化基・生基・地学基から２〉・物・化・生・地学から１」から３，ただし外・数のいずれか必須
[個別試験] 行わない。

その他の選抜

自己推薦型選抜は先進工学部12名，工学部25名，建築学部12名，情報学部17名を募集。ほかに探究成果活用型選抜，指定校制推薦入試，海外帰国生徒特別選抜，国際バカロレア特別選抜，外国人留学生選抜を実施。

偏差値データ（2023年度）

●一般選抜Ａ日程

学部／学科／専攻	2023年度 駿台予備学校 合格目標ライン	2023年度 河合塾 ボーダー偏差値	2022年度 競争率
▶先進工学部			
生命化	42	55	6.4
応用化	43	55	6.0
環境化	41	50	7.0
応用物理	41	55	8.3
機械理工／機械理工学	41	50	5.4
／航空理工学	42	55	19.0
大学院接続型コース	41	52.5	8.0
▶工学部			
機械工	42	50	5.5
機械システム工	40	50	6.5
電気電子工	41	55	8.4
▶建築学部			
まちづくり	39	55	10.1
建築	43	57.5	9.4
建築デザイン	41	57.5	12.0
建築学部総合	43	55	9.7
▶情報学部			
情報通信工	41	57.5	11.3
コンピュータ科	43	52.5	12.1
情報デザイン	42	55	12.6
情報科	40	55	8.7
情報学部総合	42	52.5	11.0

- 駿台予備学校合格目標ラインは合格可能性80％に相当する駿台模試の偏差値です。
- 河合塾ボーダー偏差値は合格可能性50％に相当する河合塾全統模試の偏差値です。
- 競争率は志願者÷合格者の志願倍率

※情報科学科の競争率は，旧システム数理学科の実績です。

國學院大學

こくがくいん

KOKUGAKUIN Univ.

資料請求

問合せ先 入学課 ☎03-5466-0141

建学の精神

「神道精神」を建学の精神に，1882（明治15）年に国学・神道の研究教育機関として誕生した「皇典講究所」を母体とする人文・社会科学系の総合大学。日本の歴史・文化・社会を見つめ直し，これまで蓄積されてきた知を問い直す学びを重視した「日本を学ぶ」教育を実践。日本文化を学び，他の国のあり方を学び，改めて，日本のあり方を問い直すという考え方は，140年以上経った現代でも色褪せることなく燦然と輝いている。建学の精神に基づく「伝統と創造の調和」「個性と共生の調和」「地域性と国際性の調和」の「３つの慮（おも）い」のもと，生涯にわたって既存の知や価値観を問い直し，自分と他者との関わりについて複眼的な視点で思考し，他者を尊重し共生する未来社会を創る人材の育成をめざした，さまざまな取り組みを行っている。

- 渋谷キャンパス……………………〒150-8440　東京都渋谷区東4-10-28
- 横浜たまプラーザキャンパス…〒225-0003　神奈川県横浜市青葉区新石川3-22-1

基本データ

学生数▶10,036名（男5,581名，女4,455名）
専任教員数▶教授171名，准教授68名，講師４名
設置学部▶文，神道文化，法，経済，人間開発，観光まちづくり
併設教育機関▶大学院―文学・法学・経済学（以上M・D）　短期大学部（P.355参照）

就職・卒業後の進路

就職率 **94.9**％
就職者÷希望者×100

●**就職支援**　“自ら動きたくなる就職活動”をめざし，キャリアサポート課，たまプラーザ事務課，教職センター，神道研修事務課の４つの拠点を通じ，リアルな体験を重視した，ほかにはないキャリアサポートを行い，後悔の少ない“質の高い就職”へと導いている。

●**資格取得支援**　中期目標に宅地建物取引士や行政書士の資格取得，日商簿記検定３・２級合格を掲げ，最終的に国家公務員総合職内定，公認会計士試験合格をめざすプログラム「K-PLAS」を開講。また，各種資格取得に向けた対策講座を紹介し，受講を勧めている。

進路指導者も必見 学生を伸ばす 面倒見

初年次教育	学修サポート
「國學院の学び」「コンピュータと情報」「日本文学概説」「科学と論理」などの科目を全学部で開講するほか，学部・学科により，「基礎演習ⅠA・B」「基礎演習」「基礎演習A・B」「導入ゼミナール」などを実施	全学部でSA制度，オフィスアワー制度を導入。また，リポートの書き方や発表のコツを教えてほしい，時間割作成の相談をしたいなど，学修面でのさまざまな疑問や悩みに応じる学習支援センターを設置している

オープンキャンパス（2022年度実績）　8月6・7・27日に来場型のオープンキャンパスを両キャンパスで同時開催（完全予約制）。キャンパスツアー，在学生トークショー，相談ブースなど。オンラインコンテンツも公開。

文系学部

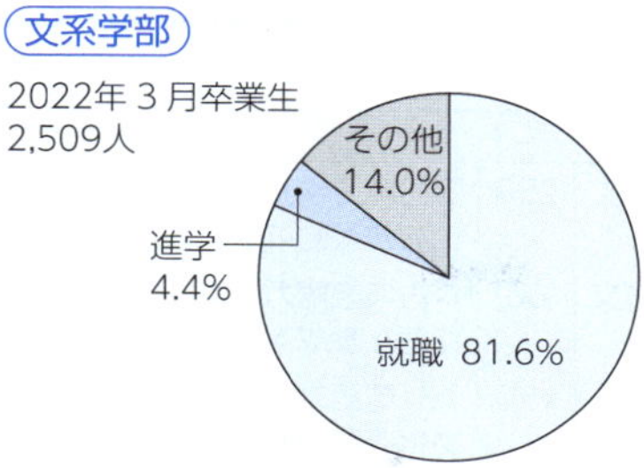

主なOB・OG▶［文］奥龍将（スマイリーアース社長），［文］増田ユリヤ（ジャーナリスト），［神道文化］千家国麿（出雲大社権宮司），［法］内田悦嗣（千葉県浦安市長），［経済］小宮山誠（銀座ルノアール社長）など。

国際化・留学　大学間 28 大学等・部局間 5 大学等

受入れ留学生数▶32名（2022年５月１日現在）

留学生の出身国・地域▶中国，韓国，ベトナム，台湾など。

外国人専任教員▶教授０名，准教授６名，講師１名（2022年５月１日現在）

外国人専任教員の出身国▶アメリカ，ドイツ，中国，韓国など。

大学間交流協定▶28大学・機関（交換留学先８大学，2022年５月１日現在）

部局間交流協定▶５大学・機関（交換留学先０大学，2022年５月１日現在）

海外への留学生数▶渡航型５名・オンライン型48名／年（７カ国・地域，2021年度）

海外留学制度▶例年，毎年100人以上の学生が参加する４週間の留学入門プログラムの夏期・春期短期留学，セメスター（１学期間）留学，協定留学，認定留学，海外インターンシップなど，目的に合わせて選べる留学・国際交流プログラムを多数用意。

学費・奨学金制度　給付型奨学金総額 年間約 9,279 万円

入学金▶240,000円

年間授業料（施設費等を除く）▶760,000円～（詳細は巻末資料参照）

年間奨学金総額▶92,787,000円

年間奨学金受給者数▶349人

主な奨学金制度▶学業奨励支援の「國學院大學成績優秀者奨学制度」，修学経済支援の「國學院大學フレックス特別給付奨学金制度」「ふるさと奨学金」など，目的に応じた各種制度を設置。学費減免制度もあり，2021年度には110人を対象に総額で約1,443万円を減免している（一部の経済支援のみの数値）。

保護者向けインフォメーション

●**成績確認**　成績通知書を送付している。

●**父兄会**　若木育成会（在学生保護者の組織）があり，毎年５～８月に全国各地で支部の集いを開催。学生の学修状況や就職活動のポイントなどを説明している。会報「わかぎ」も発行。

●**防災対策**　「学生生活ハンドブック（防災マニュアルも掲載）」を入学時に配布（学内にも常設）。災害時の学生の状況は，学生支援システム「K-SMAPY Ⅱ」を利用して確認する。

●**コロナ対策１**　ワクチンの職域接種を実施。「コロナ対策２」（下段）あり。

インターンシップ科目	必修専門ゼミ	卒業論文	GPA制度の導入の有無および活用例	１年以内の退学率	標準年限での卒業率
文・神道文化を除き開講	全学部で実施（学部により開講年次は異なる）	中国文学科と法律学科を除き卒業要件	奨学金や授業料免除対象者選定・退学勧告・大学院入試選抜基準，留学候補者選考，個別の学修指導，および履修上限単位数の設定に活用	1.1％	86.0％

●**コロナ対策２**　対面授業と遠隔授業（ライブ配信型・オンデマンド型）を併用。構内の建物および教室の出入り口に消毒液を設置。教室内の空気は空調により，概ね20分程度ですべて入れ替わる仕組みになっている。

学部紹介

学部／学科	定員	特色
文学部		
日本文	250	▷日本文学，日本語学，伝承文学の３専攻。日本の文学や文化を体系的に学ぶことで，人間の本質に迫り，未来を探る。
中国文	60	▷古典読解力，中国語運用能力，漢字情報処理能力の３つの能力を養成することを柱に，中国の文学と文化を探究する。
外国語文化	120	▷外国語コミュニケーション，外国文化の２コース。言語と文化を総合的に学び，異文化間の橋渡し役となる人材を育成。
史	190	▷日本史学，外国史学，考古学，地域文化と景観の４コース。自分の力で歴史を読み解く能力を身につける。
哲	65	▷哲学・倫理学，美学・芸術学の２コース。西洋哲学を中心にインドや中国の思想も研究し，多様なものの見方を学ぶ。
● 取得可能な資格…教職（国・地歴・公・社・書・英），司書．司書教諭，学芸員など。 ● 進路状況…………就職75.1％　進学7,7％ ● 主な就職先………中央公論新社，沖電気工業，近鉄エクスプレス，イオンリテール，中高教員など。		
神道文化学部		
神道文化	180	▷〈フレックスＡ（夜間主）コース60名，フレックスＢ（昼間主）コース120名〉神道文化，宗教文化の２コース。日本の伝統文化の根幹である神道を，諸宗教・文化を踏まえて学ぶ。
● 取得可能な資格…教職（国・地歴・公・社・書・英），司書，司書教諭，学芸員，神職など。 ● 進路状況…………就職75.0％　進学6.0％ ● 主な就職先………神社関係奉職，敷島製パン，大和ハウス工業，東急リバブル，日本生命保険など。		
法学部		
法律	500	▷３専攻制。法律専門職専攻では，将来を見据えた少人数精鋭教育を実施。法律専攻では，一般市民の視点から法律を学ぶ。政治専攻では，政治の諸問題への対応力を磨く。
● 取得可能な資格…教職（地歴・公・社・英），司書．司書教諭，学芸員など。 ● 進路状況…………就職80.3％　進学2.9％ ● 主な就職先………太平洋セメント，ソフトバンク，全日本空輸，東日本旅客鉄道，経済産業省など。		
経済学部		
経済	255	▷経済の仕組みや成り立ちへの理解を土台に，日本と世界の経済を考察する。経済理論とデータ分析，経済史，地域経済，日本経済，グローバル経済の５コース。
経営	255	▷組織のマネジメントと会計の両面から経営を学び，ビジネスを動かすリーダーとしての力を養う。ビジネスリーダー，ビジネスクリエイター，ビジネスアナリストの３コース。
● 取得可能な資格…教職（地歴・公・社・商業・英），司書，司書教諭，学芸員など。 ● 進路状況…………就職86.2％　進学2.0％ ● 主な就職先………NTTドコモ，日本電気，東京地下鉄，野村證券，横浜銀行，楽天グループなど。		
人間開発学部		
初等教育	100	▷小学校教諭に必要な指導力と，「頑張りたい」気持ちに寄り添える人間力を養う。
健康体育	130	▷さまざまな人の潜在的な可能性を見出し，人の育ちや健康維持を支える指導能力を磨く。

キャンパスアクセス［渋谷キャンパス］JR・地下鉄・東急各線，京王井の頭線―渋谷より徒歩10～13分／東京メトロ半蔵門線・銀座線・千代田線―表参道より徒歩15分

子ども支援	100	▷幼稚園教諭・保育士としての知識や技術を学び，地域の子育てを総合的に支援できる力を養う。
● 取得可能な資格…教職（国・地歴・公・社・保体・英，小一種，幼一種，特別支援），司書教諭，保育士など。 ● 進路状況…………就職93.2%　進学2.9% ● 主な就職先………東京都ほか公私立小中高教諭，東京都特別区立幼稚園教諭，三菱UFJ銀行など。		
観光まちづくり学部		
観光まちづくり	300	▷「まちづくり」に関する幅広い知識を学び，地域に貢献する力を多くの人と協働しながら養う。
● 取得可能な資格…学芸員。 ● 主な就職先………2022年度開設のため卒業生はいない。		

キャンパス

文・神道文化・法・経済……［渋谷キャンパス］東京都渋谷区東4-10-28
人間開発・観光まちづくり……［横浜たまプラーザキャンパス］神奈川県横浜市青葉区新石川3-22-1
※各学部のメインキャンパス。両キャンパスで授業を開講。

2023年度入試要項（前年度実績）

●募集人員

学部／学科（専攻・コース）		一般A	一般B
▶文	日本文	87	28
	中国文	18	7
	外国語文化	45	10
	史	81	22
	哲	22	8
▶神道文化	神道文化（フレックスA〈夜間主〉）	15	4
	（フレックスB〈昼間主〉）	45	8
▶法	法（法律）	169	20
	（法律専門職）	41	4
	（政治）	31	3
▶経済	経済	105	25
	経営	105	25
▶人間開発	初等教育	38	6
	健康体育	48	7
	子ども支援	37	5
▶観光まちづくり	観光まちづくり	85	30

▷一般選抜A日程は3教科型，得意科目重視型，学部学科特色型を実施し，それぞれ得点は偏差値に換算して判定する。また，募集人員の比率は，文・法・人間開発・観光まちづくりの4学部はA日程全体の募集人員を3等分，神道文化学部は3教科型・得意科目重視型各35%，学部学科特色型30%，経済学部は3教科型50%，得意科目重視型・学部学科特色型各25%とする。
▷B日程では，「外国語」を試験科目に含むすべての学科において，本学の外国語試験に加えて英語検定試験のスコアを利用することも可能。スコアを提出した上で本学の外国語の試験を受験した場合は高い方の得点を合否判定に利用する。利用可能な試験は以下の通り。英検（従来型・新方式〈CBT, S-CBT, S-Interview〉いずれも可），TOEIC L&RおよびS&W，GTEC CBT，TEAP（R/L+W/S），TEAP CBT，ケンブリッジ英検，TOEFL iBT，IELTS（アカデミック・モジュール）。

文学部

一般選抜A日程（全学部統一〈3教科型・得意科目重視型・学部学科特色型〉） 3科目 ①国(100) ▶国総 ②外(100) ▶コミュ英Ⅰ・コミュ英Ⅱ・コミュ英Ⅲ・英表Ⅰ・英表Ⅱ ③地歴・公民・数(100) ▶世B・日B・政経・「数Ⅰ・数A」から1，ただし史学科の学部学科特色型は世Bまたは日B指定
※得意科目重視型は，最高値の科目を2倍に換算して判定する。
※学部学科特色型は，各学科の指定科目（日本文学科と哲学科は国語，中国文学科は国語と選択科目，外国語文化学科は外国語，史学科は選択科目）を2倍に換算して3科目の合計で判定する。
※A日程の国語は，日本文・中国文・史の3学

科は現文・古文・漢文．外国語文化学科と哲学科は現文必須，古文・漢文は選択のみ。

一般選抜Ｂ日程 【日本文学科・中国文学科】 2科目 ①国(100)▶国総(現文)・現文Ｂ ②国(100)▶国総(古文・漢文)・古典Ｂ

【外国語文化学科・哲学科】 2科目 ①国(100)▶国総(現文)・現文Ｂ ②外(外国語文化200・哲100)▶コミュ英Ⅰ・コミュ英Ⅱ・コミュ英Ⅲ・英表Ⅰ・英表Ⅱ

【史学科】 2科目 ①国・外(100)▶「国総(古文・漢文)・古典Ｂ」・「コミュ英Ⅰ・コミュ英Ⅱ・コミュ英Ⅲ・英表Ⅰ・英表Ⅱ」から1 ②地歴(150)▶世Ｂ・日Ｂ・地理Ｂから１

※国・外は受験教科の事前登録が必要。

神道文化学部

一般選抜Ａ日程(全学部統一〈３教科型・得意科目重視型・学部学科特色型〉) 3科目 ①国(100)▶国総(現文，古文・漢文は選択のみ) ②外(100)▶コミュ英Ⅰ・コミュ英Ⅱ・コミュ英Ⅲ・英表Ⅰ・英表Ⅱ ③地歴・公民・数(100)▶世Ｂ・日Ｂ・政経・「数Ⅰ・数Ａ」から１

※得意科目重視型は，最高値の科目を２倍に換算して判定する。

※学部学科特色型は３科目を受験し，国語と他の高得点１科目の２科目で判定する。

一般選抜Ｂ日程 2科目 ①国(200)▶国総(現文)・現文Ｂ ②外(100)▶コミュ英Ⅰ・コミュ英Ⅱ・コミュ英Ⅲ・英表Ⅰ・英表Ⅱ

法学部

一般選抜Ａ日程(全学部統一〈３教科型・得意科目重視型・学部学科特色型〉) 3科目 ①国(100)▶国総(現文，古文・漢文は選択のみ) ②外(100)▶コミュ英Ⅰ・コミュ英Ⅱ・コミュ英Ⅲ・英表Ⅰ・英表Ⅱ ③地歴・公民・数(100)▶世Ｂ・日Ｂ・政経・「数Ⅰ・数Ａ」から１

※得意科目重視型は，最高値の科目を２倍に換算して判定する。

※学部学科特色型は３科目を受験し，高得点２科目で判定する。

一般選抜Ｂ日程 2科目 ①国(100)▶国総(現文)・現文Ｂ ②外・数(100)▶「コミュ英Ⅰ・コミュ英Ⅱ・コミュ英Ⅲ・英表Ⅰ・英表Ⅱ」・「数Ⅰ・数Ａ」から１

※外・数は受験教科の事前登録が必要。

経済学部

一般選抜Ａ日程(全学部統一〈３教科型・得意科目重視型・学部学科特色型〉) 3科目 ①国(100)▶国総(現文，古文・漢文は選択のみ) ②外(100)▶コミュ英Ⅰ・コミュ英Ⅱ・コミュ英Ⅲ・英表Ⅰ・英表Ⅱ ③地歴・公民・数(100)▶世Ｂ・日Ｂ・政経・「数Ⅰ・数Ⅱ・数Ａ・数Ｂ」から１

※得意科目重視型は，最高値の科目を２倍に換算して判定する。

※学部学科特色型は高得点２科目を２倍に換算し，３科目の合計で判定する。

一般選抜Ｂ日程 2科目 ①②国・外・数(100×2)▶「国総(現文)・現文Ｂ」・「コミュ英Ⅰ・コミュ英Ⅱ・コミュ英Ⅲ・英表Ⅰ・英表Ⅱ」・「数Ⅰ・数Ａ」から２

※国・外・数は受験教科の事前登録が必要。

人間開発学部

一般選抜Ａ日程(全学部統一〈３教科型・得意科目重視型〉) 3科目 ①国(100)▶国総(現文，古文・漢文は選択のみ) ②外(100)▶コミュ英Ⅰ・コミュ英Ⅱ・コミュ英Ⅲ・英表Ⅰ・英表Ⅱ ③地歴・公民・数(100)▶世Ｂ・日Ｂ・政経・「数Ⅰ・数Ａ」から１

※得意科目重視型は，最高値の科目を２倍に換算して判定する。

一般選抜Ａ日程(全学部統一〈学部学科特色型〉) 3科目 ①外(100)▶コミュ英Ⅰ・コミュ英Ⅱ・コミュ英Ⅲ・英表Ⅰ・英表Ⅱ ②国・理(100)▶「国総(現文，古文・漢文は選択のみ)」・「物基・物」・「化基・化」・「生基・生」から１ ③地歴・公民・数(100)▶世Ｂ・日Ｂ・政経・「数Ⅰ・数Ａ」・「数Ⅰ・数Ⅱ・数Ａ・数Ｂ」から１

※国・理は受験教科の事前登録が必要。

※高得点２科目を２倍に換算し，３科目の合計で判定する。

一般選抜Ｂ日程 3科目 ①国(100)▶国総(現文)・現文Ｂ ②外(100)▶コミュ英Ⅰ・コミュ英Ⅱ・コミュ英Ⅲ・英表Ⅰ・英表Ⅱ ③国・数(100)▶「国総(古文・漢文)・古典Ｂ」・「数Ⅰ・数Ａ」から１

※選択教科の国・数は受験教科の事前登録が

必要。

観光まちづくり学部

一般選抜Ａ日程（全学部統一〈３教科型・得意科目重視型・学部学科特色型〉） **3**科目 ①**外**(100)▶コミュ英Ⅰ・コミュ英Ⅱ・コミュ英Ⅲ・英表Ⅰ・英表Ⅱ ②**国・理**(100)▶「国総(現文，古文・漢文は選択のみ)」・「物基・物」・「化基・化」・「生基・生」から１ ③**地歴・公民・数**(100)▶世Ｂ・日Ｂ・政経・「数Ⅰ・数Ⅱ・数Ａ・数Ｂ」から１
※国・理は受験教科の事前登録が必要。
※得意科目重視型は最高値の科目を２倍に換算して，学部学科特色型は選択科目(上記③)を２倍に換算し，３科目の合計で判定する。
一般選抜Ｂ日程 **2**科目 ①**外**(100)▶コミュ英Ⅰ・コミュ英Ⅱ・コミュ英Ⅲ・英表Ⅰ・英表Ⅱ ②**国・数**(100)▶「国総(現文)・現文Ｂ」・「数Ⅰ・数Ａ」から１
※国・数は受験教科の事前登録が必要。

その他の選抜

一般選抜V方式(共通テスト利用)，法学部・観光まちづくり学部特別選考，公募制自己推薦(AO型)，公募制自己推薦(AO型) K-ENT高大接続型，指定校制推薦，神道・宗教特別選考，神職養成機関(普通課程)特別選考，セカンドキャリア特別選考，院友子弟等特別選考，社会人特別選考，外国人留学生入試。

偏差値データ（2023年度）

●一般選抜Ａ日程３教科型

学部／学科・専攻	2023年度 駿台予備学校 合格目標ライン	2023年度 河合塾 ボーダー偏差値	2022年度 競争率
▶文学部			
日本文	49	57.5	3.2
中国文	47	55	2.2
外国語文化	47	52.5	2.5
史	51	57.5	3.0
哲	48	52.5	3.0
▶神道文化学部			
神道文化(昼間主)	41	50	} 2.5
(夜間主)	35	45	
▶法学部			
法律／法律	48	52.5	2.9
／法律専門職	46	52.5	2.9
／政治	46	55	3.0
▶経済学部			
経済	46	55	3.6
経営	47	55	3.6
▶人間開発学部			
初等教育	45	55	3.1
健康体育	43	52.5	3.3
子ども支援	45	52.5	2.8
▶観光まちづくり学部			
観光まちづくり	46	52.5	3.0

●駿台予備学校合格目標ラインは合格可能性80%に相当する駿台模試の偏差値です。
●河合塾ボーダー偏差値は合格可能性50%に相当する河合塾全統模試の偏差値です。
●競争率は受験者÷合格者の実質倍率

東京 國學院大學

併設の教育機関 短期大学

國學院大學北海道短期大学部

問合せ先 学生支援課入学係
☎0125-23-4111（代）
所在地 北海道滝川市文京町3-1-1

学生数▶397名（男221名，女176名）
教員数▶教授12名，准教授９名，助教２名

設置学科

●**国文学科**（85） 古代・中世から近現代までの日本文学を多角的に掘り下げ，幅広い分野にアプローチするカリキュラムを編成。
●**総合教養学科**（85） 英語・英会話を中心に，外国語文化・哲学・法律・経済など，自分の志望する学問を深く学ぶことが可能。
●**幼児・児童教育学科**（55） 幼児保育，児童教育の２コース。教育・保育を幅広く学ぶ。

卒業後の進路

2022年３月卒業生▶228名
就職40名，大学編入学177名（うち他大学10名），その他11名

私立大学＼東 京

ICU 国際基督教大学

こくさいきりすときょう

資料請求

問合せ先 パブリックリレーションズ・オフィス ☎0422-33-3058

献学の精神

「教養ある市民を育むための教育を，日本に」――日米の多くの人々の熱意によって，1953（昭和28）年４月１日に献学された，日本初のリベラルアーツ・カレッジ。学問分野の垣根を越えた幅広い学びを可能にするカリキュラム，学生が受け身ではなく自律的に学んでいく少人数教育といった特長は今も変わりなく，日本語と英語を公用語とするバイリンガリズム，さらに世界各国の大学と互換可能な諸制度（厳格なGPAや３学期制など）を兼ね備え，約3,000人規模の大学に，50以上の国からきた学生・教員が研鑽を重ねるという環境が実現。国籍，人種，宗教，文化の違いを超えて誰にでも開かれた大学だからこそ，異なる価値観や多様性を受容する心が養われ，「個の尊重」へと醸成され，臆することなく国際社会に向き合える人材を育成している。

● **東京三鷹キャンパス**……〒181-8585 東京都三鷹市大沢3-10-2

基本データ

学生数▶3,144名（男1,053名，女2,091名）
専任教員数▶教授47名，准教授42名，講師46名

設置学部▶教養
併設教育機関▶大学院―アーツ・サイエンス（M・D）

就職・卒業後の進路

就職率 90.0%
就職者÷希望者×100

● **就職支援** ICUのキャリアサポートは，自分の生き方を見つけ可能性を広げることを重視。就職支援行事は，活動が本格化する時期を中心に年間を通じて開催されており，学生は興味に応じて各行事への参加を主体的に判断。毎年100以上の企業・機関の協力を得て開催している学内企業研究会では，レクチャー形式のものだけでなく，企業の人事担当者によるパネルディスカッション，内定を得た先輩が就職活動の体験を語る報告会なども行っている。また，留学経験者が多いため，留学帰国者対象のガイダンスも実施している。

● **資格取得支援** 教職課程と学芸員課程，および日本語教員養成プログラムを設置。どのメジャー（専修分野）を選択しても，資格の取得は可能。

進路指導者も必見 学生を伸ばす 面倒見

初年次教育	学修サポート
文献の精読，エッセイの執筆，プレゼンテーション，ディスカッションなどを行うことにより，リベラルアーツ教育の理解を深め，学修に必要な方法論的知識や技能を習得する「リベラルアーツセミナー」を実施	助教以上の専任教員が学生一人ひとりにつき，履修計画や修学上・生活上の助言を行う教員アドヴァイザー制度を導入。また，ライティング能力の向上を促すライティングサポートデスク，学修・教育センターなども設置

オープンキャンパス（2022年度実績） ６月に英語によるオンラインオープンキャンパスを開催したほか，７月・８月・３月に来場型で実施（事前エントリー・定員制）。11月には理系に限定したミニオープンキャンも行った。

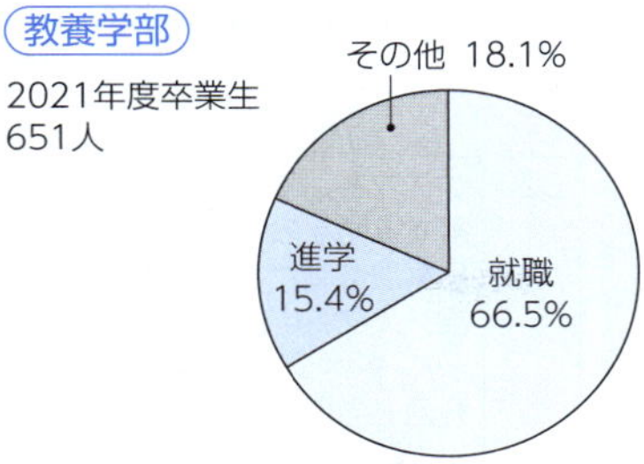

主なOB・OG ▶ 吉田直樹（PPIH，ドン・キホーテ社長），髙村薫（小説家），平田オリザ（劇作家・演出家），喜入冬子（筑摩書房社長），牧島かれん（衆議院議員），狩野恵里（テレビ東京アナウンサー）など。

国際化・留学　大学間 99 大学・部局間 5 大学等

受入れ留学生数 ▶ 96名（2022年５月１日現在）

留学生の出身国・地域 ▶ 中国，韓国，アメリカ，台湾，シリアなど。

外国人専任教員 ▶ 教授47名，准教授42名，講師46名（2022年５月１日現在）

外国人専任教員の出身国 ▶ アメリカ，イギリス，カナダ，韓国，ドイツなど。

大学間交流協定 ▶ 99大学（交換留学先81大学，2022年10月１日現在）

部局間交流協定 ▶ ５大学・機関（交換留学先０大学，2022年９月23日現在）

海外への留学生数 ▶ 渡航型140名・オンライン型173名／年（24カ国・地域，2021年度）

海外留学制度 ▶ １・２年次対象の海外英語研修（SEA）プログラム，３年次以上対象の交換留学プログラムや海外留学プログラム，全学年対象の夏期留学プログラムなど36ものプログラムを用意。ACUCA，GLAAなど７つのコンソーシアムにも参加している。

学費・奨学金制度　給付型奨学金総額 年間 3,634 万円

入学金 ▶ 300,000円

年間授業料（施設費等を除く）▶ 1,101,000円（詳細は巻末資料参照）

年間奨学金総額 ▶ 36,340,000円

年間奨学金受給者数 ▶ 38人

主な奨学金制度 ▶ 入学前に募集し採用者には年額100万円を原則４年間給付する「ICU Peace Bell奨学金」や「Friends of ICU奨学金」などの給付型のほか，「ICUトーチリレー在学生奨学金」をはじめとする学費免除型の制度も充実。2021年度には163人を対象に総額で約8,645万円を免除している。

保護者向けインフォメーション

● **オープンキャンパス**　在学生保証人対象オープンキャンパスを11月（2022年度）に開催。

● **学報別冊**　学報「The ICU」の別冊「在学生保証人のみなさまへ」を発行している。

● **就職ガイダンス**　２年に１度，10月に開催。

● **防災対策**　「大規模地震マニュアル」をポータルサイトにて公開。災害時の学生の状況は，独自の安否認証システムで把握する。

● **コロナ対策１**　感染状況に応じた５段階のBCP（行動指針）を設定している。「コロナ対策２」（下段）あり。

インターンシップ科目	必修専門ゼミ	卒業論文	GPA制度の導入の有無および活用例	１年以内の退学率	標準年限での卒業率
開講していない	実施していない	卒業要件	退学勧告基準や学生に対する個別の学修指導に活用するほか，GPAに応じた履修上限単位数を設定している	4.0%	77.8%

● **コロナ対策２**　学生への経済的支援として，「緊急特別給付金COVID-19」を受付。また，ネット環境を改善し，感染状況に応じてオンライン授業を併用。キャンパス内でオンライン授業が受講できるエリアを公開した。

学部紹介

学部／学科	定員	特色
教養学部		
アーツ・サイエンス	620	▷入学後，２年次までに十分な英語・日本語の運用能力を獲得する語学教育科目（リベラルアーツ英語プログラム〈ELA〉，日本語教育プログラム〈JLP〉），一般教育科目（キリスト教概論，人文科学，社会科学，自然科学，リベラルアーツセミナー），各メジャー（専門科目）の基礎科目などの幅広い分野の科目で学問的基礎力を養いながら，２年次の終わりにメジャーを決定する。メジャーの選択には１つの分野を修める「メジャー」，２つの分野を修める「ダブルメジャー」，２つの分野の比率を変えて履修する「メジャー，マイナー」の３つの学びのかたちを用意している。また，学部で優秀な成績を収めた学生を対象に，最短１年で博士前期課程修了を可能とする５年プログラムを設置。31のメジャーは以下のとおり。 美術・文化財研究，音楽，文学，哲学・宗教学，経済学，経営学，歴史学，法学，公共政策，政治学，国際関係学，社会学，人類学，メディア・コミュニケーション・文化，生物学，物理学，化学，数学，情報科学，言語学，心理学，言語教育，教育学，アメリカ研究，アジア研究，開発研究，環境研究，ジェンダー・セクシュアリティ研究，グローバル研究，日本研究，平和研究。

- **取得可能な資格**…教職（国・地歴・公・社・数・理・英・宗），学芸員。
- **進路状況**…………就職66.5%　進学15.4%
- **主な就職先**………アクセンチュア，楽天グループ，ソフトバンク，日本アイ・ビー・エム，星野リゾート・マネジメント，東京海上日動火災保険，PwCコンサルティングなど。

▶キャンパス

教養学部……［東京三鷹キャンパス］東京都三鷹市大沢3-10-2

2023年度入試要項（前年度実績）

●募集人員

学部／学科	一般A	一般B（英語）
▶教養 アーツ・サイエンス	240	10

※一般B（英語）は，一般選抜B方式（英語外部試験利用）。

教養学部

一般選抜A方式　3科目　①「人文・社会科学」または「自然科学」（80）▶人文・社会科学は，人文・社会科学の領域から選ばれたテーマについての資料を熟読し，それに関する設問に解答。課題として与えられた資料の内容を体系的に理解し把握する力，論理的に推理・思考する力，資料で与えられた知識や原理を応用する力，資料の内容をもとに新しいことを推測する創造力をテストする。自然科学は，数学（数Ⅰ・数Ⅱ・数A・数B〈数列・ベク〉），物理（物基・物），化学（化基・化），生物（生基・生）のそれぞれの分野から出題され，その中から２分野を選択して解答する。　②**総合教養**（80）▶人文科学，社会科学，自然科学を統合した学力を判断する総合問題（リスニングを含む）。特定のテーマについての講義を聴き，その内容およびそれに関連する論述や資料に関する設問に答える。　③**英語**（90）▶英語で書かれた資料を読み，それに関連した問題に答える形式の読解の試験と，スピーカーから流れる短い講義を聴いて，正答を選ぶ形式のリスニング。
※いずれも多肢選択のマークセンス方式。ただし，自然科学については，一部に記述方式

キャンパスアクセス［東京三鷹キャンパス］JR中央線一武蔵境よりバス12分またはバス10分・富士重工前下車徒歩10分，三鷹よりバス20分／京王線一調布よりバス20分・富士重工前下車徒歩10分

が含まれる。

一般選抜B方式（英語外部試験利用）〈第一次〉 2科目 ①**総合教養**（80）▶A方式と同じ ②**外**▶英語外部試験のIELTS（アカデミック・モジュール），TOEFL，Cambridge English Qualifications，またはGTEC CBTの公式スコアにより，英語力を客観的に評価する。なお，出願要件はIELTS6.5，TOEFL iBT79（Test Dateスコアのみ，MyBestスコア不可），Cambridge English Qualifications175，GTEC CBT1300とする。

〈第二次〉 1科目 ①**個人面接**（原則，日本語で行う）

※第二次選考は第一次選考の合格者のみ実施。

その他の選抜

総合型選抜は65名を募集。出願資格は第1志望，入学確約者，これまで総合型選抜に出願していない者のほか，英語外部試験利用と理数探究型は担任または教員および親族・本学の専任教職員以外の推薦，IB認定校対象はIBコーディネーター・担任またはそれに準ずる学校関係者および親族・本学の専任教職員以外の推薦，英語外部試験利用と理数探究型は卒業後2年以内，IB認定校対象は2020年4月1日から2023年3月31日までに国際バカロレアディプロマ（IB Diploma）取得（見込み）の者，および英語外部試験利用は全体の学習成績の状況（評定平均値）が4.1以上である者，理数探究型は全体が4.0以上で，かつ数学または理科が4.2以上である者，IB認定校対象は国際バカロレアディプロマ・プログラム（IBDP）において「日本語A」（HL・SLいずれか）を履修済みまたは履修中であること。また，出願書類として小論文（英語外部試験利用，IB認定校対象は課題論文），学校内外における自己活動歴と自己分析（3カテゴリーすべて），IELTS，TOEFL，英検，Cambridge EnglishまたはGTEC（4技能版）のいずれかの公式スコア（合格）証明書（英語外部試験利用とIB認定校対象），自然科学分野の自主研究や理数探究の成果の要約（理数探究型）を提出すること。選考方法は，書類審査の通過者を対象に，英語外部試験利用は日本語によるオンライン個人面接，理数探究型は日本語によるオンライン個人面接（自然科学分野の自主研究や理数探究についてのプレゼンテーションを含む），IB認定校対象は日本語および英語によるオンライン個人面接（プレゼンテーション〈日本語〉を含む）を行う。ほかに学校推薦型選抜（指定校），4月入学帰国生入試，English Language Based Admissions（April/September Entry），EJU（日本留学試験）利用選抜（4月／9月入学），社会人入試を実施。

偏差値データ（2023年度）

●一般選抜

学部／学科	2023年度 駿台予備学校 合格目標ライン	2023年度 河合塾 ボーダー偏差値	2022年度 競争率
▶教養学部			
アーツ・サイエンス（A）	58	67.5	3.4
（B）	57	—	11.5

●駿台予備学校合格目標ラインは合格可能性80％に相当する駿台模試の偏差値です。
●河合塾ボーダーランクは合格可能性50％に相当する河合塾全統模試の偏差値です。
●競争率は志願者÷合格者の志願倍率

国士舘大学

こくしかん

Kokushikan

資料請求

問合せ先 入試部　☎03-5481-3211

建学の精神

吉田松陰の精神を範とし，1917（大正6）年に私塾「國士館」として創立。100年を超える伝統の中で，建学の精神である「国を思い，世のため，人のために尽くせる人材の養成」への取り組みは変わることなく，自然災害や感染症など大きな困難に直面する社会において，いち早く防災教育に力を注ぎ，警察官や消防官就職者のランキングでは，常に上位にランクインするなど，すべての学生が安全な社会づくりに貢献する「防災リーダー」となるべく支援体制を整備。優れた倫理観と「実践力」を養い，自ら考え行動する「課題解決力」を身につけ，仲間と刺激し合いながら「人間力」を高める——公務員に強い国士舘，防災教育を推し進める国士舘，多様な個性が全国から集う国士舘といった強みを生かし，未来を拓く力を全力でサポートしている。

- 世田谷キャンパス…〒154-8515　東京都世田谷区世田谷4-28-1
- 町田キャンパス……〒195-8550　東京都町田市広袴1-1-1
- 多摩キャンパス……〒206-8515　東京都多摩市永山7-3-1

基本データ

学生数▶12,388名（男9,321名，女3,067名）
専任教員数▶教授198名，准教授73名，講師32名
設置学部▶政経，体育，理工，法，文，21世紀アジア，経営

併設教育機関▶大学院—政治学・経済学・経営学・〈スポーツ・システム〉・救急システム・工学・法学・人文科学・グローバルアジア（以上M・D），総合知的財産法学（M）

就職・卒業後の進路

就職率 93.9%
就職者÷希望者×100

●**就職支援**　地方公務員試験に強い大学として高い実績を誇るだけに，公務員採用試験対策講座が充実。また，さまざまな業界の企業を招いて合同企業説明会を実施する「就活！HOT SPACE」は，企業もすべて国士舘生の採用を考えている優良企業で，この企画がきっかけで内定を獲得した学生も数多くいる。

●**資格取得支援**　生涯学習センターが中心となり，各種専門学校等と提携し，スキルアップと就職活動にも役立つ資格取得講座をリー

進路指導者も必見 学生を伸ばす 面倒見

初年次教育	学修サポート
全学部で学長講話による自校史教育を行うほか，問題解決力を図るアセスメントテストを実施。また，「フレッシュマン・ゼミナール」や「教養教育ゼミ」，一部の学部で「コンピュータリテラシー」などの科目を開講	TA制度（ラーニングサポーター制度）やSA制度，オフィスアワー制度を全学部で，理工学部で専任教員1人が約10人の学生を担当し，学修のケアや相談，指導を行うアカデミックアドバイザー制度を導入

オープンキャンパス（2022年度実績）　3キャンパスで6・7・8・9月に来場型のキャンパス施設見学ツアーまたは個別相談会を開催（事前申込制）。3月には世田谷キャンパスで全学部対象のオープンキャンパスも実施。

ズナブルな受講料で開講。資格講座は日商簿記検定，宅地建物取引士，行政書士，MOS，TOEIC L&R Test対策講座をはじめとして，多彩な講座を用意している。

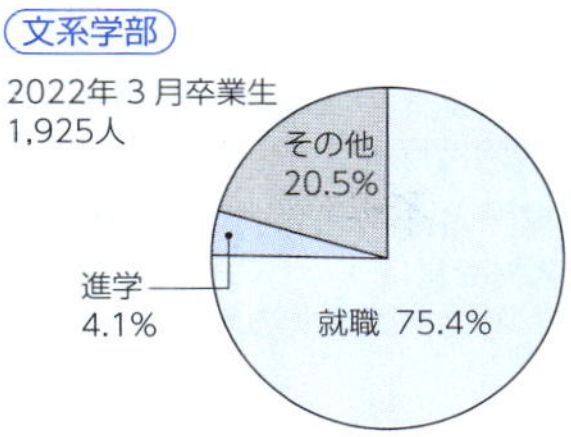

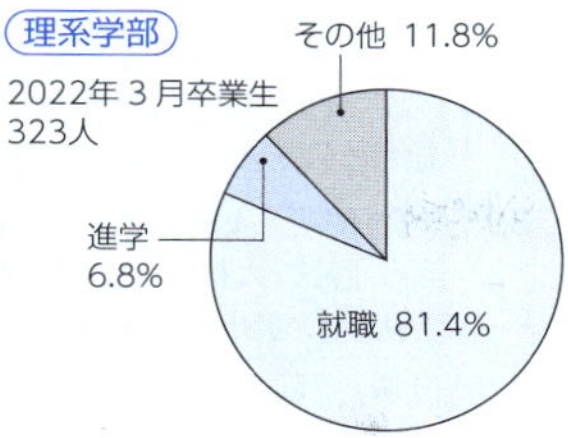

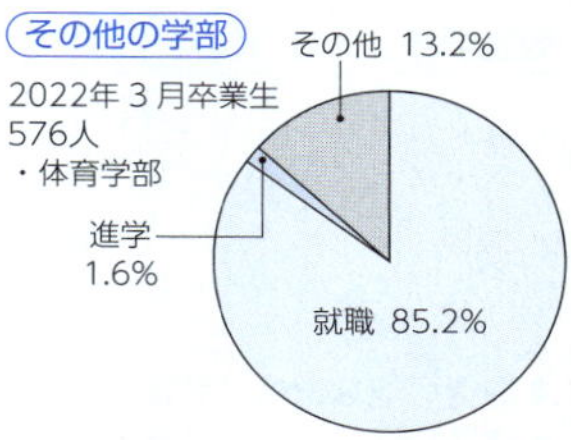

主なOB・OG▶［政経］山口伸樹（茨城県笠間市長）・宮田俊哉（歌手，俳優，タレント），［体育］鈴木桂治（柔道五輪金メダリスト），［21世紀アジア］岩崎優（プロ野球選手）・落合福嗣（声優）・稲村亜美（タレント）など。

国際化・留学　大学間 48 大学・部局間 7 大学等

受入れ留学生数▶585名（2022年５月１日現在）
留学生の出身国・地域▶中国，韓国，台湾など。
外国人専任教員▶教授６名，准教授１名，講師１名，助教１名（2022年５月１日現在）
外国人専任教員の出身国▶中国，韓国，アメリカなど。
大学間交流協定▶48大学（交換留学先33大学，2022年５月１日現在）
部局間交流協定▶７大学・機関（2022年５月１日現在）
海外への留学生数▶０名／年（2021年度）
海外留学制度▶春・夏の長期休暇期間を利用し，協定校で言語や文化を学ぶ海外研修（短期留学）と，交換留学，認定留学を用意。21世紀アジア学部では，約１カ月間の「海外研修」を必修科目としている。

学費・奨学金制度

入学金▶240,000円
年間授業料（施設費等を除く）▶730,000円～（詳細は巻末資料参照）
主な奨学金制度▶デリバリー選抜と共通テスト利用選抜Ⅰ期の成績上位者50名を対象に，学費を４年間免除（原則）する「成績優秀奨学生制度」をはじめ，「学業優秀奨学生」「運動技能優秀奨学生」「修学援助奨学生」など，納入金減免制の独自の奨学金制度を用意している（年間減免総額，採用者数は非公表）。

保護者向けインフォメーション

●**成績確認**　成績通知書を９月と３月上旬に，それぞれ保証人（父母）宛に郵送している。
●**父母懇談会**　３キャンパスおよび地区会場で父母懇談会を開催し，大学全般，進路・就職状況等について説明するとともに，希望する者には修学状況等に関しての個別面談も行っている。
●**防災対策**　「災害対応マニュアル」を入学時に配布。大規模災害時の学生の安否確認を迅速かつ確実に実施するための「セコム安否確認サービスシステム」を導入。また，防災教育に力を入れており，新入生に向けた防災基礎知識の教育なども行っている。
●**コロナ対策１**　ワクチンの職域接種を実施。感染状況に応じた４段階のBCP（行動指針）を設定している。「コロナ対策２」（下段）あり。

インターンシップ科目	必修専門ゼミ	卒業論文	GPA制度の導入の有無および活用例	１年以内の退学率	標準年限での卒業率
理工学部で開講	３・４年次に実施（政経学部と経営学部を除く）	政経学部と経営学部を除き卒業要件	必要に応じて修学指導に活用し，改善が認められない場合は退学勧告を行うこともある。このほか，年間成績優秀者の表彰に活用	3.2%	81.7%

●**コロナ対策２**　対面授業とオンライン授業を感染状況に応じて併用。対面授業では，入構時に検温と消毒を実施するとともに，講義室の空調などの環境を整備し，収容人数を調整・管理。

学部紹介

学部／学科	定員	特色
政経学部		
政治行政	175	▷政治と人間，公務員養成，国際関係・地域研究の３コース。現代社会を生き抜く知恵を，政治と行政を通して学ぶ。
経済	360	▷経済専門人材，税務・会計専門人材，専門企業人，国際企業人，公共人材，データ分析人材を育成する６コースを設置。経済学の分析手法を身につけ，社会を洞察する力を養う。
●取得可能な資格…教職（地歴・公・社・情・商業），司書教諭など。 ●進路状況…………就職80.0%　進学2.1% ●主な就職先………アイリスオーヤマ，京葉銀行，トヨタモビリティ東京，マイナビ，警視庁など。		
体育学部		
体育	220	▷学校体育，アスリート，スポーツトレーナーの３コース。“心・技・体”のバランスがとれた人材を育成する。
武道	90	▷豊かな精神性と高い倫理性を備えた，世界に通用する武道家を育成する。海外武道実習を実施。
スポーツ医科	150	▷救急処置に必要な知識・技術・人間性を養い，実践力のある救急救命士を育成する。経験豊かな教員陣が指導。
こどもスポーツ教育	80	▷こどもの「体と心」を育てる，体育・スポーツの得意な小学校教員を育成する。子どもとふれあう野外教育活動も充実。
●取得可能な資格…教職（保体，小一種，養護一種），司書教諭，救急救命士受験資格など。 ●進路状況…………就職85.2%　進学1.6% ●主な就職先………Apple Japan，トヨタ車体，都道府県市区町村公務員，警視庁ほか警察，教員など。		
理工学部		
理工	335	▷６学系で構成。機械工学系はものづくりを通して，問題解決力のある「知」を養う。電子情報学系は快適な暮らしに欠かせない“電気電子・情報”の技術者を育成。建築学系は人間的な価値観とスケールを大切に，住環境と建築を学ぶ。まちづくり学系は安全・安心で生き生きと暮らせる「まち」の創造をめざす。人間情報学系は医療・健康スポーツの視点から，ヒトに関わる情報技術を学ぶ。基礎理学系では理学系分野を広範に探究し，論理的に考え，柔軟に応用することを学ぶ。
●取得可能な資格…教職（数・理・技・情・工業），司書教諭，測量士補，１・２級建築士受験資格など。 ●進路状況…………就職81.4%　進学6.8% ●主な就職先………アイリスオーヤマ，スズキ，住友電設，日産自動車，富士ソフト，各県警察など。		
法学部		
法律	200	▷刑事系，民事系，公法，総合法学の４コース。警察官などの公務員や企業の法務部などで活躍できる人材を育成する。
現代ビジネス法	200	▷企業法，公共安全，知財，国際ビジネスの４コース。ビジネスに関わる法律を詳しく学ぶ。経済・経営系の科目も開講。
●取得可能な資格…教職（公・社），司書教諭など。 ●進路状況…………就職80.6%　進学1.8% ●主な就職先………スターバックスコーヒージャパン，都道府県市区町村公務員，東京消防庁など。		
文学部		
教育	120	▷〈中等教育課程（教育学コース）80名，初等教育課程（初等教育コース）40名〉人間形成に関する洞察を総合的に深め，理論と実践を兼ね備えた，子どもと向き合える教員を育成。

キャンパスアクセス ［世田谷キャンパス］小田急線一梅ヶ丘より徒歩９分／東急世田谷線一松陰神社前・世田谷より徒歩６分

史学地理	170	▷２コース制。考古・日本史学コースは遺跡や古文書から歴史をひもとき，現代の視点で解明する。地理・環境コースは地理学に主軸を置きながら，環境問題の最新課題に取り組む。
文	100	▷日本文学・文化コースを設置。文学にとどまらず，芸術や言語など，豊かな表現の世界を探究する。

● 取得可能な資格…教職(国・地歴・公・社・書・保体，小一種，幼一種，特別支援，養護一種)，司書，司書教諭，学芸員，測量士補など。
● 進路状況…………就職77.3%　進学2.9%
● 主な就職先………国土情報開発，東京地下鉄，日本郵便，公務員，各県警察，公私立学校教員など。

21世紀アジア学部

21世紀アジア	350	▷アジア文化，アジア社会，アジアビジネスの３コース。政治・経済・社会・文化・外国語を５本柱に，躍進するアジアを中心に世界で活躍できるコミュニケーション能力を養う。

● 取得可能な資格…教職(地歴・公・社・英)，司書教諭，学芸員など。
● 進路状況…………就職61.6%　進学10.8%
● 主な就職先………住友電気工業，セブン-イレブン・ジャパン，ヤマト運輸，警視庁ほか警察など。

経営学部

経営	270	▷「ビジネス人基礎力」を養うための独自のカリキュラムを編成し，ビジネスリーダーとして活躍する人材を育成する。

● 取得可能な資格…教職(地歴・公・社・情・商業)，司書教諭など。
● 進路状況…………就職76.3%　進学3.4%
● 主な就職先………常陽銀行，野村證券，ミサワホーム，三井不動産リアルティ，公立学校教員など。

▶キャンパス

政経・理工・法・文・経営……［世田谷キャンパス］東京都世田谷区世田谷4-28-1
体育〈こどもスポーツ教育〉・21世紀アジア……［町田キャンパス］東京都町田市広袴1-1-1
体育〈体育・武道・スポーツ医科〉……［多摩キャンパス］東京都多摩市永山7-3-1

2023年度入試要項(前年度実績)

●募集人員

学部／学科		一般前期	一般中期	一般後期	共通テスト	推薦	AO
▶政経	政治行政	35	10	5	15	70	30
	経済	85	15	10	30	140	50
▶体育	体育	50	5	3	5	—	45
	武道	20	2	2	2	—	23
	スポーツ医科	62	2	3	4	—	65
	こどもスポーツ教育	30	2	5	4	—	20
▶理工	理工	85	10	10	30	150	25
▶法	法律	64	6	5	19	88	15
	現代ビジネス法	61	6	5	20	81	20
▶文	教育	21	4	4	7	42	42
	史学地理	60	7	7	9	52	34
	文	38	4	4	4	30	20
▶21世紀アジア	21世紀アジア	40	10	5	15	110	90
▶経営	経営	70	8	7	25	70	73

※前期はデリバリー選抜の募集人員を含む。
※政経・理工・法・文・21世紀アジア・経営の６学部および体育学部スポーツ医科学科の共通テスト利用選抜の募集人員はⅠ・Ⅱ期の合計。
※学校推薦型選抜の募集人員には指定校推薦選抜，内部推薦選抜を含む。
※政経学部と21世紀アジア学部のAO選抜の募集人員はⅠ・Ⅱ・Ⅲ期の合計。理工・法・文・経営の４学部のAO選抜の募集人員はⅠ・Ⅱ期の合計。
※文学部教育学科の募集人員の内訳は，中等教育課程(一般前期17名・中期２名・後期２名・共通５名・推薦24名・AO30名)，初等教育課程(一般前期４名・中期２名・後期２名・共通２名・推薦18名・AO12名)。

▷一般選抜(前期・デリバリー・中期・後期)において，英語外部試験結果を用いることが可能。指定された英語資格・検定試験(ケンブリッジ英検，英検，GTEC，IELTS，TEAP，TEAP CBT，TOEFL iBT)の基準スコアを満たしている場合，CEFR基準段階別に点数化し，試験当日に受験した「英語」の得点に加点（ただし，加点後の英語の得点は100点を超えないものとする）し，合否判定に用いる。
▷共通テストの「英語」のリーディングとリスニングの配点比率は1：1とする。

政経学部

一般選抜前期選抜Ａ日程・Ｂ日程　3科目　①**国**（100）▶国総（古文・漢文を除く）　②**外**（100）▶コミュ英Ⅰ・コミュ英Ⅱ・英表Ⅰ　③**地歴・公民・数**（100）▶世Ｂ・日Ｂ・地理Ｂ・政経・「数Ⅰ・数Ａ」から１

一般選抜デリバリー選抜・中期選抜　2科目　①**外**（100）▶コミュ英Ⅰ・コミュ英Ⅱ・英表Ⅰ　②**国・数**（100）▶国総（古文・漢文を除く）・「数Ⅰ・数Ａ」から１

一般選抜後期選抜　2科目　①**外**（100）▶コミュ英Ⅰ・コミュ英Ⅱ・英表Ⅰ　②**国・数・小論文**（100）▶国総（古文・漢文を除く）・「数Ⅰ・数Ａ」・小論文から１

※一般選抜は，受験科目のうち一番得点の高い科目で判定を行うトップワン方式と，受験科目の合計得点で判定する総合評価方式の両方に出願可。

共通テスト利用選抜Ⅰ期・Ⅱ期（３教科型）　4～3科目　①**国**（100）▶国（古文・漢文を除く）　②**外**（200）▶英（リスニングを含む）　③④**地歴・公民・数・理**（100）▶世Ｂ・日Ｂ・地理Ｂ・現社・倫・政経・「倫・政経」・「数Ⅰ・数Ａ」・簿・「物基・化基・生基・地学基から２」・物・化・生・地学から１

［個別試験］行わない。

共通テスト利用選抜Ⅰ期・Ⅱ期（２教科型）　3～2科目　①**外**（200）▶英（リスニングを含む）　②③**国・地歴・公民・数・理**（100）▶国（古文・漢文を除く）・世Ｂ・日Ｂ・地理Ｂ・現社・倫・政経・「倫・政経」・「数Ⅰ・数Ａ」・簿・「物基・化基・生基・地学基から２」・物・化・生・地学から１

［個別試験］行わない。

一般公募制推薦選抜　［出願資格］第１志望，校長推薦，現役。
［選考方法］書類審査，小論文，面接。

ＡＯ選抜Ⅰ期・Ⅱ期・Ⅲ期　［出願資格］第１志望のほか，高校在学期間に各種資格・検定を取得あるいは合格した者，または諸活動において実績がある者など。
［選考方法］書類審査，小論文，口頭試問。

体育学部

一般選抜前期選抜Ａ日程・Ｂ日程　【体育学科・武道学科・こどもスポーツ教育学科】　4～3科目　①**国**（100）▶国総（古文・漢文を除く）　②**外・地歴・公民・数**（100）▶「コミュ英Ⅰ・コミュ英Ⅱ・英表Ⅰ」・世Ｂ・日Ｂ・地理Ｂ・政経・「数Ⅰ・数Ａ」から１　③**体育実技**（150）▶運動適性（武道学科は運動適性・柔道・剣道・空手道から選択），ただしこどもスポーツ教育学科は実施しない　④**書類審査**▶武道活動調書（武道学科のみ，50点），運動能力証明書（こどもスポーツ教育学科のみ，Ａ・Ｂ・Ｃの段階評価），ただし体育学科は実施しない
【スポーツ医科学科】　3科目　①**外**（100）▶コミュ英Ⅰ・コミュ英Ⅱ・英表Ⅰ　②**国・地歴・公民・数**（100）▶国総（古文・漢文を除く）・世Ｂ・日Ｂ・地理Ｂ・政経・「数Ⅰ・数Ａ」から１　③**書類審査**▶運動能力証明書を提出（原則として参考程度）

一般選抜デリバリー選抜　4～3科目　①**外**（100）▶コミュ英Ⅰ・コミュ英Ⅱ・英表Ⅰ　②**国・数**（100）▶国総（古文・漢文を除く）・「数Ⅰ・数Ａ」から１　③**書類審査**▶運動能力証明書（Ａ・Ｂ・Ｃの段階評価），ただしスポーツ医科学科は原則として参考程度　④**書類審査**（50）▶武道活動調書（武道学科のみ）

一般選抜中期選抜　3～2科目　①**外**（100）▶コミュ英Ⅰ・コミュ英Ⅱ・英表Ⅰ　②**国・数**（100）▶国総（古文・漢文を除く）・「数Ⅰ・数Ａ」から１　③**書類審査**（50）▶武道活動調書（武道学科のみ）

一般選抜後期選抜Ａ日程・Ｂ日程　【体育学科・武道学科・こどもスポーツ教育学科】　4～3科目　①**国**（100）▶国総（古文・漢文を除く）　②**外・数・小論文**（100）▶「コミュ英Ⅰ・コミュ英Ⅱ・英表Ⅰ」・「数Ⅰ・数Ａ」・小論文から１　③**体育実技**（150）▶運動適性（武道学科は運動適性・柔道・剣道・空手道から選択）　④**書類審査**（50）▶武道活動調書（武道学科のみ）
【スポーツ医科学科】　3科目　①**外**（100）▶

キャンパスアクセス ［多摩キャンパス］小田急多摩線，京王相模原線―永山よりバス7分・永山高校下車徒歩7分（スクールバスあり）

コミュ英Ⅰ・コミュ英Ⅱ・英表Ⅰ　②**国・数・小論文**(100) ▶国総(古文・漢文を除く)・「数Ⅰ・数A」・小論文から1　③**書類審査**▶運動能力証明書を提出(原則として参考程度)
※一般選抜において，武道学科の出願者は，武道(柔道，剣道，空手道等)の段位，もしくは級位を有していること。
※運動適性は50m走，垂直跳び，バスケットボール投げ(女子はハンドボール投げ)。ただし，天候状況によっては50m走をシャトルランに変更する。
共通テスト利用選抜Ⅰ期・Ⅱ期　**3〜2**科目　①**外**(200) ▶英(リスニングを含む)　②③**国・地歴・公民・数・理**(200) ▶国(古文・漢文を除く)・世B・日B・地理B・現社・倫・政経・「倫・政経」・「数Ⅰ・数A」・「物基・化基・生基・地学基から2」・物・化・生・地学から1
[個別試験] 行わない。
※Ⅱ期はスポーツ医科学科のみ実施。
AO選抜　**[出願資格]** 第1志望のほか，高校在学期間に各種資格・検定を取得あるいは合格した者，または諸活動において実績がある者など。
[選考方法] 書類審査，小論文，面接。

理工学部

一般選抜前期選抜A日程・B日程　**3**科目　①**数**(100) ▶数Ⅰ・数A　②**国・数・理**(100) ▶国総(古文・漢文を除く)・数Ⅲ・「物基・物」・「化基・化」から1　③**外・数**(100) ▶「コミュ英Ⅰ・コミュ英Ⅱ・英表Ⅰ」・「数Ⅱ・数B(確率を除く)」から1
※3科目を受験し，必須の数学と高得点1科目の2科目で判定する。
一般選抜デリバリー選抜・中期選抜　**2**科目　①**外**(100) ▶コミュ英Ⅰ・コミュ英Ⅱ・英表Ⅰ　②**国・数**(100) ▶国総(古文・漢文を除く)・「数Ⅰ・数A」から1
一般選抜後期選抜　**2**科目　①**外・数**(100) ▶「コミュ英Ⅰ・コミュ英Ⅱ・英表Ⅰ」・「数Ⅱ・数B(確率を除く)」から1　②**数・小論文**(100) ▶「数Ⅰ・数A」・小論文から1
共通テスト利用選抜Ⅰ期　**4〜3**科目　①**外**(200) ▶英(リスニングを含む)　②**数**(200) ▶数Ⅰ・数A　③④**国・数・理**(200) ▶国(古文・漢文を除く)・「数Ⅱ・数B」・「物基・化基・生基・地学基から2」・物・化・生・地学から1
[個別試験] 行わない。
共通テスト利用選抜Ⅱ期　**3〜2**科目　①②③**国・外・数・理**(200×2) ▶国(古文・漢文を除く)・英(リスニングを含む)・「数Ⅰ・数A」・「数Ⅱ・数B」・「物基・化基・生基・地学基から2」・物・化・生・地学から2
[個別試験] 行わない。
一般公募制推薦選抜　**[出願資格]** 第1志望，校長推薦，現役。
[選考方法] 書類審査，小論文，口頭試問。
AO選抜Ⅰ期・Ⅱ期　**[出願資格]** 第1志望のほか，高校在学期間に各種資格・検定を取得あるいは合格した者，または諸活動において実績がある者など。
[選考方法] 書類審査，小論文，口頭試問。

法学部

一般選抜前期選抜A日程・B日程　**3**科目　①**国**(100) ▶国総(古文・漢文を除く)　②**外**(100) ▶コミュ英Ⅰ・コミュ英Ⅱ・英表Ⅰ　③**地歴・公民・数**(100) ▶世B・日B・地理B・政経・「数Ⅰ・数A」から1
一般選抜デリバリー選抜・中期選抜　**2**科目　①**外**(100) ▶コミュ英Ⅰ・コミュ英Ⅱ・英表Ⅰ　②**国・数**(100) ▶国総(古文・漢文を除く)・「数Ⅰ・数A」から1
一般選抜後期選抜　**2**科目　①**外**(100) ▶コミュ英Ⅰ・コミュ英Ⅱ・英表Ⅰ　②**国・数・小論文**(100) ▶国総(古文・漢文を除く)・「数Ⅰ・数A」・小論文から1
共通テスト利用選抜Ⅰ期・Ⅱ期　**3**科目　①**国**(100) ▶国(古文・漢文を除く)　②**外**(200) ▶英(リスニングを含む)　③**地歴・公民・数**(100) ▶世B・日B・地理B・現社・倫・政経・「倫・政経」・「数Ⅰ・数A」から1
[個別試験] 行わない。
一般公募制推薦選抜　**[出願資格]** 第1志望，校長推薦，現役。
[選考方法] 書類審査，小論文，面接。
AO選抜Ⅰ期・Ⅱ期　**[出願資格]** 第1志望のほか，高校在学期間に各種資格・検定を取得あるいは合格した者，または諸活動において実績がある者など。

[選考方法] 書類審査，小論文，面接。

文学部

一般選抜前期選抜A日程・B日程 3科目 ①国(100) ▶国総(古文・漢文を除く) ②外(100) ▶コミュ英Ⅰ・コミュ英Ⅱ・英表Ⅰ ③地歴・公民・数(100) ▶世B・日B・地理B・政経・「数Ⅰ・数A」から1

一般選抜デリバリー選抜・中期選抜 2科目 ①外(100) ▶コミュ英Ⅰ・コミュ英Ⅱ・英表Ⅰ ②国・数(100) ▶国総(古文・漢文を除く)・「数Ⅰ・数A」から1

一般選抜後期選抜 2科目 ①外(100) ▶コミュ英Ⅰ・コミュ英Ⅱ・英表Ⅰ ②国・数・小論文(100) ▶国総(古文・漢文を除く)・「数Ⅰ・数A」・小論文から1

共通テスト利用選抜Ⅰ期・Ⅱ期 4〜3科目 ①国(200) ▶国(古文・漢文を除く) ②外(200) ▶英(リスニングを含む) ③④地歴・公民・数・理(100) ▶世B・日B・地理B・現社・倫・政経・「倫・政経」・「数Ⅰ・数A」・「物基・化基・生基・地学基から2」・物・化・生・地学から1

[個別試験] 行わない。

一般公募制推薦選抜 [出願資格] 第1志望，校長推薦，現役。

[選考方法] 書類審査，小論文，面接。

AO選抜Ⅰ期・Ⅱ期 [出願資格] 第1志望のほか，高校在学期間に各種資格・検定を取得あるいは合格した者，または諸活動において実績がある者など。

[選考方法] 書類審査，小論文，面接。

21世紀アジア学部

一般選抜前期選抜A日程・B日程 3科目 ①国(100) ▶国総(古文・漢文を除く) ②外(100) ▶コミュ英Ⅰ・コミュ英Ⅱ・英表Ⅰ ③地歴・公民・数(100) ▶世B・日B・地理B・政経・「数Ⅰ・数A」から1

一般選抜デリバリー選抜・中期選抜 2科目 ①外(100) ▶コミュ英Ⅰ・コミュ英Ⅱ・英表Ⅰ ②国・数(100) ▶国総(古文・漢文を除く)・「数Ⅰ・数A」から1

一般選抜後期選抜A日程・B日程 2科目 ①外(100) ▶コミュ英Ⅰ・コミュ英Ⅱ・英表Ⅰ ②国・数・小論文(100) ▶国総(古文・漢文を除く)・「数Ⅰ・数A」・小論文から1

共通テスト利用選抜Ⅰ期・Ⅱ期 3〜2科目 ①外(200) ▶英(リスニングを含む) ②③国・地歴・公民・数・理(200) ▶国(古文・漢文を除く)・世B・日B・地理B・現社・倫・政経・「倫・政経」・「数Ⅰ・数A」・「物基・化基・生基・地学基から2」・物・化・生・地学から1

[個別試験] 行わない。

一般公募制推薦選抜 [出願資格] 第1志望，校長推薦，現役。

[選考方法] 書類審査，小論文，面接。

AO選抜Ⅰ期・Ⅱ期・Ⅲ期 [出願資格] 第1志望のほか，高校在学期間に各種資格・検定を取得あるいは合格した者，または諸活動において実績がある者など。

[選考方法] 書類審査，小論文，面接。

経営学部

一般選抜前期選抜A日程・B日程 3科目 ①国(100) ▶国総(古文・漢文を除く) ②外(100) ▶コミュ英Ⅰ・コミュ英Ⅱ・英表Ⅰ ③地歴・公民・数(100) ▶世B・日B・地理B・政経・「数Ⅰ・数A」から1

一般選抜デリバリー選抜・中期選抜 2科目 ①外(100) ▶コミュ英Ⅰ・コミュ英Ⅱ・英表Ⅰ ②国・数(100) ▶国総(古文・漢文を除く)・「数Ⅰ・数A」から1

一般選抜後期選抜 2科目 ①外(100) ▶コミュ英Ⅰ・コミュ英Ⅱ・英表Ⅰ ②国・数・小論文(100) ▶国総(古文・漢文を除く)・「数Ⅰ・数A」・小論文から1

共通テスト利用選抜Ⅰ期・Ⅱ期(3教科型) 4〜3科目 ①国(200) ▶国(古文・漢文を除く) ②外(200) ▶英(リスニングを含む) ③④地歴・公民・数・理(100) ▶世B・日B・地理B・現社・倫・政経・「倫・政経」・「数Ⅰ・数A」・簿・「物基・化基・生基・地学基から2」・物・化・生・地学から1

[個別試験] 行わない。

共通テスト利用選抜Ⅰ期・Ⅱ期(2教科型) 3〜2科目 ①外(200) ▶英(リスニングを含む) ②③国・地歴・公民・数・理(200) ▶国(古文・漢文を除く)・世B・日B・地理B・現社・倫・政経・「倫・政経」・「数Ⅰ・数A」・「物基・化基・

生基・地学基から２」・物・化・生・地学から１
[個別試験] 行わない。
一般公募制推薦選抜　**[出願資格]** 第１志望，校長推薦，現役。
[選考方法] 書類審査，小論文，面接。
ＡＯ選抜Ⅰ期・Ⅱ期　**[出願資格]** 第１志望のほか，高校在学期間に各種資格・検定を取得あるいは合格した者，または諸活動において実績がある者など。
[選考方法] 書類審査，小論文，面接。

その他の選抜

学校推薦型選抜（指定校推薦選抜，内部推薦選抜），総合型選抜（スポーツ・武道選抜），海外帰国生徒選抜，社会人選抜，外国人留学生選抜，日本国外在住外国人留学生選抜，外国人留学生スポーツ・武道選抜。

偏差値データ（2023年度）

● 一般選抜前期選抜

学部／学科／専攻	2023年度 駿台予備学校 合格目標ライン	2023年度 河合塾 ボーダー偏差値	2022年度実績 募集人員	受験者数	合格者数	合格最低点	競争率 '22年	競争率 '21年
政経学部								
政治行政	**42**	**50**	35	273	141	185/300	1.9	3.5
経済	**42**	**50**	85	748	374	198/300	2.0	3.5
体育学部								
体育	**40**	**40**	65	252	141	190/350	1.8	2.0
武道	**38**	**37.5**	20	49	48	232/400	1.0	1.2
スポーツ医科	**40**	**45**	62	221	69	119/200	3.2	2.5
こどもスポーツ教育	**39**	**40**	27	40	36	141/350	1.1	1.9
理工学部								
理工	**40**	**47.5**	85	595	222	150/200	2.7	2.2
法学部								
法律	**42**	**50**	64	425	199	205/300	2.1	2.8
現代ビジネス法	**39**	**45**	61	85	59	206/300	1.4	5.2
文学部								
教育	**43〜44**	**50**	21	286	100	210/300	2.9	2.1
史学地理	**43**	**42.5**	60	439	375	168/300	1.2	2.0
文	**42**	**45**	40	270	205	179/300	1.3	2.1
21世紀アジア学部								
21世紀アジア	**41**	**45**	40	121	67	195/300	1.8	1.9
経営学部								
経営	**41**	**50**	70	385	120	216/300	3.2	5.2

- 駿台予備学校合格目標ラインは合格可能性80%に相当する駿台模試の偏差値です。
- 競争率は受験者÷合格者の実質倍率
- 河合塾ボーダー偏差値は合格可能性50%に相当する河合塾全統模試の偏差値です。
- 上記2022年度実績は，一般選抜前期Ａ・Ｂ日程のものです。ただし，合格最低点は前期Ａ日程（政経学部は総合評価方式）の数字です。
- 募集人員にはデリバリー選抜を含む。

駒澤大学

（こまざわ）

資料請求

問合せ先 入学センター ☎03-3418-9048

建学の精神

便利な都心に位置しながら，駒沢オリンピック公園に隣接した緑豊かな環境のワンキャンパスで，約１万4,000人の学生が学ぶ総合大学。起源は1592（文禄元）年に設立された「学林」にまで遡り，1882（明治15）年10月15日に「曹洞宗大学林専門本校」と改名。駒澤大学はこの日を開校記念日としている。「仏教の教えと禅の精神」を建学の理念とし，教育・研究の基本的なあり方として簡潔に表現した「行学一如」のもと，専門分野の枠を超えた文理融合の学びを通じて，真に社会で求められる人材として成長するための基礎を築き上げる全学共通科目を展開。2022年度からはデータサイエンス・AI教育プログラムが開始されるなど，長い伝統という軸を持ちながら，デジタル社会にも対応する，現代社会を生き抜く力を伸ばす環境が整備されている。

●駒沢キャンパス……〒154-8525　東京都世田谷区駒沢1-23-1

基本データ

学生数▶14,069名（男8,727名，女5,342名）
専任教員数▶教授214名，准教授72名，講師31名
設置学部▶仏教，文，経済，法，経営，医療健康科，グローバル・メディア・スタディーズ
併設教育機関▶大学院―仏教学・人文科学・経済学・商学・法学・経営学・医療健康科学・〈グローバル・メディア〉（以上M・D）

就職・卒業後の進路

就職率 **96.1**%
就職者÷希望者×100

●**就職支援**　キャリアセンターでは学生一人ひとりとの面談を重視し，就職活動を始める３年次には，希望者全員と集中進路面談を実施。駒大生の採用を希望する企業が来校して行う合同説明会・業界研究講座は，憧れの企業や，興味のある業界の採用担当者と直接話すことのできる貴重な機会となっている。

●**資格取得支援**　日商簿記検定３～１級講座や税理士・会計士入門講座を開講する経理研究所，公務員試験対策講座や司法書士試験基礎力養成講座などを開講する法学研究所を設置。また，教員志望者のために「東京アカデミー」と提携して学内講座を開講。定期的に実力を確認できる模擬試験も実施している。

進路指導者も必見
学生を伸ばす面倒見

初年次教育	学修サポート
「高校までの学習」から「大学での学修」へのスムーズな転換を促し，積極的な学習態度を身につける「新入生セミナー」を全学部で実施するほか，一部の学部で「ICTリテラシー」を必修科目として用意	全学部でTA・SA制度，オフィスアワー制度を導入。また，学修支援員（ラーニングサポーター：略称LS）の制度があり，退職した教職員や大学院生が学生に対して，履修指導を行っている

オープンキャンパス（2022年度実績）　7月16・17日，8月6・7日，9月10日に来場型オープンキャンパスを実施（HPにて事前予約制）。大学紹介，学部学科紹介，模擬授業，選抜概要説明，ゼミ企画，施設案内など。

文系学部

2022年３月卒業生
3,343人

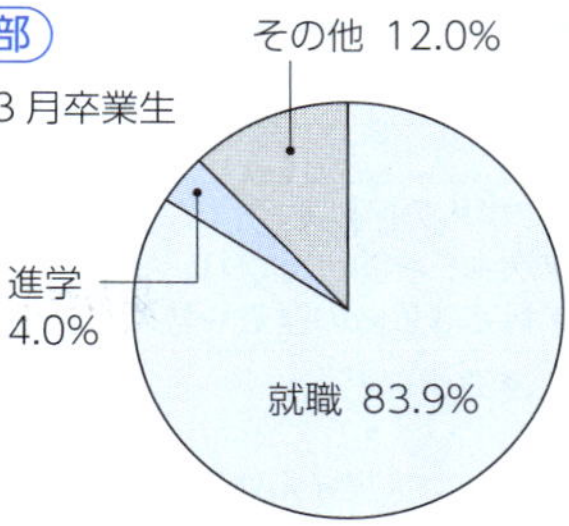

理系学部

2022年３月卒業生
46人

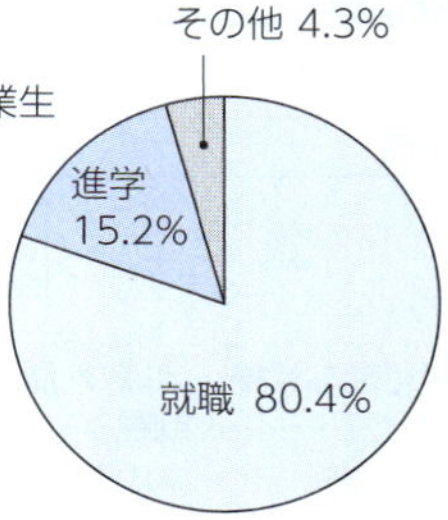

主なOB・OG▶［経済］川口勝（バンダイナムコホールディングス社長），［経営］寺田和正（サマンサタバサジャパンリミテッド創業者），［経営］原昭彦（成城石井社長），［法］あばれる君（タレント）など。

国際化・留学　大学間 26 大学・部局間 1 大学

受入れ留学生数▶164名（2022年５月１日現在）

留学生の出身国・地域▶中国，韓国，台湾，タイ，ベトナムなど。

外国人専任教員▶教授10名，准教授３名，講師３名（2022年９月19日現在）

外国人専任教員の出身国▶中国，韓国，イギリス，アメリカ，オーストラリアなど。

大学間交流協定▶26大学（交換留学先15大学，2022年９月20日現在）

部局間交流協定▶１大学（交換留学先０大学，2022年９月20日現在）

海外への留学生数▶渡航型38名・オンライン型17名／年（８カ国・地域，2021年度）

海外留学制度▶海外の協定校で学ぶ交換留学，留学先を自分で選ぶ協定校留学，夏・春の休暇期間を利用する短期語学セミナーのほか，海外インターンシップ・ボランティアなどの実践的な留学を用意して，世界をフィールドに羽ばたく一人ひとりの夢を力強く支援。

学費・奨学金制度

入学金▶200,000円（法B130,000円）

年間授業料（施設費等を除く）▶759,000円（法B490,000円）～（詳細は巻末資料参照）

年間奨学金総額▶非公表

年間奨学金受給者数▶非公表

主な奨学金制度▶入学前に申請する「駒澤大学新人の英知（一般選抜特待生）奨学金」「駒澤大学全学部統一日程選抜奨学金」や，入学後に申請する「駒澤大学百周年記念奨学金」「学業成績最優秀者奨学金」「駒澤大学同窓会奨学金」など，学生の状況や目的に合わせた，さまざまな奨学金制度を用意している。

保護者向けインフォメーション

●**成績確認**　保証人用学業成績表を後期終了後，郵送している。

●**教育懇談会**　保証人を会員とする教育後援会があり，履修・成績や就職などについて教職員と懇談することを目的とした教育懇談会を開催。また，会報誌も年３回発行し，配布している。

●**防災対策**　災害が発生した際の学生の状況は，大学HPやSNS，メール，ポータルサイト，さらに独自の安否システムを利用して確認する。

●**コロナ対策１**　ワクチンの職域接種を実施。「コロナ対策２」（下段）あり。

インターンシップ科目	必修専門ゼミ	卒業論文	GPA制度の導入の有無および活用例	１年以内の退学率	標準年限での卒業率
経済学部で開講している	仏教（３・４年次），文（１～４年次），医療健康科（４年次）で実施	仏教学部と文学部（社会学科を除く）は卒業要件	奨学金等対象者の選定，留学候補者の選考，学生に対する個別の学修指導のほか，経済・法・GMSで早期卒業制度の基準として活用	0.8%	83.6%

●**コロナ対策２**　対面授業とオンライン授業を感染状況に応じて併用。入構時および講義室の入口で検温と消毒を実施するとともに，講義室の収容人数を調整・管理。2020年度に特別奨学金として，一律５万円を支給。

学部紹介

学部／学科	定員	特色
仏教学部		
禅 仏教	}192	▶1・2年次に学科の区別なく，仏教全般にわたる知識を身につけ，3年次より学科に分かれ，禅学科では禅の歴史や教えを，仏教学科では仏教の歴史や教えを学ぶ。
●取得可能な資格…教職（地歴・公・社・宗），司書教諭，学芸員など。 ●進路状況…………就職80.0%　進学4.9% ●主な就職先………本山暗居（永平寺・總持寺など），ベネッセスタイルケア，大東建託，警視庁など。		
文学部		
国文	134	▷古代から現代までの国語学・国文学（古典文学・近現代文学）・漢文学を深く学び，日本文化を多角的に考察する。
英米文	134	▷ネイティブ講師による指導で英語と英米文学を深く学び，文化的・歴史的背景にも視野を広げる。
地理	133	▷〈地域文化研究専攻69名，地域環境研究専攻64名〉フィールドワークなどの実践的な学びから，“地域”を探究する。
歴史	193	▷〈日本史学専攻92名，外国史学専攻66名，考古学専攻35名〉実践的な学びで人類の歴史を読み解き，自己を育て，社会で役立てる力や世界の今と未来を見据える力を身につける。
社会	147	▷〈社会学専攻64名，社会福祉学専攻83名〉社会学専攻では複雑な現代社会の仕組みを読み解く。社会福祉学専攻では福祉の知識と技術を身につけ，共感力と人間力を育む。
心理	85	▷科学的な視点で「心」をとらえ，豊かな感性で「人」を理解する。臨床心理士資格を持つ教員が多数在籍。
●取得可能な資格…教職（国・地歴・公・社・書・英），司書教諭，学芸員，測量士補，社会福祉士・精神保健福祉士受験資格など。 ●進路状況…………就職81.8%　進学6.4% ●主な就職先………SOMPOケア，神奈川県ほか教育委員会，ベネッセスタイルケア，日本郵便など。		
経済学部		
経済	350	▷経済学，金融・財政，産業情報，国際経済，生活・環境の5コース。経済を科学し，豊かな社会の担い手を育成する。
商	246	▷流通・情報，会計・経営，金融・貿易の3コース。企業が求める高度職業人に必要な問題発見・解決力を身につける。
現代応用経済	152	▷ビジネス経済，コミュニティ経済の2コース。現代の経済事象を読み解き，アントレプレナーシップを養う。
●取得可能な資格…教職（地歴・公・社・商業），司書教諭など。 ●進路状況…………就職86.1%　進学3.9% ●主な就職先………リコージャパン，横河ソリューションサービス，ユニクロ，パソナグループなど。		
法学部		
法律	459	▷〈フレックスA（昼間主コース）309名，フレックスB（夜間主コース）150名〉日常生活からグローバルな交流まで，現代社会を支える法を学ぶ。一定の単位まで双方のカリキュラムの履修が認められ，昼夜を組み合わせて学ぶことも可能。
政治	205	▷現代社会と政治，行政・公共政策，国際・地域研究，政治とメディア研究の4コース。判断力，行動力，問題解決能力を備えた実践的な教養人を育成する。

キャンパスアクセス [駒沢キャンパス] 東急田園都市線一駒沢大学より徒歩10分

- **取得可能な資格**…教職（地歴・公・社），司書教諭など。
- **進路状況**…………就職83.7%　進学2.3%
- **主な就職先**………警視庁ほか各県警察本部，日研トータルソーシング，日本年金機構，JCOMなど。

経営学部		
経営	340	▷企業経営，企業会計，経済分析，金融キャリアの４コース。経営に関する課題を適切かつ迅速に解決できる人材を育成。
市場戦略	185	▷市場創造，市場分析，現代産業・起業の３コース。マーケティングの発想で，新たな価値を創造する人材を育成する。

- **取得可能な資格**…教職（地歴・公・社・商業），司書教諭など。
- **進路状況**…………就職86.2%　進学2.6%
- **主な就職先**………NTTデータカスタマサービス，ボードルア，横浜銀行，楽天銀行，ニトリなど。

医療健康科学部		
診療放射線技術科	62	▷放射線治療・計測，臨床画像・技術，画像処理・解析の３コース。医療画像と放射線治療のプロフェッショナルを養成。

- **取得可能な資格**…診療放射線技師受験資格，社会福祉主事任用資格。
- **進路状況**…………就職80.4%　進学15.2%
- **主な就職先**………聖マリアンナ医科大学病院，国立がん研究センター中央病院，他医療機関など。

グローバル・メディア・スタディーズ学部（GMS）		
グローバル・メディア	300	▷実践的な英語力とITを駆使し，グローバル化する社会で活躍できる人材を育成する。海外留学を支援。

- **取得可能な資格**…教職（英），司書教諭。
- **進路状況**…………就職82.3%　進学3.9%
- **主な就職先**………トランスコスモス，博報堂プロダクツ，山崎製パン，マイナビ，リクルートなど。

▶キャンパス

全学部……［駒沢キャンパス］東京都世田谷区駒沢1-23-1

2023年度入試要項（前年度実績）

●募集人員

学部／学科（専攻）	全学部統一	T方式	S方式	共通前期	共通中期	共通後期	推薦（総合）	推薦（特性）
▶仏教	25	2月25 3月5	10	20	5	—	10	55
▶文　国文	12	2月58 3月5	20	10	—	—	8	—
英米文	13	2月59 3月5	18	9	—	—	9	—
地理（地域文化研究）	10	2月33 3月若干名	—	5	—	—	8	—
（地域環境研究）	10	2月30 3月若干名	—	5	—	—	8	—
歴史（日本史学）	14	2月36 3月若干名	5	8	—	—	10	2
（外国史学）	11	2月25 3月若干名	4	6	—	—	7	2
（考古学）	5	2月17 3月若干名	3	3	—	—	3	1
社会（社会学）	10	2月30 3月若干名	—	5	—	—	5	2
（社会福祉学）	10	2月51 3月若干名	—	5	—	—	3	—
心理	10	2月45 3月若干名	—	5	—	—	10	—
▶経済　経済	37	2月145 3月10	—	18	8	—	10	7
商	26	2月88 3月7	—	13	7	—	6	13
現代応用経済	15	2月48 3月6	—	6	3	—	6	—
▶法 法律フレックスA	30	2月72 3月15	—	30	10	—	25	—
法律フレックスB	15	2月15 3月45	—	—	—	15	10	—

	政治	15	2月66 3月10	—	20	5	—	10	—
▶経営	経営	30	2月133 3月15	—	30	—	—	20	—
	市場戦略	15	2月71 3月7	—	12	—	—	11	—
▶医療健康科	診療放射線技術科	—	2月33	10	5	2	—	9	—
▶GMS	グローバル・メディア	22	2月58 3月若干名	48	20	—	—	34	A・B 15

※仏教学部は３年次から学科に分かれる。
※自己推薦選抜は総合評価型と特性評価型を実施。なお，グローバル・メディア・スタディーズ学部(GMS)は特性評価型において，A・Bの２方式を行う。

▷全学部統一日程選抜において，指定された英語外部試験(英検〈４技能。従来型，S-CBT，CBT，S-Interviewいずれも可〉，TEAP〈４技能〉，TEAP CBT，GTEC〈CBTタイプ〉)で一定のスコアを取得している者は，ネット出願画面にある申請書と証明書類を提出することで，外国語(英語)を75点に換算して判定する。外国語(英語)を受験しない場合や，受験して74点以下であった場合でも，75点として換算し，76点以上の場合は，その点数を採用する。

仏教学部

全学部統一日程選抜 3科目 ①**国**(100)▶国総(漢文を除く) ②**外**(100)▶コミュ英Ⅰ・コミュ英Ⅱ・英表Ⅰ ③**地歴・公民・数・情**(100)▶世Ｂ・日Ｂ・地理Ｂ・政経・「数Ⅰ・数Ⅱ・数Ａ・数Ｂ(数列・ベク)」・情報の科学から1

一般選抜(２月Ｔ方式・３月Ｔ方式・Ｓ方式) 3科目 ①**国**(100)▶国総(漢文を除く) ②**外**(100)▶コミュ英Ⅰ・コミュ英Ⅱ・英表Ⅰ ③**地歴・公民・数**(Ｔ方式100・Ｓ方式200)▶世Ｂ・日Ｂ・地理Ｂ・政経・「数Ⅰ・数Ⅱ・数Ａ・数Ｂ(数列・ベク)」から１

共通テスト利用選抜前期・中期 4〜3科目 ①**国**(200)▶国 ②**外**(200〈英はリーディング160・リスニング40〉)▶英(リスニングを含む)・独・仏・中・韓から１ ③④**地歴・公民・数・理**(100)▶世Ａ・世Ｂ・日Ａ・日Ｂ・地理Ａ・地理Ｂ・現社・倫・政経・「倫・政経」・数Ⅰ・「数Ⅰ・数Ａ」・数Ⅱ・「数Ⅱ・数Ｂ」・簿・情・「物基・化基・生基・地学基から２」・物・化・生・地学から１

[個別試験] 行わない。

自己推薦選抜(総合評価型) **[出願資格]** 専願，現役，全体の学習成績の状況が3.8以上の者，または3.5以上で，かつ国・外のいずれか１つが4.0以上の者。

[選考方法] 書類審査，小論文，面接・口頭試問。

自己推薦選抜(特性評価型) **[出願資格]** 専願，現役，全体の学習成績の状況が3.2以上で，曹洞宗において得度した者，または英検２級以上，漢検２級以上，TOEFL iBT45以上，TOEIC L&R500以上などの指定の技能試験で基準以上の成績を修めた者。

[選考方法] 書類審査通過者を対象に，面接・口頭試問(オンライン)を行う。

文学部

全学部統一日程選抜 3科目 ①**国**(100)▶国総(漢文を除く) ②**外**(100)▶コミュ英Ⅰ・コミュ英Ⅱ・英表Ⅰ ③**地歴・公民・数・情**(100)▶世Ｂ・日Ｂ・地理Ｂ・政経・「数Ⅰ・数Ⅱ・数Ａ・数Ｂ(数列・ベク)」・情報の科学から1

一般選抜(２月Ｔ方式・３月Ｔ方式) 3科目 ①**国**(100)▶国総(漢文を除く) ②**外**(100)▶コミュ英Ⅰ・コミュ英Ⅱ・英表Ⅰ ③**地歴・公民・数**(100)▶世Ｂ・日Ｂ・地理Ｂ・政経・「数Ⅰ・数Ⅱ・数Ａ・数Ｂ(数列・ベク)」から１

一般選抜(Ｓ方式) **【国文学科・英米文学科】** 3科目 ①**国**(国文200・英米文100)▶国総(漢文を除く) ②**外**(国文100・英米文200)▶コミュ英Ⅰ・コミュ英Ⅱ・英表Ⅰ ③**地歴・公民・数**(100)▶世Ｂ・日Ｂ・地理Ｂ・政経・「数Ⅰ・数Ⅱ・数Ａ・数Ｂ(数列・ベク)」から１

【歴史学科】 3科目 ①**国**(100)▶国総(漢文を除く) ②**外**(100)▶コミュ英Ⅰ・コミュ英Ⅱ・英表Ⅰ ③**地歴**(200)▶世Ｂ・日Ｂから１

共通テスト利用選抜前期 4〜3科目 ①**国**(200)▶国 ②**外**(200〈英はリーディング160・リスニング40〉)▶英(リスニングを含む)・独・仏・中・韓から１ ③④**地歴・公民・数・**

理（100〈地理学科のみ200〉）▶世Ａ・世Ｂ・日Ａ・日Ｂ・地理Ａ・地理Ｂ・現社・倫・政経・「倫・政経」・数Ⅰ・「数Ⅰ・数Ａ」・数Ⅱ・「数Ⅱ・数Ｂ」・簿・情・「物基・化基・生基・地学基から２」・物・化・生・地学から１

［個別試験］ 行わない。

自己推薦選抜（総合評価型）　**［出願資格］** 専願，現役。ほかに，心理学科は全体の学習成績の状況が3.8以上で，かつ国・外（英）・数のすべてが4.0以上の者。その他の学科・専攻は全体の学習成績の状況が3.8以上の者，または3.5以上で，かつ，国文学科と社会福祉学専攻は国・外のいずれか１つが4.0以上の者，英米文学科は外が4.0以上の者，地理学科は国・外・地歴・公民・数・理・農業・工業・商業・水産のいずれか１つが4.0以上の者，歴史学科は国・外・地歴のいずれか１つが4.0以上の者，社会学専攻は国・外・公民のいずれか１つが4.0以上の者。

［選考方法］ 書類審査，小論文（国文学科は小論文を含む日本文学の筆記問題），面接・口頭試問（社会学科社会学専攻はグループ討論形式）。

自己推薦選抜（特性評価型）　**［出願資格］** 専願，現役のほか，歴史学科は特殊技能（各種スポーツ大会入賞等）を有する者など。社会学科社会学専攻は全体の学習成績の状況が3.5以上で，指定の資格を有すると認められる十分な証拠の提出や，関係者による証明ができる者（スポーツでの功績は除く）など。

［選考方法］ 書類審査通過者を対象に，面接・口頭試問（オンライン。社会学専攻は出願資格として提出した実績について，パワーポイントを用いたプレゼンテーションを含む）を行う。

経済学部

全学部統一日程選抜　**3**科目　①**国**（100）▶国総（漢文を除く）　②**外**（100）▶コミュ英Ⅰ・コミュ英Ⅱ・英表Ⅰ　③**地歴・公民・数・情**（100）▶世Ｂ・日Ｂ・地理Ｂ・政経・「数Ⅰ・数Ⅱ・数Ａ・数Ｂ（数列・ベク）」・情報の科学から１

※各科目の得点を偏差値換算して判定する。

一般選抜（２月Ｔ方式・３月Ｔ方式）　**3**科目　①**国**（100）▶国総（漢文を除く）　②**外**（100）▶コミュ英Ⅰ・コミュ英Ⅱ・英表Ⅰ　③**地歴・公民・数**（100）▶世Ｂ・日Ｂ・地理Ｂ・政経・「数Ⅰ・数Ⅱ・数Ａ・数Ｂ（数列・ベク）」から１

※各科目の得点を偏差値換算して判定する。

共通テスト利用選抜前期・中期　**4～3**科目　①**国**（200）▶国（近代）　②**外**（200〈英はリーディング160・リスニング40〉）▶英（リスニングを含む）・独・仏・中・韓から１　③④**地歴・公民・数・理**（100）▶世Ａ・世Ｂ・日Ａ・日Ｂ・地理Ａ・地理Ｂ・現社・倫・政経・「倫・政経」・数Ⅰ・「数Ⅰ・数Ａ」・数Ⅱ・「数Ⅱ・数Ｂ」・簿・情・「物基・化基・生基・地学基から２」・物・化・生・地学から１

［個別試験］ 行わない。

自己推薦選抜（総合評価型）　**［出願資格］** 専願，現役，全体の学習成績の状況が4.0以上の者。

［選考方法］ 書類審査，小論文，面接・口頭試問。

自己推薦選抜（特性評価型）　**［出願資格］** 専願，現役，全体の学習成績の状況が3.8以上で，英検２級以上，TOEFL iBT45以上，TOEIC L&R500以上，日商簿記２級以上などの指定の技能試験で基準以上の成績を修めた者。

［選考方法］ 書類審査（事前課題を含む）通過者を対象に，面接・口頭試問（オンライン）を行う。

法学部

全学部統一日程選抜　**3**科目　①**国**（100）▶国総（漢文を除く）　②**外**（100）▶コミュ英Ⅰ・コミュ英Ⅱ・英表Ⅰ　③**地歴・公民・数・情**（100）▶世Ｂ・日Ｂ・地理Ｂ・政経・「数Ⅰ・数Ⅱ・数Ａ・数Ｂ（数列・ベク）」・情報の科学から１

※各科目の得点を偏差値換算して判定する。

一般選抜（２月Ｔ方式・３月Ｔ方式）　**3**科目　①**国**（100）▶国総（漢文を除く）　②**外**（100）▶コミュ英Ⅰ・コミュ英Ⅱ・英表Ⅰ　③**地歴・公民・数**（100）▶世Ｂ・日Ｂ・地理Ｂ・政経・「数Ⅰ・数Ⅱ・数Ａ・数Ｂ（数列・ベク）」から１

※各科目の得点を偏差値換算して判定する。

共通テスト利用選抜前期・中期　**【法律学科フ**

レックスA・政治学科】 4~3科目 ①国(200)▶国(近代) ②外(200〈英はリーディング150・リスニング50〉)▶英(リスニングを含む)・独・仏・中・韓から1 ③④地歴・公民・数・理(100)▶世A・世B・日A・日B・地理A・地理B・現社・倫・政経・「倫・政経」・数Ⅰ・「数Ⅰ・数A」・数Ⅱ・「数Ⅱ・数B」・簿・情・「物基・化基・生基・地学基から2」・物・化・生・地学から1
[個別試験] 行わない。
共通テスト利用選抜後期 【法律学科フレックスB】 4~3科目 ①国(200)▶国(近代) ②外(200〈英はリーディング150・リスニング50〉)▶英(リスニングを含む)・独・仏・中・韓から1 ③④地歴・公民・数・理(100)▶世A・世B・日A・日B・地理A・地理B・現社・倫・政経・「倫・政経」・数Ⅰ・「数Ⅰ・数A」・数Ⅱ・「数Ⅱ・数B」・簿・情・「物基・化基・生基・地学基から2」・物・化・生・地学から1
[個別試験] 行わない。
自己推薦選抜(総合評価型) [出願資格] 専願, 現役。ほかに, 法律学科フレックスBは全体の学習成績の状況が3.5以上。フレックスAは4.0以上の者, または3.8以上で, かつ国・外〈英〉・公民のいずれか1つが4.0以上の者。政治学科は3.8以上の者, または3.5以上で, かつ国・外〈英〉・公民のいずれか1つが4.0以上の者。
[選考方法] 書類審査, 小論文, 面接・口頭試問(政治学科はグループ討論形式)。

経営学部

全学部統一日程選抜 3科目 ①国(100)▶国総(漢文を除く) ②外(100)▶コミュ英Ⅰ・コミュ英Ⅱ・英表Ⅰ ③地歴・公民・数・情(100)▶世B・日B・地理B・政経・「数Ⅰ・数Ⅱ・数A・数B(数列・ベク)」・情報の科学から1
一般選抜(2月T方式・3月T方式) 3科目 ①国(100)▶国総(漢文を除く) ②外(100)▶コミュ英Ⅰ・コミュ英Ⅱ・英表Ⅰ ③地歴・公民・数(100)▶世B・日B・地理B・政経・「数Ⅰ・数Ⅱ・数A・数B(数列・ベク)」から1
共通テスト利用選抜前期 3科目 ①国(100)▶国(近代) ②外(リーディング100・リスニング50)▶英(リスニングを含む) ③地歴・公民・数(100)▶世A・世B・日A・日B・地理A・地理B・現社・倫・政経・「倫・政経」・数Ⅰ・「数Ⅰ・数A」・数Ⅱ・「数Ⅱ・数B」・簿・情から1
[個別試験] 行わない。
自己推薦選抜(総合評価型) [出願資格] 専願, 現役。ほかに, 全体の学習成績の状況が4.0以上の者, または3.5以上で, かつ国・外・地歴・公民・数・理・工業・商業のいずれか1つが4.3以上の者。
[選考方法] 書類審査, 小論文, 面接・口頭試問。

医療健康科学部

一般選抜(2月T方式) 3科目 ①外(100)▶コミュ英Ⅰ・コミュ英Ⅱ・英表Ⅰ ②数(100)▶数Ⅰ(数と式・図形と計量・二次関数)・数Ⅱ・数A・数B(数列・ベク) ③理(100)▶「物基・物(運動・波・電気)」・「化基・化」・「生基・生(生命〈細胞と分子・代謝〉・生殖・環境応答・進化)」から1
一般選抜(S方式) 3科目 ①外(100)▶コミュ英Ⅰ・コミュ英Ⅱ・英表Ⅰ ②数(100)▶数Ⅰ(数と式・図形と計量・二次関数)・数Ⅱ・数A・数B(数列・ベク) ③理(100)▶「物基・物(運動・波・電気)」・「化基・化」から1
※数・理のうち, 高得点科目を2倍にして判定する。
共通テスト利用選抜前期・中期 5~4科目 ①外(前期リーディング160・リスニング40, 後期リーディング80・リスニング20)▶英(リスニングを含む) ②③数(100×2)▶「数Ⅰ・数A」・「数Ⅱ・数B」 ④⑤理(200)▶「物基・化基・生基から2」・物・化・生から1
[個別試験] 行わない。
自己推薦選抜(総合評価型) [出願資格] 専願, 現役, 全体の学習成績の状況が3.5以上で, かつ数Ⅱと数A・数Bを履修し, および物基と化基の2科目と物・化・生から1科目以上を履修した者。
[選考方法] 書類審査, 小論文, 面接・口頭試問。

グローバル・メディア・スタディーズ学部

全学部統一日程選抜 3科目 ①国(100)▶国総(漢文を除く) ②外(100)▶コミュ英Ⅰ・コミュ英Ⅱ・英表Ⅰ ③**地歴・公民・数・情**(100)▶世B・日B・地理B・政経・「数Ⅰ・数Ⅱ・数A・数B(数列・ベク)」・情報の科学から1

一般選抜(2月T方式) 3科目 ①国(100)▶国総(古文・漢文を除く) ②外(100)▶コミュ英Ⅰ・コミュ英Ⅱ・英表Ⅰ ③**地歴・公民・数**(100)▶世B・日B・地理B・政経・「数Ⅰ・数Ⅱ・数A・数B(数列・ベク)」から1

※国語および英語は学部独自問題。

※合否判定において，国語・英語に基準点を設定。

一般選抜(3月T方式) 3科目 ①国(100)▶国総(漢文を除く) ②外(100)▶コミュ英Ⅰ・コミュ英Ⅱ・英表Ⅰ ③**地歴・公民・数**(100)▶世B・日B・地理B・政経・「数Ⅰ・数Ⅱ・数A・数B(数列・ベク)」から1

※合否判定において，国語・英語に基準点を設定。

一般選抜(S方式) 3科目 ①国(100)▶国総(古文・漢文を除く) ②外(200)▶コミュ英Ⅰ・コミュ英Ⅱ・英表Ⅰ ③**地歴・公民・数**(100)▶世B・日B・地理B・政経・「数Ⅰ・数Ⅱ・数A・数B(数列・ベク)」から1

※国語および英語は学部独自問題。

※合否判定において，国語・英語に基準点を設定。

※S方式において，指定された英語外部試験(英検〈4技能。従来型，S-CBT，CBT，S-Interviewいずれも可〉，TEAP〈4技能〉，TEAP CBT，GTEC〈CBTタイプ〉，TOEIC L&R，TOEIC L&RおよびTOEIC S&W，IELTS〈アカデミック・モジュール〉，TOEFL iBT)で所定のスコアを取得している者は，ネット出願画面にある申請書と証明書類を提出することで，外国語(英語)を160点または190点に換算して判定する。外国語(英語)を受験しない場合や，受験して換算得点以下であった場合は，上記の換算得点を採用。また，換算得点を超えた場合は，その点数を採用する。

共通テスト利用選抜前期 4～3科目 ①国(100)▶国(近代) ②外(リーディング200・リスニング50)▶英(リスニングを含む) ③④**地歴・公民・数・理**(100)▶世A・世B・日A・日B・地理A・地理B・現社・倫・政経・「倫・政経」・数Ⅰ・「数Ⅰ・数A」・数Ⅱ・「数Ⅱ・数B」・簿・情・「物基・化基・生基・地学基から2」・物・化・生・地学から1

[個別試験] 行わない。

自己推薦選抜(総合評価型) [出願資格] 専願，現役。ほかに，全体の学習成績の状況が4.0以上の者，または3.8以上で，かつ外国語(英語)が4.3以上の者。

[選考方法] 書類審査，小論文，面接・口頭試問。

自己推薦選抜(特性評価型) [出願資格] 専願，現役。ほかに，A方式は全体の学習成績の状況が3.2以上で，英検1950以上，TOEFL iBT42以上，TOEIC L&R550以上などの指定の技能試験で基準以上の成績を修めた者，または学術・芸術・文化の分野において特に優れた能力を全国大会レベルで発揮している者，あるいは各種社会活動において顕著な業績をおさめた者。B方式は学習成績の状況が3.2以上の者。

[選考方法] 書類審査通過者を対象に，A方式は面接・口頭試問(オンライン)。B方式は当日発表されるテーマ(情報やメディアに関する社会問題等)に沿い，試験時間内にインターネット等を活用して情報収集し，プレゼンテーション資料を作成(90分)した後，10分程度のプレゼンテーションと質疑応答を行う。

その他の選抜

スポーツ推薦選抜，フレックスB社会人選抜，フレックスB勤労学生・有職者特別選抜，帰国生特別選抜，社会人特別選抜，外国人留学生選抜。

偏差値データ (2023年度)

●一般選抜

学部／学科／専攻	2023年度 駿台予備学校 合格目標ライン	2023年度 河合塾 ボーダー偏差値	2022年度実績 募集人員	2022年度実績 受験者数	2022年度実績 合格者数	2022年度実績 合格最低点	競争率 '22年	競争率 '21年
仏教学部								
(全学部統一)	35	45	25	143	96	176/300	1.5	3.2
(T方式2月)	34	42.5	26	191	126	172/300	1.5	1.4
(T方式3月)	—		6	52	18	169/300	2.9	1.7
(S方式)	35	42.5	10	71	36	235/400	2.0	2.7
文学部								
国文(全学部統一)	47	57.5	12	312	70	239/300	4.5	3.9
(T方式2月)	46	52.5	56	406	173	207/300	2.3	2.5
(T方式3月)	—		5	33	6	206/300	5.5	2.8
(S方式)	47	57.5	20	265	68	288/400	3.9	5.7
英米文(全学部統一)	46	52.5	15	273	85	230/300	3.2	3.0
(T方式2月)	45	50	54	327	216	200/300	1.5	2.3
(T方式3月)	—		5	26	10	179/300	2.6	8.8
(S方式)	46	52.5	18	148	73	283/400	2.0	2.1
地理/地域文化(全学部統一)	44	50	10	170	81	214/300	2.1	2.5
(T方式2月)	44	50	33	162	110	211/300	1.5	2.6
(T方式3月)	—		若干名	12	5	192/300	2.4	2.1
/地域環境(全学部統一)	43	50	10	193	91	214/300	2.1	2.0
(T方式2月)	42	47.5	31	243	131	209/300	1.9	2.7
(T方式3月)	—		若干名	18	5	192/300	3.6	2.8
歴史/日本史(全学部統一)	48	57.5	15	272	76	236/300	3.6	3.9
(T方式2月)	47	52.5	35	359	174	218/300	2.1	3.1
(T方式3月)	—		若干名	27	4	215/300	6.8	9.0
(S方式)	48	55	5	197	41	307/400	4.8	4.4
/外国史(全学部統一)	47	57.5	12	207	49	242/300	4.2	3.1
(T方式2月)	46	52.5	25	224	141	210/300	1.6	2.8
(T方式3月)	—		若干名	14	1	230/300	14.0	26.0
(S方式)	47	57.5	4	99	25	308/400	4.0	5.0
/考古学(全学部統一)	46	57.5	5	91	39	225/300	2.3	4.6
(T方式2月)	45	52.5	14	99	61	196/300	1.6	1.7
(T方式3月)	—		若干名	9	2	193/300	4.5	4.0
(S方式)	46	52.5	3	25	8	284/400	3.1	5.7
社会/社会学(全学部統一)	47	57.5	13	339	83	238/300	4.1	3.8
(T方式2月)	46	52.5	20	307	98	218/300	3.1	3.4
(T方式3月)	—		若干名	12	3	213/300	4.0	29.0
/社会福祉学(全学部統一)	46	52.5	10	181	35	235/300	5.2	4.9
(T方式2月)	45	50	51	287	148	191/300	1.9	2.1
(T方式3月)	—		若干名	2	0	—	—	7.0

学部／学科／専攻	2023年度 駿台予備学校 合格目標ライン	2023年度 河合塾 ボーダー偏差値	2022年度実績 募集人員	受験者数	合格者数	合格最低点	競争率 '22年	競争率 '21年
心理（全学部統一）	**48**	**57.5**	10	328	38	251/300	8.6	9.3
（T方式２月）	**47**	**55**	46	550	198	231/300	2.8	3.7
（T方式３月）	—		若干名	46	21	187/300	2.2	6.8
経済学部								
経済（全学部統一）	**46**	**52.5**	40	777	202	167.8/300	3.8	5.6
（T方式２月）	**45**	**52.5**	135	1,144	438	164.0/300	2.6	2.9
（T方式３月）	—		10	193	54	165.1/300	3.6	2.3
商（全学部統一）	**46**	**55**	30	470	122	166.4/300	3.9	3.6
（T方式２月）	**45**	**50**	88	1,155	473	161.5/300	2.4	2.8
（T方式３月）	—		7	85	28	160.9/300	3.0	3.0
現代応用経済（全学部統一）	**43**	**50**	20	265	85	163.7/300	3.1	4.8
（T方式２月）	**42**	**50**	50	252	124	162.5/300	2.0	3.5
（T方式３月）	—		6	18	11	153.9/300	1.6	7.3
法学部								
法律A（全学部統一）	**47**	**57.5**	30	582	107	171.7/300	5.4	3.9
（T方式２月）	**46**	**52.5**	82	1,143	478	163.9/300	2.4	2.5
（T方式３月）	—		15	171	75	155.3/300	2.3	3.9
法律B（全学部統一）	**37**	**50**	15	97	44	158.2/300	2.2	2.2
（T方式２月）	**37**	**47.5**	15	75	44	152.8/300	1.7	1.6
（T方式３月）	**37**		38	43	64	128.1/300	—	—
政治（全学部統一）	**46**	**57.5**	15	332	69	169.3/300	4.8	3.0
（T方式２月）	**45**	**52.5**	67	479	275	152.5/300	1.7	1.8
（T方式３月）	—		10	100	52	150.2/300	1.9	1.7
経営学部								
経営（全学部統一）	**46**	**55**	30	810	154	240/300	5.3	4.4
（T方式２月）	**45**	**50**	133	990	423	205/300	2.3	3.1
（T方式３月）	—		14	168	40	201/300	4.2	3.2
市場戦略（全学部統一）	**44**	**52.5**	15	282	59	233/300	4.8	4.5
（T方式２月）	**43**	**50**	69	453	198	201/300	2.3	2.7
（T方式３月）	—		7	68	18	202/300	3.8	2.5
医療健康科学部								
診療放射線技術科（T方式２月）	**43**	**50**	29	191	61	208/300	3.1	2.9
（S方式）	**44**	**52.5**	10	170	53	288/400	3.2	3.5
グローバル・メディア・スタディーズ学部								
グローバル・メディア（全学部統一）	**45**	**52.5**	20	269	92	229/300	2.9	4.3
（T方式２月）	**45**	**50**	48	512	205	187/300	2.5	2.0
（T方式３月）	—		若干名	30	8	203/300	3.8	6.0
（S方式）	**45**	**55**	48	589	192	309/400	3.1	2.5

● 駿台予備学校合格目標ラインは合格可能性80%に相当する駿台模試の偏差値です。　● 競争率は受験者÷合格者の実質倍率
● 河合塾ボーダー偏差値は合格可能性50%に相当する河合塾全統模試の偏差値です。
※経済学部と法学部の合格最低点は，各科目の得点を偏差値換算し，その数値を合計したもの。
※法律学科フレックスＢのＴ方式３月の合格者には，フレックスＡ・Ｂ併願者を含む。
※合格最低点は正規合格者の点数です。

産業能率大学

さんぎょうのうりつ

資料請求

問合せ先 入試センター ☎03-3704-1110

建学の精神

1925（大正14）年創立の日本産業能率研究所を母体として，79（昭和54）年大学設立。「知識は，実際に役立ってこそ意味がある」と説いた創立者・上野陽一のマネジメント理論は，建学の精神に反映され，創立以来一貫して，「社会が求め，社会で活躍できる人材の育成」をベースに学生教育を展開。初年次ゼミや「ジェネリックスキル開発プログラム」で社会人基礎力を養成するとともに，企業，地域と連携したプロジェクト授業では，課題を発見・解決する実践力を鍛えている。さらに，発音と表現に重きを置いた英語プログラムが経営学部でスタート。また，デジタル分野のビジネスをプロデュースできる人材を育成するデジタルビジネスデザインコースを情報マネジメント学部に開設するなど，自ら挑戦し，成長したいと考える学生を全力で応援している。

- 自由が丘キャンパス…〒158-8630 東京都世田谷区等々力6-39-15
- 湘南キャンパス………〒259-1197 神奈川県伊勢原市上粕屋1573

基本データ

学生数▶3,956名（男2,173名，女1,783名）
専任教員数▶教授72名，准教授18名，講師8名
設置学部▶経営，情報マネジメント
併設教育機関▶大学院ー総合マネジメント(M) 通信教育課程ー情報マネジメント学部

就職・卒業後の進路

就 職 率 **99.1**%
就職者÷希望者×100

● **就職支援** 1年次から始まるキャリア教育，2年次後期からのゼミ活動，社会で必要な力が身につくアクティブラーニング，教員，職員を問わずに誰にでも気軽に相談ができ，適切なアドバイスがもらえるダブルサポート，キャリアセンターによる就職サポート体制をポイントに，“自分軸”で就職を勝ち取り，「就職のSANNO」の評価につなげている。

● **資格取得支援** 日商簿記検定，ITパスポート，ファイナンシャルプランニング技能士，秘書検定，ビジネス実務法務，知的財産管理技能士，色彩検定，ウェブ解析士，サービス介助士など，働く上で役立つ実用性の高い資格取得をサポートする授業を開講。

進路指導者も必見 学生を伸ばす 面 倒 見

初年次教育	学修サポート
グループワークの方法やPBL（課題解決型学習）などSANNOならではの学び方を修得するとともに，社会人基礎力を身につける30人程度の「初年次ゼミ」に，すべての学生が所属する	両学部でSA制度，オフィスアワーを導入。また専任教員が学生約30人を担当し，学習に関する指導・助言を行うアカデミック・アドバイザー制度も設けている。学習や成績に関する相談に応じる学習支援センターも設置

オープンキャンパス(2022年度実績) 4月から11月にかけて，両キャンパスで来校型・オンライン型オープンキャンパスを同時開催(事前予約制)。開催毎に違うプログラムのため，訪れるたびに新しい発見が見られる。

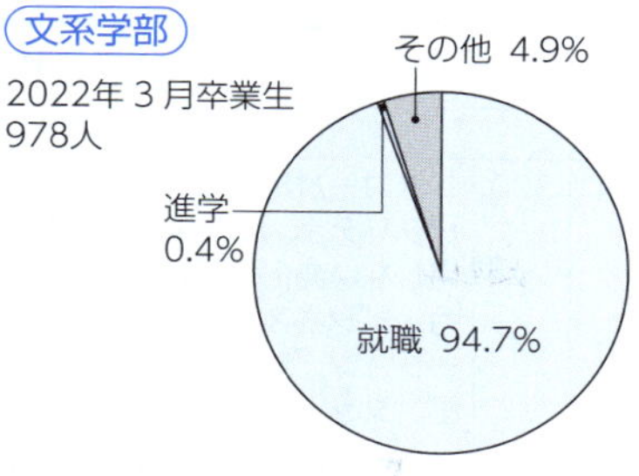

主なOB・OG▶［通信教育課程］森理世（ミス・ユニバース2007），［情報マネジメント］溝江明香・鈴木千代（ビーチバレー選手），［経営］新内眞衣（モデル，女優，タレント），［経営］畑美紗紀（タレント）など。

国際化・留学

大学間 1 大学

受入れ留学生数▶65名（2022年９月１日現在）

留学生の出身国・地域▶中国，ベトナム，台湾など。

外国人専任教員▶教授１名，准教授１名，講師０名（2022年５月１日現在）

外国人専任教員の出身国▶中国。

大学間交流協定▶１大学（交換留学先１大学，2022年４月１日現在）

海外への留学生数▶０名／年（2021年度）

海外留学制度▶夏期・春期休業期間にアメリカやカナダ，ベトナムで行う異文化体験研修，姉妹校である台湾・銘傳大学と共同で開発した授業に参加する海外フィールドワーク，フィリピンやマレーシアでのグローバル・インターンシップなどの海外研修科目を用意。

学費・奨学金制度

入学金▶318.000円

年間授業料（施設費等を除く）▶772,000円（詳細は巻末資料参照）

年間奨学金総額▶NA

年間奨学金受給者数▶NA

主な奨学金制度▶創立者・上野陽一を記念し設置された「産業能率大学上野奨学金」（上野特別奨学金，上野学業奨学金，修学支援奨学金など），学業・人物ともに極めて優れている者を対象にした「産業能率大学・富士通（株）育英基金奨学金」，後援会による「産業能率大学後援会奨学金」などの制度を設置。

保護者向けインフォメーション

●**オープンキャンパス**　通常のオープンキャンパス時に保護者向けのガイダンスを実施。
●**大学概要説明会**　入学予定者の保護者を対象とした大学概要説明会を開催している。
●**成績確認**　成績表を郵送している。
●**懇談会**　学業・成績や就職活動に関する情報提供を目的に，毎年９月に保護者懇談会を開催（2022年度は中止）。また後援会（保護者会）を組織し，会報誌「SANNO PAL」を発行。
●**防災対策**　「大地震対応マニュアル」を入学時に配布。災害時の学生の状況は，メールを利用して確認するようにしている。
●**コロナ対策**　入構時に検温と消毒を実施するとともに，教室の換気を徹底し，収容人数も調整。感染状況に応じてオンライン授業を併用。

インターンシップ科目	必修専門ゼミ	卒業論文	GPA制度の導入の有無および活用例	１年以内の退学率	標準年限での卒業率
全学部で開講している	全学部で１～３年次に実施	卒業要件ではない	奨学金や授業料免除対象者の選定・進級判定・卒業判定基準，学生に対する個別の学修指導に活用	NA	NA

学部紹介

学部／学科	定員	特色
経営学部		
経営	300	▷グローバルコミュニケーション，ビジネスリーダー，ホスピタリティ，ビジネス経営の４コース。これまでの常識が通用しない変化の激しい現代のビジネスに対応できる問題解決力，ビジネスセンス，実行力を身につける。心理コミュニケーション，地域創生，メディアコミュニケーション，商品企画，ショップビジネスの５つのユニット専門科目も用意。
マーケティング	180	▷消費者心理，データ活用による統計学，最新のマーケティング理論をベースに，DXの知識やマーケティングのスキルを活用し，社会が抱えるさまざまな課題に挑む未来志向のマーケッターを育成する。超実践型PBL「マーケティング・イニシアティブ」も2022年度より始動している。
● 進路状況…………就職94.8％　進学0.3％		
情報マネジメント学部		
現代マネジメント	330	▷デジタルビジネスデザイン，コンテンツビジネス，マーケティング企画，ビジネスマネジメント，スポーツマネジメントの５コース。IT化，グローバル化にともない社会構造が大きく変化する中，マネジメント力を発揮して社会のさまざまな分野において活躍する人材を育成する。「使える英語力」をキーワードにした新発想の英語学習プログラムも用意。
● 進路状況…………就職94.6％　進学0.5％ ● 主な就職先………オーケー，キヤノンマーケティングジャパン，大和ハウス工業，西日本電信電話，富士通エフサス，プロネクサス，USEN-NEXT HOLDINGSなど（両学部実績）。		

▶キャンパス

経営……［自由が丘キャンパス］東京都世田谷区等々力6-39-15
情報マネジメント……［湘南キャンパス］神奈川県伊勢原市上粕屋1573

2023年度入試要項（前年度実績）

●募集人員

学部／学科		前期スタンダード	前期プラスワン	前期2教科	中期	後期	未来構想	共通
▶経営	経営	60	50	35	30	10	10	10
	マーケティング	40	40	20	20	5	10	5
▶情報マネジメント	現代マネジメント	60	50	30	30	10	10	10

※一般選抜前期スタンダードの募集人員には，スカラシップ選抜（国公立大学併願タイプ）を含む。

経営学部・情報マネジメント学部

一般選抜前期スタンダード 3科目 ①国(100) ▶国総(古文・漢文を除く) ②外(経営150・情報100) ▶コミュ英Ⅰ・コミュ英Ⅱ・英表Ⅰ ③**地歴・公民・数**(100) ▶世B・日B・政経・「数Ⅰ・数A」から1

※情報マネジメント学部は３科目を受験し，高得点２科目で判定する。

一般選抜前期プラスワン 3科目 ①国(100) ▶国総(古文・漢文を除く) ②**外**(100) ▶コミュ英Ⅰ・コミュ英Ⅱ・英表Ⅰ ③**地歴・公民・数**(100) ▶世B・日B・政経・「数Ⅰ・数A」から1

※指定された英語外部試験(英検〈CSE2.0スコア〉，GTEC〈４技能版〉，IELTS，TEAP，TEAP〈CBT〉)のスコアを英語試験の点数に換算して利用することも可能。本学の英語試験を受験した場合，どちらか高得点のものを判定に採用する。

※任意で高得点２教科にて選考も可能(ベスト２選考)。ただし，英語外部試験は活用不可。

 キャンパスアクセス ［自由が丘キャンパス］東急東横線・大井町線—自由が丘より徒歩15分またはバス５分

一般選抜前期２教科ベーシック　2科目　①②国・外・「地歴・公民」・数(100×2)▶国総(古文・漢文を除く)・「コミュ英Ⅰ・コミュ英Ⅱ・英表Ⅰ」・「世B・日B・政経から1」・「数Ⅰ・数A」から2，ただし経営学部は英または数必須

一般選抜中期(共通テスト併用可)　2科目　①②国・外・数(100×2)▶国総(古文・漢文を除く)・「コミュ英Ⅰ・コミュ英Ⅱ・英表Ⅰ」・「数Ⅰ・数A」から2

※共通テストの世B・日B・地理B・「倫・政経」から1科目利用可。ただしその場合は，経営学部は本学試験で英または数必須

一般選抜後期　2科目　①国(100)▶国総(古文・漢文を除く)　②外(100)▶コミュ英Ⅰ・コミュ英Ⅱ・英表Ⅰ

一般選抜共通テスト利用方式〈4教科型・3教科型〉　5～3科目　①②③④⑤国・外・「地歴・公民」・数・理(4教科型100×4・3教科型100×3)▶国(経営学部は近代・古文，情報マネジメント学部は近代)・「英(リスニングを含む)・独・仏・中・韓から1」・「世B・日B・地理B・現社・倫・政経・〈倫・政経〉から1」・「〈数Ⅰ・数A〉・〈数Ⅱ・数B〉・簿・情から1」・「〈物基・化基・生基・地学基から2〉・物・化・生・地学から1」から4教科型は4，3教科型は3

※得点率による合格保証制度があり，4教科型では，共通テストの得点率が，両学部とも65％(260点)以上であれば合格を保証。3教科型では，経営学部マーケティング学科のみ，73％(219点)で合格保証。

[個別試験]　行わない。

※英語はリーディング(100点)とリスニング(100点)の合計を100点に換算する。

一般選抜未来構想方式(共通テスト併用)3教科型・5教科型　〈共通テスト科目〉　6～3科目　①②③④⑤⑥国・外・「地歴・公民」・数・理(3教科型〈国・外各200，その他100〉・5教科型〈国・外各200，その他100×3〉)▶国・「英(リスニング〈100〉を含む)・独・仏・中・韓から1」・「世B・日B・地理B・現社・倫・政経・〈倫・政経〉から1」「〈数Ⅰ・数A〉・〈数Ⅱ・数B〉・簿・情から1」・「〈物基・化基・生基・地学基から2〉・物・化・生・地学から1」から3教科型は国・外を含む3，5教科型は5

〈個別試験科目〉　2科目　①未来構想レポート▶シナリオ(近未来のある地域の社会状況)を読み，課題，解決案を検討し，レポートにまとめる　※レポート作成時に試験会場内でスマホ等を使用して自由に検索が可能。　②事前記述課題(出願期間中にWEBで提出)

※3教科型は事前記述課題2割，未来構想レポート8割の比率で総合判定し，共通テスト合計得点率50％以上であれば点数は問わない。また，未来構想レポートの評価上位者は，得点率50％未満でも合格とする場合がある。5科目型は事前記述課題，未来構想レポート，共通テストによる総合判定。

その他の選抜

学校推薦型選抜公募制方式一般推薦は現代マネジメント学科30名を，総合型選抜AO方式は経営学科50名，現代マネジメント学科70名を募集。ほかに一般選抜スカラシップ選抜(国公立大学併願タイプ)，学校推薦型選抜指定校方式・スポーツ特別，総合型選抜MI方式，総合型選抜AL方式，総合型選抜キャリア教育接続方式，外国人留学生入試を実施。

偏差値データ (2023年度)

●一般選抜

学部／学科／専攻	2023年度 駿台予備学校 合格目標ライン	2023年度 河合塾 ボーダー偏差値	2022年度 競争率
▶経営学部			
経営(前期)	39～40	50	4.0
(中期)	—	45	2.5
(後期)	—	—	4.6
マーケティング(前期)	40～41	50	3.3
(中期)	—	47.5	3.1
(後期)	—	—	5.7
▶情報マネジメント学部			
現代マネジメント(前期)	40～41	45	2.1
(中期)	—	42.5	2.3
(後期)	—	—	2.1

●駿台予備学校合格目標ラインは合格可能性80％に相当する駿台模試の偏差値です。
●河合塾ボーダー偏差値は合格可能性50％に相当する河合塾全統模試の偏差値です。
●競争率は受験者÷合格者の実質倍率
※前期の競争率は全方式の合計です。

キャンパスアクセス　[湘南キャンパス]　小田急小田原線一伊勢原よりバス12分

実践女子大学（じっせんじょし）

資料請求

問合せ先 入学支援課 ☎03-6450-6820（渋谷） ☎042-585-8820（日野）

建学の精神

変化する時代の中で今なお新鮮な「社会を変えるのは女性である」の想いを込めて，学祖・下田歌子が1899（明治32）年に創設した実践女学校を前身とする。以来，一貫して実践的な知識技術の習得と学問を実社会で活用しうる「実践力」の育成に邁進し，教育理念でもある，知性と品性を備えた「品格高雅にして自立自営しうる女性の育成」のための全学的な学生サポート体制「J-TAS（Jissen Total Advanced Support）」を導入。成長を促す「さまざまな実践経験の場」，成長を確かめる「自己確認の機会」，成長を支える「サポーター」の３つをポイントに，学祖の信念を受け継ぎ，「女性が社会を変える，世界を変える」という建学の精神に基づいて，自らの手で未来を切り開く力を身につけ，女性がさらに活躍する社会を創るために力を尽くしている。

- 渋谷キャンパス……〒150-8538　東京都渋谷区東1-1-49
- 日野キャンパス……〒191-8510　東京都日野市大坂上4-1-1

基本データ

学生数▶女4,159名
専任教員数▶教授81名，准教授26名，講師11名
設置学部▶文，人間社会，生活科

併設教育機関▶大学院一文学・生活科学（以上M・D），人間社会（M）　短期大学部（P.387参照）

就職・卒業後の進路

就職率 98.0％
就職者÷希望者×100

● **就職支援**　キャリア・生活支援課スタッフ，キャリアアドバイザー，J-STAFF（内定した学生）が連携して，学生一人ひとりのキャリア形成を支援。自分の長所や短所，価値観を把握・分析する自己分析講座や面接対策講座，インターンシップなど，今後の進むべき方向を見定めることのできるプログラムが充実。

● **資格取得支援**　各学部学科で教育や保育，医療・福祉，衣・食・住など，幅広い分野の資格を取得することができ，資格取得のための科目や講座を開講するなど，充実したサポート体制でバックアップしている。

進路指導者も必見 学生を伸ばす 面倒見

初年次教育	学修サポート
"大学生としての学び方"の基礎を身につける実践スタンダード科目（必修）として「実践入門セミナー」「情報リテラシー基礎1」を全学部で，「英文入門セミナー」などの科目を一部の学部で開講している	全学部でTA制度，オフィスアワー制度，アカデミック・アドバイザー制度を導入。また，学生総合支援センターを設置し，カリキュラムアドバイザーが履修相談等のサポートを行うほか，個別相談期間「履修プランニングウィーク」を開催

オープンキャンパス（2022年度実績） 5〜10月，3月に両キャンパスで開催したほか，学園祭（渋谷キャンパス）期間中にミニオープンキャンパスも実施（事前予約を推奨）。4・8・12月にはオンラインでも行った。

文系学部
2022年３月卒業生
603人

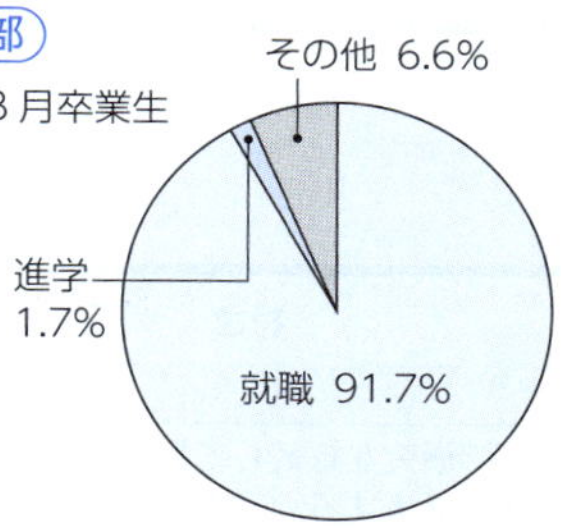

その他の学部
2022年３月卒業生
477人
・生活科学部

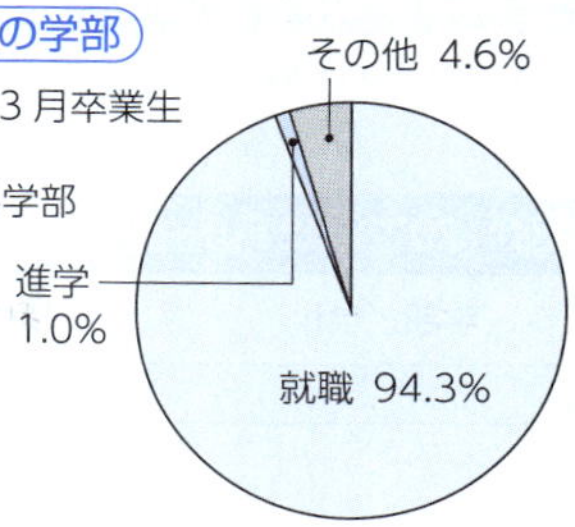

主なOG▶［文］うつみ宮土理（タレント），［文］松下玲子（東京都武蔵野市長），［文］宮本茉由（モデル，女優），［文］唐橋ユミ（フリーアナウンサー），［生活科］山形純菜（TBSテレビアナウンサー）など。

国際化・留学　大学間 17 大学

受入れ留学生数▶１名（2022年５月１日現在）
留学生の出身国▶アメリカ。
外国人専任教員▶教授２名，准教授１名，講師１名（2022年５月１日現在）
外国人専任教員の出身国▶アメリカ，中国，オランダ，チェコ。
大学間交流協定▶17大学（交換留学先６大学，2022年５月１日現在）
海外への留学生数▶オンライン型９名／年（５カ国・地域，2021年度）
海外留学制度▶交換協定校への留学や派遣留学，協定校への派遣留学のほか，認定校留学，夏休みと春休みを利用した海外語学研修，アカデミックボランティア研修，海外インターンシップなど，さまざまな留学や国際交流の機会を提供している。

学費・奨学金制度　給付型奨学金総額 年間 1,013万円

入学金▶240,000円
年間授業料（施設費等を除く）▶770,000円（詳細は巻末資料参照）
年間奨学金総額▶10,130,000円
年間奨学金受給者数▶102人
主な奨学金制度▶各学科・専攻の推薦により，在学中の学業成績，人物ともに優秀な学生に対し，在学年度は記念品，卒業年度は奨励金を給付する「学祖下田歌子奨学金」のほか，経済的支援の「佐久間繁子ファーストイヤースカラシップ」，課外活動・留学に対する「羽山昇・昭子奨学金」などの制度を設置。また，学費減免制度があり，2021年度には１人を対象に53万円が減免されている。

保護者向けインフォメーション

● **成績確認**　学業成績通知書を郵送している。
● **修学・就職支援フェア**　９月に両キャンパスで「修学・就職支援フェア」を開催している。
● **後援会**　在学生の父母等を会員とする後援会があり，学生の課外活動や就職などを支援。「後援会会報」も年２回発行している。
● **防災対策**　全学年を対象に年１回，新学期に「災害時対応マニュアル」を配布。災害時の学生の安否は，学生支援システム「J-TAS」を利用して確認するようにしている。
● **コロナ対策１**　感染状況に応じた３段階のBCP（行動指針）を設定している。「コロナ対策２」（下段）あり。

インターンシップ科目	必修専門ゼミ	卒業論文	GPA制度の導入の有無および活用例	１年以内の退学率	標準年限での卒業率
全学部で開講している	文学部と生活科学部（食生活科学科管理栄養士専攻と健康栄養専攻を除く）で４年次，人間社会学部で１～４年次に実施	全学部（管理栄養士・健康栄養専攻は選択）卒業要件	奨学金や授業料免除対象者の選定や留学候補者の選考，退学勧告基準，学生に対する個別の学修指導に活用	1.3%	91.7%

● **コロナ対策２**　入構時に検温と消毒を実施するとともに，講義室の収容人数を調整・管理。またオンライン授業を併用し，希望者にパソコンを無償貸与。経済的に困窮する学生にJOB MATEとして学内アルバイトを紹介。

2024年度学部改組構想（予定）

● 国際学部国際学科を新設。

学部紹介（2023年２月現在）

学部／学科	定員	特色
文学部		
国文	110	▷文学とことばの研究を継続して探究することによって，洞察力と人間関係を構築する力，表現力を身につける。
英文	110	▷英語圏の文学・文化と英語学から，文化の多様性を理解し，広く社会に貢献するための国際感覚と英語力を磨く。
美学美術史	90	▷世界的視野に立って日本の美術や文化への理解を深め，日本の文化と美術について的確に伝える力を養う。
● **取得可能な資格**…教職（国・美・書・英），司書，司書教諭，学芸員など。 ● **進路状況**…………就職88.9%　進学2.7% ● **主な就職先**………日本銀行，りそなグループ，マイナビ，ソフトバンク，東京都教育委員会など。		
人間社会学部		
		▶学部一括募集。２年次進級時に学科を選択する。
人間社会	100	▷社会・ビジネス系，心理・教育系，メディア・コミュニケーション系から専門領域を選択し，知見と思考力を深める。
現代社会	100	▷経済・法律系，経営・ビジネス系，グローバル社会系から専門領域を選択し，実社会に直結した学びを展開。
● **取得可能な資格**…教職（公・社），司書，司書教諭，学芸員など。 ● **進路状況**…………就職96.2%　進学0.0% ● **主な就職先**………ファンケル，NTTデータビジネスシステムズ，ソニー銀行，東急リバブルなど。		
生活科学部		
食生活科	185	▷３専攻制。管理栄養士専攻（70名）では，正しい食習慣や食行動を支援できる管理栄養士を育成。食物科学専攻（75名）では，食品開発やメニュー開発の企画・発信など，食の専門家として地域や社会に貢献できる人材を育成。健康栄養専攻（40名）では，栄養士として人々の栄養状態の課題を発見し，改善策を提案できる力を養う。
生活環境	80	▷アパレル・ファッション，プロダクト・インテリア，住環境デザインの３分野の実践の場で，応用する力を身につける。
生活文化	85	▷２専攻制。生活心理専攻（40名）では心理学の思考と方法を用い，生活課題の解決を図る力を，幼児保育専攻（45名）では子どもの発達に即した保育・教育を実践できる力を育む。
現代生活	60	▷現代の企業や行政が重視する「生活者」の視点から，新しい生活課題の解決や新たな社会づくりに貢献できる力を養う。
● **取得可能な資格**…教職（家・情，小一種，幼一種，栄養），司書教諭，保育士，栄養士，管理栄養士・１級建築士・２級建築士受験資格など。 ● **進路状況**…………就職94.3%　進学1.0% ● **主な就職先**………東京都庁，ヤマザキ，クリナップ，東日本旅客鉄道，星野リゾートグループなど。		

▶キャンパス

文・人間社会……［渋谷キャンパス］東京都渋谷区東1-1-49
生活科……［日野キャンパス］東京都日野市大坂上4-1-1

キャンパスアクセス ［渋谷キャンパス］JR・東京メトロ・東急各線，京王井の頭線―渋谷より徒歩10分／東京メトロ銀座線・半蔵門線・千代田線―表参道より徒歩12分

2023年度入試要項(前年度実績)

●募集人員

学部／学科(専攻)	一般Ⅰ期	一般Ⅱ期	一般Ⅲ期
▶文　国文	40	10	2
英文	40	12	2
美学美術史	35	7	1
▶人間社会　人間社会／現代社会	50	20	1
▶生活科　食生活科(管理栄養士)	22	8	1
(食物科学)	24	5	1
(健康栄養)	14	2	1
生活環境	24	8	1
生活文化(生活心理)	10	5	2
(幼児保育)	12	5	2
現代生活	18	8	1

※一般選抜Ⅰ期は2科目型・3科目型のA・B日程および3科目型(外部試験利用方式)A・B日程を実施。またⅡ期では，高校時代活動評価方式も行う。なおⅢ期は共通テスト併用型。
※人間社会学部は2学科一括募集。

▷一般選抜Ⅰ期3科目型(外部試験利用方式)は，指定された外部試験スコアを試験科目の英語の得点として換算し，判定する。当日の英語の試験を受験することも可能で，その場合はどちらかの高得点を採用する。
▷一般選抜Ⅱ期(高校時代活動評価方式)は，部活動，リーダーシップ活動，スキルアップ活動，社会貢献・ボランティア活動，国際理解活動を得点換算(上限50点)し，当日の試験の得点に加算して判定する。
▷共通テスト併用型の「英語」は，共通テストの得点を100点に換算する。

文学部

一般選抜Ⅰ期2科目型A・B日程　【国文学科・英文学科】　2科目　①国(100)▶[A日程]一国総(現文)・現文B，[B日程]「国総(現文)・現文B」・「国総(漢文を除く)・現文B・古典B(漢文を除く)」から1，ただしB日程の国文学科は現文＋古文指定　②外(100)▶コミュ英Ⅰ・コミュ英Ⅱ・英表Ⅰ

【美学美術史学科】　2科目　①②国・外・地歴(100×2)▶「(A日程)国総(現文)・現文B〉」・「(B日程)〈国総(現文)・現文B〉・〈国総(漢文を除く)・現文B・古典B(漢文を除く)〉から1」・「コミュ英Ⅰ・コミュ英Ⅱ・英表Ⅰ」・「世B・日Bから1」から2

一般選抜Ⅰ期3科目型・3科目型(外部試験利用方式)A・B日程　3〜2科目　①国(100)▶[A日程]一国総(現文)・現文B，[B日程]「国総(現文)・現文B」・「国総(漢文を除く)・現文B・古典B(漢文を除く)」から1，ただしB日程の国文学科は現文＋古文指定　②外(100)▶コミュ英Ⅰ・コミュ英Ⅱ・英表Ⅰ　③地歴・数・理(100)▶世B・日B・「数Ⅰ・数A」・化基・生基から1，ただし化基・生基は国文学科のみ選択可
※外部試験利用方式は国語，選択科目と指定された外部試験スコア(100点または80点に換算)の合計点で判定する。

一般選抜Ⅱ期・Ⅱ期(高校時代活動評価方式)　2科目　①②国・外・数(100×2)▶「〈国総(現文)・現文B〉・〈国総(漢文を除く)・現文B・古典B(漢文を除く)〉から1」・「コミュ英Ⅰ・コミュ英Ⅱ・英表Ⅰ」・「数Ⅰ・数A」から2，ただし国文学科は国・外指定で国は現文＋古文指定，英文学科は外必須

一般選抜Ⅲ期共通テスト併用型　〈共通テスト科目〉　3〜2科目　①②③国・外・「地歴・公民」・数・理(100×2)▶国(英文学科と美学美術史学科は近代)・英(リスニングを含む)・「世A・世B・日A・日B・地理A・地理B・現社・倫・政経・〈倫・政経〉から1」・「数Ⅰ・〈数Ⅰ・数A〉・数Ⅱ・〈数Ⅱ・数B〉・簿・情から1」・「〈物基・化基・生基・地学基から2〉・物・化・生・地学から1」から2，ただし国文学科と美学美術史学科は国・外指定，英文学科は外必須
〈個別試験科目〉　1科目　①本学SPI型試験(100)

人間社会学部

一般選抜Ⅰ期2科目型A・B日程　2科目　①外(100)▶コミュ英Ⅰ・コミュ英Ⅱ・英表Ⅰ　②国・地歴・数(100)▶「(A日程)国総(現文)・現文B」・「(B日程)〈国総(現文)・現文B〉・〈国総(漢文を除く)・現文B・古典B(漢文を

除く)〉から1」・世B・日B・「数Ⅰ・数A」から1

一般選抜Ⅰ期3科目型・3科目型(外部試験利用方式)A・B日程 3～2科目 ①外(100)▶コミュ英Ⅰ・コミュ英Ⅱ・英表Ⅰ ②③**国・地歴・数・理**(100×2)▶「(A日程)国総(現文)・現文B」・「(B日程)〈国総(現文)・現文B〉・〈国総(漢文を除く)・現文B・古典B(漢文を除く)〉から1」・「世B・日Bから1」・「数Ⅰ・数A」・「化基・生基から1」から2

※外部試験利用方式は国語，選択科目と指定された外部試験スコア(100点または80点に換算)の合計点で判定する。

一般選抜Ⅱ期・Ⅱ期(高校時代活動評価方式) 2科目 ①②**国・外・数**(100×2)▶「〈国総(現文)・現文B〉・〈国総(漢文を除く)・現文B・古典B(漢文を除く)〉から1」・「コミュ英Ⅰ・コミュ英Ⅱ・英表Ⅰ」・「数Ⅰ・数A」から2

一般選抜Ⅲ期共通テスト併用型 **〈共通テスト科目〉** 2科目 ①②**国・外・「地歴・公民」・数**(100×2)▶国(近代)・英(リスニングを含む)・「世A・世B・日A・日B・地理A・地理B・現社・倫・政経・〈倫・政経〉から1」・「数Ⅰ・〈数Ⅰ・数A〉・数Ⅱ・〈数Ⅱ・数B〉・簿・情から1」から2

〈個別試験科目〉 1科目 ①**本学SPI型試験**(100)

生活科学部

一般選抜Ⅰ期2科目型A・B日程 **【食生活科学科】** 2科目 ①**国・外**(100)▶「(A日程)国総(現文)・現文B」・「(B日程)〈国総(現文)・現文B〉・〈国総(漢文を除く)・現文B・古典B(漢文を除く)〉から1」・「コミュ英Ⅰ・コミュ英Ⅱ・英表Ⅰ」から1 ②**数・理**(100)▶「数Ⅰ・数A」・化基・生基から1

【生活環境学科】 2科目 ①外(100)▶コミュ英Ⅰ・コミュ英Ⅱ・英表Ⅰ ②**国・地歴・数・理**(100)▶「(A日程)国総(現文)・現文B」・「(B日程)〈国総(現文)・現文B〉・〈国総(漢文を除く)・現文B・古典B(漢文を除く)〉から1」・世B・日B・「数Ⅰ・数A」・化基・生基から1

【生活文化学科】 2科目 ①国(100)▶[A日程]―国総(現文)・現文B，[B日程]―「国総(現文)・現文B」・「国総(漢文を除く)・現文B・古典B(漢文を除く)」から1 ②外(100)▶コミュ英Ⅰ・コミュ英Ⅱ・英表Ⅰ

【現代生活学科】 2科目 ①②**国・外・「地歴・数・理」**(100×2)▶「(A日程)国総(現文)・現文B」・「(B日程)〈国総(現文)・現文B〉・〈国総(漢文を除く)・現文B・古典B(漢文を除く)〉から1」・「コミュ英Ⅰ・コミュ英Ⅱ・英表Ⅰ」・「世B・日B・〈数Ⅰ・数A〉・化基・生基から1」から2

一般選抜Ⅰ期3科目型・3科目型(外部試験利用方式)A・B日程 3～2科目 ①外(100)▶コミュ英Ⅰ・コミュ英Ⅱ・英表Ⅰ ②③**国・地歴・数・理**(100×2)▶「(A日程)国総(現文)・現文B」・「(B日程)〈国総(現文)・現文B〉・〈国総(漢文を除く)・現文B・古典B(漢文を除く)〉から1」・世B・日B・「数Ⅰ・数A」・化基・生基から2，ただし食生活科学科は地歴の選択不可

※外部試験利用方式は国語，選択科目と指定された外部試験スコア(100点または80点に換算)の合計点で判定する。

一般選抜Ⅱ期・Ⅱ期(高校時代活動評価方式)

【食生活科学科〈管理栄養士専攻〉】 2科目 ①**数**(100)▶数Ⅰ・数A ②**国・外**(100)▶「〈国総(現文)・現文B〉・〈国総(漢文を除く)・現文B・古典B(漢文を除く)〉から1」・「コミュ英Ⅰ・コミュ英Ⅱ・英表Ⅰ」から1

【その他の学科・専攻】 2科目 ①②**国・外・数**(100×2)▶「〈国総(現文)・現文B〉・〈国総(漢文を除く)・現文B・古典B(漢文を除く)〉から1」・「コミュ英Ⅰ・コミュ英Ⅱ・英表Ⅰ」・「数Ⅰ・数A」から2

一般選抜Ⅲ期共通テスト併用型 **〈共通テスト科目〉** 3～2科目 ①②③**国・外・「地歴・公民」・数・理**(100×2)▶国(近代)・英(リスニングを含む)・「世A・世B・日A・日B・地理A・地理B・現社・倫・政経・〈倫・政経〉から1」・「数Ⅰ・〈数Ⅰ・数A〉・数Ⅱ・〈数Ⅱ・数B〉・簿・情から1」・「〈物基・化基・生基・地学基から2〉・物・化・生・地学から1」から2，ただし管理栄養士専攻は「国・外」・「数・理」から各1，食物科学専攻と健康栄養専攻は地歴・地学基・地学の選択不可，生活文化学科は国必須

〈個別試験科目〉 1科目 ①**本学SPI型試験**(100)

その他の選抜

共通テスト利用入試は文学部62名，人間社会学部50名，生活科学部69名を募集。ほかに学校推薦型選抜（公募，卒業生・在学生推薦），総合型選抜，海外帰国生特別選抜，社会人特別選抜，外国人留学生選抜を実施。

偏差値データ（2023年度）

●一般選抜Ⅰ期・Ⅱ期

学部／学科／専攻	2023年度 駿台予備学校 合格目標ライン	2023年度 河合塾 ボーダー偏差値	2022年度 競争率
▶文学部			
国文（Ⅰ期・2科目）	37	50	1.8
（Ⅰ期・3科目）	37	47.5	1.7
（Ⅱ期）	—	50	1.3
英文（Ⅰ期・2科目）	38	50	1.4
（Ⅰ期・3科目）	38	50	1.2
（Ⅱ期）	—	35	1.1
美学美術史（Ⅰ期・2科目）	35	50	2.1
（Ⅰ期・3科目）	35	47.5	1.9
（Ⅱ期）	—	45	1.8
▶人間社会学部			
（Ⅰ期・2科目）	39	52.5	3.3
（Ⅰ期・3科目）	39	50	2.5
（Ⅱ期）	—	50	3.1
▶生活科学部			
食生活科／管理栄養士（Ⅰ期・2科目）	42	50	2.4
（Ⅰ期・3科目）	42	47.5	4.4
（Ⅱ期）	—	47.5	2.0
／食物科学（Ⅰ期・2科目）	40	47.5	2.5
（Ⅰ期・3科目）	40	45	2.7
（Ⅱ期）	—	47.5	7.0
／健康栄養（Ⅰ期・2科目）	39	47.5	2.1
（Ⅰ期・3科目）	39	45	2.7
（Ⅱ期）	—	47.5	2.1
生活環境（Ⅰ期・2科目）	39	47.5	2.3
（Ⅰ期・3科目）	39	47.5	2.1
（Ⅱ期）	—	45	1.5
生活文化／生活心理（Ⅰ期・2科目）	38	50	3.1
（Ⅰ期・3科目）	38	50	3.1
（Ⅱ期）	—	45	1.3
／幼児保育（Ⅰ期・2科目）	40	50	3.4
（Ⅰ期・3科目）	40	50	5.0
（Ⅱ期）	—	45	3.0
現代生活（Ⅰ期・2科目）	37	35	1.1
（Ⅰ期・3科目）	37	35	1.1
（Ⅱ期）	—	BF	1.0

●駿台予備学校合格目標ラインは合格可能性80%に相当する駿台模試の偏差値です。
●河合塾ボーダー偏差値は合格可能性50%に相当する河合塾全統模試の偏差値です。
●競争率は受験者÷合格者の実質倍率

併設の教育機関　短期大学

実践女子大学短期大学部

問合せ先　入学支援課
☎03-6450-6820
所在地　東京都渋谷区東1-1-49

学生数▶女335名
教員数▶教授７名，准教授５名，講師１名

設置学科

●日本語コミュニケーション学科（80）　コミュニケーションスキル，情報コミュニケーションの２コース。日本文学・文化を深く広く理解し，確かな日本語力と豊かなコミュニケーション能力を磨き上げ，ものごとを適切に判断し，行動する力を身につける。
●英語コミュニケーション学科（100）　観光ビジネス，国際コミュニケーションの２コース。英語という言語を国際的なコミュニケーションの手段として使える力を身につける。

卒業後の進路

2022年３月卒業生▶205名
就職153名，大学編入学23名（うち他大学９名），その他29名

芝浦工業大学

資料請求

問合せ先　入試課　☎03-5859-7100

建学の精神

「社会に学び，社会に貢献する技術者の育成」を建学の精神として，「昭和」の歴史が幕を開けたばかりの1927（昭和２）年に東京高等工商学校として創立。以来，「実学を通じて真理を探求できる技術者，高い倫理観と豊かな見識を持った技術者，自主・独立の精神を持って精緻を極めることのできる技術者の育成」を掲げて多くの卒業生を輩出し，社会の発展に貢献。戦中の混乱期から戦後復興，経済成長と激動する日本の礎を「工学」という実学によって担ってきた。2027年の創立100周年に向け，「世界に情報を発信するグローバルキャンパス」を設計コンセプトの１つにする「本部棟」が22年４月，豊洲キャンパスに誕生。私立理工系で唯一，スーパーグローバル大学に選ばれた大学として，世界に学び，世界に貢献する理工系人材の育成に取り組んでいる。

- 豊洲キャンパス……〒135-8548　東京都江東区豊洲3-7-5
- 大宮キャンパス……〒337-8570　埼玉県さいたま市見沼区深作307

基本データ

学生数▶7,962名（男6,445名，女1,517名）
専任教員数▶教授227名，准教授67名，講師２名
設置学部▶工，システム理工，デザイン工，建築
併設教育機関▶大学院―理工学（M・D）

就職・卒業後の進路

就職率 **97.1**%
就職者÷希望者×100

●**就職支援**　入学時に将来の目標設定に向けて適性検査を実施するなど，学生一人ひとりの仕事観を育成し，学びの指針となるように支援。年次ごとに各種就職講座やガイダンス，インターンシップ，工場見学など，将来を見通したキャリア支援を行い，ミスマッチのない就職活動を後押ししている。内定後には社会人マナーの修得などもフォロー。

●**資格取得支援**　学んだことを社会で生かすために，あるいはより実践的なスキルを身につけるための，理工系だからこその資格が数多くあり，取得を推奨。資格取得時にかかった受験料の補助も行っている。指定の科目を受講することで，教員免許状も取得可能。

進路指導者も必見 学生を伸ばす 面倒見

初年次教育	学修サポート
本学の歴史について理解を深める「芝浦工業大学通論」や「総合導入演習」「レポートライティング」「プレゼンテーション入門」「情報リテラシ」「自己表現とコミュニケーション」などの科目を各学部で開講	全学部でTA制度を導入しているほか，教員が学生からの質問や相談に応じるオフィスアワーを設定。また，基礎学力の習得を中心とした個別指導や学修支援を行う「学習サポート室」を各学部で設置している

オープンキャンパス（2022年度実績）　大宮キャンパスで７月30・31日，豊洲キャンパスで８月20・21日に，午前と午後の２部制で開催（事前予約制）。このほか，７月30日から８月21日までオンラインでも実施。

理系学部

2022年３月卒業生
1,928人

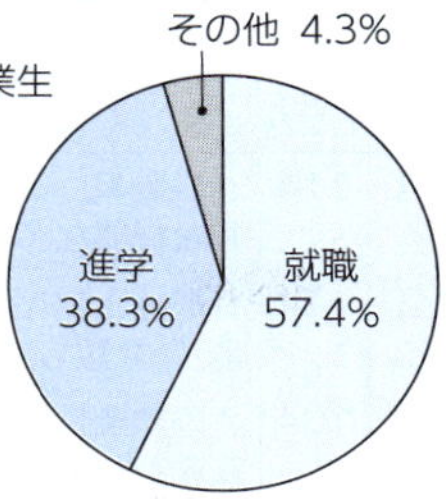

主なOB・OG▶［工］酒巻久（キヤノン電子会長），［工］浦上壮平（エスプール創業者・会長兼社長），［工］古川雅典（岐阜県多治見市長），［工］伊原春樹（元プロ野球選手），［工］中村航（小説家）など。

国際化・留学　大学間 193 大学

受入れ留学生数▶103名（2022年５月１日現在）

留学生の出身国▶タイ，マレーシア，インドネシア，韓国，中国など。

外国人専任教員▶教授10名，准教授12名，講師18名（2022年５月１日現在）

外国人専任教員の出身国▶アメリカ，イギリス，イタリア，中国，マレーシアなど。

大学間交流協定▶193大学（2022年５月現在）

海外への留学生数▶渡航型18名・オンライン型884名／年（2021年度）

海外留学制度▶海外協定校の学生と共同で，専攻分野に応じた課題解決に取り組むグローバルPBLや交換留学（渡航型・オンライン型），夏・春休みを利用して行われる語学研修（渡航型・オンライン型），海外インターンシップなど，多彩な留学プログラムを用意。コンソーシアムはATU-NetやWTUN，GTIコンソーシアムなど４団体に参加している。

学費・奨学金制度

入学金▶280,000円

年間授業料（施設費等を除く）▶1,199,000円（詳細は巻末資料参照）

年間奨学金総額▶NA

年間奨学金受給者数▶NA

主な奨学金制度▶公募制推薦入試（女子）の入学者や一般入試の成績優秀な女子を対象とした「理工系女性技術者支援奨学金」のほか，「芝浦工業大学育英奨学金」や「芝浦工業大学後援会自活支援奨学金」などを設置。

保護者向けインフォメーション

●**成績確認**　保護者ポータルで成績通知書（成績，授業への出席状況など）の閲覧が可能。

●**父母懇談会**　在学生の父母による会である後援会があり，父母懇談会を開催（2022年度はオンライン）。また，後援会だより「しばうら」を年２回発行し，送付している。

●**相談窓口**　保護者専用の相談窓口を設置。

●**防災対策**　「大地震対応マニュアル」を大学HPに掲載。震度５以上の地震が発生した場合，安否確認自動配信メールが送信される。

●**コロナ対策１**　ワクチンの職域接種を実施。感染状況に応じた５段階の活動制限指針を設定している。「コロナ対策２」（下段）あり。

インターンシップ科目	必修専門ゼミ	卒業論文	GPA制度の導入の有無および活用例	１年以内の退学率	標準年限での卒業率
工・システム理工・デザイン工で開講	全学部で４年次に実施	全学部卒業要件	奨学金や学費免除対象者の選定基準，進級判定の基準，卒業要件，学業不振者の抽出，成績優秀者顕彰などに活用している	NA	NA

●**コロナ対策２**　入構する際の入口を１カ所に集約し，体温をサーモカメラで測定。キャンパス内各所に手指消毒用アルコールを配備。経済的支援として「コロナ対策授業料減免奨学金」や「学生臨時給付奨学金」を設置。

学部紹介

学部／学科・課程	定員	特色
工学部		
機械工	114	▷自動車，ロボット，エネルギー機器，航空宇宙機器，医療福祉機器など，あらゆる「ものづくり」の基本を追究する。
機械機能工	114	▷機械工学をベースとして，人間や環境と調和した新しい「機能」を発想し，実現するための教育と研究を展開。
材料工	104	▷高機能材料，宇宙環境利用，ナノマテリアル物性物理，物質創製科学などをキーワードに，オリジナリティあふれる研究を展開。
応用化	104	▷化学の専門知識をもとに地球環境および地域社会との調和を見据えて問題を解決し，課題を達成する人材を育成する。
電気工	104	▷「エネルギー＆コントロール」を柱に，高度化・ハイテク化に対応した電気技術に関する幅広い領域を学習。
電子工	104	▷電子デバイスなどのミクロな世界から，ロボットや情報システムなどのマクロな世界にわたる電子工学を探究する。
情報通信工	104	▷５GやIoTなどの情報通信技術につながる科目を基礎から学べ，豊富な実験科目でものづくりの楽しさを体験する。
情報工	114	▷コンピュータを利用して，人間の社会と生活を豊かにする技術を体系的に学ぶ。
土木工	104	▷社会基盤施設（上下水道・道路・鉄道・公園など）を建設・維持管理する技術のみならず，安全で活力があり環境に配慮した都市・地域づくりなど，土木の幅広い分野を学ぶ。
先進国際	9	▷学部教育をすべて英語で提供する課程。国際化が進む社会においてリーダーシップを発揮し，複雑化する理工学の問題を解決できる人材を育成する。特別入学者選抜のみで募集。

- **取得可能な資格**…教職（数・理・情・工業），測量士補など。
- **進路状況**…………就職60.7%　進学35.2%
- **主な就職先**………東海旅客鉄道，SUBARU，三菱電機，東日本旅客鉄道，住友電設，アズビルなど。

学部／学科・課程	定員	特色
システム理工学部		
		▶グローバルな理工系人材の育成をめざす国際プログラムを設置。１セメスター以上の留学が必須。
電子情報システム	115	▷システムアプローチによるイノベーションにより，人工知能やIoT時代の超スマート社会（Society5.0）をつくるシステム志向のエンジニアを育成する。
機械制御システム	90	▷現代社会を支える高機能ロボットや次世代自動車，クリーンエネルギー・パワーソースなど，これからの国づくりに欠かすことのできない機械制御システムを学ぶ。
環境システム	90	▷身の回りの施設や住宅，まち，地域，さらに国土や地球規模の「環境」を対象に，建築や都市といった人間の活動をシステムとして総合的にとらえ，問題点と解決策を考える。
生命科	115	▷２コース制。生命科学コース（58名）は「老化」をキーワードに生命の不思議を解明する。生命医工学コース（57名）は人の生命や機能回復を助ける装置やシステムを開発する。
数理科	75	▷社会のさまざまな問題に数理科学からアプローチし，科学・工学の幅広い分野で活躍できる数理エンジニアを育成する。

キャンパスアクセス ［豊洲キャンパス］ 東京メトロ有楽町線―豊洲より徒歩7分／JR京葉線―越中島より徒歩15分

● 取得可能な資格…教職(数・理・情・工業)，１・２級建築士受験資格など。
● 進路状況…………就職54.9%　進学40.7%
● 主な就職先………キヤノンITソリューションズ，東日本電信電話，NECネッツエスアイ，TISなど。

デザイン工学部

デザイン工	160	▷２系制。生産・プロダクトデザイン系(80名)では，製品開発のプロセスをトータルに考え，製品の魅力を高める能力とそれを迅速に具体化，製品化するための生産システムを設計・管理できる能力を養う。ロボティクス・情報デザイン系(80名)では，銀行ATMの画面表示から，スマートフォン，ロボットまで，情報が関わる産業分野で活躍する人材を育成する。

● 取得可能な資格…教職(工業)など。　● 進路状況………就職67.1%　進学28.0%
● 主な就職先………凸版印刷，アイリスオーヤマ，KDDI，日立システムズ，スズキ，ヤフーなど。

建築学部

建築	240	▷３コース制。APコース(先進的プロジェクトデザインコース，30名)は実社会の身近な諸問題の解決から，環境問題や国際貢献まで，建築を通して社会に貢献できる人材を育成する。SAコース(空間・建築デザインコース，105名)は建築を中心にインテリアからまちづくりまで，建築教育の各分野を幅広く，深く学ぶ。UAコース(都市・建築デザインコース，105名)は単体の建築物から都市空間まで，居住の質を高めるためのデザインを学ぶ。

● 取得可能な資格…１・２級建築士受験資格など。　● 進路状況………就職42.0%　進学53.8%
● 主な就職先………積水ハウス，清水建設，長谷工コーポレーション，大成建設，東京都特別区など。

キャンパス

建築，工・デザイン工３・４年次……［豊洲キャンパス］東京都江東区豊洲3-7-5
システム理工，工・デザイン工１・２年次……［大宮キャンパス］埼玉県さいたま市見沼区深作307

2023年度入試要項(前年度実績)

●募集人員

学部/学科(コース・系)	一般前期	英語資格・検定	全学統一	一般後期	共通前期	共通後期
▶工　機械工	42	4	12	7	18	18
機械機能工	42	4	12	7	18	
材料工	39	4	12	7	16	
応用化	39	4	12	7	16	
電気工	39	4	12	7	16	
電子工	39	4	12	7	16	
情報通信工	39	4	12	7	16	
情報工	42	4	12	7	18	
土木工	39	4	12	7	16	
▶システム理工　電子情報システム	40	4	12	7	18	10
機械制御システム	28	4	10	6	16	
環境システム	28	4	10	6	16	
生命科(生命科学)	18	3	7	4	8	
(生命医工学)	18	3	7	4	8	
数理科	20	3	8	5	10	
▶デザイン工　デザイン工(生産・プロダクトデザイン)	30	4	8	4	12	4
(ロボティクス・情報デザイン)	30	4	8	4	12	
▶建築　建築(APコース:先進的プロジェクトデザイン)	10	2	—	3	3	4
(SAコース:空間・建築デザイン)	35	4	10	5	17	
(UAコース:都市・建築デザイン)	35	4	10	5	17	

※共通後期はシステム理工（数理科を含む）で10。

▷一般入試英語資格・検定試験利用方式の出願資格は，TOEFL iBT，TOEFL PBT，TOEIC L&R+TOEIC S&W，ケンブリッジ英語検定，GTEC，TEAP R/L+W+S，IELTS，英検(CSEスコアのみで判断)のいずれかのスコアが基準値以上の者。スコアの有効期間は，実施団体の定めによる。

工学部・デザイン工学部

一般入試前期／英語資格・検定試験利用方式／全学統一／後期　4〜2科目　①外(100) ▶

コミュ英Ⅰ・コミュ英Ⅱ・コミュ英Ⅲ・英表Ⅰ・英表Ⅱ ②**数**(100)▶数Ⅰ・数Ⅱ・数Ⅲ・数A・数B(数列・ベク) ③④**理**(100)▶「物基・物」・「化基・化」から各4題計8題から4題を任意選択

※英語資格・検定試験利用方式は英語の試験を行わず，数・理の2教科で判定する。また後期も英語の試験を行わず，英検(CSEスコア)または共通テスト(リーディング+リスニング)の点数を100点満点に換算し，数・理と合わせて300点満点で判定する。なお，両者のスコアを提出することが可能で，その場合は，いずれかの高得点の方を採用する。

共通テスト利用方式(前期) **5**科目 ①**国**(100)▶国(近代) ②**外**(200)▶英(リスニング〈100〉を含む) ③④**数**(100×2)▶「数Ⅰ・数A」・「数Ⅱ・数B」 ⑤**理**(100)▶物・化・生・地学から1

[個別試験] 行わない。

共通テスト利用方式(後期) **4**科目 ①**外**(300)▶英(リスニングを含む) ※リーディング(100)+リスニング(100)の200点満点を300点満点に換算。 ②③**数**(100×2)▶「数Ⅰ・数A」・「数Ⅱ・数B」 ④**理**(100)▶物・化・生・地学から1

[個別試験] 行わない。

システム理工学部

一般入試前期／英語資格・検定試験利用方式／全学統一／後期 **【電子情報システム学科・機械制御システム学科・環境システム学科】** **4～2**科目 ①**外**(100)▶コミュ英Ⅰ・コミュ英Ⅱ・コミュ英Ⅲ・英表Ⅰ・英表Ⅱ ②**数**(100)▶数Ⅰ・数Ⅱ・数Ⅲ・数A・数B(数列・ベク) ③④**理**(100)▶「物基・物」・「化基・化」から各4題計8題から4題を任意選択

【生命科学科・数理科学科】 **4～2**科目 ①**外**(100)▶コミュ英Ⅰ・コミュ英Ⅱ・コミュ英Ⅲ・英表Ⅰ・英表Ⅱ ②**数**(生命科100・数理科200)▶数Ⅰ・数Ⅱ・数Ⅲ・数A・数B(数列・ベク) ③④**理**(100)▶「〈物基・物〉・〈化基・化〉から各4題計8題から4題を任意選択」・「生基・生」から1

※英語資格・検定試験利用方式は英語の試験を行わず，数・理の2教科で判定する。また後期も英語の試験を行わず，英検(CSEスコア)または共通テスト(リーディング+リスニング)の点数を100点満点に換算し，数・理と合わせて300点満点(数理科学科のみ400点満点)で判定する。なお，両者のスコアを提出することが可能で，その場合は，いずれかの高得点の方を採用する。

共通テスト利用方式(前期) **【環境システム学科】** **5**科目 ①**国**(100)▶国(近代) ②**外**(200)▶英(リスニング〈100〉を含む) ③④**数**(100×2)▶「数Ⅰ・数A」・「数Ⅱ・数B」 ⑤**地歴・公民・理**(100)▶世B・日B・地理B・現社・倫・政経・「倫・政経」・物・化・生・地学から1

[個別試験] 行わない。

【その他の学科】 **5**科目 ①**国**(100)▶国(近代) ②**外**(200)▶英(リスニング〈100〉を含む) ③④**数**(100×2)▶「数Ⅰ・数A」・「数Ⅱ・数B」 ⑤**理**(100)▶物・化・生・地学から1

[個別試験] 行わない。

共通テスト利用方式(後期) **【環境システム学科】** **4**科目 ①**外**(300)▶英(リスニングを含む) ※リーディング(100)+リスニング(100)の200点満点を300点満点に換算。 ②③**数**(100×2)▶「数Ⅰ・数A」・「数Ⅱ・数B」 ④**地歴・公民・理**(100)▶世B・日B・地理B・現社・倫・政経・「倫・政経」・物・化・生・地学から1

[個別試験] 行わない。

【その他の学科】 **4**科目 ①**外**(300)▶英(リスニングを含む) ※リーディング(100)+リスニング(100)の200点満点を300点満点に換算。 ②③**数**(100×2)▶「数Ⅰ・数A」・「数Ⅱ・数B」 ④**理**(100)▶物・化・生・地学から1

[個別試験] 行わない。

建築学部

一般入試前期／英語資格・検定試験利用方式／全学統一／後期 **4～2**科目 ①**外**(100)▶コミュ英Ⅰ・コミュ英Ⅱ・コミュ英Ⅲ・英表Ⅰ・英表Ⅱ ②**数**(100)▶数Ⅰ・数Ⅱ・数Ⅲ・数A・数B(数列・ベク) ③④**理**(100)▶「物基・物」・「化基・化」から各4題計8題から4題を任意選択

※英語資格・検定試験利用方式は英語の試験

を行わず，数･理の２教科で判定する。また後期も英語の試験を行わず，英検(CSEスコア)または共通テスト(リーディング＋リスニング)の点数を100点満点に換算し，数･理と合わせて300点満点で判定する。なお，両者のスコアを提出することが可能で，その場合は，いずれかの高得点の方を採用する。

共通テスト利用方式(前期)　**5**科目　①外(200)▶英(リスニング〈100〉を含む)　②③**数**(100×2)▶「数Ⅰ･数Ａ」･「数Ⅱ･数Ｂ」　④**理**(100)▶物･化･生･地学から１　⑤**国･地歴･公民**(100)▶国(近代)･世Ｂ･日Ｂ･地理Ｂ･現社･倫･政経･「倫･政経」から１

[個別試験]　行わない。

共通テスト利用方式(後期)　**4**科目　①外(300)▶英(リスニングを含む)　※リーディング(100)＋リスニング(100)の200点満点を300点満点に換算。　②③**数**(100×2)▶「数Ⅰ･数Ａ」･「数Ⅱ･数Ｂ」　④**理**(100)▶物･化･生･地学から１

[個別試験]　行わない。

その他の選抜

公募制推薦入学者選抜(女子)は工学部31名，システム理工学部19名，デザイン工学部６名，建築学部８名を募集。ほかにシステム理工学部AO入学者選抜，建築プロジェクト入学者選抜，指定校推薦入学者選抜，先進国際課程特別入学者選抜，駅伝プロジェクト入学者選抜，国際バカロレア特別入学者選抜，帰国生徒特別入学者選抜，外国人特別入学者選抜，学士入学者選抜を実施。

偏差値データ (2023年度)

●一般入試前期・全学統一

学部／学科／コース･系	2023年度 駿台予備学校 合格目標ライン	2023年度 河合塾 ボーダー偏差値	2022年度 競争率
▶工学部			
機械工(前期)	51	55	2.3
(全学統一)	50	55	5.2
機械機能工(前期)	47	52.5	1.8
(全学統一)	47	50	2.4
材料工(前期)	48	50	1.7
(全学統一)	48	50	2.6
応用化(前期)	50	52.5	2.2
(全学統一)	50	55	4.7
電気工(前期)	47	50	2.1
(全学統一)	46	52.5	2.5
電子工(前期)	47	50	2.8
(全学統一)	46	52.5	2.5
情報通信工(前期)	46	55	3.6
(全学統一)	45	55	3.8
情報工(前期)	51	57.5	7.6
(全学統一)	50	60	10.5
土木工(前期)	46	50	1.8
(全学統一)	46	50	2.4
▶システム理工学部			
電子情報システム(前期)	48	55	4.5
(全学統一)	47	55	4.9
機械制御システム(前期)	46	50	2.8
(全学統一)	45	50	2.9
環境システム(前期)	47	50	1.8
(全学統一)	46	50	3.1
生命科/生命科学(前期)	48	50	2.3
(全学統一)	47	55	4.3
／生命医工学(前期)	47	50	2.0
(全学統一)	47	50	2.9
数理科(前期)	48	50	1.9
(全学統一)	47	52.5	3.8
▶デザイン工学部			
デザイン工／生産･プロダクトデザイン(前期)	48	55	3.6
(全学統一)	47	55	7.3
／ロボティクス･情報デザイン(前期)	45	52.5	2.6
(全学統一)	45	52.5	3.8
▶建築学部			
建築／AP:先進的プロジェクトデザイン(前期)	49	57.5	5.3
／SA:空間･建築デザイン(前期)	51	60	7.1
(全学統一)	50	60	16.6
／UA:都市･建築デザイン(前期)	51	57.5	4.2
(全学統一)	49	60	11.2

●駿台予備学校合格目標ラインは合格可能性80％に相当する駿台模試の偏差値です。
●河合塾ボーダー偏差値は合格可能性50％に相当する河合塾全統模試の偏差値です。
●競争率は受験者÷合格者の実質倍率

順天堂大学（じゅんてんどう）

資料請求

問合せ先 医 ☎03-5802-1021　スポーツ健康科 ☎0476-98-1001㈹　医療看護 ☎047-355-3111㈹　保健看護 ☎055-991-3111㈹　国際教養 ☎03-5802-1729　保健医療☎03-3812-1780　医療科・健康データサイエンス☎047-354-3311

建学の精神

学祖・佐藤泰然が，江戸後期の1838（天保９）年に，江戸・薬研堀に開設したオランダ医学塾「和田塾」に端を発する，今につながる日本最古の医学教育機関。180年を超える伝統を礎に，現在では，医・スポーツ健康科・医療看護・保健看護・国際教養・保健医療・医療科・健康データサイエンスの８学部，大学院３研究科，医学部附属６病院を有する「健康総合大学院大学」へと発展。人を思いやり慈しむ気持ちを大切にする心「仁」を学是に掲げ，豊かな人間性・感性を備えた国際性ある人材の育成を進めるとともに，現状に満足せず，常に高い目標をめざす「不断前進」の理念と，出身校・国籍・性別を差別しない「三無主義」の学風のもと，健康と国際化をキーワードに新たな分野に果敢にチャレンジし，国際レベルの社会貢献と人材育成に努めている。

●キャンパス情報はP.397をご覧ください。

基本データ

学生数▶6,281名（男2,698名，女3,583名）
専任教員数▶教授294名，准教授581名，講師34名
設置学部▶医，スポーツ健康科，医療看護，保健看護，国際教養，保健医療，医療科，健康データサイエンス
併設教育機関▶大学院―医学・スポーツ健康科学・医療看護学（以上M・D）

就職・卒業後の進路

就職率 96.7％
就職者÷希望者×100

●**就職支援**　スポーツ健康科学部では「教員（教職）」「企業」「公務員」「進学・留学」を４つの柱に，その進路希望に沿って個別にサポート。国際教養学部では，就職・キャリア支援室のみならず，経験豊富なキャリア教育担当教員およびすべての教員が協働して，学生一人ひとりを支援する体制を整えている。

●**資格取得支援**　看護師国家試験対策としては，模擬試験を実施し，指導教員による丁寧な個別指導などを通して苦手科目の克服を支援。保健医療学部では，充実した教育指導体制で国家試験ストレート合格をサポート。

進路指導者も必見 学生を伸ばす 面倒見

初年次教育	学修サポート
「医療プロフェッショナリズム入門」「スポーツ健康科学総論」「国際教養概論」「文章表現法/論文・レポートの書き方」「情報処理Ⅰ・Ⅱ」「ICTリテラシー」などを開講。早期体験実習やステップアップセミナーなども実施	TA制度（医・保健医療・医療科を除く），SA制度（国際教養・医療科を除く），オフィスアワー制度（全学部）を導入。また，教員アドバイザー制度（保健医療を除く）を設け，専任教員が履修内容や学生生活の指導・支援を実施

オープンキャンパス（2022年度実績） 来場型をメインに，来場型・オンライン型併用，Web型などのオープンキャンパスを各学部で実施。保健看護学部と国際教養学部は，通常のオープンキャンパスに保護者も参加可能。

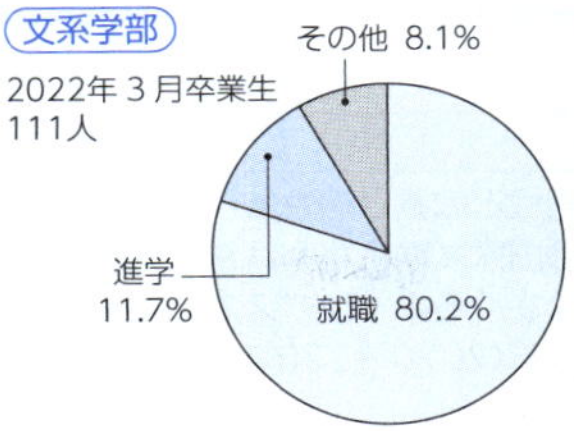

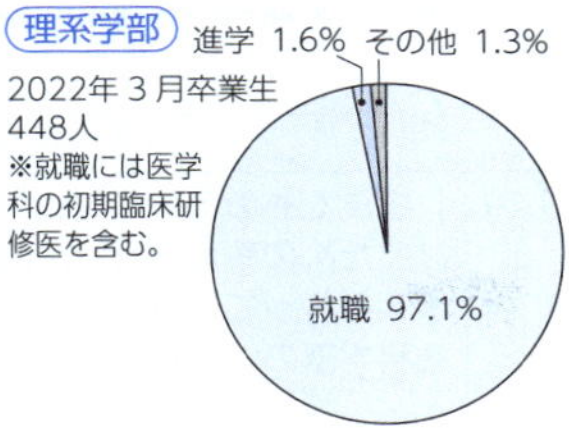

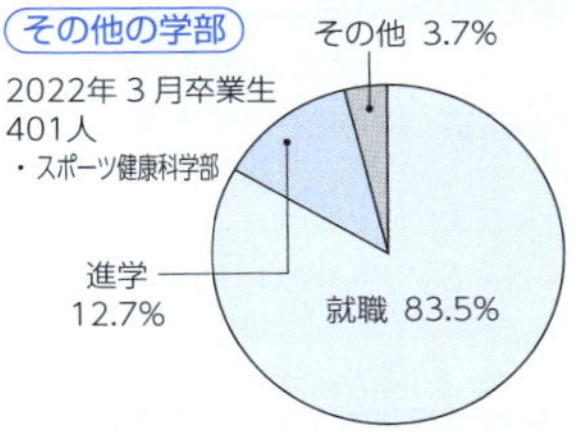

主なOB・OG ▶［医］富坂美織（産婦人科医），［旧体育］鈴木大地（水泳・五輪金メダリスト），［スポーツ健康科］田中佑典・加藤凌平（体操・五輪金メダリスト），［スポーツ健康科］三浦貴大（俳優）など。

国際化・留学

大学間 37 大学等・部局間 49 大学等

受入れ留学生数 ▶ 79名（2022年５月１日現在）　※私費留学生等を含む。

留学生の出身国・地域 ▶ 韓国，中国，台湾，フィリピン，ペルーなど。

外国人専任教員 ▶ 教授３名，准教授14名，講師２名（2022年５月１日現在）

外国人専任教員の出身国 ▶ 中国，韓国，アメリカ，スペイン，フランスなど。

大学間交流協定 ▶ 37大学・機関（交換留学先32大学，2022年９月１日現在）

部局間交流協定 ▶ 49大学・機関（交換留学先41大学，2022年９月１日現在）

海外への留学生数 ▶ オンライン型34名／年（22カ国・地域，2021年度）

海外留学制度 ▶ 国際教養学部のセブ島短期英語研修やシンガポールで学ぶグローバルヘルス短期研修，スポーツ健康科学部のUSスポーツ研修，医療看護学部のイギリス看護・英語研修，アメリカ（マイアミ）やタイ王国での看護研修など，積極的な交流活動を推進。

学費・奨学金制度

給付型奨学金総額 年間約 8,624 万円

入学金 ▶ 200,000円～

年間授業料（施設費等を除く）▶ 700,000円～（詳細は巻末資料参照）

年間奨学金総額 ▶ 86,236,000円

年間奨学金受給者数 ▶ 392人

主な奨学金制度 ▶ 卒業後に看護師として静岡病院に勤めた年数分，貸与された奨学金が免除される「順天堂大学医学部附属静岡病院奨学金」のほか，「国際大会レベル競技会出場支援奨学金」などの制度を設置。また学費減免制度も用意されており，2021年度には29人を対象に総額で1,395万円を減免している。

保護者向けインフォメーション

● **成績確認**　全学部で成績通知書を郵送。

● **保護者会**　各学部に保護者会があり，スポーツ健康科学部で毎年９月に実施する保護者懇談会では，就職に関する説明も行っている。また，「順天堂だより」には，各学部の保護者会会長による「保護者会だより」が掲載されている。

● **相談窓口**　医学部で専用の相談窓口を設置。

● **防災対策**　「学生生活案内」（保健看護は「災害対応マニュアル」）を入学時に配布。災害時の学生の安否確認は，メールやポータルサイト，JPASS（災害時安否確認フォーム）を利用する。

● **コロナ対策１**　ワクチンの職域接種を実施。「コロナ対策２」（下段）あり。

インターンシップ科目	必修専門ゼミ	卒業論文	GPA制度の導入の有無および活用例	１年以内の退学率	標準年限での卒業率
国際教養学部で開講している	医３年次，スポーツ・国際教養３・４年次，医療看護１・３年次，保健看護・診療放射線１年次，理学療法全年次，臨床工４年次に実施	スポーツ健康科・国際教養・保健医療学部は卒業要件	個別の学修指導のほか，学部により奨学金対象者選定・進級判定・退学勧告・卒業判定・大学院入試選抜基準，履修上限単位数などに活用	0.8%	94.6%（４年制）97.7%（医）

● **コロナ対策２**　入構時や講義室の入口で検温と消毒を実施。ネットワーク環境も改善・強化し，全館Wi-Fi環境を完備。また，国際教養学部では，学生への経済的支援として，保護者会による修学支援基金を整備した。

学部紹介

学部／学科	定員	特色
医学部		
医	140	▷国試をものともしない，知性と教養と感性あふれる医師となるための教育を行い，医師国家試験合格率は常にトップクラスを誇っている。１年次はさくらキャンパスでスポーツ健康科学部の学生と寮生活を送る(2020～22年度は中止)。
● **取得可能な資格**…医師受験資格。 ● **進路状況**…………初期臨床研修医97.8％		
スポーツ健康科学部		
スポーツ健康科	600	▷競技スポーツ，スポーツコーチング科学，スポーツ医科学，スポーツ教育，健康科学，スポーツマネジメントの６コース。スポーツ健康科学を基盤として，人を支え，地域をつなぎ，社会を牽引する人材を育成する。
● **取得可能な資格**…教職(保体，特別支援)など。 ● **進路状況**…………就職83.5％　進学12.7％ ● **主な就職先**………教員，東京消防庁，ベネッセスタイルケア，山崎製パン，日本生命保険など。		
医療看護学部		
看護	220	▷学年に合わせて段階的に編成された科目群によって，心身の健康と看護に必要な知識と技術を学び，これらを統合させて基礎的な看護実践能力から応用力までを身につける。
● **取得可能な資格**…教職(養護二種)，看護師・保健師・助産師受験資格など。 ● **進路状況**…………就職96.9％　進学2.0％ ● **主な就職先**………順天堂大学医学部附属６病院，他大学病院，国公立病院，保健師など。		
保健看護学部		
看護	130	▷多様な価値観や国際性に対応できる「次世代の看護」をめざして，健全な心身を養う教養・語学・スポーツ科目も充実。看護師とともに，全員が保健師国家試験の受験資格が取得できる，全国でも数少ない学部。
● **取得可能な資格**…教職(養護二種)，看護師・保健師受験資格など。 ● **進路状況**…………就職96.6％　進学2.5％ ● **主な就職先**………順天堂大学医学部附属６病院，その他静岡県内外病院，保健師など。		
国際教養学部		
国際教養	240	▷異文化コミュニケーション，グローバルヘルスサービス，グローバル社会の３領域。異文化コミュニケーション，健康，そして社会課題をテーマに，世界に目を向けたグローバルな視点で問題を解決できる真のグローバル市民を育成する。
● **取得可能な資格**…教職(英)など。 ● **進路状況**…………就職80.2％　進学11.7％ ● **主な就職先**………清水建設，日本電気，本田技研工業，テルモ，セブン-イレブン・ジャパンなど。		
保健医療学部		
理学療法	120	▷附属病院に直結した環境で学修できるという特徴を生かし，高度な専門知識と技術を持ち，医療現場で活躍できる「質の高い理学療法士」を育成する。
診療放射線	120	▷診療放射線技師国家試験受験資格に加え，放射線取扱主任者の資格を在学中に取得できるようにカリキュラムを整備。

キャンパスアクセス ［本郷・お茶の水キャンパス］ JR中央線・総武線，東京メトロ丸ノ内線―御茶ノ水より徒歩７分／東京メトロ千代田線―新御茶ノ水より徒歩９分

● 取得可能な資格…診療放射線技師・理学療法士受験資格など。 ● 主な就職先………2019年度開設のため卒業生はいない。		
医療科学部		
臨床検査	110	▷医療の現場で求められる，高いコミュニケーション力を持つ検査のスペシャリストを育成する。
臨床工	70	▷「医学」と「工学」両分野の知識と技術を持つ，チーム医療で活躍できる医療機器の専門家を育成する。
● 取得可能な資格…臨床検査技師・臨床工学技士受験資格など。 ● 主な就職先………2022年度開設のため卒業生はいない。		
健康データサイエンス学部		
健康データサイエンス	100	▷NEW! '23年新設。医学・医療とスポーツに基づいた「健康」の視点から，健康・医療・スポーツ領域の発展に貢献する「健康データサイエンティスト」を育成する。

キャンパス

医・国際教養・保健医療……［本郷・お茶の水キャンパス］東京都文京区本郷2-1-1
スポーツ健康科・医１年次……［さくらキャンパス］千葉県印西市平賀学園台1-1
医療看護……［浦安キャンパス］千葉県浦安市高洲2-5-1
保健看護……［三島キャンパス］静岡県三島市大宮町3-7-33
医療科・健康データサイエンス……［浦安・日の出キャンパス］千葉県浦安市日の出6-8-1

2023年度入試要項（前年度実績）

●募集人員

学部／学科	一般	共通併用
▶医　医	A64・B5	12
▶スポーツ健康科　スポーツ健康科	132	—
▶医療看護　看護	A・B90	20
▶保健看護　看護	A45・B10	5
▶国際教養　国際教養	前期70・中期10・後期10	—
▶保健医療　理学療法	A・B70	—
診療放射線	A・B70	—
▶医療科　臨床検査	A47・B16	—
臨床工	A25・B7	—
▶健康データサイエンス　健康データサイエンス	A37・B15	—

※スポーツ健康科学部の一般選抜はA・B・C日程を実施し，基本方式（A・B日程）100名，高得点２科目方式（A・B日程）20名，C日程（高得点１科目＋面接方式）12名を募集する。
※国際教養学部の一般選抜前期はA・B日程を実施し，A・B日程で計70名を募集する。

▷一般選抜において，スポーツ健康科・医療看護・保健看護・国際教養・保健医療・医療科・健康データサイエンスの７学部では，同一日に実施される同一の教科・科目で共通の試験問題を使用する。ただし，同一試験日においては，異なる学部を併願することはできず，試験日が異なる場合は，それぞれ異なる学部に出願することが可能。

医学部

一般選抜Ａ方式　〈一次試験〉 5科目　①外(200)▶コミュ英Ⅰ・コミュ英Ⅱ・英表Ⅰ・英表Ⅱ　②**数**(100)▶数Ⅰ・数Ⅱ・数Ⅲ・数Ａ・数Ｂ（数列・ベク）　③④**理**(100×2)▶「物基・物」・「化基・化」・「生基・生」から２　⑤**小論文**
〈二次試験〉 1科目　①**面接**
※二次試験は一次試験合格者のみ。
※一次試験の小論文の評価は，二次試験合格者選抜の時に使用する。

一般選抜Ｂ方式　〈一次試験〉 5科目　①②**外**(225〈うち資格・検定25〉)▶「コミュ英Ⅰ・コミュ英Ⅱ・英表Ⅰ・英表Ⅱ」・「英語資格・検定試験の成績」　③**数**(100)▶数Ⅰ・数Ⅱ・数Ⅲ・数Ａ・数Ｂ（数列・ベク）　④⑤**理**(100×2)▶「物基・物」・「化基・化」・「生基・生」から２

※一般選抜B方式は，指定された英語資格・検定試験(TOEFL-iBT，IELTS，英検，TEAP，TEAP CBT，GTEC CBT，ケンブリッジ英検)のうち，出願時にいずれか1つの基準を満たすスコアを取得していることを出願資格とし，スコアに応じて英語の得点に最高25点を加点する。

〈二次試験〉 3科目 ①**小論文** ②**英作文** ③**面接**

※小論文と英作文は同時に出題。

※二次試験は一次試験合格者のみ。

共通テスト・一般独自併用選抜 **〈共通テスト科目〉** 7科目 ①**国**(200)▶国(近代・古典〈古文・漢文〉) ②**外**(200)▶英(リスニングを含む) ③**地歴・公民**(100)▶世B・日B・地理B・現社・倫・政経・「倫・政経」から1 ④⑤**数**(100×2)▶「数Ⅰ・数A」・「数Ⅱ・数B」 ⑥⑦**理**(100×2)▶物・化・生から2

※英語はリーディング100点を160点，リスニング100点を40点にそれぞれ換算する。

〈独自試験科目〉〈一次試験〉 3科目 ①**外**(200)▶コミュ英Ⅰ・コミュ英Ⅱ・英表Ⅰ・英表Ⅱ ②③**理**(100)▶「物基・物」・「化基・化」・「生基・生」から2

※理科は2科目を受験し，高得点の1科目を判定に利用する。

〈二次試験〉 3科目 ①**小論文** ②**英作文** ③**面接**

※小論文と英作文は同時に出題。

※共通テストと一般独自一次試験による一次選考の合格者を対象に，一般独自二次試験を行う。

スポーツ健康科学部

一般選抜A日程・B日程(基本方式・高得点2科目方式) 3科目 ①**国**(100)▶国総(近代) ②**外**(100)▶コミュ英Ⅰ・コミュ英Ⅱ・英表Ⅰ ③**地歴・数・理**(100)▶世B・日B・「数Ⅰ・数A(場合・図形)」・「物基・物」・「化基・化」・「生基・生」から1

※高得点2科目方式は3科目を受験し，高得点2科目で判定する。

※高得点2科目方式は，基本方式に出願することで，高得点2科目方式に出願することが可能。

一般選抜C日程(高得点1科目+面接方式) 3~2科目 ①②**学力試験**(100) ③**面接**(100)

※学力試験は，指定された共通テスト(国〈近代〉・英〈リスニングを含む〉・「地歴・公民〈全科目〉」・数〈数Ⅰ・「数Ⅰ・数A」・数Ⅱ・「数Ⅱ・数A」〉・理〈「物基・化基・生基・地学基から2」・物・化・生・地学〉)から高得点2～1科目，または一般選抜A・B日程の基本方式の3科目を受験し，高得点の1科目で判定する。なお，共通テストの英語で受験する場合は，リーディングの成績(100点)の0.8倍(80点)とリスニングの成績(100点)の0.2倍(20点)を合計して用いる。

※面接は対面かオンラインでの受験を選択する。

※高得点1科目＋面接方式は，共通テスト，A日程基本方式，B日程基本方式に出願することで，高得点1科目＋面接方式に出願することが可能。

医療看護学部

一般選抜A日程・B日程 **〈一次試験〉** 3科目 ①**国**(100)▶国総(近代) ②**外**(100)▶コミュ英Ⅰ・コミュ英Ⅱ・英表Ⅰ ③**数・理**(100)▶「数Ⅰ・数A(場合・図形)」・「化基・化」・「生基・生」から1

〈二次試験〉 1科目 ①**面接**(個人面接)

※一次試験合格者のみ。

共通テスト利用選抜・一般選抜併用選抜 **〈一次試験(共通テスト科目)〉** 4~3科目 ①**国**(100)▶国(近代) ②**外**(100)▶英(リスニングを含む) ③④**地歴・公民・数・理**(100)▶世A・世B・日A・日B・地理A・地理B・現社・倫・政経・「倫・政経」・「数Ⅰ・数A」・「数Ⅱ・数B」・「物基・化基・生基から2」・化・生から1

※英語のリーディング・リスニングの成績は，それぞれリーディング160点，リスニング40点に換算し，合計200点満点を本学が定める配点に換算する。

〈一次試験(独自試験科目)〉 2科目 ①**国**(100)▶国総(近代) ②**外**(100)▶コミュ英Ⅰ・コミュ英Ⅱ・英表1

※一般選抜AまたはB日程の国・英を受験する。

キャンパスアクセス [浦安キャンパス] JR京葉線—新浦安よりバス5分・高洲保育園入口下車徒歩2分

※国・英は，共通テストおよび独自試験の両試験を必ず受験し，高得点の試験結果を合否判定に使用する。
〈二次試験（独自試験科目）〉 **2科目** ①**小論文** ②**面接**（個人面接）
※共通テストと独自試験による一次試験合格者のみ。
※単願受験は不可。一般選抜と共通テスト利用選抜の受験者のみ受験することが可能。

保健看護学部

一般選抜A日程 〈1次試験〉 **3科目** ①**国**（100）▶国総（近代） ②**外**（100）▶コミュ英Ⅰ・コミュ英Ⅱ・英表Ⅰ ③**数・理**（100）▶「数Ⅰ・数A（場合・図形）」・「化基・化」・「生基・生」から1
〈2次試験〉 **1科目** ①**面接**
※1次試験合格者のみ。面接時に自己PR資料を持参。

一般選抜B日程 **4〜3科目** ①**国**（100）▶国総（近代） ②**外**（100）▶コミュ英Ⅰ・コミュ英Ⅱ・英表Ⅰ ③④**数・理**（100）▶「数Ⅰ・数A（場合・図形）」・「化基・生基」・「化基・化」・「生基・生」から1

共通テスト・独自試験併用選抜 〈1次試験（共通テスト科目）〉 **4〜3科目** ①**国**（100）▶国（近代） ②**外**（200）▶英（リスニングを含む） ③④**地歴・公民・数・理**（100）▶世A・世B・日A・日B・地理A・地理B・現社・倫・政経・「倫・政経」・「数Ⅰ・数A」・「数Ⅱ・数B」・「化基・生基」・化・生から1
※英語の得点は，Reading：Listening＝4：1で200点満点に換算する。
〈1次試験（独自試験科目）〉 **2科目** ①**国**（100）▶国総（近代） ②**外**（100）▶コミュ英Ⅰ・コミュ英Ⅱ・英表Ⅰ
※一般選抜A日程の国・英を受験し，高得点の1科目を判定に利用する。
〈2次試験（独自試験科目）〉 **1科目** ①**面接**
※共通テストと独自試験による1次試験合格者のみ。面接時に自己PR資料を持参。
※共通テストで指定された科目を受験し，一般選抜A日程を受験する者のみ出願可。

国際教養学部

一般選抜前期A日程・B日程A方式 **2科目** ①**国**（100）▶国総（近代） ②**外**（150）▶コミュ英Ⅰ・コミュ英Ⅱ・英表Ⅰ

一般選抜前期A日程B方式 **2科目** ①**外**（150）▶コミュ英Ⅰ・コミュ英Ⅱ・英表Ⅰ ②**地歴・数**（100）▶世B・日B・「数Ⅰ・数A（場合・図形）」から1

一般選抜前期A日程C方式 **3科目** ①**国**（100）▶国総（近代） ②**外**（150）▶コミュ英Ⅰ・コミュ英Ⅱ・英表Ⅰ ③**地歴・数**（100）▶世B・日B・「数Ⅰ・数A（場合・図形）」から1

一般選抜前期B日程B方式 **3〜2科目** ①**外**（150）▶コミュ英Ⅰ・コミュ英Ⅱ・英表Ⅰ ②③**地歴・数・理**（100）▶世B・日B・「数Ⅰ・数A（場合・図形）」・「化基・生基（発展・参考・実験の一部を含む）」から1

一般選抜前期B日程C方式 **4〜3科目** ①**国**（100）▶国総（近代） ②**外**（150）▶コミュ英Ⅰ・コミュ英Ⅱ・英表Ⅰ ③④**地歴・数・理**（100）▶世B・日B・「数Ⅰ・数A（場合・図形）」・「化基・生基（発展・参考・実験の一部を含む）」から1

一般選抜中期・後期 **2科目** ①**外**（150）▶コミュ英Ⅰ・コミュ英Ⅱ・英表Ⅰ・英表Ⅱ ②**外**（100）▶英作文・要約
※一般選抜前期・中期・後期において，英語外部試験利用に関する特例があり，指定された英語外部試験（TOEFL-iBT，IELTS，英検，TEAP，TEAP CBT，GTEC CBT，ケンブリッジ英検，TOEIC L&R&S&W）の基準スコアを取得していれば，そのスコアを証明する書類を提出（任意）することにより，そのスコアに応じ，「外国語（英語）」の試験の得点に換算し，試験日当日の得点と換算点のうち高得点の方を合否判定に使用する。英語の試験を受験しなくても，英語外部試験の提出があれば，その得点を採用する。

保健医療学部

一般選抜A日程・B日程 **3科目** ①**外**（100）▶コミュ英Ⅰ・コミュ英Ⅱ・英表Ⅰ ②③**数・理**（100×2）▶「数Ⅰ・数A（場合・図形）」・「物基・物」・「化基・化」・「生基・生」から2

医療科学部

一般選抜A日程 【臨床検査学科】 3科目 ①外(100)▶コミュ英Ⅰ・コミュ英Ⅱ・英表Ⅰ ②③数・理(100×2)▶「数Ⅰ・数A(場合・図形)」・「物基・物」・「化基・化」・「生基・生」から2

【臨床工学科】 3科目 ①外(100)▶コミュ英Ⅰ・コミュ英Ⅱ・英表Ⅰ ②数(100)▶数Ⅰ・数A(場合・図形) ③理(100)▶「物基・物」・「化基・化」・「生基・生」から1

一般選抜B日程 2科目 ①外(100)▶コミュ英Ⅰ・コミュ英Ⅱ・英表Ⅰ ②数・理(100)▶「数Ⅰ・数A(場合・図形)」・「物基・物」・「化基・化」・「生基・生」から1

健康データサイエンス学部

一般選抜A日程 3科目 ①外(100)▶コミュ英Ⅰ・コミュ英Ⅱ・英表Ⅰ ②数(100)▶数Ⅰ・数Ⅱ・数A・数B(数列・ベク) ③国・理(100)▶国総(近代)「物基・物」・「化基・化」・「生基・生」から1

一般選抜B日程 2科目 ①外(100)▶コミュ英Ⅰ・コミュ英Ⅱ・英表Ⅰ ②数(100)▶数Ⅰ・数Ⅱ・数A・数B(数列・ベク)

その他の選抜

共通テスト利用選抜は医学部15名，スポーツ健康科学部85名，医療看護学部20名，保健看護学部13名，国際教養学部20名，保健医療学部10名，医療科学部10名，健康データサイエンス学部８名を，学校推薦型選抜はスポーツ健康科学部60名(公募推薦方式，特別推薦A・B方式)，医療看護学部90名(公募制)，保健看護学部45名(公募制・指定校)，国際教養学部40名(公募制・指定校)，保健医療学部50名(公募制・指定校)，医療科学部35名(公募制)，健康データサイエンス学部14名(公募制)を，総合型選抜はスポーツ健康科学部323名(一般型，教員志望アピール型，課外活動アピール型，英語資格・検定試験利用型，グローバル型，トップアスリート特別方式，トップアスリート方式)，保健看護学部12名，国際教養学部90名(一般総合型・国際バカロレア・海外帰国生・外国人選抜，外部試験利用型)，保健医療学部38名，医療科学部40名，健康データサイエンス学部21名を募集。ほかに医学部地域枠選抜(東京都10名，埼玉県10名，千葉県５名，茨城県２名，静岡県５名，新潟県１名)，医学部研究医特別選抜(国際臨床医・研究医選抜)，医学部国際バカロレア／ケンブリッジ・インターナショナル選抜，帰国生選抜(医学部，医療看護学部，保健看護学部)，保健医療学部特別選抜(帰国生)，医療科学部・健康データサイエンス学部帰国生徒選抜，外国人留学生選抜を実施。

キャンパスアクセス [浦安・日の出キャンパス] JR京葉線・武蔵野線―新浦安よりバス7分・日の出南小学校下車徒歩1分，日の出6丁目下車徒歩5分

偏差値データ（2023年度）

●一般選抜

学部／学科	2023年度 駿台予備学校 合格目標ライン	2023年度 河合塾 ボーダー偏差値	2022年度 競争率
▶医学部			
医（A）	65	70	9.2
（B）	65	72.5	18.3
▶スポーツ健康科学部			
スポーツ健康科（A）	42	47.5	2.4
（B）			3.0
▶医療看護			
看護（A）	48	52.5	4.2
（B）			
▶保健看護			
看護（A）	44	45	2.1
（B）	44	50	8.3
▶国際教養学部			
国際教養（前期A）	43	47.5	1.3
（前期B）	43	45	
（前期C）	45	45	
▶保健医療学部			
理学療法（A）	45	50	4.3
（B）			
診療放射線（A）	45	50	5.0
（B）			
▶医療科学部			
臨床検査（A）	44	52.5	2.4
（B）	43	52.5	1.5
臨床工（A）	43	45	1.7
（B）	42	50	2.0
▶健康データサイエンス学部			
健康データサイエンス（A）	44	47.5	新
（B）	43	47.5	新

- 駿台予備学校合格目標ラインは合格可能性80％に相当する駿台模試の偏差値です。
- 河合塾ボーダー偏差値は合格可能性50％に相当する河合塾全統模試の偏差値です。なお，スポーツ健康科学部は基本方式の偏差値です。
- 競争率は受験者÷合格者の実質倍率

※スポーツ健康科学部（A・B）の競争率は，それぞれ基本方式の実績です。

上智大学

資料請求

問合せ先　入学センター　☎03-3238-3167

建学の精神

原点は，知的好奇心あふれる日本人の資質を高く評価し，日本の首都に大学を設立することをイエズス会に要請した聖フランシスコ・ザビエルにまで遡り，その来日から364年もの時を経た1913（大正２）年，ローマ教皇から大学設立の命を受けた３人のイエズス会神父によって開校された。以来，「キリスト教ヒューマニズム」に基づく教育を展開し，「叡智が世界をつなぐ」唯一無二のソフィア・グローバル・キャンパスを実現。教育精神である「他者のために，他者とともに」のもと，貧困や環境など現代世界の諸課題に立ち向かい，SDGsに関わるさまざまな取り組みを行うなど，国籍や文化，言語を越えた多様性のある学習環境で，知識の先にある本物の“叡智”によって一人ひとりの可能性を引き出し，世界を切り開く人物を養成している。

- 四谷キャンパス…………〒102-8554　東京都千代田区紀尾井町7-1
- 目白聖母キャンパス……〒161-8550　東京都新宿区下落合4-16-11

基本データ

学生数▶12,080名（男4,591名，女7,489名）
専任教員数▶教授289名，准教授122名，講師36名，助教51名
設置学部▶神，文，総合人間科，法，経済，外国語，総合グローバル，国際教養，理工
併設教育機関▶大学院（P.416参照）　短期大学部（P.417参照）

就職・卒業後の進路

就職率 **96.0**%
就職者÷希望者×100

●**就職支援**　３年次生になる直前の春季休暇中に行うガイダンスから支援を本格化し，「総合就職ガイダンス」を柱にインターンシップガイダンス，業界研究セミナー，内定者アドバイス会，採用対策講座，模擬面接会などを開催。目的別に公務員・教員・留学希望者向けの各種ガイダンスも行っている。

●**資格取得支援**　全学科に学芸員課程を設置し，それに伴う科目を用意。教員志望者向けにはガイダンスや論作文・面接試験対策講座，教員内定者によるアドバイス会なども開催。学校推薦応募の手続きサポートもしている。

進路指導者も必見 学生を伸ばす 面倒見

初年次教育	学修サポート
上智大学で学ぶことの意味や教育の特色を理解し，４年間の学びのイメージを俯瞰的につかむことをめざした「学びを学ぶ」のほか，「キリスト教人間学」や「思考と表現」「データサイエンス」などの科目を開講	TA制度，オフィスアワーのほか，各学部学科のクラスまたはゼミ単位でクラス主任およびアカデミック・アドバイザーが置かれ，勉学や履修，進路に関することなど，学生生活における問題につい相談することができる

オープンキャンパス（2022年度実績）　四谷キャンパスで８月２・３日（一部オンライン）に行ったほか，７月16日に「ミニオープンキャンパin大阪」も開催。特設サイトにて，一部プログラムのアーカイブ映像が視聴可能。

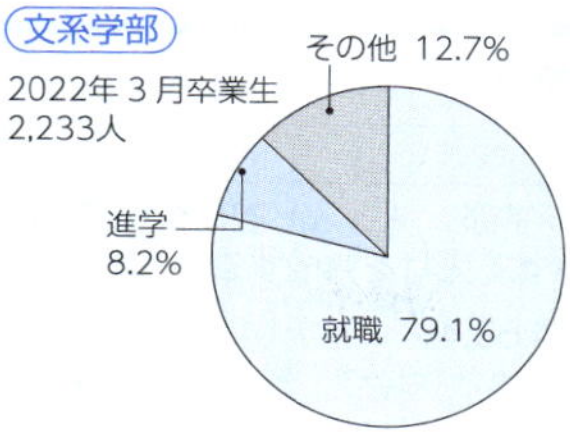

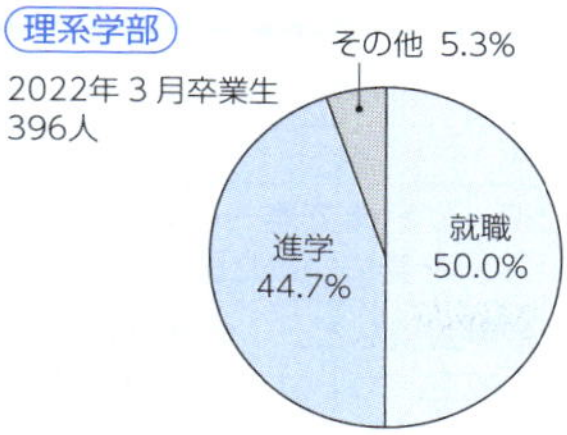

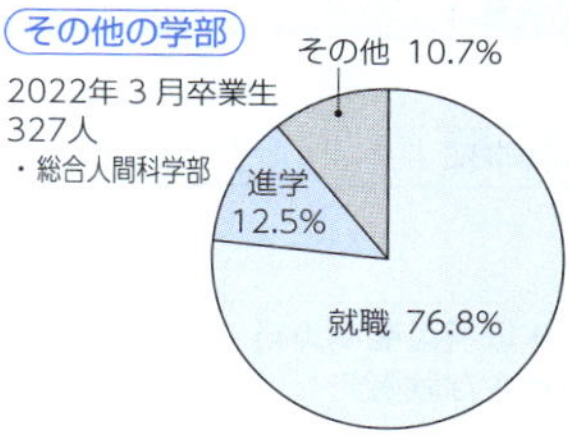

主なOB・OG▶［文］池村和也（エスビー食品社長），［法］細川護熙（第79代内閣総理大臣），［法］大貫陽一（森永乳業社長），［外国語］鈴木貴子（エステー社長），［理工］谷本秀夫（京セラ社長）など。

国際化・留学　大学間 395 大学等

受入れ留学生数▶823名（2022年５月１日現在）

留学生の出身国▶中国，韓国，アメリカ，デンマーク，フランス，ベトナムなど。

外国人専任教員▶教授28名，准教授35名，講師19名（2022年５月１日現在）

外国人専任教員の出身国▶アメリカ，イギリス，ドイツ，韓国，フランス，中国など。

大学間交流協定▶395大学・機関（交換留学先333大学，2022年４月現在）

海外への留学生数▶渡航型152名・オンライン型139名／年（26カ国・地域，2021年度。※長期・短期留学参加者）

海外留学制度▶協定校への交換留学，中南米諸国の提携校で学ぶLAP，ASEAN政府主導のSAIMSプログラムなどの長期留学と，夏期・春期休暇を利用した海外短期語学講座，海外短期研修，フィールドワークや国際貢献活動に参加する実践型プログラムを実施。大学コンソーシアム（連合）との交換留学として，ACUCA，東アジア３キャンパス（日中韓）で学ぶ２つのプログラムも用意している。

学費・奨学金制度

入学金▶200,000円

年間授業料（施設費等を除く）▶860,000円～（詳細は巻末資料参照）

年間奨学金総額▶NA

年間奨学金受給者数▶836人（のべ人数）

主な奨学金制度▶「上智大学修学奨励奨学金」は，修学意欲があるにも関わらず，経済的理由で学業の継続が困難と認められる者を対象に，授業料相当額・半額相当額・３分の１相当額を給付。このほか，「上智大学篤志家奨学金」や，入学前出願の「上智大学新入生奨学金」などの制度を設置している。

保護者向けインフォメーション

- **広報紙**　「上智大学通信」を年９回発行。
- **成績確認**　成績通知書を郵送している。
- **後援会**　大学を支援する父母の団体として後援会を組織し，総会や新入会員歓迎会などを開催している。「後援会News」も発行。
- **地域懇談会**　留学や就職説明，個別面談などを行う地域懇談会を開催している。
- **防災対策**　「SOPHIANS' GUIDE（学生生活ハンドブック）」に防災情報を掲載。災害発生時に学生の状況を把握する安否確認システムを導入している。
- **コロナ対策１**　ワクチンの職域接種を実施。「コロナ対策２」（下段）あり。

インターンシップ科目	必修専門ゼミ	卒業論文	GPA制度の導入の有無および活用例	１年以内の退学率	標準年限での卒業率
全学部で開講している	学部による	学部による	学内各種奨学金の選考基準や大学院への内部進学の判定，早期卒業の申請条件，交換留学の出願資格などに活用している	NA	NA

● **コロナ対策２**　「2022年度版 新型コロナウイルス対応マニュアル」を在学生と教職員向けに作成。2022年度の授業は，徹底した感染予防対策を講じながら，キャンパスでの対面を基本とした方針で実施した。

学部紹介

学部／学科	定員	特色
神学部		
神	50	▷日本で唯一のカトリック神学部。キリスト教の倫理・文化を身につけた国際社会に貢献する人材を育成する。
●取得可能な資格…教職（公・社・宗），学芸員など。　●進路状況…就職63.4%　進学14.6% ●主な就職先………全日本空輸，日本航空，カトリック中央協議会，日本放送協会，聖ヨゼフ学園，イトーヨーカ堂，東京海上日動火災保険，臨海など（2017～2021年度上位企業）。		
文学部		
哲	60	▷本学創立時に創設された学科の一つ。古代・中世・近現代に至る哲学・思想を研究し，思考力・理解力・表現力を鍛える。
史	70	▷アジア，日本，ヨーロッパ・アメリカなどの厳密な史料分析から，真実を見極める目と問題発見能力を養う。
国文	60	▷人間・社会・文化の本質を問う視点を養い，国際社会で日本文化を問い直し発信できる人材を育成する。
英文	100	▷言語に対する知識の習得や考察と合わせ，文化・歴史に対する理解を深め，知性を正しく活用できる国際人を育成する。
ドイツ文	50	▷言語学習と異文化理解を通して，ドイツ語による高度な表現力と論理的思考力・想像力を培う。
フランス文	50	▷単にフランス語能力を身につけてフランス文化に精通するだけでなく，批判意識と問題意識を持てる人材を育成する。
新聞	120	▷理論・実践の両面から情報の意味・価値を見抜くリテラシーを獲得する。英語による学位取得プログラム「SPSF」を設置。
●取得可能な資格…教職（国・地歴・公・社・英・独・仏），学芸員など。 ●進路状況…………就職79.2%　進学8.1% ●主な就職先………日本放送協会，楽天グループ，三菱UFJ銀行，全日本空輸，みずほフィナンシャルグループ，日本航空，日本経済新聞社，ニトリなど（2017～2021年度上位企業）。		
総合人間科学部		
		▶教育学科と社会学科に，英語による学位取得プログラム「SPSF」を設置。
教育	60	▷人間と教育をめぐる諸問題を教育学的観点から総合的・多角的に考究し，人間尊厳の教育を実現する力を養う。
心理	55	▷時代が求める「心」を探究する力を養成し，人の「心」をとらえるための総合的視野を持った人材を育成する。
社会	60	▷さまざまな不平等・不公平を生み出すメカニズムを解明し，改善に向けての政策や実践を構想・提言できる人材を育成。
社会福祉	60	▷福祉政策運営管理と福祉臨床の実践的な知識と思考を習得した，高度な社会福祉人材を育成する。
看護	70	▷教養教育と看護専門教育を総合したカリキュラムで学び，「ヒューマン・ケアリングとしての看護実践力」を修得する。
●取得可能な資格…教職（地歴・公・社・福，養護一種・二種），学芸員，看護師・保健師・社会福祉士受験資格など。 ●進路状況…………就職76.8%　進学12.5% ●主な就職先………虎の門病院，国立がん研究センター中央病院，東京海上日動火災保険，全日本空輸，三井不動産リアルティ，東京都（公務員）など（2017～2021年度上位企業）。		

キャンパスアクセス ［四谷キャンパス］ JR中央線・総武線，東京メトロ丸ノ内線・南北線―四ツ谷より徒歩5分

法学部		
		▶法学部を３年で早期卒業し，法科大学院に進学して司法試験を受験する５年間一貫の「法曹コース」を設置。
法律	160	▷法的思想を土台とした問題解決能力を身につけ，現代社会の多様な課題と向き合う人材を育成する。
国際関係法	100	▷国際社会に存在する課題の数々に法的視点からアプローチし，国際的な舞台で活躍する人材を育成する。
地球環境法	70	▷地球規模の環境問題を解決するため，新たな法的枠組みのあり方を考え，持続可能な社会の構築に貢献する。

● **取得可能な資格**…学芸員など。　● **進路状況**…就職78.6%　進学12.1%
● **主な就職先**………東京海上日動火災保険，東京都（公務員），みずほフィナンシャルグループ，りそなグループ，三井住友信託銀行，楽天グループなど（2017～2021年度上位企業）。

経済学部		
		▶英語による学位取得プログラム「SPSF」を設置。
経済	165	▷世界経済から日々の生活まで幅広いテーマに経済学を応用し，その背後に潜む課題の本質を見通す力を獲得する。
経営	165	▷経営学，マーケティング，会計学を柱として学び，現実社会に即した実証的で高度な経営学の知識を理解する。

● **取得可能な資格**…教職（公・商業），学芸員など。　● **進路状況**…就職84.2%　進学4.7%
● **主な就職先**………三菱UFJ銀行，三井住友信託銀行，三井住友銀行，みずほフィナンシャルグループ，楽天グループ，東京海上日動火災保険など（2017～2021年度上位企業）。

外国語学部		
		▶２年次秋学期に，９つの「研究コース」から１つを選択・登録し，自分が関心のある領域について専門的な研究を進める。
英語	180	▷実践的な英語力と幅広い教養で，急速にグローバル化が進む世界へと羽ばたく人材を育成する。
ドイツ語	60	▷コミュニケーションを重視する語学教育と多彩な切り口による地域研究で，「ドイツ語圏の現在」に迫る。
フランス語	70	▷フランス語の運用能力に加え，社会，思想，文化への理解を通じ，総合的かつ複眼的な視座を獲得する。
イスパニア語	70	▷「ことばと地域研究」の両面からイスパニア語圏に触れ，世界を複眼的かつ相対的にとらえられる人材を育成する。
ロシア語	60	▷日本とロシアをつなぐ“架け橋”となるにふさわしい幅広い知識と語学力，高度なコミュニケーション能力を習得する。
ポルトガル語	60	▷ポルトガル語圏地域を総合的に理解し，フロンティア精神を携えて，世界を舞台に挑戦できる人材を育成する。

● **取得可能な資格**…教職（英・独・仏・露・イスパニア・ポルトガル），学芸員など。
● **進路状況**…………就職83.6%　進学6.3%
● **主な就職先**………楽天グループ，全日本空輸，日本アイ・ビー・エム，アクセンチュア，日本航空，三菱UFJ銀行，住友商事，丸紅，第一生命保険など（2017～2021年度上位企業）。

総合グローバル学部		
総合グローバル	220	▷グローバル社会に貢献する職業人として，世界で活躍できる国際的公共知識人を育成する。英語による学位取得プログラム「SPSF」を開設。

● **取得可能な資格**…教職（公・社），学芸員など。　● **進路状況**…………就職79.4%　進学9.9%
● **主な就職先**………楽天グループ，日本航空，みずほフィナンシャルグループ，全日本空輸，住友商事，アクセンチュア，日本通運，三井住友銀行など（2017～2021年度上位企業）。

キャンパスアクセス［目白聖母キャンパス］西武新宿線―下落合より徒歩８分／JR山手線―目白より徒歩15分またはバス・聖母病院下車徒歩２分

国際教養学部		
国際教養	186	▷比較文化，国際経営・経済学，社会科学の３つの専門分野の学びを通して，グローバル社会の担い手を育成する。

● 取得可能な資格…学芸員など。 ● 進路状況…就職59.9% 進学9.3%
● 主な就職先………楽天グループ，日本アイ・ビー・エム，アクセンチュア，みずほフィナンシャルグループ，デロイトトーマツコンサルティングなど（2017〜2021年度上位企業）。

理工学部		
		▶すべての授業を英語で行うグリーンサイエンスとグリーンエンジニアリングの２つの英語コースを設置。
物質生命理工	137	▷「物質とナノテクノロジー」「環境と生命の調和」「高機能材料の創成」をキーテーマとして，専門教育を展開。
機能創造理工	137	▷人間・環境への支援を基盤として，産業技術と自然科学との調和を実現する創造性豊かな人材を育成する。
情報理工	136	▷「人間情報」「情報通信」「社会情報」「数理情報」をキーテーマに，最新技術を活用して社会に役立つシステムを構築する。

● 取得可能な資格…教職（数・理・情・工業），学芸員など。
● 進路状況…………就職50.0% 進学44.7%
● 主な就職先………日立製作所，エヌ・ティ・ティ・データ，富士通，NTTドコモ，日本電気，KDDI，BIPROGY，東日本電信電話，野村総合研究所など（2017〜2021年度上位企業）。

▶キャンパス

全学部（看護学科１・４年次）……［四谷キャンパス］ 東京都千代田区紀尾井町7-1
看護学科２〜４年次……［目白聖母キャンパス］ 東京都新宿区下落合4-16-11

2023年度入試要項（前年度実績）

●募集人員

学部／学科		TEAP型	共通併用	共通3教科	共通4教科	国際教養	公募推薦
▶神	神	8	12	2	2	—	8
▶文	哲	14	19	2	3	—	14
	史	23	23	2	2	—	13
	国文	10	30	2	3	—	5
	英文	24	37	3	3	—	20
	ドイツ文	13	18	2	2	—	10
	フランス文	15	20	2	2	—	6
	新聞	20	40	2	3	—	40
▶総合人間科	教育	18	23	3	3	—	10
	心理	15	20	2	3	—	12
	社会	17	25	2	3	—	10
	社会福祉	15	20	3	2	—	15
	看護	15	21	2	2	—	20
▶法	法律	44	64	2	5	—	28
	国際関係法	29	44	2	3	—	14
	地球環境法	18	29	2	3	—	11
▶経済	経済	40	85	2	4	—	24
	経営	25	85	5	15	—	27
▶外国語	英語	45	50	2	3	—	70
	ドイツ語	15	21	2	2	—	17
	フランス語	18	23	3	2	—	12
	イスパニア語	18	28	2	2	—	10
	ロシア語	14	20	2	2	—	12
	ポルトガル語	14	20	2	2	—	12
▶総合グローバル	総合グローバル	65	70	3	2	—	60
▶国際教養	国際教養	—	—	—	—	春63 秋82	37
▶理工	物質生命理工	22	45	3	3	—	10
	機能創造理工	22	44	2	3	—	10
	情報理工	20	45	3	3	—	10

※経済学科のTEAPスコア利用方式は試験科目によって募集人員が異なり，文系型で30名，理系型で10名を募集する。
※経営学科の学部学科試験・共通テスト併用方式においては，本学独自試験の選択科目（英語・数学）によって共通テストの各科目の配点が異なるため，英語選択者・数学選択者を分けて合否を判定。募集人員に対する合格者の割合は，志願者数および共通テストの得点状況を踏まえて決定する。
※国際教養学部は独自の入試を実施する。

▷一般選抜各方式の外国語外部検定試験結果の利用方法は，「TEAPスコア利用方式(全学統一日程入試)」は本学独自の英語試験は行わず，代替としてTEAPまたはTEAP CBTのスコアを英語の得点として利用する。提出されたスコアは，各学科が設定する英語の配点に応じて換算して合否判定に利用する。「学部学科試験・共通テスト併用方式」は，任意で提出したCEFRレベルA2以上の外国語外部検定試験結果をCEFRレベルごとに得点化し，共通テストの外国語の得点に加点する。ただし，加点後の得点は，共通テストの外国語の満点を上限とする。「共通テスト利用方式」は外国語外部検定試験結果の提出は基本的に不要。ただし，CEFRレベルB2以上の結果を提出した場合，共通テストの外国語において，みなし得点として利用可能。判定には，共通テストの外国語の得点とみなし得点のいずれか高得点を採用する。「学部学科試験・共通テスト併用方式」と「共通テスト利用方式」で指定されている外国語外部検定試験は以下の通り。ケンブリッジ英検，英検１級～３級，GTEC(Advanced，Basic，Core，CBT)，IELTS，TEAP，TEAP CBT，TOEFL iBT，ドイツ語(独検，Goethe-Institutのドイツ語検定試験，オーストリア政府公認ドイツ語能力検定試験)，フランス語(仏検，DELF・DALF，TCF)。
▷共通テストの英語の技能別の配点比率は，リーディング100点・リスニング100点とし，各学科の配点に応じて換算して利用する。

神学部

一般選抜TEAPスコア利用方式(全学統一日程入試) 〈第１次試験〉 3科目 ①国(100)▶国総 ②地歴(100)▶世Ｂ・日Ｂから１ ③TEAPまたはTEAP CBTスコア(150)
〈第２次試験〉 1科目 ①面接
※第２次試験は第１次試験合格者のみ実施。

一般選抜学部学科試験・共通テスト併用方式
〈第１次試験(共通テスト科目)〉 3科目 ①国(40)▶国 ②外(60)▶英(リスニングを含む)・独・仏から１ ③地歴・公民(40)▶世Ｂ・日Ｂ・地理Ｂ・倫、政経・「倫・政経」から１
〈第１次試験(独自試験科目)〉 1科目 ①キリスト教と聖書の基礎に関する理解力と思考力を問う試験(100)
〈第２次試験〉 1科目 ①面接
※第２次試験は共通テストと独自試験による第１次試験合格者のみ実施。

一般選抜共通テスト利用方式(３教科型・４教科型) 4～3科目 ①国(200)▶国 ②外(200)▶英(リスニングを含む)・独・仏から１ ③④「地歴・公民」・数(３教科型100・４教科型100×2)▶「世Ｂ・日Ｂ・地理Ｂ・倫・政経・〈倫・政経〉から１」・「数Ⅰ・数Ａ」から４教科型は２，３教科型は地歴・公民指定
［個別試験(第２次試験)］ 1科目 ①面接
※共通テストによる第１次試験合格者のみ，第２次試験として面接を行う。

推薦入試(公募制) ［出願資格］ 第１志望，校長推薦，現役，入学確約者，全体の評定平均値3.5以上。
［選考方法］ 書類審査，キリスト教外国語(英独仏より選択)の基礎理解を問う，小論文(キリスト教に関する基礎理解を問う)，面接。

文学部

一般選抜TEAPスコア利用方式(全学統一日程入試) 3科目 ①国(100)▶国総 ②地歴・数(100)▶世Ｂ・日Ｂ・「数Ⅰ・数Ⅱ・数Ａ・数Ｂ(数列・ベク)」から１，ただし数は哲学科のみ選択可 ③TEAPまたはTEAP CBTスコア(150)

一般選抜学部学科試験・共通テスト併用方式
【哲学科】〈共通テスト科目〉 3科目 ①国(40)▶国 ②外(60)▶英(リスニングを含む)・独・仏から１ ③地歴・公民・数(40)▶世Ｂ・日Ｂ・地理Ｂ・倫・政経・「倫・政経」・「数Ⅰ・数Ａ」から１
〈独自試験科目〉 1科目 ①哲学への関心および読解力・思考力・表現力を問う試験(100)
【史学科】〈共通テスト科目〉 3科目 ①国(40)▶国 ②外(60)▶英(リスニングを含む)・独・仏から１ ③地歴(40)▶世Ｂ・日Ｂから１
〈独自試験科目〉 1科目 ①歴史学をめぐる試験(100)
【英文学科】〈共通テスト科目〉 3科目 ①国(50)▶国 ②外(50)▶英(リスニングを含む) ③地歴・公民(50)▶世Ｂ・日Ｂ・地理Ｂ・

倫・政経・「倫・政経」から1
〈独自試験科目〉 1科目 ①英語適性検査(100)▶英語長文読解とその内容に基づく英語小論文により，理解力・思考力・表現力を問う
【その他の学科】〈共通テスト科目〉 3科目 ①国(40)▶国 ②外(60)▶英(リスニングを含む)・独・仏から1 ③地歴・公民(40)▶世B・日B・地理B・倫・政経・「倫・政経」から1
〈独自試験科目〉 1科目 ①[国文学科] 一現代文・古文・漢文の読解力を問う試験(100)，[ドイツ文学科] 一文化・思想・歴史に関するテクストの読解力および思考力・表現力を問う試験(日本語の文章の読解力および思考力・表現力を問う)(100)，[フランス文学科] 一フランス文学・文化・歴史に関するテクストの読解力および思考力・表現力を問う試験(100)，[新聞学科] 一ジャーナリズムに関する基礎的学力試験(100)
一般選抜共通テスト利用方式(3教科型・4教科型) 【史学科】 4〜3科目 ①国(200)▶国 ②外(200)▶英(リスニングを含む)・独・仏から1 ③④地歴・数(3教科型100・4教科型100×2)▶「世B・日Bから1」・「数Ⅰ・数A」から4教科型は2，3教科型は地歴指定
[個別試験] 行わない。
【その他の学科】 4〜3科目 ①国(200)▶国 ②外(200)▶英(リスニングを含む)・独・仏から1，ただし英文学科は英指定 ③④「地歴・公民」・数(3教科型100・4教科型100×2)▶「世B・日B・地理B・倫・政経・〈倫・政経〉から1」・「数Ⅰ・数A」から4教科型は2，3教科型は1，ただし国文・ドイツ文・フランス文・新聞の4学科は地歴・公民指定
[個別試験] 行わない。
推薦入試(公募制) [出願資格] 第1志望，校長推薦，現役，入学確約者，全体の評定平均値4.0以上，各学科の指定する外国語検定試験のいずれかの基準を満たす者のほか，哲学科は外国語・国語・地歴それぞれの評定平均値4.0以上の者，史学科は世Bまたは日Bを履修した地歴の評定平均値4.3以上の者，国文学科は国語4.3以上，英文学科は英語4.5以上，ドイツ文学科は外国語・国語それぞれ4.0以上，フランス文学科は英語(またはフランス語)・国語それぞれ4.0以上の者。また，史学科のみ，IB Diplomaを取得見込みで，History (HL)を履修した者を対象とした国際バカロレア(IB)枠あり。
[選考方法] 書類審査，面接のほか，哲学科は哲学への関心および思考力・表現力を問う試問。史学科は歴史学と歴史に関する理解力と思考力を問う試問。国文学科は国文学・国語学・漢文学を学ぶための読解力・表現力・思考力に関する小論文。英文学科は英語適性検査(与えられた英文について，読解力，思考力，表現力を問う)。ドイツ文学科は小論文(与えられた日本語テキストをふまえて，自らの考えを論理的に展開・表現できるかをはかる)。フランス文学科は外国語適性検査(英語またはフランス語のディクテーション)および課題図書に関する小論文。新聞学科はジャーナリズムに関する基礎的試問。

総合人間科学部

一般選抜TEAPスコア利用方式(全学統一日程入試) 【教育学科・社会学科・社会福祉学科】 3科目 ①国(100)▶国総 ②地歴・数(100)▶世B・日B・「数Ⅰ・数Ⅱ・数A・数B(数列・ベク)」から1 ③TEAPまたはTEAP CBTスコア(150)
【心理学科】〈第1次試験〉 3科目 ①国(100)▶国総 ②地歴・数(100)▶世B・日B・「数Ⅰ・数Ⅱ・数A・数B(数列・ベク)」から1 ③TEAPまたはTEAP CBTスコア(150)
〈第2次試験〉 1科目 ①面接
※第2次試験は第1次試験合格者のみ実施。
【看護学科】〈第1次試験〉 3科目 ①国(100)▶国総 ②数(100)▶数Ⅰ・数Ⅱ・数A・数B(数列・ベク) ③TEAPまたはTEAP CBTスコア(150)
〈第2次試験〉 1科目 ①面接
※第2次試験は第1次試験合格者のみ実施。
一般選抜学部学科試験・共通テスト併用方式 【教育学科・社会学科・社会福祉学科】〈共通テスト科目〉 3科目 ①国(40)▶国 ②外(60)▶英(リスニングを含む)・独・仏から1 ③地歴・公民・数(40)▶世B・日B・地理B・倫・政経・「倫・政経」・「数Ⅰ・数A」から1
〈独自試験科目〉 1科目 ①[教育学科・社会

学科］―人間と社会に関わる事象に関する論理的思考力，表現力を問う総合問題(100)，［社会福祉学科］―社会および社会福祉に関する理解力と思考力を問う試験(80)

【心理学科】〈第１次試験(共通テスト科目)〉 **3**科目 ①国(40)▶国 ②外(60)▶英(リスニングを含む)・独・仏から1 ③**地歴・公民・数**(40)▶世B・日B・地理B・倫・政経・「倫・政経」・「数Ⅰ・数A」から1

〈第１次試験(独自試験科目)〉 **1**科目 ①**心理学のための理解力と思考力を問う試験**(80)

〈第２次試験〉 **1**科目 ①**面接**

※第２次試験は共通テストと独自試験による第１次試験合格者のみ実施。

【看護学科】〈第１次試験(共通テスト科目)〉 **4〜3**科目 ①国(40)▶国 ②外(60)▶英(リスニングを含む)・独・仏から1 ③④**数・理**(40〈数20×2〉)▶「〈数Ⅰ・数A〉・〈数Ⅱ・数B〉」・「化基・生基」・化・生から1

〈第１次試験(独自試験科目)〉 **1**科目 ①**人間と社会に関わる事象に関する論理的思考力，表現力を問う総合問題**(100)

〈第２次試験〉 **1**科目 ①**面接**

※第２次試験は共通テストと独自試験による第１次試験合格者のみ実施。

一般選抜共通テスト利用方式(３教科型・４教科型) **【看護学科】** **6〜3**科目 ①国(200)▶国 ②外(200)▶英(リスニングを含む)・独・仏から1 ③④⑤⑥**数・理**(３教科型100〈数50×2〉・４教科型〈数100×2・理100〉)▶「〈数Ⅰ・数A〉・〈数Ⅱ・数B〉」・「〈化基・生基〉・化・生から1」から４教科型は2，３教科型は1

［個別試験(第２次試験)］ **1**科目 ①**面接**

※共通テストによる第１次試験合格者のみ，第２次試験として面接を行う。

【その他の学科】 **4〜3**科目 ①国(200)▶国 ②外(200)▶英(リスニングを含む)・独・仏から1 ③④**「地歴・公民」・数**(３教科型100・４教科型100×2)▶「世B・日B・地理B・倫・政経・〈倫・政経〉から1」・「数Ⅰ・数A」から４教科型は2，３教科型は1，ただし心理学科と社会学科は数指定

［個別試験(第２次試験)］ **1**科目 ①**面接**，ただし面接は心理学科のみ実施し，その他の学科は個別試験を行わない

※心理学科は，共通テストによる第１次試験合格者のみ，第２次試験として面接を行う。

推薦入試(公募制) **［出願資格］** 第１志望，校長推薦，現役，入学確約者，全体の評定平均値4.0以上，各学科の指定する外国語検定試験のいずれかの基準を満たす者のほか，看護学科は数Ⅰ・数Ⅱ・数A・数Bまたは化基・化または生基・生を履修した者。また，看護学科のみ，IB Diplomaを取得見込みで，Mathematics (HL)，Chemistry (HL)，Biology (HL)のいずれかを履修した者を対象とした国際バカロレア(IB)枠あり。

［選考方法］ 書類審査，面接のほか，教育学科は教育に関する小論文。心理学科は課題文に関する論述試験。社会学科は文章理解力，表現力，思考力についての試問。社会福祉学科は社会および社会福祉に関する理解力と思考力を問う試験。看護学科は小論文。

法学部

一般選抜TEAPスコア利用方式(全学統一日程入試) **3**科目 ①国(100)▶国総 ②**地歴・数**(100)▶世B・日B・「数Ⅰ・数Ⅱ・数A・数B(数列・ベク)」から1 ③**TEAPまたはTEAP CBTスコア**(150)

一般選抜学部学科試験・共通テスト併用方式

〈共通テスト科目〉 **3**科目 ①国(40)▶国 ②外(60)▶英(リスニングを含む)・独・仏から1 ③**地歴・公民・数**(40)▶世B・日B・地理B・倫・政経・「倫・政経」・「数Ⅰ・数A」から1

〈独自試験科目〉 **1**科目 ①**社会(国際関係や環境問題を含む)と法・政治に関する試験**(100)▶基礎学力や思考力を問うもの

一般選抜共通テスト利用方式(３教科型・４教科型) **4〜3**科目 ①国(200)▶国 ②外(200)▶英(リスニングを含む)・独・仏から1 ③④**「地歴・公民」・数**(３教科型100・４教科型100×2)▶「世B・日B・地理B・倫・政経・〈倫・政経〉から1」・「数Ⅰ・数A」から４教科型は2，３教科型は1

［個別試験］ 行わない。

推薦入試(公募制) **［出願資格］** 第１志望，校長推薦，現役，入学確約者，全体の評定平

均値4.0以上のほか，各学科の指定する外国語検定試験のいずれかの基準を満たす者。
［選考方法］ 書類審査，面接のほか，法律学科は社会と法に関する設問を含む小論文。国際関係法学科は国際関係に関する小論文。地球環境法学科は社会（環境問題を含む）と法に関する小論文。

経済学部

一般選抜TEAPスコア利用方式（全学統一日程入試） **【経済学科（文系）】** 3科目 ①**国**（100）▶国総 ②**数**（100）▶数Ⅰ・数Ⅱ・数A・数B（数列・ベク） ③TEAPまたはTEAP CBTスコア（150）
【経済学科（理系）】 2科目 ①**数**（100）▶数Ⅰ・数Ⅱ・数Ⅲ・数A・数B（数列・ベク） ②TEAPまたはTEAP CBTスコア（100）
【経営学科】 3科目 ①**国**（100）▶国総 ②**地歴・数**（150）▶世B・日B・「数Ⅰ・数Ⅱ・数A・数B（数列・ベク）」から1 ③TEAPまたはTEAP CBTスコア（200）
一般選抜学部学科試験・共通テスト併用方式
【経済学科】〈共通テスト科目〉 4科目 ①**国**（100）▶国 ②**外**（100）▶英（リスニングを含む）・独・仏から1 ③④**数**（25×2）▶「数Ⅰ・数A」・「数Ⅱ・数B」
〈独自試験科目〉 1科目 ①**数**（200）▶数Ⅰ・数Ⅱ・数A・数B（数列・ベク）
【経営学科（英語選択・数学選択）】〈共通テスト科目〉 3科目 ①**国**（40）▶国 ②**外**（英語選択20・数学選択40）▶英（リスニングを含む）・独・仏から1 ③**地歴・公民・数**（英語選択40・数学選択20）▶世B・日B・地理B・倫・政経・「倫・政経」・「数Ⅰ・数A」・「数Ⅱ・数B」から1
〈独自試験科目〉 1科目 ①**外・数**（150）▶「コミュ英Ⅰ・コミュ英Ⅱ・コミュ英Ⅲ・英表Ⅰ・英表Ⅱ」・「数Ⅰ・数Ⅱ・数A・数B（数列・ベク）」から英語選択は英語指定，数学選択は数学指定
一般選抜共通テスト利用方式（3教科型・4教科型） **【経済学科】** 5～4科目 ①**国**（200）▶国 ②**外**（200）▶英（リスニングを含む）・独・仏から1 ③④⑤**「地歴・公民」・数**（3教科型300〈数150×2〉・4教科型300〈地歴・公民100，数100×2）▶「世B・日B・地理B・倫・政経・〈倫・政経〉から1」・「〈数Ⅰ・数A〉・〈数Ⅱ・数B〉」から4教科型は2，3教科型は数指定
［個別試験］ 行わない。
【経営学科】 4～3科目 ①**国**（200）▶国 ②**外**（200）▶英（リスニングを含む）・独・仏から1 ③④**「地歴・公民」・数**（3教科型100・4教科型100×2）▶「世B・日B・地理B・倫・政経・〈倫・政経〉から1」・「数Ⅰ・数A」・「数Ⅱ・数B」から4教科型は2，3教科型は1，ただし4教科型は数Ⅱ・数Bの選択不可
［個別試験］ 行わない。
推薦入試（公募制） **［出願資格］** 第1志望，校長推薦，現役，入学確約者，全体の評定平均値4.0以上，各学科の指定する外国語検定試験のいずれかの基準を満たす者のほか，経済学科は数Ⅰ・数Ⅱ・数A・数Bを履修し，その評定平均値が4.5以上の者。また，経済学科のみ，IB Diplomaを取得見込みで，Mathematics（HL）を履修した者を対象とした国際バカロレア（IB）枠あり。
［選考方法］ 書類審査，面接のほか，経済学科は数学の基礎に関する理解力，思考力を問う試問。経営学科は産業社会に関する理解力と思考力を問う試験（英語を含む）。

外国語学部

一般選抜TEAPスコア利用方式（全学統一日程入試） 3科目 ①**国**（100）▶国総 ②**地歴・数**（100）▶世B・日B・「数Ⅰ・数Ⅱ・数A・数B（数列・ベク）」から1 ③TEAPまたはTEAP CBTスコア（150）
一般選抜学部学科試験・共通テスト併用方式
〈共通テスト科目〉 3科目 ①**国**（40）▶国 ②**外**（40）▶英（リスニングを含む）・独・仏から1，ただし英語学科は英語指定 ③**地歴・公民・数**（40）▶世B・日B・地理B・倫・政経・「倫・政経」・「数Ⅰ・数A」から1
〈独自試験科目〉 2科目 ①**高度なレベルの外国語学習に対する適性を測る試験**（50）▶出題はおもに英語とし，一部の問題を英語・ドイツ語・フランス語・イスパニア語・ロシア語・ポルトガル語から選択 ②**外国研究に必要な基礎的知識・日本語の読解力・論理力・思考**

力を測る試験(50)

一般選抜共通テスト利用方式(３教科型・４教科型)　4~3科目　①国(200)▶国　②外(200)▶英(リスニングを含む)・独・仏から１，ただし英語学科は英指定　③④「地歴・公民」・数(３教科型100・４教科型100×２)▶「世Ｂ・日Ｂ・地理Ｂ・倫・政経・〈倫・政経〉から１」・「数Ⅰ・数Ａ」から４教科型は２，３教科型は１

[個別試験]　行わない。

推薦入試(公募制)　[出願資格]　第１志望，校長推薦，現役，入学確約者，全体の評定平均値4.0以上，各学科の指定する外国語検定試験のいずれかの基準を満たす者のほか，英語学科は英語の評定平均値4.3以上，ドイツ語・フランス語・イスパニア語・ポルトガル語の４学科は外国語・国語それぞれ4.3以上，ロシア語学科は外国語4.3以上の者。

[選考方法]　書類審査，面接のほか，英語学科は英語の諸技術適性検査。ドイツ語学科は設問を含む小論文。フランス語学科は小論文。イスパニア語学科は筆記による表現能力，読解力と要約力。ロシア語学科はロシア・ソ連についての基礎的知識を問う設問を含む小論文。ポルトガル語学科はポルトガル語圏に関する基礎的知識を問う設問を含む小論文。

総合グローバル学部

一般選抜TEAPスコア利用方式(全学統一日程入試)　3科目　①国(100)▶国総　②地歴・数(100)▶世Ｂ・日Ｂ・「数Ⅰ・数Ⅱ・数Ａ・数Ｂ(数列・ベク)」から１　③TEAPまたはTEAP CBTスコア(150)

一般選抜学部学科試験・共通テスト併用方式

〈共通テスト科目〉　3科目　①国(40)▶国　②外(40)▶英(リスニングを含む)・独・仏から１　③地歴・公民(40)▶世Ｂ・日Ｂ・地理Ｂ・倫・政経・「倫・政経」から１

〈独自試験科目〉　1科目　①グローバル化する人間社会について，提示された資料の理解力および思考力を問う試験(80)▶英語の設問を含む

一般選抜共通テスト利用方式(３教科型・４教科型)　4~3科目　①国(200)▶国　②外(200)▶英(リスニングを含む)・独・仏から１　③④「地歴・公民」・数(３教科型100・４教科型100×２)▶「世Ｂ・日Ｂ・地理Ｂ・倫・政経・〈倫・政経〉から１」・「数Ⅰ・数Ａ」から４教科型は２，３教科型は１

[個別試験]　行わない。

推薦入試(公募制)　[出願資格]　第１志望，校長推薦，現役，入学確約者，全体の評定平均値4.0以上のほか，学部の指定する外国語検定試験のいずれかの基準を満たす者。

[選考方法]　書類審査，小論文，面接。

国際教養学部

国際教養学部入試　[選考方法]　Application Formおよび出願理由を述べた500ワード程度の英文エッセイ，成績証明書，テストの公式スコア(SAT〈Reading＆Writing，Math〉Scores，ACT with Writing Scores，IB DiplomaまたはPredicted Grades，GCE A-Level〈３科目以上〉のうちいずれか１つ以上)，TOEFLまたはIELTS (Academic)の公式スコア，推薦状２通(最終出身学校の教員２名より１通ずつ)などの書類審査により判定する。

推薦入試(公募制)　[出願資格]　第１志望，校長推薦，現役，入学確約者，全体の評定平均値4.0以上のほか，学部の指定する外国語検定試験のいずれかの基準を満たす者。

[選考方法]　書類審査，English Aptitude Test (essay writing)，面接。

理工学部

一般選抜TEAPスコア利用方式(全学統一日程入試)　4科目　①数(150)▶数Ⅰ・数Ⅱ・数Ⅲ・数Ａ・数Ｂ(数列・ベク)　②③理(75×２)▶「物基・物」・「化基・化」・「生基・生」から２　④TEAPまたはTEAP CBTスコア(100)

一般選抜学部学科試験・共通テスト併用方式

〈共通テスト科目〉　4科目　①外(80)▶英(リスニングを含む)・独・仏から１　②③数(30×２)▶「数Ⅰ・数Ａ」・「数Ⅱ・数Ｂ」　④理(60)▶物・化・生から１

〈独自試験科目〉　2科目　①数(100)▶数Ⅰ・数Ⅱ・数Ⅲ・数Ａ・数Ｂ(数列・ベク)　※応用問題など思考力を問う内容とする。②理(100)▶「物基・物」・「化基・化」・「生基・生」から１

一般選抜共通テスト利用方式（３教科型・４教科型） 6〜5科目 ①国（50）▶国 ②外（３教科型200・４教科型100）▶英（リスニングを含む）・独・仏から１ ③④数（100×2）▶「数Ⅰ・数Ａ」・「数Ⅱ・数Ｂ」 ⑤⑥理（100×2）▶物・化・生から２
※３教科型は国語を実施しない。
［個別試験］ 行わない。

推薦入試（公募制） **［出願資格］** 第１志望，校長推薦，現役，入学確約者，全体の評定平均値4.0以上または3.8以上かつ数学と理科それぞれが4.5以上で，数Ⅰ・数Ⅱ・数Ⅲ・数Ａ・数Ｂおよび物基・物または化基・化または生基・生を履修した者のほか，各学科が指定する外国語検定試験のいずれかの基準を満たす者。また，IB Diplomaを取得見込みで，数学:Mathematics（HL）および理科:Biology（HL）またはChemistry（HL）またはPhysics（HL）を履修した者を対象とした国際バカロレア（IB）枠あり。
［選考方法］ 書類審査，面接のほか，物質生命理工学科は自然科学を対象とした小論文（物理学，化学および生物学の分野から２つを選択し，与えられた課題について論述形式で解答し，解答をもとに理解力，思考力および論述力を評価する）。機能創造理工学科と情報理工学科は数学，物理の基礎に関する理解力，思考力および論述力を問う試問。

その他の選抜

推薦入試（指定校制），神学部推薦入試，カトリック高等学校対象特別入試，教育提携校特別推薦入試，海外指定校入試，理工学部英語コース入試，SPSF入試，国際バカロレア入試，上海日本人学校高等部推薦入試，UNHCR難民高等教育プログラム推薦入試，海外就学経験者（帰国生）入試，社会人入試，外国人入試。

偏差値データ（2023年度）

●一般選抜TEAPスコア利用方式

学部／学科	2023年度 駿台予備学校 合格目標ライン	2023年度 河合塾 ボーダー偏差値	2022年度実績 募集人員	受験者数	合格者数	合格最低点	競争率 '22年	競争率 '21年
神学部								
神	46	55	8	30	9	—	3.3	4.0
文学部								
哲	55	62.5	14	130	40	—	3.3	3.8
史	58	65	20	147	50	—	2.9	2.9
国文	56	62.5	10	78	41	—	1.9	3.7
英文	58	62.5	27	273	82	—	3.3	2.7
ドイツ文	55	60	13	115	41	—	2.8	2.6
フランス文	55	65	16	117	26	—	4.5	3.5
新聞	55	65	20	149	29	—	5.1	7.8
総合人間科学部								
教育	56	65	18	159	43	—	3.7	3.5
心理	57	65	16	108	16	—	6.8	10.0
社会	58	70	17	208	32	—	6.5	6.9
社会福祉	55	62.5	16	97	28	—	3.5	4.5
看護	50	57.5	16	45	18	—	2.5	3.1

学部／学科	2023年度		2022年度実績					
	駿台予備学校	河合塾						
	合格目標ライン	ボーダー偏差値	募集人員	受験者数	合格者数	合格最低点	競争率	
							'22年	'21年
法学部								
法律	**60**	**65**	45	266	80	—	3.3	3.8
国際関係法	**61**	**65**	30	233	79	—	2.9	3.4
地球環境法	**58**	**65**	19	125	42	—	3.0	3.9
経済学部								
経済(文系)	**56**	**60**	30	122	71	—	1.7	3.0
(理系)	**55**	**62.5**	10	85	31	—	2.7	5.7
経営	**57**	**65**	25	336	78	—	4.3	5.9
外国語学部								
英語	**61**	**62.5**	45	340	124	—	2.7	3.3
ドイツ語	**58**	**65**	16	146	44	—	3.3	2.7
フランス語	**58**	**62.5**	18	207	76	—	2.7	3.0
イスパニア語	**57**	**65**	18	235	71	—	3.3	2.8
ロシア語	**56**	**60**	15	198	81	—	2.4	2.0
ポルトガル語	**55**	**62.5**	15	199	61	—	3.3	2.1
総合グローバル学部								
総合グローバル	**59**	**65**	65	656	160	—	4.1	3.8
理工学部								
物質生命理工	**52**	**55**	20	86	58	—	1.5	2.6
機能創造理工	**53**	**55**	20	83	58	—	1.4	1.9
情報理工	**53**	**62.5**	20	103	51	—	2.0	2.3

●駿台予備学校合格目標ラインは合格可能性80%に相当する駿台模試の偏差値です。●競争率は受験者÷合格者の実質倍率
●河合塾ボーダー偏差値は合格可能性50%に相当する河合塾全統模試の偏差値です。

●一般選抜共通テスト利用方式／学部学科試験・共通テスト併用方式

学部／学科	2023年度			2022年度実績				
	駿台予備学校	河合塾						
	合格目標ライン	ボーダー得点率	ボーダー偏差値	募集人員	受験者数	合格者数	競争率	
							'22年	'21年
神学部								
神(3教科型)	**48**	**83%**	—	—	—	—	新	—
(4教科型)	**48**	**76%**	—	2	33	2	16.5	9.0
(併用)	**48**	**76%**	—	12	54	12	4.5	4.1
文学部								
哲(3教科型)	**57**	**89%**	—	—	—	—	新	—
(4教科型)	**57**	**83%**	—	3	110	29	3.8	9.5
(併用)	**56**	**84%**	—	19	133	55	2.4	6.5
史(3教科型)	**60**	**87%**	—	—	—	—	新	—
(4教科型)	**60**	**81%**	—	3	101	32	3.2	6.2
(併用)	**59**	**86%**	**67.5**	27	374	116	3.2	3.3
国文(3教科型)	**58**	**89%**	—	—	—	—	新	—
(4教科型)	**58**	**81%**	—	3	79	22	3.6	6.7

学部／学科	2023年度 駿台予備学校 合格目標ライン	2023年度 河合塾 ボーダー得点率	2023年度 河合塾 ボーダー偏差値	2022年度実績 募集人員	2022年度実績 受験者数	2022年度実績 合格者数	競争率 '22年	競争率 '21年
(併用)	58	82%	62.5	32	423	142	3.0	3.2
英文(３教科型)	60	90%	—	—	—	—	新	—
(４教科型)	60	81%	—	3	77	29	2.7	6.3
(併用)	60	81%	65	37	400	158	2.5	2.6
ドイツ文(３教科型)	57	82%	—	—	—	—	新	—
(４教科型)	57	77%	—	3	46	18	2.6	5.1
(併用)	56	82%	—	18	138	54	2.6	2.3
フランス文(３教科型)	57	82%	—	—	—	—	新	—
(４教科型)	57	77%	—	3	27	11	2.5	7.4
(併用)	57	82%	—	20	146	63	2.3	2.8
新聞(３教科型)	57	85%	—	—	—	—	新	—
(４教科型)	57	81%	—	3	78	18	4.3	5.4
(併用)	57	85%	—	50	258	50	5.2	4.6
総合人間科学部								
教育(３教科型)	58	85%	—	—	—	—	新	—
(４教科型)	58	80%	—	3	74	21	3.5	15.4
(併用)	57	83%	—	26	381	71	5.4	6.0
心理(３教科型)	59	85%	—	—	—	—	新	—
(４教科型)	59	80%	—	3	83	3	27.7	13.0
(併用)	59	83%	—	21	197	21	9.4	14.1
社会(３教科型)	59	86%	—	—	—	—	新	—
(４教科型)	59	83%	—	3	148	49	3.0	10.8
(併用)	58	87%	—	25	514	91	5.6	7.4
社会福祉(３教科型)	57	79%	—	—	—	—	新	—
(４教科型)	57	77%	—	3	69	23	3.0	6.0
(併用)	56	80%	—	21	116	53	2.2	2.9
看護(３教科型)	51	77%	—	—	—	—	新	—
(４教科型)	51	71%	—	3	68	11	6.2	17.3
(併用)	51	72%	—	21	139	84	1.7	3.3
法学部								
法律(３教科型)	61	90%	—	—	—	—	新	—
(４教科型)	63	84%	—	5	270	65	4.2	8.8
(併用)	60	84%	—	65	648	235	2.8	3.6
国際関係法(３教科型)	62	88%	—	—	—	—	新	—
(４教科型)	62	82%	—	3	106	42	2.5	9.5
(併用)	61	83%	—	45	498	179	2.8	2.4
地球環境報(３教科型)	59	85%	—	—	—	—	新	—
(４教科型)	59	82%	—	3	144	34	4.2	7.6
(併用)	59	84%	—	30	298	91	3.3	3.0
経済学部								
経済(３教科型)	59	87%	—	—	—	—	新	—
(４教科型)	59	81%	—	5	414	87	4.8	7.6

学部／学科	2023年度			2022年度実績				
	駿台予備学校	河合塾						
	合格目標ライン	ボーダー得点率	ボーダー偏差値	募集人員	受験者数	合格者数	競争率 '22年	競争率 '21年
(併用)	58	78%	67.5	85	925	339	2.7	2.9
経営（３教科型）	59	85%	—	—	—	—	新	—
（４教科型）	59	82%	—	20	489	120	4.1	9.7
(併用・英語)	60	84%	70	85	1,725	457	3.8	5.2
(併用・数学)	58	84%	70					
外国語学部								
英語（３教科型）	63	90%	—	—	—	—	新	—
（４教科型）	63	80%	—	5	133	44	3.0	10.9
(併用)	63	83%	70	50	515	188	2.7	4.0
ドイツ語（３教科型）	60	83%	—	—	—	—	新	—
（４教科型）	60	79%	—	3	60	23	2.6	5.7
(併用)	60	81%	65	21	222	92	2.4	2.2
フランス語（３教科型）	60	82%	—	—	—	—	新	—
（４教科型）	61	81%	—	3	64	20	3.2	7.7
(併用)	60	83%	62.5	25	257	136	1.9	2.6
イスパニア語（３教科型）	59	82%	—	—	—	—	新	—
（４教科型）	59	79%	—	3	95	36	2.6	7.9
(併用)	59	81%	65	29	328	172	1.9	2.1
ロシア語（３教科型）	58	79%	—	—	—	—	新	—
（４教科型）	58	76%	—	3	55	27	2.0	5.3
(併用)	57	79%	60	20	264	165	1.6	1.5
ポルトガル語（３教科型）	57	83%	—	—	—	—	新	—
（４教科型）	57	80%	—	3	198	47	4.2	4.9
(併用)	56	79%	60	20	266	138	1.9	1.6
総合グローバル学部								
総合グローバル（３教科型）	61	88%	—	—	—	—	新	—
（４教科型）	61	82%	—	5	207	43	4.8	15.1
(併用)	60	83%	67.5	70	939	334	2.8	3.0
理工学部								
物質生命理工（３教科型）	54	84%	—	—	—	—	新	—
（４教科型）	55	80%	—	5	424	74	5.7	6.9
(併用)	54	76%	60	40	660	340	1.9	2.1
機能創造理工（３教科型）	55	81%	—	—	—	—	新	—
（４教科型）	55	78%	—	5	303	72	4.2	7.4
(併用)	55	76%	60	40	680	275	2.5	1.9
情報理工（３教科型）	55	85%	—	—	—	—	新	—
（４教科型）	56	80%	—	5	507	123	4.1	7.2
(併用)	55	78%	62.5	40	853	297	2.9	2.4

● 駿台予備学校合格目標ラインは合格可能性80％に相当する駿台模試の偏差値です。 ●競争率は受験者÷合格者の実質倍率
● 河合塾ボーダー得点率は合格可能性50％に相当する共通テストの得点率です。また，ボーダー偏差値は合格可能性50％に相当する河合塾全統模試の偏差値です。

併設の教育機関 大学院

神学研究科

教員数▸13名
院生数▸21名
博士前期課程 ●神学専攻 組織神学，聖書神学，キリスト教教育，宣教実務者の４コースを設置。
博士後期課程 組織神学専攻

文学研究科

教員数▸62名
院生数▸128名
博士前期課程 ●哲学専攻 哲学専修，現代思想の２コース。古典文献の精密な研究と現代社会の課題を往還する。
●史学専攻 日本史学，東洋史学，西洋史学の連携に基づく，トランス・ナショナルな歴史研究を推進。
●国文学専攻 国文学，国語学，漢文学をさまざまな視点から総合的に研究する。
●英米文学専攻 英米文学を「西欧文明」という大きな全体の一環をなす営みとして研究。
●ドイツ文学専攻 ドイツ語圏の文学が持つ豊かな思想性・内面性を，ヨーロッパ文化史という広範なコンテキストにおいて探求する。
●フランス文学専攻 フランス文学・フランス文化・フランス語について，より専門的に掘り下げられるようなカリキュラムを用意。
●新聞学専攻 マス・コミュニケーション理論，ジャーナリズム論，メディア分析を中心に据えたカリキュラムを設置。
●文化交渉学専攻 異文化同士の交渉，新文化生成の具体相など文化研究を多角的に行う。
博士後期課程 哲学専攻，史学専攻，国文学専攻，英米文学専攻，ドイツ文学専攻，フランス文学専攻，新聞学専攻，文化交渉学専攻

実践宗教学研究科

教員数▸７名
院生数▸34名
博士前期課程 ●死生学専攻 宗教・宗派の枠を超え，現代の諸問題に実践的・臨床的に取り組む。
博士後期課程 死生学専攻

総合人間科学研究科

教員数▸54名
院生数▸173名
博士前期課程 ●教育学専攻 理論と実践の両面にわたって研究を行い，国際化時代に求められる現実科学としての教育学を究める。
●心理学専攻 基礎心理学，臨床心理学の２コース。臨床心理学コースは日本臨床心理士資格認定協会第１種指定大学院。
●社会学専攻 現代社会が直面する問題の根源的なメカニズムを理解し，冷静な分析力と機敏な対応力を兼ね備えた人材を育成する。
●社会福祉学専攻 社会福祉の研究と実践をリードし，変革できる人材を養成する。
修士課程 ●看護学専攻 「共生支援」をキーワードに，より良質のケアリングに関する発展的・実践的な研究を行う。昼夜開講制。
博士後期課程 教育学専攻，心理学専攻，社会学専攻，社会福祉学専攻

法学研究科

教員数▸44名
院生数▸78名（うち法曹養成専攻61名）
博士前期課程 ●法律学専攻 法律学の諸分野における実定法と，基礎法，国際法，政治学，比較法などの研究教育を行う。
専門職学位課程 ●法曹養成専攻（法科大学院）優秀な実務家との協働により，法律エキスパートを養成する。
博士後期課程 法律学専攻

経済学研究科

教員数▸30名

院生数▶40名

博士前期課程 ●経済学専攻　日本と世界を取り巻く経済問題を分析し，企業の戦略と政府の政策を考察する。

●経営学専攻　経営管理・戦略，会計，マーケティングの理論と実際について取り組む。

博士後期課程 経済学専攻，経営学専攻

言語科学研究科

教員数▶38名

院生数▶95名

博士前期課程 ●言語学専攻　言語研究の多角的アプローチをもとに，人間性の本質を探求する。

博士後期課程 言語学専攻

グローバル・スタディーズ研究科

教員数▶79名

院生数▶174名

博士前期課程 ●国際関係論専攻　世界における平和と正義の問題に積極的に取り組み，諸問題の解決に貢献できる人材を育成する。

●地域研究専攻　グローバルな市民社会と，ローカルな多様性を支える次世代地域研究者を育成する。地域言語の習得は必須。

●グローバル社会専攻　グローバル研究，国際ビジネス開発研究，日本研究の３コースで構成。すべての授業を英語で実施。

修士課程 ●国際協力学専攻　国際機関，国際協力組織でグローバルな課題の解決を担う中核的人材を育成する。夜間・土曜日開講。

博士後期課程 国際関係論専攻，地域研究専攻，グローバル社会専攻

理工学研究科

教員数▶98名

院生数▶418名

博士前期課程 ●理工学専攻　機械工学，電気・電子工学，応用化学，化学，数学，物理学，生物科学，情報学，グリーンサイエンス・エンジニアリングの９領域。

博士後期課程 理工学専攻

地球環境学研究科

教員数▶12名

院生数▶251名

博士前期課程 ●地球環境学専攻　SDGsの実現に向けて，地球環境問題に取り組むグローバルな人材を育成する。

博士後期課程 地球環境学専攻

併設の教育機関　短期大学

上智大学短期大学部

問合せ先　事務センター　入試係
☎0463-83-9331（代）
所在地　神奈川県秦野市上大槻山王台999

学生数▶女382名

教員数▶教授９名，准教授６名，助教１名

設置学科

●英語科（250）　キリスト教ヒューマニズムの精神と幅広い教養を身につけ，英語力の強化，専門知識の深化を図り，国際社会・多文化共生社会に貢献する人材を育成する。上智大学への特別編入学試験制度を用意。

卒業後の進路

2022年３月卒業生▶235名

就職74名，大学編入学109名（うち他大学83名），その他52名

昭和大学（しょうわ）

資料請求

問合せ先 入学支援課 ☎03-3784-8026

建学の精神

「痛みを抱える患者さんにまごころを持って接する」という創立者・上條秀介の考え方のもと，1928（昭和３）年に創設された昭和医学専門学校を前身とする「医系総合大学」。この「至誠一貫」の建学の精神は，90余年の歳月を重ねた今も，医学，歯学，薬学，保健医療学の各分野に等しく受け継がれ，「真にまごころを込めて患者さん方に尽くす医療人を育成することによって社会に貢献する」ことをめざし，１年次の全寮教育，４学部全学年にわたる学部連携型のチーム医療教育，クリニカルクラークシップを主体とした臨床実習などの制度を導入。さらに，大学院（４研究科）と８つの附属病院を併設することで，より高度な研究教育を実践し，専門分野の知識・技術に加えて，思いやりと優しさを持っている優れた医療人を育成している。

- 旗の台キャンパス……〒142-8555　東京都品川区旗の台1-5-8
- 洗足キャンパス………〒145-8515　東京都大田区北千束2-1-1
- 横浜キャンパス………〒226-8555　神奈川県横浜市緑区十日市場町1865
- 富士吉田キャンパス…〒403-0005　山梨県富士吉田市上吉田4562

基本データ

学生数▶3,111名（男1,048名，女2,063名）
専任教員数▶教授224名，准教授191名，講師500名
設置学部▶医，歯，薬，保健医療
併設教育機関▶大学院―保健医療学（M・D），医学・歯学・薬学（以上D）

就職・卒業後の進路

就職率 91.5%（就職者÷希望者×100）

●**就職支援**　専任のスタッフが個別に進路相談に対応するほか，就職ガイダンス，合同企業研究会，公務員試験対策講座，SPI試験対策講座，面接対策講座などの行事も開催。卒業生の多くが本学附属病院に勤務している。

●**資格取得支援**　国家試験合格に向けて，卒業までに十分な実力をつけられるよう，各学部・学年でサポート。試験問題の作成はもちろん，試験間近には不得意な分野を克服するための国試対策講義を約１週間行っている。

進路指導者も必見 学生を伸ばす 面倒見

初年次教育	学修サポート
「入寮時オリエンテーション」「アカデミックスキルズ」「チーム医療の基礎」などを１年次の全寮制教育で行い，医療人としての基礎を固めると同時に，コミュニケーション能力や豊かな人間性などを養っている	全学生をサポートする指導担任制度（学生15～20人を担当）やTA・SA制度（SAは薬学部のみ）を導入。また，成績下位者の学修サポートを行う修学支援制度，学生が質問しやすい環境を整備した修学コンサルタントの制度も設置

オープンキャンパス（2022年度実績）　医学部で動画配信による入試説明会を行ったほか，各学部でオンラインや来校型の入試説明会，オープンキャンパス，キャンパスツアーを実施。10月に４学部合同の入試説明会を開催。

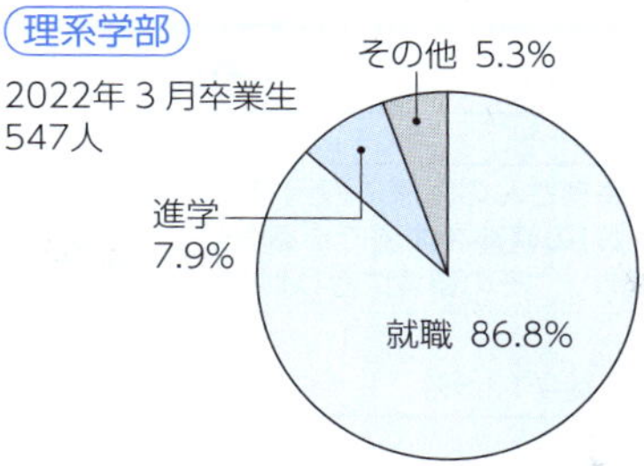

※就職には医学科の初期臨床研修医，歯学科の臨床研修歯科医を含む。

主なOB･OG▶［医］高須克弥（高須クリニック院長），［医］水野泰孝（グローバルヘルスケアクリニック院長），［医］志賀貢（医師，作家），［歯］一青妙（歯科医師，作家，女優）など。

国際化・留学　大学間 5 大学・部局間 37 大学等

受入れ留学生数▶０名（2022年９月１日現在）

外国人専任教員▶教授０名，准教授０名，講師４名（2022年５月１日現在）

外国人専任教員の出身国▶韓国，アメリカ。

大学間交流協定▶５大学（交換留学先５大学，2022年９月１日現在）

部局間交流協定▶37大学・機関（交換留学先35大学，2022年９月１日現在）

海外への留学生数▶オンライン型10名／年（１カ国・地域，2021年度）

海外留学制度▶１年次夏季研修として，2006年より，米国ポートランド州立大学(PSU）とサマープログラム（全学部対象）を立ち上げ，“昭和大学のための”語学研修プログラム（英会話などの授業，医療施設見学, 医療講義など）を導入。2021年は「PSU夏季オンラインプログラム」として開催した。

学費・奨学金制度　給付型奨学金総額 年間 1 億 7,935 万円

入学金▶500,000円～

年間授業料（施設費等を除く）▶1,050,000円～（詳細は巻末資料参照）

年間奨学金総額▶179,350,000円

年間奨学金受給者数▶74人

主な奨学金制度▶「昭和大学医学部・歯学部・薬学部特別奨学金」は４年次の成績優秀者を対象に５・６年次の，「シンシア一奨学金」は全学部の１年次の成績優秀者を対象に２～４年次の，それぞれ授業料相当額を給付。また，医・歯・薬学部では研究者・指導者を養成するための奨学金制度があり，医学･歯学･薬学分野の研究科では，それぞれ全国私立大学トップクラスの在籍者数を誇っている。

保護者向けインフォメーション

●**成績確認**　成績表や履修科目と単位数，授業への出席状況の情報などを郵送している。成績下位の学生保護者に対する説明会も実施。

●**父兄会**　父兄会を組織し例年，総会を開催している（2022年度はコロナ禍で参集開催中止)。

●**保護者面談**　指導担任，修学支援担当との保護者面談や，年度初めに留年者，復学者を対象とした保護者面談を実施している。

●**防災対策**　災害時の学生の安否は，メールやポータルサイト，指導担任の個別対応で確認。

●**コロナ対策１**　ワクチンの職域接種を実施。感染状況に応じた３段階のBCP（行動指針）を設定。「コロナ対策２」（下段）あり。

インターンシップ科目	必修専門ゼミ	卒業論文	GPA制度の導入の有無および活用例	１年以内の退学率	標準年限での卒業率
薬学部で薬局実習を実施	薬学部で5・６年次，保健医療学部で４年次に実施	薬学部と作業療法学専攻は卒業要件	奨学金対象者の選定基準，学生に対する個別の学修指導のほか，一部の学部で留学候補者の選考，大学院入試の選抜基準として活用	1.6%	79.4%（４年制）97.5%（６年制）

●**コロナ対策２**　対面授業とオンライン授業を感染状況に応じて併用。入構時には検温と消毒を実施。また，各自，毎日検温した結果を毎週１回大学へ送信させたほか，学外実習を行う前にPCR検査等を実施した。

学部紹介

学部／学科	定員	特色
医学部		
医	129	▷患者さんの医療に還元できる研究マインドを持ち，「至誠一貫」の精神を体現できる医師を育成する。８つの附属病院があり，その環境に合わせて充実した臨床実習を実施。
● 取得可能な資格…医師受験資格。 ● 進路状況…………初期臨床研修医85.3%　進学12.8%		
歯学部		
歯	105	▷世界トップクラスの研究を行う「基礎系講座」や，先駆的な研究開発をリードする「臨床系講座」などを通して，社会における歯科医師の役割を学ぶ。
● 取得可能な資格…歯科医師受験資格。 ● 進路状況…………臨床研修歯科医84.4%　進学4.2%		
薬学部		
薬	200	▷６年制。大学病院を有する医系総合大学としての環境を生かし，新世代の臨床薬剤師を育成するための多様な授業を通して，チーム医療の実践力を身につける。
● 取得可能な資格…薬剤師受験資格。　● 進路状況…………就職85.6%　進学7.7% ● 主な就職先………昭和大学，アインホールディングス，ウエルシア薬局，トモズ，スズケンなど。		
保健医療学部		
看護	95	▷自分で感じ，考えたことを発信できる力を養うとともに，多くの臨床実習で実践力を磨き，看護とは何かを理解する。
リハビリテーション	60	▷2023年度より，従来の理学療法学科，作業療法学科を，リハビリテーション学科理学療法学専攻(35名)と作業療法学専攻(25名)に改組。論理的思考力を身につけた理学療法士や多職種を理解した質の高い作業療法士を育成する。
● 取得可能な資格…看護師・保健師・理学療法士・作業療法士受験資格。 ● 進路状況…………就職90.7%　進学6.8% ● 主な就職先………昭和大学，河北医療財団，日本赤十字社医療センター，東京女子医科大学病院など。		

▶キャンパス

医・薬２～６年次，歯２～４年次……［旗の台キャンパス］東京都品川区旗の台1-5-8
歯５～６年次……［洗足キャンパス］東京都大田区北千束2-1-1
保健医療２～４年次……［横浜キャンパス］神奈川県横浜市緑区十日市場町1865
全学部１年次……［富士吉田キャンパス］山梨県富士吉田市上吉田4562

2023年度入試要項(前年度実績)

●募集人員

学部／学科(専攻)	一般Ⅰ期	一般Ⅱ期	共通テスト
▶医　医	83	18	—
▶歯　歯	44	10	5
▶薬　薬	95	22	5
▶保健医療　看護	38	3	7
リハビリテーション(理学療法学)	13	3	2
(作業療法学)	8	2	2

※一般選抜入試には上記以外に，医学部一般選抜入試(Ⅰ期)利用の薬学部併願入試(5名)，理学療法学専攻一般選抜入試(Ⅰ期・Ⅱ期)利用の作業療法学専攻第二希望併願入試(若干名)を実施する。

キャンパスアクセス［旗の台キャンパス］東急大井町線・池上線一旗の台より徒歩5分
［洗足キャンパス］東急目黒線一洗足より徒歩3分

医学部

一般選抜入試Ⅰ期・Ⅱ期 〈一次試験〉 4科目 ①外（Ⅰ期100・Ⅱ期50）▶コミュ英Ⅰ・コミュ英Ⅱ・コミュ英Ⅲ・英表Ⅰ・英表Ⅱ ②③理（Ⅰ期100×2・Ⅱ期50×2）▶「物基・物」・「化基・化」・「生基・生」から2 ④国・数（Ⅰ期100・Ⅱ期50）▶国総（現文）・「数Ⅰ・数Ⅱ・数Ⅲ・数A・数B」から1

〈二次試験〉 2〜1科目 ①面接（Ⅰ期70・Ⅱ期200） ②小論文（Ⅰ期30），ただし小論文はⅠ期のみ実施

※二次試験は一次試験合格者のみ。

歯学部

一般選抜入試Ⅰ期・Ⅱ期 4科目 ①外（100）▶コミュ英Ⅰ・コミュ英Ⅱ・コミュ英Ⅲ・英表Ⅰ ②理（100）▶「物基・物（原子を除く）」・「化基・化」・「生基・生」から1 ③国・数（100）▶国総（現文）・「数Ⅰ（データの分析を除く）・数Ⅱ・数A・数B（数列・ベク）」から1 ④面接（60）

共通テスト利用入試 4〜3科目 ①外（100）▶英（リスニングを含む） ※満点200点を100点に換算 ②理（100）▶物・化・生から1 ③④国・数（100）▶国・「〈数Ⅰ・数A〉・〈数Ⅱ・数B〉」から1

[個別試験] 1科目 ①面接（60）

薬学部

一般選抜入試Ⅰ期・Ⅱ期 4科目 ①外（100）▶コミュ英Ⅰ・コミュ英Ⅱ・コミュ英Ⅲ・英表Ⅰ ②理（100）▶化基・化 ③国・数（100）▶国総（現文）・「数Ⅰ（データの分析を除く）・数Ⅱ・数A・数B（数列・ベク）」から1 ④面接（100）

医学部一般選抜入試（Ⅰ期）利用の薬学部併願入試 ※医学部一般選抜入試Ⅰ期（一次試験・二次試験）と同じ

共通テスト利用入試 4科目 ①外（200）▶英（リスニング〈100〉を含む） ②理（200）▶物・化・生から1 ③④国・数（200）▶国（古典を除く）・「数Ⅰ・数A」・「数Ⅱ・数B」から2

[個別試験] 1科目 ①面接（200）

保健医療学部

一般選抜入試Ⅰ期・Ⅱ期 4科目 ①外（100）▶コミュ英Ⅰ・コミュ英Ⅱ・英表Ⅰ ②理（100）▶「物基・物（原子を除く）」・「化基・化」・「生基・生」から1 ③国・数（100）▶国総（現文）・「数Ⅰ（データの分析を除く）・数A」から1 ④面接（40）

理学療法学専攻一般選抜入試利用の作業療法学専攻第二希望併願入試Ⅰ期・Ⅱ期 ※保健医療学部一般選抜入試Ⅰ期・Ⅱ期と同じ

共通テスト利用入試 4〜3科目 ①外（100）▶英（リスニングを除く） ②③④国・数・理（200）▶国（古典を除く）・「数Ⅰ・数A」・「〈物基・化基・生基から2〉・物・化・生から1」から2

[個別試験] 1科目 ①面接（40）

その他の選抜

総合型選抜入試は歯学部5名，薬学部20名，保健医療学部19名を募集。ほかに学校推薦型選抜入試（公募・指定校・特別協定校），医学部地域枠選抜入試（19名），卒業生推薦入試を実施。

偏差値データ（2023年度）

●一般選抜入試Ⅰ期

学部／学科／専攻	2023年度 駿台予備学校 合格目標ライン	2023年度 河合塾 ボーダー偏差値	2022年度 競争率
▶医学部			
医	61	67.5	9.2
▶歯学部			
歯	49	52.5	3.4
▶薬学部			
薬	48	50	2.4
▶保健医療学部			
看護	45	47.5	2.4
リハビリテーション／理学療法学	43	47.5	1.6
／作業療法学	41	42.5	1.2

● 駿台予備学校合格目標ラインは合格可能性80％に相当する駿台模試の偏差値です。
● 河合塾ボーダー偏差値は合格可能性50％に相当する河合塾全統模試の偏差値です。なお，一般選抜入試Ⅰ・Ⅱ期の偏差値です。
● 競争率は受験者÷合格者の実質倍率

キャンパスアクセス [横浜キャンパス] JR横浜線一十日市場，東急田園都市線一青葉台よりバス・中山谷下車徒歩5分　[富士吉田キャンパス] 富士急行線一富士山より車15分

昭和女子大学

（しょうわじょし）

資料請求

問合せ先 アドミッションセンター ☎0120-5171-86

建学の精神

「世の光となろう」を建学の精神に，1920（大正９）年に設立された日本女子高等学院を前身とする，“女性が人生を拓く力”をつける大学。全国進学校調査で，「就職・グローバル教育・面倒見」の３項目で全国女子大１位に輝くなど，常に新しい分野で，新しい教育を開拓。広い教養と専門分野の知識に加え，データサイエンス科目群では現代社会に必須のデータリテラシーを，キャリア教育プログラムでは自分の人生を考えキャリア設計する力を，留学や，同一敷地内にあるテンプル大学ジャパンキャンパスとの交流プログラムを通じてグローバル社会に必要な国際感覚やコミュニケーション力を身につけ，プロジェクト型学修や多様な活動プログラムを通して社会人力を培うなど，グローバルな視点で社会のさまざまな課題を解決できる人材を育成している。

● 昭和女子大学キャンパス……〒154-8533 東京都世田谷区太子堂1-7-57

基本データ

学生数▶女6,245名
専任教員数▶教授86名，准教授66名，講師51名
設置学部▶人間文化，人間社会，食健康科，グローバルビジネス，国際，環境デザイン
併設教育機関▶大学院—文学・生活機構（以上M・D）

就職・卒業後の進路

就職率 98.0%
就職者÷希望者×100

●**就職支援**　卒業生1,000人以上の女子大学で12年連続実就職率No.１を達成するなど，キャリア教育，社会人メンター制度，就活支援プログラムの３つを柱に，一人ひとりに合わせたきめ細かいサポート体制を整備。就活支援に留まらない早期のキャリア教育では，自分の生き方を設計する力を身につけられるよう，１年次から選択・必修科目を用意。
●**資格取得支援**　学内外でいつでも学習できるe-ラーニングの導入や複数回の模擬試験，国家試験対策講座などを行い，社会福祉士や管理栄養士などの資格取得を支援。会計ファイナンス学科では日商簿記１級や税理士，公認会計士をめざす学生へのサポートも実施。

進路指導者も必見 学生を伸ばす 面倒見

初年次教育
社会の中での自分の役割，生き方を考える力を修得する「キャリアデザイン入門」や「実践倫理」を必修とし，学部により，「日本語表現Ⅰa（書き方）・Ⅰb（話し方）」「ICTリテラシーⅠa」「基礎ゼミ」などの授業を開講

学修サポート
TA制度，オフィスアワー制度，専任教員が32人の学生を担当し，履修の方法や学習面の指導・支援などを行うクラスアドバイザー制度を導入。日本語文章の書き方の相談に応じるライティングサポートルームも設置

オープンキャンパス（2022年度実績） 6月，7月，8月の各２日間，３学部ごとに来場型オープンキャンパスを開催。また9月に国際学部がナイトオープンキャンパス，12月～１月にオンライン配信で受験対策講座を実施。

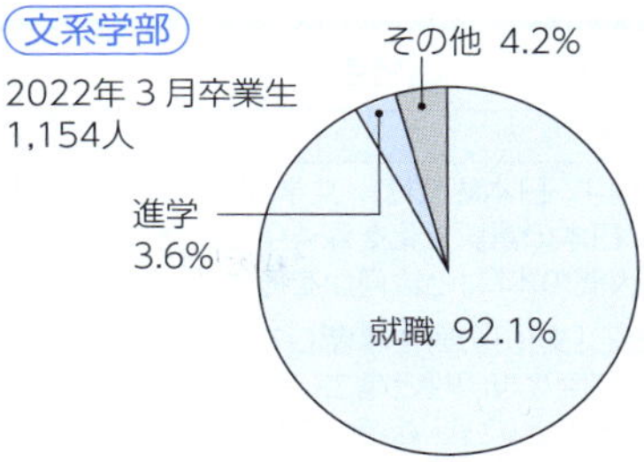

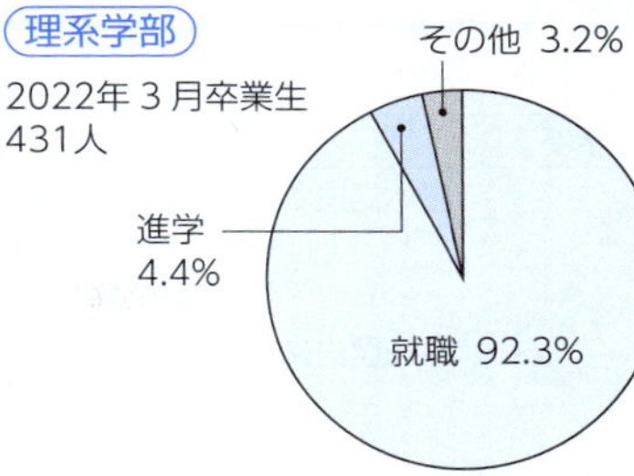

主なOG▶［旧文(現国際)］壇蜜(タレント，女優)，［旧生活科］永山祐子(建築家)，［人間文化］馬場ももこ(フリーアナウンサー)，［人間社会］森下友紀(水泳選手)，［人間社会］小倉唯(声優，歌手)など。

国際化・留学 大学間 40 大学・部局間 1 大学

受入れ留学生数▶75名（2022年３月31日現在）

留学生の出身国・地域▶中国，韓国，カンボジア，イタリア，香港など。

外国人専任教員▶教授６名，准教授８名，講師２名（2022年５月１日現在）

外国人専任教員の出身国▶韓国，中国，アメリカ，オーストラリア，シンガポールなど。

大学間交流協定▶40大学（交換留学先25大学，2022年３月31日現在）

部局間交流協定▶１大学（交換留学先１大学，2022年３月31日現在）

海外への留学生数▶渡航型135名・オンライン型503名／年（９カ国・地域，2021年）

海外留学制度▶アメリカで正式に認可を受けている「昭和ボストン」へのボストン留学を起点に，協定校への交換認定留学，カリキュラム留学，ダブルディグリー・プログラム，私費認定留学など，自分の専門分野や興味に合わせた多彩なプログラムを用意。コンソーシアムはUMAPに参加している。また，コロナ禍ではオンライン留学プログラムを提供。

学費・奨学金制度 給付型奨学金総額 年間約 7,955 万円

入学金▶200,000円

年間授業料(施設費等を除く)▶795,600円～(詳細は巻末資料参照)

年間奨学金総額▶79,548,500円

年間奨学金受給者数▶403人

主な奨学金制度▶給付額が年額20万円の「成績優秀者奨学金」受給者のうち，学習・生活態度が模範的な者に，さらに20万円を給付する「人見記念奨学金」のほか，「認定留学生奨学金」「経済的支援奨学金」などを設置。

保護者向けインフォメーション

● **成績確認**　ポータルサイト「UP SHOWA (保護者用)」で，学生本人の成績・出欠状況・時間割が確認できるようになっている。

● **懇談会**　３年次生の保護者を対象にした懇談会を６月に開催し，就職サポートについての説明も行っている。学科別相談も実施。

● **防災対策**　学生が被災した際の安否は，学生ポータルサイト「UP SHOWA」を利用して確認するようにしている。

● **コロナ対策１**　感染状況に応じた活動制限指針を設定。「コロナ対策２」（下段）あり。

インターンシップ科目	必修専門ゼミ	卒業論文	GPA制度の導入の有無および活用例	１年以内の退学率	標準年限での卒業率
全学部で開講している	人間文化・人間社会・グローバルビジネス・国際の4学部で1～4年次，食健康科学部と環境デザイン学部で4年次に実施	学部・学科により異なる	奨学金対象者選定・大学院入試選抜基準，留学候補者選考，早期卒業認定要件，学生への個別の学修指導，履修上限単位数設定に活用	0.6%	92.6%

● コロナ対策２　入構時に検温と消毒，教室の入口で消毒を実施し，教室の収容人数も調整・管理。感染状況に応じてオンライン授業を併用し，通信環境整備奨励金を支給。経済的支援として，授業料の特別減免も行った。

学部紹介

学部／学科	定員	特色
人間文化学部		
日本語日本文	120	▷言語(日本語学，日本語教育)，文学(古典文学，近現代文学)の２コース。日本の言語文化を深く学び，あらゆる時代や分野に通じる「人間の本質」とは何かを考える。
歴史文化	100	▷「歴史」分野と「文化」分野を横断して学ぶ体系的なカリキュラムを通じ，高度な専門性と幅広い教養を併せ持つ人材を育成する。考古調査士(２級)などの資格取得も可能。
● 取得可能な資格…教職(国・地歴・社・書)，司書，司書教諭，学芸員など。 ● 進路状況…………就職91.6%　進学3.1% ● 主な就職先………TOTO，パナソニック，明治安田生命保険，アクセンチュア，富士ソフトなど。		
人間社会学部		
心理	100	▷心理学の基本となる「臨床」「社会」「発達」「認知」の４領域すべての基礎知識を幅広く学び，他者や自己をより深く柔軟に理解する「眼」やスキルを養う。
福祉社会	80	▷社会的な課題を解決する知識と実践力を養い，福祉社会の形成に貢献する人材を育成する。複数の国家資格が取得可能。
現代教養	100	▷社会構想，メディア創造，多文化共創という３つの領域を横断的に学び，多様化する現代社会が抱える問題・課題を探究する。実践の場として多彩なPBL科目を設置。
初等教育	100	▷児童教育，幼児教育の２コース。グローバルな視野で子どもを支える小学校・幼稚園教諭，保育士を養成する。
● 取得可能な資格…教職(公，小一種，幼一種)，司書，司書教諭，学芸員，保育士，社会福祉士・精神保健福祉士受験資格など。 ● 進路状況…………就職91.7%　進学3.8% ● 主な就職先………トランスコスモス，三菱UFJ銀行，東日本旅客鉄道，虎の門病院，教員など。		
食健康科学部		
管理栄養	72	▷栄養と食のスペシャリストとしての専門知識を養い，社会に貢献する管理栄養士を養成する。
健康デザイン	75	▷栄養士「プラスα」の専門性を身につけるため，運動や美容なども科学的に学び，「健康のスペシャリスト」を育成する。
食安全マネジメント	80	▷食と食品の安全性と，フードビジネスのマネジメントを学び，食のフィールドで幅広く活躍できる人材を育成する。
● 取得可能な資格…教職(保体・家，栄養)，司書，司書教諭，栄養士，管理栄養士受験資格など。 ● 進路状況…………就職94.0%　進学3.4% ● 主な就職先………はごろもフーズ，日清ヨーク，三菱商事ライフサイエンス，日清医療食品など。		
グローバルビジネス学部		
ビジネスデザイン	110	▷１年次に日本で，２年次前期は原則全員が留学する昭和ボストンでビジネスを学び，ビジネスを開拓，変革する女性を育成する。PC，データ解析等のデジタル系スキル科目が充実。
会計ファイナンス	80	▷実践的で経営管理に役立つ資格を取得することで，金融業界や企業の管理部門，専門職で活躍できる人材を育成する。
● 進路状況…………就職92.4%　進学4.1% ● 主な就職先………住友電気工業，日本電気，富士通，三井住友信託銀行，PwC京都監査法人など。		

キャンパスアクセス [昭和女子大学キャンパス] 東急田園都市線(東京メトロ半蔵門線直通)一三軒茶屋より徒歩7分／JR各線・私鉄各線・東京メトロ各線一渋谷よりバス15分

国際学部		
英語コミュニケーション	179	▷1・2年次で専門分野を学ぶための基礎を培い，急速にグローバル化する社会を生き抜くための教養を，4年間を通して身につける。2年次後期に原則全員が昭和ボストンに留学。
国際	120	▷英語＋1言語（中・韓・ベトナム・独・仏・西）を修得し，国際社会で求められる柔軟で複眼的な発想力・思考力・発信力を磨く。2・3年次は原則として全員が長期留学を経験。

● **取得可能な資格**…教職（英），司書，司書教諭，学芸員など。
● **進路状況**…………就職92.9%　進学3.6%
● **主な就職先**………日本ヒューレット・パッカード，村田製作所，伊藤忠商事，三菱UFJ銀行など。

環境デザイン学部		
環境デザイン	210	▷建築・インテリアデザイン，プロダクトデザイン，ファッションデザインマネジメント，デザインプロデュースの4コースが連動し，多彩な視点からデザイン力を磨く。

● **取得可能な資格**…学芸員，1級建築士受験資格など。
● **進路状況**…………就職90.5%　進学5.5%
● **主な就職先**………清水建設，鹿島建設，五洋建設，オンワード樫山，大塚商会，日本生命保険など。

キャンパス

全学部……［昭和女子大学キャンパス］東京都世田谷区太子堂1-7-57

2023年度入試要項（前年度実績）

●募集人員

学部／学科	一般A	一般B	一般3月期
▶人間文化　日本語日本文	35	25	5
歴史文化	30	18	5
▶人間社会　心理	30	18	5
福祉社会	20	17	4
現代教養	30	18	5
初等教育	30	18	3
▶食健康科　管理栄養	20	15	3
健康デザイン	20	13	3
食安全マネジメント	20	17	3
▶グローバルビジネス　ビジネスデザイン	35	20	4
会計ファイナンス	18	12	3
▶国際　英語コミュニケーション	54	31	5
国際	35	19	4
▶環境デザイン　環境デザイン	65	46	7

人間文化学部

一般入試A日程　3科目　①国(100)▶国総・現文B・古典B（漢文を除く）　②外(100)▶コミュ英Ⅰ・コミュ英Ⅱ・英表Ⅰ　③**地歴・数・理**(100)▶世B・日B・「数Ⅰ必須，数Ⅱ・数A・数B（ベク）から1問選択」・「化基・化（無機・有機）」・「生基・生（環境応答）」から1

一般入試B日程　2科目　①国(100)▶国総・現文B・古典B（漢文を除く）　②**外・地歴・数・理**(100)▶「コミュ英Ⅰ・コミュ英Ⅱ・英表Ⅰ」・世B・日B・「数Ⅰ必須，数Ⅱ・数A・数B（ベク）から1問選択」・「化基・化（無機・有機）」・「生基・生（環境応答）」から1

一般入試3月期　2科目　①国(100)▶国総（古文・漢文を除く）・現文B　②外(100)▶コミュ英Ⅰ・コミュ英Ⅱ・英表Ⅰ

人間社会学部

一般入試A日程　3科目　①国(100)▶国総（古文・漢文を除く）・現文B　②外(100)▶コミュ英Ⅰ・コミュ英Ⅱ・英表Ⅰ　③**地歴・数・理**(100)▶世B・日B・「数Ⅰ必須，数Ⅱ・数A・数B（ベク）から1問選択」・「化基・化（無機・有機）」・「生基・生（環境応答）」から1

一般入試B日程 【心理学科・現代教養学科・初等教育学科】 2科目 ①国(100)▶国総(古文・漢文を除く)・現文B ②外・地歴・数・理(100)▶「コミュ英Ⅰ・コミュ英Ⅱ・英表Ⅰ」・世B・日B・「数Ⅰ必須, 数Ⅱ・数A・数B(ベク)から1問選択」・「化基・化(無機・有機)」・「生基・生(環境応答)」から1

【福祉社会学科】 2科目 ①②国・外・「地歴・数・理」(100×2)▶「国総(古文・漢文を除く)・現文B」・「コミュ英Ⅰ・コミュ英Ⅱ・英表Ⅰ」・「世B・日B・〈数Ⅰ必須, 数Ⅱ・数A・数B(ベク)から1問選択〉・〈化基・化(無機・有機)〉・〈生基・生(環境応答)〉から1」から2

一般入試3月期 2科目 ①国(100)▶国総(古文・漢文を除く)・現文B ②外(100)▶コミュ英Ⅰ・コミュ英Ⅱ・英表Ⅰ

食健康科学部

一般入試A日程 【管理栄養学科】 3科目 ①国(100)▶国総(古文・漢文を除く)・現文B ②外(100)▶コミュ英Ⅰ・コミュ英Ⅱ・英表Ⅰ ③数・理(100)▶「数Ⅰ必須, 数Ⅱ・数A・数B(ベク)から1問選択」・「化基・化(無機・有機)」・「生基・生(環境応答)」から1

【健康デザイン学科】 3科目 ①国(100)▶国総(古文・漢文を除く)・現文B ②外(100)▶コミュ英Ⅰ・コミュ英Ⅱ・英表Ⅰ ③地歴・数・理(100)▶世B・日B・「数Ⅰ必須, 数Ⅱ・数A・数B(ベク)から1問選択」・「化基・化(無機・有機)」・「生基・生(環境応答)」から1

【食安全マネジメント学科】 2科目 ①②国・外・「地歴・数・理」(100×2)▶「国総(古文・漢文を除く)・現文B」・「コミュ英Ⅰ・コミュ英Ⅱ・英表Ⅰ」・「世B・日B・〈数Ⅰ必須, 数Ⅱ・数A・数B(ベク)から1問選択〉・〈化基・化(無機・有機)〉・〈生基・生(環境応答)〉から1」から2

一般入試B日程 【管理栄養学科】 2科目 ①外(100)▶コミュ英Ⅰ・コミュ英Ⅱ・英表Ⅰ ②数・理(100)▶「数Ⅰ必須, 数Ⅱ・数A・数B(ベク)から1問選択」・「化基・化(無機・有機)」・「生基・生(環境応答)」から1

【健康デザイン学科】 2科目 ①外(100)▶コミュ英Ⅰ・コミュ英Ⅱ・英表Ⅰ ②国・地歴・数・理(100)▶「国総(古文・漢文を除く)・現文B」・世B・日B・「数Ⅰ必須, 数Ⅱ・数A・数B(ベク)から1問選択」・「化基・化(無機・有機)」・「生基・生(環境応答)」から1

【食安全マネジメント学科】 2科目 ①②国・外・「地歴・数・理」(100×2)▶「国総(古文・漢文を除く)・現文B」・「コミュ英Ⅰ・コミュ英Ⅱ・英表Ⅰ」・「世B・日B・〈数Ⅰ必須, 数Ⅱ・数A・数B(ベク)から1問選択〉・〈化基・化(無機・有機)〉・〈生基・生(環境応答)〉から1」から2

一般入試3月期 2科目 ①国(100)▶国総(古文・漢文を除く)・現文B ②外(100)▶コミュ英Ⅰ・コミュ英Ⅱ・英表Ⅰ

グローバルビジネス学部

一般入試A・B日程 【ビジネスデザイン学科】 2科目 ①外(100)▶コミュ英Ⅰ・コミュ英Ⅱ・英表Ⅰ ②国・地歴・数・理(100)▶「国総(古文・漢文を除く)・現文B」・世B・日B・「数Ⅰ必須, 数Ⅱ・数A・数B(ベク)から1問選択」・「化基・化(無機・有機)」・「生基・生(環境応答)」から1

【会計ファイナンス学科】 2科目 ①②国・外・「地歴・数・理」(100×2)▶「国総(古文・漢文を除く)・現文B」・「コミュ英Ⅰ・コミュ英Ⅱ・英表Ⅰ」・「世B・日B・〈数Ⅰ必須, 数Ⅱ・数A・数B(ベク)から1問選択〉・〈化基・化(無機・有機)〉・〈生基・生(環境応答)〉から1」から2

一般入試3月期 2科目 ①国(100)▶国総(古文・漢文を除く)・現文B ②外(100)▶コミュ英Ⅰ・コミュ英Ⅱ・英表Ⅰ

国際学部

一般入試A・B日程 2科目 ①外(120〈うちリスニング20〉)▶コミュ英Ⅰ・コミュ英Ⅱ・英表Ⅰ(リスニングを含む) ※CDプレーヤーを利用したリスニングテストを別に実施。②国・地歴・数・理(100)▶「国総(古文・漢文を除く)・現文B」・世B・日B・「数Ⅰ必須, 数Ⅱ・数A・数B(ベク)から1問選択」・「化基・化(無機・有機)」・「生基・生(環境応答)」から1

一般入試3月期 2科目 ①国(100)▶国総(古文・漢文を除く)・現文B ②外(120〈うちリスニング20〉)▶コミュ英Ⅰ・コミュ英Ⅱ・

英表Ⅰ（リスニングを含む）　※CDプレーヤーを利用したリスニングテストを別に実施。

環境デザイン学部

一般入試A・B日程 2科目 ①②**国・外・「地歴・数・理」**（100×2）▶「国総（古文・漢文を除く）・現文B」・「コミュ英Ⅰ・コミュ英Ⅱ・英表Ⅰ」・「世B・日B・〈数Ⅰ必須，数Ⅱ・数A・数B（ベク）から1問選択〉・〈化基・化（無機・有機）〉・〈生基・生（環境応答）〉から1」から2

一般入試3月期 2科目 ①**国**（100）▶国総（古文・漢文を除く）・現文B　②**外**（100）▶コミュ英Ⅰ・コミュ英Ⅱ・英表Ⅰ

その他の選抜

共通テスト利用型試験は人間文化学部37名，人間社会学部68名，食健康科学部39名，グローバルビジネス学部40名，国際学部53名，環境デザイン学部26名を，公募制推薦入試は人間文化学部13名，人間社会学部24名，食健康科学部27名，グローバルビジネス学部17名，国際学部29名，環境デザイン学部10名を，総合型選抜入試は人間文化学部20名，人間社会学部40名，食健康科学部25名，グローバルビジネス学部30名，国際学部35名，環境デザイン学部31名を募集。ほかに指定校制推薦入試，光葉同窓会推薦入試，附属校推薦入試，外国人留学生入試を実施。

偏差値データ（2023年度）

●一般入試A日程・B日程

学部／学科	2023年度 駿台予備学校 合格目標ライン	2023年度 河合塾 ボーダー偏差値	2022年度 競争率
▶人間文化学部			
日本語日本文（A）	43	47.5	1.4
（B）	42	47.5	1.4
歴史文化（A）	43	52.5	1.4
（B）	42	47.5	1.3
▶人間社会学部			
心理（A）	43	52.5	3.0
（B）	42	55	5.0
福祉社会（A）	42	47.5	2.0
（B）	41	50	2.4
現代教養（A）	43	55	3.9
（B）	42	52.5	3.6
初等教育（A）	43	50	2.3
（B）	42	52.5	2.5
▶食健康科学部			
管理栄養（A）	45	52.5	4.0
（B）	44	52.5	4.0
健康デザイン（A）	42	55	8.0
（B）	41	52.5	5.8
食安全マネジメント（A）	42	52.5	2.4
（B）	42	52.5	2.3
▶グローバルビジネス学部			
ビジネスデザイン（A）	42	55	4.4
（B）	42	55	3.0
会計ファイナンス（A）	41	55	3.1
（B）	41	52.5	2.8
▶国際学部			
英語コミュニケーション（A）	43	52.5	1.3
（B）	43	52.5	1.4
国際（A）	44	52.5	1.9
（B）	44	52.5	1.8
▶環境デザイン学部			
環境デザイン（A）	42	52.5	2.4
（B）	42	50	2.3

- 駿台予備学校合格目標ラインは合格可能性80％に相当する駿台模試の偏差値です。
- 河合塾ボーダー偏差値は合格可能性50％に相当する河合塾全統模試の偏差値です。
- 競争率は受験者÷合格者の実質倍率

白百合女子大学

（しらゆりじょし）

資料請求

問合せ先　入試広報課　☎03-3326-8092

建学の精神

設立母体であるシャルトル聖パウロ修道女会は，17世紀末のフランスで誕生。以来５世紀にわたり，病気や貧困にあえぐ人々への奉仕や教育活動を行っており，その精神は白百合女子大学にも脈々と受け継がれ，一人ひとりの個性を尊重しながら，〈気づき〉や〈可能性〉を最大限に引き出す教育を実践している。白百合女子大学が最も大切にしているのは，社会の中で他者と積極的につながり共に幸せになれる道を見出し，勇気を持って行動につなげていく「つながる力，つなげる力」。急速に変化する未来に向かって強く，しなやかに生き抜くためのスタイルを４年間の大学生活で身につけられる支援に力を注いでいる。また，かつては東洋一の民間薬草園であった緑豊かなキャンパスには，学部生から大学院生まですべての学生が集い，共に学んでいる。

● 白百合女子大学キャンパス……〒182-8525　東京都調布市緑ヶ丘1-25

基本データ

学生数▶女1,872名

専任教員数▶教授45名，准教授26名，講師9名

設置学部▶文，人間総合

併設教育機関▶大学院―文学（M・D）

就職・卒業後の進路

就職率 95.4％（就職者÷希望者×100）

●**就職支援**　３年次から本格化する個別面談は，希望に合わせて就職内定まで何度も実施。就活本番に向けた面接対策では，企業の選考活動の実態を踏まえ，個人・集団・グループディスカッションなど形式に応じた対策はもちろん，対面式・オンライン・動画配信など，面接方法に対応した対策講座を行っている。また，オンライン面接に必要な個人ブースや機器などが利用できる環境も用意されている。

●**資格取得支援**　教職課程や保育士養成課程，司書・司書教諭課程などの資格取得プログラムを用意。教員・保育士をめざす学生には，教育・保育現場に精通している教員と関連部署が連携し，就職活動を細やかにサポート。教員採用試験対策，保育現場への就職対策の講座も充実している。

進路指導者も必見　学生を伸ばす　面倒見

初年次教育

大学での学びにスムーズに入っていけるように，初年次教育科目として「パブリック・リテラシー」を実施。また，全学共通科目では１年次必修の「情報リテラシー」に加え，さまざまな情報科目も用意されている

学修サポート

全学部でTA制度，オフィスアワー制度を導入するとともに，学生約50～60人を担当するアドヴァイザー教員を各学科・学年に配置。学業をはじめ，学生生活に関する相談に親身に対応し，適切な助言や指導を行っている

オープンキャンパス（2022年度実績）　完全予約制で，夏のオープンキャンパス（6・7・8月），秋季（9月）・冬季（12月）・春季（3月）キャンパスガイダンスを開催。学科説明会，模擬授業，キャンパスツアー，個別相談など。

文学部

2022年３月卒業生
341人

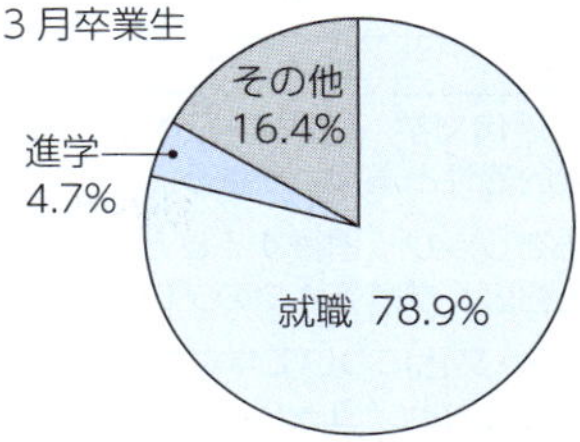

人間総合学部

2022年３月卒業生
187人

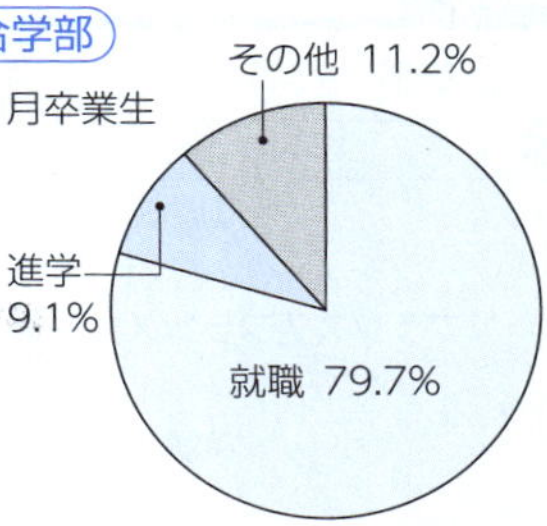

主なOG▶［文(国文)］結城モイラ(占い研究家)，［文(国文)］石井妙子(ノンフィクション作家)，［文(仏)］鹿島田真希(小説家)，［人間総合(児童)］蓮佛美沙子(女優)，［人間総合(児童)］横田沙夜(画家)など。

国際化・留学　大学間 4 大学・部局間 1 大学

受入れ留学生数▶０名(2022年５月１日現在)

外国人専任教員▶教授１名，准教授２名，講師２名（2022年５月１日現在)

外国人専任教員の出身国▶フランス，イギリス，オーストラリア，アメリカ。

大学間交流協定▶４大学（交換留学先４大学，2022年９月13日現在)

部局間交流協定▶１大学（交換留学先１大学，2022年９月13日現在)

海外への留学生数▶オンライン型29名／年（２カ国・地域，2021年度)

海外留学制度▶交換留学と派遣留学（長期・短期）があり，対象の長期留学には費用面のサポート制度も用意。このほか，「ASEACCU（アセアック）国際学生会議」や「フランシスコ・ボランティアキャンプ」などの国際会議やワークショップ，ボランティア活動に参加する機会を案内し，学生を派遣している。

学費・奨学金制度　給付型奨学金総額 年間約 1,177 万円

入学金▶350,000円

年間授業料（施設費等を除く）▶700,000円（詳細は巻末資料参照)

年間奨学金総額▶11,766,300円

年間奨学金受給者数▶54人

主な奨学金制度▶経済支援の「白百合女子大学奨学金」や「白百合女子大学同窓会奨学金（ジャンヌ・ダルク奨学金)」，成績優秀者対象の「白百合女子大学同窓会特別奨学金」などの制度を設置。このほか，学費減免制度も用意されており，2021年度には11人を対象に総額で385万円が減免されている。

保護者向けインフォメーション

●**オープンキャンパス**　通常のオープンキャンパス時に保護者も参加できる説明会を実施。

●**成績確認**　保証人宛に成績通知書を郵送。

●**キャリアガイダンス**　１・２年次（８月）と３年次（９月）の父母向けに，キャリアガイダンスを実施している。

●**防災対策**　防災に関する情報も掲載されている「学生生活ハンドブック」を毎年，全学生に配布。大災害に備えて「ALSOK安否確認システム」を導入している。

●**コロナ対策１**　感染状況に応じた５段階の活動指針を設定。ワクチンは他大学・企業等での接種枠を案内。「コロナ対策２」（下段）あり。

インターンシップ科目	必修専門ゼミ	卒業論文	GPA制度の導入の有無および活用例	１年以内の退学率	標準年限での卒業率
開講していない	全学部で３・４年次に実施	フランス語フランス文学科を除き卒業要件	奨学金対象者や授業料免除対象者の選定基準，退学勧告の基準，学生に対する個別の学修指導に活用	2.5%	85.4%

●**コロナ対策２**　入構時の検温と消毒，教室入口での消毒を徹底し，2022年度後期の授業は原則，対面で実施。家計が急変した学生への経済的支援として，2022年度も学費の一部減免を行うコロナ対策特別措置を継続。

学部紹介

学部／学科	定員	特色
文学部		
国語国文	80	▷古典文学，近代文学，国語学・日本語教育の中からテーマを選び，文学的感性と洞察力を養う。
フランス語フランス文	80	▷フランス語をしっかり習得するとともに，フランスの言語や文化などを幅広く学べる４つのプログラムを用意。
英語英文	120	▷英語圏の社会・文化について学びながら，高度な英語コミュニケーション能力とグローバルに通用する知性を養う。
● 取得可能な資格…教職（国・英・仏），司書，司書教諭など。 ● 進路状況…………就職78.9%　進学4.7% ● 主な就職先………PwC京都監査法人，ジーユー，ニュー・オータニ，三菱UFJ銀行，三菱電機など。		
人間総合学部		
児童文化	60	▷児童文学・児童文化・制作創作の３分野から，人間の原点である「子ども」を通して，多様な文化のあり方を考える。
発達心理	60	▷人の生涯にわたる「心」の成長と発達を科学的な観点から研究し，「心に関する問い」に応える力を養う。
初等教育	75	▷幼児教育，児童教育の２コース。理論を学び体験を重ね，知力と実践力を兼ね備えた教育者・保育者を育成する。
● 取得可能な資格…教職（小一種，幼一種），司書，司書教諭，保育士など。 ● 進路状況…………就職79.7%　進学9.1% ● 主な就職先………アマゾンジャパン，三越伊勢丹，小学館集英社プロダクション，小学校教諭など。		

▶キャンパス

全学部……［白百合女子大学キャンパス］東京都調布市緑ヶ丘1-25

2023年度入試要項（前年度実績）

●募集人員

学部／学科		一般	共通前期	共通後期
▶文	国語国文	35	5	若干名
	フランス語フランス文	25	5	若干名
	英語英文	50	10	若干名
▶人間総合	児童文化	20	5	若干名
	発達心理	25	5	若干名
	初等教育	25	5	若干名

▷一般選抜において，指定された英語外部試験の基準を満たしている者については，「外国語（英語）」の試験の得点とみなす。ただし，利用できる英語外部試験の成績は１つのみで，本学独自の「外国語（英語）」の試験を受験した者については，いずれかの高得点の点数で合否判定を行う。対象となる英語外部試験は以下の通り。ケンブリッジ英検，英検CSE2.0（２級以上の受験時のスコアであれば，方式は問わない），GTEC（R/L/W/S）CBTまたは検定版Advanced（オフィシャルスコアに限る），IELTS（アカデミックモジュールに限る），TEAP CBT，TEAP（R/L/W/S），TOEFL iBT（Test Dateスコア／MyBestスコアいずれでも可），TOEIC（LR）または（LR/SW）。

▷共通テストの「英語」は，共通テストの成績を各学科指定の配点に換算して使用する。ただし，後期は100点満点に換算し，最高得点率の科目となった場合，再度150点満点に換算する。

文学部

一般選抜 ②科目 ①国（国語国文200，フランス語・英語英文100）▶国総・現文Ｂ・古典Ｂ（漢文を除く）②外（国語国文100，フランス語・英語英文200）▶「コミュ英Ⅰ・コミュ英

キャンパスアクセス［白百合女子大学キャンパス］京王線一仙川より徒歩10分／JR中央線・総武線一吉祥寺・三鷹よりバス30分／小田急線一成城学園前よりバス15分

Ⅱ・コミュ英Ⅲ・英表Ⅰ・英表Ⅱ」・仏(リスニングを含む)から１，ただし英語英文学科は英語指定

共通テスト利用選抜(前期・後期)　**【国語国文学科・フランス語フランス文学科】**　**4〜2**科目　①②③④**国・外・「地歴・公民」・数・理**(前期は国語国文〈国200・外100・その他100〉・フランス語〈国100・外200・その他100〉・後期〈150・100〉)▶国(国語国文学科は近代・古文・漢文，フランス語フランス文学科は近代・古文)・「英(リスニングを含む)・仏から１」・「世Ｂ・日Ｂ・地理Ｂ・現社・倫・政経・〈倫・政経〉から１」・「数Ⅰ・〈数Ⅰ・数Ａ〉・数Ⅱ・〈数Ⅱ・数Ｂ〉から１」・「〈物基・化基・生基・地学基から２〉・物・化・生・地学から１」から前期は国・外を含む３，後期は２

[個別試験]　行わない。

【英語英文学科】　**4〜2**科目　①②③④**国・外・「地歴・公民」・数・理**(前期〈国100・外200・その他100〉・後期〈150・100〉)▶国(近代・古文)・英(リスニングを含む)・「世Ｂ・日Ｂ・地理Ｂ・現社・倫・政経・〈倫・政経〉から１」・「数Ⅰ・〈数Ⅰ・数Ａ〉・数Ⅱ・〈数Ⅱ・数Ｂ〉から１」・「〈物基・化基・生基・地学基から２〉・物・化・生・地学から１」から前期は国・外を含む３，後期は外を含む２

[個別試験]　行わない。

※共通テスト利用選抜後期は３学科とも，最高得点率の科目を150点満点に，次に高いものを100点満点に換算し，判定に使用する。

人間総合学部

一般選抜　**2**科目　①**国**(150)▶国総・現文Ｂ・古典Ｂ(漢文を除く)　②**外**(150)▶「コミュ英Ⅰ・コミュ英Ⅱ・コミュ英Ⅲ・英表Ⅰ・英表Ⅱ」・仏(リスニングを含む)から１

共通テスト利用選抜(前期・後期)　**【児童文化学科・初等教育学科】**　**4〜2**科目　①②③④**国・外・「地歴・公民」・数・理**(前期〈国・外各150・その他100〉・後期〈150・100〉)▶国(近代)・「英(リスニングを含む)・仏から１」・「世Ｂ・日Ｂ・地理Ｂ・現社・倫・政経・〈倫・政経〉から１」・「数Ⅰ・〈数Ⅰ・数Ａ〉・数Ⅱ・〈数Ⅱ・数Ｂ〉から１」・「〈物基・化基・生基・地学基から２〉・物・化・生・地学から１」から前期は国・外を含む３，後期は２

[個別試験]　**1**科目　①**個別面接**(250)，ただし面接は後期のみ実施し，前期は行わない。

共通テスト利用選抜(前期)　**【発達心理学科】**　**3**科目　①**外**(150)▶英(リスニングを含む)・仏から１　②**国・数**(150)▶国(近代・古文)・「数Ⅰ・数A」・「数Ⅱ・数B」から１　③**地歴・公民・理**(100)▶世B・日B・地理B・現社・倫・政経・「倫・政経」・「物基・化基・生基・地学基から２」・物・化・生・地学から１

[個別試験]　行わない。

共通テスト利用選抜(後期)　**【発達心理学科】**　**3〜2**科目　①②③**国・外・数**(150・100)▶国(近代・古文)・「英(リスニングを含む)・仏から１」・「〈数Ⅰ・数A〉・〈数Ⅱ・数B〉」から２

[個別試験]　**1**科目　①**個別面接**(250)

※共通テスト利用選抜後期は３学科とも，最高得点率の科目を150点満点に，次に高いものを100点満点に換算し，判定に使用する。また，個別面接は調査書に関する質疑応答を含む。

その他の選抜

公募制学校推薦型選抜・指定校推薦型選抜は文学部95名，人間総合学部65名を，総合型選抜は文学部55名，人間総合学部45名を募集。ほかに帰国子女入試，社会人入試を実施。

偏差値データ(2023年度)

●一般選抜

学部／学科	2023年度 駿台予備学校 合格目標ライン	2023年度 河合塾 ボーダー偏差値	2022年度 競争率
▶文学部			
国語国文	43	40	1.2
フランス語フランス文	43	37.5	1.2
英語英文	44	42.5	1.2
▶人間総合学部			
児童文化	41	42.5	1.5
発達心理	42	42.5	1.3
初等教育	42	42.5	1.1

- 駿台予備学校合格目標ラインは合格可能性80％に相当する駿台模試の偏差値です。
- 河合塾ボーダー偏差値は合格可能性50％に相当する河合塾全統模試の偏差値です。
- 競争率は受験者÷合格者の実質倍率

成蹊大学

せいけい

資料請求

問合せ先 アドミッションセンター ☎0422-37-3533

建学の精神

源流は，「個性の尊重」「品性の陶冶」「勤労の実践」を建学の精神に，教育者・中村春二により，1912（明治45）年に創立された成蹊実務学校。後の25（大正14）年創設の旧制高等学校（七年制）が戦後の学制改革で成蹊大学となり，個性を尊重し生徒一人ひとりと向き合って教育を行った中村の教育理念と，前身となる旧制高等学校のリベラルな学風を受け継ぎ，総合大学に発展した。「ゼミの成蹊」「プロジェクトの成蹊」「コラボの成蹊」を教育の３つの柱に，全学部共通の「成蹊教養プログラム」や「副専攻制度」，「丸の内ビジネス研修（MBT）」や「EAGLE（グローバル教育プログラム）」など，ワンキャンパスの特長を生かしたカリキュラムや学部横断型プログラムを展開し，専門の異なる学生が多様な意見を交わしながら協働して学んでいる。

● 成蹊大学キャンパス……〒180-8633　東京都武蔵野市吉祥寺北町3-3-1

基本データ

学生数▶7,606名（男4,398名，女3,208名）
専任教員数▶教授152名，准教授35名，講師23名

設置学部▶経済，経営，法，文，理工
併設教育機関▶大学院―経済経営・法学政治学・文学・理工学（以上M・D）

就職・卒業後の進路

就　職　率 **96.5**％
就職者÷希望者×100

●**就職支援**　1年次から始まる体系化された「キャリア教育」と「キャリア・就職支援プログラム」，学生一人ひとりと向き合う「個別相談」で確かなキャリア形成をバックアップ。また，企業や地域・行政と連携し，学部を越えて取り組む丸の内ビジネス研修に代表される独自の人材育成プログラムを通して実社会と接する機会を多く用意するなど，きめ細かく徹底したキャリア支援を行っている。

●**資格取得支援**　教員免許状をはじめ，各種資格の取得をめざす学生に対して，情報の提供やガイダンス，対策講座の開催および外部講座受講支援など，手厚くバックアップ。資格試験専門学校が開講する社会保険労務士や日商簿記検定などの対策講座の一部を，成蹊大生向けの優待料金で受講することが可能。

進路指導者も必見
学生を伸ばす 面倒見

初年次教育	学修サポート
「基礎演習」「基礎ゼミナール」「情報基礎」などの科目を開講し，レポートの書き方，ITの基礎技術などの習得および論理的思考や問題発見・解決能力の向上を図るほか，一部の学部でプレゼン技法なども習得	全学部でTA・SA制度を導入。また，オフィス・アワーを設け，専任教員が履修や授業などに関する質問・相談に応じている

オープンキャンパス（2022年度実績）　8月5～7日と11月20日にオープンキャンパス，11月19日に入試相談会を実施（11月は欅祭開催期間中，事前予約制）。学部・学科ガイダンス，体験講義，キャンパス見学ツアーなど。

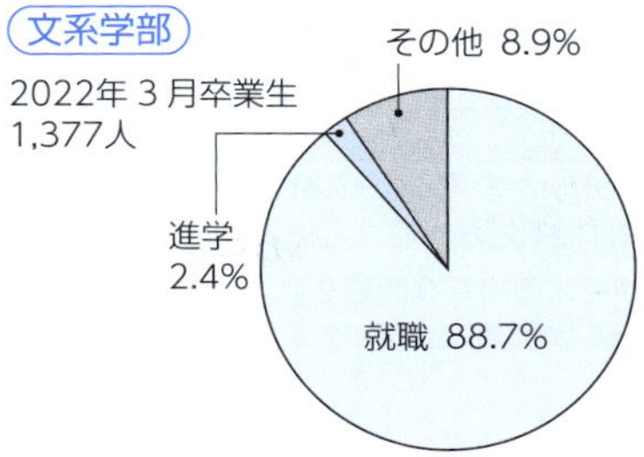

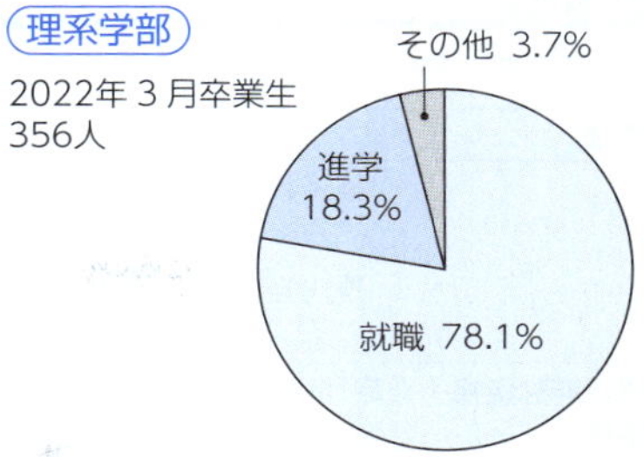

主なOB・OG▶［法］穂積志（秋田県秋田市長），［法］相賀昌宏（小学館会長），［旧工］諏訪貴子（ダイヤ精機社長），［法］高島彩（フリーアナウンサー），［法］渡辺瑠海・安藤萌々（テレビ朝日アナウンサー）など。

国際化・留学　大学間 39 大学

受入れ留学生数▶53名（2022年５月１日現在）

留学生の出身国▶中国，イギリス，イタリア，ドイツ，ノルウェーなど。

外国人専任教員▶講師５名　※国際教育センター所属のみ。（2022年５月１日現在）

外国人専任教員の出身国▶オーストラリア，カナダ，アメリカなど。

大学間交流協定▶39大学（交換留学先28大学，2022年５月１日現在）

海外への留学生数▶渡航型29名・オンライン型８名／年（９カ国・地域，2021年度）

海外留学制度▶協定校への長期（語学＋専門科目）・中期（語学＋インターンシップ）・短期（語学＋異文化交流）留学，約130大学への留学が可能な一般社団法人JSAFが提供するプログラム，学びたい教育機関を自由に選び留学する認定留学など，学生それぞれの目的で選べる多彩なプログラムを用意。派遣留学生に対する独自の奨学金制度も充実。

学費・奨学金制度　給付型奨学金総額 年間約 7,847 万円

入学金▶200,000円

年間授業料（施設費等を除く）▶825,000円～（詳細は巻末資料参照）

年間奨学金総額▶78,467,500円

年間奨学金受給者数▶327人

主な奨学金制度▶学業成績・人物ともに優秀で学費の援助を必要とする１～４年次生対象の「成蹊大学給付奨学金」のほか，「成蹊大学学業成績優秀者奨励奨学金」「成蹊大学地方出身学生予約型奨学金」などを設置。また，授業料減免制度もあり，2021年度には184人を対象に総額で約6,778万円を減免している。

保護者向けインフォメーション

●**成績確認**　学期末成績通知書を学生との連名で保証人の住所に郵送している。
●**懇談会**　父母懇談会や地域懇談会を開催。
●**防災対策**　大地震など緊急時の対処方法が掲載されている「学生生活ガイドブック」などを入学時に配布するほか，キャンパス内に常設。また，大災害が発生した際に学生の状況を把握するための安否確認システムを導入している。
●**コロナ対策１**　対面とオンライン授業を感染状況に応じて併用し，５段階のBCP（行動指針）を設定。「コロナ対策２」（下段）あり。

インターンシップ科目	必修専門ゼミ	卒業論文	GPA制度の導入の有無および活用例	１年以内の退学率	標準年限での卒業率
全学部で開講している	経済・経営および法学部法律学科で１・３・４年次，文学部と理工学部で１～４年次，法学部政治学科で１～３年次に実施	法学部政治学科を除き卒業要件	奨学金等対象者選定や退学勧告基準，留学候補者選考，個別の学修指導，履修上限単位数設定のほか，学部により大学院入試選抜に活用	0.8%	85.7%

●**コロナ対策２**　パーティションや非接触検温モニター，講義室やフリースペースでの電源付机，オンライン採用面接用の防音個室などを設置。2022年度も家計急変学生のための授業料減免支援を実施。

学部紹介

学部／学科	定員	特色
経済学部		
経済数理	80	▷データとモデルに基づいて「経済現象」を解き明かし，立ちはだかる社会課題を解決へ導く人材を育成する。
現代経済	150	▷現代社会が抱える複雑な問題を発見・考察し，他者との協働を通じて，課題解決に立ち向かう人材を育成する。
● 取得可能な資格…教職(地歴・公・社)，司書教諭など。 ● 進路状況…………就職90.7％　進学2.1％ ● 主な就職先………明治安田生命保険，みずほフィナンシャルグループ，三井不動産リアルティなど。		
経営学部		
総合経営	290	▷グローバルな視野とITリテラシーを備えた職業人として，企業経営とこれからの情報化社会に貢献する。
● 取得可能な資格…教職(公・社)，司書教諭など。 ● 主な就職先………2020年度開設のため卒業生はいない。		
法学部		
法律	280	▷深い専門知識と広い視野を身につけ，法的思考で社会に貢献する。法律のエキスパートをめざすLEコースを設置。
政治	160	▷国際的な視野と発想力を養い，問題解決の糸口をつかむ。政治の世界をより深く，多角的に学ぶPSEコースを設置。
● 取得可能な資格…教職(地歴・公・社)，司書教諭など。 ● 進路状況…………就職86.0％　進学2.4％ ● 主な就職先………東京都特別区(Ⅰ類)，朝日新聞社，三菱地所プロパティマネジメントなど。		
文学部		
		▶グローバル化・多様化する社会に向けて，日本語教員養成，芸術文化行政の２つの学科横断型コースを設置。
英語英米文	121	▷英語を使って英語圏の言語，文化，社会，歴史を学び研究し，自ら問題を発見，解決することのできる創造力を培う。
日本文	84	▷古典文学，近現代文学，日本語学の３分野の学びから，日本語と日本人を多角的に理解し，世界の中の日本を見つめる。
国際文化	110	▷歴史・地域文化研究，文化人類学，国際関係研究にまたがる学際的な学びにより，国際社会で活躍する人材を育成する。
現代社会	105	▷複雑化する現代社会に「社会学」と「メディア研究」の２つの軸からアプローチし，問題解決能力を養う。
● 取得可能な資格…教職(国・地歴・公・社・英)，司書教諭など。 ● 進路状況…………就職89.3％　進学2.6％ ● 主な就職先………東京都特別区(Ⅰ類)，東京都教育委員会，積水ハウス，アフラック生命保険など。		
理工学部		
		▶各専攻の主要分野にとらわれない経営科学，生命科学，教育手法の３つの特別プログラムを設置。
理工	420	▷データ数理，コンピュータ科学，機械システム，電気電子，応用化学の５専攻で，ICT活用力と専門性を駆使して社会課題に果敢に取り組む「新しい理系」を養成する。
● 取得可能な資格…教職(数・理・情・工業)，司書教諭など。 ● 進路状況…………就職78.1％　進学18.3％ ● 主な就職先………SCSK，NTTデータ・アイ，第一生命情報システム，凸版印刷，三菱電機など。		

キャンパスアクセス ［成蹊大学キャンパス］ JR中央線・総武線（東京メトロ東西線），京王井の頭線―吉祥寺より徒歩15分またはバス５分／西武新宿線―西武柳沢よりバス15分

グローバル教育プログラム(EAGLE)		
	(30)	▷各学部学科に所属しながら，グローバルに学ぶ特別な教育プログラム。学部学科で学ぶ専門性とEAGLEで学ぶ国際性を兼ね備えたグローバルな舞台で活躍する人材を育成する。

キャンパス

全学部……［成蹊大学キャンパス］東京都武蔵野市吉祥寺北町3-3-1

2023年度入試要項(前年度実績)

●募集人員

学部／学科(専攻)		A方式	E方式	G方式	共通C方式	共通S方式
経済	経済数理	24	6	—	12	—
	現代経済	50	8	4	15	—
経営	総合経営	115	16	4	20	—
法	法律	110	19	5	30	—
	政治	60	9	3	20	—
文	英語英米文	43	6	4	10	—
	日本文	38	5	—	7	—
	国際文化	44	7	4	10	—
	現代社会	43	6	—	7	—
理工	理工(データ数理)	26	7	—	16	4
	(コンピュータ科学)	34	9	—	20	4
	(機械システム)	34	9	—	20	4
	(電気電子)	26	7	—	16	4
	(応用化学)	30	8	—	18	4

※A方式は３教科型学部個別入試，E方式は２教科型全学部統一入試，G方式は２教科型グローバル教育プログラム統一入試，C方式は共通テスト利用３教科型入試，S方式は共通テスト利用４教科６科目型奨学金付入試。

▷２教科型グローバル教育プログラム統一入試(G方式)は，グローバル教育プログラム「EAGLE」に所属する学生を選抜するための入試で，独自試験(２教科型全学部統一入試〈E方式〉の国語・外国語)の得点に，活動報告書を段階評価した得点と，英語外部検定試験のスコアを換算した得点を加算し，合否を判定する。指定されている英語外部検定試験は以下の通り。

ケンブリッジ英検，英検(英検CBT，英検S-CBTを含む)，GTEC (Advanced，Basic，CBT)，IELTS，TEAP，TOEFL iBT，TOEIC L&R+TOEIC S&W。

▷共通テストの英語は200点満点の場合，リーディング・リスニング各100点満点の合計得点とリーディング(100点満点)を200点満点に換算したもののうち，いずれか高い方の得点を，400点満点の場合は，リーディング・リスニング各100点満点の合計得点を400点満点に換算したものとリーディング(100点満点)を400点満点に換算したもののうち，いずれか高い方の得点を判定に使用する。

経済学部

３教科型学部個別入試(A方式)　**【経済数理学科】**　**3**科目　①**国**(100)▶国総(近代)・現文Ｂ　②**外**(100)▶コミュ英Ⅰ・コミュ英Ⅱ・コミュ英Ⅲ・英表Ⅰ・英表Ⅱ　③**数**(200)▶数Ⅰ・数Ⅱ・数Ａ・数Ｂ(数列・ベク)

【現代経済学科】　**3**科目　①**国**(100)▶国総(近代)・現文Ｂ　②**外**(100)▶コミュ英Ⅰ・コミュ英Ⅱ・コミュ英Ⅲ・英表Ⅰ・英表Ⅱ　③**地歴・公民・数**(100)▶世Ｂ・日Ｂ・政経・「数Ⅰ・数Ⅱ・数Ａ・数Ｂ(数列・ベク)」から１

２教科型全学部統一入試(Ｅ方式)　**【経済数理学科】**　**2**科目　①**外**(300)▶コミュ英Ⅰ・コミュ英Ⅱ・コミュ英Ⅲ・英表Ⅰ・英表Ⅱ　②**数**(200)▶数Ⅰ・数Ⅱ・数Ⅲ・数Ａ・数Ｂ(数列・ベク)

【現代経済学科】　**2**科目　①**国**(200)▶国総(近代)・現文Ｂ　②**外**(300)▶コミュ英Ⅰ・コミュ英Ⅱ・コミュ英Ⅲ・英表Ⅰ・英表Ⅱ

２教科型グローバル教育プログラム統一入試(Ｇ方式)　**【現代経済学科】**　**4**科目　①**国**(200)▶国総(近代)・現文Ｂ　②**外**(400)▶コミュ英Ⅰ・コミュ英Ⅱ・コミュ英Ⅲ・英表Ⅰ・英表Ⅱ　③**活動報告書**(50)　④**英語外部検定試験**(50)

共通テスト利用３教科型入試(Ｃ方式)　**【経済数理学科】**　**5〜4**科目　①**外**(200)▶英(リスニングを含む)　②③**数**(200×２)▶「数Ⅰ・

数Ａ」・「数Ⅱ・数Ｂ」 ④⑤**国・地歴・公民・理**(100) ▶国(近代)・世Ｂ・日Ｂ・地理Ｂ・現社・倫・政経・「倫・政経」・「物基・化基・生基・地学基から２」・物・化・生・地学から１
[個別試験] 行わない。

【現代経済学科】 4〜3 科目 ①**外**(200) ▶英(リスニングを含む) ②**地歴・公民**(200) ▶世Ｂ・日Ｂ・地理Ｂ・現社・倫・政経・「倫・政経」から１ ③④**国・数・理**(200) ▶国(近代)・「数Ⅰ・数Ａ」・「数Ⅱ・数Ｂ」・「物基・化基・生基・地学基から２」・物・化・生・地学から１
[個別試験] 行わない。

経営学部

３教科型学部個別入試(Ａ方式) 3 科目 ①**国**(100) ▶国総(近代)・現文Ｂ ②**外**(150) ▶コミュ英Ⅰ・コミュ英Ⅱ・コミュ英Ⅲ・英表Ⅰ・英表Ⅱ ③**地歴・数**(100) ▶世Ｂ・日Ｂ・「数Ⅰ・数Ⅱ・数Ａ・数Ｂ(数列・ベク)」から１

２教科型全学部統一入試(Ｅ方式) 2 科目 ①**国**(200) ▶国総(近代)・現文Ｂ ②**外**(400) ▶コミュ英Ⅰ・コミュ英Ⅱ・コミュ英Ⅲ・英表Ⅰ・英表Ⅱ

２教科型グローバル教育プログラム統一入試(Ｇ方式) 4 科目 ①**国**(200) ▶国総(近代)・現文Ｂ ②**外**(400) ▶コミュ英Ⅰ・コミュ英Ⅱ・コミュ英Ⅲ・英表Ⅰ・英表Ⅱ ③**活動報告書**(50) ④**英語外部検定試験**(50)

共通テスト利用３教科型入試(Ｃ方式) 4〜3 科目 ①**国**(300) ▶国(近代) ②**外**(400) ▶英(リスニングを含む) ③④**地歴・公民・数・理**(300) ▶世Ｂ・日Ｂ・地理Ｂ・現社・倫・政経・「倫・政経」・「数Ⅰ・数Ａ」・「数Ⅱ・数Ｂ」・簿・情・「物基・化基・生基・地学基から２」・物・化・生・地学から１
[個別試験] 行わない。

法学部

３教科型学部個別入試(Ａ方式) 3 科目 ①**国**(100) ▶国総(近代)・現文Ｂ ②**外**(120) ▶コミュ英Ⅰ・コミュ英Ⅱ・コミュ英Ⅲ・英表Ⅰ・英表Ⅱ ③**地歴・公民・数**(100) ▶世Ｂ・日Ｂ・政経・「数Ⅰ(データの分析を除く)・数Ⅱ・数Ａ」から１

２教科型全学部統一入試(Ｅ方式) 2 科目 ①**国**(200) ▶国総(近代)・現文Ｂ ②**外**(300) ▶コミュ英Ⅰ・コミュ英Ⅱ・コミュ英Ⅲ・英表Ⅰ・英表Ⅱ

２教科型グローバル教育プログラム統一入試(Ｇ方式) 4 科目 ①**国**(200) ▶国総(近代)・現文Ｂ ②**外**(400) ▶コミュ英Ⅰ・コミュ英Ⅱ・コミュ英Ⅲ・英表Ⅰ・英表Ⅱ ③**活動報告書**(50) ④**英語外部検定試験**(50)

共通テスト利用３教科型入試(Ｃ方式) 4〜3 科目 ①**国**(300) ▶国(近代) ②**外**(400) ▶英(リスニングを含む)・独・仏・中・韓から１ ③④**地歴・公民・数・理**(300) ▶世Ｂ・日Ｂ・地理Ｂ・現社・倫・政経・「倫・政経」・「数Ⅰ・数Ａ」・「数Ⅱ・数Ｂ」・「物基・化基・生基・地学基から２」・物・化・生・地学から１
[個別試験] 行わない。

文学部

３教科型学部個別入試(Ａ方式) 3 科目 ①**国**(150) ▶国総・現文Ｂ・古典Ｂ ②**外**(英語英米文200，日本文100，国際文化・現代社会150) ▶コミュ英Ⅰ・コミュ英Ⅱ・コミュ英Ⅲ・英表Ⅰ・英表Ⅱ ③**地歴**(100) ▶世Ｂ・日Ｂから１

２教科型全学部統一入試(Ｅ方式) 2 科目 ①**国**(日本文300・その他の学科200) ▶国総(近代)・現文Ｂ ②**外**(日本文200・その他の学科300) ▶コミュ英Ⅰ・コミュ英Ⅱ・コミュ英Ⅲ・英表Ⅰ・英表Ⅱ

２教科型グローバル教育プログラム統一入試(Ｇ方式) **【英語英米文学科・国際文化学科】** 4 科目 ①**国**(200) ▶国総(近代)・現文Ｂ ②**外**(400) ▶コミュ英Ⅰ・コミュ英Ⅱ・コミュ英Ⅲ・英表Ⅰ・英表Ⅱ ③**活動報告書**(50) ④**英語外部検定試験**(50)

共通テスト利用３教科型入試(Ｃ方式) 4〜3 科目 ①**国**(日本文400・その他の学科200) ▶国 ②**外**(英語英米文400・その他の学科200) ▶英(リスニングを含む)・独・仏・中・韓から１，ただし英語英米文学科は英指定 ③④**地歴・公民・数・理**(100) ▶世Ｂ・日Ｂ・地理Ｂ・現社・倫・政経・「倫・政経」・「数Ⅰ・数Ａ」・「数Ⅱ・数Ｂ」・「物基・化基・生基・地学基から２」・物・化・生・地学から１
[個別試験] 行わない。

理工学部

3教科型学部個別入試（A方式） 3科目 ①外（120）▶コミュ英Ⅰ・コミュ英Ⅱ・コミュ英Ⅲ・英表Ⅰ・英表Ⅱ ②数（120）▶数Ⅰ・数Ⅱ・数Ⅲ・数A・数B（数列・ベク） ③理（120）▶「物基・物」・「化基・化」・「生基・生」から1

2教科型全学部統一入試（E方式） 2科目 ①外（300）▶コミュ英Ⅰ・コミュ英Ⅱ・コミュ英Ⅲ・英表Ⅰ・英表Ⅱ ②数（300）▶数Ⅰ・数Ⅱ・数Ⅲ・数A・数B（数列・ベク）

共通テスト利用3教科型入試（C方式） 4科目 ①②数（100×2）▶「数Ⅰ・数A」・「数Ⅱ・数B」 ③理（200）▶物・化・生から1 ④国・外（200）▶国（近代）・英（リスニングを含む）から1

［個別試験］ 行わない。

共通テスト利用4教科6科目型奨学金付入試（S方式） 6科目 ①②数（100×2）▶「数Ⅰ・数A」・「数Ⅱ・数B」 ③④理（200×2）▶物・化・生・地学から2 ⑤国・外（200）▶国（近代）・英（リスニングを含む）から1 ⑥地歴・公民（100）▶世B・日B・地理B・現社・倫・政経・「倫・政経」から1

［個別試験］ 行わない。

その他の選抜

共通テスト・独自併用5科目型国公立併願アシスト入試（P方式）は経済学部10名，経営学部10名，法学部50名，文学部30名を，共通テスト・独自併用5科目型多面評価入試（M方式）は経済学部8名を，AOマルデス入試（一般受験，帰国生特別受験，社会人特別受験，外国人特別受験，現地選抜型外国人特別入試）は経済学部12名，経営学部20名，法学部10名，文学部14名，理工学部10名を募集。ほかに指定校制推薦入学を実施。

偏差値データ（2023年度）

●独自入試A方式・E方式

学部／学科／専攻	2023年度 駿台予備学校 合格目標ライン	2023年度 河合塾 ボーダー偏差値	2022年度 競争率
▶経済学部			
経済数理（A方式）	47	55	3.5
（E方式）	47	55	3.9
現代経済（A方式）	48	57.5	5.0
（E方式）	47	60	5.6
▶経営学部			
総合経営（A方式）	48	55	4.3
（E方式）	47	57.5	6.5
▶法学部			
法律（A方式）	49	55	4.2
（E方式）	48	57.5	4.7
政治（A方式）	48	55	3.7
（E方式）	48	57.5	4.1
▶文学部			
英語英米文（A方式）	48	52.5	2.7
（E方式）	47	57.5	3.6
日本文（A方式）	48	55	3.2
（E方式）	47	60	7.2
国際文化（A方式）	48	55	3.4
（E方式）	48	57.5	3.6
現代社会（A方式）	48	55	4.0
（E方式）	47	60	6.4
▶理工学部			
理工／データ数理（A方式）	45	47.5	2.1
（E方式）	45	52.5	4.6
／コンピュータ科学（A方式）	46	52.5	6.3
（E方式）	46	55	7.4
／機械システム（A方式）	46	45	1.5
（E方式）	46	50	1.8
／電気電子（A方式）	45	47.5	1.9
（E方式）	44	50	1.3
／応用化学（A方式）	45	47.5	2.0
（E方式）	44	50	3.1

●駿台予備学校合格目標ラインは合格可能性80％に相当する駿台模試の偏差値です。
●河合塾ボーダー偏差値は合格可能性50％に相当する河合塾全統模試の偏差値です。
●競争率は受験者÷合格者の実質倍率

成城大学（せいじょう）

資料請求

問合せ先 入学センター ☎03-3482-9100

建学の精神

閑静な住宅街として知られる緑豊かな成城の街に，1950（昭和25）年に開設された，4学部11学科からなる人文社会系の総合大学。成城学園は，文部次官や東北・京都帝国大学総長などを歴任し，文部官僚として近代日本の教育制度の確立に大きな貢献をした澤柳政太郎が，公立学校の教育に限界を感じ，退官後「本当の教育」をめざして1917（大正6）年に創設した成城小学校に始まる。東北帝国大学の初代総長時代に，帝国大学で初めて女子学生の入学を許可した澤柳のチャレンジ精神は成城大学にも受け継がれ，2015（平成27）年に人文社会系大学としてはいち早くデータサイエンス科目群を全学共通教育科目に開設するなど，澤柳の生涯の志である「所求第一義」の精神に則り，グローバル社会を生き抜く「独立独行」の人材を育成している。

● 成城大学キャンパス……〒157-8511 東京都世田谷区成城6-1-20

基本データ

学生数▶5,476名（男2,406名，女3,070名）
専任教員数▶教授110名，准教授34名，講師8名
設置学部▶経済，文芸，法，社会イノベーション
併設教育機関▶大学院―経済学・文学・法学・社会イノベーション（以上M・D）

就職・卒業後の進路

就 職 率 **96.4**%
就職者÷希望者×100

●**就職支援** キャリア教育，キャリア支援，就職活動支援の3つの柱を有機的に連携させ，学生のキャリア形成を支援。キャリアセンターでは，就職活動に対してきめ細かいサポートを年間を通して実施し，スタッフや外部講師によるガイダンスやセミナー，キャリアカウンセラーによる個別相談や模擬面接など，さまざまな形で学生を応援している。

●**資格取得支援** 公務員志望者支援や日商簿記検定，ファイナンシャル・プランニング技能検定，秘書技能検定，宅地建物取引士，行政書士，ITパスポートなど，キャリアセンターでは，有名専門学校との協力体制のもと，独自の資格・就職対策講座を開講している。

進路指導者も必見 学生を伸ばす 面倒見

初年次教育
「成城大学を知る」や，「書く，読む，議論する」力を実践的に身につける「WRD（ワード）」，コンピュータのスキルを磨く「データ解析入門Ⅰ・Ⅱ」「情報リテラシー」「データサイエンス基礎」などの科目を開講

学修サポート
全教員がオフィスアワーを設けているほか，TA・SA制度を経済・文芸・社会（社会はTAのみ）・共通教育研究センターで導入。また，学習に対する相談やレポートの書き方等をサポートするピアサポーター制度も設置

オープンキャンパス（2022年度実績） 6月25日に配信型，7月17日と8月6・7日に来場型で実施。来場型のプログラムは，大学紹介，入試説明会，ミニ講義，先生・職員・成城生に聞いてみよう，キャンパスツアーなど。

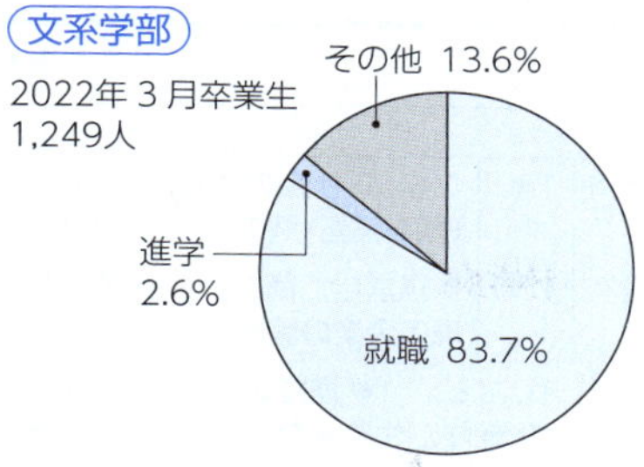

主なOB・OG▶［経済］高原豪久（ユニ・チャーム社長），［経済］小渕優子（衆議院議員），［経済］荻原浩（小説家），［経済］森山直太朗（ミュージシャン），［社会］田中瞳（テレビ東京アナウンサー）など。

国際化・留学　大学間 17 大学・部局間 7 大学等

受入れ留学生数▶16名（2022年９月28日現在）

留学生の出身国▶アメリカ，ドイツ，フランス，オーストラリア，イギリスなど。

外国人専任教員▶教授２名，准教授０名，講師２名（2022年５月１日現在）

外国人専任教員の出身国▶中国，イギリス，スイス，カナダ。

大学間交流協定▶17大学（交換留学先16大学，2022年９月28日現在）

部局間交流協定▶７大学・機関（交換留学先３大学，2022年９月28日現在）

海外への留学生数▶渡航型25名・オンライン型３名／年（６カ国・地域，2021年度）

海外留学制度▶長期の交換留学や認定留学，夏・春休み期間を利用した短期語学研修，海外インターンシップなどを実施。海外の大学で語学や文化を学ぶ短期語学研修は，参加のための語学要件もなく，４年生の春季以外は学部・学年も問わず，誰でも参加が可能。

学費・奨学金制度　給付型奨学金総額 年間約 3,552 万円

入学金▶200,000円

年間授業料（施設費等を除く）▶800,000円（詳細は巻末資料参照）

年間奨学金総額▶35,523,200円

年間奨学金受給者数▶80人

主な奨学金制度▶入試成績上位合格者（１年次）や人物・学業ともに優秀な２～４年次生を対象に，授業料相当額または半額相当額を給付する「成城大学澤柳奨学金」のほか，「成城大学奨学金」「成城大学応急奨学金」を設置。

保護者向けインフォメーション

- **オープンキャンパス**　通常のオープンキャンパス時に保護者ガイダンスを実施している。
- **広報誌**　在学生・保証人に向けた広報誌「学生生活　Campus SEIJO」を発行している。
- **成績確認**　成績表を送付している。
- **懇談会**　毎年９月に１～３年生の保証人・保護者を対象とした父母懇談会を開催し，就職などに関する個別相談や相談会を行っている。
- **防災対策**　入学時に「災害等対応マニュアル」を配布。災害時の学生の状況は大学HPを利用して確認する。学内に非常時用の備蓄も配備。
- **コロナ対策１**　ワクチンの職域接種を実施。「コロナ対策２」（下段）あり。

インターンシップ科目	必修専門ゼミ	卒業論文	GPA制度の導入の有無および活用例	１年以内の退学率	標準年限での卒業率
全学部で開講している	経済学部と社会イノベーション学部は２～４年次，文芸学部で４年間，法学部は１～３年次に実施，ただし学科により年次は異なる	法学部を除き卒業要件	GPAに応じた履修上限単位数の設定のほか，一部の学部で学生への個別の学修指導，一部の研究科で大学院入試の選抜基準として活用	0.5%	92.8%

● **コロナ対策２**　「入構時及び構内で遵守すべき事項」「感染拡大防止対策」「感染者及び濃厚接触者並びにそれらの疑いがある者が発生した際の対応」など，COVID-19に関するガイドラインを掲載している冊子を発行。

学部紹介

学部／学科	定員	特色
経済学部		
経済	180	▷経済・社会の本質を理解し，時代に合った実践力を養う。理論・実証・歴史といった広い視野で学べる専門科目が充実。
経営	180	▷経営学，商学，会計学などを基礎から応用まで深く学び，現代企業の諸問題を多面的に解決する力を養う。
● 取得可能な資格…教職（地歴・公・社）など。 ● 進路状況…就職88.1％ 進学0.6％ ● 主な就職先………東京海上日動火災保険，住友林業，ジャニーズ事務所，大林組，横浜市役所など。		
文芸学部		
国文	60	▷古典文学重視のカリキュラムで，古代から現代までの豊かな「言葉」に触れる。
英文	75	▷「英語で学ぶ」授業で，社会で役立つ「本当の英語力」を養う。
芸術	60	▷学際的に「芸術」を学び，個性と多様さで芸術の本質を追究。
文化史	60	▷歴史学・民俗学・文化人類学の視点から，文化を学ぶ。
マスコミュニケーション	60	▷多彩な学問から，現代社会とメディアの関係を学ぶ。
ヨーロッパ文化	60	▷ヨーロッパ文化を総合的に学び，世界の「いま」を知る。
● 取得可能な資格…教職（国・地歴・公・社・英・独・仏），学芸員など。 ● 進路状況…………就職79.2％ 進学4.4％ ● 主な就職先………UUUM，星野リゾート，東映アニメーション，TOHOシネマズ，大成建設など。		
法学部		
法律	240	▷法プロ，企業と法，公共政策，国際社会と法の４コース。法律学を体系的に学び，法的なものの見方・考え方を養う。
● 取得可能な資格…教職（地歴・公・社）など。 ● 進路状況…就職79.9％ 進学4.2％ ● 主な就職先………アクセンチュア，ファーストリテイリング，富士薬品，日本アイ・ビー・エムなど。		
社会イノベーション学部		
政策イノベーション	120	▷「政策」と「戦略」という２つの視点から，イノベーションを創出し，促進する仕組みに迫る。
心理社会	120	▷個人の心理や行動，社会や文化の視点から，現代社会のさまざまな局面で課題を解決する力を養う。
● 進路状況…………就職88.0％ 進学1.5％ ● 主な就職先………鹿島建設，楽天グループ，キリンホールディングス，日本生命保険，ニトリなど。		

▶キャンパス

全学部……［成城大学キャンパス］ 東京都世田谷区成城6-1-20

2023年度入試要項（前年度実績）

●募集人員

学部／学科		S方式	A方式（3教科型）	A方式（2教科型）
▶経済	経済	15	130	—
	経営	15	130	—
▶文芸	国文	10	35	5
	英文	15	40	10
	芸術	10	35	5
	文化史	10	40	—
	マスコミュニケーション	10	40	—
	ヨーロッパ文化	10	35	5
▶法	法律	10	155	—
▶社会イノベーション	政策イノベーション	10	80	5
	心理社会	10	80	5

キャンパスアクセス ［成城大学キャンパス］ 小田急線一成城学園前より徒歩４分

全学部

全学部統一選抜(S方式) 2科目 ①国(経済・社会イノベーションおよび国文150，その他の学部・学科100)▶国総・現文B・古典B(漢文を除く。古文の独立問題は出題しない) ②外(社会イノベーション250・経済および英文200・その他の学部・学科100)▶コミュ英Ⅰ・コミュ英Ⅱ・コミュ英Ⅲ・英表Ⅰ・英表Ⅱ

学部別選抜(A方式3教科型・2教科型〈2月4・6・7日試験〉) 3～2科目 ①国▶国総(近代)・現文B ②外▶コミュ英Ⅰ・コミュ英Ⅱ・コミュ英Ⅲ・英表Ⅰ・英表Ⅱ ③**地歴・公民・数**▶世B・日B・政経・「数Ⅰ・数Ⅱ・数A・数B(数列・ベク)」から1

※2教科型は2月4日に社会イノベーション学部のみ実施し，国・外の2科目で判定。

※実施学部・学科と配点は以下の通り。

2月4日—経済学部・社会イノベーション学部(国・選択科目各100，外〈経済150・社会200)，**文芸学部英文・芸術・マスコミュニケーション学科**(国150・外〈英文300・その他の学科150〉・選択科目100)

2月6日—経済学部(2月4日と同じ)，**社会イノベーション学部**(国・選択科目各150・外300)

2月7日—法学部および文芸学部国文・文化史・ヨーロッパ文化学科(国・外各150，選択科目100)，**文芸学部英文・芸術・マスコミュニケーション学科**(2月4日と同じ)

学部別選抜(A方式3教科型・2教科型〈2月5日試験〉) 3～2科目 ①国▶国総・現文B・古典B ②外▶「コミュ英Ⅰ・コミュ英Ⅱ・コミュ英Ⅲ・英表Ⅰ・英表Ⅱ」・独・仏から1，ただし社会イノベーション学部および英文学科は英指定 ③**地歴・公民・数**▶世B・日B・地理B・政経・「数Ⅰ・数Ⅱ・数A・数B(数列・ベク)」から1

※2教科型は文芸学部国文・英文・芸術・ヨーロッパ文化学科のみ実施し，国・外の2科目で判定。

※実施学部と配点は以下の通り。

文芸学部(国150・外〈英文300・その他の学科150〉・選択科目100)，**法学部**(国・外各150，選択科目100)，**社会イノベーション学部**(国・選択科目各150，外300)

その他の選抜

共通テスト利用選抜（B方式）は経済学部60名，文芸学部60名，法学部65名，社会イノベーション学部30名を，総合型選抜は経済学部10名，文芸学部若干名，法学部10名，社会イノベーション学部20名を募集。ほかに学校推薦型選抜（指定校）を実施。

偏差値データ (2023年度)

●学部別選抜A方式

学部／学科	2023年度 駿台予備学校 合格目標ライン	2023年度 河合塾 ボーダー偏差値	2022年度 競争率
▶経済学部			
経済	48	55	3.6
経営	47	55	4.0
▶文芸学部			
国文(3教科)	47	52.5	2.6
(2教科)	47	52.5	2.9
英文(3教科)	48	52.5	2.2
(2教科)	48	52.5	2.3
芸術(3教科)	45	55	3.8
(2教科)	45	57.5	5.3
文化史	46	55	2.4
マスコミュニケーション	46	55	3.0
ヨーロッパ文化(3教科)	45	50	2.5
(2教科)	45	52.5	4.1
▶法学部			
法律	48	55	2.9
▶社会イノベーション学部			
政策イノベーション(3教科)	48	55	2.6
(2教科)	47	57.5	4.9
心理社会(3教科)	47	55	2.9
(2教科)	46	55	5.1

●駿台予備学校合格目標ラインは合格可能性80%に相当する駿台模試の偏差値です。
●河合塾ボーダー偏差値は合格可能性50%に相当する河合塾全統模試の偏差値です。
●競争率は受験者÷合格者の実質倍率

聖心女子大学

（せいしんじょし）

資料請求

問合せ先 広報課 ☎03-3407-5076

建学の精神

1800年に，フランスで女子修道会「聖心会」を設立した聖マグダレナ・ソフィア・バラの教育理念を源に，1948（昭和23）年４月，日本で最初の新制女子大学の一つとして誕生。以来，真の教養を身につけるリベラル・アーツ教育を貫いている。入学してからの１年間は全員が基礎課程に所属し，人文科学系の８学科について自身の興味・関心に合わせて幅広く学び，自信を持って２年次以降の学科専攻を選ぶことができる特長的なカリキュラムを採用。日々変化する現代社会とその要請に対応するため，学生たちの自主的・創造的な「学ぶ意欲」に応え，グローバル共生に関わる教育，研究，社会貢献を，地域や社会にも広く開かれたかたちで実践する場である「聖心グローバルプラザ」を設置し，グローバルでアクティブな人材育成に取り組んでいる。

● 聖心女子大学キャンパス……〒150-8938　東京都渋谷区広尾4-3-1

基本データ

学生数▶女2,353名

専任教員数▶教授46名，准教授17名，講師10名

設置学部▶現代教養

併設教育機関▶大学院―人文社会科学（M・D）

就職・卒業後の進路

就職率 **95.2**％（就職者÷希望者×100）

● 就職支援　民間企業への就職支援と職業紹介を行うだけでなく，公務員就職，教員就職，進学，資格取得など幅広い支援を展開。それぞれの目標達成のために開催されるセミナーは，当初のスケジュールに加えて，随時，学生からの要望に応じた企画を立て，取り入れるなど，学生の要望に積極的に応えたものとなっている。また，キャリアカウンセラーを最大60名（ひと月あたり延べ数）配備し，一人ひとりの個性に合わせた指導を行っている。

● 資格取得支援　日本語教員，図書館司書・司書教諭，博物館学芸員の課程があり，全学科で資格の取得が可能。このほか，教員免許状を取得するための教職課程や，学科によって認定心理士，社会調査士，保育士の資格が取得できるカリキュラムを設置している。

進路指導者も必見 学生を伸ばす 面倒見

初年次教育	学修サポート
大学での学びの基礎をつくる「基礎課程演習」を行い，「文章等による表現力」「調査や情報収集の力」「発表の力」を強化するとともに，「1年次センター」を他大学に先駆けて設置し，円滑な大学生活のスタートを支えている	TA制度，オフィスアワー制度を導入。また，基礎課程での１年間，基礎課程演習の専任教員がアカデミック・アドバイザー（１人の教員が学生21人を担当）として，１年次生の学びをサポートしている

オープンキャンパス（2022年度実績） ４月から12月にかけて，オープンキャンパスやミニオープンキャンパスを開催。平日も予約制で，キャンパス見学や個別相談等が可能なオーダーメイドオープンキャンパスを実施。

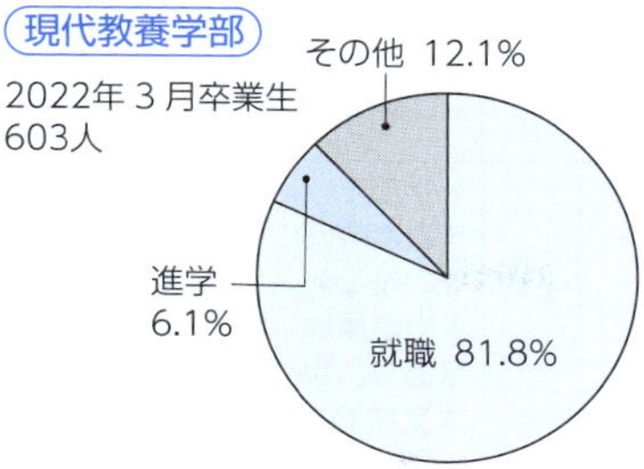

主なOG▶［文（英）］曽野綾子（小説家），［文］伊達美和子（森トラスト社長），［文（心理）］山谷えり子・［文（哲）］石川香織（参議院議員），［文（旧歴史社会）］杉野真実（日本テレビアナウンサー）など。

国際化・留学　大学間 24 大学

受入れ留学生数▶57名（2022年５月１日現在）

留学生の出身国・地域▶中国，韓国，台湾，ベトナムなど。

外国人専任教員▶教授１名，准教授１名，講師２名（2022年５月１日現在）

外国人専任教員の出身国▶アイルランド，カナダ，韓国，アメリカ。

大学間交流協定▶24大学（交換留学先８大学，2022年９月１日現在）

海外への留学生数▶渡航型２名・オンライン型43名／年（５カ国・地域，2021年度）

海外留学制度▶協定校へ半年から１年間派遣される交換留学・推薦留学，協定校以外の大学を自ら選定する認定留学，長期休暇を利用して短期留学協定校で開講されている外国語研修プログラムに参加する短期留学（2021年度はオンラインでの参加）を実施。

学費・奨学金制度　給付型奨学金総額 年間約 2,609 万円

入学金▶250,000円

年間授業料（施設費等を除く）▶700,000円（詳細は巻末資料参照）

年間奨学金総額▶26,091,650円

年間奨学金受給者数▶65人

主な奨学金制度▶「一般選抜（３教科方式）成績優秀者奨学金」は，選抜試験成績が特に優秀で入学した者を対象に，授業料の全額または半額を４年間給付。ほかに「聖心女子大学特別奨学金」などの制度を設置。また，学費減免制度もあり，2021年度には42人を対象に総額で1,512万円を減免している。

保護者向けインフォメーション

●**広報誌**　「Seishin Campus」を発行。
●**連絡会**　例年，入学式終了後に「新入生の保護者連絡会」を開催し，本学の学修や学生生活などの説明を行っている。
●**成績確認**　成績通知書を送付している。
●**懇談会**　毎年６月に懇談会を開催し，「保護者のための就職ガイダンス」などを行っている。
●**防災対策**　「学生生活ハンドブック」「防災手帳」を入学時および年度初めに研究室より配布。大規模地震などが発生した場合は，学生のアカウントにメールを送信して安否を確認する。
●**コロナ対策１**　職域接種を実施（慶應義塾大学への参加）。「コロナ対策２」（下段）あり。

インターンシップ科目	必修専門ゼミ	卒業論文	GPA制度の導入の有無および活用例	１年以内の退学率	標準年限での卒業率
全学科で開講している	全学科で４年次に実施	全学科卒業要件	奨学金や授業料免除対象者の選定基準（一部の学科），留学候補者の選考のほか，学科決定の選択をする際に受け入れ人員を上回った場合に活用	0.7%	90.5%

●**コロナ対策２**　対面授業とオンライン授業を感染状況に応じて併用。入構時および講義室の入口で検温と消毒を実施し，講義室では換気を徹底。収容人数も調整・管理。Wi-Fiルータや個人使用PCの貸し出しも行った。

学部紹介

学部／学科	定員	特色
現代教養学部		
		▶学部で一括募集し，１年間は全員が「基礎課程」に所属。２年次進級時に学科・専攻を決定する。主専攻以外に，学科・専攻の壁を越えて横断的に学べる副専攻制度を設置。学科・専攻の定員は以下の通り。　※定員数を超えた受け入れ可能人数あり。英語文化コミュニケーション学科90名，日本語日本文学科45名，哲学科40名，史学科55名，人間関係学科60名，国際交流学科65名，心理学科60名，教育学科〈教育学専攻25名，初等教育学専攻50名〉。
英語文化コミュニケーション	490	▷伝統的な学問から現代の社会的なテーマまで，幅広い分野の授業を用意し，世界の課題に対して自らの考えを持ち，積極的に働きかけていく国際人を育成する。
日本語日本文		▷日本語学，日本文学，日本語教育学の３分野の学びから，日本の言語や文化について本質的な理解を深め，世界の人々に発信する力を養う。日本語教員課程を開設。
哲		▷４年間で，古今東西の思想家が記した原典を通じて思索の深淵に触れ，人間を取り巻く諸問題と向き合いながら，自らの思考を論理的に説明する力を身につける。
史		▷日本史，世界史の２コース。歴史を多面的な視点でとらえることで新たな気づきを促し，現代を見つめ，未来の問題を解決する力を身につける。
人間関係		▷心理学，社会学，文化学という３分野の学問的視点から互いに連動しながら複雑に変化する社会と人間のあり方を考察し，知を磨き，社会を見通す力，実行力を育む。
国際交流		▷グローバル社会，異文化コミュニケーションの２コース。世界を視野に入れた価値観を築き，グローバル社会で活躍，貢献できる力を培う。
心理		▷認知・発達・臨床の３心理学領域を柱に，心理学を基礎からバランスよく学び，自分の心，他者の心をめぐるさまざまな謎を科学の目で理解し，心の科学リテラシーを養う。
教育		▷２専攻制。教育学専攻は子どもと学びの基礎研究，情報教育とメディア開発，グローバル教育と生涯学習の３コースで，人々が学び，育ち，共に社会を築く，その営みを実践的に解き明かす。初等教育学専攻は初等教育，幼児教育の２コースを設置し，豊かな心，確かな力量，強い責任感を持ち，子どもの「いのち」と「こころ」の成長を支える力を伸ばす。

- **取得可能な資格**…教職（国・地歴・公・社・英・宗，小一種，幼一種），司書，司書教諭，学芸員，保育士など。
- **進路状況**…………就職81.8%　進学6.1%
- **主な就職先**………丸紅，ソフトバンク，SMBCコンシューマーファイナンス，日本銀行，日本アイ・ビー・エム，森・濱田松本法律事務所，佐藤製薬，横浜市教育委員会など。

キャンパス

現代教養…［聖心女子大学キャンパス］東京都渋谷区広尾4-3-1

キャンパスアクセス　［聖心女子大学キャンパス］東京メトロ日比谷線一広尾より徒歩３分／JR各線一渋谷・恵比寿よりバス・日赤医療センター前下車徒歩3分，品川・目黒よりバス・広尾駅前下車徒歩4分

2023年度入試要項（前年度実績）

●募集人員

学部	一般3教科A・B方式	一般小論文方式（2月期・3月期）
▶現代教養	290	若干名

※学部一括募集。学科・専攻の決定は２年次進級時に行う。

現代教養学部

一般選抜（３教科Ａ方式〈固定配点型〉） 3科目 ①国(100)▶国総・国表・現文Ｂ・古典Ｂ（漢文を除く） ②外(150)▶「コミュ英Ⅰ・コミュ英Ⅱ・コミュ英Ⅲ・英表Ⅰ・英表Ⅱ」・仏から１ ③地歴(100)▶世Ｂ・日Ｂから１

※解答方式はマーク式と記述式の併用。ただし，フランス語は記述式のみ。

一般選抜（３教科Ｂ方式〈得意科目ウエイト配点型〉） 3科目 ①国(100)▶国総・国表・現文Ｂ・古典Ｂ（漢文を除く） ②外(100)▶コミュ英Ⅰ・コミュ英Ⅱ・コミュ英Ⅲ・英表Ⅰ・英表Ⅱ ③地歴(100)▶世Ｂ・日Ｂから１

※最高得点の科目を２倍(200点)に換算し，合計400点満点で判定する。

※解答方式はマーク式と記述式の併用で，マーク式が約８割，記述式が約２割。

一般選抜（総合小論文方式２月期・３月期） 1科目 ①総合小論文(300)▶一つのテーマに沿って，３種類の資料（日本語の論文等，簡単な英語の資料，表・グラフなどの資料）を提示し，これらの資料をもとに，以下の２種類の設問に解答する。[設問１]提示された資料に対応し，①日本語読解力②英語読解力③表・グラフなどの資料を読み取る能力の３つの能力を客観的に測る問題（150点）。[設問２]提示された資料を踏まえ，小論文を書く問題（150点）。

※総合小論文方式において，対象となる英語・フランス語４技能資格・検定試験（英検，ケンブリッジ英語検定，GTEC，IELTS，TEAP〈４技能〉，TEAP CBT，TOEFL iBT，TOEIC〈L&R S&W〉，仏検。出願日までの４年以内に取得済みのスコア・級を有効とする）で一定のスコア・級を取得している者には，優遇措置がある（英語４技能CEFR B1レベルまたは仏検準２級は資料の読解〈設問１〉の得点を1.1倍，英語４技能CEFR B2レベルまたは仏検２級以上は1.2倍，英語４技能CEFR C1レベル以上は1.3倍にして審査）。

その他の選抜

総合型選抜（アドミッション・オフィス方式）は若干名を募集（出願資格は入学確約者。選考方法は，書類審査〈調査書：①全科目の学業成績（評定平均）②外国語・国語・地歴・公民の学業成績（評定平均）③出欠席の状況，特別活動，学習や行動の特徴等，資格取得・検定等，その他の諸活動の状況〉，小論文〈英語またはフランス語の４技能資格・検定試験のスコアによる加点措置あり〉，面接〈提出書類についての質疑応答を中心とする〉）。ほかに学校推薦型選抜（指定校推薦入学），総合型選抜（卒業生子女対象アドミッション・オフィス方式，帰国子女入試，外国人留学生入試，UNHCR難民高等教育プログラム〈RHEP〉による推薦入学）を実施。

偏差値データ（2023年度）

●一般選抜

学部	2023年度 駿台予備学校 合格目標ライン	2023年度 河合塾 ボーダー偏差値	2022年度 競争率
▶現代教養学部			
（３教科Ａ方式）	47	47.5	1.5
（３教科Ｂ方式）	48	47.5	1.7
（総合小論文方式２月期）	—	—	2.4

●駿台予備学校合格目標ラインは合格可能性80％に相当する駿台模試の偏差値です。
●河合塾ボーダー偏差値は合格可能性50％に相当する河合塾全統模試の偏差値です。
●競争率は受験者÷合格者の実質倍率

清泉女子大学（せいせんじょし）

資料請求

問合せ先 入試課 ☎0120-53-5363

建学の精神

19世紀の後半にスペインで誕生し，今日に至るまでヨーロッパやアメリカ大陸，アジアなどの国々で，地域に根ざした教育・社会活動を展開しているカトリックの聖心侍女修道会が母体となり，1950（昭和25）年に設立。キリスト教ヒューマニズムを建学の精神に掲げ，「外国語学・国際関係学系統」のスペイン語スペイン文・英語英文・地球市民，「歴史学・哲学，日本文学系統」の文化史・日本語日本文の５学科構成で，「まことの知・まことの愛（VERITAS et CARITAS)」を探究し，それを実践・体得することをめざした教育を行い，専門的な知識のみならず，自分と向き合い，他者と向き合い，世界と向き合い，時と向き合いながら，主体的に自立した女性として生きるための礎を築いている。大学のシンボルである本館は，国の重要文化財に指定。

● 清泉女子大学キャンパス……〒141-8642 東京都品川区東五反田3-16-21

基本データ

学生数▶女1,702名
専任教員数▶教授37名，准教授12名，講師２名
設置学部▶文
併設教育機関▶大学院―人文科学（M・D）

就職・卒業後の進路

就 職 率 **95.2**％
就職者÷希望者×100

● **就職支援** 学生部就職課では，常に相談できるスタッフと充実した資料で，最新の就職情報を提供。「未来を切り拓くキャリア教育」「一人ひとりに合わせたキャリアカウンセリング」「内定者・卒業生からの親身なサポート」の３つをポイントに，小規模でアットホームな本学ならではのサポートを行っている。また，多数の就職に関する講座を開催し，就職活動を強力にバックアップしている。

● **資格取得支援** 中学校教諭・高等学校教諭の教員免許をはじめ，司書，司書教諭，学芸員などの公的資格を取得するためのカリキュラムを用意。日本語教員を養成する課程もあり，卒業時には文化庁の指針に基づいたカリキュラムに従って本学が発行する修了証が与えられる。

進路指導者も必見
学生を伸ばす 面倒見

初年次教育
少人数のグループワークで女性や平和をテーマに，問いをたて，読む・書く・調べる・発表するなどのスキルを学ぶ「初年次ゼミナール」や，情報リテラシーを修得する「情報科学入門1a・1b」などの科目を開講

学修サポート
全学科でTA制度，オフィスアワー制度，専任教員が学生の疑問や悩みの解決にあたるグループアドバイザー制度を導入。大学でのさまざまな学びをより充実させるための教育・学修支援センターも設置している

オープンキャンパス（2022年度実績） 4・6・7・8・9・11・12・3月と，年間を通して来場型のオープンキャンパスを開催（要予約）。総合・入試ガイダンス，キャンパスツアー，学科紹介，個別相談，模擬授業など。

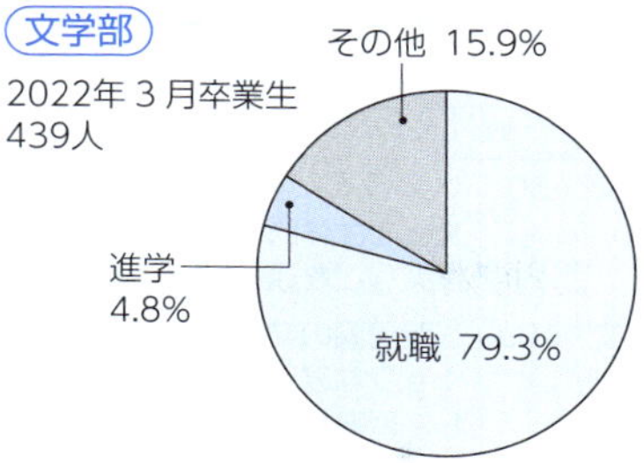

主なOG▶［文(旧国文)］小川糸(小説家)，［文(旧英文)］加藤恭子(九州朝日放送アナウンサー)，［文(旧英文)］吉田恵(タレント，ニュースキャスター)，［文(旧国文)］椿鬼奴(お笑い芸人)など。

国際化・留学　大学間 33 大学

受入れ留学生数▶４名（2022年５月１日現在）
留学生の出身国・地域▶中国，台湾，韓国。
外国人専任教員▶教授１名，准教授２名，講師１名（2022年５月１日現在）
外国人専任教員の出身国▶スペイン，オーストラリア，ロシア。
大学間交流協定▶33大学（交換留学先13大学，2022年９月１日現在）
海外への留学生数▶渡航型７名／年（５カ国・地域，2021年度）
海外留学制度▶１年間または６カ月間の長期留学のほか，春や夏の長期休暇を利用した短期語学研修，海外ボランティア活動などを含む海外研修など，多彩な留学・研修制度を用意。近年は，英語圏，スペイン語圏の大学をはじめ，台湾，フィリピン，韓国，タイ，インドネシアなど，アジア圏の大学とも協定を結び，留学体験の場を広げている。

学費・奨学金制度　給付型奨学金総額 年間 286 万円

入学金▶250,000円
年間授業料(施設費等を除く)▶780,000円～(詳細は巻末資料参照)
年間奨学金総額▶2,860,000円
年間奨学金受給者数▶９人
主な奨学金制度▶経済的支援として授業料の一部（30万円）を給与する「エルネスティナ・ラマリョ記念奨学金」や，成績優秀者を対象とした「発展協力会 学業奨励奨学金」（報奨金10万円）などの制度を設置。また，学費減免制度もあり，2021年度には30人を対象に総額で1,853万円を減免している。

保護者向けインフォメーション

●**オープンキャンパス**　通常のオープンキャンパス時に保護者向けの説明会を実施している。
●**成績確認**　成績表を保護者に郵送している。
●**保護者懇談会**　春季と秋季に保護者懇談会を開催し，大学の近況報告や就職に関する講演などを行っている。会報誌「いずみ」も発行。
●**防災対策**　「緊急時の対応マニュアル」を制作。学生が被災した際の安否は，報告メールの送信，電話連絡などで確認する。
●**コロナ対策１**　入構時に検温と消毒を実施するとともに，講義室の収容人数を調整管理して行う対面授業とオンライン授業を感染状況に応じて併用。「コロナ対策２」（下段）あり。

インターンシップ科目	必修専門ゼミ	卒業論文	GPA制度の導入の有無および活用例	１年以内の退学率	標準年限での卒業率
全学科で開講	全学科で４年次に実施	全学科で卒業要件	奨学金や授業料免除対象者選定，留学候補者の選考，退学勧告基準，学生に対する個別の学修指導，履修上限単位数の設定に活用	1.3%	86.9%

●**コロナ対策２**　「新型コロナウイルス感染症の影響による家計急変給付奨学金」を設置。また，オンライン授業を自宅等で受講するための通信費・印刷費に係る支援やパソコンの貸与なども行った。

学部紹介

学部／学科	定員	特色
文学部		
スペイン語スペイン文	50	▷スペイン語の４技能の力を養成し，スペイン語圏の言語や文化を主体的に学ぶとともに，スペイン語で演劇を上演する授業などを通して，発信力や異文化対応能力を磨く。
英語英文	100	▷英語圏の文学，英語学，演劇，翻訳，異文化コミュニケーションなど，さまざまな分野の知識をアクティブな学びを通して習得し，異文化を理解し対話する知性を養う。
地球市民	60	▷社会問題を分析し，解決へ導くための学科独自の思考の概念・ツールである「101のコンセプト」を学び，思考力，判断力，問題解決能力といった社会人に必要な力を身につける。
文化史	100	▷西洋・東洋・日本の３つの文化圏と歴史学，美術史学，哲学・思想史学，宗教学・宗教史学の４つの視点から歴史・文化を学び，洞察力，芸術的感覚，思索力を身につける。
日本語日本文	80	▷日本語の言語・文学と向き合い，多様化する社会に対応できる思考力・表現力を養う。１年次の必修授業で「くずし字」を基礎から学び，原典に触れる喜びを体験。

● **取得可能な資格**…教職（国・地歴・公・社・英・イスパニア・宗），司書，司書教諭，学芸員など。
● **進路状況**…………就職79.3%　進学4.8%
● **主な就職先**………日新，りらいあコミュニケーションズ，日伝，トヨタL&F東京，日本オーチス・エレベータ，NTTドコモ，和光，システナ，星野リゾート，富士ソフトなど。

▶キャンパス

文…［清泉女子大学キャンパス］東京都品川区東五反田3-16-21

2023年度入試要項（前年度実績）

●募集人員

学部／学科	一般A	一般B	一般C	共通テスト
▶文 スペイン語スペイン文	10	15	5	3
英語英文	20	35	5	8
地球市民	10	15	5	3
文化史	20	35	5	8
日本語日本文	15	25	5	8

▷一般入試において，指定された英語外部検定試験（英検，GTEC〈AdvancedまたはCBT〉，TEAP，TEAP CBT，ケンブリッジ英検，IELTS〈アカデミック・モジュールのみ有効〉，TOEFL iBT〈Test Dateスコアのみ利用可〉）で一定のスコアを取得している場合，その点数等に応じて本学の「英語」の点数に換算することができる。なお，この制度を利用する場合であっても，本学の「英語」の受験を必須とし，合否判定にはいずれか点数の高い方を採用する。

文学部

一般入試Ａ日程（全学統一方式） 3科目 ①国（日本語150・その他の学科100）▶国総・現文Ｂ・古典Ｂ（漢文を除く） ②外（スペイン語・英語英文・地球市民150，文化史・日本語100）▶コミュ英Ⅰ・コミュ英Ⅱ・コミュ英Ⅲ・英表Ⅰ・英表Ⅱ ③**地歴**（文化史150・その他の学科100）▶世Ｂ・日Ｂから１

一般入試Ｂ日程　【スペイン語スペイン文学科・英語英文学科・地球市民学科】 3科目 ①国（100）▶国総（古文・漢文を除く）・現文Ｂ ②外（150）▶「コミュ英Ⅰ・コミュ英Ⅱ・コミュ英Ⅲ・英表Ⅰ・英表Ⅱ（リスニングを含む）」・西から１，ただし西（スペイン語）はスペイン語スペイン文学科のみ選択可 ③**地歴**（100）▶世Ｂ・日Ｂから１
※３教科を受験し，外国語と，国・地歴のうちの高得点１教科を合否判定に使用する。

キャンパスアクセス ［清泉女子大学キャンパス］JR山手線，都営地下鉄浅草線，東急池上線―五反田より徒歩10分／JR各線，りんかい線―大崎より徒歩10分／都営地下鉄浅草線―高輪台より徒歩10分

【文化史学科】 3科目 ①国(100)▶国総・現文B・古典B(漢文は選択のみ) ②外(100)▶コミュ英Ⅰ・コミュ英Ⅱ・コミュ英Ⅲ・英表Ⅰ・英表Ⅱ(リスニングを含む) ③地歴(150)▶世B・日Bから1
※3教科を受験し，地歴と，国・外のうちの高得点1教科を合否判定に使用する。
【日本語日本文学科】 3科目 ①国(150)▶国総・現文B・古典B(漢文は選択のみ) ②外(100)▶コミュ英Ⅰ・コミュ英Ⅱ・コミュ英Ⅲ・英表Ⅰ・英表Ⅱ(リスニングを含む) ③地歴(100)▶世B・日Bから1
※3教科を受験し，国語と，外・地歴のうちの高得点1教科を合否判定に使用する。
一般入試C日程 【スペイン語スペイン文学科・英語英文学科・地球市民学科】 2科目 ①国(100)▶国総(古文・漢文を除く)・現文B ②外(150)▶「コミュ英Ⅰ・コミュ英Ⅱ・コミュ英Ⅲ・英表Ⅰ・英表Ⅱ(リスニングを含む)」・西から1，ただし西(スペイン語)はスペイン語スペイン文学科のみ選択可
【文化史学科・日本語日本文学科】 2科目 ①国(文化史125・日本語150)▶国総・現文B・古典B(漢文を除く) ②外(文化史125・日本語100)▶コミュ英Ⅰ・コミュ英Ⅱ・コミュ英Ⅲ・英表Ⅰ・英表Ⅱ(リスニングを含む)
※B・C日程の各学科の英語のリスニングテストの配点は10〜20点。
共通テスト利用入試前期・中期・後期 【スペイン語スペイン文学科・英語英文学科・地球市民学科】 4〜2科目 ①外(前期・後期200，中期100)▶英(リスニング〈前期・後期100〉を含む) ②③④国・地歴・公民・数・理(前期・中期100×2，後期100)▶国(近代)・世B・日B・地理B・現社・倫・政経・「倫・政経」・「数Ⅰ・数A」・「数Ⅱ・数B」・「物基・化基・生基・地学基から2」・物・化・生・地学から前期は国を含む2，中期は2，後期は1
[個別試験] 行わない。
【文化史学科】 4〜2科目 ①地歴(前期・後期200，中期100)▶世B・日Bから1 ②③④国・外・地歴・公民・数・理(前期・中期100×2，後期100)▶国・英(リスニングを含む)・地理B・現社・倫・政経・「倫・政経」・「数Ⅰ・数A」・「数Ⅱ・数B」・「物基・化基・生基・地学基から2」・物・化・生・地学から前期と中期は2，後期は1
[個別試験] 行わない。
【日本語日本文学科】 4〜2科目 ①国(前期・後期200，中期100)▶国 ②③④外・地歴・公民・数・理(前期・中期100×2・後期100)▶英(リスニングを含む)・世B・日B・地理B・現社・倫・政経・「倫・政経」・「数Ⅰ・数A」・「数Ⅱ・数B」・「物基・化基・生基・地学基から2」・物・化・生・地学から前期は外を含む2，中期は2，後期は1
[個別試験] 行わない。
※中期全学科および前期と後期の文化史学科と日本語日本文学科の「英語」の配点は，リーディング100点とリスニング100点の計200点を，100点に換算する。

その他の選抜

AO入試は20名(地球市民学科を除く4学科各5名)を募集。ほかに自己推薦入試，指定校推薦入学，姉妹校推薦入学，卒業生子女・在学生姉妹推薦入学，外国人留学生指定校推薦入学，Global Citizen育成型入試，奨学生入試，姉妹校高大接続入試，帰国子女入試，社会人特別入試，外国人対象入試を実施。

偏差値データ(2023年度)

●一般入試B日程

学部／学科	2023年度 駿台予備学校 合格目標ライン	2023年度 河合塾 ボーダー偏差値	2022年度 競争率
▶文学部			
スペイン語スペイン文	43	42.5	1.1
英語英文	45	45	1.3
地球市民	44	42.5	1.3
文化史	45	45	1.8
日本語日本文	45	45	1.3

- 駿台予備学校合格目標ラインは合格可能性80％に相当する駿台模試の偏差値です。
- 河合塾ボーダー偏差値は合格可能性50％に相当する河合塾全統模試の偏差値です。
- 競争率は受験者÷合格者の実質倍率
- 競争率は2022年度2月入試の実績です。

専修大学

資料請求

問合せ先 入学センターインフォメーション ☎03-3265-6677

建学の精神

日本で初めて経済学と法律学を共に学べる高等教育機関「専修学校」として，1880（明治13）年に創立。明治初期にアメリカへ留学し，留学で得た最新の知見を社会に還元し，専門教育によって日本の屋台骨を支える人を，ひとりでも多く育てようと誓った４人の若き創立者たちの熱く高い志は，建学の精神「社会に対する報恩奉仕」となり，現代まで脈々と受け継がれ，人材育成の基底となっている。この精神を具現化した21世紀ビジョン「社会知性の開発」は教育・研究の羅針盤ともなり，未来を拓く「国際性」「知力」「説得力」「深い人間理解と倫理観」の４つの社会知性を身につけるため，新たに「Siデータサイエンス教育プログラム」が導入されるなど，日本とアジア圏域を中心に，世界の懸け橋となる人材を育成するためのアップデートは続いている。

- 神田キャンパス……〒101-8425　東京都千代田区神田神保町3-8
- 生田キャンパス……〒214-8580　神奈川県川崎市多摩区東三田2-1-1

基本データ

学生数▶17,117名（男10,740名，女6,377名）
専任教員数▶教授340名，准教授80名，講師16名
設置学部▶経済，法，経営，商，文，人間科，国際コミュニケーション，ネットワーク情報
併設教育機関▶大学院―経済学・法学・文学・経営学・商学（以上M・D），法務（P）

就職・卒業後の進路

就職率 96.4%
就職者÷希望者×100

● **就職支援**　経験豊富なベテランから若手までキャリアセンターの専任スタッフが，学生一人ひとりの希望と適性を理解し，きめ細かに指導。14,000件以上の求人情報，延べ500社が参加する学内企業説明会など，さまざまな就職情報を提供するほか，就職対策の基礎から実践まで支援プログラムも充実。

● **資格取得支援**　法曹，公認会計士などの資格試験や，公務員・教員をめざす学生のために，授業と並行して受験指導専門学校などの講義を学内で受けられるシステムを用意。実績ある専門家が合格へと導いている。

進路指導者も必見 学生を伸ばす 面倒見

初年次教育
充実した大学生活を送るための基礎スキルを身につける「専修大学入門ゼミナール」や「情報入門1・2」などの科目を開講。教員が作成した教材『知のツールボックス』でアカデミックスキル（レポートの書き方，発表の仕方など）も修得

学修サポート
全学部でTA・SA制度，経済・法・経営・商・国際コミュニケーション・ネットワーク情報でオフィスアワー，経営学部と異文化コミュニケーション学科でアカデミックアドバイザー制度（専任教員が学生5～23人を担当）を導入

オープンキャンパス（2022年度実績）　生田キャンパスで６・８月，神田キャンパスで７・８月に開催し，受験生向けイベント以外に，保護者向け説明も行っている。また，両キャンパスで複数回のキャンパスツアーを実施。

文系学部

2022年３月卒業生
3,594人

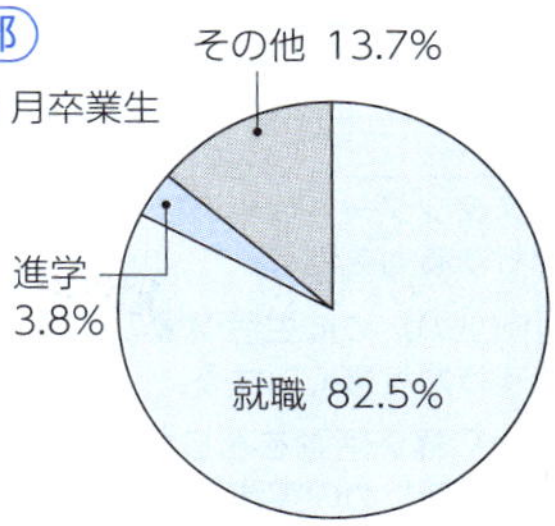

その他の学部

2022年３月卒業生
222人
・ネットワーク情報学部

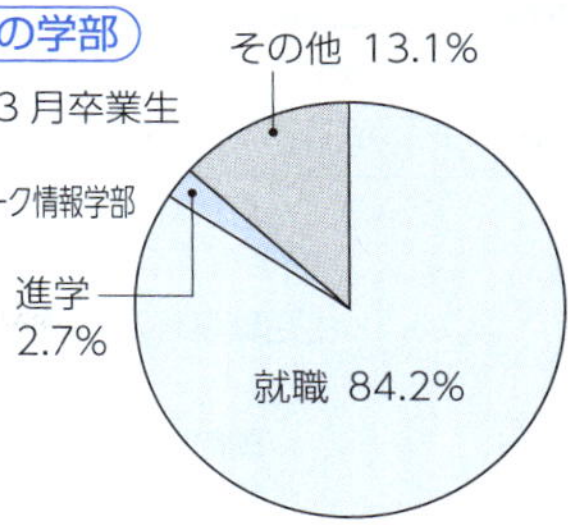

主なOB・OG▶［経営］浜田靖一（衆議院議員），［文］馳浩（石川県知事），［文］雫井脩介（小説家），［文］仲村トオル（俳優），［商］尾堂真一（日本特殊陶業会長），［商］長谷部健（東京都渋谷区長）など。

国際化・留学　大学間 26 大学・部局間 9 大学等

受入れ留学生数▶259名（2022年５月１日現在）

留学生の出身国▶中国，韓国，モンゴル，ベトナム，ポルトガルなど。

外国人専任教員▶教授11名，准教授８名，講師２名（2022年５月１日現在）

外国人専任教員の出身国▶韓国，アメリカ，中国，イギリス，ドイツなど。

大学間交流協定▶26大学（交換留学先17大学，2022年１月現在）

部局間交流協定▶９大学・機関（交換留学先０大学，2022年９月１日現在）

海外への留学生数▶オンライン型44名／年（2021年度）

海外留学制度▶夏期・春期留学から，４～５カ月以上の中期留学，セメスター交換留学，約８～12カ月の長期交換留学まで，レベルや目的に合わせて選べる多彩なプログラムがあり，異文化理解やコミュニケーション能力，表現力を育んでいる。

学費・奨学金制度

入学金▶200,000円

年間授業料（施設費等を除く）▶750,000円～（詳細は巻末資料参照）

年間奨学金総額▶NA

年間奨学金受給者数▶NA

主な奨学金制度▶経済支援を趣旨とした「専修大学進学サポート奨学生（予約採用型）」「家計急変奨学生」，学術奨励等を趣旨とした「スカラシップ入試奨学生」「学術奨学生」，留学を後押しする「交換留学奨学生制度」「海外研修・国際交流奨励制度」など，学びたい気持ちに応える充実した奨学生制度を用意。

保護者向けインフォメーション

●**リーフレット**　保護者向けのリーフレットを作成している。

●**成績確認**　成績通知書を郵送している。

●**保護者会**　育友会（保護者会）があり，支部懇談会，就職懇談会，キャンパス見学会などを実施。会報「育友」も発行・送付している。

●**防災対策**　『Campus Hand book』および大学HPに「大地震対応マニュアル」を掲載。災害時の学生の状況は，「Yahoo！安否確認サービス」を利用して把握するようにしている。

●**コロナ対策１**　ワクチンの職域接種を実施。感染状況に応じた６段階のBCP（行動指針）を設定している。「コロナ対策２」（下段）あり。

インターンシップ科目	必修専門ゼミ	卒業論文	GPA制度の導入の有無および活用例	１年以内の退学率	標準年限での卒業率
経済・経営・文・ネットワーク情報で開講	文・人間科・国際コミュニケーション・ネットワーク情報の４学部で開講（年次は学科により異なる）	文・人間科・国際は卒業要件	一部の学部で奨学金や授業料免除対象者の選定基準，学生に対する個別の学修指導，退学勧告基準に活用	0.7%	90.0%

●**コロナ対策２**　感染状況に応じてオンライン授業を併用し，希望者にノートPCを貸与。受信環境整備およびプリントサービス支援金を給付。経済的支援として，新型コロナ感染症拡大に伴う緊急支援奨学金制度も新設。

学部紹介

学部／学科	定員	特色
経済学部		
現代経済	265	▷グローバルスタンダードな経済学を体系的に学び，経済全体を見渡し分析する力を養う。
生活環境経済	266	▷「生活の質」向上のために生活環境の課題を発見し，経済学の知見で解決する力を身につける。
国際経済	220	▷世界的視野から経済活動をとらえ，自ら考える力を養う。国際舞台で活躍するための実践的な語学力も強化。
● 取得可能な資格…教職（地歴・公・社），司書，司書教諭，学芸員。 ● 進路状況…………就職83.7%　進学2.9% ● 主な就職先………三井ホーム，パナソニック，イケア・ジャパン，野村證券，東日本旅客鉄道など。		
法学部		
法律	533	▷社会の諸課題に対して適切な法的判断ができるリーガルマインドを養う。将来像に応じた12の履修モデルを設定。
政治	164	▷政治理論・歴史，国際政治・地域，日本政治・政策の３コース。社会が抱える問題を抽出し解決へ導くセンスや能力を養う。
● 取得可能な資格…教職（地歴・公・社），司書，司書教諭，学芸員。 ● 進路状況…………就職82.0%　進学3.5% ● 主な就職先………積水ハウス，TDK，大王製紙，ゼンリン，日本放送協会，国家公務員一般職など。		
経営学部		
経営	373	▷経営に関わる諸問題を解決できる，理論に裏打ちされたビジネススキルと視点を養う。
ビジネスデザイン	180	▷世界や地域のさまざまな課題やニーズを理解し，独創的な発想で新しいビジネスを創造できる人材を育成する。
● 取得可能な資格…教職（公・社・情・商業），司書，司書教諭，学芸員など。 ● 進路状況…………就職85.4%　進学2.4% ● 主な就職先………五洋建設，日本電気，大正製薬，明治安田生命保険，Apple Japan，KDDIなど。		
商学部		
マーケティング	438	▷マーケティング，ファイナンス，グローバルビジネス，マーケットアナリティクスの４コース。変化を先取りするビジネスパーソンを育成する。
会計	210	▷会計プロフェッショナル，財務会計，管理会計，財務情報分析の４履修モデル。高度な会計専門職を育成する。
● 取得可能な資格…教職（公・社・情・商業），司書，司書教諭，学芸員。 ● 進路状況…………就職84.3%　進学3.8% ● 主な就職先………旭化成、大和証券グループ本社，武蔵野銀行，EY新日本有限責任監査法人など。		
文学部		
日本文学文化	122	▷文学，映画，演劇，アニメーションなどを含む表現文化全般を研究対象に，柔軟に選択できるカリキュラムを編成。
英語英米文	152	▷英語コミュニケーション，英語文化の２コース。世界のあらゆる場所で通用する英語運用力と国際理解力を養う。
哲	76	▷西洋や東洋の哲学や文化を学び，世の中の複雑なものごとを整理，置換できる思考力や柔軟な発想力を養う。
歴史	142	▷時空を超えて過去と対話し，現代への理解を深め，未来社会を展望できる力を身につける。

キャンパスアクセス ［神田キャンパス］ JR総武線一水道橋より徒歩7分／東京メトロ東西線・半蔵門線，都営新宿線一九段下より徒歩1分／東京メトロ半蔵門線，都営新宿線・三田線一神保町より徒歩3分

環境地理	55	▷地域や環境の諸課題を解決するための分析力および思考力を養う。データを扱うGIS学術士などの資格取得が可能。
ジャーナリズム	124	▷氾濫する情報の中から真実を見抜く目を養い，創造性と批判精神に富んだ実践力ある情報スペシャリストを育成する。

● **取得可能な資格**…教職（国・地歴・公・社・書・英），司書，司書教諭，学芸員，測量士補など。
● **進路状況**…………就職79.5%　進学5.2%
● **主な就職先**………三菱電機，トーハン，ニトリ，ジェーシービー，産業経済新聞社，埼玉県庁など。

人間科学部

心理	77	▷心の問題に悩む人を支援するときも，思いつきや権威に頼らず，科学的に対処できる人材を育成する。基礎・実験系から，臨床系の科目まで，14もの広範な領域を網羅。
社会	147	▷社会を多面的にとらえ，社会に対する働きかけができる人材を育成する。社会調査士の資格取得プログラムが充実。

● **取得可能な資格**…教職（地歴・公・社），司書，司書教諭，学芸員など。
● **進路状況**…………就職75.8%　進学7.0%
● **主な就職先**………山崎製パン，大塚商会，大創産業，コスモス薬品，エイベックス，中部電力など。

国際コミュニケーション学部

日本語	71	▷日本語の持つさまざまな特徴や性質に学問的・理論的観点からアプローチし，日本語のエキスパートとして，グローバル社会で活躍できる人材を育成する。
異文化コミュニケーション	150	▷複数の外国語を使い，地球市民として多様な国際社会の中で活躍できる力を養う。２年次前期に全員が留学を体験。

● **取得可能な資格**…教職（国），司書，司書教諭，学芸員。
● **主な就職先**………2020年度開設のため卒業生はいない。

ネットワーク情報学部

ネットワーク情報	235	▷情報技術を活用した新しい価値を世の中に提案できる力を養い，より良い社会や暮らしづくりに貢献できる人材を育成。

● **取得可能な資格**…教職（数・情），司書，司書教諭，学芸員。
● **進路状況**…………就職84.2%　進学2.7%
● **主な就職先**………イトーキ，ソフトバンク，ジェイアール東日本情報システム，富士通Japanなど。

▶キャンパス

法・商・国際コミュニケーション……［神田キャンパス］東京都千代田区神田神保町3-8
経済・経営・文・人間科・ネットワーク情報……［生田キャンパス］神奈川県川崎市多摩区東三田2-1-1

2023年度入試要項（前年度実績）

●募集人員

学部／学科	全国	前期個別	一般後期	共通前期	共通後期	公募推薦	AO
▶**経済** 現代経済	20	132	5	20	5	—	—
生活環境経済	20	135	5	20	5	—	—
国際経済	20	102	5	15	5	—	20
▶**法** 法律	40	166	15	35	5	—	—
政治	13	50	5	13	3	—	—
▶**経営** 経営	20	A90 C45	28	20	10	15	—
ビジネスデザイン	10	A45 C25		15		5	—
▶**商** マーケティング	35	163	10	55	10	25	—
会計		82				20	—
▶**文** 日本文学文化	10	68	4	10	—	—	—
英語英米文	10	88	7	10	3	—	—
哲	10	33	3	16	—	—	—
歴史	14	81	7	14	—	—	—
環境地理	6	33	2	4	—	—	—

キャンパスアクセス ［生田キャンパス］小田急線一向ヶ丘遊園よりバス10分または徒歩14分／東急田園都市線，横浜市営地下鉄一あざみ野より直行バス（学生専用）20分

ジャーナリズム	15	45	4	12	—	—	—
▶人間科　心理	7	45	2	5	—	—	—
社会	15	91	5	10	—	—	—
▶国際コミュニケーション 日本語	3	38	5	6	—	—	—
異文化コミュニケーション	10	76	5	10	—	—	12
▶ネットワーク情報 ネットワーク情報	12	46	3	60	10	—	15

※上記以外に一般選抜スカラシップ入試（全学部で100名），一般選抜前期全学部統一入試を実施。全学部統一入試の募集人員は，学部個別入試に含む。ただし，経営学部はC方式の募集人員に含む。
※一般選抜前期学部個別入試は学部・学科により，A（3教科同一配点）・AS（共通テスト併用）・B（選択科目重視）・C（英語重視）・D（国語重視）・E（英語単独）・F（2教科数学重視）の各方式を実施。
※法学部の共通テスト利用入試前期の募集人員は，法律学科（3科目型25名・4科目型10名），政治学科（3科目型10名・4科目型3名）。
※経営学部経営学科と商学部の公募制推薦入試には，全国商業高等学校長協会推薦入試の募集人員（経営学科最大7名，商学部各学科5名）を含む。

▷一般選抜前期入試（C方式を除く）全学部全学科において，指定された英語外部試験（英検〈英検CBT，英検S-CBT含む〉，ケンブリッジ英検，TEAP，TEAP CBT，GTEC〈CBTタイプに限る〉，IELTS〈Academic〉，TOFLE iBT，TOEIC L&R+TOEIC S&W）の基準スコアに応じ，本学の試験科目「英語」の得点を80点・90点・100点に換算し，判定に利用することが可能。本学の英語試験を受験した場合はどちらか得点の高い方を判定に使用する。

経済学部

スカラシップ入試・全国入試　**3**科目　①**国**（100）▶国総（漢文を除く）・現文B　②**外**（100）▶コミュ英Ⅰ・コミュ英Ⅱ・コミュ英Ⅲ・英表Ⅰ・英表Ⅱ　③**地歴・公民・数**（100）▶世B・日B・地理B・政経・「数Ⅰ・数Ⅱ・数A・数B（数列・ベク）」から1

一般選抜前期〈学部個別入試（A方式・B方式・C方式）・全学部統一入試〉・後期　**3**科目　①**国**（100）▶国総（漢文を除く）・現文B　②**外**（100・C方式150）▶コミュ英Ⅰ・コミュ英Ⅱ・コミュ英Ⅲ・英表Ⅰ・英表Ⅱ　③**地歴・公民・数**（100・B方式150）▶世B・日B・地理B・政経・「数Ⅰ・数Ⅱ・数A・数B（数列・ベク）」から1
※学部個別入試C方式は国際経済学科のみ実施し，国際経済学科はB方式を行わない。

一般選抜前期学部個別入試AS方式（共通テスト併用）　〈共通テスト科目〉　**1**科目　①**国・外・地歴・公民・数**（100）▶国（近代・古文）・英（リスニングを含む）・独・仏・中・韓・世A・世B・日A・日B・地理A・地理B・現社・倫・政経・「倫・政経」・数Ⅰ・「数Ⅰ・数A」・数Ⅱ・「数Ⅱ・数B」から1　※英語はリーディング150点・リスニング50点とし，合計200点を100点満点に圧縮。
〈個別試験科目〉　前期学部個別入試A方式の3科目を判定に利用

共通テスト利用入試前期（3科目型）
4～3科目　①**国**（200）▶国（近代・古文）　②**外**（200）▶英（リスニングを含む）・独・仏・中・韓から1　※英語はリーディング150点・リスニング50点。③④**地歴・公民・数・理**（200）▶世A・世B・日A・日B・地理A・地理B・現社・倫・政経・「倫・政経」・数Ⅰ・「数Ⅰ・数A」・数Ⅱ・「数Ⅱ・数B」・「物基・化基・生基・地学基から2」・物・化・生・地学から1
［個別試験］　行わない。

共通テスト利用入試前期（4科目型）
5～4科目　①**国**（200）▶国（近代・古文）　②**外**（200）▶英（リスニングを含む）・独・仏・中・韓から1　※英語はリーディング150点・リスニング50点。　③**数**（200）▶数Ⅰ・「数Ⅰ・数A」・数Ⅱ・「数Ⅱ・数B」から1　④⑤**地歴・公民・理**（200）▶世A・世B・日A・日B・地理A・地理B・現社・倫・政経・「倫・政経」・「物基・化基・生基・地学基から2」・物・化・生・地学から1
［個別試験］　行わない。

共通テスト利用入試後期　【現代経済学科・生活環境経済学科】　**5～4**科目　①**国**（200）▶国（近代・古文）　②**外**（200）▶英（リスニングを含む）・独・仏・中・韓から1　③**地歴・公民**（200）▶世A・世B・日A・日B・地理A・地理B・現社・倫・政経・「倫・政経」から1　④⑤**数・理**（200）▶数Ⅰ・「数Ⅰ・数A」・数Ⅱ・「数Ⅱ・数B」・「物基・化基・生基・地学基から2」・物・化・生・地学から1

［個別試験］行わない。
【国際経済学科】 4〜3科目 ①国(200)▶国(近代・古文) ②外(400)▶英(リスニングを含む)・独・仏・中・韓から1 ③④**地歴・公民・数・理**(200)▶世A・世B・日A・日B・地理A・地理B・現社・倫・政経・「倫・政経」・数Ⅰ・「数Ⅰ・数A」・数Ⅱ・「数Ⅱ・数B」・「物基・化基・生基・地学基から2」・物・化・生・地学から1
［個別試験］行わない。
※英語はリーディング150点・リスニング50点とし，国際経済学科については換算した200点満点を2倍する。
AO入試 【国際経済学科】［出願資格］現役。英語資格型出願者は指定された英語外部試験の基準スコアを取得した者。
［選考方法］英語資格型，発想力型，探索力型とも書類審査(課題小論文を含む)通過者を対象に，面接を行う。

法学部

スカラシップ入試・全国入試 3科目 ①国(100)▶国総(漢文を除く)・現文B ②外(100)▶コミュ英Ⅰ・コミュ英Ⅱ・コミュ英Ⅲ・英表Ⅰ・英表Ⅱ ③**地歴・公民・数**(100)▶世B・日B・地理B・政経・「数Ⅰ・数Ⅱ・数A・数B(数列・ベク)」から1
一般選抜前期(学部個別入試A方式・全学部統一入試)・後期 3科目 ①国(100)▶国総(漢文を除く)・現文B ②外(100)▶コミュ英Ⅰ・コミュ英Ⅱ・コミュ英Ⅲ・英表Ⅰ・英表Ⅱ ③**地歴・公民・数**(100)▶世B・日B・地理B・政経・「数Ⅰ・数Ⅱ・数A・数B(数列・ベク)」から1
一般選抜前期学部個別入試AS方式(共通テスト併用) 〈共通テスト科目〉 1科目 ①**国・外・地歴・公民・数**(100)▶国(近代・古文)・英(リスニングを含む)・独・仏・中・韓・世A・世B・日A・日B・地理A・地理B・現社・倫・政経・「倫・政経」・数Ⅰ・「数Ⅰ・数A」・数Ⅱ・「数Ⅱ・数B」から1 ※英語はリーディング150点・リスニング50点とし，合計200点を100点満点に圧縮。
〈個別試験科目〉 前期学部個別入試A方式の3科目を判定に利用
共通テスト利用入試前期(3科目型) 4〜3科目 ①国(200)▶国(近代・古文) ②外(200)▶英(リスニングを含む)・独・仏・中・韓から1 ※英語はリーディング150点・リスニング50点。③④**地歴・公民・数・理**(200)▶世A・世B・日A・日B・地理A・地理B・現社・倫・政経・「倫・政経」・数Ⅰ・「数Ⅰ・数A」・数Ⅱ・「数Ⅱ・数B」・簿・情・「物基・化基・生基・地学基から2」・物・化・生・地学から1
［個別試験］行わない。
共通テスト利用入試前期(4科目型)・後期 5〜4科目 ①国(200)▶国(近代・古文) ②外(200)▶英(リスニングを含む)・独・仏・中・韓から1 ※英語はリーディング150点・リスニング50点。③**地歴・公民**(200)▶世A・世B・日A・日B・地理A・地理B・現社・倫・政経・「倫・政経」から1 ④⑤**数・理**(200)▶数Ⅰ・「数Ⅰ・数A」・数Ⅱ・「数Ⅱ・数B」・簿・情・「物基・化基・生基・地学基から2」・物・化・生・地学から1
［個別試験］行わない。

経営学部

スカラシップ入試・全国入試 3科目 ①国(100)▶国総(漢文を除く)・現文B ②外(100)▶コミュ英Ⅰ・コミュ英Ⅱ・コミュ英Ⅲ・英表Ⅰ・英表Ⅱ ③**地歴・公民・数**(100)▶世B・日B・地理B・政経・「数Ⅰ・数Ⅱ・数A・数B(数列・ベク)」から1
一般選抜前期〈学部個別入試(A方式・C方式)・全学部統一入試〉・後期 3科目 ①国(100)▶国総(漢文を除く)・現文B ②外(100・C方式150)▶コミュ英Ⅰ・コミュ英Ⅱ・コミュ英Ⅲ・英表Ⅰ・英表Ⅱ ③**地歴・公民・数**(100)▶世B・日B・地理B・政経・「数Ⅰ・数Ⅱ・数A・数B(数列・ベク)」から1
共通テスト利用入試前期(3科目型) 4〜3科目 ①国(150)▶国(近代) ②外(200)▶英(リスニングを含む)・独・仏・中・韓から1 ※英語はリーディング150点・リスニング50点。③④**地歴・公民・数・理**(150)▶世A・世B・日A・日B・地理A・地理B・現社・倫・政経・「倫・政経」・数Ⅰ・「数Ⅰ・数A」・数Ⅱ・「数Ⅱ・数B」・簿・情・「物基・化基・生基・地学基から2」・物・化・生・地学から1
［個別試験］行わない。
共通テスト利用入試前期(4科目型)・後期

5～4科目 ①**国**(200)▶国(近代) ②**外**(200)▶英(リスニングを含む)・独・仏・中・韓から1 ※英語はリーディング150点・リスニング50点。③④⑤**地歴・公民・数・理**(200×2)▶「世A・世B・日A・日B・地理A・地理Bから1」・「現社・倫・政経・〈倫・政経〉から1」・「数Ⅰ・〈数Ⅰ・数A〉・数Ⅱ・〈数Ⅱ・数B〉・簿・情から1」・「〈物基・化基・生基・地学基から2〉・物・化・生・地学から1」から2

[個別試験] 行わない。

公募制推薦入試 **[出願資格]** 第1志望，校長推薦，経営学科は現役(ビジネスデザイン学科は既卒者も可)。ほかに，経営学科は全体の学習成績の状況が4.0以上で，簿記，英語，情報処理の指定された資格を取得した者。ビジネスデザイン学科は全体の学習成績の状況が3.8以上の者。

[選考方法] 書類審査(志望理由書のほか，経営学科は資格検定取得証明書，ビジネスデザイン学科はプレゼンテーションの要旨，学科が求める人材であることが証明できる書類などを含む)通過者を対象に，経営学科は面接，ビジネスデザイン学科は小論文・プレゼンテーションを行う。

商学部

スカラシップ入試・全国入試 **3**科目 ①**国**(100)▶国総(漢文を除く)・現文B ②**外**(100)▶コミュ英Ⅰ・コミュ英Ⅱ・コミュ英Ⅲ・英表Ⅰ・英表Ⅱ ③**地歴・公民・数**(100)▶世B・日B・地理B・政経・「数Ⅰ・数Ⅱ・数A・数B(数列・ベク)」から1

一般選抜前期〈学部個別入試(A方式・B方式・C方式・D方式)・全学部統一入試〉・後期 **3**科目 ①**国**(100・D方式150)▶国総(漢文を除く)・現文B ②**外**(100・C方式150)▶コミュ英Ⅰ・コミュ英Ⅱ・コミュ英Ⅲ・英表Ⅰ・英表Ⅱ ③**地歴・公民・数**(100・B方式150)▶世B・日B・地理B・政経・「数Ⅰ・数Ⅱ・数A・数B(数列・ベク)」から1

一般選抜前期学部個別入試AS方式(共通テスト併用) **〈共通テスト科目〉** **1**科目 ①**国・外・地歴・公民・数**(200)▶国(近代)・英(リスニングを含む)・世B・日B・地理B・政経・「倫・政経」・数Ⅰ・「数Ⅰ・数A」・数Ⅱ・「数Ⅱ・数B」・簿から1 ※英語はリーディング150点・リスニング50点。

〈個別試験科目〉 前期学部個別入試A方式の3科目を判定に利用

共通テスト利用入試前期(3科目型)・後期 **4～3**科目 ①**国**(200)▶国(近代) ②**外**(200)▶英(リスニングを含む)・独・仏・中・韓から1 ※英語はリーディング150点・リスニング50点。③④**地歴・公民・数・理**(200)▶世A・世B・日A・日B・地理A・地理B・現社・倫・政経・「倫・政経」・数Ⅰ・「数Ⅰ・数A」・数Ⅱ・「数Ⅱ・数B」・簿・情・「物基・化基・生基・地学基から2」・物・化・生・地学から1

[個別試験] 行わない。

共通テスト利用入試前期(4科目型) **5～4**科目 ①**国**(200)▶国(近代) ②**外**(200)▶英(リスニングを含む)・独・仏・中・韓から1 ※英語はリーディング150点・リスニング50点。③**地歴・公民**(100)▶世A・世B・日A・日B・地理A・地理B・現社・倫・政経・「倫・政経」から1 ④⑤**数・理**(100)▶数Ⅰ・「数Ⅰ・数A」・数Ⅱ・「数Ⅱ・数B」・簿・情・「物基・化基・生基・地学基から2」・物・化・生・地学から1

[個別試験] 行わない。

公募制推薦入試 **[出願資格]** 第1志望，校長推薦，全日制もしくは定時制の現役，全体の学習成績の状況が3.8以上のほか，日商簿記，英検など指定された資格検定のうちいずれかを取得した者。

[選考方法] 書類審査，小論文(日本語)および面接。

文学部

スカラシップ入試・全国入試 **3**科目 ①**国**(100)▶国総(漢文を除く)・現文B ②**外**(100，英語英米文学科の全国入試150)▶コミュ英Ⅰ・コミュ英Ⅱ・コミュ英Ⅲ・英表Ⅰ・英表Ⅱ ③**地歴・公民・数**(100)▶世B・日B・地理B・政経・「数Ⅰ・数Ⅱ・数A・数B(数列・ベク)」から1

一般選抜前期〈学部個別入試(A方式・D方式)・全学部統一入試〉・後期 **【日本文学文化学科】** **3**科目 ①**国**(A100・D200)▶国総(漢文を除く)・現文B ②**外**(100)▶コミュ

英Ⅰ・コミュ英Ⅱ・コミュ英Ⅲ・英表Ⅰ・英表Ⅱ　③**地歴・公民・数**(100)▶世B・日B・地理B・倫・政経・「数Ⅰ・数Ⅱ・数A・数B(数列・ベク)」から1，ただし倫はA方式のみ選択可

一般選抜前期〈学部個別入試(A方式)・全学部統一入試〉・後期　**【英語英米文学科・哲学科・歴史学科・環境地理学科・ジャーナリズム学科】** **3**科目　①**国**(100)▶国総(漢文を除く)・現文B　②**外**(100)▶コミュ英Ⅰ・コミュ英Ⅱ・コミュ英Ⅲ・英表Ⅰ・英表Ⅱ　③**地歴・公民・数**(100)▶世B・日B・地理B・倫・政経・「数Ⅰ・数Ⅱ・数A・数B（数列・ベク)」から1，ただし倫は英語英米文・哲・歴史・ジャーナリズム4学科のA方式のみ選択可

一般選抜前期学部個別入試E方式(共通テスト併用)　**【英語英米文学科】〈共通テスト科目〉** **1**科目　①**外**(50)▶英(リスニング)

〈個別試験科目〉 **2**科目　①**外**(100)▶コミュ英Ⅰ・コミュ英Ⅱ・コミュ英Ⅲ・英表Ⅰ・英表Ⅱ　②**外**(150)▶総合英語(コミュ英Ⅰ・コミュ英Ⅱ・コミュ英Ⅲ・英表Ⅰ・英表Ⅱ)

共通テスト利用入試前期(3科目型)　**【日本文学文化学科・哲学科・歴史学科・ジャーナリズム学科】** **4〜3**科目　①**国**(200)▶国　②**外**(日本文学文化100，その他の学科200)▶英(リスニングを含む)・独・仏・中・韓から1　③④**地歴・公民・数・理**(日本文学文化100，その他の学科200)▶世A・世B・日A・日B・地理A・地理B・現社・倫・政経・「倫・政経」・数Ⅰ・「数Ⅰ・数A」・数Ⅱ・「数Ⅱ・数B」・「物基・化基・生基・地学基から2」・物・化・生・地学から1
※英語は，日本文学文化学科はリーディング80点・リスニング20点。その他の学科は160点・40点。

[個別試験] 行わない。

【英語英米文学科】 **4〜3**科目　①**国**(100)▶国(近代)　②**外**(200)▶英(リスニング〈100〉を含む)　③④**地歴・公民・数・理**(100)▶世A・世B・日A・日B・地理A・地理B・現社・倫・政経・「倫・政経」・数Ⅰ・「数Ⅰ・数A」・数Ⅱ・「数Ⅱ・数B」・「物基・化基・生基・地学基から2」・物・化・生・地学から1

[個別試験] 行わない。

【環境地理学科】 **4〜3**科目　①**外**(200)▶英(リスニングを含む)・独・仏・中・韓から1
※英語はリーディング160点・リスニング40点。　②**国・数**(200)▶国・数Ⅰ・「数Ⅰ・数A」・数Ⅱ・「数Ⅱ・数B」から1　③④**地歴・公民・理**(200)▶世A・世B・日A・日B・地理A・地理B・現社・倫・政経・「倫・政経」・「物基・化基・生基・地学基から2」・物・化・生・地学から1

[個別試験] 行わない。

共通テスト利用入試前期(4科目型)　**【日本文学文化学科・哲学科】** **5〜4**科目　①**国**(日本文学文化200・哲100)▶国　②**外**(100)▶英(リスニングを含む)・独・仏・中・韓から1
※英語はリーディング80点・リスニング20点。　③④⑤**地歴・公民・数・理**(100×2)▶「世A・世B・日A・日B・地理A・地理Bから1」・「現社・倫・政経・〈倫・政経〉から1」・「数Ⅰ・〈数Ⅰ・数A〉・数Ⅱ・〈数Ⅱ・数B〉から1」・「〈物基・化基・生基・地学基から2〉・物・化・生・地学から1」から2

[個別試験] 行わない。

【環境地理学科・ジャーナリズム学科】 **5〜4**科目　①**国**(環境地理100・ジャーナリズム200)▶国　②**外**(環境地理100・ジャーナリズム200)▶英(リスニングを含む)・独・仏・中・韓から1　※英語は，環境地理学科はリーディング80点・リスニング20点。ジャーナリズム学科はリーディング160点・リスニング40点。　③**地歴・公民**(100)▶世A・世B・日A・日B・地理A・地理B・現社・倫・政経・「倫・政経」から1　④⑤**数・理**(100)▶数Ⅰ・「数Ⅰ・数A」・数Ⅱ・「数Ⅱ・数B」・「物基・化基・生基・地学基から2」・物・化・生・地学から1

[個別試験] 行わない。

共通テスト利用入試前期(5科目型)　**【英語英米文学科】** **6〜5**科目　①**国**(100)▶国　②**外**(200)▶英(リスニング〈100〉を含む)　③**地歴・公民**(100)▶世A・世B・日A・日B・地理A・地理B・現社・倫・政経・「倫・政経」から1　④**数**(100)▶数Ⅰ・「数Ⅰ・数A」・数Ⅱ・「数Ⅱ・数B」・簿・情から1　⑤⑥**理**(100)▶「物基・化基・生基・地学基から2」・物・化・生・地学から1

[個別試験] 行わない。

共通テスト利用入試後期　**【英語英米文学科】** **5〜4**科目　①**国**(200)▶国(近代)　②**外**(200)▶英(リスニング〈100〉を含む)　③地

歴・公民(200)▶世A・世B・日A・日B・地理A・地理B・現社・倫・政経・「倫・政経」から1 ④⑤数・理(200)▶数Ⅰ・「数Ⅰ・数A」・数Ⅱ・「数Ⅱ・数B」・簿・情・「物基・化基・生基・地学基から2」・物・化・生・地学から1
[個別試験] 行わない。

人間科学部

スカラシップ入試・全国入試 (3)科目 ①国(100)▶国総(漢文を除く)・現文B ②外(100)▶コミュ英Ⅰ・コミュ英Ⅱ・コミュ英Ⅲ・英表Ⅰ・英表Ⅱ ③地歴・公民・数(100)▶世B・日B・地理B・政経・「数Ⅰ・数Ⅱ・数A・数B(数列・ベク)」から1

一般選抜前期(学部個別入試A方式・全学部統一入試)・後期 (3)科目 ①国(100)▶国総(漢文を除く)・現文B ②外(100)▶コミュ英Ⅰ・コミュ英Ⅱ・コミュ英Ⅲ・英表Ⅰ・英表Ⅱ ③地歴・公民・数(100)▶世B・日B・地理B・倫・政経・「数Ⅰ・数Ⅱ・数A・数B(数列・ベク)」から1，ただし倫は社会学科のA方式のみ選択可

共通テスト利用入試前期(3科目型) 【心理学科】 (4~3)科目 ①外(200)▶英(リスニングを含む)・独・仏・中・韓から1 ※英語はリーディング160点・リスニング40点。 ②国・数(150)▶国(近代)・数Ⅰ・「数Ⅰ・数A」・数Ⅱ・「数Ⅱ・数B」から1 ③④地歴・公民・理(150)▶世A・世B・日A・日B・地理A・地理B・現社・倫・政経・「倫・政経」・「物基・化基・生基・地学基から2」・物・化・生・地学から1
[個別試験] 行わない。

【社会学科】 (4~3)科目 ①国(200)▶国(近代・古文) ②外(200)▶英(リスニングを含む)・独・仏・中・韓から1 ※英語はリーディング160点・リスニング40点。 ③④地歴・公民・数・理(200)▶世A・世B・日A・日B・地理A・地理B・現社・倫・政経・「倫・政経」・数Ⅰ・「数Ⅰ・数A」・数Ⅱ・「数Ⅱ・数B」・「物基・化基・生基・地学基から2」・物・化・生・地学から1
[個別試験] 行わない。

共通テスト利用入試前期(4科目型) 【心理学科】 (5~4)科目 ①国(200)▶国(近代) ②外(200)▶英(リスニングを含む)・独・仏・中・韓から1 ※英語はリーディング160点・リスニング40点。 ③④⑤地歴・公民・数・理(200×2)▶「世A・世B・日A・日B・地理A・地理Bから1」・「現社・倫・政経・〈倫・政経〉から1」・「数Ⅰ・〈数Ⅰ・数A〉・数Ⅱ・〈数Ⅱ・数B〉から1」・「〈物基・化基・生基・地学基から2〉・物・化・生・地学から1」から2
[個別試験] 行わない。

【社会学科】 (5~4)科目 ①国(200)▶国(近代・古文) ②外(200)▶英(リスニングを含む)・独・仏・中・韓から1 ※英語はリーディング160点・リスニング40点。 ③数(200)▶数Ⅰ・「数Ⅰ・数A」・数Ⅱ・「数Ⅱ・数B」から1 ④⑤地歴・公民・理(200)▶世A・世B・日A・日B・地理A・地理B・現社・倫・政経・「倫・政経」・「物基・化基・生基・地学基から2」・物・化・生・地学から1
[個別試験] 行わない。

国際コミュニケーション学部

スカラシップ入試・全国入試 (3)科目 ①国(100)▶国総(漢文を除く)・現文B ②外(100)▶コミュ英Ⅰ・コミュ英Ⅱ・コミュ英Ⅲ・英表Ⅰ・英表Ⅱ ③地歴・公民・数(100)▶世B・日B・地理B・政経・「数Ⅰ・数Ⅱ・数A・数B(数列・ベク)」から1

一般選抜前期〈学部個別入試(A方式・C方式)・全学部統一入試〉・後期 (3)科目 ①国(100)▶国総(漢文を除く)・現文B ②外(100・C方式150)▶コミュ英Ⅰ・コミュ英Ⅱ・コミュ英Ⅲ・英表Ⅰ・英表Ⅱ ③地歴・公民・数(100)▶世B・日B・地理B・政経・「数Ⅰ・数Ⅱ・数A・数B(数列・ベク)」から1
※学部個別入試C方式は異文化コミュニケーション学科のみ実施。

共通テスト利用入試前期 (4~3)科目 ①国(日本語200・異文化150)▶国(異文化は近代のみ) ②外(200)▶英(リスニングを含む)・独・仏・中・韓から1 ※英語は，日本語学科はリーディング160点・リスニング40点。異文化コミュニケーション学科は各100点。 ③④地歴・公民・数・理(100)▶世A・世B・日A・日B・地理A・地理B・現社・倫・政経・「倫・政経」・数Ⅰ・「数Ⅰ・数A」・数Ⅱ・「数Ⅱ・数B」・「物基・化基・生基・地学基から2」・物・化・生・地学から1
[個別試験] 行わない。

AO入試　【異文化コミュニケーション学科】
［出願資格］　志望理由および入学後の学修における目標と計画が明確な1浪までの者など。
［選考方法］　書類審査(課題小論文を含む)通過者を対象に，小論文(課題図書を用いた講義受講後)，面接を行う。

ネットワーク情報学部

スカラシップ入試・全国入試　3科目　①国(100・全国60)▶国総(漢文を除く)・現文B，ただし全国入試は現文のみを判定に使用し，現文以外の問題は解答する必要はない　②外(100)▶コミュ英Ⅰ・コミュ英Ⅱ・コミュ英Ⅲ・英表Ⅰ・英表Ⅱ　③数(100)▶数Ⅰ・数Ⅱ・数A・数B(数列・ベク)

一般選抜前期(学部個別入試A方式・全学部統一入試)・後期(共通テスト併用)　〈共通テスト科目〉　1科目　①数▶数Ⅰ・数A
※共通テストの数学の受験は必須とするが，合計点には含めず，基準点(2022年度入試では20点)以上を合格判定対象とする。
〈個別試験科目〉　3科目　①国(60)▶国総(漢文を除く)・現文B，ただし現文のみを判定に使用し，古文の問題は解答する必要はない　②外(100)▶コミュ英Ⅰ・コミュ英Ⅱ・コミュ英Ⅲ・英表Ⅰ・英表Ⅱ　③地歴・公民・数(100)▶世B・日B・地理B・政経・「数Ⅰ・数Ⅱ・数A・数B(数列・ベク)」から1

一般選抜前期学部個別入試F方式　2科目　外(100)▶コミュ英Ⅰ・コミュ英Ⅱ・コミュ英Ⅲ・英表Ⅰ・英表Ⅱ　②数(200)▶数Ⅰ・数Ⅱ・数Ⅲ・数A・数B(数列・ベク)

一般選抜前期学部個別入試AS方式(共通テスト併用)　〈共通テスト科目〉　1科目　①数(100)▶数Ⅰ・数A
〈個別試験科目〉　前期学部個別入試A方式の3科目を判定に利用

共通テスト利用入試前期(数学基準型・数学得点型)　5〜4科目　①外(200)▶英(リスニングを含む)・独・仏・中・韓から1　※英語はリーディング150点・リスニング50点。　②数(200)▶数Ⅰ・数A　※数学基準型は得点を判定には使用せず，基準点(2022年度入試では20点)以上を合格判定対象とする。　③④⑤国・地歴・公民・数・理(200×2)▶国(近代)・「世A・世B・日A・日B・地理A・地理Bから1」・「現社・倫・政経・〈倫・政経〉から1」・「数Ⅱ・〈数Ⅱ・数B〉・簿・情から1」・「物基・化基・生基・地学基から2」・物・化・生・地学から2
※理科から2科目選択可(基礎を付した科目と基礎を付さない科目間の同一名称を含む科目選択可)。
［個別試験］　行わない。

共通テスト試験利用入試前期(数学重視型)　5〜4科目　①②数(100×2)▶「数Ⅰ・数A」・「数Ⅱ・数B」　③④⑤国・外・理(100×2)▶国(近代)・英(リスニングを含む)・「〈物基・化基・生基・地学基から2〉・物・化・生・地学から1」から2　※英語はリーディング150点・リスニング50点の合計200点を100点満点に圧縮。
［個別試験］　行わない。

共通テスト利用入試後期　6〜5科目　①数(200)▶数Ⅰ・数A　②③④⑤⑥国・外・地歴・公民・数・理(200×4)▶国(近代)・「英(リスニングを含む)・独・仏・中・韓から1」・「世A・世B・日A・日B・地理A・地理Bから1」・「現社・倫・政経・〈倫・政経〉から1」・「数Ⅱ・〈数Ⅱ・数B〉・簿・情から1」・「物基・化基・生基・地学基から2」・物・化・生・地学から4　※英語はリーディング150点・リスニング50点。
※理科から2科目選択可(基礎を付した科目と基礎を付さない科目間の同一名称を含む科目選択可)。
※選択科目は上位2科目の得点を1.5倍して，必須の数学と合わせて1200点満点で判定する。
［個別試験］　行わない。

AO入試　［出願資格］　ワークショップ参加型は，学部主催のワークショップに参加した経験を踏まえ，本学部での学びにつながる能力や資質を示すことができる者。自己アピール型は，学部での学びにつながる能力や経験，または基本情報技術者試験合格等の情報技術に関する技能を示すことができる者など。
［選考方法］　書類審査(自己推薦動画，自己推薦内容説明書類を含む。いずれもWeb提出)通過者を対象に，記述式総合問題(実施後に解答内容に関する面接を行うことあり)，面

接を行う。

その他の選抜

学校推薦型選抜（経営学部経営学科全国商業高等学校長協会推薦入学試験，商学部全国商業高等学校長協会推薦入学試験，指定校制推薦入学試験，スポーツ推薦入学試験），帰国生入学試験，外国人留学生入学試験，学士入学試験。

偏差値データ（2023年度）

●一般選抜

学部／学科／専攻	2023年度 駿台予備学校 合格目標ライン	2023年度 河合塾 ボーダー得点率	2023年度 河合塾 ボーダー偏差値	2022年度実績 募集人員	受験者数	合格者数	合格最低点	競争率 '22年	競争率 '21年
経済学部									
現代経済(学部個別A)	44	—	50		1,306	531	184.0/300	2.5	2.9
(学部個別ＡＳ)	46	77%	50	127	539	196	265.3/400	2.8	3.0
(全学部統一)	44	—	50		415	163	196.0/300	2.5	3.0
(学部個別B)	44	—	50	—	—	—	—	新	—
(スカラシップ2/1)	—	—	—	(100)	101	4	228.0/300	25.3	28.3
(全国2/1)	45	—	50	20	238	89	178.0/300	2.7	2.5
(後期)	—	—	—	5	147	40	189.0/300	3.7	4.1
生活環境経済(学部個別A)	43	—	47.5		923	473	172.0/300	2.0	2.5
(学部個別ＡＳ)	45	72%	47.5	131	433	192	255.0/400	2.3	2.8
(全学部統一)	44	—	47.5		414	199	184.0/300	2.1	2.6
(学部個別B)	43	—	47.5	—	—	—	—	新	—
(スカラシップ2/1)	—	—	—	(100)	25	0	228.0/300	—	20.3
(全国2/1)	44	—	47.5	20	91	38	163.0/300	2.4	2.7
(後期)	—	—	—	5	175	60	179.0/300	2.9	3.4
国際経済(学部個別A)	44	—	47.5		818	394	178.0/300	2.1	2.6
(学部個別ＡＳ)	46	74%	50	101	291	130	257.0/400	2.2	3.1
(学部個別C)	44	—	50		50	20	198.5/350	2.5	2.7
(全学部統一)	45	—	50		234	108	188.0/300	2.2	2.4
(スカラシップ2/1)	—	—	—	(100)	54	5	228.0/300	10.8	58.0
(全国2/1)	45	—	50	20	118	58	171.0/300	2.0	2.5
(後期)	—	—	—	5	96	39	178.0/300	2.5	3.0
法学部									
法律(学部個別A)	46	—	52.5		1,646	519	200.0/300	3.2	2.6
(学部個別ＡＳ)	48	76%	52.5	173	791	242	280.0/400	3.3	2.7
(全学部統一)	47	—	52.5		647	198	211.0/300	3.3	2.6
(スカラシップ2/1)	—	—	—	(100)	177	7	228.0/300	25.3	14.1
(全国2/1)	46	—	55	40	294	109	188.0/300	2.7	3.1
(後期)	—	—	—	15	189	33	201.0/300	5.7	6.0
政治(学部個別A)	45	—	50		591	264	191.0/300	2.2	2.7
(学部個別ＡＳ)	47	76%	52.5	55	274	92	278.0/400	3.0	2.8
(全学部統一)	45	—	50		313	138	201.0/300	2.3	2.4

学部／学科／専攻	2023年度 駿台予備学校 合格目標ライン	2023年度 河合塾 ボーダー得点率	2023年度 河合塾 ボーダー偏差値	2022年度実績 募集人員	受験者数	合格者数	合格最低点	競争率 '22年	競争率 '21年
(スカラシップ2/1)	—	—	—	(100)	44	3	228.0/300	14.7	9.3
(全国2/1)	**46**	—	**57.5**	13	95	37	189.0/300	2.6	3.2
(後期)	—	—	—	5	60	18	187.0/300	3.3	8.8
経営学部									
経営(学部個別A)	**44**	—	**50**	85	1,111	446	186.0/300	2.5	3.1
(学部個別C)	**44**	—	**47.5**	45	118	49	209.0/350	2.4	2.8
(全学部統一)	**44**	—	**50**		568	228	196.0/300	2.5	2.9
(スカラシップ2/1)	—	—	—	(100)	91	4	228.0/300	22.8	13.6
(全国2/1)	**45**	—	**52.5**	20	224	89	180.0/300	2.5	2.7
(後期)	—	—	—	28	247	88	183.0/300	2.8	3.2
ビジネスデザイン(学部個別A)	**43**	—	**47.5**	45	457	203	183.0/300	2.3	3.3
(学部個別C)	**43**	—	**47.5**	25	92	44	200.5/350	2.1	3.0
(全学部統一)	**44**	—	**50**		248	117	188.0/300	2.1	3.6
(スカラシップ2/1)	—	—	—	(100)	42	0	228.0/300	—	28.0
(全国2/1)	**44**	—	**50**	10	121	43	180.0/300	2.8	3.1
(後期)	—	—	—	(28)	157	65	173.0/300	2.4	3.4
商学部									
マーケティング(学部個別A)	**42**	—	**55**	168	1,345	315	203.0/300	4.3	3.9
(学部個別ＡＳ)	**43**	**80%**	**52.5**		693	183	362.0/500	3.8	3.9
(学部個別Ｂ)	**42**	—	**52.5**		321	65	—	4.9	6.0
(全学部統一)	**42**	—	**52.5**		405	74	216.0/300	5.5	4.1
(学部個別C)	**42**	—	**52.5**	—	—	—	—	新	—
(学部個別D)	**42**	—	**52.5**	—	—	—	—	新	—
(スカラシップ2/1)	—	—	—	(100)	130	10	228.0/300	13.0	12.1
(全国2/1)	**43**	—	**52.5**	35	248	107	177.0/300	2.3	2.8
(後期)	—	—	—	10	158	17	208.0/300	9.3	5.2
会計(学部個別A)	**43**	—	**52.5**	77	606	130	200.0/300	4.7	4.4
(学部個別ＡＳ)	**45**	**77%**	**50**		317	81	360.0/500	3.9	3.4
(学部個別Ｂ)	**43**	—	**52.5**		205	38	—	5.4	7.6
(全学部統一)	**43**	—	**50**		170	32	223.0/300	5.3	5.0
(学部個別C)	**43**	—	**52.5**	—	—	—	—	新	—
(学部個別D)	**43**	—	**52.5**	—	—	—	—	新	—
(スカラシップ2/1)	—	—	—	(100)	76	2	228.0/300	38.0	70.0
(全国2/1)	**44**	—	**52.5**	(35)	143	51	177.0/300	2.8	2.9
(後期)	—	—	—	(10)	121	25	195.0/300	4.8	4.3
文学部									
日本文学文化(学部個別A)	**45**	—	**55**	69	365	129	195.0/300	2.8	3.1
(学部個別D)	**44**	—	**55**		340	116	255.0/400	2.9	3.1
(全学部統一)	**44**	—	**50**		222	78	207.0/300	2.8	3.1
(スカラシップ2/1)	—	—	—	(100)	38	2	228.0/300	19.0	13.8
(全国2/1)	**45**	—	**55**	10	73	28	185.0/300	2.6	4.4
(後期)	—	—	—	4	77	20	186.0/300	3.9	3.0

学部／学科／専攻	2023年度			2022年度実績					
	駿台予備学校	河合塾		募集人員	受験者数	合格者数	合格最低点	競争率	
	合格目標ライン	ボーダー得点率	ボーダー偏差値					'22年	'21年
英語英米文（学部個別A）	**46**	—	**50**	46	345	171	183.0/300	2.0	3.1
（学部個別E）	**48**	**82%**	**55**	40	128	65	209.5/300	2.0	2.1
（全学部統一）	**46**	—	**50**		247	122	199.0/300	2.0	1.7
（スカラシップ2/1）	—	—	—	(100)	41	1	228.0/300	41.0	13.0
（全国2/1）	**47**	—	**55**	13	75	38	209.5/350	2.0	3.0
（後期）	—	—	—	5	100	27	170.0/300	3.7	1.9
哲（学部個別A）	**45**	—	**50**	34	236	103	184.0/300	2.3	2.8
（全学部統一）	**44**	—	**47.5**		143	65	192.0/300	2.2	2.6
（スカラシップ2/1）	—	—	—	(100)	40	2	228.0/300	20.0	—
（全国2/1）	**45**	—	**52.5**	10	61	25	178.0/300	2.4	2.5
（後期）	—	—	—	3	69	30	176.0/300	2.3	2.6
歴史（学部個別A）	**46**	—	**50**	81	583	267	186.0/300	2.2	2.2
（全学部統一）	**46**	—	**52.5**		401	182	202.0/300	2.2	2.3
（スカラシップ2/1）	—	—	—	(100)	57	1	228.0/300	57.0	9.2
（全国2/1）	**47**	—	**52.5**	15	105	42	185.0/300	2.5	2.6
（後期）	—	—	—	7	128	33	195.0/300	3.9	2.5
環境地理（学部個別A）	**44**	—	**47.5**	36	280	118	186.0/300	2.4	2.3
（全学部統一）	**44**	—	**47.5**		214	91	190.0/300	2.4	2.1
（スカラシップ2/1）	—	—	—	(100)	26	0	228.0/300	—	—
（全国2/1）	**45**	—	**52.5**	6	50	23	174.0/300	2.2	2.8
（後期）	—	—	—	2	129	24	185.0/300	5.4	1.4
ジャーナリズム（学部個別A）	**45**	—	**50**	45	317	107	190.0/300	3.0	2.0
（全学部統一）	**44**	—	**50**		159	61	204.0/300	2.6	2.1
（スカラシップ2/1）	—	—	—	(100)	40	5	228.0/300	8.0	14.5
（全国2/1）	**45**	—	**52.5**	15	74	30	178.0/300	2.5	2.6
（後期）	—	—	—	4	53	18	184.0/300	2.9	2.9
人間科学部									
心理（学部個別A）	**46**	—	**52.5**	45	395	100	198.0/300	4.0	5.1
（全学部統一）	**46**	—	**52.5**		295	76	218.0/300	3.9	4.7
（スカラシップ2/1）	—	—	—	(100)	35	3	228.0/300	11.7	30.0
（全国2/1）	**47**	—	**50**	7	74	19	197.0/300	3.9	5.6
（後期）	—	—	—	2	85	8	209.0/300	10.6	6.3
社会（学部個別A）	**44**	—	**50**	89	724	343	184.0/300	2.1	2.9
（全学部統一）	**44**	—	**52.5**		244	120	201.0/300	2.0	2.9
（スカラシップ2/1）	—	—	—	(100)	81	7	228.0/300	11.6	34.0
（全国2/1）	**45**	—	**52.5**	15	163	69	179.0/300	2.4	2.7
（後期）	—	—	—	5	105	30	196.0/300	3.5	3.5
国際コミュニケーション学部									
日本語（学部個別A）	**44**	—	**50**	39	193	78	195.0/300	2.5	2.6
（全学部統一）	**44**	—	**50**		105	39	206.0/300	2.7	2.5
（スカラシップ2/1）	—	—	—	(100)	12	0	228.0/300	—	13.0
（全国2/1）	**45**	—	**55**	3	23	7	194.0/300	3.3	4.0

学部／学科／専攻	2023年度			2022年度実績					
	駿台予備学校	河合塾							
	合格目標ライン	ボーダー得点率	ボーダー偏差値	募集人員	受験者数	合格者数	合格最低点	競争率 '22年	競争率 '21年
(後期)	—	—	—	5	50	16	193.0/300	3.1	2.7
異文化コミュニケーション(学部個別A)	**44**	—	**55**	76	783	227	205.0/300	3.4	3.7
(学部個別C)	**44**	—	**55**		106	37	231.5/350	2.9	3.3
(全学部統一)	**44**	—	**55**		304	80	219.0/300	3.8	3.6
(スカラシップ2/1)	—	—	—	(100)	103	9	228.0/300	11.4	18.0
(全国2/1)	**45**	—	**57.5**	10	144	44	200.0/300	3.3	7.1
(後期)	—	—	—	5	110	16	208.0/300	6.9	2.9
ネットワーク情報学部									
ネットワーク情報(学部個別A)	**42**	—	**50**	53	303	84	174.0/260	3.6	3.3
(学部個別ＡＳ)	**41**	**51%**	**47.5**		229	61	217.0/360	3.8	3.3
(学部個別Ｆ)	**40**	—	**47.5**		269	80	215.0/300	3.4	3.3
(全学部統一)	**41**	—	**50**		128	32	181.0/260	4.0	3.3
(スカラシップ2/1)	—	—	—	(100)	65	2	228.0/300	32.5	—
(全国2/1)	**41**	—	**50**	8	102	39	139.0/260	2.6	2.4
(後期)	—	—	—	3	56	10	165.0/260	5.6	6.5

- 駿台予備学校合格目標ラインは合格率80%に相当する駿台模試の偏差値です。
- 河合塾ボーダー得点率は合格可能性50%に相当する共通テストの得点率です。また，ボーダー偏差値は合格可能性50%に相当する河合塾全統模試の偏差値です。
- 競争率は受験者÷合格者の実質倍率

※スカラシップ入試は全学部・全学科とおして100名を募集。

MEMO

大正大学（たいしょう）

資料請求

問合せ先 アドミッションセンター　☎03-3918-7311（代）

建学の精神

「智慧と慈悲の実践」を建学の理念に1926（大正15）年に開学し，2026年に100周年を迎える文系総合大学。「自らのためにだけでなく他人の利益になる」ことを大きな目標に掲げて修行する菩薩のように，一人ひとりが将来の夢を実現するために具体的な目標を置いて歩むことを薦めている。建学以来めざしているのは，社会や組織，地域・コミュニティにおける人間本来の幸せ（福祉）実現に貢献する人材の育成。近年は教育ビジョン「4つの人となる」を掲げ，「慈悲（生きとし生けるものに親愛のこころを持てる人となる）」・「自灯明（真実を探究し，自らを頼りとして生きられる人となる）」・「中道（とらわれない心を育て，正しい生き方ができる人となる）」・「共生（共に生き，ともに目標達成の努力ができる人となる）」を指針としている。

● 巣鴨校舎……〒170-8470　東京都豊島区西巣鴨3-20-1

基本データ

学生数▶4,778名（男2,332名，女2,446名）

専任教員数▶教授82名，准教授38名，講師33名

設置学部▶社会共生，地域創生，表現，心理社会，文，仏教

併設教育機関▶大学院ー仏教学・人間学・文学（以上M・D）

就職・卒業後の進路

就職率 96.9%（就職者÷希望者×100）

● **就職支援**　就職後のミスマッチを防ぐとともに，“ワンランク上”の結果を出すことをめざして，3年次に「全員進路面談」を実施し，一人ひとりの志望と適性をしっかり把握した上でキャリア支援を展開。就活支援講座は，就職活動に向けた準備の開始時期が学生個々により変化しているため，従来から大幅に講座開始時期を分散し，意欲が高まった時点で参加できるよう受け皿を用意している。

● **資格取得支援**　FP技能検定，簿記検定などの資格講座ガイダンスを実施するほか，公務員試験対策でも大原学園と連携。学内での講座と学外での学習を組み合わせることで，より質の高い試験対策を展開している。

進路指導者も必見 学生を伸ばす 面倒見

初年次教育

幅広い知識を学び，合わせてリーダーシップの基礎をも習得する「人間の探究」「社会の探究」「自然の探究」といった科目群や「データサイエンス」などを開講するほか，共通教育科目全体で論理的思考力を育成している

学修サポート

全学部でTA・SA制度，オフィスアワー制度を導入。また総合学修支援機構DACを設置し，チューターが学修支援を行い，年2回の全員面談も実施。授業では教員2名とタッグを組み，チーム・ティーチングを行っている

オープンキャンパス（2022年度実績）　6・7・8・9・12・3月に対面＆オンラインのハイフレックスで開催。キャンパスツアー，図書館見学，模擬授業，入試対策講座など。保護者向け大正大学ガイダンスも行っている。

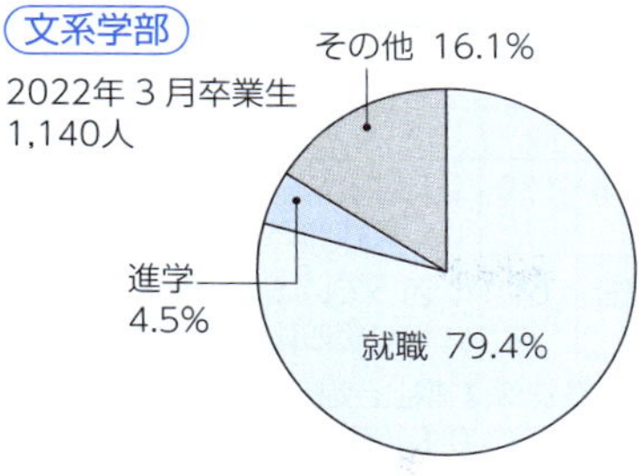

主なOB・OG ▶ ［文］木津雅晟（埼玉県三郷市長），［文］安岡定二（光製作所社長），［文］吹石一恵（女優），［表現］浅利陽介（俳優），［表現］波木銅（小説家），［仏教］山尾順紀（山形県新庄市長）など。

国際化・留学　大学間 10 大学・部局間 2 大学

受入れ留学生数 ▶ 19名（2022年５月１日現在）

留学生の出身国 ▶ 中国，タイ，韓国，ベトナムなど。

外国人専任教員 ▶ 教授１名，准教授０名，講師０名（2022年５月１日現在）

外国人専任教員の出身国 ▶ 中国。

大学間交流協定 ▶ 10大学（交換留学先８大学，2022年９月１日現在）

部局間交流協定 ▶ ２大学（交換留学先２大学，2022年９月１日現在）

海外への留学生数 ▶ 渡航型１名・オンライン型15名／年（４カ国・地域，2021年度）

海外留学制度 ▶ 半年または１年間，姉妹校（協定校）で学ぶ協定留学は，期間中の本学授業料相当額を海外特別留学奨学金として支給。このほか，自ら選定した大学で学ぶ認定留学や任意留学，春季休暇中に２～３週間程度実施する海外文化・語学研修（2021・22年はオンラインで開催）を行っている。

学費・奨学金制度　給付型奨学金総額 年間約 164 万円

入学金 ▶ 200,000円

年間授業料（施設費等を除く）▶ 850,000円～（詳細は巻末資料参照）

年間奨学金総額 ▶ 1,635,000円

年間奨学金受給者数 ▶ ８人

主な奨学金制度 ▶ 新しいことにチャレンジする学生や復興支援などを通じて社会貢献を志す学生を対象とした「チャレンジ支援奨学金」や「学術文化奨励金」「新入生奨学金」「人材育成奨学金」などの制度を設置。授業料減免型の2021年度実績は，132名を対象に総額で約3,455万円を減免している。

保護者向けインフォメーション

● **成績確認**　成績通知表を郵送している。

● **父母会**　「父母会」を組織し，例年６月に総会や教育相談会，就職説明会を開催している。

● **就職ガイダンス**　２年生の保護者向け就職活動ガイダンスを２月に，オンラインにて開催。

● **防災対策**　「防災への心構え」を大学HPで公開。災害時の学生の状況は，ポータルサイトを利用して確認するようにしている。

● **コロナ対策１**　ワクチンの職域接種を実施。対面授業とオンライン授業を感染状況に応じて併用。「コロナ対策２」（下段）あり。

インターンシップ科目	必修専門ゼミ	卒業論文	GPA制度の導入の有無および活用例	１年以内の退学率	標準年限での卒業率
全学部で開講している	全学部で４年間を通して実施	全学部で卒業要件	奨学金や授業料免除対象者の選定基準，留学候補者の選考，退学勧告の基準，学生に対する個別の学修指導などに活用している	1.7%	86%

● **コロナ対策２**　学生への経済的支援として，コロナ禍で困窮した学生に対して，１人あたり最高30万円の給付型奨学金を支給。また，2020年度にはオンライン授業への学修環境整備のため，学生全員に一律５万円を給付。

学部紹介

学部／学科	定員	特色
社会共生学部		
公共政策	130	▷「人間が豊かで幸せに生きることができる社会の実現」に向けた実践的アプローチの方法などを考察する。
社会福祉	65	▷困っている人々を支え，地域の方々と社会福祉課題の解決に取り組む即戦力となるソーシャルワーカーを育成する。
● 取得可能な資格…社会福祉士・精神保健福祉士受験資格など。 ● 進路状況…………就職87.5%　進学1.0%（旧人間学部実績） ● 主な就職先………ネクステージ，京浜急行電鉄，キリンホールディングスなど（旧人間学部実績）。		
地域創生学部		
地域創生	100	▷長期の地域実習を軸に，都市と地方の双方に関わりを持ちながら，日本の未来を創造できる「地域人」を育成する。
● 進路状況…………就職91.2%　進学2.0% ● 主な就職先………大東建託パートナーズ，王将フードサービス，マーキュリー，コーナン商事など。		
表現学部		
表現文化	205	▷2023年度より，コース編成を改組し，文化表現系に情報文化デザイン，クリエイティブライティング，街文化プランニングの３コース，メディア表現系に放送・映像メディア，アート＆エンターテインメントワークの２コースを設置。
● 進路状況…………就職75.9%　進学0.5% ● 主な就職先………ビジュアルバンク，AOI Pro.，星野リゾート・マネジメント，モトーレン埼玉など。		
心理社会学部		
人間科	120	▷人間の“Life”を人間発達，現代社会生活に分類し，心理学・社会学・身体科学の領域を横断しながら学ぶ。
臨床心理	110	▷人の心をより深く理解し，どうすれば適切な心理援助ができるかを，心理臨床現場経験が豊富な教員と探究する。
● 取得可能な資格…司書，学芸員など。 ● 進路状況…………就職75.0%　進学6.4% ● 主な就職先………システナ，ニチイ学館，ココカラファインヘルスケア，エイブル，福山通運など。		
文学部		
日本文	70	▷「文学」と「言語」の２つの分野から，日本の文化を探究する。
人文	65	▷哲学・宗教文化，国際文化の２コース。国際文化コースでは，英語力アップや英語教員の養成にも力を入れている。
歴史	160	▷日本史，東洋史，文化財・考古学の３コースを設置。
● 取得可能な資格…教職（国・地歴・公・社・書・英・宗），司書，司書教諭，学芸員など。 ● 進路状況…………就職77.7%　進学5.2% ● 主な就職先………葵企業，文化シヤッターサービス，まいばすけっと，レンタルのニッケンなど。		
仏教学部		
仏教	100	▷仏教学，国際教養，宗学の３コースに，2023年度より，仏教文化遺産コースを新設。国際教養コースでは，日本の魅力を世界に発信できるグローバルな人材を育成する。
● 取得可能な資格…教職（公・社・宗），司書，司書教諭，学芸員など。 ● 進路状況…………就職74.8%　進学13.7% ● 主な就職先………長谷寺，平間寺，増上寺，大正大学，富士通Japan，あさひ，コスモス薬品など。		

キャンパスアクセス [巣鴨校舎] JR埼京線一板橋より徒歩10分／都営地下鉄三田線一西巣鴨より徒歩2分／都電荒川線一庚申塚・新庚申塚より徒歩7分／JR・東京メトロ各線，西武池袋線，東武東上線一池袋よりバス8分

キャンパス

全学部……［巣鴨校舎］東京都豊島区西巣鴨3-20-1

2023年度入試要項（前年度実績）

●募集人員

学部／学科		チャレンジ型	一般前期	一般中期	一般後期
社会共生	公共政策	15	35	11	10
	社会福祉	10	12	7	5
地域創生	地域創生	10	24	10	8
表現	表現文化	20	60	25	18
心理社会	人間科	10	40	12	10
	臨床心理	10	34	10	10
文	日本文	10	15	6	6
	人文	10	15	5	6
	歴史	16	50	20	12
仏教	仏教	5	15	7	5

▷チャレンジ型一般選抜は，早期合格に加えて，奨学金にチャレンジできる入試。

全学部

一般選抜（チャレンジ型一般選抜・前期・中期・後期）〈3科目方式〉 3科目 ①国(100)▶国総(近代・古典〈古文。漢文を除く〉) ②外(100)▶コミュ英Ⅰ・コミュ英Ⅱ・英表Ⅰ ③地歴・公民・数(100)▶世Ｂ・日Ｂ・政経・「数Ⅰ・数A」から1

一般選抜(前期・中期)〈4科目方式〉 4科目 ①国(100)▶国総(近代・古典〈古文。漢文を除く〉) ②外(100)▶コミュ英Ⅰ・コミュ英Ⅱ・英表Ⅰ ③数(100)▶数Ⅰ・数Ａ ④地歴・公民(100)▶世Ｂ・日Ｂ・政経から1

一般選抜(前期・後期)〈2科目方式〉 2科目 ①国(100)▶国総(近代・古典〈古文。漢文を除く〉) ②外(100)▶コミュ英Ⅰ・コミュ英Ⅱ・英表Ⅰ

※一般選抜において，英語外部試験のスコアを利用し，試験科目「英語」の得点として換算することができる制度を設置(ネット出願時に要登録)。なお，英語外部試験のスコアを利用した場合でも，一般選抜の英語試験を受験することが可能。その場合は，いずれか高得点のものを合否判定に採用する。利用できる英語外部試験は，英検(CSE2.0スコア。英検CBT，S-CBTを含む)，GTEC（4技能）CBTタイプ，IELTS（アカデミック・モジュール），TEAP（4技能)のいずれか。

その他の選抜

共通テスト利用入試は社会共生学部24名，地域創生学部12名，表現学部26名，心理社会学部30名，文学部37名，仏教学部8名を，高大接続入試は社会共生学部38名，地域創生学部18名，表現学部38名，心理社会学部44名，文学部54名，仏教学部10名を募集。ほかに総合型選抜，自己推薦入試，地域戦略人材育成入試，宗門子弟特別入試，社会人入試，外国人留学生入試を実施。

偏差値データ（2023年度）

●一般選抜前期（3科目方式）

学部／学科	2023年度 駿台予備学校 合格目標偏差値	2023年度 河合塾 ボーダー偏差値	2022年度 競争率
▶社会共生学部			
公共政策	38	42.5	1.1
社会福祉	39	40	1.1
▶地域創生学部			
地域創生	39	37.5	1.1
▶表現学部			
表現文化	40	42.5	1.5
▶心理社会学部			
人間科	40	45	1.4
臨床心理	42	45	1.4
▶文学部			
日本文	41	42.5	1.2
人文	41	42.5	1.2
歴史	42	42.5	1.3
▶仏教学部			
仏教	38	42.5	1.0

- 駿台予備学校合格目標ラインは合格可能性80％に相当する駿台模試の偏差値です。
- 河合塾ボーダー偏差値は合格可能性50％に相当する河合塾全統模試の偏差値です。なお，3科目方式全日程の偏差値です。
- 競争率は受験者÷合格者の実質倍率

大東文化大学

資料請求

問合せ先　入学センター　☎03-5399-7800

建学の精神

「東西文化の融合をはかり，新たな文化の創造をめざす」を建学の精神に，1923（大正12）年に設立された大東文化学院が前身。新元号発表時の「平成」や「令和」を揮毫したのは本学の卒業生であり，その書道をはじめ，中国学，日本文学などの分野で，比類ない伝統と歴史を誇ってきた。今日では人文・社会科学全領域だけでなく，体育・保健衛生系の領域までカバーする総合大学へと発展。また，創設以来，中国やアジアに強い大学として認められてきたが，環太平洋さらには全世界に国際交流の輪を広げるなど，創設の理念「東西文化の融合」は脈々と受け継がれてきている。文化と向き合って100年。2023年に創立100周年を迎え，今まで以上に地域・領域・時代を超えた多彩な文化が交差し，出会う場へ。その真ん中には，いつも，大東文化大学がいる。

- **東京板橋キャンパス**……〒175-8571　東京都板橋区高島平1-9-1
- **埼玉東松山キャンパス**…〒355-8501　埼玉県東松山市岩殿560

基本データ

学生数▶11,153名（男7,014名，女4,139名）
専任教員数▶教授194名，准教授103名，講師42名
設置学部▶文，経済，外国語，法，国際関係，経営，スポーツ・健康科，社会
併設教育機関▶大学院―文学・経済学・法学・外国語学・アジア地域・経営学（以上M・D），スポーツ・健康科学（M）

就職・卒業後の進路

就職率 **94.6**%
就職者÷希望者×100

●**就職支援**　メインとなる「就職ガイダンス」や「就職筆記試験対策講座」，採用担当経験者による「面接トレーニング」，公務員試験対策などの各種講座のほか，「外見力UP講座」，約300社が学内に集まる「学内就職セミナー」など，さまざまなイベント・プログラムを通して支援。きめ細やかな個人面談は就職活動中はもちろん，１年次から相談可能。

●**資格取得支援**　秘書技能検定，日商簿記検定，宅地建物取引士，国内旅行業務取扱管理者，ITパスポートなど，さまざまな資格取得支援講座をダブルスクールで開講。教員志望

進路指導者も必見 学生を伸ばす 面倒見

初年次教育
「基礎演習」「基礎ゼミナール」「フレッシュマンセミナー」「リサーチ・スキルズ」「文章表現法」「チュートリアル」「コンピュータ基礎」「情報処理」「情報リテラシ」など，各学科独自の科目名で初年次教育を実施

学修サポート
全学部でTA制度を導入しているほか，教員がオフィスアワーを設定し，学生からの質問や相談に応じている。

オープンキャンパス（2022年度実績）　東京板橋キャンパスで６月19日，埼玉東松山キャンパスで７月24日，８月13・14日に開催（要事前予約）。大学紹介，模擬授業，入試ナビ，キャンパスツアー，学生トークライブなど。

者には教職課程センターを設置し，教職セミナーを，両キャンパスでほぼ毎日実施。

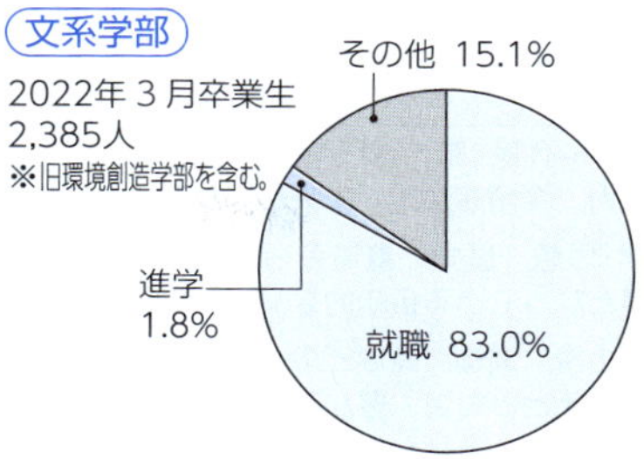

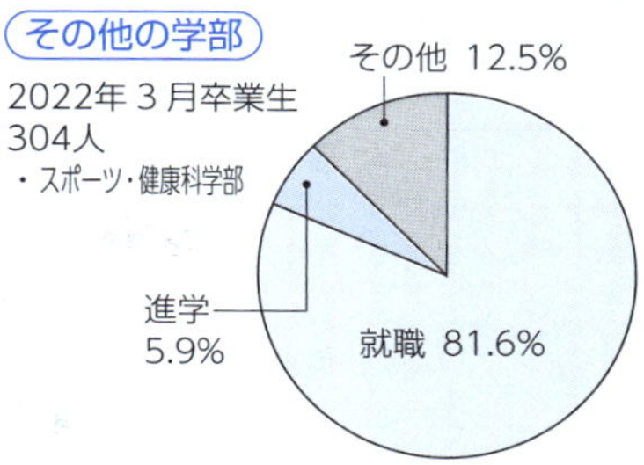

主なOB・OG▶［法］穂坂雅之（楽天カード社長），［経済］守谷承弘（因幡電機産業会長），［経済］須藤茂（茨城県筑西市長），［経済］恒川光太郎（小説家），［文］中塚翠涛（書道家），［国際関係］新浜レオン（演歌歌手）など。

国際化・留学　大学間 109 大学等

受入れ留学生数▶350名（2022年５月１日現在）
留学生の出身国・地域▶中国，韓国，ベトナム，香港，トンガなど。
外国人専任教員▶教授11名，准教授８名，講師２名（2022年５月１日現在）
外国人専任教員の出身国▶中国，韓国，イギリス，ドイツ，フランスなど。
大学間交流協定▶109大学・機関（2022年５月１日現在）
海外への留学生数▶渡航型31名／年（７カ国・地域，2021年度）
海外留学制度▶最長１年の協定校留学や減免留学，私費留学，奨学金を受けての奨学金留学，春・夏休みを利用する約１カ月の短期語学研修など，多様な留学制度を用意。外国語学部中国語学科では，中国の大学に２年間留学するダブルディグリープログラムも設置。

学費・奨学金制度　給付型奨学金総額 年間約 1 億 7,953 万円

入学金▶210,000円（看護250,000円）
年間授業料（施設費等を除く）▶713,000円～（詳細は巻末資料参照）
年間奨学金総額▶179,528,992円
年間奨学金受給者数▶348人
主な奨学金制度▶指定の入試において優秀な成績を収めた者を対象とした予約型の「桐門の翼奨学金」や「温故知新報奨金」「特別修学支援金」「教育ローン利子補給金」「学生災害見舞金」などの制度を設置。また，学費減免制度もあり，2021年度には452人を対象に総額で約１億1,721万円を減免している。

保護者向けインフォメーション

● **オープンキャンパス**　通常のオープンキャンパス時に保護者を対象とした説明会を実施。
● **成績確認**　成績通知書を郵送している。
● **保護者会**　青桐会（保護者会）があり，７月から８月にかけて全国各支部で総会を開催。多くの支部では，同時に就職懇談会なども行われている。会報誌「Arch」や「保護者のためのガイドブック」も発行。
● **防災対策**　「防災マニュアル」をガイダンス時に配布（教室内にも配置）。災害時の学生の安否は「DBポータル」を通じて確認する。
● **コロナ対策**　入構ガイドラインを策定している。「コロナ対策２」（下段）あり。

インターンシップ科目	必修専門ゼミ	卒業論文	GPA制度の導入の有無および活用例	１年以内の退学率	標準年限での卒業率
外国語・国際関係・経営・社会で開講	文・外国語・国際関係・スポ健・社会は１・３・４年次，経済・経営は１年次に実施	学部・学科による	導入している	1.5%	85.2%

● **コロナ対策２**　対面とオンラインを感染状況に応じて併用。2022年度は感染症対策に十分な配慮を行った上で原則対面授業を実施。その際には収容定員を適正管理し，各時限の中間にチャイムを鳴らし，換気を促した。

学部紹介

学部／学科	定員	特色
文学部		
日本文	150	▷日本文学作品や作家，時代背景へ広い視野でアプローチし，想像力と創造力，課題解決力，未来を切り開く力を養う。
中国文	70	▷文学，哲学・思想，歴史，書道芸術などを通して，中国人の精神的背景となっている伝統的な文化への理解を深める。
英米文	130	▷英米文学の小説，演劇，詩などの多彩な表現に触れ，人間への興味を深めるとともに，豊かな思考力を養う。
教育	120	▷教育に関する知識と技術を体系的に学び，総合力のある教育のプロを養成する。社会教育士の資格取得も可能。
書道	60	▷歴史，理論，鑑賞法に精通する書学と，芸術表現を追求する書作を並行して学び，「書」に対する広い視野を養う。
歴史文化	100	▷東西文化，日本史，観光歴史学の３コース。グローバルな視点で歴史・文化を学び，社会に発信できる人材を育成する。
●取得可能な資格…教職(国・地歴・社・書・英，小一種，幼一種)，司書，司書教諭，学芸員，保育士など。 ●進路状況…………就職81.8%　進学4.1% ●主な就職先………幼小中高教員，地方公務員行政職，保育士，クラブツーリズム，東京地下鉄など。		
経済学部		
社会経済	205	▷基礎的な経済理論に加え，社会経済諸思想，経済史などにも重点を置き，社会総体を懐深くとらえる視点を養う。
現代経済	165	▷日々変動する国内外の経済動向を，現代経済理論や数量データ分析の手法に基づいて考察する。
●取得可能な資格…教職(地歴・公・社)，司書，司書教諭，学芸員。 ●進路状況…………就職85.9%　進学0.8% ●主な就職先………地方公務員行政職，警察官，城北信用金庫，大和ハウス工業，日本貨物鉄道など。		
外国語学部		
中国語	70	▷社会(ビジネス)，言語(通訳翻訳)の２コース。実践的な中国語の修得と，中国ビジネスシーンを見据えたスキルを磨く。
英語	230	▷英語，ヨーロッパ２言語の２コース。習得した高度な言語能力を幅広く活用するため，多彩な留学プログラムを提供。
日本語	60	▷主にアジアからの留学生とともに，外国語のように日本語を見つめ，その仕組み(音声，語彙，文法など)を探る。
●取得可能な資格…教職(国・英・中)，司書，司書教諭，学芸員など。 ●進路状況…………就職75.1%　進学2.8% ●主な就職先………中高教員，地方公務員行政職，警察官，大成建設，消防官，リコージャパンなど。		
法学部		
法律	225	▷少数精鋭のゼミを重視し，裁判の判決の読解や，研究成果の論文作成など，自由に学びを深められる環境を用意。
政治	150	▷政治学だけでなく，法学，経済学，社会学，情報などの科目も履修し，社会に貢献できる広い視野と教養を身につける。
●取得可能な資格…教職(地歴・公・社)，司書，司書教諭，学芸員。 ●進路状況…………就職82.4%　進学0.8% ●主な就職先………地方公務員行政職・警察事務，警察官，消防官，東京電力ホールディングスなど。		

キャンパスアクセス　[東京板橋キャンパス] 都営地下鉄三田線一西台より徒歩９分／東武東上線一東武練馬よりスクールバス7分，成増よりバス15分／JR各線一赤羽よりバス20分

国際関係学部		
国際関係	100	▷アジア諸地域を中心とした世界を取り巻く諸課題を，政治・経済・社会といった社会科学の視点から考察する。
国際文化	100	▷アジア諸地域の伝統と多様性について学び，多文化共生社会に向けた課題を人文科学の視点から考察する。
● **取得可能な資格**…司書，学芸員。　● **進路状況**…………就職88.5%　進学0.5% ● **主な就職先**………警察官，地方公務員行政職，消防官，ニトリ，マキタ，大和総研，岡三証券など。		
経営学部		
経営	365	▷経営，会計，マーケティング，知識情報の４コース。ビジネス英語やコミュニケーションの強化講座も実施。
● **取得可能な資格**…教職（商業），司書，司書教諭，学芸員。 ● **進路状況**…………就職85.9%　進学1.0% ● **主な就職先**………地方公務員行政職，警察官，高校教員，国税庁，消防官，ワコール，キッツなど。		
スポーツ・健康科学部		
スポーツ科	125	▷各種スポーツのハイレベルなスキルと，各年代や体力レベルに応じたコーチングに必要なスキルを習得する。
健康科	100	▷臨床検査，健康マネジメント，理科の３コース。希望進路別の履修モデルを用意し，各分野のエキスパートを養成する。
看護	100	▷地域包括ケアシステム時代に活躍できる看護職者を養成する。2022年度より，保健師教育課程を新たに開設している。
● **取得可能な資格**…教職（理・保体，養護二種），看護師・保健師・臨床検査技師受験資格など。 ● **進路状況**…………就職81.6%　進学5.9% ● **主な就職先**………公務員（看護師・臨床検査技師），警察官，教員，日本製鉄，東海旅客鉄道など。		
社会学部		
社会	200	▷多文化と共生，都市と地域，メディアと情報の３コース。地域社会や国際社会で活躍できる人材を育成する。
● **取得可能な資格**…司書，学芸員など。　● **進路状況**…就職87.3%　進学0.6% ● **主な就職先**………地方公務員行政職，警察官，マイナビ，大和ハウス工業，イオンリテールなど。		

▶キャンパス

文・経済・外国語・法・経営・社会３～４年次……［東京板橋キャンパス］東京都板橋区高島平1-9-1
国際関係・〈スポーツ・健康科〉，文・経済・外国語・法・経営・社会１～２年次……［埼玉東松山キャンパス］埼玉県東松山市岩殿560

2023年度入試要項（前年度実績）

●募集人員

学部／学科	一般	全学部前期	全学部後期	共通前期	共通中期	共通後期
▶文　日本文	38	18	15	10	8	2
中国文	8	5	4	5	3	2
英米文	30	15	10	10	6	3
教育	43	11	7	8	4	5
書道	8	4	3	2	1	2
歴史文化	23	12	8	3	3	3
▶経済　社会経済	72	12	10	15	9	5
現代経済	65	10	5	11	8	5
▶外国語　中国語	10	7	2	7	3	5
英語	30	20	10	10	5	5
日本語	6	4	2	2	1	2
▶法　法律	100	15	5	20	10	5
政治	35	10	10	30	10	10
▶国際関係　国際関係	17	12	5	12	5	5
国際文化	17	12	5	12	5	5
▶経営　経営	125	35	20	15	15	10
▶スポーツ・健康科　スポーツ科	15	13	5	4	2	3
健康科	13	9	4	10	5	5
看護	13	7	2	8	7	5

キャンパスアクセス ［埼玉東松山キャンパス］東武東上線（東京メトロ有楽町線・副都心線直通）一高坂よりスクールバス7分／JR高崎線一鴻巣よりスクールバス40分

▶社会	社会	54	20	20	9	5	12

※上記のほか，全学部で一般選抜英語民間試験活用総合評価型を行い，全体で若干名を募集する。
※一般選抜と一般選抜全学部統一前期・後期は独自型試験と英語民間型試験を行い，募集人員には，英語民間型試験の人数を含む。
※社会学部の一般選抜の募集人員の内訳はＡ方式24名，Ｂ方式30名。

▷全学部学科において実施する一般選抜英語民間試験活用総合評価型は，指定された外部試験（英検，GTEC CBTタイプ・検定版〈４技能〉，IELTS，TEAP。英語学科はTEAP CBTも可）のCEFR A2レベル以上を受験資格とし，外部試験スコアと事前課題で選考する。
▷一般選抜と一般選抜全学部統一前期・後期の全学部学科において，従来の「本学個別試験（英語）を利用する方式（独自型）」と「英語民間試験のスコアを得点換算して利用する方式（英語民間型）」のいずれか（または両方）を選択することが可能。利用できる英語民間試験は英検（従来型を含む全方式），GTEC CBT・検定版（４技能），ケンブリッジ英検，TEAP（４技能）。
▷共通テスト利用前期において，各学科の配点に基準点を設け，基準点以上で合格とする基準点型を新設（実施しない学科あり）。

文学部

一般選抜（独自型） 【日本文学科・中国文学科】 3科目 ①国（100）▶国総（日本文学科は近代・古文，中国文学科は近代と古文・漢文のいずれかを選択） ②外（100）▶コミュ英Ⅰ・コミュ英Ⅱ・コミュ英Ⅲ・英表Ⅰ・英表Ⅱ ③地歴・公民・数・芸術（100）▶世Ｂ・日Ｂ・地理Ｂ・政経・「数Ⅰ・数Ａ」・書道から１，ただし書道は２月５日・６日のみ選択可

【英米文学科・教育学科】 3科目 ①国（100）▶国総（近代） ②外（英米文200・教育100）▶コミュ英Ⅰ・コミュ英Ⅱ・コミュ英Ⅲ・英表Ⅰ・英表Ⅱ ③地歴・公民・数・理（100）▶世Ｂ・日Ｂ・地理Ｂ・政経・「数Ⅰ・数Ａ」・化基・生基から１，ただし化基・生基は教育学科のみ選択可

【書道学科】 3科目 ①国（100）▶国総（近代） ②外（100）▶コミュ英Ⅰ・コミュ英Ⅱ・コミュ英Ⅲ・英表Ⅰ・英表Ⅱ ③芸術（150）▶書道

【歴史文化学科】〈Ａ方式・Ｂ方式〉 3科目 ①国（100）▶国総（近代・古文） ②外（100）▶コミュ英Ⅰ・コミュ英Ⅱ・コミュ英Ⅲ・英表Ⅰ・英表Ⅱ ③地歴・公民・数（A100・B200）▶世Ｂ・日Ｂ・地理Ｂ・政経・「数Ⅰ・数Ａ」から１，ただし数はＡ方式のみ選択可

一般選抜全学部統一前期（独自型）・後期（独自型） 2科目 ①国（100）▶国総（近代） ②外（英米文・歴史文化200，その他の学科100）▶コミュ英Ⅰ・コミュ英Ⅱ・コミュ英Ⅲ・英表Ⅰ・英表Ⅱ

一般選抜共通テスト利用前期・中期・後期
【日本文学科・中国文学科・書道学科・歴史文化学科】 4～3科目 ①国（200）▶国 ②外（200）▶英（リスニングを含む）・独・仏・中・韓から１ ※英語の配点は日本文学科と歴史文化学科はリーディング150点・リスニング50点，その他の学科は各100点とする。 ③④「地歴・公民」・数（３科目型200・４科目型400）▶「世Ａ・世Ｂ・日Ａ・日Ｂ・地理Ａ・地理Ｂ・現社・倫・政経・〈倫・政経〉から１」・「数Ⅰ・数Ａ」から３科目型は１，４科目型は２，ただし世Ａ・日Ａ・地理Ａは中国文学科のみ，倫は中国文学科と歴史文化学科のみ選択可
［個別試験］ 行わない。
※中国文学科のみ，中期と後期で３科目型と４科目型を実施。その他の学科は中期のみ４科目型も行う（他日程は３科目型のみ）。

【英米文学科】 4～3科目 ①国（200）▶国（近代） ②外（リーディング300・リスニング200）▶英（リスニングを含む） ③④「地歴・公民」・数（３科目型200・４科目型400）▶「世Ｂ・日Ｂ・地理Ｂ・現社・政経から１」・「数Ⅰ・数Ａ」から３科目型は１，４科目型は２
［個別試験］ 行わない。
※全日程で３科目型と４科目型を実施。

【教育学科】 5～3科目 ①国（200）▶国 ②外（200）▶英（リスニング〈100〉を含む）・独・仏・中・韓から１ ③④⑤「地歴・公民」・「数・理」（３科目型200・４科目型400）▶「世Ａ・世Ｂ・日Ａ・日Ｂ・地理Ａ・地理Ｂ・現社・倫・政経・〈倫・政経〉から１」・「数Ⅰ・〈数Ⅰ・数Ａ〉・数Ⅱ・〈数Ⅱ・数Ｂ〉・簿・情・〈物基・化基・生基・地学

基から２〉・物・化・生・地学から１」から３科目型は１，４科目型は２
［個別試験］ 行わない。
※前期は３科目型のみ，中期と後期は３科目型と４科目型を実施。

経済学部

一般選抜（独自型） ３科目 ①国（100）▶国総（近代） ②外（100）▶コミュ英Ⅰ・コミュ英Ⅱ・コミュ英Ⅲ・英表Ⅰ・英表Ⅱ ③**地歴・公民・数**（100）▶世Ｂ・日Ｂ・地理Ｂ・政経・「数Ⅰ・数Ａ」から１
一般選抜全学部統一前期（独自型）・後期（独自型） ２科目 ①国（100）▶国総（近代） ②**外**（100）▶コミュ英Ⅰ・コミュ英Ⅱ・コミュ英Ⅲ・英表Ⅰ・英表Ⅱ
一般選抜共通テスト利用前期 ３科目 ①国（200）▶国（近代） ②**外**（200）▶英（リスニング〈100〉を含む）・独・仏・中・韓から１ ③**地歴・公民・数**（200）▶世Ｂ・日Ｂ・地理Ｂ・現社・政経・「倫・政経」・「数Ⅰ・数Ａ」から１
［個別試験］ 行わない。
一般選抜共通テスト利用中期 ２科目 ①**国・外**（200）▶国（近代）・英（リスニング〈100〉を含む）・独・仏・中・韓から１ ②**地歴・公民・数**（200）▶世Ｂ・日Ｂ・地理Ｂ・現社・政経・「倫・政経」・「数Ⅰ・数Ａ」から１
［個別試験］ 行わない。
一般選抜共通テスト利用後期 １科目 ①**外・地歴・公民・数**（200）▶英（リスニング〈100〉を含む）・世Ｂ・日Ｂ・政経・「倫・政経」・「数Ⅰ・数Ａ」・「数Ⅱ・数Ｂ」から１，ただし社会経済学科は「数Ⅱ・数Ｂ」の選択不可，現代経済学科は世Ｂ・日Ｂの選択不可
［個別試験］ 行わない。

外国語学部

一般選抜（独自型） ３科目 ①国（中国語・英語100，日本語200）▶国総（近代） ②**外**（中国語・英語200，日本語100）▶コミュ英Ⅰ・コミュ英Ⅱ・コミュ英Ⅲ・英表Ⅰ・英表Ⅱ ③**地歴・公民・数**（100）▶世Ｂ・日Ｂ・地理Ｂ・政経・「数Ⅰ・数Ａ」から１
一般選抜全学部統一前期（独自型）・後期（独自型） ２科目 ①国（中国語・英語100，日本語200）▶国総（近代） ②**外**（中国語・日本語100，英語200）▶コミュ英Ⅰ・コミュ英Ⅱ・コミュ英Ⅲ・英表Ⅰ・英表Ⅱ
一般選抜共通テスト利用前期・中期・後期
【中国語学科】〈２科目型〉 ２科目 ①国（200）▶国（近代） ②**外**（200）▶英（リスニングを含む）・独・仏・中・韓から１
［個別試験］ 行わない。
〈３科目型・４科目型〉 ４〜３科目 ①国（200）▶国（近代） ②**外**（200）▶英（リスニングを含む）・独・仏・中・韓から１ ③④**「地歴・公民」・数**（３科目型200・４科目型400）▶「世Ａ・世Ｂ・日Ａ・日Ｂ・地理Ａ・地理Ｂ・現社・倫・政経・〈倫・政経〉から１」・「数Ⅰ・〈数Ⅰ・数Ａ〉から１」から３科目型は１，４科目型は２
［個別試験］ 行わない。
※すべての科目型において，英語の配点はリーディング150点，リスニング50点とする。
一般選抜共通テスト利用前期・中期 【英語学科】〈３科目型・４科目型〉 ４〜３科目 ①国（200）▶国（近代） ②**外**（リーディング250・リスニング250）▶英（リスニングを含む） ③④**「地歴・公民」・数**（３科目型200・４科目型400）▶「世Ｂ・日Ｂ・地理Ｂ・現社・政経・〈倫・政経〉から１」・「数Ⅰ・数Ａ」から３科目型は１，４科目型は２
［個別試験］ 行わない。
【日本語学科】 ４〜３科目 ①国（200）▶国 ②**外**（200）▶英（リスニング〈100〉を含む）・独・仏・中・韓から１ ③④**地歴・公民・数・理**（200）▶世Ａ・世Ｂ・日Ａ・日Ｂ・地理Ａ・地理Ｂ・現社・倫・政経・「倫・政経」・数Ⅰ・「数Ⅰ・数Ａ」・数Ⅱ・「数Ⅱ・数Ｂ」・簿・情・「物基・化基・生基・地学基から２」・物・化・生・地学から１
［個別試験］ 行わない。
一般選抜共通テスト利用後期 【英語学科】 １科目 ①**外**（リーディング250・リスニング250）▶英（リスニングを含む）
［個別試験］ 行わない。
【日本語学科】 １科目 ①国（200）▶国
［個別試験］ 行わない。

法学部

一般選抜（独自型） ３科目 ①国（100）▶国総（近代） ②**外**（100）▶コミュ英Ⅰ・コミュ英

Ⅱ・コミュ英Ⅲ・英表Ⅰ・英表Ⅱ ③**地歴・公民・数**(100)▶世B・日B・地理B・政経・「数Ⅰ・数A」から1

一般選抜全学部統一前期(独自型)・後期(独自型) **2科目** ①**国**(100)▶国総(近代) ②**外**(100)▶コミュ英Ⅰ・コミュ英Ⅱ・コミュ英Ⅲ・英表Ⅰ・英表Ⅱ

一般選抜共通テスト利用前期 **3科目** ①**国**(200)▶国(近代) ②**外**(200)▶英(リスニング〈100〉を含む)・独・仏・中・韓から1 ③**地歴・公民・数**(200)▶世B・日B・地理B・現社・倫・政経・「倫・政経」・「数Ⅰ・数A」から1，ただし倫は政治学科のみ選択可

[個別試験] 行わない。

一般選抜共通テスト利用中期〈2科目型〉

【政治学科】 **2科目** ①**国・外**(200)▶国(近代)・英(リスニング〈100〉を含む)から1 ②**地歴・公民・数**(200)▶世B・日B・地理B・現社・倫・政経・「倫・政経」・「数Ⅰ・数A」から1

[個別試験] 行わない。

〈3科目型〉 **【法律学科】** 前期と同じ

〈4科目型〉 **4科目** ①**国**(200)▶国(近代) ②**外**(200)▶英(リスニング〈100〉を含む)・独・仏・中・韓から1 ③**数**(200)▶数Ⅰ・数A ④**地歴・公民**(200)▶世B・日B・地理B・現社・倫・政経・「倫・政経」から1，ただし倫は政治学科のみ選択可

[個別試験] 行わない。

一般選抜共通テスト利用後期 **【法律学科】** **2科目** ①**外**(200)▶英(リスニング〈100〉を含む)・独・仏・中・韓から1 ②**国・地歴・公民・数**(200)▶国(近代)・世B・日B・地理B・現社・政経・「倫・政経」・「数Ⅰ・数A」から1

[個別試験] 行わない。

【政治学科】 **1科目** ①**国・外・地歴・公民・数**(200)▶国(近代)・英(リスニング〈100〉を含む)・世B・日B・地理B・現社・倫・政経・「倫・政経」・「数Ⅰ・数A」から1

[個別試験] 行わない。

国際関係学部

一般選抜(独自型) **3科目** ①**国**(100)▶国総(近代) ②**外**(100)▶コミュ英Ⅰ・コミュ英Ⅱ・コミュ英Ⅲ・英表Ⅰ・英表Ⅱ ③**地歴・公民・数**(100)▶世B・日B・地理B・政経・「数Ⅰ・数A」から1

一般選抜全学部統一前期(独自型)・後期(独自型) **2科目** ①**国**(100)▶国総(近代) ②**外**(100)▶コミュ英Ⅰ・コミュ英Ⅱ・コミュ英Ⅲ・英表Ⅰ・英表Ⅱ

一般選抜共通テスト利用前期 **3科目** ①**国**(200)▶国(近代) ②**外**(200)▶英(リスニング〈100〉を含む)・独・仏・中・韓から1 ③**地歴・公民・数**(200)▶世B・日B・地理B・現社・政経・「数Ⅰ・数A」から1

[個別試験] 行わない。

一般選抜共通テスト利用中期 **5〜3科目** ①**国**(200)▶国(近代) ②**外**(200)▶英(リスニング〈100〉を含む)・独・仏・中・韓から1 ③④⑤**「地歴・公民」・「数・理」**(3科目型200・4科目型400)▶「世B・日B・地理B・現社・政経から1」・「〈数Ⅰ・数A〉・〈物基・化基・生基・地学基から2〉から1」から3科目型は1，4科目型は2，ただし理は4科目型のみ選択可

[個別試験] 行わない。

一般選抜共通テスト利用後期 **4〜3科目** ①②③④**国・外・地歴・公民・数・理**(600)▶国(近代)・英(リスニング〈100〉を含む)・世B・日B・地理B・現社・政経・数Ⅰ・「数Ⅰ・数A」・数Ⅱ・「数Ⅱ・数B」・「物基・化基・生基・地学基から2」・物・化・生・地学から3

[個別試験] 行わない。

経営学部

一般選抜(独自型) **3科目** ①**国**(100)▶国総(近代) ②**外**(100)▶コミュ英Ⅰ・コミュ英Ⅱ・コミュ英Ⅲ・英表Ⅰ・英表Ⅱ ③**地歴・公民・数**(100)▶世B・日B・地理B・政経・「数Ⅰ・数A」から1

一般選抜全学部統一前期(独自型)・後期(独自型) **2科目** ①**国**(100)▶国総(近代) ②**外**(100)▶コミュ英Ⅰ・コミュ英Ⅱ・コミュ英Ⅲ・英表Ⅰ・英表Ⅱ

一般選抜共通テスト利用前期・中期・後期 **4〜3科目** ①**国**(200)▶国(近代) ②**外**(200)▶英(リスニングを除く)・独・仏・中・韓から1 ③④**地歴・公民・数**(3科目型200・4科目型400)▶世B・日B・地理B・現社・政経・「数Ⅰ・数A」・簿・情から3科目型は1，4科目型は2

［個別試験］ 行わない。
※全日程で３科目型と４科目型を実施。

スポーツ・健康科学部

一般選抜（独自型）【スポーツ科学科】 3科目 ①国（100）▶国総（近代） ②外（100）▶コミュ英Ⅰ・コミュ英Ⅱ・コミュ英Ⅲ・英表Ⅰ・英表Ⅱ ③地歴・公民・数（100）▶世Ｂ・日Ｂ・地理Ｂ・政経・「数Ⅰ・数Ａ」から１
【健康科学科・看護学科】〈Ａ方式〉 3科目 ①国（100）▶国総（近代） ②外（100）▶コミュ英Ⅰ・コミュ英Ⅱ・コミュ英Ⅲ・英表Ⅰ・英表Ⅱ ③数・理（100）▶「数Ⅰ・数Ａ」・化基・生基から１
〈Ｂ方式〉 3科目 ①外（100）▶コミュ英Ⅰ・コミュ英Ⅱ・コミュ英Ⅲ・英表Ⅰ・英表Ⅱ ②数（100）▶数Ⅰ・数Ａ ③理（100）▶化基・生基から１
一般選抜全学部統一前期（独自型）・後期（独自型） 2科目 ①国（スポーツ100，健康・看護50）▶国総（近代） ②外（スポーツ100，健康・看護150）▶コミュ英Ⅰ・コミュ英Ⅱ・コミュ英Ⅲ・英表Ⅰ・英表Ⅱ
一般選抜共通テスト利用前期・中期・後期【スポーツ科学科】 4〜3科目 ①国（200）▶国（近代） ②外（200）▶英（リスニング〈100〉を含む）・独・仏・中・韓から１ ③④「地歴・公民」・数（３科目型200・４科目型400）▶「世Ｂ・日Ｂ・地理Ｂ・現社・政経から１」・「数Ⅰ・数Ａ」から３科目型は１，４科目型は２
［個別試験］ 行わない。
※全日程で３科目型と４科目型を実施。
【健康科学科・看護学科】〈２科目型・３科目型〉 4〜2科目 ①外（200）▶英（リスニング〈100〉を含む） ②③④数・理（２科目型200・３科目型400）▶「数Ⅰ・〈数Ⅰ・数Ａ〉・数Ⅱ・〈数Ⅱ・数Ｂ〉から１」・「〈物基・化基・生基・地学基から２〉・物・化・生・地学から１」から２科目型は１，３科目型は２，ただし看護学科は地学基と地学の選択不可，健康科学科の中期は２科目型を実施しない
［個別試験］ 行わない。
一般選抜共通テスト利用中期【健康科学科】〈４科目型〉 5〜4科目 ①外（200）▶英（リスニング〈100〉を含む） ②数（200）▶数Ⅰ・「数Ⅰ・数Ａ」・数Ⅱ・「数Ⅱ・数Ｂ」から１ ③④⑤理（400）▶「物基・化基・生基・地学基から２」・物・化・生・地学から２
［個別試験］ 行わない。

社会学部

一般選抜（独自型）〈Ａ方式・Ｂ方式〉 3科目 ①国（100）▶国総（近代） ②外（A150・B100）▶コミュ英Ⅰ・コミュ英Ⅱ・コミュ英Ⅲ・英表Ⅰ・英表Ⅱ ③地歴・公民・数（100）▶世Ｂ・日Ｂ・地理Ｂ・政経・「数Ⅰ・数Ａ」から１
一般選抜全学部統一前期（独自型）・後期（独自型） 2科目 ①国（100）▶国総（近代） ②外（120）▶コミュ英Ⅰ・コミュ英Ⅱ・コミュ英Ⅲ・英表Ⅰ・英表Ⅱ
一般選抜共通テスト利用前期・中期・後期 4〜3科目 ①国（200）▶国（近代） ②外（200）▶英（リスニングを含む）・独・仏・中・韓から１ ※英語の配点はリーディング140点，リスニング60点とする。③④「地歴・公民」・数（３科目型200・４科目型400）▶「世B・日B・地理B・現社・政経・〈倫・政経〉から１」・「〈数Ⅰ・数A〉・情から１」から３科目型は１，４科目型は２，ただし中期は倫・政経の選択不可
［個別試験］ 行わない。
※前期は３科目型，中期は４科目型，後期は両方式を実施。

その他の選抜

総合型選抜（他大学併願可能型／専願型）は文学部65名，経済学部19名，外国語学部55名，法学部26名，国際関係学部16名，経営学部20名，スポーツ・健康科学部65名，社会学部20名を募集。ほかに学校推薦型選抜（公募制），社会人特別選抜試験，外国人留学生入試を実施。

偏差値データ (2023年度)

●一般選抜(独自型)・一般選抜全学部統一(前期・後期独自型)

学部／学科	2023年度		2022年度実績					
	駿台予備学校	河合塾	募集人員	受験者数	合格者数	合格最低点	競争率	
	合格目標ライン	ボーダー偏差値					'22年	'21年
文学部								
日本文(一般)	41	47.5	38	366	176	181/300	2.1	2.4
(全学部統一前期)	41	47.5	18	150	60	156/200	2.5	2.5
(全学部統一後期)	—		15	33	30	85/200	1.1	117.0
中国文(一般)	39	45	8	24	17	136/300	1.4	1.2
(全学部統一前期)	39	47.5	5	34	32	110/200	1.1	1.4
(全学部統一後期)	—		4	9	8	92/200	1.1	2.0
英米文(一般)	40	42.5	30	122	102	120/400	1.2	1.2
(全学部統一前期)	40	45	15	84	78	161/300	1.1	1.2
(全学部統一後期)	—		10	11	7	164/300	1.6	1.6
教育(一般)	42	45	43	265	170	146/300	1.6	2.3
(全学部統一前期)	42	45	11	90	39	153/200	2.3	2.2
(全学部統一後期)	—		7	33	28	102/200	1.2	3.7
書道(一般)	39	42.5	8	36	21	179/350	1.7	2.8
(全学部統一前期)	40	42.5	4	16	3	164/200	5.3	6.8
(全学部統一後期)	—		3	3	0	—	—	—
歴史文化(一般A)	42	47.5	23	170	101	171/300	1.7	2.0
(一般B)	42	47.5		143	70	177/400	2.0	2.1
(全学部統一前期)	41	47.5	12	86	52	212/300	1.7	2.2
(全学部統一後期)	—		8	24	13	188/300	1.8	6.3
経済学部								
社会経済(一般)	39	45	72	411	209	166/300	2.0	2.5
(全学部統一前期)	37	45	12	128	43	151/200	3.0	3.7
(全学部統一後期)	—		10	106	90	97/200	1.2	1.6
現代経済(一般)	38	45	65	453	242	166/300	1.9	2.3
(全学部統一前期)	37	45	10	169	59	151/200	2.9	1.8
(全学部統一後期)	—		5	120	110	95/200	1.1	1.5
外国語学部								
中国語(一般)	37	42.5	7	56	44	117/400	1.3	1.2
(全学部統一前期)	37	42.5	7	34	30	114/200	1.1	1.3
(全学部統一後期)	—		2	6	6	76/200	1.0	4.0
英語(一般)	41	45	40	179	153	76/400	1.2	2.1
(全学部統一前期)	41	42.5	25	105	105	106/300	1.0	2.0
(全学部統一後期)	—		15	20	19	116/300	1.1	1.8
日本語(一般)	39	42.5	5	33	29	107/400	1.1	1.6
(全学部統一前期)	39	42.5	3	31	24	197/300	1.3	1.7
(全学部統一後期)	—		3	6	6	162/300	1.0	36.0

学部／学科	2023年度		2022年度実績					
	駿台予備学校	河合塾	募集人員	受験者数	合格者数	合格最低点	競争率	
	合格目標ライン	ボーダー偏差値					'22年	'21年
法学部								
法律（一般）	**40**	**47.5**	100	432	177	197/300	2.4	2.7
（全学部統一前期）	**39**	**45**	15	101	38	155/200	2.7	3.5
（全学部統一後期）	—		5	93	90	90/200	1.0	1.3
政治（一般）	**39**	**42.5**	35	220	147	151/300	1.5	1.4
（全学部統一前期）	**39**	**45**	10	70	35	146/200	2.0	2.8
（全学部統一後期）	—		10	80	70	94/200	1.1	1.4
国際関係学部								
国際関係（一般）	**40**	**42.5**	17	140	124	123/300	1.1	1.7
（全学部統一前期）	**39**	**45**	10	81	79	92/200	1.0	1.5
（全学部統一後期）	—		7	21	18	90/200	1.2	2.0
国際文化（一般）	**38**	**42.5**	17	81	57	140/300	1.4	1.3
（全学部統一前期）	**38**	**45**	10	55	51	106/200	1.1	1.4
（全学部統一後期）	—		7	16	14	83/200	1.1	2.2
経営学部								
経営（一般）	**38**	**42.5**	125	910	471	167/300	1.9	2.2
（全学部統一前期）	**37**	**45**	35	231	141	133/200	1.6	2.3
（全学部統一後期）	—		20	121	101	101/200	1.2	2.3
スポーツ・健康科学部								
スポーツ科（一般）	**39**	**45**	15	172	42	197/300	4.1	9.8
（全学部統一前期）	**39**	**40**	13	78	43	135/200	1.8	2.6
（全学部統一後期）	—		5	26	23	91/200	1.1	3.2
健康科（一般A）	**38**	**40**	13	33	21	158/300	1.6	1.5
（一般B）	**38**	**40**		13	9	137/300	1.4	1.3
（全学部統一前期）	**38**	**40**	7	50	44	87/200	1.1	1.0
（全学部統一後期）	—		2	20	20	70.5/200	1.0	1.2
看護（一般A）	**40**	**40**	13	71	41	156/300	1.7	2.6
（一般B）	**39**	**40**		14	9	174/300	1.6	3.3
（全学部統一前期）	**39**	**40**	7	33	32	77.5/200	1.0	2.4
（全学部統一後期）	—		2	9	9	71.5/200	1.0	1.4
社会学部								
社会（一般A）	**39**	**50**	24	152	69	187/350	2.2	2.5
（一般B）	**39**	**47.5**	30	263	113	191/300	2.3	3.0
（全学部統一前期）	**38**	**45**	20	167	95	164.6/220	1.8	2.2
（全学部統一後期）	—		20	52	35	124.4/220	1.5	2.2

●駿台予備学校合格目標ラインは合格可能性80％に相当する駿台模試の偏差値です。　●競争率は受験者÷合格者の実質倍率
●河合塾ボーダー偏差値は合格可能性50％に相当する河合塾全統模試の偏差値です。

拓殖大学

資料請求

問合せ先 入学課 ☎03-3947-7159

建学の精神

「積極進取の気概とあらゆる民族から敬慕されるに値する教養と品格を具えた有為の人材の育成」を建学の理念に1900（明治33）年，日本の領土となっていた台湾の地で，地域に根ざした開発に従事する人材の育成を目的とした「台湾協会学校」として創立。日本の国際化を見通したこの志は，拓殖大学のDNAとして受け継がれ，国際大学のパイオニアとして「国際協力」「社会貢献」「人間尊重」を軸としたグローバル人材育成のための教育が展開されてきた。そして現在，2030年をゴールとする教育改革「教育ルネサンス2030」が進行中。そのビジョンに掲げている「国際性」「専門性」「人間性」の３つの素養を備えた，国際的な視野を持ち，何事にも積極的に挑戦できる「拓殖人材」を育成するために，抜本的な大学改革が着々と進められている。

- 文京キャンパス…………〒112-8585　東京都文京区小日向3-4-14
- 八王子国際キャンパス…〒193-0985　東京都八王子市館町815-1

基本データ

学生数▶8,930名（男6,144名，女2,786名）
専任教員数▶教授149名，准教授65名，講師10名
設置学部▶商，政経，外国語，国際，工
併設教育機関▶大学院―経済学・商学・工学・言語教育・国際協力学（以上M・D），地方政治行政（M）　短期大学（P.485参照）

就職・卒業後の進路

就職率 **94.1**％
就職者÷希望者×100

●**就職支援**　早期化する就職活動スケジュール，年々変化する企業の採用選考方法に対応できるよう，各学部の教員と就職部が連携し，１年次からキャリア支援を実施。２月に開催する合同企業研究会には就職部が厳選した企業が集結し，例年250～300名もの学生が参加した企業に内定しているという実績がある。
●**資格取得支援**　宅建，国内旅行・総合旅行業務取扱管理者，貿易実務検定C級，３級FP技能検定，秘書検定２級などの資格取得講座を豊富にラインナップ。学内で講座を行うため，経済的かつ効率的に学ぶことができる。

進路指導者も必見 学生を伸ばす 面倒見

初年次教育	学修サポート
「歴史の中の拓殖大学」「スタディスキル」「アカデミックスキル」「レポートの書き方」「プレゼンテーションと交渉」「情報リテラシー」などの科目を開講。海外で学ぶことの意義や教育支援システムの使い方の説明も行っている	全学部でTA制度とオフィスアワー制度，さらに政経学部と工学部でSA制度を導入。また，文京Cで論文の書き方の指導や簿記・会計能力修得を目的とした学習支援室，八王子国際Cに工学部学習支援センターを設置

オープンキャンパス（2022年度実績）　６月と８月下旬に文京Cで，８月上旬に八王子国際Cで来場型オープンキャンパスを実施（いずれも全学部対象。要予約）。７月と８月の２カ月間，WEBオープンキャンパスも開催。

文系学部

2022年３月卒業生
1,692人

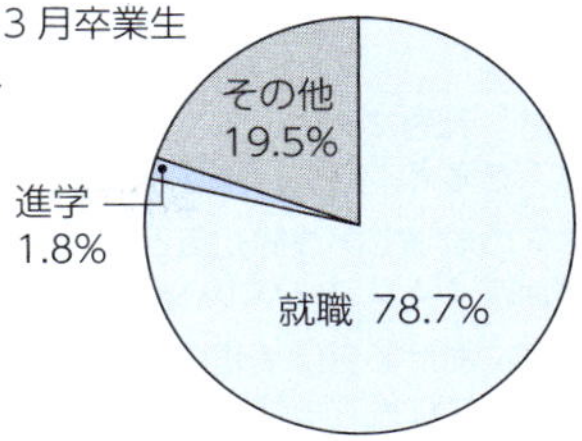

理系学部

2022年３月卒業生
268人

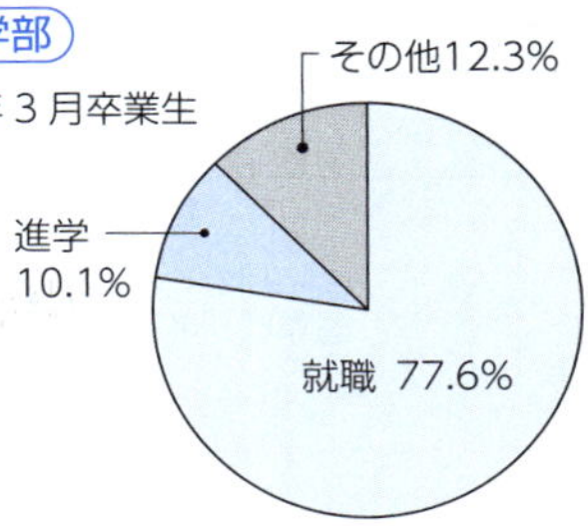

主なOB・OG ▶ ［政経］鈴木宗男・舩後靖彦・小野田紀美（参議院議員），［政経］小林悠（プロサッカー選手），［商］綾小路きみまろ（漫談家），［商］ちゅうえい（芸人），［商］保志忠郊（第一興商社長）など。

国際化・留学　大学間 49 大学・部局間 3 大学

受入れ留学生数 ▶ 1,050名（2022年５月１日現在）
留学生の出身国・地域 ▶ 中国，ベトナム，台湾，マレーシア，インドネシアなど。
外国人専任教員 ▶ 教授８名，准教授２名，講師１名（2022年５月１日現在）
外国人専任教員の出身国・地域 ▶ 中国，韓国，台湾，メキシコ，ロシアなど。
大学間交流協定 ▶ 49大学（交換留学先15大学，2022年９月１日現在）
部局間交流協定 ▶ ３大学（交換留学先３大学，2022年９月20日現在）
海外への留学生数 ▶ 渡航型４名・オンライン型78名／年（７カ国・地域，2021年度）
海外留学制度 ▶「海外留学プログラム」の交換留学，長期研修，短期研修のほか，個人研修も可能。留学参加者には留学前後のサポートや奨学金の給付など，積極的なチャレンジを多角的に応援している。工学部には最長２年間アメリカに留学する国際コースを設置。

学費・奨学金制度　給付型奨学金総額 年間 3,888 万円

入学金 ▶ 200,000円
年間授業料（施設費等を除く）▶ 792,000円～（詳細は巻末資料参照）
年間奨学金総額 ▶ 38,880,000円
年間奨学金受給者数 ▶ 455人
主な奨学金制度 ▶ 各学部の２～４年次生を対象にした奨学生制度のほか，「拓殖大学学習奨励金・学友会学習奨励金」を設置。留学に関する奨学金制度も充実している。なお，授業料減免奨学金制度は私費外国人留学生が対象。

保護者向けインフォメーション

● **広報誌等**　学報「TACT」や「保護者のための就職支援ガイドブック」「就職NEWS」を発行。
● **成績確認**　学業成績表を郵送。保護者から問い合わせがあった場合，出席状況の情報も提供。
● **懇談会**　６月から９月にかけて，毎年約10会場で学生生活懇談会（概ね３年で全都道府県を回れるよう企画・運営）を開催し，大学の近況や学生生活，就職支援に関する説明を実施。
● **防災対策**　入学時に「防災マニュアル」を配布するほか，キャンパス内に常設。災害時の学生の安否はメールを利用して確認する。
● **コロナ対策１**　ワクチンの職域接種を実施。「コロナ対策２」（下段）あり。

インターンシップ科目	必修専門ゼミ	卒業論文	GPA制度の導入の有無および活用例	１年以内の退学率	標準年限での卒業率
商・政経・国際・工学部で開講	外国語学部で３・４年次，国際学部で１・３・４年次，工学部で１年次に実施	国際・工学部および中国語・国際日本語学科は卒業要件	奨学金候補者選定，退学勧告基準，学生に対する個別学修指導のほか，一部の学部で大学院入試の選抜や履修上限単位数の設定に活用	2.6%	85.7%

● **コロナ対策２**　経済的支援として，「新型コロナウイルス学習奨励金・学友会奨励金」を設置。入構時に学生証をカードリーダーに通すことで来校記録を確認。なお，37.5度以上の発熱や体調不良があった場合は入構不可。

学部紹介

学部／学科	定員	特色
商学部		
経営	416	▷経営，IT経営，流通マーケティングの３コース。実践的視点からビジネスを考え，自ら行動する企業人を養成する。
国際ビジネス	159	▷国際ビジネスの現場で実践的知識と英語力を駆使し，海外・国内を問わず活躍するグローバル・マネジャーを養成する。
会計	70	▷ビジネス世界における会計情報の役割と企業法制度の仕組みを学び，ビジネスに役立つ情報分析力や活用力を養う。
●**取得可能な資格**…教職(地歴・公・社・情・商業)。　●**進路状況**…………就職80.9%　進学1.4% ●**主な就職先**………大和ハウス工業，トンボ鉛筆，富士ソフト，みずほフィナンシャルグループなど。		
政経学部		
法律政治	230	▷「法律」と「政治」の両面から，より良い社会の実現をめざし，さまざまな課題と向き合い，解決する力を養う。
経済	473	▷「豊かな社会」を構想する力を養い，これからの日本と世界の経済発展と安定に貢献できる人材を育成する。
●**取得可能な資格**…教職(地歴・公・社)。　●**進路状況**…………就職77.3%　進学1.4% ●**主な就職先**………警視庁，林野庁，東京国税局，明治安田生命保険，神奈川県ほか教育委員会など。		
外国語学部		
英米語	130	▷英語学・英語教育，英語コミュニケーション，通訳・翻訳・地域研究の３コース。TOEIC500点が３年次への進級要件。
中国語	50	▷中国語コミュニケーション，中国語ビジネスの２コース。ネイティブ教員による授業や留学で，実践的な中国語を修得。
スペイン語	50	▷スペイン語コミュニケーション，スペイン語圏文化の２コース。ネイティブ教員から学ぶ「体験型」授業も魅力。
国際日本語	50	▷世界から熱い視線を集める日本語や日本文化をよりグローバルにつなぎ，橋渡しする人材を育成する。
●**取得可能な資格**…教職(国・英・中・イスパニア)。　●**進路状況**…………就職80.5%　進学1.5% ●**主な就職先**………ディスコ，TOTO，星野リゾート・マネジメント，三菱商事ロジスティクスなど。		
国際学部		
国際	350	▷国際協力，国際経済，国際政治，国際文化，国際観光，農業総合の６コース。主にアジア・アフリカ・中南米の国々から世界を学び，社会に貢献できる真の国際人を育成する。
●**取得可能な資格**…教職(地歴・公・社)。　●**進路状況**…………就職76.4%　進学3.4% ●**主な就職先**………農林中央金庫，デンソー，東海旅客鉄道，神戸製鋼所，宮城県教育委員会など。		
工学部		
		▶２年次後期から最長２年間アメリカに留学し，世界で活躍できるエンジニアを養成する「国際コース」を設置。
機械システム工	80	▷チームワークによる「ものづくり」の感動体験を得ながら，機械の制御，設計，解析などの専門技術を修得する。
電子システム工	80	▷「ソフト×ハード」の両面から最先端の知識・技術を修得し，未来を電気で切り拓く人材を育成する。
情報工	105	▷コンピュータの基礎から高度なプログラミングまで，情報化社会をさらに進化させるIT業界のリーダーを育成する。

キャンパスアクセス［文京キャンパス］東京メトロ丸ノ内線一茗荷谷より徒歩3分／東京メトロ有楽町線一護国寺より徒歩12分

デザイン	80	▷工学的な視点や技術を取り入れた多彩なデザイン力を身につけ，人々の暮らしをより豊かにできるプロを育成する。

● **取得可能な資格**…教職（技・情・工業）など。　● **進路状況**…………就職77.6％　進学10.1％
● **主な就職先**………新生テクノス，住友金属鉱山，東京地下鉄，三菱電機ビルテクノサービスなど。

キャンパス

商・政経……［文京キャンパス］東京都文京区小日向3-4-14
外国語・国際・工……［八王子国際キャンパス］東京都八王子市館町815-1

2023年度入試要項（前年度実績）

●募集人員

学部／学科		全国統一	2月	2月後期	3月	共通前期2教科型	共通前期3教科型	共通後期	学校推薦型	総合型
▶商	経営	60	155	10	若干名	10	25	若干名	10	5
	国際ビジネス	20	45	5	若干名	10	15	若干名	5	5
	会計	10	25	若干名	若干名	5	10	若干名	若干名	若干名
▶政経	法律政治	20	117	5	若干名	5	15	若干名	7	7
	経済	40	208	10	若干名	15	25	若干名	10	7
▶外国語	英米語	40	60	若干名	若干名	10	10	若干名	若干名	9
	中国語	11	20	若干名	若干名	5	5	若干名	若干名	8
	スペイン語	11	20	若干名	若干名	5	5	若干名	若干名	8
	国際日本語	8	13	若干名	若干名	3	3	若干名	若干名	3
▶国際	国際	45	115	10	若干名	15	20	若干名	5	10
▶工	機械システム工	15	35	5	若干名	4	6	若干名	若干名	若干名
	電子システム工	15	35	5	若干名	4	6	若干名	若干名	若干名
	情報工	20	40	7	若干名	5	8	若干名	若干名	若干名
	デザイン	15	35	5	若干名	4	6	若干名	若干名	5

※工学部の国際コースは２月・２月後期・共通テスト利用・総合型の各選抜で募集を行い，各学科若干名を募集する。
※２月選抜はA・B・C日程を実施。

▷全国統一（工を除く），２月，工学部国際コース２月，２月後期統一（工を除く），３月（工を除く），共通テスト利用の各選抜において，指定された英語外部試験のスコアを取得している者を対象にした「英語外部試験スコア利用選抜」を実施。取得スコアに応じて英語科目の得点をみなし得点に換算して判定する。ただし，スコアを利用した場合でも，本学および共通テストの英語科目を受験することができ，その場合はどちらか高得点のものを採用する。

商学部

全国統一選抜・２月後期統一選抜・３月選抜
②科目　①**国**（100）▶国総（現文）　②**外**（100）▶コミュ英Ⅰ・コミュ英Ⅱ・コミュ英Ⅲ・英表Ⅰ・英表Ⅱ

２月選抜（A・B・C日程）　**③科目**　①**国**（100）▶国総（現文）　②**外**（100）▶コミュ英Ⅰ・コミュ英Ⅱ・コミュ英Ⅲ・英表Ⅰ・英表Ⅱ　③**地歴・公民・数**（100）▶世B・日B・政経・「数Ⅰ・数A」から１

共通テスト利用選抜前期（２教科型・３教科

型）・後期 3~2科目 ①②③国・外・「地歴・公民・数」（前期２教科型100×2，前期３教科型・後期100×3）▶国（近代）・「英・独・仏・中・韓から１」・「世Ｂ・日Ｂ・地理Ｂ・現社・倫・政経・〈倫・政経〉・〈数Ⅰ・数Ａ〉・簿・情から１」から前期２教科型は２，前期３教科型と後期は３，ただし国際ビジネス学科の外国語は英語指定で，国際ビジネス学科のみリスニングを含む。また，国際ビジネス学科の２教科型は英語必須

※国際ビジネス学科の英語は素点200点を100点に換算。

［個別試験］ 行わない。

学校推薦型選抜（公募制） **［出願資格］** 第１志望，校長推薦，現役，全体の評定平均値3.3以上のほか，全国規模の大会・コンクール・コンテストに出場した実績のある者など。

［選考方法］ 書類審査，基礎国語，面接。

統合型選抜 **［出願資格］** １浪までの者など。

［選考方法］ 書類審査，基礎学力検査（国語・英語），プレゼンテーション・面接。

政経学部

全国統一選抜・２月後期統一選抜・３月選抜

2科目 ①国（100）▶国総（現文） ②外（100）▶コミュ英Ⅰ・コミュ英Ⅱ・コミュ英Ⅲ・英表Ⅰ・英表Ⅱ

２月選抜（Ａ・Ｂ・Ｃ日程） 3科目 ①国（100）▶国総（現文） ②外（100）▶コミュ英Ⅰ・コミュ英Ⅱ・コミュ英Ⅲ・英表Ⅰ・英表Ⅱ ③地歴・公民・数（100）▶世Ｂ・日Ｂ・政経・「数Ⅰ・数Ａ」から１

共通テスト利用選抜前期（２教科型） 2科目 ①外（100）▶英（リーディング）・独・仏・中・韓から１ ②国・地歴・公民・数（100）▶国（近代）・世Ｂ・日Ｂ・地理Ｂ・現社・倫・政経・「倫・政経」・「数Ⅰ・数Ａ」・情から１

［個別試験］ 行わない。

共通テスト利用選抜前期（３教科型）・後期 3科目 ①国（100）▶国（近代） ②外（100）▶英（リーディング）・独・仏・中・韓から１ ③地歴・公民・数（100）▶世Ｂ・日Ｂ・地理Ｂ・現社・倫・政経・「倫・政経」・「数Ⅰ・数Ａ」・情から１

［個別試験］ 行わない。

学校推薦型選抜（公募制） **［出願資格］** 第１志望，校長推薦，現役，全体の評定平均値3.3以上のほか，全国規模の大会・コンクール・コンテストに出場した実績のある者など。

［選考方法］ 書類審査，基礎国語，面接。

総合型選抜 **［選考方法］** 書類審査，基礎学力検査（国語・英語），プレゼンテーション・面接。

外国語学部

全国統一選抜・２月後期統一選抜・３月選抜

2科目 ①国（英米語・スペイン語100，中国語・国際日本語200）▶国総（現文） ②外（英米語・スペイン語200，中国語・国際日本語100）▶コミュ英Ⅰ・コミュ英Ⅱ・コミュ英Ⅲ・英表Ⅰ・英表Ⅱ

２月選抜（Ａ・Ｂ・Ｃ日程） 3科目 ①国（英米語・スペイン語100，中国語・国際日本語200）▶国総（現文） ②外（英米語・スペイン語200，中国語・国際日本語100）▶コミュ英Ⅰ・コミュ英Ⅱ・コミュ英Ⅲ・英表Ⅰ・英表Ⅱ ③地歴・公民・数（100）▶世Ｂ・日Ｂ・政経・「数Ⅰ・数Ａ」から１

共通テスト利用選抜前期（２教科型） **【英米語学科・スペイン語学科・中国語学科】** 2科目 ①外（英米語・スペイン語200，中国語100）▶英（リスニングを含む）・中から１，ただし中は中国語学科のみ選択可 ②国・地歴・公民・数（100）▶国（近代）・世Ｂ・日Ｂ・地理Ｂ・現社・倫・政経・「倫・政経」・「数Ⅰ・数Ａ」から１

※中国語学科の外国語は素点200点を100点に換算。

［個別試験］ 行わない。

【国際日本語学科】 2科目 ①国（100）▶国（近代） ②外・公民・数（100）▶英（リスニングを含む）・中・倫・政経・「倫・政経」・「数Ⅰ・数Ａ」から１

※英語は素点200点を100点に換算。

［個別試験］ 行わない。

共通テスト利用選抜前期（３教科型） 3科目 ①国（英米語・スペイン語100，中国語・国際日本語200）▶国（近代） ②外（英米語・スペイン語200，中国語・国際日本語100）▶英（リスニングを含む）・中から１，ただし中は中国語学科のみ選択可 ③地歴・公民・数（100）

▶世Ｂ・日Ｂ・地理Ｂ・現社・倫・政経・「倫・政経」・「数Ⅰ・数Ａ」から１
※中国語学科と国際日本語学科の外国語は素点200点を100点に換算。
［個別試験］ 行わない。
共通テスト利用選抜後期 【英米語学科・スペイン語学科】 3科目 ①国(100)▶国(近代) ②外(200)▶英(リーディング) ※素点100点を200点に換算。 ③外・地歴・公民・数(100)▶英(リスニング)・世Ｂ・日Ｂ・地理Ｂ・現社・倫・政経・「倫・政経」・「数Ⅰ・数Ａ」から１
［個別試験］ 行わない。
【中国語学科・国際日本語学科】 3科目 ①国(200)▶国(近代) ②外(100)▶英(リスニングを含む)・中から１ ※素点200点を100点に換算。 ③地歴・公民・数(100)▶世Ｂ・日Ｂ・地理Ｂ・現社・倫・政経・「倫・政経」・「数Ⅰ・数Ａ」から１
［個別試験］ 行わない。
学校推薦型選抜(公募制) ［出願資格］ 第１志望，校長推薦，現役，全体の評定平均値3.3以上のほか，全国規模の大会・コンクール・コンテストに出場した実績のある者など。
［選考方法］ 書類審査，面接のほか，英米語学科とスペイン語学科は基礎英語，中国語学科と国際日本語学科は基礎国語。
総合型選抜 ［選考方法］ 書類審査，基礎学力検査(国語・英語)，プレゼンテーション・面接(英米語学科のみ英語プレゼンテーション・面接)。

国際学部

全国統一選抜・２月後期統一選抜・３月選抜
2科目 ①国(100)▶国総(現文) ②外(150)▶コミュ英Ⅰ・コミュ英Ⅱ・コミュ英Ⅲ・英表Ⅰ・英表Ⅱ
２月選抜(Ａ・Ｂ・Ｃ日程) 3科目 ①国(100)▶国総(現文) ②外(150)▶コミュ英Ⅰ・コミュ英Ⅱ・コミュ英Ⅲ・英表Ⅰ・英表Ⅱ ③地歴・公民・数(100)▶世Ｂ・日Ｂ・政経・「数Ⅰ・数Ａ」から１
共通テスト利用選抜前期(２教科型) 2科目 ①外(150)▶英(リスニングを含む)・独・仏・中・韓から１ ②国・地歴・公民・数(100)▶国(近代)・世Ｂ・日Ｂ・地理Ｂ・現社・倫・政経・「倫・政経」・「数Ⅰ・数Ａ」・情から１
［個別試験］ 行わない。
共通テスト利用選抜前期(３教科型)・後期
3科目 ①国(100)▶国(近代) ②外(150)▶英(リスニングを含む)・独・仏・中・韓から１ ③地歴・公民・数(100)▶世Ｂ・日Ｂ・地理Ｂ・現社・倫・政経・「倫・政経」・「数Ⅰ・数Ａ」・情から１
［個別試験］ 行わない。
※共通テストの外国語は素点200点を150点に換算。
学校推薦型選抜(公募制) ［出願資格］ 第１志望，校長推薦，現役，全体の評定平均値3.3以上のほか，全国規模の大会・コンクール・コンテストに出場した実績のある者など。
［選考方法］ 書類審査，基礎英語，面接。
総合型選抜 ［選考方法］ 書類審査，基礎学力検査(国語・英語)，プレゼンテーション・面接。

工学部

全国統一選抜 【機械システム工学科・電子システム工学科・情報工学科】 2科目 ①数(100)▶数Ⅰ・数Ⅱ・数Ａ・数Ｂ(数列・ベク) ②理(100)▶「物基・物」・「化基・化」から１
【デザイン学科】 2科目 ①国・理(100)▶国総(現文)・「物基・物」・「化基・化」から１ ②外・数(100)▶「コミュ英Ⅰ・コミュ英Ⅱ・コミュ英Ⅲ・英表Ⅰ・英表Ⅱ」・「数Ⅰ・数Ⅱ・数Ａ・数Ｂ(数列・ベク)」から１
２月選抜(Ａ・Ｂ・Ｃ日程) 【機械システム工学科】 3科目 ①外(100)▶コミュ英Ⅰ・コミュ英Ⅱ・コミュ英Ⅲ・英表Ⅰ・英表Ⅱ ②数(100)▶「数Ⅰ・数Ⅱ・数Ａ・数Ｂ(数列・ベク)」・「数Ⅰ・数Ⅱ・数Ⅲ・数Ａ・数Ｂ(数列・ベク)」から１ ③理(100)▶「物基・物」・「化基・化」から１
【電子システム工学科・情報工学科・デザイン学科】 3科目 ①外(100)▶コミュ英Ⅰ・コミュ英Ⅱ・コミュ英Ⅲ・英表Ⅰ・英表Ⅱ ②国・理(100)▶国総(現文)・「物基・物」・「化基・化」から１ ③数・デザイン適性(100)▶「数Ⅰ・数Ⅱ・数Ａ・数Ｂ(数列・ベク)」・「数Ⅰ・数Ⅱ・数Ⅲ・数Ａ・数Ｂ(数列・ベク)」・描画表現から１，

ただし描画表現はデザイン学科のみ選択可
2月後期統一選抜 2科目 ①国・理(100)▶国総(現文)・「物基・物」・「化基・化」から1 ②外・数(100)▶「コミュ英Ⅰ・コミュ英Ⅱ・コミュ英Ⅲ・英表Ⅰ・英表Ⅱ」・「数Ⅰ・数Ⅱ・数A・数B(数列・ベク)」から1，ただし外国語はデザイン学科のみ選択可
3月選抜 2科目 ①国・理(100)▶国総(現文)・「物基・物」から1 ②外・数(100)▶「コミュ英Ⅰ・コミュ英Ⅱ・コミュ英Ⅲ・英表Ⅰ・英表Ⅱ」・「数Ⅰ・数Ⅱ・数A・数B(数列・ベク)」から1，ただし外国語はデザイン学科のみ選択可
共通テスト利用選抜前期(2教科型) 【機械システム工学科・電子システム工学科】 4～3科目 ①②数(200)▶「数Ⅰ・数A」・「数Ⅱ・数B」 ③④外・理(150)▶英(リスニングを含む)・「物基・化基・生基から2」・物・化・生から1
[個別試験] 行わない。
【情報工学科・デザイン学科】 5～4科目 ①②数(100)▶「数Ⅰ・数A」・「数Ⅱ・数B」 ③④理(100)▶「物基・化基・生基から2」・物・化・生から1 ⑤国・外(100)▶国(近代)・英(リスニングを含む)から1
[個別試験] 行わない。
共通テスト利用選抜前期(3教科型)・後期 【機械システム工学科・電子システム工学科】 5～4科目 ①外(100)▶英(リスニングを含む) ②③数(200)▶「数Ⅰ・数A」・「数Ⅱ・数B」 ④⑤理(150)▶「物基・化基・生基から2」・物・化・生から1
[個別試験] 行わない。
【情報工学科・デザイン学科】 5～3科目 ①②③④⑤国・外・数・理(100×3)▶国(近代)・英(リスニングを含む)・「〈数Ⅰ・数A〉・〈数Ⅱ・数B〉」・「〈物基・化基・生基から2〉・物・化・生から1」から3
[個別試験] 行わない。
※共通テストの英語は素点200点を各学科が定める配点に換算。
学校推薦型選抜(公募制) [出願資格] 第1志望，校長推薦，現役，全体の評定平均値3.3以上のほか，全国規模の大会・コンクール・コンテストに出場した実績のある者など。
[選考方法] 書類審査，面接のほか，デザイン学科はデザイン適性(描画表現)，その他の学科は基礎数学。
総合型選抜 [選考方法] 書類審査，プレゼンテーション・面接のほか，デザイン学科はデザイン適性(描画表現)，その他の学科は基礎数学。

工学部国際コース

2月選抜 3科目 ①外(200)▶コミュ英Ⅰ・コミュ英Ⅱ・コミュ英Ⅲ・英表Ⅰ・英表Ⅱ ②数・デザイン適性(100)▶「数Ⅰ・数Ⅱ・数A・数B(数列・ベク)」・「数Ⅰ・数Ⅱ・数Ⅲ・数A・数B(数列・ベク)」・描画表現から1，ただし描画表現はデザイン学科のみ選択可 ③面接(英語による)
2月後期選抜 3科目 ①外(200)▶コミュ英Ⅰ・コミュ英Ⅱ・コミュ英Ⅲ・英表Ⅰ・英表Ⅱ(記述式) ②数(100)▶数Ⅰ・数Ⅱ・数A・数B(数列・ベク) ③面接(英語による)
共通テスト利用選抜 3～2科目 ①外(200)▶英(リスニング〈100〉を含む) ②③数・理(100)▶「〈数Ⅰ・数A〉・〈数Ⅱ・数B〉」・「物基・化基・生基から2」・物・化・生から1
[個別試験] 1科目 ①面接(英語による)
総合型選抜 [出願資格] 第1志望など。
[選考方法] 書類審査，英語(コミュ英Ⅰ・コミュ英Ⅱ・コミュ英Ⅲ・英表Ⅰ・英表Ⅱ)，英語による面接のほか，デザイン学科はデザイン適性(描画表現)，その他の学科は基礎数学。ただし，指定された英語外部試験で基準スコア以上の者は，英語の試験を満点とし，当日の英語試験は受験する必要はない。

その他の選抜

海外帰国子女選抜，社会人選抜，外国人留学生選抜，外国人留学生特別枠選抜。

偏差値データ (2023年度)

●一般２月選抜（A～C日程）

学部／学科・コース	2023年度 駿台予備学校 合格目標ライン	2023年度 河合塾 ボーダー偏差値	2022年度実績 募集人員	受験者数	合格者数	合格最低点	競争率 '22年	競争率 '21年
商学部								
経営	39	45	155	577	197	207~221/300	2.9	3.8
国際ビジネス	38	42.5	45	200	110	189~206/300	1.8	1.6
会計	37	45	25	150	62	212~220/300	2.4	2.8
政経学部								
法律政治	40	42.5	125	419	219	187~196/300	1.9	1.9
経済	39	42.5	210	528	219	195~198/300	2.4	2.7
外国語学部								
英米語	43	37.5	60	120	102	216~233/400	1.2	1.4
中国語	40	37.5	20	32	28	204~232/400	1.1	1.6
スペイン語	41	37.5	20	27	23	203~236/400	1.2	1.6
国際日本語	41	37.5	13	22	14	229~254/400	1.6	1.8
国際学部								
国際	40	40	115	182	149	177~187/350	1.2	1.4
工学部								
機械システム工	36	37.5	35	109	75	165~169/300	1.5	2.5
電子システム工	36	42.5	35	102	38	181~195/300	2.7	2.2
情報工	36	47.5	40	226	40	222~227/300	5.7	5.7
デザイン	35	45	35	75	35	183~201/300	2.1	2.3
国際	35	42.5	若干名	3	1	183/300	3.0	3.0

●駿台予備学校合格目標ラインは合格可能性80%に相当する駿台模試の偏差値です。 ●競争率は受験者÷合格者の実質倍率
●河合塾ボーダー偏差値は合格可能性50%に相当する河合塾全統模試の偏差値です。

併設の教育機関 短期大学

拓殖大学北海道短期大学

問合せ先 学務学生課
☎0164-23-4111㈹
所在地 北海道深川市メム4558

学生数▶252名（男147名，女105名）
教員数▶教授13名，准教授７名，助教３名

設置学科

●**農学ビジネス学科**（170） ２コース制。環境農学コースは，安心・安全な食の提供をめざす農学人材を養成する。地域振興ビジネスコースは，観光資源を生かした地域振興プロジェクトを通して，企画力・実行力を養う。
●**保育学科**（60） 造形表現，身体表現，幼児音楽教育の３コース。保育士と幼稚園教諭免許の両方が取得できるプログラムで，保育人材を育成する。

卒業後の進路

2022年３月卒業生▶199名
就職71名，大学編入学110名（うち他大学10名），その他18名

玉川大学

資料請求

問合せ先　入試広報課　☎042-739-8155

建学の精神

創立者・小原國芳が生み出し，日本で初めて提唱した「全人教育」を教育理念として，1929（昭和４）年に玉川学園が開校。幼稚部から大学，大学院まで約10,000名が学ぶ約61万㎡（東京ドームグラウンド47面分）の広大なキャンパスでは，「どれだけたくさん学んだか」という履修主義ではなく，「どれだけ深く学んだか」という修得主義の独創的な教育を展開し，英語，科学，技術，工学，芸術・人間学，数学の各分野が融合した「ESTEAM教育」を推進。ワンキャンパスで全学部の学生が学ぶ利点を生かし，異分野融合の学びを育む施設「STREAM Hall 2019」や，自然科学の基礎実験拠点「Consilience Hall 2020」など，多様な価値観が融合することにより，まったく新しい価値観を生み出すことで，社会に貢献できる人材の育成をめざしている。

● 玉川大学キャンパス……〒194-8612　東京都町田市玉川学園6-1-1

基本データ

学生数▶6,727名（男3,281名，女3,446名）
専任教員数▶教授184名，准教授78名，講師34名
設置学部▶教育，文，芸術，経営，観光，リベラルアーツ，農，工
併設教育機関▶大学院―農学・工学・脳科学（以上M・D），文学・マネジメント（以上M），教育学（M・P）　通信教育部―教育学部

就職・卒業後の進路

就職率 96.7%
就職者÷希望者×100

● **就職支援**　１年次の全学生を対象に「一年次セミナー」を開講するなど，４年間を通してキャリア教育を実施。就職支援では，企業の採用計画や求人などの情報提供に加え，キャリアカウンセラーの資格を持つスタッフによる個別面談や模擬面接，履歴書の書き方の指導など，４年間にわたり学生一人ひとりの進路に合わせたきめ細かい支援を行っている。

● **資格取得支援**　多くの教員や保育士を輩出し，「教員養成の玉川」として評価されているだけに，小・中学校の元校長や，元幼稚園・保育所長など経験豊富なスタッフが指導を行う教師教育リサーチセンターを中心に，学生の夢の実現を手厚くサポートしている。

進路指導者も必見 学生を伸ばす 面倒見

初年次教育
全学部の新入生を対象にFYE（First Year Experience）科目として，大学で学修をするために求められる心構えやスキルを修得する「一年次セミナー 101」，一人ひとりが将来の人生設計を考える「一年次セミナー 102」を開講

学修サポート
全学部でTA・SA制度，オフィスアワー制度，学級担任制を導入し，各クラスの担任教員は履修指導をはじめ，学生生活全般についてまで気軽に相談に応じている。また，学修サポート・デスクやITサポート・デスクも設置

オープンキャンパス（2022年度実績）　6月・7月・8月（LIVE配信あり）・11月（高校３年生対象）・12月（高校１・２年生対象）・3月に来校型で開催。4月・11月・2月にはミニオープンキャンパス的な大学説明会も実施。

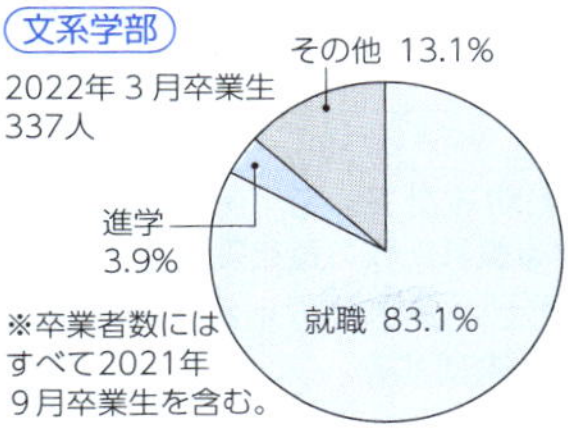

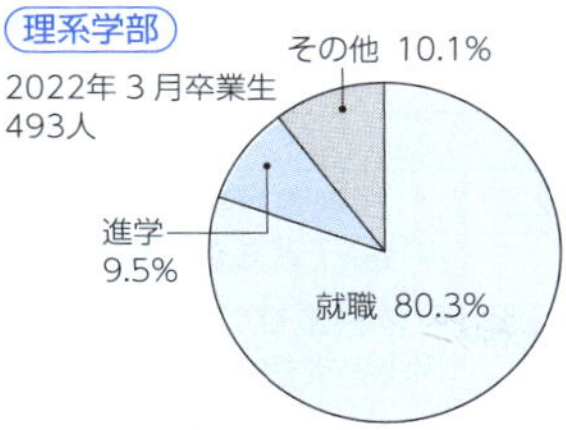

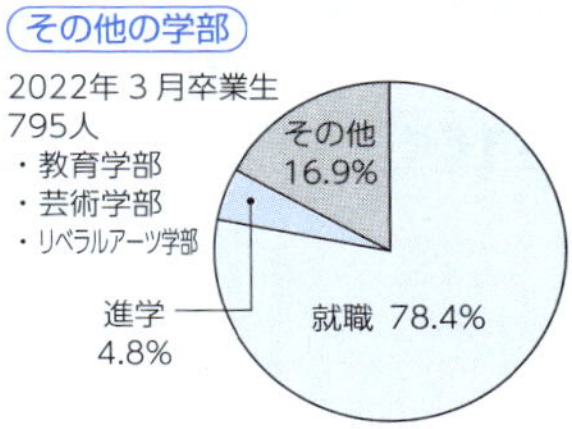

主なOB・OG ▶［教育］田中文夫（山口県萩市長），［文］村田沙耶香（小説家），［文］平野文（声優），［文］薬師丸ひろ子（女優），［農］道尾秀介（小説家），［工］大塚寛（Nextway会長・創業者）など。

国際化・留学　大学間 12 大学等・部局間 26 大学等

受入れ留学生数 ▶ 12名（2022年5月1日現在）

留学生の出身国 ▶ ベトナム，中国，韓国など。

外国人専任教員 ▶ 教授８名，准教授９名，講師１名（2022年５月１日現在）

外国人専任教員の出身国 ▶ アメリカ，イギリス，イタリア，オーストラリア，中国など。

大学間交流協定 ▶ 12大学・機関（交換留学先１大学，2022年５月１日現在）

部局間交流協定 ▶ 26大学・機関（交換留学先１大学，2022年５月１日現在）

海外への留学生数 ▶ 渡航型73名・オンライン型175名／年（５カ国・地域，2021年度）

海外留学制度 ▶ 世界各国の提携校で多彩な教育を行う全学部・全学科対象の海外留学・研修「SAE（Study Abroad Experience）プログラム」や「オンライン海外研修プログラム」を実施。また，文学部英語教育学科（９カ月間）や観光学部（２セメスター間），農学部環境農学科（４カ月間）で行う海外留学プログラムは，いずれも必修。

学費・奨学金制度　給付型奨学金総額 年間約 2,900 万円

入学金 ▶ 250,000円

年間授業料（施設費等を除く）▶ 1,029,000円～（詳細は巻末資料参照）

年間奨学金総額 ▶ 約29,000,000円

年間奨学金受給者数 ▶ 83人

主な奨学金制度 ▶ 春学期の学業成績が優れ，教育上経済的な援助が必要な１年次生を対象とした「ファーストイヤー奨学金」や，２年次生以上対象の「玉川奨学金」「経済支援奨学金」などの制度を設置。このほか，「玉川応急奨学金」「小原応急奨学金」「TeS奨学金」といった応急採用の奨学金も用意。

保護者向けインフォメーション

● **オープンキャンパス**　通常のオープンキャンパス時に保護者のためのガイダンスを実施。
● **広報誌**　「月刊 全人 ZENJIN」を発行。
● **成績確認**　Webで成績照会が可能。
● **父母会**　総会や地区別父母会，父母のための教育講座などを行うほか，父母会サイトに「保護者のための就活ハンドブック」を掲載。
● **防災対策**　「防災の手引き」を入学時に配布。災害時の学生の安否は，メールやポータルサイトを利用して確認するようにしている。
● **コロナ対策１**　ワクチンの職域接種・大学拠点接種を実施。感染状況に応じた行動指針を設定。「コロナ対策２」（下段）あり。

インターンシップ科目	必修専門ゼミ	卒業論文	GPA制度の導入の有無および活用例	１年以内の退学率	標準年限での卒業率
全学部で開講している	教育・経営・農学部で３～４年次，文・観光・リベラルアーツ学部で３年次に実施。芸術学部と工学部は選択制	教育・文（英語）・芸術（コースによる）・リベラル・農・工は必須	奨学金対象者選定・退学勧告・卒業判定・大学院入試選抜・学長賞等選定基準，教職課程受講・継続条件，履修上限単位数設定などに活用	NA	NA

● コロナ対策２　①身体的距離の確保②マスク着用③手洗い④検温⑤机やドアノブなどの消毒を条件に行う対面授業と，遠隔授業を感染状況に応じて併用。自動走行型UV（紫外線）殺菌ロボット「YVD Robots」を導入。

学部紹介

学部／学科	定員	特色
教育学部		
教育	220	▷〈初等教育専攻・社会科教育専攻計180名，保健体育専攻40名〉子どもたちの模範となる優れた教育者を養成する。
乳幼児発達	75	▷体験重視の授業で，時代のニーズに対応する教育・保育，保護者支援のスペシャリストを育成する。
● **取得可能な資格**…教職(国・地歴・公・社・数・理・音・美・保体・技・情・英，小一種・二種，幼一種)，司書，司書教諭，学芸員，保育士など。 ● **進路状況**…………就職89.2%　進学6.2% ● **主な就職先**………公私立学校教員，公私立保育士，旭化成ホームズ，ソフトバンクグループなど。		
文学部		
英語教育	80	▷ELFコミュニケーション，英語教員養成の２コース。実用的な英語力を身につけた，国際感覚豊かな人材を育成する。
国語教育	60	▷言語表現，国語教員養成の２コース。論理的な思考力と高度な国語力を持ったスペシャリストや国語教員を育成する。
● **取得可能な資格**…教職(国・英，小二種)，司書，司書教諭，学芸員など。 ● **進路状況**…………就職80.7%　進学5.2% ● **主な就職先**………JR東日本ステーションサービス，星野リゾートグループ，公私立学校教員など。		
芸術学部		
音楽	80	▶芸術を通して，心豊かな社会を追求する人材を養成する。音楽学科は演奏・創作(20名)，ミュージカル(30名)，音楽教育(30名)の３コース。アート・デザイン学科はメディア表現(85名)，美術教育(15名)の２コース。演劇・舞踊学科は身体表現，舞台創造，芸術応用の３コース(２年次より選択)。
アート・デザイン	100	
演劇・舞踊	90	
● **取得可能な資格**…教職(音・美・工芸，小二種)，司書，司書教諭，学芸員など。 ● **進路状況**…………就職64.8%　進学3.7% ● **主な就職先**………四季，俳優座劇場，ファーストリテイリング，UHA味覚糖，公立学校教員など。		
経営学部		
国際経営	130	▷グローバルビジネス，国際会計，マーケティング戦略の３コース。国際感覚を身につけたビジネスリーダーを育成する。
● **進路状況**…………就職83.5%　進学2.6% ● **主な就職先**………イトーキ，NTTコムウェア，鹿島建設，住友生命保険，ファミリーマートなど。		
観光学部		
観光	120	▷グローバルエリート，リージョナルリーダーの２コース。幅広い"観光"で世界をリードする人材を育成する。
● **進路状況**…………就職86.2%　進学3.4% ● **主な就職先**………小田急リゾーツ，東武トップツアーズ，ナック，マイナビ，丸全昭和運輸など。		
リベラルアーツ学部		
リベラルアーツ	160	▷Human，Society，Culture，STEAMの４つのフィールドの学びを通して知見を深め，社会に必要な応用力を養う。
● **取得可能な資格**…司書，学芸員など。　● **進路状況**…………就職74.3%　進学3.4% ● **主な就職先**………伊藤園，オリエンタルランド，積水ハウス，リコージャパン，多摩市役所など。		
農学部		
生産農	130	▷植物・微生物・昆虫・動物などを学びの対象に，バイオサイエンスの視点で，生命に秘められた潜在能力を研究する。

キャンパスアクセス ［玉川大学キャンパス］ 小田急線―玉川大学前より徒歩３分

生産農・理科教員養成プログラム	25	▷さまざまな「体験」を通して，実践的スキルを修得した理科・農業科教員を養成する。
環境農	70	▷自然・農業・社会のつながりを考え，持続可能な開発目標(SDGs)の達成に貢献する人材を育成する。
先端食農	70	▷先端技術で従来の農業の枠を超えて，未来の「食」を支える人材を養成する。システム農学，食品科学の２領域。

● **取得可能な資格**…教職（理・農，小二種），司書，司書教諭，学芸員など。
● **進路状況**…………就職80.4%　進学10.2%
● **主な就職先**………伊藤忠食品，キユーピー，タキイ種苗，農業総合研究所，公私立学校教員など。

工学部

デザインサイエンス	60	▷**NEW!** '23年新設。モノづくりを通して，多様化する課題に対応できる「デザイン能力」を身につける。
情報通信工	55	▷近年話題のビッグデータやクラウドコンピューティングなどにも触れ，「人と人をつなぐ」次世代の技術と手法を学ぶ。
マネジメントサイエンス	40	▷ITやAIなどの最先端技術を活用し，実際に技術に触れながら経営やマネジメントに関わる課題を解決する能力を養う。
ソフトウェアサイエンス	55	▷ソフトウェアに特化した４つの専門領域を複合的に学び，最先端のスキルを身につけ，ITの新たな分野を切り拓く。
数学教員養成プログラム	30	▷入学後は各学科に所属。２年次に進む時点で改めてプログラムを続けるか，所属学科の学びを究めるかの選択が可能。

● **取得可能な資格**…教職（数・技・情・工業，小二種），学芸員など。
● **進路状況**…………就職80.3%　進学8.7%
● **主な就職先**………NECフィールディング，Sky，日本ケミコン，富士ソフト，公私立学校教員など。

キャンパス

全学部……［玉川大学キャンパス］東京都町田市玉川学園6-1-1

2023年度入試要項（前年度実績）

●募集人員

学部／学科（専攻・コース・プログラム）	統一・英語外部前期	統一・英語外部後期
▶教育　教育（初等教育・社会科教育）	64	8
（保健体育）	13	3
乳幼児発達	27	3
▶文　英語教育	26	4
国語教育	19	4
▶芸術　音楽（演奏・創作）	6	2
（ミュージカル）	9	3
（音楽教育）	10	2
アート・デザイン（メディア表現）	26	6
（美術教育）	3	2
演劇・舞踊	30	5
▶経営　国際経営	46	5
▶観光　観光	44	4
▶リベラルアーツ　リベラルアーツ	60	4
▶農　生産農	48	6
生産農（理科教員養成）	10	2
環境農	26	4
先端食農	26	4
▶工　デザインサイエンス	20	4
情報通信工	19	5
マネジメントサイエンス	14	4
ソフトウェアサイエンス	18	4
数学教員養成	13	4

※統一前期・後期は全学統一入試（前期）・（後期）。英語外部前期・後期は英語外部試験スコア利用入試（前期）・（後期）。
※全学統一入試（前期）・英語外部試験スコア利用入試（前期）には，給付型奨学金入試（前期，全学部合計最大40名）と地域創生教員養成入試（教育

学部，文学部，音楽学科音楽教育コース，アートデザイン学科美術教育コース，生産農学科理科教員養成プログラム，工学部教員養成プログラム）の募集人員を含む。
※全学統一入試（後期）・英語外部試験スコア利用入試（後期）には，給付型奨学金入試（後期）の募集人員（全学部合計最大10名）を含む。

▷英語外部試験スコア利用入試の出願資格は，英検準2級以上，TOEIC L&R400点以上，TOEIC Bridge L&R74点以上，TOEFL iBTテスト42点以上，GTEC CBTタイプ検定版690点以上のいずれかを取得している者（TOEICとGTECはオフィシャルスコアに限る）。

教育学部

全学統一入試（前期・後期）・英語外部試験スコア利用入試（前期・後期） 3〜1科目 ①外（100）▶コミュ英Ⅰ・コミュ英Ⅱ・コミュ英Ⅲ・英表Ⅰ・英表Ⅱ ②**国・数**（100）▶「国総（古文・漢文を除く）・現文B」・「数Ⅰ・数Ⅱ・数A・数B（数列・ベク）」から1 ③**実技**（100）▶実技適性試験，ただし実技は保健体育専攻の前期の本学試験場でのみ実施
※英語外部試験スコア利用入試は，指定された英語外部試験スコアの換算点（100点満点）と他の1教科（保健体育専攻の前期のみ実技を含む2教科）の合計点で判定する。本学の外国語の試験を受験した場合は，いずれか高得点の方を採用する。
※実技適性試験は，立ち3段跳び・マット運動（側転・倒立前転）・Throw＆Catch（30秒）・反復横跳び（20秒）の4つの種目で基本的な体力・運動能力を測る。

文学部

全学統一入試（前期・後期）・英語外部試験スコア利用入試（前期・後期） 2〜1科目 ①**国**（100）▶国総（古文・漢文を除く）・現文B ②**外**（英語教育150・国語教育100）▶コミュ英Ⅰ・コミュ英Ⅱ・コミュ英Ⅲ・英表Ⅰ・英表Ⅱ
※英語外部試験スコア利用入試は，指定された英語外部試験スコアの換算点（英語教育150点満点・国語教育100点満点）と他の1教科の合計点で判定する。本学の外国語の試験を受験した場合は，いずれか高得点の方を採用する。

芸術学部

全学統一入試（前期・後期）・英語外部試験スコア利用入試（前期・後期） 2〜1科目 ①②**外・「国・数」・実技**（100×2）▶「コミュ英Ⅰ・コミュ英Ⅱ・コミュ英Ⅲ・英表Ⅰ・英表Ⅱ」・「〈国総（古文・漢文を除く）・現文B〉・〈数Ⅰ・数Ⅱ・数A・数B（数列・ベク）〉から1」・実技適性試験から2，ただし実技は全学統一入試前期の本学試験場でのみ実施
※英語外部試験スコア利用入試は，指定された英語外部試験スコアの換算点（100点満点）と他の1教科の合計点で判定する。本学の外国語の試験を受験した場合は，いずれか高得点の方を採用する。
※実技適性試験は，作曲・声楽・器楽・鉛筆デッサン・作品審査・演技・舞踊の中から1つの課題を出願時に登録する。ただし2月5日は演技・舞踊の選択不可。

経営学部・観光学部・リベラルアーツ学部

全学統一入試（前期・後期）・英語外部試験スコア利用入試（前期・後期） 2〜1科目 ①**外**（100・観光学部のみ150）▶コミュ英Ⅰ・コミュ英Ⅱ・コミュ英Ⅲ・英表Ⅰ・英表Ⅱ ②**国・数**（100）▶「国総（古文・漢文を除く）・現文B」・「数Ⅰ・数Ⅱ・数A・数B（数列・ベク）」から1
※英語外部試験スコア利用入試は，指定された英語外部試験スコアの換算点（観光学部150点満点・その他の学部100点満点）と他の1教科の合計点で判定する。本学の外国語の試験を受験した場合は，いずれか高得点の方を採用する。

農学部

全学統一入試（前期・後期） 2科目 ①**理**（100）▶「化基・化」・「生基・生」から1 ②**外・数**（100）▶「コミュ英Ⅰ・コミュ英Ⅱ・コミュ英Ⅲ・英表Ⅰ・英表Ⅱ」・「数Ⅰ・数Ⅱ・数A・数B（数列・ベク）」から1

英語外部試験スコア利用入試（前期・後期） 2〜1科目 ①**外**（100）▶コミュ英Ⅰ・コミュ英Ⅱ・コミュ英Ⅲ・英表Ⅰ・英表Ⅱ ②**理**（100）

▶「化基・化」・「生基・生」から１
※指定された英語外部試験スコアの換算点(100点満点)と他の１教科の合計点で判定する。本学の外国語の試験を受験した場合は，いずれか高得点の方を採用する。

工学部

全学統一入試(前期・後期) 2科目 ①**数**(数学教員200・その他の学科100) ▶[数学教員養成プログラム]一数Ⅰ・数Ⅱ・数Ⅲ・数Ａ・数Ｂ(数列・ベク)，[その他の学科]一数Ⅰ・数Ⅱ・数Ａ・数Ｂ(数列・ベク) ②**外・理**(100) ▶「コミュ英Ⅰ・コミュ英Ⅱ・コミュ英Ⅲ・英表Ⅰ・英表Ⅱ」・「物基・物(原子を除く)」・「化基・化」から１

英語外部試験スコア利用入試(前期・後期) 2〜1科目 ①**外**(100) ▶コミュ英Ⅰ・コミュ英Ⅱ・コミュ英Ⅲ・英表Ⅰ・英表Ⅱ ②**数**(数学教員200・その他の学科100) ▶[数学教員養成プログラム]一数Ⅰ・数Ⅱ・数Ⅲ・数Ａ・数Ｂ(数列・ベク)，[その他の学科]一数Ⅰ・数Ⅱ・数Ａ・数Ｂ(数列・ベク)
※指定された英語外部試験スコアの換算点(100点満点)と他の１教科の合計点で判定する。本学の外国語の試験を受験した場合は，いずれか高得点の方を採用する。

その他の選抜

一般選抜(共通テスト利用入試，国公立大学併願スカラシップ入試)は教育学部28名，文学部14名，芸術学部27名，経営学部13名，観光学部12名，リベラルアーツ学部15名，農学部30名，工学部26名を募集。ほかに一般選抜給付型奨学金入試，一般選抜地域創生教員養成入試，学校推薦型選抜(公募制推薦入試，指定校制推薦入試)，総合型選抜(首都圏教員養成総合型入学審査，総合型入学審査，卒業生子弟総合型入学審査，スポーツ選抜総合型入学審査，国際バカロレア総合型入学審査)，帰国者入試，社会人入試を実施。

偏差値データ (2023年度)

●一般選抜（全学統一）

学部／学科／専攻・コース・プログラム	2023年度 駿台予備学校 合格目標ライン	2023年度 河合塾 ボーダー偏差値	2022年度 競争率
▶教育学部			
教育／初等・社会科	45	57.5	5.7
／保健体育	42	47.5	3.2
乳幼児発達	44	55	3.6
▶文学部			
英語教育	43	47.5	1.5
国語教育	43	47.5	1.5
▶芸術学部			
音楽／演奏・創作	42	42.5	1.3
／ミュージカル	42	40	1.4
／音楽教育	42	45	1.8
アート・デザイン／メディア表現	42	42.5	2.3
／美術教育	42	42.5	1.7
演劇・舞踊	42	45	2.7
▶経営学部			
国際経営	42	45	1.4
▶観光学部			
観光	43	50	1.2
▶リベラルアーツ学部			
リベラルアーツ	42	50	1.7
▶農学部			
生産農	45	40	1.3
理科教員養成	46	45	1.2
環境農	44	42.5	1.3
先端食農	47	47.5	1.2
▶工学部			
デザインサイエンス	37	40	新
情報通信工	35	45	1.4
マネジメントサイエンス	36	45	1.3
ソフトウェアサイエンス	36	45	2.7
数学教員養成	38	52.5	2.1

- 駿台予備学校合格目標ラインは合格可能性80％に相当する駿台模試の偏差値です。なお，全学統一は前期の偏差値です。
- 河合塾ボーダー偏差値は合格可能性50％に相当する河合塾全統模試の偏差値です。
- 競争率は受験者÷合格者の実質倍率

※競争率は2022年度に実施した全学統一・学部別・TOEIC利用・地域創生教員養成・給付型奨学金入試全体の実績です。
※合格者には補欠合格者を含みません。

中央大学（ちゅうおう）

資料請求

問合せ先　入学センター　☎042-674-2121

建学の精神

「英吉利法律学校」として1885（明治18）年に創設されて以来，「實地應用ノ素ヲ養フ」という建学の精神のもと，どのような時代にあっても，社会を支え，未来を拓く人材を数多く輩出。今日ではその伝統を「行動する知性」を育むというユニバーシティメッセージとして受け継ぎつつ，Society5.0など新時代の到来に対応できる人材育成やイノベーション創出を意識した研究教育を進めている。特に2023年には，法学部が移転する茗荷谷キャンパスが開校するなど，多摩と都心の“二大キャンパス”が実現。中央大学の実学教育は「グローバルな視野と実地応用の力を備え，人類の福祉に貢献する人材の育成」をミッションに，さらに進化し，知の拠点を拡充した相乗効果とダイバーシティを推進するとともに，ダイナミックな教育を展開していく。

- 多摩キャンパス…………〒192-0393　東京都八王子市東中野742-1
- 後楽園キャンパス………〒112-8551　東京都文京区春日1-13-27
- 市ヶ谷田町キャンパス…〒162-8478　東京都新宿区市谷田町1-18
- 茗荷谷キャンパス………〒112-0012　東京都文京区大塚1-4-1

基本データ

学生数▶25,972名（男16,017名，女9,955名）

専任教員数▶教授529名，准教授130名，講師0名，助教94名

設置学部▶法，経済，商，理工，文，総合政策，国際経営，国際情報

併設教育機関▶大学院（P.508参照）　通信教育部―法学部

就職・卒業後の進路

就職率 **96.4**%
就職者÷希望者×100

●就職支援　民間企業志望者向けの「PBL（Project Based Learning）講座」，公務員試験向けの「公務員をめざそう講演会」，理系技術職向けの「技術面接セミナー」など，学生一人ひとりの希望する進路に応じたきめ細かなサポート体制により，高い就職率を誇り，さまざまな業界へ卒業生を送り出している。

●資格取得支援　難関国家試験突破をめざす専門の研究棟「炎の塔」を多摩キャンパスに設置。茗荷谷キャンパスでは法律専門職をめ

進路指導者も必見　学生を伸ばす　面倒見

初年次教育	学修サポート
「大学生のための論文作成の技法」（全学），「大学生の基礎」（文）や「学術情報の検索と活用法」（全学）を開講するほか，データサイエンス分野を基礎から体系的に学ぶ「AI・データサイエンス全学プログラム」を実施	法・経済・商・理工・文学部でTA制度，さらに商学部でSA制度，全学部でオフィスアワー制度を導入。また日本語文章作成支援のためのライティングラボや，法学部や国際経営学部で学習支援のためのセンターを設置

オープンキャンパス（2022年度実績）　7月30・31日に3年ぶりの対面型オープンキャンパスを開催。また，キャンパス見学会を複数回実施。通常のオープンキャンパスやキャンパス見学会は，保護者の参加も認めている。

ざす法職講座を開講。公認会計士試験や司法試験では，毎年多くの合格者を輩出している。

文系学部
2021年度卒業生
4,712人

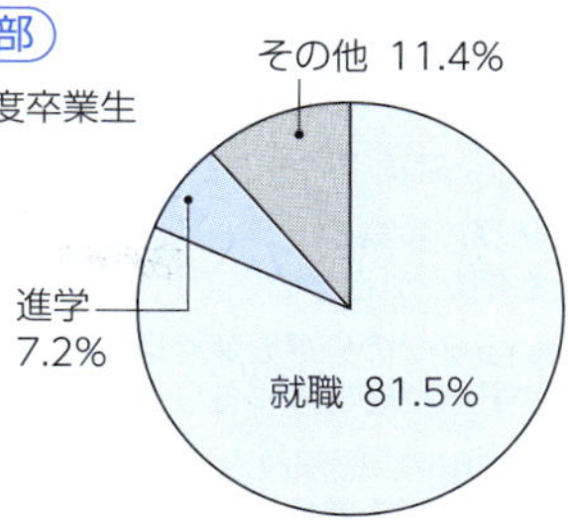

理系学部
2021年度卒業生
1,011人

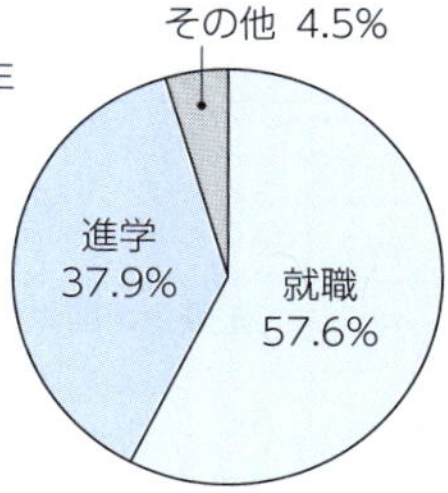

主なOB・OG▶［法］御手洗冨士夫（キヤノン会長兼社長），［法］生田竜聖（フジテレビアナウンサー），［文］芳井敬一（大和ハウス工業社長），［文］新海誠（アニメーション監督），［理工］阿部寛（俳優）など。

国際化・留学　　大学間 **210** 大学等

受入れ留学生数▶469名（2022年５月１日現在）

留学生の出身国・地域▶中国，韓国，台湾，香港，マレーシア，ドイツ，フランスなど。

外国人専任教員▶教授29名，准教授６名，助教13名（2022年５月１日現在）

外国人専任教員の出身国▶NA

大学間交流協定▶210大学・機関（交換留学先152大学，2022年９月現在）

海外への留学生数▶渡航型129名／年（交換留学生派遣数115名，認定留学生派遣数14名。2019年度）　※コロナ発生前の実績です。

海外留学制度▶長期（半年・１年）の交換留学や認定留学，春季または夏季休業期間を利用した短期留学のほか，各学部に語学研修やインターンシップ，フィールドワークなどを行う多彩な留学プログラムを用意。コンソーシアムはISEPに加盟している。

学費・奨学金制度

入学金▶240,000円

年間授業料（施設費等を除く）▶823,400円～（詳細は巻末資料参照）

年間奨学金総額▶NA

年間奨学金受給者数▶約1,400人

主な奨学金制度▶本学への入学を希望する，学業成績が優秀な首都圏以外の国内高校等出身者を対象とする「中央大学予約奨学金」，学力・人物ともに優秀な２～４年次生対象の「中央大学学長賞・学部長賞給付奨学金」などの全学部生向けのもののほかに，各学部独自の奨学金制度も豊富に用意されている。

保護者向けインフォメーション

●**成績確認**　ポータルサイトで，成績表や履修科目と単位数が閲覧できるようになっている。

●**父母懇談会**　５月末から７月中旬にかけて，全国47都道府県で父母懇談会を開催し，大学の近況や最新の進路・就職事情などについて説明している。機関誌「草のみどり」も発行。

●**防災対策**　「学生手帳」に緊急時の対応・避難を掲載。学生が被災した際の安否は，ポータルサイトを利用して確認するようにしている。

●**コロナ対策１**　感染状況に応じたBCP（行動指針）を設定。「コロナ対策２」（下段）あり。

インターンシップ科目	必修専門ゼミ	卒業論文	GPA制度の導入の有無および活用例	１年以内の退学率	標準年限での卒業率
全学部で開講している	全学部で実施。開講年次は学科・専攻により異なる	学部・学科により異なる	導入している	1.0%（全学年の退学率）	NA

● **コロナ対策２**　対面授業とオンライン授業を感染状況に応じて併用。学生への経済的支援として，2021年度に引き続き2022年度も「中央大学経済援助給付奨学金（COVID-19家計急変）」を継続して実施。

学部紹介

学部／学科	定員	特色
法学部		
		▶2023年度より，茗荷谷キャンパス（東京都文京区）に移転。
法律	882	▷法曹，公共法務，企業の３コース。人権感覚や国際的素養を基礎に，社会問題を「自分の頭で」考えられる力を養う。
国際企業関係法	168	▷法と経済という２つの分野を深く理解し，地球規模で活動・活躍する，国際社会に認められるリーダーを養成する。
政治	389	▷公共政策，地域創造，国際政治，メディア政治の４コース。ガバナンスの仕組みを考察し，市民的公共空間を構想する。
● 取得可能な資格…教職（地歴・公・社），司書，司書教諭，学芸員など。 ● 進路状況…………就職73.4%　進学16.7% ● 主な就職先………国税庁，国土交通省，横浜市役所，総務省，法務省，法務省検察庁，神奈川県庁，三井不動産リアルティ，アクセンチュア，経済産業省，三井住友信託銀行など。		
経済学部		
経済	467	▷経済学を幅広く学び，複雑化した経済の動きを分析するとともに，問題解決に向けた政策提言ができる人材を育成する。
経済情報システム	180	▷企業や地域経済の成長についての研究と情報科学・処理技術の学びを一体化し，企業や地域を担う人材を育成する。
国際経済	265	▷国境を超えた経済活動，世界の貧困削減や経済開発の諸問題などを学び，グローバルに活躍できる人材を育成する。
公共・環境経済	150	▷安全，福祉，教育，環境などを学び，公務員として活躍，あるいは環境政策を提言できる人材を育成する。
● 取得可能な資格…教職（地歴・公・社・商業），司書，司書教諭，学芸員など。 ● 進路状況…………就職84.6%　進学2.8% ● 主な就職先………国税庁，りそなホールディングス，横浜市役所，NTTドコモ，横浜銀行，楽天グループ，三井住友銀行，大和証券グループ本社，東京海上日動火災保険など。		
商学部		
		▶各学科にフレックス・コースとフレックスPlus 1・コースを設置し，自由な時間割設計でフレキシブルな学びが可能。
経営	300	▷いかに組織を維持・発展させるかというマネジメントの視点から，経営革新を理論的かつ実証的に学修する。
会計	300	▷会計学に関して入門科目から応用科目へと段階的に履修していくことで，会計固有の論理や方法について体系的に学ぶ。
国際マーケティング	300	▷流通・マーケティングと国際貿易を２本柱に理論と実践を学び，社会や企業活動の中で必要となる問題解決能力を養う。
金融	120	▷金融機関や企業の財務部で働く人々に求められる専門技能などを習得し，金融を通して企業と経済を読み解く力を磨く。
● 取得可能な資格…教職（地歴・公・社・商業），司書，司書教諭，学芸員など。 ● 進路状況…………就職86.3%　進学2.1% ● 主な就職先………有限責任あずさ監査法人，有限責任監査法人トーマツ，EY新日本有限責任監査法人，TIS，ニトリ，三菱UFJ銀行，りそなホールディングス，太陽生命保険など。		

キャンパスアクセス ［多摩キャンパス］ 多摩モノレール一中央大学・明星大学駅直結／京王線一多摩動物公園より徒歩10分／小田急線・京王線一多摩センターよりバス12分／JR中央線一豊田よりバス15分

理工学部		
数	70	▷数学のあらゆる分野の学びを通して，数学研究とは何かを理解し，さまざまな研究開発分野で活躍できる能力を養う。
物理	70	▷素粒子の世界から宇宙までさまざまな自然法則を解明し，人類の豊かな生活に役立つ科学技術を追究する人材を育成。
都市環境	90	▷環境クリエーター，都市プランナーの２コース。持続可能な都市環境を，地域と共創する知識と技術を習得する。
精密機械工	145	▷現代社会を支える精密機械技術の最先端知識を学ぶとともに，システム全体を把握することのできる広い視野も養う。
電気電子情報通信工	135	▷電気エネルギーから情報ネットワークまで，次世代技術を発想，研究開発する工学デザイン力を獲得する。
応用化	145	▷化学の力で人類に役立つ物質を創製し，持続可能な社会に貢献する人材を育成する。
ビジネスデータサイエンス	115	▷ビジネス領域を中心としてデータサイエンスを学び，理論と実践を備えたデータサイエンティストを養成する。
情報工	100	▷グローバル対応の教育課程と，海外からも視察が訪れる，経産省からも認められている教育連携のチーム教育を提供。
生命科	75	▷「生命」の不思議を解き明かし，人類が直面する諸問題の解決に生命科学の観点から貢献できる人材を育成する。
人間総合理工	75	▷複眼的思考力で，人間を取り巻く社会の課題に挑戦する新時代の理工学教育を展開。

- **取得可能な資格**…教職(数・理・情・工業)，司書，司書教諭，学芸員，測量士補など。
- **進路状況**…………就職57.6%　進学37.9%
- **主な就職先**………日本電気，NECソリューションイノベータ，パナソニック，日立ソリューションズ，日立製作所，東京都教育委員会，SCSK，TIS，ソフトバンク，富士通など。

文学部		
人文社会	990	▷国文学，英語文学文化，ドイツ語文学文化，フランス語文学文化，中国言語文化，日本史学，東洋史学，西洋史学，哲学，社会学，社会情報学，教育学，心理学の13専攻に，文学部の13専攻を大胆に横断して学ぶ「学びのパスポートプログラム」を設置。約700もの専門科目が開設され，そのうちの約半数は，どの専攻・プログラムに所属していても履修が可能。教職，学芸員，社会教育主事，司書・司書教諭の４つの資格課程を設置。

- **取得可能な資格**…教職(国・地歴・公・社・英・独・仏・中)，司書，司書教諭，学芸員など。
- **進路状況**…………就職82.8%　進学5.4%
- **主な就職先**………神奈川県教育委員会，ベネッセスタイルケア，埼玉県教育委員会，明治安田生命保険，ニトリ，三井不動産リアルティ，東京都教育委員会，日本生命保険など。

総合政策学部		
政策科	150	▷政治，法律，経済に関する科目を学び，文化的背景とも向き合いながら政策の提言をめざす。
国際政策文化	150	▷宗教学，地域研究，メディア論などを学び，社会科学を身につけ，多様な価値が共生する社会の実現をめざす。

- **取得可能な資格**…教職(公・社)，司書，司書教諭，学芸員など。
- **進路状況**…………就職85.2%　進学2.7%
- **主な就職先**………りそなホールディングス，日本放送協会，TIS，あおぞら銀行，ポーラ，楽天グループ，共同通信社，財務省財務局，東日本旅客鉄道，日本政策金融公庫など。

キャンパスアクセス [後楽園キャンパス] 東京メトロ丸ノ内線・南北線―後楽園より徒歩５分／都営地下鉄三田線・大江戸線―春日より徒歩６分／JR中央線・総武線―水道橋より徒歩12分，飯田橋より徒歩17分

国際経営学部		
国際経営	300	▷グローバル共生社会における企業活動の担い手となるグローバルビジネスリーダーを養成する。7割以上の授業を外国語(主に英語)で開講。全員が1年次に海外短期留学を経験。

● **取得可能な資格**…司書，学芸員。
● **主な就職先**………2019年度開設のため卒業生はいない。

国際情報学部		
国際情報	150	▷国際社会が抱える情報の諸問題を「仕組み」と「法律」の視点で分析・解明し，解決する力を身につけ，グローバル社会に受容される情報サービスや政策を実現できる人材を育成。

● **取得可能な資格**…司書，学芸員。
● **主な就職先**………2019年度開設のため卒業生はいない。

▶キャンパス

経済・商・文・総合政策・国際経営……［多摩キャンパス］東京都八王子市東中野742-1
理工……［後楽園キャンパス］東京都文京区春日1-13-27
国際情報……［市ヶ谷田町キャンパス］東京都新宿区市谷田町1-18
法……［茗荷谷キャンパス］東京都文京区大塚1-4-1

2023年度入試要項(前年度実績)

●募集人員

学部／学科(専攻・コース)	共通選抜	一般	英語外部	共通併用	共通前期	共通後期	総合型・自己推薦
▶法 法律	4教20 3教36	4教60 3教269	—	52	5教115 3教24	6	15
国際企業関係法	4教5 3教10	4教5 3教60	—	13	5教19 3教6	3	5
政治	4教5 3教20	4教20 3教128	—	26	5教52 3教12	6	10
▶経済 経済	60	Ⅰ135 Ⅱ90	Ⅰ13 Ⅱ9	Ⅰ9 Ⅱ6	4教16 3教16	5	—
経済情報システム	5	79	8	7	4教7 3教7	5	—
国際経済	10	113	13	12	4教11 3教11	5	—
公共・環境経済	5	60	7	6	4教6 3教6	5	—
▶商 経営(フレックス)	—	130	—	—	4教14 3教12	4	—
(フレックスPlus1)		20	—		—	—	—
会計(フレックス)		115	—		4教14 3教12	4	—
(フレックスPlus1)		40	—		—	—	—
国際マーケティング(フレックス)		120	—		4教14 3教12	4	—
(フレックスPlus1)		20	—		—	—	—
金融(フレックス)	—	40	—	—	4教8 3教4	4	—
(フレックスPlus1)		15	—		—	—	—
フリーメジャー・コース	70	—	—	20	—	—	—
▶理工 数	—	32	3	13	—	—	10
物理	—	33	2	10	5	—	8
都市環境	—	45	2	9	9	—	3
精密機械工	—	80	2	20	8	—	5
電気電子情報通信工	—	65	2	20	10	—	5
応用化	—	78	2	25	10	—	2
ビジネスデータサイエンス	—	65	2	13	13	—	2
情報工	—	65	2	13	7	—	1
生命科	—	43	2	10	5	—	—
人間総合理工	—	32	5	12	8	—	8
▶文 人文社会(国文学)	7	29	若干名	—	4教40 3教11	若干名	—
(英語文学文化)	7	77		—	3教11		—
(ドイツ語文学文化)	3	22		—	3教6		—
(フランス語文学文化)	3	34		—	3教5		4
(中国言語文化)	3	23		—	3教6		—
(日本史学)	3	43		—	3教5		5
(東洋史学)	4	25		—	3教6		—
(西洋史学)	4	25		—	3教6		—
(哲学)	3	36		—	3教5		3
(社会学)	3	47		—	3教5		15
(社会情報学)	3	43		—	3教3		—
(教育学)	3	32		—	3教3		—
(心理学)	3	41		—	3教3		4
(学びのパスポートプログラム)	2	10	—	—	3教2		10

キャンパスアクセス［市ヶ谷田町キャンパス］東京メトロ有楽町線・南北線—市ケ谷下車正面／都営地下鉄新宿線—市ケ谷より徒歩5分／ＪＲ中央線・総武線—市ケ谷より徒歩5分

▶総合政策 政策科	25	30	5	15	24	5	—
国際政策文化	25	30	5	15	25	5	—
▶国際経営 国際経営	4教10 3教20	70	20	10	4教7 3教17	4教3 3教3	25
▶国際情報 国際情報	—	60	5	10	4教10 3教10	5	—

※商学部フリーメジャー（学科自由選択）・コースは，出願時に学科の指定を行わず，試験合格後の入学手続時に各学科フレックス・コースのいずれかを選択することができる。また，１年次修了時に２年次以降の学科・コースを指定する機会があり，所属学科を自由に変更することも可能。
※フリーメジャー・コースの共通テスト利用併用方式の募集人員は，A・Bそれぞれ10名の募集となり，Aは会計学科と国際マーケティング学科，Bは経営学科と金融学科。
※文学部の共通テスト利用単独方式前期４教科型は，出願時に専攻・プログラムの指定を行わず，試験合格後の入学手続時に専攻・プログラムのいずれかを選択することができる。また，１年次修了時に２年次以降の専攻・プログラムを指定する機会があり，所属を変更することも可能。
※「総合型・自己推薦」の内訳は，法学部はチャレンジ入試（総合型選抜入試），理工学部は高大接続型自己推薦入試，文学部は自己推薦特別入試，国際経営学部は自己推薦入試。
※文学部の自己推薦特別入試の募集人員は，専攻適性型の募集人員を記載。上記以外に外国語型があり，文学部全体で若干名を募集する。
※次のように略しています。６学部共通選抜→共通選抜。教科→教。英語外部試験利用方式→英語外部。

法学部

６学部共通選抜（４教科型・３教科型）・一般方式（４教科型・３教科型） 4〜3科目 ①国（100）▶国総（漢文を除く） ②外（法律・政治150，国際企業関係法200）▶コミュ英Ⅰ・コミュ英Ⅱ・コミュ英Ⅲ・英表Ⅰ・英表Ⅱ ③④「地歴・公民」・数（４教科型100×2・３教科型100）▶「世Ｂ・日Ｂ・政経から１」・「数Ⅰ・数Ⅱ・数Ａ・数Ｂ（数列・ベク）」から４教科型は２，３教科型は１

共通テスト併用方式 〈共通テスト科目〉 5〜4科目 ①国（200）▶国 ②外（100）▶英（リスニングを含む）・独・仏・中・韓から１ ③数（100）▶「数Ⅰ・数Ａ」・「数Ⅱ・数Ｂ」・簿・情から１ ④⑤地歴・公民・理（100）▶世Ｂ・日Ｂ・地理Ｂ・現社・「倫・政経」・「物基・化基・生基・地学基から２」・物・化・生・地学から１
※英語のリーディングとリスニングの配点は各100点を50点に換算。
〈個別試験科目〉 1科目 ①外（法律・政治200，国際企業関係法300）▶コミュ英Ⅰ・コミュ英Ⅱ・コミュ英Ⅲ・英表Ⅰ・英表Ⅱ

共通テスト利用選抜単独方式前期（５教科型）・後期 7〜6科目 ①国（100）▶国 ②外（前期200・後期150）▶英（リスニングを含む）・独・仏・中・韓から１ ③④⑤⑥⑦地歴・公民・数・理（100×3）▶世Ｂ・日Ｂ・地理Ｂ・「現社・〈倫・政経〉から１」・「数Ⅰ・数Ａ」・「数Ⅱ・数Ｂ」・簿・情・「物基・化基・生基・地学基から２」・物・化・生・地学から３教科４科目（「地歴・公民」は１教科として取り扱う）
※選択科目は４科目を受験し，高得点３科目を判定に利用する。
※英語は，リーディング100点を前期は160点，後期は120点に，リスニング100点を前期は40点，後期は30点にそれぞれ換算する。
［個別試験］ 行わない。

共通テスト利用選抜単独方式前期（３教科型） 4〜3科目 ①国（200）▶国 ②外（300）▶英（リスニングを含む）・独・仏・中・韓から１ ③④地歴・公民・数・理（200）▶世Ｂ・日Ｂ・地理Ｂ・現社・「倫・政経」・「数Ⅰ・数Ａ」・「数Ⅱ・数Ｂ」・簿・情・「物基・化基・生基・地学基から２」・物・化・生・地学から１
※英語はリーディング100点を240点に，リスニング100点を60点にそれぞれ換算する。
［個別試験］ 行わない。

チャレンジ入試（総合型選抜入試） ［出願資格］ グローバル部門，パブリック部門，リーガル部門のいずれかにおいて社会および自己の未来を切り拓く夢を持ち，その夢に挑戦する意欲と能力のある者など。
［選考方法］ 書類審査（自己アピール書，志望理由書など）通過者を対象に，講義理解力試験および面接試験を行う。

経済学部

６学部共通選抜 3科目 ①②③国・外・「地歴・公民」・数（100×3）▶国総（漢文を除く）・「コミュ英Ⅰ・コミュ英Ⅱ・コミュ英Ⅲ・英表

東京 中央大学

キャンパスアクセス ［茗荷谷キャンパス］ 東京メトロ丸ノ内線―茗荷谷より徒歩3分／東京メトロ有楽町線―護国寺より徒歩13分，江戸川橋より徒歩17分

Ⅰ・英表Ⅱ」・「世Ｂ・日Ｂ・政経から１」・「数Ⅰ・数Ⅱ・数Ａ・数Ｂ（数列・ベク）」から３

一般方式 3科目 ①**国**（100）▶国総（漢文を除く） ②**外**（150）▶コミュ英Ⅰ・コミュ英Ⅱ・コミュ英Ⅲ・英表Ⅰ・英表Ⅱ ③**地歴・公民・数**（100）▶世Ｂ・日Ｂ・政経・「数Ⅰ・数Ⅱ・数Ａ・数Ｂ（数列・ベク）」から１

英語外部試験利用方式 2科目 ①**国**（100）▶国総（漢文を除く） ②**地歴・公民・数**（100）▶世Ｂ・日Ｂ・政経・「数Ⅰ・数Ⅱ・数Ａ・数Ｂ（数列・ベク）」から１

※指定された英語外部試験のいずれかの要件を満たすことを出願資格とし，そのスコアの高低に応じ，得点（150点満点）に換算して合否判定に使用する。

共通テスト併用方式 〈共通テスト科目〉 2科目 ①**国**（100）▶国 ②**外**（100）▶英（リスニングを含む）

※英語はリーディング100点を80点に，リスニング100点を20点にそれぞれ換算する。

〈個別試験科目〉 1科目 ①**数**（150）▶数Ⅰ・数Ⅱ・数Ａ・数Ｂ（数列・ベク）

共通テスト利用選抜単独方式前期（４教科型） 5〜4科目 ①**国**（200）▶国 ②**外**（300）▶英（リスニングを含む）・独・仏・中・韓から１ ③**数**（200）▶数Ⅰ・数Ａ ④⑤**地歴・公民・数・理**（200）▶世Ｂ・日Ｂ・地理Ｂ・現社・倫・政経・「倫・政経」・「数Ⅱ・数Ｂ」・「物基・化基・生基・地学基から２」・物・化・生・地学から１

※英語はリーディング100点を240点に，リスニング100点を60点にそれぞれ換算する。

［個別試験］ 行わない。

共通テスト利用選抜単独方式前期（３教科型） 4〜3科目 ①**国**（200）▶国 ②**外**（300）▶英（リスニングを含む）・独・仏・中・韓から１ ③④**地歴・公民・数・理**（200）▶世Ｂ・日Ｂ・地理Ｂ・現社・倫・政経・「倫・政経」・「数Ⅰ・数Ａ」・「数Ⅱ・数Ｂ」・「物基・化基・生基・地学基から２」・物・化・生・地学から１

※英語はリーディング100点を240点に，リスニング100点を60点にそれぞれ換算する。

［個別試験］ 行わない。

共通テスト利用選抜単独方式後期 4〜3科目 ①**外**（300）▶英（リスニングを含む）・独・仏・中・韓から１ ②③④**国・「地歴・公民」・数・理**（200×2）▶国・「世Ｂ・日Ｂ・地理Ｂ・現社・倫・政経・〈倫・政経〉から１」・「〈数Ⅰ・数Ａ〉・〈数Ⅱ・数Ｂ〉から１」・「〈物基・化基・生基・地学基から２〉・物・化・生・地学から１」から２

※英語はリーディング100点を240点に，リスニング100点を60点にそれぞれ換算する。

［個別試験］ 行わない。

商学部

６学部共通選抜・一般方式 3科目 ①**国**（100）▶国総（漢文を除く） ②**外**（150）▶コミュ英Ⅰ・コミュ英Ⅱ・コミュ英Ⅲ・英表Ⅰ・英表Ⅱ ③**地歴・公民・数**（100）▶世Ｂ・日Ｂ・政経・「数Ⅰ・数Ⅱ・数Ａ・数Ｂ（数列・ベク）」から１

共通テスト併用方式 〈共通テスト科目〉 3科目 ①**外**（100）▶英（リスニングを含む） ②③**数**（100×2）▶「数Ⅰ・数Ａ」・「数Ⅱ・数Ｂ」

※英語のリーディングとリスニングの配点は各100点を50点に換算。

〈個別試験科目〉 2科目 ①**外**（150）▶コミュ英Ⅰ・コミュ英Ⅱ・コミュ英Ⅲ・英表Ⅰ・英表Ⅱ ②**数**（100）▶数Ⅰ・数Ⅱ・数Ａ・数Ｂ（数列・ベク）

共通テスト利用選抜単独方式前期（４教科型） 5〜4科目 ①**国**（100）▶国 ②**外**（150）▶英（リスニングを含む）・独・仏・中・韓から１ ③**数**（150）▶「数Ⅰ・数Ａ」・「数Ⅱ・数Ｂ」・簿・情から１ ④⑤**地歴・公民・理**（100）▶世Ｂ・日Ｂ・地理Ｂ・現社・倫・政経・「倫・政経」・「物基・化基・生基・地学基から２」・物・化・生・地学から１

※英語はリーディング100点を120点に，リスニング100点を30点にそれぞれ換算する。

［個別試験］ 行わない。

共通テスト利用選抜単独方式前期（３教科型） 4〜3科目 ①**国**（200）▶国 ②**外**（200）▶英（リスニングを含む）・独・仏・中・韓から１ ③④**地歴・公民・数・理**（100）▶世Ｂ・日Ｂ・地理Ｂ・現社・倫・政経・「倫・政経」・「数Ⅰ・数Ａ」・「数Ⅱ・数Ｂ」・簿・情・「物基・化基・生基・地学基から２」・物・化・生・地学から１

※英語はリーディング100点を160点に，リスニング100点を40点にそれぞれ換算する。

［個別試験］行わない。

共通テスト利用選抜単独方式後期　4～3科目　①外(150)▶英(リスニングを含む)・独・仏・中・韓から1　②③④国・「地歴・公民」・数・理(100×2)▶国・「世Ｂ・日Ｂ・地理Ｂ・現社・倫・政経・〈倫・政経〉から1」・「〈数Ⅰ・数Ａ〉・〈数Ⅱ・数Ｂ〉・簿・情から1」・「〈物基・化基・生基・地学基から2〉・物・化・生・地学から1」から2

※英語はリーディング100点を120点に，リスニング100点を30点にそれぞれ換算する。

［個別試験］行わない。

理工学部

一般方式　3科目　①外(100)▶コミュ英Ⅰ・コミュ英Ⅱ・コミュ英Ⅲ・英表Ⅰ・英表Ⅱ　②数(数学科200・その他の学科100)▶数Ⅰ・数Ⅱ・数Ⅲ・数Ａ・数Ｂ(数列・ベク)　③理(100)▶「物基・物」・「化基・化」・「生基・生」から1，ただし物理学科と電気電子情報通信工学科は「物基・物」・「化基・化」から1

英語外部試験利用方式　2科目　①数(数学科200・その他の学科100)▶数Ⅰ・数Ⅱ・数Ⅲ・数Ａ・数Ｂ(数列・ベク)　②理(100)▶「物基・物」・「化基・化」・「生基・生」から1，ただし物理学科と電気電子情報通信工学科は「物基・物」・「化基・化」から1

※指定された英語外部試験のスコアおよび合格級を，出願資格としてのみ使用する。

共通テスト併用方式　〈共通テスト科目〉1科目　①外(150)▶英(リスニングを含む)

※英語はリーディング100点を120点に，リスニング100点を30点にそれぞれ換算する。

〈個別試験科目〉　4～2科目　①数(数学科300・その他の学科150)▶数Ⅰ・数Ⅱ・数Ⅲ・数Ａ・数Ｂ(数列・ベク)　②③④理(150)▶［数学科・物理学科・都市環境学科］―「物基・物」・「化基・化」から各3題計6題のうち3題を選択解答，［その他の学科］―「物基・物」・「化基・化」・「生基・生」から各3題計9題のうち3題を選択解答

共通テスト利用選抜単独方式前期　6～5科目　①国(100)▶国(近代)　②外(200)▶英(リスニングを含む)　③④数(100×2)▶「数Ⅰ・数Ａ」・「数Ⅱ・数Ｂ」　⑤⑥理(都市環境・ビジネスデータサイエンス・人間総合理工100，その他の学科200)▶［物理学科］―物，［都市環境学科・ビジネスデータサイエンス学科］―物・化・生・地学から1，［精密機械工学科］―物必須，化・生・地学から1，［電気電子情報通信工学科］―物・化から1，［応用化学科・情報工学科・生命科学科］―物・化・生・地学から2，［人間総合理工学科］―物・化・生から1

※英語はリーディング100点を160点に，リスニング100点を40点にそれぞれ換算する。

［個別試験］行わない。

高大接続型自己推薦入試　［出願資格］数学科は数学の学習成績の状況4.7以上，物理学科は英語・数学・物理3科目の学習成績の状況の平均が4.0以上，都市環境学科は全体の学習成績の状況3.8以上，精密機械工学科は全体3.8以上かつ数学と物理のそれぞれが4.0以上，電気電子情報通信工学科は数学・理科ともに4.0以上，応用化学科とビジネスデータサイエンス学科，情報工学科，人間総合理工学科は全体4.0以上のほか，各学科が定める要件あり。

［選考方法］書類審査(物理学科は探求課題〈書面提出〉による選考)通過者を対象に，物理学科は筆記試験，レポート発表。都市環境学科は筆記試験，グループディスカッション。電気電子情報通信工学科は実験または演習，面接。人間総合理工学科はプレゼンテーション，質疑応答。その他の学科は筆記試験，面接。

文学部

6学部共通選抜　3科目　①国(国文学150，他専攻・プログラム100)▶国総(漢文を除く)　②外(日本史学・心理学・学びのパスポートプログラム100，他専攻150)▶コミュ英Ⅰ・コミュ英Ⅱ・コミュ英Ⅲ・英表Ⅰ・英表Ⅱ　③地歴・公民・数(100)▶世Ｂ・日Ｂ・政経・「数Ⅰ・数Ⅱ・数Ａ・数Ｂ(数列・ベク)」から1

一般方式　3科目　①国(国文学150，他専攻・プログラム100)▶国総　②外(日本史学・心理学・学びのパスポートプログラム100，他専攻150)▶コミュ英Ⅰ・コミュ英Ⅱ・コミュ英Ⅲ・英表Ⅰ・英表Ⅱ　③地歴・数(100)▶世Ｂ・

日Ｂ・「数Ⅰ・数Ⅱ・数Ａ・数Ｂ（数列・ベク）」から１，ただし日本史学専攻は日Ｂ，東洋史学専攻と西洋史学専攻は世Ｂまたは日Ｂ必須

英語外部試験利用方式 **2科目** ①**国**（100）▶国総 ②**地歴・数**（100）▶世Ｂ・日Ｂ・「数Ⅰ・数Ⅱ・数Ａ・数Ｂ（数列・ベク）」から１，ただし日本史学専攻は日Ｂ，東洋史学専攻と西洋史学専攻は世Ｂまたは日Ｂ必須

※指定された英語外部試験のスコアおよび合格級を，出願資格としてのみ使用する。

共通テスト利用選抜単独方式前期（４教科型） **5〜4科目** ①**国**（200）▶国 ②**外**（200）▶英（リスニングを含む）・独・仏・中から１ ③**地歴・公民**（100）▶世Ｂ・日Ｂ・地理Ｂ・現社・倫・政経・「倫・政経」から１ ④⑤**数・理**（100）▶「数Ⅰ・数Ａ」・「数Ⅱ・数Ｂ」・「物基・化基・生基・地学基から２」・物・化・生・地学から１

※英語はリーディング100点を160点に，リスニング100点を40点にそれぞれ換算する。

［個別試験］ 行わない。

共通テスト利用選抜単独方式前期（３教科型）・後期 **4〜3科目** ①**国**（200）▶国 ②**外**（200）▶英（リスニングを含む）・独・仏・中から１ ③④**地歴・公民・数・理**（100）▶世Ｂ・日Ｂ・地理Ｂ・現社・倫・政経・「倫・政経」・「数Ⅰ・数Ａ」・「数Ⅱ・数Ｂ」・「物基・化基・生基・地学基から２」・物・化・生・地学から１

※英語はリーディング100点を160点に，リスニング100点を40点にそれぞれ換算する。

［個別試験］ 行わない。

自己推薦特別入試 **［出願資格］** 外国語型は英語，ドイツ語，フランス語から１つの言語を選び，選択した言語で定められている要件を満たす者。専攻適性型は，フランス語文学文化専攻は美術館等でのボランティア（またはそれに類似するプログラム）体験ないし教育普及プログラム等に参加した体験を持つ者（個人見学または団体見学等への参加は含まない）。日本史学専攻は日Ｂを履修し，本専攻において日本史学を学修するための基礎学力を有する者など。哲学専攻は高校時代までに，文学書，哲学書などの豊かな読書経験を持つ者。社会学専攻は社会学を学びたいという意欲が特に強い入学確約者。心理学専攻は心理学に強い関心を持ち，心理学に関する多くの読書経験やボランティア等の経験を持つ者。学びのパスポートプログラムは学問領域を横断する多方面の内容に関心を持つ者。

［選考方法］ 書類審査（専攻・プログラムにより，小論文を含む）通過者を対象に，国文学・英語文学文化・ドイツ語文学文化・中国言語文化・東洋史学・西洋史学・社会情報学・教育学の８専攻は外国語試験，面接。フランス語文学文化専攻は面接のほか，外国語型は外国語試験，専攻適性型は講義理解力試験。日本史学専攻は歴史資料読解力試験，面接。哲学専攻は資料読解力試験，面接。社会学専攻は講義理解力試験，グループワーク，面接。心理学専攻は講義理解力試験，集団面接（ディスカッション形式）。学びのパスポートプログラムは読解力試験，面接。

総合政策学部

６学部共通選抜 **3科目** ①**国**（100）▶国総（漢文を除く） ②**外**（150）▶コミュ英Ⅰ・コミュ英Ⅱ・コミュ英Ⅲ・英表Ⅰ・英表Ⅱ ③**地歴・公民・数**（100）▶世Ｂ・日Ｂ・政経・「数Ⅰ・数Ⅱ・数Ａ・数Ｂ（数列・ベク）」から１

一般方式 **2科目** ①**国**（100）▶国総（近代） ②**外**（150）▶コミュ英Ⅰ・コミュ英Ⅱ・コミュ英Ⅲ・英表Ⅰ・英表Ⅱ

※「外国語」の平均点を基準点とし，基準点に達した者の２教科の合計得点を合否判定に使用する。

英語外部試験利用方式 **2科目** ①**国**（100）▶国総（近代） ②**外**（100）▶コミュ英Ⅰ・コミュ英Ⅱ・コミュ英Ⅲ・英表Ⅰ・英表Ⅱ

※指定された英語外部試験のいずれかの要件を満たすことを出願資格とし，そのスコアの高低に応じ，満点を50点として換算。合否判定は，個別試験の「外国語」の平均点を基準点とし，基準点に達した者の「外国語」および「国語」の得点に，外部試験の換算得点を加えた合計得点（250点満点）で行う。

共通テスト併用方式 〈共通テスト科目〉 **4〜3科目** ①**外**（100）▶英（リスニングを含む）・独・仏・中・韓から１ ②③④**国・「地歴・公民」・数・理**（100×2）▶国・「世Ｂ・日Ｂ・地理Ｂ・現社・倫・政経・〈倫・政経〉から１」・「〈数Ⅰ・数Ａ〉・〈数Ⅱ・数Ｂ〉から１」・「〈物基・化基・生

基・地学基から2〉・物・化・生・地学から1」から2
※英語はリーディング100点を80点に，リスニング100点を20点にそれぞれ換算する。
〈個別試験科目〉 1科目 ①外(150)▶コミュ英Ⅰ・コミュ英Ⅱ・コミュ英Ⅲ・英表Ⅰ・英表Ⅱ
共通テスト利用選抜単独方式前期・後期 4～3科目 ①外(150)▶英(リスニングを含む) ②国・数(100)▶国・「数Ⅰ・数A」・「数Ⅱ・数B」から1 ③④地歴・公民・理(100)▶世B・日B・地理B・現社・倫・政経・「倫・政経」・「物基・化基・生基・地学基から2」・物・化・生・地学から1
※英語はリーディング100点を120点に，リスニング100点を30点にそれぞれ換算する。
[個別試験] 行わない。

国際経営学部

6学部共通選抜(4教科型・3教科型) 4～3科目 ①国(100)▶国総(漢文を除く) ②外(200)▶コミュ英Ⅰ・コミュ英Ⅱ・コミュ英Ⅲ・英表Ⅰ・英表Ⅱ ③④「地歴・公民」・数(4教科型100×2・3教科型100)▶「世B・日B・政経から1」・「数Ⅰ・数Ⅱ・数A・数B(数列・ベク)」から4教科型は2，3教科型は1
一般方式 2科目 ①国(100)▶国総(近代) ②外(200)▶コミュ英Ⅰ・コミュ英Ⅱ・コミュ英Ⅲ・英表Ⅰ・英表Ⅱ
英語外部試験利用方式 1科目 ①国(100)▶国総(近代)
※指定された英語外部試験のいずれかの要件を満たすことを出願資格とし，そのスコアの高低に応じ，得点(200点満点)に換算して合否判定に使用する。
共通テスト併用方式 〈共通テスト科目〉 3科目 ①外(100)▶英(リスニングを含む) ②③数(100×2)▶「数Ⅰ・数A」・「数Ⅱ・数B」
※英語はリーディング100点を80点に，リスニング100点を20点にそれぞれ換算する。
〈個別試験科目〉 1科目 ①外(100)▶コミュ英Ⅰ・コミュ英Ⅱ・コミュ英Ⅲ・英表Ⅰ・英表Ⅱ
共通テスト利用選抜単独方式前期(4教科型)・後期(4教科型) 4科目 ①国(100)▶国(近代) ②外(200)▶英(リスニングを含む) ③数(100)▶「数Ⅰ・数A」・「数Ⅱ・数B」から1 ④地歴・公民(100)▶世B・日B・地理B・現社・倫・政経・「倫・政経」から1
※英語はリーディング100点を160点に，リスニング100点を40点にそれぞれ換算する。
[個別試験] 行わない。
共通テスト利用選抜単独方式前期(3教科型)・後期(3教科型) 3科目 ①国(100)▶国(近代) ②外(200)▶英(リスニングを含む) ③地歴・公民・数(100)▶世B・日B・地理B・現社・倫・政経・「倫・政経」・「数Ⅰ・数A」・「数Ⅱ・数B」から1
※英語はリーディング100点を160点に，リスニング100点を40点にそれぞれ換算する。
[個別試験] 行わない。
自己推薦入試 [出願資格] 全体の学習成績の状況が3.8以上，指定された英語外部試験の要件を満たす者など。
[選考方法] 書類審査通過者を対象に，筆記試験(小論文)，面接(英語・日本語)を行う。

国際情報学部

一般方式 2科目 ①国(100)▶国総(近代) ②外(150)▶コミュ英Ⅰ・コミュ英Ⅱ・コミュ英Ⅲ・英表Ⅰ・英表Ⅱ
英語外部試験利用方式 1科目 ①国(100)▶国総(近代)
※指定された英語外部試験のスコアおよび合格級を，出願資格としてのみ利用する。
共通テスト併用方式 〈共通テスト科目〉 2科目 ①外(200)▶英(リスニングを含む) ②地歴・公民・数(100)▶世B・日B・地理B・現社・倫・政経・「倫・政経」・「数Ⅰ・数A」・「数Ⅱ・数B」・情から1
※英語はリーディング100点を120点に，リスニング100点を80点に換算する。
〈個別試験科目〉 1科目 ①外(150)▶コミュ英Ⅰ・コミュ英Ⅱ・コミュ英Ⅲ・英表Ⅰ・英表Ⅱ
共通テスト利用選抜単独方式前期(4教科型) 4科目 ①国(200)▶国 ②外(200)▶英(リスニングを含む) ③数(100)▶「数Ⅰ・数A」・「数Ⅱ・数B」・情から1 ④地歴・公民(100)

▶世Ｂ・日Ｂ・地理Ｂ・現社・倫・政経・「倫・政経」から１
※英語はリーディング100点を120点に，リスニング100点を80点にそれぞれ換算する。
［個別試験］ 行わない。

共通テスト利用選抜単独方式前期（３教科型）・後期 ３科目 ①国（200）▶国 ②外（200）▶英（リスニングを含む） ③地歴・公民・数（100）▶世Ｂ・日Ｂ・地理Ｂ・現社・倫・政経・「倫・政経」・「数Ⅰ・数Ａ」・「数Ⅱ・数Ｂ」・情から１
※英語はリーディング100点を120点に，リスニング100点を80点にそれぞれ換算する。
［個別試験］ 行わない。

その他の選抜

指定校推薦入試，スポーツ推薦入試，英語運用能力特別入試，ドイツ語・フランス語・中国語・スペイン語・朝鮮語特別入試，高大接続入試，海外帰国生等特別入試，社会人入試，外国人留学生入試。

偏差値データ （2023年度）

●学部別選別（一般・英語）・６学部共通選抜

学部／学科／専攻・コース	2023年度 駿台予備学校 合格目標ライン	2023年度 河合塾 ボーダー偏差値	2022年度実績 募集人員	受験者数	合格者数	合格最低点	競争率 '22年	競争率 '21年
法学部								
法律（一般４教科）	57	60	60	576	218	255.9/450	2.6	2.6
（一般３教科）	57	62.5	269	2,368	638	204.9/350	3.7	3.4
（共通４教科）	56	62.5	20	334	116	265.6/450	2.9	2.0
（共通３教科）	57	65	36	1,139	139	234.6/350	8.2	8.7
国際企業関係法（一般４教科）	55	57.5	5	54	24	261.4/500	2.3	2.0
（一般３教科）	55	57.5	60	388	167	212.8/400	2.3	2.2
（共通４教科）	54	60	5	17	3	314.3/500	5.7	2.6
（共通３教科）	55	62.5	10	135	40	260.4/400	3.4	2.3
政治（一般４教科）	56	57.5	20	110	52	238.3/450	2.1	2.2
（一般３教科）	55	60	128	694	261	191.8/350	2.7	2.9
（共通４教科）	56	60	5	59	44	256.5/450	1.3	1.5
（共通３教科）	57	62.5	20	288	89	224.1/350	3.2	2.7
経済学部								
経済（一般Ⅰ）	50	57.5	149	2,026	293	237.1/350	6.9	6.8
（一般Ⅱ）	51		99	1,230	141	238.3/350	8.7	9.3
（共通）	52	60	60	887	199	174.0/300	4.5	5.6
（英語外部試験利用Ⅰ）	50	55	5	341	45	非公表	7.6	5.7
（英語外部試験利用Ⅱ）	50		3	270	77	非公表	3.5	6.6
経済情報システム（一般）	48	57.5	86	512	110	233.0/350	4.7	4.1
（共通）	48	57.5	5	97	21	174.1/300	4.6	10.4
（英語外部試験利用）	47	57.5	4	157	21	非公表	7.5	4.8
国際経済（一般）	49	57.5	126	1,446	424	223.0/350	3.4	2.9
（共通）	49	55	10	124	25	173.5/300	5.0	5.2
（英語外部試験利用）	48	55	5	426	264	非公表	1.6	3.0

学部／学科／専攻・コース	2023年度 駿台予備学校 合格目標ライン	2023年度 河合塾 ボーダー偏差値	2022年度実績 募集人員	受験者数	合格者数	合格最低点	競争率 '22年	競争率 '21年
公共・環境経済(一般)	49	57.5	67	996	378	223.0/350	2.6	1.9
(共通)	48	57.5	5	103	19	173.1/300	5.4	7.4
(英語外部試験利用)	48	55	3	314	97	非公表	3.2	2.0
商学部								
経営(一般)	51	55	130	1,365	295	214.1/350	4.6	8.6
経営Plus 1 (一般)	52	57.5	20	312	59	220.4/350	5.3	9.0
会計(一般)	51	57.5	115	1,078	297	205.1/350	3.6	4.0
会計Plus 1 (一般)	52	57.5	40	280	69	215.9/350	4.1	5.8
国際マーケティング(一般)	51	55	120	1,126	357	202.1/350	3.2	3.7
国際マーケティングPlus 1(一般)	52	57.5	20	152	41	209.9/350	3.7	4.1
金融(一般)	52	57.5	40	824	255	206.5/350	3.2	3.7
金融Plus 1 (一般)	53	55	15	76	18	216.8/350	4.2	7.3
フリーメジャー・コース(共通)	52	60	70	1,115	282	200.2/350	4.0	4.5
理工学部								
数(一般)	50	52.5	32	621	277	221.0/400	2.2	2.7
(英語外部試験利用)	49	55	3	1	0	—	—	—
物理(一般)	50	55	33	663	275	163.0/300	2.4	2.9
(英語外部試験利用)	49	55	2	6	0	—	—	—
都市環境(一般)	49	55	45	561	196	167.0/300	2.9	3.6
(英語外部試験利用)	48	55	2	2	1	151.0/200	2.0	—
精密機械工(一般)	50	55	80	1,078	359	164.0/300	3.0	2.6
(英語外部試験利用)	49	55	2	11	8	87.0/200	1.4	—
電気電子情報通信工(一般)	48	57.5	65	1,059	325	170.0/300	3.3	3.9
(英語外部試験利用)	47	55	2	5	4	106.0/200	1.3	—
応用化(一般)	50	55	78	1,126	475	162.0/300	2.4	2.6
(英語外部試験利用)	49	55	2	11	9	109.0/200	1.2	—
ビジネスデータサイエンス(一般)	49	57.5	65	812	202	176.0/300	4.0	3.5
(英語外部試験利用)	48	55	2	13	6	107.0/200	2.2	—
情報工(一般)	50	57.5	65	1,292	330	181.0/300	3.9	4.6
(英語外部試験利用)	49	60	2	4	1	127.0/200	4.0	—
生命科(一般)	50	55	43	488	168	172.0/300	2.9	2.7
(英語外部試験利用)	49	55	2	7	5	95.0/200	1.4	—
人間総合理工(一般)	50	55	32	435	91	166.0/300	4.8	2.7
(英語外部試験利用)	49	55	5	6	4	92.0/200	1.5	—
文学部								
人文社会/国文学(一般)	51	57.5	29	450	161	268.3/400	2.8	3.5
(共通)	50	57.5	7	123	40	215.8/400	3.1	5.5
(英語外部試験利用)	49	57.5	若干名	29	7	153.0/200	4.1	4.6
/英語文学文化(一般)	51	55	77	692	299	223.5/350	2.3	2.1
(共通)	50	57.5	7	164	55	186.8/350	3.0	3.2
(英語外部試験利用)	49	55	若干名	59	19	137.0/200	3.1	3.9
/ドイツ語文学文化(一般)	50	55	22	217	75	225.8/350	2.9	2.2

学部／学科／専攻・コース	2023年度 駿台予備学校 合格目標ライン	2023年度 河合塾 ボーダー偏差値	2022年度実績 募集人員	受験者数	合格者数	合格最低点	競争率 '22年	競争率 '21年
(共通)	50	55	3	71	27	185.2/350	2.6	2.9
(英語外部試験利用)	49	55	若干名	11	5	130.0/200	2.2	4.2
/フランス語文学文化(一般)	49	52.5	34	293	139	210.9/350	2.1	2.0
(共通)	49	52.5	3	93	44	175.9/350	2.1	2.5
(英語外部試験利用)	48	52.5	若干名	24	10	134.0/200	2.4	5.0
/中国言語文化(一般)	47	52.5	23	179	87	214.4/350	2.1	2.6
(共通)	47	55	3	71	36	177.7/350	2.0	3.4
(英語外部試験利用)	46	55	若干名	19	9	135.0/200	2.1	3.8
/日本史学(一般)	51	57.5	43	585	177	200.3/300	3.3	2.5
(共通)	51	60	3	137	26	180.7/300	5.3	6.0
(英語外部試験利用)	50	57.5	若干名	19	6	159.0/200	3.2	2.7
/東洋史学(一般)	50	55	25	207	95	219.6/350	2.2	2.0
(共通)	50	55	4	57	15	193.5/350	3.8	3.0
(英語外部試験利用)	49	55	若干名	15	6	138.0/200	2.5	3.2
/西洋史学(一般)	51	57.5	25	258	111	228.2/350	2.3	3.8
(共通)	51	57.5	4	93	35	192.1/350	2.7	5.3
(英語外部試験利用)	50	57.5	若干名	16	7	135.0/200	2.3	4.9
/哲学(一般)	51	57.5	36	294	113	227.0/350	2.6	2.9
(共通)	50	57.5	3	105	33	200.4/350	3.2	3.8
(英語外部試験利用)	49	57.5	若干名	19	6	142.0/200	3.2	4.8
/社会学(一般)	52	57.5	47	432	210	223.2/350	2.1	2.8
(共通)	52	57.5	3	107	57	191.8/350	1.9	6.4
(英語外部試験利用)	50	57.5	若干名	28	14	136.0/200	2.0	3.9
/社会情報学(一般)	50	57.5	43	286	83	240.7/350	3.4	3.3
(共通)	50	55	3	108	19	204.1/350	5.7	4.6
(英語外部試験利用)	49	57.5	若干名	34	6	151.0/200	5.7	5.0
/教育学(一般)	51	57.5	32	297	127	221.9/350	2.3	3.1
(共通)	51	57.5	3	76	26	194.0/350	2.9	4.8
(英語外部試験利用)	50	57.5	若干名	16	5	146.0/200	3.2	3.9
/心理学(一般)	52	57.5	41	540	167	200.0/300	3.2	3.7
(共通)	52	60	3	157	37	168.4/300	4.2	6.7
(英語外部試験利用)	51	57.5	若干名	23	8	138.0/200	2.9	4.8
/学びのパスポートプログラム(一般)	51	55	10	95	22	212.0/300	4.3	4.5
(共通)	51	57.5	2	75	10	175.2/300	7.5	5.1
総合政策学部								
政策科(一般)	49	57.5	30	435	115	175.0/250	3.8	5.0
(英語外部試験利用)	49	57.5	5	30	12	非公表	2.5	2.8
(共通)	51	57.5	25	299	84	210.4/350	3.6	2.9
国際政策文化(一般)	50	57.5	30	548	155	175.0/250	3.5	3.5
(英語外部試験利用)	50	57.5	5	90	37	非公表	2.4	2.8
(共通)	52	60	25	227	85	210.3/350	2.7	3.1

学部／学科／専攻・コース	2023年度		2022年度実績					
	駿台予備学校	河合塾					競争率	
	合格目標ライン	ボーダー偏差値	募集人員	受験者数	合格者数	合格最低点	'22年	'21年
国際経営学部								
国際経営（一般）	**49**	**60**	70	1,221	217	205.0/300	5.6	4.1
（共通３教科）	**50**	**57.5**	20	258	53	258.0/400	4.9	6.8
（共通４教科）	**49**	**60**	10	29	10	308.6/500	2.9	3.0
（英語外部試験利用）	**49**	**57.5**	20	700	181	非公表	3.9	3.3
国際情報学部								
国際情報（一般）	**48**	**60**	60	1,084	208	187.0/250	5.2	5.2
（英語外部試験利用）	**48**	**60**	5	228	14	90.0/100	16.3	5.6

●駿台予備学校合格目標ラインは合格率80％に相当する駿台模試の偏差値です。　●競争率は受験者÷合格者の実質倍率

●河合塾ボーダー偏差値は合格可能性50％に相当する河合塾全統模試の偏差値です。

※合格最低点は偏差点を使用しています。ただし，一般方式の理工学部（人間総合理工学科を除く）と総合政策学部，国際経営学部，国際情報学部および英語外部試験利用方式の理工学部（人間総合理工学科を除く）と文学部は素点です。

●共通テスト利用選抜（単独方式・併用方式）

学部／学科／専攻・コース	2023年度			2022年度実績				
	駿台予備学校	河合塾					競争率	
	合格目標ライン	ボーダー得点率	ボーダー偏差値	募集人員	志願者数	合格者数	'22年	'21年
法学部								
法律（前期５教科）	**58**	**80%**	—	115	1,405	897	1.6	1.7
（前期３教科）	**57**	**86%**	—	24	1,090	244	4.5	4.9
（後期）	—	—	—	6	97	18	5.4	7.6
（併用）	**56**	**77%**	**62.5**	52	514	189	2.7	2.5
国際企業関係法（前期５教科）	**55**	**82%**	—	19	179	119	1.5	1.4
（前期３教科）	**55**	**85%**	—	6	348	140	2.5	2.7
（後期）	—	—	—	3	34	3	11.3	7.3
（併用）	**56**	**79%**	**57.5**	13	90	52	1.7	3.0
政治（前期５教科）	**57**	**80%**	—	52	310	207	1.5	1.7
（前期３教科）	**56**	**83%**	—	12	362	145	2.5	3.0
（後期）	—	—	—	6	62	25	2.5	3.4
（併用）	**57**	**75%**	**60**	26	132	75	1.8	2.7
経済学部								
経済（前期４教科）	**53**	**76%**	—	16	353	78	4.5	5.5
（前期３教科）	**52**	**81%**	—	16	380	48	7.9	9.1
（後期）	—	—	—	5	135	5	27.0	2.4
（併用Ⅰ）	**53**	**78%**	**57.5**	9	141	27	5.2	11.4
（併用Ⅱ）	**52**			6	69	10	6.9	15.2
経済情報システム（前期４教科）	**49**	**74%**	—	7	74	17	4.4	4.8
（前期３教科）	**50**	**79%**	—	7	67	17	3.9	7.4
（後期）	—	—	—	5	49	5	9.8	3.8
（併用）	**48**	**76%**	**60**	7	43	14	3.1	13.9

学部／学科／専攻・コース	2023年度			2022年度実績				
	駿台予備学校	河合塾						
	合格目標ライン	ボーダー得点率	ボーダー偏差値	募集人員	志願者数	合格者数	競争率 '22年	競争率 '21年
国際経済(前期４教科)	49	78%	—	11	92	21	4.4	3.0
(前期３教科)	50	82%	—	11	133	35	3.8	4.6
(後期)	—	—	—	5	35	5	7.0	8.2
(併用)	48	78%	57.5	12	52	16	3.3	4.9
公共・環境経済(前期４教科)	49	75%	—	6	46	6	7.7	3.4
(前期３教科)	49	82%	—	6	69	8	8.6	8.1
(後期)	—	—	—	5	37	5	7.4	6.4
(併用)	49	78%	57.5	6	80	25	3.2	2.0
商学部								
経営(前期４教科)	52	76%	—	14	223	112	2.0	3.6
(前期３教科)	52	77%	—	12	444	207	2.1	8.8
(後期)	—	—	—	4	121	4	30.3	2.2
会計(前期４教科)	52	73%	—	14	151	78	1.9	2.1
(前期３教科)	52	77%	—	12	283	131	2.2	4.3
(後期)	—	—	—	4	65	4	16.3	4.2
国際マーケティング(前期４教科)	52	73%	—	14	117	61	1.9	1.5
(前期３教科)	52	78%	—	12	222	118	1.9	4.2
(後期)	—	—	—	4	85	4	21.3	1.7
金融(前期４教科)	52	75%	—	8	48	32	1.5	1.5
(前期３教科)	52	78%	—	4	94	40	2.4	3.9
(後期)	—	—	—	4	75	4	18.8	1.6
フリーメジャー・コースA(併用)	52	77%	60	10	123	33	3.7	8.4
フリーメジャー・コースB(併用)	51			10	87	22	4.0	9.1
理工学部								
数(併用)	50	75%	55	13	137	58	2.4	4.7
物理(単独)	51	77%	—	5	293	85	3.4	5.8
(併用)	50	80%	55	10	153	55	2.8	4.4
都市環境(単独)	50	75%	—	9	222	72	3.1	7.1
(併用)	49	80%	57.5	9	177	62	2.9	7.4
精密機械工(単独)	51	77%	—	8	372	95	3.9	5.1
(併用)	51	83%	55	20	261	81	3.2	4.7
電気電子情報通信工(単独)	49	75%	—	10	444	102	4.4	6.4
(併用)	49	81%	57.5	20	311	94	3.3	7.0
応用化(単独)	50	78%	—	10	403	124	3.3	5.6
(併用)	50	78%	55	25	268	128	2.1	4.2
ビジネスデータサイエンス(単独)	49	78%	—	13	360	72	5.0	5.3
(併用)	49	78%	57.5	13	289	74	3.9	5.2
情報工(単独)	50	77%	—	7	409	56	7.3	10.7
(併用)	50	84%	60	13	459	93	4.9	7.4
生命科(単独)	51	75%	—	5	210	53	4.0	4.2
(併用)	50	82%	57.5	10	219	81	2.7	3.6
人間総合理工(単独)	50	73%	—	8	227	52	4.4	4.0

学部／学科／専攻・コース	2023年度			2022年度実績				
	駿台予備学校	河合塾						
	合格目標ライン	ボーダー得点率	ボーダー偏差値	募集人員	志願者数	合格者数	競争率 '22年	競争率 '21年
(併用)	**50**	**80%**	**55**	12	210	58	3.6	3.0
文学部								
人文社会(前期４教科)	**50**	**79%**	—	40	666	339	2.0	2.6
人文社会/国文学(前期３教科)	**51**	**80%**	—	11	165	78	2.1	4.4
/英語文学文化(前期３教科)	**51**	**78%**	—	11	204	99	2.1	2.8
/ドイツ語文学文化(前期3教科)	**51**	**77%**	—	6	120	47	2.6	2.3
/フランス語文学文化(前期3教科)	**50**	**80%**	—	5	146	55	2.7	2.3
/中国言語文化(前期３教科)	**48**	**77%**	—	6	189	65	2.9	2.9
/日本史学(前期３教科)	**50**	**78%**	—	5	136	31	4.4	4.4
/東洋史学(前期３教科)	**50**	**76%**	—	6	42	20	2.1	3.3
/西洋史学(前期３教科)	**51**	**80%**	—	6	121	47	2.6	4.5
/哲学(前期３教科)	**51**	**80%**	—	5	127	45	2.8	3.8
/社会学(前期３教科)	**52**	**79%**	—	5	113	39	2.9	4.3
/社会情報学(前期３教科)	**50**	**80%**	—	3	193	40	4.8	5.1
/教育学(前期３教科)	**51**	**78%**	—	3	136	42	3.2	5.2
/心理学(前期３教科)	**53**	**79%**	—	3	156	31	5.0	5.6
学びのパスポートプログラム(前期3教科)	**52**	**80%**	—	2	97	20	4.9	5.1
人文社会(後期)	—	—	—	若干名	208	4	52.0	3.9
総合政策学部								
政策科(前期)	**51**	**79%**	—	24	281	128	2.2	3.1
(後期)	—	—	—	5	70	20	3.5	3.1
(併用)	**51**	**80%**	**57.5**	15	84	31	2.7	3.4
国際政策文化(前期)	**52**	**80%**	—	25	505	172	2.9	2.4
(後期)	—	—	—	5	62	21	3.0	4.3
(併用)	**53**	**76%**	**57.5**	15	123	64	1.9	3.4
国際経営学部								
国際経営(前期３教科)	**50**	**84%**	—	17	571	151	3.8	5.7
(前期４教科)	**50**	**80%**	—	7	70	22	3.2	4.0
(後期３教科)	—	—	—	3	164	42	3.9	2.0
(後期４教科)	—	—	—	3	40	11	3.6	2.0
(併用)	**50**	**75%**	**62.5**	10	58	10	5.8	7.9
国際情報学部								
国際情報(前期３教科)	**49**	**77%**	—	10	203	63	3.2	5.8
(前期４教科)	**49**	**76%**	—	10	78	37	2.1	3.9
(後期)	—	—	—	5	101	13	7.8	11.1
(併用)	**49**	**82%**	**62.5**	10	271	54	5.0	6.2

● 駿台予備学校合格目標ラインは合格可能性80%に相当する駿台模試の偏差値です。
● 競争率は志願者÷合格者の志願倍率。ただし，共通テスト併用は受験者÷合格者の実質倍率。
● 河合塾ボーダー得点率は合格可能性50%に相当する共通テストの得点率です。
また，ボーダー偏差値は合格可能性50%に相当する河合塾全統模試の偏差値です。

併設の教育機関 大学院

法学研究科

院生数▶78名

博士前期課程 ●公法専攻　国家と国民の関係，国家と国家，国家と社会の関係などを，法的構造（権利と義務）のもとに研究する。

●民事法専攻　民法，商法，経済法，労働法，民事訴訟法，社会保障法などの，私人間の権利と義務に関する私法分野を中心に学ぶ。

●刑事法専攻　刑法，刑事訴訟法など伝統的な法律分野のほか，犯罪学，刑事政策も併せて研究することができる体制を整備。

●国際企業関係法専攻　"経済に強い法律家"をスローガンに，研究者やグローバル社会で活躍する高度職業人を養成する。

●政治学専攻　現代社会が多彩に見せる諸現象・諸相，歴史などについて，その本質をつかみ，背後にある法則性や規則性を読み取る。

博士後期課程 **公法専攻，民事法専攻，刑事法専攻，国際企業関係法専攻，政治学専攻**

経済学研究科

院生数▶48名

博士前期課程 ●経済学専攻　研究者，高度職業人，税理士の3コースを設置し，それぞれの想定する進路で必要な能力を養成できるカリキュラムを設定。

博士後期課程 経済学専攻

商学研究科

院生数▶39名

博士前期課程 ●商学専攻　経営学，会計学，商業学，金融学および経済学の5つの専攻分野において，高い研究能力と広く豊かな学識を有する研究者や，優れた見識と高度の専門性を備えた実務家を養成する。

博士後期課程 商学専攻

理工学研究科

院生数▶792名

博士前期課程 ●数学専攻　純粋数学から応用数学に至るまで，幅広い内容の講義を提供し，活発な研究を展開している。

●物理学専攻　ミクロからマクロまで自然界におけるさまざまな物理現象の解明をめざし，理論的，実験的，あるいは計算機による数値的方法によって研究を行っている。

●都市人間環境学専攻　安全・利便・快適，そして品格のある都市の生活環境を市民とともに創造し，豊かな環境・文化を次世代につないでいける技術者を育成する。

●精密工学専攻　「いかに造るか」から「何を創るか」に力点を置き，工学先端を追求しつつ，産業基盤にも貢献することを目的として研究を進めている。

●電気電子情報通信工学専攻　高度情報社会を支えるハードウェアおよびソフトウェア技術を深く学び，国際会議などを通じて，最先端の研究成果を世界にも発信している。

●応用化学専攻　現在の物質科学の中心に位置する応用化学の分野で必要とされる知識・技術を身につけた国際レベルの人材を育成。

●ビジネスデータサイエンス専攻　ビジネスの現場等に蓄積した膨大なデータを有効利用して，ビジネスチャンスを発見し，その答えを出すことのできる人材を育成する。

●情報工学専攻　IoT，ICT，AI，セキュリティなどが不可欠なあらゆる業界で，指導的役割を果たせる人材を育成する。

●生命科学専攻　先端的かつ総合的な生物学的知識と技術を修得するとともに，生命系を含む地球環境の仕組みを深く理解し，人類の調和的発展に貢献する人材を育成する。

博士後期課程 **数学専攻，物理学専攻，都市人間環境学専攻，精密工学専攻，応用化学専攻，ビジネスデータサイエンス専攻，生命科学専攻，電気・情報系専攻**

文学研究科

院生数▶161名

博士前期課程▶ ●国文学専攻　文献解読や実証研究の学問伝統を継承しつつ，電子メディアによる資料解析，読者論・メディア論などのアプローチも取り入れ，研究を展開。

●英文学専攻　英語圏文学文化，英語学・言語科学，英語教育の３つの履修モデルを設定。本専攻独自の学会も設けている。

●独文学専攻　ドイツ語学，ドイツ文学，ドイツ思想，ドイツ文化学，ドイツ演劇，ドイツ現代史の６分野が主な研究・教育対象。

●仏文学専攻　フランスや仏語圏から第一線の作家や研究者を招いて講演会を開くことを特徴とし，交換留学制度も充実。

●中国言語文化専攻　中国語学，中国文学，中国文化学の３分野において，活字媒体から電子データまで扱える能力を身につける。

●日本史学専攻　実証を基礎として，視野を広く持ち，客観的・総合的に歴史事象を把握できる素養の育成をめざしている。

●東洋史学専攻　史料解釈・史料操作のスキル，歴史的思考力，卓越した語学力を兼ね備え，現代世界の諸問題について主体的に思考し，行動できる人材を育成する。

●西洋史学専攻　古代から現代まで，地域的にもヨーロッパ，メソポタミア，アメリカなど幅広く歴史を研究する場を提供している。

●哲学専攻　時代・地域を問わず，西洋と東洋の哲学・思想を同時に学ぶことが可能。原典を読み解く語学力修得も重視している。

●社会学専攻　理論・調査法など社会学に必須の学識や方法論を習得した，将来の社会構想を担う独創的な研究者や実践的な実務者を養成する。

●社会情報学専攻　社会に存在するさまざまな情報とそのコミュニケーション・蓄積・加工について多元的に考察する。

●教育学専攻　教育哲学，教育史，教育方法学，教育社会学，教育行政学，生涯学習論の６領域。人間形成と教育の事実と概念を科学的に解明する。

●心理学専攻　心理学，臨床心理学の２コース。臨床心理学コースは日本臨床心理士資格認定協会第２種指定。

博士後期課程▶ 国文学専攻，英文学専攻，独文学専攻，仏文学専攻，中国言語文化専攻，日本史学専攻，東洋史学専攻，西洋史学専攻，哲学専攻，社会学専攻，社会情報学専攻，教育学専攻，心理学専攻

総合政策研究科

院生数▶16名

博士前期課程▶ ●総合政策専攻　文化的視野に基づく法政策，公共政策，経営政策などの「政策研究」を専門分野として活躍できる，クロスボーダー社会が求める人材を養成する。

博士後期課程▶ 総合政策専攻

戦略経営研究科

教員数▶17名
院生数▶164名

専門職学位課程▶ ●戦略経営専攻　働きながら学ぶビジネス・パーソンに特化したビジネススクール。MBA取得可。

博士後期課程▶ ビジネス科学専攻

法務研究科

教員数▶50名
院生数▶250名

専門職学位課程▶ ●法務専攻　現代社会の高度かつ多様な要求に応えることのできるリーガル・ジェネラリスト，リーガル・スペシャリストを養成する。

津田塾大学

（つだじゅく）

資料請求

問合せ先　経営企画課　☎042-342-5113

建学の精神

日本女子高等教育の先駆者としての功績が認められ，2024年度発行予定の新五千円券に肖像が描かれる津田梅子によって，1900（明治33）年に前身となる「女子英学塾」が創設された。わずか６歳で国費留学生としてアメリカに渡った梅子は，現地の教育を受け，生活文化を吸収して帰国。「日本の女性の視野を広げ，社会で活躍できる人材に育てたい」という強い思いは，１世紀以上もの長い年月を経た今でも津田塾大学を支える学びの根幹となり，時代を支える新しい女性たちを数多く輩出し続けている。そして今，梅子の意志を引き継ぎ，2030年に向けて策定されたビジョン「変革を担う，女性であること」に基づき，現代という厳しい時代を見極めながら新たな道を開拓する変革を担う女性を，これからも育んでいく。

- 小平キャンパス………〒187-8577　東京都小平市津田町2-1-1
- 千駄ヶ谷キャンパス…〒151-0051　東京都渋谷区千駄ヶ谷1-18-24

基本データ

学生数▶女3,159名
専任教員数▶教授63名，准教授25名，講師９名

設置学部▶学芸，総合政策
併設教育機関▶文学・国際関係学・理学（以上M・D）

就職・卒業後の進路

就職率 97％
就職者÷希望者×100

●**就職支援**　小規模校ならではのきめ細やかなサポートと，教職員はもちろん，進路を決めた４年生や社会で活躍するOGを含めて，大学全体が一丸となって行うのが特長。年間を通じて行うガイダンスは，学生のニーズや採用状況などを考慮しながら多様な進路に対応したものとなっている。また，学生との個別相談を重視し，自分の生き方を見つめて進路を選択できるようアドバイスしている。

●**資格取得支援**　建学時より，「教員の養成」を通して社会への貢献に努め，100年以上にわたって優れた教員を輩出してきた実績があり，教職経験豊富な講師を招き，教員志望者を対象とした論文講座，面接講座などを実施。

進路指導者も必見 学生を伸ばす 面倒見

初年次教育
自校教育を行い，帰属意識の醸成を図る「津田梅子と建学の精神」のほか，「1年セミナー」「基礎セミナー」「情報処理」「コンピュータリテラシー」などの科目を全学部で開講。「レポートの書き方講座」も実施している

学修サポート
全学部でTA制度，オフィスアワー制度，教員アドバイザー制度を導入。また，日英両語の文書相談に応じるライティングセンター，障がいのある学生や就学に困難のある学生の相談，支援活動を行うインクルーシブ教育支援室を設置

オープンキャンパス（2022年度実績）　7月，8月，3月に両キャンパスで開催（事前予約制。キャンパスにより，開催日は異なる）。大学・学生生活紹介，模擬授業，入試制度説明，キャンパスツアー，個別相談など。

学芸学部
2022年３月卒業生
655人

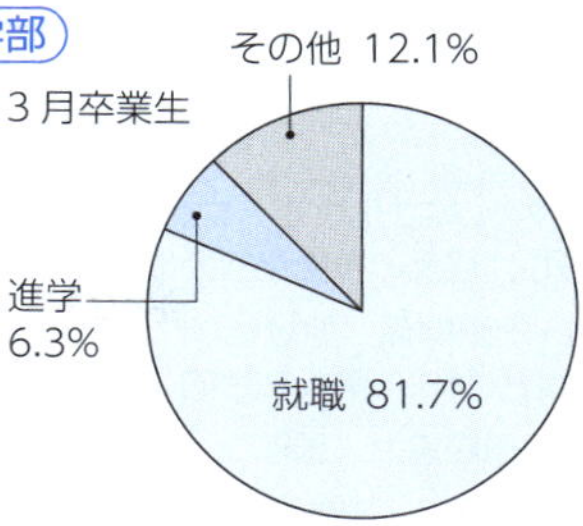

総合政策学部
2022年３月卒業生
95人

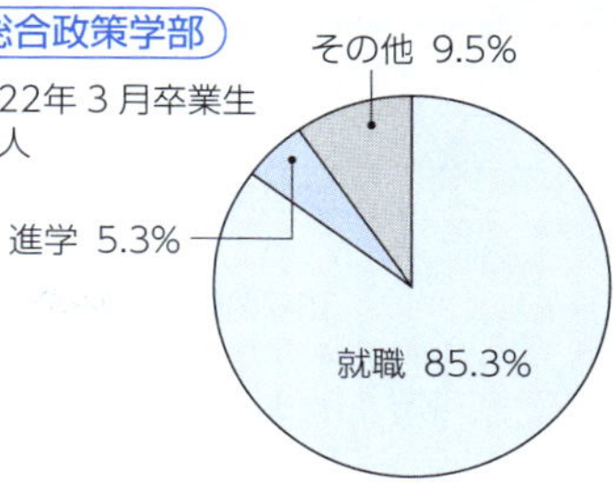

主なOG ▶戸田奈津子（映画翻訳家，通訳），南場智子（ディ・エヌ・エー創業者），安江令子（サイバネットシステム社長），梶浦由記（音楽プロデューサー・作曲家），後藤晴菜（日本テレビアナウンサー）など。

国際化・留学　大学間 32 大学・部局間 1 大学

受入れ留学生数▶12名（2022年５月１日現在）
留学生の出身国▶中国，韓国。
外国人専任教員▶教授４名，准教授４名，講師３名（2022年５月１日現在）
外国人専任教員の出身国▶アイルランド，アメリカ，イギリス，オーストラリア，ドイツ，カナダ，韓国。
大学間交流協定▶32大学（交換留学先19大学，2022年８月１日現在）
部局間交流協定▶１大学（2022年８月１日現在）
海外への留学生数▶渡航型24名・オンライン型10名／年（８カ国・地域，2021年度）
海外留学制度▶協定校留学や私費留学（認定留学，休学による留学），長期休暇を利用した語学研修など，多彩なプログラムを提供し，海外活動をサポート。また，日加コンソーシアムの日加戦略的留学生交流促進プログラムは，貴重な異文化交流の機会となっている。

学費・奨学金制度　給付型奨学金総額 年間 2,040 万円

入学金▶200,000円
年間授業料（施設費等を除く）▶750,000円～（詳細は巻末資料参照）
年間奨学金総額▶20,400,000円
年間奨学金受給者数▶86人
主な奨学金制度▶経済的支援の「〈津田スピリット〉奨学金」や「Atsuko Onda Craft & Yasuko Onda Chikada Scholarship」，学業成績優秀者を表彰する「梅子スカラシップ（学業）」などの制度を設置。また，学費減免制度もあり，2021年度には114人を対象に総額で約6,709万円を減免している。

保護者向けインフォメーション

●**広報誌**　「Tsuda Today」を発行している。
●**成績確認**　成績通知書および３年次に進級できない学生の保護者には，「３年次進級不可通知」を郵送している。
●**説明会**　例年秋に，「在学生保護者のための大学説明会」を開催し，キャリアサポートなどの説明，個別相談．キャンパスツアーなどを行っている（2022年度はオンライン開催）。
●**防災対策**　「防災対応マニュアル」を入学時に配布。大災害が発生した際に学生の状況を把握する安否確認システムを導入している。
●**コロナ対策１**　感染状況に応じた３段階の行動指針を設定。「コロナ対策２」（下段）あり。

インターンシップ科目	必修専門ゼミ	卒業論文	GPA制度の導入の有無および活用例	１年以内の退学率	標準年限での卒業率
全学部で開講している	全学科で1年次から4年次まで実施（英語英文学科は２年次を除く）	英語英文学科を除き卒業要件	奨学金や授業料免除対象者の選定基準，留学候補者の選考，学生に対する個別の学習指導に活用	1.0%	84.3%

●**コロナ対策２**　オンライン授業実施に関する質問や要望等をメール，電話で受け付けるサポート窓口を開設。なお，2023年度は大学が指定する一部の科目（メディアを高度に利用した授業）を除き，対面で実施する方針。

学部紹介

学部／学科	定員	特色
学芸学部		
英語英文	220	▷英語圏言語文化，異文化コミュニケーションの２専攻。「真」の教養を獲得し，現代の多文化社会に適応する力を育む。
国際関係	200	▷グローバル・国際関係，地域・文化，国際日本の３コース。国際社会の問題を解決に導く総合的な思考力を養う。
多文化・国際協力	70	▷多文化共生，国際協力，国際ウェルネスの３コース。
数	45	▷社会の発展を支える，数学による表現力を身につける。
情報科	45	▷グローバルに進化する情報社会に対応する技術を培う。
● **取得可能な資格**…教職（地歴・公・社・数・情・英）など。　● **進路状況**…………就職81.7%　進学6.3% ● **主な就職先**………エヌ・ティ・ティ・データ，日本アイ・ビー・エム，日本放送協会，野村證券など。		
総合政策学部		
総合政策	110	▷英語やデータ分析の基礎的な学習からプロジェクト型教育まで主体的な学びを重視し，実践的な課題解決能力を高める。
● **進路状況**…………就職85.3%　進学5.3% ● **主な就職先**………アクセンチュア，富士通，パーソルキャリア，リクルート，楽天グループなど。		

キャンパス

学芸……［小平キャンパス］東京都小平市津田町2-1-1
総合政策……［千駄ヶ谷キャンパス］東京都渋谷区千駄ヶ谷1-18-24

2023年度入試要項（前年度実績）

●募集人員

学部／学科		一般A	一般B	一般C前期	一般C後期
▶学芸	英語英文	85	25	3教15・4教15	5
	国際関係	115	20	3教15・4教15	—
	多文化・国際協力	50	10	4教5	—
	数	25	5	5	—
	情報科	25	5	10	—
▶総合政策	総合政策	40	—	3教10	4教10・2教10

※一般選抜B方式は共通テスト併用，C方式は共通テスト利用入試。
※次のように略しています。教科型→教。

学芸学部

一般選抜Ａ方式　**【英語英文学科／国際関係学科／多文化・国際協力学科】**　3科目　①**国**(100)▶国総・現文Ｂ（古文・漢文の独立問題は出題しない）　②**外**(200)▶コミュ英Ⅰ・コミュ英Ⅱ・コミュ英Ⅲ・英表Ⅰ・英表Ⅱ　③**地歴・数**(100)▶世Ｂ・日Ｂ・「数Ⅰ・数Ⅱ・数Ａ・数Ｂ（数列・ベク）」から１

【数学科・情報科学科】　2科目　①**外**（数100・情報120）▶コミュ英Ⅰ・コミュ英Ⅱ・コミュ英Ⅲ・英表Ⅰ　②**数**（数200・情報180）▶数Ⅰ・数Ⅱ・数Ⅲ・数Ａ・数Ｂ（数列・ベク）

一般選抜Ｂ方式（共通テスト＋個別学力試験）
【英語英文学科／国際関係学科／多文化・国際協力学科】〈共通テスト科目〉　3科目　①**国**(100)▶国　②**外**(100)▶英（リスニング〈20〉を含む）・独・仏・中・韓から１，ただし英語英文学科は英指定で共通テストの配点を100点に換算　③**地歴・公民・数**(100)▶世Ｂ・日Ｂ・地理Ｂ・現社・倫・政経・「倫・政経」・数Ⅰ・「数Ⅰ・数Ａ」・数Ⅱ・「数Ⅱ・数Ｂ」から１，ただし数Ⅰと数Ⅱは英語英文学科のみ選択可
〈個別学力試験〉【英語英文学科】　1科目　①**外**(200)▶コミュ英Ⅰ・コミュ英Ⅱ・コミュ英Ⅲ・英表Ⅰ・英表Ⅱ
【国際関係学科／多文化・国際協力学科】　1科目　①**小論文**(300)▶英語の理解力を必要とする
【数学科・情報科学科】〈共通テスト科目〉　4〜3科目　①**外**(200)▶英（リスニング〈数

キャンパスアクセス　［小平キャンパス］西武国分寺線一鷹の台より徒歩８分／JR武蔵野線一新小平より徒歩18分

100・情報科40〉を含む）②③**数**(100×2)▶「数Ⅰ・数A」・「数Ⅱ・数B」④**国・地歴・公民・理**(100)▶国(近代)・世A・世B・日A・日B・地理A・地理B・現社・倫・政経・「倫・政経」・物・化・生・地学から1
※数学科は外・数の3科目で判定する。
〈個別学力試験〉 1科目 ①**数**(300)▶数Ⅰ・数Ⅱ・数Ⅲ・数A・数B(数列・ベク)

一般選抜C方式前期(共通テスト選考) **【英語英文学科〈4教科型・3教科型〉／国際関係学科〈4教科型・3教科型〉／多文化・国際協力学科〈4教科型〉】** 5〜3科目 ①**国**(200)▶国 ②**外**(250)▶英(リスニング〈英語英文100・その他の学科50〉を含む) ③④⑤**「地歴・公民」・「数・理」**(4教科型100×2・3教科型100)▶「世B・日B・地理B・現社・倫・政経・〈倫・政経〉から1」・「数Ⅰ・〈数Ⅰ・数A〉・数Ⅱ・〈数Ⅱ・数B〉・〈物基・化基・生基・地学基から2〉・物・化・生・地学から1」から4教科型は2，3教科型は1，ただし4教科型の国際関係学科と多文化・国際協力学科は数Ⅰ，数Ⅱ，理科の選択不可
[個別試験] 行わない。
【数学科・情報科学科】 5〜4科目 ①**外**(200)▶英(リスニング〈数100・情報科40〉を含む) ②③**数**(数125×2・情報科100×2)▶「数Ⅰ・数A」・「数Ⅱ・数B」 ④⑤**国・地歴・公民・理**(数100・情報科100×2)▶国(近代)・世A・世B・日A・日B・地理A・地理B・現社・倫・政経・「倫・政経」・物・化・生・地学から数学科は1，情報科学科は国を含む2
[個別試験] 行わない。

一般選抜C方式後期(共通テスト選考) **【英語英文学科】** 6〜5科目 ①**国**(200)▶国 ②**外**(250)▶英(リスニング〈100〉を含む) ③**数**(100)▶数Ⅰ・「数Ⅰ・数A」・数Ⅱ・「数Ⅱ・数B」から1 ④⑤⑥**地歴・公民・理**(100×2)▶世B・日B・地理B・現社・倫・政経・「倫・政経」・「物基・化基・生基・地学基から2」・物・化・生・地学から2
[個別試験] 行わない。

総合政策学部

一般選抜A方式 2科目 ①**国**(100)▶国総・現文B(古文・漢文の独立問題は出題しない) ②**外**(150)▶コミュ英Ⅰ・コミュ英Ⅱ・コミュ英Ⅲ・英表Ⅰ・英表Ⅱ

一般選抜C方式前期(共通テスト選考)
4〜3科目 ①**国**(200)▶国 ②**外**(250)▶英(リスニング〈100〉を含む) ③④**地歴・公民・数・理**(100)▶世A・世B・日A・日B・地理A・地理B・現社・倫・政経・「倫・政経」・数Ⅰ・「数Ⅰ・数A」・数Ⅱ・「数Ⅱ・数B」・「物基・化基・生基・地学基から2」・物・化・生・地学から1
[個別試験] 行わない。

一般選抜C方式後期(共通テスト選考) 〈4教科型・2教科型〉 5〜2科目 ①**外**(250)▶英(リスニング〈100〉を含む) ②③④⑤**国・「地歴・公民」・「数・理」**(4教科型100×3・2教科型100)▶国・「世A・世B・日A・日B・地理A・地理B・現社・倫・政経・〈倫・政経〉から1」・「数Ⅰ・〈数Ⅰ・数A〉・数Ⅱ・〈数Ⅱ・数B〉・〈物基・化基・生基・地学基から2〉・物・化・生・地学から1」から4教科型は3，2教科型は1
[個別試験] 行わない。

その他の選抜

総合型選抜は学芸学部15名，総合政策学部20名を募集。ほかに学校推薦型選抜(公募制，指定校制)，特別入試(帰国生，在日外国人学校出身者，留学生対象)，社会人入試を実施。

偏差値データ (2023年度)

●一般選抜A方式

学部／学科	2023年度 駿台予備学校 合格目標ライン	2023年度 河合塾 ボーダー偏差値	2022年度 競争率
▶学芸学部			
英語英文	51	50	1.6
国際関係	53	52.5	1.6
多文化・国際協力	48	50	1.5
数	45	47.5	1.4
情報科	47	50	2.2
▶総合政策学部			
総合政策	51	57.5	2.7

●駿台予備学校合格目標ラインは合格可能性80%に相当する駿台模試の偏差値です。
●河合塾ボーダー偏差値は合格可能性50%に相当する河合塾全統模試の偏差値です。
●競争率は受験者÷合格者の実質倍率

東京　津田塾大学

キャンパスアクセス [千駄ヶ谷キャンパス] JR中央線・総武線―千駄ヶ谷より徒歩1分／都営地下鉄大江戸線―国立競技場より徒歩1分／東京メトロ副都心線―北参道より徒歩10分

帝京大学（ていきょう）

TEIKYO

資料請求

問合せ先 入試センター ☎0120-335933

建学の精神

「努力をすべての基とし，偏見を排し，幅広い知識を身につけ，国際的視野に立って判断ができ，実学を通して創造力および人間味豊かな，専門性ある人材の養成を目的とする」ことを建学の精神に掲げ，1966（昭和41）年に開学。グローバルな時代を迎えた現在，「歴史をしのぐ未来」への歩みを確実に進めるためには，今日よりも一歩でも成長した明日をめざして新たなる強みをつくることが大切であるという思いのもと，「実学（実践を通して論理的な思考を身につける）」「国際性（異文化理解の学習・体験をする）」「開放性（必要な知識・技術を偏ることなく幅広く学ぶ）」を教育指針として掲げる帝京大学でさまざまな知識や技術を習得し，個性を最大限に生かし，自ら考え努力する“自分流”の生き方を学生に身につけてもらうべく，サポートしている。

- 板橋キャンパス……〒173-8605　東京都板橋区加賀2-11-1
- 八王子キャンパス…〒192-0395　東京都八王子市大塚359
- 宇都宮キャンパス…〒320-8551　栃木県宇都宮市豊郷台1-1
- 福岡キャンパス……〒836-8505　福岡県大牟田市岬町6-22

基本データ

学生数▶22,542名（男14,437名，女8,105名）
専任教員数▶教授416名，准教授232名，講師251名，助教225名
設置学部▶医，薬，経済，法，文，外国語，教育，理工，医療技術，福岡医療技術
併設教育機関▶大学院―経済学・法学・文学・外国語・理工学・医療技術学・保健学（以上M・D），総合データ応用プログラム（M），医学・薬学（以上D），教職（P），公衆衛生学（P・D）　短期大学（P.523参照）　通信教育課程―理工学部

就職・卒業後の進路

●**就職支援**　文系，理工系，医療系に分けて，分野別にキャリア・就職支援を実施。特に理工系では，２月に約180社の企業人事担当者を招いて学内合同企業セミナーを開催し，多くの学生がこのセミナーに参加し採用内定につなげている。

進路指導者も必見 学生を伸ばす 面倒見

初年次教育	学修サポート
メールの作法，SNSとの付き合い方，ノートテイキング，文献検索・情報収集，レポート作成，発表の仕方など，学びの根本スキルを身につける「フレッシュマンセミナー」を，宇都宮キャンパスで実施している	八王子キャンパスには「学習支援デスク」があり，学部３・４年生のピアサポーターが，後輩たちの学習や生活の悩みなどの相談に応じている。また，日本にいながら留学体験ができる「OUCHI COMMONS」を設置

オープンキャンパス（2022年度実績）　板橋キャンパスと宇都宮キャンパスで６・７・８・３月（医学部は７・８月のみ），八王子キャンパスで６・７・８・９・３月，福岡キャンパスで４・６・７・８・９・12月に開催。

●**資格取得支援**　板橋キャンパスでは，冬に合宿形式などの集中講義を実施し，希望者には教員の解説や講義も行っている。福岡キャンパスでは，各種模擬試験で各段階での実力をチェックし，教員による補講や特別講義，グループ学習により合格へと導いている。

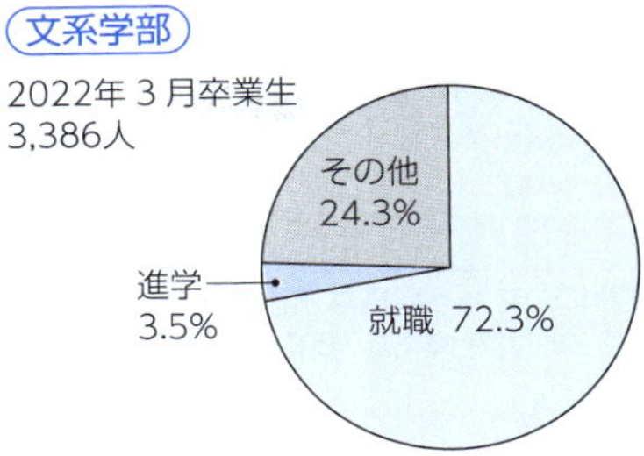

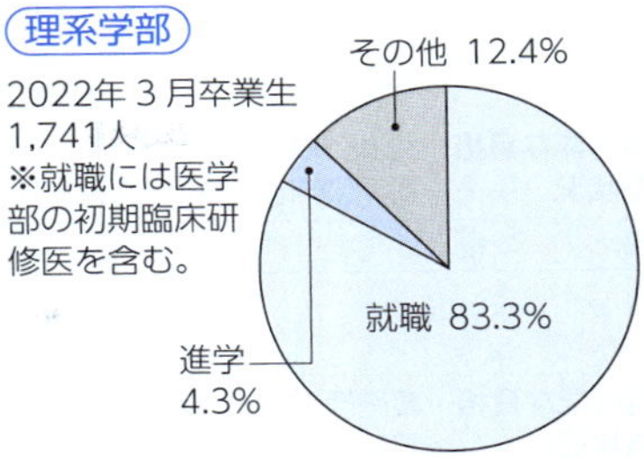

主なOB・OG▶［経済］黒田茂夫（昭文社ホールディングス社長），［文］尾﨑敦史（大和冷機工業社長），［法］高橋恭市（千葉県富津市長），［法］松本薫（元柔道選手），［医療技術］青柳晃洋（プロ野球選手）など。

国際化・留学

大学間 95 大学等

受入れ留学生数▶1,104名（2021年度）
留学生の出身国▶アジアを中心に26カ国
外国人専任教員▶教授６名，准教授６名，講師８名，助教９名（2021年５月１日現在）
外国人専任教員の出身国▶NA
大学間交流協定▶95大学・機関（2022年５月現在）
海外への留学生数▶オンライン型38名／年（２カ国，2020年度）
海外留学制度▶交換留学のほか，夏期・春期短期研修，学部学科主催プログラム，イギリスの帝京大学グループのダラムキャンパスで行われる文系学生対象のダラム留学など，多彩な留学制度を用意。

学費・奨学金制度

入学金▶263,000円〜
年間授業料（施設費等を除く）▶777,000円〜（詳細は巻末資料参照）
年間奨学金総額▶NA
年間奨学金受給者数▶NA
主な奨学金制度▶「"自分流" 奨学金制度」は入学後，家計支持者の死亡，失職などによる家計状況の急変により，経済的に修学が困難となった学生を対象に，授業料10万円を減免（１カ年）。このほか，「後援会奨学金」（八王子・宇都宮キャンパス）や「成績優秀者奨学金」などの制度を設置している。

保護者向けインフォメーション

●**成績・出席状況確認**　学生の日々の出席状況をはじめ，履修科目や単位修得状況を確認することができる，保護者向けポータルサイト「アンシンサイト」を八王子キャンパスで開設。
●**防災対策**　八王子キャンパスでは，ホームページに「大規模災害時の対応」を掲載。災害発生後の大学からの情報発信は，ホームページおよびポータルサイトで通知する。
●**コロナ対策**　新型コロナウイルス感染症の影響に対する学納金の納付期限の延長などの経済支援を，2022年度も引き続き実施した。

インターンシップ科目	必修専門ゼミ	卒業論文	GPA制度の導入の有無および活用例	１年以内の退学率	標準年限での卒業率
学部による	学部による	学部による	主に奨学金や授業料免除対象者の選定基準のほか，教育実習履修の可否，進級・卒業判定基準などに活用	3.4%（除籍者を含む）	NA

学部紹介

学部／学科	定員	特色
医学部		
医	116	▷同じキャンパス内にある附属病院を最大限に活用し，深い知識と高い技量を持つ「よき医療人」を育成する。
● **取得可能な資格**…医師受験資格。 ● **進路状況**…………初期臨床研修医97.1%		
薬学部		
薬	320	▷６年制。実践につながる豊富な演習や実習で，優れた人間性と高度な科学的能力を備えた，質の高い薬剤師を養成する。
● **取得可能な資格**…薬剤師受験資格など。 ● **進路状況**…………就職82.3%　進学0.7% ● **主な就職先**………帝京大学医学部附属病院，日本調剤，アイセイ薬局，厚生労働省，中外製薬など。		
経済学部		
経済	550	▷経済の動向を分析し，問題解決に取り組むビジネスリーダーを育成する。実学重視のカリキュラムを展開。
国際経済	200	▷異文化理解と国際感覚を養い，国際経済の舞台へ乗り出す力を身につける。週４回の英語の授業で語学力が着実に向上。
地域経済	100	▷“地域と経済”をあらゆる角度から検証，学習し，地域の活性化と再生を実現できる原動力となる人材を育成する。
経営	550	▷経営，企業と会計，スポーツ経営の３コース。ビジネスの現場で生じる，さまざまな問題に対処できる能力を養う。
観光経営	170	▷観光に関する幅広い分野を学び，地域の発展に貢献する力を養う。観光ビジネスの現場を想定したカリキュラムが充実。
● **取得可能な資格**…教職（地歴・公・社・情・商業），司書，司書教諭，学芸員など。 ● **進路状況**…………就職71.6%　進学2.9% ● **主な就職先**………オーケー，ベネッセスタイルケア，星野リゾート，栃木銀行，積水ハウスなど。		
法学部		
法律	375	▷司法，ビジネス法務，現代社会と法の３コース。法学の知識と法的思考能力の育成を中心とした実学教育を実施。
政治	100	▷公共政策，政治の２コース。国際的視野や政治知識，政策的思考能力を備え，多面的に活躍する人材を育成する。
● **取得可能な資格**…教職（地歴・公・社），司書，司書教諭，学芸員など。 ● **進路状況**…………就職77.2%　進学4.0% ● **主な就職先**………アイリスオーヤマ，リコージャパン，山崎製パン，関東信越国税局，警視庁など。		
文学部		
日本文化	120	▷日本文化に関する多様な知識と豊かな日本語能力，国際的視野を備えた人材を育成する。
史	213	▷日本史，東洋史，西洋史，考古学，地理学，美術史・文化遺産の６コース。社会の動きを歴史的・論理的に考察し，未来への道筋を探る力を養う。
社会	208	▷社会・文化・人間に関する新しい視点を開き，論理的思考力を養い，社会問題に対処する実践力を身につける。
心理	200	▷基礎から臨床までの幅広い心理学をバランスよく学び，「こころ」の働きの解明や問題解決に貢献できる人材を育成する。

キャンパスアクセス ［板橋キャンパス］ JR埼京線一十条より徒歩10分／JR京浜東北線一王子よりバス10分・帝京大学病院下車

- **取得可能な資格**…教職（国・地歴・公・社・書），司書，司書教諭，学芸員など。
- **進路状況**…………就職69.3%　進学4.8%
- **主な就職先**………第一生命保険，大塚商会，西武信用金庫，オリエンタルランド，東急ストアなど。

外国語学部

外国語	250	▷英語，ドイツ語，フランス語，スペイン語，中国語，コリア語の６コース。語学力と豊かな知性を持つグローバル人材を育成する。原則として，２年次に全員が留学を経験。
国際日本	150	▷国際的な視点から日本をとらえ，グローバル共生社会に貢献できる人材を育成する。２年次に海外体験研修を実施。

- **取得可能な資格**…教職（英），司書，司書教諭，学芸員など。
- **進路状況**…………就職67.3%　進学3.1%
- **主な就職先**………トヨタモビリティ東京，UCC上島珈琲，リゾートトラスト，目黒雅叙園など。

教育学部

教育文化	100	▷教育という文化現象を研究し，中・高教員や公務員，教育関連職など，幅広く教育に関わる人材を育成する。
初等教育	230	▷〈初等教育コース160名，こども教育コース70名〉高い専門性と実践力を身につけた，即戦力となる質の高い小学校教諭と幼稚園教諭，保育士を育成する。

- **取得可能な資格**…教職（地歴・公・社・保体・英，小一種，幼一種，特別支援），司書，司書教諭，学芸員，保育士など。
- **進路状況**…………就職79.0%　進学2.9%
- **主な就職先**………伊藤園，ライオン，ニチイ学館，東京都・神奈川県など教員委員会，保育園など。

理工学部

機械・精密システム工	50	▷機械工学，自動車工学の２コース。研究開発など，機械工学に関するものづくりの根幹に携わる人材を育成する。
航空宇宙工	45	▷２コース制。航空宇宙工学コースはあらゆる最先端技術に挑戦できる，航空宇宙工学技術者を養成する。ヘリパイロットコース（上限10名）は航空宇宙工学のエンジニアとしての知識を持った，ヘリコプターパイロットを養成する。
情報電子工	85	▷情報科学，情報メディア，ロボット・メカトロニクスの３コース。情報科学とロボット工学を基礎に，ソフトウェア，ハードウェアを開発できる人材を育成する。
バイオサイエンス	85	▷さまざまな生命現象を分子レベルで理解しながら，植物，微生物，動物，食品など多岐にわたる応用分野について幅広い知識と技術を学ぶ。

- **取得可能な資格**…教職（数・理・情・工業），学芸員など。
- **進路状況**…………就職70.2%　進学17.1%
- **主な就職先**………SUBARU，フクダ電子，茨城県警航空隊，東日本旅客鉄道，クスリのアオキなど。

医療技術学部

視能矯正	100	▷医学部附属病院を活用した抜群の学習環境で，人々の目の健康維持に貢献する視能訓練士を養成する。
看護	130	▷多様化する人の健康と生活のニーズに対応できる，人間性豊かな看護師を養成する。
診療放射線	100	▷臨床現場の高度な要請に対応でき，チーム医療に貢献する診療放射線技師を養成する。
臨床検査	100	▷専門的な知識・技術，豊かな人間性，国際性を備えた臨床検査技師を養成する。

キャンパスアクセス［八王子キャンパス］多摩モノレール―大塚・帝京大学より徒歩15分／京王線―聖蹟桜ヶ丘よりバス15分，高幡不動よりバス11分／京王相模原線，小田急多摩線―多摩センターよりバス14分

スポーツ医療	390	▷〈健康スポーツコース230名，救急救命士コース60名，トップアスリートコース100名〉幅広い知識と技術を身につけた，スポーツと医療に関わるスペシャリストを育成する。トップアスリートコースはスポーツ選抜者専用コース。
柔道整復	90	▷高度な医療技術と知識を備え，患者さんの健康をサポートする柔道整復師を養成する。

- **取得可能な資格**…教職（保体，養護一種・二種），看護師・保健師・診療放射線技師・臨床検査技師・救急救命士・視能訓練士・柔道整復師受験資格など。
- **進路状況**…………就職84.2％ 進学3.6％
- **主な就職先**………帝京大学医学部附属病院，帝京大学ちば総合医療センター，東京消防庁など。

福岡医療技術学部

理学療法	80	▷確かな知識・技術と協調性を備えた，リハビリテーションの専門家を養成する。
作業療法	40	▷患者さんの社会復帰を心と身体の両面からサポートする，技術と豊かな人間性を併せ持った作業療法士を養成する。
看護	80	▷地域に根ざし，病院はもとより福祉施設や在宅看護などで幅広く活躍できる人間性豊かな看護師を養成する。
診療放射線	60	▷高度な医療現場で即戦力として貢献できる診療放射線技師を養成する。病院と同じ最新の装置が揃う学習環境を提供。
医療技術	80	▷救急救命士，臨床工学の２コース（各コース40名程度）。救急医療と医療機器のスペシャリストを育成する。

- **取得可能な資格**…教職（養護二種），看護師・保健師・助産師・診療放射線技師・臨床工学技士・救急救命士・理学療法士・作業療法士受験資格。
- **進路状況**…………就職84.6％ 進学3.0％
- **主な就職先**………帝京大学医学部附属病院，公立八女総合病院，福岡大学病院，熊本市消防局など。

▶キャンパス

医・薬・医療技術……［板橋キャンパス］東京都板橋区加賀2-11-1
経済・法・文・外国語・教育・医療技術（健康スポーツ・トップアスリート）……［八王子キャンパス］東京都八王子市大塚359
経済（地域経済）・理工・医療技術（柔道整復）……［宇都宮キャンパス］栃木県宇都宮市豊郷台1-1
福岡医療技術……［福岡キャンパス］福岡県大牟田市岬町6-22

2023年度入試要項（前年度実績）

●募集人員

学部／学科（コース）		一般Ⅰ期	一般Ⅱ期	一般Ⅲ期	共通テスト	学校推薦型	総合型Ⅰ期	総合型Ⅱ期
▶医	医	93	—	—	8	15	—	—
▶薬	薬	130	50	11	16	48	65	—
▶経済	経済	138	72	22	44	82	165	27
	国際経済	60	26	8	16	20	60	10
	地域経済	40	15	5	10	15	10	5
	経営	138	72	22	44	82	165	27
	観光経営	43	22	7	14	25	51	8
▶法	法律	94	49	15	30	56	113	18
	政治	25	13	4	8	15	30	5
▶文	日本文化	30	15	5	10	18	36	6
	史	53	28	9	17	32	64	10
	社会	52	27	8	17	31	63	10
	心理	50	26	8	16	30	60	10
▶外国語	外国語	63	32	10	20	37	76	12
	国際日本	25	13	4	8	15	30	5
▶教育	教育文化	25	13	4	8	15	30	5
	初等教育（初等教育）	40	21	6	13	24	48	8
	（子ども教育）	18	9	3	6	10	21	3
▶理工	機械・精密システム工	18	5	2	5	7	10	3
	航空宇宙工	16	5	2	4	7	9	2
	情報電子工	30	9	4	8	13	17	4
	バイオサイエンス	30	9	4	8	13	17	4
▶医療技術	視能矯正	24	3	3	5	24	35	6

キャンパスアクセス［宇都宮キャンパス］JR東北新幹線・宇都宮線—宇都宮よりバス20分

看護	45	13	5	8	20	33	6
診療放射線	36	8	3	8	15	25	5
臨床検査	36	8	3	8	15	25	5
スポーツ医療(健康スポーツ)	72	15	5	10	45	65	18
(救急救命士)	15	3	3	5	13	18	3
柔道整復	19	4	3	5	35	20	4
▶福岡医療技術 理学療法	22	4	2	8	24	16	4
作業療法	10	1	1	4	14	8	2
看護	24	4	4	8	20	16	4
診療放射線	21	6	3	6	9	12	3
医療技術	20	4	4	8	24	16	4

※医学部一般選抜Ⅰ期の募集人員には特別地域枠(福島県２名，千葉県２名，静岡県２名，茨城県１名)を含む。
※医学部を除き，学校推薦型選抜の募集人員には指定校制を含み，経済学部経済・地域経済・経営学科は全商協会大学特別推薦枠，理工学部はジュニアマイスター顕彰特別推薦枠を含む

▷対象の入試(学部・学科により異なる)において，各学部の指定された英語資格・検定試験の基準スコアを満たしている場合，出願時に申請することにより，英語外部試験の結果を用いることも可能。
▷一般選抜，学校推薦型選抜(公募制)，総合型選抜において，各学部・学科・コースが指定する資格を有する者は，出願時に申請することにより合否判定(理工学部航空宇宙工学科ヘリパイロットコースにおいては一次選考の合否判定)の際に考慮する。
▷各学部における共通テスト利用選抜の「英語」は，リーディング(100点満点)の点と，リーディング(100点満点)を80点満点に圧縮した点にリスニング(100点満点)を20点満点に圧縮して加えた点の２通りを算出し，高得点を採用する。ただし，外国語学部外国語学科英語コースと国際日本学科においては，リーディング(100点満点)を150点満点に換算した点と，リーディング(100点満点)を120点満点に換算した点にリスニング(100点満点)を30点満点に圧縮して加えた点の２通りを算出し，高得点を採用する。

医学部

一般選抜　〈一次選考〉 **3**科目　①外(100)▶コミュ英Ⅰ・コミュ英Ⅱ・コミュ英Ⅲ・英表Ⅰ・英表Ⅱ　②③国・数・理(100×2)▶国総(古文・漢文を除く)・「数Ⅰ・数Ⅱ・数A・数B(数列・ベク)」・「物基・物」・「化基・化」・「生基・生」から２
〈二次選考〉 **2**科目　①課題作文　②面接
※二次選考は一次選考合格者のみ実施。
共通テスト利用選抜　〈一次選考〉 **3**科目　①外(100)▶英(リスニングを含む)　②③国・数・理(100×2)▶国・「数Ⅰ・〈数Ⅰ・数A〉・数Ⅱ・〈数Ⅱ・数B〉から１」・物・化・生から２
※「国語」は，「近代以降の文章」(100点満点)と，「近代以降の文章」に「古典(古文・漢文)」(100点満点)を加えた点(200点満点)を100点満点に圧縮した点の２通りを算出し，高得点を採用する。
[個別試験〈二次選考〉]　**3**科目　①英語▶長文読解　②課題作文　③面接
※共通テストによる一次選考合格者のみ実施。
学校推薦型選抜(公募制)　**[出願資格]**　専願，校長推薦，現役，入学確約者，全体の学習成績の状況が4.0以上。
[選考方法]　書類審査，基礎能力適性検査(学科試験３科目)，小論文，面接。

薬学部

一般選抜　**4**科目　①外(100)▶コミュ英Ⅰ・コミュ英Ⅱ・コミュ英Ⅲ・英表Ⅰ・英表Ⅱ　②数(100)▶数Ⅰ・数Ⅱ・数A　③理(100)▶化基・化　④面接
共通テスト利用選抜　〈一次選考〉 **3**科目　①外(100)▶英(リスニングを含む)　②数(100)▶数Ⅰ・「数Ⅰ・数A」・数Ⅱ・「数Ⅱ・数B」から１　③理(100)▶化
[個別試験〈二次選考〉]　**1**科目　①面接
※共通テストによる一次選考合格者のみ実施。
学校推薦型選抜(公募制)　**[出願資格]**　校長推薦，現役。
[選考方法]　書類審査，基礎能力適性検査(学科試験２科目)，面接。
総合型選抜　**[選考方法]**　書類審査(志望理由書，調査書等)，基礎能力適性検査(学科試験３科目)，面接。

経済学部・法学部・文学部・外国語学部・教育学部

一般選抜　**【経済学部・法学部・文学部(社会学**

キャンパスアクセス　[福岡キャンパス]　西鉄天神大牟田線―西鉄大牟田，JR鹿児島本線―大牟田よりバス６分

科・心理学科）・外国語学部】 3科目 ①外（100，外国語学部外国語学科英語コースと国際日本学科150）▶コミュ英Ⅰ・コミュ英Ⅱ・コミュ英Ⅲ・英表Ⅰ・英表Ⅱ ②③**国・地歴・公民・数**（100×2，文学部社会学科のみ国語を除く高得点1科目150・その他100）▶国総（古文・漢文を除く）・世B・日B・政経・「数Ⅰ・数A」から2

【文学部（日本文化学科・史学科）・教育学部】 3科目 ①国（日本文化・史150，教育100）▶国総（古文・漢文を除く） ②**外**（100）▶コミュ英Ⅰ・コミュ英Ⅱ・コミュ英Ⅲ・英表Ⅰ・英表Ⅱ ③**地歴・公民・数**（100）▶世B・日B・政経・「数Ⅰ・数A」から1

共通テスト利用選抜前期・後期 **【経済学部・法学部・文学部（社会学科・心理学科）・外国語学部】** 3科目 ①**外**（100，外国語学部外国語学科英語コースと国際日本学科150）▶英（リスニングを含む） ②③**国・地歴・公民・数**（100×2，文学部社会学科のみ国語を除く高得点1科目150・その他100）▶国（近代）・世B・日B・地理B・「現社・倫・政経・〈倫・政経〉から1」・「数Ⅰ・〈数Ⅰ・数A〉・数Ⅱ・〈数Ⅱ・数B〉から1」から2

［個別試験］ 行わない。

【文学部（日本文化学科・史学科）・教育学部】 3科目 ①**国**（日本文化・史150，教育100）▶国（近代） ②**外**（100）▶英（リスニングを含む） ③**地歴・公民・数**（100）▶世B・日B・地理B・現社・倫・政経・「倫・政経」・数Ⅰ・「数Ⅰ・数A」・数Ⅱ・「数Ⅱ・数B」から1

［個別試験］ 行わない。

※一般選抜と共通テスト利用選抜において，文学部日本文化学科・史学科・社会学科と外国語学部外国語学科英語コース・国際日本学科の合計点は，350点満点を300点満点に換算する。

学校推薦型選抜（公募制） **［出願資格］** 校長推薦。

［選考方法］ 書類審査，基礎能力適性検査（外国語学部は英語，その他の学部は小論文），面接。

総合型選抜 **［選考方法］** 書類審査（志望理由書，調査書等），基礎能力適性検査（小論文・学科試験1科目・学科試験2科目の各方式から選択。ただし経済学部国際経済学科と外国語学部は小論文方式を実施しない），面接。

理工学部

一般選抜 **【機械・精密システム工学科／航空宇宙工学科〈航空宇宙工学コース〉／情報電子工学科】** 3科目 ①**外**（100）▶コミュ英Ⅰ・コミュ英Ⅱ・コミュ英Ⅲ・英表Ⅰ・英表Ⅱ ②**数**（100）▶数Ⅰ・数Ⅱ・数A・数B（数列・ベク） ③**理・総合問題**（100）▶「物基・物」・「化基・化」・総合問題から1，ただし総合問題はⅢ期のみ選択可

【航空宇宙工学科〈ヘリパイロットコース〉】 〈一次選考〉 3科目 ①**外**（100）▶コミュ英Ⅰ・コミュ英Ⅱ・コミュ英Ⅲ・英表Ⅰ・英表Ⅱ ②**数**（100）▶数Ⅰ・数Ⅱ・数A・数B（数列・ベク） ③**理・総合問題**（100）▶「物基・物」・「化基・化」・総合問題から1，ただし総合問題はⅢ期のみ選択可

〈二次選考〉 2科目 ①**適性検査** ②**面接**

※二次選考は一次選考に合格し，航空身体検査第二種適合相当の者で，指定された英語資格・検定試験の基準を満たしている者のみ実施。

【バイオサイエンス学科】 3科目 ①**外**（100）▶コミュ英Ⅰ・コミュ英Ⅱ・コミュ英Ⅲ・英表Ⅰ・英表Ⅱ ②③**数・理・総合問題**（100×2）▶「数Ⅰ・数Ⅱ・数A・数B（数列・ベク）」・「化基・化」・「生基・生」・総合問題から2，ただし総合問題はⅢ期のみ選択可

※「総合問題」は，理工系の分野の文章や図表などを読み解き，自分自身の考えやその分野の将来について600字以内で記述する。

※合否判定（ヘリパイロットコースは一次選考）においては，均等配点型（各100），数学重点型（英語50・数学150・理科100），理科重点型（英語50・数学100・理科150）により点数を算出し，高得点を採用する。ただし，Ⅲ期において「総合問題」を選択した場合は，均等配点型のみとする。

共通テスト利用選抜前期・中期・後期 5〜3科目 ①**外**▶英（リスニングを含む） ②③④⑤**国・数・理**▶国（近代）・「数Ⅰ・数A」・「数Ⅱ・数B」・「物・化・生から1」から均等配点型と数学重点型は4，理科重点型は数・理から

各１の２，ただしバイオサイエンス学科は物理の選択不可で，生物はバイオサイエンス学科のみ選択可
※合計300点満点で判定するが，受験した科目により均等配点型，数学重点型，理科重点型で点数を算出し，高得点を合否判定に採用（下記，理工学部の合否判定参照）。
[個別試験] ２科目 ①**適性検査** ②**面接**，ただし個別試験は共通テストによる一次選考に合格し，航空身体検査第二種適合相当の者で，指定された英語資格・検定試験の基準を満たしているヘリパイロットコース受験者のみ実施し，他の学科・コースは行わない
※理工学部の合否判定（ヘリパイロットコースは一次選考）においては，均等配点型（英語100，国・数の高得点２科目50×2，理科100），数学重点型（英語50・数学75×2・理科100），理科重点型（英語50・数学100・理科150）により点数を算出し，高得点を採用する。ただし，国語は均等配点型において「数Ⅰ・数Ａ」「数Ⅱ・数Ｂ」「国語」の３科目のうち高得点の２科目になった場合のみ，合否判定に採用する。また，数学の２科目を受験していない場合，数学重点型は算出できず，さらに国語を受験していない場合は理科重点型のみとなる。
学校推薦型選抜（公募制） **[出願資格]** 校長推薦，現役のほか，機械・精密システム工学科，航空宇宙工学科航空宇宙工学コース，情報電子工学科においては数学および理科の学習成績の状況が3.5以上，バイオサイエンス学科においては理科が3.5以上の者。
[選考方法] 書類審査，基礎能力適性検査（学科試験１科目），面接。
※ヘリパイロットコースは学校推薦型選抜を行わない。
総合型選抜 **[出願資格]** ヘリパイロットコースの二次選考は，一次選考に合格し，航空身体検査第二種適合相当の者で，指定された英語資格・検定試験の基準を満たしている者。
[選考方法] 書類審査（志望理由書，調査書等），基礎能力適性検査（学科試験２科目），面接。ヘリパイロットコースは上記を一次選考とし，合格者を対象に，二次選考で適性検査，面接を行う。

医療技術学部・福岡医療技術学部

一般選抜 **【医療技術学部スポーツ医療学科〈健康スポーツコース〉】** ４科目 外（100）▶コミュ英Ⅰ・コミュ英Ⅱ・コミュ英Ⅲ・英表Ⅰ・英表Ⅱ ②③**国・地歴・公民・数・理**（100×2）▶国総（古文・漢文を除く）・世Ｂ・日Ｂ・政経・「数Ⅰ・数Ａ」・「物基・物」・「化基・化」・「生基・生」から２ ④**面接**
【その他の学部・学科・コース】 ４科目 ①外（100）▶コミュ英Ⅰ・コミュ英Ⅱ・コミュ英Ⅲ・英表Ⅰ・英表Ⅱ ②③**国・数・理**（100×2）▶国総（古文・漢文を除く）・「数Ⅰ・数Ａ」・「物基・物」・「化基・化」・「生基・生」から２ ④**面接**
共通テスト利用選抜 〈一次選考〉**【医療技術学部スポーツ医療学科〈健康スポーツコース〉】** ４～３科目 ①外（100）▶英（リスニングを含む） ②③④**国・地歴・公民・数・理**（100×2）▶国（近代）・世Ｂ・日Ｂ・地理Ｂ・「現社・倫・政経・〈倫・政経〉から１」・「数Ⅰ・〈数Ⅰ・数Ａ〉・数Ⅱ・〈数Ⅱ・数Ｂ〉から１」・「物基・化基・生基・地学基から２」・物・化・生・地学から２
[個別試験〈二次選考〉] １科目 ①**面接**
※共通テストによる一次選考合格者のみ実施。
【その他の学部・学科・コース】 ３科目 ①外（100）▶英（リスニングを含む） ②③**国・数・理**（100×2）▶国（近代）・「数Ⅰ・〈数Ⅰ・数Ａ〉・数Ⅱ・〈数Ⅱ・数Ｂ〉から１」・物・化・生から２
[個別試験〈二次選考〉] １科目 ①**面接**
※共通テストによる一次選考合格者のみ実施。
学校推薦型選抜（公募制） **[出願資格]** 校長推薦，現役。
[選考方法] 書類審査，基礎能力適性検査（医療技術学部は学科試験２科目。福岡医療技術学部は学科試験１科目・学科試験２科目の各方式から選択），面接。
総合型選抜 **[選考方法]** 書類審査（志望理由書，調査書等），基礎能力適性検査（医療技術学部スポーツ医療学科健康スポーツコースは課題作文・学科試験１科目・学科試験２科目の各方式から選択。福岡医療技術学部は学科試験１科目・学科試験２科目の各方式から選択。その他の学科・コースは学科試験２科目），面接。

その他の選抜

医学部一般選抜特別地域枠（福島県・千葉県・静岡県・茨城県），学校推薦型選抜（指定校制，経済学部全商協会大学特別推薦枠，理工学部ジュニアマイスター顕彰特別推薦枠），海外帰国生入試，社会人入試，留学生特別入試。

偏差値データ（2023年度）

●一般選抜

学部／学科／コース	2023年度		2022年度実績					
	駿台予備学校	河合塾	募集人員	受験者数	合格者数	合格最低点	競争率	
	合格目標ライン	ボーダー偏差値					'22年	'21年
医								
医	57	65	89	6,029	171	202/300	35.3	36.3
薬								
薬	42	42.5	192	1,264	495	130/300	2.6	3.0
経済								
経済	40	42.5	232	1,571	860	146/300	1.8	2.4
国際経済	39	40	94	510	434	130/300	1.2	2.0
地域経済	39	42.5	60	132	112	120/300	1.2	2.2
経営	40	42.5	232	1,280	696	142/300	1.8	3.1
観光経営	39	40	72	228	169	138/300	1.3	1.9
法								
法律	42	42.5	158	962	664	140/300	1.4	3.0
政治	41	42.5	42	256	167	133/300	1.5	2.0
文								
日本文化	41	42.5	50	312	209	170/300	1.5	4.2
史	43	45	90	629	275	172/300	2.3	3.1
社会	42	42.5	87	524	382	160/300	1.4	2.6
心理	43	47.5	84	519	230	160/300	2.3	4.0
外国語								
外国語／英語	42	47.5	105	307	57	170/300	5.4	2.1
／ドイツ語		47.5		26	15	180/300	1.7	2.0
／フランス語		47.5		28	17	172/300	1.6	3.0
／スペイン語		47.5		16	8	181/300	2.0	3.2
／中国語		47.5		22	9	190/300	2.4	4.8
／コリア語		47.5		118	35	180/300	3.4	9.9
国際日本	41	42.5	42	105	94	150/300	1.1	—
教育								
教育文化	43	47.5	42	250	75	171/300	3.3	3.6
初等教育／初等教育	44	42.5	67	384	194	160/300	2.0	1.8
／こども教育	43	40	30	78	44	162/300	1.8	2.5
理工								
機械・精密システム工	38	40	30	174	129	110/300	1.3	2.0
航空宇宙工／航空宇宙工	42	37.5	27	49	39	100/300	1.3	2.0

学部／学科／コース	2023年度		2022年度実績					
	駿台予備学校	河合塾					競争率	
	合格目標ライン	ボーダー偏差値	募集人員	受験者数	合格者数	合格最低点	'22年	'21年
／ヘリパイロット	40	42.5	27	10	4	138/300	2.5	2.3
情報電子工	40	40	51	347	199	138/300	1.7	2.0
バイオサイエンス	41	37.5	51	147	119	100/300	1.2	1.6
医療技術								
視能矯正	39	37.5	35	74	52	107/300	1.4	1.4
看護	42	50	64	973	189	173/300	5.1	4.7
診療放射線	41	47.5	50	886	147	180/300	6.0	6.5
臨床検査	42	42.5	50	415	185	144/300	2.2	2.7
スポーツ医療／健康スポーツ	39	37.5	104	247	181	75/300	1.4	1.7
／救急救命士	38	42.5	21	155	44	131/300	3.5	2.6
柔道整復	37	35	26	30	16	82/300	1.9	1.4
福岡医療技術								
理学療法	41	40	28	50	41	82/300	1.2	1.3
作業療法	40	35	12	13	10	85/300	1.3	2.0
看護	40	37.5	36	121	89	90/300	1.4	1.4
診療放射線	39	45	30	195	64	140/300	3.0	4.0
医療技術／救急救命士	38	42.5	28	31	11	121/300	2.8	2.0
／臨床工学	38	40		37	16	117/300	2.3	1.7

- 駿台予備学校合格目標ラインは合格可能性80%に相当する駿台模試の偏差値です。　●競争率は受験者÷合格者の実質倍率 なお，一般選抜Ⅰ期の偏差値です。
- 河合塾ボーダー偏差値は合格可能性50%に相当する河合塾全統模試の偏差値です。

併設の教育機関　短期大学

帝京大学短期大学

問合せ先　入試センター
☎0120-335933
所在地　東京都八王子市大塚359

学生数▶150名（男53名，女97名）
教員数▶教授６名，准教授５名，講師３名

設置学科

●**人間文化学科**（50）　コミュニケーション，異文化理解，書道，芸術，ファッション，心理，スポーツの７つの科目群を軸に学ぶ。
●**現代ビジネス学科**（50）　現代ビジネス，ビジネス実務，経済・経営の３領域を軸とした，実用的なカリキュラムを用意。

卒業後の進路

2022年３月卒業生▶89名
就職23名，大学編入学48名，その他18名

帝京科学大学

てい きょう か がく

TEIKYO

資料請求

問合せ先 入試・広報課 0120-248-089

建学の精神

「人類の将来を正しく見据え，生命の尊厳を深く学び，自然と人間の共生に貢献できる人材を育成し，持続可能な社会の発展に寄与する。」を建学の精神として，1990（平成２）年に開設された，将来に直結した学びを展開する総合大学。人と動物が共生し，フィールドワークや自然を題材にした研究活動を行う東京西キャンパスと，最先端の教育や研究・実習設備が揃った開放的な千住キャンパスに，いのちを「つなぐ」「ささえる」「はぐくむ」３学部13学科を設置し，「動物」「自然」「健康」「医療」「福祉」「教育」の，いのちに関わる６つのキーワードから広がる学部を超えた，いのちと向き合う学びで，「自然と人間との共生」の力となる人材を輩出。実社会に開かれた豊富な実習施設や野外授業によって「現場」を知ることで，未来の「いのち」を支えている。

- 千住キャンパス……〒120-0045　東京都足立区千住桜木2-2-1
- 東京西キャンパス…〒409-0193　山梨県上野原市八ツ沢2525

基本データ

学生数▶4,840名（男2,380名，女2,460名）
専任教員数▶教授92名，准教授54名，講師54名
設置学部▶生命環境，医療科，教育人間科
併設教育機関▶大学院一理工学・医療科学（以上M・D）

就職・卒業後の進路

就　職　率 **94.2**％
就職者÷希望者×100

●**就職支援**　学生の将来を見据え，１年次には第一歩としてキャリアデザインの意識を育み，２年次では社会人基礎力を養成。そして３年次には自分の適性を見つめて，就職活動への意識を高めるというように，入学時から段階的なキャリア支援を行っている。また，TEIKA生を求めるさまざまな企業が参加する学内合同企業セミナーが開催され，この機会を利用して就職に結びつける学生も多い。

●**資格取得支援**　国家試験対策は１年次から始まり，レベル別の対策講座，基礎科目や苦手科目の小テストなどを実施。年次ごとに基礎から専門科目までを段階的に学び，試験合格に必要な力を積み上げている。また，「教

進路指導者も必見　学生を伸ばす　面倒見

初年次教育	学修サポート
大学での学修の基礎となる能力やスキルを修得する「基礎ゼミ」「フレッシュセミナー」「アドバンスセミナー」のほか，ICTとデータサイエンスを使いこなすための基礎的素養を身につける「情報Ⅰ・Ⅱ」などの科目を開講	全学部でSA制度，オフィスアワー制度，学生複数名に対して１人の助言教員が付き，履修方法や学修の進め方などについて指導する助言教員制度，さらに生命環境学部でTA制度を導入。また総合学生支援センターも設置

オープンキャンパス（2022年度実績）　6・7・8・9・3月に両キャンパスで開催（来場型&オンライン。事前申込。キャンパスにより開催日時は異なる)。大学概要・入試説明，学科説明・模擬講義，個別相談コーナーなど。

職センター」を設置し，教員を志す学生を全面的にバックアップしている。

理系学部

2022年３月卒業生
817人

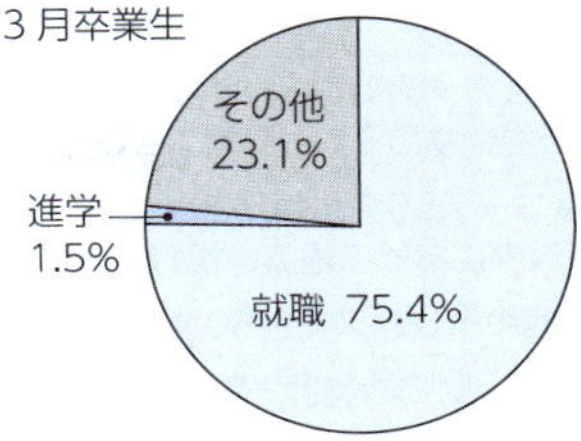

その他の学部

2022年３月卒業生
257人
・教育人間科学部

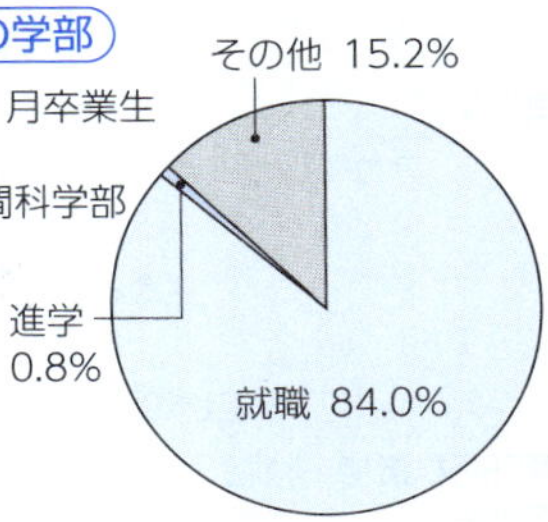

国際化・留学　　大学間 1 大学

受入れ留学生数▶16名(2022年9月1日現在)
留学生の出身国▶中国，マレーシア，韓国，インドネシア。
外国人専任教員▶NA
外国人専任教員の出身国▶NA
海外交流大学数▶１大学（交換留学先０大学，2022年９月１日現在）
海外への留学生数▶０名／年(2021年度)
海外留学制度▶教育人間科学部の学校教育学科中高英語コース（2023年度より，国際英語コースから名称変更）では，海外の教育事情を知る海外教育実習への参加が可能。提携を結んだアジア圏の小学校や中学校で約１週間，主に日本文化を紹介する授業を行う。

学費・奨学金制度　　学費減免総額 年間約 7,002 万円

入学金▶260,000円～
年間授業料(施設費等を除く)▶780,000円～(詳細は巻末資料参照)
年間学費減免総額▶70,022,418円
年間学費減免制度利用者数▶144人
主な奨学金制度▶一般選抜試験（Ⅰ期）と共通テスト利用選抜の合格者のうち，学部・学科を問わず選択科目２科目の合計得点が160点以上の受験生の中から選抜され，授業料などが免除される「帝京科学大学特待生」を設置。また，申請前の１年以内に家計状況急変に伴う経済的理由で学納金の納入が困難となった学生を対象に，申請学期授業料の50%を減免する「帝京科学大学奨学金」も用意。コロナ禍の家計急変により，2021年度は１人に21万5,000円の給付を行っている。

保護者向けインフォメーション

●**広報誌**　「TEIKA NEWS LETTER」を年１回刊行し，保護者に送付している。
●**成績確認**　学業成績通知書を年２回，保護者に送付している。
●**保護者会**　保護者会等を開催し就職に関する説明を，東京理学療法学科は６月（４年次対象），看護学科（１・３年次）と医療福祉学科・学校教育学科（１～４年次）は９月，幼児教育学科は10月（１・２年次）に行っている。
●**防災対策**　大災害に備えて安否確認システムを導入しているほか，災害時には，大学HPを利用して学生の状況を確認するようにしている。
●**コロナ対策１**　ワクチンの職域接種を実施。感染状況に応じた２段階のBCP（行動指針）を設定。「コロナ対策２」（下段）あり。

インターンシップ科目	必修専門ゼミ	卒業論文	GPA制度の導入の有無および活用例	１年以内の退学率	標準年限での卒業率
全学部で開講している	生命環境学部と東京理学療法学科で４年次に実施	生命環境学部と東京理学療法学科は卒業要件	奨学金や授業料免除対象者の選定および退学勧告の基準のほか，学生に対する個別の学修指導に活用している	3.0%	80.7%

●**コロナ対策２**　学生への経済的支援として，修学支援金の一律給付や学生食堂の食券を配布したほか，新型コロナウイルス感染症対策用の帝京科学大学奨学金を設置。また，PC購入が困難な学生に対する無償貸与も行った。

学部紹介

学部／学科	定員	特色
生命環境学部		
アニマルサイエンス	290	▷〈動物看護福祉コース140名，アニマルサイエンス・アニマルセラピー・野生動物の３コース計150名〉
生命科	100	▷〈生命・健康コース50名，臨床工学コース20名，生命コース30名〉生命科学における幅広い視野を養い，未来に貢献。
自然環境	100	▷千住と東京西キャンパスで各50名を募集。
● 取得可能な資格…教職（理），学芸員，臨床工学技士・愛玩動物看護師受験資格など。 ● 進路状況…………就職74.9%　進学2.5% ● 主な就職先………日本動物高度医療センター，旭山動物園くらぶ，群馬県・横浜市教育委員会など。		
医療科学部		
東京理学療法	80	▷リハビリテーションの最前線で活躍できる人材を育成。
東京柔道整復	90	▷患者さんを的確に評価し，処置できる柔道整復師を育成。
看護	80	▷地域社会で暮らす人の健康に貢献できる看護職者を育成。
医療福祉	50	▷医療ソーシャルワーカー（MSW）養成科目が充実。
理学療法	80	▷理学療法士に必要な知識と技術を体系的に学ぶ。
作業療法	40	▷乗馬療法も本格的に学べる国内唯一の学科。
柔道整復	30	▷人体を深く理解し，適切なケアができる医療人を育成。
● 取得可能な資格…教職（養護二種），看護師・保健師・理学療法士・作業療法士・柔道整復師・介護福祉士・社会福祉士・精神保健福祉士受験資格など。 ● 進路状況…………就職75.9%　進学0.3% ● 主な就職先………帝京大学医学部附属溝口病院，東京援護協会，山形大学医学部付属病院など。		
教育人間科学部		
幼児保育	100	▷乳幼児期における成長をサポートできる専門家を育成。
学校教育	130	▷〈小学校コース40名，中高理科コース20名，中高保健体育コース40名，中高英語コース30名〉
こども	50	▷〈小学校・幼稚園教諭コース20名，幼稚園教諭・保育士コース30名〉子どもの知性と感性を伸ばす教育者・保育者を育成。
● 取得可能な資格…教職（理・保体・英，小一種，幼一種），保育士など。 ● 進路状況…………就職84.0%　進学0.8% ● 主な就職先………帝京科学大学千住桜木保育園，足立区役所（保育士），東京都ほか教育委員会など。		

▶キャンパス

アニマルサイエンス（動物看護福祉）・生命科（生命・健康，臨床工学）・自然環境・東京理学療法・東京柔道整復・看護・医療福祉・幼児保育・学校教育……［千住キャンパス］東京都足立区千住桜木2-2-1

アニマルサイエンス（アニマルサイエンス・アニマルセラピー・野生動物）・生命科（生命）・自然環境・理学療法・作業療法・柔道整復・こども……［東京西キャンパス］山梨県上野原市八ツ沢2525

2023年度入試要項（前年度実績）

●募集人員

学部／学科（コース）	Ⅰ期・Ⅱ期 一般
▶生命環境 アニマルサイエンス（動物看護）	57
（アニマルサイエンス・アニマルセラピー・野生動物）	52
生命科（生命・健康）	27
（臨床工学）	8
（生命）	8
自然環境・千住	22
自然環境・東京西	15

キャンパスアクセス ［千住キャンパス］JR常磐線，東京メトロ千代田線・日比谷線，東武スカイツリーライン一北千住よりバス5分または徒歩20分／京成本線，東京メトロ千代田線一町屋よりバス5分または徒歩18分

▶医療科	東京理学療法	43
	東京柔道整復	15
	看護	43
	医療福祉	8
	理学療法	17
	作業療法	6
	柔道整復	5
▶教育人間科	幼児保育	17
	学校教育（小学校）	19
	（中高理科）	9
	（中高保健体育）	15
	（中高英語）	6
	こども（小学校・幼稚園教諭）	5
	（幼稚園教諭・保育士）	4

生命環境学部・医療科学部

一般選抜Ⅰ期・Ⅱ期　【生命環境学部・医療科学部（東京理学療法学科・東京柔道整復学科・看護学科・理学療法学科・作業療法学科・柔道整復学科）】　2科目　①②国・外・数・理（100×2）▶国総（古文・漢文を除く）・「コミュ英Ⅰ・コミュ英Ⅱ」・「数Ⅰ（データの分析を除く）・数Ⅱ・数A（整数を除く）・数B（数列・ベクトル）」・「物基・物（運動・電気）」・「化基・化」・「生基・生」から2

【医療科学部（医療福祉学科）】　2科目　①②国・外・地歴・数・理（100×2）▶国総（古文・漢文を除く）・「コミュ英Ⅰ・コミュ英Ⅱ」・「世A・世B」・「日A・日B」・「数Ⅰ（データの分析を除く）・数Ⅱ・数A（整数を除く）・数B（数列・ベクトル）」・「物基・物（運動・電気）」・「化基・化」・「生基・生」から2

教育人間科学部

一般選抜Ⅰ期・Ⅱ期　2科目　①②国・外・地歴・数・理（100×2）▶国総（古文・漢文を除く）・「コミュ英Ⅰ・コミュ英Ⅱ」・「世A・世B」・「日A・日B」・「数Ⅰ（データの分析を除く）・数Ⅱ・数A（整数を除く）・数B（数列・ベクトル）」・「物基・物（運動・電気）」・「化基・化」・「生基・生」から2，ただし中高理科コースは数・理から1科目必須，中高英語コースは英語必須

※こども学科は2科目を受験し，高得点の1科目（100点満点）で判定する。

その他の選抜

総合型選抜は生命環境学部201名，医療科学部228名，教育人間科学部145名を募集。ほかに共通テスト利用選抜，学校推薦型選抜（公募制・指定校制），社会人特別選抜，外国人留学生選抜を実施。

偏差値データ（2023年度）

●一般選抜Ⅰ期

学部／学科／コース	2023年度 駿台予備学校 合格目標ライン	2023年度 河合塾 ボーダー偏差値	2022年度 競争率
▶生命環境学部			
アニマルサイエンス/動物	38	40	2.0
アニマルサイエンス（東京西）	36	40	2.4
生命科/生命・健康	36	40	2.0
／臨床工学	36	42.5	3.4
／生命	36	40	2.4
自然環境（千住）	37	40	2.3
（東京西）	35	42.5	5.6
▶医療科学部			
東京理学療法	38	47.5	24.4
東京柔道整復	35	42.5	6.8
看護	37	50	4.1
医療福祉	34	40	2.6
理学療法	37	45	13.3
作業療法	36	42.5	1.6
柔道整復	34	40	2.1
▶教育人間科学部			
幼児保育	36	42.5	2.9
学校教育／小学校	37	42.5	2.9
／中高理科	38	42.5	2.1
／中高保健体育	34	42.5	3.2
／中高英語	38	37.5	2.5
こども／小学校・幼稚園教諭	37	40	2.3
／幼稚園教諭・保育士	37	40	1.8

- 駿台予備学校合格目標ラインは合格可能性80%に相当する駿台模試の偏差値です。
- 河合塾ボーダー偏差値は合格可能性50%に相当する河合塾全統模試の偏差値です。なお，一般選抜Ⅰ・Ⅱ期の偏差値です。
- 競争率は受験者÷合格者の実質倍率

※中高英語コースの競争率は，旧国際英語コースの実績です。

キャンパスアクセス［東京西キャンパス］ JR中央線一上野原よりバス5分

私立大学 東京

帝京平成大学

（ていきょうへいせい）

TEIKYO

資料請求

問合せ先 入試課 ☎03-5843-3200

建学の精神

５学部18学科の実学教育で，即戦力となる実践能力が身につく総合大学。開学は1887（昭和62）年。建学の精神である「実学の精神を基とし，幅広い知識と，専門分野における実践能力を身につけ，創造力豊かな逞しい，人間愛にあふれた，人材を養成する」を実現するために，最新の設備と環境が整った首都圏４キャンパスでは，どの学部・学科・コースもキャリアに直結した学びを展開し，多くの卒業生たちが社会へと羽ばたき，さまざまな分野で活躍。企業や地域の方々とのコラボレーションや海外研修など，「実学」を徹底的に重視した教育や実践の場を用意し，21世紀のグローバルな社会において，国際社会に通用する幅広い知識を活用し，専門分野で求められる実践能力を発揮して，真に社会に役立てるプロフェッショナルな人材を養成している。

●キャンパス情報はP.531をご覧ください。

基本データ

学生数▶10,271名（男5,479名，女4,792名）
専任教員数▶教授172名，准教授128名，講師125名
設置学部▶薬，人文社会，ヒューマンケア，健康メディカル，健康医療スポーツ

併設教育機関▶大学院―環境情報学・健康科学・看護学（以上M・D），薬学（D），臨床心理学（P）　通信教育課程―人文社会学部　通信制大学院―環境情報学（M）

就職・卒業後の進路

就職率 97.9%
就職者÷希望者×100

●**就職支援**　多様な分野での就職・進路希望に応える就職支援を行い，業界研究・採用選考対策講座のほか，独自の企業就職説明会などを実施。また，経験豊富なキャリアカウンセラーが，一人ひとりの学生に応じた的確なアドバイスで就職活動をサポートしている。

●**資格取得支援**　医療・救急分野からビジネス・情報処理分野まで，全学部あわせて約50種類の資格が取得可能で，実学教育を通じて資格取得をバックアップ。柔道整復師，はり師，きゅう師，理学療法士，作業療法士など，全国屈指の国家試験合格者数を誇っている。

進路指導者も必見 学生を伸ばす 面倒見

初年次教育	学修サポート
全学科・コースを対象に必修科目として少人数クラスの「フレッシュセミナーⅠA・ⅠB」を開講。担任制のもと，大学での勉強方法や生活指導など，一人ひとりに合った指導を行っている。「コンピュータ演習」も実施	全学部でTA・SA制度，オフィスアワー制度，教員１人が学生約30人を担当する担任制を導入。また，中野キャンパスには，学生の主体的な学修をサポートするラーニングコモンズ「ComoRevi」を設置している

オープンキャンパス（2022年度実績）　6月26日，7月23・24日，8月6・7・20・21日，9月3日に4キャンパスで同時開催したほか，5月と6月に千葉・ちはら台キャンパスで，11月に中野キャンパスで実施（事前申込）。

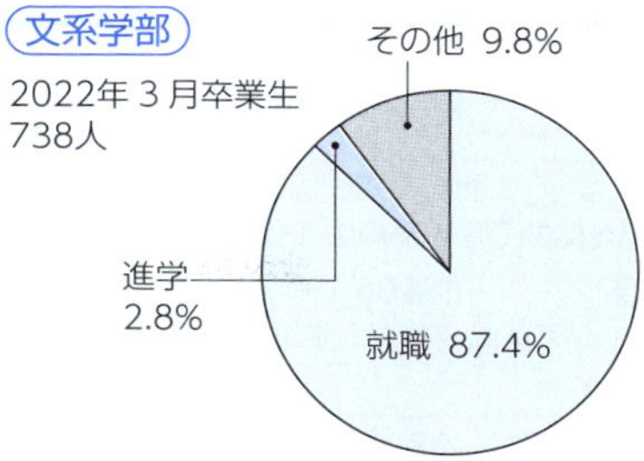

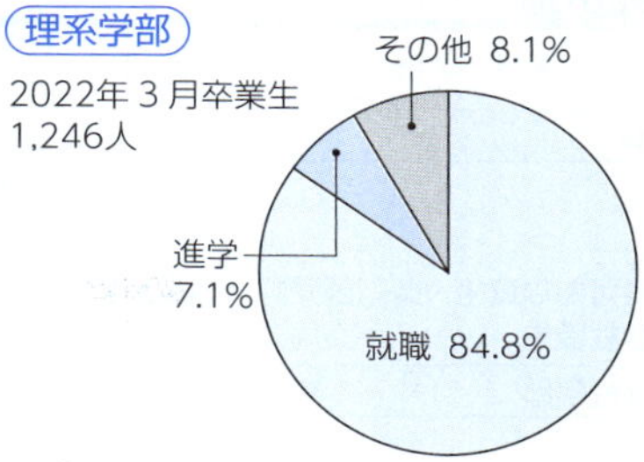

国際化・留学　大学間 13 大学・部局間 1 大学

受入れ留学生数▶126名（2022年５月１日現在）

留学生の出身国・地域▶中国，ベトナム，韓国，台湾，ネパールなど。

外国人専任教員▶教授１名，准教授２名，講師４名（2022年５月１日現在）

外国人専任教員の出身国▶韓国，アメリカ，カナダなど。

大学間交流協定▶13大学（2022年10月１日現在）

部局間交流協定▶１大学（2022年10月１日現在）

海外への留学生数▶０名／年（2021年度）

海外留学制度▶特定の学科・コースを対象に，英国ダラム大学内・帝京大学グループダラムキャンパスで実施される「ダラム短期留学」，帝京大学グループロンドンキャンパスで春休みを利用して行う「ホリデー留学」のほか海外研修・インターンシップなど，世界中の現場で学ぶチャンスを豊富に用意している。

学費・奨学金制度　学費減免総額 年間約 2 億 3,253 万円

入学金▶200,000円～350,000円

年間授業料（施設費等を除く）▶800,000円～（詳細は巻末資料参照）

年間学費減免総額▶232,528,500円

年間学費減免利用者数▶567人

主な奨学金制度▶総合型選抜，一般選抜において本学が定める基準点以上の成績の者を対象に授業料が免除される「特待生制度」や，「帝京平成大学冲永特待生制度」「帝京平成大学特別奨学生制度」など，充実した減免型の奨学制度を用意。給付型の「ダラムキャンパス短期留学奨学特待生制度」も設置している。

保護者向けインフォメーション

●**成績確認**　ポータルサイト「UNIPA」で，成績や単位修得状況などの閲覧が可能。

●**保護者面談**　全学部生の保護者を対象に，毎年10月に面談を実施し，学修状況や学生生活・進路などについての相談に応じている。

●**就職説明会**　毎年11月に，１～３年次生の保護者を対象とした就職説明会を開催している。

●**防災対策**　毎年度ガイダンス時に，「Teikyo Heisei Student Pocket Diary」に添付するかたちで「災害時対応マニュアル」を配布（全学年）。被災時の学生の安否は「UNIPA」およびメールを利用して確認するようにしている。

●**コロナ対策**　入構時と講義室の入口で消毒を行い，講義室の空調の整備や収容人数を調整・管理して対面授業を実施。

インターンシップ科目	必修専門ゼミ	卒業論文	GPA制度の導入の有無および活用例	１年以内の退学率	標準年限での卒業率
全学部で開講している	実施していない	薬学部と看護学科（ヒューマンケア，健康医療スポーツ）は卒業要件	授業料免除対象者の選定・退学勧告基準，学生に対する個別の学修指導に活用するほか，GPAに応じた履修上限単位数を設定	非公表	非公表

学部紹介

学部／学科	定員	特色
薬学部		
薬	200	▷6年制。「くすり」に関する知識はもとより，患者さんに寄り添った医療を提供できる薬剤師を養成する。
●取得可能な資格…薬剤師受験資格など。 ●進路状況…………就職66.1％ 進学23.4％ ●主な就職先………スギ薬局，アイングループ，ウエルシア薬局，帝京大学医学部附属溝口病院など。		
人文社会学部		
児童	200	▷2コース制。小学校・特別支援コース（100名）は教育から心理，福祉までの幅広い学びで「こどものエキスパート」を養成。保育・幼稚園コース（100名）はこどもを健やかに育み，保護者にも信頼される「乳幼児教育」の専門家を養成する。
人間文化	170	▷3コース制。福祉コース（50名）は幅広い福祉の知識を備えた人材を養成。メディア文化コース（70名）はメディア業界での活躍をめざし，実践的な学びを展開。グローバルコミュニケーションコース（50名）はWorldwideに活躍できるグローバルな人材を養成する。
経営	380	▷3コース制。経営コース（190名）は実践的スキルを身につけたビジネスパーソンを養成。トレーナー・スポーツ経営コース（140名）は複合的な学修でスポーツ界を支える人材を養成。経営情報コース（50名）は情報技術を活用し，あらゆる業界で活躍できるプロを養成する。
観光経営	98	▷語学力と自ら考える能力を磨き，観光産業で即戦力となれる人材を養成する。
●取得可能な資格…教職（保体，小一種，幼一種，特別支援），司書，司書教諭，学芸員，保育士，社会福祉士・精神保健福祉士受験資格など。 ●進路状況…………就職87.4％ 進学2.8％（旧現代ライフ学部実績） ●主な就職先………公立小中学校教員，ノジマ，リーガロイヤルホテル東京，アイリスオーヤマなど。		
ヒューマンケア学部		
鍼灸	89	▷トレーナー・鍼灸コースを設置。ニーズが高まる鍼灸医学を多様な医療分野に特化した教育環境の中で深く学ぶ。
柔道整復	119	▷トレーナー・柔道整復コースを設置。柔道整復師とアスレティックトレーナーの双方をめざした幅広い技術を修得。
看護	129	▷プロフェッショナルとしての高い能力と資質を身につけ，人々から信頼される看護系人材を養成する。
●取得可能な資格…教職（保体，養護二種），看護師・保健師・助産師・はり師・きゅう師・柔道整復師受験資格など。 ●進路状況…………就職81.3％ 進学10.1％ ●主な就職先………帝京大学医学部附属溝口病院，クラシオン，SYNERGY JAPAN，大久保病院など。		
健康メディカル学部		
健康栄養	77	▷知識と技能，豊かな人間性を兼ね備えた管理栄養士を養成する。フードスペシャリストの受験資格なども取得可能。
心理	116	▷社会に役立つ「心のスペシャリスト」を養成する。
言語聴覚	60	▷コミュニケーション能力の改善を支援する専門家を養成。
作業療法	60	▷豊富な大学内外の実習を通じて実践能力を磨き，都市型地域で医療から生活支援まで幅広く活躍できる人材を養成。

キャンパスアクセス [池袋キャンパス] JR山手線・埼京線・湘南新宿ライン，東武東上線，西武池袋線，東京メトロ丸ノ内線・有楽町線・副都心線―池袋より徒歩12分／東京メトロ有楽町線―東池袋より徒歩10分

理学療法	100	▷リハビリテーションの専門家として，さまざまな場面での活躍をめざす。臨床実習や国家試験対策も充実。
医療科	180	▷２コース制。救急救命士コース(100名)は実学教育により，知識と技術を学ぶ。臨床工学コース(80名)は高度先進医療の根幹を支える医療機器を扱うスペシャリストを養成する。

●取得可能な資格…教職(栄養)，栄養士，臨床工学技士・救急救命士・理学療法士・作業療法士・言語聴覚士・管理栄養士受験資格など。
●進路状況…………就職88.5%　進学1.7%
●主な就職先………東京消防庁，警視庁，原宿リハビリテーション病院，さいたま市消防局など。

健康医療スポーツ学部

柔道整復	60	▷トレーナー・柔道整復コースを設置。スポーツ現場や医療・福祉分野で活躍できる柔道整復師を養成する。
リハビリテーション	120	▷２コース制。作業療法コース(40名)では，実践能力を重視した講義と実習で地域に役立つ人材を養成する。理学療法コース(80名)では，住み慣れた場所での暮らしを支える理学療法と豊かなこころを育む。
医療スポーツ	270	▷４コース制。救急救命士コース(60名)は救急医療の現場で地域に貢献できる人材を，トレーナー・スポーツコース(100名)は体育・スポーツ現場で活躍する人材を，アスリートコース(30名)は第一線で活躍する競技者や指導者を，動物医療コース(80名)は動物看護のエキスパートをそれぞれ養成する。
看護	135	▷地域の患者さんの最も身近な存在として信頼される看護師を養成する。

●取得可能な資格…教職(保体，養護二種)，看護師・保健師・助産師・救急救命士・理学療法士・作業療法士・柔道整復師受験資格など。
●進路状況…………就職92.2%　進学2.8%
●主な就職先………帝京大学ちば総合医療センター，津田沼中央総合病院，千葉県警察本部など。

キャンパス

健康メディカル・ヒューマンケア(鍼灸・柔道整復)……[池袋キャンパス] 東京都豊島区東池袋2-51-4
薬・人文社会・ヒューマンケア(看護)……[中野キャンパス] 東京都中野区中野4-21-2
健康医療スポーツ(看護を除く)……[千葉キャンパス] 千葉県市原市うるいど南4-1
健康医療スポーツ(看護)……[ちはら台キャンパス] 千葉県市原市ちはら台西6-19
※ちはら台キャンパスは新校舎へ建替え予定のため，2024年４月より修学キャンパスが千葉キャンパスとなる(2026年度まで)。

2023年度入試要項(前年度実績)

●募集人員

学部／学科(コース)	一般	共通Ⅰ期	共通Ⅱ期
▶薬　薬	100	21	5
▶人文社会　児童(小学校・特別支援)	45	8	2
(保育・幼稚園)	45	8	2
人間文化(福祉)	23	4	1
(メディア文化)	32	5	2
(グローバルコミュニケーション)	22	4	1
経営(経営)	85	16	3
(トレーナー・スポーツ経営)	63	11	3
(経営情報)	22	4	1
観光経営	44	8	2
▶ヒューマンケア　鍼灸	40	7	2
柔道整復	52	10	2
看護	58	10	3
▶健康メディカル　健康栄養	35	5	2
心理	52	10	2
言語聴覚	27	5	1

キャンパスアクセス [中野キャンパス] JR中央線・総武線，東京メトロ東西線―中野より徒歩９分

作業療法	27	5	1
理学療法	45	8	2
医療科(救急救命士)	45	8	2
(臨床工学)	36	6	2
▶健康医療スポーツ 柔道整復	27	5	1
リハビリテーション(作業療法)	18	3	1
(理学療法)	36	6	2
医療スポーツ(救急救命士)	27	5	1
(トレーナー・スポーツ)	45	8	2
(アスリート)	14	2	1
(動物医療)	36	6	2
看護	61	11	2

▷共通テスト利用選抜の「英語」は，リーディング(100点)とリスニング(100点)の配点を「4：1」の比率とし，100点満点に換算する。

薬学部

一般選抜Ⅰ期・Ⅱ期・Ⅲ期 3科目 ①**理**(100)▶化基・化 ②**国・外・数・理**(100)▶国総(古文・漢文を除く)・「コミュ英Ⅰ・コミュ英Ⅱ・英表Ⅰ」・「数Ⅰ・数A」・「生基・生」から1 ③**個別面接**

共通テスト利用選抜Ⅰ期・Ⅱ期 2科目 ①②**国・外・地歴・数・理**(100×2)▶国(近代)・英(リスニングを含む)・独・仏・世B・日B・地理B・数Ⅰ・「数Ⅰ・数A」・数Ⅱ・「数Ⅱ・数B」・物・化・生から2教科2科目，ただし化必須で理科から2科目選択可(第1解答科目は必ず化学を選択すること)

[個別試験] 行わない。

人文社会学部

一般選抜Ⅰ期・Ⅱ期・Ⅲ期 2科目 ①**国・外・地歴・数・理・記述式総合問題**(200)▶国総(古文・漢文を除く)・「コミュ英Ⅰ・コミュ英Ⅱ・英表Ⅰ」・「日A・日B」・「数Ⅰ・数A」・「化基・化」・「生基・生」・記述式総合問題から1，ただし地歴はⅠ期のみ，記述式総合問題はⅢ期のみ選択可 ②**個別面接**

共通テスト利用選抜Ⅰ期・Ⅱ期 3～2科目 ①②③**国・外・地歴・公民・数・理**(100×2)▶国(近代)・英(リスニングを含む)・独・仏・世A・世B・日A・日B・地理A・地理B・現社・倫・政経・「倫・政経」・数Ⅰ・「数Ⅰ・数A」・数Ⅱ・「数Ⅱ・数B」・薄・情・「物基・化基・生基・地学基から2」・物・化・生・地学から2教科2科目，ただし地歴・公民・数・理からそれぞれ2科目選択可

[個別試験] 行わない。

ヒューマンケア学部

一般選抜Ⅰ期・Ⅱ期・Ⅲ期 3科目 ①②**国・外・数・理**(100×2)▶国総(古文・漢文を除く)・「コミュ英Ⅰ・コミュ英Ⅱ・英表Ⅰ」・「数Ⅰ・数A」・「化基・化」・「生基・生」から2，ただし看護学科は国・外の組み合わせ不可 ③**個別面接**

共通テスト利用選抜Ⅰ期・Ⅱ期 **【鍼灸学科・柔道整復学科】** 2科目 ①②**国・外・地歴・数・理**(100×2)▶国(近代)・英(リスニングを含む)・独・仏・世B・日B・地理B・数Ⅰ・「数Ⅰ・数A」・数Ⅱ・「数Ⅱ・数B」・物・化・生から2教科2科目，ただし数・理からそれぞれ2科目選択可

[個別試験] 行わない。

【看護学科】 2科目 ①②**「国・外」・数・理**(100×2)▶「国(近代)・英(リスニングを含む)・独・仏から1」・「数Ⅰ・〈数Ⅰ・数A〉・数Ⅱ・〈数Ⅱ・数B〉から1」・物・化・生から2

[個別試験] 行わない。

健康メディカル学部

一般選抜Ⅰ期・Ⅱ期・Ⅲ期 3科目 ①②**国・外・数・理**(100×2)▶国総(古文・漢文を除く)・「コミュ英Ⅰ・コミュ英Ⅱ・英表Ⅰ」・「数Ⅰ・数A」・「化基・化」・「生基・生」から2，ただし言語聴覚学科は国語必須 ③**個別面接**

共通テスト利用選抜Ⅰ期・Ⅱ期 **【言語聴覚学科】** 2科目 ①**国**(100)▶国(近代) ②**外・地歴・数・理**(100)▶英(リスニングを含む)・独・仏・世B・日B・地理B・数Ⅰ・「数Ⅰ・数A」・数Ⅱ・「数Ⅱ・数B」・物・化・生から1

[個別試験] 行わない。

【その他の学科】 2科目 ①②**国・外・地歴・数・理**(100×2)▶国(近代)・英(リスニングを含む)・独・仏・世B・日B・地理B・数Ⅰ・「数Ⅰ・数A」・数Ⅱ・「数Ⅱ・数B」・物・化・生から2教科2科目，ただし数・理からそれぞれ2

キャンパスアクセス [千葉キャンパス] JR内房線―八幡宿よりスクールバス22分／京成千原線―ちはら台よりスクールバス12分

科目選択可
[個別試験] 行わない。

健康医療スポーツ学部

一般選抜Ⅰ期・Ⅱ期・Ⅲ期 【柔道整復学科・リハビリテーション学科・医療スポーツ学科〈救急救命士コース・動物医療コース〉・看護学科】 3科目 ①②国・外・数・理(100×2)▶国総(古文・漢文を除く)・「コミュ英Ⅰ・コミュ英Ⅱ・英表Ⅰ」・「数Ⅰ・数A」・「化基・化」・「生基・生」から2，ただし看護学科は国・外の組み合わせ不可 ③個別面接

【医療スポーツ学科〈トレーナー・スポーツコース／アスリートコース〉】 2科目 ①国・外・地歴・数・理(200)▶国総(古文・漢文を除く)・「コミュ英Ⅰ・コミュ英Ⅱ・英表Ⅰ」・「日A・日B」・「数Ⅰ・数A」・「化基・化」・「生基・生」から1，ただし地歴はⅠ期のみ選択可 ②個別面接

共通テスト利用選抜Ⅰ期・Ⅱ期 【柔道整復学科・リハビリテーション学科・医療スポーツ学科】 2科目 ①②国・外・地歴・数・理(100×2)▶国(近代)・英(リスニングを含む)・独・仏・世B・日B・地理B・数Ⅰ・「数Ⅰ・数A」・数Ⅱ・「数Ⅱ・数B」・物・化・生から2教科2科目，ただし数・理からそれぞれ2科目選択可
[個別試験] 行わない。

【看護学科】 2科目 ①②「国・外」・数・理(100×2)▶「国(近代)・英(リスニングを含む)・独・仏から1」・「数Ⅰ・〈数Ⅰ・数A〉・数Ⅱ・〈数Ⅱ・数B〉から1」・物・化・生から2
[個別試験] 行わない。

※アスリートコースは一般選抜，共通テスト利用選抜とも出願資格があり，運動部において団体戦や個人戦で都道府県3位以内の成績をおさめた者，または高校の運動部顧問の推薦のある者。ただし，強化指定部活動に限る。

その他の選抜

総合型選抜は薬学部50名，人文社会学部250名，ヒューマンケア学部115名，健康メディカル学部177名，健康医療スポーツ学部192名を募集。ほかに学校推薦型選抜(公募制・指定校制)，社会人選抜，外国人留学生入学者選抜を実施。

偏差値データ (2023年度)

●一般選抜

学部／学科／コース	2023年度 駿台予備学校 合格目標ライン	2023年度 河合塾 ボーダー偏差値	2022年度 競争率
▶薬学部			
薬	43	42.5	3.2
▶人文社会学部			
児童/小学校・特別支援	34	40	1.6
／保育・幼稚園	33	37.5	1.6
人間文化/福祉	32	40	1.7
／メディア文化	32	45	2.6
/グローバルコミュニケーション	31	40	1.4
経営／経営	31	42.5	1.8
／トレーナー・スポーツ経営	31	40	1.9
／経営情報	31	42.5	1.7
観光経営	32	40	2.2
▶ヒューマンケア学部			
鍼灸	35	42.5	7.0
柔道整復	35	42.5	2.8
看護	39	52.5	9.9
▶健康メディカル学部			
健康栄養	38	42.5	2.5
心理	37	37.5	1.8
言語聴覚	36	35	1.6
作業療法	38	42.5	2.9
理学療法	40	45	4.6
医療科/救急救命士	36	37.5	3.6
／臨床工学	36	35	1.5
▶健康医療スポーツ学部			
柔道整復	34	40	1.3
リハビリテーション/作業療法	37	40	1.8
／理学療法	37	40	1.3
医療スポーツ/救急救命士	36	40	1.4
／トレーナー・スポーツ	35	40	1.3
／アスリート	34	35	1.5
／動物医療	37	42.5	1.5
看護	37	37.5	1.4

●駿台予備学校合格目標ラインは合格可能性80%に相当する駿台模試の偏差値です。なお，一般選抜Ⅰ期の偏差値です。
●河合塾ボーダー偏差値は合格可能性50%に相当する河合塾全統模試の偏差値です。
●競争率は受験者÷合格者の実質倍率

キャンパスアクセス [ちはら台キャンパス] 京成千原線―ちはら台より徒歩15分／JR内房線―鎌取よりバス15分

東海大学（とうかい）

資料請求

問合せ先 入試広報担当 ☎0463-50-2440

建学の精神

1942（昭和17）年に学園が創立され，1946年に旧制大学令により東海大学が認可。創立者・松前重義の建学の精神を受け継ぎ，「調和のとれた文明社会を建設することのできる人材を育成する。」ことを教育の使命として掲げ，その実現のために，「自ら考える力」「集い力」「挑み力」「成し遂げ力」の４つの力を身につける教育を展開するとともに，建学の理念でもある“人類の幸福と恒久的平和の達成”に向け，“人生の質（QOL）の向上”につながる学びを実践。2022年には，地域や社会の多様なニーズに応える新たな学びを実現させるため，23学部62学科・専攻へと大きく進化。学びの領域を広げ，より専門性の高い学びを追求し，新時代の社会を創造する場所へ。さらなる進化と挑戦を示す“Tウェーブ”を掲げて，世界に新しい波を起こしていく。

● キャンパス情報はP.540をご覧ください。

基本データ

学生数▶27,608名（男19,707名，女7,901名）

専任教員数▶教授623名，准教授364名，講師303名

設置学部▶文，文化社会，教養，児童教育，体育，健康，法，政治経済，経営，国際，観光，情報通信，理，情報理工，建築都市，工，医，海洋，人文，文理融合，農，国際文化，生物

併設教育機関▶大学院（P.540参照）

就職・卒業後の進路

就職率 97.8%
就職者÷希望者×100

● **就職支援**　短期決戦の就職活動に照準を合わせるだけでなく，人生100年時代の長い将来を見据えた手厚いキャリアサポートを展開。各校舎の窓口では，経験豊富なスタッフが，一人ひとりに丁寧に対応し，胸を張って本番に臨めるようアドバイスをしている。

● **資格取得支援**　教員，学芸員，司書，社会教育主事の免許，資格取得をめざす学生のために「教職資格センター」を設置。また，就職支援補助教育講座として，簿記，総合旅行業務取扱管理者，秘書検定，ITパスポート，宅地建物取引士などの対策講座も開講。

進路指導者も必見 学生を伸ばす 面倒見

初年次教育	学修サポート
各学部・学科専攻で「入門ゼミナールA・B」を開講し，レポート・論文の書き方，プレゼン技法，ITの基礎技術，情報収集や資料整理の方法などを身につけるほか，論理的思考や問題発見・解決能力の向上を図っている	「指導教員」を学科・年次別に数名ずつ配置し，勉学や学生生活上の相談に応じているほか，「オフィス・アワー」も設定。理系の学びを支援する「S-Navi」，言語・学習相談室の「L-Navi」も設置。TA制度も導入している

オープンキャンパス（2022年度実績） 6月から８月にかけて，湘南（湘南校舎・伊勢原校舎）・静岡・熊本・札幌の各キャンパスで開催（札幌のみ一部日程オンライン）。11月には湘南校舎で，東京キャンパスと合同で実施。

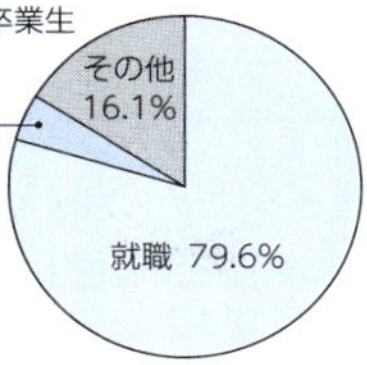

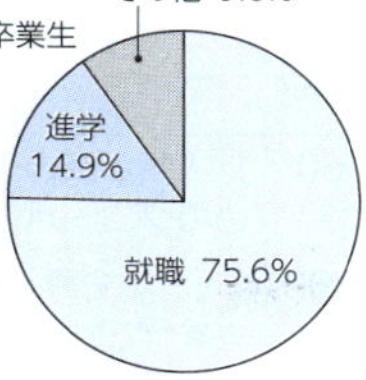

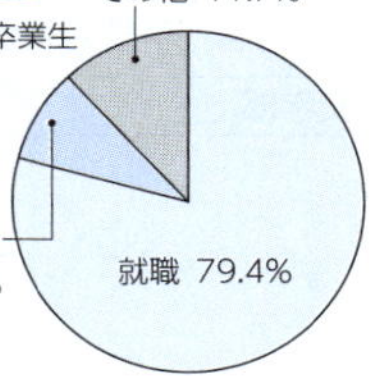

主なOB・OG ▶ ［文］夢枕獏（小説家），［文］古沢良太（脚本家），［体育］菅野智之（プロ野球選手），［体育］リーチ・マイケル（ラグビー選手），［工］國分秀世（メイテック社長），［海洋］依田司（気象予報士）など。

国際化・留学　大学間 78 大学等・部局間 50 大学等

受入れ留学生数 ▶ 1,399名（2022年５月１日現在）

留学生の出身国 ▶ 中国，韓国，マレーシア，アラブ首長国連邦，タイなど。

外国人専任教員 ▶ 教授12名，准教授14名，講師12名（2022年５月１日現在）

外国人専任教員の出身国 ▶ 韓国，アメリカ，中国，イギリス，カナダなど。

大学間交流協定 ▶ 78大学・機関（交換留学先58大学，2022年５月１日現在）

部局間交流協定 ▶ 50大学・機関（交換留学先26大学，2022年５月１日現在）

海外への留学生数 ▶ 渡航型149名・オンライン型35名／年（６カ国・地域，2021年度）

海外留学制度 ▶ 海外協定校との「交換協定」による派遣留学や「協定」に基づく派遣留学，学部独自の派遣留学，私費留学，インターンシップなどのほか，ハワイ東海インターナショナルカレッジに留学し，日米２つの学位を取得するダブルディグリー・プログラムなどを実施。コンソーシアムはUMAP，MJIIT，IAU，ACDの４つの団体に参加している。

学費・奨学金制度　給付型奨学金総額 年間約 4 億 1,602 円

入学金 ▶ 200,000円～（医1,000,000円）

年間授業料（施設費等を除く）▶ 950,000円～（医2,148,000円）（詳細は巻末資料参照）

年間奨学金総額 ▶ 416,016,104円

年間奨学金受給者数 ▶ 2,774人

主な奨学金制度 ▶ 【松前重義記念基金】の「学部奨学金（１種・２種）」「自己研鑽奨学金」「建学記念奨学金」をはじめ，「ワークスタディ奨学金」「学修サポート給付型奨学金」など，さまざまな奨学金を用意。また学費減免制度もあり，2021年度には290人を対象に総額で約２億4,220万円を減免している。

保護者向けインフォメーション

●**広報紙・誌**　「東海大学新聞」や「TOKAI」「SUPPORT」などを発行している。

●**成績確認**　ポータルサイトで成績や取得単位数，出席状況などの確認ができる。

●**後援会**　後援会が組織され，例年５～７月に「新入生保護者説明会」，９月に「各地区後援会および個人面談」「就職支援説明会」を開催。

●**防災対策**　「防災ハンドブック」を入学時に配布。災害時の学生の状況は，アプリや独自の安否確認システムを利用して把握する。

●**コロナ対策１**　ワクチンの職域接種を実施。感染状況に応じた５段階の「学内警戒レベル」を設定。「コロナ対策２」（下段）あり。

インターンシップ科目	必修専門ゼミ	卒業論文	GPA制度の導入の有無および活用例	１年以内の退学率	標準年限での卒業率
全学部で開講	実施している（開講年次は学部学科・専攻により異なる）	学部学科・専攻により異なる	奨学金や授業料免除対象者の選定のほか，一部の学部で学生に対する個別の学修指導，GPAに応じた履修上限単位数の設定に活用	0.7%	81.4%（４年制）70.6%（医学科）

● **コロナ対策２**　教室の入口で検温と消毒を実施するとともに，空調などの環境を整備し，収容人数も調整・管理。また，感染状況に応じてオンライン授業を併用し，オンライン環境整備のための給付金を配布（実費）。

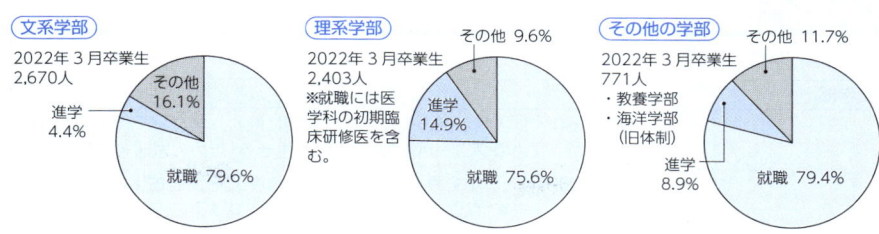

学部紹介

学部／学科	定員	特色
文学部		
文明	60	▷人類が築き上げてきた文明に触れ，学び，現代を「知る」ためのグローバルな視野と，「生きる」ための思想を培う。
歴史	130	▷〈日本史専攻50名，西洋史専攻50名，考古学専攻30名〉過去を学び，未来を見通す力を身につける。
日本文	90	▷古代から現代に至る多様な文学や言葉の研究を通じて思考力や言語力を磨き，自らの言葉で発信できる人材を育成する。
英語文化コミュニケーション	90	▷コミュニケーション，言語学，英語教育，英米文学の４つを柱にしたカリキュラム。海外語学研修も定期的に実施。
●取得可能な資格…教職（国・地歴・公・社・英），司書，司書教諭，学芸員など。 ●進路状況…………就職75.1％　進学5.7％ ●主な就職先………日本郵便，アパホテル，ファミリーマート，東日本旅客鉄道，全日本空輸など。		
文化社会学部		
アジア	70	▷アジアの多様な文明と文化を歴史と文明・文化と社会・アジアの言語の観点から学び，現代のアジアと日本を読み解く。
ヨーロッパ・アメリカ	70	▷ヨーロッパとアメリカの文学・芸術，宗教・思想，歴史・社会を学び，国際人として必要な知識と共生の精神を養う。
北欧	60	▷北欧の歴史，文化，言語を学び，その社会制度や価値観などを多面的に研究する日本で唯一の学科。
文芸創作	60	▷現役の作家や研究者が「読むこと・書くこと」を指導。卒業制作では小説や評論，エッセイなどの執筆に取り組む。
広報メディア	100	▷メディアと社会の関係を理論的・歴史的にとらえ，価値あるメッセージを的確に判断し，発信していく力を養う。
心理・社会	90	▷心理学と社会学をバランスよく学び，現代社会に生きる人間の諸問題を分析・考察する力を養う。
●取得可能な資格…教職（地歴・公・社），司書，司書教諭，学芸員など。 ●進路状況…………就職72.3％　進学4.3％ ●主な就職先………みずほフィナンシャルグループ，星野リゾート，ベネッセスタイルケアなど。		
教養学部		
人間環境	120	▷自然環境，社会環境，生活文化の３領域。人が自然と共生し，豊かで便利な持続可能な社会をつくる広い視野を養う。
芸術	70	▷美術・デザイン・音楽領域の垣根を越えて学び，本当の豊かさとは何かを，芸術的観点から探究する。
●取得可能な資格…司書，学芸員など。 ●進路状況…………就職78.2％　進学5.2％ ●主な就職先………ミキハウス，セブン-イレブン・ジャパン，ヤマダホールディングス，公務員など。		
児童教育学部		
児童教育	150	▷地域との連携を重視した現場体験プログラムで，多様な子どもについて学ぶとともに，乳幼児期から児童期までの子どもの姿を連続的にとらえることで実践力を身につける。
●取得可能な資格…教職（小一種，幼一種），保育士。 ●主な就職先………2022年度開設のため卒業生はいない。		

キャンパスアクセス［東京キャンパス（高輪校舎）］JR山手線・京浜東北線―高輪ゲートウェイより徒歩12分／東京メトロ南北線，都営地下鉄三田線―白金高輪より徒歩８分

体育学部		
体育	120	▷体育・スポーツの実践に加え，論理的・科学的アプローチからの研究や教育を通して，優れた保体教師や指導者を育成。
競技スポーツ	170	▷"実戦"を重視しながら，スポーツ科学的視野を学び，アスリート，コーチ，トレーナーのスペシャリストをめざす。
武道	60	▷武道を科学的視点から研究するとともに，実践を通して武道の精神と技術を習得する。
生涯スポーツ	120	▷レクリエーショナルスポーツ・体力づくり・健康科学などの生涯スポーツ領域に関する知識・技能を身につける。
スポーツ・レジャーマネジメント	70	▷文化としての「スポーツ＆レジャー」を一つのメディアとして，新たなライフスタイルを創出する。
● **取得可能な資格**…教職（保体），司書，司書教諭など。 ● **進路状況**…………就職80.8%　進学6.4% ● **主な就職先**………日本通運，サントリーホールディングス，SUBARU，警視庁，保体教員など。		
健康学部		
健康マネジメント	200	▷食・栄養，運動，メンタルヘルス，コミュニティ福祉の専門知識をもとに，「健康」を多角的・総合的に学ぶ。
● **取得可能な資格**…司書，社会福祉士・精神保健福祉士受験資格など。 ● **進路状況**…………就職81.8%　進学6.4% ● **主な就職先**………帝人ヘルスケア，トオカツフーズ，スギ薬局，厚木市立病院，神奈川県庁など。		
法学部		
法律	300	▷社会のさまざまなシーンで求められるリーガルマインドを身につけた"法のプロフェッショナル"を育成する。
● **取得可能な資格**…司書。 ● **進路状況**…………就職75.5%　進学2.8% ● **主な就職先**………リコージャパン，東京瓦斯，東京地下鉄，東海旅客鉄道，神奈川県警察本部など。		
政治経済学部		
政治	200	▷政治，行政，国際の３コース。自由度の高い科目選択で，社会の問題を"自分自身の視点で考える力"を養う。
経済	200	▷経済理論，経済政策，実証経済の３つのアプローチから，日常生活に密接したさまざまな社会問題をひも解く。
● **取得可能な資格**…司書など。 ● **進路状況**…………就職77.4%　進学4.7% ● **主な就職先**………積水ハウス，日立製作所，マイナビ，東京中央農業協同組合，みずほ証券など。		
経営学部		
経営	230	▷生きた経営学と実践力を身につけ，既成概念にとらわれずに新たな経営課題の解決の方策を導き出す人材を育成する。
● **取得可能な資格**…司書。 ● **進路状況**…………就職83.4%　進学3.4%（旧政治経済学部経営学科実績） ● **主な就職先**………旭化成ホームズ，大和ハウス工業，ローソン，横浜銀行など（旧学部体制実績）。		
国際学部		
国際	200	▷国内外での実践的な学びを通してコミュニケーション能力を磨き，地球市民として活躍できる人材を育成する。
● **取得可能な資格**…司書。 ● **進路状況**…………就職83.1%　進学3.9%（旧教養学部国際学科実績） ● **主な就職先**………日野自動車，テルモ，羽田空港サービス，リビングライフなど（旧学部体制実績）。		

キャンパスアクセス［東京キャンパス（渋谷校舎）］小田急線―代々木八幡・代々木上原より徒歩10分／京王井の頭線―駒場東大前より徒歩10分／東京メトロ千代田線―代々木公園より徒歩10分

観光学部		
観光	200	▷未来の社会を見据えた「学問としての観光」を体系的に学び，ダイナミックに変化する世界に対応した，新たなツーリズムを展開できる多角的視野を備えた観光人材を育成する。
●取得可能な資格…司書。 ●進路状況…………就職87.2%　進学4.1% ●主な就職先………ANA Cargo，日本航空，三菱UFJ銀行，森トラスト・ホテルズ&リゾーツなど。		
情報通信学部		
情報通信	240	▷情報通信技術を「集める，つなぐ，加工する，分析する」の４つの視点から学び，最新の実験設備を活用しながら総合的な情報通信技術を身につける。
●進路状況…………就職78.0%　進学10.1% ●主な就職先………エヌ・ティ・ティ・データ，ソフトバンク，大日本印刷，日本電気，任天堂など。		
理学部		
数	80	▷現代科学を支える純粋数学を核とした教育を通して，論理的な思考力や問題を数理的に解決する能力を身につける。
情報数理	80	▷数学と情報が融合した学びで，数理的センスと情報の解析・応用力を備えた，IT社会をリードする人材を育成する。
物理	80	▷多彩な物理学の研究領域を網羅し，物事を根本から解き明かしたいという「理学」の精神に基づいた教育・研究を展開。
化	80	▷多岐にわたる化学の専門分野を横断的に学び，自ら問題点を発見し，解決するための創造力や思考力を身につける。
●取得可能な資格…教職（数・理・情），司書，司書教諭，学芸員など。 ●進路状況…………就職71.8%　進学18.3% ●主な就職先………三菱総研DCS，富士ソフト，日本システム技術，野村マイクロ・サイエンスなど。		
情報理工学部		
情報科	100	▷情報科学に関わる幅広い知識や日々進化する技術革新への対応力を身につけ，情報を処理する新しい仕組みを探究する。
コンピュータ応用工	100	▷実社会で役立つコンピュータ応用技術を学び，より安全・快適・便利な社会の実現に貢献できる人材を育成する。
情報メディア	100	▷情報メディアのコンテンツ開発技術と流通技術について学び，開発者や技術者として社会をリードする人材を育成する。
●取得可能な資格…教職（情・工業），司書，司書教諭など。 ●進路状況…………就職67.8%　進学18.1% ●主な就職先………凸版印刷，アルファシステムズ，富士通，キヤノン，沖電気工業，シャープなど。		
建築都市学部		
建築	240	▷“地域への視線”を具現化する分野として「地域デザイン」をカリキュラムに取り入れ，地域に根ざした建築・都市のあり方を文系・理系の枠にとらわれず複眼的な視野から学ぶ。
土木工	100	▷「防災」「環境」を大きな柱とした学びで，安全で快適な生活を支える社会基盤を創造する力を身につける。
●取得可能な資格…司書，学芸員，測量士補，１・２級建築士受験資格など。 ●進路状況…………就職81.0%　進学12.7%（旧工学部建築学科・土木工学科実績） ●主な就職先………大林組，清水建設，東京電力ホールディングス，横浜市など（旧学部体制実績）。		

キャンパスアクセス ［湘南キャンパス（湘南校舎）］ 小田急線―東海大学前より徒歩15分またはバス５分／JR東海道線―平塚よりバス30分・東海大学正門前下車徒歩５分

工学部		
航空宇宙	140	▷〈航空宇宙学専攻90名，航空操縦学専攻50名〉航空宇宙学専攻は航空工学，宇宙工学，宇宙環境科学の３分野。航空操縦学専攻は国内大学初のエアラインパイロット養成コース。
機械工	140	▷自動車，航空・宇宙機など機械工学のさまざまな応用分野に触れ，新しい技術を創造できるエンジニアを育成する。
機械システム工	140	▷これからの社会を支える機械システム技術者を養成する。入学後すぐに車両移動型ロボットを設計・製作。
電気電子工	120	▷電気電子システム，情報システムの２分野。IT・ICTで未来を切り拓く電気電子系技術者を育成する。
医工	80	▷３年進級時に生体医工学，臨床工学の２コースから選択。研究開発職から医療職まで幅広い医工学技術者を養成する。
生物工	100	▷バイオテクノロジーの知識と技術を身につけ，医薬品・食品・化粧品の開発に生かせる人材を育成する。
応用化	100	▷応用化学，エネルギーの２コース。高度な化学知識と広い視野を有し，社会問題を発見・解決できる人材を育成する。

● **取得可能な資格**…教職(理)，司書，司書教諭，臨床工学技士受験資格など。
● **進路状況**…………就職69.7%　進学20.6%
● **主な就職先**………本田技研工業，AIRDO，スズキ，パナソニック，アルフレッサ，ユニチカなど。

医学部		
医	118	▷「科学とヒューマニズムの融和」のもと，総合大学のスケールメリットを最大限に活用し，良医を育成する。
看護	95	▷医学部付属病院の看護師が直接指導する演習科目など，充実した環境で学習し，確かな看護実践能力を培う。

● **取得可能な資格**…教職(養護一種・二種)，医師・看護師・保健師受験資格など。
● **進路状況**…………[医]初期臨床研修医83.2%　[看護]就職97.6%　進学0.0%
● **主な就職先**………東海大学医学部付属病院，神奈川県立がんセンターなど(看護学科実績)。

海洋学部		
海洋理工	150	▷２専攻制。海洋理工学専攻(130名)では，海を総合的に学び，地球環境を理解する。航海学専攻(20名)では，船を運航するプロフェッショナルを養成する。
水産	120	▷食品科学，生物生産学の２分野。さまざまなアプローチで海の恵みを持続的に活用する方法を研究する。
海洋生物	80	▷多様な海の生物との共生をめざし，海洋生物の生態と行動を学び，持続的な社会の発展に貢献できる人材を育成する。

● **取得可能な資格**…教職(理)，学芸員，測量士補など。
● **進路状況**…………就職79.4%　進学11.6%（旧体制実績）
● **主な就職先**………深田サルベージ建設，五洋建設，日本郵船，商船三井フェリー，紀文食品など。

人文学部		
人文	180	▷地域マネジメント，クリエイティブ・カルチャー，グローバル・コミュニケーションの３領域。多面的なリベラルアーツを展開し，社会に貢献できる人材を育成する。

● **取得可能な資格**…学芸員。
● **主な就職先**………2022年度開設のため卒業生はいない。

キャンパスアクセス [湘南キャンパス（伊勢原校舎）] 小田急線一伊勢原より徒歩15分またはバス10分・東海大学病院下車

文理融合学部		
		▶３学科共通の文理融合科目群や副専攻で，文理の枠を越えた複眼的な視点を養う。
経営	130	▷環境や社会とともに発展していく企業経営のあり方をテーマに，産業の活性化に役立つ総合力を持った人材を育成する。
地域社会	100	▷高度情報化社会における近未来の地域づくりをプロデュース・マネジメントしていく力を持った人材を育成する。
人間情報工	70	▷人（生体）と環境に関する先端的技術を学び，「生活の利便性・快適性」「健康の維持・増進」「自然環境の保護・保全」に貢献できる技術者を育成する。

● **取得可能な資格**…教職（工業），臨床工学技士受験資格など。
● **進路状況**…………就職87.6%　進学4.5%（旧経営学部・旧基盤工学部実績）
● **主な就職先**………肥後銀行，ANA福岡空港，青山商事，済生会熊本病院など（旧２学部体制実績）。

農学部		
農	80	▷農薬に過度に依存しない生産や，天敵昆虫を用いた生物的防除を通して，安全で安定した食料生産を学ぶ。
動物科	80	▷生命科学や環境科学の学識をもとに，動物生産や健全な自然環境・社会環境の維持・発展に貢献できる人材を養成する。
食生命科	70	▷食素材が持つ生活習慣病の予防効果を検証し，予防医学的な見地から薬学や健康医学，医薬品製造への応用を学ぶ。

● **取得可能な資格**…教職（理・農）など。
● **進路状況**…………就職82.4%　進学9.4%
● **主な就職先**………熊本製粉，玉名農業協同組合，日本食肉格付協会，再春館製薬所，林野庁など。

国際文化学部		
地域創造	110	▷地域社会，健康スポーツ，デザイン・建築の３コース。地域コミュニティの課題を解決する地域リーダーを育成する。
国際コミュニケーション	80	▷英語キャリア，国際理解の２コース。英語および諸外国語とその文化を学び，コミュニケーション能力を磨く。

● **取得可能な資格**…教職（公・保体・英），学芸員，２級建築士受験資格など。
● **進路状況**…………就職86.3%　進学0.9%
● **主な就職先**………ANA新千歳空港，ツルハ，北海道旅客鉄道，北洋証券，札幌トヨタ自動車など。

生物学部		
生物	75	▷生き物への探究心を追求し，物事を観察・分析する力を高め，人と自然の調和を意識して活躍できる人材を育成する。
海洋生物科	75	▷水産技術や環境調査技術を通して，地域の産業振興や食料の安定確保に貢献できる人材を育成する。

● **取得可能な資格**…教職（理），学芸員など。
● **進路状況**…………就職78.2%　進学16.0%
● **主な就職先**………マルハニチロ北日本，TASAKI，北海道信用漁業協同組合連合会，北海道庁など。

▶大学院

文学・政治学・経済学・法学・体育学・総合理工学・生物科学・医学（以上M・D），人間環境学・芸術学・理学・工学・情報通信学・海洋学・健康学・農学・生物学（以上M）

▶キャンパス

本部・政治経済３～４年次……［東京キャンパス（渋谷校舎）］東京都渋谷区富ヶ谷2-28-4
経営・国際・観光・情報通信３～４年次……［東京キャンパス（高輪校舎）］東京都港区高輪2-3-23
文・文化社会・教養・児童教育・体育・健康・法・理・情報理工・建築都市・工（医工学科を除く）１

キャンパスアクセス ［静岡キャンパス（清水校舎）］JR東海道線一清水よりバス20分・「東海大学・海技短大前」下車徒歩2分

～４年次，政治経済・経営・国際・観光・情報通信・工（医工学科） １～２年次……［湘南キャンパス（湘南校舎）］ 神奈川県平塚市北金目4-1-1
医・工（医工学科３～４年次）……［湘南キャンパス（伊勢原校舎）］ 神奈川県伊勢原市下糟屋143
海洋・人文……［静岡キャンパス（清水校舎）］ 静岡県静岡市清水区折戸3-20-1
文理融合……［熊本キャンパス（熊本校舎）］ 熊本県熊本市東区渡鹿9-1-1
農……［熊本キャンパス（阿蘇くまもと臨空校舎）］ 熊本県上益城郡益城町杉堂871-12
国際文化・生物……［札幌キャンパス（札幌校舎）］ 北海道札幌市南区南沢５条1-1-1

2023年度入試要項（前年度実績）

●募集人員

学部／学科（専攻）	一般	文系・理系統一前期	文系・理系統一後期
▶**文** 文明	20	9	2
歴史（日本史）	18	8	2
（西洋史）	18	9	2
（考古学）	11	5	2
日本文	30	12	2
英語文化コミュニケーション	30	12	2
▶**文化社会** アジア	22	12	2
ヨーロッパ・アメリカ	22	12	2
北欧	20	7	2
文芸創作	20	10	2
広報メディア	35	14	2
心理・社会	30	12	2
▶**教養** 人間環境	42	17	5
芸術	16	7	3
▶**児童教育** 児童教育	46	17	5
▶**体育** 体育	42	10	2
競技スポーツ	47	10	2
武道	6	1	1
生涯スポーツ	40	14	2
スポーツ・レジャーマネジメント	23	8	2
▶**健康** 健康マネジメント	75	19	5
▶**法** 法律	100	25	12
▶**政治経済** 政治	61	27	7
経済	61	27	7
▶**経営** 経営	78	20	7
▶**国際** 国際	64	35	8
▶**観光** 観光	75	20	5
▶**情報通信** 情報通信	85	27	12
▶**理** 数	28	12	6
情報数理	28	12	6
物理	28	12	6
化	28	12	6
▶**情報理工** 情報科	35	12	4
コンピュータ応用工	35	12	4
情報メディア	35	12	4
▶**建築都市** 建築	84	30	10
土木工	36	15	5
▶**工** 航空宇宙（航空宇宙学）	30	15	4
機械工	54	20	5
機械システム工	54	20	5
電気電子工	45	15	3
医工	29	11	4
生物工	36	14	5
応用化	36	14	5
▶**医** 医	60	—	—
看護	50	—	3
▶**海洋** 海洋理工（海洋理工学）	42	18	6
（航海学）	6	2	2
水産	42	20	5
海洋生物	30	14	3
▶**人文** 人文	59	23	5
▶**文理融合** 経営	20	10	4
地域社会	18	9	4
人間情報工	13	6	3
▶**農** 農	28	12	5
動物科	28	12	5
食生命科	24	11	5
▶**国際文化** 地域創造	20	11	3
国際コミュニケーション	20	11	2
▶**生物** 生物	26	15	4
海洋生物科	26	15	4

▷工学部航空宇宙学科航空操縦学専攻は別途行われる独自入試で募集する。
▷一般選抜（医学科を除く）および文系・理系学部統一選抜前期・後期において，指定された英語外部試験（ケンブリッジ英語検定，英検，GTEC〈検定版・CBT〉，IELTS〈Academic Module〉，TEAP CBT，TEAP，TOEFL iBT，TOEIC Listening &Reading TestおよびTOEIC Speaking &Writing Test））の基

キャンパスアクセス ［熊本キャンパス（熊本校舎）］ JR豊肥本線—東海学園前駅正面

準スコアに応じ，本学の試験科目の英語の得点を75点もしくは90点(配点を150点としている学科は113点もしくは135点)に換算し，合否判定に利用する英語外部試験スコア利用判定方式を導入。なお，本学の「英語」の受験は必須で，どちらか得点の高い方を合否判定に使用する。

文学部・文化社会学部・法学部・国際学部・観光学部・人文学部・国際文化学部

一般選抜 3科目 ①国(100)▶国総(現文，古文・漢文は選択のみ) ②外(100)▶コミュ英Ⅰ・コミュ英Ⅱ・コミュ英Ⅲ・英表Ⅰ・英表Ⅱ ③**地歴・公民・数**(100)▶世B・日B・政経・「数Ⅰ・数Ⅱ・数A」から1

文系学部統一選抜(前期・後期) 3科目 ①国(100)▶国総(古文・漢文を除く) ②外(100)▶コミュ英Ⅰ・コミュ英Ⅱ・コミュ英Ⅲ・英表Ⅰ・英表Ⅱ ③**地歴・公民**(100)▶世B・日B・地理B・政経から1

教養学部

一般選抜 【人間環境学科・芸術学科(筆記試験型)】 3科目 ①外(100)▶コミュ英Ⅰ・コミュ英Ⅱ・コミュ英Ⅲ・英表Ⅰ・英表Ⅱ ②**国・数**(100)▶国総(現文，古文・漢文は選択のみ)・「数Ⅰ・数Ⅱ・数A・数B(数列・ベク)」から1 ③**地歴・理**(100)▶世B・日B・「物基・物」・「化基・化」・「生基・生」から1

【芸術学科(専門試験型)】 3科目 ①外(100)▶コミュ英Ⅰ・コミュ英Ⅱ・コミュ英Ⅲ・英表Ⅰ・英表Ⅱ ②**国・数**(100)▶国総(現文，古文・漢文は選択のみ)・「数Ⅰ・数A」から1 ③**専門試験**(100)▶プレゼンテーション・演奏・デッサン・平面表現から1

文系学部統一選抜(前期・後期) 3科目 ①国(100)▶国総(古文・漢文を除く) ②外(100)▶コミュ英Ⅰ・コミュ英Ⅱ・コミュ英Ⅲ・英表Ⅰ・英表Ⅱ ③**地歴・公民**(100)▶世B・日B・地理B・政経から1

理系学部統一選抜(前期・後期) 3科目 ①外(100)▶コミュ英Ⅰ・コミュ英Ⅱ・コミュ英Ⅲ・英表Ⅰ・英表Ⅱ ②**数**(100)▶数Ⅰ・数Ⅱ・数A・数B(数列・ベク) ③**理**(100)▶「物基・物」・「化基・化」・「生基・生」から1

児童教育学部・健康学部

一般選抜 3科目 ①外(100)▶コミュ英Ⅰ・コミュ英Ⅱ・コミュ英Ⅲ・英表Ⅰ・英表Ⅱ ②**国・数**(100)▶国総(現文，古文・漢文は選択のみ)・「数Ⅰ・数Ⅱ・数A・数B(数列・ベク)」から1 ③**地歴・理**(100)▶世B・日B・「物基・物」・「化基・化」・「生基・生」から1

文系学部統一選抜(前期・後期) 3科目 ①国(100)▶国総(古文・漢文を除く) ②外(100)▶コミュ英Ⅰ・コミュ英Ⅱ・コミュ英Ⅲ・英表Ⅰ・英表Ⅱ ③**地歴・公民**(100)▶世B・日B・地理B・政経から1

理系学部統一選抜(前期・後期) 3科目 ①外(100)▶コミュ英Ⅰ・コミュ英Ⅱ・コミュ英Ⅲ・英表Ⅰ・英表Ⅱ ②**数**(100)▶数Ⅰ・数Ⅱ・数A・数B(数列・ベク) ③**理**(100)▶「物基・物」・「化基・化」・「生基・生」から1

体育学部

一般選抜 3科目 ①外(150)▶コミュ英Ⅰ・コミュ英Ⅱ・コミュ英Ⅲ・英表Ⅰ・英表Ⅱ ②**国・数**(150)▶国総(現文，古文・漢文は選択のみ)・「数Ⅰ・数A」から1 ③**実技試験**(100)▶総合的基礎運動・体操・陸上競技・水泳・球技・武道・ダンスから選択，ただし武道学科は武道の柔道・剣道から選択

※総合的基礎運動は走運動(30m走)，跳運動(立ち幅跳び)，投運動(ハンドボール投げ)。体操はマット運動・鉄棒運動。陸上競技は100m走・1500m走(男子)・800m走(女子)・砲丸投げ・走り幅跳びから選択。水泳は自由形(50・100・200m)・平泳ぎ・背泳ぎ・バタフライ(50・100m)・個人メドレー(100・200m)から1種目選択。球技はバレーボール・バドミントン・硬式テニスまたはソフトテニス・バスケットボール・ハンドボール・サッカー・ラグビー・ソフトボールから選択。武道は柔道・剣道から選択。ダンスはダンス。

文系学部統一選抜(前期・後期) 3科目 ①国(100)▶国総(古文・漢文を除く) ②外(100)▶コミュ英Ⅰ・コミュ英Ⅱ・コミュ英Ⅲ・英表Ⅰ・英表Ⅱ ③**地歴・公民**(100)▶世B・日B・地理B・政経から1

理系学部統一選抜(前期・後期) 3科目 ①外

キャンパスアクセス [熊本キャンパス(阿蘇くまもと臨空校舎)] JR豊肥本線一肥後大津より車20分

(100) ▶コミュ英Ⅰ・コミュ英Ⅱ・コミュ英Ⅲ・英表Ⅰ・英表Ⅱ　②**数**(100) ▶数Ⅰ・数Ⅱ・数A・数B(数列・ベク)　③**理**(100) ▶「物基・物」・「化基・化」・「生基・生」から1

政治経済学部・経営学部

一般選抜　3科目　①**国**(100) ▶国総(現文, 古文・漢文は選択のみ)　②**外**(100) ▶コミュ英Ⅰ・コミュ英Ⅱ・コミュ英Ⅲ・英表Ⅰ・英表Ⅱ　③**地歴・公民・数**(100) ▶世B・日B・政経・「数Ⅰ・数Ⅱ・数A」から1

文系学部統一選抜(前期・後期)　3科目　①**国**(100) ▶国総(古文・漢文を除く)　②**外**(100) ▶コミュ英Ⅰ・コミュ英Ⅱ・コミュ英Ⅲ・英表Ⅰ・英表Ⅱ　③**地歴・公民**(100) ▶世B・日B・地理B・政経から1

理系学部統一選抜(前期・後期)　3科目　①**外**(100) ▶コミュ英Ⅰ・コミュ英Ⅱ・コミュ英Ⅲ・英表Ⅰ・英表Ⅱ　②**数**(100) ▶数Ⅰ・数Ⅱ・数A・数B(数列・ベク)　③**理**(100) ▶「物基・物」・「化基・化」・「生基・生」から1

情報通信学部

一般選抜・理系学部統一選抜(前期・後期)
3科目　①**外**(100) ▶コミュ英Ⅰ・コミュ英Ⅱ・コミュ英Ⅲ・英表Ⅰ・英表Ⅱ　②**数**(100) ▶数Ⅰ・数Ⅱ・数A・数B(数列・ベク)　③**理**(100) ▶「物基・物」・「化基・化」・「生基・生」から1

理学部

一般選抜　3科目　①**外**(100) ▶コミュ英Ⅰ・コミュ英Ⅱ・コミュ英Ⅲ・英表Ⅰ・英表Ⅱ　②**数**(100) ▶数Ⅰ・数Ⅱ・数Ⅲ・数A・数B(数列・ベク)　③**理**(100) ▶「物基・物」・「化基・化」・「生基・生」から1

理系学部統一選抜(前期・後期)　3科目　①**外**(100) ▶コミュ英Ⅰ・コミュ英Ⅱ・コミュ英Ⅲ・英表Ⅰ・英表Ⅱ　②**数**(100) ▶数Ⅰ・数Ⅱ・数A・数B(数列・ベク)　③**理**(100) ▶「物基・物」・「化基・化」・「生基・生」から1

情報理工学部

一般選抜　3科目　①**外**(100) ▶コミュ英Ⅰ・コミュ英Ⅱ・コミュ英Ⅲ・英表Ⅰ・英表Ⅱ　②**数**(100) ▶[情報科学科] 一数Ⅰ・数Ⅱ・数Ⅲ・数A・数B(数列・ベク), [コンピュータ応用工学科・情報メディア学科] 一数Ⅰ・数Ⅱ・数A・数B(数列・ベク)　③**理**(100) ▶「物基・物」・「化基・化」・「生基・生」から1

理系学部統一選抜(前期・後期)　3科目　①**外**(100) ▶コミュ英Ⅰ・コミュ英Ⅱ・コミュ英Ⅲ・英表Ⅰ・英表Ⅱ　②**数**(100) ▶数Ⅰ・数Ⅱ・数A・数B(数列・ベク)　③**理**(100) ▶「物基・物」・「化基・化」・「生基・生」から1

建築都市学部

一般選抜　【建築学科】　3科目　①**外**(100) ▶コミュ英Ⅰ・コミュ英Ⅱ・コミュ英Ⅲ・英表Ⅰ・英表Ⅱ　②**国・数**(100) ▶国総(現文, 古文・漢文は選択のみ)・「数Ⅰ・数Ⅱ・数A・数B(数列・ベク)」から1　③**地歴・理**(100) ▶世B・日B・「物基・物」・「化基・化」・「生基・生」から1

【土木工学科】　3科目　①**外**(100) ▶コミュ英Ⅰ・コミュ英Ⅱ・コミュ英Ⅲ・英表Ⅰ・英表Ⅱ　②**数**(100) ▶数Ⅰ・数Ⅱ・数Ⅲ・数A・数B(数列・ベク)　③**理**(100) ▶「物基・物」・「化基・化」・「生基・生」から1

文系学部統一選抜(前期・後期)　【建築学科】
3科目　①**国**(100) ▶国総(古文・漢文を除く)　②**外**(100) ▶コミュ英Ⅰ・コミュ英Ⅱ・コミュ英Ⅲ・英表Ⅰ・英表Ⅱ　③**地歴・公民**(100) ▶世B・日B・地理B・政経から1

理系学部統一選抜(前期・後期)　3科目　①**外**(100) ▶コミュ英Ⅰ・コミュ英Ⅱ・コミュ英Ⅲ・英表Ⅰ・英表Ⅱ　②**数**(100) ▶数Ⅰ・数Ⅱ・数A・数B(数列・ベク)　③**理**(100) ▶「物基・物」・「化基・化」・「生基・生」から1

工学部

一般選抜　3科目　①**外**(100) ▶コミュ英Ⅰ・コミュ英Ⅱ・コミュ英Ⅲ・英表Ⅰ・英表Ⅱ　②**数**(100) ▶数Ⅰ・数Ⅱ・数Ⅲ・数A・数B(数列・ベク)　③**理**(100) ▶「物基・物」・「化基・化」・「生基・生」から1

理系学部統一選抜(前期・後期)　3科目　①**外**(100) ▶コミュ英Ⅰ・コミュ英Ⅱ・コミュ英Ⅲ・英表Ⅰ・英表Ⅱ　②**数**(100) ▶数Ⅰ・数Ⅱ・数A・数B(数列・ベク)　③**理**(100) ▶「物基・物」・「化基・化」・「生基・生」から1

キャンパスアクセス [札幌キャンパス(札幌校舎)] 札幌市営地下鉄南北線一真駒内よりバス25分・東海大学前下車徒歩すぐ

航空宇宙学科航空操縦学専攻選抜(共通テスト利用型)　〈第一次選考(共通テスト科目)〉
4~3科目　①外(200)▶英(リスニング〈40〉を含む)　②数(100)▶数Ⅰ・「数Ⅰ・数A」・数Ⅱ・「数Ⅱ・数B」から1　③④国・地歴・公民・理(100)▶国(近代)・世A・世B・日A・日B・地理A・地理B・現社・倫・政経・「倫・政経」・「物基・化基・生基・地学基から2」・物・化・生・地学から1
〈第二次選考〉　2科目　①適性試験　②面接試験(日本語と英語による)
※第二次選考は書類審査と共通テストの結果による第一次選考の合格者のみ実施し，身体検査結果と合わせて判定する。
※指定された英語外部試験の基準スコアを満たしている者のほか，視力等に関する出願資格あり。

医学部

一般選抜　【医学科】〈第一次選考〉
3科目　①外(100)▶コミュ英Ⅰ・コミュ英Ⅱ・コミュ英Ⅲ・英表Ⅰ・英表Ⅱ　②数(100)▶数Ⅰ・数Ⅱ・数A・数B(数列・ベク)　③理(100)▶「物基・物」・「化基・化」・「生基・生」から1
〈第二次選考〉　2科目　①小論文　②面接
※第二次選考は第一次選考の合格者のみ実施。
【看護学科】　3科目　①外(100)▶コミュ英Ⅰ・コミュ英Ⅱ・コミュ英Ⅲ・英表Ⅰ・英表Ⅱ　②理(100)▶「化基・化」「生基・生」から1　③国・数(100)▶国総(現文，古文・漢文は選択のみ)・「数Ⅰ・数A」から1
文系学部統一選抜(後期)　【看護学科】
3科目　①国(100)▶国総(古文・漢文を除く)　②外(100)▶コミュ英Ⅰ・コミュ英Ⅱ・コミュ英Ⅲ・英表Ⅰ・英表Ⅱ　③地歴・公民(100)▶世B・日B・地理B・政経から1
理系学部統一選抜(後期)　【看護学科】
3科目　①外(100)▶コミュ英Ⅰ・コミュ英Ⅱ・コミュ英Ⅲ・英表Ⅰ・英表Ⅱ　②数(100)▶数Ⅰ・数Ⅱ・数A・数B(数列・ベク)　③理(100)▶「物基・物」・「化基・化」・「生基・生」から1

海洋学部

一般選抜　【海洋理工学科・海洋生物学科】
3科目　①外(100)▶コミュ英Ⅰ・コミュ英Ⅱ・コミュ英Ⅲ・英表Ⅰ・英表Ⅱ　②数(100)▶数Ⅰ・数Ⅱ・数A・数B(数列・ベク)　③理(100)▶「物基・物」・「化基・化」・「生基・生」から1
【水産学科】　3科目　①外(100)▶コミュ英Ⅰ・コミュ英Ⅱ・コミュ英Ⅲ・英表Ⅰ・英表Ⅱ　②理(100)▶「物基・物」・「化基・化」・「生基・生」から1　③国・数(100)▶国総(現文，古文・漢文は選択のみ)・「数Ⅰ・数Ⅱ・数A・数B(数列・ベク)」から1
理系学部統一選抜(前期・後期)　3科目　①外(100)▶コミュ英Ⅰ・コミュ英Ⅱ・コミュ英Ⅲ・英表Ⅰ・英表Ⅱ　②数(100)▶数Ⅰ・数Ⅱ・数A・数B(数列・ベク)　③理(100)▶「物基・物」・「化基・化」・「生基・生」から1

文理融合学部

一般選抜　【経営学科・地域社会学科】
3科目　①国(100)▶国総(現文，古文・漢文は選択のみ)　②外(100)▶コミュ英Ⅰ・コミュ英Ⅱ・コミュ英Ⅲ・英表Ⅰ・英表Ⅱ　③地歴・公民・数(100)▶世B・日B・政経・「数Ⅰ・数Ⅱ・数A」から1
【人間情報工学科】　3科目　①外(100)▶コミュ英Ⅰ・コミュ英Ⅱ・コミュ英Ⅲ・英表Ⅰ・英表Ⅱ　②数(100)▶数Ⅰ・数Ⅱ・数A・数B(数列・ベク)　③理(100)▶「物基・物」・「化基・化」・「生基・生」から1
文系学部統一選抜(前期・後期)　3科目　①国(100)▶国総(古文・漢文を除く)　②外(100)▶コミュ英Ⅰ・コミュ英Ⅱ・コミュ英Ⅲ・英表Ⅰ・英表Ⅱ　③地歴・公民(100)▶世B・日B・地理B・政経から1
理系学部統一選抜(前期・後期)　3科目　①外(100)▶コミュ英Ⅰ・コミュ英Ⅱ・コミュ英Ⅲ・英表Ⅰ・英表Ⅱ　②数(100)▶数Ⅰ・数Ⅱ・数A・数B(数列・ベク)　③理(100)▶「物基・物」・「化基・化」・「生基・生」から1

農学部・生物学部

一般選抜　3科目　①外(100)▶コミュ英Ⅰ・

コミュ英Ⅱ・コミュ英Ⅲ・英表Ⅰ・英表Ⅱ ②**理**(100)▶「物基・物」・「化基・化」・「生基・生」から1 ③**国・数**(100)▶国総(現文，古文・漢文は選択のみ)・「数Ⅰ・数Ⅱ・数A・数B(数列・ベク)」から1

理系学部統一選抜(前期・後期) **3**科目 ①**外**(100)▶コミュ英Ⅰ・コミュ英Ⅱ・コミュ英Ⅲ・英表Ⅰ・英表Ⅱ ②**数**(100)▶数Ⅰ・数Ⅱ・数A・数B(数列・ベク) ③**理**(100)▶「物基・物」・「化基・化」・「生基・生」から1

その他の選抜

共通テスト利用選抜は文学部37名，文化社会学部45名，教養学部24名，児童教育学部12名，体育学部23名，健康学部21名，法学部22名，政治経済学部44名，経営学部24名，国際学部20名，観光学部20名，情報通信学部18名，理学部36名，情報理工学部33名，建築都市学部35名，工学部72名，医学部17名，海洋学部39名，人文学部18名，文理融合学部19名，農学部21名，国際文化学部13名，生物学部16名を募集。ほかに医学科神奈川県地域枠選抜(5名)，医学科静岡県地域枠選抜(3名)，公募制学校推薦型選抜，指定学校推薦型選抜，総合型選抜(学科課題型，適性面接型，スポーツ・音楽自己推薦型，指定クラブ型)，医学科総合型選抜(希望の星育成)，医学科特別選抜(展学のすすめ)，留学生選抜を実施。

偏差値データ (2023年度)

●一般選抜

学部／学科／専攻	2023年度 駿台予備学校 合格目標ライン	2023年度 河合塾 ボーダー偏差値	2022年度実績 募集人員	受験者数	合格者数	合格最低点	競争率 '22年	競争率 '21年
文化部								
文明	**41**	**45**	20	115	58	—	2.0	2.9
歴史／日本史	**46**	**50**	18	165	52	—	3.2	3.2
／西洋史	**46**	**50**	18	179	67	—	2.7	3.4
／考古学	**45**	**50**	11	106	52	—	2.0	3.1
日本文	**43**	**50**	30	188	82	—	2.3	2.6
英語文化コミュニケーション	**44**	**45**	30	113	66	—	1.7	2.0
文化社会学部								
アジア	**41**	**45**	22	134	80	—	1.7	2.3
ヨーロッパ・アメリカ	**43**	**45**	22	199	82	—	2.4	2.0
北欧	**43**	**47.5**	20	128	57	—	2.2	2.2
文芸創作	**43**	**47.5**	20	103	46	—	2.2	2.4
広報メディア	**44**	**45**	35	221	80	—	2.8	4.4
心理・社会	**45**	**50**	30	394	81	—	4.9	5.3
教養学部								
人間環境	**41**	**42.5**	40	292	119	—	2.5	2.0
芸術(筆記型)	**39**	**40**	16	58	35	—	1.7	1.4
児童教育学部								
児童教育	**44**	**47.5**	51	244	102	—	2.4	—
体育学部								
体育	**41**	**45**	44	248	96	—	2.6	4.0
競技スポーツ	**40**	**37.5**	47	144	97	—	1.5	1.4

学部／学科／専攻	2023年度 駿台予備学校 合格目標ライン	2023年度 河合塾 ボーダー偏差値	2022年度実績 募集人員	受験者数	合格者数	合格最低点	競争率 '22年	競争率 '21年
武道	35	40	6	3	2	—	1.5	1.5
生涯スポーツ	41	37.5	39	118	71	—	1.7	1.5
スポーツ·レジャーマネジメント	41	37.5	22	106	75	—	1.4	1.7
健康学部								
健康マネジメント	42	37.5	75	251	128	—	2.0	1.9
法学部								
法律	42	42.5	100	774	387	—	2.0	1.9
政治経済学部								
政治	42	45	61	360	174	—	2.1	1.9
経済	42	47.5	61	725	260	—	2.8	3.5
経営学部								
経営	42	47.5	78	902	241	—	3.7	—
国際学部								
国際	42	45	64	416	178	—	2.3	—
観光学部								
観光	42	47.5	75	485	197	—	2.5	2.6
情報通信学部								
情報通信	39	42.5	85	624	259	—	2.4	—
理学部								
数	41	45	28	309	134	—	2.3	2.0
情報数理	39	42.5	28	204	100	—	2.0	1.8
物理	39	42.5	28	261	157	—	1.7	1.5
化	39	40	28	265	161	—	1.6	1.4
情報理工学部								
情報科	39	45	35	489	120	—	4.1	5.5
コンピュータ応用工	38	42.5	35	582	153	—	3.8	2.7
情報メディア	39	45	35	668	134	—	5.0	—
建築都市学部								
建築	38	45	84	758	227	—	3.3	2.8
土木工	37	40	36	214	106	—	2.0	1.6
工学部								
航空宇宙／航空宇宙学	42	45	30	252	125	—	2.0	1.5
機械工	39	40	54	608	224	—	2.7	2.0
機械システム工	37	37.5	54	548	227	—	2.4	—
電気電子工	39	42.5	45	489	168	—	2.9	2.3
医工	39	37.5	27	113	79	—	1.4	1.6
生物工	40	40	36	111	70	—	1.6	—
応用化	40	42.5	36	248	98	—	2.5	1.2
医学部								
医	57	67.5	60	2,005	102	—	19.7	22.1
看護	44	50	50	484	142	—	3.4	4.5

学部／学科／専攻	2023年度 駿台予備学校 合格目標ライン	2023年度 河合塾 ボーダー偏差値	2022年度実績 募集人員	受験者数	合格者数	合格最低点	競争率 '22年	競争率 '21年
海洋学部								
海洋理工／海洋理工学	**41**	**37.5**	40	177	113	—	1.6	—
／航海学	**42**	**47.5**	6	96	24	—	4.0	3.8
水産	**43**	**42.5**	42	236	126	—	1.9	3.2
海洋生物	**45**	**47.5**	30	520	150	—	3.5	4.6
人文学部								
人文	**40**	**42.5**	56	215	156	—	1.4	—
文理融合学部								
経営	**41**	**37.5**	20	51	20	—	2.6	1.4
地域社会	**41**	**37.5**	18	53	39	—	1.4	—
人間情報工	**36**	**37.5**	13	78	51	—	1.5	—
農学部								
農	**42**	**37.5**	28	168	106	—	1.6	—
動物科	**43**	**37.5**	28	114	74	—	1.5	—
食生命科	**42**	**37.5**	24	99	65	—	1.5	—
国際文化学部								
地域創造	**40**	**42.5**	20	64	21	—	3.0	1.4
国際コミュニケーション	**40**	**40**	20	89	48	—	1.9	1.5
生物学部								
生物	**41**	**37.5**	26	236	165	—	1.4	1.3
海洋生物科	**42**	**40**	26	216	92	—	2.3	2.4

- 駿台予備学校合格目標ラインは合格可能性80％に相当する駿台模試の偏差値です。
- 河合塾ボーダー偏差値は合格可能性50％に相当する河合塾全統模試の偏差値です。
- 競争率は受験者÷合格者の実質倍率

東京家政大学

（とうきょうかせい）

資料請求

問合せ先 アドミッションセンター ☎03-3961-5228

建学の精神

前身は，創設者である渡邉辰五郎が1881（明治14）年に，東京・湯島に開いた「和洋裁縫伝習所」。裁縫という専門性を持つことによる女性の「自主自律」をめざして開設され，多くの教え子たちが裁縫指導者として巣立ち，中には自ら学校を設立した卒業生も数多い。1949（昭和24）年の大学設置後は，時代の変化，社会が求める専門職の領域の広がりに敏感に対応し，学びを発展させながらも，一貫して受け継がれている「自主自律」の精神と，教育と衣食住を中心とした「女性の専門性を高める教育」で，卒業生の活躍の場も，多様な分野に広がっている。2022年の栄養学部開設に続き，2023年には児童学部を新設。学生たちそれぞれの専門性を高める教育がさらに進化するなど，一人ひとりがつくり上げる新しい未来を全力でサポートしている。

- 板橋キャンパス……〒173-8602　東京都板橋区加賀1-18-1
- 狭山キャンパス……〒350-1398　埼玉県狭山市稲荷山2-15-1

基本データ

学生数▶女6,364名
専任教員数▶教授85名，准教授62名，講師44名
設置学部▶児童，栄養，家政，人文，健康科，子ども支援
併設教育機関▶大学院―人間生活学総合（M・D。男女共学）　短期大学部（P.555参照）

就職・卒業後の進路

就職率 97.3%
就職者÷希望者×100

●**就職支援**　「学生が主役」として，板橋キャンパスでは，１年次からキャリア形成に対する知識や就業意識を高める多彩なプログラムを準備。狭山キャンパスでは学科の特色を踏まえ，業界の理解を深めるプログラムが特徴。また，小中高校長・管理栄養士・保育園園長・看護師など，さまざまな経歴と実践経験を持つ進路アドバイザーが在籍し，自身の経験を踏まえた進路指導を行い，学生一人ひとりが描くキャリアプランを実現させている。
●**資格取得支援**　専門職の国家資格取得のためのサポートに力を入れており，１年次から

進路指導者も必見 学生を伸ばす 面倒見	初年次教育	学修サポート
	校舎別に学科横断で５名程度のチームをつくり，SAの補助を受けながら学生主体の協同学習を進める「スタートアップセミナー自主自律」のほか「情報活用」を全学部で，「基礎ゼミナール」を一部の学部で実施	「スタートアップセミナー自主自律」で活用するSA制度，オフィスアワー，専任教員が約40人の学生を担当するクラス担任制を全学部で導入。履修登録や資格取得などの支援を行う教育支援センターを設置

オープンキャンパス（2022年度実績）　6月・7月・8月・10月に両キャンパス（開催日は異なる）で，12月に板橋キャンパスで開催（事前申込制）。造形表現学科では，独自（別日程）のオープンキャンパスも行っている。

説明会や模擬試験を行うなど，計画的できめ細かい国家試験受験対策を実施。教員志望者向けには，教員ガイダンスや教員採用試験対策講座を行い，教員免許状取得をサポート。

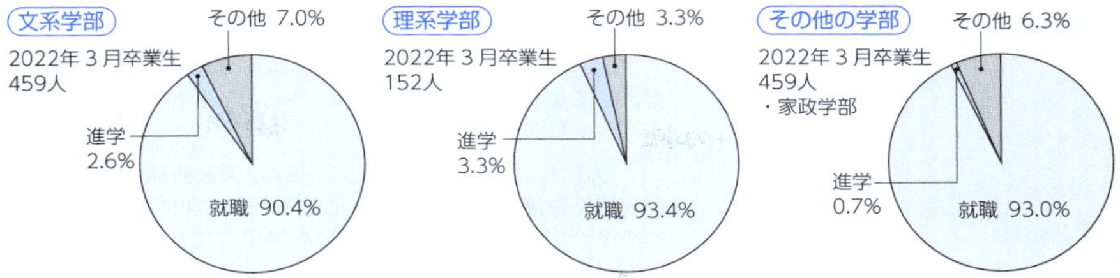

主なOG ▶ [家政] 飯田くにこ(美容家，kunistyle社長)，内田亜希子(女優)，細見佳代(スタイリスト)，もあいかすみ(料理研究家)，[人文] 松尾和泉(NST新潟総合テレビアナウンサー)など。

国際化・留学　大学間 9 大学等

受入れ留学生数 ▶ ３名（2022年９月15日現在)

留学生の出身国 ▶ 中国，韓国。

外国人専任教員 ▶ 教授０名，准教授０名，講師２名（2022年９月21日現在)

外国人専任教員の出身国 ▶ アメリカ，韓国。

大学間交流協定 ▶ ９大学・機関（交換留学先０大学，2022年９月15日現在)

海外への留学生数 ▶ ０名／年（2021年度)

海外留学制度 ▶「語学研修（長期)」，英語だけでなく韓国語，中国語，ドイツ語，フランス語を学ぶプログラムもある「語学研修（短期)」のほか，「語学・専門研修」，環境，栄養，保育，美術など専門分野を追究できる「専門研修」，海外で就業体験や教職体験を行う「海外インターンシップ」など，期間や目的に合わせた33の海外研修プログラムを用意。コンソーシアムはUMAPに参加している。

学費・奨学金制度　給付型奨学金総額 年間 1,266 万円

入学金 ▶ 260,000円

年間授業料(施設費等を除く) ▶ 740,000円～(詳細は巻末資料参照)

年間奨学金総額 ▶ 12,660,000円

年間奨学金受給者数 ▶ 118人

主な奨学金制度 ▶「渡辺学園奨学金」「緑窓会奨学金」「後援会奨学金」など，渡辺学園関係奨学金を多数用意。このほか，「新入生成績優秀者奨学金制度」「在学生特待生奨学金制度」「細井愛子奨学金」といった授業料免除型の制度もあり，2021年度には141人を対象に総額で約5,324万円を減免している。

保護者向けインフォメーション

- **成績確認**　成績表を郵送している。
- **物件情報提供**　学生会館や学生マンションなどの物件情報がWeb閲覧できる。
- **教育・進路懇談会**　６月に教育・進路懇談会および保護者のための就職講演会を開催。
- **後援会**　保護者や教職員を会員とする後援会があり，会報誌「GREEN LEAVES」を発行。
- **防災対策**　「大地震対応マニュアル」「防災マニュアル」を入学時に配布。災害時の学生の状況は安否確認システム「ANPIC」で把握する。
- **コロナ対策１**　ワクチンの職域接種を実施。感染状況に応じた６段階の活動の指針を設定している。「コロナ対策２」（下段）あり。

インターンシップ科目	必修専門ゼミ	卒業論文	GPA制度の導入の有無および活用例	１年以内の退学率	標準年限での卒業率
栄養・家政・人文学部で開講	全学部で１～４年次に実施。ただし，学科により異なる	家政（服飾美術を除く)・健康科・子ども支援は卒業要件	学生への個別の学修指導，奨学金や授業料免除対象者の選定および退学勧告基準に活用。また，GPAに応じた履修上限単位数を設定	1.0%	93.0%

● **コロナ対策２**　対面とオンライン授業を感染状況に応じて併用。入構の際にはサーマルカメラによる検温と消毒を実施し，教室内も空調を整え，収容人数を調整・管理。「緑窓会・新型コロナ対応学生支援奨学金」を設置。

学部紹介

学部／学科	定員	特色
児童学部		
		▶2023年度より，家政学部教育学科・児童教育学科が児童学部として生まれ変わり，時代のニーズに応える保育・教育のスペシャリストを養成する。
児童	210	▷２専攻制。児童学専攻（105名）では，実践的な保育を学び，保育界で活躍する人材を，育児支援専攻（105名）では，子どもや子育て支援に関する専門性を身につけた人材を育成する。
初等教育	85	▷子どものこころを理解し，しなやかな課題対応力を持つ，小学校教育のプロフェッショナルを養成する。
●取得可能な資格…教職（小一種，幼一種），司書，司書教諭，保育士など。 ●主な就職先………東京都ほか教育委員会，幼稚園教諭，保育士，ドコモCSなど（旧学部体制実績）。		
栄養学部		
栄養	120	▷栄養について幅広く学び，あらゆるライフステージにおいて，人の健康に貢献できる食と栄養の専門家を育成する。
管理栄養	160	▷医療・福祉現場のみならず，スポーツ関連までの幅広い分野で，人々の健康維持に貢献できる管理栄養士を養成する。
●取得可能な資格…教職（理・家，栄養），栄養士，管理栄養士受験資格など。 ●主な就職先………東京都，埼玉県，味の素，山崎製パン，LEOCなど（旧家政学部栄養学科実績）。		
家政学部		
服飾美術	175	▷140年以上の歴史と伝統のある被服教育で，衣生活関連の専門家として自律できる女性を育成する。家庭科教員の養成，衣料管理士・学芸員の養成にも力を注いでいる。
環境教育	75	▷自然科学に加え，データサイエンスやSDGsについても学び，環境問題を総合的にとらえ，さまざまな分野で問題を解決できる「理数系女子」を育成する。
造形表現	120	▷ものづくり，デザイン，アートを基礎から専門的に学び，たくましい心と感性を育て，生活空間を美しく快適に創造する人材を育成する。各専門分野に応じた実習施設も充実。
●取得可能な資格…教職（理・美・家），学芸員など。 ●進路状況…………就職93.0%　進学0.7%（現児童学部・栄養学部を含む） ●主な就職先………ベルーナ，ニチイ学館，シャンソン化粧品，ラルフローレン，マーキュリーなど。		
人文学部		
英語コミュニケーション	120	▷少人数教育により，グローバルな視点の学識，国際感覚，英語力を高め，グローバルに活躍できる人材を育成する。
心理カウンセリング	95	▷心理学とカウンセリングの基礎をしっかり学び，心理の専門家や心のケア・サポートを強みとする養護教諭，調査の専門家である社会調査士を育成する。
教育福祉	70	▷社会教育，社会福祉，心理の３分野から多角的に学び，対人援助のエキスパートを育成する。
●取得可能な資格…教職（公・社・英，養護一種），司書，司書教諭，学芸員，社会福祉士・精神保健福祉士受験資格など。 ●進路状況…………就職88.1%　進学3.4% ●主な就職先………埼玉県教育委員会，星野リゾート・マネジメント，ニフティ，LITALICOなど。		

キャンパスアクセス［板橋キャンパス］JR埼京線一十条より徒歩５分／都営地下鉄三田線一新板橋より徒歩12分／JR京浜東北線一東十条より徒歩13分

健康科学部		
看護	100	▷あらゆる年代における人々の健康の保持増進と，生活の質の維持向上に貢献できる看護者を育成する。
リハビリテーション	80	▷作業療法学専攻と理学療法学専攻(各40名)を設置。子ども，スポーツ科学，脳神経科学の領域に強く，50年先まで働くことができるセラピストを養成する。

● **取得可能な資格**…看護師・保健師・助産師・理学療法士・作業療法士受験資格。
● **進路状況**…………就職93.4%　進学3.3%
● **主な就職先**………青梅市立総合病院，杏林大学医学部付属病院，虎の門病院，東京都，埼玉県など。

子ども支援学部		
子ども支援	120	▷2023年度より，子ども学部から子ども支援学部に名称変更。支援を要する子を含むすべての子どもの，一人ひとりの可能性に気づき，広げられる保育者を育成する。

● **取得可能な資格**…教職(幼一種，特別支援)，保育士など。
● **進路状況**…………就職96.2%　進学0.8%（旧子ども学部実績）
● **主な就職先**………杉並区・世田谷区・文京区・さいたま市など公立保育士，埼玉県教育委員会など。

▶キャンパス

児童・栄養・家政・人文……［板橋キャンパス］東京都板橋区加賀1-18-1
健康科・子ども支援……［狭山キャンパス］埼玉県狭山市稲荷山2-15-1

2023年度入試要項(前年度実績)

●募集人員

学部／学科(専攻)		一般統一	一般1期	一般2期
▶児童	児童(児童学)	22	14	2
	(育児支援)	20	10	2
	児童教育	20	11	2
▶栄養	栄養	30	21	3
	管理栄養	42	33	3
▶家政	服飾美術	45	20	2
	環境教育	20	8	3
	造形表現	学力18 実技5	14	学力3 実技3
▶人文	英語コミュニケーション	25	12	3
	心理カウンセリング	24	12	3
	教育福祉	18	12	2
▶健康科	看護	25	15	4
	リハビリテーション(作業療法)	11	6	2
	(理学療法)	11	6	2
▶子ども支援	子ども支援	24	10	2

※一般選抜1期・2期は共通テスト併用型。

▷共通テストの「英語」は素点(200)で扱い，素点を1/2(200×1/2)にする。

児童学部

一般選抜統一地区　2科目　①②**国・外・地歴・数・理**(100×2)▶「国総(古文・漢文を除く)・現文B」・「コミュ英Ⅰ・コミュ英Ⅱ」・日B・「数Ⅰ・数A」・「化基・生基から1」から2

一般選抜1期(共通テスト併用型)〈共通テスト科目〉　2～1科目　①②**外・地歴・数・理**(100)▶英(リスニングを含む)・日B・「数Ⅰ・数A」・「化基・生基」・化・生から1
〈個別試験科目〉　1科目　①**国**(100)▶国総(古文・漢文を除く)・現文B

一般選抜2期(共通テスト併用型)〈共通テスト科目〉　3～2科目　①②③**国・外・「地歴・公民・数・理」**(100×2)▶国(近代)・英(リスニングを含む)・「世B・日B・地理B・現社・倫・政経・〈倫・政経〉・数Ⅰ・〈数Ⅰ・数A〉・数Ⅱ・〈数Ⅱ・数B〉・簿・情・〈物基・化基・生基・地学基から2〉・物・化・生・地学から1」から2
〈個別試験科目〉　2科目　①**総合問題**(50)※記述含む　②**学習成績の状況**(5)

栄養学部

一般選抜統一地区　【栄養学科】　2科目　①②**国・外・地歴・数・理**(100×2)▶「国総(古文・漢文を除く)・現文B」・「コミュ英Ⅰ・コミ

東京　東京家政大学

ュ英Ⅱ」・日Ｂ・「数Ⅰ・数Ａ」・「化基・生基から１」から２
【管理栄養学科】 **2科目** ①②国・外・数・理(100×2)▶「国総(古文・漢文を除く)・現文Ｂ」・「コミュ英Ⅰ・コミュ英Ⅱ」・「数Ⅰ・数Ａ」・「化基・生基から１」から２
一般選抜１期(共通テスト併用型) **【栄養学科】〈共通テスト科目〉** **2〜1科目** ①②国・外・地歴・数・理(100)▶国(近代)・英(リスニングを含む)・日Ｂ・「数Ⅰ・数Ａ」・「化基・生基」・化・生から１，ただし個別試験で選択した科目を除く
〈個別試験科目〉 **1科目** ①国・外・数(100)▶「国総(古文・漢文を除く)・現文Ｂ」・「コミュ英Ⅰ・コミュ英Ⅱ」・「数Ⅰ・数Ａ」から１
【管理栄養学科】〈共通テスト科目〉 **2〜1科目** ①②国・外・数・理(100)▶国(近代)・英(リスニングを含む)・「数Ⅰ・数Ａ」・「化基・生基」・化・生から１，ただし個別試験で選択した科目を除く
〈個別試験科目〉 **1科目** ①国・外・数(100)▶「国総(古文・漢文を除く)・現文Ｂ」・「コミュ英Ⅰ・コミュ英Ⅱ」・「数Ⅰ・数Ａ」から１
一般選抜２期(共通テスト併用型) **【栄養学科】〈共通テスト科目〉** **3〜2科目** ①②③国・外・「地歴・公民・数・理」(100×2)▶国(近代)・英(リスニングを含む)・「世Ｂ・日Ｂ・地理Ｂ・現社・倫・政経・〈倫・政経〉・数Ⅰ・〈数Ⅰ・数Ａ〉・数Ⅱ・〈数Ⅱ・数Ｂ〉・情・〈物基・化基・生基・地学基から２〉・物・化・生・地学から１」から２
〈個別試験科目〉 **2科目** ①総合問題(50)※記述含む ②学習成績の状況(5)
【管理栄養学科】〈共通テスト科目〉 **3〜2科目** ①②③国・外・「数・理」(100×2)▶国(近代)・英(リスニングを含む)・「数Ⅰ・〈数Ⅰ・数Ａ〉・数Ⅱ・〈数Ⅱ・数Ｂ〉・情・〈化基・生基〉・化・生から１」から２
〈個別試験科目〉 **2科目** ①総合問題(50)※記述含む ②学習成績の状況(5)

家政学部

一般選抜統一地区 **【服飾美術学科・環境教育学科】** **2科目** ①②国・外・地歴・数・理(100×2)▶「国総(古文・漢文を除く)・現文Ｂ」・「コミュ英Ⅰ・コミュ英Ⅱ」・日Ｂ・「数Ⅰ・数Ａ」・「化基・生基から１」から２
【造形表現学科〈学力試験〉】 **2科目** ①②国・外・地歴・数・理(100×2)▶「国総(古文・漢文を除く)・現文Ｂ」・「コミュ英Ⅰ・コミュ英Ⅱ」・日Ｂ・「数Ⅰ・数Ａ」・「化基・生基から１」から２
【造形表現学科〈実技試験〉】 **1科目** ①実技(100)▶デッサン
※造形表現学科は学力試験または実技試験を出願時に選択すること。
一般選抜１期(共通テスト併用型) **【服飾美術学科・造形表現学科】〈共通テスト科目〉** **2〜1科目** ①②国・外・地歴・数・理(100)▶国(近代)・英(リスニングを含む)・日Ｂ・「数Ⅰ・数Ａ」・「化基・生基」・化・生から１，ただし個別試験で選択した科目を除く
〈個別試験科目〉 **1科目** ①国・外・数(100)▶「国総(古文・漢文を除く)・現文Ｂ」・「コミュ英Ⅰ・コミュ英Ⅱ」・「数Ⅰ・数Ａ」から１
【環境教育学科】〈共通テスト科目〉 **2〜1科目** ①②国・外・地歴・公民・数・理(100)▶国(近代)・英(リスニングを含む)・世Ｂ・日Ｂ・地理Ｂ・現社・倫・政経・「倫・政経」・「数Ⅰ・数Ａ」・「化基・生基」・化・生から１，ただし個別試験で選択した科目を除く
〈個別試験科目〉 **1科目** ①国・外・数(100)▶「国総(古文・漢文を除く)・現文Ｂ」・「コミュ英Ⅰ・コミュ英Ⅱ」・「数Ⅰ・数Ａ」から１
一般選抜２期(共通テスト併用型) **【服飾美術学科・環境教育学科】〈共通テスト科目〉** **3〜2科目** ①②③国・外・「地歴・公民」・数・理(100×2)▶国(近代)・英(リスニングを含む)・「世Ｂ・日Ｂ・地理Ｂ・現社・倫・政経・〈倫・政経〉から１」・「数Ⅰ・〈数Ⅰ・数Ａ〉・数Ⅱ・〈数Ⅱ・数Ｂ〉・簿・情から１」・「〈物基・化基・生基・地学基から２〉・物・化・生・地学から１」から２
〈個別試験科目〉 **2科目** ①総合問題(50)※記述含む ②学習成績の状況(5)
【造形表現学科〈学力試験・実技試験〉】〈共通テスト科目〉 **3〜2科目** ①②③国・外・「地歴・公民」・数・理(100×2)▶国(近代)・英(リスニングを含む)・「世Ｂ・日Ｂ・地理Ｂ・現社・倫・政経・〈倫・政経〉から１」・「数Ⅰ・〈数Ⅰ・数

A〉・数Ⅱ・〈数Ⅱ・数B〉・簿・情から1」・「〈物基・化基・生基・地学基から2〉・物・化・生・地学から1」から2
〈個別試験科目(学力試験)〉 2科目 ①総合問題(50)※記述含む ②学習成績の状況(5)
〈個別試験科目(実技試験)〉 2科目 ①実技(100)▶デッサン ②学習成績の状況(5)
※造形表現学科は学力試験または実技試験を出願時に選択すること。

人文学部

一般選抜統一地区 【英語コミュニケーション学科】 2科目 ①外(100)▶コミュ英Ⅰ・コミュ英Ⅱ ②国・地歴・数・理(100)▶「国総(古文・漢文を除く)・現文B」・日B・「数Ⅰ・数A」・化基・生基から1
【心理カウンセリング学科・教育福祉学科】 2科目 ①②国・外・「地歴・数・理」(100×2)▶「国総(古文・漢文を除く)・現文B」・「コミュ英Ⅰ・コミュ英Ⅱ」・「日B・〈数Ⅰ・数A〉・化基・生基から1」から2
一般選抜1期(共通テスト併用型) 【英語コミュニケーション学科】〈共通テスト科目〉 2~1科目 ①②国・地歴・公民・数・理(100)▶国(近代)・世B・日B・地理B・現社・倫・政経・「倫・政経」・「数Ⅰ・数A」・「物基・化基・生基・地学基から2」・化・生から1
〈個別試験科目〉 1科目 ①外(100)▶コミュ英Ⅰ・コミュ英Ⅱ
【心理カウンセリング学科・教育福祉学科】〈共通テスト科目〉 2~1科目 ①②国・外・地歴・数・理(100)▶国(近代)・英(リスニングを含む)・日B・「数Ⅰ・数A」・「化基・生基」・化・生から1，ただし個別試験で選択した科目を除く
〈個別試験科目〉 1科目 ①国・外(100)▶「国総(古文・漢文を除く)・現文B」・「コミュ英Ⅰ・コミュ英Ⅱ」から1
一般選抜2期(共通テスト併用型) 【英語コミュニケーション学科】〈共通テスト科目〉 3~2科目 ①外(100)▶英(リスニングを含む) ②③国・地歴・公民・数・理(100)▶国(近代)・世B・日B・地理B・現社・倫・政経・「倫・政経」・数Ⅰ・「数Ⅰ・数A」・数Ⅱ・「数Ⅱ・数B」・簿・情・「物基・化基・生基・地学基から2」・物・化・生・地学から1
〈個別試験科目〉 2科目 ①総合問題(50)※記述含む ②学習成績の状況(5)
【心理カウンセリング学科・教育福祉学科】〈共通テスト科目〉 3~2科目 ①②③国・外・「地歴・公民・数・理」(100×2)▶国(近代)・英(リスニングを含む)・「世B・日B・地理B・現社・倫・政経・〈倫・政経〉・数Ⅰ・〈数Ⅰ・数A〉・数Ⅱ・〈数Ⅱ・数B〉・簿・情・〈物基・化基・生基・地学基から2〉・物・化・生・地学から1」から2
〈個別試験科目〉 2科目 ①総合問題(50)※記述含む ②学習成績の状況(5)

健康科学部

一般選抜統一地区 【看護学科】 3科目 ①外(100)▶コミュ英Ⅰ・コミュ英Ⅱ ②③国・数・理(100×2)▶「国総(古文・漢文を除く)・現文B」・「数Ⅰ・数A」・「化基・生基から1」から2
【リハビリテーション学科】 2科目 ①②国・外・地歴・数・理(100×2)▶「国総(古文・漢文を除く)・現文B」・「コミュ英Ⅰ・コミュ英Ⅱ」・日B・「数Ⅰ・数A」・「化基・生基から1」から2
一般選抜1期(共通テスト併用型) 【看護学科】〈共通テスト科目〉 3~2科目 ①②③国・数・理(100×2)▶国(近代)・「数Ⅰ・数A」・「〈化基・生基〉・化・生から1」から2
〈個別試験科目〉 1科目 ①外(100)▶コミュ英Ⅰ・コミュ英Ⅱ
【リハビリテーション学科】〈共通テスト科目〉 2~1科目 ①②国・外・地歴・数・理(100)▶国(近代)・英(リスニングを含む)・日B・「数Ⅰ・数A」・「化基・生基」・化・生から1，ただし個別試験で選択した科目を除く
〈個別試験科目〉 1科目 ①国・外・数(100)▶「国総(古文・漢文を除く)・現文B」・「コミュ英Ⅰ・コミュ英Ⅱ」・「数Ⅰ・数A」から1
一般選抜2期(共通テスト併用型) 【看護学科】〈共通テスト科目〉 4~3科目 ①国(100)▶国(近代) ②外(100)▶英(リスニングを含む) ③④数・理(100)▶数Ⅰ・「数Ⅰ・数A」・数Ⅱ・「数Ⅱ・数B」・情・「化基・生基」・化・生から1
〈個別試験科目〉 2科目 ①総合問題(50)※

記述含む ②学習成績の状況(5)
【リハビリテーション学科】〈共通テスト科目〉 3~2科目 ①②③国・外・「地歴・公民・数・理」(100×2) ▶国(近代)・英(リスニングを含む)・「世B・日B・地理B・現社・倫・政経・〈倫・政経〉・数Ⅰ・〈数Ⅰ・数A〉・数Ⅱ・〈数Ⅱ・数B〉・簿・情・〈物基・化基・生基・地学基から2〉・物・化・生・地学から1」から2
〈個別試験科目〉 2科目 ①総合問題(50)※記述含む ②学習成績の状況(5)

子ども支援学部

一般選抜統一地区 2科目 ①②国・外・地歴・数・理(100×2) ▶「国総(古文・漢文を除く)・現文B」・「コミュ英Ⅰ・コミュ英Ⅱ」・日B・「数Ⅰ・数A」・「化基・生基から1」から2
一般選抜1期(共通テスト併用型) 〈共通テスト科目〉 2~1科目 ①②外・地歴・公民・数・理(100) ▶英(リスニングを含む)・世B・日B・地理B・現社・倫・政経・「倫・政経」・「数Ⅰ・数A」・「化基・生基」・化・生から1
〈個別試験科目〉 1科目 ①国(100) ▶国総(古文・漢文を除く)・現文B
一般選抜2期(共通テスト併用型) 〈共通テスト科目〉 3~2科目 ①②③国・外・「地歴・公民・数・理」(100×2) ▶国(近代)・英(リスニングを含む)・「世B・日B・地理B・現社・倫・政経・〈倫・政経〉・数Ⅰ・〈数Ⅰ・数A〉・数Ⅱ・〈数Ⅱ・数B〉・簿・情・〈物基・化基・生基・地学基から2〉・物・化・生・地学から1」から2
〈個別試験科目〉 2科目 ①総合問題(50)※記述含む ②学習成績の状況(5)

その他の選抜

共通テスト利用入試は児童学部24名，栄養学部41名，家政学部48名，人文学部48名，健康科学部32名，子ども支援学部7名を，グローアップ入試(公募推薦)は児童学部59名，栄養学部45名，家政学部42名，人文学部32名，健康科学部18名，子ども支援学部16名を，渡邉辰五郎(自主自律)AO入試は児童学部47名，栄養学部6名，家政学部24名，人文学部16名，健康科学部16名，子ども支援学部20名を募集。ほかに総合型選抜(共通テスト利用型)，造形表現学科自己推薦型AO入試(37名)，子ども支援学科AO入試(10名)，英語コミュニケーション学科AO入試(若干名)，指定校推薦入試，附属高校特別推薦入試，帰国子女入試，学士入試，社会人入試，留学生入試を実施。

偏差値データ (2023年度)

●一般選抜統一地区

学部／学科／専攻	2023年度 駿台予備学校 合格目標ライン	2023年度 河合塾 ボーダー偏差値	2022年度 競争率
▶児童学部			
児童／児童学	42	45	5.8
／育児支援	42	42.5	1.6
初等教育	41	45	1.6
▶栄養学部			
栄養	43	55	4.8
管理栄養	46	57.5	6.4
▶家政学部			
服飾美術	39	40	1.5
環境教育	38	42.5	1.4
造形表現(学力)	37	45	2.0
▶人文学部			
英語コミュニケーション	40	45	1.2
心理カウンセリング	42	55	5.0
教育福祉	40	47.5	1.9
▶健康科学部			
看護	43	50	8.7
リハビリテーション／作業療法	41	45	2.5
／理学療法	42	47.5	4.1
▶子ども支援学部			
子ども支援	41	45	1.4

●駿台予備学校合格目標ラインは合格可能性80%に相当する駿台模試の偏差値です。
●河合塾ボーダー偏差値は合格可能性50%に相当する河合塾全統模試の偏差値です。
●競争率は受験者÷合格者の実質倍率
※児童学部と子ども支援学部の競争率は旧学部体制(初等教育学科は旧児童教育学科)の実績です。

併設の教育機関　短期大学

東京家政大学短期大学部

問合せ先　アドミッションセンター
☎03-3961-5228
所在地　東京都板橋区加賀1-18-1

学生数▶女328名
教員数▶教授10名，准教授９名，講師３名

設置学科

●**保育科**（120）　子どもの保育について，基礎から専門までの理論と実践を２年間で学び，子どもの豊かな成長，人格形成に貢献できる保育者を育成する。
●**栄養科**（80）　２年間で「食と健康」に関する専門知識と技能を身につけ，即戦力となる栄養のスペシャリストを養成する。フードスペシャリストの受験資格取得も可能。

卒業後の進路

2022年３月卒業生▶154名
就職110名，大学編入学28名（うち他大学２名），その他16名

MEMO

東京経済大学

とうきょうけいざい

資料請求

問合せ先 入試課　☎042-328-7747

建学の精神

明治から大正期にかけて，貿易，建設，交通，観光をはじめ，わが国の基礎となる200以上もの企業の設立に関わり，日本の近代産業を発展させた実業家・大倉喜八郎によって，1900（明治33）年に開校された大倉商業学校を前身とする，「社会科学」を実践的に学べる文系総合大学。創立以来，定評のある質の高い「実学教育」を行い，「アカデミズムに裏打ちされた実学」「考え抜く実学。」を実践する大学として発展。建学の理念である，困難に出合ってもひるまずに，なお一層前に進む「進一層」の気概を持ち，「責任と信用」を重んじ，実践的な知力を身につけてグローバル社会で活躍する人材を育成するため，厳しいながらも人間味あふれる教育を通じて，学生たちの「人間力」「就職力」，そして「考え抜く力」を確実に向上させている。

● **国分寺キャンパス**……〒185-8502　東京都国分寺市南町1-7-34

基本データ

学生数▶6,550名（男4,604名，女1,946名）
専任教員数▶教授98名，准教授47名，講師30名
設置学部▶経済，経営，コミュニケーション，現代法，キャリアデザインプログラム
併設教育機関▶大学院―経済学・経営学・コミュニケーション学（以上M・D），現代法学（M）

就職・卒業後の進路

就職率 **94.4**%
就職者÷希望者×100

● **就職支援**　キャリアセンターでは，職員・カウンセラーが就職活動を１年次からサポート。インターンシップに関する相談，履歴書・エントリーシートの添削や面接指導，求人情報の提供や各種講座の開催，OB・OG訪問など，進路や就職に関する質問・相談に対応し，社会に羽ばたく学生たちを応援している。

● **資格取得支援**　キャリア・サポートコースは，資格取得に定評のある専門学校との提携により，割安な受講料で学内ダブルスクールを実現。専門学校と同じ講師，カリキュラム，教材により学内で全６コース25講座を開講している。また，高度な資格や語学力を習得するアドバンストプログラムも用意している。

進路指導者も必見 学生を伸ばす 面倒見

初年次教育

「歴史で知る東京経済大学」や大学生としてのベーシック力を養う「フレッシャーズ・セミナーa」「大学入門」「コンピュータ・リテラシー入門」などの科目のほか，「ゼミする東経大」を掲げているだけに，全員が「入門ゼミ」を履修

学修サポート

TA制度，オフィスアワー制度を全学部で導入しているほか，文書作成支援や学習面における個別指導や相談に応じる学習センターを設置。また，4月と9月の履修登録期間（修正期間）では，教員による学習相談会を行っている

オープンキャンパス（2022年度実績）　４月に春季ミニオープンキャンパス，８月（上旬・下旬）に夏季オープンキャンパス，10月に秋季ミニオープンキャンパスを来場型で開催（事前申込制）。入試直前ガイダンスも12月に実施。

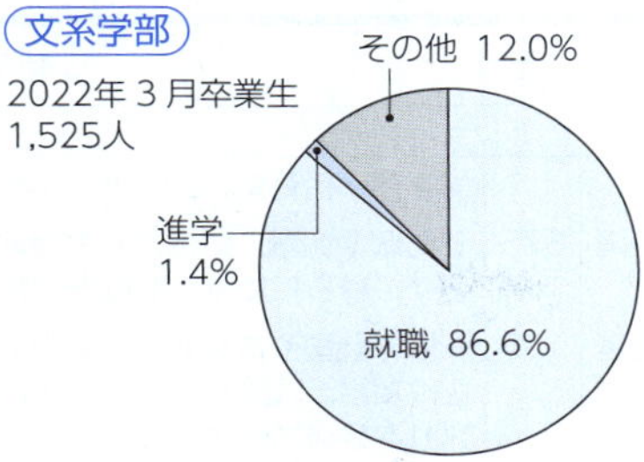

主なOB・OG▶［経済］河村宣行（不二家社長），［経済］永松文彦（セブン-イレブン・ジャパン社長），［経済］川田龍平・宮本周司（参議院議員），［経済］スガシカオ（歌手），［経営］川村エミコ（お笑い芸人）など。

国際化・留学　大学間 43 大学

受入れ留学生数▶ 50名（2022年５月１日現在）

留学生の出身国・地域▶中国，ベトナム，台湾，マレーシア，インドネシアなど。

外国人専任教員▶ 教授４名，准教授４名，講師５名（2022年５月１日現在）

外国人専任教員の出身国▶中国，アメリカ，韓国，イギリス，ロシアなど。

大学間交流協定▶43大学（交換留学先10大学，2022年９月１日現在）

海外への留学生数▶オンライン型65名／年（４カ国・地域，2021年度）

海外留学制度▶半年または１年の協定校・認定校留学，オーストラリアや中国，カナダで行うグローバルキャリアプログラム・グローバルインターンシップのほか，短期語学研修，海外ゼミ研修などを実施し，外国語活用能力のみならず多文化共生力を強化している。

学費・奨学金制度　給付型奨学金総額 年間 3,612 万円

入学金▶ 150,000円

年間授業料（施設費等を除く）▶768,000円～（詳細は巻末資料参照）

年間奨学金総額▶36,120,000円

年間奨学金受給者数▶100人

主な奨学金制度▶学業成績が優秀で家計困難な２～４年次生が対象の「東京経済大学奨学金」「東京経済大学葵友会大学奨学金」，正課授業外での活動実績者を表彰する「TKU進一層賞」などを設置。また，授業料減免型の制度があり，2021年度には83人を対象に総額で約6,118万円が減免されている。

保護者向けインフォメーション

● **オープンキャンパス**　通常のオープンキャンパス時に，保護者向け就職ガイダンスを実施。

● **成績確認**　学修・成績表を郵送している。

● **父母の会**　父母の会を組織し，懇談会や「親子で参加する就職ガイダンス」（11月），会員交流企画（音楽・演劇鑑賞等と交流会）を実施。

● **会報誌等**　「父母の会ニュース」や「東京経済大学ガイドブック」を郵送している。

● **防災対策**　学生手帳アプリのメニューとして「緊急対応の手引」がある。災害時の学生の安否確認はメールを利用して行うようにしている。

● **コロナ対策１**　対面と遠隔授業を感染状況に応じて併用。「コロナ対策２」（下段）あり。

インターンシップ科目	必修専門ゼミ	卒業論文	GPA制度の導入の有無および活用例	１年以内の退学率	標準年限での卒業率
全学部で開講している	経済・経営で１年次，コミュニケーションで１～３年次，現代法で１・２年次に実施	コミュニケーション学部の卒業研究は卒業要件	奨学金や授業料免除対象者選定，留学候補者の選考，学生に対する個別の学修指導，大学院入試の選抜基準（学内選考のみ）に活用	1.1%	85.6%

● **コロナ対策２**　入構時に検温と消毒を行い，教室の収容人数を調整。災害罹災等の家計急変時の奨学金制度や家計支持者の失職時の学生緊急経済支援制度，フードバンク，ミールクーポンの配布など，経済的にも支援した。

学部紹介

学部／学科	定員	特色
経済学部		
		▶学部一括募集。3年次より学科選択。
経済	375	▷財政や金融，労働や社会保障，環境やコミュニティなど，日々の暮らしに深く関わる分野を経済学の観点から学ぶ。
国際経済	155	▷欧米諸国や成長著しいアジアの経済を深く学ぶとともに，国際貿易，国際金融，開発協力など，日本と世界の深いつながりを経済学の観点から学ぶ。
● **取得可能な資格**…教職（地歴・公・社・商業）。 ● **進路状況**…就職84.0% 進学1.4% ● **主な就職先**………京浜急行電鉄，スズキ，セブン-イレブン・ジャパン，日本銀行，山梨県庁など。		
経営学部		
		▶学部一括募集。2年次より学科選択。
経営	385	▷現代経営，経営情報，現代会計，ファイナンスの4コース。実社会における経営や組織運営の場を想定した知識の応用力，意思決定力，リーダーシップを養成する。
流通マーケティング	180	▷今はない市場をつくり出し，顧客や取引先，社会との良好な関係を構築するため，流通とマーケティングに関する専門知識と技術を習得する。
● **取得可能な資格**…教職（公・社・商業）。 ● **進路状況**…就職86.3% 進学1.7% ● **主な就職先**………大成建設，湖池屋，東京地下鉄，ぺんてる，PwCあらた有限責任監査法人など。		
コミュニケーション学部		
メディア社会	150	▷マスメディアやソーシャルメディアなど，個々のメディアの特徴を踏まえたリテラシーの向上をめざし，それを活用し，国際的な視野から考え，行動できる人材を育成する。
国際コミュニケーション	90	▷グローバル化が進む現代社会を，ヒト・モノ・コトが国境を越えて移動する「移動／モビリティ」の観点から考察するとともに，異文化に柔軟に対応する力と英語力を養う。
● **取得可能な資格**…教職（公・社・英）。 ● **進路状況**…就職89.8% 進学1.6% ● **主な就職先**………NTT東日本-南関東，JVCケンウッド，SUBARU，大和ハウス工業，ヤマキなど。		
現代法学部		
現代法	250	▷総合法，公共政策，ビジネス法，消費者法，環境法，福祉法の6つのプログラムを用意。公正で持続可能な共生社会をめざし，現代の諸問題の発見と解決に必須の法と政策を学ぶ。
● **取得可能な資格**…教職（公・社）。 ● **進路状況**…就職89.7% 進学0.4% ● **主な就職先**………エン・ジャパン，キリンホールディングス，積水ハウス，東京高等裁判所など。		
キャリアデザインプログラム		
	(50)	▷1年次に4学部の入門科目を学んだ上で選択した学部に2年次から所属。専門性を高めるとともに，学部横断履修科目により，社会科学を幅広く修得することができる。また，4年間通じて，社会人として必要なスキルを習得する「キャリアデザイン・ワークショップ」を開講。

▶キャンパス

全学部……［国分寺キャンパス］東京都国分寺市南町1-7-34

キャンパスアクセス ［国分寺キャンパス］JR中央線，西武国分寺線・多摩湖線—国分寺より徒歩12分

2023年度入試要項(前年度実績)

●募集人員

学部／学科	前期一般	後期一般	共通前期	共通中期	共通後期
▶経済　経済・国際経済	245	12	45	13	若干名
▶経営　経営・流通マーケティング	255	12	40	13	若干名
▶コミュニケーション　メディア社会	55	5	10	若干名	若干名
国際コミュニケーション	45	3	7	若干名	若干名
▶現代法　現代法	100	7	20	5	若干名
▶キャリアデザインプログラム	25	若干名	5	若干名	若干名

※経済学部と経営学部は学部一括募集。
※キャリアデザインプログラムの募集人員は，上記４学部の定員に含む。

全学部

一般選抜前期(３教科型・ベスト２型) 3科目　①国(100)▶国総(古文・漢文を除く)・現文Ｂ　②外(100)▶コミュ英Ⅰ・コミュ英Ⅱ・コミュ英Ⅲ・英表Ⅰ・英表Ⅱ　③**地歴・公民・数**(100)▶世Ｂ・日Ｂ・政経・「数Ⅰ・数Ⅱ・数Ａ」から１
※ベスト２型は３科目を受験し，高得点の２科目で判定する。

一般選抜前期(２教科型) 2科目　①②**国・外・数**(得意科目200・その他100)▶「国総(古文・漢文を除く)・現文Ｂ」・「コミュ英Ⅰ・コミュ英Ⅱ・コミュ英Ⅲ・英表Ⅰ・英表Ⅱ」・「数Ⅰ・数Ⅱ・数Ａ」から２
※得意科目として登録した１教科を200点とし，300点満点で判定する。

一般選抜後期 2科目　①国(100)▶国総(古文・漢文を除く)・現文Ｂ　②外(100)▶コミュ英Ⅰ・コミュ英Ⅱ・コミュ英Ⅲ・英表Ⅰ・英表Ⅱ
※一般選抜前期の３教科型・ベスト２型と後期は，指定された英語外部試験のスコアを利用した受験も可能。

共通テスト利用選抜前期(２教科型) 2科目　①国(200)▶国(近代)　②外(200)▶英(リスニング〈50〉を含む)
[個別試験] 行わない。

共通テスト利用選抜前期(３教科型)・中期(４科目型)・後期 5〜3科目　①国(200)▶国(近代)　②外(200)▶英(リスニング〈50〉を含む)　③④⑤**地歴・公民・数・理**(前期・後期200，中期200×2)▶世Ｂ・日Ｂ・地理Ｂ・現社・倫・政経・「倫・政経」・数Ⅰ・「数Ⅰ・数Ａ」・数Ⅱ・「数Ⅱ・数Ｂ」・簿・情・「物基・化基・生基・地学基から２」・物・化・生・地学から前期と後期は１，中期は２
[個別試験] 行わない。

その他の選抜

AO選抜，自己推薦選抜，指定校推薦選抜，全商協会特別推薦選抜，簿記資格取得者選抜，資格取得者選抜，スカラシップ選抜，スポーツ実績者選抜，スポーツ特別選抜，指定日本語学校外国人留学生推薦選抜，外国人留学生選抜。

偏差値データ(2023年度)

●一般選抜前期

学部／学科	2023年度 駿台予備学校 合格目標ライン	2023年度 河合塾 ボーダー偏差値	2022年度 競争率
▶経済学部			
(２教科)	39	50	2.5
(３教科)	40	47.5	2.2
▶経営学部			
(２教科)	39	50	3.5
(３教科)	40	50	2.9
▶コミュニケーション学部			
メディア社会(２教科)	39	50	3.4
(3教科)	40	45	2.0
国際コミュニケーション(2教科)	39	45	2.0
(3教科)	40	45	2.0
▶現代法学部			
現代法(２教科)	38	47.5	2.9
(３教科)	39	47.5	2.3
▶キャリアデザインプログラム			
(２教科)	38	47.5	2.0
(３教科)	39	47.5	2.1

●駿台予備学校合格目標ラインは合格可能性80％に相当する駿台模試の偏差値です。
●河合塾ボーダー偏差値は合格可能性50％に相当する河合塾全統模試の偏差値です。
●競争率は受験者÷合格者の実質倍率

東京工科大学

とうきょうこうか

資料請求

問合せ先 広報課 ☎0120-444-903（八王子C） ☎0120-444-925（蒲田C）

建学の精神

1986（昭和61）年に創設された東京工科大学は，「生活の質の向上，技術の発展と持続可能な社会に貢献する人材を育成する」を基本理念に掲げ，理工系総合大学として着実に発展。「実学主義」を教育の柱に，実学に基づく専門能力を身につける「学部専門教育」と，国際的な教養の修得と豊かな人間形成をめざす「教養学環」を設置している。広大なスケールの八王子キャンパスでは，充実した設備を使ったさまざまな先端研究を，都心型の蒲田キャンパスにおいては，生活の質を高めるイノベーティブで先端的な研究を行うなど，「実学主義」を体現する未来を見据えた数々の先進的なプログラムや研究プロジェクトを展開。国際的な教養や確かなICTリテラシー，実践的な専門知識・技術を身につけ，社会の変化に柔軟に対応できる人材を育成している。

- 八王子キャンパス…〒192-0982 東京都八王子市片倉町1404-1
- 蒲田キャンパス……〒144-8535 東京都大田区西蒲田5-23-22

基本データ

学生数▶7,579名（男4,912名，女2,667名）
専任教員数▶教授129名，准教授45名，講師49名
設置学部▶工，コンピュータサイエンス，メディア，応用生物，デザイン，医療保健
併設教育機関▶大学院―工学・〈バイオ・情報メディア〉（以上M・D），デザイン・医療技術学（以上M）

就職・卒業後の進路

就職率 97.6%
就職者÷希望者×100

● **就職支援** キャリアコーオプセンター（八王子）およびキャリアサポートセンター（蒲田）を設置し，早い時期から将来の希望を明確にして就職活動を行えるよう，キャリア支援は１年次からスタート。就職セミナーの開催，就職関連情報の提供，個別の模擬面接や履歴書・エントリーシートの添削，個別相談など，就職活動の支援全般を行っている。また，センターのスタッフをはじめ，就職支援専任の教員である就職特任講師やキャリアアドバイザーなど，さまざまな就職の専門家からアドバイスを受けられる体制を整えている。

進路指導者も必見 学生を伸ばす 面倒見

初年次教育	学修サポート
「フレッシャーズゼミ」や「アカデミックスキルズ」などの科目で，レポート・ライティング技術や必要な情報を入手するリサーチ技術，プレゼン技術を磨くほか，情報・数理系の科目でITの基礎技術も修得している	全学部でTA・SA制度，ピアサポート制度，オフィスアワー制度，１人の教員が少数の学生を担当するアドバイザー制度を導入。また，教養学環の教育と連携を図りながら，学力の強化を目的とする学修支援センターも設置

オープンキャンパス（2022年度実績） 6・7・8月に両キャンパス（日程は異なる）で来場型オープンキャンパスを行ったほか，バーチャルオープンキャンパスやミニキャンパス見学会，入試説明会＋受験対策講座なども実施。

理系学部

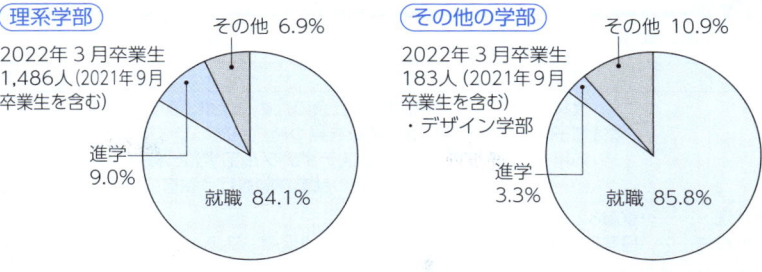

2022年３月卒業生
1,486人（2021年９月
卒業生を含む）

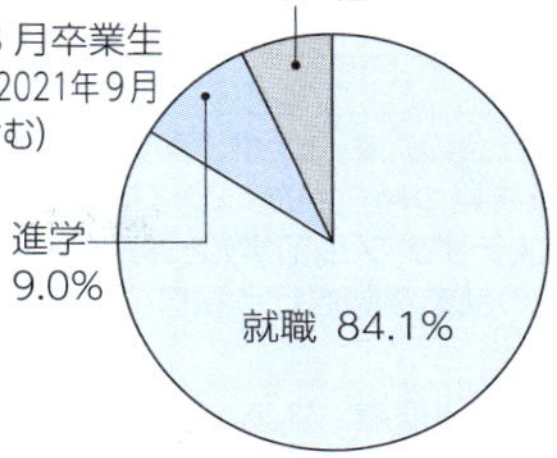

その他の学部

2022年３月卒業生
183人（2021年９月
卒業生を含む）
・デザイン学部

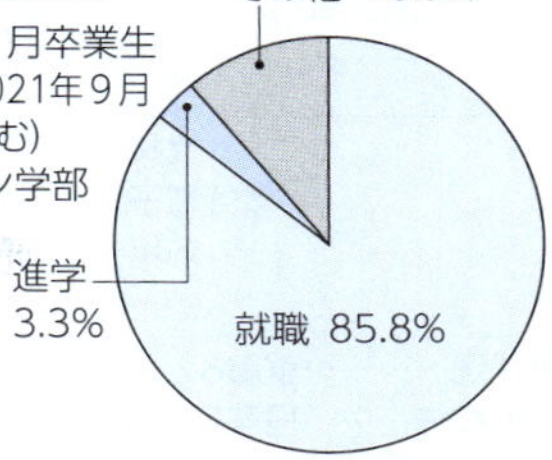

主なOB・OG▶［工］岡野茂春（ガイアスジャパン社長），［コンピュータサイエンス］田中静人（小説家），［メディア］やしろあずき（漫画家・実業家）など。

国際化・留学　大学間 11 大学等・部局間 55 大学等

受入れ留学生数▶106名（2022年８月10日現在）
留学生の出身国▶中国，韓国，サウジアラビア，マレーシア，アラブ首長国連邦など。
外国人専任教員▶教授７名，准教授１名，講師１名（2022年５月１日現在）
外国人専任教員の出身国▶NA
大学間交流協定▶11大学・機関（交換留学先０大学，2022年５月１日現在）
部局間交流協定▶55大学・機関（交換留学先０大学，2022年５月１日現在）
海外への留学生数▶オンライン型12名／年（２カ国・地域，2021年度）
海外留学制度▶海外初体験の学生に向けた短期の海外研修（韓国，シンガポールなど），海外語学研修，マレーシアインターンシップ研修，オンラインマンツーマン英語研修など，研修の目的，期間の長短，参加形態（現地訪問／オンライン）に合わせた多彩な研修プログラムを用意している。

学費・奨学金制度　給付型奨学金総額 年間約 1億141万円

入学金▶250,000円～
年間授業料（施設費等を除く）▶1,326,000円～（詳細は巻末資料参照）
年間奨学金総額▶101,405,000円
年間奨学金受給者数▶81人
主な奨学金制度▶全学部学科で実施する「奨学生入試」合格者（103名）には，返還義務のない年額130万円の奨学金を最長４年間支給。このほか，「大新東奨学金」「東京工科大学同窓会奨学金」などを設置。また，学費減免制度もあり，2021年度には31人を対象に，総額で約1,354万円を減免している。

保護者向けインフォメーション

● **学報**　「東京工科大学学報」を発行している。
● **成績確認**　成績表を郵送するほか，必修科目で出席状況が芳しくない科目がある場合に，保護者に手紙を送付している。
● **保護者会**　八王子Cで春期・秋期保護者会（２年生以上，一部対象者のみ）を開催し，個別面談を行っている。
● **防災対策**　「東京工科大学災害（大規模地震）対応マニュアル」を入学時に配布している。
● **コロナ対策１**　感染状況に応じた活動制限指針を設定。「コロナ対策２」（下段）あり。

インターンシップ科目	必修専門ゼミ	卒業論文	GPA制度の導入の有無および活用例	１年以内の退学率	標準年限での卒業率
八王子Cの４学部で開講している	全学部で３・４年次に実施	全学部で卒業要件	奨学金や授業料免除対象者の選定や大学院入試選抜，学生への個別の学修指導に活用するほか，GPAに応じた履修上限単位数を設定	1.7%	79.2%

● **コロナ対策２**　入構時に検温と消毒を行い，講義室の空調などの環境を整備。経済的支援として，新型コロナウイルス感染症の影響により，家計が急変した世帯の学生に対する授業料の減免を実施（2022年度）。

学部紹介

学部／学科	定員	特色
工学部		
機械工 電気電子工 応用化	100 100 80	▶持続可能な社会のために環境，産業，人間という視点で工業製品や技術を見つめ，製品のライフサイクル全体を設計・評価する「サステイナブル工学」を体系的・実践的に学ぶ。全員が約２カ間の就業経験を行う独自のコーオプ教育を展開。
● 進路状況…………就職82.9%　進学15.1% ● 主な就職先………日産自動車，東日本旅客鉄道，綜合警備保障，SUBARU，日本車輌製造など。		
コンピュータサイエンス学部		
コンピュータサイエンス	290	▷〈先進情報専攻150名，人工知能専攻140名〉革新的なICT教育を展開し，激変する社会の変化に対応するだけでなく，新しいニーズと価値を生み出せるエンジニアを育成する。
● 進路状況…………就職86.9%　進学6.6% ● 主な就職先………ヤフー，富士通，凸版印刷，富士電機，富士通エフサス，東日本電信電話など。		
メディア学部		
メディア	290	▷メディアコンテンツ，メディア技術，メディア社会の３コース。確かな基礎＆先端技術でメディアの未来を拓く。
● 進路状況…………就職76.2%　進学7.8% ● 主な就職先………セガ，カプコン，大塚商会，富士ソフト，パナソニック映像，ニトリ，レイなど。		
応用生物学部		
応用生物	260	▷〈生命科学・医薬品専攻130名，食品・化粧品専攻130名〉生物・生命の機能を未来社会に生かすための，最先端のバイオテクノロジーを追究する。
● 進路状況…………就職74.6%　進学18.4% ● 主な就職先………伊藤ハム，紀文食品，オムロン，協和キリン，サンドラッグ，山崎製パンなど。		
デザイン学部		
デザイン	200	▷〈視覚デザイン専攻120名，工業デザイン専攻80名〉表現や発想の根幹となる「感性」と，確かな「スキル」を身につけ，社会の多様な問題に対応するデザイン提案力を育む。
● 進路状況…………就職85.8%　進学3.3% ● 主な就職先………コナミデジタルエンタテインメント，日本自動車連盟，東急Re・デザインなど。		
医療保健学部		
看護 臨床工 リハビリテーション 臨床検査	80 80 160 80	▶医療の安全や最新の医療テクノロジーを理解し，チーム医療の最前線で自律と協働を実践できる高度医療専門職を育成する。国家試験合格後も視野に入れた手厚い医療専門教育を実践。リハビリテーション学科は理学療法学（80名），作業療法学（40名），言語聴覚学（40名）の３専攻。
● 取得可能な資格…教職（養護二種），看護師・保健師（選抜制）・臨床検査技師・臨床工学技士・理学療法士・作業療法士・言語聴覚士受験資格など。 ● 進路状況…………就職95.4%　進学0.8% ● 主な就職先………IMSグループ，川崎市病院局，国立病院機構関東信越グループ，虎の門病院など。		

▶キャンパス

工・コンピュータサイエンス・メディア・応用生物……［八王子キャンパス］東京都八王子市片倉町1404-1

デザイン・医療保健……［蒲田キャンパス］東京都大田区西蒲田5-23-22

キャンパスアクセス ［八王子キャンパス］JR中央線―八王子よりスクールバス10分／JR横浜線―八王子みなみ野よりスクールバス５分

2023年度入試要項（前年度実績）

●募集人員

学部／学科（専攻）	一般A	一般B
▶工　機械工	20	5
電気電子工	20	5
応用化	18	4
▶コンピュータサイエンス　コンピュータサイエンス（先進情報）	27	9
（人工知能）	26	9
▶メディア　メディア	53	18
▶応用生物　応用生物（生命科学・医薬品）	25	10
（食品・化粧品）	25	10
▶デザイン　デザイン（視覚デザイン）	25	3
（工業デザイン）	17	2
▶医療保健　看護	21	5
臨床工	21	5
リハビリテーション（理学療法学）	21	5
（作業療法学）	11	2
（言語聴覚学）	8	2
臨床検査	21	5

▷学部・学科により，A・B・Cの３つのグループに分けて試験を実施。グループAは工学部機械工学科・電気電子工学科とコンピュータサイエンス学部。グループBは工学部応用化学科，メディア学部，応用生物学部，デザイン学部，医療保健学部臨床工学科・臨床検査学科。グループCは医療保健学部看護学科・リハビリテーション学科。

全学部

一般選抜A日程・B日程　【グループA】　**3**科目　①外（100）▶コミュ英Ⅰ・コミュ英Ⅱ・コミュ英Ⅲ・英表Ⅰ・英表Ⅱ　②**数**（100）▶数Ⅰ・数Ⅱ・数Ⅲ・数A・数B（数列・ベク）　③**理**（100）▶「物基・物」・「化基・化」・「生基・生」から1

【グループB・グループC】　**3**科目　①②③**国・外・数・理**（100×3）▶国総（現文）・「コミュ英Ⅰ・コミュ英Ⅱ・コミュ英Ⅲ・英表Ⅰ・英表Ⅱ」・「数Ⅰ・数A」・「数Ⅰ・数Ⅱ・数A・数B（数列・ベク）」・「〈物基・物〉・〈化基・化〉・〈生基・生〉から1」から3，ただし数学を選択する場合，グループBは「数Ⅰ・数Ⅱ・数A・数B」指定，グループCは「数Ⅰ・数A」指定

その他の選抜

共通テスト利用試験は工学部81名，コンピュータサイエンス学部82名，メディア学部82名，応用生物学部76名，デザイン学部41名，医療保健学部80名を募集。ほかに奨学生入試，総合型選抜（全学部AO入試，探究成果発表入試，言語聴覚学専攻特別入試），外国人留学生募集を実施。

偏差値データ（2023年度）

●一般選抜A日程

学部／学科（専攻）	2023年度 駿台予備学校 合格目標ライン	2023年度 河合塾 ボーダー偏差値	2022年度 競争率
▶工学部			
機械工	41	42.5	3.4
電気電子工	40	40	3.3
応用化	41	40	2.5
▶コンピュータサイエンス学部			
コンピュータサイエンス（先進情報）	40	40	10.0
（人工知能）	40	40	7.2
▶メディア学部			
メディア	40	45	13.7
▶応用生物学部			
応用生物（生命科学・医薬品）	40	37.5	1.5
（食品・化粧品）	40	42.5	1.5
▶デザイン学部			
デザイン（視覚デザイン）	39	42.5	2.5
（工業デザイン）	39	40	2.9
▶医療保健学部			
看護	42	45	3.8
臨床工	40	37.5	3.1
リハビリテーション（理学療法学）	41	40	3.6
（作業療法学）	41	37.5	1.7
（言語聴覚学）	40	40	1.0
臨床検査	41	40	4.1

- 駿台予備学校合格目標ラインは合格可能性80％に相当する駿台模試の偏差値です。
- 河合塾ボーダー偏差値は合格可能性50％に相当する河合塾全統模試の偏差値です。
- 競争率は受験者÷合格者の実質倍率

キャンパスアクセス　［蒲田キャンパス］JR京浜東北線，東急池上線，東急多摩川線一蒲田より徒歩2分

東京慈恵会医科大学

資料請求

問合せ先　入試事務室　☎03-3433-1111（代）

建学の精神

源流は，脚気の原因について栄養欠陥説を提唱し，それによって日本海軍から脚気を撲滅した人として世界的に有名な高木兼寛によって1881（明治14）年に創立された「成医会講習所」に始まる。1875年から５年間，英国セント・トーマス病院医学校（現・ロンドン大学キングスコレッジ）で学んだ高木は，ナイチンゲールのチーム医療の考えに振れ，「医師と看護婦（師）は車の両輪のごとし」という信念に基づき，日本で最初の看護教育の場として「看護婦教習所」も設立。高木がめざした「医学的力量のみならず，人間的力量をも兼備した医師の養成」を凝縮した建学の精神「病気を診ずして病人を診よ」は，「病気を看ずして病人を看よ」として看護教育にも取り入れられ，研究と医療を通じた社会貢献もこの精神のもとで行われている。

● 西新橋キャンパス…〒105-8461　東京都港区西新橋3-25-8
● 国領キャンパス……〒182-8570　東京都調布市国領町8-3-1

基本データ

学生数▶896名（男408名，女488名）
専任教員数▶教授189名，准教授105名，講師190名
設置学部▶医
併設教育機関▶大学院―医学（M・D）

就職・卒業後の進路

● **就職支援**　例年，本学の４つの附属病院（本院，葛飾医療センター，附属第三病院，附属柏病院）へ就職する者が多く，その他は保健師や養護教諭として就職，大学院や助産師学校への進学など，さまざまな進路先がある看護学科ではキャリア支援室を設置し，進路決定を支援。学生の進路選択に役立つ情報を提供するとともに，進路に対する悩みや相談にも応じている。

● **資格取得支援**　2022年２月に実施された第116回医師国家試験の合格率は98.1%（新卒），第111回看護師国家試験では合格率100%を記録するなど，万全な国家試験対策で，毎年高い合格率を維持している。

進路指導者も必見　学生を伸ばす　面倒見

初年次教育

医学科では医師を志すにあたっての基本的な知識，倫理観，判断力を養い，看護学科では医学科生と一緒に演習やディスカッションを行いながら，物事を総合的多面的に理解する能力，倫理的知識・技術・態度を修得

学修サポート

医学科でTA制度を導入。また，1・2年生の学生3～4人に対して，教員1人がアドバイザーとして生活面，学習面などについて相談を行っている。看護学科でも担当教員による学生生活アドバイザー制度を導入している

オープンキャンパス（2022年度実績）　医学科で８月に２日間，Zoomを用いたオンライン方式で実施。看護学科は７月，８月，10月にいずれも２部制で，来場型のオープンキャンパスを開催（両学科とも事前申込制）

医学部

2022年３月卒業生
167人

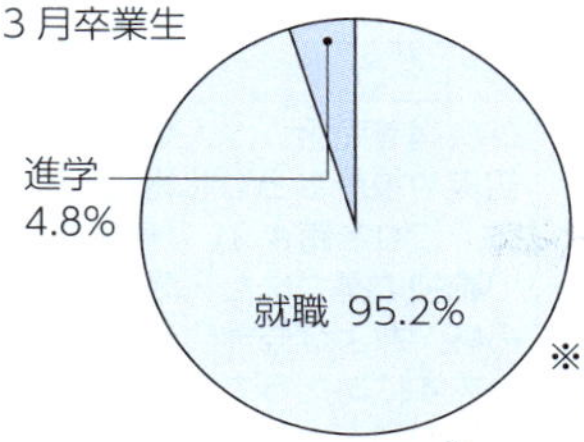

※就職には医学科の
初期臨床研修医を含む。

主なOB・OG▶［医］進藤奈邦子（WHO医務官），［医］中原英臣（西武学園医学技術専門学校東京校校長），［医］南雲吉則（ナグモクリニック総院長），［医］大坪寛子（厚生労働省大臣官房審議官）など。

国際化・留学　大学間 14 大学

受入れ留学生数▶15名（海外協定校からの医学生受入人数，2019年度）
外国人専任教員▶教授１名，准教授０名，講師１名，助教２名（2022年５月１日現在）
大学間交流協定▶14大学（2021年度末現在）
海外への留学生数▶25名／年（海外協定校への医学生派遣人数，2019年度）
海外留学制度▶医学科の海外での臨床実習は，英語試験IELTSとTOEFLの成績および学業成績を考慮し選考された学生を，キングスコレッジ医学部をはじめ海外協定校14校へ派遣。看護学科ではグローバルな視野で世界の人々の健康課題に取り組む力を養うことを目的に，2003年度に国際交流プログラムをスタート。英国King's College Londonフローレンス・ナイチンゲール看護学部やシンガポール国立大学，国立台湾大学看護学部との交換留学制度，米国での看護研修など多くの機会が用意されている。
※留学生数はコロナ発生以前の実績を掲載しています。

学費・奨学金制度

入学金▶医1,000,000円，看護500,000円
年間授業料（施設費等を除く）▶医2,500,000円，看護1,000,000円（詳細は巻末資料参照）
年間奨学金総額▶NA
年間奨学金受給者数▶NA
主な奨学金制度▶医学科の「東京慈恵会医科大学保護者会奨学金［給付］」は，学資に充当する50万円を毎年10名を限度として給付（原則として在学中１回のみ）。また，「特待生制度」は，入学時の成績上位入学者（医学科５名，看護学科２名）を対象に，授業料の全額を免除。２年次以上の場合は各学年の成績上位者（医学科５名，看護学科２名）を対象に，授業料の半額を免除している。

保護者向けインフォメーション

●**オープンキャンパス**　医学科のオンライン方式オープンキャンパスは，保護者の参加も可能。
●**保護者会**　医学科では保護者会を組織し，例年，年２回の保護者会および懇親会，新入生父兄施設見学・歓迎会などを開催している。
●**コロナ対策**　令和３年度文部科学省「ウィズコロナ時代の新たな医療に対応できる医療人材養成事業」に，医学科の「オンライン診療教育」と「DXを用いた臨床実習教育」が採択された。

インターンシップ科目	必修専門ゼミ	卒業論文	GPA制度の導入の有無および活用例	１年以内の退学率	標準年限での卒業率
開講していない	看護学科で４年間通してゼミ形式の小人数制教育を実施	看護学科は卒業要件	学外への成績評価表作成に活用している	NA	96.7%（看護）93.8%（医）

学部紹介

学部／学科	定員	特色
医学部		
医	105	▷疾病を克服し，人類の健康を増進するための医学の基本的知識や技能ならびに態度・習慣を修得することを教育の基本に，これを踏まえ，「病気を診ずして病人を診よ」という建学の精神に基づいた人間性豊かな医師になるための責任感，使命感，および倫理観を身につけ，実践することを重視。医師を志すにあたっての基本的な知識，倫理観，判断力を養う1年次の初年次教育，実習や授業を通して，人のメカニズムを学ぶ2・3年次の基礎医学教育，診断と治療の現場を学ぶ3～6年次の臨床医学教育といった6年一貫カリキュラムで，“最良の医師”を養成している。
看護	60	▷1学年定員60名の学生数に対して専任教員が40名という充実した環境の中，学生一人ひとりを大切にした教育を推進。医学科と合同のスタートアップ研修をはじめ，教養科目や臨床倫理演習などの共修科目を多く取り入れ，学祖・高木兼寛が残した「医師と看護婦(師)は車の両輪のごとし」の言葉を実践し，看護学の発展に貢献できる創造性豊かな資質の高い看護実践者を育成している。

- **取得可能な資格**…医師・看護師・保健師(選択者のみ)受験資格。
- **進路状況**…………[医]初期臨床研修医98.1%　進学1.9%　[看護]就職89.8%　進学10.2%
- **主な就職先**………[看護]東京慈恵会医科大学附属4病院，他病院施設，保健師など。

▶キャンパス

医2～6年次………[西新橋キャンパス]　東京都港区西新橋3-25-8
医1年次・看護……[国領キャンパス]　東京都調布市国領町8-3-1

2023年度入試要項(前年度実績)

●募集人員

学部／学科		一般
▶医	医	105
	看護	60

※医学科では，募集人員のうち5名は地域への医療に貢献することを期待し，出身高校が属する各地域区分(東京，千葉，神奈川，埼玉以外)から1名を優先して合格とする。ただし，卒業後の進路を拘束するものではない。地域区分は以下の通り。
A区分一北海道，青森，岩手，宮城，秋田，山形，福島。
B区分一茨城，栃木，群馬，新潟，富山，石川，福井，山梨，長野。
C区分一岐阜，静岡，愛知，三重，滋賀，京都，大阪，兵庫，奈良，和歌山。
D区分一鳥取，島根，岡山，広島，山口，徳島，香川，愛媛，高知。
E区分一福岡，佐賀，長崎，熊本，大分，宮崎，鹿児島，沖縄。
※看護学科は，学校推薦型選抜(指定校)若干名を含む。

▷看護学科の一般選抜において，英語資格・検定試験の本学科基準以上のスコア保持者は，外国語(英語)の入試が免除となり，そのスコアを外国語入学試験の点数として換算できる。ただし，スコアを提出した場合でも，願書出願時に希望すれば，当学科の英語試験も受験することが可能。この場合，点数の高い方が得点となる。各スコアは，出願締切日から遡って2年以内に受験したものを有効とするが，2023年度入試に限って，新型コロナウイルス感染症の影響を鑑み，出願締切日から遡って3年以内に受験したものを有効とする。採用する英語資格・検定試験は以下の通り。
ケンブリッジ英検，英検(英検S-CBTも含む)，

キャンパスアクセス [西新橋キャンパス] 都営三田線一御成門より徒歩3分／JR，東京メトロ銀座線・都営浅草線一新橋より徒歩12分／東京メトロ日比谷線一神谷町より徒歩7分，虎ノ門ヒルズより徒歩9分

GTEC CBT，GTEC 検定版（4技能），IELTS，TEAP，TEAP CBT，TOEFL iBT。
▷医学科においては，英語資格・検定試験（ケンブリッジ英検，英検，GTEC，IELTS，TEAP，TOEFL iBT，TOEIC）の結果（4技能のスコア記載があるもの，合格したものに限る）の提出は任意。提出しないことで試験が不利になることはなく，調査書と併せて二次試験の参考にする。

医学部

一般選抜　**【医学科】〈一次試験〉** 4科目 ①**外**（100）▶コミュ英Ⅰ・コミュ英Ⅱ・コミュ英Ⅲ・英表Ⅰ・英表Ⅱ　②**数**（100）▶数Ⅰ・数Ⅱ・数Ⅲ・数A・数B（数列・ベク）③④**理**（200）▶「物基・物」・「化基・化」・「生基・生」から2
〈二次試験〉 3科目 ①**小論文**（25）▶複数名の評価者が5段階評価　②**面接**（30）▶Multiple Mini Interview。6名の評価者がそれぞれ5段階評価　③**調査書等**（25）▶合議により3段階評価
※調査書等は，調査書，履修証明書などのこれまでの学業履歴がわかる参考書類。
※二次試験は一次試験の合格者のみ実施。
【看護学科】〈一次試験〉 4科目 ①**国**（100）▶国総（古文・漢文を除く）・現文B　②**外**（100）▶コミュ英Ⅰ・コミュ英Ⅱ・コミュ英Ⅲ　③**数**（100）▶数Ⅰ・数A　④**理**（100）▶化基・生基から1
※全科目マークシート方式ではなく，記述式による解答方法。
※化学，生物は偏差値換算した得点を利用。
〈二次試験〉 1科目 ①**面接**
※二次試験は一次試験の合格者のみ実施。

その他の選抜

看護学科で学校推薦型選抜（指定校）を実施。

偏差値データ（2023年度）

●一般選抜

学部／学科	2023年度 駿台予備学校 合格目標ライン	2023年度 河合塾 ボーダー偏差値	2022年度 競争率
▶医学部			
医	66	70	6.8
看護	46	52.5	3.6

- 駿台予備学校合格目標ラインは合格可能性80％に相当する駿台模試の偏差値です。
- 河合塾ボーダー偏差値は合格可能性50％に相当する河合塾全統模試の偏差値です。
- 競争率は受験者÷合格者の実質倍率

キャンパスアクセス［国領キャンパス］京王線―国領より徒歩10分，調布よりバス10分／小田急線―狛江よりバス10分

東京女子大学（とうきょうじょし）

資料請求

問合せ先　広報課　☎03-5382-6476

建学の精神

北米のプロテスタント諸教派の援助のもと，新渡戸稲造を初代学長に，1918（大正７）年に開学。「豊かな教養に基づく幅広い視野と高い専門性を身につけ，自立した女性を育てたい」という情熱は変わることなく，女性の生涯を支援していくための大学へと発展し，６万人を超える卒業生たちは，日本中で，そして世界で活躍している。創立以来培ってきたキリスト教の精神に基づくリベラルアーツ教育の実績を礎に，社会課題を解き，複雑化した時代を生き抜く「挑戦する知性」を磨くため，現代教養学部１学部５学科12専攻で国際性，女性の視点，実践的な学びを重視し，所属学科・専攻の枠を超えた横断的なカリキュラムを展開。自ら考え，知識や能力を行動に移す「専門性をもつ教養人」として，21世紀の人類・社会に貢献する女性を育成している。

● 東京女子大学キャンパス……〒167-8585　東京都杉並区善福寺2-6-1

基本データ

学生数▶女3,763名
専任教員数▶教授80名，准教授31名，講師11名

設置学部▶現代教養
併設教育機関▶大学院一人間科学・理学（以上M・D）

就職・卒業後の進路

就職率 99.4%
就職者÷希望者×100

● **就職支援**　自分の理想に合う生き方を見つけられるよう，年間150日にわたり多彩なプログラムを提供。３年次には，就職ガイダンス，OG座談会，個別企業研究セミナー・学内企業説明会，グループディスカッションや面接などのトレーニングを短期間で集中的に行う起死回生！ 面接対策２Daysなどを実施し，一人ひとりが自信を持って卒業できるよう全力でサポートしている。また，日本の大学初のVRを活用した就職支援動画も導入。

● **資格取得支援**　教職課程，学芸員課程のほか，日本語教育に携わる人材の育成に力を注ぎ，日本語教員養成課程を設置。カリキュラムは幅広い研究領域から構成され，課程修了者には卒業時に，「東京女子大学日本語教員養成課程修了証」を交付している。

進路指導者も必見 学生を伸ばす 面倒見	初年次教育	学修サポート
	文献や資料検索の方法，口頭発表や討論の技法，論文作成の基礎を学ぶとともに，論理的思考力を養う各専攻の1年次演習（基礎演習など）のほか，「キリスト教学Ⅰ（入門Ⅰ）」「情報処理技法（リテラシ）Ⅰ」などを開講	TA制度やオフィスアワー，専任教員が履修計画や進路について助言・指導を行うアドバイザー制度を導入。また，図書館に学習コンシェルジュを採用しているほか，英語センターや教育・学習支援センターを設置

オープンキャンパス（2022年度実績）　東京女子大学での学生生活を具体的にイメージしてもらえるように，さまざまなプログラムを用意しているオープンキャンパスを６月・７月・８月・12月・３月に開催（事前申込制）。

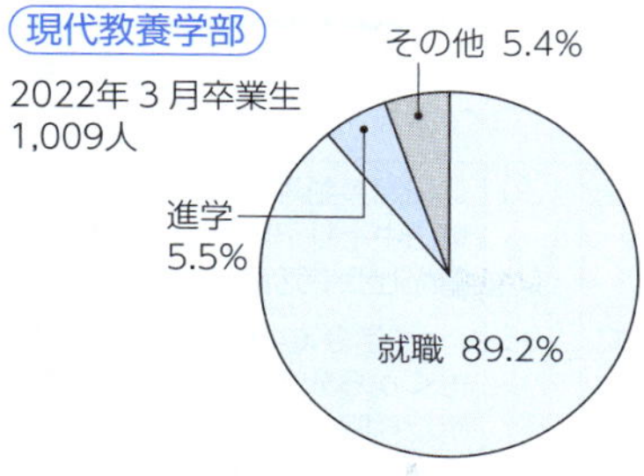

主なOG ▶及川美紀（ポーラ社長），高樹のぶ子（小説家），佐藤真知子（日本テレビアナウンサー），高橋真麻（フリーアナウンサー），多部未華子（女優），森香澄（テレビ東京アナウンサー）など。

国際化・留学　大学間 31 大学・部局間 1 機関

受入れ留学生数 ▶57名（2022年５月１日現在）

留学生の出身国・地域 ▶韓国，中国，台湾，ベトナム，スペインなど。

外国人専任教員 ▶教授２名，准教授５名，講師４名（2022年５月１日現在）

外国人専任教員の出身国 ▶イギリス，アメリカ，中国，カナダ，オーストラリアなど。

大学間交流協定 ▶31大学（交換留学先８大学，2022年９月１日現在）

部局間交流協定 ▶１機関（2022年４月１日現在）

海外への留学生数 ▶オンライン型30名／年（４カ国・地域，2021年度）

海外留学制度 ▶協定校留学や認定校留学，国際英語専攻で必修の海外研修，長期休暇を利用した語学研修，ケンブリッジ教養講座，教員の企画・引率によるスタディ・ツアーなど，さまざまな国際交流の活動を展開。また，コンソーシアムはACUCAに参加している。

学費・奨学金制度　給付型奨学金総額 年間約 4,249 万円

入学金 ▶200,000円

年間授業料（施設費等を除く）▶760,000円（詳細は巻末資料参照）

年間奨学金総額 ▶42,485,341円

年間奨学金受給者数 ▶87人

主な奨学金制度 ▶経済的支援の「東京女子大学給付奨学金」，その申請者の中で各学年の成績最上位者が対象となる「安井てつ給付奨学金」のほか，新１年次対象の「東京女子大学予約型給付奨学金」などの制度を設置。

保護者向けインフォメーション

● **広報誌**　「VERA」を年３回発行・送付。
● **成績確認**　単位僅少で進級・卒業ができない場合にその事実と併せて成績表を通知している。
● **懇談会**　毎年９月に本学キャンパスで父母懇談会を開催し，就職や留学に関する説明や個別面談，キャンパスツアーなどを実施。2022年度は広島（６月），長野（７月）でも開催した。
● **防災対策**　「災害時対応マニュアル」を年度始めの身分証明書更新時に配布。災害時はメールを利用して学生の安否状況を把握する。
● **コロナ対策１**　ワクチンの職域接種を実施。感染状況に応じた４段階のBCP（行動指針）を設定している。「コロナ対策２」（下段）あり。

インターンシップ科目	必修専門ゼミ	卒業論文	GPA制度の導入の有無および活用例	１年以内の退学率	標準年限での卒業率
コミュニティ構想専攻で開講	全学科で４年間にわたって実施（２・３年次は一部の専攻を除く）	全学科で卒業要件	奨学金対象者選定，留学候補者選考，個別の学修指導に活用。前年度GPA（3.0以上）により，登録単位数の上限を超えての履修可能	1.0%	91.4%

● **コロナ対策２**　ハイフレックス授業用機器の配備，自動水栓の増設，飛沫防止パネル・シートの設置，入構・施設利用の制限，ゼミ合宿の感染防止ガイドライン策定，東京都や杉並区のPCRモニタリング検査に参加など。

学部紹介

学部／学科	定員	特色
現代教養学部		
国際英語	130	▷国際英語専攻にイングリッシュ・スタディーズ，英語教育，英語キャリアの３コースを設置。語学力と幅広い知性を培い，国際社会で活躍できる女性を育成する。
人文	205	▷〈哲学専攻41名，日本文学専攻87名，歴史文化専攻77名〉古くから先人が積み重ねてきた知の遺産にヒントを得つつ，新たな時代の知に敏感に反応するしなやかさを身につける。
国際社会	284	▷〈国際関係専攻105名，経済学専攻71名，社会学専攻54名，コミュニティ構想専攻54名〉グローバルとローカルの双方の視点から，あらゆる社会問題を解決に導くための力を育む。
心理・コミュニケーション	200	▷〈心理学専攻82名，コミュニケーション専攻118名〉人の心や行動，コミュニケーションの仕組み・本質を分析することで社会の課題の解決策を見出し，発信できる人物を育成。
数理科	71	▷〈数学専攻35名，情報理学専攻36名〉2024年度より，２専攻制から「情報数理科学」の１専攻に統合される予定。

- **取得可能な資格**…教職(国・地歴・公・社・数・情・英・宗)，学芸員など。
- **進路状況**…………就職89.2%　進学5.5%
- **主な就職先**………星野リゾート・マネジメント，資生堂，日本銀行，三菱UFJ銀行，日本電気，アクセンチュア，東京海上日動火災保険，有限責任あずさ監査法人，公務員など。

キャンパス

現代教養……［東京女子大学キャンパス］東京都杉並区善福寺2-6-1

2023年度入試要項(前年度実績)

●募集人員

学部／学科(専攻)	個別	英語外部	共通3教科	共通5科目
▶**現代教養** 国際英語	50	12	15	5
人文(哲学)	16	2	4	2
(日本文学)	34	6	10	4
(歴史文化)	30	6	9	3
国際社会(国際関係)	45	3	8	3
(経済学)	28	4	8	4
(社会学)	24	3	6	2
(コミュニティ構想)	21	5	7	2
心理・コミュニケーション(心理学)	34	5	9	4
(コミュニケーション)	45	10	15	6
数理科(数学)	18	2	3	2
(情報理学)	19	2	3	2

※上記以外に，一般選抜英語Speaking Test利用型(国際英語専攻のみ)，一般選抜３月期(専攻特色型・国公立併願型)を実施する(募集人員は「その他の選抜」を参照)。

※一般選抜個別学力試験型の募集人員には，帰国生入試，社会人入試，外国人留学生入試，外国人留学生対象日本語学校指定校制推薦入試の各若干名を含む。

▷一般選抜英語外部検定試験利用型は，対象とする英語外部検定試験(英検〈従来型・CBT・S-CBT・S-Interview〉，TEAP〈RL，W，S。同一試験日のスコアのみ有効〉，TEAP CBT。2021年２月以降に受験したものが有効。ただし，英検〈従来型〉については二次試験を2020年度第３回以降に受験したものを有効とする)の基準スコアを満たしていることを出願条件とし，本学独自の個別学力試験(英語を除く)および英語外部検定試験の成績(国際英語学科のみ)で合否を判定する。

現代教養学部

一般選抜個別学力試験型・英語外部検定試験利用型　【国際英語学科／人文学科／国際社会学科／心理・コミュニケーション学科】

キャンパスアクセス JR中央線・総武線―西荻窪より徒歩12分またはバス５分／JR中央線・総武線，京王井の頭線―吉祥寺よりバス10分／西武新宿線―上石神井よりバス15分・地蔵坂上下車徒歩５分

3～2 科目 ①国(150・〈国際英語学科の英語外部利用のみ100〉)▶国総(漢文を除く)・国表・現文B・古典B(漢文を除く) ②外(150)▶コミュ英Ⅰ・コミュ英Ⅱ・コミュ英Ⅲ・英表Ⅰ・英表Ⅱ ③地歴・数(100)▶世B・日B・「数Ⅰ・数Ⅱ・数A・数B(数列・ベク)」から1

【数理科学科〈数学専攻〉】 3～2 科目 ①外(100)▶コミュ英Ⅰ・コミュ英Ⅱ・コミュ英Ⅲ・英表Ⅰ・英表Ⅱ ②数(150)▶数Ⅰ・数Ⅱ・数A・数B(数列・ベク) ③数(100)▶数Ⅰ・数Ⅱ・数Ⅲ・数A・数B(数列・ベク)

【数理科学科〈情報理学専攻〉】 3～2 科目 ①外(100)▶コミュ英Ⅰ・コミュ英Ⅱ・コミュ英Ⅲ・英表Ⅰ・英表Ⅱ ②数(150)▶数Ⅰ・数Ⅱ・数A・数B(数列・ベク) ③数・理(100)▶「数Ⅰ・数Ⅱ・数Ⅲ・数A・数B(数列・ベク)」・「物基・物」・「化基・化」から1

※英語外部検定試験利用型は，国際英語専攻は英語を除く2科目を受験し，高得点の1科目(100点)と，英語外部検定試験のスコアに応じて最大40点加点した140点満点で合否を判定する。その他の専攻は英語を除く2科目を受験し，250点満点で判定する。

一般選抜共通テスト3教科型・5科目型 **【国際英語学科／人文学科／国際社会学科／心理・コミュニケーション学科】** 6～3 科目 ①国(200)▶国 ②外(200)▶英(リスニング〈100〉を含む) ③④⑤⑥地歴・公民・数・理(3教科型200・5科目型100×3)▶世B・日B・地理B・現社・倫・政経・「倫・政経」・「数Ⅰ・数A」・「数Ⅱ・数B」・「物基・化基・生基・地学基から2」・物・化・生・地学から3教科型は1，5科目型は「数Ⅰ・数A」を含む3

[個別試験] 行わない。

一般選抜共通テスト3教科型 **【数理科学科】** 5～4 科目 ①外(100)▶英(リスニングを含む) ②③数(100×2)▶「数Ⅰ・数A」・「数Ⅱ・数B」 ④⑤理(100)▶「物基・化基・生基・地学基から2」・物・化・生・地学から1

[個別試験] 行わない。

一般選抜共通テスト5科目型 **【数理科学科】** 6～5 科目 ①国(150)▶国 ②外(150)▶英(リスニングを含む) ③④数(150×2)▶「数Ⅰ・数A」・「数Ⅱ・数B」 ⑤⑥地歴・公民・理(100)▶世B・日B・地理B・現社・倫・政経・「倫・政経」・「物基・化基・生基・地学基から2」・物・化・生・地学から1

[個別試験] 行わない。

※数理科学科の「英語」はリーディング・リスニング各100点の200点満点を，3教科型は×0.5，5科目型は×0.75とする。

その他の選抜

一般選抜英語Speaking Test利用型は国際英語専攻5名を，一般選抜3月期(専攻特色型・国公立併願型)は，国際英語専攻9名，哲学専攻4名，日本文学専攻6名，歴史文化専攻5名，国際関係専攻14名，経済学専攻4名，社会学専攻3名，コミュニティ構想専攻3名，心理学専攻4名，コミュニケーション専攻6名，数学専攻3名，情報理学専攻3名を募集。ほかに学校推薦型選抜(指定校制)，総合型選抜(知のかけはし入試)，帰国生入試，社会人入試，外国人留学生入試，外国人留学生対象日本語学校指定校制推薦入試を実施。

偏差値データ (2023年度)

●一般選抜個別学力試験型

学部／学科／専攻	2023年度 駿台予備学校 合格目標ライン	2023年度 河合塾 ボーダー偏差値	2022年度 競争率
▶現代教養学部			
国際英語	50	50	1.5
人文/哲学	48	52.5	1.9
／日本文学	49	52.5	1.8
／歴史文化	49	52.5	1.6
国際社会／国際関係	50	52.5	1.8
／経済学	49	52.5	1.8
／社会学	49	55	1.9
／コミュニティ構想	49	52.5	1.9
心理・コミュニケーション/心理学	49	55	2.1
／コミュニケーション	48	52.5	1.9
数理科/数学	44	45	1.4
／情報理学	46	47.5	1.7

- 駿台予備学校合格目標ラインは合格可能性80%に相当する駿台模試の偏差値です。
- 河合塾ボーダー偏差値は合格可能性50%に相当する河合塾全統模試の偏差値です。
- 競争率は受験者÷合格者の実質倍率

東京電機大学

資料請求

問合せ先 入試センター ☎03-5284-5151

建学の精神

2人の青年技術者，廣田精一と扇本眞吉が1907（明治40）年に開設した「電機学校」が東京電機大学の始まり。技術を学ぼうとする人たちに広く門戸を開き，24（大正13）年にはNHKよりも早くラジオの実験放送を開始。日本初のテレビ公開実験も28（昭和3）年に実施するなど，「実学尊重」の建学の精神，「技術は人なり」の教育・研究理念を胸に刻み，時代の変化に柔軟に適応しながら，日本をはじめ世界で活躍する多くの技術者を世に輩出。常に新しい時代を創造してきたDENDAIは，創立以来受け継がれる「実学尊重」の精神のもと，Society5.0が実現する「超スマート社会」に向けて先端研究を推進し，一人ひとりが快適に生活できる新しい社会の実現に貢献するため，あらゆる先端技術の発展に尽力できる未来志向型の高度専門技術者を育成する。

- **東京千住キャンパス**……〒120-8551　東京都足立区千住旭町5番
- **埼玉鳩山キャンパス**……〒350-0394　埼玉県比企郡鳩山町石坂

基本データ

学生数▶8,990名（男7,798名，女1,192名）
専任教員数▶教授179名，准教授84名，講師38名
設置学部▶システムデザイン工，未来科，工，理工，工第二部（夜間部）
併設教育機関▶大学院―システムデザイン工学・未来科学・工学・理工学（以上M），先端科学技術（D）

就職・卒業後の進路

就職率 **98.2**%
就職者÷希望者×100

●**就職支援**　約1,500名の学生が参加する本学最大級のキャリア支援行事「卒業生による仕事研究セミナー」などの多種多様なサポートプログラムや充実したキャリア教育で，就職率の高さに加え，希望の進路に導く「質」の高い就職を実現。卒業生によるネットワーク「電機会」も強力にバックアップしている。

●**資格取得支援**　キャリアアップや希望する進路を実現するために役立つ資格・免許が数多く存在するだけに，二級建築士学科試験対策講座や難易度の高い資格試験合格者表彰制度を設けるなど，力強くサポートしている。

進路指導者も必見 学生を伸ばす 面倒見

初年次教育	学修サポート
「アカデミックスキルズ」や「情報リテラシー（数理・データサイエンス入門）」，大学の歴史や特徴，本学で学ぶ意義を理解し，キャンパスライフを有意義に送るための心構えを学ぶ「東京電機大学で学ぶ」などの科目を開講	全学部でTA・SA制度，オフィスアワー制度，教員アドバイザー制度を導入。また，授業でわからなかったところについて質問に答えたり，学習方法の相談に乗る「学習サポートセンター」を各キャンパスに設置している

オープンキャンパス（2022年度実績）　両キャンパスで6月と7月に開催（キャンパスにより日時は異なる。事前登録制・定員制）。学科・学系展示室，研究室公開，キャンパスツアーなど。11月に進学相談会を学園祭同時開催。

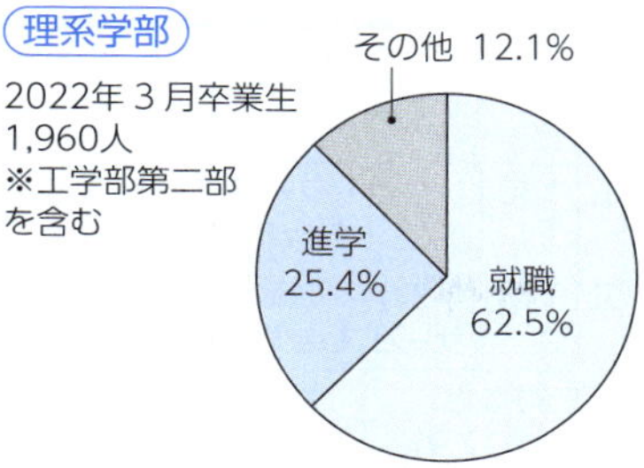

主なOB・OG ▶ ［工］野澤宏（富士ソフト創業者），［工］守屋輝彦（神奈川県小田原市長），［理工］鯉沼久史（コーエーテクモゲームス社長），［理工］平野聡（トプコン社長），［理工］熊谷達也（小説家）など。

国際化・留学　大学間 41 大学等

受入れ留学生数 ▶ 185名（2022年５月１日現在）
留学生の出身国・地域 ▶ 中国，韓国，マレーシア，インドネシア，台湾など。
外国人専任教員 ▶ 教授１名，准教授１名，講師４名（2022年９月１日現在）
外国人専任教員の出身国 ▶ イギリス，カナダ，アメリカ，中国。
大学間交流協定 ▶ 41大学・機関（交換留学先４大学，2022年９月１日現在）
海外への留学生数 ▶ オンライン型25名／年（７カ国・地域，2021年度）
海外留学制度 ▶ より多くの学生に留学の機会を提供できるよう奨学金を用意し，例年は多くの学生が短期海外研修を通して，異文化体験やコミュニケーション能力の向上を図っている。また，コロナ禍の対応も踏まえ，「オンライン型」の研修も用意している。

学費・奨学金制度　給付型奨学金総額 年間 1,900 万円

入学金 ▶ 250,000円（工第二部130,000円）
年間授業料（施設費等を除く）▶ 1,361,000円～（工第二部は履修単位制）（詳細は巻末資料参照）
年間奨学金総額 ▶ 19,000,000円
年間奨学金受給者数 ▶ 49人
主な奨学金制度 ▶ 出願時に申請し，一般選抜前期の得点率が75％以上の成績優秀者を対象に年額35万円を給付する「エンジニアのたまご奨学金」（最長４年間）のほか，「特別奨学金」「学生サポート給付奨学金」「学生応急奨学金」などの制度を設置。また，学費減免制度もあり，2021年度には124人を対象に総額で約3,405万円を減免している。

保護者向けインフォメーション

●**成績確認**　成績や授業の出席状況などがポータルサイト「DENDAI-UNIPA」で確認できる。
●**後援会**　後援会を組織し，各キャンパスおよび全国各地で父母懇談会を開催。会誌「学苑」や「父母のための東京電機大学ガイド」「保護者のための就職ガイドブック」も発行している。
●**相談窓口**　保護者専用の窓口を設置している。
●**防災対策**　「大地震対応マニュアル」を入学時に配布。災害時には，在館管理システムの履歴をもとに学生の安否を確認する。
●**コロナ対策１**　ワクチンの職域接種を実施。感染状況に応じたBCP（行動指針）も設定している。「コロナ対策２」（下段）あり。

インターンシップ科目	必修専門ゼミ	卒業論文	GPA制度の導入の有無および活用例	１年以内の退学率	標準年限での卒業率
全学部で開講している	工学部第二部を除き４年次に実施	工第二部を除き卒業要件	学生に対する個別の学修指導や留学候補者選考，奨学金や授業料免除対象者の選定，進級判定，退学勧告，大学院入試選抜などに活用	2.5%	NA

●**コロナ対策２**　大学の入口に消毒液とサーモカメラを設置。Zoomを全学で導入した日本初の大学であり，全員にアカウントが付与され無償で利用が可能で，キャンパス内外で不自由なく遠隔授業を受講できる環境を提供。

学部紹介

学部／学科・学系	定員	特色
システムデザイン工学部		
情報システム工	130	▷ネットワーク・コンピュータ，データサイエンス，プログラミング分野に関する最先端の知識と技術を学ぶ。
デザイン工	110	▷工学の知識と技術を駆使して，グローバルな環境で「モノ・サービス・空間」を具現化できる実践力を養う。
● **取得可能な資格**…教職（技・情・工業）など。 ● **進路状況**…………就職76.1％　進学17.9％ ● **主な就職先**………日本電気，本田技術研究所，三菱電機，GMOインターネット，東京都庁など。		
未来科学部		
建築	130	▷安全で快適な建築・都市空間をつくることができる確かな実践力，豊かな表現力，卓越した先見性を持ったグローバルに活躍できる設計者・技術者・研究者を育成する。
情報メディア	110	▷メディア学とコンピュータサイエンスを複合的に学び，デザイン，表現，技術などの観点から包括的な理解を深める。
ロボット・メカトロニクス	110	▷関連理論の講義と演習，ロボット製作実習を通じて，イノベーティブなシステムを生み出せる技術者を育成する。
● **取得可能な資格**…教職（数・情・工業），１・２級建築士受験資格など。 ● **進路状況**…………就職54.2％　進学37.5％ ● **主な就職先**………鹿島建設，清水建設，大成建設，本田技研工業，東日本旅客鉄道，キヤノンなど。		
工学部		
電気電子工	120	▷電力・電気機器，電子情報システム，電子デバイスの３分野を学び，産業界で広く活躍できる技術者を育成する。
電子システム工	90	▷身近な製品の基礎となる電子・光・情報に関する技術を身につけた，社会に貢献できる人材を育成する。
応用化	80	▷環境に配慮しながら人類の生活が繁栄できる，安全・快適で持続可能な社会の構築について学ぶ。
機械工	110	▷基礎的知識の応用力と論理的思考力を養い，技術革新の激しい現代社会で先端を切り開ける機械工学技術者を育成。
先端機械工	100	▷機械工学に加え，情報，コンピュータ，光学，医用工学など先端工学を取り入れた授業・研究を展開。
情報通信工	110	▷コンピュータや通信システムのほか，音響・画像の信号処理技術まで習得できる幅広いカリキュラムを用意。
● **取得可能な資格**…教職（数・理・技・情・工業）など。 ● **進路状況**…………就職63.3％　進学26.9％ ● **主な就職先**………カシオ計算機，エヌ・ティ・ティ・データ，東海旅客鉄道，セイコーエプソンなど。		
理工学部		
理	100	▷数学，物理学，化学，数理情報学の４コース。数理や自然界の法則を探究し，論理的思考力を身につける。
生命科	80	▷分子生命科学，環境生命工学の２コース。本当の意味で人類のためになる社会やシステムを築く人材を育成する。
情報システムデザイン	180	▷コンピュータソフトウェア，情報システム，知能情報デザイン，アミューズメントデザインの４コース。複雑化・高度化する「情報学」について総合的に学ぶ。

キャンパスアクセス ［東京千住キャンパス］ JR常磐線，東武スカイツリーライン，東京メトロ日比谷線・千代田線，つくばエクスプレス—北千住より徒歩1分／京成本線—京成関屋から徒歩7分

機械工	80	▷設計・解析，加工・制御の２コース。高度な専門技術と最先端工学に適応するエンジニアリング・センスを身につける。
電子工	80	▷電子情報，電子システムの２コース。ものづくりを学ぶことを通して，人と社会に貢献する技術者を育成する。
建築・都市環境	80	▷建築，都市環境の２コース。情報技術などを幅広く学び，「持続可能な社会」の構築に貢献できる技術者を育成する。

● **取得可能な資格**…教職（数・理・情・工業），測量士補，１・２級建築士受験資格など。
● **進路状況**…………就職59.3％　進学24.5％
● **主な就職先**………日立製作所，資生堂，サイバーエージェント，大成建設，東日本旅客鉄道など。

工学部第二部

電気電子工	60	▶工学部を中心に，システムデザイン工学部，未来科学部の教授陣も授業を担当し，工学部とほぼ同じ内容が学べ，所属学科以外の科目や昼間開講の他学部の科目も履修可能。昼間は東京千住キャンパスの「学生職員」として働きながら，夜間は工学部第二部で学ぶ新社会人（高校新卒者）を対象とした「はたらく学生入試」制度（総合型選抜）を導入している。
機械工	60	
情報通信工	60	

● **取得可能な資格**…教職（情・工業）など。　● **進路状況**…………就職68.2％　進学8.1％
● **主な就職先**………横河電機，NECソリューションイノベータ，日立ハイテクフィールディングなど。

キャンパス

システムデザイン工・未来科・工・工二部……［東京千住キャンパス］東京都足立区千住旭町５番
理工……［埼玉鳩山キャンパス］埼玉県比企郡鳩山町石坂

2023年度入試要項（前年度実績）

●募集人員

学部／学科・学系	一般前期	一般前期英語	一般後期	一般後期英語	共通前期	共通後期
▶システムデザイン工 情報システム工	65	5	7	3	30	5
デザイン工	55	5	7	3	25	
▶未来科　建築	65	5	7	3	30	5
情報メディア	55	5	7	3	25	
ロボット・メカトロニクス	55	5	7	3	25	
▶工　電気電子工	60	5	7	3	25	7
電子システム工	40	5	7	3	20	
応用化	40	5	3	2	20	
機械工	55	5	7	3	25	
先端機械工	50	5	7	3	20	
情報通信工	55	5	7	3	25	
▶理工　理	55	5	12	3	15	7
生命科	35	5	7	3	20	
情報システムデザイン	70	5	17	3	45	
機械工	35	5	7	3	20	
電子工	35	5	7	3	20	
建築・都市環境	35	5	7	3	20	
▶工第二部　電気電子工	20				15	
機械工	20				15	
情報通信工	20				15	

※一般前期・後期英語は一般選抜（前期・後期英語外部試験利用）。
※工学部第二部は一般選抜と共通テスト利用選抜を実施し，英語外部試験利用は行わない。

▷一般選抜では，前期・後期とも，３科目合計点選抜方式（英語外部試験利用と工学部第二部一般選抜は２科目合計点選抜方式）と，数学が100点満点の者を合格とする数学満点選抜方式（３科目受験必須，英語外部試験利用と工学部第二部一般選抜は２科目受験必須）の２つの方式で判定する。
▷一般選抜（前期・後期英語外部試験利用）で指定されている英語外部試験は以下の通り。英検（準２級以上を受検し，かつ４技能すべて受検すること。英検CBT，英検S-CBTも可），GTEC（４技能版。GTEC〈４技能版〉CBTも可），TEAP（４技能版），TEAP CBT，TOEIC L&R＋TOEIC S&W，Cambridge English（４技能CBTリンガスキルも可），IELTS。
▷全学部の共通テスト利用選抜において，英

キャンパスアクセス［埼玉鳩山キャンパス］東武東上線一高坂よりスクールバス8分，北坂戸よりスクールバス10分／JR高崎線一鴻巣よりスクールバス40分，熊谷よりスクールバス45分

語の配点は，リーディング・リスニング各100点をリーディング150点，リスニング50点に換算する。

システムデザイン工学部・未来科学部・工学部

一般選抜（前期／前期・英語外部試験利用）
3〜2科目 ①外（100）▶コミュ英Ⅰ・コミュ英Ⅱ・コミュ英Ⅲ・英表Ⅰ・英表Ⅱ ②数（100）▶数Ⅰ・数Ⅱ・数Ⅲ・数A・数B（数列・ベク） ③国・理（100）▶「国総（現文）・現文B」・「物基・物」・「化基・化」から1，ただし工学部と未来科学部ロボット・メカトロニクス学科は国の選択不可

一般選抜（後期／後期・英語外部試験利用）
3〜2科目 ①外（100）▶コミュ英Ⅰ・コミュ英Ⅱ・コミュ英Ⅲ・英表Ⅰ・英表Ⅱ ②数（100）▶数Ⅰ・数Ⅱ・数Ⅲ・数A・数B（数列・ベク） ③理（100）▶「物基・物」・「化基・化」から1
※英語外部試験利用は前期・後期とも，指定された英語外部試験のスコアまたは基準値を出願資格とし，英語の試験を免除して他の2科目で判定する。

共通テスト利用選抜前期・後期（3教科方式）
4科目 ①外（200）▶英（リスニングを含む） ②③数（100×2）▶「数Ⅰ・数A」・「数Ⅱ・数B」 ④理（200）▶物・化・生から1
［個別試験］ 行わない。

共通テスト利用選抜前期・後期（4教科方式）
5科目 ①国（100）▶国（近代） ②外（200）▶英（リスニングを含む） ③④数（100×2）▶「数Ⅰ・数A」・「数Ⅱ・数B」 ⑤理（100）▶物・化・生から1
［個別試験］ 行わない。

理工学部

一般選抜（前期／前期・英語外部試験利用）
【理学系／機械工学系／電子工学系／建築・都市環境学系】 3〜2科目 ①外（100）▶コミュ英Ⅰ・コミュ英Ⅱ・コミュ英Ⅲ・英表Ⅰ・英表Ⅱ ②数（100）▶「数Ⅰ・数Ⅱ・数A・数B（数列・ベク）」・「数Ⅰ・数Ⅱ・数Ⅲ・数A・数B（数列・ベク）」から1 ③理（100）▶「物基・物」・「化基・化」から1
【生命科学系】 3〜2科目 ①外（100）▶コミュ英Ⅰ・コミュ英Ⅱ・コミュ英Ⅲ・英表Ⅰ・英表Ⅱ ②数（100）▶「数Ⅰ・数Ⅱ・数A・数B（数列・ベク）」・「数Ⅰ・数Ⅱ・数Ⅲ・数A・数B（数列・ベク）」から1 ③理（100）▶「物基・物」・「化基・化」・「生基・生」から1
【情報システムデザイン学系】 3〜2科目 ①外（100）▶コミュ英Ⅰ・コミュ英Ⅱ・コミュ英Ⅲ・英表Ⅰ・英表Ⅱ ②数（100）▶「数Ⅰ・数Ⅱ・数A・数B（数列・ベク）」・「数Ⅰ・数Ⅱ・数Ⅲ・数A・数B（数列・ベク）」から1 ③国・理（100）▶「国総（現文）・現文B」・「物基・物」・「化基・化」から1

一般選抜（後期／後期・英語外部試験利用）
3〜2科目 ①外（100）▶コミュ英Ⅰ・コミュ英Ⅱ・コミュ英Ⅲ・英表Ⅰ・英表Ⅱ ②数（100）▶「数Ⅰ・数Ⅱ・数A・数B（数列・ベク）」・「数Ⅰ・数Ⅱ・数Ⅲ・数A・数B（数列・ベク）」から1 ③理（100）▶「物基・物」・「化基・化」から1
※英語外部試験利用前期・後期はいずれの学系も，指定された英語外部試験のスコアまたは基準値を出願資格とし，英語の試験を免除して他の2科目で判定する。

共通テスト利用選抜前期・後期（3教科方式）
4科目 ①外（200）▶英（リスニングを含む） ②③数（100×2）▶「数Ⅰ・数A」・「数Ⅱ・数B」 ④理（200）▶物・化・生から1
［個別試験］ 行わない。

共通テスト利用選抜前期・後期（4教科方式）
5科目 ①国（100）▶国（近代） ②外（200）▶英（リスニングを含む） ③④数（100×2）▶「数Ⅰ・数A」・「数Ⅱ・数B」 ⑤理（100）▶物・化・生から1
［個別試験］ 行わない。

工学部第二部

一般選抜 2科目 ①数（100）▶数Ⅰ・数Ⅱ・数A・数B（数列・ベク） ②外・理（100）▶「コミュ英Ⅰ・コミュ英Ⅱ・コミュ英Ⅲ・英表Ⅰ・英表Ⅱ」・「物基・物」から1
※英語の試験には，英和辞書または和英辞書（和英付き英和辞書を含む）のいずれか一冊の持ち込み可（電子辞書は不可）。

共通テスト利用選抜 3〜2科目 ①数（200）▶「数Ⅰ・数A」・「数Ⅱ・数B」から1 ②③国・外・理（200）▶国（近代）・英（リスニングを含む）・「物基・化基」・物・化から1

[個別試験] 行わない。

その他の選抜

学校推薦型選抜(公募)および総合型選抜(AO)は各学科・学系(AOは工学部第二部を除く)若干名を募集。ほかに学校推薦型選抜(指定校)，総合型選抜(はたらく学生。工学部第二部)，社会人特別選抜(工学部第二部)，留学生特別共通テスト利用選抜，留学生特別選抜を実施。

偏差値データ (2023年度)

●一般選抜

学部／学科・学系	2023年度 駿台予備学校 合格目標ライン	2023年度 河合塾 ボーダー偏差値	2022年度 競争率
▶システムデザイン工学部			
情報システム工(前期)	43	52.5	13.3
(後期)	—	—	11.4
デザイン工(前期)	43	50	6.2
(後期)	—	—	5.5
▶未来科学部			
建築(前期)	44	52.5	7.2
(後期)	—	—	6.6
情報メディア(前期)	44	52.5	12.9
(後期)	—	—	37.4
ロボット・メカトロニクス(前期)	42	47.5	3.4
(後期)	—	—	4.1
▶工学部			
電気電子工(前期)	43	47.5	3.8
(後期)	—	—	3.4
電子システム工(前期)	41	50	4.1
(後期)	—	—	6.6
応用化(前期)	45	50	3.2
(後期)	—	—	3.1
機械工(前期)	46	47.5	3.2
(後期)	—	—	2.9
先端機械工(前期)	41	47.5	2.9
(後期)	—	—	2.3
情報通信工(前期)	46	52.5	5.9
(後期)	—	—	6.3
▶理工学部			
理(前期)	44	47.5	2.6
(後期)	—	—	3.5
生命科(前期)	43	47.5	2.4
(後期)	—	—	3.3
情報システムデザイン(前期)	41	52.5	5.0
(後期)	—	—	3.9
機械工(前期)	42	47.5	3.0
(後期)	—	—	2.8
電子工(前期)	42	47.5	2.6
(後期)	—	—	2.4
建築・都市環境(前期)	43	47.5	3.9
(後期)	—	—	3.0
▶工学部第二部			
電気電子工	34	40	3.5
機械工	34	42.5	2.3
情報通信工	34	42.5	5.6

- 駿台予備学校合格目標ラインは合格可能性80%に相当する駿台模試の偏差値です。
- 河合塾ボーダー偏差値は合格可能性50%に相当する河合塾全統模試の偏差値です。
- 競争率は受験者÷合格者の実質倍率

東京都市大学

資料請求

問合せ先 入試センター ☎03-6809-7590

建学の精神

“工業教育の理想”を求める学生たちの熱意によって，1929（昭和４）年に創設された武蔵工業大学と，東横学園女子短期大学が統合し，2009（平成11）年に誕生。理工学はもちろん，IoTやメディア，環境や医療，教育など，他の理工系大学にはない分野も網羅し，分野の枠を超えて，未来の都市や暮らしをつくる実践力を身につける「都市の総合大学」として発展し続けている。2021年に，ゲームチェンジ時代の製造業を切り拓く人材の育成をめざして「ひらめき・こと・もの・ひと」づくりプログラムがスタート。2023年には，デザイン・データ科学部を新設。さらに2024年度には世田谷キャンパスに新棟が竣工されるなど，東京都市大学は次代を見据えて変化を続けることで，常に先進的な研究・教育機関であることをめざしている。

- 世田谷キャンパス…〒158-8557 東京都世田谷区玉堤1-28-1
- 横浜キャンパス……〒224-8551 神奈川県横浜市都筑区牛久保西3-3-1

基本データ

学生数▶6,993名（男5,093名，女1,900名）
専任教員数▶教授135名，准教授100名，講師44名
設置学部▶理工，建築都市デザイン，情報工，環境，メディア情報，デザイン・データ科，都市生活，人間科
併設教育機関▶大学院―総合理工学・環境情報学（以上M・D）

就職・卒業後の進路

就職率 97.7％
就職者÷希望者×100

●就職支援　90年にわたり日本の産業界を支えた実績と，学生一人ひとりの特性を考えたきめ細かなオーダーメイドの就職・キャリア支援により，「就職に強い東京都市大学」を実現。また，東急グループの一員でもあり，グループ企業と連携した独自のインターンシップも，社会を知る良い機会となっている。

●資格取得支援　学科の専門性に合わせた各種免許・資格を取得できるよう全面的にバックアップ。また，教職課程や学芸員課程を設置しているほか，公務員を志望する学生のために，緻密に組まれた対策講座を用意。

進路指導者も必見 学生を伸ばす 面倒見

初年次教育
文献資料の探し方，インターネットによる情報の集め方，文章のまとめ方，発表の仕方などを修得するとともに，自校教育も行う「SD PBL 1」で，自ら課題を発見・解決する力，協働する力などを身につけている

学修サポート
全学部でTA・SA制度，オフィスアワー制度，各クラス（平均で学生約34.97人）に担任の教員を配置するクラス担任制を導入。学修の進め方や履修の仕方といった疑問から学生生活における悩みまで相談に応じている

オープンキャンパス（2022年度実績）　8月7・8日に２キャンパスで同時開催したほか，11月13日に世田谷キャンパスで一般選抜対策オープンキャンパスも実施。6月19日にはオンラインオープンキャンパスも行った。

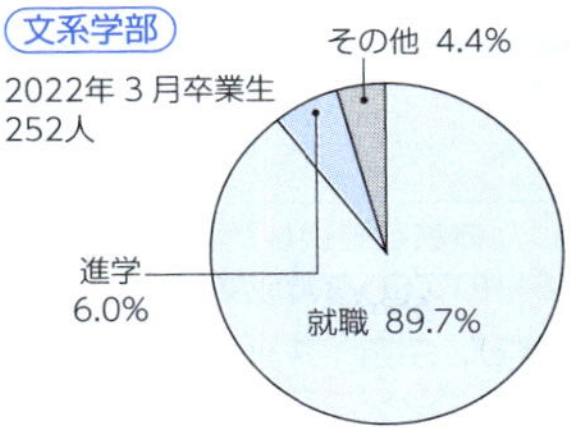

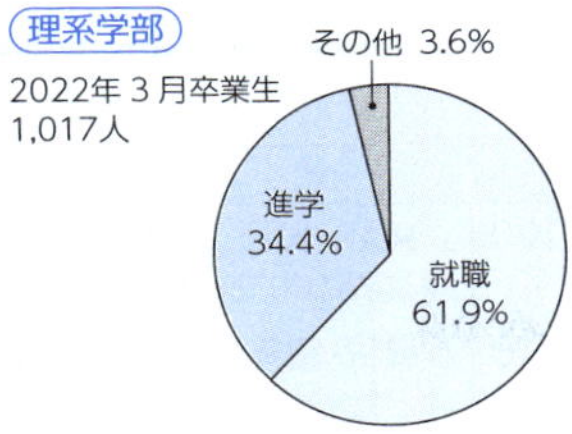

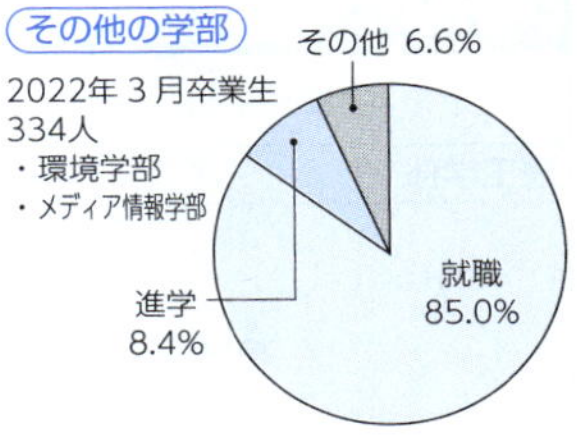

主なOB・OG▶［旧工］挽野元（アイロボットジャパン社長），［旧工］江幡哲也（オールアバウト創業者・社長），［旧知識工］冨樫晃己（AWA代表取締役CEO），［旧東横女短］井川遥（女優）など。

国際化・留学　大学間 42 大学等・部局間 4 大学

受入れ留学生数▶143名（2022年５月１日現在）

留学生の出身国・地域▶中国，韓国，インドネシア，ベトナム，台湾など。

外国人専任教員▶教授５名，准教授６名，講師２名（2022年９月１日現在）

外国人専任教員の出身国▶中国，韓国，ネパール，アメリカ，シンガポールなど。

大学間交流協定▶42大学・機関（交換留学先15大学，2022年９月21日現在）

部局間交流協定▶４大学（交換留学先１大学，2022年９月21日現在）

海外への留学生数▶渡航型18名・オンライン型53名／年（３カ国・地域，2021年度）

海外留学制度▶「TAP（東京都市大学オーストラリアプログラム）」は約１年間の準備期間を経て，１年次の２月，または２年次の８月から約４カ月間オーストラリアに留学して語学と教養を学ぶプログラム。このほか，学部・学科独自のプログラムやコースも用意されている。コンソーシアムは「AOFUA（アジア・太平洋５大学連合）」に参加している。

学費・奨学金制度　給付型奨学金総額 年間約 1,119 万円

入学金▶200,000円

年間授業料（施設費等を除く）▶1,176,000円～（詳細は巻末資料参照）

年間奨学金総額▶11,191,000円

年間奨学金受給者数▶65人

主な奨学金制度▶「五島育英基金奨学金」は，学業・人物ともに優秀で模範的な２年生以上の学生に年額10万円を給費。このほか，「東京都市大学黒澤敦・淑子奨学金」「桐華奨学基金」などの制度を設置。また，学費減免制度もあり，2021年度には169人を対象に総額で約9,607万円を減免している。

保護者向けインフォメーション

●**大学説明会**　世田谷プラットフォーム連携大学「保護者のための大学説明会 in 二子玉川」を開催（2022年度は10月１日）。
●**成績確認**　成績通知書を郵送している。
●**連絡会**　保証人を会員とする後援会があり，大学との共催で９月・10月に全国各地で「保証人対象 大学との連絡会」を開催。大学の近況や学生生活，最新の就職情報などについて説明している。後援会会誌「TCU-COM」も発行。
●**防災対策**　「安全の手引」「防災マニュアル」「防災カード」を入学時に配布。災害時の学生の安否は，メールを利用して確認する。
●**コロナ対策**　ワクチンの職域接種を実施。５段階のBCP（行動指針）を設定し，感染状況に応じて対面授業とオンライン授業を併用。

インターンシップ科目	必修専門ゼミ	卒業論文	GPA制度の導入の有無および活用例	１年以内の退学率	標準年限での卒業率
開講していない	全学部で３・４年次に実施	全学部で卒業要件	退学勧告基準や大学院入試の選抜基準，学生に対する個別の学修指導のほか，GPAに応じた履修上限単位数を設定している	0.6%	91.1%

学部紹介

学部／学科	定員	特色
理工学部		
機械工	120	▷実験，実習，工場見学といった体験を重視した教育により，産業界の未来を担う「ものづくりのプロ」を育成する。
機械システム工	110	▷機械・電気電子・制御工学を学び，宇宙システムやロボットなど社会のニーズを先取りできるエンジニアを育成する。
電気電子通信工	150	▷電気エネルギーの発生・輸送，有効活用を実験中心に学び，「環境にやさしい」エレクトロニクスの技術者を育成する。
医用工	60	▷「人にやさしい」医療と社会の創造に向けて，工学と医学の両方の知識・技術を有する新しいタイプの人材を育成する。
応用化	75	▷本学唯一の化学系学科。化学を使って新しい物質を「探す・つくる・利用する」ことのできる人材を育成する。
原子力安全工	45	▷実習や訓練を通し，原子力の理論と高度な技術を修得し，原子力の安全・安心を支える技術者を育成する。
自然科	60	▷素粒子から宇宙まで，自然科学の諸分野を実践で学び，豊かな知識と健全な判断力を持つ人材を育成する。学芸員としての進路も選択可能。
● 取得可能な資格…教職（数・理・技・工業），学芸員，臨床工学技士受験資格など。 ● 進路状況…………就職58.0%　進学38.9%（旧工学部実績） ● 主な就職先………東京電力ホールディングス，本田技研工業，いすゞ自動車など（旧工学部実績）。		
建築都市デザイン学部		
建築	120	▷計画・設計，構造，環境・設備，材料・構法・生産の４領域から学修。カルチャー＆アートの素養も育む。
都市工	100	▷人・社会・自然が共生する都市環境の創造と，災害に強いまちづくりに貢献する使命感豊かなエンジニアを育成する。
● 取得可能な資格…測量士補，１・２級建築士受験資格など。 ● 主な就職先………大成建設，清水建設，熊谷組，東急建設，鹿島建設など（旧工学部建築学科実績）。		
情報工学部		
情報科	100	▷充実した実験と演習で，ハードウェアとソフトウェア，メディア工学から制御技術まで，幅広く学ぶ。
知能情報工	80	▷AIや人間，社会，組織，ネットワークなどのさまざまな知能を活用し，データ分析力とICT活用力で，新しい価値を創造する先進的技術者を養成する。
● 取得可能な資格…教職（数・情）など。 ● 進路状況…………就職70.9%　進学24.3%（旧知識工学部実績） ● 主な就職先………凸版印刷，日本電気，日立社会情報サービス，大塚商会など（旧知識工学部実績）。		
環境学部		
環境創生	90	▷「生態」と「都市」の２つの視点から環境を学び，グローバル実社会で環境創生・保全に貢献する人材を育成する。
環境経営システム	90	▷環境基礎から最先端の環境経営・政策を学修し，社会と環境が抱える問題をシステム思考で解決に導く力を修得する。
● 取得可能な資格…測量士補など。 ● 進路状況…………就職81.0%　進学13.1% ● 主な就職先………凸版印刷，日特建設，高砂熱学工業，URコミュニティ，富士通，ミクシィなど。		

キャンパスアクセス［世田谷キャンパス］東急大井町線—尾山台より徒歩12分

メディア情報学部		
社会メディア	90	▷最新のメディア技術を駆使して，メディアとコンテンツについて学ぶ未来型の学科。多様なメディアの活用を実践。
情報システム	100	▷快適かつ安全に利用できるシステムを設計･構築する技術を実践的に学ぶ。ICTアセスメント力を強化。

● **取得可能な資格**…教職(情)など。
● **進路状況**…………就職88.4%　進学4.4%
● **主な就職先**………日本電気，アルファシステムズ，日立製作所，富士ソフト，パナソニックなど。

デザイン・データ科学部		
デザイン･データ科	100	▷NEW! '23年新設。「データサイエンス」を生かした分析力を基盤に創造力を磨き，グローバルに活躍できる「イノベーション人材」を育成する。

都市生活学部		
都市生活	160	▷「ライフスタイル」「マネジメント」「デザイン」「しくみ」の４領域の学びから，都市生活で求められる街づくり，空間デザイン，文化･商業サービスなどの基礎と応用を修得する。

● **取得可能な資格**…１・２級建築士受験資格など。
● **進路状況**…………就職85.3%　進学9.0%
● **主な就職先**………清水総合開発，積水ハウス，良品計画，住友林業，山崎製パン，三井ホームなど。

人間科学部		
人間科	100	▷2023年度より，児童学科から人間科学科に名称変更。子育て支援体験や異文化理解体験などの「体験プログラム」を通して，理論に裏づけされた実践力を養う。

● **取得可能な資格**…教職(幼一種)，保育士など。
● **進路状況**…………就職96.9%　進学1.0%
● **主な就職先**………渋谷区役所(保育職)，ベネッセスタイルケア，日本保育サービス，ポピンズなど。

キャンパス

理工・建築都市デザイン・情報工・都市生活・人間科……[世田谷キャンパス] 東京都世田谷区玉堤1-28-1
環境・メディア情報・〈デザイン・データ科〉……[横浜キャンパス] 神奈川県横浜市都筑区牛久保西3-3-1

2023年度入試要項(前年度実績)

●募集人員

学部／学科		一般前期	一般前期探究型	一般中期	一般後期
▶理工	機械工	55	20	15	5
	機械システム工	52		13	4
	電気電子通信工	70		20	5
	医用工	26		7	2
	応用化	33		10	3
	原子力安全工	20		4	2
	自然科	25	—	10	3
▶建築都市デザイン	建築	51	—	14	4
	都市工	48	—	12	4
▶情報工	情報科	45	—	12	4
	知能情報工	37	—	10	3
▶環境	環境創生	38	—	10	3
	環境経営システム	38	—	10	3
▶メディア情報	社会メディア	41	—	10	2
	情報システム	43	—	10	4
▶デザイン･データ科	デザイン･データ科	35	—	10	2
▶都市生活	都市生活	60	—	17	5
▶人間科	人間科	27	—	3	2

※一般前期探究型は一般選抜〈前期理工系探究型〉で共通テスト併用。理工学部(自然科学科を除く)のみ実施する。

▷一般選抜前期･中期において，指定された英語外部試験の得点を基準に従い，英語の得点として換算し判定する英語外部試験利用を導入（出願時に事前登録）。なお，外部試験の得点を利用した場合でも，本学の英語試験を受験することができ，その場合は，どちらか高得点のものを英語の得点として採用する。

理工学部

一般選抜前期 5~3科目 ①外(100)▶コミュ英Ⅰ・コミュ英Ⅱ・コミュ英Ⅲ・英表Ⅰ・英表Ⅱ ②**数**(100)▶数Ⅰ・数Ⅱ・数Ⅲ・数A・数B(数列・ベク) ③④⑤**理**(100)▶「物基・物」・「化基・化」・「生基・生」から各3題計9題のうち3題を選択

※通常の3教科での合否判定と同時に，数学の得点のみで合否判定をする数学インセンティブ判定を導入。数学の得点が各学科の上位5％以内であれば，3教科の判定で合格ラインに達していなくても合格となる。事前申し込みは不要で，前期に出願することで，従来の合否判定と併せて自動的に判定される。

一般選抜〈前期理工系探究型〉(共通テスト併用)〈共通テスト科目〉 3科目 ①②**数**(200)▶「数Ⅰ・数A」・「数Ⅱ・数B」 ③**国・外・地歴・公民・理**(200)▶国(近代)・英(リスニングを含む)・世A・世B・日A・日B・地理A・地理B・現社・倫・政経・「倫・政経」・物・化・生・地学から1 ※英語はリーディング140点，リスニング60点に換算する。

〈個別試験科目〉 1科目 ①**探究総合問題**(200)▶特定の教科・科目に限定されずに「思考力・判断力・表現力」を評価する総合問題(記述式を含む)

※自然科学科のみ実施しない。

一般選抜中期 4~3科目 ①外(100)▶コミュ英Ⅰ・コミュ英Ⅱ・コミュ英Ⅲ・英表Ⅰ・英表Ⅱ ②**数**(100)▶数Ⅰ・数Ⅱ・数Ⅲ・数A・数B(数列・ベク) ③④**理**(100)▶「物基・物」・「化基・化」から各3題計6題のうち3題を選択

一般選抜後期 3~2科目 ①**数**(100)▶数Ⅰ・数Ⅱ・数Ⅲ・数A・数B(数列・ベク) ②③**外・理**(100)▶「コミュ英Ⅰ・コミュ英Ⅱ・コミュ英Ⅲ・英表Ⅰ・英表Ⅱ」・「〈物基・物〉・〈化基・化〉から各3問計6問のうち3題選択」から1

建築都市デザイン学部・情報工学部

一般選抜前期 5~3科目 ①外(100)▶コミュ英Ⅰ・コミュ英Ⅱ・コミュ英Ⅲ・英表Ⅰ・英表Ⅱ ②**数**(100)▶数Ⅰ・数Ⅱ・数Ⅲ・数A・数B(数列・ベク) ③④⑤**理**(100)▶「物基・物」・「化基・化」・「生基・生」から各3題計9題のうち3題を選択

一般選抜中期 4~3科目 ①外(100)▶コミュ英Ⅰ・コミュ英Ⅱ・コミュ英Ⅲ・英表Ⅰ・英表Ⅱ ②**数**(100)▶数Ⅰ・数Ⅱ・数Ⅲ・数A・数B(数列・ベク) ③④**理**(100)▶「物基・物」・「化基・化」から各3題計6題のうち3題を選択

一般選抜後期 3~2科目 ①**数**(100)▶数Ⅰ・数Ⅱ・数Ⅲ・数A・数B(数列・ベク) ②③**外・理**(100)▶「コミュ英Ⅰ・コミュ英Ⅱ・コミュ英Ⅲ・英表Ⅰ・英表Ⅱ」・「〈物基・物〉・〈化基・化〉から各3題計6問のうち3題選択」から1

環境学部／デザイン・データ科学部

一般選抜前期 5~3科目 ①外(100)▶コミュ英Ⅰ・コミュ英Ⅱ・コミュ英Ⅲ・英表Ⅰ・英表Ⅱ ②**国・数**(100)▶国総(現文)・「数Ⅰ・数Ⅱ・数A・数B(数列・ベク)」から1 ③④⑤**地歴・理**(100)▶世B・日B・「〈物基・物〉・〈化基・化〉・〈生基・生〉から各3題計9題のうち3題を選択」から1

一般選抜中期・後期 2科目 ①外(100)▶コミュ英Ⅰ・コミュ英Ⅱ・コミュ英Ⅲ・英表Ⅰ・英表Ⅱ ②**国・数**(100)▶国総(現文)・「数Ⅰ・数Ⅱ・数A・数B(数列・ベク)」から1

メディア情報学部

一般選抜前期 【社会メディア学科】 5~3科目 ①外(100)▶コミュ英Ⅰ・コミュ英Ⅱ・コミュ英Ⅲ・英表Ⅰ・英表Ⅱ ②**国・数**(100)▶国総(現文)・「数Ⅰ・数Ⅱ・数A・数B(数列・ベク)」から1 ③④⑤**地歴・理**(100)▶世B・日B・「〈物基・物〉・〈化基・化〉・〈生基・生〉から各3題計9題のうち3題を選択」から1

一般選抜前期・中期・後期 【情報システム学科】 2科目 ①外(100)▶コミュ英Ⅰ・コミュ英Ⅱ・コミュ英Ⅲ・英表Ⅰ・英表Ⅱ ②**数**(100)▶数Ⅰ・数Ⅱ・数A・数B(数列・ベク)

一般選抜中期・後期 【社会メディア学科】 2科目 ①外(100)▶コミュ英Ⅰ・コミュ英Ⅱ・コミュ英Ⅲ・英表Ⅰ・英表Ⅱ ②**国・数**(100)▶国総(現文)・「数Ⅰ・数Ⅱ・数A・数B

(数列・ベク)」から１

都市生活学部

一般選抜前期　5〜3科目　①外(100)▶コミュ英Ⅰ・コミュ英Ⅱ・コミュ英Ⅲ・英表Ⅰ・英表Ⅱ　②**国・数**(100)▶国総(現文)・「数Ⅰ・数Ⅱ・数A・数B(数列・ベク)」から１　③④⑤**地歴・理**(100)▶世B・日B・「〈物基・物〉・〈化基・化〉・〈生基・生〉から各３題計９題のうち３題を選択」から１

一般選抜中期・後期　2科目　①外(100)▶コミュ英Ⅰ・コミュ英Ⅱ・コミュ英Ⅲ・英表Ⅰ・英表Ⅱ　②**国・数**(100)▶国総(現文)・「数Ⅰ・数Ⅱ・数A・数B(数列・ベク)」から１

人間科学部

一般選抜前期・中期・後期　2科目　①外(100)▶コミュ英Ⅰ・コミュ英Ⅱ・コミュ英Ⅲ・英表Ⅰ・英表Ⅱ　②**国・数**(100)▶国総(現文)・「数Ⅰ・数Ⅱ・数A・数B(数列・ベク)」から１

その他の選抜

共通テスト利用入試は理工学部106名，建築都市デザイン学部41名，情報工学部33名，環境学部26名，メディア情報学部26名，デザイン・データ科学部13名，都市生活学部24名，人間科学部７名を，学校推薦型選抜(公募制)は理工学部７名，建築都市デザイン学部６名，情報工学部６名，環境学部10名，メディア情報学部10名，デザイン・データ科学部５名，都市生活学部12名，人間科学部10名を，総合型選抜は理工学部24名，建築都市デザイン学部６名，情報工学部６名，環境学部８名，メディア情報学部５名，デザイン・データ科学部10名，都市生活学部６名，人間科学部24名を募集。ほかに学校推薦型選抜(指定校制)，国際バカロレア特別入試，帰国生徒特別入試，社会人特別入試，外国人留学生特別入試を実施。

偏差値データ（2023年度）

●一般選抜前期

学部／学科	2023年度 駿台予備学校 合格目標ライン	2023年度 河合塾 ボーダー偏差値	2022年度 競争率
▶理工学部			
機械工	45	47.5	3.1
機械システム工	43	47.5	3.0
電気電子通信工	44	47.5	3.7
医用工	44	47.5	3.2
応用化	45	52.5	3.3
原子力安全工	42	45	2.4
自然科	43	50	3.1
▶建築都市デザイン学部			
建築	47	55	7.4
都市工	43	50	3.1
▶情報工学部			
情報科	45	57.5	9.1
知能情報工	46	57.5	8.0
▶環境学部			
環境創生	42	50	3.0
環境経営システム	40	45	2.5
▶メディア情報学部			
社会メディア	42	55	3.1
情報システム	42	57.5	5.7
▶デザイン・データ科学部			
デザイン・データ科	44	55	新
▶都市生活学部			
都市生活	44	50	4.2
▶人間科学部			
人間科	43	45	2.2

- 駿台予備学校合格目標ラインは合格可能性80％に相当する駿台模試の偏差値です。
- 河合塾ボーダー偏差値は合格可能性50％に相当する河合塾全統模試の偏差値です。
- 競争率は受験者÷合格者の実質倍率

東京農業大学（とうきょうのうぎょうだいがく）

資料請求

問合せ先 入学センター ☎03-5477-2226

建学の精神

近代農業の知識と技術を国内に定着させるためのリーダー育成という目標を掲げ，1891（明治24）年に，榎本武揚によって設立された私立育英黌農業科が，東京農業大学の始まり。榎本の想いを受け継ぎ，農業・関連産業と農村文化・社会の発展に寄与する人材育成をめざし，教育理念を「実学主義」においた初代学長・横井時敬が残した「人物を畑に還す」は普遍的な使命となり，「稲のことは稲にきけ，農業のことは農民にきけ」との言葉は，研究教育の精神的支柱として今もなお語り継がれ，実験や実習，演習などを豊富に取り入れた体験型カリキュラムで実学主義を実践。農・生命科学を通じ，世界照準の視野で「いのち」と「暮らし」を支えるための「知識」を「知恵」に変え，人類と環境を未来につなぐ「生きる」を支える人材を育成している。

- 世田谷キャンパス………………〒156-8502　東京都世田谷区桜丘1-1-1
- 厚木キャンパス…………………〒243-0034　神奈川県厚木市船子1737
- 北海道オホーツクキャンパス…〒099-2493　北海道網走市八坂196

基本データ

学生数▶12,467名（男6,996名，女5,471名）
専任教員数▶教授215名，准教授105名，助教78名
設置学部▶農，応用生物科，生命科，地域環境科，国際食料情報，生物産業
併設教育機関▶大学院一農学・応用生物科学・生命科学・地域環境科学・国際食料農業科学・生物産業学（以上M・D）

就職・卒業後の進路

就職率 **94.4%**（就職者÷希望者×100）

●就職支援　1，2年次から多様なプログラムで就職に関する意識づけを行い，3年次から所属する研究室で協調性やマナーを養うなど，キャリアセンター，学科，研究室の三位一体で学生一人ひとりをサポート。一過性の就職テクニックのみを指導するのではなく，4年間かけて本質的な就職支援を行っている。

●資格取得支援　各学科で所定の科目を履修，単位を修得し，卒業すれば取得（受験）できるさまざまな資格以外に，教職課程と学術情

進路指導者も必見 学生を伸ばす 面倒見

初年次教育	学修サポート
充実した大学生活を過ごすために必要な知識・心得の修得や，大学で修学することの目的と意味を理解する「フレッシュマンセミナー」，ITの基礎技術，情報収集や資料整理の方法を学ぶ「情報基礎」などを開講	TA制度を全学部で，さらに農・応用生物科・生命科・地域環境科・国際食料情報の5学部でSA制度を導入。また，教員が学生からの質問や相談に応じるオフィスアワーを設定している（全学部）

オープンキャンパス（2022年度実績） 世田谷と厚木キャンパスで8月6・7日，北海道オホーツクキャンパスで7月30日・7月31日・8月27日に開催（事前予約制）。8月25・26日には全キャンパスで，オンラインでも実施。

報課程（司書，学芸員）を設置し，学科，キャリアセンターが資格取得を支援している。

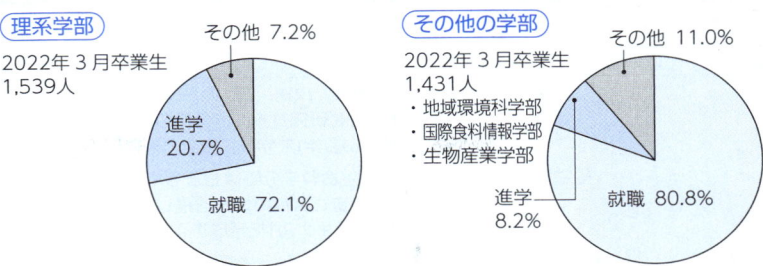

理系学部

2022年３月卒業生
1,539人

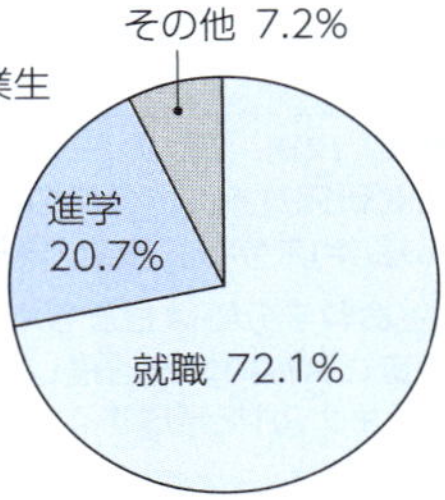

その他の学部

2022年３月卒業生
1,431人
・地域環境科学部
・国際食料情報学部
・生物産業学部

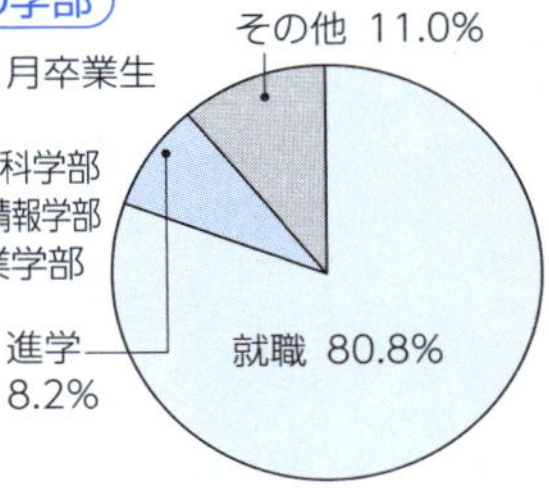

主なOB・OG▶［農（旧畜産）］大沢一彦（日本食研創業者・会長），［農］北村正平（静岡県藤枝市長），［農］吉川有美・高野光二郎（参議院議員），［農］田中理恵子（埼玉県こども動物自然公園園長）など。

国際化・留学　大学間 44 大学

受入れ留学生数▶109名（2022年10月１日現在）

留学生の出身国▶中国，韓国，インドネシア，マレーシア，ベトナムなど。

外国人専任教員▶NA

外国人専任教員の出身国▶NA

大学間交流協定▶44大学（交換留学先44大学，2022年10月１日現在）

海外への留学生数▶オンライン型11名／年（３カ国・地域，2021年度）

海外留学制度▶短期海外実学研修，短期語学留学，長期交換留学，長期海外学修活動など，「農」に特化したプログラムや語学プログラムなど，多彩な教育フィールドを提供。「世界学生サミット」は，海外協定校の学生と農大の学生が一緒に世界の食料環境問題について深く考え，熱くディスカッションする，農大伝統の国際イベント。

学費・奨学金制度　学費減免総額 年間 1 億 2,692 万円

入学金▶270,000円

年間授業料（施設費等を除く）▶760,000円（詳細は巻末資料参照）

年間学費減免総額▶126,920,000円

年間学費減免制度利用者数▶289人

主な奨学金制度▶「特待生」は，１年次対象が一般選抜A日程の成績をもとに授業料の全額，２年次以上（前年度までの成績優秀者）は半額を免除。このほか，「『人物を畑に還す』奨学金」など，減免型の奨学金制度が充実。

保護者向けインフォメーション

● **成績確認**　成績表を郵送するほか，農大ポータルでも閲覧可能。

● **教育後援会**　教育後援会（保証人の会）があり，教育懇談会や富士農場宿泊見学会などを実施している。機関誌「農大学報」，写真情報誌「グラフTUA」も発行・送付。

● **防災対策**　防火・防災についての情報も掲載している「学生生活ハンドブック」を入学時に配布。災害時の学生の状況は，農大ポータルを利用して確認するようにしている。

● **コロナ対策１**　ワクチンの職域接種を実施。感染状況に応じた５段階のBCP（行動指針）を設定。「コロナ対策２」（下段）あり。

インターンシップ科目	必修専門ゼミ	卒業論文	GPA制度の導入の有無および活用例	１年以内の退学率	標準年限での卒業率
開講していない	全学部で３・４年次に実施	全学部で卒業要件	授業料免除対象者の選定基準，留学候補者の選考，学生に対する個別の学修指導のほか，一部の学部で大学院入試の選抜に活用	1.2%	92.1%

● **コロナ対策２**　安全・安心を担保するために，学内に「農大PCRセンター」を開設。検査の対象となるのは，クラスター等の発生を防ぐ検査，教育研究活動の継続のために必要な検査，課外活動の継続に必要な検査など。

学部紹介

学部／学科	定員	特色
農学部		
農	170	▷稲，麦，野菜，果樹，花，ハーブ，観葉植物などから土壌の微生物までを研究対象に，最新の生産・流通システムを網羅する「新しい農学」を学び，農業の未来を切り拓く。
動物科	140	▷農学・動物生命科学分野はもちろんのこと，医学・薬学・心理学など，さまざまな領域で活躍し，社会に貢献する「動物のプロフェッショナル」を育成する。
生物資源開発	125	▷植物，動物，昆虫から生薬まで，国内外で「生命の不思議」を探究する。動物，植物と一緒に昆虫を学べる環境は珍しく，近年は昆虫を研究対象とする女子学生も増えている。
デザイン農	123	▷幅広い農を学ぶことで得られる「農学を俯瞰的にとらえる能力」を発揮し，現代社会において複雑に入り組んだ課題に対して多角的な視野から新しい発想を導く人材を育成する。
● 取得可能な資格…教職（理・農），司書，学芸員など。 ● 進路状況…………就職74.4%　進学14.2% ● 主な就職先………全国農業協同組合連合会，不二家，キユーピー，カルビー，味の素，教員など。		
応用生物科学部		
農芸化	150	▷人々の生活を豊かにすることをめざし，生命・食糧・環境に関する学問を幅広く学び，深く研究するための環境を整備。
醸造科	150	▷培った専門知識・技術を糧として，微生物利用産業において食糧・環境・エネルギー問題の改善・解決に貢献できる総合力を身につけた「醸造学のプロフェッショナル」を養成する。
食品安全健康	150	▷「食の安全・安心」と「食の機能と健康」を科学し，「食品を正しく扱うエキスパート」を養成する。
栄養科	120	▷「農学」と「医学」の領域を融合させた高度な専門的知識と技術を兼ね備えた管理栄養士を養成する。
● 取得可能な資格…教職（理・農，栄養），司書，学芸員，栄養士，管理栄養士受験資格など。 ● 進路状況…………就職77.3%　進学17.9% ● 主な就職先………明治，ヤクルト本社，ロッテ，セブン-イレブン・ジャパン，マルハニチロなど。		
生命科学部		
バイオサイエンス	150	▷人類が抱えている食料，医療，環境保全などの多くの問題を遺伝子の未知なるパワーを操り，解決する人材を育成する。
分子生命化	130	▷原子・分子から生命・生態系を化学的に追究し，化学を対象とする幅広い分野で活躍できる人材を育成する。
分子微生物	130	▷微生物の世界を先端科学で解明し，多様な産業の発展に貢献する「微生物学のエキスパート」を育成する。
● 取得可能な資格…教職（理・農），司書，学芸員など。 ● 進路状況…………就職61.2%　進学33.6% ● 主な就職先………全国農業協同組合連合会，いなば食品，フジフーズ，ファンケル，公務員など。		
地域環境科学部		
森林総合科	130	▷循環型の環境共生社会の形成をめざし，森林をまもり，育て，活用する多様な現場で活躍できる人材を育成する。
生産環境工	130	▷農業生産を環境保全につなげる革新的な技術を探究し，世界の食料・環境問題に貢献する人材を育成する。

キャンパスアクセス ［世田谷キャンパス］ 小田急線一経堂・千歳船橋より徒歩15分／東急田園都市線一用賀よりバス10分または徒歩20分

造園科	130	▷生物を礎とした科学と技術に基づく都市デザインを創造する。エンジニアリング系のカリキュラムにも力を入れている。
地域創成科	100	▷地域が抱える問題を環境や生態系，地域防災，暮らしから総合的にとらえ，持続可能な地域づくりを学ぶ。

- **取得可能な資格**…教職（理・技・農），司書，学芸員，測量士補など。
- **進路状況**…………就職80.0%　進学9.1%
- **主な就職先**………住友林業フォレストサービス，SMB建材，大成建設，阪神園芸，アジア航測など。

国際食料情報学部

国際農業開発	150	▷グローバルな視点で環境に配慮した農業開発を実践する人材を育成する。実践的な農業技術を体系的に学ぶ。
食料環境経済	190	▷食を取り巻くさまざまな要因を俯瞰して見る力を身につけ，より良い社会を実現する「食のディレクター」を育成する。
アグリビジネス	150	▷2023年度より，国際バイオビジネス学科から名称変更。重要な産業であり続ける農林水産業・食料関連産業を「アグリビジネス」としてとらえ，グローバルな視点から学ぶ。
国際食農科	110	▷食農の伝統と新たな発展の可能性を総合的に学び，新たな食農文化を創造し，世界に向けて発信できる人材を育成する。

- **取得可能な資格**…教職（地歴・公・社・理・農），司書，学芸員など。
- **進路状況**…………就職81.3%　進学7.0%
- **主な就職先**………全国農業協同組合連合会，伊藤ハム，コメリ，JA全農ミートフーズ，教員など。

生物産業学部

北方圏農	91	▷本物の生産現場と大自然の中で，陸圏の動植物についてリアルに学ぶ。エミュの飼育など，独自の研究も数多く展開。
海洋水産	91	▷水圏の生き物の謎とオホーツクの豊かさの神秘を解き明かし，世界の水産業の持続可能な発展に貢献できる人材を育成。
食香粧化	91	▷北海道の豊かな食糧資源・生物資源の機能性を明らかにし，食品や香り，化粧品の領域に活用する。
自然資源経営	90	▷自然体験学習とフィールド調査から，環境共生のマネジメントを学び，地域の持続的発展に貢献できる人材を育成。

- **取得可能な資格**…教職（公・社・理・農），学芸員など。
- **進路状況**…………就職81.0%　進学9.0%
- **主な就職先**………全国農業協同組合連合会，伊藤園，NHジャパンフード，コスモス薬品など。

▶キャンパス

応用生物科・生命科・地域環境科・国際食料情報……［世田谷キャンパス］東京都世田谷区桜丘1-1-1
農……［厚木キャンパス］神奈川県厚木市船子1737
生物産業……［北海道オホーツクキャンパス］北海道網走市八坂196

2023年度入試要項（前年度実績）

●募集人員

学部／学科	一般A	一般B
▶農　農	80	8
動物科	65	8
生物資源開発	65	7
デザイン農	63	7
▶応用生物科　農芸化	91	5
醸造科	94	5
食品安全健康	86	5
栄養科	71	5
▶生命科　バイオサイエンス	90	5
分子生命化	80	5

キャンパスアクセス ［厚木キャンパス］小田急線一本厚木よりバス15分

分子微生物	80	5
▶地域環境科 森林総合科	65	6
生産環境工	68	6
造園科	66	6
地域創成科	55	5
▶国際食料情報 国際農業開発	73	8
食料環境経済	91	10
アグリビジネス	76	8
国際食農科	53	5
▶生物産業 北方圏農	40	5
海洋水産	38	6
食香粧化	38	5
自然資源経営	40	5

農学部

一般選抜A日程・B日程 **【農学科・生物資源開発学科】** 3科目 ①**外**(100)▶コミュ英基礎・コミュ英Ⅰ・コミュ英Ⅱ・コミュ英Ⅲ・英表Ⅰ・英表Ⅱ ②**理**(100)▶「化基・化」・「生基・生」から1 ③**国・数**(100)▶国総(古文・漢文を除く)・「数Ⅰ・数Ⅱ・数A・数B(数列・ベク)」から1

【動物科学科】 3科目 ①**外**(100)▶コミュ英基礎・コミュ英Ⅰ・コミュ英Ⅱ・コミュ英Ⅲ・英表Ⅰ・英表Ⅱ ②**理**(100)▶「物基・物」・「化基・化」・「生基・生」から1 ③**国・数**(100)▶国総(古文・漢文を除く)・「数Ⅰ・数Ⅱ・数A・数B(数列・ベク)」から1

【デザイン農学科】 3科目 ①**外**(100)▶コミュ英基礎・コミュ英Ⅰ・コミュ英Ⅱ・コミュ英Ⅲ・英表Ⅰ・英表Ⅱ ②**国・数**(100)▶国総(古文・漢文を除く)・「数Ⅰ・数Ⅱ・数A・数B(数列・ベク)」から1 ③**地歴・公民・理**(100)▶世B・日B・地理B・現社・「物基・物」・「化基・化」・「生基・生」から1

応用生物科学部

一般選抜A日程・B日程 **【農芸化学科・食品安全健康学科・栄養科学科】** 3科目 ①**外**(100)▶コミュ英基礎・コミュ英Ⅰ・コミュ英Ⅱ・コミュ英Ⅲ・英表Ⅰ・英表Ⅱ ②**理**(100)▶「化基・化」・「生基・生」から1 ③**国・数**(100)▶国総(古文・漢文を除く)・「数Ⅰ・数Ⅱ・数A・数B(数列・ベク)」から1

【醸造科学科】 3科目 ①**外**(100)▶コミュ英基礎・コミュ英Ⅰ・コミュ英Ⅱ・コミュ英Ⅲ・英表Ⅰ・英表Ⅱ ②**理**(100)▶「物基・物」・「化基・化」・「生基・生」から1 ③**国・数**(100)▶国総(古文・漢文を除く)・「数Ⅰ・数Ⅱ・数A・数B(数列・ベク)」から1

生命科学部

一般選抜A日程・B日程 3科目 ①**外**(100)▶コミュ英基礎・コミュ英Ⅰ・コミュ英Ⅱ・コミュ英Ⅲ・英表Ⅰ・英表Ⅱ ②**理**(100)▶「物基・物」・「化基・化」・「生基・生」から1 ③**国・数**(100)▶国総(古文・漢文を除く)・「数Ⅰ・数Ⅱ・数A・数B(数列・ベク)」から1

地域環境科学部

一般選抜A日程・B日程 **【森林総合科学科・造園科学科・地域創成科学科】** 3科目 ①**外**(100)▶コミュ英基礎・コミュ英Ⅰ・コミュ英Ⅱ・コミュ英Ⅲ・英表Ⅰ・英表Ⅱ ②**国・数**(100)▶国総(古文・漢文を除く)・「数Ⅰ・数Ⅱ・数A・数B(数列・ベク)」から1 ③**地歴・公民・理**(100)▶世B・日B・地理B・現社・「物基・物」・「化基・化」・「生基・生」から1

【生産環境工学科】 3科目 ①**外**(100)▶コミュ英基礎・コミュ英Ⅰ・コミュ英Ⅱ・コミュ英Ⅲ・英表Ⅰ・英表Ⅱ ②**国・数**(100)▶国総(古文・漢文を除く)・「数Ⅰ・数Ⅱ・数A・数B(数列・ベク)」から1 ③**地歴・理**(100)▶地理B・「物基・物」・「化基・化」・「生基・生」から1

国際食料情報学部

一般選抜A日程・B日程 3科目 ①**外**(100)▶コミュ英基礎・コミュ英Ⅰ・コミュ英Ⅱ・コミュ英Ⅲ・英表Ⅰ・英表Ⅱ ②**国・数**(100)▶国総(古文・漢文を除く)・「数Ⅰ・数Ⅱ・数A・数B(数列・ベク)」から1 ③**地歴・公民・理**(100)▶世B・日B・地理B・現社・「化基・化」・「生基・生」から1

生物産業学部

一般選抜A日程・B日程 **【北方圏農学科・海洋水産学科】** 3科目 ①**外**(100)▶コミュ英

キャンパスアクセス [北海道オホーツクキャンパス] JR石北本線一網走よりバス30分

基礎・コミュ英Ⅰ・コミュ英Ⅱ・コミュ英Ⅲ・英表Ⅰ・英表Ⅱ　②**理**(100) ▶「化基・化」・「生基・生」から1　③**国・数**(100) ▶国総(古文・漢文を除く)・「数Ⅰ・数Ⅱ・数A・数B(数列・ベク)」から1

【食香粧化学科】 3科目　①**外**(100) ▶コミュ英基礎・コミュ英Ⅰ・コミュ英Ⅱ・コミュ英Ⅲ・英表Ⅰ・英表Ⅱ　②**国・数**(100) ▶国総(古文・漢文を除く)・「数Ⅰ・数Ⅱ・数A・数B(数列・ベク)」から1　③**地歴・公民・理**(100) ▶世B・日B・地理B・現社・「物基・物」・「化基・化」・「生基・生」から1

【自然資源経営学科】 3科目　①**外**(100) ▶コミュ英基礎・コミュ英Ⅰ・コミュ英Ⅱ・コミュ英Ⅲ・英表Ⅰ・英表Ⅱ　②**国・数**(100) ▶国総(古文・漢文を除く)・「数Ⅰ・数Ⅱ・数A・数B(数列・ベク)」から1　③**地歴・公民・理**(100) ▶世B・日B・地理B・現社・「化基・化」・「生基・生」から1

その他の選抜

共通テスト利用選抜は農学部110名，応用生物科学部122名，生命科学部89名，地域環境科学部89名，国際食料情報学部118名，生物産業学部58名を募集。公募型一般学校推薦型選抜は農学部103名，応用生物科学部49名，生命科学部29名，地域環境科学部88名，国際食料情報学部82名，生物産業学部32名を募集。自己推薦型キャリアデザイン総合型選抜は農学部18名，応用生物科学部18名，生命科学部15名，地域環境科学部18名，国際食料情報学部46名を募集。自己推薦型高校で学んだ実践スキル総合型選抜は農学部16名，応用生物科学部８名，生命科学部６名，地域環境科学部10名，国際食料情報学部22名を募集。ほかに自己推薦型大自然に学ぶ北海道総合型選抜(生物産業学部80名)，自己推薦型“私の夢”北海道総合型選抜(生物産業学部12名)，自己推薦型東京農大ファミリー総合型選抜，特別選抜(指定高校推薦型選抜，運動選手学校推薦型選抜，併設高校総合型選抜，併設高校併願総合型選抜，併設高校運動選手学校推薦型選抜，外国人留学生指定日本語学校総合型選抜，外国人特別留学生総合型選抜，技術練習生総合型選抜)，帰国子女選抜，社会人選抜，外国人選抜を実施。

偏差値データ (2023年度)

●一般選抜A日程

学部／学科	2023年度 駿台予備学校 合格目標ライン	2023年度 河合塾 ボーダー偏差値	2022年度 競争率
▶農学部			
農	48	47.5	3.5
動物科	47	47.5	3.3
生物資源開発	46	50	4.1
デザイン農	45	42.5	2.7
▶応用生物科学部			
農芸化	48	47.5	2.4
醸造科	47	50	4.5
食品安全健康	45	47.5	4.0
栄養科	50	52.5	7.0
▶生命科学部			
バイオサイエンス	47	47.5	3.2
分子生命化	46	45	1.9
分子微生物	46	42.5	2.0
▶地域環境科学部			
森林総合科	44	45	2.0
生産環境工	43	42.5	2.1
造園科	43	45	2.6
地域創成科	44	42.5	2.4
▶国際食料情報学部			
国際農業開発	45	42.5	2.1
食料環境経済	44	42.5	2.6
アグリビジネス	43	45	1.9
国際食農科	43	42.5	3.4
▶生物産業学部			
北方圏農	42	40	1.7
海洋水産	42	42.5	1.8
食香粧化	43	40	1.8
自然資源経営	42	40	1.2

- 駿台予備学校合格目標ラインは合格可能性80％に相当する駿台模試の偏差値です。
- 河合塾ボーダー偏差値は合格可能性50％に相当する河合塾全統模試の偏差値です。なお，一般選抜A・B日程の偏差値です。
- 競争率は受験者÷合格者の実質倍率

東京薬科大学（とうきょうやっか）

資料請求

問合せ先 入試センター ☎0120-50-1089

建学の精神

1880（明治13）年に東京薬舗学校として創設された，日本最古の私立薬学教育機関。医薬兼業の時代から「薬学」を独立させ，日本の薬学教育の礎を築いた学祖・藤田正方の熱い想いは今に受け継がれ，個性とチャレンジする姿勢を尊重する学風の中で，国内最大規模の薬科大学へと成長。「花咲け，薬学・生命科学」の建学の精神のもと，大学の理念である「ヒューマニズムの精神に基づいて，視野の広い，心豊かな人材を育成し，薬学並びに生命科学の領域にて，人類の福祉と世界の平和に貢献します。」を具現化する教育・研究環境を整備し，多くの卒業生が病院や薬局の薬剤師はもちろん，医薬品，化粧品，食品などの企業や，国，地方公共団体など幅広いフィールドで活躍。人の命と健康に貢献するプロフェッショナルとして，人々の暮らしを支えている。

●東京薬科大学キャンパス……〒192-0392 東京都八王子市堀之内1432-1

基本データ

学生数▶3,643名（男1,683名，女1,960名）
専任教員数▶教授65名，准教授49名，講師34名

設置学部▶薬，生命科
併設教育機関▶大学院─薬学・生命科学（以上M・D）

就職・卒業後の進路

就職率 97.9%（就職者÷希望者×100）

●**就職支援** キャリアセンターでは就職支援のみならず，将来の生き方をデザインするためのキャリアサポートを，体系的なプログラムに基づき実施。入学して間もない低学年期，就職準備期，就職活動期の各段階に適した就活支援，個別相談，OB・OGを招いたイベントなどを開催している。また，相談員が常駐する資料室では，模擬面接・グループディスカッションが行えるほか，自己分析のサポート，進路相談をすることもできる。

●**資格取得支援** 薬学部では，学生全員が国家試験に合格できるようにサポートする組織として「薬学教育推進センター」を設置。生命科学部では取得をサポートしている資格があり，第一種・第二種放射線取扱主任者や技術士（補）の対策講座を開設している。

進路指導者も必見 学生を伸ばす 面倒見

初年次教育	学修サポート
レポート・論文の書き方やプレゼン技法，ITの基礎技術，情報収集や資料整理の方法などの修得や，論理的思考や問題発見・解決能力の向上を図る初年次教育を実施	TA制度や，1人の教員が4～10名の学生を担当するアドバイザー制度を導入。また，講義の内容理解を深めたり，学習上の悩みを相談できる学習相談室を設置。さらに，大学での学びに必要な基礎学力を身につけるリメディカル科目を開講

オープンキャンパス（2022年度実績） 6・7・8月に来場＆オンライン型で開催したほか，研究室＆キャンパスツアーも複数回実施。学部紹介，模擬講義，入試説明，個別進学相談，キャンパス見学，学生フリートークなど。

理系学部

2022年３月卒業生
627人

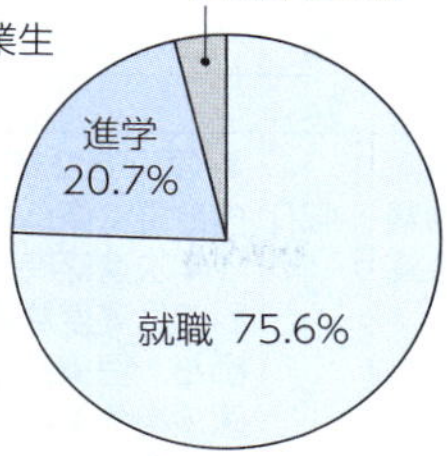

主なOB・OG ▶ [東京薬学専門学校] 上原昭二（大正製薬名誉会長），[薬] 宇野正晃（コスモス薬品会長），[薬] Ryo，大蔵（音楽グループ・ケツメイシメンバー），[薬] 河内伸二（カワチ薬品社長）など。

国際化・留学　大学間 10 大学等・部局間 1 大学

受入れ留学生数 ▶ 20名（2022年５月１日現在）

留学生の出身国・地域 ▶ 中国，韓国，台湾，アメリカ。

外国人専任教員 ▶ 教授１名，准教授０名，助教０名（2022年５月１日現在）

外国人専任教員の出身国 ▶ アメリカ。

大学間交流協定 ▶ 10大学・機関（交換留学先０大学，2022年５月１日現在）

部局間交流協定 ▶ １大学（2022年５月１日現在）

海外への留学生数 ▶ オンライン型26名／年（１カ国・地域，2021年度）

海外留学制度 ▶ 単なる語学研修ではなく，実際に病院や薬局などの現場を訪れる「米国臨床薬学研修」，生命科学部の「ESL／英語研修プログラム」などを実施。またコロナ禍では，協定校であるカリフォルニア州立大学サンマルコス校とリモートで連携した双方向中継型の講義（講義名：国際PSM）を開講。

学費・奨学金制度

入学金 ▶ 薬400,000円，生命科260,000円

年間授業料（施設費等を除く）▶ 薬1,340,000円，生命科1,110,000円（詳細は巻末資料参照）

年間奨学金総額 ▶ NA

年間奨学金受給者数 ▶ NA

主な奨学金制度 ▶「成績優秀者授業料等免除制度」や，入学時の必修科目教科書を無償給付する「東京薬科大学入学時学習奨励奨学金」は，いずれも指定された入試の成績上位者が対象。このほか，保証人が亡くなり家計が急変した者を対象に年額40万円を給付する「応急援助奨学金」などの制度を設置している。

保護者向けインフォメーション

- **オープンキャンパス**　通常のオープンキャンパス時に保護者向けの説明会を実施している。
- **情報誌**　小冊子「東薬 ７つの安心」や，総合情報誌「TOYAKU NEWS LETTER」を発行。
- **成績確認**　成績表を保証人に郵送している。
- **父母懇談会**　毎年10月に父母懇談会を開催し，進路・就職に関する説明なども行っている。
- **防災対策**　「CAMPUS LIFE」を入学時に配布。災害時の学生の状況は，ポータルサイトを利用して確認するようにしている。
- **コロナ対策１**　ワクチンの職域接種を実施。感染状況に応じた５段階のBCP（行動指針）を設定。「コロナ対策２」（下段）あり。

インターンシップ科目	必修専門ゼミ	卒業論文	GPA制度の導入の有無および活用例	１年以内の退学率	標準年限での卒業率
全学部で開講している	薬学部で６年間，生命科学部で１・４年次に実施	全学部で卒業要件	学生に対する個別の学修指導のほか，学部により，奨学金や授業料免除対象者の選定基準として活用	NA	NA（生命科）73.6%（薬）

● **コロナ対策２**　入構時と教室の入口で検温と消毒を実施し，教室内も換気を徹底し収容人数を調整。2020年度にはオンライン授業のための給付金支給やモバイルWi-Fiなどの貸出を行った。全学生へ手指消毒液なども配布。

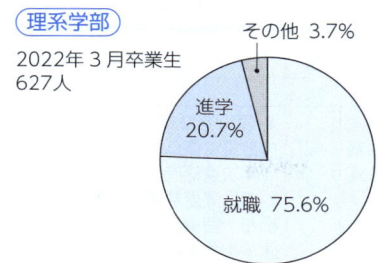

学部紹介

学部／学科	定員	特色
薬学部		
医療薬 医療薬物薬 医療衛生薬	420	▶〈男子部210名，女子部210名〉6年制。1～3年次は特定の分野に偏らず，薬学の多様な領域をオールラウンドに学び，4年次進級時に希望の学科(各定員140名)を選択。医療薬学科では高度な薬の知識を生かして医療現場で活躍できる薬剤師を，医療薬物薬学科では創薬科学に貢献できる薬剤師を，医療衛生薬学科では予防領域にも積極的に貢献できる薬剤師の育成をめざして学修を展開している。なお，薬剤師国家試験を受験するにあたって学科・研究室による有利・不利はない。全国の薬学部を持つ大学の中で最も多くの薬剤師を輩出しているだけに，令和4年に行われた第107回薬剤師国家試験でも401名が合格。8年連続で第1位に輝いている。
● 取得可能な資格…薬剤師受験資格など。 ● 進路状況…………就職94.5%　進学2.2% ● 主な就職先………アインファーマシーズ，大塚製薬，中外製薬，杏林大学医学部付属病院など。		
生命科学部		
分子生命科	70	▷分子生物学，化学，物理学や数学を使ったアプローチにより，脳や感覚，細胞や組織の成り立ち，遺伝子やタンパク質の機能について学び，生命の謎の解明に向けて研究する。その応用として，創薬研究を行う人材を育成する。
応用生命科	60	▷環境・エネルギーから医・食まで，生命に関する知識や技術の修得に加え，社会で役立つ実践力を養い，生命科学のスペシャリストを育成する。工学，農学を中心に，理学，薬学，医学など，幅広い領域に関連する研究を展開。
生命医科	90	▷生物学の基礎知識を身につけた上で，難病やがんなどの病気の仕組みや，免疫，再生医療などを学び，次世代の基礎医学研究に貢献できる能力を修得する。姉妹校である東京医科大学医学部においても卒業研究をすることが可能。
● 取得可能な資格…教職(理)など。 ● 進路状況…………就職41.5%　進学54.0% ● 主な就職先………シミックヘルスケア・インスティテュート，イーピーエス，ニプロ，トモズなど。		

▶キャンパス

全学部……［東京薬科大学キャンパス］東京都八王子市堀之内1432−1

2023年度入試要項(前年度実績)

●募集人員

学部／学科	B方式Ⅰ期	B方式Ⅱ期	C方式	A方式
▶薬	男子65 女子65	男子20 女子20	—	男子15 女子15
▶生命科　分子生命科	13	8	5	Ⅰ7 Ⅱ4
応用生命科	12	7	3	Ⅰ5 Ⅱ3
生命医科	17	10	7	Ⅰ8 Ⅱ6

※A方式は共通テスト利用入試。
※薬学部は学部一括で，男子部・女子部に分けて募集する。

キャンパスアクセス［東京薬科大学キャンパス］JR中央線一豊田より大学直通バス8分／京王線一平山城址公園よりバス8分または徒歩18分／京王相模原線一京王堀之内よりバス8分

薬学部

一般選抜Ｂ方式Ⅰ期　3科目　①外(100)▶コミュ英Ⅰ・コミュ英Ⅱ・コミュ英Ⅲ・英表Ⅰ・英表Ⅱ　②数(100)▶数Ⅰ・数Ⅱ・数A・数B(数列・ベク)　③理(150)▶化基・化

一般選抜Ｂ方式Ⅱ期　2科目　①数(100)▶数Ⅰ・数Ⅱ・数A・数B(数列・ベク)　②理(200)▶化基・化

※Ⅰ・Ⅱ期の理科は，理数系の基礎的な思考能力や技能を判断するため，一部記述問題がある。

一般選抜Ａ方式(共通テスト利用)　4科目　①外(200)▶英(リスニングを含む)　②③数(100×2)▶「数Ⅰ・数A」・「数Ⅱ・数B」　④理(200)▶物・化・生から1

※英語は，リーディングは100点を160点，リスニングは100点を40点に換算。

［個別試験］行わない。

生命科学部

一般選抜Ｂ方式Ⅰ期　3科目　①外(100)▶コミュ英Ⅰ・コミュ英Ⅱ・コミュ英Ⅲ・英表Ⅰ・英表Ⅱ　②数(100)▶数Ⅰ・数Ⅱ・数Ⅲ・数A(場合・図形)・数B(数列・ベク)，ただし数Ⅲは選択のみ　③理(100)▶「物基・物」・「化基・化」・「生基・生」から1

一般選抜Ｂ方式Ⅱ期　2科目　①②数・理(100×2)▶「数Ⅰ・数Ⅱ・数A・数B(数列・ベク)」・「化基・化」・「生基・生」から2

※Ⅰ・Ⅱ期の理科は，理数系の基礎的な思考能力や技能を判断するため，一部記述式問題がある。

一般選抜Ｃ方式　2科目　①外(100)▶コミュ英Ⅰ・コミュ英Ⅱ・コミュ英Ⅲ・英表Ⅰ・英表Ⅱ　②数(100)▶数Ⅰ・数Ⅱ・数A(場合・図形)・数B(数列・ベク)

※数学は理数系の基礎的な思考能力や技能を判断するため，一部記述式問題がある。

一般選抜Ａ方式Ⅰ期(共通テスト利用)　4～3科目　①理(200)▶物・化・生から1　②③④国・外・数(200×2)▶国(近代)・英(リスニングを含む)・「〈数Ⅰ・数A〉・〈数Ⅱ・数B〉」から2

※英語は，リーディングは100点を160点，リスニングは100点を40点に換算。

［個別試験］行わない。

一般選抜Ａ方式Ⅱ期(共通テスト利用)　2科目　①数(100)▶「数Ⅰ・数A」・「数Ⅱ・数B」から1　②理(200)▶物・化・生から1

［個別試験］行わない。

その他の選抜

学校推薦型選抜一般公募制は薬学部男子部・女子部各25名，分子生命科学科専願制８名・併願制10名，応用生命科学科専願制６名・併願制９名，生命医科学科専願制10名・併願制13名を，総合型選抜AOは薬学部男子部・女子部各25名，総合型選抜研究型・講義型AOは分子生命科学科６名，応用生命科学科６名，生命医科学科７名を募集。ほかに学校推薦型選抜指定校制，帰国生徒特別選抜，社会人特別選抜を実施。

偏差値データ(2023年度)

●一般選抜Ｂ方式

学部／学科	2023年度 駿台予備学校 合格目標ライン	2023年度 河合塾 ボーダー偏差値	2022年度 競争率
▶薬学部			
男子部(Ⅰ期)	47	50	2.9
(Ⅱ期)	47	50	新
女子部(Ⅰ期)	48	52.5	3.4
(Ⅱ期)	48	52.5	新
▶生命科学部			
分子生命科(Ⅰ期)	46	47.5	3.7
(Ⅱ期)	45	47.5	3.5
応用生命科(Ⅰ期)	45	47.5	2.6
(Ⅱ期)	44	47.5	2.7
生命医科(Ⅰ期)	46	50	3.4
(Ⅱ期)	45	47.5	3.9

- 駿台予備学校合格目標ラインは合格可能性80％に相当する駿台模試の偏差値です。
- 河合塾ボーダー偏差値は合格可能性50％に相当する河合塾全統模試の偏差値です。
- 競争率は受験者÷合格者の実質倍率

東京理科大学

とうきょうりか

資料請求

問合せ先 入試センター ☎0120-188-139

建学の精神

1881（明治14）年に「東京物理学講習所」として創立された，わが国私学随一の理工系総合大学。「理学の普及を以て国運発展の基礎とする」を建学の精神とし，「自然・人間・社会とこれらの調和的発展のための科学と技術の創造」を教育研究理念として掲げ，真に実力を身につけた学生のみを卒業させるという「実力主義」を貫き通し，社会の発展に貢献する多くの優れた技術者，研究者および理数系教育者を輩出。創立140年を迎えた2021年に，あらゆる分野で活躍できるスペシャリティの高い，優れたインベンションとイノベーションを創出する理工人材を育成するために，学部・学科の再編計画をスタートさせ，2023年には，理工学部（＝創域理工学部）と先進工学部の２学部を再編。2025年には，薬学部の葛飾キャンパスへの移転が予定されている。

● キャンパス情報はP.598をご覧ください。

基本データ

学生数▶15,840名（男11,784名，女4,056名）

専任教員数▶教授339名，准教授155名，講師86名

設置学部▶理一部，工，薬，創域理工，先進工，経営，理二部

併設教育機関▶大学院（P.608参照）

就職・卒業後の進路

就職率 95.8%
就職者÷希望者×100

●**就職支援**　卒業後の進路選択を支援するために，各キャンパスのキャリアセンターが入学直後から４年間を通して多彩なキャリア形成プログラムを実施。学部３年次を対象とした就職活動支援では４月からの進路ガイダンスを皮切りに，10月から業界・職種研究セミナーが始まり，３月からは学内企業説明会を開催して，学生の進路選択を強力にサポート。

●**資格取得支援**　伝統的に国家公務員採用試験，地方公務員上級試験，薬剤師国家試験，教員採用試験，弁理士試験に強く，大学別合格者数では常に上位をキープ。それぞれの対策講座，模試，OB・OGによるガイダンスなど，万全なサポート体制を敷いている。

進路指導者も必見 学生を伸ばす 面倒見

初年次教育	学修サポート
「大学で学修することの意義，卒業後の自身の将来像」を考え，「本学学生として学修するために必要な知識・技能・態度」を身につけることで，「実力主義」を掲げる本学での学びへの円滑な移行を実現する初年次教育を実施	全学部でTA制度，オフィスアワー，さらに工・創域理工・経営でSA制度，工・薬・創域理工・先進工・理二部で教員アドバイザー制度を導入。インターナショナルラウンジや学習面のサポートを行う学習相談室を設置

オープンキャンパス（2022年度実績）　８月９日（野田キャンパス）・10日（葛飾キャンパス）・11日（神楽坂キャンパス）に対面型とオンラインで実施（事前予約）。大学HPにオープンキャンパスのダイジェスト動画も公開。

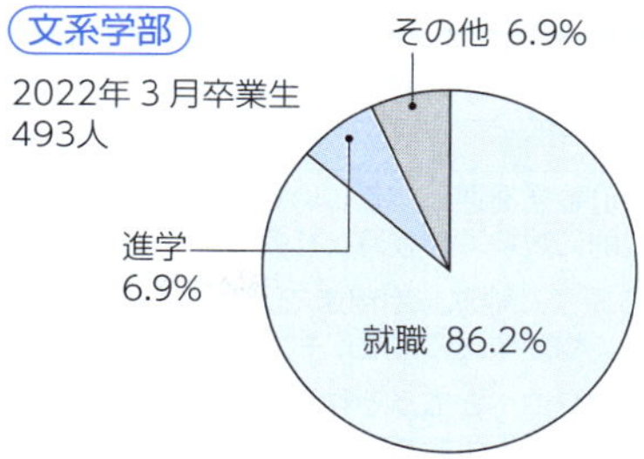

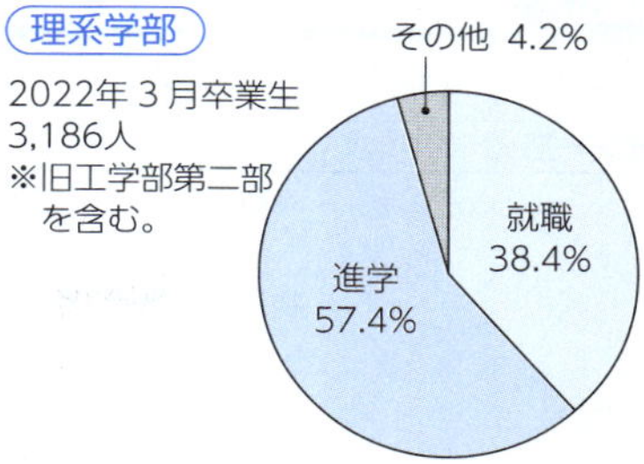

主なOB・OG▶［理］正垣泰彦（サイゼリヤ創業者，会長），［工］長谷部佳宏（花王社長），［薬］青木宏憲（クスリのアオキホールディングス社長），［大学院］大村智（ノーベル生理学・医学賞受賞者）など。

国際化・留学　大学間 59 大学等・部局間 24 大学等

受入れ留学生数▶631名（2022年５月１日現在）
留学生の出身国・地域▶中国，韓国，マレーシア，インドネシア，台湾など。
外国人専任教員▶教授４名，准教授８名，講師９名（2022年５月１日現在）
外国人専任教員の出身国・地域▶韓国，中国，アメリカ，イギリス，台湾など
大学間交流協定▶59大学・機関（交換留学先２大学，2022年５月１日現在）
部局間交流協定▶24大学・機関（交換留学先０大学，2022年５月１日現在）
海外への留学生数▶オンライン型９名／年（２カ国・地域，2021年度）
海外留学制度▶短期のサマー・スプリング語学研修やインターンシップ，長期のカリフォルニア大学１年留学プログラム，協定校への派遣学生募集など，多彩な留学プログラムを展開。参加者（プログラムにより異なる）には渡航費，滞在費などの補助も行っている。

学費・奨学金制度

入学金▶300,000円（第二部150,000円）
年間授業料（施設費等を除く）▶754,000円（第二部600,000円～）～（詳細は巻末資料参照）
年間奨学金総額▶非公表
年間奨学金受給者数▶非公表
主な奨学金制度▶「新生のいぶき奨学金」と「乾坤の真理奨学金（学部生）」は，それぞれ対象とする選抜試験の成績優秀者に年間40～80万円を４年間（薬学科は６年間）給付。このほか，７種類の制度がある「東京理科大学維持会冠奨学金」も用意されている。

保護者向けインフォメーション

●**成績確認**　成績表を郵送するほか，Webで「学修簿」の閲覧が可能。
●**父母懇談会**　「こうよう会（父母会）」を組織し，全国各地で父母懇談会を開催。就職説明会などを行っている。また，会報「浩洋」も発行。
●**相談窓口**　「よろず相談室」があり，保護者からの相談も受け付けている。
●**防災対策**　「地震発生時の対応マニュアル」をHPやポータルサイトで公開。また，HPやメールを利用した安否確認システムを導入。
●**コロナ対策１**　ワクチンの職域接種を実施。感染状況に応じた５段階のBCP（行動指針）を設定している。「コロナ対策２」（下段）あり。

インターンシップ科目	必修専門ゼミ	卒業論文	GPA制度の導入の有無および活用例	１年以内の退学率	標準年限での卒業率
理一・創域理工・先進工で開講	理一（化・応用化除く）3・4年次（3年次は数・応用数のみ），工・創域・先進4年次，薬4～6年次，経営2・3年次（2年次は国際のみ）で実施	化学科（一・二部）と応用化学科を除き卒業要件	学部により，奨学金・留学・大学院入試の選考，個別の学修指導，履修上限単位数設定に活用するほか，理二数学科で卒研配属に利用	1.8%	83.8%（4年制）87.3%（薬学科）

●**コロナ対策２**　COVID-19に対応した授業料等減免奨学金および家計急変支援金を支給。また，感染状況に応じてオンライン授業も併用し，クラウド型PC教室環境の提供，オンラインミーティングを学生全員に供与。

学部紹介

学部／学科	定員	特色
理学部第一部		
数	115	▷「生きた学問」数学を通し，新しいものを生み出す力を身につける。伝統的に数多くの教員を社会に送り出している。
物理	115	▷素粒子から原子，地球，宇宙まで，さまざまな現象・法則の解明に挑む。物理教員の育成にも力を入れている。
化	115	▷ミクロからマクロへと広がる物質世界の本質を，多様な視点から追求する。境界領域も学べるカリキュラムを編成。
応用数	120	▷数理データサイエンス，数理モデリング，知能数理を柱とした教育・研究を展開し，数理的・論理的思考力を養う。
応用化	120	▷社会のニーズに応える物質をつくり出すための最先端の研究・開発を行い，グローバルに活躍できる人材を育成する。
● 取得可能な資格…教職(数・理・情)，測量士補。 ● 進路状況…………就職38.1%　進学56.6% ● 主な就職先………NECソリューションイノベータ，日本アイ・ビー・エム，SHIFT，伊藤忠テクノソリューションズ，アイヴィス，エヌ・ティ・ティ・データ，SCSKなど。		
工学部		
建築	110	▷建築学の計画・環境・構造を３つの柱に，人間と自然環境が共生する都市や建築を構築する技術者・設計者を育成する。
工業化	110	▷有機化学，無機化学，物理化学，化学工学の４つを教育・研究の柱に，化学に基づいた「ものづくり」に取り組む。
電気工	110	▷通信・情報，エネルギー・制御，材料・エレクトロニクスの各分野が学べ，実験や計算機を用いた演習を重視。
情報工	110	▷情報工学を幅広く学ぶカリキュラムで，情報を生かして社会課題を解決し，未来の仕組みをデザインする力を養う。
機械工	110	▷モノ作りに必要な機械工学(４力学＋設計製図)がすべて学べ，課題を発見し，解決する能力を養う。
● 取得可能な資格…１・２級建築士受験資格など。 ● 進路状況…………就職37.2%　進学60.5% ● 主な就職先………清水建設，大和ハウス工業，エヌ・ティ・ティ・データ，竹中工務店，SMBC日興証券，オープンハウス・ディベロップメント，東日本旅客鉄道，ヤフーなど。		
薬学部		
		▶2025年４月に，薬学部および薬学研究科を野田キャンパスから葛飾キャンパスに移転する予定。
薬	100	▷６年制。医薬品開発の流れをカバーする教育と研究体制で，人類の健康と疾病克服に尽力する薬剤師を育成する。
生命創薬科	100	▷４年制。先端医療を支える知識と技能を習得し，人類の健康と福祉に貢献する国際的な視野を持つ創薬研究者を育成。
● 取得可能な資格…薬剤師受験資格(薬学科)。 ● 進路状況…………[薬]就職95.6%　進学3.5%　[生命創薬科]就職4.0%　進学94.1% ● 主な就職先………アインホールディングス，ウエルシア薬局，日本調剤，医薬品医療機器総合機構，IQVIAサービシーズジャパン，マツモトキヨシ，中外製薬，ファイザーなど。		

キャンパスアクセス [神楽坂キャンパス(神楽坂校舎)] JR総武線，東京メトロ有楽町線・東西線・南北線，都営地下鉄大江戸線―飯田橋より徒歩5分

創域理工学部		
		▶2023年度より，理工学部から創域理工学部に名称変更。それに合わせて，建築・先端化・電気電子情報工の３学科を除く７学科も現学科名に名称を変更した。
数理科	90	▷純粋から応用まで幅広い分野の数学をカバー。入学時から専門分野(数学系，先端数理系)を学ぶ専門コースを設置。
先端物理	100	▷物理の専門知識を深めることに加え，関連分野にも精通することをめざし，問題分析力と解決能力を養う。
情報計算科	120	▷情報科学の広範かつ深い理解が得られる豊富な演習・実験を用意し，現代社会に氾濫する情報を分析する力を養う。
生命生物科	110	▷生物科学を理・医・薬・農・工・情報など多様な学問分野の視点から研究し，人類が抱える課題を解決する。
建築	120	▷計画・設計系，構造系，環境系，材料・防災系の幅広い教育・研究分野を内包し，人々に夢を与えうる構想力を養う。
先端化	120	▷基礎学力の徹底と最新技術を修得し，環境調和・エネルギー変換・新機能に着目した先端ものづくりを実施。
電気電子情報工	150	▷電気・電子・情報通信工学の３分野で多彩な専門を学ぶ。入学時から学びたい分野を選択できる専門コースも設置。
経営システム工	110	▷数学，情報工学，経営学など，「理系」と「文系」が融合した領域が，横断的に連携した教育・研究を展開。
機械航空宇宙工	130	▷応用力学と機械情報学を核とし，原子(ナノ)から航空，宇宙まで，幅広い分野で活躍できる基礎を学ぶ。
社会基盤工	110	▷構造・材料・地盤・水理・環境・情報・計画の主要専門分野を網羅した教育で，人々の生活を豊かにする人材を育成する。

● **取得可能な資格**…教職(数・理・情)，測量士補，１・２級建築士受験資格など。
● **進路状況**…………就職36.3%　進学60.8%（旧理工学部実績）
● **主な就職先**………教員，エヌ・ティ・ティ・コムウェア，NECソリューションイノベータ，清水建設，日立製作所，ソフトバンク，大林組，SUBARU，日本電気，千葉県職員など。

先進工学部		
電子システム工	115	▷基礎科学から先進工学をデザイン思考でつなぎ，電子デバイス，ICT，知能制御，コンピュータなどを学ぶ。
マテリアル創成工	115	▷新素材，新機能，環境・エネルギー，航空・宇宙を学びのフィールドに，イノベーションを創出する材料工学を学ぶ。
生命システム工	115	▷分子生物工学，環境生物工学，メディカル生物工学を学びのフィールドに，最新の設備が整えられた環境で学修する。
物理工	115	▷NEW! '23年新設。現代物理の成果×テクノロジーで，今までにないイノベーションを創出する人材を育成する。
機能デザイン工	115	▷NEW! '23年新設。「ヒトのカラダを助ける」工学を実現するために，ナノメディスン，ロボティクス，デザイン思考の３つを柱に多角的にアプローチする。

● **進路状況**…………就職23.1%　進学74.4%
● **主な就職先**………三菱電機，SCSK，エヌ・ティ・ティ・コミュニケーションズ，富士通，NECソリューションイノベータ，TIS，アイシン精機，日揮グローバル，りそな銀行など。

経営学部		
経営	180	▷経営戦略，マーケティング，会計・ファイナンスの３分野。理論と実証を重視したカリキュラムで，企業活動全般を俯瞰できる経営のプロフェショナルを育成する。

キャンパスアクセス［神楽坂キャンパス（富士見校舎）］東京メトロ半蔵門線・東西線，都営地下鉄新宿線一九段下より徒歩８分／JR総武線，東京メトロ各線，都営地下鉄大江戸線一飯田橋より徒歩10分

ビジネスエコノミクス	180	▷データ解析，経済学・意思決定，金融工学を学びの柱とした先端的教育を実施。数理的解析力とデータ分析力を持つ企業意思決定のスペシャリストを育成する。
国際デザイン経営	120	▷これからの経営に必須となるデジタル技術に関する知識を培いながら，時代を切り拓くデザイン力を備え，創造性と国際性の豊かなイノベーションリーダーを育成する。

● **進路状況**…………就職86.2%　進学6.9%
● **主な就職先**………アクセンチュア，日本政策金融公庫，エヌ・ティ・ティ・データ，NECソリューションイノベータ，楽天グループ，シンプレクス，SCSK，富士通，みずほ証券など。

理学部第二部

数	120	▷純粋数学から応用数学まで幅広い数学が学べるカリキュラム。これまでに多くの教員を輩出し，教員養成に注力。
物理	120	▷基礎から高度な専門分野まで，物理学実験を通し，実験技術やレポート作成技法を基礎から徹底的に習得する。
化	120	▷化学の幅広い知識を吸収して物質の本質を探求し，社会のさまざまな場面で活躍できる人材を育成する。

● **取得可能な資格**…教職(数・理・情)，測量士補。
● **進路状況**…………就職54.7%　進学31.7%
● **主な就職先**………教員，キヤノンITソリューションズ，エヌ・ティ・ティ・コミュニケーションズ，CIJネクスト，アドソル日進，アクセンチュア，東京電力ホールディングスなど。

キャンパス

理一部・工(建築学科夜間社会人コース)・理二部……［神楽坂キャンパス(神楽坂校舎)］東京都新宿区神楽坂1-3
経営(国際デザイン経営学科のみ２～４年次)……［神楽坂キャンパス(富士見校舎)］東京都千代田区富士見1-11-2
工・先進工……［葛飾キャンパス］東京都葛飾区新宿6-3-1
薬・創域理工……［野田キャンパス］千葉県野田市山崎2641　※薬学部は2025年度より葛飾キャンパスに移転予定。
国際デザイン経営学科１年次……［北海道・長万部キャンパス］北海道山越郡長万部町字富野102-1
※新型コロナウイルス感染拡大防止のため，2022年度は神楽坂キャンパスで授業を実施。

2023年度入試要項(前年度実績)

●募集人員

学部／学科		一般B	一般C	一般A	一般S	グローバル	公募推薦
▶理第一部	数	46	9	19	—	5	12
	物理	46	9	19	—	5	12
	化	46	9	19	—	5	12
	応用数	49	10	20	—	5	12
	応用化	49	10	20	—	5	12
▶工	建築	46	10	16	—	5	11
	工業化	46	10	16	—	5	11
	電気工	46	10	16	—	5	11
	情報工	46	10	16	—	5	11
	機械工	46	10	16	—	5	11
▶薬	薬	40	10	15	—	5	10
	生命創薬科	40	10	15	—	5	10
▶創域理工	数理科	20	4	10	20	5	10
	先端物理	40	10	15	—	5	10
	情報計算科	49	10	20	—	5	12
	生命生物科	46	10	16	—	5	11
	建築	49	10	20	—	5	12
	先端化	49	10	20	—	5	12
	電気電子情報工	40	10	25	20	5	20
	経営システム工	46	10	16	—	5	11
	機械航空宇宙工	53	10	21	—	5	14
	社会基盤工	46	10	16	—	5	11
▶先進工	電子システム工	46	9	19	—	5	12
	マテリアル創成工	46	9	19	—	5	12
	生命システム工	46	9	19	—	5	12
	物理工	46	9	19	—	5	12
	機能デザイン工	46	9	19	—	5	12

キャンパスアクセス ［葛飾キャンパス］JR常磐線(東京メトロ千代田線)—金町，京成金町線—京成金町より徒歩８分

▶経営	経営	72	12	37	—	12	11
	ビジネスエコノミクス	73	15	37	—	8	11
	国際デザイン経営	32	5	20	—	15	24
▶理第二部	数	70	—	15	—	—	15
	物理	64	—	20	—	—	15
	化	69	—	15	—	—	15

※一般選抜Ｂ方式は本学独自入試，Ｃ方式は共通テスト併用入試，Ａ方式は共通テスト利用入試，Ｓ方式は「専門コース」を対象とした本学独自入試。

▷理学部第二部を除き，指定された英語の資格・検定試験のスコアを出願資格とした一般選抜グローバル方式入試を実施。出願資格となる英語の資格・検定試験のスコアは以下の通り。TEAP101以上，TEAP CBT130以上，GTEC CBTタイプおよびGTEC検定版270以上（GTECはアセスメント版は不可），英検（英検〈従来型〉，英検S-CBT，英検S-Interviewいずれも可）1400以上（CSEスコアで判定し，級・合否は問わない），ケンブリッジ英検（Linguaskillは不可）100以上，TOEIC320以上（TOEIC L&RおよびTOEIC S&Wの両方を受験すること。TOEIC S&Wのスコアは2.5倍にして合算。TOEIC L&R IPテストおよびTOEIC S&W IPテストのスコアは不可），IELTS（アカデミック・モジュール）4.0以上（Computer-delivered IELTSを含む），TOEFL iBT42以上（Test Dateスコアのみを出願資格として活用。TOEFL iBT Home EditionのスコアをTOEFL iBTのスコアとして利用可）。なお，すべて４技能の受験が必要で，2021年４月１日以降に受験したものであること。

▷共通テストの「英語」の配点は，Ａ方式はリーディング100点満点を150点満点に，リスニング100点満点を50点満点に換算した合計200点満点。Ｃ方式は前記200点を100点に換算する。

理学部第一部

一般選抜Ｂ方式入試　**【数学科・応用数学科】** **3科目** ①**外**（100）▶コミュ英Ⅰ・コミュ英Ⅱ・コミュ英Ⅲ・英表Ⅰ・英表Ⅱ ②**数**（100）▶数Ⅰ・数Ⅱ・数Ⅲ・数Ａ・数Ｂ（数列・ベク） ③**数**（100）▶数Ⅰ・数Ⅱ・数Ⅲ・数Ａ・数Ｂ（数列・ベク）

【物理学科】 **3科目** ①**外**（100）▶コミュ英Ⅰ・コミュ英Ⅱ・コミュ英Ⅲ・英表Ⅰ・英表Ⅱ ②**数**（100）▶数Ⅰ・数Ⅱ・数Ⅲ・数Ａ・数Ｂ（数列・ベク） ③**理**（100）▶物基・物

【化学科・応用化学科】 **3科目** ①**外**（100）▶コミュ英Ⅰ・コミュ英Ⅱ・コミュ英Ⅲ・英表Ⅰ・英表Ⅱ ②**数**（100）▶数Ⅰ・数Ⅱ・数Ⅲ・数Ａ・数Ｂ（数列・ベク） ③**理**（150）▶化基・化

一般選抜Ｃ方式入試（共通テスト併用入試）

〈共通テスト科目〉 **2科目** ①**国**（100）▶国 ②**外**（100）▶英（リスニングを含む）・独・仏・中・韓から１

〈独自試験科目〉 **2科目** ①**数**（150）▶数Ⅰ・数Ⅱ・数Ⅲ・数Ａ・数Ｂ（数列・ベク） ②**理**（150）▶「物基・物」・「化基・化」・「生基・生」から１

※独自試験において，数学科は数学のみの受験も可。数学のみの受験者は数学の得点を２倍し，数学と理科の受験者は「数学＋理科の得点」と「数学の得点の２倍」のいずれか高得点で判定する。

一般選抜グローバル方式入試　**【数学科・応用数学科】** **1科目** ①**数**（300）▶数Ⅰ・数Ⅱ・数Ⅲ・数Ａ・数Ｂ（数列・ベク）

【物理学科】 **2科目** ①**数**（150）▶数Ⅰ・数Ⅱ・数Ⅲ・数Ａ・数Ｂ（数列・ベク） ②**理**（150）▶物基・物

【化学科・応用化学科】 **2科目** ①**数**（150）▶数Ⅰ・数Ⅱ・数Ⅲ・数Ａ・数Ｂ（数列・ベク） ②**理**（150）▶化基・化

※いずれも指定された英語の資格・検定試験のスコアを出願資格とするとともに，本学独自試験の得点に加算して判定する。

一般選抜Ａ方式入試（共通テスト利用入試）

5科目 ①**国**（200）▶国 ②**外**（200）▶英（リスニングを含む）・独・仏・中・韓から１ ③④**数**（200）▶「数Ⅰ・数Ａ」・「数Ⅱ・数Ｂ」 ⑤**理**（200）▶物・化・生・地学から１

［個別試験］ 行わない。

学校推薦型選抜（公募制）　**［出願資格］** 第１志望，校長推薦，現役，外・数・理の学習成績の状況（評定平均値）の平均が4.0以上の者。ほかに，コミュ英Ⅰ・コミュ英Ⅱ・英表Ⅰ，数Ⅰ・数Ⅱ・数Ⅲ・数Ａ・数Ｂおよび物理学科は物基・物，化学科と応用化学科は化基・化を履修していること。
[選考方法] 書類審査，小論文(数学科と応用数学科は数学，物理学科は数学と物理学，化学科と応用化学科は化学に関する小論文)，面接(志望理由等)，口頭試問(数学科と応用数学科は数学，物理学科は数学と物理学，化学科と応用化学科は化学に関する口頭試問)。

工学部

一般選抜B方式入試 【建築学科・電気工学科・情報工学科・機械工学科】 3科目 ①外(100)▶コミュ英Ⅰ・コミュ英Ⅱ・コミュ英Ⅲ・英表Ⅰ・英表Ⅱ ②数(100)▶数Ⅰ・数Ⅱ・数Ⅲ・数A・数B(数列・ベク) ③理(100)▶物基・物
【工業化学科】 3科目 ①外(100)▶コミュ英Ⅰ・コミュ英Ⅱ・コミュ英Ⅲ・英表Ⅰ・英表Ⅱ ②数(100)▶数Ⅰ・数Ⅱ・数Ⅲ・数A・数B(数列・ベク) ③理(100)▶化基・化
一般選抜C方式入試(共通テスト併用入試)
〈共通テスト科目〉 2科目 ①国(100)▶国 ②外(100)▶英(リスニングを含む)・独・仏・中・韓から1
〈独自試験科目〉 2科目 ①数(150)▶数Ⅰ・数Ⅱ・数Ⅲ・数A・数B(数列・ベク) ②理(150)▶「物基・物」・「化基・化」・「生基・生」から1
一般選抜グローバル方式入試 【建築学科・電気工学科・情報工学科・機械工学科】 2科目 ①数(150)▶数Ⅰ・数Ⅱ・数Ⅲ・数A・数B(数列・ベク) ②理(150)▶物基・物
【工業化学科】 2科目 ①数(150)▶数Ⅰ・数Ⅱ・数Ⅲ・数A・数B(数列・ベク) ②理(150)▶化基・化
※いずれも指定された英語の資格・検定試験のスコアを出願資格とするとともに，本学独自試験の得点に加算して判定する。
一般選抜A方式入試(共通テスト利用入試)
5科目 ①国(200)▶国 ②外(200)▶英(リスニングを含む)・独・仏・中・韓から1 ③④数(200)▶「数Ⅰ・数A」・「数Ⅱ・数B」 ⑤理(200)▶物・化・生・地学から1
[個別試験] 行わない。
学校推薦型選抜(公募制) [出願資格] 第1志望，校長推薦，現役，外・数・理の学習成績の状況(評定平均値)の平均が4.0以上の者。ほかに，コミュ英Ⅰ・コミュ英Ⅱ・英表Ⅰ，数Ⅰ・数Ⅱ・数Ⅲ・数A・数Bおよび工業化学科は化基・化，その他の学科は物基・物を履修していること。
[選考方法] 書類審査，小論文(建築学科は与えられた課題に対し，スケッチと文章説明で解答する小論文。工業化学科は化学に関する小論文。電気工学科と情報工学科は数学と物理学に関する小論文。機械工学科は機械工学に関する小論文)，面接(志望理由等)，口頭試問(建築学科は数学・物理など，工業化学科は化学，電気工学科は電気工学，情報工学科は数学・情報工学，機械工学科は数学・物理に関する口頭試問)。

薬学部

一般選抜B方式入試 3科目 ①外(100)▶コミュ英Ⅰ・コミュ英Ⅱ・コミュ英Ⅲ・英表Ⅰ・英表Ⅱ ②数(100)▶数Ⅰ・数Ⅱ・数Ⅲ・数A・数B(数列・ベク) ③理(100)▶化基・化
一般選抜C方式入試(共通テスト併用入試)
〈共通テスト科目〉 2科目 ①国(100)▶国 ②外(100)▶英(リスニングを含む)・独・仏・中・韓から1
〈独自試験科目〉 2科目 ①数(150)▶数Ⅰ・数Ⅱ・数Ⅲ・数A・数B(数列・ベク) ②理(150)▶「物基・物」・「化基・化」・「生基・生」から1
一般選抜グローバル方式入試 2科目 ①数(150)▶数Ⅰ・数Ⅱ・数Ⅲ・数A・数B(数列・ベク) ②理(150)▶化基・化
※指定された英語の資格・検定試験のスコアを出願資格とするとともに，本学独自試験の得点に加算して判定する。
一般選抜A方式入試(共通テスト利用入試)
5科目 ①国(200)▶国 ②外(200)▶英(リスニングを含む)・独・仏・中・韓から1 ③④数(200)▶「数Ⅰ・数A」・「数Ⅱ・数B」 ⑤理(200)▶物・化・生・地学から1
[個別試験] 行わない。
学校推薦型選抜(公募制) [出願資格] 第1志望，校長推薦，現役，外・数・理の学習成績の状況(評定平均値)の平均が4.0以上の者。ほかに，コミュ英Ⅰ・コミュ英Ⅱ・英表Ⅰ，数

キャンパスアクセス [北海道・長万部キャンパス] JR函館本線・室蘭本線ー長万部より徒歩15分または車5分

Ⅰ・数Ⅱ・数Ⅲ・数Ａ・数Ｂおよび化基・化を履修していること。
［選考方法］ 書類審査，数学と化学に関する小論文，面接（志望理由等），化学に関する口頭試問。

創域理工学部

一般選抜Ｂ方式入試 【数理科学科・情報計算科学科・生命生物科学科・経営システム工学科】 3科目 ①外（100）▶コミュ英Ⅰ・コミュ英Ⅱ・コミュ英Ⅲ・英表Ⅰ・英表Ⅱ ②数（数理科学科200・その他の学科100）▶数Ⅰ・数Ⅱ・数Ⅲ・数Ａ・数Ｂ（数列・ベク） ③理（100）▶「物基・物」・「化基・化」・「生基・生」から１
【先端物理学科・建築学科・電気電子情報工学科・機械航空宇宙工学科】 3科目 ①外（100）▶コミュ英Ⅰ・コミュ英Ⅱ・コミュ英Ⅲ・英表Ⅰ・英表Ⅱ ②数（100）▶数Ⅰ・数Ⅱ・数Ⅲ・数Ａ・数Ｂ（数列・ベク） ③理（100）▶物基・物
【先端化学科】 3科目 ①外（100）▶コミュ英Ⅰ・コミュ英Ⅱ・コミュ英Ⅲ・英表Ⅰ・英表Ⅱ ②数（100）▶数Ⅰ・数Ⅱ・数Ⅲ・数Ａ・数Ｂ（数列・ベク） ③理（100）▶化基・化
【社会基盤工学科】 3科目 ①外（100）▶コミュ英Ⅰ・コミュ英Ⅱ・コミュ英Ⅲ・英表Ⅰ・英表Ⅱ ②数（100）▶数Ⅰ・数Ⅱ・数Ⅲ・数Ａ・数Ｂ（数列・ベク） ③理（100）▶「物基・物」・「化基・化」から１
一般選抜Ｃ方式入試（共通テスト併用入試）
〈共通テスト科目〉 2科目 ①国（100）▶国 ②外（100）▶英（リスニングを含む）・独・仏・中・韓から１
〈独自試験科目〉 2科目 ①数（150）▶数Ⅰ・数Ⅱ・数Ⅲ・数Ａ・数Ｂ（数列・ベク） ②理（150）▶「物基・物」・「化基・化」・「生基・生」から１
※独自試験において，数理科学科は数学のみの受験も可。数学のみの受験者は数学の得点を２倍し，数学と理科の受験者は「数学＋理科の得点」と「数学の得点の２倍」のいずれか高得点で判定する。
一般選抜Ｓ方式入試 【数理科学科】 2科目 ①外（100）▶コミュ英Ⅰ・コミュ英Ⅱ・コミュ英Ⅲ・英表Ⅰ・英表Ⅱ ②数（300）▶数Ⅰ・数Ⅱ・数Ⅲ・数Ａ・数Ｂ（数列・ベク）
【電気電子情報工学科】 3科目 ①外（100）▶コミュ英Ⅰ・コミュ英Ⅱ・コミュ英Ⅲ・英表Ⅰ・英表Ⅱ ②数（100）▶数Ⅰ・数Ⅱ・数Ⅲ・数Ａ・数Ｂ（数列・ベク） ③理（200）▶物基・物
一般選抜グローバル方式入試 【数理科学科】 1科目 ①数（300）▶数Ⅰ・数Ⅱ・数Ⅲ・数Ａ・数Ｂ（数列・ベク）
【先端物理学科・建築学科・電気電子情報工学科・機械航空宇宙工学科】 2科目 ①数（150）▶数Ⅰ・数Ⅱ・数Ⅲ・数Ａ・数Ｂ（数列・ベク） ②理（150）▶物基・物
【情報計算科学科・生命生物科学科・経営システム工学科】 2科目 ①数（150）▶数Ⅰ・数Ⅱ・数Ⅲ・数Ａ・数Ｂ（数列・ベク） ②理（150）▶「物基・物」・「化基・化」・「生基・生」から１
【先端化学科】 2科目 ①数（150）▶数Ⅰ・数Ⅱ・数Ⅲ・数Ａ・数Ｂ（数列・ベク） ②理（150）▶化基・化
【社会基盤工学科】 2科目 ①数（150）▶数Ⅰ・数Ⅱ・数Ⅲ・数Ａ・数Ｂ（数列・ベク） ②理（150）▶「物基・物」・「化基・化」から１
※いずれも指定された英語の資格・検定試験のスコアを出願資格とするとともに，本学独自試験の得点に加算して判定する。
一般選抜Ａ方式入試（共通テスト利用入試）
5科目 ①国（200）▶国 ②外（200）▶英（リスニングを含む）・独・仏・中・韓から１ ③④数（200）▶「数Ⅰ・数Ａ」・「数Ⅱ・数Ｂ」 ⑤理（200）▶物・化・生・地学から１
［個別試験］ 行わない。
学校推薦型選抜（公募制） ［出願資格］ 第１志望，校長推薦，現役，外・数・理の学習成績の状況（評定平均値）の平均が4.0以上の者。ほかに，コミュ英Ⅰ・コミュ英Ⅱ・英表Ⅰ，数Ⅰ・数Ⅱ・数Ⅲ・数Ａ・数Ｂおよび数理科・情報計算科・生命生物科・経営システム工の４学科は物基・物または化基・化または生基・生，先端物理・建築・電気電子情報工・機械航空宇宙工の４学科は物基・物，先端化学科は化基・化，社会基盤工学科は物基・物または化基・化を履修していること。
［選考方法］ 書類審査，小論文（数理科・情報計算科・経営システム工・社会基盤工の４学科は数学，先端物理・電気電子情報工・機械航空

東京
東京理科大学

宇宙工の３学科は数学と物理，生命生物科学科は生物，先端化学科は化学に関する小論文。建築学科はスケッチおよび論述），面接（志望理由等），口頭試問（数理科・情報計算科・経営システム工・社会基盤工の４学科は数学，先端物理・電気電子情報工・機械航空宇宙工の３学科は数学と物理，建築学科は建築空間に関する口頭試問。生命生物科学科は生物学に関する口頭試問を課す場合あり。先端化学科は化学の基礎的な口頭試問）。

先進工学部

一般選抜Ｂ方式入試 【電子システム工学科・物理工学科】 3科目 ①外（100）▶コミュ英Ⅰ・コミュ英Ⅱ・コミュ英Ⅲ・英表Ⅰ・英表Ⅱ ②数（100）▶数Ⅰ・数Ⅱ・数Ⅲ・数Ａ・数Ｂ（数列・ベク） ③理（100）▶物基・物

【マテリアル創成工学科】 3科目 ①外（100）▶コミュ英Ⅰ・コミュ英Ⅱ・コミュ英Ⅲ・英表Ⅰ・英表Ⅱ ②数（100）▶数Ⅰ・数Ⅱ・数Ⅲ・数Ａ・数Ｂ（数列・ベク） ③理（100）▶「物基・物」・「化基・化」から１

【生命システム工学科・機能デザイン工学科】 3科目 ①外（100）▶コミュ英Ⅰ・コミュ英Ⅱ・コミュ英Ⅲ・英表Ⅰ・英表Ⅱ ②数（100）▶数Ⅰ・数Ⅱ・数Ⅲ・数Ａ・数Ｂ（数列・ベク） ③理（100）▶「物基・物」・「化基・化」・「生基・生」から１

一般選抜Ｃ方式入試（共通テスト併用入試）〈共通テスト科目〉 2科目 ①国（100）▶国 ②外（100）▶英（リスニングを含む）・独・仏・中・韓から１

〈独自試験科目〉 2科目 ①数（150）▶数Ⅰ・数Ⅱ・数Ⅲ・数Ａ・数Ｂ（数列・ベク） ②理（150）▶「物基・物」・「化基・化」・「生基・生」から１

一般選抜グローバル方式入試 【電子システム工学科・物理工学科】 2科目 ①数（150）▶数Ⅰ・数Ⅱ・数Ⅲ・数Ａ・数Ｂ（数列・ベク） ②理（150）▶物基・物

【マテリアル創成工学科】 2科目 ①数（150）▶数Ⅰ・数Ⅱ・数Ⅲ・数Ａ・数Ｂ（数列・ベク） ②理（150）▶「物基・物」・「化基・化」から１

【生命システム工学科・機能デザイン工学科】 2科目 ①数（150）▶数Ⅰ・数Ⅱ・数Ⅲ・数Ａ・数Ｂ（数列・ベク） ②理（150）▶「物基・物」・「化基・化」・「生基・生」から１

※いずれも指定された英語の資格・検定試験のスコアを出願資格とするとともに，本学独自試験の得点に加算して判定する。

一般選抜Ａ方式入試（共通テスト利用入試） 5科目 ①国（200）▶国 ②外（200）▶英（リスニングを含む）・独・仏・中・韓から１ ③④数（200）▶「数Ⅰ・数Ａ」・「数Ⅱ・数Ｂ」 ⑤理（200）▶物・化・生・地学から１

［個別試験］ 行わない。

学校推薦型選抜（公募制） ［出願資格］ 第１志望，校長推薦，現役，外・数・理の学習成績の状況（評定平均値）の平均が4.0以上の者。ほかに，コミュ英Ⅰ・コミュ英Ⅱ・英表Ⅰ，数Ⅰ・数Ⅱ・数Ⅲ・数Ａ・数Ｂおよび電子システム工学科と物理工学科は物基・物，マテリアル創成工学科は物基・物または化基・化，生命システム工学科と機能デザイン工学科は物基・物または化基・化または生基・生を履修していること。

［選考方法］ 書類審査，小論文（電子システム工学科と物理工学科は数学と物理，マテリアル創成工学科は物理と化学，生命システム工学科は生物，機能デザイン工学科は物理と化学または生物に関する小論文），面接（志望理由等），口頭試問（電子システム工学科と物理工学科は数学・物理，マテリアル創成工学科は物理・化学，生命システム工学科は生物，機能デザイン工学科は物理・化学・生物に関する口頭試問）。

経営学部

一般選抜Ｂ方式入試 【経営学科・国際デザイン経営学科】 3科目 ①国（100）▶国総（近代）・現文Ｂ ②外（経営100・国際200）▶コミュ英Ⅰ・コミュ英Ⅱ・コミュ英Ⅲ・英表Ⅰ・英表Ⅱ ③数（100）▶数Ⅰ・数Ⅱ・数Ａ・数Ｂ（数列・ベク）

※経営学科は高得点２科目の得点を1.5倍に換算し，計400点満点で判定する。

【ビジネスエコノミクス学科】 3科目 ①外（100）▶コミュ英Ⅰ・コミュ英Ⅱ・コミュ英Ⅲ・英表Ⅰ・英表Ⅱ ②数（100）▶数Ⅰ・数Ⅱ・数Ａ・数Ｂ（数列・ベク） ③国・数（100）▶「国

総（近代）・現文Ｂ」・「数Ⅰ・数Ⅱ・数Ⅲ・数Ａ・数Ｂ（数列・ベク）」から１
一般選抜Ｃ方式入試（共通テスト併用入試）
〈共通テスト科目〉 2科目 ①国（100）▶国 ②外（100）▶英（リスニングを含む）・独・仏・中・韓から１
〈独自試験科目〉 2科目 ①数（150）▶数Ⅰ・数Ⅱ・数Ⅲ・数Ａ・数Ｂ（数列・ベク） ②理（150）▶「物基・物」・「化基・化」・「生基・生」から１
※独自試験において，数学のみの受験も可。数学のみの受験者は数学の得点を２倍し，数学と理科の受験者は「数学＋理科の得点」と「数学の得点の２倍」のいずれか高得点で判定する。
一般選抜グローバル方式入試 1科目 ①数（300）▶数Ⅰ・数Ⅱ・数Ⅲ・数Ａ・数Ｂ（数列・ベク）
※指定された英語の資格・検定試験のスコアを出願資格とするとともに，本学独自試験の得点に加算して判定する。
一般選抜Ａ方式入試（共通テスト利用入試）
5科目 ①国（200）▶国 ②外（200）▶英（リスニングを含む）・独・仏・中・韓から１ ③④数（200）▶「数Ⅰ・数Ａ」・「数Ⅱ・数Ｂ」 ⑤地歴・公民・理（200）▶世Ａ・世Ｂ・日Ａ・日Ｂ・地理Ａ・地理Ｂ・現社・倫・政経・「倫・政経」・物・化・生・地学から１
［個別試験］行わない。
学校推薦型選抜（公募制） ［出願資格］ 第１志望，校長推薦，現役，国・外・数の学習成績の状況（評定平均値）の平均が4.0以上の者。ほかに，コミュ英Ⅰ・コミュ英Ⅱ・英表Ⅰおよび経営学科と国際デザイン経営学科は数Ⅰ・数Ⅱ・数Ａ・数Ｂ，ビジネスエコノミクス学科は数Ⅰ・数Ⅱ・数Ⅲ・数Ａ・数Ｂを履修していること。
［選考方法］書類審査，数学に関する小論文，面接（志望理由等），英語，数学に関する口頭試問。

理学部第二部

一般選抜Ｂ方式入試 【数学科】 3科目 ①外（100）▶コミュ英Ⅰ・コミュ英Ⅱ・コミュ英Ⅲ・英表Ⅰ・英表Ⅱ ②数（100）▶数Ⅰ・数Ⅱ・数Ⅲ・数Ａ・数Ｂ（数列・ベク） ③数（100）▶数Ⅰ・数Ⅱ・数Ⅲ・数Ａ・数Ｂ（数列・ベク）
【物理学科】 3科目 ①外（100）▶コミュ英Ⅰ・コミュ英Ⅱ・コミュ英Ⅲ・英表Ⅰ・英表Ⅱ ②数（100）▶数Ⅰ・数Ⅱ・数Ⅲ・数Ａ・数Ｂ（数列・ベク） ③理（100）▶物基・物
【化学科】 3科目 ①外（100）▶コミュ英Ⅰ・コミュ英Ⅱ・コミュ英Ⅲ・英表Ⅰ・英表Ⅱ ②数（100）▶数Ⅰ・数Ⅱ・数Ⅲ・数Ａ・数B（数列・ベク） ③理（100）▶化基・化
一般選抜Ａ方式入試（共通テスト利用入試）
【数学科】 3科目 ①②数（400）▶「数Ⅰ・数Ａ」・「数Ⅱ・数Ｂ」 ③国・外・理（200）▶国・英（リスニングを含む）・独・仏・中・韓・物・化・生・地学から１
［個別試験］行わない。
【物理学科・化学科】 4科目 ①外（200）▶英（リスニングを含む）・独・仏・中・韓から１ ②③数（200）▶「数Ⅰ・数Ａ」・「数Ⅱ・数Ｂ」 ④理（200）▶物・化・生・地学から１
［個別試験］行わない。
学校推薦型選抜（公募制） ［出願資格］ 第１志望，校長推薦（既卒者については校長推薦または勤務先上司の推薦），高校卒業後３年以内の者。ほかに，コミュ英Ⅰ・コミュ英Ⅱ・英表Ⅰ，数Ⅰ・数Ⅱ・数Ⅲ・数A・数Bおよび物理学科は物基・物，化学科は化基・化を履修していること。ただし，出身高校に該当科目が設置されていない場合，その科目を免ずる。
［選考方法］書類審査，小論文（数学科は広い意味で数学に関するテーマについての小論文。物理学科は物理学に関係するテーマについて，表現力，構成力等を問う小論文。化学科は化学を学ぶ上で必要となる論理的な思考力と論述能力を問う小論文），面接（志望理由等），口頭試問（数学科は数学，化学科は化学に関する口頭試問。物理学科は物理学・数学に関する基礎的な知識，能力を問う口頭試問）。

その他の選抜

学校推薦型選抜（指定校制），国際バカロレア入学者選抜，帰国生入学者選抜，社会人特別選抜，外国人留学生入試。

偏差値データ (2023年度)

●一般選抜B方式・S方式・グローバル方式

学部／学科／専攻	2023年度		2022年度実績					
	駿台予備学校 合格目標ライン	河合塾 ボーダー偏差値	募集人員	受験者数	合格者数	合格最低点	競争率 '22年	競争率 '21年
理学部第一部								
数(B)	56	62.5	49	848	249	182/300	3.4	3.3
(グローバル)	55	60	5	65	13	310/325	5.0	4.7
物理(B)	57	62.5	49	1,255	401	200/300	3.1	2.8
(グローバル)	55	60	5	53	13	274/325	4.1	6.5
化(B)	55	60	49	1,031	322	212/350	3.2	2.8
(グローバル)	53	62.5	5	54	17	251/325	3.2	3.3
応用数(B)	54	57.5	49	652	189	183/300	3.4	2.8
(グローバル)	52	57.5	5	101	18	305/325	5.6	5.0
応用化(B)	57	62.5	49	1,365	451	208/350	3.0	2.7
(グローバル)	54	60	5	35	9	252/325	3.9	6.4
工学部								
建築(B)	56	62.5	46	1,162	268	203/300	4.3	3.9
(グローバル)	54	62.5	5	72	15	276/325	4.8	7.7
工業化(B)	53	57.5	46	608	260	148/300	2.3	2.3
(グローバル)	51	55	5	34	11	255/325	3.1	3.7
電気工(B)	55	60	46	1,359	381	197/300	3.6	2.9
(グローバル)	53	65	5	57	9	289/325	6.3	3.4
情報工(B)	58	65	46	2,250	451	212/300	5.0	6.0
(グローバル)	56	65	5	100	15	281/325	6.7	7.2
機械工(B)	57	62.5	46	1,756	557	196/300	3.2	3.4
(グローバル)	55	60	5	56	11	274/325	5.1	4.6
薬学部								
薬(B)	56	62.5	40	949	259	197/300	3.7	3.3
(グローバル)	55	62.5	5	52	10	265/325	5.2	5.8
生命創薬科(B)	55	60	40	568	204	191/300	2.8	2.5
(グローバル)	54	55	5	35	11	250/325	3.2	3.2
創域理工学部								
数理科(B)	54	60	49	754	294	287/400	2.6	2.0
(S)	53	60	—	—	—	—	新	—
(グローバル)	52	60	5	101	24	292/325	4.2	2.0
先端物理(B)	54	57.5	49	1,025	457	203/300	2.2	2.6
(グローバル)	53	57.5	5	56	18	247/325	3.1	4.6
情報計算科(B)	56	57.5	49	1,500	381	231/300	3.9	3.1
(グローバル)	54	57.5	5	76	9	276/325	8.4	6.6
生命生物科(B)	55	57.5	49	792	387	206/300	2.0	2.4
(グローバル)	53	55	5	53	15	253/325	3.5	3.2
建築(B)	54	60	49	925	205	222/300	4.5	3.0

学部／学科／専攻	2023年度 駿台予備学校 合格目標ライン	2023年度 河合塾 ボーダー偏差値	2022年度実績 募集人員	受験者数	合格者数	合格最低点	競争率 '22年	競争率 '21年
(グローバル)	**52**	**60**	5	75	12	270/325	6.3	3.3
先端化(B)	**54**	**57.5**	49	837	357	184/300	2.3	2.1
(グローバル)	**52**	**57.5**	5	54	17	241/325	3.2	4.1
電気電子情報工(B)	**55**	**60**	67	1,670	526	210/300	3.2	2.1
(S)	**54**	**57.5**	—	—	—	—	新	—
(グローバル)	**53**	**60**	7	114	16	270/325	7.1	4.1
経営システム工(B)	**54**	**57.5**	49	871	326	214/300	2.7	2.9
(グローバル)	**52**	**55**	5	43	12	255/325	3.6	3.9
機械航空宇宙工(B)	**55**	**60**	49	1,449	449	217/300	3.2	2.8
(グローバル)	**53**	**57.5**	5	66	18	258/325	3.7	3.7
社会基盤工(B)	**53**	**57.5**	49	996	305	204/300	3.3	1.8
(グローバル)	**52**	**57.5**	5	68	12	243/325	5.7	5.8
先進工学部								
電子システム工(B)	**53**	**60**	49	930	279	203/300	3.3	6.0
(グローバル)	**51**	**60**	5	59	18	249/325	3.3	8.3
マテリアル創成工(B)	**55**	**60**	49	1,061	345	202/300	3.1	3.5
(グローバル)	**53**	**55**	5	29	6	261/325	4.8	7.8
生命システム工(B)	**56**	**60**	49	1,073	418	198/300	2.6	3.2
(グローバル)	**54**	**60**	5	76	12	271/325	6.3	4.6
物理工(B)	**54**	**60**	—	—	—	—	新	—
(グローバル)	**53**	**60**	—	—	—	—	新	—
機能デザイン工(B)	**52**	**57.5**	—	—	—	—	新	—
(グローバル)	**51**	**57.5**	—	—	—	—	新	—
経営学部								
経営(B)	**53**	**60**	72	1,233	391	262/400	3.2	3.4
(グローバル)	**51**	**60**	12	103	23	281/325	4.5	5.7
ビジネスエコノミクス(B)	**51**	**57.5**	73	1,103	324	183/300	3.4	3.3
(グローバル)	**49**	**60**	8	100	20	285/325	5.0	4.3
国際デザイン経営(B)	**52**	**57.5**	32	222	108	240/400	2.1	7.6
(グローバル)	**50**	**55**	15	58	33	220/325	1.8	4.0
理学部第二部								
数(B)	**41**	**47.5**	70	258	121	144/300	2.1	1.7
物理(B)	**42**	**40**	64	270	139	168/300	1.9	1.5
化(B)	**44**	**42.5**	69	166	143	100/300	1.2	1.4

●駿台予備学校合格目標ラインは合格可能性80％に相当する駿台模試の偏差値です。●競争率は受験者÷合格者の実質倍率
●河合塾ボーダー偏差値は合格可能性50％に相当する河合塾全統模試の偏差値です。
※一般B方式の合格最低点は，追加合格者を含む点数です。
※創域理工学部の数理科学科，先端物理学科，情報計算科学科，生命生物科学科，経営システム工学科，機械航空宇宙工学科，社会基盤工学科は，それぞれ旧理工学部の数学科，物理学科，情報科学科，応用生物科学科，経営工学科，機械工学科，土木工学科の実績です。

●一般選抜A方式(共通テスト利用入試)・C方式(共通テスト併用入試)

学部／学科／専攻	2023年度			2022年度実績				
	駿台予備学校	河合塾		募集人員	受験者数	合格者数	競争率	
	合格目標ライン	ボーダー得点率	ボーダー偏差値				'22年	'21年
理学部第一部								
数(A)	58	75%	—	20	313	154	2.0	2.1
(併用)	56	77%	60	10	98	24	4.1	3.5
物理(A)	58	79%	—	20	623	274	2.3	2.1
(併用)	57	84%	60	10	121	19	6.4	6.8
化(A)	55	74%	—	20	507	222	2.3	2.2
(併用)	53	78%	62.5	10	104	34	3.1	2.9
応用数(A)	55	73%	—	20	272	106	2.6	2.1
(併用)	55	77%	55	10	98	25	3.9	1.7
応用化(A)	57	73%	—	20	616	306	2.0	2.2
(併用)	57	78%	62.5	10	145	36	4.0	4.4
工学部								
建築(A)	58	74%	—	16	445	176	2.5	2.8
(併用)	58	77%	60	10	162	33	4.9	3.8
工業化(A)	53	72%	—	16	342	160	2.1	1.9
(併用)	53	77%	57.5	10	69	27	2.6	2.5
電気工(A)	55	76%	—	16	317	110	2.9	1.9
(併用)	54	81%	60	10	75	24	3.1	3.0
情報工(A)	58	79%	—	16	715	229	3.1	3.6
(併用)	57	84%	65	10	243	35	6.9	5.5
機械工(A)	58	75%	—	16	720	306	2.4	2.0
(併用)	57	77%	62.5	10	153	57	2.7	3.1
薬学部								
薬(A)	56	76%	—	15	733	247	3.0	2.6
(併用)	55	82%	62.5	10	156	23	6.8	7.0
生命創薬科(A)	55	72%	—	15	296	143	2.1	2.6
(併用)	54	77%	60	10	100	22	4.5	4.2
創域理工学部								
数理科(A)	54	70%	—	20	473	182	2.6	2.1
(併用)	52	76%	60	10	91	24	3.8	2.1
先端物理(A)	54	70%	—	20	425	206	2.1	2.0
(併用)	53	73%	57.5	10	79	20	4.0	3.2
情報計算科(A)	56	74%	—	20	589	197	3.0	2.3
(併用)	56	76%	62.5	10	114	25	4.6	6.2
生命生物科(A)	55	76%	—	20	634	234	2.7	2.2
(併用)	54	87%	62.5	10	167	36	4.6	2.9
建築(A)	55	77%	—	20	579	112	5.2	2.0
(併用)	53	80%	60	10	138	34	4.1	2.4
先端化(A)	54	69%	—	20	428	182	2.4	2.0
(併用)	53	77%	57.5	20	110	33	3.3	2.6
電気電子情報工(A)	55	75%	—	25	650	218	3.0	2.1

学部／学科／専攻	2023年度			2022年度実績				
	駿台予備学校	河合塾						
	合格目標ライン	ボーダー得点率	ボーダー偏差値	募集人員	受験者数	合格者数	競争率	
							'22年	'21年
(併用)	53	80%	60	13	136	23	5.9	4.2
経営システム工(A)	54	74%	—	20	234	89	2.6	2.9
(併用)	53	79%	57.5	10	66	25	2.6	3.3
機械航空宇宙工(A)	55	74%	—	20	570	230	2.5	2.4
(併用)	54	80%	57.5	10	177	42	4.2	2.7
社会基盤工(A)	53	71%	—	20	462	174	2.7	2.0
(併用)	53	75%	55	10	92	30	3.1	2.5
先進工学部								
電子システム工(A)	53	73%	—	20	256	128	2.0	4.6
(併用)	52	77%	57.5	10	95	24	4.0	8.1
マテリアル創成工(A)	55	73%	—	20	401	156	2.6	2.3
(併用)	54	78%	60	10	107	11	9.7	4.8
生命システム工(A)	56	76%	—	20	385	136	2.8	3.7
(併用)	55	81%	60	10	142	30	4.7	3.5
物理工(A)	54	72%	—	—	—	—	新	—
(併用)	53	75%	55	—	—	—	新	—
機能デザイン工(A)	52	73%	—	—	—	—	新	—
(併用)	52	74%	57.5	—	—	—	新	—
経営学部								
経営(A)	53	72%	—	37	515	206	2.5	2.4
(併用)	53	77%	60	12	160	43	3.7	2.4
ビジネスエコノミクス(A)	51	73%	—	37	450	148	3.0	2.0
(併用)	51	76%	60	15	122	39	3.1	3.4
国際デザイン経営(A)	51	69%	—	20	84	47	1.8	3.1
(併用)	50	71%	60	5	46	16	2.9	3.7
理学部第二部								
数(A)	42	60%	—	15	159	85	1.9	1.7
物理(A)	43	62%	—	20	181	95	1.9	1.6
化(A)	44	56%	—	15	142	129	1.1	1.4

●駿台予備学校合格目標ラインは合格可能性80%に相当する駿台模試の偏差値です。　●競争率は受験者÷合格者の実質倍率
●河合塾ボーダー得点率は合格可能性50%に相当する共通テストの得点率です。
また，ボーダー偏差値は合格可能性50%に相当する河合塾全統模試の偏差値です。
※創域理工学部の数理科学科，先端物理学科，情報計算科学科，生命生物科学科，経営システム工学科，機械航空宇宙工学科，社会基盤工学科は，それぞれ旧理工学部の数学科，物理学科，情報科学科，応用生物科学科，経営工学科，機械工学科，土木工学科の実績です。

併設の教育機関 大学院

理学研究科

教員数▶109名
院生数▶740名
修士課程▶ ●数学専攻 代数学，幾何学，解析学，確率・統計の４部門で構成。どの分野にも求められる数学的な思考力を養う。
●物理学専攻 理化学研究所をはじめとする最新の設備と機能を有する研究所での研究指導などを可能にした連携大学院方式を実施。
●化学専攻 物質に関わる自然現象の真理を追究するための高度な知識を持った独創性豊かな研究者・技術者・教育者を育成する。
●応用数学専攻 統計科学，計算数学，情報数理の３つの専門分野で構成。これからの時代に数学で挑み，未来を拓く人材を育成する。
●応用物理学専攻 物理学の基礎を身につけ，広い分野において先端的な応用に結びつける視点を持った「理工両道」の人材を育成する。
●科学教育専攻 科学教育を科学的知識・技能の教育・普及・啓発活動の推進へと発展させ，社会の各分野で貢献する人材を育成する。
博士後期課程▶ 数学専攻，物理学専攻，化学専攻，応用数学専攻，応用物理学専攻，科学教育専攻

工学研究科

教員数▶88名
院生数▶577名
修士課程▶ ●建築学専攻 専門領域を探求しつつ，地球全体の中での建築のあり方を見据えていくことのできる人材を育成する。
●工業化学専攻 化学の工業的・工学的見地から教育・研究を行い，持続的社会を構築するものづくりを実践できる人材を育成する。
●電気工学専攻 エネルギーシステム，通信・情報ネットワーク，スマートシステム・スマートエレクトロニクス，データエンジニアリングの４部門で最先端の研究を展開。
●情報工学専攻 新しい時代にふさわしい創造性と国際性を備え，数理的手法および情報技術の活用能力を身につけた研究者・エンジニアを育成する。
●機械工学専攻 社会で求められる先端的研究に対応できる能力の開発と育成に努め，あらゆる産業を支える機械技術のプロフェッショナルを育成する。
博士後期課程▶ 建築学専攻，工業化学専攻，電気工学専攻，情報工学専攻，機械工学専攻

薬学研究科

教員数▶47名
院生数▶193名
修士課程▶ ●薬科学専攻 “薬科学”により，近未来の医療を革新する人材を育成する，日本最大の学生数を誇る薬学研究者養成課程。
４年制博士課程▶ ●薬学専攻 優れた研究能力を有する薬剤師等の育成に重点を置いた医療薬学・臨床薬学に関する教育研究を展開。
博士後期課程▶ 薬科学専攻

創域理工学研究科

教員数▶204名
院生数▶1,253名
※2023年度より，理工学研究科から創域理工学研究科に名称変更。
修士課程▶ ●数理科学専攻 構造数理，空間数理，基幹解析，応用数理の４部門から構成。数学を通して社会の発展を支える。
●先端物理学専攻 純粋物理学から応用物理学まで幅広い分野を含んだ構成。自らの力で真理を追究できる研究者・技術者を育成する。
●情報計算科学専攻 今は存在しない新たな技術や新しい価値を創造し，情報科学の未来を切り拓くことのできる人材を育成する。
●生命生物科学専攻 生物科学の確かな基礎力と高い専門性に支えられた実力で，未来社会を牽引するバイオロジストを育成する。
●建築学専攻 社会の複合的な問題をとらえて分析し，建築的な視点から解決策を見出すことができるアクティブな人材を育成する。

●**先端化学専攻**　エネルギーとニューマテリアルをキーコンセプトに，科学と自然の持続的な調和をめざす研究開発に取り組む。
●**電気電子情報工学専攻**　持続可能な社会の実現に貢献する「電気電子情報工学」のエキスパートを育成する。
●**経営システム工学専攻**　経営システム工学の知識と技術をもとに，ソフトウェアとハードウェアの双方の観点からシステムをデザインするための技術を修得する。
●**機械航空宇宙工学専攻**　自然環境と人間とテクノロジーの調和をモットーに，原子から宇宙まで，これからのニーズに応えることのできる技術者・研究者を育成する。
●**社会基盤工学専攻**　文明社会の礎を築く社会基盤施設を計画・設計・施行・維持管理するプロフェッショナルを育成する。
●**国際火災科学専攻**　火災科学に関する多彩な授業，研究活動を通じて，総合的な火災リスク・被害抑制に資する知識を修得する。
博士後期課程　**数理科学専攻，先端物理学専攻，情報計算科学専攻，生命生物科学専攻，建築学専攻，先端化学専攻，電気電子情報工学専攻，経営システム工学専攻，機械航空宇宙工学専攻，社会基盤工学専攻，国際火災科学専攻**

先進工学研究科

教員数▶51名
院生数▶331名
修士課程　●**電子システム工学専攻**　世界を動かす電子工学の先端技術を深く学び，より高度な次世代インフラを構築する。
●**マテリアル創成工学専攻**　「使える工学・生きた工学」を学修し，イノベーションの創出につながる材料の高度な研究開発をめざす。
●**生命システム工学専攻**　生命の神秘を解明しながら，食や健康など，人類のより高度なQOL向上に貢献する人材を育成する。
博士後期課程　電子システム工学専攻，マテリアル創成工学専攻，生命システム工学専攻

経営学研究科

教員数▶40名（経営学専攻）
院生数▶126名（うちMOT90名）
修士課程　●**経営学専攻**　理工系総合大学ならではの，理系・文系の壁を取り払ったフレキシブルな視点で経営学にアプローチ。
専門職学位課程　●**技術経営専攻（MOT）**　理学と工学が一体となった「科学技術」と「経営」の実践的融合を図った教育で，高度専門職業人を養成する社会人大学院。
博士後期課程　経営学専攻

生命科学研究科

教員数▶22名
院生数▶46名
修士課程　●**生命科学専攻**　高次生命科学の基礎医学，免疫学，神経科学，がん生物学などを中心にハイレベルな専門教育を展開。
博士後期課程　生命科学専攻

私立大学＼東 京

東邦大学（とうほう）

資料請求

問合せ先 入試事務室 ☎03-5763-6598

建学の精神

「自然・生命・人間」を建学の精神とする自然科学系総合大学。前身は，医師である額田豊・晋の兄弟２人が，女性の理科系教育の向上と健全な人間性の育成を目標に，1925（大正14）年に開校した帝国女子医学専門学校。「豊かな人間性と均衡のとれた知識・技能を持った人材の育成」を教育理念に，医・看護・薬・理・健康科の５学部が「チーム医療演習」をはじめとする共通教育などを通して有機的に連携し，自然（人と科学技術の共生），生命（医療，薬物などを通じたいのち），人間（心身ともに支え合う人）を主な学びのテーマとして，３要素をバランスよく学修。2025年の創立100周年に向け，より魅力的なカリキュラムの構築に力を入れ，専門分野に精通する知識・技能とともに，幅広い視野と豊かな人間性を持った専門職業人，医療人を育成していく。

- 大森キャンパス……［医］〒143-8540　東京都大田区大森西5-21-16
  ［看護］〒143-0015　東京都大田区大森西4-16-20
- 習志野キャンパス…〒274-8510　千葉県船橋市三山2-2-1

基本データ

学生数▶4,880名（男2,129名，女2,751名）
専任教員数▶教授194名，准教授139名，講師182名
設置学部▶医，看護，薬，理，健康科
併設教育機関▶大学院―医学・看護学・薬学・理学（以上M・D）

就職・卒業後の進路

就職率 **98.7**％
就職者÷希望者×100

● **就職支援**　理学部では，学生一人ひとりの個性・適性に応じて，インターンシップをはじめとする多彩な就職支援プログラムを展開。キャリア形成を支援する充実の就職サポートで，毎年高い就職内定率を実現している。

● **資格取得支援**　看護学部では国家試験対策担当教員の配置，アドバイザー教員によるフォローなど，合格に向けて手厚くバックアップ。健康科学部では模擬試験の受験のほか，国試問題出題システムを用いて，自己学習を１年次からサポート。理学部には首都圏理学部唯一の臨床検査技師課程を設置している。

進路指導者も必見 学生を伸ばす 面倒見

初年次教育	学修サポート
探究心を持ち，主体的に研鑽を積むために必要な技能を身につける看護学部，大学で学ぶために必要な基礎力としての文章表現方法，医療職を志す者としての倫理について学修する健康科学部など，全学部で実施している	全学部でオフィスアワー制度，医・薬・理・看護学部でTA制度，さらに理学部でSA制度を導入。また，薬学部総合教育部門やクラス担任制を設けている看護・健康科学部では学習面における指導や相談にも応じている

オープンキャンパス（2022年度実績）　医学部は７月，看護学部は６月と８月，薬・理・健康科の３学部は８月に合同開催。このほか，医学部で施設見学会，習志野キャンパスで春のキャンパス見学会や土曜見学会なども実施。

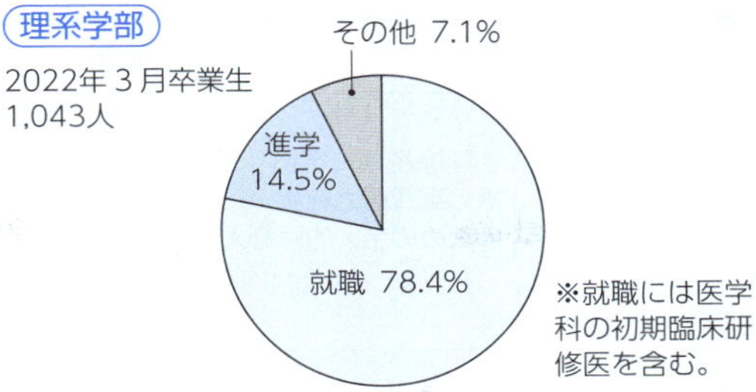

主なOB・OG▶［医］上野正彦（法医学者，元東京都監察医務院院長）・星北斗（参議院議員）・木村好珠（精神科医・産業医）・高橋怜奈（産婦人科医，元プロボクサー），［理］尾崎清明（鳥類学者）など。

国際化・留学　大学間 18 大学・部局間 19 大学等

受入れ留学生数▶２名（2022年５月１日現在）

留学生の出身地▶ベトナム，韓国。

外国人専任教員▶教授２名，准教授０名，講師２名（2022年５月１日現在）

外国人専任教員の出身国▶中国，韓国，アメリカ，スペイン。

大学間交流協定▶18大学（交換留学先０大学，2022年10月21日現在）

部局間交流協定▶19大学・機関（交換留学先０大学，2022年10月21日現在）

海外への留学生数▶渡航型２名／年（２カ国・地域，2021年度）

海外留学制度▶海外の協定校での選択制臨床実習も可能な医学部，海外実務実習がある薬学部，海外体験や学科に特化したプログラムが設けられている理学部，海外研修や夏期英語集中講座を実施している看護学部など，グローバルに活躍する人材の育成を見据えて，海外との学術交流に積極的に取り組んでいる。

学費・奨学金制度

入学金▶250,000円～

年間授業料（施設費等を除く）▶950,000円～（詳細は巻末資料参照）

年間奨学金総額▶NA

年間奨学金受給者数▶NA

主な奨学金制度▶「東邦大学医学部東邦会（同窓会）給付奨学金」「東邦大学理学部鶴風会（同窓会）給付奨学金」といった給付制のものから，学費減免型の「特待生制度」（全学部），「入学時の教育充実費減免制度」（薬），「授業料減免制度」（看護），「スカラシップ制度（初年度）」（理）などの制度を用意。

保護者向けインフォメーション

●**オープンキャンパス**　通常のオープンキャンパス時に保護者向けの説明会を実施している。

●**広報誌**　学校法人東邦大学「広報」を発行。

●**父母会**　学費負担者で組織される青藍会（父母会）があり，懇談会などを開催している。

●**防災対策**　震度６弱以上の地震が発生した場合，登録済みのメールアドレスに自動的に安否確認メールが配信されるシステムを導入。

●**コロナ対策１**　ワクチンの職域接種を実施。感染状況に応じた５段階のBCP（行動指針）を設定。「コロナ対策２」（下段）あり。

インターンシップ科目	必修専門ゼミ	卒業論文	GPA制度の導入の有無および活用例	１年以内の退学率	標準年限での卒業率
理学部で開講している	全学部で４年次に実施。ただし，理学部は物理・情報科・生命圏環境科学科のみ	理（化・生物・生物分子科）を除き卒業要件	奨学金や授業料免除対象者の選定基準，進級判定基準，退学勧告基準，卒業判定基準および学生に対する個別の学修指導に活用	1.1%	88.3%（4年制）78.1%（6年制）

●**コロナ対策２**　対面と遠隔授業を感染状況に応じて併用。遠隔授業は双方向オンライン型，動画配信オンデマンド型，資料配布・配信型など多様な形態によって実施。学生の学びを継続するための緊急給付金制度を創設。

学部紹介

学部／学科	定員	特色
医学部		
医	122	▷国際基準に準拠したカリキュラムで，高度・複雑化する医療の実践能力を養い，患者さんと笑顔で向き合える人材育成のための全人的医療人教育を推進。
●取得可能な資格…医師受験資格。 ●進路状況…………初期臨床研修医94.1％		
看護学部		
看護	102	▷100年余の伝統を持つ看護教育で，高度な専門知識と豊かな人間性を備えた良き医療人を育成する。
●取得可能な資格…看護師受験資格。 ●進路状況…………就職94.1％　進学2.5％ ●主な就職先………東邦大学医療センター，聖路加国際病院，国立がん研究センター中央病院など。		
薬学部		
薬	220	▷６年制。他学部や付属病院と連携した授業を展開し，明日の医療に貢献する，心の温かい“くすりの専門家”を育成する。
●取得可能な資格…薬剤師受験資格など。 ●進路状況…………就職88.8％　進学2.4％ ●主な就職先………東邦大学医療センター，日本調剤，ウエルシア薬局，富士薬品，中外製薬など。		
理学部		
化	80	▷講義・演習・実験の連携，豊富な実験科目を通して，自然科学の基幹となる「化学」を幅広く応用できる力を養う。
生物	80	▷生命科学系の実験実習やフィールド調査を含めた野外実習などで，分子から生態まで，生物の幅広い世界を探究する。
生物分子科	80	▷生命現象の不思議に化学の視点から挑み，医療・創薬・化学工業・分子育種など多彩な分野に貢献できる人材を育成。
物理	70	▷物理ベーシック，物理エンジニアの２コース。自然界の基本法則を探究するスペシャリストを育成する。
情報科	100	▷数理知能科学，メディア生命科学の２コース。情報科学の最先端分野で活躍できる人材を育成する。
生命圏環境科	60	▷環境化学，環境生態学，地球科学，環境管理・創成科学の４コース。理学の力と社会科学の視点を融合させ，自然と社会を包括したより良い「生命圏」を探究する。
●取得可能な資格…教職（数・理・情），臨床検査技師受験資格など。 ●進路状況…………就職63.1％　進学28.6％ ●主な就職先………ビー・エム・エル，LSIメディエンス，EP綜合，イオンリテール，栄研化学など。		
健康科学部		
看護	60	▷独自のトランスレーショナル教育を展開し，科学的思考力と実践力，高い倫理観を兼ね備えた看護実践者を育成する。
●取得可能な資格…教職（養護二種），看護師・保健師（選抜制）受験資格など。 ●進路状況…………就職98.4％　進学1.6％ ●主な就職先………東邦大学医療センター，千葉大学医学部附属病院，千葉県済生会習志野病院など。		

▶キャンパス

医・看護……［大森キャンパス］ 医─東京都大田区大森西5-21-16／看護─東京都大田区大森西4-16-20
薬・理・健康科……［習志野キャンパス］ 千葉県船橋市三山2-2-1

キャンパスアクセス［大森キャンパス］ JR京浜東北線─蒲田よりバス4分・東邦大学下車すぐ，大森よりバス15分・東邦大学下車すぐ／京急本線─梅屋敷より徒歩8分，大森町より徒歩10分

2023年度入試要項(前年度実績)

●募集人員

学部／学科		一般・一般A	一般B	一般C	一般・共通併用	共通・共通前期	共通後期
▶医	医	74	—	—	—	—	—
▶看護	看護	55	—	—	—	—	—
▶薬	薬	100	—	—	10	15	—
▶理	化	30	20	23	—	5	2
	生物	22	14		—	10	2
	生物分子科	20	15		—	12	2
	物理	18	16		—	12	2
	情報科	20	20		—	20	3
	生命圏環境科	18	15		—	3	3
▶健康科	看護	40		—	—	5	—

※医学部には，一般入試(千葉県地域枠) 2名，(新潟県地域枠) 2名を含む。
※理学部の化・生物・生物分子科・物理学科の共通テスト利用入試前期および健康科学部の共通テスト利用入試には，それぞれ共通テスト利用入試前期＋(プラス)および共通テスト利用入試＋(プラス)の募集人員を含む。

▷理学部の化・生物・生物分子科・物理学科の共通テスト利用入試前期，および健康科学部の共通テスト利用入試において，通常の指定する科目・配点とは異なる科目・配点で受験することができる「＋(プラス試験)」の出願も可能。ただし，「＋」のみの出願は不可。

医学部

一般入試 〈1次試験〉 5科目 ①外(150) ▶コミュ英Ⅰ・コミュ英Ⅱ・英表Ⅰ ②数(100) ▶数Ⅰ・数Ⅱ・数Ⅲ・数A・数B(数列・ベク) ③④理(150) ▶「物基・物」・「化基・化」・「生基・生」から2 ⑤基礎学力試験(論理的思考能力・数理解析能力等) ※基礎学力試験は，2次試験合格者選抜の時に使用する。
〈2次試験〉 1科目 ①面接 ※1次試験合格者のみに実施。

看護学部

一般入試 〈1次試験〉 2科目 ①外(100) ▶コミュ英Ⅰ・コミュ英Ⅱ・英表Ⅰ ②数・理(100) ▶「数Ⅰ・数A」・化基・生基から1
〈2次試験〉 1科目 ①個人面接 ※1次試験合格者のみに実施。

薬学部

一般入試 3科目 ①外(100) ▶コミュ英Ⅰ・コミュ英Ⅱ ②数(100) ▶数Ⅰ・数Ⅱ・数A(場合)・数B(数列・ベク) ③理(100) ▶化基・化
共通テスト利用入試 4～3科目 ①外(100) ▶英(リスニングを除く) ②数(100) ▶数Ⅰ・「数Ⅰ・数A」・数Ⅱ・「数Ⅱ・数B」から1 ③④理(100) ▶「物基・化基・生基・地学基から2」・物・化・生から1
[個別試験] 行わない。
※共通テスト利用入試の出願資格は，化基・化(普通科以外の学科は相当する科目)を履修している者。
一般入試(共通テスト併用) ※一般入試および共通テスト利用入試と同時出願した場合のみ出願でき，一般入試の化基・化(200)と共通テストの英・数(各100)の3科目，計400点で判定する。

理学部

一般入試(A) 【化学科】 3科目 ①外(100) ▶コミュ英Ⅰ・コミュ英Ⅱ・英表Ⅰ ②数(100) ▶数Ⅰ(数と式・図形と計量・二次関数)・数Ⅱ・数A・数B(数列・ベク) ③理(100) ▶化基・化
【生物学科・生物分子科学科・物理学科・情報科学科・生命圏環境科学科】 5～3科目 ①外(100・情報科150) ▶コミュ英Ⅰ・コミュ英Ⅱ・英表Ⅰ ②数(100・情報科150) ▶数Ⅰ(数と式・図形と計量・二次関数)・数Ⅱ・数A・数B(数列・ベク) ③④⑤理(100・情報科150) ▶「物基・物」・「化基・化」・「生基・生」から各3問計9問から3問選択
※情報科学科は3教科を受験し，数学と高得点1教科の計2教科で判定する。
一般入試(B) 【化学科】 3科目 ①外(80) ▶コミュ英Ⅰ・コミュ英Ⅱ・英表Ⅰ ②数(80) ▶数Ⅰ(数と式・図形と計量・二次関数)・数Ⅱ・数A・数B(数列・ベク)，ただし数Ⅲも選択可 ③理(140) ▶化基・化
【生物学科】 5～3科目 ①外(150) ▶コミュ英Ⅰ・コミュ英Ⅱ・英表Ⅰ ②数(150) ▶数Ⅰ(数と式・図形と計量・二次関数)・数Ⅱ・数A・

キャンパスアクセス [習志野キャンパス] JR総武線―津田沼よりバス10分・東邦大学前下車すぐ／京成本線―京成大久保より徒歩10分

数Ｂ(数列・ベク) ③④⑤理(150)▶「物基・物」・「化基・化」・「生基・生」から各３問計９問から３問選択
※３教科を受験し，理科と高得点１教科の計２教科で判定する。
【生物分子科学科】 5〜3科目 ①外(120)▶コミュ英Ⅰ・コミュ英Ⅱ・英表Ⅰ ②国・数(120)▶国総(古文・漢文を除く)・「数Ⅰ(数と式・図形と計量・二次関数)・数Ⅱ・数Ａ・数Ｂ(数列・ベク)」から１ ③④⑤理(180)▶「物基・物」・「化基・化」・「生基・生」から各３問計９問から３問選択
※３教科を受験し，理科と高得点1教科の計２教科で判定する。
【物理学科】 5〜3科目 ①数(150)▶数Ⅰ(数と式・図形と計量・二次関数)・数Ⅱ・数Ａ・数Ｂ(数列・ベク) ②外・数(150)▶「コミュ英Ⅰ・コミュ英Ⅱ・英表Ⅰ」・数Ⅲから１ ③④⑤理(150)▶「物基・物」・「化基・化」・「生基・生」から各３問計９問から３問選択
※３教科を受験し，高得点２教科で判定する。
【情報科学科】 2科目 ①数(200)▶数Ⅰ(数と式・図形と計量・二次関数)・数Ⅱ・数Ａ・数Ｂ(数列・ベク) ②外・数(100)▶「コミュ英Ⅰ・コミュ英Ⅱ・英表Ⅰ」・数Ⅲから１
【生命圏環境科学科】 5〜3科目 ①外(80)▶コミュ英Ⅰ・コミュ英Ⅱ・英表Ⅰ ②国・数(80)▶国総(古文・漢文を除く)・「数Ⅰ(数と式・図形と計量・二次関数)・数Ⅱ・数Ａ・数Ｂ(数列・ベク)」から１ ③④⑤理(140)▶「物基・物」・「化基・化」・「生基・生」から各３問計９問から３問選択

一般入試(Ｃ) 2科目 ①数(100)▶数Ⅰ(数と式・図形と計量・二次関数)・数Ⅱ・数Ａ・数Ｂ(数列・ベク) ②理(100)▶「物基・物」・「化基・化」・「生基・生」から１

共通テスト利用入試(前期・前期＋) 【化学科】 3科目 ①外(200)▶英 ②数(200)▶数Ⅰ・「数Ⅰ・数Ａ」・数Ⅱ・「数Ⅱ・数Ｂ」から１ ③理(200)▶化
[個別試験] 行わない。
※「前期＋」は，外国語150点，数学150点，理科300点の合計600点で判定する。
【生物学科】 4〜3科目 ①外(200)▶英 ②理(200)▶生 ③④数・理(200)▶数Ⅰ・「数Ⅰ・数Ａ」・数Ⅱ・「数Ⅱ・数Ｂ」・「物基・化基・生基・地学基から２」・物・化・地学から１
[個別試験] 行わない。
※「前期＋」は，理科(物・化・生から１科目)と外国語・数学(英・数Ⅰ・「数Ⅰ・数Ａ」・数Ⅱ・「数Ⅱ・数Ｂ」から１科目)の２科目計600点(各300点)で判定する。
【生物分子科学科】 2科目 ①理(400)▶物・化・生から１ ②国・外・数(200)▶国(近代)・英・数Ⅰ・「数Ⅰ・数Ａ」・数Ⅱ・「数Ⅱ・数Ｂ」から１
[個別試験] 行わない。
※「前期＋」は，外国語，理科(物・化・生から１科目)，国語・数学(国・数Ⅰ・「数Ⅰ・数Ａ」・数Ⅱ・「数Ⅱ・数Ｂ」から１科目)の３科目計600点(各200点)で判定する。
【物理学科】 3科目 ①②数(200×2)▶「数Ⅰ・数Ａ」・「数Ⅱ・数Ｂ」 ③外・理(200)▶英・物・化・生・地学から１
※「前期＋」は，数学(数Ⅱ・数Ｂ) 300点，理科(物理) 300点の２科目計600点で判定する。
【情報科学科】 3〜2科目 ①②③外・数・理(300×2)▶英・「数Ⅰ・数Ａ」・「数Ⅱ・数Ｂ」・「〈物基・化基・生基・地学基から２〉・物・化・生・地学から１」から２
[個別試験] 行わない。
※前期＋は実施しない。
【生命圏環境科学科】 4〜3科目 ①外(200)▶英 ②国・地歴・公民・数(200)▶国(近代)・世Ａ・世Ｂ・日Ａ・日Ｂ・地理Ａ・地理Ｂ・現社・倫・政経・「倫・政経」・数Ⅰ・「数Ⅰ・数Ａ」・数Ⅱ・「数Ⅱ・数Ｂ」から１ ③④理(200)▶「物基・化基・生基・地学基から２」・物・化・生・地学から１
[個別試験] 行わない。
※前期＋は実施しない。

共通テスト利用入試(後期) 【化学科】 3科目 ①外(150)▶英 ②数(150)▶数Ⅰ・「数Ⅰ・数Ａ」・数Ⅱ・「数Ⅱ・数Ｂ」から１ ③理(300)▶化
[個別試験] 行わない。
【生物学科】 2科目 ①理(300)▶物・化・生から１ ②外・数(300)▶英・数Ⅰ・「数Ⅰ・数Ａ」・数Ⅱ・「数Ⅱ・数Ｂ」から１
[個別試験] 行わない。

【生物分子科学科】 2科目 ①外(300)▶英 ②理(300)▶物・化・生から1
[個別試験] 行わない。
【物理学科】 3〜2科目 ①②③数・理(300×2)▶「数Ⅰ・数A」・「数Ⅱ・数B」・「物基・化基」・物・化から2
[個別試験] 行わない。
【情報科学科】 2科目 ①②数(300×2)▶「数Ⅰ・数A」・「数Ⅱ・数B」
[個別試験] 行わない。
【生命圏環境科学科】 2科目 ①②数・理(300×2)▶「数Ⅰ・数A」・「数Ⅱ・数B」・物・化・生・地学から2
[個別試験] 行わない。
※前期・後期とも，英語は，リスニングを受験した場合(未受験でも出願可)には，リーディングとリスニングの合計点と，リーディングを2倍した点のうち得点が高い方を採用する(共通テストの配点と異なる場合は，換算してその配点とする)。

健康科学部

一般入試(A) 4科目 ①国(100)▶国総(近代) ②外(100)▶コミュ英Ⅰ・コミュ英Ⅱ・英表Ⅰ ③数・理(100)▶「数Ⅰ・数Ⅱ・数A」・「化基・化」・「生基・生」から1 ④面接(口頭試問を含む)
一般入試(B) 3科目 ①国・外(150)▶国総(近代)・「コミュ英Ⅰ・コミュ英Ⅱ・英表Ⅰ」から1 ②数・理(150)▶「数Ⅰ・数Ⅱ・数A」・「化基・化」・「生基・生」から1 ③面接(口頭試問を含む)
共通テスト利用入試・共通テスト利用入試＋ 4〜3科目 ①国(100)▶国(近代) ②外(100)▶英(リスニングを除く) ③④数・理(150)▶数Ⅰ・「数Ⅰ・数A」・数Ⅱ・「数Ⅱ・数B」・「物基・化基・生基から2」・化・生から1
※共通テスト利用入試＋は，国・外から1科目(200)，数・理から1科目(150)の2科目計350点で判定する。
[個別試験] 1科目 ①面接(口頭試問を含む)
※面接は，一般入試(A)，一般入試(B)，共通テスト利用入試，共通テスト利用入試+のうち複数を併願しても1回のみ実施。

特別選抜

推薦入試(公募制)は医学部8名(千葉県地域枠3名，新潟県地域枠5名)，看護学部37名，薬学部20名，理学部65名，健康科学部5名(看護学部と理学部は指定校制を含む。薬学部は推薦入試〈公募併願制〉として実施)を，総合入試は医学部10名，看護学部10名，薬学部25名，理学部78名(薬学部は専願制，理学部は専願制・併願制の合計)を募集。ほかに医学部一般入試(千葉県地域枠・新潟県地域枠)，医学部推薦入試(付属校制)，推薦入試(指定校制)，同窓生子女入試，社会人入試を実施。

偏差値データ(2023年度)

●一般入試

学部／学科	2023年度 駿台予備学校 合格目標ライン	2023年度 河合塾 ボーダー偏差値	2022年度 競争率
▶医学部			
医	59	67.5	19.2
▶看護学部			
看護	43	45	4.2
▶薬学部			
薬	48	50	5.6
▶理学部			
化(A)	44	45	2.0
生物(A)	45	45	2.2
生物分子科(A)	45	45	2.1
物理(A)	44	45	2.6
情報科(A)	42	45	2.7
生命圏環境科(A)	44	45	2.0
▶健康科学部			
看護(A)	43	47.5	3.8

- 駿台予備学校合格目標ラインは合格可能性80%に相当する駿台模試の偏差値です。なお，健康科学部は一般入試A・Bの偏差値です。
- 河合塾ボーダー偏差値は合格可能性50%に相当する河合塾全統模試の偏差値です。
- 競争率は受験者÷合格者の実質倍率
- 医学科の競争率は受験者÷正規合格者。

東洋大学（とうようだいがく）

問合せ先 入試課 ☎03-3945-7272

建学の精神

哲学者を養成するのではなく，哲学を通して知力を磨き，広く社会の中で活躍できる人材を育成することを教育目標に，哲学者・井上円了が1887（明治20）年に創立した「私立哲学館」が，東洋大学の始まり。本学の理念の一つ“他者のために自己を磨く”に基づき策定した「TOYO GRAND DESIGN 2020-2024」では，教育面では「明るい未来を担う人材を育てる」ことを目的として，キャンパス整備，学部・学科の再編が進行中。赤羽台キャンパスの拡充・整備により，2023年に福祉社会デザイン学部と健康スポーツ科学部が設置されたのに続き，2024年には，板倉キャンパス等から生命科学部と食環境科学部が朝霞キャンパスへ移転・改組。東洋大学は自己の哲学を磨き，物事の本質を理解する人材を育成し，地球社会の明るい未来に貢献していく。

● キャンパス情報はP.622をご覧ください。

基本データ

学生数▶29,883名（男17,612名，女12,271名）
専任教員数▶教授415名，准教授207名，講師78名（契約制含む），助教56名
設置学部▶文(＊)，経済(＊)，経営(＊)，法(＊)，社会(＊)，国際(＊)，国際観光，情報連携，福祉社会デザイン，健康スポーツ科，理工，総合情報，生命科，食環境科　＊第２部（イブニングコース）あり
併設教育機関▶大学院（P.622参照）　通信教育部（P.622参照）

就職・卒業後の進路

就職率 97.0％（就職者÷希望者×100）※第１部のみ

● **就職支援**　「自分を知る」「なりたい自分を探す」「なりたい自分をつくる」「希望の進路へ向けた実践」といったキャリアデザインに基づき，１・２年生を対象としたキャリア形成支援プログラム，３・４年生を対象とした就職活動支援プログラムを実施し，学生の自立・職種選択をサポートしている。

● **資格取得支援**　FP技能検定対策講座や宅地建物取引士講座などを開講。教員志望者向けには各キャンパスに教職支援室を設置し，

進路指導者も必見 学生を伸ばす 面倒見

初年次教育	学修サポート
各学部・学科でオリエンテーションやフレッシャーズ・キャンプ等を通じて，一体感や大学への帰属意識を醸成。また，学部・学科により「基礎ゼミ」などを開講し，レポート・論文の書き方や発表の技法などのスキルを修得	学習面における相談・指導や文書作成支援を行うラーニングサポートセンター，基礎教育連携センター，英語学習支援室，ランゲージセンター，学習支援室などを設置。全学部でTA制度，オフィスアワーも導入している

オープンキャンパス（2022年度実績）　8月19・20日に白山・赤羽台・川越・板倉キャンパスで同時開催（事前予約制）。3月下旬と6月には，受験生のための１日だけの特別授業を行う「“学び” LIVE授業体験」も実施。

試験対策だけでなく，採用に関する情報を提供するなど，トータルにサポートしている。

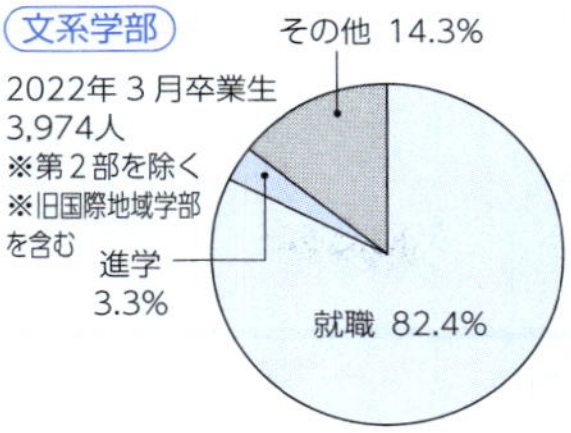

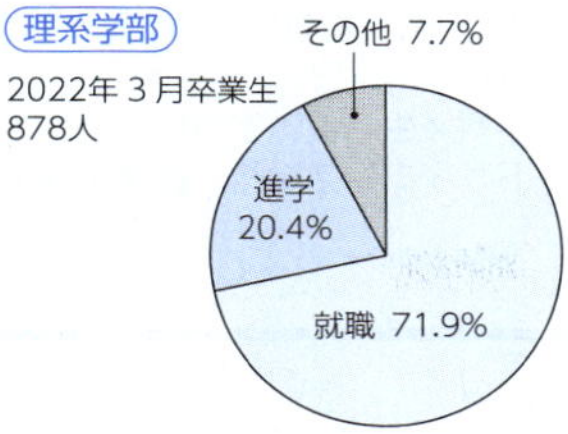

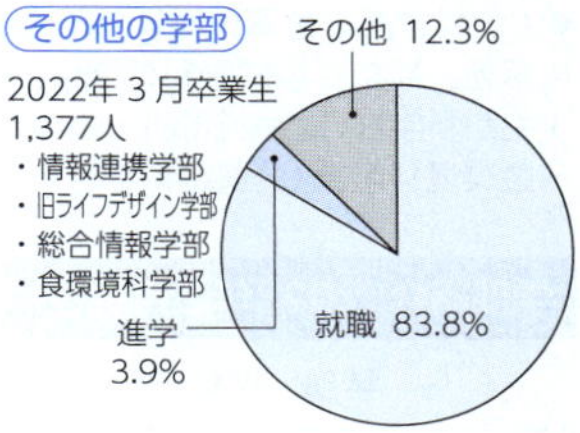

主なOB・OG▶［法］片山健也（北海道ニセコ町長），［法］若隆景（大相撲力士），［文］若林正恭（お笑い芸人「オードリー」），［文］フワちゃん（YouTuber），［旧国際地域］大橋悠依（五輪水泳金メダリスト）など。

国際化・留学　大学間 236 大学等・部局間 92 大学等

受入れ留学生数▶1,234名（2022年５月１日現在　※第１部のみ）
留学生の出身国▶中国，韓国，ベトナム，マレーシア，インドネシアなど。
外国人専任教員▶教授10名，准教授26名，講師37名（2022年５月１日現在）
外国人専任教員の出身国▶NA
大学間交流協定▶236大学・機関（交換留学先153大学，2022年７月31日現在）
部局間交流協定▶92大学・機関（交換留学先29大学，2022年３月31日現在）
海外への留学生数▶渡航型74名・オンライン型832名／年（30カ国・地域，2021年度）
海外留学制度▶長期の学部留学，語学学習と異文化体験を約３～６カ月間行う協定校語学留学，夏季・春季休暇中に実施する語学セミナーやDiversity Voyage，日本語パートナーズ，海外インターンシップ・ボランティアなど，多彩な留学制度を用意。ISEP，UMAPなど５つのコンソーシアムにも参加している。

学費・奨学金制度　給付型奨学金総額 年間約 4 億 3,583 万円

入学金▶250,000円（第２部180,000円）～
年間授業料（施設費等を除く）▶710,000円（第２部430,000円）～（詳細は巻末資料参照）
年間奨学金総額▶435,833,330円
年間奨学金受給者数▶675人
主な奨学金制度▶「東洋大学経済的修学困難者奨学金『エール』」「東洋大学生計維持者逝去に伴う奨学金」「東洋大学学業成績優秀者奨学金」などの制度を設置。また，「独立自活支援奨学金」をはじめとする学費減免型の制度もあり，2021年度には1,115人を対象に総額で約４億2,392万円を減免している。

保護者向けインフォメーション

●**成績確認**　成績表を毎学期，送付している。
●**甫水会**　学生の父母（保護者）を会員とする甫水会があり，父母懇談会や就職活動支援講演会，キャンパスツアーなどを実施。甫水会報「東洋」のPDFファイルをHPに掲載している。
●**防災対策**　「大震災対応マニュアル」のPDFファイルをHPに掲載。災害時の学生の安否は，アプリを利用して確認するようにしている。
●**コロナ対策１**　ワクチンの職域接種を実施。感染状況に応じた７段階のBCP（行動指針）を設定している。「コロナ対策２」（下段）あり。

インターンシップ科目	必修専門ゼミ	卒業論文	GPA制度の導入の有無および活用例	１年以内の退学率	標準年限での卒業率
全学部で開講している	４年間開講する社会・福祉社会デザイン・健康スポーツ科をはじめ，経営・法を除く12学部で実施（開講年次は学部・学科により異なる）	文・国際観光・情報連携・健康・理工・総合情報・生命は卒業要件。他は学科による	奨学金や授業料免除対象者の選定，留学候補者の選考，学生に対する個別の学修指導，大学院入試の選抜基準として活用	1.7%（第１部）	84.1%（第１部）

●**コロナ対策２**　感染症の影響による生計維持者失職の学生を対象とした奨学金「RIBBON」による支援を継続。納付金延長納入期間も設定。また，図書館の電子サービスを充実させ，コロナに関する学生相談も継続。

2024年度学部改組構想（予定）

●生命科学部と食環境科学部，および理工学部生体医工学科を２学部６学科に再編し，朝霞キャンパスに移転。新たな学部学科体制は以下の通り。
・生命科学部（生命科学科／生体医工学科／生物資源学科）
・食環境科学部（食環境科学科／フードサイエンス学科／健康栄養学科）

学部紹介（2023年２月現在）

学部／学科	定員	特色
文学部		
哲	100	▷私立大学で最も長い歴史を誇る哲学科。身近な問題を深く洞察し，物事の本質を見極める力を養う。
東洋思想文化	100	▷インド思想，中国語・中国哲学文学，仏教思想，東洋芸術文化の４コース。異文化理解に不可欠な語学学習も重視。
日本文学文化	133	▷日本の文学や文化をグローバルな視点から考察し理解を深め，その内容を世界に向けて発信できる人材を育成する。
英米文	133	▷英語を「文学」と「語学」の両面から学び，文学的・語学的読解力と，思考力，表現力を身につける。
史	133	▷過去の歴史的事実の中から人類の知恵をくみ取り，考察し，現代および未来に役立てる姿勢を持つ人材を育成する。
教育	150	▷〈人間発達専攻100名，初等教育専攻50名〉行動する豊かな「人間力」を養い，学校だけでなく，さまざまな場面で活躍できる社会人を育成する。
国際文化コミュニケーション	100	▷相手と，自らの文化に対する深い理解と，多言語で文化を受発信できるコミュニケーション能力を獲得する。
● **取得可能な資格**…教職（国・地歴・公・社・書・英，小一種，特別支援），司書，司書教諭，学芸員など。 ● **進路状況**…………就職75.8%　進学5.0% ● **主な就職先**………東京都ほか教育委員会，星野リゾート，ベネッセスタイルケア，山崎製パンなど。		
文学部第２部（イブニングコース）		
東洋思想文化	30	▷第１部と同等のカリキュラムで，東洋の歴史の中で培われた思想や文化を学ぶ。第１部の時間帯に学べる科目も設置。
日本文学文化	50	▷「世界から日本を見る」という観点から，比較を通して日本を再発見し，その伝統を歴史的視点でとらえ直す。
教育	40	▷行動力を伴った豊かな人間性と人と関わり，人に共感し，人とともに育つ生涯学習基礎力を獲得する。
● **取得可能な資格**…教職（国・地歴・公・社・書），司書，司書教諭など。 ● **進路状況**…………就職62.2%　進学6.1%		
経済学部		
経済	250	▷理論・実証・政策を重点に学びを深め，総合的な視点で現代の経済が抱える問題を理解し，解決できる人材を育成する。
国際経済	183	▷欧米やアジアの経済・社会事情，国際金融，貿易，国際開発などについて学びながら，国際的な経済理論を身につける。
総合政策	183	▷現代社会が直面する問題と課題について，自ら考え，問題を掘り下げ，それを解決するための実践的能力を身につける。

キャンパスアクセス [白山キャンパス] 都営地下鉄三田線一白山より徒歩５分，千石より徒歩８分／東京メトロ南北線一本駒込より徒歩５分／東京メトロ千代田線一千駄木より徒歩15分

● 取得可能な資格…教職（地歴・公・社・商業）など。 ● 進路状況…………就職86.3%　進学3.5% ● 主な就職先………京葉銀行，星野リゾート，アクセンチュア，みずほフィナンシャルグループなど。		
経済学部第２部（イブニングコース）		
経済	150	▷第１部の３学科の内容を横断的に学べるカリキュラムが特徴で，社会経済を広い視野から考察することが可能。
● 取得可能な資格…教職（地歴・公・社）など。 ● 進路状況…………就職76.2%　進学0.0%		
経営学部		
経営	316	▷企業を分析するのに必要な知識とスキルを養い，マネジメントのプロフェッショナルとして活躍する人材を育成する。
マーケティング	150	▷「売れる仕組み」をつくる「マーケティング」について，商品企画・開発，広告宣伝，流通などを体系的に学ぶ。
会計ファイナンス	216	▷会計・ファイナンス分野の高い専門知識とスキルを身につけ，企業を科学的に分析し，お金の流れをマネジメントするプロフェッショナルを養成する。
● 取得可能な資格…教職（商業）など。 ● 進路状況…………就職83.1%　進学2.0% ● 主な就職先………千葉銀行，ニトリホールディングス，EY新日本有限責任監査法人，KDDIなど。		
経営学部第２部（イブニングコース）		
経営	110	▷経営についての専門性を高め，企業の法務関連や経済学の領域も学び，幅広い視野と豊かな教養を備えた職業人を育成。
● 取得可能な資格…教職（商業）など。 ● 進路状況…………就職69.6%　進学2.2%		
法学部		
法律	250	▷リーガルマインドを身につけ，現代社会が抱える問題を発見，分析し，法に基づいて解決することができる人材を養成。
企業法	250	▷法学に加えビジネスの知識も修得し，企業に関わる法的問題に迅速に対応し，組織を正しい方向に導く人材を養成。
● 取得可能な資格…教職（地歴・公・社）など。 ● 進路状況…………就職80.8%　進学2.6% ● 主な就職先………警視庁，東京国税局，埼玉県警察本部，東京海上日動火災保険，会計検査院など。		
法学部第二部（イブニングコース）		
法律	120	▷多様な専門科目の学びを通じて，社会で役立つバランスの取れた問題解決能力を養う。第１部の開講科目も履修可能。
● 取得可能な資格…教職（地歴・公・社）など。 ● 進路状況…………就職72.8%　進学7.8%		
社会学部		
社会	150	▷社会学の基礎理論をはじめ，環境，地域，労働，グローバル化，家族，教育，地理などさまざまな視点から学びを深め，現代社会の問題を解決するための広い視野を養う。
国際社会	150	▷現場体験型の学びを通じて，多文化共生を実践的に担うことのできる「地球市民（グローバル・シティズン）」を育成する。
メディアコミュニケーション	150	▷マスコミ各社の協力を得て，次の時代に向けてマスコミがどう変わりつつあるのかを直接体験し，未来を創造する力を養う「最先端メディア体感プロジェクト」を実施。

キャンパスアクセス［赤羽台キャンパス］ JR埼京線・京浜東北線・高崎線・宇都宮線―赤羽より徒歩８分／東京メトロ南北線，埼玉高速鉄道線―赤羽岩淵より徒歩12分

社会心理	150	▷「社会現象の心理学」と「人間関係の心理学」の両面から，現代社会の問題にアプローチする。
● 取得可能な資格…教職（地歴・公・社），学芸員など。 ● 進路状況…………就職84.8%　進学3.0% ● 主な就職先………日本生命保険，マイナビ，ツムラ，ミスミグループ本社，東日本旅客鉄道など。		
社会学部第二部（イブニングコース）		
社会	130	▷社会学の専門科目だけでなく，第１部４学科の基幹科目も総合的に学べ，多様な視点から「社会」を分析する。
● 取得可能な資格…教職（地歴・公・社）など。 ● 進路状況…………就職66.2%　進学5.3%		
国際学部		
グローバル・イノベーション	100	▷グローバル社会のさまざまな領域のイノベーターとして活動するための知識と哲学，対話・行動力を身につける。
国際地域	210	▷国際地域専攻を設置。世界のさまざまな課題・問題を，世界的・地球的な視点と思考からとらえる力を身につける。
● 取得可能な資格…社会福祉主事任用資格など。 ● 進路状況…………就職79.3%　進学5.3% ● 主な就職先………楽天グループ，Infosys Limited，リコージャパン，NTTドコモ，大成建設など。		
国際学部第２部（イブニングコース）		
国際地域	80	▷地域総合専攻を設置。社会の問題を客観的に把握・分析する能力を修得し，地域の発展に貢献できる人材を育成する。
● 進路状況…………就職78.8%　進学6.1% ● 主な就職先………（第２部全学部）ベネッセスタイルケア，ニトリホールディングス，フランスベッド，国土交通省，埼玉県庁，ウエザーニューズ，大阪ガス，新宿区役所など。		
国際観光学部		
国際観光	366	▷観光政策・ツーリズム，ホスピタリティ系の２つを柱に，観光産業・政策のエキスパートとして活躍する人材を育成。
● 取得可能な資格…社会福祉主事任用資格など。 ● 進路状況…………就職89.4%　進学1.9% ● 主な就職先………星野リゾート，リゾートトラスト，ニューオータニ，青森テレビ，ライオンなど。		
情報連携学部		
情報連携	300	▷コンピュータ・サイエンスを基盤とし，コンピュータ・システム，データサイエンス，ICT社会応用，ビジネス構築など，７つの科目群それぞれの専門分野の連携と融合により，新しいデジタル時代にふさわしい人材を育成する。
● 進路状況…………就職84.1%　進学4.7% ● 主な就職先………ソフトバンク，チームラボ，パナソニック，富士通，楽天グループ，ヤフーなど。		
福祉社会デザイン学部		
		▶NEW! '23年新設。誰もが尊重され，健やかに生きられる社会の実現と発展に貢献する人材を育成する。
社会福祉	216	▷「共生社会」の実現に向け，社会福祉の学びに基づいて，支援の現場で求められる知識と実践的技能を身につける。
子ども支援	100	▷「子どものウェル・ビーイング」を支え，より良い地域社会づくりに貢献し，協働する専門職としての知識と技能を修得。
人間環境デザイン	160	▷多様な人々が暮らす社会，まち，住まい，生活の場の「ユニバーサルデザイン」について，ものづくりを通して学ぶ。

キャンパスアクセス ［川越キャンパス］ 東武東上線一鶴ヶ島より徒歩10分

● **取得可能な資格**…教職（工芸・工業，幼一種），保育士，介護福祉士・社会福祉士・精神保健福祉士・1級建築士・2級建築士受験資格など。
● **進路状況**…………就職84.8％　進学2.7％（旧ライフデザイン学部実績）
● **主な就職先**………ベネッセスタイルケア，SOMPOケア，コマニーなど（旧ライフデザイン学部実績）。

健康スポーツ科学部

		▶NEW! '23年新設。健康やスポーツ，食や栄養に関する先端的・専門的な知識と技術を学び，新たな可能性を創造する。
健康スポーツ科	230	▷多様な視点でスポーツを学び，健康づくり，アスリートのパフォーマンス向上，QOL向上に貢献できる人材を育成する。
栄養科	100	▷食・栄養の観点からスポーツパフォーマンス向上や健康づくり，QOL向上に貢献する人材を育成する。

● **取得可能な資格**…教職（保体・保健，養護一種）など。

理工学部

		▶学科横断型教育プログラム（副専攻）として，バイオ・ナノサイエンス融合，ロボティクスの2コースを設置。
機械工	180	▷「エンジニアリング（工学）」と「サイエンス（科学）」を並行して学び，産業基盤を担う技術者・研究者を育成する。
生体医工	113	▷医学・生物学と工学の理解を深め，医療機器や福祉・介護に役立つロボットなどの開発に取り組み，社会に貢献する。
電気電子情報工	113	▷電気・電子・情報通信工学をベースに現代社会を支える技術について理解し，新しい技術を創造する技術者を育成する。
応用化	146	▷確かな基礎力と柔軟な応用力を身につけ，化学の力で社会に貢献する，実践的な研究者・技術者・教育者を育成する。
都市環境デザイン	113	▷人々が安全で快適に暮らせる空間づくりを学び，自然と調和した都市システムを生み出すスペシャリストを育成する。
建築	146	▷地域の歴史や文化，暮らしに根ざした「建築」を学び，建築と「まち」をトータルデザインできる人材を育成する。

● **取得可能な資格**…教職（数・理・工業），測量士補，1・2級建築士受験資格など。
● **進路状況**…………就職72.7％　進学20.9％
● **主な就職先**………大和ハウス工業，東海旅客鉄道，プリマハム，SUBARU，富士通ゼネラルなど。

総合情報学部

総合情報	260	▷システム情報，心理・スポーツ情報，メディア文化の3コースで，情報をベースとした多様かつ実践的な文理融合の学びを展開。社会で役立つ豊富な資格取得が可能。

● **取得可能な資格**…教職（情）など。
● **進路状況**…………就職80.7％　進学5.9％
● **主な就職先**………富士ソフト，NSD，明治安田システム・テクノロジー，TDCソフト，九州電力など。

生命科学部

生命科	113	▷「生命の不思議」を学び，生命科学に関する諸問題に対処できる力を養い，社会に貢献できる人材を育成する。
応用生物科	113	▷環境，資源，食糧など，人類が直面する問題を解決するため，動植物や微生物の持つはたらきを応用する方法を探る。

● **取得可能な資格**…教職（理）など。
● **進路状況**…………就職68.9％　進学18.4％
● **主な就職先**………埼玉県教育委員会，アルビオン，伊藤園，エステー，山崎製パン，森永乳業など。

キャンパスアクセス ［板倉キャンパス］ 東武日光線一板倉東洋大前より徒歩10分／東武伊勢崎線・小泉線・佐野線一館林よりスクールバス25分／東武伊勢崎線，秩父鉄道秩父本線一羽生よりスクールバス50分

食環境科学部		
食環境科	70	▷フードサイエンス専攻を設置。「食」の分野で，人々の健康や「食の安全・安心」に貢献する専門家を育成する。
健康栄養	100	▷生命科学分野の幅広い知識を身につけ，「健康」と「食」をつなぐ専門知識と技術を修得した管理栄養士を養成する。

● 取得可能な資格…教職（理，栄養），栄養士，管理栄養士受験資格など。
● 進路状況…………就職84.8％　進学3.1％
● 主な就職先………山崎製パン，エームサービス，セブン-イレブン・ジャパン，IMSグループなど。

▶大学院

文学・社会学・法学・経営学・理工学・経済学・国際学・国際観光学・社会福祉学・生命科学・ライフデザイン学・〈学際・融合科学〉・総合情報学・食環境科学・情報連携学（以上M・D）

▶通信教育部

文学部，法学部

▶キャンパス

文・経済・経営・法・社会・国際・国際観光……［白山キャンパス］東京都文京区白山5-28-20
情報連携・福祉社会デザイン・健康スポーツ科……［赤羽台キャンパス］東京都北区赤羽台1-7-11
理工・総合情報……［川越キャンパス］埼玉県川越市鯨井2100
生命科・食環境科……［板倉キャンパス］群馬県邑楽郡板倉町泉野1-1-1
※生命科学部と食環境科学部は2024年度より，朝霞キャンパス（埼玉県朝霞市岡48-1）に移転予定。

2023年度入試要項（前年度実績）

●募集人員

学部／学科（専攻）	一般前期	一般中期	一般後期	学校推薦	総合型
▶文　哲	3教34 4教4	10	6	9	自己9
東洋思想文化	3教39 4教3	3	6	5	自己10
日本文学文化	3教66 4教5	5	5	8	—
英米文	3教65 4教5	10	5	7	—
史	3教70 4教10	5	5	—	—
教育（人間発達）	3教34 4教5	10	5	10	—
（初等教育）	3教13 4教3	4	6	5	AO3
国際文化コミュニケーション	3教40 4教5	5	4	—	AO5
▶文第二部　東洋思想文化	8	3	5	3	自己3
日本文学文化	20	4	3	5	自己5
教育	13	4	4	5	自己5
▶経済　経済	3教83 4教20	15	20	—	自己5
国際経済	3教71 4教5	15	5	15	—
総合政策	3教77 4教3	10	10	5	AO10
▶経済第二部　経済	50	15	10	10	自己10
▶経営　経営	185	15	5	—	—
マーケティング	90	10	6	—	—
会計ファイナンス	95	10	10	10	—
▶経営第二部　経営	40	5	5	6	—
▶法　法律	3教105 4教5	17	10	10	—
企業法	3教100 4教5	10	10	10	—
▶法第二部　法律	40	10	5	15	自己20
▶社会　社会	3教64 4教10	10	5	—	自己10
国際社会	3教48 4教5	10	5	8	—
メディアコミュニケーション	3教55 4教10	10	5	—	—
社会心理	3教59 4教10	10	5	—	—

▶社会第二部 社会	45	10	5	10	自己8
▶国際 グローバル・イノベーション	28	3	3	—	AO10
国際地域	74	7	3	—	自己5 AO15
▶国際第二部 国際地域	21	5	3	5	自己3
▶国際観光 国際観光	3教140 4教15	10	5	5	AO40
▶情報連携 情報連携	3教121 4教15	18	25	—	AO30
▶福祉社会デザイン 社会福祉	3教70 4教5	10	5	15	自己15
子ども支援	3教35 4教5 多面的10	5	5	—	自己15
人間環境デザイン	3教60 4教5 実技10	10	10	3	自己15
▶健康スポーツ科 健康スポーツ科	3教90 4教10	10	5	—	自己15 AO10
栄養科	39	3	3	—	自己10
▶理工　機械工	104	5	5	5	—
生体医工	50	6	5	3	—
電気電子情報工	60	5	5	—	—
応用化	78	8	5	5	—
都市環境デザイン	50	5	5	3	AO5
建築	71	5	5	—	AO5
▶総合情報 総合情報	3教105 4教5	16	5	10	自己3 AO6
▶生命科 生命科	52	5	5	3	自己5 AO5
応用生物科	55	5	5	3	自己5 AO7
▶食環境科 食環境科（フードサイエンス）	26	5	4	—	自己5
健康栄養	45	5	5	—	自己5

※各学部・学科・専攻でそれぞれ均等配点や英語重視，国語重視，数学重視，理科重視などの方式を行い，方式ごとに募集人員を定めている。
※史学科の後期は，一般入試＋共通テスト利用入試を実施。
※次のように略しています。教科→教。多面的評価前期３科目入試→多面的。自己推薦入試→自己。AO型推薦入試→AO。

▷一般入試前期日程の全学部において，英語外部試験スコアを利用し，本学の基準に従い，英語科目の得点（100点，90点，80点）に換算する英語外部試験利用入試を導入。なお，外部試験のスコアを利用申請した場合でも，本学の英語科目を受験することができ，その場合は，どちらか高得点の結果を判定に採用する。利用可能な英語外部試験は以下の通り。英検（従来型を含む全方式），GTEC（４技能版）CBTタイプ，TEAP（４技能），IELTS。いずれも2021年４月以降に受験したものが有効で，英検は１級・準１級・２級のいずれかを受験（一次試験のみ，二次試験のみでも可）し，本学指定のスコアを取得していること（不合格でも可）。TEAPは同一試験日のスコア合計点のみ有効。IELTSはアカデミック・モジュールのみ対象。

文学部

一般入試前期・中期３教科（均等配点ほか）
3科目　①**国**（100）▶国総（漢文を除く）　②**外**（100）▶コミュ英Ⅰ・コミュ英Ⅱ・コミュ英Ⅲ・英表Ⅰ・英表Ⅱ　③**地歴・公民・数**（100）▶世Ｂ・日Ｂ・地理Ｂ・政経・「数Ⅰ・数Ⅱ・数Ａ」から１，ただし史学科は数学の選択不可，地理Ｂは前期のみ選択可
※哲学科，東洋思想文化学科，英米文学科，教育学科人間発達専攻，国際文化コミュニケーション学科の一般前期３教科（英語重視）および哲学科と英米文学科の一般中期３教科（英語重視）は英語，日本文学文化学科の一般前期３教科（国語重視）および教育学科人間発達専攻の一般中期３教科（国語重視）は国語の得点を，それぞれ200点に換算し判定する。

一般入試前期４教科（均等配点）　**4**科目　①**国**（100）▶国総（漢文を除く）　②**外**（100）▶コミュ英Ⅰ・コミュ英Ⅱ・コミュ英Ⅲ・英表Ⅰ・英表Ⅱ　③**数**（100）▶数Ⅰ・数Ⅱ・数Ａ　④**地歴・公民**（100）▶世Ｂ・日Ｂ・地理Ｂ・政経から１

一般入試後期２教科（均等配点ほか）　**【哲学科・東洋思想文化学科・日本文学文化学科・英米文学科・教育学科・国際文化コミュニケーション学科】**　**2**科目　①**国**（100）▶国総（漢文を除く）　②**外**（100）▶コミュ英Ⅰ・コミュ英

Ⅱ・コミュ英Ⅲ・英表Ⅰ・英表Ⅱ
※哲学科と東洋思想文化学科および教育学科初等教育専攻は均等配点(英・国)として実施。また日本文学文化学科は国語重視として実施し，国語の得点を150点に，国際文化コミュニケーション学科は英語重視として実施し，英語の得点を200点に換算し判定する。

一般入試後期２教科(均等配点〈英・筆記〉)
【哲学科・東洋思想文化学科・教育学科〈初等教育専攻〉】 ２科目 ①**外**(100)▶コミュ英Ⅰ・コミュ英Ⅱ・コミュ英Ⅲ・英表Ⅰ・英表Ⅱ ②**小論文**または**論文**(100)▶哲学科と東洋思想文化学科は論文，初等教育専攻は小論文

一般入試後期＋共通テスト利用入試 **【史学科】〈共通テスト科目〉** １科目 ①**地歴**(100)▶世Ｂ・日Ｂから１
〈独自試験科目〉 ２科目 ①**国**(100)▶国総(漢文を除く) ②**外**(100)▶コミュ英Ⅰ・コミュ英Ⅱ・コミュ英Ⅲ・英表Ⅰ・英表Ⅱ

学校推薦入試 **【哲学科・東洋思想文化学科・日本文学文化学科・英米文学科・教育学科】**
[出願資格] 第１志望，校長推薦，現役，入学確約者，全体の学習成績の状況3.6以上のほか，英米文学科は自身の英語能力を客観的に証明することができる者。
[選考方法] 書類審査，面接のほか，哲学科の論文型は論文，ディベート型はディベート(ある問題に対して，賛成ないしは反対の立場から討論する形式)，東洋思想文化学科と日本文学文化学科，英米文学科は小論文，教育学科は総合問題。

自己推薦入試 **【哲学科・東洋思想文化学科】**
[出願資格] 第１志望，入学確約者。
[選考方法] 書類審査，面接のほか，哲学科の小論文型は小論文，ディベート型はディベート(形式は学校推薦入試と同じ)，東洋思想文化学科の小論文型は小論文，漢文型は漢文。

AO型推薦入試 **【教育学科〈初等教育専攻〉・国際文化コミュニケーション学科】[出願資格]** 第１志望，入学確約者のほか，国際文化コミュニケーション学科は指定された英語外部試験の基準を満たす者。
[選考方法] 書類審査，プレゼンテーション・質疑応答。

文学部第２部

一般入試前期３教科(均等配点)／前期・中期３教科ベスト２(均等配点) ３科目 ①**国**(100)▶国総(漢文を除く) ②**外**(100)▶コミュ英Ⅰ・コミュ英Ⅱ・コミュ英Ⅲ・英表Ⅰ・英表Ⅱ ③**地歴・公民・数**(100)▶世Ｂ・日Ｂ・地理Ｂ・政経・「数Ⅰ・数Ⅱ・数Ａ」から１，ただし地理Ｂは前期のみ選択可
※前期３教科均等配点は日本文学文化学科と教育学科のみ実施。
※３教科ベスト２(均等配点)は３科目を受験し，偏差値換算点の高い２科目で判定する。

一般入試後期２教科(均等配点ほか) ２科目 ①**国**(100)▶国総(漢文を除く) ②**外**(100)▶コミュ英Ⅰ・コミュ英Ⅱ・コミュ英Ⅲ・英表Ⅰ・英表Ⅱ
※東洋思想文化学科は均等配点(英・国)として実施。また日本文学文化学科は国語重視として実施し，国語の得点を150点に換算し判定する。

一般入試後期２教科(均等配点〈英・筆記〉)
【東洋思想文化学科】 ２科目 ①**外**(100)▶コミュ英Ⅰ・コミュ英Ⅱ・コミュ英Ⅲ・英表Ⅰ・英表Ⅱ ②**論文**(100)

学校推薦入試 **[出願資格]** 第１志望，校長推薦，現役，入学確約者。全体の学習成績の状況3.0以上。
[選考方法] 書類審査，小論文，面接。

自己推薦入試 **[出願資格]** 第１志望，入学確約者。
[選考方法] 書類審査，面接のほか，東洋思想文化学科の小論文型は小論文，漢文型は漢文，日本文学文化学科と教育学科は小論文。

経済学部

一般入試前期・中期３教科(均等配点ほか)
３科目 ①**国**(100)▶国総(漢文を除く) ②**外**(100)▶コミュ英Ⅰ・コミュ英Ⅱ・コミュ英Ⅲ・英表Ⅰ・英表Ⅱ ③**地歴・公民・数**(100)▶世Ｂ・日Ｂ・地理Ｂ・政経・「数Ⅰ・数Ⅱ・数Ａ」から１，ただし地理Ｂは前期のみ選択可
※経済学科の一般前期３教科最高得点重視は３科目を受験し，偏差値換算点の最も高い科目を２倍にして判定する。

※国際経済学科の一般前期・中期３教科（英語重視）および総合政策学科の一般前期３教科（英語重視）は，英語の得点を150点に換算し判定する。

一般入試前期・中期３教科（均等配点〈英・国・数〉・〈数学重視〉）【経済学科・総合政策学科】 ③科目 ①国（100）▶国総（漢文を除く） ②外（100）▶コミュ英Ⅰ・コミュ英Ⅱ・コミュ英Ⅲ・英表Ⅰ・英表Ⅱ ③数（英国数100・数学重視150）▶数Ⅰ・数Ⅱ・数Ａ

※経済学科は一般前期３教科（英・国・数）と一般中期（数学重視）を，総合政策学科は一般前期（数学重視）を実施。

一般入試前期３教科（均等配点〈英・国・地公〉）【経済学科】 ③科目 ①国（100）▶国総（漢文を除く） ②外（100）▶コミュ英Ⅰ・コミュ英Ⅱ・コミュ英Ⅲ・英表Ⅰ・英表Ⅱ ③地歴・公民（100）▶世Ｂ・日Ｂ・地理Ｂ・政経から１

一般入試前期４教科（均等配点） ④科目 ①国（100）▶国総（漢文を除く） ②外（100）▶コミュ英Ⅰ・コミュ英Ⅱ・コミュ英Ⅲ・英表Ⅰ・英表Ⅱ ③数（100）▶数Ⅰ・数Ⅱ・数Ａ ④地歴・公民（100）▶世Ｂ・日Ｂ・地理Ｂ・政経から１

一般入試後期２教科（均等配点） ②科目 ①国（100）▶国総（漢文を除く） ②外（100）▶コミュ英Ⅰ・コミュ英Ⅱ・コミュ英Ⅲ・英表Ⅰ・英表Ⅱ

※経済学科は均等配点（英・国）として実施。

一般入試後期２教科（均等配点〈英・数〉）【経済学科】 ②科目 ①外（100）▶コミュ英Ⅰ・コミュ英Ⅱ・コミュ英Ⅲ・英表Ⅰ・英表Ⅱ ②数（100）▶数Ⅰ・数Ⅱ・数Ａ・数Ｂ（数列・ベク）

学校推薦入試 【国際経済学科・総合政策学科】［出願資格］ 第１志望，校長推薦，現役，入学確約者，全体の学習成績の状況3.6以上かつ指定された英語外部試験の基準を満たす者。

［選考方法］ 書類審査，小論文，面接。

自己推薦入試 【経済学科】［出願資格］ 第１志望，入学確約者のほか，英語または数学の指定資格の要件を満たす者。

［選考方法］ 書類審査，面接（英語・数学に関する口頭試問を含む。集団面接となる場合あり）。

ＡＯ型推薦入試 【総合政策学科】［出願資格］ 第１志望，入学確約者のほか，指定された英語外部試験の基準を満たす者。

［選考方法］ 書類審査，プレゼンテーション・質疑応答。

経済学部第２部

一般入試前期３教科（均等配点）／前期・中期３教科ベスト２（均等配点） ③科目 ①国（100）▶国総（漢文を除く） ②外（100）▶コミュ英Ⅰ・コミュ英Ⅱ・コミュ英Ⅲ・英表Ⅰ・英表Ⅱ ③地歴・公民・数（100）▶世Ｂ・日Ｂ・地理Ｂ・政経・「数Ⅰ・数Ⅱ・数Ａ」から１，ただし地理Ｂは前期のみ選択可

※３教科ベスト２（均等配点）は３科目を受験し，偏差値換算点の高い２科目で判定する。

一般入試後期２教科（均等配点〈英・国〉） ②科目 ①国（100）▶国総（漢文を除く） ②外（100）▶コミュ英Ⅰ・コミュ英Ⅱ・コミュ英Ⅲ・英表Ⅰ・英表Ⅱ

一般入試後期２教科（均等配点〈英・数〉） ②科目 ①外（100）▶コミュ英Ⅰ・コミュ英Ⅱ・コミュ英Ⅲ・英表Ⅰ・英表Ⅱ ②数（100）▶数Ⅰ・数Ⅱ・数Ａ・数Ｂ（数列・ベク）

学校推薦入試 ［出願資格］ 第１志望，校長推薦，現役，入学確約者，全体の学習成績の状況3.0以上。

［選考方法］ 書類審査，小論文，面接。

自己推薦入試 ［出願資格］ 第１志望，入学確約者。

［選考方法］ 書類審査，小論文，面接（集団面接となる場合あり）。

経営学部

一般入試前期・中期３教科（均等配点ほか） ③科目 ①国（100）▶国総（漢文を除く） ②外（100）▶コミュ英Ⅰ・コミュ英Ⅱ・コミュ英Ⅲ・英表Ⅰ・英表Ⅱ ③地歴・公民・数（100）▶世Ｂ・日Ｂ・地理Ｂ・政経・「数Ⅰ・数Ⅱ・数Ａ」から１，ただし地理Ｂは前期のみ選択可

※経営学科の一般前期３教科（国語重視）は国語，マーケティング学科と会計ファイナンス学科の一般前期３教科（英語重視）は英語の得点を，それぞれ150点に換算し判定する。

※マーケティング学科の一般前期３教科（最

高得点重視）および経営学科と会計ファイナンス学科の一般中期３教科（最高得点重視）は偏差値換算点の最も高い科目を２倍にして，マーケティング学科の一般中期３教科ベスト２（均等配点）は３科目を受験し，偏差値換算点の高い２科目で判定する。

一般入試前期３教科（均等配点〈数学重視〉）【経営学科・会計ファイナンス学科】 3科目 ①国（100）▶国総（漢文を除く） ②外（100）▶コミュ英Ⅰ・コミュ英Ⅱ・コミュ英Ⅲ・英表Ⅰ・英表Ⅱ ③数（150）▶数Ⅰ・数Ⅱ・数A

一般入試後期２教科（均等配点） 2科目 ①国（100）▶国総（漢文を除く） ②外（100）▶コミュ英Ⅰ・コミュ英Ⅱ・コミュ英Ⅲ・英表Ⅰ・英表Ⅱ

※マーケティング学科と会計ファイナンス学科は均等配点（英・国）として実施。

一般入試後期（均等配点〈英・数〉） 【マーケティング学科・会計ファイナンス学科】 2科目 ①外（100）▶コミュ英Ⅰ・コミュ英Ⅱ・コミュ英Ⅲ・英表Ⅰ・英表Ⅱ ②数（100）▶数Ⅰ・数Ⅱ・数A・数B（数列・ベク）

学校推薦入試 【会計ファイナンス学科】［出願資格］ 第１志望，校長推薦，現役，入学確約者，全体の学習成績の状況3.6以上かつ指定された英語外部試験の基準を満たす者。

［選考方法］ 書類審査，小論文，面接。

経営学部第２部

一般入試前期３教科（均等配点）／前期・中期３教科ベスト２（均等配点） 3科目 ①国（100）▶国総（漢文を除く） ②外（100）▶コミュ英Ⅰ・コミュ英Ⅱ・コミュ英Ⅲ・英表Ⅰ・英表Ⅱ ③地歴・公民・数（100）▶世B・日B・地理B・政経・「数Ⅰ・数Ⅱ・数A」から１，ただし地理Bは前期のみ選択可

※３教科ベスト２（均等配点）は３科目を受験し，偏差値換算点の高い２科目で判定する。

一般入試後期２教科（均等配点） 2科目 ①国（100）▶国総（漢文を除く） ②外（100）▶コミュ英Ⅰ・コミュ英Ⅱ・コミュ英Ⅲ・英表Ⅰ・英表Ⅱ

学校推薦入試 ［出願資格］ 第１志望，校長推薦，現役，入学確約者，全体の学習成績の状況3.5以上。

［選考方法］ 書類審査，小論文，面接。

法学部

一般入試前期・中期３教科（均等配点ほか） 3科目 ①国（100）▶国総（漢文を除く） ②外（100）▶コミュ英Ⅰ・コミュ英Ⅱ・コミュ英Ⅲ・英表Ⅰ・英表Ⅱ ③地歴・公民・数（100）▶世B・日B・地理B・政経・「数Ⅰ・数Ⅱ・数A」から１，ただし地理Bは前期のみ選択可

※一般前期３教科（国語重視）は国語，一般前期３教科（英語重視）は英語の得点を，それぞれ200点に換算し判定する。

※一般中期３教科（最高得点重視）は偏差値換算点の最も高い科目を２倍にして判定する。

一般入試前期４教科（均等配点） 4科目 ①国（100）▶国総（漢文を除く） ②外（100）▶コミュ英Ⅰ・コミュ英Ⅱ・コミュ英Ⅲ・英表Ⅰ・英表Ⅱ ③数（100）▶数Ⅰ・数Ⅱ・数A ④地歴・公民（100）▶世B・日B・地理B・政経から１

一般入試後期２教科（均等配点） 2科目 ①国（100）▶国総（漢文を除く） ②外（100）▶コミュ英Ⅰ・コミュ英Ⅱ・コミュ英Ⅲ・英表Ⅰ・英表Ⅱ

学校推薦入試 ［出願資格］ 第１志望，校長推薦，現役，入学確約者のほか，全体の学習成績の状況が，プレゼンテーション型は3.2以上，小論文型は3.6以上。

［選考方法］ 書類審査のほか，プレゼンテーション型はプレゼンテーション・質疑応答，小論文型は小論文，面接。

法学部第２部

一般入試前期３教科（均等配点）・中期３教科ベスト２（均等配点） 3科目 ①国（100）▶国総（漢文を除く） ②外（100）▶コミュ英Ⅰ・コミュ英Ⅱ・コミュ英Ⅲ・英表Ⅰ・英表Ⅱ ③地歴・公民・数（100）▶世B・日B・地理B・政経・「数Ⅰ・数Ⅱ・数A」から１，ただし地理Bは前期のみ選択可

※一般中期３教科ベスト２（均等配点）は３科目を受験し，偏差値換算点の高い２科目で判定する。

一般後期２教科（均等配点） 2科目 ①国（100）▶国総（漢文を除く） ②外（100）▶コ

ミュ英Ⅰ・コミュ英Ⅱ・コミュ英Ⅲ・英表Ⅰ・英表Ⅱ

学校推薦入試　[出願資格]　第１志望，校長推薦，現役，入学確約者，全体の学習成績の状況3.0以上。

[選考方法]　書類審査，小論文，面接。

自己推薦入試　[出願資格]　第１志望，入学確約者のほか，特定の分野の資格を取得した者，または特定の分野で優秀な成績を収めるか，特別な経験をした者。

[選考方法]　書類審査，小論文，面接。

社会学部

一般入試前期・中期３教科（均等配点ほか）　③科目　①**国**（100）▶国総（漢文を除く）　②**外**（100）▶コミュ英Ⅰ・コミュ英Ⅱ・コミュ英Ⅲ・英表Ⅰ・英表Ⅱ　③**地歴・公民・数**（100）▶世Ｂ・日Ｂ・地理Ｂ・政経・「数Ⅰ・数Ⅱ・数Ａ」から１，ただし地理Ｂは前期のみ選択可

※社会学科とメディアコミュニケーション学科の一般中期３教科（国語重視）は国語，国際社会学科の一般前期・中期３教科（英語重視）は英語の得点を，それぞれ200点に換算し判定する。

一般入試前期４教科（均等配点）　④科目　①**国**（100）▶国総（漢文を除く）　②**外**（100）▶コミュ英Ⅰ・コミュ英Ⅱ・コミュ英Ⅲ・英表Ⅰ・英表Ⅱ　③**数**（100）▶数Ⅰ・数Ⅱ・数Ａ　④**地歴・公民**（100）▶世Ｂ・日Ｂ・地理Ｂ・政経から１

一般入試中期３教科（均等配点〈数学重視〉）　【社会心理学科】　③科目　①**国**（100）▶国総（漢文を除く）　②**外**（100）▶コミュ英Ⅰ・コミュ英Ⅱ・コミュ英Ⅲ・英表Ⅰ・英表Ⅱ　③**数**（200）▶数Ⅰ・数Ⅱ・数Ａ

一般入試後期２教科（均等配点）　②科目　①**国**（100）▶国総（漢文を除く）　②**外**（100）▶コミュ英Ⅰ・コミュ英Ⅱ・コミュ英Ⅲ・英表Ⅰ・英表Ⅱ

学校推薦入試　【国際社会学科】　[出願資格]　第１志望，校長推薦，現役，入学確約者，全体の学習成績の状況3.6以上，自身の英語能力を客観的に証明することのできる者。

[選考方法]　書類審査，小論文，面接。

自己推薦入試　【社会学科】　[出願資格]　第１志望，入学確約者。

[選考方法]　書類審査による第一次選考の通過者を対象に，小論文，面接を行う。

社会学部第２部

一般入試前期・中期３教科（均等配点）／前期・中期３教科ベスト２（均等配点）　③科目　①**国**（100）▶国総（漢文を除く）　②**外**（100）▶コミュ英Ⅰ・コミュ英Ⅱ・コミュ英Ⅲ・英表Ⅰ・英表Ⅱ　③**地歴・公民・数**（100）▶世Ｂ・日Ｂ・地理Ｂ・政経・「数Ⅰ・数Ⅱ・数Ａ」から１，ただし地理Ｂは前期のみ選択可

※３教科ベスト２（均等配点）は３科目を受験し，偏差値換算点の高い２科目で判定する。

一般入試後期２教科（均等配点）　②科目　①**国**（100）▶国総（漢文を除く）　②**外**（100）▶コミュ英Ⅰ・コミュ英Ⅱ・コミュ英Ⅲ・英表Ⅰ・英表Ⅱ

学校推薦入試　[出願資格]　第１志望，校長推薦，入学確約者，全体の学習成績の状況3.0以上。

[選考方法]　書類審査，小論文，面接。

自己推薦入試　[出願資格]　第１志望，入学確約者。

[選考方法]　書類審査，小論文，面接。

国際学部

一般入試前期・中期３教科（均等配点ほか）　③科目　①**国**（100）▶国総（漢文を除く）　②**外**（100）▶コミュ英Ⅰ・コミュ英Ⅱ・コミュ英Ⅲ・英表Ⅰ・英表Ⅱ　③**地歴・公民・数**（100）▶世Ｂ・日Ｂ・地理Ｂ・政経・「数Ⅰ・数Ⅱ・数Ａ」から１，ただし地理Ｂは前期のみ選択可

※一般前期・中期３教科（英語重視）は英語の得点を200点に換算し判定する（国際地域学科は前期のみ）。

一般入試後期２教科（均等配点）　【グローバル・イノベーション学科】　②科目　①**国**（100）▶国総（漢文を除く）　②**外**（100）▶コミュ英Ⅰ・コミュ英Ⅱ・コミュ英Ⅲ・英表Ⅰ・英表Ⅱ

一般入試後期２教科（英語重視）　【国際地域学科】　②科目　①**外**（200）▶コミュ英Ⅰ・コミュ英Ⅱ・コミュ英Ⅲ・英表Ⅰ・英表Ⅱ　②**国・数**（100）▶国総（漢文を除く）・「数Ⅰ・数Ⅱ・数Ａ・数Ｂ（数列・ベク）」から１

自己推薦入試 【国際地域学科】 [出願資格] 第1志望，入学確約者のほか，指定された英語外部試験の基準を満たす者。
[選考方法] 書類審査，総合問題（英語・数学等から構成），面接。
ＡＯ型推薦入試 [出願資格] 第1志望，入学確約者のほか，グローバル・イノベーション学科は自身の英語能力を客観的に証明することができる者。国際地域学科はジャンル・セレクト入試のジャンルA（国際コミュニケーション型）のみ，英語の学習成績の状況4.2以上，または英検1980点以上など，指定された英語外部試験の基準を満たす者。
[選考方法] 書類審査のほか，グローバル・イノベーション学科は英語（提出された英語外部試験のスコアを本学基準に換算して採点），プレゼンテーション・質疑応答。国際地域学科のWeb体験授業型はプレゼンテーション・質疑応答，ジャンル・セレクト入試は選択するジャンルに応じて，英語面接またはプレゼンテーション・質疑応答またはディスカッションを行う。

国際学部第2部

一般入試前期・中期3教科ベスト2（均等配点） 3科目 ①国（100）▶国総（漢文を除く） ②外（100）▶コミュ英Ⅰ・コミュ英Ⅱ・コミュ英Ⅲ・英表Ⅰ・英表Ⅱ ③地歴・公民・数（100）▶世B・日B・地理B・政経・「数Ⅰ・数Ⅱ・数A」から1，ただし地理Bは前期のみ選択可
※3科目を受験し，偏差値換算点の高い2科目で判定する。
一般入試後期2教科（均等配点） 2科目 ①国（100）▶国総（漢文を除く） ②外（100）▶コミュ英Ⅰ・コミュ英Ⅱ・コミュ英Ⅲ・英表Ⅰ・英表Ⅱ
学校推薦入試 [出願資格] 第1志望，校長推薦，現役，入学確約者，全体の学習成績の状況3.4以上。
[選考方法] 書類審査，面接。
自己推薦入試 [出願資格] 第1志望，入学確約者。
[選考方法] 書類審査，小論文，面接。

国際観光学部

一般入試前期・中期3教科（均等配点ほか） 3科目 ①国（100）▶国総（漢文を除く） ②外（100）▶コミュ英Ⅰ・コミュ英Ⅱ・コミュ英Ⅲ・英表Ⅰ・英表Ⅱ ③地歴・公民・数（100）▶世B・日B・地理B・政経・「数Ⅰ・数Ⅱ・数A」から1，ただし地理Bは前期のみ選択可
※一般前期3教科（英語重視）は，英語の得点を200点に換算し判定する。
※一般前期・中期3教科（最高得点重視）は，偏差値換算点の最も高い科目を2倍にして判定する。
一般入試前期4教科（均等配点） 4科目 ①国（100）▶国総（漢文を除く） ②外（100）▶コミュ英Ⅰ・コミュ英Ⅱ・コミュ英Ⅲ・英表Ⅰ・英表Ⅱ ③数（100）▶数Ⅰ・数Ⅱ・数A ④地歴・公民（100）▶世B・日B・地理B・政経から1
一般入試後期2教科（均等配点） 2科目 ①国（100）▶国総（漢文を除く） ②外（100）▶コミュ英Ⅰ・コミュ英Ⅱ・コミュ英Ⅲ・英表Ⅰ・英表Ⅱ
学校推薦入試 [出願資格] 第1志望，校長推薦，現役，入学確約者，全体の学習成績の状況3.9以上，自身の英語能力を客観的に証明することができる者。
[選考方法] 書類審査，小論文，プレゼンテーション・質疑応答。
ＡＯ型推薦入試 [出願資格] 第1志望，入学確約者のほか，総合系（英語型）は指定された英語外部試験の基準を満たす者。
[選考方法] 書類審査，小論文，プレゼンテーション・質疑応答。

情報連携学部

一般入試前期・中期3教科（均等配点〈文系〉ほか） 3科目 ①国（100）▶国総（漢文を除く） ②外（100）▶コミュ英Ⅰ・コミュ英Ⅱ・コミュ英Ⅲ・英表Ⅰ・英表Ⅱ ③地歴・公民・数（100）▶世B・日B・地理B・政経・「数Ⅰ・数Ⅱ・数A」から1，ただし地理Bは前期のみ選択可
※一般前期3教科（最高得点重視〈文系〉）は3科目を受験し，偏差値換算点の最も高い科目を2倍にして判定する。

一般入試前期・中期３教科（均等配点〈英・国・数〉） **3科目** ①**国**(100)▶国総(漢文を除く) ②**外**(100)▶コミュ英Ⅰ・コミュ英Ⅱ・コミュ英Ⅲ・英表Ⅰ・英表Ⅱ ③**数**(100)▶数Ⅰ・数Ⅱ・数A

一般入試前期３教科（数学重視〈理系〉） **3科目** ①**外**(100)▶コミュ英Ⅰ・コミュ英Ⅱ・コミュ英Ⅲ・英表Ⅰ・英表Ⅱ ②**数**(200)▶「数Ⅰ・数Ⅱ・数A」・「数Ⅰ・数Ⅱ・数A・数B(数列・ベク)」・「数Ⅰ・数Ⅱ・数Ⅲ・数A・数B(数列・ベク)」から１ ③**理**(100)▶「物基・物」・「化基・化」・「生基・生」から１

一般入試前期・中期３教科（均等配点〈理系〉ほか） **3科目** ①**外**(100)▶コミュ英Ⅰ・コミュ英Ⅱ・コミュ英Ⅲ・英表Ⅰ・英表Ⅱ ②**数**(100)▶「数Ⅰ・数Ⅱ・数A・数B(数列・ベク)」・「数Ⅰ・数Ⅱ・数Ⅲ・数A・数B(数列・ベク)」から１ ③**理**(100)▶「物基・物」・「化基・化」・「生基・生」から１，ただし生基・生は前期のみ選択可

※一般前期３教科(最高得点重視〈理系〉)は３科目を受験し，偏差値換算点の最も高い科目を２倍にして判定する。

一般入試前期４教科（均等配点） **4科目** ①**国**(100)▶国総(漢文を除く) ②**外**(100)▶コミュ英Ⅰ・コミュ英Ⅱ・コミュ英Ⅲ・英表Ⅰ・英表Ⅱ ③**数**(100)▶数Ⅰ・数Ⅱ・数A ④**地歴・公民**(100)▶世B・日B・地理B・政経から１

一般入試後期２教科（均等配点〈理系〉） **2科目** ①**外**(100)▶コミュ英Ⅰ・コミュ英Ⅱ・コミュ英Ⅲ・英表Ⅰ・英表Ⅱ ②**数**(100)▶数Ⅰ・数Ⅱ・数A・数B(数列・ベク)

一般入試後期３教科（均等配点・情報連携学部独自問題） **3科目** ①**外**(100)▶情報連携のための英語 ②**数**(100)▶情報連携のための数学 ③**情報**(100)

一般入試後期２教科（均等配点〈数・情報〉＋面接・情報連携学部独自問題） **3科目** ①**数**(100)▶情報連携のための数学 ②**情報**(100) ③**面接**(100)

一般入試後期２教科（均等配点〈英・数〉＋面接・情報連携学部独自問題） **3科目** ①**外**(100)▶情報連携のための英語 ②**数**(100)▶情報連携のための数学 ③**面接**(100)

※情報連携学部独自問題の出題範囲は，以下の通り。

・情報連携のための英語―情報をテーマにした英語の文章の読解や，英語を使ったコミュニケーションのために必要な基礎的な英語力を問う問題。

・情報連携のための数学―INIADでの学習を進めるために必要な「数Ⅰ・数Ⅱ・数A・数B(数列・ベク)」の内容を出題。

・情報―社会と情報・情報の科学の範囲内から出題。また，高校数学(Ⅰ・Ⅱ・A・B)の知識が必要な問題が出題されることがある。

ＡＯ型推薦入試 **[出願資格]** 第１志望，入学確約者，INIAD Admissions Officeによる事前適性審査を受験し，学部の定めた基準を満たす者のほか，コンピュータ・サイエンス型は自作ソフトウェアをGitHub上で公開していること。

[選考方法] 書類審査のほか，コンピュータ・サイエンス型はプレゼンテーション・質疑応答，INIAD MOOCs型は面接。いずれも，事前適性審査の内容に関する確認を行う口頭試問を含む。

福祉社会デザイン学部

一般入試前期・中期３教科（均等配点ほか） **3科目** ①**国**(100)▶国総(漢文を除く) ②**外**(100)▶コミュ英Ⅰ・コミュ英Ⅱ・コミュ英Ⅲ・英表Ⅰ・英表Ⅱ ③**地歴・公民・数**(100)▶世B・日B・地理B・政経・「数Ⅰ・数Ⅱ・数A」から１，ただし地理Bは前期のみ選択可

※社会福祉学科の一般前期・中期３教科(国語重視)と子ども支援学科の一般前期３教科(国語重視)は国語，社会福祉学科の一般前期３教科(英語重視)は英語の得点を，それぞれ200点に換算し判定する。

※人間環境デザイン学科の前期は，一般前期３教科(均等配点〈英・国・地公数〉)として実施。

一般入試前期３教科（均等配点〈英・数・理〉）

【人間環境デザイン学科】 **3科目** ①**外**(100)▶コミュ英Ⅰ・コミュ英Ⅱ・コミュ英Ⅲ・英表Ⅰ・英表Ⅱ ②**数**(100)▶数Ⅰ・数Ⅱ・数A・数B(数列・ベク) ③**理**(100)▶「物基・物」・「化基・化」・「生基・生」から１

一般入試前期４教科（均等配点） **4科目** ①

国(100)▶国総(漢文を除く) ②外(100)▶コミュ英Ⅰ・コミュ英Ⅱ・コミュ英Ⅲ・英表Ⅰ・英表Ⅱ ③数(100)▶数Ⅰ・数Ⅱ・数A ④地歴・公民(100)▶世B・日B・地理B・政経から1

一般後期2教科(均等配点) 【社会福祉学科・子ども支援学科】 2科目 ①国(100)▶国総(漢文を除く) ②外(100)▶コミュ英Ⅰ・コミュ英Ⅱ・コミュ英Ⅲ・英表Ⅰ・英表Ⅱ

【人間環境デザイン学科】 2科目 ①外(100)▶コミュ英Ⅰ・コミュ英Ⅱ・コミュ英Ⅲ・英表Ⅰ・英表Ⅱ ②国・数(100)▶国総(漢文を除く)・「数Ⅰ・数Ⅱ・数A・数B(数列・ベク)」から1

多面的評価入試(多面的評価前期3科目均等配点) 【子ども支援学科】 3科目 ①外(100)▶英語外部試験スコア ②小論文(100) ③グループディスカッション(100)

※多面的評価入試の出願資格は，自身の英語能力を客観的に証明することができる者。客観的な証明にあたっては，英検(従来型を含む全方式)，GTEC (4技能版) CBTタイプ，TEAP (4技能。同一試験日のスコア合計点のみ有効。TEAP CBTは対象外)，IELTS (4技能。アカデミック・モジュールのみを適用)のいずれかを用い，提出された英語外部試験のスコアを本学基準に換算して採点を行う。

実技入試(実技前期2科目均等配点) 【人間環境デザイン学科】 2科目 ①②「平面構成・解説文」・「立体構成・解説文」(100×2)

学校推薦入試 【社会福祉学科・人間環境デザイン学科】 [出願資格] 第1志望，校長推薦，現役，入学確約者，全体の学習成績の状況3.6以上。

[選考方法] 書類審査，面接のほか，社会福祉学科は小論文，人間環境デザイン学科は実技(平面構成と解説文)。

自己推薦入試 [出願資格] 第1志望，入学確約者。

[選考方法] 書類審査のほか，社会福祉学科は小論文，面接(口頭試問を含む)。子ども支援学科は小論文，グループディスカッション。人間環境デザイン学科は実技(平面構成と解説文)，面接。

健康スポーツ科学部

一般入試前期・中期3教科(均等配点ほか) 3科目 ①国(100)▶国総(漢文を除く) ②外(100)▶コミュ英Ⅰ・コミュ英Ⅱ・コミュ英Ⅲ・英表Ⅰ・英表Ⅱ ③地歴・公民・数・理(100)▶世B・日B・地理B・政経・「数Ⅰ・数Ⅱ・数A」・「生基・生」から1，ただし生基・生は健康スポーツ科学科の2月9日実施試験のみ選択可，また地理Bは前期のみ選択可

※健康スポーツ科学科の一般前期3教科(英語重視)は，英語の得点を200点に換算し判定する。

※栄養科学科の前期は，一般前期3教科(均等配点〈文系〉)として実施。

一般入試前期3教科(均等配点〈理系〉) 【栄養科学科】 3科目 ①外(100)▶コミュ英Ⅰ・コミュ英Ⅱ・コミュ英Ⅲ・英表Ⅰ・英表Ⅱ ②数(100)▶「数Ⅰ・数Ⅱ・数A・数B(数列・ベク)」・「数Ⅰ・数Ⅱ・数Ⅲ・数A・数B(数列・ベク)」から1 ③理(100)▶「化基・化」・「生基・生」から1

一般入試前期4教科(均等配点) 【健康スポーツ科学科】 4科目 ①国(100)▶国総(漢文を除く) ②外(100)▶コミュ英Ⅰ・コミュ英Ⅱ・コミュ英Ⅲ・英表Ⅰ・英表Ⅱ ③数(100)▶数Ⅰ・数Ⅱ・数A ④地歴・公民・理(100)▶世B・日B・地理B・政経・「生基・生」から1

一般入試後期2教科(均等配点) 【健康スポーツ科学科】 2科目 ①国(100)▶国総(漢文を除く) ②外(100)▶コミュ英Ⅰ・コミュ英Ⅱ・コミュ英Ⅲ・英表Ⅰ・英表Ⅱ

【栄養科学科】 2科目 ①外(100)▶コミュ英Ⅰ・コミュ英Ⅱ・コミュ英Ⅲ・英表Ⅰ・英表Ⅱ ②国・数(100)▶国総(漢文を除く)・「数Ⅰ・数Ⅱ・数A・数B(数列・ベク)」から1

自己推薦入試 [出願資格] 第1志望，入学確約者。

[選考方法] 書類審査，小論文，面接。ただし，栄養科学科理系型の面接は，化学もしくは生物に関する口頭試問を含む(いずれかを選択)。

AO型推薦入試 【健康スポーツ科学科】 [出願資格] 第1志望，入学確約者のほか，義務教育修了後(または過去2年間)に，スポ

一ツの分野で顕著な活躍をしたと自認する者。
［選考方法］ 書類審査，小論文，プレゼンテーション・質疑応答。

理工学部

一般入試前期３教科(均等配点ほか) 【機械工学科(１回目・２回目・３回目)・電気電子情報工学科(２回目)・応用化学科(１回目・３回目)・都市環境デザイン学科(１回目・２回目・３回目)】 3科目 ①外(100)▶コミュ英Ⅰ・コミュ英Ⅱ・コミュ英Ⅲ・英表Ⅰ・英表Ⅱ ②数(100)▶「数Ⅰ・数Ⅱ・数A・数B(数列・ベク)」・「数Ⅰ・数Ⅱ・数Ⅲ・数A・数B(数列・ベク)」から1 ③理(100)▶「物基・物」・「化基・化」から1
※機械工学科と都市環境デザイン学科の一般前期３教科(数学重視)は数学，機械工学科の一般前期３教科(理科重視)は理科の得点を，それぞれ200点に換算し判定する。
【生体医工学科(１回目・３回目)・建築学科(１回目・２回目・３回目)】 3科目 ①外(100)▶コミュ英Ⅰ・コミュ英Ⅱ・コミュ英Ⅲ・英表Ⅰ・英表Ⅱ ②数(100)▶「数Ⅰ・数Ⅱ・数A・数B(数列・ベク)」・「数Ⅰ・数Ⅱ・数Ⅲ・数A・数B(数列・ベク)」から1 ③理(100)▶「物基・物」・「化基・化」・「生基・生」から1
※生体医工学科の一般前期３教科(理科重視)は理科，建築学科の一般前期３教科(英語重視)は英語の得点を，それぞれ200点に換算し判定する。
【生体医工学科(２回目)】 3科目 ①外(100)▶コミュ英Ⅰ・コミュ英Ⅱ・コミュ英Ⅲ・英表Ⅰ・英表Ⅱ ②数(100)▶数Ⅰ・数Ⅱ・数A ③国・理(100)▶国総(漢文を除く)・「物基・物」・「化基・化」・「生基・生」から1
【電気電子情報工学科(１回目・３回目)】 3科目 ①外(100)▶コミュ英Ⅰ・コミュ英Ⅱ・コミュ英Ⅲ・英表Ⅰ・英表Ⅱ ②数(100)▶数Ⅰ・数Ⅱ・数Ⅲ・数A・数B(数列・ベク) ③理(100)▶「物基・物」・「化基・化」から1
※一般前期３教科(数学重視)は，数学の得点を200点に換算し判定する。
【応用化学科(２回目)】 3科目 ①外(100)▶コミュ英Ⅰ・コミュ英Ⅱ・コミュ英Ⅲ・英表Ⅰ・英表Ⅱ ②数(100)▶「数Ⅰ・数Ⅱ・数A・数B(数列・ベク)」・「数Ⅰ・数Ⅱ・数Ⅲ・数A・数B(数列・ベク)」から1 ③理(100)▶化基・化
※一般前期３教科(理科重視)は，理科の得点を200点に換算し判定する。
一般入試中期３教科(均等配点) 【機械工学科・電気電子情報工学科・都市環境デザイン学科・建築学科】 3科目 ①外(100)▶コミュ英Ⅰ・コミュ英Ⅱ・コミュ英Ⅲ・英表Ⅰ・英表Ⅱ ②数(100)▶「数Ⅰ・数Ⅱ・数A・数B(数列・ベク)」・「数Ⅰ・数Ⅱ・数Ⅲ・数A・数B(数列・ベク)」から1 ③理(100)▶「物基・物」・「化基・化」から1
【生体医工学科】 3科目 ①外(100)▶コミュ英Ⅰ・コミュ英Ⅱ・コミュ英Ⅲ・英表Ⅰ・英表Ⅱ ②数(100)▶「数Ⅰ・数Ⅱ・数A・数B(数列・ベク)」・「数Ⅰ・数Ⅱ・数Ⅲ・数A・数B(数列・ベク)」から1 ③国・理(100)▶国総(漢文を除く)・「物基・物」・「化基・化」から1
【応用化学科】 3科目 ①外(100)▶コミュ英Ⅰ・コミュ英Ⅱ・コミュ英Ⅲ・英表Ⅰ・英表Ⅱ ②数(100)▶「数Ⅰ・数Ⅱ・数A・数B(数列・ベク)」・「数Ⅰ・数Ⅱ・数Ⅲ・数A・数B(数列・ベク)」から1 ③理(100)▶化基・化
一般入試後期２教科(均等配点) 2科目 ①外(100)▶コミュ英Ⅰ・コミュ英Ⅱ・コミュ英Ⅲ・英表Ⅰ・英表Ⅱ ②数(100)▶数Ⅰ・数Ⅱ・数A・数B(数列・ベク)
学校推薦入試 【機械工学科・生体医工学科・応用化学科・都市環境デザイン学科】 ［出願資格］第１志望，校長推薦，現役，入学確約者，全体の学習成績の状況3.6以上。
［選考方法］ 書類審査のほか，機械工学科は総合問題(物理・数学の基礎的な知識を用いて解く問題と200字程度の小論文)，面接。生体医工学科と応用化学科および都市環境デザイン学科は小論文，面接(口頭試問を含む)。
ＡＯ型推薦入試 【都市環境デザイン学科・建築学科】 ［出願資格］第１志望，入学確約者。
［選考方法］ 書類審査，課題発表・質疑応答，面接(都市環境デザイン学科は口頭試問を含む)。

総合情報学部

一般入試前期・中期３教科(均等配点〈文系〉ほか) 3科目 ①国(100)▶国総(漢文を除く)

②外(100)▶コミュ英Ⅰ・コミュ英Ⅱ・コミュ英Ⅲ・英表Ⅰ・英表Ⅱ ③地歴・公民・数(100)▶世B・日B・地理B・政経・「数Ⅰ・数Ⅱ・数A」から1，ただし地理Bは前期のみ選択可
※一般前期・中期3教科(英語重視〈文系〉)は，英語の得点を200点に換算し判定する。
一般入試前期・中期3教科(均等配点〈理系〉ほか) 3科目 ①外(100)▶コミュ英Ⅰ・コミュ英Ⅱ・コミュ英Ⅲ・英表Ⅰ・英表Ⅱ ②数(100)▶「数Ⅰ・数Ⅱ・数A・数B(数列・ベク)」・「数Ⅰ・数Ⅱ・数Ⅲ・数A・数B(数列・ベク)」から1 ③理(100)▶「物基・物」・「化基・化」・「生基・生」から1，ただし生基・生は前期のみ選択可
※一般前期・中期3教科(数学重視〈理系〉)は，数学の得点を200点に換算し判定する。
一般入試前期4教科(均等配点〈文系〉) 4科目 ①国(100)▶国総(漢文を除く) ②外(100)▶コミュ英Ⅰ・コミュ英Ⅱ・コミュ英Ⅲ・英表Ⅰ・英表Ⅱ ③数(100)▶数Ⅰ・数Ⅱ・数A ④地歴・公民(100)▶世B・日B・地理B・政経から1
一般入試後期2教科(均等配点) 2科目 ①外(100)▶コミュ英Ⅰ・コミュ英Ⅱ・コミュ英Ⅲ・英表Ⅰ・英表Ⅱ ②国・数(100)▶国総(漢文を除く)・「数Ⅰ・数Ⅱ・数A・数B(数列・ベク)」から1
学校推薦入試 [出願資格] 第1志望，校長推薦，現役，入学確約者，全体の学習成績の状況3.6以上。
[選考方法] 書類審査，小論文，面接。
自己推薦入試 [出願資格] 第1志望，入学確約者のほか，日本情報オリンピック予選のBランク以上，情報処理技術者試験センターが実施する試験の合格者など。
[選考方法] 書類審査，小論文，面接。
AO型推薦入試 [出願資格] 第1志望，入学確約者のほか，義務教育修了後(または過去2年間)にスポーツの分野で顕著な活躍をしたと自認する者。
[選考方法] 書類審査，プレゼンテーション・質疑応答。

生命科学部

一般入試前期3教科(均等配点ほか) 【生命科学科(1回目)・応用生物科学科(1回目)】 3科目 ①外(100)▶コミュ英Ⅰ・コミュ英Ⅱ・コミュ英Ⅲ・英表Ⅰ・英表Ⅱ ②数(100)▶数Ⅰ・数Ⅱ・数A ③国・理(100)▶国総(漢文を除く)・「化基・化」・「生基・生」から1
※一般前期3教科(理科重視1回目)は，国語を除く3科目を受験し，理科の得点を200点に換算し判定する。
【生命科学科(2回目・4回目)・応用生物科学科(4回目)】 3科目 ①外(100)▶コミュ英Ⅰ・コミュ英Ⅱ・コミュ英Ⅲ・英表Ⅰ・英表Ⅱ ②数(100)▶数Ⅰ・数Ⅱ・数A・数B(数列・ベク) ③理(100)▶「物基・物」・「化基・化」・「生基・生」から1
※生命科学科の一般前期3教科(理科重視2回目・4回目)，応用生物科学科の一般前期3教科(理科重視4回目)は，理科の得点を200点に換算し判定する。
【生命科学科(3回目)・応用生物科学科(3回目)】 3科目 ①外(100)▶コミュ英Ⅰ・コミュ英Ⅱ・コミュ英Ⅲ・英表Ⅰ・英表Ⅱ ②数(100)▶数Ⅰ・数Ⅱ・数A ③国・理(100)▶国総(漢文を除く)・「物基・物」・「化基・化」・「生基・生」から1
※一般前期3教科(理科重視3回目)は，国語を除く3科目を受験し，理科の得点を200点に換算し判定する。
【応用生物科学科(2回目)】 3科目 ①外(100)▶コミュ英Ⅰ・コミュ英Ⅱ・コミュ英Ⅲ・英表Ⅰ・英表Ⅱ ②理(100)▶「物基・物」・「化基・化」・「生基・生」から1 ③国・数(100)▶国総(漢文を除く)・「数Ⅰ・数Ⅱ・数A・数B(数列・ベク)」から1
※一般前期3教科(理科重視2回目)は，理科の得点を200点に換算し判定する。
一般入試中期3教科ベスト2(均等配点) 3科目 ①外(100)▶コミュ英Ⅰ・コミュ英Ⅱ・コミュ英Ⅲ・英表Ⅰ・英表Ⅱ ②数(100)▶数Ⅰ・数Ⅱ・数A ③国・理(100)▶国総(漢文を除く)・「物基・物」・「化基・化」から1
※3科目を受験し，外国語とそれ以外の最も偏差値換算点の高い科目で判定する。
一般入試後期2教科(均等配点) 2科目 ①外(100)▶コミュ英Ⅰ・コミュ英Ⅱ・コミュ英Ⅲ・英表Ⅰ・英表Ⅱ ②国・数(100)▶国総(漢

文を除く）・「数Ⅰ・数Ⅱ・数A・数B（数列・ベク）」から1
学校推薦入試　［出願資格］　第1志望，校長推薦，現役，入学確約者，全体の学習成績の状況3.6以上。
［選考方法］　書類審査，小論文，面接（化学・生物に関する口頭試問を含む）。
自己推薦入試　［出願資格］　第1志望，入学確約者。
［選考方法］　書類審査，小論文，面接（化学・生物に関する口頭試問を含む）。
AO型推薦入試　［出願資格］　第1志望，入学確約者。
［選考方法］　書類審査，プレゼンテーション・質疑応答，面接（化学・生物に関する口頭試問を含む）。

食環境科学部

一般入試前期3教科（均等配点ほか）　**【食環境科学科（1回目・3回目）・健康栄養学科（1回目・3回目・4回目）】**　3科目　①**外**（100）▶コミュ英Ⅰ・コミュ英Ⅱ・コミュ英Ⅲ・英表Ⅰ・英表Ⅱ　②**国・理**（100）▶国総（漢文を除く）・「化基・化」・「生基・生」から1　③**地歴・公民・数**（100）▶世B・日B・地理B・政経・「数Ⅰ・数Ⅱ・数A」から1
※健康栄養学科の一般前期3教科（理科重視1回目）は，国語を除く3科目を受験し，理科の得点を200点に換算し判定する。
【食環境科学科（2回目）・健康栄養学科（2回目）】　3科目　①**外**（100）▶コミュ英Ⅰ・コミュ英Ⅱ・コミュ英Ⅲ・英表Ⅰ・英表Ⅱ　②**国・数**（100）▶国総（漢文を除く）・「数Ⅰ・数Ⅱ・数A・数B（数列・ベク）」から1　③**地歴・公民・理**（100）▶世B・日B・地理B・政経・「化基・化」・「生基・生」から1
※健康栄養学科の一般前期3教科（理科重視2回目）は，地歴・公民を除く3科目を受験し，理科の得点を200点に換算し判定する。
【食環境科学科（4回目）】　3科目　①**外**（100）▶コミュ英Ⅰ・コミュ英Ⅱ・コミュ英Ⅲ・英表Ⅰ・英表Ⅱ　②**数**（100）▶数Ⅰ・数Ⅱ・数A・数B（数列・ベク）　③**理**（100）▶「化基・化」・「生基・生」から1
一般入試中期3教科（均等配点）　3科目　①**国**（100）▶国総（漢文を除く）　②**外**（100）▶コミュ英Ⅰ・コミュ英Ⅱ・コミュ英Ⅲ・英表Ⅰ・英表Ⅱ　③**地歴・公民・数**（100）▶世B・日B・政経・「数Ⅰ・数Ⅱ・数A」から1
一般入試後期2教科（均等配点）　2科目　①**外**（100）▶コミュ英Ⅰ・コミュ英Ⅱ・コミュ英Ⅲ・英表Ⅰ・英表Ⅱ　②**国・数**（100）▶国総（漢文を除く）・「数Ⅰ・数Ⅱ・数A・数B（数列・ベク）」から1
自己推薦入試　［出願資格］　第1志望，入学確約者。
［選考方法］　書類審査，小論文，面接。

その他の選抜

共通テスト利用入試は文学部227名（うち第2部27名），経済学部167名（うち第2部30名），経営学部143名（うち第2部15名），法学部142名（うち第2部20名），社会学部129名（うち第2部20名），国際学部112名（うち第2部24名），国際観光学部65名，情報連携学部71名，福祉社会デザイン学部80名，健康スポーツ科学部60名，理工学部210名，総合情報学部79名，生命科学部46名，食環境科学部46名を，第2部・イブニングコース「独立自活」支援推薦入試は8名を募集。ほかに運動部優秀選手推薦入試，指定校推薦入試，附属高等学校推薦入試，協定校推薦入試，外国人留学生日本語学校指定校推薦入試，外国にルーツを持つ生徒対象入試，海外帰国生入試，国際バカロレアAO入試，社会人特別選抜入試，外国人留学生入試を実施。

偏差値データ (2023年度)

● 一般入試前期

学部／学科／専攻	2023年度 駿台予備学校 合格目標ライン	2023年度 河合塾 ボーダー偏差値	2022年度実績 募集人員	志願者数	合格者数	合格最低点	競争率 '22年	競争率 '21年
文学部								
哲（3教科1回目）	45	57.5	18	259	64	170.7/300	4.0	5.6
（3教科2回目）		57.5	11	155	37	174.4/300	4.2	7.3
（3教科英語重視）	45	57.5	5	45	13	236.0/400	3.5	7.2
（4教科）	44	55	4	10	5	209.9/400	2.0	3.5
東洋思想文化（3教科1回目）	44	55	12	133	42	162.3/300	3.2	3.3
（3教科2回目）		55	10	98	29	161.0/300	3.4	2.5
（3教科3回目）		55	10	92	32	163.0/300	2.9	3.5
（3教科英語重視）	43	55	7	50	15	227.1/400	3.3	2.7
（4教科）	43	55	3	5	3	212.4/400	1.7	1.3
日本文学文化（3教科1回目）	45	57.5	14	192	45	172.0/300	4.3	5.4
（3教科2回目）		57.5	14	194	40	169.3/300	4.9	5.3
（3教科3回目）		57.5	21	210	50	170.2/300	4.2	4.7
（3教科国語重視1回目）	44	57.5	14	235	35	236.8/400	6.7	6.6
（3教科国語重視2回目）		57.5	3	161	25	224.6/400	6.4	5.0
（4教科）	43	55	5	22	11	205.0/400	2.0	2.3
英米文（3教科1回目）	45	57.5	—	—	—	—	新	—
（3教科2回目）		57.5	20	252	97	164.2/300	2.6	4.1
（3教科3回目）		55	30	216	82	161.1/300	2.6	3.9
（4教科）	43	55	—	—	—	—	新	—
（3教科英語重視1回目）	44	57.5	15	165	67	225.7/400	2.5	3.6
（3教科英語重視2回目）		57.5	5	111	38	227.5/400	2.9	3.6
史（3教科1回目）	47	57.5	20	292	84	169.9/300	3.5	5.1
（3教科2回目）		57.5	25	320	82	170.6/300	3.9	4.6
（3教科3回目）		57.5	25	309	90	168.1/300	3.4	6.3
（4教科1回目）	46	55	5	14	8	211.9/400	1.8	1.9
（4教科2回目）		55	5	19	12	209.7/400	1.6	2.4
教育/人間発達（3教科1回目）	45	50	—	—	—	—	新	—
（3教科2回目）		50	12	145	50	161.7/300	2.9	3.4
（3教科3回目）		50	15	143	50	160.0/300	2.9	3.4
（3教科英語重視）	45	50	5	30	15	221.3/400	2.0	3.4
（4教科）	44	55	5	22	12	196.9/400	1.8	3.3
/初等教育（3教科1回目）	46	57.5	8	213	50	170.4/300	4.3	5.8
（3教科2回目）		57.5	5	149	31	170.1/300	4.8	3.7
（4教科）	45	55	3	44	23	210.3/400	1.9	2.5
国際文化コミュニケーション（3教科1回目）	45	57.5	10	152	39	169.8/300	3.9	5.3
（3教科2回目）		57.5	10	112	33	170.4/300	3.4	4.4
（3教科3回目）		57.5	10	197	57	172.2/300	3.5	4.6

学部／学科／専攻	2023年度 駿台予備学校 合格目標ライン	2023年度 河合塾 ボーダー偏差値	2022年度実績 募集人員	志願者数	合格者数	合格最低点	競争率 '22年	競争率 '21年
（3教科英語重視1回目）	45	57.5	5	88	26	230.6/400	3.4	4.1
（3教科英語重視2回目）		57.5	5	96	23	244.7/400	4.2	4.5
（4教科）	44	55	5	10	6	201.4/400	1.7	1.6
文学部第2部								
東洋思想文化（3教科ベスト2・1回目）	34	47.5	4	34	10	102.8/200	3.4	2.6
（3教科ベスト2・2回目）		47.5	4	34	15	102.3/200	2.3	2.5
日本文学文化（3教科ベスト2・1回目）	35	47.5	5	38	10	105.1/200	3.8	3.0
（3教科ベスト2・2回目）		47.5	5	30	7	103.8/200	4.3	4.3
（3教科ベスト2・3回目）		47.5	5	32	6	107.2/200	5.3	3.2
（3教科）	35	47.5	—	—	—	—	新	—
教育（3教科ベスト2・1回目）	35	47.5	5	30	18	95.8/200	1.7	5.7
（3教科ベスト2・2回目）		47.5	5	22	10	93.7/200	2.2	4.6
（3教科）	35	47.5	—	—	—	—	新	—
経済学部								
経済（3教科英・国・数1回目）	45	52.5	20	449	94	171.2/300	4.8	3.3
（3教科英・国・数2回目）		52.5	7	153	29	172.8/300	5.3	4.2
（3教科英・国・数3回目）		52.5	7	174	32	172.8/300	5.4	4.0
（3教科英・国・地公1回目）	46	57.5	20	569	48	181.2/300	11.9	15.0
（3教科英・国・地公2回目）		57.5	7	279	24	178.5/300	11.6	10.7
（3教科英・国・地公3回目）		57.5	7	269	20	178.3/300	13.5	17.3
（3教科最高得点重視1回目）	45	55	5	127	17	242.5/400	7.5	11.4
（3教科最高得点重視2回目）		55	5	81	11	238.1/400	7.4	10.6
（3教科最高得点重視3回目）		55	5	79	9	239.6/400	8.8	11.0
（4教科1回目）	45	52.5	10	89	43	205.0/400	2.1	2.0
（4教科2回目）		52.5	5	39	13	215.6/400	3.0	1.8
（4教科3回目）		52.5	5	29	9	207.7/400	3.2	2.5
国際経済（3教科1回目）	44	52.5	20	293	62	168.8/300	4.7	4.0
（3教科2回目）		52.5	20	172	39	169.9/300	4.4	3.6
（3教科3回目）		55	15	270	63	169.2/300	4.3	4.1
（3教科英語重視1回目）	44	55	8	98	29	200.5/400	3.4	2.4
（3教科英語重視2回目）		55	8	87	25	197.1/400	3.5	2.5
（4教科）	43	50	5	16	9	207.2/400	1.8	1.9
総合政策（3教科1回目）	43	55	30	355	102	161.9/300	3.5	3.8
（3教科2回目）		55	20	260	84	164.3/300	3.1	3.4
（3教科3回目）		55	17	306	96	163.0/300	3.2	4.0
（3教科英語重視）	43	55	10	56	18	195.4/400	3.1	3.9
（3教科数学重視）	42	55	5	42	13	183.8/400	3.2	3.5
（4教科）	42	50	3	30	16	199.4/400	1.9	1.9
経済学部第2部								
経済（3教科ベスト2・1回目）	36	50	20	107	55	89.9/200	1.9	2.0
（3教科ベスト2・2回目）		50	15	111	53	88.1/200	2.1	1.8
（3教科1回目）	36	47.5	—	—	—	—	新	—

学部／学科／専攻	2023年度		2022年度実績					
	駿台予備学校	河合塾					競争率	
	合格目標ライン	ボーダー偏差値	募集人員	志願者数	合格者数	合格最低点	'22年	'21年
(3教科2回目)	36	47.5	10	65	31	128.3/300	2.1	2.4
経営学部								
経営(3教科1回目)	44	52.5	90	1,051	276	168.5/300	3.8	4.7
(3教科2回目)		52.5	25	405	99	170.4/300	4.1	5.0
(3教科3回目)		52.5	25	540	117	169.9/300	4.6	6.0
(3教科4回目)		52.5	30	668	136	169.6/300	4.9	5.3
(3教科国語重視)	43	55	10	181	37	182.2/350	4.9	4.3
(3教科数学重視)	43	55	5	97	36	182.0/350	2.7	2.4
マーケティング(3教科1回目)	43	55	45	448	93	172.0/300	4.8	4.9
(3教科2回目)		55	10	271	54	175.0/300	5.0	4.6
(3教科3回目)		55	10	313	55	174.5/300	5.7	5.6
(3教科4回目)		55	10	326	51	173.0/300	6.4	6.0
(3教科英語重視)	43	57.5	5	86	27	195.5/350	3.2	4.1
(3教科最高得点重視1回目)	44	57.5	5	139	34	225.7/400	4.1	5.2
(3教科最高得点重視2回目)		57.5	5	179	45	228.8/400	4.0	3.3
会計ファイナンス(3教科1回目)	43	52.5	30	337	86	164.8/300	3.9	4.5
(3教科2回目)		52.5	20	228	54	167.4/300	4.2	5.1
(3教科3回目)		52.5	20	245	54	164.4/300	4.5	5.0
(3教科英語重視1回目)	43	55	10	89	39	188.3/350	2.3	2.3
(3教科英語重視2回目)		55	10	72	35	190.3/350	2.1	2.6
(3教科数学重視1回目)	42	52.5	5	66	22	181.2/350	3.0	1.9
(3教科数学重視2回目)		52.5	5	61	19	180.4/350	3.2	2.8
経営学部第2部								
経営(3教科ベスト2・1回目)	36	47.5	15	169	50	103.9/200	3.4	2.0
(3教科ベスト2・2回目)		45	15	143	48	100.0/200	3.0	2.0
(3教科)	36	45	10	62	22	135.0/300	2.8	—
法学部								
法律(3教科1回目)	47	55	30	701	187	171.1/300	3.7	4.6
(3教科2回目)		55	30	411	112	169.1/300	3.7	4.5
(3教科3回目)		55	25	477	128	167.2/300	3.7	4.5
(3教科国語重視)	47	55	10	287	59	225.2/400	4.9	5.0
(3教科英語重視)	47	55	10	116	33	231.0/400	3.5	3.6
(4教科)	46	52.5	5	38	17	214.4/400	2.2	2.3
企業法(3教科1回目)	44	50	30	322	102	165.3/300	3.2	3.0
(3教科2回目)		50	30	269	93	164.0/300	2.9	2.9
(3教科3回目)		50	25	285	98	162.3/300	2.9	3.0
(3教科国語重視)	44	55	10	133	32	220.6/400	4.2	3.5
(3教科英語重視)	44	55	5	47	15	229.4/400	3.1	2.8
(4教科)	43	50	5	10	6	181.9/400	1.7	1.6
法学部第2部								
法律(3教科1回目)	36	47.5	20	91	54	130.1/300	1.7	2.0
(3教科2回目)		47.5	20	71	43	125.6/300	1.7	1.9

学部／学科／専攻	2023年度		2022年度実績					
	駿台予備学校	河合塾					競争率	
	合格目標ライン	ボーダー偏差値	募集人員	志願者数	合格者数	合格最低点	'22年	'21年
社会学部								
社会(3教科1回目)	46	57.5	25	587	112	175.0/300	5.2	4.8
(3教科2回目)		57.5	25	604	116	174.9/300	5.2	4.9
(3教科3回目)		57.5	15	435	84	175.6/300	5.2	4.9
(4教科1回目)	45	55	5	28	18	183.8/400	1.6	1.6
(4教科2回目)		55	5	27	18	188.7/400	1.5	1.4
国際社会(3教科1回目)	44	52.5	13	230	56	171.0/300	4.1	4.3
(3教科2回目)		52.5	13	175	43	173.1/300	4.1	4.5
(3教科3回目)		52.5	17	307	70	174.4/300	4.4	4.5
(3教科英語重視1回目)	44	57.5	3	63	21	229.3/400	3.0	2.5
(3教科英語重視2回目)		57.5	3	51	19	233.3/400	2.7	2.8
(3教科英語重視3回目)		57.5	3	101	38	233.6/400	2.7	2.5
(4教科)	43	52.5	5	11	9	179.4/400	1.2	1.4
メディアコミュニケーション(3教科1回目)	44	55	20	332	60	173.4/300	5.5	5.1
(3教科2回目)		55	15	239	43	173.0/300	5.6	5.1
(3教科3回目)		55	25	557	101	174.8/300	5.5	5.2
(4教科1回目)	43	52.5	5	13	9	181.9/400	1.4	—
(4教科2回目)		52.5	5	24	17	200.5/400	1.4	1.7
社会心理(3教科1回目)	44	57.5	30	433	60	175.0/300	7.2	6.2
(3教科2回目)		57.5	—	—	—	—	新	—
(3教科3回目)		57.5	30	572	81	177.8/300	7.1	6.5
(4教科1回目)	43	55	5	32	12	207.9/400	2.7	1.8
(4教科2回目)		52.5	5	37	14	220.7/400	2.6	1.8
社会学部第2部								
社会(3教科ベスト2・1回目)	35	50	9	66	30	98.8/200	2.2	2.9
(3教科ベスト2・2回目)		50	9	39	18	97.7/200	2.2	3.0
(3教科ベスト2・3回目)		50	9	63	29	97.6/200	2.2	3.0
(3教科1回目)	35	47.5	9	58	26	132.5/300	2.2	2.3
(3教科2回目)		47.5	9	32	20	137.2/300	1.6	2.3
(3教科3回目)		47.5	9	46	24	128.8/300	1.9	2.0
国際学部								
グローバル・イノベーション(3教科1回目)	43	57.5	14	199	62	169.0/300	3.2	5.8
(3教科2回目)		57.5	14	193	66	173.0/300	2.9	5.8
(3教科英語重視)	43	57.5	—	—	—	—	新	—
国際地域(3教科1回目)	43	50	16	136	55	163.0/300	2.5	3.5
(3教科2回目)		50	16	124	53	163.5/300	2.3	3.7
(3教科3回目)		50	16	222	92	167.4/300	2.4	3.3
(3教科4回目)		50	16	187	78	166.6/300	2.4	3.9
(3教科英語重視)	43	52.5	10	91	44	226.1/400	2.1	3.2
国際学部第2部								
国際地域(3教科ベスト2・1回目)	35	50	11	55	30	95.6/200	1.8	1.5
(3教科ベスト2・2回目)		50	10	46	28	92.0/200	1.6	1.7

学部／学科／専攻	2023年度		2022年度実績					
	駿台予備学校	河合塾					競争率	
	合格目標ライン	ボーダー偏差値	募集人員	志願者数	合格者数	合格最低点	'22年	'21年
国際観光学部								
国際観光（3教科1回目）	43	55	25	295	102	165.0/300	2.9	4.6
（3教科2回目）		55	25	212	74	168.1/300	2.9	4.7
（3教科3回目）		55	45	482	168	166.7/300	2.9	3.3
（3教科4回目）		55	45	398	135	165.3/300	2.9	3.4
（3教科英語重視）	42	57.5	5	84	34	225.1/400	2.5	4.4
（3教科最高得点重視）	42	57.5	5	51	16	229.5/400	3.2	6.8
（4教科1回目）	41	55	10	13	10	185.7/400	1.3	1.9
（4教科2回目）		55	10	12	10	187.6/400	1.2	—
（4教科3回目）		55	—	—	—	—	新	—
情報連携学部								
情報連携（3教科文系1回目）	41	55	5	123	13	165.9/300	9.5	4.6
（3教科文系2回目）		55	5	89	12	168.2/300	7.4	7.3
（3教科理系1回目）	41	50	20	552	87	168.2/300	6.3	3.6
（3教科理系2回目）		50	20	340	51	167.1/300	6.7	3.2
（3教科英・国・数1回目）	41	52.5	10	101	26	156.1/300	3.9	3.2
（3教科英・国・数2回目）		52.5	10	56	22	158.5/300	2.5	2.6
（3教科英・国・数3回目）		52.5	10	57	13	156.2/300	4.4	3.3
（3教科数学重視〈理系〉）	41	52.5	5	64	24	201.5/400	2.7	2.8
（3教科最高得点重視文系）	41	52.5	3	47	5	228.6/400	9.4	6.1
（3教科最高得点重視理系1回目）	41	50	10	254	82	220.7/400	3.1	3.3
（3教科最高得点重視理系2回目）		50	10	180	44	220.1/400	4.1	2.7
（4教科1回目）	40	45	5	51	26	181.1/400	2.0	1.8
（4教科2回目）		45	5	19	10	182.3/400	1.9	2.5
（4教科3回目）		45	5	20	10	181.3/400	2.0	3.3
福祉社会デザイン学部								
社会福祉（3教科1回目）	43	50	16	173	48	164.5/300	3.6	4.8
（3教科2回目）		50	11	113	32	162.6/300	3.5	4.4
（3教科3回目）		50	20	233	64	168.0/300	3.6	4.9
（3教科4回目）		50	—	—	—	—	新	—
（3教科国語重視）	43	52.5	5	55	14	211.6/400	3.9	7.2
（3教科英語重視）	43	52.5	5	43	18	219.3/400	2.4	3.8
（4教科）	42	50	5	14	11	175.6/400	1.3	1.4
子ども支援（多面的評価3科目）	39	—	—	—	—	—	新	—
（3教科1回目）	40	50	10	121	36	158.5/300	3.4	3.7
（3教科2回目）		50	10	91	36	155.2/300	2.5	3.6
（3教科3回目）		50	10	100	34	156.5/300	2.9	3.6
（3教科国語重視）	39	50	—	—	—	—	新	—
（4教科）	39	50	—	—	—	—	新	—
人間環境デザイン（3教科英・数・理）	38	52.5	17	101	27	167.1/300	3.7	4.3
（3教科英・国・地公数1回目）	38	52.5	18	197	60	157.8/300	3.3	4.4
（3教科英・国・地公数2回目）		52.5	18	112	35	162.1/300	3.2	4.9

学部／学科／専攻	2023年度 駿台予備学校 合格目標ライン	2023年度 河合塾 ボーダー偏差値	2022年度実績 募集人員	志願者数	合格者数	合格最低点	競争率 '22年	競争率 '21年
（４教科）	37	50	—	—	—	—	新	—
（実技）	36	—	10	14	10	115.0/200＊	1.4	1.7
健康スポーツ科学部								
健康スポーツ科（３教科１回目）	40	52.5	15	295	71	162.8/300	4.2	3.6
（３教科２回目）		52.5	21	201	54	160.8/300	3.7	5.1
（３教科３回目）		52.5	15	251	63	165.1/300	4.0	3.8
（３教科４回目）		52.5	10	223	53	158.3/300	4.2	3.6
（３教科英語重視１回目）	39	52.5	5	54	17	222.4/400	3.2	3.4
（３教科英語重視２回目）		52.5	5	53	16	223.9/400	3.3	3.1
（４教科）	39	47.5	5	28	14	197.9/400	2.0	2.9
栄養科（３教科文系１回目）	39	45	4	51	14	153.0/300	3.6	1.3
（３教科文系２回目）		45	4	34	13	146.7/300	2.6	—
（３教科文系３回目）		45	4	46	15	152.9/300	3.1	1.5
（３教科理系１回目）	39	45	—	—	—	—	新	—
（３教科理系２回目）		45	—	—	—	—	新	—
（３教科理系３回目）		45	4	11	5	152.3/300	2.2	1.8
理工学部								
機械工（３教科１回目）	41	47.5	30	371	145	151.1/300	2.6	2.6
（３教科２回目）		47.5	25	209	72	153.4/300	2.9	2.9
（３教科３回目）		47.5	25	231	107	150.7/300	2.2	2.5
（３教科数学重視１回目）	40	47.5	—	—	—	—	新	—
（３教科数学重視２回目）		47.5	10	44	26	194.3/400	1.7	2.3
（３教科理科重視１回目）	41	47.5	10	101	47	199.3/400	2.1	2.6
（３教科理科重視２回目）		47.5	5	60	31	203.3/400	1.9	3.2
生体医工（３教科１回目）	40	45	14	126	72	144.0/300	1.8	2.2
（３教科２回目）		45	13	67	37	142.1/300	1.8	2.7
（３教科３回目）		45	13	57	31	147.5/300	1.8	2.1
（３教科理科重視１回目）	40	45	5	27	18	188.3/400	1.5	1.9
（３教科理科重視１回目）		45	5	22	14	193.2/400	1.6	1.6
電気電子情報工（３教科１回目）	42	52.5	24	353	90	162.6/300	3.9	4.4
（３教科２回目）		52.5	14	206	45	162.0/300	4.6	4.3
（３教科３回目）		52.5	19	182	53	166.8/300	3.4	3.2
（３教科数学重視）	41	47.5	3	60	17	213.6/400	3.5	2.9
応用化（３教科１回目）	42	47.5	23	285	153	149.7/300	1.9	2.0
（３教科２回目）		47.5	22	129	73	148.3/300	1.8	2.4
（３教科３回目）		47.5	20	278	134	157.6/300	2.1	1.9
（３教科理科重視）	42	50	10	100	64	199.6/400	1.6	1.9
都市環境デザイン（３教科１回目）	40	47.5	18	244	114	149.6/300	2.1	2.5
（３教科２回目）		47.5	12	109	43	150.2/300	2.5	2.5
（３教科３回目）		47.5	15	131	48	154.4/300	2.7	2.5
（３教科数学重視）	40	50	5	56	23	205.6/400	2.4	2.9
建築（３教科１回目）	41	52.5	25	344	82	165.4/300	4.2	5.9

学部／学科／専攻	2023年度		2022年度実績					
	駿台予備学校	河合塾	募集人員	志願者数	合格者数	合格最低点	競争率	
	合格目標ライン	ボーダー偏差値					'22年	'21年
（3教科2回目）	41	52.5	11	183	44	164.9/300	4.2	6.1
（3教科3回目）		52.5	20	177	46	165.9/300	3.8	4.7
（3教科英語重視1回目）	40	52.5	5	59	20	219.3/400	3.0	4.2
（3教科英語重視2回目）		52.5	5	53	15	218.8/400	3.5	3.5
（3教科英語重視3回目）		52.5	5	35	14	219.4/400	2.5	3.2
総合情報学部								
総合情報（3教科文系1回目）	40	52.5	15	152	26	166.0/300	5.8	5.4
（3教科文系2回目）		52.5	15	115	20	168.8/300	5.8	4.2
（3教科文系3回目）		52.5	15	136	24	167.5/300	5.7	5.3
（3教科英語重視文系）	40	52.5	5	39	7	233.1/400	5.6	5.4
（3教科理系1回目）	39	52.5	20	254	37	173.4/300	6.9	6.8
（3教科理系2回目）		52.5	15	132	19	165.2/300	6.9	6.8
（3教科理系3回目）		52.5	15	174	25	176.1/300	7.0	6.7
（3教科数学重視理系）	39	50	5	69	12	227.2/400	5.8	7.4
（4教科文系）	39	50	5	15	6	201.4/400	2.5	3.0
生命科学部								
生命科（3教科1回目）	41	47.5	8	109	46	150.0/300	2.4	2.1
（3教科2回目）		47.5	8	68	29	148.4/300	2.3	2.4
（3教科3回目）		47.5	8	60	32	148.8/300	1.9	2.1
（3教科4回目）		47.5	8	63	34	157.2/300	1.9	2.1
（3教科理科重視1回目）	41	50	5	52	35	184.5/400	1.5	1.4
（3教科理科重視2回目）		50	5	33	18	192.1/400	1.8	2.3
（3教科理科重視3回目）		50	5	20	12	187.5/400	1.7	2.1
（3教科理科重視4回目）		50	5	31	19	185.7/400	1.6	1.4
応用生物科（3教科1回目）	40	50	9	85	48	144.3/300	1.8	1.3
（3教科2回目）		50	9	69	45	144.7/300	1.5	1.4
（3教科3回目）		50	9	46	20	142.6/300	2.3	1.6
（3教科4回目）		50	5	52	28	156.3/300	1.9	1.3
（3教科理科重視1回目）	40	47.5	5	27	17	180.3/400	1.6	—
（3教科理科重視2回目）		47.5	5	35	27	177.7/400	1.3	1.3
（3教科理科重視3回目）		47.5	5	14	9	168.9/400	1.6	1.3
（3教科理科重視4回目）		47.5	8	21	15	182.0/400	1.4	1.3
食環境科学部								
食環境科/フードサイエンス（3教科1回目）	41	45	7	107	28	153.8/300	3.8	1.7
（3教科2回目）		45	7	68	26	152.9/300	2.6	—
（3教科3回目）		45	7	79	25	145.9/300	3.2	1.8
（3教科4回目）		45	5	44	16	152.3/300	2.8	1.3
健康栄養（3教科1回目）	41	45	9	106	17	160.7/300	6.2	1.8
（3教科2回目）		45	8	61	14	166.6/300	4.4	—
（3教科3回目）		45	8	63	12	154.3/300	5.3	1.9
（3教科4回目）		45	—	—	—	—	新	—
（3教科理科重視1回目）	41	45	—	—	—	—	新	—

学部／学科／専攻	2023年度		2022年度実績					
	駿台予備学校	河合塾	募集人員	志願者数	合格者数	合格最低点	競争率	
	合格目標ライン	ボーダー偏差値					'22年	'21年
（3教科理科重視2回目）	**41**	**45**	10	12	6	184.8/400	2.0	1.7

- 駿台予備学校合格目標ラインは合格可能性80%に相当する駿台模試の偏差値です。　●合格最低点は偏差値換算（＊を除く）
- 河合塾ボーダー偏差値は合格可能性50%に相当する河合塾全統模試の偏差値です。
- 競争率は受験者÷合格者の実質倍率。ただし2021年度の競争率は志願者÷合格者の志願倍率

※福祉社会デザイン学部の社会福祉学科，子ども支援学科，人間環境デザイン学科の2022年度実績は，それぞれ旧社会学部社会福祉学科，旧ライフデザイン学部生活支援学科子ども支援学専攻および人間環境デザイン学科に対応しています。また，健康スポーツ科学部の健康スポーツ科学科と栄養科学科は，それぞれ旧ライフデザイン学科健康スポーツ学科，旧食環境科学部食環境学科スポーツ・食品機能専攻に対応しています。

MEMO

二松学舎大学

にしょうがくしゃ

資料請求

問合せ先 入試課 ☎03-3261-7423

建学の精神

二松学舎大学は，1877（明治10）年10月10日，漢学者であり，明治法曹界の重鎮でもあった三島中洲が，漢学塾二松学舎を創立したことに始まる。建学の精神である「己ヲ修メ人ヲ治メ一世ニ有用ナル人物ヲ養成ス（自ら考え判断し行動できる能力を鍛え，社会のために貢献する人物を養成する）」を実現するために，建学当時から，日本を知り，東洋を知ることが，世界とコミュニケーションをとる第一歩と考え，「理解（言葉で知る）」「表現（言葉で表す）」「接続（言葉で繋ぐ）」「思考（言葉で考える）」の４要素からなる「言葉の力」を身につける学びを実践。「国漢の二松学舎」の伝統を21世紀の教育研究に接続させる試みを続け，豊かでかつ鋭い読解力と表現力とで社会に向き合える「真のグローバル人材」を育むことを追求している。

- 九段キャンパス…〒102-8336　東京都千代田区三番町6-16
- 柏キャンパス……〒277-8585　千葉県柏市大井2590

基本データ

学生数▶3,030名（男1,596名，女1,434名）
専任教員数▶教授52名，准教授13名，講師9名
設置学部▶文，国際政治経済
併設教育機関▶大学院―文学（M・D），国際日本学・国際政治経済学（以上M）

就職・卒業後の進路

●**就職支援**　学内業界セミナーやインターンシップ，就職活動支援講座，公務員試験準備講座など，それぞれの志望や状況に合わせたさまざまなプログラムを数多く用意。１年次から始まる正課授業「キャリアデザイン」との連携，小規模大学ならではの強みを生かした親身で手厚い個別指導など，希望の進路実現に向けて強力にサポートしている

●**資格取得支援**　日本語検定やサービス介助士，秘書検定，MOSなど，就職に関してさまざまなシーンで活躍する資格を取得するための講座を開講。伝統と実績の教員養成をはじめ，司書，学芸員をめざす学生のための課程も設置している。

進路指導者も必見 学生を伸ばす 面倒見

初年次教育

学習方法や大学生活等を充実させるためのヒントが詰まったテキストを使用して行う「基礎ゼミナール」のほか，自校教育科目の「二松学舎入門」，ICT教育科目の「ITリテラシー」を開講

学修サポート

TA制度を導入しているほか，履修相談や学生生活を有意義に過ごすためのアドバイスが受けられるオフィスアワーを設定。また，専任教員が学生約50人を担当するアドバイザー制度も設けている

オープンキャンパス（2022年度実績） 6月と11月にミニオープンキャンパス，7月と8月（2回）にオープンキャンパスを開催（事前予約制）。学部・学科説明，入試制度説明，模擬講義，総合型選抜対策講座，進学相談など。

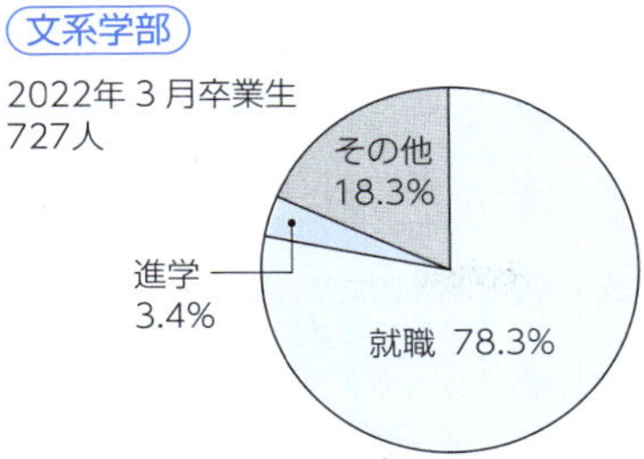

主なOB・OG▶［文］廣岡大介（オートウェーブ社長），［文］河野重陽（書道家），［文］古谷田奈月（小説家），［文］マシコタツロウ（作詞・作曲・編曲家，歌手），［文］チョー（声優），［大学院］石田ひかり（女優）など。

国際化・留学　大学間 32 大学等・部局間 5 大学

受入れ留学生数▶66名（2022年５月１日現在）
留学生の出身国・地域▶中国，台湾，韓国，ベトナム，アメリカなど。
外国人専任教員▶教授１名，准教授１名，講師０名（2022年５月１日現在）
外国人専任教員の出身国▶中国，フランス。
大学間交流協定▶32大学・機関（交換留学先10大学，2022年３月31日現在）
部局間交流協定▶５大学（2022年３月31日現在）
海外への留学生数▶渡航型２名・オンライン型14名／年（４カ国・地域，2021年度）
海外留学制度▶春・夏休みを利用した約３週間の短期海外語学研修と，休学することなく４年間で卒業することが可能な派遣留学（１年間）の，学びに合わせた２つの留学プログラムを実施。2021年９月からは，国内にいながら中国留学を体験できるプログラムもスタート。コンソーシアムはUMAPに参加。

学費・奨学金制度　給付型奨学金総額 年間約 4,500 万円

入学金▶250,000円
年間授業料（施設費等を除く）▶796,000円（詳細は巻末資料参照）
年間奨学金総額▶約45,000,000円
年間奨学金受給者数▶67人
主な奨学金制度▶「入試奨学生」は奨学生選抜入試の成績上位合格者より選抜し，当該年度の学納金相当額を給付（２年次以降は成績による審査あり）。このほか，学費の支弁が困難な２～４年次生対象の「二松学舎奨学生」，通算GPAの成績が最優秀な卒業予定者対象の「中洲賞（特待生）」などの制度を設置。

保護者向けインフォメーション

●**成績確認**　保護者ポータルがあり，成績情報を閲覧することができる。また，学内連絡や相談などもポータルを通じて行うことが可能。
●**父母懇談会**　父母会を組織し，毎年全国各地で地区別父母懇談会を開催している。機関誌「父母会報」も年４回発行。
●**防災対策**　「Campus Life」を入学時に配布。被災時の学生の安否は，アプリやSNS，メールを利用して確認するようにしている。
●**コロナ対策１**　感染状況に応じた３段階の活動基準を設定。「コロナ対策２」（下段）あり。

インターンシップ科目	必修専門ゼミ	卒業論文	GPA制度の導入の有無および活用例	１年以内の退学率	標準年限での卒業率
開講していない	全学部で１・３・４年次に実施	文学部は卒業要件	奨学金対象者の選定や退学勧告・大学院入試選抜基準，留学候補者選考，学生に対する個別の学修指導，履修上限単位数の設定に活用	1.9%	85.5%

●**コロナ対策２**　感染状況に応じてオンライン授業を併用。入構時に検温と消毒を実施するとともに，適切な換気を行い，教室の定員も調整。2023年度入学者には学修環境整備として，１人１台タブレットPCを無償貸与。

学部紹介

学部／学科	定員	特色
文学部		
国文	240	▷国文学，映像・演劇・メディア，日本語学の３専攻。さまざまな作品・表現と向かい合い，自ら発信することばを養う。
中国文	90	▷中国文学・日本漢学，中国語・韓国語，書道の３専攻。中国のみならず，日本や韓国の文化，書道も学ぶことが可能。
都市文化デザイン	50	▷コンテンツ文化，観光メディア，国際日本学の３専攻。リベラルアーツの学びから，未来の自分をデザインする。
歴史文化	60	▷日本史，欧米・アジア史，思想・文化史の３専攻。歴史学という視座から歴史と文化に関する基礎知識を体得し，その知見によって広く社会に貢献する人材を育成する。
●取得可能な資格…教職（国・地歴・社・書・中，小二種），司書，司書教諭，学芸員など。 ●進路状況…………就職79.6％　進学3.9％ ●主な就職先………筑波銀行，TOHOシネマズ，ライオン事務機，公私立学校教員，地方公務員など。		
国際政治経済学部		
国際政治経済	160	▷国際政治，国際経済，法行政の３専攻。政治，経済，法律の基礎を幅広く学び，複合的な視点で世界を読み解く。
国際経営	80	▷国際経営専攻を設置。実際の企業が抱える課題を解決することで，社会人として不可欠な実践的能力を身につける。
●取得可能な資格…教職（公・社，小二種），司書，司書教諭，学芸員など。 ●進路状況…………就職76.0％　進学2.6％ ●主な就職先………朝日信用金庫，キーエンス，星野リゾート・マネジメント，Mizkan，公務員など。		

▶キャンパス

文・国際政治経済……［九段キャンパス］東京都千代田区三番町6-16
体育の授業など……［柏キャンパス］千葉県柏市大井2590

2023年度入試要項（前年度実績）

●募集人員

学部／学科	一般S	一般A	一般B	一般G	一般D	一般C前期	一般C後期
▶文 国文・中国文・都市文化デザイン・歴史文化	30	30	30	30	10	20	10
▶国際政治経済 国際政治経済・国際経営	40	20	20	—	10	15	10

※学部一括募集。
※一般選抜Ｓ方式は入試奨学生選抜型，Ａ方式は得意科目型，Ｂ方式は文学部が国語重視型，国際政治経済学部は前期２科目型，Ｇ方式は現代文重視型，Ｄ方式は国政政治経済学部は後期１科目型，Ｃ方式は共通テスト利用。

文学部

一般選抜Ｓ方式　③科目　①国（100）▶「国総（近代）・現文Ｂ」・「国総・古典Ｂ（古文）」・「国総・古典Ｂ（漢文）」から１　②外（100）▶コミュ英Ⅰ・コミュ英Ⅱ・コミュ英Ⅲ・英表Ⅰ・英表Ⅱ　③地歴（100）▶世Ｂ・日Ｂから１

一般選抜Ａ方式　②科目　①国（100）▶「国総（近代）・現文Ｂ」・「国総・古典Ｂ（古文）」・「国総・古典Ｂ（漢文）」から１　②外・地歴（100）▶「コミュ英Ⅰ・コミュ英Ⅱ・コミュ英Ⅲ・英表Ⅰ・英表Ⅱ」・世Ｂ・日Ｂから１
※国語と選択科目の２科目のうち，高得点科目を２倍にして判定する。

一般選抜Ｂ方式・Ｇ方式　②科目　①国（100）▶国総（Ｂ方式は現文必須，古文・漢文はいずれか選択。Ｇ方式は現文）　②外・地歴（B30・G50）▶「コミュ英Ⅰ・コミュ英Ⅱ・コミュ英

キャンパスアクセス ［九段キャンパス］東京メトロ半蔵門線・東西線，都営新宿線一九段下より徒歩８分／JR総武線，東京メトロ各線，都営地下鉄各線一飯田橋・市ケ谷より徒歩15分

Ⅲ・英表Ⅰ・英表Ⅱ」・世Ｂ・日Ｂから１
一般選抜Ｄ方式　1科目　①国・外(100)▶「国総(近代)・現文Ｂ」・「コミュ英Ⅰ・コミュ英Ⅱ・コミュ英Ⅲ・英表Ⅰ・英表Ⅱ」から１
一般選抜Ｃ方式(共通テスト利用)前期
3科目　①国(300)▶国(近代必須，古文・漢文はいずれか高得点の成績を利用)　②外(200)▶英(リスニング〈100〉を含む)・独・仏・中・韓から１　③地歴・公民(100)▶世Ａ・世Ｂ・日Ａ・日Ｂ・地理Ａ・地理Ｂ・現社・倫・政経・「倫・政経」から１
[個別試験] 行わない。
一般選抜Ｃ方式(共通テスト利用)後期
3〜1科目　①②③国・外・「地歴・公民・数・理」(国・外200，地歴・公民・数・理100×2)▶国・英(リスニング〈100〉を含む)・独・仏・中・韓・「世Ａ・世Ｂ・日Ａ・日Ｂ・地理Ａ・地理Ｂ・現社・倫・政経・〈倫・政経〉・数Ⅰ・〈数Ⅰ・数Ａ〉・数Ⅱ・〈数Ⅱ・数Ｂ〉・簿・情・〈物基・化基・生基・地学基から２〉・物・化・生・地学から２」から１
[個別試験] 行わない。

国際政治経済学部

一般選抜Ｓ方式　3科目　①国(100)▶国総(近代)・現文Ｂ　②外(100)▶コミュ英Ⅰ・コミュ英Ⅱ・コミュ英Ⅲ・英表Ⅰ・英表Ⅱ　③地歴・公民・数(100)▶世Ｂ・日Ｂ・政経・「数Ⅰ・数Ａ」から１
一般選抜Ａ方式・Ｂ方式　2科目　①国(100)▶国総(近代)・現文Ｂ　②外・地歴・公民・数(A100・B50)▶「コミュ英Ⅰ・コミュ英Ⅱ・コミュ英Ⅲ・英表Ⅰ・英表Ⅱ」・世Ｂ・日Ｂ・政経・「数Ⅰ・数Ａ」から１
※Ａ方式は，②で受験した科目の得点を２倍にして判定する。
一般選抜Ｄ方式　1科目　①国・外(100)▶「国総(近代)・現文Ｂ」・「コミュ英Ⅰ・コミュ英Ⅱ・コミュ英Ⅲ・英表Ⅰ・英表Ⅱ」から１
一般選抜Ｃ方式(共通テスト利用)前期・後期
3〜2科目　①②③国・外・地歴・公民・数(前期100×3・後期100×2)▶国(近代)・「英(リスニングを含む)・独・仏・中・韓から１」・世Ａ・世Ｂ・日Ａ・日Ｂ・地理Ａ・地理Ｂ・現社・倫・政経・「倫・政経」・数Ⅰ・「数Ⅰ・数Ａ」・数Ⅱ・「数Ⅱ・数Ｂ」・簿・情から前期は外を含む３，後期は２
※外国語で英語を選択する場合，リーディング100点を80点に，リスニング100点を20点に圧縮して判定に利用する。
[個別試験] 行わない。

その他の選抜

総合型選抜は文学部110名(うち書道実技型10名)，国際政治経済学部35名を募集。ほかに学校推薦型選抜(指定校・提携校・附属校推薦)，海外教育経験者特別入試，社会人入試，外国人留学生特別入試を実施。

偏差値データ（2023年度）

●一般選抜

学部／学科	2023年度 駿台予備学校 合格目標ライン	2023年度 河合塾 ボーダー偏差値	2022年度 競争率
▶文学部			
国文(S)	46	52.5	3.5
中国文(S)		47.5	
都市文化デザイン(S)		47.5	
歴史文化(S)		50	
国文(A)	45	52.5	3.8
中国文(A)		47.5	
都市文化デザイン(A)		47.5	
歴史文化(A)		50	
国文(B)	45	52.5	3.9
中国文(B)		47.5	
都市文化デザイン(B)		47.5	
歴史文化(B)		50	
▶国際政治経済学部			
国際政治経済(S)	39	47.5	2.2
国際経営(S)		45	
国際政治経済(A)	38	45	2.1
国際経営(A)		45	
国際政治経済(B)	38	47.5	2.3
国際経営(B)		45	

- 駿台予備学校合格目標ラインは合格可能性80%に相当する駿台模試の偏差値です。
- 河合塾ボーダー偏差値は合格可能性50%に相当する河合塾全統模試の偏差値です。
- 競争率は受験者÷合格者の実質倍率

キャンパスアクセス [柏キャンパス] JR常磐線，東武野田線，東京メトロ千代田線―柏よりスクールバス20分

日本大学

資料請求

問合せ先　入学課　☎03-5275-8001

建学の精神

人文・社会・自然科学の幅広い学問領域をカバーする16学部86学科・大学院21研究科に通信教育部，短期大学部を擁する国内最大のスケールを誇る総合大学。1889（明治22）年に，時の司法大臣・山田彰義らによって日本法律学校として創立以来，常に世界的な視野と自主創造の精神で大学教育・研究をリードし続け，約123万人にも及ぶ卒業生は，政財官界や法曹，教育界，マスコミ，芸術・文化，スポーツなど社会のあらゆる分野で活躍。その成果ともいえる総合的な力を未来へ生かし続けるため，教育理念である「自主創造」を構成する「自ら学ぶ」「自ら考える」「自ら道をひらく」能力を身につけ，「日大マインド」（日本の特質を理解し伝える力。多様な価値を受容し，自己の立場・役割を認識する力。社会に貢献する姿勢）を有する者を育成する。

●キャンパス情報はP.653をご覧ください。

基本データ

学生数▶66,395名（男45,742名，女20,653名）

専任教員数▶教授1,039名，准教授617名，講師255名

設置学部▶法一部・二部，文理，経済，商，芸術，国際関係，危機管理，スポーツ科，理工，生産工，工，医，歯，松戸歯，生物資源科，薬

併設教育機関▶大学院（P.653参照）　短期大学部（P.669参照），通信教育部（P.653参照）

就職・卒業後の進路

就　職　率 **93.4**％

就職者÷希望者×100　※医・歯・松戸歯を除く

●**就職支援**　全学で約80名の就職支援スタッフを配置し，大学本部と各学部との連携により強力な支援体制を整備。「合同企業研究会・就職セミナー」をはじめ，学部の垣根を超えたプログラムを数多く開催するほか，社長として活躍する卒業生の数も，10年以上にわたってトップの座をキープし，頼もしい存在として本学の就職支援に協力している。

●**資格取得支援**　学外の専門学校と連携してバックアップしている学部もあり，各学部では，多彩な課外講座・コース科目・研究室などを設けて資格取得を支援している。

進路指導者も必見 学生を伸ばす 面倒見

初年次教育	学修サポート
日大生としてのアイデンティティ，コミュニケーションとインクルージョン，論理的・批判的思考とアウトプットを育む「自主創造の基礎」，学部を横断してグループワークを行う「N-MIX」，「情報リテラシー」などを開講	全学部でオフィスアワー，学部・学科によりTA・SA制度，教員アドバイザー制度を導入。また，文理・芸術・理工・生産工・松戸歯・生物資源科・薬の7学部で学習面における個別指導や相談に応じるセンターなどを設置

オープンキャンパス（2022年度実績）　各学部・キャンパスで独自に開催（詳細は各学部のHPで確認）。毎年11月に，日本大学会館（東京都千代田区九段南）において，全学部対象の入試相談会も行っている（予約制）。

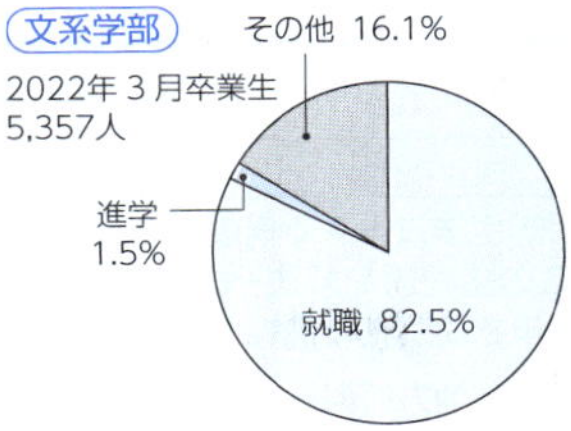

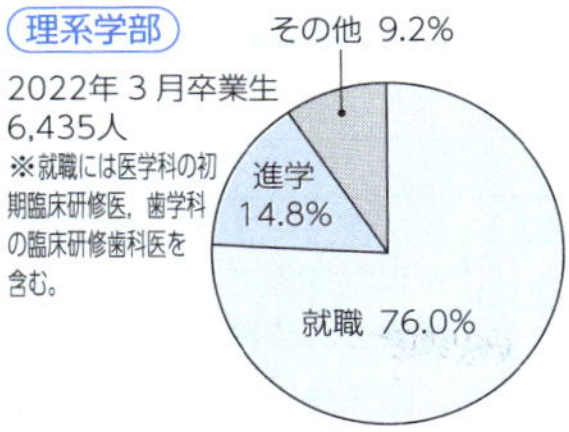

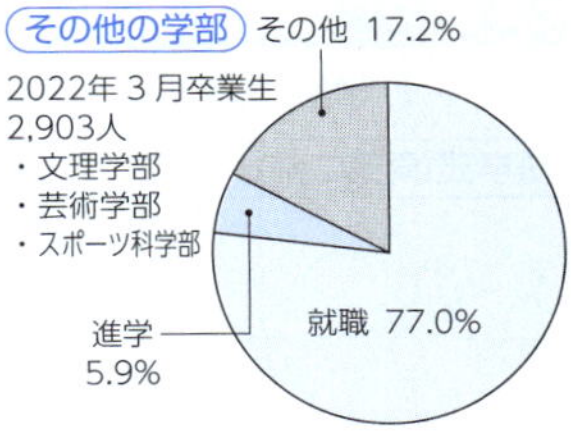

主なOB・OG▶［芸術］萩本友男（ソニー生命保険社長），［法］田中良和（グリー会長兼社長），［経済］松浦勝人（エイベックス会長），［芸術］中園ミホ（脚本家），［芸術］三谷幸喜（脚本家・演出家）など。

国際化・留学　大学間 50 大学等・部局間 98 大学等

受入れ留学生数▶1,265名（2022年５月１日現在）

留学生の出身国・地域▶中国，韓国，台湾，マレーシア，インドネシア，ベトナムなど。

外国人専任教員▶教授28名，准教授22名，講師７名（2022年５月１日現在）

外国人専任教員の出身国▶NA

大学間交流協定▶50大学・機関（交換留学先30大学，2022年９月６日現在）

部局間交流協定▶98大学・機関（交換留学先27大学，2022年９月６日現在）

海外への留学生数▶渡航型22名・オンライン型40名／年（７カ国・地域，2021年度）

海外留学制度▶全学の学生を対象とした交換留学や短期海外研修のほか，各学部でそれぞれの特色を生かした留学・研修，実習やフィールドワークなどを展開。2021年にはオーストラリアに，グローバル拠点として活用するニューカッスルキャンパスが竣工した。コンソーシアムはSAFに参加している。

学費・奨学金制度　給付型奨学金総額 年間約 7 億 5,174 万円

入学金▶260,000円（二部160,000円）～

年間授業料（施設費等を除く）▶810,000円（二部470,000円）～（詳細は巻末資料参照）

年間奨学金総額▶751,738,900円

年間奨学金受給者数▶2,637人

主な奨学金制度▶学業成績・人物ともに優秀な２年次生以上を対象にした「日本大学特待生」や「日本大学創立130周年記念奨学金」などのほか，学部独自の奨学金制度が設置され，その数は60種類を超えている。また，学費減免制度も用意されている（2021年度は５人を対象に総額で500万円を減免）。

保護者向けインフォメーション

● **オープンキャンパス**　文理・国際関係・理工・医・薬で保護者向けの説明会を実施している。

● **成績確認**　全学部で成績表などを郵送またはWeb閲覧が可能（学部により方法は異なる）。

● **面談会**　法・経済・芸術・理工・医など11学部で面談会や懇談会などを開催している。

● **就職説明**　法・文理・経済・国際関係で実施。理工で「キャリアサポートガイド」を発行。

● **保護者向けサイト**　生物資源科学部で開設。

● **防災対策**　工学部などで「防災マニュアル」を用意。国際関係学部などで災害時の安否確認を行うWebメールシステムを導入。

● **コロナ対策１**　法・文理・商・医・歯・薬でワクチンの職域接種を実施。一部の学部で行動指針を設定。「コロナ対策２」（下段）あり。

インターンシップ科目	必修専門ゼミ	卒業論文	GPA制度の導入の有無および活用例	１年以内の退学率	標準年限での卒業率
商・工・医・歯・松戸歯を除き開講	文理（社会学科を除く），芸術（学科・コースによる），危機管理，スポーツ科，理工（学科による），生産工，工，生物資源科，歯で実施	法・経・商・国際・医・歯・松戸を除き卒業要件。文理は学科による	各学部で，奨学金等対象者選定・進級判定・退学勧告・卒業判定・大学院入試選抜基準，留学候補者選考，個別の学修指導などに活用	1.4%	92.6%（４年制）82.8%（６年制）

● **コロナ対策２**　ハイフレックス教室を導入（文理）。着席トレーサビリティ（QRコード）を利用した着席位置を記録（理工）。年度初めにオンライン授業希望者からの申請を受け付け，オンデマンド受講でも出席扱い（松戸歯）。

学部紹介

学部／学科	定員	特色
法学部(同第二部)		
法律 (二部法律)	533 (200)	▷法曹コース(第一部のみ)と総合法コースで構成。法的思考と専門知識で社会やビジネスの諸問題を解決・防止する能力を養う。法曹コースは最短5年で司法試験挑戦も可能。
政治経済	350	▷国際政治経済，日本政治経済，地方行財政，政治経済理論の4コース。政治，経済，法律などを総合的に学修し，複雑な社会での複眼的視野と行動力を体得する。
新聞	200	▷自由度の高いカリキュラムでメディアの問題の把握と洞察力や思考力を獲得し，メディ業界で活躍できる人材を育成。
経営法	200	▷ビジネス法，国際法務，知的財産の3コースの学びを通じて，社会で即戦力となるスキルと判断力を修得する。
公共政策	250	▷行政職課程と公安・自治体コース，公共・公益マネジメントコースを設置。法律学を基礎に公共政策を広く学ぶ。
●取得可能な資格…教職(地歴・公・社)。 ●進路状況…………就職77.1％　進学3.2％ ●主な就職先………大林組，JCOM，小学館，東映アニメーション，東京都交通局，国土交通省など。		
文理学部		
哲	88	▷哲学・倫理学・美学・宗教学の学びから，人間が抱き続ける根源的な問いを探究し，論理的思考力と生きる力を磨く。
史	133	▷歴史から社会や人間の営みを長期的かつ複眼的に理解する視点を育み，現代の課題を根源から考察する力を養う。
国文	133	▷日本文学・日本語学の2分野を軸に学び，言葉を通して時代や社会を見つめ直す。教員免許状取得を積極的にサポート。
中国語中国文化	70	▷大きく変動する国際情勢を見据え，中国圏の文化・歴史・社会を多角的に学ぶ。中国語力をゼロから確実に修得。
英文	133	▷高い英語運用能力を身につけるとともに，英語圏の言語・文学・思想・文化などを学び，異文化への理解を深める。
ドイツ文	80	▷ドイツ語圏の文学・語学・文化を学び，世界へ広がる多角的な視野を身につける。実用的・実践的なドイツ語能力を養成。
社会	210	▷錯綜する現代社会の姿を的確にとらえる柔軟な知性と感性や，新時代を切り拓く構想力や企画力を養う。
社会福祉	60	▷社会福祉の現場に必要な知識・技術・福祉マインドを実践的に学び，これからの福祉社会を担う人材を育成する。
教育	120	▷身近にある「教育」という営みを原理的に考え，実践力を身につけ，多方面で活躍できる人材を育成する。
体育	200	▷中学・高校の保健体育教員やスポーツ指導者，研究者など，広く社会に貢献できる科学知・実践知を身につける。
心理	130	▷実践的な科目を重視したカリキュラムで，人の心を科学的に解明する手法を学ぶ。公認心理師コースを設置。
地理	80	▷自然環境や人々の暮らしから地域を知り，それぞれの課題を解決できる専門家を養成する。実践的な教育を推進。
地球科	80	▷先端技術で地球のメカニズムを解明し，自然環境と人間の未来を洞察する。豊富な演習・実験・実習で実践的に学ぶ。

キャンパスアクセス [法学部キャンパス] JR中央線・総武線，都営地下鉄三田線一水道橋より徒歩3～4分／都営地下鉄新宿線・三田線，東京メトロ半蔵門線一神保町より徒歩5分

数	73	▷専門的な科目から，応用数学や数学教育学まで幅広い分野を学び，社会で求められる思考力と応用力を修得する。
情報科	80	▷論理的思考力と自主性を身につけ，ITの力で次の未来を創造する人材を育成する。情報系資格の取得をバックアップ。
物理	70	▷科学の基礎となる物理学を学び，自然界を根本から理解する楽しさを知り，多様な分野に応用可能な基礎能力を養う。
生命科	70	▷多様な生命現象を分子から生態系のレベルまで幅広い視点から探究し，人や環境にやさしい社会の実現に貢献する。
化	90	▷資源，食料，環境など人類が抱える諸問題について化学の専門知識・技術を生かして解決策を見出す人材を育成する。

● **取得可能な資格**…教職（国・地歴・公・社・数・理・書・保体・情・英・独・中・宗，特別支援），司書，司書教諭，学芸員，測量士補，社会福祉士受験資格など。
● **進路状況**…………就職79.2%　進学6.6%
● **主な就職先**………山崎製パン，キーエンス，東日本旅客鉄道，日本生命保険，星野リゾートなど。

経済学部

経済	916	▷経済理論を学び，経済的現象を探究し，即戦力のビジネスパーソンを育成する。経済を英語で学ぶ国際コースを設置。
産業経営	450	▷産業の実態，企業戦略への理解を深め，組織運営に必要な実践的スキルを身につけた人材を育成する。
金融公共経済	200	▷経済活動をリアルタイムで実践的に学び，金融システム，公共政策の専門家を養成する。

● **取得可能な資格**…教職（地歴・公・社・商業）。
● **進路状況**…………就職85.0%　進学0.8%
● **主な就職先**………積水ハウス，ニトリ，ノジマ，明治安田生命保険，アクセンチュア，総務省など。

商学部

		▶学科の枠を越えて選択できるマーケティング，グローバル・ビジネス，金融エコノミー，マネジメント，事業創造，アカウンティング，会計専門職の７コースを設置。
商業	666	▷流通の仕組みから金融，保険，証券，マーケティングなど幅広い分野を対象に，世の中の商品やサービスについて学ぶ。
経営	350	▷組織の創設，運営を学び，ヒト，モノ，カネ，情報を管理する経営力を修得する。事例を用いた実践的な学びを展開。
会計	250	▷会計学を幅広く体系的，実践的に学修し，実践的スキルと理論を身につけた会計部門のスペシャリストを養成する。

● **取得可能な資格**…教職（商業）。
● **進路状況**…………就職83.9%　進学0.8%
● **主な就職先**………大和ハウス工業，伊藤園，成城石井，東京海上日動火災保険，東京国税局など。

芸術学部

写真	100	▷写真技術と芸術的教養・知識を身につけた，「写真」のプロフェッショナルを養成する。
映画	150	▷映像表現・理論，監督，撮影・録音，演技の４コースを設置し，それぞれの分野のスペシャリストを養成する。
美術	60	▷絵画，彫刻の２コース。人間の本質を探り，豊かな創造力で新しい芸術を創造する美術家を養成する。
音楽	90	▷作曲・理論，音楽教育，声楽，ピアノ，弦管打楽，情報音楽の６コースで，一流の音楽人を養成する。

キャンパスアクセス［文理学部キャンパス］京王線，東急世田谷線一下高井戸より徒歩８分／京王線一桜上水より徒歩８分

文芸	120	▷"書くこと，発表すること"を中心とした表現活動を通して，主体的に文芸そのものを理解し，創造力と表現力を養う。
演劇	126	▷舞台構想，演技，舞台美術，舞踊の４コース。舞台創造の力で自らの道を切り拓くプロフェッショナルを養成する。
放送	120	▷テレビ制作，ラジオ制作，映像技術，音響技術，CM，脚本，アナウンスの７専門分野別に実践的な知識や技術を修得。
デザイン	100	▷確かなデザイン力はもちろん，豊かな感性と鋭い洞察力を持ったデザイナーを養成する。

● 取得可能な資格…教職（国・音・美・工芸），司書，司書教諭，学芸員，１・２級建築士受験資格など。
● 進路状況…………就職69.1％　進学5.8％
● 主な就職先………大日本印刷，TBSスパークル，東北新社，博報堂プロダクツ，東京都特別区など。

国際関係学部

国際総合政策	383	▷国際関係・国際文化の基礎理論を学び，世界を取り巻く課題に取り組む専門知識と行動力のある人材を養成する。
国際教養	283	▷外国語学部と同レベルの言語教育で，多文化共生社会で活躍できる人材を養成する。

● 取得可能な資格…教職（英）。
● 進路状況…………就職83.9％　進学0.7％
● 主な就職先………東海旅客鉄道，鈴与商事，マックスバリュ東海，静岡銀行，静岡市消防局など。

危機管理学部

危機管理	300	▷国内外で起こる危機から社会を守る方法や制度を社会科学的視点で研究し，危機管理をリードする人材を育成する。

● 進路状況…………就職88.4％　進学0.4％
● 主な就職先………東洋水産，アイリスオーヤマ，太陽生命保険，セコム，マイナビ，防衛省など。

スポーツ科学部

競技スポーツ	300	▷アスリート，スポーツサポートの２コース。競技スポーツを多様な視点から探究し，課題を解決に導く能力を養う。

● 進路状況…………就職86.0％　進学1.4％
● 主な就職先………日本通運，日清食品ホールディングス，第一生命保険，ルネサンス，警視庁など。

理工学部

土木工	220	▷安全で豊かな社会環境を創造する理論と実践力を備えた土木技術者を養成する。卒業生の多くが土木・建設業界で活躍。
交通システム工	120	▷交通システム関連の先端技術を学び，交通の未来をつくるエンジニアを養成する。理工学部で唯一のJABEE認定学科。
建築	250	▷一級建築士をめざして，多彩な建築分野のスペシャリストのもと，「ものづくり」の楽しさや喜びを体感する。
海洋建築工	120	▷建築学の基礎知識の修得とともに，海洋・ウォーターフロントの環境への理解も深める。東京湾での海洋実習も実施。
まちづくり工	100	▷美しさ・楽しさ・安全安心を実現する，まちづくりの専門技術者を養成する。地区デザインなどを少人数で段階的に学ぶ。
機械工	160	▷講義とともに，豊富な実技科目を通して基礎工学を体験的に修得し，新たな価値を創造するエンジニアを養成する。
精密機械工	140	▷機械分野をベースに情報と電気・電子分野の知識・技術も修得し，システムに強いメカトロニクス技術者を養成する。
航空宇宙工	120	▷作って飛ばすをテーマに，航空宇宙工学実験などで高度なスキルを修得し，航空宇宙分野に貢献する技術者を養成する。

キャンパスアクセス ［経済学部キャンパス］ JR中央線・総武線，都営地下鉄三田線一水道橋より徒歩3～4分／都営地下鉄新宿線・三田線，東京メトロ半蔵門線一神保町より徒歩5分

電気工	160	▷幅広い電気の分野を横断的に学び，技術革新とグローバル化に対応できる，自由な発想を持った技術者を養成する。
電子工	100	▷次世代情報通信技術をハードウェア・ソフトウェアの両面から修得し，豊かな未来を創造する技術者を養成する。
応用情報工	100	▷情報処理，ネットワークシステム，組込みシステムの３分野を軸に学び，ソフトウェアのものづくりの楽しさを体感。
物質応用化	200	▷物質の性質や化学反応を学び，環境や生命に調和した新物質の創造と実用化への応用を見出す科学技術者を養成する。
物理	140	▷多彩な将来に対応する７つの履修モデルを参考に科目を選択し，論理的思考力と実験や観測，情報処理のスキルを養う。
数	100	▷純粋数学と情報数学を同時に学べるカリキュラムを用意。AIやIoTなど，これからの技術に対応する力も身につける。

● **取得可能な資格**…教職（数・理・技・情・工業），学芸員，測量士補，１・２級建築士受験資格など。
● **進路状況**…………就職69.1％　進学24.0％
● **主な就職先**………大成建設，凸版印刷，日立製作所，トヨタ自動車，東京地下鉄，茨城県庁など。

生産工学部

機械工	198	▷自動車，航空宇宙，ロボット・機械創造の３コース。産業の基盤を支える，ものづくりのセンスと実践力を養う。
電気電子工	176	▷エネルギーシステム，eコミュニケーションの２コース。密度の高い専門教育で，電気電子工学の最先端を学ぶ。
土木工	198	▷独自のプログラムで，自然災害の軽減，自然環境の保全，社会基盤の運用・維持，さらには事業経営も学ぶことが可能。
建築工	198	▷一級建築士受験に必要な専門知識に加え，人の居場所の構築に関連するさまざまなことも一貫したプログラムで学ぶ。
応用分子化	176	▷応用化学システム，国際化学技術者の２コース。化学と工学の力で未来を開く科学技術者を養成する。
マネジメント工	176	▷ビジネスマネジメント，経営システム，フードマネジメントの３コース。データサイエンスと経営を活用する次世代の技術者を養成する。
数理情報工	154	▷コンピュータサイエンス，シミュレーション・データサイエンス，メディアデザインの３コース。情報処理技術の理論と実務を学び，高度情報化社会に対応できる人材を育成する。
環境安全工	132	▷環境安全，環境エネルギーの２コース。持続発展可能な社会を構築する技術者を養成する。
創生デザイン	132	▷プロダクトデザイン，空間デザインの２コース。「ヒトとモノのことがわかる」デザイナーを養成する。

● **取得可能な資格**…教職（数・理・情・工業），測量士補，１・２級建築士受験資格など。
● **進路状況**…………就職78.6％　進学12.7％
● **主な就職先**………鹿島建設，TOTO，LIXIL，パナソニック，ヤマハ，Sky，東日本高速道路など。

工学部

		▶人の心と身体，地球に優しい生き方を支える「ロハス工学」を提唱し，多彩なプロジェクトを展開。
土木工	160	▷社会基盤デザイン，環境デザインの２コース。インフラ整備から環境保全まで，土木の幅広い分野を学修する。
建築	190	▷構造・材料系，計画・環境系の２領域で高い技術力と豊かな芸術性を身につけ，人々の安全で快適な暮らしを実現する。

機械工	180	▷実践的な学びで技術と創造力を養い，環境を考えたものづくりで社会を豊かにするエンジニアを養成する。
電気電子工	180	▷電子情報通信，電気エネルギーの２コース。情報工学も重視した学びで，人と環境に役立つ技術で未来に貢献する。
生命応用化	130	▷応用化学，環境化学，生命化学の３分野を体系的･横断的に学び，社会に役立つ実践力を持った科学技術者を養成する。
情報工	190	▷情報システム，情報デザインの２コース。情報に関する知識･技術を総合的に学び，人と環境に優しい社会を実現する。

● 取得可能な資格…教職(数･理･技･情･工業)，測量士補，１級建築士･２級建築士受験資格など。
● 進路状況…………就職76.2%　進学15.9%
● 主な就職先………竹中工務店，鉄建建設，ユアテック，富士ソフト，福島県庁，福島市役所など。

医学部

医	135	▷医療現場で求められる高い人間力を有する医師の育成とともに，世界へ発信できる学際的視野を持った研究者を育成するため，１～４年次にかけて一貫した医学英語教育を実施。

● 取得可能な資格…医師受験資格。
● 進路状況…………初期臨床研修医95.2%

歯学部

歯	128	▷医学的歯学の専門知識を持つ，日本の歯科医療を牽引する医療人を育成する。2022年４月から新校舎が運用開始され，隣接する付属歯科医院で先端医療に触れて学ぶことが可能。

● 取得可能な資格…歯科医師受験資格。
● 進路状況…………臨床研修歯科医69.7%

松戸歯学部

歯	128	▷歯科医学を医学の一分科ととらえる「オーラルサイエンス(口腔科学)」の学びで，人間性豊かな歯科医師を育成する。全国屈指の症例数を誇る付属病院で豊富な臨床経験が可能。

● 取得可能な資格…歯科医師受験資格。
● 進路状況…………臨床研修歯科医47.6%

生物資源科学部

		▶2023年度より大幅な組織改編を行い，９学科を新設。
バイオサイエンス	210	▷NEW! '23年新設。バイオテクノロジーで生命現象を解明し，深刻化する社会問題を解決する人材を育成する。
動物	136	▷NEW! '23年新設。多様な動物種を対象として，分子から生態系まで，“動物の謎”を解明する。
海洋生物	146	▷NEW! '23年新設。海洋環境保全と持続的発展に不可欠な知識と技術を身につけ，海と人のくらしの調和を創造する。
森林	120	▷NEW! '23年新設。森林の有効活用や自然環境の保全利用に関する課題に向き合う知識と技術を身につける。
環境	130	▷NEW! '23年新設。広い視野とグローバルな視点も備えた，人と自然の共生環境を保全･修復･創造できる人材を育成。
アグリサイエンス	140	▷NEW! '23年新設。価値の高い植物･動物性食資源の生産･供給のしくみの構築や，消費者ニーズへの対応力を養う。
食品開発	146	▷NEW! '23年新設。未来を見据えた食品の創造開発を通じて，持続可能な社会に貢献する人材を育成する。

 キャンパスアクセス [芸術学部江古田キャンパス] 西武池袋線一江古田より徒歩３分

食品ビジネス	146	▷食の世界を多様な視点から深く探究し，食品ビジネスの新たな担い手になるための企画力・プレゼン力を身につける。
国際共生	146	▷NEW!'23年新設。国際的な共生を図る力を身につけ，生物資源を国際的にマネジメントできる人材を育成する。
獣医保健看護	80	▷NEW!'23年新設。獣医師と協働して，動物の健康と福祉に貢献する愛玩動物看護師を育成する。
獣医	120	▷動物の健康維持・増進を図るとともに，人の健康と福祉に貢献できる獣医師を育成する。病気の診断・治療・予防，公衆衛生，野生動物の保護や環境保全など広い領域をカバー。
●取得可能な資格…教職(地歴・公・社・理・農・水産)，学芸員，測量士補，獣医師受験資格など。 ●進路状況…………就職81.4%　進学8.7% ●主な就職先………キユーピー，山崎製パン，理研ビタミン，ロッテ，戸田建設，農林水産省など。		
薬学部		
薬	244	▷6年制。医療人としての倫理観と高い専門性を備え，健康と医療の向上に貢献できる薬剤師を育成する。医学部や医学部付属看護専門学校との多職種連携教育を推進。
●取得可能な資格…薬剤師受験資格。 ●進路状況…………就職94.1%　進学2.2% ●主な就職先………日本イーライリリー，テルモ，シミック，新日本科学PPD，日本大学病院など。		

大学院

法学・新聞学・文学・総合基礎科学・経済学・商学・芸術学・国際関係・理工学・生産工学・工学・生物資源科学・総合社会情報(通信制)（以上M・D)，危機管理学，スポーツ科学(以上M)，医学・歯学・松戸歯学・獣医学・薬学(以上D)，法務(P)

通信教育部

法学部，文理学部，経済学部，商学部

キャンパス

法……［法学部キャンパス］東京都千代田区神田三崎町2-3-1
文理……［文理学部キャンパス］東京都世田谷区桜上水3-25-40
経済……［経済学部キャンパス］東京都千代田区神田三崎町1-3-2
商……［商学部キャンパス］東京都世田谷区砧5-2-1
芸術……［江古田キャンパス］東京都練馬区旭丘2-42-1
国際関係……［国際関係学部キャンパス］静岡県三島市文教町2-31-145（北口校舎は1-9-18）
危機管理・スポーツ科……［三軒茶屋キャンパス］東京都世田谷区下馬3-34-1
理工(交通システム工・海洋建築工・精密機械工・航空宇宙工・電子工・応用情報工1～4年次，その他の学科1年次)……［船橋キャンパス］千葉県船橋市習志野台7-24-1
理工(土木工・建築・まちづくり工・機械工・電気工・物質応用化・物理・数2～4年次)……［駿河台キャンパス］東京都千代田区神田駿河台1-8-14
生産工1年次……［実籾キャンパス］千葉県習志野市新栄2-11-1
生産工2～4年次……［津田沼キャンパス］千葉県習志野市泉町1-2-1
工……［工学部キャンパス］福島県郡山市田村町徳定字中河原1番地
医……［医学部キャンパス］東京都板橋区大谷口上町30-1
歯……［歯学部キャンパス］東京都千代田区神田駿河台1-8-13
松戸歯……［松戸歯学部キャンパス］千葉県松戸市栄町西2-870-1
生物資源科……［生物資源科学部キャンパス］神奈川県藤沢市亀井野1866
薬……［薬学部キャンパス］千葉県船橋市習志野台7-7-1

キャンパスアクセス［国際関係学部キャンパス］JR東海道新幹線・東海道本線，伊豆箱根鉄道一三島より徒歩10分（三島駅北口校舎は徒歩1分）

2023年度入試要項（前年度実績）

●募集人員

学部／学科	一般A	一般N	一般C	一般CA	公募推薦	総合型
▶法 法律	1期140 2期35	1期65 2期10	3教30 4教5	—	—	8
政治経済	1期90 2期30	1期30 2期10	3教20 4教5	—	—	8
新聞	1期40 2期10	1期15 2期10	3教20 4教5	—	—	8
経営法	1期40 2期10	1期15 2期10	3教20 4教5	—	—	8
公共政策	1期60 2期10	1期25 2期10	3教20 4教5	—	—	8
▶法二部 法律	1期20 2期20 3期15	1期20 2期10	3教10 4教5	—	—	—
▶文 哲	1期22 2期3	1期3 2期2	1期9 2期2	—	—	5
史	1期59 2期3	1期3 2期2	1期6	—	—	3
国文	1期43 2期5	1期3 2期3	1期7	—	—	6
中国語中国文化	1期20 2期2	1期2 2期2	1期2	—	—	7
英文	1期43 2期5	1期3 2期2	1期5 2期3	—	—	6
ドイツ文	1期23 2期3	1期2 2期2	1期5	—	—	5
社会	1期92 2期3	1期3 2期2	1期13	—	—	—
社会福祉	1期18 2期2	1期2 2期2	1期3	—	—	5
教育	1期47 2期3	1期3 2期3	1期7	—	—	—
体育	1期65 2期2	1期3 2期2	1期5	—	—	23
心理	1期50 2期2	1期3 2期2	1期8	—	—	—
地理	1期30 2期3	1期2 2期2	1期5	—	—	3
地球科	1期28 2期4	1期2 2期1	1期2	—	—	3
数	1期25 2期5	1期2 2期2	1期6 2期2	—	—	—
情報科	1期33 2期6	1期3 2期2	1期8	—	—	2
物理	1期25 2期6	1期3 2期2	1期8 2期2	—	—	—
生命科	1期30 2期5	1期2 2期2	1期5 2期2	—	—	—
化	1期30 2期3	1期3 2期2	1期7	—	—	4
▶経済 経済	1期175 2期50	1期90 2期40	1期3教60 1期3科22 2期13	—	—	12
産業経営	1期60 2期30	1期40 2期25	1期3教29 1期3科14 2期4	—	—	16
金融公共経済	1期35 2期15	1期20 2期10	1期3教11 1期3科9 2期4	—	—	8
▶商 商業	1期144 2期70	1期60 2期10	1期47 2期11	—	12	10
経営	1期71 2期35	1期30 2期6	1期25 2期5	—	6	6
会計	1期55 2期25	1期20 2期4	1期18 2期4	—	5	4
▶芸術 写真	19	1期3 2期2	—	—	21	40
映画	55	1期8 2期4	—	—	10	35
美術	20	1期2 2期2	—	—	2	23
音楽	20	1期5 2期6	—	—	5	42
文芸	30	1期6 2期5	—	—	17	31
演劇	42	1期3 2期3	—	—	30	20
放送	54	1期10 2期2	—	—	5	15
デザイン	20	1期2 2期2	—	—	18	23
▶国際関係 国際総合政策	1期100 2期50 3期15	1期15	1期20 2期10	—	10	30

キャンパスアクセス［三軒茶屋キャンパス（危機管理学部・スポーツ科学部）］東急田園都市線・世田谷線一三軒茶屋より徒歩10分／東急東横線一祐天寺よりバス10分

国際教養	1期80 2期40 3期13	1期10	1期15 2期5	—	5	15
危機管理 危機管理	105	1期15 2期10	—	—	—	25
スポーツ科 競技スポーツ	70	1期10 2期5	—	—	—	68
理工　土木工	30	1期22 2期5	1期35 2期2	—	—	15
交通システム工	15	1期10 2期2	1期15 2期2	—	—	15
建築	58	1期20 2期2	1期39 2期2	—	—	3
海洋建築工	15	1期10 2期2	1期15 2期2	—	—	15
まちづくり工	15	1期12 2期2	1期12 2期2	—	—	6
機械工	30	1期11 2期2	1期28 2期2	—	—	6
精密機械工	23	1期10 2期2	1期22 2期2	—	—	10
航空宇宙工	24	1期8 2期2	1期20 2期2	—	—	3
電気工	28	1期16 2期2	1期26 2期2	—	—	5
電子工	15	1期8 2期3	1期15 2期2	—	—	6
応用情報工	18	1期10 2期2	1期13 2期2	—	—	4
物質応用化	37	1期17 2期5	1期30 2期2	—	—	8
物理	22	1期12 2期2	1期24 2期2	—	—	7
数	16	1期7 2期2	1期10 2期2	—	—	12
生産工　機械工	1期36 2期22	1期18	20	7	5	21
電気電子工	1期33 2期20	1期16	18	5	4	18
土木工	1期34 2期22	1期18	20	7	5	23
建築工	1期36 2期22	1期18	20	7	5	21
応用分子化	1期33 2期20	1期16	18	5	4	18

マネジメント工	1期33 2期20	1期16	18	5	4	18
数理情報工	1期29 2期18	1期14	16	4	4	17
環境安全工	1期24 2期15	1期12	13	4	3	15
創生デザイン	1期24 2期15	1期12	13	4	3	15
工　土木工	30	1期10 2期3	3教20 4教5	15	65	10
建築	60	1期10 2期3	3教25 4教5	15		14
機械工	50	1期10 2期3	3教25 4教5	15		15
電気電子工	45	1期10 2期3	3教25 4教5	15		14
生命応用化	30	1期10 2期3	3教15 4教5	15		8
情報工	50	1期10 2期3	3教30 4教5	15		16
医　医	—	1期90 2期15	—	—	—	—
歯　歯	57	1期7 2期3	1期10 2期2	—	7	—
松戸歯　松戸歯	1期45 2期10	1期8 2期2	1期3 2期2	—	3	22
生物資源科 バイオサイエンス	1期60 2期20	1期8 2期7	—	—	10	15
動物	1期40 2期13	1期5 2期5	—	—	7	10
海洋生物	1期45 2期13	1期6 2期5	—	—	7	10
森林	1期35 2期11	1期5 2期5	—	—	4	8
環境	1期40 2期12	1期5 2期5	—	—	4	8
アグリサイエンス	1期42 2期13	1期5 2期5	—	—	5	10
食品開発	1期45 2期13	1期6 2期5	—	—	7	10
食品ビジネス	1期45 2期13	1期6 2期5	—	—	7	10
国際共生	1期45 2期13	1期6 2期5	—	—	7	10
獣医保健看護	1期25 2期7	1期3 2期2	—	—	4	5

キャンパスアクセス [理工学部船橋キャンパス] 京葉高速線（東京メトロ東西線相互乗り入れ）一船橋日大前より徒歩1分

	獣医	1期47 2期10	1期5 2期3	—	—	13	—
▶薬	薬	95	1期12 2期2	8	—	20	—

※一般A方式は個別方式。一般N方式は全学統一方式。一般C方式は共通テスト利用方式。一般CA方式は共通テスト併用方式。
※次のように略しています。教科→教，科目→科。

法学部・法学部第二部

一般選抜A方式(第1期・第2期)・N方式(第1期・第2期)　**3**科目　①**国**(100)▶国総(漢文を除く)　②**外**(100)▶コミュ英Ⅰ・コミュ英Ⅱ・コミュ英Ⅲ・英表Ⅰ・英表Ⅱ　③**地歴・公民・数**(100)▶世B・日B・地理B・政経・「数Ⅰ(A方式はデータの分析を除く)・数Ⅱ・数A・数B(確率を除く)」から1
※A方式第2期は，最高得点科目の得点を2倍にして判定する。

一般選抜A方式(第3期)　**【第二部法律学科】**
1科目　①**筆記試験**(100)▶論理的思考力，資料読解力，基礎学力等を含む

一般選抜C方式(共通テスト利用方式)〈3教科型〉　**4～3**科目　①**国**(200)▶国(漢文を除く)　②**外**(200)▶英(リスニング〈100〉を含む)　③④**地歴・公民・数・理**(100)▶世A・世B・日A・日B・地理A・地理B・現社・倫・政経・「倫・政経」・数Ⅰ・「数Ⅰ・数A」・数Ⅱ・「数Ⅱ・数B」・簿・情・「物基・化基・生基・地学基から2」・物・化・生・地学から1
[個別試験]　行わない。

一般選抜C方式(共通テスト利用方式)〈4教科型〉　**5～4**科目　①**国**(200)▶国(漢文を除く)　②**外**(200)▶英(リスニング〈100〉を含む)　③④⑤**地歴・公民・数・理**(100×2)▶「世A・世B・日A・日B・地理A・地理Bから1」・「現社・倫・政経・〈倫・政経〉から1」・「数Ⅰ・〈数Ⅰ・数A〉・数Ⅱ・〈数Ⅱ・数B〉・簿・情から1」・「〈物基・化基・生基・地学基から2〉・物・化・生・地学から1」から2
[個別試験]　行わない。

総合型選抜　**[出願資格]**　入学確約者のほか，全体の学習成績の状況が3.5以上などの要件がある経営法学科など，各学科で定められた要件あり。
[選考方法]　書類審査通過者を対象に，第二次選考で筆記試験を行う(公共政策学科は口頭試問および面接も実施)。なお，公共政策学科は，英検準1級以上などの要件に該当する者は，第一次選考ならびに第二次選考で加点する。

文理学部

一般選抜A方式(第1期・第2期)　**【哲学科・史学科・国文学科・中国語中国文化学科・英文学科・ドイツ文学科・社会学科・社会福祉学科・教育学科・体育学科・心理学科・地理学科】**
3科目　①**国**(100〈第1期の史学科のみ150〉)▶国総(現文必須，現文・古文から1問選択。ただし，国文学科は古文を選択すること)　②**外**(100)▶コミュ英Ⅰ・コミュ英Ⅱ・コミュ英Ⅲ・英表Ⅰ・英表Ⅱ　③**地歴・公民・数**(100)▶世B・日B・地理B・倫・政経・「数Ⅰ・数Ⅱ・数A・数B(確率を除く)」から1，ただし倫は第1期のみ選択可

一般選抜A方式(第1期)　**【地球科学科・生命科学科】**　**3**科目　①**外**(100)▶コミュ英Ⅰ・コミュ英Ⅱ・コミュ英Ⅲ・英表Ⅰ・英表Ⅱ　②**数**(100)▶「数Ⅰ・数Ⅱ・数A・数B(確率を除く)」・「数Ⅰ・数Ⅱ・数Ⅲ・数A・数B(確率を除く)」から1　③**理**(地球科200・生命科100)▶「物基・物」・「化基・化」・「生基・生」・「地学基・地学」から1
【数学科・情報科学科・物理学科・化学科】
3科目　①**外**(100)▶コミュ英Ⅰ・コミュ英Ⅱ・コミュ英Ⅲ・英表Ⅰ・英表Ⅱ　②**数**(数・物理200，情報科150，化100)▶数Ⅰ・数Ⅱ・数Ⅲ・数A・数B(確率を除く)　③**理**(物理・化200，数・情報科100)▶「物基・物」・「化基・化」・「生基・生」・「地学基・地学」から1

一般選抜A方式(第2期)　**【地球科学科・情報科学科・物理学科・生命科学科・化学科】**
3科目　①**外**(100)▶コミュ英Ⅰ・コミュ英Ⅱ・コミュ英Ⅲ・英表Ⅰ・英表Ⅱ　②**数**(100)▶数Ⅰ・数Ⅱ・数A・数B(確率を除く)　③**数・理**(100)▶「数Ⅰ・数Ⅱ・数Ⅲ・数A・数B(確率を除く)」・「物基・物」・「化基・化」・「生基・生」から1
【数学科】　**3**科目　①**外**(100)▶コミュ英Ⅰ・

キャンパスアクセス [理工学部駿河台キャンパス] JR中央線・総武線，東京メトロ丸ノ内線―御茶ノ水より徒歩3～5分／東京メトロ千代田線―新御茶ノ水より徒歩3分

コミュ英Ⅱ・コミュ英Ⅲ・英表Ⅰ・英表Ⅱ　②③**数**(100×2)▶「数Ⅰ・数Ⅱ・数A・数B(確率を除く)」・「数Ⅰ・数Ⅱ・数Ⅲ・数A・数B(確率を除く)」

一般選抜N方式(第1期・第2期)　**【地球科学科・数学科・情報科学科・物理学科・生命科学科・化学科】** **3**科目　①**外**(100)▶コミュ英Ⅰ・コミュ英Ⅱ・コミュ英Ⅲ・英表Ⅰ・英表Ⅱ　②**数**(100)▶数Ⅰ・数Ⅱ・数Ⅲ・数A・数B(確率を除く)　③**理**(100)▶「物基・物」・「化基・化」・「生基・生」から1

※数学科のみ，数学の得点を2倍にして判定する。

【その他の学科】 **3**科目　①**国**(100)▶国総(漢文を除く)　②**外**(100)▶コミュ英Ⅰ・コミュ英Ⅱ・コミュ英Ⅲ・英表Ⅰ・英表Ⅱ　③**地歴・公民・数**(100)▶世B・日B・地理B・政経・「数Ⅰ・数Ⅱ・数A・数B(確率を除く)」から1

※英文学科のみ，外国語の得点を2倍にして判定する。

一般選抜C方式(共通テスト利用方式)〈第1期〉　**【ドイツ文学科】** **4～3**科目　①**国**(150)▶国　②**外**(250)▶英(リスニング〈50〉を含む)・独から1　③④**地歴・公民・数・理**(100)▶世A・世B・日A・日B・地理A・地理B・現社・倫・政経・「倫・政経」・数Ⅰ・「数Ⅰ・数A」・数Ⅱ・「数Ⅱ・数B」・簿・情・「物基・化基・生基・地学基から2」・物・化・生・地学から1

[個別試験] 行わない。

【体育学科・心理学科】 **4～3**科目　①**国**(200)▶国(近代)　②**外**(200)▶英(リスニング〈40〉を含む)　③④**地歴・公民・数・理**(200)▶世A・世B・日A・日B・地理A・地理B・現社・倫・政経・「倫・政経」・数Ⅰ・「数Ⅰ・数A」・数Ⅱ・「数Ⅱ・数B」・簿・情・「物基・化基・生基・地学基から2」・物・化・生・地学から1

[個別試験] 行わない。

【地球科学科】 **3**科目　①**外**(200)▶英(リスニング〈40〉を含む)　②**理**(200)▶物・化・生・地学から1　③**国・数**(200)▶国・数Ⅰ・「数Ⅰ・数A」・数Ⅱ・「数Ⅱ・数B」から1

[個別試験] 行わない。

【数学科】 **3**科目　①**外**(100)▶英(リスニング〈20〉を含む)　②③**数**(200)▶「数Ⅰ・数A」・「数Ⅱ・数B」

[個別試験] 行わない。

【情報科学科】 **4**科目　①**外**(200)▶英(リスニング〈40〉を含む)　②③**数**(100×2)▶「数Ⅰ・数A」・「〈数Ⅱ・数B〉・情から1」　④**理**(100)▶物・化・生・地学から1

[個別試験] 行わない。

【物理学科】 **4**科目　①②**数**(200)▶「数Ⅰ・数A」・「数Ⅱ・数B」　③**理**(100)▶物・化・生・地学から1　④**国・外**(100)▶国(近代)・英(リスニング〈20〉を含む)から1

[個別試験] 行わない。

【生命科学科・化学科】 **3**科目　①**外**(100)▶英(リスニング〈20〉を含む)　②**数**(100)▶数Ⅰ・「数Ⅰ・数A」・数Ⅱ・「数Ⅱ・数B」から1　③**理**(生命科100・化200)▶物・化・生・地学から1

[個別試験] 行わない。

【その他の学科】 **4～3**科目　①**国**(哲・史・国文・中国語・社会・社会福祉・教育・地理200，英文150)▶国　②**外**(哲・史・国文・中国語・社会・社会福祉・教育・地理200，英文250)▶英(リスニング〈英文50・その他の学科40〉を含む)　③④**地歴・公民・数・理**(社会福祉・教育・地理200，その他の学科100)▶世A・世B・日A・日B・地理A・地理B・現社・倫・政経・「倫・政経」・数Ⅰ・「数Ⅰ・数A」・数Ⅱ・「数Ⅱ・数B」・簿・情・「物基・化基・生基・地学基から2」・物・化・生・地学から1

[個別試験] 行わない。

一般選抜C方式(共通テスト利用方式)〈第2期〉　**【哲学科・英文学科】** **4～3**科目　①**国**(哲学200，英文150)▶国　②**外**(哲学200，英文250)▶英(リスニング〈哲学40，英文50〉を含む)　③④**地歴・公民・数・理**(哲学200，英文100)▶世A・世B・日A・日B・地理A・地理B・現社・倫・政経・「倫・政経」・数Ⅰ・「数Ⅰ・数A」・数Ⅱ・「数Ⅱ・数B」・簿・情・「物基・化基・生基・地学基から2」・物・化・生・地学から1

[個別試験] 行わない。

【数学科・生命科学科】 それぞれ第1期と同じ

【物理学科】 **2**科目　①②**数・理**(100×2)▶「数Ⅰ・数A」・「数Ⅱ・数B」・物から2

[個別試験] 行わない。

総合型選抜　**[出願資格]** 第1志望，入学確

約者，エントリーシートを受付期間内に提出した者のほか，学科ごとに要件あり。
[選考方法] 書類審査通過者を対象に，哲学科はレポートに基づくプレゼンテーション，面接。史学科はレポート，活動実績，プレゼンテーション，面接（口頭試問）。国文学科は日本文学ないし日本語学に関する小論文，口頭試問。中国語中国文化学科は出願時に提出されたレポート，論述試験，面接（口頭試問）。英文学科は小論文（英語によるエッセイ），口頭試問。ドイツ文学科のA出願はプレゼンテーション，面接（口頭試問），B出願はドイツ語能力確認テスト（筆記），面接（日本語ならびにドイツ語，課題作文に関する口頭試問）。社会福祉学科はレポート，プレゼンテーション，グループ討議，面接。体育学科の第１期はレポート，適性検査（口頭試問），面接，第２期はレポート，プレゼンテーションおよび口頭試問，面接。地理学科はフィールドワークと調査報告書の作成，面接。地球科学科は小論文，口頭試問と面接。情報科学科はプログラミングに関する実技試験，面接（事前提出したアプリケーションに関するプレゼンテーションおよび口頭試問）。化学科は小論文，面接のほか「実験操作に関する簡単な実技」を課す場合あり。

経済学部

一般選抜A方式（第１期・第２期）・N方式（第１期） **3科目** ①**国**（100）▶国総（漢文を除く） ②**外**（100）▶コミュ英Ⅰ・コミュ英Ⅱ・コミュ英Ⅲ・英表Ⅰ・英表Ⅱ ③**地歴・公民・数**（100）▶世Ｂ・日Ｂ・地理Ｂ・政経・「数Ⅰ（A方式はデータの分析を除く）・数Ⅱ・数Ａ・数Ｂ（確率を除く）」から１，ただし地理ＢはN方式のみ選択可
※A方式において，指定された外部の英語資格・検定試験のスコアを換算基準により外国語の得点として利用することも可能。本学部の外国語の試験を受験した場合は，高得点の方を合否判定に使用する。
一般選抜N方式（第２期） **2科目** ①**外**（100）▶コミュ英Ⅰ・コミュ英Ⅱ・コミュ英Ⅲ・英表Ⅰ・英表Ⅱ ②**国・数**（100）▶国総（漢文を除く）・「数Ⅰ・数Ⅱ・数Ａ・数Ｂ（確率を除く）」から１
※経済学科国際コースを除く。
一般選抜C方式（共通テスト利用方式）〈第１期（３教科型）〉 **4～3科目** ①**国**（200）▶国 ②**外**（200）▶英（リスニング〈100〉を含む）・独・仏・中・韓から１，ただし経済学科国際コースは英必須 ③④**地歴・公民・数・理**（100）▶世Ａ・世Ｂ・日Ａ・日Ｂ・地理Ａ・地理Ｂ・現社・倫・政経・「倫・政経」・数Ⅰ・「数Ⅰ・数Ａ」・数Ⅱ・「数Ⅱ・数Ｂ」・簿・情・「物基・化基・生基・地学基から２」・物・化・生・地学から１
[個別試験] 行わない。
一般選抜C方式（共通テスト利用方式）〈第１期（３科目数学得意型）〉 **4～3科目** ①**外**（200）▶英（リスニング〈100〉を含む）・独・仏・中・韓から１，ただし経済学科国際コースは英必須 ②**数**（200）▶数Ⅰ・「数Ⅰ・数Ａ」から１ ③④**国・数・理**（100）▶国・数Ⅱ・「数Ⅱ・数Ｂ」・簿・情・「物基・化基・生基・地学基から２」・物・化・生・地学から１
[個別試験] 行わない。
一般選抜C方式（共通テスト利用方式）〈第２期〉 **3～2科目** ①**外**（200）▶英（リスニング〈100〉を含む）・独・仏から１ ②③**国・地歴・公民・数・理**（100）▶国・世Ａ・世Ｂ・日Ａ・日Ｂ・地理Ａ・地理Ｂ・現社・倫・政経・「倫・政経」・数Ⅰ・「数Ⅰ・数Ａ」・数Ⅱ・「数Ⅱ・数Ｂ」・簿・情・「物基・化基・生基・地学基から２」・物・化・生・地学から１
[個別試験] 行わない。
※経済学科国際コースを除く。
総合型選抜 **[出願資格]** 第１志望，入学確約者のほか，プレゼン型は現役，全体の学習成績の状況が3.5以上。資格取得型は１浪まで，英検２級以上や日商簿記検定２級以上合格など，指定資格取得者。
[選考方法] プレゼン型は書類審査，小論文による第一次選考通過者を対象に，プレゼンテーション（研究発表）を行う。資格取得型は書類審査，小論文Ａによる第一次選考通過者を対象に，小論文Ｂ，面接を行う。

商学部

一般選抜A方式（第１期・第２期）・N方式（第１期） **3科目** ①**国**（100）▶国総（漢文を除

キャンパスアクセス [生産工学部津田沼キャンパス] JR総武線―津田沼よりバス15分／京成本線―京成大久保より徒歩10分

く） ②外（A1期150，A2期・N1期100）▶コミュ英Ⅰ・コミュ英Ⅱ・コミュ英Ⅲ・英表Ⅰ・英表Ⅱ ③**地歴・公民・数**（100）▶世Ｂ・日Ｂ・地理Ｂ・政経・「数Ⅰ（A方式はデータの分析を除く）・数Ⅱ・数Ａ・数Ｂ（確率を除く）」から１
※A方式において，英検のスコアを換算基準により外国語の得点として利用することも可能。本学部の外国語の試験を受験した場合は，高得点の方を合否判定に使用する。

一般選抜N方式（第２期） 2科目 ①**外**（100）▶コミュ英Ⅰ・コミュ英Ⅱ・コミュ英Ⅲ・英表Ⅰ・英表Ⅱ ②**国・地歴・公民・数**（100）▶国総（漢文を除く）・世Ｂ・日Ｂ・地理Ｂ・政経・「数Ⅰ・数Ⅱ・数Ａ・数Ｂ（確率を除く）」から１

一般選抜C方式（共通テスト利用方式）〈第１期〉 4〜3科目 ①**国**（150）▶国（漢文を除く） ②**外**（250）▶英（リスニング〈100〉を含む） ③④**地歴・公民・数・理**（100）▶世Ａ・世Ｂ・日Ａ・日Ｂ・地理Ａ・地理Ｂ・現社・倫・政経・「倫・政経」・数Ⅰ・「数Ⅰ・数Ａ」・数Ⅱ・「数Ⅱ・数Ｂ」・簿・情・「物基・化基・生基・地学基から２」・物・化・生・地学から１
［個別試験］ 行わない。

一般選抜C方式（共通テスト利用方式）〈第２期〉 3〜2科目 ①**外**（250）▶英（リスニング〈100〉を含む） ②③**国・地歴・公民・数・理**（250）▶国（漢文を除く）・世Ａ・世Ｂ・日Ａ・日Ｂ・地理Ａ・地理Ｂ・現社・倫・政経・「倫・政経」・数Ⅰ・「数Ⅰ・数Ａ」・数Ⅱ・「数Ⅱ・数Ｂ」・簿・情・「物基・化基・生基・地学基から２」・物・化・生・地学から１
［個別試験］ 行わない。

学校推薦型選抜（公募制） **［出願資格］** 校長推薦，入学確約者のほか，普通科等在学生は全体の学習成績の状況が3.8以上で，外国語（英語）が4.0以上か指定された英語資格・検定試験の要件を満たす者，あるいは生徒会長などを１年間務めた実績がある者。専門・総合学科在学生は全体および外国語（英語）の学習成績の状況が4.0以上で，日商簿記検定などの指定された検定試験に合格した者。
［選考方法］ 書類審査，小論文，口頭試問。

総合型選抜 **［出願資格］** 入学確約者，全体の学習成績の状況が3.3以上の者。
［選考方法］ 書類審査，小論文による第一次選考の通過者を対象に，プレゼンテーション，面接を行う。

芸術学部

一般選抜Ａ方式 〈学力検査（全学科）〉 2科目 ①**国**（100）▶国総（漢文を除く） ②**外**（100）▶コミュ英Ⅰ・コミュ英Ⅱ・コミュ英Ⅲ
※学力検査の合計得点が60点未満の者は，総合得点が合格最低点を超えていても不合格となる。

〈学科別専門試験〉 **【写真学科】** 2科目 ①②**小論文・面接**（計200）

【映画学科】〈映像表現・理論コース／監督コース／撮影・録音コース〉 2科目 ①②**小論文・面接**（計150）

〈演技コース〉 2科目 ①②**実技**（基礎的な音声および身体表現）・**面接**（計150）

【美術学科】〈絵画コース・彫刻コース（彫刻専攻）〉 3科目 ①②③**実技・実技に関するレポート・面接**（計300）
※実技は，絵画コース（絵画専攻）は油彩・アクリル・木炭・鉛筆のいずれかを選択し，人物を描く。絵画コース（版画専攻）はデッサン（鉛筆・木炭のいずれかを選択し，静物を描く）。彫刻コース（彫刻専攻）はデッサン（鉛筆・木炭のいずれかを選択し，モノと空間を描く）。

〈彫刻コース（地域芸術専攻）〉 2科目 ①②**小論文・面接**（計300）

【音楽学科】〈作曲・理論コース（作曲専攻）／声楽コース／ピアノコース／弦管打楽コース〉 2科目 ①②**実技・面接**（計300）
※実技は，作曲・理論コース（作曲専攻）は作曲，和声または楽典，ピアノ。声楽コースは声楽（声楽曲およびコールユーブンゲン），楽典，ピアノ。ピアノコースはピアノ，楽典。弦管打楽コースはそれぞれの専攻する弦楽器・管楽器または打楽器，楽典，ピアノ。

〈作曲・理論コース（理論専攻）〉 3科目 ①②③**小論文・実技・面接**（計300）▶実技は楽典，演奏

〈音楽教育コース〉 3科目 ①②③**小論文・実技・面接**（計300）▶実技は楽典，ピアノ，声楽

〈情報音楽コース〉 2科目 ①②**口頭試問・面**

キャンパスアクセス ［工学部キャンパス］ JR東北新幹線・東北本線一郡山よりバス20分／JR東北本線一安積永盛より徒歩15分

接(計300)
※口頭試問の参考とするため，自身が演奏している映像をスマートフォン，タブレット端末，PC等で再生できるよう準備して持参。
【文芸学科】 1科目 ①**面接**(100)
※面接前にA4版１枚の自己アピール用紙に「これまで頑張ったこと。これから成し遂げたいこと。」を記入する時間を設ける。
【演劇学科】〈舞台構想コース〉 2科目 ①②**作文・面接**(計200)
〈演技コース・舞台芸術コース・舞踊コース〉 2科目 ①②**実技・面接**(計200)
※実技は，演技コースは演技，音感・リズム感。舞台芸術コースはプレゼンテーション(面接の参考資料とするため，自分の芸術活動にちなんだポートフォリオ，あるいは石膏像デッサンおよび水彩画等を持参)。舞踊コースは日舞(日本舞踊曲または日本の伝統舞踊〈郷土芸能を含む〉の実演)または洋舞(リズム運動，舞踊的身体運動およびイメージ表現)のいずれかを選択(事前選択が必要)。
【放送学科】 2科目 ①②**作文・面接**(計200)
【デザイン学科】 2科目 ①②**実技**(鉛筆によるデッサンまたはデザインプレゼンテーションのいずれかを選択)・**面接**(計300)
※実技科目は事前選択が必要。なお，面接の参考資料とするため，自作作品５点を持参すること。映像作品については，タブレット端末またはノートPC持参での発表は可。
一般選抜N方式(第１期) **【写真学科・映画学科・放送学科】** 3科目 ①**国**(100)▶国総(漢文を除く) ②**外**(100)▶コミュ英Ⅰ・コミュ英Ⅱ・コミュ英Ⅲ・英表Ⅰ・英表Ⅱ ③**地歴・公民・数・理**(100)▶世Ｂ・日Ｂ・地理Ｂ・政経・「数Ⅰ・数Ⅱ・数Ａ・数Ｂ(確率を除く)」・「物基・物」・「化基・化」・「生基・生」から１
【美術学科・デザイン学科】 2科目 ①②**外・「国・数」・「地歴・公民・数」・理**(100×2)▶「コミュ英Ⅰ・コミュ英Ⅱ・コミュ英Ⅲ・英表Ⅰ・英表Ⅱ」・「国総(漢文を除く)・〈数Ⅰ・数Ⅱ・数Ⅲ・数Ａ・数Ｂ(確率を除く)〉から１」・「世Ｂ・日Ｂ・地理Ｂ・政経・〈数Ⅰ・数Ⅱ・数Ａ・数Ｂ(確率を除く)〉から１」・「〈物基・物〉・〈化基・化〉・〈生基・生〉から１」から２
【音楽学科〈作曲・理論コース／声楽コース／ピアノコース／情報音楽コース〉・文芸学科・演劇学科】 2科目 ①**国**(100)▶国総(漢文を除く) ②**外**(100)▶コミュ英Ⅰ・コミュ英Ⅱ・コミュ英Ⅲ・英表Ⅰ・英表Ⅱ
一般選抜N方式(第２期) **【写真学科・映画学科・放送学科】** N方式第１期と同じ
【美術学科・音楽学科・文芸学科・演劇学科】 N方式第１期の音楽学科と同じ
【デザイン学科】 N方式第１期と同じ
学校推薦型選抜(公募制) **[出願資格]** 校長推薦，現役，入学確約者のほか，全体の学習成績の状況が，写真学科は3.0以上の者，または「写真甲子園」ブロック予選に出場した選手で「写真甲子園」の推薦状がある2.7以上の者など。映画・演劇・放送・デザインの４学科は，全体の学習成績の状況が3.5以上，文芸学科は4.0以上の者。美術学科は3.5以上の者，または美術・デザイン・造形に関する専門科目を24単位以上修得見込みの3.0以上の者。音楽学科は学校長が認めた音楽活動を行う4.0以上の者，または音楽の単位を６単位以上修得見込みの3.5以上の者。
[選考方法] 書類審査，面接のほか，学科・コース・専攻により，小論文(または作文)，実技，記述式の文章問題，プレゼンテーション，口頭試問などを行い，判定する。
総合型選抜 **[出願資格]** 第１志望，エントリーを経て審査を通過した者。
[選考方法] 実技や小論文，作文，面接，口頭試問など学科ごとに定められた試験を行い，総合的に判定する。

国際関係学部

一般選抜Ａ方式(第１期・第２期) 3科目 ①**国**(100)▶国総(漢文を除く) ②**外**(100)▶コミュ英Ⅰ・コミュ英Ⅱ・コミュ英Ⅲ・英表Ⅰ・英表Ⅱ ③**地歴・公民・数**(100)▶世Ｂ・日Ｂ・政経・「数Ⅰ・数Ⅱ・数Ａ・数Ｂ(確率を除く)」から１
※第２期は３科目を受験し，高得点２科目で判定する。
一般選抜Ａ方式(第３期) 2科目 ①**国**(100)▶国総(漢文を除く) ②**外**(100)▶コミュ英Ⅰ・コミュ英Ⅱ・コミュ英Ⅲ・英表Ⅰ・英表Ⅱ
一般選抜Ｎ方式(第１期) 3科目 ①**外**

キャンパスアクセス [医学部キャンパス] 東武東上線一大山より徒歩15分／JR・私鉄・地下鉄各線一池袋よりバス20分

(100) ▶コミュ英Ⅰ・コミュ英Ⅱ・コミュ英Ⅲ・英表Ⅰ・英表Ⅱ　②③**「国・数」・「地歴・公民・数」・理**(100×2) ▶「国総(漢文を除く)・〈数Ⅰ・数Ⅱ・数Ⅲ・数A・数B(確率を除く)〉から1」・「世B・日B・地理B・政経・〈数Ⅰ・数Ⅱ・数A・数B(確率を除く)〉から1」・「〈物基・物〉・〈化基・化〉・〈生基・生〉から1」から2
※外国語の得点を2倍にして判定する。

一般選抜C方式(共通テスト利用方式)〈第1期〉　**4〜3**科目　①**国**(200) ▶国　②**外**(200) ▶英(リスニング〈100〉を含む)・独・仏・中・韓から1　③④**地歴・公民・数・理**(100) ▶世A・世B・日A・日B・地理A・地理B・現社・倫・政経・「倫・政経」・数Ⅰ・「数Ⅰ・数A」・数Ⅱ・「数Ⅱ・数B」・簿・情・「物基・化基・生基・地学基から2」・物・化・生・地学から1

[個別試験] 行わない。

一般選抜C方式(共通テスト利用方式)〈第2期〉　**3〜2**科目　①**外**(200) ▶英(リスニング〈100〉を含む)・独・仏・中・韓から1　②③**国・地歴・公民・数・理**(200) ▶国・世A・世B・日A・日B・地理A・地理B・現社・倫・政経・「倫・政経」・数Ⅰ・「数Ⅰ・数A」・数Ⅱ・「数Ⅱ・数B」・簿・情・「物基・化基・生基・地学基から2」・物・化・生・地学から1

[個別試験] 行わない。

学校推薦型選抜(公募制)　**[出願資格]** 校長推薦，現役，入学確約者，全体の学習成績の状況が3.7以上のほか，英検準2級以上合格者または外国語の学習成績の状況が4.0以上の者。

[選考方法] 書類審査，小論文，面接。

総合型選抜　**[出願資格]** 第1志望のほか，海外経験・語学力活用，ディスカッション，文化・芸術・スポーツ等の3方式ごとに要件あり。

[選考方法] 書類審査のほか，海外経験・語学力活用方式と文化・芸術・スポーツ等方式は小論文，面接。ディスカッション方式はグループディスカッション。

危機管理学部

一般選抜A方式　**3**科目　①**国**(100) ▶国総(漢文を除く)　②**外**(100) ▶コミュ英Ⅰ・コミュ英Ⅱ・コミュ英Ⅲ・英表Ⅰ・英表Ⅱ　③**地歴・公民・数**(100) ▶世B・日B・政経・「数Ⅰ(データの分析を除く)・数Ⅱ・数A・数B(確率を除く)」から1

一般選抜N方式(第1期・第2期)　**2**科目　①**外**(100) ▶コミュ英Ⅰ・コミュ英Ⅱ・コミュ英Ⅲ・英表Ⅰ・英表Ⅱ　②**国・地歴・公民・数**(100) ▶国総(漢文を除く)・世B・日B・地理B・政経・「数Ⅰ・数Ⅱ・数A・数B(確率を除く)」から1
※第2期は，外国語の得点を1.5倍にして判定する。

総合型選抜　**[出願資格]** 第1志望，入学確約者。

[選考方法] 書類審査(課題レポートを含む)通過者を対象に，総合問題試験(読解と論述を含む)，グループディスカッション，口頭試問および面接(課題レポートについてのプレゼンテーションを含む)を行う。

スポーツ科学部

一般選抜A方式　**3**科目　①**国**(100) ▶国総(漢文を除く)　②**外**(100) ▶コミュ英Ⅰ・コミュ英Ⅱ・コミュ英Ⅲ・英表Ⅰ・英表Ⅱ　③**地歴・公民・数**(100) ▶世B・日B・政経・「数Ⅰ(データの分析を除く)・数Ⅱ・数A・数B(確率を除く)」から1

一般選抜N方式(第1期・第2期)　**2**科目　①**外**(100) ▶コミュ英Ⅰ・コミュ英Ⅱ・コミュ英Ⅲ・英表Ⅰ・英表Ⅱ　②**国・地歴・公民・数**(100) ▶国総(漢文を除く)・世B・日B・地理B・政経・「数Ⅰ・数Ⅱ・数A・数B(確率を除く)」から1

総合型選抜　**[出願資格]** 第1志望，入学確約者のほか，スポーツ活動あるいは運動選手の支援(マネージャー等)で顕著な活躍が認められた者など。

[選考方法] 書類審査(スポーツ活動歴を含む)通過者を対象に，課題レポート，プレゼンテーション，口頭試問および面接を行う。

理工学部

一般選抜A方式　**4〜3**科目　①**外**(100) ▶コミュ英Ⅰ・コミュ英Ⅱ・コミュ英Ⅲ・英表Ⅰ　②**数**(100) ▶数Ⅰ・数Ⅱ・数Ⅲ・数A・数B(確率を除く)　③④**理**(100) ▶「物基・物」・「化基・化」から各3題，計6題から3題選択

一般選抜N方式(第1期・第2期)　**3**科目　①

東京　日本大学

キャンパスアクセス [歯学部キャンパス] JR中央線・総武線，東京メトロ丸ノ内線―御茶ノ水より徒歩2〜5分／東京メトロ千代田線―新御茶ノ水より徒歩2分

外(100)▶コミュ英Ⅰ・コミュ英Ⅱ・コミュ英Ⅲ・英表Ⅰ・英表Ⅱ ②数(100)▶数Ⅰ・数Ⅱ・数Ⅲ・数A・数B(確率を除く) ③理(100)▶「物基・物」・「化基・化」・「生基・生」から1

一般選抜C方式(共通テスト利用方式)〈第1期〉【土木工学科・建築学科・機械工学科・航空宇宙工学科・電気工学科・電子工学科・応用情報工学科・物理学科】 3科目 ①②数(125×2)▶「数Ⅰ・数A」・「数Ⅱ・数B」 ③外・理(150)▶英(リスニング〈30〉を含む)・物・化から1

[個別試験] 行わない。

【交通システム工学科・海洋建築工学科・まちづくり工学科・精密機械工学科】 3〜2科目 ①②③国・外・数・理(200×2)▶国・英(リスニング〈40〉を含む)・「〈数Ⅰ・数A〉・〈数Ⅱ・数B〉」・「物・化・生・地学から1」から2

[個別試験] 行わない。

【物質応用化学科】 3〜2科目 ①理(200)▶物・化・生から1 ②③外・数(200)▶英(リスニング〈40〉を含む)・「〈数Ⅰ・数A〉・〈数Ⅱ・数B〉」から1

[個別試験] 行わない。

【数学科】 3科目 ①外(150)▶英(リスニング〈30〉を含む) ②③数(数Ⅰ・数A100, 数Ⅱ・数B150)▶「数Ⅰ・数A」・「数Ⅱ・数B」

[個別試験] 行わない。

一般選抜C方式(共通テスト利用方式)〈第2期〉 4科目 ①外(100)▶英(リスニング〈20〉を含む) ②③数(200)▶「数Ⅰ・数A」・「数Ⅱ・数B」 ④理(200)▶[土木工学科・建築学科・機械工学科・電気工学科・電子工学科・応用情報工学科・物質応用化学科]一物・化から1, [交通システム工学科・海洋建築工学科・まちづくり工学科・精密機械工学科・数学科]一物・化・生・地学から1, [航空宇宙工学科・物理学科]一物

[個別試験] 行わない。

総合型選抜 [出願資格] 第1志望で, 学科ごとに指定された要件を満たす者。

[選考方法] 各学科で, 書類審査のほか, 口頭試問や面接, 口頭試問を含む面接, 小論文, プレゼンテーション, 数学や理科の試験などを行う。

生産工学部

一般選抜A方式(第1期・第2期) 【機械工学科・電気電子工学科・土木工学科・建築工学科・数理情報工学科】 3科目 ①外(100)▶コミュ英Ⅰ・コミュ英Ⅱ・英表Ⅰ ②数(100)▶数Ⅰ・数Ⅱ・数Ⅲ・数A・数B(確率を除く) ③理(100)▶「物基・物」・「化基・化」から1

※第2期は3科目を受験し, 高得点2科目で判定する。

【応用分子化学科】 3科目 ①外(100)▶コミュ英Ⅰ・コミュ英Ⅱ・英表Ⅰ ②数(100)▶「数Ⅰ・数Ⅱ・数A・数B(確率を除く)」・「数Ⅰ・数Ⅱ・数Ⅲ・数A・数B(確率を除く)」から1 ③理(100)▶「物基・物」・「化基・化」・「生基・生」から1

※第2期は3科目を受験し, 高得点2科目で判定する。

【マネジメント工学科・環境安全工学科・創生デザイン学科】 3科目 ①外(100)▶コミュ英Ⅰ・コミュ英Ⅱ・英表Ⅰ ②数(100)▶「数Ⅰ・数Ⅱ・数A・数B(確率を除く)」・「数Ⅰ・数Ⅱ・数Ⅲ・数A・数B(確率を除く)」から1 ③国・理(100)▶国総(古文・漢文を除く)・「物基・物」・「化基・化」・「生基・生」から1

※第2期は3科目を受験し, 高得点2科目で判定する。

一般選抜N方式(第1期) 【機械工学科・電気電子工学科・土木工学科・建築工学科・数理情報工学科】 3科目 ①外(100)▶コミュ英Ⅰ・コミュ英Ⅱ・コミュ英Ⅲ・英表Ⅰ・英表Ⅱ ②数(100)▶数Ⅰ・数Ⅱ・数Ⅲ・数A・数B(確率を除く) ③理(100)▶「物基・物」・「化基・化」から1

【応用分子化学科】 3科目 ①外(100)▶コミュ英Ⅰ・コミュ英Ⅱ・コミュ英Ⅲ・英表Ⅰ・英表Ⅱ ②数(100)▶「数Ⅰ・数Ⅱ・数A・数B(確率を除く)」・「数Ⅰ・数Ⅱ・数Ⅲ・数A・数B(確率を除く)」から1 ③理(100)▶「物基・物」・「化基・化」・「生基・生」から1

【マネジメント工学科・環境安全工学科・創生デザイン学科】 3科目 ①外(100)▶コミュ英Ⅰ・コミュ英Ⅱ・コミュ英Ⅲ・英表Ⅰ・英表Ⅱ ②数(100)▶「数Ⅰ・数Ⅱ・数A・数B(確率を除く)」・「数Ⅰ・数Ⅱ・数Ⅲ・数A・数B(確率を

キャンパスアクセス [松戸歯学部キャンパス] JR常磐線, 東京メトロ千代田線, 新京成線一松戸よりバス15分

除く)」から１　③国・理(100)▶国総(漢文を除く)「物基・物」・「化基・化」から１，ただし国と「数Ⅰ・数Ⅱ・数Ⅲ・数Ａ・数Ｂ」の組み合わせ不可

一般選抜Ｃ方式(共通テスト利用方式)　【機械工学科・電気電子工学科・数理情報工学科】 4～3科目　①外(100)▶英(リスニング〈20〉を含む)　②数(100)▶数Ⅱ・「数Ⅱ・数Ｂ」から１　③④理(100)▶「物基・化基」・物・化から１

[個別試験]　行わない。

【土木工学科・建築工学科・マネジメント工学科・環境安全工学科・創生デザイン学科】 4～3科目　①外(100)▶英(リスニング〈20〉を含む)　②数(100)▶数Ⅰ・「数Ⅰ・数Ａ」・数Ⅱ・「数Ⅱ・数Ｂ」から１　③④国・地歴・理(100)▶国(近代)・日Ｂ・地理Ｂ・「物基・化基・生基・地学基から２」・物・化から１

[個別試験]　行わない。

【応用分子化学科】　4～3科目　①外(100)▶英(リスニング〈20〉を含む)　②数(100)▶数Ⅰ・「数Ⅰ・数Ａ」・数Ⅱ・「数Ⅱ・数Ｂ」から１　③④理(100)▶「物基・化基・生基・地学基から２」・物・化・生から１

[個別試験]　行わない。

一般選抜ＣＡ方式(共通テスト併用方式)　【機械工学科・電気電子工学科・数理情報工学科】〈共通テスト科目〉　4～3科目　①外(100)▶英(リスニング〈20〉を含む)　②数(100)▶数Ⅱ・「数Ⅱ・数Ｂ」から１　③④理(100)▶「物基・化基」・物・化から１

〈個別試験科目〉　2科目　①面接(100)　②書類審査(100)▶調査書等(全体の学習成績の状況)

【土木工学科・建築工学科・マネジメント工学科・環境安全工学科・創生デザイン学科】〈共通テスト科目〉　4～3科目　①外(100)▶英(リスニング〈20〉を含む)　②数(100)▶数Ⅰ・「数Ⅰ・数Ａ」・数Ⅱ・「数Ⅱ・数Ｂ」から１　③④国・地歴・理(100)▶国(近代)・日Ｂ・地理Ｂ・「物基・化基・生基・地学基から２」・物・化から１

〈個別試験科目〉　2科目　①面接(100)　②書類審査(100)▶調査書等(全体の学習成績の状況)

【応用分子化学科】〈共通テスト科目〉 4～3科目　①外(100)▶英(リスニング〈20〉を含む)　②数(100)▶数Ⅰ・「数Ⅰ・数Ａ」・数Ⅱ・「数Ⅱ・数Ｂ」から１　③④理(100)▶「物基・化基・生基・地学基から２」・物・化・生から１

〈個別試験科目〉　2科目　①面接(100)　②書類審査(100)▶調査書等(全体の学習成績の状況)

※CA方式の個別試験において，面接および書類審査にはそれぞれ最低基準を設け，基準に達しない場合は，総合得点が合格最低点を超えていても不合格となる。

学校推薦型選抜(公募制)　[出願資格]　校長推薦，１浪まで，入学確約者。

[選考方法]　書類審査，基礎学力検査(英・数)，面接。

総合型選抜　[出願資格]　第１志望など。

[選考方法]　書類審査，基礎学力検査(英・数)のほか，第１期は課題(口頭試問を含む)，面接(口頭試問も実施)，第２期は模擬授業，面接。

工学部

一般選抜Ａ方式　3科目　①外(100)▶コミュ英Ⅰ・コミュ英Ⅱ・英表Ⅰ　②数(100)▶数Ⅰ・数Ⅱ・数Ａ・数Ｂ(確率を除く)　③理(100)▶「物基・物」・「化基・化」・「生基・生」から１

※３科目を受験し，高得点２科目で判定する。

一般選抜Ｎ方式(第１期)　3科目　①外(100)▶コミュ英Ⅰ・コミュ英Ⅱ・コミュ英Ⅲ・英表Ⅰ・英表Ⅱ　②数(100)▶数Ⅰ・数Ⅱ・数Ⅲ・数Ａ・数Ｂ(確率を除く)　③理(100)▶「物基・物」・「化基・化」・「生基・生」から１

一般選抜Ｎ方式(第２期)　3科目　①外(100)▶コミュ英Ⅰ・コミュ英Ⅱ・コミュ英Ⅲ・英表Ⅰ・英表Ⅱ　②数(100)▶「数Ⅰ・数Ⅱ・数Ａ・数Ｂ(確率を除く)」・「数Ⅰ・数Ⅱ・数Ⅲ・数Ａ・数Ｂ(確率を除く)」から１　③理(100)▶「物基・物」・「化基・化」・「生基・生」から１

一般選抜Ｃ方式(共通テスト利用方式)〈３教科型〉　5～4科目　①②数(100×2)▶「数Ⅰ・〈数Ⅰ・数Ａ〉から１」・「数Ⅱ・〈数Ⅱ・数Ｂ〉から１」　③国・外(200)▶国・英(リスニング〈100〉を含む)から１④⑤理(100)▶「物基・

化基・生基・地学基から２」・物・化・生・地学から１
[個別試験] 行わない。
一般選抜Ｃ方式（共通テスト利用方式）〈４教科型〉 6～5科目 ①外(200)▶英(リスニング〈100〉を含む) ②③数(100×2)▶「数Ⅰ・〈数Ⅰ・数Ａ〉から１」・「数Ⅱ・〈数Ⅱ・数Ｂ〉から１」 ④国・地歴・公民(100)▶国・世Ａ・世Ｂ・日Ａ・日Ｂ・地理Ａ・地理Ｂ・現社・倫・政経・「倫・政経」から１ ⑤⑥理(200)▶「物基・化基・生基・地学基から２」・物・化・生・地学から１
[個別試験] 行わない。
一般選抜CA方式（共通テスト併用方式） 〈共通テスト科目〉 2～1科目 ①②国・外・理(200)▶国・英（リスニング〈100〉を含む）・「物基・化基・生基・地学基から２」・物・化・生・地学から１
〈個別試験科目〉 1科目 ①数(200)▶数Ⅰ・数Ⅱ・数Ａ・数Ｂ（確率を除く）
学校推薦型選抜（公募制） [出願資格] 校長推薦，１浪まで，全体の学習成績の状況が3.0以上。
[選考方法] 書類審査，小論文，面接。
総合型選抜 [出願資格] 第１志望など。
[選考方法] 書類審査，面接のほか，第１期は事前レポート，模擬授業（課題解答を含む）。第２期はプレゼンテーション，口頭試問。

医学部

一般選抜Ｎ方式（第１期・第２期） 〈一次試験〉 4科目 ①外(100)▶コミュ英Ⅰ・コミュ英Ⅱ・コミュ英Ⅲ・英表Ⅰ・英表Ⅱ ②数(100)▶数Ⅰ・数Ⅱ・数Ⅲ・数Ａ・数Ｂ（確率を除く） ③④理(100×2)▶「物基・物」・「化基・化」・「生基・生」から２
〈二次試験〉 3科目 ①外(60)▶コミュ英Ⅰ・コミュ英Ⅱ・コミュ英Ⅲ・英表Ⅰ・英表Ⅱ ②数(60)▶数Ⅰ・数Ⅱ・数Ⅲ・数Ａ・数Ｂ（確率を除く） ※記述式 ③面接(60)
※一般選抜における主体性等の評価について，インターネット出願サイトのマイページに入力した内容を面接時の参考資料として活用。
※必要と認めた者に対しては健康診断を行う。

歯学部

一般選抜Ａ方式 5科目 ①外(100)▶コミュ英Ⅰ・コミュ英Ⅱ・コミュ英Ⅲ ②数(100)▶数Ⅰ・数Ⅱ ③理(100)▶「物基・物」・「化基・化」・「生基・生」から１ ④小論文(50) ⑤面接(30)
※必要と認めた者に対しては健康診断を行う。
※小論文および面接にはそれぞれ最低基準を設け，基準に達しない場合は，総合得点が合格最低点を超えていても不合格となる。
一般選抜Ｎ方式（第１期・第２期） 3科目 ①外(100)▶コミュ英Ⅰ・コミュ英Ⅱ・コミュ英Ⅲ・英表Ⅰ・英表Ⅱ ②数(100)▶数Ⅰ・数Ⅱ・数Ａ・数Ｂ（確率を除く） ③理(100)▶「物基・物」・「化基・化」・「生基・生」から１
一般選抜Ｃ方式（共通テスト利用方式）〈第１期〉 3科目 ①国(100)▶国（近代） ②外(100)▶英（リスニングを除く） ③理(100)▶物・化・生から１
[個別試験] 行わない。
一般選抜Ｃ方式（共通テスト利用方式）〈第２期〉 2科目 ①外(100)▶英（リスニングを除く） ②理(100)▶物・化・生から１
[個別試験] 行わない。
※Ｃ方式は第１期・２期とも，必要と認めた場合，健康診断書を提出する。
学校推薦型選抜（公募制） [出願資格] 校長推薦，１浪まで，入学確約者。
[選考方法] 書類審査，適性試験，小論文，面接。

松戸歯学部

一般選抜Ａ方式（第１期・第２期） 4科目 ①外(100)▶コミュ英Ⅰ・コミュ英Ⅱ・コミュ英Ⅲ ②数・理(100)▶「数Ⅰ・数Ⅱ」・「物基・物」・「化基・化」・「生基・生」から１ ③小論文(50) ④面接(50)
※必要と認めた者に対しては健康診断を行う。
※小論文および面接にはそれぞれ最低基準を設け，基準に達しない場合は，総合得点が合格最低点を超えていても不合格となる。
一般選抜Ｎ方式（第１期・第２期） 2科目 ①外(100)▶コミュ英Ⅰ・コミュ英Ⅱ・コミュ英Ⅲ・英表Ⅰ・英表Ⅱ ②数・理(100)▶「数Ⅰ・数

キャンパスアクセス [薬学部キャンパス] 京葉高速線（東京メトロ東西線相互相互乗り入れ）一船橋日大前より徒歩7分

Ⅱ・数Ａ・数Ｂ（確率を除く）」・「物基・物」・「化基・化」・「生基・生」から１

一般選抜Ｃ方式（共通テスト利用方式）〈第１期〉 **3**科目 ①**国**(100) ▶国（近代） ②**外**(100) ▶英（リスニングを除く） ③**理**(100) ▶物・化・生から１

［個別試験］ 行わない。

一般選抜Ｃ方式（共通テスト利用方式）〈第２期〉 **4**科目 ①**外**(100) ▶英（リスニングを除く） ②③**数**(50×2) ▶「数Ⅰ・〈数Ⅰ・数Ａ〉から１」・「数Ⅱ・〈数Ⅱ・数Ｂ〉から１」 ④**理**(100) ▶物・化・生から１

［個別試験］ 行わない。

※Ｃ方式は第１期・２期とも，必要と認めた場合，健康診断書を提出する。

学校推薦型選抜（公募制） ［出願資格］ 校長推薦，普通科・理数科（本学がこれに準じると認めた学科を含む）の現役，入学確約者。

［選考方法］ 書類審査，学力検査，小論文，面接。

総合型選抜 ［出願資格］ 第１志望，入学確約者など。

［選考方法］ 書類審査，学力検査，小論文，面接。

生物資源科学部

一般選抜Ａ方式（第１期・第２期） **【食品ビジネス学科・国際共生学科】** **3**科目 ①**外**(100) ▶コミュ英Ⅰ・コミュ英Ⅱ・コミュ英Ⅲ・英表Ⅰ・英表Ⅱ ②③**国・「地歴・公民」・数・理**(100×2) ▶国総（漢文を除く）・「世Ｂ・日Ｂ・地理Ｂ・政経から１」・「数Ⅰ・数Ⅱ・数Ａ・数Ｂ（確率を除く）」・「〈物基・物〉・〈化基・化〉・〈生基・生〉から１」から２

【獣医学科】 **3**科目 ①**外**(100) ▶コミュ英Ⅰ・コミュ英Ⅱ・コミュ英Ⅲ・英表Ⅰ・英表Ⅱ ②**数**(100) ▶数Ⅰ・数Ⅱ・数Ａ・数Ｂ（確率を除く） ③**理**(100) ▶「物基・物」・「化基・化」・「生基・生」から１

【その他の学科】 **3**科目 ①**外**(100) ▶コミュ英Ⅰ・コミュ英Ⅱ・コミュ英Ⅲ・英表Ⅰ・英表Ⅱ ②**国・数**(100) ▶国総（漢文を除く）・「数Ⅰ・数Ⅱ・数Ａ・数Ｂ（確率を除く）」から１ ③**理**(100) ▶「物基・物」・「化基・化」・「生基・生」から１

一般選抜Ｎ方式（第１期） **【食品ビジネス学科・国際共生学科】** **3**科目 ①**外**(100) ▶コミュ英Ⅰ・コミュ英Ⅱ・コミュ英Ⅲ・英表Ⅰ・英表Ⅱ ②③**国・「地歴・公民・数」・理**(100×2) ▶国総（漢文を除く）・「世Ｂ・日Ｂ・地理Ｂ・政経・〈数Ⅰ・数Ⅱ・数Ａ・数Ｂ（確率を除く）〉から１」・「〈物基・物〉・〈化基・化〉・〈生基・生〉から１」から２

【獣医学科】 **3**科目 ①**外**(100) ▶コミュ英Ⅰ・コミュ英Ⅱ・コミュ英Ⅲ・英表Ⅰ・英表Ⅱ ②**数**(100) ▶数Ⅰ・数Ⅱ・数Ａ・数Ｂ（確率を除く） ③**理**(100) ▶「物基・物」・「化基・化」・「生基・生」から１

【その他の学科】 **3**科目 ①**外**(100) ▶コミュ英Ⅰ・コミュ英Ⅱ・コミュ英Ⅲ・英表Ⅰ・英表Ⅱ ②**国・数**(100) ▶国総（漢文を除く）・「数Ⅰ・数Ⅱ・数Ａ・数Ｂ（確率を除く）」から１ ③**理**(100) ▶「物基・物」・「化基・化」・「生基・生」から１

一般選抜Ｎ方式（第２期） **【食品ビジネス学科・国際共生学科】** **2**科目 ①**外**(100) ▶コミュ英Ⅰ・コミュ英Ⅱ・コミュ英Ⅲ・英表Ⅰ・英表Ⅱ ②**国・地歴・公民・数・理**(100) ▶国総（漢文を除く）・世Ｂ・日Ｂ・地理Ｂ・政経・「数Ⅰ・数Ⅱ・数Ａ・数Ｂ（確率を除く）」・「物基・物」・「化基・化」・「生基・生」から１

【獣医学科】 Ｎ方式第１期と同じ

【その他の学科】 **2**科目 ①**外**(100) ▶コミュ英Ⅰ・コミュ英Ⅱ・コミュ英Ⅲ・英表Ⅰ・英表Ⅱ ②**理**(100) ▶「物基・物」・「化基・化」・「生基・生」から１

学校推薦型選抜（公募制） ［出願資格］ 第１志望，校長推薦，１浪まで。

［選考方法］ 書類審査，確認テスト（国・英・数から２科目選択），面接。

総合型選抜 ［出願資格］ 第１志望など。

［選考方法］ 書類審査通過者を対象に，実験・実習・演習（第一次選考の小論文課題に関する内容），口述試験・プレゼンテーションを行い，総合的に判定する。

薬学部

一般選抜Ａ方式 **3**科目 ①**外**(100) ▶コミュ英Ⅰ・コミュ英Ⅱ・英表Ⅰ・英表Ⅱ ②**数**(100) ▶数Ⅰ・数Ⅱ・数Ａ・数Ｂ（確率を除く）

③理(100) ▶化基・化

一般選抜N方式(第１期・第２期) 3科目 ①外(100) ▶コミュ英Ⅰ・コミュ英Ⅱ・コミュ英Ⅲ・英表Ⅰ・英表Ⅱ ②数(100) ▶数Ⅰ・数Ⅱ・数A・数B(確率を除く) ③理(100) ▶「化基・化」・「生基・生」から１

一般選抜C方式(共通テスト利用方式) 4科目 ①外(200) ▶英(リスニング〈100〉を含む) ②③数(200) ▶「数Ⅰ・数A」・「数Ⅱ・数B」 ④理(200) ▶化

[個別試験] 行わない。

学校推薦型選抜(公募制) [出願資格] 校長推薦，１浪まで，入学確約者，全体の学習成績の状況が3.5以上。

[選考方法] 書類審査，基礎学力検査(「コミュ英Ⅰ・コミュ英Ⅱ・英表Ⅰ・英表Ⅱ」・「化基・化(高分子を除く)」)，面接。

その他の選抜

医学部地域枠選抜(新潟県・茨城県・静岡県・埼玉県・神奈川県)，学校推薦型選抜(指定校制，日本大学競技部)，校友子女選抜，帰国生選抜，法学部第二部社会人選抜，外国人留学生選抜。

偏差値データ (2023年度)

●一般選抜A方式 ※医学部のみN方式

学部／学科	2023年度 駿台予備学校 合格目標ライン	2023年度 河合塾 ボーダー偏差値	2022年度実績 募集人員	受験者数	合格者数	合格最低点	競争率 '22年	競争率 '21年
法学部								
法律(A１期)	48	52.5	140	1,406	493	166.0/300	2.9	2.9
政治経済(A１期)	47	50	90	472	183	157.0/300	2.6	2.7
新聞(A１期)	46	50	40	324	119	155.3/300	2.7	2.6
経営法(A１期)	45	50	40	420	107	156.0/300	3.9	2.6
公共政策(A１期)	46	50	60	291	105	157.0/300	2.8	2.7
法学部第二部								
法律(A１期)	37	47.5	20	66	33	151.0/300	2.0	2.6
文理学部								
哲(A１期)	44	52.5	22	243	120	168.9/300	2.0	2.5
史(A１期)	48	52.5	59	571	250	208.2/350	2.3	2.1
国文(A１期)	46	52.5	45	464	241	168.9/300	1.9	2.0
中国語中国文化(A１期)	43	50	20	168	54	165.9/300	3.1	1.8
英文(A１期)	46	50	43	406	213	167.2/300	1.9	1.8
ドイツ文(A１期)	43	47.5	23	133	89	147.1/300	1.5	1.9
社会(A１期)	47	50	92	1,098	406	182.6/300	2.7	2.1
社会福祉(A１期)	44	50	20	204	90	162.1/300	2.3	2.2
教育(A１期)	47	50	52	495	221	168.9/300	2.2	2.1
体育(A１期)	42	47.5	65	396	155	166.1/300	2.6	2.3
心理(A１期)	47	52.5	50	727	190	189.0/300	3.8	3.2
地理(A１期)	44	50	30	221	110	160.5/300	2.0	2.0
地球科(A１期)	45	47.5	30	253	91	224.0/400	2.8	2.0
数(A１期)	43	47.5	25	247	112	262.3/400	2.2	2.8
情報科(A１期)	44	47.5	33	348	100	231.6/350	3.5	3.6

学部／学科	2023年度 駿台予備学校 合格目標ライン	2023年度 河合塾 ボーダー偏差値	2022年度実績 募集人員	受験者数	合格者数	合格最低点	競争率 '22年	競争率 '21年
物理（A 1期）	**42**	**47.5**	25	161	116	255.0/500	1.4	1.9
生命科（A 1期）	**43**	**47.5**	30	235	117	144.2/300	2.0	2.0
化（A 1期）	**44**	**47.5**	30	197	121	211.4/400	1.6	1.9
経済学部								
経済（A 1期）	**47**	**52.5**	175	3,679	1,448	159.01/300	2.5	2.5
産業経営（A 1期）	**45**	**50**	60	805	336	157.70/300	2.4	3.0
金融公共経済（A 1期）	**45**	**52.5**	35	259	111	154.00/300	2.3	2.5
商学部								
商業（A 1期）	**46**	**50**	140	1,252	520	200.9/350	2.4	2.0
経営（A 1期）	**46**	**50**	75	749	233	208.2/350	3.2	2.4
会計（A 1期）	**45**	**50**	55	330	152	191.0/350	2.2	2.1
芸術学部								
写真（A）	**41**	**42.5**	30	46	34	244/400	1.4	1.9
映画（A）	**43**	**50**	62	284	85	221～233/350	3.3	2.8
美術（A）	**41**	**42.5**	20	74	46	283～322/500	1.6	1.6
音楽（A）	**41**	**50**	33	85	35	303～383/500	2.4	2.0
文芸（A）	**42**	**47.5**	35	113	38	190/300	3.0	2.0
演劇（A）	**42**	**52.5**	43	170	56	214～257/400	3.0	3.2
放送（A）	**43**	**47.5**	57	160	72	212/400	2.2	3.3
デザイン（A）	**41**	**47.5**	20	114	51	354/500	2.2	1.9
国際関係学部								
国際総合政策（A 1期）	**44**	**45**	105	156	115	147/300	1.4	1.4
国際教養（A 1期）	**45**	**45**	88	155	122	145/300	1.3	1.3
危機管理学部								
危機管理（A）	**43**	**45**	110	845	371	153.0/300	2.3	2.3
スポーツ科学部								
競技スポーツ（A）	**41**	**42.5**	70	348	204	144.1/300	1.7	1.5
理工学部								
土木工（A）	**41**	**42.5**	26	282	135	140.0/300	2.1	2.4
交通システム工（A）	**42**	**45**	15	91	49	115.3/300	1.9	2.7
建築（A）	**46**	**52.5**	58	1,127	262	211.0/300	4.3	5.4
海洋建築工（A）	**42**	**50**	15	141	38	191.0/300	3.7	2.6
まちづくり工（A）	**43**	**47.5**	15	161	40	193.0/300	4.0	5.1
機械工（A）	**44**	**47.5**	30	459	186	159.0/300	2.5	3.1
精密機械工（A）	**42**	**42.5**	23	256	134	138.0/300	1.9	2.6
航空宇宙工（A）	**47**	**47.5**	24	211	103	151.3/300	2.0	3.5
電気工（A）	**42**	**45**	30	348	202	133.0/300	1.7	2.9
電子工（A）	**43**	**45**	15	300	122	163.7/300	2.5	3.0
応用情報工（A）	**46**	**52.5**	17	509	78	209.7/300	6.5	8.2
物質応用化（A）	**45**	**47.5**	37	490	192	172.3/300	2.6	2.9
物理（A）	**44**	**47.5**	22	403	217	163.3/300	1.9	3.0
数（A）	**45**	**50**	18	421	99	200.7/300	4.3	3.6

学部／学科	2023年度		2022年度実績					
	駿台予備学校 合格目標ライン	河合塾 ボーダー偏差値	募集人員	受験者数	合格者数	合格最低点	競争率 '22年	競争率 '21年
生産工学部								
機械工（A１期）	40	40	36	272	226	117.99/300	1.2	1.5
電気電子工（A１期）	39	40	33	269	169	130.25/300	1.6	1.8
土木工（A１期）	37	40	36	130	119	102.49/300	1.1	1.1
建築工（A１期）	40	42.5	36	191	98	150.70/300	1.9	2.4
応用分子化（A１期）	40	40	33	153	132	119.39/300	1.2	1.1
マネジメント工（A１期）	38	42.5	33	141	109	132.75/300	1.3	1.2
数理情報工（A１期）	40	42.5	29	285	112	169.29/300	2.5	2.4
環境安全工（A１期）	38	40	24	99	73	129.76/300	1.4	1.5
創生デザイン（A１期）	40	42.5	24	162	74	167.04/300	2.2	1.7
工学部								
土木工（A）	42	42.5	30	35	24	113.1~120.6/200	1.5	2.0
建築（A）	44	45	60	184	62	143.2~143.5/200	3.0	3.7
機械工（A）	44	40	50	184	135	107.6~108.0/200	1.4	1.3
電気電子工（A）	43	40	45	186	109	117.6/200	1.7	1.2
生命応用化（A）	43	40	30	108	98	91.8~92.9/200	1.1	1.1
情報工（A）	44	42.5	50	324	154	134.0~134.5/200	2.1	3.1
医学部								
医（N１期）	57	67.5	90	1,772	226	354.56/580	7.8	22.3
歯学部								
歯（A）	46	47.5	57	250	138	227.0/380	1.8	1.7
松戸歯学部								
歯（A１期）	43	42.5	45	123	119	113.0/300	1.0	1.1
生物資源科学部								
バイオサイエンス（A１期）	44	45	—	—	—	—	新	—
動物（A１期）	44	42.5	—	—	—	—	新	—
海洋生物（A１期）	44	50	—	—	—	—	新	—
森林（A１期）	44	37.5	—	—	—	—	新	—
環境（A１期）	43	40	—	—	—	—	新	—
アグリサイエンス（A１期）	45	45	—	—	—	—	新	—
食品開発（A１期）	44	42.5	—	—	—	—	新	—
食品ビジネス（A１期）	43	47.5	49	155	81	145.72/300	1.9	1.8
国際共生（A１期）	43	42.5	—	—	—	—	新	—
獣医保健看護（A１期）	43	47.5	—	—	—	—	新	—
獣医（A１期）	56	57.5	42	604	113	184.84/300	5.3	4.7
薬学部								
薬（A）	45	50	100	557	320	145.8/300	1.7	2.0

●駿台予備学校合格目標ラインは合格可能性80%に相当する駿台模試の偏差値です。　●競争率は受験者÷合格者の実質倍率
●河合塾ボーダー偏差値は合格可能性50%に相当する河合塾全統模試の偏差値です。
※法･文理･経済･危機管理･スポーツ科･生産工･工･医･歯･生物資源科･薬の11学部の合格最低点は，標準化得点で算出しています。その他は素点です。ただし，法学部は合格基準点を表示しています。
※合格者に第二志望合格者は含まれていません。

併設の教育機関　短期大学

日本大学短期大学部

問合せ先　入学課
☎03-5275-8001
所在地　[三島キャンパス]
静岡県三島市文教町2-31-145
[船橋キャンパス]
千葉県船橋市習志野台7-24-1

学生数▶732名（男423名，女309名）
教員数▶教授18名，准教授13名，講師２名

設置学科

●**ビジネス教養学科**（100，三島）ビジネスで役立つ広い教養と外国語運用能力，コミュニケーション能力などを身につける。４年制大学への編入学も強力にサポート。

●**食物栄養学科**（100，三島）食と栄養の専門知識・技術を身につけ，卒業と同時に栄養士資格を取得。

●**建築・生活デザイン学科**（110，船橋）建築・インテリアから都市・景観まで，技術と芸術が融合した生活空間を学ぶ。卒業生の約８割が４年制大学へ編入学。

●**ものづくり・サイエンス総合学科**（70，船橋）７つの理工系専門分野から主専攻を選び，少人数教育で知識・技術を着実に修得する。卒業生の約９割が４年制大学へ編入学。

卒業後の進路

2022年３月卒業生▶347名
就職83名，大学編入学202名（うち他大学18名），その他62名

日本医科大学

にほんいか

問合せ先 アドミッションセンター　☎03-3822-2131（代）

建学の精神

1876（明治９）年創立の「済生学舎」を前身とする日本医科大学は，私立の医学教育機関の中で最も長い歴史を誇る。「済生救民（貧しく病で苦しむ人々を救う）」を建学の精神とし，黄熱病の研究で知られる野口英世や第二次世界大戦後にドイツでチフス治療に奔走した肥沼信次をはじめ，これまで１万人以上の医師・医学者を輩出。医師不足が顕著だった明治時代の一時期，日本の医師の半数以上を占めていたこともあった。これら多くの卒業生が，「己に克ち，広く人々のために尽くす」ことを意味する学是「克己殉公」を実践。今も校風として着実に受け継がれ，教育理念である「愛と研究心を有する質の高い医師と医学者の育成」のもと，これからも病気だけでなく患者さんやその家族の心を診て癒やすことのできる「真の医療人」を社会に送り出していく。

- 千駄木校舎……〒113-8602　東京都文京区千駄木1-1-5
- 武蔵境校舎……〒180-0023　東京都武蔵野市境南町1-7-1

基本データ

学生数▶748名（男434名，女314名）
専任教員数▶教授63名，准教授118名，講師126名
設置学部▶医
併設教育機関▶大学院―医学（D）

就職・卒業後の進路

就　職　率 **95.6**％
就職者÷希望者×100

● **就職支援**　卒前・卒後の一貫性ある医師養成実現に注力し，指導医―研修医―Student Drの屋根瓦式教育体制が充実。学生は先輩の背中を見て学び，研修医は学生を指導することで学びを深めることができる。

● **資格取得支援**　医師国家試験対策として，「学生アドバイザー制度」や「チューター制度」などで日常的に支援。６年次には，国家試験対策のための特別プログラムを設け，実習の合間に講義を受けられるカリキュラムを配置するなど国家試験合格をバックアップ。学生と教員が一体となって合格率の向上に取り組み，過去５年間の医師国家試験新卒受験者の平均合格率は94.8％となっている。

進路指導者も必見 学生を伸ばす 面倒見	初年次教育	学修サポート
	医学基盤プログラムとして，「克己殉公・人文社会科学」などの科目を開講するほか，AIや数理・データサイエンスの基礎教育，論理的思考や問題発見・解決能力の向上を図る「SGL（Small Group Learning）」などを実施	TA制度，オフィスアワー制度，教員アドバイザー制度および学年担任制を導入。また，予習・復習をサポートするe-Learning学修支援システムの開発やICT，VRを駆使した遠隔シミュレーション学習など未来型医学教育を実施

オープンキャンパス（2022年度実績）　千駄木校舎において，８月12日と26日に，午前と午後の完全入替制で対面（来校）型オープンキャンパスを実施。大学・カリキュラム・入学者選抜の概要，模擬講義など（予約制）。

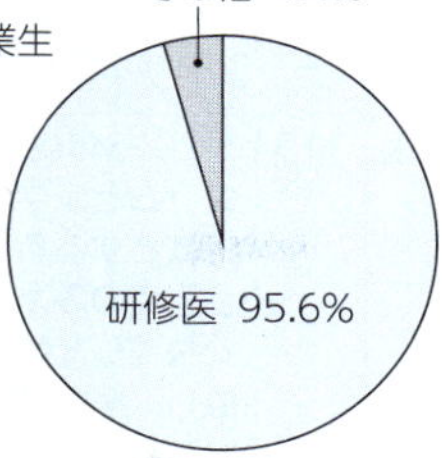

主なOB・OG ▶ トーマス・T・野口（南カリフォルニア大学法病理学名誉教授），天野康雄（日本大学病院病院長），神野正博（恵寿総合病院理事長），梁邦彦（作曲家），南砂（読売新聞東京本社常務取締役）など。

国際化・留学　大学間 10 大学等

受入れ留学生数 ▶ ０名（2022年９月１日現在）

外国人専任教員 ▶ 教授１名，准教授４名，講師０名（2022年５月１日現在）

外国人専任教員の出身国 ▶ NA

大学間交流協定 ▶ 10大学・機関（交換留学先０大学，2022年９月１日現在）

海外への留学生数 ▶ オンライン型８名／年（１カ国・地域，2021年度）

海外留学制度 ▶ ６年次の選択臨床実習（クリニカル・クラークシップ）では，提携大学であるジョージワシントン大学や南カリフォルニア大学などで実習を行うことも可能。このほか，東南アジア医学研究会によるタイやアジア諸国への医学留学，MESS（Medical English Speaking Society）と国際医学生連盟によるヨーロッパ諸国との短期交換留学など，サークル活動を通した国際交流も充実。

学費・奨学金制度

入学金 ▶ 1,000,000円

年間授業料（施設費等を除く）▶ 2,500,000円（詳細は巻末資料参照）

年間奨学金総額 ▶ NA

年間奨学金受給者数 ▶ NA

主な奨学金制度 ▶ 学納金の一部を無利息で貸与する「日本医科大学新入生奨学金」や「日本医科大学奨学金」などの制度のほか，「特待生制度」を設置。一般選抜の成績上位者（前期35名，後期５名，後期共通テスト併用３名）のうち，入学した者を特待生とし，入学時の授業料250万円を免除する。

保護者向けインフォメーション

●**成績確認**　成績表を郵送するほか，履修科目と単位の取得状況のWeb閲覧が可能。

●**父母会総会**　例年11月23日の祝日に，各学年担任・副担任との個別面談および父母会総会を開催。また，保護者より相談があった場合には随時，個別相談の機会を設けている。

●**防災対策**　入学時に配布する学生便覧に，「災害等への対策」を掲載。被災した際の安否は，メールやポータルサイトを利用して確認する。

●**コロナ対策**　ワクチンの職域接種を実施。感染状況に応じて対面授業とオンライン授業を併用し，校内入構時には検温と消毒を行い，講義室の収容人数を調整・管理。

インターンシップ科目	必修専門ゼミ	卒業論文	GPA制度の導入の有無および活用例	１年以内の退学率	標準年限での卒業率
開講していない	１年次に実施	卒業要件ではない	留学候補者の選考や進級判定基準および学生に対する個別の学修指導に活用	0.8%	79.3%

学部紹介

学部／学科	定員	特色
医学部		
医	119	▷2023年度入学生から，知識を積み重ねていく累積型プログラムと，学年を超えて継続する縦断型プログラムを大きな特徴とする新カリキュラムを導入。学問的知識の体系性という観点のみからではなく，医師に求められる人材像との関係で整理した教育内容を体系的に学ぶ統合型カリキュラムへ転換し，医療情報科学を重視するためAIや数理・データサイエンス教育なども十分に盛り込んでいる。また，過密な講義スケジュールの軽減のために講義時間を３割程度削減，研究配属期間の延長などの個別化教育の拡充，高機能シミュレーターとICTを活用した遠隔PBL（課題解決型学習）など，ウィズ・ポストコロナ時代を見据えた教育改革を行った。

● **取得可能な資格**…医師受験資格。
● **進路状況**…………初期臨床研修医95.6％

キャンパス

医２～６年次………［千駄木校舎］東京都文京区千駄木1-1-5
医１年次……………［武蔵境校舎］東京都武蔵野市境南町1-7-1

2023年度入試要項（前年度実績）

●募集人員

学部／学科		前期	後期	後期（共通テスト併用）
▶医	医	86	23	10

※募集人員のうち前期14名，後期６名は一般選抜地域枠として別枠方式で選抜し，次の奨学金制度を利用する者とする。なお，各都県が定める独自の出願要件については，県のホームページで必ず確認すること。
埼玉県医師育成奨学金（指定大学奨学金）制度（前期１名・後期１名）
千葉県医師修学資金貸付制度（前期４名・後期３名）
静岡県医学修学研修資金制度（前期３名・後期１名）
新潟県医師養成修学資金貸与制度（前期１名・後期１名）
東京都地域医療医師奨学金（特別貸与奨学金）制度（前期５名）

医学部

一般選抜前期・後期・地域枠　〈１次試験〉 **4**科目　①外（300）▶コミュ英Ⅰ・コミュ英Ⅱ・コミュ英Ⅲ・英表Ⅰ・英表Ⅱ　②**数**（300）▶数Ⅰ・数Ⅱ・数Ⅲ・数Ａ・数Ｂ（数列・ベク）　③④**理**（200×2）▶「物基・物」・「化基・化」・「生基・生」から２
※すべての出題科目において「知識・技能」「思考力・判断力・表現力」を評価するため，記述式問題も出題する。
〈２次試験〉 **2**科目　①**小論文** ②**面接**
※２次試験は１次試験合格者を対象に実施する。

一般選抜後期（共通テスト〈国語〉併用）　〈共通テスト科目〉 **1**科目　①**国**（200）▶国
〈個別試験科目〉〈１次試験〉 **4**科目　①**外**（300）▶コミュ英Ⅰ・コミュ英Ⅱ・コミュ英Ⅲ・英表Ⅰ・英表Ⅱ　②**数**（300）▶数Ⅰ・数Ⅱ・数Ⅲ・数Ａ・数Ｂ（数列・ベク）　③④**理**（200×２）▶「物基・物」・「化基・化」・「生基・生」から２
※すべての出題科目において「知識・技能」「思考力・判断力・表現力」を評価するため，記述式問題も出題する。
〈２次試験〉 **2**科目　①**小論文** ②**面接**
※２次試験は，共通テストと個別試験による１次試験の合格者を対象に実施する。
※一般選抜後期・後期地域枠と後期（共通テスト〈国語〉併用）の小論文および面接試験は，いわゆる学力の３要素をより多面的，総合的

キャンパスアクセス［千駄木校舎］東京メトロ千代田線―千駄木・根津より徒歩８分／東京メトロ南北線―東大前・本駒込より徒歩８分／都営地下鉄三田線―白山より徒歩10分

に評価するため，一般選抜前期・前期地域枠より試験時間が長くなる。

その他の選抜

学校推薦型選抜（指定校）で６名を募集。
※指定校（早稲田大学高等学院，早稲田大学本庄高等学院，早稲田実業学校高等部）の３校から６名。詳細は指定校に通知。

偏差値データ（2023年度）

●一般選抜

学部／学科	2023年度		2022年度
	駿台予備学校 合格目標ライン	河合塾 ボーダー偏差値	競争率
▶医学部			
医（前期）	64	70	10.4
（後期）	—	—	54.4

- 駿台予備学校合格目標ラインは合格可能性80％に相当する駿台模試の偏差値です。
- 河合塾ボーダー偏差値は合格可能性50％に相当する河合塾全統模試の偏差値です。
- 競争率は受験者÷正規合格者の実質倍率

MEMO

キャンパスアクセス ［武蔵境校舎］ JR中央線，西武多摩川線—武蔵境より徒歩２分

日本獣医生命科学大学

にほんじゅういせいめいかがく

資料請求

問合せ先 入試課 ☎0422-31-4151（代）

建学の精神

1881（明治14）年に開学した日本最初の私立獣医学校。以後，東京獣医学校，日本獣医学校と校名を変更しながら健全に成長を続け，日本獣医学校第４代校長には狂犬病ワクチンの開発に貢献した梅野信吉（私立獣医学校第１回生）がいる。1949（昭和24）年に日本獣医畜産大学として設立が認可され，2006（平成18）年に現校名に変更した。教育理念を「愛と科学の心を有する質の高い獣医師と専門職及び研究者の育成」と定め，「動物」「食」のスペシャリストを育成するために，すべての学科で，動物と触れ合う，自分たちの手で食品を作るといった実習を重視したカリキュラムを組んで「実践教育」を推進。動物と人をつなぎ，都市と地方をつなぐ，獣医・生命科学の情報発信拠点として，141年の伝統と向き合い，これからも優れた人材を輩出し続けていく。

- 第一校舎……〒180-8602 東京都武蔵野市境南町1-7-1
- 第二校舎……〒180-0022 東京都武蔵野市境2-27-5

基本データ

学生数▶1,566名（男509名，女1,057名）
専任教員数▶教授45名，准教授36名，講師28名
設置学部▶獣医，応用生命科
併設教育機関▶大学院―獣医生命科学（M・D）

就職・卒業後の進路

就職率 **96.4**%
就職者÷希望者×100

●**就職支援** 学生支援課では，常時専任の職員が，学生たちの卒業後の良質なキャリア形成のための相談・指導を行い，キャリア支援の取り組みでは，就職ガイダンスの充実したプログラム，学内企業セミナー，インターンシップ，OB・OG訪問の紹介など，豊富なサポート体制を整備。学生一人ひとりに合った個別面談を優先し，進路・就職指導に低学年からのキャリア教育を導入している。また，オンラインでの面談も並行して実施。

●**資格取得支援** 獣医学科では，獣医師国家試験対策委員会を設け，独自の対策を行い，2021年度獣医師国家試験では全国平均を大きく上回る合格率93.9%を達成。獣医保健

進路指導者も必見
学生を伸ばす 面倒見

初年次教育	学修サポート
「初年次教育プログラム」により，レポート・論文の書き方，プレゼンテーション技法，ITの基礎技術，情報収集や資料整理の方法などを習得するとともに，論理的思考や問題発見・解決能力の向上を図っている	全学部でTA制度，オフィスアワー制度，所属学科の教員が各学年担任として２名，学生と一緒に過ごす学年担任制を導入。また，学生相談室ワークショップを開催し，学生同士や教員とコミュニケーションを行う場を提供

オープンキャンパス（2022年度実績） ５月に大学説明会，７月に一般選抜問題対策講座，８月・10月・11月（大学祭同時開催）にオープンキャンパス（体験講義＆実習，研究室紹介，学科説明＆入試説明など）を開催。

看護学科では，国家資格となった愛玩動物看護士を全員が取得できるように万全を期して対応。動物科学科では，実験動物一級技術者資格の合格者を15年連続で輩出している。

理系学部
2022年３月卒業生
359人

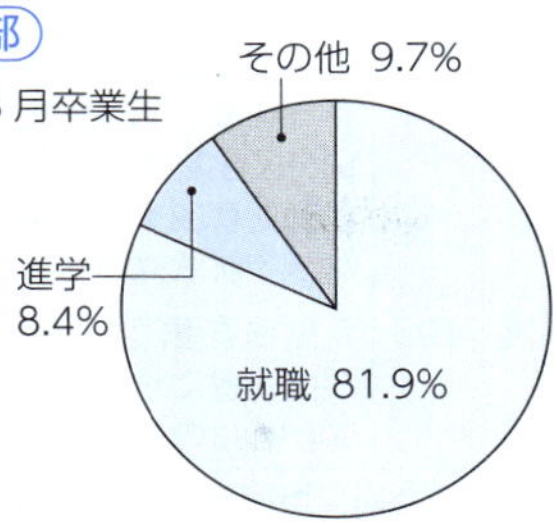

主なOB・OG ▶ ［旧日本獣医畜産大］豊岡武士（静岡県三島市長），岩野俊郎（獣医師・動物園「到津の森公園」名誉園長），斉藤崇史（JRA調教師），［応用生命科］伊藤圭祐（静岡県立大学准教授）など。

国際化・留学　大学間 14 大学

受入れ留学生数 ▶ １名（2022年５月１日現在）
留学生の出身国 ▶ 韓国。
大学間交流協定 ▶ 14大学（2022年５月１日現在）
海外への留学生数 ▶ ０名／年（2021年度）
海外留学制度 ▶ 獣医・獣医保健看護・動物科学科を対象とした野生動物保護活動などを中心とした体験型の学生実習，食品科学科対象の外国の食事情を自分自身の五感で味わう海外研修をオーストラリアで実施。また，タイでも研修を行っており，海外における獣医学，獣医保健看護学，動物科学，食品科学の「今」を知るため，充実した海外研修を行っている。

学費・奨学金制度

入学金 ▶ 250,000円
年間授業料（施設費等を除く）▶ 750,000円～（詳細は巻末資料参照）
年間奨学金総額 ▶ ０円
年間奨学金受給者数 ▶ ０人
主な奨学金制度 ▶「日本獣医生命科学大学奨学金」には給付と貸与の２種類があり，在学中に家計の急変事由などにより，経済的に著しく修学が困難となった場合に選考を行い，授業料と実習費の半分を上限として支給する。このほか「特待生制度」があり，受賞者は，受賞した翌年次の学費の一部が免除される。また，コロナ禍の学生への経済的支援として「後援会給付奨学金制度」を新たに設置。

保護者向けインフォメーション

● **成績確認**　成績表を保護者に郵送している。
● **後援会**　後援会（旧父兄会）を組織し，例年10月に全年次の保護者を対象とした「就職活動説明会」を開催。会報誌「むさしの」も年１回発行している。
● **面談会**　保護者面談会を実施している。
● **防災対策**　防災情報も掲載されている新入生向け冊子「CAMPUS INFORMATTION」を入学時に配布。大災害時の学生の安否は，ポータルサイトを利用して確認する。
● **コロナ対策１**　ワクチンの職域接種を実施。感染状況に応じた５段階のBCP（行動指針）を設定。「コロナ対策２」（下段）あり。

インターンシップ科目	必修専門ゼミ	卒業論文	GPA制度の導入の有無および活用例	１年以内の退学率	標準年限での卒業率
応用生命科学部で開講	３・４年次に実施。ただし，獣医学科は３・４・６年次。３年次以降研究室に所属し，５年次は附属動物医療センターでの診療に参加	獣医学部と動物科学科は卒業要件	進級判定の基準，学生に対する個別の学修指導に活用するほか，GPAに応じた履修上限単位数を設定している	3.0%	90.7%（４年制）78.2%（獣医）

● **コロナ対策２**　感染状況に応じて面接（対面型式）と遠隔授業（オンデマンド型・同時双方向型）を併用。対面授業では消毒・換気など基本的な感染対策を徹底した上で，講義室等の収容定員の概ね２分の１を上限に実施。

学部紹介

学部／学科	定員	特色
獣医学部		
獣医	80	▷６年制。臨床分野の技術や知識だけではなく，専門性の高い分子生物学や遺伝子工学などの先端医療にも対応できる獣医師を育成する。獣医師国家試験には，教員と学生が一丸となって試験対策を行っている。
獣医保健看護	100	▷動物看護師をはじめとした獣医療の現場をサポートする専門技術者に求められる実践能力と専門知識を学ぶ。国内トップレベルの付属動物医療センターで臨床実習を実施。
● 取得可能な資格…教職（理・農），学芸員，獣医師・愛玩動物看護師受験資格など。 ● 進路状況…………［獣医］就職84.9%　進学2.3%　［獣医保健看護］就職78.1%　進学12.5% ● 主な就職先………共立製薬，日本全薬工業，イオンペット，JPR，東京都特別区，農林水産省など。		
応用生命科学部		
動物科	100	▷動物科学の基礎・応用から動物関連企業の経営管理まで，幅広く動物に関する学びを追究し，「動物と社会と人の関わり」をさまざまな視点から解き明かす。
食品科	70	▷安全，栄養機能，おいしさを科学的に考察する力を習得し，食の安全を守り，人々の暮らしを支え，付加価値を生み出す「食」のスペシャリストを育成する。
● 取得可能な資格…教職（理・農），学芸員，家畜人工授精師，食品衛生管理者など。 ● 進路状況…………就職82.5%　進学9.0% ● 主な就職先………ソントン食品工業，叙々苑，タカナシ乳業，日本中央競馬会，日本食品検査など。		

▶キャンパス
全学部……［第一校舎］東京都武蔵野市境南町1-7-1／［第二校舎］東京都武蔵野市境2-27-5

2023年度入試要項（前年度実績）

●募集人員

学部／学科		一般第1回	一般第2回	一般第3回	共通第1回	共通第2回
▶獣医	獣医	37	10	5	3科4 5科4	—
	獣医保健看護	48	6	2	7	—
▶応用生命科	動物科	25	5	5	5	若干名
	食品科	12	3	3	3	若干名

※一般選抜第２回は共通テスト併用方式。
※次のように略しています。３教科・３科目方式→３科。４教科・５科目方式→５科。

獣医学部

一般選抜第１回・第３回（独自試験方式）　**【獣医学科】** **3**科目　①外（100）▶コミュ英Ⅰ・コミュ英Ⅱ・コミュ英Ⅲ・英表Ⅰ　②数（100）▶数Ⅰ・数Ⅱ・数Ａ・数Ｂ（数列・ベク）　③理（100）▶「化基・化」・「生基・生」から１

【獣医保健看護学科】 **2**科目　①外（100）▶コミュ英Ⅰ・コミュ英Ⅱ・コミュ英Ⅲ・英表Ⅰ　②数・理（100）▶「数Ⅰ・数Ⅱ・数A・数B（数列・ベク）」・「化基・化」・「生基・生」から１

一般選抜第２回（共通テスト併用方式）　〈共通テスト科目〉 **3**科目　①外（100）▶英（リスニング〈20〉を含む）　②③数（100）▶「数Ⅰ・数Ａ」・「数Ⅱ・数Ｂ」

〈独自試験科目〉 **1**科目　①理（100）▶「化基・化」・「生基・生」から１　※出願時に選択

共通テスト利用選抜　**【獣医学科】**〈３教科・３科目方式〉 **3**科目　①外（100）▶英（リスニング〈20〉を含む）　②数（100）▶数Ⅰ・数Ａ　③理（100）▶物・化・生から１

［個別試験］ 行わない。

【獣医学科】〈４教科・５科目方式〉 **5**科目　①国（100）▶国（近代）　②外（100）▶英（リス

キャンパスアクセス ［第一校舎］JR中央線—武蔵境駅より徒歩２分

ニング〈20〉を含む）③**数**(100)▶数Ⅰ・数Ａ
④⑤**理**(200)▶物・化・生から２
[個別試験] 行わない。
【獣医保健看護学科】 **3**科目 ①**外**(100)▶英(リスニング〈20〉を含む) ②**数**(100)▶数Ⅰ・数Ａ ③**理**(100)▶化・生から１
[個別試験] 行わない。

応用生命科学部

一般選抜第１回・第３回(独自試験方式) **【動物科学科】** **2**科目 ①**外**(100)▶コミュ英Ⅰ・コミュ英Ⅱ・コミュ英Ⅲ・英表Ⅰ ②**数・理**(100)▶「数Ⅰ・数Ⅱ・数Ａ・数Ｂ(数列・ベク)」・「化基・化」・「生基・生」から１
【食品科学科】 **2**科目 ①②**外・数・理**(100×2)▶「コミュ英Ⅰ・コミュ英Ⅱ・コミュ英Ⅲ・英表Ⅰ」・「数Ⅰ・数Ⅱ・数Ａ・数Ｂ(数列・ベク)」・「〈化基・化〉・〈生基・生〉から１」から２
一般選抜第２回(共通テスト併用方式) **〈共通テスト科目〉** **1**科目 ①**国・外・数**(100)▶国(近代)・英(リスニング〈20〉を含む)・「数Ⅰ・数Ａ」・「数Ⅱ・数Ｂ」から１
〈独自試験科目〉 **1**科目 ①**理**(100)▶「化基・化」・「生基・生」から１ ※出願時に選択
共通テスト利用選抜第1回・第2回 **3〜2**科目 ①**国・外**(100)▶国(近代)・英(リスニング〈20〉を含む)から１ ②③**数・理**(100)▶「数Ⅰ・数Ａ」・「化基・生基」・化・生から１
[個別試験] 行わない。

その他の選抜

学校推薦型選抜(一般公募推薦)は獣医学科20名，獣医保健看護学科37名，動物科学科40名，食品科学科26名を，総合型選抜は動物科学科20名，食品科学科23名を募集。ほかに学校推薦型選抜(普通科指定校推薦，専門〈職業〉学科・総合学科指定校推薦)，獣医師後継者育成及び地域獣医療支援特別選抜，学士特別選抜，海外就学経験者(帰国生)及びIB取得者特別選抜，社会人特別選抜を実施。

偏差値データ（2023年度）

●一般選抜（独自試験方式）

学部／学科／専攻	2023年度 駿台予備学校 合格目標ライン	2023年度 河合塾 ボーダー偏差値	2022年度 競争率
▶獣医学部			
獣医(第１回)	56	62.5	6.9
(第３回)	—		19.0
獣医保健看護(第１回)	45	45	2.7
(第３回)	—		10.3
▶応用生命科学部			
動物科(第１回)	43	35	1.0
(第３回)	—		1.0
食品科(第１回)	42	35	1.0
(第３回)	—		1.0

●駿台予備学校合格目標ラインは合格可能性80％に相当する駿台模試の偏差値です。
●河合塾ボーダー偏差値は合格可能性50％に相当する河合塾全統模試の偏差値です。
●競争率は受験者÷合格者の実質倍率

キャンパスアクセス [第二校舎] JR中央線―武蔵境駅より徒歩7分

日本女子大学（にほんじょし）

資料請求

問合せ先　入学課　☎03-5981-3786

建学の精神

日本女子大学は，20世紀幕開けの1901（明治34）年に“日本で最初の組織的な女子高等教育機関”として創立。以来，創立者・成瀬仁蔵の建学の精神を継承し，「信念徹底」「自発創生」「共同奉仕」の三綱領のもと，学生一人ひとりが自己の能力・関心に応じて自由に学び，自らが考える力を養成してきた。創立120周年を迎えた2021年４月，創立の地・目白キャンパスに家政・文・人間社会・理の４学部と大学院を統合。2023年に“脱教室・脱キャンパス型”の国際文化学部を開設，2024年には建築デザイン学部（仮称）を設置予定（構想中）であり，私立の女子総合大学として文理融合の多様な教育環境を推進。成瀬の教育方針である「自学自動」，すなわち自ら学び，自ら行動する学習姿勢を育む環境で，新しい明日を共に創る人材を育成している。

● 目白キャンパス……〒112-8681　東京都文京区目白台2-8-1

基本データ

学生数▶女6,264名
専任教員数▶教授129名，准教授52名，講師17名
設置学部▶家政，文，人間社会，理，国際文化
併設教育機関▶大学院―文学・人間社会・理学（以上M・D），家政学（M），人間生活学（D）　通信教育部―家政学部

就職・卒業後の進路

就職率 98.4%（就職者÷希望者×100）

● 就職支援　社会的，職業的自立に必要な知識や技能，態度を養うJWUキャリア科目を柱に，社会に貢献できる自立した人をめざすためのプログラムを，１年次から段階的に提供。学内の機関が連携し，理想の将来像に近づくための生き方・働き方など，自分のキャリアをどう描くかという，一人ひとりの「自己発見」と「自己実現」を細かくサポート。

● 資格取得支援　生涯学習センターでは，公務員，秘書検定，日商簿記検定，FP技能検定，TOEIC L&R500点・650点突破，IELTS対策，MOS試験，一・二級建築士など，充実した内容のキャリア支援講座を開講。受講しやすい日時設定で，多くの学生が学んでいる。

進路指導者も必見　学生を伸ばす　面倒見

初年次教育	学修サポート
本学で学ぶ意義を知る「教養特別講義」，レポートや論文の書き方，プレゼン技法などを学ぶ「ロジカル・シンキング入門」「クリティカル・シンキング入門」，ITの基礎技術を習得する「基礎情報処理」のほか，「基礎演習」などの科目を開講	全学部でTA制度，オフィスアワー制度，１人の教員が約32.3人の学生を担当する教員アドバイザー制度を導入。また，図書館のラーニングコモンズでは，大学院生・学部学生によるラーニング・サポーターに学修相談が受けられる

オープンキャンパス（2023年度予定）　6月25日，8月6日，9月3日の日程で開催予定（10:00～15:00）。詳細は，開催の１カ月前を目途に大学HPで公開。5月20日（午後）には，ミニオープンキャンパスも実施予定。

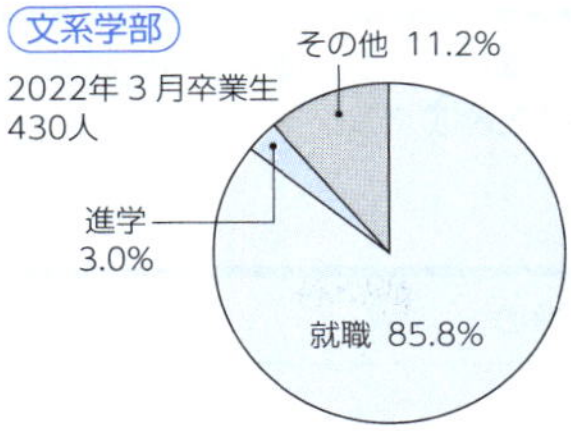

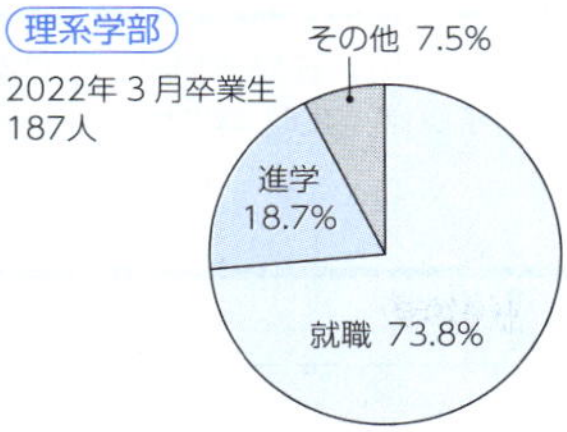

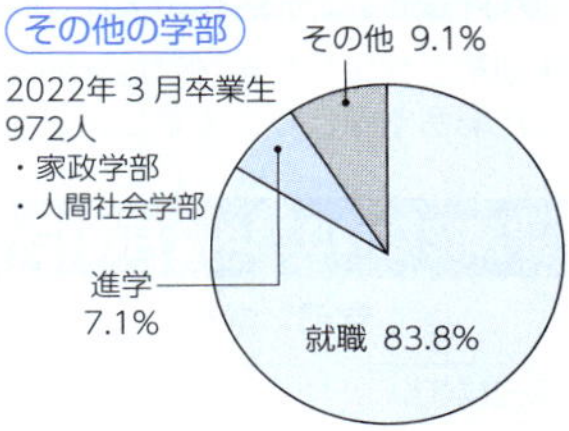

主なOG▶［家政］妹島和世（建築家），［文］平岩弓枝（小説家）・渡辺ミキ（ワタナベエンターテインメント社長）・大石静（脚本家）・高橋留美子（漫画家）・後呂有紗（日本テレビアナウンサー）など。

国際化・留学　大学間 18 大学・部局間 1 大学

受入れ留学生数▶13名（2022年５月１日現在）

留学生の出身国・地域▶中国，韓国，台湾。

外国人専任教員▶教授４名，准教授２名，講師０名（2022年５月１日現在）

外国人専任教員の出身国▶アメリカ，イギリス，韓国。

大学間交流協定▶18大学（交換留学先９大学，2022年９月１日現在）

部局間交流協定▶１大学（交換留学先０大学，2022年９月１日現在）

海外への留学生数▶渡航型10名・オンライン型81名／年（10カ国・地域，2021年度）

海外留学制度▶世界の名門大学で専門分野を学ぶ協定大学留学，志望する海外の大学で専門分野を学ぶ認定大学留学のほか，夏季や春季などの長期休暇を利用した大学公認海外短期研修を実施。語学や専門領域の学び，異文化体験を目的としたものなどバラエティに富んだ研修が，世界各国で行われている。

学費・奨学金制度　給付型奨学金総額 年間約 1,928 万円

入学金▶200,000円

年間授業料（施設費等を除く）▶720,000円～（詳細は巻末資料参照）

年間奨学金総額▶19,277,360円（留学関係の奨学金を除く）

年間奨学金受給者数▶92人

主な奨学金制度▶経済的理由により修学に困難がある優れた学生に，それぞれ30万円を給付する「日本女子大学桜楓奨学金」や「日本女子大学泉会学業支援給付奨学金」などの制度を設置。また，「日本女子大学学業成績優秀賞・研究奨励賞」などの授業料減免の制度も用意されており，2021年度には54人を対象に総額で約1,828万円を減免している。

保護者向けインフォメーション

● **オープンキャンパス**　申込１件につき，保護者１名まで同伴することができる。

● **成績確認**　「JASMINE-Navi」で学生の成績等の情報が常時確認できるようになっている。

● **保護者会**　保護者と教職員を会員とする泉会があり，総会や懇談会などで就職についての説明も行っている。また，「学園ニュース」を年４回発行し，希望者にはメールで配信している。

● **防災対策**　入学時に「大地震対応マニュアル（学生用）」を配布。大災害時には「JASMINE-Navi」を利用して安否確認を行う。

● **コロナ対策１**　感染状況に応じた４段階の行動指針を設定。「コロナ対策２」（下段）あり。

インターンシップ科目	必修専門ゼミ	卒業論文	GPA制度の導入の有無および活用例	１年以内の退学率	標準年限での卒業率
全学部で開講している	全学部で４年次に実施	全学部卒業要件	奨学金や授業料免除対象者の選定・退学勧告基準，留学候補者の選考，個別の学修指導のほか，一部の学部で大学院入試選抜に活用	0.6%	92.8%

● コロナ対策２　講義室や食堂に空気清浄機，教卓や食堂に飛沫防止パネル，教卓にマイク用除菌シートを設置。家計が急変した学生に対し，「学校法人日本女子大学修学継続緊急支援金」として学費の一部（20万円）を減免。

2024年度学部改組構想（予定）

● 建築デザイン学部（仮称）を開設予定（構想中）。建築デザイン学科を設置し，人文，理工，芸術を融合した総合学問としての新しい「建築デザイン」を学び，専門性の高い人材を育成する。

学部紹介（2023年2月現在）

学部／学科	定員	特色
家政学部		
児童	97	▷創造・文化，発達，社会・臨床の3領域を柱に学び，高い課題解決能力を備えた児童学のスペシャリストを育成する。
食物	81	▷〈食物学専攻31名，管理栄養士専攻50名〉「食」を科学するスペシャリストと，現代人の健康を栄養面から支える管理栄養士を養成する。
住居	92	▷〈居住環境デザイン専攻55名，建築デザイン専攻37名〉インテリアからまちづくりまでできる住環境の専門家や，学術・技術・芸術の力を備えた建築の専門家を養成する。
被服	92	▷ファッションに関するサイエンス，デザイン，アートの3コースを設置。科学・文化的視点から被服のあり方をとらえ，人間生活の向上に役立つ被服を創造できる力を養う。
家政経済	85	▷経済・経営，公共・生活の2コース。経済・社会を「生活」の視点から分析し，ものごとを複眼的にとらえる力を養う。
● **取得可能な資格**…教職（公・社・家，幼一種，栄養），司書，司書教諭，学芸員，保育士，栄養士，管理栄養士・1級建築士・2級建築士受験資格など。 ● **進路状況**…………就職83.7％　進学9.9％ ● **主な就職先**………積水ハウス，三井不動産リアルティ，三菱UFJ銀行，日本食品分析センターなど。		
文学部		
日本文	134	▷日本の言語・文学・文化に多方面からアプローチし，日本語・日本文学への造詣が深い，真の教養人を養成する。
英文	146	▷英語力と異文化理解力を備え，国際的に活躍する人材を養成する。英語での卒業論文執筆は，全員必修。
史	97	▷日本史，東洋史，西洋史の3コース。歴史を学問的にひも解き「今をどう生きるか」を考え，未来を考察する。
● **取得可能な資格**…教職（国・地歴・社・英），司書，司書教諭，学芸員など。 ● **進路状況**…………就職85.8％　進学3.0％ ● **主な就職先**………日本生命保険，明治安田生命保険，三井住友海上火災保険，アクセンチュアなど。		
人間社会学部		
現代社会	97	▷現代社会を多角的な視点から分析し，社会がはらむ諸問題の解決法を構想できる実践的能力のある人材を養成する。
社会福祉	97	▷従来の枠組みにとらわれない広い視点からも福祉を学び，「共生社会」を実現するための意欲と深い知力を養う。
教育	97	▷教育問題と現代社会の課題にアプローチできる人材を養成する。教員採用試験対策講座などで教員免許状取得も後押し。
心理	73	▷基礎心理学と人間関係・臨床心理学を2本柱に学び，「こころ」に科学的・実践的にアプローチできる専門家を養成する。
● **取得可能な資格**…教職（地歴・公・社，小一種），司書，司書教諭，学芸員，社会福祉士受験資格など。 ● **進路状況**…………就職84.0％　進学4.6％ ● **主な就職先**………りそな銀行，ベネッセスタイルケア，日本銀行，日本電気，東日本電信電話など。		

キャンパスアクセス ［目白キャンパス］ JR山手線―目白より徒歩15分またはバス5分／東京メトロ副都心線―雑司が谷より徒歩8分，有楽町線―護国寺より徒歩10分／都電荒川線―鬼子母神前より徒歩10分

理学部		
数物情報科	92	▷数学，物理学，情報科学とそれらの横断分野を学び，現代社会の最先端で未来を拓く実践力・創造力を身につける。
化学生命科	97	▷化学と生物学の２分野を学びの対象に，自然科学に対する理解を深め，時代の要請に応えられる力を育む。

- **取得可能な資格**…教職(数・理・情)，司書，司書教諭，学芸員など。
- **進路状況**…………就職73.8％　進学18.7％
- **主な就職先**………東日本旅客鉄道，東京電力ホールディングス，キヤノンITソリューションズなど。

国際文化学部		
国際文化	121	▷NEW! '23年新設。「脱教室・脱キャンパス型」の新しい学びで，国・言語・時代・ジェンダー格差などさまざまな境界を越え，新たな文化を創造できる人材を養成する。

- **取得可能な資格**…司書，学芸員など。

キャンパス

全学部……［目白キャンパス］東京都文京区目白台2-8-1

2023年度入試要項(前年度実績)

●募集人員

学部／学科(専攻)		一般個別	英語外部	共通前期	共通後期
家政	児童	2教35 3教3	2	10	3
	食物(食物学)	2教16 3教2	1	2	—
	(管理栄養士)	2教30 3教2	1	4	—
	住居(居住環境デザイン)	2教28 3教5	2	3	3
	(建築デザイン)	2教9 3教9	2	3	3
	被服	2教38 3教3	3	7	3
	家政経済	2教45 3教4	2	5	3
文	日本文	60	2	10	3
	英文	70	8	10	5
	史	42	2	15	5
人間社会	現代社会	57	2	5	2
	社会福祉	47	2	4	3
	教育	35	2	9	4
	心理	38	2	3	3
理	数物情報科	2教35 3教5	3	13	3
	化学生命科	2教33 3教8	2	13	3
国際文化	国際文化	40	10	5	3

※英語外部は一般選抜(英語外部試験利用型)。
※次のように略しています。教科→教。

▷一般選抜(英語外部試験利用型)は，指定された英語外部試験のスコア基準を満たしている者を対象とする。使用する英語外部試験のスコア基準は以下の通り。英検(CSE2.0) 2級以上の1950以上(英検および英検CBTについては，各級の合格・不合格ではなく，CSE2.0のスコアが基準となり，従来型・CBT・S-CBT・S-Interviewいずれも対象とする)，TEAP225以上(同一試験日のスコアのみ有効)，TEAP CBT420以上(同一試験日のスコアのみ有効)，GTEC960以上(オフィシャルスコアに限る)，ケンブリッジ英検140以上(各レベルの合格・不合格ではなくCambridge Englishスケールのスコアが基準となる)，IELTS（アカデミック・モジュールに限る）4.0以上，TOEFL iBT42以上(My Bestスコアの活用は不可。Test Dateスコアに限る)。

家政学部

一般選抜(個別選抜型)２教科入試　【児童学科・家政経済学科】 ②科目 ①外(100)▶コミュ英Ⅰ・コミュ英Ⅱ・コミュ英Ⅲ・英表Ⅰ・英

表Ⅱ ②国・数(100)▶「国総(漢文を除く)・現文B・古典B(漢文を除く)」・「数Ⅰ・数Ⅱ・数A・数B(数列・ベク)」から1

【食物学科】 2科目 ①外(100)▶コミュ英Ⅰ・コミュ英Ⅱ・コミュ英Ⅲ・英表Ⅰ・英表Ⅱ ②数・理(100)▶「数Ⅰ・数Ⅱ・数A・数B(数列・ベク)」・「化基・化」・「生基・生」から1

【住居学科】〈居住環境デザイン専攻〉 2科目 ①外(100)▶コミュ英Ⅰ・コミュ英Ⅱ・コミュ英Ⅲ・英表Ⅰ・英表Ⅱ ②国・数・理(100)▶「国総(漢文を除く)・現文B・古典B(漢文を除く)」・「数Ⅰ・数Ⅱ・数A・数B(数列・ベク)」・「物基・物」から1

〈建築デザイン専攻〉 2科目 ①外(100)▶コミュ英Ⅰ・コミュ英Ⅱ・コミュ英Ⅲ・英表Ⅰ・英表Ⅱ ②数・理(100)▶「数Ⅰ・数Ⅱ・数A・数B(数列・ベク)」・「物基・物」から1

【被服学科】 2科目 ①外(100)▶コミュ英Ⅰ・コミュ英Ⅱ・コミュ英Ⅲ・英表Ⅰ・英表Ⅱ ②国・数・理(100)▶「国総(漢文を除く)・現文B・古典B(漢文を除く)」・「数Ⅰ・数Ⅱ・数A・数B(数列・ベク)」・「物基・物」・「化基・化」・「生基・生」から1

一般選抜(個別選抜型)3教科入試・一般選抜(英語外部試験利用型) 【児童学科】 3~2科目 ①国(100)▶国総(漢文を除く)・現文B・古典B(漢文を除く) ②外(100)▶コミュ英Ⅰ・コミュ英Ⅱ・コミュ英Ⅲ・英表Ⅰ・英表Ⅱ ③数・理(100)▶「数Ⅰ・数Ⅱ・数A・数B(数列・ベク)」・「物基・物」・「化基・化」・「生基・生」から1

【食物学科】 3~2科目 ①外(100)▶コミュ英Ⅰ・コミュ英Ⅱ・コミュ英Ⅲ・英表Ⅰ・英表Ⅱ ②③数・理(100×2)▶「数Ⅰ・数Ⅱ・数A・数B(数列・ベク)」・「化基・化」・「生基・生」から2

【住居学科】 3~2科目 ①外(100)▶コミュ英Ⅰ・コミュ英Ⅱ・コミュ英Ⅲ・英表Ⅰ・英表Ⅱ ②③国・数・理(100×2)▶「国総(漢文を除く)・現文B・古典B(漢文を除く)」・「数Ⅰ・数Ⅱ・数A・数B(数列・ベク)」・「物基・物」から2

【被服学科】 3~2科目 ①外(100)▶コミュ英Ⅰ・コミュ英Ⅱ・コミュ英Ⅲ・英表Ⅰ・英表Ⅱ ②③国・数・理(100×2)▶「国総(漢文を除く)・現文B・古典B(漢文を除く)」・「数Ⅰ・数Ⅱ・数A・数B(数列・ベク)」・「物基・物」・「化基・化」・「生基・生」から2

【家政経済学科】 3科目 ①国(50)▶国総(漢文を除く)・現文B・古典B(漢文を除く) ②外(100)▶コミュ英Ⅰ・コミュ英Ⅱ・コミュ英Ⅲ・英表Ⅰ・英表Ⅱ ③数(150)▶数Ⅰ・数Ⅱ・数A・数B(数列・ベク)

※英語外部試験利用型は，英語外部試験のスコアが出願要件を満たすことにより，外国語(英語)以外の2科目(ただし児童学科に関しては国・数の2科目指定)で判定する(3教科入試と同日に同じ問題を解答)。なお，出願基準を満たし，かつ指定された外部試験のスコアを保持している場合は，入試結果に加点して判定する。

一般選抜共通テスト利用型(前期) 【児童学科】 4~3科目 ①国(200)▶国(近代) ②外(200)▶英(リスニング〈100〉を含む) ③④地歴・公民・数・理(200)▶世B・日B・地理B・現社・倫・政経・「倫・政経」・「数Ⅰ・数A」・「数Ⅱ・数B」・「物基・化基・生基・地学基から2」・物・化・生・地学から1

[個別試験] 行わない。

【食物学科】 5~4科目 ①国(100)▶国(近代) ②外(200)▶英(リスニング〈100〉を含む) ③数(200)▶「数Ⅰ・数A」・「数Ⅱ・数B」から1 ④⑤理(200)▶「物基・化基・生基から2」・物・化・生から1

[個別試験] 行わない。

【住居学科】〈居住環境デザイン専攻〉 4~3科目 ①外(200)▶英(リスニング〈100〉を含む) ②③④国・「地歴・公民」・数・理(200×2)▶国(近代)・「世B・日B・地理B・現社・倫・政経・〈倫・政経〉から1」・「〈数Ⅰ・数A〉・〈数Ⅱ・数B〉から1」・「〈物基・化基・生基・地学基から2〉・物・化・生・地学から1」から2

[個別試験] 行わない。

〈建築デザイン専攻〉 5~3科目 ①外(200)▶英(リスニング〈100〉を含む) ②③④⑤国・数・理(200×2)▶国(近代)・「〈数Ⅰ・数A〉・〈数Ⅱ・数B〉」・「〈物基・化基・生基から2〉・物・化・生から1」から2

[個別試験] 行わない。

【被服学科】 4～3科目 ①**外**(200) ▶英(リスニング〈100〉を含む) ②**国・数**(200) ▶国(近代)・「数Ⅰ・数A」・「数Ⅱ・数B」から1 ③④**理**(200) ▶「物基・化基・生基から2」・物・化・生から1

[個別試験] 行わない。

【家政経済学科】 3科目 ①**国**(200) ▶国(近代) ②**外**(200) ▶英(リスニングを含む)・独・仏・中・韓から1 ③**地歴・公民・数**(200) ▶世B・日B・地理B・現社・倫・政経・「倫・政経」・「数Ⅰ・数A」・「数Ⅱ・数B」から1

※英語はリーディング100点を150点に換算し，リスニング100点を50点に換算して200点とする。

[個別試験] 行わない。

一般選抜共通テスト利用型(後期) **【児童学科・被服学科】** それぞれ前期と同じ

【住居学科】〈居住環境デザイン専攻〉 4～2科目 ①②③④**国・外・「地歴・公民」・数・理**(200×2) ▶国(近代)・「英(リスニング〈100〉を含む)・独・仏・中・韓から1」・「世B・日B・地理B・現社・倫・政経・〈倫・政経〉から1」・「〈数Ⅰ・数A〉・〈数Ⅱ・数B〉」・「〈物基・化基・生基・地学基から2〉・物・化・生・地学から1」から2

[個別試験] 行わない。

〈建築デザイン専攻〉 4～2科目 ①②③④**外・数・理**(200×2) ▶英(リスニング〈100〉を含む)・「〈数Ⅰ・数A〉・〈数Ⅱ・数B〉」・「〈物基・化基・生基から2〉・物・化・生から1」から2

[個別試験] 行わない。

【家政経済学科】 3科目 ①**外**(200) ▶英(リスニングを含む)・独・仏・中・韓から1 ②③**国・「地歴・公民」・数**(200×2) ▶国(近代)・「世B・日B・地理B・現社・倫・政経・〈倫・政経〉から1」・「〈数Ⅰ・数A〉・〈数Ⅱ・数B〉から1」から2

※英語はリーディング100点を150点に換算し，リスニング100点を50点に換算して200点とする。

[個別試験] 行わない。

文学部

一般選抜(個別選抜型)・一般選抜(英語外部試験利用型) 3～2科目 ①**国**(日本文150，英文・史100) ▶国総・現文B・古典B ②**外**(日本文・史100，英文150) ▶コミュ英Ⅰ・コミュ英Ⅱ・コミュ英Ⅲ・英表Ⅰ・英表Ⅱ ③**地歴**(100) ▶世B・日Bから1

※英語外部試験利用型は，英語外部試験のスコアが出願要件を満たすことにより，外国語(英語)以外の2科目で判定する(個別選抜型と同日に同じ問題を解答)。なお，出願基準を満たし，かつ指定された外部試験のスコアを保持している場合は，入試結果に加点して判定する。

一般選抜共通テスト利用型(前期) **【日本文学科】** 4～3科目 ①**国**(200) ▶国 ②**外**(200) ▶英(リスニング〈100〉を含む)・独・仏・中・韓から1 ③④**地歴・公民・数・理**(200) ▶世B・日B・地理B・現社・倫・政経・「倫・政経」・「数Ⅰ・数A」・「数Ⅱ・数B」・「物基・化基・生基・地学基から2」・物・化・生・地学から1

[個別試験] 行わない。

【英文学科】 4～3科目 ①**国**(200) ▶国 ②**外**(300) ▶英(リスニングを含む) ③④**地歴・公民・数・理**(200) ▶世B・日B・地理B・現社・倫・政経・「倫・政経」・「数Ⅰ・数A」・「数Ⅱ・数B」・「物基・化基・生基・地学基から2」・物・化・生・地学から1

※英語はリーディング100点を240点に換算し，リスニング100点を60点に換算して300点とする。

[個別試験] 行わない。

【史学科】 4～3科目 ①**国**(200) ▶国 ②**外**(200) ▶英(リスニング〈100〉を含む)・独・仏・中・韓から1 ③④**地歴・公民・数・理**(200) ▶世A・世B・日A・日B・地理A・地理B・現社・倫・政経・「倫・政経」・「数Ⅰ・数A」・「数Ⅱ・数B」・情・「物基・化基・生基・地学基から2」・物・化・生・地学から1

[個別試験] 行わない。

一般選抜共通テスト利用型(後期) **【日本文学科】** 前期と同じ。ただし，国語の配点は300点(古典を200点に換算)

【英文学科】 前期と同じ。ただし，英語の配点は350点(リーディング300点・リスニング50点)

【史学科】 3科目 ①**国**(200) ▶国 ②**外**

(200)▶英(リスニング〈100〉を含む)・独・仏・中・韓から1 ③**地歴**(300)▶世B・日B・地理Bから1
[個別試験] 行わない。

人間社会学部・国際文化学部

一般選抜(個別選抜型)・一般選抜(英語外部試験利用型) 3~2科目 ①**国**(100)▶国総・現文B・古典B ②**外**(100〈国際文化のみ120〉)▶コミュ英Ⅰ・コミュ英Ⅱ・コミュ英Ⅲ・英表Ⅰ・英表Ⅱ ③**地歴・数**(100)▶世B・日B・「数Ⅰ・数Ⅱ・数A・数B(数列・ベク)」から1
※英語外部試験利用型は，英語外部試験のスコアが出願要件を満たすことにより，外国語(英語)以外の2科目で判定する(個別選抜型と同日に同じ問題を解答)。なお，出願基準を満たし，かつ指定された外部試験のスコアを保持している場合は，入試結果に加点して判定する。

一般選抜共通テスト利用型(前期) 【現代社会学科・社会福祉学科】 4~3科目 ①**国**(200)▶国(近代) ②**外**(200)▶英(リスニング〈100〉を含む)・独・仏・中・韓から1 ③④**地歴・公民・数・理**(200)▶世A・世B・日A・日B・地理A・地理B・現社・倫・政経・「倫・政経」・数Ⅰ・「数Ⅰ・数A」・数Ⅱ・「数Ⅱ・数B」・簿・情・「物基・化基・生基・地学基から2」・物・化・生・地学から1
[個別試験] 行わない。
【教育学科】 4~3科目 ①**国**(200)▶国(近代) ②**外**(200)▶英(リスニング〈100〉を含む)・独・仏・中・韓から1 ③④**地歴・公民・数・理**(200)▶世A・世B・日A・日B・地理A・地理B・現社・倫・政経・「倫・政経」・数Ⅰ・「数Ⅰ・数A」・数Ⅱ・「数Ⅱ・数B」・情・「物基・化基・生基・地学基から2」・物・化・生・地学から1
[個別試験] 行わない。
【心理学科】 4~3科目 ①**外**(200)▶英(リスニング〈100〉を含む) ②③④**国・「地歴・公民」・数・理**(100×2)▶国(近代)・「世B・日B・地理B・現社・倫・政経・〈倫・政経〉から1」・「〈数Ⅰ・数A〉・〈数Ⅱ・数B〉から1」・「〈物基・化基・生基・地学基から2〉・物・化・生・地学から1」から2
[個別試験] 行わない。
【国際文化学科】 3科目 ①**国**(200)▶国 ②**外**(300)▶英(リスニングを含む)・独・仏・中・韓から1 ③**地歴・公民・数**(100)▶世B・日B・地理B・現社・倫・政経・「倫・政経」・数Ⅰ・「数Ⅰ・数A」・数Ⅱ・「数Ⅱ・数B」から1
※英語はリーディング100点を200点に換算し，リスニング100点と合計して300点とする。
[個別試験] 行わない。

一般選抜共通テスト利用型(後期) 【現代社会学科・教育学科・心理学科・国際文化学科】 それぞれ前期と同じ
【社会福祉学科】 3科目 ①**国**(200)▶国(近代) ②**外**(200)▶英(リスニング〈100〉を含む)・独・仏・中・韓から1 ③**地歴・公民**(200)▶世A・世B・日A・日B・地理A・地理B・現社・倫・政経・「倫・政経」から1
[個別試験] 行わない。

理学部

一般選抜(個別選抜型)2教科入試 【数物情報科学科】 2科目 ①**数**(100)▶数Ⅰ・数Ⅱ・数Ⅲ・数A・数B(数列・ベク) ②**外・理**(100)▶「コミュ英Ⅰ・コミュ英Ⅱ・コミュ英Ⅲ・英表Ⅰ・英表Ⅱ」・「物基・物」・「化基・化」から1
【化学生命科学科】 2科目 ①**外**(100)▶コミュ英Ⅰ・コミュ英Ⅱ・コミュ英Ⅲ・英表Ⅰ・英表Ⅱ ②**数・理**(100)▶「数Ⅰ・数Ⅱ・数Ⅲ・数A・数B(数列・ベク)」・「化基・化」・「生基・生」から1

一般選抜(個別選抜型)3教科入試・一般選抜(英語外部試験利用型) 【数物情報科学科】 3~2科目 ①**外**(100)▶コミュ英Ⅰ・コミュ英Ⅱ・コミュ英Ⅲ・英表Ⅰ・英表Ⅱ ②**数**(100)▶数Ⅰ・数Ⅱ・数Ⅲ・数A・数B(数列・ベク) ③**理**(100)▶「物基・物」・「化基・化」から1
【化学生命科学科】 3~2科目 ①**外**(100)▶コミュ英Ⅰ・コミュ英Ⅱ・コミュ英Ⅲ・英表Ⅰ・英表Ⅱ ②③**数・理**(100×2)▶「数Ⅰ・数Ⅱ・数Ⅲ・数A・数B(数列・ベク)」・「化基・化」・「生基・生」から2
※英語外部試験利用型は，英語外部試験のスコアが出願要件を満たすことにより，外国語(英語)以外の2科目で判定する(3教科入試

と同日に同じ問題を解答)。なお，出願基準を満たし，かつ指定された外部試験のスコアを保持している場合は，入試結果に加点して判定する。

一般選抜共通テスト利用型(前期)　**【数物情報科学科】** **5〜4**科目　①**外**(100)▶英(リスニングを含む)　②③**数**(100×2)▶「数Ⅰ・数A」・「数Ⅱ・数B」　④⑤**国・理**(100)▶国(近代)・「物基・化基・生基・地学基から2」・物・化・生・地学から1

※英語はリーディング100点を80点に換算し，リスニング100点を20点に換算して100点とする。

[個別試験] 行わない。

【化学生命科学科】 **4〜3**科目　①**外**(200)▶英(リスニングを含む)　②**国・数**(200)▶国(近代)・数Ⅰ・「数Ⅰ・数A」・数Ⅱ・「数Ⅱ・数B」から1　③④**理**(200)▶「物基・化基・生基・地学基から2」・物・化・生・地学から1

[個別試験] 行わない。

一般選抜共通テスト利用型(後期)　**【数物情報科学科】** **3**科目　①**外**(200)▶英(リスニングを含む)　②③**数**(100×2)▶「数Ⅰ・数A」・「数Ⅱ・数B」

【化学生命科学科】 前期と同じ

※共通テスト利用型前期・後期の化学生命科学科と後期の数物情報科学科の英語は，リーディング100点を160点に換算し，リスニング100点を40点に換算して200点とする。

その他の選抜

学校推薦型選抜(公募制)は家政学部4名，文学部17名，人間社会学部10名，理学部8名を，総合型選抜は家政学部42名，文学部32名，人間社会学部19名，理学部24名，国際文化学部25名を募集。ほかに学校推薦型選抜(指定校制)，社会人入試，外国人留学生入試を実施。

偏差値データ(2023年度)

●一般選抜(個別選抜型)

学部／学科／専攻	2023年度 駿台予備学校 合格目標ライン	2023年度 河合塾 ボーダー偏差値	2022年度 競争率
▶家政学部			
児童	47〜48	50〜52.5	1.8
食物／食物学	52	60	4.6
／管理栄養士	54〜55	60〜62.5	5.4
住居／居住環境デザイン	46〜47	52.5	3.9
／建築デザイン	49〜50	57.5	3.3
被服	46〜47	50	1.9
家政経済	48	52.5	1.9
▶文学部			
日本文	49	52.5	2.0
英文	50	50	1.7
史	51	50	2.0
▶人間社会学部			
現代社会	49	57.5	3.7
社会福祉	48	50	1.4
教育	49	52.5	1.9
心理	50	55	3.0
▶理学部			
数物情報科	46〜47	45	1.4
化学生命科	48	45〜47.5	2.1
▶国際文化学部			
国際文化	50	57.5	新

- 駿台予備学校合格目標ラインは合格可能性80%に相当する駿台模試の偏差値です。
- 河合塾ボーダー偏差値は合格可能性50%に相当する河合塾全統模試の偏差値です。
- 競争率は受験者÷合格者の実質倍率。なお，家政学部と理学部は2教科入試の実績。

日本体育大学

資料請求

問合せ先 アドミッションセンター ☎03-5706-0910

建学の精神

1891（明治24）年に設立された「体育会」（翌年，「日本体育会」に改称）を淵源とする，アジア最古，世界最大の体育大学。創設以来，一貫して，スポーツを通じ，すべての人々の願いである“心身の健康”を育み，あわせて世界レベルの優秀な競技者・指導者の育成を追求し続けてきたことから，建学の精神である「體育富強之基」（体育は富国強兵の基本である）を今日では，「真に豊かで持続可能な社会の実現には，心身ともに健康で，体育スポーツの普及・発展を積極的に推進する人材の育成が不可欠である」と解釈し，スポーツサイエンスの幅広い領域を網羅する5学部9学科4領域2コース体制で教育・研究を展開。「身体にまつわる文化と科学の総合大学」として，日本だけでなく，世界の体育とスポーツ文化，そして国際平和に貢献している。

- 東京・世田谷キャンパス……〒158-8508　東京都世田谷区深沢7-1-1
- 横浜・健志台キャンパス……〒227-0033　神奈川県横浜市青葉区鴨志田町1221-1

基本データ

学生数▶7,442名（男4,664名，女2,778名）
専任教員数▶教授91名，准教授60名，講師1名，助教67名
設置学部▶体育，スポーツ文化，スポーツマネジメント，児童スポーツ教育，保健医療
併設教育機関▶大学院—体育学・教育学・保健医療学（以上M・D）

就職・卒業後の進路

就職率 **96.5**%（企業希望者の就職率）
就職者÷希望者×100

●**就職支援**　学生支援センターでは，キャリアカウンセラーがマンツーマンで対応し，一人ひとりの希望や適性に合ったキャリアデザインをサポート。また，学生たちが授業や実習，クラブ活動を通じて身につけた忍耐力や協調性，リーダーシップなどが社会で高く評価され，高い就職率につながっている。

●**資格取得支援**　学生支援センター，教職センターを中心に，他部署・教職員と連携して多様な免許・資格取得をサポート。2021年度からMOS対策講座も実施している。教員をめざす学生を支援する教職センターでは，独自の特別プログラムで採用試験合格までを，教員養成のプロ集団が全力でバックアップ。

進路指導者も必見 学生を伸ばす 面倒見

初年次教育	学修サポート
「日体大の歴史」（日体大伝統実習を含む）や「情報処理」「情報機器の操作」などのほか，学部により，「スポーツ研究A」「基礎ゼミナール」「国語表現Ⅰ」「プレゼンテーション技法論」などの科目を開講している	全学部でTA・SA制度，オフィスアワー制度，専任教員が学生約20人を担当するアドバイザー制度を導入。教員志望者や卒業生が集い学び合う日体教学舎，ネイティブ講師から英会話を学べるグローバルカフェを設置

オープンキャンパス（2022年度実績） 東京・世田谷キャンパスで6月・8月・12月・3月，横浜・健志台キャンパスで7月・9月に開催（要予約）。大学紹介，入学者選抜説明会，体験授業，個別相談会，キャンパスツアーなど。

文系学部

2022年３月卒業生
1,559人

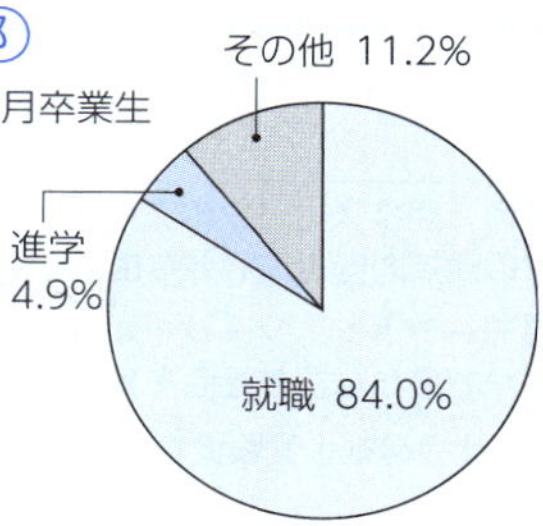

理系学部

2022年３月卒業生
153人

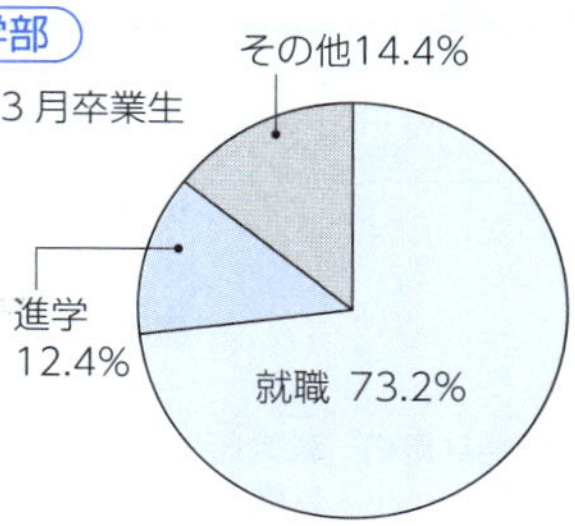

主なOB・OG ▶ ［体育］中根一幸（衆議院議員），内村航平（体操・五輪金メダリスト），高木美帆（スピードスケート・五輪金メダリスト），［現スポーツ文化］阿部一二三（柔道・五輪金メダリスト）など。

国際化・留学　　大学間 **36** 大学

受入れ留学生数 ▶ 37名（2022年９月28日現在）

留学生の出身国 ▶ 中国，韓国，モンゴル，トンガ，コンゴ民主共和国など。

外国人専任教員 ▶ 教授２名，准教授１名，助教３名（2022年９月28日現在）

外国人専任教員の出身国 ▶ 中国，韓国。

大学間交流協定 ▶ 36大学（交換留学先16大学，2022年９月28日現在）

海外への留学生数 ▶ ０名／年（2021年度）

海外留学制度 ▶ １年間休学して交流協定校で学ぶ交換留学，夏季・春季休暇中に行う短期留学および語学研修を実施。スポーツ国際学科では，タイ，ネパール，フィリピンの３カ国から学生が実習国を選択し，提携大学と連携しながら，現地の中学校・高校に赴き，英語で生徒にスポーツ指導を行う「スポーツ国際実習」の授業を実施している。

学費・奨学金制度　　給付型奨学金総額 年間 **1,190** 万円

入学金 ▶ 300,000円

年間授業料（施設費等を除く）▶ 800,000円～（詳細は巻末資料参照）

年間奨学金総額 ▶ 11,900,000円

年間奨学金受給者数 ▶ 58人

主な奨学金制度 ▶ 奨学金の貸与を受け，かつ経済的に困窮し修学困難な者を対象に20万円を給付する「雄渾奨学金」や「メイドー・MCS・長谷川奨学金」「一般奨学生」などを設置。学費納付者の負担軽減を図るための学費減免制度もあり，2021年度には25人を対象に総額で約583万円を減免している。

保護者向けインフォメーション

●**成績確認**　学生の成績照会や学生時間割表などのWeb閲覧が可能。

●**保護者会**　保護者会（全都道府県に支部あり）を組織し，各支部で総会や講演会などを開催している。世田谷キャンパスでは，就職セミナー＆キャンパス見学会を実施（希望者のみ）。

●**相談窓口**　保護者専用窓口を設置している。

●**防災対策**　「学生心得＆災害対応」を用意。災害時の学生の安否は，ポータルサイトを利用して確認するようにしている。

●**コロナ対策１**　ワクチンの職域接種を実施。感染状況に応じた６段階の活動指針を設定している。「コロナ対策２」（下段）あり。

インターンシップ科目	必修専門ゼミ	卒業論文	GPA制度の導入の有無および活用例	１年以内の退学率	標準年限での卒業率
体育とスポーツマネで開講	全学部で３・４年次に実施	体育・児童スポーツ教育・保健医療は卒業要件	奨学金や授業料免除対象者の選定基準として活用	0.7%	89.1%

●コロナ対策２　入構時に検温と消毒を実施するとともに，教室の収容人数を調整。また，感染状況に応じてオンライン授業を併用し，準備支援金を給付。経済的支援として，「雄渾奨学金」にコロナ家計急変を追加した。

学部紹介

学部／学科	定員	特色
体育学部		
体育	800	▷スポーツ教育，競技スポーツの２領域。青少年の健全な育成やスポーツの競技力向上に必要な能力を身につける。
健康	195	▷ヘルスプロモーション，ソーシャルサポートの２領域。心身ともに健やかで豊かな福祉社会を実現する。
● 取得可能な資格…教職（保体，特別支援，養護一種），社会福祉士受験資格など。 ● 進路状況…………就職83.7%　進学5.9% ● 主な就職先………日本たばこ産業，JFEスチール，東日本電信電話，リクルート，教員，警察など。		
スポーツ文化学部		
武道教育	80	▷日本固有の身体運動文化である「武道」「伝統芸能」の知識や技術を身につけ，国内外を問わずに指導できる能力を養う。
スポーツ国際	100	▷日本の精神文化に立脚し，スポーツを通した国際協力・国際交流・開発援助を促進するための知識や技術を養う。
● 取得可能な資格…教職（保体）など。 ● 進路状況…………就職78.9%　進学6.5% ● 主な就職先………教員，警察，損害保険ジャパン，佐川急便，明治安田生命保険，ドウシシャなど。		
スポーツマネジメント学部		
スポーツマネジメント	145	▷さまざまなスポーツ事業にビジネスチャンスを見つけ出し，スポーツを推進することができる人材を育成する。
スポーツライフマネジメント	110	▷スポーツライフを理解し，一般市民の生涯教育の一環としてスポーツの普及・拡大や健康増進を図れる能力を養う。
● 取得可能な資格…教職（保体），社会教育主事任用資格など。 ● 進路状況…………就職84.9%　進学2.9% ● 主な就職先………富士フイルムビジネスイノベーションジャパン，星野リゾート，教員，警察など。		
児童スポーツ教育学部		
児童スポーツ教育	170	▷〈児童スポーツ教育コース120名，幼児教育保育コース50名〉乳幼児期・児童期の教育・保育，運動習慣など，子どもの健康と安心，豊かな社会づくりに貢献する人材を育成する。
● 取得可能な資格…教職（小一種，幼一種），保育士など。 ● 進路状況…………就職89.1%　進学1.0% ● 主な就職先………教員，保育園，幼稚園，帝人，佐川急便，富士通，特別区，法務省，警察など。		
保健医療学部		
整復医療	90	▷スポーツを多面的に理解し，スポーツを医療の立場から支える柔道整復術の実践者として活躍できる医療人を育成。
救急医療	80	▷切迫した危機的状況下で，人命に関わる重責を担える総合的な実践力を持った救急救命士を育成する。
● 取得可能な資格…救急救命士・柔道整復師受験資格など。 ● 進路状況…………就職73.2%　進学12.4% ● 主な就職先………消防，警察，病院・医療施設，救心製薬，USEN-NEXT HOLDINGSなど。		

▶キャンパス

体育・スポーツ文化・児童スポーツ教育……［東京・世田谷キャンパス］東京都世田谷区深沢7-1-1
体育・スポーツマネジメント・保健医療……［横浜・健志台キャンパス］神奈川県横浜市青葉区鴨志田町1221-1

キャンパスアクセス ［東京・世田谷キャンパス］東急田園都市線一桜新町より徒歩15分またはバス５分／東急大井町線一等々力より徒歩25分またはバス10分

2023年度入試要項(前年度実績)

●募集人員

学部／学科(コース)	一般
▶体育　体育	182
健康	30
▶スポーツ文化　武道教育	31
スポーツ国際	30
▶スポーツマネジメント　スポーツマネジメント	41
スポーツライフマネジメント	26
▶児童スポーツ教育　児童スポーツ教育(児童スポーツ教育)	30
(幼児教育保育)	13
▶保健医療　整復医療	5
救急医療	4

※一般選抜はA・B・C日程(武道教育学科はB日程のみ)と共通テスト利用型を実施し，募集人員は全日程・方式の合計数。ただし，武道学科はB日程で25名，共通テスト利用型で6名を募集する。

全学部

一般選抜(A・B・C日程)　3〜2科目　①国(100)▶国総(古典を除く)　②外(100)▶英表Ⅰ・英表Ⅱ　③**実技**(動画提出)・**面接**▶[武道教育学科]－柔道・剣道・相撲・空手道・少林寺拳法・合気道・弓道・なぎなた・伝統芸能のうち各自が出願した種目で行う，[保健医療学部]－集団面接

※その他の学科は上記①②のみ。武道教育学科はB日程のみ実施。

一般選抜(共通テスト利用型)　**〈共通テスト科目〉**　4〜3科目　①国(100)▶国(近代)　②外(100)▶英(リーディングのみ)　③④**地歴・公民・数・理**(100)▶世A・世B・日A・日B・地理A・地理B・現社・倫・政経・「倫・政経」・数Ⅰ・「数Ⅰ・数A」・数Ⅱ・「数Ⅱ・数B」・簿・情・「物基・化基・生基・地学基から2」・物・化・生・地学から1，ただし保健医療学部は地歴・公民の選択不可

〈個別試験科目〉　1科目　①**実技**(動画提出)・**面接**▶[武道教育学科]－柔道・剣道・相撲・空手道・少林寺拳法・合気道・弓道・なぎなた・伝統芸能のうち各自が出願した種目で行う，[保健医療学部]－集団面接

※その他の学科は個別試験を実施しない。

その他の選抜

学校推薦型選抜(一般・スポーツ・指定校)は体育学部480名，スポーツ文化学部70名，スポーツマネジメント学部125名，児童スポーツ教育学部85名，保健医療学部69名を，総合型選抜(トップアスリート型・課題探究型・プレゼンテーション型・運動適性型)は体育学部303名，スポーツ文化学部49名，スポーツマネジメント学部63名，児童スポーツ教育学部42名，保健医療学部92名を募集。ほかに英語外部資格選抜，飛び入学選抜，国際バカロレア(IB)資格選抜，帰国生選抜，リカレント選抜，外国人留学選抜を実施。

偏差値データ(2023年度)

●一般選抜（共通テスト利用型を除く）

学部／学科／コース	2023年度 駿台予備学校 合格目標ライン	2023年度 河合塾 ボーダー偏差値	2022年度 競争率
▶体育学部			
体育	39	42.5	3.7
健康	39	37.5	2.9
▶スポーツ文化学部			
武道教育	35	BF	1.0
スポーツ国際	37	35	1.0
▶スポーツマネジメント学部			
スポーツマネジメント	36	42.5	3.8
スポーツライフマネジメント	36	35	2.0
▶児童スポーツ教育学部			
児童スポーツ教育／児童	39	BF	1.0
幼児教育	39	BF	1.0
▶保健医療学部			
整復医療	38	42.5	2.8
救急医療	38	BF	1.0

- 駿台予備学校合格目標ラインは合格可能性80%に相当する駿台模試の偏差値です。
- 河合塾ボーダー偏差値は合格可能性50%に相当する河合塾全統模試の偏差値です。
- 競争率は受験者÷合格者の実質倍率

※競争率は2022年度前期A日程の実績です。ただし，武道教育学科はB日程。

キャンパスアクセス [横浜・健志台キャンパス] 東急田園都市線―青葉台よりバス15分

文京学院大学

ぶんきょうがくいん

資料請求

問合せ先 入試広報センター　☎03-5684-4870（本郷C）　☎049-261-6488(代)（ふじみ野C）

建学の精神

女性の自立を支える私塾として1924（大正13）年に開塾した島田裁縫伝習所を前身に，91（平成３）年に開学した，社会と共に育み，共に歩む「共育力」の大学。創立以来，大切にしてきた「自立と共生」のもと，違いを受け入れ，認め，お互いを尊重し合える共生社会の実現に貢献する，グローバル社会を生き抜くことのできる自立した人間を世に送り出すことこそを使命に，「社会課題解決プロジェクト」「マッスルプロジェクト」「Bunkyo GCIプロジェクト」「まちラボプロジェクト」「新・文明の旅プログラム」といった，人と社会とつながる「実践と体験型の学び」を数多く展開。2024年の学園創立100周年に向けて，そして，その先を見据え，文京学院大学は一人ひとりのために，より良い学びのフィールドをつくり，支え続けている。

- 本郷キャンパス………〒113-8668　東京都文京区向丘1-19-1
- ふじみ野キャンパス…〒356-8533　埼玉県ふじみ野市亀久保1196

基本データ

学生数▶4,653名（男1,866名，女2,787名）
専任教員数▶教授85名，准教授54名，助教・講師24名
設置学部▶外国語，経営，人間，保健医療技術
併設教育機関▶大学院―外国語学・経営学・人間学・保健医療科学・看護学（以上M）

就職・卒業後の進路

就職率 98.4%
就職者÷希望者×100

●**就職支援**　学生一人ひとりの就職活動をマンツーマンで行う担当制など，学生×教員×キャリアセンター職員が三位一体となって就職をバックアップ。保育，教育，福祉，医療分野の専門職をめざす学生にも，教職員が伴走し，専門職就職ガイダンスやジョブフェアを開催するなど，きめ細かく支援している。

●**資格取得支援**　各種国家試験，教員採用試験，公務員試験などの資格対策講座を随時開講し，資格取得を支援。試験対策合宿を行う学科もあるなど，国家試験対策には学科全体で取り組み，合格率は年々着実に伸びている。

進路指導者も必見 学生を伸ばす 面倒見

初年次教育
すべての学びの基礎となる「人間共生論」のほか，「初年次教育演習」「大学学」「初年次セミナーab」「基礎ゼミナールⅠ・Ⅱ」「スタディスキル」「学士力基礎」「情報処理演習ab」「情報科学」などの科目を開講している

学修サポート
全学部でTA制度とオフィスアワー制度，人間・保健医療技術でSA制度，外国語・人間・保健医療技術で教員アドバイザー制度を導入。学習サポートセンターや学生支援センターで大学での学習を多方面から支援している

オープンキャンパス（2022年度実績）　5月・6月・7月・8月（3日間）・9月・12月・3月に，本郷・ふじみ野両キャンパスで同時開催（事前予約制）。本郷キャンパスでは，保護者を対象とした説明会も実施している。

文系学部

2022年３月卒業生
853人

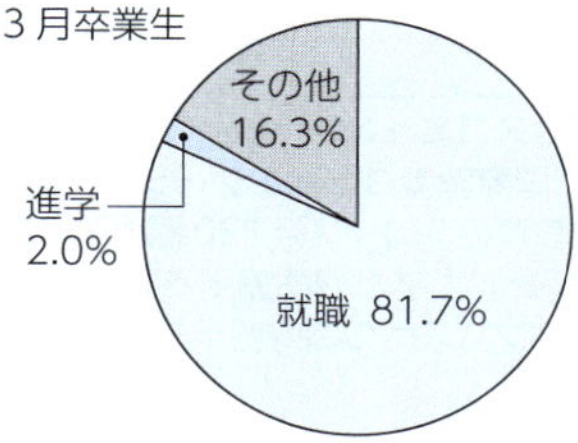

理系学部

2022年３月卒業生
256人

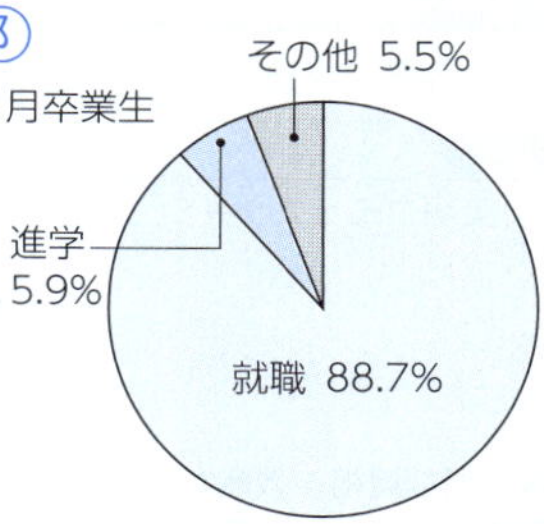

国際化・留学　大学間 **37** 大学・部局間 **5** 大学

受入れ留学生数▶19名（2022年５月１日現在）

留学生の出身国▶中国，韓国，ベトナム，インドネシアなど。

外国人専任教員▶教授３名，准教授４名，助教１名（2022年５月１日現在）

外国人専任教員の出身国▶韓国，中国，イギリス，アメリカなど。

大学間交流協定▶37大学（交換留学先14大学，2022年５月１日現在）

部局間交流協定▶５大学（交換留学先０大学，2022年５月１日現在）

海外への留学生数▶渡航型７名・オンライン型19名／年（６カ国・地域，2021年度）

海外留学制度▶提携大学で正規の授業を履修する交換留学や，約半年間の語学研修に参加する長期語学留学，春期・夏期休暇を利用した短期語学留学など，多彩なプログラムを用意。また，オンライン留学プログラムも実施している。コンソーシアムはUMAPに参加。

学費・奨学金制度　給付型奨学金総額 年間約 **1,521** 万円

入学金▶280,000円

年間授業料（施設費等を除く）▶864,000円～（詳細は巻末資料参照）

年間奨学金総額▶15,210,812円

年間奨学金受給者数▶263人

主な奨学金制度▶在学生対象の「B'sエデュケーション（教育支援奨学金）」，生活支援特別給付制度などがある「入学試験におけるスカラシップ制度」など，学生の学びたい意欲を支援する独自の奨学金・奨励金制度を設置。学費減免制度もあり，2021年度には53人を対象に総額で約1,857万円を減免している。

保護者向けインフォメーション

●**成績確認**　成績通知表を各期末に郵送。

●**学院紙**　学院紙「文京学院」のほか，「まるわかりBGU」を発行している。

●**就職説明会**　後援会や保護者会（保健医療技術）を組織し，保護者を対象とした就職説明会を１年次向けは６・７月，３年次は６月に実施。「保護者のための就職ガイドブック」も発行。

●**相談窓口**　後援会の大学HPに，問い合わせ先のメールアドレスを掲載（学部による）。

●**防災対策**　「防災マニュアル」や「地震防災マニュアル（文京区版）」を用意。大災害に備えて安否確認システム「ANPIC」を導入。

●**コロナ対策１**　ワクチンの職域接種を実施。感染状況に応じた５段階のBCP（行動指針）を設定。「コロナ対策２」（下段）あり。

インターンシップ科目	必修専門ゼミ	卒業論文	GPA制度の導入の有無および活用例	１年以内の退学率	標準年限での卒業率
外国語・経営・人間学部で開講	外国語学部と人間学部で３・４年次，保健医療技術学部で１～４年次に実施	経営学部と児童発達学科を除き卒業要件	奨学金等対象者選定，留学候補者選考，進級・卒業判定，退学勧告，大学院入試選抜，個別の学修指導，履修上限単位数の設定などに活用	3.5%	75.4%

● **コロナ対策２**　2022年度は，ハイフレックス型授業を含む対面授業を実施。2021年度後期に，新型コロナの影響で学業の継続が困難になった学生を対象に「期間限定特別新型コロナウイルス感染症経済対策奨学金」を設置。

学部紹介

学部／学科	定員	特色
外国語学部		
英語コミュニケーション	260	▷〈国際ビジネスコミュニケーション専攻（国際ビジネスコース）130名，国際教養コミュニケーション専攻（国際協力・国際文化・英語教育の3コース）130名〉2022年4月にアメリカのレイクランド大学と包括協定を結び，東京・両国にあるジャパン・キャンパスへの国内留学も可能。
● 取得可能な資格…教職（英）など。 ● 進路状況…………就職79.6%　進学1.3% ● 主な就職先………星野リゾート・マネジメント，イオンリテール，鹿島建設，埼玉県教育委員会など。		
経営学部		
経営コミュニケーション	130	▷企業のプロジェクトリーダーやマネジャー，財務や会計・人事といった領域で活躍するスペシャリストを育成する。
マーケティング・デザイン	130	▷2023年度より，マーケティング・デザイン専攻から学科に改組。デザインを生かした最新のマーケティングを学ぶ。
● 進路状況…………就職84.2%　進学1.7% ● 主な就職先………マーキュリー，三菱電機住環境システムズ，オリエンタルランド，日本製罐など。		
人間学部		
コミュニケーション社会	60	▷2つのキャンパスに設置された「まちラボ」で実際に地域や企業・行政の方々と連携しながら，社会問題を解決するプロセスや組織運営の仕方などを学ぶ。
児童発達	130	▷一人ひとりの個性を理解して，子どもの自主性を尊重する先生を育成する。2023年度より，国際こどもコースを開設。
人間福祉	110	▷福祉マネジメント，ソーシャルワークの2コース。福祉の視点を持ったビジネスパーソンと，高い専門性を身につけたソーシャルワーカーを育成する。
心理	100	▷公認心理師，キャリア心理，心理サイエンスの3コース。日々の暮らしや社会をよりよくする心理学を科学的に学ぶ。
● 取得可能な資格…教職（小一種，幼一種），保育士，介護福祉士・社会福祉士・精神保健福祉士受験資格，社会福祉主事任用資格など。 ● 進路状況…………就職81.5%　進学2.7% ● 主な就職先………東京都教育委員会，杉並・文京区ほか区役所，アウトソーシングテクノロジーなど。		
保健医療技術学部		
理学療法	80	▷さまざまな領域で一歩先をいく理学療法士を育成する。教員自らが見学して厳選した全国250カ所の実習先を用意。
作業療法	40	▷好奇心や遊び心もフル回転させ，頑張らないリハビリを提案する作業療法士を育成する。世界作業療法士連盟認定校。
臨床検査	80	▷検査のプロフェッショナルとして，高度化する医療を支え，生命を守る臨床検査技師を育成する。
看護	100	▷「人を尊重する態度」や「論理的に思考する力」「自ら学び取る姿勢」を修得し，実践できる看護師を育成する。
● 取得可能な資格…教職（養護二種），看護師・保健師・臨床検査技師・理学療法士・作業療法士受験資格など。 ● 進路状況…………就職88.7%　進学5.9% ● 主な就職先………国立病院機構埼玉病院，獨協医科大学埼玉医療センターほか一般・総合病院など。		

キャンパスアクセス [本郷キャンパス] 東京メトロ南北線―東大前より徒歩0分／都営地下鉄三田線―白山より徒歩10分／東京メトロ千代田線―根津より徒歩10分

キャンパス
外国語・経営・人間(コミュニケーション社会３・４年次，福祉マネジメントコース３・４年次)・保健医療技術(臨床検査・看護２～４年次) ……[本郷キャンパス] 東京都文京区向丘1-19-1
人間(児童発達・人間福祉〈福祉マネジメントコースは１・２年次〉・心理，コミュニケーション社会１・２年次)・保健医療(理学療法・作業療法，臨床検査・看護１年次) ……[ふじみ野キャンパス] 埼玉県ふじみ野市亀久保1196

2023年度入試要項(前年度実績)

●募集人員

学部／学科(専攻)	全学統一	一般Ⅰ期	一般Ⅱ期	一般Ⅲ期	共通テスト
▶外国語 英語コミュニケーション(国際ビジネス)	30	30	10		若干名
(国際教養)	30	30	10		若干名
▶経営 経営コミュニケーション	30	30	10		若干名
マーケティング・デザイン	30	30	10		若干名
▶人間 コミュニケーション社会	10	15	5		若干名
児童発達	25	30	10		5
人間福祉	20	27	8		5
心理	17	25	8		5
▶保健医療技術 理学療法	15	10	若干名		若干名
作業療法	5	5	若干名		若干名
臨床検査	20	20	若干名		若干名
看護	20	15	若干名		若干名

※一般選抜Ⅰ期の外国語・経営・人間の３学部はＡ日程・Ｂ日程を実施。
※共通テスト利用選抜は全学部がⅠ期・Ⅱ期・Ⅲ期を実施。

▷全学統一選抜と一般選抜Ⅰ期において，指定された英語外部試験(英検〈CSEスコア〉，GTEC CBTタイプ，TOEFL iBT，TEAP 4技能，IELTS)の基準を満たしている者は，その成績を証明する書類を提出することにより，英語試験の得点に換算して判定する英語外部試験利用制度を利用することも可能。ただし，本学の「英語」試験の受験は必須で，その場合，英語外部試験利用による得点と「英語」試験の得点のうち，より高得点のものを合否判定に採用する。

外国語学部

全学統一選抜 ②科目 ①国(100)▶国総(近代) ②外(150)▶コミュ英Ⅰ・コミュ英Ⅱ・英表Ⅰ
一般選抜Ⅰ期Ａ日程(２科目入試) ②科目 ①外(150)▶コミュ英Ⅰ・コミュ英Ⅱ・英表Ⅰ ②国・地歴(100)▶国総(近代)・世Ｂ・日Ｂから１
一般選抜Ⅰ期Ａ日程(３科目入試)・Ｂ日程 ③科目 ①国(100)▶国総(近代) ②外(150)▶コミュ英Ⅰ・コミュ英Ⅱ・英表Ⅰ ③地歴(100)▶世Ｂ・日Ｂから１
※Ａ日程３科目入試は３科目を受験し，英語と高得点１科目で判定する。
一般選抜Ⅱ期 ②科目 ①国(100)▶国総(近代) ②外(150)▶コミュ英Ⅰ・コミュ英Ⅱ・英表Ⅰ
一般選抜Ⅲ期 ②科目 ①外(150)▶コミュ英Ⅰ・コミュ英Ⅱ・英表Ⅰ ②国・総合(100)▶国総(近代)・総合問題から１
※英語は一部記述式で実施。
※総合問題は資料や図表を読み解き，設問に解答。一部記述を含む。
共通テスト利用選抜Ⅰ期・Ⅱ期・Ⅲ期(２科目型判定) 3～2科目 ①外(200)▶英(リスニング〈100〉を含む) ②③国・地歴・公民・数・理(100)▶国(近代)・世Ａ・世Ｂ・日Ａ・日Ｂ・地理Ａ・地理Ｂ・現社・倫・政経・「倫・政経」・数Ⅰ・「数Ⅰ・数Ａ」・数Ⅱ・「数Ⅱ・数Ｂ」・簿・情・「物基・化基・生基・地学基から２」・物・化・生・地学から１
[個別試験] 行わない。
共通テスト利用選抜Ⅰ期・Ⅱ期・Ⅲ期(３科目型判定) 4～3科目 ①国(100)▶国(近代) ②外(200)▶英(リスニング〈100〉を含む) ③④地歴・公民・数・理(100)▶世Ａ・世Ｂ・日Ａ・日Ｂ・地理Ａ・地理Ｂ・現社・倫・政経・「倫・

キャンパスアクセス [ふじみ野キャンパス] 東武東上線(東京メトロ有楽町線・副都心線乗り入れ)―ふじみ野よりスクールバス7分または東武バス9分

政経」・数Ⅰ・「数Ⅰ・数A」・数Ⅱ・「数Ⅱ・数B」・簿・情・「物基・化基・生基・地学基から2」・物・化・生・地学から1
[個別試験] 行わない。

経営学部・人間学部

全学統一選抜 2科目 ①外(100)▶コミュ英Ⅰ・コミュ英Ⅱ・英表Ⅰ ②国・数(100)▶国総(近代)・「数Ⅰ・数Ⅱ・数A」から1
一般選抜Ⅰ期A日程(2科目入試) 2科目 ①外(100)▶コミュ英Ⅰ・コミュ英Ⅱ・英表Ⅰ ②国・地歴・数(100)▶国総(近代)・世B・日B・「数Ⅰ・数Ⅱ・数A」から1
一般選抜Ⅰ期A日程(3科目入試)・B日程 3科目 ①国(100)▶国総(近代) ②外(100)▶コミュ英Ⅰ・コミュ英Ⅱ・英表Ⅰ ③地歴・数(100)▶世B・日B・「数Ⅰ・数Ⅱ・数A」から1
※A日程3科目入試は3科目を受験し，英語と高得点1科目で判定する。
一般選抜Ⅱ期 2科目 ①国(100)▶国総(近代) ②外(100)▶コミュ英Ⅰ・コミュ英Ⅱ・英表Ⅰ
一般選抜Ⅲ期 2科目 ①外(100)▶コミュ英Ⅰ・コミュ英Ⅱ・英表Ⅰ ②国・総合(100)▶国総(近代)・総合問題から1
※英語は一部記述式で実施。
※総合問題は資料や図表を読み解き，設問に解答。一部記述を含む。
共通テスト利用選抜Ⅰ期・Ⅱ期・Ⅲ期(2科目型判定) 3~2科目 ①外(200)▶英(リスニング〈100〉を含む) ②③国・地歴・公民・数・理(200)▶国(近代)・世A・世B・日A・日B・地理A・地理B・現社・倫・政経・「倫・政経」・数Ⅰ・「数Ⅰ・数A」・数Ⅱ・「数Ⅱ・数B」・簿・情・「物基・化基・生基・地学基から2」・物・化・生・地学から1
[個別試験] 行わない。
共通テスト利用選抜Ⅰ期・Ⅱ期・Ⅲ期(3科目型判定) 4~3科目 ①国(200)▶国(近代) ②外(200)▶英(リスニング〈100〉を含む) ③④地歴・公民・数・理(200)▶世A・世B・日A・日B・地理A・地理B・現社・倫・政経・「倫・政経」・数Ⅰ・「数Ⅰ・数A」・数Ⅱ・「数Ⅱ・数B」・簿・情・「物基・化基・生基・地学基から2」・物・化・生・地学から1
[個別試験] 行わない。

保健医療技術学部

全学統一選抜・一般選抜Ⅱ期 【理学療法学科】 4~3科目 ①外(100)▶コミュ英Ⅰ・コミュ英Ⅱ・英表Ⅰ ②③数・理(100)▶「数Ⅰ・数Ⅱ・数A」・「化基・生基」・「化基・化(物状・物変・無機・有機)」・「生基・生(生命・生殖・環境応答)」から1 ④面接(100)
【作業療法学科・看護学科】 4~3科目 ①外(100)▶コミュ英Ⅰ・コミュ英Ⅱ・英表Ⅰ ②③国・数・理(100)▶国総(近代)・「数Ⅰ・数Ⅱ・数A」・「化基・生基」・「化基・化(物状・物変・無機・有機)」・「生基・生(生命・生殖・環境応答)」から1 ④面接(100)
※全学統一選抜において，看護学科が国語を選択する場合は，高校等で化基・生基，化基・化または生基・生のいずれかを履修し，修得していることを要件とする。修得状況については，調査書にて確認。
【臨床検査学科】 3科目 ①外(100)▶コミュ英Ⅰ・コミュ英Ⅱ・英表Ⅰ ②数・理(100)▶「数Ⅰ・数Ⅱ・数A」・「化基・化(物状・物変・無機・有機)」・「生基・生(生命・生殖・環境応答)」から1 ③面接(100)
一般選抜Ⅰ期 【理学療法学科】 5~4科目 ①外(100)▶コミュ英Ⅰ・コミュ英Ⅱ・英表Ⅰ ②③④数・理(100)▶「数Ⅰ・数Ⅱ・数A」・「化基・生基」・「化基・化(物状・物変・無機・有機)」・「生基・生(生命・生殖・環境応答)」から2，ただし理科を2科目選択する場合は，化基・化，生基・生を選択すること ⑤面接(100)
【作業療法学科・看護学科】 5~4科目 ①外(100)▶コミュ英Ⅰ・コミュ英Ⅱ・英表Ⅰ ②③④国・数・理(100)▶国総(近代)・「数Ⅰ・数Ⅱ・数A」・「化基・生基」・「化基・化(物状・物変・無機・有機)」・「生基・生(生命・生殖・環境応答)」から2，ただし理科を2科目選択する場合は，化基・化．生基・生を選択すること ⑤面接(100)
【臨床検査学科】 4科目 ①外(100)▶コミュ英Ⅰ・コミュ英Ⅱ・英表Ⅰ ②③数・理(100)▶「数Ⅰ・数Ⅱ・数A」・「化基・化(物状・物変・無機・有機)」・「生基・生(生命・生殖・環境応答)」から2 ④面接(100)

※全学科において，選択科目は２科目を受験し高得点の１科目を判定に利用。ただし，選択科目の高得点とならなかった科目の得点についても基準点を設定し，合否判定の参考とする。

一般選抜Ⅲ期 【理学療法学科】 4〜3科目 ①外(100)▶コミュ英Ⅰ・コミュ英Ⅱ・英表Ⅰ ②③数・理・総合(100)▶「数Ⅰ・数Ⅱ・数Ａ」・「化基・生基」・「化基・化(物状・物変・無機・有機)」・「生基・生(生命・生殖・環境応答)」・総合問題から１ ④面接(100)

【作業療法学科・看護学科】 4〜3科目 ①外(100)▶コミュ英Ⅰ・コミュ英Ⅱ・英表Ⅰ ②③国・数・理・総合(100)▶国総(近代)・「数Ⅰ・数Ⅱ・数Ａ」・「化基・生基」・「化基・化(物状・物変・無機・有機)」・「生基・生(生命・生殖・環境応答)」・総合問題から１ ④面接(100)

【臨床検査学科】 4〜3科目 ①外(100)▶コミュ英Ⅰ・コミュ英Ⅱ・英表Ⅰ ②③数・理・総合(100)▶「数Ⅰ・数Ⅱ・数Ａ」・「化基・化(物状・物変・無機・有機)」・「生基・生(生命・生殖・環境応答)」・総合問題から１ ④面接(100)

※全学科において，Ⅲ期の英語は一部記述式で実施。

※総合問題は資料や図表を読み解き，設問に解答。一部記述を含む。

共通テスト利用選抜Ⅰ期・Ⅱ期・Ⅲ期 【理学療法学科】 4〜3科目 ①外(200)▶英(リスニング〈100〉を含む) ②数(100)▶数Ⅰ・「数Ⅰ・数Ａ」・数Ⅱ・「数Ⅱ・数Ｂ」から１ ③④理(100)▶「物基・化基・生基から２」・物・化・生から１

[個別試験] 1科目 ①面接(200)

【作業療法学科・看護学科】 4〜3科目 ①外(200)▶英(リスニング〈100〉を含む) ②国・数(100)▶国(近代)・数Ⅰ・「数Ⅰ・数Ａ」・数Ⅱ・「数Ⅱ・数Ｂ」から１ ③④理(100)▶「物基・化基・生基から２」・物・化・生から１

[個別試験] 1科目 ①面接(200)

【臨床検査学科】 3科目 ①外(200)▶英(リスニング〈100〉を含む) ②数(100)▶数Ⅰ・「数Ⅰ・数Ａ」・数Ⅱ・「数Ⅱ・数Ｂ」から１ ③理(100)▶物・化・生から１

[個別試験] 1科目 ①面接(200)

※全学科において，一般選抜，共通テスト利用選抜の面接は，調査書を面接の参考資料として活用する。

その他の選抜

学校推薦型選抜(公募制〈専願制〉・併願制・指定校制，GCI公募制〈専願制〉)は外国語学部60名，経営学部80名，人間学部95名，保健医療技術学部90名を，総合型選抜(外国語学部と経営学部はGCI総合型選抜を含む)は外国語学部60名，経営学部40名，人間学部90名，保健医療技術学部100名を募集。ほかに帰国生徒選抜，社会人選抜，外国人留学生選抜，GCI外国人留学生選抜を実施。

偏差値データ（2023年度）

●一般選抜Ⅰ期

学部／学科／専攻	2023年度 駿台予備学校 合格目標ライン	2023年度 河合塾 ボーダー偏差値	2022年度 競争率
▶外国語学部			
英語／国際ビジネス	35	35	1.0
／国際教養	35	35	1.0
▶経営学部			
経営コミュニケーション	35	37.5	1.2
マーケティング・デザイン	35	37.5	1.4
▶人間学部			
コミュニケーション社会	35	35〜37.5	1.2
児童発達	36	35〜37.5	1.0
人間福祉	35	35	1.0
心理	36	37.5	1.4
▶保健医療技術学部			
理学療法	38	37.5	1.1
作業療法	36	37.5	1.3
臨床検査	36	37.5	1.0
看護	37	37.5	1.5

● 駿台予備学校合格目標ラインは合格可能性80％に相当する駿台模試の偏差値です。
● 河合塾ボーダー偏差値は合格可能性50％に相当する河合塾全統模試の偏差値です。
● 競争率は2022年度全学統一入試と一般選抜Ⅰ・Ⅱ・Ⅲ期の受験者÷合格者の実質倍率

※経営学部の競争率は，経営コミュニケーション学科は旧マネジメント専攻，マーケティング・デザイン学科は旧マーケティング・デザイン専攻の実績です。

法政(ほうせい)大学

資料請求

問合せ先 入学センター ☎03-3264-9300

建学の精神

自由を求める気運が高まっていた1880（明治13）年に，金丸鉄，伊藤修，薩埵正邦ら若き法律家によって誕生した東京法学社を前身に，３つの世紀にわたり，「自由と進歩」の学風を受け継ぎ，幾多の人材を輩出。校歌に謳うよき師よき友が集い，人びとの権利を重んじ，多様性を認め合う「自由な学風」と，なにものにもとらわれることなく公正な社会の実現をめざす「進取の気象」を育み続け，地球社会の課題解決に貢献することこそを使命に「自由を生き抜く実践知」を磨き，社会に生かす学びを実践。キャリア支援においても，試験合格に向けた強力なサポートを行う公務員講座，「マスコミに強い法政大学」を生んだ自主マスコミ講座など，変化を恐れず，常に挑戦し続ける――いつの時代も歴史と伝統に甘えることなく，新たな改革に挑み続けている。

- 市ケ谷キャンパス…〒102-8160 東京都千代田区富士見2-17-1
- 多摩キャンパス……〒194-0298 東京都町田市相原町4342
- 小金井キャンパス…〒184-8584 東京都小金井市梶野町3-7-2

基本データ

学生数▶27,141名（男16,363名，女10,778名）
専任教員数▶教授587名，准教授117名，講師29名
設置学部▶法，文，経済，社会，経営，国際文化，人間環境，現代福祉，キャリアデザイン，GIS（グローバル教養），スポーツ健康，情報科，デザイン工，理工，生命科
併設教育機関▶大学院（P.711参照） 通信教育部―法学部，文学部，経済学部

就職・卒業後の進路

就 職 率 **95.7**％
就職者÷希望者×100

● **就職支援** １年次からスタートするキャリア支援，経験豊富なスタッフによる個別相談，体験型の就職活動準備講座，充実のインターンシップ支援，卒業生による支援など，万全の体制で一人ひとりをバックアップ。

● **資格取得支援** 教員免許状の取得のための教職課程をはじめ，法曹や公認会計士などの難関資格から社会福祉士や建築士といった専

進路指導者も必見 **学生を伸ばす 面倒見**

初年次教育	学修サポート
全学部でレポート・論文の書き方を習得するほか，学部により，自校教育や学問・大学教育に対する動機づけ，プレゼン技法やITの基礎技術，情報収集や資料整理の方法を養うとともに，論理的思考や問題発見・解決能力の向上を図っている	全学部でTA制度，オフィスアワー制度を導入。また，学習ステーションを設置し，学生が学生を支援する「ピアサポート」を積極的に展開。さらに，留学生やネイティブスピーカーと交流できるグローバルラウンジを設置している

オープンキャンパス（2022年度実績） 小金井キャンパスで８月６日，多摩キャンパスで８月６・11日，市ヶ谷キャンパスで８月20～22日に開催。河合塾講師によるオンライン英語対策講座も10月に複数回実施。

門性の高い資格まで，多彩な資格取得を支援するプログラムを用意している。

文系学部

2022年３月卒業生
5,144人

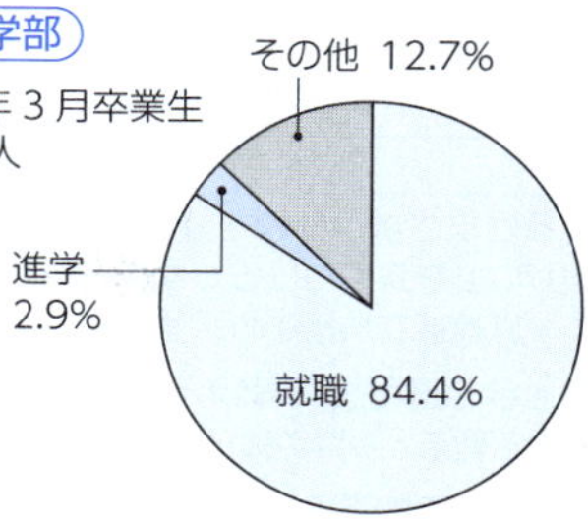

理系学部

2022年３月卒業生
1,208人

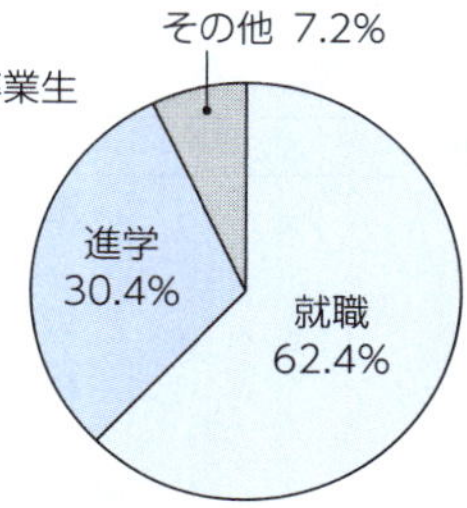

主なOB・OG ▶ ［法］菅義偉（第99代内閣総理大臣），［法］鈴木直道（北海道知事），［経済］吉田謙次（オリエンタルランド社長），［経営］伊藤秀二（カルビー社長），［社会］鈴木奈穂子（NHKアナウンサー）など。

国際化・留学　大学間 226 大学等・部局間 70 大学等

受入れ留学生数 ▶ 752名（2022年５月１日現在）

留学生の出身国・地域 ▶ 中国，韓国，台湾，ドイツ，ベトナム，アメリカ，タイなど。

外国人専任教員 ▶ 教授37名，准教授17名，講師５名（2022年５月１日現在）

外国人専任教員の出身国 ▶ 中国，アメリカ，イギリス，韓国，オーストラリアなど。

大学間交流協定 ▶ 226大学・機関（交換留学先65大学，2022年10月１日現在）

部局間交流協定 ▶ 70大学・機関（交換留学先13大学（2022年10月１日現在）

海外への留学生数 ▶ 渡航型59名・オンライン型232名／年（20カ国・地域，2021年度）

海外留学制度 ▶ 選考に合格した全員に奨学金を支給する派遣留学，希望する大学へ私費留学する認定海外留学，夏季・春季休業期間を利用した短期語学研修，国際ボランティア・国際インターンシップのほか，11学部において，学部独自の留学・海外研修制度を実施。

学費・奨学金制度　給付型奨学金総額 年間約 2 億 5,175 万円

入学金 ▶ 240,000円

年間授業料（施設費等を除く）▶ 831,000円～（詳細は巻末資料参照）

年間奨学金総額 ▶ 251,753,502円

年間奨学金受給者数 ▶ 1,079人

主な奨学金制度 ▶ 各学部２～４年生の前年度成績上位者対象の「成績最優秀者奨学金」，学業成績が優れ，教育上経済的援助が必要な者を対象とした「新・法政大学100周年記念奨学金」，難関資格試験や国家公務員採用総合職試験合格者対象の「指定試験合格者奨励金」など，独自のサポート体制が充実。

保護者向けインフォメーション

● **パンフレット**　「保護者の皆様へ」を作成。また広報誌「法政」を発行・送付している。

● **成績確認**　前学期までの単位修得状況を表示した「成績通知書」を郵送している。

● **後援会**　自主的に後援会を組織し，「新入生父母の集い」や「父母懇談会」を開催している。

● **防災対策**　学生手帳に「大震災マニュアル」を掲載。災害時の学生の安否は，大学HPを利用して確認するようにしている。

● **コロナ対策１**　ワクチンの大学拠点接種を実施。「コロナ対策２」（下段）あり。

インターンシップ科目	必修専門ゼミ	卒業論文	GPA制度の導入の有無および活用例	１年以内の退学率	標準年限での卒業率
経営学部と人間環境学部で開講	文学部，現代福祉学部，デザイン工学部，理工学部（航空操縦学専修を除く），生命科学部で実施（１年次の基礎演習・基礎ゼミ等は除く）	文学部と理系4学部（航空を除く），臨床心理学科は卒業要件	学部により，奨学金対象者の選定，留学候補者の選考，学生に対する個別の学修指導，大学院入試の選抜に活用	1.1％	NA

● **コロナ対策２**　感染状況に応じた５段階の行動方針を設定。経済的支援として，新型コロナウイルス感染症禍に伴う家計急変またはアルバイト収入が減収となった学生を対象とした大学独自の奨学金制度を設置。

学部紹介

学部／学科	定員	特色
法学部		
法律	493	▷社会におけるさまざまな問題を論理的・合理的に解決するための「法的思考力」を身につける。学部３年間＋法科大学院２年間の５年一貫教育で法曹をめざす法曹コースを設置。
政治	176	▷伝統的な政治学を超え"今"の政治問題にも取り組み，実践的な問題解決力を育む。初年次から専門科目の履修が可能。
国際政治	152	▷グローバルな視野で物事をとらえ，「地球共生社会」の実現をめざす人材を育成する。英語教育が充実。
● **取得可能な資格**…教職（地歴・公・社），司書，司書教諭，学芸員など。 ● **進路状況**…………就職81.0%　進学4.1% ● **主な就職先**………清水建設，山崎製パン，大日本印刷，日立製作所，SUBARU，三菱UFJ銀行，大和証券，東京海上日動火災保険，読売新聞東京本社，法務省，東京国税局など。		
文学部		
哲	79	▷すべての「学問の源」である哲学の幅広い学問分野から多様な「ものの見方」を学び，人間にとっての価値を探求する。
日本文	191	▷文学，言語，文芸の３コース。一つ一つの「言葉」と向き合い，日本語でつむがれた心と文化を探る。
英文	129	▷英米の文学作品から異文化への感性と批評眼を養い，英語の歴史や言語の仕組みから体系的・科学的に考える力を培う。
史	102	▷日本史，東洋史，西洋史の３専攻。史資料を読み解き，多角的に研究し，未来を創造する「歴史を見る眼」を養う。
地理	101	▷科学的な視点からのアプローチで，自然現象と人間活動との関わりついて総合的に学ぶ。理科の教員免許も取得可能。
心理	68	▷認知と発達心理学を２本柱に基礎から応用までをバランスよく学び，個人や社会の問題を解決できる人材を育成する。
● **取得可能な資格**…教職（国・地歴・公・社・理・英），司書，司書教諭，学芸員，測量士補など。 ● **進路状況**…………就職81.5%　進学5.3% ● **主な就職先**………大成建設，日清食品，小松製作所，日本電気，富士通，三井住友信託銀行，日本生命保険，東日本旅客鉄道，KADOKAWA，楽天グループ，アクセンチュアなど。		
経済学部		
		▶英語で経済学を学ぶIGESS（英語学位プログラム）を設置。
経済	492	▷経済学の知識から社会問題に至るまでを学び，論理的な思考法によって問題解決への道を模索できる人材を育成する。
国際経済	249	▷リアルタイムで変化・複雑化する世界経済を分析するため，英語と経済をグローバルにとらえるための知識習得を重視。
現代ビジネス	153	▷多様化する現代の企業活動や産業構造を経済学の視点から分析し，新時代のビジネスを創造する人材を育成する。
● **取得可能な資格**…教職（地歴・公・社・情），司書，司書教諭，学芸員など。 ● **進路状況**…………就職84.6%　進学1.0% ● **主な就職先**………積水ハウス，凸版印刷，パナソニック，三菱電機，丸紅，ニトリ，みずほフィナンシャルグループ，野村證券，日本放送協会，有限責任監査法人トーマツなど。		

キャンパスアクセス［市ケ谷キャンパス］JR総武線，東京メトロ有楽町線・東西線・南北線，都営地下鉄新宿線・大江戸線一市ケ谷または飯田橋より徒歩６～７分

社会学部		
社会政策科	221	▷企業と社会，サステイナビリティ，グローバル市民社会の3コース。幅広い分野で政策提言ができる人材を育成する。
社会	323	▷人間・社会，地域・社会，文化・社会，国際・社会の4コース。理論と実戦で，現代社会を多角的にとらえる力を身につける。
メディア社会	215	▷メディア表現，メディア分析，メディア設計の3コース。現代のメディア環境に即応できる能力と先見性を磨く。

- **取得可能な資格**…教職（地歴・公・社・情），司書，司書教諭，学芸員など。
- **進路状況**…………就職86.1%　進学0.8%
- **主な就職先**………大和ハウス工業，伊藤ハム，バンダイ，第一生命保険，西日本新聞社，フジテレビジョン，コナミデジタルエンタテインメント，ソフトバンク，KDDIなど。

経営学部		
		▶英語で経営学を学ぶGBP（英語学位プログラム）を設置。
経営	326	▷人材，組織，会計の3分野を深く学ぶことで，企業経営の基礎知識と実践的な技術を持つ即戦力を育成する。
経営戦略	237	▷国際経営戦略，経営史，経営分析の3領域。グローバル化する経営環境下で新たな戦略を打ち出す力を養う。
市場経営	218	▷マーケティング，ファイナンス，情報・技術の3分野。市場環境に柔軟に対応しながら新市場を創造する力を育む。

- **取得可能な資格**…教職（公・社・商業），司書，司書教諭，学芸員など。
- **進路状況**…………就職89.3%　進学1.1%
- **主な就職先**………アサヒ飲料，サッポロビール，三井住友銀行，三菱UFJ信託銀行，住友生命保険，ジェーシービー，エヌ・ティ・ティ・データ，有限責任あらた監査法人など。

国際文化学部		
国際文化	254	▷異文化を理解するスキルを総合的に身につけ，円滑にコミュニケーションを図れる「国際社会人」を育成する。

- **取得可能な資格**…教職（英・中），司書，司書教諭，学芸員など。
- **進路状況**…………就職87.5%　進学1.9%
- **主な就職先**………大和ハウス工業，明治，住友商事，大塚商会，三井住友海上火災保険，JCOM，ジェイアール東日本企画，東日本電信電話，楽天グループ，アクセンチュアなど。

人間環境学部		
人間環境	343	▷多様な学問分野から総合的に，グローバルかつローカルに持続可能な社会を創造するための政策を追究する。英語学位プログラム「SCOPE」の科目を受講することも可能。

- **取得可能な資格**…教職（地歴・公・社），司書，司書教諭，学芸員など。
- **進路状況**…………就職86.8%　進学1.2%
- **主な就職先**………旭化成ホームズ，山崎製パン，村田製作所，スズキ，富士通，三井住友銀行，第一生命保険，日本通運，ソラシドエア，TBSテレビ，KDDI，楽天グループなど。

現代福祉学部		
福祉コミュニティ	150	▷社会福祉と地域づくりを結びつけて学ぶことで，現代社会の課題を解決する，地域社会のリーダーを養成する。
臨床心理	86	▷臨床心理学を学ぶとともに社会福祉やコミュニティマネジメントの知識も身につけ，幅広い視野と問題解決能力を養う。

- **取得可能な資格**…教職（公・社），司書，司書教諭，学芸員，社会福祉士・精神保健福祉士受験資格など。
- **進路状況**…………就職78.9%　進学11.9%
- **主な就職先**………日本ハム，大正製薬，日本電気，ニトリ，日本銀行，全国共済農業協同組合連合会，IMSグループ，SOMPOケア，ベネッセスタイルケア，ニチイ学館など。

キャンパスアクセス ［多摩キャンパス］京王線―めじろ台よりバス10分／JR中央線―西八王子よりバス22分／JR横浜線―相原よりバス13分

キャリアデザイン学部		
キャリアデザイン	300	▷自己のキャリアを主体的かつ豊かにデザインし，他者のキャリアデザインの支援もできる専門的知識やスキルを学ぶ。

● **取得可能な資格**…教職（地歴・公・社），司書，司書教諭，学芸員など。
● **進路状況**…………就職87.8％　進学2.4％
● **主な就職先**………大和ハウス工業，凸版印刷，三菱UFJモルガン・スタンレー証券，SMBC日興証券，損害保険ジャパン，サイボウズ，大和総研，NTTドコモ，東京国税局など。

GIS（グローバル教養学部）		
グローバル教養	102	▷世界標準のカリキュラムで柔軟な発想と論理的思考力を育み，人類が抱える諸問題を，英語で学び，英語で考える。

● **取得可能な資格**…司書，学芸員など。　● **進路状況**…………就職79.6％　進学0.0％
● **主な就職先**………アクセンチュア，エヌ・ティ・ティ・コミュニケーションズ，いすゞ自動車，ファーストリテイリング，楽天グループ，サイバーエージェント，キーエンスなど。

スポーツ健康学部		
スポーツ健康	185	▷ヘルスデザイン，スポーツビジネス，スポーツコーチングの３コース。スポーツ振興と健康づくりの専門家を育成する。

● **取得可能な資格**…教職（保体），司書，司書教諭，学芸員など。
● **進路状況**…………就職80.7％　進学7.2％
● **主な就職先**………山崎製パン，伊藤園，エーザイ，大塚製薬，富士通，大塚商会，ミズノ，アルペン，日本生命保険，サントリーホールディングス，LAVA Internationalなど。

情報科学部		
		▶コンピュータ基礎，情報システム，メディア科学の３コース。コース・研究室は両学科から自由に選択が可能。
コンピュータ科	80	▷ハードとソフトの両面から幅広い基礎知識とコンピュータ技術を身につけ，高度情報化社会を支える人材を育成する。
ディジタルメディア	80	▷社会が求めているメディアの情報処理技術を学び，コンピュータシステムに強いディジタルメディア人材を育成する。

● **取得可能な資格**…教職（情），司書，司書教諭，学芸員など。
● **進路状況**…………就職76.3％　進学13.7％
● **主な就職先**………サミー，日本電気，富士通，大塚商会，SCSK，NECソリューションイノベータ，TIS，日立ソリューションズ，富士ソフト，KDDI，サイバーエージェントなど。

デザイン工学部		
建築	135	▷建築の問題を幅広い観点からとらえ解決する「総合デザイン力」を備えた，明日の建築界を牽引する人材を育成する。
都市環境デザイン工	82	▷都市が抱える課題を確かな専門技術と豊かな感性で解決する，時代が求める都市環境をデザインできる人材を育成する。
システムデザイン	82	▷ものづくりから仕組みの構築に至るまで，新しい価値を備えたシステムを創造し，デザインする工学を総合的に学ぶ。

● **取得可能な資格**…司書，学芸員，測量士補，１・２級建築士受験資格など。
● **進路状況**…………就職58.5％　進学34.5％
● **主な就職先**………竹中工務店，フジタ，大林組，鹿島建設，大成建設，戸田建設，長谷工コーポレーション，積水ハウス，カシオ計算機，中日本高速道路，LINE，ヤフーなど。

理工学部		
機械工	146	▷〈機械工学専修116名，航空操縦学専修30名〉機械工学専修は持続可能な社会構築に「ものづくり」の技術で貢献する人材を，航空操縦学専修は「機械工学に強いパイロット」と「飛べるエンジニア」を育成する。

 キャンパスアクセス ［小金井キャンパス］ JR中央線―東小金井より徒歩15分またはバス５分

電気電子工	113	▷現代社会に不可欠な電気電子技術を学び，世界中の人々の暮らしを支える技術者・研究者を育成する。
応用情報工	113	▷現代社会の多様な問題に対処し，安全・安心な情報環境と新しい価値の創造に挑むエンジニアや研究者を育成する。
経営システム工	80	▷企業組織の中の問題を数理モデルで表現し，多様な解析手法を使って，問題に対する提言を行う力を養う。
創生科	113	▷理系・文系という枠を超えてあらゆる分野に切り込み，現代の諸問題に対峙できる「理系ジェネラリスト」を育成する。

- **取得可能な資格**…教職（数・理・情），司書，司書教諭，学芸員など。
- **進路状況**…………就職62.5%　進学31.0%
- **主な就職先**………清水建設，味の素，ENEOS，キヤノン，コニカミノルタ，セイコーエプソン，本田技研工業，東海旅客鉄道，全日本空輸，野村総合研究所，楽天グループなど。

生命科学部

生命機能	74	▷ゲノム，蛋白質，細胞をキーワードに，分子・原子レベルから生命の本質に迫り，地球と人類の未来を考える。
環境応用化	82	▷先端化学の知識で，持続可能な社会を創造するための基礎知識や，問題を化学的に解決するための応用技術を学ぶ。
応用植物科	80	▷植物の病気の仕組みを解明し，新しい診断や治療・予防ができる「植物のお医者さん」として必要な知性と経験を養う。

- **取得可能な資格**…教職（理），司書，司書教諭，学芸員など。
- **進路状況**…………就職58.6%　進学33.9%
- **主な就職先**………山崎製パン，ハウス食品，高砂香料工業，タキイ種苗，日清医療食品，東海東京フィナンシャル・ホールディングス，キリンホールディングス，農林水産省など。

キャンパス

法・文・経営・国際文化・人間環境・キャリアデザイン・GIS・デザイン工……［市ケ谷キャンパス］東京都千代田区富士見2-17-1
経済・社会・現代福祉・スポーツ健康……［多摩キャンパス］東京都町田市相原町4342
情報科・理工・生命科……［小金井キャンパス］東京都小金井市梶野町3-7-2

2023年度入試要項（前年度実績）

●募集人員

学部／学科（専修）	一般T	英語	一般A	共通B	共通C	推薦
▶法　法律	45	5	198	35	10	—
政治	20	5	54	20	5	—
国際政治	14	3	66	10	3	自5
▶文　哲	10	—	40	8	3	—
日本文	25	—	75	10	5	自15
英文	12	2	65	10	3	—
史	8	—	53	5	3	—
地理	10	—	44	10	3	自10
心理	8	—	31	5	2	—
▶経済　経済	33	—	227	27	8	自2
国際経済	25	5	116	15	5	自6
現代ビジネス	14	—	58	9	5	自2
▶社会　社会政策科	15	5	88	15	5	—
社会	20	7	152	20	5	—
メディア社会	15	5	93	15	5	—
▶経営　経営	30	8	152	20	8	—
経営戦略	25	5	106	15	5	—
市場経営	20	5	98	15	5	—
▶国際文化　国際文化	22	5	112	5	—	—
▶人間環境　人間環境	30	5	135	15	3	自20
▶現代福祉　福祉コミュニティ	14	2	60	7	2	—
臨床心理	10	2	40	7	3	—
▶キャリアデザイン　キャリアデザイン	25	5	115	15	5	—
▶グローバル教養　グローバル教養	—	12	13	5	—	自28
▶スポーツ健康　スポーツ健康	22	5	73	15	5	自20
▶情報科　コンピュータ科	5	2	35	10	5	公5
ディジタルメディア	5	2	35	10	5	公5
▶デザイン工　建築	15	2	63	17	3	—
都市環境デザイン工	8	2	40	13	3	—

東京　法政大学

システムデザイン	8	2	40	13	3	—
▶理工 機械工(機械工学)	14	2	40	17	5	—
(航空操縦学)	—	—	—	25		自5
電気電子工	14	2	50	15	5	—
応用情報工	14	2	50	15	5	—
経営システム工	12	2	26	15	5	—
創生科	14	2	50	15	5	—
▶生命科 生命機能	5	1	36	7	3	—
環境応用化	8	1	40	12	3	—
応用植物科	5	2	40	12	3	—

※機械工学科航空操縦学専修の入試は，共通テスト利用入試B・C方式とは異なる，共通テストを利用した独自の一般選抜として実施。
※グローバル教養学部の自己推薦入試はほかに，秋学期入学入試(国内外選考)で10名を募集する。
※スポーツ健康学部の自己推薦入試は，理数系7名，アスリート系13名を募集する。
※次のように略しています。英語外部試験利用入試→英語。自己推薦入試(経済学部と国際政治学科は英語外部試験利用自己推薦入試)→自。公募推薦入試→公。

法学部

一般選抜T日程・英語外部試験利用入試 2〜1科目 ①外(法律・政治150，国際政治200)▶コミュ英Ⅰ・コミュ英Ⅱ・コミュ英Ⅲ・英表Ⅰ・英表Ⅱ ②**国・数**(100)▶国総(古文・漢文の独立問題は出題しない)・「数Ⅰ・数Ⅱ・数A・数B(数列・ベク)」から1
※英語外部試験利用入試は英語の試験を行わず，指定の英語外部試験の基準を満たした者を対象に，国語または数学の得点のみで判定。

一般選抜A方式 3科目 ①**国**(100)▶国総(漢文の独立問題は出題しない) ②**外**(法律・政治150，国際政治200)▶コミュ英Ⅰ・コミュ英Ⅱ・コミュ英Ⅲ・英表Ⅰ・英表Ⅱ ③**地歴・公民・数**(100)▶世B・日B・地理B・政経・「数Ⅰ・数Ⅱ・数A・数B(数列・ベク)」から1

共通テスト利用入試B方式 4〜3科目 ①**国**(100)▶国(法律学科と政治学科は近代・古文，国際政治学科は近代) ②**外**(法律・政治150，国際政治200)▶英(リスニング〈法律・政治30，国際政治40〉を含む)・独・仏・中・韓から1 ③④**地歴・公民・数・理**(100)▶世B・日B・地理B・現社・倫・政経・「倫・政経」・「数Ⅰ・数A」・「数Ⅱ・数B」・簿・情・「物基・化基・生基・地学基から2」・物・化・生・地学から1
[個別試験] 行わない。

共通テスト利用入試C方式 7〜6科目 ①**国**(200)▶国 ②**外**(200)▶英(リスニング〈40〉を含む)・独・仏・中・韓から1 ③**地歴・公民**(100)▶世B・日B・地理B・現社・倫・政経・「倫・政経」から1 ④⑤**数**(100×2)▶「数Ⅰ・数A」・「数Ⅱ・数B」 ⑥⑦**理**(100)▶「物基・化基・生基・地学基から2」・物・化・生・地学から1
[個別試験] 行わない。

英語外部試験利用自己推薦入試 【国際政治学科】 **[出願資格]** 指定された英語外部試験資格をいずれか1つ以上取得している者。
[選考方法] 書類審査(調査書，志望理由書等)通過者を対象に，オンライン面接を行う。

文学部

一般選抜T日程・英語外部試験利用入試 【哲学科・英文学科・史学科・心理学科】 2〜1科目 ①**外**(150)▶コミュ英Ⅰ・コミュ英Ⅱ・コミュ英Ⅲ・英表Ⅰ・英表Ⅱ ②**国・数**(100)▶国総(古文・漢文の独立問題は出題しない)・「数Ⅰ・数Ⅱ・数A・数B(数列・ベク)」から1
※英文学科が実施する英語外部試験利用入試は英語の試験を行わず，指定の英語外部試験の基準を満たした者を対象に，国語または数学の得点のみで判定。
【日本文学科】 2科目 ①**国**(100)▶国総 ②**小論文**(100)
【地理学科】 2科目 ①**外**(150)▶コミュ英Ⅰ・コミュ英Ⅱ・コミュ英Ⅲ・英表Ⅰ・英表Ⅱ ②**地歴**(100)▶地理B

一般選抜A方式 3科目 ①**国**(100)▶国総(英文・地理・心理の3学科は漢文の独立問題は出題しない) ②**外**(哲・日本文・史100，英文・地理・心理150)▶コミュ英Ⅰ・コミュ英Ⅱ・コミュ英Ⅲ・英表Ⅰ・英表Ⅱ ③**地歴・公民・数**(100)▶世B・日B・地理B・政経・「数Ⅰ・数Ⅱ・数A・数B(数列・ベク)」から1

共通テスト利用入試B方式 【哲学科・日本文学科・心理学科】 4〜3科目 ①**国**(100)▶国(哲は近代・古文，心理は近代のみ) ②**外**(100)▶英(リスニング〈20〉を含む)・独・仏・

中・韓から１，ただし哲学科は英・独・仏から１，心理学科は英指定 ③④**地歴・公民・数・理**(100) ▶世Ｂ・日Ｂ・地理Ｂ・現社・倫・政経・「倫・政経」・「数Ⅰ・数Ａ」・「数Ⅱ・数Ｂ」・情・「物基・化基・生基・地学基から２」・物・化・生・地学から１，ただし情は心理学科のみ選択可
[個別試験] 行わない。
【英文学科】 **4〜3**科目 ①**外**(100) ▶英(リスニング〈20〉を含む)・独・仏・中・韓から１ ②③④**国・「地歴・公民」・数・理**(100×2) ▶国(近代)・「世Ｂ・日Ｂ・地理Ｂ・現社・倫・政経・〈倫・政経〉から１」・「〈数Ⅰ・数Ａ〉・〈数Ⅱ・数Ｂ〉から１」・「〈物基・化基・生基・地学基から２〉・物・化・生・地学から１」から２
[個別試験] 行わない。
【史学科】 **3**科目 ①**国**(100) ▶国 ②**外**(100) ▶英(リスニング〈20〉を含む)・独・仏・中・韓から１ ③**地歴**(100) ▶世Ｂ・日Ｂから１
[個別試験] 行わない。
【地理学科】 **4〜3**科目 ①②③**国・外・「数・理」**(100×2) ▶国(近代)・「英(リスニング〈20〉を含む)・独・仏・中・韓から１」・「〈数Ⅰ・数Ａ〉・〈数Ⅱ・数Ｂ〉・〈物基・化基・生基・地学基から２〉・物・化・生から１」から２ ④**地歴・理**(150) ▶地理Ａ・地理Ｂ・地学から１
[個別試験] 行わない。
共通テスト利用入試Ｃ方式 **7〜6**科目 ①**国**(200) ▶国 ②**外**(200) ▶英(リスニング〈40〉を含む)・独・仏・中・韓から１ ③**地歴・公民**(100) ▶世Ｂ・日Ｂ・地理Ｂ・現社・倫・政経・「倫・政経」から１ ④⑤**数**(100×2) ▶「数Ⅰ・数Ａ」・「数Ⅱ・数Ｂ」 ⑥⑦**理**(100) ▶「物基・化基・生基・地学基から２」・物・化・生・地学から１
[個別試験] 行わない。
自己推薦入試 **【日本文学科・地理学科】[出願資格]** 第１志望(地理学科は本学科で学ぶことを強く希望する者)，入学確約者(日本文学科)，現役のほか，日本文学科は全体の学習成績の状況が3.8以上，地理学科は全体4.0以上かつ地理Ａ・地理Ｂ・地学基礎・地学のいずれか4.5以上。
[選考方法] 書類審査(調査書，志望理由書)通過者を対象に，筆記試験(日本文学科は国語〈古文・漢文・小論文を含む〉，地理学科は地理Ｂ)，面接を行う。

経済学部

一般選抜Ｔ日程・英語外部試験利用入試 **2〜1**科目 ①**外**(150) ▶コミュ英Ⅰ・コミュ英Ⅱ・コミュ英Ⅲ・英表Ⅰ・英表Ⅱ ②**国・数**(100) ▶国総(古文・漢文の独立問題は出題しない)・「数Ⅰ・数Ⅱ・数Ａ・数Ｂ(数列・ベク)」から１
※国際経済学科が実施する英語外部試験利用入試は英語の試験を行わず，指定の英語外部試験の基準を満たした者を対象に，国語または数学の得点のみで判定。
一般選抜Ａ方式 **3**科目 ①**国**(100) ▶国総(古文・漢文の独立問題は出題しない) ②**外**(150) ▶コミュ英Ⅰ・コミュ英Ⅱ・コミュ英Ⅲ・英表Ⅰ・英表Ⅱ ③**地歴・公民・数**(100) ▶世Ｂ・日Ｂ・地理Ｂ・政経・「数Ⅰ・数Ⅱ・数Ａ・数Ｂ(数列・ベク)」から１
共通テスト利用入試Ｂ方式 **3**科目 ①**国**(100) ▶国(近代・古文) ②**外**(150) ▶英(リスニング〈75〉を含む)・独・仏・中・韓から１ ③**地歴・公民・数**(100) ▶世Ｂ・日Ｂ・地理Ｂ・政経・「倫・政経」・「数Ⅰ・数Ａ」・「数Ⅱ・数Ｂ」から１
[個別試験] 行わない。
共通テスト利用入試Ｃ方式 **7〜6**科目 ①**国**(200) ▶国 ②**外**(200) ▶英(リスニング〈40〉を含む)・独・仏・中・韓から１ ③**地歴・公民**(100) ▶世Ｂ・日Ｂ・地理Ｂ・現社・倫・政経・「倫・政経」から１ ④⑤**数**(100×2) ▶「数Ⅰ・数Ａ」・「数Ⅱ・数Ｂ」 ⑥⑦**理**(100) ▶「物基・化基・生基・地学基から２」・物・化・生・地学から１
[個別試験] 行わない。
英語外部試験利用自己推薦入試 **[出願資格]** 指定された英語外部試験資格をいずれか一つ以上取得していることなど。
[選考方法] 書類審査(調査書，志望理由書等)通過者を対象に，小論文，面接を行う。

社会学部

一般選抜Ｔ日程・英語外部試験利用入試 **2〜1**科目 ①**外**(150) ▶コミュ英Ⅰ・コミュ

英Ⅱ・コミュ英Ⅲ・英表Ⅰ・英表Ⅱ ②**国・数**(100)▶国総(古文・漢文の独立問題は出題しない)・「数Ⅰ・数Ⅱ・数A・数B(数列・ベク)」から1
※英語外部試験利用入試は英語の試験を行わず，指定の英語外部試験の基準を満たした者を対象に，国語または数学の得点のみで判定。

一般選抜A方式 3科目 ①**国**(100)▶国総(古文・漢文の独立問題は出題しない) ②**外**(150)▶コミュ英Ⅰ・コミュ英Ⅱ・コミュ英Ⅲ・英表Ⅰ・英表Ⅱ ③**地歴・公民・数**(100)▶世B・日B・地理B・政経・「数Ⅰ・数Ⅱ・数A・数B(数列・ベク)」から1

共通テスト利用入試B方式 4~3科目 ①**国**(100)▶国(近代) ②**外**(150)▶英(リスニング〈30〉を含む)・独・仏・中から1 ③④**地歴・公民・数・理**(100)▶世B・日B・地理B・現社・倫・政経・「倫・政経」・「数Ⅰ・数A」・「数Ⅱ・数B」・「物基・化基・生基・地学基から2」・物・化・生・地学から1
[個別試験] 行わない。

共通テスト利用入試C方式 7~6科目 ①**国**(200)▶国 ②**外**(200)▶英(リスニング〈40〉を含む)・独・仏・中・韓から1 ③**地歴・公民**(100)▶世B・日B・地理B・現社・倫・政経・「倫・政経」から1 ④⑤**数**(100×2)▶「数Ⅰ・数A」・「数Ⅱ・数B」 ⑥⑦**理**(100)▶「物基・化基・生基・地学基から2」・物・化・生・地学から1
[個別試験] 行わない。

経営学部・キャリアデザイン学部

一般選抜T日程・英語外部試験利用入試 2~1科目 ①**外**(150)▶コミュ英Ⅰ・コミュ英Ⅱ・コミュ英Ⅲ・英表Ⅰ・英表Ⅱ ②**国・数**(100)▶国総(古文・漢文の独立問題は出題しない)・「数Ⅰ・数Ⅱ・数A・数B(数列・ベク)」から1
※英語外部試験利用入試は英語の試験を行わず，指定の英語外部試験の基準を満たした者を対象に，国語または数学の得点のみで判定。

一般選抜A方式 3科目 ①**国**(100)▶国総(漢文の独立問題は出題しない) ②**外**(150)▶コミュ英Ⅰ・コミュ英Ⅱ・コミュ英Ⅲ・英表Ⅰ・英表Ⅱ ③**地歴・公民・数**(100)▶世B・日B・地理B・政経・「数Ⅰ・数Ⅱ・数A・数B(数列・ベク)」から1

共通テスト利用入試B方式 4~3科目 ①**国**(100)▶国(近代・古文) ②**外**(経営150・キャリア100)▶英(リスニング〈経営30・キャリア20〉を含む)・独・仏から1，ただしキャリアデザイン学部は英指定 ③④**地歴・公民・数・理**(100)▶世B・日B・地理B・現社・倫・政経・「倫・政経」・「数Ⅰ・数A」・「数Ⅱ・数B」・簿・情・「物基・化基・生基・地学基から2」・物・化・生・地学から1
[個別試験] 行わない。

共通テスト利用入試C方式 7~6科目 ①**国**(200)▶国 ②**外**(200)▶英(リスニング〈40〉を含む)・独・仏・中・韓から1 ③**地歴・公民**(100)▶世B・日B・地理B・現社・倫・政経・「倫・政経」から1 ④⑤**数**(100×2)▶「数Ⅰ・数A」・「数Ⅱ・数B」 ⑥⑦**理**(100)▶「物基・化基・生基・地学基から2」・物・化・生・地学から1
[個別試験] 行わない。

国際文化学部

一般選抜T日程・英語外部試験利用入試 2~1科目 ①**外**(150)▶コミュ英Ⅰ・コミュ英Ⅱ・コミュ英Ⅲ・英表Ⅰ・英表Ⅱ ②**国・数**(100)▶国総(古文・漢文の独立問題は出題しない)・「数Ⅰ・数Ⅱ・数A・数B(数列・ベク)」から1
※英語外部試験利用入試は英語の試験を行わず，指定の英語外部試験の基準を満たした者を対象に，国語または数学の得点のみで判定。

一般選抜A方式 3科目 ①**国**(100)▶国総(漢文の独立問題は出題しない) ②**外**(150)▶コミュ英Ⅰ・コミュ英Ⅱ・コミュ英Ⅲ・英表Ⅰ・英表Ⅱ ③**地歴・公民・数**(100)▶世B・日B・地理B・政経・「数Ⅰ・数Ⅱ・数A・数B(数列・ベク)」から1

共通テスト利用入試B方式 4~3科目 ①**国**(100)▶国(近代・古文) ②**外**(150)▶英(リスニング〈75〉を含む)・独・仏・中・韓から1 ③④**地歴・公民・数・理**(100)▶世B・日B・地理B・現社・倫・政経・「倫・政経」・「数Ⅰ・数A」・「数Ⅱ・数B」・情・「物基・化基・生基・地学基から2」・物・化・生・地学から1

[個別試験] 行わない。

人間環境学部

一般選抜Ｔ日程・英語外部試験利用入試 2〜1科目 ①外(150)▶コミュ英Ⅰ・コミュ英Ⅱ・コミュ英Ⅲ・英表Ⅰ・英表Ⅱ ②**国・数**(100)▶国総(古文・漢文の独立問題は出題しない)・「数Ⅰ・数Ⅱ・数Ａ・数Ｂ(数列・ベク)」から１
※英語外部試験利用入試は英語の試験を行わず，指定の英語外部試験の基準を満たした者を対象に，国語または数学の得点のみで判定。

一般選抜Ａ方式 3科目 ①**国**(100)▶国総(漢文の独立問題は出題しない) ②**外**(150)▶コミュ英Ⅰ・コミュ英Ⅱ・コミュ英Ⅲ・英表Ⅰ・英表Ⅱ ③**地歴・公民・数**(100)▶世Ｂ・日Ｂ・地理Ｂ・政経・「数Ⅰ・数Ⅱ・数Ａ・数Ｂ(数列・ベク)」から１

共通テスト利用入試Ｂ方式 4〜3科目 ①**外**(100)▶英(リスニング〈20〉を含む)・独・仏・中から１ ②③④**国・「地歴・公民」・数・理**(100×2)▶国(近代)・「世Ｂ・日Ｂ・地理Ｂ・現社・倫・政経・〈倫・政経〉から１」・「〈数Ⅰ・数Ａ〉・〈数Ⅱ・数Ｂ〉から１」・「〈物基・化基・生基・地学基から２〉・物・化・生・地学から１」から２
[個別試験] 行わない。

共通テスト利用入試Ｃ方式 7〜6科目 ①**国**(200)▶国 ②**外**(200)▶英(リスニング〈40〉を含む)・独・仏・中・韓から１ ③**地歴・公民**(100)▶世Ｂ・日Ｂ・地理Ｂ・現社・倫・政経・「倫・政経」から１ ④⑤**数**(100×2)▶「数Ⅰ・数Ａ」・「数Ⅱ・数Ｂ」 ⑥⑦**理**(100)▶「物基・化基・生基・地学基から２」・物・化・生・地学から１
[個別試験] 行わない。

自己推薦入試 [出願資格] 第１志望，入学確約者，現役，全体の学習成績の状況が3.5以上。
[選考方法] 書類審査(調査書，志望理由書)通過者を対象に，英語，小論文，面接を行う。

現代福祉学部

一般選抜Ｔ日程・英語外部試験利用入試 2〜1科目 ①**外**(150)▶コミュ英Ⅰ・コミュ英Ⅱ・コミュ英Ⅲ・英表Ⅰ・英表Ⅱ ②**国・数**(100)▶国総(古文・漢文の独立問題は出題しない)・「数Ⅰ・数Ⅱ・数Ａ・数Ｂ(数列・ベク)」から１
※英語外部試験利用入試は英語の試験を行わず，指定の英語外部試験の基準を満たした者を対象に，国語または数学の得点のみで判定。

一般選抜Ａ方式 3科目 ①**国**(100)▶国総(古文・漢文の独立問題は出題しない) ②**外**(150)▶コミュ英Ⅰ・コミュ英Ⅱ・コミュ英Ⅲ・英表Ⅰ・英表Ⅱ ③**地歴・公民・数**(100)▶世Ｂ・日Ｂ・地理Ｂ・政経・「数Ⅰ・数Ⅱ・数Ａ・数Ｂ(数列・ベク)」から１

共通テスト利用入試Ｂ方式 4〜3科目 ①**外**(100)▶英(リスニング〈20〉を含む) ②**国・数**(100)▶国(近代)・「数Ⅰ・数Ａ」・「数Ⅱ・数Ｂ」から１ ③④**地歴・公民・数・理**(100)▶世Ｂ・日Ｂ・地理Ｂ・現社・倫・政経・「倫・政経」・情・「物基・化基・生基・地学基から２」・物・化・生・地学から１
[個別試験] 行わない。

共通テスト利用入試Ｃ方式 7〜6科目 ①**国**(200)▶国 ②**外**(200)▶英(リスニング〈40〉を含む)・独・仏・中・韓から１ ③**地歴・公民**(100)▶世Ｂ・日Ｂ・地理Ｂ・現社・倫・政経・「倫・政経」から１ ④⑤**数**(100×2)▶「数Ⅰ・数Ａ」・「数Ⅱ・数Ｂ」 ⑥⑦**理**(100)▶「物基・化基・生基・地学基から２」・物・化・生・地学から１
[個別試験] 行わない。

グローバル教養学部

一般選抜英語外部試験利用入試 1科目 ①**国・数**(100)▶国総(古文・漢文の独立問題は出題しない)・「数Ⅰ・数Ⅱ・数Ａ・数Ｂ(数列・ベク)」から１
※指定された英語外部試験のスコアを「英語」の得点(最大150点)に換算し，国語または数学の得点との合計で判定。

一般選抜Ａ方式 2科目 ①**国**(100)▶国総(漢文の独立問題は出題しない) ②**地歴・公民・数**(100)▶世Ｂ・日Ｂ・地理Ｂ・政経・「数Ⅰ・数Ⅱ・数Ａ・数Ｂ(数列・ベク)から１
※指定された英語外部試験の基準を満たすことを出願資格とし，英語外部試験のスコアを「英語」の得点(最大200点)に換算し，国語と

選択科目の得点との合計で判定。

共通テスト利用入試Ｂ方式　2科目　①国(100)▶国(近代・古文)　②地歴・公民・数(100)▶世Ｂ・日Ｂ・地理Ｂ・現社・倫・政経・「倫・政経」・「数Ⅰ・数Ａ」・「数Ⅱ・数Ｂ」から１

[個別試験]　行わない。

※英検(CBT含む) CSE2.0スコア，TOEFL iBT，IELTSの指定の基準を満たしていることを出願資格とする。

自己推薦入試　[出願資格]　指定の英語外部試験または日本国外の教育制度による出願要件を満たす者など。

[選考方法]　書類審査(調査書，志望理由書等)通過者を対象に，小論文(英語)，面接(英語)を行う(基準により面接のみの場合あり)。

スポーツ健康学部

一般選抜Ｔ日程・英語外部試験利用入試　2〜1科目　①外(150)▶コミュ英Ⅰ・コミュ英Ⅱ・コミュ英Ⅲ・英表Ⅰ・英表Ⅱ　②国・数(100)▶国総(古文・漢文の独立問題は出題しない)・「数Ⅰ・数Ⅱ・数Ａ・数Ｂ(数列・ベク)」から１

※英語外部試験利用入試は英語の試験を行わず，指定の英語外部試験の基準を満たした者を対象に，国語または数学の得点のみで判定。

一般選抜Ａ方式　3科目　①国(100)▶国総(古文・漢文の独立問題は出題しない)　②外(150)▶コミュ英Ⅰ・コミュ英Ⅱ・コミュ英Ⅲ・英表Ⅰ・英表Ⅱ　③地歴・公民・数(100)▶世Ｂ・日Ｂ・地理Ｂ・政経・「数Ⅰ・数Ⅱ・数Ａ・数Ｂ(数列・ベク)」から１

共通テスト利用入試Ｂ方式　4〜3科目　①外(100)▶英(リスニング〈50〉を含む)　②国・数(100)▶国(近代)・「数Ⅰ・数Ａ」・「数Ⅱ・数Ｂ」から１　③④地歴・公民・数・理(100)▶世Ｂ・日Ｂ・地理Ｂ・現社・倫・政経・「倫・政経」・情・「物基・化基・生基・地学基から２」・物・化・生・地学から１

[個別試験]　行わない。

共通テスト利用入試Ｃ方式　7〜6科目　①国(200)▶国　②外(200)▶英(リスニング〈40〉を含む)・独・仏・中・韓から１　③地歴・公民(100)▶世Ｂ・日Ｂ・地理Ｂ・現社・倫・政経・「倫・政経」から１　④⑤数(100×2)▶「数Ⅰ・数Ａ」・「数Ⅱ・数Ｂ」　⑥⑦理(100)▶「物基・化基・生基・地学基から２」・物・化・生・地学から１

[個別試験]　行わない。

自己推薦入試　[出願資格]　理数系は現役，全体の学習成績の状況が4.0以上で数学が4.0以上かつ物・化・生の１科目以上が4.0以上の者など。アスリート系は全体が3.2以上かつ英語が3.0以上でスポーツの各種競技において，全国大会への出場などの要件あり。

[選考方法]　書類審査(調査書，志望理由書等)通過者を対象に，小論文，面接のほか，理数系はスポーツ・健康領域に関する理数系の問題，アスリート系は競技歴も評価する。

情報科学部

一般選抜Ｔ日程・英語外部試験利用入試　2〜1科目　①外(150)▶コミュ英Ⅰ・コミュ英Ⅱ・コミュ英Ⅲ・英表Ⅰ・英表Ⅱ　②数(150)▶数Ⅰ・数Ⅱ・数Ⅲ・数Ａ・数Ｂ(数列・ベク)

※英語外部試験利用入試は英語の試験を行わず，指定の英語外部試験の基準を満たした者を対象に，数学の得点のみで判定。

一般選抜Ａ方式　3科目　①外(150)▶コミュ英Ⅰ・コミュ英Ⅱ・コミュ英Ⅲ・英表Ⅰ・英表Ⅱ　②数(150)▶数Ⅰ・数Ⅱ・数Ⅲ・数Ａ・数Ｂ(数列・ベク)　③理(100)▶物基・物(運動・波・電気)

共通テスト利用入試Ｂ方式　4科目　①外(200)▶英(リスニング〈40〉を含む)　②③数(100×2)▶「数Ⅰ・数Ａ」・「数Ⅱ・数Ｂ」　④理(100)▶物

[個別試験]　行わない。

共通テスト利用入試Ｃ方式　6科目　①国(200)▶国　②外(200)▶英(リスニング〈40〉を含む)・独・仏・中・韓から１　③地歴・公民(100)▶世Ｂ・日Ｂ・地理Ｂ・現社・倫・政経・「倫・政経」から１　④⑤数(100×2)▶「数Ⅰ・数Ａ」・「数Ⅱ・数Ｂ」　⑥理(100)▶物・化・生・地学から１

[個別試験]　行わない。

公募推薦入試　[出願資格]　本人をよく知る者の推薦，現役，全体の学習成績の状況が4.0以上，かつ数・理がそれぞれ4.3以上(理数科の場合は全体4.0以上，かつ理数4.3以上)のほか，数学と理科の履修要件あり。
[選考方法] 書類審査(推薦書，調査書，志望理由書等)通過者を対象に，数学の筆記試験，面接を行う。

デザイン工学部

一般選抜T日程・英語外部試験利用入試 **2〜1**科目 ①**外**(150)▶コミュ英Ⅰ・コミュ英Ⅱ・コミュ英Ⅲ・英表Ⅰ・英表Ⅱ ②**数**(150)▶[建築学科・都市環境デザイン工学科] 一数Ⅰ・数Ⅱ・数Ⅲ・数A・数B(数列・ベク)，[システムデザイン学科] 一数Ⅰ・数Ⅱ・数A・数B(数列・ベク)
※英語外部試験利用入試は英語の試験を行わず，指定の英語外部試験の基準を満たした者を対象に，数学の得点のみで判定。
一般選抜A方式 **3**科目 ①**外**(150)▶コミュ英Ⅰ・コミュ英Ⅱ・コミュ英Ⅲ・英表Ⅰ・英表Ⅱ ②**数**(150)▶[建築学科・都市環境デザイン工学科] 一数Ⅰ・数Ⅱ・数Ⅲ・数A・数B(数列・ベク)，[システムデザイン学科] 一数Ⅰ・数Ⅱ・数A・数B(数列・ベク) ③**理**(150)▶「物基・物(運動・波・電気)」・「化基・化」から1
※システムデザイン学科は3科目を受験し，高得点2科目で判定する。
共通テスト利用入試B方式 **【建築学科】** **4**科目 ①**外**(200)▶英(リスニング〈100〉を含む) ②③**数**(100×2)▶「数Ⅰ・数A」・「数Ⅱ・数B」 ④**国・理**(100)▶国(近代)・物・化・生・地学から1
[個別試験] 行わない。
【都市環境デザイン工学科】 **4**科目 ①**国・外**(200)▶国(近代)・英(リスニング〈100〉を含む)から1 ②③**数**(100×2)▶「数Ⅰ・数A」・「数Ⅱ・数B」 ④**理**(200)▶物・化・生・地学から1
[個別試験] 行わない。
【システムデザイン学科】 **3**科目 ①②③**国・外・数・理**(100×3)▶国(近代)・英(リスニング〈50〉を含む)・「数Ⅰ・数A」・「数Ⅱ・数B」・「物・化・生・地学から1」から3
[個別試験] 行わない。
共通テスト利用入試C方式 **6**科目 ①**国**(200)▶国 ②**外**(200)▶英(リスニング〈40〉を含む)・独・仏・中・韓から1 ③**地歴・公民**(100)▶世B・日B・地理B・現社・倫・政経・「倫・政経」から1 ④⑤**数**(100×2)▶「数Ⅰ・数A」・「数Ⅱ・数B」 ⑥**理**(100)▶物・化・生・地学から1
[個別試験] 行わない。

理工学部

一般選抜T日程・英語外部試験利用入試 **2〜1**科目 ①**外**(150)▶コミュ英Ⅰ・コミュ英Ⅱ・コミュ英Ⅲ・英表Ⅰ・英表Ⅱ ②**数**(150)▶数Ⅰ・数Ⅱ・数Ⅲ・数A・数B(数列・ベク)
※英語外部試験利用入試は英語の試験を行わず，指定の英語外部試験の基準を満たした者を対象に，数学の得点のみで判定。
一般選抜A方式 **3**科目 ①**外**(150)▶コミュ英Ⅰ・コミュ英Ⅱ・コミュ英Ⅲ・英表Ⅰ・英表Ⅱ ②**数**(150)▶数Ⅰ・数Ⅱ・数Ⅲ・数A・数B(数列・ベク) ③**理**(150)▶「物基・物(運動・波・電気)」・「化基・化」から1
一般選抜 **【機械工学科〈航空操縦学専修〉】**
〈共通テスト科目〉 **4**科目 ①**外**(100)▶英(リスニング〈25〉を含む) ②③**数**(100×2)▶「数Ⅰ・数A」・「数Ⅱ・数B」 ④**国・理**(100)▶国(近代)・物・化・生・地学から1
〈個別試験科目〉 ※共通テストの成績による第1次選考の通過者を対象に，書類審査(調査書，英語外部試験成績証明書)，面接，操縦適性検査，航空身体検査を実施する。
※視力基準や指定された英語外部試験の資格を有する者などの出願要件あり。
共通テスト利用入試B方式 **4**科目 ①**外**(100)▶英(リスニング〈25〉を含む) ②③**数**(100×2)▶「数Ⅰ・数A」・「数Ⅱ・数B」 ④**理**(100)▶物・化から1
[個別試験] 行わない。
共通テスト利用入試C方式 **6**科目 ①**国**(200)▶国 ②**外**(200)▶英(リスニング〈40〉を含む)・独・仏・中・韓から1 ③**地歴・公民**(100)▶世B・日B・地理B・現社・倫・政経・「倫・政経」から1 ④⑤**数**(100×2)▶「数Ⅰ・数A」・「数Ⅱ・数B」 ⑥**理**(100)▶物・化・生・地学から1
[個別試験] 行わない。
自己推薦入試 **【機械工学科〈航空操縦学専修〉】** **[出願資格]** 全体の学習成績の状況が

4.0以上のほか，数Ⅰ，数Ⅱ，物理を履修し，および指定された英語外部試験の基準を満たしている者のほか，視力などの基準あり。

[選考方法] 書類審査(調査書，志望理由書，英語外部試験成績証明書)通過者を対象に，面接，操縦適性検査，航空身体検査を行う。

生命科学部

一般選抜T日程・英語外部試験利用入試 2〜1科目 ①外(150)▶コミュ英Ⅰ・コミュ英Ⅱ・コミュ英Ⅲ・英表Ⅰ・英表Ⅱ ②数(150)▶数Ⅰ・数Ⅱ・数A・数B(数列・ベク)

※英語外部試験利用入試は英語の試験を行わず，指定の英語外部試験の基準を満たした者を対象に，数学の得点のみで判定。

一般選抜A方式 3科目 ①外(150)▶コミュ英Ⅰ・コミュ英Ⅱ・コミュ英Ⅲ・英表Ⅰ・英表Ⅱ ②数(150)▶[生命機能学科・応用植物科学科] 一数Ⅰ・数Ⅱ・数A・数B(数列・ベク)，[環境応用化学科] 一数Ⅰ・数Ⅱ・数Ⅲ・数A・数B(数列・ベク) ③理(150)▶「物基・物(運動・波・電気)」・「化基・化」・「生基・生」から1

共通テスト利用入試B方式 4科目 ①外(200)▶英(リスニング〈40〉を含む) ②③数(100×2)▶「数Ⅰ・数A」・「数Ⅱ・数B」 ④理(200)▶物・化・生から1

[個別試験] 行わない。

共通テスト利用入試C方式 6科目 ①国(200)▶国 ②外(200)▶英(リスニング〈40〉を含む)・独・仏・中・韓から1 ③地歴・公民(100)▶世B・日B・地理B・現社・倫・政経・「倫・政経」から1 ④⑤数(100×2)▶「数Ⅰ・数A」・「数Ⅱ・数B」 ⑥理(100)▶物・化・生・地学から1

[個別試験] 行わない。

その他の選抜

指定校推薦入試，スポーツ推薦入試，商業高校等推薦入試，商業学科等対象公募推薦入試，グローバル体験公募推薦入試，SA自己推薦入試，分野優秀者入試，まちづくりチャレンジ自己推薦入試，キャリア体験自己推薦入試，国際バカロレア利用自己推薦入試，トップアスリート入試，GBP・SCOPE・IGESS英語学位プログラム秋学期入試，帰国生入試，キャリア体験社会人入試，社会人リフレッシュ・ステージ・プログラム入試，社会人入試，社会人推薦入試，外国人留学生入試。

偏差値データ (2023年度)

●一般選抜A方式

学部／学科／専修	2023年度 駿台予備学校 合格目標ライン	2023年度 河合塾 ボーダー偏差値	2022年度実績 募集人員	受験者数	合格者数	合格最低点	競争率 '22年	競争率 '21年
法学部								
法律	51	60	198	3,528	623	222.7/350	5.7	5.0
政治	50	60	54	768	191	217.1/350	4.0	5.7
国際政治	52	60	71	980	307	255.0/400	3.2	3.2
文学部								
哲	51	60	40	423	112	193.0/300	3.8	4.2
日本文	51	57.5	75	1,038	261	193.0/300	4.0	3.7
英文	53	55	65	592	192	215.1/350	3.1	4.3
史	53	60	53	1,001	202	204.4/300	5.0	3.5
地理	51	57.5	44	431	141	207.2/350	3.1	3.8
心理	52	60	31	771	121	235.1/350	6.4	6.3
経済学部								
経済	49	55	227	4,394	876	227.3/350	5.0	3.9

学部／学科／専修	2023年度		2022年度実績					
	駿台予備学校	河合塾	募集人員	受験者数	合格者数	合格最低点	競争率	
	合格目標ライン	ボーダー偏差値					'22年	'21年
国際経済	50	57.5	116	1,992	491	214.4/350	4.1	3.1
現代ビジネス	49	57.5	58	951	170	219.3/350	5.6	4.1
社会学部								
社会政策科	49	55	88	1,611	463	212.0/350	3.5	3.7
メディア社会	50	57.5	93	1,234	338	214.2/350	3.7	4.6
社会	49	55	152	2,152	536	226.2/350	4.0	4.7
経営学部								
経営	50	60	160	4,036	934	223.1/350	4.3	4.1
経営戦略	49	57.5	111	2,225	499	220.6/350	4.5	4.0
市場経営	50	57.5	103	2,028	474	218.1/350	4.3	4.1
国際文化学部								
国際文化	51	60	118	2,357	424	231.5/350	5.6	4.7
人間環境学部								
人間環境	50	57.5	135	2,276	591	215.1/350	3.9	3.7
現代福祉学部								
福祉コミュニティ	47	55	60	613	189	204.0/350	3.2	6.3
臨床心理	49	57.5	40	514	119	220.3/350	4.3	3.9
キャリアデザイン学部								
キャリアデザイン	47	57.5	115	2,042	323	220.8/350	6.3	6.1
グローバル教養学部								
グローバル教養	52	60	15	142	87	287.1/400	1.6	7.9
スポーツ健康学部								
スポーツ健康	47	55	78	1,237	240	221.7/350	5.2	3.8
情報科学部								
コンピュータ科	48	55	35	1,146	201	276.5/400	5.7	4.0
ディジタルメディア	47	52.5	35	863	185	276.3/400	4.7	4.8
デザイン工学部								
建築	49	57.5	63	1,542	262	316.2/450	5.9	4.4
都市環境デザイン工	48	55	40	918	217	307.8/450	4.2	3.1
システムデザイン	50	60	40	945	182	227.2/300	5.2	5.6
理工学部								
機械工／機械工学	49	55	40	1,397	400	293.7/450	3.5	2.9
電気電子工	47	55	50	1,150	290	294.0/450	4.0	3.7
応用情報工	47	55	50	954	258	301.9/450	3.7	4.7
経営システム工	47	55	30	528	76	327.3/450	6.9	4.5
創生科	47	55	50	852	218	289.5/450	3.9	3.5
生命科学部								
生命機能	49	57.5	36	1,123	329	297.5/450	3.4	3.4
環境応用化	47	52.5	40	963	289	290.3/450	3.3	2.9
応用植物科	47	55	40	657	192	291.4/450	3.4	2.8

●駿台予備学校合格目標ラインは合格可能性80%に相当する駿台模試の偏差値です。●競争率は受験者÷合格者の実質倍率
●河合塾ボーダー偏差値は合格可能性50%に相当する河合塾全統模試の偏差値です。●合格最低点は得点調整後の点数です。

●共通テスト利用入試Ｂ方式

学部／学科／専修	2023年度 駿台予備学校 合格目標ライン	2023年度 河合塾 ボーダー得点率	2023年度 河合塾 ボーダー偏差値	2022年度実績 募集人員	2022年度実績 受験者数	2022年度実績 合格者数	競争率 '22年	競争率 '21年
法学部								
法律	52	82%	—	35	1,883	413	4.6	3.6
政治	51	82%	—	20	1,094	188	5.8	2.9
国際政治	52	84%	—	10	534	100	5.3	4.5
文学部								
哲	51	82%	—	8	315	76	4.1	3.5
日本文	51	85%	—	10	452	84	5.4	4.6
英文	53	83%	—	10	264	67	3.9	5.4
史	53	82%	—	5	342	87	3.9	4.4
地理	51	84%	—	10	151	24	6.3	8.4
心理	52	87%	—	5	287	30	9.6	10.8
経済学部								
経済	50	76%	—	27	827	256	3.2	3.6
国際経済	51	74%	—	15	330	101	3.3	3.8
現代ビジネス	50	76%	—	9	674	142	4.7	3.4
社会学部								
社会政策科	50	77%	—	15	244	100	2.4	9.4
メディア社会	51	79%	—	15	402	111	3.6	8.4
社会	50	80%	—	20	469	144	3.3	6.6
経営学部								
経営	50	80%	—	20	991	224	4.4	4.0
経営戦略	50	80%	—	15	1,418	266	5.3	3.3
市場経営	50	80%	—	15	842	175	4.8	3.6
国際文化学部								
国際文化	52	83%	—	5	528	83	6.4	8.0
人間環境学部								
人間環境	50	80%	—	15	401	91	4.4	9.2
現代福祉学部								
福祉コミュニティ	48	77%	—	7	394	70	5.6	5.4
臨床心理	49	80%	—	7	303	55	5.5	4.2
キャリアデザイン学部								
キャリアデザイン	48	80%	—	15	644	120	5.4	6.4
グローバル教養学部								
グローバル教養	53	80%	—	5	292	76	3.8	3.3
スポーツ健康学部								
スポーツ健康	47	78%	—	15	575	105	5.5	4.8
情報科学部								
コンピュータ科	48	73%	—	10	440	96	4.6	4.3
ディジタルメディア	48	72%	—	10	377	102	3.7	4.0
デザイン工学部								
建築	50	72%	—	17	755	166	4.5	4.6

学部／学科／専修	2023年度			2022年度実績				
	駿台予備学校	河合塾		募集人員	受験者数	合格者数	競争率	
	合格目標ライン	ボーダー得点率	ボーダー偏差値				'22年	'21年
都市環境デザイン工	48	69%	—	13	391	102	3.8	4.7
システムデザイン	50	75%	—	13	434	90	4.8	7.0
理工学部								
機械工／機械工学	49	65%	—	17	708	243	2.9	2.6
／航空操縦学	47	56%	—	25	94	21	4.5	3.1
電気電子工	47	62%	—	15	689	264	2.6	3.1
応用情報工	47	68%	—	15	538	177	3.0	3.1
経営システム工	48	66%	—	15	402	121	3.3	3.3
創生科	47	65%	—	15	690	189	3.7	2.5
生命科学部								
生命機能	50	69%	—	7	416	120	3.5	2.6
環境応用化	48	67%	—	12	632	182	3.5	2.4
応用植物科	46	63%	—	12	304	106	2.9	2.7

- 駿台予備学校合格目標ラインは合格可能性80%に相当する駿台模試の偏差値です。
- 競争率は受験者÷合格者の実質倍率
- 河合塾ボーダー得点率は合格可能性50%に相当する共通テストの得点率です。
  また，ボーダー偏差値は合格可能性50%に相当する河合塾全統模試の偏差値です。

併設の教育機関　大学院

人文科学研究科

教員数▶68名
院生数▶264名

修士課程　●**哲学専攻**　哲学一般，さらに論理学，倫理学，美学・芸術学などを通じて，真善美など哲学知の根源を探究する。
●**日本文学専攻**　日本文学を中心に，豊かな教養と高度な研究能力を修得する。
●**英文学専攻**　少人数のゼミ方式の授業で，英米の文学・言語科学などの専門教育を実施。
●**史学専攻**　日本史（考古学・古代史・中世史・近世史・近現代史の５領域），東洋史，西洋史の３分野にわたる多彩な授業を展開。
●**地理学専攻**　世界の多様さ，自然環境の多様さ，人間社会の多様さを科学的に解明する。
●**心理学専攻**　実験・心理検査・面接・調査・統計など，心理学の研究法に関する技術を十分に習得できるようにカリキュラムを編成。
●**国際日本学インスティテュート**　心理学専攻を除く上記５専攻が共同で開設する，日本研究に特化した教育研究プログラム。
※心理学専攻（一部夜間開講）を除き，昼夜開講制。

博士後期課程　哲学専攻，日本文学専攻，英文学専攻，史学専攻，地理学専攻，心理学専攻，国際日本学インスティテュート

国際文化研究科

教員数▶21名
院生数▶14名

修士課程　●**国際文化専攻**　世界を，異文化間の理解と交流によって成立する「国際文化」としてとらえ研究する。昼夜開講制。

博士後期課程　国際文化専攻

経済学研究科

教員数▶48名
院生数▶43名

修士課程　●**経済学専攻**　博士論文研究基礎力審査を導入した世界標準のカリキュラムで，応用エコノミストを養成。昼夜開講制。

博士後期課程 経済学専攻

法学研究科

教員数▶27名
院生数▶26名
修士課程 ●法律学専攻　物事を多様な観点から法的に分析し，説得力のある法律論に基づいて法制度設計を行う能力を養う。
博士後期課程 法律学専攻

政治学研究科

教員数▶23名
院生数▶36名
修士課程 ●政治学専攻　今日の政治問題を規範論的な研究と具体的な現実政治に即した実証研究を行い解明する。一部夜間開講。
●国際政治学専攻　国際政治の本質を見極められる冷静な国際人を養成する。
博士後期課程 政治学専攻

社会学研究科

教員数▶37名
院生数▶24名
修士課程 ●社会学専攻　昼間開講の社会学コース（市ヶ谷・多摩）と，平日夜間と土曜開講のメディアコース（市ヶ谷）を設置。
博士後期課程 社会学専攻

経営学研究科

教員数▶47名
院生数▶81名
修士課程 ●経営学専攻　企業組織および企業の諸活動，企業とそれを取り巻く環境との関連を研究する。夜間コースは社会人対象。
博士後期課程 経営学専攻

人間社会研究科

教員数▶27名
院生数▶60名
修士課程 ●福祉社会専攻　社会福祉やコミュニティマネジメントの専門知識と実践能力を修得する。昼夜開講制。
●臨床心理学専攻　実習現場を通して，理論と実践を学ぶ。修了後に公認心理師試験と臨床心理士試験（第一種指定校）の受験が可能。
博士後期課程 人間福祉専攻

政策創造研究科

教員数▶9名
院生数▶143名
修士課程 ●政策創造専攻　日本の活性化を担う政策デザイン能力を養い，新しい価値観を創出できる人材を育成する。夜間開講。
博士後期課程 政策創造専攻

公共政策研究科

教員数▶33名
院生数▶142名
修士課程 ●公共政策学専攻　公共政策分野における高度専門職業人や研究者的実務家を育成する。夜間開講。
●サステイナビリティ学専攻　世界が抱える複雑で長期的な問題にアプローチし，持続的な人間活動のあり方を探求する。夜間開講。
博士後期課程 公共政策学専攻，サステイナビリティ学専攻

キャリアデザイン学研究科

教員数▶18名
院生数▶38名
修士課程 ●キャリアデザイン学専攻　最先端のキャリアデザイン学を体系的に学べる日本で初めての大学院。夜間開講。

政治学研究科／公共政策研究科

教員数▶7名
修士課程 ●連帯社会インスティテュート　連帯による公益の実践をめざす組織等の活動を担いうる，政策構想力と実践力を兼ね備えた連帯社会を築く人材を育成する。夜間開講。

スポーツ健康学研究科

教員数▶18名
院生数▶33名
修士課程▶ ●スポーツ健康学専攻　ヘルスプロモーション，スポーツマネジメント，スポーツコーチングの３領域で教育研究を展開。
博士後期課程▶ スポーツ健康学専攻

情報科学研究科

教員数▶22名
院生数▶51名
修士課程▶ ●情報科学専攻　コンピュータ基礎，情報システム，メディア科学の３つの研究領域で，最先端の教育・研究体制を整備。
博士後期課程▶ 情報科学専攻

デザイン工学研究科

教員数▶30名
院生数▶232名
修士課程▶ ●建築学専攻　専門知識と先端技術をベースに，学際的視点による建築と都市の総合デザインを追究する。
●都市環境デザイン工学専攻　「総合デザイン力」に根ざした広い視野と豊かな感性による，新しい時代の都市デザイン能力を養う。
●システムデザイン専攻　総合的なモノづくりやシステムづくりの創生プロセスを対象に，研究と教育を実施。
博士後期課程▶ 建築学専攻，都市環境デザイン工学専攻，システムデザイン専攻

理工学研究科

教員数▶88名
院生数▶481名
修士課程▶ ●機械工学専攻　幅広い視野を持ち，21世紀の産業と市民社会の期待に応え得る，技術のプロフェッショナルを育成。
●電気電子工学専攻　現代の科学技術を支える先端技術を，基礎から応用まで学ぶ。
●応用情報工学専攻　情報化社会の第一線を担う，高度な技術者・研究者を育成する。
●システム理工学専攻　創生科学系と経営システム系の学びを用意し，今までにないシステムを構築できる独創性のある人材を養成。
●応用化学専攻　最先端化学を学び，持続的社会構築に貢献できる人材を育成する。
●生命機能学専攻　理学と工学を融合した最先端の生命科学研究を展開。
博士後期課程▶ 機械工学専攻，電気電子工学専攻，応用情報工学専攻，システム理工学専攻，応用化学専攻，生命機能学専攻

情報科学研究科／理工学研究科

修士課程▶ ●総合理工学インスティテュート（IIST）　総合理工学を英語で学ぶ横断型大学院プログラム。
博士後期課程▶ 総合理工学インスティテュート

法務研究科

教員数▶18名
院生数▶70名
専門職学位課程▶ ●法務専攻　複雑化する現代社会の法律問題に柔軟かつ適切に対応できる，創造的応用力を持った法曹を養成する。

イノベーション・マネジメント研究科

教員数▶16名
院生数▶97名
専門職学位課程▶ ●イノベーション・マネジメント専攻　ビジネスの変革を通して，社会に革新を起こす人材を育成する。「MBA特別プログラム」は１年間でMBA取得可。

武蔵大学

MUSASHI UNIVERSITY

資料請求

問合せ先 アドミッションセンター　☎03-5984-3715

建学の精神

「人間形成を根幹に，明日の新しい日本を担う，優れた人材を育てる」という理想のもと，1922（大正11）年に創立された，わが国初の私立七年制高等学校である旧制武蔵高等学校をルーツとする。創立時に掲げられた「建学の三理想（東西文化融合のわが民族理想を遂行し得べき人物，世界に雄飛するにたえる人物，自ら調べ自ら考える力ある人物）」は，100年を経た今も受け継がれ，激しく揺れ動く社会環境の中にあっても，褪せない価値を持ち続けている。この三理想を実現するために行う「リベラルアーツ＆サイエンス教育」と，すべての学生が１年次から経験する「ゼミ」により，他者と協働する力と実践力を育成し，身近な課題から地球的な課題まで，あらゆる課題に挑戦し，その解決に貢献しうるグローバルリーダーを養成している。

●江古田キャンパス……〒176-8534　東京都練馬区豊玉上1-26-1

基本データ

学生数▶4,492名（男2,488名，女2,004名）
専任教員数▶教授87名，准教授24名，講師11名
設置学部▶経済，人文，社会，国際教養
併設教育機関▶大学院ー経済学・人文科学（以上M・D）

就職・卒業後の進路

就職率 96.5％（就職者÷希望者×100）

●**就職支援**　キャリア教育・キャリア支援においては，表向きの面接テクニックなどを教授するのではなく，いかなる場面でも対応できる，考え抜く力を培えるよう教職員がサポート。１・２年次に４年生や卒業生と交流できる「進路の決め手講座」，３年次の５月からは全員参加の「就活キックオフセミナー」を行うなど，各種講座やガイダンスなど独自のプログラムを４年間通じて体系的に実施し，自主的な進路決定をサポートしている。

●**資格取得支援**　各分野の専門家を学内に招いて，FP技能士３級，宅地建物取引士，総合（国内）旅行業務取扱管理者，ITパスポート，秘書技能検定など独自の資格取得対策講座を開講。金融学科の授業科目には，証券アナリスト検定試験対策講座も用意している。

進路指導者も必見 学生を伸ばす 面倒見

初年次教育	学修サポート
全学部生が1年次から所属するゼミ内で，文献の読み方から資料の探し方，レポートの書き方，プレゼンテーションや討論の方法まで，大学での学びに必要な手法を身につけている。また，入学前教育としてオンラインでの英語教育も実施	全学部でTA・SA制度，オフィスアワー制度，教員1人が学生46人を担当するアドバイザー制度を導入。また，外国語の学習サポートが受けられるMCV（Musashi Communication Village），学生を内面から支える学生相談室を設置

オープンキャンパス（2022年度実績） 6月19日，7月31日，8月6・7日に来場型とオンライン型で同時開催（事前予約制）。模擬授業，個別相談，キャンパスツアー，大学紹介，学部・学科説明会，保護者のための説明会など。

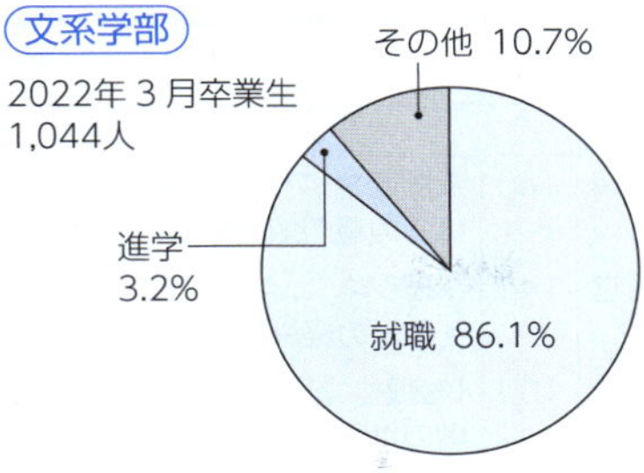

主なOB・OG▶［経済］工東正彦（ハウス食品社長），広瀬敏男（富士通Japan副会長），神田伯山（講談師），MIO（女優，モデル），［人文］岩瀬豊（東武タワースカイツリー会長兼社長），横関大（小説家）など。

国際化・留学　大学間 34 大学

受入れ留学生数▶29名（2022年５月１日現在）

留学生の出身国・地域▶中国，韓国，台湾，ドイツ，オランダなど。

外国人専任教員▶教授３名，准教授６名，講師６名（2022年５月１日現在）

外国人専任教員の出身国▶アメリカ，ブラジル，イギリス，オーストラリア，韓国など。

大学間交流協定▶34大学（交換留学先26大学，2022年９月１日現在）

海外への留学生数▶渡航型19名・オンライン型６名／年（７カ国・地域，2021年度）

海外留学制度▶約１学期～１年間の協定留学や，夏季または春季に行う外国語現地実習，学生海外研修，グローバル・インターンシッププログラムなど，多様な制度を設けて世界とつながる機会を提供。コンソーシアムは，UMAPとISEP，SAFに参加している。

学費・奨学金制度　給付型奨学金総額 年間約 3,617 万円

入学金▶240,000円

年間授業料（施設費等を除く）▶770,000円～（詳細は巻末資料参照）

年間奨学金総額▶36,172,835円

年間奨学金受給者数▶200人

主な奨学金制度▶規定の修得単位数を満たし，かつ成績・人物が優秀な２～４年次生対象の「武蔵大学特別奨学金」，経済支援の「武蔵大学給付奨学金」，留学支援の「武蔵大学学生海外研修奨学金」などの制度を設置。学費減免制度もあり，2021年度には293人を対象に総額で約１億7,709万円を減免している。

保護者向けインフォメーション

●**公開授業**　「ゼミナール対抗研究発表大会」などのイベントを，保護者を含む一般に公開。
●**成績確認**　成績通知書を送付している。
●**父母の会**　父母の会があり，一年部会（入学式当日）や総会（５月），地区別懇談会を実施。総会時には「公務員情報提供会」も同時開催している。また，会報も発行している。
●**防災対策**　「大地震対応マニュアル」を入学時に配布するほか，電子データでも公開。被災時の学生の安否は，ポータルサイトを利用して確認するようにしている。
●**コロナ対策１**　ワクチンの職域接種を実施。「コロナ対策２」（下段）あり。

インターンシップ科目	必修専門ゼミ	卒業論文	GPA制度の導入の有無および活用例	１年以内の退学率	標準年限での卒業率
全学部で開講している	経済学部と社会学部およびグローバルスタディーズ専攻は１～４年次，人文学部は１・４年次，経済経営学専攻は２～４年次に実施	人文・社会・国際教養学部は卒業要件	奨学金等対象者選定・退学勧告基準，留学候補者選考，大学院入試の学内推薦資格，個別の学修指導，履修上限単位数の設定などに活用	0.9%	83.5%

●**コロナ対策２**　感染状況に応じた７段階の行動指針を設定。入構時に検温と消毒を実施するとともに，換気を徹底し収容人数を調整して行う対面授業とオンライン授業を併用。家計急変者対象給付奨学金で経済的にも支援。

学部紹介

学部／学科	定員	特色
経済学部		
経済	140	▷国際経済・経営，経済学と現代経済の２コース。経済についての専門知識を身につけ，経済学的思考のセンスを磨く。
経営	140	▷ビジネス，ビジネスデザイン，企業会計の３コース。知識を実際の経営に生かす方法を学ぶ。
金融	100	▷金融，証券アナリストの２コース。多様化，国際化する金融の世界に対応できる能力を育成する。
●取得可能な資格…教職（地歴・公・社・商業），学芸員など。 ●進路状況…………就職88.8%　進学2.5% ●主な就職先………清水建設，キユーピー，三菱電機，みずほ銀行，楽天グループ，東京国税局など。		
人文学部		
英語英米文化	100	▷英語・英語教育，文学・芸術・メディア，歴史・社会・思想，交流文化・観光の４コース。英米文化を広く深く学ぶ。
ヨーロッパ文化	95	▷言語と文学，芸術と生活，歴史と思想，環境と社会の４コース。「ヨーロッパ」全体を学ぶ，全国的にも数少ない学科。
日本・東アジア文化	95	▷日本文化，東アジア文化，比較・交流文化の３コース。躍動する東アジアの視点から，日本文化を複眼的に学ぶ。
●取得可能な資格…教職（国・地歴・公・社・英），学芸員など。　●進路状況…就職82.4%　進学5.4% ●主な就職先………資生堂，日本航空，アマゾンジャパン，北海道テレビ放送，アクセンチュアなど。		
社会学部		
社会	124	▷社会学の基礎から実践までを体系的に学び，物事を多角的にとらえる視野・思考を磨き，人に伝える力を身につける。
メディア社会	105	▷メディアが伝えるべき内容とその方法を学び，現代社会が抱える問題について考え，メディアを活用する力を養う。
●取得可能な資格…教職（地歴・公・社），学芸員など。　●進路状況…就職86.7%　進学1.2% ●主な就職先………森永乳業，東武鉄道，エヌ・ティ・ティ・コミュニケーションズ，農林水産省など。		
国際教養学部		
国際教養	100	▷〈経済経営学(EM)専攻55名，グローバルスタディーズ(GS)専攻45名〉EM専攻では，ロンドン大学の経済経営学士号の取得をめざす。GS専攻では，英語と異文化体験を通してグローバル社会を生きる力を育む。
●主な就職先………2022年度開設のため卒業生はいない。		

▶キャンパス

全学部……［江古田キャンパス］東京都練馬区豊玉上1-26-1

2023年度入試要項（前年度実績）

●募集人員

学部／学科（専攻）		全学部統一	全学部グローバル	個別学部
▶経済	経済	18	2	40
	経営	18	2	40
	金融	13	2	25
▶人文	英語英米文化	13	4	31
	ヨーロッパ文化	13	4	31
	日本・東アジア文化	13	4	31
▶社会	社会	14	3	43
	メディア社会	12	3	38
▶国際教養	国際教養（経済経営学）	5	5	20
	（グローバルスタディーズ）	5	5	14

キャンパスアクセス［江古田キャンパス］西武池袋線─江古田より徒歩６分／都営地下鉄大江戸線─新江古田より徒歩７分／東京メトロ副都心線・有楽町線─新桜台より徒歩５分

全学部

一般方式全学部統一型・全学部統一グローバル型　【経済学部・人文学部・社会学部・国際教養学部〈グローバルスタディーズ専攻〉】 2〜1科目 ①②国・外・「地歴・公民・数」(100×2，グローバルのみ外150・その他100) ▶国総・「コミュ英Ⅰ・コミュ英Ⅱ・コミュ英Ⅲ・英表Ⅰ・英表Ⅱ」・「世Ｂ・日Ｂ・政経・〈数Ⅰ・数Ⅱ・数Ａ・数Ｂ(数列・ベク)〉から１」から２，ただしグローバルスタディーズ専攻は英必須

【国際教養学部〈経済経営学専攻〉】 3〜2科目 ①外(100) ▶コミュ英Ⅰ・コミュ英Ⅱ・コミュ英Ⅲ・英表Ⅰ・英表Ⅱ ②数学基礎(100) ▶数Ⅰ(数と式，二次関数，データの分析)・数Ⅱ(いろいろな式，図形と方程式，指数関数・対数関数，微分・積分の考え)・数Ａ(場合・整数)・数Ｂ(数列) ③国・地歴・公民・数(100) ▶国総・世Ｂ・日Ｂ・政経・「数Ⅰ・数Ⅱ・数Ａ・数Ｂ(数列・ベク)」から１

※全学部統一グローバル型は，指定された英語資格・検定試験(４技能)のスコアを得点化(150点満点)し，外国語以外の教科との合計点で判定する。

一般方式個別学部併願型　【経済学部・人文学部・社会学部・国際教養学部〈グローバルスタディーズ専攻〉】 3科目 ①国(ヨーロッパ・日本・グローバル100，その他の学科150) ▶国総 ②外(ヨーロッパ・日本100，その他の学科・専攻200) ▶コミュ英Ⅰ・コミュ英Ⅱ・コミュ英Ⅲ・英表Ⅰ・英表Ⅱ ③地歴・公民・数(ヨーロッパ・日本・グローバル100，その他の学科150) ▶世Ｂ・日Ｂ・政経・「数Ⅰ・数Ⅱ・数Ａ・数Ｂ(数列・ベク)」から１

【国際教養学部〈経済経営学専攻〉】 3科目 ①外(200) ▶コミュ英Ⅰ・コミュ英Ⅱ・コミュ英Ⅲ・英表Ⅰ・英表Ⅱ ②数学基礎(100) ▶数Ⅰ(数と式，二次関数，データの分析)・数Ⅱ(いろいろな式，図形と方程式，指数関数・対数関数，微分・積分の考え)・数Ａ(場合・整数)・数Ｂ(数列) ③国・地歴・公民・数(100) ▶国総・世Ｂ・日Ｂ・政経・「数Ⅰ・数Ⅱ・数Ａ・数Ｂ(数列・ベク)」から１

※一般方式の国総は，すべて「漢文を除く・古文は選択のみ。現文だけでの受験可」。

その他の選抜

一般選抜共通テスト方式は経済学部86名，人文学部49名，社会学部44名，国際教養学部25名を，総合型選抜AO入試は経済学部45名，人文学部24名，社会学部６名，国際教養学部13名を募集。ほかに学校推薦型選抜指定校制推薦入学，帰国生徒対象入試，社会人入試，外国人学生特別入試を実施。

偏差値データ (2023年度)

●一般方式入試

学部／学科／専攻	2023年度 駿台予備学校 合格目標ライン	2023年度 河合塾 ボーダー偏差値	2022年度 競争率
▶経済学部			
経済(統一型)	44	60	4.8
(個別)	44	57.5	2.2
経営(統一型)	44	60	5.5
(個別)	44	57.5	6.3
金融(統一型)	44	60	4.8
(個別)	44	57.5	5.7
▶人文学部			
英語英米文化(統一型)	47	55	3.8
(個別)	47	52.5	2.7
ヨーロッパ文化(統一型)	46	57.5	5.3
(個別)	46	55	5.9
日本・東アジア文化(統一型)	45	55	4.1
(個別)	45	55	4.3
▶社会学部			
社会(統一型)	45	60	5.2
(個別)	45	55	4.0
メディア社会(統一型)	44	60	6.1
(個別)	44	57.5	4.2
▶国際教養学部			
国際教養/経済経営学(統一型)	46	57.5	2.9
(個別)	46	55	2.8
/グローバルスタディーズ(統一型)	46	57.5	3.9
(個別)	47	57.5	5.7

- 駿台予備学校合格目標ラインは合格可能性80％に相当する駿台模試の偏差値です。
- 河合塾ボーダー偏差値は合格可能性50％に相当する河合塾全統模試の偏差値です。
- 競争率は受験者÷合格者の実質倍率

世界の幸せをカタチにする。

MU Musashino University

武蔵野大学（むさしの）

資料請求

問合せ先 入試センター ☎03-5530-7300

建学の精神

「仏教精神を根幹とした人格育成」を理想に掲げた，国際的仏教学者として知られる高楠順次郎博士によって，1924（大正13）年に創立された武蔵野女子学院を前身に，65（昭和40）年に大学設立。約100年に及ぶ歴史と伝統を礎に成長を続け，現在では12学部20学科13大学院研究科を擁する総合大学へと発展。2024年に迎える創立100周年の節目を前に，2021年にスタートした全学共通基礎課程「武蔵野INITIAL」では，SDGsに基づいた授業やプログラミング・AIなどの授業科目を文理問わず全員が学ぶことで，未来の諸課題を解決する人材を育成する。また，2023年４月には，サステナブルな世界の実現をめざす人材を育成する「サステナビリティ学科」を工学部に新設するなど，次の100年に向けて，さらに進化・拡大を続けていく。

- **有明キャンパス**……〒135-8181　東京都江東区有明三丁目3番3号
- **武蔵野キャンパス**…〒202-8585　東京都西東京市新町一丁目1番20号

基本データ

学生数▶9,872名（男4,265名，女5,607名）
専任教員数▶教授181名，准教授70名，講師67名
設置学部▶工，データサイエンス，アントレプレナーシップ，法，経済，経営，グローバル，薬，看護，教育，文，人間科

併設教育機関▶大学院―文学・言語文化・法学・政治経済学・データサイエンス・人間社会・仏教学・工学・環境学・薬科学・看護学（以上M・D），経営学・教育学（以上M）　通信教育部―人間科学部，教育学部　大学院通信教育部―人間社会・仏教学・環境学（以上M）

就職・卒業後の進路

就職率 95.4%
就職者÷希望者×100

●**就職支援**　所属学科の教員とキャリアセンターが連携し，１年次から学生一人ひとりをサポートするほか，内定を得た４年生が，自身の経験をもとに後輩の相談に応じ，就職活動を後押し。また，薬学科や看護学科，建築デザイン学科および教員をめざす学生には，それぞれに特化した就職支援も行っている。
●**資格取得支援**　公務員試験対策講座（A・

進路指導者も必見 学生を伸ばす 面倒見

初年次教育	学修サポート
「仏教（生き方を考える）基礎」「フィールド・スタディーズ」「メディアリテラシー」「データサイエンス基礎」「人工知能基礎」「日本語リテラシー」「入門／基礎ゼミ」などのほか，「SDGs基礎」「SDGs発展1・2・3」も開講	全学部でTA制度，専任教員が学生42人を担当し，学生の学修・生活面について指導・助言を行うアドバイザー制度を導入。また各教員がオフィスアワーを設けている。留学生と交流できるスペースを両キャンパスに設置

オープンキャンパス（2022年度実績）　6月（武蔵野）・7月（有明）・8月（両キャンパス）に来校型，11月と３月にWeb型で実施（事前予約制）。Webオープンキャンパスサイトでは大学・学科説明，模擬授業動画を公開。

Bコース：国家公務員，都道府県庁，特別区，政令指定都市，市役所，警察官，消防官など），旅行業務取扱管理者，ITパスポートなどの対策講座を開講している。

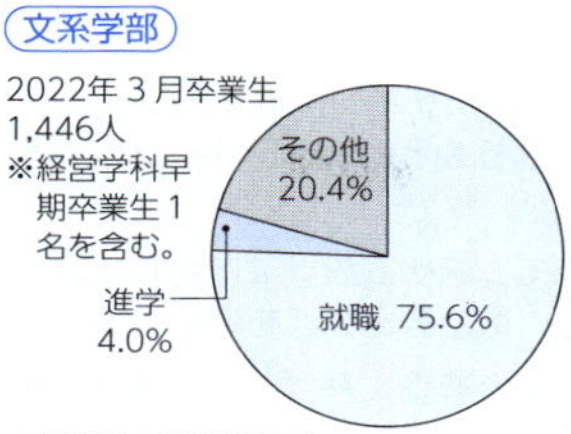

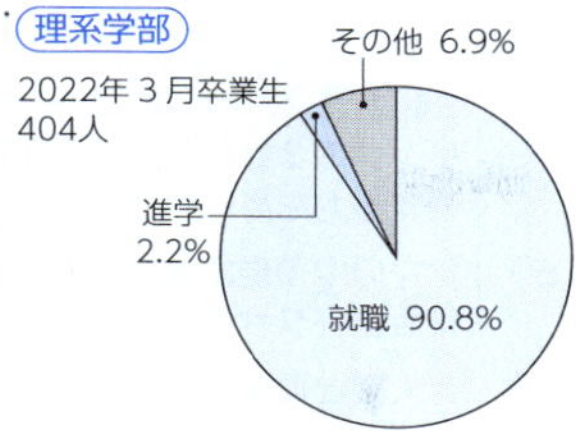

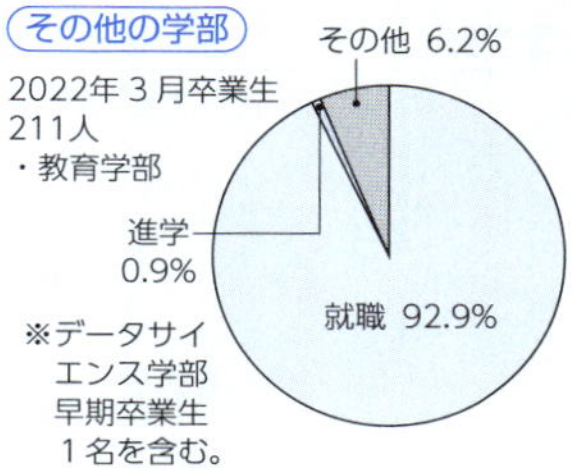

※進学は大学院進学者。

主なOB・OG▶［文］矢部嵩（小説家），［文］乙葉（女優・タレント），［人間科学］渡辺裕太（俳優・タレント），［グローバル］石川恋（女優・モデル・タレント），［旧政治経済］宮﨑雄基（PRUFF社長）など。

国際化・留学　大学間 103 大学・部局間 5 大学

受入れ留学生数▶826名（2022年９月22日現在）

留学生の出身国・地域▶中国（香港を含む），韓国，ベトナム，台湾，マレーシアなど。

外国人専任教員▶教授９名，准教授５名，講師２名（2022年９月１日現在）

外国人専任教員の出身国▶韓国，中国，アメリカ，タイ，イギリスなど。

大学間交流協定▶103大学（交換留学先70大学，2022年９月23日現在）

部局間交流協定▶５大学（交換留学先２大学，2022年９月23日現在）

海外への留学生数▶渡航型４名・オンライン型516名／年（14カ国・地域，2021年度）

海外留学制度▶協定留学や認定（SAP）留学，夏季・春季休暇を利用した短期語学研修（渡航型・オンライン型プログラム），第２学期留学プログラムなど，学外へ，海外へと活動のステージを拡げていく活動を支援。コンソーシアムはUMAPに参加している。

学費・奨学金制度　給付型奨学金総額 年間約 3,752 万円

入学金▶180,000円

年間授業料（施設費等を除く）▶770,000円～（詳細は巻末資料参照）

年間奨学金総額▶37,516,562円

年間奨学金受給者数▶228人

主な奨学金制度▶「武蔵野大学家計奨学金」「武蔵野大学成績優秀奨学金」「武蔵野大学予約型奨学金『2050年のあなたへ。奨学金』」などの制度を設置。また学費減免制度もあり，2021年度には185人を対象に総額で約9,356万円を減免している。なお，2023年度から学内奨学金を大幅に変更する予定。

保護者向けインフォメーション

●**学院報**　「武蔵野ジャーナル」を発行。
●**成績確認**　成績通知書を郵送している。
●**保護者懇談会**　例年，保護者懇談会を開催し，就職に関する説明などを行っている（2020～2022年度はWebで動画を公開）。また年２回，保護者向けの教養講座も実施。
●**防災対策**　災害時の学生の状況は，ポータルサイトを利用して確認するようにしている。
●**コロナ対策１**　ワクチンの職域接種を実施。感染状況に応じた５段階のBCP（行動指針）を設定。「コロナ対策２」（下段）あり。

インターンシップ科目	必修専門ゼミ	卒業論文	GPA制度の導入の有無および活用例	１年以内の退学率	標準年限での卒業率
全学部で開講している	工・データ3・4年次，アントレ2・3年次，法・経営・人間科2～4年次，グローバル・文1～4年次，薬5・6年次，看護4年次，教育1～3年次で実施	工・データ・グローバル・薬・看護と法律・教育・人間科学科は卒業要件	奨学金等対象者選定・進級判定・卒業判定・大学院入試選抜基準，留学候補者選考，個別の学修指導，履修上限単位数の設定などに活用	2.7%	82.6%（4年制）70.4%（薬）

●**コロナ対策２**　感染状況に応じてオンライン授業を併用し，自宅の通信環境が脆弱な学生に対して，大学で指定した教室を「オンライン受講スペース」として開放。経済的支援として，家計急変に対する学内奨学金を設置。

学部紹介

学部／学科	定員	特色
工学部		
サステナビリティ	70	▷NEW! '23年新設。ソーシャルデザイン，環境エンジニアリングの２コース。持続可能な社会と環境をデザインし，実現する力を身につける。
数理工	60	▷世の中の現象をモデル化してシステム設計に応用できる人材やデータサイエンティスト，数学教員などを育成する。
建築デザイン	70	▷人間と環境に対する深い理解と尊重に基づいて，建築で持続可能な未来を構想できる人材を育成する。
● 取得可能な資格…教職（数），１・２級建築士受験資格など。 ● 進路状況…………就職86.1%　進学6.0% ● 主な就職先………積水ハウス，東急リバブル，北海道電力，明治安田システム・テクノロジーなど。		
データサイエンス学部		
データサイエンス	90	▷人工知能（AI）とビックデータで，新たなビジネスを創出する次世代データサイエンティストを育成する。
● 主な就職先………2019年度開設のため，卒業生はいない（2022年３月，早期卒業生１名）。		
アントレプレナーシップ学部		
アントレプレナーシップ	60	▷社会や経済の変化が激しい現代社会において，未知なるものに挑戦し，自らが動いてさまざまな人を巻き込みながら，ゼロからイチを創り出せる実践者を育成する。
● 主な就職先………2021年度開設のため，卒業生はいない。		
法学部		
法律	190	▷ルールを創り，集団を幸福に導ける人材を育成する。企業法務から公務員，法律専門家まで幅広い進路に対応。
政治	100	▷民主主義の根幹を担う，政治と行政に携わる能力と技術を身につける。公務員をめざす学生を強力にサポート。
● 取得可能な資格…司書など。　● 進路状況…就職82.0%　進学2.3% ● 主な就職先………三菱UFJ銀行，イオン銀行，明治安田生命保険，飯田産業，近畿日本鉄道など。		
経済学部		
経済	175	▷グローバルな視野で経済を学び，社会の発展に貢献する人材を育成する。統計的手法を学ぶ授業やゼミが充実。
● 取得可能な資格…司書など。　● 進路状況…就職76.8%　進学4.5% ● 主な就職先………みずほ証券，ゆうちょ銀行，花王，松竹，日本郵便，サイバーエージェントなど。		
経営学部		
経営	220	▷高い倫理観と広い視野を持ち，経営学と社会科学の知識と技能を備え，変転著しい現代に活躍できる人材を育成する。
会計ガバナンス	90	▷会計数値から企業活動を読み解く力を養うとともに，経理・財務・税務の実務力を身につける。
● 進路状況…………就職70.1%　進学1.6%　※旧経済学部経営学科の実績です。 ● 主な就職先………ミスミグループ本社，島忠，ぐるなび，KDDI，大和証券ビジネスセンターなど。		
グローバル学部		
グローバルコミュニケーション	165	▷英語・中国語・日本語を駆使し，グローバル社会で活躍するトライリンガルを育成する。２年次に全員が留学を経験。

キャンパスアクセス ［有明キャンパス］ りんかい線―国際展示場より徒歩7分／ゆりかもめ―東京ビッグサイトより徒歩６分

日本語コミュニケーション	80	▷３言語の豊かなコミュニケーション力を持つトライリンガルをめざし，日本語教育学や観光学の専門知識を身につける。
グローバルビジネス	55	▷すべての科目を英語で学ぶことにより，海外でも通用する国際レベルのビジネススキルを修得する。
● **取得可能な資格**…司書など。　● **進路状況**…就職66.2％　進学5.8％ ● **主な就職先**………イケア・ジャパン，楽天グループ，日本航空，GMOインターネットグループなど。		
薬学部		
薬	145	▷６年制。チーム医療の一員として活躍する臨床薬剤師をはじめ，高い倫理観と豊富な知識を兼ね備えた薬剤師を育成。
● **取得可能な資格**…薬剤師受験資格など。 ● **進路状況**…………就職93.7％　進学0.0％ ● **主な就職先**………ファイザー，ヤンセンファーマ，中外製薬，日本ケミファ，イーピーエスなど。		
看護学部		
看護	125	▷人々の心に寄り添える豊かな人間性と高い専門スキルを兼ね備えた看護職者を育成する。
● **取得可能な資格**…教職（養護一種），看護師・保健師受験資格など。 ● **進路状況**…………就職93.7％　進学0.0％ ● **主な就職先**………東京大学医学部附属病院，慶應義塾大学病院，虎の門病院，東京警察病院など。		
教育学部		
教育	120	▷児童・生徒の好奇心を育み，豊かな人間性と高いコミュニケーション力を持った，教育のスペシャリストを育成する。
幼児教育	100	▷子どもが育つ環境づくりを大切にし，健やかな成長発達を手助けできる保育者を育成する。
● **取得可能な資格**…教職（国・理・書・英，小一種，幼一種），司書教諭，保育士など。 ● **進路状況**…………就職92.9％　進学1.0％ ● **主な就職先**………公立学校，公立保育所，公立幼稚園，私立幼稚園・保育園，児童福祉施設など。		
文学部		
日本文学文化	200	▷日本文学，日本文化，日本語学を学び，豊かな感性を養い，読解力・表現力・創造力・批評力を身につける。
● **取得可能な資格**…教職（国・書），司書，司書教諭など。 ● **進路状況**…………就職80.9％　進学0.6％ ● **主な就職先**………全日本空輸，三越伊勢丹ホールディングス，Apple Japan，大和ハウス工業など。		
人間科学部		
人間科	215	▷私たちが直面するさまざまな問題に向き合い解決する，総合的な人間力を身につける。公認心理師養成に対応。
社会福祉	145	▷"声なき声"に耳を傾け続けるソーシャルワーカーを育成する。社会福祉士国家試験合格を徹底サポート。
● **取得可能な資格**…司書，社会福祉士・精神保健福祉士受験資格など。 ● **進路状況**…………就職77.4％　進学6.7％ ● **主な就職先**………三井住友信託銀行，野村證券，良品計画，スギ薬局，東京都社会福祉事業団など。		

▶キャンパス

工（サステナビリティ・数理工）・データサイエンス・法・経済・経営・グローバル・看護・人間科（人間科）……［有明キャンパス］東京都江東区有明3-3-3

工（建築デザイン）・アントレプレナーシップ・薬・教育・文・人間科（社会福祉）……［武蔵野キャンパス］東京都西東京市新町1-1-20

キャンパスアクセス［武蔵野キャンパス］JR中央線・京王井の頭線一吉祥寺よりバス15分／JR中央線一三鷹よりバス10分，武蔵境よりバス7分／西武新宿線一田無より徒歩15分

2023年度入試要項(前年度実績)

●募集人員

学部／学科		全学部統一	一般
▶工	サステナビリティ	10	20
	数理工	10	25
	建築デザイン	10	25
▶データサイエンス	データサイエンス	13	35
▶アントレプレナーシップ	アントレプレナーシップ	5	10
▶法	法律	20	95
	政治	13	50
▶経済	経済	20	80
▶経営	経営	20	95
	会計ガバナンス	15	25
▶グローバル	グローバルコミュニケーション	20	45
	日本語コミュニケーション	6	16
	グローバルビジネス	5	10
▶薬	薬	45	40
▶看護	看護	20	45
▶教育	教育	15	50
	幼児教育	10	38
▶文	日本文学文化	25	70
▶人間科学	人間科	25	85
	社会福祉	20	70

※一般選抜としてA・B・C日程を実施。ただし，薬学部はB・C日程，工学部の数理工・建築デザインの２学科はB日程を行わない。
※一般選抜の募集人員には共通テスト併用型を含む。

▷全学部で英語外部検定のスコアが活用できる「英語外部検定活用方式」を導入。本学が指定する英語資格検定試験の基準スコアを満たしていれば，英語の得点をスコアに基づき換算し，筆記試験を免除する(試験当日の英語の筆記試験を受験した場合は，どちらか得点の高い方を採用)。

工学部

全学部統一選抜 【サステナビリティ学科・建築デザイン学科】 3科目 ①外(100)▶コミュ英Ⅰ・コミュ英Ⅱ・英表Ⅰ ②国・数(100)▶国総(古文選択可，漢文を除く)・「数Ⅰ・数Ⅱ・数A・数B(数列・ベク)」から1 ③数・理・情(100)▶「数Ⅰ・数A」・「物基・物」・「化基・化」・「生基・生」・「社会と情報・情報の科学」から1
※数学２科目の選択は不可。
【数理工学科】 3科目 ①外(100)▶コミュ英Ⅰ・コミュ英Ⅱ・英表Ⅰ ②数(200)▶数Ⅰ・数Ⅱ・数A・数B(数列・ベク)，ただし数Ⅲの選択可 ③理・情(100)▶「物基・物」・「化基・化」・「生基・生」・「社会と情報・情報の科学」から1

一般選抜A日程 3科目 ①外(100)▶コミュ英Ⅰ・コミュ英Ⅱ・英表Ⅰ ②数(サステナビリティ・建築100，数理200)▶数Ⅰ・数Ⅱ・数A・数B(数列・ベク)，ただし数理工学科は数Ⅲの選択可 ③理・情(100)▶「物基・物」・「化基・化」・「社会と情報・情報の科学」から1

一般選抜B日程 【サステナビリティ学科】 3科目 ①国(100)▶国総(古文選択可，漢文を除く) ②外(100)▶コミュ英Ⅰ・コミュ英Ⅱ・英表Ⅰ ③地歴・公民・数・理(100)▶世B・日B・政経・「数Ⅰ・数A」・「化基・化」・「生基・生」から1

一般選抜C日程 【サステナビリティ学科・建築デザイン学科】 2科目 ①外(100)▶コミュ英Ⅰ・コミュ英Ⅱ・英表Ⅰ ②国・数・理(100)▶国総(古文選択可，漢文を除く)・「数Ⅰ・数A」・「数Ⅰ・数Ⅱ・数A・数B(数列・ベク)」・「物基・物」・「化基・化」・「生基・生」から1
【数理工学科】 2科目 ①数(200)▶数Ⅰ・数Ⅱ・数A・数B(数列・ベク) ②外・理(100)▶「コミュ英Ⅰ・コミュ英Ⅱ・英表Ⅰ」・「物基・物」・「化基・化」から1

データサイエンス学部

全学部統一選抜 3科目 ①外(100)▶コミュ英Ⅰ・コミュ英Ⅱ・英表Ⅰ ②数(200)▶数Ⅰ・数Ⅱ・数A・数B(数列・ベク) ③理・情(100)▶「物基・物」・「化基・化」・「生基・生」・「社会と情報・情報の科学」から1

一般選抜A日程(2／5) 3科目 ①国(100)▶国総(古文選択可，漢文を除く) ②外(150)▶コミュ英Ⅰ・コミュ英Ⅱ・英表Ⅰ ③地歴・公民・数・理(100)▶世B・日B・政経・「数Ⅰ・数A」・「生基・生」から1

一般選抜A日程(2／6) 3科目 ①外(100)▶コミュ英Ⅰ・コミュ英Ⅱ・英表Ⅰ ②数(200)▶数Ⅰ・数Ⅱ・数A・数B(数列・ベク) ③理・情(100)▶「物基・物」・「化基・化」・「社会と情報・情報の科学」から1

一般選抜B日程 3科目 ①国(100)▶国総(古文選択可，漢文を除く) ②外(150)▶コミュ英Ⅰ・コミュ英Ⅱ・英表Ⅰ ③地歴・公民・数・理(100)▶世B・日B・政経・「数Ⅰ・数A」・

「化基・化」・「生基・生」から1
一般選抜C日程 3科目 ①外(150)▶コミュ英Ⅰ・コミュ英Ⅱ・英表Ⅰ ②**国・数**(100)▶国総(古文選択可，漢文を除く)・「数Ⅰ・数Ⅱ・数A・数B(数列・ベク)」から1 ③**地歴・公民・数・理**(100)▶世B・日B・政経・「数Ⅰ・数A」・「物基・物」・「化基・化」・「生基・生」から1
※数学の2科目選択不可。

アントレプレナーシップ学部・法学部・経営学部・グローバル学部

全学部統一選抜 2科目 ①**外**(アントレプレナーシップ・法律・政治・経営・会計ガバナンス・日本語コミュニケーション150，グローバルコミュニケーション・グローバルビジネス200)▶コミュ英Ⅰ・コミュ英Ⅱ・英表Ⅰ ②**国・地歴・公民・数・情**(100)▶国総(古文選択可，漢文を除く)・世B・日B・政経・「数Ⅰ・数A」・「社会と情報・情報の科学」から1
一般選抜A日程・B日程 3科目 ①**国**(日本語コミュニケーション150・その他の学科100)▶国総(古文選択可，漢文を除く) ②**外**(グローバルコミュニケーション・グローバルビジネス200，その他の学科150)▶コミュ英Ⅰ・コミュ英Ⅱ・英表Ⅰ ③**地歴・公民・数**(100)▶世B・日B・政経・「数Ⅰ・数A」から1
一般選抜C日程 2科目 ①**外**(グローバルビジネス200・その他の学科150)▶コミュ英Ⅰ・コミュ英Ⅱ・英表Ⅰ ②**国・地歴・公民・数**(100)▶国総(古文選択可，漢文を除く)・世B・日B・政経・「数Ⅰ・数A」から1

経済学部

全学部統一選抜Ⅰ型 2科目 ①**外**(150)▶コミュ英Ⅰ・コミュ英Ⅱ・英表Ⅰ ②**国・地歴・公民・数・情**(100)▶国総(古文選択可，漢文を除く)・世B・日B・政経・「数Ⅰ・数A」・「社会と情報・情報の科学」から1
全学部統一選抜Ⅱ型 2科目 ①**外**(150)▶コミュ英Ⅰ・コミュ英Ⅱ・英表Ⅰ ②**数**(100)▶数Ⅰ・数Ⅱ・数A・数B(数列・ベク)
一般選抜A日程・B日程 3科目 ①**国**(100)▶国総(古文選択可，漢文を除く) ②**外**(150)▶コミュ英Ⅰ・コミュ英Ⅱ・英表Ⅰ ③**地歴・公民・数**(100)▶世B・日B・政経・「数Ⅰ・数A」から1
一般選抜C日程 2科目 ①**外**(150)▶コミュ英Ⅰ・コミュ英Ⅱ・英表Ⅰ ②**国・地歴・公民・数**(100)▶国総(古文選択可，漢文を除く)・世B・日B・政経・「数Ⅰ・数A」・「数Ⅰ・数Ⅱ・数A・数B(数列・ベク)」から1

薬学部

全学部統一選抜・一般選抜A日程 3科目 ①**外**(100)▶コミュ英Ⅰ・コミュ英Ⅱ・英表Ⅰ ②**数**(100)▶数Ⅰ・数Ⅱ・数A・数B(数列・ベク) ③**理**(100)▶化基・化

看護学部

全学部統一選抜 2科目 ①**外**(100)▶コミュ英Ⅰ・コミュ英Ⅱ・英表Ⅰ ②**国・数・理**(100)▶国総(古文選択可，漢文を除く)・「数Ⅰ・数A」・「数Ⅰ・数Ⅱ・数A・数B(数列・ベク)」・「化基・化」・「生基・生」から1
一般選抜A日程 3科目 ①**国**(100)▶国総(古文選択可，漢文を除く) ②**外**(100)▶コミュ英Ⅰ・コミュ英Ⅱ・英表Ⅰ ③**数・理**(100)▶「数Ⅰ・数A」・「生基・生」から1
一般選抜B日程・C日程 3科目 ①**国**(100)▶国総(古文選択可，漢文を除く) ②**外**(100)▶コミュ英Ⅰ・コミュ英Ⅱ・英表Ⅰ ③**数・理**(100)▶「数Ⅰ・数A」・「化基・化」・「生基・生」から1

教育学部

全学部統一選抜 2科目 ①**外**(150)▶コミュ英Ⅰ・コミュ英Ⅱ・英表Ⅰ ②**国・地歴・公民・数・理・情**(100)▶国総(古文選択可，漢文を除く)・世B・日B・政経・「数Ⅰ・数A」・「数Ⅰ・数Ⅱ・数A・数B(数列・ベク)」・「物基・物」・「化基・化」・「生基・生」・「社会と情報・情報の科学」から1
一般選抜A日程(2/5) 3科目 ①**国**(100)▶国総(古文選択可，漢文を除く) ②**外**(150)▶コミュ英Ⅰ・コミュ英Ⅱ・英表Ⅰ ③**地歴・公民・数・理**(100)▶世B・日B・政経・「数Ⅰ・数A」・「生基・生」から1
一般選抜A日程(2/6) 【教育学科】 3科目 ①**外**(100)▶コミュ英Ⅰ・コミュ英Ⅱ・英表Ⅰ ②**数**(100)▶数Ⅰ・数Ⅱ・数A・数B(数列・ベ

ク) ③理・情(100) ▶「物基・物」・「化基・化」・「社会と情報・情報の科学」から1

一般選抜B日程 3科目 ①国(100) ▶国総(古文選択可，漢文を除く) ②外(150) ▶コミュ英Ⅰ・コミュ英Ⅱ・英表Ⅰ ③地歴・公民・数・理(100) ▶世B・日B・政経・「数Ⅰ・数A」・「化基・化」・「生基・生」から1

一般選抜C日程 【教育学科】 3科目 ①外(150) ▶コミュ英Ⅰ・コミュ英Ⅱ・英表Ⅰ ②国・数(100) ▶国総(古文選択可，漢文を除く)・「数Ⅰ・数Ⅱ・数A・数B(数列・ベク)」から1 ③地歴・公民・数・理(100) ▶世B・日B・政経・「数Ⅰ・数A」・「物基・物」・「化基・化」・「生基・生」から1

※数学の2科目選択不可。

【幼児教育学科】 2科目 ①外(150) ▶コミュ英Ⅰ・コミュ英Ⅱ・英表Ⅰ ②国・地歴・公民・数(100) ▶国総(古文選択可，漢文を除く)・世B・日B・政経・「数Ⅰ・数A」・「数Ⅰ・数Ⅱ・数A・数B(数列・ベク)」から1

文学部

全学部統一選抜・一般選抜C日程 2科目 ①国(100) ▶国総(古文選択可，漢文を除く) ②外(100) ▶コミュ英Ⅰ・コミュ英Ⅱ・英表Ⅰ

一般選抜A日程・B日程 3科目 ①国(200) ▶国総(古文選択可，漢文を除く) ②外(100) ▶コミュ英Ⅰ・コミュ英Ⅱ・英表Ⅰ ③地歴・公民・数(100) ▶世B・日B・政経・「数Ⅰ・数A」から1

人間科学部

全学部統一選抜 【人間科学科】 2科目 ①外(150) ▶コミュ英Ⅰ・コミュ英Ⅱ・英表Ⅰ ②国・地歴・公民・数・理・情(100) ▶国総(古文選択可，漢文を除く)・世B・日B・政経・「数Ⅰ・数A」・「数Ⅰ・数Ⅱ・数A・数B(数列・ベク)」・「物基・物」・「化基・化」・「生基・生」・「社会と情報・情報の科学」から1

【社会福祉学科】 2科目 ①外(100) ▶コミュ英Ⅰ・コミュ英Ⅱ・英表Ⅰ ②国・地歴・公民・数・情(100) ▶国総(古文選択可，漢文を除く)・世B・日B・政経・「数Ⅰ・数A」・「社会と情報・情報の数学」から1

一般選抜A日程 【人間科学科】 3科目 ①国(100) ▶国総(古文選択可，漢文を除く) ②外(150) ▶コミュ英Ⅰ・コミュ英Ⅱ・英表Ⅰ ③地歴・公民・数・理(100) ▶世B・日B・政経・「数Ⅰ・数A」・「生基・生」から1

【社会福祉学科】 3科目 ①国(100) ▶国総(古文選択可，漢文を除く) ②外(100) ▶コミュ英Ⅰ・コミュ英Ⅱ・英表Ⅰ ③地歴・公民・数(100) ▶世B・日B・政経・「数Ⅰ・数A」から1

一般選抜B日程 【人間科学科】 3科目 ①国(100) ▶国総(古文選択可，漢文を除く) ②外(150) ▶コミュ英Ⅰ・コミュ英Ⅱ・英表Ⅰ ③地歴・公民・数・理(100) ▶世B・日B・政経・「数Ⅰ・数A」・「化基・化」・「生基・生」から1

【社会福祉学科】 A日程と同じ

一般選抜C日程 【人間科学科】 2科目 ①外(150) ▶コミュ英Ⅰ・コミュ英Ⅱ・英表Ⅰ ②国・地歴・公民・数・理(100) ▶国総(古文選択可，漢文を除く)・世B・日B・政経・「数Ⅰ・数A」・「数Ⅰ・数Ⅱ・数A・数B(数列・ベク)」・「物基・物」・「化基・化」・「生基・生」から1

【社会福祉学科】 2科目 ①外(100) ▶コミュ英Ⅰ・コミュ英Ⅱ・英表Ⅰ ②国・地歴・公民・数(100) ▶国総(古文選択可，漢文を除く)・世B・日B・政経・「数Ⅰ・数A」から1

その他の選抜

共通テスト利用選抜は工学部30名，データサイエンス学部13名，アントレプレナーシップ学部10名，法学部40名，経済学部25名，経営学部43名，グローバル学部30名，薬学部17名，看護学部17名，教育学部33名，文学部25名，人間科学部39名を，総合型選抜は工学部23名，データサイエンス学部6名，アントレプレナーシップ学部15名，法学部23名，経済学部15名，経営学部25名，グローバル学部28名(ムサシノスカラシップ選抜を含む)，看護学部5名，教育学部13名，文学部18名，人間科学部23名を募集。ほかに一般選抜共通テスト併用型，ムサシノスカラシップ選抜，指定校学校推薦型選抜，系列校学校推薦型選抜，日本語学校指定校推薦選抜，同窓会推薦選抜，帰国生選抜，社会人選抜，外国人留学生選抜を実施。

偏差値データ（2023年度）

●一般選抜Ａ日程

学部／学科	2023年度 駿台予備学校 合格目標ライン	2023年度 河合塾 ボーダー偏差値	2022年度 競争率
▶工学部			
サステナビリティ	41	45	新
数理工	41	42.5	3.8
建築デザイン	42	47.5	9.5
▶データサイエンス学部			
データサイエンス	41	50	8.0
▶アントレプレナーシップ学部			
アントレプレナーシップ	43	50	19.5
▶法学部			
法律	44	45	3.3
政治	44	45	4.0
▶経済学部			
経済	43	45	4.1
▶経営学部			
経営	43	47.5	5.4
会計ガバナンス	43	42.5	3.6
▶グローバル学部			
グローバルコミュニケーション	44	45	3.1
日本語コミュニケーション	43	42.5	2.7
グローバルビジネス	43	47.5	8.9
▶薬学部			
薬	46	52.5	10.6
▶看護学部			
看護	45	47.5	3.5
▶教育学部			
教育	45	52.5	5.7
幼児教育	45	42.5	4.2
▶文学部			
日本文学文化	43	52.5	4.9
▶人間科学部			
人間科	43	50	5.9
社会福祉	42	45	2.8

- 駿台予備学校合格目標ラインは合格可能性80％に相当する駿台模試の偏差値です。
- 河合塾ボーダー偏差値は合格可能性50％に相当する河合塾全統模試の偏差値です。なお，一般選抜Ａ・Ｂ日程の偏差値です（薬学部と数理工・建築デザイン学科はＡ日程）。
- 競争率は受験者÷合格者の実質倍率

明治大学（めいじ）

資料請求

問合せ先 入試広報事務室 ☎03-3296-4139

● キャンパス情報はP.730をご覧ください。

建学の精神

明治政府の命を受け，フランス法学を学んだ岸本辰雄，宮城浩蔵，矢代操の３人の若き法律家によって，1881（明治14）年に明治法律学校として創立。彼らの願いは「自由な社会の実現のため，近代市民社会を担う，聡明な若者を育てる」ことだった。「権利自由」「独立自治」という建学の精神は，“「個」を強くする大学。”という明治大学の教育理念へと着実に受け継がれ，多くの「個」を世に輩出。受験者数は国内トップクラスを誇り，卒業生は多方面で活躍している。2022年度から，Society5.0の実現を支える人材を育成するための数理・データサイエンス・AI教育がスタートするなど，これからも，自ら未来を切り拓く「前へ」の姿勢で，社会のあらゆる場面で他者との協働を進め，時代や世界を変革していく，強い「個」を育てていく。

基本データ

学生数▶31,515名（男20,772名，女10,743名）

専任教員数▶教授593名，准教授240名，講師117名

設置学部▶法，商，政治経済，経営，文，情報コミュニケーション，国際日本，理工，農，総合数理

併設教育機関▶大学院（P.741参照）

就職・卒業後の進路

就職率 96.0％（就職者÷希望者×100）

● **就職支援**　「リアルな声」を聞く機会の創出や，業界や仕事の理解を深めるイベント，各種ガイダンスの実施など，「個」に合わせたサポートを展開。高校の進路指導教諭が選ぶ「就職に力を入れている大学」ランキングで12年連続１位に選出されるなど，圧倒的な実績・サポートで「個」の将来を導いている。

● **資格取得支援**　「国家試験指導センター」では，法曹や公認会計士，国家公務員をめざす学生のために，法制研究所，経理研究所，行政研究所を設置し，難関資格取得や国家公務員採用試験合格をサポート。このほか，教職，司書，司書教諭，学芸員養成，社会教育主事の５つの課程を設けている。

進路指導者も必見 学生を伸ばす 面倒見

初年次教育

「明治大学の歴史」「図書館活用法」「ICT総合実践」「ICTリテラシー」「ICTベーシック」などの科目を全学部で開講するほか，理工学部では学科ごとに「新入生の日」を設け，学びへのモチベーションなどを醸成。農学部では「農場実習」を実施

学修サポート

全学部でTA制度，さらに国際日本学部でSA制度，商・国際日本・農・理工（機械工・機械情報工・建築）学部でオフィスアワー制度，政治経済学部で教員アドバイザー制度を導入。また学部により，学習支援室，学生相談室などを設置している

オープンキャンパス（2022年度実績） 8月2・3日（駿河台・中野C），6・7日（駿河台・生田C）に開催（事前参加登録）。明大生による本音トークライブ，キャンパスツアー，模擬授業，研究室・施設見学ツアーなど。

文系学部

2022年３月卒業生
5,340人

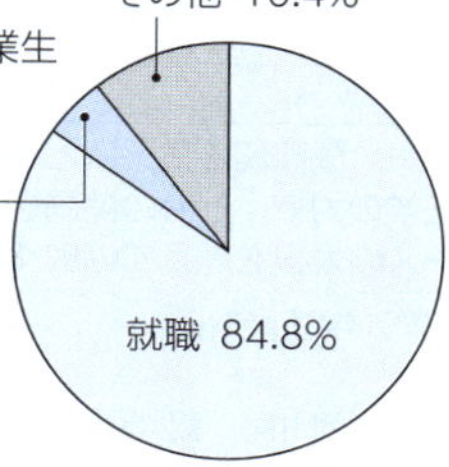

理系学部

2022年３月卒業生
1,688人

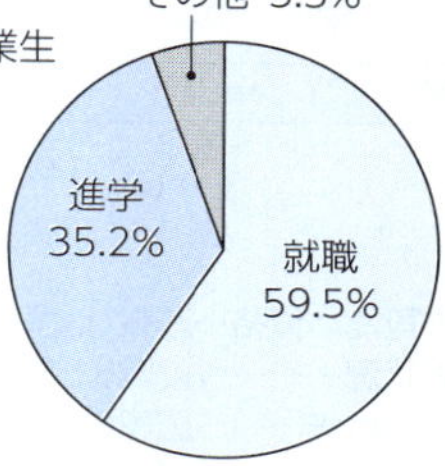

主なOB・OG ▶ ［経営］岩永省一（りそな銀行社長），［政治経済］長友佑都（プロサッカー選手），［文］松重豊（俳優），［文］安住紳一郎（TBSアナウンサー），［商］北川景子（女優），［理工］北野武（映画監督）など。

国際化・留学　大学間 367 大学等・部局間 132 大学等

受入れ留学生数 ▶ 1,088名（2022年５月１日現在）

留学生の出身国・地域 ▶ 韓国，中国，台湾，アメリカ，香港など。

外国人専任教員 ▶ 教授20名，准教授７名，講師７名（2022年９月20日現在）

外国人専任教員の出身国 ▶ アメリカ，中国，韓国，ドイツ，イギリスなど。

大学間交流協定 ▶ 367大学・機関（交換留学先171大学，2022年７月31日現在）

部局間交流協定 ▶ 132大学・機関（交換留学先96大学，2022年７月31日現在）

海外への留学生 ▶ 渡航型168名・オンライン型344名／年（29カ国・地域，2021年度）

海外留学制度 ▶ 協定留学（交換型／授業料負担型）や認定留学，ダブル／デュアルディグリープログラム，短期海外研修など希望に合わせて国際感覚を磨く多彩な留学・研修プログラムを用意。コンソーシアムはJPN-COILL協議会，MJIIT，NAFSAに参加している。

学費・奨学金制度　給付型奨学金総額 年間約 8億3,813万円

入学金 ▶ 200,000円

年間授業料（施設費等を除く）▶ 846,000円～（詳細は巻末資料参照）

年間奨学金総額 ▶ 838,127,450円

年間奨学金受給者数 ▶ 2,662人

主な奨学金制度 ▶「明治大学給費奨学金」や「明治大学学業奨励給費奨学金」，一般選抜出願前に採用が決定する「明治大学給費奨学金『お〻明治奨学金』」など，多彩な奨学金制度で学生をバックアップ。学費減免制度も用意されており，2021年度には67人を対象に総額で5,662万4,800円を減免している。

保護者向けインフォメーション

- **公開授業**　学生が入学後に実施している。
- **成績確認**　成績通知表を郵送している。
- **父母会**　父母会を組織し，スポーツ応援会，文化芸術鑑賞会，父母交流会，父母懇談会，就職懇談会（３年次の保護者が対象）などを開催している。会報「暁の鐘」のWeb閲覧が可能。
- **相談窓口**　保護者専用の相談窓口を設置。
- **防災対策**　防災情報が掲載されている各学部便覧や「明治大学防災ガイド」を用意。被災時には大学HPや電話を利用して安否確認を行う。
- **コロナ対策１**　ワクチンの職域接種を実施。感染状況に応じた６段階のBCP（行動指針）を設定。「コロナ対策２」（下段）あり。

インターンシップ科目	必修専門ゼミ	卒業論文	GPA制度の導入の有無および活用例	１年以内の退学率	標準年限での卒業率
商・政治経済・文・理工・農で開講	法学部で３・４年次，文学部と総合数理学部で1～4年次（現象数理は1・3・4年次），理工学部で4年次に実施	文・理工・総合数理は卒業要件	奨学金等対象者の選定，留学候補者の選考のほか，学部により，個別の学修指導，大学院入試選抜，早期卒業要件，研究室配属に活用	1.3%	84.9%

● **コロナ対策２**　感染症や自然災害といった有事における学生の支援・教育活動維持を目的とした学生緊急支援ファンドを2020年度に創設。2022年度はPCR検査キット等購入費用およびPCR検査費用への助成を実施。

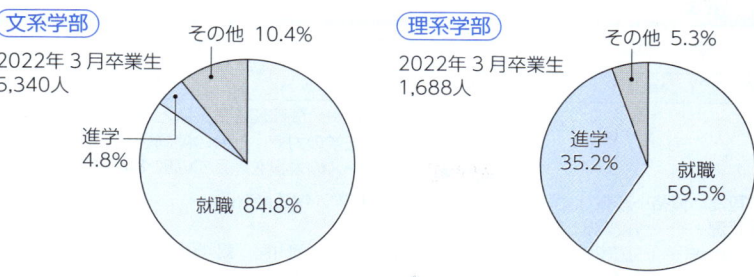

学部紹介

学部／学科	定員	特色
法学部		
法律	920	▷ビジネスロー，国際関係法，法と情報，公共法務，法曹の5コース。法学の力で，社会の諸問題を解決する。フレキシブルに，コースの垣根を越えて幅広く学ぶことも可能。
● 取得可能な資格…教職（地歴・公・社），司書，司書教諭，学芸員など。 ● 進路状況…………就職81.5%　進学6.5% ● 主な就職先………国家公務員一般職，東京特別区，国税専門官，裁判所職員一般職，埼玉県庁，みずほフィナンシャルグループ，三井不動産リアルティ，三井住友信託銀行など。		
商学部		
商	1,150	▷アプライド・エコノミクス，マーケティング，ファイナンス&インシュアランス，グローバル・ビジネス，マネジメント，アカウンティング，クリエイティブ・ビジネスの7コース。ビジネスの最前線で活躍できる専門知識と人間力を育む。
● 取得可能な資格…教職（地歴・公・社・商業），司書，司書教諭，学芸員など。 ● 進路状況…………就職88.4%　進学2.6% ● 主な就職先………有限責任監査法人トーマツ，楽天グループ，EY新日本有限責任監査法人，国家公務員一般職，ニトリ，キーエンス，東京特別区，有限責任あずさ監査法人など。		
政治経済学部		
		▶政治学・社会学，経済学，地域行政学，国際地域・文化論のゼミ指導型の4コースを設置。
政治	290	▷事実と理論に基づいて政治現象を分析し，その構造や成立過程を解明する力や，自らの行動を判断する力を養う。
経済	695	▷資源を活用し，製品やサービスを創出し，得られた富をどう分配すべきかなど，社会全体が幸せになる方策を考える。
地域行政	165	▷地域の諸問題を理論と実務の両面から研究・分析し，より良い地域運営を実践できるプロフェッショナルを養成する。
● 取得可能な資格…教職（地歴・公・社），司書，司書教諭，学芸員など。 ● 進路状況…………就職87.2%　進学3.0% ● 主な就職先………東京特別区，国家公務員一般職，日本電気，埼玉県庁，りそなグループ，エヌ・ティ・ティ・コミュニケーションズ，三井住友銀行，アクセンチュア，富士通など。		
経営学部		
		▶学部一括で募集し，1年次に経営学の基礎をしっかりと学び全体像を把握。2年次より学科に所属する。
経営	745	▷不確実性の高い経営環境の中で，未来を読み解く力を備え，企業の経営の方向性を定めることができる人材を育成する。
会計		▷あらゆる組織の状況を詳細に把握できる会計の知識とスキルを武器に，多方面で活躍するスペシャリストを育成する。
公共経営		▷卒業後の進路を定め，カリキュラムを設定し，幅広い公共組織のマネジメントを担う専門人材を育成する。
● 取得可能な資格…教職（地歴・公・社・商業），司書，司書教諭，学芸員など。 ● 進路状況…………就職86.3%　進学3.9% ● 主な就職先………TIS，東京特別区，楽天グループ，アイレップ，キーエンス，国家公務員一般職，野村證券，みずほフィナンシャルグループ，警視庁，JFE商事，横浜銀行など。		

キャンパスアクセス [駿河台キャンパス] JR中央線・総武線，東京メトロ丸ノ内線一御茶ノ水より徒歩3分／東京メトロ千代田線一新御茶ノ水より徒歩5分／都営地下鉄各線，東京メトロ半蔵門線一神保町より徒歩5分

文学部		
		▶「人間学」を究め，人間を理解する力，異文化を理解する力を磨く。文学を多角的にとらえ，十分な専門知識と幅広い教養を身につけるために，他学科・専攻の科目も受講可能。
文	465	▷〈日本文学専攻120名，英米文学専攻120名，ドイツ文学専攻50名，フランス文学専攻50名，演劇学専攻55名，文芸メディア専攻70名〉
史学地理	290	▷〈日本史学専攻90名，アジア史専攻45名，西洋史学専攻55名，考古学専攻45名，地理学専攻55名〉
心理社会	155	▷〈臨床心理学専攻55名，現代社会学専攻55名，哲学専攻45名〉
● 取得可能な資格…教職（国・地歴・公・社・英・独・仏），司書，司書教諭，学芸員など。 ● 進路状況…………就職78.6%　進学9.6% ● 主な就職先………国家公務員一般職，神奈川県教育委員会，東京特別区，東京都教育委員会，凸版印刷，楽天グループ，埼玉県教育委員会，明治安田生命保険，横浜市役所など。		
情報コミュニケーション学部		
情報コミュニケーション	520	▷現代の情報社会を解き明かし，ひとつ先の未来を描ける，高度情報社会で活躍する創造的な人材を育成する。
● 取得可能な資格…教職（公・社・情・英），司書，司書教諭，学芸員など。 ● 進路状況…………就職88.4%　進学4.4% ● 主な就職先………東京特別区，日本電気，ニトリ，パーソルキャリア，東日本旅客鉄道，日立システムズ，三井住友信託銀行，第一生命保険，大日本印刷，富士通Japanなど。		
国際日本学部		
国際日本	400	▷日本と世界の文化・社会を幅広く学べるカリキュラムを用意し，世界を舞台に活躍できる人材を育成する。
● 取得可能な資格…教職（地歴・公・社・英），司書，司書教諭，学芸員など。 ● 進路状況…………就職78.6%　進学5.0% ● 主な就職先………楽天グループ，アクセンチュア，日本タタ・コンサルタンシー・サービシズ，富士通，ベネッセスタイルケア，アビームコンサルティング，兼松，ディップなど。		
理工学部		
電気電子生命	236	▷〈電気電子工学専攻173名，生命理工学専攻63名〉「電気」と「生命」で未来を創出する。
機械工	138	▷ものづくりを担える総合能力を養成し，多岐にわたる工学分野で活躍する人材を育成する。
機械情報工	138	▷ハード×ソフトで技術イノベーションをめざし，新しいアイデアを具現化し，未来を切り開くエンジニアを育成する。
建築	173	▷人と自然が生きる“環境”を創造することをテーマに学ぶ。
応用化	127	▷「フラスコからコンピュータまで操れる人材の育成」をテーマに，実験科目に重点を置いたカリキュラムを構成。
情報科	127	▷情報科学の基礎，ソフトウェア，ハードウェア，応用について最先端の研究に取り組み，第２次IT革命を実現する。
数	63	▷21世紀を生き抜く武器となる，数理的思考法を養う。
物理	63	▷科学技術の基盤である物理学を，宇宙から遺伝子まで学ぶ。
● 取得可能な資格…教職（数・理・情），司書，司書教諭，学芸員，測量士補，１級建築士受験資格など。 ● 進路状況…………就職51.5%　進学42.6% ● 主な就職先………積水ハウス，日立製作所，日産自動車，SCSK，鹿島建設，キヤノンITソリューションズ，富士通，小松製作所，SUBARU，三菱電機など（大学院生を含む）。		

キャンパスアクセス ［和泉キャンパス］ 京王線・京王井の頭線一明大前より徒歩5分

農学部		
農	150	▷食糧生産・環境，総合農学の２コース。人類の持続的生存について俯瞰的・長期的視点から洞察する。
農芸化	150	▷生活に密着した食品や環境分野の問題を，バイオテクノロジーと最新のサイエンスによって解決することをめざす。
生命科	150	▷動植物や微生物の生命活動を分子レベルや遺伝子レベルで理解し，環境や食料問題などの解決をめざす。
食料環境政策	150	▷食料と環境をめぐる諸問題について，社会科学（経済・社会・政策・経営・会計・開発学など）の側面から総合的に考究する。

- **取得可能な資格**…教職（地歴・公・社・理・農），司書，司書教諭，学芸員，測量士補など。
- **進路状況**…………就職71.8%　進学23.5%
- **主な就職先**………国家公務員一般職，NECソリューションイノベータ，KSK，国家公務員総合職，全国農業協同組合連合会本所・神奈川県本部，山崎製パンなど（大学院生を含む）。

総合数理学部		
現象数理	90	▷単に現象を解明するだけでなく，数理モデルを多様な分野に応用できる力とセンスを備えた人材を育成する。
先端メディアサイエンス	120	▷高度な情報技術に加え，社会や人間，文化など従来の理系分野の枠を越えた広い視野を身につけるカリキュラム編成。
ネットワークデザイン	90	▷環境エネルギー，情報通信，ビジネスをはじめ，現代社会のさまざまな分野に存在するネットワークを学ぶ。

- **取得可能な資格**…教職（数・情），司書，司書教諭，学芸員など。
- **進路状況**…………就職62.4%　進学33.3%
- **主な就職先**………SCSK，NECソリューションイノベータ，エヌ・ティ・ティ・コムウェア，Sky，ソフトバンク，コーエーテクモホールディングス，日本電気など（大学院生を含む）。

キャンパス

法・商・政治経済・経営・文・情報コミュニケーション３・４年次……［駿河台キャンパス］東京都千代田区神田駿河台1-1
法・商・政治経済・経営・文・情報コミュニケーション１・２年次……［和泉キャンパス］東京都杉並区永福1-9-1
理工・農……［生田キャンパス］神奈川県川崎市多摩区東三田1-1-1
国際日本・総合数理……［中野キャンパス］東京都中野区中野4-21-1

2023年度入試要項（前年度実績）

●募集人員

学部／学科（専攻）	学部別	全学部	共通前期	共通後期	自己推薦	AO・公募
法 法律	375	115	3科60 4科40 5科40	—	—	—
商 商	学部別485 英語15	80	4科50 5科45 6科30	30	—	公40
政治経済 政治	105	20	3科8 7科15	—	—	—
経済	290	50	3科15 7科50	—	—	—
地域行政	70	20	7科12	—	—	—
経営 経営／会計／公共経営	学部別342 英語40	3科27 英語3	3科25 4科25	—	—	—
文 文（日本文学）	70	16	3科7 5科3	—	3	—
（英米文学）	68	18	3科6 5科3	—	4	—
（ドイツ文学）	23	7	3科3 5科2	—	2	—
（フランス文学）	24	8	3科2 5科1	—	5	—

キャンパスアクセス ［生田キャンパス］小田急線ー生田より徒歩10分

(演劇学)	29	8	3科3 5科1	—	5	—
(文芸メディア)	43	7	3科5 5科2	—	3	—
史学地理(日本史学)	51	15	3科6 5科4	—	3	—
(アジア史)	20	6	3科3 5科2	—	2	—
(西洋史学)	32	8	3科4 5科1	—	2	—
(考古学)	24	7	3科4 5科1	—	2	—
(地理学)	27	11	3科4 5科1	—	2	—
心理社会(臨床心理学)	24	11	3科4 5科2	—	2	—
(現代社会学)	26	10	3科3 5科2	—	2	—
(哲学)	20	8	3科4 5科2	—	2	—
▶**情報コミュニケーション** 情報コミュニケーション	372	25	3科30 6科10	—	—	—
▶**国際日本** 国際日本	学部別130 英語100	3科10 英語18	3科20 5科10	—	6	—
▶**理工** 電気電子生命(電気電子工)	80	20	3教9 4教5	3	—	A7
(生命理工)	27	10	3教3 4教2	2	—	A2
機械工	75	12	3教5 4教7	—	—	—
機械情報工	66	17	3教6	3	—	A4
建築	88	19	4教12	2	—	A5
応用化	60	12	4教7	2	—	A4
情報科	65	12	3教7 4教7	2	—	—
数	32	10	4教6	2	—	—
物理	35	5	4教6	2	—	—
▶**農** 農	90	3科15 英語5	12	—	10	—
農芸化	84	3科15 英語5	12	—	10	—
生命科	92	3科10 英語5	15	—	10	—
食料環境政策	79	3科5 英語3	16	—	10	—
▶**総合数理** 現象数理	35	3科4 4科12 英語1	7	1	3	—
先端メディアサイエンス	51	3科3 4科20 英語2	10	1	5	—
ネットワークデザイン	28	4科27 英語1	4	1	—	—

※経営学部は学部一括募集で，2年次より希望の学科に所属。
※次のように略しています。英語４技能試験利用(商)・英語４技能試験活用(経営・国際日本学部別)・英語４技能３科目(経営・国際日本・農学部全学部)・英語４技能４科目(総合数理)→英語，科目→科，教科→教，総合型選抜(公募制特別入試〈共通テスト利用〉)→公，総合型選抜(AO入試)→A。

法学部

学部別入試　**3**科目　①**国**(100)▶国総(漢文の独立問題は出題しない)　②**外**(150)▶「コミュ英Ⅰ・コミュ英Ⅱ・コミュ英Ⅲ・英表Ⅰ・英表Ⅱ」・独・仏から１　③**地歴・公民**(100)▶世Ｂ・日Ｂ・政経から１

全学部統一入試　**3**科目　①**国**(100)▶国総(漢文を除く)　②**外**(100)▶「コミュ英Ⅰ・コミュ英Ⅱ・コミュ英Ⅲ・英表Ⅰ・英表Ⅱ」・独・仏から１　③**地歴・公民・数・理**(100)▶世Ｂ・日Ｂ・地理Ｂ・政経・「数Ⅰ・数Ⅱ・数Ａ・数Ｂ(数列・ベク)」・「物基・物」・「化基・化」・「生基・生」から１

共通テスト利用入試前期(３科目方式)
4～3科目　①**国**(200)▶国　②**外**(200)▶英(リスニング〈100〉を含む)・独・仏・中から１　③④**地歴・公民・数・理**(100)▶世Ｂ・日Ｂ・地理Ｂ・現社・倫・政経・「倫・政経」・「数Ⅰ・数Ａ」・「数Ⅱ・数Ｂ」・「物基・化基・生基・地学基から２」・物・化・生・地学から１
[個別試験]　行わない。

共通テスト利用入試前期(４科目方式)
5～4科目　①**国**(200)▶国　②**外**(200)▶英(リスニング〈100〉を含む)・独・仏・中から１　③**地歴・公民**(200)▶世Ｂ・日Ｂ・地理Ｂ・現社・倫・政経・「倫・政経」から１　④⑤**数・理**

(200)▶「数Ⅰ・数A」・「数Ⅱ・数B」・「物基・化基・生基・地学基から2」・物・化・生・地学から1
[個別試験] 行わない。
共通テスト利用入試前期(5科目方式)
6~5科目 ①国(200)▶国 ②外(200)▶英(リスニング〈100〉を含む)・独・仏・中から1 ③数(200)▶「数Ⅰ・数A」・「数Ⅱ・数B」から1 ④⑤理(200)▶「物基・化基・生基・地学基から2」・物・化・生・地学から1 ⑥地歴・公民(200)▶世B・日B・地理B・現社・倫・政経・「倫・政経」から1
[個別試験] 行わない。

商学部

学部別入試(学部別方式・英語4技能試験利用方式)・全学部統一入試 3科目 ①国(学部別方式100, 英語・統一150)▶国総(学部別・英語は漢文の独立問題は出題しない。統一は漢文を除く) ②外(学部別方式150・英語300・統一200)▶「コミュ英Ⅰ・コミュ英Ⅱ・コミュ英Ⅲ・英表Ⅰ・英表Ⅱ」・独・仏から1, ただし英語4技能試験利用方式は独・仏の選択不可 ③地歴・公民・数(100)▶世B・日B・地理B・政経・「数Ⅰ・数Ⅱ・数A(学部別方式と英語4技能試験利用方式は場合・整数・図形)・数B(数列・ベク)」から1
※英語4技能試験利用方式は, 指定された英語4技能資格・検定試験のスコアを出願資格として利用する。
共通テスト利用入試前期(4科目方式)・後期
5~4科目 ①国(200)▶国 ②外(200)▶英(リスニング〈80〉を含む)・独・仏・韓から1 ③数(200)▶「数Ⅰ・数A」・「数Ⅱ・数B」から1 ④⑤地歴・公民・理(200)▶世B・日B・地理B・現社・倫・政経・「倫・政経」・「物基・化基・生基・地学基から2」・物・化・生・地学から1
[個別試験] 行わない。
共通テスト利用入試前期(5科目方式)
6~5科目 ①国(200)▶国 ②外(200)▶英(リスニング〈80〉を含む)・独・仏・韓から1 ③数(200)▶「数Ⅰ・数A」・「数Ⅱ・数B」・簿・情から1 ④⑤⑥地歴・公民・理(100×2)▶世B・日B・地理B・現社・倫・政経・「倫・政経」・「物基・化基・生基・地学基から2」・物・化・生・地学から2
[個別試験] 行わない。
共通テスト利用入試前期(6科目方式)
7~6科目 ①国(200)▶国 ②外(200)▶英(リスニング〈80〉を含む)・独・仏・韓から1 ③④数(100×2)▶「数Ⅰ・数A」・「〈数Ⅱ・数B〉・簿・情から1」 ⑤⑥理(100)▶「物基・化基・生基・地学基から2」・物・化・生・地学から1 ⑦地歴・公民(100)▶世B・日B・地理B・現社・倫・政経・「倫・政経」から1
[個別試験] 行わない。
公募制特別入試(共通テスト利用) [出願資格] 「商業」「留学」「TOEFL利用」「国際バカロレア認定」の4部門で募集。現役のほか, 各部門で出願資格あり。
[選考方法] 共通テスト(3教科3科目)の総合点のほか, 「TOEFL利用」はTOEFL iBTテストスコアを加味して判定を行う。

政治経済学部

学部別入試 3科目 ①国(100)▶国総(漢文を除く) ②外(150)▶「コミュ英Ⅰ・コミュ英Ⅱ・コミュ英Ⅲ・英表Ⅰ・英表Ⅱ」・独・仏から1 ③地歴・公民・数(100)▶世B・日B・地理B・政経・「数Ⅰ・数Ⅱ・数A・数B(数列・ベク)」から1
全学部統一入試 3科目 ①外(150)▶「コミュ英Ⅰ・コミュ英Ⅱ・コミュ英Ⅲ・英表Ⅰ・英表Ⅱ」・独・仏から1 ②国・数(100)▶国総(漢文を除く)・数Ⅲ(数Ⅰ・数Ⅱ・数A・数B〈数列・ベク〉の範囲を含む)から1 ③地歴・公民・数・理(100)▶世B・日B・地理B・政経・「数Ⅰ・数Ⅱ・数A・数B(数列・ベク)」・「物基・物」・「化基・化」・「生基・生」から1
共通テスト利用入試前期(3科目方式) 【政治学科・経済学科】 4~3科目 ①国(200)▶国 ②外(300)▶英(リスニングを含む)・独・仏・中から1 ※英語はリーディング・リスニング各100点の合計200点を300点に換算。 ③④地歴・公民・数・理(200)▶世B・日B・地理B・現社・倫・政経・「倫・政経」・「数Ⅰ・数A」・「数Ⅱ・数B」・「物基・化基・生基・地学基から2」・物・化・生・地学から1
[個別試験] 行わない。
共通テスト利用入試前期(7科目方式)

8～7科目 ①国(200) ▶国 ②外(200) ▶英(リスニング〈100〉を含む)・独・仏・中から1 ③④数(100×2) ▶「数Ⅰ・数A」・「数Ⅱ・数B」 ⑤⑥理(100) ▶「物基・化基・生基・地学基から2」・物・化・生・地学から1 ⑦⑧地歴・公民(100×2) ▶世B・日B・地理B・現社・倫・政経・「倫・政経」から2
[個別試験] 行わない。

経営学部

学部別入試(学部別3科目方式・英語4技能試験活用方式) 3～2科目 ①国(100) ▶国総(漢文を除く) ②外(150) ▶「コミュ英Ⅰ・コミュ英Ⅱ・コミュ英Ⅲ・英表Ⅰ・英表Ⅱ」・独・仏から1 ③地歴・公民・数(100) ▶世B・日B・政経・「数Ⅰ・数Ⅱ・数A・数B(数列・ベク)」から1
※英語4技能試験活用方式は，外国語の試験は免除とし，指定された英語4技能資格・検定試験のスコアを利用して判定する。
全学部統一入試(3科目方式・英語4技能3科目方式) 3～2科目 ①国(100) ▶国総(漢文を除く) ②外(150) ▶「コミュ英Ⅰ・コミュ英Ⅱ・コミュ英Ⅲ・英表Ⅰ・英表Ⅱ」・独・仏から1 ③地歴・公民・数(100) ▶世B・日B・地理B・政経・「数Ⅰ・数Ⅱ・数A・数B(数列・ベク)」から1
※英語4技能3科目方式は，指定された英語4技能資格・検定試験のスコアが所定の基準を満たす者のみ出願可能。外国語の試験は免除とし，スコアに応じた得点を「英語」の得点(150点)として付与する。なお，外国語「英語」を受験した場合でも，その得点は利用しない。
共通テスト利用入試前期(3科目方式・4科目方式) 5～3科目 ①国(200) ▶国 ②外(250) ▶英(リスニングを含む)・独・仏から1 ※英語はリーディング・リスニング各100点の合計200点を250点に換算。 ③④⑤地歴・公民・数・理(3科目方式150・4科目方式100×2) ▶世B・日B・地理B・現社・倫・政経・「倫・政経」・数Ⅰ・「数Ⅰ・数A」・数Ⅱ・「数Ⅱ・数B」・「物基・化基・生基・地学基から2」・物・化・生・地学から3科目方式は1，4科目方式は2
[個別試験] 行わない。

文学部

学部別入試 3科目 ①国(100) ▶国総・現文B・古典B ②外(100) ▶「コミュ英Ⅰ・コミュ英Ⅱ・コミュ英Ⅲ・英表Ⅰ・英表Ⅱ」・独・仏から1 ③地歴(100) ▶世B・日B・地理Bから1
全学部統一入試 3科目 ①国(100) ▶国総(漢文を除く) ②外(100) ▶「コミュ英Ⅰ・コミュ英Ⅱ・コミュ英Ⅲ・英表Ⅰ・英表Ⅱ」・独・仏から1 ③地歴・公民・数・理(100) ▶世B・日B・地理B・政経・「数Ⅰ・数Ⅱ・数A・数B(数列・ベク)」・「物基・物」・「化基・化」・「生基・生」から1
共通テスト利用入試前期(3科目方式) 4～3科目 ①国(200) ▶国 ②外(200) ▶英(リスニング〈100〉を含む)・独・仏・中・韓から1 ③④地歴・公民・数・理(200) ▶世B・日B・地理B・「倫・政経」・数Ⅰ・「数Ⅰ・数A」・数Ⅱ・「数Ⅱ・数B」・「物基・化基・生基・地学基から2」・物・化・生・地学から1
[個別試験] 行わない。
共通テスト利用入試前期(5科目方式) 6～5科目 ①国(200) ▶国 ②外(200) ▶英(リスニング〈100〉を含む)・独・仏・中・韓から1 ③地歴(200) ▶世B・日B・地理Bから1 ④⑤⑥公民・数・理(100×2) ▶「倫・政経」・「〈数Ⅰ・数A〉・〈数Ⅱ・数B〉から1」・「〈物基・化基・生基・地学基から2〉・物・化・生・地学から1」から2
[個別試験] 行わない。
自己推薦特別入試 [出願資格] 第1志望，現役，全体の学習成績の状況が3.5以上，学内外の特定分野に優れた能力を発揮した者。ほかに専攻により地歴の履修要件，英語の学習成績の状況などの要件あり。
[選考方法] 書類審査通過者を対象に，小論文，口頭試問を行う。

情報コミュニケーション学部

学部別入試 3科目 ①国(100) ▶国総(漢文を除く) ②外(100) ▶コミュ英Ⅰ・コミュ英Ⅱ・コミュ英Ⅲ・英表Ⅰ・英表Ⅱ ③地歴・公民・数(100) ▶世B・日B・政経・「数Ⅰ・数Ⅱ・数A・数B(数列・ベク)」から1
全学部統一入試 3科目 ①外(150) ▶「コミ

ュ英Ⅰ・コミュ英Ⅱ・コミュ英Ⅲ・英表Ⅰ・英表Ⅱ」・独・仏から1 ②③**国・数・「地歴・公民・理」**(100×2) ▶国総(漢文を除く)・「数Ⅰ・数Ⅱ・数A・数B(数列・ベク)」・「世B・日B・地理B・政経・〈物基・物〉・〈化基・化〉・〈生基・生〉から1」から2

共通テスト利用入試前期(3科目方式) **4~3**科目 ①**外**(200) ▶英(リスニングを含む)・独・仏・中・韓から1 ②**国・数**(200) ▶国・「数Ⅰ・数A」・「数Ⅱ・数B」から1 ③④**地歴・公民・理**(200) ▶世B・日B・地理B・現社・倫・政経・「物基・化基・生基・地学基から2」・物・化・生・地学から1

[個別試験] 行わない。

共通テスト利用入試前期(6科目方式) **7~6**科目 ①**国**(200) ▶国 ②**外**(200) ▶英(リスニングを含む)・独・仏・中・韓から1 ③④**数**(100×2) ▶「数Ⅰ・数A」・「〈数Ⅱ・数B〉・簿・情から1」 ⑤⑥⑦**地歴・公民・理**(100×2) ▶世B・日B・地理B・現社・倫・政経・「物基・化基・生基・地学基から2」・物・化・生・地学から2

[個別試験] 行わない。

※共通テストの英語は,「リーディングの配点100点を200点に換算した点数」または「リーディングの配点100点を160点に,リスニングの配点100点を40点に換算した換算合計点数」のいずれか高得点の成績を合否判定に利用する。

国際日本学部

学部別入試(学部別3科目方式・英語4技能試験活用方式) **3~2**科目 ①**国**(150) ▶国総(漢文の独立問題は出題しない) ②**外**(200) ▶コミュ英Ⅰ・コミュ英Ⅱ・コミュ英Ⅲ・英表Ⅰ・英表Ⅱ ③**地歴**(100) ▶世B・日Bから1

※英語4技能試験活用方式は,指定された英語4技能資格・検定試験のスコアを出願資格として利用し,外国語の試験は実施しない。

全学部統一入試(3科目方式・英語4技能3科目方式) **3~2**科目 ①**国**(100) ▶国総(漢文を除く) ②**外**(200) ▶コミュ英Ⅰ・コミュ英Ⅱ・コミュ英Ⅲ・英表Ⅰ・英表Ⅱ ③**地歴・公民・数・理**(100) ▶世B・日B・地理B・政経・「数Ⅰ・数Ⅱ・数A・数B(数列・ベク)」・「物基・物」・「化基・化」・「生基・生」から1

※英語4技能3科目方式は,指定された英語4技能資格・検定試験のスコアが所定の基準を満たす者のみ出願可能。外国語の試験は免除とし,スコアに応じた得点を「英語」の得点(200点)として付与する。なお,外国語を受験した場合でも,その得点は利用しない。

共通テスト利用入試前期(3科目方式・5科目方式) **6~3**科目 ①**国**(200) ▶国 ②**外**(250) ▶英(リスニングを含む) ※リーディング・リスニング各100点の合計200点を250点に換算。③④⑤⑥**地歴・公民・数・理**(3科目方式200・5科目方式200×3) ▶世B・日B・地理B・現社・倫・政経・「倫・政経」・「数Ⅰ・数A」・「数Ⅱ・数B」・「物基・化基・生基・地学基から2」・物・化・生・地学から3科目方式は1,5科目方式は「数Ⅰ・数A」を含む3

[個別試験] 行わない。

自己推薦特別入試 **[出願資格]** 第1志望,指定された英語資格・検定試験の基準を満たす者のほか,全体の学習成績の状況が4.0以上または国際バカロレア資格証書を取得済み,もしくは取得見込みの者。

[選考方法] 書類審査通過者を対象に,小論文,口頭試問を行う。

理工学部

学部別入試 **4~3**科目 ①**外**(120) ▶「コミュ英Ⅰ・コミュ英Ⅱ・コミュ英Ⅲ・英表Ⅰ・英表Ⅱ」・独・仏から1 ②**数**(120) ▶数Ⅰ・数Ⅱ・数Ⅲ・数A・数B(数列・ベク) ③④**理**(120) ▶「物基・物」・「化基・化」から各3題,計6題から3題選択

全学部統一入試 **4**科目 ①**外**(100) ▶「コミュ英Ⅰ・コミュ英Ⅱ・コミュ英Ⅲ・英表Ⅰ・英表Ⅱ」・独・仏から1 ②**数**(100) ▶数Ⅲ(数Ⅰ・数Ⅱ・数A・数B〈数列・ベク〉の範囲を含む) ③**数**(100) ▶数Ⅰ・数Ⅱ・数A・数B(数列・ベク) ④**理**(100) ▶「物基・物」・「化基・化」・「生基・生」から1,ただし機械工学科と物理学科は「物基・物」指定,応用化学科は「化基・化」指定

共通テスト利用入試前期(3教科方式)・後期 **4**科目 ①**外**(200) ▶英(リスニング〈100〉を含む)・独・仏から1 ②③**数**(100×2) ▶「数

Ⅰ・数Ａ」・「数Ⅱ・数Ｂ」 ④**理**(200) ▶物・化・生・地学から１
[個別試験] 行わない。
共通テスト利用入試前期(４教科方式)
5科目 ①**国**(100) ▶国(近代または古典) ②**外**(200) ▶英(リスニング〈100〉を含む)・独・仏から１ ③④**数**(100×2) ▶「数Ⅰ・数Ａ」・「数Ⅱ・数Ｂ」 ⑤**理**(100) ▶物・化・生・地学から１
[個別試験] 行わない。
アドミッションズ・オフィス(ＡＯ)入試 **[出願資格]** 機械情報工学科と建築学科のみ学習成績の状況などの要件があり，ともに数学・理科・英語３教科の全履修科目の学習成績の状況が3.8以上の者(数学・理科・英語の履修条件科目・単位数あり)。
[選考方法] 書類審査，口頭試問(機械情報工学科は指定する実験についてのプレゼンテーションを含む)のほか，電気電子生命学科は学力考査(数学・英語)，応用化学科は筆記試験(化学)，建築学科は成果物等，造形による試験，プレゼンテーションを総合的に判断して合否を決定する。

農学部

学部別入試 **【農学科・農芸化学科・生命科学科】** **3科目** ①**外**(150) ▶「コミュ英Ⅰ・コミュ英Ⅱ・コミュ英Ⅲ・英表Ⅰ・英表Ⅱ」・独・仏から１ ②③**国・数・理**(150×2) ▶国総(漢文を除く)・「数Ⅰ・数Ⅱ・数Ａ・数Ｂ(数列・ベク)」・「化基・化」・「生基・生」から２
【食料環境政策学科】 **3科目** ①**国**(150) ▶国総(漢文を除く) ②**外**(150) ▶「コミュ英Ⅰ・コミュ英Ⅱ・コミュ英Ⅲ・英表Ⅰ・英表Ⅱ」・独・仏から１ ③**地歴・公民・数・理**(150) ▶世Ｂ・日Ｂ・地理Ｂ・政経・「数Ⅰ・数Ⅱ・数Ａ・数Ｂ(数列・ベク)」・「化基・化」・「生基・生」から１
全学部統一入試(３科目方式・英語４技能３科目方式) **【農学科・農芸化学科・生命科学科】** **3～2科目** ①**外**(100) ▶「コミュ英Ⅰ・コミュ英Ⅱ・コミュ英Ⅲ・英表Ⅰ・英表Ⅱ」・独・仏から１ ②**理**(100) ▶「物基・物」・「化基・化」・「生基・生」から１ ③**国・数**(100) ▶国総(漢文を除く)・「数Ⅰ・数Ⅱ・数Ａ・数Ｂ(数列・ベク)」から１
【食料環境政策学科】 **3～2科目** ①**外**(100) ▶「コミュ英Ⅰ・コミュ英Ⅱ・コミュ英Ⅲ・英表Ⅰ・英表Ⅱ」・独・仏から１ ②③**国・数・「地歴・公民・理」**(100×2) ▶国総(漢文を除く)・「数Ⅰ・数Ⅱ・数Ａ・数Ｂ(数列・ベク)」・「世Ｂ・日Ｂ・地理Ｂ・政経・〈物基・物〉・〈化基・化〉・〈生基・生〉から１」から２
※英語４技能３科目方式は，指定された英語４技能資格・検定試験のスコアが所定の基準を満たす者のみ出願可能。外国語の試験は免除とし，スコアに応じた得点を「英語」の得点(100点)として付与する。なお，外国語を受験した場合でも，その得点は利用しない。
共通テスト利用入試前期 **【農学科・農芸化学科・生命科学科】** **4科目** ①**国**(200) ▶国 ②**外**(200) ▶英(リスニングを含む)・独・仏から１ ※英語は，「リーディングの配点100点を200点に換算した点数」または「リーディングの配点100点を150点に，リスニングの配点100点を50点に換算した換算合計点数」のいずれか高得点の成績を合否判定に利用する。 ③**理**(200) ▶物・化・生・地学から１ ④**数・理**(200) ▶数Ⅰ・「数Ⅰ・数Ａ」・数Ⅱ・「数Ⅱ・数Ｂ」・物・化・生・地学から１
[個別試験] 行わない。
【食料環境政策学科】 **3科目** ①**国**(200) ▶国 ②**外**(200) ▶英(リスニング〈100〉を含む)・独・仏から１ ③**地歴・公民・数・理**(200) ▶世Ｂ・日Ｂ・地理Ｂ・現社・倫・政経・「倫・政経」・数Ⅰ・「数Ⅰ・数Ａ」・数Ⅱ・「数Ⅱ・数Ｂ」・物・化・生・地学から１
[個別試験] 行わない。
自己推薦特別入試 **[出願資格]** 専願，現役，入学確約者のほか，全体の学習成績の状況が4.0以上(農芸化学科は4.3以上)または高校在学中に学業以外に優れた活動歴がある全体の学習成績の状況が3.5以上(農芸化学科は4.0以上)の者。帰国生を対象にした国際型もあり。
[選考方法] 書類審査通過者を対象に，特別講義受講・特別講義に関する筆記試験・面接を行う。

総合数理学部

学部別入試 **2科目** ①**外**(120) ▶コミュ英

Ⅰ・コミュ英Ⅱ・コミュ英Ⅲ・英表Ⅰ・英表Ⅱ　②**数**(200)▶数Ⅰ・数Ⅱ・数Ⅲ・数A・数B(数列・ベク)

全学部統一入試(3科目方式)　【現象数理学科・先端メディアサイエンス学科】 **3**科目　①**国**(100)▶国総(漢文を除く)　②**外**(100)▶コミュ英Ⅰ・コミュ英Ⅱ・コミュ英Ⅲ・英表Ⅰ・英表Ⅱ　③**数**(200)▶数Ⅰ・数Ⅱ・数A・数B(数列・ベク)

全学部統一入試(4科目方式・英語4技能4科目方式)　**4～3**科目　①**外**(150)▶コミュ英Ⅰ・コミュ英Ⅱ・コミュ英Ⅲ・英表Ⅰ・英表Ⅱ　②**数**(100)▶数Ⅲ(数Ⅰ・数Ⅱ・数A・数B〈数列・ベク〉の範囲を含む)　③**数**(100)▶数Ⅰ・数Ⅱ・数A・数B(数列・ベク)　④**理**(150)▶「物基・物」・「化基・化」・「生基・生」から1

※英語4技能4科目方式は，指定された英語4技能資格・検定試験のスコアが所定の基準を満たす者のみ出願可能。外国語の試験は免除とし，スコアに応じた得点を英語の得点(50点)として付与する。なお，外国語を受験した場合でも，その得点は利用しない。

共通テスト利用入試前期　**5**科目　①**国**(100)▶国(近代または古典)　②**外**(200)▶英(リスニング〈100〉を含む)　③④**数**(100×2)▶「数Ⅰ・数A」・「数Ⅱ・数B」　⑤**理**(100)▶物・化・生・地学から1

[個別試験]　行わない。

共通テスト利用入試後期　**4**科目　①**外**(200)▶英(リスニング〈100〉を含む)　②③**数**(100×2)▶「数Ⅰ・数A」・「数Ⅱ・数B」　④**理**(100)▶物・化・生・地学から1

[個別試験]　行わない。

自己推薦特別入試　**[出願資格]**　第1志望のほか，現象数理学科は数Ⅰ・数Ⅱ・数Ⅲ・数A・数Bを履修し，数学の学習成績の状況が4.0以上かつ理科3.8以上など，先端メディアサイエンス学科は，独自に考えたコンピュータプログラムを作成したことがあり，その内容を第三者に説明できること。

[選考方法]　書類審査通過者を対象に，口頭試問のほか，現象数理学科は数学の学力考査，先端メディアサイエンス学科は作成したコンピュータプログラムのプレゼンテーション。

その他の選抜

学校推薦型選抜(指定校推薦入試，付属高校推薦入試)，総合型選抜(国際日本学部イングリッシュ・トラック入試，政治経済学部グローバル型特別入試，地域農業振興特別入試，公募制特別入試〈全商協会員校対象〉，スポーツ特別入試，海外就学者特別入試，社会人特別入試)，外国人留学生入試，UNHCR難民高等教育プログラム特別入試。

偏差値データ (2023年度)

●一般選抜

学部／学科／専攻	2023年度		2022年度実績					
	駿台予備学校	河合塾					競争率	
	合格目標ライン	ボーダー偏差値	募集人員	受験者数	合格者数	合格最低点	'22年	'21年
法学部								
法律(学部別)	56	60	375	3,996	844	238/350	4.7	3.6
(全学部統一)	58	60	115	2,224	687	222/300	3.2	4.2
商学部								
商(学部別)	53	60	485	6,664	1,628	243/350	4.1	5.0
(学部別英語試験利用)	53	62.5	15	798	150	401/550	5.3	6.2
(全学部統一)	54	62.5	80	1,607	332	350/450	4.8	6.9
政治経済学部								
政治(学部別)	57	60	105	1,284	508	221/350	2.5	3.3

学部／学科／専攻	2023年度 駿台予備学校 合格目標ライン	2023年度 河合塾 ボーダー偏差値	2022年度実績 募集人員	受験者数	合格者数	合格最低点	競争率 '22年	競争率 '21年
(全学部統一)	57	62.5	20	407	101	275/350	4.0	4.2
経済(学部別)	55	60	290	3,490	1,329	216/350	2.6	3.1
(全学部統一)	57	62.5	50	1,330	253	274/350	5.3	3.3
地域行政(学部別)	53	62.5	70	598	189	217/350	3.2	3.2
(全学部統一)	53	62.5	20	443	68	268/350	6.5	2.9
文学部								
文／日本文(学部別)	54	60	70	889	216	183/300	4.1	4.1
(全学部統一)	54	62.5	16	343	70	226/300	4.9	4.7
／英米文(学部別)	55	60	68	660	210	177/300	3.1	3.6
(全学部統一)	56	60	18	272	93	216/300	2.9	4.6
／ドイツ文(学部別)	54	60	23	319	85	176/300	3.8	2.5
(全学部統一)	54	60	7	113	24	221/300	4.7	4.6
／フランス文(学部別)	54	60	24	295	76	174/300	3.9	2.9
(全学部統一)	54	62.5	8	191	39	218/300	4.9	2.8
／演劇(学部別)	53	60	29	270	56	182/300	4.8	5.4
(全学部統一)	54	60	8	145	40	219/300	3.6	6.0
／文芸メディア(学部別)	55	60	43	621	138	187/300	4.5	4.5
(全学部統一)	55	62.5	7	265	61	230/300	4.3	6.7
史学地理／日本史(学部別)	56	62.5	51	672	134	190/300	5.0	4.3
(全学部統一)	56	62.5	15	314	78	231/300	4.0	4.6
／アジア史(学部別)	54	60	20	187	63	184/300	3.0	3.4
(全学部統一)	54	60	6	78	30	222/300	2.6	4.6
／西洋史(学部別)	55	60	32	384	98	194/300	3.9	4.5
(全学部統一)	55	62.5	8	171	43	227/300	4.0	4.3
／考古学(学部別)	54	60	24	242	63	178/300	3.8	3.4
(全学部統一)	54	62.5	6	128	30	224/300	4.3	4.3
／地理学(学部別)	53	62.5	27	273	71	183/300	3.8	3.2
(全学部統一)	53	62.5	11	231	40	225/300	5.8	2.5
心理社会／臨床心理(学部別)	56	62.5	24	512	90	184/300	5.7	5.0
(全学部統一)	56	62.5	11	302	63	224/300	4.8	5.8
／現代社会(学部別)	55	62.5	26	517	108	192/300	4.8	4.8
(全学部統一)	55	62.5	10	287	55	230/300	5.2	4.8
／哲学(学部別)	53	60	20	251	62	186/300	4.0	4.6
(全学部統一)	54	62.5	8	133	30	224/300	4.4	4.3
経営学部								
(学部一括募集)(学部別3科目)	54	60	342	6,041	1,638	225/350	3.7	3.7
(学部別英語試験活用)	52	62.5	40	327	96	132/230	3.4	3.6
(全学部統一)	54	62.5	27	792	158	264/350	5.0	14.4
(全学部統一英語)	52	62.5	3	461	59	303/350	7.8	18.6
情報コミュニケーション学部								
情報コミュニケーション(学部別)	53	62.5	392	4,741	1,078	187/300	4.4	3.7
(全学部統一)	54	62.5	25	1,154	151	274/350	7.6	8.9

学部／学科／専攻	2023年度 駿台予備学校 合格目標ライン	2023年度 河合塾 ボーダー偏差値	2022年度実績 募集人員	受験者数	合格者数	合格最低点	競争率 '22年	競争率 '21年
国際日本学部								
国際日本(学部別)	55	60	130	2,335	681	338/450	3.4	4.5
(学部別英語試験活用)	55	60	100	1,476	664	173/250	2.2	2.2
(全学部統一)	56	62.5	10	722	60	326/400	12.0	7.9
(全学部統一英語)	54	62.5	18	915	120	353/400	7.6	6.8
理工学部								
電気電子生命／電気電子工(学部別)	53	57.5	80	1,028	320	246/360	3.2	2.8
(全学部統一)	54	60	20	366	120	280/400	3.1	2.8
／生命理工(学部別)	53	57.5	27	295	131	236/360	2.3	3.0
(全学部統一)	54	57.5	10	141	55	276/400	2.6	2.4
機械工(学部別)	54	57.5	75	1,305	480	248/360	2.7	2.6
(全学部統一)	53	57.5	12	318	109	286/400	2.9	3.2
機械情報工(学部別)	53	57.5	66	671	274	241/360	2.4	2.8
(全学部統一)	55	57.5	17	270	96	286/400	2.8	2.9
建築(学部別)	53	60	88	1,597	326	265/360	4.9	3.5
(全学部統一)	54	62.5	19	473	99	302/400	4.8	3.7
応用化(学部別)	54	57.5	60	1,204	472	240/360	2.6	2.4
(全学部統一)	54	57.5	12	306	105	290/400	2.9	2.7
情報科(学部別)	54	60	65	1,621	375	261/360	4.3	4.7
(全学部統一)	55	60	12	482	76	321/400	6.3	7.6
数(学部別)	55	55	32	373	155	239/360	2.4	2.6
(全学部統一)	55	57.5	10	149	52	293/400	2.9	3.6
物理(学部別)	53	57.5	35	637	253	255/360	2.5	2.2
(全学部統一)	54	60	5	177	52	299/400	3.4	3.1
農学部								
農(学部別)	54	57.5	90	942	297	257/450	3.2	2.9
(全学部統一)	55	62.5	15	385	90	219/300	4.3	4.0
(全学部統一英語)	53	62.5	5	114	25	232/300	4.6	5.9
農芸化(学部別)	52	57.5	90	698	250	257/450	2.8	2.7
(全学部統一)	53	62.5	15	314	62	225/300	5.1	3.6
(全学部統一英語)	51	60	5	156	31	243/300	5.0	3.5
生命科(学部別)	53	57.5	92	916	306	262/450	3.0	3.4
(全学部統一)	54	62.5	10	311	58	228/300	5.4	5.0
(全学部統一英語)	52	62.5	5	135	21	250/300	6.4	7.3
食料環境政策(学部別)	53	57.5	79	996	211	295/450	4.7	5.1
(全学部統一)	54	62.5	5	239	34	230/300	7.0	7.0
(全学部統一英語)	52	60	3	190	22	250/300	8.6	6.6
総合数理学部								
現象数理(学部別)	48	60	35	574	97	191/320	5.9	5.0
(全学部統一3科目)	49	60	4	57	13	270/400	4.4	5.1
(全学部統一4科目)	49	57.5	12	166	56	363/500	3.0	3.6
(全学部統一英語)	47	57.5	1	51	14	318/400	3.6	5.2

学部／学科／専攻	2023年度		2022年度実績					
	駿台予備学校	河合塾	募集人員	受験者数	合格者数	合格最低点	競争率	
	合格目標ライン	ボーダー偏差値					'22年	'21年
先端メディアサイエンス(学部別)	49	62.5	51	749	101	195/320	7.4	7.8
(全学部統一3科目)	49	62.5	4	53	5	300/400	10.6	7.4
(全学部統一4科目)	51	60	20	313	57	383/500	5.5	7.4
(全学部統一英語)	49	60	2	96	11	330/400	8.7	11.8
ネットワークデザイン(学部別)	49	60	28	414	55	181/320	7.5	8.5
(全学部統一4科目)	50	57.5	27	249	77	344/500	3.2	3.4
(全学部統一英語)	48	57.5	1	72	5	324/400	14.4	2.9

- 駿台予備学校合格目標ラインは合格可能性80%に相当する駿台模試の偏差値です
- 競争率は受験者÷合格者の実質倍率
- 河合塾ボーダー偏差値は合格可能性50%に相当する河合塾全統模試の偏差値です。

● 共通テスト利用入試

学部／学科／専攻	2023年度			2022年度実績				
	駿台予備学校	河合塾		募集人員	受験者数	合格者数	競争率	
	合格目標ライン	ボーダー得点率	ボーダー偏差値				'22年	'21年
法学部								
法律(前期3科目)	57	80%	—	60	1,799	659	2.7	5.0
(前期4科目)	56	78%	—	40	495	227	2.2	3.6
(前期5科目)	56	75%	—	40	1,538	733	2.1	2.0
商学部								
商(前期4科目)	55	78%	—	50	364	100	3.6	4.2
(前期5科目)	55	78%	—	45	338	95	3.6	3.8
(前期6科目)	55	78%	—	30	589	180	3.3	4.3
(後期)	—	—	—	30	204	31	6.6	2.3
政治経済学部								
政治(前期3科目)	57	89%	—	8	303	47	6.4	9.2
(前期7科目)	57	81%	—	15	226	115	2.0	2.0
経済(前期3科目)	55	86%	—	15	534	55	9.7	13.7
(前期7科目)	55	78%	—	50	1,417	582	2.4	2.5
地域行政(前期7科目)	53	77%	—	12	133	44	3.0	3.2
文学部								
文／日本文(前期3科目)	54	84%	—	7	310	66	4.7	4.9
(前期5科目)	55	81%	—	3	72	22	3.3	3.7
／英米文(前期3科目)	56	83%	—	6	154	48	3.2	4.1
(前期5科目)	56	80%	—	3	32	14	2.3	3.9
／ドイツ文(前期3科目)	54	81%	—	3	60	19	3.2	2.8
(前期5科目)	55	79%	—	2	12	5	2.4	1.7
／フランス文(前期3科目)	54	81%	—	2	71	16	4.4	4.2
(前期5科目)	55	80%	—	1	12	5	2.4	2.6
／演劇(前期3科目)	54	84%	—	3	124	30	4.1	6.1
(前期5科目)	54	83%	—	1	13	5	2.6	1.8

学部／学科／専攻	2023年度			2022年度実績				
	駿台予備学校	河合塾					競争率	
	合格目標ライン	ボーダー得点率	ボーダー偏差値	募集人員	受験者数	合格者数	'22年	'21年
／文芸メディア(前期3科目)	55	85%	—	5	262	53	4.9	4.9
(前期5科目)	56	82%	—	2	27	10	2.7	4.4
史学地理／日本史(前期3科目)	56	85%	—	6	261	59	4.4	4.2
(前期5科目)	57	82%	—	4	70	22	3.2	2.8
／アジア史(前期3科目)	54	82%	—	3	55	29	1.9	3.1
(前期5科目)	55	82%	—	2	15	5	3.0	2.0
／西洋史(前期3科目)	55	84%	—	4	141	52	2.7	4.1
(前期5科目)	55	84%	—	1	37	14	2.6	2.6
／考古学(前期3科目)	54	84%	—	4	133	44	3.0	2.9
(前期5科目)	54	82%	—	1	41	13	3.2	2.4
／地理学(前期3科目)	53	83%	—	4	183	33	5.5	3.1
(前期5科目)	54	82%	—	1	49	11	4.5	2.6
心理社会／臨床心理(前期3科目)	56	83%	—	4	207	40	5.2	5.2
(前期5科目)	57	83%	—	2	83	21	4.0	4.3
／現代社会(前期3科目)	55	83%	—	3	151	46	3.3	5.2
(前期5科目)	56	83%	—	2	70	17	4.1	2.9
／哲学(前期3科目)	54	82%	—	4	146	41	3.6	3.9
(前期5科目)	54	80%	—	2	41	19	2.2	2.1
経営学部								
(学部一括募集) (前期3科目)	54	82%	—	25	1,428	351	4.1	4.7
(前期4科目)	54	80%	—	25	638	220	2.9	2.9
情報コミュニケーション学部								
情報コミュニケーション(前期3科目)	54	84%	—	30	911	203	4.5	8.4
(前期6科目)	55	78%	—	10	349	132	2.6	3.0
国際日本学部								
国際日本(前期3科目)	57	84%	—	20	1,108	270	4.1	4.0
(前期5科目)	57	74%	—	10	424	200	2.1	2.3
理工学部								
電気電子生命／電気電子工(前期3教科)	54	76%	—	9	935	250	3.7	2.8
(前期4教科)	53	76%	—	5	393	116	3.4	2.7
(後期)	—	—	—	3	35	12	2.9	2.9
／生命理工(前期3教科)	55	79%	—	3	274	75	3.7	3.2
(前期4教科)	55	79%	—	2	161	75	2.1	3.1
(後期)	—	—	—	2	21	7	3.0	2.6
機械工(前期3教科)	55	79%	—	5	658	200	3.3	3.5
(前期4教科)	53	78%	—	7	470	168	2.8	2.7
機械情報工(前期3教科)	56	78%	—	7	485	149	3.3	3.4
(後期)	—	—	—	3	45	10	4.5	2.9
建築(前期4教科)	55	78%	—	13	896	254	3.5	3.7
(後期)	—	—	—	3	26	10	2.6	4.6
応用化(前期4教科)	56	79%	—	7	769	263	2.9	3.0
(後期)	—	—	—	2	34	16	2.1	3.3

学部／学科／専攻	2023年度 駿台予備学校 合格目標ライン	2023年度 河合塾 ボーダー得点率	2023年度 河合塾 ボーダー偏差値	2022年度実績 募集人員	受験者数	合格者数	競争率 '22年	競争率 '21年
情報科（前期3教科）	57	81%	—	7	901	248	3.6	4.8
（前期4教科）	55	80%	—	7	559	201	2.8	3.4
（後期）	—	—	—	2	38	11	3.5	2.5
数（前期4教科）	56	76%	—	6	294	132	2.2	2.7
（後期）	—	—	—	2	18	10	1.8	2.2
物理（前期4教科）	56	79%	—	6	471	190	2.5	2.6
（後期）	—	—	—	2	17	6	2.8	3.2
農学部								
農（前期）	55	77%	—	12	503	189	2.7	2.7
農芸化（前期）	52	77%	—	12	394	126	3.1	2.5
生命科（前期）	54	77%	—	15	545	199	2.7	2.3
食料環境政策（前期）	53	78%	—	16	567	129	4.4	3.0
総合数理学部								
現象数理（前期）	50	77%	—	7	213	68	3.1	3.7
（後期）	—	—	—	1	8	2	4.0	3.0
先端メディアサイエンス（前期）	51	79%	—	10	352	83	4.2	5.7
（後期）	—	—	—	1	22	4	5.5	2.7
ネットワークデザイン（前期）	50	77%	—	4	208	64	3.3	4.2
（後期）	—	—	—	1	19	10	1.9	3.0

●駿台予備学校合格目標ラインは合格可能性80%に相当する駿台模試の偏差値です。 ●競争率は受験者÷合格者の実質倍率
●河合塾ボーダー得点率は合格可能性50%に相当する共通テストの得点率です。
また，ボーダー偏差値は合格可能性50%に相当する河合塾全統模試の偏差値です。

併設の教育機関　大学院

法学研究科

教員数▶44名
院生数▶56名
博士前期課程 ●公法学専攻　実定法分野のみならず先端分野の多様な科目を修得させ，自立した法学研究者や高度専門職業人を養成。
●民事法学専攻　民法・商法等の実定法科目のみならず，先端分野・基礎法分野の多様な科目を修得する。
博士後期課程 公法学専攻，民事法学専攻

商学研究科

教員数▶42名
院生数▶76名
博士前期課程 ●商学専攻　経済，商業，経営，会計，金融・証券，保険，交通，貿易の８系列の学びで商学のパイオニアを養成。
博士後期課程 商学専攻

政治経済学研究科

教員数▶47名
院生数▶95名
博士前期課程 ●政治学専攻　特定分野のみならず，政治・社会現象全体に対する総合的視野と分析能力を養う。
●経済学専攻　特定分野のみならず，経済社会全体に対する総合的視野と分析能力を有した専門的な研究者や高度職業人を養成する。
博士後期課程 政治学専攻，経済学専攻

経営学研究科

教員数▶33名
院生数▶111名
博士前期課程▶ ●経営学専攻　企業や公的分野におけるトップマネジメントおよび経営関連分野における高度専門職業人を育成する。
博士後期課程▶ 経営学専攻

文学研究科

教員数▶93名
院生数▶194名
博士前期・修士課程▶ ●日本文学専攻　古典から現代までの日本文学全般を多様な視座から究明するとともに，統一的把握をめざす。
●英文学専攻　英文学，米文学，英語学，英語教職の４専修から構成。
●仏文学専攻　高度なフランス語運用力，フランス文化・思想・文学に関する広範な知識，繊細かつ大胆な国際感覚と実践力を養う。
●独文学専攻　ドイツの文化と社会についての理解を深め，日独の交流に役立つような人材を養成する。
●演劇学専攻　研究者養成に加え，劇作家，演出家，戯曲・演劇の歴史的・理論的著作の翻訳家，演劇制作者などをめざす人材を養成。
●文芸メディア専攻　「文芸というメディア」および「メディアとしての文芸」の視座から，文芸研究・メディア研究に取り組む。
●史学専攻　日本史，アジア史，西洋史，考古学の４専修を設置。
●地理学専攻　都市や村落，その複合体の地域構造を社会・文化・経済・産業・行政・自然条件などの観点から実証的に探究する。
●臨床人間学専攻　臨床心理学，現代社会学，教育学の３専修。現代社会が直面する心理・社会的危機を克服できる人材を育成する。
博士後期課程▶ 日本文学専攻，英文学専攻，仏文学専攻，独文学専攻，演劇学専攻，史学専攻，地理学専攻，臨床人間学専攻

理工学研究科

教員数▶138名
院生数▶833名
博士前期課程▶ ●電気工学専攻　電気電子生命の領域における高度な専門技術者，指導者を育成する。
●機械工学専攻　機械工学・機械システム工学などの幅広い分野で活躍する国際性豊かな技術者を育成する。
●建築・都市学専攻　科学・技術と自然・環境の投げかける問題に対応する建築学を構築し，建築をデザインできる人材を育成する。
●応用化学専攻　今後の自然科学の予測しがたい展開にも対応でき，化学および化学工業の将来を担う人材を育成する。
●情報科学専攻　新しい世界を切り開ける問題意識と技術力を持った人材を育成する。
●数学専攻　広い視野のもとに，数学を作り，使い，伝えることのできる知性と感性を養う。
●物理学専攻　根本原理に基づいて，現象を演繹的に理解しようとする物理学的思考ができる人材を育成する。
博士後期課程▶ 電気工学専攻，機械工学専攻，建築・都市学専攻，応用化学専攻，情報科学専攻，数学専攻，物理学専攻

農学研究科

教員数▶69名
院生数▶233名
博士前期課程▶ ●農芸化学専攻　食料や環境，生命に関する諸課題を克服し，人類の持続的生存を保証するために貢献する。
●農学専攻　広く農学に関与する動物，植物，環境を対象に教育・研究を展開する。
●農業経済学専攻　国内はもとより，広く世界の食料・農業・農村地域問題や環境・資源問題などの解決に貢献することをめざす。
●生命科学専攻　持続的生産，健康福祉，生命維持，生殖医療，共生と循環など，人間社会の維持・発展に貢献する人材を育成する。
博士後期課程▶ 農芸化学専攻，農学専攻，農業経済学専攻，生命科学専攻

情報コミュニケーション研究科

教員数▶24名

院生数▶41名
博士前期課程 ●情報コミュニケーション学専攻　高度情報社会における人間とコミュニケーションの態様を，学際的に探究する。
博士後期課程 情報コミュニケーション学専攻

教養デザイン研究科

教員数▶25名
院生数▶53名
博士前期課程 ●教養デザイン専攻　思想，文化，平和・環境の３つの領域研究コース。人類が直面する諸課題を包括的に探究する。
博士後期課程 教養デザイン専攻

先端数理科学研究科

教員数▶44名
院生数▶186名
博士前期課程 ●現象数理学専攻　数学的基盤をもとに，複雑な社会現象や生命現象などを数理的に理解し解明する。
●先端メディアサイエンス専攻　人の感性や心理を表す数理モデルの構築と，それらを考慮した情報メディアシステム，ヒューマンインタフェイスをデザインする。
●ネットワークデザイン専攻　持続可能な社会を実現するための基盤を支える高度かつ柔軟なネットワークシステムを立案・構築する。
博士後期課程 現象数理学専攻，先端メディアサイエンス専攻，ネットワークデザイン専攻

国際日本学研究科

教員数▶20名
院生数▶59名
博士前期課程 ●国際日本学専攻　日本の文化や社会システムを国際的な視点で理解し，自らの意思を的確に表現できる人材を育成。
博士後期課程 国際日本学専攻

グローバル・ガバナンス研究科

教員数▶12名
院生数▶６名
博士後期課程 ●グローバル・ガバナンス専攻　公共政策，国際開発政策，地域マネジメントの３プログラム。高度な公共政策のプロフェッショナルを育成する。

法務研究科

教員数▶23名
院生数▶116名
専門職学位課程 ●法務専攻　「『個』を大切にし，人権を尊重する法曹」を養成する。2022年度の司法試験では16名が合格。

ガバナンス研究科

教員数▶14名
院生数▶125名
専門職学位課程 ●ガバナンス専攻　政策作成や政策処理能力を高め，国際的な視野も備えた高度専門的職業人を育成する。

グローバル・ビジネス研究科

教員数▶20名
院生数▶183名
専門職学位課程 ●グローバル・ビジネス専攻　「ビジネスの真髄がわかる」人材を育成する。MBA取得可。夜間開講。

会計専門職研究科

教員数▶12名
院生数▶190名
専門職学位課程 ●会計専門職専攻　会計専修，税務専修の２コースで，次世代を担う高度会計専門職業人を育成する。公認会計士短答式試験の科目免除申請可。

明治学院大学
（めいじがくいん）

資料請求

問合せ先　入学インフォメーション　☎03-5421-5151

建学の精神

国境も人種の壁も越え，人々のために役立ちたいという想いから無償で医療を施す一方，ヘボン式ローマ字を生み出し，日本で初めての本格的な和英・英和辞書の編纂をしたアメリカ人宣教医師J.C.ヘボンが1863（文久3）年に開設した英学塾の「ヘボン塾」を淵源とする人文科学系総合大学。「キリスト教による人格教育」を建学の精神として受け継ぎ，創設者ヘボン博士の生涯を貫く信念である“Do for Others（他者への貢献）”を教育理念として掲げ，その実現のために，正課カリキュラムに加え，「グローバルマインド」「ボランティアスピリッツ」「キャリアデザイン」の3つに重点的に取り組み，学生一人ひとりの成長を支える多彩なプログラムを用意。誰かの明日を支える，その想いはいつの時代も変わることなく，明日を切り拓く力を育んでいる。

- 白金キャンパス……〒108-8636　東京都港区白金台1-2-37
- 横浜キャンパス……〒244-8539　神奈川県横浜市戸塚区上倉田町1518

基本データ

学生数▶11,825名（男4,602名，女7,223名）
専任教員数▶教授182名，准教授74名，講師15名
設置学部▶文，経済，社会，法，国際，心理

併設教育機関▶大学院—文学・経済学・社会学・国際学・心理学（以上M・D），法と経営学（M），法学（D）

就職・卒業後の進路

就職率 **96.5**%
就職者÷希望者×100

● **就職支援**　1クラス30～50名で編成し，6～8回完結の「就活ステップアップ講座」，エアライン，広告・メディア等人気職種をめざす学生を対象とした「MGキャリア講座」など，特徴ある就職支援を実施。キャリアコンサルタントの資格を持つ相談員を通年で配置し，個別相談体制の充実も図っている。

● **資格取得支援**　公務員試験や国家試験のための課外講座，経済・経営関係の資格取得支援講座，語学関係の資格支援講座などを開講。教員志望者には教職センターを設け，段階的なプログラムで採用試験対策を支援している。

進路指導者も必見 学生を伸ばす 面倒見

初年次教育	学修サポート
「コンピュータリテラシー」でITの基礎技術を習得するほか，各学部で「アカデミックリテラシー」「基礎演習」などを実施。入学時のオリエンテーションにおいて，学問や大学教育全般に対する動機づけ，帰属意識の醸成を行っている	TA制度，オフィスアワーを全学的に実施。さらに心理学部では，専任教員が学生約20人を担当し，履修指導や学修指導をきめ細かく行うクラス・アドバイザー制度を設けている

オープンキャンパス（2022年度実績）　両キャンパスで8月に開催（日程は異なる。事前予約制）。入試説明，学科ガイダンス，明学生と話そうコーナーなど。また，地域限定説明会のOne Day Campusを7月に4地区で実施。

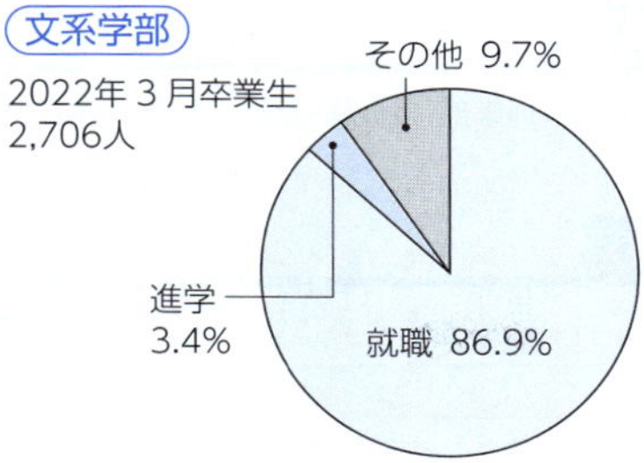

主なOB・OG▶［経済］重松理（ユナイテッドアローズ創業者），［社会］中島健人（歌手・俳優），［法］宇野康秀（USEN-NEXT HOLDINGS社長），［国際］里見治紀（セガサミーホールディングス社長）など。

国際化・留学　大学間 69 大学・部局間 12 大学

受入れ留学生数▶187名（2022年５月１日現在）

留学生の出身国・地域▶中国，韓国，台湾，タイ，ベトナムなど。

外国人専任教員▶教授12名，准教授13名，講師１名（2022年５月１日現在）

外国人専任教員の出身国▶アメリカ，イギリス，カナダ，中国，韓国など。

大学間交流協定▶69大学（交換留学先53大学，2022年９月１日現在）

部局間交流協定▶12大学（交換留学先０大学，2022年９月１日現在）

海外への留学生数▶渡航型65名・オンライン型82名／年（12カ国・地域，2021年度）

海外留学制度▶気軽にトライできる２～５週間の短期留学，協定校での長期留学，グローバルキャリアインターンシップ，国際貢献インターンシップなど，さまざまなプログラムを用意。コンソーシアムはACUCA（アジア・キリスト教大学協会）に参加している。

学費・奨学金制度　給付型奨学金総額 年間約 2億8,740万円

入学金▶200,000円

年間授業料（施設費等を除く）▶826,000円～（詳細は巻末資料参照）

年間奨学金総額▶287,404,400円

年間奨学金受給者数▶1,321人

主な奨学金制度▶２年次以上の各学年学科の成績上位者を対象とした「明治学院大学学業優秀賞」，経済支援の「明治学院大学ヘボン給付奨学金」など，すべて給付型の独自の制度を設置。「白金の丘奨学金」など授業料減免型の制度もあり，2021年度には24人を対象に総額で約1,408万円が減免されている。

保護者向けインフォメーション

●**成績確認**　保証人用ポータルサイト「PORT HEPBURN」に「履修・授業・成績」「就職」「学生生活」などの情報が発信される。

●**保証人会**　保証人会があり，全国・地区別・オンライン学科別の保証人懇談会を開催し，就職状況報告や個別相談などを行っている。

●**広報誌**　広報誌「白金通信」，保証人会会報誌「さん・サン」を発行している。

●**防災対策**　「大地震対応マニュアル」を入学時に配布。災害時の学生の状況は，安否確認システム「ANPIC」を利用して把握する。

●**コロナ対策１**　感染状況に応じた６段階の行動指針を設定。「コロナ対策２」（下段）あり。

インターンシップ科目	必修専門ゼミ	卒業論文	GPA制度の導入の有無および活用例	１年以内の退学率	標準年限での卒業率
経済・社会・国際で開講	文学部で３・４年次，国際学部で１～４年次，心理学部で１・３・４年次に実施	フランス文学科と芸術学科および国際学部は卒業要件	奨学金や授業料免除対象者の選定，留学候補者の選考，大学院入試の選抜のほか，法学部では成績優秀者の選考に活用	0.9%	89.0%

●**コロナ対策２**　大学HPやポータルサイトでの情報提供および啓発活動を実施。経済的支援として，家計が急変し，勉学の継続に支障をきたした学生に一律40万円を給付（新型コロナウイルス感染症対応給付奨学金）。

学部紹介&入試要項

2024年度学部改組構想（予定）

● 本学初となる理系の新学部「情報数理学部」（仮称・設置構想中）が横浜キャンパスに誕生。

学部紹介（2023年２月現在）

学部／学科	定員	特色
文学部		
英文	225	▷イギリス文学，アメリカ文学，英語学の３コース。英語を英語で学び，英語を通じて人間と世界の関係を考察する。
フランス文	115	▷言語の習得とともに多様な切り口でフランス文化にアプローチし，世界をより鋭く感じ取るための新たな視点を養う。
芸術	165	▷２年次より音楽学，映像芸術学，美術史学，芸術メディア論，演劇身体表現，総合芸術学の６コースに分かれて学ぶ。
● **取得可能な資格**…教職（英・仏），学芸員など。　● **進路状況**…………就職83.3%　進学2.1% ● **主な就職先**………星野リゾート・マネジメント，ソラシドエア，東芝，サイバーエージェントなど。		
経済学部		
経済	325	▷世界を動かす経済の仕組みを理解し，分析できる人材を育成する。「実験経済学」の授業で経済学を体験し，実感。
経営	210	▷経営学，マーケティング，会計学をバランスよく体系的に学び，自ら問題を発見し解決できる人材を育成する。
国際経営	155	▷多言語および多様な地域で国際ビジネスを体感し，世界を相手にするマネジャーを育成する。
● **取得可能な資格**…教職（地歴・公・社・商業）など。　● **進路状況**…………就職90.5%　進学2.8% ● **主な就職先**………あいおいニッセイ同和損害保険，大塚商会，野村證券，三菱UFJ銀行，松竹など。		
社会学部		
社会	245	▷文化とメディア，生命とアイデンティティ，環境とコミュニティの３コース。現場で社会調査の技と心を身につける。
社会福祉	245	▷将来に直結するソーシャルワーク，福祉開発の２コースで，新しい時代の社会福祉を学ぶ。
● **取得可能な資格**…教職（地歴・公・社，特別支援），社会福祉士・精神保健福祉士受験資格など。 ● **進路状況**…………就職88.4%　進学2.5% ● **主な就職先**………東京都社会福祉協議会，ベネッセスタイルケア，東海旅客鉄道，横浜市役所など。		
法学部		
法律	200	▷リーガルマインドを発揮して，社会に貢献できる人材を育成する。140を超える専門科目を提供。
消費情報環境法	225	▷消費者法，企業活動法，環境法の科目群を用意し，実社会で直面する法律問題を，コンピュータ技術を活用して学ぶ。
グローバル法	65	▷法的解決能力，実践的コミュニケーション能力，柔軟な異文化理解力を修得し，世界と日本をつなぐ人材を育成する。
政治	155	▷問題の発見力，討論力，解決提案力を専門的に実践的に学び，“教養ある政治的市民”を育成する。
● **取得可能な資格**…教職（地歴・公・社・情）など。　● **進路状況**…………就職86.6%　進学4.0% ● **主な就職先**………オリエンタルランド，警視庁，神奈川県庁，横浜銀行，博報堂プロダクツなど。		

キャンパスアクセス ［白金キャンパス］ JR各線，京浜急行線━品川よりバス６分または徒歩17分／東京メトロ南北線，都営地下鉄三田線━白金台・白金高輪より徒歩７分／都営地下鉄浅草線━高輪台より徒歩７分

国際学部		
国際	245	▷平和研究，環境問題，多文化社会，比較文化，国際・比較経済，比較法政の６専攻分野から興味関心に合わせて学ぶ。
国際キャリア	55	▷世界の学生が集う国際的環境のもと，21世紀の国際社会で輝く人材を育成する。原則的に全授業を英語で実施。

● **取得可能な資格**…教職（地歴・公・社）など。　● **進路状況**…………就職86.1％　進学1.9％
● **主な就職先**………アクセンチュア，星野リゾート・マネジメント，楽天グループ，全日本空輸など。

心理学部		
心理	175	▷"人と社会との関わりを重視した心理学"を特徴の一つに，心理学に基づく分析力・実践力のある人材を育成する。
教育発達	145	▷児童発達，特別支援，国際教育の３コース。子どものこころを理解し，こころの成長を支援できる人材を育成する。

● **取得可能な資格**…教職（公・社・英，小一種，幼一種，特別支援），司書教諭など。
● **進路状況**…………就職84.1％　進学8.4％
● **主な就職先**………神奈川県・横浜市・東京都教育委員会，ベネッセコーポレーション，ディップなど。

キャンパス

文・経済・社会・法・心理３～４年次……［白金キャンパス］東京都港区白金台1-2-37
国際，文・経済・社会・法・心理１～２年次……［横浜キャンパス］神奈川県横浜市戸塚区上倉田町1518　※経済学部，社会学部，法学部および心理学科の２年次生（法学部は条件を満たした者）は白金キャンパスで専門科目の一部を履修できる。

2023年度入試要項（前年度実績）

●募集人員

学部／学科		全学部	一般A	一般B
▶文	英文	25	3教・英語90	—
	フランス文	3教10・英語5	3教・英語55	—
	芸術	20	55	—
▶経済	経済	3教35・英語20	120	—
	経営	3教30・英語5	80	—
	国際経営	3教10・英語5	70	—
▶社会	社会	3教15・英語3	3教115・英語3	—
	社会福祉	3教15・英語5	3教60・英語5	10
▶法	法律	3教10・英語5	3教・英語110	10
	消費情報環境法	3教20・英語5	3教・英語85	15
	グローバル法	3教4・英語3	3教・英語27	4
	政治	3教5・英語5	3教・英語65	20
▶国際	国際	3教15・英語10	90	—
	国際キャリア	4	18	—
▶心理	心理	3教13・英語6	3教・英語50	—
	教育発達	3教25・英語5	3教・英語43	—

※次のように略しています。教科→教。英語外部検定試験利用型→英語。

▷英語外部検定試験利用型（全学部日程・Ａ日程）は，英語の試験が免除される出願資格方式と，本学の英語の得点に換算される得点換算方式（Ａ日程の英文学科とフランス文学科，法学部，心理学部のみ）があり，各学科が定める英語外部検定試験（出願資格方式は英検，TEAP，GTEC。得点換算方式は英検，TEAP，TEAP CBT，GTEC，TOEFL iBT）の基準のいずれか１つに該当していれば出願可。

文学部

一般入試全学部日程（３教科型・英語外部検定試験利用型） **3～2**科目　①**国**（100）▶国総・現文Ｂ・古典Ｂ（漢文を除く）　②**外**（100）▶「コミュ英Ⅰ・コミュ英Ⅱ・コミュ英Ⅲ・英表Ⅰ・英表Ⅱ」・仏から１，ただし仏はフランス文学科のみ選択可　③**地歴・公民・数**（100）▶世Ｂ・日Ｂ・地理Ｂ・政経・「数Ⅰ・数Ⅱ・数Ａ・数Ｂ（数列・ベク）」から１
※英文学科は３科目を受験し，英語の偏差値と他２科目のうち高偏差値科目の計２科目で判定する。
※フランス文学科の英語外部検定試験利用型（出願資格方式）は，外国語の試験を免除し，２科目の合計（200点）により判定する。

東京　明治学院大学

キャンパスアクセス ［横浜キャンパス］ JR東海道線・上野東京ライン・横須賀線・湘南新宿ライン，横浜市営地下鉄（ブルーライン）一戸塚よりバス12分／JR根岸線一本郷台よりバス7分

一般入試A日程（3教科型・英語外部検定試験利用型） 3~2科目 ①国（150）▶国総・現文B・古典B（漢文を除く） ②外（150）▶「コミュ英Ⅰ・コミュ英Ⅱ・コミュ英Ⅲ・英表Ⅰ・英表Ⅱ」・仏・中から1，ただし仏・中はフランス文学科のみ選択可 ③**地歴・公民・数**（100）▶世B・日B・地理B・政経・「数Ⅰ・数Ⅱ・数A・数B（数列・ベク）」から1

※英文学科の3教科型は，3科目の素点をそれぞれ偏差値に換算し，3つの偏差値の合計により判定する。ただし，英語のみ偏差値を2倍にする。

※フランス文学科の英語外部検定試験利用型（得点換算方式）で，当日の英語を受験した場合，その得点と換算値を比較して，高得点の方を判定に採用する。英文学科は当日の英語受験必須。

※英文学科とフランス文学科は，3教科型と英語外部検定試験利用型（得点換算方式）を合わせた受験者の順位により合否を判定する。

経済学部

一般入試全学部日程（3教科型・英語外部検定試験利用型） 3~2科目 ①国（100）▶国総・現文B・古典B（漢文を除く） ②外（100）▶コミュ英Ⅰ・コミュ英Ⅱ・コミュ英Ⅲ・英表Ⅰ・英表Ⅱ ③**地歴・公民・数**（100）▶世B・日B・地理B・政経・「数Ⅰ・数Ⅱ・数A・数B（数列・ベク）」から1，ただし経営学科と国際経営学科は地理の選択不可

※英語外部検定試験利用型（出願資格方式）は，外国語の試験を免除し，2科目の合計（200点）により判定する。

一般入試A日程 3科目 ①国（100）▶国総・現文B・古典B（漢文を除く） ②外（経済・経営150，国際経営200）▶「コミュ英Ⅰ・コミュ英Ⅱ・コミュ英Ⅲ・英表Ⅰ・英表Ⅱ」・仏・中から1，ただし経営学科は英指定，仏は経済学科のみ選択可 ③**地歴・公民・数**（100）▶世B・日B・地理B・政経・「数Ⅰ・数Ⅱ・数A・数B（数列・ベク）」から1，ただし経営学科と国際経営学科は地理の選択不可

社会学部

一般入試全学部日程・A日程（3教科型・英語外部検定試験利用型） 3~2科目 ①国（100）▶国総・現文B・古典B（漢文を除く） ②外（100）▶コミュ英Ⅰ・コミュ英Ⅱ・コミュ英Ⅲ・英表Ⅰ・英表Ⅱ ③**地歴・公民・数**（100）▶世B・日B・地理B・政経・「数Ⅰ・数Ⅱ・数A・数B（数列・ベク）」から1

※3科目の素点をそれぞれ偏差値に換算し，3つの偏差値の合計により判定する。ただし，A日程は英語のみ偏差値を1.5倍にする。

※英語外部検定試験利用型（出願資格方式）は，外国語の試験を免除し，2科目の素点をそれぞれ偏差値に換算し，2つの偏差値の合計により判定する。

一般入試B日程 【社会福祉学科】 2科目 ①外（100）▶コミュ英Ⅰ・コミュ英Ⅱ・コミュ英Ⅲ・英表Ⅰ・英表Ⅱ ②**論文**（200）

法学部

一般入試全学部日程・A日程（3教科型・英語外部検定試験利用型） 3~2科目 ①国（100）▶国総・現文B・古典B（漢文を除く） ②外（100）▶コミュ英Ⅰ・コミュ英Ⅱ・コミュ英Ⅲ・英表Ⅰ・英表Ⅱ ③**地歴・公民・数**（100）▶世B・日B・地理B・政経・「数Ⅰ・数Ⅱ・数A・数B（数列・ベク）」から1

※3科目の素点をそれぞれ偏差値に換算し，3つの偏差値の合計により判定する。ただしA日程は英語のみ偏差値を1.5倍にする。

※全学部日程の全学科で実施する英語外部検定試験利用型（出願資格方式）は，外国語の試験を免除し，2科目の素点をそれぞれ偏差値に換算し，2つの偏差値の合計により判定する。

※A日程の全学科で実施する英語外部検定試験利用型（得点換算方式）で，当日の英語を受験した場合，その得点と換算値を比較して，高得点の方を判定に利用し，3教科型と合わせた受験者の順位により合否を判定する。

一般入試B日程 【法律学科・消費情報環境法学科・グローバル法学科】 2科目 ①外（150）▶コミュ英Ⅰ・コミュ英Ⅱ・コミュ英Ⅲ・英表Ⅰ・英表Ⅱ ②**論述重点**（200）

【政治学科】 2科目 ①外（100）▶コミュ英Ⅰ・コミュ英Ⅱ・コミュ英Ⅲ・英表Ⅰ・英表Ⅱ ②**講義理解力**（200）▶講義受講（講義内容の

メモ可）後，問題に解答

国際学部

一般入試全学部日程（３教科型・英語外部検定試験利用型）・Ａ日程　**3〜2**科目　①**国**（100）▶国総・現文Ｂ・古典Ｂ（漢文を除く）　②**外**（100）▶コミュ英Ⅰ・コミュ英Ⅱ・コミュ英Ⅲ・英表Ⅰ・英表Ⅱ　③**地歴・公民・数**（100）▶世Ｂ・日Ｂ・地理Ｂ・政経・「数Ⅰ・数Ⅱ・数Ａ・数Ｂ（数列・ベク）」から１

※３科目の素点をそれぞれ偏差値に換算し，３つの偏差値の合計により判定する。ただしＡ日程の国際学科は英語のみ偏差値を1.5倍，国際キャリア学科は２倍にする。

※国際学科全学部日程の英語外部検定試験利用型（出願資格方式）は，外国語の試験を免除し，２科目の素点をそれぞれ偏差値に換算し，２つの偏差値の合計により判定する。

心理学部

一般入試全学部日程・Ａ日程（３教科型・英語外部検定試験利用型）　**3〜2**科目　①**国**（100）▶国総・現文Ｂ・古典Ｂ（漢文を除く）　②**外**（100）▶コミュ英Ⅰ・コミュ英Ⅱ・コミュ英Ⅲ・英表Ⅰ・英表Ⅱ　③**地歴・公民・数**（100）▶世Ｂ・日Ｂ・地理Ｂ・政経・「数Ⅰ・数Ⅱ・数Ａ・数Ｂ（数列・ベク）」から１

※３科目の素点をそれぞれ偏差値に換算し，全学部日程の心理学科は高偏差値２科目の合計で，教育発達学科は３科目の偏差値の合計で判定する。Ａ日程の心理学科は国語・英語の偏差値を1.5倍，教育発達学科は国語の偏差値を２倍，英語の偏差値を1.5倍にして判定する。

※全学部日程の英語外部検定試験利用型（出願資格方式）は，外国語の試験を免除し，２科目の素点をそれぞれ偏差値に換算し，２つの偏差値の合計により判定する。

※Ａ日程英語外部検定試験利用型（得点換算方式）で，当日の英語を受験した場合，その得点と換算値を比較して，高得点の方を判定に利用し，３教科型と合わせた受験者の順位により合否を判定する。

その他の選抜

共通テスト利用入試は文学部60名，経済学部80名，社会学部44名，法学部74名，国際学部15名，心理学部37名を，自己推薦AO入試は文学部65名，経済学部５名，社会学部30名，法学部59名，国際学部27名，心理学部23名を募集。ほかに指定校推薦入試，系列校特別推薦入試，社会人入試，私費外国人留学生入試を実施。

偏差値データ（2023年度）

●一般入試Ａ日程（３教科型）

学部／学科	2023年度 駿台予備学校 合格目標ライン	2023年度 河合塾 ボーダー偏差値	2022年度 競争率
▶文学部			
英文	48	50	1.8
フランス文	47	50	1.9
芸術	46	52.5	3.2
▶経済学部			
経済	48	52.5	1.8
経営	48	52.5	2.5
国際経営	48	52.5	2.0
▶社会学部			
社会	49	52.5	2.0
社会福祉	47	52.5	1.8
▶法学部			
法律	49	55	3.5
消費情報環境法	46	50	2.0
グローバル法	45	52.5	2.9
政治	49	52.5	1.5
▶国際学部			
国際	50	50	1.8
国際キャリア	51	55	2.2
▶心理学部			
心理	49	57.5	4.9
教育発達	48	52.5	2.0

- 駿台予備学校合格目標ラインは合格可能性80％に相当する駿台模試の偏差値です。
- 河合塾ボーダー偏差値は合格可能性50％に相当する河合塾全統模試の偏差値です。
- 競争率は受験者÷合格者の実質倍率。英文学科，フランス文学科，法律学科，グローバル法学科，心理学科は英語外部検定試験利用型を含む。

明星大学（めいせい）

資料請求

問合せ先 アドミッションセンター ☎042-591-5793

建学の精神

明星学苑は1923（大正12）年に「明星実務学校」として誕生し，創立時に30人の生徒から始まった学校は，現在では，幼稚園から大学まで１万５千人以上が学ぶ総合学園に成長している。その一翼を担う明星大学は，「和の精神のもと，世界に貢献する人を育成する」を建学の精神に，1964（昭和39）年に開学した。ワンキャンパスに９学部12学科，そして2023年設置のデータサイエンス学環が集結し，垣根を越えて学び合う環境が日常的にある総合大学だからこそ実現できる，“交わり，広がる”学び，自立心を持って学外で学ぶ「実践躬行（きゅうこう）の体験教育」や専門教育「セントラル」と垣根を越える学修「クロッシング」を推進する明星大学は，生涯にわたり“学び続ける力”を備え，さまざまな人々と“協働する知性”を併せ持つ次世代を育成している。

● 日野キャンパス……〒191-8506 東京都日野市程久保2-1-1

基本データ

学生数▶8,228名（男5,442名，女2,786名）
専任教員数▶教授218名，准教授75名，講師４名
設置学部・学環▶データサイエンス，理工，人文，経済，情報，教育，経営，デザイン，心理，建築
併設教育機関▶大学院─理工学・人文学・情報学・教育学・心理学（以上M・D），経済学（M） 通信教育課程─教育学部 通信制大学院─教育学（M・D）

就職・卒業後の進路

就職率 **99.3**％
就職者÷希望者×100

● **就職支援** 就職活動の基本から選考の対策まで，専門スタッフが親身になって集団・個別指導を行うとともに，企業の採用担当者を招いた企業説明会，インターンシップのお知らせなど，その時々の最新情報を提供。一人ひとりがめざす進路に向けて，実践力を身につけるための各種講座を企画，実施している。

● **資格取得支援** 教員免許状・保育士資格取得と採用において高い実績と伝統を誇り，教育インターンシップや校長等経験者による指導，教員採用試験対策など独自のサポートで，教職の道を志す学生を合格へと導いている。

進路指導者も必見 学生を伸ばす 面倒見

初年次教育	学修サポート
学部・学科を超えてクラス編成され，アクティブ・ラーニングを行う，実践躬行の体験教育を具現化した「自立と体験１」（全学共通必修科目）を実施。なお，2023年度より，全学共通科目をリニューアルする	全学部でTA・SA制度，オフィスアワー制度を，さらにデザイン・心理学部で，教員１人が学生約10人を担当する教員アドバイザー制度を導入。また，学習面における個別指導や相談に応じる学習ステーションを設置

オープンキャンパス（2022年度実績） 対面型オープンキャンパスを３月，７月，８月（２日間），12月に開催（要事前予約）。また，５月にオンラインイベントを行ったほか，WEB OPEN CAMPUSは，常時掲載情報を更新。

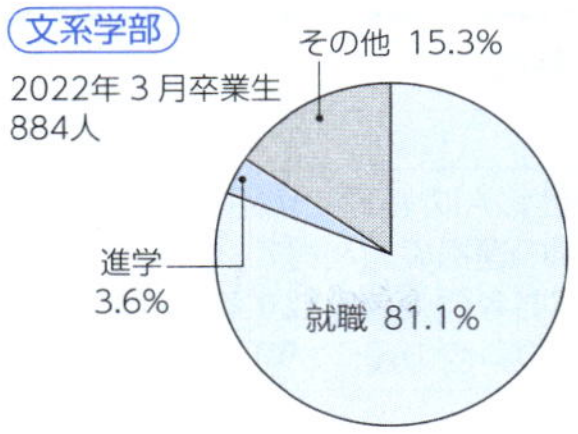

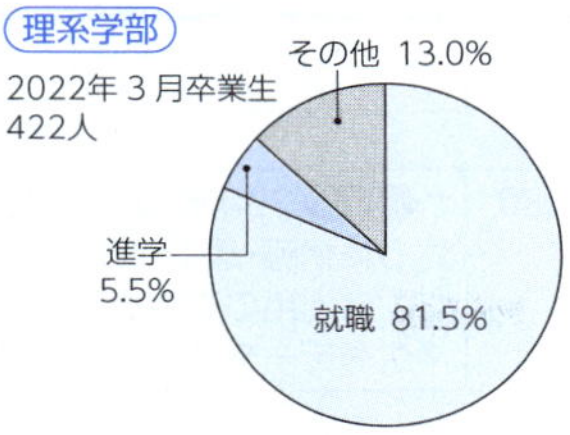

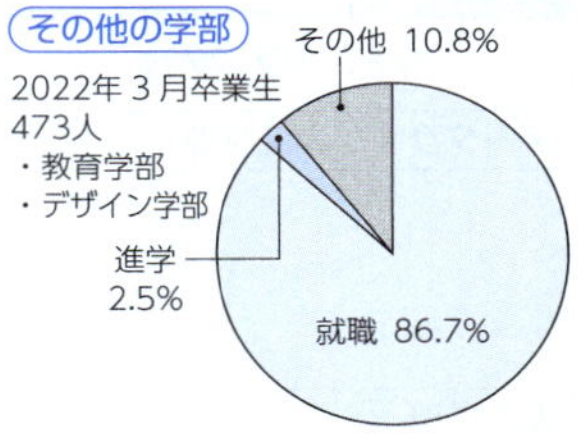

主なOB・OG▶［人文］高木幹夫（日能研代表取締役），［人文］浦沢直樹（漫画家），［人文］石森孝志（東京都八王子市長），［人文］石川光久（アニメーションプロデューサー），［経済］松原聖弥（プロ野球選手）など。

国際化・留学　大学間 43 大学

受入れ留学生数▶22名（2022年5月1日現在）

留学生の出身国▶中国，韓国，モンゴル，オーストラリア，メキシコなど。

外国人専任教員▶教授６名，准教授０名，講師２名（2022年５月１日現在）

外国人専任教員の出身国▶中国，韓国，イギリス，ハンガリーなど。

大学間交流協定▶43大学（交換留学先14大学，2022年５月１日現在）

海外への留学生数▶オンライン型56名／年（９カ国・地域，2021年度）

海外留学制度▶交換留学や認定留学の長期留学制度のほか，夏期・春期の長期休暇を利用し，語学力向上を目的とした「海外語学研修」や，語学学習にプラスして海外で就労やボランティアの経験ができる「＋αインターンシップ」のプログラムを用意している。2020年度よりオンライン留学プログラムを実施。

学費・奨学金制度　給付型奨学金総額 年間約 9,611 万円

入学金▶200,000円

年間授業料（施設費等を除く）▶740,000円～（詳細は巻末資料参照）

年間奨学金総額▶96,114,340円

年間奨学金受給者数▶355人

主な奨学金制度▶一般選抜前期・後期Ａに出願することで自動エントリーされる「明星大学特別奨学生奨学金」や，学部２年生以上対象の「明星大学特待生奨学金」のほか，「明星大学修学支援緊急奨学金」（４年生枠・緊急対応枠），学内の実務体験を伴う「明星大学勤労奨学金」などの制度を設置。学費減免制度もあり，2021年度には111人を対象に，総額で8,893万4,000円が減免されている。

保護者向けインフォメーション

●**オープンキャンパス**　通常のオープンキャンパス時に保護者向けの説明会を実施している。

●**成績確認**　保護者ポータルサイト「勉天」で，成績などが閲覧できるようになっている。

●**保護者会**　保護者の団体である「育星会」があり，大学との共催で懇談会を開催し，教職員との個別面談などを行っている。また，分科会では就職ガイダンスなども実施している。

●**会報誌**　「勉天」で育星会会報（電子ブック版）の閲覧が可能。

●**防災対策**　緊急連絡網・安否確認システムの「オクレンジャー」を導入している。

●**コロナ対策１**　ワクチンの職域接種を実施。感染状況に応じた５段階のBCP（行動指針）を設定している。「コロナ対策２」（下段）あり。

インターンシップ科目	必修専門ゼミ	卒業論文	GPA制度の導入の有無および活用例	１年以内の退学率	標準年限での卒業率
経営・心理を除く7学部で開講	理工で４年次，人文・教育で１～４年次，経済・情報で１・３・４年次，経営・心理で３・４年次に実施	全学部で卒業要件	奨学金や授業料免除対象者の選定や大学院入試の選抜基準，留学候補者の選考のほか，他学科の科目履修の条件として活用している	0.4%	75.0%

●コロナ対策２　入構時の検温と消毒の実施や講義室の換気を徹底し，収容人数を調整して行う対面授業とオンライン授業を感染状況に応じて併用。経済的支援として学生全員に奨学金を給付。学内Wi-Fiスポットも拡充。

学部紹介

学部・学環／学科	定員	特色
データサイエンス学環		
	30	▷NEW! '23年新設。数理，統計，AIの基礎と応用を身につけ，さらに情報・理工・経済３学部の連携協力を得て，データサイエンス活用の知識や能力に富む専門人を育成する。他学部の学生もデータサイエンス学環の科目の履修が可能。
理工学部		
総合理工	270	▷2023年度より，コース制に改組。物理学，化学・生命科学，機械工学，電気工学の４コース。DXやGXが主要トレンドとなるSociety5.0時代に活躍できる人材を育成する。
● 取得可能な資格…教職（数・理）など。 ● 進路状況…………就職80.7%　進学5.2% ● 主な就職先………富士通Japan，日産自動車，東日本旅客鉄道，曙ブレーキ工業，気象庁など。		
人文学部		
国際コミュニケーション	100	▷体験重視のカリキュラムを展開し，国際社会の実情を理解した上で，コミュニケーションできる能力を修得する。
日本文化	100	▷伝統文化から最新の文化まで幅広く学び，日本文化を正しく理解し，世界に向けて発信できる能力を身につける。
人間社会	80	▷人間関係や家族などの身近なことから国境を越えたグローバルなことまで，私たちが暮らす現代社会を幅広く探求する。
福祉実践	60	▷経済学や工学，障害学など幅広い分野を複合的に学べるカリキュラムで，多文化共生社会を支える人材を育成する。
● 取得可能な資格…教職（国・公・社・英），司書，司書教諭，学芸員，社会福祉士受験資格など。 ● 進路状況…………就職75.4%　進学2.4% ● 主な就職先………日本郵便，SOMPOケア，八王子市役所，府中市役所，神奈川県警察本部など。		
経済学部		
経済	250	▷経済活動への理解を深め，時代の変化を読み解く力を身につけ，国際経済社会の諸問題に対応できる人材を育成する。ビジネス・金融会計，公共・政策の２つの履修モデルを設置。
● 取得可能な資格…教職（公・社），司書。 ● 進路状況…………就職82.4%　進学3.8% ● 主な就職先………ソフトバンク，伊藤園，多摩信用金庫，セコム，住友不動産販売，国税庁など。		
情報学部		
情報	130	▷情報基盤から応用までの幅広い分野で社会に貢献できる人材を育成する。2023年度より，AI&マルチメディア，データサイエンス，コンピュータ・サイエンス，フィジカルコンピューティングの４つの履修モデルを設置。
● 取得可能な資格…教職（数・情）。 ● 進路状況…………就職84.4%　進学6.3% ● 主な就職先………富士電機，Sky，アルプス技研，システナ，日本航空電子工業，Apple Japanなど。		
教育学部		
教育	350	▷小学校教員，教科専門（国語・社会・数学・理科・音楽・美術・保健体育・英語），特別支援教員，子ども臨床の４コース。「手塩にかける教育」と「体験教育」で，自ら考え，行動できる教育者や保育者を育成する。

キャンパスアクセス［日野キャンパス］多摩モノレール―中央大学・明星大学直結／京王線―多摩動物公園より徒歩８分

●取得可能な資格…教職（国・地歴・公・社・数・理・音・美・保体・英，小一種，幼一種，特別支援），司書教諭，保育士など。 ●進路状況…………就職89.6%　進学2.7% ●主な就職先………東京都教育委員会，日本アイ・ビー・エム，ニトリ，ニチイ学館，東京都庁など。		
経営学部		
経営	200	▷2023年度より，スポーツ・エンターテインメントビジネス，地域ブランドマネジメント，観光・ブライダル，事業承継・イノベーター，金融・会計プロフェッション，戦略的キャリアデザインの６つのキャリアプログラムコースに刷新。
●進路状況…………就職92.3%　進学3.1% ●主な就職先………日本通運，富士通，城南信用金庫，あいおいニッセイ同和損害保険，警視庁など。		
デザイン学部		
デザイン	120	▷デザインの力と役割を理解して，自分と社会の可能性を広げる企画力と表現力を身につける。
●進路状況…………就職76.6%　進学1.9% ●主な就職先………ソフトバンク，富士ソフト，良品計画，ルイ・ヴィトンジャパン，カインズなど。		
心理学部		
心理	120	▷人間科学，産業・社会，カウンセリング，発達支援の４つの履修モデルでカリキュラムを構成し，科学的思考と専門知識を修めて，心理学を広く社会で活用する人材を育成する。
●進路状況…………就職76.3%　進学7.9% ●主な就職先………富士通，きらぼし銀行，NTT東日本グループ，セブン-イレブン・ジャパンなど。		
建築学部		
建築	120	▷時代や環境の変化に対応した安全，健康かつ快適な建築，住宅，都市空間を創出・提供できる人材を育成する。
●取得可能な資格…測量士補，１・２級建築士受験資格など。 ●主な就職先………西松建設，京王建設，大和ハウス工業，関電工など（旧理工学部建築学系実績）。		

キャンパス

全学部……［日野キャンパス］東京都日野市程久保2-1-1

2023年度入試要項（前年度実績）

●募集人員

学部・学環／学科		一般
データサイエンス		15
理工	総合理工	109
人文	国際コミュニケーション	13
	日本文化	27
	人間社会	18
	福祉実践	14
経済	経済	80
情報	情報	60
教育	教育	121
経営	経営	28
デザイン	デザイン	37
心理	心理	30
建築	建築	43

※一般選抜は前期Ａ方式・Ｂ方式，後期Ａ方式・Ｂ方式・BC方式を実施。後期BC方式は共通テスト併用。

※データサイエンス学環には学科組織はない。

データサイエンス学環・情報学部

一般選抜前期・後期〈Ａ方式・Ｂ方式〉

4〜2科目　①数（100）▶「数Ⅰ・数Ａ」・「数Ⅰ・数Ⅱ・数Ａ・数Ｂ」・「数Ⅰ・数Ⅱ・数Ⅲ・数Ａ・数Ｂ」から１　②③④**国・外・「地歴・公民・理」**（A100×2・B100）▶国総（古文・漢文を除く）・「コミュ英Ⅰ・コミュ英Ⅱ・英表Ⅰ」・「世Ｂ・日Ｂ・政経・〈物基・物〉・〈化基・化〉・〈生基・

生〉から1」からA方式は3または2，B方式は2または1
※A方式は4教科から3教科以上を受験し，高偏差値3教科で，B方式は2教科以上を受験し，高偏差値2教科で判定する。

一般選抜後期〈BC方式(共通テスト併用)〉
〈共通テスト科目〉 2~1科目 ①**国・外・地歴・公民・数・理**(100，ただし英語を選択した場合200)▶国(近代)・英(リスニング〈100〉を含む)・独・仏・中・韓・世A・世B・日A・日B・地理A・地理B・現社・倫・政経・「倫・政経」・数Ⅰ・「数Ⅰ・数A」・数Ⅱ・「数Ⅱ・数B」・簿・情・「物基・化基・生基・地学基から2」・物・化・生・地学から1
※高偏差値1科目を採用する。
〈独自試験科目〉 一般選抜後期B方式と同じ

理工学部

一般選抜前期・後期〈A方式〉 4~3科目 ①**数**(100)▶「数Ⅰ・数Ⅱ・数A・数B」・「数Ⅰ・数Ⅱ・数Ⅲ・数A・数B」から1 ②③④**国・外・「地歴・公民・理」**(100×2)▶国総(古文・漢文を除く)・「コミュ英Ⅰ・コミュ英Ⅱ・英表Ⅰ」・「世B・日B・政経・〈物基・物〉・〈化基・化〉・〈生基・生〉から1」から3または2
※4教科から3教科以上を受験し，高偏差値3教科で判定する。

一般選抜前期・後期〈B方式〉 3~2科目 ①②③**国・外・数・理**(100×2)▶国総(古文・漢文を除く)・「コミュ英Ⅰ・コミュ英Ⅱ・英表Ⅰ」・「〈数Ⅰ・数Ⅱ・数A・数B〉・〈数Ⅰ・数Ⅱ・数Ⅲ・数A・数B〉から1」・「〈物基・物〉・〈化基・化〉・〈生基・生〉から1」から，外・数・理から2科目以上を含む3または2
※4教科から2教科以上を受験し，高偏差値2教科で判定する。

一般選抜後期〈BC方式(共通テスト併用)〉
〈共通テスト科目〉 2~1科目 ①**理**(100)▶「物基・化基・生基から2」・物・化・生から1
※高偏差値1科目を採用する。
〈独自試験科目〉 一般選抜後期B方式と同じ

人文学部・経済学部・教育学部・経営学部・デザイン学部・心理学部・建築学部

一般選抜前期・後期〈A方式・B方式〉 4~2科目 ①②③④**国・外・数・「地歴・公民・理」**(A100×3・B100×2)▶国総(古文・漢文を除く)・「コミュ英Ⅰ・コミュ英Ⅱ・英表Ⅰ」・「〈数Ⅰ・数A〉・〈数Ⅰ・数Ⅱ・数A・数B〉・〈数Ⅰ・数Ⅱ・数Ⅲ・数A・数B〉から1」・「世B・日B・政経・〈物基・物〉・〈化基・化〉・〈生基・生〉から1」からA方式は4または3，B方式は3または2
※A方式は4教科から3教科以上を受験し，高偏差値3教科で，B方式は2教科以上を受験し，高偏差値2教科で判定する。

一般選抜後期〈BC方式(共通テスト併用)〉
〈共通テスト科目〉**【人文学部国際コミュニケーション学科】** 1科目 ①**外**(200)▶英(リスニング〈100〉を含む)
【人文学部日本文化学科】 1科目 ①**国・地歴・公民**(100)▶国(近代)・世A・世B・日A・日B・地理A・地理B・現社・倫・政経・「倫・政経」から1
【人文学部人間社会学科・教育学部教育学科〈小学校教員コース・音楽コース・美術コース・保健体育コース・英語コース・特別支援教育コース・子ども臨床コース〉・デザイン学部・心理学部・建築学部】 2~1科目 ①**国・外・地歴・公民・数・理**(100，ただし英語を選択した場合200)▶国(近代)・英(リスニング〈100〉を含む)・独・仏・中・韓・世A・世B・日A・日B・地理A・地理B・現社・倫・政経・「倫・政経」・数Ⅰ・「数Ⅰ・数A」・数Ⅱ・「数Ⅱ・数B」・簿・情・「物基・化基・生基・地学基から2」・物・化・生・地学から1
【人文学部福祉実践学科】 1科目 ①**国・外・地歴・公民**(100，ただし英語を選択した場合200)▶国(近代)・英(リスニング〈100〉を含む)・世A・世B・日A・日B・地理A・地理B・現社・倫・政経・「倫・政経」から1
【経済学部】 1科目 ①**地歴・公民・数**(100)▶世A・世B・日A・日B・地理A・地理B・現社・倫・政経・「倫・政経」・「数Ⅰ・数A」・「数Ⅱ・数B」・簿から1
【教育学部教育学科〈社会コース〉】 1科目 ①**地歴**(100)▶地理B
【教育学部教育学科〈数学コース〉】 1科目 ①**数**(100)▶「数Ⅰ・数A」・「数Ⅱ・数B」から1

【教育学部教育学科〈理科コース〉】 1科目
①理(100)▶物・化・生・地学から１
【経営学部】 1科目 ①国・外・地歴・公民・数(100，ただし英語を選択した場合200)▶国(近代)・英(リスニング〈100〉を含む)・独・仏・中・韓・世Ａ・世Ｂ・日Ａ・日Ｂ・地理Ａ・地理Ｂ・現社・倫・政経・「倫・政経」・数Ⅰ・「数Ⅰ・数Ａ」・数Ⅱ・「数Ⅱ・数Ｂ」・簿・情から１
※それぞれ高偏差値１科目を採用する。
〈独自試験科目〉 それぞれ一般選抜後期Ｂ方式と同じ

その他の選抜

共通テスト利用選抜はデータサイエンス学環７名，理工学部47名，人文学部30名，経済学部30名，情報学部30名，教育学部78名，経営学部12名，デザイン学部10名，心理学部20名，建築学部10名を，総合型選抜(卒業生子女枠，スポーツ・文化活動優秀者枠，成績優秀者枠〈経営学科〉，有資格者枠〈国際コミュニケーション・経済・情報学科〉，事業承継予定者枠〈経営学科〉，商業科目履修者枠〈経営学科〉を含む)は理工学部40名，人文学部90名，経済学部75名，情報学部20名，教育学部83名，経営学部70名，デザイン学部50名，心理学部20名，建築学部25名を募集。ほかに学校推薦型選抜(指定校制)，社会人特別選抜入試，外国人留学生特別選抜入試を実施。

偏差値データ (2023年度)

●一般選抜Ａ方式

学部・学環／学科	2023年度 駿台予備学校 合格目標ライン	2023年度 河合塾 ボーダー偏差値	2022年度 競争率
▶データサイエンス学環			
	34	45	新
▶理工学部			
総合理工	34	42.5	2.6
▶人文学部			
国際コミュニケーション	35	50	2.2
日本文化	34	47.5	2.9
人間社会	35	47.5	2.0
福祉実践	33	45	1.4
▶経済学部			
経済	34	45	1.6
▶情報学部			
情報	33	45	2.4
▶教育学部			
教育	42	50	3.4
▶経営学部			
経営	34	50	5.2
▶デザイン学部			
デザイン	33	45	1.8
▶心理学部			
心理	35	52.5	4.2
▶建築学部			
建築	34	47.5	2.4

- 駿台予備学校合格目標ラインは合格可能性80％に相当する駿台模試の偏差値です。なお，一般選抜前期Ａ方式の偏差値です。
- 河合塾ボーダー偏差値は合格可能性50％に相当する河合塾全統模試の偏差値です。
- 競争率は2022年度一般選抜全方式の受験者÷合格者の実質倍率

※データサイエンス学環には学科組織はない。

目白大学（めじろ）

資料請求

問合せ先 入学センター ☎03-3952-5115

建学の精神

1923（大正12）年創設の研心学園を母体に，63（昭和38）年目白学園女子短期大学（現目白大学短期大学部），94（平成6）年大学開学。社会に対する貢献を意味する「主」，師と共にひたむきに学ぶ姿勢を表す「師」，家族をはじめ自分を支えてくれる人々への感謝の気持ちを表す「親」の，「主・師・親」を建学の精神とし，「育てて送り出す」を社会的使命に，“学びを将来にどう生かすか”を前提として各学科が独自のプログラムを展開。多彩な科目で幅広い教養や学ぶ姿勢・技法を身につけ，社会が求める人材育成を図る「新宿」，健康・医療を支えることのできる人間力を育てる「さいたま岩槻」の２つのキャンパスで，多様に変化する現代社会を生き抜く基盤を築き，一人ひとりの力を個性に応じて伸ばしていくことを重視した人材育成を行っている。

- 新宿キャンパス……………〒161-8539　東京都新宿区中落合4-31-1
- さいたま岩槻キャンパス…〒339-8501　埼玉県さいたま市岩槻区浮谷320

基本データ

学生数▶5,532名（男1,986名，女3,546名）
専任教員数▶教授96名，准教授58名，講師75名
設置学部▶心理，人間，社会，メディア，経営，外国語，保健医療，看護

併設教育機関▶大学院―心理学（M・D），国際交流・経営学・生涯福祉・言語文化・看護学・リハビリテーション学（以上M）　短期大学部（P.761参照）

就職・卒業後の進路

就職率 **93.3**％
就職者÷希望者×100

● **就職支援**　1・2年次のキャリア教育から，就職活動が本格化する3・4年次にかけて，就職ガイダンス，各種対策講座など多彩なプログラムを実施。さいたま岩槻Cでは病院やリハビリテーションセンター，介護老人保健施設などの合同病院説明会を行っている。

● **資格取得支援**　さいたま岩槻Cでは，試験対策として学科ごとに学習方法を工夫し，教員が厳選した国家試験対策用問題を解くなど，実践的な指導を実施。新宿Cでも特別講座を

進路指導者も必見 学生を伸ばす 面倒見

初年次教育	学修サポート
大学での学びにスムーズに移行し，学際的視点や幅広い教養の習得をめざす初年次セミナー「ベーシックセミナーⅠ・Ⅱ」や，情報リテラシーを基礎から応用まで段階的に学ぶ「情報活用演習Ⅰ・Ⅱ」などを開講	全学部でTA制度（言語聴覚学科を除く）とオフィスアワー制度，また，文系学部（新宿C）でSA制度と専任教員が約20人の学生を担当し，履修内容や学生生活の指導・支援を行うクラス担任制度を導入している

オープンキャンパス（2022年度実績）　来校型×オンライン型のハイブリッドで4月・6月・7月（新宿Cのみ）・8月（一部日程はさいたま岩槻Cのみ）・9月に開催（事前予約制）。HPに「MEJINAVI2022」も開設。

設定し，日商簿記検定やITパスポート，販売士など，資格取得を強力にバックアップ。

文系学部

2022年３月卒業生
1,012人

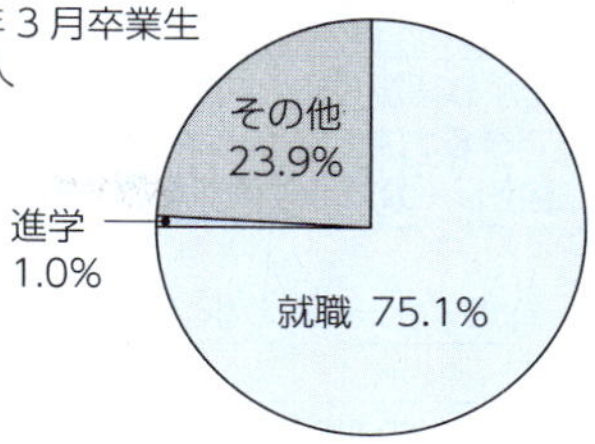

理系学部

2022年３月卒業生
235人

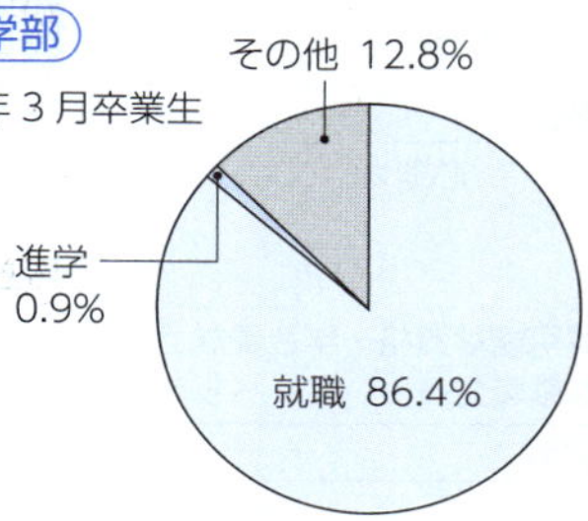

主なOB・OG▶［旧人文］猫ひろし（お笑いタレント），［外国語］香椎由宇（女優）など。

国際化・留学　大学間 25 大学・部局間 7 大学

受入れ留学生数▶27名（2022年５月１日現在）
留学生の出身国▶中国，韓国など。
外国人専任教員▶教授１名，准教授３名，講師７名（2022年５月１日現在）
外国人専任教員の出身国▶オーストラリア，アメリカ，中国，韓国など。
大学間交流協定▶25大学（交換留学先21大学，2022年９月22日現在）
部局間交流協定▶７大学（交換留学先７大学，2022年９月22日現在）
海外への留学生数▶オンライン型119名／年（１カ国・地域，2021年度）
海外留学制度▶協定留学や認定留学，短期留学，Action Englishのほか，外国語学部英米語学科のPower English，中国語学科の中国留学，韓国語学科の臨地研修など語学を学び，交流するためのサポートを数多く用意。渡航を伴う留学が中止となった場合，オンラインで参加可能なプログラムも提供している。

学費・奨学金制度　給付型奨学金総額 年間約 2,805 万円

入学金▶250,000円
年間授業料（施設費等を除く）▶795,600円～（詳細は巻末資料参照）
年間奨学金総額▶28,046,250円
年間奨学金受給者数▶80人
主な奨学金制度▶該当学期の学納金の一部を給付する「教育後援『桐光会』奨学金」（応急支援奨学金〈50万円以内〉，修学支援奨学金〈30万円以内〉），一般選抜Ａ日程の成績上位者および総合型・学校推薦型選抜入学予定者が一般選抜Ｂ日程の受験で対象となる「目白大学特待生奨学金」などの制度を設置。

保護者向けインフォメーション

●**成績確認**　卒業延期者への通知を郵送するほか，成績表などの送付およびWeb閲覧が可能。学食利用状況もWebで確認できる。
●**桐光会**　保護者相互の交流と親睦を深めることを目的とした「桐光会」を組織している。
●**就職説明会**　毎年秋（10月）に，３年次の保護者を対象とした就職説明会を開催している。
●**防災対策**　大災害に備えて安否確認システム「ANPIC」を導入している。
●**コロナ対策１**　ワクチンの職域接種を実施。「コロナ対策２」（下段）あり。

インターンシップ科目	必修専門ゼミ	卒業論文	GPA制度の導入の有無および活用例	１年以内の退学率	標準年限での卒業率
文系学部で開講している	保健医療学部を除き，実施している	心理カウンセリング・理学療法・作業療法学科を除き卒業要件	奨学金対象者の選定や退学勧告基準およびGPAに応じた履修上限単位数の設定に活用するほか，一部の学部で個別の学修指導に活用	1.4%	86.8%

●**コロナ対策２**　対面授業と遠隔授業を感染状況に応じて併用。入構時と教室の入口で検温と消毒を実施するとともに，収容人数を調整・管理して換気も徹底。オンライン授業への学修環境整備のための支援なども行った。

学部紹介

学部／学科	定員	特色
心理学部		
心理カウンセリング	125	▷心理学の基礎から理論・方法までを学び，心の問題に対して適切に対応できる力を身につけた「心の専門家」を育成する。大学院と連携し，公認心理師をめざす環境を整備。
● **取得可能な資格**…学芸員など。 ● **主な就職先**………エイベックス，明治安田生命保険，IMSグループなど（旧学部体制実績）。		
人間学部		
人間福祉	100	▷「福祉と人間と社会」のあり方を見つめる視点や理解を大切にしながら，現代福祉の課題に取り組む人材を育成する。
子ども	140	▷身につけた幅広い専門知識を生かし，保育のさまざまな場面で柔軟に対応できる，現場に強い保育者を育成する。
児童教育	50	▷子どもたちの豊かな学びを支える児童教育のスペシャリストを育成する。「現場力」を鍛える多彩な学習機会を用意。
● **取得可能な資格**…教職（小一種，幼一種），学芸員，保育士，介護福祉士・社会福祉士・精神保健福祉士受験資格など。 ● **進路状況**…………就職77.6%　進学1.9% ● **主な就職先**………各区市町村教育委員会，東京都社会福祉事業団，警視庁，品川区（保育士）など。		
社会学部		
社会情報	120	▷多彩な分野による「ユニット制」カリキュラムで，現代社会のさまざまな現象の課題解決力や価値創造力を養う。
地域社会	80	▷地域・ひとづくり，観光・まちづくりの２コース。学内外のさまざまな活動で課題の本質を探る力を身につける。
● **取得可能な資格**…教職（地歴・公・社），学芸員など。　● **進路状況**………就職75.6%　進学0.0% ● **主な就職先**………IHI，大成建設，JTB，朝日生命保険，西武信用金庫，日立物流ソフトウェアなど。		
メディア学部		
メディア	140	▷メディア学の基礎理論と専門性を高める実践的な科目を組み合わせて学び，出版，サブカルチャー，イベント企画，Webデザイン，アプリ開発など，幅広く活躍する力を培う。
● **取得可能な資格**…学芸員など。　● **進路状況**…………就職75.0%　進学0.0% ● **主な就職先**………カウテレビジョン，トッパンコミュニケーションプロダクツ，住友生命保険など。		
経営学部		
経営	130	▷経営管理，マーケティング，会計学の科目群の中からフレキシブルに学びを深め，経営理論に強い人材を育成する。
● **取得可能な資格**…学芸員など。　● **進路状況**…………就職83.2%　進学0.0% ● **主な就職先**………全国農業協同組合連合会，イオンリテール，昭和信用金庫，日本生命保険など。		
外国語学部		
英米語	80	▷原則として全員が２年次の秋学期に英語圏に留学し，世界に通用する英語力を身につけるとともに国際感覚も磨く。
中国語	40	▷「聞く」「話す」「読む」「書く」「訳す」という中国語の５技能が身につく，少人数週６コマの徹底した語学教育を実施。
韓国語	60	▷使える韓国語の習得と体験による異文化理解をめざし，原則として２年次から全員が１年間以上の韓国留学を経験。

キャンパスアクセス［新宿キャンパス］ 西武新宿線・都営地下鉄大江戸線—中井より徒歩８分／都営地下鉄大江戸線—落合南長崎より徒歩10分／東京メトロ東西線—落合より徒歩12分

日本語・日本語教育	40	▷多くの外国人留学生と交流することができる環境で，日本について海外に発信していくスペシャリストを育成する。

● **取得可能な資格**…教職（国・英・中），学芸員など。
● **進路状況**…………就職66.2%　進学1.4%
● **主な就職先**………集英社，安田倉庫，ケーヨーリゾート開発，ハナ銀行，日本生命保険，瀧川など。

保健医療学部

理学療法	85	▷知識だけでなく，優れた臨床能力が身につく環境を整備し，社会の多様なニーズに応えられる理学療法士を育成する。
作業療法	60	▷身体と心の両面からリハビリテーションを行い，相手の信頼に応えられる作業療法士を育成する。
言語聴覚	40	▷臨床に必要とされる体系的な知識や技能を持つ言語聴覚士を，演習や実習を通じて養成する。

● **取得可能な資格**…理学療法士・作業療法士・言語聴覚士受験資格。
● **進路状況**…………就職82.8%　進学0.0%
● **主な就職先**………リハビリテーション天草病院，筑波記念病院，熊谷総合病院，霞ヶ関南病院など。

看護学部

看護	105	▷専門知識や技術だけでなく，患者さんに寄り添う心を育み，あらゆる環境で力を発揮できる看護師・保健師を養成する。

● **取得可能な資格**…教職（養護二種），看護師・保健師受験資格。
● **進路状況**…………就職90.7%　進学1.9%
● **主な就職先**………国立病院機構東京・埼玉・東埼玉病院，国立精神・神経医療研究センターなど。

▶キャンパス

心理・人間・社会・メディア・経営・外国語……［新宿キャンパス］東京都新宿区中落合4-31-1
保健医療・看護……［さいたま岩槻キャンパス］埼玉県さいたま市岩槻区浮谷320

2023年度入試要項（前年度実績）

●募集人員

学部／学科	全学部統一	一般A	一般B	一般C	共通A	共通英語	共通B・C
▶心理 心理カウンセリング	20	50	10	若干名	20	若干名	若干名
▶人間 人間福祉	20	30	10	若干名	10	若干名	若干名
子ども	20	40	10	若干名	10	若干名	若干名
児童教育	10	20	5	若干名	5	若干名	若干名
▶社会 社会情報	10	50	10	若干名	15	若干名	若干名
地域社会	10	30	5	若干名	10	若干名	若干名
▶メディア メディア	20	50	10	若干名	20	若干名	若干名
▶経営 経営	20	50	10	若干名	25	若干名	若干名
▶外国語 英米語	10	25	若干名	若干名	20	5	若干名
中国語	5	15	若干名	若干名	5	若干名	若干名
韓国語	10	20	若干名	若干名	10	若干名	若干名
日本語・日本語教育	5	12	若干名	若干名	5	若干名	若干名
▶保健医療 理学療法	15	25	若干名	若干名	5	若干名	若干名
作業療法	10	15	若干名	若干名	5	若干名	若干名
言語聴覚	5	12	若干名	若干名	3	若干名	若干名
▶看護 看護	20	30	5	若干名	5	若干名	若干名

※共通英語は共通テスト利用選抜外部英語検定試験併用方式。

▷共通テスト利用選抜外部英語検定試験併用方式は，各学科とも，共通テスト利用選抜A日程の「英語」試験の代わりに，指定された外部英語検定試験のスコアをみなし得点換算表に基づいて換算し，判定する。

心理学部・人間学部・社会学部・メディア学部・経営学部

全学部統一選抜・一般選抜A～C日程
2科目　①国（100）▶国総（古文・漢文を除く）②外（100）▶コミュ英Ⅰ・コミュ英Ⅱ・英表Ⅰ

共通テスト利用選抜A日程　【心理カウンセリング学科・児童教育学科・経営学科】
4～3科目　①国（100）▶国（近代）②外（100）▶英（リスニングを含む）③④**地歴・公民・数・理**（100）▶世A・世B・日A・日B・地理A・地理B・現社・倫・政経・「倫・政経」・「数Ⅰ・

数A」・「数Ⅱ・数B」・簿・「物基・化基・生基・地学基から2」・物・化・生・地学から1，ただし簿は経営学科のみ選択可で，経営学科は理の選択不可
[個別試験] 行わない。
【人間福祉学科・子ども学科・社会情報学科】
2科目 ①国(100)▶国(近代) ②外・地歴・公民・数(100)▶英(リスニングを含む)・世A・世B・日A・日B・地理A・地理B・現社・倫・政経・「倫・政経」・「数Ⅰ・数A」・「数Ⅱ・数B」から1，ただし数は社会情報学科のみ選択可
[個別試験] 行わない。
【地域社会学科・メディア学科】 2科目 ①外(100)▶英(リスニングを含む) ②国・地歴・公民・数(100)▶国(近代)・世A・世B・日A・日B・地理A・地理B・現社・倫・政経・「倫・政経」・「数Ⅰ・数A」・「数Ⅱ・数B」から1，ただし数はメディア学科のみ選択可
[個別試験] 行わない。
共通テスト利用選抜B・C日程 3〜2科目
①②③国・外・地歴・公民・数・理(100×2)▶国(近代)・「英(リスニングを含む)・独・仏・中・韓から1」・世A・世B・日A・日B・地理A・地理B・現社・倫・政経・「倫・政経」・「数Ⅰ・〈数Ⅰ・数A〉から1」・「数Ⅱ・〈数Ⅱ・数B〉・簿・情から1」・「物基・化基・生基・地学基から2」・物・化・生・地学から2
[個別試験] 行わない。
※共通テスト利用選抜における「英語」の配点比率は，リーディング：リスニング＝4：1とする。

外国語学部

全学部統一選抜・一般選抜A〜C日程
2科目 ①国(100)▶国総(古文・漢文を除く) ②外(100・英米語200)▶コミュ英Ⅰ・コミュ英Ⅱ・英表Ⅰ
共通テスト利用選抜A日程 【英米語学科】
3科目 ①国(100)▶国(近代) ②外(200)▶英(リスニングを含む) ③地歴・公民(100)▶世A・世B・日A・日B・地理A・地理B・現社・倫・政経・「倫・政経」から1
[個別試験] 行わない。
【中国語学科】 2科目 ①②国・外・地歴・公民(100×2)▶国(近代)・「英(リスニングを含む)・中から1」・「世A・世B・日A・日B・地理A・地理B から1」・「現社・倫・政経・〈倫・政経〉から1」から2
[個別試験] 行わない。
【韓国語学科／日本語・日本語教育学科】
2科目 ①国(100)▶国(近代) ②外・地歴・公民(100)▶英(リスニングを含む)・中・韓・世A・世B・日A・日B・地理A・地理B・現社・倫・政経・「倫・政経」から1，ただし中・地歴・公民は日本語・日本語教育学科のみ選択可
[個別試験] 行わない。
共通テスト利用選抜B・C日程 3〜2科目
①②③国・外・地歴・公民・数・理(英米語〈外200・その他100〉・その他の学科100×2)▶国(近代)・「英(リスニングを含む)・独・仏・中・韓から1，ただし英米語学科は英指定」・世A・世B・日A・日B・地理A・地理B・現社・倫・政経・「倫・政経」・「数Ⅰ・〈数Ⅰ・数A〉から1」・「数Ⅱ・〈数Ⅱ・数B〉・簿・情から1」・「物基・化基・生基・地学基から2」・物・化・生・地学から英米語学科は英を含む2，中国語学科と韓国語学科は2，日本語・日本語教育学科は国を含む2
[個別試験] 行わない。
※共通テスト利用選抜における「英語」の配点比率は，英米語学科はリーディング：リスニング＝3：1，その他の学科は4：1とする。

保健医療学部・看護学部

全学部統一選抜 3科目 ①国(100)▶国総(古文・漢文を除く) ②外(100)▶コミュ英Ⅰ・コミュ英Ⅱ・英表Ⅰ ③数・理(100)▶「数Ⅰ・数A」・「生基・生」から1
一般選抜A・B日程 3科目 ①②国・外・数・理(100×2)▶国総(古文・漢文を除く)・「コミュ英Ⅰ・コミュ英Ⅱ・英表Ⅰ」・「数Ⅰ・数A」・「生基・生」から2，ただし看護学部は英必須 ③個別面接
※全学部統一選抜と一般選抜A・B日程において，数Aは図形のうち作図を除く。
一般選抜C日程 3科目 ①国(100)▶国総(古文・漢文を除く) ②外(100)▶コミュ英Ⅰ・コミュ英Ⅱ・英表Ⅰ ③個別面接
共通テスト利用選抜A〜C日程 4〜3科目
①②③④国・外・数・理(100×3)▶国(近代)・

英（リスニングを含む）・「数Ⅰ・数Ａ」・「数Ⅱ・数Ｂ」・「物基・化基・生基から２」・物・化・生から保健医療学部は３，看護学部は３教科３科目

［個別試験］ 行わない。

※共通テスト利用選抜における「英語」の配点比率は，リーディング:リスニング＝４：１とする。

その他の選抜

学校推薦型選抜（公募推薦・指定校推薦）は心理学部15名，人間学部40名，社会学部25名，メディア学部15名，経営学部15名，外国語学部30名，保健医療学部45名，看護学部30名を，総合型選抜は心理学部10名，人間学部60名，社会学部35名，メディア学部25名，経営学部10名，外国語学部37名，保健医療学部45名，看護学部15名を募集。ほかに社会人特別選抜，外国人留学生特別選抜を実施。

偏差値データ（2023年度）

●一般選抜Ａ日程

学部／学科	2023年度 駿台予備学校 合格目標ライン	2023年度 河合塾 ボーダー偏差値	2022年度 競争率
▶心理学部			
心理カウンセリング	**35**	**40**	2.4
▶人間学部			
人間福祉	**33**	**37.5**	1.2
子ども	**34**	**42.5**	1.3
児童教育	**34**	**37.5**	1.2
▶社会学部			
社会情報	**33**	**40**	2.0
地域社会	**32**	**40**	1.9
▶メディア学部			
メディア	**33**	**42.5**	2.4
▶経営学部			
経営	**33**	**37.5**	1.5
▶外国語学部			
英米語	**33**	**37.5**	1.3
中国語	**31**	**40**	1.6
韓国語	**32**	**47.5**	4.0
日本語・日本語教育	**32**	**40**	1.2
▶保健医療学部			
理学療法	**37**	**37.5**	1.0
作業療法	**36**	**37.5**	1.3
言語聴覚	**35**	**35**	1.2
▶看護学部			
看護	**38**	**35**	1.7

●駿台予備学校合格目標ラインは合格可能性80％に相当する駿台模試の偏差値です。
●河合塾ボーダー偏差値は合格可能性50％に相当する河合塾全統模試の偏差値です。なお，一般選抜Ａ・Ｂ日程の偏差値です。
●競争率は受験者÷合格者の実質倍率

併設の教育機関　短期大学

目白大学短期大学部

問合せ先　入学センター
☎03-3952-5115
所在地　東京都新宿区中落合4-31-1

学生数▶女457名
教員数▶教授９名，准教授２名，講師８名

設置学科

●**ビジネス社会学科**（75）　興味・関心を進路につなげる４つの学びのフィールドを設置。選択したメインのフィールド以外の科目も幅広く履修可能。

●**製菓学科**（55）　製菓衛生師，製菓実践の２コース。お菓子づくりを，洋菓子から和菓子，パンづくりまで基礎から丁寧に学ぶ。

●**歯科衛生学科**（60）　３年制。歯科衛生に関する専門知識や技術を身につけながら社会人として求められる幅広いスキルも磨き，歯科衛生士として活躍する土台を築く。

卒業後の進路

2022年３月卒業生▶166名
就職117名，大学編入学13名，その他36名

立教大学（りっきょう）

資料請求

問合せ先　入学センター　☎03-3985-2660

建学の精神

前身は，アメリカ聖公会から派遣された宣教師チャニング・ムーア・ウィリアムズが1874（明治7）年に創立した「立教学校St.Paul's School」。西欧の伝統的リベラルアーツカレッジをモデルにした「キリスト教に基づく教育」のもと，「専門性に立つ教養人」を育成するため，専門という確かな軸を持った上で，さまざまな学びの分野に触れ，広く深い視野と多面的かつ柔軟なものの見方を養うことを重視した「RIKKYO Learning Style」を導入。1年次春学期の導入期教育の充実化，リーダーシップ教育，グローバル教育，データサイエンス教育，サービスラーニングをはじめとする社会連携教育の活性化など，140年以上にわたるリベラルアーツ教育をより深化させ，あらゆる個性が躍動し，変化の連鎖が生まれる大学へと，「自由の学府」は動き続けている。

- 池袋キャンパス……〒171-8501　東京都豊島区西池袋3-34-1
- 新座キャンパス……〒352-8558　埼玉県新座市北野1-2-26

基本データ

学生数▶19,100名(男8,385名，女10,715名)
専任教員数▶教授323名，准教授140名，講師89名
設置学部▶文，異文化コミュニケーション，経済，経営，理，社会，法，観光，コミュニティ福祉，現代心理，スポーツウエルネス，Global Liberal Arts Program
併設教育機関▶大学院（P.777参照）

就職・卒業後の進路

就職率 97.4%（就職者÷希望者×100）

● **就職支援**　就職ガイダンスや各種プログラムの開催，ガイドブック配布，個人相談など，年次に応じた段階的支援を行うキャリアセンターの支援と，学部の専門性を生かした学部独自の支援の両軸で，学生のキャリア・就職活動をサポート。総合的な「就職力」を養い，高い就職実績に結びつけている。

● **資格取得支援**　「教職課程」などの「学校・社会教育講座」のほか，「立教キャリアップセミナー」では，外部専門機関と提携して公務員講座などを学内開催し，各種資格取得や国家試験の合格をめざす学生を支援している。

進路指導者も必見 学生を伸ばす面倒見

初年次教育	学修サポート
新入生全員を対象に，スチューデントスキル，スタディスキル，情報リテラシーなど学修の基礎を身につける科目群と，立大で学ぶことの意味を理解する科目群で構成される「立教ファーストタームプログラム」を実施	全学部でTA・SA制度，オフィスアワー制度，教員アドバイザー制度を導入。また，グローバルラウンジを設置し，留学生と交流できる場を提供。さらに，図書館ラーニングアドバイザーが学習面の指導や相談に応じている

オープンキャンパス(2022年度実績)　8月にオンラインプログラムとしてオンデマンド配信をしたほか，LIVE配信も実施。また，来場型プログラムとして池袋と新座キャンパスでキャンパスツアー（予約制）も行った。

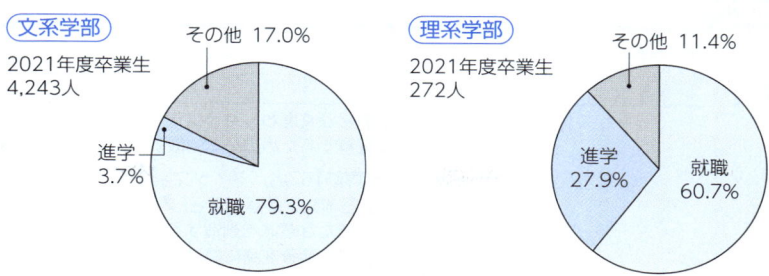

文系学部
2021年度卒業生
4,243人

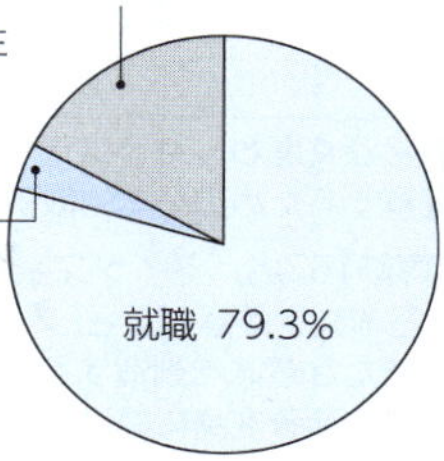

理系学部
2021年度卒業生
272人

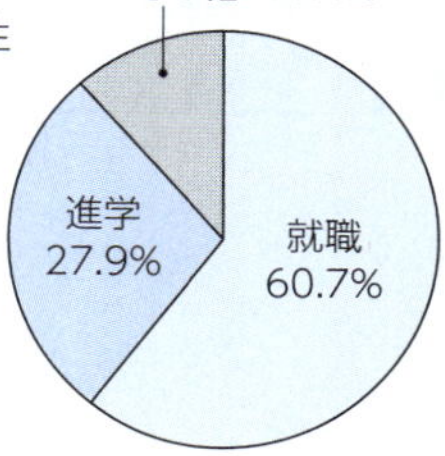

主なOB・OG▶［文］村山由佳（小説家），［文］周防正行（映画監督），［経済］木村研一（デロイトトーマツグループCEO），［経済］小林大吉郎（Meiji Seika ファルマ社長），［経済］西岸良平（漫画家）など。

国際化・留学　大学間 143 大学等・部局間 101 大学等

受入れ留学生数▶741名（2022年５月１日現在）

留学生の出身国・地域▶中国，韓国，台湾，フィリピン，ドイツなど。

外国人専任教員▶教授18名，准教授22名，講師65名（2022年５月１日現在）

外国人専任教員の出身国▶イギリス，アメリカ，韓国，オーストラリア，中国など。

大学間交流協定▶143大学・機関（交換留学先92大学，2022年５月１日現在）

部局間交流協定▶101大学・機関（交換留学先92大学，2022年５月１日現在）

海外への留学生数▶渡航型230名・オンライン型48名／年（30カ国・地域，2021年度）

海外留学制度▶海外協定校への派遣留学や学部が主催する海外プログラム，短期語学研修プログラム，海外インターンシップ，立教サービスラーニングなど，多彩な海外プログラムを用意。コンソーシアムはAALAU（アジアリベラルアーツ大学連合）に参加している。

学費・奨学金制度　給付型奨学金総額　年間約 1億9,734万円

入学金▶200,000円

年間授業料（施設費等を除く）▶1,121,000円～（詳細は巻末資料参照）

年間奨学金総額▶197,337,500円

年間奨学金受給者数▶534人

主な奨学金制度▶「自由の学府奨学金」「学部給与奨学金」「学業奨励奨学金」など，すべて給与型の独自の奨学金制度を多数設置。学費減免制度もあり，2021年度には２人を対象に総額で77万1,500円を減免している。

保護者向けインフォメーション

●**成績確認**　学生の成績や履修科目と単位修得状況を学内者サイトから閲覧することが可能。
●**広報誌**　季刊「立教」を発行し，在学生や卒業生の活躍など，多彩なトピックを発信。
●**教育懇談会**　教育懇談会（保護者会）を両キャンパスおよび全国各地で開催。懇談会事務局が「保護者のための大学案内」も発行している。
●**防災対策**　学生の携帯電話等のメールを利用した「緊急連絡システム」を運用し，大規模地震が発生した場合の安否確認や台風接近による休講などの情報を，大学から学生に送信。
●**コロナ対策１**　感染状況に応じたBCP（行動指針）を設定。「コロナ対策２」（下段）あり。

インターンシップ科目	必修専門ゼミ	卒業論文	GPA制度の導入の有無および活用例	１年以内の退学率	標準年限での卒業率
法と現代心理を除き開講	文（1～3年次），異文化（3･4年次），経済･観光（1年次），理（4年次），社会･コミュ（1･2年次），現代（1･3･4年次），スポーツ（1･2･4年次）で実施	異文化･理･社会･現代心理・スポーツウエルネスは卒業要件	奨学金や授業料免除対象者の選定，留学候補者の選考，学生に対する個別の学修指導のほか，一部の学部で大学院入試の選抜に活用	0.5%	85.3%

●**コロナ対策２**　対面授業とオンライン授業を感染状況に応じて併用。対面授業の際には，入構時と講義室の入口で検温と消毒を実施するとともに，講義室の空調などの環境を整備し，収容人数の調整と管理を行った。

学部紹介

学部／学科	定員	特色
文学部		
キリスト教	50	▷キリスト教と深く関わり合う文化・思想・芸術を学び，世界をより良く理解するための基本的教養と国際的感性を養う。
文	522	▷〈英米文学専修157名，ドイツ文学専修81名，フランス文学専修81名，日本文学専修115名，文芸・思想専修88名〉「文」を読み解き，新たな意味を創造する。他専修の科目も履修でき，幅広い文学的素養を身につけることが可能。
史	215	▷世界史学，日本史学，超域文化学の３専修。過去を通して未来を歩む力を身につける。他専修の科目も履修可能。
教育	101	▷教育学，初等教育の２専攻。人間を多角的に分析し，総合人間学として教育学を学ぶ。
●取得可能な資格…教職（国・地歴・公・社・英・独・仏・宗，小一種），司書，学芸員など。 ●進路状況…………就職79.5%　進学3.9% ●主な就職先………国家公務員一般職，東京都教員，東京都特別区，日本生命保険，ベネッセスタイルケア，中央労働金庫，アクセンチュア，みずほフィナンシャルグループなど。		
異文化コミュニケーション学部		
異文化コミュニケーション	145	▷言語能力を磨きながら現場の理解を深めることで，多文化共生社会の諸問題に取り組む力を養う。専門科目を主に英語で受講する選抜コース「Dual Language Pathway」を設置。
●取得可能な資格…教職（英），司書，学芸員など。 ●進路状況…………就職68.9%　進学9.5% ●主な就職先………楽天グループ，東京海上日動火災保険，東京都教員，ディップ，アマゾンウェブサービスジャパン，JR東日本情報システム，PwCコンサルティング，富士通など。		
経済学部		
経済	332	▷「豊かで人間らしい生活の実現」を課題に，経済の実態を知り，それを動かす論理を解明する。
経済政策	176	▷政策の中心が国民である原則を踏まえ，経済システムが変容する時代に対応した政策立案ができる力を養う。
会計ファイナンス	176	▷実践的な知識を修得しながら，企業の経営状態や資金調達に関する問題を考え，自分の言葉で説明できる力を磨く。
●取得可能な資格…教職（地歴・公・社・商業），司書，学芸員など。 ●進路状況…………就職78.3%　進学3.0% ●主な就職先………みずほフィナンシャルグループ，エヌ・ティ・ティ・データ，三井住友銀行，キーエンス，三井住友ファイナンス＆リース，東京都特別区，国家公務員一般職など。		
経営学部		
経営	230	▷演習と講義の両輪で，現場で求められる高い実践力を身につける。「ビジネス・リーダーシップ・プログラム」を展開。
国際経営	155	▷段階的に英語コミュニケーション能力と専門知識を養う「バイリンガル・ビジネスリーダー・プログラム」を展開。
●取得可能な資格…司書，学芸員など。 ●進路状況…………就職80.4%　進学4.0% ●主な就職先………みずほフィナンシャルグループ，アビームコンサルティング，日本電気，パーソルキャリア，有限責任監査法人トーマツ，ソフトバンク，ジェーシービーなど。		

キャンパスアクセス ［池袋キャンパス］ JR山手線・埼京線・湘南新宿ライン，東武東上線，西武池袋線，東京メトロ丸ノ内線・有楽町線・副都心線―池袋より徒歩7分

理学部		
数	66	▷純粋数学と情報科学の両分野を学び，数学の先端の知識を深め，粘り強く考える力を養う。
物理	77	▷極小の素粒子から極大の宇宙までを研究対象に，自然科学の真の実力を育む。
化	77	▷「なぜ？」を感じて自ら考え，化学的原因を探究する姿勢を養う。体験から理解を深める実験の場が充実。
生命理	72	▷分子生物学，生物化学，分子細胞生物学の３つの立場から生命現象に迫り，未知の課題に応える力を身につける。

● 取得可能な資格…教職（数・理・情），司書，学芸員など。
● 進路状況…………就職60.7%　進学27.9%
● 主な就職先………アクセンチュア，国家公務員一般職，シンプレクス，KSK，アイヴィス，エヌ・ティ・ティ・データ，TIS，富士通，日本タタ・コンサルタンシー・サービシズなど。

社会学部		
		▶グローバルな視点を追求する「国際社会コース」を設置。
社会	173	▷現代社会が抱える諸問題に，実践的に関わる人材を育成する。社会学の幅広い領域を自由に横断しながら学ぶ。
現代文化	173	▷現代社会の文化現象を社会学の視点からより深くとらえ，多種多様な文化が共生する社会の構想力を養う。
メディア社会	173	▷メディアの光と影を知り，時代を分析・表現する力を培う。現場経験を持つ多彩な教員陣が指導。

● 取得可能な資格…教職（公・社），司書，学芸員など。
● 進路状況…………就職83.9%　進学1.6%
● 主な就職先………東京都特別区，国家公務員一般職，日本電気，日本生命保険，デジタル・アドバタイジング・コンソーシアム，ソフトバンク，星野リゾート・マネジメントなど。

法学部		
法	360	▷国内法から国際法，公法から私法まで多岐にわたる分野の法律を学び，問題発見・解決能力と制度構築能力を養う。法曹をめざす学生をサポートする「法曹コース制度」を導入。
国際ビジネス法	115	▷国際的な企業買収や特許に関わる取引など最先端の企業法務に触れつつ，国際舞台で通用する法知識とセンスを磨く。英語のみで学位取得が可能な「グローバルコース」を設置。
政治	110	▷政治の仕組み，行政と政策，地方自治，環境などを幅広く学修し，情報分析力と問題を考え抜く思考力を身につける。

● 取得可能な資格…教職（地歴・公・社），司書，学芸員など。
● 進路状況…………就職79.3%　進学4.0%
● 主な就職先………東京都特別区，国家公務員一般職，楽天グループ，埼玉県庁，警視庁，りそなグループ，三井住友銀行，横浜市役所，三井不動産リアルティ，NTTドコモなど。

観光学部		
観光	195	▷「観光関連産業の経営」「観光による地域活性化」の２つの視点で教育を構成し，新しい観光の姿を構想する力を養う。
交流文化	175	▷国内外における多様な体験型授業を通して，地域研究をベースに多文化への視点を養い，国際的な人材を育成する。

● 取得可能な資格…教職（地歴・社），司書，学芸員など。
● 進路状況…………就職85.2%　進学1.4%
● 主な就職先………星野リゾート，ニトリ，エン・ジャパン，JCOM，日本交通，国家公務員一般職，アクセンチュア，日本電気，明治安田生命保険，パーソルテンプスタッフなど。

キャンパスアクセス ［新座キャンパス］ 東武東上線（東京メトロ有楽町線・副都心線相互乗り入れ）─志木より徒歩15分またはスクールバス7分／JR武蔵野線─新座より徒歩25分またはスクールバス10分

コミュニティ福祉学部		
コミュニティ政策	220	▷2023年度より，コミュニティ学と政策学の２専修制に改組。持続可能な市民社会を築くための学際的な学びを展開。
福祉	130	▷総合学としての社会福祉を学び，ソーシャルワーカーはもちろん，社会のあらゆる分野で活躍できる人材を養成する。

● 取得可能な資格…教職（公・社），司書，学芸員，社会福祉士受験資格など。
● 進路状況…………就職84.2%　進学2.5%（旧スポーツウエルネス学科を含む）
● 主な就職先………東京都特別区，ベネッセスタイルケア，国家公務員一般職，埼玉県庁，横浜市役所，ファーストリテイリング，横浜市社会福祉協議会，法務省専門職員など。

現代心理学部		
心理	143	▷基礎・応用・臨床の３つの心理学領域を軸に現代の人間の心について総合的に学修し，「人間とは何か」を問い直す力を育む。カリキュラムは，「公認心理師」受験資格取得に対応。
映像身体	176	▷現代の人間学を深く掘り下げ，映像表現と身体表現の背後に広がる人間の思考・表現行為を実践的な方法で解明する。

● 取得可能な資格…司書，学芸員など。
● 進路状況…………就職68.4%　進学8.2%
● 主な就職先………LITALICO，ベネッセスタイルケア，メンバーズ，パーソルテンプスタッフ，イオンリテール，三菱UFJモルガン・スタンレー証券，博報堂プロダクツなど。

スポーツウエルネス学部		
スポーツウエルネス	230	▷NEW! '23年新設。環境・スポーツ教育，ウエルネススポーツ，アスリートパフォーマンスの３つの視点から，健康とスポーツのあり方に総合的にアプローチし，ウエルネス社会の構築に寄与する人材を育成する。

● 取得可能な資格…教職（保体），司書，学芸員など。

Global Liberal Arts Program（GLAP）		
	30	▷英語による科目で構成されたグローバル・リーダー育成のための学位コース。原則全員が１年間，海外の協定校へ留学する。国際コース選抜入試と指定校推薦入学で募集。

● 取得可能な資格…司書，学芸員など。

▶キャンパス

文・異文化コミュニケーション・経済・経営・理・社会・法・Global Liberal Arts Program……［池袋キャンパス］東京都豊島区西池袋3-34-1
観光・コミュニティ福祉・現代心理・スポーツウエルネス……［新座キャンパス］埼玉県新座市北野1-2-26

2023年度入試要項（前年度実績）

●募集人員

学部／学科（専修）	一般	共通テスト	自由選抜
▶文　キリスト教	29	7	若干名
文（英米文学）	80	27	10
（ドイツ文学）	45	9	若干名
（フランス文学）	45	9	若干名
（日本文学）	71	15	若干名
（文芸・思想）	57	6	若干名
史	91	22	10
教育	63	9	若干名
▶異文化コミュニケーション　異文化コミュニケーション	75	8	A10 B 5
▶経済　経済	184	45	20
経済政策	95	25	
会計ファイナンス	95	25	
▶経営　経営	128	25	A40 B若干名
国際経営	78	20	
▶理　数	40	11	2

物理	45	14	2
化	47	10	4
生命理	42	14	4
▶**社会**　社会	97	24	5
現代文化	97	24	5
メディア社会	97	24	5
▶**法**　法	183	32	8
国際ビジネス法	40	7	
政治	58	9	
▶**観光**　観光	125	20	5
交流文化	100	20	5
▶**コミュニティ福祉**　コミュニティ政策	134	30	20
福祉	76	17	8
▶**現代心理**　心理	63	23	10
映像身体	82	31	20
▶**スポーツウエルネス**　スポーツウエルネス	90	30	30

※経営学部の自由選抜入試Ａ方式の募集人員は，資格Ⅰ10名程度，資格Ⅱ10名程度，資格Ⅲ20名程度。

▷「一般選抜 一般入試」は，本学独自の試験問題２科目と，英語資格・検定試験の成績または共通テストの「英語」の成績を使って合否判定を行う制度で，全学部共通で５試験日（理学部は２試験日）を設定している。ただし，文学部については，本学独自の英語試験で受験できる試験日も設けている。なお，英語資格・検定試験のスコアは，各出願期間の初日から遡って２年以内に受験し取得した４技能スコアを有効とし，複数のスコアを提出することもでき，最低スコア基準の設定はなく，スコアさえあれば，出願が可能。

利用できる英語資格・検定試験は以下の通り。ケンブリッジ英検（Linguaskillも有効），英検（従来型，英検CBT，英検 S-interview，英検S-CBT），GTEC（CBTタイプ，検定版，アセスメント版），IELTS（Academic Module〈Computer-delivered IELTSも有効とし，IELTS Indicatorの利用は不可〉，General Training Module），TEAP，TEAP CBT，TOEFL iBT（Special Home Editionも有効。また，Test Date Scoresを有効とし，MyBestScoresの利用は不可）。

▷「一般選抜 一般入試」（文学部独自入試を除く）の文系学部の選択科目は，試験日（２月６・８・９・12・13日）によって受験できる科目が異なる。選択科目が受験できる試験日は以下の通り。

世Ｂ―２月６・８・12・13日。日Ｂ―２月８・９・12・13日。政経―２月12日。地理Ｂ―２月８日。数学（文系）―２月６日・９日。

▷「一般選抜 大学入学共通テスト利用入試」において，「外国語」科目は，英語資格・検定試験（一般入試と同じ）のスコアの利用可（任意）。ただし共通テストの「外国語」教科の受験は必須で，スコアを提出した場合，スコアを得点換算し，共通テストの「外国語」の得点といずれか高得点の方を合否判定に採用する。

▷共通テストの「英語」は，リーディング100・リスニング100の200点満点を，各学部学科・専修の配点に換算する。

文学部

一般入試（文学部独自入試） 3科目 ①国(200)▶国総・現文Ｂ・古典Ｂ ②**外**(200)▶コミュ英Ⅰ・コミュ英Ⅱ・コミュ英Ⅲ・英表Ⅰ・英表Ⅱ ③**地歴**（史200，その他の学科・専修150）▶世Ｂ・日Ｂから１

一般入試 3科目 ①国(200)▶国総（漢文を除く）・現文Ｂ・古典Ｂ（漢文を除く） ②**外**(200)▶英語資格・検定試験のスコア，もしくは共通テスト「英語」のいずれか ③**地歴・数**（史200，その他の学科・専修150）▶世Ｂ・日Ｂ・地理Ｂ・「数Ⅰ・数Ⅱ・数Ａ・数Ｂ（数列・ベク）」から１

※外国語は英語資格・検定試験のスコアの換算得点または共通テストの「英語」の得点を利用。両方を利用する場合は，どちらか高得点の方を採用する。

共通テスト利用入試（３科目型） **【文学科〈英米文学専修〉】** 4～3科目 ①国(200)▶国 ②**外**(400)▶英（リスニングを含む） ③④**地歴・公民・数・理**(200)▶世Ｂ・日Ｂ・地理Ｂ・現社・倫・政経・「倫・政経」・「数Ⅰ・数Ａ」・「数Ⅱ・数Ｂ」・「物基・化基・生基・地学基から２」・物・化・生・地学から１

［個別試験］ 行わない。

【その他の学科・専修】 4～3科目 ①国(200)▶国 ②**外**(200)▶英（リスニングを含む）・独・仏・中・韓から１ ③④**地歴・公民・数・理**(200)▶世Ｂ・日Ｂ・地理Ｂ・現社・倫・政経・

「倫・政経」・「数Ⅰ・数A」・「数Ⅱ・数B」・「物基・化基・生基・地学基から2」・物・化・生・地学から1
[個別試験] 行わない。
共通テスト利用入試(4科目型) **【文学科〈ドイツ文学専修〉】** **5～4**科目 ①**国**(200)▶国 ②**外**(200)▶英(リスニングを含む)・独・仏・中・韓から1 ③④⑤**地歴・公民・数・理**(200×2)▶世B・日B・地理B・「現社・倫・政経・〈倫・政経〉から1」・「数Ⅰ・数A」・「数Ⅱ・数B」・「物基・化基・生基・地学基から2」・物・化・生・地学から2
[個別試験] 行わない。
共通テスト利用入試(6科目型) **【キリスト教学科・文学科〈ドイツ文学専修/フランス文学専修/日本文学専修/文芸・思想専修〉・教育学科】** **7～6**科目 ①**国**(200)▶国 ②**外**(200)▶英(リスニングを含む)・独・仏・中・韓から1 ③④⑤⑥⑦**地歴・公民・数・理**(100×4)▶世B・日B・地理B・「現社・倫・政経・〈倫・政経〉から1」・「数Ⅰ・数A」・「数Ⅱ・数B」・「物基・化基・生基・地学基から2」・物・化・生・地学から4
[個別試験] 行わない。
【文学科〈英米文学専修〉・史学科】 **7～6**科目 ①**国**(200)▶国 ②**外**(200)▶英(リスニングを含む)・独・仏・中・韓から1, ただし英米文学専修は英指定 ③**地歴・公民**(英米100・史200)▶世B・日B・地理B・現社・倫・政経・「倫・政経」から1 ④⑤⑥⑦**地歴・公民・数・理**(100×3)▶世B・日B・地理B・「現社・倫・政経・〈倫・政経〉から1」・「数Ⅰ・数A」・「数Ⅱ・数B」・「物基・化基・生基・地学基から2」・物・化・生・地学から3
※公民の2科目選択は不可。
[個別試験] 行わない。
自由選抜入試 **[出願資格]** キリスト教学科と史学科は全体の評定平均値が3.8以上, 英米文学専修と教育学科は4.0以上, 日本文学専修は全体の評定平均値が3.8以上かつ国語の評定平均値が4.0以上, 文芸・思想専修は全体の評定平均値が3.8以上かつ国語の評定平均値が4.0以上および地歴・公民から合計6単位以上を修得し, その評定平均値が4.0以上の者。ほかに学科により, 科目の履修要件や, 指定された資格のいずれかに該当する者, 指定された外国語の資格・検定試験のいずれかを受験し, スコア・級を提出できる者, 指定された外国語の資格・検定試験で所定のスコア・級を取得している者などの要件あり。
[選考方法] 書類審査通過者(ドイツ文学専修とフランス文学専修は第1次選考は行わない)を対象に, 面接試験のほか, 英米文学専修は英作文, ドイツ文学専修とフランス文学専修は外国語総合(ドイツ語総合・フランス語総合から選択), 教育学科は小論文を行う。

異文化コミュニケーション学部

一般入試 **3**科目 ①**国**(200)▶国総(漢文を除く)・現文B・古典B(漢文を除く) ②**外**(200)▶英語資格・検定試験のスコア, もしくは共通テスト「英語」のいずれか ③**地歴・公民・数**(150)▶世B・日B・地理B・政経・「数Ⅰ・数Ⅱ・数A・数B(数列・ベク)」から1
※外国語は英語資格・検定試験のスコアの換算得点または共通テストの「英語」の得点を利用。両方を利用する場合は, どちらか高得点の方を採用する。
共通テスト利用入試(3科目型) **4～3**科目 ①**国**(150)▶国(近代・古文) ②**外**(200)▶英(リスニングを含む) ③④**地歴・公民・数・理**(100)▶世B・日B・地理B・現社・「倫・政経」・「数Ⅰ・数A」・「数Ⅱ・数B」・「物基・化基・生基・地学基から2」・物・化・生・地学から1
[個別試験] 行わない。
共通テスト利用入試(6科目型) **7～6**科目 ①**国**(200)▶国 ②**外**(200)▶英(リスニングを含む) ③**地歴・公民**(100)▶世B・日B・地理B・現社・倫・政経・「倫・政経」から1 ④**数**(100)▶数Ⅰ・数A ⑤(⑥)**理**(100)▶「物基・化基・生基・地学基から2」・物・化・生・地学から1 ⑥(⑦)**地歴・公民・数・理**(100)▶世B・日B・地理B・現社・倫・政経・「倫・政経」・「数Ⅱ・数B」・「物基・化基・生基・地学基から2」・物・化・生・地学から1
※公民の2科目選択は不可。
[個別試験] 行わない。
自由選抜入試 **[出願資格]** 方式Aは現役で, 指定された英語資格・検定試験のいずれかを受験し, スコアを提出できる者で, かつ指定

された外国語の資格・検定試験で所定のスコア・級を取得している者。方式Bは1浪までの者で，定められた資格（通訳翻訳専門，英語教育専門，日本語教育専門，国際協力専門の4コース〈資格〉）ごとに指定されている英語資格・検定試験で所定のスコアを取得している者。
［選考方法］ 書類審査通過者を対象に，方式Aは小論文，面接試験，方式Bは面接試験を行う。

経済学部

一般入試　3科目　①**国**（150）▶国総（漢文を除く）・現文B・古典B（漢文を除く）　②**外**（150）▶英語資格・検定試験のスコア，もしくは共通テスト「英語」のいずれか　③**地歴・公民・数**（100）▶世B・日B・政経・「数Ⅰ・数Ⅱ・数A・数B（数列・ベク）」から1
※外国語は英語資格・検定試験のスコアの換算得点または共通テストの「英語」の得点を利用。両方を利用する場合は，どちらか高得点の方を採用する。
共通テスト利用入試（3科目型）　4〜3科目　①**国**（150）▶国（近代・古文）　②**外**（150）▶英（リスニングを含む）・独・仏・中・韓から1　③④**地歴・公民・数・理**（100）▶世B・日B・地理B・現社・倫・政経・「倫・政経」・「数Ⅰ・数A」・「数Ⅱ・数B」・簿・情・「物基・化基・生基・地学基から2」・物・化・生・地学から1
［個別試験］ 行わない。
共通テスト利用入試（6科目型）　7〜6科目　①**国**（200）▶国　②**外**（200）▶英（リスニングを含む）・独・仏・中・韓から1　③**地歴・公民**（100）▶世B・日B・地理B・現社・倫・政経・「倫・政経」から1　④⑤**数**（100×2）▶「数Ⅰ・数A」・「〈数Ⅱ・数B〉・簿・情から1」　⑥⑦**理**（100）▶「物基・化基・生基・地学基から2」・物・化・生・地学から1
［個別試験］ 行わない。
自由選抜入試　**［出願資格］** 指定された英語資格・検定試験で所定のスコアを取得している者。
［選考方法］ 書類審査通過者を対象に，総合科目（主に現代の政治や経済に関する知識や関心，基礎的な数学的分析能力を問う），面接試験を行う。

経営学部

一般入試　3科目　①**国**（100）▶国総（漢文を除く）・現文B・古典B（漢文を除く）　②**外**（150）▶英語資格・検定試験のスコア，もしくは共通テスト「英語」のいずれか　③**地歴・公民・数**（100）▶世B・日B・政経・「数Ⅰ・数Ⅱ・数A・数B（数列・ベク）」から1
※外国語は英語資格・検定試験のスコアの換算得点または共通テストの「英語」の得点を利用。両方を利用する場合は，どちらか高得点の方を採用する。
共通テスト利用入試（3科目型）　3科目　①**国**（100）▶国（近代）　②**外**（200）▶英（リスニングを含む）　③**地歴・公民・数**（100）▶世B・日B・地理B・現社・倫・政経・「倫・政経」・「数Ⅰ・数A」・「数Ⅱ・数B」から1
［個別試験］ 行わない。
共通テスト利用入試（6科目型）　7〜6科目　①**国**（100）▶国（近代）　②**外**（200）▶英（リスニングを含む）　③**地歴・公民**（100）▶世B・日B・地理B・現社・倫・政経・「倫・政経」から1　④**数**（100）▶数Ⅰ・数A　⑤⑥⑦**「地歴・公民」・数・理**（100×2）▶「世B・日B・地理B・現社・倫・政経・〈倫・政経〉から1」・「数Ⅱ・数B」・「〈物基・化基・生基・地学基から2〉・物・化・生・地学から1」から2
※公民の2科目選択は不可。
［個別試験］ 行わない。
自由選抜入試　**［出願資格］** 方式Aは現役で，全体の評定平均値が資格Ⅰについては3.8以上，資格Ⅱおよび資格Ⅲについては4.0以上の者。ほかに，資格Ⅰは高校在学中にスポーツの分野において，国際大会または全国大会で優秀な成績を収め，指定された英語資格・検定試験のいずれかの成績を取得している者。資格Ⅱは高校在学中に文化・芸術やその他の課外活動，ボランティア活動などにおいて指導的役割を果たし，かつめざましい実績を挙げた者などで，指定された英語資格・検定試験のいずれかの成績を取得している者。資格Ⅲは指定された英語資格・検定試験のスコア取得者や，英語に関連する大会で極めて優秀な成績を収めた者のいずれかに該当する英語

の能力に優れた者。方式Bは国際バカロレア資格を授与された1浪までの者で，指定された英語資格・検定試験のスコアを取得している者など。

[選考方法] 書類審査通過者を対象に，方式Aの資格Ⅰ・Ⅱは面接試験，方式Aの資格Ⅲと方式Bは小論文，面接試験を行う。

理学部

一般入試 **【数学科・生命理学科】** 3科目 ①**外**(100) ▶英語資格・検定試験のスコア，もしくは共通テスト「英語」のいずれか ②**数**(数200・生命理100) ▶数Ⅰ・数Ⅱ・数Ⅲ・数A・数B(数列・ベク) ③**理**(数100・生命理150) ▶「物基・物」・「化基・化」・「生基・生」から1

【物理学科】 3科目 ①**外**(100) ▶英語資格・検定試験のスコア，もしくは共通テスト「英語」のいずれか ②**数**(150) ▶数Ⅰ・数Ⅱ・数Ⅲ・数A・数B(数列・ベク) ③**理**(150) ▶物基・物

【化学科】 3科目 ①**外**(100) ▶英語資格・検定試験のスコア，もしくは共通テスト「英語」のいずれか ②**数**(100) ▶数Ⅰ・数Ⅱ・数Ⅲ・数A・数B(数列・ベク) ③**理**(150) ▶化基・化

※外国語はいずれも，英語資格・検定試験のスコアの換算得点または共通テストの「英語」の得点を利用。両方を利用する場合は，どちらか高得点の方を採用する。

共通テスト利用入試(4科目型) **【数学科・生命理学科】** 4科目 ①**外**(200) ▶英(リスニングを含む)・独・仏・中・韓から1 ②③**数**(100×2) ▶「数Ⅰ・数A」・「数Ⅱ・数B」 ④**理**(200) ▶物・化・生から1

[個別試験] 行わない。

【物理学科】 4科目 ①**外**(200) ▶英(リスニングを含む)・独・仏・中・韓から1 ②③**数**(100×2) ▶「数Ⅰ・数A」・「数Ⅱ・数B」 ④**理**(200) ▶物・化・生・地学から1

[個別試験] 行わない。

【化学科】 4科目 ①**外**(200) ▶英(リスニングを含む)・独・仏・中・韓から1 ②③**数**(100×2) ▶「数Ⅰ・数A」・「数Ⅱ・数B」 ④**理**(200) ▶化

[個別試験] 行わない。

共通テスト利用入試(6科目型) **【数学科・生命理学科】** 6科目 ①**国**(数200・生命理150) ▶国(近代) ②**外**(200) ▶英(リスニングを含む)・独・仏・中・韓から1 ③④**数**(100×2) ▶「数Ⅰ・数A」・「数Ⅱ・数B」 ⑤⑥**理**(100×2) ▶物・化・生から2

[個別試験] 行わない。

【物理学科】 6科目 ①**国**(100) ▶国(近代) ②**外**(200) ▶英(リスニングを含む)・独・仏・中・韓から1 ③④**数**(100×2) ▶「数Ⅰ・数A」・「数Ⅱ・数B」 ⑤⑥**理**(100×2) ▶物必須，化・生・地学から1

[個別試験] 行わない。

【化学科】 6科目 ①**国**(100) ▶国(近代) ②**外**(200) ▶英(リスニングを含む)・独・仏・中・韓から1 ③④**数**(100×2) ▶「数Ⅰ・数A」・「数Ⅱ・数B」 ⑤⑥**理**(化200・その他100) ▶化必須，物・生・地学から1

[個別試験] 行わない。

自由選抜入試 **[出願資格]** 現役，全体の評定平均値3.8以上，数Ⅰ，数Ⅱ，数Ⅲ，数A，数Bを履修した者，指定された英語資格・検定試験のいずれかを受験し，スコアを提出できる者のほか，高校在学中に文化・芸術の分野やスポーツの分野で都道府県レベル以上の大会において上位の成績を収めた者，または日本数学オリンピックの予選に合格した者など，専攻分野の学業に役立つと思われる優れた実績を有する者，あるいは当該学科の指定科目を履修し，それらの評定平均値が4.5以上の者など。

[選考方法] 書類審査通過者を対象に，小論文，面接試験を行う。

社会学部

一般入試 3科目 ①**国**(100) ▶国総(漢文を除く)・現文B・古典B(漢文を除く) ②**外**(100) ▶英語資格・検定試験のスコア，もしくは共通テスト「英語」のいずれか ③**地歴・公民・数**(100) ▶世B・日B・地理B・政経・「数Ⅰ・数Ⅱ・数A・数B(数列・ベク)」から1

※外国語は英語資格・検定試験のスコアの換算得点または共通テストの「英語」の得点を利用。両方を利用する場合は，どちらか高得点の方を採用する。

共通テスト利用入試(3科目型) 4~3科目

①国(100)▶国(近代・古文)　②外(150)▶英(リスニングを含む)・独・仏・中・韓から1　③④地歴・公民・数・理(100)▶世B・日B・地理B・現社・倫・政経・「倫・政経」・「数Ⅰ・数A」・「数Ⅱ・数B」・「物基・化基・生基・地学基から2」・物・化・生・地学から1

[個別試験] 行わない。

共通テスト利用入試(6科目型)　**7~6**科目

①**国**(200)▶国　②**外**(200)▶英(リスニングを含む)・独・仏・中・韓から1　③**地歴・公民**(100)▶世B・日B・地理B・現社・倫・政経・「倫・政経」から1　④**数**(100)▶数Ⅰ・数A　⑤(⑥)**理**(100)▶「物基・化基・生基・地学基から2」・物・化・生・地学から1　⑥(⑦)**地歴・公民・数・理**(100)▶世B・日B・地理B・現社・倫・政経・「倫・政経」・「数Ⅱ・数B」・「物基・化基・生基・地学基から2」・物・化・生・地学から1

※公民の2科目選択は不可。

[個別試験] 行わない。

自由選抜入試　**[出願資格]** 指定された英語資格・検定試験のいずれかの成績を取得している者。

[選考方法] 書類審査(自由研究報告書を含む)通過者を対象に，小論文，面接試験(自由研究の口頭発表・質疑応答を含む)を行う。

法学部

一般入試　**3**科目　①**国**(200)▶国総(漢文を除く)・現文B・古典B(漢文を除く)　②**外**(200)▶英語資格・検定試験のスコア，もしくは共通テスト「英語」のいずれか　③**地歴・公民・数**(100)▶世B・日B・政経・「数Ⅰ・数Ⅱ・数A・数B(数列・ベク)」から1

※外国語は英語資格・検定試験のスコアの換算得点または共通テストの「英語」の得点を利用。両方を利用する場合は，どちらか高得点の方を採用する。

共通テスト利用入試(3科目型)　**4~3**科目

①**国**(150)▶国(近代・古文)　②**外**(150)▶英(リスニングを含む)・独・仏・中・韓から1　③④**地歴・公民・数・理**(100)▶世B・日B・地理B・現社・倫・政経・「倫・政経」・「数Ⅰ・数A」・「数Ⅱ・数B」・「物基・化基・生基・地学基から2」・物・化・生・地学から1

[個別試験] 行わない。

共通テスト利用入試(6科目型)　**7~6**科目

①**国**(200)▶国(近代・古文)　②**外**(200)▶英(リスニングを含む)・独・仏・中・韓から1　③**地歴・公民**(100)▶世B・日B・地理B・現社・倫・政経・「倫・政経」から1　④**数**(100)▶数Ⅰ・数A　⑤(⑥)**理**(100)▶「物基・化基・生基・地学基から2」・物・化・生・地学から1　⑥(⑦)**地歴・公民・数・理**(100)▶世B・日B・地理B・現社・倫・政経・「倫・政経」・「数Ⅱ・数B」・「物基・化基・生基・地学基から2」・物・化・生・地学から1

※公民の2科目選択は不可。

[個別試験] 行わない。

自由選抜入試　**[出願資格]** 現役，全体の評定平均値3.8以上，指定された英語資格・検定試験のいずれかを受験し，スコアを提出できる者。ほかに，高校在学中に学術・文化・芸術の分野やスポーツの分野で都道府県レベル以上の大会において上位の成績を収めた者など。

[選考方法] 書類審査通過者を対象に，面接試験を行う。

観光学部

一般入試　**3**科目　①**国**(200)▶国総(漢文を除く)・現文B・古典B(漢文を除く)　②**外**(200)▶英語資格・検定試験のスコア，もしくは共通テスト「英語」のいずれか　③**地歴・公民・数**(150)▶世B・日B・地理B・政経・「数Ⅰ・数Ⅱ・数A・数B(数列・ベク)」から1

※外国語は英語資格・検定試験のスコアの換算得点または共通テストの「英語」の得点を利用。両方を利用する場合は，どちらか高得点の方を採用する。

共通テスト利用入試(3科目型)　**4~3**科目

①**国**(200)▶国(近代・古文)　②**外**(200)▶英(リスニングを含む)・独・仏・中・韓から1　③④**地歴・公民・数・理**(100)▶世B・日B・地理B・現社・「倫・政経」・「数Ⅰ・数A」・「数Ⅱ・数B」・「物基・化基・生基・地学基から2」・物・化・生・地学から1

[個別試験] 行わない。

共通テスト利用入試(6科目型)　**7~6**科目

①**国**(200)▶国(近代・古文)　②**外**(200)▶英(リスニングを含む)・独・仏・中・韓から1　③

地歴・公民(100)▶世B・日B・地理B・現社・倫・政経・「倫・政経」から1　④数(100)▶数Ⅰ・数A　⑤⑥⑦「地歴・公民」・数・理(100×2)▶「世B・日B・地理B・現社・倫・政経・〈倫・政経〉から1」・「数Ⅱ・数B」・「〈物基・化基・生基・地学基から2〉・物・化・生・地学から1」から2
※公民の2科目選択は不可。
[個別試験]　行わない。
自由選抜入試　[出願資格]　現役，全体の評定平均値が3.8以上，指定された英語資格・検定試験のいずれかの成績を取得している者で，観光関連産業の経営と観光による地域活性化のいずれかに関して，明確な問題意識または将来構想を持ち，それを解決または実現する強い意欲を持つ者などの4つの資格のいずれかに該当する者。
[選考方法]　書類審査(課題作文を含む)通過者を対象に，小論文，面接試験を行う。

コミュニティ福祉学部

一般入試　3科目　①国(200)▶国総(漢文を除く)・現文B・古典B(漢文を除く)　②外(200)▶英語資格・検定試験のスコア，もしくは共通テスト「英語」のいずれか　③地歴・公民・数(100)▶世B・日B・地理B・政経・「数Ⅰ・数Ⅱ・数A・数B(数列・ベク)」から1
※外国語は英語資格・検定試験のスコアの換算得点または共通テストの「英語」の得点を利用。両方を利用する場合は，どちらか高得点の方を採用する。
共通テスト利用入試(3科目型)　4～3科目
①国(100)▶国(近代)　②外(150)▶英(リスニングを含む)・独・仏・中・韓から1　③④地歴・公民・数・理(100)▶世B・日B・地理B・現社・倫・政経・「倫・政経」・「数Ⅰ・数A」・「数Ⅱ・数B」・「物基・化基・生基・地学基から2」・物・化・生・地学から1
[個別試験]　行わない。
共通テスト利用入試(6科目型)　7～6科目
①国(100)▶国(近代)　②外(200)▶英(リスニングを含む)・独・仏・中・韓から1　③地歴・公民(100)▶世B・日B・地理B・現社・倫・政経・「倫・政経」から1　④数(100)▶数Ⅰ・数A　⑤(⑥)理(100)▶「物基・化基・生基・地学基から2」・物・化・生・地学から1　⑥(⑦)地歴・公民・数・理(100)▶世B・日B・地理B・現社・倫・政経・「倫・政経」・「数Ⅱ・数B」・「物基・化基・生基・地学基から2」・物・化・生・地学から1
※公民の2科目選択は不可。
[個別試験]　行わない。
自由選抜入試　[出願資格]　現役，全体の評定平均値3.8以上，指定された英語資格・検定試験のいずれかを受験し，スコアを提出できる者のほか，資格Ⅰは高校在学中に，課外活動の各分野において主導的・指導的役割を果たし，優れた成果を挙げた者。資格Ⅱは指定された外国語の資格・検定試験で所定のスコア・級を取得するなど，語学の能力に優れた者。資格Ⅲは特別支援学校高等部(在籍3年以上)を卒業する者で，在学中に校内・校外活動において継続的・主体的なボランティア活動，障害者スポーツ大会，生徒会等で特筆すべき活動を行った者。
[選考方法]　書類審査通過者を対象に，面接試験(事前に提出したプレゼンテーション資料を用いた口頭発表，質疑応答)を行う。

現代心理学部

一般入試　3科目　①国(150)▶国総(漢文を除く)・現文B・古典B(漢文を除く)　②外(150)▶英語資格・検定試験のスコア，もしくは共通テスト「英語」のいずれか　③地歴・公民・数(100)▶世B・日B・地理B・政経・「数Ⅰ・数Ⅱ・数A・数B(数列・ベク)」から1
※外国語は英語資格・検定試験のスコアの換算得点または共通テストの「英語」の得点を利用。両方を利用する場合は，どちらか高得点の方を採用する。
共通テスト利用入試(3科目型)　【心理学科】
4～3科目　①国(150)▶国(近代)　②外(200)▶英(リスニングを含む)　③④地歴・公民・数・理(100)▶世B・日B・地理B・現社・倫・政経・「倫・政経」・「数Ⅰ・数A」・「数Ⅱ・数B」・「物基・化基・生基・地学基から2」・物・化・生・地学から1
[個別試験]　行わない。
【映像身体学科】　4～3科目　①国(150)▶国(近代・古文)　②外(200)▶英(リスニングを

含む）・独・仏・中・韓から１　③④**地歴・公民・数・理**（100）▶世Ｂ・日Ｂ・地理Ｂ・現社・倫・政経・「倫・政経」・「数Ⅰ・数Ａ」・「数Ⅱ・数Ｂ」・「物基・化基・生基・地学基から２」・物・化・生・地学から１
［個別試験］ 行わない。
共通テスト利用入試（６科目型）　**【心理学科】**
7〜6科目　①**国**（200）▶国　②**外**（200）▶英（リスニングを含む）　③**地歴・公民**（100）▶世Ｂ・日Ｂ・地理Ｂ・現社・倫・政経・「倫・政経」から１　④⑤**数**（100×2）▶「数Ⅰ・数Ａ」・「〈数Ⅱ・数Ｂ〉・情から１」　⑥⑦**理**（100）▶「物基・化基・生基・地学基から２」・物・化・生・地学から１
［個別試験］ 行わない。
【映像身体学科】　**7〜6**科目　①**国**（200）▶国　②**外**（200）▶英（リスニングを含む）・独・仏・中・韓から１　③**地歴・公民**（100）▶世Ｂ・日Ｂ・地理Ｂ・現社・倫・政経・「倫・政経」から１　④**数**（100）▶数Ⅰ・数Ａ　⑤（⑥）**理**（100）▶「物基・化基・生基・地学基から２」・物・化・生・地学から１　⑥（⑦）**地歴・公民・数・理**（100）▶世Ｂ・日Ｂ・地理Ｂ・現社・倫・政経・「倫・政経」・「数Ⅱ・数Ｂ」・「物基・化基・生基・地学基から２」・物・化・生・地学から１
※公民の２科目選択は不可。
［個別試験］ 行わない。
自由選抜入試　**［出願資格］** 現役，全体の評定平均値3.5以上，指定された英語資格・検定試験のいずれかを受験し，スコアを提出できる者。ほかに，心理学科は心理学の学修に役立つと思われる優れた能力・実績・経験を有する者，または指定された英語資格・検定試験のいずれかの成績を取得している者など。映像身体学科においては，高校在学中に音楽，放送，映像，演劇，美術，文学，書道，弁論等の文化・芸術活動において，優れた実績を挙げた者など。
［選考方法］ 書類審査通過者を対象に，面接試験のほか，心理学科は小論文も行う。

スポーツウエルネス学部

一般入試　**3**科目　①**国**（100）▶国総（漢文を除く）・現文Ｂ・古典Ｂ（漢文を除く）　②**外**（150）▶英語資格・検定試験のスコア，もしくは共通テスト「英語」のいずれか　③**地歴・公民・数**（100）▶世Ｂ・日Ｂ・地理Ｂ・政経・「数Ⅰ・数Ⅱ・数Ａ・数Ｂ（数列・ベク）」から１
※外国語は英語資格・検定試験のスコアの換算得点または共通テストの「英語」の得点を利用。両方を利用する場合は，どちらか高得点の方を採用する。
共通テスト利用入試（３科目型）　**4〜3**科目
①**国**（100）▶国（近代）　②**外**（150）▶英（リスニングを含む）・独・仏・中・韓から１　③④**地歴・公民・数・理**（100）▶世Ｂ・日Ｂ・地理Ｂ・現社・倫・政経・「倫・政経」・「数Ⅰ・数Ａ」・「数Ⅱ・数Ｂ」・「物基・化基・生基・地学基から２」・物・化・生・地学から１
［個別試験］ 行わない。
共通テスト利用入試（６科目型）　**7〜6**科目
①**国**（100）▶国（近代）　②**外**（200）▶英（リスニングを含む）・独・仏・中・韓から１　③**地歴・公民**（100）▶世Ｂ・日Ｂ・地理Ｂ・現社・倫・政経・「倫・政経」から１　④**数**（100）▶数Ⅰ・数Ａ　⑤（⑥）**理**（100）▶「物基・化基・生基・地学基から２」・物・化・生・地学から１　⑥（⑦）**地歴・公民・数・理**（100）▶世Ｂ・日Ｂ・地理Ｂ・現社・倫・政経・「倫・政経」・「数Ⅱ・数Ｂ」・「物基・化基・生基・地学基から２」・物・化・生・地学から１
※公民の２科目選択は不可。
［個別試験］ 行わない。
自由選抜入試　**［出願資格］** １浪まで，全体の評定平均値3.5以上，指定された英語資格・検定試験のいずれかを受験し，スコアを提出できる者。ほかに，スポーツ分野や芸術分野で優秀な成績を収めた者，自然・環境分野で特別な実績を挙げた者，文系分野・理系分野やデータサイエンスの分野で全国または国際レベルの大会への出場経験を有する者など。
［選考方法］ 書類審査通過者を対象に，小論文，面接試験（個別面接・プレゼンテーション・グループディスカッションを２日間にわたって実施）を行う。

Global Liberal Arts Program

国際コース選抜入試　**［出願資格］** 指定された英語資格・検定試験のいずれかの成績を取得している者など。

［選考方法］ 書類審査通過者を対象に，小論文（英語による），面接試験を行う。

その他の選抜

国際コース選抜入試は上記Global Liberal Arts Programは12名を，異文化コミュニケーション学部×Dual Language Partwayは15名を，社会学部×国際社会コースは15名（各学科５名）を，法学部国際ビジネス法学科×グローバルコースは15名を募集。ほかに指定校推薦入学，アスリート選抜入試，帰国生入試，社会人入試，外国人留学生入試を実施。

偏差値データ（2023年度）

●一般入試

学部／学科／専修	2023年度 駿台予備学校 合格目標ライン	2023年度 河合塾 ボーダー偏差値	2022年度実績 募集人員	受験者数	合格者数	合格最低点	競争率 '22年	競争率 '21年
文学部								
キリスト教（全学部）	51	57.5	29	253	43	—	5.9	4.3
（個別）		60		100	18	—	5.6	3.0
文／英米文学（全学部）	54	60	80	1,218	310	—	3.9	5.0
（個別）		62.5		434	115	—	3.8	3.2
／ドイツ文学（全学部）	53	57.5	45	322	117	—	2.8	5.5
（個別）		57.5		166	68	—	2.4	3.5
／フランス文学（全学部）	52	57.5	45	380	131	—	2.9	3.7
（個別）		60		152	62	—	2.5	3.0
／日本文学（全学部）	53	60	71	695	206	—	3.4	5.1
（個別）		62.5		275	80	—	3.4	3.2
／文芸・思想（全学部）	53	62.5	57	923	148	—	6.2	5.5
（個別）		62.5		376	64	—	5.9	4.2
史（全学部）	56	62.5	91	1,160	258	—	4.5	6.9
（個別）		62.5		467	116	—	4.0	5.1
教育（全学部）	53	60	63	929	219	—	4.2	5.5
（個別）		60		350	90	—	3.9	3.6
異文化コミュニケーション学部								
異文化コミュニケーション	56	67.5	75	1,557	212	—	7.3	8.5
経済学部								
経済	52	60	184	2,518	879	—	2.9	4.1
経済政策	51	60	95	998	337	—	3.0	4.3
会計ファイナンス	52	60	95	954	326	—	2.9	3.6
経営学部								
経営	53	65	128	1,798	301	—	6.0	9.5
国際経営	54	65	78	924	211	—	4.4	5.1
理学部								
数	51	57.5	40	742	205	—	3.6	2.3
物理	51	55	45	974	293	—	3.3	3.7
化	50	57.5	47	914	349	—	2.6	3.1

学部／学科／専修	2023年度 駿台予備学校 合格目標ライン	2023年度 河合塾 ボーダー偏差値	2022年度実績 募集人員	受験者数	合格者数	合格最低点	競争率 '22年	競争率 '21年
生命理	51	57.5	42	864	235	—	3.7	3.2
社会学部								
社会	55	65	97	1,979	516	—	3.8	5.1
現代文化	54	62.5	97	1,755	322	—	5.5	5.5
メディア社会	53	62.5	97	1,727	359	—	4.8	6.0
法学部								
法	56	62.5	183	2,988	781	—	3.8	3.4
国際ビジネス法	54	62.5	46	1,366	338	—	4.0	3.0
政治	54	62.5	58	906	252	—	3.6	3.5
観光学部								
観光	51	57.5	125	1,295	408	—	3.2	5.5
交流文化	50	57.5	100	1,267	385	—	3.3	3.1
コミュニティ福祉学部								
コミュニティ政策	48	55	91	796	274	—	2.9	5.6
福祉	48	57.5	86	815	287	—	2.8	3.0
現代心理学部								
心理	54	65	63	1,016	85	—	12.0	7.1
映像身体	51	62.5	82	1,384	161	—	8.6	5.3
スポーツウエルネス学部								
スポーツウエルネス	48	55	49	712	179	—	4.0	3.8

●駿台予備学校合格目標ラインは合格可能性80%に相当する駿台模試の偏差値です。 ●競争率は受験者÷合格者の実質倍率
●河合塾ボーダー偏差値は合格可能性50%に相当する河合塾全統模試の偏差値です。
※スポーツウエルネス学部は，旧コミュニティ福祉学部スポーツウエルネス学科の実績です。

●共通テスト利用入試

学部／学科／専修	2023年度 駿台予備学校 合格目標ライン	2023年度 河合塾 ボーダー得点率	2023年度 河合塾 ボーダー偏差値	2022年度実績 募集人員	志願者数	合格者数	競争率 '22年	競争率 '21年
文学部								
キリスト教(3科目)	52	80%	—	7	95	32	3.0	4.0
(6科目)	52	73%	—		12	6	2.0	2.1
文／英米文(3科目)	55	81%	—	27	829	233	3.6	5.1
(6科目)	55	73%	—		90	33	2.7	2.0
／ドイツ文(3科目)	54	76%	—	9	117	58	2.0	4.2
(4科目)	54	74%	—		54	24	2.3	2.6
(6科目)	54	73%	—		16	8	2.0	2.4
／フランス文(3科目)	53	78%	—	9	164	51	3.2	4.3
(6科目)	53	73%	—		76	31	2.5	2.0
／日本文(3科目)	55	83%	—	15	311	74	4.2	4.0
(6科目)	55	73%	—		75	28	2.7	2.0

学部／学科／専修	2023年度			2022年度実績				
	駿台予備学校	河合塾		募集人員	志願者数	合格者数	競争率	
	合格目標ライン	ボーダー得点率	ボーダー偏差値				'22年	'21年
／文芸・思想（3科目）	54	85%	—	6	373	55	6.8	9.5
（6科目）	54	80%	—		80	25	3.2	2.1
史（3科目）	57	82%	—	22	624	183	3.4	3.1
（6科目）	57	81%	—		162	62	2.6	2.0
教育（3科目）	54	79%	—	9	287	47	6.1	6.2
（6科目）	54	78%	—		221	60	3.7	2.9
異文化コミュニケーション学部								
異文化コミュニケーション（3科目）	57	85%	—	8	570	82	7.0	11.8
（6科目）	57	80%	—		115	40	2.9	4.1
経済学部								
経済（3科目）	54	76%	—	45	1,189	275	4.3	5.0
（6科目）	54	73%	—		590	272	2.2	2.5
経済政策（3科目）	52	76%	—	25	695	174	4.0	4.5
（6科目）	52	72%	—		246	122	2.0	2.6
会計ファイナンス（3科目）	53	76%	—	25	371	96	3.9	5.4
（6科目）	53	73%	—		223	112	2.0	2.5
経営学部								
経営（3科目）	55	88%	—	25	998	100	10.0	12.2
（6科目）	55	80%	—		290	76	3.8	3.7
国際経営（3科目）	55	90%	—	20	514	50	10.3	10.4
（6科目）	55	78%	—		107	34	3.1	3.0
理学部								
数（4科目）	52	72%	—	11	421	126	3.3	3.1
（6科目）	52	68%	—		143	85	1.7	2.3
物理（4科目）	52	71%	—	14	401	99	4.1	4.4
（6科目）	52	68%	—		271	141	1.9	2.3
化（4科目）	52	72%	—	10	477	85	5.6	3.1
（6科目）	51	71%	—		240	135	1.8	3.0
生命理（4科目）	52	70%	—	14	387	103	3.8	4.0
（6科目）	52	67%	—		302	177	1.7	2.5
社会学部								
社会（3科目）	56	86%	—	24	839	137	6.1	5.7
（6科目）	56	78%	—		254	112	2.3	2.6
現代文化（3科目）	55	82%	—	24	608	185	3.3	4.9
（6科目）	55	72%	—		109	54	2.0	2.2
メディア社会（3科目）	54	81%	—	24	587	111	5.3	6.0
（6科目）	54	73%	—		218	73	3.0	2.1
法学部								
法（3科目）	57	82%	—	32	1,102	275	4.0	3.6
（6科目）	57	75%	—		460	155	3.0	2.1

学部／学科／専修	2023年度			2022年度実績				
	駿台予備学校	河合塾		募集人員	志願者数	合格者数	競争率	
	合格目標ライン	ボーダー得点率	ボーダー偏差値				'22年	'21年
国際ビジネス法（3科目）	56	80%	—	9	1,113	158	7.0	2.6
（6科目）	56	74%	—		188	52	3.6	2.1
政治（3科目）	56	81%	—	9	363	83	4.4	3.6
（6科目）	56	74%	—		95	40	2.4	2.0
観光学部								
観光（3科目）	53	77%	—	20	426	60	7.1	9.0
（6科目）	53	70%	—		87	25	3.5	2.8
交流文化（3科目）	52	80%	—	20	716	88	8.1	4.9
（6科目）	52	70%	—		58	20	2.9	2.9
コミュニティ福祉学部								
コミュニティ政策（3科目）	50	78%	—	20	435	93	4.7	5.2
（6科目）	50	74%	—		102	35	2.9	2.1
福祉（3科目）	50	77%	—	20	528	139	3.8	4.2
（6科目）	50	72%	—		50	25	2.0	3.2
現代心理学部								
心理（3科目）	55	85%	—	23	537	116	4.6	5.3
（6科目）	55	76%	—		183	61	3.0	3.7
映像身体（3科目）	52	79%	—	31	605	124	4.9	5.6
（6科目）	52	73%	—		132	57	2.3	3.4
スポーツウエルネス学部								
スポーツウエルネス（3科目）	49	78%	—	15	468	55	8.5	5.8
（6科目）	49	73%	—		101	34	3.0	3.7

●駿台予備学校合格目標ラインは合格可能性80%に相当する駿台模試の偏差値です。●競争率は志願者÷合格者の志願倍率
●河合塾ボーダー得点率は合格可能性50%に相当する共通テストの得点率です。
また，ボーダー偏差値は合格可能性50%に相当する河合塾全統模試の偏差値です。
※スポーツウエルネス学部は，旧コミュニティ福祉学部スポーツウエルネス学科の実績です。

併設の教育機関　大学院

キリスト教学研究科

教員数▶11名
院生数▶27名
博士前期課程　●キリスト教学専攻　伝統的な学問分野だけでなく，フィールドスタディや教会音楽実技を含む多彩な科目を展開。
博士後期課程　キリスト教学専攻

文学研究科

教員数▶69名
院生数▶127名
博士前期課程　●日本文学専攻　21世紀を生き抜く糧とするために，日本の文学から叡智を学ぶ。独自に海外の大学と協定。
●英米文学専攻　英米の詩，戯曲，小説，英語史・中世英語英文学，その他英語圏の文学など，広範な領域の授業科目を開設。
●ドイツ文学専攻　従来の文献学的伝統を踏まえながら，最先端のドイツ語圏文化研究を展開。ドイツの大学への留学支援が充実。
●フランス文学専攻　一歩踏み込んだフランス学，フランス文学・文化，フランス語を「知

る」ためのプログラムを用意。

●**史学専攻**　日本史，東洋史，西洋史を横断して学び，私たち人間のいま，そして行く末を見つめるまなざしを持った人材を育成。

●**超域文化学専攻**　人文地理学，文化人類学，地域研究の融合による実証的な研究・教育を実施し，多角的な地域の理解と全体観を養う。

●**教育学専攻**　人間にとっての根源的な問いである「教育とは何か」を探求し，新たな知見を提示する。

●**比較文明学専攻**　文学，哲学，表象文化論，文化批評など，人文学の基礎を踏まえつつ，多様な視野と知識を修得する。

博士後期課程▶ 日本文学専攻，英米文学専攻，ドイツ文学専攻，フランス文学専攻，史学専攻，超域文化学専攻，教育学専攻，比較文明学専攻

異文化コミュニケーション研究科

教員数▶25名

院生数▶47名

博士前期課程▶ ●**異文化コミュニケーション専攻**　多文化共生に寄与し，言葉と人と文化をつなぐ新たな異文化コミュニケーション学を構築する。

博士後期課程▶ 異文化コミュニケーション専攻

経済学研究科

教員数▶42名

院生数▶66名

博士前期課程▶ ●**経済学専攻**　グローバルに変化する経済現象を学問的に深く分析・考察できる専門家を養成。社会人コースも設置。

博士後期課程▶ 経済学専攻

経営学研究科

教員数▶25名

院生数▶108名

博士前期課程▶ ●**経営学専攻**　経営学の知識・理論を用いて，リーダーシップを発揮する人材を開発できる高度専門職業人を育成。

●**国際経営学専攻**　すべての講義・研究指導を英語で展開。海外の提携大学院の修士号も取得できるダブルディグリーコースも提供。

博士後期課程▶ 経営学専攻

理学研究科

教員数▶51名

院生数▶123名

博士前期課程▶ ●**物理学専攻**　極小の素粒子から極大の宇宙まで，現代物理学の最先端の研究を行い，未解決の問題解明に迫る。

●**化学専攻**　物質の性質や変化を体験し，化学の醍醐味を知る。理化学研究所などの連携大学院の研究室で研究を行うことも可能。

●**数学専攻**　純粋数学から応用数学にわたる現代数学を深く学ぶ。日本の私立大学で唯一，単独で数学の専門雑誌を編集・発行。

●**生命理学専攻**　分子生物学，生物化学，分子細胞生物学の3領域で構成。基礎を大切にしたアプローチで，生命の謎を解き明かす。

博士後期課程▶ 物理学専攻，化学専攻，数学専攻，生命理学専攻

社会学研究科

教員数▶30名

院生数▶56名

博士前期課程▶ ●**社会学専攻**　社会学と関連領域の研究を通して，現代社会の諸問題を発見・分析・提言できる人材を養成する。

博士後期課程▶ 社会学専攻

法学研究科

教員数▶38名

院生数▶24名

博士前期課程▶ ●**法学政治学専攻**　法学と政治学によって，社会と自己自身のあるべき姿を模索する。

博士後期課程▶ 法学政治学専攻

観光学研究科

教員数▶21名

院生数▶30名

博士前期課程 ●観光学専攻　観光に関する研究・調査を総合的に推進する能力を持った観光学のフロンティアに立つ人材を育成。

博士後期課程 観光学専攻

コミュニティ福祉学研究科

教員数▶20名

院生数▶35名

博士前期課程 ●コミュニティ福祉学専攻　「いのちの尊厳のために」を基本理念として，ソーシャルワーク研究，コミュニティ政策研究を展開。夜間開講科目も配置。

博士後期課程 コミュニティ福祉学専攻

現代心理学研究科

教員数▶26名

院生数▶48名

博士前期課程 ●心理学専攻　基礎的・応用的心理学領域の教育・研究を実践し，現代社会の心理学的問題にアプローチする。

●臨床心理学専攻　日本臨床心理士資格認定協会第１種指定および公認心理師養成大学院として，高度専門職業人を養成する。

●映像身体学専攻　他の大学院にはない斬新なコンセプトで，映像と身体をめぐる理論と実践を結びつけ，新しい人間学を構築する。

博士後期課程 心理学専攻，臨床心理学専攻，映像身体学専攻

スポーツウエルネス学研究科

教員数▶９名

博士前期課程 ●スポーツウエルネス学専攻　2023年４月新設。人間の可能性の追求と，誰もが快適で活力に満ちたウエルネス社会の実現に積極的に貢献する人材を育成する。

博士後期課程 スポーツウエルネス学専攻

ビジネスデザイン研究科

教員数▶20名

院生数▶219名

博士前期課程 ●ビジネスデザイン専攻　ビジネスをデザインする創造的人材を育成する。昼夜開講制。MBA取得可。

博士後期課程 ビジネスデザイン専攻

21世紀社会デザイン研究科

教員数▶13名

院生数▶106名

博士前期課程 ●比較組織ネットワーク学専攻　21世紀社会が直面する社会運営上の諸問題に現実的に取り組み，具体的な方法論を探究する。昼夜開講制。MBA取得可。

博士後期課程 比較組織ネットワーク学専攻

人工知能科学研究科

教員数▶９名

院生数▶121名

修士課程 ●人工知能科学専攻　機械学習やディープラーニング（深層学習）を中心としたAI領域について学習・研究できるカリキュラムを設置。昼夜開講制。

立正大学（りっしょう）

資料請求

問合せ先 入試センター ☎03-3492-6649

建学の精神

1580（天正８）年に開設された日蓮宗の教育機関を源流に，1872（明治５）年に「小教院」として開校。日蓮聖人の，正しきを立て，人々の安穏と社会の恒久平和の実現を願うという立正精神の「日本の柱」「日本の眼目」「日本の大船」になるとの三つの誓いを現代風に言い換えた「真実を求め至誠を捧げよう」「正義を尊び邪悪を除こう」「和平を願い人類に尽そう」を建学の精神とし，『「モラリスト×エキスパート」を育む。』という目標のもと，豊かな人間性と高い専門性を備える人材を社会へ送り出し続けている。2022年には開校150周年を迎え，この節目に際して，熊谷キャンパスにデータサイエンス学部を開設，品川キャンパスでは150周年記念館が竣工されるなど，“伝統”と“新たな学びの環境”で，あなたを支え，育み，未来へと導いている。

- 品川キャンパス……〒141-8602　東京都品川区大崎4-2-16
- 熊谷キャンパス……〒360-0194　埼玉県熊谷市万吉1700

基本データ

学生数▶10,090名（男6,250名，女3,840名）
専任教員数▶教授174名，准教授64名，講師41名
設置学部▶心理，法，経営，経済，文，仏教，データサイエンス，地球環境科，社会福祉
併設教育機関▶大学院―文学・心理学・経済学・地球環境科学・社会福祉学（以上M・D），法学・経営学（以上M）

就職・卒業後の進路

就職率 93.9％（就職者÷希望者×100）

● **就職支援**　社会人基礎力を培う「キャリア開発基礎講座」，実践対策を行う「キャリアアワー」，実践的体験を通して将来像を具体化する「インターンシップ」，企業などに雇用されるための能力を高める「就職ガイダンス」「学内合同説明会」「面接対策セミナー」など，１年次から充実したプログラムでサポート。

● **資格取得支援**　幅広い分野へのチャレンジができるように，就職対策としても人気の全11の資格対策講座を開講。また，各学部・学科のカリキュラムを履修することで取得できる資格や免許（一部は受験資格）が充実。

進路指導者も必見 学生を伸ばす 面倒見

初年次教育

立正大学の理念や教育目標を理解することからスタートし，ノートの取り方や文献の探し方，レポートの書き方など，大学での学びに必要な基礎的な技術を身につける「学修の基礎Ⅰ・Ⅱ」や「情報処理の基礎」などの科目を開講

学修サポート

全学部でTA・SA制度，さらに地球環境科学部と社会福祉学部でアドバイザー制度（専任教員が学生約15人を担当）を導入。また，勉強に限らず，将来のことや学生生活についても相談できるオフィスアワーを設けている

オープンキャンパス（2022年度実績）　6月19日・7月24日（品川・熊谷），8月20日（品川）・21日（熊谷）に来校型オープンキャンパスを開催（事前申込）。7月31日，8月27日，9月４日，10月8日にはWEBでも実施。

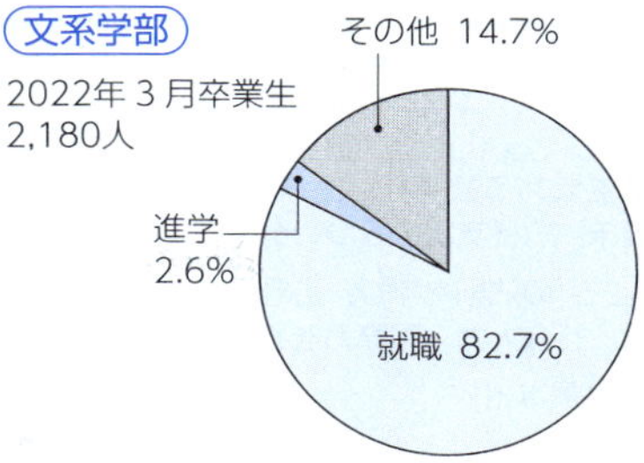

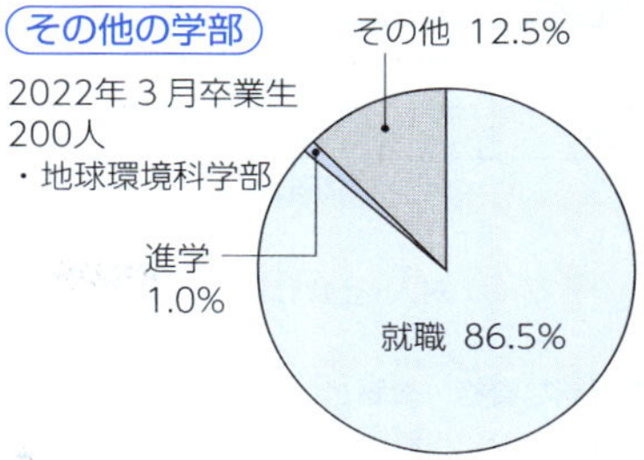

主なOB・OG ▶ ［心理］月亭方正（落語家），［法］武田勝（元プロ野球選手），［経済］鳥越徹（鳥越製粉会長兼社長），［文］室賀栄助（八幡屋礒五郎社長），［文］井崎義治（流山市長），［社会福祉］徳重聡（俳優）など。

国際化・留学　大学間 41 大学等・部局間 33 大学等

受入れ留学生数 ▶ 129名（2022年５月１日現在）

留学生の出身国 ▶ 中国，韓国，南アフリカ，フィジー，ベトナムなど。

外国人専任教員 ▶ 教授３名，准教授３名，講師６名（2022年９月１日現在）

外国人専任教員の出身国 ▶ アメリカ，カナダ，韓国，中国など。

大学間交流協定 ▶ 41大学・機関（交換留学先39大学，2022年９月20日現在）

部局間交流協定 ▶ 33大学・機関（交換留学先19大学，2022年９月20日現在）

海外への留学生数 ▶ オンライン型25名／年（５カ国・地域，2021年度）

海外留学制度 ▶ 夏期・春期休暇に実施する語学研修，文化研修，海外ボランティア・インターンシップから，協定大学への交換留学，語学留学まで，段階的にレベルアップできる幅広いプログラムを用意。すべての留学・研修プログラムに給付型奨学金が支給される。

学費・奨学金制度　給付型奨学金総額 年間約 4,909 万円

入学金 ▶ 288,000円

年間授業料（施設費等を除く）▶ 738,000円（詳細は巻末資料参照）

年間奨学金総額 ▶ 49,091,800円

年間奨学金受給者数 ▶ 182人

主な奨学金制度 ▶ 対象入試の成績上位者に年額40万円を給付する「立正大学特別奨学生～TOP150～」のほか，「立正大学学部橘経済支援奨学生」「立正大学校友会成績優秀奨学生」「立正大学チャレンジ奨学生」などを設置。

保護者向けインフォメーション

● **オープンキャンパス**　通常のオープンキャンパス時に保護者説明会を実施している。

● **公開授業**　仏教学部で公開授業を実施。

● **成績確認**　成績通知書を郵送している。

● **懇談会**　全国各地で保護者懇談会を開催し，「保護者のための就職講座」を実施。「保護者のための就活読本」や橘父兄会の「会報」も発行。

● **防災対策**　「学生手帳」「学生生活ハンドブック」で防災対策を周知。災害時の学生の状況はセコム安否確認システムを利用して把握する。

● **コロナ対策１**　ワクチンの職域接種を実施。感染状況に応じたBCP（行動指針）を設定。「コロナ対策２」（下段）あり。

インターンシップ科目	必修専門ゼミ	卒業論文	GPA制度の導入の有無および活用例	１年以内の退学率	標準年限での卒業率
全学部で開講している	心理・文・仏教・データサイエンス・地球環境科・社会福祉学部で実施	法・経営・経済の3学部（選択）を除き卒業要件	奨学金等対象者の選定基準，学生に対する個別の学修指導のほか，一部の学部で大学院入試の選抜基準，履修上限単位数の設定に活用	2.0%	80.0%

● **コロナ対策２**　受付・各号館・施設入口等にサーモカメラ，消毒液を設置。教室は授業の前後に窓やドアを開けて換気し，収容人数も調整。教卓には飛沫防止パネルを設置。経済的支援として授業料の納付期限延長を実施。

学部紹介

学部／学科	定員	特色
心理学部		
臨床心理	170	▷人びとの心を支える技術を，医療・福祉，学校臨床，発達臨床，産業臨床，危機支援の５つの分野で学ぶ。
対人・社会心理	115	▷人間の「こころ」の法則を学び，心理学を幅広い分野で応用できる対人力，社会人力，国際力を養う。

● **取得可能な資格**…教職（公・社），司書，司書教諭，学芸員など。
● **進路状況**…………就職75.8％　進学11.2％
● **主な就職先**………地方公務員（行政職・心理職・警察官），ゾフ，SOMPOケア，サンドラッグなど。

学部／学科	定員	特色
法学部		
法	340	▷特修，社会公共，ビジネス法の３コース。人が人として生きるための法の知識を社会で役立てる法的思考力を養う。

● **取得可能な資格**…教職（地歴・公・社），司書，司書教諭，学芸員など。
● **進路状況**…………就職89.7％　進学0.0％
● **主な就職先**………地方公務員（警察官・行政職），国家公務員，三菱UFJ不動産販売，日本製紙など。

学部／学科	定員	特色
経営学部		
経営	330	▷戦略経営，マーケティング，会計，情報システム学の４つの領域の生きた経営学を学び，「共創力」を身につける。

● **取得可能な資格**…教職（商業），司書，司書教諭，学芸員など。
● **進路状況**…………就職84.9％　進学0.4％
● **主な就職先**………システナ，ディップ，三井不動産リアルティ，日本通運，地方公務員警察官など。

学部／学科	定員	特色
経済学部		
経済	400	▷経済学，国際，金融の３コース。実践的な経済学を学び，社会の根幹を支える教養豊かな経済人を育成する。

● **取得可能な資格**…教職（地歴・公・社・商業），司書，司書教諭，学芸員など。
● **進路状況**…………就職82.0％　進学0.8％
● **主な就職先**………地方公務員（行政職・警察官など），トヨタモビリティ東京，タカラレーベンなど。

学部／学科	定員	特色
文学部		
哲	95	▷多様な時代・地域の哲学を深く学び，現代の問題を考察する。対話・討論などの演習を重視。
史	155	▷日本史，東洋史，西洋史，考古学の４領域。史料・遺跡にじかに触れる，体験的で実証的な歴史学研究を重視。
社会	155	▷生きた知識と気づきを得られる実習・演習科目を通して，多角的に社会を分析する技術を学ぶ。
文	155	▷２コース制。日本語日本文学専攻コースでは，多彩な分野，学修法で日本文学を探究。英語英米文学専攻コースでは，英語圏の文学・文化を知り，英語で自在に表現する能力を養う。

● **取得可能な資格**…教職（国・地歴・公・社・書・英），司書，司書教諭，学芸員など。
● **進路状況**…………就職80.1％　進学2.6％
● **主な就職先**………地方公務員（行政職・警察官など），朝日生命保険，東京地下鉄，岩崎通信機など。

学部／学科	定員	特色
仏教学部		
仏教 宗	105	▶学部単位で募集し，３年次進級時に学科・コースを決定。仏教の叡智から，根源的な「生きるための力」を養う。仏教学科は思想・歴史，文化・芸術の２コース。宗学科は法華仏教，日本仏教の２コース。

キャンパスアクセス [品川キャンパス] JR山手線・湘南新宿ライン・埼京線，りんかい線―大崎より徒歩5分／JR山手線，都営地下鉄浅草線―五反田より徒歩5分／東急池上線―大崎広小路より徒歩1分

● 取得可能な資格…教職（地歴・公・社・宗），司書，司書教諭，学芸員など。 ● 進路状況…………就職71.7%　進学4.0% ● 主な就職先………寺院・僧職，地方公務員（行政職・警察官），北海道旅客鉄道，シャトレーゼなど。		
データサイエンス学部		
データサイエンス	240	▷ビジネス，社会，観光，スポーツなどの多様な分野で実体験しながら，社会で通用するデータサイエンティストを育成。
● 取得可能な資格…教職（情），司書，司書教諭，学芸員など。 ● 主な就職先………2021年度開設のため卒業生はいない。		
地球環境科学部		
環境システム	115	▷生物・地球，気象・水文の２コース。自然環境を体系的に理解し，環境問題の専門家をめざす。
地理	115	▷人文・社会と自然が融合した領域を学び，総合的な調査・分析力を修得し，現代の地域問題と向き合う。
● 取得可能な資格…教職（地歴・社・理・情），司書，司書教諭，学芸員，測量士補など。 ● 進路状況…………就職86.5%　進学1.0% ● 主な就職先………地方公務員（行政職・専門職・警察官），朝日航洋，パスコ，東日本旅客鉄道など。		
社会福祉学部		
社会福祉	175	▷ソーシャルワーク，教育福祉・社会デザインの２コース。人の「生きる力」を引き出す社会福祉のエキスパートを育成。
子ども教育福祉	100	▷教育・福祉・心理の３つの領域を総合的に学び，子どもの理解，福祉の視点を持った福祉と教育の専門家を育成する。
● 取得可能な資格…教職（公・社，小一種，幼一種，特別支援），司書，司書教諭，学芸員，保育士，社会福祉士・精神保健福祉士受験資格など。 ● 進路状況…………就職88.8%　進学1.0% ● 主な就職先………地方公務員（保育士・福祉職など），公立小学校・特別支援学校，公私立保育園など。		

キャンパス

心理・法・経営・経済・文・仏教……［品川キャンパス］東京都品川区大崎4-2-16
データサイエンス・地球環境科・社会福祉……［熊谷キャンパス］埼玉県熊谷市万吉1700

2023年度入試要項（前年度実績）

●募集人員

学部／学科		R方式	2月前期	2月後期	3月
心理	臨床心理	6	60	20	5
	対人・社会心理	4	40	10	5
法	法	10	80	10	20
経営	経営	10	150	—	20
経済	経済	10	140	15	15
文	哲	4	47	5	5
	史	5	87	16	5
	社会	5	55	15	5
	文	6	60	10	10
仏教		5	30	5	5
データサイエンス	データサイエンス	10	65	10	10
地球環境科	環境システム	5	40	5	5
	地理	5	25	5	5
社会福祉	社会福祉	5	45	10	5
	子ども教育福祉	5	15	5	5

※仏教学部は学部一括募集。
※データサイエンス学部の一般選抜２月試験前期は，共通テスト併用型も実施。

▷一般選抜R方式において，出願時に指定の英語外部試験の結果を提出した者は，所定の等級またはスコアに応じた「みなし得点」と，本学の英語での得点（素点）を比較し，高得点を合否判定に使用する。

キャンパスアクセス［熊谷キャンパス］JR高崎線・湘南新宿ライン，新幹線，秩父鉄道—熊谷よりバス10分（在学生はバス料金無料）／東武東上線—森林公園よりバス12分（在学生はバス料金無料）

心理学部・法学部・経営学部・文学部・仏教学部・社会福祉学部

一般選抜Ｒ方式 3科目 ①国(60)▶国総(現文) ②外(100)▶コミュ英Ⅰ・コミュ英Ⅱ・コミュ英Ⅲ・英表Ⅰ・英表Ⅱ ③**地歴・公民**(60)▶世Ｂ・日Ｂ・地理Ｂ・政経から１

一般選抜２月試験前期(２月３日・２月４日・２月５日)・２月試験後期・３月試験 3科目 ①国(100)▶国総(現文必須，古文・漢文は選択のみ。ただし，２月４日と５日の史学科と日本語日本文学専攻コースは現文必須，古文・漢文選択必須) ②外(100)▶コミュ英Ⅰ・コミュ英Ⅱ・コミュ英Ⅲ・英表Ⅰ・英表Ⅱ ③**地歴・公民**(100)▶世Ｂ・日Ｂ・地理Ｂ・政経から１

※心理学部全日程，経営学部２月前期，文学部史学科・社会学科・日本語日本文学専攻コースの２月４日と文学部の２月５日は３科目を受験し，３科目で判定。その他の日程はすべて３科目を受験し，高得点２科目で判定する(英語英米文学専攻コースのみ，英語を含む高得点２科目)。

経済学部

一般選抜Ｒ方式 3科目 ①国(60)▶国総(現文) ②外(100)▶コミュ英Ⅰ・コミュ英Ⅱ・コミュ英Ⅲ・英表Ⅰ・英表Ⅱ ③**地歴・公民**(60)▶世Ｂ・日Ｂ・地理Ｂ・政経から１

一般選抜２月試験前期(２月３日)・２月試験後期・３月試験 3科目 ①国(100)▶国総(現文必須，古文・漢文は選択のみ) ②外(100)▶コミュ英Ⅰ・コミュ英Ⅱ・コミュ英Ⅲ・英表Ⅰ・英表Ⅱ ③**地歴・公民**(100)▶世Ｂ・日Ｂ・地理Ｂ・政経から１

※いずれも３科目を受験し，経済学コースのみ，高得点２科目で判定する(国際コースと金融コースは３科目で判定)。

一般選抜２月試験前期(２月４日・２月５日〈地歴公民受験〉) ２月３日と同じ

一般入試２月試験前期(２月４日・２月５日〈数学受験〉) 3科目 ①国(100)▶国総(現文必須，古文・漢文は選択のみ) ②外(100)▶コミュ英Ⅰ・コミュ英Ⅱ・コミュ英Ⅲ・英表Ⅰ・英表Ⅱ ③**数**(100)▶数Ⅰ・数Ⅱ・数Ａ・数Ｂ(確率を除く)

※地歴公民受験，数学受験とも，いずれも３科目を受験し，経済学コースは高得点２科目で判定する。また，２月４日のみ，国際コースは英語を含む高得点２科目で判定し，英語の判定点を2.0倍にして傾斜配点を行う(金融コースと２月５日の国際コースは３科目で判定)。

データサイエンス学部・地球環境科学部

一般選抜Ｒ方式 **【データサイエンス学科・環境システム学科】** 3科目 ①国(60)▶国総(現文) ②外(100)▶コミュ英Ⅰ・コミュ英Ⅱ・コミュ英Ⅲ・英表Ⅰ・英表Ⅱ ③**数**(60)▶数Ⅰ・数Ⅱ・数Ａ・数Ｂ(確率を除く)から１

【地理学科】 3科目 ①国(60)▶国総(現文) ②外(100)▶コミュ英Ⅰ・コミュ英Ⅱ・コミュ英Ⅲ・英表Ⅰ・英表Ⅱ ③**地歴・公民**(60)▶世Ｂ・日Ｂ・地理Ｂ・政経から１

一般選抜２月試験前期 **【データサイエンス学科・地理学科(地歴公民受験)】〈２月３日・２月４日・２月５日〉** 3科目 ①国(100)▶国総(現文必須，古文・漢文は選択のみ) ②外(100)▶コミュ英Ⅰ・コミュ英Ⅱ・コミュ英Ⅲ・英表Ⅰ・英表Ⅱ ③**地歴・公民**(100)▶世Ｂ・日Ｂ・地理Ｂ・政経から１

※２月５日は地理学科のみ実施。

※いずれも３科目を受験し，２月３日と４日の地理学科は高得点２科目で判定する。データサイエンス学科と地理学科２月５日は３科目で判定。

【データサイエンス学科・環境システム学科・地理学科(理科受験)】〈２月３日・２月４日〉 3科目 ①外(100)▶コミュ英Ⅰ・コミュ英Ⅱ・コミュ英Ⅲ・英表Ⅰ・英表Ⅱ ②**理**(100)▶「物基・物(原子を除く)」・「化基・化」・「生基・生」・「地学基・地学」から１ ③**国・数**(100)▶国総(現文必須，古文・漢文は選択のみ)・「数Ⅰ・数Ⅱ・数Ａ・数Ｂ(確率を除く)」から１

※いずれも３科目を受験し，環境システム学科の２月４日とデータサイエンス学科は３科目，環境システム学科の２月３日と地理学科は高得点２科目で判定する。

【データサイエンス学科・環境システム学科・地理学科(数学受験)】〈２月４日・２月５日〉

③科目 ①国(100)▶国総(現文必須，古文・漢文は選択のみ) ②外(100)▶コミュ英Ⅰ・コミュ英Ⅱ・コミュ英Ⅲ・英表Ⅰ・英表Ⅱ ③数(100)▶数Ⅰ・数Ⅱ・数A・数B(確率を除く)
※２月４日はデータサイエンス学科のみ実施。
※いずれも３科目を受験し，データサイエンス学科と地理学科は３科目，環境システム学科は高得点２科目で判定する(気象・水文コースは数学を含む高得点２科目)。

一般選抜２月試験前期共通テスト併用型(２月３日・４日・５日) **【データサイエンス学科】〈共通テスト科目〉** ①科目 ①**数**(100)▶「数Ⅰ・数A」・「数Ⅱ・数B」から１
〈個別試験科目〉 それぞれ各試験日に受験した各受験型の３科目(100×3)を判定に利用する

一般選抜２月試験後期 **【データサイエンス学科・環境システム学科・地理学科(地歴公民受験)】** データサイエンス学科(地歴公民受験)２月３日と同じ。
※いずれも３科目を受験し，データサイエンス学科と地理学科は３科目，環境システム学科は高得点２科目で判定する。

一般選抜３月試験 **【データサイエンス学科・環境システム学科・地理学科(理科受験)】** ２月３日(理科受験)と同じ
【地理学科(地歴公民受験)】 ２月３日(地歴公民受験)と同じ

その他の選抜

共通テスト利用選抜は心理学部30名，法学部45名，経営学部50名，経済学部100名，文学部36名，仏教学部15名，データサイエンス学部35名，地球環境科学部30名，社会福祉学部25名を募集。ほかに公募制推薦選抜，指定校制推薦選抜，付属・準付属校対象推薦選抜，総合型選抜，専門高校(学科)・総合学科生徒対象選抜，海外帰国生徒対象選抜，社会人対象選抜，外国人留学生対象選抜を実施。

偏差値データ (2023年度)

●一般選抜２月試験前期

学部／学科／コース	2023年度 駿台予備学校 合格目標ライン	2023年度 河合塾 ボーダー偏差値	2022年度 競争率
▶心理学部			
臨床心理	44	50	4.4
対人・社会心理	44	50	5.2
▶法学部			
法／企業法・公共政策	40	47.5	3.4
／現代社会	(40)	(47.5)	3.4
▶経営学部			
経営	39	45	2.3
▶経済学部			
経済／経済学	39	47.5	3.5
／国際	(39)	45	4.4
／金融	(39)	45	3.6
▶文学部			
哲	39	52.5	2.7
史	42	50	3.9
社会	41	50	4.9
文／日本語日本文学	42	47.5	3.0
／英語英米文学	40	45	2.0
▶仏教学部			
仏教	33	42.5	1.7
宗	(33)	(42.5)	(1.7)
▶データサイエンス学部			
データサイエンス	39	37.5	1.4
▶地球環境科学部			
環境システム／生物・地球	38	42.5	1.1
／気象・水文	(38)	40	1.1
地理	39	37.5	2.5
▶社会福祉学部			
社会福祉／ソーシャルワーク	39	42.5	1.3
／教育福祉・社会デザイン	(39)	37.5	1.3
子ども教育福祉	39	45	1.3

(括弧内は括弧でまとめられた値)

●駿台予備学校合格目標ラインは合格可能性80％に相当する駿台模試の偏差値です。
●河合塾ボーダー偏差値は合格可能性50％に相当する河合塾全統模試の偏差値です。
●競争率は受験者÷合格者の実質倍率
※データサイエンス学部の競争率は共通テスト併用型を除く。

早稲田大学（わせだ）

資料請求

問合せ先 入学センター☎03-3203-4331

建学の精神

1882（明治15）年に，大隈重信によって創設された東京専門学校を前身とし，1902年早稲田大学と改称。“官学に匹敵する高等教育機関の育成”という創設者の理想は，「学問の独立」「学問の活用」「模範国民の造就」の三大教旨や，「進取の精神」「在野精神」「東西文明の調和」といった理念などにより支えられて現実のものとなり，“私学の雄”としてのゆるぎない地位を確立した。こうした伝統を基盤に，創立150周年を迎える2032年に向けて，「世界で輝くWASEDA」をめざし，世界へ貢献する大学であり続けるための「Waseda Vision 150」を策定。建学の理念を現代社会にふさわしい形で実現し，常に地球的視点を持って社会のさまざまな分野で困難な課題の解決に挑む，真のグローバルリーダーの育成に力を注いでいる。

- 早稲田キャンパス……〒169-8050 東京都新宿区西早稲田1-6-1
- 戸山キャンパス………〒162-8644 東京都新宿区戸山1-24-1
- 西早稲田キャンパス…〒169-8555 東京都新宿区大久保3-4-1
- 所沢キャンパス………〒359-1192 埼玉県所沢市三ヶ島2-579-15

基本データ

学生数▶37,785名（男23,330名，女14,455名）

専任教員数▶教授1,091名，准教授254名，講師196名

設置学部▶政治経済，法，教育，商，社会科学，国際教養，文化構想，文，基幹理工，創造理工，先進理工，人間科学，スポーツ科学

併設教育機関▶大学院（P.798参照） 通信教育課程—人間科学部eスクール

就職・卒業後の進路

就職率 **96.9**％
就職者÷希望者×100

●**就職支援**　キャリアセンターでは，「人間力」を醸成する機会を提供し，社会での活躍の礎となる主体的な将来設計，進路選択を支援。個別相談などを通じて，経験とノウハウと情報を持ったスタッフが，学生たちとともにキャリアや就職活動について考えていく。

●**資格取得支援**　2022年の司法試験合格者数は104名で全国３位，国家公務員総合職試

進路指導者も必見 学生を伸ばす 面倒見

初年次教育	学修サポート
全学部生が履修できる「全学オープン科目」が用意され，すべての学問に求められる必須スキルとして，アカデミック・ライティング，英語，データ科学，数学，情報の各能力を身につけることを推奨	数学・統計・データ科学・情報の内容についてLA（Learning Assistant）が個別にサポートするMath and Stat Center，あらゆる学習・生活面に関してサポートする早稲田ポータルオフィス，文書作成を支援するライティングセンターなどを設置

オープンキャンパス（2022年度実績） 早稲田・戸山・西早稲田キャンパスで８月６・７日に開催（事前予約制。人間科学部のみ，８月27日にオンラインでも実施）。７月に仙台・大阪・広島・福岡で出張OCも開催した。

験合格者数は118名で全国３位など，難関試験で毎年高い合格実績を誇っている。

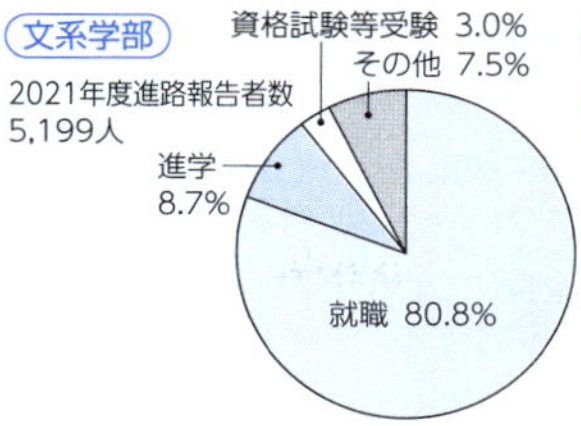

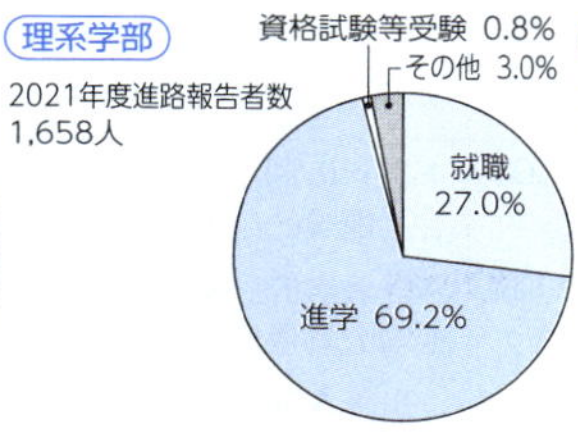

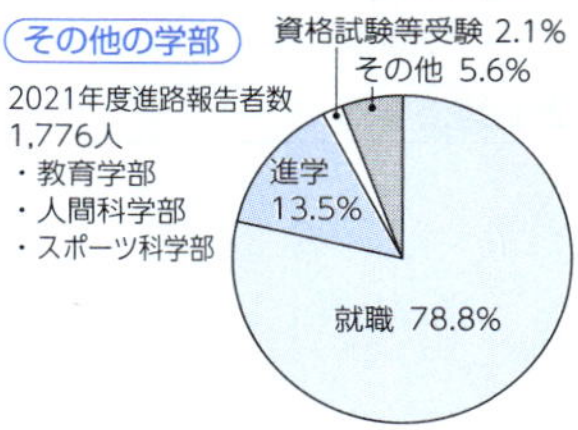

主なOB・OG ▶ [政治経済]柳井正（ファーストリテイリング会長兼社長），[法]石井敬太（伊藤忠商事社長），[法]井上慎一（全日本空輸社長），[旧第一文]村上春樹（小説家），[旧第一文]堺雅人（俳優）など。

国際化・留学　大学間 587 大学等・部局間 606 大学等

受入れ留学生数 ▶ 1,248名（2022年５月１日現在）

留学生の出身国・地域 ▶ 中国，韓国，台湾，アメリカ，インドネシアなど。

外国人専任教員 ▶ 教授59名，准教授49名，講師33名（2022年５月１日現在）

外国人専任教員の出身国 ▶ アメリカ，中国，韓国，イギリス，ドイツなど。

大学間交流協定 ▶ 587大学・機関（交換留学先546大学，2022年６月１日現在）

部局間交流協定 ▶ 606大学・機関（交換留学先497大学，2022年６月１日現在）

海外への留学生数 ▶ 渡航型579名・オンライン型289名／年（40カ国・地域，2021年度）

海外留学制度 ▶ 留学の「はじめの１歩」に最適な短期留学プログラム，海外で学位の取得が可能なDDプログラム，交換留学のEX-Lプログラムのほか，EX-R，CS-R，CS-Lなど，多彩なニーズに応える留学プログラムを用意。コンソーシアムは10団体に参加している。

学費・奨学金制度　給付型奨学金総額 年間約 10億6,357万円

入学金 ▶ 200,000円

年間授業料（施設費等を除く）▶ 960,000円～（詳細は巻末資料参照）

年間給付型奨学金総額 ▶ 1,063,565,693円

年間給付型奨学金受給者数 ▶ 2,345人

主な奨学金制度 ▶ １都３県（東京・神奈川・埼玉・千葉）以外の受験生を対象とし，予定採用者数が1,200人の「めざせ！ 都の西北奨学金」や「大隈記念奨学金」「小野梓記念奨学金」など，約150種類の奨学金を用意。学費減免制度もあり，2021年度には141人を対象に総額で約9,228万円を減免している。

保護者向けインフォメーション

● **広報誌**　「CAMPUS NOW」を年４回発行している。

● **成績確認**　登録科目やその成績評価，取得単位数などが記載された成績通知書を送付（成績不振者の保護者のみに通知する学部あり）。

● **地域交流フォーラム**　１都３県を除く43道府県を11ブロックに分け，地域交流フォーラムを開催し，教学やキャリア・就職に関する説明，個別相談などを行っている。

● **防災対策**　「キャンパスハンドブック」に防災マニュアルを掲載。災害時の学生の安否は，アプリを利用して確認するようにしている。

● **コロナ対策１**　ワクチンの職域接種を実施。感染状況に応じた行動制限指針を設定している。「コロナ対策２」（下段）あり。

インターンシップ科目	必修専門ゼミ	卒業論文	GPA制度の導入の有無および活用例	１年以内の退学率	標準年限での卒業率
全学部で開講している	教育・基幹理工・創造理工・先進理工・人間科学・スポーツ科学の６学部で実施（開講年次は学部により異なる）	学部・学科による	導入している	1.1%	80.7%

● **コロナ対策２**　教室および各施設の動線等に消毒液を配置。各教室に最新の空調設備を完備し，収容人数を定員の半分以下に抑えた上で，2021年度以降は約７割の授業を対面で実施。また，緊急奨学金の規模を拡大した。

学部紹介

学部／学科・科	定員	特色
政治経済学部		
政治	300	▷世界に通用する最先端の研究成果を生かしたカリキュラムで，建設的な批判精神を持つグローバル人材を育成する。
経済	400	▷経済学的思考法と分析力を身につけ，私たちが直面する諸課題の解決に貢献する人材を育成する。
国際政治経済	200	▷世界を取り巻く諸問題に取り組む際に欠かせない政治学と経済学の双方を，深く専門的に学ぶ。
● 取得可能な資格…教職（地歴・公・社），司書，司書教諭，学芸員など。 ● 進路状況…………就職83.2%　進学8.9% ● 主な就職先………三菱UFJ銀行，PwCコンサルティング，エヌ・ティ・ティ・データ，東京海上日動火災保険，アビームコンサルティング，アクセンチュア，住友商事など。		
法学部		
	740	▷国際化・情報化に伴い，価値観の多様化が進む社会で，時代の変化に対応し主体的に活動できる能力と，高度なリーガルマインド（法的思考・判断力）を持った人材を育成する。
● 取得可能な資格…教職（地歴・公・社），司書，司書教諭，学芸員など。 ● 進路状況…………就職75.6%　進学14.0% ● 主な就職先………国家公務員一般職，国家公務員総合職，野村證券，東京海上日動火災保険，農林中央金庫，三井住友銀行，三井住友信託銀行，大和証券，国税専門官など。		
教育学部		
教育	210	▷教育学と初等教育学の２専攻。教育学専攻には教育学，生涯教育学，教育心理学の３専修を設置している。
国語国文	135	▷国語科教員の養成と，国語国文学の学識の高い，人間味豊かな人材を育成する。
英語英文	135	▷学術研究に必要な英語力と高いレベルの専門性を養い，グローバル化が進む社会で活躍できる人材を育成する。
社会	255	▷２専修制。地理歴史専修は地理も歴史も担当できる能力を持った幅の広い教員を，公共市民学専修は幅広い社会科学の知識を持って市民社会を支える人材を育成する。
理	80	▷２専修制。生物学専修では，生物学・生命科学領域の学識と実験技術を修得。地球科学専修は理工系の研究科に進学する学生も多く，学部・大学院一貫教育を実施。
数	75	▷現代数学の各分野にわたって幅広い学習を行い，優れた数学的素養を身につけた人材を養成する。
複合文化	70	▷文化現象をさまざまな角度から考察する方法を学び，実社会で求められる領域横断的で学際的な視野を身につける。
● 取得可能な資格…教職（国・地歴・公・社・数・理・情・英・独・仏・中・西，小一種，特別支援），司書，司書教諭，学芸員など。 ● 進路状況…………就職78.4%　進学13.4% ● 主な就職先………りそなグループ，キーエンス，東京都教員，日本電気，東京海上日動火災保険，埼玉県教員，富士通，NTTドコモ，ベイカレント・コンサルティングなど。		
商学部		
	900	▷実社会の企業の多岐にわたるビジネスを主な題材とすることで，現場に最も近い学びを展開し，グローバル・ビジネスの第一線を担う人材を育成する。

キャンパスアクセス［早稲田キャンパス］JR山手線，西武新宿線―高田馬場より徒歩20分またはバス・早大正門下車／東京メトロ東西線―早稲田より徒歩５分／都電荒川線―早稲田より徒歩５分

●取得可能な資格…教職（地歴・公・社・商業），司書，司書教諭，学芸員など。
●進路状況…………就職87.9%　進学3.8%
●主な就職先………三井住友銀行，ベイカレント・コンサルティング，りそなグループ，EY新日本有限責任監査法人，有限責任監査法人トーマツ，エヌ・ティ・ティ・データなど。

社会科学部

社会科学	630	▷複雑な社会問題を的確に把握・解明して，既存の枠にとらわれない解決策立案能力を養い，社会全体のスキームを主体的に創造できるスケールの大きな人材を育成する。

●取得可能な資格…教職（地歴・公・社・情・商業），司書，司書教諭，学芸員など。
●進路状況…………就職85.9%　進学4.8%
●主な就職先………楽天グループ，日本電気，三菱UFJ銀行，SMBC日興証券，東京海上日動火災保険，ベイカレント・コンサルティング，野村総合研究所，国家公務員一般職など。

国際教養学部

国際教養	600	▷約50カ国・地域から学生が集まり，３人に１人は外国籍学生という学習環境で多様な文化や考え方に接して，「世界を生き抜く力」を育む。１年間の海外留学が必須。

●取得可能な資格…教職（英），司書，司書教諭，学芸員など。
●進路状況…………就職65.9%　進学15.9%
●主な就職先………アクセンチュア，楽天グループ，アマゾンジャパン，三井住友銀行，PwCコンサルティング，ニトリ，三菱UFJ銀行，電通，外務省専門職員，伊藤忠商事など。

文化構想学部

文化構想	860	▷多元文化，複合文化，表象・メディア，文芸・ジャーナリズム，現代人間，社会構築の６つの論系の学びで，新しい文化の世界をダイナミックに構想できる人材を育成する。

●取得可能な資格…教職（国・地歴・公・社・英），司書，司書教諭，学芸員など。
●進路状況…………就職85.3%　進学4.4%
●主な就職先………PwCコンサルティング，富士通，国家公務員一般職，楽天グループ，パーソルキャリア，エヌ・ティ・ティ・データ，特別区（東京23区）職員，電通デジタルなど。

文学部

文	660	▷哲学，東洋哲学，心理学，社会学，教育学，日本語日本文学，中国語中国文学，英文学，フランス語フランス文学，ドイツ語ドイツ文学，ロシア語ロシア文学，演劇映像，美術史，日本史，アジア史，西洋史，考古学，中東・イスラーム研究の18コースを展開し，学識豊かな人材を育成する。

●取得可能な資格…教職（国・地歴・公・社・英・独・仏・中・露），司書，司書教諭，学芸員など。
●進路状況…………就職76.9%　進学12.0%
●主な就職先………凸版印刷，特別区（東京23区）職員，楽天グループ，国家公務員一般職，大和証券，明治安田生命保険，NTTドコモ，日本電気，星野リゾート・マネジメントなど。

基幹理工学部

		▶入試の際には学系ごとに募集し，１年次に自分の関心や適性を見極めて，２年進級時に所属学系内から進級学科を選択。
数	55	▷「外の世界に開かれた」数学の最前線を学ぶ。
応用数理	70	▷現象を数学的に解明する創造的な研究者・技術者を育成。
機械科学・航空宇宙	140	▷未来の機械・航空宇宙産業を牽引する人材を育成する。
電子物理システム	80	▷物理を基礎とした電子と光の最先端技術を学ぶ。
情報理工	95	▷ICTで世界の科学技術の発展に貢献する人材を育成する。

キャンパスアクセス　［戸山キャンパス］JR山手線，西武新宿線―高田馬場より徒歩20分またはバス・早大正門行き・馬場下町下車／東京メトロ東西線―早稲田より徒歩3分／東京メトロ副都心線―西早稲田より徒歩12分

情報通信	95	▷スマートフォンやインターネットを支える情報通信技術を探求し，発展させ，グローバルに活躍できる人材を養成。
表現工	60	▷芸術表現と科学技術を融合する理工学の新領域を学ぶ。

● 取得可能な資格…教職（数・情），司書，司書教諭，学芸員など。
● 進路状況…………就職32.5％　進学62.7％
● 主な就職先………エヌ・ティ・ティ・データ，アクセンチュア，日本航空，日立製作所，東日本電信電話，Cygames，富士通，日本電気，野村総合研究所，NTTドコモ，ヤフーなど。

創造理工学部

		▶５学科を横断する「社会文化領域」を設置し，境界領域の研究にも取り組める体制を整備。
建築	160	▷人間生活の基礎を創る技術と芸術の総合を学ぶ。
総合機械工	160	▷理工学的センスと論理的思考力を身につける。
経営システム工	120	▷快適で信頼できる社会の経営をデザインする人材を育成。
社会環境工	90	▷環境と人間活動が調和した社会基盤の実現をめざす。
環境資源工	65	▷資源循環型社会の構築と地球環境の保全をめざす。

● 取得可能な資格…教職（理），司書，司書教諭，学芸員，測量士補，１・２級建築士受験資格など。
● 進路状況…………就職30.0％　進学66.8％
● 主な就職先………エヌ・ティ・ティ・データ，アクセンチュア，東京電力ホールディングス，日本電気，ベイカレント・コンサルティング，大成建設，三菱電機，キーエンスなど。

先進理工学部

		▶自然科学を基礎として，物質・生命・システムをキーワードに，時代の最先端を行く新領域のテーマに取り組んでいる。
物理	50	▷素粒子や宇宙から生物までの自然現象を解明する。
応用物理	90	▷物理学を駆使し，時代を切り拓く科学技術を創造する。
化学・生命化学	60	▷原子・分子レベルで見た先端的機能性物質を創造する。
応用化学	135	▷「役立つ化学」と「役立てる化学」のために，驚異に満ちた化学の世界を楽しみながら，最先端の研究を展開。
生命医科学	60	▷新しい「生命医科学」の世界を拓く研究者を育成する。
電気・情報生命工	145	▷最先端のテクノロジーを効率的に学べるカリキュラム。

● 取得可能な資格…教職（数・理），司書，司書教諭，学芸員など。
● 進路状況…………就職17.3％　進学79.4％
● 主な就職先………資生堂，明電舎，ソフトバンク，エヌ・ティ・ティ・データ，アクセンチュア，中外製薬，LIXIL，トヨタ自動車，国家公務員一般職，国家公務員総合職など。

人間科学部

		▶「人間」を軸に文理融合教育を展開し，異領域・異職種間のマネジメントや新しい実践をデザインする人材を育成する。
人間環境科学	200	▷人間と環境の関わりを，ダイナミックに探究する。
健康福祉科学	200	▷グローバル社会を担う，新たな健康福祉をデザインする。
人間情報科学	160	▷「情報」という視点から，人間に科学的にアプローチする。

● 取得可能な資格…教職（地歴・公・社・情・福・英），司書，司書教諭，学芸員，社会福祉士受験資格など。
● 進路状況…………就職77.0％　進学16.1％
● 主な就職先………富士通，エヌ・ティ・ティ・データ，国家公務員一般職，東京海上日動火災保険，損害保険ジャパン，楽天グループ，みずほリサーチ＆テクノロジーズなど。

キャンパスアクセス [西早稲田キャンパス] JR山手線，西武新宿線，東京メトロ東西線—高田馬場より徒歩15分／東京メトロ副都心線—西早稲田駅より直結

スポーツ科学部		
スポーツ科学	400	▷スポーツ医科学，健康スポーツ，トレーナー，スポーツコーチング，スポーツビジネス，スポーツ文化の6コース。グローバル化を踏まえ，独自の「スポーツ英語」も開講。

- **取得可能な資格**…教職（保体），司書，司書教諭，学芸員など。
- **進路状況**…………就職82.3%　進学10.1%
- **主な就職先**………東京海上日動火災保険，楽天グループ，サントリーホールディングス，大塚製薬，デンソー，本田技研工業，ファーストリテイリンググループ，リクルートなど。

キャンパス

政治経済・法・教育・商・社会科学・国際教養……［早稲田キャンパス］東京都新宿区西早稲田1-6-1
文化構想・文……［戸山キャンパス］東京都新宿区戸山1-24-1
基幹理工・創造理工・先進理工……［西早稲田キャンパス］東京都新宿区大久保3-4-1
人間科学・スポーツ科学……［所沢キャンパス］埼玉県所沢市三ヶ島2-579-15

2023年度入試要項（前年度実績）

●募集人員

学部／学科・科（専攻・専修）	一般	共通テスト	総合型
▶政治経済　政治	100	15	—
経済	140	25	—
国際政治経済	60	10	—
▶法	350	100	—
▶教育　教育（教育学）	A95・C20	—	—
（初等教育学）	A20・C 5	—	—
国語国文	A80・C15	—	—
英語英文	A80・C15	—	—
社会	A140・C25	—	—
理（生物学）	C15・D10	—	—
（地球科学）	B20・C 5	—	—
数	B45・C10	—	—
複合文化	A・B40・C10	—	—
▶商	地公355 数学150 英語30	—	—
▶社会科学　社会科学	450	50	自35
▶国際教養　国際教養	175	—	AO100
▶文化構想　文化構想	370 英語70 共通35	—	—
▶文　文	340 英語50 共通25	—	—
▶基幹理工　学系Ⅰ	45	—	—
学系Ⅱ	210	—	—
学系Ⅲ	65	—	—
▶創造理工　建築	80	—	AO25
総合機械工	80	—	—
経営システム工	70	—	—
社会環境工	50	—	—
環境資源工	35	—	—
▶先進理工　物理	30	—	—
応用物理	55	—	—
化学・生命化学	35	—	—
応用化学	75	—	—
生命医科学	30	—	—
電気・情報生命工	75	—	—
▶人間科学　人間環境科学	115 数学15	5	若干名
健康福祉科学	125 数学15	5	若干名
人間情報科学	100 数学15	5	若干名
▶スポーツ科学　スポーツ科学	150	共通のみ50 競技歴50	自60

※教育学部は学科・科・専攻・専修により，A・B・C・D方式を実施し，C・D方式は共通テスト併用。※商学部の地公は地歴・公民型，数学は数学型，英語は4技能テスト利用型。文化構想学部と文学部の一般選抜英語は英語4技能テスト利用方式，共通は共通テスト利用方式。人間科学部の数学は共通テスト＋数学選抜方式。
※基幹理工学部の学系に対応する学科は以下の通り。学系Ⅰ—数・応用数理，学系Ⅱ—応用数理・〈機械科学・航空宇宙〉・電子物理システム・情報理工・情報通信，学系Ⅲ—情報理工・情報通信・表現工。
※次のように略しています。自己推薦→自。

キャンパスアクセス［所沢キャンパス］西武池袋線—小手指よりバス20分（無料スクールバスを運行）

政治経済学部

一般選抜(共通テスト併用)　〈共通テスト科目〉　**5~4**科目　①**国**(25)▶国　②**外**(25)▶英(リスニングを含む)・独・仏から1　※英語は配点200点を25点に換算。　③**数**(25)▶数Ⅰ・数A　④⑤**地歴・公民・数・理**(25)▶世B・日B・地理B・現社・倫・政経・「倫・政経」・「数Ⅱ・数B」・「物基・化基・生基・地学基から2」・物・化・生・地学から1
〈学部独自試験〉　**1**科目　①**総合問題**(100)▶日英両言語による長文を読み解いたうえで解答する形式とし，記述式解答を含む
共通テスト利用入試　**7~6**科目　①**国**(200)▶国　②**外**(200)▶英(リスニング〈100〉を含む)　③**地歴・公民**(100)▶世B・日B・地理B・現社・倫・政経・「倫・政経」から1　④⑤**数**(100×2)▶「数Ⅰ・数A」・「数Ⅱ・数B」　⑥⑦**理**(100)▶「物基・化基・生基・地学基から2」・物・化・生・地学から1
[個別試験]　行わない。

法学部

一般選抜　**3**科目　①**国**(50)▶国総・現文B・古典B　②**外**(60)▶「コミュ英Ⅰ・コミュ英Ⅱ・コミュ英Ⅲ・英表Ⅰ・英表Ⅱ」・独・仏・中から1(独・仏・中を選択する場合は共通テストの当該科目を受験)　③**地歴・公民・数**(40)▶世B・日B・政経・「数Ⅰ・数Ⅱ・数A・数B」から1(数学を選択する場合は共通テストの「数Ⅰ・数A」「数Ⅱ・数B」を受験)
共通テスト利用入試　**7~6**科目　①**国**(200)▶国　②**外**(200)▶英(リスニング〈100〉を含む)・独・仏・中から1　③**地歴・公民**(100)▶世B・日B・地理B・現社・倫・政経・「倫・政経」から1　④**数**(100)▶数Ⅰ・数A　⑤(⑥)**理**(100)▶「物基・化基・生基・地学基から2」・物・化・生・地学から1　(⑥)⑦**地歴・公民・数・理**(100)▶世B・日B・地理B・現社・倫・政経・「倫・政経」・「数Ⅱ・数B」・簿・情・「物基・化基・生基・地学基から2」・物・化・生・地学から1，ただし必須科目で選択した科目を除く
[個別試験]　行わない。

教育学部

一般選抜(A方式)　**【教育学科・国語国文学科・英語英文学科・社会科・複合文化学科】**　**3**科目　①**国**(50)▶国総・現文B・古典B　②**外**(50)▶「コミュ英Ⅰ・コミュ英Ⅱ・コミュ英Ⅲ・英表Ⅰ・英表Ⅱ」・独・仏から1(独・仏を選択する場合は共通テストの当該科目を受験)，ただし英語英文学科は英指定　③**地歴**(50)▶世B・日B・地理Bから1
一般選抜(B方式)　**【理学科〈地球科学専修〉・数学科・複合文化学科】**　**3**科目　①**外**(50)▶「コミュ英Ⅰ・コミュ英Ⅱ・コミュ英Ⅲ・英表Ⅰ・英表Ⅱ」・独・仏から1(独・仏を選択する場合は共通テストの当該科目を受験)　②**数**(50)▶数Ⅰ・数Ⅱ・数Ⅲ・数A・数B(確率を除く)　③**理**(50)▶「物基・物」・「化基・化」から1
※一般選抜A・B方式において，国語国文学科の国語，英語英文学科の英語，複合文化学科の外国語は調整後の得点を1.5倍に，数学科の数学は2.0倍にして判定する。※すべての教科で合格基準点を設置。また，国語国文学科，英語英文学科，数学科は上記に加え，次のような条件を特定教科の合格基準点としている。
国語国文学科「国語」:国語国文学科全受験者の平均点
英語英文学科「外国語(英語)」:英語英文学科全受験者の平均点
数学科「数学」:数学科全受験者の平均点
一般選抜(C方式・共通テスト併用)　〈共通テスト科目〉　**8~7**科目　①**国**(20)▶国　②**外**(20)▶英(リスニングを含む)・独・仏・中・韓から1，ただし英語英文学科は英指定　※英語は配点200点を20点に換算。　③④**数**(10×2)▶「数Ⅰ・数A」・「数Ⅱ・数B」　⑤⑥⑦⑧**地歴・公民・理**(10×3)▶世B・日B・地理B・「倫・政経」・「物基・化基・生基・地学基から2」・物・化・生・地学から教育学科，国語国文学科，英語英文学科，社会科は地歴・公民から2および理から1，理学科と数学科は地歴・公民から1および理から2，ただし基礎科目の選択不可，複合文化学科は地歴・公民から2および理から1，または地歴・公民から1およ

び理から２，計３
〈個別試験科目〉【教育学科・社会科・複合文化学科】 1科目 ①**総合問題**(150)▶[教育学科]—資料を読み解いたうえで，読解力・思考力・文章力ならびに教育への関心を問う問題，[社会科]—社会への関心を問い，日本語または英語の資料や図表を読み解いたうえで，解答する問題，[複合文化学科]—複数の資料を読み解いたうえで，自分の考えを論理的に述べる論述問題
【国語国文学科】 1科目 ①**国**(150)▶国総・現文Ｂ・古典Ｂ　※読解力・思考力・文章力を問う問題(Ａ方式の問題とは異なる)。
【英語英文学科】 1科目 ①**外**(150)▶コミュ英Ⅰ・コミュ英Ⅱ・コミュ英Ⅲ・英表Ⅰ・英表Ⅱ　※資料を読み解いたうえで，日英両言語で解答する問題(Ａ方式と一部共通の問題)。
【理学科】 1科目 ①**理**(150)▶[生物学専修]—出題は物理，化学，生物，地学からテーマを設定するが，特定の科目の細かい知識を持たずに解答が導き出せる問題とする。なお，問題によっては理系数学の基礎的な概念を把握していることが必要な場合もある，[地球科学専修]—出題は物理，化学，生物，地学からテーマ設定を行い，科目にとらわれない自然科学的思考力を問う問題とする
【数学科】 1科目 ①**数**(150)▶数Ⅰ・数Ⅱ・数Ⅲ・数Ａ・数Ｂ(確率を除く)　※Ｂ方式と同一の問題。
一般選抜(Ｄ方式・共通テスト併用) **【理学科〈生物学専修〉】〈共通テスト科目〉** 5科目 ①**外**(30)▶英(リスニングを含む)・独・仏から１　※英語は配点200点を30点に換算。②③**数**(15×2)▶「数Ⅰ・数Ａ」・「数Ⅱ・数Ｂ」④⑤**理**(15×2)▶物・化・生・地学から２
〈個別試験科目〉　Ｃ方式と同じ

商学部

一般選抜(地歴・公民型) 3科目 ①**国**(60)▶国総・現文Ｂ・古典Ｂ　②**外**(80)▶「コミュ英Ⅰ・コミュ英Ⅱ・コミュ英Ⅲ・英表Ⅰ・英表Ⅱ」・独・仏・中・韓から１(独・仏・中・韓を選択する場合は共通テストの当該科目を受験)　③**地歴・公民**(60)▶世Ｂ・日Ｂ・政経から１
一般選抜(数学型) 3科目 ①**国**(60)▶国総・現文Ｂ・古典Ｂ　②**外**(60)▶「コミュ英Ⅰ・コミュ英Ⅱ・コミュ英Ⅲ・英表Ⅰ・英表Ⅱ」・独・仏・中・韓から１(独・仏・中・韓を選択する場合は共通テストの当該科目を受験)　③**数**(60)▶数Ⅰ・数Ⅱ・数Ａ・数Ｂ(確率を除く)から１
一般選抜(英語４技能テスト利用型) 3科目 ①**国**(60)▶国総・現文Ｂ・古典Ｂ　②**外**(80)▶「コミュ英Ⅰ・コミュ英Ⅱ・コミュ英Ⅲ・英表Ⅰ・英表Ⅱ」・独・仏・中・韓から１(独・仏・中・韓を選択する場合は共通テストの当該科目を受験)　③**地歴・公民・数**(60)▶世Ｂ・日Ｂ・政経・「数Ⅰ・数Ⅱ・数Ａ・数Ｂ(確率を除く)」から１
※英検準１級以上またはTOEFL iBT72点以上を出願要件とし，３科目の合計点(国と選択科目に合格基準点あり)に英語外部検定試験の結果に応じて加点(５点)して判定する。

社会科学部

一般選抜 3科目 ①**国**(40)▶国総・現文Ｂ・古典Ｂ　②**外**(50)▶コミュ英Ⅰ・コミュ英Ⅱ・コミュ英Ⅲ・英表Ⅰ・英表Ⅱ　③**地歴・数**(40)▶世Ｂ・日Ｂ・「数Ⅰ・数Ⅱ・数Ａ・数Ｂ(確率を除く)」から１
共通テスト利用入試 7～6科目 ①**国**(100)▶国　②**外**(125)▶英(リスニングを含む)・独・仏・中・韓から１　※英語は配点200点を125点に換算。　③**地歴・公民**(100)▶世Ｂ・日Ｂ・地理Ｂ・現社・倫・政経・「倫・政経」から１　④**数**(100)▶数Ⅰ・数Ａ　⑤(⑥)**理**(100)▶「物基・化基・生基・地学基から２」・物・化・生・地学から１　(⑥)⑦**地歴・公民・数・理**(100)▶世Ｂ・日Ｂ・地理Ｂ・現社・倫・政経・「倫・政経」・「数Ⅱ・数Ｂ」・「物基・化基・生基・地学基から２」・物・化・生・地学から１，ただし必須科目で選択した科目を除く
[個別試験] 行わない。
全国自己推薦入試 **[出願資格]**　１浪まで，全体の評定平均値4.0以上のほか，欠席日数が45日以内で学芸系もしくはスポーツ系クラブなどに所属し，優秀な成績を収めた者，生徒会活動においてめざましい活躍をした者，指定資格を有する者など。
[選考方法] 書類審査通過者を対象に，小論文，面接審査を行う。

国際教養学部

一般選抜(共通テスト併用) 〈共通テスト科目〉 2科目 ①国(50)▶国 ②地歴・数・理(50)▶世B・日B・地理B・「数Ⅰ・数A」・「数Ⅱ・数B」・物・化・生・地学から1
〈学部独自試験〉 3科目 ①②外(80)▶英Reading・英Writing (コミュ英Ⅰ・コミュ英Ⅱ・コミュ英Ⅲ・英表Ⅰ・英表Ⅱ) ③英語4技能テスト(20・加点方式〈出願時に提出〉)
※英語4技能テスト結果の未提出による出願も可。ただし，得点は0点として取り扱う。対象となる英語外部検定試験は英検，TOEFL iBT，IELTS (Academic)の3種類。
AO入学試験 [選考方法] 書類審査(志望理由書〈英語で記述〉，英語能力に関する試験結果など)，筆記審査(Critical Writing，与えられた資料を理解し，分析したうえで，自分の考えを表現する記述形式の審査)。

文化構想学部・文学部

一般選抜 3科目 ①国(75)▶国総・現文B・古典B ②外(75)▶「コミュ英Ⅰ・コミュ英Ⅱ・コミュ英Ⅲ・英表Ⅰ・英表Ⅱ」・独・仏・中・韓から1 (独・仏・中・韓を選択する場合は共通テストの当該科目を受験) ③地歴(50)▶世B・日Bから1
一般選抜(英語4技能テスト利用方式) 2科目 ①国(75)▶国総・現文B・古典B ②地歴(50)▶世B・日Bから1
※英語4技能テストにおいて下記の基準点以上の者について，国語と地歴2教科の合計点により判定する。TEAP (総点280，4技能各65)，TEAP CBT (総点470，4技能各110)，IELTS (総点5.5，4技能各5)，英検(総点2200，4技能各500)，TOEFL iBT (総点60，4技能各14)，ケンブリッジ英検(総点160，4技能各150)，GTEC CBT (総点1100，4技能各250)。
一般選抜(共通テスト利用方式) 〈共通テスト科目〉 2~1科目 ①②地歴・公民・数・理(50)▶地理B・現社・倫・政経・「倫・政経」・「数Ⅰ・数A」・「数Ⅱ・数B」・「物基・化基・生基・地学基から2」・物・化・生・地学から1
〈個別試験科目〉 一般選抜の国語(75)と外国語(75)を利用。科目は一般選抜を参照

基幹理工学部

一般選抜 4科目 ①外(120)▶コミュ英Ⅰ・コミュ英Ⅱ・コミュ英Ⅲ・英表Ⅰ・英表Ⅱ ②数(120)▶数Ⅰ・数Ⅱ・数Ⅲ・数A・数B(確率を除く) ③④理(60×2)▶[学系Ⅰ・Ⅲ] —「物基・物」・「化基・化」・「生基・生」から2，[学系Ⅱ] —「物基・物」・「化基・化」
※学系Ⅲでは，通常の合計点による合否判定とは別に，得意科目選考も実施。対象科目は英・数・物・化・生。
※各学系から進級できる学科は以下の通り。学系Ⅰ—数学科，応用数理学科。学系Ⅱ—応用数理学科，機械科学・航空宇宙学科，電子物理システム学科，情報理工学科，情報通信学科。学系Ⅲ—情報理工学科，情報通信学科，表現工学科。

創造理工学部

一般選抜 5~4科目 ①外(120)▶コミュ英Ⅰ・コミュ英Ⅱ・コミュ英Ⅲ・英表Ⅰ・英表Ⅱ ②数(120)▶数Ⅰ・数Ⅱ・数Ⅲ・数A・数B(確率を除く) ③④理(60×2)▶「物基・物」・「化基・化」 ⑤空間表現(40)▶鉛筆デッサンなど，ただし建築学科のみ実施
※通常の合計点による合否判定とは別に，得意科目選考も実施。対象科目は以下の通り。建築—英・数・空間表現，総合機械工・環境資源工—数・物・化，経営システム工・社会環境工—英・数・物・化。
早稲田建築AO入試(創成入試) 【建築学科】
[出願資格] 第1志望，数Ⅰ・数Ⅱ・数A・数Bを履修し，かつ理科の合計取得単位数が10単位以上であること。
[選考方法] 書類審査通過者を対象に，鉛筆によるドローイングと文章による提案・表現，面接審査(「自己PR資料」を用いてのプレゼンテーションも認める)を行う。

先進理工学部

一般選抜 4科目 ①外(120)▶コミュ英Ⅰ・コミュ英Ⅱ・コミュ英Ⅲ・英表Ⅰ・英表Ⅱ ②数(120)▶数Ⅰ・数Ⅱ・数Ⅲ・数A・数B(確率を除く) ③④理(物理・応用物理〈物80・化40〉，

化学・生命化〈物40・化80〉，応用化〈物または生40・化80〉，生命医科・電気・情報生命工60×2）▶［物理学科／応用物理学科／化学・生命化学科］―「物基・物」・「化基・化」，［応用化学科］―「〈物基・物〉・〈化基・化〉」・「〈化基・化〉・〈生基・生〉」から１，［生命医科学科／電気・情報生命工学科］―「物基・物」・「化基・化」・「生基・生」から２

人間科学部

一般選抜文系方式 3科目 ①**国**（50）▶国総・現文Ｂ・古典Ｂ ②**外**（50）▶コミュ英Ⅰ・コミュ英Ⅱ・コミュ英Ⅲ・英表Ⅰ・英表Ⅱ ③**地歴・数**（50）▶世Ｂ・日Ｂ・「数Ⅰ・数Ⅱ・数Ａ・数Ｂ（確率を除く）」から１

一般選抜理系方式 3科目 ①**外**（50）▶コミュ英Ⅰ・コミュ英Ⅱ・コミュ英Ⅲ・英表Ⅰ・英表Ⅱ ②**数**（50）▶数Ⅰ・数Ⅱ・数Ⅲ・数Ａ・数Ｂ（確率を除く） ③**理**（50）▶「物基・物」・「化基・化」・「生基・生」から１

※出願時に文系または理系方式から選択。

一般選抜（共通テスト＋数学選抜方式） 〈共通テスト科目〉 7〜6科目 ①**国**（20）▶国 ②**外**（40）▶英（リスニングを含む）・独・仏・中・韓から１ ※英語は配点200点を40点に換算。 ③**地歴・公民**（20）▶世Ｂ・日Ｂ・地理Ｂ・現社・倫・政経・「倫・政経」から１ ④⑤**数**（20×2）▶「数Ⅰ・数Ａ」・「数Ⅱ・数Ｂ」 ⑥⑦**理**（20）▶「物基・化基・生基・地学基から２」・物・化・生・地学から１

〈個別試験科目〉 1科目 ①**数**（360）▶数Ⅰ・数Ⅱ・数Ⅲ・数Ａ・数Ｂ（確率を除く）

※設問の選択により，数Ⅰ・数Ⅱ・数A・数Bの範囲のみでの解答も可能。

共通テスト利用入試 7〜6科目 ①**国**（100）▶国 ②**外**（100）▶英（リスニングを含む）・独・仏・中・韓から１ ※英語は配点200点を100点に換算。 ③**地歴・公民**（100）▶世Ｂ・日Ｂ・地理Ｂ・現社・倫・政経・「倫・政経」から１ ④⑤**数**（50×2）▶「数Ⅰ・数Ａ」・「数Ⅱ・数Ｂ」 ⑥⑦**理**（100）▶「物基・化基・生基・地学基から２」・物・化・生・地学から１

［個別試験］ 行わない。

総合型選抜（FACT選抜入試） **［出願資格］** 出願資格Ａは第１志望，１浪までのほか，全体の評定平均値が3.9以上で，国語および理科のそれぞれ３科目以上を履修（理科は物・化・生・地学から１科目以上の履修必須）し，国・理で履修したすべての科目を合わせた評定平均値が4.1以上の者。加えて，数Ⅰ，数Ⅱ，数Ａ，数Ｂをすべて履修している者。ほかに，学部の指定する外国語資格・検定試験のいずれか１つのスコア，結果を提出できる者，または国際バカロレア資格を取得見込みの者。出願資格Ｂは帰国生向け。

［選考方法］ 書類審査（事前課題を含む）通過者を対象に，論述試験，面接試験を行う。

スポーツ科学部

一般選抜（共通テスト＋小論文方式） 〈共通テスト科目〉 2科目 ①**外**（100）▶英（リスニングを含む） ※英語は配点200点を100点に換算。 ②**国・数**（100）▶国・「数Ⅰ・数Ａ」から１

〈学部独自試験〉 1科目 ①**小論文**（50。基準点あり）

共通テスト利用入試（共通テストのみ方式） 5〜4科目 ①**国**（100）▶国 ②**外**（200）▶英（リスニング〈100〉を含む） ③**数**（100）▶数Ⅰ・数Ａ ④⑤**地歴・公民・理**（100）▶世Ｂ・日Ｂ・地理Ｂ・現社・倫・政経・「倫・政経」・「物基・化基・生基・地学基から２」・物・化・生・地学から１

［個別試験］ 行わない。

共通テスト利用入試（共通テスト＋競技歴方式） 〈共通テスト科目〉 4〜3科目 ①**外**（200）▶英（リスニング〈100〉を含む） ②**国・数**（100）▶国・「数Ⅰ・数Ａ」から１ ③④**国・地歴・公民・数・理**（100）▶国・世Ａ・世Ｂ・日Ａ・日Ｂ・地理Ａ・地理Ｂ・現社・倫・政経・「倫・政経」・数Ⅰ・「数Ⅰ・数Ａ」・数Ⅱ・「数Ⅱ・数Ｂ」・簿・情・「物基・化基・生基・地学基から２」・物・化・生・地学から１，ただし国または数を「必須科目」として利用した場合は，「選択科目」での選択は不可

〈個別試験科目〉 1科目 ①**スポーツ競技歴調査書**（200）

総合型選抜Ⅲ群（スポーツ自己推薦入試） **［出願資格］** １浪まで，全体の評定平均値が3.5以上のほか，あらゆるスポーツ種目で高

校在学時に全国大会出場等の優秀な競技成績を有する欠席日数40日以内の者など。
[選考方法] 書類審査(スポーツ競技歴調査書，高校調査書等)通過者を対象に，小論文，面接審査を行う。

その他の選抜

学校推薦型選抜(指定校推薦入試)，総合型選抜(新思考入試〈地域連携型〉，先進理工学部特別選抜入試，スポーツ科学部総合型選抜Ⅰ群〈トップアスリート入試〉，スポーツ科学部総合型選抜Ⅱ群〈アスリート選抜入試〉，文化構想学部JCulP〈国際日本文化論プログラム〉日本学生入試，英語学位取得プログラムへの入試)，政治経済学部グローバル(海外就学経験者)入試，帰国生入試，社会人入試，外国学生のための学部入試，人間科学部eスクール入試。

偏差値データ (2023年度)

●一般選抜

学部／学科・科／専攻・専修	2023年度 駿台予備学校 合格目標ライン	2023年度 河合塾 ボーダー得点率	2023年度 河合塾 ボーダー偏差値	2022年度実績 募集人員	2022年度実績 受験者数	2022年度実績 合格者数	2022年度実績 合格最低点	競争率 '22年	競争率 '21年
政治経済学部									
政治	63	83%	70	100	781	252	152.0/200	3.1	2.8
経済	62	84%	70	140	1,170	312	155.0/200	3.8	5.2
国際政治経済	64	82%	67.5	60	424	133	155.5/200	3.2	2.8
法学部									
	65	—	67.5	350	4,136	866	89.895/150	4.8	4.9
教育学部									
教育／教育学・教育(A)	59	—	67.5	100	889	135	95.160/150	6.6	10.3
／教育学・生涯教育(A)	58	—	67.5		1,221	106	96.741/150	11.5	8.6
／教育学・教育心理(A)	58	—	65		623	78	95.679/150	8.0	7.9
／教育学・教育(C)	60	85%	—	—	—	—	—	新	—
／教育学・生涯教育(C)	59	79%	—		—	—	—	新	—
／教育学・教育心理(C)	59	85%	—		—	—	—	新	—
／初等教育学(A)	57	—	62.5	20	408	40	93.047/150	10.2	9.6
(C)	58	80%	—	—	—	—	—	新	—
国語国文(A)	58	—	65	80	1,312	197	106.903/150	6.7	6.5
(C)	59	79%	62.5	—	—	—	—	新	—
英語英文(A)	59	—	65	80	1,871	365	110.163/150	5.1	5.0
(C)	60	82%	62.5	—	—	—	—	新	—
社会／地理歴史(A)	60	—	65	145	1,929	282	97.443/150	6.8	7.9
／公共市民学(A)	57	—	65		2,002	317	96.009/150	6.3	5.8
／地理歴史(C)	61	83%	—	—	—	—	—	新	—
／公共市民学(C)	58	80%	—		—	—	—	新	—
理／生物学(C)	58	81%	62.5	—	—	—	—	新	—
(D)	58	82%	62.5	—	—	—	—	新	—
／地球科学(B)	56	—	62.5	50	610	116	83.250~86.571/150	5.3	5.5
(C)	57	83%	62.5	—	—	—	—	新	—
数(B)	57	—	62.5	45	818	178	120.000/150	4.6	4.0

学部／学科･科／専攻･専修	2023年度 駿台予備学校 合格目標ライン	2023年度 河合塾 ボーダー得点率	2023年度 河合塾 ボーダー偏差値	2022年度実績 募集人員	受験者数	合格者数	合格最低点	競争率 '22年	競争率 '21年
(C)	**58**	**84%**	**60**		—	—	—	新	—
複合文化(A･B)	**56～57**	—	**65**	40	1,326	197	114.255/150	6.7	5.8
(C)	**57**	**79%**	—		—	—	—	新	—
商学部									
(地歴･公民型)	**61**	—	**70**	355	7,601	694	130.6/200	11.0	11.7
(数学型)	**61**	—	**67.5**	150	2,276	366	109.4/180	6.2	5.3
(英語４技能)	**61**	—	**67.5**	30	774	80	133.7/205	9.7	3.2
社会科学部									
社会科学	**60**	—	**67.5**	450	8,082	861	89.451/130	9.4	8.3
国際教養学部									
国際教養	**66**	**83%**	**70**	175	1,387	422	151.1/200	3.3	3.4
文化構想学部									
文化構想(一般)	**59**	—	**67.5**	370	7,443	832	134/200	8.9	8.2
(英語４技能)	**58**	—	**67.5**	70	2,929	375	85.5/125	7.8	7.4
(共通テスト＋一般)	**60**	**93%**	**70**	35	957	203	142.5/200	4.7	6.7
文学部									
文(一般)	**60**	—	**67.5**	340	7,532	930	131.9/200	8.1	7.5
(英語４技能)	**59**	—	**67.5**	50	2,545	332	86.5/125	7.7	9.2
(共通テスト＋一般)	**61**	**92%**	**70**	25	862	170	148/200	5.1	6.4
基幹理工学部									
学系Ⅰ	**63**	—	**65**	45	559	180	178/360	3.1	2.4
学系Ⅱ	**63**	—	**65**	210	2,675	727	181/360	3.7	4.2
学系Ⅲ	**62**	—	**65**	65	886	185	176/360	4.8	4.9
創造理工学部									
建築	**59**	—	**65**	80	684	165	185/400	4.1	4.5
総合機械工	**59**	—	**62.5**	80	875	261	161/360	3.4	3.1
経営システム工	**60**	—	**65**	70	623	158	178/360	3.9	4.2
社会環境工	**59**	—	**62.5**	50	416	133	163/360	3.1	3.5
環境資源工	**58**	—	**65**	35	222	62	163/360	3.6	3.8
先進理工学部									
物理	**63**	—	**65**	30	643	162	196/360	4.0	4.8
応用物理	**63**	—	**62.5**	55	432	143	176/360	3.0	3.0
化学･生命化学	**62**	—	**65**	35	388	120	175/360	3.2	3.1
応用化学	**62**	—	**65**	75	1,059	259	180/360	4.1	3.3
生命医科学	**63**	—	**67.5**	30	589	146	186/360	4.0	4.6
電気･情報生命工	**60**	—	**65**	75	543	138	172/360	3.9	3.3
人間科学部									
人間環境科学(一般)	**56～58**	—	**65**	115	1,671	242	88.5/150	6.9	6.4
(共通テスト＋数学)	**57**	**78%**	**65**	15	126	48	306.1/500	2.6	4.2
健康福祉科学(一般)	**54**	—	**62.5～65**	125	1,757	266	85.5/150	6.6	7.1
(共通テスト＋数学)	**55**	**77%**	**62.5**	15	106	41	293.5/500	2.6	3.7
人間情報科学(一般)	**56～58**	—	**62.5**	100	1,715	252	87.0/150	6.8	5.2

学部／学科・科／専攻・専修	2023年度 駿台予備学校 合格目標ライン	河合塾 ボーダー得点率	河合塾 ボーダー偏差値	2022年度実績 募集人員	受験者数	合格者数	合格最低点	競争率 '22年	競争率 '21年
（共通テスト＋数学）	57	77%	65	15	227	75	321.9/500	3.0	3.6
スポーツ科学部									
スポーツ科学	49	77%	—	150	847	314	163/250	2.7	2.7

●駿台予備学校合格目標ラインは合格可能性80%に相当する駿台模試の偏差値です。 ●競争率は受験者÷合格者の実質倍率
●河合塾ボーダー得点率は合格可能性50%に相当する共通テストの得点率です。また，ボーダー偏差値は合格可能性50%に相当する河合塾全統模試の偏差値です。
※合格最低点は得点調整後の点数です。　※補欠合格者も含めた合格最低点です。

●共通テスト利用入試

学部／学科／専攻	2023年度 駿台予備学校 合格目標ライン	河合塾 ボーダー得点率	河合塾 ボーダー偏差値	2022年度実績 募集人員	志願者数	合格者数	競争率 '22年	競争率 '21年
政治経済学部								
政治	64	86%	—	15	297	85	3.5	3.7
経済	63	86%	—	25	1,365	466	2.9	3.5
国際政治経済	65	86%	—	10	309	89	3.5	2.8
法学部								
	64	87%	—	100	1,942	550	3.5	4.5
社会科学部								
社会科学	62	87%	—	50	1,132	305	3.7	6.9
人間科学部								
人間環境科学	58	84%	—	5	266	85	3.1	5.5
健康福祉科学	55	81%	—	5	198	77	2.6	3.9
人間情報科学	58	83%	—	5	273	98	2.8	5.1
スポーツ科学部								
スポーツ科学（共通のみ）	53	82%	—	50	475	109	4.4	5.0
（競技歴）	49	75%	—	50	331	119	2.8	2.6

●駿台予備学校合格目標ラインは合格可能性80%に相当する駿台模試の偏差値です。 ●競争率は志願者÷合格者の志願倍率
●河合塾ボーダー得点率は合格可能性50%に相当する共通テストの得点率です。
また，ボーダー偏差値は合格可能性50%に相当する河合塾全統模試の偏差値です。

併設の教育機関　大学院

政治学研究科

院生数▶208名

修士課程▶ ●政治学専攻　政治学，ジャーナリズム（1年制あり），グローバル公共政策（1年制あり）の3コースを設置。

博士後期課程▶ 政治学専攻

経済学研究科

院生数▶208名

修士課程▶ ●経済学専攻　経済学，国際政治経済学の2コース。入学形態により，1年，1.5年修了制度あり。

博士後期課程▶ 経済学専攻

法学研究科

院生数▶252名

修士課程 ●**民事法学専攻**　民法や商法をはじめとする民事法と国際関係法（私法）を研究・分析し，柔軟な思考力や実践力を養う。

●**公法学専攻**　憲法，行政法，刑法，刑事訴訟法，刑事政策，国際関係法（公法）などをテーマに，広い視野にわたる専門知識を修得。

●**基礎法学専攻**　法哲学や法史学をはじめ，法社会学，英米法，フランス法などを通して，法的素養や国際性を身につける。

※以上３専攻は１年修了制度あり。

●**先端法学専攻**　１年制。知的財産法LL.M.コース，現代アジア・リージョン法LL.M.コースを設け，グローバル活動能力を養成する。

博士後期課程 **民事法学専攻，公法学専攻**

文学研究科

院生数▶580名

修士課程 ●**人文科学専攻**　哲学，東洋哲学，心理学，社会学，教育学，日本語日本文学，英文学，フランス語フランス文学，ドイツ語ドイツ文学，ロシア語ロシア文化，中国語中国文学，演劇映像学，美術史学，日本史学，東洋史学，西洋史学，考古学，文化人類学，表象・メディア論，現代文芸，中東・イスラーム研究，国際日本学の22コースを開設。

博士後期課程 **人文科学専攻**（現代文芸コースを除く上記各コース）

商学研究科

院生数▶192名

修士課程 ●**商学専攻**　経営管理，会計，産業・経済の３コース。活力ある事業を生み出す実業界のリーダーを養成する。

博士後期課程 **商学専攻**

基幹理工学研究科

院生数▶972名

修士課程 ●**数学応用数理専攻**　物事の根源的な構造・由来を見抜き，解析を行う数学的思考力を養う。

●**機械科学・航空宇宙専攻**　機械科学の洗練化や航空・宇宙分野への挑戦を続けながら，未来を切り拓く新規分野を開拓・創造する。

●**電子物理システム学専攻**　カリキュラムでは基礎物性分野，エレクトロニクス分野，フォトニクス分野，情報システム分野を設定。

●**情報理工・情報通信専攻**　ますます進展していく情報技術の分野において，グローバルに活躍できる人材を育成する。

●**表現工学専攻**　化学技術と芸術表現を横断，融合する概念「インターメディア」を対象に，高度かつ専門的な教育・研究活動を推進。

●**材料科学専攻**　数理的な視点や次世代材料に関わる視点も加えた次世代材料産業分野の研究開発に携わる人材を育成・輩出する。

博士後期課程 **数学応用数理専攻，機械科学・航空宇宙専攻，電子物理システム学専攻，情報理工・情報通信専攻，表現工学専攻，材料科学専攻**

創造理工学研究科

院生数▶1,080名

修士課程 ●**建築学専攻**　建築芸術分野と建築工学分野から構成。一棟の家の設計から都市デザインまで，多様な分野に挑戦。

●**総合機械工学専攻**　現代社会が取り組むべき分野の諸問題を解決していくための機械の設計原理，それらの研究開発と社会的評価についてプロジェクト的研究を展開している。

●**経営システム工学専攻**　社会および生活基盤となるシステムとその構成要素を設計・開発・運用する技術を身につける。

●**経営デザイン専攻**　「モノづくり技術に基礎を置いた事業マネジメント」の実践的教育・研究に重点。

●**建設工学専攻**　地球的視点から，自然環境の保全や人間環境の向上，人間社会の安全・安心などを工学的に研究。

●**地球・環境資源理工学専攻**　自然環境と調和した資源循環型社会の構築と地球環境の保全をめざした創造的な研究を進めている。

博士後期課程 **建築学専攻，総合機械工学専攻，経営システム工学専攻，経営デザイン**

専攻，建設工学専攻，地球・環境資源理工学専攻

先進理工学研究科

院生数▶1,110名

修士課程 ●物理学及応用物理学専攻　多岐にわたる現代物理学の重要な課題と，その工学的応用の研究を展開している。
●化学・生命化学専攻　物理化学，有機化学，無機・分析化学，生命化学の４部門で構成。
●応用化学専攻　「役立つ化学」と「役立てる化学」を基盤として，進歩発展し続ける先端分野を先導・開拓している。
●生命医科学専攻　生命現象や疾病の解明，新しい医薬品・医療材料・診断方法の開発をめざし，独創的かつ実学的な研究を展開。
●電気・情報生命専攻　電気・電子・情報・生命系といった各分野の教育・研究を体系的に融合し，新たなる領域を開拓する。
●生命理工学専攻　医科学，医工学，生命科学といった学際領域で，21世紀の社会的ニーズに応えうる人材を養成する。
●ナノ理工学専攻　１粒の光・電子，１つの原子・分子の新機能を発揮させ，豊かな暮らしを実現させる人材を養成する。
●共同原子力専攻　東京都市大学との連携により，原子力学，加速器・放射線理工学を中心としたさまざまな分野の教育・研究を展開。

５年一貫制博士課程 ●先進理工学専攻　先進的なカリキュラムで高い専門力，俯瞰力，進取力を養い，科学技術分野においてグローバルに活躍する博士人材を育成する。

博士後期課程 物理学及応用物理学専攻，化学・生命化学専攻，応用化学専攻，生命医科学専攻，電気・情報生命専攻，生命理工学専攻，ナノ理工学専攻，共同原子力専攻，共同先端生命医科学専攻，共同先進健康科学専攻

教育学研究科

院生数▶318名

修士課程 ●学校教育専攻　より高度な専門的力量を備えた初等・中等教育学校の教員養成・研修と生涯教育の専門家養成が使命。
●国語教育専攻　国語科教育，日本語学，国文学，中国古典文学の４分野を設定。
●英語教育専攻　英語科教育，英語科内容学(理論言語学・応用言語学)，英文学・文化，米文学・文化の４分野を設定。
●社会科教育専攻　社会科教育，歴史学，地理学，政治学，経済学，社会学，メディア・コミュニケーション学の７分野を設定。
●数学教育専攻　数学教育学，解析学，代数学，幾何学，情報数学，トポロジー，確率論，応用解析学の８つの基本的分野を設定。

博士後期課程 教育基礎学専攻，教科教育学専攻

人間科学研究科

院生数▶336名

修士課程 ●人間科学専攻　現代的な諸問題を解決するため，人間を中心に置いた総合科学の形成をめざす。公認心理師に完全対応。日本臨床心理士資格認定協会第一種指定。

博士後期課程 人間科学専攻

社会科学研究科

院生数▶207名

修士課程 ●地球社会論専攻　地球社会における新しい生活世界の可能性を明確にするための基礎的研究を実施。昼夜開講制。
●政策科学論専攻　政治と社会，市民生活と社会，企業と社会などの観点から現代社会の抱える問題群を研究する。昼夜開講制。

博士後期課程 地球社会論専攻，政策科学論専攻

スポーツ科学研究科

院生数▶327名

修士課程 ●スポーツ科学専攻　スポーツ科学に関わる最高度の研究成果が修得できる環境で，社会のニーズに応え，幅広いスポーツ分野で活躍できる人材を育成する。

博士後期課程 スポーツ科学専攻

国際コミュニケーション研究科

院生数▶191名

修士課程 ●国際コミュニケーション研究専攻　言語・文化・社会を情報伝達のネットワークとしてとらえ研究し，国際社会で活躍するグローバル人材を育成する。

博士後期課程 国際コミュニケーション研究専攻

アジア太平洋研究科

院生数▶398名

修士課程 ●国際関係学専攻（MAプログラム）アジア太平洋地域の諸問題を，グローバルかつリージョナルな観点から学際的に研究・教育する。1.5年修了制度あり。

博士後期課程 国際関係学専攻（Ph.D.プログラム）

日本語教育研究科

院生数▶125名

修士課程 ●日本語教育学専攻　「理論と実践の統合」のカリキュラムにより，日本語教育の現場に密着した教育研究を展開。

博士後期課程 日本語教育学専攻

情報生産システム研究科

院生数▶527名

修士課程 ●情報生産システム工学専攻　最先端の技術を具現化し，実社会で役に立つ成果を実現できる人材を育成する。北九州キャンパスで開講。

博士後期課程 情報生産システム工学専攻

環境・エネルギー研究科

院生数▶116名

修士課程 ●環境・エネルギー専攻　環境・エネルギー問題に高い見識を持ち，実践的・戦略的な行動や活動のできる人材を育成する。

博士後期課程 環境・エネルギー専攻

法務研究科

院生数▶413名

専門職学位課程 ●法務専攻　法のあり方を真摯に受け止め，時代の変化にも柔軟に対応し，人と社会と世界に貢献できる「挑戦する法曹」を養成する。

会計研究科

院生数▶222名

専門職学位課程 ●会計専攻　会計専門，アクチュアリー専門の２コース。１年制の高度専門コースも設置。昼夜開講制。

教育学研究科（教職大学院）

院生数▶43名

専門職学位課程 ●高度教職実践専攻　高度な理論と実践力を兼ね備えた学校教育のリーダーを養成する。

経営管理研究科（WBS）

院生数▶643名

専門職学位課程 ●経営管理専攻　２つの国際認証を取得した世界標準のビジネススクール。昼夜開講制。MBA取得可。

麻布大学

（あざぶ）

資料請求

問合せ先 入試広報課 ☎042-769-2032

建学の精神

1890（明治23）年開設の東京獣医講習所を前身に，1950（昭和25）年に開学した自然科学系の大学。建学の精神である「学理の討究と誠実なる実践」の言葉の通り，獣医学，動物応用科学，および臨床検査技術学，食品生命科学，環境科学に関する教育・研究を「実社会で役立つ」ように，さまざまな形で探究。2020年まで動物応用科学科と食品生命科学科を中心に行ってきた，文部科学省の知識集約型社会を支える人材育成事業「出る杭を引き出す教育プログラム」に採択された「動物共生科学ジェネラリスト育成プログラム」は，2021年度から規模を全学部全学科に拡大させ，動物・食品・環境の各分野にて研究プロジェクトを開始するなど，麻布大学には，「地球共生系～人と動物と環境の共生をめざして～」の教育理念を実現させる環境が待っている。

●麻布大学キャンパス……〒252-5201　神奈川県相模原市中央区淵野辺1-17-71

基本データ

学生数▶2,352名（男1,018名，女1,334名）
専任教員数▶教授48名，准教授36名，講師31名

設置学部▶獣医，生命・環境科
併設教育機関▶大学院―獣医学・環境保健学（以上M・D）

就職・卒業後の進路

就職率 94.9%（就職者÷希望者×100）

●**就職支援**　キャリア支援課では，すべて低学年から参加可能な各種ガイダンスや就活講座など，将来に向けたさまざまなキャリア形成を支援。1都3県（東京・神奈川・千葉・埼玉）を除く道府県に就職を希望する学生には，就活に必要な経費の一部を助成している。

●**資格取得支援**　国家試験受験資格をはじめ，食品や環境，動物に関わるさまざまな資格の取得が可能。獣医学科では，獣医学系全教員の連携による総合的なカリキュラムを設定することにより，獣医師ライセンスの取得をサポート。臨床検査技術学科では，3年次から国家試験の対策科目となる「総合臨床検査学」を開講し，国家試験の直前まで全員合格に向けた対策を行っている。また，教職課程を設置し，理科教員の育成にも力を入れている。

進路指導者も必見 学生を伸ばす 面倒見

初年次教育	学修サポート
「獣医学概論」（獣医），「スタディ・スキルズ」（動物応用科），「キャリア演習」（臨床検査技術），「フレッシャーズセミナー」（食品生命科・環境科）を開講し，学部教育にスムーズに移行できるように支援している	全学部でTA制度，オフィスアワー制度，クラス担任制（教員1人に学生35～55人）を導入。また，教育推進センターを設置し，リメディアル（補習）授業やチューター（補助教員）による個別・グループ指導を行っている

オープンキャンパス（2022年度実績）　6月・7月・8月・10月（大学祭同時開催）にオープンキャンパスを行ったほか，生命・環境科学部では見学会も開催。7月には生命・環境科学部の附属施設がある島根県でも実施。

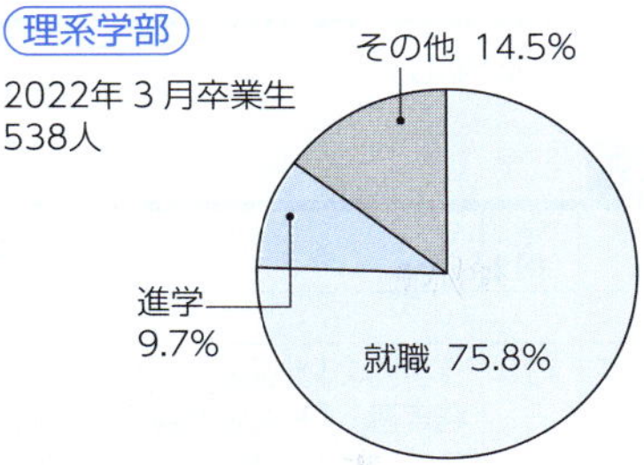

主なOB・OG▶［獣医］古川隆弘（日本家庭教師センター学院学院長），［獣医］大竹正博・梅田智之（JRA調教師），［獣医］片川優子（児童文学作家），［獣医］梅川和実（漫画家），［獣医］野﨑まど（小説家）など。

国際化・留学

大学間 6 大学・部局間 5 大学

受入れ留学生数▶２名（2022年５月１日現在）

留学生の出身国▶中国，韓国。

外国人専任教員▶教授０名，准教授０名，講師１名（2022年５月１日現在）

外国人専任教員の出身国▶イギリス。

大学間交流協定▶６大学（交換留学先０大学，2022年５月１日現在）

部局間交流協定▶５大学（交換留学先０大学，2022年５月１日現在）

海外への留学生数▶０名／年（2021年度）

海外留学制度▶夏季休業期間中の約２週間を利用して参加することができる海外研修プログラムがあり，参加した学生は，各国の獣医学臨床教育などを実体験すると同時に異文化に触れ，多くの貴重な経験を積んで帰国している。また，生命・環境科学部生を対象に，オーストラリアでの語学研修も行っている。

学費・奨学金制度

給付型奨学金総額 年間 650 万円

入学金▶250,000円

年間授業料（施設費等を除く）▶1,200,000円～（詳細は巻末資料参照）

年間奨学金総額▶6,500,000円

年間奨学金受給者数▶65人

主な奨学金制度▶学業成績および人物が優秀な２～６年次の各学科３～４人の学生に対し，賞状・副賞と10万円を給付する「成績優秀者に対する奨学金」のほか，「越智賞」「古泉賞」「増井光子賞」などの表彰制度を設置。

保護者向けインフォメーション

●**成績確認**　履修状況を一覧表にした「単位履修一覧表」を年２回，学費負担者宛に送付。

●**父母会**　父母会を組織し，毎年開催する地区懇談会では，学生の成績や生活などについて詳しく話を聞くこともできる。「会報」も発行。

●**就職支援ガイド**　「保護者のためのキャリア・就職支援ガイド」をHP上に掲載している。

●**防災対策**　コンパクトな「大地震対応マニュアル」を入学時に配布。万が一災害が起こった際に，メールやインターネットで学生の安否情報を登録・確認できるシステムを導入（学生と家族間で伝言板としての利用も可）。

●**コロナ対策１**　感染状況に応じた５段階のBCP（行動指針）を設定している。「コロナ対策２」（下段）あり。

インターンシップ科目	必修専門ゼミ	卒業論文	GPA制度の導入の有無および活用例	１年以内の退学率	標準年限での卒業率
全学部（臨床検査技術学科を除く）で開講	獣医学科で５・６年次，動物応用科学科で３年次に実施	全学部（一部の学科を除く）卒業要件	退学勧告や卒業判定基準，学生に対する個別の学修指導に活用するほか，GPAに応じた履修上限単位数を設定（一部の学科を除く）	NA	NA

●**コロナ対策２**　対面授業とオンライン授業を感染状況に応じて併用。対面授業では，講義室の収容人数を調整・管理するとともに，入構時と講義室の入口で消毒，各棟の入口で検温を実施。

2024年度学部改組構想（予定）

- 獣医学部に獣医保健看護学科（仮称）を開設。

学部紹介（2023年２月現在）

学部／学科	定員	特色
獣医学部		
獣医	120	▷学内の「獣医臨床センター（附属動物病院）」での実習や牧場実習，「産業動物臨床教育センター（LAVEC）」での実践的な学びなど，多彩なカリキュラムを用意。日本の獣医学系大学で最大の36研究室を学部に擁している。
動物応用科	130	▷動物生命科学を広く学ぶ「動物生命科学系科目」，人と動物の関係を多角的に学ぶ「動物人間関係学系科目」，それらの中間を占める「専門共通系科目」の３つの系統から，人と動物の共生を追究する。

- 取得可能な資格…教職（理・農），獣医師受験資格，家畜人工授精師など。
- 進路状況…………［獣医］就職79.9%　進学6.7%　［動物応用科］就職75.6%　進学15.3%
- 主な就職先………全国各地の動物病院，日本中央競馬会，大鵬薬品工業，農林水産省，環境省など。

学部／学科	定員	特色
生命・環境科学部		
臨床検査技術	80	▷臨床検査における実践力を養う臨床実習（臨地実習）は，希望の病院が選べ，３年次後期の10週間，実際の現場で集中的に学び，真の実践力を身につける。
食品生命科	80	▷「情報」「機能」「安全」といった食の３つの学びから，自分の興味に応じて食の専門知識を深め，人と社会の健康を守る「食」に貢献できる人材を育成する。
環境科	80	▷環境のスペシャリストとして，科学的根拠に基づいて環境の諸問題に対応するための実践力を身につけるカリキュラムを編成。SDGsを見据えた総合的かつ実践的な科学を推進。

- 取得可能な資格…教職（理），臨床検査技師受験資格，食品衛生管理者など。
- 進路状況…………就職73.6%　進学8.5%
- 主な就職先………全国各地の病院・医療センター，亀田製菓，味の素冷凍食品，いであ，WDBなど。

▶キャンパス

全学部…［麻布大学キャンパス］ 神奈川県相模原市中央区淵野辺1-17-71

2023年度入試要項（前年度実績）

●募集人員

学部／学科		一般Ⅰ期	一般Ⅱ期	共通Ⅰ期	共通Ⅱ期
▶獣医	獣医	A8 D62	10	7	5
	動物応用科	60	5	20	5
▶生命・環境科	臨床検査技術	45	5	5	5
	食品生命科	25	5	5	5
	環境科	25	5	5	5

※一般入試（第Ⅰ期）において，獣医学科はA・D日程，他の４学科はA・B・C・E日程を行う。

獣医学部

一般入試（第Ⅰ期A日程） 3〜2科目 ①②③外・数・理（獣医100×3・動物応用科学科100×2）▶「コミュ英Ⅰ・コミュ英Ⅱ・コミュ英Ⅲ・英表Ⅰ・英表Ⅱ」・「数Ⅰ・数Ⅱ・数A」・「化基・化」・「生基・生」から獣医学科は３，動物応用科学科は２

一般入試（第Ⅰ期B・C日程／第Ⅱ期） 【動物

 キャンパスアクセス ［麻布大学キャンパス］ JR横浜線一矢部より徒歩4分

応用科学科】　第Ⅰ期Ａ日程と同じ
一般入試（第Ⅰ期Ｄ日程・第Ⅱ期）　【獣医学科】　3科目　①外（100）▶コミュ英Ⅰ・コミュ英Ⅱ・コミュ英Ⅲ・英表Ⅰ・英表Ⅱ　②数（100）▶数Ⅰ・数Ⅱ・数Ａ・数Ｂ（数列・ベク）　③理（100）▶「化基・化」・「生基・生」から１
一般入試（第Ⅰ期Ｅ日程）　【動物応用科学科】　1科目　①総合問題（200）▶生物（生基），化学（化基），数学（数Ⅰ・数Ⅱ〈指数関数と対数関数のみ〉・数Ａ〈場合〉）および英語（コミュ英Ⅰ・コミュ英Ⅱ・英表Ⅰ）の基礎的な知識と理解を問う総合問題（問題は，例えば，共通テストに出題されたような課題文章に対する理解力，図表を読み解く力，基礎的な科学文章に対する理解力も問う）
共通テスト利用入試（第Ⅰ期・第Ⅱ期）　【獣医学科】　5〜4科目　①外（200）▶英（リスニング〈40〉を含む）　②③数（200）▶「数Ⅰ・数Ａ」・「数Ⅱ・数Ｂ」　④⑤理（200）▶「物基・化基・生基から２」・物・化・生から１
［個別試験］　行わない。
【動物応用科学科】　4〜3科目　①外（200）▶英（リスニング〈40〉を含む）　②数（100）▶「数Ⅰ・数Ａ」・「数Ⅱ・数Ｂ」から１　③④理（200）▶「物基・化基・生基から２」・物・化・生から１
［個別試験］　行わない。

生命・環境科学部

一般入試（第Ⅰ期Ａ日程）　3〜2科目　①②外・数・理（100×2）▶「コミュ英Ⅰ・コミュ英Ⅱ・コミュ英Ⅲ・英表Ⅰ・英表Ⅱ」・「数Ⅰ・数Ⅱ・数Ａ」・「化基・化」・「生基・生」から２
一般入試（第Ⅰ期Ｂ・Ｃ日程／第Ⅱ期）　第Ⅰ期Ａ日程と同じ
一般入試（第Ⅰ期Ｅ日程）　1科目　①総合問題（200）▶生物（生基），化学（化基），数学（数Ⅰ・数Ⅱ〈指数関数と対数関数のみ〉・数Ａ〈場合〉）および英語（コミュ英Ⅰ・コミュ英Ⅱ・英表Ⅰ）の基礎的な知識と理解を問う総合問題（問題は，例えば，共通テストに出題されたような課題文章に対する理解力，図表を読み解く力，基礎的な科学文章に対する理解力も問う）
共通テスト利用入試（第Ⅰ期・第Ⅱ期）　3〜2科目　①②③外・数・理（200×2）▶英（リーディング）・「〈数Ⅰ・数Ａ〉・〈数Ⅱ・数Ｂ〉から１」・「〈物基・化基・生基・地学基から２〉・物・化・生・地学から１」から２
［個別試験］　行わない。

その他の選抜

推薦入試（公募）は獣医学科28名，動物応用科学科25名，臨床検査技術学科20名，食品生命科学科25名，環境科学科25名を，総合型選抜入試は動物応用科学科15名，臨床検査技術学科若干名，食品生命科学科15名，環境科学科15名を募集。ほかに獣医学科卒業生後継者特別入試，卒業生子女等特別入試，縁結び入試（島根県特別入試），地域枠産業動物獣医師育成特別入試，指定校推薦特別入試，麻布大学附属高等学校生特別入試，帰国生特別入試，社会人特別入試，学士特別入試，外国人特別入試を実施。

偏差値データ（2023年度）

●一般入試（Ⅰ期）

学部／学科	2023年度 駿台予備学校 合格目標ライン	2023年度 河合塾 ボーダー偏差値	2022年度 競争率
▶獣医学部			
獣医	54	57.5〜60	4.9
動物応用科	42	37.5	1.5
▶生命・環境科学部			
臨床検査技術	44	37.5	1.6
食品生命科	42	BF	1.1
環境科	41	35	1.2

●駿台予備学校合格目標ラインは合格可能性80％に相当する駿台模試の偏差値です。
●河合塾ボーダー偏差値は合格可能性50％に相当する河合塾全統模試の偏差値です。
●競争率は受験者÷合格者の実質倍率
※2022年度の競争率はⅠ期全体の実績です。ただし，獣医学科は１方式のみ。

KU 神奈川（かながわ）大学

資料請求

問合せ先　入試センター　☎045-481-5857

建学の精神

「質実剛健・積極進取・中正堅実」を建学の精神として，1928（昭和３）年に創設された「横浜学院」が前身。「教育は人を造るにあり」という創立者・米田吉盛の想いは，今も熱く受け継がれ，「人をつくる大学」「成長支援第一主義」を掲げ，学問による人間形成を何より重視し，学生たちの成長をサポートする環境を整備。2021年のみなとみらいキャンパスの開設に続き，2023年には理工系学部を５学部に再編し，横浜キャンパスに集結するなど，「世界が広がる総合大学」「学びが楽しくなる学修サポート」「学生第一で考える充実の学生支援」「国際感覚を養うグローバルな環境」「未来を拓くキャリア・就職支援」の５つを特色に，「自分らしく生きる」確かな力を身につけ，未来への第一歩を踏み出せるように，全力でサポートしている。

- 横浜キャンパス……………………〒221-8686　神奈川県横浜市神奈川区六角橋3-27-1
- みなとみらいキャンパス……〒220-8739　神奈川県横浜市西区みなとみらい4-5-3

基本データ

学生数▶17,354名（男12,017名，女5,337名）
専任教員数▶教授264名，准教授149名，助教79名
設置学部▶法，経済，経営，外国語，国際日本，人間科，理，工，化学生命，情報，建築
併設教育機関▶大学院—法学・経済学・経営学・外国語学・人間科学・理学・工学・歴史民俗資料学（以上M・D）

就職・卒業後の進路

就職率 **95.6**％
就職者÷希望者×100

● **就職支援**　人事担当者から直接話を聞ける業界研究フェアから業界セミナー，人気の就活ゼミ，例年1,000社以上が参加する学内企業セミナーまで，就活イベントや講座が満載。個性を生かせる就職を実現するため，入学直後からキャリア教育を実施している。

● **資格取得支援**　公務員試験講座をはじめ，人気のITパスポート，行政書士，宅地建物取引士など，時代が求める約30の資格取得講座をオンラインで開講。受講料もリーズナブルで，空き時間の有効利用が夢へとつなげている。教職や学芸員など４つの課程も設置。

進路指導者も必見　学生を伸ばす　面倒見

初年次教育
少人数の演習で，レポートの書き方やプレゼン手法・情報リテラシーなどの大学での基礎を学ぶ「EYS（First Year Seminar）」や「神奈川大学の歴史」「文章表現基礎演習」「コンピュータ概論」「キャリアデザイン」などを開講

学修サポート
TA・SA制度，オフィスアワー制度を全学部で導入。また，例年４月に先輩学生が新入生を対象にアスクカウンターを開設し，履修の組み立て方などをアドバイスしている。さらに，文章表現などの学習相談に応じる教育支援センターを設置

オープンキャンパス（2022年度実績）　初夏のオープンキャンパスを６月と７月に開催したほか，夏のオープンキャンパスを８月６・７日（横浜C），20日（みなとみらいC）に実施。保護者向けのガイダンスも行っている。

文系学部
2022年３月卒業生
2,965人

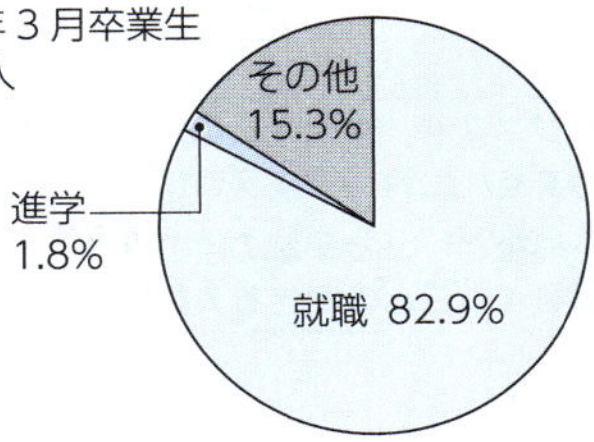

理系学部
2022年３月卒業生
1,117人

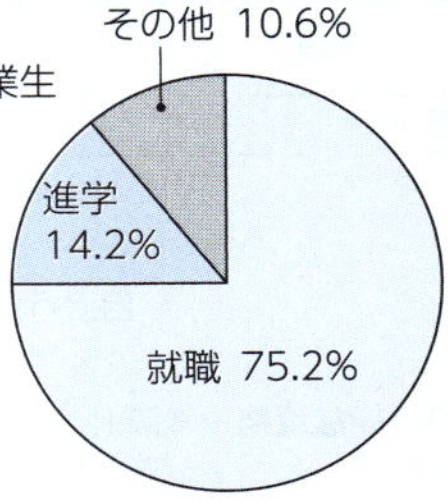

主なOB・OG▶［法］熊田裕通（衆議院議員），［経済］肥田幸春（FJネクスト社長），［経済］鈴木健吾（マラソン日本記録保持者），［人間科］伊東純也（プロサッカー選手），［工］粕谷智浩（千葉県袖ケ浦市長）など。

国際化・留学　大学間 197 大学・部局間 16 大学

受入れ留学生数▶339名（2022年５月１日現在）

留学生の出身国・地域▶中国，台湾，韓国，ベトナム，ドイツなど。

外国人専任教員▶教授14名，准教授18名，助教13名（2022年５月１日現在）

外国人専任教員の出身国▶中国，アメリカ，韓国，オーストラリア，スペインなど。

大学間交流協定▶197大学（交換留学先161大学，2022年９月１日現在）

部局間交流協定▶16大学（交換留学先３大学，2022年９月１日現在）

海外への留学生数▶渡航型15名・オンライン型67名／年（11カ国・地域，2021年度）

海外留学制度▶派遣交換留学や夏季・春季の推薦語学研修，経営学部の中長期留学プログラムやSAプログラム，外国語学部のGEC・SEAプログラムなど，期間や費用，目的に合わせた多彩な制度を用意。例年，世界の９都市で海外インターンシップも実施している。

学費・奨学金制度　給付型奨学金総額 年間約 2億3,712万円

入学金▶200,000円

年間授業料（施設費等を除く）▶690,000円～（詳細は巻末資料参照）

年間奨学金総額▶237,115,500円

年間奨学金受給者数▶624人

主な奨学金制度▶給費生試験の成績によって採用を決める「給費生制度」は，４年間で最大880万円を給付。このほか，「修学支援奨学金」「学業成績優秀者奨学金」など充実の奨学金制度を揃えている。また学費減免制度もあり，2021年度には263人を対象に，総額で約6,561万円を減免している。

保護者向けインフォメーション

● **ガイドブック**　新入生の保護者に「保護者のための神奈川大学サポートガイド」を配布。

● **成績確認**　学業成績通知表を送付している。

● **懇談会**　「保護者説明・懇談会」を各キャンパスと全国各地で開催し，学生生活・学修・就職について，さまざまな情報を提供している。

● **防災対策**　「大地震対応マニュアル」を入学時に配布およびHPに公開（学内にも常設）。災害時は「神奈川大学WeBSt@tion安否確認システム」などを利用して学生の状況を把握する。

● **コロナ対策１**　ワクチンの職域接種を実施。感染状況に応じた５段階のBCP（行動指針）を設定している。「コロナ対策２」（下段）あり。

インターンシップ科目	必修専門ゼミ	卒業論文	GPA制度の導入の有無および活用例	１年以内の退学率	標準年限での卒業率
全学部で開講している	国際経営・歴史民俗で２～４年次，国際文化交流で２・３年次，中国語で３・４年次，人間科で１～４年次，理・工学部で４年次に実施	経営・外国語（中国語）・国際日本（歴史民俗）・人間科・理・工・建築は卒業要件	奨学金対象者選定・退学勧告基準，留学候補者選考のほか，学部により，大学院入試選抜，個別学修指導，履修上限単位数の設定に活用	0.9%	79.9%

● **コロナ対策２**　HP上に新型コロナウイルス感染症特設サイトを立ち上げ，情報提供を行っているほか，緊急対策本部会議で定期的に対策を検討している。経済的支援として，「緊急支援授業料減免制度」を実施した。

学部紹介

学部／学科	定員	特色
法学部		
法律	400	▷法律職，ビジネス法，現代社会の３コースで，リーガルマインドを修得する。公務員養成プログラムも設置。
自治行政	200	▷環境・防災・福祉といった領域の学びを深め，持続可能な地域づくりに献身することのできる人材を育成する。
●取得可能な資格…教職（公・社），学芸員など。 ●進路状況…………就職83.1％　進学1.2％ ●主な就職先………厚生労働省，財務省東京税関，横浜市役所，ソニーミュージック，静岡銀行など。		
経済学部		
経済	650	▷〈現代経済専攻580名，経済分析専攻70名〉現代経済専攻では経済学的視点から，経済分析専攻では政策分析やデータ処理の視点から世の中の諸問題に挑む。
現代ビジネス	300	▷貿易・国際ビジネス，経営・マーケティング，企業・会計の３コース。マーケティングを重視したカリキュラムを編成。
●取得可能な資格…教職（地歴・公・社・商業），学芸員など。 ●進路状況…………就職82.0％　進学1.1％ ●主な就職先………横浜銀行，野村證券，フジパングループ本社，田辺三菱製薬，神奈川県庁など。		
経営学部		
国際経営	530	▷経営をリアルに学ぶとともに，外国語や情報・メディア教育，デザイン経営にも力を入れ，国際感覚と経営に必要なスキルを養成する。独自プログラムによる海外留学を実施。
●取得可能な資格…教職（公・社），学芸員など。 ●進路状況…………就職86.1％　進学1.6％ ●主な就職先………日本発条，良品計画，大塚商会，東日本旅客鉄道，ホンダロジスティクスなど。		
外国語学部		
英語英文	200	▷IES（Integrated English Studies）プログラム（160名）とGEC（Global English Communication）プログラム（40名）を設置。GECプログラムは２年次に１学期間の留学を経験。
スペイン語	90	▷言語文化，地域文化の２コース。スペイン語圏の文化や歴史，社会や国際関係などに関する授業を数多く展開。
中国語	60	▷言語，社会文化の２コース。中国の社会や文化に精通し，日中の経済文化交流の場で力を発揮できる人材を育成する。
●取得可能な資格…教職（英・中），学芸員など。 ●進路状況…………就職80.8％　進学3.0％ ●主な就職先………本田技研工業，日産トレーデイング，イケア・ジャパン，タカラレーベンなど。		
国際日本学部		
国際文化交流	170	▷文化交流，観光文化，言語・メディア，国際日本学の４コース。外国語の実践的能力を鍛えながら，世界と日本の文化や歴史を研究し，文化を超えて伝えるスキルを身につける。
日本文化	60	▷日本語学，日本文学，文化・表象の３分野の学びを通して，多文化の共生に貢献できる人材を育成する。
歴史民俗	70	▷グローバルな視点から歴史，民俗，文化創生を学び，街おこしや地域振興のキーパーソンとなる人材を育成する。

キャンパスアクセス［横浜キャンパス］東急東横線―白楽または東白楽より徒歩13分／JR・私鉄・地下鉄各線―横浜よりバス14分／横浜市営地下鉄―片倉町よりバス６分

● **取得可能な資格**…教職（国・地歴・社），学芸員など。 ● **主な就職先**………JALスカイ，クラブツーリズム，鴻池運輸，ECCなど（国際文化交流学科実績）。		
人間科学部		
人間科	300	▷心理発達，スポーツ健康，人間社会の３コース。人間を「こころ」と「からだ」の両面から理解するとともに，人間が形成する「社会」の仕組みについても考察する。
● **取得可能な資格**…教職（地歴・公・社・保体），学芸員など。 ● **進路状況**…………就職83.4%　進学3.7% ● **主な就職先**………横浜市教育委員会，川崎市役所，三菱総研DCS，LIXIL住宅研究所，鈴与など。		
理学部		
理	275	▷2023年度より，従来の４学科１プログラム制から１学科６コース制に改組。受験時に所属するコースを選択するが，他分野の科目も自由に履修可能。数学コース（40名）では，純粋数学も応用数学も学ぶことができる。物理コース（40名）では，力学，量子力学，電磁気学，熱・統計力学の物理学の４本柱を基礎からしっかり学ぶ。化学コース（70名）は実験・演習が充実。生物コース（70名）は，自然豊かな神奈川全体をフィールドとして学ぶ。地球環境科学コース（30名）は，地球の未来環境を考えるコース。総合理学コース（25名）では，理学のさまざまな分野を学ぶことが可能。
● **取得可能な資格**…教職（数・理），学芸員など。 ● **進路状況**…………就職75.4%　進学10.9% ● **主な就職先**………富士通，LIXIL，矢崎総業，東海旅客鉄道，Sky，リコージャパン，NSDなど。		
工学部		
機械工	145	▷「機械技術と人間，社会，環境」との調和に配慮したモノづくりで，新時代を切り拓くスペシャリストを育成する。
電気電子情報工	145	▷「電気・電子・情報・通信」を総合的に学べる環境で，「夢の道具」「未来の道具」を生み出す次世代の技術者を育成する。
経営工	90	▷グローバルエンジニア，経営デザイン，社会デザインの３つの選択科目群を配置し，「人，そして環境にもやさしい」社会をデザインする人材を育成する。
応用物理	60	▷NEW! '23年新設。データサイエンス，宇宙観測，ナノサイエンスの３つのプログラムを用意。応用物理分野の世界を知ることで，さまざまな課題の本質を見抜く力を身につける。
● **取得可能な資格**…教職（数・理・情・工業），学芸員など。 ● **進路状況**…………就職75.1%　進学15.6% ● **主な就職先**………SUBARU，マツダ，キヤノン，セイコーエプソン，凸版印刷，楽天グループなど。		
建築学部		
建築	200	▷建築学系（120名）と都市生活学系（80名）を設置し，構造，環境，デザイン，住生活創造，まち再生の５コース制を採用。暮らしの中にあるすべてを「建築」ととらえ，人々の暮らしをより豊かにするあらゆる建築の専門家を育成する。
● **取得可能な資格**…教職（工業），学芸員，１・２級建築士受験資格など。 ● **主な就職先**………大林組，熊谷組，長谷工コーポレーション，森ビルなど（旧工学部建築学科実績）。		
化学生命学部		
応用化	110	▷NEW! '23年新設。現代社会に役立つ科学技術を身につけ，安全で快適な生活や社会に貢献できる力を養う。

キャンパスアクセス [みなとみらいキャンパス] みなとみらい線―新高島より徒歩4分，みなとみらいより徒歩6分／JR・私鉄・地下鉄―横浜より徒歩11分／JR京浜東北線・根岸線，横浜市営地下鉄―桜木町より徒歩12分

生命機能	80	▷NEW! '23年新設。遺伝子，タンパク質，動植物生理学など，生命現象や生体機能について生命科学の視点から学ぶ。
●取得可能な資格…教職（理），学芸員など。		
情報学部		
計算機科	80	▷NEW! '23年新設。計算機科学の知識を基盤に，柔軟な応用力を養う。世界標準の情報教育のカリキュラムを採用。
システム数理	80	▷NEW! '23年新設。モデリングを通して社会の現象を正しく理解して問題解決する力と，それを伝える表現力を養う。
先端情報領域プログラム	40	▷NEW! '23年新設。ビッグデータの利活用を通じて，社会に役立つプログラムやシステムを考えられる人材を育成。
●取得可能な資格…教職（数・情），学芸員など。		

キャンパス

法・経済・人間科・理・工・化学生命・情報・建築……［横浜キャンパス］神奈川県横浜市神奈川区六角橋3-27-1

経営・外国語・国際日本……［みなとみらいキャンパス］神奈川県横浜市西区みなとみらい4-5-3

2023年度入試要項（前年度実績）

●募集人員

学部／学科（専攻・学系・コース）	前期A	前期B	前期C	後期
▶法 法律	160	—	20	20
自治行政	80	—	10	10
▶経済 経済（現代経済）	230	—	17	30
（経済分析）	26	3	3	3
現代ビジネス	124	10	10	15
▶経営 国際経営	180	40	20	20
▶外国語 英語英文（IESプログラム）	52	12	8	8
（GECプログラム）	14	—	—	—
スペイン語	20	15	5	5
中国語	20	—	5	4
▶国際日本 国際文化交流	60	10	10	10
日本文化	25	3	3	3
歴史民俗	27	4	4	3
▶人間科 人間科	110	—	15	15
▶理 理（数学）	8	3	3	3
（物理）	8	3	3	3
（化学）	15	8	3	3
（生物）	13	10	3	3
（地球環境科学）	5	2	2	2
（総合理学）	5	2	2	2
▶工 機械工	35	5	5	10
電気電子情報工	35	5	5	10
経営工	20	5	5	5
応用物理	13	4	5	4
▶建築 建築（建築）	33	—	8	5
（都市生活）	24	—	5	3
▶化学生命 応用化	26	7	7	4
生命機能	20	4	4	4
▶情報 計算機科	18	8	3	4
システム数理	21	—	5	5
先端情報領域プログラム	10	—	3	3

※一般入試前期Ａ方式・後期は３科目型，Ｂ方式は得意科目型，Ｃ方式は共通テスト併用型。

▷共通テストの「英語」はリーディング・リスニング各100点で，一般前期Ｃ方式（共通テスト併用）では，200点満点を各学部学科・専攻・プログラム・学系・コースの配点に換算する。

法学部

一般入試前期Ａ方式・後期 3科目 ①国（100）▶国総（漢文を除く） ②外（100）▶コミュ英Ⅰ・コミュ英Ⅱ・英表Ⅰ ③地歴・公民（100）▶世Ｂ・日Ｂ・地理Ｂ・政経から１，ただし前期Ａ方式２月７日は地理Ｂの選択不可

一般入試前期Ｃ方式（共通テスト併用型）

〈共通テスト科目〉 2科目 ①外（100）▶英（リスニングを含む） ②国・数（100）▶国（近代）・「数Ⅰ・数Ａ」・「数Ⅱ・数Ｂ」から１

〈個別試験科目〉 1科目 ①国・地歴・公民（100）▶国総（漢文を除く）・世Ｂ・日Ｂ・政経から１

経済学部

一般入試前期Ａ方式・後期　3科目　①国(100)▶国総(漢文を除く)　②外(100)▶コミュ英Ⅰ・コミュ英Ⅱ・英表Ⅰ　③**地歴・公民・数**(100)▶世Ｂ・日Ｂ・地理Ｂ・政経・「数Ⅰ・数Ⅱ・数Ａ」から１，ただし前期Ａ方式２月７日は地理Ｂの選択不可，また経済学科経済分析専攻は数学指定

一般入試前期Ｂ方式　**【経済学科(経済分析専攻)】**　2科目　①**数**(150)▶数Ⅰ・数Ⅱ・数Ａ　②**国・外**(100)▶国総(漢文を除く)・「コミュ英Ⅰ・コミュ英Ⅱ・英表Ⅰ」から１

【現代ビジネス学科】　2科目　①②**国・外・「地歴・公民・数」**(100×2)▶国総(漢文を除く)・「コミュ英Ⅰ・コミュ英Ⅱ・英表Ⅰ」・「世Ｂ・日Ｂ・政経・〈数Ⅰ・数Ⅱ・数Ａ〉から１」から２

一般入試前期Ｃ方式(共通テスト併用型)
【経済学科(現代経済専攻)・現代ビジネス学科】〈共通テスト科目〉　3〜2科目　①**外**(100)▶英(リスニングを含む)・独・仏・中・韓から１　②③**国・理**(100)▶国(近代)・「物基・化基・生基・地学基から２」・物・化・生・地学から１

〈個別試験科目〉　1科目　①**地歴・公民・数**(100)▶世Ｂ・日Ｂ・政経・「数Ⅰ・数Ⅱ・数Ａ」から１

【経済学科(経済分析専攻)】〈共通テスト科目〉　3〜2科目　①**外**(100)▶英(リスニングを含む)・独・仏・中・韓から１　②③**国・地歴・公民・理**(100)▶国(近代)・世Ｂ・日Ｂ・地理Ｂ・現社・倫・政経・「倫・政経」・「物基・化基・生基・地学基から２」・物・化・生・地学から１

〈個別試験科目〉　1科目　①**数**(100)▶数Ⅰ・数Ⅱ・数Ａ

経営学部

一般入試前期Ａ方式・後期　3科目　①国(100)▶国総(漢文を除く)　②**外**(150)▶コミュ英Ⅰ・コミュ英Ⅱ・英表Ⅰ　③**地歴・公民・数**(100)▶世Ｂ・日Ｂ・地理Ｂ・政経・「数Ⅰ・数Ⅱ・数Ａ」から１，ただし前期Ａ方式２月７日は地理Ｂの選択不可

一般入試前期Ｂ方式　2科目　①②**国・外・「地歴・公民・数」**(100×2)▶国総(漢文を除く)・「コミュ英Ⅰ・コミュ英Ⅱ・英表Ⅰ」・「世Ｂ・日Ｂ・政経・〈数Ⅰ・数Ⅱ・数Ａ〉から１」から２

一般入試前期Ｃ方式(共通テスト併用型)
〈共通テスト科目〉　2〜1科目　①②**国・地歴・公民・数・理**(100)▶国(近代)・世Ｂ・日Ｂ・地理Ｂ・現社・倫・政経・「倫・政経」・数Ⅰ・「数Ⅰ・数Ａ」・数Ⅱ・「数Ⅱ・数Ｂ」・簿・情・「物基・化基・生基・地学基から２」・物・化・生・地学から１

〈個別試験科目〉　1科目　①**外**(100)▶コミュ英Ⅰ・コミュ英Ⅱ・英表Ⅰ

外国語学部

一般入試前期Ａ方式・後期　3科目　①国(100)▶国総(漢文を除く)　②**外**(英語英文・スペイン語150，中国語100)▶コミュ英Ⅰ・コミュ英Ⅱ・英表Ⅰ　③**地歴・公民**(100)▶世Ｂ・日Ｂ・地理Ｂ・政経から１，ただし前期Ａ方式２月７日は地理Ｂの選択不可
※英語英文学科の後期はIESプログラムのみ実施。

一般入試前期Ｂ方式　**【英語英文学科〈IESプログラム〉】**　2科目　①**国**(100)▶国総(漢文を除く)　②**外**(300)▶コミュ英Ⅰ・コミュ英Ⅱ・英表Ⅰ

【スペイン語学科】　2科目　①**外**(150)▶コミュ英Ⅰ・コミュ英Ⅱ・英表Ⅰ　②**国・地歴・公民**(100)▶国総(漢文を除く)・世Ｂ・日Ｂ・政経から１

一般入試前期Ｃ方式(共通テスト併用型)
【英語英文学科〈IESプログラム〉・中国語学科】〈共通テスト科目〉　3〜2科目　①②③**国・外・「地歴・公民」・数・理**(100×2)▶国(近代)・「英(リスニングを含む)・独・仏・中・韓から１」・「世Ｂ・日Ｂ・地理Ｂ・現社・倫・政経・〈倫・政経〉から１」・「数Ⅰ・〈数Ⅰ・数Ａ〉・数Ⅱ・〈数Ⅱ・数Ｂ〉・簿・情から１」・「〈物基・化基・生基・地学基から２〉・物・化・生・地学から１」から２，ただし英語英文学科で外国語を選択する場合は英指定

〈個別試験科目〉　1科目　①**外**(英語英文150・中国語100)▶コミュ英Ⅰ・コミュ英Ⅱ・英表Ⅰ

【スペイン語学科】〈共通テスト科目〉　2〜1科目　①②**国・外・地歴・公民・数・理**

(100)▶国(近代)・英(リスニングを含む)・世B・日B・地理B・現社・倫・政経・「倫・政経」・数Ⅰ・「数Ⅰ・数A」・数Ⅱ・「数Ⅱ・数B」・簿・情・「物基・化基・生基・地学基から2」・物・化・生・地学から1

〈個別試験科目〉 1科目 ①外(150)▶コミュ英Ⅰ・コミュ英Ⅱ・英表Ⅰ

国際日本学部

一般入試前期A方式・後期 3科目 ①国(国際文化交流・歴史民俗100, 日本文化150)▶国総(漢文を除く) ②外(国際文化交流150, 日本文化・歴史民俗100)▶コミュ英Ⅰ・コミュ英Ⅱ・英表Ⅰ ③地歴・公民(国際文化交流・日本文化100, 歴史民俗150)▶世B・日B・地理B・政経から1, ただし前期A方式2月7日は地理Bの選択不可

一般入試前期B方式 【国際文化交流学科】 2科目 ①外(150)▶コミュ英Ⅰ・コミュ英Ⅱ・英表Ⅰ ②国・地歴・公民(100)▶国総(漢文を除く)・世B・日B・政経から1

【日本文化学科】 2科目 ①国(150)▶国総(漢文を除く) ②地歴(100)▶日B

【歴史民俗学科】 2科目 ①②国・外・「地歴・公民」(100×2)▶国総(漢文を除く)・「コミュ英Ⅰ・コミュ英Ⅱ・英表Ⅰ」・「世B・日B・政経から1」から2

一般入試前期C方式(共通テスト併用型)

【国際文化交流学科】〈共通テスト科目〉 3～2科目 ①②③国・外・「地歴・公民」・数・理(100×2)▶国(近代)・英(リスニングを含む)・「世B・日B・地理B・現社・倫・政経・〈倫・政経〉から1」・「数Ⅰ・〈数Ⅰ・数A〉・数Ⅱ・〈数Ⅱ・数B〉・簿・情から1」・「〈物基・化基・生基・地学基から2〉・物・化・生・地学から1」から2

〈個別試験科目〉 1科目 ①外(150)▶コミュ英Ⅰ・コミュ英Ⅱ・英表Ⅰ

【日本文化学科】〈共通テスト科目〉 2科目 ①外(100)▶英(リスニングを含む)・独・仏・中・韓から1 ②地歴・公民(100)▶世B・日B・地理B・現社・倫・政経・「倫・政経」から1

〈個別試験科目〉 1科目 ①国(150)▶国総(漢文を除く)

【歴史民俗学科】〈共通テスト科目〉 3～2科目 ①②③国・外・数・理(100×2)▶国・「英(リスニングを含む)・独・仏・中・韓から1」・「数Ⅰ・〈数Ⅰ・数A〉・数Ⅱ・〈数Ⅱ・数B〉・簿・情から1」・「〈物基・化基・生基・地学基から2〉・物・化・生・地学から1」から2

〈個別試験科目〉 1科目 ①地歴・公民(100)▶世B・日B・政経から1

人間科学部

一般入試前期A方式・後期 3科目 ①国(100)▶国総(漢文を除く) ②外(100)▶コミュ英Ⅰ・コミュ英Ⅱ・英表Ⅰ ③地歴・公民・数(100)▶世B・日B・地理B・政経・「数Ⅰ・数Ⅱ・数A」から1, ただし前期A方式2月7日は地理Bの選択不可

一般入試前期C方式(共通テスト併用型)

〈共通テスト科目〉 3～2科目 ①②③国・外・「地歴・公民」・数・理(100×2)▶国(近代)・「英(リスニングを含む)・独・仏・中・韓から1」・「世B・日B・地理B・現社・倫・政経・〈倫・政経〉から1」・「数Ⅰ・〈数Ⅰ・数A〉・数Ⅱ・〈数Ⅱ・数B〉・簿・情から1」・「〈物基・化基・生基・地学基から2〉・物・化・生・地学から1」から2

〈個別試験科目〉 1科目 ①国・外(100)▶国総(漢文を除く)・「コミュ英Ⅰ・コミュ英Ⅱ・英表Ⅰ」から1

理学部

一般入試前期A方式・後期 【数学コース・物理コース・化学コース・地球環境科学コース・総合理学コース】 3科目 ①外(100)▶コミュ英Ⅰ・コミュ英Ⅱ・英表Ⅰ ②数(150)▶数Ⅰ・数Ⅱ・数Ⅲ・数A・数B(確率を除く) ③理(100)▶「物基・物」・「化基・化」・「生基・生」から1, ただし前期A方式2月7日は生基・生の選択不可

【生物コース】 3科目 ①外(100)▶コミュ英Ⅰ・コミュ英Ⅱ・英表Ⅰ ②理(100)▶「物基・物」・「化基・化」・「生基・生」から1, ただし前期A方式2月7日は生基・生の選択不可 ③国・数(100)▶国総(漢文を除く)・「数Ⅰ・数Ⅱ・数A・数B(確率を除く)」から1

一般入試前期B方式 【数学コース・物理コース】 2科目 ①数(150)▶数Ⅰ・数Ⅱ・数Ⅲ・数

A・数Ｂ(確率を除く)　②**理**(数学100・物理150)▶[数学コース]―「物基・物」・「化基・化」・「生基・生」から1，[物理コース]―物基・物

【化学コース・生物コース・地球環境科学コース】 **2科目**　①**理**(150)▶[化学コース]―化基・化，[生物コース]―生基・生，[地球環境科学コース]―「物基・物」・「化基・化」・「生基・生」から1　②**外・数**(100)▶「コミュ英Ⅰ・コミュ英Ⅱ・英表Ⅰ」・「数Ⅰ・数Ⅱ・数Ａ・数Ｂ(確率を除く)」から1

【総合理学コース】 **2科目**　①②**外・理・「国・数」**(150×2)▶「コミュ英Ⅰ・コミュ英Ⅱ・英表Ⅰ」・「〈物基・物〉・〈化基・化〉・〈生基・生〉から1」・「国総(漢文を除く)・〈数Ⅰ・数Ⅱ・数Ⅲ・数Ａ・数Ｂ(確率を除く)〉から1」から2

一般入試前期Ｃ方式(共通テスト併用型)

【数学コース・物理コース】〈共通テスト科目〉 **2科目**　①**数**(100)▶「数Ⅰ・数Ａ」・「数Ⅱ・数Ｂ」から1　②**外・理**(100)▶英(リスニングを含む)・物・化・生・地学から1

〈個別試験科目〉 **1科目**　①**数・理**(150)▶「数Ⅰ・数Ⅱ・数Ⅲ・数Ａ・数Ｂ(確率を除く)」・「物基・物」から1

【化学コース・地球環境科学コース】〈共通テスト科目〉 **2科目**　①**理**(100)▶物・化・生・地学から1　②**外・数**(100)▶英(リスニングを含む)・「数Ⅰ・数Ａ」・「数Ⅱ・数Ｂ」から1

〈個別試験科目〉 **1科目**　①**理**(100)▶[化学コース]―化基・化，[地球環境科学コース]―「物基・物」・「化基・化」・「生基・生」から1

【生物コース】〈共通テスト科目〉 **2科目**　①**外**(100)▶英(リスニングを含む)　②**国・数・理**(100)▶国(近代)・「数Ⅰ・数Ａ」・「数Ⅱ・数Ｂ」・物・化・生・地学から1

〈個別試験科目〉 **1科目**　①**理**(150)▶生基・生

【総合理学コース】〈共通テスト科目〉 **3〜2科目**　①**外**(100)▶英(リスニングを含む)　②③**数・理**(100)▶「数Ⅰ・数Ａ」・「数Ⅱ・数Ｂ」・「物基・化基・生基・地学基から2」・物・化・生・地学から1

〈個別試験科目〉 **1科目**　①**数・理**(150)▶「数Ⅰ・数Ⅱ・数Ⅲ・数Ａ・数Ｂ(確率を除く)」・「物基・物」・「化基・化」・「生基・生」から1

工学部

一般入試前期Ａ方式・後期　**3科目**　①**外**(100)▶コミュ英Ⅰ・コミュ英Ⅱ・英表Ⅰ　②**数**(150)▶数Ⅰ・数Ⅱ・数Ⅲ・数Ａ・数Ｂ(確率を除く)　③**理**(100)▶「物基・物」・「化基・化」から1

一般入試前期Ｂ方式　**【機械工学科・電気電子情報工学科・経営工学科】** **2科目**　①**数**(150)▶数Ⅰ・数Ⅱ・数Ⅲ・数Ａ・数Ｂ(確率を除く)　②**外・理**(100)▶「コミュ英Ⅰ・コミュ英Ⅱ・英表Ⅰ」・「物基・物」から1

【応用物理学科】 **2科目**　①**数**(150)▶数Ⅰ・数Ⅱ・数Ⅲ・数Ａ・数Ｂ(確率を除く)　②**理**(150)▶物基・物

一般入試前期Ｃ方式(共通テスト併用型)

【機械工学科・電気電子情報工学科】〈共通テスト科目〉 **3〜2科目**　①②③**国・外・理**(150×2)▶国(近代)・英(リスニングを含む)・「〈物基・化基〉・物・化から1」から2

〈個別試験科目〉 **1科目**　①**数**(150)▶数Ⅰ・数Ⅱ・数Ⅲ・数Ａ・数Ｂ(確率を除く)

【経営工学科】〈共通テスト科目〉 **2〜1科目**　①②**国・外・理**(150)▶国(近代)・英(リスニングを含む)・「物基・化基・生基・地学基から2」・物・化・生・地学から1

〈個別試験科目〉 **1科目**　①**数**(150)▶数Ⅰ・数Ⅱ・数Ⅲ・数Ａ・数Ｂ(確率を除く)

【応用物理学科】〈共通テスト科目〉 **3〜2科目**　①**国・外**(150)▶国(近代)・英(リスニングを含む)から1　②③**理**(150)▶「物基・化基」・物・化から1

〈個別試験科目〉 **1科目**　①**数**(150)▶数Ⅰ・数Ⅱ・数Ⅲ・数Ａ・数Ｂ(確率を除く)

建築学部

一般入試前期Ａ方式・後期　**【建築学系・都市生活学系(理系型)】** **3科目**　①**外**(100)▶コミュ英Ⅰ・コミュ英Ⅱ・英表Ⅰ　②**数**(150)▶数Ⅰ・数Ⅱ・数Ⅲ・数Ａ・数Ｂ(確率を除く)　③**理**(100)▶「物基・物」・「化基・化」から1

【都市生活学系(文系型)】 **3科目**　①**国**(100)▶国総(漢文を除く)　②**外**(100)▶コミュ英Ⅰ・コミュ英Ⅱ・英表Ⅰ　③**地歴・公民・数**(100)▶世Ｂ・日Ｂ・地理Ｂ・政経・「数Ⅰ・数

Ⅱ・数A」から１，ただし前期Ａ方式２月７日は地理Ｂの選択不可

一般入試前期Ｃ方式(共通テスト併用型)

【建築学系・都市生活学系(理系型)】〈共通テスト科目〉 3~2科目 ①②③国・外・理(150×2)▶国(近代)・英(リスニングを含む)・「〈物基・化基・生基・地学基から２〉・物・化・生・地学から１」から２

〈個別試験科目〉 1科目 ①数(150)▶数Ⅰ・数Ⅱ・数Ⅲ・数A・数Ｂ(確率を除く)

【都市生活学系(文系型)】〈共通テスト科目〉 3~2科目 ①②③国・外・理(150×2)▶国(近代)・英(リスニングを含む)・「〈物基・化基・生基・地学基から２〉・物・化・生・地学から１」から２

〈個別試験科目〉 1科目 ①地歴・公民(100)▶世Ｂ・日Ｂ・政経から１

化学生命学部

一般入試前期Ａ方式・後期 3科目 ①外(100)▶コミュ英Ⅰ・コミュ英Ⅱ・英表Ⅰ ②理(100)▶「物基・物」・「化基・化」・「生基・生」から１，ただし前期Ａ方式２月７日は生基・生の選択不可 ③国・数(100)▶国総(漢文を除く)・「数Ⅰ・数Ⅱ・数A・数Ｂ(確率を除く)」から１

一般入試前期Ｂ方式 2科目 ①理(100)▶[応用化学科] 一化基・化，[生命機能学科] 一「化基・化」・「生基・生」から１ ②国・外・数(100)▶国総(漢文を除く)・「コミュ英Ⅰ・コミュ英Ⅱ・英表Ⅰ」・「数Ⅰ・数Ⅱ・数A・数Ｂ(確率を除く)」から１

一般入試前期Ｃ方式(共通テスト併用型)

〈共通テスト科目〉 3~2科目 ①②③国・外・数・理(100×2)▶国(近代)・英(リスニングを含む)・「〈数Ⅰ・数A〉・〈数Ⅱ・数Ｂ〉から１」・「〈物基・化基・生基・地学基から２〉・物・化・生・地学から１」から２

〈個別試験科目〉 1科目 ①理(100)▶「化基・化」・「生基・生」から１

情報学部

一般入試前期Ａ方式・後期 3科目 ①外(100)▶コミュ英Ⅰ・コミュ英Ⅱ・英表Ⅰ ②数(150)▶数Ⅰ・数Ⅱ・数Ⅲ・数A・数Ｂ(確率を除く) ③理(100)▶[計算機科学科] 一「物基・物」・「化基・化」・「生基・生」から１，ただし前期Ａ方式２月７日は生基・生の選択不可，[システム数理学科・先端情報領域プログラム] 一「物基・物」・「化基・化」から１

一般入試前期Ｂ方式 【計算機科学科】 2科目 ①数(150)▶数Ⅰ・数Ⅱ・数A・数Ｂ(確率を除く) ②外・理(100)▶「コミュ英Ⅰ・コミュ英Ⅱ・英表Ⅰ」・「物基・物」・「化基・化」・「生基・生」から１

一般入試前期Ｃ方式(共通テスト併用型)

【計算機科学科】〈共通テスト科目〉 1科目 ①国・外・理(100)▶国(近代)・英(リスニングを含む)・物・化・生・地学から１

〈個別試験科目〉 1科目 ①数(150)▶数Ⅰ・数Ⅱ・数Ⅲ・数A・数Ｂ(確率を除く)

【システム数理学科・先端情報領域プログラム】〈共通テスト科目〉 2~1科目 ①②国・理(150)▶国(近代)・「物基・化基」・物・化から１

〈個別試験科目〉 2科目 ①外(100)▶コミュ英Ⅰ・コミュ英Ⅱ・英表Ⅰ ②数(100)▶数Ⅰ・数Ⅱ・数A・数Ｂ(確率を除く)

その他の選抜

共通テスト利用入試は法学部60名，経済学部105名，経営学部60名，外国語学部32名，国際日本学部23名，人間科学部30名，理学部32名，工学部58名，建築学部32名，化学生命学部23名，情報学部36名を，公募制自己推薦入試は法学部15名，経済学部20名，経営学部50名，外国語学部34名，国際日本学部21名，人間科学部20名，理学部21名，工学部27名(うち女子特別８名)，建築学部13名，化学生命学部11名，情報学部15名を，給費生試験は法学部14名，経済学部22名，経営学部12名，外国語学部８名，国際日本学部７名，人間科学部７名，理学部６名，工学部10名，建築学部５名，化学生命学部４名，情報学部５名を募集。ほかに公募制スポーツ・音楽推薦入試，スポーツ重点強化部推薦入試，指定校制推薦入試，AO入試，卒業生子弟・子女入試，外国高等学校在学経験者(帰国生徒等)入試，社会人入試，外国人留学生入試を実施。

偏差値データ（2023年度）

●一般入試前期A方式

学部／学科・専攻・プログラム・コース・学系	2023年度 駿台予備学校 合格目標ライン	2023年度 河合塾 ボーダー偏差値	2022年度 競争率
▶法学部			
法律	42	42.5	1.8
自治行政	41	42.5	1.6
▶経済学部			
経済／現代経済	41	45	1.9
／経済分析	40	42.5	1.5
現代ビジネス	40	45	2.1
▶経営学部			
国際経営	41	47.5	2.8
▶外国語学部			
英語英文／IES	43	47.5	1.9
／GEC	42	47.5	1.8
スペイン語	41	45	1.4
中国語	40	45	3.4
▶国際日本学部			
国際文化交流	41	50	2.7
日本文化	42	52.5	2.8
歴史民俗	44	52.5	3.7
▶人間科学部			
人間科	42	50	3.0
▶理学部			
理／数学	42	47.5	新
／物理	42	47.5	新
／化学	42	45	新
／生物	42	42.5	新
／地球環境科学	42	45	新
／総合理学	41	50	新
▶工学部			
機械工	41	45	2.4
電気電子情報工	41	45	2.5
経営工	40	45	2.0
応用物理	40	45	新
▶建築学部			
建築／建築	42	50	6.9
／都市生活（理系）	40	47.5	7.0
（文系）	40	47.5	8.4
▶化学生命学部			
応用化	40	45	新
生命機能	40	42.5	新
▶情報学部			
計算機科	43	47.5	新
システム数理	42	47.5	新
先端情報領域	42	47.5	新

- 駿台予備学校合格目標ラインは合格可能性80％に相当する駿台模試の偏差値です。
- 河合塾ボーダー偏差値は合格可能性50％に相当する河合塾全統模試の偏差値です。
- 競争率は受験者÷合格者の実質倍率

神奈川工科大学

（かながわこうか）

資料請求

問合せ先 企画入学課　☎046-291-3000

建学の精神

優れた人材を産業界へ送り出すための教育機関として，1963（昭和38）年に，大洋漁業（現マルハニチロ）株式会社の経営者・中部謙吉によって創立された幾徳工業高等専門学校を前身に，75年，1学部3学科体制で大学がスタート。現在では，時代の要請に応えて情報系学科，健康・医療分野を加え，5学部13学科，大学院6専攻を擁する理系総合大学へと発展している。この間一貫して，すべては学生のために，と考える「学生本位主義」のもと，建学の理念の中核をなす「豊かな教養と幅広い視野を持ち，創造性に富んだ技術者を育てて科学技術立国に寄与する」を具現化すべく，大きく変化する時代の動きをとらえ，社会で活躍できる人材養成を実践。「力を引き出し伸ばす教育」と「きめ細かい学生支援」に力を入れ，「考え，行動する人材」を育成している。

● 神奈川工科大学キャンパス……〒243-0292　神奈川県厚木市下荻野1030

基本データ

学生数▶4,636名（男3,882名，女754名）

専任教員数▶教授119名，准教授46名，講師37名

設置学部▶工，創造工，応用バイオ科，情報，健康医療科

併設教育機関▶大学院―工学（M・D）

就職・卒業後の進路

就職率 97.5%（就職者÷希望者×100）

● **就職支援**　1年次から始まるキャリア教育を通して，将来の目標を見つけるためのキャリア意識を培い，その後，業界ごとの違いや多様な企業の活動を知り，具体的な企業探しや就職活動対策へと展開。多彩な対策講座や，本学学生の積極的な採用を考えている関係の深い企業が多数参加する合同企業説明会といったイベントを用意し，一人ひとりが目標を叶えるためのサポートを行っている。

● **資格取得支援**　ITエクステンションセンターでは，技能系，情報系，ビジネス系など幅広い資格を対象に，効率よく資格を取得するための「資格取得プログラム」を多数開講。また，教員をめざす学生には教職教育センター支援室が，全面的にバックアップ。公務員対策プログラムも1年次から実施している。

進路指導者も必見 学生を伸ばす 面倒見

初年次教育

大学での学び方や，より良い日々の送り方を知り，高校から大学へのスムーズな移行を図る「スタディスキル」，数理・データサイエンス・AIを適切に理解し，活用する基礎的な能力を養う「情報リテラシー」などを開講

学修サポート

全学部でTA制度，オフィスアワー制度，クラス担任制度，さらに保健医療科を除く4学部でSA制度を導入。また先輩学生が後輩をサポートする「KAIT pia」，基礎科目の個別指導を行う「基礎教育支援センター」を設置

オープンキャンパス（2022年度実績） 全日程来場型で6月，7月，8月，11月，3月に開催（予約制・定員制）。学科別ガイダンス，キャンパスツアー，在学生トークコーナーなど。本厚木駅から無料シャトルバスを運行。

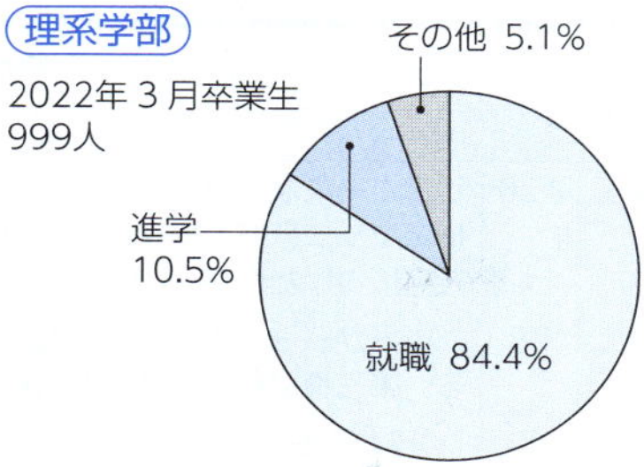

主なOB・OG ▶ [工]ゆうきりん(小説家)，[工]水口大輔(エッチ・ケー・エス社長)，[工]近藤洋介(シグマ光機社長)，[工]平林克理(映画監督)など。

国際化・留学　　大学間 39 大学

受入れ留学生数 ▶ 60名（2022年５月１日現在）
留学生の出身国 ▶ 中国，韓国，マレーシア，ベトナム，アラブ首長国連邦など。
外国人専任教員 ▶ 教授１名，准教授０名，講師０名（2022年５月１日現在）
外国人専任教員の出身国 ▶ NA
大学間交流協定 ▶ 39大学（交換留学先６大学，2022年５月１日現在）
海外への留学生数 ▶ オンライン型35名／年（２カ国・地域，2021年度）
海外留学制度 ▶ 夏休み期間中に実施される海外異文化研修プログラムは，学生からの要望をもとにつくられた留学プログラム。このほか，海外留学プログラム（海外航空宇宙学研修など），海外英語研修プログラム，海外専門分野研修プログラムなど，将来のキャリアに生きる国際感覚を培う舞台を用意。

学費・奨学金制度

入学金 ▶ 200,000円
年間授業料(施設費等を除く) ▶ 1,370,000円～（詳細は巻末資料参照）
年間奨学金総額 ▶ NA
年間奨学金受給者数 ▶ NA
主な奨学金制度 ▶ 健康医療科学部と機械工学科航空宇宙学コースの指定入試の成績優秀者，およびスーパーサイエンス特別専攻の合格者を対象とした「スカラシップ（給費）」や「中部奨学会奨学金」などの制度を設置。

保護者向けインフォメーション

● **オープンキャンパス**　通常のオープンキャンパス時に保護者向けの説明会を実施している。
● **パンフレット**　保護者向けパンフレット「保護者の皆さまへ」を発行している。
● **成績確認**　学業成績表を郵送するほか，保護者ポータルサイトで，学生の履修状況や出席状況，保護者向け情報などが確認できる。
● **説明会**　全国で保護者説明会を実施している。
● **就職ガイダンス**　Uターン希望の多い県では，保護者向けに就職ガイダンスを行っている。
● **防災対策**　災害発生時に備えた独自の安否確認システムを運用している。
● **コロナ対策１**　ワクチンの職域接種を実施。感染状況に応じた５段階のBCP（行動指針）を設定。「コロナ対策２」（下段）あり。

インターンシップ科目	必修専門ゼミ	卒業論文	GPA制度の導入の有無および活用例	１年以内の退学率	標準年限での卒業率
健康医療科学部を除き開講	全学部で３・４年次に実施	全学部で卒業要件	学生に対する個別の学修指導のほか，学部により，奨学金対象者の選定基準，退学勧告基準，大学院入試の選抜基準として活用	4.3%	NA

● **コロナ対策２**　対面授業は，教室の収容定員の１／２以下の人数で実施。感染者発生時の対策として，校舎外に隔離されたドーム型の健康管理室分室を設置。感染が疑われる場合の専用搬送車も用意している。

学部紹介

学部／学科	定員	特色
工学部		
機械工	120	▷２コース制。機械工学コースでは豊かな創造性を備えた機械エンジニアを，航空宇宙学コースでは，機械工学と英語力を身につけた航空・宇宙エンジニアを育成する。
電気電子情報工	78	▷業界から強く求められる電気電子情報エンジニアを育成する。第三種電気主任技術者の資格取得をサポート。
応用化	60	▷「確かな基礎」を身につけた上で，化学による新たな価値を創造し，持続可能な社会の実現に貢献する人材を育成する。
●取得可能な資格…教職（数・理・技・工業）など。 ●進路状況…………就職85.2%　進学10.5% ●主な就職先………日本貨物鉄道，IHIインフラ建設，ライトケミカル，きんでん，住友電設など。		
創造工学部		
自動車システム開発工	55	▷自らの手で自動車の開発に取り組めるオンリーワンの環境を用意。数多くの卒業生が自動車業界で活躍。
ロボット・メカトロニクス	50	▷ロボット工学に必要な基礎を身につけながら，人間工学など人の特性を幅広く学び，次世代ロボットの開発に挑む。
ホームエレクトロニクス開発	40	▷生活に身近な家電を題材に電気電子工学の基礎や情報通信技術を学び，未来志向のエンジニアを育成する。
●取得可能な資格…教職（技・工業）など。　●進路状況………就職82.9%　進学15.5% ●主な就職先………日産車体，住友電装，ユタカ技研，山九，日産自動車，荏原製作所，DTSなど。		
応用バイオ科学部		
応用バイオ科	125	▷２コース制。応用バイオコースでは，バイオテクノロジーでくらしを支え，未来を創る人材を育成する。生命科学コースでは，身近な生き物の観察を通して生命現象の解明に挑む。
●取得可能な資格…教職（理）など。　●進路状況………就職80.5%　進学10.6% ●主な就職先………長田電機工業，マルホ，トオカツフーズ，サラダクラブ，江東微生物研究所など。		
情報学部		
		▶AI&IoTプロフェッショナルと，スポーツ情報科学エキスパートの２つの副専攻プログラムを用意。
情報工	170	▷情報基盤系，システム構築系，ソフトウェア開発系，知能情報系を軸に，情報化社会で求められるプロを育成する。
情報ネットワーク・コミュニケーション	110	▷ネットワーク・セキュリティ・アプリケーション分野を深く学び，実社会から求められるネットワーク技術者を養成する。
情報メディア	180	▷情報工学に強いクリエーターとクリエイティブセンスがあるITエンジニアの両方を兼ね備えた人材を育成する。
●取得可能な資格…教職（情・工業）など。 ●進路状況…………就職81.5%　進学11.8% ●主な就職先………プライマル，テクバン，NSD，DTS，クレスコ，富士ソフト，TDCソフトなど。		
健康医療科学部		
看護	80	▷「看護のための人間工学」など工科系大学ならではの科目も開講し，高い看護実践力と豊かな感性を身につける。
管理栄養	40	▷工科大学の強みを生かしたカリキュラムなどで，科学的センスを身につけた管理栄養士を養成する。

キャンパスアクセス ［神奈川工科大学キャンパス］ 小田急線一本厚木よりバス17～20分

臨床工	40	▷長年にわたり蓄積した工学教育のノウハウで，医学と工学の確かな知識を身につけた臨床工学技士を養成する。

- **取得可能な資格**…教職(養護二種，栄養)，栄養士，看護師・保健師・臨床工学技士・管理栄養士受験資格など。
- **進路状況**…………就職93.3％　進学3.6％
- **主な就職先**………平塚市民病院，海老名総合病院，総合東京病院，神戸屋，グリーンハウスなど。

キャンパス

全学部……［神奈川工科大学キャンパス］ 神奈川県厚木市下荻野1030

2023年度入試要項(前年度実績)

●募集人員

学部／学科(コース)	一般A	一般B	共通A	共通B	共通C	共通グループ
▶工　機械工(機械工学)	32	4	21	2	1	1
(航空宇宙学)	10	2	5	1	1	1
電気電子情報工	25	3	13	3	1	1
応用化	20	2	10	2	1	1
▶創造工　自動車システム開発工	22	2	8	2	1	1
ロボット・メカトロニクス	22	2	7	2	1	1
ホームエレクトロニクス開発	15	2	4	2	1	1
▶応用バイオ科　応用バイオ科(応用バイオ)	32	2	26	1	1	1
(生命科学)	15	2	4	2	1	1
▶情報　情報工	65	4	42	2	1	1
情報ネットワーク・コミュニケーション	32	3	22	2	1	1
情報メディア	67	4	48	2	1	1
▶健康医療科　看護	36	1	22	1	1	1
管理栄養	15	2	6	2	1	1
臨床工	15	2	4	2	1	1

※共通グループは，共通テスト方式グループディスカッション入試。

▷共通テスト方式グループディスカッション入試は，共通テストの各学科で課す教科・科目(5教科7科目)の総合点とグループディスカッション(または面接)による得点の総合点(看護学科のみ志望理由書も評価する)で選考する。なお，文部科学省が定義する英語4技能のCEFR換算でB1以上の級またはスコアを取得していることを出願要件とする。

▷共通テスト方式の英語でリーディング＋リスニングの場合は，リーディング(100点満点)は80点満点に，リスニング(100点満点)は20点満点の合計100点満点になるように換算する。

工学部

一般A日程入試　**【機械工学科(機械工学コース)・電気電子情報工学科】** 3科目 ①**数**(100)▶数Ⅰ・数Ⅱ・数Ⅲ・数A・数B(数列・ベク) ②**理**(100)▶「物基・物」・「化基・化」・「生基・生」から1 ③**国・外**(100)▶国総(現文)・「コミュ英Ⅰ・コミュ英Ⅱ・コミュ英Ⅲ・英表Ⅰ・英表Ⅱ」から1

【機械工学科〈航空宇宙学コース〉】 3科目 ①**外**(100)▶コミュ英Ⅰ・コミュ英Ⅱ・コミュ英Ⅲ・英表Ⅰ・英表Ⅱ ②**数**(100)▶数Ⅰ・数Ⅱ・数Ⅲ・数A・数B(数列・ベク) ③**理**(100)▶「物基・物」・「化基・化」から1

【応用化学科】 3科目 ①**理**(100)▶「物基・物」・「化基・化」・「生基・生」から1 ②③**国・外・数**(100×2)▶国総(現文)・「コミュ英Ⅰ・コミュ英Ⅱ・コミュ英Ⅲ・英表Ⅰ・英表Ⅱ」・「数Ⅰ・数Ⅱ・数A」から2

一般B日程入試　**【機械工学科(機械工学コース)】** 3科目 ①**数**(100)▶数Ⅰ・数Ⅱ・数Ⅲ・数A・数B(数列・ベク) ②**理**(100)▶「物基・物」・「化基・化」から1 ③**国・外**(100)▶国総(現文)・「コミュ英Ⅰ・コミュ英Ⅱ・コミュ英Ⅲ・英表Ⅰ・英表Ⅱ」から1

【機械工学科(航空宇宙学コース)】 3科目 ①**外**(100)▶コミュ英Ⅰ・コミュ英Ⅱ・コミュ英Ⅲ・英表Ⅰ・英表Ⅱ ②**数**(100)▶数Ⅰ・数Ⅱ・数Ⅲ・数A・数B(数列・ベク) ③**理**(100)▶物基・物

【電気電子情報工学科】 3科目 ①**数**(100)▶「数Ⅰ・数Ⅱ・数A」・「数Ⅰ・数Ⅱ・数Ⅲ・数A・数B(数列・ベク)」から1 ②**理**(100)▶「物基・物」・「化基・化」・「生基・生」から1 ③**国・**

外(100)▶国総(現文)・「コミュ英Ⅰ・コミュ英Ⅱ・コミュ英Ⅲ・英表Ⅰ・英表Ⅱ」から1

【応用化学科】 3科目 ①外(100)▶コミュ英Ⅰ・コミュ英Ⅱ・コミュ英Ⅲ・英表Ⅰ・英表Ⅱ ②理(100)▶「物基・物」・「化基・化」・「生基・生」から1 ③国・数(100)▶国総(現文)・「数Ⅰ・数Ⅱ・数A」から1

共通テスト方式A日程入試・B日程入試・C日程入試 【機械工学科(機械工学コース)・電気電子情報工学科・応用化学科】 3科目 ①②③国・外・数・理(100×3)▶国(近代)・英(リーディングまたはリーディング+リスニング)・「数Ⅰ・〈数Ⅰ・数A〉・数Ⅱ・〈数Ⅱ・数B〉から1」・「物・化・生から1」から3

[個別試験] 行わない。

【機械工学科(航空宇宙学コース)】 3科目 ①外(100)▶英(リーディングまたはリーディング+リスニング) ②数(100)▶数Ⅰ・「数Ⅰ・数A」・数Ⅱ・「数Ⅱ・数B」から1 ③理(100)▶物

[個別試験] 行わない。

創造工学部

一般A日程入試・B日程入試 【自動車システム開発工学科/ロボット・メカトロニクス学科】 3科目 ①数(100)▶数Ⅰ・数Ⅱ・数Ⅲ・数A・数B(数列・ベク) ②理(100)▶「物基・物」・「化基・化」・「生基・生」から1 ③国・外(100)▶国総(現文)・「コミュ英Ⅰ・コミュ英Ⅱ・コミュ英Ⅲ・英表Ⅰ・英表Ⅱ」から1

【ホームエレクトロニクス開発学科】 3科目 ①数(100)▶「数Ⅰ・数Ⅱ・数A」・「数Ⅰ・数Ⅱ・数Ⅲ・数A・数B(数列・ベク)」から1 ②理(100)▶「物基・物」・「化基・化」・「生基・生」から1 ③国・外(100)▶国総(現文)・「コミュ英Ⅰ・コミュ英Ⅱ・コミュ英Ⅲ・英表Ⅰ・英表Ⅱ」から1

共通テスト方式A日程入試・B日程入試・C日程入試 3科目 ①②③国・外・数・理(100×3)▶国(近代)・英(リーディングまたはリーディング+リスニング)・「数Ⅰ・〈数Ⅰ・数A〉・数Ⅱ・〈数Ⅱ・数B〉から1」・「物・化・生から1」から3

[個別試験] 行わない。

応用バイオ科学部

一般A日程入試 〈応用バイオコース〉 3科目 ①理(100)▶「物基・物」・「化基・化」・「生基・生」から1 ②③国・外・数(100×2)▶国総(現文)・「コミュ英Ⅰ・コミュ英Ⅱ・コミュ英Ⅲ・英表Ⅰ・英表Ⅱ」・「数Ⅰ・数Ⅱ・数A」から2

〈生命科学コース〉 3科目 ①数(100)▶数Ⅰ・数Ⅱ・数A ②理(100)▶「物基・物」・「化基・化」・「生基・生」から1 ③国・外(100)▶国総(現文)・「コミュ英Ⅰ・コミュ英Ⅱ・コミュ英Ⅲ・英表Ⅰ・英表Ⅱ」から1

一般B日程入試 3科目 ①外(100)▶コミュ英Ⅰ・コミュ英Ⅱ・コミュ英Ⅲ・英表Ⅰ・英表Ⅱ ②理(100)▶「物基・物」・「化基・化」・「生基・生」から1 ③国・数(100)▶国総(現文)・「数Ⅰ・数Ⅱ・数A」から1

共通テスト方式A日程入試・B日程入試・C日程入試 〈応用バイオコース〉 3科目 ①②③国・外・数・理(100×3)▶国(近代)・英(リーディングまたはリーディング+リスニング)・「数Ⅰ・〈数Ⅰ・数A〉・数Ⅱ・〈数Ⅱ・数B〉から1」・「物・化・生から1」から3

[個別試験] 行わない。

〈生命科学コース〉 3科目 ①数(100)▶数Ⅰ・「数Ⅰ・数A」・数Ⅱ・「数Ⅱ・数B」から1 ②理(100)▶物・化・生から1 ③国・外(100)▶国(近代)・英(リーディングまたはリーディング+リスニング)から1

[個別試験] 行わない。

情報学部

一般A日程入試・B日程入試 3科目 ①②③国・外・数・理(100×3)▶国総(現文)・「コミュ英Ⅰ・コミュ英Ⅱ・コミュ英Ⅲ・英表Ⅰ・英表Ⅱ」・「〈数Ⅰ・数Ⅱ・数A〉・〈数Ⅰ・数Ⅱ・数Ⅲ・数A・数B(数列・ベク)〉から1」・「〈物基・物〉・〈化基・化〉から1」から3

共通テスト方式A日程入試・B日程入試・C日程入試 3科目 ①②③国・外・数・理(100×3)▶国(近代)・英(リーディングまたはリーディング+リスニング)・「数Ⅰ・〈数Ⅰ・数A〉・数Ⅱ・〈数Ⅱ・数B〉から1」・「物・化から1」から3

［個別試験］ 行わない。

健康医療科学部

一般A日程入試・B日程入試 【看護学科】 4科目 ①外(100) ▶ コミュ英Ⅰ・コミュ英Ⅱ・コミュ英Ⅲ・英表Ⅰ・英表Ⅱ ②③**国・数・理**(100×2) ▶ 国総(現文)・「数Ⅰ・数A」・「〈化基・化〉・〈生基・生〉から1」から2 ④**志望理由書**(著しく適性を欠く場合は，筆記試験の結果にかかわらず不合格にすることがある)

【管理栄養学科】 3科目 ①**外**(100) ▶ コミュ英Ⅰ・コミュ英Ⅱ・コミュ英Ⅲ・英表Ⅰ・英表Ⅱ ②**理**(100) ▶「物基・物」・「化基・化」・「生基・生」から1 ③**国・数**(100) ▶ 国総(現文)・「数Ⅰ・数Ⅱ・数A」から1

【臨床工学科】 3科目 ①**数**(100) ▶「数Ⅰ・数Ⅱ・数A」・「数Ⅰ・数Ⅱ・数Ⅲ・数A・数B(数列・ベク)」から1 ②**理**(100) ▶「物基・物」・「化基・化」・「生基・生」から1 ③**国・外**(100) ▶ 国総(現文)・「コミュ英Ⅰ・コミュ英Ⅱ・コミュ英Ⅲ・英表Ⅰ・英表Ⅱ」から1

共通テスト方式A日程入試・B日程入試・C日程入試 【看護学科】 4〜3科目 ①**外**(100) ▶ 英(リーディングまたはリーディング＋リスニング) ②③④**国・数・理**(100×2) ▶ 国(近代)・「数Ⅰ・〈数Ⅰ・数A〉・数Ⅱ・〈数Ⅱ・数B〉から1」・「〈化基・生基〉・化・生から1」から2

［個別試験］ 1科目 ①**志望理由書**(著しく適性を欠く場合は，共通テストの結果にかかわらず不合格にすることがある)

【管理栄養学科】 3科目 ①**外**(100) ▶ 英(リーディングまたはリーディング＋リスニング) ②**理**(100) ▶ 物・化・生から1 ③**国・数**(100) ▶ 国(近代)・数Ⅰ・「数Ⅰ・数A」・数Ⅱ・「数Ⅱ・数B」から1

［個別試験］ 行わない。

【臨床工学科】 3科目 ①**数**(100) ▶ 数Ⅰ・「数Ⅰ・数A」・数Ⅱ・「数Ⅱ・数B」から1 ②**理**(100) ▶ 物・化・生から1 ③**国・外**(100) ▶ 国(近代)・英(リーディングまたはリーディング＋リスニング)から1

［個別試験］ 行わない。

その他の選抜

学校推薦型選抜(一般公募制，専門高校対象公募制，指定校制)は工学部61名，創造工学部29名，応用バイオ科学部25名，情報学部103名，健康医療科学部27名を，総合型選抜(高大接続方式，適性評価方式，レクチャー・レポート方式，専願1科目方式，併願2科目方式，スポーツ実績評価方式)は工学部34名，創造工学部20名，応用バイオ科学部12名，情報学部58名，健康医療科学部19名を募集。ほかに一般選抜スーパーサイエンス特別専攻入試(一般入試，共通テスト方式)，外国人留学生試験を実施。

偏差値データ (2023年度)

●一般A日程入試

学部／学科／コース	2023年度 駿台予備学校 合格目標ライン	2023年度 河合塾 ボーダー偏差値	2022年度 競争率
▶工学部			
機械工／機械工学	37	35	1.6
／航空宇宙学	38	40	1.2
電気電子情報工	37	35	1.6
応用化	38	35	1.3
▶創造工学部			
自動車システム開発工	37	35	2.5
ロボット・メカトロニクス	37	35	2.0
ホームエレクトロニクス開発	38	37.5	2.1
▶応用バイオ科学部			
応用バイオ科／応用バイオ	39	35	1.2
／生命科学	39	37.5	1.2
▶情報学部			
情報工	39	40	3.8
情報ネットワーク・コミュニケーション	37	40	3.9
情報メディア	38	45	4.0
▶健康医療科学部			
看護	39	37.5	1.6
管理栄養	39	37.5	1.3
臨床工	38	35	1.3

- 駿台予備学校合格目標ラインは合格可能性80%に相当する駿台模試の偏差値です。
- 河合塾ボーダー偏差値は合格可能性50%に相当する河合塾全統模試の偏差値です。
- 競争率は受験者÷合格者の実質倍率

関東学院大学（かんとうがくいんだいがく）

資料請求

問合せ先　アドミッションズセンター　☎045-786-7019

建学の精神

源流は，1884（明治17）年10月６日に設立された「横浜バプテスト神学校」。関東学院では，この日を創立記念日としている。「キリスト教の精神に基づき，生涯をかけて教養を培う人間形成に努め，人のため，社会のため，人類のために尽くすことを通して己の人格を磨く」ことを教育方針とし，これを端的に表した校訓「人になれ 奉仕せよ」は，今日まで脈々と受け継がれ，教室での講義にとどまらず，社会に飛び出して，人々が直面するさまざまな課題を実体験する社会連携教育を実践。2023年には，さらにその連携を強化するために，社会連携教育の拠点となる「横浜・関内キャンパス」がオープン。知の拠点となる「横浜・金沢八景キャンパス」とも連携した先進的な教育を推進し，社会の課題に取り組む“この先を創る力”を育んでいる。

- 横浜・金沢八景キャンパス…〒236-8501　神奈川県横浜市金沢区六浦東1-50-1
- 横浜・金沢文庫キャンパス…〒236-8502　神奈川県横浜市金沢区釜利谷南3-22-1
- 横浜・関内キャンパス………〒231-0031　神奈川県横浜市中区万代町1-1

基本データ

学生数▶10,809名（男7,323名，女3,486名）
専任教員数▶教授162名，准教授102名，講師38名
設置学部▶国際文化，社会，法，経済，経営，理工，建築・環境，人間共生，教育，栄養，看護
併設教育機関▶大学院―文学・経済学・法学・工学（以上M・D），看護学（M）

就職・卒業後の進路

就職率 **94.2**％
就職者÷希望者×100

●就職支援　希望する進路の実現に向けて，１年次からキャリア形成を含め，総合的にサポート。特に３年次からは，就職ガイダンスやインターンシップ，学内合同企業説明会などを行うほか，個別の就職相談では，履歴書やエントリーシートの書き方，模擬面接など，一人ひとりの学生に合わせた支援を実施。

●資格取得支援　カリキュラムの中で取得できる専門的な資格に加え，公務員，国内旅行業務取扱管理者，秘書検定，宅地建物取引士など各種の資格取得・公務員試験対策講座を用意し，学生を大いにサポートしている。

進路指導者も必見 学生を伸ばす 面倒見

初年次教育	学修サポート
「KGUキャリアデザイン入門」や「基礎ゼミナール」「フレッシャーズセミナー」などを開講し，大学の学修で必要な文章力，文献の検索方法，課題の発見，解決策の仮設の立て方，プレゼンテーションの方法などを丁寧に指導している	全学部でTA・SA制度，オフィスアワー制度を，法・理工学部を除き教員アドバイザー制度を導入。また，学生支援室のサポートプログラムとして「学習支援塾」を開講し，リメディアル教育を行っている

オープンキャンパス（2022年度実績）　６月～９月にかけて，計５日間実施（７月・９月は総合型・学校推薦型選抜対策）。HP上でも「関東学院大学 Open Campus Online」を公開し，学部紹介，模擬講義などの動画を配信。

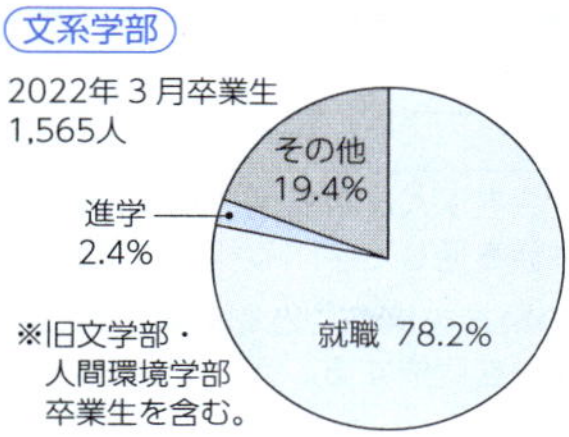

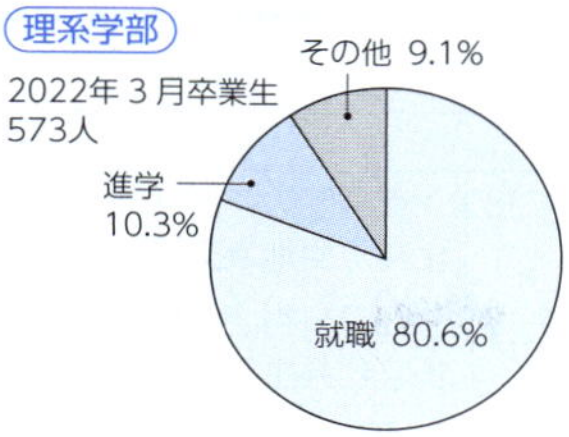

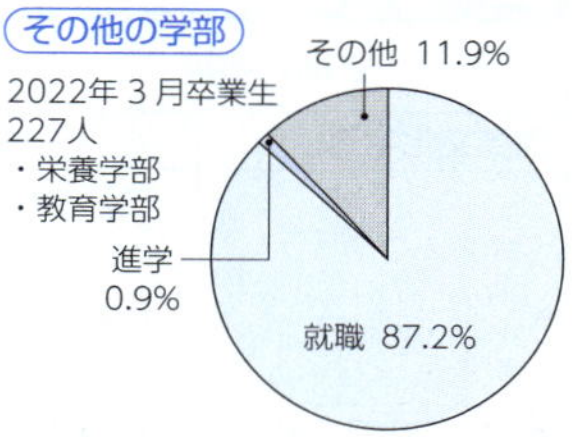

主なOB・OG▶［経済］谷 真（すかいらーくホールディングス会長兼社長），［経済］小泉進次郎（衆議院議員），［経済］石塚英彦（お笑いタレント），［経済］稲垣啓太（ラグビー選手），［旧工］金田朋子（声優）など。

国際化・留学　大学間 **65** 大学等・部局間 **8** 大学

受入れ留学生数▶219名（2022年５月１日現在）
留学生の出身国・地域▶中国，ベトナム，韓国，台湾など。
外国人専任教員▶教授５名，准教授６名，講師２名（2022年５月１日現在）
外国人専任教員の出身国▶中国，韓国，アメリカ，カナダ，イギリスなど。
大学間交流協定▶65大学・機関（交換留学先14大学，2022年９月１日現在）
部局間交流協定▶８大学（交換留学先０大学，2022年９月１日現在）
海外への留学生数▶０名／年（2021年度）
海外留学制度▶交換・派遣・語学派遣の長期留学や，夏・春休みを利用して異文化を体験する夏期・春期語学研修のほか，海外インターンシップなど，海外で学ぶ機会を豊富に用意。交換・派遣留学には往復航空券を支給。

学費・奨学金制度　給付型奨学金総額 年間約 **9,634** 万円

入学金▶200,000円
年間授業料（施設費等を除く）▶795,000円～（詳細は巻末資料参照）
年間奨学金総額▶96,341,466円
年間奨学金受給者数▶241人
主な奨学金制度▶日本学生支援機構奨学金継続受給者のうち，学業・人物ともに優秀でありながら，経済的理由で修学困難な２年次生以上を対象とした「関東学院大学給付奨学金」や「関東学院大学学費教育ローン利息補給奨学金」「関東学院大学特待生制度」などを設置。「スカラシップ制度」などの授業料減免制度もあり，2021年度には144人を対象に総額で約１億2,657万円を減免している。

保護者向けインフォメーション

●**情報誌**　「KGU REPORT」を発行。
●**成績確認**　成績表を郵送している。
●**懇談会**　2022年度は，保証人懇談会を本学を含め全国８地区（６～10月）で開催し，大学の近況，学生生活，就職状況などについて報告している。また，本学会場では「就職・キャリアに関する講演会」も同時開催（10月）。
●**防災対策**　「学生生活課LINE」により周知。災害時の学生の安否は，アプリを使用して確認するようにしている。
●**コロナ対策１**　教室の収容人数を調整して行う対面授業とオンライン授業を感染状況に応じて併用。「コロナ対策２」（下段）あり。

インターンシップ科目	必修専門ゼミ	卒業論文	GPA制度の導入の有無および活用例	１年以内の退学率	標準年限での卒業率
全学部で開講	教育学部で３・４年次，理工学部と建築・環境学部，看護学部で４年次に実施	理工と建築・環境，教育，看護は卒業要件	留学候補者の選考，奨学金や授業料免除対象者の選定のほか，一部の学部で大学院入試の選抜，学生に対する個別の学修指導に活用	0.9%	75.2%

●**コロナ対策２**　入構時のサーマルカメラによる検温や消毒のほか，各建物入口でも消毒を実施。学生支援として，緊急給付・貸与奨学金，学費等の納入期限延長，休学時の在籍料の免除，長期履修制度の新設などを行った。

学部紹介

学部／学科	定員	特色
国際文化学部		
英語文化	138	▷英語圏のことばや文化，社会を深く学ぶ科目に加え，異文化交流や地域交流について体験を通じて学べる科目も用意。
比較文化	138	▷「多様性」と「異文化理解」の精神を培うことを教育目標に，多文化共生社会のクリエイターを育成する。
● 取得可能な資格…教職（地歴・公・社・英），司書，司書教諭，学芸員など。 ● 進路状況…………就職66.4%　進学3.9% ● 主な就職先………ノジマ，住友不動産販売，システナ，オーケー，東急ハンズ，日本生命保険など。		
社会学部		
現代社会	195	▷社会調査演習，相談援助実習など，現場での体験的な学修を重視し，多文化共生社会を支える社会“構創”力を養う。
● 取得可能な資格…教職（地歴・公・社），司書，司書教諭，社会福祉士受験資格など。 ● 進路状況…………就職79.7%　進学1.1% ● 主な就職先………SOMPOケア，横浜市福祉サービス協会，かながわ信用金庫，神奈川県庁など。		
法学部		
法	240	▷司法，行政，企業の3コース。伝統的な学問である法学を革新的に学び，リーガル・マインド（法的思考）を鍛える。
地域創生	120	▷地域デザイン，地域安全の2コース。法学領域の知識や技能をベースに，地域創生の発想や実践力を養成する。
● 取得可能な資格…司書など。　● 進路状況…就職81.9%　進学2.3% ● 主な就職先………アディーレ法律事務所，リコージャパン，川崎市役所，神奈川県警察本部など。		
経済学部		
経済	355	▷産業・金融，公共経済，国際経済の3コース。社会の動きを正しく判断する分析力を身につける。
● 取得可能な資格…教職（地歴・公・社・商業），司書，司書教諭など。 ● 進路状況…………就職76.6%　進学1.6% ● 主な就職先………東海旅客鉄道，アイリスオーヤマ，横浜信用金庫，横浜冷凍，サイゼリヤなど。		
経営学部		
経営	380	▷ビジネスリーダーシップ，流通マーケティングの2コース。組織や会社経営の実践的なマネジメントの方法を探究する。
● 取得可能な資格…司書など。　● 進路状況……就職86.6%　進学1.6% ● 主な就職先………積水ハウス，パナソニック，アサヒビール，明治安田生命保険，会計検査院など。		
理工学部		
理工	487	▷生命科学，数理・物理，応用化学，先進機械，電気・電子，情報ネット・メディア，土木・都市防災の7コースに，2023年度に表面工学，健康科学・テクノロジーの2コースを新設。
● 取得可能な資格…教職（数・理・技・工業），司書，司書教諭，測量士補など。 ● 進路状況…………就職78.2%　進学10.2% ● 主な就職先………アルプス技研，富士ソフト，フジテック，アルファシステムズ，西松建設など。		
建築・環境学部		
建築・環境	138	▷建築デザイン，建築エンジニアリング，環境共生デザイン，まちづくりデザイン，すまいデザインの5コース。発想力と技術を磨き，新たな空間と，人々の生活を創造する。

キャンパスアクセス ［横浜・金沢八景キャンパス］ 京浜急行本線，シーサイドライン一金沢八景より徒歩15分またはバス5分

●取得可能な資格…教職（工業），司書，司書教諭，1・2級建築士受験資格など。 ●進路状況…………就職79.5%　進学14.8% ●主な就職先………安藤・間，新日本空調，大東建託，大和ハウス工業，ポラス，住宅情報館など。		
人間共生学部		
コミュニケーション	148	▷現代社会に必要とされるコミュニケーション力を，メディア，ビジネス心理，グローバルの視点から学ぶ。
共生デザイン	95	▷横浜・湘南エリアをフィールドとしたプロジェクト科目を用意し，「問題解決する力＝デザイン力」を体験の中で学ぶ。
●取得可能な資格…司書，2級建築士受験資格など。　●進路状況…就職75.4%　進学4.1% ●主な就職先………リンナイ，カインズ，オリックス・ホテルマネジメント，神奈川県警察本部など。		
教育学部		
こども発達	140	▷こどもの発達を見据えた幼保小連携プログラムで，教育・保育の課題に対応できる実践的な支援力を養う。
●取得可能な資格…教職（小一種，幼一種，特別支援），司書，司書教諭，保育士など。 ●進路状況…………就職85.9%　進学0.7% ●主な就職先………神奈川県・横浜市・相模原市・山梨県ほか公立小学校，公立保育所，幼稚園など。		
栄養学部		
管理栄養	100	▷食と栄養の専門的な知識を学び，食べる人の立場になって考えることのできる人間性豊かな管理栄養士を育成する。
●取得可能な資格…教職（栄養），司書，栄養士，管理栄養士受験資格など。 ●進路状況…………就職89.1%　進学1.1% ●主な就職先………横浜市役所，国立病院機構，プリマハム，カワチ薬品，LEOC，フジ産業など。		
看護学部		
看護	80	▷医療の高度化や患者・家族のニーズの多様化，チーム医療の推進などに対応できる看護師を育成する。
●取得可能な資格…司書，看護師受験資格。　●進路状況…就職93.8%　進学3.8%。 ●主な就職先………横浜南共済病院，横須賀共済病院，横浜栄共済病院，各大学附属病院など。		

キャンパス

国際文化・社会・経済・理工・〈建築・環境〉・人間共生（共生デザイン）・教育・栄養・看護……［横浜・金沢八景キャンパス］神奈川県横浜市金沢区六浦東1-50-1
課外活動（スポーツ拠点）……［横浜・金沢文庫キャンパス］神奈川県横浜市金沢区釜利谷南3-22-1
法・経営・人間共生（コミュニケーション）……［横浜・関内キャンパス］神奈川県横浜市中区万代町1-1

2023年度入試要項（前年度実績）

●募集人員

学部／学科（コース）	前期全学部	前期（均等配点）	前期（科目重視）	前期（共通併用）	前期（英語外部）	中期（均等配点）	中期（共通併用）	後期・後期英語
▶**国際文化** 英語文化	10	24	4	3	5	5	2	6
比較文化	10	24	8	4	3	3	2	3
▶**社会** 現代社会	15	28	14	5	5	2	3	7
▶**法** 法	12	28	8	4	4	8	4	8
地域創生	6	12	4	2	2	4	3	4
▶**経済** 経済	25	57	32	5	5	5	5	10
▶**経営** 経営	28	68	34	5	5	3	3	10
▶**理工** 理工（生命科学）	5	7	5	2	3	3	若干名	3
（数理・物理）	2	5	3	2	3	2	若干名	2
（応用化学）	4	6	4	2	3	3	若干名	2
（表面工学）	3	4	2	若干名	若干名	2	若干名	若干名
（先進機械）	5	7	5	4	5	3	若干名	3
（電気・電子）	3	5	3	2	2	3	若干名	3
（健康科学・テクノロジー）	2	3	2	若干名	若干名	2	若干名	若干名
（情報ネット・メディア）	9	12	6	3	4	5	3	5
（土木・都市防災）	5	7	3	2	若干名	3	若干名	3
▶**建築・環境** 建築・環境	14	22	12	2	2	7	2	3
▶**人間共生** コミュニケーション	8	18	4	2	3	4	3	5
共生デザイン	6	10	2	2	2	3	2	3
▶**教育** こども発達	8	16	14	3	5	7	若干名	7

キャンパスアクセス［横浜・金沢文庫キャンパス］京浜急行本線ー金沢文庫より京浜急行バス12分・終点下車徒歩2分

▶栄養	管理栄養	10	23	10	3	2	3	若干名	若干名
▶看護	看護	2	20	5	2	2	若干名	若干名	2

※後期・後期英語は，後期２科目型と後期英語外部試験利用型（英語文化学科３名，現代社会学科２名，経営学科２名以外はすべて若干名を募集）を合わせた募集人員。

▷一般選抜前期・後期の英語外部試験利用型は，前期は３科目（均等配点）型，後期は２科目型の受験が必須で，それぞれ受験した「外国語（英語）」は3科目（均等配点）型および２科目型の合否判定に利用し，英語外部試験利用型は，指定された英語資格・検定試験のスコア（2021年４月以降に実施された４技能を対象としたもののみ有効）を，CEFRによる換算得点（みなし得点）にして判定（前期は外国語以外の２科目の得点との合計，後期は外国語以外の１科目の得点との合計）する。

国際文化学部

一般選抜前期日程（全学部統一２科目型） **2科目** ①**外**（英語文化200・比較文化100）▶コミュ英Ⅰ・コミュ英Ⅱ・英表Ⅰ ②**国・数**（100）▶国総（漢文を除く。古文は選択のみ）・「数Ⅰ・数Ａ」から１

一般選抜前期日程（３科目〈均等配点〉型・〈科目重視〉型・〈英語外部試験利用〉型） **3科目** ①**国**（100）▶国総（漢文を除く。古文は選択のみ） ②**外**（英語文化（均等）200，英語文化（科目重視）・比較文化100）▶コミュ英Ⅰ・コミュ英Ⅱ・英表Ⅰ ③**地歴・公民**（100）▶世Ｂ・日Ｂ・政経から１

※３科目均等配点型の受験が必須で，科目重視型は，最高得点の科目の得点を２倍にし，残りの２科目の得点との合計400点満点で判定する。

一般選抜前期日程（３科目〈共通テスト併用〉型） **〈共通テスト科目〉** **1科目** ①**国・数**（100）▶国（近代）・「数Ⅰ・数Ａ」から１

〈個別試験科目〉 ３科目均等配点型の受験が必須で，外国語（英語英文200・比較文化100）と地歴・公民から１科目（100）の２科目を判定に利用する

一般選抜中期日程（均等配点型） **3科目** ①**国**（100）▶国総（古文・漢文を除く） ②**外**（英語英文200・比較文化100）▶コミュ英Ⅰ・コミュ英Ⅱ・英表Ⅰ ③**数**（100）▶数Ⅰ・数Ａ

一般選抜中期日程（共通テスト併用型） **〈共通テスト科目〉** **1科目** ①**地歴・公民**（100）▶世Ｂ・日Ｂ・政経から１

〈個別試験科目〉 均等配点型の国語（100）と外国語（英語英文200・比較文化100）の２科目を判定に利用する

一般選抜後期日程（２科目型・英語外部試験利用型） **2科目** ①**外**（英語文化200・比較文化100）▶コミュ英Ⅰ・コミュ英Ⅱ・英表Ⅰ ②**国・数**（100）▶国総（古文・漢文を除く）・「数Ⅰ・数Ａ」から１

社会学部・法学部・経済学部・経営学部・教育学部

一般選抜前期日程（全学部統一２科目型） **2科目** ①**外**（100）▶コミュ英Ⅰ・コミュ英Ⅱ・英表Ⅰ ②**国・数**（100）▶国総（漢文を除く。古文は選択のみ）・「数Ⅰ・数Ａ」から１

一般選抜前期日程（３科目〈均等配点〉型・〈科目重視〉型・〈英語外部試験利用〉型） **4〜3科目** ①**国**（100）▶国総（漢文を除く。古文は選択のみ） ②**外**（100）▶コミュ英Ⅰ・コミュ英Ⅱ・英表Ⅰ ③④**地歴・公民・数・理**（100）▶世Ｂ・日Ｂ・政経・「数Ⅰ・数Ａ」・「化基・生基」・「化基・化」・「生基・生」から１，ただし理は教育学部のみ選択可

※３科目均等配点型の受験が必須で，科目重視型は，最高得点の科目の得点を２倍にし，残りの２科目の得点との合計400点満点で判定する。

一般選抜前期日程（３科目〈共通テスト併用〉型） **〈共通テスト科目〉** **1科目** ①**国**（100）▶国（近代）

〈個別試験科目〉 ３科目均等配点型の受験が必須で，外国語（100）と地歴・公民・数（教育学部は地歴・公民・数・理）から１科目（100）の２科目を判定に利用する

一般選抜中期日程（均等配点型） **3科目** ①**国**（100）▶国総（古文・漢文を除く） ②**外**（100）▶コミュ英Ⅰ・コミュ英Ⅱ・英表Ⅰ ③**数**（100）▶数Ⅰ・数Ａ

一般選抜中期日程（共通テスト併用型） **〈共通テスト科目〉** **2〜1科目** ①**地歴・公民・数・理**（100）▶世Ａ・世Ｂ・日Ａ・日Ｂ・地理Ａ・地理Ｂ・現社・倫・政経・「倫・政経」・「数Ⅰ・数Ａ」・

キャンパスアクセス ［横浜・関内キャンパス］ JR京浜東北線・根岸線，横浜市営地下鉄一関内より徒歩2分

「数Ⅱ・数Ｂ」・簿・「物基・化基・生基・地学基から２」・物・化・生・地学から１，ただし法学部と教育学部は数の選択不可
〈個別試験科目〉　均等配点型の国語（100）と外国語（100）の２科目を判定に利用する
一般選抜後期日程（２科目型・英語外部試験利用型）　2科目　①外（100）▶コミュ英Ⅰ・コミュ英Ⅱ・英表Ⅰ　②国・数（100）▶国総（古文・漢文を除く）・「数Ⅰ・数Ａ」から１，ただし教育学部は国指定

理工学部

一般選抜前期日程（全学部統一２科目型）
2科目　①外（100）▶コミュ英Ⅰ・コミュ英Ⅱ・英表Ⅰ　②国・数（100）▶国総（漢文を除く。古文は選択のみ）・「数Ⅰ・数Ａ」から１
一般選抜前期日程（３科目〈均等配点〉型・〈科目重視〉型・〈英語外部試験利用〉型）
4〜3科目　①外（100）▶コミュ英Ⅰ・コミュ英Ⅱ・英表Ⅰ　②国・数（100）▶国総（漢文を除く。古文は選択のみ）・「数Ⅰ・数Ⅱ・数Ａ・数Ｂ」・「数Ⅰ・数Ⅱ・数Ⅲ・数Ａ・数Ｂ」から１，ただし国は生命科学コースのみ選択可。また，数理・物理コースは「数Ⅰ・数Ⅱ・数Ⅲ・数Ａ・数Ｂ」指定　③④理（100）▶「化基・生基」・「物基・物」・「化基・化」・「生基・生」から１，ただし数理・物理コースは「物基・物」指定
※３科目均等配点型の受験が必須で，科目重視型は，数理・物理コースは数学または理科のいずれか高得点の科目の得点を２倍，情報ネット・メディアコースは数学の得点を200点，その他のコースは最高得点の科目の得点を２倍にし，残りの２科目の得点との合計400点満点で判定する。
一般選抜前期日程（３科目〈共通テスト併用〉型）　〈共通テスト科目〉　1科目　①国・数（100）▶国（近代）・「数Ⅰ・数Ａ」・「数Ⅱ・数Ｂ」から１，ただし国は生命科学コースのみ選択可。また，数理・物理コースは「数Ⅱ・数Ｂ」指定
〈個別試験科目〉　３科目均等配点型の受験が必須で，外国語（100）と理科（100）の２科目を判定に利用する
一般選抜中期日程（均等配点型）　【数理・物理コース】　3科目　①外（100）▶コミュ英Ⅰ・コミュ英Ⅱ・英表Ⅰ　②数（100）▶数Ⅰ・数Ⅱ・数Ａ・数Ｂ　③理（100）▶物基・物
【その他のコース】　3科目　①国（100）▶国総（古文・漢文を除く）　②外（100）▶コミュ英Ⅰ・コミュ英Ⅱ・英表Ⅰ　③数（100）▶数Ⅰ・数Ⅱ・数Ｂ・数Ｂ
一般選抜中期日程（共通テスト併用型）　〈共通テスト科目〉　2〜1科目　①②理（100）▶「物基・化基・生基・地学基から２」・物・化・生・地学から１，ただし数理・物理コースは物指定
〈個別試験科目〉　均等配点型の外国語（100）と数学（100）の２科目を判定に利用する
一般選抜後期日程（２科目型・英語外部試験利用型）　【生命科学コース／応用化学コース／表面工学コース／土木・都市防災コース】
2科目　①外（100）▶コミュ英Ⅰ・コミュ英Ⅱ・英表Ⅰ　②国・数（100）▶国総（古文・漢文を除く）・「数Ⅰ・数Ａ」から１
【数理・物理コース】　2科目　①外（100）▶コミュ英Ⅰ・コミュ英Ⅱ・英表Ⅰ　②数（100）▶数Ⅰ・数Ⅱ・数Ⅲ・数Ａ・数Ｂ
【その他のコース】　2科目　①外（100）▶コミュ英Ⅰ・コミュ英Ⅱ・英表Ⅰ　②数（100）▶「数Ⅰ・数Ⅱ・数Ａ・数Ｂ」・「数Ⅰ・数Ⅱ・数Ⅲ・数Ａ・数Ｂ」から１

建築・環境学部

一般選抜前期日程（全学部統一２科目型）
2科目　①外（100）▶コミュ英Ⅰ・コミュ英Ⅱ・英表Ⅰ　②国・数（100）▶国総（漢文を除く。古文は選択のみ）・「数Ⅰ・数Ａ」から１
一般選抜前期日程（３科目〈均等配点〉型・〈科目重視〉型・〈英語外部試験利用〉型）
4〜3科目　①外（100）▶コミュ英Ⅰ・コミュ英Ⅱ・英表Ⅰ　②国・数（100）▶国総（漢文を除く。古文は選択のみ）・「数Ⅰ・数Ⅱ・数Ａ・数Ｂ」・「数Ⅰ・数Ⅱ・数Ⅲ・数Ａ・数Ｂ」から１　③④地歴・公民・数・理（100）▶世Ｂ・日Ｂ・政経・「数Ⅰ・数Ａ」・「化基・生基」・「物基・物」・「化基・化」・「生基・生」から１
※数学の２科目選択不可。
※３科目均等配点型の受験が必須で，科目重視型は，最高得点の科目の得点を２倍にし，残りの２科目の得点との合計400点満点で判

定する。

一般選抜前期日程(3科目〈共通テスト併用〉型) 〈共通テスト科目〉 1科目 ①国・数(100)▶国(近代)・「数Ⅱ・数B」から1

〈個別試験科目〉 3科目均等配点型の受験が必須で,外国語(100)と地歴・公民・数・理から1科目(100)の2科目を判定に利用する

一般選抜中期日程(均等配点型) 3科目 ①国(100)▶国総(古文・漢文を除く) ②外(100)▶コミュ英Ⅰ・コミュ英Ⅱ・英表Ⅰ ③数(100)▶「数Ⅰ・数A」・「数Ⅰ・数Ⅱ・数A・数B」から1

一般選抜中期日程(共通テスト併用型) 〈共通テスト科目〉 2~1科目 ①②理(100)▶「物基・化基・生基・地学基から2」・物・化・生・地学から1

〈個別試験科目〉 均等配点型の外国語(100)と数学(100)の2科目を判定に利用する

一般選抜後期日程(2科目型・英語外部試験利用型) 2科目 ①外(100)▶コミュ英Ⅰ・コミュ英Ⅱ・英表Ⅰ ②国・数(100)▶国総(古文・漢文を除く)・「数Ⅰ・数Ⅱ・数A・数B」・「数Ⅰ・数Ⅱ・数Ⅲ・数A・数B」から1

人間共生学部

一般選抜前期日程(全学部統一2科目型) 2科目 ①外(100)▶コミュ英Ⅰ・コミュ英Ⅱ・英表Ⅰ ②国・数(100)▶国総(漢文を除く。古文は選択のみ)・「数Ⅰ・数A」から1

一般選抜前期日程(3科目〈均等配点〉型・〈科目重視〉型・〈英語外部試験利用〉型) 【コミュニケーション学科】 4~3科目 ①国(100)▶国総(漢文を除く。古文は選択のみ) ②外(100)▶コミュ英Ⅰ・コミュ英Ⅱ・英表Ⅰ ③④地歴・公民・数・理(100)▶世B・日B・政経・「数Ⅰ・数A」・「化基・生基」・「化基・化」・「生基・生」から1

【共生デザイン学科】 4~3科目 ①外(100)▶コミュ英Ⅰ・コミュ英Ⅱ・英表Ⅰ ②国・数(100)▶国総(漢文を除く。古文は選択のみ)・「数Ⅰ・数Ⅱ・数A・数B」・「数Ⅰ・数Ⅱ・数Ⅲ・数A・数B」から1 ③④地歴・公民・数・理(100)▶世B・日B・政経・「数Ⅰ・数A」・「化基・生基」・「物基・物」・「化基・化」・「生基・生」から1

※数学の2科目選択不可。

※3科目均等配点型の受験が必須で,科目重視型は,コミュニケーション学科は英語の得点を200点,共生デザイン学科は最高得点の科目の得点を2倍にし,残りの2科目の得点との合計400点満点で判定する。

一般選抜前期日程(3科目〈共通テスト併用〉型) 〈共通テスト科目〉 1科目 ①国・数(100)▶国(近代)・「数Ⅱ・数B」から1,ただしコミュニケーション学科は国指定

〈個別試験科目〉 3科目均等配点型の受験が必須で,外国語(100)と地歴・公民・数・理から1科目(100)の2科目を判定に利用する

一般選抜中期日程(均等配点型) 3科目 ①国(100)▶国総(古文・漢文を除く) ②外(100)▶コミュ英Ⅰ・コミュ英Ⅱ・英表Ⅰ ③数(100)▶数Ⅰ・数A

一般選抜中期日程(共通テスト併用型) 〈共通テスト科目〉 2~1科目 ①地歴・公民・理(100)▶世A・世B・日A・日B・地理A・地理B・現社・倫・政経・「倫・政経」・「物基・化基・生基・地学基から2」・物・化・生・地学から1,ただしコミュニケーション学科は理の選択不可

〈個別試験科目〉 均等配点型の国語(100)と外国語(100)の2科目を判定に利用する

一般選抜後期日程(2科目型・英語外部試験利用型) 2科目 ①外(100)▶コミュ英Ⅰ・コミュ英Ⅱ・英表Ⅰ ②国・数(100)▶国総(古文・漢文を除く)・「数Ⅰ・数A」から1

栄養学部・看護学部

一般選抜前期日程(全学部統一2科目型) 2科目 ①外(100)▶コミュ英Ⅰ・コミュ英Ⅱ・英表Ⅰ ②国・数(100)▶国総(漢文を除く。古文は選択のみ)・「数Ⅰ・数A」から1

一般選抜前期日程(3科目〈均等配点〉型・〈科目重視〉型・〈英語外部試験利用〉型) 4~3科目 ①国(100)▶国総(漢文を除く。古文は選択のみ) ②外(100)▶コミュ英Ⅰ・コミュ英Ⅱ・英表Ⅰ ③④理(100)▶「化基・生基」・「化基・化」・「生基・生」から1

※3科目均等配点型の受験が必須で,科目重視型は,理科を200点にし,残りの2科目の得点との合計400点満点で判定する。

一般選抜前期日程（３科目〈共通テスト併用〉型） 〈共通テスト科目〉 1科目 ①国（100）▶国（近代）
〈個別試験科目〉 ３科目均等配点型の受験が必須で，外国語（100）と理科（100）の２科目を判定に利用する

一般選抜中期日程（均等配点型） 3科目 ①国（100）▶国総（古文・漢文を除く） ②外（100）▶コミュ英Ⅰ・コミュ英Ⅱ・英表Ⅰ ③数（100）▶数Ⅰ・数A

一般選抜中期日程（共通テスト併用型） 〈共通テスト科目〉 2〜1科目 ①②理（100）▶「化基・生基」・化・生から１
〈個別試験科目〉 均等配点型の国語（100）と外国語（100）の２科目を判定に利用する

一般選抜後期日程（２科目型・英語外部試験利用型） 2科目 ①外（100）▶コミュ英Ⅰ・コミュ英Ⅱ・英表Ⅰ ②理（100）▶生基・生

その他の選抜

共通テスト利用選抜は国際文化学部22名，社会学部23名，法学部43名，経済学部33名，経営学部35名，理工学部70名，建築・環境学部22名，人間共生学部24名，教育学部７名，栄養学部８名，看護学部２名を募集。ほかに学校推薦型選抜（指定校），総合型選抜（９月募集/11月募集，オリーブ〈卒業生子女および孫対象〉，帰国生，社会人，外国人留学生）を実施。

偏差値データ（2023年度）

●一般前期（３科目均等配点型）

学部／学科／コース	2023年度 駿台予備学校 合格目標ライン	2023年度 河合塾 ボーダー偏差値	2022年度 競争率
▶国際文化学部			
英語文化	36	40	1.3
比較文化	37	40	1.3
▶社会学部			
現代社会	37	40	1.6
▶法学部			
法	36	42.5	2.4
地域創生	36	42.5	2.2
▶経済学部			
経済	36	40	1.6
▶経営学部			
経営	36	42.5	2.1
▶理工学部			
理工／生命科学	37	40	1.7
／数理・物理	36	40	2.8
／応用化学	36	40	1.5
／表面工学	35	40	新
／先進機械	35	35	1.8
／電気・電子	35	37.5	2.3
／健康科学・テクノロジー	34	37.5	新
／情報ネット・メディア	35	42.5	4.2
／土木・都市防災	35	40	1.6
▶建築・環境学部			
建築・環境	36	42.5	2.8
▶人間共生学部			
コミュニケーション	36	40	2.7
共生デザイン	37	40	3.9
▶教育学部			
こども発達	38	42.5	2.1
▶栄養学部			
管理栄養	40	40	1.6
▶看護学部			
看護	41	42.5	2.6

- 駿台予備学校合格目標ラインは合格可能性80％に相当する駿台模試の偏差値です。なお，一般前期３科目型の偏差値です。
- 河合塾ボーダー偏差値は合格可能性50％に相当する河合塾全統模試の偏差値です。なお，一般前期３科目型の偏差値です。
- 競争率は志願者÷合格者の志願倍率

フェリス女学院大学

資料請求

問合せ先 入試課 ☎045-812-9183

建学の精神

アメリカ改革派教会の宣教師として，生涯を伝導と教育事業に捧げたメアリー・E.キダーによって，1870（明治３）年に創立された，日本初の近代的女子教育機関。キリスト教の信仰に基づく女子教育を行うことを建学の精神とし，女性が一人の人間として尊重され，社会の発展に寄与することを願ったキダーの思いは，「For Others」の教育理念とともに今日に至るまで揺らぐことなく守られ続け，多くの先輩たちが，社会や世界をより良いものとするために活躍。学部・学科を越えて履修できる開放科目制度や多彩な語学科目，興味や関心に応じた留学プログラムなど，自主的で自由度の高い学びを実現するための環境を整え，創立当初から変わらない「少人数教育」により，時代の先駆者となる「新しい時代を切り拓く女性」を育成し続けている。

- 緑園キャンパス……〒245-8650　神奈川県横浜市泉区緑園4-5-3
- 山手キャンパス……〒231-8651　神奈川県横浜市中区山手町37

基本データ

学生数▶女2,231名
専任教員数▶教授49名，准教授16名，講師8名
設置学部▶文，国際交流，音楽
併設教育機関▶大学院―人文科学・国際交流（以上M・D），音楽（M）

就職・卒業後の進路

就職率 98.3％
就職者÷希望者×100

●**就職支援**　社会に向けて一歩を踏み出すために，自ら考え行動する力を身につけていくことを就職・キャリア形成支援の軸として，学生が自分自身を振り返り，自立に向けて課題に取り組むことができるように，１年次から４年次まで，ステップに応じた年間約100件もの多彩な講座やセミナーを開催。学生個々のニーズに対応しながら，適切かつ段階的なサポートを展開している。

●**資格取得支援**　教職課程では教職センターを中心に，教員をめざす学生の自主的な勉学を支援。日本語教員養成講座のカリキュラムは，海外にある協定校でも実習を行い，実践的なスキルを身につけることができる。

進路指導者も必見 学生を伸ばす 面倒見

初年次教育	学修サポート
調査・研究の基礎や資料の探し方，レポートの書き方，口頭発表の仕方などのアカデミック・スキルを学ぶ「R&R（入門ゼミ）」（文），「導入演習」「研究入門」（国際交流），「基礎演習」（音楽）を必修科目として開講	TA（文・国際交流）・SA制度のほか，オフィス・アワーを設け，専任教員が少数の学生を担当し，学修全般の指導と助言を行うアカデミック・アドバイザー制度を導入。外国語学習のサポートを行う言語センターも設置

オープンキャンパス（2022年度実績） 5月・7月・8月・9月・10月・12月に実施（10月はミニOC）。ガイダンス（大学紹介，入試説明），授業体験，パフォーミング・アーツ科目体験，個別相談，キャンパスツアーなど。

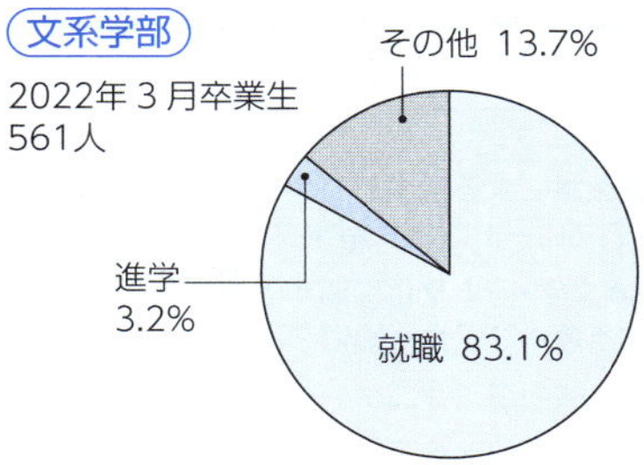

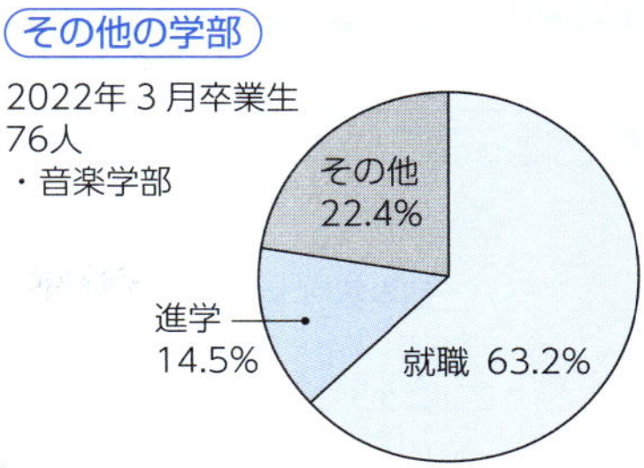

主なOG ▶［国際交流］堀場幸子（衆議院議員），［文］森由里子（作詞家），［文］大江麻理子（テレビ東京ニュースキャスター），［文］桐谷美玲（モデル，女優），［文］新木優子（モデル，女優）など。

国際化・留学　　大学間 21 大学

受入れ留学生数 ▶29名（2022年４月１日現在）
留学生の出身国 ▶中国，韓国，ベトナム，モンゴルなど。
外国人専任教員 ▶教授３名，准教授２名，講師２名（2022年５月１日現在）
外国人専任教員の出身国 ▶アメリカ，オーストラリア，アルゼンチン，韓国，中国など。
大学間交流協定 ▶21大学（交換留学先21大学，2022年４月１日現在）
海外への留学生数 ▶オンライン型32名／年（７カ国・地域，2021年度）
海外留学制度 ▶交換留学，セメスター・アブロードといった長期留学，夏・春休みを利用した短期研修，ELAP（長期留学プレ体験），海外インターンシップなど，興味や目的に応じた留学プログラムを用意。オンラインによるLive交流会も欧州の各大学と共同開催。

学費・奨学金制度　　給付型奨学金総額 年間約 959 万円

入学金 ▶200,000円
年間授業料（施設費等を除く）▶825,000円～（詳細は巻末資料参照）
年間奨学金総額 ▶9,593,000円
年間奨学金受給者数 ▶80人
主な奨学金制度 ▶「奨学会学業成績優秀者給付奨学金」「奨学会自己研鑽給付奨学金」「経済支援給付奨学金」のほか，「派遣留学生奨学金」，フェリス最高額の奨学金である「橋本HY奨学金」など留学関連の制度も充実。学費減免制度もあり，2021年度には36人を対象に総額で約1,990万円を減免している。

保護者向けインフォメーション

●**オープンキャンパス**　保護者向けの説明会を実施するほか，授業体験は保護者も参加可能。
●**広報紙**　学内広報紙「キャンパスニュース」を送付している。
●**成績確認**　成績通知表を送付している。
●**奨学会**　父母等保証人を会員とした「奨学会」があり，定時総会時に大学企画として説明会を開催。また，「奨学会報」も発行している。
●**就職講演会**　毎年，父母等保証人向けの就職講演会を開催。2022年度は２・３年次を対象にした「オンラインセミナー」を10月に実施。
●**防災対策**　「災害カード」を用意。大災害に備えて，「緊急連絡システム」を導入している。
●**コロナ対策１**　感染状況に応じた５段階の基本方針を設定。「コロナ対策２」（下段）あり。

インターンシップ科目	必修専門ゼミ	卒業論文	GPA制度の導入の有無および活用例	１年以内の退学率	標準年限での卒業率
全学部で開講している	全学部で４年間実施	文学部と音楽学部は卒業要件	奨学金等対象者の選定や退学勧告基準，留学候補者選考，学生に対する個別の学修指導のほか，GPAに応じた履修上限単位数を設定	0.9%	87.9%

●**コロナ対策２**　対面授業とオンライン授業を感染状況に応じて併用。入構時には検温と消毒を実施するとともに，教室の収容人数を調整・管理し，換気を徹底。学生納付金遅延願の提出による，納付時期の猶予も行った。

学部紹介

学部／学科	定員	特色
文学部		
英語英米文	90	▷ネイティブ教員による授業で,「生きた」英語を身につける。セメスター・アブロートなど,留学プログラムも充実。
日本語日本文	90	▷日本語・日本文学・日本文化に関する学びを通して,ことばと表現に関する豊かな感性と知性を育む。
コミュニケーション	90	▷多文化理解,共生コミュニケーション,表現とメディアの3領域を軸に,コミュニケーションを探究する。
●取得可能な資格…教職(国・英),日本語教員など。 ●進路状況…就職84.9% 進学2.4% ●主な就職先………三井不動産リアルティ,東日本旅客鉄道,全日本空輸,富士ゼロックス東京など。		
国際交流学部		
国際交流	197	▷国際協力,文化交流,人間環境の3つのプログラムを用意し,グローバルな視点で考え,行動できる人材を育成する。
●取得可能な資格…教職(地歴・公・社),日本語教員など。 ●進路状況…就職80.3% 進学4.4% ●主な就職先………JALスカイ,あいおいニッセイ同和損害保険,リゾートトラスト,日本航空など。		
音楽学部		
音楽芸術	75	▷音楽の学びを通して新たな価値を創造し,文化やビジネスシーンで活躍する人材を育成する。演奏技術を磨き,表現を追究する学生のためにパフォーミング・アーツ科目を開講。
●取得可能な資格…教職(音),日本語教員など。 ●進路状況…就職63.2% 進学14.5% ●主な就職先………三菱UFJ銀行,山野楽器,島村楽器,ワールドビジネスセンター,JCOMなど。		

▶キャンパス

文・国際交流,音楽1・2年次……[緑園キャンパス] 神奈川県横浜市泉区緑園4-5-3
音楽3・4年次……[山手キャンパス] 神奈川県横浜市中区山手町37

2023年度入試要項(前年度実績)

●募集人員

学部／学科		一般A	一般B	一般C
▶文	英語英米文	3科8 2科30	5	5
	日本語日本文	3科10 2科30	8	5
	コミュニケーション	3科10 2科28	8	5
▶国際交流	国際交流	3科30 2科50	17	10
▶音楽	音楽芸術	3科6 2科20	6	4

※次のように略しています。科目→科。

▷一般入試B日程で個別試験を受験しない者(共通テスト・英検のみを利用して受験する場合),およびC日程の英語英米文学科と国際交流学科受験者で個別試験を受験しない者(英検のみを利用して受験する場合)は,試験会場への来場は不要。

全学部

一般入試A日程(3科目型・2科目型) 【英語英米文学科】 3~2科目 ①②③国・外・地歴(3科目型〈国90・外120・地歴90〉・2科目型〈外120・国または地歴80〉)▶「国総(古文・漢文を除く)・現文B」・「コミュ英Ⅰ・コミュ英Ⅱ・コミュ英Ⅲ・英表Ⅰ・英表Ⅱ」・「世B・日Bから1」から3科目型は3,2科目型は外を含む2

【日本語日本文学科】 3~2科目 ①②③国・外・地歴(3科目型〈国120・外80・地歴100〉・2科目型〈国120・外または地歴80〉)▶「国総

キャンパスアクセス [緑園キャンパス] 相鉄いずみ野線―緑園都市より徒歩3分/JR横須賀線―東戸塚よりバス15分・フェリス女学院下車徒歩1分

(漢文を除く)・現文Ｂ・古典Ｂ(漢文を除く)」・「コミュ英Ⅰ・コミュ英Ⅱ・コミュ英Ⅲ・英表Ⅰ・英表Ⅱ」・「世Ｂ・日Ｂから１」から３科目型は３，２科目型は国を含む２

【コミュニケーション学科・国際交流学科・音楽芸術学科】 **3〜2科目** ①②③**国・外・地歴**(３科目型100×3・２科目型100×2) ▶「国総(古文・漢文を除く)・現文Ｂ」・「コミュ英Ⅰ・コミュ英Ⅱ・コミュ英Ⅲ・英表Ⅰ・英表Ⅱ」・「世Ｂ・日Ｂから１」から３科目型は３，２科目型は２

一般入試Ｂ日程(共通テスト利用可) **【英語英米文学科・コミュニケーション学科・国際交流学科・音楽芸術学科】** **3〜2科目** ①②③**国・外・地歴・共通テスト・英検**(100×2) ▶「国総(古文・漢文を除く)・現文Ｂ」・「コミュ英Ⅰ・コミュ英Ⅱ・コミュ英Ⅲ・英表Ⅰ・英表Ⅱ」・「世Ｂ・日Ｂから１」・「(共通テスト)国(近代)・英(音楽芸術以外はリスニングを含む)・世Ｂ・日Ｂ・地理Ｂ・現社・倫・政経・〈倫・政経〉・数Ⅰ・〈数Ⅰ・数Ａ〉・数Ⅱ・〈数Ⅱ・数Ｂ〉・〈物基・化基・生基・地学基から２〉・物・化・生・地学から１」・英検から２

※共通テストの英語は共通テストの配点を当該配点に換算。また，英検はCSEスコア(総合スコア)を得点に換算。

一般入試Ｂ日程(共通テスト併用) **【日本語日本文学科】〈共通テスト科目〉** **1科目** ①**国**(100) ▶国

〈独自試験科目〉 **1科目** ①**国・外・地歴・英検**(100) ▶「国総(古文・漢文を除く)・現文Ｂ」・「コミュ英Ⅰ・コミュ英Ⅱ・コミュ英Ⅲ・英表Ⅰ・英表Ⅱ」・「世Ｂ・日Ｂから１」・英検から１

※英検はCSEスコア(総合スコア)を得点に換算。

一般入試Ｃ日程 **【英語英米文学科・国際交流学科】** **1科目** ①**外・英検**(100) ▶「コミュ英Ⅰ・コミュ英Ⅱ・コミュ英Ⅲ・英表Ⅰ・英表Ⅱ」・英検から１

※英検はCSEスコア(総合スコア)を得点に換算。

【日本語日本文学科】 **1科目** ①**国**(100) ▶国総(漢文を除く)・現文Ｂ・古典Ｂ(漢文を除く)

【コミュニケーション学科】 **1科目** ①**小論文**(100)

【音楽芸術学科】 **2科目** ①**小論文**(200) ②**面接**(100)

※一般入試Ｂ・Ｃ日程において英検を判定に使用する場合は，本入試実施月から３年以内に受験したCSEスコアを有効とし，スコアに0.0413を乗じたものを得点とする。なお，受験した級の合格・不合格は問わない。

その他の選抜

一般選抜共通テスト利用入試は文学部37名，国際交流学部25名，音楽学部12名を，総合型選抜は文学部81名，国際交流学部50名，音楽学部27名を募集。ほかに学校推薦型選抜指定校推薦入試，特別選抜(帰国生徒入試，社会人入試，留学生入試)を実施。

偏差値データ (2023年度)

●一般入試Ａ日程

学部／学科	2023年度 駿台予備学校 合格目標ライン	2023年度 河合塾 ボーダー偏差値	2022年度 競争率
▶文学部			
英語英米文(２科目)	43	37.5	1.0
日本語日本文(２科目)	42	42.5	1.0
コミュニケーション(２科目)	44	40	1.1
▶国際交流学部			
国際交流(２科目)	44	37.5	1.0
▶音楽学部			
音楽芸術(２科目)	39	35	1.0

- 駿台予備学校合格目標ラインは合格可能性80%に相当する駿台模試の偏差値です。
- 河合塾ボーダー偏差値は合格可能性50%に相当する河合塾全統模試の偏差値です。
- 競争率は受験者÷合格者の実質倍率

キャンパスアクセス [山手キャンパス] JR京浜東北(根岸)線一石川町より徒歩10分／みなとみらい線(東急東横線直通)一元町・中華街より徒歩10分

金沢工業大学
（かなざわこうぎょう）

資料請求

問合せ先　入試センター　☎076-248-0365

建学の精神

「高邁な人間形成」「深遠な技術革新」「雄大な産学協同」を建学綱領に掲げ，1965（昭和40）年に開学。独自のカリキュラムである「プロジェクトデザイン」を中心とした学びのプログラムで「自ら考え行動する技術者」を育てることをめざし，学生自身が社会性のある課題を発見し解決策を提案する社会実装型の教育を通じて，これからの未来社会Society5.0をリードする人材育成に取り組んでいる。2022年度からはこれまでの「AI教育」に加えて「データサイエンス教育」が新たにスタート。データサイエンスの科目が全学科で必修となり，これからの社会においてDX（Digital Transformation）を推進するためのAI・データサイエンスの知識を身につけることができる。また，SDGsを社会実装型の研究と結びつけ，SDGs達成への貢献にも力を入れている。

● 扇が丘キャンパス……〒921-8501　石川県野々市市扇が丘7-1

基本データ

学生数▶6,275名（男5,439名，女836名）
専任教員数▶教授215名，准教授59名，講師47名
設置学部▶工，情報フロンティア，建築，バイオ・化
併設教育機関▶大学院—工学（M・D），心理科学・イノベーションマネジメント（以上M）

就職・卒業後の進路

就職率 99.9%（就職者÷希望者×100）

● 就職支援　就職内定率ほぼ100%を支える進路開発センターでは，キャリアカウンセラーの資格を持つスタッフが進路相談や面接などのノウハウをきめ細かく指導し，学生の就職活動をサポート。毎年3月からは，東京・大阪・名古屋・新潟・仙台・広島・岡山に向かう「就職活動支援バス」を運行し，就職活動に必要となる交通費を軽減している。

● 資格取得支援　教員経験のある支援員が，教職科目の内容はもちろん，採用試験に関する願書・小論文の添削や面接の練習を行う教職支援室を設置。模擬授業を行える教室も完備され，毎年教員の現役合格者を輩出するなど，教職志望で入学する学生も増えている。

進路指導者も必見 学生を伸ばす 面倒見

初年次教育
自発的に学ぶ姿勢と技術者に必要な考え方をマスターする「修学基礎」，問題発見から解決に至る過程・方法をチームで学ぶ「プロジェクトデザイン」のほか，「データサイエンス入門」「AI基礎」「ICT入門」などを実施

学修サポート
全学部でTA・SA制度，オフィスアワー制度，教員アドバイザー制度を導入。さらに，ライティングセンター，学習面をサポートする数理工教育研究センター，基礎英語教育センター，学習支援デスクなどを設置

オープンキャンパス（2022年度実績）　4月，7月，10月に来場型のオープンキャンパス（学科紹介・体験，学科質問・展示，入試説明会，キャンパス案内，なんでも相談など）を行ったほか，8月にオンライン説明会を実施。

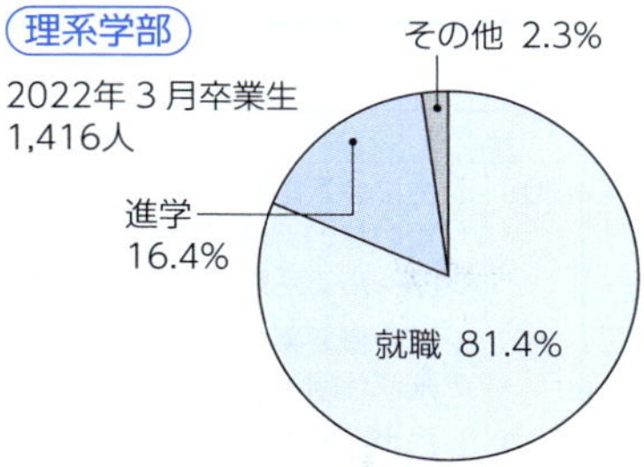

主なOB・OG ▶ [工]山田信彦(タクミナ社長), [工]黒田健宗(三光合成社長), [工]米田徹(新潟県糸魚川市長), [工]山田憲昭(石川県白山市長), [工]名高達男(俳優)など。

国際化・留学　大学間 26 大学等

受入れ留学生数 ▶ ３名（2022年５月１日現在）

留学生の出身国 ▶ ベトナム，韓国，中国。

外国人専任教員 ▶ 教授１名，准教授４名，講師14名（2022年５月１日現在）

外国人専任教員の出身国 ▶ 中国，アメリカ，韓国，オーストラリアなど。

大学間交流協定 ▶ 26大学・機関（交換留学先３大学，2022年４月１日現在）

海外への留学生数 ▶ 渡航型３名／年（２カ国・地域，2021年度）

海外留学制度 ▶ アメリカのローズ・ハルマン工科大学とロチェスター工科大学，イギリスのレスター大学との交換留学プログラム，海外の企業で就業体験に取り組む海外コーオプ留学の長期から，夏・春休みを利用して参加できるものまで，多彩なプログラムを実施。コンソーシアムはCDIOとWACEに参加。

学費・奨学金制度

入学金 ▶ 200,000円

年間授業料 ▶ 1,515,000円（詳細は巻末資料参照）

年間奨学金受給者数 ▶ 116人（2022年度入学生実績）

主な奨学金制度 ▶ 一般試験Ａと共通テスト利用Ａに同時出願した志願者などを対象とした「特別奨学生制度」には２種類あり，いずれも年額で，スカラーシップフェローは国立大学標準額との差額（１年次89万7,200円，２年次以降979,200円），スカラーシップメンバーは25万円が給付される。

保護者向けインフォメーション

● **オープンキャンパス**　通常のオープンキャンパス時に保護者説明会，保護者のための学生アパート説明会・キャンパスツアーを開催。

● **成績確認**　成績や出席状況，単位修得状況などが閲覧できる保護者ポータルサイトを運用。

● **保護者会**　保護者会である「拯友会」を組織し，地区交流会などを開催。会報誌も発行。

● **防災対策**　「緊急事態への対応」が記載されている『キャンパスガイド』を入学時に配布するほか，ポータルサイトにも「大地震対応ガイドブック」を掲載。災害発生時には安否確認メールを配信し，指定されたURLから回答する。

● **コロナ対策１**　2021年にワクチンの職域接種を実施。感染状況に応じた４段階のBCP（行動指針）を設定。「コロナ対策２」（下段）あり。

インターンシップ科目	必修専門ゼミ	卒業論文	GPA制度の導入の有無および活用例	１年以内の退学率	標準年限での卒業率
全学部で開講している	全学部で３・４年次に実施	全学部卒業要件	奨学金対象者の選定基準，学生に対する個別の学修指導，大学院入試の選抜基準のほか，GPAに応じた履修上限単位数を設定している	NA	78.8%

● **コロナ対策２**　入構時に検温を実施し，大学と講義室の入口に消毒液を設置。対面授業とオンライン授業を感染状況に応じて併用していたが，講義室の収容人数を調整・管理し，2022年秋以降は原則，対面授業を行った。

学部紹介

学部／学科	定員	特色
工学部		
機械工	200	▷主に金沢医科大学と連携して，新しい医療機器の開発に取り組むなど，環境や医療まで，ものづくりに関するあらゆるジャンルで活躍できるエンジニアを育成する。
航空システム工	60	▷航空機要素技術，航空機統合技術を学びの領域に，航空機の飛ぶ仕組みから材料，安全運行までを学ぶ。
ロボティクス	100	▷ロボットをつくるために必要なロボット要素設計技術，計測・制御・知能情報化技術，システム統合化技術を柱に学ぶ。
電気電子工	220	▷電気工学，電子工学の２コース。すべての産業の基盤となる電気電子技術を幅広く学ぶ。
情報工	200	▷ICT社会を支え，人間や生活を豊かにする情報技術（AI，IoT，XR，データサイエンス）を学ぶ。
環境土木工	100	▷データサイエンスも活用したインフラのメンテナンスや修復の技術について，世界トップレベルの研究を実施。
● 取得可能な資格…教職（数・工業），測量士補など。 ● 進路状況…………就職80.9%　進学17.8%		
情報フロンティア学部		
メディア情報	120	▷情報テクノロジーとデザインを融合し，新たなメディアを創造する「企画力」「設計力」「開発力」を養う。
経営情報	60	▷企業経営に工学的手法を取り入れ，IoT，人工知能（AI），ビッグデータ時代に活躍できる人材を育成する。
心理科	60	▷心の動きを計測し，データ化して分析することで，商品企画・システム設計などに生かせる人材を育成する。
● 取得可能な資格…教職（情・工業）など。 ● 進路状況…………就職85.8%　進学9.9%		
建築学部		
建築	200	▷３年次以降２つのコースに分かれ，建築デザインコースでは建築の設計・デザイン・まちづくり，建築エンジニアリングコースでは建築の構造・環境について深く学習する。
● 取得可能な資格…教職（工業），１・２級建築士受験資格など。 ● 進路状況…………就職85.7%　進学13.4%（旧環境・建築学部卒業生を含む）		
バイオ・化学部		
応用化	80	▷環境化学，エネルギー機能化学，バイオ・機能化学を学び，化学をどう使うと産業の役に立つかを実践的に考える。
応用バイオ	80	▷バイオ工学，脳科学，遺伝子工学のそれぞれの分野で，世の中に役立つ製品づくりや技術開発をめざす。
● 取得可能な資格…教職（理・工業）など。 ● 進路状況…………就職74.0%　進学23.7% ● 主な就職先………（全学部）鹿島建設，川崎重工業，関西電力，日産自動車，富士通，積水ハウス，ソフトバンク，大和ハウス工業，凸版印刷，本田技研工業，楽天グループなど。		

キャンパス

全学部…［扇が丘キャンパス］石川県野々市市扇が丘7-1

キャンパスアクセス ［扇が丘キャンパス］JR北陸本線—金沢よりバス30～40分／北陸鉄道石川線—野々市工大前より徒歩10分

2023年度入試要項（前年度実績）

●募集人員

学部／学科		一般A	一般B	B・共通プラス	共通A	共通B	共通C
▶工	機械工	70	12	2	20	4	4
	航空システム工	21	3	1	6	1	1
	ロボティクス	35	5	1	10	2	2
	電気電子工	78	13	2	22	4	4
	情報工	70	12	2	20	4	4
	環境土木工	35	6	1	10	2	1
▶情報フロンティア	メディア情報	42	6	1	12	3	2
	経営情報	21	3	1	6	1	1
	心理科	21	3	1	6	1	1
▶建築	建築	70	12	2	20	4	4
▶バイオ・化	応用化	28	5	1	8	2	1
	応用バイオ	28	5	1	8	2	1

▷共通テストプラスと共通テスト利用A・Cの英語は，リーディングおよびリスニング（各100点満点）を各50点満点に換算する（共通テスト利用Bは素点）。

全学部

一般試験A・B 〔3科目〕 ①**外**（100）▶コミュ英Ⅰ・コミュ英Ⅱ ②**数**（A100・B150）▶数Ⅰ・数Ⅱ・数A・数B（数列・ベク） ③**国・理**（100）▶「国総（古文・漢文を除く）・現文B」・「物基・物」・「化基・化」・「生基・生」から1，ただし「生基・生」はAのみ選択可

一般試験B・共通テストプラス 〈共通テスト科目〉 〔4～3科目〕 ①②③④**国・外・「地歴・公民」・数・理**（100×3）▶国（近代）・英（リスニングを含む）・「世A・世B・日A・日B・地理A・地理B・現社・倫・政経・〈倫・政経〉から1」・「数Ⅰ・〈数Ⅰ・数A〉・数Ⅱ・〈数Ⅱ・数B〉から1」・「物基・化基・生基・地学基から2」・物・化・生・地学から3

〈個別試験科目〉 一般試験Bの3科目を判定に利用する

共通テスト利用A・B 〔6～4科目〕 ①**外**（A100・B200）▶英（リスニングを含む） ②③**数**（A50×2・B100×2）▶「数Ⅰ・〈数Ⅰ・数A〉から1」・「数Ⅱ・〈数Ⅱ・数B〉・情から1」 ④⑤⑥**国・「地歴・公民」・理**（A100・B100×2）▶国（近代）・「世A・世B・日A・日B・地理A・地理B・現社・倫・政経・〈倫・政経〉から1」・「物基・化基・生基・地学基から2」・物・化・生・地学からAは1，Bは2

［個別試験］ 行わない。

共通テスト利用C 〔4～3科目〕 ①②③④**国・外・「地歴・公民」・数・理**（100×3）▶国（近代）・英（リスニングを含む）・「世A・世B・日A・日B・地理A・地理B・現社・倫・政経・〈倫・政経〉から1」・「数Ⅰ・〈数Ⅰ・数A〉・数Ⅱ・〈数Ⅱ・数B〉から1」・「物基・化基・生基・地学基から2」・物・化・生・地学から3

［個別試験］ 行わない。

その他の選抜

推薦試験（公募制・指定校制），目的志向型入学（AO入学），専門高校特別選抜（公募制・指定校制）。

偏差値データ（2023年度）

●一般試験A

学部／学科	2023年度 駿台予備学校 合格目標ライン	2023年度 河合塾 ボーダー偏差値	2022年度 競争率
▶工学部			
機械工	40	40	1.3
航空システム工	40	40	1.2
ロボティクス	39	37.5	1.2
電気電子工	40	37.5	1.2
情報工	41	45	2.2
環境土木工	39	40	1.2
▶情報フロンティア学部			
メディア情報	38	47.5	2.8
経営情報	37	40	1.5
心理科	38	40	1.2
▶建築学部			
建築	42	47.5	2.8
▶バイオ・化学部			
応用化	42	40	1.2
応用バイオ	42	40	1.3

●駿台予備学校合格目標ラインは合格可能性80%に相当する駿台模試の偏差値です。
●河合塾ボーダー偏差値は合格可能性50%に相当する河合塾全統模試の偏差値です。
●競争率は受験者÷合格者の実質倍率

常葉(とこは)大学

資料請求

問合せ先 入学センター（静岡草薙キャンパス） ☎054-263-1126

建学の精神

静岡県内の私立大学進学希望者のうち，およそ半分が常葉大学および常葉大学短期大学部に入学しているという，地域から愛され支持される総合大学。1980（昭和55）年に常葉学園大学教育学部からスタートし，2013（平成25）年４月に浜松大学，富士常葉大学と統合し，常葉大学として生まれ変わった。「より高きを目指して～Learning for Life～」という学校法人常葉学園の建学の精神を受け継ぎ掲げた「知徳兼備」「未来志向」「地域貢献」の３つの教育理念のもと，専門知識の修得はもちろん，豊かな人間性を育み，未来の国と地域に貢献できる人材の育成をめざした教育を展開。“Beyond the Limits”，「＃できないことなんてない」を合言葉に，物事に果敢に挑戦し続け，真に人類の平和と幸福に貢献できる新しい価値観を生み出す努力を続けている。

- 静岡草薙キャンパス…………〒422-8581 静岡県静岡市駿河区弥生町6-1
- 静岡瀬名キャンパス…………〒420-0911 静岡県静岡市葵区瀬名1-22-1
- 静岡水落キャンパス…………〒420-0831 静岡県静岡市葵区水落町1-30
- 浜松キャンパス…………………〒431-2102 静岡県浜松市北区都田町1230

基本データ

学生数▶7,422名（男3,694名，女3,728名）
専任教員数▶教授119名，准教授109名，講師53名
設置学部▶教育，外国語，経営，社会環境，保育，造形，法，健康科，健康プロデュース，保健医療
併設教育機関▶大学院─国際言語文化・環境防災・健康科学（以上M），初等教育高度実践（P） 短期大学部（P.843参照）

就職・卒業後の進路

就職率 97.6％
就職者÷希望者×100

●**就職支援**　キャリアサポートセンターでは，専門的な学びを未来の自分につなげるために，充実したキャリア支援プログラムによって，夢の実現をサポート。理想の教員になるため，その資質を伸ばし，幅広く支援する教職支援センターや，子どもと家庭を支える専門職へ

進路指導者も必見 学生を伸ばす 面倒見

初年次教育

「情報リテラシーⅠ・Ⅱ」（全学部）でITの基礎技術を身につけるほか，「人間力セミナー」「教養セミナー」などによって，レポート・論文の書き方，プレゼン技法，情報収集の方法，論理的思考力などを修得（学部による）

学修サポート

全学部でオフィスアワー制度，指導教員制度を導入。また，学修を進める上での戸惑いや困ったこと，学修における問題や不安など何でも気軽に相談できる基礎教育センターを設置

オープンキャンパス（2022年度実績） 7月9・10日に全キャンパス，8月20・21日に静岡草薙・静岡瀬名（21日のみ）・浜松の３キャンパスで対面型オープンキャンパスを実施（事前申込制）。学科紹介，模擬授業など。

の道を支援する幼児教育支援センターも設置。
●資格取得支援　実践的なプログラムを組み，日商簿記やファイナンシャル・プランニング技能検定，英検などの資格取得を支援しているほか，医療系学科では過去問の把握や模擬試験により，国家資格試験合格をサポート。

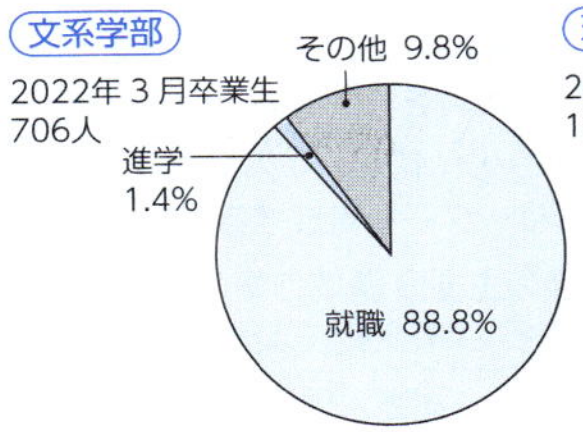

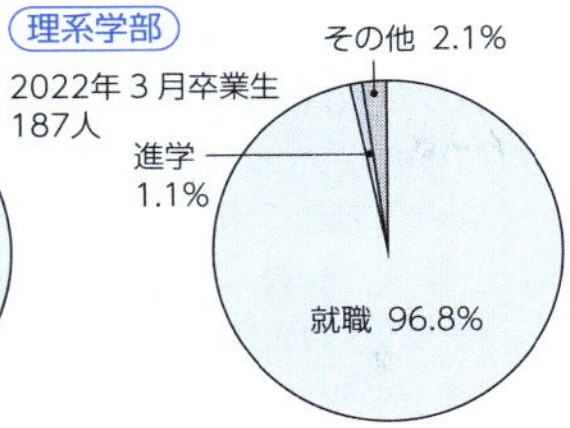

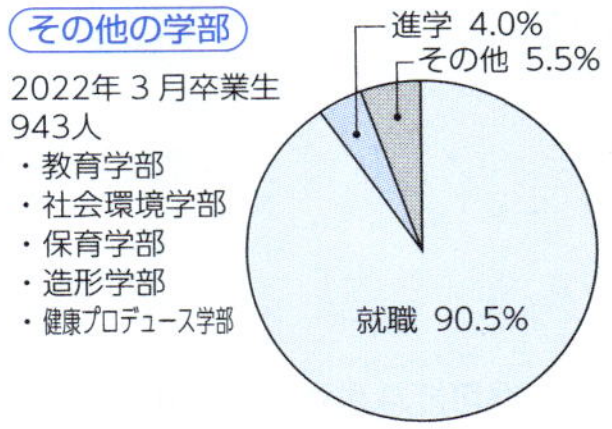

主なOB・OG▶［旧常葉学園大教育］長岡秀貴（NPO法人「侍学園スクオーラ・今人」理事長），［旧浜松大経営情報］りんたろー。（お笑い芸人「EXIT」），［旧富士常葉大流通経済］大畑大輔（アイ・テック社長）など。

国際化・留学　大学間 25 大学等・部局間 6 大学等

受入れ留学生数▶７名（2022年５月１日現在）
留学生の出身国▶インドネシア，中国，韓国など。
外国人専任教員▶教授１名，准教授４名，講師１名（2022年５月１日現在）
外国人専任教員の出身国▶韓国，アメリカ，カナダなど。
大学間交流協定▶25大学・機関（交換留学先０大学，2022年９月７日現在）
部局間交流協定▶６大学・機関（交換留学先０大学，2022年９月７日現在）
海外への留学生数▶オンライン型26名／年（４カ国・地域，2021年度）
海外留学制度▶休学せず４年間で卒業可能な長期留学，春休みを利用した短期留学，夏・春休みの３～４週間，提携大学で実施する短期語学研修（オンラインコースあり）など，目標に合わせたプログラムを用意。留学をサポートする外国語学習支援センターを設置。

学費・奨学金制度

入学金▶240,000円
年間授業料（施設費等を含む）**▶**760,000円～（詳細は巻末資料参照）
年間奨学金総額▶NA
年間奨学金受給者数▶NA
主な奨学金制度▶「学業成績優秀奨学生」は，前年度の学業成績が優秀な２～４年次生を対象に年額30万円を給付（経済的条件あり）。このほか，学費減免として，「奨学生入試（奨学生Ａ・Ｂ）」「特別奨学生（一般入試前期日程，共通テスト利用入試前期日程）」などの制度がある。

保護者向けインフォメーション

●成績確認　成績や履修科目と単位数，授業の出席状況などの情報がWebで閲覧できる。
●懇談会　各キャンパスで保護者懇談会を開催し，キャリアサポートについての説明などを行っている。担当教員による個人面談も実施。
●コロナ対策　入構時に検温と消毒を実施するとともに教室の収容人数を調整・管理して行う対面授業とオンライン授業を感染状況に応じて併用。５段階のBCP（行動指針）を設定。

インターンシップ科目	必修専門ゼミ	卒業論文	GPA制度の導入の有無および活用例	１年以内の退学率	標準年限での卒業率
保育・健康科・保健医療を除き開講	初等・英米・柔整3年，経営2～4年，社会環境・保育・保健医療・こども心身3・4年，グローバル1・2年，法2年，栄養・鍼灸・看護4年で実施	教育・外国語・法・健康科と鍼灸・柔道整復を除き卒業要件	奨学金や授業料免除対象者の選定基準のほか，一部の学部で留学候補者の選考，学生に対する個別の学修指導に活用	4.0%	87.8%

学部紹介

学部／学科･課程	定員	特色
教育学部		
初等教育	130	▷国語，社会，数学，理科，音楽の５専攻。幅広い人間力と確かな教育実践力を身につけた教員を育成する。
生涯学習	100	▷生涯学習(60名)，生涯スポーツ(40名)の２専攻。地域が求める学習･文化･スポーツのリーダーを育成する。
心理教育	100	▷臨床，教育，発達の心理学の主要３領域の学びを通じて，実践的な力を身につけた「こころの専門家」を育成する。
● **取得可能な資格**…教職(国･地歴･社･数･理･音･保体，小一種，特別支援)，司書，司書教諭，学芸員など。 ● **進路状況**…………就職90.1%　進学8.1% ● **主な就職先**………公私立小中高教員，国立青少年教育振興機構，ヤマハ発動機，静岡銀行など。		
外国語学部		
英米語	120	▷国際教養，英米言語文化，英語教育，児童英語教育の４つの履修モデルを設置。英語のスペシャリストを育成する。
グローバルコミュニケーション	100	▷複数の言語や文化を学び，グローバル社会で活躍する国際派社会人を育成する。
● **取得可能な資格**…教職(英)。　● **進路状況**…就職85.2%　進学1.4% ● **主な就職先**………公私立中高教員，スズキ，鈴与，鈴与通関，星野リゾート･マネジメントなど。		
経営学部		
経営	345	▷地域で躍動するビジネスリーダーを育成する。浜松と静岡草薙の２つのキャンパスから選択して学ぶことができる。
● **取得可能な資格**…教職(商業)。　● **進路状況**…………就職91.8%　進学1.5% ● **主な就職先**………静岡県･市，浜松市，静岡銀行，遠州鉄道，浜松いわた信用金庫，東海澱粉など。		
社会環境学部		
社会環境	120	▷環境･自然再生，防災･地域安全の２コース。環境･防災の知恵を，社会の安全に役立てる人材を育成する。
● **取得可能な資格**…教職(理)など。　● **進路状況**…就職90.5%　進学1.9% ● **主な就職先**………静岡県･市，静岡市消防局，静岡県森林組合連合会，積水ハウス，日本郵便など。		
保育学部		
保育	160	▷保育心理学，子育て･療育支援，感性教育の３分野の学びを通して，幼児教育･保育のリーダーを育成する。
● **取得可能な資格**…教職(幼一種)，保育士。　● **進路状況**…就職98.9%　進学0.0% ● **主な就職先**………公私立こども園･幼稚園･保育園，静岡市社会福祉協議会，誠信会，済生会など。		
造形学部		
造形	100	▷アート＆デザインの多様な知識や技術を学び，モノと豊かな体験を創造して，社会の中で活躍する専門家を育成する。
● **取得可能な資格**…教職(美･工芸)，学芸員など。　● **進路状況**…就職76.8%　進学1.2% ● **主な就職先**………公立中学校教員，静岡県，シャープ，大東建託，静岡新聞社，アドウェイズなど。		
法学部		
法律	200	▷公共政策，法律総合の２コース。リーガルマインドを身につけて，社会に貢献できる企業人，公務員を育成する。
● **進路状況**…………就職88.8%　進学1.4% ● **主な就職先**………静岡県･市，浜松市，静岡県警察，静岡地方裁判所，しずおか焼津信用組合など。		

キャンパスアクセス [静岡草薙キャンパス] JR東海道本線―草薙より徒歩４分

健康科学部		
看護	80	▷高い専門性と豊かな人間性を持つ看護師を育成する。
静岡理学療法	60	▷医療・保健・福祉の現場で活躍できる理学療法士を育成。

● **取得可能な資格**…看護師・理学療法士受験資格。　● **進路状況**…………就職96.1%　進学1.6%
● **主な就職先**………順天堂大学医学部附属静岡病院，静岡県立総合病院，静岡市立静岡病院など。

健康プロデュース学部		
健康栄養	80	▷幅広いフィールドで活躍できる管理栄養士を育成する。
こども健康	50	▷子どもの健やかな成長を支える幼稚園教諭，保育士，保育教諭を育成する。
心身マネジメント	110	▷健康とスポーツを学び，心身を支える専門家を育成する。
健康鍼灸	30	▷健康，スポーツ，美容などで活躍できる，新しい時代の鍼灸師を育成する。
健康柔道整復	30	▷幅広い知識と豊かな人間性を持つ柔道整復師を育成する。

● **取得可能な資格**…教職（保体，幼一種，栄養），保育士，栄養士，はり師・きゅう師・柔道整復師・管理栄養士受験資格など。
● **進路状況**…………就職89.6%　進学3.2%
● **主な就職先**………公立こども園・幼稚園・保育園，聖隷福祉事業団，杏林堂薬局，日清医療食品など。

保健医療学部		
理学療法	40	▶常に疑問を持ち，物事を論理的にとらえることができる理学療法士と，生活を科学的にとらえ，支援できるスキルを持った作業療法士を育成する。
作業療法	40	

● **取得可能な資格**…理学療法士・作業療法士受験資格など。　● **進路状況**…就職98.3%　進学0.0%
● **主な就職先**………聖隷福祉事業団，常葉大学リハビリテーション病院，藤枝市立総合病院など。

▶キャンパス

教育・外国語・経営・社会環境・保育……［静岡草薙キャンパス］静岡県静岡市駿河区弥生町6-1
造形……［静岡瀬名キャンパス］静岡県静岡市葵区瀬名1-22-1
法・健康科……［静岡水落キャンパス］静岡県静岡市葵区水落町1-30
経営・健康プロデュース・保健医療……［浜松キャンパス］静岡県浜松市北区都田町1230

2023年度入試要項（前年度実績）

●募集人員

学部／学科・課程		前期	後期
▶教育	初等教育	55	10
	生涯学習	35	6
	心理教育	40	6
▶外国語	英米語	32	6
	グローバルコミュニケーション	30	5
▶経営	経営	92	14
▶社会環境	社会環境	37	3
▶保育	保育	50	6
▶造形	造形	34	6
▶法	法律	60	15
▶健康科	看護	25	5
	静岡理学療法	20	3
▶健康プロデュース	健康栄養	24	3
	こども健康	15	2
	心身マネジメント	35	5
	健康鍼灸	8	2
	健康柔道整復	8	2
▶保健医療	理学療法	10	2
	作業療法	10	2

教育学部

一般入試前期・後期　4〜3科目　①国(100)▶国総(古文・漢文を除く)　②外(100)▶コミュ英Ⅰ・コミュ英Ⅱ・英表Ⅰ　③④**地歴・公民・数・理・音楽実技**(100)▶世B・日B・政経・「数

キャンパスアクセス［静岡瀬名キャンパス］JR東海道本線―静岡よりバス25分・「西奈中学・常葉大学入口」下車徒歩5分，草薙よりバス15分・「西奈中学・常葉大学入口」下車徒歩5分

Ⅰ・数Ａ」・「数Ⅰ・数Ⅱ・数Ａ・数Ｂ（数列・ベク）」・「物基・化基・生基から２」・録画審査から１
※選択科目は，初等教育課程文系型は地歴・公民・数（数Ⅰ・数Ａ），理系型は数（数Ⅰ・数Ⅱ・数Ａ・数Ｂ）・理から選択。実技型は録画審査（ピアノ〈50〉＋声楽〈50〉を録画したDVDを出願時に提出）指定。生涯学習学科と心理教育学科は地歴・公民・数・理から選択。

外国語学部・保育学部・経営学部・社会環境学部・法学部

一般入試前期・後期（３教科型）　4〜3科目
①**国**（100）▶国総（古文・漢文を除く）　②**外**（英米語200，その他の学部・学科100）▶コミュ英Ⅰ・コミュ英Ⅱ・英表Ⅰ　③④**地歴・公民・数・理**（100）▶世Ｂ・日Ｂ・政経・「数Ⅰ・数Ａ」・「数Ⅰ・数Ⅱ・数Ａ・数Ｂ（数列・ベク）」・「物基・化基・生基から２」から１
一般入試前期・後期（２教科型）　**【外国語学部】**　2科目　①**国**（100）▶国総（古文・漢文を除く）　②**外**（英米語200，グローバル100）▶コミュ英Ⅰ・コミュ英Ⅱ・英表Ⅰ
【経営学部・社会環境学部】　3〜2科目　①②③**国・外・「地歴・公民・数・理」**（100×2）▶国総（古文・漢文を除く）・「コミュ英Ⅰ・コミュ英Ⅱ・英表Ⅰ」・「世Ｂ・日Ｂ・政経・〈数Ⅰ・数Ａ〉・〈数Ⅰ・数Ⅱ・数Ａ・数Ｂ（数列・ベク）〉・〈物基・化基・生基から２〉から１」から２
※保育学部と法学部は３教科型のみ実施。

造形学部

一般入試前期・後期（３教科型）　4〜3科目
①**国**（100）▶国総（古文・漢文を除く）　②**外**（100）▶コミュ英Ⅰ・コミュ英Ⅱ・英表Ⅰ　③④**地歴・公民・数・理・実技**（100）▶世Ｂ・日Ｂ・政経・「数Ⅰ・数Ａ」・「数Ⅰ・数Ⅱ・数Ａ・数Ｂ（数列・ベク）」・「物基・化基・生基から２」・鉛筆デッサンから１
一般入試前期・後期（２教科型）　3〜2科目
①**国・外**（100）▶国総（古文・漢文を除く）・「コミュ英Ⅰ・コミュ英Ⅱ・英表Ⅰ」から１　②③**地歴・公民・数・理・実技**（100）▶世Ｂ・日Ｂ・政経・「数Ⅰ・数Ａ」・「数Ⅰ・数Ⅱ・数Ａ・数Ｂ（数列・ベク）」・「物基・化基・生基から２」・鉛筆デッサンから１
※実技は静岡草薙キャンパスにおいて実施。

健康科学部・健康プロデュース学部

一般入試前期・後期　**【看護学科・静岡理学療法学科・健康栄養学科】**　4〜3科目　①**外**（100）▶コミュ英Ⅰ・コミュ英Ⅱ・英表Ⅰ　②③④**国・数・理**（100×2）▶国総（古文・漢文を除く）・「〈数Ⅰ・数Ａ〉・〈数Ⅰ・数Ⅱ・数Ａ・数Ｂ（数列・ベク）〉から１」・「物基・化基・生基から２」から２
【こども健康学科】〈３教科型〉　4〜3科目
①**国**（100）▶国総（古文・漢文を除く）　②**外**（100）▶コミュ英Ⅰ・コミュ英Ⅱ・英表Ⅰ　③④**地歴・公民・数・理**（100）▶世Ｂ・日Ｂ・政経・「数Ⅰ・数Ａ」・「数Ⅰ・数Ⅱ・数Ａ・数Ｂ（数列・ベク）」・「物基・化基・生基から２」から１
〈２教科型〉　3〜2科目　①②③**国・外・「地歴・公民・数・理」**（100×2）▶国総（古文・漢文を除く）・「コミュ英Ⅰ・コミュ英Ⅱ・英表Ⅰ」・「世Ｂ・日Ｂ・政経・〈数Ⅰ・数Ａ〉・〈数Ⅰ・数Ⅱ・数Ａ・数Ｂ（数列・ベク）〉・〈物基・化基・生基から２〉から１」から２
【心身マネジメント学科】〈３教科型〉　4〜3科目　①**外**（100）▶コミュ英Ⅰ・コミュ英Ⅱ・英表Ⅰ　②③④**国・数・「地歴・公民・理」**（100×2）▶国総（古文・漢文を除く）・「〈数Ⅰ・数Ａ〉・〈数Ⅰ・数Ⅱ・数Ａ・数Ｂ（数列・ベク）〉から１」・「世Ｂ・日Ｂ・政経・〈物基・化基・生基から２〉から１」から２
〈２教科型〉　3〜2科目　①②③**国・外・「地歴・公民・数・理」**（100×2）▶国総（古文・漢文を除く）・「コミュ英Ⅰ・コミュ英Ⅱ・英表Ⅰ」・「世Ｂ・日Ｂ・政経・〈数Ⅰ・数Ａ〉・〈数Ⅰ・数Ⅱ・数Ａ・数Ｂ（数列・ベク）〉・〈物基・化基・生基から２〉から１」から２
【健康鍼灸学科・健康柔道整復学科】〈３教科型・２教科型〉　4〜2科目　①**国**（100）▶国総（古文・漢文を除く）　②③④**外・数・「地歴・公民・理」**（３教科型100×2・２教科型100）▶「コミュ英Ⅰ・コミュ英Ⅱ・英表Ⅰ」・「〈数Ⅰ・数Ａ〉・〈数Ⅰ・数Ⅱ・数Ａ・数Ｂ（数列・ベク）〉から１」・「世Ｂ・日Ｂ・政経・〈物基・化基・生基から２〉から１」から３教科型は２，２教科型は１

キャンパスアクセス　［静岡水落キャンパス］　JR東海道本線―静岡より徒歩15分／静岡鉄道―日吉町より徒歩5分または新静岡より徒歩10分

保健医療学部

一般入試前期・後期（３教科型・２教科型）

4〜2科目　①②③④国・外・数・理（３教科型100×3・２教科型100×2）▶国総（古文・漢文を除く）・「コミュ英Ⅰ・コミュ英Ⅱ・英表Ⅰ」・「〈数Ⅰ・数Ａ〉・〈数Ⅰ・数Ⅱ・数Ａ・数Ｂ（数列・ベク）〉から１」・「物基・化基・生基から２」から３教科型は３，２教科型は２

その他の選抜

共通テスト利用入試，共通テストプラス入試，一般推薦入試，スポーツ推薦入試，指定校推薦入試，総合能力入試，奨学生入試，帰国生入試，社会人入試，外国人留学生入試。

偏差値データ（2023年度）

●一般入試前期（３教科型）

学部／学科・課程	2023年度 駿台予備学校 合格目標ライン	2023年度 河合塾 ボーダー偏差値	2022年度 競争率
▶教育学部			
初等教育	43〜44	47.5	2.9
生涯学習	42	42.5	1.7
心理教育	43	45	1.5
▶外国語学部			
英米語	37	42.5	2.1
グローバルコミュニケーション	36	40	2.4
▶経営学部			
経営	33	47.5	3.7
▶社会環境学部			
社会環境	33	45	4.2
▶保育学部			
保育	35	35	1.2
▶造形学部			
造形	35	35	2.9
▶法学部			
法律	36	40	2.0
▶健康科学部			
看護	40	42.5	1.7
静岡理学療法	39	40	2.2
▶健康プロデュース学部			
健康栄養	37	37.5	1.3
こども健康	36	35	1.0
心身マネジメント	35	35	1.2
健康鍼灸	32	35	1.0
健康柔道整復	32	35	1.1
▶保健医療学部			
理学療法	37	42.5	2.3
作業療法	35	35	1.2

- 駿台予備学校合格目標ラインは合格可能性80％に相当する駿台模試の偏差値です。
- 河合塾ボーダー偏差値は合格可能性50％に相当する河合塾全統模試の偏差値です。なお，一般入試前期・後期（３教科型）の偏差値です。
- 競争率は一般入試前期の受験者÷合格者の実質倍率

併設の教育機関　短期大学

常葉大学短期大学部

問合せ先　入学センター　☎054-263-1126

所在地　静岡県静岡市駿河区弥生町6-1／静岡県静岡市葵区瀬名1-22-1（音楽科）

学生数▶474名（男35名，女439名）

教員数▶教授11名，准教授８名，講師６名

設置学科

●日本語日本文学科（65）　日本語と日本文学，日本の文化への理解を深め，未来に活用できる本物の日本語力を身につける。

●保育科（150）　子どもと一緒に生活を考え続ける情熱を持つ感性豊かな保育者を育成。

●音楽科（25）　作編曲，総合音楽，声楽，ピアノ，管弦打楽器の５専攻。演奏に重点を置く徹底した実技主義が特長。

卒業後の進路

2022年３月卒業生▶258名

就職222名，大学編入学２名（うち他大学２名），その他34名

キャンパスアクセス［浜松キャンパス］天竜浜名湖鉄道―常葉大学前より徒歩7分／JR東海道本線―浜松よりスクールバス40分または遠州鉄道バス45分

愛知大学

AICHI UNIVERSITY

資料請求

問合せ先 入試課 ☎052-937-8112・8113

建学の精神

1901（明治34）年に中国・上海に誕生した「東亜同文書院」（1939〈昭和14〉年に大学へ昇格）をルーツ校に，1946年，「世界文化と平和への貢献」「国際的教養と視野をもった人材の育成」「地域社会への貢献」を建学の精神として，「智を愛するものが集う」との意味を含んだ「愛知大学」が開学。そして現在，質の高い教学プログラムを整備強化するとともに，地域社会との連携，国際教育プログラムをさらに推進し，深い専門知識を基礎にして，筋道を立てて考え抜く力。軽々と境界を飛び越えて人々とつながり，ともに問題を解決する力。生きる上で欠かすことのできない総合的な能力を備え，明日の世界を切り開く。そんな世界を結び，地域に貢献する力のある人材を育みたい。知を愛し，世界へ――それは，愛知大学からあなたへの約束である。

- 名古屋キャンパス…〒453-8777 愛知県名古屋市中村区平池町四丁目60-6
- 豊橋キャンパス……〒441-8522 愛知県豊橋市町畑町1-1
- 車道キャンパス……〒461-8641 愛知県名古屋市東区筒井二丁目10-31

基本データ

学生数▶9,556名（男5,093名，女4,463名）
専任教員数▶教授147名，准教授64名，助教27名
設置学部▶法，経済，経営，現代中国，国際コミュニケーション，文，地域政策

併設教育機関▶大学院―経済学・経営学・中国・文学（以上M・D），国際コミュニケーション（M），法学（D），法務（P） 短期大学（P.849参照）

就職・卒業後の進路

就 職 率 **98.3%**
就職者÷希望者×100

●**就職支援**　キャリア支援センターでは,「就職をゴールとしない」形で低年次からキャリアデザインプログラムを展開。4年間を通し，キャリア形成や職業選択，就活に関する相談に対応し，キャリア開発を手厚くサポート。
●**資格取得支援**　1年次の宅地建物取引士講座と2年次の行政書士講座の受講を推奨。2年次2月からは公務員試験対策講座もスター

進路指導者も必見 学生を伸ばす 面倒見

初年次教育
「入門演習」等でレポート・論文の書き方，情報収集や資料整理の方法，論理的思考力や問題発見・解決能力を修得するほか,「プレゼンテーション技術」「情報リテラシー入門」などの科目を開講している

学修サポート
全学部でTA・SA制度，オフィスアワー制度を導入。レポートや卒業論文の書き方講座なども行うラーニングコモンズや，アドバイザーによる履修相談，学習上の指導・助言などを行う学習・教育支援センターを設置

オープンキャンパス(2022年度実績) 豊橋キャンパスで7月10日，名古屋キャンパスで8月4・5日に開催(事前申込制。保護者同伴可)。名古屋Cでは8月6日に「受験生と保護者のための入試対策勉強会＆相談会」も実施。

ト。教職課程センターも設置し，豊富な経験を持つスタッフが広範にサポートしている。

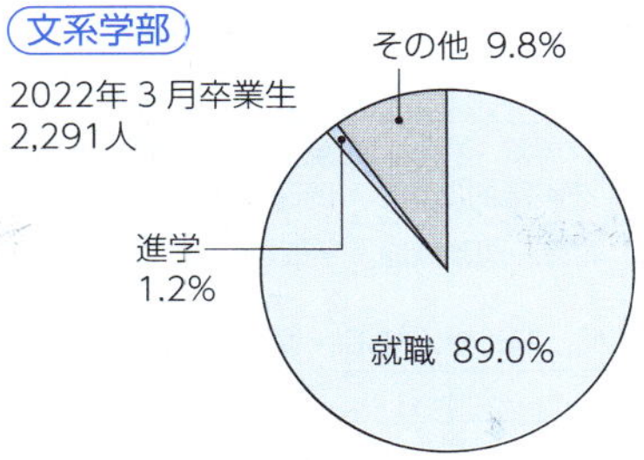

主なOB・OG ▶ [旧法経] 北角浩一（日本一ソフトウェア創業者，会長兼社長），[旧法経] 宮島壽男（愛知県知多市長），[旧法経] 柘植芳文（参議院議員），[経済] 祖父江大輔（プロ野球選手）など。

国際化・留学　大学間 47 大学・部局間 20 大学等

受入れ留学生数 ▶ 163名（2022年５月１日現在）

留学生の出身国 ▶ 中国，韓国，ベトナム，フィリピン，マレーシアなど。

外国人専任教員 ▶ 教授13名，准教授４名，助教14名（2022年５月１日現在）

外国人専任教員の出身国 ▶ 韓国，中国，イギリス，アメリカ，カナダなど。

大学間交流協定 ▶ 47大学（交換留学先22大学，2022年９月16日現在）

部局間交流協定 ▶ 20大学・機関（2022年９月16日現在）

海外への留学生数 ▶ オンライン型225名／年（２カ国・地域，2021年度）

海外留学制度 ▶ 交換留学や認定留学，セメスター認定留学プログラム，春季・夏季休暇を利用した海外短期語学セミナー，現代中国学部の現地プログラムなど，“選べる”留学スタイルを多数用意。海外協定校の学生とのオンライン交流も実施している。

学費・奨学金制度　給付型奨学金総額 年間約 1 億 1,956 万円

入学金 ▶ 200,000円

年間授業料（施設費等を除く）▶ 720,000円～（詳細は巻末資料参照）

年間奨学金総額 ▶ 119,561,619円

年間奨学金受給者数 ▶ 835人

主な奨学金制度 ▶ 指定の入試成績上位者対象の「愛知大学スカラシップ」，東海４県以外の国内高校出身者を支援する「知を愛する奨学金」のほか，修学支援，学業奨励，スポーツ振興，留学支援などの制度を多数設置。学費減免制度もあり，2021年度は149人を対象に総額で約3,426万円を減免している。

保護者向けインフォメーション

● **機関誌**　「愛知大学通信」を発行している。

● **成績確認**　成績表を郵送している。

● **懇談会**　大学の取り組みや就職活動の現状を伝える父母教育懇談会を６月に開催。11月にも，保護者のための相談会を実施（2022年度）。

● **防災対策**　「防災・災害対策対応マニュアル」を入学時に配布（学内にも常設）。災害時の学生の安否確認は，ポータルサイトを利用する。

● **コロナ対策１**　ワクチンの職域接種を実施。感染状況に応じた５段階のBCP（行動指針）を設定している。「コロナ対策２」（下段）あり。

インターンシップ科目	必修専門ゼミ	卒業論文	GPA制度の導入の有無および活用例	１年以内の退学率	標準年限での卒業率
現代中国・地域政策学部で開講	経営・現代中国・英語・国際教養・人文社会・心理（３・４年次），会計（３年次），歴史地理・日本語日本文・地域政策（２～４年次）で実施	法・経済・経営の３学部を除き卒業要件	奨学金や授業料免除対象者の選定基準，留学候補者の選考，退学勧告の基準に活用	0.6%	88.6%

● **コロナ対策２**　対面授業とオンライン授業を感染状況に応じて併用。入構時に検温と消毒を実施し，講義室の収容人数を調整・管理。COVID-19の影響により，家計が急変した学生を対象とする緊急奨学金を創設。

学部紹介

学部／学科	定員	特色
法学部		
法	315	▷司法，行政，企業，法科大学院連携の４コース。法の運用を実践的に学び，問題解決のための論理的思考力を養う。
●**取得可能な資格**…教職（地歴・公・社），司書，司書教諭，学芸員など。 ●**進路状況**…………就職87.7%　進学1.1% ●**主な就職先**………名古屋銀行，日本郵便，熊谷組，NSD，警察庁中部管区警察局，三重県庁など。		
経済学部		
経済	330	▷経済分析，政策・地域，世界経済の３コース。現代経済の諸問題に挑み，激動する社会を生き抜く力を養う。
●**取得可能な資格**…教職（地歴・公・社・商業），司書，司書教諭，学芸員など。 ●**進路状況**…………就職91.9%　進学0.8% ●**主な就職先**………三協立山，バッファロー，三井住友信託銀行，日本年金機構，大垣市役所など。		
経営学部		
経営	250	▷ビジネス・マネジメント，流通・マーケティング，情報システム，国際ビジネスの４コースを設置。
会計ファイナンス	125	▷アカウンティング，ファイナンス，ビジネスデザインの３コース。数多くの税理士や公認会計士を輩出。
●**取得可能な資格**…教職（地歴・公・社・情・商業），司書，司書教諭，学芸員など。 ●**進路状況**…………就職94.3%　進学0.2% ●**主な就職先**………デンソー，マキタ，三菱食品，東京海上日動火災保険，財務省名古屋税関など。		
現代中国学部		
現代中国	180	▷ビジネス，言語文化，国際関係の３コース。最先端の中国を学ぶ日本で唯一の学部。２年次春学期に全員が留学を体験。
●**取得可能な資格**…教職（地歴・公・社・中），司書，司書教諭，学芸員など。 ●**進路状況**…………就職85.6%　進学1.9% ●**主な就職先**………トヨタ自動車，ダイドー，名古屋鉄道，郵船ロジスティクス，あま市役所など。		
国際コミュニケーション学部		
英語	115	▷Language Studies，Business，Educationの３コース。英語力を身につけ，国際社会を生き抜く人材を育成する。
国際教養	115	▷アメリカ研究，日本・アジア研究，ヨーロッパ研究の３コース。異文化を理解する豊かな感性と深い教養を身につける。
●**取得可能な資格**…教職（地歴・公・社・英），司書，司書教諭，学芸員など。 ●**進路状況**…………就職88.2%　進学2.3% ●**主な就職先**………アイシン，FTS，凸版印刷，名鉄観光サービス，名港海運，名古屋市役所など。		
文学部		
歴史地理	70	▷日本史学，世界史学，地理学の３専攻。時間と空間から社会をとらえ，次世代を生きる柔軟な思考力と発想力を育む。
日本語日本文	48	▷「世界の中の日本語・日本文学・日本語表現」を多角的に見つめ，豊かな教養と次世代を生き抜く力を養う。
人文社会	172	▷現代文化，社会学，欧米言語文化の３コース。分野を横断するアクティブな学びで，深い教養と豊かな表現力を養う。
心理	55	▷理論を学ぶとともに，実験・実践を通して人間行動の謎を解き明かす。公認心理師の受験資格に必要な科目も開講。

キャンパスアクセス［名古屋キャンパス］ JR・私鉄・地下鉄各線―名古屋より徒歩10分／あおなみ線―ささしまライブより歩行者デッキ直結／近鉄名古屋線―米野より徒歩５分

● **取得可能な資格**…教職（国・地歴・公・社・英），司書，司書教諭，学芸員など。
● **進路状況**…………就職81.8%　進学2.4%
● **主な就職先**………愛知県教育委員会，クリナップ，リンナイ，みずほフィナンシャルグループなど。

地域政策学部

地域政策	220	▷公共政策（60名），経済産業（60名），まちづくり・文化（45名），健康・スポーツ（30名），食農環境（25名）の５コース。「地域を見つめ，地域を活かす」をコンセプトに，持続可能なまちづくりに積極的に関われる人材を育成する。データ分析科目をより充実させ，専門教育の柱の一つとしている。

● **取得可能な資格**…教職（地歴・公・社），司書，司書教諭，学芸員など。
● **進路状況**…………就職92.1%　進学0.4%
● **主な就職先**………スズキ，フジパングループ本社，大垣共立銀行，近畿日本鉄道，袋井市役所など。

キャンパス

法・経済・経営・現代中国・国際コミュニケーション……［名古屋キャンパス］愛知県名古屋市中村区平池町四丁目60-6
文・地域政策……［豊橋キャンパス］愛知県豊橋市町畑町1-1
入試課……［車道キャンパス］愛知県名古屋市東区筒井二丁目10-31

2023年度入試要項（前年度実績）

●募集人員

学部／学科（コース）		前期	前期M	前期数学重視	共通プラス	後期
▶法	法	85	35	12	30	15
▶経済	経済	100	35	25	20	15
▶経営	経営	80	30	10	15	8
	会計ファイナンス	30	10	5	5	5
▶現代中国	現代中国	40	20	—	12	5
▶国際コミュニケーション	英語	30	16	—	8	3
	国際教養	33	17	—	10	4
▶文	歴史地理	20	9	—	7	4
	日本語日本文	16	5	—	5	2
	人文社会（現代文化）	19	5	—	6	4
	（社会学）	16	4	—	5	2
	（欧米言語文化）	19	3	—	7	4
	心理	15	5	3	5	3
▶地域政策	地域政策（公共政策）	20	10	—	4	3
	（経済産業）	18	12	—	5	2
	（まちづくり・文化）	14	7	—	3	2
	（健康・スポーツ）	8	3	—	2	1
	（食農環境）	6	3	3	3	1

▷前期入試・M方式入試・後期入試において，指定された英語能力試験のスコア等を保持している場合は，外国語（英語）の得点に30点（上限）を加点し，判定する。ただし，本学独自試験「外国語（英語）」の得点率が70%以上の場合のみ，加点対象とし，加点後の上限は前期・M方式は150点，後期は100点とする。

法学部・経済学部・経営学部・現代中国学部・国際コミュニケーション学部・文学部

一般選抜前期日程M方式入試・前期入試
3科目　①**国**（100）▶国総・現文B・古典B（古文・漢文はいずれか選択）　②**外**（150）▶コミュ英Ⅰ・コミュ英Ⅱ・コミュ英Ⅲ・英表Ⅰ・英表Ⅱ　③**地歴・公民・数**（100）▶世B・日B・地理B・「倫・政経」・「数Ⅰ・数Ⅱ・数A・数B（数列・ベク）」から１，ただし前期入試の地理Bと「倫・政経」は２月５日のみ選択可

一般選抜前期日程数学重視型入試　【法学部・経済学部・経営学部・文学部（心理学科）】
3科目　①**国**（100）▶国総・現文B・古典B（古文・漢文はいずれか選択）　②**外**（100）▶コミュ英Ⅰ・コミュ英Ⅱ・コミュ英Ⅲ・英表Ⅰ・英表Ⅱ　③**数**（200）▶数Ⅰ・数Ⅱ・数A・数B（数列・ベク）

一般選抜前期日程共通テストプラス方式入試
【法学部・現代中国学部】　〈共通テスト科目〉
3～2科目　①②③**国・外・「地歴・公民」・数・理**（100×2）▶国（近代）・「英（リスニングを含む）・中から１」・「世A・世B・日A・日B・地理A・地理B・現社・倫・政経・〈倫・政経〉から１」・

「数Ⅰ・〈数Ⅰ・数A〉・数Ⅱ・〈数Ⅱ・数B〉・簿・情から1」・「〈物基・化基・生基・地学基から2〉・物・化・生・地学から1」から2，ただし独自試験で選択した教科を除き，中は現代中国学部のみ選択可　※英語は200点満点を100点に換算。
〈独自試験科目〉　前期入試と共通問題で出願時に1教科選択(100点)
【経済学部】〈共通テスト科目〉 3〜2科目 ①②③**国・外・数・「地歴・公民・理」**(100×2) ▶国(近代)・英(リスニングを含む)・「数Ⅰ・〈数Ⅰ・数A〉・数Ⅱ・〈数Ⅱ・数B〉・簿・情から1」・「世A・世B・日A・日B・地理A・地理B・現社・倫・政経・〈倫・政経〉・〈物基・化基・生基・地学基から2〉・物・化・生・地学から1」から2，ただし独自試験で選択した教科を除く　※英語は200点満点を100点に換算。
〈独自試験科目〉　前期入試と共通問題で出願時に1教科選択(100点)
【経営学部・文学部】〈共通テスト科目〉 3〜2科目 ①**国・外**(100) ▶国(経営学部は近代。文学部は近代および古文または漢文)・英(リスニングを含む)から1，ただし独自試験で選択した教科を除く　※英語は200点満点を100点に換算。 ②③**地歴・公民・数・理**(100) ▶世A・世B・日A・日B・地理A・地理B・現社・倫・政経・「倫・政経」・数Ⅰ・「数Ⅰ・数A」・数Ⅱ・「数Ⅱ・数B」・簿・情・「物基・化基・生基・地学基から2」・物・化・生・地学から1，ただし独自試験で選択した教科を除く
〈独自試験科目〉　前期入試と共通問題で出願時に1教科選択(100点)
【国際コミュニケーション学部】〈共通テスト科目〉 3〜2科目 ①**国**(100) ▶国(近代) ②③**地歴・公民・数・理**(100) ▶世A・世B・日A・日B・地理A・地理B・現社・倫・政経・「倫・政経」・数Ⅰ・「数Ⅰ・数A」・数Ⅱ・「数Ⅱ・数B」・簿・情・「物基・化基・生基・地学基から2」・物・化・生・地学から1
〈独自試験科目〉　前期入試と共通問題で外国語必須(200点)
一般選抜後期日程後期入試 3科目 ①**国**(100) ▶国総(現文のみ)・現文B ②**外**(100) ▶コミュ英Ⅰ・コミュ英Ⅱ・コミュ英Ⅲ・英表Ⅰ・英表Ⅱ ③**地歴・数**(100) ▶世B・日B・地理B・「数Ⅰ・数Ⅱ・数A・数B(数列・ベク)」から1

地域政策学部

一般選抜前期日程M方式入試・前期入試
3科目 ①**国**(100) ▶国総・現文B・古典B(古文・漢文はいずれか選択) ②**外**(150) ▶コミュ英Ⅰ・コミュ英Ⅱ・コミュ英Ⅲ・英表Ⅰ・英表Ⅱ ③**地歴・公民・数**(100) ▶世B・日B・地理B・「倫・政経」・「数Ⅰ・数Ⅱ・数A・数B(数列・ベク)」から1，ただし前期入試の地理Bと「倫・政経」は2月5日のみ選択可
一般選抜前期日程数学重視型入試 **【地域政策学科〈食農環境コース〉】** 3科目 ①**国**(100) ▶国総・現文B・古典B(古文・漢文はいずれか選択) ②**外**(100) ▶コミュ英Ⅰ・コミュ英Ⅱ・コミュ英Ⅲ・英表Ⅰ・英表Ⅱ ③**数**(200) ▶数Ⅰ・数Ⅱ・数A・数B(数列・ベク)
一般選抜前期日程共通テストプラス方式入試
【地域政策学科〈公共政策コース／経済産業コース／まちづくり・文化コース／健康・スポーツコース〉】〈共通テスト科目〉 3〜2科目
①**国・外**(100) ▶国(近代)・英(リスニングを含む)から1，ただし独自試験で選択した教科を除く　※英語は200点満点を100点に換算。 ②③**地歴・公民・数・理**(100) ▶世A・世B・日A・日B・地理A・地理B・現社・倫・政経・「倫・政経」・数Ⅰ・「数Ⅰ・数A」・数Ⅱ・「数Ⅱ・数B」・簿・情・「物基・化基・生基・地学基から2」・物・化・生・地学から1，ただし独自試験で選択した教科を除く
〈独自試験科目〉　前期入試と共通問題で出願時に1教科選択(100点)
【地域政策学科〈食農環境コース〉】〈共通テスト科目〉 3〜2科目 ①**数・理・「国・外・地歴・公民」**(100×2) ▶数Ⅰ・「数Ⅰ・数A」・数Ⅱ・「数Ⅱ・数B」・簿・情・「物基・化基・生基・地学基から2」・物・化・生・地学・「国(近代)・英(リスニングを含む)・世A・世B・日A・日B・地理A・地理B・現社・倫・政経・〈倫・政経〉から1」から2，ただし独自試験で選択した教科を除く　※英語は200点満点を100点に換算。
〈独自試験科目〉　前期入試と共通問題で出願時に1教科選択(100点)
一般選抜後期日程後期入試 3科目 ①国

キャンパスアクセス [車道キャンパス] 地下鉄桜通線一車道より徒歩2分

(100) ▶国総(現文のみ)・現文B ②**外**(100) ▶コミュ英Ⅰ・コミュ英Ⅱ・コミュ英Ⅲ・英表Ⅰ・英表Ⅱ ③**地歴・数**(100) ▶世B・日B・地理B・「数Ⅰ・数Ⅱ・数A・数B(数列・ベク)」から1

その他の選抜

共通テスト利用入試は法学部58名，経済学部48名，経営学部30名，現代中国学部14名，国際コミュニケーション学部22名，文学部64名，地域政策学部30名を募集。ほかに公募推薦入試(一般推薦，情報・簿記会計推薦)，指定校制推薦入試，スポーツ特別入試，現代中国学部グローバル人材特別入試，国際コミュニケーション学部英語学科特別入試，海外帰国生選抜入試，社会人入試，外国人留学生入試を実施。

偏差値データ (2023年度)

●一般前期入試

学部／学科／コース	2023年度 駿台予備学校 合格目標ライン	2023年度 河合塾 ボーダー偏差値	2022年度 競争率
▶法学部			
法	45	52.5	4.5
▶経済学部			
経済	43	50	4.0
▶経営学部			
経営	43	52.5	4.8
会計ファイナンス	41	47.5	4.1
▶現代中国学部			
現代中国	42	45	1.9
▶国際コミュニケーション学部			
英語	44	52.5	3.7
国際教養	43	50	3.5
▶文学部			
歴史地理	44	52.5	2.8
日本語日本文学	43	47.5	2.4
人文社会／現代文化	43	47.5	2.7
／社会学	43	47.5	2.2
／欧米言語文化	43	45	2.4
心理	44	50	2.5
▶地域政策学部			
地域政策／公共政策	42	45	2.3
／経済産業	42	45	2.0
／まちづくり・文化	43	47.5	2.5
／健康・スポーツ	42	45	2.7
／食農環境	42	45	1.9

- 駿台予備学校合格目標ラインは合格可能性80％に相当する駿台模試の偏差値です。
- 河合塾ボーダー偏差値は合格可能性50％に相当する河合塾全統模試の偏差値です。
- 競争率は受験者÷合格者の実質倍率

併設の教育機関 短期大学

愛知大学短期大学部

問合せ先 入試課
☎052-937-8112・8113
所在地 愛知県豊橋市町畑町1-1

学生数▶女158名
教員数▶教授6名，准教授2名

設置学科

●ライフデザイン学科（100） 自分らしい生き方をデザインし，その実現に必要な能力を育成する。編入学支援も充実。

卒業後の進路

2022年3月卒業生▶118名
就職68名，大学編入学39名（うち他大学5名），その他11名

愛知学院大学

あいちがくいん

資料請求

問合せ先　入試センター　☎0561-73-1111（代）

建学の精神

1876（明治９）年に曹洞宗専門学支校として創設されてから146年の歴史を有する，中部圏でもっとも伝統ある大学のひとつ。禅の思想を基とした「行学一体」の人格形成に努め，「報恩感謝」の生活ができる社会人の育成を建学の精神に，社会の変化に対応した教育研究活動を推進し，時代が求める人材の育成に取り組んでいる。2023年度には，スポーツ科学，養護教諭，言語聴覚士の３コースを有する健康科学科と管理栄養士を養成する管理栄養学科で構成される「健康をみんなで科学する部」健康科学部が誕生。10学部16学科と短期大学部，大学院９研究科を配した総合大学として，「環境」「学び」「社会とのつながり」の３つのステージでのクロスオーバー型教育を実践し，自分の可能性に挑戦し，協働の場で主体的に活躍できる人の育成をめざしている。

● キャンパス情報はP.853をご覧ください。

基本データ

学生数▶10,962名（男6,964名，女3,998名）
専任教員数▶教授191名，准教授110名，講師119名
設置学部▶文，心理，健康科，商，経営，経済，法，総合政策，薬，歯

併設教育機関▶大学院─文学・心身科学・商学・経営学・法学・総合政策（以上M・D），経済学（M），薬学・歯学（以上D）短期大学部（P.857参照）

就職・卒業後の進路

就職率 96.6%（薬・歯学部を除く）
就職者÷希望者×100

● **就職支援**　教職員とキャリアセンターや教職支援センターなどが連携し，学部・学科別，志望別にきめ細かにサポート。キャリアサポートは学科担当制で，いつも同じ人に相談でき，長い目で見た指導を実現。得意や興味を生かした進路へリードしている。

● **資格取得支援**　実績のある専門学校と提携し，リーズナブルな受講料を実現した68講座にも及ぶ資格取得対策講座を学内開講。薬学部では，６年次の早い段階で国家試験合格に向けた年間学修スケジュールを提示。また，各講座の教員が個別指導で支援している。

進路指導者も必見　学生を伸ばす　面倒見

初年次教育	学修サポート
教養教育の柱である「宗教学」のほか，各学部で「教養セミナー」「基礎ゼミ」「基礎セミナー」「リサーチ・プロジェクト」「情報リテラシー」など多彩な科目を開講。文学部で推薦図書の感想文提出，薬・歯で多職種連携教育を実施	TA・SA制度，オフィスアワー制度（歯を除く），教員アドバイザー制度を導入しているほか，学生からの幅広い学習相談に応じる学習支援室を設置。学生同士で学び，支え合うピアサポートシステムを全学的に推進

オープンキャンパス（2022年度実績）　6月4・5日，8月6・7日，10月2日に各キャンパスで開催。模擬授業，体験実習，キャンパスツアー，保護者対象説明会など。12月に名城公園Cで全学部対象の入試対策講座も実施。

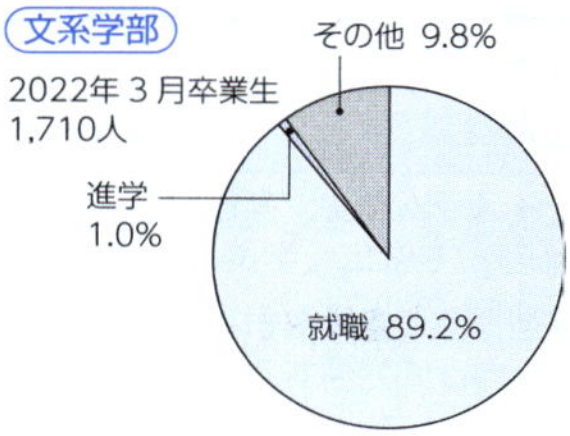

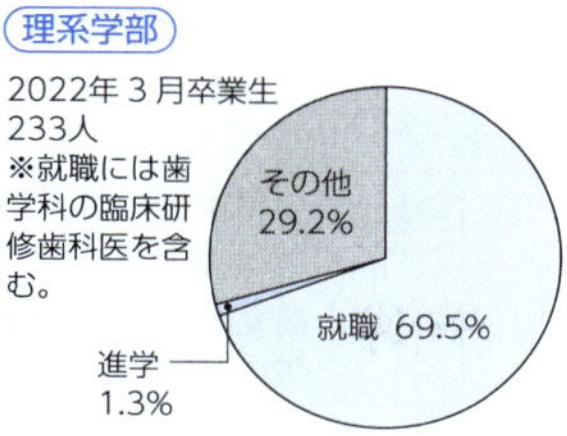

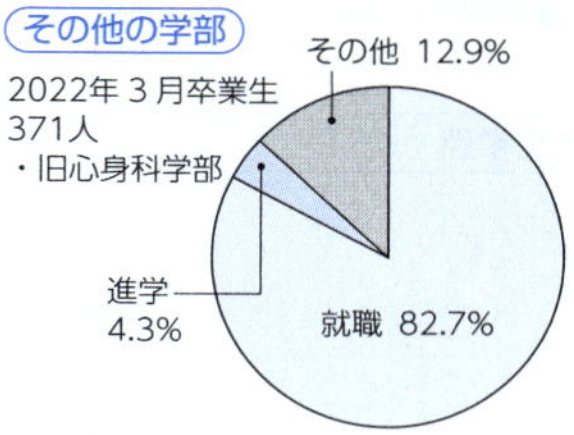

主なOB・OG▶［文］岩瀬賢治（テイクアンドギヴ・ニーズ社長），［文］伊藤辰矢（愛知県常滑市長），［文］つぶやきシロー（お笑い芸人），［商］冨田英揮（ディップ社長），［総合政策］源田壮亮（プロ野球選手）など。

国際化・留学　大学間 24 大学・部局間 17 大学

受入れ留学生数▶32名（2022年５月１日現在）

留学生の出身国・地域▶中国，台湾，韓国など。

外国人専任教員▶教授２名，准教授２名，講師９名（2022年５月１日現在）

外国人専任教員の出身国・地域▶イギリス，アメリカ，台湾，韓国，中国など。

大学間交流協定▶24大学（交換留学先８大学，2022年９月23日現在）

部局間交流協定▶17大学（交換留学先０大学，2022年９月23日現在）

海外への留学生数▶オンライン型84名／年（２カ国・地域，2021年度）

海外留学制度▶夏休みや春休みに実施する海外語学研修や，アジア諸国でグローバルな力を鍛えるグローバル人材育成プログラム，さらに学びを深める長期留学（交換・派遣・認定）を用意し，異文化体験を通して，国際社会で生きていく力を養っている。

学費・奨学金制度　給付型奨学金総額 年間約 1億 1,558万円

入学金▶200,000円～

年間授業料（施設費等を除く）▶640,000円～（詳細は巻末資料参照）

年間奨学金総額▶115,577,500円

年間奨学金受給者数▶330人

主な奨学金制度▶「愛知学院大学応急奨学金」は，過去１年以内の家計急変により修学が困難になった者を対象に50万円を給付。このほか，「愛知学院大学新入生応急奨学金」「愛知学院大学開学50周年記念奨学金」「愛知学院大学特待生制度」など，学生の「学びたい」気持ちを経済面からも手厚く支援している。

保護者向けインフォメーション

● **広報誌**　大学だより「AG PRESS」や「保護者のための進学サポートBOOK」を発行。

● **成績確認**　成績表を郵送するほか，Web閲覧も可能。授業への出席情報などの情報提供は，保護者より要望があれば個別に対応している。

● **相談会**　保護者相談会や，３年次の保護者を対象にした就職相談会を開催している。

● **相談窓口**　保護者専用の相談窓口を設置。

● **防災対策**　「防災ハンドブック」を愛知学院大学公式アプリ内に常設。災害時の学生の安否もアプリやポータルサイトを利用して確認する。

● **コロナ対策**　コロナ禍で家計が急変した学生を対象に，新入生応急奨学金と応急奨学金で経済的支援。感染状況に応じた５段階のBCP（行動指針）を設定（いずれも2022年度）。

インターンシップ科目	必修専門ゼミ	卒業論文	GPA制度の導入の有無および活用例	１年以内の退学率	標準年限での卒業率
文・心理学部と健康科学科で開講	文・健康科・総合政策で３～４年次（歴史学科のみ２～４年次），薬で４～６年次に実施	文学部と薬学部は卒業要件	奨学金対象者選定，留学候補者選考，退学勧告基準，個別の学修指導のほか，学部により大学院入試選抜や履修上限単位数設定に活用	非公表	非公表

学部紹介

学部／学科	定員	特色
文学部		
歴史	130	▷日本史，東洋史，西洋史，イスラム圏史，考古学といった世界中のあらゆる地域・年代の歩みを幅広く学ぶことが可能。
日本文化	110	▷「文化探求現場主義」の体験型授業で身近な日本文化を再発見し，グローバル化する社会へ向けて発信する能力を養う。
英語英米文化	110	▷アメリカ文化，イギリス文化，英語圏文化，英語研究の４領域で，英語運用能力と異文化理解力を身につける。
グローバル英語	110	▷観光・航空，国際ビジネス，通訳・翻訳，英語教員資格の４つの履修モデルを用意し，４業界に結びつく教育が充実。
宗教文化	70	▷多様な視点から宗教を追究し，国際社会が抱える課題の本質に迫りながら世の中の「今」を読み解く。
●**取得可能な資格**…教職（国・地歴・公・社・書・英・宗），司書，司書教諭，学芸員など。 ●**進路状況**…………就職83.5%　進学2.6% ●**主な就職先**………愛知海運，日本電計，名古屋銀行，西尾レントオール，岐阜県教育委員会など。		
心理学部		
心理	160	▷「データサイエンス」と「ヒューマンスキル」をキーワードに，心理学の学びを強みとし，地域社会からビジネス，医療・教育福祉など，幅広い分野で活躍できる人材を育成する。
●**取得可能な資格**…教職（公・社，特別支援）など。 ●**主な就職先**………富士フイルムビジネスイノベーションジャパンなど（旧心身科学部心理学科実績）。		
健康科学部		
健康科	180	▶2023年度より，心身科学部から名称変更。 ▷スポーツ科学，養護教諭，言語聴覚士の３コース。専門性を深める学びで，健康やスポーツのスペシャリストを養成。
健康栄養	80	▷医学系の学修を重視したプログラムで，チーム医療の一員として活躍できる管理栄養士教育を実施。
●**取得可能な資格**…教職（保体・保健，養護一種，栄養），司書，司書教諭，栄養士，言語聴覚士・管理栄養士受験資格など。 ●**進路状況**…………就職82.7%　進学4.3%（旧心身科学部実績。心理学科を含む） ●**主な就職先**………アキレス，創味食品，東海旅客鉄道，三重県教育委員会，藤田医科大学病院など。		
商学部		
商	250	▷流通・マーケティング，会計・金融，ビジネス情報の３コース。厳しいビジネス環境を生き抜く，産業界から強く求められる知識と技能を備えたビジネス・パーソンを養成する。
●**取得可能な資格**…教職（情・商業），司書，司書教諭など。 ●**進路状況**…………就職92.5%　進学0.8% ●**主な就職先**………マキタ，JALインフォテック，RITAエレクトロニクス，ディップ，熊谷組など。		
経営学部		
経営	290	▷組織マネジメント，生産マーケティング，会計の３コース。実践的なマネジメント力を磨く科目を多く展開し，社会の現場を知り，将来自らが主体となって組織を動かす力を養う。
●**取得可能な資格**…教職（公・商業），司書，司書教諭など。 ●**進路状況**…………就職95.2%　進学0.0% ●**主な就職先**………アイシン，朝日金属，フジパングループ本社，日本年金機構，名古屋市消防局など。		

キャンパスアクセス［日進キャンパス］地下鉄東山線一藤が丘よりバス10分／リニモ一長久手古戦場より無料シャトルバス7分

経済学部		
経済	250	▷理論･歴史･政策の３つの視点から，経済理論，経済史，政策･産業，国際経済，金融･財政の５つの専門分野を幅広く学び，「経済政策に強い社会人」を育成する。
● **取得可能な資格**…教職（公），司書，司書教諭など。 ● **進路状況**…………就職87.3%　進学0.8% ● **主な就職先**………アイシン，名古屋鉄道，京セラドキュメントソリューションズ，プラスなど。		
法学部		
法律	190	▷対立する意見の両者の視点に立ち，公平な結論へと導くリーガルマインド（法的な思考力）を体験的に修得する。
現代社会法	105	▷経営や社会保障など，現代社会の諸問題に真っ向から切り込み，スムーズに解決する実践的なリーガルマインドを培う。
● **取得可能な資格**…教職（公･社），司書，司書教諭など。 ● **進路状況**…………就職90.6%　進学0.0% ● **主な就職先**………伊藤園，大和ハウス工業，日本郵便，名古屋市役所，愛知県警察本部など。		
総合政策学部		
総合政策	210	▷４年間通して「リサーチ･プロジェクト」を行い，主体的に問題を発見し，解決に向けて取り組む人材を育成する。
● **取得可能な資格**…教職（公･社･情），司書，司書教諭など。 ● **進路状況**…………就職92.1%　進学0.0% ● **主な就職先**………資生堂ジャパン，東海東京証券，名古屋銀行，半田市役所，愛知県警察本部など。		
薬学部		
医療薬	145	▷６年制。疾病，医薬品，薬物治療に関する専門知識の修得と，医療現場で必要な実務能力の体得によって，医療の未来を拓く「医療人たる薬剤師」を養成する。
● **取得可能な資格**…薬剤師受験資格など。 ● **進路状況**…………就職75.6%　進学2.4% ● **主な就職先**………名古屋市立大学病院，あすか製薬，スギヤマ薬品，サンドラッグ，愛知県庁など。		
歯学部		
歯	125	▷多彩な症例に触れることができる附属病院での充実した臨床実習などで，次世代の歯科医療を担う歯科医師を養成する。
● **取得可能な資格**…歯科医師受験資格。 ● **進路状況**…………臨床研修歯科医62.3%		

キャンパス

文・心理・健康科・総合政策，薬１年次……［日進キャンパス］愛知県日進市岩崎町阿良池12
商・経営・経済・法……［名城公園キャンパス］愛知県名古屋市北区名城3-1-1
薬・歯……［楠元キャンパス］愛知県名古屋市千種区楠元町1-100
歯（臨床課程〈５・６年次〉）……［末盛キャンパス］愛知県名古屋市千種区末盛通2-11

2023年度入試要項（前年度実績）

●募集人員

学部／学科		一般前期A	一般前期B	一般前期M	一般中期	一般後期
▶文	歴史	40	10	4	9	4
	日本文化	32	6	5	5	3
	英語英米文化	32	6	4	4	3
	グローバル英語	34	8	4	3	3
	宗教文化	18	2	2	3	3
▶心理	心理	47	10	9	6	3
▶健康科	健康科	50	8	10	6	2
	健康栄養	24	3	—	2	2
▶商	商	73	15	5	10	5

キャンパスアクセス ［名城公園キャンパス］地下鉄名城線―名城公園より徒歩1分

▶経営	経営	100	20	20	10	15
▶経済	経済	90	20	15	10	5
▶法	法律	56	6	12	8	5
	現代社会法	31	3	7	4	3
▶総合政策	総合政策	63	8	8	11	5
▶薬	医療薬	60	—	—	8	3
▶歯	歯	50	—	—	5	3

文学部

一般選抜前期試験A 3科目 ①国(100)▶国総(漢文を除く)・国表・現文A・現文B ②外(100)▶コミュ英Ⅰ・コミュ英Ⅱ・英表Ⅰ ③地歴・公民・数(100)▶世B・日B・政経・「数Ⅰ・数Ⅱ・数A」から1

一般選抜前期試験B(傾斜配点方式) 【歴史学科・日本文化学科・宗教文化学科】 2科目 ①②国・外・「地歴・公民・数」(100×2)▶「国総(漢文を除く)・国表・現文A・現文B」・「コミュ英Ⅰ・コミュ英Ⅱ・英表Ⅰ」・「世B・日B・政経・〈数Ⅰ・数Ⅱ・数A〉から1」から2

【英語英米文化学科・グローバル英語学科】 2科目 ①外(100)▶コミュ英Ⅰ・コミュ英Ⅱ・英表Ⅰ ②国・地歴・公民・数(100)▶「国総(漢文を除く)・国表・現文A・現文B」・世B・日B・政経・「数Ⅰ・数Ⅱ・数A」から1

※前期試験Bは前期試験Aの2科目の得点を利用するため，個別試験は実施せず，高得点の1科目を200点満点に換算して判定する。出願資格は，前期試験Aにおいて，指定した教科・科目をすべて受験する者(前期試験Aと同時出願)。

一般選抜前期試験M(オールマークシート方式) 3科目 ①外(100)▶コミュ英Ⅰ・コミュ英Ⅱ・英表Ⅰ ②③国・地歴・公民・数(100×2)▶「国総(漢文を除く)・国表・現文A・現文B」・世B・日B・政経・「数Ⅰ・数Ⅱ・数A」から2

一般選抜中期試験(2科目型オールマークシート方式・傾斜配点方式) 2科目 ①②国・外・地歴・公民・数(100×2)▶「国総(漢文を除く)・国表・現文A・現文B」・「コミュ英Ⅰ・コミュ英Ⅱ・英表Ⅰ」・世B・日B・政経・「数Ⅰ・数Ⅱ・数A」から2

※高得点の1科目を200点満点に換算して判定する。

一般選抜後期試験 2科目 ①外(100)▶コミュ英Ⅰ・コミュ英Ⅱ・英表Ⅰ ②国・地歴・公民・数(100)▶「国総(漢文を除く)・国表・現文A・現文B」・世B・日B・政経・「数Ⅰ・数Ⅱ・数A」から1

心理学部・健康科学部

一般選抜前期試験A 【心理学科・健康科学科】〈Ⅰ型(文系得意型)〉 3科目 ①国(100)▶国総(漢文を除く)・国表・現文A・現文B ②外(100)▶コミュ英Ⅰ・コミュ英Ⅱ・英表Ⅰ ③地歴・公民・数(100)▶世B・日B・政経・「数Ⅰ・数Ⅱ・数A」から1

〈Ⅱ型(理系得意型)〉 3科目 ①外(100)▶コミュ英Ⅰ・コミュ英Ⅱ・英表Ⅰ ②③数・理(100×2)▶「数Ⅰ・数Ⅱ・数A」・化基・生基から2，ただし心理学科は数必須

※Ⅰ型，Ⅱ型はどちらでも選択可能。ただし，2月1日はⅠ型のみ実施する。

【健康栄養学科】〈2月1日〉 2科目 ①国・外(100)▶「国総(漢文を除く)・国表・現文A・現文B」・「コミュ英Ⅰ・コミュ英Ⅱ・英表Ⅰ」から1 ②地歴・公民・数(100)▶世B・日B・政経・「数Ⅰ・数Ⅱ・数A」から1

〈2月2日・3日・4日〉 2科目 ①国・外(100)▶「国総(漢文を除く)・国表・現文A・現文B」・「コミュ英Ⅰ・コミュ英Ⅱ・英表Ⅰ」から1 ②数・理(100)▶「数Ⅰ・数Ⅱ・数A」・化基・生基から1

※健康栄養学科で化基または生基を選択しない場合，出願資格として化基または生基を履修していることを条件とする。

一般選抜前期試験B(傾斜配点方式) 【心理学科・健康科学科】〈Ⅰ型(文系得意型)〉 2科目 ①②国・外・「地歴・公民・数」(100×2)▶「国総(漢文を除く)・国表・現文A・現文B」・「コミュ英Ⅰ・コミュ英Ⅱ・英表Ⅰ」・「世B・日B・政経・〈数Ⅰ・数Ⅱ・数A〉から1」から2

【心理学科】〈Ⅱ型(理系得意型)〉 2科目 ①②外・数・理(100×2)▶「コミュ英Ⅰ・コミュ英Ⅱ・英表Ⅰ」・「数Ⅰ・数Ⅱ・数A」・「化基・生基から1」から2

【健康科学科】〈Ⅱ型(理系得意型)〉 2科目

①**外**(100) ▶コミュ英Ⅰ・コミュ英Ⅱ・英表Ⅰ ②**数・理**(100) ▶「数Ⅰ・数Ⅱ・数Ａ」・化基・生基から１

※Ⅰ型，Ⅱ型はどちらでも選択可能。ただし，２月１日はⅠ型のみ実施する。

【健康栄養学科】〈２月１日〉 2科目 ①**数**(100) ▶数Ⅰ・数Ⅱ・数Ａ ②**国・外**(100) ▶「国総(漢文を除く)・国表・現文Ａ・現文Ｂ」・「コミュ英Ⅰ・コミュ英Ⅱ・英表Ⅰ」から１

〈２月２日・３日・４日〉 2科目 ①**国・外**(100) ▶「国総(漢文を除く)・国表・現文Ａ・現文Ｂ」・「コミュ英Ⅰ・コミュ英Ⅱ・英表Ⅰ」から１ ②**数・理**(100) ▶「数Ⅰ・数Ⅱ・数Ａ」・化基・生基から１

※前期試験Bは前期試験Aの２科目の得点を利用するため，個別試験は実施せず，高得点の１科目を200点満点に換算して判定する。出願資格は，前期試験Aにおいて，指定した教科・科目をすべて受験する者(前期試験Aと同時出願)。

※健康栄養学科で化基または生基を選択しない場合，出願資格として化基または生基を履修していることを条件とする。

一般選抜前期試験M(オールマークシート方式) **【心理学科・健康科学科】** 3科目 ①**外**(100) ▶コミュ英Ⅰ・コミュ英Ⅱ・英表Ⅰ ②③**国・地歴・公民・数**(100×2) ▶「国総(漢文を除く)・国表・現文Ａ・現文Ｂ」・世Ｂ・日Ｂ・政経・「数Ⅰ・数Ⅱ・数Ａ」から２

※健康栄養学科は実施しない。

一般選抜中期試験(２科目型オールマークシート方式・傾斜配点方式) 2科目 ①②**国・外・地歴・公民・数**(100×2) ▶「国総(漢文を除く)・国表・現文Ａ・現文Ｂ」・「コミュ英Ⅰ・コミュ英Ⅱ・英表Ⅰ」・世Ｂ・日Ｂ・政経・「数Ⅰ・数Ⅱ・数Ａ」から２

※高得点の１科目を200点満点に換算して判定する。

※健康栄養学科は，出願資格として化基または生基を履修していることを条件とする。

一般選抜後期試験 2科目 ①**外**(100) ▶コミュ英Ⅰ・コミュ英Ⅱ・英表Ⅰ ②**国・地歴・公民・数**(100) ▶「国総(漢文を除く)・国表・現文Ａ・現文Ｂ」・世Ｂ・日Ｂ・政経・「数Ⅰ・数Ⅱ・数Ａ」から１

※健康栄養学科は，出願資格として化基または生基を履修していることを条件とする。

商学部・法学部・総合政策学部

一般選抜前期試験Ａ 3科目 ①**国**(100) ▶国総(漢文を除く)・国表・現文Ａ・現文Ｂ ②**外**(100) ▶コミュ英Ⅰ・コミュ英Ⅱ・英表Ⅰ ③**地歴・公民・数**(100) ▶世Ｂ・日Ｂ・政経・「数Ⅰ・数Ⅱ・数Ａ」から１

一般選抜前期試験Ｂ(傾斜配点方式) 2科目 ①②**国・外・「地歴・公民・数」**(100×2) ▶「国総(漢文を除く)・国表・現文Ａ・現文Ｂ」・「コミュ英Ⅰ・コミュ英Ⅱ・英表Ⅰ」・「世Ｂ・日Ｂ・政経・〈数Ⅰ・数Ⅱ・数Ａ〉から１」から２

※前期試験Bは前期試験Aの２科目の得点を利用するため，個別試験は実施せず，高得点の１科目を200点満点に換算して判定する。出願資格は，前期試験Aにおいて，指定した教科・科目をすべて受験する者(前期試験Aと同時出願)。

一般選抜前期試験M(オールマークシート方式) 3科目 ①**外**(100) ▶コミュ英Ⅰ・コミュ英Ⅱ・英表Ⅰ ②③**国・地歴・公民・数**(100×2) ▶「国総(漢文を除く)・国表・現文Ａ・現文Ｂ」・世Ｂ・日Ｂ・政経・「数Ⅰ・数Ⅱ・数Ａ」から２

一般選抜中期試験(２科目型オールマークシート方式・傾斜配点方式) 2科目 ①②**国・外・地歴・公民・数**(100×2) ▶「国総(漢文を除く)・国表・現文Ａ・現文Ｂ」・「コミュ英Ⅰ・コミュ英Ⅱ・英表Ⅰ」・世Ｂ・日Ｂ・政経・「数Ⅰ・数Ⅱ・数Ａ」から２

※高得点の１科目を200点満点に換算して判定する。

一般選抜後期試験 2科目 ①**外**(100) ▶コミュ英Ⅰ・コミュ英Ⅱ・英表Ⅰ ②**国・地歴・公民・数**(100) ▶「国総(漢文を除く)・国表・現文Ａ・現文Ｂ」・世Ｂ・日Ｂ・政経・「数Ⅰ・数Ⅱ・数Ａ」から１

経営学部

一般選抜前期試験Ａ 3科目 ①**国**(100) ▶国総(漢文を除く)・国表・現文Ａ・現文Ｂ ②**外**(100) ▶コミュ英Ⅰ・コミュ英Ⅱ・英表Ⅰ ③**地歴・公民・数**(100) ▶世Ｂ・日Ｂ・政経・「数

Ⅰ・数Ⅱ・数A」から1

一般選抜前期試験B(傾斜配点方式) 2科目 ①**外**(100)▶コミュ英Ⅰ・コミュ英Ⅱ・英表Ⅰ ②**国・地歴・公民・数**(100)▶「国総(漢文を除く)・国表・現文A・現文B」・世B・日B・政経・「数Ⅰ・数Ⅱ・数A」から1

※前期試験Bは前期試験Aの2科目の得点を利用するため，個別試験は実施せず，高得点の1科目を200点満点に換算して判定する。出願資格は，前期試験Aにおいて，指定した教科・科目をすべて受験する者(前期試験Aと同時出願)。

一般選抜前期試験M(オールマークシート方式) 3科目 ①**外**(100)▶コミュ英Ⅰ・コミュ英Ⅱ・英表Ⅰ ②③**国・地歴・公民・数**(100×2)▶「国総(漢文を除く)・国表・現文A・現文B」・世B・日B・政経・「数Ⅰ・数Ⅱ・数A」から2

一般選抜中期試験(2科目型オールマークシート方式・傾斜配点方式) 2科目 ①②**外・数・「国・地歴・公民」**(100×2)▶「コミュ英Ⅰ・コミュ英Ⅱ・英表Ⅰ」・「数Ⅰ・数Ⅱ・数A」・「〈国総(漢文を除く)・国表・現文A・現文B〉・世B・日B・政経から1」から2

※高得点の1科目を200点満点に換算して判定する。

一般選抜後期試験 2科目 ①**外**(100)▶コミュ英Ⅰ・コミュ英Ⅱ・英表Ⅰ ②**国・地歴・公民・数**(100)▶「国総(漢文を除く)・国表・現文A・現文B」・世B・日B・政経・「数Ⅰ・数Ⅱ・数A」から1

経済学部

一般選抜前期試験A 3科目 ①**国**(100)▶国総(漢文を除く)・国表・現文A・現文B ②**外**(100)▶コミュ英Ⅰ・コミュ英Ⅱ・英表Ⅰ ③**地歴・公民・数**(100)▶世B・日B・政経・「数Ⅰ・数Ⅱ・数A」から1

一般選抜前期試験B(傾斜配点方式) 2科目 ①②**国・外・「地歴・公民・数」**(100×2)▶「国総(漢文を除く)・国表・現文A・現文B」・「コミュ英Ⅰ・コミュ英Ⅱ・英表Ⅰ」・「世B・日B・政経・〈数Ⅰ・数Ⅱ・数A〉から1」から2

※前期試験Bは前期試験Aの2科目の得点を利用するため，個別試験は実施せず，高得点の1科目を200点満点に換算して判定する。出願資格は，前期試験Aにおいて，指定した教科・科目をすべて受験する者(前期試験Aと同時出願)。

一般選抜前期試験M(オールマークシート方式) 3科目 ①**外**(100)▶コミュ英Ⅰ・コミュ英Ⅱ・英表Ⅰ ②③**国・地歴・公民・数**(100×2)▶「国総(漢文を除く)・国表・現文A・現文B」・世B・日B・政経・「数Ⅰ・数Ⅱ・数A」から2

一般選抜中期試験(2科目型オールマークシート方式・傾斜配点方式) 2科目 ①②**外・数・「国・地歴・公民」**(100×2)▶「コミュ英Ⅰ・コミュ英Ⅱ・英表Ⅰ」・「数Ⅰ・数Ⅱ・数A」・「〈国総(漢文を除く)・国表・現文A・現文B〉・世B・日B・政経から1」から2

※高得点の1科目を200点満点に換算して判定する。

一般選抜後期試験 2科目 ①**外**(100)▶コミュ英Ⅰ・コミュ英Ⅱ・英表Ⅰ ②**国・地歴・公民・数**(100)▶「国総(漢文を除く)・国表・現文A・現文B」・世B・日B・政経・「数Ⅰ・数Ⅱ・数A」から1

薬学部

一般選抜前期試験A・中期試験(3科目型オールマークシート方式) 3科目 ①**外**(100)▶コミュ英Ⅰ・コミュ英Ⅱ・英表Ⅰ ②③**数・理**(100×2)▶「数Ⅰ・数Ⅱ・数A」・「物基・物」・「化基・化」・「生基・生」から2

一般選抜後期試験 2科目 ①②**数・理**(100×2)▶「数Ⅰ・数Ⅱ・数A」・「物基・物」・「化基・化」・「生基・生」から2

歯学部

一般選抜前期試験A・中期試験(3科目型オールマークシート方式) 4科目 ①**外**(100)▶コミュ英Ⅰ・コミュ英Ⅱ・英表Ⅰ ②③**数・理**(100×2)▶「数Ⅰ・数Ⅱ・数A」・「物基・物」・「化基・化」・「生基・生」から2 ④**個人面接**

一般選抜後期試験 3科目 ①②**数・理**(100×2)▶「数Ⅰ・数Ⅱ・数A」・「物基・物」・「化基・化」・「生基・生」から2 ③**個人面接**

その他の選抜

一般選抜共通テスト利用(共通テスト利用試験・共通テストプラス試験)は文学部88名，心理学部28名，健康科学部37名，商学部40名，経営学部55名，経済学部48名，法学部51名，総合政策学部37名，薬学部22名，歯学部16名を，学校推薦型選抜公募制推薦入試は文学部81名，心理学部30名，健康科学部39名，商学部17名，経営学部20名，経済学部32名，法学部29名，総合政策学部18名，薬学部25名，歯学部25名を募集。ほかに学校推薦型選抜(専門学科推薦入試，指定校制推薦入試，スポーツ推薦入試)，総合型選抜(AO入試，高大接続型入試)，帰国生徒入試，社会人入試，外国人留学生入試を実施。

偏差値データ (2023年度)

●一般選抜前期試験A

学部／学科	2023年度 駿台予備学校 合格目標ライン	2023年度 河合塾 ボーダー偏差値	2022年度 競争率
▶文学部			
歴史	45	47.5	3.6
日本文化	43	45	2.2
英語英米文化	41	40	1.2
グローバル英語	43	40	1.6
宗教文化	34	45	2.2
▶心理学部			
心理	43〜45	47.5	3.6
▶健康科学部			
健康科	42〜44	42.5	2.8
健康栄養	42	42.5	3.4
▶商学部			
商	40	45	3.8
▶経営学部			
経営	41	45	3.4
▶経済学部			
経済	41	45	4.6
▶法学部			
法律	41	45	3.2
現代社会法	40	45	3.8
▶総合政策学部			
総合政策	40	42.5	2.5
▶薬学部			
医療薬	44	45	2.5
▶歯学部			
歯	47	40	1.1

- 駿台予備学校合格目標ラインは合格可能性80%に相当する駿台模試の偏差値です。
- 河合塾ボーダー偏差値は合格可能性50%に相当する河合塾全統模試の偏差値です。
- 競争率は受験者÷合格者の実質倍率

併設の教育機関　短期大学

愛知学院大学短期大学部

問合せ先　入試センター
☎0561-73-1111（代）

所在地　愛知県名古屋市千種区楠元町1-100（1～3年次）／愛知県名古屋市千種区末盛通2-11（2・3年次）

学生数▶女317名
教員数▶教授6名，准教授2名，講師3名

設置学科

●**歯科衛生学科**（女子100）　3年制。歯学部附属病院や学外の医療機関での臨床実習などで基礎から応用を効率的に学び，患者さんに寄り添う口腔のケアの専門家を育成する。

卒業後の進路

2022年3月卒業生▶99名
就職86名，その他13名（専攻科進学10名）

愛知淑徳大学

資料請求

問合せ先 アドミッションセンター ☎052-781-7084

建学の精神

愛知淑徳学園は愛知県初の私立高等女学校として，1905（明治38）年にその一歩を踏み出し，「十年先，二十年先に役立つ人材の育成」を教育目標に掲げ，他の女学校とは一線を画した先進的な教育方針を次々と実践し，新たな女子教育の基礎を築き上げてきた。そして1975（昭和50）年，愛知淑徳大学を開学。その後，創立20周年には男女共学化を果たした。多様な価値観との出合いを通して自分らしさを見出し，自らの可能性を広げることを意味する大学理念「違いを共に生きる」を実現するため，専門教育を軸に，必要な学修内容を柔軟に選択できる学修体制を用意し，一人ひとりが本当に必要とする力の修得をサポート。今後も「伝統は，たちどまらない。」というスローガンに大学の姿勢を込め，新たな時代の大学として常に躍進をめざしていく。

- **長久手キャンパス**……〒480-1197 愛知県長久手市片平二丁目9
- **星が丘キャンパス**……〒464-8671 愛知県名古屋市千種区桜が丘23

基本データ

学生数▶8,274名（男2,397名，女5,877名）
専任教員数▶教授146名，准教授49名，講師43名
設置学部▶文，人間情報，心理，創造表現，健康医療科，福祉貢献，交流文化，ビジネス，グローバル・コミュニケーション
併設教育機関▶大学院一文化創造・心理医療科学・〈グローバルカルチャー・コミュニケーション〉・ビジネス（以上M・D），教育学（M）

就職・卒業後の進路

就職率 97.0%
就職者÷希望者×100

● **就職支援**　両キャンパスに設置されているキャリアセンターにはプロのキャリアアドバイザーが常駐し，学生の進路に関するあらゆる相談に1対1で対応。各種支援セミナー・イベントを開催し，1年次からキャリア形成をサポートしている。

● **資格取得支援**　それぞれの分野のプロがサポートする「教職・司書・学芸員教育センター」や「会計教育センター」「情報教育センター」を設置。専門性の高い国家資格からビ

進路指導者も必見 学生を伸ばす 面倒見

初年次教育	学修サポート
本学の理念をより深く理解し，自分らしい生き方を見出す「違いを共に生きる・ライフデザイン」，表現技術の基礎を定着させ，大学での学修に欠かせない文章力を養う「日本語表現1」を全学必修科目として開講	全学部でTA制度を導入しているほか，アドバイザー教員がオフィスアワーを設け，学生が気軽に訪問し，相談しやすい環境を整備。また，文章作成を支援するライティングサポートデスク，学習面の指導や相談に応じる各種センターを設置

オープンキャンパス（2022年度実績）　来場型オープンキャンパスを6月12日，7月23・24日，9月18日に両キャンパスで同日開催（事前申込不要）。受験生対象のイベントのほか，保護者向けのガイダンスも実施。

ジネス社会で必要となるスキルまで，多彩な資格取得をバックアップしている。

文系学部

2022年３月卒業生
1,463人

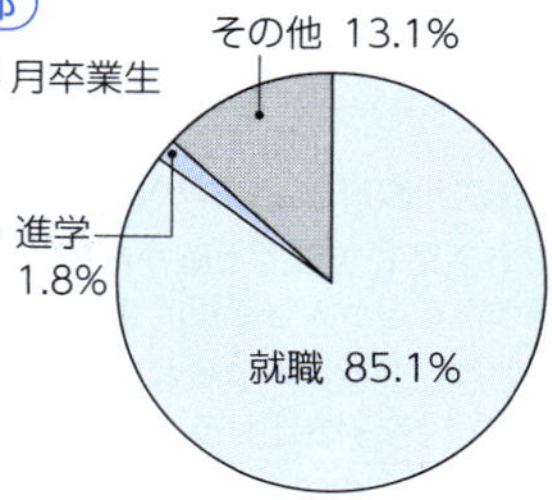

その他の学部

2022年３月卒業生
900人
・人間情報学部
・創造表現学部
・健康医療科学部

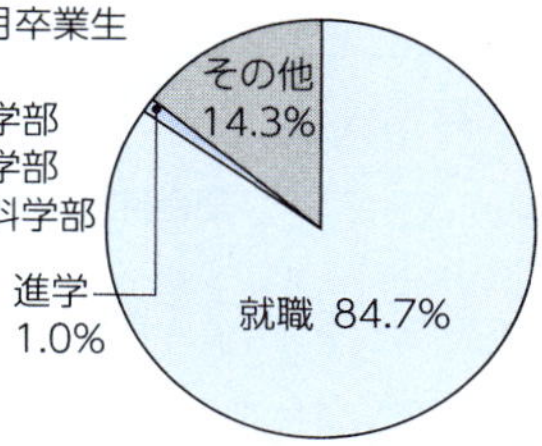

主なOB・OG▶［旧メディアプロデュース］麻貴早人（漫画家），［旧コミュニケーション］鈴木裕之（ヨーヨーパフォーマー），［旧現代社会］柳沢彩美（CBCテレビアナウンサー）など。

国際化・留学　大学間 48 大学等・部局間 19 大学

受入れ留学生数▶23名（2022年５月１日現在）

留学生の出身国▶中国，ベルギー，ドイツ，フランス，イギリスなど。

外国人専任教員▶教授７名，准教授３名，講師10名（2022年５月１日現在）

外国人専任教員の出身国▶アメリカ，中国，イギリス，韓国など。

大学間交流協定▶48大学・機関（交換留学先45大学，2022年９月１日現在）

部局間交流協定▶19大学（2022年４月１日現在）

海外への留学生数▶渡航型14名・オンライン型53名／年（７カ国・地域，2021年度）

海外留学制度▶交換留学や複数学位取得プログラム，単位修得留学，夏・春休みを利用して語学研修やインターンシップなどが経験できる短期研修プログラムといった，希望に合わせて選べる多彩な留学スタイルを用意。コンソーシアムはUMAPに参加している。

学費・奨学金制度　給付型奨学金総額 年間 1,865 万円

入学金▶200,000円

年間授業料（施設費等を除く）▶760,000円～（詳細は巻末資料参照）

年間奨学金総額▶18,650,000円

年間奨学金受給者数▶162人

主な奨学金制度▶「学部奨励給付奨学金」は学部３・４年生で特に学業成績優秀な者に年額10万円を給付（２年連続しての受給も可。学部からの推薦による）。また，「特別給付奨学金（緊急支援，災害支援，留学生支援）」などの制度も設置している。このほか，学費減免制度も用意（2021年度の対象は１人）。

保護者向けインフォメーション

●**成績確認**　成績通知書を郵送している。

●**就職セミナー**　コロナ禍以前は，「保護者向け就職セミナー」を開催（2023年度も未定）。

●**会報誌**　後援会誌「楓信」や，冊子「愛知淑徳大学学生サポート」を発行している。

●**防災対策**　「大地震対応マニュアル」を入学時に配布。災害時の学生の安否は，アプリを利用して確認する。また，毎年防災週間を設け，全学一斉退避行動訓練などを実施している。

●**コロナ対策１**　ワクチンの職域接種を実施。「コロナ対策２」（下段）あり。

インターンシップ科目	必修専門ゼミ	卒業論文	GPA制度の導入の有無および活用例	１年以内の退学率	標準年限での卒業率
全学部で開講している	交流文化・ビジネス・グローバルで２～４年次，他学部は３・４年次に実施。ただし，創作表現専攻は１年次後期～４年次，子ども福祉専攻は３年次選択	全学部で卒業要件。ただし，創造表現学部は創作表現のみ必修	奨学金対象者の選定，留学候補者の選考，学生に対する個別の学修指導，大学院入試選抜，GPAに応じた履修上限単位数の設定に活用	0.6%	91.0%

●**コロナ対策２**　講義室の収容人数を調整するとともに，入口での検温と消毒を実施。また，授業内容に応じてオンライン授業を併用し，PCやWi-Fiルータの無料貸出しも行った。2020年度には学生全員に５万円を給付。

学部紹介

学部／学科	定員	特色
文学部		
国文	95	▷日本の文学や国語学，中国文学を広く深く学び，創造的思考力を磨く。国語科教員志望者への実践科目が充実。
総合英語	100	▷幅広い分野で活躍できる力と確かな英語力を身につけた，次世代の英語教育を担う人材を育成する。
教育	100	▷実践を通して深い洞察力と柔軟な思考を養い，子どもが感じる「おもしろい！」を引き出せる人間性豊かな教員を養成。
●取得可能な資格…教職（国・英，小一種，特別支援），司書，司書教諭，学芸員など。 ●進路状況…………就職84.6％ 進学1.6％ ●主な就職先………トヨタ自動車，アイシン，ドリームスカイ名古屋，良品計画，愛知県教員など。		
人間情報学部		
人間情報	200	▷2023年度より，感性工学（125名）とデータサイエンス（75名）の２専攻制に改組。情報化社会に貢献できる力を養う。
●取得可能な資格…教職（情），司書，学芸員など。 ●進路状況…………就職86.2％ 進学0.5％ ●主な就職先………興和，富士ソフト，富士フイルムシステムサービス，NTTデータNJKなど。		
心理学部		
心理	180	▷生理・認知，社会，発達，臨床の４領域から“人のこころ”にアプローチし，実社会で生かせる力を身につける。
●進路状況…………就職74.3％ 進学7.8％ ●主な就職先………ジェイアール東海ホテルズ，マイナビ，ポッカサッポロフード＆ビバレッジなど。		
創造表現学部		
創造表現	295	▷〈創作表現専攻95名，メディアプロデュース専攻130名，建築・インテリアデザイン専攻70名〉言語・メディア・建築など多様な表現領域から，自己表現力や創造力，情報発信力を身につけ，社会を豊かにする人材を育成する。
●取得可能な資格…司書，学芸員，１・２級建築士受験資格など。 ●進路状況…………就職77.2％ 進学2.0％ ●主な就職先………クラウン・パッケージ，トヨタホーム愛知，矢作建設工業，三井住友建設など。		
健康医療科学部		
医療貢献	80	▷〈言語聴覚学専攻40名，視覚科学専攻40名〉ことばや聴こえに障がいのある人を支援する言語聴覚士と，優れた技術と科学的思考力を身につけ，“見る”を支える視能訓練士を育成。
スポーツ・健康医科	130	▷〈スポーツ・健康科学専攻100名，救急救命学専攻30名〉。心と身体の健康をめざす生涯健康社会のリーダーや，健康社会に貢献する救急救命士を養成する。
健康栄養	80	▷健康長寿社会に貢献し，「チーム医療」で活躍できる管理栄養士を育成する。実践力を養う豊富な実習科目を用意。
●取得可能な資格…教職（保体，栄養），栄養士，救急救命士・言語聴覚士・視能訓練士・管理栄養士受験資格など。 ●進路状況…………就職91.9％ 進学0.3％ ●主な就職先………吉本興業ホールディングス，アース製薬，オリエンタルランド，住友電装など。		
福祉貢献学部		
福祉貢献	120	▷〈社会福祉専攻70名，子ども福祉専攻50名〉福祉マインドと，専門職としての実践力を備えた人材を育成する。

キャンパスアクセス［長久手キャンパス］ 地下鉄東山線一本郷よりバス15分，藤が丘よりバス18分／地下鉄鶴舞線一赤池よりスクールバス20分／リニモ一長久手古戦場よりバス11分

●取得可能な資格…教職（幼一種），保育士，社会福祉士・精神保健福祉士受験資格など。 ●進路状況…………就職94.2%　進学0.0% ●主な就職先………小牧市役所，名古屋市役所，愛知県厚生事業団，愛知海運，上伊那生協病院など。		
交流文化学部		
交流文化	280	▷〈ランゲージ専攻120名，国際交流・観光専攻160名〉価値観を認め合い，多文化の共生に貢献できる人材を育成する。
●取得可能な資格…教職（地歴・社・英）など。　●進路状況…………就職86.4%　進学0.5% ●主な就職先………三協立山，ジェイアール東海高島屋，瀧定名古屋，DMG森精機，名港海運など。		
ビジネス学部		
ビジネス	230	▷経営学・商学・会計学・経済学を横断的・複合的に学び，あらゆるビジネスフィールドで活躍する人材を育成する。
●取得可能な資格…教職（商業）など。　●進路状況…………就職90.1%　進学0.0% ●主な就職先………国分中部，豊田自動織機，トヨタ自動車，三井住友信託銀行，村田製作所など。		
グローバル・コミュニケーション学部		
グローバル・コミュニケーション	60	▷幅広い国際教養と英語対話力を備えた，人，地域，世界の架け橋となる人材を育成する。全員が海外留学を体験。
●取得可能な資格…教職（英），司書，学芸員など。　●進路状況…………就職74.2%　進学1.5% ●主な就職先………アイシン，伊勢湾海運，商船三井ロジスティクス，全日本空輸，日本航空など。		

キャンパス

文・人間情報・心理・創造表現・健康医療科・福祉貢献……［長久手キャンパス］愛知県長久手市片平二丁目9
交流文化・ビジネス・〈グローバル・コミュニケーション〉……［星が丘キャンパス］愛知県名古屋市千種区桜が丘23

2023年度入試要項（前年度実績）

●募集人員

学部／学科（専攻）	前期3教科	前期2教科	共通プラス	後期
文　国文	20	8	7	3
総合英語	20	8	8	3
教育	20	8	8	3
人間情報 人間情報（感性工学）	26	11	10	5
（データサイエンス）	16	6	6	3
心理　心理	40	17	15	7
創造表現 創造表現（創作表現）	21	8	7	3
（メディアプロデュース）	27	11	10	5
（建築・インテリアデザイン）	15	7	5	3
健康医療科 医療貢献（言語聴覚学）	8	3	2	1
（視覚科学）	8	3	2	1
スポーツ・健康医科（スポーツ・健康科学）	17	8	7	3
（救急救命学）	6	3	2	1
健康栄養	18	7	6	2
福祉貢献 福祉貢献（社会福祉）	15	6	4	3
（子ども福祉）	11	4	3	2
交流文化 交流文化（ランゲージ）	25	10	9	5
（国際交流・観光）	34	15	13	7
ビジネス　ビジネス	48	20	15	7
グローバル・コミュニケーション グローバル・コミュニケーション	13	5	3	2

※共通プラスは一般入試（共通テストプラス型）。

▷一般入試（前期3・2教科型，共通テストプラス型）において，指定された英語の資格・検定試験の基準スコア（CEFR B2以上）を満たし，出願期間内にスコア等を提出した場合は，本学独自の「英語」の得点を満点とする。また，試験当日の「英語」試験を免除する。ただし，出願資格とはしないので英語の資格・検定試験を受験していない場合も出願は可能。

文学部

一般入試(前期3教科型・前期2教科型)
3〜2科目 ①②③**国・外・数・「地歴・理」**（3教科100×3・2教科100×2）▶「国総・現文B・古典B（漢文は選択のみ）」・「コミュ英Ⅰ・コミュ英Ⅱ・英表Ⅰ・英表Ⅱ」・「数Ⅰ・数Ⅱ・数A」・「世B・日B・化基・生基から1」から3教科型は3，2教科型は2，ただし3教科型の国文学科と教育学科は国・英必須，総合英語学科は英必須，また2教科型の国文学科は国必須，総合英語学科は英必須

一般入試(共通テストプラス型) **〈共通テスト科目〉** **3〜2科目** ①②③**国・外・「地歴・公民」・数・理**(100×2)▶国(総合英語学科と教育学科は近代のみ)・「英(リスニングを含む)・独・仏・中・韓から1，ただし総合英語学科は英語指定」・「世A・世B・日A・日B・地理A・地理B・現社・倫・政経・〈倫・政経〉から1」・「数Ⅰ・〈数Ⅰ・数A〉・数Ⅱ・〈数Ⅱ・数B〉から1」・「〈物基・化基・生基・地学基から2〉・物・化・生・地学から1」から2

※国文学科と教育学科の「英語」は，リーディング100点を80点，リスニング100点を20点にそれぞれ換算。総合英語学科は各100点の合計200点を100点に換算する。

〈個別試験科目〉 3教科型または2教科型で受験した科目の高得点1科目(100)を判定に利用する。ただし，国文学科は国語指定，総合英語学科は英語指定

一般入試(後期) **【国文学科】** **1科目** ①**国**(100)▶国総・現文B・古典B(漢文は選択のみ)

【総合英語学科】 **1科目** ①**外**(100)▶コミュ英Ⅰ・コミュ英Ⅱ・英表Ⅰ・英表Ⅱ

【教育学科】 **1科目** ①**国・外・数**(100)▶「国総・現文B・古典B(漢文は選択のみ)」・「コミュ英Ⅰ・コミュ英Ⅱ・英表Ⅰ・英表Ⅱ」・「数Ⅰ・数Ⅱ・数A」から1

人間情報学部・心理学部・創造表現学部・福祉貢献学部・交流文化学部・ビジネス学部

一般入試(前期3教科型・前期2教科型)
3〜2科目 ①②③**国・外・数・「地歴・理」**（3教科100×3・2教科100×2)▶「国総・現文B・古典B(漢文は選択のみ)」・「コミュ英Ⅰ・コミュ英Ⅱ・英表Ⅰ・英表Ⅱ」・「数Ⅰ・数Ⅱ・数A」・「世B・日B・化基・生基から1」から3教科型は3，2教科型は2，ただし3教科型の交流文化学部は英必須，創造表現学科創作表現専攻は国必須

一般入試(共通テストプラス型) **〈共通テスト科目〉** **3〜2科目** ①②③**国・外・「地歴・公民」・数・理**(100×2)▶国(近代)・「英(リスニングを含む)・独・仏・中・韓から1」・「世A・世B・日A・日B・地理A・地理B・現社・倫・政経・〈倫・政経〉から1」・「数Ⅰ・〈数Ⅰ・数A〉・数Ⅱ・〈数Ⅱ・数B〉・簿から1」・「〈物基・化基・生基・地学基から2〉・物・化・生・地学から1」から2，ただし簿はビジネス学部のみ選択可

※「英語」はリーディング100点を80点，リスニング100点を20点にそれぞれ換算。

〈個別試験科目〉 3科目型または2科目型で受験した科目の高得点1科目(100)を判定に利用する

一般入試(後期) **1科目** ①**国・外・数**(100)▶「国総・現文B・古典B(漢文は選択のみ)」・「コミュ英Ⅰ・コミュ英Ⅱ・英表Ⅰ・英表Ⅱ」・「数Ⅰ・数Ⅱ・数A」から1

健康医療科学部

一般入試(前期3教科型・前期2教科型) **【医療貢献学科／スポーツ・健康医科学科】**
3〜2科目 ①②③**国・外・数・「地歴・理」**（3教科100×3・2教科100×2)▶「国総・現文B・古典B(漢文は選択のみ)」・「コミュ英Ⅰ・コミュ英Ⅱ・英表Ⅰ・英表Ⅱ」・「数Ⅰ・数Ⅱ・数A」・「世B・日B・化基・生基から1」から3教科型は3，2教科型は2，ただし医療貢献学科視覚科学専攻の3教科型は国必須

【健康栄養学科】 **3〜2科目** ①**理**(100)▶化基・生基から1　②③**国・外・数**(3教科100×2・2教科100)▶「国総・現文B・古典B(漢文は選択のみ)」・「コミュ英Ⅰ・コミュ英Ⅱ・英表Ⅰ・英表Ⅱ」・「数Ⅰ・数Ⅱ・数A」から3教科型は2，2教科型は1

一般入試(共通テストプラス型) **〈共通テスト科目〉** **3〜2科目** ①②③**国・外・「地歴・公民」・数・理**(100×2)▶国(近代)・「英(リスニングを含む)・独・仏・中・韓から1」・「世A・

世Ｂ・日Ａ・日Ｂ・地理Ａ・地理Ｂ・現社・倫・政経・〈倫・政経〉から１」・「数Ⅰ・〈数Ⅰ・数Ａ〉・数Ⅱ・〈数Ⅱ・数Ｂ〉から１」・「〈物基・化基・生基・地学基から２〉・物・化・生・地学から１」から２

※「英語」はリーディング100点を80点，リスニング100点を20点にそれぞれ換算。

〈個別試験科目〉 ３教科型または２教科型で受験した科目の高得点１科目（100）を判定に利用する。ただし，健康栄養学科は理科指定

一般入試（後期） 1科目 ①**国・外・数**（100）▶「国総・現文Ｂ・古典Ｂ（漢文は選択のみ）」・「コミュ英Ⅰ・コミュ英Ⅱ・英表Ⅰ・英表Ⅱ」・「数Ⅰ・数Ⅱ・数Ａ」から１

グローバル・コミュニケーション学部

一般入試（前期３教科型・前期２教科型） 3〜2科目 ①**外**（３教科200・２教科150）▶コミュ英Ⅰ・コミュ英Ⅱ・英表Ⅰ・英表Ⅱ ②③**国・数・「地歴・理」**（３教科100×2・２教科100）▶「国総・現文Ｂ・古典Ｂ（漢文は選択のみ）」・「数Ⅰ・数Ⅱ・数Ａ」・「世Ｂ・日Ｂ・化基・生基から１」から３教科型は２，２教科型は１

一般入試（共通テストプラス型） **〈共通テスト科目〉** 3〜2科目 ①②③**国・外・「地歴・公民」・数・理**（100×2）▶国（近代）・英（リスニングを含む）・「世Ａ・世Ｂ・日Ａ・日Ｂ・地理Ａ・地理Ｂ・現社・倫・政経・〈倫・政経〉から１」・「数Ⅰ・〈数Ⅰ・数Ａ〉・数Ⅱ・〈数Ⅱ・数Ｂ〉から１」・「〈物基・化基・生基・地学基から２〉・物・化・生・地学から１」から２

※「英語」はリーディング・リスニング各100点合計200点を100に換算。

〈個別試験科目〉 ３科目型または２科目型で受験した英語の得点（100）を判定に利用する

一般入試（後期） 1科目 **外**（100）▶コミュ英Ⅰ・コミュ英Ⅱ・英表Ⅰ・英表Ⅱ

その他の選抜

公募制推薦入試は文学部44名，人間情報学部35名，心理学部27名，創造表現学部44名，健康医療科学部50名，福祉貢献学部22名，交流文化学部44名，ビジネス学部39名，グローバル・コミュニケーション学部10名を募集。ほかに共通テスト利用入試，活動実績重視型入試，学科・専攻適性重視型入試，特別選抜入試（海外帰国生，社会人，外国人留学生）を実施。

偏差値データ（2023年度）

●一般入試前期３教科型

学部／学科／専攻	2023年度 駿台予備学校 合格目標ライン	2023年度 河合塾 ボーダー偏差値	2022年度 競争率
▶文学部			
国文	46	50	2.0
総合英語	46	42.5	1.1
教育	46	47.5	2.0
▶人間情報学部			
人間情報／感性工学	42	42.5	新
／データサイエンス	42	45	新
▶心理学部			
心理	47	47.5	2.5
▶創造表現学部			
創造表現／創作表現	42	42.5	1.6
／メディアプロデュース	43	42.5	1.6
／建築・インテリアデザイン	43	47.5	2.5
▶健康医療科学部			
医療貢献/言語聴覚学	42	42.5	1.3
／視覚科学	42	42.5	1.3
スポーツ・健康医科/スポーツ・健康科学	45	42.5	2.5
／救急救命学	45	50	7.3
健康栄養	43	45	2.2
▶福祉貢献学部			
福祉貢献／社会福祉	45	47.5	2.0
／子ども福祉	44	50	2.5
▶交流文化学部			
交流文化／ランゲージ	43	42.5	1.6
／国際交流・観光	43	40	1.1
▶ビジネス学部			
ビジネス	44	45	1.7
▶グローバル・コミュニケーション学部			
グローバル・コミュニケーション	44	42.5	1.1

- 駿台予備学校合格目標ラインは合格可能性80％に相当する駿台模試の偏差値です。
- 河合塾ボーダー偏差値は合格可能性50％に相当する河合塾全統模試の偏差値です。
- 競争率は受験者÷合格者の実質倍率

中京大学

資料請求

問合せ先　入試センター　☎052-835-7170

建学の精神

1923（大正12）年開校の中京商業学校を前身に，2023年に創立100周年を迎えた学校法人梅村学園により，54（昭和29）年中京短期大学，56年中京大学が開学。建学の精神である「学術とスポーツの真剣味の殿堂たれ」を実践する「①ルールを守る ②ベストを尽くす ③チームワークをつくる ④相手に敬意を持つ」という四大綱に基づき，開学以来，「挑戦する大学」として時代の求める学びを提供し，今日では10学部20学科という圧倒的なスケールを持つ総合大学へと成長。学生を主役に据えたキャンパスには，「真の成長」への好環境を生み出す，３つの挑戦の場（「気づきの場」「学びの場」「実践の場」）が用意され，「自ら考え，行動する，しなやかな知識人」を育成するため，学生たちが存分に学んで確実に力をつけていけるよう，全力で支援している。

- 名古屋キャンパス…〒466-8666　愛知県名古屋市昭和区八事本町101-2
- 豊田キャンパス……〒470-0393　愛知県豊田市貝津町床立101

基本データ

学生数▶12,731名（男7,822名，女4,909名）

専任教員数▶教授193名，准教授92名，講師65名

設置学部▶国際，文，心理，法，経済，経営，総合政策，現代社会，工，スポーツ科

併設教育機関▶大学院―文学・心理学・法学・経済学・経営学・工学・社会学・スポーツ科学（以上M・D），国際英語学（M）

就職・卒業後の進路

就職率 98.2％
就職者÷希望者×100

●就職支援　キャリア支援課では，入学直後から卒業後の自分までをトータルに見据えることができるキャリア支援を実施。就職活動対策の各種イベントやガイダンス，常駐するキャリアカウンセラーや学生アドバイザーによる面談などで学生をサポートしている。

●資格取得支援　資格センターを設置し，社会で需要の高い資格を取得する講座をはじめ，東海地区ではトップレベルの合格者数を誇る公務員採用試験対策講座も多数開講。段階的にステップアップしていくモデルコースを設け，国家資格を取得する実力を養っている。

進路指導者も必見 学生を伸ばす 面倒見

初年次教育	学修サポート
自校教育の一環として「中京大学を知る」を開講するほか，「アカデミック・スキルズ」「コミュニケーションスキル」「ウェブ設計」「コンピュータ処理論」などにより，高校までとは異なる大学での学習スキルを修得	全学部でTA・SA制度，オフィス・アワーを導入。さらに，専任教員が約５～10人の学生を担当し，履修内容や学生生活の指導・助言を行う履修・学修アドバイザー制度やアカデミック・アドバイザー制度も設置

オープンキャンパス（2022年度実績）　午前・午後の２部制で７月16・17日に名古屋キャンパス，７月24日に豊田キャンパスで開催（事前予約制）。通常のオープンキャンパス時には，保護者向けの説明会も行っている。

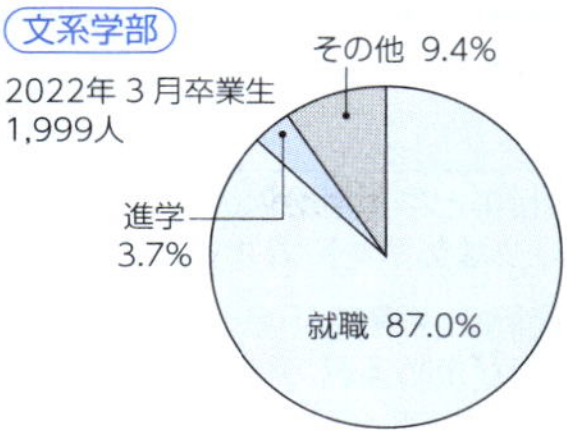

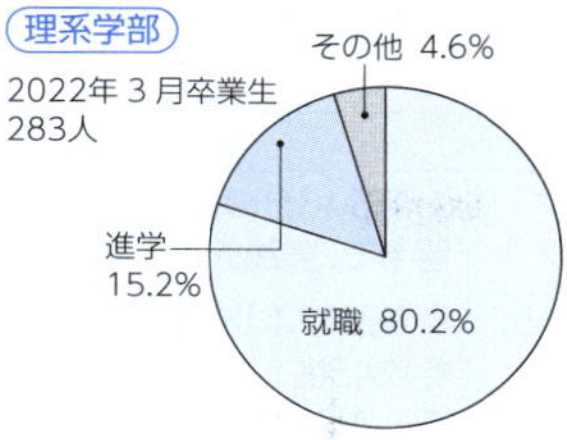

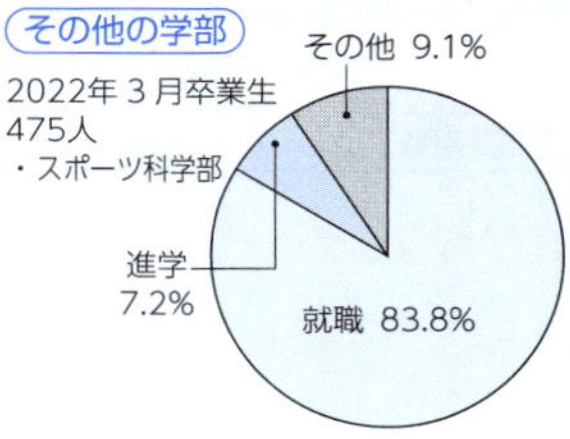

主なOB･OG▶［旧商］福家利一（日伝社長），［旧体育］原晋（青山学院大学陸上競技部監督），［旧体育］室伏広治（スポーツ庁長官，ハンマー投げ五輪金メダリスト），［旧体育］浅田真央（プロスケーター）など。

国際化・留学　大学間 25 大学・部局間 2 大学

受入れ留学生数▶105名（2022年５月１日現在）

留学生の出身国・地域▶中国，韓国，ベトナム，台湾，ネパールなど。

外国人専任教員▶教授20名，准教授12名，講師４名（2022年５月１日現在）

外国人専任教員の出身国▶アメリカ，中国，韓国，カナダ，フランスなど。

大学間交流協定▶25大学（交換留学先18大学，2022年５月１日現在）

部局間交流協定▶２大学（交換留学先１大学，2022年５月１日現在）

海外への留学生数▶渡航型55名・オンライン型21名／年（５カ国・地域，2021年度）

海外留学制度▶ISEP加盟校と個別協定校を合わせて約300校の中から留学先を選ぶことができる交換留学のほか，セメスター留学，海外短期研修（海外大学体験，海外語学研修，海外ビジネス研修，海外インターンシップ），ディズニー・インターンシッププログラムなど，学生の志向やニーズに応えるさまざまな海外留学・研修プログラムを用意している。

学費・奨学金制度　給付型奨学金総額 年間約 2億 7,841 万円

入学金▶200,000円

年間授業料（施設費等を除く）▶805,000円（国際498,000円）～（詳細は巻末資料参照）

年間奨学金総額▶278,405,000円

年間奨学金受給者数▶338人

主な奨学金制度▶入試で決まる「入試成績優秀者給付奨学金」「梅村学園100周年記念ひとり暮らし給付奨学金」，支援奨学金の「学術・文化・スポーツ奨学金」，経済支援の「緊急支援奨学金」などの制度を設置。また，学費減免制度があり，2021年度には120人を対象に総額で約2,785万円を減免している。

保護者向けインフォメーション

- **広報誌**　「中京大学広報」を年２回発行。
- **成績確認**　学業成績表を年２回送付している。
- **教育後援会**　教育後援会があり，６月から７月にかけて教育懇談会，秋にキャンパス見学会を開催。「教育後援会報」も発行している。
- **Webサイト**　年間通じて，本学の修学支援活動が閲覧できるWebサイトを開設。
- **防災対策**　災害時の学生の状況は，メールおよびポータルサイトを利用して確認する。
- **コロナ対策１**　対面・オンライン授業を感染状況により併用。「コロナ対策２」（下段）あり。

インターンシップ科目	必修専門ゼミ	卒業論文	GPA制度の導入の有無および活用例	１年以内の退学率	標準年限での卒業率
全学部で開講している	国際学部で１・３・４年次，文･現代社会･工学部で２～４年次，心理･スポーツ科学部で３・４年次，経済・経営学部で１年次に実施	国際･文･心理･工・スポーツ科学部は卒業要件	奨学金対象者選定，留学候補者選考，個別の学修指導，教育奨励賞･成績優秀表彰者選出のほか，一部の学部で大学院入試選抜に活用	0.8%	87.8%

- **コロナ対策２**　オンライン授業開講のために，全教室無線LAN対応，LMSの増強，電源タップ増設など学修環境を整備。課外活動を実施する上での遵守事項として，「新型コロナウイルス感染症ガイドライン」を策定。

学部紹介

学部／学科	定員	特色
国際学部		
		▶週540分の能力別の少人数授業と学部生必修のセメスター留学で，実践的かつアカデミックな英語を習得する。
国際	150	▷〈国際人間学専攻38名，国際政治学専攻45名，国際経済学専攻45名，GLS専攻22名〉世界が求める真のグローバルリーダーを育成する。GLS専攻は留学生向けの専攻。
言語文化	140	▷〈複言語・複文化学専攻70名，英米学専攻70名〉言葉と文化の「多様性」と「普遍性」から“考える力”を養う。
● 取得可能な資格…教職（英），司書，司書教諭，学芸員など。 ● 進路状況…………就職86.4%　進学2.7%　※旧国際英語学部と旧国際教養学部の実績です。 ● 主な就職先………トヨタ自動車，郵船ロジスティクス，日本航空，コーセーなど（旧学部体制実績）。		
文学部		
歴史文化	70	▷歴史文献の読解力向上の教育を行うほか，フィールドワークによる体験と発見を重視し，本格的な調査活動を展開。
日本文	68	▷歌舞伎などの観劇や文学作品の舞台となった場所でのフィールドワークも行い，重層的・多面的に日本文学を理解する。
言語表現	72	▷日本語を「聞く・読む・書く・話す」ための正しい技術を磨き，自己の考えを的確に表現し，創作・発信できる力を養う。
● 取得可能な資格…教職（国・地歴・社・書），司書，司書教諭，学芸員など。 ● 進路状況…………就職80.4%　進学2.8% ● 主な就職先………愛知県教育委員会，名古屋市役所，東海旅客鉄道，日本生命保険，スズキなど。		
心理学部		
心理	175	▷日本で初めて設置した心理学部として，心理学研究の中核となる「実験」「応用」「臨床」「発達」の４領域をカバー。公認心理師，臨床心理士のW取得をめざせるカリキュラム。
● 取得可能な資格…教職（公・社），司書，司書教諭，学芸員など。 ● 進路状況…………就職67.5%　進学21.3% ● 主な就職先………デンソー，東京海上日動火災保険，野村證券，西日本電信電話，厚生労働省など。		
法学部		
法律	320	▷最新の法学研究を通して社会に求められる応用力・就職力を鍛える「先端研究」と，第一線の現役実務家を講師に実践型の授業を展開する「法実践」の２つのプログラムを導入。
● 取得可能な資格…教職（公・社），司書，司書教諭，学芸員など。 ● 進路状況…………就職89.2%　進学2.9% ● 主な就職先………法務省，文部科学省，裁判所職員，愛知県庁，名古屋市役所，日本道路公団など。		
経済学部		
経済	320	▷経済分析，政策，国際経済の３分野。経済リーダーに求められるジェネリックスキルの修得と各業界のリーディング企業への就職をサポートする選抜制プログラム「EXP」を開講。
● 取得可能な資格…教職（地歴・公・社・商業），司書，司書教諭，学芸員など。 ● 進路状況…………就職88.5%　進学3.5% ● 主な就職先………三菱UFJ銀行，竹中工務店，伊藤ハム，アイシン，YKK AP，日本放送協会など。		

キャンパスアクセス［名古屋キャンパス］ 地下鉄名城線・鶴舞線一八事駅直結

経営学部		
経営	325	▷企業・ストラテジー，組織・マネジメント，会計・ファイナンスの３分野を設定し，理論・知識を体系的に学ぶ。

● 取得可能な資格…教職（地歴・公・社・商業），司書，司書教諭，学芸員など。
● 進路状況…………就職91.9％　進学0.6％
● 主な就職先………資生堂，旭化成，本田技研工業，デンソー，キーエンス，JTB，愛知県庁など。

総合政策学部		
総合政策	220	▷公共政策，ビジネス戦略の２分野にめざす進路に応じた４つの履修モデルを用意。企業や公共機関で働く上で必要な能力を，実践を通じて身につける「社会人基礎力講座」を開講。

● 取得可能な資格…教職（地歴・公・社），司書，司書教諭，学芸員など。
● 進路状況…………就職96.0％　進学1.0％
● 主な就職先………アイシン，日本たばこ産業，大塚製薬，NTTドコモ，サイバーエージェントなど。

現代社会学部		
現代社会	265	▷〈社会学専攻88名，コミュニティ学専攻88名，社会福祉学専攻45名，国際文化専攻44名〉フィールドワークやデータ分析を通じ，課題解決力を身につけ，現代社会における新たな人と人とのつながりの創造をめざす。

● 取得可能な資格…教職（公・社），司書，司書教諭，学芸員，社会福祉士受験資格など。
● 進路状況…………就職86.5％　進学1.5％
● 主な就職先………トヨタ自動車，スズキ，TOTO，キーエンス，中日新聞社，中日本高速道路など。

工学部		
機械システム工	86	▷体験型授業やプロジェクト研究を通じて，「ものづくり」の現場で即戦力として活躍できるエンジニアを養成する。
電気電子工	86	▷製作実習・プロジェクト研究へ挑戦し，急速に進化する電気電子産業の最前線で活躍できる知識と実践力を養う。
情報工	86	▷現実を科学的に分析，把握できるコンピュータ技術者や，AIやネットワーク分野の技術者を育成する。
メディア工	62	▷基礎となるデータサイエンス，AI，プログラミング，ウエブ技術のほか，CG，VR，MRなど多様なメディア技術を学ぶ。

● 取得可能な資格…教職（工業）など。
● 進路状況…………就職80.2％　進学15.2％
● 主な就職先………トヨタ自動車，三菱電機，アイシン，東海旅客鉄道，ZOZO，西日本電信電話など。

スポーツ科学部		
スポーツマネジメント	80	▷多岐にわたる領域からスポーツの可能性について学ぶことにより，活力に満ちた新しい社会のあり方を考察する。
スポーツ健康科	110	▷運動・スポーツ生理学をベースにした学びで，子どもから高齢者まで全世代の健康づくりを支える人材を育成する。
トレーナー	80	▷多様なスポーツの現場に立つことができる豊田キャンパスの環境を活用し，トレーナーとしての知識と実践力を習得。
スポーツ教育	160	▷教育現場で真に必要とされる保健体育科教員を育成。提携校の通信課程を履修することで小学校二種免許も取得可能。
競技スポーツ科	310	▷心・技・体を高めるためのメカニズムを理解した，国際的に活躍できるアスリートや競技スポーツ指導者を養成する。

● 取得可能な資格…教職（保体），司書，司書教諭，学芸員など。
● 進路状況…………就職83.8％　進学7.2％
● 主な就職先………名古屋市教員委員会，愛知県警，名古屋市消防，トヨタ自動車，日本製鉄など。

キャンパスアクセス［豊田キャンパス］名鉄豊田線一浄水よりスクールバス10分／愛知環状鉄道一貝津より徒歩８分

キャンパス

国際・文・心理・法・経済・経営・総合政策・工(機械システム工・電気電子工)……[名古屋キャンパス] 愛知県名古屋市昭和区八事本町101-2
現代社会・工(情報工・メディア工)・スポーツ科……[豊田キャンパス] 愛知県豊田市貝津町床立101

2023年度入試要項(前年度実績)

●募集人員

学部/学科(専攻)	前期A	前期M	前期共通併用	後期F
▶国際 国際(国際人間学)	6	3	2	2
(国際政治学)	9	4	3	2
(国際経済学)	9	4	4	2
言語文化(複言語・複文化学)	14	6	4	3
(英米学)	14	6	4	3
▶文 歴史文化	17	9	6	2
日本文	16	9	5	2
言語表現	16	8	5	2
▶心理 心理	50	15	10	5
▶法 法律	75	20	15	10
▶経済 経済	85	25	15	10
▶経営 経営	90	28	15	10
▶総合政策 総合政策	60	15	10	5
▶現代社会 現代社会(社会学)	20	5	4	2
(コミュニティ学)	20	7	4	2
(社会福祉学)	10	3	3	2
(国際文化)	10	3	3	2
▶工 機械システム工	25	8	4	2
電気電子工	25	8	4	2
情報工	25	8	4	2
メディア工	15	5	3	2
▶スポーツ科 スポーツマネジメント	13	4	3	2
スポーツ健康科	16	5	3	2
トレーナー	13	4	3	2
スポーツ教育	22	12	3	2
競技スポーツ科	13	4	3	2

※前期共通併用は,得意科目重視型共通テストプラス方式(英語重視型・国語重視型・数学重視型)。

▷一般選抜前期日程A方式(3教科型)において,指定されたCEFR B2以上の英語資格・検定試験のスコアを有する場合,外国語の点数を満点の100点として判定する。ただし,当日の外国語の試験は受験する必要がある。

▷共通テストの「英語」は,リーディング100点×2・リスニング100点の合計300点満点を100点満点に換算する。

国際学部

一般選抜前期日程A方式(3教科型)・M方式(3教科型) [3科目] ①国(100)▶国総・現文B・古典B(漢文は選択のみ) ②外(100)▶コミュ英Ⅰ・コミュ英Ⅱ・コミュ英Ⅲ・英表Ⅰ・英表Ⅱ ③地歴・公民・数(100)▶世B・日B・政経・「数Ⅰ・数Ⅱ・数A」から1,ただしM方式の公民は2月8日のみ実施

一般選抜前期日程A方式(2教科型)・M方式(2教科型) [2科目] ①外(200)▶コミュ英Ⅰ・コミュ英Ⅱ・コミュ英Ⅲ・英表Ⅰ・英表Ⅱ ②国・地歴・公民・数(100)▶「国総・現文B・古典B(漢文は選択のみ)」・世B・日B・政経・「数Ⅰ・数Ⅱ・数A」から1,ただしM方式の公民は2月8日のみ実施

一般選抜前期日程英語重視型共通テストプラス方式 〈共通テスト科目〉 [3~2科目] ①外(100)▶英(リスニングを含む) ②③国・地歴・公民・数・理(100)▶国(近代)・世B・日B・地理B・現社・倫・政経・「倫・政経」・数Ⅰ・「数Ⅰ・数A」・数Ⅱ・「数Ⅱ・数B」・「物基・化基・生基・地学基から2」・物・化・生・地学から1
〈独自試験科目〉 A方式と共通問題を課し,外国語(200)の成績を利用する

一般選抜後期日程F方式 [2科目] ①外(100)▶コミュ英Ⅰ・コミュ英Ⅱ・コミュ英Ⅲ・英表Ⅰ・英表Ⅱ ②国・数(100)▶「国総(現文)・現文B」・「数Ⅰ・数Ⅱ・数A」から1

文学部

一般選抜前期日程A方式(3教科型)・M方式(3教科型) [3科目] ①国(100)▶国総・現文B・古典B(漢文は選択のみ) ②外(100)▶コミュ英Ⅰ・コミュ英Ⅱ・コミュ英Ⅲ・英表Ⅰ・英表Ⅱ ③地歴・公民・数(100)▶世B・日B・政経・「数Ⅰ・数Ⅱ・数A」から1,ただしM方式

の公民は２月８日のみ実施

一般選抜前期日程Ａ方式（２教科型）・Ｍ方式（２教科型）　2科目　①国（100）▶国総・現文Ｂ・古典Ｂ（漢文は選択のみ）　②**外・地歴・公民・数**（100）▶「コミュ英Ⅰ・コミュ英Ⅱ・コミュ英Ⅲ・英表Ⅰ・英表Ⅱ」・世Ｂ・日Ｂ・政経・「数Ⅰ・数Ⅱ・数Ａ」から１，ただしＭ方式の公民は２月８日のみ実施

※国語と選択科目のうち，高得点科目を２倍して300点満点で判定する。

一般選抜前期日程国語重視型共通テストプラス方式　**〈共通テスト科目〉**　3～2科目　①国（100）▶国　②③**外・地歴・公民・数・理**（100）▶英（リスニングを含む）・世Ｂ・日Ｂ・地理Ｂ・現社・倫・政経・「倫・政経」・数Ⅰ・「数Ⅰ・数Ａ」・数Ⅱ・「数Ⅱ・数Ｂ」・「物基・化基・生基・地学基から２」・物・化・生・地学から１

〈独自試験科目〉　Ａ方式と共通問題を課し，国語（200）の成績を利用する

一般選抜後期日程Ｆ方式　2科目　①国（100）▶国総・現文Ｂ・古典Ｂ（漢文は選択のみ）　②**外・数**（100）▶「コミュ英Ⅰ・コミュ英Ⅱ・コミュ英Ⅲ・英表Ⅰ・英表Ⅱ」・「数Ⅰ・数Ⅱ・数Ａ」から１

心理学部・法学部・経営学部・総合政策学部・スポーツ科学部

一般選抜前期日程Ａ方式（３教科型）・Ｍ方式（３教科型）　3科目　①**国**（100）▶国総・現文Ｂ・古典Ｂ（漢文は選択のみ）　②**外**（100）▶コミュ英Ⅰ・コミュ英Ⅱ・コミュ英Ⅲ・英表Ⅰ・英表Ⅱ　③**地歴・公民・数**（100）▶世Ｂ・日Ｂ・政経・「数Ⅰ・数Ⅱ・数Ａ」から１，ただしＭ方式の公民は２月８日のみ実施

一般選抜前期日程Ａ方式（２教科型）・Ｍ方式（２教科型）　2科目　①**外**（100）▶コミュ英Ⅰ・コミュ英Ⅱ・コミュ英Ⅲ・英表Ⅰ・英表Ⅱ　②**国・地歴・公民・数**（100）▶「国総・現文Ｂ・古典Ｂ（漢文は選択のみ）」・世Ｂ・日Ｂ・政経・「数Ⅰ・数Ⅱ・数Ａ」から１，ただしＭ方式の公民は２月８日のみ実施

※外国語と選択科目のうち，高得点科目を２倍して300点満点で判定する。

一般選抜前期日程英語重視型共通テストプラス方式　**〈共通テスト科目〉**　3～2科目　①**外**（100）▶英（リスニングを含む）　②③**国・地歴・公民・数・理**（100）▶国（近代）・世Ｂ・日Ｂ・地理Ｂ・現社・倫・政経・「倫・政経」・数Ⅰ・「数Ⅰ・数Ａ」・数Ⅱ・「数Ⅱ・数Ｂ」・「物基・化基・生基・地学基から２」・物・化・生・地学から１

〈独自試験科目〉　Ａ方式と共通問題を課し，外国語（200）の成績を利用する

一般選抜前期日程国語重視型共通テストプラス方式　**〈共通テスト科目〉**　3～2科目　①**国**（100）▶国（近代）　②③**外・地歴・公民・数・理**（100）▶英（リスニングを含む）・世Ｂ・日Ｂ・地理Ｂ・現社・倫・政経・「倫・政経」・数Ⅰ・「数Ⅰ・数Ａ」・数Ⅱ・「数Ⅱ・数Ｂ」・「物基・化基・生基・地学基から２」・物・化・生・地学から１

〈独自試験科目〉　Ａ方式と共通問題を課し，国語（200）の成績を利用する

一般選抜前期日程数学重視型共通テストプラス方式　**〈共通テスト科目〉**　3～2科目　①**数**（100）▶数Ⅰ・「数Ⅰ・数Ａ」・数Ⅱ・「数Ⅱ・数Ｂ」から１　②③**国・外・地歴・公民・理**（100）▶国（近代）・英（リスニングを含む）・世Ｂ・日Ｂ・地理Ｂ・現社・倫・政経・「倫・政経」・「物基・化基・生基・地学基から２」・物・化・生・地学から１

〈独自試験科目〉　Ａ方式と共通問題を課し，数学（200）の成績を利用する

一般選抜後期日程Ｆ方式　2科目　①**外**（100）▶コミュ英Ⅰ・コミュ英Ⅱ・コミュ英Ⅲ・英表Ⅰ・英表Ⅱ　②**国・数**（100）▶「国総（現文）・現文Ｂ」・「数Ⅰ・数Ⅱ・数Ａ」から１

経済学部

一般選抜前期日程Ａ方式（３教科型）・Ｍ方式（３教科型）　3科目　①**国**（100）▶国総・現文Ｂ・古典Ｂ（漢文は選択のみ）　②**外**（100）▶コミュ英Ⅰ・コミュ英Ⅱ・コミュ英Ⅲ・英表Ⅰ・英表Ⅱ　③**地歴・公民・数**（100）▶世Ｂ・日Ｂ・政経・「数Ⅰ・数Ⅱ・数Ａ」から１，ただしＭ方式の公民は２月８日のみ実施

一般選抜前期日程Ａ方式（２教科型）・Ｍ方式（２教科型）　2科目　①**外**（100）▶コミュ英Ⅰ・コミュ英Ⅱ・コミュ英Ⅲ・英表Ⅰ・英表Ⅱ　②**国・地歴・公民・数**（100）▶「国総・現文Ｂ・古典Ｂ（漢文は選択のみ）」・世Ｂ・日Ｂ・政経・「数Ⅰ・数Ⅱ・数Ａ」から１，ただしＭ方式の公民

は2月8日のみ実施
※外国語と選択科目のうち，高得点科目を2倍して300点満点で判定する。

一般選抜前期日程英語重視型共通テストプラス方式 〈共通テスト科目〉 3~2科目 ①外(100)▶英(リスニングを含む) ②③国・地歴・公民・数・理(100)▶国(近代)・世B・日B・地理B・現社・倫・政経・「倫・政経」・数Ⅰ・「数Ⅰ・数A」・数Ⅱ・「数Ⅱ・数B」・「物基・化基・生基・地学基から2」・物・化・生・地学から1
〈独自試験科目〉 A方式と共通問題を課し，外国語(200)の成績を利用する

一般選抜前期日程国語重視型共通テストプラス方式 〈共通テスト科目〉 3~2科目 ①国(100)▶国(近代) ②③外・地歴・公民・数・理(100)▶英(リスニングを含む)・世B・日B・地理B・現社・倫・政経・「倫・政経」・数Ⅰ・「数Ⅰ・数A」・数Ⅱ・「数Ⅱ・数B」・「物基・化基・生基・地学基から2」・物・化・生・地学から1
〈独自試験科目〉 A方式と共通問題を課し，国語(200)の成績を利用する

一般選抜前期日程数学重視型共通テストプラス方式 〈共通テスト科目〉 3~2科目 ①数(100)▶数Ⅰ・「数Ⅰ・数A」・数Ⅱ・「数Ⅱ・数B」から1 ②③国・外・地歴・公民・理(100)▶国(近代)・英(リスニングを含む)・世B・日B・地理B・現社・倫・政経・「倫・政経」・「物基・化基・生基・地学基から2」・物・化・生・地学から1
〈独自試験科目〉 A方式と共通問題を課し，数学(200)の成績を利用する

一般選抜後期日程F方式(文系2教科型) 2科目 ①外(100)▶コミュ英Ⅰ・コミュ英Ⅱ・コミュ英Ⅲ・英表Ⅰ・英表Ⅱ ②国・数(100)▶「国総(現文)・現文B」・「数Ⅰ・数Ⅱ・数A」から1

一般選抜後期日程F方式(理系2教科型) 2科目 ①外(100)▶コミュ英Ⅰ・コミュ英Ⅱ・コミュ英Ⅲ・英表Ⅰ・英表Ⅱ ②数(200)▶数Ⅰ・数Ⅱ・数Ⅲ・数A・数B(数列・ベク)

現代社会学部

一般選抜前期日程A方式(3教科型)・M方式(3教科型) 3科目 ①国(100)▶国総・現文B・古典B(漢文は選択のみ) ②外(100)▶コミュ英Ⅰ・コミュ英Ⅱ・コミュ英Ⅲ・英表Ⅰ・英表Ⅱ ③地歴・公民・数(100)▶世B・日B・政経・「数Ⅰ・数Ⅱ・数A」から1，ただしM方式の公民は2月8日のみ実施

一般選抜前期日程A方式(2教科型)・M方式(2教科型) 2科目 ①外(100)▶コミュ英Ⅰ・コミュ英Ⅱ・コミュ英Ⅲ・英表Ⅰ・英表Ⅱ ②国・地歴・公民・数(100)▶「国総・現文B・古典B(漢文は選択のみ)」・世B・日B・政経・「数Ⅰ・数Ⅱ・数A」から1，ただしM方式の公民は2月8日のみ実施
※外国語と選択科目のうち，高得点科目を2倍して300点満点で判定する。

一般選抜前期日程英語重視型共通テストプラス方式 〈共通テスト科目〉 3~2科目 ①外(100)▶英(リスニングを含む) ②③国・地歴・公民・数・理(100)▶国(近代)・世B・日B・地理B・現社・倫・政経・「倫・政経」・数Ⅰ・「数Ⅰ・数A」・数Ⅱ・「数Ⅱ・数B」・「物基・化基・生基・地学基から2」・物・化・生・地学から1
〈独自試験科目〉 A方式と共通問題を課し，外国語(200)の成績を利用する

一般選抜前期日程国語重視型共通テストプラス方式 〈共通テスト科目〉 3~2科目 ①国(100)▶国(近代) ②③外・地歴・公民・数・理(100)▶英(リスニングを含む)・世B・日B・地理B・現社・倫・政経・「倫・政経」・数Ⅰ・「数Ⅰ・数A」・数Ⅱ・「数Ⅱ・数B」・「物基・化基・生基・地学基から2」・物・化・生・地学から1
〈独自試験科目〉 A方式と共通問題を課し，国語(200)の成績を利用する

一般選抜前期日程数学重視型共通テストプラス方式 〈共通テスト科目〉 3~2科目 ①数(100)▶数Ⅰ・「数Ⅰ・数A」・数Ⅱ・「数Ⅱ・数B」から1 ②③国・外・地歴・公民・理(100)▶国(近代)・英(リスニングを含む)・世B・日B・地理B・現社・倫・政経・「倫・政経」・「物基・化基・生基・地学基から2」・物・化・生・地学から1
〈独自試験科目〉 A方式と共通問題を課し，数学(200)の成績を利用する

一般選抜後期日程F方式 〈全専攻〉 2科目 ①外(100)▶コミュ英Ⅰ・コミュ英Ⅱ・コミュ英Ⅲ・英表Ⅰ・英表Ⅱ ②国・数(100)▶「国総(現文)・現文B」・「数Ⅰ・数Ⅱ・数A」から1

〈社会学専攻・コミュニティ学専攻・社会福祉学専攻〉 2科目 ①国(100) ▶国総(現文)・現文B ②数(100) ▶数Ⅰ・数Ⅱ・数A

工学部

一般選抜前期日程A方式(3教科型)・M方式(3教科型) 3科目 ①外(100) ▶コミュ英Ⅰ・コミュ英Ⅱ・コミュ英Ⅲ・英表Ⅰ・英表Ⅱ ②数(100) ▶数Ⅰ・数Ⅱ・数Ⅲ・数A・数B(数列・ベク) ③理(100) ▶「物基・物」・「化基・化」から1，ただし化学は，A方式は2月3日，M方式は2月8日のみ実施

一般選抜前期日程A方式(2教科型)・M方式(2教科型) 2科目 ①数(100) ▶数Ⅰ・数Ⅱ・数Ⅲ・数A・数B(数列・ベク) ②外・理(100) ▶「コミュ英Ⅰ・コミュ英Ⅱ・コミュ英Ⅲ・英表Ⅰ・英表Ⅱ」・「物基・物」・「化基・化」から1，ただし化学は，A方式は2月3日，M方式は2月8日のみ実施
※数学と選択科目のうち，高得点科目を2倍して300点満点で判定する。

一般選抜前期日程数学重視型共通テストプラス方式 〈共通テスト科目〉 3科目 ①②数(100) ▶「数Ⅰ・数A」・「〈数Ⅱ・数B〉・情から1」 ③外・理(100) ▶英(リスニングを含む)・物・化・生から1
〈独自試験科目〉 A方式と共通問題を課し，数学(200)の成績を利用する

一般選抜後期日程F方式 2科目 ①外(100) ▶コミュ英Ⅰ・コミュ英Ⅱ・コミュ英Ⅲ・英表Ⅰ・英表Ⅱ ②数(200) ▶数Ⅰ・数Ⅱ・数Ⅲ・数A・数B(数列・ベク)

その他の選抜

一般選抜共通テスト利用方式は国際学部51名，文学部43名，心理学部36名，法学部55名，経済学部61名，経営学部66名，総合政策学部40名，現代社会学部52名，工学部62名，スポーツ科学部106名を募集。ほかに学校推薦型選抜(公募制一般推薦，専門高校特別推薦，一芸一能推薦，指定校推薦)，総合型選抜(高大接続入試，グローバル特別入試，英語プレゼンテーション特別入試，スポーツ活動評価特別入試)，特別選抜(帰国生徒入試，社会人入試，外国人留学生入試)を実施。

偏差値データ (2023年度)

●前期日程A方式

学部／学科／専攻	2023年度 駿台予備学校 合格目標ライン	2023年度 河合塾 ボーダー偏差値	2022年度 競争率
▶国際学部			
国際／国際人間学	43～44	50	2.1
／国際政治学	44	50	1.5
／国際経済学	44	50	1.9
言語文化／複言語・複文化学	43～44	47.5	1.8
／英米学	43～44	50	1.9
▶文学部			
歴史文化	44	57.5	8.4
日本文	44	55～57.5	8.0
言語表現	44～45	55～57.5	7.5
▶心理学部			
心理	46	55～57.5	6.1
▶法学部			
法律	44	52.5	3.8
▶経済学部			
経済	44	52.5～55	7.5
▶経営学部			
経営	43	52.5～55	4.7
▶総合政策学部			
総合政策	43	52.5～55	6.6
▶現代社会学部			
現代社会／社会学	44	52.5	5.9
／コミュニティ学	42	50	7.6
／社会福祉学	41～42	50	4.5
／国際文化	43	47.5	2.0
▶工学部			
機械システム工	38	50～52.5	7.7
電気電子工	38	50～52.5	5.8
情報工	39	52.5～55	8.0
メディア工	38	47.5～50	6.1
▶スポーツ科学部			
スポーツマネジメント	41～42	52.5	5.5
スポーツ健康科	40～41	50～52.5	5.5
トレーナー	41～42	52.5～55	8.3
スポーツ教育	41～42	52.5～55	5.6
競技スポーツ科	40～41	50	3.8

- 駿台予備学校合格目標ラインは合格可能性80%に相当する駿台模試の偏差値です。
- 河合塾ボーダー偏差値は合格可能性50%に相当する河合塾全統模試の偏差値です。
- 競争率は志願者÷合格者の志願倍率

中部大学（ちゅうぶ）

資料請求

問合せ先　入学センター　☎0120-873941

建学の精神

８学部27学科４専攻がワンキャンパスに集結し，学部の枠を超えた文理融合の学びで“広く深い智識の森”を形成する総合大学。2023年４月の，数理・物理サイエンス，AIロボティクス，宇宙航空の３学科を擁する理工学部開設に続き，2024年には，より地域貢献にコミットした学科をめざし，人文学部コミュニケーション学科がメディア情報社会学科に名称変更。また，１万人を超える学生たちの多彩な個が出会うワンキャンパスの特性を十分に生かし，全学部横断のSDGs学際専攻，AI数理データサイエンスプログラムがスタートするなど，「スペシャライズド・ジェネラリスト（専門性を備えた万能型人材）」を育成する学びがさらに進化。建学の精神を体現した「あてになる人材」となるため，一人ひとりが輝けるキャンパスライフを送っている。

● 春日井キャンパス……〒487-8501　愛知県春日井市松本町1200

基本データ

学生数▶10,766名（男7,743名，女3,023名）
専任教員数▶教授262名，准教授125名，講師62名
設置学部▶工，経営情報，国際関係，人文，応用生物，生命健康科，現代教育，理工
併設教育機関▶大学院―工学・経営情報学・国際人間学・応用生物学・生命健康科学（以上M・D），教育学（M）

就職・卒業後の進路

就職率 99.8%（就職者÷希望者×100）

● **就職支援**　自分の将来について考え，社会人に必要な基礎を築く１・２年次，企業と社会に触れ，自身の意志を固める３年次，大学の支援を最大限活用し，志望企業への内定を勝ち取る４年次といった流れで就職支援プログラムを実施。年間を通じて約1,100社もの企業が参加（2021年度実績）し，毎年３人に１人が就職のきっかけをつかむ学内業界研究会は，人気の学内イベント。

● **資格取得支援**　公務員試験対策講座を開講するほか，宅地建物取引士やTOEIC，ITパスポート，FP技能士，日商簿記などの対策講座を実施（年度により異なる）。教員をめざす学生をサポートする教職支援センターも設置。

進路指導者も必見　学生を伸ばす　面倒見

初年次教育

大学生としての勉学方法を知り，学生同士で学び合う姿勢を身につける「スタートアップセミナー」，AI・データサイエンスの入門的な知識を修得する「情報スキル入門」，キャリア教育科目の「自己開拓」などを開講

学修サポート

全学部でTA・SA制度やオフィスアワー制度，１人の専任教員が約23.6人（2021年度）の学生を担当する指導教授制を導入。高校で未履修の科目についての質問や，効果的な学習方法などの相談に応じる学習支援室も設置

オープンキャンパス（2023年度予定）　春（６月４日），夏（８月４～６日），秋（９月30日）の日程で，オープンキャンパスを開催予定。このほか，個別見学会＆入試相談会なども実施する予定（いずれも変更となる場合あり）。

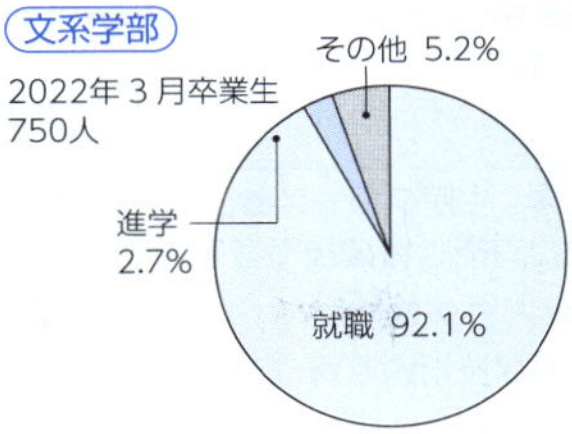

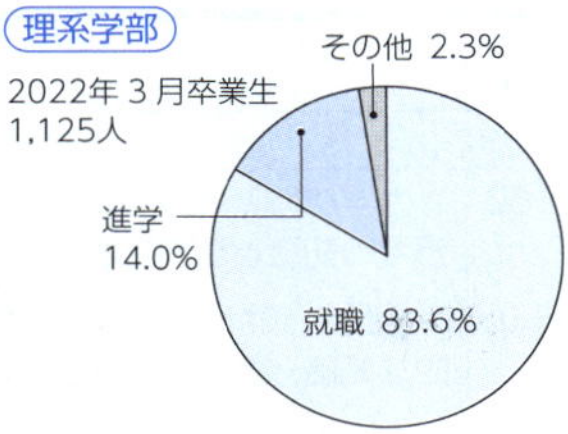

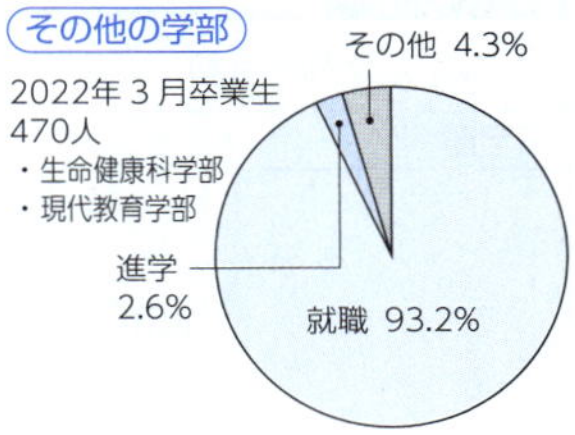

主なOB・OG▶［工］村上浩司（愛知県あま市長），［工］高田寿之（ナ・デックス社長），［工］山田達也（建築家），［国際関係］墨谷渉（小説家），［国際関係］石川歩（プロ野球選手）など。

国際化・留学　大学間 35 大学等・部局間 23 大学等

受入れ留学生数▶36名（2022年５月１日現在）
留学生の出身国▶中国，ベトナムなど。
外国人専任教員▶教授８名，准教授６名，講師７名（2022年５月１日現在）
外国人専任教員の出身国▶アメリカ，中国，韓国，カナダ，ロシア，ベルギーなど。
大学間交流協定▶35大学・機関（交換留学先14大学，2022年９月20日現在）
部局間交流協定▶23大学・機関（交換留学先１大学，2022年９月20日現在）
海外への留学生数▶渡航型１名・オンライン型113名／年（６カ国・地域，2021年度）
海外留学制度▶米国オハイオ大学とは約50年の交流があり，長期研修の参加者は累計で1,500人を超えている。このほか，派遣留学や海外研修，学科別の留学プログラムなどを用意。コロナ禍では，多彩なオンライン研修プログラムを実施し，海外協定大学の学生とのオンライン交流会も開催した。

学費・奨学金制度　給付型奨学金総額 年間 1億8,818万円

入学金▶280,000円
年間授業料（施設費等を除く）▶720,000円～（詳細は巻末資料参照）
年間奨学金総額▶188,180,000円
年間奨学金受給者数▶684人
主な奨学金制度▶学業・人物ともに優れている２年次以上を対象にした「中部大学育英奨学生」は年額30万円，「中部大学同窓会育英奨学生」は年額10万円を給付。また，総合型選抜「特別奨学生入試」合格者は入学料および最大４年間の授業料等が免除される。このほか，留学生を対象に学費減免の制度も設置。

保護者向けインフォメーション

●**オープンキャンパス**　通常のオープンキャンパス時に保護者説明会を実施している。
●**ハンドブック**　「新入生の保護者のためのハンドブック」を用意している。
●**成績確認**　成績通知書を郵送している。
●**父母との集い**　後援会を組織し，「父母との集い」を開催。就職などについての説明も行っている。会報「信頼」も発行。
●**防災対策**　「安全の手引」を入学時に配布するほか，公式アプリ内にデータを掲載。大規模災害に備え，緊急時に学生の安否を速やかに確認できる「安否確認通報システム」を導入。
●**コロナ対策１**　ワクチンの職域接種を実施。感染状況に応じた５段階のBCP（行動指針）を設定。「コロナ対策２」（下段）あり。

インターンシップ科目	必修専門ゼミ	卒業論文	GPA制度の導入の有無および活用例	１年以内の退学率	標準年限での卒業率
全学部で開講（一部学科・専攻を除く）	全学部で１～４年次に実施	全学部卒業要件	奨学金や授業料免除対象者の選定基準および留学候補者の選考に活用	2.4%	79.5%

● **コロナ対策２**　学生への経済的支援として，バス定期券の払い戻し，学費等の納入期限延長，貸費奨学金（無利息）の新設などを行ったほか，オンライン授業受講の学修環境整備のための充実支援金（一律５万円）を支給。

学部紹介

学部／学科	定員	特色
工学部		
機械工	160	▷力学・制御，エネルギー・流体，生産プロセスおよび工学設計領域の知識と能力を身につけた有能な機械技術者を育成する。
都市建設工	80	▷計画，設計，施工，管理などで活躍できる，専門的・実務的な知識・能力を修得した有能な技術者を育成する。
建築	110	▷力のある一級建築士をめざして，建築デザインや計画・設計，構造や材料，環境，歴史など幅広い分野を学ぶ。
応用化	90	▷機能物質，複合材料，エネルギー，環境，化学計測などの幅広い分野に精通した化学技術者・研究者を育成する。
情報工	120	▷インターネットやセキュリティ，人工知能など，日々進化する情報化社会の最先端で活躍できる情報技術者を育成。
電気電子システム工	160	▷快適かつ持続可能な社会の実現のために，電気工学と電子工学を基盤とする学問を学ぶ。
● 取得可能な資格…教職（理・情・工業），測量士補，1・2級建築士受験資格など。 ● 進路状況…………就職82.5%　進学14.8% ● 主な就職先………メイテック，NDS，シーキューブ，東海旅客鉄道，トーエネック，矢崎総業など。		
経営情報学部		
経営総合	300	▷経営情報分野の素養を備えた専門職業人・有識社会人として，経営・情報・会計・経済・法律などの諸分野を幅広く理解し，あらゆる分野・業種の発展に貢献できる人材を育成する。
● 取得可能な資格…教職（商業）など。 ● 進路状況…………就職96.4%　進学1.5% ● 主な就職先………三協立山，東濃信用金庫，大和ハウス工業，綜合警備保障，旭情報サービスなど。		
国際関係学部		
国際	140	▷世界の文化・経済・政治・宗教などを幅広く学び，複眼的な視点や多面的な思考を身につけ，国際的に通用する行動力やコミュニケーション力を備えたグローバル人材を育成する。
● 取得可能な資格…教職（地歴・公），司書，学芸員など。 ● 進路状況…………就職93.1%　進学2.3% ● 主な就職先………日本生命保険，住友生命保険，東海旅客鉄道，ファーストリテイリングなど。		
人文学部		
日本語日本文化	80	▷日本語や日本文化を深く理解し，読解力，思考力，表現力の錬磨を通して，教養ある社会人を育成する。
英語英米文化	70	▷英語圏の社会・文化に対する深い知識と理解力を持ち，積極的に国際社会に参加できる「たくましい国際人」を育成する。
コミュニケーション	70	▷2024年度より，メディア情報社会学科に名称変更。メディア・コミュニケーションの理論と実践的技術を学ぶ。
心理	90	▷心理学の基礎的な研究方法や技術を学び，こころの問題に対処できる力量を持った健全で成熟した社会人を育成する。
歴史地理	90	▷歴史的な経緯と地理的な視野の側面から，世界で起こっているあらゆる事象や問題について，より深く考察する。
● 取得可能な資格…教職（国・地歴・公・社・英），司書，学芸員など。 ● 進路状況…………就職88.4%　進学3.8% ● 主な就職先………東建コーポレーション，プレサンスコーポレーション，中部電力ミライズなど。		

キャンパスアクセス［春日井キャンパス］ JR中央本線，愛知環状鉄道—高蔵寺よりバス10分／JR中央本線—神領よりバス10分

応用生物学部		
応用生物化	110	▷バイオサイエンス，バイオテクノロジーを学び，社会的ニーズが高いバイオ産業で活躍する人材を育成する。
環境生物科	110	▷農学・理学・工学・医学・薬学の各分野を融合させた新しい枠組みにおいて，環境生物科学を深く学ぶ。
食品栄養科	140	▷〈食品栄養科学専攻60名，管理栄養科学専攻80名〉バイオサイエンスを基盤とした，食品と栄養に関するエキスパートと，食と健康を支援する新時代の管理栄養士を育成する。

● **取得可能な資格**…教職（理・農・栄養），栄養士，管理栄養士受験資格など。
● **進路状況**…………就職86.4%　進学12.3%
● **主な就職先**………アピ，ゲンキー，フジパングループ本社，ダイセキ，大塚商会，山崎製パンなど。

生命健康科学部		
生命医科	60	▷医学と生命科学の基礎を徹底して学び，21世紀型の健康・医療に関する諸課題の解決に貢献できる専門家を育成する。
保健看護	100	▷多職種連携の中で看護の役割を発揮できる実践力を備えた，信頼される「看護師」「保健師」「養護教諭」を育成する。
理学療法	40	▷医科学・医療・福祉を総合的にとらえた学問として教育研究し，専門性と豊かな人間性を備えた理学療法士を育成する。
作業療法	40	▷障がいのある人が自分らしく生きることを支援できる，人間性豊かな作業療法士を育成する。
臨床工	40	▷医学の進歩，医療技術の高度化，病気の重度化・重複化などの諸問題に対応できる医療機器のスペシャリストを育成。
スポーツ保健医療	80	▷国家資格の救急救命士，健康運動や障がい者スポーツなどのスポーツ指導者として活躍する知識・技術を学ぶ。

● **取得可能な資格**…教職（養護一種・二種），看護師・保健師・臨床検査技師・臨床工学技士・救急救命士・理学療法士・作業療法士受験資格など。
● **進路状況**…………就職91.7%　進学3.2%
● **主な就職先**………春日井市民病院，刈谷豊田総合病院，愛知医科大学病院，名古屋市消防局など。

現代教育学部		
幼児教育	80	▷子ども・保護者に向き合い，社会の変化にも広く対応できる知識やスキル，実践力を身につけ，乳幼児期の人間形成を支援・指導するスペシャリストを養成する。
現代教育	80	▷２専攻制。現代教育専攻（60名）では，社会が求める多様な教育実践と教育支援活動を積極的に推進する人材を，中等教育国語数学専攻（20名）では，新学習指導要領に対応する新しい指導法を身につけたアクティブな教員を養成する。

● **取得可能な資格**…教職（国・数・理，小一種，幼一種，特別支援），保育士など。
● **進路状況**…………就職96.2%　進学1.3%
● **主な就職先**………保育士，教員（小・中・特別支援・幼稚園など），クスリのアオキ，瀧上工業など。

理工学部		
	40	NEW! '23年新設。次世代産業のリーダーとして，持続可能な社会を構築する科学技術者を育成する。
数理・物理サイエンス	40	▷数や物の"理（ことわり）"を知り，さまざまな事象の解明とイノベーションを通して，未来を創造し社会に貢献する。
AIロボティクス	80	▷工学部ロボット理工学科を改組。新たな人工知能（AI）技術を生み出し，ロボットへの実装を通して，人とロボットとの共存社会を実現する。

宇宙航空	80	▷工学部宇宙航空理工学科を改組。日本屈指の航空宇宙産業集積地の中部地区で，航空宇宙機の設計・開発・製造・技術を身につけ，次世代の航空宇宙産業の発展に携わる。
●取得可能な資格…教職（数・理）など。		

▶キャンパス

全学部…［春日井キャンパス］愛知県春日井市松本町1200

2023年度入試要項（前年度実績）

●募集人員

学部／学科（専攻）	前期A	前期B	前期AM	前期BM	後期
▶工 機械工	45	15	15	10	3
都市建設工	14	5	5	5	3
建築	22	7	7	7	3
応用化	24	5	5	5	3
情報工	35	8	8	8	3
電気電子システム工	45	15	15	10	3
▶経営情報 経営総合	68	22	22	17	5
▶国際関係 国際	23	8	8	8	3
▶人文 日本語日本文化	18	5	5	5	3
英語英米文化	8	5	3	3	2
コミュニケーション	8	5	5	5	3
心理	18	7	5	5	3
歴史地理	18	7	5	5	3
▶応用生物 応用生物化	23	10	10	10	2
環境生物科	23	10	10	10	2
食品栄養科（食品栄養科学）	10	3	3	3	2
（管理栄養科学）	24	7	5	5	2
▶生命健康科 生命医科	10	3	3	3	2
保健看護	18	7	7	7	2
理学療法	6	2	3	2	2
作業療法	6	2	2	2	2
臨床工	6	3	3	3	2
スポーツ保健医療	12	5	5	5	2
▶現代教育 幼児教育	18	8	4	5	2
現代教育（現代教育）	20	6	2	2	2
（中等教育国語数学）	5	1	1	1	2
▶理工 数理・物理サイエンス	11	4	3	3	2
AIロボティクス	21	6	7	7	3
宇宙航空	19	5	6	5	3

※現代教育学部幼児教育学科のB方式は，高得点2教科型で6名，高得点1教科型で2名を募集する。その他の学部・学科・専攻は高得点2教科型を実施。なお，高得点1教科型で2教科以上受験した場合は高得点の1教科で，高得点2教科型で3教科とも受験した場合は必須科目を含む高得点の2教科で合否判定を行う。

工学部・理工学部

一般選抜前期入試A方式 3科目 ①**外**(100) ▶コミュ英Ⅰ・コミュ英Ⅱ・英表Ⅰ ②**数**(100) ▶数Ⅰ・数Ⅱ・数Ⅲ・数A（場合・図形）・数B（数列・ベク） ③**理**(100) ▶「物基・物」・「化基・化」から1

一般選抜前期入試B方式 2科目 ①**数**(100) ▶数Ⅰ・数Ⅱ・数Ⅲ・数A（場合・図形）・数B（数列・ベク） ②**外・理**(100) ▶「コミュ英Ⅰ・コミュ英Ⅱ・英表Ⅰ」・「物基・物」・「化基・化」から1

一般選抜前期入試AM方式 3科目 ①**数**(100) ▶数Ⅰ・数Ⅱ・数Ⅲ・数A（場合・図形）・数B（数列・ベク） ②③**国・外・理**(100×2) ▶「国総（古文・漢文を除く）・現文B」・「コミュ英Ⅰ・コミュ英Ⅱ・英表Ⅰ」・「〈物基・物〉・〈化基・化〉から1」から2

一般選抜前期入試BM方式 2科目 ①**数**(100) ▶数Ⅰ・数Ⅱ・数Ⅲ・数A（場合・図形）・数B（数列・ベク） ②**国・外・理**(100) ▶「国総（古文・漢文を除く）・現文B」・「コミュ英Ⅰ・コミュ英Ⅱ・英表Ⅰ」・「物基・物」・「化基・化」から1

一般選抜後期入試 2科目 ①**数**(100) ▶数Ⅰ・数Ⅱ・数Ⅲ・数A（場合・図形）・数B（数列・ベク） ②**国・外**(100) ▶「国総（古文・漢文を除く）・現文B」・「コミュ英Ⅰ・コミュ英Ⅱ・英表Ⅰ」から1

経営情報学部

一般選抜前期入試A方式 3科目 ①**国**(100) ▶国総（古文・漢文を除く）・現文B ②**外**(100) ▶コミュ英Ⅰ・コミュ英Ⅱ・英表Ⅰ ③**地歴・公民・数**(100) ▶世B・日B・地理B・

政経・「数Ⅰ・数Ａ（場合・図形）」から１

一般選抜前期入試Ｂ方式　2科目　①②国・外・「地歴・公民・数」（100×2）▶「国総（古文・漢文を除く）・現文Ｂ」・「コミュ英Ⅰ・コミュ英Ⅱ・英表Ⅰ」・「世Ｂ・日Ｂ・地理Ｂ・政経・〈数Ⅰ・数Ａ（場合・図形）〉から１」から２

一般選抜前期入試AM方式　3科目　①②③国・外・「地歴・公民」・数（100×3）▶「国総（古文・漢文を除く）・現文Ｂ」・「コミュ英Ⅰ・コミュ英Ⅱ・英表Ⅰ」・「世Ｂ・日Ｂ・地理Ｂ・政経から１」・「〈数Ⅰ・数Ａ（場合・図形）〉・〈数Ⅰ・数Ⅱ・数Ⅲ・数Ａ（場合・図形）・数Ｂ（数列・ベク）〉から１」から３

一般選抜前期入試BM方式　2科目　①②国・外・「地歴・公民」・数（100×2）▶「国総（古文・漢文を除く）・現文Ｂ」・「コミュ英Ⅰ・コミュ英Ⅱ・英表Ⅰ」・「世Ｂ・日Ｂ・地理Ｂ・政経から１」・「〈数Ⅰ・数Ａ（場合・図形）〉・〈数Ⅰ・数Ⅱ・数Ⅲ・数Ａ（場合・図形）・数Ｂ（数列・ベク）〉から１」から２

一般選抜後期入試　2科目　①②国・外・数（100×2）▶「国総（古文・漢文を除く）・現文Ｂ」・「コミュ英Ⅰ・コミュ英Ⅱ・英表Ⅰ」・「数Ⅰ・数Ａ（場合・図形）」から２

国際関係学部

一般選抜前期入試Ａ方式　3科目　①国（100）▶国総（古文・漢文を除く）・現文Ｂ　②外（100）▶コミュ英Ⅰ・コミュ英Ⅱ・英表Ⅰ　③地歴・公民・数（100）▶世Ｂ・日Ｂ・地理Ｂ・政経・「数Ⅰ・数Ａ（場合・図形）」から１

一般選抜前期入試Ｂ方式　2科目　①外（100）▶コミュ英Ⅰ・コミュ英Ⅱ・英表Ⅰ　②国・地歴・公民・数（100）▶「国総（古文・漢文を除く）・現文Ｂ」・世Ｂ・日Ｂ・地理Ｂ・政経・「数Ⅰ・数Ａ（場合・図形）」から１

一般選抜前期入試AM方式　3科目　①外（100）▶コミュ英Ⅰ・コミュ英Ⅱ・英表Ⅰ　②③国・「地歴・公民」・数（100×2）▶「国総（古文・漢文を除く）・現文Ｂ」・「世Ｂ・日Ｂ・地理Ｂ・政経から１」・「〈数Ⅰ・数Ａ（場合・図形）〉・〈数Ⅰ・数Ⅱ・数Ⅲ・数Ａ（場合・図形）・数Ｂ（数列・ベク）〉から１」から２

一般選抜前期入試BM方式　2科目　①外（100）▶コミュ英Ⅰ・コミュ英Ⅱ・英表Ⅰ　②国・地歴・公民・数（100）▶「国総（古文・漢文を除く）・現文Ｂ」・世Ｂ・日Ｂ・地理Ｂ・政経・「数Ⅰ・数Ａ（場合・図形）」・「数Ⅰ・数Ⅱ・数Ⅲ・数Ａ（場合・図形）・数Ｂ（数列・ベク）」から１

一般選抜後期入試　2科目　①外（100）▶コミュ英Ⅰ・コミュ英Ⅱ・英表Ⅰ　②国・数（100）▶「国総（古文・漢文を除く）・現文Ｂ」・「数Ⅰ・数Ａ（場合・図形）」から１

人文学部

一般選抜前期入試Ａ方式　3科目　①国（100）▶国総（古文・漢文を除く）・現文Ｂ　②外（英語英米文化150・その他の学科100）▶コミュ英Ⅰ・コミュ英Ⅱ・英表Ⅰ　③地歴・公民・数（100）▶世Ｂ・日Ｂ・地理Ｂ・政経・「数Ⅰ・数Ａ（場合・図形）」から１

一般選抜前期入試Ｂ方式　【日本語日本文化学科・コミュニケーション学科・心理学科・歴史地理学科】　2科目　①②国・外・「地歴・公民・数」（100×2）▶「国総（古文・漢文を除く）・現文Ｂ」・「コミュ英Ⅰ・コミュ英Ⅱ・英表Ⅰ」・「世Ｂ・日Ｂ・地理Ｂ・政経・〈数Ⅰ・数Ａ（場合・図形）〉から１」から２

【英語英米文化学科】　2科目　①外（150）▶コミュ英Ⅰ・コミュ英Ⅱ・英表Ⅰ　②国・地歴・公民・数（100）▶「国総（古文・漢文を除く）・現文Ｂ」・世Ｂ・日Ｂ・地理Ｂ・政経・「数Ⅰ・数Ａ（場合・図形）」から１

一般選抜前期入試AM方式　【日本語日本文化学科・コミュニケーション学科・心理学科・歴史地理学科】　3科目　①②③国・外・「地歴・公民」・数（100×3）▶「国総（古文・漢文を除く）・現文Ｂ」・「コミュ英Ⅰ・コミュ英Ⅱ・英表Ⅰ」・「世Ｂ・日Ｂ・地理Ｂ・政経から１」・「〈数Ⅰ・数Ａ（場合・図形）〉・〈数Ⅰ・数Ⅱ・数Ⅲ・数Ａ（場合・図形）・数Ｂ（数列・ベク）〉から１」から３

【英語英米文化学科】　3科目　①外（150）▶コミュ英Ⅰ・コミュ英Ⅱ・英表Ⅰ　②③国・「地歴・公民」・数（100×2）▶「国総（古文・漢文を除く）・現文Ｂ」・「世Ｂ・日Ｂ・地理Ｂ・政経から１」・「〈数Ⅰ・数Ａ（場合・図形）〉・〈数Ⅰ・数Ⅱ・数Ⅲ・数Ａ（場合・図形）・数Ｂ（数列・ベク）〉から１」から２

一般選抜前期入試BM方式　【日本語日本文

化学科・コミュニケーション学科・心理学科・歴史地理学科】 2科目 ①②国・外・「地歴・公民」・数(100×2) ▶「国総(古文・漢文を除く)・現文B」・「コミュ英Ⅰ・コミュ英Ⅱ・英表Ⅰ」・「世B・日B・地理B・政経から1」・「〈数Ⅰ・数A(場合・図形)〉・〈数Ⅰ・数Ⅱ・数Ⅲ・数A(場合・図形)・数B(数列・ベク)〉から1」から2

【英語英米文化学科】 2科目 ①外(150) ▶コミュ英Ⅰ・コミュ英Ⅱ・英表Ⅰ ②国・地歴・公民・数(100) ▶「国総(古文・漢文を除く)・現文B」・世B・日B・地理B・政経・「数Ⅰ・数A(場合・図形)」・「数Ⅰ・数Ⅱ・数Ⅲ・数A(場合・図形)・数B(数列・ベク)」から1

一般選抜後期入試 【日本語日本文化学科・コミュニケーション学科・心理学科・歴史地理学科】 2科目 ①②国・外・数(100×2) ▶「国総(古文・漢文を除く)・現文B」・「コミュ英Ⅰ・コミュ英Ⅱ・英表Ⅰ」・「数Ⅰ・数A(場合・図形)」から2

【英語英米文化学科】 2科目 ①外(100) ▶コミュ英Ⅰ・コミュ英Ⅱ・英表Ⅰ ②国・数(100) ▶「国総(古文・漢文を除く)・現文B」・「数Ⅰ・数A(場合・図形)」から1

応用生物学部・生命健康科学部

一般選抜前期入試A方式 3科目 ①外(100) ▶コミュ英Ⅰ・コミュ英Ⅱ・英表Ⅰ ②理(100) ▶物基・化基・生基から1，ただし物基は生命健康科学部のみ選択可 ③国・数(100) ▶「国総(古文・漢文を除く)・現文B」・「数Ⅰ・数A(場合・図形)」から1

一般選抜前期入試B方式 2科目 ①②外・理・「国・数」(100×2) ▶「コミュ英Ⅰ・コミュ英Ⅱ・英表Ⅰ」・「物基・化基・生基から1」・「〈国総(古文・漢文を除く)・現文B〉・〈数Ⅰ・数A(場合・図形)〉から1」から2，ただし物基は生命健康科学部のみ選択可

一般選抜前期入試AM方式 3科目 ①②③国・外・数・理(100×3) ▶「国総(古文・漢文を除く)・現文B」・「コミュ英Ⅰ・コミュ英Ⅱ・英表Ⅰ」・「〈数Ⅰ・数A(場合・図形)〉・〈数Ⅰ・数Ⅱ・数Ⅲ・数A(場合・図形)・数B(数列・ベク)〉から1」・「〈物基・物〉・〈化基・化〉・物基・化基・生基から1」から3，ただし物基は生命健康科学部のみ選択可

一般選抜前期入試BM方式 2科目 ①②国・外・数・理(100×2) ▶「国総(古文・漢文を除く)・現文B」・「コミュ英Ⅰ・コミュ英Ⅱ・英表Ⅰ」・「〈数Ⅰ・数A(場合・図形)〉・〈数Ⅰ・数Ⅱ・数Ⅲ・数A(場合・図形)・数B(数列・ベク)〉から1」・「〈物基・物〉・〈化基・化〉・物基・化基・生基から1」から2，ただし物基は生命健康科学部のみ選択可

一般選抜後期入試 2科目 ①②国・外・数(100×2) ▶「国総(古文・漢文を除く)・現文B」・「コミュ英Ⅰ・コミュ英Ⅱ・英表Ⅰ」・「数Ⅰ・数A(場合・図形)」から2

現代教育学部

一般選抜前期入試A方式 3科目 ①外(100) ▶コミュ英Ⅰ・コミュ英Ⅱ・英表Ⅰ ②国・数(100) ▶「国総(古文・漢文を除く)・現文B」・「数Ⅰ・数A(場合・図形)」・「数Ⅰ・数Ⅱ・数Ⅲ・数A(場合・図形)・数B(数列・ベク)」から1，ただし数学を選択する場合は，幼児教育学科と現代教育専攻は「数Ⅰ・数A」指定，中等教育国語数学専攻は「数Ⅰ・数Ⅱ・数Ⅲ・数A・数B」指定 ③地歴・公民・理(100) ▶世B・日B・地理B・政経・物基・化基・生基から1

一般選抜前期入試B方式(高得点2教科型入試) 2科目 ①②外・「国・数」・「地歴・公民・理」(100×2) ▶「コミュ英Ⅰ・コミュ英Ⅱ・英表Ⅰ」・「〈国総(古文・漢文を除く)・現文B〉・〈数Ⅰ・数A(場合・図形)〉・〈数Ⅰ・数Ⅱ・数Ⅲ・数A(場合・図形)・数B(数列・ベク)〉から1」・「世B・日B・地理B・政経・物基・化基・生基から1」から2，ただし数学を選択する場合は，幼児教育学科と現代教育専攻は「数Ⅰ・数A」指定，中等教育国語数学専攻は「数Ⅰ・数Ⅱ・数Ⅲ・数A・数B」指定

一般選抜前期入試B方式(高得点1教科型入試) 【幼児教育学科】 1科目 ①国・外・地歴・公民・数・理(100) ▶「国総(古文・漢文を除く)・現文B」・「コミュ英Ⅰ・コミュ英Ⅱ・英表Ⅰ」・世B・日B・地理B・政経・「数Ⅰ・数A(場合・図形)」・物基・化基・生基から1

一般選抜前期入試AM方式 3科目 ①②③国・外・数・「地歴・公民・理」(100×3) ▶「国総(古文・漢文を除く)・現文B」・「コミュ英Ⅰ・

コミュ英Ⅱ・英表Ⅰ」・「〈数Ⅰ・数Ａ（場合・図形）〉・〈数Ⅰ・数Ⅱ・数Ⅲ・数Ａ（場合・図形）・数Ｂ（数列・ベク）〉から１」・「世Ｂ・日Ｂ・地理Ｂ・政経・〈物基・物〉・〈化基・化〉・物基・化基・生基から１」から３

一般選抜前期入試BM方式 ②科目 ①②**国・外・数・「地歴・公民・理」**（100×2）▶「国総（古文・漢文を除く）・現文Ｂ」・「コミュ英Ⅰ・コミュ英Ⅱ・英表Ⅰ」・「〈数Ⅰ・数Ａ（場合・図形）〉・〈数Ⅰ・数Ⅱ・数Ⅲ・数Ａ（場合・図形）・数Ｂ（数列・ベク）〉から１」・「世Ｂ・日Ｂ・地理Ｂ・政経・〈物基・物〉・〈化基・化〉・物基・化基・生基から１」から２

一般選抜後期入試 ②科目 ①②**国・外・数**（100×2）▶「国総（古文・漢文を除く）・現文Ｂ」・「コミュ英Ⅰ・コミュ英Ⅱ・英表Ⅰ」・「数Ⅰ・数Ａ（場合・図形）」から２

その他の選抜

一般選抜共通テスト利用入試は工学部36名，経営情報学部６名，国際関係学部６名，人文学部30名，応用生物学部20名，生命健康科学部24名，現代教育学部９名，理工学部12名を，学校推薦型選抜一般推薦入試は工学部48名，経営情報学部33名，国際関係学部24名，人文学部40名，応用生物学部20名，生命健康科学部27名，現代教育学部７名，理工学部18名を，総合型選抜ポートフォリオ入試は工学部31名，総合情報学部15名，国際関係学部19名，人文学部40名，応用生物学部16名，生命健康科学部21名，現代教育学部４名，理工学部８名を募集。ほかに一般選抜共通テストプラス方式，学校推薦型選抜特技推薦入試・指定校推薦入試・併設校推薦入試，総合型選抜特別奨学生入試・同窓生推薦入試，海外帰国子女（海外就学経験者）特別選抜入試，社会人特別選抜入試，外国人留学生特別選抜入試を実施。

偏差値データ（2023年度）

●一般選抜前期入試Ａ方式

学部／学科／専攻	2023年度 駿台予備学校 合格目標ライン	2023年度 河合塾 ボーダー偏差値	2022年度 競争率
▶工学部			
機械工	37	40	2.3
都市建設工	34	40	1.7
建築	37	47.5	4.3
応用化	37	40	2.2
情報工	37	45	2.9
電気電子システム工	35	42.5	1.8
▶経営情報学部			
経営総合	35	45	1.5
▶国際関係学部			
国際	35	42.5	1.4
▶人文学部			
日本語日本文化	33	42.5	1.7
英語英米文化	34	40	1.0
コミュニケーション	33	42.5	1.6
心理	36	47.5	2.4
歴史地理	37	45	2.1
▶応用生物学部			
応用生物化	40	45	1.7
環境生物科	38	42.5	1.4
食品栄養科/食品栄養科学	38	42.5	1.5
／管理栄養科学	38	40	1.3
▶生命健康科学部			
生命医科	39	47.5	2.1
保健看護	40	52.5	3.5
理学療法	39	52.5	5.2
作業療法	38	42.5	3.2
臨床工	37	42.5	3.8
スポーツ保健医療	36	47.5	3.3
▶現代教育学部			
幼児教育	36	40	1.3
現代教育／現代教育	36	45	3.1
／中等教育国語数学	37	45	2.7
▶理工学部			
数理・物理サイエンス	37	45	新
AIロボティクス	37	42.5	新
宇宙航空	37	37.5	新

- 駿台予備学校合格目標ラインは合格可能性80％に相当する駿台模試の偏差値です。
- 河合塾ボーダー偏差値は合格可能性50％に相当する河合塾全統模試の偏差値です。
- 競争率は受験者÷合格者の実質倍率

南山大学（なんざん）

資料請求

問合せ先 入試課 ☎052-832-3013

建学の精神

ドイツ人宣教師ヨゼフ・ライネルス神父が1932（昭和５）年に設立した南山中学校（旧制）を起源に，46年開設の南山外国語専門学校を前身とするカトリック系総合大学。建学の理念としている「キリスト教世界観に基づく学校教育を行い，人間の尊厳を尊重かつ推進する人材の育成」に具体的な方向性を与えるために，「Hominis Dignitati（人間の尊厳のために）」という教育モットーを掲げ，ビジョン・キーフレーズ「個の力を，世界の力に。」のもと，個の力を伸ばし，世界の力を創造するための特色ある教育プログラムを導入。学部・学科の垣根を低くし，ユニバーサル受け入れ体制を整備したキャンパスで国境のない学びの場を実現し，周囲の人々と協調しながら目の前の課題に挑み，解決していける人材，豊かな国際力と専門性を併せ持った人材を育成している。

● 南山大学キャンパス…〒466-8673　愛知県名古屋市昭和区山里町18

基本データ

学生数 ▶ 9,075名（男4,149名，女4,926名）
専任教員数 ▶ 教授194名，准教授90名，講師59名
設置学部 ▶ 人文，外国語，経済，経営，法，総合政策，理工，国際教養
併設教育機関 ▶ 大学院―人間文化・国際地域文化・社会科学・法学・理工学（以上M・D），法務（P）

就職・卒業後の進路

就職率 **97.0**%
就職者÷希望者×100

● **就職支援**　キャリアサポートプログラム，インターンシップ，就職支援プログラムの３つのステップで，１年次から段階的に学生を支援。就職講座，業界・職種研究会，学内会社説明会をはじめとする充実した就職支援プログラムは，卒業生・企業から高い評価を得るなど，万全のバックアップ体制で，中部地区トップクラスの就職実績を誇っている。

● **資格取得支援**　法職特別課外講座，会計士講座のほか，「南山エクステンション・カレッジ」では，宅地建物取引士，秘書検定など，キャリアアップやスキルアップをめざす学生向け特別講座を割安で開講。また，教員志望の学生をサポートする教職センターも設置。

進路指導者も必見 学生を伸ばす 面倒見

初年次教育	学修サポート
「基礎演習」（人文），「経済基礎演習」「データ処理入門」（経済），「基礎演習ABCD」（経営），「ベーシック演習A～D」（法），「理工学基礎演習」，「国際教養学入門Ⅰ・Ⅱ」「学びの技法Ⅰ・Ⅱ」（国際教養）など，各学部で独自の初年次教育を実施	オフィスアワーと指導教員制度のほか，学部によりTA・SA制度を導入。また，保健センター・学生相談室・大学生活支援室が連携し，履修内容や学生生活の指導・助言を行っている。国際教養学部に特化したGLSライティングセンターも設置

オープンキャンパス（2022年度実績）　大学開催型（７月16・17日）とオンライン開催型（８月１日）を実施。大学開催型の内容は，学長挨拶・大学概要説明，学科特別企画，模擬授業，個別相談，キャンパスツアーなど。

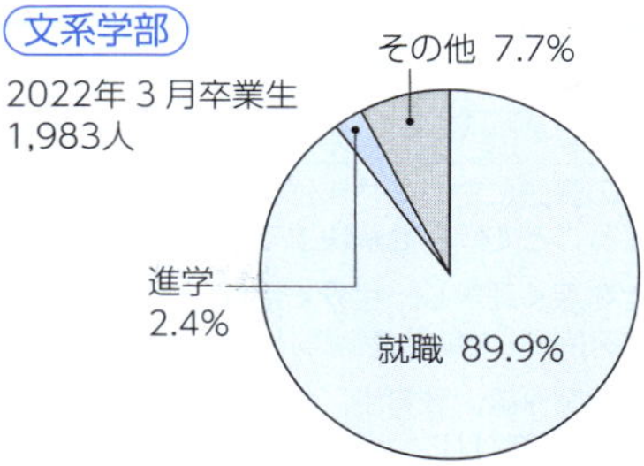

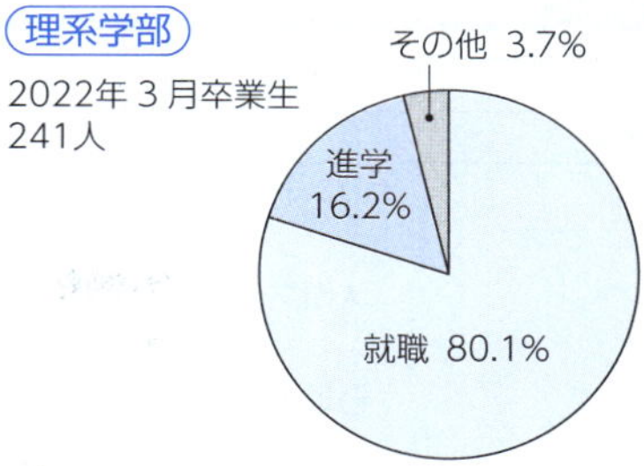

主なOB・OG▶［旧文］岩瀬次郎（豊田鉄工社長），［経済］藤森利雄（名港海運副会長），［経営］藤川政人（参議院議員），［経営］永田純夫（愛知県清須市長），［旧短大］大島真寿美（小説家）など。

国際化・留学　大学間 151 大学等・部局間 5 大学等

受入れ留学生数▶137名（2022年５月１日現在）

留学生の出身国▶中国，ベトナム，インドネシア，タイ，韓国など。

外国人専任教員▶教授26名，准教授14名，講師27名（2022年５月１日現在）

外国人専任教員の出身国▶アメリカ，韓国，イギリス，インド，中国など。

大学間交流協定▶151大学・機関（交換留学先116大学，2022年９月１日現在）

部局間交流協定▶５大学・機関（交換留学先２大学，2022年９月１日現在

海外への留学生数▶渡航型70名・オンライン型200名／年（2021年度）

海外留学制度▶授業料免除や奨学金の給付など，サポート制度が充実している交換・認定・休学といった長・中期留学のほか，学部横断型に加えて各学部・学科対象のものがある多彩な短期留学プログラムを用意。コンソーシアムはISEP，UMAPなど３団体に参加。

学費・奨学金制度　給付型奨学金総額 年間約 3,358 万円

入学金▶250,000円

年間授業料（施設費等を除く）▶750,000円～（詳細は巻末資料参照）

年間奨学金総額▶33,575,000円

年間奨学金受給者数▶115人

主な奨学金制度▶経済的な理由で修学困難な学生を対象とした「南山大学給付奨学金」「南山大学友の会給付奨学金」，学業成績や学術・文化・スポーツ優秀者対象の「南山大学奨励奨学金」など，さまざまな制度を設置。また，学費減免制度もあり，2021年度には159人を対象に総額で約7,468万円を減免している。

保護者向けインフォメーション

●**パンフレット**　受験生の保護者向けパンフレット「With 保護者のみなさまへ 」を発行。

●**成績確認**　成績表を送付（一部の学部のみ）。

●**保護者の集い**　毎年秋に「保護者の集い」を開催し，就職状況などの説明を行っている。

●**入試説明会**　「受験生と保護者のための入試説明会」を毎年秋に実施している。

●**防災対策**　災害時の学生の状況は，ポータルサイトを利用して確認するようにしている。

●**コロナ対策１**　ワクチンの職域接種を実施。「コロナ対策２」（下段）あり。

インターンシップ科目	必修専門ゼミ	卒業論文	GPA制度の導入の有無および活用例	１年以内の退学率	標準年限での卒業率
全学部で開講している	人文学部と経営学部で１～４年次，外国語・総合政策・理工・国際教養の４学部で３・４年次，経済学部で１・３・４年次に実施	法学部を除き卒業要件	奨学金対象者や留学候補者選考のほか，学部により，学生への個別指導，大学院進学のための早期卒業，大学院入試の選抜などに活用	0.8%	86.6%

● **コロナ対策２**　講義室の入口で検温と消毒を実施するとともに，講義室の換気を徹底し，収容人数を調整・管理。また，感染状況に応じて，対面授業とオンライン授業を併用。

学部紹介

学部／学科	定員	特色
人文学部		
キリスト教	20	▷人類の不変の課題に対してさまざまな側面からアプローチし，深く考えることで問題を解決する力を身につける。
人類文化	110	▷歴史や文化を深く理解し，世界で活躍できる人材を育成する。キャンパス内の「人類学博物館」に豊富な資料を収蔵。
心理人間	110	▷心理学，人間関係論，教育学，社会学の視点から，「人間」「社会」「こころ」「学び」について理解と洞察を深める。
日本文化	100	▷日本文化，日本文学，日本語学，日本語教育の４つの領域を横断的に学ぶことを通して，今の日本を見つめ直し，世界に向けて日本を語ることができる能力を身につける。
● 取得可能な資格…教職（国・地歴・公・社・宗），司書，司書教諭，学芸員など。 ● 進路状況…………就職83.0%　進学5.4% ● 主な就職先………日本特殊陶業，中日新聞社，マイナビ，日本生命保険，愛知県教育委員会など。		
外国語学部		
英米	150	▷高度な英語力を身につけるとともに，英語圏の文化，社会，歴史について理解を深め，自分の考えを自分の言葉で伝える力を鍛える。英語で卒業論文を執筆。
スペイン・ラテンアメリカ	60	▷スペイン，ラテンアメリカの２専攻。高度なスペイン語運用能力を活用してスペイン語圏の社会や文化について学び，専門的な知識を身につける。ポルトガル語の学習も可能。
フランス	60	▷フランス文化，フランス社会の２専攻。フランス語を集中的に学習し，高度なフランス語運用能力を獲得する。２年次に，海外フィールドワークでフランスへの短期留学を体験。
ドイツ	60	▷ドイツ文化，ドイツ社会の２専攻。実践的なコミュニケーション能力の育成を中心としたドイツ語教育を実施。２年次に海外フィールドワークでドイツ語圏での言語研修に参加。
アジア	60	▷東アジア，東南アジアの２専攻。各地域の言語，文化，社会を専門的に学び，アジア地域を深く理解し，成長するアジアと日本をつなぐ人材を育成する。
● 取得可能な資格…教職（英・独・仏・西・中），司書，司書教諭，学芸員など。 ● 進路状況…………就職90.4%　進学2.3% ● 主な就職先………凸版印刷，京セラ，トヨタ自動車，デンソー，テレビ愛知，興和，ニトリなど。		
経済学部		
経済	275	▷経済分析の方法，政策，国際，歴史と思想の４つの専門領域を，関心に沿って体系的に学べるカリキュラムを構築。
● 取得可能な資格…教職（公・社・商業），司書，司書教諭，学芸員など。 ● 進路状況…………就職94.2%　進学0.4% ● 主な就職先………井村屋グループ，リンナイ，三菱UFJ銀行，あずさ監査法人，名古屋国税局など。		
経営学部		
経営	270	▷高度情報化社会におけるビジネスシーンに対応する「情報の読み書き能力」を身につけることを重視した教育を展開。
● 取得可能な資格…教職（商業），司書，司書教諭，学芸員など。 ● 進路状況…………就職92.9%　進学1.4% ● 主な就職先………山崎製パン，ノリタケカンパニーリミテド，アイシン，オリエンタルランドなど。		

キャンパスアクセス［南山大学キャンパス］地下鉄名城線─八事日赤より徒歩８分／地下鉄鶴舞線─いりなかより徒歩15分

法学部		
法律	275	▷卒業の進路に合わせた，一般法学，法律専修，司法特修の3コースを設置。論理的な思考力・表現力を備えた，社会のさまざまな領域で活躍できる人材を育成する。
● **取得可能な資格**…教職（公・社），司書，司書教諭，学芸員など。 ● **進路状況**…………就職91.6%　進学2.1% ● **主な就職先**………東海旅客鉄道，東京海上日動火災保険，日本年金機構，名古屋地方裁判所など。		
総合政策学部		
総合政策	275	▷国際政策，公共政策，環境政策の3コース。多様な視点から社会問題を解決に導く人材を育成する。
● **取得可能な資格**…教職（地歴・公・社），司書，司書教諭，学芸員など。 ● **進路状況**…………就職90.6%　進学1.9% ● **主な就職先**………大正製薬，愛知製鋼，スズキ，ジェイアール東海高島屋，明治安田生命保険など。		
理工学部		
ソフトウェア工	70	▷ますますニーズの高まるソフトウェアのより良いあり方を考察し，その原理と技術を総合的かつ集中的に学ぶ。
データサイエンス	70	▷数学と情報科学の基礎の上に，ビッグデータの分析と機械学習などを活用して，多様な組織体において問題の発見から解決までの過程を支援できる人材を育成する。
電子情報工	65	▷最先端の電子情報工学を学び，IoTの実現に必要な情報通信機器・システムの開発・運用などで活躍できる人材を育成。
機械システム工	65	▷制御工学と機械工学に情報技術をブレンドして，知的機械システムの設計や開発ができる人材を育成する。
● **取得可能な資格**…教職（数・情），司書，司書教諭，学芸員など。 ● **進路状況**…………就職80.1%　進学16.2% ● **主な就職先**………小島プレス工業，豊田自動織機，アイリスオーヤマ，SCSK，東海旅客鉄道など。		
国際教養学部		
国際教養	150	▷グローバル・スタディーズとサステイナビリティ・スタディーズを学びの柱に国際教養学を修得し，国際社会の諸問題を地球規模の視点から解決できる人材を育成する。
● **進路状況**…………就職85.3%　進学3.5% ● **主な就職先**………日本製鉄，ヤマザキマザック，日本電気，トヨタ自動車，博報堂プロダクツなど。		

▶キャンパス

全学部……［南山大学キャンパス］愛知県名古屋市昭和区山里町18

2023年度入試要項（前年度実績）

●募集人員

学部／学科		一般	全学統一個別	全学統一共通併用
▶人文	キリスト教	6	2	2
	人類文化	56	10	10
	心理人間	57	10	10
	日本文化	51	8	10
▶外国語	英米	65	10	10
	スペイン・ラテンアメリカ	25	5	4
	フランス	25	7	3
	ドイツ	24	7	4
	アジア	24	6	3
▶経済	経済	A方式100 B方式40	25	15
▶経営	経営	A方式95 B方式30	25	20
▶法	法律	135	27	18
▶総合政策	総合政策	108	24	14
▶理工	ソフトウェア工	27	8	4
	データサイエンス	27	8	4

	電子情報工	24	8	4
	機械システム工	24	8	4
▶国際教養	国際教養	50	10	10

▷全学統一入試において，以下のいずれかの基準以上の英語の資格・検定試験スコア等を保持し，出願期間内にスコア等を申請した場合は，「外国語」の得点を満点とする。スコア等は，「総合基準スコア」と，4つの技能(Reading，Listening，Writing，Speaking)における「各技能基準スコア」の両方を，1度の受験で満たした場合に採用する。なお，資格・検定試験は，2021年1月以降(英検〈従来型〉については二次試験が2021年1月以降)に受験した試験のスコア等を有効とする。ただし，TEAPおよびTEAP CBTについては，出願期間最終日まで有効期間内のスコアを採用する。
個別学力試験型の個別学力試験「外国語」・共通テスト併用型の個別学力試験「外国語」と共通テスト「外国語」を満点とする(以上，本学の個別学力試験「外国語」の受験は不要)—TOEFL iBT (総合92以上，各技能18以上)，IELTS (総合6.5以上，各技能5.5以上)，TEAP (総合360以上，各技能60以上)。
共通テスト併用型の共通テスト「外国語」を満点とする(本学の個別学力試験「外国語」の受験は要)—TOEFL iBT (総合72以上，各技能15以上)，IELTS (総合5.5以上，各技能は設定なし)，TEAP (総合309以上，各技能50以上)，TEAP CBT (総合600以上，各技能100以上)，GTEC CBT (総合1190以上，各技能175以上)，ケンブリッジ英検(総合160以上，各技能は設定なし)，英検(英検〈従来型〉，英検S-CBT〈英検CBTも含む〉，英検S-Interview)は(受験級2級以上，総合2300以上，各技能460以上)。
▷共通テストの「英語」は，リーディング(100点満点)とリスニング(100点満点)の合計得点を配点分に換算して利用する。

人文学部

一般入試 【キリスト教学科・人類文化学科】 3科目 ①国(150)▶国総・現文B・古典B(古文・漢文はいずれか選択) ②外(150)▶コミュ英Ⅰ・コミュ英Ⅱ・コミュ英Ⅲ・英表Ⅰ・英表Ⅱ ③地歴(100)▶世B・日Bから1
【心理人間学科・日本文化学科】 3科目 ①国(150)▶国総・現文B・古典B(古文・漢文はいずれか選択) ②外(150)▶コミュ英Ⅰ・コミュ英Ⅱ・コミュ英Ⅲ・英表Ⅰ・英表Ⅱ ③地歴・数(100)▶世B・日B・「数Ⅰ・数Ⅱ」から1
全学統一入試(個別学力試験型) 3科目 ①国(100)▶国総・現文B・古典B(古文・漢文はいずれか選択) ②外(100)▶コミュ英Ⅰ・コミュ英Ⅱ・コミュ英Ⅲ・英表Ⅰ・英表Ⅱ ③地歴・数(100)▶世B・日B・「数Ⅰ・数Ⅱ・数A」から1
全学統一入試(共通テスト併用型) 【キリスト教学科・人類文化学科・日本文化学科】〈共通テスト科目〉 4~3科目 ①②③④国・外・地歴・公民・数・理(100×3)▶国・「英(リスニングを含む)・独・仏・中・韓から1」・世A・世B・日A・日B・地理A・地理B・「現社・倫・政経・〈倫・政経〉から1」・数Ⅰ・「数Ⅰ・数A」・数Ⅱ・「数Ⅱ・数B」・簿・情・「物基・化基・生基・地学基から2」・物・化・生・地学から3
〈個別試験科目〉 2科目 ①国(150)▶国総・現文B・古典B(古文・漢文はいずれか選択) ②外(150)▶コミュ英Ⅰ・コミュ英Ⅱ・コミュ英Ⅲ・英表Ⅰ・英表Ⅱ
【心理人間学科】〈共通テスト科目〉 4~3科目 ①②③④国・外・地歴・公民・数・理(100×3)▶国・「英(リスニングを含む)・独・仏・中・韓から1」・世A・世B・日A・日B・地理A・地理B・「現社・倫・政経・〈倫・政経〉から1」・数Ⅰ・「数Ⅰ・数A」・数Ⅱ・「数Ⅱ・数B」・簿・情・「物基・化基・生基・地学基から2」・物・化・生・地学から3
〈個別試験科目〉 2科目 ①②国・外・「地歴・数」(150×2)▶「国総・現文B・古典B(古文・漢文はいずれか選択)」・「コミュ英Ⅰ・コミュ英Ⅱ・コミュ英Ⅲ・英表Ⅰ・英表Ⅱ」・「世B・日B・〈数Ⅰ・数Ⅱ・数A〉から1」から2

外国語学部

一般入試 3科目 ①国(150)▶国総・現文B・古典B(古文・漢文はいずれか選択) ②外(200)▶コミュ英Ⅰ・コミュ英Ⅱ・コミュ英Ⅲ・英表Ⅰ・英表Ⅱ(加えてリスニングを課す)

③**地歴・数**(150) ▶世B・日B・「数Ⅰ・数Ⅱ」から1

全学統一入試(個別学力試験型) 3科目 ①**国**(150) ▶国総・現文B・古典B(古文・漢文はいずれか選択) ②**外**(200) ▶コミュ英Ⅰ・コミュ英Ⅱ・コミュ英Ⅲ・英表Ⅰ・英表Ⅱ ③**地歴・数**(100) ▶世B・日B・「数Ⅰ・数Ⅱ・数A」から1

全学統一入試(共通テスト併用型) 〈共通テスト科目〉 2科目 ①**国・外**(100) ▶国・英(リスニングを含む)・独・仏・中・韓から1 ②**地歴・公民・数**(100) ▶世A・世B・日A・日B・地理A・地理B・現社・倫・政経・「倫・政経」・数Ⅰ・「数Ⅰ・数A」・数Ⅱ・「数Ⅱ・数B」・簿・情から1

〈個別試験科目〉 2科目 ①**国**(100) ▶国総・現文B・古典B(古文・漢文はいずれか選択) ②**外**(100) ▶コミュ英Ⅰ・コミュ英Ⅱ・コミュ英Ⅲ・英表Ⅰ・英表Ⅱ

経済学部

一般入試A方式 3科目 ①**国**(150) ▶国総・現文B・古典B(古文・漢文はいずれか選択) ②**外**(200) ▶コミュ英Ⅰ・コミュ英Ⅱ・コミュ英Ⅲ・英表Ⅰ・英表Ⅱ ③**地歴・数**(100) ▶世B・日B・「数Ⅰ・数Ⅱ」から1

一般入試B方式 2科目 ①**外**(200) ▶コミュ英Ⅰ・コミュ英Ⅱ・コミュ英Ⅲ・英表Ⅰ・英表Ⅱ ②**数**(250) ▶数Ⅰ・数Ⅱ・数A・数B(数列・ベク)

全学統一入試(個別学力試験型) 3科目 ①**国**(100) ▶国総・現文B・古典B(古文・漢文はいずれか選択) ②**外**(100) ▶コミュ英Ⅰ・コミュ英Ⅱ・コミュ英Ⅲ・英表Ⅰ・英表Ⅱ ③**地歴・数**(100) ▶世B・日B・「数Ⅰ・数Ⅱ・数A」から1

全学統一入試(共通テスト併用型) 〈共通テスト科目〉 3～2科目 ①②③**外・数・「国・地歴・公民・理」**(100×2) ▶「英(リスニングを含む)・独・仏・中・韓から1」・「数Ⅰ・〈数Ⅰ・数A〉・数Ⅱ・〈数Ⅱ・数B〉・簿・情から1」・「国・世A・世B・日A・日B・地理A・地理B・現社・倫・政経・〈倫・政経〉・〈物基・化基・生基・地学基から2〉・物・化・生・地学から1」から2

〈個別試験科目(文系型)〉 2科目 ①②**国・外・「地歴・数」**(100×2) ▶「国総・現文B・古典B(古文・漢文はいずれか選択)」・「コミュ英Ⅰ・コミュ英Ⅱ・コミュ英Ⅲ・英表Ⅰ・英表Ⅱ」・「世B・日B・〈数Ⅰ・数Ⅱ・数A〉から1」から2

〈個別試験科目(理系型)〉 2科目 ①**外**(100) ▶コミュ英Ⅰ・コミュ英Ⅱ・コミュ英Ⅲ・英表Ⅰ・英表Ⅱ ②**数**(100) ▶数Ⅰ・数Ⅱ・数Ⅲ・数A・数B(数列・ベク)

経営学部

一般入試A方式 3科目 ①**国**(150) ▶国総・現文B・古典B(古文・漢文はいずれか選択) ②**外**(200) ▶コミュ英Ⅰ・コミュ英Ⅱ・コミュ英Ⅲ・英表Ⅰ・英表Ⅱ ③**地歴・数**(100) ▶世B・日B・「数Ⅰ・数Ⅱ」から1

一般入試B方式 2科目 ①**外**(250) ▶コミュ英Ⅰ・コミュ英Ⅱ・コミュ英Ⅲ・英表Ⅰ・英表Ⅱ ③**数**(200) ▶数Ⅰ・数Ⅱ・数A・数B(数列・ベク)

全学統一入試(個別学力試験型) 3科目 ①**国**(150) ▶国総・現文B・古典B(古文・漢文はいずれか選択) ②**外**(150) ▶コミュ英Ⅰ・コミュ英Ⅱ・コミュ英Ⅲ・英表Ⅰ・英表Ⅱ ③**地歴・数**(100) ▶世B・日B・「数Ⅰ・数Ⅱ・数A」から1

全学統一入試(共通テスト併用型) 〈共通テスト科目〉 3～2科目 ①②③**外・数・「国・地歴・公民・理」**(100×2) ▶「英(リスニングを含む)・独・仏・中・韓から1」・「数Ⅰ・〈数Ⅰ・数A〉・数Ⅱ・〈数Ⅱ・数B〉・簿・情から1」・「国・世A・世B・日A・日B・地理A・地理B・現社・倫・政経・〈倫・政経〉・〈物基・化基・生基・地学基から2〉・物・化・生・地学から1」から2

〈個別試験科目(文系型)〉 2科目 ①②**国・外・「地歴・数」**(100×2) ▶「国総・現文B・古典B(古文・漢文はいずれか選択)」・「コミュ英Ⅰ・コミュ英Ⅱ・コミュ英Ⅲ・英表Ⅰ・英表Ⅱ」・「世B・日B・〈数Ⅰ・数Ⅱ・数A〉から1」から2

〈個別試験科目(理系型)〉 2科目 ①**外**(100) ▶コミュ英Ⅰ・コミュ英Ⅱ・コミュ英Ⅲ・英表Ⅰ・英表Ⅱ ②**数**(100) ▶数Ⅰ・数Ⅱ・数Ⅲ・数A・数B(数列・ベク)

法学部

一般入試 3科目 ①**国**(150) ▶国総・現文B・古典B(古文・漢文はいずれか選択) ②**外**(200) ▶コミュ英Ⅰ・コミュ英Ⅱ・コミュ英Ⅲ・英表Ⅰ・英表Ⅱ ③**地歴・数**(150) ▶世B・日B・「数Ⅰ・数Ⅱ」から1

全学統一入試(個別学力試験型) 3科目 ①**国**(100) ▶国総・現文B・古典B(古文・漢文はいずれか選択) ②**外**(100) ▶コミュ英Ⅰ・コミュ英Ⅱ・コミュ英Ⅲ・英表Ⅰ・英表Ⅱ ③**地歴・数**(100) ▶世B・日B・「数Ⅰ・数Ⅱ・数A」から1

全学統一入試(共通テスト併用型) **〈共通テスト科目〉** 3〜2科目 ①②③**国・外・「地歴・公民」・数・理**(100×2) ▶国・「英(リスニングを含む)・独・仏・中・韓から1」・「世A・世B・日A・日B・地理A・地理B・現社・倫・政経・〈倫・政経〉から1」・「数Ⅰ・〈数Ⅰ・数A〉・数Ⅱ・〈数Ⅱ・数B〉・簿・情から1」・「〈物基・化基・生基・地学基から2〉・物・化・生・地学から1」から2

〈個別試験科目(文系型)〉 2科目 ①**外**(100) ▶コミュ英Ⅰ・コミュ英Ⅱ・コミュ英Ⅲ・英表Ⅰ・英表Ⅱ ②**国・地歴・数**(100) ▶「国総・現文B・古典B(古文・漢文はいずれか選択)」・世B・日B・「数Ⅰ・数Ⅱ・数A」から1

〈個別試験科目(理系型)〉 2科目 ①**外**(100) ▶コミュ英Ⅰ・コミュ英Ⅱ・コミュ英Ⅲ・英表Ⅰ・英表Ⅱ ②**数**(100) ▶数Ⅰ・数Ⅱ・数Ⅲ・数A・数B(数列・ベク)

総合政策学部

一般入試 3科目 ①**国**(150) ▶国総・現文B・古典B(古文・漢文はいずれか選択) ②**外**(150) ▶コミュ英Ⅰ・コミュ英Ⅱ・コミュ英Ⅲ・英表Ⅰ・英表Ⅱ ③**地歴・数**(150) ▶世B・日B・「数Ⅰ・数Ⅱ」から1

全学統一入試(個別学力試験型) 3科目 ①**国**(150) ▶国総・現文B・古典B(古文・漢文はいずれか選択) ②**外**(150) ▶コミュ英Ⅰ・コミュ英Ⅱ・コミュ英Ⅲ・英表Ⅰ・英表Ⅱ ③**地歴・数**(100) ▶世B・日B・「数Ⅰ・数Ⅱ・数A」から1

全学統一入試(共通テスト併用型) **〈共通テスト科目〉** 3〜2科目 ①**国・外・数**(100) ▶国・英(リスニングを含む)・独・仏・中・韓・数Ⅰ・「数Ⅰ・数A」・数Ⅱ・「数Ⅱ・数B」・簿・情から1 ②③**地歴・公民・理**(100) ▶世A・世B・日A・日B・地理A・地理B・現社・倫・政経・「倫・政経」・「物基・化基・生基・地学基から2」・物・化・生・地学から1

〈個別試験科目(文系型)〉 2科目 ①②**国・外・「地歴・数」**(100×2) ▶「国総・現文B・古典B(古文・漢文はいずれか選択)」・「コミュ英Ⅰ・コミュ英Ⅱ・コミュ英Ⅲ・英表Ⅰ・英表Ⅱ」・「世B・日B・〈数Ⅰ・数Ⅱ・数A〉から1」から2

〈個別試験科目(理系型)〉 2科目 ①**外**(100) ▶コミュ英Ⅰ・コミュ英Ⅱ・コミュ英Ⅲ・英表Ⅰ・英表Ⅱ ②**数**(100) ▶数Ⅰ・数Ⅱ・数Ⅲ・数A・数B(数列・ベク)

理工学部

一般入試 4〜3科目 ①**外**(100) ▶コミュ英Ⅰ・コミュ英Ⅱ・コミュ英Ⅲ・英表Ⅰ・英表Ⅱ ②**数**(200) ▶数Ⅰ・数Ⅱ・数Ⅲ・数A・数B(数列・ベク) ③④**理**(200) ▶「物基・物」・「化基・化」から大問毎にいずれか選択

※数・理のうち，高得点の教科を1.5倍に換算して判定する。

全学統一入試(個別学力試験型) 4〜3科目 ①**外**(ソフトウェア工200，データサイエンス・機械システム工150，電子情報工100) ▶コミュ英Ⅰ・コミュ英Ⅱ・コミュ英Ⅲ・英表Ⅰ・英表Ⅱ ②**数**(ソフトウェア工・機械システム工200，データサイエンス250，電子情報工100) ▶数Ⅰ・数Ⅱ・数Ⅲ・数A・数B(数列・ベク) ③④**理**(ソフトウェア工・データサイエンス・電子情報工100，機械システム工150) ▶「物基・物」・「化基・化」から大問毎にいずれか選択

※電子情報工学科は外・数のうち，高得点の教科を2.5倍，他方の教科を1.5倍に換算して判定する。

全学統一入試(共通テスト併用型) **〈共通テスト科目〉** 3〜2科目 ①**外**(100) ▶英(リスニングを含む)・独・仏・中・韓から1 ②③**理**(100) ▶「物基・化基」・物・化から1

〈個別試験科目〉 1科目 ①**数**(200) ▶数Ⅰ・

数Ⅱ・数Ⅲ・数A・数B（数列・ベク）

国際教養学部

一般入試 3科目 ①国(150) ▶国総・現文B・古典B（古文・漢文はいずれか選択） ②外(200) ▶コミュ英Ⅰ・コミュ英Ⅱ・コミュ英Ⅲ・英表Ⅰ・英表Ⅱ（加えてリスニングを課す） ③地歴・数(150) ▶世B・日B・「数Ⅰ・数Ⅱ」から1

全学統一入試（個別学力試験型） 3科目 ①国(100) ▶国総・現文B・古典B（古文・漢文はいずれか選択） ②外(150) ▶コミュ英Ⅰ・コミュ英Ⅱ・コミュ英Ⅲ・英表Ⅰ・英表Ⅱ ③地歴・数(100) ▶世B・日B・「数Ⅰ・数Ⅱ・数A」から1

全学統一入試（共通テスト併用型） 〈共通テスト科目〉 4〜3科目 ①国・外(100) ▶国・英（リスニングを含む）・独・仏・中・韓から1 ②③④地歴・公民・数・理(100×2) ▶世A・世B・日A・日B・地理A・地理B・「現社・倫・政経・〈倫・政経〉から1」・数Ⅰ・「数Ⅰ・数A」・数Ⅱ・「数Ⅱ・数B」・簿・情・「物基・化基・生基・地学基から2」・物・化・生・地学から2

〈個別試験科目（文系型）〉 2科目 ①外(150) ▶コミュ英Ⅰ・コミュ英Ⅱ・コミュ英Ⅲ・英表Ⅰ・英表Ⅱ ②国・地歴・数(150) ▶「国総・現文B・古典B（古文・漢文はいずれか選択）」・世B・日B・「数Ⅰ・数Ⅱ・数A」から1

〈個別試験科目（理系型）〉 2科目 ①外(150) ▶コミュ英Ⅰ・コミュ英Ⅱ・コミュ英Ⅲ・英表Ⅰ・英表Ⅱ ②数(150) ▶数Ⅰ・数Ⅱ・数Ⅲ・数A・数B（数列・ベク）

その他の選抜

共通テスト利用入試は人文学部30名，外国語学部36名，経済学部32名，経営学部30名，法学部22名，総合政策学部19名，理工学部32名，国際教養学部５名を，総合型入試は外国語学部23名（資格・検定試験活用型），総合政策学部10名（プレゼンテーション型），国際教養学部15名（プレゼンテーション型，共通テスト利用型）を募集。ほかに推薦入学審査（指定校，学園内高等学校，特別推薦入学枠：帰国生徒，外国人留学生），特別入学審査（カトリック系高等学校等対象），外国高等学校卒業者等入試，社会人入学審査，外国人留学生入学審査，外国人留学生別科留学生推薦入学審査を実施。

偏差値データ（2023年度）

●一般入試

学部／学科	2023年度 駿台予備学校 合格目標ライン	2023年度 河合塾 ボーダー偏差値	2022年度 競争率
▶人文学部			
キリスト教	46	50	2.3
人類文化	48	52.5	2.2
心理人間	51	55	2.5
日本文化	51	55	2.3
▶外国語学部			
英米	53	55	2.4
スペイン・ラテンアメリカ	51	50	2.0
フランス	50	52.5	2.1
ドイツ	50	50	2.2
アジア	49	52.5	3.0
▶経済学部			
経済（A）	50	52.5	2.6
（B）	49	52.5	2.5
▶経営学部			
経営（A）	49	52.5	3.0
（B）	48	55	3.2
▶法学部			
法律	51	55	2.8
▶総合政策学部			
総合政策	48	52.5	2.5
▶理工学部			
ソフトウェア工	48	50	3.9
データサイエンス	48	47.5	1.8
電子情報工	48	47.5	3.5
機械システム工	48	47.5	2.6
▶国際教養			
国際教養	51	52.5	2.1

- 駿台予備学校合格目標ラインは合格可能性80%に相当する駿台模試の偏差値です。
- 河合塾ボーダー偏差値は合格可能性50%に相当する河合塾全統模試の偏差値です。
- 競争率は志願者÷合格者の志願倍率

名城大学

資料請求

問合せ先　入学センター　☎052-838-2018

建学の精神

1926（大正15）に開設した名古屋高等理工科講習所を前身とし，現在では10学部23学科を擁する中部地区有数の文理融合型の総合大学として教育・研究を展開。12年連続全国私大１位の実就職率や，愛知県に本社を置く企業の社長数で全国№１に輝くなど，社会の幅広い領域で中核を担うことのできる人材を送り出し，東海エリアでは志願したい大学のトップにも選ばれている。2026年の開学100周年に向け，総合大学の強みを生かして，多様な専門性に根ざしたグローバル人材を養成するための「名城大学 国際化計画2026」が始動しているほか，“学びのコミュニティ”を広げる「学びのコミュニティ創出支援事業」と「Enjoy Learningプロジェクト」の２つの事業を推進。学生たちが“生涯学びを楽しむ”人へと成長するための環境を整えている。

- **天白キャンパス**………………〒468-8502　愛知県名古屋市天白区塩釜口1-501
- **八事キャンパス**………………〒468-8503　愛知県名古屋市天白区八事山150
- **ナゴヤドーム前キャンパス**…〒461-8534　愛知県名古屋市東区矢田南4-102-9

基本データ

学生数▶14,684名（男9,449名，女5,235名）
専任教員数▶教授278名，准教授152名，講師42名
設置学部▶法，経営，経済，外国語，人間，都市情報，情報工，理工，農，薬
併設教育機関▶大学院―法学・経営学・経済学・都市情報学・理工学・農学・総合学術（以上M・D），人間学（M），薬学（D），

就職・卒業後の進路

就職率 99.4%
就職者÷希望者×100

● **就職支援**　最大の特色は，１年次から実施される「指導担当制」による進路・就職支援。就職支援グループ職員を担任のような形で割り振り，４年間指導することで，圧倒的な就職力につなげている。また，U・I・Jターン就職希望者には，遠方で就職試験を受けた際の交通費を補助する制度も用意。

● **資格取得支援**　公務員，法律，経営・会計，情報，語学，実務，技術などの各分野で本格的な講座を学内で開講。合格奨励制度のほか，

進路指導者も必見 学生を伸ばす 面倒見

初年次教育	学修サポート
学問や大学教育全体に対する動機づけやレポート・論文の書き方，プレゼン技法，ITの基礎技術，情報収集や資料整理の方法，論理的思考や問題発見・解決能力の向上など，各学部で独自の初年次教育を展開	全学部でオフィスアワー制度，法・経営・経済・人間・都市情報・情報工・理工・農・薬でTA制度，都市情報・情報工・理工でSA制度，外国語・人間・都市情報・薬で教員アドバイザー制度を導入

オープンキャンパス（2022年度実績）　7月23・24日にナゴヤドーム前キャンパス，7月30日・31日に天白・八事キャンパスで午前・午後の２部制で開催（事前予約制）。通常のオープンキャンパス時に保護者説明会も実施。

一部の学部では，資格取得者に対しての単位認定，受講料の一部還付なども行っている。

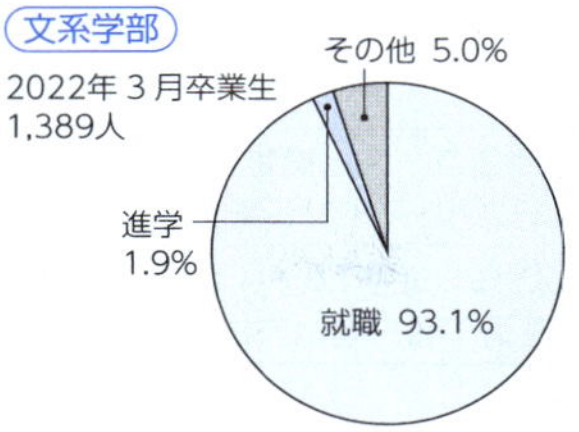

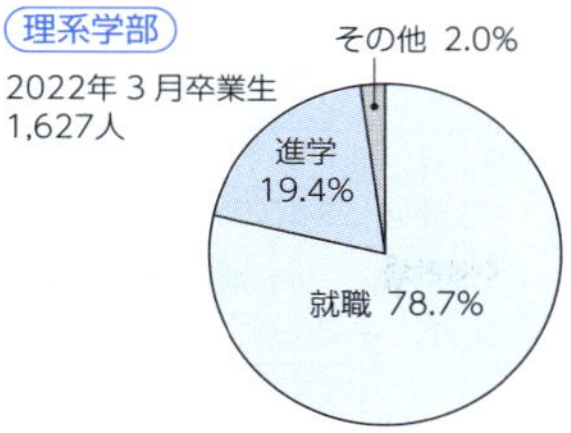

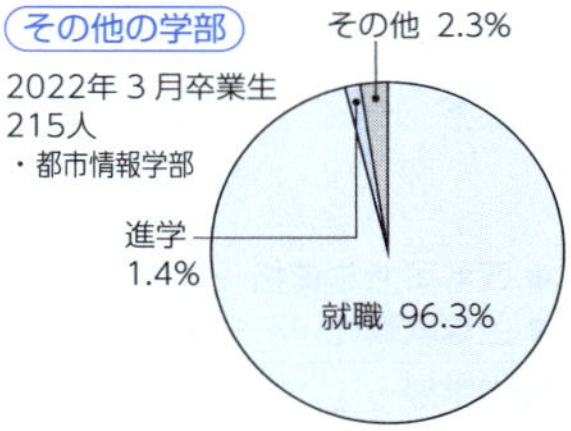

主なOB・OG▶［法］藤田恭嗣（メディアドゥ社長），［人間］栗林良吏（プロ野球選手），［理工］大澤和宏（名古屋テレビ塔社長），［薬］榊原栄一（スギ薬局会長兼スギホールディングス会長）など。

国際化・留学　大学間 70 大学等・部局間 27 大学等

受入れ留学生数▶42名（2022年５月１日現在）

留学生の出身国・地域▶中国，台湾，ベトナム，インドネシア，ミャンマーなど。

外国人専任教員▶教授８名，准教授５名，講師５名（2022年４月１日現在）

外国人専任教員の出身国▶アメリカ，オーストラリア，中国，韓国など。

大学間交流協定▶70大学・機関（交換留学先32大学，2022年９月１日現在）

部局間交流協定▶27大学・機関（交換留学先４大学，2022年９月１日現在）

海外への留学生数▶オンライン型132名／年（１カ国・地域，2021年度）

海外留学制度▶夏休み・春休みの長期休暇を利用した海外英語研修は，選び抜いた研修先と充実した奨学金制度が自慢の人気プログラム。このほか，協定大学への交換留学，国際専門研修（海外派遣研修），オンライン留学プログラムのLIVE留学などがあり，外国語学部では独自のセメスター留学を実施。コンソーシアムはUMAPに参加している。

学費・奨学金制度　給付型奨学金総額 年間約 1 億 2,373 万円

入学金▶200,000円

年間授業料（施設費等を除く）▶665,000円～（詳細は巻末資料参照）

年間奨学金総額▶123,732,500円

年間奨学金受給者数▶514人

主な奨学金制度▶一般選抜A方式において，各学部成績上位で合格し，入学した者を対象に授業料年額の半額を給付する「入試成績優秀奨学生」のほか，「学業優秀奨励制度」「修学援助B奨学生」などの制度を設置。また学費減免制度もあり，2021年度には104人を対象に総額で約8,083万円を減免している。

保護者向けインフォメーション

●**パンフレット**　「保護者の方に知ってもらいたい 名城大学のこと」を制作・発行している。
●**成績確認**　成績表を郵送している。
●**懇談会**　父母懇談会を開催し，就職に関する説明も行っている。また，「懇談会報」や「後援会報」も発行（いずれも学部による）。
●**防災対策**　「大地震対応マニュアル」を入学時に配布。大災害時は独自の安否確認システムを利用して，学生の状況を把握する。
●**コロナ対策１**　ワクチンの職域接種を実施。「コロナ対策２」（下段）あり。

インターンシップ科目	必修専門ゼミ	卒業論文	GPA制度の導入の有無および活用例	１年以内の退学率	標準年限での卒業率
薬と理工の一部の学科を除き開講	外国語・人間（1～4年次），都市情報・農（3・4年次），情報工・理工（4年次），薬（4～6年次）で実施	法・経営・経済学部を除き卒業要件	学生への個別学修指導，奨学金対象者選定・退学勧告基準，留学候補者選考，GPAに応じた履修上限単位数設定に活用（学部による）	非公表	非公表

●**コロナ対策２**　感染状況に応じた行動指針を設定。入構時に検温と消毒を実施し教室の収容人数を調整（感染状況に応じて遠隔授業も併用）。薬学部衛生化学研究室では，新型コロナウイルス変異株の迅速な識別法を開発。

学部紹介

学部／学科	定員	特色
法学部		
法	400	▷法専門，行政専門，法総合の３コース。複雑化する現代の課題に対応できる総合的なリーガル・マインドを養う。
● **取得可能な資格**…教職（地歴・公・社），学芸員。 ● **進路状況**…就職92.9% 進学1.0% ● **主な就職先**………東海旅客鉄道，富士通，キユーピー，西日本高速道路，名古屋地方検察庁など。		
経営学部		
経営	215	▷マネジメント，マーケティング，会計・ファイナンスの３コース。あらゆる組織や事業で生かせる視点と実践力を養う。
国際経営	95	▷経営学の本質と国際ビジネスの“今”を理解したグローバル人材を育成する。国際経営コースを設置。
● **取得可能な資格**…教職（商業），学芸員。 ● **進路状況**…就職92.8% 進学3.3% ● **主な就職先**………アイシン機工，伊勢湾海運，サンゲツ，ジェイテクト，都築電機，デンソーなど。		
経済学部		
経済	210	▷グローバルなフィールドで，経済学の理論をツールとして課題を解決し，社会を動かす人材を育成する。
産業社会	100	▷経済理論と実行力を兼ね備え，地域や産業に活力を与えられる人材を育成する。現場で学ぶフィールドワークを重視。
● **取得可能な資格**…教職（地歴・公・社・商業），学芸員。 ● **進路状況**…………就職94.0% 進学1.3% ● **主な就職先**………有限責任あずさ監査法人，キーエンス，中日新聞社，山崎製パン，財務省など。		
外国語学部		
国際英語	130	▷英語力，国際理解，実践力を養い，自らの言葉で世界と対話・協働し新たな価値をつくりだす「世界人材」を育成する。
● **取得可能な資格**…教職（英），学芸員。 ● **進路状況**…就職89.3% 進学2.1% ● **主な就職先**………スズキ，中部国際空港旅客サービス，トヨタ自動車，中日本航空，ニトリなど。		
人間学部		
人間	220	▷心理系，社会・教育系，国際・コミュニケーション系の３領域の学びを通して，人間性豊かな実践的教養人を育成する。
● **取得可能な資格**…教職（地歴・公・社・英），学芸員。 ● **進路状況**…就職94.8% 進学2.2% ● **主な就職先**………東海旅客鉄道，NTTドコモ，イオンリテール，トヨタシステムズ，日本郵便など。		
都市情報学部		
都市情報	235	▷アナリスト（理系），プランナー（文系）の２コース。都市サービスの問題を，情報技術と社会科学の両面から解明する。
● **取得可能な資格**…教職（公・情），学芸員。 ● **進路状況**…就職96.3% 進学1.4% ● **主な就職先**………サイバーエージェント，Sky，SUBARU，マキタ，リコージャパン，リンナイなど。		
情報工学部		
情報工	180	▷総合，先進プロジェクトの２コースと４プログラムを用意。多様な分野で活躍する次世代の情報エンジニアを育成する。
● **取得可能な資格**…教職（情，工業），学芸員。 ● **主な就職先**………SCSK，中部電力，西日本電信電話，ヤフーなど（旧理工学部情報工学科実績）。		
理工学部		
数	90	▷あらゆる科学を下支えする数学の真の魅力を理解し，発信する力を養う。数学教員採用実績は県内トップクラス。

キャンパスアクセス ［天白キャンパス］ 地下鉄鶴舞線一塩釜口より徒歩４分

電気電子工	150	▷電気工学，電子システムの２コース。先端技術・現代産業の核心を担う電気電子のスペシャリストを育成する。
材料機能工	80	▷技術革新の原動力である"材料"を総合的に学ぶ。
応用化	70	▷資源エネルギー問題や環境問題の解決に原子・分子レベルで挑み，付加価値の高い材料を開発・研究する人材を育成。
機械工	125	▷幅広い領域の機械工学を基礎から体系的に学び，現代社会のニーズに応えるものづくりの実践力と知的体力を養う。
交通機械工	125	▷幅広い裾野を持つ交通機械工学を追究し，明日の人間社会に貢献する。実験・実習を重視した"実感教育"を推進。
メカトロニクス工	80	▷機械・電気・情報の基礎科目を幅広く学び，機械と電気電子が融合した工学を極めて，新時代のシステム開発に挑む。
社会基盤デザイン工	90	▷誰もが暮らしやすく，防災・減災や環境との調和にも配慮した社会基盤を形にできる技術者を育成する。
環境創造工	80	▷自然と人間の調和を図り，持続可能な社会につながる環境創造に取り組む人材を育成する。
建築	145	▷居住性や安全性を満たし，環境とも調和した建物をつくり，魅力的・創造的な空間を創出する建築士を育成する。

● **取得可能な資格**…教職（数・理・情・工業），学芸員，測量士補，１・２級建築士受験資格など。
● **進路状況**…………就職74.2%　進学24.0%
● **主な就職先**………アイシン，アクセンチュア，京セラ，東海旅客鉄道，トヨタ自動車，東レなど。

農学部

生物資源	110	▷農と食の科学を多面的に学び，世界の食料生産と食品の安心・安全に貢献できる，農と食のスペシャリストを育成する。
応用生物化	110	▷生物や食品の機能を解明し，食と健康に役立つ新たな物質の発見や製品開発に貢献できる専門家・指導者を育成する。
生物環境科	110	▷生物と人と自然との調和を環境とその豊かさの保全という側面から探究し，持続可能な社会の実現を模索する。

● **取得可能な資格**…教職（理・農），学芸員など。　● **進路状況**…就職79.1%　進学17.9%
● **主な就職先**………アルフレッサ，カネコ種苗，全国農業協同組合連合会，ニチバン，浜乙女など。

薬学部

薬	265	▷６年制。高齢社会の日本の医療を支える，臨床薬剤師や薬学研究者を育成する。米国で海外臨床薬学研修も実施。

● **取得可能な資格**…薬剤師受験資格など。　● **進路状況**…就職97.2%　進学1.2%
● **主な就職先**………大塚製薬，中外製薬，アイングループ，藤田医科大学病院，トヨタ記念病院など。

キャンパス

法・経営・経済・情報工・理工・農……［天白キャンパス］愛知県名古屋市天白区塩釜口1-501
薬……［八事キャンパス］愛知県名古屋市天白区八事山150
外国語・人間・都市情報……［ナゴヤドーム前キャンパス］愛知県名古屋市東区矢田南4-102-9

2023年度入試要項（前年度実績）

●募集人員

学部／学科		一般A	一般K	一般F	一般B	C前期	C後期	
▶法	法	160	—	55	20	20	10	
▶経営	経営	60	—	20	10	3教5 / 5教5	5	
	国際経営	20	—	10	5	3教5 / 5教3	5	
▶経済	経済	65	—	20	10	3教5 / 5教5	5	

産業社会	25	—	10	5	3教5 5教3	4
▶外国語 国際英語	30	5	10	10	3教5 5教5	5
▶人間 人間	80	—	25	13	3教7 5教5	5
▶都市情報 都市情報	70	—	20	15	3教25 5教5	10
▶情報工 情報工	50	15	25	15	8	2
▶理工 数	28	8	5	10	6	2
電気電子工	50	20	20	5	5	2
材料機能工	20	7	10	7	5	3
応用化	20	8	8	8	4	2
機械工	45	15	10	10	3	2
交通機械工	35	15	15	10	5	2
メカトロニクス工	25	7	10	5	3	2
社会基盤デザイン工	25	10	10	5	5	2
環境創造工	20	5	10	5	5	2
建築	40	10	20	5	5	2
▶農 生物資源	40	—	20	10	7	3
応用生物化	40	—	20	10	7	3
生物環境科	40	—	20	10	7	3
▶薬 薬	100	—	40	30	8	2

※F方式は共通テストプラス型，C方式は共通テスト利用型。
※情報工学部と理工学部のC方式前期は３教科４科目型と５教科６科目型を実施し，募集人員は両型式の合計。
※次のように略しています。3教科3科目型→3教，5教科5科目型→5教。

▷共通テストの「英語」は，リーディング（100点）とリスニング（100点）の合計得点を100点満点に換算。ただし，薬学部のみ，リーディング・リスニング各100点の200点満点。

法学部・経営学部・経済学部・人間学部

一般選抜Ａ方式 **3科目** ①国（100）▶国総・国表・現文Ｂ・古典Ｂ（漢文を除く） ②外（100）▶コミュ英Ⅰ・コミュ英Ⅱ・コミュ英Ⅲ・英表Ⅰ・英表Ⅱ ③地歴・公民・数（100）▶世Ｂ・日Ｂ・現社・「数Ⅰ・数Ⅱ・数Ａ」から１

一般選抜共通テストプラス型Ｆ方式 〈共通テスト科目〉 **3科目** ①②③国・外・「地歴・公民」・数（100×3）▶国（近代・古典〈漢文を除く〉）・英（リスニングを含む）・「世Ａ・世Ｂ・日Ａ・日Ｂ・地理Ａ・地理Ｂ・現社・倫・政経・〈倫・政経〉から１」・「数Ⅰ・〈数Ⅰ・数Ａ〉・数Ⅱ・〈数Ⅱ・数Ｂ〉から１」から３

〈個別試験科目〉 **1科目** ①国・外・地歴・公民・数（200）▶「国総・国表・現文Ｂ・古典Ｂ（漢文を除く）」・「コミュ英Ⅰ・コミュ英Ⅱ・コミュ英Ⅲ・英表Ⅰ・英表Ⅱ」・世Ｂ・日Ｂ・現社・「数Ⅰ・数Ⅱ・数Ａ」から１

一般選抜Ｂ方式 **2科目** ①外（100）▶コミュ英Ⅰ・コミュ英Ⅱ・コミュ英Ⅲ・英表Ⅰ・英表Ⅱ ②国・地歴・公民・数（100）▶「国総・国表・現文Ｂ・古典Ｂ（漢文を除く）」・世Ｂ・日Ｂ・現社・「数Ⅰ・数Ⅱ・数Ａ」から１

一般選抜共通テスト利用型Ｃ方式前期・後期（３教科３科目型） **【法学部・人間学部】** **3科目** ①②③国・外・「地歴・公民」・数（100×3）▶国（法学部は近代・古典から１。人間学部は近代・古典〈漢文を除く〉）・英（リスニングを含む）・「世Ａ・世Ｂ・日Ａ・日Ｂ・地理Ａ・地理Ｂ・現社・倫・政経・〈倫・政経〉から１」・「数Ⅰ・〈数Ⅰ・数Ａ〉・数Ⅱ・〈数Ⅱ・数Ｂ〉から１」から３
※法学部の国語は近代と古典（古文・漢文）に分けて，高得点の方を判定に利用する。
［個別試験］ 行わない。

【経営学部・経済学部】 **3科目** ①国（100）▶国（経営学部は近代，経済学部は近代・古典〈漢文を除く〉） ②外（100）▶英（リスニングを含む） ③地歴・公民・数（100）▶世Ａ・世Ｂ・日Ａ・日Ｂ・地理Ａ・地理Ｂ・現社・倫・政経・「倫・政経」・数Ⅰ・「数Ⅰ・数Ａ」・数Ⅱ・「数Ⅱ・数Ｂ」から１
［個別試験］ 行わない。

一般選抜共通テスト利用型Ｃ方式前期（５教科５科目型） **【経営学部・経済学部・人間学部】** **6〜5科目** ①国（100）▶国（経営学部と経済学部は近代・古典。人間学部は近代・古典〈漢文を除く〉） ②外（100）▶英（リスニングを含む） ③地歴・公民（100）▶世Ａ・世Ｂ・日Ａ・日Ｂ・地理Ａ・地理Ｂ・現社・倫・政経・「倫・政経」から１ ④数（100）▶数Ⅰ・「数Ⅰ・数Ａ」・数Ⅱ・「数Ⅱ・数Ｂ」から１ ⑤⑥理（100）▶「物基・化基・生基・地学基から２」・物・化・生・地学から１
［個別試験］ 行わない。

キャンパスアクセス ［ナゴヤドーム前キャンパス］ 地下鉄名城線一ナゴヤドーム前矢田より徒歩3分／JR中央本線・名鉄瀬戸線一大曽根より徒歩10分／ゆとりーとライン一ナゴヤドーム前矢田より徒歩5分

外国語学部

一般選抜A方式・K方式　3科目　①国(100)▶国総・国表・現文B・古典B(漢文を除く)　②外(A100・K200)▶コミュ英Ⅰ・コミュ英Ⅱ・コミュ英Ⅲ・英表Ⅰ・英表Ⅱ　③地歴・公民・数(100)▶世B・日B・現社・「数Ⅰ・数Ⅱ・数A」から1

※K方式はA方式の結果を利用するため，独自の試験は行わない(A方式出願・受験必須)。

一般選抜共通テストプラス型F方式　〈共通テスト科目〉　3科目　①外(100)▶英(リスニングを含む)　②③国・「地歴・公民」・数(100×2)▶国(近代・古典〈漢文を除く〉)・「世A・世B・日A・日B・地理A・地理B・現社・倫・政経・〈倫・政経〉から1」・「数Ⅰ・〈数Ⅰ・数A〉・数Ⅱ・〈数Ⅱ・数B〉から1」から2

〈個別試験科目〉　1科目　①国・外・地歴・公民・数(200)▶「国総・国表・現文B・古典B(漢文を除く)」・「コミュ英Ⅰ・コミュ英Ⅱ・コミュ英Ⅲ・英表Ⅰ・英表Ⅱ」・世B・日B・現社・「数Ⅰ・数Ⅱ・数A」から1

一般選抜B方式　2科目　①外(100)▶コミュ英Ⅰ・コミュ英Ⅱ・コミュ英Ⅲ・英表Ⅰ・英表Ⅱ　②国・地歴・公民・数(100)▶「国総・国表・現文B・古典B(漢文を除く)」・世B・日B・現社・「数Ⅰ・数Ⅱ・数A」から1

一般選抜共通テスト利用型C方式前期・後期(3教科3科目型)　3科目　①国(100)▶国(近代・古典〈漢文を除く〉)　②外(100)▶英(リスニングを含む)　③地歴・公民・数(100)▶世A・世B・日A・日B・地理A・地理B・現社・倫・政経・「倫・政経」・数Ⅰ・「数Ⅰ・数A」・数Ⅱ・「数Ⅱ・数B」から1

[個別試験]　行わない。

一般選抜共通テスト利用型C方式前期(5教科5科目型)　6〜5科目　①国(100)▶国(近代・古典〈漢文を除く〉)　②外(100)▶英(リスニングを含む)　③地歴・公民(100)▶世A・世B・日A・日B・地理A・地理B・現社・倫・政経・「倫・政経」から1　④数(100)▶数Ⅰ・「数Ⅰ・数A」・数Ⅱ・「数Ⅱ・数B」から1　⑤⑥理(100)▶「物基・化基・生基・地学基から2」・物・化・生・地学から1

[個別試験]　行わない。

都市情報学部

一般選抜A方式　4〜3科目　①外(100)▶コミュ英Ⅰ・コミュ英Ⅱ・コミュ英Ⅲ・英表Ⅰ・英表Ⅱ　②③国・理(100)▶「国総・国表・現文B・古典B(漢文を除く)」・「〈物基・物〉・〈化基・化〉・〈生基・生〉から各2問計6問のうち2問を選択」から1　④地歴・公民・数(100)▶世B・日B・地理B・現社・「数Ⅰ・数Ⅱ・数A」から1

一般選抜共通テストプラス型F方式　〈共通テスト科目〉　4〜3科目　①②③④国・外・「地歴・公民」・数・理(100×3)▶国(近代・古典から1)・英(リスニングを含む)・「世A・世B・日A・日B・地理A・地理B・現社・倫・政経・〈倫・政経〉から1」・「数Ⅰ・〈数Ⅰ・数A〉・数Ⅱ・〈数Ⅱ・数B〉から1」・「〈物基・化基・生基・地学基から2〉・物・化・生・地学から1」から3

※国語は近代と古典(古文・漢文)に分けて，高得点の方を判定に利用する。

〈個別試験科目〉　2〜1科目　①②国・外・地歴・公民・数・理(200)▶「国総・国表・現文B・古典B(漢文を除く)」・「コミュ英Ⅰ・コミュ英Ⅱ・コミュ英Ⅲ・英表Ⅰ・英表Ⅱ」・世B・日B・地理B・現社・「数Ⅰ・数Ⅱ・数A」・「〈物基・物〉・〈化基・化〉・〈生基・生〉から各2問計6問のうち2問を選択」から1

一般選抜B方式　3〜2科目　①②③国・外・数・「地歴・公民・理」(100×2)▶「国総・国表・現文B・古典B(漢文を除く)」・「コミュ英Ⅰ・コミュ英Ⅱ・コミュ英Ⅲ・英表Ⅰ・英表Ⅱ」・「数Ⅰ・数Ⅱ・数A」・「世B・日B・現社・〈(物基・物)・(化基・化)・(生基・生)から各2問計6問のうち2問を選択〉から1」から2

一般選抜共通テスト利用型C方式前期・後期(3教科3科目型)　4〜3科目　①②③④国・外・「地歴・公民」・数・理(100×3)▶国(近代・古典から1)・英(リスニングを含む)・「世A・世B・日A・日B・地理A・地理B・現社・倫・政経・〈倫・政経〉から1」・「数Ⅰ・〈数Ⅰ・数A〉・数Ⅱ・〈数Ⅱ・数B〉から1」・「〈物基・化基・生基・地学基から2〉・物・化・生・地学から1」から3

※国語は近代と古典(古文・漢文)に分けて，高得点の方を判定に利用する。

[個別試験] 行わない。

一般選抜共通テスト利用型C方式前期(5教科5科目型) 6~5科目 ①国(100)▶国(近代・古典) ②外(100)▶英(リスニングを含む) ③地歴・公民(100)▶世A・世B・日A・日B・地理A・地理B・現社・倫・政経・「倫・政経」から1 ④数(100)▶数Ⅰ・「数Ⅰ・数A」・数Ⅱ・「数Ⅱ・数B」から1 ⑤⑥理(100)▶「物基・化基・生基・地学基から2」・物・化・生・地学から1

[個別試験] 行わない。

情報工学部・理工学部

一般選抜A方式・K方式 3科目 ①外(100)▶コミュ英Ⅰ・コミュ英Ⅱ・コミュ英Ⅲ・英表Ⅰ・英表Ⅱ ②数(100)▶数Ⅰ・数Ⅱ・数Ⅲ・数A・数B(数列・ベク) ③理(100)▶「物基・物」・「化基・化」から1

※K方式はA方式の結果を利用するため，独自の試験は行わない(A方式出願・受験必須)。配点は情報工学部と数学科は数学を200点に，数学科以外の理工学部の学科は数学と理科を150点に傾斜配点して判定する。

一般選抜共通テストプラス型F方式 〈共通テスト科目〉 4~3科目 ①外(100)▶英(リスニングを含む) ②数(100)▶「数Ⅰ・数A」・「数Ⅱ・数B」から1 ③④理(100)▶「物基・化基」・物・化から1

〈個別試験科目〉 1科目 ①外・数・理(200)▶「コミュ英Ⅰ・コミュ英Ⅱ・コミュ英Ⅲ・英表Ⅰ・英表Ⅱ」・「数Ⅰ・数Ⅱ・数Ⅲ・数A・数B(数列・ベク)」・「物基・物」・「化基・化」から1，ただし数学科は数学必須

一般選抜B方式 4~3科目 ①外(100)▶コミュ英Ⅰ・コミュ英Ⅱ・コミュ英Ⅲ・英表Ⅰ・英表Ⅱ ②数(100)▶数Ⅰ・数Ⅱ・数Ⅲ・数A・数B(数列・ベク) ③④理(100)▶「物基・物」・「化基・化」から定められた問題数を自由選択

一般選抜共通テスト利用型C方式前期・後期(3教科4科目型) 5~4科目 ①外(100)▶英(リスニングを含む) ②③数(100×2)▶「数Ⅰ・数A」・「数Ⅱ・数B」 ④⑤理(100)▶「物基・化基」・物・化から1

[個別試験] 行わない。

一般選抜共通テスト利用型C方式前期(5教科6科目型) 7~6科目 ①国(100)▶国(近代・古典〈漢文を除く〉) ②外(100)▶英(リスニングを含む) ③地歴・公民(100)▶世A・世B・日A・日B・地理A・地理B・現社・倫・政経・「倫・政経」から1 ④⑤数(100×2)▶「数Ⅰ・数A」・「数Ⅱ・数B」 ⑥⑦理(100)▶「物基・化基」・物・化から1

[個別試験] 行わない。

農学部

一般選抜A方式 3科目 ①外(100)▶コミュ英Ⅰ・コミュ英Ⅱ・コミュ英Ⅲ・英表Ⅰ・英表Ⅱ ②理(100)▶「物基・物」・「化基・化」・「生基・生」から1 ③国・数(100)▶「国総・国表・現文B・古典B(漢文を除く)」・「数Ⅰ・数Ⅱ・数A」から1

一般選抜共通テストプラス型F方式 〈共通テスト科目〉 4~3科目 ①外(100)▶英(リスニングを含む) ②国・数(100)▶国(近代・古典〈漢文を除く〉)・数Ⅰ・「数Ⅰ・数A」・数Ⅱ・「数Ⅱ・数B」から1 ③④理(100)▶「物基・化基・生基から2」・物・化・生から1

〈個別試験科目〉 1科目 ①国・外・数・理(200)▶「国総・国表・現文B・古典B(漢文を除く)」・「コミュ英Ⅰ・コミュ英Ⅱ・コミュ英Ⅲ・英表Ⅰ・英表Ⅱ」・「数Ⅰ・数Ⅱ・数A」・「物基・物」・「化基・化」・「生基・生」から1

一般選抜B方式 2科目 ①理(100)▶「物基・物」・「化基・化」・「生基・生」から1 ②国・外(100)▶「国総・国表・現文B・古典B(漢文を除く)」・「コミュ英Ⅰ・コミュ英Ⅱ・コミュ英Ⅲ・英表Ⅰ・英表Ⅱ」から1

一般選抜共通テスト利用型C方式前期 5~4科目 ①国(100)▶国(近代・古典〈漢文を除く〉) ②外(100)▶英(リスニングを含む) ③数(100)▶数Ⅰ・「数Ⅰ・数A」・数Ⅱ・「数Ⅱ・数B」から1 ④⑤理(100)▶「物基・化基・生基から2」・物・化・生から1

[個別試験] 行わない。

一般選抜共通テスト利用型C方式後期 3~2科目 ①国・外(100)▶国(近代・古典〈漢文を除く〉)・英(リスニングを含む)から1 ②③数・理(100)▶数Ⅰ・「数Ⅰ・数A」・数Ⅱ・「数Ⅱ・数B」・「物基・化基・生基から2」・物・化・生から1

［個別試験］ 行わない。

薬学部

一般選抜Ａ方式　3科目　①外(100)▶コミュ英Ⅰ・コミュ英Ⅱ・コミュ英Ⅲ・英表Ⅰ・英表Ⅱ　②数(100)▶数Ⅰ・数Ⅱ・数Ａ・数Ｂ(数列・ベク)　③理(150)▶化基・化

一般選抜共通テストプラス型Ｆ方式　〈共通テスト科目〉　5科目　①外(200)▶英(リスニングを含む)　②③理(150×2)▶化必須，物・生から１　④⑤数(100)▶「数Ⅰ・〈数Ⅰ・数Ａ〉から１」・「数Ⅱ・〈数Ⅱ・数Ｂ〉から１」
※数学は２科目を受験し，高得点の１科目を判定に利用する。
〈個別試験科目〉　3科目　①外(200)▶コミュ英Ⅰ・コミュ英Ⅱ・コミュ英Ⅲ・英表Ⅰ・英表Ⅱ　②数(100)▶数Ⅰ・数Ⅱ・数Ａ・数Ｂ(数列・ベク)　③理(150)▶化基・化
※共通テストと個別試験科目の英語・数学・化学の得点を比較し，高得点の各科目と共通テストの物理または生物の得点を合計した600点満点で判定する。

一般選抜Ｂ方式　3科目　①理(100)▶化基・化　②③外・数・理(100×2)▶「コミュ英Ⅰ・コミュ英Ⅱ・コミュ英Ⅲ・英表Ⅰ・英表Ⅱ」・「数Ⅰ・数Ⅱ・数Ａ・数Ｂ(数列・ベク)」・「生基・生」から２

一般選抜共通テスト利用型Ｃ方式前期・後期　5科目　①外(200)▶英(リスニングを含む)　②③数(200)▶「数Ⅰ・〈数Ⅰ・数Ａ〉から１」・「数Ⅱ・〈数Ⅱ・数Ｂ〉から１」　④⑤理(200)▶化必須，物・生から１
［個別試験］ 行わない。

その他の選抜

学校推薦型選抜(公募制，専門高校等特別，指定校，附属高校)，総合型選抜(英語ディスカッション，プログラミング実績評価，スポーツ，チアリーダー)，特別入試(簿記・会計，英語資格取得者，総合数理プログラム，帰国子女・海外留学経験者，社会人，外国人留学生)。

偏差値データ (2023年度)

●一般選抜A方式

学部／学科	2023年度 駿台予備学校 合格目標ライン	2023年度 河合塾 ボーダー偏差値	2022年度 競争率
▶法学部			
法	42	47.5	2.3
▶経営学部			
経営	39	47.5	2.9
国際経営	39	47.5	2.2
▶経済学部			
経済	41	47.5	2.3
産業社会	38	47.5	2.3
▶外国語学部			
国際英語	42	50	4.9
▶人間学部			
人間	42	47.5	2.1
▶都市情報学部			
都市情報	38	47.5	4.0
▶情報工学部			
情報工	47	55	3.9
▶理工学部			
数	46	50	2.3
電気電子工	46	52.5	2.7
材料機能工	43	47.5	2.1
応用化	47	52.5	2.5
機械工	48	50	2.7
交通機械工	44	47.5	2.5
メカトロニクス工	46	47.5	2.9
社会基盤デザイン工	43	47.5	2.5
環境創造工	45	50	2.3
建築	47	50	4.1
▶農学部			
生物資源	47	47.5	2.0
応用生物化	48	52.5	3.0
生物環境科	45	47.5	1.9
▶薬学部			
薬	47	52.5	2.2

- 駿台予備学校合格目標ラインは合格可能性80％に相当する駿台模試の偏差値です。
- 河合塾ボーダー偏差値は合格可能性50％に相当する河合塾全統模試の偏差値です。
- 競争率は受験者÷合格者の実質倍率

京都産業大学

（きょうとさんぎょう）

資料請求

問合せ先 入学センター ☎075-705-1437

建学の精神

文系・理系10学部の学生，約15,000人が１つのキャンパスに集結する，国内最大級を誇る“一拠点総合大学”。京都産業大学という名は，大学と産業界が手をむすぶ「産学連携」に由来する。1965（昭和40）年の設立時から，「学問を外に伝え，産業界との連携を進めていく」ことを使命とし，「産業」を冠した大学だからこそ，全国に先駆けてキャリア教育や進路・就職支援を充実させてきた。また，すべての学生がワンキャンパスに集う環境は，学生同士の刺激を促し，「前向きでバイタリティーのある人材を輩出する大学」としての特色を確かなものにした。こうしたあゆみを踏まえ，改めて「大学の使命は，将来の社会を担って立つ人材の育成にある」という建学の精神に立ち戻り，その特色を生かしながら，次世代を担う人材の育成に注力している。

● 京都産業大学キャンパス……〒603-8555 京都府京都市北区上賀茂本山

基本データ

学生数▶15,124名（男9,915名，女5,209名）
専任教員数▶教授240名，准教授124名，講師54名
設置学部▶経済，経営，法，現代社会，国際関係，外国語，文化，理，情報理工，生命科

併設教育機関▶大学院―経済学・マネジメント・法学・理学・先端情報学・生命科学（以上M・D），現代社会学・外国語学（以上M）
通信教育課程大学院―経済学・京都文化学（以上M）

就職・卒業後の進路

就職率 **97.2**%
就職者÷希望者×100

● **就職支援**　全国トップクラスのスタッフ数を誇る進路・就職支援センターの専任スタッフによる対面またはオンラインでの個別面談や，先輩が後輩のアドバイザーを務める制度など，大学がワンチームとなって就職活動を応援するきめ細かなサポート体制を整備。

● **資格取得支援**　人気の高い公務員をはじめ，会計や法律，情報処理など就職活動に役立つ資格講座が充実。専門学校のカリキュラムを，Webを使って受講できるなど，学びの環境づくりにも配慮。教員免許状や司書，学芸員といった資格取得もバックアップしている。

進路指導者も必見 学生を伸ばす 面倒見

初年次教育	学修サポート
「大学の歴史と京都産業大学」「自己発見と大学生活」「ファシリテーション入門」「日本語表現１・２」「データ・AIと社会」等のほか，学祖の生誕の地やゆかりの地を訪ねる「熊本・山鹿フィールド」など多彩な科目を開講	全学部でオフィスアワー制度，学部によりTA・SA制度，経営・理・生命科学部で教員アドバイザー制度を導入。日本語・英語の文書作成支援や個別学習相談・支援などを行うラーニングコモンズ，グローバルコモンズも設置

オープンキャンパス（2022年度実績）　６～９月に来場型オープンキャンパスを開催（事前申込）。大学紹介・入試説明，学部イベント，キャンパスツアーなど。2023年度の詳細は，大学公式HPの入試情報サイトで要確認。

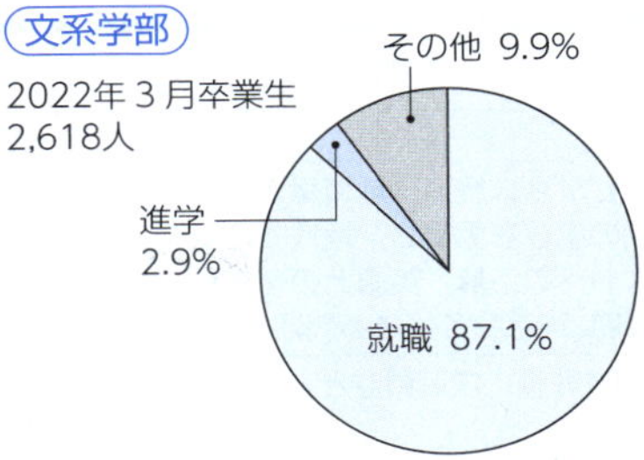

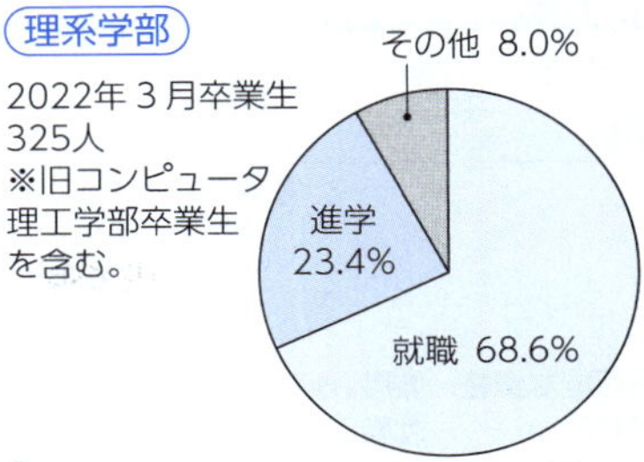

主なOB・OG▶［経済］白波瀬誠（京都中央信用金庫理事長），［経済］木下博隆（旭松食品社長），［経営］伏見隆（大阪府枚方市長），［経営］平野佳寿（プロ野球選手），［経営］田中史朗（ラグビー選手）など。

国際化・留学　大学間 87 大学等・部局間 5 大学

受入れ留学生数▶219名（2022年５月１日現在）

留学生の出身国・地域▶中国，韓国，インドネシア，香港，トンガなど。

外国人専任教員▶教授15名，准教授12名，講師28名（2022年５月１日現在）

外国人専任教員の出身国▶アメリカ，イギリス，中国，オーストラリア，韓国など。

大学間交流協定▶87大学・機関（交換留学先69大学，2022年９月１日現在）

部局間交流協定▶５大学（交換留学先０大学，2022年９月１日現在）

海外への留学生数▶渡航型67名・オンライン型60名／年（10カ国・地域，2021年度）

海外留学制度▶すべての学生に対して海外留学を推奨。交流協定校への交換・派遣留学や自身で希望する大学を選ぶ認定留学，長期休暇を利用した短期語学実習，実際に現地で働く経験ができる海外インターンシップ，学部独自の留学など，多彩なプログラムを用意。

学費・奨学金制度　給付型奨学金総額 年間約 4,225万円

入学金▶200,000円

年間授業料（施設費等を除く）▶745,000円～（詳細は巻末資料参照）

年間奨学金総額▶42,246,446円

年間奨学金受給者数▶238人

主な奨学金制度▶「グローバル人材育成支援奨学金」「海外留学特別支援奨学金」「２世代・３世代支援奨学金」「京都産業大学むすびわざ支援奨学金」「京のまち下宿支援奨学金」など，独自の制度を数多く設置。また，学費減免制度もあり，2021年度には248人を対象に総額で約7,772万円を減免している。

保護者向けインフォメーション

● **ガイドブック**　「保護者のための大学進学ガイドブック」や「KSU Letter」を発行している。

● **成績確認**　学業成績表を送付している。

● **教育懇談会**　全国各地区で教育懇談会を開催し，就職個別懇談や学修個別懇談などを実施。

● **防災対策**　「地震対応ポケットマニュアル」を入学時に配布。災害時の学生の安否は，学内にいる時は安否確認シート，学外の場合はメールやはがきで報告してもらうようにしている。

● **コロナ対策１**　ワクチンの職域接種を実施。「コロナ対策２」（下段）あり。

インターンシップ科目	必修専門ゼミ	卒業論文	GPA制度の導入の有無および活用例	１年以内の退学率	標準年限での卒業率
全学部で開講している	国際関係で１～３年次，外国語で１・３年次，現代社会と国際文化学科で２・３年次，京都文化学科で４年間，理系学部で３・４年次に実施	理・情報理工・生命科学部は卒業要件	奨学金等対象者選定・退学勧告基準，個別学修指導のほか，学部により留学候補者選考や大学院入試選抜，履修上限単位数設定に活用	0.8%	81.8%

● **コロナ対策２**　感染状況に応じたBCP（行動指針）を設定し，対面授業とオンライン授業を併用。学生寮の個室化やカウンセリング体制も強化。学費延納・分割延納制度の運用を開始し，学内にPCR検査センターも開設。

学部紹介

学部／学科	定員	特色
経済学部		
経済	625	▷現代経済，ビジネス経済，地域経済，グローバル経済の４コース。実践の学びを重視し，地域でのフィールドワークや論文コンテストへの応募，英語との連携科目や独自の留学プログラムを展開。実社会で生きる問題解決能力を身につける。
● 取得可能な資格…教職（地歴・公・社・商業），司書，司書教諭，学芸員など。 ● 進路状況…………就職88.6％ 進学1.7％ ● 主な就職先………京都銀行，京都中央信用金庫，国税専門官，積水ハウス，明治安田生命保険など。		
経営学部		
マネジメント	670	▷実際のケース分析や企業と取り組む学びを重視し，経営者やマネジャーの思考・分析・企画力を身につける。近年は新たにデジタルトランスフォーメーション（DX）に関わる科目で，マネジメントと最先端技術を融合する学びを展開。産業にイノベーションを起こす人材を育成・輩出していく。
● 取得可能な資格…教職（商業），司書，司書教諭，学芸員など。 ● 進路状況…………就職88.8％ 進学3.1％ ● 主な就職先………京都銀行，アイリスオーヤマ，キーエンス，キヤノン，京セラ，村田製作所など。		
法学部		
法律	410	▷法律総合，社会安全，政治・国際の３コース。ゼミなど実践の場で法を使いこなす力を身につけ，社会のさまざまな問題に対して公正な手続きで解決を図る力を養う。
法政策	185	▷地域公共コースを設置。安心・安全な社会を築くため，法学や政策学を学び，政策提言など新たなルールを生み出す力を養う。学外でのリサーチ科目など，現場で学ぶ科目も充実。
● 取得可能な資格…教職（公・社），司書，司書教諭，学芸員など。 ● 進路状況…………就職84.9％ 進学2.9％ ● 主な就職先………京都府警察本部，京都市役所，京都府庁，イシダ，東海旅客鉄道，関西電力など。		
現代社会学部		
現代社会	300	▷地域社会学，人間社会学，メディ社会学の３コース。社会学の基礎知識と調査手法を修得した上で，３つの専門コースから１つを選択。現代社会の課題を自ら発見し，実際に変えていく素養を身につける。
健康スポーツ社会	150	▷「社会学」＋「健康・スポーツ科学」で高齢化や地域活性化など，現代社会の解決に挑む人材を育成する。健康・スポーツを科学的に追究するための高度な実験・実習設備が充実。
● 取得可能な資格…教職（公・社・保体），司書，司書教諭，学芸員など。 ● 進路状況…………就職88.3％ 進学4.7％ ● 主な就職先………京都府庁，住友林業，大阪府教育委員会，カプコン，日本アクセス，任天堂など。		
国際関係学部		
国際関係	200	▷世界を取り巻く変化や国際社会の諸問題について，政治・経済・共生などの幅広い学術的視点から分析し，その現象や実態について理解した国際社会の発展と平和に寄与できるグローバル人材を育成する。
● 取得可能な資格…司書，学芸員など。 ● 主な就職先………キヤノンメディカルシステムズ，山九など（旧外国語学部国際関係学科実績）。		

キャンパスアクセス ［京都産業大学キャンパス］ 地下鉄烏丸線ー国際会館よりバス９分，北大路よりバス15分／叡山電車鞍馬線ー二軒茶屋より無料シャトルバス５分

外国語学部		
英語	120	▷英語，イングリッシュ・キャリアの２専攻。レベル別のきめ細かい指導や留学プログラムにより，国際社会で役立つ実践的なコミュニケーション能力を獲得する。
ヨーロッパ言語	175	▷ドイツ語，フランス語，スペイン語，イタリア語，ロシア語，メディア・コミュニケーションの６専攻。言葉を通じて，ヨーロッパの歴史や文化を深く理解する。
アジア言語	130	▷中国語，韓国語，インドネシア語，日本語・コミュニケーションの４専攻。今や世界経済のけん引役であるアジアを広く学び，日本とアジアの懸け橋となる人材を育成する。
●取得可能な資格…教職（国・英・独・仏・中），司書，司書教諭，学芸員など。 ●進路状況…………就職83.7%　進学2.9% ●主な就職先………日航関西エアカーゴ・システム，島津製作所，高見，星野リゾート，ニトリなど。		
文化学部		
京都文化	150	▷３コース制。京都文化コースでは歴史，文化財，伝統工芸などを切り口に現代社会に残る京都文化を探究する。観光文化コースでは京都の伝統と文化を文化事象としての観光などのテーマから探究する。英語コミュニケーションコースでは京都の歴史や伝統産業などの魅力を世界へ伝える力を養う。
国際文化	170	▷総合文化，地域文化の２コース。文学・芸術，思想・歴史など，多彩な視点からの学びで異文化理解を深めながら，複眼的な思考力を育成する。世界の文化を学ぶために不可欠な外国語教育も充実。
●取得可能な資格…教職（地歴・社・英），司書，司書教諭，学芸員など。 ●進路状況…………就職88.6%　進学3.1% ●主な就職先………国税専門官，オリックス・ホテルマネジメント，京都府警察本部，三谷商事など。		
理学部		
数理科	55	▷数理科学を代数学系，幾何学系，解析学系，応用数学系の４分野を組み合わせて体系的に学修し，ビジネスをはじめ，さまざまな分野に応用の利く“生きた数学”を身につける。
物理科	40	▷ミクロの観点から自然界の現象に迫る能力と，物理学の力を駆使して現代社会の課題に立ち向かえる力を身につける。
宇宙物理・気象	40	▷神山天文台を使用した観測や，JAXAをはじめとする研究機関と連携した最先端の研究も行い，宇宙の謎や地球・惑星を取り巻く問題の解明に挑む人材を育成する。
●取得可能な資格…教職（数・理・情），司書，司書教諭，学芸員など。 ●進路状況…………就職70.4%　進学17.6% ●主な就職先………大阪府教育委員会，日本電気航空宇宙システム，不二熱学工業，村田機械など。		
情報理工学部		
情報理工	160	▷ネットワークシステム，情報セキュリティ，データサイエンス，ロボットインタラクション，コンピュータ基盤設計，組込みシステム，デジタルファブリケーション，脳科学，メディア処理技術，情報システムの10コース。情報科学を扱うプロフェッショナルとして活躍する人材を育成する。
●取得可能な資格…司書，学芸員など。 ●進路状況…………就職66.7%　進学27.1% ●主な就職先………メイテック，サイバーエージェント，デンソーテクノ，東芝テック，ヤフーなど。		

生命科学部		
		▶産業生命科学科は，入学定員のうち文系入試として公募推薦入試総合評価型で4名，一般選抜前期（3科目型）で6名を受け入れる（2023年度）。
先端生命科	100	▷生命医科学，食料資源学，環境・生態学の3コースで生命科学の最先端に挑む学びを展開。実験動物1級技術者や食品衛生管理者の資格取得などをめざす副コースも選択可能。
産業生命科	50	▷医療と健康，食と農，環境と社会の3コース。社会のニーズと生命科学をむすび，生命科学の研究成果を活用できる人材を育成する。生命科学と社会科学を融合させた学びを展開。

- **取得可能な資格**…教職（理），司書，司書教諭，学芸員など。
- **進路状況**…………就職63.9％　進学32.0％（旧総合生命科学部実績）
- **主な就職先**………医療システム研究所，大塚商会，新日本科学，スジャータめいらくグループなど。

▶キャンパス

全学部……［京都産業大学キャンパス］京都府京都市北区上賀茂本山

2023年度入試要項（前年度実績）

●募集人員

学部／学科		一般前期	一般中期	一般後期
▶経済	経済	217	52	32
▶経営	マネジメント	220	55	33
▶法	法律	143	31	20
	法政策	67	15	10
▶現代社会	現代社会	102	26	15
	健康スポーツ社会	48	12	7
▶国際関係	国際関係	68	17	9
▶外国語	英語	45	10	6
	ヨーロッパ言語	57	12	9
	アジア言語	40	10	8
▶文化	京都文化	50	12	6
	国際文化	53	14	9
▶理	数理科	19	5	2
	物理科	13	3	2
	宇宙物理・気象	13	3	2
▶情報理工	情報理工	57	13	7
▶生命科	先端生命科	33	8	5
	産業生命科	15	5	2

※一般選抜入試前期・中期日程の入試制度（スタンダード型・高得点科目重視型・共通テストプラス）ごとの募集人員については，それぞれの志願者数の割合によって配分する。
※外国語学部は全学科とも学科単位で募集する。ただし，ヨーロッパ言語学科とアジア言語学科は出願時に専攻の志望順位を確認し，合格発表時に合格した専攻を通知する。
※生命科学部産業生命科学科は，文系入試として一般選抜入試前期日程（3科目型）で6名を募集する。

経済学部・経営学部・法学部・現代社会学部・国際関係学部・外国語学部・文化学部

一般選抜前期日程（スタンダード3科目型）・中期日程（スタンダード3科目型） 3科目
①国（100）▶国総・現文B・古典B（漢文を除く）②外（100）▶コミュ英Ⅰ・コミュ英Ⅱ・コミュ英Ⅲ・英表Ⅰ・英表Ⅱ ③地歴・公民・数（100）▶世B・日B・「現社・政経」・「数Ⅰ・数Ⅱ・数A・数B（数列・ベク）」から1
※現社・政経はいずれの履修者でも解答可能な出題範囲とする。
※スタンダード3科目型で受験した科目のうち，高得点1科目の得点を自動的に2倍にし，400点満点で判定する高得点科目重視3科目型との併願も可能（スタンダード3科目型への出願必須）。

一般選抜前期日程（スタンダード2科目型）
2科目 ①外（100）▶コミュ英Ⅰ・コミュ英Ⅱ・コミュ英Ⅲ・英表Ⅰ・英表Ⅱ ②国・数（100）▶「国総（古文・漢文を除く）・現文B」・「数Ⅰ・数Ⅱ・数A・数B（数列・ベク）」から1
※スタンダード2科目型で受験した科目のうち，高得点1科目の得点を自動的に2倍にし，

300点満点で判定する高得点科目重視２科目型との併願も可能（スタンダード２科目型への出願必須）。

一般選抜前期日程・中期日程（共通テストプラス）〈共通テスト科目〉 3～2科目 ①国（100）▶国（漢文を除く） ②③**地歴・公民・数・理**（100）▶世Ａ・世Ｂ・日Ａ・日Ｂ・地理Ａ・地理Ｂ・現社・倫・政経・「倫・政経」・数Ⅰ・「数Ⅰ・数Ａ」・数Ⅱ・「数Ⅱ・数Ｂ」・簿・情・「物基・化基・生基・地学基から２」・物・化・生・地学から１

〈個別試験科目〉 スタンダード３科目型（前期・中期）または２科目型（前期）で受験した英語（100）の得点を利用する

一般選抜後期日程 2科目 ①**外**（100）▶コミュ英Ⅰ・コミュ英Ⅱ・コミュ英Ⅲ・英表Ⅰ・英表Ⅱ ②**国・地歴・数**（100）▶「国総（古文・漢文を除く）・現文Ｂ」・世Ｂ・日Ｂ・「数Ⅰ・数Ⅱ・数Ａ・数Ｂ（数列・ベク）」から１

理学部

一般選抜前期日程（スタンダード３科目型）・中期日程（スタンダード３科目型） **【数理科学科・物理科学科】** 3科目 ①**外**（100）▶コミュ英Ⅰ・コミュ英Ⅱ・コミュ英Ⅲ・英表Ⅰ・英表Ⅱ ②**数**（100）▶数Ⅰ・数Ⅱ・数Ⅲ・数Ａ・数Ｂ（数列・ベク） ③**理**（100）▶「物基・物」・「化基・化」から１

【宇宙物理・気象学科】 3科目 ①**外**（100）▶コミュ英Ⅰ・コミュ英Ⅱ・コミュ英Ⅲ・英表Ⅰ・英表Ⅱ ②**数**（100）▶数Ⅰ・数Ⅱ・数Ⅲ・数Ａ・数Ｂ（数列・ベク） ③**理**（100）▶物基・物

※スタンダード３科目型で受験した科目のうち，高得点１科目の得点を自動的に２倍にし，400点満点で判定する高得点科目重視３科目型との併願も可能（スタンダード３科目型への出願必須）。

一般選抜前期日程（スタンダード２科目型） 2科目 ①**外**（100）▶コミュ英Ⅰ・コミュ英Ⅱ・コミュ英Ⅲ・英表Ⅰ・英表Ⅱ ②**数**（100）▶数Ⅰ・数Ⅱ・数Ⅲ・数Ａ・数Ｂ（数列・ベク）

※スタンダード２科目型で受験した科目のうち，高得点１科目の得点を自動的に２倍にし，300点満点で判定する高得点科目重視２科目型との併願も可能（スタンダード２科目型への出願必須）。

一般選抜前期日程・中期日程（共通テストプラス） **【数理科学科】〈共通テスト科目〉** 3科目 ①②**数**（100×2）▶「数Ⅰ・数Ａ」・「数Ⅱ・数Ｂ」 ③**理**（100）▶物・化・生から１

〈個別試験科目〉 スタンダード３科目型（前期・中期）または２科目型（前期）で受験した英語（100）の得点を利用する

【物理科学科】〈共通テスト科目〉 3科目 ①②**数**（50×2）▶「数Ⅰ・数Ａ」・「数Ⅱ・数Ｂ」 ③**理**（100）▶物・化から１

〈個別試験科目〉 スタンダード３科目型（前期・中期）または２科目型（前期）で受験した英語（100）の得点を利用する

【宇宙物理・気象学科】〈共通テスト科目〉 3科目 ①②**数**（50×2）▶「数Ⅰ・数Ａ」・「数Ⅱ・数Ｂ」 ③**理**（100）▶物

〈個別試験科目〉 スタンダード３科目型（前期・中期）または２科目型（前期）で受験した英語（100）の得点を利用する

一般選抜後期日程 2科目 ①**外**（100）▶コミュ英Ⅰ・コミュ英Ⅱ・コミュ英Ⅲ・英表Ⅰ・英表Ⅱ ②**数**（100）▶数Ⅰ・数Ⅱ・数Ⅲ・数Ａ・数Ｂ（数列・ベク）

情報理工学部

一般選抜前期日程（スタンダード３科目型）・中期日程（スタンダード３科目型） 3科目 ①**外**（100）▶コミュ英Ⅰ・コミュ英Ⅱ・コミュ英Ⅲ・英表Ⅰ・英表Ⅱ ②**数**（100）▶数Ⅰ・数Ⅱ・数Ⅲ・数Ａ・数Ｂ（数列・ベク） ③**理**（100）▶「物基・物」・「化基・化」・「生基・生」から１

※スタンダード３科目型で受験した科目のうち，高得点１科目の得点を自動的に２倍にし，400点満点で判定する高得点科目重視３科目型との併願も可能（スタンダード３科目型への出願必須）。

一般選抜前期日程（スタンダード２科目型） 2科目 ①**外**（100）▶コミュ英Ⅰ・コミュ英Ⅱ・コミュ英Ⅲ・英表Ⅰ・英表Ⅱ ②**数**（100）▶数Ⅰ・数Ⅱ・数Ⅲ・数Ａ・数Ｂ（数列・ベク）

※スタンダード２科目型で受験した科目のうち，高得点１科目の得点を自動的に２倍にし，300点満点で判定する高得点科目重視２科目型との併願も可能（スタンダード２科目型への出願必須）。

一般選抜前期日程・中期日程（共通テストプラス）〈共通テスト科目〉 3科目 ①②数（50×2）▶「数Ⅰ・数Ａ」・「数Ⅱ・数Ｂ」 ③理（100）▶物・化・生・地学から１
〈個別試験科目〉 スタンダード３科目型（前期・中期）または２科目型（前期）で受験した英語（100）の得点を利用する
一般選抜後期日程 2科目 ①外（100）▶コミュ英Ⅰ・コミュ英Ⅱ・コミュ英Ⅲ・英表Ⅰ・英表Ⅱ ②数（100）▶数Ⅰ・数Ⅱ・数Ⅲ・数Ａ・数Ｂ（数列・ベク）

生命科学部

一般選抜前期日程（スタンダード３科目型・文系） 【産業生命科学科】 3科目 ①国（100）▶国総・現文B・古典B（漢文を除く） ②外（100）▶コミュ英Ⅰ・コミュ英Ⅱ・コミュ英Ⅲ・英表Ⅰ・英表Ⅱ ③地歴・公民・数（100）▶世Ｂ・日Ｂ・「現社・政経」・「数Ⅰ・数Ⅱ・数Ａ・数Ｂ（数列・ベク）」から１
※数学は文系学部と同一問題を使用。
※現社・政経はいずれの履修者でも解答可能な出題範囲とする。
一般選抜前期日程（スタンダード３科目型・理系）・中期日程（スタンダード３科目型） 3科目 ①外（100）▶コミュ英Ⅰ・コミュ英Ⅱ・コミュ英Ⅲ・英表Ⅰ・英表Ⅱ ②数（100）▶数Ⅰ・数Ⅱ・数Ａ・数Ｂ（数列・ベク） ③理（100）▶「物基・物」・「化基・化」・「生基・生」から１
※数学は文系学部と同一問題を使用。
※一般前期の産業生命科学科は，文系・理系のどちらかの科目を出願時に選択。
※スタンダード３科目型で受験した科目のうち，高得点１科目の得点を自動的に２倍にし，400点満点で判定する高得点科目重視３科目型との併願も可能（スタンダード３科目型への出願必須で，産業生命科学科は文系・理系の科目の受験者を分けて合否判定をする）。
一般選抜前期日程（スタンダード２科目型） 2科目 ①外（100）▶コミュ英Ⅰ・コミュ英Ⅱ・コミュ英Ⅲ・英表Ⅰ・英表Ⅱ ②数（100）▶数Ⅰ・数Ⅱ・数Ａ・数Ｂ（数列・ベク）
※数学は文系学部と同一問題を使用。
※スタンダード２科目型で受験した科目のうち，高得点１科目の得点を自動的に２倍にし，300点満点で判定する高得点科目重視２科目型との併願も可能（スタンダード２科目型への出願必須）。
一般選抜前期日程（共通テストプラス） 【先端生命科学科】〈共通テスト科目〉 3～2科目 ①②③数・理（100×2）▶「数Ⅰ・数Ａ」・「数Ⅱ・数Ｂ」・「物基・化基・生基・地学基から２」・物・化・生から２，ただし理科において同一名称を含む科目同士の選択は不可
〈個別試験科目〉 スタンダード３科目型または２科目型で受験した英語の得点（100）を利用する
【産業生命科学科】〈共通テスト科目〉 3～2科目 ①②③国・地歴・公民・数・理（100×2）▶国（漢文を除く）・世Ａ・世Ｂ・日Ａ・日Ｂ・地理Ａ・地理Ｂ・現社・倫・政経・「倫・政経」・数Ⅰ・「数Ⅰ・数Ａ」・数Ⅱ・「数Ⅱ・数Ｂ」・簿・情・「物基・化基・生基・地学基から２」・物・化・生・地学から２，ただし地歴・公民・理科において同一名称を含む科目同士の選択は不可
〈個別試験科目〉 スタンダード３科目型または２科目型で受験した英語の得点（100）を利用する
一般選抜中期日程（共通テストプラス） 〈共通テスト科目〉 3～2科目 ①②③数・理（100×２）▶「数Ⅰ・数Ａ」・「数Ⅱ・数Ｂ」・「物基・化基・生基・地学基から２」・物・化・生から２，ただし理科において同一名称を含む科目同士の選択は不可
〈個別試験科目〉 スタンダード３科目型で受験した英語の得点（100）を利用する
一般選抜後期日程 2科目 ①外（100）▶コミュ英Ⅰ・コミュ英Ⅱ・コミュ英Ⅲ・英表Ⅰ・英表Ⅱ ②数（100）▶数Ⅰ・数Ⅱ・数Ａ・数Ｂ（数列・ベク）
※数学は文系学部と同一問題を使用。

その他の選抜

共通テスト利用入試は経済学部31名，経営学部34名，法学部31名，現代社会学部20名，国際関係学部10名，外国語学部38名，文化学部16名，理学部16名，情報理工学部10名，生命科学部16名を，学校推薦型選抜（公募推薦入試〈総合評価型・基礎評価型〉）は経済学部

119名，経営学部128名，法学部113名，現代社会学部83名，国際関係学部55名，外国語学部117名，文化学部94名，理学部28名，情報理工学部39名，生命科学部34名を，総合型選抜（AO入試）は経済学部20名，法学部15名，国際関係学部７名，外国語学部18名，文化学部20名，理学部６名，情報理工学部６名，生命科学部６名を募集。ほかに学校推薦型選抜（専門学科等対象公募推薦入試，指定校推薦入試，スポーツ推薦入試），総合型選抜（マネジメント力選抜入試〈経営学部25名〉，次世代型リーダー選抜入試〈現代社会学部25名〉），帰国生徒入試，社会人入試，外国人留学生入試を実施。

偏差値データ（2023年度）

●一般選抜前期スタンダード３科目型

学部／学科	2023年度 駿台予備学校 合格目標ライン	2023年度 河合塾 ボーダー偏差値	2022年度 競争率
▶経済学部			
経済	42	45	2.1
▶経営学部			
マネジメント	41	45	2.0
▶法学部			
法律	43	45	2.0
法政策	43	45	2.2
▶現代社会学部			
現代社会	43	47.5	2.3
健康スポーツ社会	42	47.5	3.5
▶国際関係学部			
国際関係	43	45	2.1
▶外国語学部			
英語	46	45	2.0
ヨーロッパ言語	44	45	2.1
アジア言語	43	45	2.0
▶文化学部			
京都文化	44	45	2.2
国際文化	44	45	2.0
▶理学部			
数理科	42	45	2.0
物理科	42	45	2.0
宇宙物理・気象	41	47.5	2.5
▶情報理工学部			
情報理工	42	47.5	3.9
▶生命科学部			
先端生命科	43	45	1.8
産業生命科（理系）	43	45	2.0
（文系）	42	45	2.6

- 駿台予備学校合格目標ラインは合格可能性80％に相当する駿台模試の偏差値です。
- 河合塾ボーダー偏差値は合格可能性50％に相当する河合塾全統模試の偏差値です。なお，一般選抜前期・中期スタンダード３科目型の偏差値です。
- 競争率は受験者÷合格者の実質倍率

京都女子大学（きょうとじょし）

資料請求

問合せ先 入試広報課 ☎075-531-7054

建学の精神

日本で初の仏教精神に根ざした女子教育機関の設立に尽力した甲斐和里子，全国の仏教婦人会組織化に努めた大谷籌子と九條武子の３人の女性が，「男女平等機会均等」社会の実現のためには女性の教育が重要との信念から，1920（大正９）年に設立された京都女子高等専門学校を前身とする。100年余りたった今日も，日本は男女平等からほど遠いのが現実だが，2020年からの10年間にめざすべき目標として策定したグランドビジョン第一の項目に「ジェンダー平等の実現に貢献できる女性の養成」を掲げて，2023年から全学共通科目に「ジェンダー科目」を導入。女性が法的に無能力な時代に「男女平等」を念願し，行動した彼女たちの志を実現するため，社会の多様な分野で改革に尽力する女性の育成をめざし，夢を育み，可能性を広げる学びを行っている。

● 東山キャンパス……〒605-8501　京都府京都市東山区今熊野北日吉町35番地

基本データ

学生数▶女5,950名
専任教員数▶教授108名，准教授51名，講師13名
設置学部▶文，発達教育，家政，現代社会，法，データサイエンス
併設教育機関▶大学院―文学・発達教育学・家政学・現代社会（以上M・D），法学（M）

就職・卒業後の進路

就職率 98.0％
就職者÷希望者×100

● **就職支援**　進路・就職課では，就職活動に立ち向かう力や社会人として必要な力を身につけるため，継続的に行う進路指導・就職指導ガイダンスをはじめ，企業担当者を招いてのセミナーや講演などを豊富に開催。また，女性のキャリアカウンセラーが常駐し，さまざまな相談に対応している（原則予約制）。

● **資格取得支援**　eラーニングを中心に，おすすめの資格取得等支援講座を40以上提供。公務員採用試験対策講座では，公務員の仕事や種類について理解を深め，段階に応じた勉強法を指導し，教職支援では教職支援センターを設置し，教職カウンセラーによる個別指導，教員採用試験対策講座等を通して支援。

進路指導者も必見 学生を伸ばす 面倒見

初年次教育	学修サポート
学科の演習科目に組み込み，アカデミック・スキルやコミュニケーション力などを養うほか，PCスキルを基礎から修得する情報基盤科目を開講。2023年度より，「データ・AI」を学ぶ新たな情報教育を必修科目として導入	学生30～60人程度（学科により異なる）を１人の専任教員が担当し，履修内容や学生生活の指導・支援を行う教員アドバイザー制度のほか，TA制度，オフィスアワー制度を全学部で導入している

オープンキャンパス（2022年度実績）　事前申込制で６月・７月・８月（４日間）・９月・11月・12月・３月に開催。大学紹介・入試ガイダンス，教員によるミニ講義，教員・在学生との懇談コーナー，キャンパスツアーなど。

文系学部

2022年３月卒業生
1,033人

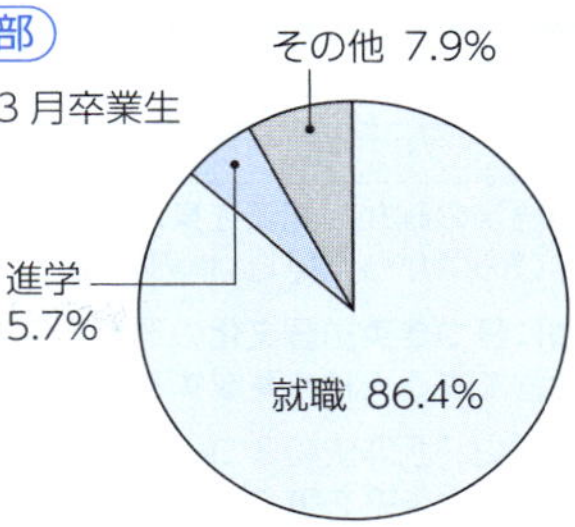

その他の学部

2022年３月卒業生
291人
・家政学部

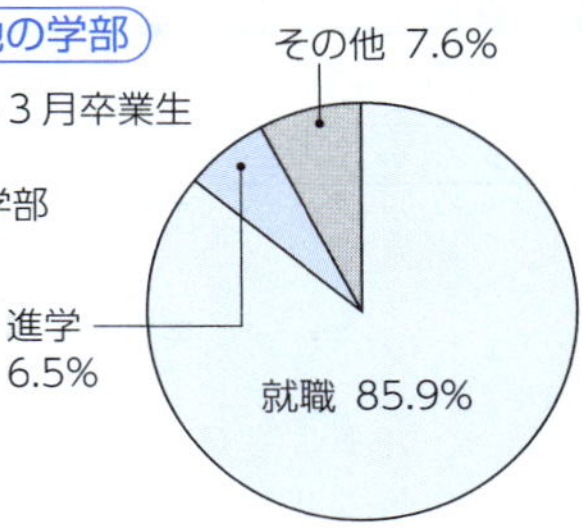

主なOG ▶ [文]伊豆美沙子(福岡県宗像市長)，[文]夏井いつき(俳人・エッセイスト)，[現代社会]松本亜美(テレビ新潟放送網アナウンサー)，[旧短大]江川悦子(メイクアップディメンションズ社長)など。

国際化・留学　　大学間 54 大学等

受入れ留学生数 ▶ ３名(2022年５月１日現在)

留学生の出身国・地域 ▶ 中国，香港，韓国。

外国人専任教員 ▶ 教授４名，准教授４名，講師１名（2022年９月１日現在)

外国人専任教員の出身国 ▶ イギリス，カナダ，中国，フランス，オーストラリアなど。

大学間交流協定 ▶ 54大学・機関（交換留学先９大学，2022年５月１日現在)

海外への留学生数 ▶ オンライン型15名／年(2021年度)

海外留学制度 ▶ 協定大学留学（派遣・交換）と，学生自身で入学手続きをし，本学の許可を得て留学する認定留学の２種類がある長期留学（最長１年)，語学研修や文化体験，各所訪問，小旅行を体験する海外語学研修講座（約２週～１カ月間）のほか，英文学科（半年間）と現代社会学科（半年～１年間）で学科の学びに沿った独自の留学プログラムを用意。

学費・奨学金制度　　給付型奨学金総額 年間約 5,495万円

入学金 ▶ 250,000円

年間授業料(施設費等を除く) ▶ 780,000円～(詳細は巻末資料参照)

年間奨学金総額 ▶ 54,945,000円

年間奨学金受給者数 ▶ 364人

主な奨学金制度 ▶ 経済的理由で学業を続けることが困難になった学生を対象とする「京都女子大学奨学金」は，面接を行い，人物・健康・成績・学費支弁の困難度などを検討した上で採用を決定。このほか，育友会からの寄付金を基金として運用している「京都女子大学育友会奨学金」，入学後１・２・３年目の各年度１年間の成績が特に優秀な学生を対象とする「成績優秀者奨学金制度」を設置。

保護者向けインフォメーション

● **オープンキャンパス**　通常のオープンキャンパス時に保護者向けガイダンスを行っている。

● **成績確認**　成績通知書を郵送している。

● **育友会**　保護者の組織である育友会の地区懇談会や会報の発行を通じ，大学のあり方や学生生活，就職問題などをさまざまな角度から考えるコミュニケーションの機会を設けている。

● **防災対策**　「防災カード」が挟み込まれた学生手帳を年度ごとに配布。災害時の学生の安否は，ポータルサイトを利用して確認する。

● **コロナ対策１**　ワクチンの職域接種を実施。対面授業とオンライン授業を感染状況に応じて併用「コロナ対策２」（下段）あり。

インターンシップ科目	必修専門ゼミ	卒業論文	GPA制度の導入の有無および活用例	１年以内の退学率	標準年限での卒業率
全学部で開講している	全学部で実施	全学部で卒業要件	奨学金対象者の選定基準，留学候補者の選考，退学勧告の基準，学生に対する個別の学修指導に活用	3.2%	95.5%

● **コロナ対策２**　対面授業は，講義室の換気を徹底し，収容人数を調整・管理して実施。学生への経済的支援として生活支援奨学金を，また，オンライン授業への学修環境整備のための情報設備整備奨学金も支給した。

学部紹介&入試要項

学部紹介

学部／学科	定員	特色
文学部		
国文	130	▷国文学と国語学の確かな知識を身につけ，日本語と日本文学の魅力を学びの中から発見し，世界に通じる発信力を養う。
英文	125	▷高い英語力に基づき英語圏文化の理解を深め，英語をツールに世界で活躍できる人材を育成する。
史	130	▷日本史，東洋史，西洋史の３コース。歴史を多角的にとらえる学びで，いまと未来を築く力を創造する。
●取得可能な資格…教職(国・地歴・社・英)，司書，司書教諭，学芸員など。 ●進路状況…………就職83.7%　進学5.9% ●主な就職先………公私立中・高教諭，三井住友信託銀行，リゾートトラスト，村田製作所など。		
発達教育学部		
教育	190	▷３専攻制。教育学専攻(95名)では教育学・特別支援の学びを通じて，多様化する教育現場に求められる教員を，養護・福祉教育学専攻(60名)では教育現場の諸問題に福祉の視点を持ってアプローチできる人材を，音楽教育学専攻(35名)では音楽が持つ可能性を引き出す指導者・人材を育成する。
児童	105	▷児童学の４領域(発達・保健・文化・表現)を幅広く学び，子どもの問題や保育について考え実践する人材を育成する。
心理	55	▷こころの仕組みや不思議を多角的に理解し，心理学の知識を実践につなぐ方法を身につける。
●取得可能な資格…教職(保健，音，小一種，幼一種，特別支援，養護一種)，司書，司書教諭，学芸員，保育士，社会福祉士受験資格など。 ●進路状況…………就職87.2%　進学8.4% ●主な就職先………公私立小・中・高教諭，大阪市役所(福祉職)，セブン-イレブン・ジャパンなど。		
家政学部		
食物栄養	120	▷食と栄養に対する深い知識で“社会の健康”をリードする。管理栄養士として活躍するOGとの交流会も実施。
生活造形	120	▷使う・着る・住まう人といった人間を中心に，快適な生活環境を創造するためのデザインについて理論と技術を学ぶ。
●取得可能な資格…教職(家，栄養)，司書，司書教諭，学芸員，栄養士，管理栄養士・１級建築士・２級建築士受験資格など。 ●進路状況…………就職85.9%　進学6.5% ●主な就職先………フィジカルレストラン，セイコーエプソン，四季，積水ハウスリフォームなど。		
現代社会学部		
現代社会	250	▷現代社会の諸問題を多角的に探究し，課題解決能力を身につける。政治・国際関係，経済・ビジネス，家族・地域，文化・心理，環境・公共の５コースを設置。
●取得可能な資格…教職(公・社)，司書，司書教諭，学芸員など。 ●進路状況…………就職90.3%　進学2.5% ●主な就職先………京セラコミュニケーションシステム，赤ちゃん本舗，伊藤園，楽天グループなど。		
法学部		
法	120	▷女子大学に設置された日本初の法学部として，基本的なリーガルマインドの修得とともに，女性が直面しがちな家庭や社会における課題などに着目した独自の学びを展開。

キャンパスアクセス ［東山キャンパス］ JR・近鉄・地下鉄─京都よりバス10分・東山七条下車徒歩５分／阪急─河原町からバス15分・東山七条下車徒歩５分／京阪─七条より徒歩15分

● 取得可能な資格…教職（公・社），司書，司書教諭など。
● 進路状況…………就職82.5%　進学5.8%
● 主な就職先………日本生命保険，天馬，ベリーベスト法律事務所，京都市（行政），熊本国税局など。

データサイエンス学部		
データサイエンス	95	▷NEW! '23年新設。統計学，社会科学，情報学の３つの領域を組み合わせ，価値創造へとつながる文理融合のカリキュラムを導入し，ジェンダー平等に貢献できる教養を身につける。

● 取得可能な資格…教職（数・情），司書，司書教諭など。

キャンパス

全学部……［東山キャンパス］京都府京都市東山区今熊野北日吉町35番地

2023年度入試要項（前年度実績）

●募集人員

学部／学科（専攻）		前期	後期
文	国文	43	4
	英文	40	4
	史	42	4
発達教育	教育（教育学）	30	4
	（養護・福祉教育学）	18	3
	（音楽教育学）	13	2
	児童	34	3
	心理	17	3
家政	食物栄養	52	3
	生活造形	46	3
現代社会	現代社会	87	9
法	法	43	6
データサイエンス	データサイエンス	33	4

※一般選抜前期はA・B・C・D方式を実施。募集人員は各方式を合わせたもので，方式毎の受験者数に応じて募集人員を配分し，合否判定を行う。
※一般選抜前期C方式はB方式の得点と共通テストの得点を利用する共通テスト併用。
※一般選抜前期D方式はB方式の得点と英語外部試験のスコアを利用する入試。
※一般選抜後期は，家政学部食物栄養学科とデータサイエンス学部は共通テスト併用。

▷一般選抜前期C方式はB方式出願者のみ出願することができ，共通テスト利用型選抜を出願していなくても出願できる。
▷一般選抜前期D方式の出願はB方式を出願していること，本学が指定する英語外部試験（英検〈従来型・英検CBT・英検S-CBT・英検S-Interview〉，GTEC〈Advanced・Basic・Core・CBT〉のいずれか）のスコアを有していることを条件とする。英語外部試験の配点は100点満点でCEFRの対照表により換算する。
▷一般選抜前期C方式の共通テストの「英語」は，リーディング・リスニング各100点の200点満点を100点満点に換算する。

文学部

一般選抜前期A方式　**【国文学科・史学科】** ３科目　①国（100）▶国総・現文B・古典B（漢文は単独では出題しない）　②外（100）▶コミュ英Ⅰ・コミュ英Ⅱ・コミュ英Ⅲ・英表Ⅰ・英表Ⅱ　③地歴（100）▶世B・日Bから1

【英文学科】 ２科目　①外（200）▶コミュ英Ⅰ・コミュ英Ⅱ・コミュ英Ⅲ・英表Ⅰ・英表Ⅱ　②国・地歴・数・理（100）▶「国総・現文B・古典B（漢文は単独では出題しない）」・世B・日B・「数Ⅰ・数Ⅱ・数A・数B（数列・ベク），ただし数Ⅱ・数Bは選択のみ」・「化基・化（高分子を除く）」・「生基・生（生態・進化を除く）」から1

一般選抜前期B方式　**【国文学科】** ２科目　①国（100）▶国総・現文B・古典B（漢文は単独では出題しない。ただし選択問題は必ず古典を選択すること）　②外・地歴・数・理（100）▶「コミュ英Ⅰ・コミュ英Ⅱ・コミュ英Ⅲ・英表Ⅰ・英表Ⅱ」・世B・日B・「数Ⅰ・数Ⅱ・数A・数B（数列・ベク），ただし数Ⅱ・数Bは選択のみ」・「化基・化（高分子を除く）」・「生基・生（生態・進化を除く）」から1

【英文学科】 ２科目　①外（100）▶コミュ英Ⅰ・コミュ英Ⅱ・コミュ英Ⅲ・英表Ⅰ・英表Ⅱ　②国・地歴・数・理（100）▶「国総・現文B・古典B（漢文は単独では出題しない。ただし古典は選択のみ)」・世B・日B・「数Ⅰ・数Ⅱ・数A・数B(数列・ベク), ただし数Ⅱ・数Bは選択のみ」・「化基・化(高分子を除く)」・「生基・生(生態・進化を除く)」から1

【史学科】 **2科目** ①②**地歴・「国・外・数・理」**(100×2)▶世B・日B・「〈国総・現文B・古典B(漢文は単独では出題しない。ただし古典は選択のみ)〉・〈コミュ英Ⅰ・コミュ英Ⅱ・コミュ英Ⅲ・英表Ⅰ・英表Ⅱ〉・〈数Ⅰ・数Ⅱ・数A・数B(数列・ベク), ただし数Ⅱ・数Bは選択のみ〉・〈化基・化(高分子を除く)〉・〈生基・生(生態・進化を除く)〉から1」から2

一般選抜前期C方式(共通テスト併用) **〈共通テスト科目〉** **3~2科目** ①②③**国・外・地歴・公民・数・理**(100×2)▶国(英文学科は近代のみ)・「英(リスニングを含む)・独・仏・中・韓から1」・世A・世B・日A・日B・地理A・地理B・現社・倫・政経・「倫・政経」・数Ⅰ・「数Ⅰ・数A」・数Ⅱ・「数Ⅱ・数B」・簿・情・「物基・化基・生基・地学基から2」・物・化・生・地学から2, ただし独・仏・中・韓は史学科のみ選択可

〈個別試験科目〉 B方式の2科目の合計点を利用する

一般選抜前期D方式 ※B方式の得点(200)と英語外部試験のスコアの得点(100)の合計点(300)で選考する。

一般選抜後期 **2科目** ①**国**(国文200, 英文・史100)▶国総・現文B・古典B(漢文は単独では出題しない) ②**外**(国文・史100, 英文200)▶コミュ英Ⅰ・コミュ英Ⅱ・コミュ英Ⅲ・英表Ⅰ・英表Ⅱ

発達教育学部

一般選抜前期A方式 **4~3科目** ①**国**(100)▶国総・現文B・古典B(漢文は単独では出題しない) ②**外**(100)▶コミュ英Ⅰ・コミュ英Ⅱ・コミュ英Ⅲ・英表Ⅰ・英表Ⅱ ③**地歴・数・理**(100)▶世B・日B・「数Ⅰ・数Ⅱ・数A・数B(数列・ベク), ただし数Ⅱ・数Bは選択のみ」・「化基・化(高分子を除く)」・「生基・生(生態・進化を除く)」から1 ④**音楽実技**(150)
※音楽実技は音楽教育学専攻のみ。

一般選抜前期B方式 **【教育学科】** **3~2科目** ①②**国・外・地歴・数・理**(100×2)▶「国総・現文B・古典B(漢文は単独では出題しない。ただし古典は選択のみ)」・「コミュ英Ⅰ・コミュ英Ⅱ・コミュ英Ⅲ・英表Ⅰ・英表Ⅱ」・世B・日B・「数Ⅰ・数Ⅱ・数A・数B(数列・ベク), ただし数Ⅱ・数Bは選択のみ」・「化基・化(高分子を除く)」・「生基・生(生態・進化を除く)」から2 ③**音楽実技**(300)
※音楽実技は音楽教育学専攻のみ。

【児童学科】 **2科目** ①②**国・外・「地歴・数・理」**(100×2)▶「国総・現文B・古典B(漢文は単独では出題しない。ただし古典は選択のみ)」・「コミュ英Ⅰ・コミュ英Ⅱ・コミュ英Ⅲ・英表Ⅰ・英表Ⅱ」・「世B・日B・〈数Ⅰ・数Ⅱ・数A・数B(数列・ベク), ただし数Ⅱ・数Bは選択のみ〉・〈化基・化(高分子を除く)〉・〈生基・生(生態・進化を除く)〉から1」から2

【心理学科】 **2科目** ①**外**(100)▶コミュ英Ⅰ・コミュ英Ⅱ・コミュ英Ⅲ・英表Ⅰ・英表Ⅱ ②**国・地歴・数・理**(100)▶「国総・現文B・古典B(漢文は単独では出題しない。ただし古典は選択のみ)」・世B・日B・「数Ⅰ・数Ⅱ・数A・数B(数列・ベク), ただし数Ⅱ・数Bは選択のみ」・「化基・化(高分子を除く)」・「生基・生(生態・進化を除く)」から1

一般選抜前期C方式(共通テスト併用) **〈共通テスト科目〉** **3~2科目** ①②③**国・外・地歴・公民・数・理**(100×2)▶国(近代)・「英(リスニングを含む)・独・仏・中・韓から1」・世A・世B・日A・日B・地理A・地理B・現社・倫・政経・「倫・政経」・数Ⅰ・「数Ⅰ・数A」・数Ⅱ・「数Ⅱ・数B」・簿・情・「物基・化基・生基・地学基から2」・物・化・生・地学から2, ただし独・仏・中・韓は音楽教育学専攻のみ選択可

〈個別試験科目〉 B方式の2科目(音楽教育学専攻は音楽実技を加えた3科目)の合計点を利用する

一般選抜前期D方式 ※B方式の得点(200・音楽教育学専攻500)と英語外部試験のスコアの得点(100)の合計点(300・音楽教育学専攻600)で選考する。

一般選抜後期 **3~2科目** ①**国**(100)▶国総・現文B・古典B(漢文は単独では出題しない) ②**外**(100)▶コミュ英Ⅰ・コミュ英Ⅱ・コミュ英Ⅲ・英表Ⅰ・英表Ⅱ ③**音楽実技**(300)
※音楽実技は音楽教育学専攻のみ。

家政学部

一般選抜前期A方式　【食物栄養学科】 3科目　①国(100)▶国総・現文B・古典B(漢文は単独では出題しない)　②外(100)▶コミュ英Ⅰ・コミュ英Ⅱ・コミュ英Ⅲ・英表Ⅰ・英表Ⅱ　③理(100)▶「化基・化(高分子を除く)」・「生基・生(生態・進化を除く)」から1

【生活造形学科】 3科目　①国(100)▶国総・現文B・古典B(漢文は単独では出題しない)　②外(100)▶コミュ英Ⅰ・コミュ英Ⅱ・コミュ英Ⅲ・英表Ⅰ・英表Ⅱ　③地歴・数・理(100)▶世B・日B・「数Ⅰ・数Ⅱ・数A・数B(数列・ベク)，ただし数Ⅱ・数Bは選択のみ」・「化基・化(高分子を除く)」・「生基・生(生態・進化を除く)」から1

一般選抜前期B方式　【食物栄養学科】 2科目　①理(100)▶「化基・化(高分子を除く)」・「生基・生(生態・進化を除く)」から1　②国・外・地歴・数(100)▶「国総・現文B・古典B(漢文は単独では出題しない。ただし古典は選択のみ)」・「コミュ英Ⅰ・コミュ英Ⅱ・コミュ英Ⅲ・英表Ⅰ・英表Ⅱ」・世B・日B・「数Ⅰ・数Ⅱ・数A・数B(数列・ベク)，ただし数Ⅱ・数Bは選択のみ」から1

【生活造形学科】 2科目　①②国・外・地歴・数・理(100×2)▶「国総・現文B・古典B(漢文は単独では出題しない。ただし古典は選択のみ)」・「コミュ英Ⅰ・コミュ英Ⅱ・コミュ英Ⅲ・英表Ⅰ・英表Ⅱ」・世B・日B・「数Ⅰ・数Ⅱ・数A・数B(数列・ベク)，ただし数Ⅱ・数Bは選択のみ」・「化基・化(高分子を除く)」・「生基・生(生態・進化を除く)」から2

一般選抜前期C方式(共通テスト併用)　【食物栄養学科】〈共通テスト科目〉 3～2科目　①②③国・外・地歴・公民・数・理(100×2)▶国(近代)・英(リスニングを含む)・世A・世B・日A・日B・地理A・地理B・現社・倫・政経・「倫・政経」・数Ⅰ・「数Ⅰ・数A」・数Ⅱ・「数Ⅱ・数B」・簿・情・「化基・生基」・化・生から2

〈個別試験科目〉　B方式の2科目の合計点を利用する

【生活造形学科】〈共通テスト科目〉 3～2科目　①②③国・外・地歴・公民・数・理(100×2)▶国(近代)・英(リスニングを含む)・世A・世B・日A・日B・地理A・地理B・現社・倫・政経・「倫・政経」・数Ⅰ・「数Ⅰ・数A」・数Ⅱ・「数Ⅱ・数B」・簿・情・「物基・化基・生基・地学基から2」・物・化・生・地学から2

〈個別試験科目〉　B方式の2科目の合計点を利用する

一般選抜前期D方式　※B方式の得点(200)と英語外部試験のスコアの得点(100)の合計点(300)で選考する。

一般選抜後期　【生活造形学科】 2科目　①国(100)▶国総・現文B・古典B(漢文は単独では出題しない)　②外(100)▶コミュ英Ⅰ・コミュ英Ⅱ・コミュ英Ⅲ・英表Ⅰ・英表Ⅱ

一般選抜後期(共通テスト併用)　【食物栄養学科】〈共通テスト科目〉 2～1科目　①②理(100)▶「化基・生基」・化・生から1

〈個別試験科目〉 2科目　①国(100)▶国総・現文B・古典B(漢文は単独では出題しない)　②外(100)▶コミュ英Ⅰ・コミュ英Ⅱ・コミュ英Ⅲ・英表Ⅰ・英表Ⅱ

現代社会学部

一般選抜前期A方式 3科目　①国(100)▶国総・現文B・古典B(漢文は単独では出題しない)　②外(100)▶コミュ英Ⅰ・コミュ英Ⅱ・コミュ英Ⅲ・英表Ⅰ・英表Ⅱ　③地歴・数・理(100)▶世B・日B・「数Ⅰ・数Ⅱ・数A・数B(数列・ベク)，ただし数Ⅱ・数Bは選択のみ」・「化基・化(高分子を除く)」・「生基・生(生態・進化を除く)」から1

一般選抜前期B方式 2科目　①②国・外・地歴・数・理(100×2)▶「国総・現文B・古典B(漢文は単独では出題しない。ただし古典は選択のみ)」・「コミュ英Ⅰ・コミュ英Ⅱ・コミュ英Ⅲ・英表Ⅰ・英表Ⅱ」・世B・日B・「数Ⅰ・数Ⅱ・数A・数B(数列・ベク)，ただし数Ⅱ・数Bは選択のみ」・「化基・化(高分子を除く)」・「生基・生(生態・進化を除く)」から2

一般選抜前期C方式(共通テスト併用)　〈共通テスト科目〉 3～2科目　①②③国・外・地歴・公民・数・理(100×2)▶国(近代)・「英(リスニングを含む)・独・仏・中・韓から1」・世A・世B・日A・日B・地理A・地理B・現社・倫・政経・「倫・政経」・数Ⅰ・「数Ⅰ・数A」・数Ⅱ・「数Ⅱ・数B」・簿・情・「物基・化基・生基・地学基か

ら2」・物・化・生・地学から2
〈個別試験科目〉 B方式の2科目の合計点を利用する
一般選抜前期D方式 ※B方式の得点(200)と英語外部試験のスコアの得点(100)の合計点(300)で選考する。
一般選抜後期 2科目 ①国(100)▶国総・現文B・古典B(漢文は単独では出題しない) ②外(100)▶コミュ英Ⅰ・コミュ英Ⅱ・コミュ英Ⅲ・英表Ⅰ・英表Ⅱ

法学部

一般選抜前期A方式 3科目 ①国(100)▶国総・現文B・古典B(漢文は単独では出題しない) ②外(100)▶コミュ英Ⅰ・コミュ英Ⅱ・コミュ英Ⅲ・英表Ⅰ・英表Ⅱ ③地歴・数・理(100)▶世B・日B・「数Ⅰ・数Ⅱ・数A・数B(数列・ベク), ただし数Ⅱ・数Bは選択のみ」・「化基・化(高分子を除く)」・「生基・生(生態・進化を除く)」から1
一般選抜前期B方式 2科目 ①外(100)▶コミュ英Ⅰ・コミュ英Ⅱ・コミュ英Ⅲ・英表Ⅰ・英表Ⅱ ②国・地歴・数・理(100)▶「国総・現文B・古典B(漢文は単独では出題しない。ただし古典は選択のみ)」・世B・日B・「数Ⅰ・数Ⅱ・数A・数B(数列・ベク), ただし数Ⅱ・数Bは選択のみ」・「化基・化(高分子を除く)」・「生基・生(生態・進化を除く)」から1
一般選抜前期C方式(共通テスト併用) 〈共通テスト科目〉 3~2科目 ①②③国・外・地歴・公民・数・理(100×2)▶国(近代)・「英(リスニングを含む)・独・仏・中・韓から1」・世A・世B・日A・日B・地理A・地理B・現社・倫・政経・「倫・政経」・数Ⅰ・「数Ⅰ・数A」・数Ⅱ・「数Ⅱ・数B」・簿・情・「物基・化基・生基・地学基から2」・物・化・生・地学から2
〈個別試験科目〉 B方式の2科目の合計点を利用する
一般選抜前期D方式 ※B方式の得点(200)と英語外部試験のスコアの得点(100)の合計点(300)で選考する。
一般選抜後期 2科目 ①国(100)▶国総・現文B・古典B(漢文は単独では出題しない) ②外(100)▶コミュ英Ⅰ・コミュ英Ⅱ・コミュ英Ⅲ・英表Ⅰ・英表Ⅱ

データサイエンス学部

一般選抜前期A方式 〈2科目型(数学重視型)〉 2科目 ①数(200)▶数Ⅰ・数Ⅱ・数A・数B(数列・ベク) ※選択問題では必ず数Ⅱ・数Bを選択すること。 ②国・外(100)▶「国総・現文B・古典B(漢文は単独では出題しない)」・「コミュ英Ⅰ・コミュ英Ⅱ・コミュ英Ⅲ・英表Ⅰ・英表Ⅱ」から1
一般選抜前期A方式 〈3科目型(スタンダード型)〉 3科目 ①国(100)▶国総・現文B・古典B(漢文は単独では出題しない) ②外(100)▶コミュ英Ⅰ・コミュ英Ⅱ・コミュ英Ⅲ・英表Ⅰ・英表Ⅱ ③数(100)▶数Ⅰ・数Ⅱ・数A・数B(数列・ベク), 数Ⅱ・数Bは選択のみ
一般選抜前期B方式 2科目 ①数(100)▶数Ⅰ・数Ⅱ・数A・数B(数列・ベク) ※選択問題では必ず数Ⅱ・数Bを選択すること。②国・外・地歴・理(100)▶「国総・現文B・古典B(漢文は単独では出題しない。ただし古典は選択のみ)」・「コミュ英Ⅰ・コミュ英Ⅱ・コミュ英Ⅲ・英表Ⅰ・英表Ⅱ」・世B・日B・「化基・化(高分子を除く)」・「生基・生(生態・進化を除く)」から1
一般選抜前期C方式(共通テスト併用) 〈共通テスト科目〉 3~2科目 ①②③国・外・地歴・公民・数・理(100×2)▶国(近代)・英(リスニングを含む)・世A・世B・日A・日B・地理A・地理B・現社・倫・政経・「倫・政経」・「数Ⅰ・数A」・「数Ⅱ・数B」・「物基・化基・生基・地学基から2」・物・化・生・地学から2
〈個別試験科目〉 B方式の2科目の合計点を利用する
一般選抜前期D方式 ※B方式の得点(200)と英語外部試験のスコアの得点(100)の合計点(300)で選考する。
一般選抜後期(共通テスト併用) 〈共通テスト科目〉 1科目 ①数(100)▶「数Ⅰ・数A」・「数Ⅱ・数B」から1
〈個別試験科目〉 2科目 ①国(100)▶国総・現文B・古典B(漢文は単独では出題しない) ②外(100)▶コミュ英Ⅰ・コミュ英Ⅱ・コミュ英Ⅲ・英表Ⅰ・英表Ⅱ

その他の選抜

共通テスト利用型選抜は文学部39名，発達教育学部35名，家政学部18名，現代社会学部27名，法学部13名，データサイエンス学部10名を，公募型学校推薦選抜は文学部76名，発達教育学部70名，家政学部50名，現代社会学部42名，法学部26名，データサイエンス学部18名を，総合型選抜は文学部25名，発達教育学部24名，家政学部10名，現代社会学部16名，法学部５名，データサイエンス学部５名を募集。ほかに指定校推薦型選抜，京都女子高等学校推薦選抜，帰国子女入試，社会人特別選抜，外国人留学生入試を実施。

偏差値データ（2023年度）

●一般選抜前期A方式

学部／学科／専攻	2023年度 駿台予備学校 合格目標ライン	2023年度 河合塾 ボーダー偏差値	2022年度 競争率
▶文学部			
国文	47	47.5	1.3
英文	48	47.5	1.2
史	49	47.5	1.4
▶発達教育学部			
教育／教育学	48	47.5	1.4
／養護・福祉教育学	46	47.5	2.4
／音楽教育学	44	45	1.4
児童	48	42.5	1.6
心理	47	50	2.3
▶家政学部			
食物栄養	49	50	3.3
生活造形	47	50	3.3
▶現代社会学部			
現代社会	47	45	2.0
▶法学部			
法	48	47.5	1.3
▶データサイエンス学部			
データサイエンス	47	47.5	新

- 駿台予備学校合格目標ラインは合格可能性80％に相当する駿台模試の偏差値です。なお，データサイエンス学部は前期全体の偏差値です。
- 河合塾ボーダー偏差値は合格可能性50％に相当する河合塾全統模試の偏差値です。
- 競争率は受験者÷合格者の実質倍率

同志社大学

問合せ先　入学センター入学課　☎075-251-3210

建学の精神

1875年に設立された同志社英学校を前身として，同志社大学が誕生。創立者・新島襄が掲げた「良心を手腕に運用する人物の養成」という建学の精神を実現するため，「キリスト教主義」「自由主義」「国際主義」の３つを教育理念とした「良心教育」を展開。キリスト教を徳育の基礎として自治自立の精神を涵養し，国際感覚豊かな人物を養成するという新島の思いは，147年に及ぶ歴史の中で受け継がれ，高い志を持った多くの人物を輩出している。５つの重要文化財を有する今出川校地は文系学部の教育拠点であり，理系や文理融合系が集まる京田辺校地は「関西文化学術研究都市」に位置し，最先端の実験設備・機器や情報教育設備が充実。すべての学部が一つの校地で４年間の学修を完結できる，体系的で一貫性のある教育体制を確立している。

- 今出川校地……〒602-8580　京都府京都市上京区今出川通烏丸東入
- 京田辺校地……〒610-0394　京都府京田辺市多々羅都谷1-3

基本データ

学生数▶25,870名（男14,744名，女11,126名）
専任教員数▶教授493名，准教授165名，助教・助手134名
設置学部▶神，文，社会，法，経済，商，政策，文化情報，理工，生命医科，スポーツ健康科，心理，グローバル・コミュニケーション，グローバル地域文化
併設教育機関▶大学院（P.925参照）

就職・卒業後の進路

就職率 98.1％
就職者÷希望者×100

●**就職支援**　1・2年次から職業観醸成のためのプログラムを展開。就職活動のバックアップについても，綿密な年間スケジュールを組み，さまざまな催しを行い，学生一人ひとりに寄り添って誠実にサポート。また，独自の情報を提供するWebシステム「e-career」は，就職活動の貴重なツールとなっている。

●**資格取得支援**　裁判官，検察官，弁護士，公認会計士，税理士，中小企業診断士などの資格取得をめざす学生のために，課外講座を開設。また，教職志望者を支援する教員養成サポート室を，両校地に設けている。

進路指導者も必見 学生を伸ばす 面倒見

初年次教育
全学部でレポート・論文の書き方やプレゼン技法を修得するほか，複数の学部でITの基礎技術，情報収集や資料の整理の方法，論理的思考や問題発見・解決能力の向上を図る初年次教育を実施（科目は学部により異なる）

学修サポート
全学部でTA制度，理系学部と神・社会・法・商学部を除く8学部でオフィスアワー制度，文（一部の学科）・政策・文化情報・理工・生命医科学部で教員アドバイザー制度を導入。学習面の指導・相談に応じるラーニング・コモンズも設置

オープンキャンパス（2022年度実績）　京田辺Cで７月30日～８月１日，今出川Cで８月６～９日に開催（事前申込制，先着順）。８月10～12日には，各学部・学科・コースでの学び等を紹介するライブ配信も実施（登録制）。

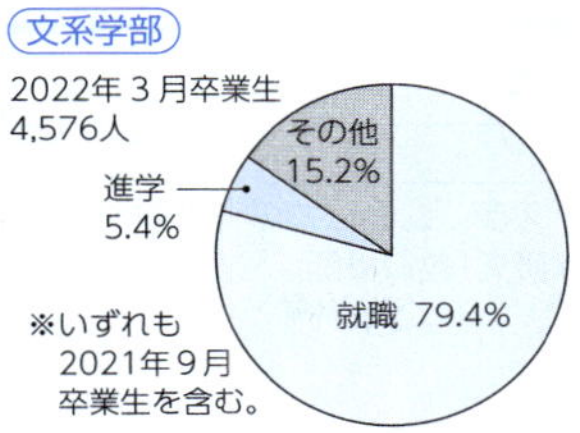

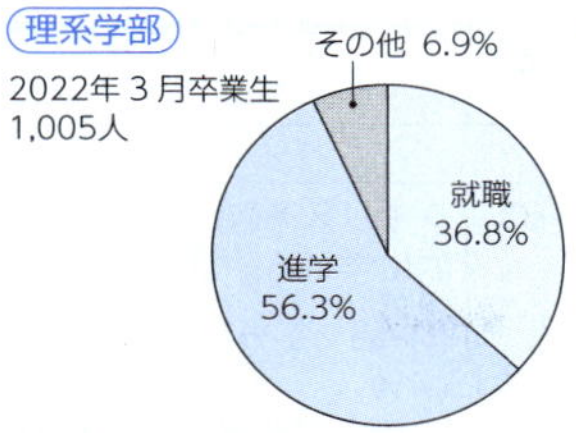

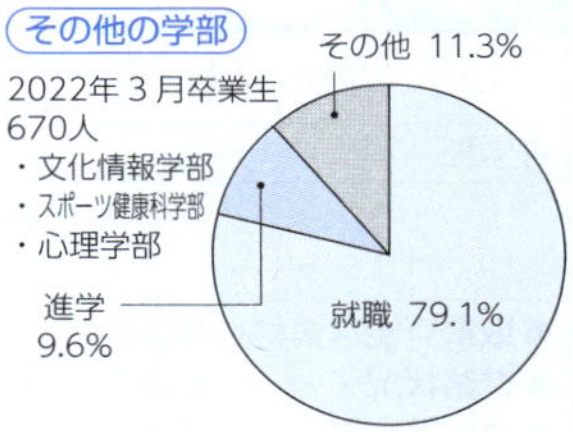

主なOB・OG▶［神］内田誠（日産自動車社長），［文］魚谷雅彦（資生堂社長），［旧工］中島規巨（村田製作所社長），［商］カズレーザー（お笑いタレント），［スポーツ健康科］田中希実（陸上競技選手）など。

国際化・留学　大学間 214 大学・部局間 166 大学等

受入れ留学生数▶681名（2022年５月１日現在）

留学生の出身国・地域▶韓国，中国，台湾，ベトナム，インドネシアなど。

外国人専任教員▶教授31名，准教授19名，助教・助手30名（2022年５月１日現在）

外国人専任教員の出身国▶中国，アメリカ，韓国，イギリス，カナダなど。

大学間交流協定▶214大学（交換留学先177大学，2022年８月31日現在）

部局間交流協定▶166大学・機関（交換留学先82大学，2022年８月31日現在）

海外への留学生数▶渡航型233名・オンライン型140名／年（19カ国・地域，2021年度）

海外留学制度▶サマー・スプリングプログラム，セメスタープログラム，EUキャンパスプログラム，外国協定大学派遣留学生制度など，短期から長期まで，目標やレベルに合わせた多彩なプログラムを実施。コンソーシアムはACUCA，T.I.M.E.，IAESTEに参加。

学費・奨学金制度　給付型奨学金総額 年間約 1億667万円

入学金▶200,000円

年間授業料（施設費等を除く）▶753,000円～（詳細は巻末資料参照）

年間奨学金総額▶106,673,600円

年間奨学金受給者数▶348人

主な奨学金制度▶学生が安心して学業に専念できるよう，「同志社大学奨学金」「同志社大学修学特別支援奨学金」「同志社大学育英奨学金」「同志社大学寄付奨学金」など多種多様な奨学金制度で支援。また2021年度には，１人を対象に，大規模自然災害等による被災学生に対する授業料等減免を行った。

保護者向けインフォメーション

●**広報誌**　保護者版「Year Book」を毎年発行。
●**公開授業**　政策学部で公開授業を行っている。
●**成績確認**　成績通知書を郵送している（履修科目や単位数の情報提供は学部により異なる）。
●**父母会**　学部により父母会を組織し，学業履修や学生生活のこと，就職状況などの相談・説明を実施。父母会報を発行している学部あり。
●**防災対策**　「緊急・災害時対応マニュアル」を学生ハンドブックの中に同封し配布。震度５弱以上の地震が発生した際に学生の状況を把握する，独自の安否確認システムを導入。
●**コロナ対策１**　ワクチンの職域接種を実施。「コロナ対策２」（下段）あり。

インターンシップ科目	必修専門ゼミ	卒業論文	GPA制度の導入の有無および活用例	１年以内の退学率	標準年限での卒業率
全学部で開講している	文・文化情報・グローバル系２学部で１～４年次，社会で２～４年次，スポーツ健康・心理で３・４年次，理工・生命医科で４年次に実施	神・法・経済・商・政策学部を除き卒業要件	奨学金対象者選定，派遣留学選考のほか，学部により，卒業判定・大学院入試選抜基準，個別の学修指導，履修上限単位数設定に活用	0.9%	82.4%

●**コロナ対策２**　オンライン授業を併用し，教室を自習室として開放したほか，希望者にはポケットWi-Fi，PCを貸出し。また，2020～2022年度に，コロナ禍で家計に影響が生じた世帯の学生を対象として，奨学金を給付。

学部紹介

学部／学科	定員	特色
神学部		
神	63	▷キリスト教，ユダヤ教，イスラームの３つの一神教を本格的に学べる，世界でも稀有な研究・教育機関。

- ●取得可能な資格…教職(宗)，司書，司書教諭，学芸員など。
- ●進路状況…………就職49.2%　進学15.4%
- ●主な就職先………国家公務員一般職・総合職，関西電力，楽天グループ，京セラ，川崎重工業，みずほフィナンシャルグループ，明治安田生命保険，大和証券グループ本社など。

学部／学科	定員	特色
文学部		
英文	315	▷英米文学・英米文化，英語学・英語教育の２つの専門分野を深く学び，世界に目を向けた真の国際人を育成する。
哲	70	▷哲学・倫理学の古典，現代倫理・現代社会，宗教・文化を学び，羅針盤なき時代を生き抜く確かな目を鍛える。
美学芸術	70	▷美学，芸術学，芸術史(美術史)という３つの視点から美と芸術を考察し，繊細かつ豊かな感性と知性を養う。
文化史	125	▷総合的な視野で歴史を考察することで現在の社会や自己を見つめ直し，人類が進むべき道を問い続ける人材を養成する。
国文	125	▷単に作品を読解し，文学史をひもとくだけでなく，今に続く日本文化への理解を深め，世界と対話できる人間力を培う。

- ●取得可能な資格…教職(国・地歴・公・社・英)，司書，司書教諭，学芸員など。
- ●進路状況…………就職72.0%　進学6.4%
- ●主な就職先………教員(京都・大阪・奈良・愛知・岐阜ほか)，日本銀行，日本航空，西日本旅客鉄道，アクセンチュア，パナソニック，富士通，楽天グループ，讀賣テレビ放送など。

学部／学科	定員	特色
社会学部		
社会	90	▷さまざまな切り口で次々と現れる社会問題を探究し，人と社会の関係を幸せにする処方箋を考える。
社会福祉	98	▷歴史的な社会問題にも向き合い，グローバル化・少子高齢化にふさわしい福祉社会のあり方を探求する。
メディア	88	▷情報化社会で重要性を増すメディアが映し出す情報をさまざまな角度からとらえ，社会で生きる表現方法を追究する。
産業関係	87	▷生きていく上で不可欠な「働く」ことに迫り，人が幸せに働ける仕組みをプロデュースできる人材を育成する。
教育文化	79	▷多様な文化に適応した教育のあり方を探求し，世界の新しい教育の流れをリードする人材を育成する。

- ●取得可能な資格…教職(地歴・公・社・福)，司書，司書教諭，学芸員，社会福祉士・精神保健福祉士受験資格など。
- ●進路状況…………就職79.5%　進学4.9%
- ●主な就職先………三井住友銀行，京都銀行，日本生命保険，京都市，大阪府，西日本電信電話，村田製作所，NTTドコモ，全日本空輸，京セラ，日本放送協会，共同通信社など。

学部／学科	定員	特色
法学部		
法律	683	▷公務員，法曹，企業法務，基礎法学の４つの履修モデルを導入し，実社会で活用できる能力の修得をサポート。
政治	210	▷現代政治，歴史・思想，国際関係の３コース。国内外の政治を分析し，21世紀のあるべき姿を構想する力を養う。

キャンパスアクセス [今出川校地] 地下鉄烏丸線一今出川より徒歩1分／叡山電鉄，京阪電鉄一出町柳より徒歩15分

●取得可能な資格…教職（地歴・公・社），司書，司書教諭，学芸員など。 ●進路状況…………就職74.9%　進学12.2% ●主な就職先………国家公務員，地方公務員，三菱UFJ銀行，東京海上日動火災保険，野村證券，楽天グループ，Apple Japan，住友商事，本田技研工業，京セラ，朝日新聞社など。		
経済学部		
経済	893	▷日常のあらゆる事象を経済学的思考で分析する力を身につけ，広く社会のために行動できる自治自立の人材を育成する。
●取得可能な資格…教職（地歴・公・社），司書，司書教諭，学芸員など。 ●進路状況…………就職83.3%　進学2.2% ●主な就職先………みずほフィナンシャルグループ，三井住友信託銀行，住友生命保険，日本政策金融公庫，ニトリ，船井総合研究所，大和ハウス工業，日本アイ・ビー・エムなど。		
商学部		
商	893	▷商学総合，フレックス複合の２コース。自発的な問題開発能力と冷静な判断能力を兼ね備え，経済の変動が激しい現代社会でグローバルに活躍できる人材を育成する。
●取得可能な資格…教職（地歴・公・社・商業），司書，司書教諭，学芸員など。 ●進路状況…………就職84.4%　進学2.3% ●主な就職先………みずほフィナンシャルグループ，南都銀行，三井住友銀行，みずほ証券，損害保険ジャパン，三井住友海上火災保険，有限責任監査法人トーマツ，TOTOなど。		
政策学部		
政策	420	▷政治，経済，法律，組織などさまざまな視点から現代社会の問題を発見し，「政策」を立案，実施・評価できる力を培う。
●取得可能な資格…教職（公・社），司書，司書教諭，学芸員など。 ●進路状況…………就職86.3%　進学2.7% ●主な就職先………国家公務員一般職，明治安田生命保険，京都市，大阪府，サイバーエージェント，日本年金機構，関西ペイント，国税専門官，日本電気，凸版印刷，良品計画など。		
文化情報学部		
文化情報	294	▷文化現象をデータサイエンスによって分析・解析することで，これまで見えなかった事実を探究する文理融合型の学部。
●取得可能な資格…教職（地歴・公・社・数・情），司書，司書教諭，学芸員など。 ●進路状況…………就職83.0%　進学6.6% ●主な就職先………アサヒビール，エヌ・ティ・ティ・データ，ジェーシービー，積水ハウス，東海旅客鉄道，東京海上日動火災保険，日立製作所，山崎製パン，楽天グループなど。		
理工学部		
インテリジェント情報工	83	▷高度な情報処理技術を具現化できる研究者を育成する。
情報システムデザイン	83	▷人とシステムをつなぎ，社会基盤となる技術を学ぶ。
電気工	80	▷社会を支える電気エネルギーと，その根幹技術を学ぶ。
電子工	86	▷未来の情報通信を切り拓くエレクトロニクス技術を学ぶ。
機械システム工	96	▷車・航空機などの輸送機器や製造機器の開発者を育成する。
機械理工	70	▷理工学の視点から機械工学にアプローチし，地球資源の有効利用や環境に優しい機械・機器を開発できる人材を育成。
機能分子・生命化	83	▷新素材・バイオに「分子」の機能から迫る。
化学システム創成工	83	▷化学技術で持続可能な社会を創成する人材を育成する。
環境システム	51	▷資源・エネルギーの有効利用方法や環境への影響を検討し，人間と地球のより良い明日を構築できる専門家を育成する。
数理システム	41	▷数学・数理科学を活用して，社会に貢献できる人材を育成。

キャンパスアクセス［京田辺校地］JR学研都市線─同志社前より徒歩10分／近鉄京都線─興戸より徒歩15分，新田辺よりバス10分，三山木よりバス7分

●取得可能な資格…教職（数・理・情），司書，司書教諭，学芸員など。
●進路状況…………就職35.6%　進学57.4%
●主な就職先………NTTドコモ，富士ソフト，日立システムズ，村田製作所，LIXIL，大阪ガス，野村総合研究所，エヌ・ティ・ティ・データ，マツダ，サイバーエージェントなど。

生命医科学部

医工	100	▷機械工学と医学の２領域における卓越した「研究力」と「就職力」によって，社会で活躍できる人材を育成する。
医情報	100	▷情報・電子・科学の新分野でカラダを見守る技術を創生。
医生命システム	65	▷人体の機能の秘密を解き明かし，医療の可能性に迫る。

●取得可能な資格…教職（数・理），司書，司書教諭，学芸員など。
●進路状況…………就職40.3%　進学53.2%
●主な就職先………パナソニック，富士フイルム，ダイキン工業，花王，ソニー，島津製作所，トヨタ自動車，大日本住友製薬，小林製薬，新日本科学，カルビー，森永製菓など。

スポーツ健康科学部

スポーツ健康科	221	▷QOLの向上と健康や予防医学に対して多方面から科学的にアプローチし，健康とスポーツに貢献する人材を育成する。

●取得可能な資格…教職（保体），司書，司書教諭，学芸員など。
●進路状況…………就職82.9%　進学7.9%
●主な就職先………サントリーホールディングス，パナソニック，キリンホールディングス，アシックスジャパン，ゼット，ワコール，京セラ，三井住友銀行，保健体育科教諭など。

心理学部

心理	158	▷神経・行動心理学，臨床・社会心理学，発達・教育心理学の３コース。人の心と行動に迫る人材を育成する。

●取得可能な資格…教職（公・社），司書，司書教諭，学芸員など。
●進路状況…………就職66.2%　進学17.5%
●主な就職先………国家公務員，日本アイ・ビー・エム，味の素，星野リゾートグループ，三井住友銀行，村田製作所，LITALICO，象印マホービン，社会福祉法人，医療法人など。

グローバル・コミュニケーション学部

グローバル・コミュニケーション	158	▷〈英語コース85名，中国語コース43名，日本語コース30名〉実践的な外国語運用能力とグローバル社会に関する広範囲な知識を身につける。日本語コースは外国人留学生が対象。

●取得可能な資格…教職（英），司書，司書教諭，学芸員など。
●進路状況…………就職82.4%　進学4.1%
●主な就職先………トヨタ自動車，パナソニック，任天堂，村田製作所，京セラ，ニトリ，ユニクロ，ソフトバンク，楽天グループ，全日本空輸，伊藤忠商事，日本放送協会など。

グローバル地域文化学部

グローバル地域文化	190	▷〈ヨーロッパコース74名，アジア・太平洋コース63名，アメリカコース53名〉世界各地域の文化・歴史・課題を学際的に研究し，希望ある未来を構想する志を育む。

●取得可能な資格…教職（地歴・社），司書，司書教諭，学芸員など。
●進路状況…………就職79.3%　進学2.4%
●主な就職先………住友化学，パナソニック，村田製作所，クボタ，三井物産，ニトリ，良品計画，三井住友銀行，星野リゾートグループ，楽天グループ，阪急電鉄，京都府など。

キャンパス

神・文・社会・法・経済・商・政策・グローバル地域文化……［今出川校地］京都府京都市上京区今出川通烏丸東入

文化情報・理工・生命医科・スポーツ健康科・心理・〈グローバル・コミュニケーション〉……［京田辺校地］京都府京田辺市多々羅都谷1-3

2023年度入試要項(前年度実績)

●募集人員

学部／学科(コース)	一般	共通テスト	推薦	AO
▶**神** 神	31	2	公募14 自己6	—
▶**文** 英文	185	A25 B10	公募10	—
哲	48	3	—	—
美学芸術	49	3	公募6	—
文化史	76	5	—	—
国文	79	4	公募2	—
▶**社会** 社会	51	5	—	—
社会福祉	54	5	公募12 自己3	—
メディア	53	5	自己5	—
産業関係	47	5	自己5	—
教育文化	42	5	自己8	—
▶**法** 法律	380	20	自己15	—
政治	104	10	自己5	—
▶**経済** 経済	510	27	自己10	—
▶**商** 商(商学総合)	344	25	—	—
(フレックス複合)	75	—	—	10
▶**政策** 政策	204	3科30 4科5	—	—
▶**文化情報** 文化情報	130	A20 B10	公募10	15
▶**理工** インテリジェント情報工	全学23 個別23	5	公募1	—
情報システムデザイン	全学23 個別23	5	公募1	—
電気工	全学27 個別27	5	公募1	—
電子工	全学29 個別29	5	公募1	—
機械システム工	全学37 個別32	2	公募1	—
機械理工	全学27 個別23	2	公募1	—
機能分子・生命化	全学26 個別27	5	公募1	—
化学システム創成工	全学26 個別27	5	公募1	—
環境システム	全学16 個別17	2	公募1	—
数理システム	全学11 個別13	2	公募1	—
▶**生命医科** 医工	全学30 個別36	5	—	—
医情報	全学30 個別36	3	—	2
医生命システム	全学17 個別24	2	—	—
▶**スポーツ健康科** スポーツ健康科	90	3科5 5科10 スポ19	自己36	4
▶**心理** 心理	79	5	自己4	—
▶**グローバル・コミュニケーション** グローバル・コミュニケーション(英語)	50	—	公募13	—
(中国語)	26	—	公募7	—
▶**グローバル地域文化** グローバル地域文化(ヨーロッパ)	46	2	公募6 自己2	—
(アジア・太平洋)	37	2	公募6 自己2	—
(アメリカ)	31	2	公募5 自己2	—

※一般選抜入試は全学部日程と学部個別日程があり，理工学部と生命医科学部を除き，募集人員は両日程の合計数。
※次のように略しています。科目→科。スポーツ競技力加点方式→スポ。

▷共通テストの「英語」は，リーディング・リスニング各100点をリーディングのみ200点の300点満点に換算し，本学の英語の配点に圧縮する(社会学部教育文化学科のみ，300点満点を，本学英語の配点500点満点に換算)。

神学部

一般選抜入試全学部日程・学部個別日程
3科目 ①**国**(150)▶国総・現文B・古典B ②**外**(200)▶コミュ英Ⅰ・コミュ英Ⅱ・コミュ英Ⅲ・英表Ⅰ・英表Ⅱ ③**地歴・公民・数**(150)▶世B・日B・政経・「数Ⅰ・数Ⅱ・数A・数B(数列・ベク)」から1

共通テスト利用入試 **1**科目 ①**外**(200)▶英(リスニングを含む)

[個別試験] **1**科目 ①**小論文**(200)

推薦選抜入試 [出願資格] 校長推薦，1浪

までのほか，A区分はキリスト教会に所属する者，あるいはキリスト教主義高校の出身者で全体の学習成績の状況が3.5以上の者。B区分は，高校在学時に文化活動・スポーツ活動において優れた業績を修めた者などで全体の学習成績の状況が3.5以上の者（スポーツ活動の場合は3.0以上）。

［選考方法］書類審査，小論文，面接。

自己推薦入試 ［出願資格］ 一神教を中心に宗教を専門的に深く学ぶことによって，将来の夢を実現したいという強い意志を持つ者。

［選考方法］ 書類審査による第1次選考の通過者を対象に，口頭試問を行う。

文学部

一般選抜入試全学部日程・学部個別日程

3科目 ①国（150）▶国総・現文B・古典B ②外（200）▶コミュ英Ⅰ・コミュ英Ⅱ・コミュ英Ⅲ・英表Ⅰ・英表Ⅱ ③地歴・公民・数（150）▶世B・日B・政経・「数Ⅰ・数Ⅱ・数A・数B（数列・ベク）」から1

共通テスト利用入試 【英文学科】〈A方式〉 1科目 ①外（200）▶英（リスニングを含む）

［個別試験］ 1科目 ①口頭試問（100）▶英語と日本語で行う

〈B方式〉 4～3科目 ①国（200）▶国 ②外（200）▶英（リスニングを含む） ③④地歴・公民・数・理（100）▶世A・世B・日A・日B・地理A・地理B・現社・倫・政経・「倫・政経」・数Ⅰ・「数Ⅰ・数A」・数Ⅱ・「数Ⅱ・数B」・簿・情・「物基・化基・生基・地学基から2」・物・化・生・地学から1

［個別試験］行わない。

【哲学科】 6～5科目 ①国（200）▶国 ②外（200）▶英（リスニングを含む） ③地歴・公民（100）▶世A・世B・日A・日B・地理A・地理B・現社・倫・政経・「倫・政経」から1 ④数（100）▶数Ⅰ・「数Ⅰ・数A」・数Ⅱ・「数Ⅱ・数B」・簿・情から1 ⑤⑥理（100）▶「物基・化基・生基・地学基から2」・物・化・生・地学から1

［個別試験］行わない。

【美学芸術学科】 4～3科目 ①外（200）▶英（リスニングを含む） ②③④国・「地歴・公民」・数・理（200×2）▶国・「世A・世B・日A・日B・地理A・地理B・現社・倫・政経・〈倫・政経〉から1」・「数Ⅰ・〈数Ⅰ・数A〉・数Ⅱ・〈数Ⅱ・数B〉・簿・情から1」・「〈物基・化基・生基・地学基から2〉・物・化・生・地学から1」から2

［個別試験］ 行わない。

【文化史学科】 5～4科目 ①国（200）▶国 ②外（200）▶英（リスニングを含む） ③地歴（100）▶世B・日B・地理Bから1 ④⑤公民・数・理（100）▶現社・倫・政経・「倫・政経」・数Ⅰ・「数Ⅰ・数A」・数Ⅱ・「数Ⅱ・数B」・簿・情・「物基・化基・生基・地学基から2」・物・化・生・地学から1

［個別試験］ 行わない。

【国文学科】 4～3科目 ①②③④国・外・「地歴・公民」・数・理（200×3）▶国・「英（リスニングを含む）・独・仏・中・韓から1」・「世A・世B・日A・日B・地理A・地理B・現社・倫・政経・〈倫・政経〉から1」・「数Ⅰ・〈数Ⅰ・数A〉・数Ⅱ・〈数Ⅱ・数B〉・簿・情から1」・「〈物基・化基・生基・地学基から2〉・物・化・生・地学から1」から3

［個別試験］ 行わない。

推薦選抜入試 ［出願資格］ 校長推薦のほか，英文学科は全体の学習成績の状況が4.0以上かつ英語が4.1以上で，TOEIC L&RあるいはTOEFL iBTのスコア基準を満たしている者。美学芸術学科は外国語の学習成績の状況が4.0以上かつ国語か地歴のいずれか1科目が4.3以上，または英検2級以上や外国語検定試験のスコア基準などの要件に該当する者。国文学科は伝統文化継承者特別入試として行い，これまでに伝統文化を継承し，将来にわたって継承・発展させることができるだけの技術と熱意を持つ者。

［選考方法］ 書類審査による第1次選考の通過者を対象に，論文，口頭試問を行う。

社会学部

一般選抜入試全学部日程・学部個別日程

3科目 ①国（150）▶国総・現文B・古典B ②外（200）▶コミュ英Ⅰ・コミュ英Ⅱ・コミュ英Ⅲ・英表Ⅰ・英表Ⅱ ③地歴・公民・数（150）▶世B・日B・政経・「数Ⅰ・数Ⅱ・数A・数B（数列・ベク）」から1

共通テスト利用入試 【社会学科】 4科目 ①国（200）▶国 ②外（200）▶英（リスニングを

含む）③**地歴・公民**(200)▶世A・世B・日A・日B・地理A・地理B・現社・倫・政経・「倫・政経」から1 ④**数**(200)▶「数Ⅰ・数A」・「数Ⅱ・数B」から1

[個別試験] 行わない。

【社会福祉学科・メディア学科】 **4〜3**科目 ①②③④**国・外・「地歴・公民」・数・理**(200×3)▶国・「英(リスニングを含む)・独・仏・中・韓から1」・「世A・世B・日A・日B・地理A・地理B・現社・倫・政経・〈倫・政経〉から1」・「数Ⅰ・〈数Ⅰ・数A〉・数Ⅱ・〈数Ⅱ・数B〉・簿・情から1」・「〈物基・化基・生基・地学基から2〉・物・化・生・地学から1」から3

[個別試験] **1**科目 ①**小論文**(200)

【産業関係学科】 **3**科目 ①**国**(200)▶国 ②**外**(200)▶英(リスニングを含む) ③**数**(200)▶「数Ⅰ・数A」・「数Ⅱ・数B」から1

[個別試験] **1**科目 ①**小論文**(200)

【教育文化学科】 **4〜3**科目 ①**国**(200)▶国 ②**外**(500)▶英(リスニングを含む) ③④**地歴・公民・数・理**(100)▶世A・世B・日A・日B・地理A・地理B・現社・倫・政経・「倫・政経」・数Ⅰ・「数Ⅰ・数A」・数Ⅱ・「数Ⅱ・数B」・簿・情・「物基・化基・生基・地学基から2」・物・化・生・地学から1

[個別試験] 行わない。

社会福祉学科推薦選抜入試 **[出願資格]** 校長推薦，1浪までのほか，A区分は高校(福祉に関する学科または総合学科)において福祉に関する科目を3科目18単位以上修得した者。B区分は高校在学中にボランティア活動，福祉活動等を継続して行い，積極的な役割を果たした者。C区分(キリスト教徒推薦選抜入試)は，所属教会等の推薦状，および自己の信仰告白を伴う証文を提出できるキリスト者である者。

[選考方法] 書類審査，小論文，口頭試問。

自己推薦(スポーツ)入試 **【社会福祉学科・メディア学科・産業関係学科】** **[出願資格]** 1浪までの全体の学習成績の状況が3.0以上の者で，高校在学中に各種競技スポーツにおいて全国大会や国際大会に出場し，入学後も体育会加盟の部において，スポーツ活動を継続する意志を持つ者など。

[選考方法] 書類審査，小論文，口頭試問。

教育文化学科自己推薦入試 **[出願資格]** 教育と文化に関するグローバル／ローカルな活動を積極的に行い，多文化共生社会における人間形成について考究し，今後もそのような活動を継続する意志を持ち，指定された外国語検定試験を受験し，そのスコアカードまたは合格証明書により英語能力を証明することができる者。

[選考方法] 書類審査による第1次選考の通過者を対象に，小論文，口頭試問(プレゼンテーションを含む)を行う。

法学部

一般選抜入試全学部日程・学部個別日程

3科目 ①**国**(150)▶国総・現文B・古典B ②**外**(200)▶コミュ英Ⅰ・コミュ英Ⅱ・コミュ英Ⅲ・英表Ⅰ・英表Ⅱ ③**地歴・公民・数**(150)▶世B・日B・政経・「数Ⅰ・数Ⅱ・数A・数B(数列・ベク)」から1

共通テスト利用入試 **6〜5**科目 ①**国**(200)▶国 ②**外**(200)▶英(リスニングを含む)・独・仏・中・韓から1 ③④**数**(100×2)▶「数Ⅰ・〈数Ⅰ・数A〉から1」・「数Ⅱ・〈数Ⅱ・数B〉から1」 ⑤⑥**地歴・公民・理**(100)▶世A・世B・日A・日B・地理A・地理B・現社・倫・政経・「倫・政経」・「物基・化基・生基・地学基から2」・物・化・生・地学から1

[個別試験] 行わない。

自己推薦入試 **[出願資格]** 1浪までの全体の学習成績の状況が4.0以上の者で，指定された外国語検定試験の基準を満たしている者など。

[選考方法] 書類審査，小論文，面接。

経済学部

一般選抜入試全学部日程・学部個別日程

3科目 ①**国**(150)▶国総・現文B・古典B ②**外**(200)▶コミュ英Ⅰ・コミュ英Ⅱ・コミュ英Ⅲ・英表Ⅰ・英表Ⅱ ③**地歴・公民・数**(150)▶世B・日B・政経・「数Ⅰ・数Ⅱ・数A・数B(数列・ベク)」から1

共通テスト利用入試 **5〜4**科目 ①**国**(200)▶国 ②**外**(200)▶英(リスニングを含む) ③**数**(100)▶数Ⅰ・数A ④⑤**地歴・公民・数・理**(100)▶世B・日B・地理B・現社・倫・政経・

「数Ⅱ・数B」・「物基・化基・生基・地学基から2」・物・化・生・地学から1
[個別試験] 行わない。
自己推薦入試 **[出願資格]** 1浪までの全体の学習成績の状況が3.4以上の者で，指定された外国語検定試験のいずれかを受験し，そのスコアカードまたは合格証明書により英語能力を証明できる，高校の課外活動などで優れた成績・業績を修めた者など。
[選考方法] 書類審査による第1次選考の通過者を対象に，小論文，面接を行う。

商学部

一般選抜入試全学部日程・学部個別日程
3科目 ①**国**(150) ▶国総・現文B・古典B ②**外**(200) ▶コミュ英Ⅰ・コミュ英Ⅱ・コミュ英Ⅲ・英表Ⅰ・英表Ⅱ ③**地歴・公民・数**(150) ▶世B・日B・政経・「数Ⅰ・数Ⅱ・数A・数B(数列・ベク)」から1
共通テスト利用入試 〈商学総合コース〉
5科目 ①**国**(200) ▶国 ②**外**(200) ▶英(リスニングを含む)・独・仏・中・韓から1 ③**地歴・公民**(100) ▶世A・世B・日A・日B・地理A・地理B・現社・倫・政経・「倫・政経」から1 ④⑤**数**(100×2) ▶「数Ⅰ・〈数Ⅰ・数A〉から1」・「数Ⅱ・〈数Ⅱ・数B〉・簿・情から1」
[個別試験] 行わない。
AO入試 〈フレックス複合コース〉 **[出願資格]** 第1志望でTEAP(4技能)，TOEFL iBT，IELTS(アカデミック・モジュール)，TOEIC L&Rのスコア基準を満たしている者。
[選考方法] 書類審査による第一次審査の通過者を対象に，小論文，面接(プレゼンテーションを含む)を行う。

政策学部

一般選抜入試全学部日程・学部個別日程
3科目 ①**国**(150) ▶国総・現文B・古典B ②**外**(200) ▶コミュ英Ⅰ・コミュ英Ⅱ・コミュ英Ⅲ・英表Ⅰ・英表Ⅱ ③**地歴・公民・数**(全学200・個別150) ▶世B・日B・政経・「数Ⅰ・数Ⅱ・数A・数B(数列・ベク)」から1
共通テスト利用入試(3科目方式) **3科目**
①**国**(200) ▶国 ②**外**(200) ▶英(リスニングを含む) ③**地歴・公民・数**(200) ▶世B・日B・地理B・現社・倫・政経・「倫・政経」・「数Ⅰ・数A」・「数Ⅱ・数B」から1
[個別試験] 行わない。
共通テスト利用入試(4科目方式)
5〜4科目 ①**国**(200) ▶国 ②**外**(250) ▶英(リスニングを含む) ③**数**(100) ▶数Ⅰ・数A ④⑤**地歴・公民・数・理**(100) ▶世B・日B・地理B・現社・倫・政経・「倫・政経」・「数Ⅱ・数B」・「物基・化基・生基・地学基から2」・物・化・生・地学から1
[個別試験] 行わない。

文化情報学部

一般選抜入試全学部日程(文系)・学部個別日程(文系型) **3科目** ①**国**(150) ▶国総・現文B・古典B ②**外**(200) ▶コミュ英Ⅰ・コミュ英Ⅱ・コミュ英Ⅲ・英表Ⅰ・英表Ⅱ ③**地歴・公民・数**(150) ▶世B・日B・政経・「数Ⅰ・数Ⅱ・数A・数B(数列・ベク)」から1
一般選抜入試全学部日程(理系)・学部個別日程(理系型) **3科目** ①**外**(200) ▶コミュ英Ⅰ・コミュ英Ⅱ・コミュ英Ⅲ・英表Ⅰ・英表Ⅱ ②**数**(200) ▶数Ⅰ・数Ⅱ・数Ⅲ・数A・数B(数列・ベク) ③**理**(150) ▶「物基・物」・「化基・化」・「生基・生」から1
共通テスト利用入試(A方式) **3〜2科目** ①**国**(100) ▶国 ②③**地歴・公民・理**(100) ▶世A・世B・日A・日B・地理A・地理B・現社・倫・政経・「倫・政経」・「物基・化基・生基・地学基から2」・物・化・生・地学から1
[個別試験] **2科目** ①**外**(150) ▶コミュ英Ⅰ・コミュ英Ⅱ・コミュ英Ⅲ・英表Ⅰ・英表Ⅱ ②**数**(150) ▶数Ⅰ・数Ⅱ・数A・数B(数列・ベク)
共通テスト利用入試(B方式) **6〜5科目** ①**国**(200) ▶国 ②**外**(200) ▶英(リスニングを含む) ③④**数**(100×2) ▶「数Ⅰ・〈数Ⅰ・数A〉から1」・「数Ⅱ・〈数Ⅱ・数B〉から1」 ⑤⑥**地歴・公民・理**(100) ▶世A・世B・日A・日B・地理A・地理B・現社・倫・政経・「倫・政経」・「物基・化基・生基・地学基から2」・物・化・生・地学から1
[個別試験] 行わない。
推薦選抜入試 **[出願資格]** 校長推薦，現役，国・英・数のいずれかの学習成績の状況が4.0

以上で，高校の課外活動，社会活動，その他個人的研鑽などで優れた成果や業績を修めた者など。
［選考方法］ 書類審査，小論文，口頭試問。
AO入試　**［出願資格］** 自己アピールできるものを持っている第1志望の者など。ほかに，国・英・数のいずれかの学習成績の状況が4.0以上である者。
［選考方法］ 書類審査による第一次審査の通過者を対象に，面接（プレゼンテーションを含む）および口頭試問を行う。

理工学部

一般選抜入試全学部日程・学部個別日程
3科目 ①**外**（全学200・個別100）▶コミュ英Ⅰ・コミュ英Ⅱ・コミュ英Ⅲ・英表Ⅰ・英表Ⅱ ②**数**（200）▶数Ⅰ・数Ⅱ・数Ⅲ・数A・数B（数列・ベク） ③**理**（150）▶［機械システム工学科］ー物基・物，［電気工学科・電子工学科・機械理工学科］ー「物基・物」・「化基・化」から1，［その他の学科］ー「物基・物」・「化基・化」・「生基・生」から1
共通テスト利用入試　**【機械理工学科】**
6科目 ①**国**（200）▶国（近代） ②**外**（200）▶英（リスニングを含む） ③④**数**（100×2）▶「数Ⅰ・数A」・「数Ⅱ・数B」 ⑤⑥**理**（100×2）▶物・化
［個別試験］ 行わない。
【その他の学科】 **5科目** ①**外**（200）▶英（リスニングを含む） ②③**数**（100×2）▶「数Ⅰ・数A」・「数Ⅱ・数B」 ④⑤**理**（100×2）▶［インテリジェント情報工学科／情報システムデザイン学科／機能分子・生命化学科／化学システム創成工学科］ー物・化・生から2，［電気工学科・電子工学科・機械システム工学科］ー物・化，［環境システム学科・数理システム学科］ー物・化・生・地学から2
［個別試験］ 行わない。
推薦選抜入試　**［出願資格］** 校長推薦，工業および情報に関する学科，総合学科，または工業高校の現役，工業高専の第3学年を修了見込みの者で，全体の学習成績の状況が4.3以上かつ外国語全科目が4.3以上の者。なお，総合学科は工業または情報に関する教科・科目を20単位以上修得見込みであること。
［選考方法］ 書類審査，小論文，口頭試問および面接。

生命医科学部

一般選抜入試全学部日程・学部個別日程
3科目 ①**外**（全学200・個別100）▶コミュ英Ⅰ・コミュ英Ⅱ・コミュ英Ⅲ・英表Ⅰ・英表Ⅱ ②**数**（200）▶数Ⅰ・数Ⅱ・数Ⅲ・数A・数B（数列・ベク） ③**理**（200）▶「物基・物」・「化基・化」・「生基・生」から1
共通テスト利用入試　**5科目** ①**外**（200）▶英（リスニングを含む） ②③**数**（100×2）▶「数Ⅰ・数A」・「数Ⅱ・数B」 ④⑤**理**（100×2）▶物・化・生から2
［個別試験］ 行わない。
AO入試　**［出願資格］** 自己アピールできるものを持っている第1志望の現役で，数学・理科の履修要件，全体および指定科目の学習成績の状況の基準などを満たしている者。または，1浪以上および工業高専の第3学年を修了し，'22年1月に実施された共通テストの指定科目の成績が基準点を満たしている者。
［選考方法］ 書類審査による第一次審査の通過者を対象に，面接および口頭試問を行う。

スポーツ健康科学部

一般選抜入試全学部日程（文系）・学部個別日程（文系型）　**3科目** ①**国**（150）▶国総・現文B・古典B ②**外**（200）▶コミュ英Ⅰ・コミュ英Ⅱ・コミュ英Ⅲ・英表Ⅰ・英表Ⅱ ③**地歴・公民・数**（150）▶世B・日B・政経・「数Ⅰ・数Ⅱ・数A・数B（数列・ベク）」から1
一般選抜入試全学部日程（理系）・学部個別日程（理系型）　**3科目** ①**外**（200）▶コミュ英Ⅰ・コミュ英Ⅱ・コミュ英Ⅲ・英表Ⅰ・英表Ⅱ ②**数**（150）▶数Ⅰ・数Ⅱ・数Ⅲ・数A・数B（数列・ベク） ③**理**（200）▶「物基・物」・「化基・化」・「生基・生」から1
共通テスト利用入試（3科目方式・スポーツ競技力加点方式）　**4～3科目** ①**外**（200）▶英（リスニングを含む） ②③④**国・「地歴・公民」・数・理**（100×2）▶国・「世A・世B・日A・日B・地理A・地理B・現社・倫・政経・〈倫・政経〉から1」・「数Ⅰ・〈数Ⅰ・数A〉・数Ⅱ・〈数Ⅱ・数B〉・簿・情から1」・「〈物基・化基・生基・地学基か

ら2〉・物・化・生・地学から1」から2
[個別試験] スポーツ競技力加点方式はスポーツ競技成績書による書類審査(200)を実施。3科目方式は行わない。

共通テスト利用入試(5科目方式) **6〜5科目** ①**国**(100)▶国 ②**外**(200)▶英(リスニングを含む) ③**地歴・公民**(100)▶世A・世B・日A・日B・地理A・地理B・現社・倫・政経・「倫・政経」から1 ④**数**(100)▶数Ⅰ・「数Ⅰ・数A」・数Ⅱ・「数Ⅱ・数B」・簿・情から1 ⑤⑥**理**(100)▶「物基・化基・生基・地学基から2」・物・化・生・地学から1
[個別試験] 行わない。

スポーツ能力に優れた者を対象とする特別入試 **[出願資格]** 1浪まで，全体の学習成績の状況が3.2以上のほか，各種競技スポーツで全国大会または国際大会に正選手として出場し，優秀な競技成績を有する者で，入学後も体育会加盟各部等において，当該競技種目のスポーツ活動を継続する意志を持つ者など。
[選考方法] 書類審査による第1次選考の通過者を対象に，小論文，面接を行う。

AO入試 **[出願資格]** 第1志望で，「する・観る・支える」のいずれかにおいて，スポーツに深く関わった経験や，スポーツ健康科学領域で学びたい研究テーマを持つ者。
[選考方法] 書類審査による第一次審査の通過者を対象に，小論文，面接(プレゼンテーションを含む)を行う。

心理学部

一般選抜入試全学部日程(文系)・学部個別日程 **3科目** ①**国**(150)▶国総・現文B・古典B ②**外**(200)▶コミュ英Ⅰ・コミュ英Ⅱ・コミュ英Ⅲ・英表Ⅰ・英表Ⅱ ③**地歴・公民・数**(150)▶世B・日B・政経・「数Ⅰ・数Ⅱ・数A・数B(数列・ベク)」から1

一般選抜入試全学部日程(理系) **3科目** ①**外**(200)▶コミュ英Ⅰ・コミュ英Ⅱ・コミュ英Ⅲ・英表Ⅰ・英表Ⅱ ②**数**(150)▶数Ⅰ・数Ⅱ・数Ⅲ・数A・数B(数列・ベク) ③**理**(150)▶「物基・物」・「化基・化」・「生基・生」から1

共通テスト利用入試 **4〜3科目** ①**国**(200)▶国 ②**外**(200)▶英(リスニングを含む) ③④**地歴・公民・数・理**(200)▶世A・世B・日A・日B・地理A・地理B・現社・倫・政経・「倫・政経」・数Ⅰ・「数Ⅰ・数A」・数Ⅱ・「数Ⅱ・数B」・簿・情・「物基・化基・生基・地学基から2」・物・化・生・地学から1
[個別試験] 行わない。

自己推薦入試 **[出願資格]** 高校の課外活動，社会活動，その他個人的研鑽に熱心に取り組んだ者など。
[選考方法] 書類審査による第1次選考の通過者を対象に，小論文(出題文は英語を含む場合あり)，口頭試問を行う。

グローバル・コミュニケーション学部

一般選抜入試全学部日程・学部個別日程 **3科目** ①**国**(150)▶国総・現文B・古典B ②**外**(英語コース250・中国語コース200)▶コミュ英Ⅰ・コミュ英Ⅱ・コミュ英Ⅲ・英表Ⅰ・英表Ⅱ ③**地歴・公民・数**(150)▶世B・日B・政経・「数Ⅰ・数Ⅱ・数A・数B(数列・ベク)」から1

推薦選抜入試 **[出願資格]** 校長推薦のほか，英語コースは英検準1級以上やTOEIC L&R，TOEFL iBTのスコア基準の要件に該当する者など。中国語コースは全体の学習成績の状況が4.0以上かつ外国語が4.2以上，あるいは英検2級以上やTOEIC L&R，TOEFL iBTのスコア基準の要件に該当する者など。
[選考方法] 書類審査，小論文，口頭試問(英語コースは日本語と英語による)。

グローバル地域文化学部

一般選抜入試全学部日程・学部個別日程 **3科目** ①**国**(150)▶国総・現文B・古典B ②**外**(200)▶コミュ英Ⅰ・コミュ英Ⅱ・コミュ英Ⅲ・英表Ⅰ・英表Ⅱ ③**地歴・公民・数**(150)▶世B・日B・政経・「数Ⅰ・数Ⅱ・数A・数B(数列・ベク)」から1

共通テスト利用入試 **5〜4科目** ①**国**(200)▶国 ②**外**(200)▶英(リスニングを含む)・独・仏・中・韓から1 ③**地歴・公民**(100)▶世B・日B・地理B・現社・倫・政経から1 ④⑤**数・理**(100)▶「数Ⅰ・数A」・「数Ⅱ・数B」・「物基・化基・生基・地学基から2」・物・化・生・地学から1
[個別試験] 行わない。

推薦選抜入試　［出願資格］ 校長推薦，全体の学習成績の状況が3.5以上かつ教科「外国語」が4.1以上で，指定された外国語検定試験の基準を満たしている者など。
［選考方法］ 書類審査による第１次選考の通過者を対象に，小論文，口頭試問を行う。
自己推薦（アスリート）入試　［出願資格］ １浪までのほか，全体の学習成績の状況が3.0以上かつ教科「外国語」が4.0以上，高校在学中に各種競技スポーツにおいて全国大会に出場し，16位以内の成績を残した者，もしくはそれと同等以上の競技成績をあげた者で，入学後も体育会加盟の部において，スポーツ活動を継続する意志を持つ者。ほかに指定された外国語検定試験の基準を満たしている者。
［選考方法］ 書類審査，小論文，口頭試問。

その他の選抜

推薦入試（指定校制，法人内諸学校，京都府立高校特別，スポーツ特別，トップアスリート），海外修学経験者（帰国生）入試，国際教育インスティテュート入試，社会人特別選抜入試，外国人留学生入試。

偏差値データ（2023年度）

●一般選抜入試

学部／学科／コース	2023年度 駿台予備学校 合格目標ライン	2023年度 河合塾 ボーダー偏差値	2022年度実績 募集人員	受験者数	合格者数	合格最低点	競争率 '22年	競争率 '21年
神学部								
神（全学部）	51	57.5	31	56	18	365/500	3.1	4.3
（学部個別）	51	55		160	50	338/500	3.2	3.6
文学部								
英文（全学部）	56	57.5	185	499	209	358/500	2.4	2.3
（学部個別）	56	57.5		776	351	360/500	2.2	2.2
哲（全学部）	57	62.5	48	186	60	367/500	3.1	2.0
（学部個別）	56	60		265	91	369/500	2.9	2.1
美学芸術（全学部）	54	60	49	184	52	364/500	3.5	2.6
（学部個別）	54	60		231	80	364/500	2.9	2.9
文化史（全学部）	59	60	76	321	145	367/500	2.2	2.4
（学部個別）	58	60		457	200	370/500	2.3	2.4
国文（全学部）	57	62.5	79	371	106	373/500	3.5	2.2
（学部個別）	57	62.5		510	135	376/500	3.8	2.1
社会学部								
社会（全学部）	57	62.5	51	207	55	384/500	3.8	4.9
（学部個別）	56	60		679	177	377/500	3.8	4.8
社会福祉（全学部）	54	60	54	123	26	361/500	4.7	2.4
（学部個別）	53	57.5		548	143	352/500	3.8	2.8
メディア（全学部）	56	60	53	162	31	382/500	5.2	6.7
（学部個別）	55	60		453	101	374/500	4.5	4.0
産業関係（全学部）	52	57.5	47	45	7	363/500	6.4	4.1
（学部個別）	52	55		598	211	349/500	2.8	3.1
教育文化（全学部）	55	60	42	111	52	364/500	2.1	3.2
（学部個別）	54	57.5		252	111	354/500	2.3	2.9

学部／学科／コース	2023年度 駿台予備学校 合格目標ライン	2023年度 河合塾 ボーダー偏差値	2022年度実績 募集人員	受験者数	合格者数	合格最低点	競争率 '22年	競争率 '21年
法学部								
法律（全学部）	58	62.5	380	1,329	411	374/500	3.2	2.3
（学部個別）	57	60		2,251	705	371/500	3.2	2.2
政治（全学部）	57	62.5	104	192	67	374/500	2.9	2.3
（学部個別）	56	60		633	203	371/500	3.1	2.3
経済学部								
経済（全学部）	56	60	510	1,880	663	359/500	2.8	3.0
（学部個別）	55	60		3,390	1,187	359/500	2.9	2.9
商学部								
商/商学総合（全学部）	55	62.5	344	802	250	368/500	3.2	4.1
（学部個別）	54	60		2,049	633	344/500	3.2	3.9
/フレックス複合（全学部）	55	62.5	75	94	35	368/500	2.7	5.8
（学部個別）	54	62.5		232	78	344/500	3.0	4.1
政策学部								
政策（全学部）	53	60	204	495	158	406/550	3.1	3.2
（学部個別）	53	60		1,278	397	373/500	3.2	3.1
文化情報学部								
文化情報（全学部〈文系〉）	52	60	130	188	76	354/500	2.5	3.6
（全学部〈理系〉）	53	60		134	61	300/550	2.2	4.1
（学部個別〈文系〉）	51	57.5		303	102	367/500	3.0	4.8
（学部個別〈理系〉）	52	57.5		200	108	303/550	1.9	2.4
理工学部								
インテリジェント情報工（全学部）	57	60	23	680	243	335/550	2.8	2.5
（学部個別）	57	60	23	529	185	253/450	2.9	2.3
情報システムデザイン（全学部）	57	60	23	540	194	329/550	2.8	3.0
（学部個別）	56	57.5	23	452	202	240/450	2.2	2.7
電気工（全学部）	57	60	27	274	158	305/550	1.7	2.0
（学部個別）	55	60	27	213	104	236/450	2.0	2.1
電子工（全学部）	57	57.5	29	384	225	313/550	1.7	2.1
（学部個別）	56	57.5	29	329	155	246/450	2.1	2.2
機械システム工（全学部）	56	57.5	37	746	426	295/550	1.8	2.0
（学部個別）	56	55	32	636	301	235/450	2.1	2.0
機械理工（全学部）	56	57.5	27	394	237	301/550	1.7	2.4
（学部個別）	55	57.5	23	278	168	229/450	1.7	2.9
機能分子・生命化（全学部）	58	57.5	26	438	247	297/550	1.8	2.0
（学部個別）	57	55	27	366	185	223/450	2.0	1.9
化学システム創成工（全学部）	57	57.5	26	508	290	303/550	1.8	2.0
（学部個別）	55	57.5	27	439	248	228/450	1.8	1.8
環境システム（全学部）	56	60	16	394	172	322/550	2.3	2.0
（学部個別）	55	57.5	17	313	137	231/450	2.3	1.9
数理システム（全学部）	59	60	11	227	97	347/550	2.3	2.3
（学部個別）	58	57.5	13	210	107	248/450	2.0	1.9

学部／学科／コース	2023年度 駿台予備学校 合格目標ライン	2023年度 河合塾 ボーダー偏差値	2022年度実績 募集人員	受験者数	合格者数	合格最低点	競争率 '22年	競争率 '21年
生命医科学部								
医工(全学部)	56	57.5	30	262	138	314/600	1.9	2.0
(学部個別)	56	55	36	322	177	268/500	1.8	1.9
医情報(全学部)	54	55	30	215	113	301/600	1.9	2.0
(学部個別)	53	55	36	207	104	259/500	2.0	2.3
医生命システム(全学部)	57	57.5	17	372	153	350/600	2.4	2.5
(学部個別)	57	57.5	24	311	134	298/500	2.3	2.4
スポーツ健康科学部								
スポーツ健康科(全学部〈文系〉)	51	55	90	245	68	345/500	3.6	3.9
(全学部〈理系〉)	51	55		99	36	273/550	2.8	2.6
(学部個別〈文系〉)	51	55		355	104	349/500	3.4	3.7
(学部個別〈理系〉)	51	55		94	39	288/550	2.4	2.6
心理学部								
心理(全学部〈文系〉)	57	62.5	79	402	111	372/500	3.6	4.0
(全学部〈理系〉)	58	62.5		69	22	319/500	3.1	3.7
(学部個別)	57	62.5		550	163	351/500	3.4	3.5
グローバル・コミュニケーション学部								
グローバル・コミュニケーション/英語(全学部)	59	62.5	50	166	37	424/550	4.5	4.9
(学部個別)	58	62.5		358	88	425/550	4.1	4.7
/中国語(全学部)	56	60	26	46	20	358/500	2.3	3.8
(学部個別)	55	57.5		83	45	354/500	1.8	3.7
グローバル地域文化学部								
グローバル地域文化/ヨーロッパ(全学部)	58	60	46	170	59	376/500	2.9	3.8
(学部個別)	57	60		286	101	360/500	2.8	4.3
/アジア・太平洋(全学部)	55	60	37	117	43	370/500	2.7	4.3
(学部個別)	55	57.5		198	79	352/500	2.5	3.7
/アメリカ(全学部)	56	62.5	31	83	26	374/500	3.2	2.9
(学部個別)	55	60		199	63	357/500	3.2	3.7

●駿台予備学校合格目標ラインは合格可能性80%に相当する駿台模試の偏差値です。●競争率は受験者÷合格者の実質倍率
●河合塾ボーダー偏差値は合格可能性50%に相当する河合塾全統模試の偏差値です。
※合格者には追加合格者，第２志望合格者を含んでいません。
※合格最低点は得点調整後の点数です。

併設の教育機関　大学院

神学研究科

教員数▶11名
院生数▶43名
博士前期課程▶ ●**神学専攻**　宗教の学術的分析を基軸に，知的洞察力と広い視野を養う。
博士後期課程▶ 神学専攻

文学研究科

教員数▶46名
院生数▶82名
博士前期課程▶ ●**哲学専攻**　古典研究の基礎的資質と思想文化全般にわたる知識と洞察力，構想力を身につける。

●**英文学・英語学専攻**　グローバル社会に通用する専門知識，鋭い分析・論理的判断能力と高度な英語運用能力を備えた人材を養成。
●**文化史学専攻**　過去における人間活動のあらゆる領域における事象を対象に教育研究。
●**国文学専攻**　日本文化についての豊かな専門的知識や知的洞察力を身につける。
●**美学芸術学専攻**　学芸員や文化行政，民間での文化支援活動に関わる人材を育成する。
博士後期課程 哲学専攻，英文学・英語学専攻，文化史学専攻，国文学専攻，美学芸術学専攻

社会学研究科

教員数▶33名
院生数▶101名
博士前期課程 ●**社会福祉学専攻**　1950年4月に日本初の社会福祉学専攻大学院修士課程として設置された歴史と伝統を有する。
●**メディア学専攻**　理論と実践の両面でメディア状況の発展に寄与する教育・研究を推進。
●**教育文化学専攻**　多文化共生社会での人間のあり方を，教員文化という視点から研究。
●**社会学専攻**　激動し錯綜する世界社会をリアルに理解・分析する。
●**産業関係学専攻**　雇用・労働現場に関する実際的問題の分析と，解決の方策を研究する。
博士後期課程 社会福祉学専攻，メディア学専攻，教育文化学専攻，社会学専攻，産業関係学専攻

法学研究科

教員数▶44名
院生数▶134名
博士前期課程 ●**政治学専攻**　社会の諸問題に対する高度な考察・分析能力などを養う。
●**私法学専攻**　私法学の基幹科目の履修により，現代社会に有用な理論と実務能力を養う。
●**公法学専攻**　公法学と基礎法学の基幹科目を履修し，高度のリーガルマインドを修得。
博士後期課程 政治学専攻，私法学専攻，公法学専攻

経済学研究科

教員数▶39名
院生数▶43名
博士前期課程 ●**理論経済学専攻**　理論分析，政治経済学・経済史の2コース。
●**応用経済学専攻**　アプライド・エコノミクス，クリエイティブ・エコノミーの2コース。
博士後期課程 経済政策専攻

商学研究科

教員数▶24名
院生数▶27名
博士前期課程 ●**商学専攻**　激変する不確実な産業社会を精緻に分析し，現実の諸問題に対処できる人材を育成する。
博士後期課程 商学専攻

総合政策科学研究科

教員数▶35名
院生数▶117名
博士前期課程 ●**総合政策科学専攻**　政策研究，ソーシャル・イノベーションの2コース。新時代のゼネラリストを育成する。
博士後期課程 総合政策科学専攻

文化情報学研究科

教員数▶17名
院生数▶40名
博士前期課程 ●**文化情報学専攻**　文化をデータサイエンス技術を用いて分析・解析し，新しい文化理論の方法論を構築する。
博士後期課程 文化情報学専攻

理工学研究科

教員数▶90名
院生数▶717名
博士前期課程 ●**情報工学専攻**　環境に優しく知的な情報システムを開発するための情報処理について，実践的な知識・技術を養う。
●**電気電子工学専攻**　現代社会に不可欠な電

気エネルギー・電子情報通信の基礎となる学問領域について，基礎・応用理論を学ぶ。
●機械工学専攻　機械工学を基礎とする多様な科学技術の発展に貢献できる人材を養成。
●応用化学専攻　機能性物質の創製に関連する科学技術の中核を担う人材を育成する。
●数理環境科学専攻　数理科学と環境科学についての先端的な研究を展開。
博士後期課程 情報工学専攻，電気電子工学専攻，機械工学専攻，応用化学専攻，数理環境科学専攻

生命医科学研究科

教員数▶30名
院生数▶249名
博士前期課程 **●医工学・医情報学専攻**　ヒトや生物の優れた生体機能をヒントに，新技術を創造する，最先端エンジニアを育成。
●医生命システム専攻　疾病のメカニズム解明と，その予防・治療方法の開発をめざす。
博士後期課程 医工学・医情報学専攻，医生命システム専攻

スポーツ健康科学研究科

教員数▶15名
院生数▶32名
博士前期課程 **●スポーツ健康科学専攻**　「健康」と「スポーツ」が有機的に融合したスポーツ健康科学を体系的に修得する。
博士後期課程 スポーツ健康科学専攻

心理学研究科

教員数▶13名
院生数▶25名
博士前期課程 **●心理学専攻**　心理学，臨床心理学の２コース。臨床心理学コースは日本臨床心理士資格認定協会第１種指定。
博士後期課程 心理学専攻

グローバル・スタディーズ研究科

教員数▶18名
院生数▶158名
博士前期課程 **●グローバル・スタディーズ専攻**　グローバルな課題に向き合い，人類が共生していく仕組みを構築する。
博士後期課程 グローバル・スタディーズ専攻

脳科学研究科

教員数▶８名
院生数▶24名
５年一貫制博士課程 **●発達加齢脳専攻**　オーダーメイド教育で次世代の脳科学研究を支えていく人材を育成する。

司法研究科

教員数▶21名
院生数▶131名
専門職学位課程 **●法務専攻**　自主的に考え，行動することのできる「自治自立」の精神を持った法曹を養成する。

ビジネス研究科

教員数▶19名
院生数▶150名
専門職学位課程 **●ビジネス専攻**　企業や組織の持続的発展を推進できる次世代ビジネスリーダーを育成する。MBA取得可。
修士課程 **●グローバル経営研究専攻**　世界各国の留学生と共に学び合いながら，国際ビジネスリーダーを育成する。MBA取得可。

同志社女子大学（どうししゃじょし）

資料請求

問合せ先 広報部高大連携課 ☎0774-65-8712

建学の精神

同志社の創立者である新島襄の妻・八重とアメリカ人女性宣教師のアリス・J・スタークウェザーによって，1876（明治９）年に開校した「女子塾」をルーツとする女子総合大学。創立以来，「キリスト教主義」「国際主義」「リベラル・アーツ」を教育理念とし，その実現に向けた教育研究活動を実践。「ゆたかな世界づくりに寄与する女性」を育成し続けてきた歴史を礎に，創立150年を迎える2026年に向けた将来構想「Vision150」を策定。日々，目まぐるしく変化する現代に求められる，物事を多角的にとらえ，より良い明日を築く力を身につけた「21世紀社会を女性の視点で『改良』できる人物」を育成するための長期目標を「つくる人」「えがく人」「つながる人」と表現し，より良い社会に向けて自ら行動できる，次代を築く女性を育てている。

- 京田辺キャンパス……〒610-0395　京都府京田辺市興戸
- 今出川キャンパス……〒602-0893　京都府京都市上京区今出川通寺町西入

基本データ

学生数▶女6,120名
専任教員数▶教授111名，准教授49名，講師１名
設置学部▶学芸，現代社会，薬，看護，表象文化，生活科
併設教育機関▶大学院―文学・看護学（以上Ｍ・Ｄ），国際社会システム・生活科学（以上Ｍ），薬学（Ｄ）

就職・卒業後の進路

就職率 **98.6%**
就職者÷希望者×100

●**就職支援**　自分自身を生涯にわたりデザインできる女性を育成するため，キャリア支援部では，一人ひとりの個性を重視する進路指導を実施。また，同志社大学が開設している東京と大阪のサテライト・キャンパスも利用でき，首都圏や出身地などで就職活動をする学生に対して交通費の一部を補助している。
●**資格取得支援**　授業の少ない時間帯や長期休暇中に学内で開講するコースと，社会保険労務士などの難関資格や公務員採用試験などの対策講座を，指定の専門学校で受講するコースを用意。薬剤師・看護師・管理栄養士と

進路指導者も必見 学生を伸ばす 面倒見

初年次教育
「基礎演習」や「入門科目」などにおいて，レポートの書き方や図書館およびラーニング・コモンズの使い方，プレゼンの手法など，大学での学修方法を指導。また，「キリスト教・同志社関係科目」で，建学の精神に触れる機会を共有している

学修サポート
TA制度，ビッグシスター制度，さらに専任教員が学生約5～20人（学科による）を担当し，オフィスアワー時に学生の相談に応じるアドバイザー制度を導入。また，親身な指導を行う国家試験対策室や教職課程センターを設置

オープンキャンパス(2022年度実績)　衛生強化対策を講じた上で，両キャンパスとも事前申込制にて実施。予定していたオープンキャンパスは，中止や延期をすることなく行った。12月にはナイトオープンキャンパスも開催。

いった国家資格の取得に向けたサポートも充実し，毎年高水準の合格率を支えている。

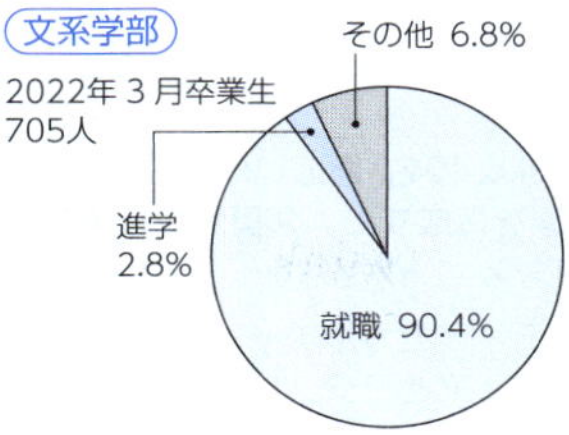

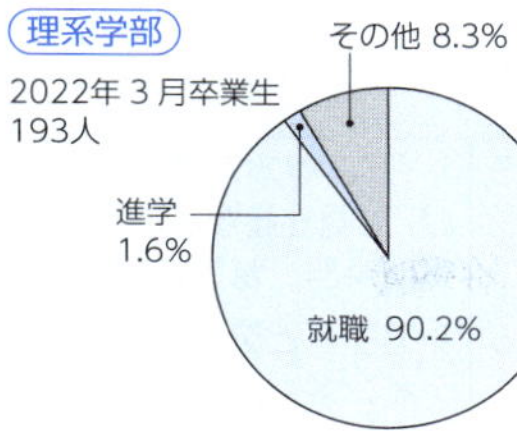

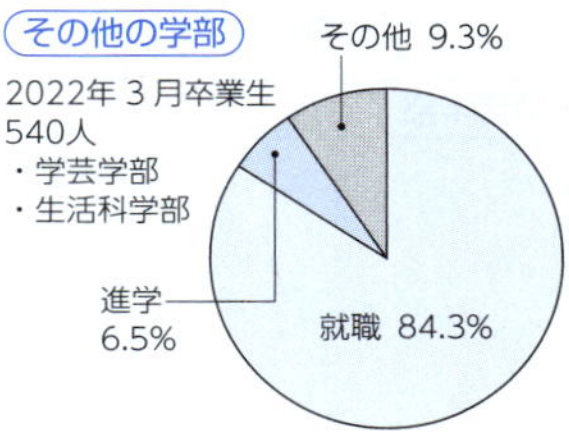

主なOG▶[学芸]鳥越碧(小説家)，[学芸]キムラ緑子(女優)，[学芸]生方ななえ(モデル，タレント)，[学芸]中島めぐみ(関西テレビ放送アナウンサー)，[表象文化]清水麻椰(毎日放送アナウンサー)など。

国際化・留学　大学間 67 大学

受入れ留学生数▶12名（2022年５月1日現在）

留学生の出身国・地域▶中国，韓国，インドネシア，台湾など。

外国人専任教員▶教授３名，准教授７名，助教４名（2022年５月１日現在）

外国人専任教員の出身国▶イギリス，アメリカ，中国，カナダ，コロンビア，ドイツなど。

大学間交流協定▶67大学（交換留学先12大学，2022年５月１日現在）

海外への留学生数▶渡航型128名・オンライン型１名／年（８カ国・地域，2021年度）

海外留学制度▶セメスター語学留学，協定大学留学，海外大学認定留学といった中・長期から，短期留学（海外研修プログラム），日本語指導実習プログラム，海外インターンシップなど，一人ひとりの目的や希望期間に応える国際交流プログラムを用意。国際教養学科では全員が１年間留学し，留学中は学修面とともに生活面でも細やかにサポートしている。

学費・奨学金制度　給付型奨学金総額 年間約 3,687万円

入学金▶260,000円

年間授業料(施設費等を除く)▶802,000円～(詳細は巻末資料参照)

年間奨学金総額▶36,865,500円

年間奨学金受給者数▶199人

主な奨学金制度▶経済上の補助を必要とする優秀な学生に対して，選考を経て授業料相当額の２分の１以内を給付する「同志社女子大学奨学金」や「同志社女子大学サポーターズ募金“ぶどうの樹”奨学金」などの公募によるものと，学部・学科の推薦による「同志社女子大学指定奨学金」などの制度を設置。

保護者向けインフォメーション

● **オープンキャンパス**　通常のオープンキャンパス時に保護者向けの説明会を実施している。

● **広報誌**　同志社女子大学通信「Vine」を発行。

● **成績確認**　成績通知表を郵送している。

● **栄光会**　父母等を会員とする栄光会があり，総会や懇談会，同志社女子大学の集いを開催し，大学の近況報告や就職説明会などを行っている。

● **防災対策**　本学Webサイト内に「防災マニュアル」を掲載。災害時の学生の安否は，メールを利用して確認するようにしている。

● **コロナ対策１**　ワクチンの職域接種，および入構時や各建屋入口での検温と消毒を実施。「コロナ対策２」（下段）あり。

インターンシップ科目	必修専門ゼミ	卒業論文	GPA制度の導入の有無および活用例	１年以内の退学率	標準年限での卒業率
全学部で開講している	学芸学部と表象文化学部で１～４年次，現代社会学部，看護学部，生活科学部で１・３・４年次，薬学部で３～６年次に実施	全学部で卒業要件	導入している	2.9%	93.8%(４年制) 81.7%(薬)

● **コロナ対策２**　感染予防対策や三密回避を徹底しながら，９割以上の授業を対面で実施（2021年度）。また，「新しい生活様式」を積極的に学生生活に取り入れていくことを推進する「Be Handsomeキャンペーン」を実施。

学部紹介

学部／学科	定員	特色
学芸学部		
音楽	115	▷〈演奏専攻75名，音楽文化専攻40名〉幅広い学問領域を学び，人間性豊かな音楽の専門家を育成する。演奏専攻は声楽，鍵盤楽器，管弦打楽器の３コース。
メディア創造	125	▷アートとデザイン，マスメディアとカルチャー，エンターテインメントとビジネス，メディアとテクノロジーの４つの分野で学びを展開し，豊かな創造力と表現力を育む。
国際教養	85	▷英語運用能力はもちろん，国際問題を多角的に考察し，英語で発信する力を養い，国際舞台で活躍する女性を育成する。全員が英語圏の大学へ１年間留学。
●取得可能な資格…教職（音・情，小一種），司書，司書教諭，学芸員など。 ●進路状況…………就職79.4%　進学7.3% ●主な就職先………明治安田生命保険，河合楽器製作所，村田製作所，全日本空輸，中外製薬など。		
現代社会学部		
社会システム	310	▷多文化共生，京都学・観光学，ライフデザイン，ビジネスマネジメント，公共政策と法の５コース。現代社会が抱えるさまざまな課題にアプローチし，解決する力や人間性を育む。
現代こども	100	▷豊富な実践の場から，こどもにどのように寄り添い，育んでいくのかを追究するとともに，こどもを取り巻く現代社会の諸問題を学び，こどもが健やかに育つ社会づくりをめざす。
●取得可能な資格…教職（地歴・公・社・英，小一種，幼一種），司書，司書教諭，学芸員，保育士など。 ●進路状況…………就職91.5%　進学1.7% ●主な就職先………日本銀行，日本生命保険，ニフティ，公私立小学校教員，公私立幼稚園教員など。		
薬学部		
医療薬	125	▷６年制。チーム医療に貢献し，健康管理のスペシャリストとして活躍することのできる，人間性豊かな薬剤師を育成する。英語圏での大学での薬学研修も実施。
●取得可能な資格…薬剤師受験資格など。 ●進路状況…………就職87.8%　進学0.0% ●主な就職先………アイングループ，日本調剤，ウエルシア薬局，たんぽぽ薬局，武田薬品工業など。		
看護学部		
看護	90	▷特色ある数多くの学外実習施設で実践力を磨きながら，高度な知識や技術と，心豊かな人格を兼ね備えた看護職者を育成する。
●取得可能な資格…教職（養護一種），看護師・保健師（選択制）受験資格。 ●進路状況…………就職93.6%　進学3.8% ●主な就職先………京都大学医学部附属病院，京都府立医科大学附属病院，京都医療センターなど。		
表象文化学部		
英語英文	150	▷高度な英語スキルを土台に，文学・文化・言語・コミュニケーションの4つの領域からのアプローチにより異文化理解を深め，国際社会において広く活躍できる力を育む。
日本語日本文	120	▷日本語学，日本語教育，近現代文学，古典文学，日本文化の５分野から多角的に「日本」を見つめ，歴史や文化の本質に迫り，日本文化の魅力を世界に伝えられる人材を育成する。

キャンパスアクセス ［京田辺キャンパス］ JR学研都市線―同志社前より徒歩3分／近鉄京都線―興戸より徒歩10分，新田辺よりバス10分

● **取得可能な資格**…教職（国・英），司書，司書教諭，学芸員など。
● **進路状況**…………就職88.8％　進学4.4％
● **主な就職先**………京セラ，任天堂，日本航空，阪急阪神百貨店，日本生命保険，公立中高教員など。

生活科学部		
人間生活	90	▷「すまい」「よそおい」「つながり」に関わる多彩な分野の学びを究め，あらゆる視点から「生活」にアプローチし，「真に豊かな生活」を実現するための知識・技術・感性を養う。
食物栄養科	140	▷〈食物科学専攻60名，管理栄養士専攻80名〉栄養学や食品学，調理学を中心に「食」の可能性を追究し，管理栄養士やフードスペシャリストなどの「食」の専門家を育成する。

● **取得可能な資格**…教職（家，栄養），司書，司書教諭，学芸員，栄養士，管理栄養士受験資格など。
● **進路状況**…………就職91.1％　進学5.4％
● **主な就職先**………ニトリ，ヱスビー食品，明治，日清医療食品，日比谷花壇，公立中高教員など。

キャンパス

学芸・現代社会・薬・看護……［京田辺キャンパス］京都府京田辺市興戸
表象文化・生活科……［今出川キャンパス］京都府京都市上京区今出川通寺町西入

2023年度入試要項（前年度実績）

●募集人員

学部／学科（専攻）	3教科前期	2教科前期	後期
▶学芸 音楽（演奏）	実技32		実技4
（音楽文化）	9	8	2
メディア創造	28	26	6
国際教養	16	14	4
▶現代社会 社会システム	76	65	15
現代こども	23	19	6
▶薬 医療薬	53	15	8
▶看護 看護	24	21	6
▶表象文化 英語英文	31	27	8
日本語日本文	23	22	8
▶生活科 人間生活	17	16	6
食物栄養科（食物科学）	22	6	3
（管理栄養士）	31	8	5

※一般前期２教科入試の医療薬学科と食物栄養科学科は共通テスト併用方式。
※次のように略しています。音楽実技方式→実技。

学芸学部

一般入試前期日程（３教科入試）　**【音楽学科〈音楽文化専攻〉・メディア創造学科・国際教養学科】**　**3**科目　①**外**（音楽・メディア創造100，国際教養200）▶コミュ英Ⅰ・コミュ英Ⅱ・コミュ英Ⅲ・英表Ⅰ・英表Ⅱ　②**国・数**（100）▶「国総（漢文を除く）・現文Ｂ・古典Ｂ（漢文を除く）」・「数Ⅰ・数Ａ」から１　③**地歴・公民**（100）▶世Ｂ・日Ｂ・現社から１

一般入試前期日程（２教科入試）　**【音楽学科〈音楽文化専攻〉・メディア創造学科・国際教養学科】**　**2**科目　①**外**（音楽・メディア創造100，国際教養200）▶コミュ英Ⅰ・コミュ英Ⅱ・コミュ英Ⅲ・英表Ⅰ・英表Ⅱ　②**国・地歴・公民・数**（100）▶「国総（漢文を除く）・現文Ｂ・古典Ｂ（漢文を除く）」・世Ｂ・日Ｂ・現社・「数Ⅰ・数Ａ」から１

一般入試前期日程（音楽実技方式）　**【音楽学科〈演奏専攻〉】**　**4**科目　①**外**（50）▶コミュ英Ⅰ・コミュ英Ⅱ・コミュ英Ⅲ・英表Ⅰ・英表Ⅱ　②**楽典**（50）　③**コールユーブンゲン**（20）　④**専門実技**（200）

一般入試後期日程　**【音楽学科〈音楽文化専攻〉・メディア創造学科・国際教養学科】**　**2**科目　①**国**（100）▶国総（漢文を除く）・現文Ｂ・古典Ｂ（漢文を除く）　②**外**（音楽・メディア創造100，国際教養200）▶コミュ英Ⅰ・コミュ英Ⅱ・コミュ英Ⅲ・英表Ⅰ・英表Ⅱ

一般入試後期日程（音楽実技方式）　**【音楽学科〈演奏専攻〉】**　**2**科目　①**コールユーブンゲン**（20）　②**専門実技**（200）

キャンパスアクセス ［今出川キャンパス］地下鉄烏丸線―今出川より徒歩５分／京阪本線―出町柳より徒歩10分

現代社会学部

一般入試前期日程(3教科入試) 3科目 ①外(100)▶コミュ英Ⅰ・コミュ英Ⅱ・コミュ英Ⅲ・英表Ⅰ・英表Ⅱ ②国・数(100)▶「国総(漢文を除く)・現文B・古典B(漢文を除く)」・「数Ⅰ・数A」から1 ③地歴・公民(100)▶世B・日B・現社から1

一般入試前期日程(2教科入試) 2科目 ①外(100)▶コミュ英Ⅰ・コミュ英Ⅱ・コミュ英Ⅲ・英表Ⅰ・英表Ⅱ ②国・地歴・公民・数(100)▶「国総(漢文を除く)・現文B・古典B(漢文を除く)」・世B・日B・現社・「数Ⅰ・数A」から1

一般入試後期日程 2科目 ①国(100)▶国総(漢文を除く)・現文B・古典B(漢文を除く) ②外(100)▶コミュ英Ⅰ・コミュ英Ⅱ・コミュ英Ⅲ・英表Ⅰ・英表Ⅱ

薬学部

一般入試前期日程(3教科入試) 3科目 ①外(100)▶コミュ英Ⅰ・コミュ英Ⅱ・コミュ英Ⅲ・英表Ⅰ・英表Ⅱ ②数(100)▶数Ⅰ・数Ⅱ・数A・数B(数列・ベク) ③理(200)▶化基・化(高分子を除く)

一般入試前期日程(共通テスト併用方式)
〈共通テスト科目〉 2科目 ①数(50)▶数Ⅱ・数B ②理(100)▶物・化・生から1
〈個別試験科目〉 2科目 ①外(100)▶コミュ英Ⅰ・コミュ英Ⅱ・コミュ英Ⅲ・英表Ⅰ・英表Ⅱ ②数(50)▶数Ⅰ・数A

一般入試後期日程 2科目 ①外(100)▶コミュ英Ⅰ・コミュ英Ⅱ・コミュ英Ⅲ・英表Ⅰ・英表Ⅱ ②理(200)▶化基・化(高分子を除く)

看護学部

一般入試前期日程(3教科入試) 3科目 ①外(100)▶コミュ英Ⅰ・コミュ英Ⅱ・コミュ英Ⅲ・英表Ⅰ・英表Ⅱ ②理(100)▶「化基・化(高分子を除く)」・「生基・生(生命・生殖・環境応答)」から1 ③国・数(100)▶「国総(現文のみ)・現文B」・「数Ⅰ・数A」から1

一般入試前期日程(2教科入試) 2科目 ①外(100)▶コミュ英Ⅰ・コミュ英Ⅱ・コミュ英Ⅲ・英表Ⅰ・英表Ⅱ ②国・数(100)▶「国総(現文のみ)・現文B」・「数Ⅰ・数A」から1

一般入試後期日程 2科目 ①外(100)▶コミュ英Ⅰ・コミュ英Ⅱ・コミュ英Ⅲ・英表Ⅰ・英表Ⅱ ②国・理(100)▶「国総(現文のみ)・現文B」・「化基・化(高分子を除く)」・「生基・生(生命・生殖・環境応答)」から1

表象文化学部

一般入試前期日程(3教科入試) 【英語英文学科】 3科目 ①外(200)▶コミュ英Ⅰ・コミュ英Ⅱ・コミュ英Ⅲ・英表Ⅰ・英表Ⅱ ②国・数(100)▶「国総(漢文を除く)・現文B・古典B(漢文を除く)」・「数Ⅰ・数A」から1 ③地歴・公民(100)▶世B・日B・現社から1
【日本語日本文学科】 3科目 ①国(100)▶国総(漢文を除く)・現文B・古典B(漢文を除く) ②外(100)▶コミュ英Ⅰ・コミュ英Ⅱ・コミュ英Ⅲ・英表Ⅰ・英表Ⅱ ③地歴・公民(100)▶世B・日B・現社から1

一般入試前期日程(2教科入試) 【英語英文学科】 2科目 ①外(200)▶コミュ英Ⅰ・コミュ英Ⅱ・コミュ英Ⅲ・英表Ⅰ・英表Ⅱ ②国・地歴・公民・数(100)▶「国総(漢文を除く)・現文B・古典B(漢文を除く)」・世B・日B・現社・「数Ⅰ・数A」から1
【日本語日本文学科】 2科目 ①国(100)▶国総(漢文を除く)・現文B・古典B(漢文を除く) ②外(100)▶コミュ英Ⅰ・コミュ英Ⅱ・コミュ英Ⅲ・英表Ⅰ・英表Ⅱ

一般入試後期日程 2科目 ①国(100)▶国総(漢文を除く)・現文B・古典B(漢文を除く) ②外(英語英文200・日本語日本文100)▶コミュ英Ⅰ・コミュ英Ⅱ・コミュ英Ⅲ・英表Ⅰ・英表Ⅱ

生活科学部

一般入試前期日程(3教科入試) 【人間生活学科】 3科目 ①外(100)▶コミュ英Ⅰ・コミュ英Ⅱ・コミュ英Ⅲ・英表Ⅰ・英表Ⅱ ②国・数(100)▶「国総(漢文を除く)・現文B・古典B(漢文を除く)」・「数Ⅰ・数A」から1 ③地歴・公民(100)▶世B・日B・現社から1
【食物栄養科学科】 3科目 ①外(100)▶コミュ英Ⅰ・コミュ英Ⅱ・コミュ英Ⅲ・英表Ⅰ・英表Ⅱ ②理(150)▶「化基・化(高分子を除

く)」・「生基・生(生命・生殖・環境応答)」から1　③国・数(100) ▶「国総(漢文を除く)・現文B・古典B(漢文を除く)」・「数Ⅰ・数A」から1

一般入試前期日程(2教科入試)　**【人間生活学科】** **2科目**　①**外**(100) ▶コミュ英Ⅰ・コミュ英Ⅱ・コミュ英Ⅲ・英表Ⅰ・英表Ⅱ　②**国・地歴・公民・数**(100) ▶「国総(漢文を除く)・現文B・古典B(漢文を除く)」・世B・日B・現社・「数Ⅰ・数A」から1

一般入試前期日程(共通テスト併用方式)

【食物栄養科学科】〈共通テスト科目〉 **2〜1科目**　①②**理**(150) ▶「化基・生基」・化・生から1

〈個別試験科目〉 **2科目**　①**外**(100) ▶コミュ英Ⅰ・コミュ英Ⅱ・コミュ英Ⅲ・英表Ⅰ・英表Ⅱ　②**国・数**(100) ▶「国総(漢文を除く)・現文B・古典B(漢文を除く)」・「数Ⅰ・数A」から1

一般入試後期日程　**【人間生活学科】** **2科目**　①**国**(100) ▶国総(漢文を除く)・現文B・古典B(漢文を除く)　②**外**(100) ▶コミュ英Ⅰ・コミュ英Ⅱ・コミュ英Ⅲ・英表Ⅰ・英表Ⅱ

【食物栄養科学科】 **2科目**　①**外**(100) ▶コミュ英Ⅰ・コミュ英Ⅱ・コミュ英Ⅲ・英表Ⅰ・英表Ⅱ　②**理**(100) ▶「化基・化(高分子を除く)」・「生基・生(生命・生殖・環境応答)」から1

その他の選抜

共通テスト利用入試は学芸学部14名，現代社会学部34名，薬学部6名，看護学部8名，表象文化学部28名，生活科学部22名を，公募制推薦入試は学芸学部70名，現代社会学部87名，薬学部32名，看護学部23名，表象文化学部67名，生活科学部65名を，AO方式入学者選抜は学芸学部28名，現代社会学部18名，薬学部1名，看護学部1名，表象文化学部4名，生活科学部2名を募集。ほかに音楽学科実技推薦入試(34名)，国際教養学科推薦入試(6名)，指定校推薦入試，同窓・校友子女対象推薦入試，帰国生入試，社会人入試，外国人留学生入試を実施。

偏差値データ (2023年度)

●一般入試前期

学部／学科／専攻	2023年度 駿台予備学校 合格目標ライン	2023年度 河合塾 ボーダー偏差値	2022年度 競争率
▶学芸学部			
音楽／演奏(実技)	41	42.5	1.1
／音楽文化(3教科)	42	42.5	2.3
(2教科)	42	42.5	2.3
メディア創造(3教科)	46	47.5	3.8
(2教科)	46	52.5	5.7
国際教養(3教科)	47	42.5	1.2
(2教科)	47	42.5	1.2
▶現代社会学部			
社会システム(3教科)	46	45	2.2
(2教科)	46	47.5	2.5
現代こども(3教科)	46	45	2.9
(2教科)	46	47.5	2.9
▶薬学部			
医療薬(3教科)	45	45	2.5
▶看護学部			
看護(3教科)	49	52.5	4.4
(2教科)	47	55	8.7
▶表象文化学部			
英語英文(3教科)	47	42.5	1.3
(2教科)	47	42.5	1.2
日本語日本文(3教科)	46	45	2.0
(2教科)	46	45	2.4
▶生活科学部			
人間生活(3教科)	46	50	3.0
(2教科)	46	52.5	4.9
食物栄養科/食物科学(3教科)	46	45	2.6
／管理栄養士(3教科)	49	50	3.5

- 駿台予備学校合格目標ラインは合格可能性80%に相当する駿台模試の偏差値です。
- 河合塾ボーダー偏差値は合格可能性50%に相当する河合塾全統模試の偏差値です。
- 競争率は受験者÷合格者の実質倍率

佛教大学

資料請求

問合せ先　入学部入学課　☎075-366-5550

建学の精神

浄土宗を開いた法然上人の思想の根幹に「還愚（げんぐ）」という考えがある。それは，本当の自分を認め，その自分が確かにできることを携えて，着実に未来へ歩んでいくことである。佛教大学は1868（明治元）年，知恩院山内の源光院に設置された仏教講究の機関に始まり，1912（明治45）年に専門学校令による「高等学院」として開学した。これまで一貫して，眼の前に起こる現実をしっかり見据え，自分のなすべきことをなす仏教精神を根底に，自分を大切にし，他者をも大切にできる人を100年以上にわたって社会に輩出してきた。本当の自分を認め，自分にできることに誇りを持って歩む姿が，周囲の人たちも巻き込んで明るい未来を形成することにつながる「還愚」の考えを身につけることができる４年間の学びの場が，佛教大学には用意されている。

- 紫野キャンパス……〒603-8301　京都府京都市北区紫野北花ノ坊町96
- 二条キャンパス……〒604-8418　京都府京都市中京区西ノ京東栂尾町７

基本データ

学生数▶6,134名（男3,196名，女2,938名）
専任教員数▶教授105名，准教授68名，講師43名
設置学部▶仏教，文，歴史，教育，社会，社会福祉，保健医療技術
併設教育機関▶大学院―文学・教育学・社会学・社会福祉学（以上M・D）　通信教育課程・通信教育課程大学院（P.937参照）

就職・卒業後の進路

就職率 97.8％
就職者÷希望者×100

● **就職支援**　キャリア・アドバイザーが学生個別の相談に対応するほか，就職活動支援サイト「求人検索NAVI」，その他各種就職支援講座，ガイダンス・セミナーなど，各学年や希望の進路に合わせたサポートを実施。

● **資格取得支援**　教員だけでなく，福祉職や保育士，医療職，公務員，一般企業等で役立つさまざまな資格の取得をサポート。2021年度に資格取得講座を利用した学生は941名，教員免許状取得者は約600名，社会福祉士や保育士を中心とした資格取得者は約500名にのぼり，充実した国家試験対策を行っている。

進路指導者も必見 学生を伸ばす 面倒見

初年次教育	学修サポート
リポートの書き方や図書館での文献検索の方法などを学ぶ「入門ゼミ」，ディスカッションやプレゼンテーションを通じて，よりアカデミックな日本語表現能力を身につける「専門学修のための日本語表現」などの科目を開講	オフィスアワー制度を全学部で導入。TA制度に関しては，申請のあった授業科目に対して選考。また，学業や進路の不安，日常生活で困ったこと，対人関係など，学生生活のあらゆる相談に応じる学生相談センターを設置

オープンキャンパス（2022年度実績）　6月・7月・8月・10月に来場型オープンキャンパスを開催（要申込）。大学紹介，入試概要説明，学部・学科別イベント，個別相談コーナー，在学生によるキャンパスツアーなど。

文系学部

2022年３月卒業生
922人

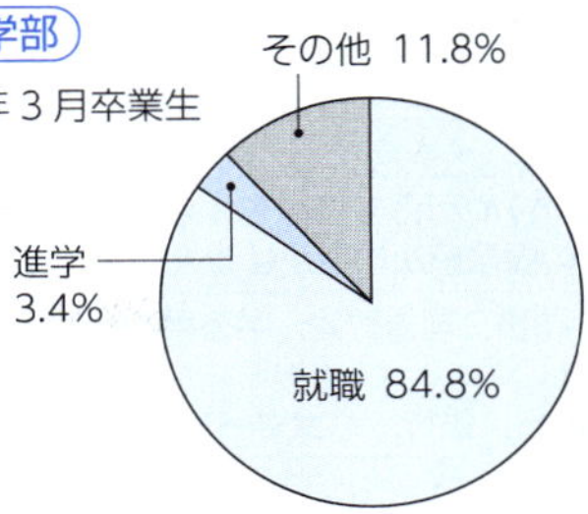

その他の学部

2022年３月卒業生
318人
・教育学部
・保健医療技術学部

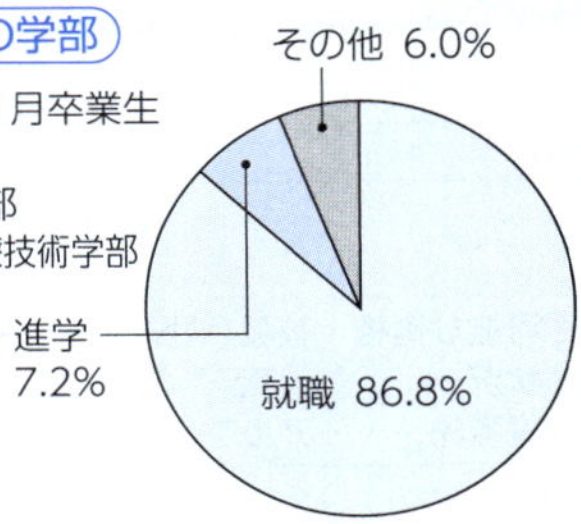

主なOB・OG▶[文]徳本達郎(ジャクエツ社長)，[文]鏑木蓮(小説家)，[文]レッド吉田(お笑い芸人)，[社会]小嶋達典(がんこフードサービス社長)，[社会]大野雄大(プロ野球選手)など。

国際化・留学　　大学間 26 大学等

受入れ留学生数▶26名(2022年5月1日現在)

留学生の出身国・地域▶中国，韓国，香港。

外国人専任教員▶教授５名，准教授３名，講師６名（2022年５月１日現在）

外国人専任教員の出身国▶中国，韓国，アメリカなど。

大学間交流協定▶26大学・機関（交換留学先８大学，2022年５月１日現在）

海外への留学生数▶渡航型37名／年（４カ国・地域，2021年度）

海外留学制度▶全学部生を対象とした，アジアやアメリカの学術交流協定校を中心とした大学で１年間学ぶ交換留学・派遣留学のほか，文学部中国学科限定の学部留学プログラムを用意。春・夏の休暇を利用し，言語や現地の文化を学ぶ短期海外語学研修は，事前研修が充実しているため，海外初心者でも安心して参加することができる。

学費・奨学金制度　　給付型奨学金総額 年間約 6,000 万円

入学金▶200,000円

年間授業料(施設費等を除く)▶870,000円～(詳細は巻末資料参照)

年間奨学金総額▶約60,000,000円

年間奨学金受給者数▶約250人

主な奨学金制度▶「佛教大学入学試験成績優秀者奨学金」は，一般選抜A日程（３科目型）に優秀な成績で合格した受験生を対象に，各学部の半期学費（授業料・設備費）相当額を最大４年間給付。このほか，「佛教大学奨学金」や「佛教大学育英奨学金」「佛教大学課外活動奨学金」などの制度を設置している。

保護者向けインフォメーション

●**オープンキャンパス**　通常のオープンキャンパス時に保護者向けの説明会を実施している。

●**パンフレット**　「保護者の皆様へ」を発行。

●**成績確認**　2022年度より開設した保護者用ポータルサイトで，学生の単位修得状況や大学からの情報などが閲覧可能。

●**保護者会**　教育後援会（保護者会）を組織し，春学期と秋学期に教育懇談会を開催。会報「紫峰」も発行している。

●**防災対策**　学生ポータルサイト「B-net」に「災害時ガイドブック」を掲出。学生が被災した際の安否確認も「B-net」を利用する。

●**コロナ対策１**　ワクチンの職域接種を実施。感染状況に応じたBCP（行動指針）を設定。「コロナ対策２」（下段）あり。

インターンシップ科目	必修専門ゼミ	卒業論文	GPA制度の導入の有無および活用例	１年以内の退学率	標準年限での卒業率
保健医療技術学部を除き開講	全学部で実施（開講年次は学部・学科により異なる）	社会福祉学部を除き卒業要件	奨学金対象者の選定基準，進級判定基準，卒業判定基準，免許・資格科目の履修要件などに活用	NA	NA

●**コロナ対策２**　対面授業とオンライン授業を感染状況に応じて併用。学生への経済的支援として，「佛教大学新型コロナウイルス対策緊急奨学金」を設置し，2020年度は64名，2021年度は42名を対象に奨学金を給付。

学部紹介

学部／学科	定員	特色
仏教学部		
仏教	60	▷共生(ともいき)や和合の精神を体系的に習得し，仏教の叡知を現代社会の課題解決に生かせる人間力と応用力を育む。
● 取得可能な資格…教職(地歴・公・社・宗，特別支援)，司書，司書教諭，学芸員など。 ● 進路状況…………就職77.4%　進学9.4% ● 主な就職先………アルフレッサ，一条工務店，関西みらい銀行，ヤンマーアグリジャパンなど。		
文学部		
日本文	120	▷古典から近現代までの文学作品を読み解き，現代においてこれらがどのような意味を持つのかを多角的に研究する。
中国	50	▷ネイティブ教員による中国語指導や留学プログラムなどを通し，実践的な中国語コミュニケーション能力を養う。
英米	70	▷英語圏での研修などで生きた英語を学ぶとともに異文化理解の能力を養い，グローバルに活躍できる英語力を磨く。
● 取得可能な資格…教職(国・書・英・中，特別支援)，司書，司書教諭，学芸員など。 ● 進路状況…………就職79.5%　進学3.6% ● 主な就職先………京都府・市教員，京都信用金庫，日本航空，デュプロ，三重県志摩市役所など。		
歴史学部		
歴史	110	▷日本史・東洋史・西洋史の３領域。史料を読み解き，未知の世界を探求し，これから起きる未来や新しい展開を予測する。
歴史文化	70	▷地域文化・民俗文化・芸術文化の３領域。有形・無形の史料を読み取り，過去から現代までに至る人間の営みを探究する。
● 取得可能な資格…教職(地歴・公・社，特別支援)，司書，司書教諭，学芸員など。 ● 進路状況…………就職80.7%　進学7.9% ● 主な就職先………太陽生命保険，京都中央信用金庫，近畿日本鉄道，マイナビ，皇宮警察本部など。		
教育学部		
教育	130	▷初等教育，中等教育，特別支援教育，教育学の４つの領域を用意し，「感性と専門性に長けた教師」を育成する。
幼児教育	80	▷乳幼児の発達段階を理解し，現代の保育ニーズに応えられる幼稚園教諭，保育士を養成する。
臨床心理	80	▷医療・教育・福祉・司法・産業という５領域で学びを展開し，「心の専門家」として社会に貢献できる人材を育成する。
● 取得可能な資格…教職(公・社・数，小一種，幼一種，特別支援)，司書，司書教諭，学芸員，保育士など。 ● 進路状況…………就職82.2%　進学9.2% ● 主な就職先………京都府・市教員，大阪府・市教員，大阪府職員，進研アド，イオンリテールなど。		
社会学部		
現代社会	200	▷文化・国際，共生・臨床社会，情報・メディアの３コース。現代社会の課題を分析し，解決できる力を身につける。
公共政策	120	▷地域政治，地域経済の２コース。地域社会の課題に目を向け，解決できる人材を育成。公務員養成プログラムを設置。
● 取得可能な資格…教職(地歴・公・社・情，特別支援)，司書，司書教諭，学芸員など。 ● 進路状況…………就職86.8%　進学0.7% ● 主な就職先………プラス・カーサ，京都銀行，西日本旅客鉄道，日本生命保険，村田製作所など。		

キャンパスアクセス ［紫野キャンパス］ 地下鉄烏丸線―北大路よりバス９分／JR山陰本線―円町よりバス12分／阪急京都線―大宮・西院よりバス20～22分／JR山陰本線・地下鉄東西線―二条よりバス17分

社会福祉学部		
社会福祉	220	▷実践経験豊かなスタッフによる基礎理論，政策・制度，保健医療，実習指導で「福祉マインド」を育て，多様性を理解し，社会に貢献できる人材を育成する。

● **取得可能な資格**…教職（地歴・公・社・福，特別支援），司書，司書教諭，学芸員，保育士，社会福祉士・精神保健福祉士受験資格など。
● **進路状況**…………就職90.5％　進学2.3％
● **主な就職先**………花王，フランスベッド，ワコール，京都市教員，京都府社会福祉事業団など。

保健医療技術学部		
理学療法	40	▷時代と地域社会の要請に基づく最新の理学療法に関する教育を展開し，専門知識と技術を身につけた人材を養成する。
作業療法	40	▷経験豊富な教員が基礎から手厚く指導し，チーム医療の一員として技能を発揮できる作業療法士を養成する。
看護	65	▷充実した設備や総合大学の利点を生かした教育で，全人的なケアができる確かな臨床・実践力を持った看護職者を養成。

● **取得可能な資格**…教職（養護二種），看護師・保健師・理学療法士・作業療法士受験資格など。
● **進路状況**…………就職92.4％　進学4.9％
● **主な就職先**………国立病院機構近畿グループ，滋賀医科大学医学部附属病院，京都武田病院など。

通信教育課程

仏教学部，文学部，歴史学部，教育学部，社会学部，社会福祉学部

通信教育課程大学院

文学（M・D），教育学・社会学・社会福祉学（以上M）

キャンパス

全学部……［紫野キャンパス］京都府京都市北区紫野北花ノ坊町96
保健医療技術……［二条キャンパス］京都府京都市中京区西ノ京東栂尾町７

2023年度入試要項（前年度実績）

●募集人員

学部／学科		一般A	一般B	共通前期	共通後期
仏教	仏教	16	2	2	1
文	日本文	39	3	5	1
	中国	15	2	2	1
	英米	23	2	3	1
歴史	歴史	38	2	4	1
	歴史文化	22	2	3	1
教育	教育	44	3	5	1
	幼児教育	27	2	3	1
	臨床心理	29	2	3	1
社会	現代社会	72	4	8	2
	公共政策	41	3	5	1
社会福祉	社会福祉	80	5	9	2
保健医療技術	理学療法	12	2	2	1
	作業療法	10	2	2	1
	看護	22	2	3	1

▷一般選抜Ａ日程では２科目型と３科目型を実施し，３科目型は出願時に希望すれば，「スタンダード３科目方式」以外に，高得点の１科目の得点を２倍し，その他の科目との合計400点満点で判定する「高得点科目重視方式」を追加して判定を受けることも可能。ただし，「高得点科目重視方式」のみでの受験はできない。
▷一般選抜Ｂ日程では，出願時に希望すれば，「スタンダード２科目方式」以外に，Ｂ日程の英語（100点）と選択〈国語または数学〉（100点）および共通テストの高得点１科目（100点）の点数を合計した３科目300点満点で判定する「共通テスト併用方式」を追加して判定を受けることも可能。ただし，「共通テスト併用方式」のみでの受験はできない。共通テストの，学部・学科ごとに指定された試験教科・科目は以下のとおり。
仏教・文（英米学科）・歴史・教育・社会・社会福祉学部は国・英・地歴・公民・数・理。

キャンパスアクセス ［二条キャンパス］JR山陰本線・地下鉄東西線―二条より徒歩1分／阪急京都線―大宮より徒歩10分

文学部の日本文学科と中国学科は国・英・中・地歴・公民・数・理。
保健医療技術学部は国・英・数・理。
▷一般選抜B日程の共通テスト併用方式の英語は，リスニングを含めた200点満点を100点満点に換算して用い，リーディングとリスニングの配点比率を４：１として換算する。また，共通テスト利用選抜の英語は，リーディングとリスニングの配点比率を４：１として200点満点に換算する。
▷共通テスト利用選抜後期において，出願時に希望すれば，「英語民間試験方式」で判定を受けることも可能。共通テストの英語と，指定された英語民間試験（英検，GTEC，IELTS，TEAP，TEAP CBT，TOEFL iBT，ケンブリッジ英検）のみなし得点のうち，高得点のものを英語の得点として採用する。

仏教学部・文学部・歴史学部・教育学部・社会学部・社会福祉学部

一般選抜A日程（２科目型）・B日程　2科目
①**外**（100）▶コミュ英Ⅰ・コミュ英Ⅱ・英表Ⅰ　②**国・数**（100）▶国総（古文・漢文を除く）・「数Ⅰ・数A」から１

一般選抜A日程（３科目型）　**【仏教学部・文学部・歴史学部・社会学部・社会福祉学部】**　3科目　①**国**（100）▶国総（古文は選択のみ。漢文を除く）　②**外**（100）▶コミュ英Ⅰ・コミュ英Ⅱ・英表Ⅰ　③**地歴・公民・数**（100）▶世B・日B・「現社・政経（共通分野）」・「数Ⅰ・数A」から１

【教育学部】　3科目　①**国**（100）▶国総（古文は選択のみ。漢文を除く）②**外**（100）▶コミュ英Ⅰ・コミュ英Ⅱ・英表Ⅰ　③**地歴・公民・数・理**（100）▶世B・日B・「現社・政経（共通分野）」・「数Ⅰ・数A」・化基から１

共通テスト利用選抜前期　**【仏教学部・歴史学部・社会学部・社会福祉学部】**　4〜3科目　①**国**（100）▶国（漢文を除く）　②**外**（200）▶英（リスニングを含む）　③④**地歴・公民・数・理**（100）▶世A・世B・日A・日B・地理A・地理B・現社・倫・政経・「倫・政経」・数Ⅰ・「数Ⅰ・数A」・数Ⅱ・「数Ⅱ・数B」・簿・情・「物基・化基・生基・地学基から２」・物・化・生・地学から１
[個別試験]　行わない。

【文学部（日本文学科・中国学科）】　4〜3科目
①**国**（100）▶国（漢文を除く）　②**外**（200）▶英（リスニングを含む）・中から１　③④**地歴・公民・数・理**（100）▶世A・世B・日A・日B・地理A・地理B・現社・倫・政経・「倫・政経」・数Ⅰ・「数Ⅰ・数A」・数Ⅱ・「数Ⅱ・数B」・簿・情・「物基・化基・生基・地学基から２」・物・化・生・地学から１
[個別試験]　行わない。

【文学部（英米学科）】　4〜3科目　①**国**（100）▶国（漢文を除く）　②**外**（200）▶英（リスニングを含む）　③④**地歴・公民・数・理**（100）▶世A・世B・日A・日B・地理A・地理B・現社・倫・政経・「倫・政経」・数Ⅰ・「数Ⅰ・数A」・数Ⅱ・「数Ⅱ・数B」・簿・情・「物基・化基・生基・地学基から２」・物・化・生・地学から１
[個別試験]　行わない。

【教育学部】　4〜3科目　①**外**（200）▶英（リスニングを含む）　②③④**国・「地歴・公民」・数・理**（100×2）▶国（漢文を除く）・「世A・世B・日A・日B・地理A・地理B・現社・倫・政経・〈倫・政経〉から１」・「数Ⅰ・〈数Ⅰ・数A〉・数Ⅱ・〈数Ⅱ・数B〉・簿・情から１」・「〈物基・化基・生基・地学基から２〉・物・化・生・地学から１」から２
[個別試験]　行わない。

共通テスト利用選抜後期　**【仏教学部・歴史学部・教育学部・社会学部・社会福祉学部】**　3〜2科目　①**国・外**（200）▶国（漢文を除く）・英（リスニングを含む）から１　②③**地歴・公民・数・理**（100）▶世A・世B・日A・日B・地理A・地理B・現社・倫・政経・「倫・政経」・数Ⅰ・「数Ⅰ・数A」・数Ⅱ・「数Ⅱ・数B」・簿・情・「物基・化基・生基・地学基から２」・物・化・生・地学から１
[個別試験]　行わない。

【文学部（日本文学科・中国学科）】　3〜2科目
①**国・外**（200）▶国（漢文を除く）・英（リスニングを含む）・中から１　②③**地歴・公民・数・理**（100）▶世A・世B・日A・日B・地理A・地理B・現社・倫・政経・「倫・政経」・数Ⅰ・「数Ⅰ・数A」・数Ⅱ・「数Ⅱ・数B」・簿・情・「物基・化基・生基・地学基から２」・物・化・生・地学から１
[個別試験]　行わない。

【文学部（英米学科）】　3〜2科目　①**外**（200）

▶英(リスニングを含む) ②③**地歴・公民・数・理**(100) ▶世A・世B・日A・日B・地理A・地理B・現社・倫・政経・「倫・政経」・数Ⅰ・「数Ⅰ・数A」・数Ⅱ・「数Ⅱ・数B」・簿・情・「物基・化基・生基・地学基から2」・物・化・生・地学から1
[個別試験]　行わない。

保健医療技術学部

一般選抜A日程(2科目型)・B日程 2科目
①**外**(100) ▶コミュ英Ⅰ・コミュ英Ⅱ・英表Ⅰ
②**国・数**(100) ▶国総(古文・漢文を除く)・「数Ⅰ・数A」から1
一般選抜A日程(3科目型) 3科目 ①**国**(100) ▶国総(古文は選択のみ。漢文を除く)
②**外**(100) ▶コミュ英Ⅰ・コミュ英Ⅱ・英表Ⅰ
③**数・理**(100) ▶「数Ⅰ・数A」・化基・生基から1
共通テスト利用選抜前期 4〜3科目 ①**外**(200) ▶英(リスニングを含む) ②③④**国・数・理**(100×2) ▶国(漢文を除く)・「数Ⅰ・〈数Ⅰ・数A〉・数Ⅱ・〈数Ⅱ・数B〉・簿・情から1」・「〈物基・化基・生基・地学基から2〉・物・化・生・地学から1」から2
[個別試験]　行わない。
共通テスト利用選抜後期 3〜2科目 ①**外**(200) ▶英(リスニングを含む) ②③**国・数・理**(100) ▶国(漢文を除く)・数Ⅰ・「数Ⅰ・数A」・数Ⅱ・「数Ⅱ・数B」・簿・情・「物基・化基・生基・地学基から2」・物・化・生・地学から1
[個別試験]　行わない。

その他の選抜

学校推薦型選抜(公募制)は仏教学部4名，文学部42名，歴史学部36名，教育学部54名，社会学部61名，社会福祉学部43名，保健医療技術学部30名を，総合型選抜(自己推薦制)は仏教学部9名，文学部23名，歴史学部17名，教育学部24名，社会学部24名，社会福祉学部14名，保健医療技術学部13名を募集。ほかに同窓・宗門後継者・課外活動・スポーツ強化枠・指定校MU・指定校高大連携選抜，帰国・外国人生徒選抜，社会人1年次選抜，留学生1年次選抜を実施。

偏差値データ(2023年度)

●一般選抜A日程(3科目型・スタンダード3科目方式)

学部／学科	2023年度 駿台予備学校 合格目標ライン	2023年度 河合塾 ボーダー偏差値	2022年度 競争率
▶仏教学部			
仏教	39	42.5	1.4
▶文学部			
日本文	42	42.5	2.4
中国	41	37.5	1.3
英米	42	37.5	1.1
▶歴史学部			
歴史	43	45	3.4
歴史文化	42	45	3.9
▶教育学部			
教育	46	50	6.5
幼児教育	45	42.5	2.7
臨床心理	45	45	2.7
▶社会学部			
現代社会	42	42.5	3.8
公共政策	41	42.5	4.5
▶社会福祉学部			
社会福祉	41	37.5	3.2
▶保健医療技術学部			
理学療法	46	47.5	4.1
作業療法	43	42.5	1.5
看護	45	47.5	5.7

- 駿台予備学校合格目標ラインは合格可能性80%に相当する駿台模試の偏差値です。
- 河合塾ボーダー偏差値は合格可能性50%に相当する河合塾全統模試の偏差値です。
- 競争率は受験者÷合格者の実質倍率

R 立命館大学

RITSUMEIKAN

問合せ先 入学センター　☎075-465-8351

建学の精神

立命館の歴史は，近代日本の代表的な政治家で，国際人であった西園寺公望が1869（明治２）年，新しい時代を担う若者を育てるため，私塾「立命館」を創始したことに始まる。その後，1900年，文部大臣時代の西園寺の秘書であった中川小十郎がその意志を引き継ぎ，立命館大学の前身となる「私立京都法政学校」を創立。「世界に開かれた立命館」をめざし，特に1980年代半ば以降，日本の国際化をリードしてきた。グローバル化が進み，これまで経験したことのない地球規模の課題に直面している今，立命館大学は，「自由と清新」の建学の精神と「平和と民主主義」の教学理念に基づき，「未来を信じ，未来に生きる」の精神を持って，確かな学力の上に，豊かな個性を花開かせ，正義と倫理を持った地球市民として活躍できる人間の育成に努めている。

- 衣笠キャンパス……………… 〒603-8577　京都府京都市北区等持院北町56-1
- 大阪いばらきキャンパス…… 〒567-8570　大阪府茨木市岩倉町2-150
- びわこ・くさつキャンパス… 〒525-8577　滋賀県草津市野路東1-1-1

基本データ

学生数▶33,094名（男20,658名，女12,436名）

専任教員数▶教授806名，准教授266名，講師165名（特別契約教員等を含む）

設置学部▶法，産業社会，国際関係，文，映像，経営，政策科，総合心理，グローバル教養，経済，スポーツ健康科，食マネジメント，理工，情報理工，生命科，薬

併設教育機関▶大学院（P.961参照）

就職・卒業後の進路

就職率 **95.4%**
就職者÷希望者×100

● **就職支援**　キャリアセンターでは，就職活動に必要な力量を醸成するための支援企画を開催するとともに，各学部に担当スタッフを配置して，さまざまな業界や企業についての情報提供も積極的に実施。希望する進路の実現に向けて，総力を結集して支援している。

● **資格取得支援**　公務員試験（主に国家公務員採用総合職試験），公認会計士試験，司法

進路指導者も必見 学生を伸ばす 面倒見

初年次教育	学修サポート
レジュメの作り方，討論やプレゼンの方法，文献資料の探し方，グループ学習方法，レポート・小論文の執筆方法など大学で学ぶための主体的な姿勢や基礎力を身につける「基礎演習」「研究入門」「情報リテラシー」等を開講	TA・SA（ピア・サポート）制度，オフィスアワーを全学部で，一部の学部で教員アドバイザー制度を導入。ライティング・サポート室や「自立した学習者」となるための「SSP（Student Success Program）」も設置している

オープンキャンパス（2022年度実績）　８月６・７日に３キャンパス同時開催（事前予約制）。大学・学部紹介，入試説明，キャンパスツアー，模擬授業，研究室公開など。このほか，キャンパス見学会を６月と９月に実施。

試験を難関試験として位置づけ，さまざまな支援を実施。資格講座では，会計・金融系，法律系，情報・パソコン系，その他ビジネス系の各資格を対象とした講座を学内で開講。

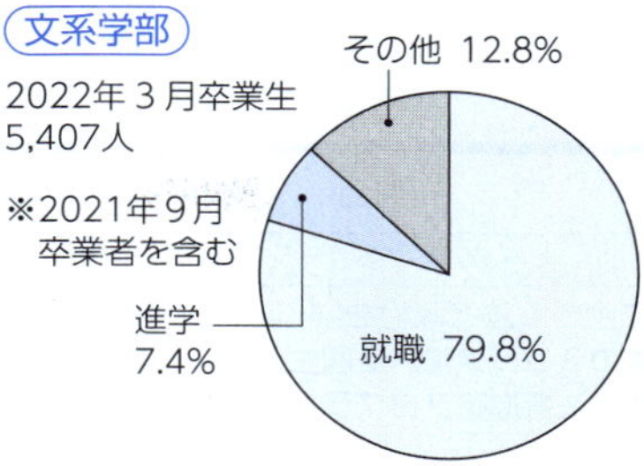

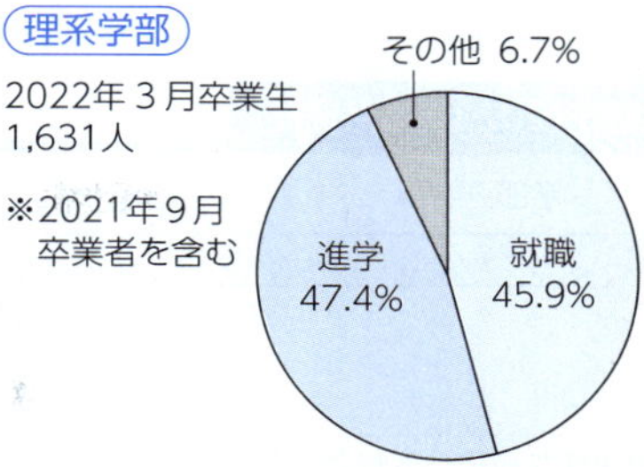

主なOB・OG ▶ ［法］門川大作（京都市長），［産業社会］八木真澄・高橋茂雄（お笑いコンビ「サバンナ」），［産業社会］倉木麻衣（ミュージシャン），［経営］小林仁（ベネッセホールディングス社長）など。

国際化・留学　大学間 463 大学等

受入れ留学生数 ▶ 1,697名（2022年５月１日現在）
留学生の出身国・地域 ▶ 中国，韓国，インドネシア，アメリカ，台湾など。
外国人専任教員 ▶ 教授50名，准教授35名，講師57名（2022年５月１日現在）
外国人専任教員の出身国 ▶ NA
大学間交流協定 ▶ 463大学・機関（交換留学先146大学・機関，2022年５月１日現在）
海外への留学生数 ▶ 渡航型38名・オンライン型591名／年（2021年度実績）
海外留学制度 ▶ 短期（異文化理解セミナー，海外スタディなど）から長期間（交換留学，学部共同学位プログラムなど）の，多様なニーズに応えるプログラムのほか，「立命館×UC Davis Online Learning」といったオンライン型のプログラムも用意。コンソーシアムはAPSIAなど３団体に参加している。

学費・奨学金制度

入学金 ▶ 200,000円
年間授業料（施設費等を除く）▶ 974,600円～（詳細は巻末資料参照）
年間奨学金総額 ▶ NA
年間奨学金受給者数 ▶ NA
主な奨学金制度 ▶「近畿圏外からの入学者を支援する奨学金」や経済支援型の「家計急変学費減免」「立命館大学学費減免」をはじめ，成長支援型など数多くの奨学金制度があり，全国トップレベルの実績を誇っている。

保護者向けインフォメーション

●**公開授業**　保護者向けの対面講義を実施。
●**成績確認**　成績通知表のWeb閲覧が可能。希望者には郵送もしている。
●**後援会**　父母教育後援会が組織され，保護者のための１日キャンパスや就職状況相談会などを開催。「父母教育後援会だより」も発行。
●**相談窓口**　保護者専用の窓口を設置している。
●**防災対策**　「防災ガイド」をHPに掲載。災害時の学生の安否は，メールおよびポータルサイトを利用して確認するようにしている。
●**コロナ対策１**　ワクチンの職域接種を実施。感染状況に応じた５段階のBCP（行動指針）を設定。「コロナ対策２」（下段）あり。

インターンシップ科目	必修専門ゼミ	卒業論文	GPA制度の導入の有無および活用例	１年以内の退学率	標準年限での卒業率
全学部で開講している	全学部で実施（開講年次は学部により異なる）	法・経済・経営の３学部を除き卒業要件	導入している	0.9%	82.0%（4年制）66.1%（薬学科）

●**コロナ対策２**　発熱外来の設置やPCR検査，机の抗菌対策，独自の接触状況把握システムをはじめ，安心の感染防止対策を実施。オンライン授業のためのWi-Fiルータ・ヘッドセット・SIMカードの安価なパックを提供。

2024年度学部改組構想（予定）

● 映像学部，情報理工学部を大阪いばらきキャンパスへ移転。

学部紹介（2023年２月現在）

学部／学科	定員	特色
法学部		
法	720	▷現代社会に生きる法と政治を学ぶ。法政展開，司法特修，公務行政特修の３コースに，２回生以降に登録し，法科大学院進学をめざす法曹進路プログラム（法曹コース）を設置。
● 取得可能な資格…教職（地歴・公・社）。 ● 進路状況…………就職71.9%　進学11.9% ● 主な就職先………朝日新聞社，伊藤忠商事，キーエンス，京都銀行，ソフトバンク，東京海上日動火災保険，三井住友銀行，LIXIL，国家公務員総合職，地方公務員（上級職）など。		
産業社会学部		
現代社会	810	▷〈現代社会専攻330名，メディア社会専攻180名，スポーツ社会専攻100名，子ども社会専攻50名，人間福祉専攻150名〉複雑多様化する現代社会の諸問題を解明し，その解決をめざす。各専攻が独自のカリキュラムを展開。
● 取得可能な資格…教職（地歴・公・社・保体，小一種，特別支援），社会福祉士受験資格など。 ● 進路状況…………就職87.2%　進学3.9% ● 主な就職先………NTTドコモ，関西電力，キリンホールディングス，積水ハウス，西日本旅客鉄道，ベネッセコーポレーション，みずほフィナンシャルグループ，三菱電機など。		
国際関係学部		
国際関係	335	▷〈国際関係学専攻235名，グローバル・スタディーズ専攻100名〉国際社会の理解・課題解決に不可欠な「理論」「地域」「言語」を段階的に学び，グローバルに活躍できる力を養う。
アメリカン大学・立命館大学国際連携	25	▷両大学が連名で１つの学位を授与する，学士課程レベルとしては日本初の学科。両大学を行き来しながら学ぶ。
● 進路状況…………就職73.9%　進学8.3% ● 主な就職先………アクセンチュア，アマゾンジャパン，京セラ，サイバーエージェント，国際協力機構，パナソニック，PwCコンサルティング，村田製作所，楽天グループなど。		
文学部		
人文	1035	▷〈人間研究学域120名，日本文学研究学域125名，日本史研究学域140名，東アジア研究学域100名，国際文化学域220名，地域研究学域130名，国際コミュニケーション学域120名，言語コミュニケーション学域80名〉８学域に18専攻を設置。幅広い領域の学問を融合して，現代社会にふさわしいグローバル人文学を創り上げる。
● 取得可能な資格…教職（国・地歴・公・社・英），司書，司書教諭，学芸員，測量士補など。 ● 進路状況…………就職77.9%　進学8.2% ● 主な就職先………アクセンチュア，島津製作所，スクウェア・エニックス，大和ハウス工業，凸版印刷，星野リゾート，明治安田生命保険，読売新聞大阪本社，楽天グループなど。		
映像学部		
映像	160	▷映画芸術，ゲーム・エンターテインメント，クリエイティブ・テクノロジー，映像マネジメント，社会映像の５つの学びのゾーンを軸に，多様な映像分野を開拓する人材を育成する。

キャンパスアクセス [衣笠キャンパス] JR，近鉄京都線━京都よりバス30 ～ 42分／阪急京都線━西院よりバス13～15分／京阪本線━三条よりバス34～40分／JR山陰本線（嵯峨野線）━円町よりバス8～10分

●取得可能な資格…司書，学芸員。
●進路状況…………就職66.4%　進学5.9%
●主な就職先………アミューズ，エイベックス，NHKテクノロジーズ，Cygames，東映アニメーション，TOHOシネマズ，ニトリ，富士ソフト，祭，USEN-NEXT HOLDINGSなど。

経営学部

国際経営	145	▷経営学の基礎知識を備えながら，国際的な経営やビジネスを理解するための高度な外国語運用能力と国際理解力を修得する。英語で開講される経営学科目を豊富に設置。
経営	650	▷２回生から将来の目標に合わせて専門分野を系統的に学べるように，組織，戦略，マーケティング，会計・ファイナンスの４つのコースを設けている。

●進路状況…………就職85.1%　進学3.0%
●主な就職先………有限責任あずさ監査法人，オムロン，キユーピー，サントリーホールディングス，セブン-イレブン・ジャパン，西日本電信電話，ヤフー，りそな銀行，ロームなど。

政策科学部

政策科	410	▷〈政策科学専攻370名，Community and Regional Policy Studies（CRPS）専攻40名〉国際社会が直面する複雑な問題を複眼的・多角的な視野で調査・分析し，政策を提言できる人材を育成する。CRPSはカリキュラムのすべてを英語で実施。

●進路状況…………就職80.9%　進学6.9%
●主な就職先………国家公務員総合職・一般職，地方公務員（上級職），アクセンチュア，伊藤園，椿本チエイン，ニプロ，パナソニック，三井住友海上火災保険，楽天グループなど。

総合心理学部

総合心理	280	▷「人間」そのものを深く知り，社会のさまざまな課題を解決する力を身につける。認知・行動，発達・キャリア，社会・文化の３つのユニットを組み合わせて，科目を履修する。

●進路状況…………就職68.4%　進学18.1%
●主な就職先………NECソリューションイノベータ，小学館集英社プロダクション，大創産業，太陽生命保険，労働者健康安全機構，ファーストリテイリング，法務省専門職員など。

グローバル教養学部

グローバル教養	100	▷オーストラリア国立大学（ANU）と連携し，すべて英語による４年間の学びの成果として，両大学の学位を取得できるデュアル・ディグリー・プログラムを実現。

●主な就職先………2019年度開設のため卒業生はいない。

経済学部

経済	760	▷〈国際専攻125名，経済専攻635名〉国際専攻では，「外国語＋経済学教育＋海外経験」で，世界で通用する国際人を，経済専攻では，「理論＋現実＋実践」で，現代社会の諸問題を解決する人材を育成する。

●取得可能な資格…教職（地歴・公・社）。
●進路状況…………就職82.4%　進学5.0%
●主な就職先………味の素，SMBC日興証券，双日，有限責任監査法人トーマツ，日本政策金融公庫，博報堂，パナソニック，丸紅，三菱UFJ銀行，ローム，国家公務員総合職など。

スポーツ健康科学部

スポーツ健康科	235	▷スポーツサイエンス，健康運動科学，スポーツ教育学，スポーツマネジメントの４領域。遺伝子から社会まで，スポーツと健康を軸にして「ヒト・ひと・人」を科学する。

キャンパスアクセス ［大阪いばらきキャンパス］ JR東海道本線一茨木より徒歩5分／阪急京都線，大阪モノレール一南茨木より徒歩10分／大阪モノレール一宇野辺より徒歩7分

● 取得可能な資格…教職(保体)など。
● 進路状況…………就職82.5%　進学10.1%
● 主な就職先………アサヒ飲料，アルペン，エーザイ，ソニー，損害保険ジャパン，帝人，日本生命保険，マツダ，山崎製パン，ヤマハ発動機，楽天グループ，良品計画，教員など。

食マネジメント学部		
食マネジメント	320	▷「フードマネジメント」「フードカルチャー」「フードテクノロジー」の３つの観点から「食」を総合的に学ぶ。

● 進路状況…………就職85.9%　進学7.2%
● 主な就職先………アサヒビール，味の素冷凍食品，日本水産，はごろもフーズ，ブルボン，星野リゾート・マネジメント，ポッカサッポロフード＆ビバレッジ，よつば乳業など。

理工学部		
数理科	97	▷〈数学コース45名，データサイエンスコース52名〉数学の研究・活用を通して，人類の福祉と発展に貢献する。
物理科	86	▷めまぐるしく変化し多極化する現代社会を生き抜くための，普遍的で強靱な知的基盤を修得する。
電気電子工	154	▷電気電子工学の技術の進化に寄与する，想像力豊かなグローバルリーダーを育成する。
電子情報工	102	▷エレクトロニクス，コンピュータ，情報通信の３つの分野のプロフェッショナルとして世界で活躍する人材を育成。
機械工	173	▷最先端のテクノロジーを学び，産業・工業のあらゆる分野で人間生活を支える実践的なスキルを修得する。
ロボティクス	90	▷人間支援技術の基礎をバランスよく学修し，幅広い領域で活躍するロボット開発に挑む。
環境都市工	166	▷環境問題の解決と社会基盤の防災を通して，持続可能な社会を構築する。
建築都市デザイン	91	▷美しく健全な国土の実現をめざし，建築と都市をデザインする能力を養う。

● 取得可能な資格…教職(数・理・情・工業)，測量士補，1・2級建築士受験資格など。
● 進路状況…………就職46.3%　進学49.0%
● 主な就職先………エヌ・ティ・ティ・データ，大林組，清水建設，ソニーグループ，デンソー，トヨタ自動車，西日本電信電話，パナソニック，三菱電機，国家公務員総合職など。

情報理工学部		
情報理工	475	▷システムアーキテクト，セキュリティ・ネットワーク，先端社会デザイン，実世界情報，画像・音メディア，知能情報の6コース(計425名)と，英語専修の情報システムグローバルコース(50名)を設置。IoT，AI，データサイエンスなどの情報技術を修得した人材を育成し，新たな未来社会を創造。

● 取得可能な資格…教職(情)など。
● 進路状況…………就職50.2%　進学38.9%
● 主な就職先………アクセンチュア，SCSK，KDDI，サイバーエージェント，大日本印刷，日本放送協会，野村総合研究所，本田技研工業，村田製作所，ヤフー，楽天グループなど。

生命科学部		
応用化	111	▷現代化学の理論と技術を駆使して，現代的課題に原子・分子レベルからアプローチする。
生物工	86	▷バイオテクノロジーを通して，食料，資源・エネルギー，環境の諸問題に挑む。

キャンパスアクセス ［びわこ・くさつキャンパス］ JR東海道本線―南草津よりバス20分／京阪本線―中書島よりバス35分

生命情報	64	▷ゲノムから得られる情報を用いて生命現象を解明する。卒業研究では，新薬開発に向けた分子設計などの応用にも挑戦。
生命医科	64	▷基礎医学・予防医学を重視した医科学教育・研究を展開し，新しい疾病予防法，診断法，治療法などの開発に挑む。

- **取得可能な資格**…教職（理）など。
- **進路状況**…………就職29.7%　進学66.8%
- **主な就職先**………大阪ガス，花王，カシオ計算機，キッセイ薬品工業，京セラ，タカラバイオ，テルモ，東レ，日清紡ホールディングス，日東電工，ファンケル，ライオンなど。

薬学部

薬	100	▷６年制。医療人として「薬を正しく使う」分野・領域を学び，医療現場で必要な研究マインドを持った薬剤師を育成。
創薬科	60	▷４年制。「薬を創る」分野・領域を深く学び，高度な専門知識と研究力を有し，企業や研究機関で活躍できる人材を育成。

- **取得可能な資格**…薬剤師受験資格（薬）など。
- **進路状況**…………［薬］就職81.2%　進学1.2%　［創薬科］就職36.5%　進学58.7%
- **主な就職先**………アステラス製薬，小野薬品工業，協和キリン，サンドラッグ，タカラバイオ，日本調剤，マツモトキヨシ，大阪大学医学部附属病院，麻薬取締官，公務員など。

▶キャンパス

法・産業社会・国際関係・文・映像……［衣笠キャンパス］京都府京都市北区等持院北町56-1
経営・政策科・総合心理・グローバル教養……［大阪いばらきキャンパス］大阪府茨木市岩倉町2-150
経済・スポーツ健康科・食マネジメント・理工・情報理工・生命科・薬……［びわこ・くさつキャンパス］滋賀県草津市野路東1-1-1
※2024年度より，映像学部と情報理工学部が大阪いばらきキャンパスに移転する。

2023年度入試要項（前年度実績）

●募集人員

学部／学科（専攻・学域・コース）	全学統一	学部個別	後期分割	IR／グロ／薬学	共通テスト併用	共通テスト方式	共通テスト後期	AO
▶**法**　法	200	70	20	—	40	120	10	—
▶**産業社会** 現代社会（現代社会）	133	19	15	—	23	26	2	18
（メディア社会）	75	10	7	—	13	16	2	8
（スポーツ社会）	35	5	3	—	4	8	2	5
（子ども社会）	20	3	2	—	2	3	2	2
（人間福祉）	47	9	3	—	8	6	2	11
▶**国際関係** 国際関係（国際関係学）	76	10	4	12	3	10	3	10
（グローバル・スタディーズ）	—	—	—	15	—	—	—	13
アメリカン大学・立命館大学国際連携	—	—	—	—	—	—	—	6
▶**文** 人文（人間研究）	44	11	4	—	5	11	2	5
（日本文学研究）	43	16	4	—	5	11	2	5
（日本史研究）	50	19	4	—	5	11	2	5
（東アジア研究）	31	12	4	—	4	8	2	10
（国際文化）	83	27	8	—	11	19	2	21
（地域研究）	45	18	4	—	5	11	2	9
（国際コミュニケーション）	37	16	4	—	4	9	2	11
（言語コミュニケーション）	22	9	4	—	2	5	2	8
▶**映像**　映像	53	文系 6 理 7	2	—	7	10	1	17
▶**経営**　国際経営	41	8	2	—	2	16	若干名	17
経営	185	43	4	—	12 感性 23	65	3	—
▶**政策科**　政策科	130	20	10	—	20	55	5	11
▶**総合心理** 総合心理	90	文系 15 理系 15	8	—	5	10	2	14
▶**グローバル教養** グローバル教養	—	—	—	—	—	—	—	12

京都　立命館大学

▶経済　経済(国際)	40	—	5	—	5	—	—	10
(経済)	220	30	20	—	15	150	15	10
▶スポーツ健康科　スポーツ健康科	100	文系8 理系5	5	—	5	20	4	15
▶食マネジメント　食マネジメント	105	文系20 理系10	10	—	15	30	5	20
▶理工　数理科(数学)	14	8	2	—	1	5	1	5
(データサイエンス)	15	8	3	—	1	5	1	
物理科	29	14	5	—	2	10	1	10
電気電子工	63	21	8	—	2	15	1	6
電子情報工	41	14	5	—	2	10	1	3
機械工	76	25	8	—	2	15	1	6
ロボティクス	33	11	5	—	2	10	1	3
環境都市工	70	20	8	—	2	15	1	3
建築都市デザイン	41	13	5	—	2	10	1	—
▶情報理工　情報理工(情報システムグローバル)	—	—	—	5	—	—	—	10
(その他のコース)	174	18	15	—	23	53	3	—
▶生命科　応用化	41	15	4	—	3	11	2	3
生物工	30	12	3	—	2	9	2	2
生命情報	22	9	2	—	2	7	1	2
生命医科	22	9	2	—	2	7	1	2
▶薬　薬	15	14	5	28	—	8	若干名	—
創薬科	10	8	3	16	—	5		4

※ＩＲ/グロ/薬学の「グロ」は「共通テスト＋面接」グローバルコース方式で，情報理工学部のみ実施。ＩＲ方式は国際関係学部，薬学方式は薬学部で実施。
※次のように略しています。「経営学部で学ぶ感性＋共通テスト」方式→感性。理系１科目型→理。理系型３教科方式→理系。

▷一般選抜共通テスト方式，「共通テスト＋面接」グローバルコース方式において，英語外部資格試験スコア等保持者への「外国語(英語)」の特例措置があり，出願登録時に特例措置を希望し，以下のスコア等を証明する書類を提出した場合は，共通テストにおける「外国語(英語)」を満点に換算し，合否判定を行う。ただし，共通テストで「外国語(英語)」の受験は必要。
英検(CBT，S-CBTも可)準１級以上，TOEFL iBT（TOEFL iBT Home Editionも対象とする）72点以上，IELTS（Academic Module，CDIも可）Overall Band Score5.5以上，GTEC（オフィシャルスコアに限る）1260点以上，TEAP（４技能）334点以上。
▷共通テストの「英語」の配点は，リーディング100点満点を200点満点に，リスニング100点満点を50点満点に換算し，その上で下記①②の高得点となる方を自動的に採用する。ただし，「共通テスト＋面接」グローバルコース方式はリスニングの受験が必須で①を採用する。
①リーディングとリスニングの合計250点満点を200点に換算
②リーディングのみ200点満点(リスニングを受験しなかった場合を含む)

法学部

一般選抜全学統一方式・学部個別配点方式
3科目 ①**国**(全学100・個別150) ▶国総・現文Ｂ・古典Ｂ(漢文の独立問題は出題しない) ②**外**(全学120・個別150) ▶コミュ英Ⅰ・コミュ英Ⅱ・コミュ英Ⅲ・英表Ⅰ・英表Ⅱ ③**地歴・公民・数**(100) ▶世Ｂ・日Ｂ・地理Ｂ・政経・「数Ⅰ・数Ⅱ・数Ａ・数Ｂ(数列・ベク)」から１

一般選抜共通テスト併用方式 〈共通テスト科目〉 **2科目** ①**国**(100) ▶国(近代) ②**地歴・公民・数**(100) ▶世Ｂ・日Ｂ・地理Ｂ・現社・倫・政経・「倫・政経」・「数Ⅰ・数Ａ」・「数Ⅱ・数Ｂ」から１
〈独自試験科目〉 **2科目** ①**国**(100) ▶国総(近代)・現文Ｂ ②**外**(100) ▶コミュ英Ⅰ・コミュ英Ⅱ・コミュ英Ⅲ・英表Ⅰ・英表Ⅱ

一般選抜後期分割方式(共通テスト併用３教科型) 〈共通テスト科目〉 **1科目** ①**地歴・公民・数**(100) ▶世Ｂ・日Ｂ・地理Ｂ・現社・倫・政経・「倫・政経」・「数Ⅰ・数Ａ」・「数Ⅱ・数Ｂ」から１
〈独自試験科目〉 **2科目** ①**国**(100) ▶国総(近代)・現文Ｂ ②**外**(100) ▶コミュ英Ⅰ・コミュ英Ⅱ・コミュ英Ⅲ・英表Ⅰ・英表Ⅱ

一般選抜共通テスト方式７科目型２月選考
8～7科目 ①**国**(200) ▶国(近代) ②**外**(200) ▶英・独・仏・中から１ ③④**数**(200) ▶「数Ⅰ・数Ａ」・「数Ⅱ・数Ｂ」 ⑤⑥⑦⑧**地歴・公**

民・理(100×3) ▶世Ｂ・日Ｂ・地理Ｂ・「現社・倫・政経・〈倫・政経〉から１」・「物基・化基・生基・地学基から２」・物・化・生・地学から３
[個別試験] 行わない。
一般選抜共通テスト方式５教科型２月選考・３月選考(後期型)　**6〜5**科目　①**国**(200) ▶国(近代)　②**外**(200) ▶英・独・仏・中から１　③④⑤⑥**地歴・公民・数・理**(100×3) ▶世Ｂ・日Ｂ・地理Ｂ・「現社・倫・政経・〈倫・政経〉から１」・「〈数Ⅰ・数Ａ〉・〈数Ⅱ・数Ｂ〉から１」・「〈物基・化基・生基・地学基から２〉・物・化・生・地学から１」から３
[個別試験] 行わない。
一般選抜共通テスト方式３教科型２月選考・３月選考(後期型)　**4〜3**科目　①**国**(200) ▶国(近代)　②**外**(200) ▶英・独・仏・中から１　③④**地歴・公民・数・理**(200) ▶世Ｂ・日Ｂ・地理Ｂ・現社・倫・政経・「倫・政経」・「数Ⅰ・数Ａ」・「数Ⅱ・数Ｂ」・「物基・化基・生基・地学基から２」・物・化・生・地学から１
[個別試験] 行わない。
一般選抜共通テスト方式４教科型３月選考(後期型)　**5〜4**科目　①**国**(200) ▶国(近代)　②**外**(200) ▶英・独・仏・中から１　③④⑤**地歴・公民・数・理**(100×2) ▶世Ｂ・日Ｂ・地理Ｂ・「現社・倫・政経・〈倫・政経〉から１」・「〈数Ⅰ・数Ａ〉・〈数Ⅱ・数Ｂ〉から１」・「〈物基・化基・生基・地学基から２〉・物・化・生・地学から１」から２
[個別試験] 行わない。

産業社会学部

一般選抜全学統一方式・学部個別配点方式　**3**科目　①**国**(全学100・個別150) ▶国総・現文Ｂ・古典Ｂ(漢文の独立問題は出題しない)　②**外**(全学120・個別150) ▶コミュ英Ⅰ・コミュ英Ⅱ・コミュ英Ⅲ・英表Ⅰ・英表Ⅱ　③**地歴・公民・数**(全学100・個別200) ▶世Ｂ・日Ｂ・地理Ｂ・政経・「数Ⅰ・数Ⅱ・数Ａ・数Ｂ(数列・ベク)」から１
一般選抜共通テスト併用方式　**〈共通テスト科目〉**　**2**科目　①**国**(100) ▶国(近代)　②**地歴・公民・数**(100) ▶世Ｂ・日Ｂ・地理Ｂ・現社・倫・政経・「倫・政経」・「数Ⅰ・数Ａ」・「数Ⅱ・数Ｂ」・簿・情から１
〈独自試験科目〉　**2**科目　①**国**(100) ▶国総(近代)・現文Ｂ　②**外**(100) ▶コミュ英Ⅰ・コミュ英Ⅱ・コミュ英Ⅲ・英表Ⅰ・英表Ⅱ
一般選抜後期分割方式　**2**科目　①**国**(100) ▶国総(近代)・現文Ｂ　②**外**(120) ▶コミュ英Ⅰ・コミュ英Ⅱ・コミュ英Ⅲ・英表Ⅰ・英表Ⅱ
一般選抜共通テスト方式７科目型２月選考　**8〜7**科目　①**国**(200) ▶国(近代)　②**外**(200) ▶英・独・仏・中・韓から１　③④⑤⑥⑦⑧**地歴・公民・数・理**(100×5) ▶世Ｂ・日Ｂ・地理Ｂ・「現社・倫・政経・〈倫・政経〉から１」・「数Ⅰ・数Ａ」・「数Ⅱ・数Ｂ」・簿・情・「物基・化基・生基・地学基から２」・物・化・生・地学から５
[個別試験] 行わない。
一般選抜共通テスト方式５教科型２月選考・３月選考(後期型)　**6〜5**科目　①**国**(200) ▶国(近代)　②**外**(200) ▶英・独・仏・中・韓から１　③④⑤⑥**地歴・公民・数・理**(100×3) ▶世Ｂ・日Ｂ・地理Ｂ・「現社・倫・政経・〈倫・政経〉から１」・「〈数Ⅰ・数Ａ〉・〈数Ⅱ・数Ｂ〉・簿・情から１」・「〈物基・化基・生基・地学基から２〉・物・化・生・地学から１」から３
[個別試験] 行わない。
一般選抜共通テスト方式３教科型２月選考・３月選考(後期型)　**4〜3**科目　①**国**(200) ▶国(近代)　②**外**(200) ▶英・独・仏・中・韓から１　③④**地歴・公民・数・理**(100) ▶世Ｂ・日Ｂ・地理Ｂ・現社・倫・政経・「倫・政経」・「数Ⅰ・数Ａ」・「数Ⅱ・数Ｂ」・簿・情・「物基・化基・生基・地学基から２」・物・化・生・地学から１
[個別試験] 行わない。
一般選抜共通テスト方式４教科型３月選考(後期型)　**5〜4**科目　①**国**(200) ▶国(近代)　②**外**(200) ▶英・独・仏・中・韓から１　③④⑤**地歴・公民・数・理**(100×2) ▶世Ｂ・日Ｂ・地理Ｂ・「現社・倫・政経・〈倫・政経〉から１」・「〈数Ⅰ・数Ａ〉・〈数Ⅱ・数Ｂ〉・簿・情から１」・「〈物基・化基・生基・地学基から２〉・物・化・生・地学から１」から２
[個別試験] 行わない。
ＡＯ選抜入試　**[出願資格]**　第１志望，全体の学習成績の状況が3.5以上。
[選考方法]　書類審査(課題論文を含む)，小論文による第１次選考通過者を対象に，個人

面接を行う。

国際関係学部

一般選抜全学統一方式・学部個別配点方式
3科目 ①国(100)▶国総・現文B・古典B(漢文の独立問題は出題しない) ②外(全学150・個別100)▶コミュ英Ⅰ・コミュ英Ⅱ・コミュ英Ⅲ・英表Ⅰ・英表Ⅱ ③**地歴・公民・数**(100)▶世B・日B・地理B・政経・「数Ⅰ・数Ⅱ・数A・数B(数列・ベク)」から1

一般選抜IR方式(英語資格試験利用型)
2科目 ①②**外**(100×2)▶英語(コミュ英Ⅰ・コミュ英Ⅱ・コミュ英Ⅲ・英表Ⅰ・英表Ⅱ)・国際関係に関する英文読解(コミュ英Ⅰ・コミュ英Ⅱ・コミュ英Ⅲ・英表Ⅰ・英表Ⅱ)
※英検(CBT, S-CBTも可)2級以上, TOEFL iBT (TOEFL iBT Home Editionも対象とする) 61点以上, IELTS (Academic Module, CDIも可) Overall Band Score4.5以上, GTEC (オフィシャルスコアに限る) 1050点以上, TEAP (4技能) 255点以上を出願基準とし, スコア等に応じて80点, 90点, 100点のいずれかに換算し, 英語2科目の得点と併せて, 合計300点で判定する。

一般選抜共通テスト併用方式 〈共通テスト科目〉 1科目 ①**地歴・公民・数**(100)▶世B・日B・地理B・現社・倫・政経・「倫・政経」・「数Ⅰ・数A」・「数Ⅱ・数B」から1
〈独自試験科目〉 2科目 ①国(100)▶国総(近代)・現文B ②**外**(150)▶コミュ英Ⅰ・コミュ英Ⅱ・コミュ英Ⅲ・英表Ⅰ・英表Ⅱ

一般選抜後期分割方式 2科目 ①国(100)▶国総(近代)・現文B ②**外**(120)▶コミュ英Ⅰ・コミュ英Ⅱ・コミュ英Ⅲ・英表Ⅰ・英表Ⅱ

一般選抜共通テスト方式7科目型2月選考
8～7科目 ①国(200)▶国 ②**外**(200)▶英・独・仏・中・韓から1 ③④⑤⑥⑦⑧**地歴・公民・数・理**(100×5)▶世B・日B・地理B・「現社・倫・政経・〈倫・政経〉から1」・「数Ⅰ・数A」・「数Ⅱ・数B」・「物基・化基・生基・地学基から2」・物・化・生・地学から5
[個別試験] 行わない。

一般選抜共通テスト方式5教科型2月選考・3月選考(後期型) 6～5科目 ①国(200)▶国(近代) ②**外**(200)▶英・独・仏・中・韓から1 ③④⑤⑥**地歴・公民・数・理**(100×3)▶世B・日B・地理B・「現社・倫・政経・〈倫・政経〉から1」・「〈数Ⅰ・数A〉・〈数Ⅱ・数B〉から1」・「〈物基・化基・生基・地学基から2〉・物・化・生・地学から1」から3
[個別試験] 行わない。

一般選抜共通テスト方式3教科型2月選考・3月選考(後期型) 4～3科目 ①**外**(200)▶英・独・仏・中・韓から1 ②③④**国・地歴・公民・数・理**(200×2)▶国(近代)・世B・日B・地理B・「現社・倫・政経・〈倫・政経〉から1」・「〈数Ⅰ・数A〉・〈数Ⅱ・数B〉から1」・「〈物基・化基・生基・地学基から2〉・物・化・生・地学から1」から2
[個別試験] 行わない。

一般選抜共通テスト方式4教科型3月選考(後期型) 5～4科目 ①**外**(200)▶英・独・仏・中・韓から1 ②③④⑤**国・地歴・公民・数・理**(200×3)▶国(近代)・世B・日B・地理B・「現社・倫・政経・〈倫・政経〉から1」・「〈数Ⅰ・数A〉・〈数Ⅱ・数B〉から1」・「〈物基・化基・生基・地学基から2〉・物・化・生・地学から1」から3
[個別試験] 行わない。

AO選抜入試 **[出願資格]** 第1志望, 指定された英語外部資格試験の基準のうち, いずれかを出願時点で取得しており, 証明書によってその級またはスコアを証明できる者。
[選考方法] 書類審査通過者を対象に, 国際関係学専攻講義選抜方式は, 与えられた資料と講義をもとにグループ・ディスカッションを行い, 小論文を作成。グローバル・スタディーズ専攻総合評価方式とジョイント・ディグリー・プラグラム総合評価方式は, 英語による個人面接を行う。

文学部

一般選抜全学統一方式・学部個別配点方式
3科目 ①国(全学100・個別〈人間・日本文学・東アジア・言語200, その他の学域100〉)▶国総・現文B・古典B(漢文は選択のみ) ②**外**(全学〈国際文化・国際150, その他の学域120〉・個別〈国際200, その他の学域100〉)▶コミュ英Ⅰ・コミュ英Ⅱ・コミュ英Ⅲ・英表Ⅰ・英表Ⅱ ③**地歴・公民・数**(全学100・個別

〈日本史・国際文化・地域200，その他の学域100〉）▶世Ｂ・日Ｂ・地理Ｂ・政経・「数Ⅰ・数Ⅱ・数Ａ・数Ｂ（数列・ベク）」から１

一般選抜共通テスト併用方式　〈共通テスト科目〉　3〜2科目　①国（30）▶国（古文・漢文）　②③**地歴・公民・数・理**（100）▶世Ｂ・日Ｂ・地理Ｂ・現社・倫・政経・「倫・政経」・「数Ⅰ・数Ａ」・「数Ⅱ・数Ｂ」・「物基・化基・生基・地学基から２」・物・化・生・地学から１

〈独自試験科目〉　2科目　①国（70）▶国総（近代）・現文Ｂ　②外（100）▶コミュ英Ⅰ・コミュ英Ⅱ・コミュ英Ⅲ・英表Ⅰ・英表Ⅱ

一般選抜後期分割方式　2科目　①国（100）▶国総（近代）・現文Ｂ　②外（120）▶コミュ英Ⅰ・コミュ英Ⅱ・コミュ英Ⅲ・英表Ⅰ・英表Ⅱ

一般選抜共通テスト方式７科目型２月選考　8〜7科目　①国（200）▶国　②外（200）▶英・独・仏・中・韓から１　③④⑤⑥⑦⑧**地歴・公民・数・理**（100×5）▶世Ｂ・日Ｂ・地理Ｂ・「現社・倫・政経・〈倫・政経〉から１」・「数Ⅰ・数Ａ」・「数Ⅱ・数Ｂ」・「物基・化基・生基・地学基から２」・物・化・生・地学から５

[個別試験]　行わない。

一般選抜共通テスト方式５教科型２月選考・３月選考（後期型）　6〜5科目　①国（200）▶国　②外（200）▶英・独・仏・中・韓から１　③④⑤⑥**地歴・公民・数・理**（100×3）▶世Ｂ・日Ｂ・地理Ｂ・「現社・倫・政経・〈倫・政経〉から１」・「〈数Ⅰ・数Ａ〉・〈数Ⅱ・数Ｂ〉から１」・「〈物基・化基・生基・地学基から２〉・物・化・生・地学から１」から３

[個別試験]　行わない。

一般選抜共通テスト方式３教科型２月選考・３月選考（後期型）　4〜3科目　①国（200）▶国　②外（200）▶英・独・仏・中・韓から１　③④**地歴・公民・数・理**（200）▶世Ｂ・日Ｂ・地理Ｂ・現社・倫・政経・「倫・政経」・「数Ⅰ・数Ａ」・「数Ⅱ・数Ｂ」・「物基・化基・生基・地学基から２」・物・化・生・地学から１

[個別試験]　行わない。

一般選抜共通テスト方式４教科型３月選考（後期型）　5〜4科目　①国（200）▶国　②外（200）▶英・独・仏・中・韓から１　③④⑤**地歴・公民・数・理**（100×2）▶世Ｂ・日Ｂ・地理Ｂ・「現社・倫・政経・〈倫・政経〉から１」・「〈数Ⅰ・数Ａ〉・〈数Ⅱ・数Ｂ〉から１」・「〈物基・化基・生基・地学基から２〉・物・化・生・地学から１」から２

[個別試験]　行わない。

ＡＯ選抜入試　**[出願資格]**　第１志望のほか，課題論文方式は，言語表現活動に関する活動において高校在学中にNHK杯全国高校放送コンテストなど都道府県レベル以上の大会で入賞以上の成績を持つ者。国際方式は指定された語学の外部資格試験の基準のうち，いずれかを出願時点で取得しており，証明書によってその級・スコア等を証明できる者。

[選考方法]　書類審査通過者（課題論文方式は課題論文，マップ・リーディング方式は課題レポート，人文学プロポーズ方式はプロポーザルシートを含む）を対象に，課題論文方式は課題論文，個人面接。国際方式は個人面接。マップ・リーディング方式はセミナーⅠ（マップ・リーディング），セミナーⅡ（個人面接）。人文学プロポーズ方式はプレゼンテーションおよび質疑応答，個人面接を行う。

映像学部

一般選抜全学統一方式・学部個別配点方式文系型　3科目　①国（100）▶国総・現文Ｂ・古典Ｂ（漢文の独立問題は出題しない）　②外（全学120・個別100）▶コミュ英Ⅰ・コミュ英Ⅱ・コミュ英Ⅲ・英表Ⅰ・英表Ⅱ　③**地歴・公民・数**（全学100・個別150）▶世Ｂ・日Ｂ・地理Ｂ・政経・「数Ⅰ・数Ⅱ・数Ａ・数Ｂ（数列・ベク）」から１

一般選抜学部個別配点方式理科１科目型　3科目　①外（150）▶コミュ英Ⅰ・コミュ英Ⅱ・コミュ英Ⅲ・英表Ⅰ・英表Ⅱ　②数（150）▶数Ⅰ・数Ⅱ・数Ⅲ・数Ａ・数Ｂ（数列・ベク）　③理（100）▶「物基・物」・「化基・化」・「生基・生」から１

一般選抜共通テスト併用方式　〈共通テスト科目〉　2〜1科目　①②**地歴・公民・数・理**（100）▶世Ｂ・日Ｂ・地理Ｂ・現社・倫・政経・「倫・政経」・「数Ⅰ・数Ａ」・「数Ⅱ・数Ｂ」・情・「物基・化基・生基・地学基から２」・物・化・生・地学から１

〈独自試験科目〉　2科目　①国（100）▶国総（近代）・現文Ｂ　②外（100）▶コミュ英Ⅰ・コ

ミュ英Ⅱ・コミュ英Ⅲ・英表Ⅰ・英表Ⅱ
一般選抜後期分割方式 【2科目】 ①国(100) ▶国総(近代)・現文B ②外(120) ▶コミュ英Ⅰ・コミュ英Ⅱ・コミュ英Ⅲ・英表Ⅰ・英表Ⅱ
一般選抜共通テスト方式5教科型2月選考・3月選考(後期型) 【6~5科目】 ①外(200) ▶英・独・仏・中・韓から1 ②数(100) ▶数Ⅰ・数A ③④⑤⑥国・地歴・公民・数・理(100×3) ▶国(近代)・世B・日B・地理B・「現社・倫・政経・〈倫・政経〉から1」・「数Ⅱ・数B」・情・「〈物基・化基・生基・地学基から2〉・物・化・生・地学から1」から3
[個別試験] 行わない。
一般選抜共通テスト方式3教科型2月選考・3月選考(後期型) 【4~3科目】 ①外(200) ▶英・独・仏・中・韓から1 ②③④国・地歴・公民・数・理(200×2) ▶国(近代)・世B・日B・地理B・「現社・倫・政経・〈倫・政経〉から1」・「〈数Ⅰ・数A〉・〈数Ⅱ・数B〉・情から1」・「〈物基・化基・生基・地学基から2〉・物・化・生・地学から1」から2
[個別試験] 行わない。
一般選抜共通テスト方式4教科型3月選考(後期型) 【5~4科目】 ①外(200) ▶英・独・仏・中・韓から1 ②③④⑤国・地歴・公民・数・理(200×3) ▶国(近代)・世B・日B・地理B・「現社・倫・政経・〈倫・政経〉から1」・「〈数Ⅰ・数A〉・〈数Ⅱ・数B〉・情から1」・「〈物基・化基・生基・地学基から2〉・物・化・生・地学から1」から3
[個別試験] 行わない。
AO選抜入試 [出願資格] 第1志望。
[選考方法] 書類審査(課題〈物語制作〉を含む)通過者を対象に，映像撮影型は大学が準備する簡便な機器での映像撮影およびその解説文章の作成，絵コンテ作画型は与えられた課題に対する絵コンテの作成をそれぞれ行い，プレゼンテーションおよび個人面接を実施。

経営学部

一般選抜全学統一方式・学部個別配点方式 【3科目】 ①国(100) ▶国総・現文B・古典B(漢文の独立問題は出題しない) ②外(全学120・個別〈国際経営200・経営120〉) ▶コミュ英Ⅰ・コミュ英Ⅱ・コミュ英Ⅲ・英表Ⅰ・英表Ⅱ ③地歴・公民・数(全学100・個別〈国際経営100・経営150〉) ▶世B・日B・地理B・政経・「数Ⅰ・数Ⅱ・数A・数B(数列・ベク)」から1
一般選抜共通テスト併用方式 〈共通テスト科目〉 【2~1科目】 ①②地歴・公民・数・理(100) ▶世B・日B・地理B・現社・倫・政経・「倫・政経」・「数Ⅰ・数A」・「数Ⅱ・数B」・簿・「物基・化基・生基・地学基から2」・物・化・生・地学から1
〈独自試験科目〉 【2科目】 ①国(100) ▶国総(近代)・現文B ②外(100) ▶コミュ英Ⅰ・コミュ英Ⅱ・コミュ英Ⅲ・英表Ⅰ・英表Ⅱ
一般選抜後期分割方式 【2科目】 ①国(100) ▶国総(近代)・現文B ②外(120) ▶コミュ英Ⅰ・コミュ英Ⅱ・コミュ英Ⅲ・英表Ⅰ・英表Ⅱ
一般選抜「経営学部で学ぶ感性＋共通テスト」方式 〈共通テスト科目〉 【4~3科目】 ①外(200) ▶英・独・仏・中から1 ②③④国・地歴・公民・数・理(200×2) ▶国(近代)・世B・日B・地理B・「現社・倫・政経・〈倫・政経〉から1」・「〈数Ⅰ・数A〉・〈数Ⅱ・数B〉・簿から1」・「〈物基・化基・生基・地学基から2〉・物・化・生・地学から1」から2
〈独自試験科目〉 【1科目】 ①「経営学部で学ぶ感性」問題(100) ▶発想力・構想力・文章表現力等を通じ，「感性」を評価
※共通テストの得点率が65%(合計得点390点)以上であることが合格の必要条件。
一般選抜共通テスト方式7科目型2月選考 【8~7科目】 ①国(200) ▶国(近代) ②外(200) ▶英・独・仏・中から1 ③④数(100×2) ▶「数Ⅰ・数A」・「〈数Ⅱ・数B〉・簿から1」 ⑤⑥⑦⑧地歴・公民・理(100×3) ▶世B・日B・地理B・「現社・倫・政経・〈倫・政経〉から1」・「物基・化基・生基・地学基から2」・物・化・生・地学から3
[個別試験] 行わない。
一般選抜共通テスト方式5教科型2月選考・3月選考(後期型) 【6~5科目】 ①国(200) ▶国(近代) ②外(200) ▶英・独・仏・中から1 ③④⑤⑥地歴・公民・数・理(100×3) ▶世B・日B・地理B・「現社・倫・政経・〈倫・政経〉から1」・「〈数Ⅰ・数A〉・〈数Ⅱ・数B〉・簿から1」・「〈物基・化基・生基・地学基から2〉・物・化・生・地学から1」から3

［個別試験］ 行わない。

一般選抜共通テスト方式３教科型２月選考・３月選考（後期型） 【経営学科】 4～3科目 ①外（200）▶英・独・仏・中から１ ②③④国・地歴・公民・数・理（200×2）▶国（近代）・世Ｂ・日Ｂ・地理Ｂ・「現社・倫・政経・〈倫・政経〉から１」・「〈数Ⅰ・数Ａ〉・〈数Ⅱ・数Ｂ〉・簿から１」・「〈物基・化基・生基・地学基から２〉・物・化・生・地学から１」から２

［個別試験］ 行わない。

一般選抜共通テスト方式４教科型３月選考（後期型） 【経営学科】 5～4科目 ①国（200）▶国（近代） ②外（200）▶英・独・仏・中から１ ③④⑤地歴・公民・数・理（100×2）▶世Ｂ・日Ｂ・地理Ｂ・「現社・倫・政経・〈倫・政経〉から１」・「〈数Ⅰ・数Ａ〉・〈数Ⅱ・数Ｂ〉・簿から１」・「〈物基・化基・生基・地学基から２〉・物・化・生・地学から１」から２

［個別試験］ 行わない。

ＡＯ選抜入試 ［出願資格］ 第１志望，指定された英語外部資格試験の基準のうち，いずれかを出願時点で取得しており，証明書によってその級・スコアを証明できる者。

［選考方法］ 書類審査通過者を対象に，個人面接（日本語と英語）を行う。

政策科学部

一般選抜全学統一方式・学部個別配点方式 3科目 ①国（100）▶国総・現文Ｂ・古典Ｂ（漢文の独立問題は出題しない） ②外（全学120・個別100）▶コミュ英Ⅰ・コミュ英Ⅱ・コミュ英Ⅲ・英表Ⅰ・英表Ⅱ ③地歴・公民・数（全学100・個別150）▶世Ｂ・日Ｂ・地理Ｂ・政経・「数Ⅰ・数Ⅱ・数Ａ・数Ｂ（数列・ベク）」から１

一般選抜共通テスト併用方式 〈共通テスト科目〉 2～1科目 ①②地歴・公民・数・理（100）▶世Ｂ・日Ｂ・地理Ｂ・現社・倫・政経・「倫・政経」・「数Ⅰ・数Ａ」・「数Ⅱ・数Ｂ」・「物基・化基・生基・地学基から２」・物・化・生・地学から１

〈独自試験科目〉 2科目 ①国（100）▶国総（近代）・現文Ｂ ②外（100）▶コミュ英Ⅰ・コミュ英Ⅱ・コミュ英Ⅲ・英表Ⅰ・英表Ⅱ

一般選抜後期分割方式 2科目 ①国（100）▶国総（近代）・現文Ｂ ②外（120）▶コミュ英Ⅰ・コミュ英Ⅱ・コミュ英Ⅲ・英表Ⅰ・英表Ⅱ

一般選抜共通テスト方式７科目型２月選考 8～7科目 ①国（200）▶国（近代） ②外（200）▶英・独・仏・中・韓から１ ③④⑤⑥⑦⑧地歴・公民・数・理（100×5）▶世Ｂ・日Ｂ・地理Ｂ・「現社・倫・政経・〈倫・政経〉から１」・「数Ⅰ・数Ａ」・「数Ⅱ・数Ｂ」・「物基・化基・生基・地学基から２」・物・化・生・地学から５

［個別試験］ 行わない。

一般選抜共通テスト方式５教科型２月選考・３月選考（後期型） 6～5科目 ①国（200）▶国（近代） ②外（200）▶英・独・仏・中・韓から１ ③④⑤⑥地歴・公民・数・理（100×3）▶世Ｂ・日Ｂ・地理Ｂ・「現社・倫・政経・〈倫・政経〉から１」・「〈数Ⅰ・数Ａ〉・〈数Ⅱ・数Ｂ〉から１」・「〈物基・化基・生基・地学基から２〉・物・化・生・地学から１」から３

［個別試験］ 行わない。

一般選抜共通テスト方式３教科型２月選考・３月選考（後期型） 4～3科目 ①国（200）▶国（近代） ②外（200）▶英・独・仏・中・韓から１ ③④地歴・公民・数・理（200）▶世Ｂ・日Ｂ・地理Ｂ・現社・倫・政経・「倫・政経」・「数Ⅰ・数Ａ」・「数Ⅱ・数Ｂ」・「物基・化基・生基・地学基から２」・物・化・生・地学から１

［個別試験］ 行わない。

一般選抜共通テスト方式４教科型３月選考（後期型） 5～4科目 ①国（200）▶国（近代） ②外（200）▶英・独・仏・中・韓から１ ③④⑤地歴・公民・数・理（100×2）▶世Ｂ・日Ｂ・地理Ｂ・「現社・倫・政経・〈倫・政経〉から１」・「〈数Ⅰ・数Ａ〉・〈数Ⅱ・数Ｂ〉から１」・「〈物基・化基・生基・地学基から２〉・物・化・生・地学から１」から２

［個別試験］ 行わない。

ＡＯ選抜入試 ［出願資格］ 第１志望。

［選考方法］ 書類審査および政策科学セミナーⅠ（講義に関するレポート）による第１次選考通過者を対象に，個人面接と政策科学セミナーⅡ（グループ・ディスカッション）を行う。

総合心理学部

一般選抜全学統一方式・学部個別配点方式文系型 3科目 ①国（全学100・個別150）▶国総・現文Ｂ・古典Ｂ（漢文の独立問題は出題し

ない) ②外(全学120・個別150)▶コミュ英Ⅰ・コミュ英Ⅱ・コミュ英Ⅲ・英表Ⅰ・英表Ⅱ ③地歴・公民・数(100)▶世B・日B・地理B・政経・「数Ⅰ・数Ⅱ・数A・数B(数列・ベク)」から1

一般選抜理系型3教科方式 3科目 ①外(150)▶コミュ英Ⅰ・コミュ英Ⅱ・コミュ英Ⅲ・英表Ⅰ・英表Ⅱ ②数(150)▶数Ⅰ・数Ⅱ・数A・数B(数列・ベク) ③理(100)▶「物基・物」・「化基・化」・「生基・生」から1

一般選抜共通テスト併用方式 〈共通テスト科目〉 2~1科目 ①②地歴・公民・数・理(100)▶世B・日B・地理B・現社・倫・政経・「倫・政経」・「数Ⅰ・数A」・「数Ⅱ・数B」・「物基・化基・生基・地学基から2」・物・化・生・地学から1

〈独自試験科目〉 2科目 ①国(100)▶国総(近代)・現文B ②外(100)▶コミュ英Ⅰ・コミュ英Ⅱ・コミュ英Ⅲ・英表Ⅰ・英表Ⅱ

一般選抜後期分割方式 2科目 ①国(100)▶国総(近代)・現文B ②外(120)▶コミュ英Ⅰ・コミュ英Ⅱ・コミュ英Ⅲ・英表Ⅰ・英表Ⅱ

一般選抜共通テスト方式7科目型2月選考 8~7科目 ①国(200)▶国(近代) ②外(200)▶英・独・仏・中・韓から1 ③④数(200)▶「数Ⅰ・数A」・「数Ⅱ・数B」 ⑤⑥⑦⑧地歴・公民・理(100×3)▶世B・日B・地理B・「現社・倫・政経・〈倫・政経〉から1」・「物基・化基・生基・地学基から2」・物・化・生・地学から3

[個別試験] 行わない。

一般選抜共通テスト方式5教科型2月選考・3月選考(後期型) 6~5科目 ①国(200)▶国(近代) ②外(200)▶英・独・仏・中・韓から1 ③④⑤⑥地歴・公民・数・理(100×3)▶世B・日B・地理B・「現社・倫・政経・〈倫・政経〉から1」・「数Ⅰ・数A」・「数Ⅱ・数B」・「〈物基・化基・生基・地学基から2〉・物・化・生・地学から1」から3

[個別試験] 行わない。

一般選抜共通テスト方式3教科型2月選考・3月選考(後期型) 4~3科目 ①国(200)▶国(近代) ②外(200)▶英・独・仏・中・韓から1 ③④地歴・公民・数・理(200)▶世B・日B・地理B・現社・倫・政経・「倫・政経」・「数Ⅰ・数A」・「数Ⅱ・数B」・「物基・化基・生基・地学基から2」・物・化・生・地学から1

[個別試験] 行わない。

一般選抜共通テスト方式4教科型3月選考(後期型) 5~4科目 ①国(200)▶国(近代) ②外(200)▶英・独・仏・中・韓から1 ③④⑤地歴・公民・数・理(100×2)▶世B・日B・地理B・「現社・倫・政経・〈倫・政経〉から1」・「数Ⅰ・数A」・「数Ⅱ・数B」・「〈物基・化基・生基・地学基から2〉・物・化・生・地学から1」から2

[個別試験] 行わない。

AO選抜入試 [出願資格] 第1志望。

[選考方法] 書類審査(小論文を含む)通過者を対象に，課題論文，個人面接を行う。

グローバル教養学部

AO選抜入試 [出願資格] 第1志望，指定された英語外部資格試験の基準のうち，いずれかを出願時点で取得しており，証明書によってそのスコアを証明できる者。

[選考方法] 書類審査(英語によるエッセーを含む)通過者を対象に，英語による個人面接(口頭試問を含む)を行う。

経済学部

一般選抜全学統一方式 3科目 ①国(100)▶国総・現文B・古典B(漢文の独立問題は出題しない) ②外(120)▶コミュ英Ⅰ・コミュ英Ⅱ・コミュ英Ⅲ・英表Ⅰ・英表Ⅱ ③地歴・公民・数(100)▶世B・日B・地理B・政経・「数Ⅰ・数Ⅱ・数A・数B(数列・ベク)」から1

一般選抜学部個別配点方式 3科目 ①国(100)▶国総・現文B・古典B(漢文の独立問題は出題しない) ②外(100)▶コミュ英Ⅰ・コミュ英Ⅱ・コミュ英Ⅲ・英表Ⅰ・英表Ⅱ ③数(150)▶数Ⅰ・数Ⅱ・数A・数B(数列・ベク)

一般選抜共通テスト併用方式 〈共通テスト科目〉 5~4科目 ①②数(100)▶「数Ⅰ・数A」・「数Ⅱ・数B」 ③④⑤地歴・公民・理(50×2)▶世B・日B・地理B・「現社・倫・政経・〈倫・政経〉から1」・「〈物基・化基・生基・地学基から2〉・物・化・生・地学から1」から2

〈独自試験科目〉 2科目 ①国(100)▶国総(近代)・現文B ②外(100)▶コミュ英Ⅰ・コ

ミュ英Ⅱ・コミュ英Ⅲ・英表Ⅰ・英表Ⅱ

一般選抜後期分割方式（共通テスト併用３教科型）〈共通テスト科目〉 2～1科目 ①②**地歴・公民・数・理**（100）▶世Ｂ・日Ｂ・地理Ｂ・現社・倫・政経・「倫・政経」・「数Ⅰ・数Ａ」・「数Ⅱ・数Ｂ」・「物基・化基・生基・地学基から２」・物・化・生・地学から１

〈独自試験科目〉 2科目 ①**国**（100）▶国総（近代）・現文Ｂ　②**外**（100）▶コミュ英Ⅰ・コミュ英Ⅱ・コミュ英Ⅲ・英表Ⅰ・英表Ⅱ

一般選抜共通テスト方式７科目型２月選考 8～7科目 ①**国**（200）▶国　②**外**（200）▶英・独・仏・中から１　③④**数**（200）▶「数Ⅰ・数Ａ」・「数Ⅱ・数Ｂ」　⑤⑥⑦⑧**地歴・公民・理**（100×3）▶世Ｂ・日Ｂ・地理Ｂ・「現社・倫・政経・〈倫・政経〉から１」・「物基・化基・生基・地学基から２」・物・化・生・地学から３

［個別試験］ 行わない。

一般選抜共通テスト方式５教科型２月選考・３月選考（後期型） 7～6科目 ①**国**（200）▶国（近代）　②**外**（200）▶英・独・仏・中から１　③④**数**（200）▶「数Ⅰ・数Ａ」・「数Ⅱ・数Ｂ」　⑤⑥⑦**地歴・公民・理**（200×2）▶世Ｂ・日Ｂ・地理Ｂ・「現社・倫・政経・〈倫・政経〉から１」・「〈物基・化基・生基・地学基から２〉・物・化・生・地学から１」から２

［個別試験］ 行わない。

一般選抜共通テスト方式３教科型２月選考・３月選考（後期型） 4～3科目 ①**外**（200）▶英・独・仏・中から１　②③④**国・地歴・公民・数・理**（200×2）▶国（近代）・世Ｂ・日Ｂ・地理Ｂ・「現社・倫・政経・〈倫・政経〉から１」・「〈数Ⅰ・数Ａ〉・〈数Ⅱ・数Ｂ〉から１」・「〈物基・化基・生基・地学基から２〉・物・化・生・地学から１」から２

［個別試験］ 行わない。

一般選抜共通テスト方式４教科型３月選考（後期型） 6～5科目 ①**外**（200）▶英・独・仏・中から１　②③**数**（200）▶「数Ⅰ・数Ａ」・「数Ⅱ・数Ｂ」　④⑤⑥**国・地歴・公民・理**（100×2）▶国（近代）・世Ｂ・日Ｂ・地理Ｂ・「現社・倫・政経・〈倫・政経〉から１」・「〈物基・化基・生基・地学基から２〉・物・化・生・地学から１」から２

［個別試験］ 行わない。

AO選抜入試　**［出願資格］** 第１志望のほか，英語重視方式は，指定された英語外部資格試験の基準のうち，いずれかを出願時点で取得しており，証明書によってその級・スコアを証明できる者。数学重視方式は，2022年度立命館大学UNITE Program（学部指定単元AI学習プログラム）にて，経済学部の修得認定試験に合格し，学習を修了した者。

［選考方法］ 書類審査（志望理由書を含む）通過者を対象に，英語重視方式は個人面接（一部英語での質疑応答を行う），数学重視方式はプレゼンテーションと個人面接を行う。

スポーツ健康科学部

一般選抜全学統一方式・学部個別配点方式 3科目 ①**国**（全学100・個別150）▶国総・現文Ｂ・古典Ｂ（漢文の独立問題は出題しない）②**外**（全学120・個別150）▶コミュ英Ⅰ・コミュ英Ⅱ・コミュ英Ⅲ・英表Ⅰ・英表Ⅱ　③**地歴・公民・数**（100）▶世Ｂ・日Ｂ・地理Ｂ・政経・「数Ⅰ・数Ⅱ・数Ａ・数Ｂ（数列・ベク）」から１

一般選抜理系型３教科方式 3科目 ①**外**（150）▶コミュ英Ⅰ・コミュ英Ⅱ・コミュ英Ⅲ・英表Ⅰ・英表Ⅱ　②**数**（150）▶数Ⅰ・数Ⅱ・数Ａ・数Ｂ（数列・ベク）　③**理**（100）▶「物基・物」・「化基・化」・「生基・生」から１

一般選抜共通テスト併用方式・後期分割方式（共通テスト併用３教科型）〈共通テスト科目〉 2～1科目 ①②**地歴・公民・数・理**（100）▶世Ｂ・日Ｂ・地理Ｂ・現社・倫・政経・「倫・政経」・「数Ⅰ・数Ａ」・「数Ⅱ・数Ｂ」・「物基・化基・生基・地学基から２」・物・化・生・地学から１

〈独自試験科目〉 2科目 ①**国**（100）▶国総（近代）・現文Ｂ　②**外**（100）▶コミュ英Ⅰ・コミュ英Ⅱ・コミュ英Ⅲ・英表Ⅰ・英表Ⅱ

一般選抜共通テスト方式７科目型２月選考 8～7科目 ①**国**（200）▶国（近代）　②**外**（200）▶英・独・仏・中から１　③④**数**（200）▶「数Ⅰ・数Ａ」・「数Ⅱ・数Ｂ」　⑤⑥⑦⑧**地歴・公民・理**（100×3）▶世Ｂ・日Ｂ・地理Ｂ・「現社・倫・政経・〈倫・政経〉から１」・「物基・化基・生基・地学基から２」・物・化・生・地学から３

［個別試験］ 行わない。

一般選抜共通テスト方式５教科型２月選考・３月選考（後期型） 6～5科目 ①**国**（200）▶

国(近代) ②外(200)▶英・独・仏・中から1 ③④⑤⑥**地歴・公民・数・理**(100×3)▶世B・日B・地理B・「現社・倫・政経・〈倫・政経〉から1」・「〈数Ⅰ・数A〉・〈数Ⅱ・数B〉から1」・「〈物基・化基・生基・地学基から2〉・物・化・生・地学から1」から3

[個別試験] 行わない。

一般選抜共通テスト方式4教科型3月選考(後期型) 5~4科目 ①**国**(200)▶国(近代) ②**外**(200)▶英・独・仏・中から1 ③④⑤**地歴・公民・数・理**(100×2)▶世B・日B・地理B・「現社・倫・政経・〈倫・政経〉から1」・「〈数Ⅰ・数A〉・〈数Ⅱ・数B〉から1」・「〈物基・化基・生基・地学基から2〉・物・化・生・地学から1」から2

[個別試験] 行わない。

AO選抜入試 **[出願資格]** 第1志望のほか，グローバル・アスレティックトレーナー型は，指定された英語外部資格試験の基準のうち，いずれかを出願時点で取得しており，証明書によってその級・スコアを証明できる者。教員熱望型は全体の学習成績の状況が3.5以上の者。数学的素養型は，2022年度立命館大学UNITE Program（学部指定単元AI学習プログラム）にて，スポーツ健康科学部の修得認定試験に合格し，学習を修了した者。

[選考方法] 書類審査通過者を対象に，プレゼンテーション用資料作成後，プレゼンテーションと個人面接を行う。

食マネジメント学部

一般選抜全学統一方式・学部個別配点方式 3科目 ①**国**(100)▶国総・現文B・古典B（漢文の独立問題は出題しない） ②**外**(全学120・個別150)▶コミュ英Ⅰ・コミュ英Ⅱ・コミュ英Ⅲ・英表Ⅰ・英表Ⅱ ③**地歴・公民・数**(全学100・個別150)▶世B・日B・地理B・政経・「数Ⅰ・数Ⅱ・数A・数B（数列・ベク）」から1

一般選抜理系型3教科方式 3科目 ①**外**(120)▶コミュ英Ⅰ・コミュ英Ⅱ・コミュ英Ⅲ・英表Ⅰ・英表Ⅱ ②**数**(100)▶数Ⅰ・数Ⅱ・数A・数B（数列・ベク） ③**理**(100)▶「物基・物」・「化基・化」・「生基・生」から1

一般選抜共通テスト併用方式 **〈共通テスト科目〉** 1科目 ①**地歴・公民・数**(100)▶世B・日B・地理B・現社・倫・政経・「倫・政経」・「数Ⅰ・数A」・「数Ⅱ・数B」から1

〈独自試験科目〉 2科目 ①**国**(100)▶国総（近代）・現文B ②**外**(100)▶コミュ英Ⅰ・コミュ英Ⅱ・コミュ英Ⅲ・英表Ⅰ・英表Ⅱ

一般選抜後期分割方式 2科目 ①**国**(100)▶国総（近代）・現文B ②**外**(100)▶コミュ英Ⅰ・コミュ英Ⅱ・コミュ英Ⅲ・英表Ⅰ・英表Ⅱ

一般選抜共通テスト方式7科目型2月選考 8~7科目 ①**国**(200)▶国（近代） ②**外**(200)▶英・独・仏・中・韓から1 ③④**数**(200)▶「数Ⅰ・数A」・「数Ⅱ・数B」 ⑤⑥⑦⑧**地歴・公民・理**(100×3)▶世B・日B・地理B・「現社・倫・政経・〈倫・政経〉から1」・「物基・化基・生基・地学基から2」・物・化・生・地学から3

[個別試験] 行わない。

一般選抜共通テスト方式5教科型2月選考・3月選考(後期型) 6~5科目 ①**国**(200)▶国（近代） ②**外**(200)▶英・独・仏・中・韓から1 ③④⑤⑥**地歴・公民・数・理**(100×3)▶世B・日B・地理B・「現社・倫・政経・〈倫・政経〉から1」・「〈数Ⅰ・数A〉・〈数Ⅱ・数B〉から1」「〈物基・化基・生基・地学基から2〉・物・化・生・地学から1」から3

[個別試験] 行わない。

一般選抜共通テスト方式3教科型2月選考・3月選考(後期型) 4~3科目 ①**国**(200)▶国（近代） ②**外**(200)▶英・独・仏・中・韓から1 ③④**地歴・公民・数・理**(200)▶世B・日B・地理B・現社・倫・政経・「倫・政経」・「数Ⅰ・数A」・「数Ⅱ・数B」「物基・化基・生基・地学基から2」・物・化・生・地学から1

[個別試験] 行わない。

一般選抜共通テスト方式4教科型3月選考(後期型) 5~4科目 ①**国**(200)▶国（近代） ②**外**(200)▶英・独・仏・中・韓から1 ③④⑤**地歴・公民・数・理**(100×2)▶世B・日B・地理B・「現社・倫・政経・〈倫・政経〉から1」・「〈数Ⅰ・数A〉・〈数Ⅱ・数B〉から1」「〈物基・化基・生基・地学基から2〉・物・化・生・地学から1」から2

[個別試験] 行わない。

AO選抜入試 **[出願資格]** プレゼンテーション方式課題論文型と基礎数学型を実施し，基礎数学型は，2022年度立命館大学UNITE Program（学部指定単元AI学習プログラム）にて，食マネジメント学部の修得認定試験に合格し，学習を修了した者。
[選考方法] 書類審査（課題論文を含む）通過者を対象に，プレゼンテーション，個人面接を行う。

理工学部

一般選抜全学統一方式 3科目 ①**外**(100)▶コミュ英Ⅰ・コミュ英Ⅱ・コミュ英Ⅲ・英表Ⅰ・英表Ⅱ ②**数**(100)▶数Ⅰ・数Ⅱ・数Ⅲ・数A・数B（数列・ベク） ③**理**(100)▶「物基・物」・「化基・化」から1，ただし物理科学科は物理必須

一般選抜学部個別配点方式理科1科目型 3科目 ①**外**(100)▶コミュ英Ⅰ・コミュ英Ⅱ・コミュ英Ⅲ・英表Ⅰ・英表Ⅱ ②**数**（数理科200・物理科100・その他の学科150）▶数Ⅰ・数Ⅱ・数Ⅲ・数A・数B（数列・ベク） ③**理**（数理科100・物理科200・その他の学科150）▶［数理科学科・環境都市工学科・建築都市デザイン学科］—「物基・物」・「化基・化」から1，［その他の学科］—物基・物

一般選抜学部個別配点方式理科2科目型 4科目 ①**外**(100)▶コミュ英Ⅰ・コミュ英Ⅱ・コミュ英Ⅲ・英表Ⅰ・英表Ⅱ ②**数**(150)▶数Ⅰ・数Ⅱ・数Ⅲ・数A・数B（数列・ベク） ③④**理**(200)▶［数理科学科］—「物基・物」・「化基・化」・「生基・生」から2，［環境都市工学科・建築都市デザイン学科］—「物基・物」必須，「化基・化」・「生基・生」から1，［その他の学科］—「物基・物」・「化基・化」

一般選抜共通テスト併用方式 〈**共通テスト科目**〉 3科目 ①②**数**(100)▶「数Ⅰ・数A」・「数Ⅱ・数B」 ③**理**(100)▶物・化から1，ただし物理科学科は物理必須
〈**独自試験科目**〉 2科目 ①**外**(100)コミュ英Ⅰ・コミュ英Ⅱ・コミュ英Ⅲ・英表Ⅰ・英表Ⅱ ②**数**(100)▶数Ⅰ・数Ⅱ・数Ⅲ・数A・数B（数列・ベク）

一般選抜後期分割方式 2科目 ①**数**(100)▶数Ⅰ・数Ⅱ・数Ⅲ・数A・数B（数列・ベク） ②**理**(100)▶「物基・物」・「化基・化」から1，ただし物理科学科は物理必須

一般選抜共通テスト方式7科目型2月選考 7科目 ①**国**(100)▶国（近代） ②**外**(100)▶英・独・仏・中から1 ③**地歴・公民**(100)▶世B・日B・地理B・現社・倫・政経・「倫・政経」から1 ④⑤**数**(200)▶「数Ⅰ・数A」・「数Ⅱ・数B」 ⑥⑦**理**（物200・化100）▶物・化
[個別試験] 行わない。

一般選抜共通テスト方式5教科型2月選考・3月選考（後期型） 6科目 ①**国**(100)▶国（近代） ②**外**(100)▶英・独・仏・中から1 ③④**数**(200)▶「数Ⅰ・数A」・「数Ⅱ・数B」 ⑤**理**(200)▶物・化から1，ただし物理科学科は物理必須 ⑥**地歴・公民・理**(100)▶世B・日B・地理B・現社・倫・政経・「倫・政経」・物・化・生から1，ただし上記の理科で採用された科目を除く
[個別試験] 行わない。

一般選抜共通テスト方式3教科型2月選考・3月選考（後期型） 4科目 ①②**数**(200)▶「数Ⅰ・数A」・「数Ⅱ・数B」 ③**理**(200)▶物・化から1，ただし物理科学科は物理必須 ④**国・外・地歴・公民**(100)▶国（近代）・英・独・仏・中・世B・日B・地理B・現社・倫・政経・「倫・政経」から1
[個別試験] 行わない。

一般選抜共通テスト方式4教科型3月選考（後期型） 5科目 ①**国**(100)▶国（近代） ②**外**(100)▶英・独・仏・中から1 ③④**数**(200)▶「数Ⅰ・数A」・「数Ⅱ・数B」 ⑤**理**(100)▶物・化から1，ただし物理科学科は物理必須
[個別試験] 行わない。

AO選抜入試 **[出願資格]** 第1志望，全体および数・理・英それぞれの学習成績の状況が3.0以上で，数Ⅰ・数Ⅱ・数Ⅲ・数A・数Bもしくは理数数学Ⅰ・理数数学Ⅱ・理数数学特論を履修，または実用数学技能検定準1級以上を取得した者，かつ物基・物または理数物理を履修した者。
[選考方法] 数学および物理に関するセミナー（数理科学科と物理科学科は数学に関するセミナー）を行い，その理解度を問う筆記試験と志望理由書による書類審査，面接（口頭試問〈ただし，面接は数理科学科と物理科学科のみ〉）を併せて総合的に判定する。

情報理工学部

一般選抜全学統一方式・学部個別配点方式
3科目 ①外(全学100・個別150)▶コミュ英Ⅰ・コミュ英Ⅱ・コミュ英Ⅲ・英表Ⅰ・英表Ⅱ ②数(全学100・個別150)▶数Ⅰ・数Ⅱ・数Ⅲ・数A・数B(数列・ベク) ③理(100)▶「物基・物」・「化基・化」・「生基・生」から1

一般選抜共通テスト併用方式 〈共通テスト科目〉 2〜1科目 ①②国・数(100)▶国(近代)・「〈数Ⅰ・数A〉・〈数Ⅱ・数B〉」から1
〈独自試験科目〉 2科目 ①外(100)▶コミュ英Ⅰ・コミュ英Ⅱ・コミュ英Ⅲ・英表Ⅰ・英表Ⅱ ②数(200)▶数Ⅰ・数Ⅱ・数Ⅲ・数A・数B(数列・ベク)

一般選抜「共通テスト＋面接」グローバルコース方式 【情報システムグローバルコース】
〈共通テスト科目〉 3科目 ①外(200)▶英(リスニングを含む) ②③数(100)▶「数Ⅰ・数A」・「数Ⅱ・数B」
〈独自試験科目〉 1科目 ①面接(100)▶英語によるオンライン面接
※共通テストにおいて，英語の得点率が80%以上かつ数学の得点率が70%以上，およびオンライン面接の得点率が60%以上であることが合格の必要条件。

一般選抜後期分割方式 2科目 ①数(100)▶数Ⅰ・数Ⅱ・数Ⅲ・数A・数B(数列・ベク) ②理(100)▶「物基・物」・「化基・化」から1

一般選抜共通テスト方式7科目型2月選考
7科目 ①国(100)▶国(近代) ②外(200)▶英 ③④数(200)▶「数Ⅰ・数A」・「数Ⅱ・数B」 ⑤理(200)▶物・化・生から1 ⑥⑦地歴・公民・理(100×2)▶世B・日B・地理B・「現社・倫・政経・〈倫・政経〉から1」・物・化・生から2，ただし上記の理科で採用された科目を除く
[個別試験] 行わない。

一般選抜共通テスト方式5教科型2月選考・3月選考(後期型) 6科目 ①国(100)▶国(近代) ②外(200)▶英 ③④数(200)▶「数Ⅰ・数A」・「数Ⅱ・数B」 ⑤理(200)▶物・化・生から1 ⑥地歴・公民・理(100)▶世B・日B・地理B・現社・倫・政経・「倫・政経」・物・化・生から1，ただし上記の理科で採用された科目を除く
[個別試験] 行わない。

一般選抜共通テスト方式3教科型2月選考・3月選考(後期型) 4科目 ①外(200)▶英 ②③数(200)▶「数Ⅰ・数A」・「数Ⅱ・数B」 ④理(200)▶物・化・生から1
[個別試験] 行わない。

一般選抜共通テスト方式4教科型3月選考(後期型) 5科目 ①国(100)▶国(近代) ②外(200)▶英 ③④数(200)▶「数Ⅰ・数A」・「数Ⅱ・数B」 ⑤理(100)▶物・化・生から1
[個別試験] 行わない。

AO選抜入試 [出願資格] 第1志望，指定された英語外部資格試験を受験し，証明書によってその級・スコアを証明できる者。
[選考方法] 書類審査(英語によるエッセーを含む)，個人面接(英語)を行い，総合的に評価する。

生命科学部

一般選抜全学統一方式・学部個別配点方式理科1科目型 3科目 ①外(100)▶コミュ英Ⅰ・コミュ英Ⅱ・コミュ英Ⅲ・英表Ⅰ・英表Ⅱ ②数(100)▶数Ⅰ・数Ⅱ・数Ⅲ・数A・数B(数列・ベク) ③理(全学100・個別150)▶「物基・物」・「化基・化」・「生基・生」から1

一般選抜学部個別配点方式理科2科目型
4科目 ①外(100)▶コミュ英Ⅰ・コミュ英Ⅱ・コミュ英Ⅲ・英表Ⅰ・英表Ⅱ ②数(100)▶数Ⅰ・数Ⅱ・数Ⅲ・数A・数B(数列・ベク) ③④理(200)▶「物基・物」・「化基・化」・「生基・生」から2

一般選抜共通テスト併用方式 〈共通テスト科目〉 3科目 ①②数(100)▶「数Ⅰ・数A」・「数Ⅱ・数B」 ③理(100)▶物・化・生から1
〈独自試験科目〉 2科目 ①外(100)▶コミュ英Ⅰ・コミュ英Ⅱ・コミュ英Ⅲ・英表Ⅰ・英表Ⅱ ②数(100)▶数Ⅰ・数Ⅱ・数Ⅲ・数A・数B(数列・ベク)

一般選抜後期分割方式 2科目 ①数(100)▶数Ⅰ・数Ⅱ・数Ⅲ・数A・数B(数列・ベク) ②理(100)▶「物基・物」・「化基・化」から1

一般選抜共通テスト方式7科目型2月選考
7科目 ①国(100)▶国(近代) ②外(200)▶英・独・仏・中から1 ③④数(200)▶「数Ⅰ・数A」・「数Ⅱ・数B」 ⑤理(200)▶物・化・生か

ら１ ⑥⑦**地歴・公民・理**(100×2) ▶世Ｂ・日Ｂ・地理Ｂ・「現社・倫・政経・〈倫・政経〉から１」・物・化・生から２，ただし上記の理科で採用された科目を除く
[個別試験] 行わない。

一般選抜共通テスト方式５教科型２月選考・３月選考(後期型) **6**科目 ①**国**(100) ▶国(近代) ②**外**(200) ▶英・独・仏・中から１ ③④**数**(200) ▶「数Ⅰ・数Ａ」・「数Ⅱ・数Ｂ」 ⑤**理**(200) ▶物・化・生から１ ⑥**地歴・公民・理**(100) ▶世Ｂ・日Ｂ・地理Ｂ・現社・倫・政経・「倫・政経」・物・化・生から１，ただし上記の理科で採用された科目を除く
[個別試験] 行わない。

一般選抜共通テスト方式３教科型２月選考・３月選考(後期型) **4**科目 ①②**数**(200) ▶「数Ⅰ・数Ａ」・「数Ⅱ・数Ｂ」 ③**理**(200) ▶物・化・生から１ ④**国・外・地歴・公民**(100) ▶国(近代)・英・独・仏・中・世Ｂ・日Ｂ・地理Ｂ・現社・倫・政経・「倫・政経」から１
[個別試験] 行わない。

一般選抜共通テスト方式４教科型３月選考(後期型) **5**科目 ①**国**(100) ▶国(近代) ②**外**(100) ▶英・独・仏・中から１ ③④**数**(200) ▶「数Ⅰ・数Ａ」・「数Ⅱ・数Ｂ」 ⑤**理**(100) ▶物・化・生から１
[個別試験] 行わない。

ＡＯ選抜入試 **[出願資格]** 第１志望，全体の学習成績の状況が3.5以上で，数Ⅰ・数Ⅱ・数Ⅲ・数Ａ・数Ｂもしくは理数数学Ⅰ・理数数学Ⅱ・理数数学特論を履修(合計16単位以上)，または実用数学技能検定準１級以上を取得した者，かつ物基・物または理数物理，化基・化または理数化学，生基・生または理数生物のうち２つ以上を履修(いずれも合計６単位以上)した者。
[選考方法] 書類審査(活動実績報告書を含む)のほか，プレゼンテーションと質疑応答を行い，総合的に評価する。

薬学部

一般選抜薬学方式 **3**科目 ①**外**(100) ▶コミュ英Ⅰ・コミュ英Ⅱ・コミュ英Ⅲ・英表Ⅰ・英表Ⅱ ②**数**(100) ▶数Ⅰ・数Ⅱ・数Ａ・数Ｂ(数列・ベク) ③**理**(100) ▶「物基・物」・「化基・化」・「生基・生」から１

一般選抜全学統一方式・学部個別配点方式理科１科目型 **3**科目 ①**外**(100) ▶コミュ英Ⅰ・コミュ英Ⅱ・コミュ英Ⅲ・英表Ⅰ・英表Ⅱ ②**数**(100) ▶数Ⅰ・数Ⅱ・数Ⅲ・数Ａ・数Ｂ(数列・ベク) ③**理**(全学100・個別150) ▶「物基・物」・「化基・化」・「生基・生」から１

一般選抜学部個別配点方式理科２科目型 **4**科目 ①**外**(100) ▶コミュ英Ⅰ・コミュ英Ⅱ・コミュ英Ⅲ・英表Ⅰ・英表Ⅱ ②**数**(100) ▶数Ⅰ・数Ⅱ・数Ⅲ・数Ａ・数Ｂ(数列・ベク) ③④**理**(200) ▶「物基・物」・「化基・化」・「生基・生」から２

一般選抜後期分割方式 **2**科目 ①**数**(100) ▶数Ⅰ・数Ⅱ・数Ⅲ・数Ａ・数Ｂ(数列・ベク) ②**理**(100) ▶「物基・物」・「化基・化」から１

一般選抜共通テスト方式７科目型２月選考 **7**科目 ①**国**(100) ▶国(近代) ②**外**(200) ▶英 ③④**数**(200) ▶「数Ⅰ・数Ａ」・「数Ⅱ・数Ｂ」 ⑤⑥**理**(150×2) ▶物・化・生から２ ⑦**地歴・公民**(100) ▶世Ｂ・日Ｂ・地理Ｂ・現社・倫・政経・「倫・政経」から１
[個別試験] 行わない。

一般選抜共通テスト方式３教科型２月選考・３月選考(後期型) **4**科目 ①**外**(100) ▶英 ②③**数**(200) ▶「数Ⅰ・数Ａ」・「数Ⅱ・数Ｂ」 ④**理**(200) ▶物・化・生から１
[個別試験] 行わない。

ＡＯ選抜入試 **[出願資格]** 第１志望のほか，数Ⅰ・数Ⅱ・数Ⅲ・数Ａ・数Ｂもしくは理数数学Ⅰ・理数数学Ⅱ・理数数学特論を履修(合計16単位以上)，または実用数学技能検定準１級以上を取得した者，かつ物基・物または理数物理，化基・化または理数化学，生基・生または理数生物のうち２つ以上を履修(いずれも合計６単位以上)した者。
[選考方法] 書類審査，化学反応の速さを求める実験(講義を含む)・レポート作成，個人面接を行い，総合的に評価する。

その他の選抜

文化・芸術活動に優れた者の特別選抜入試，スポーツ能力に優れた者の特別選抜入試，AO英語基準入試，推薦英語基準入試，推薦入試(指定校制)，高大連携特別推薦入試(協

定校)，提携校推薦入試，附属校推薦入試(学内推薦)，学内特別選抜入試，帰国生徒(外国学校就学経験者)入試，外国人留学生入試。

偏差値データ (2023年度)

●一般選抜(全学統一方式・学部個別配点方式・IR方式・薬学方式)

学部／学科／専攻・学域・コース	2023年度 駿台予備学校 合格目標ライン	2023年度 河合塾 ボーダー偏差値	2022年度実績 募集人員	受験者数	合格者数	合格最低点	競争率 '22年	競争率 '21年
法学部								
法(全学統一)	52	55	185	2,875	1,210	207/320	2.4	2.5
(学部個別)	51	55	65	642	241	270/400	2.7	2.3
産業社会学部								
現代社会/現代社会(全学統一)	50	55	133	2,068	692	204/320	3.0	2.6
(学部個別)	50	55	19	424	112	268/400	3.8	2.5
／メディア社会(全学統一)	50	55	75	934	316	201/320	3.0	2.5
(学部個別)	50	55	10	177	50	264/400	3.5	2.7
／スポーツ社会(全学統一)	49	55	35	444	109	200/320	4.1	2.7
(学部個別)	49	55	5	92	20	264/400	4.6	3.4
／子ども社会(全学統一)	51	55	20	259	81	200/320	3.2	2.5
(学部個別)	51	55	3	51	10	268/400	5.1	2.6
／人間福祉(全学統一)	50	55	47	587	176	200/320	3.3	2.6
(学部個別)	50	55	9	101	16	268/400	6.3	3.0
国際関係学部								
国際関係/国際関係(全学統一)	53	57.5	79	1,007	382	240/350	2.6	2.3
(学部個別)	54	57.5	7	143	44	213/300	3.3	2.3
(IR方式)	53	67.5	12	322	78	231/300	4.1	3.7
／グローバル・スタディーズ(IR方式)	54	67.5	15	244	45	235/300	5.4	4.8
文学部								
人文／人間研究(全学統一)	53	55	44	462	152	212/320	3.0	2.9
(学部個別)	52	55	11	147	48	263/400	3.1	3.1
／日本文学研究(全学統一)	53	57.5	43	700	230	209/320	3.0	2.5
(学部個別)	53	57.5	16	228	74	267/400	3.1	2.6
／日本史研究(全学統一)	54	57.5	50	845	268	216/320	3.2	2.8
(学部個別)	54	57.5	19	311	95	280/400	3.3	2.7
／東アジア研究(全学統一)	52	55	31	291	104	214/320	2.8	2.6
(学部個別)	52	55	12	75	26	264/400	2.9	2.8
／国際文化(全学統一)	53	57.5	83	782	284	237/350	2.8	2.7
(学部個別)	54	57.5	27	225	80	273/400	2.8	2.8
／地域研究(全学統一)	51	55	45	268	129	200/320	2.1	2.7
(学部個別)	52	55	18	106	50	253/400	2.1	2.6
／国際コミュニケーション(全学統一)	51	55	37	396	177	230/350	2.2	2.3
(学部個別)	51	55	16	116	51	272/400	2.3	2.4
／言語コミュニケーション(全学統一)	52	57.5	22	238	76	219/320	3.1	2.6

学部／学科／専攻・学域・コース	2023年度		2022年度実績					
	駿台予備学校	河合塾	募集人員	受験者数	合格者数	合格最低点	競争率	
	合格目標ライン	ボーダー偏差値					'22年	'21年
(学部個別)	52	57.5	9	61	17	267/400	3.6	2.9
映像学部								
映像(全学統一)	48	55	53	876	190	212/320	4.6	5.2
(学部個別文系)	48	55	6	170	32	231/350	5.3	7.7
(学部個別理科)	48	55	7	99	22	266/400	4.5	4.6
経営学部								
国際経営(全学統一)	50	55	41	1,163	375	213/320	3.1	3.3
(学部個別)	50	55	8	125	58	273/400	2.2	3.0
経営(全学統一)	50	55	185	3,280	1,035	212/320	3.2	3.4
(学部個別)	50	55	43	641	202	248/370	3.2	3.4
政策科学部								
政策科(全学統一)	51	55	130	1,382	556	202/320	2.5	2.9
(学部個別)	51	55	20	206	64	228/350	3.2	5.3
総合心理学部								
総合心理(全学統一)	53	57.5	90	1,196	364	216/320	3.3	3.8
(学部個別文系)	54	57.5	15	322	91	280/400	3.5	3.1
(理系型３教科)	53	57.5	15	65	20	275/400	3.3	3.0
経済学部								
経済／国際(全学統一)	51	52.5	40	781	243	205/320	3.2	3.1
／経済(全学統一)	50	52.5	220	2,514	1,067	195/320	2.4	2.4
(学部個別)	50	52.5	30	335	119	215/350	2.8	3.1
スポーツ健康科学部								
スポーツ健康科(全学統一)	49	52.5	105	988	383	183/320	2.6	2.5
(学部個別文系)	49	52.5	8	141	47	243/400	3.0	3.5
(理系型３教科)	49	55	8	103	39	242/400	2.6	3.8
食マネジメント学部								
食マネジメント(全学統一)	51	52.5	110	901	256	202/320	3.5	3.9
(学部個別)	51	52.5	20	301	142	236/400	2.1	2.2
(理系型３教科)	51	55	10	146	49	200/320	3.0	3.3
理工学部								
数理科／数学(全学統一)	52	52.5	14	338	122	180/300	2.8	2.0
(学部個別理科１科目)	50	52.5	8	121	41	245/400	3.0	2.0
(学部個別理科２科目)	51	52.5		24	14	299/450	1.7	2.1
／データサイエンス(全学統一)	49	50	15	218	115	150/300	1.9	2.3
(学部個別理科１科目)	48	50	8	85	59	190/400	1.4	2.0
(学部個別理科２科目)	48	50		9	5	272/450	1.8	2.0
物理科(全学統一)	51	50	29	455	258	172/300	1.8	1.6
(学部個別理科１科目)	49	50	14	146	94	225/400	1.6	1.6
(学部個別理科２科目)	50	50		41	27	319/450	1.5	1.5
電気電子工(全学統一)	50	50	63	1,115	551	166/300	2.0	1.8
(学部個別理科１科目)	48	50	21	326	163	225/400	2.0	1.8
(学部個別理科２科目)	49	50		85	27	332/450	3.1	2.3

学部／学科／専攻・学域・コース	2023年度 駿台予備学校 合格目標ライン	2023年度 河合塾 ボーダー偏差値	2022年度実績 募集人員	受験者数	合格者数	合格最低点	競争率 '22年	競争率 '21年
電子情報工(全学統一)	50	52.5	41	987	383	178/300	2.6	2.1
(学部個別理科１科目)	47	52.5	14	276	67	267/400	4.1	2.0
(学部個別理科２科目)	50	52.5		86	21	342/450	4.1	2.0
機械工(全学統一)	52	52.5	76	1,364	711	162/300	1.9	1.9
(学部個別理科１科目)	51	52.5	25	344	169	237/400	2.0	2.1
(学部個別理科２科目)	51	52.5		114	56	312/450	2.0	1.9
ロボティクス(全学統一)	50	50	33	864	479	160/300	1.8	1.9
(学部個別理科１科目)	49	50	11	236	129	225/400	1.8	2.1
(学部個別理科２科目)	49	50		65	38	303/450	1.7	2.2
環境都市工(全学統一)	49	50	70	966	477	165/300	2.0	1.6
(学部個別理科１科目)	49	50	20	324	155	232/400	2.1	1.6
(学部個別理科２科目)	50	50		55	29	300/450	1.9	1.5
建築都市デザイン(全学統一)	52	57.5	41	1,043	301	191/300	3.5	2.9
(学部個別理科１科目)	50	57.5	13	314	70	271/400	4.5	3.2
(学部個別理科２科目)	51	57.5		52	8	349/450	6.5	2.7
情報理工学部								
情報理工(全学統一)	50	52.5	174	2,126	775	176/300	2.7	2.3
(学部個別)	49	52.5	18	529	124	264/400	4.3	3.8
生命科学部								
応用化(全学統一)	50	52.5	41	983	531	168/300	1.9	1.9
(学部個別理科１科目)	51	52.5	15	276	109	222/350	2.5	2.1
(学部個別理科２科目)	50	52.5		100	76	258/400	1.3	1.7
生物工(全学統一)	50	52.5	30	688	358	165/300	1.9	1.9
(学部個別理科１科目)	51	52.5	12	181	70	221/350	2.6	2.3
(学部個別理科２科目)	50	52.5		69	44	258/400	1.6	1.7
生命情報(全学統一)	52	52.5	22	597	309	162/300	1.9	1.8
(学部個別理科１科目)	50	52.5	9	161	71	212/350	2.3	2.6
(学部個別理科２科目)	50	52.5		65	43	253/400	1.5	1.4
生命医科(全学統一)	53	52.5	22	512	248	174/300	2.1	1.9
(学部個別理科１科目)	52	52.5	9	111	37	230/350	3.0	2.9
(学部個別理科２科目)	52	52.5		53	33	263/400	1.6	2.1
薬学部								
薬(薬学方式)	54	57.5	28	582	261	192/300	2.2	1.9
(全学統一)	54	57.5	15	204	109	186/300	1.9	2.0
(学部個別理科１科目)	53	57.5	14	94	38	219/350	2.5	2.4
(学部個別理科２科目)	54	55		56	29	280/400	1.9	2.2
創薬科(薬学方式)	50	55	16	394	242	168/300	1.6	1.3
(全学統一)	52	55	10	134	93	163/300	1.4	1.5
(学部個別理科１科目)	50	55	8	32	12	213/350	2.7	1.4
(学部個別理科２科目)	52	55		20	14	280/400	1.4	1.5

- 駿台予備学校合格目標ラインは合格可能性80%に相当する駿台模試の偏差値です。
- 競争率は受験者÷合格者の実質倍率
- 河合塾ボーダー偏差値は合格可能性50%に相当する河合塾全統模試の偏差値です。

併設の教育機関 大学院

法学研究科

教員数▶59名
院生数▶46名
博士前期課程 ●法学専攻　研究，公務行政，リーガル・スペシャリスト，法政リサーチの４コース。税理士試験の科目免除にも対応したカリキュラムを提供。
博士後期課程 法学専攻

社会学研究科

教員数▶99名
院生数▶132名
博士前期課程 ●応用社会学専攻　現代社会，人間福祉，スポーツ社会，メディア社会の４つの研究領域を設け，時には領域を横断しながら，専門性と実践力を磨く。
博士後期課程 応用社会学専攻

国際関係研究科

教員数▶61名
院生数▶183名
博士前期課程 ●国際関係学専攻　日本語と英語という学修言語で分かれる２つのプログラムで構成し，日本から見た世界を，世界から見た日本を視点にした研究を学ぶ。
博士後期課程 国際関係学専攻

文学研究科

教員数▶93名
院生数▶186名
博士前期課程 ●人文学専攻　哲学，教育人間学，日本文学，中国文学・思想，英米文学，日本史学，東洋史学，西洋史学，現代東アジア言語・文化学，英語圏文化，文化動態学の11専修。
●行動文化情報学専攻　地理学，文化情報学，考古学・文化遺産の３専修。伝統的な人文学に加え，情報技術と人文学を融合させた，これまでにない新しい学問分野を展開。
博士後期課程 人文学専攻，行動文化情報学専攻

映像研究科

教員数▶19名
院生数▶21名
修士課程 ●映像専攻　映像文化への横断的思考を養い，プロデューサー・マインドを備えたビジュアル・ディレクターを育成する。

経営学研究科

教員数▶53名
院生数▶112名
博士前期課程 ●企業経営専攻　これからの企業経営の展開を視野に先進的で多面的な教育を行い，グローバル化する社会の中で組織のリーダーシップを発揮し得る人材を育成。
博士後期課程 企業経営専攻

政策科学研究科

教員数▶49名
院生数▶87名
博士前期課程 ●政策科学専攻　政策課題に応じたプロジェクト型の研究指導体制で，現代社会が直面する政策課題の理解と適切な解決策の創造に関する研究能力を養う。
博士後期課程 政策科学専攻

経済学研究科

教員数▶57名
院生数▶107名
博士前期課程 ●経済学専攻　経済理論・政策，地域経済・地域マネジメント，税理・財務，MPEDの４コース。経済学をベースとした「知のプロフェッショナル」を養成する。
博士後期課程 経済学専攻

スポーツ健康科学研究科

教員数▶24名
院生数▶114名
博士前期課程 ●スポーツ健康科学専攻 身体運動科学，スポーツ人文・社会科学の2領域。文理融合で「ヒト・ひと・人を科学する」ための学びを展開。
博士後期課程 スポーツ健康科学専攻

食マネジメント研究科

教員数▶26名
院生数▶40名
博士前期課程 ●食マネジメント専攻 経済学・経営学の専門的知見を用いて，食に関わる経済活動を研究し，実践的なマネジメント能力を備えた人材を育成する。
博士後期課程 食マネジメント専攻

理工学研究科

教員数▶167名
院生数▶898名
博士前期課程 ●基礎理工学専攻 数理科学，物理科学の2コース。多分野とも関連を持って発展する学問分野を研究する。
●電子システム専攻 電子システムコースを設置。エレクトロニクスや光工学，高性能かつ大規模な電子・情報システムなど，多岐にわたる電気電子工学領域を研究する。
●機械システム専攻 機械工学，ロボティクス，マイクロ機械の3コース。融合分野をも包括した教育・研究を行う。
●環境都市専攻 都市システム工学，環境システム工学，建築都市デザインの３コース。安全な社会生活を送るために解決すべき課題について教育・研究を行う。
博士後期課程 基礎理工学専攻，電子システム専攻，機械システム専攻，環境都市専攻

情報理工学研究科

教員数▶52名
院生数▶435名
博士前期課程 ●情報理工学専攻 計算機科学，人間情報科学の２コース。海外IT研修や海外インターンシッププログラムも展開し，国際舞台で活躍できる人材を育成する。
博士後期課程 情報理工学専攻

生命科学研究科

教員数▶37名
院生数▶335名
博士前期課程 ●生命科学専攻 応用化学，生物工学，生命情報学，生命医科学の4コース。薬学部と連携した，より幅広いライフサイエンス教育を実施。
博士後期課程 生命科学専攻

薬学研究科

教員数▶40名
院生数▶80名
博士前期課程 ●薬科学専攻 医薬品創製のプロセスを５つの分野に分類し，専門分野に応じた基盤的な知識および先端的な研究技術が取得できる教育・研究体制を整備。
４年制博士課程 ●薬学専攻 医療薬学と病態生理解析の２つの分野を設けて教育・研究を行い，地域や社会に貢献できる有為な人材を育成する。
博士後期課程 薬科学専攻

人間科学研究科

教員数▶46名
院生数▶231名
博士前期課程 ●人間科学専攻 心理学，臨床心理，実践人間科学の３領域。「臨床心理士」の第１種指定大学院であり，「公認心理師」の認定プログラムにも対応。
博士後期課程 人間科学専攻

言語教育情報研究科

教員数▶13名
院生数▶71名
修士課程 ●言語教育情報専攻 英語教育

学，日本語教育学の２つのプログラムと言語情報コミュニケーションコースを設置し，「言葉を探る，言葉を教える」教育研究を展開。

先端総合学術研究科

教員数▶12名
院生数▶186名
５年一貫制博士課程 ●先端総合学術専攻 「核心としての倫理」を軸として，「公共」「生命」「共生」「表象」という4つのテーマ領域のもとで，先端的なテーマを総合的に研究し，研究者を育成する。

テクノロジー・マネジメント研究科

教員数▶12名
院生数▶155名
博士前期課程 ●テクノロジー・マネジメント専攻 技術基盤企業の組織やマーケティング，戦略経営，知的財産などに加えて技術経営に関わる分野も網羅したカリキュラム。
博士後期課程 テクノロジー・マネジメント専攻

法務研究科

教員数▶30名
院生数▶131名
専門職学位課程 ●法曹養成専攻 市民的な感覚を備えながら，地球的な規模で考え行動する「地球市民法曹」を養成する。苦手意識を持つ者も多い「訴訟法」分野を大幅強化。

経営管理研究科

教員数▶12名
院生数▶122名
専門職学位課程 ●経営管理専攻 対象者別のマネジメント，キャリア形成の２プログラムを設置し，ビジネスを創造するリーダーを育成する。MBA取得可。

教職研究科

教員数▶13名
院生数▶59名
専門職学位課程 ●実践教育専攻 急速に変化する社会の中で求められる高度な実践教育を行い，学校現場の課題に柔軟に対応できる，教員としての総合的な力を身につける。

龍谷大学（りゅうこく）

RYUKOKU UNIVERSITY

資料請求

問合せ先 入試部 ☎0570-017887

建学の精神

1639（寛永16）年に，西本願寺境内に設けられた教育施設「学寮」を始まりとする，わが国屈指の歴史を有する大学。以来，最高の教学環境を提供することをめざし，先進的な取り組みを続けてきたその進取の気風は今も昔も脈々と受け継がれ，戦後の研究の高度化推進事業，仏教系大学初の理工学部（現先端理工学部）ならびに農学部創設をはじめ，インターンシップ制度の拡充やカリキュラム改革など，教育体制の充実に注力。「世界中のあらゆる人々の無限の可能性」を追求するというスローガン「You.Unlimited」のもと，建学の精神である「浄土真宗の精神」に基づいた「平等」「自立」「内省」「感謝」「平和」の５つの心を身につけ，「真実を求め，真実に生き，真実を顕かにする」ことのできる「まごころある市民」を育成している。

- 深草キャンパス……〒612-8577　京都府京都市伏見区深草塚本町67
- 大宮キャンパス……〒600-8268　京都府京都市下京区七条通大宮東入大工町125番地の1
- 瀬田キャンパス……〒520-2194　滋賀県大津市瀬田大江町横谷1番5

基本データ

学生数▶19,951名（男12,561名，女7,390名）
専任教員数▶教授303名，准教授139名，講師47名
設置学部▶心理，文，経済，経営，法，政策，国際，先端理工，社会，農
併設教育機関▶大学院ー文学・法学・経済学・経営学・社会学・理工学・国際学・政策学・農学（以上M・D），実践真宗学（M）　短期大学部（P.973参照）

就職・卒業後の進路

就職率 96.7%（就職者÷希望者×100）

● **就職支援**　生涯を通して自分らしい生き方を実現するための力や考え方を早期から育むキャリア教育と，主体的な進路選択を多様なプログラムと個人面談でサポートする進路・就職支援を二本柱として支援。多様化する社会や就職環境の変化に柔軟に対応した，きめ細やかで丁寧な支援を提供し，一人ひとりの夢や目標の実現を全面的にバックアップ。

● **資格取得支援**　資格取得等に信頼と実績のある予備校等と連携し，各種資格試験対策や

進路指導者も必見 学生を伸ばす 面倒見

初年次教育
本学の建学の精神を学ぶための必修科目「仏教の思想」のほか，「フレッシャーズゼミ」「基礎演習」「入門ゼミ」などを各学部で開講。2022年度から，「データサイエンス・AIリテラシープログラム」を開設している

学修サポート
1989年に日本で初めて本格的に導入したTA制度やオフィスアワー制度を実施。ライティングチューターがレポートや卒論，発表レジュメなど"書くこと"にまつわるサポートを行うライティングサポートセンターを設置

オープンキャンパス（2023年度予定）　春のオープンキャンパス（深草C）を3月26日，夏のオープンキャンパス（3キャンパス）を８月５・６・26・27日，秋のオープンキャンパス（深草C）を９月24日に開催予定。

英語能力の向上など，一人ひとりの夢の実現をサポートする課外講座を多数開講している。

文系学部
2022年３月卒業生
3,657人

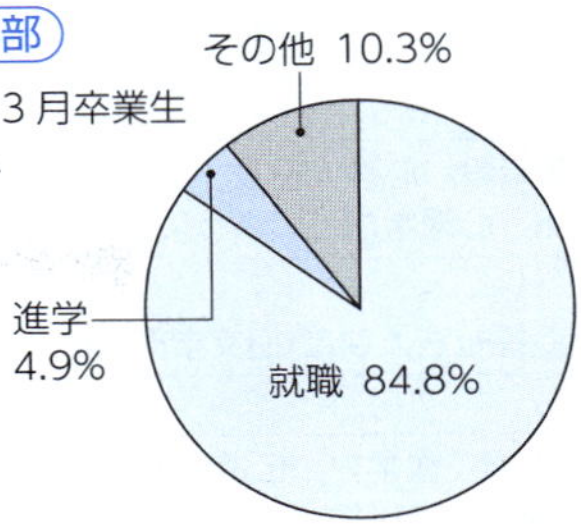

理系学部
2022年３月卒業生
880人

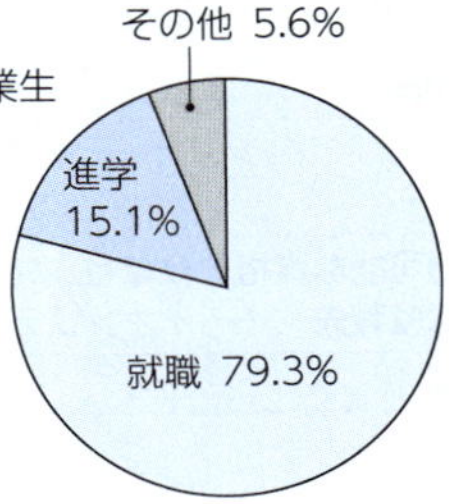

主なOB・OG ▶ [文]中西正樹(アミューズ社長)，[文]つじあやの(ミュージシャン)，[経済]高須光聖(放送作家)，[経済]小林淳二(アシックスジャパン社長)，[経営]石井謙司(ヤマハ発動機販売社長)など。

国際化・留学

大学間 205 大学等

受入れ留学生数 ▶ 396名（2022年５月１日現在）

留学生の出身国 ▶ 中国，ベトナム，韓国，アメリカ，タイなど。

外国人専任教員 ▶ 教授21名，准教授７名，講師３名（2022年５月１日現在）

外国人専任教員の出身国 ▶ NA

大学間交流協定 ▶ 205大学・機関（交換留学先131大学，2022年３月現在）

海外への留学生数 ▶ 422名／年（2021年度，オンライン研修を含む）

海外留学制度 ▶ 協定校から留学先を選択できる交換留学，海外拠点である龍谷大学バークレーセンターで展開されるBIE Program，教養教育科目である海外英語研修，短期海外派遣プログラム，自分で行き先と期間を決定し，大学の許可を得て留学する私費留学など，海外で学ぶ機会を豊富に用意している。

学費・奨学金制度

入学金 ▶ 260,000円～

年間授業料(施設費等を除く) ▶ 761,000円～(詳細は巻末資料参照)

年間奨学金総額 ▶ NA

年間奨学金受給者数 ▶ NA

主な奨学金制度 ▶ 家計の急変や自然災害の被災により，修学が困難になった学生を対象とした「家計急変奨学生」「災害給付奨学生」，２年次以降の成績優秀者対象の「アカデミック・スカラシップ奨学生（在学採用型）」，近畿圏外からの入学者向けの「近畿圏外からの進学支援奨学金」などの制度を設置。

保護者向けインフォメーション

● **成績確認**　成績表を年２回送付している。
● **親和会**　保護者会組織の親和会があり，懇談会を開催し，学修や就職支援などについて説明している。情報冊子「親和会だより」も発行。
● **就活支援ガイド**　「保護者のための就職支援ガイド」を発行している。
● **防災対策**　災害時の学生の安否は，ポータルサイトを利用して確認するようにしている。
● **コロナ対策１**　ワクチンの職域接種を実施。感染状況に応じた５段階のBCP（行動指針）を設定。「コロナ対策２」（下段）あり。

インターンシップ科目	必修専門ゼミ	卒業論文	GPA制度の導入の有無および活用例	１年以内の退学率	標準年限での卒業率
全学部で開講している	学部・学科により異なる	学部・学科により異なる	成績優秀者に対する奨学金の選考や派遣留学生の選考などに活用	NA	NA

● **コロナ対策２**　感染状況に応じて対面授業とオンライン授業を併用し，希望者にノートPC・Wi-Fiルータのレンタルサービスを実施。2022年度に関しては，前期・後期とも原則対面授業を実施。

学部紹介

学部／学科・課程	定員	特色
心理学部		
心理	255	▷NEW! '23年新設。心理学基礎，データサイエンス，キャリア啓発を柱に，心理学がどのように活用されるのかを学ぶ。
●取得可能な資格…教職（公）など。 ●主な就職先………イオンリテール，ニチイ学館，社会福祉法人など（旧文学部臨床心理学科実績）。		
文学部		
真宗	145	▷教理史，教義学，教学史，伝道学の４コース。親鸞の教えを通じて，人間として“生きる”ことの真の意味を探究する。
仏教	118	▷アジアの仏教と文化，日本の仏教と文化の２コース。アジア地域に広まった仏教の思想と文化を幅広い視点から追究。
哲	148	▷〈哲学専攻74名，教育学専攻74名〉哲学専攻では論理的思考力を養う。教育学専攻では教育のあり方を多角的に追究。
歴史	267	▷〈日本史学専攻81名，東洋史学専攻74名，仏教史学専攻65名，文化遺産学専攻47名〉
日本語日本文	101	▷古典文学，近代文学，情報出版学，日本語学の４コース。多彩な授業を組み合わせて，複眼的な思考を鍛錬する。
英語英米文	101	▷英文学，米文学，英語学，英米文化の４コース。ネイティブ教員の授業で英語コミュニケーション能力を養う。
●取得可能な資格…教職（国・地歴・公・社・英・宗），司書，司書教諭，学芸員など。 ●進路状況…………就職78.7％　進学8.7％ ●主な就職先………大和ハウス工業，京都銀行，ディップ，東海旅客鉄道，京都府教育委員会など。		
経済学部		
		▶２学科一括で募集し，２年次後期から各学科に分属。
現代経済	600	▷経済動向の把握や客観的なデータ分析と計画，立案，提言の能力を修得し，問題解決を提案できる人材を育成する。
国際経済		▷国際経済，開発経済，経済史を中心に学び，世界の人々と協力しながら，迅速に問題解決ができる人材を育成する。
●取得可能な資格…教職（地歴・公・社），司書，司書教諭など。 ●進路状況…………就職87.1％　進学2.1％ ●主な就職先………NECネッツエスアイ，伊藤園，あさひ，三井住友銀行，JTB，ソフトバンクなど。		
経営学部		
経営	519	▷経営，会計の２コース。ビジネスの現場で学ぶ実習教育を重視し，現代社会を生き抜く知恵を培う。
●取得可能な資格…教職（地歴・公・社・商業），司書，司書教諭など。 ●進路状況…………就職89.4％　進学1.5％ ●主な就職先………積水ハウス，凸版印刷，ミドリ安全，池田泉州銀行，日本郵便，マイナビなど。		
法学部		
法律	445	▷司法，犯罪・刑罰と法，現代国家と法，国際政治と法，市民生活と法の５コースの学びから，リーガルマインドを養う。
●取得可能な資格…教職（地歴・公・社）など。　●進路状況…就職83.3％　進学3.4％ ●主な就職先………キーエンス，アイリスオーヤマ，滋賀銀行，明治安田生命保険，京都府警察など。		

キャンパスアクセス［深草キャンパス］JR奈良線―稲荷より徒歩８分／京阪本線―龍谷大前深草より徒歩３分／京都市営地下鉄烏丸線―くいな橋より徒歩７分

学部・学科	定員	特色
政策学部		
政策	308	▷政策構想，環境創造，地域公共人材の３コース。持続可能な社会の実現をめざし，地域の課題を多角的に学ぶ。
● **取得可能な資格**…教職（公・社）など。　● **進路状況**…就職86.2%　進学4.6% ● **主な就職先**………関電プラント，リコージャパン，京都中央信用金庫，アミューズ，京都府庁など。		
国際学部		
国際文化	372	▷「世界を学び，私を知る」をキーワードに世界の多様な言語と文化を学び，多様な他者をつなぐ人材を育成する。
グローバルスタディーズ	135	▷世界で活躍するための知識と思考力，コミュニケーション能力，倫理観を身につける。１セメスター以上の留学が必修。
● **取得可能な資格**…教職（英），学芸員など。　● **進路状況**…………就職82.6%　進学8.5% ● **主な就職先**………ミサワホーム近畿，村田製作所，野村證券，AIG損害保険，星野リゾートなど。		
先端理工学部		
		▶未来を支える先端技術を学ぶ６課程制。
数理・情報科学	103	▷課題を数学的・数量的に分析し解決する力や，IT社会に柔軟に対応し活躍できる力を備えた人材を育成する。
知能情報メディア	103	▷多様化・高度化するメディア時代に，人や環境にやさしい情報社会の実現や，情報産業の創造・発展に貢献する。
電子情報通信	103	▷電子・情報・通信を系統的に学修し，電子デバイス，情報システム，通信ネットワークなどの開発を推進する人材を育成。
機械工学・ロボティクス	113	▷機械工学・ロボティクスの幅広い知識・技術を修得し，それを実際に応用できる能力を身につけた人材を育成する。
応用化学	103	▷自然やモノづくりを理解し，化学的な問題や課題に対して応用化学の立場から持続可能な社会を築く人材を育成する。
環境生態工学	103	▷生態学に立脚した自然への理解と環境工学的な課題解決アプローチを学修し，環境問題を解決できる人材を育成する。
● **取得可能な資格**…教職（数・理・情・工業），学芸員など。 ● **進路状況**…………就職73.3%　進学19.4%（旧理工学部実績） ● **主な就職先**………明電舎，LIXIL，トヨタ自動車，関西電力，ドコモCS関西など（旧理工学部実績）。		
社会学部		
		▶2025年度より，深草キャンパスに移転し，現行の３学科から１学科（総合社会学科・仮称）に生まれ変わる予定。
社会	210	▷フィールドワークを重視した学修・研究活動を展開し，人間社会が抱える問題を解明する企画立案能力を養う。
コミュニティマネジメント	153	▷人が生き生きと暮らせる地域社会を元気にすることをめざし，住む人の視点に立つ，コミュニティリーダーを育成する。
現代福祉	195	▷福祉の知見を活用し，社会貢献ができる人材を育成する。「人を支える思いをかたちにする」現代福祉学の学びを提供。
● **取得可能な資格**…教職（地歴・公・社），社会福祉士・精神保健福祉士受験資格など。 ● **進路状況**…………就職90.4%　進学2.7% ● **主な就職先**………山崎製パン，ニトリ，日本生命保険，西日本旅客鉄道，DTS，SOMPOケアなど。		
農学部		
生命科	90	▷2023年度より，植物生命科学科から名称変更。「食」を支える「生命のしくみ」を理解し，応用できる人材を育成する。
農	134	▷2023年度より，資源生物科学科から名称変更。食や農に関わる現場において高い問題決能力を持つ人材を育成する。

キャンパスアクセス ［大宮キャンパス］ JR東海道本線・近鉄京都線―京都より徒歩10分／JR山陰本線（嵯峨野線）―梅小路京都西より徒歩10分／阪急京都本線―大宮より徒歩20分またはバス５分

食品栄養	80	▷人が健やかに生きるための「食」について学び，食べ物の生産から流通までを理解した管理栄養士を育成する。
食料農業システム	134	▷「食」や「農」を支える生産・流通の社会的なしくみを学び，食や農の問題を解決する糸口を考察する。

● **取得可能な資格**…教職（理・農，栄養），学芸員，栄養士，管理栄養士受験資格など。
● **進路状況**…………就職87.4%　進学9.4%
● **主な就職先**………タキイ種苗，Mizkan，大塚食品，デリカフーズ，大黒天物産，農林水産省など。

▶キャンパス

経済・経営・法・政策・国際，心理・文１・２年次……［深草キャンパス］京都府京都市伏見区深草塚本町67
心理・文３・４年次……［大宮キャンパス］京都府京都市下京区七条通大宮東入大工町125番地の1
先端理工・社会・農……［瀬田キャンパス］滋賀県大津市瀬田大江町横谷1番5

2023年度入試要項（前年度実績）

●募集人員

学部／学科・課程（専攻）		前期	中期	後期
▶心理	心理	75	25	3
▶文	真宗	34	22	4
	仏教	28	17	3
	哲（哲学）	18	11	5
	（教育学）	17	10	5
	歴史（日本史学）	22	9	5
	（東洋史学）	16	11	3
	（仏教史学）	14	8	3
	（文化遺産学）	9	5	3
	日本語日本文	25	16	5
	英語英米文	25	16	5
▶経済	現代経済 国際経済	168	70	13
▶経営	経営	160	60	15
▶法	法律	140	60	19
▶政策	政策	92	41	11
▶国際	国際文化	89	43	11
	グローバルスタディーズ	27	16	2
▶先端理工	数理・情報科学	31	17	4
	知能情報メディア	31	17	4
	電子情報通信	31	17	4
	機械工学・ロボティクス	33	19	5
	応用化学	30	16	4
	環境生態工学	30	16	4
▶社会	社会	40	26	14
	コミュニティマネジメント	30	20	12
	現代福祉	44	13	13
▶農	生命科	農学型27	農学型12	農学型5
	農	農学型31	農学型20	農学型4
	食品栄養	農学型25	農学型13	農学型5
	食料農業システム	文系型22	文系型14	文系型2
		農学型10	農学型8	農学型2

※経済学部は２学科一括募集。
※全学部において，一般選抜入試前期・中期・後期の募集人員には共通テスト併用方式を含む。また，心理学部前期には共通併用数学方式７名を，経済学部前期には共通テスト併用数学方式３名を，国際文化学科前期には国際学部独自方式５名，共通テスト併用リスニング方式７名を，中期には国際学部独自方式５名，共通テスト併用外国語方式８名を，グローバルスタディーズ学科前期には国際学部独自方式５名，共通テスト併用リスニング方式３名を，中期には国際学部独自方式２名，共通テスト併用外国語方式５名を，それぞれ含む。

▷共通テスト併用方式において，指定された英語資格検定試験のスコアが基準を満たせば，共通テスト「外国語（英語）」の得点に換算することも可能。ただし，その場合も共通テスト「外国語（英語）」の受験が必要で，得点の高い方を採用する。

心理学部・文学部・経済学部・経営学部・法学部・政策学部・社会学部

一般選抜入試前期日程（スタンダード方式・高得点科目重視方式） ３科目 ①**国**（100）▶国総・現文Ｂ・古典Ｂ（いずれも漢文を除く） ②**外**（100）▶コミュ英Ⅰ・コミュ英Ⅱ・コミュ英Ⅲ・英表Ⅰ・英表Ⅱ ③**地歴・公民・数**（100）▶世Ｂ・日Ｂ・政経・「数Ⅰ・数Ⅱ・数Ａ・数Ｂ（数列・ベク）」から１
※高得点科目重視方式は，高得点１科目の得点を２倍に換算して判定する。

キャンパスアクセス ［瀬田キャンパス］JR琵琶湖線―瀬田よりバス８分，大津よりバス20分／京阪本線―中書島よりバス30分

一般選抜入試前期日程(共通テスト併用2科目方式)　〈共通テスト科目〉　3~2科目　①②③国・外・「地歴・公民」・数・理(100×2)▶国(近代・古文または漢文)・「英(リスニング〈20〉を含む)・独・仏・中・韓から1」・「世A・世B・日A・日B・地理A・地理B・現社・倫・政経・〈倫・政経〉から1」・「数Ⅰ・〈数Ⅰ・数A〉から1」・「数Ⅱ・〈数Ⅱ・数B〉・簿・情から1」・「物基・化基・生基・地学基から2」・「物・化・生・地学から1」から2

〈独自試験科目〉　一般選抜入試前期日程の3科目を受験し，高得点1科目(100)の得点を判定に利用する

一般選抜入試前期日程(共通テスト併用数学方式)　【心理学部・経済学部】〈共通テスト科目〉　2科目　①②数(100×2)▶「数Ⅰ・〈数Ⅰ・数A〉から1」・「数Ⅱ・〈数Ⅱ・数B〉・簿・情から1」

〈独自試験科目〉　一般選抜入試前期日程の英語(50)と選択科目の数学(50)の2科目の得点を判定に利用する

一般選抜入試中期日程(スタンダード方式・高得点科目重視方式)　3科目　①国(100)▶国総・現文B・古典B(いずれも漢文を除く)　②外(100)▶コミュ英Ⅰ・コミュ英Ⅱ・コミュ英Ⅲ・英表Ⅰ・英表Ⅱ　③地歴・数(100)▶世B・日B・「数Ⅰ・数Ⅱ・数A・数B(数列・ベク)」から1

※高得点科目重視方式は，高得点1科目の得点を2倍に換算して判定する。

一般選抜入試中期日程(共通テスト併用2科目方式)　〈共通テスト科目〉　3~2科目　①②③「地歴・公民」・数・理(100×2)▶「世A・世B・日A・日B・地理A・地理B・現社・倫・政経・〈倫・政経〉から1」・「数Ⅰ・〈数Ⅰ・数A〉から1」・「数Ⅱ・〈数Ⅱ・数B〉・簿・情から1」・「物基・化基・生基・地学基から2」・「物・化・生・地学から1」から2

〈独自試験科目〉　一般選抜入試中期日程の国語(100)と英語(100)の2科目の得点を判定に利用する

一般選抜入試中期日程(共通テスト併用3科目方式)　〈共通テスト科目〉　4~3科目　①②③④国・外・「地歴・公民」・数・理(100×3)▶国(近代・古文または漢文)・「英(リスニング〈20〉を含む)・独・仏・中・韓から1」・「世A・世B・日A・日B・地理A・地理B・現社・倫・政経・〈倫・政経〉から1」・「数Ⅰ・〈数Ⅰ・数A〉から1」・「数Ⅱ・〈数Ⅱ・数B〉・簿・情から1」・「物基・化基・生基・地学基から2」・「物・化・生・地学から1」から3

〈独自試験科目〉　一般選抜入試中期日程の英語(100)の得点を判定に利用する

一般選抜入試後期日程(スタンダード方式・高得点科目重視方式)　2科目　①国(100)▶国総・現文B・古典B(いずれも漢文を除く)　②外(100)▶コミュ英Ⅰ・コミュ英Ⅱ・コミュ英Ⅲ・英表Ⅰ・英表Ⅱ

※高得点科目重視方式は，高得点1科目の得点を2倍に換算して判定する。

一般選抜入試後期日程(共通テスト併用1科目方式)　〈共通テスト科目〉　2~1科目　①②国・外・地歴・公民・数・理(100)▶国(近代・古文または漢文)・英(リスニング〈20〉を含む)・独・仏・中・韓・世A・世B・日A・日B・地理A・地理B・現社・倫・政経・「倫・政経」・数Ⅰ・「数Ⅰ・数A」・数Ⅱ・「数Ⅱ・数B」・簿・情・「物基・化基・生基・地学基から2」・物・化・生・地学から1

〈独自試験科目〉　一般選抜入試後期日程の国語と英語を受験し，高得点1科目(100)の得点を判定に利用する

国際学部

一般選抜入試前期日程(スタンダード方式・高得点科目重視方式・国際学部独自方式)　3科目　①国(100)▶国総・現文B・古典B(いずれも漢文を除く)　②外(100・国際学部独自400)▶コミュ英Ⅰ・コミュ英Ⅱ・コミュ英Ⅲ・英表Ⅰ・英表Ⅱ　③地歴・公民・数(100)▶世B・日B・政経・「数Ⅰ・数Ⅱ・数A・数B(数列・ベク)」から1

※高得点科目重視方式は，高得点1科目の得点を2倍に換算して判定する。

※国際学部独自方式は，3科目を受験し，英語(400)と国語または選択科目のうち高得点1科目(100)の2科目の合計500点満点で判定する。

一般選抜入試前期日程(共通テスト併用2科目方式)　〈共通テスト科目〉　3~2科目　①

京都　龍谷大学

②③国・外・「地歴・公民」・数・理(100×2) ▶国(近代・古文または漢文)・「英(リスニング〈20〉を含む)・独・仏・中・韓から1」・「世A・世B・日A・日B・地理A・地理B・現社・倫・政経・〈倫・政経〉から1」・「数Ⅰ・〈数Ⅰ・数A〉から1」・「数Ⅱ・〈数Ⅱ・数B〉・簿・情から1」・「物基・化基・生基・地学基から2」・「物・化・生・地学から1」から2

〈独自試験科目〉 一般選抜入試前期日程の3科目を受験し，高得点1科目(100)の得点を判定に利用する

一般選抜入試前期日程(共通テスト併用リスニング方式) 〈共通テスト科目〉 1科目 ①外(100) ▶英(リスニング)

〈独自試験科目〉 一般選抜入試前期日程の英語(200)の得点を判定に利用する

一般選抜入試中期日程(スタンダード方式・高得点科目重視方式・国際学部独自方式) 3科目 ①国(100) ▶国総・現文B・古典B(いずれも漢文を除く) ②外(100・国際学部独自400) ▶コミュ英Ⅰ・コミュ英Ⅱ・コミュ英Ⅲ・英表Ⅰ・英表Ⅱ ③地歴・数(100) ▶世B・日B・「数Ⅰ・数Ⅱ・数A・数B(数列・ベク)」から1

※高得点科目重視方式は，高得点1科目の得点を2倍に換算して判定する。

※国際学部独自方式は，3科目を受験し，英語(400)と国語または選択科目のうち高得点1科目(100)の2科目の合計500点満点で判定する。

一般選抜入試中期日程(共通テスト併用2科目方式) 〈共通テスト科目〉 3〜2科目 ①②③「地歴・公民」・数・理(100×2) ▶「世A・世B・日A・日B・地理A・地理B・現社・倫・政経・〈倫・政経〉から1」・「数Ⅰ・〈数Ⅰ・数A〉から1」・「数Ⅱ・〈数Ⅱ・数B〉・簿・情から1」・「物基・化基・生基・地学基から2」・「物・化・生・地学から1」から2

〈独自試験科目〉 一般選抜入試中期日程の国語(100)と英語(100)の2科目の得点を判定に利用する

一般選抜入試中期日程(共通テスト併用3科目方式) 〈共通テスト科目〉 4〜3科目 ①②③④国・外・「地歴・公民」・数・理(100×3) ▶国(近代・古文または漢文)・「英(リスニング〈20〉を含む)・独・仏・中・韓から1」・「世A・世B・日A・日B・地理A・地理B・現社・倫・政経・〈倫・政経〉から1」・「数Ⅰ・〈数Ⅰ・数A〉から1」・「数Ⅱ・〈数Ⅱ・数B〉・簿・情から1」・「物基・化基・生基・地学基から2」・「物・化・生・地学から1」から3

〈独自試験科目〉 一般選抜入試中期日程の英語(100)の得点を判定に利用する

一般選抜入試中期日程(共通テスト併用外国語方式) 〈共通テスト科目〉 1科目 ①外(100) ▶英(リスニング〈20〉を含む)・独・仏・中・韓から1

〈独自試験科目〉 一般選抜入試中期日程の英語(200)の得点を判定に利用する

一般選抜入試後期日程(スタンダード方式・高得点科目重視方式) 2科目 ①国(100) ▶国総・現文B・古典B(いずれも漢文を除く) ②外(100) ▶コミュ英Ⅰ・コミュ英Ⅱ・コミュ英Ⅲ・英表Ⅰ・英表Ⅱ

※高得点科目重視方式は，高得点1科目の得点を2倍に換算して判定する。

一般選抜入試後期日程(共通テスト併用1科目方式) 〈共通テスト科目〉 2〜1科目 ①②国・外・地歴・公民・数・理(100) ▶国(近代・古文または漢文)・英(リスニング〈20〉を含む)・独・仏・中・韓・世A・世B・日A・日B・地理A・地理B・現社・倫・政経・「倫・政経」・数Ⅰ・「数Ⅰ・数A」・数Ⅱ・「数Ⅱ・数B」・簿・情・「物基・化基・生基・地学基から2」・物・化・生・地学から1

〈独自試験科目〉 一般選抜入試後期日程の国語と英語を受験し，高得点1科目(100)の得点を判定に利用する

先端理工学部

一般選抜入試前期日程・中期日程(スタンダード方式・配点セレクト数学重視方式・配点セレクト理科重視方式) 3科目 ①外(100) ▶コミュ英Ⅰ・コミュ英Ⅱ・コミュ英Ⅲ・英表Ⅰ・英表Ⅱ ②数(100) ▶数Ⅰ・数Ⅱ・数Ⅲ・数A・数B(数列・ベク) ③理(100) ▶「物基・物」・「化基・化」・「生基・生」から1，ただし生物は環境生態工学課程のみ選択可

※配点セレクト数学重視方式は数学の得点，配点セレクト理科重視方式は理科の得点をそ

れぞれ200点に換算し判定する。
※配点セレクト理科重視方式の，理科における科目ごとの受験可能な課程は以下の通り。物理―全課程，化学―応用化学課程，環境生態工学課程，生物―環境生態工学課程。

一般選抜入試前期日程（共通テスト併用２科目方式） 〈共通テスト科目〉 ２科目 ①数（100）▶「数Ⅰ・数Ａ」・「数Ⅱ・数Ｂ」から１ ②理（100）▶物・化・生・地学から１
〈独自試験科目〉 一般選抜入試前期日程の英語（100）の得点を判定に利用する

一般選抜入試前期日程（共通テスト併用３科目方式） 〈共通テスト科目〉 ３科目 ①②③数・理（100×3）▶「数Ⅰ・数Ａ」・「数Ⅱ・数Ｂ」・物・化・生・地学から３
〈独自試験科目〉 一般選抜入試前期日程の３科目（100×3）の得点を判定に利用する

一般選抜入試中期日程（共通テスト併用３科目方式） 〈共通テスト科目〉 ３科目 ①外（100）▶英（リスニング〈20〉を含む）・独・仏・中・韓から１ ②数（100）▶「数Ⅰ・数Ａ」・「数Ⅱ・数Ｂ」から１ ③理（100）▶物・化・生・地学から１
〈独自試験科目〉 一般選抜入試中期日程の数学（100）と理科（100）の２科目の得点を判定に利用する

一般選抜入試後期日程（スタンダード方式・配点セレクト数学重視方式・配点セレクト理科重視方式） ３科目 ①外（100）▶コミュ英Ⅰ・コミュ英Ⅱ・コミュ英Ⅲ・英表Ⅰ・英表Ⅱ ②数（100）▶数Ⅰ・数Ⅱ・数Ⅲ・数Ａ・数Ｂ（数列・ベク） ③理（100）▶「物基・物」・「化基・化」から１
※配点セレクト数学重視方式は数学の得点，配点セレクト理科重視方式は理科の得点をそれぞれ200点に換算し判定する。
※配点セレクト理科重視方式の，理科における科目ごとの受験可能な課程は以下の通り。物理―全課程，化学―応用化学課程，環境生態工学課程。

一般選抜入試後期日程（共通テスト併用２科目方式） 〈共通テスト科目〉 ２科目 ①数（100）▶「数Ⅰ・数Ａ」・「数Ⅱ・数Ｂ」から１ ②理（100）▶物・化・生・地学から１
〈独自試験科目〉 一般選抜入試後期日程の英語（100）の得点を判定に利用する

農学部

一般選抜入試前期日程農学型・中期日程農学型（スタンダード方式・農学型高得点科目重視方式） ４～３科目 ①外（100）▶コミュ英Ⅰ・コミュ英Ⅱ・コミュ英Ⅲ・英表Ⅰ・英表Ⅱ ②理（100）▶「物基・物」・「化基・化」・「生基・生」から１，ただし「物基・物」は前期日程の１月31日は選択不可 ③④国・数（100）▶「国総・現文Ｂ・古典Ｂ（いずれも漢文を除く）」・「数Ⅰ・数Ⅱ・数Ａ・数Ｂ（数列・ベク）」から２または１
※国・外・理または外・数・理の３科目，あるいは４教科を受験し，国・数のうちいずれか高得点の科目と外・理の３科目で判定する。高得点科目重視方式は，それぞれ３科目のうち，高得点の１科目の得点を２倍に換算して判定する。

一般選抜入試前期日程農学型・中期日程農学型（共通テスト併用２科目方式） 〈共通テスト科目〉 ３～２科目 ①②③国・外・数・理（100×2）▶国（近代）・「英（リスニング〈20〉を含む）・独・仏・中・韓から１」・「数Ⅰ・〈数Ⅰ・数Ａ〉から１」・「数Ⅱ・〈数Ⅱ・数Ｂ〉・簿・情から１」・「物基・化基・生基・地学基から２」・「物・化・生・地学から１」から２
〈独自試験科目〉 前期日程は，一般選抜入試前期日程農学型の英語（100）の得点を判定に利用する。中期日程は，一般選抜入試中期日程農学型の英語と理科の２科目を受験し，高得点１科目（100）の得点を判定に利用する。

一般選抜入試前期日程文系型（スタンダード方式・文系型高得点科目重視方式）【食料農業システム学科】 ３科目 ①国（100）▶国総・現文Ｂ・古典Ｂ（いずれも漢文を除く） ②外（100）▶コミュ英Ⅰ・コミュ英Ⅱ・コミュ英Ⅲ・英表Ⅰ・英表Ⅱ ③地歴・公民・数（100）▶世Ｂ・日Ｂ・政経・「数Ⅰ・数Ⅱ・数Ａ・数Ｂ（数列・ベク）」から１
※高得点科目重視方式は，高得点１科目の得点を２倍に換算して判定する。

一般選抜入試前期日程文系型（共通テスト併用２科目方式）【食料農業システム学科】 〈共通テスト科目〉 ３～２科目 ①②③国・外・

「地歴・公民」・数・理(100×2) ▶国(近代)・「英(リスニング〈20〉を含む)・独・仏・中・韓から1」・「世A・世B・日A・日B・地理A・地理B・現社・倫・政経・〈倫・政経〉から1」・「数Ⅰ・〈数Ⅰ・数A〉から1」・「数Ⅱ・〈数Ⅱ・数B〉・簿・情から1」・「物基・化基・生基・地学基から2」・「物・化・生・地学から1」から2

〈独自試験科目〉 一般選抜入試前期日程文系型の3科目を受験し，高得点1科目(100)の得点を判定に利用する

一般選抜入試中期日程文系型(スタンダード方式・文系型高得点科目重視方式) 【食料農業システム学科】 3科目 ①国(100) ▶国総・現文B・古典B(いずれも漢文を除く) ②外(100) ▶コミュ英Ⅰ・コミュ英Ⅱ・コミュ英Ⅲ・英表Ⅰ・英表Ⅱ ③地歴・数(100) ▶世B・日B・「数Ⅰ・数Ⅱ・数A・数B(数列・ベク)」から1

※高得点科目重視方式は，高得点1科目の得点を2倍に換算して判定する。

一般選抜入試中期日程文系型(共通テスト併用2科目方式) 【食料農業システム学科】 〈共通テスト科目〉 3〜2科目 ①②③「地歴・公民」・数・理(100×2) ▶「世A・世B・日A・日B・地理A・地理B・現社・倫・政経・〈倫・政経〉から1」・「数Ⅰ・〈数Ⅰ・数A〉から1」・「数Ⅱ・〈数Ⅱ・数B〉・簿・情から1」・「物基・化基・生基・地学基から2」・「物・化・生・地学から1」から2

〈独自試験科目〉 一般選抜入試中期日程文系型の国語(100)と英語(100)の2科目の得点を判定に利用する

一般選抜入試中期日程文系型(共通テスト併用3科目方式) 【食料農業システム学科】 〈共通テスト科目〉 4〜3科目 ①②③④国・外・「地歴・公民」・数・理(100×3) ▶国(近代)・「英(リスニング〈20〉を含む)・独・仏・中・韓から1」・「世A・世B・日A・日B・地理A・地理B・現社・倫・政経・〈倫・政経〉から1」・「数Ⅰ・〈数Ⅰ・数A〉から1」・「数Ⅱ・〈数Ⅱ・数B〉・簿・情から1」・「物基・化基・生基・地学基から2」・「物・化・生・地学から1」から3

〈独自試験科目〉 一般選抜入試中期日程文系型の英語(100)の得点を判定に利用する

一般選抜入試後期日程農学型(スタンダード方式・高得点科目重視方式) 2科目 ①外(100) ▶コミュ英Ⅰ・コミュ英Ⅱ・コミュ英Ⅲ・英表Ⅰ・英表Ⅱ ②理(100) ▶「物基・物」・「生基・生」から1

※高得点科目重視方式は，高得点1科目の得点を2倍に換算して判定する。

一般選抜入試後期日程農学型(共通テスト併用1科目方式) 〈共通テスト科目〉 2〜1科目 ①②国・外・数・理(100) ▶国(近代)・英(リスニング〈20〉を含む)・独・仏・中・韓・数Ⅰ・「数Ⅰ・数A」・数Ⅱ・「数Ⅱ・数B」・簿・情・「物基・化基・生基・地学基から2」・物・化・生・地学から1

〈独自試験科目〉 一般選抜入試後期日程農学型の英語と理科の2科目を受験し，高得点1科目(100)の得点を判定に利用する

一般選抜入試後期日程文系型(スタンダード方式・高得点科目重視方式) 【食料農業システム学科】 2科目 ①国(100) ▶国総・現文B・古典B(いずれも漢文を除く) ②外(100) ▶コミュ英Ⅰ・コミュ英Ⅱ・コミュ英Ⅲ・英表Ⅰ・英表Ⅱ

※高得点科目重視方式は，高得点1科目の得点を2倍に換算して判定する。

一般選抜入試後期日程文系型(共通テスト併用1科目方式) 【食料農業システム学科】 〈共通テスト科目〉 2〜1科目 ①②国・外・地歴・公民・数・理(100) ▶国(近代)・英(リスニング〈20〉を含む)・独・仏・中・韓・世A・世B・日A・日B・地理A・地理B・現社・倫・政経・「倫・政経」・数Ⅰ・「数Ⅰ・数A」・数Ⅱ・「数Ⅱ・数B」・簿・情・「物基・化基・生基・地学基から2」・物・化・生・地学から1

〈独自試験科目〉 一般選抜入試後期日程文系型の国語と英語を受験し，高得点1科目(100)の得点を判定に利用する

その他の選抜

共通テスト利用入試は心理学部36名，文学部154名，経済学部65名，経営学部45名，法学部49名，政策学部33名，国際学部82名，先端理工学部66名，社会学部79名，農学部59名を募集。ほかに公募推薦入試(2教科型，小論文型，〈専門高校，専門学科・総合学科対象〉)，指定校推薦入試，付属校推薦入試，教

育連携校推薦入試，関係校推薦入試，総合型選抜入試（学部独自，検定試験利用型，英語型，スポーツ活動選抜，文化・芸術・社会活動選抜，伝道者推薦型），社会人推薦入試，帰国生徒等特別入試，中国引揚者等子女特別入試，外国人留学生入試を実施。

偏差値データ（2023年度）

●一般選抜入試前期日程スタンダード方式

学部／学科・課程／専攻	2023年度 駿台予備学校 合格目標ライン	2023年度 河合塾 ボーダー偏差値	2022年度 競争率
▶心理学部			
心理	48	52.5	新
▶文学部			
真宗	38	40	1.4
仏教	39	40	1.7
哲／哲学	46	50	3.3
／教育学	46	47.5	2.9
歴史／日本史学	49	50	5.9
／東洋史学	47	47.5	1.8
／仏教史学	45	47.5	1.9
／文化遺産学	47	50	6.1
日本語日本文	48	50	4.9
英語英米文	47	47.5	2.1
▶経済学部			
（学部一括募集）	45	47.5	3.4
▶経営学部			
経営	46	47.5	4.7
▶法学部			
法律	48	47.5	3.2
▶政策学部			
政策	46	45	3.4
▶国際学部			
国際文化	47	45	3.8
グローバルスタディーズ	47	45	2.7
▶先端理工学部			
数理・情報科学	42	42.5	1.8
知能情報メディア	42	42.5	2.6
電子情報通信	42	42.5	2.2
機械工学・ロボティクス	43	42.5	1.9
応用化学	43	42.5	1.2
環境生態工学	40	42.5	1.3
▶社会学部			
社会	46	47.5	3.7
コミュニティマネジメント	45	45	3.9
現代福祉	46	45	4.1
▶農学部			
生命科（農学型）	42	45	1.7
農（農学型）	41	42.5	1.8
食品栄養（農学型）	43	42.5	4.7
食料農業システム（文系型）	41	42.5	3.0
（農学型）	40	42.5	1.6

●駿台予備学校合格目標ラインは合格可能性80％に相当する駿台模試の偏差値です。
●河合塾ボーダー偏差値は合格可能性50％に相当する河合塾全統模試の偏差値です。
●競争率は受験者÷合格者の実質倍率

併設の教育機関　短期大学

龍谷大学短期大学部

問合せ先　入試部
☎ 0570-017887
所在地　京都府京都市伏見区深草塚本町67

学生数▶360名（男51名，女309名）
教員数▶教授11名，准教授7名，講師4名

設置学科

●**社会福祉学科**（85）　豊富な福祉体験や実習で実践的に学ぶ。社会福祉士国家試験受験基礎資格の取得が可能。

●**こども教育学科**（135）　座学（理論）と保育実習（実践）の双方を重視した多彩な授業を用意し，保育・幼児教育のエキスパートを育成する。

卒業後の進路

2022年3月卒業生▶188名
就職118名，大学編入学61名，その他9名

大阪経済大学

（おおさかけいざい）

資料請求

問合せ先　入試部　☎06-6328-2003

建学の精神

1932（昭和７）年開設の浪華高等商業学校を前身に，49年，建学の精神「自由と融和」，教学理念「人間的実学」を掲げて大学開学。以来，“自ら進んで学び取る力”を育む「ゼミの大経大」，クラブ・サークル，学生自主活動をサポートする体制が整っている「仲間とつながる大経大」，さまざまな地域交流から社会との関わりを学ぶ「地域とつながる大経大」，段階的なキャリアサポートで“就業力”を育成する「就職に強い大経大」を特長に，経済・経営系私立大学として大きく発展。創立100周年という節目を迎える2032年に向けて，これまでの歩みと，長きにわたり掲げてきた大学理念を見つめ直し，新たなミッション「生き続ける学びが創発する場となり，商都大阪から，社会に貢献する“人財”を輩出する」を策定し，確かなビジョンを描き，さらなる飛躍をめざしている。

● **大隅キャンパス**……〒533-8533　大阪府大阪市東淀川区大隅2-2-8

基本データ

学生数▶6,867名（男5,122名，女1,745名）
専任教員数▶教授74名，准教授53名，講師26名
設置学部▶経済，経営（第１部・第２部），情報社会，人間科
併設教育機関▶大学院─経済学（M・D），経営学・経営情報・人間科学（以上M）

就職・卒業後の進路

就職率 90.6%
就職者÷希望者×100

● **就職支援**　４年間一貫したサポートで，段階的にキャリア形成と就業マインドを育成。特に３年次からは，マンツーマン指導（個別相談），就職ガイダンス，１泊２日の合宿形式を中心とした長期講座の大樟塾（おおくすじゅく）（就活塾）など，学生自身が主体的に就職活動に取り組んでいけるよう，きめ細やかで丁寧な就職支援を行い，夢の発見と実現へ導いている。

● **資格取得支援**　コロナ禍でも学べるようにオンライン（リアルタイム配信，オンデマンド型）での資格講座を実施するなど，例年，延べ1,700名が講座を受講。受講料の一部を給付する制度もあり，難関といわれる公認会計士や税理士の合格者も輩出している。

進路指導者も必見　学生を伸ばす　面倒見

初年次教育
全学部で「大阪経済大学の歴史」を学ぶほか，学部により，「基礎演習」「アカデミックスキル」「情報処理入門・基礎」「情報リテラシー基礎・実習」「論理的思考入門」などを実施。2021年度から「データサイエンス概論」も開講

学修サポート
全学部でオフィスアワー制度とクラスアドバイザー制度（教員１人に学生約50～80人）を，人間科学部でTA・SA制度，経済学部でSA制度を導入。また，学習面における個別指導や相談に応じる学習支援室も設置している

オープンキャンパス（2022年度実績）　模擬授業やキャンパスツアー，在学生とのフリートークなど，リアルな大阪経済大学を体感できるイベントを多数開催するオープンキャンパスを７月と８月（２回）に実施（完全予約制）。

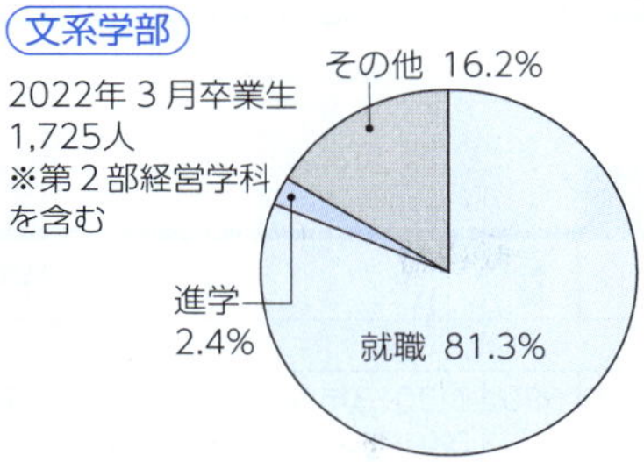

主なOB・OG ▶ ［経済］髙田明（ジャパネットたかた創業者），［経済］池野隆光（ウエルシアホールディングス会長），［経済］森田俊作（大和リース会長），［経済］小寺康久（西濃運輸社長）など。

国際化・留学　大学間 33 大学・部局間 2 大学

受入れ留学生数 ▶ 69名（2022年５月１日現在）

留学生の出身国・地域 ▶ 中国，ベトナム，台湾，韓国など。

外国人専任教員 ▶ 教授３名，准教授１名，講師０名（2022年９月７日現在）

外国人専任教員の出身国・地域 ▶ 中国，韓国，台湾，ドイツ。

大学間交流協定 ▶ 33大学（交換留学先17大学，2022年５月１日現在）

部局間交流協定 ▶ ２大学（2022年５月１日現在）

海外への留学生数 ▶ NA

海外留学制度 ▶ 海外協定校へ留学する派遣留学や，学生交換協定に基づかない認定留学のほか，夏季・春季休暇を利用して約３～４週間，集中的に語学を学ぶ語学研修（英語・スペイン語・中国語）を実施している。

学費・奨学金制度　給付型奨学金総額 年間約 5,442 万円

入学金 ▶ 270,000円（第2部経営150,000円）

年間授業料（施設費等を除く）▶ 710,000円（第2部経営350,000円）（詳細は巻末資料参照）

年間奨学金総額 ▶ 54,416,114円

年間奨学金受給者数 ▶ 199人

主な奨学金制度 ▶ 学業・人物ともに優れた２～４年次生を対象に，年間授業料相当額の半額を給付する「大阪経済大学大樟奨学金」や「大阪経済大学緊急修学援助奨学金」「大阪経済大学遠隔地学生奨学金」などの制度を設置。

保護者向けインフォメーション

- **オープンキャンパス**　通常のオープンキャンパス時に保護者向けの説明会を実施している。
- **広報誌**　大学広報誌「SOUHATSU ～創発～ KEIDAI DAYS」を発行している。
- **公開授業**　保護者聴講制度を設けている。
- **成績確認**　成績通知書の送付，および出席率が50％未満の場合，ハガキで通知している。
- **教育懇談会**　教育懇談会を開催し，修学状況，就職状況など教育全般にわたる説明を実施。
- **防災対策**　入学時に「大地震防災マニュアル（兼安否確認カード）」を配布するほか，ポータルサイトに掲載。学生が被災した際の状況は，安否確認システムを利用して把握する。
- **コロナ対策１**　ワクチンの職域接種を実施。「コロナ対策２」（下段）あり。

インターンシップ科目	必修専門ゼミ	卒業論文	GPA制度の導入の有無および活用例	１年以内の退学率	標準年限での卒業率
全学部で開講している	情報社会学部と人間科学部で３・４年次に実施	情報社会学部と人間科学部は卒業要件	奨学金対象者の選定基準，学生に対する個別の学修指導に活用	0.7%	82.3%

- **コロナ対策２**　感染状況に応じた４段階の行動指針を設定し，出入構時の検温や清掃・消毒の大幅な強化など，基本的な感染症対策を徹底。修学特別支援金の給付，緊急修学援助奨学金制度の拡大などの経済的支援も実施。

2024年度学部改組構想（予定）

● 国際共創学部（仮称）を新設。

学部紹介（2023年2月現在）

学部／学科	定員	特色
経済学部		
経済	680	▷2023年度より1学科4コース（産業・金融，公共政策，国際政治経済，地域政策）制に改組。エキスパートを養成するデータサイエンス，グローバル人材の2つのプログラムも設置。
● **取得可能な資格**…教職（地歴・公・社・商業）など。 ● **進路状況**…………就職81.7% 進学1.9% ● **主な就職先**………アース製薬，阪急電鉄，プリマハム，三井住友銀行，大阪国税局，大阪府庁など。		
経営学部		
第1部経営	430	▷高度な経営理論と実践的能力の習得を幅広く支援。時代の変化に対応し，的確な意思決定ができる人材を育成する。
第1部ビジネス法	200	▷法化社会に必須のビジネス法務能力を養成。法的なものの見方を備えたビジネスパーソンを育成する。
第2部経営	50	▷資格取得や職業能力育成に直結する科目が豊富。夕方開講のため，社会人学生も多く，密度の濃い授業を展開している。
● **取得可能な資格**…教職（公・社・商業）など。 ● **進路状況**…………［第1部］就職83.3% 進学2.9% ［第2部］就職82.0% 進学1.6% ● **主な就職先**………池田泉州銀行，関西電力，協和キリン，JFEスチール，積水ハウス，東リなど。		
情報社会学部		
情報社会	300	▷社会学，現代ビジネス，データサイエンス，情報デザインの4領域を横断的に学び，社会課題を解決できる人材を育成。
● **取得可能な資格**…教職（情・商業）など。 ● **進路状況**…………就職80.6% 進学1.9% ● **主な就職先**………伊藤忠食品，近畿日本鉄道，ダイハツ工業，パナソニック コネクト，マキタなど。		
人間科学部		
人間科	200	▷2023年度より，臨床心理学，スポーツ科学，社会ライフデザインの3コースに改編。実践的な授業を豊富に用意。
● **取得可能な資格**…教職（公・社・保体）など。 ● **進路状況**…………就職75.3% 進学4.4% ● **主な就職先**………アイリスオーヤマ，エスエスケイ，京阪百貨店，大和製罐，大阪府警察本部など。		

▶キャンパス

全学部……［大隅キャンパス］ 大阪府大阪市東淀川区大隅2-2-8

2023年度入試要項（前年度実績）

●募集人員

学部／学科		前期A・B	前期C	後期D
▶経済	経済	290	40	30
▶経営	第1部経営	190	15	15
	第1部ビジネス法	78	5	11
	第2部経営	17	—	若干名
▶情報社会	情報社会	125	15	10
▶人間科	人間科	80	5	5

※前期C方式は共通テスト利用。

▷C方式（共通テスト利用）において，本学が指定する資格（日商簿記など）を保有もしくは外部検定試験等の得点・レベルに達している場合は，希望により共通テストの該当教科・科目の得点に換算し，合否判定を行う。

▷共通テストの「英語」はリーディング80点・

キャンパスアクセス ［大隅キャンパス］ 阪急京都線一上新庄より徒歩15分またはバス3分／大阪メトロ今里筋線一瑞光四丁目より徒歩2分

リスニング20点の100点満点に換算。

全学部

一般選抜前期A方式　2科目　①②**国・外・「地歴・公民」・数**(100×2)▶「国総(近代)・現文B」・「コミュ英Ⅰ・コミュ英Ⅱ・コミュ英Ⅲ・英表Ⅰ・英表Ⅱ」・「世B・日B・現社から1」・「数Ⅰ・数Ⅱ・数A」から2

一般選抜前期B方式(3教科型・ベスト2教科型)　3科目　①**国**(100)▶国総(漢文を除く)・現文B　②**外**(100)▶コミュ英Ⅰ・コミュ英Ⅱ・コミュ英Ⅲ・英表Ⅰ・英表Ⅱ　③**地歴・数**(100)▶世B・日B・「数Ⅰ・数Ⅱ・数A」から1

※B方式ベスト2教科型は，3教科型を受験し，高偏差値の2科目で判定する。

一般選抜前期C方式(共通テスト利用)〈4教科型〉　5〜4科目　①**国**(100)▶国(近代)　②**外**(100)▶英(リスニングを含む)　③④⑤**「地歴・公民」・数・理**(100×2)▶「世A・世B・日A・日B・地理A・地理B・現社・倫・政経・〈倫・政経〉から1」・「数Ⅰ・〈数Ⅰ・数A〉・数Ⅱ・〈数Ⅱ・数B〉・簿・情から1」・「〈物基・化基・生基・地学基から2〉・物・化・生・地学から1」から2

[個別試験] 行わない。

一般選抜前期C方式(共通テスト利用)〈3教科型〉　4〜3科目　①**外**(100)▶英(リスニングを含む)　②③④**国・「地歴・公民」・数・理**(100×2)▶国(近代)・「世A・世B・日A・日B・地理A・地理B・現社・倫・政経・〈倫・政経〉から1」・「数Ⅰ・〈数Ⅰ・数A〉・数Ⅱ・〈数Ⅱ・数B〉・簿・情から1」・「〈物基・化基・生基・地学基から2〉・物・化・生・地学から1」から2

[個別試験] 行わない。

一般選抜前期C方式(共通テスト利用)〈ベスト2教科型〉　3〜2科目　①②③**国・外・「地歴・公民」・数・理**(100×2)▶国(近代)・英(リスニングを含む)・「世A・世B・日A・日B・地理A・地理B・現社・倫・政経・〈倫・政経〉から1」・「数Ⅰ・〈数Ⅰ・数A〉・数Ⅱ・〈数Ⅱ・数B〉・簿・情から1」・「〈物基・化基・生基・地学基から2〉・物・化・生・地学から1」から2

[個別試験] 行わない。

一般選抜後期D方式　2科目　①**外**(100)▶コミュ英Ⅰ・コミュ英Ⅱ・コミュ英Ⅲ・英表Ⅰ・英表Ⅱ　②**国・地歴・数**(100)▶「国総(近代)・現文B」・日B(近現代)・「数Ⅰ・数Ⅱ・数A」から1

その他の選抜

公募推薦入試は経済学部150名，第1部経営学科100名，第1部ビジネス法学科29名，第2部経営学科12名，情報社会学部67名，人間科学部35名を募集。ほかに指定校推薦入試，総合型選抜(商工系資格評価型・スポーツ評価型，人間科学部AO入試)，社会人入試，国際留学生入試を実施。

偏差値データ (2023年度)

●一般選抜前期

学部／学科	2023年度 駿台予備学校 合格目標ライン	2023年度 河合塾 ボーダー偏差値	2022年度 競争率
▶経済学部			
経済(前期A)	42	45	3.4
(前期B 3教科)	42	42.5	3.2
(前期ベスト2)			3.3
▶経営学部			
第1部経営(前期A)	42	45	4.8
(前期B 3教科)	42	42.5	4.2
(前期Bベスト2)			4.7
ビジネス法(前期A)	40	45	3.0
(前期B 3教科)	40	45	2.8
(前期Bベスト2)			2.7
第2部経営(前期A)	32	42.5	3.1
(前期B 3教科)	32	42.5	2.8
(前期Bベスト2)			2.6
▶情報社会学部			
情報社会(前期A)	40	42.5	4.2
(前期B 3教科)	40	42.5	3.5
(前期Bベスト2)			3.9
▶人間科学部			
人間科(前期A)	40	45	5.4
(前期B 3教科)	40	45	4.0
(前期Bベスト2)			4.3

- 駿台予備学校合格目標ラインは合格可能性80%に相当する駿台模試の偏差値です。
- 河合塾ボーダー偏差値は合格可能性50%に相当する河合塾全統模試の偏差値です。
- 競争率は受験者÷合格者の実質倍率

大阪工業大学

おおさかこうぎょう

資料請求

問合せ先 入試部 ☎06-6954-4086

建学の精神

「世のため，人のため，地域のため，理論に裏付けられた実践的技術をもち，現場で活躍できる専門職業人を育成する」を建学の精神に，1949（昭和24）年に開設。前身校の創設から100年を超える歴史と伝統があり，一貫して時代や社会からの要請に応えるエキスパートの育成に力を注いでいる。学修活動の基軸としてPBL科目を全学部で導入するとともに，グローバル人材育成のために，さまざまな国際交流プログラムを展開。梅田キャンパスでは，工学的な知識・技術とデザイン思考をベースに，ユーザー視点でものづくりができるエンジニアを，情報科学部ではデータサイエンス学科をはじめ，５学科の学生がチームを組み，AIやIoTによるシステム開発を行うなど，学科を横断する学びで情報技術をつくり，駆使する人材を育成している。

- 大宮キャンパス……〒535-8585　大阪府大阪市旭区大宮5-16-1
- 梅田キャンパス……〒530-8568　大阪府大阪市北区茶屋町1-45
- 枚方キャンパス……〒573-0196　大阪府枚方市北山1-79-1

基本データ

学生数▶7,509名（男6,487名，女1,022名）
専任教員数▶教授161名，准教授84名，講師45名
設置学部▶工，ロボティクス＆デザイン工，情報科，知的財産
併設教育機関▶大学院—工学・ロボティクス＆デザイン工学・情報科学（以上M・D），知的財産（P）

就職・卒業後の進路

就職率 99.5%（就職者÷希望者×100）

●**就職支援**　各学科に配置されている就職アドバイザーに加え，教員により繰り返し行われる面談など，学科・研究室・就職部が一体となってサポートすることで，実就職率は全国４位，関西の私立大学で13年連続１位を達成。日本を代表する有名企業400社の実就職率でも，関西私立大学では関関同立に次ぐ第５位に位置する。さらに，「THE世界大学ランキング」に２年連続ランクインするなど，人材育成が，社会から高く評価されている。

進路指導者も必見 学生を伸ばす 面倒見

初年次教育	学修サポート
大学での勉強の進め方やグループ課題を通じてコミュニケーション能力の育成を図る「基礎ゼミナール」や「キャリアデザイン」「基礎情報処理」「コンピュータ入門」「ICTリテラシー」「PBL科目」などを開講	全学部でTA制度，オフィスアワー制度，教員１人が約10人の学生を担当する教員アドバイザー制度を導入。また，学習面における個別指導や相談に応じる「教育センター」を設置している

オープンキャンパス（2022年度実績）　7月・8月に夏のオープンキャンパス，12月に冬のミニオープンキャンパスを行ったほか，春・秋の大学見学会を実施するなど，対面型イベントを豊富に開催（完全予約制）。

文系学部

2022年３月卒業生
123人

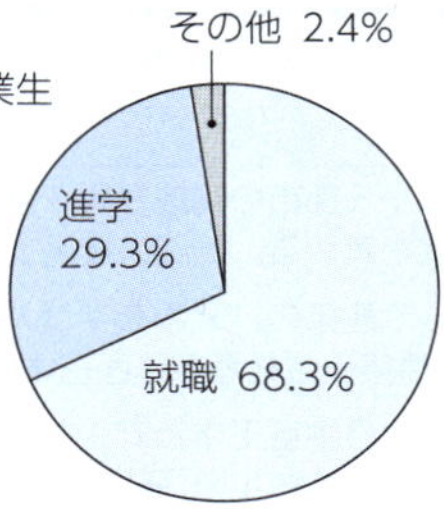

理系学部

2022年３月卒業生
1,454人

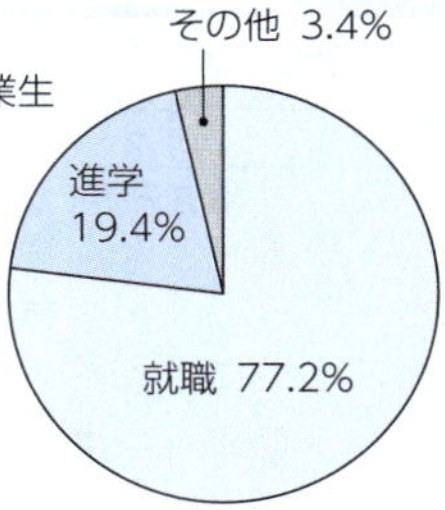

主なOB・OG▶［工］山口明夫（日本アイ・ビー・エム社長），［工］大倉昊（ノエビアホールディングス創業者・代表取締役会長），［工］菊本一高（栗本鐵工所社長），［工］谷甲州（小説家）など。

国際化・留学　大学間 60 大学・部局間 7 大学

受入れ留学生数▶43名（2022年９月１日現在）

留学生の出身国▶中国，インドネシア，韓国，ベトナム，カンボジアなど。

外国人専任教員▶教授１名，准教授３名，講師４名（2022年９月１日現在）

外国人専任教員の出身国▶アメリカ，中国，イギリス，タイ，シンガポール。

大学間交流協定▶60大学（交換留学先18大学，2022年９月１日現在）

部局間交流協定▶７大学（交換留学先０大学，2022年９月１日現在）

海外への留学生数▶オンライン型237名／年（12カ国・地域，2021年度）

海外留学制度▶海外協定校などの学生との混成チームでPBLに取り組む国際PBLプログラムや長期交換留学，語学研修・文化体験・海外研究支援などのプログラムを実施。コンソーシアムはUMAPと，海外でのインターンシップの機会を提供するIAESTEに加盟。

学費・奨学金制度　給付型奨学金総額 年間約 7,706 万円

入学金▶250,000円

年間授業料（施設費等を除く）▶1,020,000円～（詳細は巻末資料参照）

年間奨学金総額▶77,055,000円

年間奨学金受給者数▶126人

主な奨学金制度▶２年次以上の学業成績・人物ともに優秀な者を対象に年間授業料の半額相当額を給付する「成績優秀奨学生・テラサキ奨学生」や，本学所定の入試成績優秀者を対象とした「入試選抜奨学生」「特待奨学生」を設置。2021年度の学費減免制度対象者は２人で，総額で約123万円を減免している。

保護者向けインフォメーション

●**成績確認**　学業成績簿を送付している。

●**後援会**　在学生の保護者または保証人を会員とした後援会があり，2022年度は教育懇談会を９会場（地方６会場・大阪３キャンパス）で開催。後援会会報も発行している。

●**防災対策**　入学時（在学生は履修ガイダンス時）に「災害時行動マニュアル」を配布。大規模災害の発生に備えた安否確認システム「ANPiS」を導入している。

●**コロナ対策**　入構時に検温と消毒を実施するとともに，教室の換気を徹底。

インターンシップ科目	必修専門ゼミ	卒業論文	GPA制度の導入の有無および活用例	１年以内の退学率	標準年限での卒業率
開講（情報科学部を除く）	知的財産学部で３・４年次，その他の学部で４年次に実施	全学部で卒業要件	奨学金や授業料免除対象者の選定や学生に対する個別の学修指導に活用するほか，GPAに応じた履修上限単位数を設定	1.8%	79.2%

学部紹介

学部／学科	定員	特色
工学部		
都市デザイン工	100	▷多彩な角度から都市の構成要素を学び，安全，安心，快適な地域の未来を考える。難関の技術士を多数輩出。
建築	150	▷実践を通じて建築のリアルを学び，多くの卒業生が第一線で活躍。一級建築士合格者数は西日本でトップクラスを誇る。
機械工	140	▷身近な機械から宇宙工学まで，夢を追いかけるエンジニアを育成する。ハイレベルの「研究推進クラス」を設置。
電気電子システム工	125	▷電気を核とした先端技術を学び，豊かな未来を創造できるエンジニアを育成する。
電子情報システム工	110	▷専門分野を体系的に学ぶカリキュラムで，「超スマート社会」の実現に貢献できる未来志向のエンジニアを育成する。
応用化	130	▷確かな基礎を身につけて最先端研究に取り組み，地球の未来を考える化学技術者を育成する。
環境工	75	▷持続可能な社会の実現のために，地球環境をクリーンにする工学技術を身につけた人材を育成する。
生命工	70	▷「生命」「医療」「食品」分野で，生命科学と工学が融合した最先端のバイオテクノロジーを学ぶ。
● 取得可能な資格…教職（数・理・技・情・工業），測量士補，1・2級建築士受験資格など。 ● 進路状況…………就職72.8%　進学23.5% ● 主な就職先………鹿島建設，大成建設，関西電力，大阪ガス，西日本旅客鉄道，ダイハツ工業など。		
ロボティクス&デザイン工学部		
ロボット工	90	▷広い工学知識を統合するロボティクスの理論と実践で社会の難題を解決するロボットエンジニアを育成する。
システムデザイン工	90	▷ハード・ソフトウエアの知識と技術を兼ね備え，SDGs時代に活躍するサスティナブルシステムデザイナーを育成。
空間デザイン	100	▷建築・空間から日常の製品や情報まで，いろいろなデザインを学び，総合的なデザインを修める人材を育成する。
● 取得可能な資格…教職（技・工業），1・2級建築士受験資格など。 ● 進路状況…………就職81.8%　進学15.5% ● 主な就職先………富士通，東海旅客鉄道，大和ハウス工業，SUBARU，スズキ，住友林業など。		
情報科学部		
データサイエンス	70	▷ビッグデータから有益な情報を抽出し，実社会にある課題を解決へと導く人材を育成する。
情報知能	90	▷情報技術と人工知能の融合で最先端の研究を行い，時代が求める新サービスを生み出すITエンジニアを育成する。
情報システム	105	▷高度なプログラミング技術を身につけ，情報化の進展に伴う社会の課題を解決するシステムエンジニアを育成する。
情報メディア	105	▷最先端の技術（VR，AI）を学び，五感に訴えかけるマルチメディアシステムを創出する開発者を育成する。
ネットワークデザイン	90	▷ネットワークの構築やセキュリティを学び，次世代の「つながり」をデザインできる人材を育成する。
● 取得可能な資格…教職（数・情）など。　● 進路状況…………就職86.8%　進学9.6% ● 主な就職先………関西電力，オプテージ，日立システムズ，Dynabook，NECネッツエスアイなど。		

キャンパスアクセス［大宮キャンパス］大阪メトロ谷町線―千林大宮より徒歩12分／大阪メトロ今里筋線―太子橋今市より徒歩12分／京阪本線―千林より徒歩20分／JR―大阪よりバス25分

知的財産学部		
知的財産	140	▷特許や商標などの専門知識を身につけたプロフェッショナルを育成する。弁理士試験への挑戦を強力にバックアップ。

● **進路状況**…………就職68.3%　進学29.3%
● **主な就職先**………大阪ガス，髙松建設，山崎製パン，アイリスオーヤマ，大阪市高速電気軌道など。

キャンパス

工・知的財産……［大宮キャンパス］大阪府大阪市旭区大宮5-16-1
ロボティクス＆デザイン工……［梅田キャンパス］大阪府大阪市北区茶屋町1-45
情報科……［枚方キャンパス］大阪府枚方市北山1-79-1

2023年度入試要項（前年度実績）

●募集人員

学部／学科	前期A・AC	前期B・BC	後期D・DC
▶工　都市デザイン工	28	14	7
建築	42	21	11
機械工	39	20	10
電気電子システム工	35	18	9
電子情報システム工	31	15	8
応用化	36	18	9
環境工	21	11	5
生命工	20	10	4
▶ロボティクス＆デザイン工　ロボット工	25	13	6
システムデザイン工	25	13	6
空間デザイン	28	14	7
▶情報科　データサイエンス	20	10	4
情報知能	25	13	6
情報システム	29	15	7
情報メディア	29	15	7
ネットワークデザイン	25	13	6
▶知的財産　知的財産	37	18	9

※AC・BC・DC日程は共通テスト併用型。

▷共通テストの「英語」は，共通テストの配点を本学の配点に換算する。

工学部

一般入試前期Ａ日程（均等配点方式）・Ｂ日程（高得点重視方式）　3科目　①**外**(150)▶コミュ英Ⅰ・コミュ英Ⅱ・コミュ英Ⅲ・英表Ⅰ・英表Ⅱ　②**数**(150)▶「数Ⅰ・数Ⅱ・数Ａ・数Ｂ(数列・ベク)」・「数Ⅰ・数Ⅱ・数Ⅲ・数Ａ・数Ｂ(数列・ベク)」から１，ただし「数Ⅰ・数Ⅱ・数Ａ・数Ｂ」は応用化・環境工・生命工の３学科のみ選択可　③**理**(150)▶「物基・物」・「化基・化」・「生基・生」から１，ただし「生基・生」は応用化・環境工・生命工の３学科のみ選択可
※Ｂ日程は，各教科150点満点で出題し，高得点教科から順に200点・150点・100点満点に換算する。

一般入試前期AC日程・BC日程（共通テスト併用型）　〈共通テスト科目〉　3科目　①**数**(150)▶数Ⅱ・数Ｂ　②**理**(150)▶物・化・生・地学から１　③**国・外**(150)▶国(近代)・英(リスニングを含む)から１
〈独自試験科目〉それぞれ前期Ａ日程・Ｂ日程と同じ(配点はともに150×3)

一般入試後期Ｄ日程　3〜2科目　①**外**(150)▶コミュ英Ⅰ・コミュ英Ⅱ・コミュ英Ⅲ・英表Ⅰ・英表Ⅱ　②**数**(150)▶「数Ⅰ・数Ⅱ・数Ａ・数Ｂ(数列・ベク)」・「数Ⅰ・数Ⅱ・数Ⅲ・数Ａ・数Ｂ(数列・ベク)」から１，ただし「数Ⅰ・数Ⅱ・数Ａ・数Ｂ」は応用化・環境工・生命工の３学科のみ選択可　③**理**(150)▶「物基・物」・「化基・化」から１
※３教科型入試で，高得点の２教科で合否を判定する。ただし，２教科のみの受験も可能。

一般入試後期DC日程（共通テスト併用型）
〈共通テスト科目〉　前期AC・BC日程と同じ，ただし配点は100×3
〈独自試験科目〉後期Ｄ日程と同じ

ロボティクス＆デザイン工学部

一般入試前期Ａ日程（均等配点方式）・Ｂ日程（高得点重視方式）　3科目　①**外**(150)▶コミュ英Ⅰ・コミュ英Ⅱ・コミュ英Ⅲ・英表Ⅰ・英表Ⅱ　②**数**(150)▶「数Ⅰ・数Ⅱ・数Ａ・数Ｂ(数列・ベク)」・「数Ⅰ・数Ⅱ・数Ⅲ・数Ａ・数Ｂ(数

列・ベク)」から1，ただし「数Ⅰ・数Ⅱ・数A・数B」は空間デザイン学科のみ選択可 ③**理**(150)▶「物基・物」・「化基・化」・「生基・生」から1，ただし「生基・生」は空間デザイン学科のみ選択可

※B日程は，各教科150点満点で出題し，高得点教科から順に200点・150点・100点満点に換算する。

一般入試前期AC日程・BC日程(共通テスト併用型) 〈共通テスト科目〉 **3科目** ①**数**(150)▶数Ⅱ・数B ②**理**(150)▶物・化・生・地学から1 ③**国・外**(150)▶国(近代)・英(リスニングを含む)から1

〈独自試験科目〉 それぞれ前期A日程・B日程と同じ(配点はともに150×3)

一般入試後期D日程 **3~2科目** ①**外**(150)▶コミュ英Ⅰ・コミュ英Ⅱ・コミュ英Ⅲ・英表Ⅰ・英表Ⅱ ②**数**(150)▶「数Ⅰ・数Ⅱ・数A・数B(数列・ベク)」・「数Ⅰ・数Ⅱ・数Ⅲ・数A・数B(数列・ベク)」から1，ただし「数Ⅰ・数Ⅱ・数A・数B」は空間デザイン学科のみ選択可 ③**理**(150)▶「物基・物」・「化基・化」から1

※3教科型入試で，高得点の2教科で合否を判定する。ただし，2教科のみの受験も可能。

一般入試後期DC日程(共通テスト併用型) 〈共通テスト科目〉 前期AC・BC日程と同じ，ただし配点は100×3

〈独自試験科目〉 後期D日程と同じ

情報科学部

一般入試前期A日程(均等配点方式)・B日程(高得点重視方式) 【データサイエンス学科】〈文系型〉 **3科目** ①**外**(150)▶コミュ英Ⅰ・コミュ英Ⅱ・コミュ英Ⅲ・英表Ⅰ・英表Ⅱ ②**数**(150)▶「数Ⅰ・数Ⅱ・数A・数B(数列・ベク)」・「数Ⅰ・数Ⅱ・数Ⅲ・数A・数B(数列・ベク)」から1 ③**国・地歴**(150)▶「国総・現文B(いずれも古文・漢文を除く)」・世B・日Bから1

【全学科】〈理系型〉 **3科目** ①**外**(150)▶コミュ英Ⅰ・コミュ英Ⅱ・コミュ英Ⅲ・英表Ⅰ・英表Ⅱ ②**数**(150)▶「数Ⅰ・数Ⅱ・数A・数B(数列・ベク)」・「数Ⅰ・数Ⅱ・数Ⅲ・数A・数B(数列・ベク)」から1 ③**理**(150)▶「物基・物」・「化基・化」・「生基・生」から1

※B日程は，文系型・理系型とも各教科150点満点で出題し，高得点教科から順に200点・150点・100点満点に換算する。

※データサイエンス学科は，出願時に理系型または文系型のいずれかを選択。

一般入試前期AC日程・BC日程(共通テスト併用型) 〈共通テスト科目〉 **3科目** ①**数**(150)▶数Ⅱ・数B ②**理**(150)▶物・化・生・地学から1 ③**国・外**(150)▶国(近代)・英(リスニングを含む)から1

〈独自試験科目〉 それぞれ前期A日程・B日程と同じ(配点はともに150×3)。

一般入試後期D日程 【データサイエンス学科】〈文系型〉 **3~2科目** ①**外**(150)▶コミュ英Ⅰ・コミュ英Ⅱ・コミュ英Ⅲ・英表Ⅰ・英表Ⅱ ②**数**(150)▶「数Ⅰ・数Ⅱ・数A・数B(数列・ベク)」・「数Ⅰ・数Ⅱ・数Ⅲ・数A・数B(数列・ベク)」から1 ③**国・地歴**(150)▶「国総・現文B(いずれも古文・漢文を除く)」・世B・日Bから1

【全学科】〈理系型〉 **3~2科目** ①**外**(150)▶コミュ英Ⅰ・コミュ英Ⅱ・コミュ英Ⅲ・英表Ⅰ・英表Ⅱ ②**数**(150)▶「数Ⅰ・数Ⅱ・数A・数B(数列・ベク)」・「数Ⅰ・数Ⅱ・数Ⅲ・数A・数B(数列・ベク)」から1 ③**理**(150)▶「物基・物」・「化基・化」から1

※文系型・理系型とも3教科型入試で，高得点の2教科で合否を判定する。ただし，2教科のみの受験も可能。

※データサイエンス学科は，出願時に理系型または文系型のいずれかを選択。

一般入試後期DC日程(共通テスト併用型) 〈共通テスト科目〉 前期AC・BC日程と同じ，ただし配点は100×3

〈独自試験科目〉 後期D日程と同じ

知的財産学部

一般入試前期A日程 **3科目** ①**外**(150)▶コミュ英Ⅰ・コミュ英Ⅱ・コミュ英Ⅲ・英表Ⅰ・英表Ⅱ ②③**国・地歴・数・理**(150)▶「国総・現文B(いずれも古文・漢文を除く)」・「世B・日Bから1」・「〈数Ⅰ・数Ⅱ・数A・数B(数列・ベク)〉・〈数Ⅰ・数Ⅱ・数Ⅲ・数A・数B(数列・ベク)〉から1」・「〈物基・物〉・〈化基・化〉・〈生基・生〉から1」から2

 キャンパスアクセス [枚方キャンパス] JR学研都市線—長尾よりバス10分／京阪本線—樟葉よりバス30分

※３教科を受験し，外国語と外国語以外の高得点１教科の計300点満点で判定する。

一般入試前期ＡＣ日程(共通テスト併用型)

〈共通テスト科目〉 3～2科目 ①②③国・外・「地歴・公民」・数・理(150×2) ▶国(近代)・英(リスニングを含む)・「世Ａ・世Ｂ・日Ａ・日Ｂ・地理Ａ・地理Ｂ・現社・倫・政経・〈倫・政経〉から１」・「数Ⅰ・〈数Ⅰ・数Ａ〉・数Ⅱ・〈数Ⅱ・数Ｂ〉・情から１」・「〈物基・化基・生基・地学基から２〉・物・化・生・地学から１」から２

〈独自試験科目〉 前期Ａ日程と同じ

一般入試前期Ｂ日程(高得点重視方式)

3科目 ①国▶国総・現文Ｂ(いずれも古文・漢文を除く) ②外▶コミュ英Ⅰ・コミュ英Ⅱ・コミュ英Ⅲ・英表Ⅰ・英表Ⅱ ③地歴・数・理▶世Ｂ・日Ｂ・「数Ⅰ・数Ⅱ・数Ａ・数Ｂ(数列・ベク)」・「数Ⅰ・数Ⅱ・数Ⅲ・数Ａ・数Ｂ(数列・ベク)」・「物基・物」・「化基・化」・「生基・生」から１

※各教科150点満点で出題し，高得点教科から順に200点・150点・100点満点に換算する。

一般入試前期BC日程(共通テスト併用型)

〈共通テスト科目〉 4～3科目 ①②③④国・外・「地歴・公民」・数・理(150×3) ▶国(近代)・英(リスニングを含む)・「世Ａ・世Ｂ・日Ａ・日Ｂ・地理Ａ・地理Ｂ・現社・倫・政経・〈倫・政経〉から１」・「数Ⅰ・〈数Ⅰ・数Ａ〉・数Ⅱ・〈数Ⅱ・数Ｂ〉・情から１」・「〈物基・化基・生基・地学基から２〉・物・化・生・地学から１」から３

〈独自試験科目〉 Ｂ日程と同じ(配点は150×3)

一般入試後期Ｄ日程 3～2科目 ①国(150)▶国総・現文Ｂ(いずれも古文・漢文を除く) ②外(150)▶コミュ英Ⅰ・コミュ英Ⅱ・コミュ英Ⅲ・英表Ⅰ・英表Ⅱ ③地歴・数・理(150)▶世Ｂ・日Ｂ・「数Ⅰ・数Ⅱ・数Ａ・数Ｂ(数列・ベク)」・「数Ⅰ・数Ⅱ・数Ⅲ・数Ａ・数Ｂ(数列・ベク)」・「物基・物」・「化基・化」から１

※３教科型入試で，高得点の２教科で合否を判定する。ただし，２教科のみの受験も可能。

一般入試後期DC日程(共通テスト併用型)

〈共通テスト科目〉 3～2科目 ①②③国・外・「地歴・公民」・数・理(150×2) ▶国(近代)・英(リスニングを含む)・「世Ａ・世Ｂ・日Ａ・日Ｂ・地理Ａ・地理Ｂ・現社・倫・政経・〈倫・政経〉から１」・「数Ⅰ・〈数Ⅰ・数Ａ〉・数Ⅱ・〈数Ⅱ・数Ｂ〉・情から１」・「〈物基・化基・生基・地学基から２〉・物・化・生・地学から１」から２

〈独自試験科目〉 後期Ｄ日程と同じ

その他の選抜

一般入試Ｃ日程(共通テスト利用型)，学校推薦型選抜(公募制推薦入試，普通科高校特別推薦入試，専門高校特別推薦入試)，総合型選抜(AO入試)，帰国生徒入試，社会人入試，外国人留学生入試。

偏差値データ(2023年度)

●一般入試前期A日程

学部／学科／専攻	2023年度 駿台予備学校 合格目標ライン	2023年度 河合塾 ボーダー偏差値	2022年度 競争率
▶工学部			
都市デザイン工	40	45	3.5
建築	41	47.5	8.8
機械工	41	45	3.2
電気電子システム工	39	42.5	2.9
電子情報システム工	39	42.5	3.1
応用化	40	42.5	1.6
環境工	40	45	2.2
生命工	40	45	1.9
▶ロボティクス&デザイン工学部			
ロボット工	41	45	3.2
システムデザイン工	41	45	3.4
空間デザイン	41	47.5	6.4
▶情報科学部			
データサイエンス	40～41	45～47.5	7.1
情報知能	40	47.5	2.4
情報システム	40	47.5	9.4
情報メディア	40	47.5	3.8
ネットワークデザイン	40	45	2.4
▶知的財産学部			
知的財産	39	42.5	2.8

●駿台予備学校合格目標ラインは合格可能性80％に相当する駿台模試の偏差値です。
●河合塾ボーダー偏差値は合格可能性50％に相当する河合塾全統模試の偏差値です。
●競争率は受験者÷合格者の実質倍率

関西大学（かんさい）

問合せ先　入試センター 入試広報グループ　☎06-6368-1121（代）

建学の精神

関西法律学校として1886（明治19）年に誕生し，1922（大正11）年，大学令による関西大学として認可。時の学長だった大阪財界の重鎮・山岡順太郎が提唱した「学理と実際との調和」「国際的精神の涵養」「外国語学習の必要」「体育の奨励」からなる指導理念「学の実化（じつげ）」は学是となり，以来一貫して社会・市民の啓発と教育に取り組み続けている。2022年に大学昇格100周年を迎え，グローバルな社会を生き抜くために，予測不可能な社会の中で困難を克服することのできる「考動力」と，新たな価値を創造し，多様性を生み出すことのできる「革新力」を備えた人材の育成をめざし，主体的・協働的に学修する教育プログラムをこれまで以上に整備するとともに，俯瞰的な視野の確立を促す教育プログラムを充実させ，社会で求められる力を養成している。

● キャンパス情報はP.988をご覧ください。

基本データ

学生数▶27,852名（男16,259名，女11,593名）

専任教員数▶教授584名，准教授158名，講師29名，助教30名

設置学部▶法，文，経済，商，社会，政策創造，外国語，人間健康，総合情報，社会安全，システム理工，環境都市工，化学生命工

併設教育機関▶大学院（P.1004参照）

就職・卒業後の進路

就職率 98.3%（就職者÷希望者×100）

● **就職支援**　キャリアセンターでは，学生の就職・進路に関して多彩なサポートを展開。年間を通じて就職支援プログラムを企画・開催しているほか，あらゆる学生の相談に親身に対応するキャリアカウンセリングルームも用意。また，全国各地から集う学生のために「U・Iターン就職ガイダンス」などを開催し，就職情報を積極的に提供している。

● **資格取得支援**　各種資格取得・難関国家試験合格をめざす学生をバックアップする「エクステンション・リードセンター」を設置。多くの講座で「直前対策」「答案練習」「模擬試験」などを含む合格直結型の講義を行っており，毎年高い合格率と実績を誇っている。

進路指導者も必見 学生を伸ばす 面倒見

初年次教育	学修サポート
「スタディスキルゼミ」「入門演習」「導入ゼミ」「基礎からの情報処理」「IT実習」などの基礎科目群で，PBLやレポート作成，ディスカッション，プレゼンなどの技法，情報収集方法，論理的思考法などを身につけている	TA・SA制度，オフィスアワー制度（総合情報学部を除く），さらに，社会安全学部で教員アドバイザー制度（教員1人が学生12人を担当）を導入。また，ライティングラボや学習支援室，学生相談支援センターも設置

オープンキャンパス（2022年度実績）　6月から10月にかけて，各キャンパスで対面型のオープンキャンパスを実施（事前申込制）。入試説明会，学部イベント，キャンパスツアー，各種相談コーナー，保護者対象説明会など。

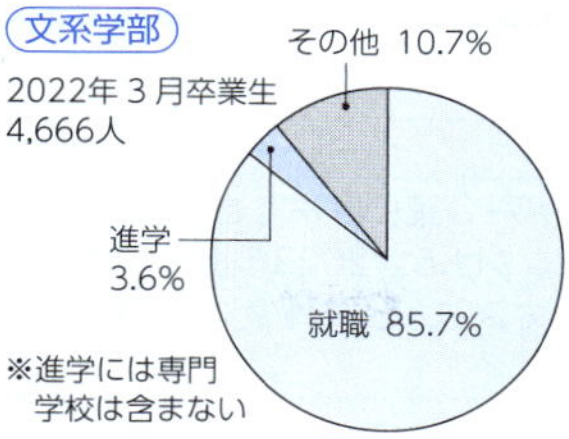

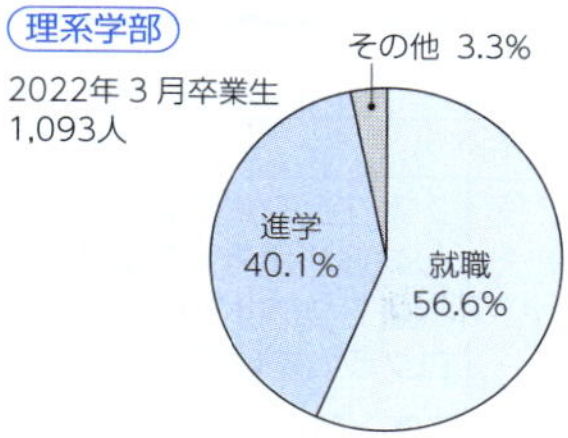

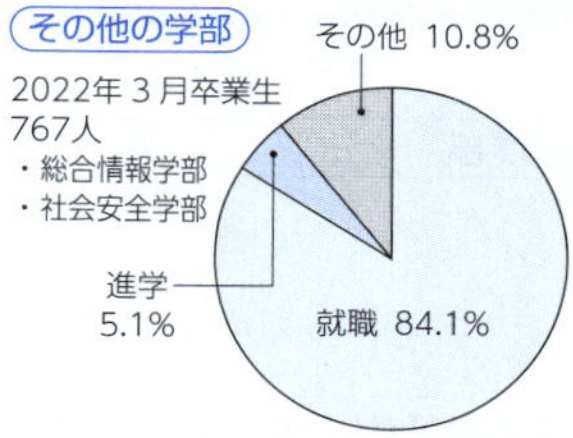

主なOB・OG ▶ ［法］西加奈子（小説家），［文］山里亮太（お笑い芸人），［経済］宮根誠司（司会者），［商］豊留昭浩（明星食品社長），［商］池田嘉宏（岡三証券社長），［旧工］南部靖之（パソナグループ代表）など。

国際化・留学　大学間 203 大学・部局間 51 大学等

受入れ留学生数 ▶ 537名（2022年５月１日現在）

留学生の出身国・地域 ▶ 中国，韓国，台湾，インドネシア，マレーシアなど。

外国人専任教員 ▶ 教授20名，准教授12名，講師16名，助教８名（2022年５月１日現在）

外国人専任教員の出身国 ▶ アメリカ，中国，韓国，イギリス，カナダなど。

大学間交流協定 ▶ 203大学（交換留学先141大学，2022年９月12日現在）

部局間交流協定 ▶ 51大学・機関（交換留学先５大学，2022年９月12日現在）

海外への留学生数 ▶ 渡航型123名・オンライン型227名／年（16カ国・地域，2021年度）

海外留学制度 ▶ 全学部対象の交換派遣留学や認定留学，短期留学，オンライン協働学習から学部独自の留学プログラムまで，目標や外国語習熟度が異なるすべての学生に対応したグローバル環境を整備。コンソーシアムはUMAPなど３つの団体に参加している。

学費・奨学金制度　給付型奨学金総額 年間約 3 億 5,817 万円

入学金 ▶ 260,000円

年間授業料（施設費等を除く）▶ 930,000円〜（詳細は巻末資料参照）

年間奨学金総額 ▶ 358,174,000円

年間奨学金受給者数 ▶ 1,214人

主な奨学金制度 ▶ 新入生対象の「関西大学『学の実化』入学前予約採用型給付奨学金」「関西大学新入生給付奨学金」，２年次生以上対象の「関西大学学部給付奨学金」など，学びたい気持ちに応える充実のサポートを提供。

保護者向けインフォメーション

● **パンフレット**　「受験生を支える保護者のみなさまへ」を発行している。

● **成績確認**　履修届や成績表を送付している。

● **教育後援会**　教育後援会を組織し，5,000人以上が参加する総会や地方教育懇談会を開催している。また，会報「葦」や「みちしるべ―関西大学の４カ年―」，大学紹介映画も制作。

● **保護者向け就職説明**　１・２年次対象の「キャリアデザイン・プランニングセミナー」，３年次対象の「就職説明懇談会」を開催。

● **防災対策**　「かんだいLIFE」「サバイバル必携」をHPに掲載。災害時の学生の状況は，安否確認シートやHP，アプリ，SNS，ポータルサイトなどを利用して確認する。

● **コロナ対策１**　ワクチンの職域接種を実施。感染状況に応じた６段階の事業活動等の基準を設定している。「コロナ対策２」（下段）あり。

インターンシップ科目	必修専門ゼミ	卒業論文	GPA制度の導入の有無および活用例	１年以内の退学率	標準年限での卒業率
総合情報学部を除き開講している	法･商1年次，文･社会･人間･社会安全･システム1〜4年次，外国語1･3･4年次，総合情報3･4年次，環境4年次，化学1･4年次で実施	法・経済・商・政策創造を除き卒業要件	学部により，奨学金対象者の選定，留学候補者の選考，学生に対する個別の学修指導，大学院入試の選抜基準として活用	0.8%	85.9%

● **コロナ対策２**　家計が急変した学生に「家計急変者対象給付奨学金」で支援（2020・21年度）。「関西大学短期貸付金」の金額上限引き上げ。オンライン授業を併用しWi-Fiルータ，ノートPCの貸出し，関大LMS等でサポート。

学部紹介

学部／学科	定員	特色
法学部		
法学政治	715	▷実社会の諸問題や争いを公平・公正に解決できる専門知識と論理的思考，実践力を身につける。2023年度は，法曹，英語で発信する政治学，ビジネス法，公務員の４つの特修プログラムを開講。
● 取得可能な資格…教職（地歴・公・社），司書，司書教諭，学芸員など。 ● 進路状況…………就職82.0%　進学6.8% ● 主な就職先………アクセンチュア，大塚商会，関西電力，竹中工務店，西日本高速道路，野村證券，パナソニック，三井住友信託銀行，国税専門官，裁判所事務官一般職など。		
文学部		
総合人文	770	▷英米文学英語学，英米文化，国語国文学，哲学倫理学，比較宗教学，芸術学美術史，ヨーロッパ文化，日本史・文化遺産学，世界史，地理学・地域環境学，教育文化，初等教育学，心理学，映像文化，文化共生学，アジア文化の16専修を設置。入学後１年間は多彩な専修から学びたい分野を見定め，２年次から専修での学びを深める。分属後も専修を横断して授業を履修し，幅広い知識を身につけることが可能。
● 取得可能な資格…教職（国・地歴・公・社・英・独・仏・中，小一種），司書，司書教諭，学芸員など。 ● 進路状況…………就職82.7%　進学5.7% ● 主な就職先………伊藤園，大阪大学，近鉄百貨店，コクヨ，Sky，セブン-イレブン・ジャパン，日本郵便，マイナビ，明治安田生命保険，楽天グループ，大阪府・大阪市教員など。		
経済学部		
経済	726	▷経済活動を切り口に，国際社会・地域社会のさまざまな問題を分析し，経済学が果たす役割を考察する。経済政策，歴史・思想，産業・企業経済，国際経済の４コースを設置。
● 取得可能な資格…教職（地歴・公・社），司書，司書教諭，学芸員など。 ● 進路状況…………就職86.6%　進学2.6% ● 主な就職先………NECソリューションイノベータ，オムロン，関西電力，ダイキン工業，東武トップツアーズ，ニトリ，日本生命保険，博報堂，国家公務員一般職など。		
商学部		
商	726	▷複雑・多様化する21世紀のビジネスニーズに対応するため，専門知識と実践力を養うカリキュラムを提供。流通，ファイナンス，国際ビジネス，マネジメント，会計の５専修。
● 取得可能な資格…教職（地歴・公・社・商業），司書，司書教諭，学芸員など。 ● 進路状況…………就職89.7%　進学1.5% ● 主な就職先………有限責任あずさ監査法人，サイバーエージェント，サントリーホールディングス，TIS，東京海上日動火災保険，凸版印刷，日本航空，LIXIL，国税専門官など。		
社会学部		
社会	792	▷社会で日々起きている問題や現象を適切に解決する能力やコミュニケーション能力を磨く。社会学，心理学，メディア，社会システムデザインの４専攻。他専攻の講義も履修可能。
● 取得可能な資格…教職（地歴・公・社），司書，司書教諭，学芸員など。 ● 進路状況…………就職88.8%　進学2.4% ● 主な就職先………アマゾンジャパン，NTN，大広，大和ハウス工業，中国電力，日本放送協会，日本生命保険，日本たばこ産業，阪急電鉄，三菱食品，東京都特別区職員など。		

 キャンパスアクセス ［千里山キャンパス］阪急千里線一関大前より徒歩すぐ

政策創造学部		
政策	250	▷国内外の社会問題を解決するための政策を柔軟かつ総合的に判断・提案する能力を養う。政治経済，地域経営の２専修。
国際アジア	100	▷政治，経済，法律の基礎を身につけ，激動する国際関係，国際経済を読み解く考える力と行動力＝考動力を養う。

● **取得可能な資格**…教職（地歴・公・社），司書，司書教諭，学芸員など。
● **進路状況**…………就職86.7%　進学1.6%
● **主な就職先**………アイリスオーヤマ，旭化成，大阪ガス，商船三井，東洋紡，西日本電信電話，ベネッセコーポレーション，みずほフィナンシャルグループ，京都府職員など。

外国語学部		
外国語	165	▷必須の１年間の留学などで外国語運用能力を徹底的に磨くとともに，異文化適応能力も身につけ，世界を視野に入れて活躍できる「外国語のプロフェッショナル」を育成する。

● **取得可能な資格**…教職（英・中），司書，司書教諭，学芸員など。
● **進路状況**…………就職79.2%　進学5.5%
● **主な就職先**………Apple Japan，カプコン，広島大学，住友生命保険，住友ファーマ，双日，ソニーグループ，日本通運，阪和興業，日立製作所，星野リゾート，大阪府教員など。

人間健康学部		
人間健康	330	▷スポーツと健康，福祉と健康の２コース。健康に関する幅広い知識を学び，地域社会で実践できる力を身につける。

● **取得可能な資格**…教職（保体），司書，司書教諭，学芸員，社会福祉士受験資格など。
● **進路状況**…………就職83.9%　進学3.3%
● **主な就職先**………キユーピー，国立病院機構，東海旅客鉄道，豊島，パナソニック，三菱重工業，読売新聞東京本社，リコージャパン，大阪市・堺市教員，大阪府警察官など。

総合情報学部		
総合情報	500	▷文系・理系の枠組みにとらわれず，目まぐるしく変化する社会に対応する幅広い知識を，“情報”という視点から学ぶ。

● **取得可能な資格**…教職（公・数・情），司書，司書教諭，学芸員など。
● **進路状況**…………就職81.0%　進学6.4%
● **主な就職先**………アサヒビール，SCSK，エヌ・ティ・ティ・データ，オリエンタルランド，清水建設，日本電気，日本放送協会，三菱食品，読売新聞大阪本社，大阪府教員など。

社会安全学部		
安全マネジメント	275	▷安全・安心の観点から，私たちが生きる社会や人間，自然それぞれのフィールドを洞察し，課題解決のための方法を考えて実行できる能力を養う。

● **取得可能な資格**…教職（公・社），司書，司書教諭，学芸員など。
● **進路状況**…………就職89.9%　進学2.6%
● **主な就職先**………鴻池運輸，積水ハウス，セコム，大和証券，日産自動車，阪神高速道路，富士フイルムビジネスイノベーション，三菱電機，国家公務員一般職，高槻市職員など。

システム理工学部		
数	33	▷純粋数学から応用数学まで数学の幅広い知識を習得し，さまざまな事象に内在する本質を見抜く洞察力を養う。
物理・応用物理	66	▷基礎・計算物理，応用物理の２コース。物理学の基礎力を身につけて，さまざまな分野に生かす。
機械工	220	▷多種多様な機械装置に必要な物質的・エネルギー的・情報処理的機能の基本原理の理解と，応用技術を習得する。
電気電子情報工	182	▷電気電子工学，情報通信工学，応用情報工学の３コース。専門分野を海外で学ぶプログラムも編成している。

キャンパスアクセス［高槻キャンパス］JR京都線—摂津富田・高槻よりバス20分

● 取得可能な資格…教職（数・理・情・工業），司書，司書教諭，学芸員，測量士補など。
● 進路状況…………就職54.5％　進学41.5％
● 主な就職先………オムロン，関西電力，京セラ，ダイキン工業，ダイハツ工業，西日本電信電話，富士通，本田技研工業，三菱重工業，村田製作所，山崎製パン，大阪府教員など。

環境都市工学部		
建築	105	▷計画，構造，環境の３分野を総合的に学び，自然環境と共生したより良い住環境・都市環境を探究し，創造に取り組む。
都市システム工	132	▷都市インフラ設計，社会システム計画の２コース。都市システムを計画・設計，維持管理するための知識と技術を習得。
エネルギー環境・化学工	88	▷エネルギーと環境を見据えた科目を配置し，「化学工学」に基づく実践的な知識・技術を身につける。

● 取得可能な資格…教職（数・理・情・工業），司書，司書教諭，学芸員，測量士補，１・２級建築士受験資格など。
● 進路状況…………就職70.1％　進学27.3％
● 主な就職先………大阪ガス，大林組，花王，鹿島建設，京セラ，資生堂，積水ハウス，大和ハウス工業，竹中工務店，西日本電信電話，阪神高速道路，LIXIL，大阪府教員など。

化学生命工学部		
化学・物質工	242	▷マテリアル科学，応用化学，バイオ分子化学の３コース。新物質や新素材を創成・開発し，科学技術の発展に貢献する。
生命・生物工	105	▷生命科学，生物工学の２コース。ライフサイエンス・バイオテクノロジーを幅広く応用できる能力を身につける。

● 取得可能な資格…教職（理・工業），司書，司書教諭，学芸員など。
● 進路状況…………就職46.8％　進学50.3％
● 主な就職先………伊藤ハム，川崎重工業，京セラ，グンゼ，サラヤ，参天製薬，ダイキン工業，日本ハム食品，ニプロ，富士薬品，三菱電機，山崎製パン，ユニ・チャームなど。

▶キャンパス

法・文・経済・商・社会・政策創造・外国語・システム理工・環境都市工・化学生命工……［千里山キャンパス］大阪府吹田市山手町3-3-35
総合情報……［高槻キャンパス］大阪府高槻市霊仙寺町2-1-1
社会安全……［高槻ミューズキャンパス］大阪府高槻市白梅町7-1
人間健康……［堺キャンパス］大阪府堺市堺区香ヶ丘町1-11-1

2023年度入試要項（前年度実績）

●募集人員

学部／学科	全学1	全学2	共通併用	共通前期	共通後期	公募推薦	AO
▶法　法学政治	3教270 2教英語30	—（3教は全学1・2共通）	30 小論文10	50	15	—	25
▶文　総合人文	3教350 2教英語10	—（3教は全学1・2共通）	25	45	10	—	10
▶経済　経済	3教315 2教英語20	—（3教は全学1・2共通）	26 小論文5	24	10	—	5
▶商　商	335		15	15	—	15	5
▶社会　社会	3教320 —	3教同一60	40	40	—	—	10
▶政策創造　政策・国際アジア	3教92 2教英語10	3教70	15	30	18	—	5
▶外国語　外国語	67	40	5	5	8	—	10
▶人間健康　人間健康	3教60 2教英語10	3教60	15	15	5	—	10
▶総合情報　総合情報	235		20	15	10	—	20
▶社会安全　安全マネジメント	3教80 2教英語5 2教英数20	2教数学5	5	10	10	—	5

キャンパスアクセス［高槻ミューズキャンパス］JR京都線―高槻より徒歩7分／阪急京都線―高槻市より徒歩10分

▶システム理工 数	105	3教95 理数47	55	20	7	2	10
物理・応用物理						4	
機械工						5	
電気電子情報工						4	
▶環境都市工 建築	67	3教52 理数30	27	14	7	—	8
都市システム工						6	
エネルギー環境・化学工						5	
▶化学生命工 化学・物質工	66	3教52 理数30	18	12	10	25	8
生命・生物工						5	

※上記以外に学部独自日程があり，総合情報学部のみ実施。募集人員は全学日程１・２に含む。
※文学部の初等教育学専修は，一般入試の３教科型（同一配点方式を除く）で入学定員50名のうち，30名の募集・選抜を専修単位で行い，入学後は１年次から初等教育学専修に所属。残りの20名については２年次進級時に分属する。
※次のように略しています。教科→教。英語外部試験利用方式→英語。同一配点方式→同一。

▷法・文・経済・政策創造・人間健康・社会安全の６学部が一般入試全学日程で，およびシステム理工学部が共通テスト利用入試後期で実施する英語外部試験利用方式は，以下の英語外部試験の基準を満たした者のみを対象とし，それぞれ本学の英語の試験および共通テストの英語の試験を実施せず，全学日程は国語と選択科目（地歴・公民・数から１）の２科目，システム理工学部の共通テスト利用入試後期は数学２科目と物理の３科目で判定する。使用する英語外部試験の基準は以下の通り。
Cambridge English B1 Preliminary (for Schoolsを含む) 140点以上，英検（２級以上）CSEスコア1950点以上（CBT，S-CBT，S-Interviewも対象），GTEC（４技能）AdvancedまたはCBT960点以上（OFFICIAL SCORE CERTIFICATEに限る），TOEIC Tests790点以上（L&R550点以上，S&W240点以上），IELTS4.0以上（アカデミック・モジュールに限る），TEAP (Reading/Listening＋Writing＋Speaking) 225点以上，TEAP CBT420点以上，TOEFL iBT42点以上。

法学部

一般入試全学日程（３教科型・英語外部試験利用方式・３教科型同一配点方式） 3〜2科目 ①国（150）▶国総・現文Ｂ・古典Ｂ（いずれも漢文を除く） ②外（200・同一配点150）▶コミュ英Ⅰ・コミュ英Ⅱ・コミュ英Ⅲ・英表Ⅰ・英表Ⅱ ③**地歴・公民・数**（100・同一配点150）▶世Ｂ・日Ｂ・地理Ｂ・政経・「数Ⅰ・数Ⅱ・数Ａ・数Ｂ（数列・ベク）」から１
※英語外部試験利用方式は，英語を除く２科目で判定する。

共通テスト利用入試併用（英語+2科目） 〈共通テスト科目〉 3〜2科目 ①**数**（100）▶数Ⅰ・数Ａ ②③**国・地歴・公民・数・理**（100）▶国（近代）・世Ｂ・日Ｂ・地理Ｂ・現社・倫・政経・「倫・政経」・「数Ⅱ・数Ｂ」・「物基・化基・生基・地学基から２」・物・化・生・地学から１
〈個別試験科目〉 1科目 ①**外**（200）▶コミュ英Ⅰ・コミュ英Ⅱ・コミュ英Ⅲ・英表Ⅰ・英表Ⅱ

共通テスト利用入試併用（小論文〈公民〉＋２科目） 〈共通テスト科目〉 3〜2科目 ①**数**（150）▶数Ⅰ・数Ａ ②③**国・外・数・理**（150）▶国（近代）・英（リスニングを含む）・「数Ⅱ・数Ｂ」・「物基・化基・生基・地学基から２」・物・化・生・地学から１
※共通テストの「英語」は，リーディング・リスニング各100点の合計200点満点を，リーディング150点・リスニング50点の合計200点満点に換算し，さらに150点満点に換算。
〈個別試験科目〉 1科目 ①**小論文**（150）▶現社・政経を題材として出題する

共通テスト利用入試前期（３科目型） 4〜3科目 ①**国**（100）▶国（近代） ②**数**（100）▶数Ⅰ・数Ａ ③④**外・地歴・公民・数・理**（100）▶英（リスニングを含む）・世Ｂ・日Ｂ・地理Ｂ・現社・倫・政経・「倫・政経」・「数Ⅱ・数Ｂ」・「物基・化基・生基・地学基から２」・物・化・生・地学から１
［個別試験］ 行わない。

共通テスト利用入試前期（４科目型） 5〜4科目 ①**国**（200）▶国 ②**外**（200）▶英（リスニングを含む） ③④⑤**「地歴・公民」・数・理**（200×2）▶「世Ｂ・日Ｂ・地理Ｂ・現社・倫・政経・〈倫・政経〉から１」・「〈数Ⅰ・数Ａ〉・〈数Ⅱ・数Ｂ〉から１」・「〈物基・化基・生基・地学基から２〉・物・化・生・地学から１」から２
［個別試験］ 行わない。

大阪　関西大学

共通テスト利用入試前期（6科目型） 7〜6 科目 ①国(200) ▶国(近代) ②外(200) ▶英(リスニングを含む) ③④数(100×2) ▶「数Ⅰ・数A」・「数Ⅱ・数B」 ⑤⑥理(100) ▶「物基・化基・生基・地学基から2」・物・化・生・地学から1 ⑦地歴・公民(100) ▶世B・日B・地理B・現社・倫・政経・「倫・政経」から1
［個別試験］ 行わない。

共通テスト利用入試後期 4〜3 科目 ①②③④国・外・「地歴・公民」・「数・理」(200×3) ▶国・「英(リスニングを含む)・独・仏・中・韓から1」・「世B・日B・地理B・現社・倫・政経・〈倫・政経〉から1」・「〈数Ⅰ・数A〉・〈数Ⅱ・数B〉・〈物基・化基・生基・地学基から2〉・物・化・生・地学から1」から3
※高得点科目を2倍の400点満点に換算し，合計800点満点で判定する。
［個別試験］ 行わない。
※共通テストの「英語」は，リーディング・リスニング各100点の合計200点満点を，リーディング150点・リスニング50点の合計200点満点に換算。ただし，3科目型はさらに100点満点に換算。

ＡＯ入試 **［選考方法］** Ⅰ型（英語運用能力重視型）は，英文での小論文および書類審査による第1次選考の通過者（指定された英語外部試験の基準を満たす者については第1次選考を合格とし，英文での小論文の提出を免除する）を対象に，英文資料の内容を理解する能力を問う問題と面接（口頭試問を含む）を行う。Ⅱ型（文献読解能力重視型）は，指定図書についての小論文（任意テーマ）および書類審査による第1次選考の通過者を対象に，指定図書についての小論文（課題テーマ）と面接（口頭試問を含む）を行う。Ⅲ型（法曹志望者特化型）は，書類審査（入学志望理由書，将来計画書を含む）による第1次選考の通過者を対象に，長文読解・小論文（課題テーマ）と面接（口頭試問を含む）を行う。

文学部

一般入試全学日程（3教科型・英語外部試験利用方式・3教科型同一配点方式） 3〜2 科目 ①国(150) ▶国総・現文B・古典B(いずれも漢文を除く) ②外(200・同一配点150) ▶コミュ英Ⅰ・コミュ英Ⅱ・コミュ英Ⅲ・英表Ⅰ・英表Ⅱ ③地歴・公民・数(100・同一配点150) ▶世B・日B・地理B・政経・「数Ⅰ・数Ⅱ・数A・数B(数列・ベク)」から1
※英語外部試験利用方式は，英語を除く2科目で判定する。

共通テスト利用入試併用2科目型（2月4日） 〈共通テスト科目〉 3〜2 科目 ①国(200) ▶国 ②③地歴・公民・数・理(100) ▶世B・日B・地理B・現社・倫・政経・「倫・政経」・「数Ⅰ・数A」・「数Ⅱ・数B」・「物基・化基・生基・地学基から2」・物・化・生・地学から1
〈個別試験科目〉 1 科目 ①外(300) ▶コミュ英Ⅰ・コミュ英Ⅱ・コミュ英Ⅲ・英表Ⅰ・英表Ⅱ

共通テスト利用入試併用2科目型（2月5日・6日・7日） 〈共通テスト科目〉 3〜2 科目 ①②③国・「地歴・公民」・数・理(200×2) ▶国・「世B・日B・地理B・現社・倫・政経・〈倫・政経〉から1」・「〈数Ⅰ・数A〉・〈数Ⅱ・数B〉から1」・「〈物基・化基・生基・地学基から2〉・物・化・生・地学から1」から2
〈個別試験科目〉 1 科目 ①外(150) ▶コミュ英Ⅰ・コミュ英Ⅱ・コミュ英Ⅲ・英表Ⅰ・英表Ⅱ

共通テスト利用入試前期（英語外部試験重視方式）〈共通テスト併用〉 〈共通テスト科目〉 3〜2 科目 ①国(100) ▶国 ②③地歴・公民・数・理(100) ▶世B・日B・地理B・現社・倫・政経・「倫・政経」・「数Ⅰ・数A」・「数Ⅱ・数B」・「物基・化基・生基・地学基から2」・物・化・生・地学から1
〈個別試験科目〉 指定された英語外部試験の基準を満たした者のみを対象とし，スコアに応じて160点・180点・200点の3段階で200点満点に換算して判定する

共通テスト利用入試前期（3科目型）・後期 4〜3 科目 ①②③④国・外・「地歴・公民」・「数・理」(200×3) ▶国・「英(リスニング〈100〉を含む)・独・仏・中・韓から1」・「世B・日B・地理B・現社・倫・政経・〈倫・政経〉から1」・「〈数Ⅰ・数A〉・〈数Ⅱ・数B〉・〈物基・化基・生基・地学基から2〉・物・化・生・地学から1」から3
※高得点科目を2倍の400点満点に換算し，

合計800点満点で判定する。
[個別試験] 行わない。

共通テスト利用入試前期（４科目型）
5～4科目　①**国**(200)▶国　②**外**(200)▶英（リスニング〈100〉を含む）・独・仏・中・韓から１　③**地歴・公民**(100)▶世Ｂ・日Ｂ・地理Ｂ・現社・倫・政経・「倫・政経」から１　④⑤**数・理**(100)▶「数Ⅰ・数Ａ」・「数Ⅱ・数Ｂ」・「物基・化基・生基・地学基から２」・物・化・生・地学から１
[個別試験] 行わない。

共通テスト利用入試前期（６科目型）
7～6科目　①**国**(200)▶国　②**外**(200)▶英（リスニング〈100〉を含む）・独・仏・中・韓から１　③④**数**(100×2)▶「数Ⅰ・数Ａ」・「数Ⅱ・数Ｂ」　⑤⑥**理**(100)▶「物基・化基・生基・地学基から２」・物・化・生・地学から１　⑦**地歴・公民**(100)▶世Ｂ・日Ｂ・地理Ｂ・現社・倫・政経・「倫・政経」から１
[個別試験] 行わない。

ＡＯ入試　**[出願資格]** 全体の評定平均値が3.5以上のほか，自己推薦型，外国語能力重視型，論文評価型の各基準を満たしている者。
[選考方法] 書類審査（論文評価型は論文を含む）による第１次選考の通過者を対象に，面接（口頭試問を含む）のほか，自己推薦型と論文評価型は小論文，外国語能力重視型は選択した外国語の長文読解問題を行う。

経済学部

一般入試全学日程（３教科型・英語外部試験利用方式・３教科型同一配点方式） 3～2科目
①**国**(150)▶国総・現文Ｂ・古典Ｂ（いずれも漢文を除く）　②**外**(200・同一配点150)▶コミュ英Ⅰ・コミュ英Ⅱ・コミュ英Ⅲ・英表Ⅰ・英表Ⅱ　③**地歴・公民・数**(100・同一配点150)▶世Ｂ・日Ｂ・地理Ｂ・政経・「数Ⅰ・数Ⅱ・数Ａ・数Ｂ（数列・ベク）」から１
※英語外部試験利用方式は，英語を除く２科目で判定する。

共通テスト利用入試併用（英語＋２科目）
〈共通テスト科目〉 3～2科目　①**国**(200)▶国（近代）　②③**地歴・公民・数・理**(100)▶世Ｂ・日Ｂ・地理Ｂ・現社・倫・政経・「倫・政経」・「数Ⅰ・数Ａ」・「数Ⅱ・数Ｂ」・「物基・化基・生基・地学基から２」・物・化・生・地学から１
〈個別試験科目〉 1科目　①**外**(300)▶コミュ英Ⅰ・コミュ英Ⅱ・コミュ英Ⅲ・英表Ⅰ・英表Ⅱ

共通テスト利用入試併用（小論文〈公民〉＋２科目）　〈共通テスト科目〉 3～2科目　①**数**(150)▶数Ⅰ・数Ａ　②③**国・外・数・理**(150)▶国（近代）・英（リスニングを含む）・「数Ⅱ・数Ｂ」・「物基・化基・生基・地学基から２」・物・化・生・地学から１
※共通テストの「英語」は，リーディング・リスニング各100点の合計200点満点を，リーディング150点・リスニング50点の合計200点満点に換算し，さらに150点満点に換算。
〈個別試験科目〉 1科目　①**小論文**(150)▶現社・政経を題材として出題する

共通テスト利用入試前期（３科目型）
4～3科目　①②③**国・外・「地歴・公民」・数・理**(200×3)▶国（近代）・「英（リスニングを含む）・独・仏・中・韓から１」・「世Ｂ・日Ｂ・地理Ｂ・現社・倫・政経・〈倫・政経〉から１」・「数Ⅰ・数Ａ」・「数Ⅱ・数Ｂ」・「〈物基・化基・生基・地学基から２〉・物・化・生・地学から１」から数（２科目選択可）を含む３
※高得点科目を２倍の400点満点に換算し，合計800点満点で判定する。
[個別試験] 行わない。

共通テスト利用入試前期（４科目型）
5～4科目　①**国**(200)▶国（近代）　②**外**(200)▶英（リスニングを含む）・独・仏・中・韓から１　③**地歴・公民**(100)▶世Ｂ・日Ｂ・地理Ｂ・現社・倫・政経・「倫・政経」から１　④⑤**数・理**(100)▶「数Ⅰ・数Ａ」・「数Ⅱ・数Ｂ」・「物基・化基・生基・地学基から２」・物・化・生・地学から１
[個別試験] 行わない。

共通テスト利用入試前期（６科目型）
7～6科目　①**国**(200)▶国（近代）　②**外**(200)▶英（リスニングを含む）・独・仏・中・韓から１　③④**数**(100×2)▶「数Ⅰ・数Ａ」・「数Ⅱ・数Ｂ」　⑤⑥**理**(100)▶「物基・化基・生基・地学基から２」・物・化・生・地学から１　⑦**地歴・公民**(100)▶世Ｂ・日Ｂ・地理Ｂ・現社・倫・政経・「倫・政経」から１
[個別試験] 行わない。

共通テスト利用入試後期 4～3科目　①②

③④**国・外・「地歴・公民」・「数・理」**(200×3)▶国(近代)・「英(リスニングを含む)・独・仏・中・韓から1」・「世B・日B・地理B・現社・倫・政経・〈倫・政経〉から1」・「〈数Ⅰ・数A〉・〈数Ⅱ・数B〉・〈物基・化基・生基・地学基から2〉・物・化・生・地学から1」から3
※高得点科目を2倍の400点満点に換算し，合計800点満点で判定する。
[個別試験] 行わない。
※共通テストの「英語」は，リーディング・リスニング各100点の合計200点満点を，リーディング150点・リスニング50点の合計200点満点に換算。

AO入試 **[出願資格]** 全体の評定平均値が3.5以上のほか，自己推薦型，グローバル・リーダー志向型，データサイエンティスト志向型の各基準を満たしている者。
[選考方法] 書類審査による第1次選考の通過者を対象に，第2次選考日に作成する課題エッセイとそれを素材にして行う面接(口頭試問を含む)の評価を総合して判定する。

商学部

一般入試全学日程 **3科目** ①**国**(150)▶国総・現文B・古典B(いずれも漢文を除く) ②**外**(200)▶コミュ英Ⅰ・コミュ英Ⅱ・コミュ英Ⅲ・英表Ⅰ・英表Ⅱ ③**地歴・公民・数**(100)▶世B・日B・地理B・政経・「数Ⅰ・数Ⅱ・数A・数B(数列・ベク)」から1

共通テスト利用入試併用 **〈共通テスト科目〉** **2科目** ①**外**(200)▶英(リスニングを含む) ②**地歴・公民・数**(100)▶世B・日B・地理B・現社・倫・政経・「倫・政経」・「数Ⅰ・数A」・「数Ⅱ・数B」・簿・情から1
〈個別試験科目〉 **2科目** ①**国**(100)▶国総・現文B・古典B(いずれも漢文を除く) ②**外**(200)▶コミュ英Ⅰ・コミュ英Ⅱ・コミュ英Ⅲ・英表Ⅰ・英表Ⅱ

共通テスト利用入試前期 **4〜3科目** ①**国**(200)▶国(近代) ②**外**(200)▶英(リスニングを含む) ③④**地歴・公民・数・理**(200)▶世B・日B・地理B・現社・倫・政経・「倫・政経」・「数Ⅰ・数A」・「数Ⅱ・数B」・簿・「物基・化基・生基・地学基から2」・物・化・生・地学から1
[個別試験] 行わない。
※共通テストの「英語」は，リーディング・リスニング各100点の合計200点満点を，リーディング150点・リスニング50点の合計200点満点に換算。

公募制推薦入試 **[出願資格]** 校長推薦，現役，全体の評定平均値4.0以上のほか，日商簿記検定2級以上または英検2級以上などの条件を満たしている者。
[選考方法] 書類審査，小論文(Ⅰ・Ⅱ)，面接(口頭試問を含む)。

AO入試 **[出願資格]** 1浪までの満23歳未満で，全体の評定平均値が3.5以上の者。ほかにビジネスプラン・コンペティションで優勝ないし準優勝した者，高度な資格を持つ者のいずれかの要件を満たしている者など。
[選考方法] 書類審査による第1次選考の通過者を対象に，面接(口頭試問を含む)を行う。

社会学部

一般入試全学日程(3教科型・3教科型同一配点方式) **3科目** ①**国**(150)▶国総・現文B・古典B(いずれも漢文を除く) ②**外**(200・同一配点150)▶コミュ英Ⅰ・コミュ英Ⅱ・コミュ英Ⅲ・英表Ⅰ・英表Ⅱ ③**地歴・公民・数**(100・同一配点150)▶世B・日B・地理B・政経・「数Ⅰ・数Ⅱ・数A・数B(数列・ベク)」から1

共通テスト利用入試併用1科目型 **〈共通テスト科目〉** **2〜1科目** ①②**数・理**(200)▶「数Ⅰ・数A」・「数Ⅱ・数B」・「物基・化基・生基・地学基から2」・物・化・生・地学から1
〈個別試験科目〉 **1科目** ①**外**(200)▶コミュ英Ⅰ・コミュ英Ⅱ・コミュ英Ⅲ・英表Ⅰ・英表Ⅱ

共通テスト利用入試併用2科目型 **〈共通テスト科目〉** **3〜2科目** ①**国**(150)▶国(漢文を除く) ②③**地歴・公民・数・理**(100)▶世B・日B・地理B・現社・倫・政経・「倫・政経」・「数Ⅰ・数A」・「数Ⅱ・数B」・「物基・化基・生基・地学基から2」・物・化・生・地学から1
〈個別試験科目〉 **1科目** ①**外**(200)▶コミュ英Ⅰ・コミュ英Ⅱ・コミュ英Ⅲ・英表Ⅰ・英表Ⅱ

共通テスト利用入試前期 **4〜3科目** ①**外**(200)▶英(リスニング〈100〉を含む) ②③④**国・「地歴・公民」・数・理**(200×2)▶国(漢

文を除く）・「世Ｂ・日Ｂ・地理Ｂ・現社・倫・政経・〈倫・政経〉から１」・「〈数Ⅰ・数Ａ〉・〈数Ⅱ・数Ｂ〉から１」・「〈物基・化基・生基・地学基から２〉・物・化・生・地学から１」から２

［個別試験］ 行わない。

ＡＯ入試 **［出願資格］** １浪までの学術・文化・芸術などで見るべき活動実績があり，それを証明する資料または推薦書を提出できる者など。ほかに社会学専攻は全体の評定平均値が4.0以上，心理学専攻は3.8以上かつ国・英・地歴・公民・数・理の評定平均値3.8以上，メディア専攻は全体の評定平均値が3.5以上，社会システムデザイン専攻は3.8以上の者。

［選考方法］ 書類審査（専攻別課題レポート〈心理学専攻を除く〉を含む）による第１次選考の通過者を対象に，全専攻で口頭試問を行うほか，メディア専攻のみ小論文も実施する。

政策創造学部

一般入試全学日程（３教科型・英語外部試験利用方式・３教科型同一配点方式） **3〜2**科目 ①**国**（150）▶国総・現文Ｂ・古典Ｂ（いずれも漢文を除く） ②**外**（200・同一配点150）▶コミュ英Ⅰ・コミュ英Ⅱ・コミュ英Ⅲ・英表Ⅰ・英表Ⅱ ③**地歴・公民・数**（100・同一配点150）▶世Ｂ・日Ｂ・地理Ｂ・政経・「数Ⅰ・数Ⅱ・数Ａ・数Ｂ（数列・ベク）」から１

※英語外部試験利用方式は，英語を除く２科目で判定する。

共通テスト利用入試併用 **〈共通テスト科目〉** **3〜2**科目 ①**国**（200）▶国 ②③**数・理**（200）▶「数Ⅰ・数Ａ」・「数Ⅱ・数Ｂ」・「物基・化基・生基・地学基から２」・物・化・生・地学から１

〈個別試験科目〉 **1**科目 ①**外**（200）▶コミュ英Ⅰ・コミュ英Ⅱ・コミュ英Ⅲ・英表Ⅰ・英表Ⅱ

共通テスト利用入試前期（３科目型） **4〜3**科目 ①②③④**国・外・「地歴・公民」・「数・理」**（200×3）▶国・英（リスニングを含む）・「世Ｂ・日Ｂ・地理Ｂ・現社・倫・政経・〈倫・政経〉から１」・「〈数Ⅰ・数Ａ〉・〈数Ⅱ・数Ｂ〉・〈物基・化基・生基・地学基から２〉・物・化・生・地学から１」から３

※高得点科目を２倍の400点満点に換算し，合計800点満点で判定する。

［個別試験］ 行わない。

共通テスト利用入試前期（４科目型） **5〜4**科目 ①**国**（200）▶国 ②**外**（200）▶英（リスニングを含む） ③**地歴・公民**（100）▶世Ｂ・日Ｂ・地理Ｂ・現社・倫・政経・「倫・政経」から１ ④⑤**数・理**（100）▶「数Ⅰ・数Ａ」・「数Ⅱ・数Ｂ」・「物基・化基・生基・地学基から２」・物・化・生・地学から１

［個別試験］ 行わない。

共通テスト利用入試前期（６科目型） **7〜6**科目 ①**国**（200）▶国 ②**外**（200）▶英（リスニングを含む） ③④**数**（100×2）▶「数Ⅰ・数Ａ」・「数Ⅱ・数Ｂ」 ⑤⑥**理**（100）▶「物基・化基・生基・地学基から２」・物・化・生・地学から１ ⑦**地歴・公民**（100）▶世Ｂ・日Ｂ・地理Ｂ・現社・倫・政経・「倫・政経」から１

［個別試験］ 行わない。

共通テスト利用入試後期 **5〜4**科目 ①②③④⑤**国・外・地歴・公民・数・理**（200×4）▶国・英（リスニングを含む）・世Ｂ・日Ｂ・地理Ｂ・現社・倫・政経・「倫・政経」・「数Ⅰ・数Ａ」・「数Ⅱ・数Ｂ」・「物基・化基・生基・地学基から２」・物・化・生・地学から４

※高得点科目を２倍の400点満点に換算し，合計1,000点満点で判定する。

［個別試験］ 行わない。

※共通テストの「英語」は，リーディング・リスニング各100点の合計200点満点を，リーディング150点・リスニング50点の合計200点満点に換算。

ＡＯ入試 **［出願資格］** 地域活動，国際活動，ビジネスリーダーの３つの志向型のうち，希望する志向型の基準を満たしている者。

［選考方法］ 書類審査（課題小論文を含む）による第１次選考の通過者を対象に，面接（口頭試問および課題小論文についての質疑を含む）を行う。

外国語学部

一般入試全学日程３教科型 **3**科目 ①**国**（150）▶国総・現文Ｂ・古典Ｂ（いずれも漢文を除く） ②**外**（200）▶コミュ英Ⅰ・コミュ英Ⅱ・コミュ英Ⅲ・英表Ⅰ・英表Ⅱ ③**地歴・公民・数**（100）▶世Ｂ・日Ｂ・地理Ｂ・政経・「数Ⅰ・数Ⅱ・数Ａ・数Ｂ（数列・ベク）」から１

一般入試全学日程２教科型 **2**科目 ①外(150)▶コミュ英Ⅰ・コミュ英Ⅱ・コミュ英Ⅲ・英表Ⅰ・英表Ⅱ ②**国・地歴・公民・数**(100)▶「国総・現文Ｂ・古典Ｂ(いずれも漢文を除く)」・世Ｂ・日Ｂ・地理Ｂ・政経・「数Ⅰ・数Ⅱ・数Ａ・数Ｂ(数列・ベク)」から１
※指定された英語外部試験の基準のスコア・グレードを有する者は，外国語を満点とみなし，選択科目の得点と合わせて250点満点で判定する。

共通テスト利用入試併用 〈共通テスト科目〉 **3**科目 ①**外**(100)▶英(リスニングを含む)
※リーディング・リスニング各100点の合計200点満点を100点満点に換算。②③**国・「地歴・公民」・数**(100×2)▶国(近代)・「世Ｂ・日Ｂ・地理Ｂ・現社・倫・政経・〈倫・政経〉から１」・「〈数Ⅰ・数Ａ〉・〈数Ⅱ・数Ｂ〉から１」から２
〈個別試験科目〉 **1**科目 ①**外**(200)▶コミュ英Ⅰ・コミュ英Ⅱ・コミュ英Ⅲ・英表Ⅰ・英表Ⅱ

共通テスト利用入試前期 **5～4**科目 ①**国**(100)▶国(近代) ②**外**(200)▶英(リスニング〈100〉を含む) ③④⑤**「地歴・公民」・数・理**(100×2)▶「世Ｂ・日Ｂ・地理Ｂ・現社・倫・政経・〈倫・政経〉から１」・「〈数Ⅰ・数Ａ〉・〈数Ⅱ・数Ｂ〉から１」・「〈物基・化基・生基・地学基から２〉・物・化・生・地学から１」から２
[個別試験] 行わない。

共通テスト利用入試後期 **3**科目 ①**外**(200)▶英(リスニング〈100〉を含む) ②③**国・「地歴・公民」・数**(100×2)▶国・「世Ｂ・日Ｂ・地理Ｂ・現社・倫・政経・〈倫・政経〉から１」・「〈数Ⅰ・数Ａ〉・〈数Ⅱ・数Ｂ〉から１」から２
[個別試験] 行わない。

ＡＯ入試 **[出願資格]** Ａ(中国語)，Ｂ(クロス留学)，Ｃ(英語教員)の区分があり，現役，全体の評定平均値が3.8以上のほか，Ａは国・英の評定平均値が4.0以上，Ｂ・Ｃは英語に関する科目が4.2以上で，指定の英語資格を有し証明する書類を提出できる者。
[選考方法] 書類審査(将来設計書およびＡは課題レポートを含む)による第１次選考の通過者を対象に，課題エッセイ，面接(口頭試問を含む)を行う。なお，面接において，Ｂ・Ｃは英語でのやり取りを含む。

人間健康学部

一般入試全学日程(３教科型・英語外部試験利用方式・３教科型同一配点方式) **3～2**科目 ①**国**(150)▶国総・現文Ｂ・古典Ｂ(いずれも漢文を除く) ②**外**(200・同一配点150)▶コミュ英Ⅰ・コミュ英Ⅱ・コミュ英Ⅲ・英表Ⅰ・英表Ⅱ ③**地歴・公民・数**(100・同一配点150)▶世Ｂ・日Ｂ・地理Ｂ・政経・「数Ⅰ・数Ⅱ・数Ａ・数Ｂ(数列・ベク)」から１
※英語外部試験利用方式は，英語を除く２科目で判定する。

共通テスト利用入試併用１科目型 〈共通テスト科目〉 **2～1**科目 ①②**国・外・地歴・公民・数・理**(200)▶国(近代)・英(リスニングを含む)・世Ｂ・日Ｂ・地理Ｂ・現社・倫・政経・「倫・政経」・「数Ⅰ・数Ａ」・「数Ⅱ・数Ｂ」・「物基・化基・生基・地学基から２」・物・化・生・地学から１
〈個別試験科目〉 **2**科目 ①**国**(200)▶国総・現文Ｂ・古典Ｂ(いずれも漢文を除く) ②**外**(200)▶コミュ英Ⅰ・コミュ英Ⅱ・コミュ英Ⅲ・英表Ⅰ・英表Ⅱ

共通テスト利用入試併用２科目型(２月４日) 〈共通テスト科目〉 **3～2**科目 ①**国**(100)▶国(近代) ②③**地歴・公民・数・理**(100)▶世Ｂ・日Ｂ・地理Ｂ・現社・倫・政経・「倫・政経」・「数Ⅰ・数Ａ」・「数Ⅱ・数Ｂ」・「物基・化基・生基・地学基から２」・物・化・生・地学から１
〈個別試験科目〉 **1**科目 ①**外**(200)▶コミュ英Ⅰ・コミュ英Ⅱ・コミュ英Ⅲ・英表Ⅰ・英表Ⅱ

共通テスト利用入試併用２科目型(２月６日・７日) 〈共通テスト科目〉 **3～2**科目 ①②③**国・外・地歴・公民・数・理**(100×2)▶国(近代)・英(リスニングを含む)・「世Ｂ・日Ｂ・地理Ｂから１」・「現社・倫・政経・〈倫・政経〉から１」・「〈数Ⅰ・数Ａ〉・〈数Ⅱ・数Ｂ〉から１」・「〈物基・化基・生基・地学基から２〉・物・化・生・地学から１」から２
〈個別試験科目〉 **1**科目 ①**国・外**(200)▶[２月６日]―国総・現文Ｂ・古典Ｂ(いずれも漢文を除く)，[２月７日]―コミュ英Ⅰ・コミュ英Ⅱ・コミュ英Ⅲ・英表Ⅰ・英表Ⅱ

共通テスト利用入試前期(３科目型)・後期 **4～3**科目 ①②③④**国・外・「地歴・公民」・**

「数・理」（200×3）▶国（近代）・「英（リスニングを含む）・独・仏・中・韓から１」・「世Ｂ・日Ｂ・地理Ｂ・現社・倫・政経・〈倫・政経〉から１」・「〈数Ⅰ・数Ａ〉・〈数Ⅱ・数Ｂ〉・〈物基・化基・生基・地学基から２〉・物・化・生・地学から１」から３
※前期は高得点科目を２倍の400点満点に換算し，合計800点満点で判定する。
［個別試験］ 行わない。

共通テスト利用入試前期（４科目型）
5〜4科目　①**国**（200）▶国　②**外**（200）▶英（リスニングを含む）・独・仏・中・韓から１　③**地歴・公民**（100）▶世Ｂ・日Ｂ・地理Ｂ・現社・倫・政経・「倫・政経」から１　④⑤**数・理**（100）▶「数Ⅰ・数Ａ」・「数Ⅱ・数Ｂ」・「物基・化基・生基・地学基から２」・物・化・生・地学から１
［個別試験］ 行わない。
※共通テストの「英語」は，リーディング・リスニング各100点の合計200点満点を，リーディング150点・リスニング50点の合計200点満点に換算。ただし，併用２科目型（２月６日・７日）はさらに100点満点に換算。

ＡＯ入試　**［出願資格］** 第１志望，全体の評定平均値が3.5以上の者で，これまでに特色ある活動を行ってきたことを踏まえ，第三者に説明およびアピールができる者。なお，取り組んできた特色ある活動を証明する資料または「活動報告書」を提出すること。
［選考方法］ 書類審査による第１次選考の通過者を対象に，選考日当日に行う体験学習プログラムの内容を踏まえた筆記課題，面接（口頭試問を含む）を行う。

総合情報学部

一般入試全学日程（２教科型英数方式）・一般入試学部独自日程（２教科型英数方式）
2科目　①**外**（200・２月１日のみ175）▶コミュ英Ⅰ・コミュ英Ⅱ・コミュ英Ⅲ・英表Ⅰ・英表Ⅱ　②**数**（200・２月１日のみ175）▶数Ⅰ・数Ⅱ・数Ａ・数Ｂ（数列・ベク）

一般入試全学日程（２教科型英国方式）
2科目　①**国**（150）▶国総・現文Ｂ・古典Ｂ（いずれも漢文を除く）　②**外**（200）▶コミュ英Ⅰ・コミュ英Ⅱ・コミュ英Ⅲ・英表Ⅰ・英表Ⅱ

一般入試全学日程（２教科型国数方式）
2科目　①**国**（150）▶国総・現文Ｂ・古典Ｂ（いずれも漢文を除く）　②**数**（200）▶数Ⅰ・数Ⅱ・数Ａ・数Ｂ（数列・ベク）

一般入試全学日程（３教科型）　**3**科目　①**国**（150）▶国総・現文Ｂ・古典Ｂ（いずれも漢文を除く）　②**外**（200）▶コミュ英Ⅰ・コミュ英Ⅱ・コミュ英Ⅲ・英表Ⅰ・英表Ⅱ　③**地歴・公民・数**（100）▶世Ｂ・日Ｂ・地理Ｂ・政経・「数Ⅰ・数Ⅱ・数Ａ・数Ｂ（数列・ベク）」から１

共通テスト利用入試併用２科目型　**〈共通テスト科目〉**　**3〜2**科目　①②③**国・外・地歴・公民・数・理**（150×2）▶国（近代）・英（リスニングを含む）・世Ｂ・日Ｂ・地理Ｂ・現社・倫・政経・「倫・政経」・「数Ⅰ・数Ａ」・「数Ⅱ・数Ｂ」・情・「物基・化基・生基・地学基から２」・物・化・生・地学から２
〈個別試験科目〉　**1**科目　①**外・数**（200）▶［２月１日］―コミュ英Ⅰ・コミュ英Ⅱ・コミュ英Ⅲ・英表Ⅰ・英表Ⅱ，［２月４日］―「コミュ英Ⅰ・コミュ英Ⅱ・コミュ英Ⅲ・英表Ⅰ・英表Ⅱ」・「数Ⅰ・数Ⅱ・数A・数B（数列・ベク）」から１

共通テスト利用入試前期４科目（総合）型
5〜4科目　①**国**（100）▶国（近代）　②**外**（200）▶英（リスニングを含む）　③**数**（100）▶数Ⅰ・数Ａ　④⑤**地歴・公民・数・理**（100）▶世Ｂ・日Ｂ・地理Ｂ・現社・倫・政経・「倫・政経」・「数Ⅱ・数Ｂ」・情・「物基・化基・生基・地学基から２」・物・化・生・地学から１
［個別試験］ 行わない。

共通テスト利用入試前期３科目（文系）型
3科目　①**国**（200）▶国　②**外**（200）▶英（リスニングを含む）　③**地歴・公民**（100）▶世Ｂ・日Ｂ・地理Ｂ・現社・倫・政経・「倫・政経」から１
［個別試験］ 行わない。

共通テスト利用入試前期４科目（理系）型
5〜4科目　①**外**（200）▶英（リスニングを含む）　②③**数**（100×2）▶「数Ⅰ・数Ａ」・「数Ⅱ・数Ｂ」　④⑤**理**（100）▶「物基・化基・生基・地学基から２」・物・化・生・地学から１
［個別試験］ 行わない。

共通テスト利用入試後期　**5〜4**科目　①②③④⑤**国・外・地歴・公民・数・理**（200×4）▶国（近代）・英（リスニングを含む）・世Ｂ・日Ｂ・地理Ｂ・現社・倫・政経・「倫・政経」・「数Ⅰ・数Ａ」・「数Ⅱ・数Ｂ」・情・「物基・化基・生基・地学

基から２」・物・化・生・地学から４
[個別試験] 行わない。
※共通テストの「英語」は，リーディング・リスニング各100点の合計200点満点を，リーディング150点・リスニング50点の合計200点満点に換算。ただし，併用２科目型はさらに150点満点に換算。
ＡＯ入試 [出願資格] １浪まで，全体の評定平均値が3.5以上のほか，活動実績評価型は高度な資格や技能を有し，高い評価を得ている者，または学術・文化・芸術・スポーツ活動などさまざまな分野において，研究，創作発表，コンクール，競技などの活動を通し，広く高い評価を得ている者などで，かつ実績を証明する資料を提出できる者。
[選考方法] 書類審査(情報リテラシー評価型は課題レポートを含む)による第１次選考の通過者を対象に，活動実績評価型は面接(口頭試問を含む)を，情報リテラシー評価型は情報リテラシーを問う課題についてパソコンで発表用資料を作成し，プレゼンテーション，グループディスカッションを行う。

社会安全学部

一般入試全学日程(３教科型・英語外部試験利用方式) **3〜2**科目 ①**国**(150)▶国総・現文Ｂ・古典Ｂ(いずれも漢文を除く) ②**外**(200)▶コミュ英Ⅰ・コミュ英Ⅱ・コミュ英Ⅲ・英表Ⅰ・英表Ⅱ ③**地歴・公民・数**(100)▶世Ｂ・日Ｂ・地理Ｂ・政経・「数Ⅰ・数Ⅱ・数Ａ・数Ｂ(数列・ベク)」から１
※英語外部試験利用方式は，英語を除く２科目で判定する。
一般入試全学日程(２教科型英数方式) **2**科目 ①**外**(200)▶コミュ英Ⅰ・コミュ英Ⅱ・コミュ英Ⅲ・英表Ⅰ・英表Ⅱ ②**数**(150)▶数Ⅰ・数Ⅱ・数Ａ・数Ｂ(数列・ベク)
一般入試全学日程(２教科型英数方式〈数学重視〉) **2**科目 ①**外**(100)▶コミュ英Ⅰ・コミュ英Ⅱ・コミュ英Ⅲ・英表Ⅰ・英表Ⅱ ②**数**(300)▶数Ⅰ・数Ⅱ・数Ⅲ・数Ａ・数Ｂ(数列・ベク)
共通テスト利用入試併用 〈共通テスト科目〉 **4〜3**科目 ①②**数**(100×2)▶「数Ⅰ・数Ａ」・「数Ⅱ・数Ｂ」 ③④**理**(100)▶「物基・化基・生基・地学基から２」・物・化・生・地学から１
〈個別試験科目〉 **1**科目 ①**外**(200)▶コミュ英Ⅰ・コミュ英Ⅱ・コミュ英Ⅲ・英表Ⅰ・英表Ⅱ
共通テスト利用入試前期(３科目型) **4〜3**科目 ①②**数**(100×2)▶「数Ⅰ・数Ａ」・「数Ⅱ・数Ｂ」 ③④**理**(100)▶「物基・化基・生基・地学基から２」・物・化・生・地学から１
[個別試験] 行わない。
共通テスト利用入試前期(６科目型) **7〜6**科目 ①**国**(200)▶国 ②**外**(200)▶英(リスニングを含む)・独・仏・中・韓から１ ③④**数**(100×2)▶「数Ⅰ・数Ａ」・「数Ⅱ・数Ｂ」 ⑤⑥**理**(100)▶「物基・化基・生基・地学基から２」・物・化・生・地学から１ ⑦**地歴・公民**(100)▶世Ｂ・日Ｂ・地理Ｂ・現社・倫・政経・「倫・政経」から１
[個別試験] 行わない。
共通テスト利用入試後期 **3〜2**科目 ①②③**外・数・理**(100×2)▶「英(リスニングを含む)・独・仏・中・韓から１」・「数Ⅰ・数Ａ」・「数Ⅱ・数Ｂ」・「物基・化基・生基・地学基から２」・物・化・生・地学から２
[個別試験] 行わない。
※共通テストの「英語」は，リーディング・リスニング各100点の合計200点満点を，前期６科目型はリーディング150点・リスニング50点の合計200点満点に換算。後期はさらに100点満点に換算。
ＡＯ入試 [出願資格] 第１志望，全体の評定平均値が3.5以上の者。
[選考方法] 入学志望理由書，プレゼンテーションで用いる説明資料の写し，調査書による第１次選考の通過者を対象に，小論文(統計資料および簡単な英文の読解に基づくもの)，面接(説明資料を用いたプレゼンテーション・口頭試問)に基づき，総合的に判定する。

システム理工学部

一般入試全学日程理科１科目選択方式 **3**科目 ①**外**(200)▶コミュ英Ⅰ・コミュ英Ⅱ・コミュ英Ⅲ・英表Ⅰ・英表Ⅱ ②**数**(200)▶数Ⅰ・数Ⅱ・数Ⅲ・数Ａ・数Ｂ(数列・ベク) ③**理**(150)▶「物基・物」・「化基・化」から１
一般入試全学日程理科設問選択方式(２科目型) **4**科目 ①**外**(150)▶コミュ英Ⅰ・コミ

ュ英Ⅱ・コミュ英Ⅲ・英表Ⅰ・英表Ⅱ　②**数**(200)▶数Ⅰ・数Ⅱ・数Ⅲ・数A・数B(数列・ベク)　③④**理**(200)▶［数学科］―「物基・物」・「化基・化」・「生基・生」から2科目を選択し，各3問計6問から4問を選択，［その他の学科］―「物基・物」・「化基・化」から各3問計6問から4問を選択

一般入試全学日程理科設問選択方式　**4～3科目**　①**外**(150)▶コミュ英Ⅰ・コミュ英Ⅱ・コミュ英Ⅲ・英表Ⅰ・英表Ⅱ　②**数**(200)▶数Ⅰ・数Ⅱ・数Ⅲ・数A・数B(数列・ベク)　③④**理**(200)▶「物基・物」・「化基・化」から各3問計6問から3問を選択

一般入試全学日程理科設問選択方式(理数重視)　**4～3科目**　①**外**(100)▶コミュ英Ⅰ・コミュ英Ⅱ・コミュ英Ⅲ・英表Ⅰ・英表Ⅱ　②**数**(225)▶数Ⅰ・数Ⅱ・数Ⅲ・数A・数B(数列・ベク)　③④**理**(225)▶「〈物基・物〉・〈化基・化〉」・「〈物基・物〉・〈生基・生〉」から選択し，各3問計6問のうち，物理2問必須で3問を選択

共通テスト利用入試併用(語学力重視方式)

【数学科】〈共通テスト科目〉　3科目　①**外**(100)▶英(リスニングを含む)　②③**数**(150×2)▶「数Ⅰ・数A」・「数Ⅱ・数B」

〈個別試験科目〉　1科目　①**外**(200)▶コミュ英Ⅰ・コミュ英Ⅱ・コミュ英Ⅲ・英表Ⅰ・英表Ⅱ

【その他の学科】〈共通テスト科目〉　4科目　①**外**(100)▶英(リスニングを含む)　②③**数**(100×2)▶「数Ⅰ・数A」・「数Ⅱ・数B」　④**理**(200)▶物

〈個別試験科目〉　1科目　①**外**(200)▶コミュ英Ⅰ・コミュ英Ⅱ・コミュ英Ⅲ・英表Ⅰ・英表Ⅱ

共通テスト利用入試併用(総合力重視方式)

【数学科】〈共通テスト科目〉　3科目　①②**数**(100×2)▶「数Ⅰ・数A」・「数Ⅱ・数B」　③**国・地歴・公民**(200)▶国(近代)・世B・日B・地理B・現社・倫・政経・「倫・政経」から1

〈個別試験科目〉　1科目　①**外**(200)▶コミュ英Ⅰ・コミュ英Ⅱ・コミュ英Ⅲ・英表Ⅰ・英表Ⅱ

【その他の学科】〈共通テスト科目〉　4科目　①②**数**(100×2)▶「数Ⅰ・数A」・「数Ⅱ・数B」　③**理**(200)▶物　④**国・地歴・公民**(200)▶国(近代)・世B・日B・地理B・現社・倫・政経・「倫・政経」から1

〈個別試験科目〉　1科目　①**外**(200)▶コミュ英Ⅰ・コミュ英Ⅱ・コミュ英Ⅲ・英表Ⅰ・英表Ⅱ

共通テスト利用入試併用(数学力／理科力重視方式)　**〈共通テスト科目〉　4科目**　①**外**(100)▶英(リスニングを含む)　②③**数**(50×2)▶「数Ⅰ・数A」・「数Ⅱ・数B」　④**理**(100)▶物

〈個別試験科目〉　3～1科目　①②③**数・理**(200)▶「数Ⅰ・数Ⅱ・数Ⅲ・数A・数B(数列・ベク)」・「〈(物基・物)・(化基・化)〉・〈(物基・物)・(生基・生)〉から選択し，各3問計6問のうち，物理2問必須で3問を解答」から2または1

※出願の際に数・理両方を選択するか，数・理のどちらか一方の選択かの届け出が必要。数・理両方を選択した場合は，高得点の教科を判定に使用する。

共通テスト利用入試前期　**4科目**　①**外**(200)▶英(リスニングを含む)　②③**数**(125×2)▶「数Ⅰ・数A」・「数Ⅱ・数B」　④**理**(250)▶物

[個別試験]　行わない。

共通テスト利用入試後期英語外部試験利用方式　**3科目**　①②**数**(200×2)▶「数Ⅰ・数A」・「数Ⅱ・数B」　③**理**(100)▶物

※指定された英語外部試験の基準を満たした者のみ受験可。

共通テスト利用入試後期　**【数学科】　3科目**　①**外**(100)▶英(リスニングを含む)　②③**数**(100×2)▶「数Ⅰ・数A」・「数Ⅱ・数B」

※高得点科目を2倍の200点満点に換算し，合計400点満点で判定する。

[個別試験]　行わない。

【その他の学科】　4科目　①**外**(100)▶英(リスニングを含む)　②③**数**(100×2)▶「数Ⅰ・数A」・「数Ⅱ・数B」　④**理**(100)▶物

※高得点科目を2倍の200点満点に換算し，合計500点満点で判定する。

[個別試験]　行わない。

※共通テストの「英語」は，リーディング・リスニング各100点の合計200点満点を，リーディング150点・リスニング50点の合計200

点満点に換算し，併用の語学力重視方式と数学力／理科力重視方式および後期は，さらに100点満点に換算。

公募制推薦入試 **［出願資格］** 専願，校長推薦，現役，入学確約者のほか，数学科は数学に関するすべての科目の評定平均値が4.5以上で，かつ国語に関するすべての科目の評定平均値が4.0以上（国・数の履修要件あり），物理・応用物理学科は英語，数学および理科に関する科目の評定平均値が3.5以上（英・数・理の履修要件あり），機械工学科と電気電子情報工学科は英語，数学および理科に関する科目の評定平均値が4.0以上（英・数・理の履修要件あり）の者。

［選考方法］ 書類審査，面接（数学・理科に関する基礎学力を確認するための口頭試問を含む）のほか，数学科は筆記試験（数Ⅰ・数Ⅱ・数Ⅲ・数Ａ・数Ｂ），その他の学科は小論文（数学・理科に関する基礎学力の確認も含む）。

ＡＯ入試 **［出願資格］** 全体の評定平均値が3.5以上のほか，活動実績評価型は学術活動などの分野において活躍している者，または高度な資格や技能を有し，社会的に高い評価を得ている者で，かつこれを証明する資料を提出できる者。電気電子情報工学科のみ実施するデータサイエンス型は，データサイエンス，AI・IoTに関する深い知識とデータ分析手法やシステム開発に携わりたいという意欲を，自らのこれまでの学びに基づいて強く説明・アピールできる者，およびプログラミング言語を用いてデータ分析やソフトウェア制作を行った経験があり，自らのプログラミング技術を説明・アピールできる者。

［選考方法］ 書類審査（活動実績評価型は活動報告書，データサイエンス型は課題レポートとソースコードを含む）による第１次選考の通過者を対象に，活動実績評価型は口頭試問を含む個人面接，データサイエンス型は課題レポートとソフトウェアのソースコードに関するパワーポイントを用いたプレゼンテーションと面接（口頭試問を含む）を行う。

環境都市工学部

一般入試全学日程理科１科目選択方式 **3科目** ①**外**（200）▶コミュ英Ⅰ・コミュ英Ⅱ・コミュ英Ⅲ・英表Ⅰ・英表Ⅱ ②**数**（200）▶数Ⅰ・数Ⅱ・数Ⅲ・数Ａ・数Ｂ（数列・ベク） ③**理**（150）▶「物基・物」・「化基・化」から１

一般入試全学日程理科設問選択方式（２科目型）・理科設問選択方式・理科設問選択方式（理数重視） **4～3科目** ①**外**（150・理数重視100）▶コミュ英Ⅰ・コミュ英Ⅱ・コミュ英Ⅲ・英表Ⅰ・英表Ⅱ ②**数**（200・理数重視225）▶数Ⅰ・数Ⅱ・数Ⅲ・数Ａ・数Ｂ（数列・ベク） ③④**理**（200・理数重視225）▶「物基・物」・「化基・化」から設問選択方式２科目型は各３問計６問から４問を選択，設問選択方式と設問選択方式（理数重視）は各３問計６問から３問を選択

共通テスト利用入試併用（語学力重視方式）
〈共通テスト科目〉 **5科目** ①**外**（100）▶英（リスニングを含む） ②③**数**（100×2）▶「数Ⅰ・数Ａ」・「数Ⅱ・数Ｂ」 ④⑤**理**（100×2）▶［建築学科・都市システム工学科］ 一物必須，化・生から１，［エネルギー環境・化学工学科］ 一物・化
〈個別試験科目〉 **1科目** ①**外**（200）▶コミュ英Ⅰ・コミュ英Ⅱ・コミュ英Ⅲ・英表Ⅰ・英表Ⅱ

共通テスト利用入試併用（総合力重視方式）
〈共通テスト科目〉 **5科目** ①②**数**（100×2）▶「数Ⅰ・数Ａ」・「数Ⅱ・数Ｂ」 ③④**理**（100×2）▶［建築学科・都市システム工学科］ 一物必須，化・生から１，［エネルギー環境・化学工学科］ 一物・化 ⑤**国・地歴・公民**（200）▶国（近代）・世Ｂ・日Ｂ・地理Ｂ・現社・倫・政経・「倫・政経」から１
〈個別試験科目〉 **1科目** ①**外**（200）▶コミュ英Ⅰ・コミュ英Ⅱ・コミュ英Ⅲ・英表Ⅰ・英表Ⅱ

共通テスト利用入試併用（数学力／理科力重視方式） **〈共通テスト科目〉** **4科目** ①**外**（100）▶英（リスニングを含む） ②③**数**（50×2）▶「数Ⅰ・数Ａ」・「数Ⅱ・数Ｂ」 ④**理**（100）▶物・化から１
〈個別試験科目〉 **3～1科目** ①②③**数・理**（200）▶「数Ⅰ・数Ⅱ・数Ⅲ・数Ａ・数Ｂ（数列・ベク）」・「〈物基・物〉・〈化基・化〉から各３問計６問から３問を選択」から２または１
※出願の際に数・理両方を選択するか，数・理のどちらか一方の選択かの届け出が必要。数・

理両方を選択した場合は，高得点の教科を判定に使用する。

共通テスト利用入試前期　5科目　①外(200)▶英(リスニングを含む)　②③数(100×2)▶「数Ⅰ・数A」・「数Ⅱ・数B」　④⑤理(100×2)▶［建築学科・都市システム工学科］一物必須，化・生から1，［エネルギー環境・化学工学科］一物・化

［個別試験］　行わない。

共通テスト利用入試後期　4科目　①外(建築・エネルギー100，都市システム200)▶英(リスニングを含む)　②③数(100×2)▶「数Ⅰ・数A」・「数Ⅱ・数B」　④理(100)▶［建築学科・都市システム工学科］一物，［エネルギー環境・化学工学科］一化

※建築学科は高得点科目を2倍の200点満点に換算し，合計500点満点で，エネルギー環境・化学工学科は数・理の3科目の中で，高得点科目を2倍の200点満点に換算し，合計500点満点で判定する。

［個別試験］　行わない。

※共通テストの「英語」は，リーディング・リスニング各100点の合計200点満点を，リーディング150点・リスニング50点の合計200点満点に換算し，併用の語学力重視方式と数学力／理科力重視方式および後期の建築学科とエネルギー環境・化学工学科は，さらに100点満点に換算。

公募制推薦入試　**［出願資格］**　専願，校長推薦，現役，入学確約者のほか，都市システム工学科は英語，数学および理科に関する科目の評定平均値が4.0以上，エネルギー環境・化学工学科は英語，数学および理科に関する科目の評定平均値が3.5以上の者(いずれも英・数・理の履修要件あり)。

［選考方法］　書類審査，小論文(数学・理科に関する基礎学力の確認も含む)，面接(数学・理科に関する基礎学力を確認するための口頭試問を含む)。

AO入試　**［出願資格］**　活動実績評価型は，自らが誇りを持って第三者に説明・アピールできる事柄を持つと思う者で，学術・文化・芸術活動などさまざまな分野において活躍している者，または高度な資格や技能を有し，社会的に高い評価を得ている者で，かつこれを証明できる資料を提出できる者。SDGs型は，英・数・理の履修要件を満たし，SDGsに関する深い知識と，その手法を用いてまちづくりの課題解決，目標とする将来像の実現に携わりたいという意欲を，自らのこれまでに学んだことに基づいて強く説明・アピールできる者など。なお，出願時にSDGsの17の目標から各学科が指定する1つ以上を選び，それらと出願資格を関連づけながら記述する課題レポートの提出が必要。

［選考方法］　書類審査(活動実績評価型は活動報告書，SDGs型は課題レポートを含む)による第1次選考の通過者を対象に，活動実績評価型は口頭試問を含む個人面接，SDGs型は課題レポートに関するパワーポイントを用いたプレゼンテーションと，それに対する面接(口頭試問を含む)を行う。

化学生命工学部

一般入試全学日程理科1科目選択方式　3科目　①外(200)▶コミュ英Ⅰ・コミュ英Ⅱ・コミュ英Ⅲ・英表Ⅰ・英表Ⅱ　②数(200)▶数Ⅰ・数Ⅱ・数Ⅲ・数A・数B(数列・ベク)　③理(150)▶［化学・物質工学科］一「物基・物」・「化基・化」から1，［生命・生物工学科］一「物基・物」・「化基・化」・「生基・生」から1

一般入試全学日程理科設問選択方式(2科目型)　4科目　①外(150)▶コミュ英Ⅰ・コミュ英Ⅱ・コミュ英Ⅲ・英表Ⅰ・英表Ⅱ　②数(200)▶数Ⅰ・数Ⅱ・数Ⅲ・数A・数B(数列・ベク)　③④理(200)▶［化学・物質工学科］一「物基・物」・「化基・化」から各3問計6問から4問を選択，［生命・生物工学科］一「物基・物」・「化基・化」・「生基・生」から2科目を選択し，各3問計6問から4問を選択

一般入試全学日程理科設問選択方式　4～3科目　①外(150)▶コミュ英Ⅰ・コミュ英Ⅱ・コミュ英Ⅲ・英表Ⅰ・英表Ⅱ　②数(200)▶数Ⅰ・数Ⅱ・数Ⅲ・数A・数B(数列・ベク)　③④理(200)▶「物基・物」・「化基・化」から各3問計6問から3問を選択

一般入試全学日程理科設問選択方式(理数重視)　4～3科目　①外(100)▶コミュ英Ⅰ・コミュ英Ⅱ・コミュ英Ⅲ・英表Ⅰ・英表Ⅱ　②数(225)▶数Ⅰ・数Ⅱ・数Ⅲ・数A・数B(数列・ベ

ク）③④理(225)▶[化学・物質工学科]ー「物基・物」・「化基・化」から各３問計６問から３問を選択，[生命・生物工学科] ー「物基・物」・「化基・化」・「生基・生」から２科目を選択し，各３問計6問から３問を選択

共通テスト利用入試併用(語学力重視方式)
〈共通テスト科目〉 **5科目** ①外(100)▶英(リスニングを含む) ②③数(100×2)▶「数Ⅰ・数A」・「数Ⅱ・数B」 ④⑤理(100×2)▶[化学・物質工学科] 一物・化，[生命・生物工学科] 一物・化・生から２
〈個別試験科目〉 **1科目** ①外(200)▶コミュ英Ⅰ・コミュ英Ⅱ・コミュ英Ⅲ・英表Ⅰ・英表Ⅱ

共通テスト利用入試併用(総合力重視方式)
〈共通テスト科目〉 **5科目** ①②数(100×2)▶「数Ⅰ・数A」・「数Ⅱ・数B」 ③④理(100×2)▶[化学・物質工学科] 一物・化，[生命・生物工学科] 一物・化・生から２ ⑤国・地歴・公民(200)▶国(近代)・世B・日B・地理B・現社・倫・政経・「倫・政経」から１
〈個別試験科目〉 **1科目** ①外(200)▶コミュ英Ⅰ・コミュ英Ⅱ・コミュ英Ⅲ・英表Ⅰ・英表Ⅱ

共通テスト利用入試併用(数学力／理科力重視方式) 〈共通テスト科目〉 **4科目** ①外(100)▶英(リスニングを含む) ②③数(50×2)▶「数Ⅰ・数A」・「数Ⅱ・数B」 ④理(100)▶[化学・物質工学科] 一物・化から１，[生命・生物工学科] 一物・化・生から１
〈個別試験科目〉 **3~1科目** ①②③数・理(200)▶[化学・物質工学科] ー「数Ⅰ・数Ⅱ・数Ⅲ・数A・数B(数列・ベク)」・「〈物基・物〉・〈化基・化〉から各３問計６問から３問を選択」から２または１，[生命・生物工学科] ー「数Ⅰ・数Ⅱ・数Ⅲ・数A・数B(数列・ベク)」・「〈(物基・物)・(化基・化)・(生基・生)から２〉から各３問計６問から３問を選択」から２または１
※出願の際に数・理両方を選択するか，数・理のどちらか一方の選択かの届け出が必要。数・理両方を選択した場合は，高得点の教科を判定に使用する。

共通テスト利用入試前期 **6科目** ①外(200)▶英(リスニングを含む) ②③数(100×2)▶「数Ⅰ・数A」・「数Ⅱ・数B」 ④⑤理(100×2)▶[化学・物質工学科] 一物・化，[生命・生物工学科] 一物・化・生から２ ⑥国・地歴・公民(100)▶国(近代)・世B・日B・地理B・現社・倫・政経・「倫・政経」から１
[個別試験] 行わない。

共通テスト利用入試後期 **4科目** ①外(100)▶英(リスニングを含む) ②③数(100×2)▶「数Ⅰ・数A」・「数Ⅱ・数B」 ④理(200)▶[化学・物質工学科] 一物・化から１，[生命・生物工学科] 一物・化・生から１
[個別試験] 行わない。
※共通テストの「英語」は，リーディング・リスニング各100点の合計200点満点を，リーディング150点・リスニング50点の合計200点満点に換算し，併用の語学力重視方式と数学力／理科力重視方式および後期は，さらに100点満点に換算。

公募制推薦入試 **[出願資格]** 専願，校長推薦，化学・物質工学科は１浪まで，生命・生物工学科は現役，入学確約者のほか，英語，数学および理科に関する科目の評定平均値が3.5以上の者(英・数・理の履修要件あり)。
[選考方法] 書類審査，小論文(数学・理科に関する基礎学力の確認も含む)，面接(数学・理科に関する基礎学力を確認するための口頭試問を含む)。

AO入試 **[出願資格]** 活動実績評価型は，自らが誇りを持って第三者に説明・アピールできる事柄を持つと思う者で，学術・文化・芸術活動などさまざまな分野において活躍している者，または高度な資格や技能を有し，社会的に高い評価を得ている者で，かつこれを証明できる資料を提出できる者。関大メディカルポリマー(KUMP)型は，英・数・理の履修要件を満たし，医療機器や医療用材料に関する知識とその開発に携わりたいという意欲を，自らのこれまでの学びに基づいて強く説明・アピールできる者など。
[選考方法] 書類審査(活動実績評価型は活動報告書，関大メディカルポリマー型は課題レポートを含む)による第１次選考の通過者を対象に，活動実績評価型は口頭試問を含む個人面接，関大メディカルポリマー型は，セミナー受講後レポートを提出し，出願書類と提出されたレポートをもとに面接(口頭試問

を含む）を行う。

その他の選抜

SF（スポーツ・フロンティア）入試，国際バカロレア入試，商学部全国商業高等学校長協会特別推薦入学，指定校推薦入試，帰国生徒入試，社会人入試，外国人学部留学生入試。

偏差値データ（2023年度）

●一般入試

学部／学科／専攻	2023年度		2022年度実績					
	駿台予備学校	河合塾	募集人員	志願者数	合格者数	合格最低点	競争率	
	合格目標ライン	ボーダー偏差値					'22年	'21年
法学部								
法学政治（全学１・３教科型）	**49**	**55**	120	2,611	653	263～265/450	4.0	3.2
（全学１・英語外部試験利用）	**48**	**57.5**	30	900	254	150/250	3.5	3.2
（全学２・３教科型）	**48**	**55**	70	1,171	351	266～269/450	3.3	3.3
（全学２・同一配点）	**49**	**57.5**	80	1,858	459	262～269/450	4.0	3.7
文学部								
総合人文（全学１・３教科型）	**51**	**55**	350	2,489	620	264～270/450	4.0	4.5
（全学２・３教科型）	**50**			1,559	372	281～283/450	4.2	4.2
（全学２・同一配点）	**51**	**57.5**		1,830	401	281～283/450	4.6	4.6
（全学１・英語外部試験利用）	**50**	**65**	10	564	34	175～178/250	16.6	19.9
／初等教育（全学1・3教科型）	**51**	**55**	30	378	67	260～261/450	5.6	4.1
（全学２・３教科型）	**51**			372	77	269～270/450	4.8	3.8
経済学部								
経済（全学１・３教科型）	**49**	**55**	320	2,341	607	260～265/450	3.9	5.9
（全学２・３教科型）	**49**			1,056	216	273～275/450	4.9	5.9
（全学２・同一配点）	**49**	**57.5**		1,779	371	270/450	4.8	7.0
（全学１・英語外部試験利用）	**48**	**57.5**	20	601	112	157/250	5.4	8.3
商学部								
商（全学１）	**48**	**55**	335	3,036	635	273/450	4.8	5.3
（全学２）	**47**			3,022	731	273/450	4.1	5.3
社会学部								
社会／社会学（全学１・３教科型）	**48**	**55**	320	720	181	全学1 294～298/450 全学2・3教科型 308～326/450 全学2・同一配点 314～324/450	4.0	4.1
（全学２・３教科型）	**48**			880	152		—	—
（全学２・同一配点）	**47**	**57.5**	60		55		—	—
／心理学（全学１・３教科型）	**47**	**55**	(320)	698	150		4.7	5.6
（全学２・３教科型）	**47**			994	147		—	—
（全学２・同一配点）	**46**	**57.5**	(60)		60		—	—
／メディア（全学１・３教科型）	**47**	**55**	(320)	640	118		5.4	4.6
（全学２・３教科型）	**47**			913	85		—	—
（全学２・同一配点）	**47**	**57.5**	(60)		41		—	—
／社会システムデザイン（全学1・3教科型）	**46**	**55**	(320)	204	183		1.1	1.4
（全学２・３教科型）	**46**			290	146		—	—
（全学２・同一配点）	**45**	**57.5**	(60)		89		—	—

学部／学科／専攻	2023年度		2022年度実績					
	駿台予備学校	河合塾	募集人員	志願者数	合格者数	合格最低点	競争率	
	合格目標ライン	ボーダー偏差値					'22年	'21年
政策創造学部								
政策(全学1・3教科型)	**48**	**55**	92	1,219	170	269~276/450	—	—
(全学1・英語外部試験利用)	**47**	**57.5**	10		20	172~179/250	—	—
(全学2・3教科型)	**47**	**55**	70	1,277	92	272~289/450	—	—
(全学2・同一配点)	**47**	**55**			136	268~275/450	—	—
国際アジア(全学1・3教科型)	**48**	**55**	(92)	480	70	269~278/450	—	—
(全学1・英語外部試験利用)	**47**	**55**	(10)		10	174~181/250	—	—
(全学2・3教科型)	**47**	**55**	(70)	430	40	272~290/450	—	—
(全学2・同一配点)	**48**	**55**			43	268~275/450	—	—
外国語学部								
外国語(全学1)	**51**	**60**	67	1,054	302	277~281/450	3.5	5.9
(全学2)	**50**	**62.5**	40	944	176	217~224/250	5.4	7.1
人間健康学部								
人間健康(全学1・3教科型)	**46**	**52.5**	60	1,125	170	252~257/450	6.6	4.9
(全学1・英語外部試験利用)	**45**	**52.5**	10	260	58	143~147/250	4.5	4.3
(全学2・3教科型)	**46**	**52.5**	60	643	114	259~263/450	5.6	4.0
(全学2・同一配点)	**46**	**52.5**		1,044	177	256~259/450	5.9	4.1
総合情報学部								
総合情報(全学1・3教科型)	**48**	**55**	235	3,615	736	255~259/450	—	—
(全学2・3教科型)	**48**					260~268/450		
(全学2・英数方式)	**47**	**55**				247/400		
(学部独自)	**46**	**55**				243/400		
(全学1・英国方式)	**47**	**57.5**	—	—	—	—	新	—
(全学1・英数方式)	**47**	**57.5**	—	—	—	—	新	—
(全学1・国数方式)	**47**	**57.5**	—	—	—	—	新	—
社会安全学部								
安全マネジメント(全学1・3教科型)	**45**	**52.5**	80	1,059	171	253~257/450	6.2	5.3
(全学2・3教科型)	**45**			934	177	255~261/450	5.3	5.2
(全学1・英語外部試験利用)	**44**	**52.5**	5	144	23	147/250	6.3	5.2
(全学1・英数方式)	**44**	**52.5**	20	119	23	209/350	5.2	6.3
(全学2・英数方式)	**44**			185	29	208~209/350	6.4	7.7
(全学2・英数方式数学重視)	**44**	**52.5**	5	50	18	238/400	2.8	4.3
システム理工学部								
数(全学1・理科1科目)	**48**	**52.5**	105	192	67	328/550	2.9	2.8
(全学1・理科設問2科目型)	**48**	**52.5**				386/550		
(全学2・理科設問選択)	**50**	**52.5**	142	141	64	377/550	2.2	2.3
(全学2・理科設問選択理数重視)	**50**	**55**	—	—	—	—	新	—
物理・応用物理(全学1・理科1科目)	**50**	**52.5**	(105)	244	107	320/550	2.3	1.9
(全学1・理科設問2科目型)	**50**	**52.5**				370/550		
(全学2・理科設問選択)	**49**	**52.5**	(142)	211	86	367/550	2.5	1.7
(全学2・理科設問選択理数重視)	**48**	**55**	—	—	—	—	新	—

学部／学科／専攻	2023年度 駿台予備学校 合格目標ライン	2023年度 河合塾 ボーダー偏差値	2022年度実績 募集人員	志願者数	合格者数	合格最低点	競争率 '22年	競争率 '21年
機械工(全学１・理科１科目)	48	50	(105)	954	428	311/550	2.2	2.4
(全学１・理科設問２科目型)	48	52.5				352/550		
(全学２・理科設問選択)	49	52.5	(142)	765	240	378/550	3.2	3.0
(全学2・理科設問選択理数重視)	49	55	—	—	—	—	新	—
電気電子情報工(全学1・理科1科目)	50	55	(105)	1,101	258	357/550	4.3	4.4
(全学１・理科設問２科目型)	50	55				403/550		
(全学２・理科設問選択)	51	55	(142)	878	174	415/550	5.0	5.8
(全学2・理科設問選択理数重視)	51	55	—	—	—	—	新	—
環境都市工学部								
建築(全学１・理科１科目)	50	55	67	672	166	364/550	4.0	4.2
(全学１・理科設問２科目型)	50	55				399/550		
(全学２・理科設問選択)	51	55	82	519	118	412/550	4.4	5.5
(全学2・理科設問選択理数重視)	49	57.5	—	—	—	—	新	—
都市システム工(全学1・理科1科目)	47	52.5	(67)	429	194	318/550	2.2	2.7
(全学１・理科設問２科目型)	48	52.5				350/550		
(全学２・理科設問選択)	48	52.5	(82)	377	158	371/550	2.4	4.0
(全学2・理科設問選択理数重視)	46	55	—	—	—	—	新	—
エネルギー環境・化学工(全学1・理科1科目)	48	52.5	(67)	269	119	298/550	2.3	2.3
(全学１・理科設問２科目型)	47	52.5				350/550		
(全学２・理科設問選択)	47	55	(82)	286	135	350/550	2.1	1.6
(全学2・理科設問選択理数重視)	48	55	—	—	—	—	新	—
化学生命工学部								
化学・物質工(全学1・理科1科目)	48	50	66	824	409	294/550	2.0	2.1
(全学１・理科設問２科目型)	49	52.5				350/550		
(全学２・理科設問選択)	48	50	82	666	350	347/550	1.9	1.9
(全学2・理科設問選択理数重視)	49	55	—	—	—	—	新	—
生命・生物工(全学1・理科1科目)	50	52.5	(66)	662	225	314/550	2.9	3.3
(全学１・理科設問２科目型)	49	52.5				365/550		
(全学２・理科設問選択)	48	52.5	(82)	307	103	383/550	3.0	3.3
(全学2・理科設問選択理数重視)	49	55	—	—	—	—	新	—

● 駿台予備学校合格目標ラインは合格可能性80%に相当する駿台模試の偏差値です。　● 競争率は志願者÷合格者の志願倍率
● 河合塾ボーダー偏差値は合格可能性50%に相当する河合塾全統模試の偏差値です。
※合格最低点は得点調整後の点数です(社会学部を除く)。

併設の教育機関 大学院

法学研究科

教員数▶50名
院生数▶47名
博士前期課程 ●法学・政治学専攻 法政研究，高度専門職業人養成，国際協働の３コースを設置し，時代の変化と社会の多様な要求に応え得る研究指導体制を提供。
博士後期課程 法学・政治学専攻

文学研究科

教員数▶79名
院生数▶169名
博士前期課程 ●総合人文学専攻 英米文学英語学，英米文化，国語国文学，哲学，芸術学美術史，日本史学，世界史学，ドイツ文学，フランス文学，地理学，教育学，文化共生学，映像文化の13専修。充実した教育指導とともに，学際的な研究体制を実現。
博士後期課程 総合人文学専攻

経済学研究科

教員数▶46名
院生数▶59名
博士前期課程 ●経済学専攻 多様な学生のニーズに応えるため，エコノミスト，パブリックポリシー，地域・国際，歴史・社会，産業・ファイナンスの５系科目群を用意。
博士後期課程 経済学専攻

商学研究科

教員数▶41名
院生数▶44名
博士前期課程 ●商学専攻 データサイエンティストや，税理士や企業の税務・財務部門で活躍する人材の育成を目的としたプログラムなどを設置し，高度専門職業人を養成。
博士後期課程 商学専攻

社会学研究科

教員数▶38名
院生数▶48名
博士前期課程 ●社会学専攻 複雑さと不確実性に覆われ混迷する現代社会を，社会学的に分析する力と，問題発見と課題解決に資する感性と思考力を身につける。
●社会システムデザイン専攻 社会学，経済学，経営学，技術論などの複合的な視点から，グローバル化し絶えず変化する複雑な現代社会のメカニズムを分析する。
●マス・コミュニケーション学専攻 現代社会において重要な役割を果たしているメディアと社会，文化，人間の関係の多角的かつ本質的な理解をめざした科目を配置。
博士後期課程 社会学専攻，社会システムデザイン専攻，マス・コミュニケーション学専攻

総合情報学研究科

教員数▶54名
院生数▶107名
博士前期課程 ●社会情報学専攻 高度情報化社会の各分野で指導的な役割を果たす情報スペシャリストを養成する。昼夜開講制。
●知識情報学専攻 先端的な技術の上に幅広い視点を持った技術系情報スペシャリストを養成する。昼夜開講制。
博士後期課程 総合情報学専攻

理工学研究科

教員数▶174名
院生数▶873名
博士前期課程 ●システム理工学専攻 国際的な舞台で次世代の産業界をリードできる人材や，技術社会システムの先端的研究課題を解明できる人材を育成する。
●環境都市工学専攻 地域の伝統や産業が今日の生活の中で機能できるようなスタイルを

提案することによって，まちの活性化をもたらすことに貢献する人材を育成する。
●化学生命工学専攻　物質・材料や生物を人間の創造力，構想力，実行力によって生活や産業，環境の場に生かし，それらをより良いものに改善するための技術を開発する。
博士後期課程　総合理工学専攻

外国語教育学研究科

教員数▶40名
院生数▶86名
博士前期課程　●外国語教育学専攻　外国語教育学，異文化コミュニケーション学，通訳翻訳学の３領域。昼夜開講制。
博士後期課程　外国語教育学専攻

心理学研究科

教員数▶27名
院生数▶62名
博士前期課程　●心理学専攻　認知・生理，社会・産業，発達・教育，健康・人格，計量・方法の５領域を基にした包括的な教育を展開。
●心理臨床学専攻　心理臨床の実践能力と研究・開発のための能力の育成に関わる科目をバランスよく配置し，将来，公認心理師としてさまざまな領域で活躍できる人材を育成。
博士後期課程　心理学専攻

社会安全研究科

教員数▶29名
院生数▶32名
博士前期課程　●防災・減災専攻　防災・減災対策や事故防災，危機管理について，複眼的・総合的なアプローチで探求し，理論や政策を創造する能力を養成する。
博士後期課程　防災・減災専攻

東アジア文化研究科

教員数▶10名
院生数▶80名
博士前期課程　●文化交渉学専攻　文化交流・交渉の多彩な姿を考察し，東アジア文化の国際的研究ハブになることをめざしている。
博士後期課程　文化交渉学専攻

ガバナンス研究科

教員数▶24名
院生数▶27名
博士前期課程　●ガバナンス専攻　公的な問題の発見・解決に向けて，政策を立案・実行できる「高度公共人材」を育成する。
博士後期課程　ガバナンス専攻

人間健康研究科

教員数▶13名
院生数▶45名
博士前期課程　●人間健康専攻　地域コミュニティを基盤とした“健康”と“健幸”を研究テーマとして，多様なアプローチから人間の諸問題解決の手法を探究する。
博士後期課程　人間健康専攻

法務研究科

教員数▶20名
院生数▶87名
専門職学位課程　●法曹養成専攻　豊かな人間性を備え，現代社会の諸課題解決に挑む，世界を視野に入れて活躍できる法曹を養成。

会計研究科

教員数▶13名
院生数▶131名
専門職学位課程　●会計人養成専攻　世界レベルで通用する，理論と実務に習熟した会計人を養成する。公認会計士短答式試験および税理士試験の科目免除申請可。

関西外国語大学

資料請求

問合せ先　入試部　☎072-805-2850

建学の精神

「国際社会に貢献する豊かな教養を備えた人材の育成」「公正な世界観に基づき，時代と社会の要請に応えていく実学」を建学の理念に，1945（昭和20）年に創立。世界55カ国・地域395大学との留学ネットワークと先進的な教育プログラムをベースに，「外国語で学ぶ」時代を切り開く，新しい学びを追求し，世界というステージでグローバル人材の育成に取り組んでいる。2023年４月に，オールイングリッシュの授業で，外国人留学生との共学を通して英語で実践力を身につける「国際共生学部」がスタート。また，外国語学部に「英語・デジタルコミュニケーション学科」を新設。文系大学では全国初の本格的なメタバース空間での体験学習を実現するVR演習室「Hello World」も完成し，高度な英語運用能力を駆使するデジタル人材を育成する。

- 中宮キャンパス……………………………〒573-1001　大阪府枚方市中宮東之町16-1
- 御殿山キャンパス・グローバルタウン…〒573-1008　大阪府枚方市御殿山南町6-1

基本データ

学生数▶10,071名（男3,284名，女6,787名）
専任教員数▶教授125名，准教授88名，講師66名（助教を含む）
設置学部▶国際共生，英語キャリア，外国語，英語国際
併設教育機関▶大学院―外国語学（M・D）短期大学部（P.1009参照）

就職・卒業後の進路

就職率 **95.4**%
就職者÷希望者×100

●**就職支援**　関連授業とキャリアセンターが行う就職支援との連携により，１年次における学生生活の計画作りから，就職活動の実践に至るまでを丁寧にサポート。留学生就職支援としては，留学前・後にガイダンスを行うほか，留学中のSkype面談も実施している。

●**資格取得支援**　旅行業務取扱管理者，通関士などの資格講座を，すべて学内で開講。また，教員をめざす学生を積極的にサポートする教職教育センターでは，３年次の早い段階から教員採用試験対策を行い，英語教員の輩出人数は全国トップクラスを誇っている。

進路指導者も必見
学生を伸ばす 面倒見

初年次教育	学修サポート
「リベラルアーツベーシックス」「Essay Writing」「プロジェクトセミナー」「情報機器実習」「デジタルリテラシー」「English Presentation and Discussion」などの科目のほか，一部の学部で「K.G.C.ベーシックス」も開講	TA制度，オフィスアワー制度のほか，１人の専任教員が約60人の学生を担当し，履修内容や学生生活の指導・支援を行う教員アドバイザー制度を全学部で導入している

オープンキャンパス（2022年度実績）　4・6・7・8・9・12月に開催（要予約）。学部学科説明，入試概要説明，留学プログラム説明，体験授業，キャンパスツアー，「GLOBAL COMMONS 結-YUI-」の入居者と話そうなど。

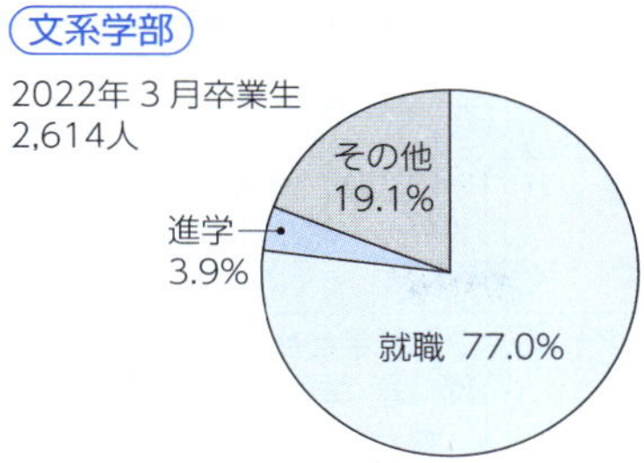

主なOB・OG▶［外国語］竹内成和（H.U.グループホールディングス社長），［外国語］沙羅（ものまねタレント），［外国語］表原立磨（徳島県阿南市長），［外国語］増田英彦（漫才コンビ「ますだおかだ」）など。

国際化・留学　大学間 395 大学

受入れ留学生数▶52名（2022年5月1日現在）
留学生の出身国▶中国，韓国など。
外国人専任教員▶教授20名，准教授29名，講師41名（助教含む）（2022年５月１日現在）
外国人専任教員の出身国▶アメリカ，オーストラリア，韓国，中国，カナダなど。
大学間交流協定▶395大学（交換留学先395大学，2022年９月１日現在）
海外への留学生数▶渡航型390名・オンライン型370名／年（23カ国・地域，2021年度）
海外留学制度▶５年半で本学と，アメリカの大学の学士・修士の学位を取得する「大学・大学院学位留学」をはじめ，「ダブル・ディグリー留学」「２カ国留学」「専門留学」「リベラルアーツ留学」など，外国語「を」学ぶのではなく，外国語「で」専門分野を学修するワンランク上の留学プログラムが充実。コンソーシアムはISEPなど３団体に参加している。

学費・奨学金制度　給付型奨学金総額 年間約 6,703 万円

入学金▶250,000円
年間授業料（施設費等を除く）▶800,000円（詳細は巻末資料参照）
年間奨学金総額▶67,027,500円
年間奨学金受給者数▶825人
主な奨学金制度▶対象入試の成績上位者の授業料を全額免除（給付型）する「関西外国語大学グローバル人材育成特待生奨学金」や「関西外国語大学谷本入学時支援奨学金」などの制度を設置。留学関連では「関西外国語大学谷本国際交流奨学金」があり，年間派遣者数の約６割がサポートを受け，海外留学を実現。

保護者向けインフォメーション

●**オープンキャンパス**　保護者も参加でき，保護者対象説明や奨学金制度説明を行っている。
●**パンフレット**　保護者向けのパンフレットを制作している（2022年11月に発刊）。
●**成績確認**　成績通知表を郵送している。
●**就職懇談会**　２年次生（９月）と３年次生（７月）の保護者を対象にした就職懇談会を開催。
●**防災対策**　「防災の手引き」をキャンパス内に常設（HPにも掲示）。災害時の学生の状況はHPやメール，ポータルサイトを利用して確認。
●**コロナ対策１**　ワクチンの職域接種を実施。感染状況に応じた４段階のBCP（行動指針）を設定。「コロナ対策２」（下段）あり。

インターンシップ科目	必修専門ゼミ	卒業論文	GPA制度の導入の有無および活用例	１年以内の退学率	標準年限での卒業率
開講していない	英語キャリア学部で４年次に実施	卒業要件ではない	奨学金対象者の選定基準，留学候補者の選考，退学勧告の基準，学生に対する個別の学修指導に活用	2.0%	83.9%

●**コロナ対策２**　秋学期に550人の外国人留学生を受け入れたことから，学生寮での感染予防体制，および感染した留学生のアシスタンス体制を整備。また，学生への経済的支援として，授業料の「完納期限日」を延長した。

学部紹介

学部／学科・コース	定員	特色
国際共生学部		
国際共生	70	▷NEW! '23年新設。4年間オールイングリッシュで学び，世界の人々と協働して新たな価値を創造できる人材を育成。
英語キャリア学部		
英語キャリア	120	▷英語学と社会科学を融合した先進的なカリキュラムで，国際社会で活躍する次世代のグローバルリーダーを育成する。
（小学校教員コース）	50	▷優れた英語力と国際感覚を養い，これからの国際教育を，主体的に担うことができる小学校教員を育成する。
● **取得可能な資格**…教職（英，小一種〈小学校教員コース〉），司書，司書教諭など。 ● **進路状況**…………就職74.4%　進学8.0% ● **主な就職先**………有限責任監査法人トーマツ，SUBARU，阪急阪神エクスプレス，小学校教員など。		
外国語学部		
英米語	865	▷高度な英語力と「＋α」の専門知識を実践的に修得した次世代国際人を育成する。多彩な留学プログラムを用意。
英語・デジタルコミュニケーション	200	▷NEW! '23年新設。次世代国際人に求められる実践的な英語力とデジタルリテラシー，世界に通用する専門知識を養う。
スペイン語	250	▷スペイン語＋英語の２言語を「使いこなせる」レベルにアップさせ，イベロアメリカリベラル留学で専門知識を深める。
● **取得可能な資格**…教職（英・西〈スペイン語学科〉），司書，司書教諭。 ● **進路状況**…………就職77.3%　進学3.5% ● **主な就職先**………コクヨ，三ツ星ベルト，船井総合研究所，三菱地所，田辺三菱製薬，セコムなど。		
英語国際学部		
英語国際	700	▷21世紀型の学びをベースに，「英語＋中国語」「次代を切り開く力」を備えた，未来創造型グローバル人材を育成する。
● **取得可能な資格**…教職（英），司書，司書教諭。　● **進路状況**…就職76.6%　進学4.0% ● **主な就職先**………熊谷組，三菱自動車工業，伊藤ハム，星野リゾート，アパホテル，マイナビなど。		

▶キャンパス

全学部……［中宮キャンパス］大阪府枚方市中宮東之町16-1 ／［御殿山キャンパス・グローバルタウン］大阪府枚方市御殿山南町6-1

2023年度入試要項（前年度実績）

●募集人員

学部／学科（コース）	一般前期S方式	一般前期A方式	一般後期	共通前期	共通後期
▶国際共生 国際共生	6	26	3	3	2
▶英語キャリア 英語キャリア	10	45	6	6	3
英語キャリア（小学校教員）	—	19	4	5	3
▶外国語 英米語	22	288	22	26	15
英語・デジタルコミュニケーション	8	60	10	6	4
スペイン語	10	75	12	8	5
▶英語国際 英語国際	20	190	20	15	10

※一般入試の募集人員には，特別型選抜（帰国生徒・社会人・グローバルチャレンジ・２カ年留年チャレンジ）を含む。
※一般入試前期A方式の募集人員には，一般入試共通テストプラス方式を含む。

全学部

一般入試前期日程S方式　1科目　①外（200）▶コミュ英Ⅰ・コミュ英Ⅱ・コミュ英Ⅲ・英表Ⅰ・英表Ⅱ
※外国語の得点に英語の資格・検定試験の級・スコアを最大20点加点し，合否判定を行う。ただし，上限は200点とし，英語の資格・検

キャンパスアクセス ［中宮キャンパス］京阪本線一枚方市よりバス8分

定試験を活用しなくても出願は可能。活用する資格・検定試験は以下の通り。2022年５月～12月に本学で受験したTOEFL ITP Test, TOEIC Listening and Reading Test（IPテスト），2022年１月～12月に本学以外で受験した英検（ただし，英検は対象期間なし），TOEFL iBT Test，TOEIC Listening and Reading Test，IELTS（Academic Modules）。

一般入試前期日程Ａ方式 2科目 ①国（100）▶国総（漢文を除く）・現文Ｂ ②外（200）▶コミュ英Ⅰ・コミュ英Ⅱ・コミュ英Ⅲ・英表Ⅰ・英表Ⅱ（リスニングを含む）

一般入試前期日程共通テストプラス方式

〈共通テスト科目〉 3～2科目 ①国（100）▶国 ②③地歴・公民・数・理（100）▶世Ａ・世Ｂ・日Ａ・日Ｂ・地理Ａ・地理Ｂ・現社・倫・政経・「倫・政経」・数Ⅰ・「数Ⅰ・数Ａ」・数Ⅱ・「数Ⅱ・数Ｂ」・「物基・化基・生基・地学基から２」・物・化・生・地学から１

〈個別試験科目〉 一般入試前期日程Ａ方式の英語の成績（100点に換算）を利用する

一般入試後期日程 1科目 ①外（200）▶コミュ英Ⅰ・コミュ英Ⅱ・コミュ英Ⅲ・英表Ⅰ・英表Ⅱ（リスニングを含む）

共通テスト利用入試前期日程（３科目型・５科目型）・後期日程（３科目型） 6～3科目 ①国（100）▶国 ②外（３科目型200・５科目型100）▶英（リスニングを含む） ※５科目型は共通テストの配点を100点に換算。③④⑤⑥「地歴・公民」・数・理（３科目型100・５科目型100×3）▶「世Ａ・世Ｂ・日Ａ・日Ｂ・地理Ａ・地理Ｂ・現社・倫・政経・〈倫・政経〉から１」・「数Ⅰ・〈数Ⅰ・数Ａ〉・数Ⅱ・〈数Ⅱ・数Ｂ〉から１」・「〈物基・化基・生基・地学基から２〉・物・化・生・地学から１」から３科目型は１，５科目型は３

［個別試験］ 行わない。

その他の選抜

公募制推薦入試，指定校制推薦入試，特別型選抜（特技，グローバルチャレンジ，２カ年留学チャレンジ，帰国生徒，社会人）。

偏差値データ（2023年度）

●一般入試前期Ａ方式

学部／学科／コース	2023年度 駿台予備学校 合格目標ライン	2023年度 河合塾 ボーダー偏差値	2022年度 競争率
▶国際共生学部			
国際共生	46	50	新
▶英語キャリア学部			
英語キャリア	48	57.5	4.2
英語キャリア/小学校教員	46	42.5	1.3
▶外国語学部			
英米語	47	47.5	1.3
英語・デジタルコミュニケーション	46	47.5	新
スペイン語	46	45	1.8
▶英語国際学部			
英語国際	46	45	1.7

●駿台予備学校合格目標ラインは合格可能性80％に相当する駿台模試の偏差値です。
●河合塾ボーダー偏差値は合格可能性50％に相当する河合塾全統模試の偏差値です。
●競争率は受験者÷合格者の実質倍率

併設の教育機関　短期大学

関西外国語大学短期大学部

問合せ先　入試部
☎072-805-2850
所在地　大阪府枚方市中宮東之町16-1

学生数▶1,459名（男406名，女1,053名）
教員数▶教授24名，准教授16名，講師８名

設置学科

●**英米語学科**（800）　１年次から実践的かつ高度な英語力を少人数制クラスで徹底的に強化し，２年間で実用的な英語力，思考力，表現力を身につける。語学留学を推進し，短大ならではの留学制度も充実。４年制大学への編入学者数は，全国でもトップクラス。

卒業後の進路

2022年３月卒業生▶799名
就職131名，大学編入学428名（うち他大学51名），その他240名

キャンパスアクセス ［御殿山キャンパス・グローバルタウン］京阪本線―枚方市よりバス５分

近畿大学

問合せ先 入学センター ☎06-6730-1124

建学の精神

“総合大学として多彩な学部を揃え，「実学教育」によって研究成果を社会に役立てる”という確固たる信念を持った創設者・世耕弘一によって，1949（昭和24）年，新学制により設立。理工学部と商学部（現・経済学部，経営学部）からスタートした近大は，その時代のニーズに合った学部を設置し，2022年には情報学部が新たに開設されるなど，日本最大級のスケールを誇る総合大学としてさらに発展。クロマグロの完全養殖に代表される世界をリードする研究の数々，文理の垣根を越えて社会の諸問題を解決に導くための学術拠点「ACADEMIC THEATER」をはじめとする充実した教育環境や施設など，社会に役立てる研究・教育が注目され，実学志向の大学の姿勢に共感が集まり，一般入試の延べ志願者数では９年連続日本一に輝いている。

●キャンパス情報はP.1015をご覧ください。

基本データ

学生数▶34,156名（男23,121名，女11,035名）

専任教員数▶教授567名，准教授396名，講師388名

設置学部▶情報，法，経済，経営，理工，建築，薬，文芸，総合社会，国際，農，医，生物理工，工，産業理工

併設教育機関▶大学院（P.1015参照），短期大学部（P.1029参照），通信教育部（P.1015参照）

就職・卒業後の進路

就職率 **96.2**%
就職者÷希望者×100

●**就職支援**　キャリアセンターでは，将来の進路についての質問から就職活動時の履歴書の相談や面接練習まで幅広く対応し，学生一人ひとりをサポート。内定を獲得した４年生による就職活動支援団体や，西日本地区の大学ではNo.１の社長数を誇る，全国約55万人の卒業生も全面的にバックアップしている。

●**資格取得支援**　教員をめざす学生を徹底的にサポートするほか，旅行業務取扱管理者，宅地建物取引士，簿記，FP，秘書検定などの専門系からIT系，語学系の資格取得など，全学で80種類以上ものサポート体制を整備。

進路指導者も必見 学生を伸ばす 面倒見

初年次教育
各学部で，「自校学習」「建学のこころ」「基礎ゼミ」「フレッシュマンゼミナール」「科学的思考演習」「科学的問題解決法」「プレゼンテーション技術」「コンピュータ実習」「ICTリテラシー」などの科目を開講している

学修サポート
全学部でオフィスアワー，医を除く理系学部と経営・文芸・総合社会でTA，さらに理工でSA，法・経済・農を除き教員アドバイザー制度を導入。また，留学に関する支援に特化したグローバルエデュケーションセンターを設置

オープンキャンパス（2023年度予定）　全学部を対象に東大阪キャンパスで行う西日本最大級のオープンキャンパスを，３月26日，７月23日，８月19･20日，９月24日に開催予定。各キャンパスの日程は大学HPで要確認。

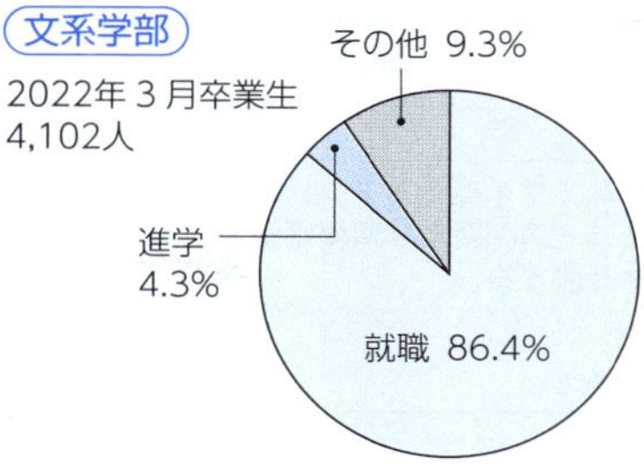

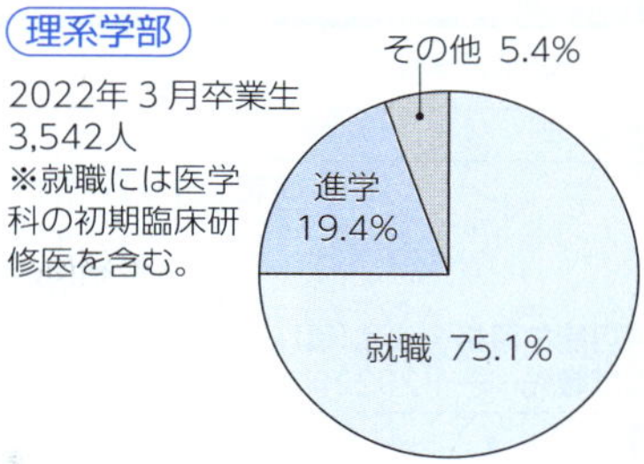

主なOB・OG▶［旧商経（現経営）］川端克宜（アース製薬社長），［旧商経（現経営）］中山哲也（トラスコ中山社長），［旧商経（現経営）］つんく♂（音楽プロデューサー），［文芸］せいや（お笑い芸人「霜降り明星」）など。

国際化・留学　　大学間 224 大学等・部局間 57 大学

受入れ留学生数▶434名（2022年５月１日現在）

留学生の出身国・地域▶中国，韓国，台湾，インドネシア，マレーシアなど。

外国人専任教員▶教授15名，准教授23名，講師13名（2022年５月１日現在）

外国人専任教員の出身国▶韓国，アメリカ，中国，カナダ，イギリスなど。

大学間交流協定▶224大学・機関（交換留学先142大学，2022年９月13日現在）

部局間交流協定▶57大学（交換留学先１大学，2022年９月13日現在）

海外への留学生数▶渡航型438名・オンライン型94名／年（23カ国・地域，2021年度）

海外留学制度▶留学先で修得した単位の認定などのサポートがある交換・派遣留学や認定留学，夏期・春期休暇を利用した短期語学研修，各学部の留学プログラム，海外インターンシップなど，短期から長期まで多様な留学プログラムを用意している。

学費・奨学金制度　　給付型奨学金総額 年間 1億2,690万円

入学金▶250,000円～

年間授業料（施設費等を除く）▶869,000円～（詳細は巻末資料参照）

年間奨学金総額▶126,900,000円

年間奨学金受給者数▶423人

主な奨学金制度▶給付型の「近畿大学給付奨学金」や「入学前予約採用型給付奨学金」のほか，学費免除型の奨学金制度が充実。2021年度の学費減免総額は，約14億9,351万円に上り，1,475人が対象となっている。

保護者向けインフォメーション

●**オープンキャンパス**　通常のオープンキャンパス時に保護者向けイベントを実施している。
●**情報誌**　保護者のための情報誌「KINDAI FAMILY」を年２回発行し，送付している。
●**成績確認**　保護者用ポータルサイトで，成績や授業の出欠状況，時間割表などが確認できる。
●**保護者懇談会**　全国８会場で「KINDAIフェア～保護者懇談会～」を開催している。
●**防災対策**　「地震発生時避難行動ガイド」をポータルサイトで配信。災害時の学生の安否確認もポータルサイトを利用する。
●**コロナ対策１**　ワクチンの職域接種を実施。「コロナ対策２」（下段）あり。

インターンシップ科目	必修専門ゼミ	卒業論文	GPA制度の導入の有無および活用例	１年以内の退学率	標準年限での卒業率
情報と医学部を除き開講	情報・理工・文芸・農・産業理工１～４年次，法・総合社会・工1・3・4年次，経済・経営・建築・国際３・4年次，薬３～６年次，生物1・２年次で実施	経済学部と医学部を除き，卒業要件	留学候補者選考，個別の学修指導のほか，一部の学部で奨学金対象者選定，履修上限単位数設定，法曹コースで早期卒業要件として活用	0.5%	86.0%（４年制） 77.7%（６年制）

●**コロナ対策２**　感染状況に応じてオンライン授業を併用し，コミュニケーションツール「Slack」を全教員・学生に導入。また，希望者全員に無償で抗原検査を実施。2020年度に「近畿大学コロナ対策緊急奨学金」を新設。

学部紹介

学部／学科	定員	特色
情報学部		
情報	330	▷知能システム，サイバーセキュリティ，実世界コンピューティングの３コース。新たな情報価値や情報サービス創出を担う技術者を育成する。
● 取得可能な資格…教職（情），司書など。 ● 主な就職先………2022年度開設のため，卒業生はいない。		
法学部		
法律	500	▷法曹，国際，行政の３コースに，犯罪･非行と法，経済生活と法，会計･税務と法，まちづくりと法の４専攻プログラムを設置。社会の問題解決策やルールづくりを実践的に学ぶ。
● 取得可能な資格…教職（地歴･公･社･英），司書など。 ● 進路状況…………就職82.6%　進学7.2% ● 主な就職先………大阪府警察，東大阪市役所，国税専門官，大阪市役所，富士ソフト，自衛隊など。		
経済学部		
経済	420	▷経済学，経済心理学の２コース。経済の将来を見通せる分析力を習得し，問題発見，問題解決能力の向上を図る。
国際経済	170	▷国際産業･金融，国際地域経済の２分野に分かれ，国際経済や国際金融について幅広く学修する。
総合経済政策	170	▷公共政策，企業戦略の２分野に分かれ，国や自治体の経済政策や企業の経営戦略を題材に，企画立案能力を養う。
● 取得可能な資格…教職（地歴･公･社･商業･英），司書など。 ● 進路状況…………就職87.8%　進学2.6% ● 主な就職先………アイリスオーヤマ，日本郵政グループ，大阪市役所，大阪府警察，良品計画など。		
経営学部		
経営	585	▷企業経営，ITビジネス，スポーツマネジメントの３コース。リーダーシップやプレゼン能力を培う演習が充実。
商	405	▷マーケティング戦略，観光･サービス，貿易･ファイナンスの３コース。「顧客との関係」を理論的･実践的に学ぶ。
会計	175	▷優れた経営者や管理者に必須の会計スキルを学ぶ。入学時から公認会計士･税理士試験合格を積極的にサポート。
キャリア･マネジメント	175	▷自分自身のキャリア形成や，他者の能力を最大限に生かすための理論と実践のカリキュラムを編成。
● 取得可能な資格…教職（公･社･商業），司書など。　● 進路状況…就職88.5%　進学3.0% ● 主な就職先………大阪府警察，富士ソフト，アイリスオーヤマ，南都銀行，関西みらい銀行など。		
理工学部		
理	225	▷〈数学コース70名，物理学コース70名，化学コース85名〉応用力を身につけ，広く社会に貢献できる人材を育成する。
生命科	95	▷ヒトに主体を置いて生命を総合的にとらえ，習得した知識や基礎技術を正しく応用できる人材を育成する。
応用化	130	▷物理･無機･有機･高分子化学はもとより，医学･薬学･農学･食品化学などの融合領域までをもフィールドに研究する。
機械工	200	▷機械工学，知能機械システムの２コース。「ものづくり」の中核を担う，次世代の科学技術をリードしていく人材を育成。

キャンパスアクセス ［東大阪キャンパス］ 近鉄大阪線一長瀬より徒歩10分／近鉄奈良線一八戸ノ里より徒歩20分またはバス6分

電気電子通信工	170	▷総合エレクトロニクス，電子情報通信の２コース。飛躍的な進歩を遂げるエレクトロニクス技術を幅広く学ぶ。
社会環境工	100	▷インフラなどの安全・安心な社会基盤の整備や維持管理を通して社会貢献ができる建設技術者を育成する。
エネルギー物質	120	▷エネルギーに関する広い視野と専門性を身につけ，エネルギー技術を通じてSDGsの達成に貢献する人材を育成する。
● **取得可能な資格**…教職（数・理・技・情・工業），司書，測量士補など。 ● **進路状況**…………就職67.6%　進学28.5% ● **主な就職先**………メイテック，大阪市教育委員会，山崎製パン，関西電力，三菱自動車工業など。		
建築学部		
建築	280	▷建築工学，建築デザイン，住宅建築，企画マネジメントの４専攻。使われ，愛され続ける建築を学ぶ。
● **取得可能な資格**…１・２級建築士受験資格など。　● **進路状況**…就職77.5%　進学18.3% ● **主な就職先**………積水ハウス，大和ハウス工業，鹿島建設，長谷工コーポレーション，奥村組など。		
薬学部		
医療薬	150	▷６年制。２つの総合病院を持つネットワークを生かした実務実習などを通して，地域医療に貢献できる薬剤師を育成。
創薬科	40	▷４年制。ゲノム創薬，再生医療などの最先端の研究，サプリメントや化粧品などの研究開発が行える人材を育成する。
● **取得可能な資格**…教職（理），薬剤師（医療薬学科）受験資格など。 ● **進路状況**…………［医療薬］就職95.2%　進学3.4%　［創薬科］就職42.4%　進学57.6% ● **主な就職先**………ウエルシア薬局，大鵬薬品工業，日本調剤，近畿大学病院，大阪赤十字病院など。		
文芸学部		
文	180	▷〈日本文学専攻120名，英語英米文学専攻60名〉日本文学専攻は創作・評論，言語・文学の２コース。英語英米文学専攻では高度な英語力だけでなく，日本語力の強化も重視。
芸術	115	▷〈舞台芸術専攻50名，造形芸術専攻65名〉未来を切り開く豊かな表現力や発想力を身につける。
文化・歴史	140	▷日本史系，世界史系，現代文化・倫理系，文化資源学系の科目群から，興味に応じて自由に授業を選択することが可能。
文化デザイン	80	▷人間のさまざまな文化活動を社会につなげて生かすためのシステムを考え，創り，実践する知識と方法を学ぶ。
● **取得可能な資格**…教職（国・地歴・公・社・美・工芸・英），司書，学芸員など。 ● **進路状況**…………就職80.9%　進学5.3% ● **主な就職先**………大阪府教育委員会，国立病院機構，近畿労働金庫，コスモス薬品，伊藤園など。		
総合社会学部		
総合社会	510	▷〈社会・マスメディア系専攻238名，心理系専攻136名，環境・まちづくり系専攻136名〉現代社会を多角的に考察し，柔軟な発想で問題解決をめざす。
● **取得可能な資格**…教職（地歴・公・社），司書など。　● **進路状況**…就職88.3%　進学5.3% ● **主な就職先**………大阪府庁，堺市役所，Sky，共同通信社，近畿日本鉄道，博報堂プロダクツなど。		
国際学部		
国際	500	▷〈グローバル専攻450名，東アジア専攻50名〉全員１年次からの海外留学で，ビジネスで使える語学を徹底的に身につける。東アジア専攻は中国語，韓国語の２コース（各25名）。
● **取得可能な資格**…教職（英）。　● **進路状況**…就職85.3%　進学5.3% ● **主な就職先**………星野リゾート・マネジメント，楽天グループ，日本通運，南海エクスプレスなど。		

キャンパスアクセス ［奈良キャンパス］ 近鉄奈良線一富雄よりバス10分

農学部		
農業生産科	120	▷生物現象の探究，農産物の生産，アグリビジネスへの展開，先端農業への挑戦の４つの視点をもとに教育・研究を展開。
水産	120	▷体験型講義などを通して，幅広い分野を網羅した水産学のプロを養成する。世界に誇る研究を数多く展開。
応用生命化	120	▷生命，資源，食料，環境を柱に，機能性食品の開発，環境に優しい農薬の創製など，「役に立つ」研究を実施。
食品栄養	80	▷管理栄養士養成課程。総合力のある管理栄養士を育成する。
環境管理	120	▷環境問題にさまざまな角度からアプローチし，世界を舞台に活躍できる環境マネジメント能力を持つ人材を育成。
生物機能科	120	▷食料，医療，創薬，エネルギーなど人類が直面する問題の解決に向け，生物が持つさまざまな機能に着目し研究を展開。

- **取得可能な資格**…教職（理・農・水産，栄養），学芸員，栄養士，管理栄養士受験資格など。
- **進路状況**…………就職70.5%　進学23.1%
- **主な就職先**………山崎製パン，京都府庁，大阪府庁，伊藤園，明治，農林水産省，キユーピーなど。

医学部		
医	112	▷関西私立の総合大学では唯一の医学部。２つの総合病院と連携した丁寧な指導で優秀な医師を育成する。

- **取得可能な資格**…医師受験資格。　● **進路状況**…初期臨床研修医77.1%

生物理工学部		
生物工	90	▷植物や微生物を研究対象として，生き物が持つ優れた働きを食糧生産や環境保全などの問題解決に役立てる。
遺伝子工	90	▷遺伝子組換えや体外受精などの技術を習得し，医療・創薬・食物生産・環境保全の分野で活躍する人材を育成する。
食品安全工	90	▷食品分野の技術開発や衛生管理で活躍する，食の安全を守り，食の機能を引き出す知識と技術を持つ人材を育成する。
生命情報工	80	▷生命や生体の機能をシステムとして理解するために高度な情報技術を学び，医療や福祉などへの応用をめざす。
人間環境デザイン工	80	▷21世紀の福祉・ユニバーサル社会のために，人にやさしい生活関連機器や周りの環境をデザインする能力を育む。
医用工	55	▷人工心肺や血液浄化装置，AIによる医療画像診断ソフト，先端医療機器の設計開発を担うエンジニアを育成する。

- **取得可能な資格**…教職（数・理・情），臨床工学技士・２級建築士受験資格など。
- **進路状況**…………就職76.7%　進学16.6%
- **主な就職先**………三菱電機エンジニアリング，和歌山県庁，日本科学，山崎製パン，スズキなど。

工学部		
化学生命工	75	▷化学・生命工学，環境・情報化学，医・食・住化学の３コース。私たちの暮らしをより快適に革新する人材を育成する。
機械工	100	▷機械設計，エネルギー機械の２コース。ものづくり産業で使われる機械を設計・開発できる技術者を育成する。
ロボティクス	75	▷ロボット設計，ロボット制御の２コース。ロボットの機構から設計，組立て，制御システムまでを幅広く学ぶ。
電子情報工	95	▷電気電子，情報通信の２コース。最新技術に対応できるエンジニアやICTスペシャリストを育成する。
情報	100	▷情報システム，情報メディアの２コース。持続可能な高度情報化社会を築くことができるスペシャリストを育成する。

キャンパスアクセス [大阪狭山キャンパス] 南海高野線一金剛よりバス15分／泉北高速鉄道一泉ケ丘よりバス15分

建築	100	▷建築学，インテリアデザインの２コース。環境に配慮し，快適な空間を創造する建築士，インテリアプランナーを育成。
●取得可能な資格…教職(数・理・技・情・工業)，１・２級建築士受験資格など。 ●進路状況…………就職81.7%　進学13.7% ●主な就職先………鹿島建設，大和ハウス工業，関西電力，日本製鋼所，山崎製パン，マツダなど。		
産業理工学部		
生物環境化	65	▷バイオサイエンス，食品生物資源，エネルギー・環境の３コース。幅広い学びで諸分野のスペシャリストを育成する。
電気電子工	65	▷応用エレクトロニクス，エネルギー・環境，情報通信の３コース。暮らしに直結した基幹技術を基礎から応用まで学ぶ。
建築・デザイン	95	▷建築工学，建築・デザインの２コース。建築構造・生産・設計・環境，デザインなど，第一線で活躍するプロの指導も実施。
情報	75	▷情報エンジニアリング，メディア情報，データサイエンスの３コース。高度情報化社会を支えるエキスパートを育成。
経営ビジネス	120	▷経営マネジメント，グローバル経営の２コース。さまざまな組織をマネジメントできる能力を身につける。
●取得可能な資格…教職(理・情・工業・商業)，１・２級建築士受験資格など。 ●進路状況…………就職86.2%　進学8.6% ●主な就職先………九電工，日本生命保険，ミネベアミツミ，TOTO，Meiji Seika ファルマなど。		

大学院

法学・商学・経済学・総合理工学・薬学・農学・生物理工学・システム工学・産業理工学(以上M・D)，総合文化・実学社会起業イノベーション学位プログラム(以上M)，医学(D)

通信教育部

法学部，短期大学部商経科

キャンパス

情報・法・経済・経営・理工・建築・薬・文芸・総合社会・国際……[東大阪キャンパス] 大阪府東大阪市小若江3-4-1
農……[奈良キャンパス] 奈良県奈良市中町3327-204
医……[大阪狭山キャンパス] 大阪府大阪狭山市大野東377-2
生物理工……[和歌山キャンパス] 和歌山県紀の川市西三谷930
工……[広島キャンパス] 広島県東広島市高屋うめの辺1
産業理工……[福岡キャンパス] 福岡県飯塚市柏の森11-6

2023年度入試要項(前年度実績)

●募集人員

学部／学科(専攻・コース)	一般前期A	一般前期B	一般後期	共通前期	共通中期	共通後期	共通併用A	共通併用B	共通併用後期	公募推薦	総合型
▶情報　情報	57	32	7	10	10	3	10	10	2	123	15
情報(情報学部独自)	23	18	6	—	—	—	—	—	—	19	—
▶法　法律	90	90	34	15	15	5	5	4	4	238	—
▶経済　経済	78	54	30	16	10	10	8	4	4	206	—
国際経済	28	22	11	8	6	5	4	2	2	82	—
総合経済政策	28	22	11	8	6	5	4	2	2	82	—
▶経営　経営	108	97	38	11	8	6	6	4	3	144	—

キャンパスアクセス [和歌山キャンパス] JR阪和線—紀伊よりバス20分

学部／学科（専攻・コース）	一般前期A	一般前期B	一般後期	共通前期	共通中期	共通後期	共通併用A	共通併用B	共通併用後期	公募推薦	総合型
商	101	92	36	10	8	6	6	4	3	139	—
会計	44	40	12	6	5	5	4	2	2	55	—
キャリア・マネジメント	44	40	12	6	5	5	4	2	2	55	—
▶**理工** 理（数学）	17	13	6	3	2	2	2	2	2	21	—
（物理学）	17	13	6	3	2	2	2	2	2	21	—
（化学）	20	17	7	4	2	2	3	2	2	26	—
生命科	23	18	8	5	3	2	3	2	2	29	—
応用化	31	25	11	7	5	3	4	2	2	40	—
機械工	48	37	17	12	8	6	5	3	3	61	—
電気電子通信工	40	33	14	10	7	5	4	3	3	51	—
社会情報工	24	19	8	6	3	2	4	2	2	30	—
エネルギー物質	28	23	9	6	5	3	4	2	2	38	—
▶**建築** 建築	65	60	30	6	5	2	5	5	2	100	—
▶**薬** 医療薬	35	30	10	4	4	2	—	—	—	65	—
創薬科	8	6	4	2	2	1	—	—	—	17	—
▶**文芸** 文（日本文学）	26	24	7	8	2	2	3	2	—	46	20
（英語英米文学）	12	7	5	2	2	2	2	2	—	26	
芸術（舞台芸術）	13	6	2	2	1	1	1	—	—	24	
（造形芸術）	11	14	4	2	2	2	—	—	—	30	
文化・歴史	30	27	10	10	2	2	2	2	—	55	
文化デザイン	20	16	5	5	2	1	2	1	—	28	
▶**総合社会** 総合社会（社会・マスメディア系）	55	50	16	11	9	5	5	3	2	82	—
（心理系）	31	29	9	7	5	2	3	2	1	47	—
（環境・街づくり系）	31	29	9	7	5	2	3	2	1	47	—
▶**国際** 国際（グローバル）	75	30	10	35	16	5	12	5	3	161	30
（グローバル（国際学部独自方式））	40	13	10	—	—	—	—	—	—	35	—
（東アジア・中国語）	7	4	2	2	1	1	—	—	—	8	—
（東アジア・韓国語）	7	4	2	2	1	1	—	—	—	8	—
▶**農** 農業生産科	27	23	8	6	4	2	5	4	2	39	—
水産	27	23	8	6	4	2	5	4	2	39	—
応用生命化	27	23	8	6	4	2	5	4	2	39	—
食品栄養	18	16	5	4	3	2	4	2	2	24	—
環境管理	27	23	8	6	4	2	5	4	2	39	—
生物機能科	27	23	8	6	4	2	5	4	2	39	—
▶**医** 医	55	—	5	5	3	2	—	—	—	25	—
▶**生物理工** 生物工	20	11	5	11	6	4	3	1	1	28	—
遺伝子工	20	11	5	11	6	4	3	1	1	28	—
食品安全工	20	11	5	11	6	4	3	1	1	28	—
生命情報工	17	10	5	9	5	3	2	1	1	27	—
人間環境デザイン工	17	10	5	9	5	3	2	1	1	27	—
医用工	12	6	4	6	4	2	2	1	1	17	—

 キャンパスアクセス ［広島キャンパス］ JR山陽本線一西高屋よりバス5分または徒歩20分

学部／学科(専攻・コース)	一般前期A	一般前期B	一般後期	共通前期	共通中期	共通後期	共通併用A	共通併用B	共通併用後期	公募推薦	総合型
▶工　化学生命工	17	10	3	8	3	2	2	2	2	26	30
機械工	28	14	3	11	3	2	2	2	2	33	
ロボティクス	17	10	3	8	3	2	2	2	2	26	
電子情報工	27	13	3	10	3	2	2	2	2	31	
情報	28	14	3	11	3	2	2	2	2	33	
建築	28	14	3	11	3	2	2	2	2	33	
▶産業理工　生物環境化	12	10	3	8	6	2	2	2	—	20	10
電気電子工	12	10	3	8	6	2	2	2	—	20	10
建築・デザイン	17	12	4	10	10	3	2	2	—	35	10
情報	14	9	3	9	9	2	2	2	—	25	10
経営ビジネス	18	12	4	12	12	3	2	2	—	55	10

※文芸学部の総合型選抜(AO入試)を行う学科・専攻・コースは，日本文学専攻創作・評論コース，芸術学科，文化・歴史学科，文化デザイン学科。

※医学部は上記以外に，地域枠入試一般前期型で13名(大阪府３名，奈良県２名，和歌山県２名，静岡県６名)を，一般後期型で４名(静岡県)を募集する。

▷一般入試前期と一般公募推薦入試(いずれも医学部を除く)は，スタンダード方式以外に高得点科目の点数を２倍にして判定する高得点科目重視方式と併願可。

▷一般入試の国際学部と一般公募推薦入試(医学部および薬学部医療薬学科，文学部文学科日本文学専攻を除く)において，外部試験利用制度を導入。指定された英語の各種資格試験等の資格・スコアを「英語」の得点にみなして換算する。ただし，本学の「英語」の受験は必須で，高得点の方を採用し，判定する。

▷共通テストの英語はリーディング160点，リスニング40点の200点に換算し，改めて各学部の入試区分の点数に換算する。

情報学部

一般入試前期(Ａ日程・Ｂ日程〈英・数・理型〉)

③科目　①**外**(100)▶コミュ英Ⅰ・コミュ英Ⅱ・コミュ英Ⅲ・英表Ⅰ・英表Ⅱ　②**数**(100)▶［Ａ日程］—数Ⅰ・数Ⅱ・数Ⅲ・数Ａ・数Ｂ(数列・ベク)，［Ｂ日程］—数Ⅰ・数Ⅱ・数Ａ・数Ｂ(数列・ベク)　③**理**(100)▶「物基・物」・「化基・化」・「生基・生」から１

一般入試前期(Ａ日程・Ｂ日程〈英・国・数型〉)・後期　**③科目**　①**国**(100)▶国総・現文Ｂ・古典Ｂ(いずれも漢文を除く)　②**外**(100)▶コミュ英Ⅰ・コミュ英Ⅱ・コミュ英Ⅲ・英表Ⅰ・英表Ⅱ　③**数**(100)▶数Ⅰ・数Ⅱ・数Ａ・数Ｂ(数列・ベク)

※前期Ａ・Ｂ日程(両方式)において，併願のみ利用できる情報学部独自方式も実施。数学を300点に換算し，外国語と合わせて400点満点で判定する(３科目受験必須)。

※後期(英・国・数型)は３科目を受験し高得点２科目で判定。また，情報学部独自方式は数学１科目(100)で判定する。

共通テスト利用方式(前期)　**④科目**　①②**数**(100×2)▶「数Ⅰ・数Ａ」・「〈数Ⅱ・数Ｂ〉・情から１」　③④**国・外・「地歴・公民」・理**(100×2)▶国(近代)・「英(リスニングを含む)・独・仏・中・韓から１」・「世Ａ・世Ｂ・日Ａ・日Ｂ・地理Ａ・地理Ｂ・現社・倫・政経・〈倫・政経〉から１」・「物・化・生から１」から２

［個別試験］ 行わない。

共通テスト利用方式(中期・後期)　**③〜②科目**　①②③**国・外・「地歴・公民」・数・理**(中期100×3・後期100×2)▶国(近代)・「英(リスニングを含む)・独・仏・中・韓から１」・「世Ａ・世Ｂ・日Ａ・日Ｂ・地理Ａ・地理Ｂ・現社・倫・政経・〈倫・政経〉から１」・「〈数Ⅰ・数Ａ〉・〈数Ⅱ・数Ｂ〉・情から１」・「物・化・生から１」から中期は３，後期は２

［個別試験］ 行わない。

共通テスト併用方式(Ａ日程)　〈共通テスト

科目〉 4科目 ①②数(100×2) ▶「数Ⅰ・数A」・「〈数Ⅱ・数B〉・情から1」 ③④国・外・「地歴・公民」・理(100×2) ▶国(近代)・「英(リスニングを含む)・独・仏・中・韓から1」・「世A・世B・日A・日B・地理A・地理B・現社・倫・政経・〈倫・政経〉から1」・「物・化・生から1」から2

〈個別試験科目〉 一般入試前期A日程の高得点1科目(100)を判定に利用する

共通テスト併用方式(B日程・後期) 〈共通テスト科目〉 3~2科目 ①②③国・外・「地歴・公民」・数・理(B日程100×3・後期100×2) ▶国(近代)・「英(リスニングを含む)・独・仏・中・韓から1」・「世A・世B・日A・日B・地理A・地理B・現社・倫・政経・〈倫・政経〉から1」・「〈数Ⅰ・数A〉・〈数Ⅱ・数B〉・情から1」・「物・化・生から1」からB日程は3, 後期は2

〈個別試験科目〉 B日程は一般入試前期B日程の, 後期は一般入試後期の高得点1科目(100)をそれぞれ判定に利用する

一般公募推薦入試 [出願資格] 校長推薦, 1浪まで。

[選考方法] 調査書, 個別学力試験(英語・数学, ただし情報学部独自方式は数学1科目で判定)。

総合型選抜(AO入試) [出願資格] 情報関連分野に強い関心を持っており, プログラム作成の経験をすでに積んでいる者, または情報関係コンテストに出場した経験がある者, あるいは情報関係の資格などを有し, それを証明するものを提出できる者。

[選考方法] 書類審査(未踏IT, 未踏ジュニアの採択者は免除)通過者を対象に, オンラインでプレゼンテーション・口頭試問を行う(未踏IT, 未踏ジュニアの採択者は面接のみ)。

法学部・経済学部・経営学部

一般入試前期(A日程・B日程)・後期 3科目 ①国(100) ▶国総・現文B・古典B(いずれも漢文を除く) ②外(100) ▶コミュ英Ⅰ・コミュ英Ⅱ・コミュ英Ⅲ・英表Ⅰ・英表Ⅱ ③地歴・公民・数(100) ▶世B・日B・地理B・政経・「数Ⅰ・数Ⅱ・数A・数B(数列・ベク)」から1

※後期は3科目を受験し, 高得点2科目で判定する。

共通テスト利用方式(前期) 4~3科目 ①外(150) ▶英(リスニングを含む)・独・仏・中・韓から1 ②③④国・地歴・公民・数・理(100×2) ▶国(漢文を除く)・「世A・世B・日A・日B・地理A・地理Bから1」・「現社・倫・政経・〈倫・政経〉から1」・「数Ⅰ・〈数Ⅰ・数A〉・数Ⅱ・〈数Ⅱ・数B〉・簿・情から1」・「〈物基・化基・生基・地学基から2〉・物・化・生・地学から1」から2

[個別試験] 行わない。

共通テスト利用方式(前期)〈5教科7科目型〉

【経済学部】 8~7科目 ①国(150) ▶国(漢文を除く) ②外(200) ▶英(リスニングを含む)・独・仏・中・韓から1 ③④地歴・公民(100×2) ▶世A・世B・日A・日B・地理A・地理B・現社・倫・政経・「倫・政経」から2 ⑤⑥数(100×2) ▶数Ⅰ・「数Ⅰ・数A」・数Ⅱ・「数Ⅱ・数B」・簿・情から2 ⑦⑧理(100) ▶「物基・化基・生基・地学基から2」・物・化・生・地学から1

[個別試験] 行わない。

共通テスト利用方式(中期・後期) 4~2科目 ①②③④国・外・地歴・公民・数・理(中期100×3・後期100×2) ▶国(漢文を除く)・「英(リスニングを含む)・独・仏・中・韓から1」・世A・世B・日A・日B・地理A・地理B・現社・倫・政経・「倫・政経」・数Ⅰ・「数Ⅰ・数A」・数Ⅱ・「数Ⅱ・数B」・簿・情・「物基・化基・生基・地学基から2」・物・化・生・地学から中期は3, 後期は2, ただし中期の経営学部は国(100)・外(150)必須

[個別試験] 行わない。

共通テスト併用方式(A日程・B日程・後期) 〈共通テスト科目〉 3~1科目 ①②③国・外・地歴・公民・数・理(A・B日程100×2, 後期100) ▶国(漢文を除く)・「英(リスニングを含む)・独・仏・中・韓から1」・世A・世B・日A・日B・地理A・地理B・現社・倫・政経・「倫・政経」・数Ⅰ・「数Ⅰ・数A」・数Ⅱ・「数Ⅱ・数B」・簿・情・「物基・化基・生基・地学基から2」・物・化・生・地学からA日程とB日程は2, 後期は1

〈個別試験科目〉 A日程は一般入試前期A日程の, B日程は一般入試前期B日程の高得点1科目(150)をそれぞれ判定に利用し, 後期は一般入試後期の高得点1科目(100)を判定に利用する。

一般公募推薦入試 [出願資格] 校長推薦,

１浪まで。
[選考方法] 調査書，個別学力試験（国語・英語，経済学部は英語と国・数から１）。

理工学部

一般入試前期（Ａ日程・Ｂ日程）・後期 **3**科目 ①**外**（100）▶コミュ英Ⅰ・コミュ英Ⅱ・コミュ英Ⅲ・英表Ⅰ・英表Ⅱ ②**数**（100）▶「数Ⅰ・数Ⅱ・数Ａ・数Ｂ（数列・ベク）」・「数Ⅰ・数Ⅱ・数Ⅲ・数Ａ・数Ｂ（数列・ベク）」から１，ただし数Ⅰ・数Ⅱ・数Ａ・数Ｂは理学科化学コースと生命科学科のみ選択可 ③**理**（100）▶「物基・物」・「化基・化」・「生基・生」から１
※後期は３科目を受験し，高得点２科目で判定する。
共通テスト利用方式（前期）〈３教科３科目型〉 **3**科目 ①**数**（100）▶数Ⅱ・数Ｂ ②③**国・外・理**（100×2）▶国（近代）・英（リスニングを含む）・「物・化・生から１」から２
[個別試験] 行わない。
共通テスト利用方式（前期）〈５教科５科目型〉 **5**科目 ①**国**（100）▶国（近代） ②**外**（100）▶英（リスニングを含む） ③**数**（100）▶数Ⅱ・数Ｂ ④**地歴**（100）▶世Ａ・世Ｂ・日Ａ・日Ｂ・地理Ａ・地理Ｂから１ ⑤**理**（100）▶物・化・生から１
[個別試験] 行わない。
共通テスト利用方式（中期・後期） **3〜2**科目 ①②③**国・外・数・理**（中期100×3・後期100×2）▶国（近代）・英（リスニングを含む）・「数Ⅰ・数Ａ」・「数Ⅱ・数Ｂ」・物・化・生から中期は３，後期は２教科２科目
[個別試験] 行わない。
共通テスト併用方式（A日程） **〈共通テスト科目〉** **3**科目 ①**数**（100）▶数Ⅱ・数Ｂ ②③**国・外・理**（100×2）▶国（近代）・英（リスニングを含む）・「物・化・生から１」から２
〈個別試験科目〉 一般入試前期Ａ日程の高得点２科目（150×2）を判定に利用する
共通テスト併用方式（Ｂ日程・後期） **〈共通テスト科目〉** **2〜1**科目 ①②**国・外・数・理**（Ｂ日程100×2・後期100）▶国（近代）・英（リスニングを含む）・「数Ⅰ・数Ａ」・「数Ⅱ・数Ｂ」・物・化・生からＢ日程は２，後期は１
〈個別試験科目〉 Ｂ日程は一般入試前期Ｂ日程の高得点２科目（100×2）を，後期は一般入試後期の高得点１科目（100）をそれぞれ判定に利用する
一般公募推薦入試 **[出願資格]** 校長推薦，１浪まで。
[選考方法] 調査書，個別学力試験（英語のほか，理学科数学コースと機械工・電気電子通信工・社会環境工の３学部は数学，その他の学科・コースは数・理から１）。

建築学部

一般入試前期（Ａ日程） **3**科目 ①**外**（100）▶コミュ英Ⅰ・コミュ英Ⅱ・コミュ英Ⅲ・英表Ⅰ・英表Ⅱ ②**数**（100）▶「数Ⅰ・数Ⅱ・数Ａ・数Ｂ（数列・ベク）」・「数Ⅰ・数Ⅱ・数Ⅲ・数Ａ・数Ｂ（数列・ベク）」から１ ③**理**（100）▶「物基・物」・「化基・化」・「生基・生」から１
一般入試前期（Ｂ日程）・後期 **3**科目 ①**外**（100）▶コミュ英Ⅰ・コミュ英Ⅱ・コミュ英Ⅲ・英表Ⅰ・英表Ⅱ ②**国・数**（100）▶「国総・現文Ｂ・古典Ｂ（いずれも漢文を除く）」・「数Ⅰ・数Ⅱ・数Ａ・数Ｂ（数列・ベク）」から１ ③**地歴・理**（100）▶世Ｂ・日Ｂ・地理Ｂ・「物基・物」・「化基・化」・「生基・生」から１
※後期は３科目を受験し，高得点２科目で判定する。
共通テスト利用方式（前期） **4**科目 ①②**数**（100×2）▶「数Ⅰ・数A」・「数Ⅱ・数Ｂ」 ③④**国・外・理**（100×2）▶国（近代）・英（リスニングを含む）・「物・化・生から１」から２
[個別試験] 行わない。
共通テスト利用方式（中期） **3**科目 ①②③**国・外・「地歴・公民」・数・理**（100×3）▶国（近代）・英（リスニングを含む）・「世Ａ・世Ｂ・日Ａ・日Ｂ・地理Ａ・地理Ｂ・現社・倫・政経・〈倫・政経〉から１」・「〈数Ⅰ・数Ａ〉・〈数Ⅱ・数Ｂ〉から１」・「物・化・生から１」から３
[個別試験] 行わない。
共通テスト利用方式（後期） **2**科目 ①②**国・外・数・理**（100×2）▶国（近代）・英（リスニングを含む）・「〈数Ⅰ・数Ａ〉・〈数Ⅱ・数Ｂ〉から１」・「物・化・生から１」から２
[個別試験] 行わない。
共通テスト併用方式（Ａ日程・Ｂ日程） **〈共通テスト科目〉** **3〜2**科目 ①②③**国・外・地**

歴・公民・数・理（Ａ日程100×3・Ｂ日程100×2）▶国（近代）・「英（リスニングを含む）・独・仏・中・韓から１」・世Ａ・世Ｂ・日Ａ・日Ｂ・地理Ａ・地理Ｂ・現社・倫・政経・「倫・政経」・数Ⅰ・「数Ⅰ・数Ａ」・数Ⅱ・「数Ⅱ・数Ｂ」・物・化・生・地学からＡ日程は３，Ｂ日程は２
〈個別試験科目〉 Ａ日程は一般入試前期Ａ日程の３科目（100×3）を，Ｂ日程は一般入試前期Ｂ日程の高得点１科目（150）をそれぞれ判定に利用する

共通テスト併用方式（後期） **〈共通テスト科目〉** **1科目** ①**国・外・数・理**（100）▶国（近代）・英（リスニングを含む）・数Ⅰ・「数Ⅰ・数Ａ」・数Ⅱ・「数Ⅱ・数Ｂ」・物・化・生・地学から１
〈個別試験科目〉 一般入試後期の高得点１科目（100）を判定に利用する

一般公募推薦入試 **［出願資格］** 校長推薦，１浪まで。
［選考方法］ 調査書，個別学力試験（英語と国・数から１）。

薬学部

一般入試前期（Ａ日程・Ｂ日程）・後期 **3科目** ①**外**（100）▶コミュ英Ⅰ・コミュ英Ⅱ・コミュ英Ⅲ・英表Ⅰ・英表Ⅱ ②**数**（100）▶「数Ⅰ・数Ⅱ・数Ａ・数Ｂ（数列・ベク）」・「数Ⅰ・数Ⅱ・数Ⅲ・数Ａ・数Ｂ（数列・ベク）」から１，ただしＢ日程は数Ⅰ・数Ⅱ・数Ａ・数Ｂ指定 ③**理**（100）▶「物基・物」・「化基・化」・「生基・生」から１
※後期は３科目を受験し，英語・数学の高得点科目と理科の２科目で判定する。

共通テスト利用方式（前期・中期） **3科目** ①**外**（前期200・中期100）▶英（リスニングを含む） ②**数**（100）▶「数Ⅰ・数Ａ」・「数Ⅱ・数Ｂ」から１ ③**理**（前期100・中期200）▶物・化・生から１
［個別試験］ 行わない。

共通テスト利用方式（後期） **3科目** ①**外**（100）▶英（リスニングを含む） ②**理**（100）▶物・化・生から１ ③**国・数**（100）▶国（近代）・「数Ⅰ・数Ａ」・「数Ⅱ・数Ｂ」から１
［個別試験］ 行わない。

一般公募推薦入試 **［出願資格］** 校長推薦，１浪まで。
［選考方法］ 調査書，個別学力試験（英語・理科）。

文芸学部

一般入試前期（Ａ日程） **【芸術学科〈造形芸術専攻〉】** **1科目** ①**実技**（300）▶デッサン
【その他の学科・専攻】 **3科目** ①**国**（100）▶国総・現文Ｂ・古典Ｂ（いずれも漢文を除く） ②**外**（100）▶コミュ英Ⅰ・コミュ英Ⅱ・コミュ英Ⅲ・英表Ⅰ・英表Ⅱ ③**地歴・公民・数**（100）▶世Ｂ・日Ｂ・地理Ｂ・政経・「数Ⅰ・数Ⅱ・数Ａ・数Ｂ（数列・ベク）」から１

一般入試前期（Ｂ日程）・後期 **【文学科／文化・歴史学科／文化デザイン学科】** 前期Ａ日程と同じ。ただし，後期は３科目を受験し，高得点２科目で判定する

一般入試前期（Ｂ日程） **【芸術学科〈舞台芸術専攻〉】** **3科目** ①**国**（100）▶国総・現文Ｂ・古典Ｂ（いずれも漢文を除く） ②**外**（100）▶コミュ英Ⅰ・コミュ英Ⅱ・コミュ英Ⅲ・英表Ⅰ・英表Ⅱ ③**実技・小論文**（100）▶実技（事前課題の作文は当日持参）・小論文から１
【芸術学科〈造形芸術専攻〉】 **3〜1科目** ①②③「**国・外・〈地歴・公民・数〉**」・**実技**（100×3または300〈実技〉）▶「〈国総・現文Ｂ・古典Ｂ（いずれも漢文を除く）〉・〈コミュ英Ⅰ・コミュ英Ⅱ・コミュ英Ⅲ・英表Ⅰ・英表Ⅱ〉・〈世Ｂ・日Ｂ・地理Ｂ・政経・（数Ⅰ・数Ⅱ・数Ａ・数Ｂ（数列・ベク））から１〉」・デッサンから１

一般入試後期 **【芸術学科〈舞台芸術専攻〉】** 前期Ａ日程と同じ。ただし，３科目を受験し，高得点２科目（100×2）で判定する
【芸術学科〈造形芸術専攻〉】 前期Ｂ日程と同じ。ただし，実技以外を選択する場合は３科目を受験し，高得点２科目（100×2）で判定する（実技の得点は200点）

共通テスト利用方式（前期） **4〜3科目** ①**外**（150）▶英（リスニングを含む）・独・仏・中・韓から１ ②③④**国・地歴・公民・数・理**（100×2）▶国（近代・古文または漢文）・「世Ａ・世Ｂ・日Ａ・日Ｂ・地理Ａ・地理Ｂから１」・「現社・倫・政経・〈倫・政経〉から１」・「数Ⅰ・〈数Ⅰ・数Ａ〉・数Ⅱ・〈数Ⅱ・数Ｂ〉・簿・情から１」・「〈物基・化基・生基・地学基から２〉・物・化・生・地学から１」から２
［個別試験］ 行わない。

共通テスト利用方式（中期・後期） 4〜2科目 ①②③④国・外・地歴・公民・数・理（中期100×3・後期100×2）▶国（近代・古文または漢文）・「英（リスニングを含む）・独・仏・中・韓から1」・世A・世B・日A・日B・地理A・地理B・現社・倫・政経・「倫・政経」・数Ⅰ・「数Ⅰ・数A」・数Ⅱ・「数Ⅱ・数B」・簿・情・「物基・化基・生基・地学基から2」・物・化・生・地学から中期は3，後期は2教科2科目

［個別試験］ 行わない。

共通テスト併用方式（A日程・B日程） 〈共通テスト科目〉 3〜2科目 ①②③国・外・地歴・公民・数・理（100×2）▶国（近代・古文または漢文）・「英（リスニングを含む）・独・仏・中・韓から1」・世A・世B・日A・日B・地理A・地理B・現社・倫・政経・「倫・政経」・数Ⅰ・「数Ⅰ・数A」・数Ⅱ・「数Ⅱ・数B」・簿・情・「物基・化基・生基・地学基から2」・物・化・生・地学から2

〈個別試験科目〉 A日程は一般入試前期A日程の，B日程は一般入試前期B日程の高得点1科目（150）をそれぞれ判定に利用する

一般公募推薦入試 ［出願資格］ 校長推薦，1浪まで。

［選考方法］ 調査書，個別学力試験（文学科と文化・歴史学科，文化デザイン学科は国語・英語，舞台芸術専攻は実技または小論文・面接，造形芸術専攻は国・英または実技）。

総合型選抜（AO入試） ［出願資格］ 各学科・専攻・コースが求める条件に該当し，その実績を証明する資料や作品を提出できること。

［選考方法］ 書類審査通過者を対象に，創作・評論コースと舞台芸術専攻，文化・歴史学科は小論文，口頭試問。造形芸術専攻は実技（デッサン），口頭試問（第1次審査に提出したポートフォリオの中から現物を持参）。文化デザイン学科は自己アピールのプレゼンテーション（パワーポイントによるプレゼンテーション後，質疑応答・面接）。

総合社会学部

一般入試前期（A日程・B日程）・後期 3科目 ①国（100）▶国総・現文B・古典B（いずれも漢文を除く） ②外（100）▶コミュ英Ⅰ・コミュ英Ⅱ・コミュ英Ⅲ・英表Ⅰ・英表Ⅱ ③地歴・公民・数（100）▶世B・日B・地理B・政経・「数Ⅰ・数Ⅱ・数A・数B（数列・ベク）」から1

※後期は3科目を受験し，高得点2科目で判定する。

共通テスト利用方式（前期・後期） 4〜2科目 ①②③④国・外・地歴・公民・数・理（前期100×3・後期100×2）▶国（漢文を除く）・「英（リスニングを含む）・独・仏・中・韓から1」・「世A・世B・日A・日B・地理A・地理Bから1」・「現社・倫・政経・〈倫・政経〉から1」・「数Ⅰ・〈数Ⅰ・数A〉・数Ⅱ・〈数Ⅱ・数B〉・簿・情から1」・「〈物基・化基・生基・地学基から2〉・物・化・生・地学から1」から前期は3，後期は2

［個別試験］ 行わない。

共通テスト利用方式（中期） 4〜3科目 ①外（150）▶英（リスニングを含む）・独・仏・中・韓から1 ②③④国・地歴・公民・数・理（100×2）▶国（漢文を除く）・「世A・世B・日A・日B・地理A・地理Bから1」・「現社・倫・政経・〈倫・政経〉から1」・「数Ⅰ・〈数Ⅰ・数A〉・数Ⅱ・〈数Ⅱ・数B〉・簿・情から1」・「〈物基・化基・生基・地学基から2〉・物・化・生・地学から1」から2

［個別試験］ 行わない。

共通テスト併用方式（A日程） 〈共通テスト科目〉 3〜2科目 ①②③国・外・地歴・公民・数・理（100×2）▶国（漢文を除く）・「英（リスニングを含む）・独・仏・中・韓から1」・「世A・世B・日A・日B・地理A・地理Bから1」・「現社・倫・政経・〈倫・政経〉から1」・「数Ⅰ・〈数Ⅰ・数A〉・数Ⅱ・〈数Ⅱ・数B〉・簿・情から1」・「〈物基・化基・生基・地学基から2〉・物・化・生・地学から1」から2

〈個別試験科目〉 一般入試前期A日程の高得点1科目（100）を判定に利用する

共通テスト併用方式（B日程・後期） 〈共通テスト科目〉 2〜1科目 ①②国・外・地歴・公民・数・理（100）▶国（漢文を除く）・英（リスニングを含む）・独・仏・中・韓・世A・世B・日A・日B・地理A・地理B・現社・倫・政経・「倫・政経」・数Ⅰ・「数Ⅰ・数A」・数Ⅱ・「数Ⅱ・数B」・簿・情・「物基・化基・生基・地学基から2」・物・化・生・地学から1

〈個別試験科目〉 B日程は一般入試前期B日程の高得点2科目（100×2）を，後期は一般入試後期の高得点1科目（150）をそれぞれ判定に利用する

一般公募推薦入試 [出願資格] 校長推薦，1浪まで。
[選考方法] 調査書，個別学力試験（国語・英語）。

国際学部

一般入試前期（A日程・B日程）・後期 3科目 ①国（100）▶国総・現文B・古典B（いずれも漢文を除く） ②外（100）▶コミュ英Ⅰ・コミュ英Ⅱ・コミュ英Ⅲ・英表Ⅰ・英表Ⅱ ③地歴・公民・数（100）▶世B・日B・地理B・政経・「数Ⅰ・数Ⅱ・数A・数B（数列・ベク）」から1
※後期は3科目を受験し，外国語と国語・選択科目の高得点科目の2科目で判定する。
※グローバル専攻国際学部独自方式は，前期A日程は外国語の得点を500点満点に換算し，国語と選択科目の高得点科目と併せて600点満点で，前期B日程と後期は外国語1科目（100）で判定する（3科目受験必須）。
※外部試験利用制度が利用できる判定方式は，前期A日程はスタンダード方式と高得点科目重視方式および国際学部独自方式，B日程はスタンダード方式および高得点科目重視方式，後期は高得点判定方式のみ。

共通テスト利用方式（前期）〈1教科1科目型〉 1科目 ①外（200）▶英（リスニングを含む）
[個別試験] 行わない。

共通テスト利用方式（前期）〈2教科2科目型〉 2科目 ①国（100）▶国（漢文を除く） ②外（200）▶英（リスニングを含む）
[個別試験] 行わない。

共通テスト利用方式（前期）〈3教科3科目型〉 4~3科目 ①外（200）▶英（リスニングを含む） ②③④国・地歴・公民・数・理（100×2）▶国（漢文を除く）・「世A・世B・日A・日B・地理A・地理Bから1」・「現社・倫・政経・〈倫・政経〉から1」・「数Ⅰ・〈数Ⅰ・数A〉・数Ⅱ・〈数Ⅱ・数B〉・簿・情から1」・「〈物基・化基・生基・地学基から2〉・物・化・生・地学から1」から2
[個別試験] 行わない。

共通テスト利用方式（中期） 4~3科目 ①国（100）▶国（漢文を除く） ②外（200）▶英（リスニングを含む） ③④地歴・公民・数・理（100）▶世A・世B・日A・日B・地理A・地理B・現社・倫・政経・「倫・政経」・数Ⅰ・「数Ⅰ・数A」・数Ⅱ・「数Ⅱ・数B」・簿・情・「物基・化基・生基・地学基から2」・物・化・生・地学から1
[個別試験] 行わない。

共通テスト利用方式（後期） 3~2科目 ①外（200）▶英（リスニングを含む） ②③国・地歴・公民・数・理（100）▶国（漢文を除く）・世A・世B・日A・日B・地理A・地理B・現社・倫・政経・「倫・政経」・数Ⅰ・「数Ⅰ・数A」・数Ⅱ・「数Ⅱ・数B」・簿・情・「物基・化基・生基・地学基から2」・物・化・生・地学から1
[個別試験] 行わない。

共通テスト併用方式（A日程・B日程） 【グローバル専攻】〈共通テスト科目〉 3~2科目 ①外（200）▶英（リスニングを含む） ②③国・地歴・公民・数・理（100）▶国（漢文を除く）・世A・世B・日A・日B・地理A・地理B・現社・倫・政経・「倫・政経」・数Ⅰ・「数Ⅰ・数A」・数Ⅱ・「数Ⅱ・数B」・簿・情・「物基・化基・生基・地学基から2」・物・化・生・地学から1
〈個別試験科目〉 A日程は一般入試前期A日程の，B日程は一般入試前期B日程の高得点1科目（100）をそれぞれ判定に利用する

共通テスト併用方式（後期） 【グローバル専攻】〈共通テスト科目〉 1科目 ①外（200）▶英（リスニングを含む）
〈個別試験科目〉 一般入試後期の高得点1科目（100）を判定に利用する

一般公募推薦入試 [出願資格] 校長推薦，1浪まで。
[選考方法] 調査書，個別学力試験（国語・英語）。グローバル専攻国際学部独自方式は，外国語1科目で判定する。

総合型選抜（AO入試） [出願資格] 指定された外国語による資格試験において一定以上のスコアを有する者など。
[選考方法] 書類審査，日本語と英語による小論文，日本語と英語による口頭試問。

農学部

一般入試前期（A日程・B日程）・後期 3科目 ①外（100）▶コミュ英Ⅰ・コミュ英Ⅱ・コミュ英Ⅲ・英表Ⅰ・英表Ⅱ ②国・数（100）▶「国総・現文B・古典B（いずれも漢文を除く）」・「数Ⅰ・数Ⅱ・数A・数B（数列・ベク）」・「数Ⅰ・数Ⅱ・数Ⅲ・数A・数B（数列・ベク）」から1 ③地

歴・理(100)▶世Ｂ・日Ｂ・地理Ｂ・「物基・物」・「化基・化」・「生基・生」から１，ただし応用生命化学科と食品栄養学科は地歴の選択不可
※後期は３科目を受験し，高得点２科目で判定する。

共通テスト利用方式(前期)〈３教科３科目型〉 **3科目** ①**外**(100)▶英(リスニングを含む)・独・仏・中・韓から１ ②**理**(100)▶物・化・生・地学から１ ③**国・数**(100)▶国(近代)・数Ⅰ・「数Ⅰ・数Ａ」・数Ⅱ・「数Ⅱ・数Ｂ」から１
[個別試験] 行わない。

共通テスト利用方式(前期)〈４教科４科目型〉 **4科目** ①②③④**国・外・地歴・数・理**(100×4)▶国(近代)・「英(リスニングを含む)・独・仏・中・韓から１」・「世Ａ・世Ｂ・日Ａ・日Ｂ・地理Ａ・地理Ｂから１」・「数Ⅰ・〈数Ⅰ・数Ａ〉・数Ⅱ・〈数Ⅱ・数Ｂ〉から１」・「物・化・生・地学から１」から４
[個別試験] 行わない。

共通テスト利用方式(前期)〈５教科５科目型〉 **5科目** ①**国**(100)▶国(近代) ②**外**(100)▶英(リスニングを含む)・独・仏・中・韓から１ ③**地歴**(100)▶世Ａ・世Ｂ・日Ａ・日Ｂ・地理Ａ・地理Ｂから１ ④**数**(100)▶数Ⅰ・「数Ⅰ・数Ａ」・数Ⅱ・「数Ⅱ・数Ｂ」から１ ⑤**理**(100)▶物・化・生・地学から１
[個別試験] 行わない。

共通テスト利用方式(中期) **2科目** ①**理**(100)▶物・化・生・地学から１ ②**国・外・数**(100)▶国(近代)・英(リスニングを含む)・数Ⅰ・「数Ⅰ・数Ａ」・数Ⅱ・「数Ⅱ・数Ｂ」から１
[個別試験] 行わない。

共通テスト利用方式(後期) **2科目** ①②**国・外・数・理**(100×2)▶国(近代)・英(リスニングを含む)・「数Ⅰ・〈数Ⅰ・数Ａ〉・数Ⅱ・〈数Ⅱ・数Ｂ〉から１」・「物・化・生・地学から１」から２
[個別試験] 行わない。

共通テスト併用方式(Ａ日程・Ｂ日程) **〈共通テスト科目〉** **3〜2科目** ①②③**国・外・数・理**(Ａ日程100×3・Ｂ日程100×2)▶国(近代)・「英(リスニングを含む)・独・仏・中・韓から１」・「数Ⅰ・〈数Ⅰ・数Ａ〉・数Ⅱ・〈数Ⅱ・数Ｂ〉から１」・「物・化・生・地学から１」からＡ日程は３，Ｂ日程は２
〈個別試験科目〉 Ａ日程は一般入試前期Ａ日程の３科目(100×3)を，Ｂ日程は一般入試前期Ｂ日程の高得点２科目(100×2)を判定に利用する

共通テスト併用方式(後期) **〈共通テスト科目〉** **1科目** ①**国・外・数・理**(100)▶国(近代)・英(リスニングを含む)・数Ⅰ・「数Ⅰ・数Ａ」・数Ⅱ・「数Ⅱ・数Ｂ」・物・化・生・地学から１
〈個別試験科目〉 一般入試後期の高得点１科目(100)を判定に利用する

一般公募推薦入試 **[出願資格]** 校長推薦，１浪まで。
[選考方法] 調査書，個別学力試験(英語のほか，応用生命化学科と食品栄養学科は理科，その他の学科は国・理から１)。

医学部

一般入試前期(Ａ日程)・後期 **〈一次試験〉** **4科目** ①**外**(100)▶コミュ英Ⅰ・コミュ英Ⅱ・コミュ英Ⅲ・英表Ⅰ・英表Ⅱ ②**数**(100)▶数Ⅰ・数Ⅱ・数Ａ・数Ｂ(数列・ベク) ③④**理**(200)▶「物基・物」・「化基・化」・「生基・生」から２
〈二次試験〉 **2科目** ①**小論文** ②**面接**
※一次試験合格者のみ。

共通テスト利用方式(前期) **5科目** ①**外**(100)▶英(リスニングを含む) ②③**数**(100×2)▶「数Ⅰ・数Ａ」・「数Ⅱ・数Ｂ」 ④⑤**理**(100×2)▶物・化・生から２
[個別試験] **2科目** ①**小論文** ②**面接**
※共通テストによる一次試験合格者のみ。

共通テスト利用方式(中期) **4科目** ①**外**(100)▶英(リスニングを含む) ②**国・数**(100)▶国(近代)・「数Ⅰ・数Ａ」から１ ③④**理**(100×2)▶物・化・生から２
[個別試験] **2科目** ①**小論文** ②**面接**
※共通テストによる一次試験合格者のみ。

共通テスト利用方式(後期) **3科目** ①**外**(100)▶英(リスニングを含む) ②③**国・数・理**(100×2)▶国(近代)・「数Ⅰ・数Ａ」・物・化・生から２
[個別試験] **2科目** ①**小論文** ②**面接**
※共通テストによる一次試験合格者のみ。

一般公募推薦入試 **[出願資格]** 校長推薦，１浪まで。
[選考方法] 外・数・「物・化・生から１」による一次試験の通過者を対象に，小論文，面接を

行い，調査書等と併せて総合的に判定する。

生物理工学部

一般入試前期（A日程・B日程）・後期 3科目 ①外（100）▶コミュ英Ⅰ・コミュ英Ⅱ・コミュ英Ⅲ・英表Ⅰ・英表Ⅱ ②理（100）▶「物基・物」・「化基・化」・「生基・生」から1 ③国・数（100）▶「国総・現文B・古典B（いずれも漢文を除く）」・「数Ⅰ・数Ⅱ・数A・数B（数列・ベク）」・「数Ⅰ・数Ⅱ・数Ⅲ・数A・数B（数列・ベク）」から1，ただしB日程は数Ⅰ・数Ⅱ・数Ⅲ・数A・数Bの選択不可

※後期は3科目を受験し，高得点2科目で判定する。

※前期B日程で，併願のみ利用できる生物理工学部独自方式は数・理の2科目で判定する（国語選択者は判定対象外）。

共通テスト利用方式（前期）〈2教科2科目型〉 2科目 ①国・外（100）▶国（近代）・英（リスニングを含む）から1 ②数・理（100）▶数Ⅰ・「数Ⅰ・数A」・数Ⅱ・「数Ⅱ・数B」・物・化・生から1

［個別試験］ 行わない。

共通テスト利用方式（前期）〈5教科5科目型〉 5科目 ①国（100）▶国（近代） ②外（100）▶英（リスニングを含む） ③地歴・公民（100）▶世A・世B・日A・日B・地理A・地理B・現社・倫・政経・「倫・政経」から1 ④数（100）▶数Ⅰ・「数Ⅰ・数A」・数Ⅱ・「数Ⅱ・数B」から1 ⑤理（100）▶物・化・生・地学から1

［個別試験］ 行わない。

共通テスト利用方式（中期） 3科目 ①理（100）▶物・化・生から1 ②③国・外・数（100×2）▶国（近代）・英（リスニングを含む）・「数Ⅰ・〈数Ⅰ・数A〉・数Ⅱ・〈数Ⅱ・数B〉から1」から2

［個別試験］ 行わない。

共通テスト利用方式（後期） 2科目 ①②国・外・数・理（100×2）▶国（近代）・英（リスニングを含む）・「数Ⅰ・〈数Ⅰ・数A〉・数Ⅱ・〈数Ⅱ・数B〉から1」・「物・化・生から1」から2

［個別試験］ 行わない。

共通テスト併用方式（A日程・B日程・後期）

〈共通テスト科目〉 3～1科目 ①②③国・外・数・理（A日程100×3・B日程100×2・後期100）▶国（近代）・英（リスニングを含む）・数Ⅰ・「数Ⅰ・数A」・数Ⅱ・「数Ⅱ・数B」・物・化・生からA日程は3，B日程は2，後期は1

〈個別試験科目〉 A日程は一般入試前期A日程の3科目（100×3）を，B日程は一般入試前期B日程の高得点1科目（150）を，後期は一般入試後期の高得点1科目（100）をそれぞれ判定に利用する

一般公募推薦入試 ［出願資格］ 校長推薦，1浪まで。

［選考方法］ 調査書，個別学力試験（英語と数・理から1，併願のみ利用できる生物理工学部独自方式は数・理のいずれか1科目で判定）。

工学部

一般入試前期（A日程）・後期 3科目 ①外（100）▶コミュ英Ⅰ・コミュ英Ⅱ・コミュ英Ⅲ・英表Ⅰ・英表Ⅱ ②理（100）▶「物基・物」・「化基・化」・「生基・生」から1 ③国・数（100）▶「国総・現文B・古典B（いずれも漢文を除く）」・「数Ⅰ・数Ⅱ・数A・数B（数列・ベク）」・「数Ⅰ・数Ⅱ・数Ⅲ・数A・数B（数列・ベク）」から1，ただし国は化学生命工学科の前期A日程のみ選択可

※後期は3科目を受験し，高得点2科目で判定する。

一般入試前期（B日程） 3科目 ①外（100）▶コミュ英Ⅰ・コミュ英Ⅱ・コミュ英Ⅲ・英表Ⅰ・英表Ⅱ ②理（100）▶「物基・物」・「化基・化」・「生基・生」から1 ③国・数（100）▶「国総・現文B・古典B（いずれも漢文を除く）」・「数Ⅰ・数Ⅱ・数A・数B（数列・ベク）」から1，ただし国は化学生命工学科のみ選択可

共通テスト利用方式（前期〈3教科3科目型・4教科4科目型・4教科5科目型〉） 5～3科目 ①②③④⑤国・外・「地歴・公民」・数・理（3科目型100×3，4科目型100×4，5科目型100×5）▶国（近代）・「英（リスニングを含む）・独・仏・中・韓から1」・「世A・世B・日A・日B・地理A・地理B・現社・倫・政経・〈倫・政経〉から1」・「数Ⅰ・〈数Ⅰ・数A〉・数Ⅱ・〈数Ⅱ・数B〉・簿・情から1または2」・「物・化・生・地学から1または2」から3教科3科目型は3教科3科目，4教科4科目型は4教科4科目，4教科5科目型は4教科5科目

［個別試験］ 行わない。

共通テスト利用方式(中期) 4科目 ①数(200)▶数Ⅰ・「数Ⅰ・数A」・数Ⅱ・「数Ⅱ・数B」・簿・情から1 ②理(200)▶物・化・生・地学から1 ③④国・外・地歴(100×2)▶国(近代)・「英(リスニングを含む)・独・仏・中・韓から1」・「世A・世B・日A・日B・地理A・地理Bから1」から2

［個別試験］ 行わない。

共通テスト利用方式(後期) 2科目 ①数(100)▶数Ⅰ・「数Ⅰ・数A」・数Ⅱ・「数Ⅱ・数B」・簿・情から1 ②国・外・地歴・公民・理(100)▶国(近代)・英(リスニングを含む)・独・仏・中・韓・世A・世B・日A・日B・地理A・地理B・現社・倫・政経・「倫・政経」・物・化・生・地学から1

［個別試験］ 行わない。

共通テスト併用方式(A日程・後期) 〈共通テスト科目〉 2〜1科目 ①②国・外・「地歴・公民」・数・理(A日程100×2・後期100)▶国(近代)・「英(リスニングを含む)・独・仏・中・韓から1」・「世A・世B・日A・日B・地理A・地理B・現社・倫・政経・〈倫・政経〉から1」・「数Ⅰ・〈数Ⅰ・数A〉・数Ⅱ・〈数Ⅱ・数B〉・簿・情から1」・「物・化・生・地学から1」からA日程は2，後期は1

〈個別試験科目〉 A日程は一般入試前期A日程の高得点2科目(100×2)を，後期は一般入試後期の高得点1科目(100)をそれぞれ判定に利用する

共通テスト併用方式(B日程) 〈共通テスト科目〉 2科目 ①②国・外・数・理(100×2)▶国(近代)・「英(リスニングを含む)・独・仏・中・韓から1」・「数Ⅰ・〈数Ⅰ・数A〉・数Ⅱ・〈数Ⅱ・数B〉・簿・情から1」・「物・化・生・地学から1」から2

〈個別試験科目〉 一般入試前期B日程の高得点1科目(100)を判定に利用する

一般公募推薦入試 ［出願資格］ 校長推薦，1浪まで。

［選考方法］ 調査書，個別学力試験(英語と数・理から1)。

総合型選抜(AO入試) ［出願資格］ 夢(希望)を持っていること，その実現のために，工学部で勉学することに強い意欲を持っていること，大学(各学科)で学修するために必要な基礎的能力を持っていること，国際的に活躍したい意欲を持っていることの条件のうち，3つ満たす者。

［選考方法］ 書類審査，数学に関する模擬講義・数学に関する確認テスト・口頭試問(自己アピール等を含む)。

産業理工学部

一般入試前期(A日程・B日程)・後期 3科目 ①外(100)▶コミュ英Ⅰ・コミュ英Ⅱ・コミュ英Ⅲ・英表Ⅰ・英表Ⅱ ②国・数(100)▶「国総・現文B・古典B(いずれも漢文を除く)」・「数Ⅰ・数Ⅱ・数A・数B(数列・ベク)」・「数Ⅰ・数Ⅱ・数Ⅲ・数A・数B(数列・ベク)」から1 ③地歴・理(100)▶世B・日B・地理B・「物基・物」・「化基・化」・「生基・生」から1

※後期は3科目を受験し，高得点2科目で判定する。

共通テスト利用方式(前期) 3科目 ①②③国・外・「地歴・公民」・数・理(100×3)▶国(近代)・「英(リスニングを含む)・独・仏・中・韓から1」・「世A・世B・日A・日B・地理A・地理B・現社・倫・政経・〈倫・政経〉から1」・「数Ⅰ・〈数Ⅰ・数A〉・数Ⅱ・〈数Ⅱ・数B〉・簿・情から1」・「物・化・生・地学から1」から3

［個別試験］ 行わない。

共通テスト利用方式(中期・後期) 3〜2科目 ①外(100)▶英(リスニングを含む)・独・仏・中・韓から1 ②③国・「地歴・公民」・数・理(中期100×2・後期100)▶国(近代)・「世A・世B・日A・日B・地理A・地理B・現社・倫・政経・〈倫・政経〉から1」・「数Ⅰ・〈数Ⅰ・数A〉・数Ⅱ・〈数Ⅱ・数B〉・簿・情から1」・「物・化・生・地学から1」から中期は2，後期は1

［個別試験］ 行わない。

共通テスト併用方式(A日程・B日程) 〈共通テスト科目〉 2科目 ①②国・外・地歴・公民・数・理(100×2)▶国(近代)・「英(リスニングを含む)・独・仏・中・韓から1」・世A・世B・日A・日B・地理A・地理B・現社・倫・政経・「倫・政経」・数Ⅰ・「数Ⅰ・数A」・数Ⅱ・「数Ⅱ・数B」・簿・情・物・化・生・地学から2

〈個別試験科目〉 A日程は一般入試前期A日程の，B日程は一般入試前期B日程の高得点

２科目（100×２）をそれぞれ判定に利用する

一般公募推薦入試　［出願資格］　校長推薦，１浪まで。

［選考方法］　調査書，個別学力試験（英語と国・数から１）。

総合型選抜（ＡＯ入試）　［出願資格］　現役，学習成績の状況が3.5以上の者。

［選考方法］　書類審査のほか，経営ビジネス学科は学力試験（英語）および課題に対するプレゼンテーション，その他の学科は学力試験（数学）および口頭試問を行う。

その他の選抜

医学部地域枠入試（一般前期型・後期型），〈専門高校，専門学科・総合学科等を対象とする推薦入試〉，指定校推薦入試，スポーツ推薦入試，文化活動推薦入試，帰国生を対象とした入試，社会人入試，外国人留学生入試。

偏差値データ （2023年度）

●一般入試前期

学部／学科／専攻・コース	2023年度 駿台予備学校 合格目標ライン	2023年度 河合塾 ボーダー偏差値	2022年度実績 募集人員	受験者数	合格者数	合格最低点	競争率 '22年	競争率 '21年
法学部								
法律（前期A）	45	52.5	90	3,824	946	178~194/300	4.0	3.5
（前期B）	44	52.5	90	1,662	369	185~197/300	4.5	3.5
経済学部								
経済（前期A）	44	52.5	78	4,404	921	174~189/300	4.8	4.4
（前期B）	43	52.5	54	1,885	61	202~204/300	30.9	10.2
国際経済（前期A）	43	47.5	28	1,272	343	162~178/300	3.7	3.7
（前期B）	43	47.5	22	555	68	184~185/300	8.2	7.6
総合経済政策（前期A）	43	47.5	28	1,806	411	165~182/300	4.4	4.3
（前期B）	44	47.5	22	894	67	190~192/300	13.3	6.4
経営学部								
経営（前期A）	44	52.5	108	3,745	634	182~196/300	5.9	7.3
（前期B）	43	50	97	2,192	336	190~195/300	6.5	6.3
商（前期A）	44	50	101	3,021	607	184~197/300	5.0	4.0
（前期B）	43	50	92	1,699	466	174~185/300	3.6	4.9
会計（前期A）	43	50	44	1,476	301	173~192/300	4.9	4.4
（前期B）	42	50	40	792	203	179~190/300	3.9	8.2
キャリア・マネジメント（前期A）	42	47.5	44	2,070	437	172~191/300	4.7	5.5
（前期B）	41	47.5	40	1,106	225	186~193/300	4.9	21.5
理工学部								
理／数学（前期A）	46	50	17	557	177	169~186/300	3.1	3.3
（前期B）	45	47.5	13	263	65	170~181/300	4.0	3.9
／物理学（前期A）	45	47.5	17	594	282	161~185/300	2.1	3.0
（前期B）	43	47.5	13	233	94	147~163/300	2.5	2.5
／化学（前期A）	45	45	20	688	301	149~152/300	2.3	2.8
（前期B）	45	45	17	310	113	147~153/300	2.7	2.8
生命科（前期A）	45	50	23	883	263	164~167/300	3.4	4.1
（前期B）	45	50	18	349	93	155~163/300	3.8	4.7

学部／学科／専攻・コース	2023年度 駿台予備学校 合格目標ライン	2023年度 河合塾 ボーダー偏差値	2022年度実績 募集人員	受験者数	合格者数	合格最低点	競争率 '22年	競争率 '21年
応用化(前期A)	44	47.5	31	1,190	545	150~158/300	2.2	2.0
(前期B)	43	45	25	372	180	134~139/300	2.1	3.9
機械工(前期A)	46	47.5	48	2,130	626	166~167/300	3.4	3.6
(前期B)	45	47.5	37	987	189	169~171/300	5.2	4.1
電気電子通信工(前期A)	43	47.5	40	1,999	434	172~182/300	4.6	4.0
(前期B)	42	47.5	33	968	201	164~174/300	4.8	4.0
社会環境工(前期A)	43	45	24	832	247	163~170/300	3.4	3.0
(前期B)	42	45	19	384	171	145~147/300	2.2	3.6
エネルギー物質(前期A)	42	45	28	488	259	138~139/300	1.9	—
(前期B)	43	45	23	276	183	120/300	1.5	—
建築学部								
建築(前期A)	45	55	65	2,889	391	190~195/300	7.4	7.7
(前期B)	44	52.5	60	1,920	276	187~196/300	7.0	7.8
薬学部								
医療薬(前期A)	52	55	35	1,279	213	196~204/300	6.0	4.2
(前期B)	51	55	30	796	65	210~217/300	12.2	10.4
創薬科(前期A)	48	52.5	8	420	93	178~188/300	4.5	3.3
(前期B)	47	52.5	6	211	30	189~197/300	7.0	2.5
文芸学部								
文／日本文学〈創作・評論〉(前期A)	45	55	A26 B24	576	93	176~194/300	6.2	7.5
(前期B)	44	52.5		302	38	186~202/300	7.9	9.1
／日本文学〈言語・文学〉(前期A)	45	52.5		701	113	186~200/300	6.2	7.5
(前期B)	44	52.5		382	70	197~206/300	5.5	8.6
／英語英米文学(前期A)	45	50	12	406	113	176~183/300	3.6	6.1
(前期B)	44	50	7	217	86	161~175/300	2.5	4.5
芸術／舞台芸術(前期A)	40	50	13	209	58	170~183/300	3.6	3.8
(前期B)	39	50	6	37	19	165~179/300	1.9	2.4
／造形芸術(前期A)	39	—	11	61	27	210/300	2.3	3.7
(前期B)	39~40	47.5	14	158	65	157~171/300	2.4	3.9
文化・歴史(前期A)	46	55	30	1,253	299	187~199/300	4.2	5.0
(前期B)	45	50	27	544	155	195~202/300	3.5	6.2
文化デザイン(前期A)	44	50	20	727	105	187~199/300	6.9	7.8
(前期B)	43	50	16	389	48	193~199/300	8.1	8.9
総合社会学部								
総合社会／社会・マスメディア(前期A)	45	52.5	55	2,168	295	187~205/300	7.3	6.6
(前期B)	44	52.5	50	1,299	137	197~199/300	9.5	7.5
／心理(前期A)	46	52.5	31	1,416	147	197~206/300	9.6	9.1
(前期B)	45	52.5	29	846	72	206~208/300	11.8	12.6
／環境・まちづくり(前期A)	43	52.5	31	1,231	182	181~197/300	6.8	7.5
(前期B)	42	52.5	29	888	86	198~199/300	10.3	8.4
国際学部								
国際／グローバル(前期A)	44	47.5	75	1,176	396	186~200/300	3.0	5.1

学部／学科／専攻・コース	2023年度		2022年度実績					
	駿台予備学校	河合塾	募集人員	受験者数	合格者数	合格最低点	競争率	
	合格目標ライン	ボーダー偏差値					'22年	'21年
(前期Ａ国際学部独自)	44	52.5	40	228	54	474~496/600	4.2	4.7
(前期B)	43	47.5	30	515	257	174~177/300	2.0	5.0
(前期B国際学部独自)	43	50	13	188	53	60~61/100	3.5	4.3
／東アジア・中国語(前期A)	44	47.5	13	418	61	190~217/300	6.9	5.4
／東アジア・韓国語(前期A)	43	47.5						
／東アジア・中国語(前期B)	44	47.5	10	272	109	177~178/300	2.5	5.3
／東アジア・韓国語(前期B)	43	47.5						
情報学部								
情報(前期A英・数・理型)	46	57.5	80	3,175	267	201~202/300	11.9	—
(前期A英・数・理型情報学部独自)	46	57.5		804	63	265~266/400	12.8	—
(前期A英・国・数型)	46	57.5		1,001	64	190~192/300	15.6	—
(前期A英・国・数型情報学部独自)	46	57.5		289	20	251~256/400	14.5	—
(前期B英・数・理型)	46	57.5	50	1,730	183	203~204/300	9.5	—
(前期B英・数・理型情報学部独自)	46	57.5		520	54	265~281/400	9.6	—
(前期B英・国・数型)	46	57.5		642	51	183~198/300	12.6	—
(前期B英・国・数型情報学部独自)	46	57.5		160	16	250~254/400	10.0	—
農学部								
農業生産科(前期A)	47	47.5	27	595	175	164~166/300	3.4	2.9
(前期B)	47	47.5	23	345	78	161/300	4.4	1.9
水産(前期A)	49	50	27	770	166	171~176/300	4.6	5.7
(前期B)	48	50	23	403	36	188~191/300	11.2	5.7
応用生命化(前期A)	48	47.5	27	684	201	162~167/300	3.4	3.0
(前期B)	47	47.5	23	318	59	161~168/300	5.4	2.8
食品栄養(前期A)	50	50	18	345	63	177~178/300	5.5	6.8
(前期B)	49	50	16	220	44	170~173/300	5.0	4.5
環境管理(前期A)	48	47.5	27	639	167	167~168/300	3.8	3.4
(前期B)	46	47.5	23	313	47	168~169/300	6.7	3.8
生物機能科(前期A)	47	47.5	27	590	172	163~164/300	3.4	2.5
(前期B)	45	47.5	23	330	73	157~163/300	4.5	2.3
医学部								
医(前期A)	59	65	55	1,397	104	214/400	13.4	15.6
生物理工学部								
生物工(前期A)	43	42.5	20	371	190	138~139/300	2.0	1.7
(前期B)	42	42.5	11	119	25	168~170/300	4.8	1.6
遺伝子工(前期A)	44	42.5	20	284	203	124~125/300	1.4	1.8
(前期B)	43	42.5	11	88	28	157~165/300	3.1	1.6
食品安全工(前期A)	43	42.5	20	229	204	117~119/300	1.1	1.6
(前期B)	42	40	11	61	31	138~146/300	2.0	1.5
生命情報工(前期A)	43	40	17	215	143	121~123/300	1.5	1.8
(前期B)	43	40	10	96	42	148~151/300	2.3	2.0
人間環境デザイン工(前期A)	43	40	17	170	118	120~126/300	1.4	2.1
(前期B)	42	40	10	56	25	151~154/300	2.2	2.1

学部／学科／専攻・コース	2023年度		2022年度実績					
	駿台予備学校 合格目標ライン	河合塾 ボーダー偏差値	募集人員	受験者数	合格者数	合格最低点	競争率 '22年	競争率 '21年
医用工(前期A)	45	42.5	12	138	82	141~154/300	1.7	3.1
(前期B)	45	42.5	6	55	20	166~176/300	2.8	5.9
工学部								
化学生命工(前期A)	43	45	25	357	273	125~126/300	1.3	1.4
(前期B)	42	45	12	84	57	111~125/300	1.5	1.1
機械工(前期A)	42	42.5	28	639	383	132~134/300	1.7	1.8
(前期B)	42	42.5	14	161	106	113~119/300	1.5	1.3
ロボティクス(前期A)	40	42.5	22	351	201	120~121/300	1.7	1.8
(前期B)	39	42.5	10	133	102	106~115/300	1.3	1.2
電子情報工(前期A)	42	45	25	659	316	148/300	2.1	1.7
(前期B)	41	45	12	232	89	146~148/300	2.6	1.2
情報(前期A)	40	47.5	25	729	169	168~170/300	4.3	2.2
(前期B)	40	47.5	12	336	60	171~172/300	5.6	1.3
建築(前期A)	42	45	28	636	186	168~171/300	3.4	2.1
(前期B)	41	45	14	212	77	151~154/300	2.8	1.7
産業理工学部								
生物環境化(前期A)	40	45	14	323	189	128~129/300	1.7	1.4
(前期B)	40	45	10	97	40	134~135/300	2.4	2.4
電気電子工(前期A)	38	45	12	303	154	130~131/300	2.0	1.8
(前期B)	38	45	10	133	50	132/300	2.7	4.9
建築・デザイン(前期A)	41	47.5	17	336	97	158/300	3.5	2.6
(前期B)	40	45	12	203	34	170/300	6.0	7.6
情報(前期A)	38	47.5	12	366	124	140/300	3.0	3.0
(前期B)	38	47.5	9	126	19	160~162/300	6.6	5.2
経営ビジネス(前期A)	37	42.5	18	313	141	145/300	2.2	2.1
(前期B)	37	42.5	12	144	40	170~172/300	3.6	6.2

●駿台予備学校合格目標ラインは合格可能性80％に相当する駿台模試の偏差値です。●競争率は受験者÷合格者の実質倍率
●河合塾ボーダー偏差値は合格可能性50％に相当する河合塾全統模試の偏差値です。
※合格最低点はスタンダード方式の数字です。

併設の教育機関　短期大学

近畿大学短期大学部

問合せ先　経営学部学生センター（短期大学部担当）
☎06-4307-3045
所在地　大阪府東大阪市小若江3-4-1

学生数▶190名（男95名，女95名）
教員数▶教授９名，准教授３名，講師２名

設置学科

●**商経科（二部）**（80）　情報管理，秘書，英語コミュニケーションの３コース。

卒業後の進路

2022年３月卒業生▶83名
就職７名，進学64名（うち他大学18名），その他12名

摂南大学（せつなん）

SETSUDAI

資料請求

問合せ先 入試部 ☎072-839-9104

建学の精神

摂南大学をはじめ，大阪工業大学，広島国際大学，２高等学校・中学校を設置し，2022年10月に学園創立100周年を迎えた学校法人常翔学園により，1975（昭和50）年に開学。理論に裏付けられた実践的技術を有する人材の育成は，今につながる学園の建学の精神であり，工学部の１学部からスタートした摂南大学は，現在では文系・理系・医療系の多彩な学問を学べる総合大学へと発展。全学的な強固かつ柔軟な連携によって成しうる「知のネットワーク」で，持続可能な社会の形成に取り組むという思いを込めたSmart。「人と人との絆」を何よりも大切にするという姿勢を表すHumanの「Smart and Human」をタグラインに，人間力・実践力・総合力を養い，自らが課題を発見し，解決することができる知的専門職業人の育成に努めている。

- 寝屋川キャンパス…〒572-8508　大阪府寝屋川市池田中町17-8
- 枚方キャンパス……〒573-0101　大阪府枚方市長尾峠町45-1

基本データ

学生数▶9,187名（男6,215名，女2,972名）
専任教員数▶教授145名，准教授102名，講師74名
設置学部▶法，国際，経済，経営，現代社会，理工，薬，看護，農
併設教育機関▶大学院ー理工学（M・D），法学・国際言語文化・経済経営学・看護学（以上M），薬学（D）

就職・卒業後の進路

就職率 96.2%
就職者÷希望者×100

●**就職支援**　めざす進路で活躍できる力を身につけ，志望の進路を手に入れるため，１年次から段階を踏んだキャリア教育を実施。３年次からは，担当スタッフによるきめ細かな個別指導のもと，多様な就職支援で学生の進路実現を徹底的にサポートしている。

●**資格取得支援**　国家資格をはじめ公務員対策講座や，プレゼンテーション能力・自己表現を学ぶキャリア講座など，さまざまなラインナップでスキルアップを支援。さまざまな分野の資格が取得可能で，資格を生かす知識や考え方まで身につけることができる。

進路指導者も必見 学生を伸ばす 面倒見

初年次教育
「初年次ゼミ」(学部·学科により名称は異なる）や「大学教養入門」のほか，学修意欲の向上を目的に，チーム·ビルディングを通して仲間づくり，大学での学び方を学ぶ「学修キックオフ·セミナー」を新入生全員が参加して前期授業開始前に実施

学修サポート
全学部でTA制度，オフィスアワー制度，1人の教員が学生約10～20人を担当して修学面はもとより，生活面などを含めた個別指導を行い，各種の相談にも応じる指導担当教員制を導入。また，ラーニングセンターも設置

オープンキャンパス（2022年度実績）　寝屋川キャンパスで7月，8月に，枚方キャンパスで6月，7月，3月に開催（事前予約制）。学部·学科ガイダンス，模擬講義，施設見学，キャンパスツアー，ガールズお喋り会など。

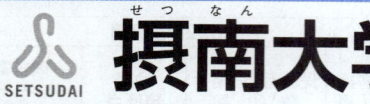

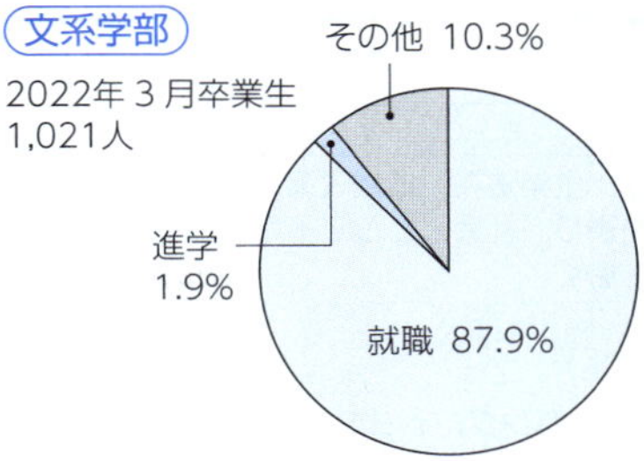

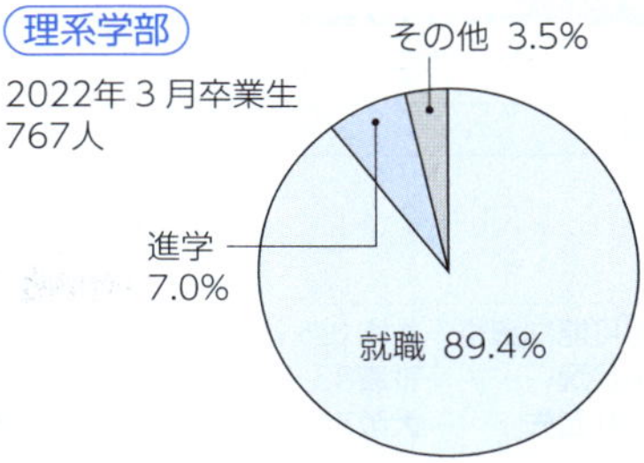

主なOB・OG▶［旧国際言語文化］羽渕淳（ニッセンホールディングス・ニッセン社長），［旧国際言語文化］坂田信一郎（中央自動車工場社長），［旧経営情報］澤井宏文（大阪府松原市長）など。

国際化・留学　大学間 20 大学・部局間 28 大学

受入れ留学生数▶51名（2022年５月１日現在）

留学生の出身国▶中国，インドネシア，ベトナム，フィジー，トンガなど。

外国人専任教員▶教授３名，准教授３名，講師４名（2022年５月１日現在）

外国人専任教員の出身国▶カナダ，アメリカ，オーストラリア，韓国，中国など。

大学間交流協定▶20大学（交換留学先13大学，2022年９月22日現在）

部局間交流協定▶28大学（交換留学先25大学，2022年９月22日現在）

海外への留学生▶渡航型４名・オンライン型34名／年（８カ国・地域，2021年度）

海外留学制度▶海外派遣プログラムには，全学部生対象の異文化体験や語学研修を中心とする「入門レベル」，特定のテーマを海外で学ぶ「中級レベル」，専門性を深める長期留学（半年～１年間）を行う「上級レベル」がある。また，オンラインでの取り組みも実施。

学費・奨学金制度　給付型奨学金総額 年間約 1億 1,954 万円

入学金▶250,000円（薬450,000円）

年間授業料（施設費等を除く）▶900,000円～（詳細は巻末資料参照）

年間奨学金総額▶119,540,750円

年間奨学金受給者数▶204人

主な奨学金制度▶対象入試の成績優秀者対象の「摂南大学特別奨学金」，学業・人物ともに優秀な２年次以上の学生対象の「摂南大学学業奨励スカラシップ」のほか，「摂南大学学園創立90周年記念奨学金」などの制度を設置。学費減免制度もあり，2021年度は２人を対象に総額で96万円を減免している。

保護者向けインフォメーション

●**オープンキャンパス**　通常のオープンキャンパス時に「保護者のための説明会」を実施。

●**成績確認**　保証人宛に学業成績表を送付。

●**広報誌**　「摂南大学キャンパスガイド」や大学広報紙「さやけき」を発行している。

●**防災対策**　入学時に「摂南大学災害時行動マニュアル」を配布。大規模災害の発生に備えた安否確認システム「ANPiS」を導入している。

●**コロナ対策**　経済的に困窮している１人暮らしの学生に給付金を支給。また，2022年度の新入生には除菌アルコールスプレーを配布した。

インターンシップ科目	必修専門ゼミ	卒業論文	GPA制度の導入の有無および活用例	１年以内の退学率	標準年限での卒業率
全学部で開講している	全年次を通して全学部で実施	全学部で卒業要件	奨学金や授業料免除対象者の選定・卒業判定基準，学生に対する個別の学修指導に活用するほか，GPAに応じた履修上限単位数を設定	1.5%	82.5%（４年制）69.4%（薬）

大阪
摂南大学

学部紹介

学部／学科	定員	特色
法学部		
法律	280	▷法律学特修，企業法務，地域政策，スポーツ法政策の４コース。法学を通じ，社会人として不可欠な多角的な視点や論理的思考力を磨く。
● **取得可能な資格**…教職（公・社）など。 ● **進路状況**…………就職88.1％　進学1.6％ ● **主な就職先**………大阪市役所，大阪府警察本部，ソフトバンク，トヨタ自動車，日本年金機構など。		
国際学部		
国際	250	▷外国語「で」学ぶことにより柔軟で複眼的な思考を養い，言語を通して文化や社会を学び，次代の国際人を育成する。
● **取得可能な資格**…教職（英），学芸員など。 ● **進路状況**…………就職86.1％　進学3.2％　※旧外国語学部の実績です。 ● **主な就職先**………アパホテル，オリエンタルランド，京阪電気鉄道，日本航空，楽天グループなど。		
経済学部		
経済	280	▷国際経済，地域経済，観光経済の３コース。「いま，そこで起きている経済活動」を，ローカルとグローバルな視点で理解し，知識を実践に応用する力を養う。
● **取得可能な資格**…教職（公・社）など。 ● **進路状況**…………就職89.8％　進学1.2％ ● **主な就職先**………大阪国税局，富国生命保険，星野リゾート・マネジメント，りそなグループなど		
経営学部		
経営	280	▷マネジメント，ICTビジネス，マーケティング，会計・ファイナンスの４コース。企業や自治体をはじめとした組織が抱える複雑な課題を解決する力を身につける。
● **取得可能な資格**…教職（情・商業）など。 ● **進路状況**…………就職87.3％　進学1.6％ ● **主な就職先**………Apple Japan，NTTデータ関西，大和ハウス工業，西日本旅客鉄道，ニトリなど。		
現代社会学部		
現代社会	250	▷**NEW!** '23年新設。アクティブ・ラーニングやPBLを中心としたカリキュラム編成で理論と実践を繰り返し，現代の社会が抱える問題を発見し，解決に立ち向かう力を身につける。
● **取得可能な資格**…教職（公・社）など。		
理工学部		
生命科	105	▷総合研究，先端研究，教育スペシャリストの３コース。理学・工学・医薬・農学のすべてを含む多彩な専門研究と学びを展開し，実践技術を習得する。
住環境デザイン	85	▷環境デザイン，空間デザイン，住環境デザイン総合の３コース。環境技術とデザイン適性を併せ持つ専門能力を養う。
建築	80	▷建築デザイン，建築工学，建築総合の３コース。国際水準の教育プログラムで，多彩な角度から建築学を学ぶ。
都市環境工	80	▷都市建設，環境計画，都市環境総合の３コース。充実した体験型授業で，地球環境まで配慮した都市づくりを追究する。
機械工	130	▷機械生産，機械工学総合の２コース。知識・技術の習得に加え，機械設計技術者など学科をあげて資格取得を支援。

キャンパスアクセス ［寝屋川キャンパス］ 京阪本線—寝屋川市よりバス12分／大阪メトロ谷町線，大阪モノレール—大日よりバス12分／JR京都線—茨木，阪急京都線—茨木市よりバス25〜30分

電気電子工	105	▷電気系，情報系，電気・通信システム総合の３コース。知識と技術を社会に還元できる電気系・情報系技術を養う。

● **取得可能な資格**…教職（数・理・工業），測量士補，１・２級建築士受験資格など。
● **進路状況**…………就職86.5％　進学9.8％
● **主な就職先**………大林組，関西電力，きんでん，資生堂，積水ハウス，山崎製パン，大阪府庁など。

薬学部

薬	220	▷６年制。創造的でチャレンジングなカリキュラムで，次代の薬剤師に必要な基礎と臨床を徹底的に学ぶ。

● **取得可能な資格**…薬剤師受験資格など。
● **進路状況**…………就職92.5％　進学3.2％
● **主な就職先**………エーザイ，スギ薬局，武田薬品工業，大阪医科薬科大学病院，国立病院機構など。

看護学部

看護	100	▷地域医療と連携した教育体制を整え，これからの医療を担う人材を育成する。薬学部との連携で，薬の知識も習得。

● **取得可能な資格**…教職（養護二種），看護師・保健師（選択制）・助産師（選択制）受験資格。
● **進路状況**…………就職98.0％　進学1.0％
● **主な就職先**………大阪公立大学医学部附属病院，大阪府立病院機構，住友病院，枚方公済病院など。

農学部

農業生産	80	▷安全な作物の生産，安定した作物の供給，作物生産環境について深く学ぶとともに，新しい農作物を創成する力を養う。
応用生物科	80	▷農学，生命科学，情報科学を学びの３本柱として，食品・生命・環境に関わる分野で活躍できる人材を育成する。
食品栄養	80	▷管理栄養士養成課程。「農学」の学びを基盤として食のプロセスを体系的に学び，管理栄養士に必要な「食・栄養・健康・医療・食育」に関する専門的知識・技能・態度を身につける。
食農ビジネス	100	▷「食」と「農」をテーマに，経済やマーケティングなどの観点から，その仕組みや課題解決について基礎から実践まで学ぶ。

● **取得可能な資格**…教職（理・農，栄養），栄養士，管理栄養士受験資格など。
● **主な就職先**………2020年度開設のため卒業生はいない。

キャンパス

法・国際・経済・経営・現代社会・理工……［寝屋川キャンパス］大阪府寝屋川市池田中町17-8
薬・看護・農……［枚方キャンパス］大阪府枚方市長尾峠町45-1

2023年度入試要項（前年度実績）

●募集人員

学部／学科		前期3科目型・3プラスC	前期2科目型・2プラスC	後期
法	法律	89	27	8
国際	国際	80	25	7
経済	経済	96	30	8
経営	経営	96	30	8
現代社会	現代社会	80	25	7
理工	生命科	34	11	4
	住環境デザイン	24	12	3
	建築	24	9	3
	都市環境工	24	9	3
	機械工	43	13	4
	電気電子工	34	11	4
薬	薬	81	22	5
看護	看護	37	10	3
農	農業生産	26	10	3
	応用生物科	26	10	3
	食品栄養	26	10	3
	食農ビジネス	35	11	3

※前期３プラスCは前期３科目型＋共通テスト方式，２プラスCは前期２科目型＋共通テスト方式。

キャンパスアクセス ［枚方キャンパス］京阪本線―樟葉よりバス13分／JR学研都市線―松井山手よりバス10分

▷共通テストの「英語(リーディング・リスニング)」は，4：1の配点で取り扱う。

法学部・国際学部・経済学部・経営学部・現代社会学部

一般選抜前期日程(3科目型)(スタンダード方式〈均等配点〉ほか) 3科目 ①国(150)▶国総(近代)・現文B ②外(150)▶コミュ英Ⅰ・コミュ英Ⅱ・コミュ英Ⅲ・英表Ⅰ・英表Ⅱ ③**地歴・公民・数**(150)▶世B・日B・「現社・政経(共通分野)」・「数Ⅰ・数Ⅱ・数A・数B(数列・ベク)」から1

※スタンダード方式(均等配点)の出願が必須で，指定科目重視方式(外国語200点，他2科目各100点の計400点満点)は希望により併願可(同一学部・学科のみ)。指定科目重視方式の満点を450点に換算した上で，2方式一括で合否判定を行う。

一般選抜前期日程(2科目型)(スタンダード方式〈均等配点〉ほか) 2科目 ①外(150)▶コミュ英Ⅰ・コミュ英Ⅱ・コミュ英Ⅲ・英表Ⅰ・英表Ⅱ ②**国・数**(150)▶「国総(近代)・現文B」・「数Ⅰ・数A」から1

※スタンダード方式(均等配点)の受験が必須で，指定科目重視方式(外国語200点，他1科目100点の計300点満点で判定)は希望により併願可(同一学部・学科のみ)。

一般選抜前期日程(3科目型)＋共通テスト方式〈3プラスC〉・前期日程(2科目型)＋共通テスト方式〈2プラスC〉 **〈共通テスト科目〉** 3～2科目 ①②③**国・外・「地歴・公民」・数・理**(3プラスC250×2・2プラスC200×2)▶国(近代)・「英(リスニングを含む)・独・仏・中・韓から1」・「世A・世B・日A・日B・地理A・地理B・現社・倫・政経・〈倫・政経〉から1」・「数Ⅰ・〈数Ⅰ・数A〉・数Ⅱ・〈数Ⅱ・数B〉・簿・情から1」・「〈物基・化基・生基・地学基から2〉・物・化・生・地学から1」から2

〈独自試験科目〉 それぞれ前期(3科目型〈450〉)・(2科目型〈300〉)のスタンダード方式の成績を利用する

一般選抜後期日程 **【法学部・国際学部・経営学部】** 2科目 ①国(100)▶国総(近代)・現文B ②外(150)▶コミュ英Ⅰ・コミュ英Ⅱ・コミュ英Ⅲ・英表Ⅰ・英表Ⅱ

【経済学部・現代社会学部】 2科目 ①外(150)▶コミュ英Ⅰ・コミュ英Ⅱ・コミュ英Ⅲ・英表Ⅰ・英表Ⅱ ②**国・数**(100)▶「国総(近代)・現文B」・「数Ⅰ・数A」から1

理工学部

一般選抜前期日程(3科目型)(スタンダード方式〈均等配点〉ほか) **【生命科学科】** 3科目 ①外(150)▶コミュ英Ⅰ・コミュ英Ⅱ・コミュ英Ⅲ・英表Ⅰ・英表Ⅱ ②**数**(150)▶数Ⅰ・数Ⅱ・数A・数B(数列・ベク) ③**理**(150)▶「物基・物」・「化基・化」・「生基・生(生命・生殖・環境応答)」から1

※スタンダード方式(均等配点)の出願が必須で，指定科目重視方式(理科200点，他2科目各100点の計400点満点)は希望により併願可。指定科目重視方式の満点を450点に換算した上で，2方式一括で合否判定を行う。

【住環境デザイン学科・建築学科・都市環境工学科】 3科目 ①外(150)▶コミュ英Ⅰ・コミュ英Ⅱ・コミュ英Ⅲ・英表Ⅰ・英表Ⅱ ②**数**(150)▶数Ⅰ・数Ⅱ・数Ⅲ・数A・数B(数列・ベク) ③**国・理**(150)▶「国総(近代)・現文B」・「物基・物」・「化基・化」から1

※スタンダード方式(均等配点)の出願が必須で，指定科目重視方式(数学200点，他2科目各100点の計400点満点)は希望により併願可(同一学科のみ)。指定科目重視方式の満点を450点に換算した上で，2方式一括で合否判定を行う。

【機械工学科・電気電子工学科】 3科目 ①外(150)▶コミュ英Ⅰ・コミュ英Ⅱ・コミュ英Ⅲ・英表Ⅰ・英表Ⅱ ②**数**(150)▶数Ⅰ・数Ⅱ・数Ⅲ・数A・数B(数列・ベク) ③**理**(150)▶「物基・物」・「化基・化」から1

※スタンダード方式(均等配点)の出願が必須で，指定科目重視方式(数学200点，他2科目各100点の計400点満点)は希望により併願可(同一学科のみ)。指定科目重視方式の満点を450点に換算した上で，2方式一括で合否判定を行う。

一般選抜前期日程(2科目型)(スタンダード方式〈均等配点〉ほか) **【生命科学科】** 2科目 ①**外・数**(150)▶「コミュ英Ⅰ・コミュ英Ⅱ・コミュ英Ⅲ・英表Ⅰ・英表Ⅱ」・「数Ⅰ・数

Ⅱ・数Ａ・数Ｂ（数列・ベク）」から１　②**理**（150）▶「物基・物」・「化基・化」・「生基・生（生命・生殖・環境応答）」から１

【住環境デザイン学科（文系科目型）】　2科目
①**外**（150）▶コミュ英Ⅰ・コミュ英Ⅱ・コミュ英Ⅲ・英表Ⅰ・英表Ⅱ　②**数**（150）▶数Ⅰ・数Ａ

【住環境デザイン学科・建築学科・都市環境工学科・機械工学科・電気電子工学科】　2科目
①**数**（150）▶数Ⅰ・数Ⅱ・数Ａ・数Ｂ（数列・ベク）　②**外・理**（150）▶「コミュ英Ⅰ・コミュ英Ⅱ・コミュ英Ⅲ・英表Ⅰ・英表Ⅱ」・「物基・物」・「化基・化」から１
※スタンダード方式（均等配点）の受験が必須で，指定科目重視方式（指定科目〈生命科学科は理科，その他の学科は数学〉200点，他１科目100点の計300点満点で判定）は希望により併願可（同一学科のみ）。

一般選抜前期日程（３科目型）＋共通テスト方式〈３プラスＣ〉・前期日程（２科目型）＋共通テスト方式〈２プラスＣ〉　〈共通テスト科目〉
2科目　①②**国・外・数・理**（３プラスＣ250×2・２プラスＣ200×2）▶国（近代）・英（リスニングを含む）・「〈数Ⅰ・数Ａ〉・〈数Ⅱ・数Ｂ〉から１」・「物・化・生・地学から１」から２，ただし生命科学科の理科は物・化・生から１
〈独自試験科目〉　それぞれ前期（３科目型〈450〉）・（２科目型〈300〉）のスタンダード方式の成績を利用する。ただし，住環境デザイン学科の文系科目型は対象外

一般選抜後期日程　2科目　①**外**（100）▶コミュ英Ⅰ・コミュ英Ⅱ・コミュ英Ⅲ・英表Ⅰ・英表Ⅱ　②**数**（150）▶数Ⅰ・数Ⅱ・数Ａ・数Ｂ（数列・ベク）

薬学部

一般選抜前期日程（３科目型）（スタンダード方式〈均等配点〉ほか）　3科目　①**外**（150）▶コミュ英Ⅰ・コミュ英Ⅱ・コミュ英Ⅲ・英表Ⅰ・英表Ⅱ　②**数**（150）▶数Ⅰ・数Ⅱ・数Ａ・数Ｂ（数列・ベク）　③**理**（150）▶化基・化
※スタンダード方式（均等配点）の出願が必須で，指定科目重視方式（理科200点，他２科目各100点の計400点満点）は希望により併願可。指定科目重視方式の満点を450点に換算した上で，２方式一括で合否判定を行う。

一般選抜前期日程（２科目型）（スタンダード方式〈均等配点〉ほか）　2科目　①**外**（150）▶コミュ英Ⅰ・コミュ英Ⅱ・コミュ英Ⅲ・英表Ⅰ・英表Ⅱ　②**理**（150）▶化基・化
※スタンダード方式（均等配点）の受験が必須で，指定科目重視方式（理科200点，外国語100点の計300点満点で判定）は希望により併願可。

一般選抜前期日程（３科目型）＋共通テスト方式〈３プラスＣ〉・前期日程（２科目型）＋共通テスト方式〈２プラスＣ〉　〈共通テスト科目〉
2科目　①②**国・外・数・理**（３プラスＣ250×2・２プラスＣ200×2）▶国（近代）・英（リスニングを含む）・「〈数Ⅰ・数Ａ〉・〈数Ⅱ・数Ｂ〉から１」・「化・生から１」から２
〈独自試験方式〉　それぞれ前期（３科目型〈450〉）・（２科目型〈300〉）のスタンダード方式の成績を利用する

一般選抜後期日程　3科目　①**外**（100）▶コミュ英Ⅰ・コミュ英Ⅱ・コミュ英Ⅲ・英表Ⅰ・英表Ⅱ　②**数**（100）▶数Ⅰ・数Ⅱ・数Ａ・数Ｂ（数列・ベク）　③**理**（150）▶化基・化

看護学部

一般選抜前期日程（３科目型）（スタンダード方式〈均等配点〉ほか）　3科目　①**国**（150）▶国総（近代）・現文Ｂ　②**外**（150）▶コミュ英Ⅰ・コミュ英Ⅱ・コミュ英Ⅲ・英表Ⅰ・英表Ⅱ　③**数・理**（150）▶「数Ⅰ・数Ａ」・「生基・生（生命・生殖・環境応答）」から１
※スタンダード方式（均等配点）の出願が必須で，指定科目重視方式（選択科目〈数・理から１〉200点，他２科目各100点の計400点満点）は希望により併願可。指定科目重視方式の満点を450点に換算した上で，２方式一括で合否判定を行う。

一般選抜前期日程（２科目型）（スタンダード方式〈均等配点〉ほか）　2科目　①**外**（150）▶コミュ英Ⅰ・コミュ英Ⅱ・コミュ英Ⅲ・英表Ⅰ・英表Ⅱ　②**国・数・理**（150）▶「国総（近代）・現文Ｂ」・「数Ⅰ・数Ａ」・「生基・生（生命・生殖・環境応答）」から１
※スタンダード方式（均等配点）の受験が必須で，指定科目重視方式（国・数・理から１科目200点，外国語100点の計300点満点で判定）

は希望により併願可。

一般選抜前期日程（3科目型）＋共通テスト方式〈3プラスC〉・前期日程（2科目型）＋共通テスト方式〈2プラスC〉 〈共通テスト科目〉 3〜2科目 ①②③国・外・数・理（3プラスC 250×2・2プラスC200×2）▶国（近代）・英（リスニングを含む）・「〈数Ⅰ・数A〉・〈数Ⅱ・数B〉から1」・「〈物基・化基・生基から2〉・物・化・生から1」から2

〈独自試験方式〉 それぞれ前期（3科目型〈450〉）・（2科目型〈300〉）のスタンダード方式の成績を利用する

一般選抜後期日程 2科目 ①外（150）▶コミュ英Ⅰ・コミュ英Ⅱ・コミュ英Ⅲ・英表Ⅰ・英表Ⅱ ②国・数（100）▶「国総（近代）・現文B」・「数Ⅰ・数A」から1

農学部

一般選抜前期日程（3科目型）（スタンダード方式〈均等配点〉ほか）〈理系科目型〉 3科目 ①外（150）▶コミュ英Ⅰ・コミュ英Ⅱ・コミュ英Ⅲ・英表Ⅰ・英表Ⅱ ②理（150）▶「化基・化」・「生基・生（生命・生殖・環境応答）」から1 ③国・数（150）▶「国総（近代）・現文B」・「数Ⅰ・数Ⅱ・数A・数B（数列・ベク）」から1

※スタンダード方式（均等配点）の出願が必須で，指定科目重視方式（理科200点，他2科目各100点の計400点満点）は希望により併願可（同一学科のみ）。指定科目重視方式の満点を450点に換算した上で，2方式一括で合否判定を行う。

〈文系科目型〉 【食農ビジネス学科】 3科目 ①国（150）▶国総（近代）・現文B ②外（150）▶コミュ英Ⅰ・コミュ英Ⅱ・コミュ英Ⅲ・英表Ⅰ・英表Ⅱ ③地歴・公民・数（150）▶世B・日B・「現社・政経（共通分野）」・「数Ⅰ・数Ⅱ・数A・数B（数列・ベク）」から1

※スタンダード方式（均等配点）の出願が必須で，指定科目重視方式（英語200点，他2科目各100点の計400点満点）は希望により併願可。指定科目重視方式の満点を450点に換算した上で，2方式一括で合否判定を行う。

一般選抜前期日程（2科目型）（スタンダード方式〈均等配点〉ほか） 【農業生産学科・応用生物科学科・食品栄養学科】 2科目 ①外（150）▶コミュ英Ⅰ・コミュ英Ⅱ・コミュ英Ⅲ・英表Ⅰ・英表Ⅱ ②理（150）▶「化基・化」・「生基・生（生命・生殖・環境応答）」から1

※スタンダード方式（均等配点）の受験が必須で，指定科目重視方式（理科200点，外国語100点の計300点満点で判定）は希望により併願可（同一学科のみ）。

【食農ビジネス学科】 2科目 ①外（150）▶コミュ英Ⅰ・コミュ英Ⅱ・コミュ英Ⅲ・英表Ⅰ・英表Ⅱ ②国・数（150）▶「国総（近代）・現文B」・「数Ⅰ・数A」から1

※スタンダード方式（均等配点）の受験が必須で，指定科目重視方式（外国語200点，他1科目100点の計300点満点で判定）は希望により併願可。

一般選抜前期日程（3科目型）＋共通テスト方式〈3プラスC〉〈理系科目型〉 〈共通テスト科目〉 2科目 ①②国・外・数・理（250×2）▶国（近代）・英（リスニングを含む）・「〈数Ⅰ・数A〉・〈数Ⅱ・数B〉から1」・「物・化・生・地学から1」から2

〈独自試験科目〉 前期（3科目型〈450〉）のスタンダード方式の成績を利用する

〈文系科目型〉 【食農ビジネス学科】〈共通テスト科目〉 3〜2科目 ①②③国・外・「地歴・公民」・数・理（250×2）▶国（近代）・「英（リスニングを含む）・独・仏・中・韓から1」・「世A・世B・日A・日B・地理A・地理B・現社・倫・政経・〈倫・政経〉から1」・「数Ⅰ・〈数Ⅰ・数A〉・数Ⅱ・〈数Ⅱ・数B〉・簿・情から1」・「〈物基・化基・生基・地学基から2〉・物・化・生・地学から1」から2

〈独自試験科目〉 前期（3科目型〈450〉）のスタンダード方式の成績を利用する

一般選抜前期日程（2科目型）＋共通テスト方式〈2プラスC〉 【農業生産学科・応用生物科学科・食品栄養学科】 前期日程〈3プラスC〉の理系科目型と同じ。ただし配点は200×2

〈独自試験科目〉 前期（2科目型〈300〉）のスタンダード方式の成績を利用する

【食農ビジネス学科】 前期日程〈3プラスC〉の文系科目型と同じ。ただし配点は200×2

〈独自試験科目〉 前期（2科目型〈300〉）のスタンダード方式の成績を利用する

一般選抜後期日程 【農業生産学科・応用生

物科学科・食品栄養学科】 2科目 ①外(150) ▶コミュ英Ⅰ・コミュ英Ⅱ・コミュ英Ⅲ・英表Ⅰ・英表Ⅱ ②数(100) ▶数Ⅰ・数Ⅱ・数A・数B(数列・ベク)

【食農ビジネス学科】 2科目 ①外(150) ▶コミュ英Ⅰ・コミュ英Ⅱ・コミュ英Ⅲ・英表Ⅰ・英表Ⅱ ②国・数(100) ▶「国総(近代)・現文B」・「数Ⅰ・数A」から1

その他の選抜

共通テスト利用入試は法学部19名，国際学部17名，経済学部23名，経営学部23名，現代社会学部17名，理工学部82名，薬学部18名，看護学部9名，農学部28名を，公募制推薦入試は法学部72名，国際学部71名，経済学部81名，経営学部81名，現代社会学部73名，理工学部164名，薬学部72名，看護学部31名，農学部97名を，AO入試は法学部8名，国際学部15名，経済学部８名，経営学部８名，理工学部14名，薬学部10名，看護学部３名，農学部13名を，アクティブラーニング型入試は現代社会学部25名を募集。ほかに専門学科・総合学科出身者入試，課外活動優秀者入試，指定校推薦入試，帰国生徒入試，社会人入試，外国人留学生入試を実施。

偏差値データ (2023年度)

●一般選抜前期（３科目型）

学部／学科／専攻	2023年度 駿台予備学校 合格目標ライン	2023年度 河合塾 ボーダー偏差値	2022年度 競争率
▶法学部			
法律	41	42.5	1.8
▶国際学部			
国際	41	42.5	2.0
▶経済学部			
経済	39	42.5	2.0
▶経営学部			
経営	39	42.5	2.3
▶現代社会学部			
現代社会	39	42.5	新
▶理工学部			
生命科	40	45	2.0
住環境デザイン	37	40	2.5
建築	38	45	5.3
都市環境工	36	42.5	1.0
機械工	38	42.5	1.5
電気電子工	37	42.5	2.3
▶薬学部			
薬	42	42.5	2.0
▶看護学部			
看護	40	47.5	5.0
▶農学部			
農業生産	37	42.5	1.1
応用生物科	37	42.5	3.4
食品栄養	37	40	2.7
食農ビジネス(理系)	36	40	2.7
(文系)	36		2.6

- 駿台予備学校合格目標ラインは合格可能性80%に相当する駿台模試の偏差値です。
- 河合塾ボーダー偏差値は合格可能性50%に相当する河合塾全統模試の偏差値です。
- 競争率は受験者÷合格者の実質倍率

※競争率には2021年度に実施していた高得点科目重視型を含む。

関西学院大学（かんせいがくいん）

資料請求

問合せ先 入学センター ☎0798-54-6135

建学の精神

国境や民族の壁を越えて世界への奉仕者として生きたアメリカ人宣教師，W.R.ランバスによって，1889（明治22）年に創立。キリスト教主義教育のもと，「勉学に励み，知識・技能を身につけ，それを用いて隣人・社会・世界のために奉仕し，人類の福祉のために奉仕する」人を育成するという使命は現在でも変わることなく，スクールモットーである“Mastery for Service”の意味する，紛争や飢餓，困難，環境破壊など現代社会が抱えるさまざまな課題に立ち向かい，その解決のために必要な力を養う教育がさらに進化。「AI活用人材育成プログラム」や「ダブルチャレンジ制度」「国連・国際機関等へのゲートウェア」「高度な研究プロジェクト」など，特色ある教育プログラムを提供し，“Mastery for Service”を体現する，創造的かつ有能な「世界市民」を育成する。

- 西宮上ケ原キャンパス…〒662-8501　兵庫県西宮市上ケ原一番町1-155
- 西宮聖和キャンパス……〒662-0827　兵庫県西宮市岡田山7-54
- 神戸三田キャンパス……〒669-1330　兵庫県三田市学園上ケ原1番

基本データ

学生数▶23,879名(男11,826名，女12,053名)
専任教員数▶教授468名，准教授104名，講師102名
設置学部▶神，文，社会，法，経済，商，人間福祉，国際，教育，総合政策，理，工，生命環境，建築
併設教育機関▶大学院（P.1057参照） 短期大学（P.1059参照）

就職・卒業後の進路

就職率 99.6%（就職者÷希望者×100）

●**就職支援**　就職活動を自らの人生を考える一つの機会ととらえ，自分らしい生き方，働き方を考える，さまざまな教育プログラムを提供。さらに，各種ガイダンスの開催や個人面談，先輩学生による支援に加え，ICTを活用したサービスも行うなど，万全のサポート体制を整え，高い就職率につなげている。

●**資格取得支援**　学生一人ひとりの進路や目標に合わせた各種資格取得講座・教職課程カリキュラムを編成。さらに，予備校や専門学

進路指導者も必見 学生を伸ばす 面倒見

初年次教育	学修サポート
大学でのスタディスキルズの修得，各専門領域の導入教育，キャリアデザインの3系統に大別された初年次教育を実施。各学部で「基礎演習」や「スタディスキル演習」「コンピュータ演習」などの科目を必修科目として提供	TA・SA・LA（Learning Assistant）制度，オフィスアワー，アカデミックアドバイザー制度を導入。学術的な文章作成能力の修得を支援するライティングセンター，さまざまな悩みの相談に応じる学生支援相談室を設置

オープンキャンパス(2022年度実績) 西宮上ケ原Cと西宮聖和Cで8月6・7日，神戸三田Cで8月11日に来場型オープンキャンパスを開催(要予約)。「現役学生が語る！ 14学部のここスゴ！」は人気のプログラム。

校など一般の受講料よりも安く，専門資格や各種検定，語学試験のスコアアップなどに向けた対策を行うエクステンションプログラムも，キャンパス内で数多く開講している。

文系学部

2022年３月卒業生
4,925人

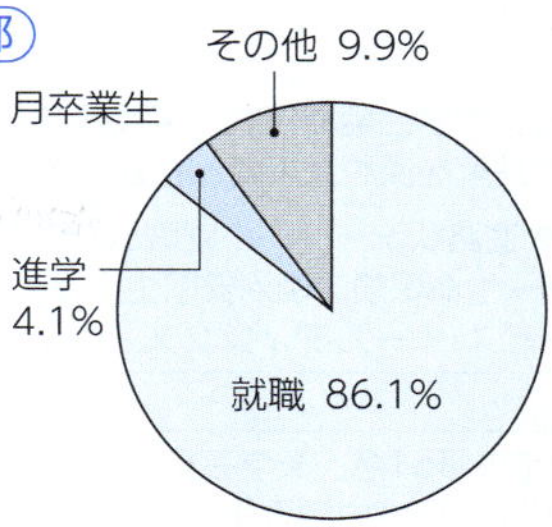

理系学部

2022年３月卒業生
652人

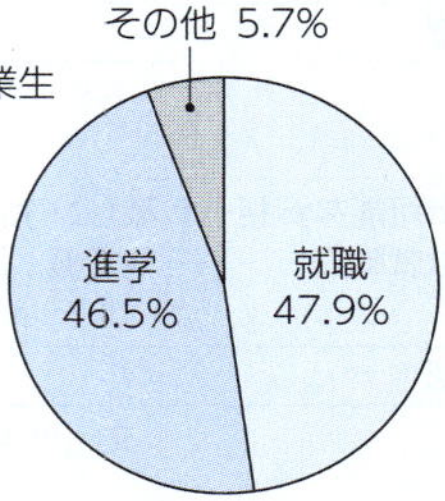

主なOB・OG▶［社会］後藤禎一（富士フイルム社長），［社会］永島優美（フジテレビアナウンサー），［法］川畑文俊（旭化成ホームズ社長），［法］中田有（キーエンス社長），［法］近本光司（プロ野球選手）など。

国際化・留学　大学間 288 大学等・部局間 69 大学等

受入れ留学生数▶658名（2022年５月２日現在）
留学生の出身国▶中国，韓国，ベトナム，インドネシア，ミャンマーなど。
外国人専任教員▶教授31名，准教授13名，講師66名（2022年５月１日現在）
外国人専任教員の出身国▶NA
大学間交流協定▶288大学・機関（交換留学先191大学，2022年９月27日現在）
部局間交流協定▶69大学・機関（2022年９月27日現在）
海外への留学生数▶渡航型76名／年（2021年度）
海外留学制度▶ダブルディグリー留学，交換留学，中期留学，外国語研修，国連ユースボランティア，国際社会貢献活動，海外フィールドワーク，海外インターンシップなど，目的別，レベル別に，70以上の豊富な海外研修・留学プログラムを用意。コンソーシアムはACUCA, UMAPなど６団体に参加している。

学費・奨学金制度　給付型奨学金総額 年間約 3 億 597 万円

入学金▶200,000円
年間授業料（施設費等を除く）▶773,000円～（詳細は巻末資料参照）
年間奨学金総額▶約305,970,000円
年間奨学金受給者数▶1,091人（延べ人数）
主な奨学金制度▶「就学奨励奨学金」「経済支援奨学金」「産学合同育英奨学金」「ランバス支給奨学金」「クレセント奨学金」など，経済的支援，成績優秀者対象，課外活動支援のための奨学金制度を数多く設けている。

保護者向けインフォメーション

- **成績確認**　成績通知書を送付している。
- **緊急情報確認**　在学生向けの緊急情報を、ポータルサイトで確認することが可能。
- **教育懇談会**　学内および地区別で開催する教育懇談会で，教職員と学業成績，学生生活，就職活動や留学等について相談することができる。
- **防災対策**　災害時の学生の安否は大学HPやポータルサイト，メールを利用して確認する。
- **コロナ対策１**　ワクチンの職域接種を実施。感染状況に応じた５段階の活動制限レベルを設定している。「コロナ対策２」（下段）あり。

インターンシップ科目	必修専門ゼミ	卒業論文	GPA制度の導入の有無および活用例	１年以内の退学率	標準年限での卒業率
全学部で開講している	神・文・人間福祉・国際・教育・総合政策の６学部で３・４年次，社会学部で２年秋学期～４年次，理系４学部で４年次に実施	卒業要件ではない（全学部）	奨学金対象者の選定，留学候補者選考，学生に対する個別の学修指導，大学院入試選抜，GPAに応じた履修上限単位数設定などに活用	0.7%	88.1%

● **コロナ対策２**　特別支給奨学金，関学ヘックス（HECS）型奨学金を新設したほか，学費の納入期限の延長などを行った。オンライン授業を併用し，ノートPCやモバイルルータの無償提供なども実施（現在は申込停止）。

学部紹介

学部／学科・課程	定員	特色
神学部		
	30	▷聖書学，歴史神学，組織神学，実践神学の４領域から，キリスト教への理解を深め，人間と社会の本質を探る。
● 取得可能な資格…教職(公・宗)，司書教諭など。 ● 進路状況…………就職56.7％　進学26.7％ ● 主な就職先………三菱電機，読売新聞大阪本社，第一生命保険，明治安田生命保険，すかいらーくホールディングス，スタッフサービス・ホールディングス，国家公務員など。		
文学部		
文化歴史	275	▷〈哲学倫理学専修51名，美学芸術学専修52名，地理学地域文化学専修43名，日本史学専修43名，アジア史学専修43名，西洋史学専修43名〉思想，芸術，文化，地域，歴史から，人間の存在の本質を解き明かす。
総合心理科	175	▷心理科学専修を設置。複雑な人間の心を探り，行動のメカニズムを解明する。国家資格の公認心理師取得にも対応。
文学言語	320	▷〈日本文学日本語学専修75名，英米文学英語学専修128名，フランス文学フランス語学専修64名，ドイツ文学ドイツ語学専修53名〉言語・文学の探究を通して，人間の存在の根幹を探究する。
● 取得可能な資格…教職(国・地歴・公・社・英・独・仏)，司書教諭，学芸員など。 ● 進路状況…………就職79.8％　進学5.9％ ● 主な就職先………兵庫県教育委員会，国家公務員，尼崎信用金庫，ソフトバンク，良品計画，住友生命保険，東京海上日動火災保険，日本生命保険，日本年金機構，京都銀行など。		
社会学部		
社会	650	▷現代社会学，データ社会学，フィールド社会学，フィールド文化学，メディア・コミュニケーション学，社会心理学の６専攻分野。多角的なアプローチで現代社会を読み解く。
● 取得可能な資格…教職(地歴・公・社)，司書教諭など。 ● 進路状況…………就職89.4％　進学2.4％ ● 主な就職先………神戸市，エヌ・ティ・ティ・コミュニケーションズ，国家公務員，三菱電機，オービック，東京海上日動火災保険，日本生命保険，キーエンス，大和証券など。		
法学部		
		▶司法・ビジネスコース(法律学科のみ選択可能)と，両学科で選択可能な特修(選抜制)，グローバル法政，法政社会歴史，公共政策(経済学部連携)の４コースを設置。
法律	520	▷身近な事件・裁判例を学び，現代社会が抱える課題を解決し，より良い社会の実現に貢献できる人材を育成する。
政治	160	▷社会的課題を政治に関連づけて的確に理解・分析し，解決に導く方法を考え，実行する力を身につける。
● 取得可能な資格…教職(地歴・公・社・英)，司書教諭など。 ● 進路状況…………就職83.6％　進学5.4％ ● 主な就職先………国家公務員，国税専門官，神戸市，大和ハウス工業，三井住友信託銀行，防衛省，パナソニック，東京海上日動火災保険，三井住友銀行，三菱UFJ信託銀行など。		
経済学部		
	680	▷積み上げの学問である経済学の基礎科目を手厚く指導するとともに，新たに「課題解決型データ分析」プログラムを導入し，経済学を現実経済に応用する能力を養う。

キャンパスアクセス ［西宮上ケ原キャンパス］ 阪急今津線—甲東園・仁川より徒歩12分または甲東園よりバス5分

● **取得可能な資格**…教職(地歴・公・社・英)，司書教諭など。　● **進路状況**…就職88.2%　進学2.6%
● **主な就職先**………日本生命保険，国家公務員，積水ハウス，東京海上日動火災保険，三井住友銀行，国税専門官，ニトリ，三井住友カード，三井住友信託銀行，みなと銀行など。

商学部

	650	▷経営，会計，マーケティング，ファイナンス，ビジネス情報，国際ビジネスの6コース。次代のビジネスを創造するトップランナーを育成する。

● **取得可能な資格**…教職(地歴・公・社・商業・英)，司書教諭など。
● **進路状況**…………就職90.9%　進学1.4%
● **主な就職先**………みずほフィナンシャルグループ，池田泉州銀行，国税専門官，三菱電機，楽天グループ，三井住友銀行，国家公務員，TIS，住友生命保険，損害保険ジャパンなど。

人間福祉学部

社会福祉	110	▷福祉・医療機関の協力を得た実践的カリキュラムによって，未来の社会を担う，優れたソーシャルワーカーを育成する。
社会起業	90	▷グローバルに，ローカルに，社会の課題を解決する社会起業家を育成する。国内外でのフィールドワークを重視。
人間科	100	▷「こころ」と「身体」の側面から人間のあり方と自己実現への理解を深め，双方の健康向上に寄与できる人材を育成する。

● **取得可能な資格**…教職(公・保体)，司書教諭，社会福祉士・精神保健福祉士受験資格など。
● **進路状況**…………就職89.4%　進学3.1%
● **主な就職先**………大阪市，東京海上日動火災保険，SOMPOケア，神戸市，兵庫県，キーエンス，富士通，LITALICO，イオンリテール，聖隷福祉事業団，日本赤十字社など。

国際学部

国際	300	▷北米研究，アジア研究の2コースで文化・言語，社会・ガバナンス，経済・経営の3領域を総合的に学び，グローバルな舞台で活躍する能力を修得する。原則全員が留学。

● **取得可能な資格**…教職(英)，司書教諭など。　● **進路状況**…就職82.8%　進学5.9%
● **主な就職先**………京セラ，日本アイ・ビー・エム，住友電気工業，TOTO，日立製作所，富士通，エヌ・ティ・ティ・データ，KDDI，楽天グループ，岩谷産業，SMBC日興証券など。

教育学部

教育	350	▷〈幼児教育学コース140名，初等教育学コース140名，教育科学コース70名〉「子ども理解」を軸に，「国際共生」を学びの基礎としてとらえ，質の高い教育者を養成する。

● **取得可能な資格**…教職(地歴・公・社・英，小一種，幼一種，特別支援)，保育士など。
● **進路状況**…………就職92.0%　進学2.3%
● **主な就職先**………兵庫県・大阪府・神戸市・大阪市ほか教育委員会，大阪府豊能地区教職員人事協議会，神戸市，明治安田生命保険，一条工務店，大和ハウス工業，山崎製パンなど。

総合政策学部

		▶学部一括で募集し，2年次より学科に所属する。
総合政策	495	▷課題を発見・解決できる総合的な視野と問題解決能力，政策立案能力を育み，「共生の社会」の構築をめざす。
メディア情報		▷情報技術や情報と社会のあり方を総合的に考えられる力と，情報技術を用いることができる力を育む科目群を設置。
都市政策		▷市民，企業，行政が協働できる都市空間の創造をめざし，地域で，世界で活躍できる人材を育成する。
国際政策		▷国連が掲げる「国際社会における平和構築」「国際発展と開発」「人権の擁護」を中心に国際政策の理論と実践を研究する。

キャンパスアクセス ［西宮聖和キャンパス］ 阪急今津線―門戸厄神より徒歩13分

● 取得可能な資格…教職(公・社・情・英)，司書教諭，1・2級建築士受験資格など。
● 進路状況…………就職83.3%　進学5.9%
● 主な就職先………ニトリ，積水ハウス，東京海上日動火災保険，日本生命保険，三井住友銀行，星野リゾート，大阪府，日本電気，アクセンチュア，国家公務員，ディップなど。

理学部

数理科	54	▷数学的手法を用いて，世の中の現象を読み解く。論理的思考のツールとして，コンピュータを使いこなす力も育成。
物理・宇宙	60	▷あらゆる現象を探究し，物理現象・宇宙の謎に迫る。
化	66	▷基本原理を探究し，化学の発展に貢献する人材を育成する。

● 取得可能な資格…教職(数・理)，司書教諭など。
● 進路状況…………就職47.9%　進学46.5%（旧理工学部実績）
● 主な就職先………アウトソーシングテクノロジー，ドコモCS関西，ソフトバンク，兵庫県教育委員会，テクノプロ，デンソーテン，関西電力，SCSK，TISなど(旧理工学部実績)。

工学部

物質工学	55	▷「創エネ」「畜エネ」「省エネ」の３つの観点から物質科学をとらえ，エネルギー問題を解決する。
電気電子応用工学	60	▷電気エネルギーに関係する諸問題を解決するための「次世代の電気電子工学」を学ぶ。
情報工学	90	▷AIなどの最先端のIT技術を身につけるとともに，感性工学など人に関わるIT技術について学ぶことも可能。
知能・機械工学	60	▷数理モデルに基づく異分野統合型の実機械システムの設計・開発技術を修得する。

● 取得可能な資格…教職(数・理・情)，司書教諭など。
● 主な就職先………2021年度開設のため，卒業生はいない。

生命環境学部

生物科	61	▷応用微生物学，植物昆虫科学，計算生物学の３専攻。地球上に生きるさまざまな生物について学び，その活用を考える。
生命医科	84	▷生命医科学(28名)，発生再生医科学(28名)，医工学(28名)の３専攻。人の健康を守る最先端の技術を学ぶ。
環境応用化	83	▷化学的な視点から，グリーンイノベーションに代表される環境問題の解決に貢献できる人材を育成する。

● 取得可能な資格…教職(理)，司書教諭など。
● 主な就職先………2021年度開設のため，卒業生はいない。

建築学部

建築	132	▷現代社会における課題の解決に貢献し，国際社会や地域で活躍できる建築家，都市計画技術者，まちづくりリーダーを育成する。

● 取得可能な資格…1・2級建築士受験資格など。
● 主な就職先………2021年度開設のため，卒業生はいない。

キャンパス

神・文・社会・法・経済・商・人間福祉・国際……［西宮上ケ原キャンパス］兵庫県西宮市上ケ原一番町1-155
教育……［西宮聖和キャンパス］兵庫県西宮市岡田山7-54
総合政策・理・工・生命環境・建築……［神戸三田キャンパス］兵庫県三田市学園上ケ原一番

キャンパスアクセス［神戸三田キャンパス］JR宝塚線一新三田よりバス15分／神戸電鉄公園都市線一南ウッディタウンよりバス10分

2023年度入試要項（前年度実績）

●募集人員

学部／学科・課程（専修・専攻・コース）	全学部	学部個別	共通併用・英数	共通1月	共通3月	総合型
▶神	7	6	3	2	2	10
▶文 文化歴史（哲学倫理学）	12	10	3	4	2	若干名
（美学芸術学）	12	10	3	4	2	
（地理学地域文化学）	12	8	2	4	2	
（日本史学）	12	8	2	4	2	
（アジア史学）	12	8	2	4	2	
（西洋史学）	12	8	2	4	2	
総合心理科	44	32	8	20	4	
文学言語（日本文学日本語学）	18	16	4	7	2	
（英米文学英語学）	30	26	7	13	2	
（フランス文学フランス語学）	16	12	3	6	2	
（ドイツ文学ドイツ語学）	14	10	3	4	2	
▶社会　社会	160	130	30	70	10	—
▶法　法律	110	110	35	40	15	—
政治	35	35	15	20	5	—
▶経済	文系・理系140	文系120	65	40	22	10
▶商	135	125	50	45	15	15
▶人間福祉 社会福祉	22	18	15	17	5	4
社会起業	21	17	8	12	3	3
人間科	20	16	9	13	2	3
▶国際　国際	3科30 英1科20	30	25	25	5	5
▶教育 教育（幼児教育学）	29	19	5	11	2	20
（初等教育学）	37	25	10	22	3	10
（教育科学）	17	12	5	10	2	10
▶総合政策	文系・理系100	文系90	50	40	5	15
▶理　数理科	26	—	3	5	若干名	3
物理・宇宙	30	—	3	5	若干名	3
化	33	—	3	5	若干名	5
▶工　物質工学	26	—	3	5	若干名	5
電気電子応用工学	30	—	3	5	若干名	3
情報工学	47	—	4	5	若干名	5
知能・機械工学	30	—	3	5	若干名	3
▶生命環境 生物科	30	—	4	5	若干名	5
生命医科（生命医科学）	13	—	3	2	若干名	若干名
（発生再生医科学）	13	—	3	2	若干名	若干名
（医工学）	13	—	3	2	若干名	若干名
環境応用化	42	—	4	5	若干名	5
▶建築　建築	60	—	10	10	若干名	7

※共通テスト併用日程は共通テスト併用型・英語と共通テスト併用型・数学，英数日程は英語・数学型を行い，神・文・教育の３学部は併用型・英語のみ，社会学部は併用型・英語と併用型・数学を，法・経済・商・総合政策の４学部は３方式，人間福祉学部と国際学部は併用型・英語と英語・数学型，理・工・生命環境・建築の４学部は併用型・数学と英語・数学型を実施する。
※次のように略しています。共通テスト併用日程・英数日程→共通併用・英数。科目→科。英語１科目型→英１科。

▷共通テストの「英語」は，リーディング100点を160点，リスニング100点を40点に，それぞれ換算し200点とし，各学部の英語の配点に，さらに換算する。

神学部

一般入試全学部日程・学部個別日程 3科目
①国（全学部200・個別150）▶国総・現文Ｂ・古典Ｂ（いずれも漢文を除く）　②外（200）▶コミュ英Ⅰ・コミュ英Ⅱ・コミュ英Ⅲ・英表Ⅰ・英表Ⅱ　③地歴・数（150）▶世Ｂ・日Ｂ・地理Ｂ・「数Ⅰ・数Ⅱ・数Ａ・数Ｂ（数列・ベク）」から１，ただし地理Ｂは全学部日程のみ選択可

一般入試共通テスト併用日程（共通テスト併用型・英語）〈共通テスト科目〉 3～2科目
①②③国・外・地歴・公民・数・理（100×2）▶国（古典は古文・漢文いずれかの高得点を採用）・英（リスニングを含む）・世Ｂ・日Ｂ・地理Ｂ・現社・倫・政経・「倫・政経」・「数Ⅰ・数Ａ」・「数Ⅱ・数Ｂ」・「物基・化基・生基・地学基から２」・物・化・生・地学から２
〈独自試験科目〉 1科目　①外（200）▶コミュ英Ⅰ・コミュ英Ⅱ・コミュ英Ⅲ・英表Ⅰ・英表Ⅱ

共通テスト利用入試〈１月出願（７科目型）〉 8～7科目　①国（200）▶国　②外（200）▶英（リスニングを含む）・独・仏・中・韓から１　③

④数(100×2)▶「数Ⅰ・数A」・「〈数Ⅱ・数B〉・簿・情から1」 ⑤⑥地歴・公民(100×2)▶世B・日B・地理B・現社・倫・政経・「倫・政経」から2 ⑦⑧理(100)▶「物基・化基・生基・地学基から2」・物・化・生・地学から1

[個別試験] 行わない。

共通テスト利用入試〈1月出願(5科目型)〉 6~5科目 ①国(200)▶国 ②外(200)▶英(リスニングを含む) ③数(100)▶数Ⅰ・「数Ⅰ・数A」から1 ④地歴・公民(100)▶世B・日B・地理B・現社・倫・政経・「倫・政経」から1 ⑤⑥数・理(100)▶数Ⅱ・「数Ⅱ・数B」・「物基・化基・生基・地学基から2」・物・化・生・地学から1

[個別試験] 行わない。

共通テスト利用入試〈1月出願(3科目型)・(3科目型〈英語資格・検定試験利用〉)〉 3科目 ①国(3科目型200・英語利用100)▶国 ②外(3科目型250・英語利用300)▶英(リスニングを含む) ③地歴・公民・数(3科目型200・英語利用100)▶世B・日B・地理B・現社・倫・政経・「倫・政経」・数Ⅰ・「数Ⅰ・数A」・数Ⅱ・「数Ⅱ・数B」から1

[個別試験] 行わない。

※3科目型(英語資格・検定試験利用)は，指定された英語資格・検定試験(4技能)においてCEFR B1レベル以上のスコアを有していれば出願可能(合否判定に用いない)。

共通テスト利用入試〈3月出願〉 5~4科目 ①外(250)▶英(リスニングを含む) ②③④⑤国・地歴・公民・数・理(100×3)▶国・世B・日B・地理B・現社・倫・政経・「倫・政経」・数Ⅰ・「数Ⅰ・数A」・数Ⅱ・「数Ⅱ・数B」・「物基・化基・生基・地学基から2」・物・化・生・地学から3

[個別試験] 行わない。

総合型選抜学部特色入試 [出願資格] 第1志望，キリスト者で，将来，伝道者またはクリスチャンワーカーとなる志を持つ，所属する教会から推薦を受けた入学確約者。

[選考方法] 書類審査，講義を受講後のリポート作成，面接審査(口頭試問含む)。

文学部

一般入試全学部日程・学部個別日程 3科目 ①国(全学部200・個別150)▶国総・現文B・古典B(全学部日程はいずれも漢文を除き，個別日程は含む) ②外(200)▶コミュ英Ⅰ・コミュ英Ⅱ・コミュ英Ⅲ・英表Ⅰ・英表Ⅱ ③地歴・数(150)▶世B・日B・地理B・「数Ⅰ・数Ⅱ・数A・数B(数列・ベク)」から1

一般入試共通テスト併用日程(共通テスト併用型・英語) 〈共通テスト科目〉 3~2科目 ①②③国・外・地歴・公民・数・理(100×2)▶国・「英(リスニングを含む)・独・仏・中・韓から1」・世B・日B・地理B・現社・倫・政経・「倫・政経」・「数Ⅰ・数A」・「数Ⅱ・数B」・「物基・化基・生基・地学基から2」・物・化・生・地学から2

〈独自試験科目〉 1科目 ①外(200)▶コミュ英Ⅰ・コミュ英Ⅱ・コミュ英Ⅲ・英表Ⅰ・英表Ⅱ

共通テスト利用入試〈1月出願(7科目型)〉 8~7科目 ①国(200)▶国 ②外(200)▶英(リスニングを含む)・独・仏・中・韓から1 ③④数(100×2)▶「数Ⅰ・数A」・「〈数Ⅱ・数B〉・簿・情から1」 ⑤⑥地歴・公民(100×2)▶世B・日B・地理B・現社・倫・政経・「倫・政経」から2 ⑦⑧理(100)▶「物基・化基・生基・地学基から2」・物・化・生・地学から1

[個別試験] 行わない。

共通テスト利用入試〈1月出願(5科目型)〉 6~5科目 ①国(200)▶国 ②外(200)▶英(リスニングを含む)・独・仏・中・韓から1 ③④数(100×2)▶「数Ⅰ・〈数Ⅰ・数A〉から1」・「数Ⅱ・〈数Ⅱ・数B〉から1」 ⑤⑥地歴・公民・理(100)▶世B・日B・地理B・現社・倫・政経・「倫・政経」・「物基・化基・生基・地学基から2」・物・化・生・地学から1

[個別試験] 行わない。

共通テスト利用入試〈1月出願(3科目型)・(3科目型〈英語資格・検定試験利用〉)〉 4~3科目 ①国(200)▶国 ②外(3科目型200・英語利用300)▶英(リスニングを含む) ③④地歴・公民・数・理(200)▶世B・日B・地理B・現社・倫・政経・「倫・政経」・数Ⅰ・「数Ⅰ・数A」・数Ⅱ・「数Ⅱ・数B」・「物基・化基・生基・地学基から2」・物・化・生・地学から1

[個別試験] 行わない。

※3科目型(英語資格・検定試験利用)は，指定された英語資格・検定試験(4技能)においてCEFR B1レベル以上のスコアを有してい

れば出願可能（合否判定に用いない）。

共通テスト利用入試〈3月出願〉 **5～4**科目

①**外**(200)▶英(リスニングを含む) ②③④⑤**国・地歴・公民・数・理**(100×3)▶国・世B・日B・地理B・現社・倫・政経・「倫・政経」・数Ⅰ・「数Ⅰ・数A」・数Ⅱ・「数Ⅱ・数B」・「物基・化基・生基・地学基から2」・物・化・生・地学から3

[個別試験] 行わない。

総合型選抜学部特色入試 **[出願資格]** 第1志望，入学確約者のほか，指定された英語資格・検定試験（4技能）のスコアCEFR B1レベル以上を有する者。

[選考方法] 書類審査，筆記審査（英語題材論述方式・小論文）による第一次審査の通過者を対象に，面接審査（口頭試問含む）を行う。

社会学部

一般入試全学部日程・学部個別日程 **3**科目

①**国**(全学部200・個別150)▶国総・現文B・古典B(いずれも漢文を除く) ②**外**(200)▶コミュ英Ⅰ・コミュ英Ⅱ・コミュ英Ⅲ・英表Ⅰ・英表Ⅱ ③**地歴・数**(150)▶世B・日B・地理B・「数Ⅰ・数Ⅱ・数A・数B(数列・ベク)」から1，ただし地理Bは全学部日程のみ選択可

一般入試共通テスト併用日程（共通テスト併用型・英語） **〈共通テスト科目〉** **3～2**科目

①②③**国・外・地歴・公民・数・理**(100×2)▶国(古典は古文・漢文いずれかの高得点を採用)・英(リスニングを含む)・世B・日B・地理B・現社・倫・政経・「倫・政経」・「数Ⅰ・数A」・「数Ⅱ・数B」・「物基・化基・生基・地学基から2」・物・化・生・地学から2

〈独自試験科目〉 **1**科目 ①**外**(200)▶コミュ英Ⅰ・コミュ英Ⅱ・コミュ英Ⅲ・英表Ⅰ・英表Ⅱ

一般入試共通テスト併用日程（共通テスト併用型・数学） **〈共通テスト科目〉** **3～2**科目 ①②③**国・外・地歴・公民・数・理**(100×2)▶国(古典は古文・漢文いずれかの高得点を採用)・英(リスニングを含む)・世B・日B・地理B・現社・倫・政経・「倫・政経」・「数Ⅰ・数A」・「数Ⅱ・数B」・「物基・化基・生基・地学基から2」・物・化・生・地学から2

〈独自試験科目〉 **1**科目 ①**数**(200)▶数Ⅰ・数Ⅱ・数A・数B(数列・ベク)

共通テスト利用入試〈1月出願（7科目型）〉

8～7科目 ①**国**(200)▶国 ②**外**(200)▶英(リスニングを含む)・独・仏・中・韓から1 ③④**数**(100×2)▶「数Ⅰ・数A」・「〈数Ⅱ・数B〉・簿・情から1」 ⑤⑥**地歴・公民**(100×2)▶世B・日B・地理B・現社・倫・政経・「倫・政経」から2 ⑦⑧**理**(100)▶「物基・化基・生基・地学基から2」・物・化・生・地学から1

[個別試験] 行わない。

共通テスト利用入試〈1月出願（5科目型）〉

6～5科目 ①**国**(100)▶国(古典は古文・漢文いずれかの高得点を採用) ②**外**(150)▶英(リスニングを含む) ③**数**(100)▶数Ⅰ・「数Ⅰ・数A」から1 ④⑤⑥**地歴・公民・数・理**(100×2)▶世B・日B・地理B・現社・倫・政経・「倫・政経」・数Ⅱ・「数Ⅱ・数B」・「物基・化基・生基・地学基から2」・物・化・生・地学から2

[個別試験] 行わない。

共通テスト利用入試〈1月出願（3科目型）・（3科目型〈英語資格・検定試験利用〉）〉

4～3科目 ①**国**(3科目型200・英語利用100)▶国(古典は古文・漢文いずれかの高得点を採用) ②**外**(3科目型250・英語利用300)▶英(リスニングを含む) ③④**地歴・公民・数・理**(3科目型200・英語利用100)▶世B・日B・地理B・現社・倫・政経・「倫・政経」・数Ⅰ・「数Ⅰ・数A」・数Ⅱ・「数Ⅱ・数B」・「物基・化基・生基・地学基から2」・物・化・生・地学から1

[個別試験] 行わない。

※3科目型（英語資格・検定試験利用）は，指定された英語資格・検定試験（4技能）においてCEFR B1レベル以上のスコアを有していれば出願可能（合否判定に用いない）。

共通テスト利用入試〈3月出願（4科目型）〉

5～4科目 ①**外**(150)▶英(リスニングを含む) ②③④⑤**国・地歴・公民・数・理**(100×3)▶国(古典は古文・漢文いずれかの高得点を採用)・世B・日B・地理B・現社・倫・政経・「倫・政経」・数Ⅰ・「数Ⅰ・数A」・数Ⅱ・「数Ⅱ・数B」・「物基・化基・生基・地学基から2」・物・化・生・地学から3

[個別試験] 行わない。

共通テスト利用入試〈3月出願（3科目型）〉

4〜3科目 ①**外**(100)▶英(リスニングを含む) ②③④**国・地歴・公民・数・理**(100×2)▶国(古典は古文・漢文いずれかの高得点を採用)・世B・日B・地理B・現社・倫・政経・「倫・政経」・数Ⅰ・「数Ⅰ・数A」・数Ⅱ・「数Ⅱ・数B」・「物基・化基・生基・地学基から2」・物・化・生・地学から2

[個別試験] 行わない。

法学部

一般入試全学部日程・学部個別日程 **3**科目

①**国**(全学部200・個別150)▶国総・現文B・古典B(全学部日程と学部個別日程の2月7日試験はいずれも漢文を除く，学部個別日程の2月3日試験は漢文を含む) ②**外**(200)▶コミュ英Ⅰ・コミュ英Ⅱ・コミュ英Ⅲ・英表Ⅰ・英表Ⅱ ③**地歴・数**(150)▶世B・日B・地理B・「数Ⅰ・数Ⅱ・数A・数B(数列・ベク)」から1，ただし学部個別日程の地理Bは2月3日試験のみ実施

一般入試英数日程(英語・数学型) **2**科目 ①**外**(200)▶コミュ英Ⅰ・コミュ英Ⅱ・コミュ英Ⅲ・英表Ⅰ・英表Ⅱ ②**数**(200)▶数Ⅰ・数Ⅱ・数A・数B(数列・ベク)

一般入試共通テスト併用日程(共通テスト併用型・英語) **〈共通テスト科目〉** **3〜2**科目 ①②③**国・外・地歴・公民・数・理**(100×2)▶国(古典は古文・漢文いずれかの高得点を採用)・英(リスニングを含む)・世B・日B・地理B・現社・倫・政経・「倫・政経」・「数Ⅰ・数A」・「数Ⅱ・数B」・「物基・化基・生基・地学基から2」・物・化・生・地学から2

〈独自試験科目〉 **1**科目 ①**外**(200)▶コミュ英Ⅰ・コミュ英Ⅱ・コミュ英Ⅲ・英表Ⅰ・英表Ⅱ

一般入試共通テスト併用日程(共通テスト併用型・数学) **〈共通テスト科目〉** **3〜2**科目 ①②③**国・外・地歴・公民・数・理**(100×2)▶国(古典は古文・漢文いずれかの高得点を採用)・英(リスニングを含む)・世B・日B・地理B・現社・倫・政経・「倫・政経」・「数Ⅰ・数A」・「数Ⅱ・数B」・「物基・化基・生基・地学基から2」・物・化・生・地学から2

〈独自試験科目〉 **1**科目 ①**数**(200)▶数Ⅰ・数Ⅱ・数A・数B(数列・ベク)

共通テスト利用入試〈1月出願(7科目型)〉

8〜7科目 ①**国**(200)▶国 ②**外**(200)▶英(リスニングを含む)・独・仏・中・韓から1 ③④**数**(100×2)▶「数Ⅰ・数A」・「〈数Ⅱ・数B〉・簿・情から1」 ⑤⑥**地歴・公民**(100×2)▶世B・日B・地理B・現社・倫・政経・「倫・政経」から2 ⑦⑧**理**(100)▶「物基・化基・生基・地学基から2」・物・化・生・地学から1

[個別試験] 行わない。

共通テスト利用入試〈1月出願(5科目型)〉

6〜5科目 ①**国**(200)▶国 ②**外**(200)▶英(リスニングを含む) ③**数**(100)▶数Ⅰ・「数Ⅰ・数A」から1 ④**地歴・公民**(100)▶世B・日B・地理B・現社・倫・政経・「倫・政経」から1 ⑤⑥**数・理**(100)▶数Ⅱ・「数Ⅱ・数B」・「物基・化基・生基・地学基から2」・物・化・生・地学から1

[個別試験] 行わない。

共通テスト利用入試〈1月出願(3科目型)・(3科目型〈英語資格・検定試験利用〉)〉

4〜3科目 ①**国**(3科目型200・英語利用100)▶国 ②**外**(3科目型200・英語利用300)▶英(リスニングを含む) ③④**地歴・公民・数・理**(3科目型200・英語利用100)▶世B・日B・地理B・現社・倫・政経・「倫・政経」・数Ⅰ・「数Ⅰ・数A」・数Ⅱ・「数Ⅱ・数B」・「物基・化基・生基・地学基から2」・物・化・生・地学から1

[個別試験] 行わない。

※3科目型(英語資格・検定試験利用)は，指定された英語資格・検定試験(4技能)においてCEFR B1レベル以上のスコアを有していれば出願可能(合否判定に用いない)。

共通テスト利用入試〈3月出願(4科目型)〉

5〜4科目 ①**外**(200)▶英(リスニングを含む) ②③④⑤**国・地歴・公民・数・理**(100×3)▶国・世B・日B・地理B・現社・倫・政経・「倫・政経」・数Ⅰ・「数Ⅰ・数A」・数Ⅱ・「数Ⅱ・数B」・「物基・化基・生基・地学基から2」・物・化・生・地学から3

[個別試験] 行わない。

共通テスト利用入試〈3月出願(3科目型)〉

4〜3科目 ①**外**(200)▶英(リスニングを含む) ②③④**国・地歴・公民・数・理**(200×2)▶国・世B・日B・地理B・現社・倫・政経・「倫・政経」・数Ⅰ・「数Ⅰ・数A」・数Ⅱ・「数Ⅱ・数B」・

「物基・化基・生基・地学基から２」・物・化・生・地学から２
［個別試験］ 行わない。

経済学部

一般入試全学部日程（理系型） ３科目 ①外（200）▶コミュ英Ⅰ・コミュ英Ⅱ・コミュ英Ⅲ・英表Ⅰ・英表Ⅱ ②**数**（200）▶数Ⅰ・数Ⅱ・数Ⅲ・数Ａ・数Ｂ（数列・ベク） ③**理**（150）▶「物基・物」・「化基・化」・「生基・生」から１
一般入試全学部日程３科目型・学部個別日程 ３科目 ①**国**（全学部200・個別150）▶国総・現文Ｂ・古典Ｂ（いずれも漢文を除く） ②**外**（200）▶コミュ英Ⅰ・コミュ英Ⅱ・コミュ英Ⅲ・英表Ⅰ・英表Ⅱ ③**地歴・数**（150）▶世Ｂ・日Ｂ・地理Ｂ・「数Ⅰ・数Ⅱ・数Ａ・数Ｂ（数列・ベク）」から１，ただし地理Ｂは全学部日程のみ選択可
一般入試英数日程（英語・数学型） ２科目 ①**外**（200）▶コミュ英Ⅰ・コミュ英Ⅱ・コミュ英Ⅲ・英表Ⅰ・英表Ⅱ ②**数**（200）▶数Ⅰ・数Ⅱ・数Ａ・数Ｂ（数列・ベク）
一般入試共通テスト併用日程（共通テスト併用型・英語） 〈共通テスト科目〉 ３〜２科目 ①**国**（150）▶国（古典は古文・漢文いずれかの高得点を採用） ②③**地歴・公民・数・理**（100）▶世Ｂ・日Ｂ・地理Ｂ・現社・倫・政経・「倫・政経」・「数Ⅰ・数Ａ」・「数Ⅱ・数Ｂ」・「物基・化基・生基・地学基から２」・物・化・生・地学から１
〈独自試験科目〉 １科目 ①**外**（200）▶コミュ英Ⅰ・コミュ英Ⅱ・コミュ英Ⅲ・英表Ⅰ・英表Ⅱ
一般入試共通テスト併用日程（共通テスト併用型・数学）〈共通テスト科目〉 ３〜２科目 ①**外**（150）▶英（リスニングを含む） ②③**国・地歴・公民・数・理**（100）▶国（古典は古文・漢文いずれかの高得点を採用）・世Ｂ・日Ｂ・地理Ｂ・現社・倫・政経・「倫・政経」・「数Ⅰ・数Ａ」・「数Ⅱ・数Ｂ」・「物基・化基・生基・地学基から２」・物・化・生・地学から１
〈独自試験科目〉 １科目 ①**数**（200）▶数Ⅰ・数Ⅱ・数Ａ・数Ｂ（数列・ベク）
共通テスト利用入試〈１月出願（７科目型）〉 ８〜７科目 ①**国**（200）▶国 ②**外**（200）▶英（リスニングを含む）・独・仏・中・韓から１ ③④**数**（100×2）▶「数Ⅰ・数Ａ」・「〈数Ⅱ・数Ｂ〉・簿・情から１」 ⑤⑥**地歴・公民**（100×2）▶世Ｂ・日Ｂ・地理Ｂ・現社・倫・政経・「倫・政経」から２ ⑦⑧**理**（100）▶「物基・化基・生基・地学基から２」・物・化・生・地学から１
［個別試験］ 行わない。
共通テスト利用入試〈１月出願（５科目型）〉 ６〜５科目 ①**国**（200）▶国（古典は古文・漢文いずれかの高得点を採用） ②**外**（200）▶英（リスニングを含む）・独・仏・中・韓から１ ③④**数**（100×2）▶「数Ⅰ・〈数Ⅰ・数Ａ〉から１」・「数Ⅱ・〈数Ⅱ・数Ｂ〉から１」 ⑤⑥**地歴・公民・理**（100）▶世Ａ・世Ｂ・日Ａ・日Ｂ・地理Ａ・地理Ｂ・現社・倫・政経・「倫・政経」・「物基・化基・生基・地学基から２」・物・化・生・地学から１
［個別試験］ 行わない。
共通テスト利用入試〈１月出願（３科目型）・（３科目型〈英語資格・検定試験利用〉）〉 ４〜３科目 ①**国**（３科目型200・英語利用100）▶国（古典は古文・漢文いずれかの高得点を採用） ②**外**（３科目型200・英語利用300）▶英（リスニングを含む） ③④**地歴・公民・数・理**（３科目型200・英語利用100）▶世Ａ・世Ｂ・日Ａ・日Ｂ・地理Ａ・地理Ｂ・現社・倫・政経・「倫・政経」・数Ⅰ・「数Ⅰ・数Ａ」・数Ⅱ・「数Ⅱ・数Ｂ」・「物基・化基・生基・地学基から２」・物・化・生・地学から１
［個別試験］ 行わない。
※３科目型（英語資格・検定試験利用）は，指定された英語資格・検定試験（４技能）においてCEFR B1レベル以上のスコアを有していれば出願可能（合否判定に用いない）。
共通テスト利用入試〈３月出願（４科目型）〉 ５〜４科目 ①**外**（200）▶英（リスニングを含む） ②③④⑤**国・地歴・公民・数・理**（100×3）▶国・世Ｂ・日Ｂ・地理Ｂ・現社・倫・政経・「倫・政経」・数Ⅰ・「数Ⅰ・数Ａ」・数Ⅱ・「数Ⅱ・数Ｂ」・「物基・化基・生基・地学基から２」・物・化・生・地学から３
［個別試験］ 行わない。
共通テスト利用入試〈３月出願（英数３科目型）〉 ３科目 ①**外**（100）▶英（リスニングを含む） ②③**数**（100×2）▶「数Ⅰ・〈数Ⅰ・数Ａ〉から１」・「数Ⅱ・〈数Ⅱ・数Ｂ〉から１」

[個別試験] 行わない。

共通テスト利用入試〈3月出願(3科目型)〉

4~3科目 ①外(100)▶英(リスニングを含む) ②③④国・地歴・公民・数・理(100×2)▶国(古典は古文・漢文いずれかの高得点を採用)・世B・日B・地理B・現社・倫・政経・「倫・政経」・数Ⅰ・「数Ⅰ・数A」・数Ⅱ・「数Ⅱ・数B」・「物基・化基・生基・地学基から2」・物・化・生・地学から2

[個別試験] 行わない。

総合型選抜学部特色入試 [出願資格] 第1志望,入学確約者のほか,数学全体の学習成績の状況が4.0以上,もしくは実用数学技能検定2級以上の合格者,および指定された英語資格・検定試験(4技能)のスコアCEFR B1レベル以上を有する者。

[選考方法] 書類審査,筆記審査(小論文)による第一次審査の通過者を対象に,面接審査(口頭試問・プレゼンテーション含む)を行う。

商学部

一般入試全学部日程・学部個別日程 3科目 ①国(全学部200・個別150)▶国総・現文B・古典B(いずれも漢文を除く) ②外(200)▶コミュ英Ⅰ・コミュ英Ⅱ・コミュ英Ⅲ・英表Ⅰ・英表Ⅱ ③地歴・数(150)▶世B・日B・地理B・「数Ⅰ・数Ⅱ・数A・数B(数列・ベク)」から1,ただし地理Bは全学部日程のみ選択可

一般入試英数日程(英語・数学型) 2科目 ①外(200)▶コミュ英Ⅰ・コミュ英Ⅱ・コミュ英Ⅲ・英表Ⅰ・英表Ⅱ ②数(200)▶数Ⅰ・数Ⅱ・数A・数B(数列・ベク)

一般入試共通テスト併用日程(共通テスト併用型・英語) 〈共通テスト科目〉 3~2科目 ①②③国・外・地歴・公民・数・理(100×2)▶国(古典は古文・漢文いずれかの高得点を採用)・英(リスニングを含む)・世B・日B・地理B・現社・倫・政経・「倫・政経」・「数Ⅰ・数A」・「数Ⅱ・数B」・「物基・化基・生基・地学基から2」・物・化・生・地学から2

〈独自試験科目〉 1科目 ①外(200)▶コミュ英Ⅰ・コミュ英Ⅱ・コミュ英Ⅲ・英表Ⅰ・英表Ⅱ

一般入試共通テスト併用日程(共通テスト併用型・数学) 〈共通テスト科目〉 3~2科目 ①②③国・外・地歴・公民・数・理(100×2)▶国(古典は古文・漢文いずれかの高得点を採用)・英(リスニングを含む)・世B・日B・地理B・現社・倫・政経・「倫・政経」・「数Ⅰ・数A」・「数Ⅱ・数B」・「物基・化基・生基・地学基から2」・物・化・生・地学から2

〈独自試験科目〉 1科目 ②数(200)▶数Ⅰ・数Ⅱ・数A・数B(数列・ベク)

共通テスト利用入試〈1月出願(7科目型)〉

8~7科目 ①国(200)▶国 ②外(200)▶英(リスニングを含む)・独・仏・中・韓から1 ③④数(100×2)▶「数Ⅰ・数A」・「〈数Ⅱ・数B〉・簿・情から1」 ⑤⑥地歴・公民(100×2)▶世B・日B・地理B・現社・倫・政経・「倫・政経」から2 ⑦⑧理(100)▶「物基・化基・生基・地学基から2」・物・化・生・地学から1

[個別試験] 行わない。

共通テスト利用入試〈1月出願(5科目型)〉

6~5科目 ①国(200)▶国(古典は古文・漢文いずれかの高得点を採用) ②外(250)▶英(リスニングを含む) ③④数(100×2)▶「数Ⅰ・〈数Ⅰ・数A〉から1」・「数Ⅱ・〈数Ⅱ・数B〉・簿・情から1」 ⑤⑥地歴・公民・理(100)▶世A・世B・日A・日B・地理A・地理B・現社・倫・政経・「倫・政経」・「物基・化基・生基・地学基から2」・物・化・生・地学から1

[個別試験] 行わない。

共通テスト利用入試〈1月出願(3科目型)・(3科目型〈英語資格・検定試験利用〉)〉

4~3科目 ①国(3科目型200・英語利用100)▶国(古典は古文・漢文いずれかの高得点を採用) ②外(3科目型250・英語利用300)▶英(リスニングを含む) ③④地歴・公民・数・理(3科目型200・英語利用100)▶世A・世B・日A・日B・地理A・地理B・現社・倫・政経・「倫・政経」・数Ⅰ・「数Ⅰ・数A」・数Ⅱ・「数Ⅱ・数B」・簿・情・「物基・化基・生基・地学基から2」・物・化・生・地学から1

[個別試験] 行わない。

※3科目型(英語資格・検定試験利用)は,指定された英語資格・検定試験(4技能)においてCEFR B1レベル以上のスコアを有していれば出願可能(合否判定に用いない)。

共通テスト利用入試〈3月出願(4科目型)〉

5~4科目 ①外(250)▶英(リスニングを含

む）②③④⑤**国・地歴・公民・数・理**(100×3) ▶国・世Ｂ・日Ｂ・地理Ｂ・現社・倫・政経・「倫・政経」・数Ⅰ・「数Ⅰ・数Ａ」・数Ⅱ・「数Ⅱ・数Ｂ」・「物基・化基・生基・地学基から２」・物・化・生・地学から３

[個別試験] 行わない。

共通テスト利用入試〈３月出願(英数３科目型)〉 **3科目** ①**外**(100) ▶英(リスニングを含む) ②③**数**(100×2) ▶「数Ⅰ・〈数Ⅰ・数Ａ〉から１」・「数Ⅱ・〈数Ⅱ・数Ｂ〉から１」

[個別試験] 行わない。

共通テスト利用入試〈３月出願(３科目型)〉 **4〜3科目** ①**外**(100) ▶英(リスニングを含む) ②③④**国・地歴・公民・数・理**(100×2) ▶国・世Ｂ・日Ｂ・地理Ｂ・現社・倫・政経・「倫・政経」・数Ⅰ・「数Ⅰ・数Ａ」・数Ⅱ・「数Ⅱ・数Ｂ」・「物基・化基・生基・地学基から２」・物・化・生・地学から２

[個別試験] 行わない。

総合型選抜学部特色入試 **[出願資格]** 第１志望，入学確約者のほか，高度な資格を有する者，事業経営を志向する者，高等学校商業科等を卒業する者の区分ごとに要件あり。

[選考方法] 書類審査のほか，区分ごとに筆記審査(小論文)，口頭試問やプレゼンテンションを含む面接審査を行う。

人間福祉学部

一般入試全学部日程 **3科目** ①**国**(200) ▶国総・現文Ｂ・古典Ｂ(いずれも漢文を除く) ②**外**(200) ▶コミュ英Ⅰ・コミュ英Ⅱ・コミュ英Ⅲ・英表Ⅰ・英表Ⅱ ③**地歴・数**(150) ▶世Ｂ・日Ｂ・地理Ｂ・「数Ⅰ・数Ⅱ・数Ａ・数Ｂ(数列・ベク)」から１

一般入試学部個別日程英語・国語型 **2科目** ①**国**(150) ▶国総・現文Ｂ・古典Ｂ(いずれも漢文を除く) ②**外**(200) ▶コミュ英Ⅰ・コミュ英Ⅱ・コミュ英Ⅲ・英表Ⅰ・英表Ⅱ

一般入試英数日程(英語・数学型) **2科目** ①**外**(200) ▶コミュ英Ⅰ・コミュ英Ⅱ・コミュ英Ⅲ・英表Ⅰ・英表Ⅱ ②**数**(150) ▶数Ⅰ・数Ⅱ・数Ａ・数Ｂ(数列・ベク)

一般入試共通テスト併用日程(共通テスト併用型・英語) 〈共通テスト科目〉 **3〜2科目** ①②③**国・外・地歴・公民・数・理**(100×2) ▶国(古典は古文・漢文いずれかの高得点を採用)・英(リスニングを含む)・世Ｂ・日Ｂ・地理Ｂ・現社・倫・政経・「倫・政経」・「数Ⅰ・数Ａ」・「数Ⅱ・数Ｂ」・「物基・化基・生基・地学基から２」・物・化・生・地学から２

〈独自試験科目〉 **1科目** ①**外**(200) ▶コミュ英Ⅰ・コミュ英Ⅱ・コミュ英Ⅲ・英表Ⅰ・英表Ⅱ

共通テスト利用入試〈１月出願(７科目型)〉 **8〜7科目** ①**国**(200) ▶国 ②**外**(200) ▶英(リスニングを含む)・独・仏・中・韓から１ ③④**数**(100×2) ▶「数Ⅰ・数Ａ」・「〈数Ⅱ・数Ｂ〉・簿・情から１」 ⑤⑥**地歴・公民**(100×2) ▶世Ｂ・日Ｂ・地理Ｂ・現社・倫・政経・「倫・政経」から２ ⑦⑧**理**(100) ▶「物基・化基・生基・地学基から２」・物・化・生・地学から１

[個別試験] 行わない。

共通テスト利用入試〈１月出願(５科目型)〉 **6〜5科目** ①**国**(200) ▶国(古典は古文・漢文いずれかの高得点を採用) ②**外**(200) ▶英(リスニングを含む) ③④**数**(100×2) ▶「数Ⅰ・〈数Ⅰ・数Ａ〉から１」・「数Ⅱ・〈数Ⅱ・数Ｂ〉・簿・情から１」 ⑤⑥**地歴・公民・理**(100) ▶世Ａ・世Ｂ・日Ａ・日Ｂ・地理Ａ・地理Ｂ・現社・倫・政経・「倫・政経」・「物基・化基・生基・地学基から２」・物・化・生・地学から１

[個別試験] 行わない。

共通テスト利用入試〈１月出願(３科目型)・(３科目型〈英語資格・検定試験利用〉)〉 **4〜3科目** ①**国**(３科目型200・英語利用100) ▶国(古典は古文・漢文いずれかの高得点を採用) ②**外**(３科目型200・英語利用300) ▶英(リスニングを含む) ③④**地歴・公民・数・理**(３科目型200・英語利用100) ▶世Ａ・世Ｂ・日Ａ・日Ｂ・地理Ａ・地理Ｂ・現社・倫・政経・「倫・政経」・数Ⅰ・「数Ⅰ・数Ａ」・数Ⅱ・「数Ⅱ・数Ｂ」・簿・情・「物基・化基・生基・地学基から２」・物・化・生・地学から１

[個別試験] 行わない。

※３科目型(英語資格・検定試験利用)は，指定された英語資格・検定試験(４技能)においてCEFR B1レベル以上のスコアを有していれば出願可能(合否判定に用いない)。

共通テスト利用入試〈３月出願(４科目型)〉 **5〜4科目** ①**外**(200) ▶英(リスニングを含

む） ②③④⑤**国・地歴・公民・数・理**（100×3）▶国・世Ｂ・日Ｂ・地理Ｂ・現社・倫・政経・「倫・政経」・数Ⅰ・「数Ⅰ・数Ａ」・数Ⅱ・「数Ⅱ・数Ｂ」・簿・情・「物基・化基・生基・地学基から２」・物・化・生・地学から３

［個別試験］ 行わない。

共通テスト利用入試〈３月出願（３科目型）〉

4～3科目 ①**外**（200）▶英（リスニングを含む） ②③④**国・地歴・公民・数・理**（200×2）▶国（古典は古文・漢文いずれかの高得点を採用）・世Ｂ・日Ｂ・地理Ｂ・現社・倫・政経・「倫・政経」・数Ⅰ・「数Ⅰ・数Ａ」・数Ⅱ・「数Ⅱ・数Ｂ」・簿・情・「物基・化基・生基・地学基から２」・物・化・生・地学から２

［個別試験］ 行わない。

総合型選抜学部特色入試 **［出願資格］** 第１志望，入学確約者のほか，指定された英語資格・検定試験（４技能）のスコアCEFR B1レベル以上を有する者など。

［選考方法］ 筆記審査（英語論述審査・小論文）による第一次審査の通過者を対象に，面接審査（個人面接・口頭試問含む）を行う。

国際学部

一般入試全学部日程英語１科目型 **2科目**

①**外**（200）▶コミュ英Ⅰ・コミュ英Ⅱ・コミュ英Ⅲ・英表Ⅰ・英表Ⅱ ②**外**（200）▶コミュ英Ⅰ・コミュ英Ⅱ・コミュ英Ⅲ・英表Ⅰ・英表Ⅱ

※②は英語題材日本語論述とし，英語長文を題材に日本語訳，日本語要約などを問う，国際学部独自の問題。

一般入試全学部日程３科目型・学部個別日程

3科目 ①**国**（全学部200・個別150）▶国総・現文Ｂ・古典Ｂ（いずれも漢文を除く） ②**外**（全学部200・個別250）▶コミュ英Ⅰ・コミュ英Ⅱ・コミュ英Ⅲ・英表Ⅰ・英表Ⅱ ③**地歴・数**（150）▶世Ｂ・日Ｂ・地理Ｂ・「数Ⅰ・数Ⅱ・数Ａ・数Ｂ（数列・ベク）」から１，ただし地理Ｂは全学部日程のみ選択可

一般入試英数日程（英語・数学型） **2科目** ①**外**（250）▶コミュ英Ⅰ・コミュ英Ⅱ・コミュ英Ⅲ・英表Ⅰ・英表Ⅱ ②**数**（150）▶数Ⅰ・数Ⅱ・数Ａ・数Ｂ（数列・ベク）

一般入試共通テスト併用日程（共通テスト併用型・英語）〈共通テスト科目〉 **3～2科目** ①②③**国・外・地歴・公民・数・理**（100×2）▶国（古典は古文・漢文いずれかの高得点を採用）・英（リスニングを含む）・世Ｂ・日Ｂ・地理Ｂ・現社・倫・政経・「倫・政経」・「数Ⅰ・数Ａ」・「数Ⅱ・数Ｂ」・「物基・化基・生基・地学基から２」・物・化・生・地学から２

〈独自試験科目〉 **1科目** ①**外**（200）▶コミュ英Ⅰ・コミュ英Ⅱ・コミュ英Ⅲ・英表Ⅰ・英表Ⅱ

一般入試共通テスト併用日程（共通テスト併用型・英語重視型） 〈共通テスト科目〉

1科目 ①**外**（100）▶英リスニング

〈独自試験科目〉 **1科目** ①**外**（200）▶コミュ英Ⅰ・コミュ英Ⅱ・コミュ英Ⅲ・英表Ⅰ・英表Ⅱ

共通テスト利用入試〈１月出願（７科目型）〉

8～7科目 ①**国**（200）▶国 ②**外**（200）▶英（リスニングを含む）・独・仏・中・韓から１ ③④**数**（100×2）▶「数Ⅰ・数Ａ」・「〈数Ⅱ・数Ｂ〉・簿・情から１」 ⑤⑥**地歴・公民**（100×2）▶世Ｂ・日Ｂ・地理Ｂ・現社・倫・政経・「倫・政経」から２ ⑦⑧**理**（100）▶「物基・化基・生基・地学基から２」・物・化・生・地学から１

［個別試験］ 行わない。

共通テスト利用入試〈１月出願（５科目型）〉

6～5科目 ①**国**（200）▶国（古典は古文・漢文いずれかの高得点を採用） ②**外**（250）▶英（リスニングを含む）・中・韓から１ ③**数**（100）▶数Ⅰ・「数Ⅰ・数Ａ」から１ ④**地歴・公民**（100）▶世Ｂ・日Ｂ・地理Ｂ・現社・倫・政経・「倫・政経」から１ ⑤⑥**数・理**（100）▶数Ⅱ・「数Ⅱ・数Ｂ」・「物基・化基・生基・地学基から２」・物・化・生・地学から１

［個別試験］ 行わない。

共通テスト利用入試〈１月出願（３科目型）・（３科目型〈英語資格・検定試験利用〉）〉

4～3科目 ①**国**（３科目型200・英語利用100）▶国（古典は古文・漢文いずれかの高得点を採用） ②**外**（３科目型250・英語利用300）▶英（リスニングを含む） ③④**地歴・公民・数・理**（３科目型200・英語利用100）▶世Ｂ・日Ｂ・地理Ｂ・現社・倫・政経・「倫・政経」・数Ⅰ・「数Ⅰ・数Ａ」・数Ⅱ・「数Ⅱ・数Ｂ」・「物基・化基・生基・地学基から２」・物・化・生・地学から１

[個別試験]　行わない。
※３科目型（英語資格・検定試験利用）は，指定された英語資格・検定試験（４技能）においてCEFR B1レベル以上のスコアを有していれば出願可能（合否判定に用いない）。
共通テスト利用入試〈３月出願（４科目型）〉
5〜4科目　①**外**（250）▶英（リスニングを含む）　②③④⑤**国・地歴・公民・数・理**（100×3）▶国（古典は古文・漢文いずれかの高得点を採用）・世Ｂ・日Ｂ・地理Ｂ・現社・倫・政経・「倫・政経」・数Ⅰ・「数Ⅰ・数Ａ」・数Ⅱ・「数Ⅱ・数Ｂ」・「物基・化基・生基・地学基から２」・物・化・生・地学から３
[個別試験]　行わない。
共通テスト利用入試〈３月出願（３科目型）〉
4〜3科目　①**外**（400）▶英（リスニングを含む）　②③④**国・地歴・公民・数・理**（100×2）▶国（古典は古文・漢文いずれかの高得点を採用）・世Ｂ・日Ｂ・地理Ｂ・現社・倫・政経・「倫・政経」・数Ⅰ・「数Ⅰ・数Ａ」・数Ⅱ・「数Ⅱ・数Ｂ」・「物基・化基・生基・地学基から２」・物・化・生・地学から２
[個別試験]　行わない。
総合型選抜学部特色入試　**[出願資格]**　第１志望，入学確約者のほか，中国語・朝鮮語能力重視方式，文化・芸術活動方式のいずれかにおいて，掲げる条件すべてに該当する者。
[選考方法]　書類審査，筆記審査（英語論述審査・小論文）による第一次審査の通過者を対象に，面接審査（口頭試問含む）を行う。

教育学部

一般入試全学部日程（理系型）　**3科目**　①**外**（150）▶コミュ英Ⅰ・コミュ英Ⅱ・コミュ英Ⅲ・英表Ⅰ・英表Ⅱ　②**数**（150）▶数Ⅰ・数Ⅱ・数Ⅲ・数Ａ・数Ｂ（数列・ベク）　③**理**（150）▶「物基・物」・「化基・化」・「生基・生」から１
一般入試全学部日程（３科目型）・学部個別日程　**3科目**　①**国**（全学部200・個別150）▶国総・現文Ｂ・古典Ｂ（いずれも漢文を除く）　②**外**（200）▶コミュ英Ⅰ・コミュ英Ⅱ・コミュ英Ⅲ・英表Ⅰ・英表Ⅱ　③**地歴・数**（150）▶世Ｂ・日Ｂ・地理Ｂ・「数Ⅰ・数Ⅱ・数Ａ・数Ｂ（数列・ベク）」から１，ただし地理Ｂは全学部日程のみ選択可
一般入試共通テスト併用日程（共通テスト併用型・英語）〈**共通テスト科目**〉　**3〜2科目**　①②③**国・外・地歴・公民・数・理**（100×2）▶国（古典は古文・漢文いずれかの高得点を採用）・英（リスニングを含む）・世Ｂ・日Ｂ・地理Ｂ・現社・倫・政経・「倫・政経」・「数Ⅰ・数Ａ」・「数Ⅱ・数Ｂ」・「物基・化基・生基・地学基から２」・物・化・生・地学から２
〈**独自試験科目**〉　**1科目**　①**外**（200）▶コミュ英Ⅰ・コミュ英Ⅱ・コミュ英Ⅲ・英表Ⅰ・英表Ⅱ
共通テスト利用入試〈１月出願（７科目型）〉
8〜7科目　①**国**（200）▶国　②**外**（200）▶英（リスニングを含む）　③④**数**（100×2）▶「数Ⅰ・数Ａ」・「数Ⅱ・数Ｂ」　⑤⑥**地歴・公民**（100×2）▶世Ｂ・日Ｂ・地理Ｂ・現社・倫・政経・「倫・政経」から２　⑦⑧**理**（100）▶「物基・化基・生基・地学基から２」・物・化・生・地学から１
[個別試験]　行わない。
共通テスト利用入試〈１月出願（５科目型）〉
6〜5科目　①**国**（200）▶国　②**外**（200）▶英（リスニングを含む）　③**数**（100）▶数Ⅰ・「数Ⅰ・数Ａ」から１　④**地歴・公民**（100）▶世Ｂ・日Ｂ・地理Ｂ・現社・倫・政経・「倫・政経」から１　⑤⑥**数・理**（100）▶数Ⅱ・「数Ⅱ・数Ｂ」・「物基・化基・生基・地学基から２」・物・化・生・地学から１
[個別試験]　行わない。
共通テスト利用入試〈１月出願（３科目型）・（３科目型〈英語資格・検定試験利用〉）〉
4〜3科目　①**国**（３科目型200・英語利用100）▶国（古典は古文・漢文いずれかの高得点を採用）　②**外**（３科目型200・英語利用300）▶英（リスニングを含む）　③④**地歴・公民・数・理**（３科目型200・英語利用100）▶世Ｂ・日Ｂ・地理Ｂ・現社・倫・政経・「倫・政経」・数Ⅰ・「数Ⅰ・数Ａ」・数Ⅱ・「数Ⅱ・数Ｂ」・「物基・化基・生基・地学基から２」・物・化・生・地学から１
[個別試験]　行わない。
※３科目型（英語資格・検定試験利用）は，指定された英語資格・検定試験（４技能）においてCEFR B1レベル以上のスコアを有していれば出願可能（合否判定に用いない）。
共通テスト利用入試〈３月出願〉　**5〜4科目**

①外(200)▶英(リスニングを含む) ②③④⑤国・地歴・公民・数・理(100×3)▶国・世B・日B・地理B・現社・倫・政経・「倫・政経」・数Ⅰ・「数Ⅰ・数A」・数Ⅱ・「数Ⅱ・数B」・「物基・化基・生基・地学基から2」・物・化・生・地学から3
[個別試験] 行わない。

総合型選抜学部特色入試 **[出願資格]** 第1志望，入学確約者のほか，指定された英語資格・検定試験(4技能)のスコアCEFR B1レベル以上を有する者など。
[選考方法] 書類審査，筆記審査(英語論述審査・課題小論文審査)による第一次審査の通過者を対象に，面接審査(口頭試問・プレゼンテーション，グループディスカッション含む)を行う。

総合政策学部

一般入試全学部日程(理系型) 3科目 ①外(200)▶コミュ英Ⅰ・コミュ英Ⅱ・コミュ英Ⅲ・英表Ⅰ・英表Ⅱ ②数(150)▶数Ⅰ・数Ⅱ・数Ⅲ・数A・数B(数列・ベク) ③理(150)▶「物基・物」・「化基・化」・「生基・生」から1

一般入試全学部日程(3科目型)・学部個別日程 3科目 ①国(全学部200・個別100)▶国総・現文B・古典B(いずれも漢文を除く) ②外(200)▶コミュ英Ⅰ・コミュ英Ⅱ・コミュ英Ⅲ・英表Ⅰ・英表Ⅱ ③地歴・数(全学部150・個別100)▶世B・日B・地理B・「数Ⅰ・数Ⅱ・数A・数B(数列・ベク)」から1，ただし地理Bは全学部日程のみ選択可

一般入試英数日程(英語・数学型) 2科目 ①外(200)▶コミュ英Ⅰ・コミュ英Ⅱ・コミュ英Ⅲ・英表Ⅰ・英表Ⅱ ②数(200)▶数Ⅰ・数Ⅱ・数A・数B(数列・ベク)

一般入試共通テスト併用日程(共通テスト併用型・英語) 〈共通テスト科目〉 3~2科目 ①②③国・外・地歴・公民・数・理(100×2)▶国(古典は古文・漢文いずれかの高得点を採用)・英(リスニングを含む)・世B・日B・地理B・現社・倫・政経・「倫・政経」・「数Ⅰ・数A」・「数Ⅱ・数B」・「物基・化基・生基・地学基から2」・物・化・生・地学から2
〈独自試験科目〉 1科目 ①外(200)▶コミュ英Ⅰ・コミュ英Ⅱ・コミュ英Ⅲ・英表Ⅰ・英表Ⅱ

一般入試共通テスト併用日程(共通テスト併用型・数学) 〈共通テスト科目〉 3~2科目 ①②③国・外・地歴・公民・数・理(100×2)▶国(古典は古文・漢文いずれかの高得点を採用)・英(リスニングを含む)・世B・日B・地理B・現社・倫・政経・「倫・政経」・「数Ⅰ・数A」・「数Ⅱ・数B」・「物基・化基・生基・地学基から2」・物・化・生・地学から2
〈独自試験科目〉 1科目 ①数(200)▶数Ⅰ・数Ⅱ・数A・数B(数列・ベク)

共通テスト利用入試〈1月出願(7科目型)〉 8~7科目 ①国(200)▶国 ②外(200)▶英(リスニングを含む)・独・仏・中・韓から1 ③④数(100×2)▶「数Ⅰ・数A」・「〈数Ⅱ・数B〉・簿・情から1」 ⑤⑥地歴・公民(100×2)▶世B・日B・地理B・現社・倫・政経・「倫・政経」から2 ⑦⑧理(100)▶「物基・化基・生基・地学基から2」・物・化・生・地学から1
[個別試験] 行わない。

共通テスト利用入試〈1月出願(5科目型)〉 6~5科目 ①国(200)▶国(古典は古文・漢文いずれかの高得点を採用) ②外(200)▶英(リスニングを含む) ③数(100)▶数Ⅰ・「数Ⅰ・数A」から1 ④地歴・公民(100)▶世B・日B・地理B・現社・倫・政経・「倫・政経」から1 ⑤⑥数・理(100)▶数Ⅱ・「数Ⅱ・数B」・情・「物基・化基・生基・地学基から2」・物・化・生・地学から1
[個別試験] 行わない。

共通テスト利用入試〈1月出願(3科目英国型)・(3科目型〈英語資格・検定試験利用〉)〉 4~3科目 ①国(200)▶国(古典は古文・漢文いずれかの高得点を採用) ②外(英国型200・英語利用450)▶英(リスニングを含む) ③④地歴・公民・数・理(100)▶世B・日B・地理B・現社・倫・政経・「倫・政経」・「数Ⅰ・数A」・「数Ⅱ・数B」・情・「物基・化基・生基・地学基から2」・物・化・生・地学から1
[個別試験] 行わない。
※3科目型(英語資格・検定試験利用)は，指定された英語資格・検定試験(4技能)においてCEFR B1レベル以上のスコアを有していれば出願可能(合否判定に用いない)。

共通テスト利用入試〈1月出願(3科目英数型)〉 4~3科目 ①外(200)▶英(リスニン

グを含む） ②**数**(200) ▶数Ⅱ・数Ｂ ③④**国・地歴・公民・数・理**(100) ▶国(古典は古文・漢文いずれかの高得点を採用)・世Ｂ・日Ｂ・地理Ｂ・現社・倫・政経・「倫・政経」・「数Ⅰ・数Ａ」・「物基・化基・生基・地学基から２」・物・化・生・地学から１

[個別試験] 行わない。

共通テスト利用入試〈３月出願〉 **5〜4**科目 ①**外**(200) ▶英(リスニングを含む) ②③④⑤**国・地歴・公民・数・理**(100×3) ▶国・世Ｂ・日Ｂ・地理Ｂ・現社・倫・政経・「倫・政経」・数Ⅰ・「数Ⅰ・数Ａ」・数Ⅱ・「数Ⅱ・数Ｂ」・「物基・化基・生基・地学基から２」・物・化・生・地学から３

[個別試験] 行わない。

総合型選抜学部特色入試 **[出願資格]** 第１志望，入学確約者のほか，指定された英語資格・検定試験(４技能)のスコアCEFR B1レベル以上を有する者など。

[選考方法] 書類審査，筆記審査(英語論述審査・小論文)による第一次審査の通過者を対象に，面接審査(口頭試問・プレゼンテーション含む)を行う。

理学部・工学部・生命環境学部・建築学部

一般入試全学部日程(総合型)・(数学・理科重視型) **3**科目 ①**外**(総合150・数理重視100) ▶コミュ英Ⅰ・コミュ英Ⅱ・コミュ英Ⅲ・英表Ⅰ・英表Ⅱ ②**数**(総合150・数理重視200) ▶数Ⅰ・数Ⅱ・数Ⅲ・数Ａ・数Ｂ(数列・ベク) ③**理**(150) ▶「物基・物」・「化基・化」・「生基・生」から１，ただし理学部の物理・宇宙学科と化学科は生物の選択不可

一般入試英数日程(英語・数学型) **2**科目 ①**外**(200) ▶コミュ英Ⅰ・コミュ英Ⅱ・コミュ英Ⅲ・英表Ⅰ・英表Ⅱ ②**数**(200) ▶数Ⅰ・数Ⅱ・数Ⅲ・数Ａ・数Ｂ(数列・ベク)

一般入試共通テスト併用日程(共通テスト併用型・数学) 〈共通テスト科目〉 **2**科目 ①②**国・外・数・理**(100×2) ▶国(近代)・英(リスニングを含む)・「数Ⅰ・数Ａ」・「数Ⅱ・数Ｂ」・物・化・生・地学から２，ただし理学部の物理・宇宙学科は物必須，化学科は化必須

〈独自試験科目〉 **1**科目 ①**数**(200) ▶数Ⅰ・数Ⅱ・数Ⅲ・数Ａ・数Ｂ(数列・ベク)

共通テスト利用入試〈１月出願(７科目型)〉 **7**科目 ①**国**(100) ▶国(近代) ②**外**(200) ▶英(リスニングを含む) ③**地歴・公民**(100) ▶世Ｂ・日Ｂ・地理Ｂ・現社・倫・政経・「倫・政経」から１ ④⑤**数**(100×2) ▶「数Ⅰ・数Ａ」・「数Ⅱ・数Ｂ」 ⑥⑦**理**(100×2) ▶物・化・生・地学から２，ただし理学部の物理・宇宙学科は物必須，化学科は物・化指定

[個別試験] 行わない。

共通テスト利用入試〈１月出願(５科目型〈理科２科目〉)〉 **5**科目 ①**外**(100) ▶英(リスニングを含む) ②③**数**(理200×2，工・生命環境100×2，建築150×2) ▶「数Ⅰ・数Ａ」・「数Ⅱ・数Ｂ」 ④⑤**理**(100×2) ▶ 物・化・生・地学から２，ただし理学部の物理・宇宙学科は物必須，化学科は物・化指定

[個別試験] 行わない。

共通テスト利用入試〈１月出願(５科目型〈理科１科目〉)〉 **5**科目 ①**外**(200) ▶英(リスニングを含む) ②③**数**(100×2) ▶「数Ⅰ・数Ａ」・「数Ⅱ・数Ｂ」 ④**理**(200) ▶物・化・生・地学から１，ただし理学部の物理・宇宙学科は物指定，化学科は化指定 ⑤**国・地歴・公民**(100) ▶国(近代)・世Ｂ・日Ｂ・地理Ｂ・現社・倫・政経・「倫・政経」から１

[個別試験] 行わない。

共通テスト利用入試〈１月出願(５科目型〈英語資格・検定試験利用〉)〉 **5**科目 ①**外**(400・建築のみ250) ▶英(リスニングを含む) ②③**数**(100×2・建築のみ75×2) ▶「数Ⅰ・数Ａ」・「数Ⅱ・数Ｂ」 ④⑤**理**(100×2・建築のみ50×2) ▶物・化・生・地学から２，ただし理学部の物理・宇宙学科は物必須，化学科は物・化指定

[個別試験] 行わない。

※指定された英語資格・検定試験(４技能)においてCEFR B1レベル以上のスコアを有していれば出願可能(合否判定に用いない)。

共通テスト利用入試〈３月出願〉 **4**科目 ①**外**(100) ▶英(リスニングを含む) ②③**数**(100×2) ▶「数Ⅰ・数Ａ」・「数Ⅱ・数Ｂ」 ④**理**(100) ▶物・化・生・地学から１，ただし理学部の物理・宇宙学科は物指定，化学科は化指定

[個別試験] 行わない。

総合型選抜学部特色入試 **[出願資格]** 第１

志望，入学確約者，数・理の履修要件のほか，理・工・生命環境の３学部は，全体の学習成績の状況が3.8以上で，指定された英語資格・検定試験（４技能）のスコアCEFR A2レベル以上を有する者など。

［選考方法］ 理・工・生命環境の３学部は，筆記審査（論述審査〈数・理〉）による第一次審査の通過者を対象に，面接審査（口頭試問含む）を，建築学部は，書類審査による第一次審査の通過者を対象に，実技審査，面接審査（口頭試問・プレゼンテーション含む）を行う。

その他の選抜

総合型選抜（探究評価型入試，グローバル入試〈国際的な活躍を志す者を対象とした入試，インターナショナル・バカロレア入試，帰国生徒入試〉，スポーツ選抜入試），外国人留学生入試，英語を母語／第一言語とするもの・一定の英語能力を有する者を対象とする入試。

偏差値データ (2023年度)

●一般入試

学部／学科・課程／専修・専攻・コース	2023年度		2022年度実績					
	駿台予備学校 合格目標ライン	河合塾 ボーダー偏差値	募集人員	受験者数	合格者数	合格最低点	競争率 '22年	競争率 '21年
神学部								
(全学部)	44	50	7	43	20	278.9/550	2.2	2.0
(学部個別)	44	50	5	65	36	268.7/500	1.8	1.7
文学部								
文化歴史/哲学倫理(全学部)	50	55	12	87	36	312.2/550	2.4	2.5
(学部個別)	50	55	10	64	32	330.0/500	2.0	1.7
/美学芸術(全学部)	51	55	12	121	39	322.1/550	3.1	3.3
(学部個別)	51	55	10	80	35	341.3/500	2.3	2.2
/地理学地域文化(全学部)	51	52.5	12	68	40	276.8/550	1.7	2.0
(学部個別)	51	52.5	8	60	51	271.0/500	1.2	1.3
/日本史(全学部)	53	55	12	115	52	312.0/550	2.2	3.5
(学部個別)	53	55	8	71	42	315.5/500	1.7	3.3
/アジア史(全学部)	51	55	12	74	22	300.3/550	3.4	3.4
(学部個別)	51	55	8	62	24	301.9/500	2.6	2.5
/西洋史(全学部)	52	55	12	133	40	335.1/550	3.3	2.3
(学部個別)	52	55	8	72	29	352.3/500	2.5	1.9
総合心理科(全学部)	52	55	44	388	132	315.4/550	2.9	3.3
(学部個別)	52	55	32	229	80	349.7/500	2.9	2.4
文学言語/日本文学(全学部)	51	55	18	240	80	314.0/550	3.0	2.5
(学部個別)	51	55	16	138	64	330.1/500	2.2	2.1
/英米文学(全学部)	51	52.5	30	358	178	291.3/550	2.0	2.2
(学部個別)	51	55	26	247	157	306.6/500	1.6	1.6
/フランス文学(全学部)	50	52.5	16	150	52	310.2/550	2.9	1.7
(学部個別)	50	52.5	12	91	42	321.2/500	2.2	1.7
/ドイツ文学(全学部)	50	52.5	14	152	75	276.2/550	2.0	2.0
(学部個別)	50	52.5	10	114	76	272.0/500	1.5	1.7

学部／学科・課程／専修・専攻・コース	2023年度 駿台予備学校 合格目標ライン	2023年度 河合塾 ボーダー偏差値	2022年度実績 募集人員	受験者数	合格者数	合格最低点	競争率 '22年	競争率 '21年
社会学部								
社会（全学部）	**49**	**52.5**	160	945	520	278.3/550	1.8	2.7
（学部個別）	**49**	**52.5**	130	869	382	308.5/500	2.3	2.2
法学部								
法律（全学部）	**52**	**52.5**	110	1,008	489	290.7/550	2.1	2.0
（学部個別）	**52**	**55**	110	998	340	287.5/500	2.9	2.2
（英数型）	**51**	**55**	35	40	14	289.3/400	2.9	2.2
政治（全学部）	**51**	**55**	35	217	111	281.2/550	2.0	2.0
（学部個別）	**51**	**55**	35	344	144	262.0/500	2.4	2.0
（英数型）	**51**	**55**	15	15	4	261.3/400	3.8	2.7
経済学部								
（全学部）	**50**	**52.5**	140	1,113	615	275.5/550	1.8	2.1
（全学部理系）	**50**	**52.5**		127	73	278.4/550	1.7	2.4
（学部個別）	**50**	**52.5**	120	826	472	296.8/500	1.8	2.1
（英数型）	**49**	**55**	65	154	89	248.0/400	1.7	2.3
商学部								
（全学部）	**49**	**55**	135	1,536	560	310.6/550	2.7	2.5
（学部個別）	**48**	**55**	125	946	386	316.4/500	2.5	2.5
（英数型）	**47**	**55**	50	120	52	263.3/400	2.3	1.7
人間福祉学部								
社会福祉（全学部）	**49**	**52.5**	22	231	82	314.3/550	2.8	2.9
（学部個別）	**48**	**52.5**	18	177	83	219.0/350	2.1	2.5
（英数型）	**49**	**52.5**	15	9	4	266.0/350	2.3	14.0
社会起業（全学部）	**49**	**52.5**	21	164	66	301.1/550	2.5	1.9
（学部個別）	**48**	**52.5**	17	167	79	223.0/350	2.1	2.1
（英数型）	**48**	**52.5**	8	5	1	238.0/350	5.0	5.0
人間科（全学部）	**50**	**52.5**	20	258	110	297.3/550	2.3	2.4
（学部個別）	**49**	**52.5**	16	158	77	216.0/350	2.1	3.0
（英数型）	**50**	**52.5**	9	16	10	229.0/350	1.6	15.0
国際学部								
国際（全学部3科目）	**54**	**62.5**	30	273	43	365.0/550	6.3	6.4
（全学部英語）	**54**	**70**	20	194	22	313.0/400	8.8	7.9
（学部個別）	**55**	**62.5**	30	355	88	332.0/550	4.0	4.8
（英数型）	**53**	**62.5**	25	32	13	321.8/400	2.5	2.5
教育学部								
教育/幼児教育（全学部）	**51**	**55**	28	206	70	300.3/550	2.9	3.1
（全学部理系１）	**51**	**55**		2	1	325.0/450	2.0	—
（全学部理系２）			20	1	1	266.9/450	1.0	—
（学部個別）	**50**	**55**		117	62	285.0/500	1.9	2.5
/初等教育（全学部文系）	**52**	**55**	36	420	141	308.9/550	3.0	3.3
（全学部理系１）	**52**	**55**		21	10	260.3/450	2.1	3.3

学部／学科・課程／専修・専攻・コース	2023年度 駿台予備学校 合格目標ライン	2023年度 河合塾 ボーダー偏差値	2022年度実績 募集人員	受験者数	合格者数	合格最低点	競争率 '22年	競争率 '21年
(全学部理系２)	52	55	26	16	9	256.5/450	1.8	2.8
(学部個別)	52	55		209	106	290.0/500	2.0	2.8
/教育科学(全学部)	51	55	16	166	68	318.6/550	2.4	4.9
(全学部理系１)	51	52.5		14	5	286.0/450	2.8	2.4
(全学部理系２)			13	9	5	274.5/450	1.8	1.8
(学部個別)	51	55		94	51	304.9/500	1.8	4.6
総合政策学部								
(全学部)	50	50	100	919	437	285.0/550	2.1	2.1
(全学部理系)	50	50		94	46	247.6/500	2.0	2.0
(学部個別)	49	50	90	881	408	207.2/400	2.2	2.2
(英数型)	49	52.5	50	91	60	222.3/400	1.5	2.2
理学部								
数理科(全学部総合)	49	52.5	26	222	97	244.9/450	2.3	2.0
(全学部数理重視)	49	52.5		266	116	244.2/450	2.3	1.8
(英数型)	48	52.5	3	23	8	280.0/400	2.9	2.4
物理・宇宙(全学部総合)	50	55	30	414	153	258.4/450	2.7	2.8
(全学部数理重視)	50	52.5		391	146	258.5/450	2.7	2.4
(英数型)	49	52.5	3	42	13	273.0/400	3.2	6.1
化(全学部総合)	48	50	33	277	161	208.1/450	1.7	2.0
(全学部数理重視)	48	50		229	120	207.8/450	1.9	2.1
(英数型)	47	50	3	21	7	252.0/400	3.0	2.3
工学部								
物質工学(全学部総合)	50	50	26	197	122	220.8/450	1.6	1.9
(全学部数理重視)	50	50		166	92	220.0/450	1.8	2.4
(英数型)	48	52.5	3	17	14	198.0/400	1.2	2.2
電気電子応用工学(全学部総合)	50	50	30	245	111	220.2/450	2.2	1.9
(全学部数理重視)	50	50		277	130	230.0/450	2.1	2.0
(英数型)	48	52.5	3	36	19	229.0/400	1.9	1.4
情報工学(全学部総合)	52	55	47	433	141	263.3/450	3.1	3.9
(全学部数理重視)	51	55		427	142	263.0/450	3.0	4.3
(英数型)	49	57.5	4	46	12	285.0/400	3.8	10.0
知能・機械工学(全学部総合)	51	52.5	30	338	147	242.4/450	2.3	3.8
(全学部数理重視)	51	52.5		325	139	242.6/450	2.3	3.8
(英数型)	49	55	3	27	7	279.0/400	3.9	5.4
生命環境学部								
生物科(全学部総合)	51	52.5	30	342	156	237.3/450	2.2	2.6
(全学部数理重視)	51	52.5		247	102	238.4/450	2.4	2.6
(英数型)	49	52.5	4	30	11	263.0/400	2.7	3.0
生命医科／生命医科学(全学部総合)	51	52.5	13	145	60	249.6/450	2.4	3.3
(全学部数理重視)	51	52.5		89	34	250.4/450	2.6	3.7
(英数型)	49	52.5	3	11	4	279.0/400	2.8	3.0

学部／学科・課程／専修・専攻・コース	2023年度 駿台予備学校 合格目標ライン	2023年度 河合塾 ボーダー偏差値	2022年度実績 募集人員	受験者数	合格者数	合格最低点	競争率 '22年	競争率 '21年
／発生再生医科学（全学部総合）	50	52.5	13	56	21	240.1/450	2.7	1.8
（全学部数理重視）	50	52.5		40	19	240.2/450	2.1	2.2
（英数型）	49	52.5	3	7	6	245.0/400	1.2	1.3
／医工学（全学部総合）	49	50	13	37	28	220.9/450	1.3	2.6
（全学部数理重視）	49	50		35	27	213.4/450	1.3	2.8
（英数型）	48	52.5	3	4	2	276.0/400	2.0	3.0
環境応用化（全学部総合）	51	50	42	330	198	208.1/450	1.7	1.7
（全学部数理重視）	51	50		253	163	205.8/450	1.6	1.8
（英数型）	49	52.5	4	30	19	254.0/400	1.6	1.9
建築学部								
建築（全学部総合）	51	50	60	578	290	231.1/450	2.0	2.9
（全学部数理重視）	51	52.5		528	266	231.3/450	2.0	2.7
（英数型）	50	52.5	10	68	36	260.0/400	1.9	2.7

●駿台予備学校合格目標ラインは合格可能性80%に相当する駿台模試の偏差値です。●競争率は受験者÷合格者の実質倍率
●河合塾ボーダー偏差値は合格可能性50%に相当する河合塾全統模試の偏差値です。
※合格最低点は得点調整後の点数です。
※教育学部の2022年度入試では，全学部日程の理系型を２回に分けて実施したため，そのまま掲載しています。

併設の教育機関　大学院

神学研究科

教員数▶８名（前期）
院生数▶20名
博士前期課程▶ ●**神学専攻**　社会とキリスト教界の発展に寄与する，高度な神学の専門家としての能力を磨く。
博士後期課程▶ 神学専攻

文学研究科

教員数▶72名（前期）
院生数▶84名
博士前期課程▶ ●**文化歴史学専攻**　哲学倫理学，美学芸術学，地理学地域文化学，日本史学，アジア史学，西洋史学の６領域を設定。
●**総合心理科学専攻**　心理科学，学校教育学の２領域を設定。
●**文学言語学専攻**　日本文学日本語学，英米文学英語学，フランス文学フランス語学，ドイツ文学ドイツ語学の４領域を設定。
博士後期課程▶ 文化歴史学専攻，総合心理科学専攻，文学言語学専攻

社会学研究科

教員数▶39名（前期）
院生数▶43名
博士前期課程▶ ●**社会学専攻**　現実社会の多様な課題を分析し，解決する力を育み，伸ばす。専門社会調査士の資格取得も可能。
博士後期課程▶ 社会学専攻

法学研究科

教員数▶39名（前期）
院生数▶24名
博士前期課程▶ ●**法学・政治学専攻**　アカデミック，エキスパートの２コースで，法律・政治の高度な研究者，専門家を育成する。
博士後期課程▶ 政治学専攻，基礎法学専攻，民刑事法学専攻

経済学研究科

教員数▶39名（前期）
院生数▶11名

博士前期課程▶ ●経済学専攻　国際的視野と多元的視点を持つ，時代のニーズに合った経済の専門家を育成する。

博士後期課程▶ 経済学専攻

商学研究科

教員数▶31名（前期）
院生数▶20名

博士前期課程▶ ●商学専攻　前期・後期の５年一貫性の研究職コースと，前期課程２年間の専門学識コースを設置。

博士後期課程▶ 商学専攻

理工学研究科

教員数▶85名（前期）
院生数▶579名

博士前期課程▶ ●数理科学専攻　研究領域は解析，代数，幾何，確率論，統計学，最適化，非線形問題，数値解析など多岐に及ぶ。

●物理学専攻　自然界の法則や原理を探求し，宇宙の謎や新素材の創造，新しい技術の開発などについて研究を行う。

●先進エネルギーナノ工学専攻　自然環境保全と経済的成長を両立させ，さらに持続可能な次世代エネルギーのあり方を探究する。

●化学専攻　分析・物理化学系と無機・有機化学系で構成。理学的視点で「化学の基本原理の探究」をめざしている。

●環境・応用化学専攻　社会を支える環境に配慮した「未来のテクノロジー」を創出する。

●生命科学専攻　普遍的な生命現象の解明に加えて，まだ人類が手にしていないバイオテクノロジーの実現に向けた応用研究を展開。

●生命医化学専攻　ヒトの健康維持や疾病の治療に役立つ新たな発見，革新的技術の創出により「ライフイノベーション」に貢献する。

●情報科学専攻　情報通信の発展に貢献するため，コンピュータやネットワークの技術に関して教育と研究を展開。

●人間システム工学専攻　「人が快適に過ごせる環境をどのようにして創るか」をめざし，人を中心とした新しいシステムを開発する。

博士後期課程▶ 数理科学専攻，物理学専攻，先進エネルギーナノ工学専攻，化学専攻，環境・応用化学専攻，生命科学専攻，生命医化学専攻，情報科学専攻，人間システム工学専攻

総合政策研究科

教員数▶50名（前期）
院生数▶36名

博士前期課程▶ ●総合政策専攻　「現場」を重視した実践型教育を推進し，高度な政策分析能力，政策提言能力を磨く。

博士後期課程▶ 総合政策専攻

人間福祉研究科

教員数▶22名（前期）
院生数▶24名

博士前期課程▶ ●人間福祉専攻　人間福祉の諸領域で得た研究内容・成果を広く社会に発信し，社会に貢献する人材を育成する。

博士後期課程▶ 人間福祉専攻

教育学研究科

教員数▶27名（前期）
院生数▶15名

博士前期課程▶ ●教育学専攻　研究者養成，高度教育の２コース。「子ども理解」をベースに，現代社会の教育問題を解決する。

博士後期課程▶ 教育学専攻

国際学研究科

教員数▶27名（前期）
院生数▶５名

博士前期課程▶ ●国際学専攻　北米研究・アジア研究コースとグローバル研究コースを設置。国際的課題，地域の課題解決に貢献するスペシャリストを育成する。

博士後期課程▶ 国際学専攻

言語コミュニケーション文化研究科

教員数▶37名（前期）
院生数▶42名
博士前期課程 ●言語コミュニケーション文化専攻　「英語の関学」の伝統を継承し，言語コミュニケーションの発展に寄与する。
博士後期課程 言語コミュニケーション文化専攻

司法研究科

教員数▶19名
院生数▶85名
専門職学位課程 ●法務専攻　「人権」「企業」「国際」「公務」に強い，法律の高度専門職業人を育成する。

経営戦略研究科

教員数▶56名（うち専門職39名）
院生数▶387名（うち専門職358名）
専門職学位課程 ●経営戦略専攻（ビジネススクール）社会人対象の企業経営戦略コースと，すべての講義を英語で行う国際経営コースを設置。MBA取得可。
●会計専門職専攻（アカウンティングスクール）国際的な水準で経済社会の発展に貢献する職業会計人を育成する。公認会計士短答式試験および税理士試験の科目免除申請可。
博士後期課程 先端マネジメント専攻

併設の教育機関　短期大学

関西学院聖和短期大学

問合せ先　事務室入試・広報担当
☎0798-54-6504
所在地　兵庫県西宮市岡田山7-54

学生数▶女239名
教員数▶教授５名，准教授６名，講師２名

設置学科
●保育科（150）　保育に関する専門的な学びで，子どもの持つ素晴らしい可能性を引き出す力と質の高い保育を提供する力を培う。

卒業後の進路
2022年３月卒業生▶141名
就職123名，大学編入学９名，その他９名

甲南大学（こうなん）

資料請求

問合せ先　アドミッションセンター　☎078-435-2319

建学の精神

経済人としてだけでなく，政治の世界でも活躍した平生釟三郎が，「人格の修養と健康の増進を重んじ，個性を尊重して各人の天賦の特性を伸張させる」を教育理念に掲げ，1919（大正8）年に設立した甲南中学校が，甲南学園の歴史の起点。この教育理念は，人文・自然・社会科学の８学部14学科と大学院４研究科を擁する「ミディアムサイズの総合大学」へと発展したいまも脈々と受け継がれ，国際都市・神戸を拠点に，個々人の天賦の特性を引き出す「人物教育」を実践。専門教育を中心としながら，学部を越えて学ぶ彩り豊かな全学共通教育，さまざまな人たちと交じり合い融合しながら個性を育む正課外教育，これらが一体となった「人物教育のフレームワーク」で，きみたち一人ひとりに秘められた「無限大の可能性」を引き出す取り組みを続けている。

● キャンパス情報はP.1063をご覧ください。

基本データ

学生数▶8,667名（男5,036名，女3,631名）
専任教員数▶教授177名，准教授50名，講師８名
設置学部▶文，経済，法，経営，マネジメント創造，理工，知能情報，フロンティアサイエンス
併設教育機関▶大学院一人文科学・社会科学・自然科学・フロンティアサイエンス（以上M・D）

就職・卒業後の進路

就職率 **98.2%**
就職者÷希望者×100

● **就職支援**　１年次から４年次まで年次ごとに，目標を設定したキャリア教育やキャリア支援講座を配置し，めざす未来の実現をサポート。「OB・OG懇談会」をはじめとした，オール甲南ネットワークを生かしたバックアップ体制で，きめ細かな支援を行っている。

● **資格取得支援**　簿記，ファイナンシャル・プランニング，宅地建物取引士，秘書検定，旅行業務取扱管理者，公務員試験対策といった「キャリアアップ講座」を，リーズナブルな受講料で開講。教員をめざす学生には教職教育センターが手厚くサポートしている。

進路指導者も必見　学生を伸ばす　面倒見

初年次教育	学修サポート
学部融合でプロジェクト学習を行い，コミュニケーション能力や課題発見・問題解決能力，情報発信力を磨く「共通基礎演習」，情報に関する基礎的能力を身につける「IT基礎」（文系学部のみ）のほか，「甲南大学と平生釟三郎」などを開講	オフィスアワー制度，教員アドバイザー制度のほか，文・経済・経営と理系３学部でTA制度，文・法・経営・マネジメント創造・フロンティアサイエンス学部でSA制度を導入。また，教育学習支援センターを設置している

オープンキャンパス（2022年度実績）　春期（４月）・夏期（８月）・秋期（９月）のオープンキャンパスを３キャンパスで同日開催（事前申込制）。入試説明会，学部説明会・模擬講義，キャンパスツアー，個別相談など。

文系学部

2022年３月卒業生
1,796人

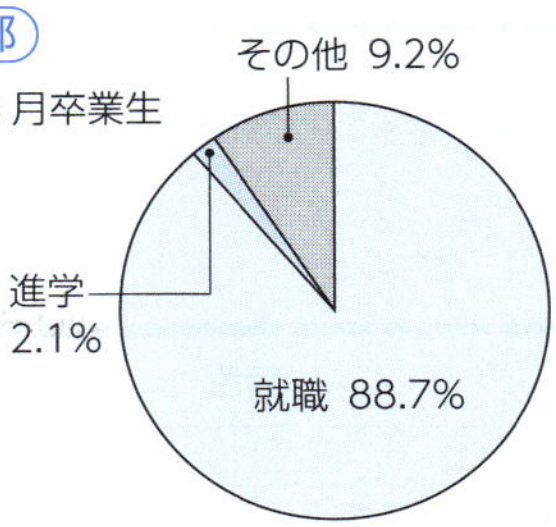

理系学部

2022年３月卒業生
323人

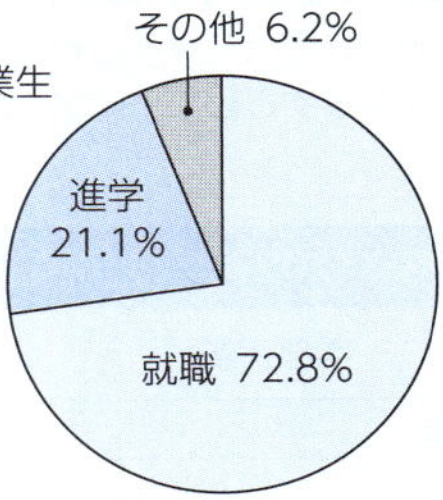

主なOB・OG ▶ ［経済］大谷裕明（YKK社長），［経済］市川典男（象印マホービン社長），［経済］岡崎忠彦（ファミリア社長），［経営］黒田英邦（コクヨ社長），［経営］大吉洋平（毎日放送アナウンサー）など。

国際化・留学　大学間 40 大学・部局間 6 大学

受入れ留学生数 ▶ 31名（2022年５月１日現在）

留学生の出身国 ▶ 中国，韓国，インドネシア，カナダなど。

外国人専任教員 ▶ 教授７名，准教授２名，講師11名（2022年５月１日現在）

外国人専任教員の出身国 ▶ アメリカ，カナダ，韓国，イギリス，オーストラリアなど。

大学間交流協定 ▶ 40大学（交換留学先26大学，2022年５月１日現在）

部局間交流協定 ▶ ６大学（交換留学先３大学，2022年５月１日現在）

海外への留学生数 ▶ 渡航型12名・オンライン型83名／年（８カ国・地域，2021年度）

海外留学制度 ▶ 世界への一歩を踏み出す短期留学のエリアスタディーズ，海外語学講座，中長期の協定校留学，認定校留学など，学生一人ひとりのニーズに合った留学活動を支援。アメリカのイリノイ大学とは，1976年から「甲南-イリノイプログラム」を開始している。

学費・奨学金制度　給付型奨学金総額 年間約 3,000 万円

入学金 ▶ 250,000円

年間授業料（施設費等を除く）▶ 936,000円～（詳細は巻末資料参照）

年間奨学金総額 ▶ 約30,000,000円

年間奨学金受給者数 ▶ 60人

主な奨学金制度 ▶ 「甲南学園奨学金」「中川路奨学金」「甲南大学父母の会奨学金」などの経済支援型，入試出願時に申請する入学前予約型の「甲南大学“わがくるま星につなぐ”甲南の星奨学金」などの制度を設置。また，学費減免制度もあり，2021年度には120人を対象に総額で約3,000万円を減免している。

保護者向けインフォメーション

- **見学会**　「KONAN OPEN DAY（保護者のための大学見学会）」を実施（2022年４月）。
- **広報誌**　「KONAN TODAY」を発行・送付。
- **公開授業**　授業を公開する場を設けている。
- **成績確認**　成績表を郵送している。
- **教育懇談会**　本学および地方会場で教育懇談会を開催し，就職等の個別相談を実施。
- **防災対策**　「災害対策ハンドブック」を入学時に配布（学内にも常設）。被災時の学生の安否は，ポータルサイトを利用して確認する。
- **コロナ対策１**　ワクチンの職域接種を実施。感染状況に応じた３段階のBCP（行動指針）を設定している。「コロナ対策２」（下段）あり。

インターンシップ科目	必修専門ゼミ	卒業論文	GPA制度の導入の有無および活用例	１年以内の退学率	標準年限での卒業率
全学部で開講している	全学部で１年次に実施	法・経済・経営学部と理工学部生物学科を除き卒業要件	学生に対する個別の学修指導，奨学金や授業料免除対象者の選定，留学候補者の選考のほか，一部の学部で大学院入試の選抜に活用	1.1%	92.7%

● **コロナ対策２**　感染状況に応じて対面授業とオンライン授業を併用。入構時にサーモグラフィーによる検温と消毒を行うとともに，教室では換気を徹底し，収容人数を調整。家計急変学生に対する授業料特別減免も実施。

2024年度学部改組構想（予定）

●学部等が組織の垣根を越えて連携し，グローバル人材として世界基準で考え，社会の第一線で活躍する人物を育成する「グローバル教養学位プログラム」を，岡本キャンパスに設置構想中（入学定員25名）。

学部紹介（2023年2月現在）

学部／学科	定員	特色
文学部		
日本語日本文	70	▷日本語を学問として探究し，日本語で表現された文学を深く理解する学びから，日本語による理解力と表現力を磨く。
英語英米文	90	▷英語というコミュニケーションツールを使いこなせる実践的な英語力を身につけ，世界で活躍できる人材を育成する。
社会	90	▷日常生活から国際社会まで無限大のフィールドを学びの場に，調査データから社会と文化の意味を解明し，発信する。
人間科	95	▷心理学，哲学，芸術学の知を関連づけながら，理論と実践の両面から「人間とは何か」を探究し，社会の諸問題を多角的にとらえ，柔軟に問題解決できる人材を育成する。
歴史文化	60	▷時代やエリアにとらわれず，時間の縦軸と地域・文化の横軸を交差させて，歴史，地理，民俗を立体的に幅広く学ぶ。博物館学芸員の資格取得も可能。
●**取得可能な資格**…教職（国・地歴・公・社・英），司書，司書教諭，学芸員など。 ●**進路状況**…………就職85.9％　進学3.8％ ●**主な就職先**………タカラスタンダード，ヨドバシカメラ，兵庫県など教育委員会，兵庫県庁など。		
経済学部		
経済	345	▷理論・情報，財政・金融，公共経済，国際経済，産業・企業，歴史・思想の６つの領域から世の中の成り立ちと仕組みを理解し，課題を見つけ，人を幸せにする方法を考察する。
●**取得可能な資格**…教職（地歴・公・社），司書，司書教諭。 ●**進路状況**…………就職90.7％　進学0.8％ ●**主な就職先**………兵庫信用金庫，生活協同組合コープ神戸，大和ハウス工業，第一生命保険など。		
法学部		
法	345	▷社会の基盤となる法学と政治学を中心に，歴史学，経済学，社会学といった隣接分野も包括的に学ぶことで，幅広い教養と柔軟な思考力を身につける。
●**取得可能な資格**…教職（地歴・公・社），司書，司書教諭。 ●**進路状況**…………就職86.4％　進学3.3％ ●**主な就職先**………兵庫県庁，兵庫県・大阪府警察本部，大阪国税局，みなと銀行，日本年金機構など。		
経営学部		
経営	345	▷経営学，会計学，商学の３分野の学びから，企業経営を深く理解した，ビジネス社会のリーダーを育成する。実学に重点を置いたビジネス・リーダー養成プログラムを設置。
●**取得可能な資格**…教職（公・社・商業），司書，司書教諭。 ●**進路状況**…………就職89.2％　進学1.5％ ●**主な就職先**………尼崎信用金庫，加藤産業，日本生命保険，アイリスオーヤマ，グローリーなど。		

キャンパスアクセス ［岡本キャンパス］ 阪急神戸線―岡本より徒歩10分／JR神戸線―摂津本山より徒歩12分

マネジメント創造学部		
マネジメント創造	180	▷予測不可能な現代社会を生き抜くために必要な課題解決力とグローバル力を育み，高い知性と人間性を持った「自ら考え行動する」人材を養成する。

● 進路状況…………就職95.0%　進学1.1%
● 主な就職先………アパホテル，エン・ジャパン，池田泉州銀行，サントリーホールディングスなど。

理工学部		
物理	50	▷宇宙理学，物理工学の２コース。物理法則という自然界の真理を理解し，さらに未来へと役立てる。
生物	45	▷基礎となる生命への理解を，遺伝子，タンパク質から細胞，個体，生態，進化に至る幅広い領域から深める。
機能分子化	60	▷次世代の機能性材料を開発し，エネルギーや資源，環境などの現代社会が抱える諸問題を解決する力を身につける。

● 取得可能な資格…教職（理），司書，司書教諭，学芸員など。
● 進路状況…………就職64.7%　進学27.5%
● 主な就職先………内田洋行，ゼリア新薬工業，Mizkan，ビオフェルミン製薬，エスケー化研など。

知能情報学部		
知能情報	120	▷自動運転やロボットなど，現代のイノベーションを支える情報技術の基礎から応用まで身につけた，AI時代に求められる人材を育成する。

● 取得可能な資格…教職（数・情），司書，司書教諭。
● 進路状況…………就職90.6%　進学4.7%
● 主な就職先………さくらケーシーエス，エヌ・ティ・ティ・データ関西，富士通，楽天グループなど。

フロンティアサイエンス学部		
生命化	45	▷ナノとバイオが融合したナノバイオテクノロジー（生命化学）で，生命，医療，食品，環境，創薬，新素材，エレクトロニクスなど幅広い分野への応用技術を研究する。

● 進路状況…………就職48.8%　進学46.5%
● 主な就職先………コベルコ科研，新日本科学PPD，大成化工，旭酒造，ナチュラルノーサンなど。

キャンパス

文・経済・法・経営・理工・知能情報……［岡本キャンパス］兵庫県神戸市東灘区岡本8-9-1
マネジメント創造……［西宮キャンパス］兵庫県西宮市高松町8-33
フロンティアサイエンス……［ポートアイランドキャンパス］兵庫県神戸市中央区港島南町7-1-20

2023年度入試要項（前年度実績）

●募集人員

学部／学科		一般前期	一般中期	一般後期
▶文　日本語日本文	3教34	3	—
	2教4		
英語英米文	3教40	6	—
	2教5		
社会	3教30	6	—
	2教4		
人間科	3教41	6	—
	2教4		
歴史文化	3教30	3	—
	2教1		
▶経済　経済	3教135	22	20
	2教20		
▶法　法	3教120	15	25
	2教20		
▶経営　経営	3教130	20	15
	2教25		
▶マネジメント創造　マネジメント創造	3教60	10	5
	2教12		

キャンパスアクセス［西宮キャンパス］阪急神戸線―西宮北口より徒歩３分／JR神戸線―西宮よりバス５分または徒歩13分

▶理工	物理	3教20	5	4
	生物	3教25	6	—
	機能分子化	3教20	10	4
▶知能情報	知能情報	3教42	10	—
		2教20		
▶フロンティアサイエンス	生命化	3教12	5	—
		2教12		

※全学部において，一般選抜前期・中期日程の募集人員には，外部英語試験活用型を含む。さらに，理工学部の前期・中期日程には，物理学科と機能分子化学科は一般型２教科判定方式の，生物学科は一般型および外部英語試験活用型２教科判定方式の募集人員を含む。また，フロンティアサイエンス学部の中期には，一般型および外部英語試験活用型２教科判定方式の募集人員を含む。
※次のように略しています。教科→教。

▷全学部で実施する一般選抜前期・中期日程外部英語試験活用型は，指定された外部英語試験（ケンブリッジ英検〈Overall Score120以上も対象とする〉，TOEFL iBT，IELTS〈アカデミック・モジュールに限る〉，GTEC〈オフィシャルスコアに限る。CBTも対象とする〉，TEAP，TEAP CBT，英検〈英検S-CBT，英検CBT，英検S-Interviewも対象とする〉）の英語能力基準（スコア）を満たしている者のみ出願が可能。英語能力基準のスコアは，ケンブリッジ英検と英検を除き，2021年１月１日以降の受験に限る。
▷理工学部とフロンティアサイエンス学部で実施する２教科判定方式は，前期日程または中期日程の３教科一般型または外部英語試験活用型への出願が必須のオプション入試。

文学部

一般選抜前期日程３教科一般型・外部英語試験活用型 3～2科目 ①国（200）▶国総（漢文を除く）・現文Ｂ・古典Ｂ（漢文を除く） ②外（200）▶コミュ英Ⅰ・コミュ英Ⅱ・コミュ英Ⅲ・英表Ⅰ・英表Ⅱ ③地歴・数（歴史文化200・その他の学科100）▶世Ｂ・日Ｂ・「数Ⅰ・数Ⅱ・数Ａ・数Ｂ（数列・ベク）」から１
※外部英語試験活用型は，外部英語試験の得点などを外国語の得点（200）にみなし換算して判定する。

一般選抜前期日程２教科一般型・外部英語試験活用型 2～1科目 ①国（200）▶国総（漢文を除く）・現文Ｂ・古典Ｂ（漢文を除く） ②外（英語英米文300・その他の学科200）▶コミュ英Ⅰ・コミュ英Ⅱ・コミュ英Ⅲ・英表Ⅰ・英表Ⅱ
※外部英語試験活用型は，外部英語試験の得点などを外国語の得点（英語英米文300・その他の学科200）にみなし換算して判定する。

一般選抜前期中期日程３教科一般型・外部英語試験活用型 3～2科目 ①国（歴史文化100・その他の学科200）▶国総（古文・漢文を除く）・現文Ｂ ②外（歴史文化100・その他の学科200）▶コミュ英Ⅰ・コミュ英Ⅱ・コミュ英Ⅲ・英表Ⅰ・英表Ⅱ ③地歴・数（日本語日本文・英語英米文・社会100，人間科・歴史文化200）▶世Ｂ・日Ｂ・地理Ｂ・「数Ⅰ・数Ⅱ・数Ａ・数Ｂ（数列・ベク）」から１
※外部英語試験活用型は，外部英語試験の得点などを外国語の得点（歴史文化100・その他の学科200）にみなし換算して判定する。

経済学部

一般選抜前期日程３教科一般型・外部英語試験活用型 3～2科目 ①国（100）▶国総（漢文を除く）・現文Ｂ・古典Ｂ（漢文を除く） ②外（100）▶コミュ英Ⅰ・コミュ英Ⅱ・コミュ英Ⅲ・英表Ⅰ・英表Ⅱ ③地歴・数（100）▶世Ｂ・日Ｂ・「数Ⅰ・数Ⅱ・数Ａ・数Ｂ（数列・ベク）」から１
※外部英語試験活用型は，外部英語試験の得点などを外国語の得点（100）にみなし換算して判定する。

一般選抜前期日程２教科一般型・外部英語試験活用型 2～1科目 ①国（100）▶国総（漢文を除く）・現文Ｂ・古典Ｂ（漢文を除く） ②外（200）▶コミュ英Ⅰ・コミュ英Ⅱ・コミュ英Ⅲ・英表Ⅰ・英表Ⅱ
※外部英語試験活用型は，外部英語試験の得点などを外国語の得点（200）にみなし換算して判定する。

一般選抜前期中期日程３教科一般型・外部英語試験活用型 3～2科目 ①国（100）▶国総（古文・漢文を除く）・現文Ｂ ②外（100）▶コミュ英Ⅰ・コミュ英Ⅱ・コミュ英Ⅲ・英表Ⅰ・英表Ⅱ ③地歴・数（100）▶世Ｂ・日Ｂ・地理Ｂ・

キャンパスアクセス［ポートアイランドキャンパス］神戸新交通ポートアイランド線（ポートライナー）―計算科学センターより徒歩４分

「数Ⅰ・数Ⅱ・数A・数B（数列・ベク）」から1
※外部英語試験活用型は，外部英語試験の得点などを外国語の得点（100）にみなし換算して判定する。
一般選抜後期日程　1科目　①外（200）▶コミュ英Ⅰ・コミュ英Ⅱ・コミュ英Ⅲ・英表Ⅰ・英表Ⅱ

法学部

一般選抜前期日程3教科一般型・外部英語試験活用型　3〜2科目　①国（150）▶国総（漢文を除く）・現文B・古典B（漢文を除く）　②外（150）▶コミュ英Ⅰ・コミュ英Ⅱ・コミュ英Ⅲ・英表Ⅰ・英表Ⅱ　③**地歴・数**（100）▶世B・日B・「数Ⅰ・数Ⅱ・数A・数B（数列・ベク）」から1
※外部英語試験活用型は，外部英語試験の得点などを外国語の得点（150）にみなし換算して判定する。
一般選抜前期日程2教科一般型・外部英語試験活用型　2〜1科目　①国（200）▶国総（漢文を除く）・現文B・古典B（漢文を除く）　②外（200）▶コミュ英Ⅰ・コミュ英Ⅱ・コミュ英Ⅲ・英表Ⅰ・英表Ⅱ
※外部英語試験活用型は，外部英語試験の得点などを外国語の得点（200）にみなし換算して判定する。
一般選抜前期中期日程3教科一般型・外部英語試験活用型　3〜2科目　①国（150）▶国総（古文・漢文を除く）・現文B　②外（150）▶コミュ英Ⅰ・コミュ英Ⅱ・コミュ英Ⅲ・英表Ⅰ・英表Ⅱ　③**地歴・数**（100）▶世B・日B・地理B・「数Ⅰ・数Ⅱ・数A・数B（数列・ベク）」から1
※外部英語試験活用型は，外部英語試験の得点などを外国語の得点（150）にみなし換算して判定する。
一般選抜後期日程　1科目　①外（200）▶コミュ英Ⅰ・コミュ英Ⅱ・コミュ英Ⅲ・英表Ⅰ・英表Ⅱ

経営学部

一般選抜前期日程3教科一般型・外部英語試験活用型　3〜2科目　①国（200）▶国総（漢文を除く）・現文B・古典B（漢文を除く）　②外（200）▶コミュ英Ⅰ・コミュ英Ⅱ・コミュ英Ⅲ・英表Ⅰ・英表Ⅱ　③**地歴・数**（100）▶世B・日B・「数Ⅰ・数Ⅱ・数A・数B（数列・ベク）」から1
※外部英語試験活用型は，外部英語試験の得点などを外国語の得点（200）にみなし換算して判定する。
一般選抜前期日程2教科一般型・外部英語試験活用型　2〜1科目　①国（100）▶国総（漢文を除く）・現文B・古典B（漢文を除く）　②外（100）▶コミュ英Ⅰ・コミュ英Ⅱ・コミュ英Ⅲ・英表Ⅰ・英表Ⅱ
※外部英語試験活用型は，外部英語試験の得点などを外国語の得点（100）にみなし換算して判定する。
一般選抜前期中期日程3教科一般型・外部英語試験活用型　3〜2科目　①国（200）▶国総（古文・漢文を除く）・現文B　②外（200）▶コミュ英Ⅰ・コミュ英Ⅱ・コミュ英Ⅲ・英表Ⅰ・英表Ⅱ　③**地歴・数**（100）▶世B・日B・地理B・「数Ⅰ・数Ⅱ・数A・数B（数列・ベク）」から1
※外部英語試験活用型は，外部英語試験の得点などを外国語の得点（200）にみなし換算して判定する。
一般選抜後期日程　1科目　①外（200）▶コミュ英Ⅰ・コミュ英Ⅱ・コミュ英Ⅲ・英表Ⅰ・英表Ⅱ

マネジメント創造学部

一般選抜前期日程3教科一般型・外部英語試験活用型　3〜2科目　①国（100）▶国総（漢文を除く）・現文B・古典B（漢文を除く）　②外（200）▶コミュ英Ⅰ・コミュ英Ⅱ・コミュ英Ⅲ・英表Ⅰ・英表Ⅱ　③**地歴・数**（100）▶世B・日B・「数Ⅰ・数Ⅱ・数A・数B（数列・ベク）」から1
※外部英語試験活用型は，外部英語試験の得点などを外国語の得点（200）にみなし換算して判定する。
一般選抜前期日程2教科一般型・外部英語試験活用型　2〜1科目　①国（100）▶国総（漢文を除く）・現文B・古典B（漢文を除く）　②外（150）▶コミュ英Ⅰ・コミュ英Ⅱ・コミュ英Ⅲ・英表Ⅰ・英表Ⅱ
※外部英語試験活用型は，外部英語試験の得点などを外国語の得点（150）にみなし換算し

て判定する。

一般選抜前期中期日程３教科一般型・外部英語試験活用型 3~2科目 ①国(100)▶国総(古文・漢文を除く)・現文B ②外(200)▶コミュ英Ⅰ・コミュ英Ⅱ・コミュ英Ⅲ・英表Ⅰ・英表Ⅱ ③地歴・数(100)▶世B・日B・地理B・「数Ⅰ・数Ⅱ・数A・数B(数列・ベク)」から1

※外部英語試験活用型は，外部英語試験の得点などを外国語の得点(200)にみなし換算して判定する。

一般選抜後期日程 2科目 ①外(200)▶コミュ英Ⅰ・コミュ英Ⅱ・コミュ英Ⅲ・英表Ⅰ・英表Ⅱ ②面接(100)▶個人面接または集団面接(英語での質疑応答を含むことがある)

理工学部

一般選抜前期・中期日程３教科一般型・外部英語試験活用型 【物理学科】 3~2科目 ①外(100)▶コミュ英Ⅰ・コミュ英Ⅱ・コミュ英Ⅲ・英表Ⅰ・英表Ⅱ ②数(100)▶数Ⅰ・数Ⅱ・数Ⅲ・数A・数B(数列・ベク) ③理(100)▶「物基・物」・「化基・化」・「生基・生」から1

※外部英語試験活用型は，外部英語試験の得点などを外国語の得点(100)にみなし換算して判定する。

※３科目を受験し，数学と理科の２教科で判定する３教科一般型２教科判定方式(100×2)の併願可。ただし，２教科判定方式のみの出願不可。

【生物学科】 3~2科目 ①外(100)▶コミュ英Ⅰ・コミュ英Ⅱ・コミュ英Ⅲ・英表Ⅰ・英表Ⅱ ②数(100)▶数Ⅰ・数Ⅱ・数A・数B(数列・ベク) ③理(100)▶「物基・物」・「化基・化」・「生基・生」から1

※外部英語試験活用型は，外部英語試験の得点などを外国語の得点(100)にみなし換算して判定する。

※３科目を受験し，外国語と理科の２教科で判定する３教科一般型2教科判定方式(100×2)，および３教科外部英語試験活用型で受験した数学と理科のうち，理科の得点(100)と外部英語試験のみなし得点(100)で判定する３教科外部英語試験活用型２教科判定方式の併願可。ただし，２教科判定方式のみの出願不可。

【機能分子化学科】 3科目 ①外(100)▶コミュ英Ⅰ・コミュ英Ⅱ・コミュ英Ⅲ・英表Ⅰ・英表Ⅱ ②数(100)▶「数Ⅰ・数Ⅱ・数Ⅲ・数A・数B(数列・ベク)」・「数Ⅰ・数Ⅱ・数A・数B(数列・ベク)」から1 ③理(100)▶「物基・物」・「化基・化」・「生基・生」から1

※外部英語試験活用型は，外部英語試験の得点などを外国語の得点(100)にみなし換算して判定する。

※３科目を受験し，数学と理科の２教科で判定する３教科一般型２教科判定方式(100×2)の併願可。ただし，２教科判定方式のみの出願不可。

一般選抜後期日程 【物理学科】 3科目 ①外(100)▶コミュ英Ⅰ・コミュ英Ⅱ・コミュ英Ⅲ・英表Ⅰ・英表Ⅱ ②数(200)▶数Ⅰ・数Ⅱ・数Ⅲ・数A・数B(数列・ベク) ③面接(100)▶個人面接(物理の基礎学力と学習意欲を試す)

【機能分子化学科】 2科目 ①外(100)▶コミュ英Ⅰ・コミュ英Ⅱ・コミュ英Ⅲ・英表Ⅰ・英表Ⅱ ②小論文(100)▶化学の基礎学力と論理的思考力を試す

知能情報学部

一般選抜前期・中期日程３教科一般型・外部英語試験活用型 3~2科目 ①外(100)▶コミュ英Ⅰ・コミュ英Ⅱ・コミュ英Ⅲ・英表Ⅰ・英表Ⅱ ②数(100)▶「数Ⅰ・数Ⅱ・数Ⅲ・数A・数B(数列・ベク)」・「数Ⅰ・数Ⅱ・数A・数B(数列・ベク)」から1 ③理(100)▶「物基・物」・「化基・化」・「生基・生」から1

※外部英語試験活用型は，外部英語試験の得点などを外国語の得点(100)にみなし換算して判定する。

一般選抜前期日程２教科一般型・外部英語試験活用型 2~1科目 ①外(100)▶コミュ英Ⅰ・コミュ英Ⅱ・コミュ英Ⅲ・英表Ⅰ・英表Ⅱ ②数(200)▶数Ⅰ・数Ⅱ・数Ⅲ・数A・数B(数列・ベク)

※外部英語試験活用型は，外部英語試験の得点などを外国語の得点(100)にみなし換算して判定する。

フロンティアサイエンス学部

一般選抜前期・中期日程３教科一般型・外部英

語試験活用型　3〜2科目　①外(100)▶コミュ英Ⅰ・コミュ英Ⅱ・コミュ英Ⅲ・英表Ⅰ・英表Ⅱ　②数(100)▶「数Ⅰ・数Ⅱ・数Ⅲ・数A・数B(数列・ベク)」・「数Ⅰ・数Ⅱ・数A・数B(数列・ベク)」から1　③理(200)▶「物基・物」・「化基・化」・「生基・生」から1
※外部英語試験活用型は，外部英語試験の得点などを外国語の得点(100)にみなし換算して判定する。
※中期日程において，３科目を受験し，外国語と数学のうち，高得点の１教科(100)と理科(200)の２教科で判定する３教科一般型2教科判定方式，および３教科外部英語試験活用型で受験した数学と理科のうち，理科の得点(200)と外部英語試験のみなし得点(100)で判定する３教科外部英語試験活用型２教科判定方式の併願可。ただし，２教科判定方式のみの出願不可。

一般選抜前期日程２教科一般型・外部英語試験活用型　2〜1科目　①外(100)▶コミュ英Ⅰ・コミュ英Ⅱ・コミュ英Ⅲ・英表Ⅰ・英表Ⅱ　②理(200)▶「化基・化」・「生基・生」から1
※外部英語試験活用型は，外部英語試験の得点などを外国語の得点(100)にみなし換算して判定する。

その他の選抜

一般選抜共通テスト併用型は文学部30名，経済学部20名，法学部35名，経営学部30名，マネジメント創造学部５名，理工学部20名，知能情報学部８名，フロンティアサイエンス学部２名を，一般選抜共通テスト利用型は文学部16名，経済学部13名，法学部20名，経営学部15名，マネジメント創造学部５名，理工学部８名，知能情報学部７名，フロンティアサイエンス学部２名を，総合型選抜公募制推薦入試は文学部45名，経済学部20名，法学部25名，経営学部40名，マネジメント創造学部45名，理工学部17名，知能情報学部15名，フロンティアサイエンス学部10名を募集。ほかに学校推薦型選抜(経営学部高等学校商業科推薦入試，理工学部高等学校工業科推薦入試)，総合型選抜スポーツ能力に優れた者の推薦入試，帰国生選抜入試，外国人留学生(正規留学生)入試を実施。

偏差値データ(2023年度)

●一般選抜前期日程３教科一般型

学部／学科／コース	2023年度 駿台予備学校 合格目標ライン	2023年度 河合塾 ボーダー偏差値	2022年度 競争率
▶文学部			
日本語日本文	46	47.5	2.4
英語英米文	47	50	1.9
社会	46	47.5	2.9
人間科	47	50	2.6
歴史文化	46	52.5	3.5
▶経済学部			
経済	43	47.5	2.9
▶法学部			
法	44	47.5	2.7
▶経営学部			
経営	43	50	3.3
▶マネジメント創造学部			
マネジメント創造	45	47.5	1.8
▶理工学部			
物理	43	45	2.0
生物	43	47.5	2.0
機能分子化	43	45	1.7
▶知能情報学部			
知能情報	44	45	2.0
▶フロンティアサイエンス学部			
生命化	44	42.5	1.3

- 駿台予備学校合格目標ラインは合格可能性80％に相当する駿台模試の偏差値です。
- 河合塾ボーダー偏差値は合格可能性50％に相当する河合塾全統模試の偏差値です。
- 競争率は2022年度一般選抜前期全体の受験者÷合格者の実質倍率

神戸学院大学（こうべがくいん）

資料請求

問合せ先　入学・高大接続センター　☎078-974-1972

建学の精神

「真理愛好・個性尊重」を建学の精神に掲げて，1966（昭和41）年に設立された，神戸市内で最大規模の文理融合型私立総合大学。社会問題のグローバル化や複雑化が進む時代を生きるために，専門性を深め視野を広げる学びの場を豊富に用意。医療・福祉系４学部総合で学ぶ「IPE（専門職連携教育）」をはじめ，キャンパス外で社会人と協働して行う自治体との連携プログラムなどはその代表的な取り組みであり，10学部を擁する総合大学の特長を生かした共通教育プログラムでは，各学部の教員から，今まで以上に専門的な知識を学べるカリキュラムを作成するなど，幅広い学びを深化させる計画も進行中。「学生が成長を実感できる大学」をめざして，神戸学院大学は，時代の変化をただ受け入れるだけでなく，変化を自ら起こそうと挑んでいる。

- ポートアイランド第１キャンパス…〒650-8586　兵庫県神戸市中央区港島1-1-3
- ポートアイランド第２キャンパス…〒650-0045　兵庫県神戸市中央区港島1-3-11
- 有瀬キャンパス…………………………〒651-2180　兵庫県神戸市西区伊川谷町有瀬518

基本データ

学生数▶11,233名（男6,812名，女4,421名）

専任教員数▶教授160名，准教授75名，講師62名

設置学部▶法，経済，経営，人文，心理，現代社会，グローバル・コミュニケーション，総合リハビリテーション，栄養，薬

併設教育機関▶大学院（P.1071参照）

就職・卒業後の進路

就職率 **97.4**%
就職者÷希望者×100

●**就職支援**　１・２年次対象就職ガイダンスやキャリア教育分野科目などにより，低学年次から卒業後の進路を意識して主体的に学ぶ習慣づくりを支援。外見力アップ講座など，採用担当者の印象をアップさせる支援も実施。

●**資格取得支援**　注目のデータサイエンス分野の資格講座をはじめ，社会のニーズに合わせた講座を多数ラインナップ。学外スクールより安価に受講できることもポイントで，年間延べ1,500名以上の学生が利用している。

進路指導者も必見
学生を伸ばす 面倒見

初年次教育	学修サポート
「基礎演習」科目などを全学部で行うほか，学部により，「文章表現Ⅰ・Ⅱ」「情報処理実習C」「ICT実習Ⅰ・Ⅱ」「データ分析実習Ⅰ・Ⅱ」「数的思考Ⅰ・Ⅱ」などの科目を開講し，専門性を高めるための基礎を磨いている	オフィスアワー制度（全学部），教員アドバイザー制度（全学部），TA制度（心理・現代社会・GCを除く），SA制度（法・薬）を導入。また，各学部の先輩学生が新入生からの相談事項に対応する「新入生なんでも案内」を実施

オープンキャンパス（2022年度実績）　ポートアイランド第１キャンパスで６月（薬学部のみ）・８月・９月（全学部），有瀬キャンパスで６月（薬を除く９学部）・８月に実施（事前申込制）。オンラインのイベントも多数開催。

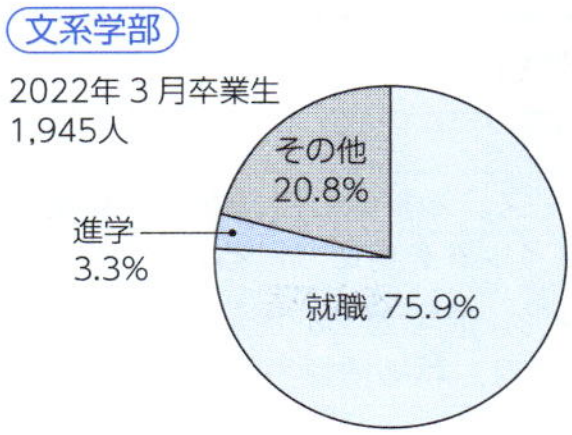

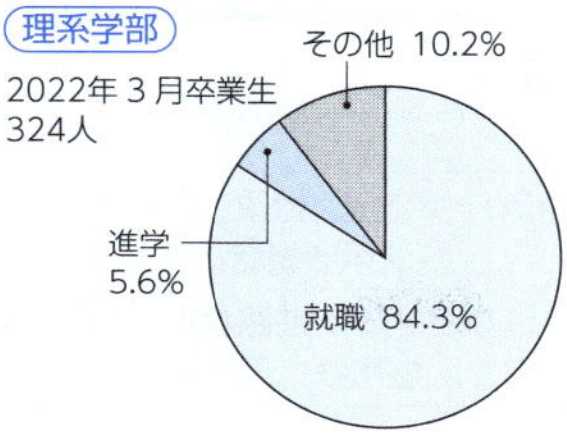

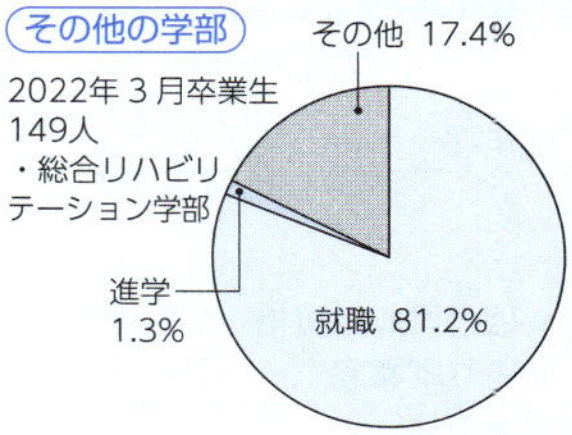

主なOB・OG▶［法］石井稔晃（ナルミヤ・インターナショナル社長）・桑原理哲（東洋証券社長）・武井壮（元陸上競技選手，タレント），［経済］松永恭二（香川県丸亀市長）・井上裕介（お笑い芸人）など。

国際化・留学　大学間 59 大学等・部局間 15 大学等

受入れ留学生数▶198名（2022年５月１日現在）

留学生の出身国・地域▶中国，ベトナム，インドネシア，韓国，イギリス，台湾など。

外国人専任教員▶教授３名，准教授２名，講師３名（2022年５月１日現在）

外国人専任教員の出身国▶アメリカ，中国，イギリスなど。

大学間交流協定▶59大学・機関（交換留学先９大学，2022年９月１日現在）

部局間交流協定▶15大学・機関（交換留学先１大学，2022年９月１日現在）

海外への留学生数▶渡航型７名・オンライン型151名／年（７カ国・地域，2021年度）

海外留学制度▶交流協定校に半年から１年間留学する長期留学制度（交換・派遣留学）や短期海外研修，グローバル・コミュニケーション学部セメスター留学などを実施するほか，オンライン国際交流イベントも多数開催。コンソーシアムは，日露大学協会に参加。

学費・奨学金制度　給付型奨学金総額 年間約 9,238 万円

入学金▶300,000円～

年間授業料（施設費等を除く）▶730,000円～（詳細は巻末資料参照）

年間奨学金総額▶92,383,000円

年間奨学金受給者数▶300人

主な奨学金制度▶経済支援の「神戸学院大学支給奨学金」や「神戸学院大学同窓会給付奨学金」のほか，「神戸学院大学奨励金」「学校法人神戸学院溝口奨励金」などの制度を設置。特待生制度をはじめとする学費減免の制度も用意されており，2021年度には286人を対象に総額で約7,778万円を減免している。

保護者向けインフォメーション

● **オープンキャンパス**　通常のオープンキャンパス時に保護者対象説明を実施している。

● **パンフレット**　『保護者の方必見！ 神戸学院大学の「リアル」が見える本』を発行。

● **成績確認**　学生の成績や授業への出席状況などのWeb閲覧が可能（2022年度後期より）。

● **父兄会**　教育後援会（父兄会）を組織し，教育懇談会や大学見学会（大学祭期間中），就職説明会（５～７月）など多彩な行事を開催。

● **防災対策**　事象別危機管理マニュアルが掲載されている「Student Diary」を入学時に配布。災害時の学生の状況は，メールおよびポータルサイトを利用して確認するようにしている。

● **コロナ対策１**　感染状況に応じたBCP（行動指針）を設定。「コロナ対策２」（下段）あり。

インターンシップ科目	必修専門ゼミ	卒業論文	GPA制度の導入の有無および活用例	１年以内の退学率	標準年限での卒業率
経済・経営・人文・現社・GCで開講	現代社会学部（３・４年次），総合リハビリテーション学部（１～４年次），栄養学部（４年次），薬学部（４～６年次）で実施	人文・心理・現代社会・総合リハビリ・薬学部は卒業要件	奨学金等対象者選定や留学候補者選考のほか，学部により進級判定，大学院入試選抜，個別の学修指導，履修上限単位数の設定などに活用	1.0%	80.8%（４年制）70.4%（薬）

● **コロナ対策２**　換気のためのサーキュレータや情報処理実習室などにアクリル板仕切りを設置したほか，遠隔授業用にZoomアカウントを付与。経済的支援として，収入が減少した世帯の学生に対し授業料の減免を実施。

学部紹介

学部／学科	定員	特色
法学部		
法律	450	▷法職，行政，企業法の３コース。本質的な課題を突き止め，解決策を導き出すリーガルマインドを身につける。
●取得可能な資格…教職（地歴・公・社）など。　●進路状況…就職74.9%　進学2.5% ●主な就職先………アイリスオーヤマ，阪急電鉄，厚生労働省，兵庫県庁，兵庫県警察本部など。		
経済学部		
経済	340	▷生活経済，企業経済，公共経済の３コース。「ヒト・モノ・カネ」の流れを把握し，未来を見つめる視点を培う。
●取得可能な資格…教職（地歴・公・社），学芸員。　●進路状況…就職78.6%　進学0.5% ●主な就職先………大和ハウス工業，神戸信用金庫，コスモス薬品，兵庫県庁，神戸市役所など。		
経営学部		
経営	340	▷2023年度より，経営・会計とデータサイエンスの２専攻制に改組。グローバル社会に対応できるよう語学力養成も重視。
●取得可能な資格…教職（公・社）。　●進路状況…就職79.3%　進学2.1% ●主な就職先………アイリスオーヤマ，マイナビ，みなと銀行，日本生命保険，東京消防庁など。		
人文学部		
人文	300	▷人間を軸に物事をとらえることで多様な考え方に気づき，俯瞰的に物事を見る眼を養い，確かな人間力を身につける。
●取得可能な資格…教職（国・地歴・公・社・英），学芸員。　●進路状況…就職71.7%　進学2.4% ●主な就職先………大塚製薬，阪急電鉄，みなと銀行，かんぽ生命保険，芦屋市役所，堺市役所など。		
心理学部		
心理	150	▷医療，福祉，教育，司法，産業といったさまざまなフィールドにおける心理学を学び，社会問題を解決に導く力を養う。
●取得可能な資格…教職（公）など。　●進路状況…就職56.2%　進学21.5% ●主な就職先………ダスキン，エン・ジャパン，播州信用金庫，日新信用金庫，法務省，マルアイなど。		
現代社会学部		
現代社会	130	▷市民と生活，仕事と産業，地域と文化の３つの学修領域から多角的に現代社会を読み解き，実践力を培う。
社会防災	90	▷市民，行政，社会貢献の視点で実践力を磨くプロジェクト型実習を行い，誰もが安心して暮らせる街を支える力を養う。
●取得可能な資格…教職（公・社）など。　●進路状況…就職83.6%　進学3.1% ●主な就職先………関西電力，住友生命保険，海上保安庁，兵庫県警察本部，神戸市消防局など。		
グローバル・コミュニケーション学部		
グローバル・コミュニケーション	180	▷〈英語コース120名，中国語コース30名，日本語コース30名〉異文化間で意思疎通する能力を実践的に鍛え，世界で活躍できる人材を育成する。日本語コースは外国人留学生対象。
●取得可能な資格…教職（英）。　●進路状況…就職76.5%　進学2.0% ●主な就職先………マイナビ，フジドリームエアラインズ，みずほ証券，住友生命保険，警視庁など。		
総合リハビリテーション学部		
理学療法	40	▷専門性の高い運動知識と技術を修得し，生活復帰をサポートする理学療法のプロフェッショナルを育成する。
作業療法	40	▷身体的だけでなく心へのアプローチにも努め，あらゆる作業を通して人々の生活機能の回復を支援する専門家を育成。

キャンパスアクセス［ポートアイランド第１・第２キャンパス］ ポートライナー―みなとじまより徒歩６分／JR神戸線―三ノ宮より直通バス14分／JR神戸線―神戸より直通バス15分

社会リハビリテーション	90	▷社会福祉士，生活福祉デザインの２コース。人々のQOLの向上を支援するプロフェッショナルを育成する。

● **取得可能な資格**…教職（公・社・福），理学療法士・作業療法士・社会福祉士・精神保健福祉士受験資格など。
● **進路状況**…………就職81.2%　進学1.3%
● **主な就職先**………兵庫県社会福祉事業団，大阪府社会福祉事業団，兵庫県庁，愛媛県庁など。

栄養学部

栄養	160	▷管理栄養学専攻（95名）と臨床検査学専攻（65名）を設置。チーム医療を推進する病院などの現場で求められる，医療に強い管理栄養士，栄養に見識のある臨床検査技師を養成する。

● **取得可能な資格**…教職（栄養），栄養士，臨床検査技師・管理栄養士受験資格など。
● **進路状況**…………就職84.3%　進学9.9%
● **主な就職先**………国立病院機構，日本赤十字社，国立循環器病研究センター，和歌山県庁など。

薬学部

薬	250	▷６年制。神戸医療産業都市・ポートアイランドにある医療専門機関と活発に交流を重ねるなど，良質な教育を実施。

● **取得可能な資格**…薬剤師受験資格など。　● **進路状況**…就職84.2%　進学3.0%
● **主な就職先**………大日本住友製薬，中外製薬，アステラス製薬，日本調剤，兵庫県庁（病院局）など。

大学院

法学・経済学・人間文化学・心理学・総合リハビリテーション学（以上M・D），栄養学（M），薬学・食品薬品総合科学（以上D）

キャンパス

法・経営・現代社会・〈グローバル・コミュニケーション〉・薬……［ポートアイランド第１・第２キャンパス］兵庫県神戸市中央区港島1-1-3（第２は港島1-3-11）
経済・人文・心理・総合リハビリテーション・栄養……［有瀬キャンパス］兵庫県神戸市西区伊川谷町有瀬518

2023年度入試要項（前年度実績）

●募集人員

学部／学科（コース・専攻）	一般前期	一般中期	一般後期
▶法　法律	85	65	25
▶経済　経済	75	60	20
▶経営　経営（経営・会計）	67	54	17
（データサイエンス）	13	11	3
▶人文　人文	80	35	20
▶心理　心理	38	18	10
▶現代社会　現代社会	29	17	11
社会防災	20	11	7
▶グローバル・コミュニケーション　グローバル・コミュニケーション（英語）	32	23	7
（中国語）	7	4	3
▶総合リハビリテーション　理学療法	10	10	2
作業療法	12	6	2
社会リハビリテーション	22	10	5
▶栄養　栄養（管理栄養学）	28	14	5
（臨床検査学）	18	10	3
▶薬　薬	60	45	10

※募集人員には共通テスト併用型を含む。ただし，後期は人文学部と心理学部のみ実施する。

法学部／経済学部／経営学部／人文学部／心理学部／現代社会学部／グローバル・コミュニケーション学部

一般入試前期日程（スタンダード型） ３科目
①国（150）▶国総・現文Ｂ・古典Ｂ（いずれも漢文を除く）②外（150）▶コミュ英Ⅰ・コミュ英Ⅱ・コミュ英Ⅲ・英表Ⅰ・英表Ⅱ　③**地歴・数**（150）▶世Ｂ・日Ｂ・「数Ⅰ・数Ⅱ・数Ａ」から１
※高得点科目の得点を２倍に換算して判定する高得点科目重視型の併願可。

キャンパスアクセス ［有瀬キャンパス］JR神戸線―明石よりバス20分／神戸市営地下鉄西神・山手線―伊川谷よりバス13分

一般入試中期日程(スタンダード型)・後期日程(スタンダード型)　2科目　①外(150)▶コミュ英Ⅰ・コミュ英Ⅱ・コミュ英Ⅲ・英表Ⅰ・英表Ⅱ　②国・数(150)▶「国総・現文B・古典B(いずれも漢文を除く)」・「数Ⅰ・数Ⅱ・数A」から1
※高得点科目の得点を2倍に換算して判定する高得点科目重視型(グローバル・コミュニケーション学科の後期のみ英語重視型として実施)および調査書(全体の学習成績の状況)を10倍(50点)した得点との合計点で判定する調査書併用型(後期のみ)の併願可。英語重視型は，英語を2倍に換算した点数と選択科目の合計点で判定する。

総合リハビリテーション学部

一般入試前期日程(スタンダード型)　【理学療法学科・作業療法学科】〈3科目型〉　3科目　①外(150)▶コミュ英Ⅰ・コミュ英Ⅱ・コミュ英Ⅲ・英表Ⅰ・英表Ⅱ　②数(150)▶数Ⅰ・数Ⅱ・数A　③国・理(150)▶「国総・現文B・古典B(いずれも漢文を除く)」・「化基・化(高分子を除く)」・「生基・生(生態・進化を除く)」から1
〈2科目型〉　2科目　①②外・数・「国・理」(150×2)▶「コミュ英Ⅰ・コミュ英Ⅱ・コミュ英Ⅲ・英表Ⅰ・英表Ⅱ」・「数Ⅰ・数Ⅱ・数A」・「〈国総・現文B・古典B(いずれも漢文を除く)〉・〈化基・化(高分子を除く)〉・〈生基・生(生態・進化を除く)〉から1」から2
【社会リハビリテーション学科】　3科目　①国(150)▶国総・現文B・古典B(いずれも漢文を除く)　②外(150)▶コミュ英Ⅰ・コミュ英Ⅱ・コミュ英Ⅲ・英表Ⅰ・英表Ⅱ　③地歴・数(150)▶世B・日B・「数Ⅰ・数Ⅱ・数A」から1
※社会リハビリテーション学科は，高得点科目の得点を2倍に換算して判定する高得点科目重視型の併願可。

一般入試中期日程(スタンダード型)　【理学療法学科・作業療法学科】　2科目　①外(150)▶コミュ英Ⅰ・コミュ英Ⅱ・コミュ英Ⅲ・英表Ⅰ・英表Ⅱ　②国・数・理(150)▶「国総・現文B・古典B(いずれも漢文を除く)」・「数Ⅰ・数Ⅱ・数A」・「化基・化(高分子を除く)」・「生基・生(生態・進化を除く)」から1
【社会リハビリテーション学科】　2科目　①外(150)▶コミュ英Ⅰ・コミュ英Ⅱ・コミュ英Ⅲ・英表Ⅰ・英表Ⅱ　②国・数(150)▶「国総・現文B・古典B(いずれも漢文を除く)」・「数Ⅰ・数Ⅱ・数A」から1
※3学科とも，高得点科目の得点を2倍に換算して判定する高得点科目重視型の併願可。

一般入試後期日程(スタンダード型)　【理学療法学科】　2科目　①外(150)▶コミュ英Ⅰ・コミュ英Ⅱ・コミュ英Ⅲ・英表Ⅰ・英表Ⅱ　②理(150)▶「化基・化(高分子を除く)」・「生基・生(生態・進化を除く)」から1
【作業療法学科】　2科目　①外(150)▶コミュ英Ⅰ・コミュ英Ⅱ・コミュ英Ⅲ・英表Ⅰ・英表Ⅱ　②国・理(150)▶「国総・現文B・古典B(いずれも漢文を除く)」・「化基・化(高分子を除く)」・「生基・生(生態・進化を除く)」から1
【社会リハビリテーション学科】　中期日程(スタンダード型)と同じ
※3学科とも，高得点科目の得点を2倍に換算して判定する高得点科目重視型および調査書(全体の学習成績の状況)を10倍(50点)した得点との合計点で判定する調査書併用型の併願可。

栄養学部

一般入試前期日程(スタンダード型)　〈3科目型〉　3科目　①外(150)▶コミュ英Ⅰ・コミュ英Ⅱ・コミュ英Ⅲ・英表Ⅰ・英表Ⅱ　②数(150)▶数Ⅰ・数Ⅱ・数A　③理(150)▶「化基・化(高分子を除く)」・「生基・生(生態・進化を除く)」から1
〈2科目型〉　2科目　①外(150)▶コミュ英Ⅰ・コミュ英Ⅱ・コミュ英Ⅲ・英表Ⅰ・英表Ⅱ　②理(150)▶「化基・化(高分子を除く)」・「生基・生(生態・進化を除く)」から1
※3科目型・2科目型とも，高得点科目の得点を2倍に換算して判定する高得点科目重視型の併願可。

一般入試中期日程(スタンダード型)　2科目　①外(150)▶コミュ英Ⅰ・コミュ英Ⅱ・コミュ英Ⅲ・英表Ⅰ・英表Ⅱ　②国・数・理(150)▶「国総・現文B・古典B(いずれも漢文を除く)」・「数Ⅰ・数Ⅱ・数A」・「化基・化(高分子を除く)」・「生基・生(生態・進化を除く)」から1

※高得点科目の得点を２倍に換算して判定する高得点科目重視型の併願可。

一般入試後期日程（スタンダード型）　2科目

①外(150)▶コミュ英Ⅰ・コミュ英Ⅱ・コミュ英Ⅲ・英表Ⅰ・英表Ⅱ　②理(150)▶「化基・化（高分子を除く）」・「生基・生（生態・進化を除く）」から１

※高得点科目の得点を２倍に換算して判定する高得点科目重視型および調査書（全体の学習成績の状況）を10倍（50点）した得点との合計点で判定する調査書併用型の併願可。

薬学部

一般入試前期日程（スタンダード型）　3科目

①外(150)▶コミュ英Ⅰ・コミュ英Ⅱ・コミュ英Ⅲ・英表Ⅰ・英表Ⅱ　②数(150)▶数Ⅰ・数Ⅱ・数Ａ　③理(150)▶化基・化

※化学を200点，英語を100点，数学150点で判定する化学重視型の併願可。

一般入試中期日程（スタンダード型）　3科目

①外(150)▶コミュ英Ⅰ・コミュ英Ⅱ・コミュ英Ⅲ・英表Ⅰ・英表Ⅱ　②理(150)▶「化基・化」・「生基・生」から１　③調査書(50)▶全体の学習成績の状況を10倍する

※理科を250点に換算した点数と英語の合計点で判定する理科重視型の併願可。

一般入試後期日程（スタンダード型）　2科目

①外(150)▶コミュ英Ⅰ・コミュ英Ⅱ・コミュ英Ⅲ・英表Ⅰ・英表Ⅱ　②理(150)▶化基・化

※化学を200点，英語を100点で判定する化学重視型および調査書（全体の学習成績の状況）を10倍（50点）した得点との合計点で判定する調査書併用型の併願可。

その他の選抜

共通テスト利用入試は法学部22名，経済学部15名，経営学部15名，人文学部17名，心理学部９名，現代社会学部15名，グローバル・コミュニケーション学部７名，総合リハビリテーション学部15名，栄養学部18名，薬学部10名を，公募制推薦入試は法学部80名，経済学部80名，経営学部70名，人文学部50名，心理学部30名，現代社会学部44名，グローバル・コミュニケーション学部29名，総合リハビリテーション学部35名，栄養学部43名，薬学部65名を募集。ほかに一般入試共通テスト併用型，AO入試，指定校推薦入試，附属高等学校接続型入試，指定クラブ強化特別入試，帰国生入試，社会人入試，外国人留学生入試を実施。

偏差値データ（2023年度）

●一般入試前期日程

学部／学科／コース・専攻	2023年度 駿台予備学校 合格目標ライン	2023年度 河合塾 ボーダー偏差値	2022年度 競争率
▶法学部			
法律	39	37.5	1.3
▶経済学部			
経済	39	40	2.3
▶経営学部			
経営／経営・会計	39	40	新
／データサイエンス	39	40	新
▶人文学部			
人文	39	37.5	1.7
▶心理学部			
心理	42	40	3.4
▶現代社会学部			
現代社会	39	40	3.1
社会防災	38	40	1.8
▶グローバル・コミュニケーション学部			
グローバル・コミュニケーション／英語	39	37.5	1.3
／中国語	38	BF	1.1
▶総合リハビリテーション学部			
理学療法	41	40～42.5	3.9
作業療法	40	42.5	1.8
社会リハビリテーション	39	BF	1.1
▶栄養学部			
栄養／管理栄養学	41	37.5～40	1.3
／臨床検査学	41	37.5～40	1.3
▶薬学部			
薬	42	37.5	1.5

- 駿台予備学校合格目標ラインは合格可能性80％に相当する駿台模試の偏差値です。
- 河合塾ボーダー偏差値は合格可能性50％に相当する河合塾全統模試の偏差値です。
- 競争率は一般入試前期全体の受験者÷合格者の実質倍率

神戸女子大学

（こうべじょし）

資料請求

問合せ先　入試広報課　☎078-737-2329

建学の精神

1940（昭和15）年創立の学校法人行吉学園により設立された「神戸新装女学院」を原点として，66年に大学開学。創設者・行吉哉女（ゆきよしかなめ）の「学生一人ひとりを大切にする」という思いが教育の本質に脈々と受け継がれ，開学初期から「クラス担任制」を導入。専任教員１人に対する学生数が19.1人（2022年５月現在）と，一人ひとりに行き届いた指導ができ，主体性を持って学びに取り組む学生を細やかにサポートしている。2022年度からは授業時間のリニューアルのほか，アクティブラーニングの強化やオンライン・対面授業の併用など，さまざまな工夫を行って，時代に対応する女子教育を追求。教育目標に掲げている「自立心・対話力・創造性」を育む“学び”をさらに進化させ，建学の精神でもある世界の平和と人類の福祉に貢献する女性を育成している。

- 須磨キャンパス……………………〒654-8585　兵庫県神戸市須磨区東須磨青山2-1
- ポートアイランドキャンパス…〒650-0046　兵庫県神戸市中央区港島中町4-7-2

基本データ

学生数▶女3,177名
専任教員数▶教授85名，准教授45名，講師18名
設置学部▶文，家政，健康福祉，看護，心理
併設教育機関▶大学院ー文学・家政学・看護学（以上M・D），健康栄養学（M）　短期大学（P.1081参照）

就職・卒業後の進路

就　職　率 **96.7**％
就職者÷希望者×100

● **就職支援**　一人ひとりの就活データベースを構築し，進路決定までマンツーマンの進路指導を行い，マナーや就活を有利に進められる知識や考え方などを身につける「プロに学ぶビジネススキル」「写真＆メイクアップ講座」といった本学オリジナルプログラムも開催。県外出身者が多いため，Uターン就職の支援を拡大する取り組みも進めている。

● **資格取得支援**　万全の対策で，先生をめざす学生を応援する教職支援センターや，管理栄養士養成・社会福祉士等国家試験支援・看護学部国家試験の各対策室を設置して資格取

進路指導者も必見　学生を伸ばす　面倒見

初年次教育	学修サポート
「基礎Ⅰ・Ⅱ・Ⅲ（マイライフ・マイキャリアⅠ・Ⅱ・Ⅲ）」でレポート・論文の書き方やプレゼン技法などを習得するとともに，「情報Ⅰ・Ⅱ」で情報機器の操作や活用法を学んでいる	全学部でTA・SA制度，オフィスアワー制度，クラス担任制度を導入。また，基礎学力をアップさせるミニ講座を定期的に開催し，担当教員も個別に相談に応じる学習支援センターを設置

オープンキャンパス（2022年度実績）　6～9月に両キャンパスで同時開催（7～9月の夏のオープンキャンパスは事前登録不要）。学校・学科紹介，学科授業体験，入試概要説明・対策講座，学科展示・体験コーナーなど。

得を徹底サポート。資格サポートオフィスも多彩な資格講座を開講し，秘書検定やパソコン検定では，合格者の多さで検定を主催する協会から表彰されたほどの実績がある。

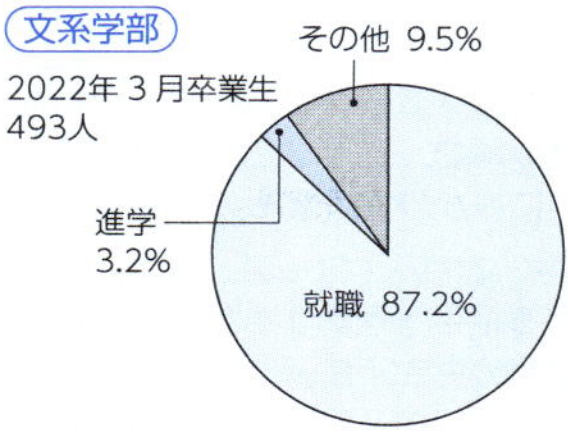

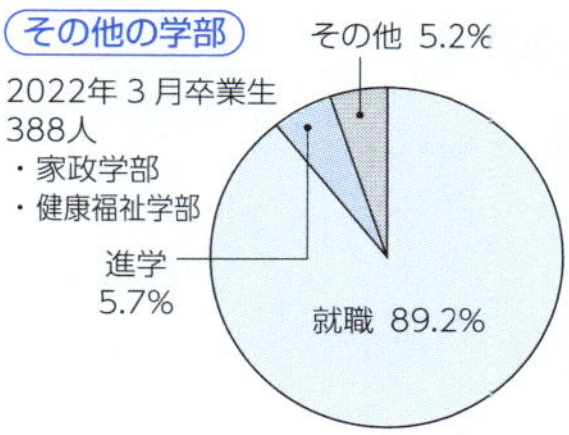

国際化・留学　　大学間 **12** 大学

受入れ留学生数▶１名（2022年９月１日現在）
留学生の出身国▶中国。
外国人専任教員▶教授０名，准教授２名，講師６名（2022年４月１日現在）
外国人専任教員の出身国・地域▶アメリカ，オーストラリア，台湾，カナダ，ベトナム。
大学間交流協定▶12大学（交換留学先２大学，2022年９月１日現在）
海外への留学生数▶オンライン型８名／年（４カ国・地域，2021年度）
海外留学制度▶研修中に滞在するセミナーハウスも用意されているハワイ大学での英語研修やセメスタープログラム，静宜大学交換留学，チェンマイ大学での英語・タイ文化学習サーヴィス・ラーニング・プログラム，提携校とのオンラインでの国際交流など，「世界」を結ぶ充実の海外留学プログラムを設置。

学費・奨学金制度　　給付型奨学金総額 年間 **898** 万円

入学金▶250,000円（看護350,000円）
年間授業料（施設費等を除く）▶850,000円～（詳細は巻末資料参照）
年間奨学金総額▶8,980,000円
年間奨学金受給者数▶86人
主な奨学金制度▶「神女優秀者応援奨学金（優秀者表彰型・奨学生応援型）」「神女経済支援奨学金（家計急変型・災害支援型）」「神戸女子大学教育後援会育英奨学生奨学金」「神戸女子大学同窓会青山会奨学金」などの制度を設置。また授業料等免除制度もあり，2021年度には６人を対象に総額で209万円を減免。

保護者向けインフォメーション

●**キャンパス見学会**　保証人対象のキャンパス見学会を，３年ぶりに須磨Cで開催（2022年）。
●**成績確認**　前学期までの成績（単位修得状況表）を，保証人宛にWeb（KISSシステム）にて通知している。
●**教育後援会**　保証人で構成する教育後援会があり，教育懇談会（本学・地方）を開催し，キャリア担当職員が就職に関する説明などを行っている。また，会報誌も発行している。
●**防災対策**　小冊子の「災害時の心得」を配布するほか，被災した際に学生の安否を確認する方法も定められている。
●**コロナ対策１**　ワクチンの職域接種を実施。感染状況に応じたBCP（行動指針）を設定。「コロナ対策２」あり。

インターンシップ科目	必修専門ゼミ	卒業論文	GPA制度の導入の有無および活用例	１年以内の退学率	標準年限での卒業率
文学部で開講している	全学部で４年間実施	文・家政・健康福祉・心理学部は卒業要件	奨学金や授業料免除対象者の選定や退学勧告基準，留学候補者の選考および学生に対する個別の学修指導に活用	0.97%	95.0%

●**コロナ対策２**　対面授業とオンライン授業を感染状況に応じて併用。キャンパス入口で検温と消毒を実施し，教室の入口にも消毒液を常備。また，学生への経済的支援やオンライン授業環境整備のための支援も行った。

学部紹介

学部／学科・課程	定員	特色
文学部		
日本語日本文	60	▷日本文学，古典芸能，日本語の3コース。時を経て新たな価値を発揮する文学作品を読み解き，ことばを深く学ぶことで他者や自分を理解し，互いにわかり合うための力を育む。
英語英米文	60	▷英語学・英語教育，英米文学・文化の2コース。英語によるコミュニケーションの先にある相手を理解するための豊かな人間性と，社会に羽ばたくための生きた技術を身につける。
国際教養	60	▷幅広い国際教養と対話力，情報処理能力を養い，国際分野でリーダーシップを発揮する女性，世界平和や地球環境の未来のために協働する女性を育成する。
史	60	▷日本史，外国史，日本考古学・民俗学の3コース。先人たちが積み重ねてきた歴史をひも解き，未来を拓く。あらゆる時代・分野の専門家が揃い，包括的に歴史を学ぶことが可能。
教育	165	▷教育現場の現状や子どもの心の問題など，教育に関する幅広い知識を身につけることができる「幼児教育」「初等教育」「義務教育」の3コースを設置。
● **取得可能な資格**…教職（国・地歴・社・英，小一種，幼一種），司書，司書教諭，学芸員，保育士など。 ● **進路状況**…………就職87.2%　進学3.2%（旧教育学科心理学コースを含む） ● **主な就職先**………西日本旅客鉄道，明治安田生命保険，大和ハウスリフォーム，小学校教諭など。		
家政学部		
家政	80	▷被服デザイン科学，住空間，生活マネジメントの3コース。生活を多角的にとらえて学び，安心で快適な暮らしの創造に貢献できる人材を育成する。
管理栄養士養成	150	▷福祉，健康，医療，子ども，商品開発，行政など将来の目標やキャリアを見すえた学びを通して，食の分野をリードする管理栄養士を育成する。100以上の学外実習施設を用意。
● **取得可能な資格**…教職（家，栄養），司書，司書教諭，栄養士，管理栄養士受験資格など。 ● **進路状況**…………就職88.8%　進学4.5% ● **主な就職先**………フェリシモ，クリナップ，京阪電気鉄道，日本赤十字社和歌山医療センターなど。		
健康福祉学部		
社会福祉	80	▷あなたの行動や言葉で誰かを笑顔にすることができる人材を育成する。社会福祉士受験資格を基本として，希望すれば精神保健福祉士もしくは介護福祉士の受験資格も取得可能。
健康スポーツ栄養	80	▷食に関する知識に加え，スポーツ医学・臨床医学や運動生理学などを学ぶとともに，体のしくみを科学的に理解して，エビデンスに基づく健康サポートができる力を養う。
● **取得可能な資格**…教職（保体，栄養），栄養士，介護福祉士・社会福祉士・精神保健福祉士受験資格，社会福祉主事任用資格など。 ● **進路状況**…………就職89.7%　進学7.5% ● **主な就職先**………国立病院機構姫路医療センター，北播磨総合医療センター，ケンミン食品など。		
看護学部		
看護	90	▷子どもから高齢者まで地域の人々に関心を向け，健康維持や病気予防，健康回復や苦痛緩和を支援するために，最新の看護知識と広い視野を身につけた看護の実践家を育成する。

キャンパスアクセス ［須磨キャンパス］ 地下鉄西神・山手線―妙法寺よりバス15分・高倉台南口下車徒歩3分／JR神戸線―須磨，山陽電鉄―山陽須磨よりバス15分・高倉台南口下車徒歩3分

● 取得可能な資格…教職（養護一種），看護師・保健師・助産師受験資格。 ● 進路状況…………就職100％ ● 主な就職先………神戸市立医療センター中央市民病院，兵庫県立こども病院，聖路加国際病院など。		
心理学部		
心理	80	▷「臨床心理」「経営・消費者心理」「メディア心理」という3つのモデルで科学的な知識と実践的なスキルを身につけ，「こころの専門家」として活躍できる人材を育成する。
● 主な就職先………2022年度開設のため卒業生はいない。		

キャンパス

文・家政……［須磨キャンパス］兵庫県神戸市須磨区東須磨青山2-1
健康福祉・看護・心理……［ポートアイランドキャンパス］兵庫県神戸市中央区港島中町4-7-2

2023年度入試要項（前年度実績）

●募集人員

学部／学科・課程	一般前期	一般中期	一般後期
▶文 日本語日本文	8	4	2
英語英米文	8	4	2
国際教養	8	4	2
史	8	4	2
教育	32	12	8
▶家政 家政	15	3	2
管理栄養士養成	37	7	5
▶健康福祉 社会福祉	15	3	2
健康スポーツ栄養	15	3	2
▶看護 看護	31	7	6
▶心理 心理	16	5	3

※一般入試前期はA（スタンダード型・得意科目重視型・3科目型），B（スタンダード型・得意科目重視型・英語外部検定試験利用型）を，中期はスタンダード型・得意科目重視型・3科目型を，後期はスタンダード型・得意科目重視型・英語外部検定試験利用型を実施する。

文学部

一般入試前期A（スタンダード型・得意科目重視型）・一般入試中期（スタンダード型・得意科目重視型）　**【日本語日本文学科】**　2科目　①**国**（100・得意科目重視型200）▶国総（漢文を除く）　②**外・地歴・数・理**（100）▶「コミュ英Ⅰ・コミュ英Ⅱ・英表Ⅰ」・世B・日B・「数Ⅰ・数A」・化基・「生基・生（生態・進化を除く）」から1

【英語英米文学科】　2科目　①**外**（100・得意科目重視型200）▶コミュ英Ⅰ・コミュ英Ⅱ・英表Ⅰ　②**国・地歴・数・理**（100）▶国総（漢文を除く）・世B・日B・「数Ⅰ・数A」・化基・「生基・生（生態・進化を除く）」から1

【国際教養学科・史学科】　2科目　①②**国・外・地歴・「数・理」**（100×2）▶国総（漢文を除く）・「コミュ英Ⅰ・コミュ英Ⅱ・英表Ⅰ」・世B・日B・「〈数Ⅰ・数A〉・化基・〈生基・生（生態・進化を除く）〉から1」から2

※得意科目重視型は高得点科目の点数を2倍し，計300点で判定する。

【教育学科】　2科目　①②**国・外・地歴・数・理**（100×2）▶国総（漢文を除く）・「コミュ英Ⅰ・コミュ英Ⅱ・英表Ⅰ」・「世B・日Bから1」・「数Ⅰ・数A」・化基・「生基・生（生態・進化を除く）」から2

※得意科目重視型は高得点科目の点数を2倍し，計300点で判定する。

一般入試前期A（3科目型）・一般入試中期（3科目型）　**【日本語日本文学科】**　3科目　①**国**（100）▶国総（漢文を除く）　②**外**（100）▶コミュ英Ⅰ・コミュ英Ⅱ・英表Ⅰ　③**地歴・数・理**（100）▶世B・日B・「数Ⅰ・数A」・化基・「生基・生（生態・進化を除く）」から1

【英語英米文学科・国際教養学科・史学科】　3科目　①**外**（100）▶コミュ英Ⅰ・コミュ英Ⅱ・英表Ⅰ　②③**国・地歴・「数・理」**（100×2）▶国総（漢文を除く）・世B・日B・「〈数Ⅰ・数A〉・化基・〈生基・生（生態・進化を除く）〉から1」から2

【教育学科】　3科目　①**外**（100）▶コミュ英Ⅰ・コミュ英Ⅱ・英表Ⅰ　②③**国・地歴・数・理**

キャンパスアクセス　［ポートアイランドキャンパス］ポートライナー―みなとじま（キャンパス前）より徒歩5分

(100×2) ▶国総(漢文を除く)・「世B・日Bから1」・「数Ⅰ・数A」・化基・「生基・生(生態・進化を除く)」から2

一般入試前期B(スタンダード型・得意科目重視型・英語外部検定試験利用型)・一般入試後期(スタンダード型・得意科目重視型・英語外部検定試験利用型) 【日本語日本文学科】 3〜2科目 ①国(100・得意科目重視型200) ▶国総(漢文を除く) ②外・地歴・数・理(100) ▶「コミュ英Ⅰ・コミュ英Ⅱ・英表Ⅰ」・日B・「数Ⅰ・数A」・化基・「生基・生(生態・進化を除く)」から1 ③英語外部検定試験(15) ▶英検の級またはGTECのスコアを点数化 ※英語外部検定試験は英語外部検定試験利用型のみ。

【英語英米文学科】 3〜2科目 ①外(100・得意科目重視型200) ▶コミュ英Ⅰ・コミュ英Ⅱ・英表Ⅰ ②国・地歴・数・理(100) ▶国総(漢文を除く)・日B・「数Ⅰ・数A」・化基・「生基・生(生態・進化を除く)」から1 ③英語外部検定試験(15) ▶英検の級またはGTECのスコアを点数化 ※英語外部検定試験は英語外部検定試験利用型のみ。

【国際教養学科・史学科】 3〜2科目 ①②国・外・地歴・「数・理」(100×2) ▶国総(漢文を除く)・「コミュ英Ⅰ・コミュ英Ⅱ・英表Ⅰ」・日B・「〈数Ⅰ・数A〉・化基・〈生基・生(生態・進化を除く)〉から1」から2 ③英語外部検定試験(15) ▶英検の級またはGTECのスコアを点数化 ※英語外部検定試験は英語外部検定試験利用型のみ。

※得意科目重視型は高得点科目の点数を2倍にし，計300点で判定する。

【教育学科】 3〜2科目 ①②国・外・地歴・数・理(100×2) ▶国総(漢文を除く)・「コミュ英Ⅰ・コミュ英Ⅱ・英表Ⅰ」・日B・「数Ⅰ・数A」・化基・「生基・生(生態・進化を除く)」から2 ③英語外部検定試験(15) ▶英検の級またはGTECのスコアを点数化 ※英語外部検定試験は英語外部検定試験利用型のみ。

※得意科目重視型は高得点科目の点数を2倍にし，計300点で判定する。

※英語外部検定試験利用型は，前期Bまたは後期のスタンダード型を受験し，英検(英検CBT, 英検S-CBTを含む)またはGTEC (CBTタイプおよび検定版)において，基準以上のスコアを満たしていることを出願資格とする。

家政学部

一般入試前期A(スタンダード型・得意科目重視型)・一般入試中期(スタンダード型・得意科目重視型) 【家政学科】 2科目 ①②国・外・地歴・数・理(100×2) ▶国総(漢文を除く)・「コミュ英Ⅰ・コミュ英Ⅱ・英表Ⅰ」・「世B・日Bから1」・「数Ⅰ・数A」・化基・「生基・生(生態・進化を除く)」から2

※得意科目重視型は高得点科目の点数を2倍し，計300点で判定する。

【管理栄養士養成課程】 2科目 ①②外・理・「国・数」(100×2，得意科目重視型は理1科目または英語200・その他の科目100) ▶「コミュ英Ⅰ・コミュ英Ⅱ・英表Ⅰ」・化基・「生基・生(生態・進化を除く)」・「国総(漢文を除く)・〈数Ⅰ・数A〉から1」から2

一般入試前期A(3科目型)・一般入試中期(3科目型) 【家政学科】 3科目 ①外(100) ▶コミュ英Ⅰ・コミュ英Ⅱ・英表Ⅰ ②③国・地歴・数・理(100×2) ▶国総(漢文を除く)・「世B・日Bから1」・「数Ⅰ・数A」・化基・「生基・生(生態・進化を除く)」から2

【管理栄養士養成課程】 3科目 ①外(100) ▶コミュ英Ⅰ・コミュ英Ⅱ・英表Ⅰ ②③理・「国・数」(100×2) ▶化基・「生基・生(生態・進化を除く)」・「国総(漢文を除く)・〈数Ⅰ・数A〉から1」から2

一般入試前期B(スタンダード型・得意科目重視型・英語外部検定試験利用型)・一般入試後期(スタンダード型・得意科目重視型・英語外部検定試験利用型) 【家政学科】 3〜2科目 ①②国・外・地歴・数・理(100×2) ▶国総(漢文を除く)・「コミュ英Ⅰ・コミュ英Ⅱ・英表Ⅰ」・日B・「数Ⅰ・数A」・化基・「生基・生(生態・進化を除く)」から2 ③英語外部検定試験(15) ▶英検の級またはGTECのスコアを点数化 ※英語外部検定試験は英語外部検定試験利用型のみ。

※得意科目重視型は高得点科目の点数を2倍にし，計300点で判定する。

【管理栄養士養成課程】 3〜2科目 ①②外・理・「国・数」(100×2，得意科目重視型は理1科目または英語200・その他の科目100) ▶

「コミュ英Ⅰ・コミュ英Ⅱ・英表Ⅰ」・化基・「生基・生（生態・進化を除く）」・「国総（漢文を除く）・〈数Ⅰ・数A〉から1」から2 ③**英語外部検定試験**（15）▶英検の級またはGTECのスコアを点数化 ※英語外部検定試験は英語外部検定試験利用型のみ。

※英語外部検定試験利用型は，前期Bまたは後期のスタンダード型を受験し，英検（英検CBT，英検S-CBTを含む）またはGTEC（CBTタイプおよび検定版）において，基準以上のスコアを満たしていることを出願資格とする。

健康福祉学部

一般入試前期A（スタンダード型・得意科目重視型）・一般入試中期（スタンダード型・得意科目重視型） **【社会福祉学科】** 2科目 ①②**国・外・地歴・数・理**（100×2）▶国総（漢文を除く）・「コミュ英Ⅰ・コミュ英Ⅱ・英表Ⅰ」・「世B・日Bから1」・「数Ⅰ・数A」・化基・「生基・生（生態・進化を除く）」から2

※得意科目重視型は高得点科目の点数を2倍し，計300点で判定する。

【健康スポーツ栄養学科】 2科目 ①②**国・外・数・理**（100×2）▶国総（漢文を除く）・「コミュ英Ⅰ・コミュ英Ⅱ・英表Ⅰ」・「数Ⅰ・数A」・化基・「生基・生（生態・進化を除く）」から2

※得意科目重視型は高得点科目の点数を2倍し，計300点で判定する。

一般入試前期A（3科目型）・一般入試中期（3科目型） **【社会福祉学科】** 3科目 ①**外**（100）▶コミュ英Ⅰ・コミュ英Ⅱ・英表Ⅰ ②③**国・地歴・数・理**（100×2）▶国総（漢文を除く）・「世B・日Bから1」・「数Ⅰ・数A」・化基・「生基・生（生態・進化を除く）」から2

【健康スポーツ栄養学科】 3科目 ①**外**（100）▶コミュ英Ⅰ・コミュ英Ⅱ・英表Ⅰ ②③**国・数・理**（100×2）▶国総（漢文を除く）・「数Ⅰ・数A」・化基・「生基・生（生態・進化を除く）」から2

一般入試前期B（スタンダード型・得意科目重視型・英語外部検定試験利用型）・一般入試後期（スタンダード型・得意科目重視型・英語外部検定試験利用型） **【社会福祉学科】** 3〜2科目 ①②**国・外・地歴・数・理**（100×2）▶国総（漢文を除く）・「コミュ英Ⅰ・コミュ英Ⅱ・英表Ⅰ」・日B・「数Ⅰ・数A」・化基・「生基・生（生態・進化を除く）」から2 ③**英語外部検定試験**（15）▶英検の級またはGTECのスコアを点数化 ※英語外部検定試験は英語外部検定試験利用型のみ。

※得意科目重視型は高得点科目の点数を2倍にし，計300点で判定する。

【健康スポーツ栄養学科】 3〜2科目 ①②**国・外・数・理**（100×2）▶国総（漢文を除く）・「コミュ英Ⅰ・コミュ英Ⅱ・英表Ⅰ」・「数Ⅰ・数A」・化基・「生基・生（生態・進化を除く）」から2 ③**英語外部検定試験**（15）▶英検の級またはGTECのスコアを点数化 ※英語外部検定試験は英語外部検定試験利用型のみ。

※得意科目重視型は高得点科目の点数を2倍にし，計300点で判定する。

※英語外部検定試験利用型は，前期Bまたは後期のスタンダード型を受験し，英検（英検CBT，英検S-CBTを含む）またはGTEC（CBTタイプおよび検定版）において，基準以上のスコアを満たしていることを出願資格とする。

看護学部

一般入試前期A（スタンダード型・得意科目重視型）・一般入試中期（スタンダード型・得意科目重視型） 2科目 ①②**国・外・数・理**（100×2）▶国総（漢文を除く）・「コミュ英Ⅰ・コミュ英Ⅱ・英表Ⅰ」・「数Ⅰ・数A」・「化基・〈生基・生（生態・進化を除く）〉から1」から2

※得意科目重視型は高得点科目の点数を2倍し，計300点で判定する。

一般入試前期A（3科目型）・一般入試中期（3科目型） 3科目 ①**外**（100）▶コミュ英Ⅰ・コミュ英Ⅱ・英表Ⅰ ②③**国・数・理**（100×2）▶国総（漢文を除く）・「数Ⅰ・数A」・「化基・〈生基・生（生態・進化を除く）〉から1」から2

一般入試前期B（スタンダード型・得意科目重視型・英語外部検定試験利用型）・一般入試後期（スタンダード型・得意科目重視型・英語外部検定試験利用型） 3〜2科目 ①②**国・外・数・理**（100×2）▶国総（漢文を除く）・「コミュ英Ⅰ・コミュ英Ⅱ・英表Ⅰ」・「数Ⅰ・数A」・「化基・〈生基・生（生態・進化を除く）〉から1」から2 ③**英語外部検定試験**（15）▶英検の級またはGTECのスコアを点数化 ※英語外部

検定試験は英語外部検定試験利用型のみ。
※得意科目重視型は高得点科目の点数を２倍にし，計300点で判定する。
※英語外部検定試験利用型は，前期Ｂまたは後期のスタンダード型を受験し，英検（英検CBT, 英検S-CBTを含む）またはGTEC（CBTタイプおよび検定版）において，基準以上のスコアを満たしていることを出願資格とする。

心理学部

一般入試前期Ａ（スタンダード型・得意科目重視型）・一般入試中期（スタンダード型・得意科目重視型） **2科目** ①②**国・外・地歴・数・理**(100×2) ▶国総（漢文を除く）・「コミュ英Ⅰ・コミュ英Ⅱ・英表Ⅰ」・「世Ｂ・日Ｂから１」・「数Ⅰ・数Ａ」・化基・「生基・生（生態・進化を除く）」から２
※得意科目重視型は高得点科目の点数を２倍にし，計300点で判定する。

一般入試前期Ａ（３科目型）・一般入試中期（３科目型） **3科目** ①**外**(100) ▶コミュ英Ⅰ・コミュ英Ⅱ・英表Ⅰ ②③**国・地歴・数・理**(100×2) ▶国総（漢文を除く）・「世Ｂ・日Ｂから１」・「数Ⅰ・数Ａ」・化基・「生基・生（生態・進化を除く）」から２

一般入試前期Ｂ（スタンダード型・得意科目重視型・英語外部検定試験利用型）・一般入試後期（スタンダード型・得意科目重視型・英語外部検定試験利用型） **3～2科目** ①②**国・外・地歴・数・理**(100×2) ▶国総（漢文を除く）・「コミュ英Ⅰ・コミュ英Ⅱ・英表Ⅰ」・日Ｂ・「数Ⅰ・数Ａ」・化基・「生基・生（生態・進化を除く）」から２ ③**英語外部検定試験**(15) ▶英検の級またはGTECのスコアを点数化　※英語外部検定試験は英語外部検定試験利用型のみ。
※得意科目重視型は高得点科目の点数を２倍にし，計300点で判定する。
※英語外部検定試験利用型は，前期Bまたは後期のスタンダード型を受験し，英検（英検CBT, 英検S-CBTを含む）またはGTEC（CBTタイプおよび検定版）において，基準以上のスコアを満たしていることを出願資格とする。

その他の選抜

共通テスト利用入試は文学部24名，家政学部10名，健康福祉学部８名，看護学部６名，心理学部４名を，公募制推薦入試は文学部201名，家政学部115名，健康福祉学部80名，看護学部40名，心理学部40名を，総合型選抜AO入試は文学部72名，家政学部36名，健康福祉学部32名，心理学部12名を募集。ほかに総合型選抜自己アピール入試，特別選抜（神女ファミリー入試，社会人入試）を実施。

偏差値データ（2023年度）

●一般入試前期Ａ・Ｂ

学部／学科・課程	2023年度 駿台予備学校 合格目標ライン	2023年度 河合塾 ボーダー偏差値	2022年度 競争率
▶文学部			
日本語日本文	38	42.5	2.6
英語英米文	37	45	3.2
国際教養	37	45	3.0
史	36	42.5	2.5
教育	40	40～42.5	1.9
▶家政学部			
家政	40	40～42.5	2.7
管理栄養士養成	43～44	42.5～45	2.1
▶健康福祉学部			
社会福祉	36～37	42.5～45	2.6
健康スポーツ栄養	35	42.5～45	4.4
▶看護学部			
看護	42	50～52.5	4.7
▶心理学部			
心理	35	45	3.7

- 駿台予備学校合格目標ラインは合格可能性80％に相当する駿台模試の偏差値です。
- 河合塾ボーダー偏差値は合格可能性50％に相当する河合塾全統模試の偏差値です。
- 競争率は受験者÷合格者の実質倍率

併設の教育機関　短期大学

神戸女子短期大学

問合せ先　入試広報課
☎078-737-2329
所 在 地　兵庫県神戸市中央区港島中町4-7-2

学生数▶女306名
教員数▶教授７名，准教授７名，講師10名

設置学科

●**総合生活学科**（100）　衣・食・住をはじめ，情報，ビジネス，コミュニケーションといった人生を豊かにするさまざまな領域の学びを用意し，社会で自分らしく活躍できる自立した女性を育成する。

●**食物栄養学科**（60）　人々の健康を「食」の面からサポートする栄養と食育のスペシャリストを育成する。管理栄養士養成課程などへスムーズに編入できる「学園内編入制度」を設置。

●**幼児教育学科**（80）　子どもたちを笑顔にし，子どもたちの未来を育む「保育の専門家」を育成する。幼稚園教諭二種免許状と保育士資格のダブル取得が可能。８年連続就職率100％を達成。

卒業後の進路

2022年３月卒業生▶234名
就職188名，大学編入学40名，その他６名

武庫川女子大学（むこがわじょし）

資料請求

問合せ先 入試センター ☎0798-45-3500

建学の精神

文系，理系，健康スポーツ系，芸術系，生活系，医療系，社会科学系に及ぶ大学12学部19学科，短期大学部５学科，大学院８研究科，13の研究所・センターを有する全国最大規模の女子総合大学。1939（昭和14）年の学院創立以来，「立学の精神」にうたわれる“高い知性，善美な情操，高雅な徳性”を兼ね備えた有為な女性の育成を理念に掲げ，「主体性・論理性・実行力」を培う教育を推進し，19万人を超える優れた人材を社会に輩出。学びの手ごたえを求める学生の思いに寄り添い，創設当時から続く担任制，入学時から始まる手厚いキャリア教育，インターンシップや産官学連携といったキャンパス外にも広がる学び，アメリカ分校をはじめとする充実した施設や学修環境，優れた教育力と研究力により，「一生を描ききる女性力」を育んでいる。

- 中央キャンパス………〒663-8558 兵庫県西宮市池開町6-46
- 浜甲子園キャンパス…〒663-8179 兵庫県西宮市甲子園九番町11-68
- 上甲子園キャンパス…〒663-8121 兵庫県西宮市戸崎町1-13

基本データ

学生数▶女8,997名
専任教員数▶教授186名，准教授87名，講師35名
設置学部▶文，教育，心理･社会福祉，健康･スポーツ科，生活環境，社会情報，食物栄養科，建築，音楽，薬，看護，経営
併設教育機関▶大学院―文学・臨床教育学・生活環境学・食物栄養科学・建築学・薬学・看護学（以上M・D），〈健康・スポーツ科学〉（M） 短期大学部（P.1091参照）

就職・卒業後の進路

就職率 99.1％
就職者÷希望者×100

● 就職支援 学部・学科，専門の部署とキャリアセンターが連携しながら，一人ひとりの学生の希望に応じてキャリア形成を支援。入学直後から内定獲得まで，キャリアデザインに役立つ講座や企業見学ツアー，人気・優良企業対策実力養成講座，１日集中対策講座，就活特訓講座などさまざまなプログラムを用意し，夢の実現に向けてサポートしている。

進路指導者も必見 学生を伸ばす 面倒見

初年次教育	学修サポート
大学の学びについて講義を受けたり，各自が決めた課題を調べて発表をしたりする「初期演習Ⅰ・Ⅱ」をクラスごとに実施。また，本学オリジナルの教材を用いて行う「データリテラシー・AIの基礎」を全学科で開講	TA制度，オフィスアワー，さらにクラス担任制を導入し，学業・生活に関する指導・助言などを行っている。また，英語のレポートなどの指導を行う「Writing Plaza」，授業や学生生活の相談に応じる学生サポート室を設置

オープンキャンパス（2022年度実績） 中央キャンパスをメイン会場に，6月･7月･8月･9月に３キャンパスで同時開催（保護者も同伴で参加可）。学科説明，体験授業，入試対策講座，キャンパスツアー，相談コーナーなど。

●**資格取得支援**　エクステンション講座として，約80の資格や検定試験対策講座を開講。キャンパス内で開講する対面型以外に，オンラインで学べる学習スタイルも選択できる。このほか，「教員・保育士採用選考試験対策特別講座」を開講し，合格をバックアップ。

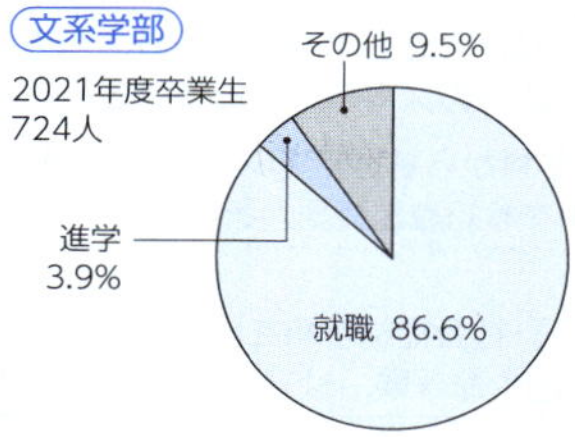

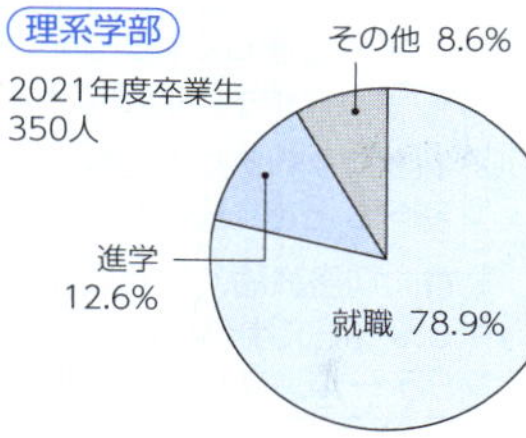

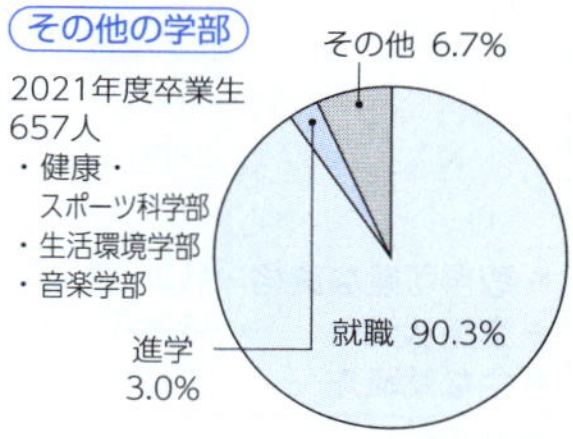

主なOG▶［旧家政］湊かなえ（小説家），［文］高殿円（小説家），［生活環境］ありま三なこ（絵本作家），［健康・スポーツ科］秦澄美鈴（陸上競技選手），［音楽］有華（シンガーソングライター）など。

国際化・留学　大学間 28 大学

受入れ留学生数▶８名（2022年９月１日現在）
留学生の出身国・地域▶香港，韓国，台湾，イギリス。
外国人専任教員▶教授２名，准教授２名，講師４名（2022年９月１日現在）
外国人専任教員の出身国▶中国，韓国，アメリカ，オーストラリア，カナダ。
大学間交流協定▶28大学（交換留学先11大学，2022年５月１日現在）
海外への留学生数▶渡航型11名・オンライン型308名／年（４カ国・地域，2021年度）
海外留学制度▶アメリカのCEA（英語教育認定協会）からも認定されているアメリカ分校への留学プログラム（オンライン留学も用意）や交換留学，学科ごとの海外留学・海外研修などの国際感覚を磨ける機会を用意。コンソーシアムはHUMAP（兵庫・アジア太平洋大学間ネットワーク）に参加している。

学費・奨学金制度　給付型奨学金総額 年間約 1,889 万円

入学金▶200,000円
年間授業料（施設費等を除く）▶800,000円～（詳細は巻末資料参照）
年間奨学金総額▶18,887,700円
年間奨学金受給者数▶90人
主な奨学金制度▶「武庫川学院奨学」「武庫川学院創立80周年記念特別奨学」などのほか，「新１年生対象自宅外通学応援奨学」「卒業学年対象貸与奨学金返還支援」といった新しい給付型奨学・支援金制度もスタート。入学金を減免する制度もあり，2021年度は15人を対象に総額200万円が減免されている。

保護者向けインフォメーション

●**成績確認**　成績通知書を年２回郵送している。
●**教育懇談会**　教育後援会（保護者会）が主催する地域別教育懇談会（８・９月）を開催し，就職についての説明も行っている。「教育後援会ニュース」や「就職活動サポート―就職活動を支えるご家族の皆さまへ―」なども発行。
●**防災対策**　「防災マニュアル」を新入生ウエルカムサイトに掲載。災害時の学生の状況は，HP・SNS・メール・ポータルサイトで確認。
●**コロナ対策１**　ワクチンの職域接種を実施。「コロナ対策２」（下段）あり。

インターンシップ科目	必修専門ゼミ	卒業論文	GPA制度の導入の有無および活用例	１年以内の退学率	標準年限での卒業率
文・健康・食物・経営で開講	建築・看護学部は４年次，その他の学部・学科は３・４年次に実施（薬学科は５・６年次）	全学部卒業要件	退学勧告基準，学生に対する個別の学修指導に活用するほか，累積GPAが基準値以上の学生に対して上限単位数を設定（経営を除く）	0.6%	97.1%（４年制）75.4%（薬学科）

●**コロナ対策２**　オンライン授業への学修環境整備のため，Wi-Fi利用可能教室を増設。学生への経済的支援として，コロナ禍により，家計支持者の収入額が減収となった学生への奨学金および学費減免制度を設置した。

学部紹介

学部／学科	定員	特色
文学部		
日本語日本文	150	▷実践を通して「ことば」が語りかけるものを読み取り，自分の思いを相手に的確に伝えるためのスキルを身につける。
英語グローバル	200	▷2023年度より，英語文化学科から名称変更。アメリカ分校留学などで，国際社会で通用する知識と英語力を身につける。
●取得可能な資格…教職(国・書・英)，司書，司書教諭，学芸員など。 ●進路状況…………就職85.6%　進学1.8%（旧文学部教育学科，心理・社会福祉学科を除く） ●主な就職先………アパホテル，イオンリテール，ブルボン，明治安田生命保険，公立学校教員など。		
教育学部		
教育	240	▷幼児教育・保育，小学校教育，小学校・中学校教育，国際教育の４コースで，使命感を持った教員・保育士を養成する。
●取得可能な資格…教職(国・英，小一種，幼一種，特別支援)，司書，司書教諭，保育士。 ●進路状況…………就職93.7%　進学1.4%（旧文学部教育学科実績） ●主な就職先………公立学校教員，公立保育園，旭化成リフォーム，住友生命保険，みなと銀行など。		
心理・社会福祉学部		
心理	150	▷NEW! '23年新設。人の心理と行動を理解し，想像力と柔軟性を持って社会の課題に取り組む人材を育成する。
社会福祉	70	▷NEW! '23年新設。グローバルな視点を持って実社会で活躍するソーシャルワークのリーダーを育成する。
●取得可能な資格…社会福祉士・精神保健福祉士受験資格など。 ●進路状況…………就職78.9%　進学11.8%（旧文学部心理・社会福祉学科実績） ●主な就職先………尼崎信用金庫，ウエルシア薬局，日能研関西，パナソニック，三城，公務員など。		
健康・スポーツ科学部		
健康・スポーツ科	180	▷最先端の健康・スポーツ科学を基にした理論と実践で，社会に貢献できる個性輝く指導者，保健体育教員を養成する。
スポーツマネジメント	100	▷NEW! '23年新設。スポーツの専門知識や競技経験を生かし，スポーツビジネスの現場で活躍できる人材を育成する。
●取得可能な資格…教職(保体)，司書，司書教諭など。 ●進路状況…………就職86.7%　進学3.0% ●主な就職先………スターバックスコーヒージャパン，栃木県スポーツ協会，公立学校教員など。		
生活環境学部		
生活環境	165	▷私たちの生活を取り巻く衣服，生活用品やインテリア，住空間，建築物，街・都市との関係を総合的にとらえ，学ぶ。
●取得可能な資格…教職(家)，司書，司書教諭，学芸員，1・2級建築士受験資格など。 ●進路状況…………就職94.8%　進学0.7% ●主な就職先………アイリスオーヤマ，イケア・ジャパン，住友林業，積水ハウスリフォームなど。		
社会情報学部		
社会情報	180	▷NEW! '23年新設。情報メディア専攻(140名)ではメディアやマーケティングの視点からデータを，情報サイエンス専攻(40名)ではAI，データサイエンスなど情報科学を学ぶ。
●取得可能な資格…教職(情)，司書，司書教諭，学芸員など。 ●進路状況…………就職94.2%　進学0.8%（旧生活環境学部情報メディア学科実績） ●主な就職先………NECフィールディング，NSD，キヤノンITソリューションズ，富士ソフトなど。		

キャンパスアクセス [中央キャンパス] 阪神電鉄本線一鳴尾・武庫川女子大前より徒歩7分

食物栄養科学部		
食物栄養	200	▷食と健康の“今”と“未来”を考え，目まぐるしく進歩する知識と技術に対応できる管理栄養士を養成する。
食創造科	80	▷産官学連携による就業体験などで実践力を磨き，次世代の食産業にイノベーションを起こす人材を育成する。
● 取得可能な資格…教職（栄養），栄養士，管理栄養士受験資格など。 ● 進路状況…………就職92.3%　進学3.9%（旧生活環境学部食物栄養学科実績） ● 主な就職先………日清医療食品，エームサービスジャパン，スギ薬局，阪急オアシス，公務員など。		
建築学部		
建築	45	▷一人に１台専用の「製図机とパソコン」を備えたスタジオなど，感性と技術を徹底的に磨く理想的なステージを用意。
景観建築	40	▷ランドスケープ学と建築学が融合した新たな学びで，自然と共生できる社会に貢献できる建築・景観設計者を育成する。
● 取得可能な資格…測量士補，１・２級建築士受験資格など。 ● 進路状況…………就職13.5%　進学86.5%（旧生活環境学部建築学科実績） ● 主な就職先………住友林業ホームテック，不二サッシ，大林組，鹿島建設，熊谷組，錢高組など。		
音楽学部		
演奏	30	▷豊かな感性や人間性を育み，演奏家や教育者など社会人としての活躍をめざす。声楽，ピアノ，管弦楽器の３専修。
応用音楽	20	▷ピアノ，声楽の個人レッスンで実践力を培い，３年次から音楽療法か音楽活用のゼミを選択し，研究を深める。
● 取得可能な資格…教職（音），司書，司書教諭，学芸員，音楽療法士（補）受験資格など。 ● 進路状況…………就職64.9%　進学16.2% ● 主な就職先………アニエスベージャパン，日本放送協会，ヤマハ音楽振興会，公立学校教員など。		
薬学部		
薬	210	▷６年制。創設60年の伝統と実績で，医療を取り巻く環境の変化にも主体的に対応できる新時代を開く薬剤師を育成。
健康生命薬科	40	▷４年制。基礎力・思考力・応用力を養いながら，美と健康のサイエンスを学び，社会に貢献できる薬科学者を養成する。
● 取得可能な資格…教職（理〈健康生命薬科学科〉），司書，司書教諭，薬剤師受験資格（薬学科）など。 ● 進路状況…………［薬］就職85.7%　進学0.0%　［健康生命薬科］就職80.6%　進学13.9% ● 主な就職先………アインホールディングス，日本調剤，佐藤薬品工業，スギ薬局，クオールなど。		
看護学部		
看護	80	▷看護師育成に特化したカリキュラムで，さまざまな角度から支援を考え実践する「360°看護力」を持つ人材を養成。
● 取得可能な資格…看護師受験資格。 ● 進路状況…………就職90.9%　進学8.0% ● 主な就職先………兵庫医科大学病院，淀川キリスト教病院，兵庫県立尼崎総合医療センターなど。		
経営学部		
経営	200	▷経営に関する総合的な知識と実践力を持って，多様な価値観と生活様式の中で，自在に活躍できる女性を育成する。
● 主な就職先………2020年度開設のため卒業生はいない。		

キャンパス

文・教育・〈心理・社会福祉〉・〈健康・スポーツ科〉・生活環境・社会情報・食物栄養科・音楽・看護・経営
……［中央キャンパス］兵庫県西宮市池開町6-46
薬……［浜甲子園キャンパス］兵庫県西宮市甲子園九番町11-68
建築……［上甲子園キャンパス］兵庫県西宮市戸崎町1-13

キャンパスアクセス ［浜甲子園キャンパス］阪神電鉄本線―甲子園より徒歩15分／JR東海道本線（神戸線）―甲子園口よりバス24分・甲子園九番町下車徒歩5分

2023年度入試要項（前年度実績）

●募集人員

学部／学科（専攻）	A（前期）3科目	A（前期）2科目	B（中期）	C（後期）
▶文　日本語日本文	同一20 傾斜15	20	同一12 傾斜8	3
英語グローバル	同一25 傾斜20	25	同一15 傾斜10	5
▶教育　教育	同一35 傾斜25	35	同一12 傾斜8	5
▶心理・社会福祉　心理	同一20 傾斜15	15	同一12 傾斜8	3
社会福祉	同一8 傾斜6	8	同一8 傾斜4	3
▶健康・スポーツ科　健康・スポーツ科	同一15 傾斜10	15	同一10 傾斜6	5
スポーツマネジメント	同一10 傾斜8	5	同一5 傾斜3	3
▶生活環境　生活環境	同一25 傾斜15	20	同一10 傾斜6	3
▶社会情報　社会情報（情報メディア）	同一20 傾斜15	15	同一8 傾斜6	3
（情報サイエンス）	— —	10	同一4 傾斜2	2
▶食物栄養科　食物栄養	同一25 傾斜20	25	同一12 傾斜8	5
食創造科	同一10 傾斜8	12	同一5 傾斜3	2
▶建築　建築	同一9 傾斜6	—	同一3 傾斜3	2
景観建築	同一7 傾斜5	—	同一3 傾斜2	2
▶音楽　演奏	—	11	同一2	2
応用音楽	同一7	—	同一2	1
▶薬　薬	同一30 傾斜15	25	同一15 傾斜10	3
健康生命薬科	— —	10	同一3 傾斜2	2
▶看護　看護	同一15 傾斜10	8	同一5 傾斜3	3
▶経営　経営	同一30 傾斜20	30	同一12 傾斜8	5

※次のように略しています。同一配点方式（A）・同一配点型（B）→同一。傾斜配点方式（A）・傾斜配点型（B）→傾斜。

文学部

一般選抜A（前期）〈3科目型〉　**【日本語日本文学科】**　**3科目**　①**国**（同一100・傾斜200）▶国総・現文B・古典B（いずれも漢文を除く）　②**外**（100）▶コミュ英Ⅰ・コミュ英Ⅱ・コミュ英Ⅲ・英表Ⅰ・英表Ⅱ　③**地歴・数・理**（100）▶世B・日B・「数Ⅰ・数A」・「数Ⅰ・数Ⅱ・数A・数B（数列・ベク）」・「化基・化（高分子を除く）」・「生基・生（生態・進化を除く）」から1

【英語グローバル学科】　**3科目**　①**外**（同一100・傾斜200）▶コミュ英Ⅰ・コミュ英Ⅱ・コミュ英Ⅲ・英表Ⅰ・英表Ⅱ　②③**国・「地歴・数」・理**（100×2）▶「〈国総（現文）・現文B〉・〈国総・現文B・古典B（いずれも漢文を除く）〉から1」・「世B・日B・〈数Ⅰ・数A〉・〈数Ⅰ・数Ⅱ・数A・数B（数列・ベク）〉から1」・「〈化基・化（高分子を除く）〉・〈生基・生（生態・進化を除く）〉から1」から2

一般選抜A（前期）・B（中期）〈2科目型〉　**【日本語日本文学科】**　**2科目**　①**国**（A100・B〈同一100・傾斜200〉）▶国総・現文B・古典B（いずれも漢文を除く）　②**外・地歴・数・理**（100）▶「コミュ英Ⅰ・コミュ英Ⅱ・コミュ英Ⅲ・英表Ⅰ・英表Ⅱ」・世B・日B・「数Ⅰ・数A」・「数Ⅰ・数Ⅱ・数A・数B（数列・ベク）」・「化基・化（高分子を除く）」・「生基・生（生態・進化を除く）」から1

【英語グローバル学科】　**2科目**　①**外**（A100・B〈同一100・傾斜200〉）▶コミュ英Ⅰ・コミュ英Ⅱ・コミュ英Ⅲ・英表Ⅰ・英表Ⅱ　②**国・地歴・理**（100）▶「国総（現文）・現文B」・「国総・現文B・古典B（いずれも漢文を除く）」・世B・日B・「化基・化（高分子を除く）」・「生基・生（生能・進化を除く）」から1

一般選抜C（後期）　**【日本語日本文学科】**　**2科目**　①**国**（100）▶国総（現文）・現文B　②**外・数・理**（100）▶「コミュ英Ⅰ・コミュ英Ⅱ・コミュ英Ⅲ・英表Ⅰ・英表Ⅱ」・「数Ⅰ・数Ⅱ・数A・数B（数列・ベク）」・「化基・化（高分子を除く）」・「生基・生（生態・進化を除く）」から1

【英語グローバル学科】　**2科目**　①**外**（100）▶コミュ英Ⅰ・コミュ英Ⅱ・コミュ英Ⅲ・英表Ⅰ・英表Ⅱ　②**国・数・理**（100）▶「国総（現文）・現文B」・「数Ⅰ・数Ⅱ・数A・数B（数列・ベ

キャンパスアクセス　［上甲子園キャンパス］JR東海道本線（神戸線）一甲子園口より徒歩10分／阪神電鉄本線一甲子園よりバス6分・戸崎町下車徒歩3分

ク)」・「化基・化(高分子を除く)」・「生基・生(生態・進化を除く)」から1

教育学部

一般選抜A(前期)〈3科目型〉 3科目 ①②③**国・外・「地歴・数」・理**(同一100×3・傾斜〈国または英200・選択科目100×2〉) ▶「国総・現文B・古典B(いずれも漢文を除く)」・「コミュ英Ⅰ・コミュ英Ⅱ・コミュ英Ⅲ・英表Ⅰ・英表Ⅱ」・「世B・日B・〈数Ⅰ・数A〉・〈数Ⅰ・数Ⅱ・数A・数B(数列・ベク)〉から1」・「〈化基・化(高分子を除く)〉・〈生基・生(生態・進化を除く)〉から1」から3，ただし国・外のいずれか必須

一般選抜A(前期)〈2科目型〉 2科目 ①②**国・外・「地歴・数」・理**(100×2) ▶「〈国総(現文)・現文B〉・〈国総・現文B・古典B(いずれも漢文を除く)〉から1」・「コミュ英Ⅰ・コミュ英Ⅱ・コミュ英Ⅲ・英表Ⅰ・英表Ⅱ」・「世B・日B・〈数Ⅰ・数A〉・〈数Ⅰ・数Ⅱ・数A・数B(数列・ベク)〉から1」・「〈化基・化(高分子を除く)〉・〈生基・生(生態・進化を除く)〉から1」から2

一般選抜B(中期) 2科目 ①②**国・外・地歴・数・理**(同一100×2・傾斜〈高得点科目200・低得点科目100〉) ▶「〈国総(現文)・現文B〉・〈国総・現文B・古典B(いずれも漢文を除く)〉から1」・「コミュ英Ⅰ・コミュ英Ⅱ・コミュ英Ⅲ・英表Ⅰ・英表Ⅱ」・「世B・日Bから1」・「〈数Ⅰ・数A〉・〈数Ⅰ・数Ⅱ・数A・数B(数列・ベク)〉から1」・「〈化基・化(高分子を除く)〉・〈生基・生(生態・進化を除く)〉から1」から2

一般選抜C(後期) 2科目 ①②**国・外・「数・理」**(100×2) ▶「国総(現文)・現文B」・「コミュ英Ⅰ・コミュ英Ⅱ・コミュ英Ⅲ・英表Ⅰ・英表Ⅱ」・「〈数Ⅰ・数Ⅱ・数A・数B(数列・ベク)〉・〈化基・化(高分子を除く)〉・〈生基・生(生態・進化を除く)〉から1」から2

心理・社会福祉学部／生活環境学部／社会情報学部／経営学部

一般選抜A日程(前期)〈3科目型〉 3科目 ①**外**(同一100) ▶コミュ英Ⅰ・コミュ英Ⅱ・コミュ英Ⅲ・英表Ⅰ・英表Ⅱ ②③**国・「地歴・数」・理**(同一100×2) ▶「〈国総(現文)・現文B〉・〈国総・現文B・古典B(いずれも漢文を除く)〉から1」・「世B・日B・〈数Ⅰ・数A〉・〈数Ⅰ・数Ⅱ・数A・数B(数列・ベク)〉から1」・「〈化基・化(高分子を除く)〉・〈生基・生(生態・進化を除く)〉から1」から2

※傾斜配点方式は高得点科目200点，低得点科目100点×2の400点満点で判定する。

※社会情報学部情報サイエンス専攻は3科目型を実施しない。

一般選抜A(前期)〈2科目型〉 2科目 ①②**国・外・「地歴・数」・理**(100×2) ▶「〈国総(現文)・現文B〉・〈国総・現文B・古典B(いずれも漢文を除く)〉から1」・「コミュ英Ⅰ・コミュ英Ⅱ・コミュ英Ⅲ・英表Ⅰ・英表Ⅱ」・「世B・日B・〈数Ⅰ・数A〉・〈数Ⅰ・数Ⅱ・数A・数B(数列・ベク)〉から1」・「〈化基・化(高分子を除く)〉・〈生基・生(生態・進化を除く)〉から1」から2

一般選抜B(中期) 2科目 ①②**国・外・地歴・数・理**(同一100×2・傾斜〈高得点科目200・低得点科目100〉) ▶「〈国総(現文)・現文B〉・〈国総・現文B・古典B(いずれも漢文を除く)〉から1」・「コミュ英Ⅰ・コミュ英Ⅱ・コミュ英Ⅲ・英表Ⅰ・英表Ⅱ」・世B・日B・「数Ⅰ・数A」・「数Ⅰ・数Ⅱ・数A・数B(数列・ベク)」・「化基・化(高分子を除く)」・「生基・生(生態・進化を除く)」から2，ただし社会情報学部情報サイエンス専攻のみ数学2科目の選択可

一般選抜C(後期) **【心理・社会福祉学部】** 2科目 ①②**国・外・「数・理」**(100×2) ▶「国総(現文)・現文B」・「コミュ英Ⅰ・コミュ英Ⅱ・コミュ英Ⅲ・英表Ⅰ・英表Ⅱ」・「〈数Ⅰ・数Ⅱ・数A・数B(数列・ベク)〉・〈化基・化(高分子を除く)〉・〈生基・生(生態・進化を除く)〉から1」から2

【生活環境学部・社会情報学部・経営学部】 2科目 ①②**国・外・数・理**(100×2) ▶「国総(現文)・現文B」・「コミュ英Ⅰ・コミュ英Ⅱ・コミュ英Ⅲ・英表Ⅰ・英表Ⅱ」・「数Ⅰ・数Ⅱ・数A・数B(数列・ベク)」・「化基・化(高分子を除く)」・「生基・生(生態・進化を除く)」から2，ただし生活環境学部のみ理科2科目の選択可

健康・スポーツ科学部

一般選抜A日程(前期)〈3科目型〉 3科目

①外(同一100) ▶コミュ英Ⅰ・コミュ英Ⅱ・コミュ英Ⅲ・英表Ⅰ・英表Ⅱ ②③国・「地歴・数」・理(同一100×2) ▶「〈国総(現文)・現文B〉・〈国総・現文B・古典B(いずれも漢文を除く)〉から1」・「世B・日B・〈数Ⅰ・数A〉・〈数Ⅰ・数Ⅱ・数A・数B(数列・ベク)〉・〈数Ⅰ・数Ⅱ・数Ⅲ・数A・数B(数列・ベク)〉から1」・「〈物基・物〉・〈化基・化(高分子を除く)〉・〈生基・生(生態・進化を除く)〉から1」から2
※傾斜配点方式は高得点科目200点，低得点科目100点×2の400点満点で判定する。

一般選抜A(前期)〈2科目型〉 2科目 ①②国・外・「地歴・数」・理(100×2) ▶「〈国総(現文)・現文B〉・〈国総・現文B・古典B(いずれも漢文を除く)〉から1」・「コミュ英Ⅰ・コミュ英Ⅱ・コミュ英Ⅲ・英表Ⅰ・英表Ⅱ」・「世B・日B・〈数Ⅰ・数A〉・〈数Ⅰ・数Ⅱ・数A・数B(数列・ベク)〉・〈数Ⅰ・数Ⅱ・数Ⅲ・数A・数B(数列・ベク)〉から1」・「〈物基・物〉・〈化基・化(高分子を除く)〉・〈生基・生(生態・進化を除く)〉から1」から2

一般選抜B(中期) 2科目 ①②③国・外・地歴・数・理(同一100×2・傾斜〈高得点科目200・低得点科目100〉) ▶「〈国総(現文)・現文B〉・〈国総・現文B・古典B(いずれも漢文を除く)〉から1」・「コミュ英Ⅰ・コミュ英Ⅱ・コミュ英Ⅲ・英表Ⅰ・英表Ⅱ」・世B・日B・「数Ⅰ・数A」・「数Ⅰ・数Ⅱ・数A・数B(数列・ベク)」・「化基・化(高分子を除く)」・「生基・生(生態・進化を除く)」から2

一般選抜C(後期) 2科目 ①②国・外・数・理(100×2) ▶「国総(現文)・現文B」・「コミュ英Ⅰ・コミュ英Ⅱ・コミュ英Ⅲ・英表Ⅰ・英表Ⅱ」・「数Ⅰ・数Ⅱ・数A・数B(数列・ベク)」・「化基・化(高分子を除く)」・「生基・生(生態・進化を除く)」から2

食物栄養科学部

一般選抜A(前期)〈3科目型〉 【食物栄養学科】 3科目 ①外(100) ▶コミュ英Ⅰ・コミュ英Ⅱ・コミュ英Ⅲ・英表Ⅰ・英表Ⅱ ②理(同一100・傾斜200) ▶「化基・化(高分子を除く)」・「生基・生(生態・進化を除く)」から1 ③国・数(100) ▶「国総(現文)・現文B」・「国総・現文B・古典B(いずれも漢文を除く)」・「数Ⅰ・数A」・「数Ⅰ・数Ⅱ・数A・数B(数列・ベク)」から1

【食創造科学科】 3科目 ①外(100) ▶コミュ英Ⅰ・コミュ英Ⅱ・コミュ英Ⅲ・英表Ⅰ・英表Ⅱ ②③数・理・「国・地歴」(同一100×2・傾斜〈数・化または生〉の高得点200・その他100) ▶「〈数Ⅰ・数A〉・〈数Ⅰ・数Ⅱ・数A・数B(数列・ベク)〉から1」・「〈化基・化(高分子を除く)〉・〈生基・生(生態・進化を除く)〉から1」・「〈国総(現文)・現文B〉・〈国総・現文B・古典B(いずれも漢文を除く)〉・世B・日Bから1」から2，ただし数と地歴の組み合わせ不可

一般選抜A(前期)〈2科目型〉 【食物栄養学科】 2科目 ①理(100) ▶「化基・化(高分子を除く)」・「生基・生(生態・進化を除く)」から1 ②国・外・数(100) ▶「国総(現文)・現文B」・「国総・現文B・古典B(いずれも漢文を除く)」・「コミュ英Ⅰ・コミュ英Ⅱ・コミュ英Ⅲ・英表Ⅰ・英表Ⅱ」・「数Ⅰ・数A」・「数Ⅰ・数Ⅱ・数A・数B(数列・ベク)」から1

【食創造科学科】 2科目 ①②数・理・「国・外・地歴」(100×2) ▶「〈数Ⅰ・数A〉・〈数Ⅰ・数Ⅱ・数A・数B(数列・ベク)〉から1」・「〈化基・化(高分子を除く)〉・〈生基・生(生態・進化を除く)〉から1」・「〈国総(現文)・現文B〉・〈国総・現文B・古典B(いずれも漢文を除く)〉・〈コミュ英Ⅰ・コミュ英Ⅱ・コミュ英Ⅲ・英表Ⅰ・英表Ⅱ〉・世B・日Bから1」から2，ただし数と地歴の組み合わせ不可

一般選抜B(中期) 【食物栄養学科】 2科目 ①②理・「国・外・数」(同一100×2・傾斜〈理の高得点科目200・その他の低得点科目100〉) ▶「化基・化(高分子を除く)」・「生基・生(生態・進化を除く)」・「〈国総(現文)・現文B〉・〈国総・現文B・古典B(いずれも漢文を除く)〉・〈コミュ英Ⅰ・コミュ英Ⅱ・コミュ英Ⅲ・英表Ⅰ・英表Ⅱ〉・〈数Ⅰ・数A〉・〈数Ⅰ・数Ⅱ・数A・数B(数列・ベク)〉から1」から2

【食創造科学科】 2科目 ①②数・理・「国・外・地歴」(同一100×2・傾斜〈数または理の高得点科目200・その他の低得点科目100〉) ▶「〈数Ⅰ・数A〉・〈数Ⅰ・数Ⅱ・数A・数B(数列・ベク)〉から1」・「化基・化(高分子を除く)」・「生基・生(生態・進化を除く)」・「〈国総(現文)・

現文Ｂ〉・〈国総・現文Ｂ・古典Ｂ（いずれも漢文を除く）〉・〈コミュ英Ⅰ・コミュ英Ⅱ・コミュ英Ⅲ・英表Ⅰ・英表Ⅱ〉・世Ｂ・日Ｂから１」から２

一般選抜Ｃ（後期）　【食物栄養学科】　2科目　①②理・「国・外・数」（100×2）▶「化基・化（高分子を除く）」・「生基・生（生態・進化を除く）」・「〈国総（現文）・現文Ｂ〉・〈コミュ英Ⅰ・コミュ英Ⅱ・コミュ英Ⅲ・英表Ⅰ・英表Ⅱ〉・〈数Ⅰ・数Ⅱ・数Ａ・数Ｂ（数列・ベク）〉から１」から２

【食創造科学科】　2科目　①②「国・外」・数・理（100×2）▶「〈国総（現文）・現文Ｂ〉・〈コミュ英Ⅰ・コミュ英Ⅱ・コミュ英Ⅲ・英表Ⅰ・英表Ⅱ〉から１」・「数Ⅰ・数Ⅱ・数Ａ・数Ｂ（数列・ベク）」・「化基・化（高分子を除く）」・「生基・生（生態・進化を除く）」から２

建築学部

一般選抜Ａ（前期）　3科目　①外（100）▶コミュ英Ⅰ・コミュ英Ⅱ・コミュ英Ⅲ・英表Ⅰ・英表Ⅱ　②数（同一100・傾斜200）▶数Ⅰ・数Ⅱ・数Ⅲ・数Ａ・数Ｂ（数列・ベク）　③理（100）▶「物基・物」・「化基・化（高分子を除く）」・「生基・生（生態・進化を除く）」から１，ただし生基・生は景観建築学科のみ選択可

一般選抜Ｂ（中期）　2科目　①数（同一100）▶数Ⅰ・数Ⅱ・数Ａ・数Ｂ（数列・ベク）　②国・外・理（同一100）▶「国総（現文）・現文Ｂ」・「コミュ英Ⅰ・コミュ英Ⅱ・コミュ英Ⅲ・英表Ⅰ・英表Ⅱ」・「物基・物」・「化基・化（高分子を除く）」・「生基・生（生態・進化を除く）」から１，ただし生基・生は景観建築学科のみ選択可

※傾斜配点型は高得点科目200点，低得点科目100点の300点満点で判定する。

一般選抜Ｃ（後期）　2科目　①数（100）▶数Ⅰ・数Ⅱ・数Ａ・数Ｂ（数列・ベク）　②国・外・理（100）▶「国総（現文）・現文Ｂ」・「コミュ英Ⅰ・コミュ英Ⅱ・コミュ英Ⅲ・英表Ⅰ・英表Ⅱ」・「生基・生（生態・進化を除く）」から１，ただし生基・生は景観建築学科のみ選択可

音楽学部

一般選抜Ａ（前期）・Ｂ（中期）　【演奏学科】　2科目　①主専実技（300）　②楽典・聴音・副専ピアノ実技・国・外・地歴・数（100）▶楽典（音楽史を除く）・聴音（単旋律）・副専ピアノ実技（ピアノ専修を除く）・「国総（現文）・現文Ｂ」・「コミュ英Ⅰ・コミュ英Ⅱ・コミュ英Ⅲ・英表Ⅰ・英表Ⅱ」・世Ｂ・日Ｂ・「数Ⅰ・数Ａ」から１，ただし聴音はＡのみ実施

【応用音楽学科】　3〜2科目　①実技（100）　②③「国・楽典」・「外・聴音」・「地歴・数」（Ａ 100×2・Ｂ100）▶「〈国総（現文）・現文Ｂ〉・楽典（音楽史を除く）から１」・「〈コミュ英Ⅰ・コミュ英Ⅱ・コミュ英Ⅲ・英表Ⅰ・英表Ⅱ〉・聴音（単旋律）から１」・「世Ｂ・日Ｂ・〈数Ⅰ・数Ａ〉から１」からＡは２，Ｂは１，ただし聴音はＡのみ実施

一般選抜Ｃ（後期）　【演奏学科】　2科目　①主専実技（300）　②国・外・数（100）▶「国総（現文）・現文Ｂ」・「コミュ英Ⅰ・コミュ英Ⅱ・コミュ英Ⅲ・英表Ⅰ・英表Ⅱ」・「数Ⅰ・数Ⅱ・数Ａ・数Ｂ（数列・ベク）」から１

【応用音楽学科】　2科目　①実技（100）　②国・外・数（100）▶「国総（現文）・現文Ｂ」・「コミュ英Ⅰ・コミュ英Ⅱ・コミュ英Ⅲ・英表Ⅰ・英表Ⅱ」・「数Ⅰ・数Ⅱ・数Ａ・数Ｂ（数列・ベク）」から１

薬学部

一般選抜Ａ（前期）〈３科目型〉　【薬学科】　3科目　①理（同一100・傾斜200）▶「化基・化（高分子を除く）」・「生基・生（生態・進化を除く）」から１　②③国・外・数（100×2）▶「〈国総（現文）・現文Ｂ〉・〈国総・現文Ｂ・古典Ｂ（いずれも漢文を除く）〉から１」・「コミュ英Ⅰ・コミュ英Ⅱ・コミュ英Ⅲ・英表Ⅰ・英表Ⅱ」・「〈数Ⅰ・数Ａ〉・〈数Ⅰ・数Ⅱ・数Ａ・数Ｂ（数列・ベク）〉から１」から２

一般選抜Ａ（前期）〈２科目型〉　2科目　①理（100）▶「化基・化（高分子を除く）」・「生基・生（生態・進化を除く）」から１　②国・外・数（100）▶「国総（現文）・現文B」・「国総・現文B・古典B（いずれも漢文を除く）」・「コミュ英Ⅰ・コミュ英Ⅱ・コミュ英Ⅲ・英表Ⅰ・英表Ⅱ」・「数Ⅰ・数A」・「数Ⅰ・数Ⅱ・数A・数B（数列・ベク）」から１

一般選抜Ｂ（中期）　2科目　①②理・「国・外・数」（同一100×2・傾斜〈理の高得点科目200・その他の低得点科目100〉）▶「化基・化

(高分子を除く)」・「生基・生(生態・進化を除く)」・「〈国総(現文)・現文B〉・〈国総・現文B・古典B(いずれも漢文を除く)〉・〈コミュ英Ⅰ・コミュ英Ⅱ・コミュ英Ⅲ・英表Ⅰ・英表Ⅱ〉・〈数Ⅰ・数A〉・〈数Ⅰ・数Ⅱ・数A・数B(数列・ベク)〉から1」から2

一般選抜C(後期) 2科目 ①②理・「国・外・数」(薬学科は化または生200・その他100，健康生命薬科学科100×2)▶「化基・化(高分子を除く)」・「生基・生(生態・進化を除く)」・「〈国総(現文)・現文B〉・〈コミュ英Ⅰ・コミュ英Ⅱ・コミュ英Ⅲ・英表Ⅰ・英表Ⅱ〉・〈数Ⅰ・数Ⅱ・数A・数B(数列・ベク)〉から1」から2

看護学部

一般選抜A(前期)〈3科目型〉 3科目 ①外(同一100)▶コミュ英Ⅰ・コミュ英Ⅱ・コミュ英Ⅲ・英表Ⅰ・英表Ⅱ ②③国・数・理(同一100×2)▶「〈国総(現文)・現文B〉・〈国総・現文B・古典B(いずれも漢文を除く)〉から1」・「〈数Ⅰ・数A〉・〈数Ⅰ・数Ⅱ・数A・数B(数列・ベク)〉から1」・「〈化基・化(高分子を除く)〉・〈生基・生(生態・進化を除く)〉から1」から2

※傾斜配点方式は高得点科目200点，低得点科目100点×2の400点満点で判定する。

一般選抜A(前期)・B(中期)〈2科目型〉 2科目 ①②③国・外・数・理(A100×2・B〈同一100×2・傾斜(高得点科目200・低得点科目100)〉)▶「〈国総(現文)・現文B〉・〈国総・現文B・古典B(いずれも漢文を除く)〉から1」・「コミュ英Ⅰ・コミュ英Ⅱ・コミュ英Ⅲ・英表Ⅰ・英表Ⅱ」・「〈数Ⅰ・数A〉・〈数Ⅰ・数Ⅱ・数A・数B(数列・ベク)〉から1」・「化基・化(高分子を除く)」・「生基・生(生態・進化を除く)」から2

一般選抜C(後期) 2科目 ①②国・外・数・理(100×2)▶「国総(現文)・現文B」・「コミュ英Ⅰ・コミュ英Ⅱ・コミュ英Ⅲ・英表Ⅰ・英表Ⅱ」・「数Ⅰ・数Ⅱ・数A・数B(数列・ベク)」・「化基・化(高分子を除く)」・「生基・生(生態・進化を除く)」から2

その他の選抜

一般選抜D(共通テスト利用型)は文学部15名，教育学部15名，心理・社会福祉学部7名，健康・スポーツ科学部6名，生活環境学部7名，社会情報学部9名，食物栄養科学部13名，建築学部6名，薬学部13名，看護学部5名，経営学部5名を，公募制推薦入試は文学部121名，教育学部70名，心理・社会福祉学部72名，健康・スポーツ科学部127名，生活環境学部51名，社会情報学部64名，食物栄養科学部104名，建築学部28名，音楽学部22名，薬学部73名，看護学部26名，経営学部55名を募集。ほかに指定校推薦入試，スポーツ推薦入試，演奏奨学生入試，グローバル(英語重視型)入試(経営学部5名)，社会人特別選抜を実施。

偏差値データ（2023年度）

●一般選抜Ａ（前期）

学部／学科／専攻	2023年度 駿台予備学校 合格目標ライン	2023年度 河合塾 ボーダー偏差値	2022年度 競争率
▶文学部			
日本語日本文（３科目）	46	45	1.8
（２科目）	46	45	2.2
英語グローバル（3科目）	46	42.5	1.5
（２科目）	46	47.5	2.0
▶教育学部			
教育（３科目）	49	47.5	2.7
（２科目）	49	50	3.2
▶心理・社会福祉学部			
心理（３科目）	46	50	新
（２科目）	46	52.5	新
社会福祉（３科目）	45	50	新
（２科目）	45	52.5	新
▶健康・スポーツ科学部			
健康・スポーツ科（3科目）	44	45	3.3
（２科目）	44	42.5	4.1
スポーツマネジメント（3科目）	44	45	新
（２科目）	44	45	新
▶生活環境学部			
生活環境（３科目）	43	45	3.0
（２科目）	43	47.5	3.6
▶社会情報学部			
社会情報／情報メディア（3科目）	45	45	新
（２科目）	44	47.5	新
／情報サイエンス（2科目）	44	47.5	新
▶食物栄養科学部			
食物栄養（３科目）	44	47.5	2.4
（２科目）	44	47.5	2.7
食創造科（３科目）	44	42.5	1.5
（２科目）	44	45	1.6
▶建築学部			
建築（３科目）	44	42.5	3.6
景観建築（３科目）	44	45	1.8
▶音楽学部			
演奏（２科目）	36	BF	1.0
応用音楽（３科目）	36	35	1.3
▶薬学部			
薬（３科目）	43	42.5	1.8
（２科目）	42	45	2.0
健康生命薬科（2科目）	41	42.5	1.7
▶看護学部			
看護（３科目）	43	47.5	2.6
（２科目）	43	47.5	新
▶経営学部			
経営（３科目）	46	47.5	2.8
（２科目）	46	50	3.3

- 駿台予備学校合格目標ラインは合格可能性80％に相当する駿台模試の偏差値です。
- 河合塾ボーダー偏差値は合格可能性50％に相当する河合塾全統模試の偏差値です。なお，３科目型は同一配点方式の偏差値です。
- 競争率は受験者÷合格者の実質倍率

併設の教育機関　短期大学

武庫川女子大学短期大学部

問合せ先　入試センター
☎0798-45-3500
所在地　兵庫県西宮市池開町6-46

学生数▶女763名
教員数▶教授23名，准教授21名，講師８名

設置学科

●**日本語文化学科**（100）　コミュニケーション力，情報スキル，真の国際的センスを磨き，社会の即戦力となる人材を育成する。
●**英語キャリア・コミュニケーション学科**（100）　日米両国で企業研修を実施するなど，ビジネスに特化した充実のカリキュラムを用意。１年次後期に全員がアメリカ分校へ留学。
●**幼児教育学科**（150）　豊かな感性と創造的能力を備えた幼稚園教諭・保育士を養成。
●**食生活学科**（80）　「食」と「健康」を総合的に理解した実践力のある栄養士を養成。
●**生活造形学科**（90）　アパレル，インテリアの２コースで，本物のデザインを追究する。

卒業後の進路

2022年３月卒業生▶570名（2021年９月卒業生を含む）
就職290名，大学編入学192名（うち他大学29名），その他88名

西南学院大学

資料請求

問合せ先　入試課　☎092-823-3366

建学の精神

アメリカ人宣教師のC.K.ドージャーによって，1916（大正５）年に創立。創立者の“Seinan,Be True to Christ”（西南よ，キリストに忠実なれ）という言葉は，建学の精神として大切に受け継がれ，学院の伝統を今日まで育み，この建学の精神をもとに，100年を超える歴史の中で，地域および世界で活躍できる人材を育ててきた。そして，変わり続ける時代にあっても，創立以来変わらないキリストの精神に根ざした本質的な課題をとらえた学びにより，無数にある解から，新しい解へと導く一人ひとりにあった知を形作る「教育力」，世界とつながり，多様な知と交錯する「国際性」，自分という軸を持ち，未来を拓く力を育む「就職力」を特長に，西南学院大学は独自の教育を実践しながら，奉仕の精神を持ち，社会に貢献する人材を送り続けている。

● 西南学院大学キャンパス……〒814-8511　福岡県福岡市早良区西新6-2-92

基本データ

学生数▶8,253名（男3,408名，女4,845名）
専任教員数▶教授143名，准教授55名，講師９名
設置学部▶神，外国語，商，経済，法，人間科，国際文化
併設教育機関▶大学院―法学・経営学・文学・経済学・神学・人間科学・国際文化（以上M・D）

就職・卒業後の進路

就職率 **97.0**％
就職者÷希望者×100

● **就職支援**　１年次から始まる「キャリア形成支援プログラム」と３年次からの「就職支援プログラム」により，想い描くキャリア実現に向けて着実にステップアップできるプログラムを用意。就職課員はもちろん，キャリアアドバイザーに就職活動の不安や悩みをいつでも相談できる体制も整えている。

● **資格取得支援**　国家試験準備室があり，税理士や公認会計士の資格取得，法曹界や裁判所などの公務員，外交官，国連職員をめざす学生をサポート。社会連携課では，簿記や情報処理，通訳案内士など，各種実務に関連する幅広い資格の取得を支援する講座を開講している。また，語学検定資格対策も充実。

進路指導者も必見 学生を伸ばす 面倒見

初年次教育
大学教育へのモチベーションを高めるための「基礎演習」等を実施し，高校から大学への円滑な移行を図っている。また，2023年度より新カリキュラムを導入し，スタディスキル科目やデータサイエンス科目も開講

学修サポート
全学部でTA・SA制度，オフィスアワー制度を導入。図書館にラーニングサポートデスクがあり，大学院生や学部上級生のサポートスタッフが，レポートの書き方やプレゼンの方法など，さまざまな学修相談に応じている

オープンキャンパス（2022年度実績）　8月6・7日に行ったほか，10月1・8日に秋のオープンキャンパスも開催（事前予約制）。大学概要・入試説明会，キャンパスツアー，学生トークライブ，模擬講義，個別相談など。

文系学部

2022年３月卒業生
2,004人

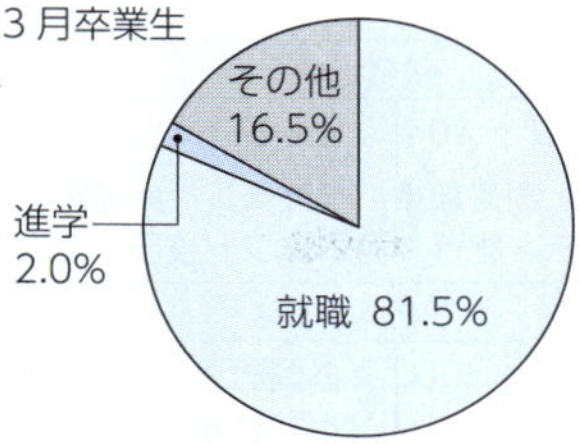

主なOB・OG▶［旧文］片渕茜（テレビ東京アナウンサー），［商］髙山善司（ゼンリン社長），［経済］佐藤泉（RKB毎日放送社長），［経済］東山彰良（小説家），［経済］尾崎里紗（日本テレビアナウンサー）など。

国際化・留学　大学間 101 大学・部局間 16 大学

受入れ留学生数▶50名（2022年９月１日現在）
留学生の出身国▶中国，韓国，シンガポール，インドネシア，ドイツなど。
外国人専任教員▶教授17名，准教授６名，講師２名（2022年５月１日現在）
外国人専任教員の出身国▶アメリカ，中国，韓国，フランス，ドイツなど。
大学間交流協定▶101大学（交換留学先85大学，2022年９月１日現在）
部局間交流協定▶16大学（交換留学先６大学，2022年９月１日現在）
海外への留学生数▶渡航型109名・オンライン型49名／年（18カ国・地域，2021年度）
海外留学制度▶派遣先大学の授業料が免除され、奨学金も支給される海外派遣留学生制度や，春季・夏季の長期休暇を利用した約２～４週間の短期語学研修，海外でインターンシップやボランティアを体験するキャリアアップ海外研修，認定留学制度などを用意。コンソーシアムはACUCA（アジア・キリスト教大学協会）など３団体に参加している。

学費・奨学金制度　給付型奨学金総額 年間約 1,930 万円

入学金▶200,000円
年間授業料（施設費等を除く）▶750,000円（詳細は巻末資料参照）
年間奨学金総額▶19,302,804円
年間奨学金受給者数▶99人
主な奨学金制度▶「西南学院大学給付奨学金」「西南学院大学緊急支援特別奨学金」「西南学院大学成績優秀者奨学金」など８種類の給付型奨学金のほか，入試に関わる「西南学院大学入学試験成績優秀者奨学金」などを設置。

保護者向けインフォメーション

● **オープンキャンパス**　通常のオープンキャンパス時に学生支援制度などの説明を行っている。
● **成績確認**　成績通知表を保証人宛に郵送するほか，学食利用状況のWeb閲覧が可能。
● **修学懇談会**　修学懇談会を開催し，学部ごとに個別懇談会も実施している。
● **防災対策**　災害時の学生の安否は，ポータルサイトを利用して確認するようにしている。
● **コロナ対策１**　ワクチンの職域接種を実施。感染状況に応じた５段階のBCP（行動指針）を設定。「コロナ対策２」（下段）あり。

インターンシップ科目	必修専門ゼミ	卒業論文	GPA制度の導入の有無および活用例	１年以内の退学率	標準年限での卒業率
商学部と経済学部で開講	商学部を除く６学部で４年間実施	法学部を除き卒業要件	奨学金や授業料免除対象者の選定基準，留学候補者の選考，学生に対する個別の学修指導に活用	0.4%	84.6%

● **コロナ対策２**　学生への経済的支援として，「西南学院大学緊急支援特別奨学金」を支給したほか，雇用機会の創出として，学生課でのアルバイトを募集。また，PC等の機器購入費の補助，無利子貸し付けなども行った。

学部紹介

学部／学科	定員	特色
神学部		
神	10	▷キリスト教に基づく深い人間理解と幅広い教養を修得。
● 取得可能な資格…教職（宗），司書教諭，学芸員。 ● 進路状況…………就職61.5%　進学15.4% ● 主な就職先………西日本シティ銀行，日本ソフト技研，キングレコード，コスモス薬品など。		
外国語学部		
外国語	300	▷外国語をツールとして，これからの国際社会において一人ひとりが描くキャリアを実現できる力を養う。
● 取得可能な資格…教職（英・仏），司書教諭，学芸員。 ● 進路状況…………就職78.0%　進学3.6%（旧文学部実績） ● 主な就職先………楽天銀行，福岡市職員，九州電力，福岡銀行，第一生命保険など(旧文学部実績)。		
商学部		
商	180	▷商学，会計学の２コース。あらゆるビジネスにおいて重要な「ヒト，モノ，カネ，情報」について体系的に学ぶ。
経営	180	▷経営学，経営情報学の２コース。企業経営に焦点を当てた学びを展開し，ビジネスリーダーに必要な力を養う。
● 取得可能な資格…教職（地歴・公・社・商業），司書教諭，学芸員。 ● 進路状況…………就職82.4%　進学0.3% ● 主な就職先………凸版印刷，西部ガス，福岡銀行，西日本シティ銀行，東京海上日動火災保険など。		
経済学部		
経済	240	▶経済学の基礎を徹底的に学ぶことにより，経済・社会問題を思考する力を養い，豊かな社会を実現する人材を育成する。コミュニケーション力を高める語学教育も充実。
国際経済	120	
● 取得可能な資格…教職（地歴・公・社），司書教諭，学芸員。 ● 進路状況…………就職83.4%　進学0.0% ● 主な就職先………富士通，TOTO，三菱UFJ銀行，日本生命保険，楽天カード，クリナップなど。		
法学部		
法律	315	▷日本国内の法律を中心に学び，リーガルマインド（法的思考）に基づく問題解決能力を身につける。
国際関係法	95	▷国際社会で起きるさまざまな問題を，法学と政治学の視点から研究・考察し，幅広い視野を身につける。
● 取得可能な資格…教職（地歴・公・社），司書教諭，学芸員。 ● 進路状況…………就職79.7%　進学2.5% ● 主な就職先………三菱電機，西日本シティ銀行，野村證券，国家公務員一般職，福岡県職員など。		
人間科学部		
児童教育	100	▷キリスト教の精神に基づく思いやりの心と豊かな感性を持った保育・教育のスペシャリストを育成する。
社会福祉	115	▷多様化する社会福祉の問題を解決へと導く力を養い，幅広い領域において活躍できる福祉のプロを育成する。
心理	120	▷人の心のメカニズムを理解し，課題解決に役立つデータ分析スキルや援助方法を身につけた心の専門家を育成する。
● 取得可能な資格…教職（公・福，小一種，幼一種），司書教諭，学芸員，保育士，社会福祉士・精神保健福祉士受験資格など。 ● 進路状況…………就職84.4%　進学2.8% ● 主な就職先………公立学校教員，福岡銀行，SMBC日興証券，TIS，マイナビ，ニチイ学館など。		

キャンパスアクセス　[西南学院大学キャンパス]　地下鉄空港線一西新より徒歩5分

国際文化学部		
国際文化	180	▷日本文化，中国・アジア文化，アメリカ・太平洋文化，ヨーロッパ・地中海文化，比較文化，表象文化の６コース。実際に異文化に触れながら地域研究を進め，国際感覚を磨く。

● **取得可能な資格**…教職（地歴・公・社），司書教諭，学芸員など。
● **進路状況**…………就職82.3％　進学3.3％
● **主な就職先**………西日本鉄道，楽天銀行，三井住友海上火災保険，サニックス，国税専門官など。

キャンパス

全学部……［西南学院大学キャンパス］ 福岡県福岡市早良区西新6-2-92

2023年度入試要項（前年度実績）

●募集人員

学部／学科（専攻）		一般	英語	共通前期	共通後期	共通併用
▶神	神	4	1	—	—	—
▶外国語	外国語	95	20	20	10	15
▶商	商	75	5	7	5	7
	経営	75	5	7	5	7
▶経済	経済	120	6	15	8	13
	国際経済	46	6	10	5	6
▶法	法律	150	8	10	6	15
	国際関係法	31	6	3	3	5
▶人間科	児童教育	41	4	5	5	5
	社会福祉	50	4	8	3	3
	心理	60	4	6	2	4
▶国際文化	国際文化	91	5	10	3	10

※一般入試はＡ日程とＦ日程を実施。
※英語は英語４技能利用型一般入試。

▷一般・共通テスト併用型入試は，一般A日程またはF日程で該当する試験日に出願し，３科目すべてを受験する者を対象とする。合否判定は，一般入試と共通テストのうち，それぞれ高得点の科目（一般入試２科目，共通テスト２科目〈法学部のみ３科目〉）を採用する（学部・学科によっては指定科目あり）。
▷英語４技能利用型一般入試は，指定された英語の４技能を測定する資格・検定試験において，本学が定める基準スコアを取得した者を対象とする。
▷共通テスト利用入試（前期・後期）において，指定された英語４技能を測定する資格・検定試験の基準スコアを満たす者は，「英語」の得点を満点に換算する。
▷共通テスト利用入試の「英語」の配点については，リーディング100点，リスニング100点とする。

神学部

一般入試（Ａ日程・Ｆ日程）・英語４技能利用型一般入試　3〜2科目　①**国**（100）▶国総（漢文を除く）・現文Ｂ・古典Ｂ（漢文を除く）　②**外**（100）▶コミュ英Ⅰ・コミュ英Ⅱ・コミュ英Ⅲ・英表Ⅰ・英表Ⅱ　③**地歴・公民・数**（100）▶世Ｂ・日Ｂ・地理Ｂ・政経・「数Ⅰ・数Ⅱ・数Ａ・数Ｂ（数列・ベク）」から１
※英語４技能利用型一般入試は，一般入試Ａ・Ｆ日程で該当する試験日に，英語以外の国語および選択科目を受験し，その得点と本学が定めた英語４技能テストの加算レベルに応じた加算点の合計で合否を判定する。

外国語学部

一般入試（Ａ日程・Ｆ日程）・英語４技能利用型一般入試　3〜2科目　①**国**（100）▶国総（漢文を除く）・現文Ｂ・古典Ｂ（漢文を除く）　②**外**（150）▶コミュ英Ⅰ・コミュ英Ⅱ・コミュ英Ⅲ・英表Ⅰ・英表Ⅱ　③**地歴・公民・数**（100）▶世Ｂ・日Ｂ・地理Ｂ・政経・「数Ⅰ・数Ⅱ・数Ａ・数Ｂ（数列・ベク）」から１
※英語４技能利用型一般入試は，一般入試Ａ・Ｆ日程で該当する試験日に，英語以外の国語および選択科目を受験し，その得点と本学が定めた英語４技能テストの加算レベルに応じた加算点の合計で合否を判定する。

共通テスト利用入試前期　5〜4科目　①**国**（200）▶国　②**外**（200）▶英（リスニングを含む）・仏から１　③**地歴・公民**（100）▶世Ｂ・日Ｂ・地理Ｂ・現社・倫・政経・「倫・政経」から１

④⑤**数・理**(100)▶「数Ⅰ・数A」・「数Ⅱ・数B」・「物基・化基・生基・地学基から2」・物・化・生・地学から1

[個別試験] 行わない。

共通テスト利用入試後期 4~3科目 ①国(200)▶国 ②**外**(200)▶英(リスニングを含む)・仏から1 ③④**地歴・公民・数・理**(100)▶世B・日B・地理B・現社・倫・政経・「倫・政経」・「数Ⅰ・数A」・「数Ⅱ・数B」・簿・情・「物基・化基・生基・地学基から2」・物・化・生・地学から1

[個別試験] 行わない。

商学部・経済学部

一般入試(A日程・F日程)・英語4技能利用型一般入試 3~2科目 ①**国**(100)▶国総(漢文を除く)・現文B・古典B(漢文を除く) ②**外**(100)▶コミュ英Ⅰ・コミュ英Ⅱ・コミュ英Ⅲ・英表Ⅰ・英表Ⅱ ③**地歴・公民・数**(100)▶世B・日B・地理B・政経・「数Ⅰ・数Ⅱ・数A・数B(数列・ベク)」から1

※英語4技能利用型一般入試は，一般入試A・F日程で該当する試験日に，英語以外の国語および選択科目を受験し，その得点と本学が定めた英語4技能テストの加算レベルに応じた加算点の合計で合否を判定する。

共通テスト利用入試前期 4科目 ①国(200)▶国 ②**外**(200)▶英(リスニングを含む) ③**地歴・公民**(100)▶世B・日B・地理B・現社・倫・政経・「倫・政経」から1 ④**数**(100)▶「数Ⅰ・数A」・「数Ⅱ・数B」・簿・情から1，ただし簿・情は商学部のみ選択可

[個別試験] 行わない。

共通テスト利用入試後期 4~3科目 ①国(200)▶国 ②**外**(200)▶英(リスニングを含む) ③④**地歴・公民・数・理**(100)▶世B・日B・地理B・現社・倫・政経・「倫・政経」・「数Ⅰ・数A」・「数Ⅱ・数B」・簿・情・「物基・化基・生基・地学基から2」・物・化・生・地学から1

[個別試験] 行わない。

法学部

一般入試(A日程・F日程)・英語4技能利用型一般入試 3~2科目 ①**国**(100)▶国総(漢文を除く)・現文B・古典B(漢文を除く) ②**外**(100)▶コミュ英Ⅰ・コミュ英Ⅱ・コミュ英Ⅲ・英表Ⅰ・英表Ⅱ ③**地歴・公民・数**(100)▶世B・日B・地理B・政経・「数Ⅰ・数Ⅱ・数A・数B(数列・ベク)」から1

※英語4技能利用型一般入試は，一般入試A・F日程で該当する試験日に，英語以外の国語および選択科目を受験し，その得点と本学が定めた英語4技能テストの加算レベルに応じた加算点の合計で合否を判定する。

共通テスト利用入試前期 6~5科目 ①国(200)▶国 ②**外**(200)▶英(リスニングを含む) ③**地歴・公民**(100)▶世B・日B・地理B・現社・倫・政経・「倫・政経」から1 ④⑤⑥**数・理**(100×2)▶「数Ⅰ・数A」・「数Ⅱ・数B」・「物基・化基・生基・地学基から2」・物・化・生・地学から2

[個別試験] 行わない。

共通テスト利用入試後期 4~3科目 ①国(200)▶国 ②**外**(200)▶英(リスニングを含む) ③④**地歴・公民・数・理**(100)▶世B・日B・地理B・現社・倫・政経・「倫・政経」・「数Ⅰ・数A」・「数Ⅱ・数B」・簿・情・「物基・化基・生基・地学基から2」・物・化・生・地学から1

[個別試験] 行わない。

人間科学部

一般入試(A日程・F日程)・英語4技能利用型一般入試 3~2科目 ①**国**(100)▶国総(漢文を除く)・現文B・古典B(漢文を除く) ②**外**(100)▶コミュ英Ⅰ・コミュ英Ⅱ・コミュ英Ⅲ・英表Ⅰ・英表Ⅱ ③**地歴・公民・数**(100)▶世B・日B・地理B・政経・「数Ⅰ・数Ⅱ・数A・数B(数列・ベク)」から1

※英語4技能利用型一般入試は，一般入試A・F日程で該当する試験日に，英語以外の国語および選択科目を受験し，その得点と本学が定めた英語4技能テストの加算レベルに応じた加算点の合計で合否を判定する。

共通テスト利用入試前期 【児童教育学科】 7~6科目 ①**国**(200)▶国 ②**外**(200)▶英(リスニングを含む) ③**地歴・公民**(100)▶世B・日B・地理B・現社・倫・政経・「倫・政経」から1 ④⑤**数**(100×2)▶「数Ⅰ・数A」・「数Ⅱ・数B」 ⑥⑦**理**(100)▶「物基・化基・生基・地学基から2」・物・化・生・地学から1

［個別試験］ 行わない。

【社会福祉学科】 5〜4科目 ①国(200)▶国 ②外(200)▶英(リスニングを含む) ③地歴・公民(100)▶世B・日B・地理B・現社・倫・政経・「倫・政経」から1 ④⑤数・理(100)▶「数Ⅰ・数A」・「数Ⅱ・数B」・「物基・化基・生基・地学基から2」・物・化・生・地学から1

［個別試験］ 行わない。

【心理学科】 5〜4科目 ①国(200)▶国 ②外(200)▶英(リスニングを含む) ③④⑤「地歴・公民」・数・理(100×2)▶「世B・日B・地理B・現社・倫・政経・〈倫・政経〉から1」・「数Ⅰ・数A」・「数Ⅱ・数B」・「〈物基・化基・生基・地学基から2〉・物・化・生・地学から1」から2

［個別試験］ 行わない。

共通テスト利用入試後期 4〜3科目 ①国(200)▶国 ②外(200)▶英(リスニングを含む) ③④地歴・公民・数・理(100)▶世B・日B・地理B・現社・倫・政経・「倫・政経」・「数Ⅰ・数A」・「数Ⅱ・数B」・簿・情・「物基・化基・生基・地学基から2」・物・化・生・地学から1

［個別試験］ 行わない。

国際文化学部

一般入試（A日程・F日程）・英語4技能利用型一般入試 3〜2科目 ①国(100)▶国総(漢文を除く)・現文B・古典B(漢文を除く) ②外(100)▶コミュ英Ⅰ・コミュ英Ⅱ・コミュ英Ⅲ・英表Ⅰ・英表Ⅱ ③地歴・公民・数(100)▶世B・日B・地理B・政経・「数Ⅰ・数Ⅱ・数A・数B(数列・ベク)」から1

※英語4技能利用型一般入試は，一般入試A・F日程で該当する試験日に，英語以外の国語および選択科目を受験し，その得点と本学が定めた英語4技能テストの加算レベルに応じた加算点の合計で合否を判定する。

共通テスト利用入試前期 5〜4科目 ①国(200)▶国 ②外(200)▶英(リスニングを含む) ③地歴・公民(200)▶世B・日B・地理B・現社・倫・政経・「倫・政経」から1 ④⑤数・理(100)▶「数Ⅰ・数A」・「数Ⅱ・数B」・「物基・化基・生基・地学基から2」・物・化・生・地学から1

［個別試験］ 行わない。

共通テスト利用入試後期 3科目 ①国(200)▶国 ②外(200)▶英(リスニングを含む) ③地歴・公民(100)▶世B・日B・地理B・現社・倫・政経・「倫・政経」から1

［個別試験］ 行わない。

その他の選抜

総合型入試は神学部1名，外国語学部30名，商学部18名，経済学部20名，法学部18名，人間科学部25名，国際文化学部8名を募集。ほかに指定校推薦入試，学部独自指定校推薦入試，西南学院高校・西南女学院高校推薦入試，国際バカロレア入試，帰国生入試，外国人入試を実施。

偏差値データ（2023年度）

●一般入試（A・F日程）

学部／学科／専攻	2023年度 駿台予備学校 合格目標ライン	2023年度 河合塾 ボーダー偏差値	2022年度 競争率
▶神学部			
神	46	50	9.3
▶外国語学部			
外国語	51	52.5	2.1
▶商学部			
商	47	52.5	3.8
経営	47	52.5	3.3
▶経済学部			
経済	49	52.5	3.3
国際経済	48	52.5	2.4
▶法学部			
法律	50	52.5	2.5
国際関係法	50	55	3.2
▶人間科学部			
児童教育	49	50	2.8
社会福祉	48	50	4.2
心理	50	52.5	3.5
▶国際文化学部			
国際文化	50	55	3.9

- 駿台予備学校合格目標ラインは合格可能性80%に相当する駿台模試の偏差値です。
- 河合塾ボーダー偏差値は合格可能性50%に相当する河合塾全統模試の偏差値です。
- 競争率は受験者÷合格者の実質倍率

福岡大学（ふくおか）

資料請求

問合せ先 入学センター ☎092-871-6631（代）

建学の精神

「福岡PayPayドーム」のフィールド面積約45個分の広大なキャンパスに，９学部31学科，大学院10研究科34専攻の約２万人の学生が学ぶ西日本屈指の総合大学。1934（昭和９）年創立の福岡高等商業学校を前身に，49年に大学が設立された。「思想堅実 穏健中正 質実剛健 積極進取」の建学の精神に基づいた教育研究の理念（「人材教育」と「人間教育」の共存，「学部教育」と「総合教育」の共存，「地域性」と「国際性」の共存）と「Rise with Us」のスローガンのもと，個性や知識，志や想像力を持ち，どんな状況にも柔軟に対応できる「人らしき人」を育てる環境を整え，西日本随一の教育・研究・医療を提供。これまで送り出した約28万人の卒業生たちは，社会の各界・各方面で活躍し，今日の地域社会・国際社会を力強く支えている。

- **七隈キャンパス**………〒814-0180　福岡県福岡市城南区七隈8-19-1
- **七隈キャンパス（医）**…〒814-0180　福岡県福岡市城南区七隈7-45-1

基本データ

学生数▶18,711名（男11,174名，女7,537名）
専任教員数▶教授376名，准教授204名，講師186名
設置学部▶人文，法，経済，商，商二部，理，工，医，薬，スポーツ科
併設教育機関▶大学院―人文科学・法学・経済学・商学・理学・工学・医学・薬学・スポーツ健康科学（以上M・D），法曹実務（P）

就職・卒業後の進路

就職率 **96.1**％
就職者÷希望者×100

● **就職支援**　社会人基礎力を段階的に身につけるため，講座やセミナーなどさまざまな就職支援行事を学年に応じて実施。スケールメリットに加え，時代に合わせた対面＋オンラインのハイブリッド型個別相談などにより，一人ひとりの自己実現をサポートしている。

● **資格取得支援**　公務員・教員採用試験対策講座，経営・会計・金融・法律の専門資格をめざす講座，ITスキルを高める講座など，多様なエクステンション講座を開講。学内講座だから実現できた安価な受講料，表彰（報奨金）制度といったフォローアップ体制も充実。

進路指導者も必見 学生を伸ばす 面倒見

初年次教育	学修サポート
全学部対象の「データサイエンス・AI入門」のほか，主体的に継続して学ぶ人間に成長するための基盤を形成する「福岡大学を学ぶ・福岡大学でいかに学ぶか」「アカデミックスキルズゼミⅠ・Ⅱ」などの科目を用意	全学部でオフィスアワー，法・商・理・工学部および医学科でTA，法・経済学部でSA，人文・法・工（電気工以外の５学科）・医・薬・スポーツ科学部で専任教員が学生３～40人を担当するアドバイザーの各制度を導入

オープンキャンパス（2022年度実績） 8月6日（文系学部）・7日（理系学部）に午前・午後の２部制で開催。模擬授業・公開実験，キャンパスツアー，個別相談コーナー，学部説明会，在学生リアルトーク，学食体験など。

文系学部

2022年３月卒業生
2,705人

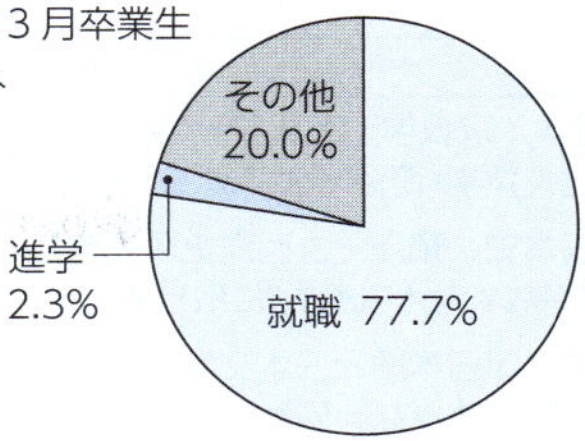

理系学部

2022年３月卒業生
1,523人
※就職には医学科の初期臨床研修医を含む。

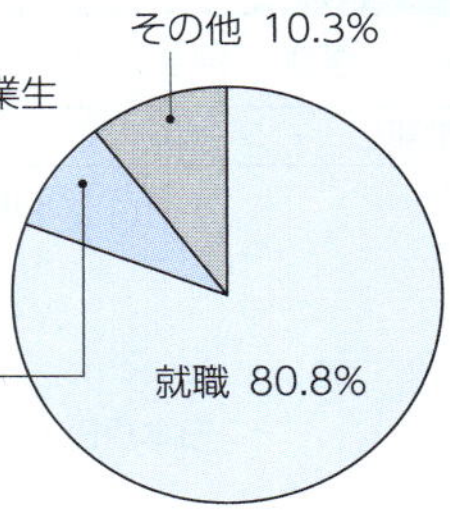

主なOB・OG▶［法］大曲昭恵（福岡県副知事），［法］生野陽子（フジテレビアナウンサー），［経済］梶尾真治（小説家），［商］玉木伸弥（タマホーム社長），［スポーツ科］梅野隆太郎（プロ野球選手）など。

国際化・留学　大学間 90 大学等・部局間 19 大学

受入れ留学生数▶89名（2022年５月１日現在）

留学生の出身国・地域▶中国，韓国，ベトナム，台湾，インドネシアなど。

外国人専任教員▶教授20名，准教授５名，講師18名（2022年５月１日現在）

外国人専任教員の出身国▶中国，韓国，アメリカ，イギリス，オーストラリアなど。

大学間交流協定▶90大学・機関（交換留学先56大学，2022年９月１日現在）

部局間交流協定▶19大学（交換留学先０大学，2022年９月１日現在）

海外への留学生数▶０名／年（2021年度）

海外留学制度▶海外研修や海外語学研修，交換留学，認定留学のほか，学部独自の交換留学・短期派遣プログラムなど，“海外で学ぶ”プログラムを展開。福岡と韓国・釜山の複数の大学間でコンソーシアムが設立されている。

学費・奨学金制度　給付型奨学金総額 年間 2,480 万円

入学金▶190,000円（商二部60,000円）～

年間授業料（施設費等を除く）▶730,000円（商二部310,000円）～（詳細は巻末資料参照）

年間奨学金総額▶24,800,000円

年間奨学金受給者数▶54人

主な奨学金制度▶修学の意思・能力がありながら，経済的に修学困難な学生を援助する「福岡大学未来サポート募金給費奨学金」のほか，「福岡大学課外活動給費奨学金」「商学部第二部奨学基金」などを設置。授業料減免型の制度もあり，2021年度は41人を対象に総額で約1,674万円を減免している。

保護者向けインフォメーション

●**オープンキャンパス**　通常のオープンキャンパス時に保護者向け説明会を実施している。
●**広報誌**　「学園通信」を年２回発行・送付。
●**成績確認**　成績通知書を送付している。
●**懇談会**　父母懇談会を本学および地方会場で開催し，個別相談では学業成績や科目履修状況，授業の出席状況などについての相談にも応じている。「父母懇談会のしおり」も発行・送付。
●**防災対策**　災害時の学生の状況は，大学HPおよびポータルサイトを利用して確認する。
●**コロナ対策１**　ワクチンの職域接種を実施。感染状況に応じた６段階のBCP（行動指針）を設定している。「コロナ対策２」（下段）あり。

インターンシップ科目	必修専門ゼミ	卒業論文	GPA制度の導入の有無および活用例	１年以内の退学率	標準年限での卒業率
教育・臨床心理，経営法，理・スポーツで開講	人文・スポーツ（３・４年次），商二部（２・３年次），理・工・看護（４年次），医学科（１・２・４～６年次），薬（１・４～６年次）で実施	人文（歴史・日本語除く）・法・理・工・薬・スポーツは卒業要件	早期卒業制度（法），病院採用選考推薦基準（看護）のほか，学部により奨学金等対象者選定，留学候補者選考，個別の学修指導に活用	1.1%	83.3%（４年制）74.9%（６年制）

●**コロナ対策２**　全教員・学生を対象に携帯型アルコールスプレーを配布し，補充スポットを設置したほか，汚損時のマスクの無償交換も実施。また，全教室に手指消毒液も配置し，対面授業の際には教室の収容人数を調整。

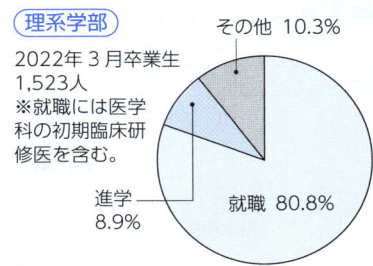

学部紹介

学部／学科	定員	特色
人文学部		
文化	100	▷哲学・倫理学，宗教学，芸術学・美術史，社会学，心理学，地理学，文化人類学・民俗学の７領域を横断的に学ぶ。
歴史	70	▷考古学，日本史，東洋史，西洋史の４専修。細やかな指導で，専門性の高い"考える歴史"に取り組む。
日本語日本文	70	▷広い視野で学ぶ日本語と日本文学を通して，専門的知識と洞察力を備えた，豊かな人間性を持つ人材を育成する。
教育・臨床心理	110	▷公認心理師，キャリアデザイン，学校教員の３つのトラックで，将来の進路に応じた学びを展開。
英語	90	▷言語・コミュニケーション，文化・文学の２コース。国際的な視野や異文化への理解力を持つ人材を育成する。
ドイツ語	50	▷ドイツ語を軸に欧州に学び，ドイツと日本の懸け橋となる国際人を育成する。ヨーロッパ特別，ドイツ語圏の２コース。
フランス語	50	▷フランスを多面的に学び，言葉を武器に自由で個性的な生き方を追求する。ヨーロッパ特別，フランス語圏の２コース。
東アジア地域言語	65	▷中国，韓国の２コース。中韓を中心に東アジア地域をとらえた学びで，ボーダーレスに活躍できる人材を育成する。
●**取得可能な資格**…教職（国・地歴・公・社・英・独・仏・中・朝鮮），学芸員など。 ●**進路状況**…………就職72.8%　進学6.5% ●**主な就職先**………ミズノ，九州電力，ソフトバンク，イオン九州，第一生命保険，福岡県教員など。		
法学部		
法律	430	▷法律総合，公共法務，総合政策の３コース。社会での活躍の土台となるリーガル・マインドを身につける。
経営法	200	▷企業法，国際の２コース。企業法務の知識を身につけた経営者や国際的なビジネスパーソンを育成する。
●**取得可能な資格**…教職（地歴・公・社）など。　●**進路状況**…就職76.6%　進学1.6% ●**主な就職先**………九電工，エバラ食品工業，NTTドコモ，ディップ，日本放送協会，福岡県庁など。		
経済学部		
経済	460	▷実践経済分析，応用経済学，社会経済学の３コース。"生きた経済"を幅広く学び，現代社会を生き抜く能力を養う。
産業経済	200	▷調査・分析・実証を重視した実践的な経済理論と情報リテラシーを備えたビジネスエキスパートを育成する。
●**取得可能な資格**…教職（地歴・公・社・情）など。　●**進路状況**…就職82.0%　進学0.5% ●**主な就職先**………積水ハウス，Cygames，西日本シティ銀行，ジャパネットホールディングスなど。		
商学部		
		▶商学部と同第二部に，在学中に公認会計士，税理士などの資格試験合格をめざす会計専門職プログラムを設置。
商	245	▷ゼミを核とした多様な科目群で，地域経済からグローバル社会まで，あらゆる場面で活躍できる人材を育成する。
経営	240	▷企業を経営と会計の２分野からアプローチし，「会計がわかる経営人」「経営がわかる会計人」を育成する。
貿易	180	▷実務につながるスキルを身につけ，世界を舞台に活躍できる人材を育成する。実践的なビジネス英語教育を実施。

 キャンパスアクセス ［七隈キャンパス］ 地下鉄七隈線―福大前よりすぐ／JR―博多よりバス35～40分

● 取得可能な資格…教職（地歴・公・社・情・商業）など。　● 進路状況…就職81.8%　進学0.9% ● 主な就職先………京セラ，参天製薬，福岡銀行，PayPayカード，三井不動産リアルティ九州など。		
商学部第二部		
商	165	▷授業は原則として平日夕方以降の2コマ制で，昼間部と同等以上のカリキュラムを用意。昼間部の授業も履修可能。
● 取得可能な資格…教職（地歴・公・社・情・商業）など。 ● 進路状況…………就職62.8%　進学1.7% ● 主な就職先………大塚商会，山九，コスモス薬品，ホンダカーズ博多，福岡銀行，リクルートなど。		
理学部		
		▶応用数学科に社会数理・情報インスティテュート，物理科学科と化学科にナノサイエンス・インスティテュートを内設。
応用数	65	▷高度な数学を専門的に学び，社会や企業が求めている論理的な思考力と問題の本質を見極め，解決する力を身につける。
物理科	60	▷物理学を中心に広範な科学を学び，幅広い視点や思考法，問題解決能力を養い，社会の発展に貢献できる人材を育成。
化	65	▷最先端の装置・設備を用いた総合型学習の実験や実習を通じて，化学系研究開発職としての実践的スキルを身につける。
地球圏科	60	▷自然科学の基礎をもとに地球・大気・生物を専門的に学び，豊かな地球と生命の未来に貢献する人材を育成する。
● 取得可能な資格…教職（数・理・情），学芸員など。 ● 進路状況…………就職71.7%　進学16.1% ● 主な就職先………応研，九電ビジネスソリューションズ，九州DTS，楽天銀行，福岡市教員など。		
工学部		
機械工	110	▷実践的な情報処理能力や問題解決能力などを身につけた，行動力のあるエンジニアを育成する。
電気工	110	▷社会基盤を支え，新技術の創製で社会を変革できる電気工学をトータルに学び，社会に不可欠なエンジニアを育成する。
電子情報工	150	▷電子通信，情報，情報システムの3コース。電子から情報まで幅広い知識を備えた，ICT社会を支える技術者を育成。
化学システム工	110	▷化学工学，分子工学の2コース。研究開発から生産技術まで，幅広い分野・業種で活躍できる化学技術者を育成する。
社会デザイン工	110	▷技術や理論だけでなく，景観や環境問題にも配慮できる次代の社会基盤をデザインできるシビルエンジニアを育成。
建築	110	▷社会や人々のニーズ，自然環境との調和を踏まえた建築を計画・設計できるプロアーキテクトを育成する。
● 取得可能な資格…教職（情・工業），測量士補，1・2級建築士受験資格など。 ● 進路状況…………就職77.6%　進学13.3% ● 主な就職先………大林組，鹿島建設，大成建設，九電工，SCSK九州，杏林製薬，福岡県庁など。		
医学部		
医	110	▷医の原点に立った高度な医療技術と問題解決能力を身につけ，「人を治療する」人として，質の高い医師を育成する。
看護	110	▷地域はもとより国際社会における医療に尽くし，人々の健康・幸福に貢献できる創造的な看護人材を育成する。
● 取得可能な資格…教職（看，養護一種・二種），医師・看護師・保健師受験資格など。 ● 進路状況…………［医］初期臨床研修医97.7%　［看護］就職93.0%　進学3.0% ● 主な就職先………［看護］福岡大学病院，九州大学病院，鹿児島大学病院，慶應義塾大学病院など。		

薬学部		
薬	230	▷6年制。基礎的・臨床的な先端医療研究を土台とする6年間一貫教育で，医療人として信頼される薬剤師を養成する。
●取得可能な資格…薬剤師受験資格など。　●進路状況…就職79.0%　進学3.1% ●主な就職先………大塚製薬，クオール，日本調剤，アインホールディングス，福岡大学病院など。		
スポーツ科学部		
スポーツ科	225	▷スポーツ科学を学び，競技能力アップに応用し，ハイレベルなアスリートや指導者をめざす。
健康運動科	70	▷運動と健康に関する分野を科学的・実践的に学び，第一線で活躍する研究者や指導者を育成する。
●取得可能な資格…教職（保体）など。　●進路状況…就職86.9%　進学2.8% ●主な就職先………パナソニック，リンナイ，アイリスオーヤマ，琉球銀行，福岡県・市教員など。		

キャンパス

人文・法・経済・商・商二部・理・工・薬・スポーツ科……［七隈キャンパス］福岡県福岡市城南区七隈8-19-1

医……［七隈キャンパス］福岡県福岡市城南区七隈7-45-1

2023年度入試要項（前年度実績）

●募集人員

学部／学科		一般系統別	一般前期	共通併用前期・	一般後期
人文	文化	5	40	10	5
	歴史	8	35	7	2
	日本語日本文	4	30	8	2
	教育・臨床心理	5	45	10	3
	英語	7	42	7	3
	ドイツ語	3	20	4	2
	フランス語	3	20	4	2
	東アジア地域言語	3	29	3	3
法	法律	30	185	37	15
	経営法	17	85	13	7
経済	経済	25	225	25	12
	産業経済	10	90	10	6
商	商	23	110	20	7
	経営	16	110	20	7
	貿易	14	83	15	7
商第二部	商	15	85	—	15
理	応用数	3	38	2	2
	物理科	3	34	2	2
	化	5	37	2	2
	地球圏科	4	36	2	2
工	機械工	10	55	8	3
	電気工	10	55	8	3
	電子情報工	14	75	13	4
	化学システム工	10	55	8	3
	社会デザイン工	10	50	13	3
	建築	10	50	13	3
医	医	65	—	—	—
	看護	8	70	4	3
薬	薬	15	92 理科重視15	10	8
スポーツ科	スポーツ科	6	実技40 小論文10	—	5
	健康運動科	3	23	—	2

※一般選抜前期日程には帰国生徒選抜，社会人選抜，スポーツ科学部特別募集，学部留学生選抜の募集人員を含む。また，医学科は一般選抜系統別日程に学部留学生選抜の募集人員を含む。

※経営学科と商第二部の募集人員には，会計専門職プログラムとして，経営学科は一般選抜系統別日程で2名，前期日程で5名，後期日程で若干名を，商第二部は系統別日程および後期日程で若干名を含む。

※応用数学科の募集人員には社会数理・情報インスティテュートとして，一般選抜前期日程11名，系統別日程・後期日程・共通テスト併用型各若干名を含む。また，物理科学科と化学科にはナノサイエンス・インスティテュートとしてそれぞれ，前期日程5名，系列別日程・後期日程・共通テスト併用型若干名を含む。

▷前期日程・共通テスト併用型において，指定された英語の資格・検定試験を活用する制度を導入。各種検定試験（4技能に限る）の成績を加点表に基づき，共通テストの英語の得点に加点。リーディングは160点満点に，リスニングは40点満点になるように換算した上で加点を行い，さらに各学部学科が定める配点に換算して判定に使用する。なお，加点の結果，満点(200点)を超える場合は満点を上限とする。
▷一般選抜の「国総」は，漢文の独立問題は出題しない。
▷共通テストの「英語」は，リーディング160点・リスニング40点の４：１の配点比率に換算して判定に利用し，さらに各学部学科が定める配点に換算する。

人文学部

一般選抜系統別日程　③科目　①**国**(日本語200，文化・教育・ドイツ語・フランス語・東アジア150，歴史・英語100)▶国総(現文・古文)　②**外**(英語200，文化・教育・ドイツ語・フランス語・東アジア150，歴史・日本語100)▶コミュ英Ⅰ・コミュ英Ⅱ・コミュ英Ⅲ・英表Ⅰ・英表Ⅱ　③**地歴・公民・数**(100・歴史のみ200)▶世Ｂ・日Ｂ・地理Ｂ・政経・「数Ⅰ・数Ⅱ・数Ａ・数Ｂ(数列・ベク)」から１，ただし歴史学科は公民・数の選択不可
一般選抜前期日程　③科目　①**国**(100)▶国総(現文・古文)　②**外**(100)▶コミュ英Ⅰ・コミュ英Ⅱ・コミュ英Ⅲ・英表Ⅰ・英表Ⅱ　③**地歴・公民・数**(100)▶世Ｂ・日Ｂ・地理Ｂ・政経・「数Ⅰ・数Ⅱ・数Ａ」から１，ただし歴史学科は公民・数の選択不可
一般選抜前期日程・共通テスト併用型　**【文化学科】〈共通テスト科目〉**　③～②科目　①②③**国・外・「地歴・公民」・数・理**(100×2)▶国・「英(リスニングを含む)・独・仏・中・韓から１」・「世Ｂ・日Ｂ・地理Ｂ・現社・倫・政経・〈倫・政経〉から１」・「〈数Ⅰ・数Ａ〉・数Ⅱ・〈数Ⅱ・数Ｂ〉・簿・情から１」・「〈物基・化基・生基・地学基から２〉・物・化・生・地学から１」から２
〈個別試験科目〉　一般選抜前期日程の３科目を受験し，高得点２科目(100×2)を判定に利用する
【歴史学科】〈共通テスト科目〉　③～②科目　①**国・外**(100)▶国・英(リスニングを含む)・独・仏・中・韓から１　②③**地歴・公民・数・理**(100)▶世Ｂ・日Ｂ・地理Ｂ・現社・倫・政経・「倫・政経」・「数Ⅰ・数Ａ」・数Ⅱ・「数Ⅱ・数Ｂ」・簿・情・「物基・化基・生基・地学基から２」・物・化・生・地学から１
〈個別試験科目〉　一般選抜前期日程の３科目を受験し，国・外から高得点１科目(100)と選択科目(100)の２科目を判定に利用する
【英語学科】〈共通テスト科目〉　③～②科目　①**外**(100)▶英(リスニングを含む)　②③**国・地歴・公民・数・理**(100)▶国・世Ｂ・日Ｂ・地理Ｂ・現社・倫・政経・「倫・政経」・「数Ⅰ・数Ａ」・数Ⅱ・「数Ⅱ・数Ｂ」・簿・情・「物基・化基・生基・地学基から２」・物・化・生・地学から１
〈個別試験科目〉　一般選抜前期日程の３科目を受験し，国・外の２科目(100×2)を判定に利用する
【その他の学科】〈共通テスト科目〉　③～②科目　①②③**国・外・「地歴・公民」・数・理**(100×2)▶国・「英(リスニングを含む)・独・仏・中・韓から１」・「世Ｂ・日Ｂ・地理Ｂ・現社・倫・政経・〈倫・政経〉から１」・「〈数Ⅰ・数Ａ〉・数Ⅱ・〈数Ⅱ・数Ｂ〉・簿・情から１」・「〈物基・化基・生基・地学基から２〉・物・化・生・地学から１」から２，ただし教育・臨床心理学科の外国語は英語指定
〈個別試験科目〉　一般選抜前期日程の３科目を受験し，国・外の２科目(100×2)を判定に利用する
一般選抜後期日程　**【文化学科／教育・臨床心理学科】**　②科目　①②**国・外・数**(100×2)▶国総(現文・古文)・「コミュ英Ⅰ・コミュ英Ⅱ・コミュ英Ⅲ・英表Ⅰ・英表Ⅱ」・「数Ⅰ・数Ⅱ・数Ａ」から２
【歴史学科・東アジア地域言語学科】　②科目　①**国**(100)▶国総(現文・古文)　②**外**(100)▶コミュ英Ⅰ・コミュ英Ⅱ・コミュ英Ⅲ・英表Ⅰ・英表Ⅱ
【日本語日本文学科】　②科目　①**国**(120)▶国総(現文・古文)　②**外・数**(80)▶「コミュ英Ⅰ・コミュ英Ⅱ・コミュ英Ⅲ・英表Ⅰ・英表Ⅱ」・「数Ⅰ・数Ⅱ・数Ａ」から１
【英語学科・ドイツ語学科・フランス語学科】　②科目　①**外**(英語120，ドイツ語・フランス語100)▶コミュ英Ⅰ・コミュ英Ⅱ・コミュ英Ⅲ・英表Ⅰ・英表Ⅱ　②**国・数**(英語80，ドイツ語・フランス語100)▶国総(現文・古文)・「数

Ⅰ・数Ⅱ・数A」から1

法学部

一般選抜系統別日程 3科目 ①**国**(150)▶国総(現文・古文) ②**外**(法律150・経営法100)▶コミュ英Ⅰ・コミュ英Ⅱ・コミュ英Ⅲ・英表Ⅰ・英表Ⅱ ③**地歴・公民・数・簿**(法律100・経営法150)▶世B・日B・地理B・政経・「数Ⅰ・数Ⅱ・数A・数B(数列・ベク)」・簿から1

一般選抜前期日程 3科目 ①**国**(100)▶国総(現文・古文) ②**外**(100)▶コミュ英Ⅰ・コミュ英Ⅱ・コミュ英Ⅲ・英表Ⅰ・英表Ⅱ ③**地歴・公民・数・簿**(100)▶世B・日B・地理B・政経・「数Ⅰ・数Ⅱ・数A」・簿から1

一般選抜前期日程・共通テスト併用型 **〈共通テスト科目〉** 3〜2科目 ①②③**国・外・「地歴・公民」・数・理**(100×2)▶国・英(リスニングを含む)・「世B・日B・地理B・現社・倫・政経・〈倫・政経〉から1」・「〈数Ⅰ・数A〉・数Ⅱ・〈数Ⅱ・数B〉・簿・情から1」・「〈物基・化基・生基・地学基から2〉・物・化・生・地学から1」から2

〈個別試験科目〉 一般選抜前期日程の3科目を受験し，外国語(100)と国・選択科目から高得点1科目(100)の2科目を判定に利用する

一般選抜後期日程 2科目 ①②**国・外・数**(100×2)▶国総(現文・古文)・「コミュ英Ⅰ・コミュ英Ⅱ・コミュ英Ⅲ・英表Ⅰ・英表Ⅱ」・「数Ⅰ・数Ⅱ・数A」から2

経済学部

一般選抜系統別日程 3科目 ①**国**(100)▶国総(現文・古文) ②**外**(150)▶コミュ英Ⅰ・コミュ英Ⅱ・コミュ英Ⅲ・英表Ⅰ・英表Ⅱ ③**地歴・公民・数・簿**(150)▶世B・日B・地理B・政経・「数Ⅰ・数Ⅱ・数A・数B(数列・ベク)」・簿から1

一般選抜前期日程 3科目 ①**国**(100)▶国総(現文・古文) ②**外**(100)▶コミュ英Ⅰ・コミュ英Ⅱ・コミュ英Ⅲ・英表Ⅰ・英表Ⅱ ③**地歴・公民・数・簿**(100)▶世B・日B・地理B・政経・「数Ⅰ・数Ⅱ・数A」・簿から1

一般選抜前期日程・共通テスト併用型 **〈共通テスト科目〉** 3〜2科目 ①②③**国・外・「地歴・公民」・数・理**(100×2)▶国・英(リスニングを含む)・「世B・日B・地理B・現社・倫・政経・〈倫・政経〉から1」・「〈数Ⅰ・数A〉・数Ⅱ・〈数Ⅱ・数B〉・簿・情から1」・「〈物基・化基・生基・地学基から2〉・物・化・生・地学から1」から2，ただし簿・情は経済学科のみ選択可

〈個別試験科目〉 一般選抜前期日程の3科目を受験し，国・外の2科目(100×2)を判定に利用する

一般選抜後期日程 2科目 ①②**国・外・数**(100×2)▶国総(現文・古文)・「コミュ英Ⅰ・コミュ英Ⅱ・コミュ英Ⅲ・英表Ⅰ・英表Ⅱ」・「数Ⅰ・数Ⅱ・数A」から2

商学部・商学部第二部

一般選抜系統別日程 3科目 ①**国**(商・貿易100，経営・会計専門職／商二部150)▶国総(現文・古文) ②**外**(商・貿易150，経営・会計専門職／商二部100)▶コミュ英Ⅰ・コミュ英Ⅱ・コミュ英Ⅲ・英表Ⅰ・英表Ⅱ ③**地歴・公民・数・簿**(150)▶世B・日B・地理B・政経・「数Ⅰ・数Ⅱ・数A・数B(数列・ベク)」・簿から1

一般選抜前期日程 3科目 ①**国**(100)▶国総(現文・古文) ②**外**(100)▶コミュ英Ⅰ・コミュ英Ⅱ・コミュ英Ⅲ・英表Ⅰ・英表Ⅱ ③**地歴・公民・数・簿**(100)▶世B・日B・地理B・政経・「数Ⅰ・数Ⅱ・数A」・簿から1，ただし会計専門職プログラム(経営)は地歴・公民の選択不可

一般選抜前期日程・共通テスト併用型 **〈共通テスト科目〉** 3〜2科目 ①②③**国・外・「地歴・公民」・数・理**(100×2)▶国・英(リスニングを含む)・「世B・日B・地理B・現社・倫・政経・〈倫・政経〉から1」・「〈数Ⅰ・数A〉・数Ⅱ・〈数Ⅱ・数B〉・簿・情から1」・「〈物基・化基・生基・地学基から2〉・物・化・生・地学から1」から2

〈個別試験科目〉 一般選抜前期日程の3科目を受験し，国・外の2科目(100×2)を判定に利用する

※商学部第二部は実施しない。

一般選抜後期日程 2科目 ①②**国・外・「数・簿」**(100×2)▶国総(現文・古文)・「コミュ英Ⅰ・コミュ英Ⅱ・コミュ英Ⅲ・英表Ⅰ・英表

Ⅱ」・「〈数Ⅰ・数Ⅱ・数A〉・簿から1」から2，ただし会計専門職プログラムは「数または簿」を含む2

理学部

一般選抜系統別日程　3科目　①外(100)▶コミュ英Ⅰ・コミュ英Ⅱ・コミュ英Ⅲ・英表Ⅰ・英表Ⅱ　②数(応用数／社会数理・情報200，物理科・物理科ナノサイエンス・化・化ナノサイエンス・地球圏科100)▶数Ⅰ・数Ⅱ・数Ⅲ・数A・数B(数列・ベク)　③理(応用数／社会数理・情報100，物理科・物理科ナノサイエンス・化・化ナノサイエンス・地球圏科200)▶[応用数学科／社会数理・情報インスティテュート／地球圏科学科]—「物基・物」・「化基・化」・「生基・生」・「地学基・地学」から1，[物理科学科]—物基・物，[化学科]—化基・化，[ナノサイエンス・インスティテュート]—「物基・物」・「化基・化」から1

一般選抜前期日程　【応用数学科／物理科学科／化学科／地球圏科学科／ナノサイエンス・インスティテュート】　3科目　①外(100)▶コミュ英Ⅰ・コミュ英Ⅱ・コミュ英Ⅲ・英表Ⅰ・英表Ⅱ　②数(100・応用数のみ130)▶[応用数学科／物理科学科／ナノサイエンス・インスティテュート]—数Ⅰ・数Ⅱ・数Ⅲ・数A・数B(数列・ベク)，[化学科・地球圏科学科]—数Ⅰ・数Ⅱ・数A・数B(数列・ベク)　③理(100・応用数のみ70)▶[応用数学科・地球圏科学科]—「物基・物」・「化基・化」・「生基・生」・「地学基・地学」から1，[物理科学科]—物基・物，[化学科]—化基・化，[ナノサイエンス・インスティテュート]—「物基・物」・「化基・化」から1

【社会数理・情報インスティテュート】　3科目　①外(100)▶コミュ英Ⅰ・コミュ英Ⅱ・コミュ英Ⅲ・英表Ⅰ・英表Ⅱ　②数(100)▶数Ⅰ・数Ⅱ・数A・数B(数列・ベク)　③「国・理」または「地歴・公民・理」(100)▶(2月4日試験)国総(現文・古文)・「物基・物」・「化基・化」から1，(2月11日試験)世B・日B・地理B・政経・「物基・物」・「化基・化」・「生基・生」・「地学基・地学」から1

一般選抜前期日程・共通テスト併用型　【応用数学科】〈共通テスト科目〉　2科目　①数(100)▶「数Ⅰ・数A」・「数Ⅱ・数B」から1　②国・外・理(100)▶国・英(リスニングを含む)・物・化・生・地学から1

〈個別試験科目〉　一般選抜前期日程の3科目を受験し，数(130)・理(70)の2科目を判定に利用する

【社会数理・情報インスティテュート】〈共通テスト科目〉　2科目　①数(100)▶「数Ⅰ・数A」・「数Ⅱ・数B」から1　②国・外・地歴・公民・理(100)▶国・英(リスニングを含む)・世B・日B・地理B・現社・倫・政経・「倫・政経」・物・化・生・地学から1

〈個別試験科目〉　一般選抜前期日程の3科目を受験し，数学と選択科目(国・地歴・公民・理から1)の2科目(100×2)を判定に利用する

【物理科学科／化学科／ナノサイエンス・インスティテュート】〈共通テスト科目〉　2科目　①②国・外・数・理(100×2)▶国(近代)・英(リスニングを含む)・「〈数Ⅰ・数A〉・〈数Ⅱ・数B〉から1」・「物・化・生・地学から1」から2

〈個別試験科目〉　一般選抜前期日程の3科目を受験し，数・理の2科目(100×2)を判定に利用する

【地球圏科学科】〈共通テスト科目〉　3科目　①外(100)▶英(リスニングを含む)　②③理(50×2)▶物・化・生・地学から2

〈個別試験科目〉　一般選抜前期日程の3科目を受験し，数・理の2科目(100×2)を判定に利用する

一般選抜後期日程　2科目　①数(100)▶[応用数学科／物理科学科／ナノサイエンス・インスティテュート]—数Ⅰ・数Ⅱ・数Ⅲ・数A・数B(数列・ベク)，[社会数理・情報インスティテュート／化学科／地球圏科学科]—数Ⅰ・数Ⅱ・数A・数B(数列・ベク)　②国・外(100)▶国総(古文・漢文)・「コミュ英Ⅰ・コミュ英Ⅱ・コミュ英Ⅲ・英表Ⅰ・英表Ⅱ」から1，ただし物理科・化・地球圏科の3学科とナノサイエンス・インスティテュートは外指定

工学部

一般選抜系統別日程　3科目　①外(150)▶コミュ英Ⅰ・コミュ英Ⅱ・コミュ英Ⅲ・英表Ⅰ・英表Ⅱ　②数(150)▶数Ⅰ・数Ⅱ・数Ⅲ・数A・

数B(数列・ベク) ③理(100) ▶[機械工学科]—物基・物，[電気工学科・電子情報工学科・建築学科]—「物基・物」・「化基・化」から1，[化学システム工学科]—「物基・物」・「化基・化」・「生基・生」から1，[社会デザイン工学科]—「物基・物」・「化基・化」・「生基・生」・「地学基・地学」から1

一般選抜前期日程 3科目 ①外(100) ▶コミュ英Ⅰ・コミュ英Ⅱ・コミュ英Ⅲ・英表Ⅰ・英表Ⅱ ②数(100) ▶数Ⅰ・数Ⅱ・数Ⅲ・数A・数B(数列・ベク) ③理(100) ▶[機械工学科]—物基・物，[電気工学科・電子情報工学科・社会デザイン工学科・建築学科]—「物基・物」・「化基・化」から1，[化学システム工学科]—「物基・物」・「化基・化」・「生基・生」から1

一般選抜前期日程・共通テスト併用型 〈共通テスト科目〉 2科目 ①②国・外・数・理(100×2) ▶国(近代)・英(リスニングを含む)・「〈数Ⅰ・数A〉・〈数Ⅱ・数B〉から1」・「物・化・生から1」から2，ただし電子情報工学科は外を含む2，また生物は化学システム工学科と社会デザイン工学科のみ選択可

〈個別試験科目〉 一般選抜前期日程の3科目を受験し，数・理の2科目(100×2)を判定に利用する

一般選抜後期日程 2科目 ①数(100) ▶数Ⅰ・数Ⅱ・数Ⅲ・数A・数B(数列・ベク) ②国・外(100) ▶国総(現文・古文)・「コミュ英Ⅰ・コミュ英Ⅱ・コミュ英Ⅲ・英表Ⅰ・英表Ⅱ」から1，ただし機械工学科と電気工学科は外指定

医学部

一般選抜系統別日程 【医学科】〈一次選考〉 4科目 ①外(100) ▶コミュ英Ⅰ・コミュ英Ⅱ・コミュ英Ⅲ・英表Ⅰ・英表Ⅱ ②数(100) ▶数Ⅰ・数Ⅱ・数Ⅲ・数A・数B(数列・ベク) ③④理(100×2) ▶「物基・物」・「化基・化」・「生基・生」から2

〈二次選考〉 3科目 ①小論文 ②面接(50) ③調査書等

※小論文・調査書等は面接評価に活用。小論文は一次選考日に実施。

【看護学科】 3科目 ①外(100) ▶コミュ英Ⅰ・コミュ英Ⅱ・コミュ英Ⅲ・英表Ⅰ・英表Ⅱ ②数(100) ▶数Ⅰ・数Ⅱ・数A・数B(数列・ベク) ③理(200) ▶「化基・化」・「生基・生」から1

一般選抜前期日程 【看護学科】 3科目 ①国(100) ▶国総(現文・古文) ②外(100) ▶コミュ英Ⅰ・コミュ英Ⅱ・コミュ英Ⅲ・英表Ⅰ・英表Ⅱ ③理(100) ▶「化基・化」・「生基・生」から1

一般選抜前期日程・共通テスト併用型 【看護学科】〈共通テスト科目〉 2科目 ①外(100) ▶英(リスニングを含む) ②数(100) ▶「数Ⅰ・数A」・数Ⅱ・「数Ⅱ・数B」から1

〈個別試験科目〉 一般選抜前期日程の3科目を受験し，国・理の2科目(100×2)を判定に利用する

一般選抜後期日程 【看護学科】 2科目 ①国(100) ▶国総(現文・古文) ②外(100) ▶コミュ英Ⅰ・コミュ英Ⅱ・コミュ英Ⅲ・英表Ⅰ・英表Ⅱ

薬学部

一般選抜系統別日程 3科目 ①外(100) ▶コミュ英Ⅰ・コミュ英Ⅱ・コミュ英Ⅲ・英表Ⅰ・英表Ⅱ ②数(100) ▶数Ⅰ・数Ⅱ・数A・数B(数列・ベク) ③理(200) ▶「物基・物」・「化基・化」・「生基・生」から1

一般選抜前期日程 3科目 ①外(100) ▶コミュ英Ⅰ・コミュ英Ⅱ・コミュ英Ⅲ・英表Ⅰ・英表Ⅱ ②数(100) ▶(2月3日・11日試験)数Ⅰ・数Ⅱ・数A・数B(数列・ベク) ③または②③理(100または100×2) ▶(2月3日・11日試験)「物基・物」・「化基・化」・「生基・生」から1，(2月5日試験)「物基・物」・「化基・化」・「生基・生」から2

一般選抜前期日程・共通テスト併用型 〈共通テスト科目〉 3科目 ①数(100) ▶「数Ⅰ・数A」・「数Ⅱ・数B」から1 ②理(100) ▶物・化・生から1 ③国・外(100) ▶国(近代)・英(リスニングを含む)から1

〈個別試験科目〉 一般選抜前期日程(2月3日・11日試験)の3科目を受験し，数学(100)と外・理から高得点1科目(100)の2科目を判定に利用する

一般選抜後期日程 2科目 ①外(100) ▶コミュ英Ⅰ・コミュ英Ⅱ・コミュ英Ⅲ・英表Ⅰ・英表Ⅱ ②理(100) ▶化基・化

スポーツ科学部

一般選抜系統別日程 3科目 ①**国**(100) ▶国総(現文・古文) ②**外**(100) ▶コミュ英Ⅰ・コミュ英Ⅱ・コミュ英Ⅲ・英表Ⅰ・英表Ⅱ ③**地歴・公民・数**(100) ▶世B・日B・地理B・政経・「数Ⅰ・数Ⅱ・数A・数B(数列・ベク)」から1
※最高得点科目を200点に換算し，合計400点満点で判定する。

一般選抜前期日程 3科目 ①**国**(100) ▶国総(現文・古文) ②**外**(100) ▶コミュ英Ⅰ・コミュ英Ⅱ・コミュ英Ⅲ・英表Ⅰ・英表Ⅱ ③**保健体育**(100) ▶[スポーツ科学科] 一実技型は体育実技，小論文型は小論文(調査書，スポーツ活動歴調査書を含む)，[健康運動科学科] 一小論文(調査書を含む)

一般選抜後期日程 3科目 ①**国**(100) ▶国総(現文・古文) ②**外・数**(100) ▶「コミュ英Ⅰ・コミュ英Ⅱ・コミュ英Ⅲ・英表Ⅰ・英表Ⅱ」・「数Ⅰ・数Ⅱ・数A」から1 ③**調査書・スポーツ活動歴調査書**(50)，ただし健康運動科学科は調査書(50)のみ

その他の選抜

一般選抜共通テスト利用型，学校推薦型選抜(A方式推薦，地域枠推薦〈医学科のみ〉)，総合型選抜，アスリート特別選抜，スポーツ科学部特別募集，帰国生徒選抜，社会人選抜，学部留学生選抜。

偏差値データ (2023年度)

●一般選抜前期日程

学部／学科	2023年度 駿台予備学校 合格目標ライン	2023年度 河合塾 ボーダー偏差値	2022年度 競争率
▶人文学部			
文化	46	52.5	3.7
歴史	47	52.5	3.1
日本語日本文	46	52.5	3.6
教育・臨床心理	46	50	4.3
英語	48	50	3.0
ドイツ語	44	45	2.0
フランス語	45	47.5	2.3
東アジア地域言語	45	47.5	3.9
▶法学部			
法律	46	45	2.2
経営法	44	45	2.6
▶経済学部			
経済	45	47.5	2.9
産業経済	43	45	3.1
▶商学部			
商	44	47.5	4.1
経営	44	47.5	3.5
経営(会計専門職)	44	47.5	5.1
貿易	43	45	2.9
▶商学部第二部			
商	34	37.5	1.8
▶理学部			
応用数	44	47.5	3.1
応用数(社会数理)	43	50	3.5
物理科	43	42.5	1.9
物理科(ナノ)	42	42.5	1.7
化	44	47.5	2.9
化(ナノ)	43	45	2.0
地球圏科	43	45	2.3
▶工学部			
機械工	42	42.5	2.3
電気工	41	42.5	2.7
電子情報工	43	47.5	2.9
化学システム工	42	42.5	1.8
社会デザイン工	41	42.5	2.8
建築	44	47.5	2.9
▶医学部			
医(系統別)	56	65	15.9
看護	44	50	4.5
▶薬			
薬	49	52.5	3.3
薬(理科重視)	50	50	2.7
▶スポーツ科学部			
スポーツ科(実技型)	38	40	2.9
(小論文型)	38	42.5	2.6
健康運動科	37	42.5	3.1

- 駿台予備学校合格目標ラインは合格可能性80%に相当する駿台模試の偏差値です。
- 河合塾ボーダー偏差値は合格可能性50%に相当する河合塾全統模試の偏差値です。
- 競争率は受験者÷合格者の実質倍率

Shape your world
APU
Ritsumeikan Asia Pacific University

立命館(りつめいかん)アジア太平洋(たいへいよう)大学

資料請求

問合せ先 アドミッションズ・オフィス ☎0977-78-1120

建学の精神

「自由・平和・ヒューマニティ」「国際相互理解」「アジア太平洋の未来創造」を基本理念として，2000（平成12）年に開学。以来22年，開学時に掲げた「学生の50％を留学生に，出身国を50カ国・地域以上に，教員の50％を外国人に」という高い目標を達成するどころか，国際学生（留学生）を受け入れた国・地域は累計で161カ国に上り，現在も，在籍する学生のうち約半分は96カ国・地域から来た学生という他に類を見ない多文化環境の中で学ぶ，真のグローバル大学を実現。さらに，2030年に向けて，異なる文化と価値観の違いを認めて理解し合い，自由で平和な世界を築く「世界市民」を育成するため，「APUで学んだ人たちが世界を変える」というビジョンを掲げ，世界に誇れるグローバル・ラーニング・コミュニティの創成に向けて歩み続けている。

● APUキャンパス……〒874-8577　大分県別府市十文字原1-1

基本データ

学生数▶5,335名（男2,560名，女2,775名）※国際学生を含む
専任教員数▶教授64名，准教授40名，講師66名（助教を含む）

設置学部▶アジア太平洋，国際経営，サステイナビリティ観光
併設教育機関▶大学院ーアジア太平洋（M・D），経営管理（M）

就職・卒業後の進路

就職率 95.2％
就職者÷希望者×100

● **就職支援**　学生の学内外での学びと活動を通して身につけた能力や経験をもとに，学生が自ら自立に向けて主体的に進路・就職先を選択していくプロセスを支援。正課では，キャリア教育科目やインターンシップなどを早い段階から提供するほか，キャリア・オフィスを中心に，就職に向けた実践的なガイダンス・セミナーや，起業・進学などの進路を考える機会を用意している。なかでも，企業説明会やグループ面談，個別面談，筆記試験など，採用に関する一連の流れをAPUキャンパスで行う「オンキャンパス・リクルーティング」は大きな柱となっており，これまでに多くの学生が就職内定につなげている。

進路指導者も必見 学生を伸ばす 面倒見

初年次教育
APUでの学修や大学生活に必要となるスキルを獲得する「スタディスキル・アカデミックライティング」「ピアリーダートレーニング入門」，国内・国際学生の交流を深める「多文化協働ワークショップ」などの授業を実施

学修サポート
全学部でTA・SA制度，オフィスアワー制度を導入。また，日英両語の文書作成を支援する「ライティングセンター」，言語学習をサポートする「SALC」，数学や統計の授業や課題の学習を個別指導する「AMC」を設置

オープンキャンパス（2022年度実績） APUの魅力を体感できるイベントが盛りだくさんのオープンキャンパスを，7月17・18日，11月13日に開催（要事前申込）。5月（3日間）と9月，10月にはキャンパス見学会も実施。

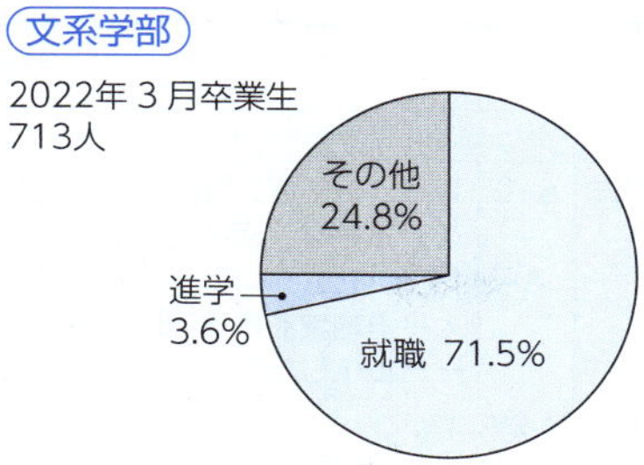

国際化・留学　部局間 498大学

受入れ留学生数 ▶ 2,308名（2022年５月１日現在）
留学生の出身国 ▶ 韓国，中国，インドネシア，ベトナム，タイなど。
外国人専任教員 ▶ 教授27名，准教授19名，講師・助教35名（2022年５月１日現在）
外国人専任教員の出身国 ▶ アメリカ，韓国，中国，イギリス，オーストラリアなど。
部局間交流協定 ▶ 498大学（交換留学先173大学，2022年５月１日現在）
海外への留学生数 ▶ 渡航型15名・オンライン型369名／年（16カ国・地域，2021年度）
海外留学制度 ▶ 協定校への「交換留学」，異文化にまず触れてみる「FIRST」，海外で協働学習を体験する「SECOND」，本格的なアメリカの教養教育を受講する「GCP」，必修英語を海外で学ぶ「EXCEED」など，実践的学習や体験を重視したさまざまなプログラムを企画し，「Off-Campus Study Program」として展開している。

学費・奨学金制度　給付型奨学金総額　年間約 1億1,976万円

入学金 ▶ 200,000円
年間授業料（施設費等を除く）▶ 1,300,000円（詳細は巻末資料参照）
年間奨学金総額 ▶ 119,757,900円
年間奨学金受給者数 ▶ 271人
主な奨学金制度 ▶ 入試成績優秀者を対象とした「国内学生優秀者育英奨学金」や「優秀学生奨励金」「自主活動奨励金」などの制度を設置。また，「国内学生授業料減免」「経済支援授業料減免」などの学費減免型制度が充実しており，2021年度には2,307人を対象に総額で約14億6,853万円を減免している。

保護者向けインフォメーション

● **オープンキャンパス**　通常のオープンキャンパス時に保護者向けの説明会を実施している。
● **成績確認**　学生の成績情報（成績一覧，単位修得状況，GPA）を，オンラインで閲覧できるシステムを導入している。
● **保護者会**　APU国内学生保護者会があり，定例懇談会（2022年は対面）や地域懇談会（2022年はオンライン）を開催し，APUの概要や近況，教学などについて報告している。
● **防災対策**　「緊急災害対応ハンドブック」を入学時に配布。災害時の学生の状況は「立命館安否確認システム」を利用して把握する。
● **コロナ対策１**　ワクチンの職域接種を実施。感染状況に応じた５段階のBCP（行動指針）を設定している。「コロナ対策２」（下段）あり。

インターンシップ科目	必修専門ゼミ	卒業論文	GPA制度の導入の有無および活用例	１年以内の退学率	標準年限での卒業率
全学部で開講している	実施していない	卒業要件ではない	学生に対する個別の学修指導，奨学金や授業料免除対象者の選定基準，留学候補者の選考などに活用	2.0%	59.9%（休学しての留学等が多いため）

● **コロナ対策２**　教室の入口で検温と消毒を実施するとともに，換気を徹底し，収容人数も調整・管理。また，感染状況に応じてオンライン授業を併用し，希望者にはPCやWi-Fiルータの無償貸し出しを行った。

学部紹介

学部／学科	定員	特色
アジア太平洋学部		
アジア太平洋	510	▷３つの学修分野があり，「国際関係」では法律，政治，経済など多様な視点から，国際的な課題を解決する方法を探る。「文化・社会・メディア」では文化，社会，メディアからアジア太平洋地域を多角的にとらえる。「グローバル経済」ではグローバル化したアジア太平洋地域を経済学から解明する。
● 進路状況…………就職72.3%　進学5.3% ● 主な就職先………楽天グループ，三菱ふそうトラック・バス，富士通，全日本空輸，三井化学など。		
国際経営学部		
国際経営	610	▷経営戦略・リーダーシップ，アントレプレナーシップ・オペレーションマネジメント，マーケティング，会計・ファイナンスの４つの学修分野を統合しながらビジネスを考え，応用・実践できる力を養う。
● 進路状況…………就職70.6%　進学1.8% ● 主な就職先………ニトリ，トランス・コスモス，アクセンチュア，りそな銀行，楽天グループなど。		
サステイナビリティ観光学部		
サステイナビリティ観光	350	▷NEW! '23年新設。環境学，資源マネジメント，国際開発，観光学，ホスピタリティ産業，観光産業，地域づくり，社会起業，データサイエンスと情報システムの９つの専門科目群から自由に組み合わせて学び，持続可能な社会づくりに貢献する人材を育成する。

▶キャンパス

全学部……［APUキャンパス］大分県別府市十文字原1-1

2023年度入試要項（前年度実績）

●募集人員

学部／学科	前期	英語重視	後期	共通併用	共通+面接	共通テスト
▶アジア太平洋 アジア太平洋	35	20	8	20	2	2月30 3月(後期)5
▶国際経営 国際経営	25	15	8	15	2	2月25 3月(後期)5
▶サステイナビリティ観光 サステイナビリティ観光	20	10	8	10	2	2月25 3月(後期)5

▷共通テストの「英語」は，リーディング100点満点を140点満点に，リスニング100点満点を60点に換算した合計で200点満点として取り扱い，各入試方式では，当該の入試方式の配点に換算する。

全学部

一般選抜〈前期方式・英語重視方式〉 3科目 ①**国**(100)▶国総・現文Ｂ・古典Ｂ(漢文の独立問題は出題しない) ②**外**(前期120・英語重視150)▶コミュ英Ⅰ・コミュ英Ⅱ・コミュ英Ⅲ・英表Ⅰ・英表Ⅱ ③**地歴・公民・数**(100)▶世Ｂ・日Ｂ・地理Ｂ・政経・「数Ⅰ・数Ⅱ・数Ａ・数Ｂ(数列・ベク)」から１

※英語重視方式は３科目を受験し，英語と他の２科目のうち，高得点の科目の２教科で判定する。

一般選抜〈後期方式〉 2科目 ①**国**(100)▶国総(近代)・現文Ｂ ②**外**(120)▶コミュ英Ⅰ・コミュ英Ⅱ・コミュ英Ⅲ・英表Ⅰ・英表Ⅱ

一般選抜〈共通テスト併用方式〉 〈共通テスト科目〉 2～1科目 ①②**国・外・地歴・公民・数・理**(100)▶国・英(リスニングを含む)・独・仏・中・韓・世Ｂ・日Ｂ・地理Ｂ・現社・倫・政経・

 キャンパスアクセス ［APUキャンパス］JR日豊本線一別府よりバス35分，亀川よりバス15分

「倫・政経」・「数Ⅰ・数A」・「数Ⅱ・数B」・「物基・化基・生基・地学基から2」・物・化・生・地学から1

〈個別試験科目〉 **2**科目 ①**国**(100) ▶国総(近代)・現文B ②**外**(100) ▶コミュ英Ⅰ・コミュ英Ⅱ・コミュ英Ⅲ・英表Ⅰ・英表Ⅱ

一般選抜〈共通テスト＋面接方式〉 〈共通テスト科目〉 **4〜3**科目 ①**国**(100) ▶国 ②**外**(100) ▶英(リスニングを含む)・独・仏・中・韓から1 ③④**地歴・公民・数・理**(100) ▶世B・日B・地理B・現社・倫・政経・「倫・政経」・「数Ⅰ・数A」・「数Ⅱ・数B」・「物基・化基・生基・地学基から2」・物・化・生・地学から1

〈個別試験科目〉 **1**科目 ①**オンライン面接**(100)

※共通テストにおける得点率が60%(合計得点180点)以上であることが合格の必要条件。

共通テスト方式2月選考〈7科目型〉 **8〜7**科目 ①**国**(200) ▶国 ②**外**(200) ▶英(リスニングを含む)・独・仏・中・韓から1 ③**数**(100) ▶数Ⅰ・数A ④⑤⑥⑦⑧**地歴・公民・数・理**(100×4) ▶世B・日B・地理B・「現社・倫・政経・〈倫・政経〉から1」・「数Ⅱ・数B」・「物基・化基・生基・地学基から2」・物・化・生・地学から4

[個別試験] 行わない。

共通テスト方式2月選考・3月選考(後期型)〈5科目型〉 **6〜5**科目 ①**国**(200) ▶国 ②**外**(200) ▶英(リスニングを含む)・独・仏・中・韓から1 ③**数**(200) ▶数Ⅰ・数A ④⑤⑥**地歴・公民・数・理**(200×2) ▶世B・日B・地理B・「現社・倫・政経・〈倫・政経〉から1」・「数Ⅱ・数B」・「〈物基・化基・生基・地学基から2〉・物・化・生・地学から1」から2

[個別試験] 行わない。

共通テスト方式2月選考・3月選考(後期型)〈3教科型〉 **4〜3**科目 ①**国**(150) ▶国 ②**外**(アジア太平洋・サステイナビリティ200，国際経営150) ▶英(リスニングを含む)・独・仏・中・韓から1 ③④**地歴・公民・数・理**(アジア太平洋・サステイナビリティ150，国際経営200) ▶世B・日B・地理B・現社・倫・政経・「倫・政経」・「数Ⅰ・数A」・「数Ⅱ・数B」・「物基・化基・生基・地学基から2」・物・化・生・地学から1

[個別試験] 行わない。

共通テスト方式3月選考(後期型)〈4科目型〉 **5〜4**科目 ①**国**(200) ▶国 ②**外**(200) ▶英(リスニングを含む)・独・仏・中・韓から1 ③④⑤**地歴・公民・数・理**(200×2) ▶世B・日B・地理B・「現社・倫・政経・〈倫・政経〉から1」・「〈数Ⅰ・数A〉・〈数Ⅱ・数B〉から1」・「〈物基・化基・生基・地学基から2〉・物・化・生・地学から1」から2

[個別試験] 行わない。

※共通テスト方式，共通テスト併用方式，共通テスト＋面接方式において，本学が定める英語外部資格試験で基準以上のスコア・等級を持つ者は，特例措置として，共通テストにおける「外国語」の受験の有無に関わらず，同科目を満点として換算し，合否判定を行う。

その他の選抜

総合型選抜(世界を変える人材育成入試，総合評価入試，活動実績アピール入試)はアジア太平洋学部89名，国際経営学部86名，サステイナビリティ観光学部86名を募集。ほかに海外就学経験者(帰国生)入試，国際バカロレア(IB)入試を実施。

偏差値データ (2023年度)

●一般選抜(前期・英語)

学部／学科／専攻	2023年度 駿台予備学校 合格目標ライン	2023年度 河合塾 ボーダー偏差値	2022年度 競争率
▶アジア太平洋学部			
アジア太平洋(前期)	49	57.5	4.1
(英語重視)	49	57.5	3.0
▶国際経営学部			
国際経営(前期)	49	55	3.6
(英語重視)	49	55	2.2
▶サステイナビリティ観光学部			
サステイナビリティ観光(前期)	49	52.5	新
(英語重視)	49	52.5	新

●駿台予備学校合格目標ラインは合格可能性80%に相当する駿台模試の偏差値です。
●河合塾ボーダー偏差値は合格可能性50%に相当する河合塾全統模試の偏差値です。
●競争率は受験者÷合格者の実質倍率

国立大学

掲載 60 校

帯広畜産大学

おびひろちくさん

資料請求

問合せ先　入試課入学試験係　☎0155-49-5321

大学の理念

国立で唯一の農学系単科大学。日本の食料基地とも呼ばれる広大な十勝平野に立地。帯広高等獣医学校（1941年創立）が前身で，1949年に獣医学科・酪農学科からなる大学となった。「食を支え，くらしを守る」人材の育成を通じて，地域および国際社会への貢献をミッションに掲げる。獣医学分野と畜産学分野を融合した教育研究体制，国際通用力を持つ教育課程および食の安全確保のための教育システムを確立し，グローバル社会の要請に即した農学系人材の育成をめざす。そのための取り組みとして，海外大学との国際共同研究や教育交流，国際安全基準適応の実習環境の構築，企業との共同研究を通じた進路指導の強化を推進。2022年４月小樽商科大学，北見工業大学と法人統合し，北海道全体をキャンパスに教育・研究の連携を進めている。

● 帯広畜産大学キャンパス…〒080-8555　北海道帯広市稲田町西２線11番地

基本データ

学生数▶1,150名（男448名，女702名）
専任教員数▶教授48名，准教授50名，講師７名

設置学部▶畜産
併設教育機関▶大学院一畜産科学（M・D），獣医学（D）

就職・卒業後の進路

就職率 **98.4**％
就職者÷希望者×100

●**就職支援**　各課程および別科の教員が就職支援室員となり，学生支援課就職支援係と連携しながら内定に至るまで支援する。就職ガイダンス，卒業生や企業の人事担当者を招いた講演会，学内合同企業研究会を開催するほか，個別の就職相談にも対応する。ガイダンスでは，ビジネスマナー・面接，職業観・職業意識，情報通信による求人活動，エントリーシート・履歴書の書き方など，実践的なテーマを幅広く扱う。就職支援室では，会社別求人案内，求人ファイル，情報誌などの資料が自由に閲覧できる。また，畜産科学課程では社会人としての基礎力を養うための必修科目として「キャリア教育Ⅰ」を１年次後期に，「同Ⅱ」を２年次に開講し，就職活動の準備に早期から取り組む支援も行っている。

進路指導者も必見　学生を伸ばす　面倒見

初年次教育	学修サポート
「全学農畜産実習」「農畜産演習」により幅広い農畜産関連の基礎知識および技術，レポート・論文の書き方を修得するほか，「情報処理基礎演習」や推薦入学者を対象とした高校補習教育に重点を置く講義を開講	TA制度，オフィスアワー制度を導入。また，学生約14人に1人の教員アドバイザーがつき，学生の指導・支援を行うほか，上級生チューターによる学習支援ピアサポートを実施

オープンキャンパス（2022年度実績）　7月30・31日に対面型で実施（事前申込制）。施設見学・体験ツアー，ユニット等展示，相談コーナーなど。説明会，ミニ講義はWeb開催。

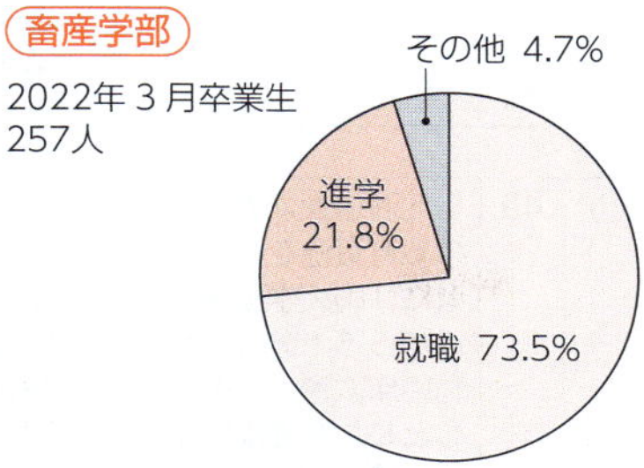

主なOB・OG ▶ ［畜産］小林公生（実業家・カルピス相談役），［畜産］安宅一夫（農学者），［畜産］有賀秀子（農芸化学者・本学名誉教授），［畜産］高野友和（調教師）など。

国際化・留学　大学間 26 大学等・部局間 15 大学等

受入れ留学生数 ▶ ６名（2022年５月１日現在）
留学生の出身国・地域 ▶ 中国，韓国，台湾。
外国人専任教員 ▶ 教授３名，准教授２名，講師２名（2022年９月１日現在）
外国人専任教員の出身国 ▶ アメリカ，中国，韓国，メキシコ，パラグアイなど。
大学間交流協定 ▶ 26大学・機関（交換留学先11大学，2022年９月１日現在）
部局間交流協定 ▶ 15大学・機関（2022年９月１日現在）
海外への留学生数 ▶ ０名／年（2021年度）
海外留学制度 ▶ 学生交流協定を締結している外国の大学への短期留学制度は，学部の３年次以上（共同獣医学課程は５年次以上），大学院生が対象で，期間は１学期～１年以内。ほかに，JICA（国際協力機構）と連携し，青年海外協力隊員として学生・卒業生を派遣。2012年度からパラグアイ共和国東南端イタプア県において酪農技術向上を支援するボランティア派遣事業をJICAと協働で実施。活動期間が２年の長期（卒業生も対象），約１カ月の短期を組み合わせたプログラムでは，在学生は「海外フィールドワーク」の単位を取得できる。

学費・奨学金制度　給付型奨学金総額 年間 432 万円

入学金 ▶ 282,000円
年間授業料（施設費等を除く）**▶** 535,800円
年間奨学金総額 ▶ 4,320,000円
年間奨学金受給者数 ▶ 12名
主な奨学金制度 ▶ 「帯広畜産大学基金奨学金」は，学業・人物ともに優れ，経済的理由で修学困難な学部生に月額３万円を１年間支給。給付人数は年度により変動。また，学費減免制度もあり，2021年度には103人を対象に総額で約2,072万円を減免している。

保護者向けインフォメーション

● **成績確認**　成績表や履修科目と単位数の情報を郵送している。
● **防災対策**　「災害対策マニュアル」をHPに掲載。学生が被災した際の安否は，独自の「安否確認システム」を利用して確認する。
● **コロナ対策１**　ワクチンの職域接種を実施。感染状況に応じた５段階のBCP（行動指針）を設定。「コロナ対策２」（下段）あり。

インターンシップ科目	必修専門ゼミ	卒業論文	GPA制度の導入の有無および活用例	１年以内の退学率	標準年限での卒業率
全課程で開講している	畜産科学課程で３・４年次，共同獣医学課程で３～６年次に実施	卒業要件	2年次のユニット分属，3年次または4年次の研究室配属に活用	0.4%	89.0%（畜産）82.5%（獣医）

● **コロナ対策２**　対面授業とオンライン授業を感染状況に応じて併用。講義室の収容人数の調整と管理のほか，学生寄宿舎の通信環境を改善・強化。また，家計急変による授業料減免や物資の提供などの経済的支援を実施。

学部紹介

学部／課程	定員	特色
畜産学部		
共同獣医学	40	▷北海道大学獣医学部との「共同獣医学課程」として，両大学の教育資源を結集して同一カリキュラムで教育を実施。卒業者には両大学長連名の学位記が授与される。グローバルな視点から不十分とされてきた産業動物臨床教育，先端的伴侶動物臨床教育，公衆衛生教育を強化。さらに基礎生命科学を中心とした基礎獣医学教育，野生動物学，国際基準の実験動物に関する教育も充実させ，国際的・社会的に活躍する獣医師を育成する。2019年には欧州獣医学教育国際認証を取得し，欧米・アジア地域の獣医系大学との学術協定を促進，国際水準の獣医学教育を実践している。
畜産科学	210	▷２年次に，家畜生産科学，植物生産科学，農業環境工学，食品科学，環境生態学，農業経済学の６ユニットのいずれかに所属し，専門性を高める。「畜産」だけでなく，農業・農村の環境づくり，環境保全，動植物の生命科学，作物・飼料の栽培，農畜産業の経営，食品・食料の製造・流通・販売など，幅広い知識と技術を身につける。また，国際的視野を涵養するとともに卒業後の社会実践力を育成するために，より高度な専門知識を身につける「国際教育」「大学院進学」「動物医科学コース進学」「スマート農畜産業」の４プログラムを設置。国際的な活動や大学院進学をめざす学生をサポートする体制も整備している。

- **取得可能な資格**…教職（理・農），学芸員，家畜人工授精師，獣医師受験資格など。
- **進路状況**…………就職73.5%　進学21.8%
- **主な就職先**………ホクレン農業協同組合連合会，よつ葉乳業，農林水産省，全国農業協同組合，北王コンサルタント，北海道，帯広市，ノーベルズグループなど。

キャンパス

畜産学部…［帯広畜産大学キャンパス］ 北海道帯広市稲田町西２線11番地

2023年度入試要項（前年度実績）

●募集人員

学部／課程		前期	後期
畜産	共同獣医学	30	10
	畜産科学	130	25

●２段階選抜　実施しない

▷共通テストの英語はリスニングを含む。

畜産学部

前期　［共通テスト(600)］ 7科目 ①国(120) ②外(120・英〈R72＋L48〉)▶英・独・仏・中・韓から１ ③**地歴・公民**(80)▶世Ａ・世Ｂ・日Ａ・日Ｂ・地理Ａ・地理Ｂ・現社・倫・政経・「倫・政経」から１ ④⑤**数**(60×2)▶「数Ⅰ・数Ａ」必須，「数Ⅱ・数Ｂ」・簿・情から１ ⑥⑦**理**(80×2)▶物・化・生・地学から２

［個別学力検査(450)］ 1科目 ①**総合問題**(450)▶英(コミュ英Ⅰ・コミュ英Ⅱ・コミュ英Ⅲ)必須，数(数Ⅰ・数Ⅱ・数Ａ・数Ｂ〈数列・ベク〉)・物(物基・物)・化(化基・化)・生(生基・生)から２

後期　［共通テスト(600)］ 7科目 前期と同じ

［個別学力検査(400)］ 2科目 ①**小論文**(200) ②**面接**(200)

※調査書を面接の参考資料として活用する。

キャンパスアクセス ［帯広畜産大学キャンパス］ JR根室本線一帯広よりバス30分

その他の選抜

学校推薦型選抜畜産科学課程Ａ推薦は15名，畜産科学課程Ｂ推薦は40名を募集。ほかに，帰国生特別選抜，社会人特別選抜，私費外国人留学生特別選抜を実施。

偏差値データ（2023年度）

●一般選抜

学部／課程	2023年度 駿台予備学校 合格目標ライン	2023年度 河合塾 ボーダー得点率	2023年度 河合塾 ボーダー偏差値	'22年度 競争率
●前期				
▶畜産学部				
共同獣医学	59	73%	60	4.7
畜産科学	48	53%	45	1.6
●後期				
▶畜産学部				
共同獣医学	59	74%	—	5.4
畜産科学	48	53%	—	2.1

- 駿台予備学校合格目標ラインは合格可能性80％に相当する駿台模試の偏差値です。
- 河合塾ボーダー得点率は合格可能性50％に相当する共通テストの得点率です。また，ボーダー偏差値は合格可能性50％に相当する河合塾全統模試の偏差値です。
- 競争率は受験者÷合格者の実質倍率

MEMO

北海道大学（ほっかいどうだいがく）

北海道大学
HOKKAIDO UNIVERSITY

資料請求

問合せ先　アドミッションセンター　☎011-706-7484

大学の理念

1876（明治９）年にマサチューセッツ農科大学長W.S.クラーク博士を教頭に迎えて開校した札幌農学校が起源。同校は明治初期に最も早く設立された高等教育機関の一つとして創設された。その後，７帝国大学の一つとなり，現在では12学部，21の大学院を擁する日本有数の総合大学となっている。先人の教えを受け継ぎ，新たな時代を開拓し続ける「Be ambitious」の精神を培う教育・研究の基本となる４つのビジョン「フロンティア精神」「国際性の涵養」「全人教育」「実学の重視」を実行できる人材を育成する。197万人都市・札幌の中心部に位置するキャンパスは緑が豊富で，広さはおよそ東京ドーム38個分もある。自然と都市の調和がとれた，絶好の教育・研究環境を備える大学として，人類史的課題に応え得る世界水準の研究推進をめざす。

- 札幌キャンパス…〒060-0808　北海道札幌市北区北8条西5丁目
- 函館キャンパス…〒041-8611　北海道函館市港町3-1-1

基本データ

学生数▶11,224名（男7,975名，女3,249名）
専任教員数▶教授692名，准教授592名，講師138名
設置学部▶文，教育，法，経済，理，医，歯，薬，工，農，獣医，水産
併設教育機関▶大学院（P.1131参照）

就職・卒業後の進路

就職率 93.8%
就職者÷希望者×100

●就職支援　キャリアセンターが全学生を対象に支援する。インターンシップ支援をはじめ，企業研究セミナーの開催，履歴書・エントリーシート作成，模擬面接，内定取扱などの就職相談，対象者別ガイダンス・セミナーを実施（オンラインでも配信）。求人情報の提供，イベント予約には学内の就職支援システムを活用。最新情報は公式Twitterで発信。

●公務員就職サポート　試験や仕事概要についての相談，参考図書の貸し出し，官庁の情報・資料の提供，北大公務員OB情報の提供，総合職対策ガイダンス，二次試験対策会・面接対策会の開催など，国家公務員総合職などをめざす学生を支援する。

進路指導者も必見 学生を伸ばす 面倒見

初年次教育	学修サポート
大学生活への導入を助けるゼミ形式の「一般教育演習（フレシュマンセミナー）」や「情報学」，「統計学」などの全学教育科目を開講し，初年次教育を実施	初年次のクラス担任制を導入するほか，各学部に学部相談員を配置し，修学設計に関する相談に応じている。また，TAによる数学・理科・レポート作成などの学習支援を行うラーニングサポート室を設置

オープンキャンパス（2022年度実績）　8月7・8日に参加人数を制限した対面式で開催（事前予約制）。キャンパスツアーや，学術交流会館で実施する「自由申込プログラム」（講演・各種相談会），「高校生限定プログラム」を実施。

文系学部

2022年３月卒業生
617人

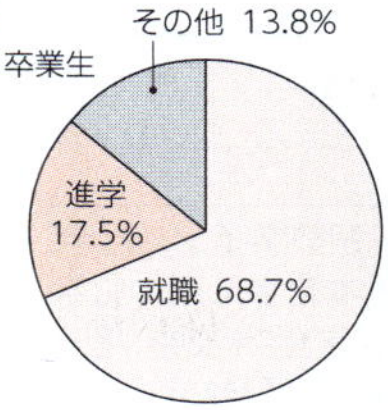

理系学部

2022年３月卒業生
1,793人
※就職には医学科の初期臨床研修医，歯学科の臨床研修歯科医を含む。

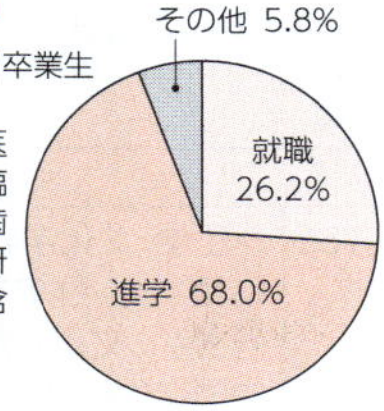

その他の学部

2022年３月卒業生
49人
・教育学部

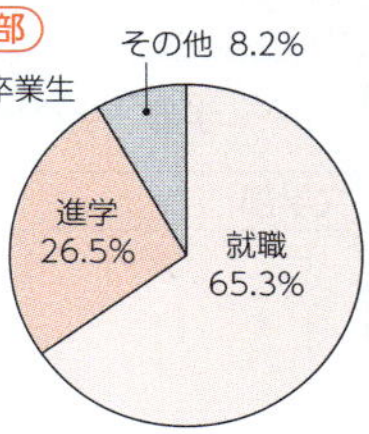

主なOB・OG▶［獣医］三浦雄一郎（スキーヤー・登山家），［理］毛利衛（宇宙飛行士・科学者），［理］澤口俊之（脳科学者）など。

国際化・留学　大学間 199 大学等・部局間 537 大学等

受入れ留学生数▶183名（2022年５月１日現在）

留学生の出身国▶中国，韓国，インド，インドネシア，タイなど。

大学間交流協定▶199大学・機関（交換留学先183大学，2022年２月１日現在）

部局間交流協定▶537大学・機関（2022年２月１日現在）

海外への留学生数▶渡航型18名・オンライン型748名／年（34カ国・地域，2021年度）

海外留学制度▶「交換留学」は交流協定大学（授業料不徴収）に派遣される１学期～１年未満の留学で，国際交流課が派遣前にオリエンテーションを実施，留学中もメールなどで授業や生活に関する相談に応じるとともに，危機管理に関する情報も提供している。「短期語学研修」は夏・春休みを利用した語学学習および異文化体験のプログラムで，英語，ドイツ語，ロシア語，スペイン語，中国語，韓国語のプログラムがあり，申請すれば単位認定も可能。このほか，一般教育演習として開講される「グローバル・キャリア・デザイン」や専門分野に関連した約２週間の「短期留学スペシャルプログラム」，２～６週間の「国際インターンシップ」など多彩なプログラムを実施している。

学費・奨学金制度

入学金▶282,000円

年間授業料（施設費等を除く）▶535,800円

主な奨学金制度▶ひとり親家庭で，経済的に困窮し就学に支障のある学部学生の修学を支援するために，月額４万円を標準修業年限まで給付する「きのとや奨学金」のほか，学業成績優秀かつ人格に優れた学生を称える独自の奨励金制度として「北海道大学新渡戸賞（奨励金３万円）」「北海道大学クラーク賞（奨励金５万円）」などを設置している。また，入学料免除（徴収猶予）や授業料免除を受けられる制度もある。

保護者向けインフォメーション

● **キャンパスビジット**　事前予約制のキャンパスツアーを実施。
● **広報誌**　学外向け広報誌「リテラポプリ」を発行。
● **防災対策**　被災した際の学生の安否確認は安否確認システムを利用する。「災害発生時の安否確認携帯カード」も配布。
● **コロナ対策**　感染状況に応じた４段階のBCP（行動指針）を設定。緊急授業料免除，食糧支援のほか，入学料・授業料の納付期限の特例的な延期などの経済的支援を実施。

インターンシップ科目	必修専門ゼミ	卒業論文	GPA制度の導入の有無および活用例	１年以内の退学率	標準年限での卒業率
全学教育科目，工・農学部で開講	NA	NA	卒業認定基準として活用（歯・獣医学部を除く）	NA	NA

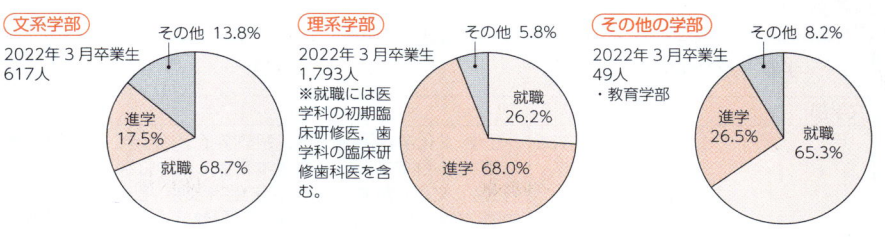

学部紹介

学部／学科（課程）	定員	特色
文学部		
人文科	185	▷哲学・文化学（哲学倫理学，宗教学インド哲学，芸術学，博物館学），歴史学・人類学（日本史学，東洋史学，西洋史学，考古学，文化人類学），言語・文学（欧米文学，日本古典文化論，中国文化論，映像・現代文化論，言語科学），人間科学（心理学，行動科学，社会学，地域科学）の4コース18研究室。「人間とは何か」という普遍的な問いに，最先端の総合的なアプローチで答える。
●取得可能な資格…教職（国・地歴・公・社・英），学芸員など。 ●進路状況…………就職63.0%　進学20.7% ●主な就職先………北海道，札幌市，北海道旅客鉄道，住友電気工業，大和証券，DMC，東京海上日動火災保険，北海道大学，北海道放送，北海道新聞社など。		
教育学部		
教育	50	▷人間の成長や発達を，人と人との関係性，人と社会との関係性の中で学際的にとらえ，「人間の科学」としての教育学を追究する。学ぶコースには４つの分野（教育基礎論分野，教育社会科学分野，教育心理学分野，健康体育学分野）がある。
●取得可能な資格…教職（地歴・公・社・保体，特別支援），学芸員など。 ●進路状況…………就職65.3%　進学26.5% ●主な就職先………札幌市，北海道教育委員会，旭化成，NTTドコモ，家庭裁判所，法務省北海道地方更生保護委員会，北海道新聞社，北海道セキスイハイム，明治安田生命保険など。		
法学部		
法学	200	▷法律の知識を前提とする専門職に就くことをめざすスペシャリスト養成コース「法専門職コース」と，法律の知識をベースに社会の多様な分野で活躍できるゼネラリストを養成する「総合法政コース」がある。成績優秀者は３年次修了時卒業で進学することも可能。
●取得可能な資格…教職（地歴・公・社）。 ●進路状況…………就職60.3%　進学21.9% ●主な就職先………札幌市，北海道，ニトリ，札幌地方検察庁，北海道電力，経済産業省北海道経済産業局，裁判所，トランスコスモス，日本政策金融公庫，北海道銀行など。		
経済学部		
		▶募集は学部で一括で行い，２年次の秋に各学科に配属される。必修科目に指定されているゼミによる少人数教育が最大の特徴で，３～４年生の２年間一つのゼミに所属する。
経済	100	▷経済学科は，経済理論，経済思想，経済史，財政，金融，労働，環境，国際経済などの分析に基づく経済政策を研究。
経営	90	▷経営学科では，広い意味での経営現象を多面的かつ総合的に科学する。
●取得可能な資格…教職（公・社・商業）。 ●進路状況…………就職84.2%　進学9.2% ●主な就職先………札幌市，北洋銀行，北海道銀行，国税庁札幌国税局，日本生命保険，東日本電信電話，財務省北海道財務局，大和ハウス工業，トヨタ自動車，北海道ガスなど。		

キャンパスアクセス［札幌キャンパス］ＪＲ―札幌，地下鉄南北線―北12条・北18条・さっぽろ，地下鉄東豊線―北13条・さっぽろより徒歩４～15分（同じ敷地でも広大なため異なる）

理学部

数	50	▶①自然界の本質を見極め，その背景にある法則性を追求する目を養い，②新しい論理の構築や新事実の発見につながる独創性を磨き，③人類が直面する諸問題や技術革新に貢献できる基礎を身につけ，自然科学に基づく多角的な視点から物事を判断できる資質を育成する。生物科学科は生物学(40名)，高分子機能学(40名)の２専修分野。
物理	35	
化	75	
生物科	80	
地球惑星科	60	

- **取得可能な資格**…教職(数・理)，学芸員，測量士補など。
- **進路状況**…………就職9.4%　進学78.8%
- **主な就職先**………商工組合中央金庫，図研，全国共済農業協同組合連合会，地圏総合コンサルタント，日鉄ケミカル＆マテリアル，富士通，藤本製薬，明星食品，ヤフーなど。

医学部

医	107	▷入学から卒業までを医学教養，基礎医学，臨床医学，臨床実習と段階的な４コースに分けて確実に基本を身につける。豊かな国際性と，医学と医療を担う使命感，倫理観，幅広い人間性を備え，医学の進歩と医療の実践・発展に貢献する医師・医学研究者を育成する。
保健	180	▷〈看護学専攻(70名)，放射線技術科学専攻(37名)，検査技術科学専攻(37名)，理学療法学専攻(18名)，作業療法学専攻(18名)〉。医療現場で不可欠な，チーム医療を支えるスペシャリストを育成する。

- **取得可能な資格**…医師・看護師・診療放射線技師・臨床検査技師・理学療法士・作業療法士受験資格。
- **進路状況**…………[医]初期臨床研修医92.2%　進学1.0%　[保健]就職56.9%　進学35.9%
- **主な就職先**………[保健]北海道大学病院，NTT東日本札幌病院，札幌厚生病院，斗南病院，札幌医科大学附属病院，JR札幌病院，静岡がんセンター，千葉大学医学部附属病院など。

歯学部

歯	53	▷歯学・歯科医療に関する専門知識・技術を学び，医療従事者としての倫理，豊かな人間性，課題探究心を備えた歯科医師・歯学教育者・研究者を育成する。基礎教育期(１年次)，専門教育期(２～４年次)，総合教育期(５～６年次)に分け段階的に知識と技術を深める。

- **取得可能な資格**…歯科医師受験資格。
- **進路状況**…………臨床研修歯科医85.7%

薬学部

		▶学部で一括募集し，２年進級次に各学科に配属される。
薬科	50	▷４年制。生命科学および創薬科学分野で，国際的に活躍できる研究者・技術者を育成する。
薬	30	▷６年制。医療薬学・臨床薬学を習得し，医療の現場で問題発見・解決能力を発揮し，指導的な立場で活躍できる薬剤師・医療薬学研究者を養成する。

- **取得可能な資格**…教職(理)，薬剤師受験資格(薬学科)。
- **進路状況**…………[薬科]就職2.1%　進学95.7%　[薬]就職80.0%　進学20.0%
- **主な就職先**………[薬科]国土交通省北海道開発局。[薬]アインホールディングス，日本調剤，国立病院機構，中外製薬，アステラス製薬，アストラゼネカなど。

工学部

応用理工系	160	▷応用物理工学(50名)，応用化学(70名)，応用マテリアル工学(40名)の３コース。基礎科学の知見を深めて工学に応用し，21世紀の科学技術を支える人材を育てる。

キャンパスアクセス [函館キャンパス]　ＪＲ函館よりバス20分

情報エレクトロニクス	180	▷情報理工学(50名)，電気電子工学(40名)，生体情報(33名)，メディアネットワーク(30名)，電気制御システム(27名)の5コース。高度情報社会を支える研究・技術開発を担う人材を育成。
機械知能工	120	▷機械情報(60名)，機械システム(60名)の2コース。ロボット工学，医療・福祉工学，宇宙工学，エネルギー工学，プラズマ理工学，量子ビーム工学などの分野を研究。
環境社会工	210	▷社会基盤学(40名)，国土政策学(40名)，建築都市(45名)，環境工学(50名)，資源循環システム(35名)の5コース。環境との調和を保ちつつ，人間の生活・経済社会活動を支えるシステムの創生をめざす。

● **取得可能な資格**…教職(数・理・情・工業)，測量士補，1・2級建築士受験資格など。
● **進路状況**…………就職14.8%　進学81.3%
● **主な就職先**………札幌市，東京都，オリエンタルコンサルタンツ，鹿島建設，国土交通省，大和証券，ドーコン，東日本高速道路，北海道電力，日本たばこ産業など。

農学部

		▶学部で一括募集を行い，2年進級時に学科配属。
生物資源科	36	▷作物の生産，遺伝資源，園芸，緑地，生理・病理(菌とウイルス)，昆虫，動物，生物の保護・保全などの分野を学ぶ。
応用生命科	30	▷多様な生命現象を対象に，遺伝子や分子レベルで探求する先端研究を通し，第一線で活躍できる人材を育成。
生物機能化	35	▷土壌，微生物，植物，動物などを対象に化学的手法を用い，食料・健康・資源・エネルギー・環境課題の解決をめざす。
森林科	36	▷自然環境の保全，循環型の資源利用をめざし，マクロ(森林・樹木)からミクロ(細胞・分子)まで総合的に研究する。
畜産科	23	▷家畜生産の基礎理論，畜産物の加工技術，その機能性探索などを総合的に研究。
生物環境工	30	▷「生産と環境の調和」をめざし，環境保全型生物生産や自然エネルギー，環境修復，ICT技術などを総合的に取り扱う。
農業経済	25	▷多様な農業形態を再評価し，自然との共生が求められるなかで，新たな社会経済の枠組み作りを担う。

● **取得可能な資格**…教職(公・社・理・農)，学芸員，測量士補など。
● **進路状況**…………就職16.7%　進学82.3%
● **主な就職先**………山梨県，ウェザーニューズ，鹿島建設，十勝農業協同組合連合会，日本森林技術協会，農業・食品産業技術総合研究機構，農林水産省，丸紅，明治など。

獣医学部

共同獣医学	40	▷帯広畜産大学との共同課程。動物の医師，安全な動物性食品の供給，医薬品開発，野生動物保護，人獣共通感染症対策など，多様な要請に応え得る獣医師を育成する。

● **取得可能な資格**…獣医師受験資格。
● **進路状況**…………就職78.0%（臨床研修医を含む）　進学12.2%
● **主な就職先**………北海道，農林水産省，住友化学，中外製薬，日本ハム，任天堂，PwCコンサルティング，北海道大学動物医療センター，みなみ北海道農業共済組合など。

水産学部

		▶2年次に学科に分かれる。1～2年は札幌キャンパス，3～4年は函館キャンパスで学ぶ。

	海洋生物科	54	▷海洋動物を中心に，水圏生物とその生息環境の保全・管理，資源の持続的活用のための基礎的事項と最新情報を学ぶ。
	海洋資源科	53	▷水産資源を，海洋環境，資源定量化，生産手段，経済・情報など多角的に追求し，その管理，生産，利用を研究する。
	増殖生命科	54	▷海洋生物の生命現象を解明し，それを魚介藻類の増養殖（食資源を増やすこと）などの分野に役立てる研究を行う。
	資源機能化	54	▷魚類，貝類，軟体動物，海藻などの海洋生物資源を高度に利用するための基礎理論と先端技術を学ぶ。

● **取得可能な資格**…教職（理・水産），学芸員など。
● **進路状況**…………就職26.0%　進学67.3%
● **主な就職先**………水産庁，北海道，マルハニチロ，小樽水族館公社，川崎汽船，キヤノンマーケティングジャパン，東芝，日本水産，北海道信用漁業協働組合連合会など。

キャンパス

文……………［札幌キャンパス］北海道札幌市北区北10条西7丁目
教育…………［札幌キャンパス］北海道札幌市北区北11条西7丁目
法・経済………［札幌キャンパス］北海道札幌市北区北9条西7丁目
理……………［札幌キャンパス］北海道札幌市北区北10条西8丁目
医（医学科）……［札幌キャンパス］北海道札幌市北区北15条西7丁目
（保健学科）…［札幌キャンパス］北海道札幌市北区北12条西5丁目
歯……………［札幌キャンパス］北海道札幌市北区北13条西7丁目
薬……………［札幌キャンパス］北海道札幌市北区北12条西6丁目
工……………［札幌キャンパス］北海道札幌市北区北13条西8丁目
農……………［札幌キャンパス］北海道札幌市北区北9条西9丁目
獣医…………［札幌キャンパス］北海道札幌市北区北18条西9丁目
水産…………［函館キャンパス］北海道函館市港町3-1-1　※1・2年次は札幌キャンパス

2023年度入試要項（前年度実績）

●募集人員

学部／学科（専攻）	前期	後期	フロンティアI	フロンティアII	国際
総合入試　文系	95	—	—	—	5
理系［数学重点選抜群］	125	—	—	—	10
［物理重点選抜群］	225	—	—	—	
［化学重点選抜群］	226	—	—	—	
［生物重点選抜群］	169	—	—	—	
［総合科学選抜群］	239	—	—	—	
文	118	37	—	—	—
教育	20	10	—	—	—
法	140	40	—	—	—
経済	140	20	—	—	—
理　数	—	10	—	13	—
物理	—	3	—	14	—
化	—	20	—	11	—
生物科（生物学専修分野）	—	10	—	—	—
（高分子機能学専修分野）	—	2	—	3	—
地球惑星科	—	5	5	—	—
医　医	85	—	5	—	—
保健（看護学）	60	—	7	—	—
（放射線技術科学）	28	—	7	—	—
（検査技術科学）	25	—	10	—	—
（理学療法学）	13	—	4	—	—
（作業療法学）	10	—	7	—	—
歯	38	—	5	—	—
薬	—	24	—	—	—
工　応用理工系	—	29	4*1	15*2	—
情報エレクトロニクス	—	38	—	—	—
機械知能工	—	25	—	5	—
環境社会工	—	47	4*3	5*4	—
農	—	53	—	—	—
獣医	20	15	—	—	—
水産	105	50	20	—	—

＊1応用マテリアル工学コース
＊2応用物理工学コース
＊3社会基盤学コース
＊4環境工学コース
※総合入試は，文系は系で，理系は選抜群単位で募集。総合入試合格者（国際総合入試を含む）の移行人数は以下の通り。文学部30，教育学部

20，法学部20，経済学部30，理学部（数27，物理18，化学44，生物65，地球惑星50），医学部（医10，保健9），歯学部10，薬学部（薬科35，薬21），工学部（応用112，情報142，機械90，環境154），農学部（生物資源27，応用生命23，生物機能26，森林27，畜産17，生物環境23，農業経済19），獣医学部5，水産学部各学科10。
※総合入試入学者（国際総合入試を含む）の学部の決定は第1年次終了時。所属学科の決定は理・医・薬・工・農・水産学部は第1年次終了時，経済学部は第2年次第1学期終了時。学部別入試入学者の所属学科の決定は薬・工・農・水産学部は第1年次終了時，経済学部は第2年次第1学期終了時。

●2段階選抜
志願者が募集人員を大幅に上回った場合，共通テストの成績により以下の倍率で行う。ただし，工学部後期は行わない。前期—医学部（医）は3.5倍。総合（文系・理系）・文・教育・法・経済・水産学部は4倍。医学部（保健）は5倍。歯・獣医学部は6倍。後期—文・法・理・薬・農・獣医・水産学部は6倍。教育・経済は10倍。

▷共通テストの英語はリスニングを含む。ただし，水産学部のフロンティア入試Ⅰはリーディングのみ。
▷個別学力検査の数A－場合・整数・図形。数B－数列・ベク。

総合入試

前期 【文系】［共通テスト（300）］ 8科目 ①国（60） ②外（60・英〈R30＋L30〉）▶英・独・仏・中・韓から1 ③④地歴・公民（40×2）▶世B・日B・地理B・「倫・政経」から2 ⑤⑥数（30×2）▶「数Ⅰ・数A」必須，「数Ⅱ・数B」・簿・情から1 ⑦⑧理（20×2）▶物基・化基・生基・地学基から2
［個別学力検査（450）］ 3科目 ①国（150）▶国総・現文B ②外（150）▶「コミュ英Ⅰ・コミュ英Ⅱ・コミュ英Ⅲ・英表Ⅰ・英表Ⅱ」・独・仏・中から1 ③地歴・数（150）▶世B・日B・地理B・「数Ⅰ・数Ⅱ・数A・数B」から1
【理系】［共通テスト（300）］ 7科目 ①国（80） ②外（60・英〈R30＋L30〉）▶英・独・仏・中・韓から1 ③地歴・公民（40）▶世B・日B・地理B・「倫・政経」から1 ④⑤数（30×2）▶「数Ⅰ・数A」必須，「数Ⅱ・数B」・簿・情から1 ⑥⑦理（30×2）▶物・化・生・地学から2
［個別学力検査（450）］〈数学重点選抜群〉 4科目 ①外（150）▶「コミュ英Ⅰ・コミュ英Ⅱ・コミュ英Ⅲ・英表Ⅰ・英表Ⅱ」・独・仏・中から1 ②数（200）▶数Ⅰ・数Ⅱ・数Ⅲ・数A・数B ③④理（50×2）▶「物基・物」・「化基・化」・「生基・生」・「地学基・地学」から2
〈物理重点・化学重点・生物重点選抜群〉 4科目 ①外（150）▶「コミュ英Ⅰ・コミュ英Ⅱ・コミュ英Ⅲ・英表Ⅰ・英表Ⅱ」・独・仏・中から1 ②数（150）▶数Ⅰ・数Ⅱ・数Ⅲ・数A・数B ③④理（必須100＋選択50）▶「物基・物」・「化基・化」・「生基・生」・「地学基・地学」から2，ただし物理重点は「物基・物」必須，化学重点は「化基・化」必須，生物重点は「生基・生」必須
〈総合科学選抜群〉 4科目 ①外（150）▶「コミュ英Ⅰ・コミュ英Ⅱ・コミュ英Ⅲ・英表Ⅰ・英表Ⅱ」・独・仏・中から1 ②数（150）▶数Ⅰ・数Ⅱ・数Ⅲ・数A・数B ③④理（75×2）▶「物基・物」・「化基・化」・「生基・生」・「地学基・地学」から2
国際総合入試 【文系・理系】［共通テスト］課さない。
［個別学力検査（100）］ 2科目 ①面接（70） ②書類審査（30）
※第1次選考—成績評価証明書（IB，SAT（ACT），AP TEST）（60），調査書・志望理由書・自己推薦書（40），第2次選考—面接（70），出願書類（30）に成績評価証明書を含めて総合的に判定。

文学部

前期 ［共通テスト（300）］ 8科目 ①国（60） ②外（60・英〈R30＋L30〉）▶英・独・仏・中・韓から1 ③④地歴・公民（40×2）▶世B・日B・地理B・「倫・政経」から2 ⑤⑥数（30×2）▶「数Ⅰ・数A」必須，「数Ⅱ・数B」・簿・情から1 ⑦⑧理（20×2）▶物基・化基・生基・地学基から2
［個別学力検査（450）］ 3科目 ①国（150）▶国総・現文B ②外（150）▶「コミュ英Ⅰ・コミュ英Ⅱ・コミュ英Ⅲ・英表Ⅰ・英表Ⅱ」・独・仏・中から1 ③地歴・数（150）▶世B・日B・地理B・「数Ⅰ・数Ⅱ・数A・数B」から1
後期 ［共通テスト（300）］ 8科目 ①国（60） ②外（80・英〈R40＋L40〉）▶英・独・仏・

中・韓から1 ③④**地歴・公民**(30×2) ▶世B・日B・地理B・「倫・政経」から2 ⑤⑥**数**(30×2) ▶「数Ⅰ・数A」必須，「数Ⅱ・数B」・簿・情から1 ⑦⑧**理**(20×2) ▶物基・化基・生基・地学基から2

[個別学力検査(200)] 1科目 ①**小論文**(200) ▶出題文に英文を含む

教育学部

前期 **[共通テスト(300)]** 8科目 ①**国**(60) ②**外**(60・英〈R30＋L30〉) ▶英・独・仏・中・韓から1 ③④**地歴・公民**(40×2) ▶世B・日B・地理B・「倫・政経」から2 ⑤⑥**数**(30×2) ▶「数Ⅰ・数A」必須，「数Ⅱ・数B」・簿・情から1 ⑦⑧**理**(20×2) ▶物基・化基・生基・地学基から2

[個別学力検査(450)] 3科目 ①**国**(150) ▶国総・現文B ②**外**(150) ▶「コミュ英Ⅰ・コミュ英Ⅱ・コミュ英Ⅲ・英表Ⅰ・英表Ⅱ」・独・仏・中から1 ③**数**(150) ▶数Ⅰ・数Ⅱ・数A・数B

後期 **[共通テスト(300)]** 8科目 前期と同じ

[個別学力検査(300)] 1科目 ①**小論文**(300)

法学部

前期 **[共通テスト(300)]** 8科目 ①**国**(60) ②**外**(60・英〈R30＋L30〉) ▶英・独・仏・中・韓から1 ③④**地歴・公民**(40×2) ▶世B・日B・地理B・「倫・政経」から2 ⑤⑥**数**(30×2) ▶「数Ⅰ・数A」必須，「数Ⅱ・数B」・簿・情から1 ⑦⑧**理**(20×2) ▶物基・化基・生基・地学基から2

[個別学力検査(450)] 3科目 ①**国**(150) ▶国総・現文B ②**外**(150) ▶「コミュ英Ⅰ・コミュ英Ⅱ・コミュ英Ⅲ・英表Ⅰ・英表Ⅱ」・独・仏・中から1 ③**数**(150) ▶数Ⅰ・数Ⅱ・数A・数B

後期 **[共通テスト(340)]** 8科目 ①**国**(80) ②**外**(80・英〈R40＋L40〉) ▶英・独・仏・中・韓から1 ③④**地歴・公民**(30×2) ▶世B・日B・地理B・「倫・政経」から2 ⑤⑥**数**(40×2) ▶「数Ⅰ・数A」必須，「数Ⅱ・数B」・簿・情から1 ⑦⑧**理**(20×2) ▶物基・化基・生基・地学基から2

[個別学力検査(340)] 1科目 ①**小論文**(340)

経済学部

前期 **[共通テスト(300)]** 8科目 ①**国**(60) ②**外**(60・英〈R30＋L30〉) ▶英・独・仏・中・韓から1 ③④**地歴・公民**(40×2) ▶世B・日B・地理B・「倫・政経」から2 ⑤⑥**数**(30×2) ▶「数Ⅰ・数A」必須，「数Ⅱ・数B」・簿・情から1 ⑦⑧**理**(20×2) ▶物基・化基・生基・地学基から2

[個別学力検査(450)] 3科目 ①**国**(150) ▶国総・現文B ②**外**(150) ▶「コミュ英Ⅰ・コミュ英Ⅱ・コミュ英Ⅲ・英表Ⅰ・英表Ⅱ」・独・仏・中から1 ③**数**(150) ▶数Ⅰ・数Ⅱ・数A・数B

後期 **[共通テスト(340)]** 8科目 ①**国**(80) ②**外**(80・英〈R40＋L40〉) ▶英・独・仏・中・韓から1 ③④**地歴・公民**(30×2) ▶世B・日B・地理B・「倫・政経」から2 ⑤⑥**数**(40×2) ▶「数Ⅰ・数A」必須，「数Ⅱ・数B」・簿・情から1 ⑦⑧**理**(20×2) ▶物基・化基・生基・地学基から2

[個別学力検査(160)] 1科目 ①**小論文**(160)

理学部

後期 **[共通テスト(300)]** 7科目 ①**国**(80) ②**外**(60・英〈R30＋L30〉) ▶英・独・仏・中・韓から1 ③**地歴・公民**(40) ▶世B・日B・地理B・「倫・政経」から1 ④⑤**数**(30×2) ▶「数Ⅰ・数A」必須，「数Ⅱ・数B」・簿・情から1 ⑥⑦**理**(30×2) ▶物・化・生・地学から2

[個別学力検査(300)] **【数学科】** 2科目 ①**数**(200) ▶数Ⅰ・数Ⅱ・数Ⅲ・数A・数B ②**理**(100) ▶「物基・物」・「化基・化」・「生基・生」・「地学基・地学」から1

【物理学科】 2科目 ①**数**(100) ▶数Ⅰ・数Ⅱ・数Ⅲ・数A・数B ②**理**(200) ▶物基・物

【化学科】 2科目 ①②**理**(物100＋化200) ▶「物基・物」・「化基・化」

【生物科学科〈生物学専修分野〉】 2科目 ①②**理**(必須200＋選択100) ▶「生基・生」必須，「物基・物」・「化基・化」・「地学基・地学」から1

【生物科学科〈高分子機能学専修分野〉】 2科目 ①②数・理(150×2) ▶「数Ⅰ・数Ⅱ・数Ⅲ・数A・数B」・「物基・物」・「化基・化」・「生基・生」から2

【地球惑星科学科】 2科目 ①②数・理(150×2) ▶「数Ⅰ・数Ⅱ・数Ⅲ・数A・数B」・「物基・物」・「化基・化」・「生基・生」・「地学基・地学」から2

フロンティア入試Ⅰ 【地球惑星科学科】[共通テスト(600)] 5科目 ①外(200・英〈R100+L100〉) ▶英・独・仏・中・韓から1 ②③数(100×2) ▶「数Ⅰ・数A」・「数Ⅱ・数B」 ④⑤理(100×2) ▶物・化・「生・地学から1」から2

[個別学力検査(200)] 4科目 ①調査書・自己推薦書(75) ②コンピテンシー評価書(25) ③総合問題(75) ▶総合問題または日本地学オリンピック大会予選(1次選抜)の結果 ④面接(25)

※第1次選考―調査書,自己推薦書,コンピテンシー評価書,第2次選考―総合問題,面接,共通テストの成績(450点以上)を総合して判定。

フロンティア入試Ⅱ 【数学科】[共通テスト] 課さない。

[個別学力検査(700)] 4科目 ①調査書・個人評価書(70) ②自己推薦書(30) ③適性試験(共通150+選択300) ▶数Ⅰ・数Ⅱ・数Ⅲ・数A・数B ④面接(150)

【物理学科】[共通テスト] 課さない。

[個別学力検査(850)] 4科目 ①調査書・個人評価書(80) ②自己推薦書(20) ③適性試験(共通〈数150〉+選択〈数50+物187.5+化62.5〉) ▶「数Ⅰ・数Ⅱ・数Ⅲ・数A・数B」・「物基・物(力学・波動・熱・電磁気〈電磁誘導は除く〉)」・「化基・化」 ④面接(300)

【化学科】[共通テスト] 課さない。

[個別学力検査(650)] 4科目 ①調査書・個人評価書(70) ②自己推薦書(30) ③適性試験(共通〈数150〉+選択〈物150+化150〉) ▶「数Ⅰ・数Ⅱ・数Ⅲ・数A・数B」・「物基・物(力学・波動・熱・電磁気〈電磁誘導は除く〉)」・「化基・化」 ④面接(100)

【生物科学科〈高分子機能学専修分野〉】[共通テスト] 課さない。

[個別学力検査(850)] 4科目 ①調査書・個人評価書(70) ②自己推薦書(30) ③適性試験(共通〈数150〉+選択〈数50+物・化250〉) ▶「数Ⅰ・数Ⅱ・数Ⅲ・数A・数B」・「物基・物(力学・波動・熱・電磁気〈電磁誘導は除く〉)」・「化基・化」 ④面接(300)

※第1次選考―調査書,個人評価書,自己推薦書,第2次選考―適性試験,面接の結果を総合して判定。

医学部

前期 【医学科】[共通テスト(300)] 7科目 ①国(80) ②外(60・英〈R30+L30〉) ▶英・独・仏・中・韓から1 ③地歴・公民(40) ▶世B・日B・地理B・「倫・政経」から1 ④⑤数(30×2) ▶「数Ⅰ・数A」必須,「数Ⅱ・数B」・簿・情から1 ⑥⑦理(30×2) ▶物・化・生から2

[個別学力検査(525)] 5科目 ①外(150) ▶「コミュ英Ⅰ・コミュ英Ⅱ・コミュ英Ⅲ・英表Ⅰ・英表Ⅱ」・独・仏・中から1 ②数(150) ▶数Ⅰ・数Ⅱ・数Ⅲ・数A・数B ③④理(75×2) ▶「物基・物」必須,「化基・化」・「生基・生」から1 ⑤面接(75)

【保健学科】 [共通テスト(300)] 7科目 ①国(80) ②外(60・英〈R30+L30〉) ▶英・独・仏・中・韓から1 ③地歴・公民(40) ▶世B・日B・地理B・「倫・政経」から1 ④⑤数(30×2) ▶「数Ⅰ・数A」必須,「数Ⅱ・数B」・簿・情から1 ⑥⑦理(30×2) ▶物・化・生・地学から2

[個別学力検査(450)] 〈看護・作業療法学専攻〉 4科目 ①外(150) ▶「コミュ英Ⅰ・コミュ英Ⅱ・コミュ英Ⅲ・英表Ⅰ・英表Ⅱ」・独・仏・中から1 ②数(150) ▶数Ⅰ・数Ⅱ・数A・数B ③④理(75×2) ▶「物基・物」・「化基・化」・「生基・生」から2,ただし看護学専攻は「生基・生」必須

〈放射線技術科・検査技術科・理学療法学専攻〉 4科目 ①外(150) ▶「コミュ英Ⅰ・コミュ英Ⅱ・コミュ英Ⅲ・英表Ⅰ・英表Ⅱ」・独・仏・中から1 ②数(150) ▶数Ⅰ・数Ⅱ・数Ⅲ・数A・数B ③④理(75×2) ▶「物基・物」・「化基・化」・「生基・生」から2,ただし放射線技術科学専攻は「物基・物」,検査技術科学専攻は「化基・

化」必須

フロンティア入試Ⅰ 【医学科】［共通テスト(900)］ 7科目 ①国(200) ②外(200・英〈R100＋L100〉)▶英・独・仏・中・韓から1 ③地歴・公民(100)▶世B・日B・地理B・「倫・政経」から1 ④⑤数(100×2)▶「数Ⅰ・数A」必須，「数Ⅱ・数B」・簿・情から1 ⑥⑦理(100×2)▶物必須，化・生から1

［個別学力検査(200)］ 4科目 ①調査書(20) ②コンピテンシー評価書(80) ③課題論文(40) ④面接・コンピテンシー評価書(60)

※第1次選考―調査書，コンピテンシー評価書，第2次選考―課題論文，面接・コンピテンシー評価書，共通テストの成績(765点以上)を総合して判定。

【保健学科〈看護〉】［共通テスト(50)］ 7科目 ①国(80) ②外(60・英〈R30＋L30〉)▶英・独・仏・中・韓から1 ③地歴・公民(40)▶世B・日B・地理B・「倫・政経」から1 ④⑤数(30×2)▶「数Ⅰ・数A」必須，「数Ⅱ・数B」・簿・情から1 ⑥⑦理(30×2)▶物・化・生から2

※合計300点満点を50点満点に換算。

［個別学力検査(150)］ 3科目 ①調査書・個人評価書・コンピテンシー評価書(50) ②自己推薦書・諸活動の記録(50) ③面接(50)

※第1次選考―調査書，個人評価書，コンピテンシー評価書，自己推薦書，諸活動の記録，第2次選考―面接，共通テストの成績を総合して判定。

【保健学科〈放射線技術科学専攻〉】［共通テスト(50)］ 7科目 ①国(200) ②外(200・英〈R100＋L100〉)▶英・独・仏・中・韓から1 ③地歴・公民(100)▶世B・日B・地理B・「倫・政経」から1 ④⑤数(100×2)▶「数Ⅰ・数A」必須，「数Ⅱ・数B」・簿・情から1 ⑥⑦理(100×2)▶物必須，化・生から1

※合計900点満点を50点満点に換算。

［個別学力検査(150)］ 3科目 ①調査書・個人評価書・自己推薦書・諸活動の記録(50) ②コンピテンシー評価書(50) ③面接(50)

※第1次選考―調査書，個人評価書，コンピテンシー評価書，自己推薦書，諸活動の記録，第2次選考―面接，共通テストの成績を総合して判定。

【保健学科〈検査技術科学専攻〉】［共通テスト(60)］ 7科目 ①国(60) ②外(60・英〈R30＋L30〉)▶英・独・仏・中・韓から1 ③地歴・公民(20)▶世B・日B・地理B・「倫・政経」から1 ④⑤数(40×2)▶「数Ⅰ・数A」・「数Ⅱ・数B」 ⑥⑦理(40×2)▶化必須，物・生から1

※合計300点満点を60点満点に換算。

［個別学力検査(140)］ 3科目 ①調査書・個人評価書・コンピテンシー評価書(50) ②自己推薦書・諸活動の記録(50) ③面接(40)

※第1次選考―調査書，個人評価書，コンピテンシー評価書，自己推薦書，諸活動の記録，第2次選考―面接，共通テストの成績を総合して判定。

【保健学科〈理学療法学専攻〉】［共通テスト(50)］ 7科目 ①国(200) ②外(200・英〈R100＋L100〉)▶英・独・仏・中・韓から1 ③地歴・公民(100)▶世B・日B・地理B・「倫・政経」から1 ④⑤数(100×2)▶「数Ⅰ・数A」必須，「数Ⅱ・数B」・簿・情から1 ⑥⑦理(100×2)▶物・化・生から2

※合計900点満点を50点満点に換算。

［個別学力検査(150)］ 3科目 ①調査書・個人評価書・コンピテンシー評価書(60) ②自己推薦書・諸活動の記録(40) ③面接(50)

※第1次選考―調査書，個人評価書，コンピテンシー評価書，自己推薦書，諸活動の記録，第2次選考―面接，共通テストの成績(合格基準点680点以上)を総合して判定。

【保健学科〈作業療法学専攻〉】［共通テスト(50)］ 7科目 ①国(200) ②外(200・英〈R100＋L100〉)▶英・独・仏・中・韓から1 ③地歴・公民(100)▶世B・日B・地理B・「倫・政経」から1 ④⑤数(100×2)▶「数Ⅰ・数A」必須，「数Ⅱ・数B」・簿・情から1 ⑥⑦理(100×2)▶物・化・生・地学から2

※合計900点満点を50点満点に換算。

［個別学力検査(150)］ 6科目 ①調査書(20) ②個人評価書(20) ③自己推薦書(20) ④諸活動の記録(20) ⑤コンピテンシー評価書(20) ⑥面接(50〈第1次選考の合計点の1/5を含む〉)

※第1次選考―調査書，個人評価書，自己推薦書，諸活動の記録，コンピテンシー評価書，

第２次選考―面接，共通テストの成績を総合して判定。

歯学部

前期 ［共通テスト(300)］ 7科目 ①国(80) ②外(60・英〈R30＋L30〉)▶英・独・仏・中・韓から１ ③地歴・公民(40)▶世Ｂ・日Ｂ・地理Ｂ・「倫・政経」から１ ④⑤数(30×2)▶「数Ⅰ・数Ａ」必須，「数Ⅱ・数Ｂ」・簿・情から１ ⑥⑦理(30×2)▶物・化・生・地学から２
［個別学力検査(525)］ 5科目 ①外(150)▶「コミュ英Ⅰ・コミュ英Ⅱ・コミュ英Ⅲ・英表Ⅰ・英表Ⅱ」・独・仏・中から１ ②数(150)▶数Ⅰ・数Ⅱ・数Ⅲ・数Ａ・数Ｂ ③④理(75×2)▶「物基・物」・「化基・化」・「生基・生」から２ ⑤面接(75)
フロンティア入試Ⅰ ［共通テスト(900)］ 7科目 ①国(200) ②外(200・英〈R100＋L100〉)▶英・独・仏・中・韓から１ ③地歴・公民(100)▶世Ｂ・日Ｂ・地理Ｂ・「倫・政経」から１ ④⑤数(100×2)▶「数Ⅰ・数Ａ」必須，「数Ⅱ・数Ｂ」・簿・情から１ ⑥⑦理(100×2)▶物・化・生・地学から２
［個別学力検査(200)］ 4科目 ①調査書(20) ②コンピテンシー評価書(80) ③課題論文(50) ④面接(50)
※第１次選考―調査書，コンピテンシー評価書，第２次選考―課題論文，面接，共通テストの成績(670点以上)を総合して判定。

薬学部

後期 ［共通テスト(450)］ 7科目 ①国(100) ②外(100・英〈R50＋L50〉)▶英・独・仏・中・韓から１ ③地歴・公民(50)▶世Ｂ・日Ｂ・地理Ｂ・「倫・政経」から１ ④⑤数(50×2)▶「数Ⅰ・数Ａ」必須，「数Ⅱ・数Ｂ」・簿・情から１ ⑥⑦理(50×2)▶物・化・生・地学から２
［個別学力検査(300)］ 2科目 ①②理(150×2)▶「物基・物」・「化基・化」・「生基・生」から２

工学部

後期 ［共通テスト(450)］ 7科目 ①国(100) ②外(100・英〈R50＋L50〉)▶英・独・仏・中・韓から１ ③地歴・公民(50)▶世Ｂ・日Ｂ・地理Ｂ・「倫・政経」から１ ④⑤数(50×2)▶「数Ⅰ・数Ａ」必須，「数Ⅱ・数Ｂ」・簿・情から１ ⑥⑦理(50×2)▶物・化・生・地学から２
［個別学力検査(300)］ 2科目 ①数(150)▶数Ⅰ・数Ⅱ・数Ⅲ・数Ａ・数Ｂ ②理(150)▶「物基・物」・「化基・化」・「生基・生」から１，ただし情報エレクトロニクス学科と機械知能工学科は「物基・物」必須，環境社会工学科は「生基・生」の選択不可
フロンティア入試Ⅰ 【応用理工系学科〈応用マテリアル工学コース〉】［共通テスト(800)］ 5科目 ①外(200・英〈R100＋L100〉)▶英・独・仏・中・韓から１ ②③数(100×2)▶「数Ⅰ・数Ａ」必須，「数Ⅱ・数Ｂ」・簿・情から１ ④⑤理(200×2)▶物・化・「生・地学から１」から２
［個別学力検査(150)］ 3科目 ①調査書(60) ②コンピテンシー評価書・自己推薦書・諸活動の記録(40) ③課題論文・面接(50)
※第１次選考―調査書，コンピテンシー評価書，自己推薦書，諸活動の記録，第２次選考―課題論文，面接，共通テストの成績(520点以上，また数学および理科の物理または化学のいずれか得点が高い方の２教科の合計400点満点を50点満点に換算して利用)を総合して判定。
【環境社会工学科〈社会基盤学コース〉】［共通テスト(300)］ 3科目 ①②数(100×2)▶「数Ⅰ・数Ａ」・「数Ⅱ・数Ｂ」 ③理(100)▶物
［個別学力検査(200)］ 4科目 ①調査書(50) ②コンピテンシー評価書・自己推薦書・英語能力・諸活動の記録(50) ③課題論文(50) ④面接(50)
※第１次選考―調査書，コンピテンシー評価書，自己推薦書，英語能力，諸活動の記録，第２次選考―課題論文，面接，共通テストの成績(225点以上)を総合して判定。
フロンティア入試Ⅱ 【応用理工系学科〈応用物理工学コース〉】［共通テスト］課さない。
［個別学力検査(600)］ 4科目 ①調査書(90) ②自己推薦書(10) ③適性試験(共通〈数100〉＋選択〈数100＋物250〉)▶「数Ⅰ・数Ⅱ・数Ⅲ・数Ａ・数Ｂ」・「物基・物(力学・波動・熱・電磁気〈電磁誘導は除く〉)」 ④面接(50)

※第１次選考―調査書，自己推薦書，第２次選考―適性試験，面接の結果を総合して判定。
【機械知能工学科】［共通テスト］課さない。
［個別学力検査(750)］ **4**科目 ①**調査書・個人評価書**(70) ②**自己推薦書**(30) ③**適性試験**(共通〈数150〉＋選択〈数100＋物150＋化50〉)▶「数Ⅰ・数Ⅱ・数Ⅲ・数Ａ・数Ｂ」・「物基・物(力学・波動・熱・電磁気〈電磁誘導は除く〉)」・「化基・化」 ④**面接**(200)
※第１次選考―調査書，個人評価書，自己推薦書，第２次選考―適性試験，面接の結果を総合して判定。
【環境社会工学科〈環境工学コース〉】［共通テスト］課さない。
［個別学力検査(750)］ **4**科目 ①**調査書・個人評価書**(60) ②**自己推薦書**(40) ③**適性試験**(共通〈数150〉＋選択300〈数200＋理100または数100＋理200〉)▶「数Ⅰ・数Ⅱ・数Ⅲ・数Ａ・数Ｂ」・「物基・物(力学・波動・熱・電磁気〈電磁誘導は除く〉)」・「化基・化」 ④**面接**(200)
※第１次選考―調査書，個人評価書，自己推薦書，第２次選考―適性試験，面接の結果を総合して判定。

農学部

後期 **［共通テスト(450)］** **7**科目 ①国(100) ②**外**(100・英〈R50＋L50〉)▶英・独・仏・中・韓から１ ③**地歴・公民**(50)▶世Ｂ・日Ｂ・地理Ｂ・「倫・政経」から１ ④⑤**数**(50×2)▶「数Ⅰ・数Ａ」必須，「数Ⅱ・数Ｂ」・簿・情から１ ⑥⑦**理**(50×2)▶物・化・生・地学から２
［個別学力検査(300)］ **2**科目 ①②**理**(150×2)▶「物基・物」・「化基・化」・「生基・生」・「地学基・地学」から２

獣医学部

前期 **［共通テスト(300)］** **7**科目 ①国(80) ②**外**(60・英〈R30＋L30〉)▶英・独・仏・中・韓から１ ③**地歴・公民**(40)▶世Ｂ・日Ｂ・地理Ｂ・「倫・政経」から１ ④⑤**数**(30×2)▶「数Ⅰ・数Ａ」必須，「数Ⅱ・数Ｂ」・簿・情から１ ⑥⑦**理**(30×2)▶物・化・生・地学から２
［個別学力検査(450)］ **4**科目 ①**外**(150)▶「コミュ英Ⅰ・コミュ英Ⅱ・コミュ英Ⅲ・英表Ⅰ・英表Ⅱ」・独・仏・中から１ ②**数**(150)▶数Ⅰ・数Ⅱ・数Ⅲ・数Ａ・数Ｂ ③④**理**(75×2)▶「物基・物」・「化基・化」・「生基・生」から２
後期 **［共通テスト(450)］** **7**科目 ①国(100) ②**外**(100・英〈R50＋L50〉)▶英・独・仏・中・韓から１ ③**地歴・公民**(50)▶世Ｂ・日Ｂ・地理Ｂ・「倫・政経」から１ ④⑤**数**(50×2)▶「数Ⅰ・数Ａ」必須，「数Ⅱ・数Ｂ」・簿・情から１ ⑥⑦**理**(50×2)▶物・化・生・地学から２
［個別学力検査(500)］ **3**科目 ①②**理**(150×2)▶「物基・物」・「化基・化」・「生基・生」から２ ③**面接**(200)

水産学部

前期 **［共通テスト(300)］** **7**科目 ①国(80) ②**外**(60・英〈R30＋L30〉)▶英・独・仏・中・韓から１ ③**地歴・公民**(40)▶世Ｂ・日Ｂ・地理Ｂ・「倫・政経」から１ ④⑤**数**(30×2)▶「数Ⅰ・数Ａ」必須，「数Ⅱ・数Ｂ」・簿・情から１ ⑥⑦**理**(30×2)▶物・化・生・地学から２
［個別学力検査(450)］ **4**科目 ①**外**(150)▶「コミュ英Ⅰ・コミュ英Ⅱ・コミュ英Ⅲ・英表Ⅰ・英表Ⅱ」・独・仏・中から１ ②**数**(150)▶数Ⅰ・数Ⅱ・数Ⅲ・数Ａ・数Ｂ ③④**理**(75×2)▶「物基・物」・「化基・化」・「生基・生」・「地学基・地学」から２
後期 **［共通テスト(450)］** **7**科目 ①国(100) ②**外**(100・英〈R50＋L50〉)▶英・独・仏・中・韓から１ ③**地歴・公民**(50)▶世Ｂ・日Ｂ・地理Ｂ・「倫・政経」から１ ④⑤**数**(50×2)▶「数Ⅰ・数Ａ」必須，「数Ⅱ・数Ｂ」・簿・情から１ ⑥⑦**理**(50×2)▶物・化・生・地学から２
［個別学力検査(300)］ **2**科目 ①②**理**(150×2)▶「物基・物」・「化基・化」・「生基・生」・「地学基・地学」から２
フロンティア入試Ⅰ **［共通テスト(400)］** **4**科目 ①**外**(R100)▶英 ②③④**数・理**(100×3)▶「数Ⅰ・数Ａ」・「数Ⅱ・数Ｂ」・物・化・生・地学から３
［個別学力検査(200)］ **3**科目 ①**調査書・個人評価書・コンピテンシー評価書**(50) ②**自己推薦書・諸活動の記録**(50) ③**面接**(100)
※第１次選考―調査書，個人評価書，コンピテンシー評価書，自己推薦書，諸活動の記録，第２次選考―面接，共通テストの成績(280

点以上）を総合して判定。

その他の選抜

帰国子女入試，私費外国人留学生入試。

偏差値データ（2023年度）

●一般選抜

＊共通テスト・個別計/満点

学部／学科・課程／コース	2023年度 駿台予備学校 合格目標ライン	河合塾 ボーダー得点率	河合塾 ランク偏差値	2022年度実績 募集人員	受験者数	合格者数	合格最低点＊	競争率 '22年	'21年
●前期									
総合入試									
文系	58	74%	62.5	95	343	104	490.8/750	3.3	2.9
理系［数学重点選抜群］	54	70%	57.5	125	401	130	452.37/750	3.1	3.6
［物理重点選抜群］	55	71%	57.5	225	576	231	481.6/750	2.5	2.3
［化学重点選抜群］	56	71%	57.5	226	591	235	471.1/750	2.5	2.2
［生物重点選抜群］	55	71%	57.5	169	434	173	445.5/750	2.5	2.3
［総合科学選抜群］	55	72%	57.5	239	667	250	488.35/750	2.7	2.1
文学部									
	58	75%	62.5	118	359	121	493.3/750	3.0	2.8
教育学部									
	54	73%	60	20	55	19	502.5/750	2.9	3.3
法学部									
	55	72%	60	140	313	145	480.6/750	2.2	2.4
経済学部									
	55	73%	60	140	341	145	474.6/750	2.4	2.2
医学部									
医	68	82%	65	92	300	98	626.45/825	3.1	3.1
保健／看護学	51	62%	50	60	125	68	391.3/750	1.8	1.7
／放射線技術学	54	67%	52.5	28	68	35	425.85/750	1.9	2.6
／検査技術学	53	65%	52.5	25	65	36	391.75/750	1.8	2.4
／理学療法学	54	66%	52.5	13	45	18	406.15/750	2.5	1.9
／作業療法学	51	60%	50	10	28	19	377.95/750	1.5	1.8
歯学部									
	58	68%	55	38	128	43	487.1/825	3.0	1.9
獣医学部									
	64	81%	65	20	84	22	555/750	3.8	3.9
水産学部									
	51	70%	55	105	315	118	423/750	2.7	2.3
●後期									
文学部									
	60	77%	—	37	121	49	353.8/500	2.5	2.4
教育学部									
	56	75%	—	10	42	14	408.7/600	3.0	3.3

学部／学科・課程／コース	2023年度 駿台予備学校 合格目標ライン	2023年度 河合塾 ボーダー得点率	2023年度 河合塾 ランク偏差値	2022年度実績 募集人員	受験者数	合格者数	合格最低点*	競争率 '22年	競争率 '21年
法学部									
	57	75%	—	40	139	49	447.7/680	2.8	2.9
経済学部									
	56	75%	—	20	102	25	365.5/500	4.1	1.4
理学部									
数	62	79%	65	10	44	12	非開示/600	3.7	3.2
物理	61	82%	62.5	3	39	8	非開示/600	4.9	2.5
化	60	75%	60	20	66	26	458.3/600	2.5	2.1
生物科／生物学	59	76%	62.5	10	51	13	443.7/600	3.9	3.0
／高分子機能学	59	76%	65	2	9	2	非開示/600	4.5	2.8
地球惑星科	58	83%	62.5	5	29	6	非開示/600	4.8	2.5
薬学部									
	60	79%	62.5	24	146	32	564/750	4.6	2.2
工学部									
応用理工系	59	75%	57.5	29	110	43	514.5/750	2.6	1.3
情報エレクトロニクス	60	76%	57.5	38	113	48	528.5/750	2.4	2.9
機械知能工	60	79%	60	25	114	29	528.5/750	3.9	1.8
環境社会工	59	75%	57.5	47	160	59	494.5/750	2.7	1.7
農学部									
	61	77%	60	53	152	67	536.5/750	2.3	1.8
獣医学部									
	54	82%	65	15	67	14	757/950	4.8	2.5
水産学部									
	64	72%	57.5	50	178	61	506/750	2.9	2.1

- 駿台予備学校合格目標ラインは合格可能性80%に相当する駿台模試の偏差値です。 ●競争率は受験者÷合格者の実質倍率
- 河合塾ボーダー得点率は合格可能性50%に相当する共通テストの得点率です。
  また，ボーダー偏差値は合格可能性50%に相当する河合塾全統模試の偏差値です。
- 合格者10人以下。合格最低点は非開示

※合格最低点は傾斜配点後の点数です。

併設の教育機関 大学院

文学院

院生数▶391名　※文学研究科を含む

修士課程 ●人文学専攻　哲学宗教学，歴史学，文化多様性論，表現文化論，言語科学，スラブ・ユーラシア学，アイヌ・先住民学の7講座。多様な分野を網羅し，人文学を総合的かつ領域横断的に学修できる柔軟なカリキュラムとなっている。

●人間科学専攻　心理学，行動科学，社会学，地域科学の4講座。科学的アプローチに基づく人間科学研究の国際的拠点を生かした学びができる。

博士後期課程 人文学専攻，人間科学専攻

法学研究科

院生数▶166名

修士課程 ●法学政治学専攻　高等教育・企業法務・ジャーナリズムなどにおいて知的

職業人を志す者に，法学･政治学における「複眼的専門知」の修得へと導く。

専門職学位課程 ●**法律実務専攻（法科大学院）** 3年課程と2年課程がある。実務法曹を養成する。研究者・教員のほか裁判官，検察官，弁護士など，現場で活躍している法曹も授業を担当する。

博士後期課程 法学政治学専攻

経済学院

院生数▶143名　※経済学研究科を含む

修士課程 ●**現代経済経営専攻**　グローバル化と情報化により多様化する現代の経済・経営現象を，経済理論・制度論・歴史分析，情報技術活用などにより多面的に考察。博士コースと経済政策，経営管理（MBA）の2つの専修コースがある。

専門職学位課程 ●**会計情報専攻（会計専門職大学院）** 国際会計基準（IAS/IFRS）や情報技術を積極的に活用し，高度な専門性，幅広い視野，高い倫理観を備えた会計スペシャリストを育成する。

博士後期課程 現代経済経営専攻

医学院

院生数▶510名　※医学研究科を含む

修士課程 ●**医科学専攻**　医学以外の多様な知識を持つ人材に，医科学や社会医学を教育すべくすべての大学･学部の卒業生に門戸を開いている。医療関連領域の高度専門職業人を育成する「医科学コース」に加え，公衆衛生上の諸課題に対し，幅広い知識と高い技能を持って活躍する人材を育成する「公衆衛生学（2年）コース」，一定の実務経験者を対象に「公衆衛生学（1年）コース」がある。

4年制博士課程 ●**医学専攻**　将来の医学・生命科学領域研究者・教育者を養成する「基盤医学コース」，優れた臨床技術と研究能力を備えた臨床医などを養成する「臨床医学コース」，社会医学・予防医学的視点から地域や国際レベルの健康・安全へのニーズに応える人材を育成する「社会医学コース」の3コースを設定。

歯学院

院生数▶144名　※歯学研究科を含む

4年制博士課程 ●**口腔医学専攻**　歯学・口腔医学の研究者・教育者を養成する「基盤系口腔医学コース」と，研究マインドを持った高度な技術を有する専門医を養成する「先端臨床系口腔医学コース」がある。社会人入試を行い，地域社会に広く門戸を開く。

獣医学院

院生数▶51名　※獣医学研究科を含む

4年制博士課程 ●**獣医学専攻**　古くは世界で初めて人工癌発生に成功した市川厚一博士の研究から，最近ではケミカルハザード対策専門家養成コースの設置など，獣医学教育研究の中心的役割を果たしている。

情報科学院

院生数▶535名　※情報科学研究科を含む

修士課程 ●**情報科学専攻**　情報理工学，情報エレクトロニクス，生体情報工学，メディアネットワーク，システム情報科学の5コースを設置。これらの領域に広がる情報科学に関する基礎分野と専門分野における高度な知識を修得し，新しい知識の創造ができ，優れた実践力と研究開発力を持って国際的に活躍するイノベーションリーダー人材を育成する。

博士後期課程 情報科学専攻

水産科学院

院生数▶293名

修士課程 ●**海洋生物資源科学専攻**　水産生物資源・生産環境に関するフィールドサイエンスと，生産し活用するためのインダストリアルサイエンスにおいて，卓越した研究能力と専門知識・技術を有する人材を育成。

●**海洋応用生命科学専攻**　海洋生物の生命機能の調節，生体機能の制御に関する原理，原則を分子，細胞，個体のレベルで解明し，増養殖，水産資源の持続的利用，食品機能開発，新規有用物質の利用などに応用する。
博士後期課程 海洋生物資源科学専攻，海洋応用生命科学専攻

環境科学院

院生数▶518名
修士課程 ●**環境起学専攻**　環境科学を新しい学問体系として起こす。あらゆる環境問題解決に向け，複数の学問領域を統合。
●**地球圏科学専攻**　「生物地球化学」「大気海洋物理学・気候力学」「雪氷・寒冷圏科学」の３コースからなる。地球温暖化などの課題に取り組む。
●**生物圏科学専攻**　陸域から海洋まで，分子・細胞レベルから群集レベルまで，「日本最大のフィールドサイエンスの拠点で」生態系のメカニズム解明をめざす。
●**環境物質科学専攻**　「化学」物質の分布や作用の調査，環境修復・保全のための新手法を研究し，「化学」の見地から環境問題の解決をめざす。
博士後期課程 環境起学専攻，地球圏科学専攻，生物圏科学専攻，環境物質科学専攻

理学院

院生数▶412名
修士課程 ●**数学専攻**　純粋数学から応用数学にわたる幅広い分野で最先端の数学を高いレベルで身につけた国際的な人材を育成。
●**物性物理学専攻**　量子機能物質や凝縮系物質を主な対象に，実践的研究活動を行う。物性物理学の概念や物質観を身につけ，独創的発想や論理展開のできる人材育成をめざす。
●**宇宙理学専攻**　宇宙創成から生命誕生に至る諸過程の解明に取り組む。
●**自然史科学専攻**　地球や生物多様性を包括的に理解できる研究者および科学的成果の実像を伝えられる教養人の養成をめざす。
博士後期課程 数学専攻，物性物理学専攻，宇宙理学専攻，自然史科学専攻

農学院

院生数▶501名
修士課程 ●**農学専攻**　「生物圏に立脚した生存基盤の確立を通して人類の持続的繁栄に貢献する」ことを目標に食料生産，環境，食品製造・流通・利用，それらを支える基礎生物科学を対象に基盤科学から実用技術化までの幅広い研究を展開。生産フロンティア，生命フロンティア，環境フロンティアの３コース体制で，より俯瞰的かつ多面的な教育研究を推進し，境界領域の充実と新領域の創成に挑戦する。
博士後期課程 農学専攻

生命科学院

院生数▶431名
修士課程 ●**生命科学専攻**　生体分子の構造と機能を理解する「生命融合科学」，各種生命現象の共通原理と多様性を学ぶ「生命システム科学」，創薬・医療分野への応用展開について思考する「生命医薬科学」の３コース編成。
●**ソフトマター専攻**　生体分子からマテリアル応用まで次世代の生命科学を切り開く国際的人材を養成。
４年制博士課程 ●**臨床薬学専攻**　医薬品および医薬情報管理に必要な高度な臨床薬学の知識と技術を習得するとともに，医療現場における臨床的課題を見つけ，調査・研究により論理的に解決する能力を有する人材の育成をめざす。
博士後期課程 生命科学専攻，ソフトマター専攻

教育学院

院生数▶210名
修士課程 ●**教育学専攻**　教育学専修コースと臨床心理学専修コースがある。学校教育論，生涯学習論，教育社会論，教育心理学，臨床心理学，健康教育論，身体教育論，多元文化教育論の８講座。
博士後期課程 教育学専攻

国際広報メディア・観光学院

院生数▶185名

修士課程 ●**国際広報メディア・観光学専攻** 国際広報メディア研究と観光創造研究の２コース体制を採用しつつ，これらのコースの融合を担保して，高度化と多言語化が進んだ情報メディア環境とグローバル化と多文化化が進んだ社会状況のもとで複雑化する問題群を解決できる「観光メディア人材」を育成。

博士後期課程 **国際広報メディア・観光学専攻**

保健科学院

院生数▶164名

修士課程 ●**保健科学専攻** 最新の知識・医療技術を修得した高度医療専門職・教育者・研究者を養成。「保健科学コース」は診療放射線技師，臨床検査技師，理学療法士，作業療法士などの医療技術者，「看護学コース」は看護師，保健師，助産師に対する人材育成を図る。

博士後期課程 **保健科学専攻**

工学院

院生数▶987名

修士課程 ●**応用物理学専攻** 物質中における光・音波・電子間の相互作用を極限技術を駆使して解明・制御する研究を行う。

●**材料科学専攻** 材料数理学による材料設計，ナノからマクロまでの材料製造法，環境システムとしてのエコプロセス，新規機能材料としての環境調和材料やエネルギー材料に至るまでの先端材料科学の専門教育を行う。

●**機械宇宙工学専攻** 機械知能工学に関する基礎的知識の上に，宇宙工学および先端機械工学に関する諸科目を修得。

●**人間機械システムデザイン専攻** 人間の行動・生活・健康を支援し，その自由度を最大限発揮させる人間機械システムの研究開発。

●**エネルギー環境システム専攻** 機械知能工学に関する基礎的知識の上に，エネルギーシステム工学や原子力工学など，エネルギーの高度利用技術の研究に取り組む。

●**量子理工学専攻** 量子ビームおよびプラズマを応用するナノ材料に関する理工学の体系的な教育・研究を行う。

●**環境フィールド工学専攻** 環境や災害に関わる諸問題の実態とその現象を把握するための各種野外調査，広域計測・評価，動態解析・数値シミュレーションなどの技術を学ぶ。

●**北方圏環境政策工学専攻** 北方圏における安全・快適な空間と環境の創生のため，システム工学的・社会経済的な手法を用いて課題の解明に取り組む。

●**建築都市空間デザイン専攻** 人間的で持続的な生活環境の実現へ向け，新しい建築都市空間の計画・デザインに関する「観・論・術」の開発をめざす。

●**空間性能システム専攻** 建築空間や地域空間に関わる問題提起・問題解決・計画などの能力を身につけ，環境共生に基づいた高度な思索能力を育成する。

●**環境創生工学専攻** 環境を保全し，水・大気・物質（廃棄物）の健全な循環と代謝，安全かつ快適な生活環境を創造し，持続型社会システムを構築する研究に取り組む。

●**環境循環システム専攻** 開発生産からリサイクル・廃棄処分まで，資源循環システムの専門性を持った技術者・研究者を育成する。

●**共同資源工学専攻** 九州大学との共同課程。両校のリソースを最大活用し，資源工学の専門知識に加え，俯瞰力，マネージメント・デザイン力，国際性を備えた人材を育成する。

博士後期課程 **応用物理学専攻，材料科学専攻，機械宇宙工学専攻，人間機械システムデザイン専攻，エネルギー環境システム専攻，量子理工学専攻，環境フィールド工学専攻，北方圏環境政策工学専攻，建築都市空間デザイン専攻，空間性能システム専攻，環境創生工学専攻，環境循環システム専攻，共同資源工学専攻**

総合化学院

院生数▶469名

修士課程 ●**総合化学専攻** 分子化学，物質化学，生物化学の３コースを設置。理学・

工学双方の立場から化学を俯瞰し，化学分野の素養を身につけ，国際化，科学技術の高度化・学際化などに対応できる人材を育成する。
博士後期課程 総合化学専攻

公共政策学教育部

院生数▶73名
専門職学位課程 ●**公共政策学専攻（公共政策大学院）** 法学研究科，経済学院，工学院と連携し，時代の最先端を担う政策プロフェッショナルを育成する。

医理工学院

院生数▶40名
修士課程 ●**医理工学専攻** 量子医理工学と分子医理工学の２コースを設置。医学，工学，保健学，生物学，理学関係などの異分野を融合した学修体制で研究開発における国際的人材育成を行う。
博士後期課程 医理工学専攻

国際感染症学院

院生数▶44名
４年制博士課程 ●**感染症学専攻** 感染症学に関する広い視野，柔軟な発想力および総合的な判断力を養い，感染症学の発展と感染症の制圧に寄与できる人材を育成する。

国際食資源学院

院生数▶50名
修士課程 ●**国際食資源学専攻** 地球規模で拡大するさまざまな食資源問題に対し，具体的な解決策を提示し実践できる国際的リーダーとなる人材を育成する。
博士後期課程 国際食資源学専攻

弘前大学

資料請求

問合せ先 学務部入試課　☎0172-39-3122，3123

大学の理念

弘前高等学校・青森師範学校・青森青年師範学校・青森医学専門学校・弘前医科大学を母体に1949年に新制大学として発足した。理念は「広く知識を授け，深く専門の学芸を教授研究し，知的，道徳的及び応用的能力を展開させ，人類文化に貢献しうる教養見識を備えた人格者の育成」。人文社会科，教育，医，理工，農学生命科の５学部からなる総合大学。大学のスローガンである「世界に発信し，地域とともに創造する」を具現化すべく，イノベーションに貢献する理工学系・農学系人材の育成強化，教員養成の質的充実，大学院教育・研究の充実などにおいて，不断の改革を実行し，選ばれる地方大学をめざして前進を続けている。キャンパスは「お城とさくらとりんごのまち」弘前市中心部にあり，６つの大学を擁する学園都市にはアカデミックな雰囲気が溢れている。

- 文京町キャンパス…〒036-8560　青森県弘前市文京町
- 本町キャンパス……〒036-8562　青森県弘前市本町

基本データ

学生数▶5,979名（男3,355名，女2,624名）
専任教員数▶教授220名，准教授201名，講師79名
設置学部▶人文社会科，教育，医，理工，農学生命科
併設教育機関▶大学院―保健学・理工学（以上M・D），教育学（P），人文社会科学・地域共創科学・農学生命科学（以上M），医学・地域社会・岩手大学大学院連合農学（以上D）

就職・卒業後の進路

就職率 **98.1**%
就職者÷希望者×100

●**就職支援**　キャリア指導の経験・実績を積んできた専任スタッフが，時間をかけ，対話しながら適切なアドバイスに努めることをモットーに，学生一人ひとりの相談や問い合わせに応える。模擬面接やエントリーシートの書き方なども実践的な指導はもちろん，キャリア教育，ガイダンス，企業説明会など多岐にわたる支援を行っている。

●**資格取得支援**　教職支援室を設置し，教職アドバイザーが小論文や願書，自己PRの添削をはじめ，個人・集団面接，グループディスカッションなど二次試験対策までサポート。

進路指導者も必見 学生を伸ばす 面倒見

初年次教育
レポート・論文の書き方，プレゼン技法，情報収集や資料整理の方法などを習得する「基礎ゼミナール」や論理的思考や問題発見・解決能力の向上を図る「地域学ゼミナール」のほか，「データサイエンス基礎」を開講

学修サポート
TA制度，オフィスアワー制度のほか，医（医）・理工・農学生命科学部で教員１人が学生約10人を担当する教員アドバイザー制度を導入。また，学習面の相談に応じる学生修学支援室や理工学部学生教育相談室を設置

オープンキャンパス（2022年度実績）　8月に現地対面方式・Web対話方式で開催（事前申込制）。模擬講義や学部紹介，各種相談会など。オープンキャンパスで使用した動画はHPでその後も公開。

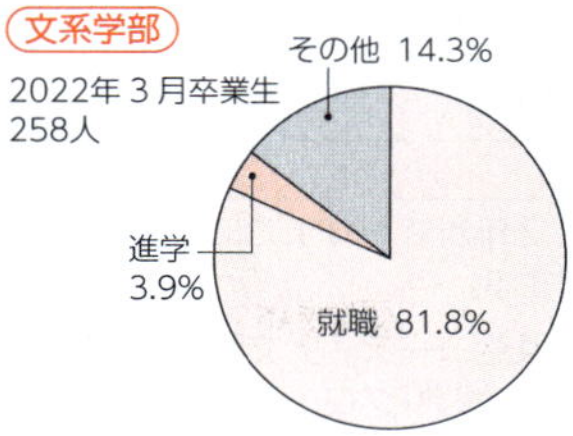

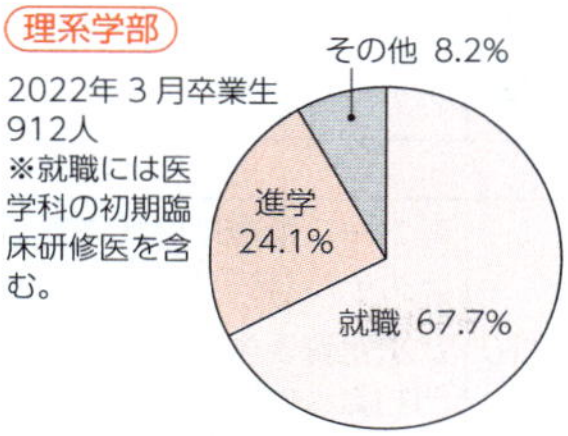

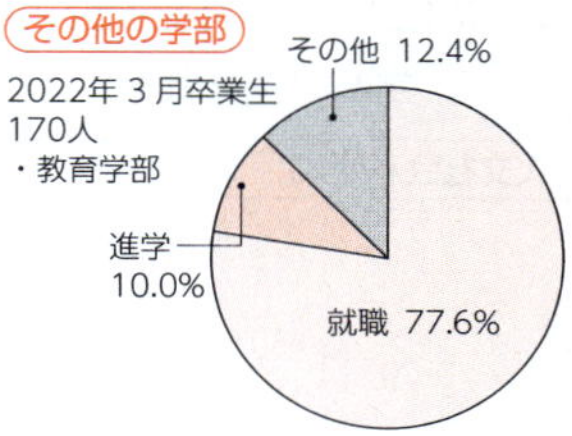

主なOB・OG ▶ [人文]櫻田宏(弘前市長)，[教育]木野花(女優・演出家)，[人文]安彦良和(漫画家・アニメーター)，[旧農学]前野ウルド浩太郎(昆虫学者)など。

国際化・留学　大学間 54 大学等・部局間 41 大学等

受入れ留学生数 ▶ 70名（2022年５月１日現在）

留学生の出身国・地域 ▶ 中国，イタリア，台湾，マレーシア，韓国，タイなど。

外国人専任教員 ▶ 教授５名，准教授７名，講師２名（2022年９月１日現在）

外国人専任教員の出身国 ▶ 韓国，中国，アメリカ，イギリス，タイなど。

大学間交流協定 ▶ 54大学・機関（交換留学先45大学，2022年５月１日現在）

部局間交流協定 ▶ 41大学・機関（交換留学先２大学，2022年５月１日現在）

海外への留学生数 ▶ 渡航型１名・オンライン型68名／年（９カ国・地域，2021年度）

海外留学制度 ▶ 国際連携本部サポートオフィスが留学支援を行っている。協定校への交換留学は原則１年以内，学部により単位互換ができ，研修料・授業料が，不徴収となる。また，長期休暇を利用した語学研修や海外研修プログラム，短期海外研修および英語による修了報告などを必修とするグローバル人材育成プログラム「HIROSAKIはやぶさカレッジ」を実施。給付型や貸与型の奨学金制度も用意されている。また，ダブリンシティ大学一般英語やニューヨーク大学秋期講座など，オンラインプログラムも充実。

学費・奨学金制度　給付型奨学金総額 年間 680 万円

入学金 ▶ 282,000円

年間授業料(施設費等を除く) ▶ 535,800円

年間奨学金総額 ▶ 6,800,000円

年間奨学金受給者数 ▶ 48名

主な奨学金制度 ▶ 修学支援を目的に20万円を給付する「岩谷元彰弘前大学育英基金」や，成績優秀かつ経済的な支援を要する青森県内出身者を対象に25万円を給付する「トヨペット未来の青森県応援事業奨学金」などを設置。このほか授業料免除制度があり，2021年度には延べ20人を対象に総額で約518万円を減免している。

保護者向けインフォメーション

- **成績確認**　成績表を保護者に郵送している。
- **懇談会**　各学部で保護者懇談会を開催。
- **防災対策**　「地震・火災・盗難・感染症マニュアル」をHPに掲載。学生が被災した際の安否を確認する「安否確認システム」を導入。
- **コロナ対策１**　ワクチンの職域接種を実施。感染状況に応じたBCP（行動指針）を設定。「コロナ対策２」（下段）あり。

インターンシップ科目	必修専門ゼミ	卒業論文	GPA制度の導入の有無および活用例	１年以内の退学率	標準年限での卒業率
人文社会科・教育・農学生命科学部で開講	人文社会・理工３・４年次，教育１年次，農学生命科１・３・４年次に実施	医学部医学科を除き卒業要件	奨学金等対象者の選定基準，留学候補者の選考のほか，一部の学部で個別の学修指導，大学院入試選抜基準，履修上限単位数の設定に活用	0.7%	89.2%（４年制）83.9%（６年制）

● **コロナ対策２**　オンライン授業を併用し，情報基盤センター実習室を開放。大学入口で検温と消毒を実施し，講義室の収容人数を調整。学生への経済的支援として，生活支援奨学金，100円昼食・夕食などを実施。

学部紹介

学部／学科・課程	定員	特色
人文社会科学部		
		▶コース所属は２年次から。２年次終わりまでに所属するゼミナール（約70）を選択・決定する。
文化創生	110	▷文化資源学コース，多文化共生コース。人文科学分野の専門知識・技能を学び，地域の文化振興・グローバル化の推進に寄与する人材を育成する。
社会経営	155	▷経済法律コース，企業戦略コース，地域行動コース。社会科学分野の専門知識・技能を学び，現実の課題解決に役立つ実践力を身につける。
● 取得可能な資格…教職（国・地歴・公・社・商業・英），学芸員。 ● 進路状況…………就職81.8％　進学3.9％ ● 主な就職先………国土交通省，青森県職員，北海道職員，弘前市職員，青森市職員，青森県警察，青森銀行，青森商事，紅谷商事，吉岡経営センターなど。		
教育学部		
学校教育教員養成	140	▷初等中等教育専攻（小学校コース80名，中学校コース〈国語７名，社会７名，数学７名，理科７名，音楽３名，美術３名，保健体育５名，技術３名，家庭科３名，英語５名〉），特別支援教育専攻10名。「教わる側」から「教える側」へ「専門力の充実」と「実践力の強化」から段階的にサポートし，地域から期待される教員を養成する。
養護教諭養成	20	▷専門職としての社会的責任を自覚し，その活動に必要な研究・研修を自ら進んで行える養護教諭を育成する。
● 取得可能な資格…教職（国・地歴・公・社・数・理・音・美・保体・技・家・工業・英・保，小一種，幼一種，特別支援，養護一種），学芸員など。 ● 進路状況…………就職77.6％　進学10.0％ ● 主な就職先………公立学校教員（青森県，北海道，札幌市，横浜市，埼玉県他），太田学園港南台幼稚園，青森県職員，板柳町職員，青森銀行，富士薬品，ユニバースなど。		
医学部		
医	112	▷１年次から「臨床医学入門」で医療現場に入り患者との接し方を学び，２年次から講義・実習の「基礎医学」科目がスタート。３～４年次には系統ごとの「臨床医学科目」を集中的に履修し，５年次から附属病院で「臨床実習」を行い，６年次後期に総合試験を受け，国家試験に臨む。
保健	200	▷〈看護学専攻80名，放射線技術科学専攻40名，検査技術科学専攻40名，理学療法学専攻20名，作業療法学専攻20名〉医療・保健・福祉の現場で，今日不可欠となったチーム医療を担い・支える医療人を育成する。
心理支援科	10	▷'20年新設。保健医療，教育，福祉，司法・矯正などの各領域で活動する心理支援職としての責任感と倫理観を身につけ，現代における多様なこころの問題を理解し，適切な支援ができる実践力を養う。国家資格「公認心理師」の取得に向けた大学院進学も想定している。

 キャンパスアクセス ［文京町キャンパス］ 弘南鉄道─弘高下より徒歩約５分

● **取得可能な資格**…教職（看），医師・看護師・保健師・助産師・診療放射線技師・臨床検査技師・理学療法士・作業療法士受験資格など。
● **進路状況**…………[医] 初期臨床研修医89.0%　[保健] 就職86.4%　進学8.3%
● **主な就職先**………[保健] 弘前大学医学部附属病院，東北大学病院，八戸市立市民病院，北海道大学病院，手稲渓仁会病院，青森県立病院，青森新都市病院，黒石市職員など。

理工学部

数物科	78	▷数理科学，物質宇宙物理学，応用計算科学の３コース。数学と物理を基軸に数理的および物理的な手法，柔軟な応用力，社会現象を計算科学的に処理できる能力を身につける。
物質創成化	52	▷有機・無機材料創生化学およびエネルギー・機能創成化学の２領域の選択科目が充実，将来のビジョンに沿った科目履修が可能。
地球環境防災	65	▷地球環境や自然災害などについて，多面的かつ柔軟に取り組める人材を育成する。
電子情報工	55	▷電子工学と情報工学の融合と応用をめざし，発展的分野における実践力を身につける。
機械科	80	▷機械工学に立脚し，その枠を超えた先端的な科学・技術の創出，幅広い産業分野に対応できる人材を育成する。２年次後期より知能システム，医用システムの２コースに分属。
自然エネルギー	30	▷人文社会科学や経済学と連携し，グローバルな視点から有効な資源を見極める人材を育成する。

● **取得可能な資格**…教職（数・理・情・工業），学芸員。
● **進路状況**…………就職49.9%　進学42.5%
● **主な就職先**………気象庁，青森県職員，青森市職員，青森県公立学校，北海道開発局，日本原燃，アウトソーシングテクノロジー，メイテック，弘前航空電子など。

農学生命科学部

		▶国内で２校しかない，生物学科のある農学系学部の一つ。近接する領域を広い視野で学べる。コース所属は３年次から。
生物	40	▷基礎生物学コース，生態環境コース。北東北で唯一の生物学科。生物の仕組みおよび生物多様性や自然環境の管理と保全について探求する。
分子生命科	40	▷生命科学コース，応用生命コース。分子・細胞レベルで生命現象を解明し応用の可能性も探る。
食料資源	55	▷食料バイオテクノロジーコース，食品科学コース，食料生産環境コース。バイオテクノロジーを駆使して，環境負荷が少なく安心・安全な食料生産技術および食品の開発を行う。
国際園芸農	50	▷園芸農学コース，食農経済コース。世界で行われている農業生産領域や食と農業をめぐる課題を多面的・総合的・実学的・国際的に把握できる人材を育成。
地域環境工	30	▷農山村環境コース，農業土木コース。工学的な視点で地域づくりと農学的な視点で地域環境の整備・保全を考える。

● **取得可能な資格**…教職（理・農），学芸員，測量士補，技術士補など。
● **進路状況**…………就職64.3%　進学25.7%
● **主な就職先**………青森県職員，北海道職員，青森県警察，札幌市職員，東北農政局，青森県土地改良事業団体連合会，紅谷商事，ユニバース，ホクレン農業協同組合連合会など。

キャンパスアクセス [本町キャンパス] 弘南鉄道―中央弘前より徒歩約7分

キャンパス

人文社会科・教育……［文京町キャンパス］青森県弘前市文京町１
理工・農学生命科……［文京町キャンパス］青森県弘前市文京町３
医（医学科）……………［本町キャンパス］青森県弘前市在府町５
医（保健学科・心理支援科学科）……［本町キャンパス］青森県弘前市本町66-1

2023年度入試要項（前年度実績）

●募集人員

学部／学科・課程（専攻）	前期	後期
▶人文社会科　文化創成	60	15
社会経営	国55/数35	20
▶教育　学校教育教員養成（初等中等教育/小学校）	34	20
（初等中等教育/中学校国語）	7	－
（初等中等教育/中学校社会）	7	－
（初等中等教育/中学校数学）	7	－
（初等中等教育/中学校理科）	7	－
（初等中等教育/中学校技術）	3	－
（初等中等教育/中学校家庭）	3	－
（初等中等教育/中学校英語）	5	－
（特別支援教育）	5	－
養護教諭養成	14	－
▶医　医［青森県定着枠］	20	－
医［一般枠］	50	－
保健（看護学）	50	－
（放射線技術科学）	24	－
（検査技術科学）	24	－
（理学療法学）	12	－
（作業療法学）	12	－
心理支援科	10	－
▶理工　数物科	数19/数理19	数6/理10
物質創成化	26	10
地球環境防災	30	15
電子情報工	29	9
機械科	36	20
自然エネルギー	9	12
▶農学生命科　生物	23	5
分子生命科	20	8
食料資源	28	8
国際園芸農	27	8
地域環境工	16	5

※教育学部学校教育教員養成課程初等中等教育専攻中学校コース音楽専修，美術専修，保健体育専修は総合型選抜Ⅰで募集。
※次のように略しています。国→国語選択，数→数学選択，数理→数学および理科選択，理→理科選択。

● 2段階選抜

医学部医学科で，志願者数が募集人員の8倍を超えた場合に行う。ただし，上記倍率を緩和することがある。

試験科目

デジタルブック »»

偏差値データ（2023年度）

●一般選抜

学部／学科・課程／専攻	2023年度 駿台予備学校 合格目標ライン	2023年度 河合塾 ボーダー得点率	2023年度 河合塾 ボーダー偏差値	'22年度 競争率
●前期				
▶人文社会科学部				
文化創成	47	58%	50	2.0
社会経営［国語選択］	46	56%	47.5	2.3
社会経営［数学選択］	46	56%	47.5	2.8
▶教育学部				
学校／初等中等教育（小学校）	48	56%	50	3.9
（中学校国語）	48	56%	52.5	2.6
（中学校社会）	46	56%	50	1.4
（中学校数学）	47	55%	47.5	1.3
（中学校理科）	48	55%	47.5	2.6
（中学校技術）	46	53%	45	3.8
（中学校家庭）	46	53%	45	2.0
（中学校英語）	49	56%	50	1.4
／特別支援教育	47	53%	47.5	3.5
養護教諭養成	47	55%	47.5	2.0
▶医学部				
医［青森県定着枠］	60	75%	—	4.5
医［一般枠］	60	76%	—	4.3
保健／看護学	44	54%	47.5	3.2
／放射線技術科学	46	60%	52.5	2.9

学部／学科・課程／専攻	2023年度 駿台予備学校 合格目標ライン	2023年度 河合塾 ボーダー得点率	2023年度 河合塾 ボーダー偏差値	'22年度 競争率
／検査技術科学	46	60%	52.5	4.7
／理学療法学	47	58%	50	2.8
／作業療法学	45	54%	50	3.1
心理支援科	47	65%	52.5	2.3
▶理工学部				
数物科［数学選択］	45	54%	47.5	3.2
数物科［数学・理科選択］	45	55%	47.5	2.0
物質創成化	44	52%	45	2.7
地球環境防災	44	54%	45	2.9
電子情報工	45	53%	45	2.2
機械科	44	53%	45	2.4
自然エネルギー	44	53%	45	1.7
▶農学生命科学部				
生物	48	54%	50	2.3
分子生命科	48	55%	50	1.3
食料資源	47	53%	47.5	1.6
国際園芸農	47	53%	47.5	1.8
地域環境工	45	53%	47.5	1.8
●後期				
▶人文社会科学部				
文化創成	48	60%	—	2.9
社会経営	47	61%	—	2.1
▶教育学部				
学校/初等中等教育(小学校)	49	59%	—	4.6
▶理工学部				
数物科［数学選択］	47	63%	50	3.3
数物科［理科選択］	47	64%	50	2.6
物質創成化	46	61%	47.5	2.7
地球環境防災	46	62%	47.5	3.2
電子情報工	47	62%	47.5	4.5
機械科	46	62%	47.5	3.0
自然エネルギー	46	62%	47.5	2.7
▶農学生命科学部				
生物	49	60%	—	4.0
分子生命科	49	61%	—	1.2
食料資源	48	59%	—	1.9
国際園芸農	48	59%	—	2.1
地域環境工	46	59%	—	1.2

- 駿台予備学校合格目標ラインは合格可能性80%に相当する駿台模試の偏差値です。
- 河合塾ボーダー得点率は合格可能性50%に相当する共通テストの得点率です。また，ボーダー偏差値は合格可能性50%に相当する河合塾全統模試の偏差値です。
- 競争率は受験者÷合格者の実質倍率

岩手大学（いわてだいがく）

資料請求

問合せ先 学務部入試課 ☎019-621-6064

大学の理念

「世界がぜんたい幸福にならないうちは個人の幸福はあり得ない」という宮沢賢治の想いを受け継ぎ，誰一人取り残さない持続可能な社会の実現をめざし，予測不能な時代に対応できるレジリエントな人材を育成。教養教育と専門教育の調和を教育の基本とし，有為な人材を社会に輩出するための学問の教授に加え，「地域に関する学修」や学生主体のプログラム「Let's びぎんプロジェクト」「学内カンパニー」など，地域社会との関わりの中で学ぶことを含めた多様な学習環境を整備するとともに，学生が学びたいことが学べる教育カリキュラムを充実し，丁寧できめ細やかな学びのコーディネーションの実現に取り組んでいる。「地域の知の府」そして「知識創造の場」として，存在価値が社会に認められ今後も存在し続けるべく体制を強化している。

● 岩手大学キャンパス…〒020-8550　岩手県盛岡市上田3-18-8

基本データ

学生数▶4,587名（男2,759名，女1,828名）
専任教員数▶教授156名，准教授159名，講師３名
設置学部▶人文社会科，教育，理工，農
併設教育機関▶大学院—総合科学（M），教育学（P），理工学，獣医学，連合農学（以上D）

就職・卒業後の進路

就職率 93.5%（就職者÷希望者×100）

● **就職支援**　学生支援課キャリア支援グループが就職ガイダンスをさまざまなテーマで実施，オンライン就活にも対応している。早い段階からキャリアを意識した大学生活が送れるように低年次向け「ココカラガイダンス」を開催するほか，インターンシップ支援も強化しており，研修先の探し方から申込手続，ビジネスマナー研究，インターンシップ選考対策まで幅広くサポート。また，国家資格を有するキャリアコンサルタントがキャリアに関するあらゆる相談はもちろん，書類添削や面接対策，将来の不安に対する漠然とした悩みなどにも気軽に応じている。

● **資格取得支援**　合格した先輩が学習相談や二次試験対策などを行う公務員試験対策講座のほか，TOEICや教員採用試験対策を開講。

進路指導者も必見 学生を伸ばす 面倒見

初年次教育	学修サポート
学問や大学教育全体に対する動機づけ，レポート・論文の書き方，プレゼン技法を習得する「基礎ゼミナール」，論理的思考や問題発見・解決能力の向上を図る「地域課題演習」のほか，「大学の歴史と現在」「情報基礎」を開講	全学部でTA制度，オフィスアワー制度を導入。さらに学修支援室を設置し，担当スタッフが学修上の相談に応じるほか，レポートの書き方などテーマを決めたゼミを実施

オープンキャンパス（2022年度実績）　８月８日に来場型で「大学に興味を持つ高校生・受験生およびその保護者」と「高等学校等の進路指導教員」を対象に開催（事前申込制）。学部・学科・コース説明，ミニ講義，研究室紹介など。

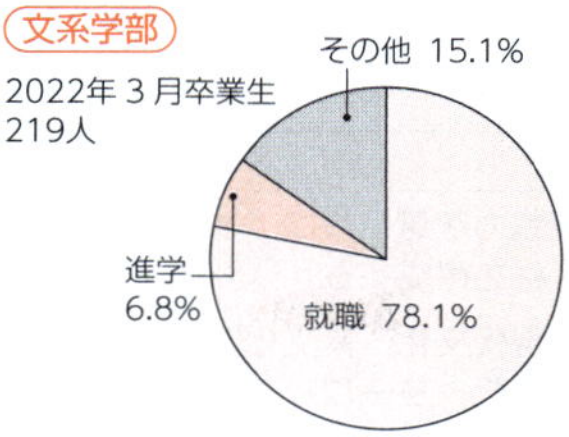

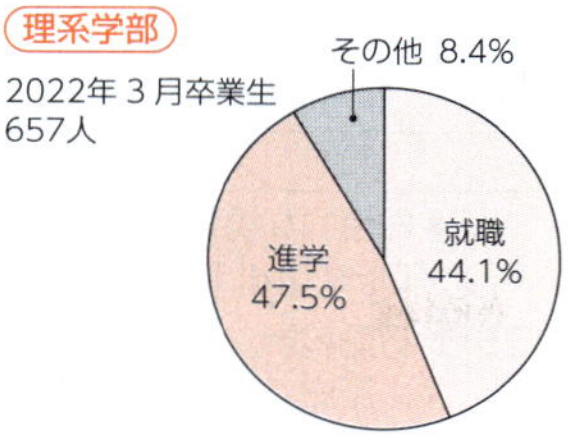

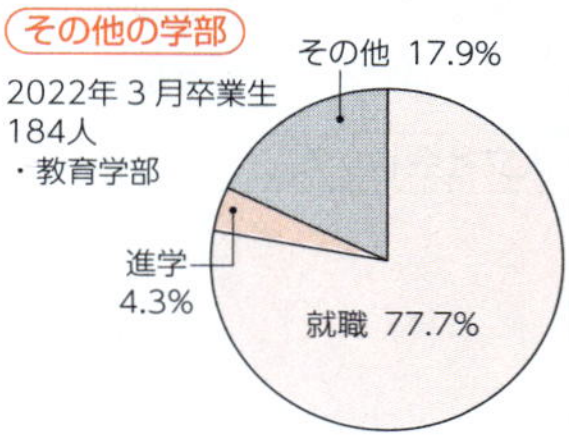

主なOB・OG▶［農］村山元展（農学者・高崎経済大学教授），［旧工］吉澤和弘（NTTドコモ相談役）など。

国際化・留学　大学間 35 大学・部局間 27 大学

受入れ留学生数▶64名（2022年5月1日現在）

留学生の出身国▶中国，韓国，ベトナム，マレーシア，モンゴルなど。

外国人専任教員▶教授２名，准教授８名，講師１名（2022年５月１日現在）

外国人専任教員の出身国▶中国，アメリカ，韓国，イギリス，フランス。

大学間交流協定▶35大学（交換留学先27大学，2022年４月１日現在）

部局間交流協定▶27大学（交換留学先17大学，2022年４月１日現在）

海外への留学生数▶渡航型２名・オンライン型８名／年（2021年度）

海外留学制度▶国際教育センターのスタッフが一人ひとりの要望に合わせて留学を支援。大学に在籍したまま海外の協定校に留学できる「交換留学プログラム」（半年～１年間）や，長期休暇を利用した「語学研修」「国際ボランティア」（１週間～１カ月）のほか，アイスランド・スウェーデン（エネルギー問題），フィリピン（貧困），イタリア（芸術）などで行われる「海外研修─世界から地域を考える」（約10日間）では，地域の課題に英語で取り組む。学内でも留学生と共修する授業や「国際合宿」などを実施。また，学内の仮想海外空間（global Village）でも語学学習活動や留学生との交流を推進している。

学費・奨学金制度　給付型奨学金総額 年間 1,100 万円

入学金▶282,000円

年間授業料（施設費等を除く）▶535,800円

年間奨学金総額▶11,000,000円

年間奨学金受給者数▶約520人

主な奨学金制度▶岩手大学イーハトーヴ基金修学支援奨学金（年額10万円給付）のほか，学費減免制度もあり，2021年度には延べ134人に総額で約1,796万円を減免している。

保護者向けインフォメーション

● **成績確認**　成績表，履修科目と単位数を郵送。
● **公開授業**　教養，人文社会・農学部で実施。
● **保護者会**　農学部で教育・進路懇談会を開催。また，大学および人文社会，教育，理工学部では後援会を組織し，総会や会報発行を通じて大学の情報を提供している。
● **防災対策**　「学生生活の手引き」に地震避難マニュアルを掲載。学生が被災した際の安否はメールを利用して確認する。
● **コロナ対策１** 感染状況に応じた４段階のBCP（行動指針）を設定。「コロナ対策２」（下段）あり。

インターンシップ科目	必修専門ゼミ	卒業論文	GPA制度の導入の有無および活用例	１年以内の退学率	標準年限での卒業率
理工・農学部で開講している	人文社会・教育・理工・農は３・４年次，農（共獣）は５・６年次に実施	全学部で卒業要件	奨学金や授業料免除対象者の選定基準，一部の学部で学生に対する個別の学習指導に活用	0.6%	88.2%（４年制）87.5%（６年制）

● **コロナ対策２**　大学および講義室入口で検温と消毒を行い，講義室の収容人数を調整・管理するほか，Web就活用に個室ブースを設置。また，家計急変の学生に授業料等免除，100円朝食，200円夕食などの支援を実施。

学部紹介

学部／学科・課程	定員	特色
人文社会科学部		
		▶総合的な視野，思考力，実践力を身につけ，地域活性化やグローバル化に対応できる人材を育成する。
人間文化	125	▷行動科学，スポーツ科学，現代文化，異文化間コミュニティ，歴史，芸術文化，英語圏文化，ヨーロッパ語圏文化，アジア圏文化の９つの専修プログラム。文化と人間の行動を多角的に学修し，グローバル化を踏まえた地域社会の発展・向上に貢献できる人材を育成する。
地域政策	75	▷政策法務，企業法務，地域社会経済，地域社会連携，環境共生の５つの専修プログラム。持続可能な社会づくりに法・経済・環境分野の学修を軸としながら，総合的視点から取り組むことのできる人材を育成する。
●取得可能な資格…教職(国・地歴・公・社・英)，学芸員など。 ●進路状況…………就職78.1％　進学6.8％ ●主な就職先………岩手県庁，岩手銀行，盛岡市役所，岩手労働局，青森県庁，東日本旅客鉄道，仙台市役所，JR東日本東北総合サービス，デイライトテクノロジーなど。		
教育学部		
学校教育教員養成	160	▷地域の教育ニーズに応え，教育の理論と実践力を兼ね備えた質の高い教員を養成。教員養成に特化した１課程４コース(小学校教育コース〈国語，社会，英語，音楽，美術，保健体育，教育学，心理学，特別支援教育〉，中学校教育コース〈国語，社会，英語，音楽，美術，保健体育〉，理数教育コース〈数学，理科〉，特別支援教育コース)により，未来を担う子どもたちを育てることを真剣に考える創造性豊かな人材を育成する。
●取得可能な資格…教職(国・地歴・公・社・数・理・音・美・保体・技・英，小一種，特別支援)など。 ●進路状況…………就職77.7％　進学4.3％ ●主な就職先………岩手県・宮城県・秋田県・山形県・青森県・千葉県・仙台市公立学校，岩手県庁，岩手銀行など。		
理工学部		
		▶理学と工学の壁を越え，自然科学から実用技術までの融合的な教育・研究を行い，グローバル社会で主体的に活躍する人材を育成する。
化学・生命理工	90	▷化学，生命の２コース。化学と生命に関する基礎知識と両分野の技術開発に必要な基礎力，統合力，展開力を兼ね備えた人材を養成する。
物理・材料理工	80	▷「数理・物理コース」では，数理・物理科学，材料科学，材料工学に関する理工学の基礎を学び，「マテリアルコース」では，物質科学と材料工学の高い専門性を身につける。
システム創成工	270	▷電気電子通信，知能・メディア情報，機械科学，社会基盤・環境の４コース。電気・通信・情報・機械・環境などの要素を統合し，次世代科学技術を創出できる人材を養成する。

キャンパスアクセス　[岩手大学キャンパス]　JR東北本線ー盛岡よりバス10分，または徒歩25分

● **取得可能な資格**…教職（数・理・工業），技術士，測量士補など。
● **進路状況**…………就職36.5%　進学55.5%（旧工学部実績を含む）
● **主な就職先**………盛岡市役所，ジャパンセミコンダクター，岩手県庁，東北地方整備局，東日本旅客鉄道，キオクシア岩手，アイオー精密，システムベース，岩手県警察など。

農学部

植物生命科	40	▷植物および昆虫の生命現象と農学に関連する生命の機能を解明するための基礎知識を生物学や化学的な観点から学ぶ。
応用生物化	40	▷化学と分子生物学的手法を用い，微生物や動植物，食品の機能解明とその利用，食品の加工技術開発などを研究する。
森林科	30	▷日本技術者教育認定機構により認定されたJABEE教育プログラムをもとに森林資源の管理・利用，生態系の保全，災害対策などの知識・技術を身につけた人材を育成する。
食料生産環境	60	▷農村地域デザイン学，食産業システム学，水産システム学の３コース。食料生産と地域づくりを通した地域創生に貢献できる人材を育成する。
動物科	30	▷人と動物が共生する地域社会の創造や動物関連産業の発展，生命科学の発展に貢献できる国際的視野を持った人材を育成。
共同獣医	30	▷６年制。分子レベルから動物の疾患の診断治療まで，幅広い教養と専門性を備えた人材を育成する。

● **取得可能な資格**…教職（理・農），獣医師受験資格（共同獣医のみ）など。
● **進路状況**…………就職59.3%　進学31.7%
● **主な就職先**………岩手県庁，農林水産省，宮城県庁，秋田県庁，福島県庁，盛岡市役所，東北農政局，北海道農業共済組合連合会など。

▶キャンパス

全学部…［岩手大学キャンパス］岩手県盛岡市上田3-18-8

2023年度入試要項（前年度実績）

●募集人員

学部／学科・課程（コース）		前期	後期
▶人文社会科	人間文化	60	20
	地域政策	43	14
▶教育	学校教育教員養成（小学校教育）	48	15
	（中学校教育／国語）	5	－
	（中学校教育／社会）	5	－
	（中学校教育／英語）	5	－
	（中学校教育／音楽）	3	－
	（中学校教育／美術）	2	－
	（中学校教育／保健体育）	3	－
	（理数教育／数学）	12	－
	（理数教育／理科）	10	－
	（特別支援教育）	5	2
▶理工	化学・生命理工（化学）	38	12
	（生命）	17	5
	物理・材料理工（数理・物理）	22	4
	（マテリアル）	29	9
	システム創成工（電気電子通信）	38	12
	（知能・メディア情報）	35	12
	（機械科学）	50	15
	（社会基盤・環境）	35	5
▶農	植物生命科	26	4
	応用生物化	32	3
	森林科	16	3
	食料生産環境（農村地域デザイン学）（食産業システム学）	26	4
	（水産システム学）	10	3
	動物科	20	3
	共同獣医	20	－

●２段階選抜　実施しない

試験科目

デジタルブック

偏差値データ（2023年度）

●一般選抜

学部／学科・課程／コース	2023年度 駿台予備学校 合格目標ライン	2023年度 河合塾 ボーダー得点率	2023年度 河合塾 ボーダー偏差値	'22年度 競争率
●前期				
▶人文社会科学部				
人間文化	48	63%	50	2.0
地域政策	46	62%	50	1.2
▶教育学部				
学校教育／小学校教育	48	57%	50	1.1
／中学校教育（国語）	47	59%	50	1.3
（社会）	46	57%	50	1.9
（英語）	48	59%	50	1.7
（音楽）	42	53%	—	1.0
（美術）	42	53%	—	1.0
（保健体育）	43	53%	—	1.6
／理数教育（数学）	47	57%	47.5	1.2
（理科）	47	57%	47.5	1.1
／特別支援教育	45	55%	47.5	1.5
▶理工学部				
化学・生命理工／化学	44	57%	47.5	1.1
／生命	45	57%	45	1.7
物理・材料理工／数理・物理	44	57%	47.5	1.1
／マテリアル	44	54%	45	1.3
システム創成工／電気電子通信	44	56%	45	1.7
／知能・メディア情報	44	60%	45	2.1
／機械科学	44	54%	45	1.2
／社会基盤・環境	44	53%	45	1.6
▶農学部				
植物生命科	49	59%	47.5	1.5
応用生物化	50	61%	50	—
森林科	49	57%	47.5	1.5
食料生産環境／農村地域・食産業	48	55%	47.5	1.4
／水産システム学	49	56%	47.5	1.7
動物科	52	64%	52.5	2.1
共同獣医	58	72%	60	3.8
●後期				
▶人文社会科学部				
人間文化	49	73%	—	2.1
地域政策	47	71%	—	1.4
▶教育学部				
学校教育／小学校教育	49	61%	—	1.3
／特別支援教育	46	61%	—	3.0
▶理工学部				
化学・生命理工／化学	46	66%	47.5	1.3
／生命	47	66%	47.5	1.8
物理・材料理工／数理・物理	45	65%	50	2.3
／マテリアル	45	64%	47.5	1.4
システム創成工／電気電子通信	45	66%	47.5	2.6
／知能・メディア情報	45	66%	47.5	2.8
／機械科学	45	63%	47.5	1.8
／社会基盤・環境	45	63%	47.5	2.6
▶農学部				
植物生命科	48	64%	—	3.8
応用生物化	49	66%	—	1.0
森林科	48	64%	—	3.5
食料生産環境／農村地域・食産業	47	65%	—	2.5
／水産システム学	48	63%	—	—
動物科	51	72%	—	2.7

- 駿台予備学校合格目標ラインは合格可能性80%に相当する駿台模試の偏差値です。
- 河合塾ボーダー得点率は合格可能性50%に相当する共通テストの得点率です。また，ボーダー偏差値は合格可能性50%に相当する河合塾全統模試の偏差値です。
- 競争率は受験者÷合格者の実質倍率

MEMO

東北大学

資料請求

問合せ先 入試センター☎022-795-4800(一般入試)，4802(AO入試，特別選抜)

大学の理念

国内３番目の帝国大学として1907（明治40）年に創設された東北帝国大学が前身。以来115年の歴史を有するわが国屈指の総合大学。「研究第一」研究中心の大学，「門戸開放」誰でも受け入れる，「実学尊重」社会に役立つ知識技術を大切にする，を独自の理念に，世界最高水準の研究・教育を実践している。ノーベル賞や文化勲章受章者も多数輩出。2017年には指定国立大学法人の最初の３大学に指定されている。グローバル化の一層の進展や第４次産業革命の進行により、大学には既成概念の枠を超えた新たな社会価値の創造へ向けた大胆な挑戦が強く求められている。「教育・研究・社会との共創」の好循環をより高い次元で実現すべく，新青葉山キャンパスでは産学官金が結集して社会価値創造を行う「サイエンスパーク」の整備を進めている。

● キャンパス情報はＰ.1152をご覧ください。

基本データ

学生数 ▶ 10,695名（男7,876名, 女2,819名）
専任教員数 ▶ 教授923名，准教授722名，講師208名
設置学部 ▶ 文，教育，法，経済，理，医，歯，薬，工，農
併設教育機関 ▶ 大学院（P.1159参照）

就職・卒業後の進路

就 職 率 **92.0**%
就職者÷希望者×100

● **就職支援**　キャリア支援センターが，年間を通じて，学生のニーズに対応した進路・就職の相談・支援を行う。全学教育ではキャリア教育科目を開講，キャリア就職フェアやインターンシップフェアを企画開催するほか，自己分析や業界研究などをテーマとしたセミナーや模擬面接などの実践的なワークショップ，個別相談を実施している。また，首都圏で就職活動をする学生が無料で利用できる「新宿ラウンジ」を用意している。

● **大学院進学**　文・教育・法・経済の文系４学部と医学部保健学科では卒業生の10～30%，理・薬・工・農学部は70～90%が大学院に進学している。医学部医学科と歯学部は国家試験合格後に臨床研修へと進み，医師や研究者への道を歩む。

進路指導者も必見 学生を伸ばす 面倒見

初年次教育
大学での探求のあり方を涵養する「学問論」，それをベースにした研究・課題解決型の「学問論演習」や「情報とデータの基礎」「自然科学総合実験」「汎用的技能ワークショップ」，カレント・トピックス科目などを開講

学修サポート
全学部でTA・SA制度，オフィスアワー制度を導入。また，学生約14人に1人の教員アドバイザーを配置。学習支援センターでは先輩学生による学習支援やレポート作成のゼミを開講

オープンキャンパス(2022年度実績) 7月27・28日に対面(事前申込制)とオンライン形式で開催。イベントの一部は360° カメラを使用してライブ配信。オンデマンド配信などによる各学部のコンテンツも公開。

文系学部
2022年３月卒業生
677人

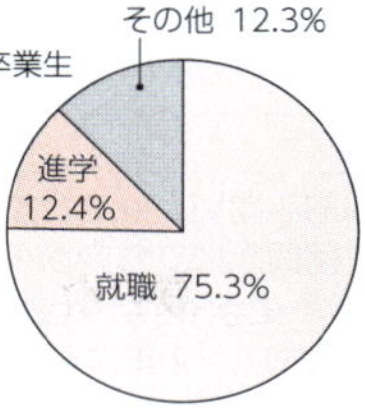

理系学部
2022年３月卒業生
1,727人
※就職には医学部医学科の初期臨床研修医，歯学部の臨床研修歯科医を含む。

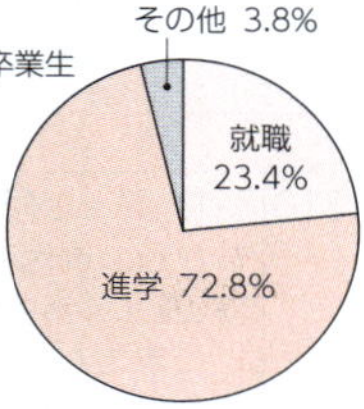

その他の学部
2022年３月卒業生
74人
・教育学部

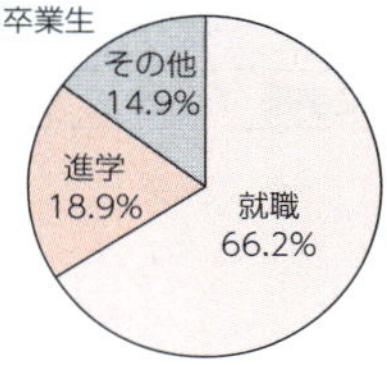

主なOB・OG▶［工］田中耕一（島津製作所エグゼクティブ・リサーチフェロー，ノーベル化学賞受賞者），［工］小田和正（ミュージシャン），［法］伊坂幸太郎（小説家）など。

国際化・留学　大学間 248 大学・部局間 469 大学

受入れ留学生数▶427名（2022年５月１日現在）

留学生の出身国・地域▶中国，韓国，インドネシア，タイ，台湾など。

外国人専任教員▶教授14名，准教授17名，講師５名（2022年5月1日）

外国人専任教員の出身国▶中国，韓国，インド，アメリカ，ベトナムなど。

大学間交流協定▶248大学（交換留学先200大学，2022年９月１日現在）

部局間交流協定▶469大学（交換留学先272大学，2022年９月１日現在）

海外への留学生数▶渡航型40名・オンライン型218名／年（22カ国・地域，2021年度）

海外留学制度▶海外交流協定校に１学期～１年留学する交換留学制度をはじめ，学習目的や期間により選べるさまざまなプログラムを用意。グローバルラーニングセンターでは説明会の開催や留学先，留学スタイルなどの相談にも対応している。海外体験プログラムでは海外の大学などが主催する２週間以上のプログラムに本学での事前・事後研修を組み合わせて単位取得が可能。AO入試Ⅱ期などによる入学予定者対象の「入学前海外研修」も実施。また，オンラインプラットフォームを活用した短期研修プログラムや海外大学の講義履修なども提供している。コンソーシアムはAPRU，AEARUなど５つに参加している。

学費・奨学金制度　給付型奨学金総額 年間約 1,516 万円

入学金▶282,000円

年間授業料（施設費等を除く）▶535,800円

年間奨学金総額▶15,156,000円

年間奨学金受給者数▶17人

主な奨学金制度▶「元気・前向き奨学金」は特に経済的支援を要する成績優秀な学生を対象に月額３万円を１年間給付するほか，東日本大震災の被災学生への経済支援も実施。

保護者向けインフォメーション

● **成績確認**　成績表を保護者に郵送している。

● **就職ガイダンス**　「保護者のための就活支援ガイド」を作成し，HPより限定公開。また，保護者向けオンライン個別相談を実施している。

● **防災対策**　被災した際の学生の安否は，大学独自の「安否確認システム」を利用して確認。

● **コロナ対策１**　ワクチンの職域接種を実施。感染状況に応じた５段階のBCP（行動指針）を設定。「コロナ対策２」（下段）あり。

インターンシップ科目	必修専門ゼミ	卒業論文	GPA制度の導入の有無および活用例	１年以内の退学率	標準年限での卒業率
全学部で開講している	教育・経済・理・薬・工・農学部で実施。開講年次は学部・学科により異なる	法・医（医学科）・歯学部を除き卒業要件	奨学金や授業料免除対象者の選定基準のほか，一部の学部で修得単位数の情報と併せて個別の学習指導や履修上限単位数設定に活用	0.6％	89.7％（４年制）87.5％（６年制）

● **コロナ対策２**　対面とオンライン授業を併用。対面授業ではQRコードを利用した入退室管理，サーマルカメラや消毒液の設置，空調などの環境を整備。学生への経済・学修・生活支援対策をパッケージ化して実施。

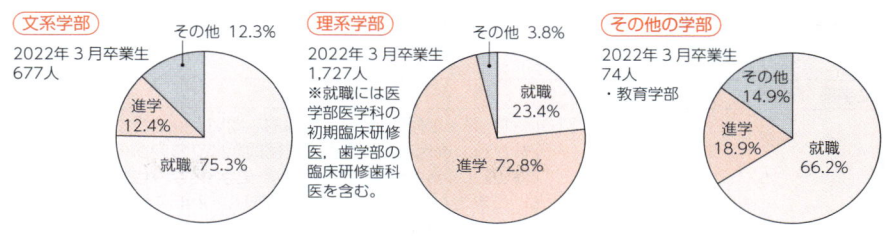

学部紹介

学部／学科	定員	特色
文学部		
人文社会	210	▷「人間とは何か」という根源的な問いと向き合って掘り下げながら，現代社会が直面する諸問題に立ち向かえる豊かな教養と鋭い批判精神を磨く。文学・史学・哲学・社会学・言語学などにまたがる次の26の専修があり，２年次から希望に沿って専修のいずれかに所属する。現代日本学，日本思想史，日本語学，日本語教育学，日本文学，日本史，考古学，文化人類学，宗教学，インド学仏教史，中国文学，中国思想，東洋史，英文学，英語学，ドイツ文学，フランス文学，西洋史，哲学，倫理学，東洋・日本美術史，美学・西洋美術史，心理学，言語学，社会学，行動科学。
● **取得可能な資格**…教職(国・地歴・公・社・英・仏・宗)，学芸員など。 ● **進路状況**…………就職76.5%　進学9.3% ● **主な就職先**………東北大学，宮城県庁，仙台市役所，特許庁，宮城労働局，ベネッセスタイルケア，読売新聞東京本社，NTTドコモ，楽天グループなど。		
教育学部		
教育科	70	▷教育について幅広い知識を獲得し，深い洞察力，教育を企画し実践していく力を身につける。教育という視座から社会・文化をとらえ，人を理解し，支援していくことを学ぶ。１年次の後期には「教育学コース」と「教育心理学コース」のいずれかを選択し，専門領域の知見を深める。
● **取得可能な資格**…教職(公・社)，学芸員，社会教育主事任用資格など。 ● **進路状況**…………就職66.2%　進学18.9% ● **主な就職先**………防衛省，岩手県庁，仙台市役所，高等学校(北海道・栃木県)，東日本電信電話，電通，野村不動産，三菱地所，NTTデータ，帝国データバンクなど。		
法学部		
法	160	▷法学・政治学に関わる正確な基礎知識を身につけ，鋭い正義感覚と幅広い視野から社会的諸問題を発見・分析し，その解決に努めることのできる「法政ジェネラリスト」を養成する。少人数の演習を１年次から履修できる。法曹コースと国際コースでは早期卒業制度を利用し，学部と法科大学院または修士課程を最短５年で修了することも可能。
● **進路状況**…………就職67.1%　進学20.1% ● **主な就職先**………法務省，金融庁，公正取引委員会，衆議院事務局，警視庁，東京都庁，鹿島建設，村田製作所，東北電力，日本放送協会，日本銀行，三井物産など。		
経済学部		
経済 経営	260	▶経済学と経営学の融合教育，少人数教育，大学院との連携教育，留学などの国際教育を実施し，グローバル・マインド，データ分析力および挑戦心を涵養。学科の所属は３年次に選ぶ演習専門科目(ゼミナール)によって決定。どちらの学科に所属しても履修できる科目は共通。
● **進路状況**…………就職79.1%　進学10.5% ● **主な就職先**………日本取引所グループ，経済産業省，国税庁，伊藤忠商事，大和証券，日本銀行，第一生命，博報堂，楽天，三菱重工業，東北電力など。		

キャンパスアクセス [片平キャンパス] 仙台市地下鉄東西線一青葉通一番町より徒歩10分／JR東北本線・新幹線一仙台より徒歩15分

理学部

		▶５つの系別に募集。２年次後期に学科やコースに所属する。
数（数学系）	45	▷３年次後期に「代数学」「幾何学」「解析学」「多様体論」「応用数理」のいずれかの講座の研究室に所属し研究に取り組む。
物理（物理系）	78	▷日本屈指の規模を持ち，素粒子と宇宙，原子核，物質の性質・構造や生物まで，現代物理学の主要な分野をカバー。
宇宙地球物理（物理系）	41	▷天文学コース（理論天文学，観測天文学）と地球物理学コース（固体地球系，流体地球系，太陽惑星空間系）に分かれ，専門分野の学習と研究に取り組む。
化（化学系）	70	▷３年次後期に「無機・分析化学」「有機化学」「物理化学」「境界領域化学」「先端理化学」の５つの基幹講座に組織される16の研究室からいずれか１つに分属し，研究に取り組む。
地圏環境科（地球科学系） 地球惑星物質科（地球科学系）	50	▷46億年の地球進化の過程や構造，変動史について研究する。２年次後期にいずれかの学科を選択。地圏環境科学科（定員30名）では「地圏進化学」「環境地理学」「環境動態論」，地球惑星物質科学科（定員20名）では「地球惑星物質科学」「比較固体惑星学」のいずれかの講座に所属し卒業研究に取り組む。
生物（生物系）	40	▷３年次後期に分子生物学，細胞生物学，発生学，脳神経科学，生態学，進化学など20近くの分野から研究室を選び，各分野の最先端の研究を行う。

- **取得可能な資格**…教職（地歴・社・数・理），学芸員，測量士補など。
- **進路状況**…………就職8.2%　進学86.5%
- **主な就職先**………高等学校（青森県・宮城県），金融庁，福島県庁，アクセンチュア，豊田通商，東日本旅客鉄道，富士ゼロックス，山形銀行など。

医学部

医	105	▷「研究第一」「実学尊重」を理念に，研究心を有する医療・医学研究リーダーを養成する。研究心を持って一生にわたって能動的に学習し続ける姿勢と学習法を体得する６年間の教育プログラムを設定。３年次の基礎医学修練や６年次の高次臨床修練では，海外の研究施設や大学病院などでも，研究や実習を行うことができる。
保健	144	▷〈看護学専攻70名，放射線技術科学専攻37名，検査技術科学専攻37名〉病める人の立場になって問題解決のできる倫理観と人間性を備え，国際的視野で行動でき，研究マインドを持った医療技術者や生命科学系の研究者を育成する。

- **取得可能な資格**…医師・看護師・助産師・診療放射線技師・臨床検査技師受験資格など。
- **進路状況**…………［医］初期臨床研修医95.2%　進学1.4%　［保健］就職62.0%　進学36.5%
- **主な就職先**………東北大学病院はじめ各地の病院，医療施設，行政機関など。

歯学部

歯	53	▷自ら研究することで考究力を高める実習に加え，次代の歯科医療や医療倫理を学ぶ講座群をいち早く整備し，歯学の教育・研究，先端歯科医療を牽引する人材を育成。短期留学の機会を豊富に用意し，国際交流科目として単位化することで，国際性の涵養を推進している。

- **取得可能な資格**…歯科医師受験資格。
- **進路状況**…………臨床研修歯科医73.9%
- **主な就職先**………東北大学病院はじめ各地の病院，医療施設，行政機関など。

キャンパスアクセス ［川内キャンパス］仙台市地下鉄東西線―川内駅直結／国際センターより徒歩５分

薬学部		
創薬科 薬	80	▶学部で一括募集し，３年次後期に学科を選択。 ▷４年制。薬学研究者や医薬品開発者としての基礎を確立する。 ▷６年制。４年次後期に共用試験CBTとOSCEを実施，合格した学生だけがその後の実務実習，演習へと進み，薬剤師国家試験受験資格を得られる。

● **取得可能な資格**…教職（理），薬剤師受験資格（薬学科）。
● **進路状況**…………［薬］就職85.7％　進学14.3％　［創薬科］就職3.2％　進学96.8％
● **主な就職先**………東北大学病院，国立国際医療センター病院，茨城県庁，大塚製薬，中外製薬，塩野義製薬，アステラス製薬，日医工，医薬品医療機器総合機構など。

工学部		
		▶大学院博士課程前期までを見据えた６年間の学びで，世界トップクラスのエンジニアを育成する。２～３年次に各学科で設定されている各専門コースに配属される。
機械知能・航空工	234	▷機械システム，ファインメカニクス，航空宇宙，ロボティクス，量子サイエンス，エネルギー環境，機械・医工学，国際機械工学（国際共修型）の８コース。
電気情報物理工	243	▷電気工学，通信工学，電子工学，応用物理学，情報工学，バイオ・医工学の６コース。
化学・バイオ工	113	▷応用化学，化学工学，バイオ工学の３コース一体教育を行い，オールラウンドプレーヤーとなる人材を育成。
材料科学総合	113	▷金属フロンティア工学，知能デバイス材料学，材料システム工学，材料環境学の４コース。
建築・社会環境工	107	▷社会基盤デザイン，水環境デザイン，都市システム計画，都市・建築デザイン，都市・建築学の５コース。

● **取得可能な資格**…教職（数・理・情），測量士補，１・２級建築士受験資格など。
● **進路状況**…………就職9.2％　進学88.8％
● **主な就職先**………仙台市役所，関東地方整備局，アイシン精機，アクセンチュア，鹿島建設，日産車体，富士通，三菱電機，楽天グループなど。

農学部		
生物生産科 応用生物化	150	▶2年次に２学科６コースから志望するコースを選択する。４年次には研究室に所属して卒業研究に取り組む。生物生産科学科には「植物生命科学」「動物生命科学」「農業経済学」「海洋生物科学」の４コース，応用生物化学科には「生物化学」「生命化学」の２コースがある。

● **取得可能な資格**…教職（理・農）など。
● **進路状況**…………就職14.8％　進学76.5％
● **主な就職先**………楽天グループ，農林水産省，東北農政局，宮城県庁，アサヒ飲料，東北労働金庫，伊藤ハムデイリー，キッコーマン，ロート製薬，全農業協同組合連合会など。

キャンパス

本部……［片平キャンパス］宮城県仙台市青葉区片平2丁目1-1
全学教育（１・２年次）…［川内北キャンパス］宮城県仙台市青葉区川内41
文・教育・法・経済……［川内南キャンパス］宮城県仙台市青葉区川内27-1
理・薬……［青葉山北キャンパス］宮城県仙台市青葉区荒巻字青葉6-3
工……［青葉山東キャンパス］宮城県仙台市青葉区荒巻字青葉6-6
医……［星陵キャンパス］宮城県仙台市青葉区星陵町2-1
歯……［星陵キャンパス］宮城県仙台市青葉区星陵町4-1
農……［青葉山新キャンパス］宮城県仙台市青葉区荒巻字青葉468-1

 キャンパスアクセス ［青葉山キャンパス］仙台市地下鉄東西線－青葉山駅直結

2023年度入試要項(前年度実績)

●募集人員

学部／学科(専攻)		前期	後期	AOⅡ期	AOⅢ期
▶文		147	—	27	36
▶教育		49	—	14	7
▶法		112	—	24	24
▶経済	文系	147	25	—	58
	理系	10	10	—	10
▶理	数学系	27	8	10	—
	物理系	74	20	15	10
	化学系	40	13	5	12
	地球科学系	29	10	5	6
	生物系	26	4	6	4
▶医	医	77	—	15	12
	保健(看護学)	48	—	12	10
	(放射線技術科学)	25	—	4	8
	(検査技術科学)	25	—	4	8
▶歯		37	—	6	10
▶薬		56	—	—	24
▶工	機械知能・航空工	164	—	25	30
	電気情報物理工	170	—	36	37
	化学・バイオ工	79	—	17	17
	材料科学総合	79	—	17	17
	建築・社会環境工	75	—	17	15
▶農		105	—	23	22

●２段階選抜
志願者数が募集人員を大幅に上回った場合，共通テストの成績(素点)により以下の倍率で行う。前期―医・工学部は約３倍。文・経済(文系)は約3.5倍。教育・法・経済(理系)・理・歯・薬・農学部は約４倍。後期―経済(理系)・理学部は約10倍。経済学部(文系)は約14倍。

▷共通テストの英語はリスニングを含む。
▷個別学力検査の数Ｂ－数列・ベク。

文学部

前期　**[共通テスト(600)]**　**8〜7**科目　①**国**(100)　②**外**(100・英〈R75＋L25〉)▶英・独・仏・中・韓から１　③④**地歴・公民**(100×2)▶世Ｂ・日Ｂ・地理Ｂ・「倫・政経」から２　⑤⑥**数**(50×2)▶「数Ⅰ・数Ａ」必須，「数Ⅱ・数Ｂ」・簿・情から１　⑦⑧**理**(100)▶「物基・化基・生基・地学基から２」・物・化・生・地学から１

[個別学力検査(1000)]　**3**科目　①**国**(400)▶国総・現文Ｂ・古典Ｂ　②**外**(400)▶「コミュ英Ⅰ・コミュ英Ⅱ・コミュ英Ⅲ・英表Ⅰ・英表Ⅱ」・独・仏から１　③**数**(200)▶数Ⅰ・数Ⅱ・数Ａ・数Ｂ

ＡＯ入試Ⅱ期　**[共通テスト]**　課さない。
[個別学力検査(１次500・２次600)]　**3**科目　①**書類審査**(100)　②**筆記試験**(400)　③**面接**(200)
※第１次選考―書類審査と筆記試験，第２次選考―面接と筆記試験を総合して判定。

ＡＯ入試Ⅲ期　**[共通テスト(900)]**　**8〜7**科目　①**国**(200)　②**外**(200・英〈R150＋L50〉)▶英・独・仏・中・韓から１　③④**地歴・公民**(100×2)▶世Ｂ・日Ｂ・地理Ｂ・「倫・政経」から２　⑤⑥**数**(100×2)▶「数Ⅰ・数Ａ」必須，「数Ⅱ・数Ｂ」・簿・情から１　⑦⑧**理**(100)▶「物基・化基・生基・地学基から２」・物・化・生・地学から１
[個別学力検査(300)]　**2**科目　①**書類審査**(100)　②**面接**(200)
※書類審査，共通テストの成績および面接の結果を総合して判定。ただし，共通テストの成績により第１次選考を行うことがある。

教育学部

前期　**[共通テスト(450)]**　**8〜7**科目　①**国**(100)　②**外**(100・英〈R75＋L25〉)▶英・独・仏・中・韓から１　③④**地歴・公民**(50×2)▶世Ｂ・日Ｂ・地理Ｂ・「倫・政経」から２　⑤⑥**数**(50×2)▶「数Ⅰ・数Ａ」必須，「数Ⅱ・数Ｂ」・簿・情から１　⑦⑧**理**(50)▶「物基・化基・生基・地学基から２」・物・化・生・地学から１
[個別学力検査(800)]　**3**科目　①**国**(300)▶国総・現文Ｂ・古典Ｂ　②**外**(300)▶「コミュ英Ⅰ・コミュ英Ⅱ・コミュ英Ⅲ・英表Ⅰ・英表Ⅱ」・独・仏から１　③**数**(200)▶数Ⅰ・数Ⅱ・数Ａ・数Ｂ

ＡＯ入試Ⅱ期　**[共通テスト]**　課さない。
[個別学力検査(１次500・２次500)]　**3**科目　①**書類審査**(100)　②**筆記試験**(400)　③**面接**(100)
※第１次選考―書類審査と筆記試験，第２次選考―面接と筆記試験を総合して判定。

ＡＯ入試Ⅲ期　**[共通テスト(550)]**　**8〜7**科目

①国(100) ②外(200・英〈R150+L50〉)▶英・独・仏・中・韓から1 ③④**地歴・公民**(50×2)▶世B・日B・地理B・「倫・政経」から2 ⑤⑥**数**(50×2)▶「数Ⅰ・数A」必須,「数Ⅱ・数B」・簿・情から1 ⑦⑧**理**(50)▶「物基・化基・生基・地学基から2」・物・化・生・地学から1

[個別学力検査(100)] **2科目** ①②**面接**(50×2)▶試問A(書類審査を含む)・試問B(課題論文)

※書類審査,共通テストの成績および面接の結果を総合して判定。ただし,共通テストの成績により第1次選考を行うことがある。

法学部

前期 **[共通テスト(450)]** **8~7科目** ①国(100) ②**外**(100・英〈R75+L25〉)▶英・独・仏・中・韓から1 ③④**地歴・公民**(50×2)▶世B・日B・地理B・「倫・政経」から2 ⑤⑥**数**(50×2)▶「数Ⅰ・数A」必須,「数Ⅱ・数B」・簿・情から1 ⑦⑧**理**(50)▶「物基・化基・生基・地学基から2」・物・化・生・地学から1

[個別学力検査(900)] **3科目** ①国(300)▶国総・現文B・古典B ②**外**(300)▶「コミュ英Ⅰ・コミュ英Ⅱ・コミュ英Ⅲ・英表Ⅰ・英表Ⅱ」・独・仏から1 ③**数**(300)▶数Ⅰ・数Ⅱ・数A・数B

AO入試Ⅱ期 **[共通テスト]** 課さない。

[個別学力検査(1次1000・2次1300)] **3科目** ①**書類審査**(100) ②**筆記試験**(900) ③**面接**(300)

※第1次選考―書類審査と筆記試験,第2次選考―面接と第1次選考の結果を総合して判定。

AO入試Ⅲ期 **[共通テスト(900)]** **8~7科目** ①国(200) ②**外**(200・英〈R150+L50〉)▶英・独・仏・中・韓から1 ③④**地歴・公民**(100×2)▶世B・日B・地理B・「倫・政経」から2 ⑤⑥**数**(100×2)▶「数Ⅰ・数A」必須,「数Ⅱ・数B」・簿・情から1 ⑦⑧**理**(100)▶「物基・化基・生基・地学基から2」・物・化・生・地学から1

[個別学力検査(400)] **2科目** ①**書類審査**(100) ②**面接**(300)

※書類審査,共通テストの成績および面接の結果を総合して判定。ただし,書類審査および共通テストの成績により第1次選考を行うことがある。

経済学部

前期 **【文系】[共通テスト(650)]** **8~7科目** ①国(100) ②**外**(100・英〈R75+L25〉)▶英・独・仏・中・韓から1 ③④**地歴・公民**(125×2)▶世B・日B・地理B・「倫・政経」から2 ⑤⑥**数**(50×2)▶「数Ⅰ・数A」必須,「数Ⅱ・数B」・簿・情から1 ⑦⑧**理**(100)▶「物基・化基・生基・地学基から2」・物・化・生・地学から1

[個別学力検査(900)] **3科目** ①国(300)▶国総・現文B・古典B ②**外**(300)▶コミュ英Ⅰ・コミュ英Ⅱ・コミュ英Ⅲ・英表Ⅰ・英表Ⅱ ③**数**(300)▶数Ⅰ・数Ⅱ・数A・数B

【理系】[共通テスト(650)] **7科目** ①国(150) ②**外**(150・英〈R112.5+L37.5〉)▶英・独・仏・中・韓から1 ③**地歴・公民**(100)▶世B・日B・地理B・「倫・政経」から1 ④⑤**数**(75×2)▶「数Ⅰ・数A」必須,「数Ⅱ・数B」・簿・情から1 ⑥⑦**理**(50×2)▶物・化・生・地学から2

[個別学力検査(900)] **4科目** ①**外**(300)▶コミュ英Ⅰ・コミュ英Ⅱ・コミュ英Ⅲ・英表Ⅰ・英表Ⅱ ②**数**(300)▶数Ⅰ・数Ⅱ・数Ⅲ・数A・数B ③④**理**(150×2)▶「物基・物」・「化基・化」・「生基・生」・「地学基・地学」から2

後期 **【文系】[共通テスト(300)]** **8~7科目** ①国(200) ②**外**▶英・独・仏・中・韓から1 ③④**地歴・公民**(50×2)▶世B・日B・地理B・「倫・政経」から2 ⑤⑥**数**▶「数Ⅰ・数A」必須,「数Ⅱ・数B」・簿・情から1 ⑦⑧**理**▶「物基・化基・生基・地学基から2」・物・化・生・地学から1

※第1段階選抜の際は「国語」「外国語」「地歴・公民」「数学」「理科」を利用,入学者選抜の際は「国語」「地歴・公民」を利用。

[個別学力検査(600)] **2科目** ①**外**(300)▶コミュ英Ⅰ・コミュ英Ⅱ・コミュ英Ⅲ・英表Ⅰ・英表Ⅱ ②**数**(300)▶数Ⅰ・数Ⅱ・数A・数B

【理系】[共通テスト(450)] **7~6科目** ①国(100) ②**外**(R112.5+L37.5)▶英 ③**地歴・公民**(50)▶世B・日B・地理B・「倫・政経」

から１ ④⑤**数**▶「数Ⅰ・数Ａ」必須，「数Ⅱ・数Ｂ」・簿・情から１ ⑥⑦**理**(75×2)▶物・化・生・地学から２
※「数学」は第１段階選抜のみに利用。
[個別学力検査(450)] **2科目** ①**数**(350)▶数Ⅰ・数Ⅱ・数Ⅲ・数Ａ・数Ｂ ②**面接**(100)
ＡＯ入試Ⅲ期【文系】[共通テスト(900)] **8〜7科目** ①**国**(200) ②**外**(R150＋L50)▶英 ③④**地歴・公民**(100×2)▶世Ｂ・日Ｂ・地理Ｂ・「倫・政経」から２ ⑤⑥**数**(100×2)▶「数Ⅰ・数Ａ」必須，「数Ⅱ・数Ｂ」・簿・情から１ ⑦⑧**理**(100)▶「物基・化基・生基・地学基から２」・物・化・生・地学から１
[個別学力検査(250)] **1科目** ①**面接**(250)(書類審査を含む)
※書類審査，共通テストの成績および面接の結果を総合して判定。ただし，共通テストの成績により第１次選考を行うことがある。
【理系】[共通テスト(900)] **7科目** ①**国**(200) ②**外**(R150＋L50)▶英 ③**地歴・公民**(100)▶世Ｂ・日Ｂ・地理Ｂ・「倫・政経」から１ ④⑤**数**(100×2)▶「数Ⅰ・数Ａ」必須，「数Ⅱ・数Ｂ」・簿・情から１ ⑥⑦**理**(100×2)▶物・化・生・地学から２
[個別学力検査(250)] **1科目** ①**面接**(250)(書類審査を含む)
※書類審査，共通テストの成績および面接の結果を総合して判定。ただし，共通テストの成績により第１次選考を行うことがある。

理学部

前期 [共通テスト(450)] **7科目** ①**国**(100) ②**外**(100・英〈R75＋L25〉)▶英・独・仏・中・韓から１ ③**地歴・公民**(50)▶世Ｂ・日Ｂ・地理Ｂ・「倫・政経」から１ ④⑤**数**(50×2)▶「数Ⅰ・数Ａ」必須，「数Ⅱ・数Ｂ」・簿・情から１ ⑥⑦**理**(50×2)▶物・化・生・地学から２
[個別学力検査(800)] **4科目** ①**外**(200)▶コミュ英Ⅰ・コミュ英Ⅱ・コミュ英Ⅲ・英表Ⅰ・英表Ⅱ ②**数**(300)▶数Ⅰ・数Ⅱ・数Ⅲ・数Ａ・数Ｂ ③④**理**(150×2)▶「物基・物」・「化基・化」・「生基・生」・「地学基・地学」から２
後期 [共通テスト(300)] **7科目** ①**国**(100) ②**外**(200・英〈R150＋L50〉)▶英・独・仏・中・韓から１ ③**地歴・公民**▶世Ｂ・日Ｂ・地理Ｂ・「倫・政経」から１ ④⑤**数**▶「数Ⅰ・数Ａ」必須，「数Ⅱ・数Ｂ」・簿・情から１ ⑥⑦**理**▶物・化・生・地学から２
※第１段階選抜の際は「国語」「外国語」「地歴・公民」「数学」「理科」を利用，入学者選抜の際は「国語」「外国語」を利用。
[個別学力検査(800)] **4科目** ①**数**(400)▶数Ⅰ・数Ⅱ・数Ⅲ・数Ａ・数Ｂ ②③**理**(200×2)▶「物基・物」・「化基・化」・「生基・生」・「地学基・地学」から２ ④**面接** ※総合評価の参考とする
ＡＯ入試Ⅱ期 [共通テスト] 課さない。
[個別学力検査(1次200・2次300)] **2科目** ①**筆記試験**(200) ②**面接**(100)(書類審査を含む)
※第１次選考—筆記試験，第２次選考—面接と筆記試験の結果を総合して判定。
ＡＯ入試Ⅲ期 [共通テスト(900)] **7科目** ①**国**(200) ②**外**(R150＋L50)▶英 ③**地歴・公民**(100)▶世Ｂ・日Ｂ・地理Ｂ・「倫・政経」から１ ④⑤**数**(100×2)▶「数Ⅰ・数Ａ」必須，「数Ⅱ・数Ｂ」・簿・情から１ ⑥⑦**理**(100×2)▶物・化・生・地学から２
[個別学力検査(200)] **1科目** ①**面接**(200)(書類審査を含む)
※書類審査，共通テストの成績および面接の結果を総合して判定。ただし，共通テストの成績により第１次選考を行うことがある。

医学部

前期 【医学科】[共通テスト(250)] **7科目** ①**国**(50) ②**外**(50・英〈R37.5＋L12.5〉)▶英・独・仏・中・韓から１ ③**地歴・公民**(50)▶世Ｂ・日Ｂ・地理Ｂ・「倫・政経」から１ ④⑤**数**(25×2)▶「数Ⅰ・数Ａ」必須，「数Ⅱ・数Ｂ」・簿・情から１ ⑥⑦**理**(25×2)▶物・化・生から２
[個別学力検査(950)] **5科目** ①**外**(250)▶「コミュ英Ⅰ・コミュ英Ⅱ・コミュ英Ⅲ・英表Ⅰ・英表Ⅱ」・独・仏から１ ②**数**(250)▶数Ⅰ・数Ⅱ・数Ⅲ・数Ａ・数Ｂ ③④**理**(125×2)▶「物基・物」・「化基・化」・「生基・生」から２ ⑤**面接**(200)
【保健学科〈全専攻〉】[共通テスト(500)] **7科目** ①**国**(100) ②**外**(100・英〈R75＋

L25〉）▶英・独・仏・中・韓から１ ③**地歴・公民**（100）▶世Ｂ・日Ｂ・地理Ｂ・「倫・政経」から１ ④⑤**数**（50×2）▶「数Ⅰ・数Ａ」必須，「数Ⅱ・数Ｂ」・簿・情から１ ⑥⑦**理**（50×2）▶物・化・生から２

［個別学力検査(750)］〈看護学専攻〉 **5科目** ①**外**（200）▶コミュ英Ⅰ・コミュ英Ⅱ・コミュ英Ⅲ・英表Ⅰ・英表Ⅱ ②**数**（200）▶数Ⅰ・数Ⅱ・数Ａ・数Ｂ ③④**理**（100×2）▶「物基・物」・「化基・化」・「生基・生」から２ ⑤**面接**（150）

〈放射線技術科学専攻・検査技術科学専攻〉 **5科目** ①**外**（200）▶コミュ英Ⅰ・コミュ英Ⅱ・コミュ英Ⅲ・英表Ⅰ・英表Ⅱ ②**数**（200）▶数Ⅰ・数Ⅱ・数Ⅲ・数Ａ・数Ｂ ③④**理**（100×2）▶「物基・物」・「化基・化」・「生基・生」から２ ⑤**面接**（150）

ＡＯ入試Ⅱ期 **【医学科】［共通テスト］** 課さない。

［個別学力検査(１次750・２次450)］ **3科目** ①**書類審査**（150） ②**筆記試験**（１次600・２次300） ③**面接**（150）

※第１次選考─書類審査と筆記試験，第２次選考─面接と筆記試験の結果を総合して判定。

【保健学科】［共通テスト］ 課さない。

［個別学力検査(１次550・２次400)］ **3科目** ①**書類審査**（150） ②**筆記試験**（１次400・２次200） ③**面接**（200）

※第１次選考─書類審査と筆記試験，第２次選考─面接と筆記試験の結果を総合して判定。

ＡＯ入試Ⅲ期 **【医学科】［共通テスト(1100)］** **7科目** ①**国**（200） ②**外**（R150＋L50）▶英 ③**地歴・公民**（100）▶世Ｂ・日Ｂ・地理Ｂ・「倫・政経」から１ ④⑤**数**（100×2）▶「数Ⅰ・数Ａ」必須，「数Ⅱ・数Ｂ」・簿・情から１ ⑥⑦**理**（200×2）▶物・化・生から２

［個別学力検査(500)］ **2科目** ①**筆記試験**（250） ②**面接**（250）（書類審査を含む）

※書類審査，共通テストの成績，筆記試験および面接の結果を総合して判定。ただし，書類審査および共通テストの成績により第１次選考を行うことがある。

【保健学科】［共通テスト(900)］ **7科目** ①**国**（200） ②**外**（R150＋L50）▶英 ③**地歴・公民**（100）▶世Ｂ・日Ｂ・地理Ｂ・「倫・政経」から１ ④⑤**数**（100×2）▶「数Ⅰ・数Ａ」必須，「数Ⅱ・数Ｂ」・簿・情から１ ⑥⑦**理**（100×2）▶物・化・生から２

［個別学力検査(400)］ **2科目** ①**筆記試験**（200） ②**面接**（200）（書類審査を含む）

※書類審査，共通テストの成績，筆記試験および面接の結果を総合して判定。ただし，書類審査および共通テストの成績により第１次選考を行うことがある。

歯学部

前期 **［共通テスト(450)］** **7科目** ①**国**（100） ②**外**（100・英〈R75＋L25〉）▶英・独・仏・中・韓から１ ③**地歴・公民**（50）▶世Ｂ・日Ｂ・地理Ｂ・「倫・政経」から１ ④⑤**数**（50×2）▶「数Ⅰ・数Ａ」必須，「数Ⅱ・数Ｂ」・簿・情から１ ⑥⑦**理**（50×2）▶物・化・生から２

［個別学力検査(850)］ **5科目** ①**外**（250）▶コミュ英Ⅰ・コミュ英Ⅱ・コミュ英Ⅲ・英表Ⅰ・英表Ⅱ ②**数**（250）▶数Ⅰ・数Ⅱ・数Ⅲ・数Ａ・数Ｂ ③④**理**（125×2）▶「物基・物」・「化基・化」・「生基・生」から２ ⑤**面接**（100）

ＡＯ入試Ⅱ期 **［共通テスト］** 課さない。

［個別学力検査(１次400・２次1000)］ **2科目** ①**筆記試験**（１次400・２次800） ②**面接**（200）（書類審査を含む）

※第１次選考─筆記試験，第２次選考─面接と筆記試験の結果を総合して判定。

ＡＯ入試Ⅲ期 **［共通テスト(850)］** **7科目** ①**国**（100） ②**外**（R150＋L50〉）▶英 ③**地歴・公民**（50）▶世Ｂ・日Ｂ・地理Ｂ・「倫・政経」から１ ④⑤**数**（100×2）▶「数Ⅰ・数Ａ」必須，「数Ⅱ・数Ｂ」・簿・情から１ ⑥⑦**理**（150×2）▶物・化・生から２

［個別学力検査(200)］ **1科目** ①**面接**（200）（書類審査を含む）

※書類審査，共通テストの成績および面接の結果を総合して判定。ただし，共通テストの成績により第１次選考を行うことがある。

薬学部

前期 **［共通テスト(450)］** **7科目** ①**国**（100） ②**外**（100・英〈R75＋L25〉）▶英・独・仏・中・韓から１ ③**地歴・公民**（50）▶世Ｂ・日Ｂ・地理Ｂ・「倫・政経」から１ ④⑤**数**（100×

2) ▶「数Ⅰ・数A」必須，「数Ⅱ・数B」・簿・情から1　⑥⑦理(50×2) ▶物・化・生から2
[個別学力検査(1100)]　4科目　①外(300) ▶コミュ英Ⅰ・コミュ英Ⅱ・コミュ英Ⅲ・英表Ⅰ・英表Ⅱ　②数(400) ▶数Ⅰ・数Ⅱ・数Ⅲ・数A・数B　③④理(200×2) ▶「物基・物」・「化基・化」
AO入試Ⅲ期　[共通テスト(950)]　7科目　①国(100)　②外(R150＋L50) ▶英　③地歴・公民(50) ▶世B・日B・地理B・「倫・政経」から1　④⑤数(150×2) ▶「数Ⅰ・数A」必須，「数Ⅱ・数B」・簿・情から1　⑥⑦理(150×2) ▶物・化・生から2
[個別学力検査(100)]　1科目　①面接(100)(書類審査を含む)
※書類審査，共通テストの成績および面接の結果を総合して判定。ただし，共通テストの成績により第1次選考を行うことがある。

工学部

前期　[共通テスト(450)]　7科目　①国(100)　②外(100・英〈R75＋L25〉) ▶英・独・仏・中・韓から1　③地歴・公民(50) ▶世B・日B・地理B・「倫・政経」から1　④⑤数(50×2) ▶「数Ⅰ・数A」必須，「数Ⅱ・数B」・簿・情から1　⑥⑦理(50×2) ▶物・化・生・地学から2
[個別学力検査(800)]　4科目　①外(200) ▶コミュ英Ⅰ・コミュ英Ⅱ・コミュ英Ⅲ・英表Ⅰ・英表Ⅱ　②数(300) ▶数Ⅰ・数Ⅱ・数Ⅲ・数A・数B　③④理(150×2) ▶「物基・物」・「化基・化」
AO入試Ⅱ期　[共通テスト]　課さない。
[個別学力検査(1次450・2次600)]　3科目　①書類審査(150)　②筆記試験(300)　③面接(150)
※第1次選考―書類審査と筆記試験，第2次審査―面接と第1次選考の結果を総合して判定。
AO入試Ⅲ期　[共通テスト(900)]　7科目　①国(200)　②外(R150＋L50) ▶英　③地歴・公民(100) ▶世B・日B・地理B・「倫・政経」から1　④⑤数(100×2) ▶「数Ⅰ・数A」必須，「数Ⅱ・数B」・簿・情から1　⑥⑦理(100×2) ▶物・化
[個別学力検査(300)]　3科目　①書類審査(100)　②筆記試験(100)　③面接(100)
※書類審査，共通テストの成績，筆記試験および面接の結果を総合して判定。ただし，書類審査および共通テストの成績により第1次選考を行うことがある。

農学部

前期　[共通テスト(450)]　7科目　①国(100)　②外(100) ▶英・独・仏・中・韓から1　③地歴・公民(50) ▶世B・日B・地理B・「倫・政経」から1　④⑤数(50×2) ▶「数Ⅰ・数A」必須，「数Ⅱ・数B」・簿・情から1　⑥⑦理(50×2) ▶物・化・生・地学から2
[個別学力検査(900)]　4科目　①外(300) ▶コミュ英Ⅰ・コミュ英Ⅱ・コミュ英Ⅲ・英表Ⅰ・英表Ⅱ　②数(300) ▶数Ⅰ・数Ⅱ・数Ⅲ・数A・数B　③④理(150×2) ▶「物基・物」・「化基・化」・「生基・生」・「地学基・地学」から2
AO入試Ⅱ期　[共通テスト]　課さない。
[個別学力検査(1次400・2次1000)]　3科目　①書類審査(300)　②筆記試験(400)　③面接(300)
※第1次選考―筆記試験，第2次選考―面接，書類審査および筆記試験の結果を総合して判定。
AO入試Ⅲ期　[共通テスト(900)]　7科目　①国(200)　②外(R150＋L50) ▶英　③地歴・公民(100) ▶世B・日B・地理B・「倫・政経」から1　④⑤数(100×2) ▶「数Ⅰ・数A」必須，「数Ⅱ・数B」・簿・情から1　⑥⑦理(100×2) ▶物・化・生・地学から2
[個別学力検査(250)]　2科目　①書類審査(50)　②面接(200)
※書類審査，共通テストの成績および面接の結果を総合して判定。ただし，共通テストの成績により第1次選考を行うことがある。

その他の選抜

地域枠入試(医〈医〉)，科学オリンピック入試(理学部)，国際バカロレア入試(文・法・理・医〈医〉・薬・工・農学部)，帰国生徒入試(理・医〈医〉・工学部)，私費外国人留学生入試，グローバル入試(理〈化〉・工〈機械〉学部)，国際学士コース入試(理〈化〉・工〈機械〉・農学部)。

偏差値データ（2023年度）

●一般選抜

＊共通テスト・個別計/満点

学部／学科／専攻	2023年度 駿台予備学校 合格目標ライン	2023年度 河合塾 ボーダー得点率	2023年度 河合塾 ボーダー偏差値	2022年度実績 募集人員	2022年度実績 志願者数	2022年度実績 合格者数	2022年度実績 合格最低点*	競争率 '22年	競争率 '21年
●前期									
文学部									
人文社会	55	72%	60	147	426	163	—	2.6	2.4
教育学部									
教育科	55	71%	60	49	127	52	—	2.4	2.5
法学部									
法	58	72%	60	112	311	123	—	2.5	2.7
経済学部									
文系	55	74%	60	147	379	163	—	2.3	2.7
理系	55	74%	60	10	46	15		3.1	2.0
理学部									
数学系	57	75%	60	27	82	27	—	3.0	2.3
物理系	58	74%	60	74	241	83	—	2.9	2.8
化学系	58	75%	60	40	85	40	—	2.1	2.3
地球科学系	55	74%	57.5	29	62	32	—	1.9	2.0
生物系	57	73%	60	26	66	26	—	2.5	2.5
医学部									
医	69	82%	67.5	77	242	81	—	3.0	3.0
保健／看護学	52	63%	52.5	50	134	55	—	2.4	1.8
放射線技術科学	53	68%	55	25	47	27	—	1.7	2.8
検査技術科学	53	66%	55	25	85	33	—	2.6	2.9
歯学部									
歯	57	67%	55	37	75	43	—	1.7	2.6
薬学部									
創薬科・薬	59	72%	60	56	163	59	—	2.8	3.4
工学部									
機械知能・航空工	57	74%	60	164	432	171	—	2.5	2.8
電気情報物理工	57	74%	60	170	544	179	—	3.0	3.2
化学・バイオ工	56	74%	60	79	211	86	—	2.5	2.1
材料科学総合	56	73%	60	79	181	83	—	2.2	2.3
建築・社会環境工	56	73%	60	75	192	80	—	2.4	2.4
農学部									
	56	72%	57.5	105	261	112	—	2.3	2.7
●後期									
経済学部									
文系	60	82%	67.5	25	453	34	—	13.3	11.0
理系	59	81%	67.5	10	77	12		6.4	7.4

学部／学科／専攻	2023年度			2022年度実績					
	駿台予備学校	河合塾						競争率	
	合格目標ライン	ボーダー得点率	ボーダー偏差値	募集人員	志願者数	合格者数	合格最低点*	'22年	'21年
理学部									
数学系	61	88%	67.5	8	128	11	—	11.6	13.8
物理系	63	91%	67.5	20	362	26	—	13.9	16.1
化学系	61	89%	67.5	13	194	17	—	11.4	10.3
地球科学系	60	89%	67.5	10	67	13	—	5.2	4.9
生物系	61	89%	67.5	4	51	4	—	12.8	6.9

●駿台予備学校合格目標ラインは合格可能性80%に相当する駿台模試の偏差値です。●競争率は志願者÷合格者の志願倍率
●河合塾ボーダー得点率は合格可能性50%に相当する共通テストの得点率です。
また，ボーダー偏差値は合格可能性50%に相当する河合塾全統模試の偏差値です。
●経済学部理系，医学部医学科の前期と，経済学部文系，理学部の後期は２段階選抜を実施。

併設の教育機関　大学院

文学研究科

教員数▶教授50名，准教授24名
院生数▶424名

博士前期課程 ●**日本学専攻**　現代日本学，日本思想史，日本語学，日本語教育学，日本文学，日本史，考古学，文化財科学（連携分野）の８専攻分野。

●**広域文化学専攻**　文化人類学，宗教学，死生学・実践宗教学，インド学仏教史，中国語学中国文学，中国思想中国哲学，東洋史，英文学，英語学，ドイツ語学ドイツ文学，フランス語学フランス文学，西洋史の12専攻分野。

●**総合人間学専攻**　哲学，倫理学，東洋・日本美術史，美学・西洋美術史，心理学，言語学，社会学，行動科学，計算人文社会学の９専攻分野。

博士後期課程　日本学専攻，広域文化学専攻，総合人間学専攻

教育学研究科

教員数▶教授15名，准教授18名
院生数▶182名（うち教育情報学教育部11名）

博士前期課程 ●**総合教育科学専攻**　生涯教育科学，教育政策科学，グローバル共生教育論，教育情報アセスメント，教育心理学，臨床心理学の６コース。

博士後期課程　総合教育科学専攻

法学研究科

教員数▶教授39名，准教授10名
院生数▶267名

博士前期課程 ●**法政理論研究専攻**　法学・政治学の領域における卓越した理論家に加え，分野横断的な関心を持ち実務にも通じ，国際性を備えた研究者を養成する。

専門職学位課程 ●**総合法制専攻（法科大学院）**　現行法体系全体の構造を正確に理解し，具体的な問題について広い視野から多様な視点を設定する考察力，緻密で的確な論理展開力，高度なコミュニケーション力などを備えた法曹を養成する。

●**公共法政策専攻（公共政策大学院）**　政策の根本に横たわる「公」とは何かを自ら考え，行動する姿勢を持った人材を育てる。

博士後期課程　法政理論研究専攻

経済学研究科

教員数▶教授29名，准教授20名，講師３名
院生数▶255名

博士前期課程 ●**経済経営学専攻**　経済学・経営学の高度な総合的教育を行う。

専門職学位課程 ●会計専門職専攻（会計大学院）公認会計士等の会計専門職をめざす「公認会計士」，税理士試験の一部科目免除，博士後期課程進学を視野に入れた「会計リサーチ」，社会人のリカレント教育，高度な会計および周辺領域の知識の獲得をめざす「ビジネスアカウンティング」の３コースを設置。
博士後期課程 経済経営学専攻

理学研究科

教員数▶教授76名，准教授81名，講師７名
院生数▶809名
博士前期課程 ●**数学専攻**　代数学，幾何学，解析学，基礎論など数学のさまざまな分野で活発な研究が行われ，世界をリードする実績を誇る。
●**物理学専攻**　現代物理学の最先端分野のほとんどをカバーし，大学院生も指導教員と協力して国際的に第一線の研究を行っている。
●**天文学専攻**　天文学のほとんどの分野をテーマに理論，数値シミュレーション，観測による総合的な研究を展開。独創的な観測装置の開発など，成果をあげている。
●**地球物理学専攻**　物理学を基礎に，固体地球，海洋，大気，超高層大気，電磁圏，そして惑星圏を研究する。
●**化学専攻**　生物化学，天然物化学，有機合成化学，有機金属化学，金属錯体化学，超分子化学，ナノ・バイオ分析化学，レーザー分光学，計算化学といった化学の主要分野を網羅している。
●**地学専攻**　地球を一つのシステムとして，起源，構造，進化の解明に取り組む。
博士後期課程 数学専攻，物理学専攻，天文学専攻，地球物理学専攻，化学専攻，地学専攻

医学系研究科

教員数▶教授82名，准教授64名，講師36名
院生数▶949名
修士課程 ●**医科学専攻**　医薬系出身者だけでなく，医学を志す理系・文系出身者に最高レベルの医学教育・研究の場を提供する。
●**公衆衛生学専攻**　関連領域の研究と実践，ゲノム科学との融合，臨床研究などの集学的拠点をめざす。
博士前期課程 ●**障害科学専攻**　障害科学およびリハビリテーションに関する業務に従事するために必要な能力を備え、国際社会に貢献することができる人材を育成。
●**保健学専攻**　看護学・放射線技術科学・検査技術科学の３コース。研究者，教育者，高度医療専門職業人を養成する。
４年制博士課程 ●**医科学専攻**　広く医学領域の問題解決に挑戦する人材の育成をめざす。
博士後期課程 障害科学専攻，保健学専攻

歯学研究科

教員数▶教授23名，准教授14名，講師９名
院生数▶203名
修士課程 ●**歯科学専攻**　歯科衛生士・歯科技工士，歯科医療機器の開発者，看護師，養護教諭，保健行政関係者などに，歯学・口腔科学の専門教育・研究の機会を提供。
４年制博士課程 ●**歯科学専攻**　先端的な研究を推進することにより歯学の進歩・発展に寄与する。

薬学研究科

教員数▶教授19名，准教授13名，講師６名
院生数▶182名
博士前期課程 ●**分子薬科学専攻**　分子制御化学，分子解析学，分子動態解析学，分子イメージング薬学の４講座。新規医薬品や生理活性物質の創製に寄与する。
●**生命薬科学専攻**　生命解析学，生命情報薬学の２講座。疾病の分子機構と医薬品の作用機構を解明する。
４年制博士課程 ●**医療薬学専攻**　医療薬学，病態分子薬学，医薬品評価学連携の３講座。新規薬物療法の開発と医薬品の安全性向上に取り組む。
博士後期課程 分子薬科学専攻，生命薬科学専攻

工学研究科

教員数▶教授127名，准教授106名，講師10名

院生数▶2,018名

博士前期課程▶ ●**機械機能創成専攻**　ものづくりを基本とした機械工学の基本技術や学術をベースに，機能システム学，エネルギー学の分野を中心に，高度専門教育を行う。

●**ファインメカニクス専攻**　ナノテクノロジーに基づき，原子レベルから機械材料の機能と性能を解明し，マイクロ・ナノ領域の機械構造を巧みに創成し，それらの制御方法を確立する研究を行う。

●**ロボティクス専攻**　人間共生ロボット，自律性の高いスマート機械システム，ロボティクスの概念を拡張したインテリジェントスペース，スマート社会，DNAで作られた分子レベルの部品で構成されるナノロボットに至るまで，未来のロボティクスを創る技術を研究。

●**航空宇宙工学専攻**　厳しい環境と独特の制約下における航空宇宙技術を究め，フロンティアを切り開く宇宙航空システムを創成する。

●**量子エネルギー工学専攻**　量子レベルの現象を応用（医療診断・新素材開発等）について学ぶ。さらに，原子核反応を有効利用している核分裂炉／核融合炉の原理・仕組みについて理解する。

●**電気エネルギーシステム専攻**　電気と磁気に関する物理現象を基礎に，電気エネルギーの発生・輸送・変換・利用・貯蔵システムについて最先端の教育研究に取り組む。

●**通信工学専攻**　八木・宇田アンテナなど東北大学が誇る通信工学の伝統分野。高度情報通信社会の発展に貢献する研究。

●**電子工学専攻**　電子材料・デバイスから映像システムやコンピュータシステムに至るまで，最先端の研究に取り組む。

●**応用物理学専攻**　エネルギー・環境・医療・バイオ・情報などの分野で望まれている画期的なデバイス・材料の研究に挑戦している。

●**応用化学専攻**　原子・分子レベルで物質構造を解析し，高機能物質・新素材の合成や高感度分析法の開発。資源・エネルギー化学，環境保全技術などに関する研究も行う。

●**化学工学専攻**　エネルギー有効利用のための燃焼技術，高度機能材料製造プロセス，バイオマス資源の高効率利用，超臨界状態を利用する新規物質製造プロセスなどの研究。

●**バイオ工学専攻**　生物の持つ精緻な機能を工学の立場からとらえ，人類に役立つ技術に発展させるための各種研究。

●**金属フロンティア工学専攻**　金属素材産業の最も基礎となる不純物の取り除き，溶融金属内の化学反応分析，材料特性の変化予測といった物理化学，材料組織学，結晶回折学，分析科学などを学ぶ。

●**知能デバイス材料学専攻**　物性が生まれる仕組みを理解し，電子・磁気・エネルギー変換デバイスなどの基礎と応用を学び，次世代を見通した機能性材料とデバイス技術の開発をめざす。

●**材料システム工学専攻**　工業製品の寿命と信頼性を高める高強度・高耐久性の新接合技術，繊維強化材料の設計・評価，非破壊で材料内部を可視化する計測技術などを開発。

●**土木工学専攻**　道路・鉄道・港湾空港・上下水道，自然共生型の水辺空間の創造，災害に強い街づくりなど，豊かで文化的な社会生活の基盤を創造する研究を行う。

●**都市・建築学専攻**　安全性，快適性，社会性，芸術性を備えた空間デザイン，建築の計画，設計，構造，室内環境などに関する研究。

●**技術社会システム専攻**　工学と技術に関わる現代社会の複雑な諸問題を系統立てて分析し，その解決策を総合的な視点から生み出す。

博士後期課程▶ **機械機能創成専攻，ファインメカニクス専攻，ロボティクス専攻，航空宇宙工学専攻，量子エネルギー工学専攻，電気エネルギーシステム専攻，通信工学専攻，電子工学専攻，応用物理学専攻，応用化学専攻，化学工学専攻，バイオ工学専攻，金属フロンティア工学専攻，知能デバイス材料学専攻，材料システム工学専攻，土木工学専攻，都市・建築学専攻，技術社会システム専攻**

農学研究科

教員数▶教授43名，准教授27名

院生数▶351名

博士前期課程 ●生物生産科学専攻　2022年再編。植物生命科学，動物生命科学，水圏生産科学，農業経済学の４講座と栽培植物環境科学，沿岸フィールド生物生産学の２協力講座，家畜健康科学の寄付講座，縁辺深海生態系動態学，農業政策学の２連携講座で構成。

●農芸化学専攻　2022年再編。生物化学と食品天然物化学の２講座と発酵微生物の寄附講座，J-オイルミルズ油脂イノベーションの共同研究講座で構成。

博士後期課程 生物生産科学専攻，農芸化学専攻

国際文化研究科

教員数▸教授16名，准教授15名，講師１名
院生数▸118名

博士前期課程 ●国際文化研究専攻　世界の多様な地域文化，グローバル化する世界における共生可能な社会，言語の科学的研究の３領域で，学際的教育・研究を行う。

博士後期課程 国際文化研究専攻

情報科学研究科

教員数▸教授32名，准教授37名，講師２名
院生数▸434名

博士前期課程 ●情報基礎科学専攻　情報科学の本質を探る基礎理論，超並列計算，大規模高速ネットワークなどのための次世代の計算科学，また情報科学の幅広い可能性を探る数学と数理科学などを研究する。

●システム情報科学専攻　数学・自然科学・工学というさまざまな観点からのアプローチにより，複雑なシステムの解明，およびより良いシステムの構築をめざす。

●人間社会情報科学専攻　情報化による社会の変革を探り，人間と情報の関係をとらえる。

●応用情報科学専攻　多様な現実問題の解決に情報技術や統計科学手法を駆使して挑戦し，ハードおよびソフトの両面から応用情報科学の先進的教育・研究を推進。

博士後期課程 情報基礎科学専攻，システム情報科学専攻，人間社会情報科学専攻，応用情報科学専攻

生命科学研究科

教員数▸教授30名，准教授12名，講師１名
院生数▸320名

博士前期課程 ●脳生命統御科学専攻　こころと体を制御する「脳」を中心に，細胞集団が生命を統御する仕組みについて教育研究する。

●生態発生適応科学専攻　環境変動下における細胞・生物個体から生態系までの維持機構の解明をめざす。

●分子化学生物学専攻　分子が生命体内で働く仕組みから生命制御の方法を解明し，生命現象の本質的な理解に迫る。

博士後期課程 脳生命統御科学専攻，生態発生適応科学専攻，分子化学生物学専攻

環境科学研究科

教員数▸教授17名，准教授14名
院生数▸306名

博士前期課程 ●先進社会環境学専攻　人類社会の存続を危うくする環境問題に対して揺るぎない環境思想を基盤としたソリューション創出を行える人材（凸型人材）を育成。

●先端環境創成学専攻　環境問題に対して先端的環境技術による対策を行える人材（国際的Ｔ型人材）を育成する。

博士後期課程 先進社会環境学専攻，先端創成学専攻

医工学研究科

教員数▸教授18名，准教授７名，講師１名
院生数▸144名

博士前期課程 ●医工学専攻　医学・生物学と工学との融合領域で広い視野と深い知識を習得し，研究能力と高度技術を備えた人材を育成する。

博士後期課程 医工学専攻

MEMO

秋田大学

資料請求

問合せ先 入試課 ☎018-889-2256

大学の理念

1910（明治43）年に，全国で唯一の鉱専として設立された秋田鉱専と，秋田師範，秋田青師を統合して1949（昭和24）年に発足。「学生第一」をモットーに学生一人ひとりの目標や学びのスタイルに寄り添うカリキュラムを整え，充実した制度と万全のサポート体制により，未来へ踏み出す力を育てる。秋田の地を軸に，世界を視野にした４つの学部を構える。その「誇り」の根源は——。教育文化学部においては，小中学生の学力日本一を支える教員の養成という実績。国際資源学部，理工学部においては，鉱山専門学校に始まり工学資源学部で発展させてきた，世界に誇れる研究成果と人材の育成。特に資源学分野での世界に例を見ない資源学の総合教育研究体制。医学部においては，世界に発信できる教育研究の成果と地域医療への貢献が挙げられる。

- **手形キャンパス**……〒010-8502　秋田県秋田市手形学園町1-1
- **本道キャンパス**……〒010-8543　秋田県秋田市本道1-1-1

基本データ

学生数▶4,331名（男2,695名，女1,636名）
専任教員数▶教授140名，准教授138名，講師77名
設置学部▶国際資源，教育文化，医，理工
併設教育機関▶大学院―国際資源学，医学系，理工学（以上M・D），教育学（M・P），先進ヘルスケア工学院（M）

就職・卒業後の進路

就職率 99.3％
就職者÷希望者×100

● **就職支援**　学生支援総合センター，学生支援・就職課就職推進担当では模擬面接形式による対策支援や，履歴書・エントリーシートの添削など，各種就職相談に対応。そのほか，３年次を対象とした「企業・業界研究セミナー」や３月以降は個別説明会も実施。また学部１年生から参加可能な「就職ガイダンス」を年間約14回オンデマンドで配信し，就職活動のスケジュールに沿って「今，何をすべきか」を各回で学べる内容となっている。また，各学部で学科・コースの特性に沿った情報の提供および進路指導にあたる担当教員を配置し，教育文化学部では，教員採用試験対策講座「スタージュ」を開講。

進路指導者も必見 **学生を伸ばす 面倒見**

初年次教育
全学部で「情報処理」や「初年次ゼミ」を開講し，学問や大学教育全体に対する動機づけ，論理的思考や問題発見・解決能力の向上を図るほか，一部の学部ではレポート・論文の書き方，プレゼン技法，情報収集や資料整理の方法を学ぶ

学修サポート
TA制度（保健学科を除く），オフィスアワー制度（医学科を除く）を導入。医学部医学科（留年者や成績下位者）と理工学部（全員）では教員による面談等の履修指導を実施。学習支援として，数学・化学・物理・英語の「質問教室」を開催。

オープンキャンパス（2022年度実績） 7月30日に手形・本道両キャンパスで対面開催（事前申込制）。一部の企画はオンラインでも実施。学部・学科紹介や研究紹介，入試ガイダンス等の動画はHPでも公開。

理系学部

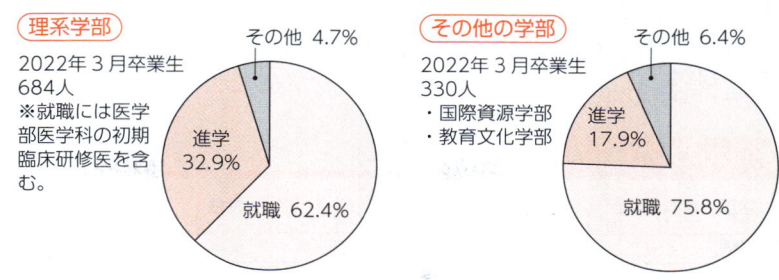

2022年３月卒業生
684人
※就職には医学部医学科の初期臨床研修医を含む。

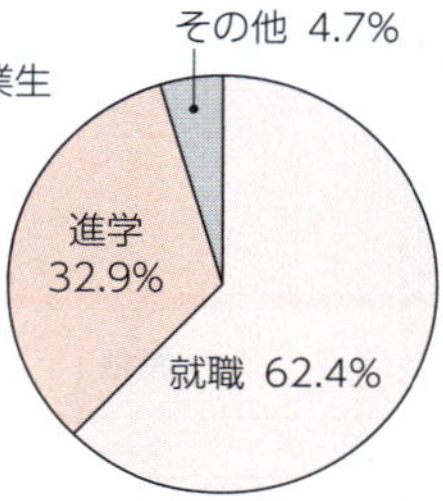

その他の学部

2022年３月卒業生
330人
・国際資源学部
・教育文化学部

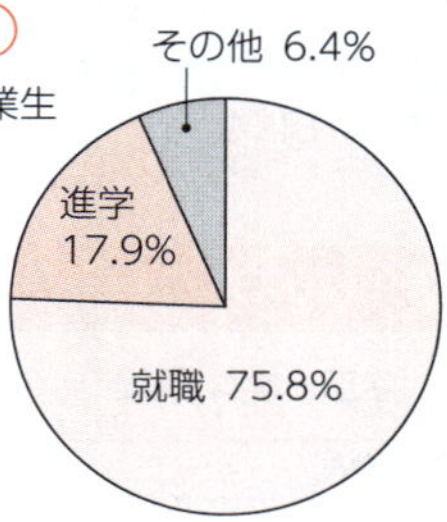

主なOB・OG▶［旧教育］藤田のぼる（児童文学研究者），［医］南木佳士（小説家・医師），［教育文化］遠田志帆（イラストレーター），［旧工学資源］阿部雅龍（冒険家）など。

国際化・留学　大学間 68 大学・部局間 36 大学等

受入れ留学生数▶127名（2022年５月１日現在）
留学生の出身国▶中国，ベトナム，マレーシア，韓国，インドネシアなど。
外国人専任教員▶教授２名，准教授６名，講師６名（2022年５月１日現在）
外国人専任教員の出身国▶中国，アメリカ，ルーマニア，フィリピン，バングラデシュなど。
大学間交流協定▶68大学（交換留学先51大学，2022年９月１日現在）
部局間交流協定▶36大学・機関（交換留学先９大学，2022年９月１日現在）
海外への留学生数▶渡航型５名・オンライン型351名／年（19カ国・地域，2021年度）
海外留学制度▶交流協定に基づく派遣交換留学，海外短期研修，国際資源学部の海外資源フィールドワーク，英語力向上を目的に海外短期研修やTOEIC対策などを組み合わせたイングリッシュ・マラソンなどを実施。往路航空運賃の一部（アジア圏上限４万円，それ以外上限10万円）を支援する「秋田大学みらい創造基金学生海外派遣支援事業」もある。

学費・奨学金制度　給付型奨学金総額 年間 260 万円

入学金▶282,000円
年間授業料（施設費等を除く）▶535,800円
年間奨学金総額▶2,600,000円
年間奨学金受給者数▶31人
主な奨学金制度▶秋田大学みらい創造基金事業として経済的理由により入学料納付が困難な学部新入生を対象に10万円（入学料免除許可者は5万円）を給付する「新入生育英奨学資金」や，成績優秀者を表彰し，10万円（予定）を給付する「学業奨励金」を設置。また，学費減免制度があり，2021年度には620人を対象に総額約9,800万円を減免している。

保護者向けインフォメーション

● **成績確認**　成績表，履修科目と単位数の情報を保護者に郵送している。
● **会報誌**　Campaslife（全学），ひだまり（教育文化），マインネット（理工）を発行。
● **保護者会**　教育文化学部，保健学科で開催。
● **防災対策**　「震災対応ガイド」を入学時および総合防災訓練時に配布。被災した際の学生の安否は，ポータルサイトを利用して確認する。
● **コロナ対策１**　ワクチンの職域接種を実施。対面授業とオンライン授業を感染状況に応じて併用。「コロナ対策２」（下段）あり。

インターンシップ科目	必修専門ゼミ	卒業論文	GPA制度の導入の有無および活用例	１年以内の退学率	標準年限での卒業率
教育文化・理工学部で開講している	教育文化学部は２～４年次，国際資源学部，理工学部は４年次に実施	全学部で卒業要件	一部の学部で奨学金や授業料免除対象者の選定基準，学生に対する個別の学修指導，保健学科では学生表彰者の推薦時の参考資料に活用	0.4%	90.0%（４年制）87.1%（6年制）

● **コロナ対策２**　入構時の消毒や講義室の環境整備，収容人数の調整を実施。学生には毎日の健康観察の記録，マスク着用などの感染対策を徹底し，希望者にはポケットWi-Fiやタブレット端末の貸与，経済支援を実施。

2024年度学部改組構想(予定)

● 人間社会情報学部(仮称)を新設構想中。入学試験では文系・理系の両方で受験でき，入学後は共通して情報学を中心に学ぶ。

学部紹介(2023年2月現在)

学部／学科・課程	定員	特色
国際資源学部		
国際資源	120	▷資源政策，資源地球科学，資源開発環境の3コース。世界をフィールドに資源の最先端を学ぶ。
● 取得可能な資格…測量士補(資源地球科学コース)，ダム水路主任技術者など。 ● 進路状況…………就職55.6%　進学41.0% ● 主な就職先………応用地質，川崎地質，日鉄鉱業，東京ソイルリサーチ，三井金属鉱業，出光興産など。		
教育文化学部		
学校教育	110	▷教育実践(45名)，英語教育(10名)，理数教育(20名)，特別支援教育(15名)，こども発達(20名)の5コース。
地域文化	100	▷地域社会，国際文化，心理実践の3コース制。
● 取得可能な資格…教職(国・地歴・公・社・数・理・音・美・保体・家・英，小一種，幼一種，特別支援)，保育士など。 ● 進路状況…………就職86.9%　進学5.2% ● 主な就職先………秋田県公立学校，秋田県外公立学校，秋田県内市町村，秋田県など。		
医学部		
医	124	▷豊かな教養と人間性を体得し，健康と福祉に貢献できる国際的視野を備えた人材を育成。
保健	106	▷看護学(70名)，理学療法学(18名)，作業療法学(18名)の3専攻。多様な場での実習を通して実践力を高める。
● 取得可能な資格…医師・看護師・保健師・助産師・理学療法士・作業療法士受験資格など。 ● 進路状況…………[医]初期臨床研修医97.5%　[保健]就職94.4%　進学2.8% ● 主な就職先………秋田大学医学部附属病院，JA秋田厚生連，東北大学病院，市立秋田総合病院など。		
理工学部		
生命科	45	▷生命科学コース。生命の不思議を科学し，医薬品，バイオ，化学業界に貢献できる人材を育成。
物質科	110	▷応用化学コースと材料理工学コースの2コース制。先端機能材料や化学プロセスに携わる研究者・技術者を養成。
数理・電気電子情報	120	▷数理科学，電気電子工学，人間情報工学の3コース制。各分野をリードする多彩な人材を育成。
システムデザイン工	120	▷機械工学，土木環境工学の2コース制。新しいものづくりができる実践的な技術者を育てる。
● 取得可能な資格…教職(数・理・工)，測量士補など。 ● 進路状況…………就職45.7%　進学48.6% ● 主な就職先………秋田県外市町村，秋田県内市町村，TDK，秋田県，秋田県外都道府県など。		

▶キャンパス

国際資源・教育文化・理工……［手形キャンパス］ 秋田県秋田市手形学園町1-1
医……［本道キャンパス］ 秋田県秋田市本道1-1-1

キャンパスアクセス ［手形キャンパス］ JR─秋田より徒歩約15分またはバス約6分

2023年度入試要項（前年度実績）

●募集人員

学部／学科・課程(専攻・コース)	前期	後期
▶国際資源　国際資源(資源政策)	20	7
(資源地球科学)	20	5
(資源開発環境)	25	7
▶教育文化 学校教育(教育実践)	24	8
(英語教育)	6	2
(理数教育)	12	4
(特別支援教育)	12	3
(子ども発達)	10	4
地域文化	58	10
▶医　医	55	24
保健(看護学)	30	5
(理学療法学)	8	2
(作業療法学)	6	3
▶理工　生命科(生命科学)	a15・b8	6
物質科(応用化学)	a32・b31	14
(材料理工学)		
数理・電気電子情報(数理科学)	a34・b24	18
(電気電子工学)		
(人間情報工学)		
システムデザイン工(機械工学)	a35・b26	17
(土木環境工学)		

※医学部医学科の後期日程は一般枠20名，秋田県地域枠４名。
※理工学部前期日程のａとｂでは共通テストと個別学力検査の配点が異なる。

●２段階選抜

医学部医学科で，志願者数が募集人員の前期５倍，後期一般枠，秋田県地域枠各10倍を超えた場合，共通テストの成績により行うことがある。

試験科目

デジタルブック

偏差値データ（2023年度）

●一般選抜

学部／学科・課程／専攻・コース	2023年度 駿台予備学校 合格目標ライン	河合塾 ボーダー得点率	河合塾 ランク偏差値	'22年度 競争率
●前期				
▶国際資源学部				
国際資源／資源政策	43	55%	47.5	2.1
／資源地球科学	44	53%	42.5	1.3
／資源開発環境	43	53%	42.5	2.6
▶教育文化学部				
学校教育／教育実践(教科)	47	57%	50	2.6
(音楽)	44	52%	47.5	
(美術)	42	52%	47.5	
(体育)	43	52%	47.5	
／英語	47	58%	50	1.2
／理数	47	57%	47.5	3.2
／特別支援	46	54%	47.5	1.6
／こども発達	48	57%	50	2.3
地域文化	45	59%	50	3.1
▶医学部				
医	60	76%	62.5	3.0
保健／看護学	45	54%	47.5	2.2
／理学療法学	48	59%	50	3.4
／作業療法学	46	53%	47.5	1.5
▶理工学部				
生命科a	43	55%	45	2.2
b	44	53%	47.5	
物質科a	43	52%	42.5	1.6
b	44	50%	47.5	
数理・電気電子情報a	43	54%	45	3.2
b	44	52%	50	
システムデザイン工a	43	52%	42.5	2.1
b	44	50%	47.5	
●後期				
▶国際資源学部				
国際資源／資源政策	44	60%	—	2.3
／資源地球科学	44	58%	—	1.6
／資源開発環境	44	57%	—	2.0
▶教育文化学部				
学校教育／教育実践(音楽)	46	59%	—	2.8
(美術)	44	57%	—	
(体育)	45	60%	—	
(小論文)	47	63%	—	
／英語	48	67%	55	2.7
／理数	48	61%	—	3.3
／特別支援	48	62%	—	3.3
／こども発達	49	59%	—	1.7
地域文化	46	65%	—	7.9
▶医学部				
医(一般枠)	62	82%	—	2.3
(地域枠)	62	80%	—	5.3
保健／看護学	45	60%	—	新
／理学療法学	48	61%	—	新
／作業療法学	46	57%	—	新
▶理工学部				
生命科	45	59%	50	1.3
物質科	46	58%	50	1.5
数理・電気電子情報	46	59%	50	2.0
システムデザイン工	46	58%	47.5	1.5

- 駿台予備学校合格目標ラインは合格可能性80％に相当する駿台模試の偏差値です。
- 河合塾ボーダー得点率は合格可能性50％に相当する共通テストの得点率です。また，ボーダー偏差値は合格可能性50％に相当する河合塾全統模試の偏差値です。
- 競争率は受験者÷合格者の実質倍率
- 医学部医学科（一般枠・地域枠）の後期は２段階選抜を実施。

キャンパスアクセス ［本道キャンパス］ JR一秋田よりバス約15分

山形大学

資料請求

問合せ先 入試課 ☎023-628-4141

大学の理念

1910（明治43）年創立の米沢高専，1920（大正９）年創立の山形高校ほか山形師範・青師，米沢工専，山形農専を統合し，1949（昭和24）年に発足。「地域創生」「次世代形成」「多文化共生」を使命とし，「創造性及び豊かな人間性を有する人材を育成する」という教育理念に基づき，新時代に相応しい人間力を養い，知・徳・体の調和のとれた人材を社会に輩出することをめざしている。３年一貫の基盤共通教育は，「学問基盤力，実践・地域基盤力，国際基盤力」を育成することにより，学生一人ひとりが自立した一人の人間として社会を構築する人間力を養う。入学時～３年次までに３回の基盤力テストを実施することで，学生は自身の学習状況を客観的に把握でき，その結果に基づく，きめ細かな学習指導が可能となっている。

- **小白川キャンパス**……〒990-8560　山形県山形市小白川町1-4-12
- **飯田キャンパス**………〒990-9585　山形県山形市飯田西2-2-2
- **米沢キャンパス**………〒992-8510　山形県米沢市城南4-3-16
- **鶴岡キャンパス**………〒997-8555　山形県鶴岡市若葉町1-23

基本データ

学生数▶7,322名（男4,714名，女2,608名）
専任教員数▶教授272名，准教授223名，講師62名
設置学部▶人文社会科，地域教育文化，理，医，工，農
併設教育機関▶大学院─理工学・有機材料システム・医学系（以上M・D），社会文化創造・農学（以上M），教育実践（P）

就職・卒業後の進路

就職率 99.9%
就職者÷希望者×100

● **就職支援**　キャリア・就職支援を専門に行うキャリアサポートセンターを各キャンパスに設置し，学年や時期に応じた情報提供，各種就職セミナーはもちろん，マンツーマンでのキャリアカウンセリングの体制を整備している。また，１年次から履修できる「キャリアデザイン」「プレインターンシップ」「仕事の流儀」などを開講し，卒業生や社会人との懇談会「キャリアカフェ」，公務員講座ガイダンスなどを通して，キャリア形成力を育成。

進路指導者も必見 学生を伸ばす 面倒見

初年次教育	学修サポート
全学部で自校教育，学問や大学教育全般に対する動機づけ，レポート・論文の書き方，プレゼン技法，ITの基礎技術，情報収集や資料整理の方法，論理的思考や問題発見・解決能力の向上を図る初年次教育を実施	全学部でTA制度，オフィスアワー制度を導入し，学部・学科により異なるが学生１～50人につき１人の教員アドバイザーを配置。医学部では未進級者や成績不振者に個別指導や面談等を行っている

オープンキャンパス(2022年度実績)　７～９月にかけて，各キャンパスごとに対面やオンラインで開催。対面でのイベントは人数を制限して実施(定員制・事前申込制)。

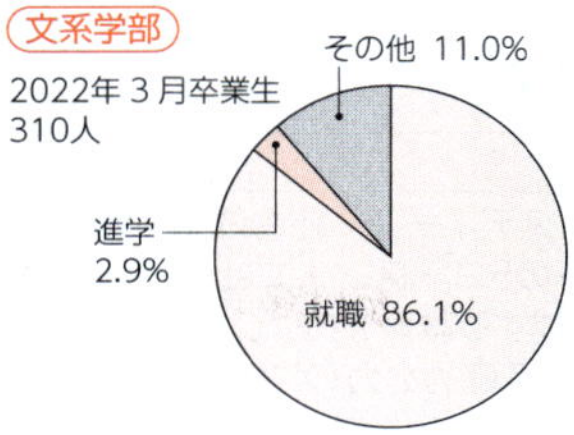

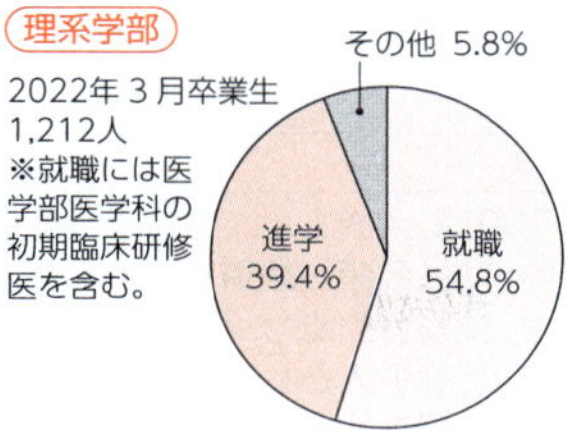

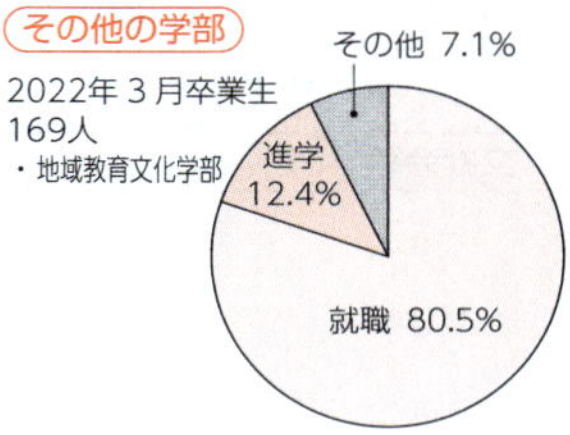

主なOB・OG ▶ [人文]内藤朝雄(社会学者)，[工]麿秀晴(凸版印刷社長)，[旧教育]佐藤賢一(小説家)，[旧教育]冨樫義博(漫画家)など。

国際化・留学　大学間 89 大学等・部局間 88 大学等

受入れ留学生数 ▶ 144名（2022年５月１日現在）

留学生の出身国 ▶ 中国，マレーシア，インドネシア，韓国など。

外国人専任教員 ▶ 教授９名，准教授７名，講師１名（2022年９月１日現在）

外国人専任教員の出身国・地域 ▶ イギリス，中国，台湾，アメリカ，韓国など。

大学間交流協定 ▶ 89大学・機関（交換留学先80大学，2022年５月１日現在）

部局間交流協定 ▶ 88大学・機関（交換留学先79大学，2022年５月１日現在）

海外への留学生数 ▶ 渡航型２名・オンライン型８名／年（３カ国・地域，2021年度）

海外留学制度 ▶ 協定校への１年以内の短期派遣留学や，海外拠点のあるベトナム，中国，インドネシア，ケニア，ラトビア，モンゴルの各大学で約２週間～１カ月，現地学生に日本語を教えながら日本文化や山形大学を紹介する「学生大使」派遣プログラムなどを実施。

学費・奨学金制度

入学金 ▶ 282,000円（工学部フレックスコース141,000円）

年間授業料(施設費等を除く) ▶ 535,800円(工学部フレックスコース267,900円)

主な奨学金制度 ▶ 学業が優秀で，かつ経済的理由で進学が困難な学生を対象に入学料・授業を免除し，卒業まで奨学金を給付する「山形大学山澤進奨学金」や「山形大学エリアキャンパスもがみ土田秀也奨学金」のほか，優秀な在学生に月額３万円を給付する「YU Do Best奨学金」などを設置。また，学費減免制度があり，2021年度は1,027人を対象に総額で約２億2,634万円を減免している。

保護者向けインフォメーション

● **成績確認**　成績表，履修科目と単位数の情報を郵送。出席状況の問い合わせには適宜対応。

● **会報誌**　人文社会・理・工・農学部および看護学科で保護者向け会報誌を発行。

● **保護者会**　理学部で「保護者会」，工学部で「父母等の集い」を開催している。

● **防災対策**　「学生生活ハンドブック」に防災について記載。学生が被災した際の安否確認は，アプリやメール，Googleフォームなどを利用。

● **コロナ対策１**　ワクチンの職域接種を実施。感染状況に応じた６段階のBCP（行動指針）を設定。「コロナ対策２」（下段）あり。

インターンシップ科目	必修専門ゼミ	卒業論文	GPA制度の導入の有無および活用例	１年以内の退学率	標準年限での卒業率
医学部を除き開講している	人文社会科・地域教育文化・医（看護）・農学部は３・４年次，工学部は４年次に実施	医学部医学科を除き卒業要件	一部の学部で奨学金等対象者選定，留学候補者選考，研究室の配属基準，個別の学修指導，履修上限単位数の設定などに活用	0.7%	非公表

● **コロナ対策２**　大学と講義室入口で検温と消毒を実施。講義室の環境を整備し，収容人数を調整している。また，オンライン授業を併用し，希望する学生にはパソコンを貸与し，教室等を開放。授業料免除等の経済支援を実施。

学部紹介

学部／学科	定員	特色
人文社会科学部		
人文社会科	290	▷人間文化，グローバル・スタディーズ，総合法律，地域公共政策，経済・マネジメントの5コース。人文社会科学系の総合的能力・汎用的能力を養成する教育プログラムを実施し，社会人として活躍するための基礎的な力（英語，情報・統計・調査能力，実践的課題解決能力）を身につけ，より専門性を重視しながら，文化や社会を幅広く学ぶ。
●取得可能な資格…教職（国・地歴・公・社・英），学芸員など。 ●進路状況…………就職86.1％　進学2.9％ ●主な就職先………NTT東日本-東北，アイリスオーヤマ，東京海上日動火災保険，ニトリ，日本政策金融公庫，毎日新聞社，山形銀行，山形大学，警視庁，山形県，鶴岡市など。		
地域教育文化学部		
地域教育文化	175	▷児童教育コース（80名）と文化創生コース（95名）に人材育成機能を集約・重点化。地域において「地域とつながる子どもの育成」「安全かつ安心な生活」「文化的に豊かな人生」を支え，多様な人々・組織・団体をつなぎ地域の課題解決に取り組む人材を育成する。
●取得可能な資格…教職（国・地歴・社・数・理・音・美・保体・英，小一種，幼一種，特別支援），司書教諭，学芸員など。 ●進路状況…………就職80.5％　進学12.4％ ●主な就職先………JTB，河北新報社，ニチレイフーズ，山形テレビ，山野楽器，国際協力機構（JICA），東北大学，山形県警察，学校教員（山形県・神奈川県・仙台市他）など。		
理学部		
理	210	▷3つの履修プログラム（スタンダード，フロンティア，サイエンスコミュニケーター）と6つのコースカリキュラム（数学，物理学，化学，生物学，地球科学，データサイエンス）の3×6＝18通りの履修プランの中から卒業後を視野に入れ，自分に合ったプランを選んで学ぶ。
●取得可能な資格…教職（数・理），学芸員など。 ●進路状況…………就職53.5％　進学38.0％ ●主な就職先………東日本旅客鉄道，3Mジャパンプロダクツ，秋田放送，宇宙技術開発，数研出版，第一貨物，日本製鉄，気象庁，特許庁，秋田県，山形県，山形市，寒河江市など。		
医学部		
医	113	▷1〜2年次に医師としての素養や基礎的医学知識・技術を修得。3年次に臨床系・基礎系の統合型講義による臓器別学習を経て，4年次以降は医療の現場を主体的に体験しながら，実力と見識を備えた医療人の礎をつくる。
看護	60	▷東北・北海道地区で最初につくられた4年制の看護学部。充実した実習環境のもと，理論的かつ実践的に質の高い看護実践能力を修得していく。
●取得可能な資格…医師・看護師・保健師・助産師受験資格など。 ●進路状況…………［医］初期臨床研修医90.7％　［看護］就職81.5％　進学12.3％ ●主な就職先………［初期臨床研修先］山形大学医学部附属病院，山形県立中央病院など。 ［看護］山形大学医学部附属病院，日本海総合病院，山形済生病院，米沢市など。		

キャンパスアクセス ［小白川キャンパス］ JR奥羽線一山形よりバス約6分・〈山形南高前山大入口〉下車後徒歩約7分，徒歩約30分

工学部		
高分子・有機材料工	140	▷合成化学，光・電子材料，物性工学の3コース。教養と工学の基礎知識に加え，高分子・有機材料に関する専門知識を有し，技術開発における現状と問題点を解析・理解し，新しい取り組みに自発的に行動できる研究者・技術者を育成する。
化学・バイオ工	140	▷応用化学・化学工学，バイオ化学工学の２コース。人類が現在直面するエネルギー，環境，食糧，医療などの諸問題を解決するための学問を修得。
情報・エレクトロニクス	150	▷情報・知能，電気・電子通信の２コース。プログマブルなシステム技術とそれを可能にする高度な電気電子デバイスや機器開発の分野で新しい領域を切り拓く。
機械システム工	140	▷構造・材料・デザイン，熱流体・エネルギー，ロボティクス・バイオニクスの３領域について，広範な知識や技術を実践的に取得させ，次世代の機械技術者・研究者を育成する。
建築・デザイン	30	▷工学とデザインとの融合による既存の技術にとらわれない都市建築空間を創造し，学際領域で新たな価値を生み出せる人材を育成する。
システム創成工	50	▷フレックスコース。１年次から米沢キャンパスで学ぶため，早期の研究室所属，専門基礎科目の少人数教育，入学後に専門分野を選択できるなどの特長的教育システムを構築。主として夜間に授業を行うが，昼間の授業も履修できる。

● **取得可能な資格**…教職（工業），１・２級建築士受験資格など。
● **進路状況**…………就職42.1%　進学53.8%
● **主な就職先**………アウトソーシングテクノロジー，いすゞ自動車，一条工務店，デンソーテクノ，山形航空電子，理研計器，外務省，宮城労働局，横浜税関，山形県警察など。

農学部		
食料生命環境	165	▷２年次にアグリサイエンス，バイオサイエンス，エコサイエンスの３つからコースを選択。３年次には将来を見据えて，基幹，国際展開，地域創生の３つから履修プログラムを選択し，専門性を追究する。

● **取得可能な資格**…測量士補など。
● **進路状況**…………就職69.0%　進学24.1%
● **主な就職先**………富士システムズ，日東ベスト，山形農業協同組合，フラワーオークションジャパン，平田牧場，住友林業，アジア航測，農林水産省，山形県，仙台市など。

キャンパス

人文社会科・地域教育文化・理……［小白川キャンパス］ 山形県山形市小白川町1-4-12
医……［飯田キャンパス］ 山形県山形市飯田西2-2-2
工……［米沢キャンパス］ 山形県米沢市城南4-3-16
農……［鶴岡キャンパス］ 山形県鶴岡市若葉町1-23

キャンパスアクセス ［飯田キャンパス］JR奥羽線─山形よりバス約15分
［鶴岡キャンパス］ JR羽越線─鶴岡よりバス約4分，徒歩約15分

2023年度入試要項（前年度実績）

●募集人員

学部／学科（コース）	前期	後期
▶人文社会科　人文社会科（人間文化）	55	10
（グローバル・スタディーズ）	25	—
（総合法律） （地域公共政策） （経済・マネジメント）	110	15
▶地域教育文化　地域教育文化（児童教育）	48	12
（文化創生）	45	10
▶理　理	130	30
▶医　医	73	15
看護	35	5
▶工　高分子・有機材料工	83	10
化学・バイオ工（応用化学・化学工学）	41	10
（バイオ化学工学）	41	10
情報エレクトロニクス（情報・知能）	44	10
（電気・電子通信）	44	10
機械システム工	87	10
建築・デザイン	17	5
（フレックスコース）システム創成工	35	5
▶農　食料生命環境	95	25

※医学部医学科の前期は地域枠８名を含む。

●２段階選抜

医学部医学科で志願者数が募集人員を前期約５倍，後期約10倍を超えた場合に行う。

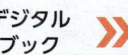

試験科目

デジタルブック ≫

偏差値データ（2023年度）

●一般選抜

学部／学科／コース	2023年度 駿台予備学校 合格目標ライン	2023年度 河合塾 ボーダー得点率	2023年度 河合塾 ボーダー偏差値	'22年度 競争率
●前期				
▶人文社会科学部				
人文社会科／人間文化	46	64%	55	2.0
／グローバル・スタディーズ	47	65%	52.5	1.7
／総合法律・地域公共政策・経済・マネジメント	46	60%	50	1.6
▶地域教育文化学部				
地域教育文化／児童教育	46	57%	47.5	1.9
／文化創生	44	57%	47.5	1.7
▶理学部				
理	48	56%	47.5	1.7
▶医学部				
医（一般）	61	77%	62.5	4.6
医（地域枠）	61	—	—	2.8
看護	45	57%	47.5	1.5
▶工学部				
高分子・有機材料工	43	55%	45	1.9
化学・バイオ工／応用化学・化学工学	45	55%	45	2.5
／バイオ化学工学	45	58%	45	2.9
情報・エレクトロニクス／情報・知能	44	59%	45	1.7
／電気・電子通信	43	55%	45	1.3
機械システム工	43	55%	45	1.6
建築・デザイン	45	58%	—	1.8
システム創成工	41	52%	45	2.7
▶農学部				
食料生命環境	46	53%	47.5	1.5
●後期				
▶人文社会科学部				
人文社会科／人間文化	47	71%	—	2.3
／総合法律・地域公共政策・経済・マネジメント	46	67%	—	2.3
▶地域教育文化学部				
地域教育文化／児童教育	47	60%	—	2.3
／文化創生	44	60%	—	1.5
▶理学部				
理	49	65%	—	2.6
▶医学部				
医	62	82%	—	4.7
看護	45	63%	—	3.2
▶工学部				
高分子・有機材料工	44	60%	—	1.6
化学・バイオ工／応用化学・化学工学	46	60%	—	1.9
／バイオ化学工学	46	65%	—	2.8
情報・エレクトロニクス／情報・知能	45	68%	—	3.1
／電気・電子通信	44	60%	—	1.6
機械システム工	44	60%	—	1.5
建築・デザイン	46	70%	—	3.4
システム創成工	42	59%	—	2.9
▶農学部				
食料生命環境	45	57%	—	7.0

- 駿台予備学校合格目標ラインは合格可能性80%に相当する駿台模試の偏差値です。
- 河合塾ボーダー得点率は合格可能性50%に相当する共通テストの得点率です。また，ボーダー偏差値は合格可能性50%に相当する河合塾全統模試の偏差値です。
- 競争率は受験者÷合格者の実質倍率

キャンパスアクセス ［米沢キャンパス］JR奥羽線―米沢よりバス約10～15分

MEMO

福島大学（ふくしま）

資料請求

問合せ先 入試課　☎024-548-8064

大学の理念

1949（昭和24）年，福島師範学校・福島青年師範学校・福島経済専門学校の３校を包括して，学芸と経済の２学部で開校。2004（平成16）年の国立大学法人化と同時期に理工学群を創設，2019（平成31）年には，農学群を設置し，３学群５学類の総合大学へと発展。「問題解決を基盤とした教育」を理念とし，「解のない問いにチャレンジできる人材」の育成を目標に掲げ，東日本大震災・原発事故被災地にある大学だからこそ実現できる取り組みを重視している。独自の学類制は細分化されたコース編成で専門性の強化とカリキュラムの柔軟性を両立。従来の学問領域の枠にとらわれず，学生が主体的に学んでいくことで，幅広い視野と豊かな創造力を持ち，グローバル化や地域社会の課題に応えられる「21世紀型」能力を備える学生の育成をめざす。

● **福島大学キャンパス**…〒960-1296　福島県福島市金谷川1番地

基本データ

学生数▶4,070名（男2,312名，女1,758名）
専任教員数▶教授128名，准教授99名，講師１名
設置学群▶人文社会，理工，農

併設教育機関▶大学院─共生システム理工学（M・D），地域デザイン科学・食農科学（以上M），教職実践（P）

就職・卒業後の進路

就職率 96.6%
就職者÷希望者×100

● **就職支援**　1・2年次に「キャリア形成論」「キャリアモデル学習」「インターンシップ」「ワーキングスキル」を開講，キャリア教育を行う。キャリア支援課では，その学びを就職につなげるさまざまな事業を展開。年間24種類以上実施されるガイダンスでは業界研究，教員採用セミナー，SPI説明会・Webテスト，エントリシート作成，面接・グループディスカッション対策などの講座を開講。専門のキャリア相談員が実践型就職ミニセミナーやゼミへの出張就職セミナー，個別の相談にも対応している。また，複数の企業を招いての業界研究セミナーや合同企業説明会，公務員合同業務説明会なども開催している。

進路指導者も必見 学生を伸ばす 面倒見

初年次教育	学修サポート
「大学で学ぶ」でレポート・論文の書き方，情報収集や資料整理の方法，「スタートアップセミナー」でプレゼン技法，論理的思考や問題発見・解決能力の向上を図るほか，「情報リテラシー」を開講	全学群でTA・SA制度，オフィスアワー制度，教員アドバイザー制度を導入。教職員と学生の日常的な結びつきを重視してゼミ指導教員等が学生の相談に応じている

オープンキャンパス（2022年度実績）　7月に来場型で開催，各開催日（午前・午後）の参加人数を制限した事前申込制のため，オンラインでのライブ中継も実施。学類説明会や模擬講義などはHPでも公開。

文系学群
2022年３月卒業生
786人

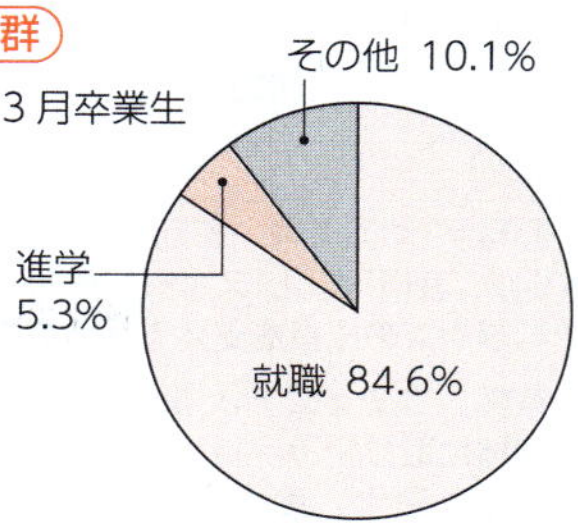

理系学群
2022年３月卒業生
190人

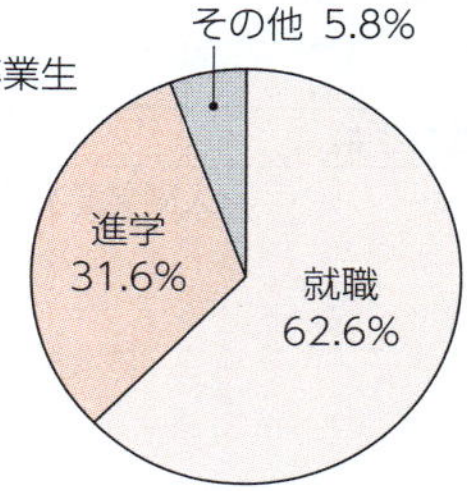

主なOB・OG▶［旧教育］和合亮一（詩人），［旧行政社会］岩渕友（政治家），［旧行政社会］中村文則（作家），［旧経済］村川透（映画監督）など。

国際化・留学　　大学間 56 大学等

受入れ留学生数▶63名（2022年５月１日現在）

留学生の出身国・地域▶中国，ベトナム，マレーシア，台湾，ドイツなど。

外国人専任教員▶教授５名，准教授７名（2022年９月１日現在）

外国人専任教員の出身国▶韓国，カナダ，アメリカ，ウクライナ，ドイツなど。

大学間交流協定▶56大学・機関（交換留学先35大学，2022年９月15日現在）

海外への留学生数▶オンライン型７名（２カ国・地域，2021年度）

海外留学制度▶交流協定に基づき福島大学にのみ学費を納める半年～１年の交換留学，長期休暇を利用して行う韓国，中国，台湾，カナダ，ドイツでの語学研修，ウィニペグ大学の異文化交流演習，コロラド州立大学ではアメリカの放射線研究について学ぶフィールドワーク体験などのプログラムを実施。また，実際の現場で英語を使うことにより実用的な英語を身につけることを目的としたヒューストンでの海外インターンシップもある。

学費・奨学金制度　　給付型奨学金総額 年間 240 万円

入学金▶282,000円（夜間主141,000円）

年間授業料（施設費等を除く）▶535,800円（夜間主267,900円）

年間奨学金総額▶2,400,000円

年間奨学金受給者数▶４人

主な奨学金制度▶２年次以上の学類生を対象に月額５万円を１年間支給する返還不要の「しのぶ育英奨学金」がある。また，学費減免制度があり，2021年度は340人を対象に総額で約6,193万円を減免している。

保護者向けインフォメーション

●**成績確認**　成績表および履修科目と単位数の情報を郵送している。

●**就職ガイダンス**　３年次の10月に「保護者のための就職セミナー」を開催，就職活動環境や親の関わり方などについての説明を行っている。

●**防災対策**　入学時に配布する「学生便覧」に掲載。学生が被災した際の安否確認は，総合ポータルシステムLive Campusを利用。

●**コロナ対策１**　感染状況に応じた５段階のBCP（行動指針）を設定。「コロナ対策２」（下段）あり。

インターンシップ科目	必修専門ゼミ	卒業論文	GPA制度の導入の有無および活用例	１年以内の退学率	標準年限での卒業率
全学群で開講している	全学群で，１～４年次に実施	全学群で卒業要件	全学群で奨学金や授業料免除対象者の選定基準のほか，一部の学群で進級判定の基準，個別の学修指導に活用	1.0%	95.7%

●**コロナ対策２**　対面授業とオンライン授業を併用し，大学と講義室入口で検温と消毒を行うとともに，講義室の収容人数を調整。学生への経済支援として大学生協で使用できるプリペイドカードへのチャージを実施。

学部紹介

学群／学類	定員	特色
人文社会学群		
人間発達文化	260	▷教育実践，心理学・幼児教育，特別支援・生活科学，人文科学，数理自然科学，芸術・表現，スポーツ健康科学の7コース。生涯を通じた学びや人の成長を支える人材を育成する。
行政政策	185	▷震災からの復興，コミュニティの再生といった地域が抱えるさまざまな課題に取り組み，持続可能な地域づくりに貢献できる人材を養成。法学，政治学，行政学を中心とした「地域政策と法」と社会学系の科目を基盤とした「地域社会と文化」の２コースを設置。
[夜間主]行政政策	20	▷夜間主でも「地域政策と法」「地域社会の文化」の２コースを設置。長期履修制度や放送大学の活用，昼間の受講など「学び」と「仕事」を両立させるための柔軟なカリキュラムが用意されている。
経済経営	220	▷経済学，経営学の2コース。第４セメスター（2年次後期）から専門演習に所属し，それぞれの活動や研究を展開。その成果を卒論へとまとめていく。調査・分析スキルや外部組織と連携した演習，語学力の向上に特化したコース横断プログラムもある。

●**取得可能な資格**…教職（国・地歴・公・社・数・理・音・美・保体・家・商業・英，小一種，幼一種，特別支援），学芸員など。
●**進路状況**…………就職84.6%　進学5.3%（旧現代教養コースを含む）
●**主な就職先**………学校教員，福島民報社，JA全農，クボタ，伊藤園，ジンズ，富士薬品，凸版印刷，コメリ，YKK AP，NTTドコモ，星野リゾート，大阪大学，総務省，福島労働局，福島県，会津若松市など。

学群／学類	定員	特色
理工学群		
共生システム理工	160	▷理学・工学・人文社会科学を融合した学びにより，現代社会や地域の問題を「システム」的に解決できる実践的経験を持つ「理工」系人材を育成。数理・情報科学，経営システム，物理・システム工学，物質科学，エネルギー，生物環境，地球環境，社会計画，心理・生理の９コース。第３セメスター（2年次前期）からコースに所属する。

●**取得可能な資格**…教職（数・理・技・情・工業），学芸員など。
●**進路状況**…………就職62.6%　進学31.6%
●**主な就職先**………トマル，武田設計工業，日本電産，五洋建設，東北電力，キオクシア岩手，データコム，NECソリューションイノベータ，明電舎，日本航空，防衛省，福島県など。

学群／学類	定員	特色
農学群		
食農	100	▷農学専門教育と農学実践型教育の2つの柱からなる農学教育により，実践的に農学を学び，食と農の課題に主体的・創造的に取り組む力を養う。第４セメスター（2年次後期）から，食品科学，農業生産学，生産環境学，農業経営学の4コースのいずれかに所属する。

●**取得可能な資格**…教職（理・農），測量士補など。
●**進路状況**…………2019年度開設のため卒業生はいない。

▶キャンパス

全学部……［福島大学キャンパス］〒960-1296　福島県福島市金谷川1番地

キャンパスアクセス ［福島大学キャンパス］JR東北本線－金谷川より徒歩10分

2023年度入試要項(前年度実績)

●募集人員

学群／学類(コース)		前期	後期
▶人文社会	人間発達文化(教育実践)	15	A系6
	(心理学・幼児教育)	20	
	(特別支援・生活科学)	12	
	(芸術・表現)	12	
	(人文科学)	60	B系6
	(数理自然科学)	15	
	(スポーツ健康科学)	20	
	行政政策	108	35
	経済経営	114	40
▶理工	共生システム理工	70	42
▶農	食農	60	20

※行政政策［夜間主］は総合型選抜で募集。
※人間文化発達学類の後期はＡ系・Ｂ系の区分で募集。所属コースは本人の希望により，以下の通り。Ａ系：教育実践，心理学・幼児教育，特別支援・生活科学，芸術・表現。Ｂ系：人文科学，数理自然科学，スポーツ健康科学。ただし，Ａ系合格者で心理学・幼児教育コースを選択した者は，公認心理師カリキュラムは履修可能だが，保育士資格は取得不可。

● 2段階選抜　実施しない

▷共通テストの英語はリスニングを含む。

人文社会学群

前期　**【人間発達文化学類〈全コース〉】［共通テスト(900)］** 8〜7科目 ①**国**(200) ②**外**(200・英〈R160＋L40〉)▶英・独・仏・中・韓から1 ③④**数**(100×2)▶「数Ⅰ・〈数Ⅰ・数A〉から1」・「数Ⅱ・〈数Ⅱ・数B〉・簿・情から1」 ⑤⑥⑦⑧**「地歴・公民」・理**(100×3)▶世A・世B・日A・日B・地理A・地理B・現社・倫・政経・「倫・政経」から1または2，「物基・化基・生基・地学基から2」・物・化・生・地学から1または2，計3
〈教育実践コース，特別支援・生活科学コース〉［個別学力検査(400)］ 1科目 ①**小論文**(400)
〈心理学・幼児教育コース〉［個別学力検査(400)］ 1科目 ①**小論文・表現基礎検査**(400)▶小論文・表現基礎検査から1 ※保育士資格取得希望者は表現基礎検査を，希望しない者は小論文を選択。
〈芸術・表現コース，スポーツ健康科学コース〉［個別学力検査(600)］ 1科目 ①**実技**(600)▶芸術・表現コースは実技検査(音楽)・実技検査(美術)から1，スポーツ健康科学コースは実技検査(スポーツ)
〈人文科学コース〉［個別学力検査(400)］ 1科目 ①**国・外・小論文**(400)▶「国総・現文B・古典B」・「コミュ英Ⅰ・コミュ英Ⅱ・コミュ英Ⅲ・英表Ⅰ・英表Ⅱ」・小論文から1
〈数理自然科学コース〉［個別学力検査(400)］ 1科目 ①**数**(400)▶数Ⅰ・数Ⅱ・数Ⅲ(極限・微分法・積分法)・数A・数B(数列・ベク)
【行政政策学類】［共通テスト(600)］ 8〜7科目 ①**国**(150) ②**外**(150・英〈R120＋L30〉)▶英・独・仏・中・韓から1 ③**地歴**(75)▶世B・日B・地理Bから1 ④**公民**(75)▶現社・倫・政経・「倫・政経」から1 ⑤⑥**数**(50×2)▶「数Ⅰ・数A」必須，数Ⅱ・「数Ⅱ・数B」・簿・情から1 ⑦⑧**理**(50)▶「物基・化基・生基・地学基から2」・物・化・生・地学から1
［個別学力検査(200)］ 1科目 ①**小論文**(200)
【経済経営学類】［共通テスト(1100)］ 8〜7科目 ①**国**(200) ②**外**(200・英〈R160＋L40〉)▶英・独・仏・中・韓から1 ③④**地歴・公民**(100×2)▶世B・日B・地理B・「現社・倫・政経・〈倫・政経〉から1」から2 ⑤⑥**数**(100×2)▶「数Ⅰ・数A」必須，「数Ⅱ・数B」・簿・情から1 ⑦⑧**理**(100)▶「物基・化基・生基・地学基から2」・物・化・生・地学から1
※「地歴・公民」と「数学」はいずれか合計得点の高い2科目を2倍して配点。
［個別学力検査(400)］ 1科目 ①**外・小論文**(400)▶「コミュ英Ⅰ・コミュ英Ⅱ・コミュ英Ⅲ・英表Ⅰ・英表Ⅱ」・小論文から1
後期　**【人間発達文化学類〈A系・B系〉】［共通テスト(900)］** 8〜7科目 ①**国**(200) ②**外**(200・英〈R160＋L40〉)▶英・独・仏・中・韓から1 ③④**数**(100×2)▶「数Ⅰ・〈数Ⅰ・数A〉から1」・「数Ⅱ・〈数Ⅱ・数B〉・簿・情から1」 ⑤⑥⑦⑧**「地歴・公民」・理**(100×3)▶世A・世B・日A・日B・地理A・地理B・現社・倫・政経・「倫・政経」から1または2，「物基・化基・

生基・地学基から２」・物・化・生・地学から１または２，計３
［個別学力検査(200)］ 1科目 ①小論文(200)
【行政政策学類】［共通テスト(300)］ 8〜7科目 ①国(100) ②外(100・英〈R80＋L20〉) ▶英・独・仏・中・韓から１ ③地歴(100) ▶世Ｂ・日Ｂ・地理Ｂから１ ④公民(100) ▶現社・倫・政経・「倫・政経」から１ ⑤⑥数(100) ▶「数Ⅰ・数Ａ」必須，数Ⅱ・「数Ⅱ・数Ｂ」・簿・情から１ ⑦⑧理(100) ▶「物基・化基・生基・地学基から２」・物・化・生・地学から１
※上記６教科７〜８科目のうち高得点の３教科３〜４科目の成績を利用。ただし，地歴と公民は１教科１科目，数学は高得点の１科目を判定に用いる。
［個別学力検査(100)］ 1科目 ①小論文(100)
【経済経営学類】［共通テスト(900)］ 8〜7科目 ①国(200) ②外(200・英〈R160＋L40〉) ▶英・独・仏・中・韓から１ ③④地歴・公民(100×2) ▶世Ｂ・日Ｂ・地理Ｂ・「現社・倫・政経・〈倫・政経〉から１」から２ ⑤⑥数(100×2) ▶「数Ⅰ・数Ａ」必須，「数Ⅱ・数Ｂ」・簿・情から１ ⑦⑧理(100) ▶「物基・化基・生基・地学基から２」・物・化・生・地学から１
［個別学力検査(200)］ 1科目 ①外・小論文(200) ▶「コミュ英Ⅰ・コミュ英Ⅱ・コミュ英Ⅲ・英表Ⅰ・英表Ⅱ」・小論文から１

理工学群

前期 ［共通テスト(900)］ 8〜7科目 ①国(200) ②外(200・英〈R160＋L40〉) ▶英・独・仏・中・韓から１ ③地歴・公民(100) ▶世Ｂ・日Ｂ・地理Ｂ・現社・倫・政経・「倫・政経」から１ ④⑤数(100×2) ▶「数Ⅰ・〈数Ⅰ・数Ａ〉から１」・「数Ⅱ・〈数Ⅱ・数Ｂ〉・簿・情から１」 ⑥⑦⑧理(100×2) ▶「物基・化基・生基・地学基から２」・物・化・生・地学から２
［個別学力検査(400)］ 2科目 ①数(200) ▶数Ⅰ・数Ⅱ・数Ⅲ・数Ａ・数Ｂ（数列・ベク） ②理(200) ▶「物基・物」・「化基・化」・「生基・生」から１
後期 ［共通テスト(900)］ 8〜7科目 前期と同じ
［個別学力検査(300)］ 1科目 ①数(300) ▶数Ⅰ・数Ⅱ・数Ⅲ・数Ａ・数Ｂ（数列・ベク）

農学群

前期 ［共通テスト(900)］ 8〜7科目 ①国(200) ②外(200・英〈R160＋L40〉) ▶英・独・仏・中・韓から１ ③地歴・公民(100) ▶世Ｂ・日Ｂ・地理Ｂ・現社・倫・政経・「倫・政経」から１ ④⑤数(100×2) ▶「数Ⅰ・〈数Ⅰ・数Ａ〉から１」・「数Ⅱ・〈数Ⅱ・数Ｂ〉・簿・情から１」 ⑥⑦⑧理(100×2) ▶「物基・化基・生基・地学基から２」・物・化・生・地学から２
［個別学力検査(400)］ 2科目 ①②外・数・理(200×2) ▶「コミュ英Ⅰ・コミュ英Ⅱ・コミュ英Ⅲ・英表Ⅰ・英表Ⅱ」・「数Ⅰ・数Ⅱ・数Ａ・数Ｂ（数列・ベク）」・「物基・物」・「化基・化」・「生基・生」から２
後期 ［共通テスト(900)］ 8〜7科目 前期と同じ
［個別学力検査(300)］ 2科目 ①外・数(200) ▶「コミュ英Ⅰ・コミュ英Ⅱ・コミュ英Ⅲ・英表Ⅰ・英表Ⅱ」・「数Ⅰ・数Ⅱ・数Ａ・数Ｂ（数列・ベク）」から１ ②面接(100)

その他の選抜

総合型選抜は人文社会学群51名，理工学群25名，農学群20名を，学校推薦型選抜は人文社会学群166名，理工学群23名を募集。ほかに私費外国人留学生選抜を実施。

偏差値データ（2023年度）

●一般選抜

学群／学類／専攻	2023年度 駿台予備学校 合格目標ライン	河合塾 ボーダー得点率	河合塾 ボーダー偏差値	'22年度 競争率
●前期				
▶人文社会学群				
人間発達文化／教育実践	45	57%	—	3.1
／心理学・幼児教育〈小論文〉	45	58%	—	3.1
〈表現基礎検査〉	47	57%	—	2.9
／特別支援・生活科学	45	55%	—	2.6
／芸術・表現〈音楽〉	43	50%	—	1.2
〈美術〉	43	50%	—	1.2
／人文科学〈国語〉	46	59%	55	3.0
〈英語〉	46	58%	52.5	1.7
〈小論文〉	44	58%	—	3.3
／数理自然科学	46	55%	45	1.6
／スポーツ健康科学	43	54%	—	3.1
行政政策	44	58%	—	1.4
経済経営	43	58%	47.5	2.1
▶理工学群				
共生システム理工	44	54%	45	1.4
▶農学群				
食農	46	53%	47.5	2.2
●後期				
▶人文社会学群				
人間発達文化〈A系〉	46	62%	—	3.7
〈B系〉	47	61%	—	3.9
行政政策	45	66%	—	2.4
経済経営	44	65%	50	1.6
▶理工学群				
共生システム理工	45	58%	47.5	1.4
▶農学群				
食農	47	55%	50	2.3

- 駿台予備学校合格目標ラインは合格可能性80%に相当する駿台模試の偏差値です。
- 河合塾ボーダー得点率は合格可能性50%に相当する共通テストの得点率です。また，ボーダー偏差値は合格可能性50%に相当する河合塾全統模試の偏差値です。
- 競争率は受験者÷合格者の実質倍率

MEMO

茨城大学（いばらき）

資料請求

問合せ先 学務部入学課入学試験グループ ☎029-228-8064・8066

大学の理念

「真理を探究し，豊かな人間性，高い倫理性と社会性をもった人間の育成と『知』の創造，蓄積，体系化および継承に努め（る）」が基本理念。1949年に，旧制水戸高等学校，茨城師範学校など４学校を包括し，文理・教育・工の３学部からなる新制大学として発足。地域社会に根差した教育・研究に取り組み，量子線科学や気候変動適応研究などの世界的な強みとなる分野を育んできた。産業や文化の大きな転換期を迎え，これからの社会で必要となる「世界の俯瞰的理解」「専門分野の学力」「課題解決能力・コミュニケーション力」「社会人としての姿勢」「地域活性化志向」の５つを，すべての学生が身につける力として掲げ，その教育の質を保障するシステムの構築を進めるなど不断の取り組みにより，地域の知の拠点としての機能向上を大学の使命としている。

- **水戸キャンパス**…〒310-8512　茨城県水戸市文京2-1-1
- **日立キャンパス**…〒316-8511　茨城県日立市中成沢町4-12-1
- **阿見キャンパス**…〒300-0393　茨城県稲敷郡阿見町中央3-21-1

基本データ

学生数▶6,764名（男4,316名，女2,448名）
専任教員数▶教授252名，准教授151名，講師47名，助教45名
設置学部▶人文社会科，教育，理，工，農
併設教育機関▶大学院―理工学（M・D），人文社会科学・農学（以上M），教育学（P），連合農学（D）

就職・卒業後の進路

就職率 **93.9**％
就職者÷希望者×100

● **就職支援**　キャリアセンターを中心に，全学年を対象としたガイダンス，個別相談を柱としたきめ細かなキャリア教育・就職支援を実施。キャリアセンターや工学部・農学部の就職相談コーナーでは，キャリアカウンセラー，企業の人事経験者が相談員となり，学生一人ひとりに合わせた進路や就職活動に関する相談，エントリーシート添削，模擬面接実施など幅広く対応している。就職活動中の学生に限らず，1・2年次でも気軽に相談できる。

進路指導者も必見 学生を伸ばす 面倒見

初年次教育	学修サポート
自校教育などの帰属意識を醸成する「茨城学」，学問や大学教育全体に対する動機づけ，レポート・論文の書き方，プレゼン技法，情報収集や資料整理の方法，論理的思考や問題発見・解決能力の向上を図る「大学入門ゼミ」や「情報リテラシー」を開講	全学部でTA・SA制度，オフィスアワー制度，学生担任制を導入。各学部や教育支援課，バリアフリー推進室などでも学修サポートを実施しており，学部によっては学修相談室を設置

オープンキャンパス（2022年度実績）　7月に３キャンパスで分散して来場型オープンキャンパスを開催（事前登録制）。在学生を交えた学部説明会，模擬授業など。7～8月にはオンデマンド型のLINE謎解キャンパスツアーを実施。

文系学部

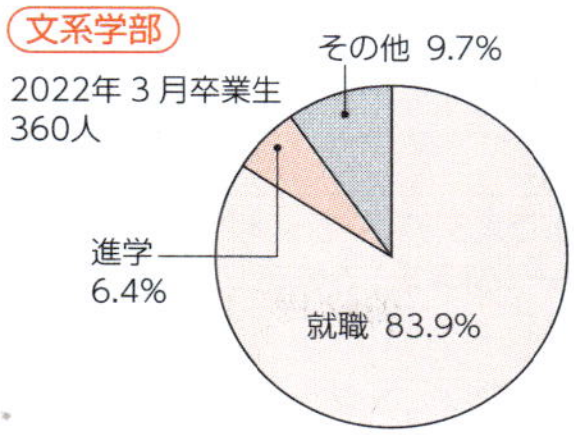

理系学部

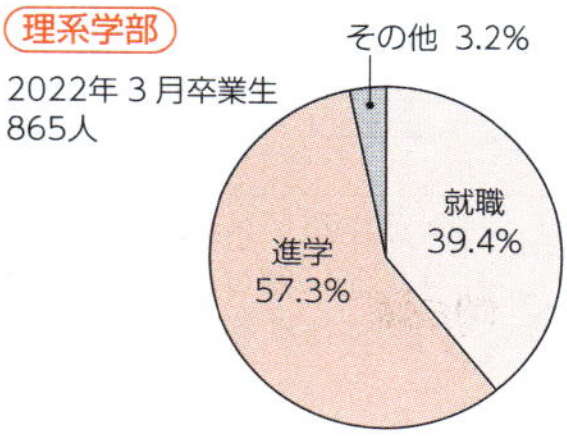

その他の学部

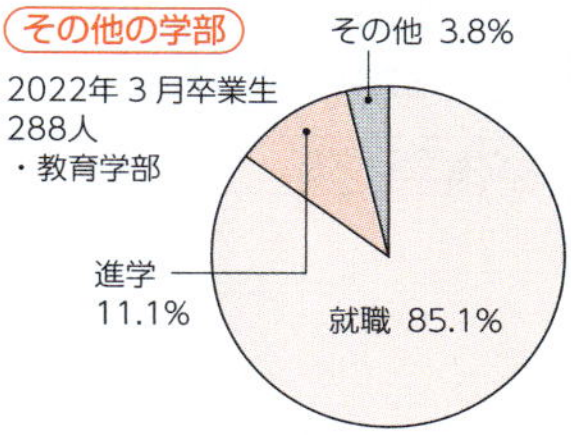

主なOB・OG▶［旧人文］渡部尚（東村山市長），［教育］森花子（NHKアナウンサー），［理］小原奈津子（昭和女子大学学長），［工］梨衣名（モデル）など。

国際化・留学　大学間 43 大学等・部局間 47 大学等

受入れ留学生数▶51名（2022年５月１日現在）

留学生の出身国・地域▶中国，マレーシア，韓国，ベトナム，台湾など。

外国人専任教員▶教授３名，准教授４名，助教３名（2022年５月１日現在）

外国人専任教員の出身国・地域▶中国，台湾，マレーシアなど。

大学間交流協定▶43大学・機関（交換留学先34大学，2022年７月１日現在）

部局間交流協定▶47大学・機関（交換留学先19大学，2022年７月１日現在）

海外への留学生数▶渡航型８名・オンライン型84名／年（14カ国・地域，2021年度）

海外留学制度▶語学やコミュニケーション力の向上，国際社会への視野拡大の機会として，学生交流協定校に半年または１年間留学する「交換留学」，ASEAN地域の協定校に１学期留学する国際共同教育プログラム「AIMS」のほか，長期休暇を利用した「短期海外研修」では語学・文化研修，インターンシップ，ボランティアなど多様なプログラムを実施。

学費・奨学金制度　給付型奨学金総額 年間約 798 万円

入学金▶282,000円（工学部フレックス141,000円）

年間授業料（施設費等を除く）▶535,800円（工学部フレックス267,900円）

年間奨学金総額▶7,979,300円

年間奨学金受給者数▶301人

主な奨学金制度▶大学独自の学費免除制度を設けており，入学料および授業料の全額または半額を免除。2021年度は538人を対象に総額で約5,755万円を減免している。また，「成績優秀学生授業料免除」や，学費の「徴収猶予制度」がある。

保護者向けインフォメーション

● **説明会**　通常のオープンキャンパス時に保護者向けの説明会，相談会を開催。また，高等学校PTAの依頼に対して大学見学を実施。広報担当者による大学および入試概要の説明，キャンパス見学を行っている。

● **成績確認**　成績表を保護者に郵送している。

● **後援会**　各学部で後援会を組織し，総会を開催。「後援会会報」も発行している。

● **防災対策**　学生が被災した際の安否確認は，アプリ，メール，ポータルサイトを利用する。

● **コロナ対策１**　ワクチンの職域接種を実施。感染状況に応じた３段階のBCP（行動指針）を設定している。「コロナ対策２」（下段）あり。

インターンシップ科目	必修専門ゼミ	卒業論文	GPA制度の導入の有無および活用例	１年以内の退学率	標準年限での卒業率
全学部で開講している	全学部で４年次に実施	全学部で卒業要件	奨学金や授業料免除対象者の選定基準，学生に対する個別の学修指導に活用するほか，GPAに応じた履修上限単位数を設定	0.7%	83.4%

● **コロナ対策２**　各棟入口に消毒液，教卓にアクリル板，学内数カ所にCO_2モニターを設置。また，オンライン授業を併用し，PC貸出，Wi-Fi整備教室を開放，PC充電機能付き鍵付きロッカーを整備。貸与奨学金を実施。

学部紹介

学部／学科・課程	定員	特色
人文社会科学部		
		▶３学科７メジャー（主専攻）で人文科学・社会科学を多面的・体系的に学び，サブメジャー（副専攻）で幅広い視野と実践力を体得する。
現代社会	130	▷メディア文化，国際・地域共創の２メジャー。メディアの特質を学び情報発信力を鍛え，社会学，地理学，国際学，政治学などの手法を駆使し，内外の地域課題の解決力を模索する力を養う。
法律経済	120	▷法学，経済学・経営学の２メジャー。社会的諸課題を幅広い視野から考察し，解決に向けて積極的に取り組める力を身につける。
人間文化	110	▷文芸・思想，歴史・考古学，心理・人間科学の３メジャー。人間の深層を見抜き，より良い人生，より良い社会の構想を提案できる力を磨く。
● 取得可能な資格…教職（国・地歴・公・社・英），学芸員など。 ● 進路状況…………就職83.9%　進学6.4%（旧人文学部実績を含む） ● 主な就職先………地方公務員，国家公務員，茨城県庁，常陽銀行，カスミ，JAグループ，水戸信用金庫，筑波銀行，日本放送協会，茨城新聞社など。		
教育学部		
学校教育教員養成	240	▷教育指導やいじめ・不登校，子ども理解や児童・生徒支援といった現代社会の教育課題への対応力を養う教育実践科学コース，小学校と共に取得する中学校の教員免許に対応した専門分野を深く学ぶ教科教育コース，小学校と特別支援学校の教員免許取得をめざす特別支援教育コースがある。各コースの定員は以下の通り。 教育実践科学コース26名，教科教育コース（国語選修26名，社会選修23名，英語選修16名，数学選修31名，理科選修24名，音楽選修13名，美術選修12名，保健体育選修18名，技術選修17名，家庭選修14名），特別支援教育コース20名
養護教諭養成	35	▷人間の心と体の問題を共感的に理解し，問題を解決できる保健の専門家を養成する。
● 取得可能な資格…教職（国・地歴・公・社・数・理・音・美・書・保体・保健・技・家・情・工業・英，小一種，幼一種，特別支援，養護一種），司書教諭，学芸員など。 ● 進路状況…………就職85.1%　進学11.1% ● 主な就職先………教員（茨城県小学校・中学校・高等学校・小中一貫校・特別支援学校，福島県小学校，千葉県高等学校，千葉県小学校，栃木県中学校）など。		
理学部		
理	205	▷数学・情報数理，物理学，化学，生物科学，地球環境科学，学際理学の１学科６コース制。各分野の専門知識だけでなく，幅広い知識と能力を身につけ，柔軟な思考力および問題解決の力を有する理学スペシャリストとして社会で活躍できる人材を育成する。
● 取得可能な資格…教職（数・理・情），測量士補など。 ● 進路状況…………就職47.7%　進学46.2% ● 主な就職先………公務員，教員（中高），ユードム，中外製薬工業，日本電気航空宇宙システム，日本原燃，日立産業制御ソリューションズ，防災科学技術研究所，大洋技研など。		

キャンパスアクセス ［水戸キャンパス］ JR常磐線一水戸よりバス約25分

工学部		
機械システム工	130	▷機械と情報技術が融合した，人と環境にやさしい機械とコンピュータ技術の融合分野を担う先端技術者を養成する。
電気電子システム工	125	▷IoT（モノのインターネット）で先端産業と社会の基盤を支える技術者を養成する。3・4年次に専門基礎知識を深化させるため，エネルギーシステムとエレクトロニクスシステムの2つの教育プログラムを配置。
物質科学工	110	▷環境・資源・エネルギー問題の解決に向けた，次世代の「材料・化学・生命」融合分野の開拓を担う技術者・研究者を養成する。
情報工	80	▷未来社会を創造するソフトウェア技術を持ち，情報インフラやシステムを構築・運用できる情報専門技術者を養成する。
都市システム工	60	▷災害に強く安全な都市，環境にやさしく快適なまち，これらの創造を担う高度な土木・建築融合技術者を養成する。
機械システム工（フレックスコース）	40	▷入学金や授業料の面で優遇を受けつつ，高度な専門知識を学ぶことができる。

● **取得可能な資格**…教職（工業），電気通信主任技術者，測量士補，1・2級建築士受験資格など。
● **進路状況**…………就職27.6％　進学69.6％
● **主な就職先**………地方公務員，スズキ，日立産業制御ソリューションズ，りんかい日産建設，NTTエレクトロニクス，東京電力ホールディングス，日本原子力研究開発機構など。

農学部		
		▶グローバルな視点で地域の持続的発展に挑む農学の力と心を学ぶ。
食生命科	80	▷さまざまな食料問題を解決するための能力や食品分野で国際的に活躍できる人材の育成をめざす。2年次から国際食産業科学コースとバイオサイエンスコースに分かれて学ぶ。
地域総合農	80	▷創生・発展につながる思考力と行動力を持った人材を育成する。2年次から農業科学コースと地域共生コースに分かれて学ぶ。

● **取得可能な資格**…教職（理・農），測量士補など。
● **進路状況**…………就職65.5％　進学33.3％
● **主な就職先**………茨城県庁，地方公務員，農業協同組合等，カスミ，農業・食品産業技術総合研究機構，国家公務員，キユーピー，住友化学，大成建設，安藤・間など。

キャンパス

人文社会科・教育・理…［水戸キャンパス］茨城県水戸市文京2-1-1
工…［日立キャンパス］茨城県日立市中成沢町4-12-1
農…［阿見キャンパス］茨城県稲敷郡阿見町中央3-21-1

2023年度入試要項（前年度実績）

●募集人員

学部／学科・課程（コース）	前期	後期
▶人文社会科　現代社会	65	40
法律経済	65	35
人間文化	65	25
▶教育　学校教育教員養成（教育実践科学）	13	6
（教科教育・国語）	17	5
（教科教育・社会）	13	5
（教科教育・英語）	10	3
（教科教育・数学）	22	5
（教科教育・理科）	17	4
（教科教育・音楽）	6	4
（教科教育・美術）	6	3
（教科教育・保健体育）	9	6
（教科教育・技術）	9	5
（教科教育・家庭）	8	3

キャンパスアクセス ［日立キャンパス］JR常磐線―日立よりバス約10分／JR常磐線―常陸多賀よりバス約10分

(特別支援教育)	12	5
養護教諭養成	17	10
▶理　理(数学・情報数理)	15	14
(物理学)	19	10
(化学)	19	10
(生物科学)	19	10
(地球環境科学)	19	10
(学際理学)	19	10
▶工　機械システム工	70	46
電気電子システム工	68	46
物質科学工	60	40
情報工	45	30
都市システム工	30	17
機械システム工(フレックス)	21	14
▶農　食生命科	50	18
地域総合農(農業科学)	24	10
(地域共生)	32	

● **2 段階選抜**　実施しない

試験科目

デジタルブック

偏差値データ (2023年度)

●一般選抜

学部／学科・課程／コース	2023年度 駿台予備学校 合格目標ライン	河合塾 ボーダー得点率	河合塾 ボーダー偏差値	'22年度 競争率
●前期				
▶**人文社会科学部**				
現代社会	47	66%	50	2.0
法律経済	48	65%	47.5	1.9
人間文化	48	68%	52.5	2.1
▶**教育学部**				
学校教育教員養成／教育実践科学	47	63%	—	3.4
／教科教育・国語	48	62%	—	2.6
／教科教育・社会	47	57%	—	1.2
／教科教育・英語	49	63%	—	1.7
／教科教育・数学	47	60%	52.5	2.8
／教科教育・理科	47	55%	50	2.0
／教科教育・音楽	44	53%	—	1.8
／教科教育・美術	44	56%	—	1.7
／教科教育・保健体育	44	58%	—	3.4
／教科教育・技術	45	56%	—	1.7
／教科教育・家庭	46	57%	—	1.8
／特別支援教育	46	57%	—	4.2
養護教諭養成	47	60%	—	1.9
▶**理学部**				
理／数学・情報数理	49	60%	50	2.3
／物理学	48	63%	45	1.9
／化学	49	60%	50	2.1
／生物科学	49	58%	50	2.1
／地球環境科学	48	59%	50	2.4
／学際理学	48	56%	47.5	1.7
▶**工学部**				
機械システム工	45	57%	45	1.9
電気電子システム工	45	54%	45	1.9
物質科学工	46	54%	42.5	1.1
情報工	46	60%	47.5	1.9
都市システム工	45	54%	42.5	1.2
機械システム工(フレックス)	41	52%	45	2.4
▶**農学部**				
食生命科	46	55%	50	2.0
地域総合農／農業科学	46	54%	47.5	2.7
地域共生	46	54%	50	1.9
●後期				
▶**人文社会科学部**				
現代社会	48	67%	52.5	2.5
法律経済	49	72%	55	2.7
人間文化	49	69%	—	2.0
▶**教育学部**				
学校教育教員養成／教育実践科学	48	67%	—	6.5
／教科教育・国語	49	63%	—	3.8
／教科教育・社会	48	68%	—	3.1
／教科教育・英語	50	68%	—	2.7
／教科教育・数学	48	63%	—	3.0
／教科教育・理科	48	62%	—	2.8
／教科教育・音楽	45	55%	—	1.6
／教科教育・美術	45	57%	—	1.3
／教科教育・保健体育	45	60%	—	3.9
／教科教育・技術	46	56%	—	1.8
／教科教育・家庭	47	62%	—	1.8
／特別支援教育	47	61%	—	6.4
養護教諭養成	48	63%	—	2.4
▶**理学部**				
理／数学・情報数理	50	62%	52.5	3.4
／物理学	49	66%	50	2.3
／化学	50	61%	52.5	2.7
／生物科学	50	62%	55	2.1
／地球環境科学	49	62%	52.5	1.8

 キャンパスアクセス [阿見キャンパス] JR常磐線一土浦よりバス約20分

／学際理学	49	61%	52.5	1.1
▶工学部				
機械システム工	46	58%	47.5	1.9
電気電子システム工	45	59%	47.5	1.4
物質科学工	47	59%	45	—
情報工	46	61%	47.5	2.6
都市システム工	44	59%	45	1.3
機械システム工(フレックス)	41	55%	45	4.8
▶農学部				
食生命科	47	57%	50	3.7
地域総合農／農業科学	47	55%	50	4.5
／地域共生	47	57%	50	

- 駿台予備学校合格目標ラインは合格可能性80％に相当する駿台模試の偏差値です。
- 河合塾ボーダー得点率は合格可能性50％に相当する共通テストの得点率です。また，ボーダー偏差値は合格可能性50％に相当する河合塾全統模試の偏差値です。
- 競争率は受験者÷合格者の実質倍率

MEMO

筑波(つくば)大学

資料請求

問合せ先 教育推進部入試課 ☎029-853-6007

大学の理念

1973（昭和48）年に設置，2002（平成14）年，図書館情報大学と統合した。多数の産官研究機関が集積し，国際性が日常化している学問の薫り高い国際都市・筑波サイエンス・シティの中核に位置した国内最大規模の広さを誇るキャンパスにおいて，あらゆる面で「開かれた大学」であるとともに，従来の考え方にとらわれない「柔軟な教育研究」と，次代の求める「新しい大学の仕組みと国際化」を実現することを基本理念に掲げる。「つくばスカラシップ」をはじめとした学生へのサポート体制を随時見直し，いつの時代にも学生にとって好環境・好条件で学べる機会の提供をめざし，「IMAGINE THE FUTURE.」の大学ロゴのもとで，知の創造とともにグローバル社会で国際的に活躍できる豊かな人間性を有した人材育成を目標に歩みを進めている。

● 筑波キャンパス…〒305-8577　茨城県つくば市天王台1-1-1

基本データ

学生数 ▶ 9,631名（男5,914名，女3,717名）
専任教員数 ▶ 教授554名，准教授538名，講師216名，助教502名
設置学群 ▶ 人文・文化，社会・国際，人間，生命環境，理工，情報，医，体育専門，芸術専門
併設教育機関 ▶ （P.1199参照）

就職・卒業後の進路

就職率 95.8％
就職者÷希望者×100

● **就職支援**　学生の学びとキャリアを関連づけていくためのさまざまなプログラムを実施。ダイバーシティ・アクセシビリティ・キャリアセンター／学生部就職課では，ファーストイヤー・セミナーをはじめとするキャリア形成科目の開講，インターンシップや多様な職種に対応した就職ガイダンス，就職活動・進路に関する個別キャリア相談，ワークショップなどを通じて，自分自身について考えながら社会についての視野を広げ，将来に向けて具体的な準備を進めていけるようサポートしている。また，キャリア形成支援ツールとして，日々の活動や経験を記録できる「つくばキャリアポートフォリオ」を用意している。

進路指導者も必見 学生を伸ばす 面倒見

初年次教育	学修サポート
「学問への誘い」「ファーストイヤーセミナー」「アカデミックスキルズ」「ポスト・アントロポセン」「学際的社会科学演習」を開講するほか，情報リテラシーやデータサイエンスの情報科目を拡充。	クラス担任が学生の相談に対応。さらに総合学域群生を対象に履修計画・進路選択等をサポートするアカデミックサポートセンターや，英文ライティング・サポートを提供するヘルプデスクをスチューデントコモンズに設置している

オープンキャンパス（2022年度実績）　8月に「受験生のための筑波大学説明会（オープンキャンパス）」を来場型（オンサイト）＋オンライン型で開催。学群・学類の紹介，キャンパスツアー，模擬授業，個別相談などを実施。

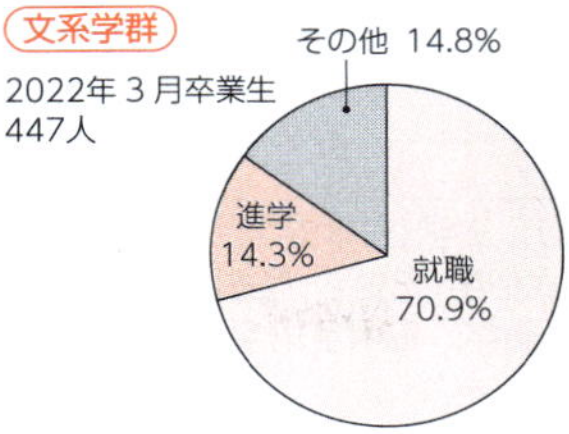

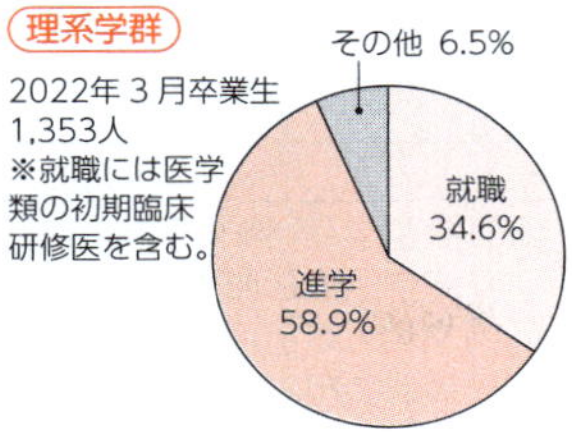

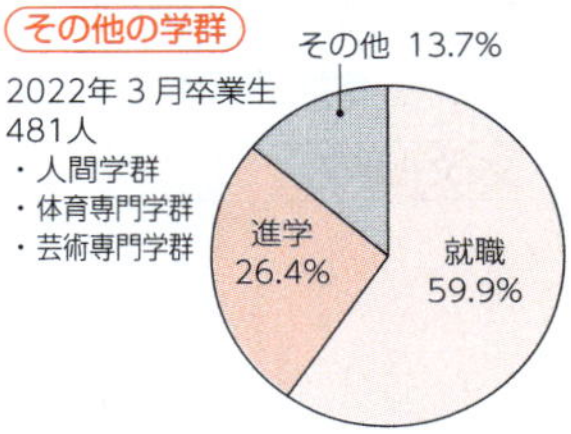

主なOB・OG▶［旧第二学群生物］長沼毅（生物学者），［旧第三学群情報］森川亮（実業家），［体育］中山雅史（サッカー解説者），［旧第一学群人文学類］大塚英志（作家）など。

国際化・留学　大学間 183 大学等・部局間 197 大学等

受入れ留学生数▶244名（2022年５月１日現在）

留学生の出身国・地域▶中国，韓国，ベトナム，台湾，アメリカなど。

外国人専任教員▶教授15名，准教授46名，講師１名（2022年５月１日現在）

外国人専任教員の出身国▶アメリカ，中国，韓国，イギリス，ロシアなど。

大学間交流協定▶183大学・機関（交換留学先173大学，2022年９月１日現在）

部局間交流協定▶197大学・機関（交換留学先172大学，2022年９月１日現在）

海外への留学生数▶渡航型31名／年（11カ国・地域，2021年度）

海外留学制度▶協定校への交換留学（１セメスターまたは１年），語学研修・専門的な講義の受講・海外での実施研修プログラムなどの短期海外研修（１週間～１カ月）を実施。また，Campus-in-Campusによる留学では，CiC協定校において授業料不徴収で「科目ジュークボックス」に登録された海外パートナー大学の授業科目を現地やオンラインで履修することができる。各種留学を支援する独自の奨学金「筑波大学海外留学支援事業（はばたけ！筑大生）」も用意している。コンソーシアムはAEARU，IAUなど４つに参加。

学費・奨学金制度

入学金▶282,000円

年間授業料（施設費等を除く）▶535,800円

主な奨学金制度▶筑波大学基金による奨学金制度「つくばスカラシップ」では，修学支援として医学群医学類国際的医学研究人養成コースに在学し，基礎研究者を志望する学生を対象とした国際的医学研究人養成コース支援（月額５万円）のほか，学習意欲の促進を目的に学業成績優秀者支援奨学金（10万円），大学院進学奨励奨学金（10万円），未就学児を養育する学生を対象とした育児支援（上限２万円），家計急変により修学困難となった学生を対象に20万円（事由を問わず１人につき１回）を支給する緊急支援などを設置。

保護者向けインフォメーション

- **成績確認**　成績表を保護者に郵送している。
- **防災対策**　被災した際は，安否確認システム（ANPIC）により学生の安否を確認する。
- **コロナ対策１**　ワクチンの職域接種を実施。感染状況に応じたBCP（行動指針）を設定している。「コロナ対策２」（下段）あり。

インターンシップ科目	必修専門ゼミ	卒業論文	GPA制度の導入の有無および活用例	１年以内の退学率	標準年限での卒業率
一部の学群・学類で開講している	全学群で３・４年次に実施	社会（法・政治・経済）・医・看護学類を除き卒業要件	奨学金等対象者の選定基準，留学候補者の選考，学生に対する個別の学修指導に活用	0.5%	84.8%（４年制）93.4%（６年制）

●**コロナ対策２**　対面・オンライン授業の併用に伴い講義室の収容人数の調整と管理を行い，空調・換気設備を整備。学生への経済的支援として授業料の徴収猶予を適用。

学部紹介

学群／学類	定員	特色
人文・文化学群		
人文	120	▷哲学(哲学・倫理学，宗教学)，史学(日本史学，ユーラシア史学，歴史地理学)，考古学・民俗学(先史学・考古学，民俗学・文化人類学)，言語学(一般言語学，応用言語学，日本語学，英語学)の４主専攻11コース。
比較文化	80	▷地域文化と超域文化の２つの研究領野からなり，人類が築いてきたさまざまな文化を「学際性」と「現代性」の視点からとらえ，諸問題の解決に挑む。
日本語・日本文化	40	▷日本語・文化事象を総合的にとらえ，グローバルな視点で理解する力を養い，異言語・異文化を背景とする，次世代の人たちとの課題共有・解決をめざす文化の創造者を養成。
● **取得可能な資格**…教職(国・地歴・公・社・英)，司書教諭，学芸員など。 ● **進路状況**…………就職75.1%　進学13.7% ● **主な就職先**………オープンハウス，住友生命，東北新社，日本テレビ，丸紅，文部科学省など。		
社会・国際学群		
社会	80	▷社会学，法学，政治学，経済学を総合的に学び，主専攻を２年次終了時に決定する。
国際総合	80	▷複雑化する国際的な諸課題の本質を見抜く洞察力と情報分析能力を身につけた，実践的な国際人を養成する。
● **取得可能な資格**…教職(公・英)，司書教諭，学芸員など。 ● **進路状況**…………就職65.7%　進学15.2% ● **主な就職先**………常陽銀行，三井物産，ソフトバンク，日本郵船，国立文化財機構，外務省など。		
人間学群		
教育	35	▷教育学と初等教育学の２コース制。教育学の専門的知識・技能を活用し，さまざまな分野で活躍できる人材を養成する。
心理	50	▷人間の心と行動を科学的・実証的に分析・理解する能力を身につけ，国際的にも通用する人材の育成をめざす。
障害科	35	▷教育・心理・福祉・医療などの領域を総合的に学び，共生社会の創造に貢献し得る国際的通用力も備えた人材を育てる。
● **取得可能な資格**…教職(地歴・公・社・福，小一種，特別支援)，司書教諭，社会福祉士受験資格など。 ● **進路状況**…………就職61.7%　進学26.3% ● **主な就職先**………第一生命，パソナ，日立製作所，ナビタイム，PwCコンサルティング，教員など。		
生命環境学群		
生物	80	▷生物界や生体機能，生命現象，生物学の研究方法や先端研究の意義を理解し，先端科学と社会の接点となる人材を育成。
生物資源	120	▷食料の安定供給ならびに環境と調和した生物資源の持続的な開発・保全利用について貢献できる人材の育成をめざす。
地球	50	▷地球の進化過程および地球環境の動態と人間システムについての総合的知識を学び，諸分野で国際的視野に立って活躍できる人材を養成。
● **取得可能な資格**…教職(地歴・理・技・農)，司書教諭，学芸員，測量士補など。 ● **進路状況**…………就職19.0%　進学71.2% ● **主な就職先**………アクセンチュア，さなる，三菱地所，カネコ種苗，NTTドコモ，国際協力機構など。		

 キャンパスアクセス ［筑波キャンパス］ つくばエクスプレス―つくばよりバス約10～15分

理工学群		
数	40	▷純粋数学から応用数学までの現代数学の基礎について幅広く学び，数学的思考能力を身につける。
物理	60	▷多様に発展する現代物理学についての基礎と高度な専門知識を備え，真理を探究し，問題を解決する力を養う。
化	50	▷化学におけるさまざまな知識と理解に裏打ちされた柔軟な思考力を有し，国際的に活躍できる人材を育てる。
応用理工	120	▷最先端工学の基盤となる科学・技術を原理から理解し，さらに発展させることのできる技術者・研究者を養成。
工学システム	130	▷安心・安全で，快適・豊か，かつ持続可能な人間生活を工学面から支え，牽引できる技術者・研究者を養成。主専攻は知的・機能工学システム，エネルギー・メカニクスの２分野。
社会工	120	▷社会的諸問題を工学的・実践的・戦略的に分析するための文理融合型思考能力とデータ分析・活用能力を持ち，解決のためのシステムを設計できる能力を身につける。

- **取得可能な資格**…教職（数・理・情・工業），司書教諭，学芸員，測量士補，１・２級建築士受験資格など。
- **進路状況**…………就職17.3%　進学77.3%
- **主な就職先**………大和総研，Sky，三菱UFJ銀行，NTTデータ，富士通，日本放送協会，教員など。

情報学群		
情報科	80	▷情報の技術や原理を学ぶとともに，新技術開拓の進展・発展を担う人材を育成する。
情報メディア創成	50	▷基盤的技術分野と，多種多様な情報をコンテンツとして流通させる分野などで活躍できる技術者，研究者を育成。
知識情報・図書館	100	▷知識資源の形成，加工，流通，利用の発展に寄与できる専門家と，人間，社会，技術にわたる総合的視野や問題解決能力を持った職業人を養成する。

- **取得可能な資格**…教職（公・社・数・情），司書，司書教諭，学芸員など。
- **進路状況**…………就職38.3%　進学52.8%
- **主な就職先**………TDK，ビズリーチ，楽天，サイバーエージェント，厚生労働省，筑波大学など。

医学群		
医	134	▷人類の健康・福祉の増進に生涯貢献する強い意志と豊かな人間性を有する臨床医，研究者，行政者を育成する。
看護	70	▷人々のニーズに合った質の高い看護を提供し，チーム医療の一員として協働できる看護職を養成。
医療科	37	▷医科学領域の研究・教育を推進し，新技術の開発と実践に関わって高度専門医療を担う人材を育てる。

- **取得可能な資格**…教職（養護一種），医師・看護師・保健師・臨床検査技師受験資格など。
- **進路状況**…………［医］初期臨床研修医98.6%　進学0.7%　［看・医療］就職65.6%　進学28.7%
- **主な就職先**………筑波大学附属病院，埼玉県立がんセンター，茨城県庁など（医学類除く）。

体育専門学群		
	240	▷幅広い教養と専門的知識をベースに，優れたスポーツパフォーマンスが発揮でき，科学的知識の探求に意欲を持ち，さらに創造的な実践に取り組むことのできる人材を養成する。

- **取得可能な資格**…教職（保体），司書教諭，学芸員など。
- **進路状況**…………就職62.6%　進学24.7%
- **主な就職先**………川崎フロンターレ，RIZAP，トヨタ自動車，キーエンス，大和ハウス工業，教員など。

芸術専門学群		
	100	学際的・国際的な視野と確かな学力を持ち，かつ柔軟な発想力と豊かな表現力を備え，創造的活力に満ちた創造的活力に満ちた美術およびデザインの専門家を養成。

● 取得可能な資格…教職(美・工芸・書)，司書教諭，学芸員，1・2級建築士受験資格など。
● 進路状況………就職51.4%　進学30.5%
● 主な就職先………鹿児島銀行，カプコン，公募ガイド社，日本郵便，積水ハウス，シモジマなど。

グローバル教育院		
地球規模課題学位プログラム	若干名	▷10月入学で４年間の英語プログラム。１年次春学期は，国際基督教大学(ICU)でリベラルアーツ科目を履修。地球環境の変化や世界の人口・食糧問題など幅広い分野の知識を通して地球規模の課題を解決できる人材を育てる。

▶キャンパス

全学群…［筑波キャンパス］茨城県つくば市天王台1-1-1

2023年度入試要項(前年度実績)

●募集人員

学群／学類		前期 総合選抜	前期 学類・専門学群	後期	学校推薦型	総合型(AC)
▶人文・文化	人文		45	20	20	5
	比較文化		35	—	20	5
	日本語・日本文化		—	—	14	3
▶社会・国際	社会		40	—	16	—
	国際総合		36	—	20	—
▶人間	教育		22	3	7	—
	心理		26	4	15	—
	障害科		17	3	12	—
▶生命環境	生物	文系	14	18	20	3
	生物資源	128	52	15	27	—
	地球	理系Ⅰ	21	4	12	—
▶理工	数	154	22	—	8	—
	物理	理系Ⅱ	20	10	15	—
	化	41	14	10	13	—
	応用理工	理系Ⅲ	49	22	16	—
	工学システム	90	55	20	20	—
	社会工		60	15	15	—
▶情報	情報科		42	—	10	8
	情報メディア創成		20	—	8	4
	知識情報・図書館		—	10	40	5
▶医	医		44	—	44	—
	医(地域枠／全国)		10	—	—	—
	医(地域枠／茨城)		8	—	18	—
	看護		40	—	25	—
	医療科		15	—	12	—
▶体育専門		—	140	—	88	12
▶芸術専門			50	5	40	—

※総合選抜は２年次から志望する学類・専門学群(体育専門学群は除く)に所属。各学類の受け入れ人数は以下の通り。人文・分化学群(人文30名，比較文化20名，日本語・日本文化20名)，社会・国際学群(社会20名，国際総合20名)，人間学群(教育３名，心理５名，障害科３名)，生命環境学群(生物20名，生物資源20名，地球13名)，理工学群(数10名，物理15名，化13名，応用理工30名，工学システム33名，社会工30名)，情報学群(情報科20名，情報メディア創成18名，知識情報・図書館45名，医学群(医５名，看護５名，医療科10名)，芸術専門学群５名。

※総合型選抜(ＡＣ)はアドミッションセンター入試。ほかに総合型選抜は，研究型人材入試(医学群医学類若干名)，国際科学オリンピック特別入試(生命環境学群生物学類，理工学群物理学類・化学類，情報学群情報科学類・情報メディア創成学類の各学類若干名)を募集。

※グローバル教育院学士課程は地球規模課題学位プログラム(学士)入試で募集。

●２段階選抜

志願者数が募集人員に対する下記の倍率を超えた場合に行う。ただし，人文・文化学群(人文)前・後期，生命環境学群(地球)前期，情報学群(知識情報・図書館)後期，医学群医学類(地域枠)前期，芸術専門学群前期は実施しない。前期一医学群(医/一般)約2.5倍。体育専門学群約３倍。総合選抜(理系Ⅰ)・人間学群・医学群(看護・医療科)は約４倍。総合選抜(文系・理系Ⅱ・理系Ⅲ)・人文・文化学群(比較文化)・社会・国際学群(国際総合)・生命環境学群(生物・生物資源)・理工学群(数・化・応用理工・

工学システム・社会工学）・情報学群は約５倍。社会・国際学群（社会）は７倍。理工学群（物理）は約10倍。後期―生物環境学群は約８倍。人間学群・理工学群・芸術専門学群は約10倍。

▷共通テストの英語はリスニングを含む。
▷個別学力検査の数Ｂ－数列・ベク。

総合選抜

前期 ［文系］［共通テスト(900)］ 8～7科目 ①国(200) ②外(200・英〈R160＋L40〉)▶英・独・仏・中・韓から１ ③④**地歴・公民**(100×2)▶世Ａ・世Ｂ・日Ａ・日Ｂ・地理Ａ・地理Ｂ・現社・倫・政経・「倫・政経」から２ ⑤⑥**数**(100×2)▶「数Ⅰ・数Ａ」必須，「数Ⅱ・数Ｂ」・簿・情から１ ⑦⑧**理**(100)▶「物基・化基・生基・地学基から２」・物・化・生・地学から１

［個別学力検査(1500)］ 3科目 ①国(500)▶現文Ｂ・古典Ｂ ②**外**(500)▶「コミュ英・コミュ英Ⅱ・コミュ英Ⅲ・英表Ⅰ・英表Ⅱ」・独・仏・中から１ ③**地歴・公民・数**(500)▶世Ｂ・日Ｂ・地理Ｂ・倫・「数Ⅰ・数Ⅱ・数Ａ・数Ｂ」から１

［理系Ⅰ・Ⅱ・Ⅲ］［共通テスト(900)］ 7科目 ①国(200) ②**外**(200・英〈R160＋L40〉)▶英・独・仏・中・韓から１ ③**地歴・公民**(100)▶世Ａ・世Ｂ・日Ａ・日Ｂ・地理Ａ・地理Ｂ・現社・倫・政経・「倫・政経」から１ ④⑤**数**(100×2)▶「数Ⅰ・数Ａ」必須，「数Ⅱ・数Ｂ」・簿・情から１ ⑥⑦**理**(100×2)▶物・化・生・地学から２

［個別学力検査(1500)］［理系Ⅰ］ 4科目 ①**外**(500)▶「コミュ英・コミュ英Ⅱ・コミュ英Ⅲ・英表Ⅰ・英表Ⅱ」・独・仏・中から１ ②**数**(500)▶数Ⅰ・数Ⅱ・数Ⅲ・数Ａ・数Ｂ ③④**理**(250×2)▶「物基・物」必須，「化基・化」・「生基・生」・「地学基・地学」から１

［理系Ⅱ］ 4科目 ①**外**(500)▶「コミュ英・コミュ英Ⅱ・コミュ英Ⅲ・英表Ⅰ・英表Ⅱ」・独・仏・中から１ ②**数**(500)▶数Ⅰ・数Ⅱ・数Ⅲ・数Ａ・数Ｂ ③④**理**(250×2)▶「物基・物」・「化基・化」・「生基・生」・「地学基・地学」から２

［理系Ⅲ］ 4科目 ①**外**(500)▶「コミュ英・コミュ英Ⅱ・コミュ英Ⅲ・英表Ⅰ・英表Ⅱ」・独・仏・中から１ ②**数**(600)▶数Ⅰ・数Ⅱ・数Ⅲ・数Ａ・数Ｂ ③④**理**(200×2)▶「物基・物」・「化基・化」・「生基・生」・「地学基・地学」から２

人文・文化学群

前期 【人文学類】［共通テスト(900)］ 8～7科目 ①国(200) ②**外**(200・英〈R160＋L40〉)▶英・独・仏・中・韓から１ ③④**地歴・公民**(100×2)▶世Ａ・世Ｂ・日Ａ・日Ｂ・地理Ａ・地理Ｂ・現社・倫・政経・「倫・政経」から２ ⑤⑥**数**(100×2)▶「数Ⅰ・数Ａ」必須，「数Ⅱ・数Ｂ」・簿・情から１ ⑦⑧**理**(100)▶「物基・化基・生基・地学基から２」・物・化・生・地学から１

［個別学力検査(1800)］ 3科目 ①国(600)▶現文Ｂ・古典Ｂ ②**外**(600)▶「コミュ英Ⅰ・コミュ英Ⅱ・コミュ英Ⅲ・英表Ⅰ・英表Ⅱ」・独・仏・中から１ ③**地歴・公民**(600)▶世Ｂ・日Ｂ・地理Ｂ・倫から１

【比較文化学類】［共通テスト(600)］ 8～7科目 ①国(180) ②**外**(180・英〈R144＋L36〉)▶英・独・仏・中・韓から１ ③④**地歴・公民**(60×2)▶世Ａ・世Ｂ・日Ａ・日Ｂ・地理Ａ・地理Ｂ・現社・倫・政経・「倫・政経」から２ ⑤⑥**数**(30×2)▶「数Ⅰ・数Ａ」必須，「数Ⅱ・数Ｂ」・簿・情から１ ⑦⑧**理**(60)▶「物基・化基・生基・地学基から２」・物・化・生・地学から１

［個別学力検査(1200)］ 3科目 ①国(400)▶現文Ｂ・古典Ｂ ②**外**(400)▶「コミュ英Ⅰ・コミュ英Ⅱ・コミュ英Ⅲ・英表Ⅰ・英表Ⅱ」・独・仏・中から１ ③**地歴・公民**(400)▶世Ｂ・日Ｂ・地理Ｂ・倫から１

後期 【人文学類】［共通テスト(700)］ 8～7科目 ①国(200) ②**外**(200・英〈R160＋L40〉)▶英・独・仏・中・韓から１ ③④**地歴・公民**(100×2)▶世Ａ・世Ｂ・日Ａ・日Ｂ・地理Ａ・地理Ｂ・現社・倫・政経・「倫・政経」から２ ⑤⑥**数**(25×2)▶「数Ⅰ・数Ａ」必須，「数Ⅱ・数Ｂ」・簿・情から１ ⑦⑧**理**(50)▶「物基・化基・生基・地学基から２」・物・化・生・地学から１

［個別学力検査(400)］ 1科目 ①小論文(400)

学校推薦型 【全学類】［共通テスト］ 課さ

ない。
［個別学力検査］ 2科目 ①小論文 ②面接
※書類審査，小論文および面接の結果を総合して判定。英語資格・検定試験でCEFRレベルＢ１相当以上のスコアを有する場合に総合評価に反映。
総合型（ＡＣ）【全学類】［共通テスト］ 課さない。
［個別学力検査］ 1科目 ①個別面接・口述試験
※第１次選考―書類審査（自己推薦書・志望理由書を重視），第２次選考―個別面接・口述試験，提出書類等の内容も含めて総合的に判定。

社会・国際学群

前期 【社会学類】［共通テスト（450）］ 6〜5科目 ①国（100） ②外（100・英〈R80＋L20〉）▶英・独・仏・中・韓から１ ③地歴・公民（100）▶世Ａ・世Ｂ・日Ａ・日Ｂ・地理Ａ・地理Ｂ・現社・倫・政経・「倫・政経」から１ ④数（100）▶数Ⅰ・「数Ⅰ・数Ａ」・数Ⅱ・「数Ⅱ・数Ｂ」・簿・情から１ ⑤⑥理（50）▶「物基・化基・生基・地学基から２」・物・化・生・地学から１
［個別学力検査（800）］ 2科目 ①外（400）▶コミュ英Ⅰ・コミュ英Ⅱ・コミュ英Ⅲ・英表Ⅰ・英表Ⅱ ②国・地歴・数（400）▶「現文Ｂ・古典Ｂ」・世Ｂ・日Ｂ・地理Ｂ・「数Ⅰ・数Ⅱ・数Ａ・数Ｂ」から１
【国際総合学類】［共通テスト（500）］ 8〜7科目 ①国（100） ②外（100・英〈R80＋L20〉）▶英・独・仏・中・韓から１ ③④地歴・公民（50×2）▶世Ａ・世Ｂ・日Ａ・日Ｂ・地理Ａ・地理Ｂ・現社・倫・政経・「倫・政経」から２ ⑤⑥数（50×2）▶「数Ⅰ・数Ａ」必須，「数Ⅱ・数Ｂ」・簿・情から１ ⑦⑧理（100）▶「物基・化基・生基・地学基から２」・物・化・生・地学から１
［個別学力検査（800）］ 2科目 ①外（400）▶「コミュ英Ⅰ・コミュ英Ⅱ・コミュ英Ⅲ・英表Ⅰ・英表Ⅱ」・独・仏・中から１ ②地歴・数（400）▶世Ｂ・日Ｂ・地理Ｂ・「数Ⅰ・数Ⅱ・数Ａ・数Ｂ」・「数Ⅰ・数Ⅱ・数Ⅲ・数Ａ・数Ｂ」から１
学校推薦型 【全学類】［共通テスト］ 課さない。
［個別学力検査］ 2科目 ①小論文 ②面接
※書類審査，小論文および面接の結果を総合して判定。英語資格・検定試験で社会学類はCEFRレベルＢ１相当以上，国際総合学類はＢ２相当以上のスコアを有する場合に総合評価に反映。

人間学群

前期 【教育学類】［共通テスト（500）］ 7〜6科目 ①国（100） ②外（100・英〈R80＋L20〉）▶英・独・仏・中・韓から１ ③地歴・公民（100）▶世Ｂ・日Ｂ・地理Ｂ・現社・倫・政経・「倫・政経」から１ ④⑤数（50×2）▶「数Ⅰ・数Ａ」必須，「数Ⅱ・数Ｂ」・簿・情から１ ⑥⑦理（100）▶「物基・化基・生基・地学基から２」・物・化・生・地学から１
［個別学力検査（500）］ 2科目 ①外（250）▶「コミュ英Ⅰ・コミュ英Ⅱ・コミュ英Ⅲ・英表Ⅰ・英表Ⅱ」・独・仏・中から１ ②国・地歴・公民・数・理（250）▶「現文Ｂ・古典Ｂ」・世Ｂ・日Ｂ・地理Ｂ・倫・「数Ⅰ・数Ⅱ・数Ⅲ・数Ａ・数Ｂ」・「物基・物」・「化基・化」・「生基・生」・「地学基・地学」から１
【心理学類・障害科学類】［共通テスト（500）］ 7〜6科目 ①国（100） ②外（R80＋L20）▶英 ③地歴・公民（100）▶世Ｂ・日Ｂ・地理Ｂ・現社・倫・政経・「倫・政経」から１ ④⑤数（50×2）▶「数Ⅰ・数Ａ」必須，「数Ⅱ・数Ｂ」・簿・情から１ ⑥⑦理（100）▶「物基・化基・生基・地学基から２」・物・化・生・地学から１
［個別学力検査（500）］【心理学類】 2科目 ①外（250）▶コミュ英Ⅰ・コミュ英Ⅱ・コミュ英Ⅲ・英表Ⅰ・英表Ⅱ ②国・地歴・公民・数・理（250）▶「現文Ｂ・古典Ｂ」・世Ｂ・日Ｂ・地理Ｂ・倫・「数Ⅰ・数Ⅱ・数Ⅲ・数Ａ・数Ｂ」・「物基・物」・「化基・化」・「生基・生」・「地学基・地学」から１
【障害科学類】 2科目 ①外（250）▶コミュ英Ⅰ・コミュ英Ⅱ・コミュ英Ⅲ・英表Ⅰ・英表Ⅱ ②国・地歴・公民・数・理（250）▶「現文Ｂ・古典Ｂ」・世Ｂ・日Ｂ・地理Ｂ・倫・「数Ⅰ・数Ⅱ・数Ａ・数Ｂ」・「数Ⅰ・数Ⅱ・数Ⅲ・数Ａ・数Ｂ」・「物基・物」・「化基・化」・「生基・生」・「地学基・地学」から１
後期 【教育学類】［共通テスト（500）］ 7〜6科目 前期と同じ

[個別学力検査(50)] 1科目 ①論述(50)
【心理学類・障害科学類】[共通テスト(500)] 7〜6科目 前期と同じ
[個別学力検査(50)] 1科目 ①論述(50)
学校推薦型 【教育学類・障害科学類】[共通テスト] 課さない。
[個別学力検査] 2科目 ①小論文 ②面接
※書類審査，小論文および面接の結果を総合して判定。英語資格・検定試験でCEFRレベルB1相当以上のスコアを有する場合は総合評価に反映。
【心理学類】[共通テスト(500)] 7〜6科目 ①国(100) ②外(R80＋L20)▶英 ③地歴・公民(100)▶世B・日B・地理B・現社・倫・政経・「倫・政経」から1 ④⑤数(50×2)▶「数Ⅰ・数A」必須，「数Ⅱ・数B」・簿・情から1 ⑥⑦理(100)▶「物基・化基・生基・地学基から2」・物・化・生・地学から1
[個別学力検査] 2科目 ①小論文 ②面接
※第1次選考―書類審査，小論文および面接により合格者を決定，英語資格・検定試験でCEFRレベルB1相当以上のスコアを有する場合は総合評価に反映。第2次選考―共通テストの結果を総合して判定。

生命環境学群

前期 【生物学類】[共通テスト(900)] 7科目 ①国(200) ②外(R160＋L40)▶英 ③地歴・公民(100)▶世B・日B・地理B・「倫・政経」から1 ④⑤数(100×2)▶「数Ⅰ・数A」必須，「数Ⅱ・数B」・簿・情から1 ⑥⑦理(100×2)▶物・化・生・地学から2
[個別学力検査(900)] 4科目 ①外(300)▶コミュ英Ⅰ・コミュ英Ⅱ・コミュ英Ⅲ・英表Ⅰ・英表Ⅱ ②数(300)▶数Ⅰ・数Ⅱ・数Ⅲ・数A・数B ③④理(150×2)▶「物基・物」・「化基・化」・「生基・生」・「地学基・地学」から2
【生物資源学類】[共通テスト(900)] 6科目 ①国(180) ②外(R144＋L36)▶英 ③地歴・公民(180)▶世A・世B・日A・日B・地理A・地理B・現社・倫・政経・「倫・政経」から1 ④⑤数(90×2)▶「数Ⅰ・数A」必須，「数Ⅱ・数B」・簿・情から1 ⑥理(180)▶物・化・生・地学から1
[個別学力検査(900)] 4科目 ①外(300)▶コミュ英Ⅰ・コミュ英Ⅱ・コミュ英Ⅲ・英表Ⅰ・英表Ⅱ ②数(300)▶数Ⅰ・数Ⅱ・数Ⅲ・数A・数B ③④地歴・理(150×2)▶地理B・「物基・物」・「化基・化」・「生基・生」・「地学基・地学」から2
【地球学類】[共通テスト(900)] 7科目 ①国(200) ②外(200・英〈R160＋L40〉)▶英・独・仏・中・韓から1 ③地歴・公民(100)▶世A・世B・日A・日B・地理A・地理B・現社・倫・政経・「倫・政経」から1 ④⑤数(100×2)▶「数Ⅰ・数A」必須，「数Ⅱ・数B」・簿・情から1 ⑥⑦理(100×2)▶物・化・生・地学から2
[個別学力検査(1100)] 4科目 ①外(300)▶コミュ英Ⅰ・コミュ英Ⅱ・コミュ英Ⅲ・英表Ⅰ・英表Ⅱ ②数(400)▶数Ⅰ・数Ⅱ・数Ⅲ・数A・数B ③④地歴・理(200×2)▶地理B・「物基・物」・「化基・化」・「生基・生」・「地学基・地学」から2
後期 【生物学類】[共通テスト(900)] 7科目 前期と同じ
[個別学力検査(200)] 1科目 ①面接(200)▶個別面接
【生物資源学類】[共通テスト(600)] 8〜7科目 ①国(100) ②外(R80＋L20)▶英 ③④数(50×2)▶「数Ⅰ・数A」必須，「数Ⅱ・数B」・簿・情から1 ⑤⑥⑦⑧「地歴・公民」・理(100×3)▶「世A・世B・日A・日B・地理B・地理B・現社・倫・政経・〈倫・政経〉から2」・「〈物基・化基・生基・地学基から2〉・物・化・生・地学から1」または「世A・世B・日A・日B・地理B・地理B・現社・倫・政経・〈倫・政経〉から1」・「物・化・生・地学から2」
[個別学力検査(400)] 1科目 ①面接(400)▶個別面接
【地球学類】[共通テスト(800)] 7科目 ①国(100) ②外(R160＋L40)▶英 ③地歴・公民(100)▶世A・世B・日A・日B・地理A・地理B・現社・倫・政経・「倫・政経」から1 ④⑤数(100×2)▶「数Ⅰ・数A」必須，「数Ⅱ・数B」・簿・情から1 ⑥⑦理(100×2)▶物・化・生・地学から2
[個別学力検査(400)] 1科目 ①書類審査・面接(400)▶志望の動機・個別面接
学校推薦型 【全学類】[共通テスト] 課さ

ない。

［個別学力検査］ 2科目 ①小論文 ②面接

※書類審査，小論文および面接の結果を総合して判定。英語資格・検定試験でCEFRレベルＢ１相当以上のスコアを有する場合は総合評価に反映。

総合型（ＡＣ） 【生物学類】［共通テスト］ 課さない。

［個別学力検査］ 1科目 ①面接・口述試験

※第１次選考―書類審査（自己推薦書・志望理由書を重視），第２次選考―個別面接・口述試験，提出書類等の内容も含めて総合的に判定。

総合型（国際科学オリンピック） 【生物学類】［共通テスト］ 課さない。

［個別学力検査］ 1科目 ①面接

※第１次選考―書類審査，第２次選考―面接，提出資料等の内容も含めて総合的に判定。

理工学群

前期 【数学類・物理学類・化学類・応用理工学類・工学システム学類】［共通テスト（900）］ 7科目 ①国（200） ②外（200・英〈R160＋L40〉）▶英・独・仏・中・韓から１ ③地歴・公民（100）▶世Ａ・世Ｂ・日Ａ・日Ｂ・地理Ａ・地理Ｂ・現社・倫・政経・「倫・政経」から１ ④⑤数（100×2）▶「数Ⅰ・数Ａ」必須，「数Ⅱ・数Ｂ」・簿・情から１ ⑥⑦理（100×2）▶物・化・生・地学から２

［個別学力検査（1500）］ 【数学類・物理学類・工学システム学類】 4科目 ①外（500）▶「コミュ英Ⅰ・コミュ英Ⅱ・コミュ英Ⅲ・英表Ⅰ・英表Ⅱ」・独・仏・中から１ ②数（500）▶数Ⅰ・数Ⅱ・数Ⅲ・数Ａ・数Ｂ ③④理（250×2）▶「物基・物」必須，「化基・化」・「生基・生」・「地学基・地学」から１

【化学類】 4科目 ①外（500）▶「コミュ英Ⅰ・コミュ英Ⅱ・コミュ英Ⅲ・英表Ⅰ・英表Ⅱ」・独・仏・中から１ ②数（500）▶数Ⅰ・数Ⅱ・数Ⅲ・数Ａ・数Ｂ ③④理（250×2）▶「化基・化」必須，「物基・物」・「生基・生」・「地学基・地学」から１

【応用理工学類】 4科目 ①外（500）▶「コミュ英Ⅰ・コミュ英Ⅱ・コミュ英Ⅲ・英表Ⅰ・英表Ⅱ」・独・仏から１ ②数（500）▶数Ⅰ・数Ⅱ・数Ⅲ・数Ａ・数Ｂ ③④理（250×2）▶「物基・物」必須，「化基・化」・「生基・生」・「地学基・地学」から１

【社会工学類】［共通テスト（1000）］ 7～6科目 ①国（200） ②外（200・英〈R160＋L40〉）▶英・独・仏・中・韓から１ ③地歴・公民（200）▶世Ａ・世Ｂ・日Ａ・日Ｂ・地理Ａ・地理Ｂ・現社・倫・政経・「倫・政経」から１ ④⑤数（100×2）▶「数Ⅰ・数Ａ」必須，「数Ⅱ・数Ｂ」・簿・情から１ ⑥⑦理（200）▶「物基・化基・生基・地学基から２」・物・化・生・地学から１

［個別学力検査（1000）］ 2科目 ①外（500）▶「コミュ英Ⅰ・コミュ英Ⅱ・コミュ英Ⅲ・英表Ⅰ・英表Ⅱ」・独・仏から１ ②数（500）▶数Ⅰ・数Ⅱ・数Ⅲ・数Ａ・数Ｂ

後期 【物理学類】［共通テスト（700）］ 7科目 ①国（100） ②外（150・英〈R120＋L30〉）▶英・独・仏・中・韓から１ ③地歴・公民（50）▶世Ａ・世Ｂ・日Ａ・日Ｂ・地理Ａ・地理Ｂ・現社・倫・政経・「倫・政経」から１ ④⑤数（100×2）▶「数Ⅰ・数Ａ」必須，「数Ⅱ・数Ｂ」・簿・情から１ ⑥⑦理（100×2）▶物・化・生・地学から２

［個別学力検査（300）］ 1科目 ①小論文（300）

【化学類・応用理工学類】［共通テスト（750）］ 7科目 ①国（100） ②外（200・英〈R160＋L40〉）▶英・独・仏・中・韓から１ ③地歴・公民（50）▶世Ａ・世Ｂ・日Ａ・日Ｂ・地理Ａ・地理Ｂ・現社・倫・政経・「倫・政経」から１ ④⑤数（100×2）▶「数Ⅰ・数Ａ」必須，「数Ⅱ・数Ｂ」・簿・情から１ ⑥⑦理（100×2）▶物・化・生・地学から２

【化学類】［個別学力検査（200）］ 1科目 ①面接（200）▶個別面接

【応用理工学類】［個別学力検査（300）］ 1科目 ①面接（300）▶個別面接

【工学システム学類】［共通テスト（500）］ 7科目 ①国（100） ②外（100・英〈R80＋L20〉）▶英・独・仏・中・韓から１ ③地歴・公民（50）▶世Ａ・世Ｂ・日Ａ・日Ｂ・地理Ａ・地理Ｂ・現社・倫・政経・「倫・政経」から１ ④⑤数（75×2）▶「数Ⅰ・数Ａ」必須，「数Ⅱ・数Ｂ」・簿・情から１ ⑥⑦理（50×2）▶物・化・生・地学から２

［個別学力検査（300）］ 1科目 ①面接

(300) ▶個別面接
【社会工学類】［共通テスト(960)］ 7〜6科目 ①国(160) ②外(320・英〈R256＋L64〉) ▶英・独・仏・中・韓から1 ③地歴・公民(80) ▶世A・世B・日A・日B・地理A・地理B・現社・倫・政経・「倫・政経」から1 ④⑤数(160×2) ▶「数Ⅰ・数A」必須,「数Ⅱ・数B」・簿・情から1 ⑥⑦理(80) ▶「物基・化基・生基・地学基から2」・物・化・生・地学から1
［個別学力検査(400)］ 1科目 ①小論文(400)
学校推薦型 【全学類】［共通テスト］ 課さない。
［個別学力検査］ 2科目 ①小論文 ②面接
※書類審査，小論文および面接の結果を総合して判定。英語資格・検定試験でCEFRレベルB1相当以上のスコアを有する場合は総合評価に反映。
総合型(国際科学オリンピック) 【物理学類・化学類】［共通テスト］ 課さない。
［個別学力検査］ 1科目 ①面接
※提出資料等の内容を含めて総合的に判定。

情報学群

前期 【情報科学類・情報メディア創成学類】［共通テスト(900)］ 7科目 ①国(200) ②外(200・英〈R160＋L40〉) ▶英・独・仏・中・韓から1 ③地歴・公民(100) ▶世A・世B・日A・日B・地理A・地理B・現社・倫・政経・「倫・政経」から1 ④⑤数(100×2) ▶「数Ⅰ・数A」必須,「数Ⅱ・数B」・簿・情から1 ⑥⑦理(100×2) ▶物・化・生・地学から2
【情報科学類】［個別学力検査(1600)］ 4科目 ①外(400) ▶「コミュ英Ⅰ・コミュ英Ⅱ・コミュ英Ⅲ・英表Ⅰ・英表Ⅱ」・独・仏・中から1 ②数(700) ▶数Ⅰ・数Ⅱ・数Ⅲ・数A・数B ③④理(250×2) ▶「物基・物」・「化基・化」・「生基・生」・「地学基・地学」から2
【情報メディア創成学類】［個別学力検査(800)］ 2科目 ①外(400) ▶「コミュ英Ⅰ・コミュ英Ⅱ・コミュ英Ⅲ・英表Ⅰ・英表Ⅱ」・独・仏・中から1 ②数(400) ▶数Ⅰ・数Ⅱ・数Ⅲ・数A・数B
後期 【知識情報・図書館学類】［共通テスト(900)］ 8〜7科目 ①国(200) ②外(200・英〈R160＋L40〉) ▶英・独・仏・中・韓から1 ③④数(100×2) ▶「数Ⅰ・数A」必須,「数Ⅱ・数B」・簿・情から1 ⑤⑥⑦⑧地歴・公民・理(100×3) ▶「世A・世B・日A・日B・地理A・地理B・現社・倫・政経・〈倫・政経〉から2」・「〈物基・化基・生基・地学基から2〉・物・化・生・地学から1」または「世A・世B・日A・日B・地理A・地理B・現社・倫・政経・〈倫・政経〉から1」・「物・化・生・地学から2」
［個別学力検査(200)］ 1科目 ①小論文(200)
学校推薦型 【全学類】［共通テスト］ 課さない。
［個別学力検査］ 2科目 ①小論文 ②面接(知識情報・図書館学類はビブリオバトル)
※提出書類，小論文および面接(知識情報・図書館学類はビブリオバトル)の結果を総合して判定。英語資格・検定試験でCEFRレベルB1相当以上のスコアを有する場合は総合評価に反映。
総合型(AC) 【全学類】［共通テスト］ 課さない。
［個別学力検査］ 1科目 ①面接・口述試験
※第1次選考―書類審査(自己推薦書・志望理由書を重視)，第2次選考―個別面接・口述試験，提出書類等の内容も含めて総合的に判定。
総合型(国際科学オリンピック) 【情報科学類・情報メディア創成学類】［共通テスト］ 課さない。
［個別学力検査］ 1科目 ①面接
※提出資料等の内容も含めて総合的に判定。

医学群

前期 【医学類】［共通テスト(900)］ 7科目 ①国(200) ②外(200・英〈R160＋L40〉) ▶英・独・仏・中・韓から1 ③地歴・公民(100) ▶世B・日B・地理B・現社・倫・政経・「倫・政経」から1 ④⑤数(100×2) ▶「数Ⅰ・数A」・「数Ⅱ・数B」 ⑥⑦理(100×2) ▶物・化・生から2
［個別学力検査(1400)］ 5科目 ①外(300) ▶コミュ英Ⅰ・コミュ英Ⅱ・コミュ英Ⅲ・英表Ⅰ・英表Ⅱ ②数(300) ▶数Ⅰ・数Ⅱ・数Ⅲ・数A・数B ③④理(150×2) ▶「物基・物」・「化基・化」・「生基・生」から2 ⑤適性試

験(❶300＋❷200)▶適性試験❶(筆記)・適性試験❷(個別面接)

【看護学類】[共通テスト(900)] 8~7科目 ①国(200) ②外(200・英〈R160＋L40〉)▶英・独・仏・中・韓から1 ③④**数**(100×2)▶「数Ⅰ・数A」必須,「数Ⅱ・数B」・簿・情から1 ⑤⑥⑦⑧**「地歴・公民」・理**(100×3)▶「世A・世B・日A・日B・地理A・地理B・現社・倫・政経・〈倫・政経〉から2」・「〈物基・化基・生基・地学基から2〉・物・化・生から1」または「世A・世B・日A・日B・地理A・地理B・現社・倫・政経・〈倫・政経〉から1」・「物・化・生から2」

[個別学力検査(800)] 3科目 ①外(300)▶「コミュ英Ⅰ・コミュ英Ⅱ・コミュ英Ⅲ・英表Ⅰ・英表Ⅱ」・独・仏から1 ②**国・理**(200)▶現文B・「物基・物」・「化基・化」・「生基・生」から1 ③**面接**(300)▶個別面接

【医療科学類】[共通テスト(900)] 7科目 ①国(200) ②外(200・英〈R160＋L40〉)▶英・独・仏・中・韓から1 ③**地歴・公民**(100)▶世B・日B・地理B・現社・倫・政経・「倫・政経」から1 ④⑤**数**(100×2)▶「数Ⅰ・数A」必須,「数Ⅱ・数B」・簿・情から1 ⑥⑦**理**(100×2)▶物・化・生から2

[個別学力検査(800)] 5科目 ①外(200)▶コミュ英Ⅰ・コミュ英Ⅱ・コミュ英Ⅲ・英表Ⅰ・英表Ⅱ ②**数**(200)▶数Ⅰ・数Ⅱ・数Ⅲ・数A・数B ③④**理**(100×2)▶「物基・物」・「化基・化」・「生基・生」から2 ⑤**面接**(200)▶個別面接

学校推薦型 【全学類】[共通テスト] 課さない。

[個別学力検査]【医学類】 2科目 ①**小論文** ②**適性試験**▶適性試験❶(筆記)・適性試験❷(個別面接)

※書類審査,小論文および適性試験の結果を総合して判定。英語資格・検定試験でCEFR C1相当以上のスコアを有する場合は総合評価に反映。

【看護学類・医療科学類】 2科目 ①**小論文** ②**面接**

※提出書類,小論文および面接の結果を総合して判定。英語資格・検定試験でCEFRレベルB1相当以上のスコアを有する場合は総合評価に反映。

総合型(研究型人材) 【医学類】[共通テスト(900)] 7科目 ①国(200) ②外(200・英〈R160＋L40〉)▶英・独・仏・中・韓から1 ③**地歴・公民**(100)▶世B・日B・地理B・現社・倫・政経・「倫・政経」から1 ④⑤**数**(100×2)▶「数Ⅰ・数A」・「数Ⅱ・数B」 ⑥⑦**理**(100×2)▶物・化・生から2

[個別学力検査] 2科目 ①**適性試験** ②**面接・口述試験**

※第1次選考ー書類審査(研究レポート等),第2次選考ー適性試験および面接・口述試験(提出書類等の内容を含む),最終選考ー共通テストの成績が原則として8割(総合点720点,数学160点,理科160点)以上。

体育専門学群

前期 [共通テスト(700)] 6~5科目 ①国(200) ②外(200・英〈R160＋L40〉)▶英・独・仏・中・韓から1 ③**地歴・公民**(100)▶世A・世B・日A・日B・地理A・地理B・現社・倫・政経・「倫・政経」から1 ④**数**(100)▶数Ⅰ・「数Ⅰ・数A」・数Ⅱ・「数Ⅱ・数B」・簿・情から1 ⑤⑥**理**(100)▶「物基・化基・生基・地学基から2」・物・化・生・地学から1

[個別学力検査(700)] 2科目 ①**実技**(600) ②**論述試験**(100)

学校推薦型 [共通テスト] 課さない。

[個別学力検査] 3科目 ①**小論文** ②**面接** ③**実技**

※提出書類,小論文,面接および実技の結果を総合して判定。英語資格・検定試験でCEFRレベルB1相当以上のスコアを有する場合は総合評価に反映。

総合型(AC) [共通テスト] 課さない。

[個別学力検査] 1科目 ①**面接・口述試験**

※第1次選考ー書類審査(自己推薦書・志望理由書を重視),第2次選考ー個別面接・口述試験,提出書類等の内容も含めて総合的に判定。

芸術専門学群

前期 [共通テスト(700)] 6~5科目 ①国(200) ②外(200・英〈R160＋L40〉)▶英・独・仏・中・韓から1 ③**地歴・公民**(100)▶世A・世B・日A・日B・地理A・地理B・現社・倫・

政経・「倫・政経」から１　④**数**(100)▶数Ⅰ・「数Ⅰ・数Ａ」・数Ⅱ・「数Ⅱ・数Ｂ」・簿・情から１　⑤⑥**理**(100)▶「物基・化基・生基・地学基から２」・物・化・生・地学から１

[個別学力検査(700)]　**1科目**　①**実技**(700)▶「論述・鉛筆デッサンから１」・「論述・デッサン・平面構成・立体造形・書から１」

後期　**[共通テスト(500)]**　**4〜3科目**　①**国**(200)　②**外**(200・英〈R160＋L40〉)▶英・独・仏・中・韓から１　③④**地歴・公民・数・理**(100)▶世Ａ・世Ｂ・日Ａ・日Ｂ・地理Ａ・地理Ｂ・現社・倫・政経・「倫・政経」・数Ⅰ・「数Ⅰ・数Ａ」・数Ⅱ・「数Ⅱ・数Ｂ」・簿・情・「物基・化基・生基・地学基から２」・物・化・生・地学から１

[個別学力検査(100)]　**1科目**　①**面接・口述試験**(100)

学校推薦型　**[共通テスト]**　課さない。

[個別学力検査]　**2科目**　①**面接**　②**実技**

※提出書類，面接および実技の結果を総合して判定。英語資格・検定試験でCEFRレベルＢ１相当以上のスコアを有する場合は総合評価に反映。

その他の選抜

専門高校・総合学科特別入試，国際バカロレア特別入試，海外教育プログラム特別入試，帰国生徒特別入試，私費外国人留学生入試，Japan-Expert（学士）プログラム特別入試，総合理工学位プログラム（学士）入試，地球規模課題学位プログラム（学士）入試などを実施。

偏差値データ　(2023年度)

● 一般選抜

＊共通テスト・個別計/満点

学群／学類	2023年度 駿台予備学校 合格目標ライン	2023年度 河合塾 ボーダー得点率	2023年度 河合塾 ボーダー偏差値	2022年度実績 募集人員	受験者数	合格者数	合格最低点＊	競争率 '22年	競争率 '21年
●前期									
総合選抜									
文系	**56**	**72%**	**62.5**	128	412	138	1538/2400	3.0	2.0
理系Ⅰ	**53**	**71%**	**57.5**	154	435	164	1481/2400	2.7	2.6
理系Ⅱ	**53**	**70%**	**57.5**	41	121	45	1437/2400	2.7	3.5
理系Ⅲ	**53**	**71%**	**57.5**	90	275	96	1459/2400	2.9	2.6
人文・文化学群									
人文	**57**	**74%**	**62.5**	45	147	52	1677/2700	2.8	2.8
比較文化	**57**	**78%**	**60**	35	101	38	1111/1800	2.7	2.5
社会・国際学群									
社会	**59**	**75%**	**65**	40	179	55	817/1250	3.3	6.4
国際総合	**58**	**72%**	**65**	36	137	41	905/1300	3.3	2.8
人間学群									
教育	**57**	**75%**	**62.5**	22	66	25	690/1000	2.6	3.4
心理	**59**	**76%**	**65**	26	110	27	696/1000	4.1	5.0
障害科	**57**	**71%**	**60**	17	73	19	672/1000	3.8	1.8
生命環境学群									
生物	**53**	**70%**	**55**	17	46	18	1107/1800	2.6	2.1
生物資源	**53**	**70%**	**55**	52	100	52	1095/1800	1.9	2.8
地球	**51**	**70%**	**57.5**	21	51	21	1248/2000	2.4	3.5
理工学群									
数	**54**	**69%**	**57.5**	22	32	22	1368/2400	1.5	3.0

学群／学類	2023年度			2022年度実績					
	駿台予備学校	河合塾						競争率	
	合格目標ライン	ボーダー得点率	ボーダー偏差値	募集人員	受験者数	合格者数	合格最低点*	'22年	'21年
物理	54	71%	57.5	20	78	21	1525/2400	3.7	3.4
化	53	74%	57.5	14	41	15	1491/2400	2.7	2.6
応用理工	53	72%	57.5	49	132	51	1526/2400	2.6	2.0
工学システム	54	73%	57.5	55	165	58	1542/2400	2.8	2.5
社会工	52	74%	60	60	230	63	1334/2000	3.7	3.3
情報学群									
情報科	54	74%	57.5	43	118	47	1575/2500	2.5	2.7
情報メディア創成	53	78%	60	21	71	24	1143/1700	3.0	3.2
医学群									
医	66	82%	65	44	103	45	1709/2300	2.3	2.0
医（地域枠／全国）	66	82%	65	10	6	1	非開示/2300	6.0	8.5
医（地域枠／茨城）	65	82%	65	8	29	8	非開示/2300	3.6	3.3
看護	50	65%	55	40	86	42	1081/1700	2.0	2.2
医療科	52	65%	55	15	35	16	1011/1700	2.2	2.8
体育専門学群									
	48	69%	—	140	420	151	1012/1400	2.8	2.9
芸術専門学群									
	48	72%	—	50	136	53	980/1400	2.6	2.3
●後期									
人文・文化学群									
人文	58	80%	—	20	136	24	816/1100	5.7	3.2
人間学群									
教育	59	80%	—	3	9	3	446/550	3.0	3.3
心理	61	78%	—	4	29	5	441/550	5.8	9.8
障害科	58	75%	—	3	11	4	435/550	2.8	1.7
生命環境学群									
生物	56	71%	—	18	29	20	732/1100	1.5	2.4
生物資源	53	72%	—	15	38	15	678/1000	2.5	2.8
地球	53	72%	—	4	13	4	889/1200	3.3	2.8
理工学群									
物理	55	78%	—	10	48	12	849/1000	4.0	3.8
化	55	77%	—	10	13	10	617/950	1.3	1.8
応用理工	56	77%	—	22	26	20	709/1050	1.3	2.1
工学システム	56	76%	—	20	56	23	622/800	2.4	2.6
社会工	54	76%	—	15	73	16	968/1360	4.6	4.9
情報学群									
知識情報・図書館	53	75%	—	10	36	12	796/1100	3.0	3.3
芸術専門学群									
	49	84%	—	5	30	8	503/600	3.8	1.8

- 駿台予備学校合格目標ラインは合格可能性80%に相当する駿台模試の偏差値です。
- 競争率は受験者÷合格者の実質倍率
- 河合塾ボーダー得点率は合格可能性50%に相当する共通テストの得点率です。
  また，ボーダー偏差値は合格可能性50%に相当する河合塾全統模試の偏差値です。
- 合格者10人以下の合格最低点は非開示
- 前期の社会・国際学群社会学類，医学群医学類，体育専門学群，後期の芸術専門学群は２段階選抜を実施。

併設の教育機関　大学院

人文社会ビジネス科学学術院

院生数▶1,028名（人文社会科学研究科，ビジネス科学研究科を含む）

博士前期課程▶ ●人文社会科学研究群　人や社会の営み，人と社会の関係の考察・分析に係わる人文社会科学の基礎研究において優れた能力を有し，学問の進展や社会的要請の変化に応じて人類の知の継承に貢献し得る人材，またグローバル化の進展に伴う地球規模の課題や社会的課題に果敢に挑戦し，人間の存在や人と社会との関係の望ましいあり方を構想し得る独創性と柔軟性を併せもつ研究者・教育者，および高い専門性と実務能力を有する職業人を養成する。人文学，国際公共政策，国際日本研究の３学位プログラム。

●ビジネス科学研究群　社会人を主たる対象にして，社会やビジネスで求められる高度専門職業人として必要な深い学識と卓越した能力を持ち，現代社会や組織が直面する諸課題の背景を探求し，かつ実効性の高い解決策を策定・実行することによって，社会の持続可能な発展に寄与しうる高度専門職業人を養成する。法学，経営学の２学位プログラム。

専門職学位課程▶ ●法曹専攻　法律学全般について質の高い，司法実務に密着したオールラウンドな教育を行うことを基本とし，グローバルビジネス，知的財産法，経済法などの分野における最先端の授業科目をそろえ，高度に専門性を有する法曹の育成をめざす。

●国際経営プロフェッショナル専攻　国際社会や文化の多様性を理解し，変化するビジネス環境に適合した適切な行動を導くことができる知識・技能・資質をもった経営専門職，特に，経営に関するコア力量を持つビジネスマネジャー，国際対応力量に秀でたカントリーマネジャー，応用情報技能に秀でたプロジェクトマネジャーの３タイプのグローバルリーダーを養成する。

博士後期課程▶ 人文社会科学研究群，ビジネス科学研究群

理工情報生命学術院

院生数▶3,365名（数理物質科学研究科，システム情報工学研究科，生命環境科学研究科を含む）

博士前期課程▶ ●数理物質科学研究群　数理物質科学の基礎とその科学技術への応用に関し，高度な教育研究指導によって，現代社会の急激な変化に的確に対応できる基礎から応用まで幅広い視野と優れた研究能力を養成する。数学，物理学，化学，応用理工学，国際マテリアルズイノベーションの５学位プログラム。

●システム情報工学研究群　システム・情報・社会が融合・複合する学際領域において，グローバルな俯瞰力と多様で柔軟な思考力を持ち，現実世界の複雑で困難な問題を解決する独創力・発想力を備えてリーダーシップを発揮する人材を養成する。社会工学，サービス工学，リスク・レジリエンス工学，情報理工，知能機能システム，構造エネルギー工学，ライフイノベーション（生物情報）の７学位プログラム。

●生命地球科学研究群　生命科学と地球科学，農学，環境科学に関する専門分野の深い知識と研究能力，研究技術を持ち，一方で，生命，人間，これらを取り巻く基盤である地球，自然，社会を幅広い視点でとらえ，独創的な発想で研究課題を発掘し，課題を解決する能力を養成する。生物学，生物資源科学，地球科学，環境科学，山岳科学，ライフイノベーション（食料革新），ライフイノベーション（環境制御），ライフイノベーション（生体分子材料）の８学位プログラム。

●国際連携持続環境科学専攻　熱帯アジア地域を主な対象に，水資源・水環境，水災害，生態系等の地球規模課題に対し，理学，農学，工学，社会科学等の専門的かつ俯瞰的な洞察力をもって問題解決並びに持続可能な社会の実現に寄与することのできる人材を育成する。

５年一貫制博士課程▶ システム情報工学研究群（エンパワーメント情報学位プログラム）

博士後期課程 数理物質科学研究群，システム情報工学研究群（社会工学，リスク・レジリエンス工学，情報理工，知能機能システム，構造エネルギー工学，ライフイノベーション（生物情報）の６学位プログラム），生命地球科学研究群（生物学，農学，生命農学，生命産業科学，地球科学，環境学，ライフイノベーション〈食料革新〉，ライフイノベーション〈環境制御〉，ライフイノベーション〈生体分子材料〉の９学位プログラム）

人間総合科学学術院

院生数▶2,394名（教員研究科，人間総合科学研究科，図書館情報メディア研究科を含む）

博士前期課程 ●**人間総合科学研究群**　人間の心身および諸活動に関する基礎から応用までの豊富かつ高度な教育研究を通して，固有の学問領域において高度でグローバルな視点に基づいた研究を計画実行でき，人間に関する幅広い知識を持ち優れた学際的な学術研究や国際的かつ学際的な教育研究環境を背景に異分野の先端的な融合が図れる優れた学術研究を計画実行できる研究者と大学教員，および複合的な視点から人間をとらえ，柔軟かつ適切な援助・支援を研究・設計して社会的ニーズに対応できる高度専門職業人を養成する。教育学，心理学，障害科学，カウンセリング，リハビリテーション科学，ニューロサイエンス，看護科学，体育学，スポーツ・オリンピック学，スポーツウェルネス学，芸術学，デザイン学，世界遺産学，情報学，ライフイノベーション（病態機構），ライフイノベーション（創薬開発）の16学位プログラム。

修士課程 ●**人間総合科学研究群**　フロンティア医科学，公衆衛生学の２学位プログラム。

●**スポーツ国際開発学共同専攻**　スポーツを通じて国内外の社会開発を担う人材，日本の体育教育制度と実践を理解し，諸外国に支援ができる人材，そして国際平和と友好，青少年教育を促進する国際機関で活躍できる人材を養成。

●**国際連携食料健康科学専攻**　人類が地球規模で直面する健康の維持・増進や食料の安全供給等の課題に対して，「医食同源」の理念に基づき，食料が健康に及ぼす影響を科学的に理解し，グローバル社会のニーズと研究開発を橋渡しすることのできる専門力と実践力を備えた国際的な高度専門職業人を養成する。

３年制博士課程 ●**人間総合科学研究群**　ヒューマン・ケア科学，パブリックヘルス，スポーツ医学，コーチング学の４学位プログラム。

●**大学体育スポーツ高度化共同専攻**　筑波大学と鹿屋体育大学との共同設置で運営。体育スポーツ現場の教育と研究の循環を効果的に行える，高等教育における学術的職業人としての高度な体育教員を養成する。

４年制博士課程 人間総合科学研究群（医学学位プログラム）

５年一貫制博士課程 人間総合科学研究群（ヒューマンバイオロジー学位プログラム）

博士後期課程 人間総合科学研究群（教育学，心理学，障害科学，カウンセリング科学，リハビリテーション科学，ニューロサイエンス，看護科学，体育科学，スポーツウェルネス学，芸術学，デザイン学，世界遺産学，情報学，ライフイノベーション〈病態機構〉，ライフイノベーション〈創薬開発〉）

グローバル教育院

院生数▶84名

５年一貫制博士課程 ●**ヒューマニクス学位プログラム**　文部科学省採択の卓越大学院プログラム。生命医科学と理・工・情報学の両研究分野において，博士レベルの知識・技能と，これらを有機的に融合できる科学的専門力を持ち，これを社会に還元できる応用力を備えたリーダー人材を育成。

MEMO

宇都宮大学

資料請求

問合せ先 アドミッションセンター　☎028-649-5112

大学の理念

「主体的に挑戦し（Challenge），時代の変化に対応して自らを変え（Change），広く社会に貢献する（Contribution）」の３Ｃ精神をモットーに，学生と教職員が一体となって進化を続ける大学をめざす。「人類の福祉の向上と世界の平和に貢献する」ことを理念とし，栃木県の多様で豊かなフィールドを生かした実践的な教育・研究で，社会の中核を担う人材の育成と知の創造・発信に注力。地域の知の拠点としての機能を一層強化するため，「活力ある持続可能な地域社会の形成」「グローバル化社会への対応」「イノベーション創出」を基本方針と定め，「行動的知性」を備え広く社会の発展に貢献する人材の育成，独創的な特色ある研究による新たな「知」の創造，地域やステークホルダーとの双方向性を高めた活動を積極的に進めている。

- **峰キャンパス**………〒321-8505　栃木県宇都宮市峰町350
- **陽東キャンパス**……〒321-8585　栃木県宇都宮市陽東7-1-2

基本データ

学生数▶3,977名（男2,384名，女1,593名）
専任教員数▶教授129名，准教授120名，講師６名
設置学部▶地域デザイン科，国際，共同教育，工，農
併設教育機関▶大学院―地域創生科学（M・D），連合農学（D），教育学（P）

就職・卒業後の進路

就職率 100%（就職者÷希望者×100）

● **就職支援**　学生自身の主体的なキャリア形成への支援を実践するキャリアセンターを設置。「キャリア入門」「起業の実際と理論（アントレプレナーシップ）」などの正課科目を開講するほか，各種ガイダンス，セミナーを実施。求人票の資料を自由に閲覧できるカフェや，専門家による「進路相談室」などを備え，ニュースレター発行や「UU Career Navi（就職支援システム）」で学生に役立つ情報も発信。インターンシップでは従来の職場体験型のほか，地域企業が抱える課題に対して提案を行う課題発見・解決型も実施。

進路指導者も必見
学生を伸ばす 面倒見

初年次教育	学修サポート
学問や大学教育全体に対する動機づけ，レポート・論文の書き方，プレゼン技法，ITの基礎技術，情報収集や資料整理の方法，論理的思考や問題発見・解決能力の向上を図る「新入生セミナー」「データサイエンス入門」などを開講	全学部でTA制度，オフィスアワー制度，指導教員制度を導入。学生約30人に１人の教員アドバイザーがつき，学生の指導にあたっている

オープンキャンパス（2022年度実績）　7・8月に各キャンパスで学部ごとに対面型を開催（事前申込制）。模擬授業や研究内容の紹介，相談コーナーなど。7～10月には各学部でオンライン型のイベントも実施。

文系学部
2022年３月卒業生
125人

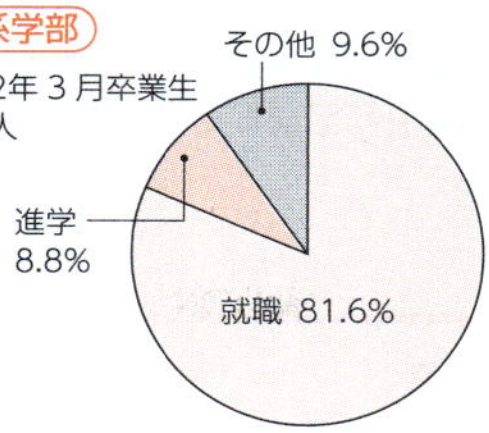

理系学部
2022年３月卒業生
542人

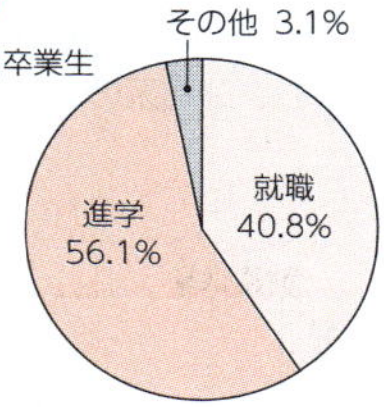

その他の学部
2022年３月卒業生
313人
・地域デザイン科学部
・共同教育学部

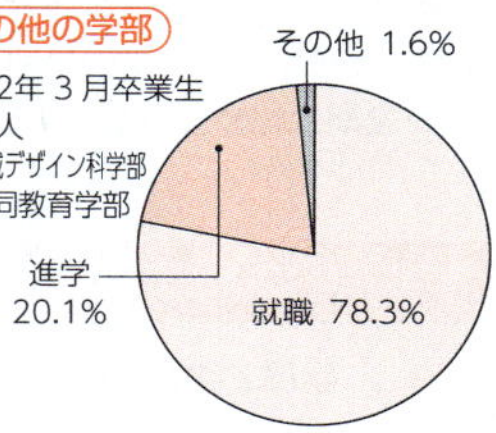

主なOB・OG ▶［農］福士正博（経済学者・農学者），［工］白井俊之（ニトリホールディングス社長），［工］高砂淳二（写真家），［農］旭爪あかね（小説家）など。

国際化・留学　大学間 41 大学・部局間 44 大学

受入れ留学生数 ▶ 101名（2022年５月１日現在）

留学生の出身国 ▶ 中国，マレーシア，韓国，ベトナム，タイなど。

外国人専任教員 ▶ 教授４名，准教授５名（2022年５月１日現在）

外国人専任教員の出身国 ▶ アメリカ，ニュージーランド，中国，韓国，ペルーなど。

大学間交流協定 ▶ 41大学（交換留学先38大学，2022年９月１日現在）

部局間交流協定 ▶ 44大学（交換留学先28大学，2022年９月１日現在）

海外への留学生数 ▶ 渡航型11名・オンライン型46名／年（10カ国・地域，2021年度）

海外留学制度 ▶ 留学生・国際交流センターが留学や学内の国際交流をサポート。１学期または１年間，海外の協定校で学ぶ「交換留学」，春夏の長期休暇を利用してオーストラリアのサザンクロス大学，マレーシアのサラワク大学，カナダのカピラノ大学で英語を学ぶ「海外語学研修」，協力企業の海外事業所などで就労体験を行う「国際インターンシップ」を実施。また，JICAとの協力事業「海外フィールドワーク演習」なども実施している。

学費・奨学金制度　給付型奨学金総額 年間 1,770 万円

入学金 ▶ 282,000円

年間授業料（施設費等を除く）▶ 535,800円

年間奨学金総額 ▶ 17,700,000円

年間奨学金受給者数 ▶ 75人

主な奨学金制度 ▶ 高校３年生を対象に，入学後30万円を給付する「入学応援奨学金」や，ボランティアに注力する学生に月額3万円を1年間給付する「飯村チャレンジ奨学金」，学部長の推薦による「学業奨励奨学金」などを設置。また，学費減免制度があり，2021年度は160人を対象に総額で約2,913万円を減免している。

保護者向けインフォメーション

●**オープンキャンパス**　通常のオープンキャンパス時に保護者向けの説明会を実施している。
●**成績確認**　成績表を保護者に郵送している。
●**会報誌**　学外組織「学生後援会」が保護者向けの会報誌『学生後援会会報』を発行している。
●**懇談会**　宇都宮・仙台・札幌で「学長と学生・保護者との懇談会」を開催。
●**防災対策**　被災した際の学生の安否は，SNSを利用して確認する。
●**コロナ対策１**　対面授業とオンライン授業を併用。「コロナ対策２」（下段）あり。

インターンシップ科目	必修専門ゼミ	卒業論文	GPA制度の導入の有無および活用例	１年以内の退学率	標準年限での卒業率
全学部で開講している	全学部で１～４年次に実施	全学部で卒業要件	奨学金等対象者の選定，留学候補者の選考，退学勧告・卒業判定の基準，個別の学修指導，履修上限単位の設定などに活用	0.4%	98.8%

●**コロナ対策２**　大学入口での検温と消毒を実施。講義室の収容人数を調整。また，Wi-Fi環境を整備し，希望者にはパソコンを貸与。学生ピアサポート制度では１年生への相談対応に奨励費を支給。

2024年度学部改組構想(予定)

● データサイエンス経営学部(仮称)を新設構想中。データサイエンス経営学科を設置。入学試験は一般前期・後期，総合型選抜を実施し，文系および理系の志望者に配慮した教科・科目選択制度とする。

学部紹介(2023年2月現在)

学部／学科・課程	定員	特色
地域デザイン科学部		
コミュニティデザイン	50	▷地域社会の成り立ちや課題を理解するために必要な幅広い教養を身につけるとともに，地域と連携して学習を深める。それぞれの専門分野を応用した地域デザイン能力を養い，21世紀の地域社会で活躍できる人材を育てる。
建築都市デザイン	50	▷建築学の基礎を学び，先端技術や建築をとりまく社会の構造変化を理解し，新たな地域デザインとしての建築のあり方を追究する。
社会基盤デザイン	40	▷最先端の土木工学と建築技術を学び，科学技術を融合して，安全で持続可能な社会基盤をデザインする人材を育成する。
● **取得可能な資格**…測量士補，1・2級建築士受験資格など。 ● **進路状況**…………就職62.2%　進学35.8% ● **主な就職先**………各県庁，各市役所，国土交通省，足利銀行，東日本旅客鉄道，大成建設，清水建設，鹿島建設，西松建設，LIXIL，東日本高速道路，首都高速道路，毎日新聞社など。		
国際学部		
国際	90	▷学びの視点として「国際」「学際」「比較」の３つを重視している。「学際」とは，一つのテーマに対して，複数の学問分野を関連づけながら学ぶ研究のあり方。多文化共生のための体系的なカリキュラムを専門性を重視して編成している。1～２年次にコア科目，基礎科目，グローバル実践力基礎演習を学び，２年次から専門外国語とグローバル専門科目(アジア太平洋文化社会，欧米文化社会，日本文化社会，比較文化社会，言語・コミュニケーション，国際協力，国際共生の計7科目群)が始まる。3年次に専門演習・実験実習科目と卒業研究準備演習が開講され，4年次に卒業研究を行う。
● **取得可能な資格**…教職(英)など。 ● **進路状況**…………就職81.6%　進学8.8% ● **主な就職先**………三井物産，ニトリ，日本通運，日本放送協会，毎日新聞社，楽天，YKK，クラシエ製薬，野村證券，全日本空輸，日本航空，エイチ・アイ・エスなど。		
共同教育学部		
学校教育教員養成	170	▷教員の資質能力向上への高まる要請に応えるため，全国初，群馬大学との共同教育学部を新設。双方の充実したスタッフが実施する幅広く深い内容の授業を，最新の双方向遠隔メディアシステムを用いて受けられる。１年次より分野混合クラスを編成し，異なる専門性をめざす学生による学び合いのなかから人間力を培い，確かな協働力のある教員を養成。
● **取得可能な資格**…教職(国・地歴・公・社・数・理・音・美・工芸・保体・技・家・工業・英，小一種，幼一種，特別支援)など。 ● **進路状況**…………就職92.7%　進学6.1% ● **主な就職先**………教員(栃木県，埼玉県，茨城県，群馬県，千葉県ほか)，各県庁・市役所など。		

 キャンパスアクセス [峰キャンパス] [陽東キャンパス] いずれもJR宇都宮線－宇都宮よりバス15～20分

工学部		
基盤工	315	▷一括入試を行い，２年次より物質環境化学，機械システム工学，情報電子オプティクスの３コースに分属。専門的知識と統合した工学知と３C精神を基盤としてイノベーションを実現し，グローバル化した社会の発展に貢献するプロフェッショナルを養成する。

● **取得可能な資格**…教職（工業），陸上・海上特殊無線技士など。
● **進路状況**…………就職28.3%　進学69.9%
● **主な就職先**………トヨタ自動車，本田技研工業，ファナック，日立製作所，凸版印刷，東日本旅客鉄道，東京電力ホールディングス，資生堂，花王，シャープ，キヤノンなど。

農学部		
生物資源科	63	▷生物資源の機能解明と開発を通じて，生物資源の持続的生産と環境保全を図るための基本的・応用的な教育研究を行う。
応用生命化	32	▷生命の営みに関する事象を化学的な視点から解明し，生命・食品・環境の分野で問題解決に積極的に取り組む人材を養成する。
農業環境工	32	▷環境と調和した持続可能な農業システム作りに取り組む。水土環境工学，食料生産システム工学の2コースに分かれ，各専門分野の技術者を育成する。
農業経済	36	▷身近で欠かせない食を供給する農業の持続的発展をめざし社会科学の視点から教育・研究を行う。
森林科	32	▷森林の育成・管理から生産物の加工利用までを基軸とし，野外実習を重視した総合的な研究を行う。

● **取得可能な資格**…教職（理・農），測量士補など。
● **進路状況**…………就職60.5%　進学34.3%
● **主な就職先**………キユーピー，ブルボン，カゴメ，全国農業協同組合連合会栃木県本部，全薬工業，持田製薬，鹿島建設，東日本旅客鉄道，山崎製パン，農林水産省，林野庁など。

キャンパス

国際・共同教育・農…［峰キャンパス］栃木県宇都宮市峰町350
地域デザイン科・工…［陽東キャンパス］栃木県宇都宮市陽東7-1-2

2023年度入試要項（前年度実績）

●募集人員

学部／学科・課程（系）		前期	後期
▶地域デザイン科	コミュニティデザイン	33	10
	建築都市デザイン	39	8
	社会基盤デザイン	25	10
▶国際	国際	40	—
▶共同教育	学校教育教員養成（教育人間科学/教育）	5	—
	（／教育心理）	5	—
	（／特別支援教育）	14	—
	（人文社会／国語）	16	—
	（／社会）	11	—
	（／英語）	8	—
	（自然科学／数学）	18	—
	（／理科）	14	—
	（／技術）	2	—
	（芸術・生活・健康／音楽）	6	—
	（／美術）	5	—
	（／保健体育）	8	—
	（／家政）	6	—
▶工	基盤工	235	40
▶農	生物資源科	45	6
	応用生命化	22	3
	農業環境工	20	2
	農業経済	27	3
	森林科	24	—

●２段階選抜　実施しない

▷共通テストの英語はリスニングを含む。
▷個別学力検査の数Ⅰ―データの分析を除く。数B―確率分布と統計的な推測を除く。

地域デザイン科学部

前期 【コミュニティデザイン学科】［共通テスト(900)］ 8~7科目 ①国(200) ②外(200・英〈R150＋L50〉)▶英・独・仏・中・韓から1 ③④数(100×2)▶「数Ⅰ・〈数Ⅰ・数A〉から1」・「数Ⅱ・〈数Ⅱ・数B〉から1」，ただし理科から2科目選択した場合，「数Ⅰ・数A」・「数Ⅱ・数B」必須 ⑤⑥⑦⑧「地歴・公民」・理(100×3)▶世A・世B・日A・日B・地理A・地理B・「現社・倫・政経・〈倫・政経〉から1」から1または2，「物基・化基・生基・地学基から2」・物・化・生・地学から1または2，計3，ただし同一科目名を含む選択は不可
［個別学力検査(400)］ 1科目 ①小論文(400)
【建築都市デザイン学科】［共通テスト(900)］ 7科目 ①国(200) ②外(200・英〈R150＋L50〉)▶英・独・仏・中・韓から1 ③地歴・公民(100)▶世A・世B・日A・日B・地理A・地理B・現社・倫・政経・「倫・政経」から1 ④⑤数(100×2)▶「数Ⅰ・数A」・「数Ⅱ・数B」 ⑥⑦理(100×2)▶物必須，化・生・地学から1
［個別学力検査(300)］ 1科目 ①数(300)▶数Ⅰ・数Ⅱ・数Ⅲ・数A・数B
【社会基盤デザイン学科】［共通テスト(1000)］ 7科目 ①国(200) ②外(200・英〈R150＋L50〉)▶英・独・仏・中・韓から1 ③地歴・公民(100)▶世A・世B・日A・日B・地理A・地理B・現社・倫・政経・「倫・政経」から1 ④⑤数(100×2)▶「数Ⅰ・数A」・「数Ⅱ・数B」 ⑥⑦理(必須200＋100)▶物必須，化・生・地学から1
［個別学力検査(500)］ 1科目 ①数(500)▶数Ⅰ・数Ⅱ・数Ⅲ・数A・数B
後期 【コミュニティデザイン学科】［共通テスト(900)］ 8~7科目 前期と同じ
［個別学力検査(300)］ 1科目 ①面接(300)
【建築都市デザイン学科】［共通テスト(900)］ 7科目 前期と同じ
［個別学力検査(100)］ 1科目 ①面接(100)
【社会基盤デザイン学科】［共通テスト(1100)］ 7科目 ①国(200) ②外(200・英〈R150＋L50〉)▶英・独・仏・中・韓から1 ③地歴・公民(100)▶世A・世B・日A・日B・地理A・地理B・現社・倫・政経・「倫・政経」から1 ④⑤数(150×2)▶「数Ⅰ・数A」・「数Ⅱ・数B」 ⑥⑦理(必須200＋100)▶物必須，化・生・地学から1 1科目 ①小論文(100)

国際学部

前期［共通テスト(1000)］ 7~6科目 ①国(200) ②外(200・英〈R150＋L50〉)▶英・独・仏・中・韓から1 ③④地歴・公民(200＋100)▶世A・世B・日A・日B・地理A・地理B・「現社・倫・政経・〈倫・政経〉から1」から2 ⑤数(100)▶数Ⅰ・「数Ⅰ・数A」・数Ⅱ・「数Ⅱ・数B」・簿・情から1 ⑥⑦理(100)▶「物基・化基・生基・地学基から2」・物・化・生・地学から1
※「地歴・公民」は選択した2科目のうち高得点の科目を2倍に配点。「数学」と「理科」はいずれか高得点の教科を2倍に配点。
［個別学力検査(800)］ 2科目 ①外(400)▶コミュ英Ⅰ・コミュ英Ⅱ・コミュ英Ⅲ・英表Ⅰ・英表Ⅱ ②小論文(400)

共同教育学部

前期 【学校教育教員養成課程(教育人間科学系・人文社会系)】［共通テスト(800)］ 7~6科目 ①国(200) ②外(200・英〈R150＋L50〉)▶英・独・仏・中・韓から1 ③④地歴・公民(100×2)▶世A・世B・日A・日B・地理A・地理B・「現社・倫・政経・〈倫・政経〉から1」から2 ⑤数(100)▶数Ⅰ・「数Ⅰ・数A」・数Ⅱ・「数Ⅱ・数B」から1 ⑥⑦理(100)▶「物基・化基・生基・地学基から2」・物・化・生・地学から1
［個別学力検査(400)］ 2科目 ①小論文(300) ②面接(100)
【学校教育教員養成課程(自然科学系)】［共通テスト(900)］ 7科目 ①国(200) ②外(200・英〈R150＋L50〉)▶英・独・仏・中・韓から1 ③地歴・公民(100)▶世A・世B・日A・日B・地理A・地理B・現社・倫・政経・「倫・政経」から1 ④⑤数(100×2)▶「数Ⅰ・数A」・「数Ⅱ・数B」 ⑥⑦理(100×2)▶物・化・生・

地学から２
［個別学力検査(400)］ 2科目 ①小論文(300) ②面接(100)
【学校教育教員養成課程(芸術・生活・健康系)】［共通テスト(700)］ 6〜5科目 ①国(200) ②外(200・英〈R150＋L50〉)▶英・独・仏・中・韓から１ ③地歴・公民(100)▶世Ａ・世Ｂ・日Ａ・日Ｂ・地理Ａ・地理Ｂ・現社・倫・政経・「倫・政経」から１ ④数(100)▶数Ⅰ・「数Ⅰ・数Ａ」・数Ⅱ・「数Ⅱ・数Ｂ」から１ ⑤⑥理(100)▶「物基・化基・生基・地学基から２」・物・化・生・地学から１
［個別学力検査(500)］ 2科目 ①実技・小論文(400)▶音楽実技・美術実技・体育実技・小論文(家政)から1 ②面接(100)

工学部

前期 ［共通テスト(900)］ 7科目 ①国(200) ②外(200・英〈R150＋L50〉)▶英・独・仏・中・韓から１ ③地歴・公民(100)▶世Ａ・世Ｂ・日Ａ・日Ｂ・地理Ａ・地理Ｂ・現社・倫・政経・「倫・政経」から１ ④⑤数(100×2)▶「数Ⅰ・〈数Ⅰ・数Ａ〉から１」・「数Ⅱ・〈数Ⅱ・数Ｂ〉・簿・情から１」 ⑥⑦理(100×2)▶物・化・生・地学から２
［個別学力検査(500)］ 3科目 ①外(100)▶コミュ英Ⅰ・コミュ英Ⅱ・コミュ英Ⅲ ②数(200)▶数Ⅰ・数Ⅱ・数Ⅲ・数Ａ・数Ｂ ③理(200)▶「物基・物」・「化基・化」から１
後期 ［共通テスト(900)］ 7科目 前期と同じ
［個別学力検査(200)］ 1科目 ①小論文(200)

農学部

前期 【生物資源科学科】［共通テスト(900)］ 8〜7科目 ①国(200) ②外(200・英〈R150＋L50〉)▶英・独・仏・中・韓から１ ③地歴・公民(100)▶世Ａ・世Ｂ・日Ａ・日Ｂ・地理Ａ・地理Ｂ・現社・倫・政経・「倫・政経」から１ ④⑤数(100×2)▶「数Ⅰ・〈数Ⅰ・数Ａ〉から１」・「数Ⅱ・〈数Ⅱ・数Ｂ〉から１」 ⑥⑦⑧理(100×2)▶「物基・化基・生基・地学基から２」・物・化・生・地学から２，ただし同一科目名を含む選択は不可
［個別学力検査(300)］ 1科目 ①数・理(300)▶「数Ⅰ・数Ⅱ・数Ⅲ・数Ａ・数Ｂ」・「化基・化」・「生基・生」から１
【応用生命化学科】 ［共通テスト(900)］ 7科目 ①国(200) ②外(200・英〈R150＋L50〉)▶英・独・仏・中・韓から１ ③地歴・公民(100)▶世Ａ・世Ｂ・日Ａ・日Ｂ・地理Ａ・地理Ｂ・現社・倫・政経・「倫・政経」から１ ④⑤数(100×2)▶「数Ⅰ・〈数Ⅰ・数Ａ〉から１」・「数Ⅱ・〈数Ⅱ・数Ｂ〉から１」 ⑥⑦理(100×2)▶物・化・生・地学から２
［個別学力検査(300)］ 1科目 ①理(300)▶化基・化
【農業環境工学科】 ［共通テスト(900)］ 7科目 ①国(200) ②外(200・英〈R150＋L50〉)▶英・独・仏・中・韓から１ ③地歴・公民(100)▶世Ａ・世Ｂ・日Ａ・日Ｂ・地理Ａ・地理Ｂ・現社・倫・政経・「倫・政経」から1 ④⑤数(100×2)▶「数Ⅰ・〈数Ⅰ・数Ａ〉から１」・「数Ⅱ・〈数Ⅱ・数Ｂ〉・簿・情から１」 ⑥⑦理(100×2)▶物・化・生・地学から２
［個別学力検査(300)］ 1科目 ①外・数(300)▶「コミュ英Ⅰ・コミュ英Ⅱ・コミュ英Ⅲ・英表Ⅰ・英表Ⅱ」・「数Ⅰ・数Ⅱ・数Ⅲ・数Ａ・数Ｂ」から１
【農業経済学科】 ［共通テスト(900)］ 8〜7科目 ①国(200) ②外(200・英〈R150＋L50〉)▶英・独・仏・中・韓から１ ③④数(100×2)▶「数Ⅰ・〈数Ⅰ・数Ａ〉から１」・「数Ⅱ・〈数Ⅱ・数Ｂ〉・簿・情から１」 ⑤⑥⑦⑧「地歴・公民」・理(100×3)▶世Ａ・世Ｂ・日Ａ・日Ｂ・地理Ａ・地理Ｂ・現社・倫・政経・「倫・政経」から１または２，「物基・化基・生基・地学基から２」・物・化・生・地学から1または２，計３，ただし同一科目名を含む選択は不可
［個別学力検査(300)］ 1科目 ①外・数(300)▶「コミュ英Ⅰ・コミュ英Ⅱ・コミュ英Ⅲ・英表Ⅰ・英表Ⅱ」・「数Ⅰ・数Ⅱ・数Ⅲ・数Ａ・数Ｂ」から１
【森林科学科】 ［共通テスト(1000)］ 7科目 ①国(200) ②外(R150＋L50)▶英 ③地歴・公民(100)▶世Ａ・世Ｂ・日Ａ・日Ｂ・地理Ａ・地理Ｂ・現社・倫・政経・「倫・政経」から１ ④⑤数(150×2)▶「数Ⅰ・数Ａ」・「数Ⅱ・数Ｂ」 ⑥⑦理(100×2)▶物・化・生・地学から２

[個別学力検査(300)] 1科目 ①数・理(300)▶「数Ⅰ・数Ⅱ・数Ⅲ・数A・数B」・「物基・物」・「化基・化」・「生基・生」から1

後期 **【生物資源科学科】[共通テスト(1000)]** 8~7科目 ①国(200) ②外(200・英〈R150＋L50〉)▶英・独・仏・中・韓から1 ③**地歴・公民**(100)▶世A・世B・日A・日B・地理A・地理B・現社・倫・政経・「倫・政経」から1 ④⑤**数**(100×2)▶「数Ⅰ・〈数Ⅰ・数A〉から1」・「数Ⅱ・〈数Ⅱ・数B〉から1」 ⑥⑦⑧**理**(150×2)▶「物基・化基・生基・地学基から2」・物・化・生・地学から2，ただし同一科目名を含む選択は不可

[個別学力検査(100)] 1科目 ①面接(100)

【応用生命化学科】[共通テスト(1000)] 7科目 ①国(200) ②外(200・英〈R150＋L50〉)▶英・独・仏・中・韓から1 ③**地歴・公民**(100)▶世A・世B・日A・日B・地理A・地理B・現社・倫・政経・「倫・政経」から1 ④⑤**数**(100×2)▶「数Ⅰ・〈数Ⅰ・数A〉から1」・「数Ⅱ・〈数Ⅱ・数B〉から1」 ⑥⑦**理**(必須200＋100)▶化必須，物・生・地学から1

[個別学力検査(300)] 1科目 ①面接(300)

【農業環境工学科】[共通テスト(900)] 7科目 ①国(100) ②外(100・英〈R75＋L25〉)▶英・独・仏・中・韓から1 ③**地歴・公民**(100)▶世A・世B・日A・日B・地理A・地理B・現社・倫・政経・「倫・政経」から1 ④⑤**数**(150×2)▶「数Ⅰ・〈数Ⅰ・数A〉から1」・「数Ⅱ・〈数Ⅱ・数B〉・簿・情から1」 ⑥⑦**理**(150×2)▶物・化・生・地学から2

[個別学力検査(100)] 1科目 ①面接(100)

【農業経済学科】[共通テスト(900)] 8~7科目 前期と同じ

[個別学力検査(100)] 1科目 ①面接(100)

その他の選抜

学校推薦型選抜Ⅰ(共通テストを課さない)は国際学部36名，共同教育学部52名，工学部40名，農学部34名，学校推薦型選抜Ⅱ(共通テストを課す)は農学部(農業環境・森林)4名，総合型選抜は地域デザイン科学部15名，農学部(農業環境)5名を募集。ほかに帰国生選抜，社会人選抜，外国人生徒選抜，私費外国人留学生選抜を実施。

偏差値データ(2023年度)

●一般選抜

学部／学科・課程／系	2023年度 駿台予備学校 合格目標ライン	2023年度 河合塾 ボーダー得点率	2023年度 河合塾 ボーダー偏差値	'22年度 競争率
●前期				
地域デザイン科学部				
コミュニティデザイン	45	62%	—	1.9
建築都市デザイン	45	58%	47.5	1.7
社会基盤デザイン	44	57%	45	1.3
国際学部				
国際	51	66%	55	3.0
共同教育学部				
学校教育教員養成/教育人間科学(教育)		63%	—	
(教育心理)	46	61%	—	3.2
(特別支援教育)		58%	—	
／人文社会(国語)		64%	—	
(社会)	48	65%	—	2.6
(英語)		64%	—	
／自然科学(数学)		60%	—	
(理科)	48	56%	—	1.6
(技術)		54%	—	
／芸術・生活・健康(音楽)		55%	—	
(美術)	43	54%	—	2.8
(保健体育)		61%	—	
(家政)		60%	—	
工学部				
基盤工	46	60%	42.5	1.4
農学部				
生物資源科	48	56%	52.5	1.7
応用生命化	46	56%	45	1.5
農業環境工	46	56%	47.5	1.3
農業経済	47	57%	50	1.7
森林科	46	55%	45	1.5
●後期				
地域デザイン科学部				
コミュニティデザイン	46	64%	—	3.4
建築都市デザイン	46	66%	—	4.1
社会基盤デザイン	45	63%	—	1.3
工学部				
基盤工	46	63%	—	2.3
農学部				
生物資源科	48	61%	—	2.3
応用生命化	46	62%	—	2.2
農業環境工	46	60%	—	2.5
農業経済	47	61%	—	2.7

- 駿台予備学校合格目標ラインは合格可能性80％に相当する駿台模試の偏差値です。
- 河合塾ボーダー得点率は合格可能性50％に相当する共通テストの得点率です。また，ボーダー偏差値は合格可能性50％に相当する河合塾全統模試の偏差値です。
- 競争率は受験者÷合格者の実質倍率

MEMO

群馬大学

資料請求

問合せ先 学務部学生受入課　☎027-220-7150

● キャンパス情報はP.1212をご覧ください。

大学の理念

1949（昭和24）年に新制国立大学として誕生した，北関東を代表する総合大学。東京から比較的近距離にありながら，勉学に集中できる自然豊かで落ち着いた環境が魅力である。2020年より高度な教員養成をめざし宇都宮大学と共同でスタートした共同教育学部，文理融合のデータサイエンス教育を拡充すべく2021年統合・新設された情報学部，県民の健康を支える医学部，未来社会の未知の分野へ挑戦する科学者・技術者を育てる理工学部の４つの学部があり，どの学部も地域と共に歩み，世界で活躍できる人材の育成に努めている。重粒子線医学センターをはじめ，次世代モビリティ社会実装研究センター，数理データ科学教育研究センター，食健康科学教育研究センターなどを開設し，世界をリードするトップレベルの研究が行われている。

基本データ

学生数 ▶ 5,048名（男2,956名，女2,092名）
専任教員数 ▶ 教授217名，准教授205名，講師91名
設置学部 ▶ 共同教育，情報，医，理工

併設教育機関 ▶ 大学院―医学系・保健学・理工学府（以上M・D），教育学（P），社会情報学（M）

就職・卒業後の進路

就　職　率 97.6%
就職者÷希望者×100

● **就職支援**　キャリアサポート室が学生一人ひとりの適性にあった進路決定ができるよう就職活動を支援している。１年次より学年に応じて，キャリア計画，キャリア設計を開講，インターンシップでは，希望する企業等へのマッチングおよび申請支援，事前説明会，実習講座・マナー教育，事後の体験報告会などを実施し，就業意識および学習意欲の向上を図っている。就職ガイダンスでは，就職活動の各段階に応じて，自己分析講座，企業研究講座，エントリーシート対策講座，面接講座などが開催され，低学年次から参加できる。また，各キャンパスではキャリアカウンセラーによる個別相談にも対応している。

進路指導者も必見 学生を伸ばす 面倒見

初年次教育	学修サポート
「学びのリテラシー」でレポート・論文の書き方，プレゼン技法，情報収集や資料整理の方法，論理的思考や問題発見・解決能力の向上を図るほか，「データ・サイエンス」でITの基礎技術を学ぶ。理工学部では数学や物理学の入門科目を開講	全学部でTA制度，オフィスアワー制度，情報・理工学部で教員１人が学生約10人〈情報〉，15～50人〈理工〉を担当するクラス担任制度・メンター制度を導入。また，理工学部では先輩学生による学習支援を実施

オープンキャンパス（2022年度実績）　７～８月にWebオープンキャンキャンパス「GU'DAY2022」を開催（事前申込制）。オンライン型でZoom授業体験を実施。一部の学部イベントは来校型で開催。

理系学部

2022年３月卒業生
796人

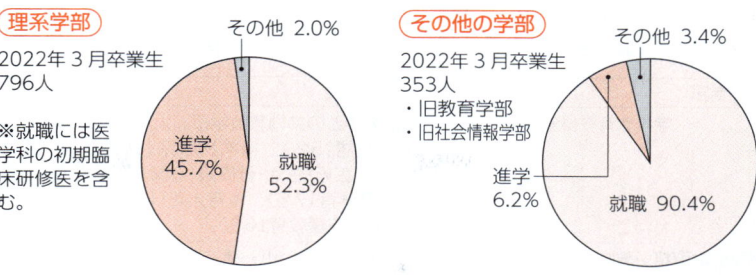

※就職には医学科の初期臨床研修医を含む。

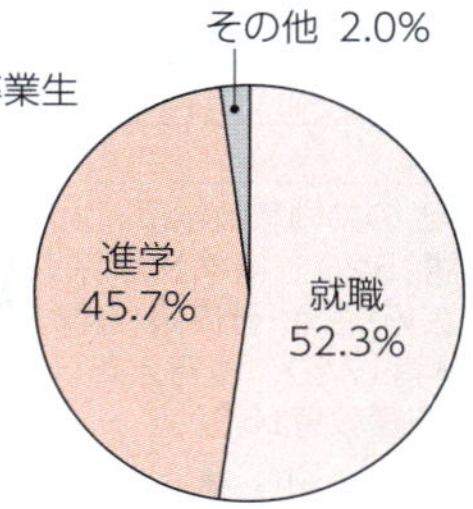

その他の学部

2022年３月卒業生
353人
・旧教育学部
・旧社会情報学部

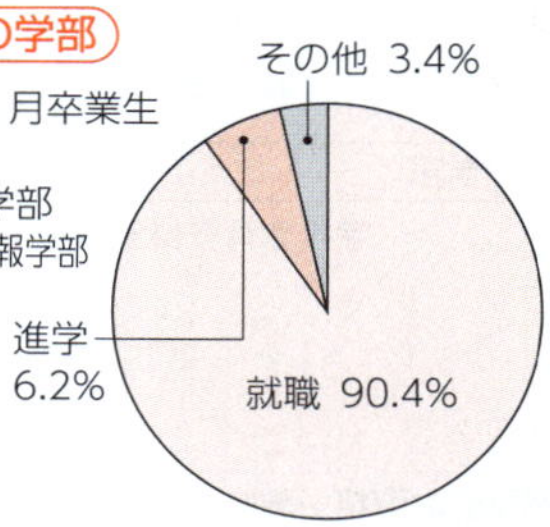

主なOB・OG ▶［旧桐生工専］辻信太郎（サンリオ創業者），［教育］星野富弘（画家，詩人），［教育］宮川武（フィギュア作家），［医］しゅんしゅんクリニックP（お笑い芸人）など。

国際化・留学　大学間 35 大学等・部局間 83 大学等

受入れ留学生数 ▶ 82名（2022年５月１日現在）

留学生の出身国 ▶ 中国，マレーシア，ベトナム、韓国，モンゴルなど。

外国人専任教員 ▶ 教授４名，准教授６名，講師４名（2022年９月１日現在）

外国人専任教員の出身国 ▶ アメリカ，中国，韓国，バングラデシュ，カナダ。

大学間交流協定 ▶ 35大学・機関（交換留学先35大学，2022年８月31日現在）

部局間交流協定 ▶ 83大学・機関（交換留学先72大学，2022年８月31日現在）

海外への留学生数 ▶ 渡航型１名・オンライン型30名／年（４カ国・地域，2021年度）

海外留学制度 ▶ 提携している海外の大学に半年または１年派遣する交換留学制度，夏休みや春休みを利用して協定校が企画する１～４週間程度の異文化理解・英語研修プログラムなどを実施するほか，各学部やグローバルフロンティアリーダー育成コースが企画するプログラムもある。また，大学独自の「グローバルチャレンジプログラム」ではオリジナルの留学計画を申請でき，採用されれば，奨学金や研修など手厚いサポートを受けられる。

学費・奨学金制度

入学金 ▶ 282,000円

年間授業料（施設費等を除く）▶ 535,800円

主な奨学金制度 ▶ 成績が特に優秀な学生に対して後期分授業料を免除する制度や，経済的理由により授業料等の納入が困難であり，かつ学業優秀と認められ場合に，授業料等を減免する制度がある。2021年度は38人を対象に総額で約897万円を減免している。

保護者向けインフォメーション

- **成績確認**　保護者に成績表（全学部）および履修科目と単位数の情報（共同教育学部）を郵送。
- **会報誌**　共同教育学部では日本の教育の動向や学部の近況を伝える「けやき通信」を年に１回発行。保護者にも提供している。
- **後援会**　医学部で後援会総会を開催。
- **防災対策**　被災した際には，教務システム安否確認メールを利用して学生の安否を確認する。
- **コロナ対策１**　ワクチンの職域接種を実施。感染状況に応じた５段階のBCP（行動指針）を設定。「コロナ対策２」（下段）あり。

インターンシップ科目	必修専門ゼミ	卒業論文	GPA制度の導入の有無および活用例	１年以内の退学率	標準年限での卒業率
共同教育・理工学部で開講している	共同教育は３・４年次（専攻による），情報は３年次，医（保）・理工は４年次に実施	医学部医学科を除き卒業要件	一部の学部で奨学金等対象者の選定基準，個別の学修指導などのほか，理工学部でプログラム配属基準，早期卒業制度の基準として活用	3.9%	91.5%（４年制）75.0%（医学科）

● **コロナ対策２**　講義室の収容人数を調整し，入口での検温と消毒や空調等の環境整備を実施。また，オンライン授業を併用し，PC・ルーターを貸与。学食専用電子マネーを５千円分チャージ。緊急学生支援奨学金5万円を給付。

学部紹介

学部／学科・課程・類	定員	特色
共同教育学部		
学校教育教員養成	190	▷宇都宮大学との共同教育学部。人文社会系〈国語21名，社会22名，英語15名〉，自然科学系〈数学21名，理科22名，技術９名〉，芸術・生活・健康系〈音楽13名，美術12名，家政12名，保健体育17名〉，教育人間科学系〈教育５名，教育心理５名，特別支援教育16名〉。
● **取得可能な資格**…教職（国・社・数・理・音・美・保体・技・家・英，小一種・二種，幼一種・二種，特別支援），司書教諭，学芸員など。 ● **進路状況**…………就職89.6％　進学7.8％（旧教育学部実績） ● **主な就職先**………前橋市，高崎市，桐生市，伊勢崎市，ベイシア，群馬銀行など（旧教育学部実績）。		
情報学部		
情報	170	▷2021年に既存の社会情報学部と理工学部電子情報理工学科情報科学コースを統合。情報を基軸とした分離横断型の教育により，Society5.0を支え，IoT，ビッグデータ，統計解析的手法等のスキルを持ち，人文科学，社会科学，自然科学の知識を有した人材を育成する。
● **進路状況**…………就職91.9％　進学3.3％（旧社会情報学部実績） ● **主な就職先**………群馬県，群馬県警察，前橋市，関東信越国税局，上毛新聞など（旧社会情報学部実績）。		
医学部		
医	108	▷科学的知（Science）と倫理（Ethics），技能（Skill）を学び，臨床・研究・行政・教育の分野において世界で地域で活躍できる医師を育成。全国に先駆けて，医療の質・安全学の講座を開設し，医療安全教育・多職種連携教育の充実を図っている。
保健	160	▷〈看護学専攻80名，検査技術科学専攻40名，理学療法学専攻20名，作業療法学専攻20名〉。キャンパス内の附属病院を活用した実習環境や医学科との協調体制を整備し，全人的医療・チーム医療を担える人材を養成する。
● **取得可能な資格**…医師・看護師・保健師・助産師・臨床検査技師・理学療法士・作業療法士受験資格など。 ● **進路状況**…………［医］初期臨床研修医98.1％　就職0.9％　［保健］就職83.2％　進学13.5％ ● **主な就職先**………群馬大学医学部附属病院，前橋赤十字病院，群馬県，高崎市など。		
理工学部		
		▶２年次より類別，２年次後期～３年次にプログラムを選択。
物質・環境	285	▷持続可能社会を支えるための基礎となる化学・生物・物理を融合した科学技術について学ぶ。応用化学，食品工学，材料科学，化学システム工学，土木環境の５プログラム。
電子・機械	185	▷Society5.0を支えるIoTやロボットなど物理・数学を基礎とした科学技術について学ぶ。機械，知能制御，電子情報通信の３プログラム。
● **取得可能な資格**…測量士補など。　● **進路状況**…就職33.8％　進学64.4％ ● **主な就職先**………群馬県，高崎市，富士スバル，群馬銀行，警視庁，関東運輸局，ニプロなど。		

キャンパス

共同教育・情報，医・理工１年次……［荒牧キャンパス］群馬県前橋市荒牧町4-2
医……［昭和キャンパス］群馬県前橋市昭和町3-39-22
理工２～４年次……［桐生キャンパス］群馬県桐生市天神町1-5-1

キャンパスアクセス ［荒牧キャンパス］JR両毛線一前橋よりバス28分

2023年度入試要項(前年度実績)

●募集人員

学部／学科・課程・類(専攻)	前期	後期
▶共同教育 学校教育教員養成／人文社会系(国語)	14	2
(社会)	15	3
(英語)	12	3
／自然科学系(数学)	11	2
(理科)	16	3
(技術)	6	2
／芸術・生活・健康系(音楽)	9	—
(美術)	7	3
(家政)	9	3
(保健体育)	11	3
／教育人間科学系(教育)	3	—
(教育心理)	3	—
(特別支援教育)	8	3
▶情報 情報	96	24
▶医 医〔一般枠〕	65	—
医〔地域医療枠〕	6	—
保健学科(看護学)	33	17
(検査技術科学)	22	9
(理学療法学)	8	4
(作業療法学)	8	4
▶理工 物質・環境	162	28
電子・機械	105	18

※一般選抜前期の募集人員には，帰国生選抜および社会人選抜の募集人員若干名を含む。

● 2段階選抜
医学部医学科の一般枠と地域医療枠の志願者数の合計が，前期の募集人員の3倍を超えた場合に行うことがある。

▷共通テストの英語はリスニングを含む。
▷共同教育学部の面接は口頭試問を含む。後期は配点せず，総合判定の資料とする。

共同教育学部

前期 **【人文社会系・教育人間科学系】[共通テスト(800)]** 7~6科目 ①**国**(200) ②**外**(200・英〈R160＋L40〉)▶英・独・仏・中・韓から1 ③④**地歴・公民**(100×2)▶世A・世B・日A・日B・地理A・地理B・「現社・倫・政経・〈倫・政経〉から1」から2 ⑤**数**(100)▶数Ⅰ・「数Ⅰ・数A」・数Ⅱ・「数Ⅱ・数B」から1 ⑥⑦**理**(100)▶「物基・化基・生基・地学基から2」・物・化・生・地学から1
[個別学力検査(400)] 2科目 ①**小論文**(300) ②**面接**(100)
【自然科学系】[共通テスト(900)] 7科目 ①**国**(200) ②**外**(200・英〈R160＋L40〉)▶英・独・仏・中・韓から1 ③**地歴・公民**(100)▶世A・世B・日A・日B・地理A・地理B・現社・倫・政経・「倫・政経」から1 ④⑤**数**(100×2)▶「数Ⅰ・数A」・「数Ⅱ・数B」 ⑥⑦**理**(100×2)▶物・化・生・地学から2
[個別学力検査(400)] 2科目 ①**小論文**(300) ②**面接**(100)
【芸術・生活・健康系】[共通テスト(700)] 6~5科目 ①**国**(200) ②**外**(200・英〈R160＋L40〉)▶英・独・仏・中・韓から1 ③**地歴・公民**(100)▶世A・世B・日A・日B・地理A・地理B・現社・倫・政経・「倫・政経」から1 ④**数**(100)▶数Ⅰ・「数Ⅰ・数A」・数Ⅱ・「数Ⅱ・数B」から1 ⑤⑥**理**(100)▶「物基・化基・生基・地学基から2」・物・化・生・地学から1
〈音楽・美術〉[個別学力検査(600)] 3科目 ①**小論文**(200) ②**実技**(300) ③**面接**(100)
〈家政〉[個別学力検査(400)] 2科目 ①**小論文**(300) ②**面接**(100)
〈保健体育〉[個別学力検査(700)] 3科目 ①**小論文**(200) ②**実技**(400) ③**面接**(100)
後期 **【人文社会系・教育人間科学系〈特別支援教育〉】[共通テスト(800)]** 7~6科目 ①**国**(200) ②**外**(200・英〈R160＋L40〉)▶英・独・仏・中・韓から1 ③④**地歴・公民**(100×2)▶世A・世B・日A・日B・地理A・地理B・現社・倫・政経・「倫・政経」から2 ⑤**数**(100)▶数Ⅰ・「数Ⅰ・数A」・数Ⅱ・「数Ⅱ・数B」から1 ⑥⑦**理**(100)▶「物基・化基・生基・地学基から2」・物・化・生・地学から1
[個別学力検査] 1科目 ①**面接**
【自然科学系】[共通テスト(1000)] 6科目 ①**国**(200) ②**外**(200・英〈R160＋L40〉)▶英・独・仏・中・韓から1 ③**地歴・公民**(100)▶世A・世B・日A・日B・地理A・地理B・現社・倫・政経・「倫・政経」から1 ④⑤**数**(150×2)▶「数Ⅰ・〈数Ⅰ・数A〉から1」・「数Ⅱ・〈数Ⅱ・数B〉から1」 ⑥**理**(200)▶物・化・

群馬　群馬大学

キャンパスアクセス [昭和キャンパス] JR両毛線一前橋よりバス15分

生・地学から1
[個別学力検査] 1科目 ①面接
【芸術・生活・健康系〈美術〉】[共通テスト(700)] 6~5科目 ①国(200) ②外(200・英〈R160+L40〉)▶英・独・仏・中・韓から1 ③**地歴・公民**(100)▶世A・世B・日A・日B・地理A・地理B・現社・倫・政経・「倫・政経」から1 ④**数**(100)▶数Ⅰ・「数Ⅰ・数A」・数Ⅱ・「数Ⅱ・数B」から1 ⑤⑥**理**(100)▶「物基・化基・生基・地学基から2」・物・化・生・地学から1
[個別学力検査(350)] 2科目 ①実技(350) ②面接
【芸術・生活・健康系〈家政・保健体育〉】[共通テスト(900)] 7~6科目 ①国(200) ②外(200・英〈R160+L40〉)▶英・独・仏・中・韓から1 ③④**地歴・公民**(100×2)▶世A・世B・日A・日B・地理A・地理B・現社・倫・政経・「倫・政経」から2 ⑤**数**(100)▶数Ⅰ・「数Ⅰ・数A」・数Ⅱ・「数Ⅱ・数B」から1 ⑥⑦**理**(200)▶「物基・化基・生基・地学基から2」・物・化・生・地学から1
〈家政〉[個別学力検査] 1科目 ①面接
〈保健体育〉[個別学力検査(100)] 2科目 ①実技(100) ②面接

情報学部

前期 [共通テスト(900)] 8~7科目 ①国(200) ②外(200・英〈R160+L40〉)▶英・独・仏・中・韓から1 ③④**数**(100×2)▶「数Ⅰ・〈数Ⅰ・数A〉から1」・「数Ⅱ・〈数Ⅱ・数B〉・簿・情から1」 ⑤⑥⑦⑧**地歴・公民・理**(100×3)▶世A・世B・日A・日B・地理A・地理B・「現社・倫・政経・〈倫・政経〉から1」から1または2, 「物基・化基・生基・地学基から2」・物・化・生・地学から1または2, 計3
[個別学力検査(400)] 2~1科目 ①②**外・数**(400・英200+数200)▶「コミュ英基礎・コミュ英Ⅰ・コミュ英Ⅱ・コミュ英Ⅲ・英表Ⅰ・英表Ⅱ」・「〈数Ⅰ・数Ⅱ・数A・数B〉・〈数Ⅰ・数Ⅱ・数Ⅲ・数A・数B〉から1」から1または2
※2科目受験の場合, 高得点順に最大で上位40位以内を合格(一定の基準未満は除く)。1科目および2科目受験のうち, 上記以外を対象に高得点順に合格者を決定。なお, 2科目受験は, いずれか高得点の教科により合否を判定(得点調整を行う場合あり)。
後期 [共通テスト(900)] 8~7科目 前期と同じ
[個別学力検査(小400・共100)] 1科目 ①**小論文**(小400・共100) ※出願時に小論文重視型か共通テスト重視型を選択。

医学部

前期【医学科】[共通テスト(450)] 7科目 ①国(100) ②外(100・英〈R80+L20〉)▶英・独・仏から1 ③**地歴・公民**(50)▶世A・世B・日A・日B・地理A・地理B・現社・倫・政経・「倫・政経」から1 ④⑤**数**(50×2)▶「数Ⅰ・数A」・「数Ⅱ・数B」 ⑥⑦**理**(50×2)▶物・化・生から2
[個別学力検査(450)] 5科目 ①**数**(150)▶数Ⅰ・数Ⅱ・数Ⅲ・数A・数B ②③**理**(150)▶「物基・物」・「化基・化」 ④**小論文**(150)▶国語と英語の能力を問うことがある ⑤**面接** ※総合判定の資料とする。
【保健学科】[共通テスト(900)] 7科目 ①国(200) ②外(200・英〈R160+L40〉)▶英・独・仏・中・韓から1 ③**地歴・公民**(100)▶世A・世B・日A・日B・地理A・地理B・現社・倫・政経・「倫・政経」から1 ④⑤**数**(100×2)▶「数Ⅰ・数A」必須, 「数Ⅱ・数B」・簿・情から1 ⑥⑦**理**(100×2)▶物・化・生から2
[個別学力検査(450)] 2科目 ①**小論文Ⅰ**(225)▶英語の能力を問うことがある ②**小論文Ⅱ**(225)▶理系の能力を問うことがある
後期【保健学科】[共通テスト(900)] 7科目 前期と同じ
[個別学力検査(450)] 2科目 ①**小論文Ⅰ**(225)▶国語と英語の能力を問うことがある ②**小論文Ⅱ**(225)▶理系の能力を問うことがある

理工学部

前期 [共通テスト(900)] 7科目 ①国(200) ②外(R160+L40)▶英 ③**地歴・公民**(100)▶世A・世B・日A・日B・地理A・地理B・現社・倫・政経・「倫・政経」から1 ④⑤**数**(100×2)▶「数Ⅰ・数A」必須, 「数Ⅱ・数B」・簿・情から1 ⑥⑦**理**(100×2)▶物・化・生・地学から2

 キャンパスアクセス [桐生キャンパス] JR両毛線―桐生よりバス7分

［個別学力検査(500)］【物質・環境類】 3科目 ①外(100) ▶コミュ英Ⅰ・コミュ英Ⅱ・コミュ英Ⅲ ②数(200) ▶「数Ⅰ・数Ⅱ・数A・数B」・「数Ⅰ・数Ⅱ・数Ⅲ・数A・数B」から1 ③理(200) ▶「物基・物」・「化基・化」・「生基・生」から1

【電子・機械類】 3科目 ①外(100) ▶コミュ英Ⅰ・コミュ英Ⅱ・コミュ英Ⅲ ②数(200) ▶数Ⅰ・数Ⅱ・数Ⅲ・数A・数B ③理(200) ▶「物基・物」・「化基・化」から1

後期 ［共通テスト(900)］ 7科目 前期と同じ

［個別学力検査］ 1科目 ①面接 ※総合判定の資料とする。

その他の選抜

学校推薦型選抜は共同教育学部39名，情報学部50名，医学部92名，理工学部145名，総合型選抜は理工学部12名を募集。ほかに帰国生選抜，社会人選抜，私費外国人留学生選抜を実施。

偏差値データ (2023年度)

●一般選抜

学部／学科・課程(系)・類／専攻	2023年度 駿台予備学校 合格目標ライン	2023年度 河合塾 ボーダー得点率	2023年度 河合塾 ボーダー偏差値	'22年度 競争率
●前期				
▶共同教育学部				
学校教育教員養成(人文社会系)／国語	48	65%	—	2.1
／社会	47	65%	—	2.1
／英語	50	61%	—	—
(自然科学系)／数学	48	58%	—	1.2
／理科	49	55%	—	1.6
／技術	45	53%	—	1.6
(芸術・生活・健康系)／音楽	43	53%	—	1.7
／美術	42	50%	—	1.5
／家政	45	53%	—	1.3
／保健体育	44	58%	—	2.8
(教育人間科学系)／教育	46	61%	—	1.8
／教育心理	48	65%	—	2.0
／特別支援教育	46	56%	—	1.6
▶情報学部				
情報	48	60%	50	2.3
▶医学部				
医〔一般枠〕	64	76%	65	2.2
医〔地域医療枠〕	64	76%	65	2.3
保健／看護学	47	53%	47.5	1.3
／検査技術科学	49	60%	47.5	2.0
／理学療法学	49	59%	47.5	2.5
／作業療法学	47	54%	47.5	1.9
▶理工学部				
物質・環境	46	54%	45	1.9
電子・機械	46	56%	45	2.1
●後期				
▶教育学部				
学校教育教員養成(人文社会系)／国語	49	67%	—	1.8
／社会	48	66%	—	2.8
／英語	50	63%	—	1.5
(自然科学系)／数学	48	62%	—	2.3
／理科	50	60%	—	2.8
／技術	46	55%	—	2.5
(芸術・生活・健康系)／美術	43	56%	—	2.7
／家政	46	60%	—	1.0
／保健体育	45	62%	—	2.0
(教育人間科学系)／特別支援教育	47	59%	—	3.0
▶情報学部				
情報〈小論文〉	48	62%	—	}3.4
〈共通テスト〉	47	65%	—	
▶医学部				
保健／看護学	48	55%	—	1.1
／検査技術科学	50	61%	—	3.2
／理学療法学	50	62%	—	4.0
／作業療法学	48	57%	—	—
▶理工学部				
物質・環境	46	56%	—	2.5
電子・機械	46	60%	—	2.2

- 駿台予備学校合格目標ラインは合格可能性80%に相当する駿台模試の偏差値です。
- 河合塾ボーダー得点率は合格可能性50%に相当する共通テストの得点率です。また，ボーダー偏差値は合格可能性50%に相当する河合塾全統模試の偏差値です。
- 競争率は受験者÷合格者の実質倍率
- 医学部医学科は２段階選抜を実施。

国立大学　埼　玉

埼玉大学（さいたま）

資料請求

問合せ先　学務部入試課　☎048-858-3036

大学の理念

1921（大正10）年創立の浦和高校と，埼玉師範・青師を統合し，1949（昭和24）年に埼玉大学となる。「知の府としての普遍的な役割を果たす」「現代が抱える課題の解決を図る」「国際社会に貢献する」を基本方針とし，多くの取り組みを進めてきた。すべての学部が１キャンパスにあるという利点を生かし，文系と理系の融合教育研究を進めると同時に，戦略的研究部門を含む全学から生み出される基礎および応用研究の成果を社会に発信，還元している。また，地域の課題解決をめざした新事業や先端産業の創出を支援するとともに，多様な課題解決型教育を実施し，地域との連携を強めている。2020年度からは総合的な異文化理解の涵養を目的に留学生と日本人学生が共同で生活するインターナショナルレジデンス（国際学生寮）の運用も開始。

● **埼玉大学キャンパス**…〒338-8570　埼玉県さいたま市桜区下大久保255

基本データ

学生数▶6,821名（男4,523名，女2,298名）
専任教員数▶教授193名，准教授163名，講師６名
設置学部▶教養，経済，教育，理，工

併設教育機関▶大学院―人文社会科学・理工学（以上Ｍ・Ｄ），教育学（Ｐ），連合学校教育学（Ｄ）

就職・卒業後の進路

就職率 **96.0**%
就職者÷希望者×100

● **就職支援**　キャリアセンターでは～Extend your strength；長所をのばし力にかえる～をスローガンに，学生自らが自身の「長所」を発見し，それらを社会で活躍するための「力」に変え，そして強みとして将来に生かすキャリア形成のプロセスをサポート。社会人と学生が共通して受験できるアセスメントテスト「VAST」を開発し，結果を基にした実践的なセミナーや，オンラインで開催したセミナーを録画しアーカイブ発信する“埼大CAREER TV”，就活を終えた先輩学生がサポートする“CAREER BUDDY”など，学生が将来なりたい姿やありたい自分を設計・実現するキャリアデザインの支援をしている。

進路指導者も必見　学生を伸ばす　面倒見

初年次教育
一部の学部で「アカデミック・スキルズ」「情報基礎」「データサイエンス入門」などを開講し，レポート・論文の書き方，プレゼン技法，情報収集・資料整理，論理的思考や問題発見・解決能力の向上，ＩＴの基礎技術を学ぶ

学修サポート
全学部でTA・SA制度，オフィスアワー制度，さらに教養学部では教員１人が１年次生約17人を担当する教員アドバイザー制度を導入。また，レポート作成支援や英語のネイティブチェックなどを行うライブラリー・アシスタントを配置

オープンキャンパス（2022年度実績）　８月に来場型でオープンキャンパスを開催（事前申込制）。各学部による専修・学科等説明会，模擬授業や個別相談，キャンパスツアーなど。動画配信やWebイベントも実施。

●**資格取得支援**　経済学部では，本試験を想定した公務員講座を学内にて実施。教育学部では，教員採用試験のための学内支援セミナーを開講し，論文や面接の指導をしている。

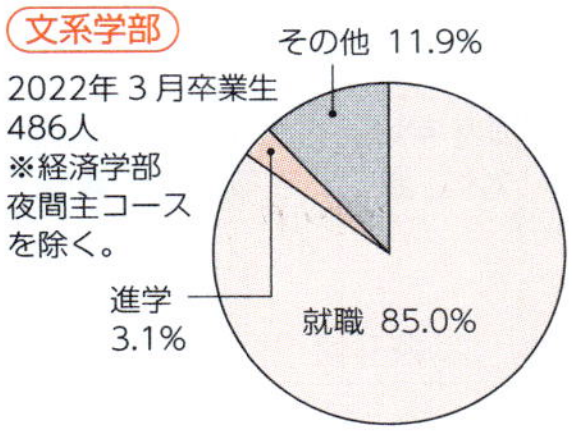

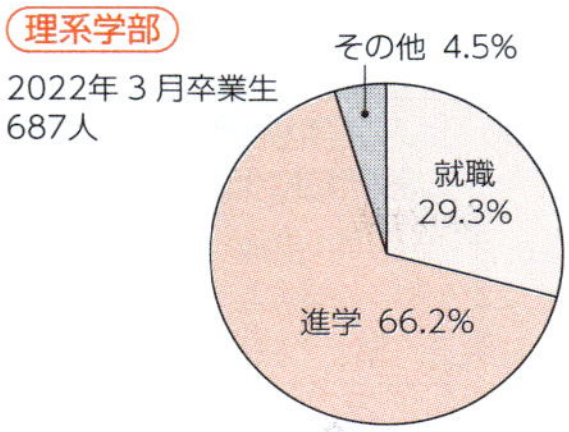

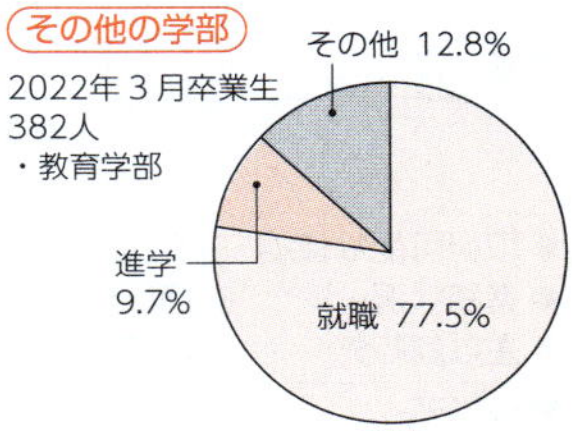

主なOB・OG▶［教養］賴髙英雄（蕨市長），［教養］石原壮一郎（コラムニスト），［教育］鳥羽亮（小説家），［理］梶田隆章（東京大学宇宙線研究所長，ノーベル物理学賞受賞者）など。

国際化・留学　大学間 125 大学・部局間 49 大学

受入れ留学生数▶197名（2022年５月１日現在）

留学生の出身国▶中国，韓国，マレーシア。

外国人専任教員▶教授11名，准教授15名，助教５名（2022年３月31日現在）

外国人専任教員の出身国▶中国，韓国，イギリス，アメリカ。

大学間交流協定▶125大学（交換留学先99大学，2022年５月１日現在）

部局間交流協定▶49大学（交換留学先17大学，2022年５月１日現在）

海外への留学生数▶渡航型42名・オンライン型５名／年（16カ国，2021年度）

海外留学制度▶交換留学は，大学間または部局間の交流協定締結校へ１年以内の期間で実施している。留学期間は，本学の在籍年数に算入されるほか，留学先の大学検定料・入学料および授業料は免除，取得単位は所属学部の審査を経て，本学の単位として認定される。協定校への派遣留学生を対象に，日本学生支援機構の奨学金のほか民間の奨学財団，県・市町村からの奨学金制度も用意されている。

学費・奨学金制度　給付型奨学金総額 年間 286 万円

入学金▶282,000円（夜間学部141,000円）

年間授業料（施設費等を除く）▶535,800円（夜間学部267,900円）

年間奨学金総額▶2,860,000円

年間奨学金受給者数▶35人

主な奨学金制度▶返済義務のない給付奨学金として埼玉大学基金奨学金「大栄不動産奨学金」や「エネグローバル奨学金」，工学部環境社会デザイン学科２・３年次生を対象とする「高脇基礎工事奨学金」などを設置。

保護者向けインフォメーション

●**成績確認**　成績表を保護者に郵送している。Webでも閲覧可能。

●**懇談会**　教養学部で父母等懇談会を開催し，就職・学業支援体制の説明や相談に対応している。会報「ニューズレター」も発行。

●**防災対策**　「地震対応マニュアル」を入学時に配布。学生が被災した際の安否確認は，埼玉大学安否確認システム（ANPIC）を利用。

●**コロナ対策１**　ワクチンの職域接種を実施。感染状況に応じた６段階のBCP（行動指針）を設定。「コロナ対策２」（下段）あり。

インターンシップ科目	必修専門ゼミ	卒業論文	GPA制度の導入の有無および活用例	１年以内の退学率	標準年限での卒業率
全学部で開講している	経済（昼間）１～４年次，教育２～４年次，理（基礎化学科）４年次に実施	全学部で卒業要件	奨学金対象者等の選定，留学候補者の選考，履修上限単位数の設定のほか，一部の学部で成績優秀者の選考，個別の学修指導，進級・卒業判定基準などに活用	1.1%	83.2%

●**コロナ対策２**　講義棟入口での検温，講義室の入口で消毒，収容人数の調整を行い，一部でアクリルパーテーションを設置。オンライン授業を併用し，希望者にはパソコンを貸出。経済支援として授業料減免を実施。

学部紹介

学部／学科・課程	定員	特色
教養学部		
教養	160	▷人文学・社会科学の専門的知識を学び，現代の文化と社会の諸課題に批判的かつ創造的に対処，展望できる人材を育成。
● **取得可能な資格**…教職（国・地歴・公・社・英），学芸員など。 ● **進路状況**…………就職80.3%　進学4.5% ● **主な就職先**………サンスター，日本精工，富士ソフト，JR東日本商事，成城石井など。		
経済学部		
経済	280	▷２年進級時に経済分析，国際ビジネスと社会発展，経営イノベーション，法と公共政策の４メジャーから１つを選択して所属。国際力の育成に特化したプログラムなども設定。
［夜間主］	15	▷「社会人の学び直し」のニーズに応え，長期履修制度により最長10年までの履修が可能。
● **取得可能な資格**…学芸員など。　● **進路状況**…………就職88.2%　進学2.1%（夜間主を除く） ● **主な就職先**………アサヒ飲料，YKK，トヨタ自動車，大日本印刷，SCSK，システナなど。		
教育学部		
学校教育教員養成	360	▷小学校（教育学，心理・教育実践学，言語文化［国語・英語］，社会，自然科学［算数・理科］，芸術［音楽・図画工作］，身体文化［体育］，生活創造［ものづくりと情報・家庭科］），中学校（言語文化［国語・英語］，社会，自然科学［数学・理科］，芸術［音楽・美術］，身体文化［保健体育］，生活創造［技術・家庭科］），乳幼児教育，特別支援教育の４コース制。
養護教諭養成	20	▷担任や地域医療機関，保護者などと連携をとりながら，子どもたちの健康と安全を支援・指導できる力を育成する。
● **取得可能な資格**…教職（国・地歴・公・社・数・理・音・美・保体・保健・技・家・英，小一種・二種，幼一種・二種，特別支援，養護一種），司書教諭，学芸員，保育士など。 ● **進路状況**…………就職77.5%　進学9.7% ● **主な就職先**………教員（小・中・高等・特別支援学校），養護教諭，福島放送，電通デジタルなど。		
理学部		
数	40	▷数学の普遍的な法則や真理を追究する。
物理	40	▷素粒子から宇宙までを対象に自然の法則性を探究。
基礎化	50	▷最先端の実験機器や理論を用い，新物質の生成を進める。
分子生物	40	▷分子レベルで生命現象を理解し，生命の仕組みを追求する。
生体制御	40	▷さまざまな生命現象の制御機構の解明をめざす。
● **取得可能な資格**…教職（数・理），学芸員など。　● **進路状況**…………就職26.7%　進学63.6% ● **主な就職先**………山崎製パン，雪印メグミルク，エスケー化研，日新製薬，国立印刷局など。		
工学部		
機械工学・システムデザイン	110	▷「材料と機械の力学」「設計と生産」「情報と制御」「エネルギーと流れ」を主軸に機械工学の専門知識を修得する。
電気電子物理工	110	▷制御システム・エネルギー・環境系，材料・デバイス・光応用，回路システム・情報通信の各専門分野を学ぶ。
情報工	80	▷時流の変化にも対応できる真の基礎学力と，幅広い素養に基づいた応用力を身につけた豊かな人材を育成。

キャンパスアクセス ［埼玉大学キャンパス］ JR京浜東北線－北浦和よりバス約15分／JR埼京線－南与野よりバス約10分／東武東上線－志木よりバス約25分

応用化	90	▷化学技術や材料開発の分野で社会の発展に貢献するための「人材育成」と「材料＆技術開発」をめざす。
環境社会デザイン	100	▷自然環境との調和を図りながら，文明生活を支える社会基盤施設を建設し整備するための技術を学ぶ。

● **取得可能な資格**…学芸員，測量士補，１・２級建築士受験資格など。
● **進路状況**…………就職30.3%　進学67.3%
● **主な就職先**………首都高技術，積水ハウス，日立製作所，京セラ，富士電機，スズキ，ヤフーなど。

▶キャンパス

全学部…［埼玉大学キャンパス］埼玉県さいたま市桜区下大久保255

2023年度入試要項（前年度実績）

●募集人員

学部／学科・課程（コース）		前期	後期
▶教養	教養	115	25
▶経済	経済	215	50
▶教育	学校教育教員養成（小学校／教育学）	29	—
	（／心理・教育実践学）	30	—
	（／言語文化・国語）	18	—
	（／言語文化・英語）	7	—
	（／社会）	25	—
	（／自然科学・算数）	14	—
	（／自然科学・理科）	18	—
	（／芸術・音楽）	8	—
	（／芸術・図画工作）	9	—
	（／身体文化・体育）	9	—
	（／生活創造・ものづくりと情報）	7	—
	（／生活創造・家庭科）	10	—
	（中学校／言語文化・国語）	6	—
	（／言語文化・英語）	7	—
	（／社会）	8	—
	（／自然科学・数学）	10	—
	（／自然科学・理科）	10	—
	（／芸術・音楽）	3	—
	（／芸術・美術）	3	—
	（／身体文化・保健体育）	3	—
	（／生活創造・技術）	6	—
	（／生活創造・家庭科）	3	—
	（乳幼児教育）	15	—
	（特別支援教育）	18	—
	養護教諭養成	15	—
▶理	数	20	20
	物理	10	30
	基礎化	15	30
	分子生物	22	18
	生体制御	24	10
▶工	機械工学・システムデザイン	50	60
	電気電子物理工	65	45
	情報工	40	35
	応用化	40	50
	環境社会デザイン	50	40

※経済学経済学科の前期は国際プログラム枠20名を含む。
※経済学部夜間主コースは社会人選抜で募集。

● ２段階選抜　実施しない

▷共通テストの英語はリスニングを含む。
▷個別学力検査の数Ｂ－数列・ベク。

教養学部

前期　［共通テスト(900)］　**8**科目　①国(200)　②**外**(200・英〈R160＋L40〉)▶英・独・仏・中・韓から１　③④**地歴・公民**(100×2)▶世Ｂ・日Ｂ・地理Ｂ・「現社・倫・政経・〈倫・政経〉から１」から２　⑤⑥**数**(100×2)▶「数Ⅰ・数Ａ」・「数Ⅱ・数Ｂ」　⑦⑧**理**(50×2)▶「物基・化基・生基・地学基から２」または「物・化・生・地学から２」

［個別学力検査(300)］　**1**科目　①**外**(300)▶コミュ英Ⅰ・コミュ英Ⅱ・コミュ英Ⅲ・英表Ⅰ・英表Ⅱ

後期　［共通テスト(1000)］　**8**科目　①国(200)　②**外**(300・英〈R240＋L60〉)▶英・独・仏・中・韓から１　③④**地歴・公民**(100×2)▶世Ｂ・日Ｂ・地理Ｂ・「現社・倫・政経・〈倫・政経〉から１」から２　⑤⑥**数**(100×2)▶「数Ⅰ・数Ａ」・「数Ⅱ・数Ｂ」　⑦⑧**理**(100)▶「物基・化基・生基・地学基から２」または「物・化・生・地学から２」

［個別学力検査(200)］　**1**科目　①**小論文**(200)

経済学部

前期 【一般選抜枠】［共通テスト(900)］ 8～7科目 ①国(200) ②外(200・英〈R150＋L50〉)▶英・独・仏・中・韓から1 ③④地歴・公民(100×2)▶世B・日B・地理B・「現社・〈倫・政経〉から1」から2 ⑤⑥数(100×2)▶「数Ⅰ・数A」・「数Ⅱ・数B」 ⑦⑧理(100)▶「物基・化基・生基・地学基から2」・物・化・生・地学から1

［個別学力検査(500)］ 2科目 ①②国・外・数(250×2)▶「国総・国表・現文B(近代)」・「コミュ英Ⅰ・コミュ英Ⅱ・コミュ英Ⅲ・英表Ⅰ・英表Ⅱ」・「数Ⅰ・数Ⅱ・数A・数B」から2

【国際プログラム枠】 ［共通テスト(800)］ 3科目 ①国(近代150＋古文・漢文50) ②外(R300＋L100)▶英 ③地歴・公民(200)▶世B・日B・地理B・「倫・政経」から1

［個別学力検査(200)］ 1科目 ①小論文(200)

後期 ［共通テスト(900)］ 8～7科目 ①国(Ⅰ100・Ⅱ300) ②外(Ⅰ・Ⅱ350・英〈R262.5＋L87.5〉)▶英・独・仏・中・韓から1 ③④地歴・公民(Ⅰ・Ⅱ50×2)▶世B・日B・地理B・「現社・〈倫・政経〉から1」から2 ⑤⑥数(Ⅰ150×2・Ⅱ50×2)▶「数Ⅰ・数A」・「数Ⅱ・数B」 ⑦⑧理(Ⅰ・Ⅱ50)▶「物基・化基・生基・地学基から2」・物・化・生・地学から1

※ⅠとⅡの方式で採点し，高得点の方を採用。

［個別学力検査(300)］ 1科目 ①小論文(300)

教育学部

前期 【学校教育教員養成課程〈小学校コース(教育学専修／心理・教育実践学専修／言語文化専修英語／芸術専修／身体文化専修)・中学校コース(言語文化専修英語／芸術専修／身体文化専修)・特別支援教育コース〉・養護教諭養成課程】［共通テスト(900)］ 8～7科目 ①国(200) ②外(200・英〈R160＋L40〉)▶英・独・仏・中・韓から1 ③④数(100×2)▶「数Ⅰ・数A」・「数Ⅱ・数B」 ⑤⑥⑦⑧「地歴・公民」・理(100×3)▶世B・日B・地理B・「現社・倫・政経・〈倫・政経〉から1」から1または2，「物基・化基・生基・地学基から2」・物・化・生・地学から1または2，計3

［個別学力検査(500)］【学校教育教員養成課程〈小学校コース(教育学専修／心理・教育実践学専修／言語文化専修英語)・中学校コース(言語文化専修英語)・特別支援教育コース〉】 1科目 ①外(500)▶コミュ英Ⅰ・コミュ英Ⅱ・コミュ英Ⅲ・英表Ⅰ・英表Ⅱ

【学校教育教員養成課程〈小学校コース(芸術専修)・中学校コース(芸術専修)〉】 1科目 ①実技(500)

【学校教育教員養成課程〈小学校コース(身体文化専修)・中学校コース(身体文化専修)〉】 2科目 ①実技(450) ②面接(50)

【養護教諭養成課程】 1科目 ①面接(500)

【学校教育教員養成課程〈小学校コース(言語文化専修国語)・中学校コース(言語文化専修国語)・乳幼児教育コース〉】［共通テスト(900)］ 8～7科目 ①国(200) ②外(200・英〈R160＋L40〉)▶英・独・仏・中・韓から1 ③④地歴・公民(100×2)▶世B・日B・地理B・「現社・倫・政経・〈倫・政経〉から1」から2 ⑤⑥数(100×2)▶「数Ⅰ・数A」・「数Ⅱ・数B」 ⑦⑧理(100)▶「物基・化基・生基・地学基から2」・物・化・生・地学から1

［個別学力検査(500)］〈小学校コース(言語文化専修国語)〉 1科目 ①国(500)▶国総・国表・現文B・古典B

〈中学校コース(言語文化専修国語)〉 2科目 ①国(450)▶国総・国表・現文B・古典B ②面接(50)

〈乳幼児教育コース〉 1科目 ①外(500)▶コミュ英Ⅰ・コミュ英Ⅱ・コミュ英Ⅲ・英表Ⅰ・英表Ⅱ

【学校教育教員養成課程〈小学校コース(社会専修)・中学校コース(社会専修)〉】 ［共通テスト(1100)］ 8～7科目 ①国(200) ②外(200・英〈R160＋L40〉)▶英・独・仏・中・韓から1 ③④地歴・公民(200×2)▶世B・日B・地理B・「現社・倫・政経・〈倫・政経〉から1」から2 ⑤⑥数(100×2)▶「数Ⅰ・数A」・「数Ⅱ・数B」 ⑦⑧理(100)▶「物基・化基・生基・地学基から2」・物・化・生・地学から1

［個別学力検査(300)］ 1科目 ①小論文(300)

【学校教育教員養成課程〈小学校コース(自然

科学専修算数・理科）・中学校コース（自然科学専修数学・理科）〉】［共通テスト（900）］ 8～7科目 ①国（200） ②外（200・英〈R160＋L40〉）▶英・独・仏・中・韓から1 ③地歴・公民（100）▶世B・日B・地理B・現社・倫・政経・「倫・政経」から1 ④⑤数（100×2）▶「数Ⅰ・数A」・「数Ⅱ・数B」 ⑥⑦⑧理（100×2）▶「物基・化基・生基・地学基から2」・物・化・生・地学から2

［個別学力検査（500）］〈小学校コース（自然科学専修算数）・中学校コース（自然科学専修数学）〉 1科目 ①数（500）▶数Ⅰ・数Ⅱ・数A・数B

〈小学校コース（自然科学専修理科）・中学校コース（自然科学専修理科）〉 2科目 ①②理（500）▶「〈物基・物〉・〈化基・化〉・〈生基・生〉・〈地学基・地学〉から1」・「物基・化基・生基・地学基から1」，ただし同一科目名を含む選択は不可

〈中学校コース（生活創造専修技術）〉 1科目 ①面接（500）▶技術に関する口頭試問を含む

【学校教育教員養成課程〈小学校コース（生活創造専修ものづくりと情報）・中学校コース（生活創造専修技術）〉】 ［共通テスト（700）］ 8～7科目 ①国（100） ②外（100・英〈R80＋L20〉）▶英・独・仏・中・韓から1 ③地歴・公民（100）▶世B・日B・地理B・現社・倫・政経・「倫・政経」から1 ④⑤数（100×2）▶「数Ⅰ・数A」・「数Ⅱ・数B」 ⑥⑦⑧理（100×2）▶「物基・化基・生基・地学基から2」・物・化・生・地学から2

［個別学力検査（700）］ 1科目 ①面接（700）

【学校教育教員養成課程〈小学校コース（生活創造専修家庭科）・中学校コース（生活創造専修家庭科）〉】［共通テスト（1100）］ 8～7科目 ①国（300） ②外（150・英〈R120＋L30〉）▶英・独・仏・中・韓から1 ③④数（100×2）▶「数Ⅰ・数A」・「数Ⅱ・数B」 ⑤⑥⑦⑧「地歴・公民」・理（150×3）▶世B・日B・地理B・「現社・倫・政経・〈倫・政経〉から1」から1または2，「物基・化基・生基・地学基から2」・物・化・生・地学から1または2，計3

［個別学力検査（300）］ 1科目 ①外（300）▶コミュ英Ⅰ・コミュ英Ⅱ・コミュ英Ⅲ・英表Ⅰ・英表Ⅱ

理学部

前期 【数学科】［共通テスト（1000）］ 7科目 ①国（200） ②外（200・英〈R160＋L40〉）▶英・独・仏・中・韓から1 ③地歴・公民（100）▶世A・世B・日A・日B・地理A・地理B・現社・倫・政経・「倫・政経」から1 ④⑤数（150×2）▶「数Ⅰ・数A」・「数Ⅱ・数B」 ⑥⑦理（100×2）▶物・化・生・地学から2

［個別学力検査（1000）］ 1科目 ①数（1000）▶数Ⅰ・数Ⅱ・数Ⅲ・数A・数B

【物理学科】 ［共通テスト（900）］ 7科目 ①国（200） ②外（200・英〈R160＋L40〉）▶英・独・仏・中・韓から1 ③地歴・公民（100）▶世A・世B・日A・日B・地理A・地理B・現社・倫・政経・「倫・政経」から1 ④⑤数（100×2）▶「数Ⅰ・数A」・「数Ⅱ・数B」 ⑥⑦理（100×2）▶物必須，化・生・地学から1

［個別学力検査（400）］ 1科目 ①総合問題（400）▶物・数・英に関する総合問題

【基礎化学科】 ［共通テスト（1500）］ 7科目 ①国（200） ②外（200・英〈R160＋L40〉）▶英・独・仏・中・韓から1 ③地歴・公民（100）▶世A・世B・日A・日B・地理A・地理B・現社・倫・政経・「倫・政経」から1 ④⑤数（200×2）▶「数Ⅰ・数A」・「数Ⅱ・数B」 ⑥⑦理（300×2）▶化必須，物・生・地学から1

［個別学力検査］ 課さない。

【分子生物学科・生体制御学科】［共通テスト（1200）］ 7科目 ①国（200） ②外（300・英〈R240＋L60〉）▶英・独・仏・中・韓から1 ③地歴・公民（100）▶世A・世B・日A・日B・地理A・地理B・現社・倫・政経・「倫・政経」から1 ④⑤数（100×2）▶「数Ⅰ・数A」・「数Ⅱ・数B」 ⑥⑦理（200×2）▶物・化・生・地学から2

【分子生物学科】［個別学力検査（200）］ 1科目 ①面接（200）

【生体制御学科】［個別学力検査（400）］ 1科目 ①総合問題（400）▶生物学を中心とした自然科学的内容

後期 【数学科】［共通テスト（1000）］ 7科目 前期と同じ

［個別学力検査（1000）］ 2科目 ①数（800）▶数Ⅰ・数Ⅱ・数Ⅲ・数A・数B ②理

(200)▶「物基・物」・「化基・化」から1
【物理学科】 [共通テスト(900)] 7科目 前期と同じ
[個別学力検査(800)] 2科目 ①数(400)▶数Ⅰ・数Ⅱ・数Ⅲ・数A・数B ②理(400)▶物基・物
【基礎化学科】 [共通テスト(900)] 7科目 ①国(200) ②外(200・英〈R160+L40〉)▶英・独・仏・中・韓から1 ③地歴・公民(100)▶世A・世B・日A・日B・地理A・地理B・現社・倫・政経・「倫・政経」から1 ④⑤数(100×2)▶「数Ⅰ・数A」・「数Ⅱ・数B」 ⑥⑦理(100×2)▶化必須，物・生・地学から1
[個別学力検査(1600)] 2科目 ①数(400)▶数Ⅰ・数Ⅱ・数Ⅲ・数A・数B ②理(1200)▶「物基・物」・「化基・化」から1
【分子生物学科】[共通テスト(1200)] 7科目 前期と同じ
[個別学力検査(500)] 2科目 ①数(200)▶数Ⅰ・数Ⅱ・数Ⅲ・数A・数B ②理(300)▶「物基・物」・「化基・化」・「生基・生」から1
【生体制御学科】[共通テスト(1500)] 7科目 ①国(200) ②外(400・英〈R320+L80〉)▶英・独・仏・中・韓から1 ③地歴・公民(100)▶世A・世B・日A・日B・地理A・地理B・現社・倫・政経・「倫・政経」から1 ④⑤数(200×2)▶「数Ⅰ・数A」・「数Ⅱ・数B」 ⑥⑦理(200×2)▶物・化・生・地学から2
[個別学力検査(300)] 1科目 ①小論文(300)

工学部

前期 【機械工学・システムデザイン学科・電気電子物理工学科・環境社会デザイン学科】[共通テスト(800)] 7科目 ①国(100)▶国(近代) ②外(200・英〈R160+L40〉)▶英・独・仏・中・韓から1 ③地歴・公民(100)▶世A・世B・日A・日B・地理A・地理B・現社・倫・政経・「倫・政経」から1 ④⑤数(100×2)▶「数Ⅰ・数A」・「数Ⅱ・数B」 ⑥⑦理(100×2)▶物必須，化・生・地学から1
【機械工学・システムデザイン学科】[個別学力検査(400)] 2科目 ①数(300)▶数Ⅰ・数Ⅱ・数Ⅲ・数A・数B ②小論文(100)
【電気電子物理工学科・環境社会デザイン学科】 [個別学力検査(300)] 2科目 ①数(200)▶数Ⅰ・数Ⅱ・数Ⅲ・数A・数B ②小論文(100)
【情報工学科】 [共通テスト(800)] 7科目 ①国(100)▶国(近代) ②外(200・英〈R160+L40〉)▶英・独・仏・中・韓から1 ③地歴・公民(100)▶世A・世B・日A・日B・地理A・地理B・現社・倫・政経・「倫・政経」から1 ④⑤数(100×2)▶「数Ⅰ・数A」・「数Ⅱ・数B」 ⑥⑦理(100×2)▶物・化・生・地学から2
[個別学力検査(400)] 2科目 ①数(300)▶数Ⅰ・数Ⅱ・数Ⅲ・数A・数B ②小論文(100)
【応用化学科】 [共通テスト(900)] 7科目 ①国(100)▶国(近代) ②外(200・英〈R160+L40〉)▶英・独・仏・中・韓から1 ③地歴・公民(100)▶世A・世B・日A・日B・地理A・地理B・現社・倫・政経・「倫・政経」から1 ④⑤数(100×2)▶「数Ⅰ・数A」・「数Ⅱ・数B」 ⑥⑦理(必須200+100)▶化必須，物・生から1
[個別学力検査(400)] 2科目 ①総合問題(300)▶化学に関する知識・理解力・論理的思考力・計算力，英語読解力など ②小論文(100)
後期 【機械工学・システムデザイン学科・電気電子物理工学科】[共通テスト(800)] 7科目 前期と同じ
[個別学力検査(400)] 2科目 ①数(200)▶数Ⅰ・数Ⅱ・数Ⅲ・数A・数B ②理(200)▶物基・物
【情報工学科】 [共通テスト(800)] 7科目 前期と同じ
[個別学力検査(600)] 2科目 ①数(300)▶数Ⅰ・数Ⅱ・数Ⅲ・数A・数B ②理(300)▶物基・物
【応用化学科】 [共通テスト(900)] 7科目 前期と同じ
[個別学力検査(700)] 2科目 ①数(100)▶数Ⅰ・数Ⅱ・数Ⅲ・数A・数B ②理(600)▶化基・化
【環境社会デザイン学科】 [共通テスト(900)] 7科目 ①国(100)▶国(近代) ②外(300・英〈R240+L60〉)▶英・独・仏・中・韓から1 ③地歴・公民(100)▶世A・世B・日A・日B・地理A・地理B・現社・倫・政経・「倫・

政経」から１　④⑤数(100×2)▶「数Ⅰ・数A」・「数Ⅱ・数B」　⑥⑦理(100×2)▶物必須，化・生・地学から１
[個別学力検査(400)]　**2**科目　①**数**(200)▶数Ⅰ・数Ⅱ・数Ⅲ・数A・数B　②**理**(200)▶物基・物

その他の選抜

学校推薦型選抜は教養学部20名，教育学部89名，理学部基礎化学科５名，工学部環境社会デザイン学科10名，総合型選抜は経済学部(昼) 15名，理学部生体制御学科６名，工学部情報工学科５名を募集。ほかに帰国子女選抜，社会人選抜，私費外国人留学生選抜を実施。

偏差値データ (2023年度)

●一般選抜

学部／学科・課程／コース	2023年度 駿台予備学校 合格目標ライン	2023年度 河合塾 ボーダー得点率	2023年度 河合塾 ボーダー偏差値	'22年度 競争率
●前期				
▶教養学部				
教養	51	68%	55	2.1
▶経済学部				
経済(一般枠)	51	65%	55	2.3
(国際プログラム枠)	51	78%	—	2.1
▶教育学部				
学校教育教員養成／小学校(教育学)	50	64%	50	
(心理・教育実践学)	50	64%	52.5	
(言語文化／国語)	50	65%	52.5	1.7
(言語文化／英語)	50	65%	52.5	
(社会)	50	64%	—	
(自然科学／算数)	50	64%	52.5	1.9
(自然科学／理科)	50	64%	52.5	
(芸術／音楽)	45	60%	—	1.9
(芸術／図画工作)	45	60%	—	1.6
(身体文化／体育)	45	60%	—	3.0
(生活創造／ものづくりと情報)	44	62%	—	—
(生活創造／家庭科)	45	62%	50	—
／中学校(言語文化／国語)	51	68%	55	4.4
(言語文化／英語)	52	68%	55	4.0
(社会)	52	69%	—	2.7
(自然科学／数学)	52	67%	55	3.5
(自然科学／理科)	52	65%	52.5	2.8
(芸術／音楽)	44	60%	—	2.0
(芸術／美術)	43	60%	—	1.7
(身体文化／保健体育)	44	60%	—	3.0
(生活創造／技術)	47	60%	—	2.9
(生活創造／家庭科)	47	60%	47.5	1.4
／乳幼児教育	50	64%	50	1.9
／特別支援教育	49	60%	50	3.0
養護教諭養成	50	63%	—	2.2
▶理学部				
数	52	66%	57.5	4.8
物理	51	68%	55	3.9
基礎化	51	66%	—	2.0
分子生物	51	65%	—	2.3
生体制御	52	65%	55	2.3
▶工学部				
機械工学・システムデザイン	48	65%	50	2.4
電気電子物理工	47	65%	50	2.0
情報工	48	67%	50	2.6
応用化	47	65%	50	2.1
環境社会デザイン	47	65%	50	2.6
●後期				
▶教養学部				
教養	52	73%	—	2.8
▶経済学部				
経済	52	74%	—	4.0
▶理学部				
数	53	70%	57.5	3.9
物理	52	71%	55	3.2
基礎化	52	70%	52.5	3.9
分子生物	53	68%	52.5	2.1
生体制御	53	68%	—	1.1
▶工学部				
機械工学・システムデザイン	49	68%	50	1.8
電気電子物理工	48	68%	50	1.2
情報工	49	70%	50	2.6
応用化	52	69%	52.5	1.9
環境社会デザイン	48	72%	50	2.2

- 駿台予備学校合格目標ラインは合格可能性80%に相当する駿台模試の偏差値です。
- 河合塾ボーダー得点率は合格可能性50%に相当する共通テストの得点率です。また，ボーダー偏差値は合格可能性50%に相当する河合塾全統模試の偏差値です。
- 競争率は受験者÷合格者の実質倍率

千葉大学

CHIBA UNIVERSITY

資料請求

問合せ先　学務部入試課　☎043-290-2184

大学の理念

教育理念は「つねに，より高きものをめざして」。約150年前に設立された千葉師範学校や拠金で設立された共立病院を前身とし，戦後５学部からなる新制千葉大学としてスタート。現在は10学部，17大学院を有する首都圏有数の総合大学。文理融合型の研究を推進するとともに，教養（普遍）の充実と教育活動の国際化を積極的に進めている。国際教養学部の設置や海外キャンパスの設置などにより，成果を上げつつあるグローバル人材育成戦略を拡大展開する「ENGINE」プランを2020年度に始動，全学生に海外留学を必修化する。国際社会で活躍できる次世代型人材の育成をはじめ，強みとなる独創的な研究分野への戦略的支援や次世代型イノベーションの創出により，「世界最高水準の教育研究機能を有する総合大学」として発展し続けている。

●キャンパス情報はP.1228をご覧ください。

基本データ

学生数▶10,338名（男6,257名，女4,081名）
専任教員数▶教授424名，准教授328名，講師121名

設置学部▶国際教養，文，法政経，教育，理，工，園芸，医，薬，看護
併設教育機関▶大学院（P.1238参照）

就職・卒業後の進路

●**就職支援**　就職支援課がイベント開催，情報提供など年間を通して全面支援。就職への意識づけと，就職について考え，自己理解を深めるためのキャリア教育的なガイダンスをはじめ，自己PR術，公務員ガイダンスや業界研究セミナー，模擬面接講座などを年間を通して開催。専門のキャリアアドバイザーによる就職相談も実施。さらに，国家・地方公務員やＵ・Ｉターン希望者のためのコーナーを設置し，情報や資料を提供している。また，大学に寄せられた求人情報を学内・自宅を問わず検索・閲覧できるシステム「ユニキャリア（Unicareer）」を運用。就活セミナー予約・エントリー，就職支援課主催のガイダンス開催情報やキャリア相談予約もこのシステムを使って閲覧・申し込みができる。

進路指導者も必見　学生を伸ばす　面倒見

初年次教育
学部を横断するカリキュラムを提供している普遍教育は，全学部生が西千葉キャンパスで受講。１年間に1,700科目以上の総合大学の特色を活かした多様な授業が開講されている

学修サポート
アカデミック・リンク・センターで教員がオフィスアワーを設定し，相談に対応するほか，各分野を専門とする大学院生・上級生（ALSA）による学習相談や，専門講師による英語のプレゼンやライティング指導などを実施

オープンキャンパス（2022年度実績）　11月６日に「千葉大学オープンデイ」を対面型で開催。各学部の研究発表，特色ある教育プログラムの説明のほか，学生によるキャンパスライフの説明やキャンパスツアーを実施。

文系学部
2022年３月卒業生
651人

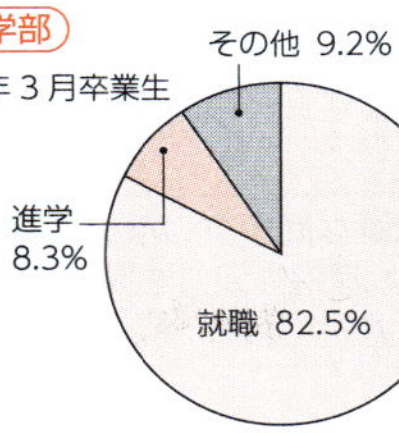

理系学部
2022年３月卒業生
1,318人

※就職には医学部の初期臨床研修医を含む。

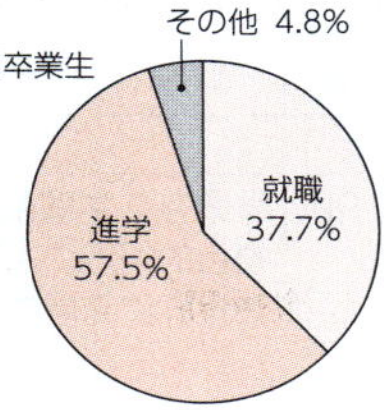

その他の学部
2022年３月卒業生
401人
・教育学部

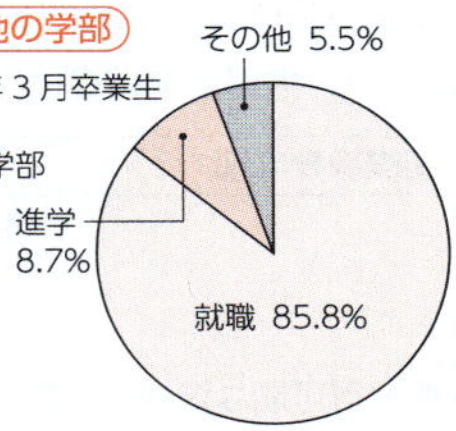

主なOB・OG▶［医］寺澤捷年（医師・和漢診療学創始者），［工］荒木経惟（写真家），［教育］藤野千夜（作家），［医］海堂尊（作家・医師）など。

国際化・留学　大学間 270 大学等・部局間 203 大学等

受入れ留学生数▶173名（2021年度）
留学生の出身国▶中国，韓国，インドネシア，タイ，ベトナム，マレーシアなど。
大学間交流協定▶270大学・機関（学生交流協定校223大学，2022年５月1日現在）
部局間交流協定▶203大学・機関（学生交流協定校112大学，2022年５月１日現在）
海外への留学生数▶渡航型47名／年（17カ国・地域，2021年度）
海外留学制度▶海外交流協定校への「海外派遣留学プログラム」は１年以内の交換留学で，休学することなく留学することが可能。各種奨学金の推薦や留学助成金などの支援もある。また，「Skipwiseプログラム」では早期の入学や卒業といった制度を活用し，多様な修業年数に対応したプログラムを実施。コミュニケーションベースの英語学習とアジア各国の現地文化を体験する２週間程度の留学初心者向けBOOTプログラムをはじめ，英語によるワークショップ形式のグローバル・スタディ・プログラム，国際的なインターンシップ，ボランティア活動なども展開している。そのほか，語学の習得を主目的とした「海外語学研修」は長期休暇を利用して数週間から１カ月程度，寮生活やホームステイをしながら語学を学ぶプログラムで，対象言語は，英語・フランス語・中国語・ロシア語など。海外留学が困難な場合等の代替措置として「オンライン留学プログラム」の受講も可能としている（2022年度）。

学費・奨学金制度

入学金▶282,000円
年間授業料（施設費等を除く）▶642,960円
主な奨学金制度▶日本学生支援機構奨学金のほか、民間育英団体や地方公共財団の奨学金制度を申請することができる。大学独自の入学料・授業料免除制度もあり。

保護者向けインフォメーション

● **防災対策**　大学HPに「防災のしおり」を掲載している。学生が被災した際の安否は，安否確認システムなどを利用して確認する。
● **コロナ対策**　ワクチンの職域接種を実施。対面授業とメディア授業を感染状況に応じて併用するとともに，講義室の収容人数および座席配置を調整。また，十分な換気を行うなど感染対策を徹底している。

インターンシップ科目	必修専門ゼミ	卒業論文	GPA制度の導入の有無および活用例	１年以内の退学率	標準年限での卒業率
NA	全学部で実施（開講年次は学部により異なる）	一部学部で卒業要件	奨学金や授業料免除などの選定に全学部で，留学・大学院入試に一部学部で活用	非公表	非公表

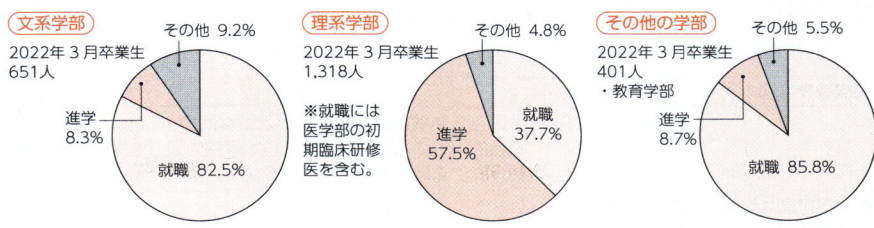

学部紹介

学部／学科・課程	定員	特色
国際教養学部		
国際教養	90	▷既存の学問単独では対応が困難な問題群の解決に寄与し，複合的視点により国際理解と日本理解の双方を備え，解決策を世界に発信できる人材を育成する。
●**取得可能な資格**…司書，学芸員。 ●**進路状況**…………就職87.0%　進学7.6% ●**主な就職先**………総務省，公正取引委員会，東京都庁，ソフトバンク，千葉銀行，フクダ電子など。		
文学部		
人文	170	▷人文科学諸分野の専門性を深く修得し，隣接分野を含めた幅広い教養を身につけ，独創的発信力を持って社会に貢献することで自らの人生をより豊かなものにできる人材を育成する。行動科学，歴史学，日本・ユーラシア文化，国際言語文化学の４コース。
●**取得可能な資格**…教職（国・地歴・公・社・英），司書，学芸員など。 ●**進路状況**…………就職79.1%　進学11.0% ●**主な就職先**………会計監査院，千葉県庁，朝日放送テレビ，ドワンゴ，コジマ，楽天グループなど。		
法政経学部		
法政経	370	▷２年次進級時に法学，経済学，経営・会計学，政治学・政策学の各コースを希望により選択。社会の実態や仕組みの観察と分析，政策的処方箋づくりを地球的視野に立って行い，問題解決能力を発揮して時代をリードする指導的な人材を育てる。法学，経済学コースでは３年終了時に卒業するプログラムを設置。法学コースでは入学後に面接等，経済学コースでは独自入試によりプログラムの受講者を選抜する。
●**取得可能な資格**…司書，学芸員。 ●**進路状況**…………就職83.0%　進学7.2% ●**主な就職先**………アフラック生命，りそな銀行，厚生労働省，千葉県庁，楽天グループなど。		
教育学部		
学校教員養成	390	▷小学校コースは，新たに教科となる英語や道徳にも自信を持って対応できる教員をめざす。国語科25名，社会科25名，算数科25名，理科25名，教育学30名，教育心理学25名，ものづくり８名の７選修。中学校コースは教科の高い専門性を持ち他教科との連携も視野に入れた教員をめざす。国語科８名，社会科７名，数学科10名，理科10名，技術科７名の５教育分野。小中専門教科コースは，高い専門性を生かし小中の連携も図れる教員をめざす。音楽科15名，図画工作・美術科15名，保健体育科25名，家庭科15名の4教育分野。英語教育コース（40名）は，英語教育・国際理解教育のリーダーを担える教員をめざす。特別支援教育コース（30名）は，特別支援学校に加え，特別支援学級や通級指導教室で教育を行う教員をめざす。乳幼児教育コース（20名）は，成長の基盤となる乳幼児期の教育を担い，保幼小の円滑な連携を図れる教員をめざす。養護教諭コース（25名）は，児童・生徒の成長を心と体の両面から支える教員をめざす。

キャンパスアクセス ［西千葉キャンパス］ JR総武線ー西千葉より徒歩２分／京成千葉線ーみどり台より徒歩7分

● **取得可能な資格**…教職（国・地歴・公・社・数・理・音・美・保体・保健・技・家・工業・英，小一種，幼一種，特別支援，養護一種），保育士，司書，学芸員。 ● **進路状況**…………就職85.8%　進学8.7% ● **主な就職先**………学校教員，保育士，JFE商事，さなる，河合塾，千葉市役所など。		
理学部		
数学・情報数理	44	▷3年次に数学コースと情報数理学コースに分かれる。
物理	39	▷自然の構造を探り，基本法則を解明する。
化	39	▷物質の性質，構造，反応などの基本原理を追究する。
生物	39	▷「分子細胞生物学」「多様性生物学」の2つの教育研究領域がある。
地球科	39	▷地球表層科学，地球内部科学，環境リモートセンシングの3領域で構成。
● **取得可能な資格**…教職（数・理・情），司書，学芸員など。 ● **進路状況**…………就職20.5%　進学72.0% ● **主な就職先**………キオクシア，東京電力ホールディングス，サイバーエージェント，富士通など。		
工学部		
総合工	620	▷工学部全体を1学科とし，専門分野ごとのコース制を採用。学生の希望，社会の要請，学問の進展などに即した専門分野の育成，横断的な教育内容に柔軟かつ機動的な調整と効率的な運営を進める。基幹的な分野として建築学，デザイン，機械工学，電気電子工学，情報工学の5コース，将来的な成長の見込まれる複合・先端分野として，都市工学，医工学，物質科学，共生応用化学の4コースを設置。
● **取得可能な資格**…教職（理・情），1・2級建築士受験資格など。 ● **進路状況**…………就職20.1%　進学74.4% ● **主な就職先**………鹿島建設，JERA，SCSK，伊藤忠都市開発，帝人，三菱UFJ銀行，東京都庁など。		
園芸学部		
		▶教育プログラム制を採用しており，学科の枠で基礎的な力を養い，2年次後期に7つの教育プログラムから専攻を選択。時代に即応した知識を身につける。
園芸	64	▷「栽培・育種学」と「生物生産環境学」の2プログラムがある。国際競争力のある都市園芸産業の実現をめざし教育・研究を行っている。
応用生命化	31	▷生物の機能，細胞構成物質，代謝生産物などの性質を総合的に学び，「応用生命化学プログラム」では生命分子化学分野および生物資源化学分野の教育・研究を行う。
緑地環境	66	▷「環境造園学」「緑地科学」「環境健康学」の3プログラムがある。緑地環境の仕組みの解明，保全技術，快適なランドスケープの創造・再生，自然環境の管理技術，環境に関する文化論，心身の健康の向上をめざした緑の利用などを研究。
食料資源経済	29	▷フードシステム学，資源環境経済学の2分野で構成される「食料資源経済学科プログラム」では自然科学的基礎知識をもとに，園芸に関連した経済学や経営学などの社会科学を習得。
● **取得可能な資格**…教職（理・農），学芸員など。 ● **進路状況**…………就職52.1%　進学44.7% ● **主な就職先**………農林水産省，サカタのタネ，住友林業緑化，クボタ，山崎製パン，東京青果など。		

キャンパスアクセス [亥鼻キャンパス] JR総武線―千葉，京成千葉線―京成千葉よりバス15分

医学部		
医	117	▷病気と治療を研究者の視点から科学的に考察する「基礎医学」と，さまざまな病気の原因や症状，診断，治療を講義と実習で学ぶ「臨床医学」の両方に注力。１年次から薬学部や看護学部，工学部の学生とともに学ぶIPE（専門職連携教育）や少人数によるチュートリアル教育など実践的かつ，きめ細やかな教育体制を整えている。研究医養成や英語に特化したプログラムも実施。

- **取得可能な資格**…医師受験資格。
- **進路状況**…………初期臨床研修医97.4％

薬学部		
		▶一般選抜前期日程の入学生は３年次進級時に学科を選択。
薬	90	▷６年制。指導的な立場に立てる薬剤師，医薬品の開発職や治験協力者として医療の発展に貢献できる人材を養成する。
薬科		▷４年制。創薬や疾病の予防などに関わる研究に能力を発揮できる人材の育成を図る。

- **取得可能な資格**…薬剤師受験資格（薬学科）。
- **進路状況**…………［薬］就職90.2％　進学4.9％　［薬科］就職2.5％　進学97.5％
- **主な就職先**………［薬］中外製薬，クオール，日本調剤，千葉大学医学部附属病院など。

看護学部		
看護	80	▷国立大学では唯一の学部。看護実践の根拠や専門職としての役割を明確にしながら社会の要請に積極的に応え，人類の健康・福祉に主体的に貢献できるナース・サイエンティストを育成する。海外の看護大学との学部間協定による留学も可能。

- **取得可能な資格**…看護師・保健師・助産師受験資格。
- **進路状況**…………就職91.5％　進学7.3％
- **主な就職先**………千葉大学医学部附属病院，東京大学医学部附属病院，虎の門病院，千葉市など。

▶キャンパス

国際教養・文・法政経・教育・理・工……［西千葉キャンパス］千葉県千葉市稲毛区弥生町1-33
医・薬・看護……［亥鼻キャンパス］千葉県千葉市中央区亥鼻1-8-1
園芸……［松戸キャンパス］千葉県松戸市松戸648
［柏の葉キャンパス］千葉県柏市柏の葉6-2-1
［墨田サテライトキャンパス］東京都墨田区文花1-19-1

2023年度入試要項（前年度実績）

●募集人員

学部／学科・課程（コース／分野等）	前期	後期	学校推薦	総合型
▶国際教養　国際教養	83	—	—	7
▶文　人文（行動科学）	49	15	9	—
（歴史学）	23	3	5	—
（日本・ユーラシア文化）	28	—	—	3
（国際言語文化学）	25	—	10	—
▶法政経　法政経	295	70	—	5
▶教育　学校教員養成（小学校）	124	—	—	39
（中学校／国語科教育）	6	—	—	2
（／社会科教育）	5	—	—	2
（／数学科教育）	8	—	—	2
（／理科教育）	8	—	—	2
（／技術科教育）	5	—	—	2
（小中専門教科／音楽科教育）	10	—	—	5
（／図画工作・美術科教育）	12	—	—	3
（／保健体育科教育）	20	—	—	5
（／家庭科教育）	12	—	—	3
（英語教育）	30	—	—	10
（特別支援教育）	23	—	—	7
（乳幼児教育）	15	—	—	5
（養護教諭）	20	—	—	5
▶理　数学・情報数理	29	15	—	—

キャンパスアクセス［松戸キャンパス］JR常磐線，東京メトロ千代田線，新京成線—松戸より徒歩15分

	物理	23	12	—	4
	化	31	8	—	—
	生物	29	10	—	—
	地球科	30	5	—	4
▶工	総合工学科(建築学)	50	19	—	—
	(都市工学)	30	12	—	—
	(デザイン)	44	—	—	20
	(機械工学)	55	19	—	—
	(医工学)	30	9	—	—
	(電気電子工学)	56	20	—	—
	(物質科学)	70	—	—	10
	(共生応用化学)	72	25	—	—
	(情報工学)	49	20	—	10
▶園芸	園芸	44	9	—	5
	応用生命化	20	7	—	4
	緑地環境	40	17	—	9
	食料資源経済	17	8	—	—
▶医	医〔一般枠〕	82	15	—	—
	〔千葉県地域枠〕	20	—	—	—
▶薬	薬	70	—	10	—
	薬科		10	—	—
▶看護	看護	49	—	24	—

※法政経学部法政経学科の総合型選抜5名は経済学コースの経済学特進プログラムを履修する。
※教育学部学校教員養成課程小学校コースの募集人員の内訳は，前期―国語科・社会科・算数科・理科・教育心理学選修各19名，教育学選修24名，ものづくり選修5名。総合型選抜―国語科・社会科・算数科・理科・教育学・教育心理学選修各6名，ものづくり選修3名。

● 2段階選抜

志願者数が募集人員に対し，法政経学部は前期3.5倍，後期13倍，医学部は前期3倍，後期7倍を超えた場合に行うことがある。

▷共通テストの英語はリスニングを含む。
▷個別学力検査の数B－数列・ベク。

国際教養学部

前期 ［共通テスト(450)］ **8~7科目** ①国(100) ②外(100・英〈R80＋L20〉)▶英・独・仏・中・韓から1 ③④**数**(50×2)▶「数Ⅰ・数A」・「数Ⅱ・数B」 ⑤⑥⑦⑧**「地歴・公民」・理**(50×3)▶世B・日B・地理B・「倫・政経」から1または2，「物基・化基・生基・地学基から2」・物・化・生・地学から1または2，計3

［個別学力検査(900)］ **3科目** ①**外**(300)▶コミュ英Ⅰ・コミュ英Ⅱ・コミュ英Ⅲ ②**国・理**(300)▶「国総・国表・現文A・現文B・古典A・古典B」・「物基・物」・「化基・化」・「生基・生」から1 ③**地歴・数**(300)▶世B・日B・「数Ⅰ・数Ⅱ・数A・数B」から1
※個別学力検査の「外国語」に英語資格・検定試験の成績を利用可。スコアに応じて，「外国語」の得点を満点に換算，または満点を上限として所定の点数を加点。満点に換算した場合，「外国語」を受験は免除。

総合型 ［共通テスト(900)］ **8~7科目** ①**国**(200) ②**外**(200・英〈R80＋L20〉)▶英・独・仏・中・韓から1 ③④**数**(100×2)▶「数Ⅰ・数A」・「数Ⅱ・数B」 ⑤⑥⑦⑧**「地歴・公民」・理**(100×3)▶世B・日B・地理B・「倫・政経」から1または2，「物基・化基・生基・地学基から2」・物・化・生・地学から1または2，計3

［個別学力検査］ **2科目** ①**課題論述** ②**面接**
※課題論述および面接の結果を総合して合格内定者を決定。さらに共通テストの総得点が70%に達した者を最終合格者とする。

文学部

前期 【人文学科〈行動科学コース〉】［共通テスト(450)］ **8~7科目** ①**国**(100) ②**外**(100・英〈R80＋L20〉)▶英・独・仏・中・韓から1 ③④**数**(50×2)▶「数Ⅰ・数A」必須，「数Ⅱ・数B」・簿・情から1 ⑤⑥⑦⑧**「地歴・公民」・理**(50×3)▶「世B・日B・地理B・〈倫・政経〉から2」・「物基・化基・生基・地学基から2」または「世B・日B・地理B・〈倫・政経〉から1」・「物・化・生・地学から2」

［個別学力検査(550)］ **3科目** ①**国**(200)▶国総・国表・現文A・現文B・古典A・古典B ②**外**(200)▶コミュ英Ⅰ・コミュ英Ⅱ・コミュ英Ⅲ ③**数**(150)▶数Ⅰ・数Ⅱ・数A・数B

【人文学科〈歴史学コース／日本・ユーラシア文化コース／国際言語文化学コース〉】［共通テスト(450)］ **8~7科目** ①**国**(100) ②**外**(100・英〈R80＋L20〉)▶英・独・仏・中・韓から1 ③④**地歴・公民**(50×2)▶世B・日B・地理B・「倫・政経」から2 ⑤⑥**数**(50×2)▶「数Ⅰ・〈数Ⅰ・数A〉から1」・「数Ⅱ・〈数Ⅱ・数

千葉 千葉大学

B〉・簿・情から1」 ⑦⑧理(50)▶「物基・化基・生基・地学基から2」・物・化・生・地学から1
【人文学科〈歴史学コース〉】［個別学力検査(600)］ 3科目 ①国(200)▶国総・国表・現文A・現文B・古典A・古典B ②外(200)▶コミュ英Ⅰ・コミュ英Ⅱ・コミュ英Ⅲ ③地歴(200)▶世B・日Bから1
【人文学科〈日本・ユーラシア文化コース〉】［個別学力検査(900)］ 3科目 ①国(300)▶国総・国表・現文A・現文B・古典A・古典B ②外(300)▶コミュ英Ⅰ・コミュ英Ⅱ・コミュ英Ⅲ ③地歴(300)▶世B・日Bから1
【人文学科〈国際言語文化学コース〉】［個別学力検査(550)］ 3科目 ①国(200)▶国総・国表・現文A・現文B・古典A・古典B ②外(200)▶コミュ英Ⅰ・コミュ英Ⅱ・コミュ英Ⅲ ③地歴(150)▶世B・日Bから1
※日本・ユーラシア文化コースは個別学力検査の「外国語」に英語資格・検定試験の成績を利用可。スコアに応じて，「外国語」の得点に満点を上限として所定の点数を加点。
後期 【人文学科〈行動科学コース〉】［共通テスト(450)］ 8~7科目 ①国(120) ②外(120・英〈R96＋L24〉)▶英・独・仏・中・韓から1 ③④数(60×2)▶「数Ⅰ・数A」必須，「数Ⅱ・数B」・簿・情から1 ⑤⑥⑦⑧「地歴・公民」・理(30×3)▶「世B・日B・地理B・〈倫・政経〉から2」・「物基・化基・生基・地学基から2」または「世B・日B・地理B・〈倫・政経〉から1」・「物・化・生・地学から2」
［個別学力検査(400)］ 1科目 ①小論文(400)
【人文学科〈歴史学コース〉】 ［共通テスト(450)］ 8~7科目 前期と同じ
［個別学力検査(400)］ 2科目 ①小論文(300) ②面接(100)
学校推薦型 【人文学科〈行動科学コース・歴史学コース・国際言語文化学コース〉】［共通テスト］ 課さない。
［個別学力検査］ 2科目 ①小論文 ②面接
※書類審査，小論文および面接の結果を総合して判定。
総合型 【人文学科〈日本・ユーラシア文化コース〉】［共通テスト(900)］ 8~7科目 ①国(200) ②外(200・英〈R100＋L100〉)▶英・独・仏・中・韓から1 ③④地歴・公民(100×2)▶世B・日B・地理B・「倫・政経」から2 ⑤⑥数(100×2)▶「数Ⅰ・〈数Ⅰ・数A〉から1」・「数Ⅱ・〈数Ⅱ・数B〉・簿・情から1」 ⑦⑧理(100)▶「物基・化基・生基・地学基から2」・物・化・生・地学から1
［個別学力検査］ 2科目 ①課題論述 ②面接
※書類審査，課題論述および面接の結果を総合して合格内定者を決定。さらに共通テストの総得点が70%に達した者を最終合格者とする。

法政経学部

前期 ［共通テスト(450)］ 8~7科目 ①国(100) ②外(100・英〈R80＋L20〉)▶英・独・仏・中・韓から1 ③④地歴・公民(50×2)▶世B・日B・地理B・「倫・政経」から2 ⑤⑥数(50×2)▶「数Ⅰ・数A」必須，「数Ⅱ・数B」・簿・情から1 ⑦⑧理(50)▶「物基・化基・生基・地学基から2」・物・化・生・地学から1
［個別学力検査(900)］ 3科目 ①国(300)▶国総・国表・現文A・現文B・古典A・古典B ②外(300)▶コミュ英Ⅰ・コミュ英Ⅱ・コミュ英Ⅲ ③数(300)▶数Ⅰ・数Ⅱ・数A・数B
※個別学力検査の「外国語」に英語資格・検定試験の成績を利用可。スコアに応じて，「外国語」の得点に満点を上限として所定の点数を加点。
後期 ［共通テスト(450)］ 8~7科目 前期と同じ
［個別学力検査(400)］ 1科目 ①総合テスト(400)
総合型 【法政経学科〈経済学コース経済学特進プログラム〉】［共通テスト(200)］ 2科目 ①②数(100×2)▶「数Ⅰ・数A」・「数Ⅱ・数B」
［個別学力検査］ 1科目 ①面接
※書類審査および面接の結果を総合して合格内定者を決定。さらに共通テストの総得点が75%に達した者を最終合格者とする。

教育学部

前期 【学校教員養成課程〈小学校コース・中学校コース(国語)・小中専門教科コース・英語

キャンパスアクセス［墨田サテライトキャンパス］ 東武亀戸線―小村井より徒歩5分／京成押上線，東京メトロ半蔵門線―押上より徒歩15分

教育コース・特別支援教育コース・乳幼児教育コース〉】［共通テスト(450)］ 8~7科目 ①国(100) ②外(100・英〈R80＋L20〉)▶英・独・仏・中・韓から1 ③④数(50×2)▶「数Ⅰ・〈数Ⅰ・数A〉から1」・「数Ⅱ・〈数Ⅱ・数B〉・簿・情から1」 ⑤⑥⑦⑧「地歴・公民」・理(50×3)▶世B・日B・地理B・現社・「倫・政経」から1または2，「物基・化基・生基・地学基から2」・物・化・生・地学から1または2，計3

［個別学力検査(1000)］【学校教員養成課程〈小学校コース・特別支援教育コース〉】 4科目 ①国(300)▶国総・国表・現文A・現文B・古典A・古典B ②外(200)▶コミュ英Ⅰ・コミュ英Ⅱ・コミュ英Ⅲ ③数(300)▶数Ⅰ・数Ⅱ・数A・数B ④面接(200)

【学校教員養成課程〈中学校コース(国語)・小中専門教科コース(家庭)・乳幼児教育コース〉】 4科目 ①国(300)▶国総・国表・現文A・現文B・古典A・古典B ②外(200)▶コミュ英Ⅰ・コミュ英Ⅱ・コミュ英Ⅲ ③数(300，国語科のみ200)▶数Ⅰ・数Ⅱ・数A・数B ④専門適性検査(200，国語科のみ300)

【学校教員養成課程〈小中専門教科コース(音楽／図画工作・美術／保健体育)〉】 4科目 ①外(200，音楽科のみ150)▶コミュ英Ⅰ・コミュ英Ⅱ・コミュ英Ⅲ ②国・数(200，音楽科のみ150)▶「国総・国表・現文A・現文B・古典A・古典B」・「数Ⅰ・数Ⅱ・数A・数B」から1 ③実技(400，音楽科のみ500) ④専門適性検査(200)

【学校教員養成課程〈英語教育コース〉】 4科目 ①外(300)▶コミュ英Ⅰ・コミュ英Ⅱ・コミュ英Ⅲ ②ライティング(200)▶英表Ⅰ・英表Ⅱ ③国・数(300)▶「国総・国表・現文A・現文B・古典A・古典B」・「数Ⅰ・数Ⅱ・数A・数B」から1 ④専門適性検査(200)

【中学校教員養成課程〈中学校教員コース(社会)〉】［共通テスト(450)］ 8~7科目 ①国(50) ②外(50・英〈R40＋L10〉)▶英・独・仏・中・韓から1 ③④地歴・公民(100×2)▶世B・日B・地理B・現社・「倫・政経」から2 ⑤⑥数(25×2)▶「数Ⅰ・〈数Ⅰ・数A〉から1」・「数Ⅱ・〈数Ⅱ・数B〉・簿・情から1」 ⑦⑧理(100)▶「物基・化基・生基・地学基から2」・物・化・生・地学から1

［個別学力検査(1000)］ 4科目 ①国(300)▶国総・国表・現文A・現文B・古典A・古典B ②外(200)▶コミュ英Ⅰ・コミュ英Ⅱ・コミュ英Ⅲ ③数(200)▶数Ⅰ・数Ⅱ・数A・数B ④専門適性検査(300)

【学校教員養成課程〈中学校コース(数学／理科／技術)・養護教諭コース〉】［共通テスト(450)］ 8~7科目 ①国(100) ②外(100・英〈R80＋L20〉)▶英・独・仏・中・韓から1 ③地歴・公民(50)▶世B・日B・地理B・現社・「倫・政経」から1 ④⑤数(50×2)▶「数Ⅰ・〈数Ⅰ・数A〉から1」・「数Ⅱ・〈数Ⅱ・数B〉・簿・情から1」 ⑥⑦⑧理(50×2)▶「物基・化基・生基・地学基から2」・物・化・生・地学から2

［個別学力検査(1000)］【学校教員養成課程〈中学校コース(数学)〉】 4科目 ①外(200)▶コミュ英Ⅰ・コミュ英Ⅱ・コミュ英Ⅲ ②数(500)▶数Ⅰ・数Ⅱ・数Ⅲ・数A・数B ③理(100)▶「物基・物」・「化基・化」・「生基・生」・「地学基・地学」から1 ④専門適性検査(200)

【学校教員養成課程〈中学校コース(理科)〉】 5科目 ①外(200)▶コミュ英Ⅰ・コミュ英Ⅱ・コミュ英Ⅲ ②数(200)▶数Ⅰ・数Ⅱ・数A・数B ③④理(200×2)▶「物基・物」・「化基・化」・「生基・生」・「地学基・地学」から2 ⑤専門適性検査(200)

【学校教員養成課程〈中学校コース(技術)〉】 4科目 ①外(150)▶コミュ英Ⅰ・コミュ英Ⅱ・コミュ英Ⅲ ②数(200)▶数Ⅰ・数Ⅱ・数A・数B ③理(150)▶「物基・物」・「化基・化」・「生基・生」・「地学基・地学」から1 ④専門適性検査(500)

【学校教員養成課程〈養護教諭コース〉】 4科目 ①外(300)▶コミュ英Ⅰ・コミュ英Ⅱ・コミュ英Ⅲ ②理(300)▶「物基・物」・「化基・化」・「生基・生」・「地学基・地学」から1 ③保健体育(300)▶保健 ④面接(100)

※個別学力検査の「外国語」に英語資格・検定試験の成績を利用可。スコアに応じて，「外国語」の得点に満点を上限として所定の点数を加点。なお，英語教育コースは満点に換算することもできる。満点に換算した場合，「外国語」の受験を免除。

総合型 【学校教員養成課程〈小学校コース・中学校コース(国語／社会／数学／理科)・小

中専門教科コース・英語教育コース・特別支援教育コース・乳幼児教育コース・養護教諭コース〉】[共通テスト(300)] 4〜3科目 ①②③④国・外・「地歴・公民」・数・理(100・英〈R80+L20〉×3)▶国・「英・独・仏・中・韓から1」・「世B・日B・地理B・現社・〈倫・政経〉から1」・「数Ⅰ・〈数Ⅰ・数A〉・数Ⅱ・〈数Ⅱ・数B〉・簿・情から1」・「〈物基・化基・生基・地学基から2〉・物・化・生・地学から1」から3

[個別学力検査]〈小学校コース・中学校コース(国語/社会/数学/理科)・小中専門教科コース・英語教育コース・特別支援教育コース・養護教諭コース〉 2科目 ①適性検査 ②面接

※書類審査,適性検査および面接の結果を総合して合格内定者を決定。さらに共通テストの総得点が65%に達した合格内定者を最終合格者とする。

〈乳幼児教育コース〉 1科目 ①面接

※書類審査および面接の結果を総合して合格内定者を決定。さらに共通テストの総得点が65%に達した合格内定者を最終合格者とする。

【学校教員養成課程〈中学校コース(技術)〉】[共通テスト] 課さない。

[個別学力検査] 2科目 ①適性検査 ②面接

※書類審査,適性検査および面接の結果を総合して判定。

理学部

前期 【数学・情報数理学科/生物学科/地球科学科】[共通テスト(450)] 7科目 ①国(100) ②外(100・英〈R80+L20〉)▶英・独・仏・中・韓から1 ③地歴・公民(50)▶世B・日B・地理B・「倫・政経」から1 ④⑤数(50×2)▶「数Ⅰ・数A」・「数Ⅱ・数B」 ⑥⑦理(50×2)▶物・化・生・地学から2

[個別学力検査(900)]【数学・情報数理学科】 3科目 ①外(150)▶コミュ英Ⅰ・コミュ英Ⅱ・コミュ英Ⅲ ②数(600)▶数Ⅰ・数Ⅱ・数Ⅲ・数A・数B ③理(150)▶「物基・物」・「化基・化」・「生基・生」・「地学基・地学」から1

【生物学科】 4科目 ①外(200)▶コミュ英Ⅰ・コミュ英Ⅱ・コミュ英Ⅲ ②数(150)▶数Ⅰ・数Ⅱ・数Ⅲ・数A・数B ③④理(必須350+選択200)▶「生基・生」必須,「物基・物」・「化基・化」から1

【地球科学科】 4科目 ①外(250)▶コミュ英Ⅰ・コミュ英Ⅱ・コミュ英Ⅲ ②数(250)▶数Ⅰ・数Ⅱ・数Ⅲ・数A・数B ③④理(200×2)▶「物基・物」・「化基・化」・「生基・生」・「地学基・地学」から2

【物理学科】 [共通テスト(450)] 7科目 ①国(100) ②外(100・英〈R80+L20〉)▶英・独・仏・中・韓から1 ③地歴・公民(50)▶世B・日B・地理B・「倫・政経」から1 ④⑤数(50×2)▶「数Ⅰ・数A」・「数Ⅱ・数B」 ⑥⑦理(50×2)▶物必須,化・生から1

[個別学力検査(900)] 4科目 ①外(200)▶コミュ英Ⅰ・コミュ英Ⅱ・コミュ英Ⅲ ②数(300)▶数Ⅰ・数Ⅱ・数Ⅲ・数A・数B ③④理(物300+化100)▶「物基・物」・「化基・化」

【化学科】 [共通テスト(450)] 7科目 ①国(100) ②外(100・英〈R80+L20〉)▶英・独・仏・中・韓から1 ③地歴・公民(50)▶世B・日B・地理B・「倫・政経」から1 ④⑤数(50×2)▶「数Ⅰ・数A」・「数Ⅱ・数B」 ⑥⑦理(50×2)▶化必須,物・生・地学から1

[個別学力検査(900)] 4科目 ①外(200)▶コミュ英Ⅰ・コミュ英Ⅱ・コミュ英Ⅲ ②数(250)▶数Ⅰ・数Ⅱ・数Ⅲ・数A・数B ③④理(必須300+選択150)▶「化基・化」必須,「物基・物」・「生基・生」・「地学基・地学」から1

※個別学力検査の「外国語」に英語資格・検定試験の成績を利用可。スコアに応じて,「外国語」の得点に満点を上限として所定の点数を加点。

後期 【数学・情報数理学科/生物学科/地球科学科】[共通テスト(450)] 7科目 前期と同じ

【数学・情報数理学科】[個別学力検査(300)] 1科目 ①数(300)▶数Ⅰ・数Ⅱ・数Ⅲ・数A・数B

【生物学科】[個別学力検査(450)] 1科目 ①理(450)▶生基・生

【地球科学科】[個別学力検査(300)] 1科目 ①理(300)▶地学基・地学

【物理学科】 [共通テスト(450)] 7科目 前期と同じ

[個別学力検査(300)] 1科目 ①総合テス

ト(300)
【化学科】［共通テスト(450)］ 7科目 前期と同じ
［個別学力検査(200)］ 1科目 ①理(200)▶化基・化
総合型 【物理学科・地球科学科】［共通テスト］ 課さない。
［個別学力検査］ 2科目 ①総合テスト ②面接
※第１次選抜―書類審査，第２次選抜―総合テスト，第３次選抜―面接の結果を総合して判定。

工学部

前期 ［共通テスト(450)］ 7科目 ①国(100) ②外(100・英〈R80＋L20〉)▶英・独・仏・中・韓から１ ③地歴・公民(50)▶世Ｂ・日Ｂ・地理Ｂ・「倫・政経」から１ ④⑤数(50×2)▶「数Ⅰ・数Ａ」・「数Ⅱ・数Ｂ」 ⑥⑦理(50×2)▶物・化
［個別学力検査(900)］ 4科目 ①外(300)▶コミュ英Ⅰ・コミュ英Ⅱ・コミュ英Ⅲ ②数(300)▶数Ⅰ・数Ⅱ・数Ⅲ・数Ａ・数Ｂ ③④理(物200＋化100／150×2)▶「物基・物」・「化基・化」※建築学・機械工学・電気電子工学・情報工学コースは傾斜配点
※個別学力検査の「外国語」に英語資格・検定試験の成績を利用可。スコアに応じて，「外国語」の得点に満点を上限として所定の点数を加点。
後期 【総合工学科〈建築学コース／都市工学コース／機械工学コース／医工学コース／電気電子工学コース／共生応用化学コース／情報工学コース〉】［共通テスト(450)］ 7科目 前期と同じ
［個別学力検査(700)］〈建築学コース・機械工学コース・電気電子工学コース・情報工学コース〉 2科目 ①数(400)▶数Ⅰ・数Ⅱ・数Ⅲ・数Ａ・数Ｂ ②理(300)▶物基・物
〈都市工学コース・医工学コース・共生応用化学コース〉 3科目 ①数(300)▶数Ⅰ・数Ⅱ・数Ⅲ・数Ａ・数Ｂ ②③理(200×2)▶「物基・物」・「化基・化」
総合型 【総合工学科〈デザインコース〉】［共通テスト(600)］ 4科目 ①外(R160＋L40)▶英 ②③数(100×2)▶「数Ⅰ・数Ａ」・「数Ⅱ・数Ｂ」 ④国・地歴・公民・理(200)▶国・世Ｂ・日Ｂ・地理Ｂ・「倫・政経」・物・化・生・地学から１
［個別学力検査］ 2科目 ①専門適性課題 ②面接
※第１次選抜―書類審査および専門適性課題，第２次選抜―面接，さらに共通テストの総得点が概ね70％に達した者を最終合格者とする。
【総合工学科〈物質科学コース〉】方式Ⅰ［共通テスト(800)］ 5科目 ①外(200・英〈R160＋L40〉)▶英・独・仏・中・韓から１ ②③数(100×2)▶「数Ⅰ・数Ａ」・「数Ⅱ・数Ｂ」 ④⑤理(200×2)▶物・化
［個別学力検査］ 1科目 ①面接▶研究成果の発表等
※第１次選抜―書類審査，第２次選抜―面接，さらに共通テストの総得点が70％に達した者を最終合格者とする。
方式Ⅱ［共通テスト］ 課さない。
［個別学力検査］ 3科目 ①研究発表 ②面接 ③口頭試問
※書類審査，研究発表，面接および口頭試問の結果を総合して判定。
【総合工学科〈情報工学コース〉】［共通テスト(600)］ 5科目 ①外(200・英〈R160＋L40〉)▶英・独・仏・中・韓から１ ②③数(100×2)▶「数Ⅰ・数Ａ」・「数Ⅱ・数Ｂ」 ④⑤理(100×2)▶物・化
［個別学力検査］ 1科目 ①面接▶口頭試問を含む
※第１次選抜―書類審査，第２次選抜―面接，さらに共通テストの総得点が70％に達した者を最終合格者とする。

園芸学部

前期 【園芸学科・応用生命化学科・緑地環境学科】［共通テスト(450)］ 7科目 ①国(100) ②外(100・英〈R80＋L20〉)▶英・独・仏・中・韓から１ ③地歴・公民(50)▶世Ｂ・日Ｂ・地理Ｂ・「倫・政経」から１ ④⑤数(50×2)▶「数Ⅰ・数Ａ」・「数Ⅱ・数Ｂ」 ⑥⑦理(50×2)▶物・化・生・地学から２
［個別学力検査(900)］ 4科目 ①外(300)

▶コミュ英Ⅰ・コミュ英Ⅱ・コミュ英Ⅲ ②数(300)▶数Ⅰ・数Ⅱ・数Ⅲ・数A・数B ③④理(150×2)▶「物基・物」・「化基・化」・「生基・生」から2
【食料資源経済学科】［共通テスト(450)］ **8〜7科目** ①国(100) ②外(100・英〈R80＋L20〉)▶英・独・仏・中・韓から1 ③④数(50×2)▶「数Ⅰ・数A」・「数Ⅱ・数B」 ⑤⑥⑦⑧地歴・公民・理(50×3)▶「世B・日B・地理B・〈倫・政経〉から2」・「物基・化基・生基・地学基から2」または「世B・日B・地理B・〈倫・政経〉から1」・「物・化・生・地学から2」
［個別学力検査(900)］ **2科目** ①外(450)▶コミュ英Ⅰ・コミュ英Ⅱ・コミュ英Ⅲ ②数(450)▶数Ⅰ・数Ⅱ・数A・数B
※個別学力検査の「外国語」に英語資格・検定試験の成績を利用可。スコアに応じて，「外国語」の得点に満点を上限として所定の点数を加点。
後期 **【園芸学科・応用生命化学科・緑地環境学科】［共通テスト(450)］** **7科目** 前期と同じ
［個別学力検査(400)］【園芸学科・応用生命化学科】 **2科目** ①②理(200×2)▶「物基・物」・「化基・化」・「生基・生」から2
【緑地環境学科】 **1科目** ①小論文(400)
【食料資源経済学科】［共通テスト(450)］ **8〜7科目** 前期と同じ
［個別学力検査(400)］ **1科目** ①小論文(400)
総合型 **【園芸学科・応用生命科学科】［共通テスト(900)］** **7科目** ①国(200) ②外(200・英〈R160＋L40〉)▶英・独・仏・中・韓から1 ③地歴・公民(100)▶世B・日B・地理B・「倫・政経」から1 ④⑤数(100×2)▶「数Ⅰ・数A」・「数Ⅱ・数B」 ⑥⑦理(100×2)▶物・化・生・地学から2
［個別学力検査］ **1科目** ①面接
※第1次選抜―書類審査，第2次選抜―面接の結果を総合して合格内定者を決定。さらに共通テストの総得点が概ね70%に達した者を最終合格者とする。
【緑地環境学科】［共通テスト(300)］ **3科目** ①外(100・英〈R80＋L20〉)▶英・独・仏・中・韓から1 ②③国・「地歴・公民」・数・理(100×2)▶国・「世B・日B・地理B・〈倫・政経〉から1」・「〈数Ⅰ・数A〉・〈数Ⅱ・数B〉から1」・「物・化・生・地学から1」から2
［個別学力検査］ **1科目** ①面接
※第1次選抜―書類審査，第2次選抜―面接の結果を総合して合格内定者を決定。さらに共通テストの総得点が概ね70%に達した者を最終合格者とする。

医学部

前期 **［共通テスト(450)］** **7科目** ①国(100) ②外(100・英〈R80＋L20〉)▶英・独・仏から1 ③地歴・公民(50)▶世B・日B・地理B・「倫・政経」から1 ④⑤数(50×2)▶「数Ⅰ・数A」・「数Ⅱ・数B」 ⑥⑦理(50×2)▶物・化・生から2
［個別学力検査(1000)］ **5科目** ①外(300)▶コミュ英Ⅰ・コミュ英Ⅱ・コミュ英Ⅲ ②数(300)▶数Ⅰ・数Ⅱ・数Ⅲ・数A・数B ③④理(150×2)▶「物基・物」・「化基・化」・「生基・生」から2 ⑤面接(100)
後期 **［共通テスト(450)］** **7科目** 前期と同じ
［個別学力検査(1000)］ **5科目** ①外(300)▶コミュ英Ⅰ・コミュ英Ⅱ・コミュ英Ⅲ・英表Ⅰ・英表Ⅱ ②数(300)▶数Ⅰ・数Ⅱ・数Ⅲ・数A・数B ③④理(150×2)▶「物基・物」・「化基・化」・「生基・生」から2 ⑤面接(100)

薬学部

前期 **［共通テスト(450)］** **7科目** ①国(100) ②外(100・英〈R80＋L20〉)▶英・独・仏・中・韓から1 ③地歴・公民(50)▶世B・日B・地理B・「倫・政経」から1 ④⑤数(50×2)▶「数Ⅰ・数A」・「数Ⅱ・数B」 ⑥⑦理(50×2)▶物・化・生から2
［個別学力検査(900)］ **4科目** ①外(300)▶コミュ英Ⅰ・コミュ英Ⅱ・コミュ英Ⅲ ②数(300)▶数Ⅰ・数Ⅱ・数Ⅲ・数A・数B ③④理(150×2)▶「化基・化」必須，「物基・物」・「生基・生」から1
※個別学力検査の「外国語」に英語資格・検定試験の成績を利用可。スコアに応じて，「外国語」の得点に満点を上限として所定の点数

を加点。

後期　【薬科学科】［共通テスト(450)］ 7科目　①国(100)　②外(100・英〈R80＋L20〉)▶英・独・仏・中・韓から1　③**地歴・公民**(50)▶世B・日B・地理B・「倫・政経」から1　④⑤**数**(50×2)▶「数Ⅰ・数A」・「数Ⅱ・数B」　⑥⑦**理**(50×2)▶化必須，物・生から1

［個別学力検査(300)］ 2科目　①②**理**(150×2)▶「物基・物」・「化基・化」・「生基・生」から2

学校推薦型　【薬学科】［共通テスト］ 7科目　①国　②**外**▶英・独・仏・中・韓から1　③**地歴・公民**▶世B・日B・地理B・「倫・政経」から1　④⑤**数**▶「数Ⅰ・数A」・「数Ⅱ・数B」　⑥⑦**理**▶物・化・生から2

［個別学力検査］ 2科目　①**総合テスト**　②**面接**

※書類審査，面接および共通テストの成績を総合して判定。

看護学部

前期　［共通テスト(450)］ 7科目　①国(100)　②**外**(100・英〈R80＋L20〉)▶英・独・仏・中・韓から1　③**地歴・公民**(50)▶世B・日B・地理B・「倫・政経」から1　④⑤**数**(50×2)▶「数Ⅰ・数A」・「数Ⅱ・数B」　⑥⑦**理**(50×2)▶物・化・生から2

［個別学力検査(900)］ 4科目　①**外**(300)▶コミュ英Ⅰ・コミュ英Ⅱ・コミュ英Ⅲ　②③**理**(250×2)▶「物基・物」・「化基・化」・「生基・生」から2　④**面接**(100)

※個別学力検査の「外国語」に英語資格・検定試験の成績を利用可。スコアに応じて，「外国語」の得点に満点を上限として所定の点数を加点。

学校推薦型　［共通テスト(350)］ 5科目　①国(100)　②**外**(100・英〈R80＋L20〉)▶英・独・仏から1　③**地歴・公民**(50)▶世B・日B・地理B・「倫・政経」から1　④**数**(50)▶「数Ⅰ・数A」・「数Ⅱ・数B」から1　⑤**理**(50)▶物・化・生から1

［個別学力検査］ 2科目　①**小論文**　②**面接**

※書類審査，小論文および面接の結果を総合して合格内定者を決定。さらに共通テストの総得点が概ね65％に達した者を最終合格者とする。

その他の選抜

園芸産業創発学プログラム選抜(園芸学部園芸学科，食料資源経済学科)，社会人選抜(文学部人文学科歴史学コース，看護学部)，先進科学プログラム(飛び入学)学生選抜，私費外国人留学生選抜。

偏差値データ（2023年度）

●一般選抜

＊共通テスト・個別計/満点

学部／学科・課程／コース	2023年度			2022年度実績					
	駿台予備学校	河合塾						競争率	
	合格目標ライン	ボーダー得点率	ボーダー偏差値	募集人員	受験者数	合格者数	合格最低点＊	'22年	'21年
●前期									
国際教養学部									
国際教養	56	72%	60	83	255	105	927/1350	2.4	3.1
文学部									
人文／行動科学	54	70%	57.5	49	187	53	592/1000	3.5	3.0
／歴史学	55	71%	60	23	94	27	692/1050	3.5	3.9
／日本・ユーラシア文化	54	70%	60	28	123	31	822/1350	4.0	3.8
／国際言語文化学	55	70%	57.5	25	72	29	633/1000	2.5	3.1
法政経学部									
法政経	53	70%	57.5	295	899	343	723/1350	2.6	2.8
教育学部									
学校教員養成／小学校科	53	62%	50	124	271	136	679/1450	2.0	1.9
／中学校（国語科）	52	68%	55	6	12	6	非開示/1450	2.0	3.2
（社会科）	50	69%	55	5	16	7	非開示/1450	2.3	2.9
（数学科）	54	70%	57.5	8	42	9	非開示/1450	4.7	3.0
（理科科）	53	69%	55	8	27	10	818/1450	2.7	2.0
（技術科）	47	57%	50	5	15	6	非開示/1450	2.5	1.8
／小中専門教科（音楽科）	44	59%	50	10	11	9	非開示/1450	1.2	1.6
（図画工作・美術科）	44	59%	50	12	13	11	727/1450	1.2	1.1
（保健体育科）	45	60%	52.5	20	41	25	804/1450	1.6	2.6
（家庭科）	47	62%	50	12	21	13	618/1450	1.6	2.6
／英語教育	52	68%	57.5	30	64	32	954/1450	2.0	3.0
／特別支援教育	50	62%	52.5	23	34	26	597/1450	1.3	1.8
／乳幼児教育	53	60%	55	15	46	17	788/1450	2.7	2.4
／養護教諭	50	62%	55	20	34	21	764/1450	1.6	2.0
理学部									
数学・情報数理	55	72%	60	29	184	30	835/1350	6.1	4.9
物理	54	70%	57.5	23	109	25	769/1350	4.4	5.0
化	54	70%	57.5	31	118	36	801/1350	3.3	4.0
生物	54	66%	57.5	29	101	31	753/1350	3.3	3.7
地球科	52	66%	55	30	106	36	727/1350	2.9	3.2
工学部									
総合工／建築学	53	70%	60	50	220	55	758/1350	4.0	4.3
／都市工学	52	68%	55	30	107	35	735/1350	3.1	4.0
／デザイン	52	68%	57.5	44	213	53	739/1350	4.0	3.6
／機械工学	53	69%	57.5	55	202	63	716/1350	3.2	2.9
／医工学	53	68%	57.5	30	106	35	783/1350	3.0	3.0
／電気電子工学	53	68%	57.5	56	251	62	736/1350	4.0	3.9

学部／学科・課程／コース	2023年度			2022年度実績					
	駿台予備学校	河合塾						競争率	
	合格目標ライン	ボーダー得点率	ボーダー偏差値	募集人員	受験者数	合格者数	合格最低点*	'22年	'21年
／物質科学	51	68%	55	70	100	64	635/1350	1.6	3.5
／共生応用化学	52	69%	57.5	72	167	82	687/1350	2.0	2.7
／情報工学	54	70%	57.5	49	269	68	764/1350	4.0	3.8
園芸学部									
園芸	49	64%	55	44	169	58	657/1350	2.9	2.4
応用生命化	50	66%	57.5	20	81	26	724/1350	3.1	4.3
緑地環境	49	61%	52.5	40	154	51	644/1350	3.0	2.8
食料資源経済	49	64%	57.5	17	106	23	756/1350	4.6	2.5
医学部									
医〔一般枠〕	68	85%	67.5	82	235	90	992/1450	2.6	2.7
〔地域枠〕	67	85%	67.5	20	55	20	927/1450	2.8	2.8
薬学部									
(学部一括募集)	59	74%	62.5	70	382	79	798/1350	4.8	4.2
看護学部									
看護	51	65%	52.5	49	147	63	700/1350	2.3	2.6
●後期									
文学部									
人文／行動科学	55	75%	—	15	72	19	495/850	3.8	5.3
／歴史学	55	75%	—	3	23	3	非開示/850	7.7	13.3
法政経学部									
法政経	58	75%	—	70	237	91	630/850	2.6	3.2
理学部									
数学・情報数理	57	76%	60	15	89	21	463/750	4.2	4.3
物理	56	76%	57.5	12	67	22	546/750	3.0	2.9
化	56	76%	62.5	8	43	13	485/650	3.3	3.6
生物	56	72%	62.5	10	52	11	581/900	4.7	9.3
地球科	53	68%	57.5	5	24	5	非開示/750	4.8	3.6
工学部									
総合工／建築学	55	73%	65	19	123	22	740/1150	5.6	6.5
／都市工学	54	72%	57.5	12	90	14	752/1150	6.4	3.6
／機械工学	55	71%	60	19	128	23	779/1150	5.6	6.2
／医工学	55	71%	60	9	53	11	760/1150	4.8	8.1
／電気電子工学	55	74%	60	20	112	27	738/1150	4.1	3.7
／共生応用化学	54	72%	57.5	25	111	32	745/1150	3.5	3.8
／情報工学	56	74%	62.5	20	169	24	815/1150	7.0	6.6
園芸学部									
園芸	51	67%	55	9	74	13	526/850	5.7	4.7
応用生命化	51	73%	57.5	7	54	10	552/850	5.4	3.6
緑地環境	50	64%	—	17	82	19	554/850	4.3	2.7
食料資源経済	50	70%	—	8	35	16	609/850	2.2	2.6
医学部									
医〔一般枠〕	71	87%	70	15	47	20	1081/1450	2.4	3.0

学部／学科・課程／コース	2023年度			2022年度実績					
	駿台予備学校	河合塾		募集人員	受験者数	合格者数	合格最低点*	競争率	
	合格目標ライン	ボーダー得点率	ボーダー偏差値					'22年	'21年
薬学部									
薬科	57	76%	65	10	87	13	577/750	6.7	5.6

- 駿台予備学校合格目標ラインは合格可能性80%に相当する駿台模試の偏差値です。
- 競争率は受験者÷合格者の実質倍率
- 河合塾ボーダー得点率は合格可能性50%に相当する共通テストの得点率です。
  また，ボーダー偏差値は合格可能性50%に相当する河合塾全統模試の偏差値です。
- 合格者10人以下は非開示
- 前期は医学部医学科〔一般枠〕，後期は法政経学部法政経学科で２段階選抜を実施。

併設の教育機関 大学院

人文公共学府

教員数▶教授73名，准教授35名

院生数▶170名（人文社会科学研究科を含む）

博士前期課程 ●人文科学専攻　基盤文化，多文化共生，教育・学修支援の３コース。

●公共社会科学専攻　公共学，経済・経営学，Economics in Englishの３コース。

博士後期課程 人文公共学専攻

専門法務研究科（法科大学院）

教員数▶教授15名，准教授10名

院生数▶67名

専門職学位課程 ●法務専攻　修業年限が３年の未修者コースと，２年の既修者コース。１学年40名の定員に対して約20名の専任教員を配する少人数教育により，高度な専門知識と柔軟な思考力を修得した人間性豊かな法曹を養成する。

教育学研究科

教員数▶教授49名，准教授41名

院生数▶163名

修士課程 ●学校教育学専攻　教育発達支援，横断型授業づくり，言語・社会，理数・技術，芸術・体育の5つの系を置く。学際的なアプローチによって問題に的確に対応できる人材の育成をめざす。

専門職学位課程 ●高度教職実践専攻　実践的指導力やスクールマネジメント力を磨くとともに，専門的知識を体系的に学びリーダーとして活躍できる教員を養成する。

博士後期課程 学校教育学専攻（東京学芸大学大学院連合学校教育学研究科）

融合理工学府

教員数▶教授99名，准教授99名

院生数▶1,641名（工学・融合科学研究科を含む）

博士前期課程 ●数学情報科学専攻　数学・情報数理学，情報科学の２コース。

●地球環境科学専攻　地球科学，リモートセンシング，都市環境システムの３コース。

●先進理化学専攻　物理学，物質科学，化学，共生応用化学，生物学の５コース。

●創成工学専攻　建築学，イメージング科学，デザインの３コース。

●基幹工学専攻　機械工学，医工学，電気電子工学の３コース。

博士後期課程 数学情報科学専攻，地球環境科学専攻，先進理化学専攻，創成工学専攻，基幹工学専攻

園芸学研究科

教員数▶教授32名，准教授18名

院生数▶345名

博士前期課程 ●環境園芸学専攻　園芸科学，ランドスケープ学の２コース。アジアで

最も伝統ある園芸とランドスケープに特化した教育・研究を行う。
博士後期課程 環境園芸学専攻

医学薬学府

教員数▶教授65名，准教授40名
院生数▶735名
修士課程 ●**医科学専攻**　高齢医学，環境健康科学，ゲノム医科学・再生医療分野や先端生命科学など多様な知識を備え，科学の社会的役割と責任を正しく理解できる人間性を持ち，国民のニーズに応え得る医学・医療系の人材を育成。
●**総合薬品科学専攻**　疾病の治療・診断に有効な医薬品の開発をめざし，有機化学，薬理学，生化学，製剤学などの幅広い知識を有する人材，環境健康科学分野で活躍できる人材を育成する。
4年制博士課程 ●**先端医学薬学専攻**　医学・薬学並びに関連分野において創造的，先端的研究活動を行うに必要な研究能力およびその基礎となる豊かな学識，全人的視野を有する医療従事者，生命科学研究者を育成する。
●**先進予防医学共同専攻**　千葉大学・金沢大学・長崎大学による３大学共同大学院。
博士後期課程 先端創薬科学専攻

看護学研究科

教員数▶教授17名，准教授８名
院生数▶161名
博士前期課程 ●**看護学専攻**　看護学コースは教育・研究者を，看護学実践コースは看護管理学・高度実践看護学・特定看護学の３プログラムで研究力とリーダーシップを備えた高度実践者・看護管理者を育成する。
博士後期課程 看護学専攻

総合国際学位プログラム

教員数数▶教授６名，准教授８名
院生数数▶10名
修士課程 ●**総合国際学位プログラム**　社会課題と学術知を結合する高度な能力を有する人材を育成する。人文公共学府と融合理工学府との緊密な連係および協力のもと，教育課程を実施。

国立大学 東京

お茶の水女子大学

資料請求

問合せ先 入試課 ☎03-5978-5151・5152

大学の理念

1875（明治８）年，現在の御茶ノ水駅近くに創設された東京女子師範学校が前身。グローバルに活躍できる女性リーダーの育成に力を入れており，学生の海外派遣・語学研修や英語で学ぶACTプログラム，英語によるサマープログラム（集中講義）などの取り組みを積極的に推進。また，従来の教養課程に代わる21世紀型文理融合リベラルアーツを導入し，学際的な視野でコミュニケーションを通じて問題解決ができる実践力を備えた人材を育成，専門教育にも複数プログラム選択履修制度を導入し，近年は数理・データサイエンスの教育の推進にも力を入れている。『学ぶ意欲のあるすべての女性にとって，真摯な夢の実現の場として存在する』の標語のもと，社会のニーズに機敏に対応しながら，有能な女性リーダーを多数各界に輩出し続けている。

● お茶の水女子大学キャンパス……〒112-8610　東京都文京区大塚2-1-1

基本データ

学生数▶女2,010名
専任教員数▶教授78名，准教授61名，講師22名

設置学部▶文教育，理，生活科
併設教育機関▶大学院―人間文化創成科学（M・D）

就職・卒業後の進路

就職率 96.7%
就職者÷希望者×100

●**就職支援**　学生・キャリア支援センターが，進路や就職に関する相談に通年で対応。就職ガイダンス・セミナーから，企業の担当者や卒業生との情報交換会，企業・官庁説明会，面接対策などの実践的な指導まで，さまざまなサポートを行っている。

●**資格取得支援**　消費生活アドバイザー，１・２級建築士，管理栄養士の受験資格を得るためのキャリア支援プログラムがある。

●**大学院生へのサポート**　女性が生涯にわたって学んでいけるよう，ベビールームや保育所，子どもと一緒に宿泊できる学内施設の整備など，学業・研究を円滑に行える環境を整えている。また，卒業生が科目等履修生や聴講生などとして入学する場合は，入学料が無料になる。

進路指導者も必見 学生を伸ばす 面倒見

初年次教育	学修サポート
「お茶の水女子大学論」で自校教育などの帰属意識の醸成，「情報処理演習」でITの基礎技術，情報収集や資料整理の方法などの初年次教育を実施	全学部でTA制度，オフィスアワー制度を導入。教学IR・教育開発・学修支援センターでは専門のスタッフが履修および学習相談に応じている

オープンキャンパス（2022年度実績）　7月に開催。在学生によるキャンパスツアーのほか，オンラインでの学科・コース・講座説明会や新フンボルト入試説明会・合格者座談会などを実施。終了後も，特設サイト上で大学紹介映像を公開。

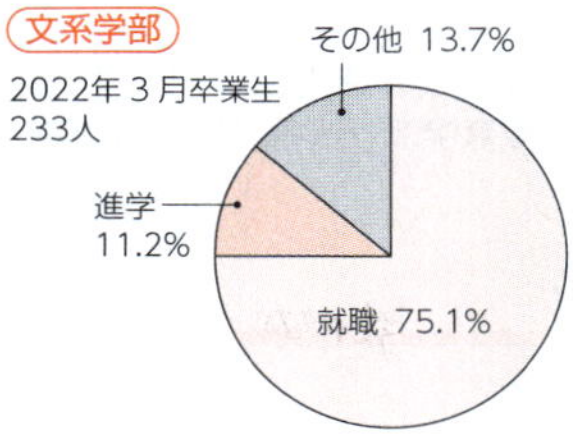

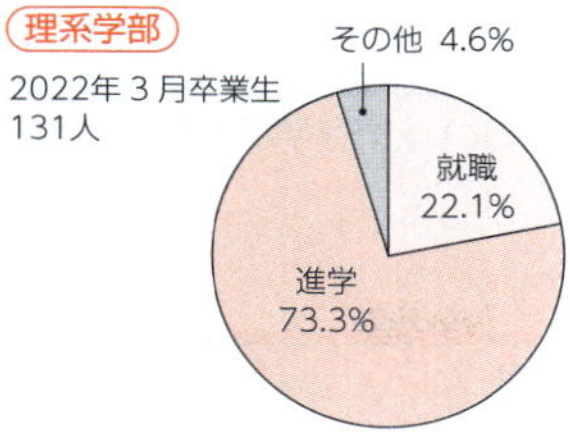

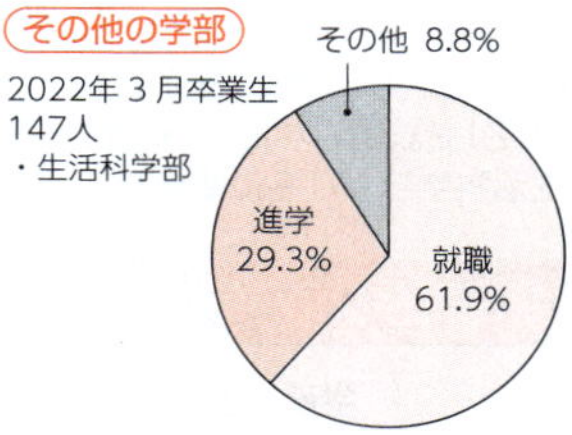

主なOB・OG▶［文教育］柴門ふみ（漫画家，エッセイスト），［文教育］吉村美栄子（山形県知事），［理］黒田玲子（生物物理学者），［文教育］井上あさひ（NHKアナウンサー）など。

国際化・留学　大学間 83 大学・部局間 6 大学

受入れ留学生数▶56名（2022年５月１日現在）

留学生の出身国・地域▶中国，韓国，台湾。

外国人専任教員▶教授２名，准教授４名，講師１名（2022年５月１日現在）

大学間交流協定▶83大学（交換留学先81大学，2022年５月１日現在）

部局間交流協定▶６大学（交換留学先６大学，2022年５月１日現在）

海外への留学生数▶渡航型24名・オンライン型86名／年（16カ国・地域，2021年度）

海外留学制度▶「交換留学」は，協定校へ１年以内で留学，原則として派遣先の授業料は免除され，取得した単位は卒業単位として認定される。「海外短期研修」は，休暇期間を利用して１～２カ月間，英語や多言語による授業，世界各国の研修生との交流，インターンシップなどの研修を実施。また，提携機関SAFを通じて，協定校以外での認定留学制度も用意している。できるだけ多くの学生が海外経験を積めるように，交換留学制度や短期研修プログラムの拡充，奨学金制度や単位互換制度の整備，短期留学に対応しやすい四学期制の導入などを進めている。国際教育センターが留学に関する個別相談対応，危機管理指導など，万全な支援体制を敷いている。

学費・奨学金制度

入学金▶282,000円

年間授業料（施設費等を除く）▶535,800円

主な奨学金制度▶「みがかずば奨学金（予約型）」は，入試出願前に高校経由で申請し，１・２年次に各30万円を支給。「学部生成績優秀者奨学金」は，１～２年次の成績・人物ともに優秀で，休学期間のない学部３年生に10万円を支給。ほかに，各学部より推薦された学部３年生を対象とする「桜蔭会奨学金」や海外留学を支援する「海外留学特別奨学金」，「創立140周年記念海外留学支援奨学基金」などがある。

保護者向けインフォメーション

● **説明会**　保護者を対象に「海外留学制度説明会」を開催。質疑応答も実施。

● **防災システム**　入学時に「災害時対応マニュアルポケット版」および「防災教育テキスト」を配布。被災した際の学生の安否は，大学独自システム「ANPIC」を利用して確認する。

● **コロナ対策１**　ワクチンの職域接種を実施。感染状況に応じた４段階のBCP（行動指針）を設定。「コロナ対策２」（下段）あり。

インターンシップ科目	必修専門ゼミ	卒業論文	GPA制度の導入の有無および活用例	１年以内の退学率	標準年限での卒業率
全学部で開講している	全学部で３・４年次に実施	全学部で卒業要件	奨学金や授業料免除対象者の選定基準，学生に対する個別の学修指導に活用	1.3%	90.2%

● **コロナ対策２**　講義室入口で消毒を実施するとともに，対面授業とオンライン授業を併用し，講義室の収容人数を調整，希望する学生にはルーターやPCを貸出。また，経済的に困窮している学生への支援奨学金を給付。

2024年度学部改組構想（予定）

● 共創工学部（仮称）を新設し，学部の下に人間環境工学科（入学定員26名）と文化情報工学科（入学定員20名）を設置。なお，この学部の新設により，既存学部の入学定員を，文教育学部185名，理学部120名，生活科学部101名に変更する。

学部紹介（2023年２月現在）

学部／学科	定員	特色
文教育学部		
		▶4学科で13の専門教育プログラムを提供。学生の関心にそって広く学修ができるように，自由度の高いカリキュラムを編成。人文科学・言語文化・人間社会の３学科からは学科の枠を超えたグローバル文化学プログラムも志望できる。
人文科	55	▷哲学・倫理学・美術史，比較歴史学，地理環境学の３プログラム。
言語文化	80	▷日本語・日本文学，中国語圏言語文化，英語圏言語文化，仏語圏言語文化の４プログラム。
人間社会科	40	▷社会学，教育科学，子ども学の３プログラム。
芸術・表現行動	27	▷舞踊教育学専修，音楽表現専修の２プログラム。
● **取得可能な資格**…教職（国・地歴・公・社・音・保体・英・中，小一種，幼一種），学芸員など。 ● **進路状況**…………就職75.1％　進学11.2％ ● **主な就職先**………東京都庁，アクセンチュア，ベネッセコーポレーション，第一三共，栃木県庁，日本出版販売，農林水産省，PwCコンサルティング，横浜市教育委員会など。		
理学部		
数	20	▷現代数学の基礎を学び数学的思考力を身につける。
物理	20	▷理論と実験，仮説と実証を積み重ね，真理を探究する。
化	20	▷物質をその原子・分子の結合と変化という視座から考察。
生物	25	▷微生物からヒトまで，多種多様な「生き物」の複雑で多様な生命現象を研究する。
情報科	40	▷女子大ならではのユニークな視点から日常生活に密着した情報科学を開拓する。
● **取得可能な資格**…教職（数・理・情），学芸員など。 ● **進路状況**…………就職22.1％　進学73.3％ ● **主な就職先**………キオクシア，日鉄ソリューションズ，日本電気，エーザイ，太陽生命保険，日本アイ・ビー・エム，日本銀行，日本放送協会，金融庁，愛知県教育委員会など。		
生活科学部		
食物栄養	36	▷「食と人を見つめるサイエンス」をキーワードに，科学的視点と実践力を身につけた食物栄養学の専門家を育成する。
人間・環境科	24	▷身近な課題に対し，人間工学，環境工学，建築学，材料物性学，自然人類学など科学技術的アプローチで新しい生活の提案をめざす。
人間生活	39	▷社会経済問題に取り組み，政策を提案する「生活社会科学」，文化事象を歴史と今日的視野で探求する「生活文化学」の２プログラム。
心理	26	▷「認知・生物系」「社会・福祉系」「医療・健康系」「発達・教育系」の４領域で理論と実践を段階的に学ぶ。

キャンパスアクセス［お茶の水女子大学キャンパス］東京メトロ丸ノ内線―茗荷谷より徒歩7分／東京メトロ有楽町線―護国寺より徒歩8分

● 取得可能な資格…教職(家，栄養)，学芸員，栄養士，管理栄養士・1級建築士受験資格など。
● 進路状況…………就職61.9%　進学29.3%
● 主な就職先………東京都庁，アクセンチュア，ベネッセコーポレーション，野村総合研究所，鹿児島県庁，光文書院，山崎製パン，森ビル，日本学術振興会，フジテレビジョンなど。

キャンパス

全学部……［お茶の水女子大学キャンパス］東京都文京区大塚2-1-1

2023年度入試要項（前年度実績）

●募集人員

学部／学科（専修プログラム）		前期	後期
▶文教育	人文科	32	11
	言語文化	64	−
	人間社会科	26	4
	芸術・表現行動（舞踊教育学）	12	−
	（音楽表現）	5	3
▶理	数	14	3
	物理	14	3
	化	15	3
	生物	17	3
	情報科	23	10
▶生活科	食物栄養	31	3
	人間・環境科	17	5
	人間生活	32	−
	心理	23	−

※高大連携特別選抜（附属高校からの学校推薦型選抜・3学部で定員10名）は前期に含む。
※文系学科における総合型選抜の募集人員（12名）は前期に含む。

● 2段階選抜

志願者数が募集人員を大幅に上回った場合，前期は募集人員の約6倍，後期は約10倍で行う。ただし，後期の理学部〈数・物理・化学科〉では実施しない。

▷共通テストの英語はリスニングを含む。
▷個別学力検査の数B－数列・ベク。

文教育学部

前期　［共通テスト400）］ 8~7科目 ①国(200) ②外(200・英〈R100＋L100〉)▶英・独・仏・中・韓から1 ③④地歴・公民(100×2)▶世B・日B・地理B・「倫・政経」から2 ⑤⑥数(100×2)▶「数Ⅰ・数A」必須，「数Ⅱ・数B」・簿・情から1 ⑦⑧理(100)▶「物基・化基・生基・地学基から2」・物・化・生・地学から1
※合計900点を400点に換算する

［個別学力検査(400)］【人文科学科・人間社会科学科】 2科目 ①外(200)▶コミュ英Ⅰ・コミュ英Ⅱ・コミュ英Ⅲ ②国・数(200)▶「国総・現文B・古典B」・「数Ⅰ・数Ⅱ・数A・数B」から1

【言語文化学科】 2科目 ①国(200)▶国総・現文B・古典B ②外(200)▶コミュ英Ⅰ・コミュ英Ⅱ・コミュ英Ⅲ

【芸術・表現行動学科〈舞踊〉】 3科目 ①外(100)▶コミュ英Ⅰ・コミュ英Ⅱ・コミュ英Ⅲ ②国・数(100)▶「国総・現文B・古典B」・「数Ⅰ・数Ⅱ・数A・数B」から1 ③実技(200)

【芸術・表現行動学科〈音楽〉】 3科目 ①外(200)▶コミュ英Ⅰ・コミュ英Ⅱ・コミュ英Ⅲ ②国・数(200)▶「国総・現文B・古典B」・「数Ⅰ・数Ⅱ・数A・数B」から1 ③実技

後期　【人文科学科】［共通テスト(150)］ 5~3科目 ①②③④⑤国・外・「地歴・公民・理」・数(50・英〈R25＋L25〉×3)▶国・「英・独・仏・中から1」・「世B・日B・地理B・〈倫・政経〉・〈物基・化基・生基・地学基から2〉・物・化・生・地学から1」・「〈数Ⅰ・数A〉必須，〈数Ⅱ・数B〉・簿・情から1」から3

［個別学力検査(100)］ 1科目 ①小論文(100)　※英和辞典(電子式を除く)持込可

【人間社会科学科】［共通テスト(450)］ 8~7科目 ①国(100) ②外(100・英〈R50＋L50〉)▶英・独・仏・中から1 ③④地歴・公民(50×2)▶世B・日B・地理B・「倫・政経」から2 ⑤⑥数(50×2)▶「数Ⅰ・数A」必須，「数Ⅱ・数B」・簿・情から1 ⑦⑧理(50)▶「物基・化基・生基・地学基から2」・物・化・生・地学から1

［個別学力検査(100)］ 1科目 ①小論文(100)

【芸術・表現行動学科〈音楽〉】 [共通テスト(400)] 4科目 ①国(100) ②外(200・英〈R100+L100〉)▶英・独・仏・中から1 ③④数(50×2)▶「数Ⅰ・数A」必須,「数Ⅱ・数B」・簿・情から1

[個別学力検査] 1科目 ①実技

理学部

前期 【数学科】 [共通テスト(225)] 7科目 ①国(50) ②外(50・英〈R25+L25〉)▶英・独・仏から1 ③地歴・公民(25)▶世A・世B・日A・日B・地理A・地理B・現社・倫・政経・「倫・政経」から1 ④⑤数(25×2)▶「数Ⅰ・数A」必須,「数Ⅱ・数B」・簿・情から1 ⑥⑦理(25×2)▶物・化・生・地学から2

[個別学力検査(500)] 4科目 ①外(100)▶コミュ英Ⅰ・コミュ英Ⅱ・コミュ英Ⅲ ②③数(300)▶数Ⅰ・数Ⅱ・数Ⅲ・数A・数B ④理(100)▶「物基・物」・「化基・化」・「生基・生」から1

【物理学科】 [共通テスト(250)] 7科目 ①国(25) ②外(R50+L50)▶英 ③地歴・公民(25)▶世A・世B・日A・日B・地理A・地理B・現社・倫・政経・「倫・政経」から1 ④⑤数(25×2)▶「数Ⅰ・数A」必須,「数Ⅱ・数B」・簿・情から1 ⑥⑦理(25×2)▶物必須, 化・生・地学から1

[個別学力検査(450)] 4科目 ①外(50)▶コミュ英Ⅰ・コミュ英Ⅱ・コミュ英Ⅲ ②③数(200)▶数Ⅰ・数Ⅱ・数Ⅲ・数A・数B ④理(200)▶物基・物

【化学科】 [共通テスト(450)] 7科目 ①国(100) ②外(R50+L50)▶英 ③地歴・公民(50)▶世A・世B・日A・日B・地理A・地理B・現社・倫・政経・「倫・政経」から1 ④⑤数(50×2)▶「数Ⅰ・数A」必須,「数Ⅱ・数B」・簿・情から1 ⑥⑦理(50×2)▶化必須, 物・生・地学から1

[個別学力検査(500)] 4科目 ①外(100)▶コミュ英Ⅰ・コミュ英Ⅱ・コミュ英Ⅲ ②数(100)▶数Ⅰ・数Ⅱ・数Ⅲ・数A・数B ③④理(必須200+選択100)▶「化基・化」必須,「物基・物」・「生基・生」から1

【生物学科】 [共通テスト(400)] 7科目 ①国(50) ②外(100・英〈R50+L50〉)▶英・独・仏から1 ③地歴・公民(50)▶世A・世B・日A・日B・地理A・地理B・現社・倫・政経・「倫・政経」から1 ④⑤数(50×2)▶「数Ⅰ・数A」必須,「数Ⅱ・数B」・簿・情から1 ⑥⑦理(50×2)▶生必須, 物・化・地学から1

[個別学力検査(500)] 4科目 ①外(100)▶コミュ英Ⅰ・コミュ英Ⅱ・コミュ英Ⅲ ②数(100)▶数Ⅰ・数Ⅱ・数Ⅲ・数A・数B ③④理(必須200+選択100)▶「生基・生」必須,「物基・物」・「化基・化」から1

【情報科学科】 [共通テスト(400)] 7科目 ①国(100) ②外(100・英〈R50+L50〉)▶英・独・仏から1 ③地歴・公民(50)▶世A・世B・日A・日B・地理A・地理B・現社・倫・政経・「倫・政経」から1 ④⑤数(50×2)▶「数Ⅰ・数A」必須,「数Ⅱ・数B」・簿・情から1 ⑥⑦理(25×2)▶物・化・生・地学から2

[個別学力検査(500)] 4科目 ①外(100)▶コミュ英Ⅰ・コミュ英Ⅱ・コミュ英Ⅲ ②数(200)▶数Ⅰ・数Ⅱ・数Ⅲ・数A・数B ③④数・理(100×2)▶「数Ⅰ・数Ⅱ・数Ⅲ・数A・数B」・「物基・物」・「化基・化」・「生基・生」から2

後期 【数学科】 [共通テスト(500)] 5科目 ①外(50・英〈R25+L25〉)▶英・独・仏から1 ②③数(400)▶「数Ⅰ・数A」必須,「数Ⅱ・数B」・簿・情から1 ④⑤理(25×2)▶物・化・生・地学から2

[個別学力検査] 課さない。

【物理学科】 [共通テスト(600)] 7科目 ①国(50) ②外(R50+L50)▶英 ③地歴・公民(50)▶世A・世B・日A・日B・地理A・地理B・現社・倫・政経・「倫・政経」から1 ④⑤数(100×2)▶「数Ⅰ・数A」必須,「数Ⅱ・数B」・簿・情から1 ⑥⑦理(100×2)▶物必須, 化・生・地学から1

[個別学力検査] 課さない。

【化学科】 [共通テスト(550)] 7科目 ①国(100) ②外(R50+L50)▶英 ③地歴・公民(50)▶世A・世B・日A・日B・地理A・地理B・現社・倫・政経・「倫・政経」から1 ④⑤数(50×2)▶「数Ⅰ・数A」必須,「数Ⅱ・数B」・簿・情から1 ⑥⑦理(100×2)▶化必須, 物・生・地学から1

[個別学力検査(100)] 1科目 ①論述試験

(100)
【生物学科】 [共通テスト(250)] 7科目 ①国(25) ②外(50・英〈R25＋L25〉) ▶英・独・仏から1 ③地歴・公民(25) ▶世A・世B・日A・日B・地理A・地理B・現社・倫・政経・「倫・政経」から1 ④⑤数(25×2) ▶「数Ⅰ・数A」必須，「数Ⅱ・数B」・簿・情から1 ⑥⑦理(50×2) ▶生必須，物・化・地学から1
[個別学力検査(300)] 2科目 ①論述試験(200) ②面接(100) ▶口述試験を含む
【情報科学科】 [共通テスト(1000)] 7科目 ①国(100) ②外(250・英〈R125＋L125〉) ▶英・独・仏から1 ③地歴・公民(50) ▶世A・世B・日A・日B・地理A・地理B・現社・倫・政経・「倫・政経」から1 ④⑤数(200×2) ▶「数Ⅰ・数A」必須，「数Ⅱ・数B」・簿・情から1 ⑥⑦理(100×2) ▶物・化・生・地学から2
[個別学力検査(200)] 1科目 ①論述試験(200)

生活科学部

前期 【食物栄養学科・人間・環境科学科】 [共通テスト(500)] 7科目 ①国(100) ②外(100・英〈R50＋L50〉) ▶英・独・仏・中から1 ③地歴・公民(50) ▶世B・日B・地理B・「倫・政経」から1 ④⑤数(50×2) ▶「数Ⅰ・数A」必須，「数Ⅱ・数B」・簿・情から1 ⑥⑦理(75×2) ▶物・化・生・地学から2，食物栄養学科は地学を除く
[個別学力検査(500)] 3科目 ①外(200) ▶コミュ英Ⅰ・コミュ英Ⅱ・コミュ英Ⅲ ②数(200) ▶数Ⅰ・数Ⅱ・数A・数B ③理(100) ▶「物基・物」・「化基・化」・「生基・生」から1
【人間生活学科】 [共通テスト(500)] 8～7科目 ①国(100) ②外(100・英〈R50＋L50〉) ▶英・独・仏・中から1 ③④地歴・公民(75×2) ▶世B・日B・地理B・「倫・政経」から2 ⑤⑥数(50×2) ▶「数Ⅰ・数A」必須，「数Ⅱ・数B」・簿・情から1 ⑦⑧理(50) ▶「物基・化基・生基・地学基から2」・物・化・生・地学から1
[個別学力検査(500)] 2科目 ①外(250) ▶コミュ英Ⅰ・コミュ英Ⅱ・コミュ英Ⅲ ②国・数(250) ▶「国総・現文B・古典B」・「数Ⅰ・数Ⅱ・数A・数B」から1

【心理学科】 [共通テスト(500)] 8～7科目 ①国(100) ②外(100・英〈R50＋L50〉) ▶英・独・仏・中から1 ③④地歴・公民(50×2) ▶世B・日B・地理B・「倫・政経」から2 ⑤⑥数(50×2) ▶「数Ⅰ・数A」必須，「数Ⅱ・数B」・簿・情から1 ⑦⑧理(100) ▶「物基・化基・生基・地学基から2」・物・化・生・地学から1
[個別学力検査(500)] 2科目 ①外(250) ▶コミュ英Ⅰ・コミュ英Ⅱ・コミュ英Ⅲ ②国・数(250) ▶「国総・現文B・古典B」・「数Ⅰ・数Ⅱ・数A・数B」から1
後期 【食物栄養学科・人間・環境科学科】 [共通テスト(700)] 7科目 ①国(50) ②外(200・英〈R100＋L100〉) ▶英・独・仏・中から1 ③地歴・公民(50) ▶世B・日B・地理B・「倫・政経」から1 ④⑤数(100×2) ▶「数Ⅰ・数A」必須，「数Ⅱ・数B」・簿・情から1 ⑥⑦理(100×2) ▶物・化・生・地学から2，食物栄養学科は地学を除く
[個別学力検査] 1科目 ①面接 ※ABC評価により合格判定の資料とする。

その他の選抜

学校推薦型選抜は文教育学部45名，生活科学部10名，総合型選抜(新フンボルト入試)は文系学科(文教育学部人文学科，言語文化学科，人間社会学科，生活科学部人間生活学科，心理学科) 12名，理学部20名，生活科学部食物栄養学科，人間・環境科学科各2名を募集。ほかに帰国子女・外国学校出身者特別選抜，私費外国人留学生特別選抜を実施。

偏差値データ（2023年度）

●一般選抜

学部／学科／専修	2023年度 駿台予備学校 合格目標ライン	2023年度 河合塾 ボーダー得点率	2023年度 河合塾 ボーダー偏差値	'22年度 競争率
●前期				
▶文教育学部				
人文科	57	72%	60	2.3
言語文化	56	71%	62.5	2.5
人間社会科	56	73%	62.5	3.0
芸術・表現行動／舞踊教育学	51	69%	57.5	2.7
／音楽表現	52	70%	57.5	2.0
▶理学部				
数	54	67%	60	2.6
物理	53	70%	57.5	3.2
化	55	73%	57.5	2.2
生物	54	74%	57.5	2.2
情報科	55	72%	57.5	3.1
▶生活科学部				
食物栄養	59	74%	62.5	3.0
人間・環境科	57	74%	60	2.8
人間生活	57	75%	62.5	2.6
心理	57	75%	62.5	3.3
●後期				
▶文教育学部				
人文科	61	80%	—	6.8
人間社会科	58	78%	—	6.4
芸術・表現行動／音楽表現	53	75%	—	2.7
▶理学部				
数	56	74%	—	5.3
物理	56	77%	—	2.5
化	57	75%	—	2.3
生物	56	77%	—	4.3
情報科	56	76%	—	1.8
▶生活科学部				
食物栄養	59	77%	—	5.6
人間・環境科	58	76%	—	2.9

- 駿台予備学校合格目標ラインは合格可能性80％に相当する駿台模試の偏差値です。
- 河合塾ボーダー得点率は合格可能性50％に相当する共通テストの得点率です。また，ボーダー偏差値は合格可能性50％に相当する河合塾全統模試の偏差値です。
- 競争率は受験者÷合格者の実質倍率

MEMO

電気通信大学（でんきつうしん）

資料請求

問合せ先　入試課　☎042-443-5103

大学の理念

1918（大正７）年創設の社団法人電信協会無線電信講習所が起源。1949（昭和24）年に新制「電気通信大学」として開学。「日本全国に開かれた大学を創ろう」との精神から，大学名に地名を含まない。時代の進展に合わせ専門分野を拡充，情報・電気・通信を中核としつつ，物理工学，材料科学，生命科学，光工学，エレクトロニクス，ロボティクス，機械工学，メディアなど広範な分野での教育・研究を行う。国がめざす未来社会の形として提唱されている「Society5.0」を本学では『イノベーションを生む機能を内包する「持続的自立進化＋多様な幸せ度最大化」社会』と定義し，その実現に向けて多様性，相互理解，イノベーションで表される「D.C.&I戦略」を策定。未来を創造する教育研究の一大拠点として挑戦を続けている。

● 電気通信大学キャンパス……〒182-8585　東京都調布市調布ヶ丘1-5-1

基本データ

学生数▶3,413名（男3,008名，女405名）
専任教員数▶教授126名，准教授128名，講師３名
設置学域▶情報理工
併設教育機関▶大学院－情報理工学（M・D）

就職・卒業後の進路

就　職　率 **96.3**％
就職者÷希望者×100

●**就職支援**　キャリア支援センター主催による年間を通じた就職ガイダンス，セミナー，各種対策講座の開催やキャリアカウンセラーによる学生への就職指導・個別相談対応など，学生一人ひとりの適性・専門性を生かした支援を行っている。ほかにも同窓会「目黒会」による就職支援もあり，分野別業界研究セミナーの開催やキャリア支援センターと同様に模擬面接・個別相談等実施しており活動内容は多岐にわたる。

●**大学院進学**　情報理工学域（学部）の卒業生のおよそ７割が大学院へ進み，そのうち９割以上が本学の情報理工学研究科へ進学する。博士前期課程を修了したのち，修士の学位を得て就職する学生が多いものの，修了者の１割程度の学生が博士後期課程に進学している。

進路指導者も必見　学生を伸ばす　面倒見

初年次教育
「コンピュータリテラシー」でITの基礎技術を学ぶほか，「キャリア教育基礎」で論理的思考や問題発見・解決能力の向上を図っている

学修サポート
TA制度，オフィスアワー制度，教員１人が学生約15人を担当する教員アドバイザー制度を導入。また，実践的コミュニケーション教育推進室では中間・期末試験直前に期間限定で後期博士課程の留学生等による英語などの文書作成支援が受けられる

オープンキャンパス（2022年度実績）　７月に対面とオンラインでオープンキャンパスを開催。大学概要，入試説明，模擬講義，研究室の公開，施設見学，受験相談など。当日の各プログラム動画は特設サイトで公開。

情報理工学域

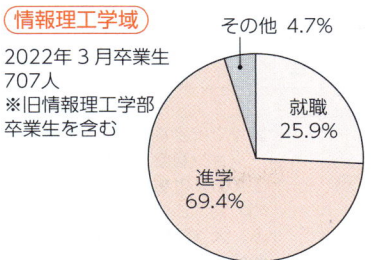

2022年３月卒業生
707人
※旧情報理工学部
卒業生を含む

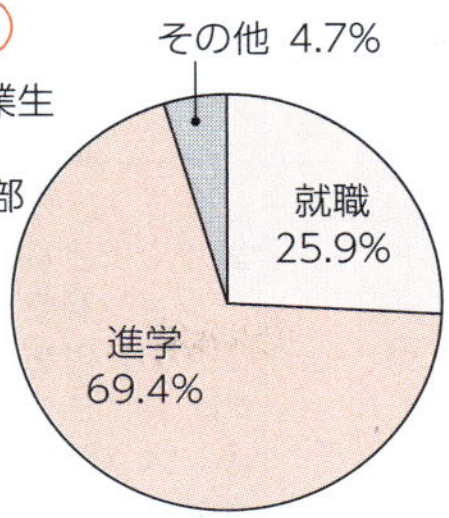

主なOB・OG▶［旧電気通信］飯島澄男（研究者），［旧電気通信］久夛良木健（プレイステーション開発者），［旧電気通信］東志保（Lily MedTech社長）

国際化・留学　大学間 65 大学等・部局間 1 大学

受入れ留学生数▶53名（2022年5月1日現在）

留学生の出身国▶中国，韓国，モンゴル，マレーシア，ブラジルなど。

外国人専任教員▶教授10名，准教授12名（2022年５月１日現在）

外国人専任教員の出身国▶中国，イギリス。

大学間交流協定▶65大学・機関（交換留学先34大学，2022年５月１日現在）

部局間交流協定▶１大学（2022年５月１日現在）

海外への留学生数▶渡航型７名・オンライン型30名／年（10カ国・地域，2021年度）

海外留学制度▶「交換留学」は半年から１年の長期プログラム。留学先大学での正規授業履修や研究交流に重点を置く。「語学留学」は２～５週間の短期プログラムで，語学・文化研修や異文化での生活体験に重点を置く。また，海外の企業や政府機関などの協力を得て実施される国際インターンシップ，タイの大学でロボット・メカトロニクスなどに関する技術研修を行うサマープログラムなどもある。コンソーシアムはIOREMに参加している。

学費・奨学金制度　給付型奨学金総額 年間 1,030 万円

入学金▶282,000円（夜間主141,000円）

年間授業料（施設費等を除く）▶535,800円（夜間主267,900円）

年間奨学金総額▶10,300,000円

年間奨学金受給者数▶43名

主な奨学金制度▶成績優秀で学修意欲にあふれる学生への修学支援に年額20万円を給付する「UEC学域奨学金制度」や，学業の成果を評価し，年額50万円を給付する「UEC成績優秀者特待生制度」などを設置。また，学費減免制度があり，2021年度は200人を対象に総額で約3,784万円を減免している。

保護者向けインフォメーション

●**成績確認**　成績不振や進級審査不合格の通知を郵送している。

●**保護者会**　入学式後に保護者懇談会（2022年はオンライン），11月には保護者向け就職ガイダンスを開催。また，学園活動後援会を組織し，後援会だよりを発行。

●**防災対策**　「地震対応マニュアル」を配布。学生が被災した際の安否は，独自の「安否確認システム」を使用して確認する。

●**コロナ対策１**　感染状況に応じた5段階のBCP（行動指針）を設定。「コロナ対策2」（下段）あり。

インターンシップ科目	必修専門ゼミ	卒業論文	GPA制度の導入の有無および活用例	１年以内の退学率	標準年限での卒業率
開講している	４年次に実施	先端工学基礎課程（夜間主）を除き卒業要件	奨学金や授業料免除対象者の選定，留学候補者の選考に活用するほか，GPAに応じた履修上限単位数を設定している	1.5%	71.4%

●**コロナ対策２**　オンライン授業を併用。各建物・教室に消毒液等，各教室にCO_2センターを設置し，換気や収容人数を調整。経済的支援として入学料・授業料納入に関する特例措置，大学生協食事券の配布を実施。

学部紹介

学域／類・課程	定員	特色
情報理工学域		
		豊かで安全な社会の継続的な発展を支える「総合コミュニケーション科学」の創出を担える人材を育成。１年次に情報理工学の基礎を幅広く学び，緩やかな括りである「類」，14の「専門教育プログラム」で専門性を高め４年次に研究室に所属する。大学院博士前期課程との一貫性に配慮したカリキュラムを編成。
Ⅰ類（情報系）	210	▷情報に関わる学問の基礎を広く学ぶ。２年次で情報に関わる分野全般に共通するコンピュータ，アルゴリズム，プログラムと専門分野の基礎を修得し，３年次からはメディア情報学，経営・社会情報学，情報数理工学，コンピュータサイエンスの４教育プログラムのいずれかで専門性を高める。
Ⅱ類（融合系）	245	▷融合の進む情報と理工において新たな学問領域に進むための基礎と，融合領域がめざましい発展を遂げる科学技術の最先端を学ぶ。２年次以降，セキュリティ情報学，情報通信工学，電子情報学，計測・制御システム，先端ロボティクスの５教育プログラムのいずれかで専門性を高める。
Ⅲ類（理工系）	235	▷これまでにない新しい機能を持つ物質やデバイスの創造とそのメカニズムの起源を探究するとともに人間と環境に調和するものづくりに貢献する学問分野。２年次後学期以降の専門分野を学ぶ教育プログラムは機械システム，電子工学，物理工学を土台に，光工学，化学生命工学も対象とする。
先端工学基礎（夜間主）	30	▷原則社会人を対象とし，平日の夜間と土曜日に開講だが，昼間の授業も一部履修可能。1・２年次でものづくりマインドを育成し，工学基礎を徹底して学び，３年次からは情報，メディア，通信，電子，機械，制御に関する専門科目を学ぶ。

- **取得可能な資格**…教職（数・理・情）など。
- **進路状況**…………就職25.9%　進学69.4%（旧情報理工学部実績を含む）
- **主な就職先**………富士通，NTTドコモ，キヤノン，KDDI，ソニー，日立製作所，ヤフー，日本電気，ルネサスエレクトロニクス，ソフトバンク，リコー，三菱電機など。

キャンパス
情報理工学域……［電気通信大学キャンパス］東京都調布市調布ヶ丘1-5-1

2023年度入試要項（前年度実績）

●募集人員

学域／類		前期	後期
情報理工	Ⅰ類（情報系）	121	76
	Ⅱ類（融合系）	114	89
	Ⅲ類（理工系）	114	85

※前期・後期とも個別学力検査による優先合格者枠があり，個別学力検査の高得点者について，前期45名以内，後期30名以内を優先的に合格者とする。

※私費外国人留学生選抜の募集人員（若干名）は前期に含む。

※先端工学基礎課程（夜間主）は総合型選抜でのみ募集。

●２段階選抜
後期の入学志願者が募集人員の約８倍を超えた場合に行うことがある。

▷共通テストの英語はリスニングを含む。

 キャンパスアクセス［電気通信大学キャンパス］京王線一調布より徒歩5分

情報理工学域

前期　［共通テスト(450)］　7科目　①国(100)　②外(100・英〈R75＋L25〉)▶英・独・仏・中・韓から1　③地歴・公民(50)▶世Ｂ・日Ｂ・地理Ｂ・現社・倫・政経・「倫・政経」から1　④⑤数(50×2)▶「数Ⅰ・数Ａ」・「数Ⅱ・数Ｂ」　⑥⑦理(50×2)▶物・化・生・地学から2
［個別学力検査(450)］　4科目　①外(100)▶コミュ英Ⅰ・コミュ英Ⅱ・コミュ英Ⅲ・英表Ⅰ・英表Ⅱ　②数(200)▶数Ⅰ・数Ⅱ・数Ⅲ・数Ａ・数Ｂ(数列・ベク)　③④理(物90＋化60)▶「物基・物」・「化基・化」
後期　［共通テスト(300)］　7科目　①国(50)　②外(50・英〈R37.5＋L12.5〉)▶英・独・仏・中・韓から1　③地歴・公民(50)▶世Ｂ・日Ｂ・地Ｂ・現社・倫・政経・「倫・政経」から1　④⑤数(25×2)▶「数Ⅰ・数Ａ」・「数Ⅱ・数Ｂ」　⑥⑦理(50×2)▶物・化・生・地学から2
［個別学力検査(600)］　4科目　①外(100)▶コミュ英Ⅰ・コミュ英Ⅱ・コミュ英Ⅲ・英表Ⅰ・英表Ⅱ　②数(300)▶数Ⅰ・数Ⅱ・数Ⅲ・数Ａ・数Ｂ(数列・ベク)　③④理(物120＋化80)▶「物基・物」・「化基・化」

その他の選抜

学校推薦型選抜はⅠ類21名，Ⅱ類25名，Ⅲ類24名，総合型選抜はⅠ類７名，Ⅱ類７名，Ⅲ類７名，先端工学基礎課程（夜間主）30名を募集。ほかに私費外国人留学生選抜を実施。

偏差値データ（2023年度）

●一般選抜

学域／類	2023年度 駿台予備学校 合格目標ライン	2023年度 河合塾 ボーダー得点率	2023年度 河合塾 ボーダー偏差値	'22年度 競争率
●前期				
▶情報理工学域				
Ⅰ類(情報系)	52	71%	57.5	3.5
Ⅱ類(融合系)	52	67%	55	（同上）
Ⅲ類(理工系)	52	66%	55	（同上）
●後期				
▶情報理工学域				
Ⅰ類(情報系)	53	74%	57.5	4.1
Ⅱ類(融合系)	53	71%	57.5	3.1
Ⅲ類(理工系)	53	70%	57.5	2.4

- 駿台予備学校合格目標ラインは合格可能性80%に相当する駿台模試の偏差値です。
- 河合塾ボーダー得点率は合格可能性50%に相当する共通テストの得点率です。また，ボーダー偏差値は合格可能性50%に相当する河合塾全統模試の偏差値です。
- 競争率は受験者÷合格者の実質倍率
- 後期は２段階選抜を実施。
- 後期は追試験の受験者数・合格者数を含まない。

東京大学

資料請求

問合せ先 入試事務室 ☎03-5841-1222

大学の理念

1877（明治10）年，東京開成学校と東京医学校が合併し，日本で最初の国立大学として創設。1949（昭和24）年，学制改革により東京大学となった。現在は10学部，15の大学院研究科・教育部，11の附置研究所（先端科学技術研究センター含む），附属・研究施設などで構成され，本郷・駒場・柏の３キャンパスを中心に全国に展開。教育の国際化・実質化・高度化を推進し，初年次ゼミナールのブラッシュアップ，教養教育や分野横断型授業の一層の拡充，グローバルリーダー育成プログラムやトライリンガル・プログラムの実施など，日本を代表する大学として，存在価値をより高めるべく変化し続けている。各分野の最先端の学問に触れられる環境の中で，「自ら原理に立ち戻って考える力」「忍耐強く考え続ける力」「自ら新しい発想を生み出す力」の３つの基礎力を鍛錬し，「知のプロフェッショナル」を育成する。

- **本郷地区キャンパス**……〒113-8654　東京都文京区本郷7-3-1
- **駒場地区キャンパス**……〒153-8902　東京都目黒区駒場3-8-1
- **柏地区キャンパス**………〒277-8581　千葉県柏市柏の葉5-1-5

基本データ

学生数▶14,013名(男11,196名，女2,817名)
専任教員数▶教授1,355名，准教授967名，講師292名

設置学部▶法・経済・文・教育・教養・工・理・農・薬・医
併設教育機関▶大学院（P.1259参照）

就職・卒業後の進路

●**就職支援**　各学部で就職支援を行うほか，その支援を補完する形でキャリアサポート室を設置し，就職情報の提供や，各種イベントを開催。知の創造的摩擦プロジェクト（学生団体との共催）では学生と若手卒業生がキャリアについて話し合う交流会（年２回）を開催。また，各分野の卒業生による業界研究会，キャリアイベントに向けて各自の準備をサポートすることを目的としたワークショップなどの企画・運営を通じて，就職活動を支援している。本郷キャンパスでは専任アドバイザーによるキャリア相談（予約制）を実施。

進路指導者も必見 学生を伸ばす 面倒見

初年次教育	学修サポート
初年次ゼミナール文科・理科を開講し，初歩的な研究課題に取り組み，基礎的な学術スキルを身につける。また，学習成果をプレゼンテーションや小論文として発表することで，大学での能動的な学習への転換を図っている	教養学部では多くの授業でTAを配置。また，学生相談所を設置し，学習を支援する態勢を整えている。さらに，進学情報センターでは，進学選択や履修などについて，理系・文系の教員が相談に応じている

オープンキャンパス(2022年度実績)　８月に「高校生のための東京大学オープンキャンパス」をオンラインで開催。参加登録制（一部の企画は要事前申込）。説明会や模擬講義のライブ・録画映像配信や，バーチャル東大を公開。

文系学部
2022年３月卒業生
1,106人

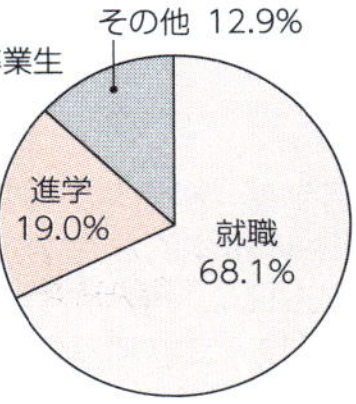

理系学部
2022年３月卒業生
1,768人
※就職には医学科の初期臨床研修医を含む。

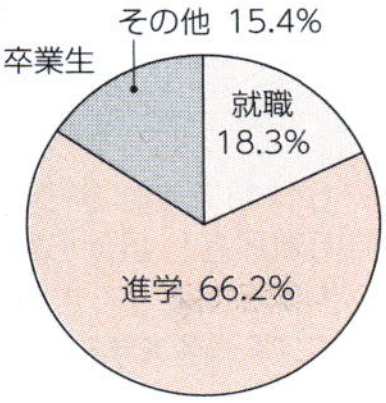

その他の学部
2022年３月卒業生
321人
・教育学部
・教養学部

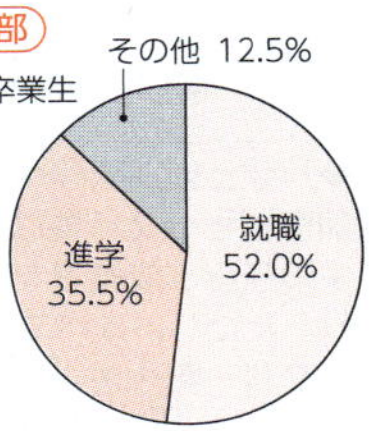

主なOB・OG▶［理］小柴昌俊（ノーベル物理学賞受賞者），［法］山田洋次（映画監督），［工］野口聡一（宇宙飛行士），［文］香川照之（俳優），［工］菊川怜（タレント），［農］桝太一（アナウンサー／科学者）など。

国際化・留学　大学間 161 大学等・部局間 398 大学等

受入れ留学生数▶302名（2022年５月１日現在）

留学生の出身国・地域▶中国，韓国，台湾，インド，ブラジル，イギリス，アメリカなど。

外国人専任教員▶教授38名，准教授56名，講師19名（2022年５月１日現在）

外国人専任教員の出身国▶中国，韓国，アメリカ，イギリス，フランスなど。

大学間交流協定▶161大学・機関（交換留学先108大学，2022年５月１日現在）

部局間交流協定▶398大学・機関（交換留学先302大学，2022年５月１日現在）

海外への留学生数▶渡航型71名／年（15カ国・地域，2022年５月１日現在）

海外留学制度▶グローバルキャンパス推進本部が留学の情報提供や問い合わせに対応。春の留学フェア，秋の留学説明会では学内外のプログラムを紹介，留学経験者に直接相談できる機会を提供している。協定校への「交換留学」（１学期～１年），カリフォルニア大学でアメリカ政治と国際関係などを学ぶUC派遣，短期留学にはIARUに加盟する世界トップレベルの11大学が開講する学生交流プログラムやグローバルリーダー育成海外プログラム（GLP-GEfIL），授業科目「国際研修」，企画から携われるボランティアや就労「体験活動プログラム」のほか，オンラインで提供されるプログラムもある。

学費・奨学金制度

入学金▶282,000円

年間授業料（施設費等を除く）▶535,800円

主な奨学金制度▶経済的な理由により修学困難な入学志望者に年額50万円を給付する「東京大学学部学生奨学金」や，入学後自宅外通学となる女子学生を対象に卒業まで年額60万円を給付する「さつき会奨学金」などを設置している。このほか，「ジュニアスタッフ制度」では大学の公的な活動業務に参画する学生に対して，奨励費を支給している。

保護者向けインフォメーション

●**懇談会**　新入生保護者と教養学部長との懇談会（2022年はオンライン）を開催し，質疑応答などを行っている。

●**防災対策**　「駒場Ｉキャンパス防災マニュアル」をHPに掲載。被災した際の学生の安否確認を行う「安否確認サービス」を導入。

●**コロナ対策１**　ワクチンの職域接種を実施。感染状況に応じた６段階のBCP（行動指針）を設定している。

インターンシップ科目	必修専門ゼミ	卒業論文	GPA制度の導入の有無および活用例	１年以内の退学率	標準年限での卒業率
NA	NA	NA	NA	NA	NA

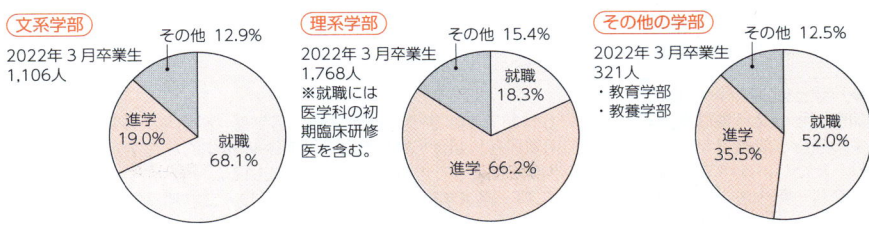

学部紹介

学部／学科・課程	定員	特色
◆科類と後期課程への進学について 前期課程の２年間は全員教養学部の６科類で学修する。後期課程の各学部・学科への進学選択は，学生の志望と成績等をもとに内定。前期課程各科類から後期課程各学部への基本的な進学先は以下の通り。ただし，すべての科類からどの学部にも進学できる枠が設けられている。 ▷文科一類―法学部・教養学部，文科二類―経済学部・教養学部，文科三類―文学部・教育学部・教養学部 ▷理科一類―工学部・理学部・薬学部・農学部・医学部・教養学部，理科二類―農学部・薬学部・理学部・工学部・医学部・教養学部，理科三類―医学部		
法学部		
	400	▷司法・行政・立法を多種多様な角度から学び，法的思考と政治学的識見の基礎を身につけた人材を輩出するための教育・研究を行う。第１類（法学総合コース），第２類（法律プロフェッション・コース），第３類（政治コース）を設置。また，法科大学院進学プログラム（法曹コース）では早期卒業制度を利用して入学から５年で大学院の修了も可能。
● 取得可能な資格…教職（公）。 ● 進路状況…………就職50.2%　進学26.6%		
経済学部		
		▶国内最高規模の経済学関係図書を有し，コンピュータ，データベースも充実。演習などの少人数教育を重視。
経済	170	▷財政，金融，産業，労働，国際経済などの広範な経済現象を，統計的，数理的，制度的，歴史的な分析手法により把握・分析する。
経営	100	▷企業の諸活動や経営組織での人間行動を多様な分析手法を用いて，把握・分析することをめざす。
金融	70	▷金融工学，マクロ金融政策，企業財務，企業会計などについてより深く学ぶ。
● 取得可能な資格…教職（公）。 ● 進路状況…………就職87.2%　進学8.6%		
文学部		
人文	350	▶哲学，中国思想文化学，インド哲学仏教学，倫理学，宗教学宗教史学，美学芸術学，イスラム学，日本史学，東洋史学，西洋史学，考古学，美術史学，言語学，日本語日本文学（国語学），日本語日本文学（国文学），中国語中国文学，インド語インド文学，英語英米文学，ドイツ語ドイツ文学，フランス語フランス文学，スラヴ語スラヴ文学，南欧語南欧文学，現代文芸論，西洋古典学，心理学，社会心理学，社会学の27専修課程。専修課程ごとに大学院まで接続する研究室がある。
● 取得可能な資格…教職（国・地歴・公・社・英），学芸員など。 ● 進路状況…………就職68.2%　進学21.5%		

キャンパスアクセス ［本郷キャンパス］東京メトロ丸ノ内線―本郷三丁目，千代田線―湯島・根津より徒歩８分，南北線―東大前より徒歩1分／都営地下鉄大江戸線―本郷三丁目より徒歩６分

教育学部		
総合教育科	95	▷基礎教育学，教育社会科学，心身発達科学の３専修に５コースを設定。基礎教育学コースでは，哲学・歴史・人間・臨床の視点から「教育とは何か」を考える。比較教育社会学コースでは，社会科学の手法で「社会現象，文化現象」として教育をとらえる。教育実践・政策学コースは，学校教育から生涯学習・教育行政など現場そのものを研究する。教育心理学コースは，「教育心理学」と「臨床心理学」の２領域を学び，人間の学習行動や認知活動とその発達など幅広く学ぶ。身体教育学コースでは，身体の構造・機能，脳の働き，心身の健康に関する考察，教育応用に取り組む。
● **取得可能な資格**…教職（地歴・公・社・保体），司書，司書教諭，学芸員など。 ● **進路状況**…………就職62.1％　進学20.0％		
教養学部		
		▶全学部に進学する学生の前期課程教育を担当するとともに，独自に専門教育を行う後期課程を擁する。英語による授業プログラムPEAKの後期課程「国際日本研究コース」「国際環境学コース」も設置され，要件を満たせば進学できる。
教養	65	▷超域文化科学，地域文化研究，総合社会科学の３分科に以下の18コースを設置する。文化人類学，表象文化論，比較文学比較芸術，現代思想，学際日本文化論，学際言語科学，言語態・テクスト文化論，イギリス研究，フランス研究，ドイツ研究，ロシア東欧研究，イタリア地中海研究，北アメリカ研究，ラテンアメリカ研究，アジア・日本研究，韓国朝鮮研究，相関社会科学，国際関係論。
学際科	25	▷科学技術論，地理・空間，総合情報学，広域システム，国際環境学の５つのコースに進化学を含めた６つのサブプログラムを設置。文理を問わず，多様な方法論を駆使して総合的な課題解決をめざす。
統合自然科	50	▷「数理自然」「物質基礎」「統合生命」「認知行動」「スポーツ科学」の５コースを設置し，自然科学の知を統合して，新たな分野を開拓できる人材を育成する。
● **取得可能な資格**…教職（国・地歴・公・社・数・理・情・英）。 ● **進路状況**…………就職47.8％　進学42.0％		
工学部		
		▶工学の専門性を深化させる講義だけでなく，自ら取り組む演習，課題解決型プロジェクト演習，インターンシップ，卒業研究などで学生の創造性を涵養する。
社会基盤	40	▷設計・技術戦略，政策・計画，国際プロジェクトの３コース。次代の環境創造を担う人材を育成する。
建築	60	▷住まいから都市までを築く創造力と，建築・都市の設計を行う人材を養成する。
都市工	50	▷都市環境工学，都市計画の２コース制。都市や環境の諸問題に対し，専門的な見地から解決するための方法論を探求。
機械工	85	▷機械工学を基盤に，新しい機械や機械システムの創造を通じて，安心安全で豊かな持続型社会の実現に貢献する。
機械情報工	40	▷機械とコンピュータの融合を追究。情報に形を与え，モノに命を吹き込むことのできる人材育成をめざす。

キャンパスアクセス［弥生キャンパス］東京メトロ丸ノ内線一本郷三丁目より12分，千代田線一湯島・根津より徒歩８分，南北線一東大前より徒歩１分／都営地下鉄大江戸線一本郷三丁目より10分

航空宇宙工	52	▷航空宇宙システムと航空宇宙推進の２コース制。最先端技術だけでなく，異分野の知見を統合して価値を作り出す。
精密工	45	▷知的機械・バイオメディカル・生産科学の分野までを対象に，人と機械の未来をデザインする創造的なテーマに挑む。
電子情報工	40	▷情報，ネットワーク，メディアを中心に，電気電子工学科とともに，現代技術の中枢を担う情報・電気・電子の技術を最先端の応用へと展開していく学力と知識を養う。
電気電子工	75	▷1873年に世界初の電気系専門学科として誕生した歴史と伝統，フロンティア精神を大切にしながら，電磁気学・量子物理学を中心とした物理学を基盤に教育・研究を行う。
物理工	50	▷最先端の物理学から新しい学問と産業を拓く人材を育成。物性物理全般の基礎と応用を講義，実験，演習で学ぶ。
計数工	55	▷数理情報工学とシステム情報工学の２コース。新しい科学技術の創出に向けた「普遍的な原理・方法論」の構築をめざす。
マテリアル工	75	▷バイオマテリアル，環境・基盤マテリアル，ナノ・機能マテリアルの３コース。
応用化	55	▷独創性を重視し物質を自由にデザインすることで，人の役に立つ，新機能を生み出す。
化学システム工	50	▷化学を基盤に，システム的思考で具体的かつ現実的な課題解決を提示し，リアルタイムの社会貢献をめざす。
化学生命工	50	▷有機化学から生命工学までの「分子」を共通キーワードとする幅広いスペクトルの研究・教育を行う。
システム創成	116	▷環境・エネルギーシステム，システムデザイン＆マネジメント，知能社会システムの３コース。

● **取得可能な資格**…教職（数・情・工業），１・２級建築士受験資格など。
● **進路状況**…………就職11.4%　進学67.0%

理学部

数	44	▷数学の定理・公式の「意味」を考え，背後に潜む「原理」や「真理」を理解し，自然界の摂理を解明する。
情報科	24	▷情報処理の根本原理を究明・新たな動作原理の計算機の設計など，計算機や情報そのものを研究対象とする。
物理	69	▷素粒子，宇宙，物性物理学など広範な分野を網羅し，理論と実験をそれぞれ中心とする各研究室を設置している。
天文	5	▷恒星や銀河，宇宙の仕組みを追究。少人数ならではのきめ細かい指導を行う。
地球惑星物理	32	▷物理学を軸に地球・惑星を対象として，大気海洋・個体地球・惑星宇宙のさまざまな現象を学ぶ。
地球惑星環境	19	▷地球や惑星の「環境」形成過程を実証的に解明。１週間程度のフィールドワークを国内はもとより海外でも行う。
化	44	▷物理・有機・無機・分析化学を基礎に，物質・生命世界を分子構造や分子集合体レベルで探索・創造・理解する。
生物化	15	▷生命現象の分子レベルでの理解を目標に，神経科学，体内時計，非翻訳RNA，構造生物学と創薬などの課題を扱う。
生物	18	▷多様な生物の生命活動や進化の法則の理解を目標に，直接，生物に触れられる野外実習に力を入れている。

キャンパスアクセス［駒場キャンパス］京王井の頭線―駒場東大前よりすぐ

生物情報科	10	▷実験と情報の双方のアプローチを修得し，生命をシステムとして理解するための研究に挑む。
● **取得可能な資格**…教職(数・理・情)。 ● **進路状況**…………就職6.0%　進学87.0%		
農学部		
		▶広大な敷地を誇るさまざまな附属施設で，フィールド体験学習の場を提供。食料，資源，環境とその中での植物，動物，微生物などの生物と人との関わり合いについて学び，地球環境の保全と社会の持続的な発展に貢献できる人材を育成。
応用生命科学	152	▷生命化学・工学，応用生物学，森林生物科学，水圏生物科学，動物生命システム科学，生物素材化学の６専修。
環境資源科学	108	▷緑地環境学，森林環境資源科学，木質構造科学，生物・環境工学，農業・資源経済学，フィールド科学，国際開発農学の７専修。
獣医学	30	▷獣医学の基礎科学と応用技術を習得し，動物の生命現象と病態を理解し，動物医療と公衆衛生に貢献する人材を育成。
● **取得可能な資格**…教職(地歴・公・社・理・農)，獣医師・１級建築士・２級建築士受験資格など。 ● **進路状況**…………[応用・環境]就職24.8%　進学63.9%　[獣医]就職65.6%　進学31.3%		
薬学部		
薬科	72	▷４年制。創薬科学・基礎生命科学分野で活躍する人材養成に重点を置き，高度な能力を持った研究者の育成をめざす。
薬	8	▷６年制。高度で実践的な医療薬学の知識・技術を身につけた専門性の高い薬剤師資格を有する人材育成をめざす。
● **取得可能な資格**…[薬]薬剤師受験資格。 ● **進路状況**…………[薬科]就職3.8%　進学94.9%　[薬]就職50.0%　進学30.0%		
医学部		
医	108	▷患者さんを全人的に治療する医療人を育成し，ヒトの生命システムを解明するとともに新しい医学・医療を開拓する。ほとんどの実習は附属病院で行われるほか，基礎医学・臨床医学研究者を育成する試みとして，少人数のゼミ形式で行われる「MD研究者育成プログラム」（１学年約20～40名が参加)や，より早期に研究者への道を進むための「Ph.D.-M.D.コース」（医学部進学後２または３年間の修学後，直接博士課程の大学院に進学)なども設置されている。
健康総合科	40	▷環境生命科学，公共健康科学，看護科学の３専修。健康を軸に，幸福(ウェルビーイング)の向上に寄与する。
● **取得可能な資格**…医師・看護師受験資格など。 ● **進路状況**…………[医]初期臨床研修医89.3%　進学2.9%　[健康総合科]就職65.2%　進学34.8%		

キャンパス

法・経済・文・教育・工・理・薬・医…[本郷キャンパス]　東京都文京区本郷7-3-1
農…[弥生キャンパス]　東京都文京区弥生1-1-1
教養…[駒場キャンパス]　東京都目黒区駒場3-8-1

キャンパスアクセス [柏地区キャンパス]　つくばエクスプレス―柏の葉キャンパスよりバス10分または徒歩25分

2023年度入試要項(前年度実績)

●募集人員

学部／科類・学科		前期	学校推薦型
▶教養	文科一類	401	—
	文科二類	353	
	文科三類	469	
	理科一類	1108	
	理科二類	532	
	理科三類	97	
▶法		—	10
▶経済		—	10
▶文		—	10
▶教育		—	5
▶教養		—	5
▶工		—	30
▶理		—	10
▶農		—	10
▶薬		—	5
▶医	医	—	3
	健康総合科	—	2

※学校推薦型選抜による入学者は，文科一類・文科二類・文科三類・理科一類・理科二類・理科三類の６つの科類のうち，志望学部が個別に指定する科類に分かれ，教養学部に所属して前期課程の学修を行う。前期課程修了後は，出願時に志望した学部・学科等へ進学。

●２段階選抜

前期は共通テストの成績により，各科類ごとに募集人員に対し次の倍率で行う。文科一類・二類・三類，理科三類は約3.0倍，理科一類は約2.5倍，理科二類は約3.5倍。

▷共通テストの英語はリスニングを含む。
▷個別学力検査の英語は聞き取り試験を行う。
▷個別学力検査の数Ｂ－数列・ベク。

全学部

前期 【文科一～三類】［共通テスト(110)］ **8科目** ①国(200) ②**外**(200・英〈R140＋L60〉)▶英・独・仏・中・韓から１ ③④**地歴・公民**(100×2)▶世Ｂ・日Ｂ・地理Ｂ・「倫・政経」から２ ⑤⑥**数**(100×2)▶「数Ⅰ・数Ａ」必須，「数Ⅱ・数Ｂ」・簿・情から１ ⑦⑧**理**(50×2)▶物基・化基・生基・地学基から２
※合計900点満点を110点満点に換算する。

［個別学力検査(440)］ **5科目** ①**国**(120)▶国総・国表・現文Ｂ・古典Ｂ ②**外**(120)▶「コミュ英Ⅰ・コミュ英Ⅱ・コミュ英Ⅲ」・独・仏・中から１ ③④**地歴**(60×2)▶世Ｂ・日Ｂ・地理Ｂから２ ⑤**数**(80)▶数Ⅰ・数Ⅱ・数Ａ・数Ｂ

【理科一～三類】［共通テスト(110)］ **7科目** ①**国**(200) ②**外**(200・英〈R140＋L60〉)▶英・独・仏・中・韓から１ ③**地歴・公民**(100)▶世Ｂ・日Ｂ・地理Ｂ・「倫・政経」から１ ④⑤**数**(100×2)▶「数Ⅰ・数Ａ」必須，「数Ⅱ・数Ｂ」・簿・情から１ ⑥⑦**理**(100×2)▶物・化・生・地学から２
※合計900点満点を110点満点に換算する。

［個別学力検査(440)］【理科一・二類】 **5科目** ①**国**(80)▶国総・国表 ②**外**(120)▶「コミュ英Ⅰ・コミュ英Ⅱ・コミュ英Ⅲ」・独・仏・中から１ ③**数**(120)▶数Ⅰ・数Ⅱ・数Ⅲ・数Ａ・数Ｂ ④⑤**理**(60×2)▶「物基・物」・「化基・化」・「生基・生」・「地学基・地学」から２

【理科三類】 **6科目** ①**国**(80)▶国総・国表 ②**外**(120)▶「コミュ英Ⅰ・コミュ英Ⅱ・コミュ英Ⅲ」・独・仏・中から１ ③**数**(120)▶数Ⅰ・数Ⅱ・数Ⅲ・数Ａ・数Ｂ ④⑤**理**(60×2)▶「物基・物」・「化基・化」・「生基・生」・「地学基・地学」から２ ⑥**面接** ※総合判定の判断資料とする。

学校推薦型 **【法学部・経済学部・文学部】［共通テスト(900)］** **8科目** ①**国**(200) ②**外**(200・英〈R140＋L60〉)▶英・独・仏・中・韓から１ ③④**地歴・公民**(100×2)▶世Ｂ・日Ｂ・地理Ｂ・「倫・政経」から２ ⑤⑥**数**(100×2)▶「数Ⅰ・数Ａ」必須，「数Ⅱ・数Ｂ」・簿・情から１ ⑦⑧**理**(50×2)▶物基・化基・生基・地学基から２

［個別学力検査］ **1科目** ①**面接等**

【教育学部・教養学部】［共通テスト(900)］ **8～7科目** ①**国**(200) ②**外**(200・英〈R140＋L60〉)▶英・独・仏・中・韓から１ ③④**数**(100×2)▶「数Ⅰ・数Ａ」必須，「数Ⅱ・数Ｂ」・簿・情から１ ⑤⑥⑦⑧「**地歴・公民**」・**理**(100×3)▶「世Ｂ・日Ｂ・地理Ｂ・〈倫・政経〉から２」・「物基・化基・生基・地学基から２」または「世Ｂ・日Ｂ・地理Ｂ・〈倫・政経〉から１」・「物・化・生・地学から２」

【個別学力検査】 1科目 ①面接等
【工学部・理学部・農学部・薬学部・医学部】［共通テスト(900)］ 7科目 ①国(200) ②外(200・英〈R140＋L60〉) ▶英・独・仏・中・韓から1 ③地歴・公民(100) ▶世B・日B・地理B・「倫・政経」から1 ④⑤数(100×2) ▶「数Ⅰ・数A」必須，「数Ⅱ・数B」・簿・情から1 ⑥⑦理(100×2) ▶物・化・生・地学から2
［個別学力検査］ 1科目 ①面接等

※第1次選考―書類審査，第2次選考―面接等，最終―書類審査，面接等および共通テストの成績（概ね8割以上の得点）を総合して判定。

その他の選抜

外国学校卒業学生特別選考，学部英語コース特別選考（教養学部）。

偏差値データ （2023年度）

一般選抜

＊共通テスト・個別計/満点

学部／科類	2023年度 駿台予備学校 合格目標ライン	2023年度 河合塾 ボーダー得点率	2023年度 河合塾 ボーダー偏差値	2022年度実績 募集人員	受験者数	合格者数	合格最低点＊	競争率 '22年	競争率 '21年
●前期									
教養学部									
文科一類	67	82%	67.5	401	1,189	405	302.6/550	2.9	2.9
文科二類	66	82%	67.5	353	1,041	358	306.1/550	2.9	2.8
文科三類	65	82%	67.5	469	1,393	468	305.4/550	3.0	3.0
理科一類	68	85%	67.5	1,108	2,738	1,121	303.2/550	2.4	2.4
理科二類	65	85%	67.5	532	1,853	547	287.4/550	3.4	3.4
理科三類	78	91%	72.5	97	329	97	347.5/550	3.4	3.4

- 駿台予備学校合格目標ラインは合格可能性80%に相当する駿台模試の偏差値です。
- 競争率は受験者÷合格者の実質倍率
- 河合塾ボーダー得点率は合格可能性50%に相当する共通テストの得点率です。
  また，ボーダー偏差値は合格可能性50%に相当する河合塾全統模試の偏差値です。
- 全科類で2段階選抜を実施。

併設の教育機関 大学院

法学政治学研究科

院生数▶604名

修士課程 ●総合法政専攻 実定法（公法，民刑事法），基礎法学（外国法，法制史，法哲学，法社会学等），政治（政治学等）の3コース。法学・政治学の高度な学修をめざす。法学・政治学の研究者をはじめ，企業の法務担当者，公務員など専門的な研究成果を職業に生かすことを目的とする。2017年には先端ビジネスロープログラムを開始し，高度職業人の育成にも取り組んでいる。

専門職学位課程 ●法曹養成専攻 国民や国際社会，先端分野において活躍できる高レベルのスキルを持った法律家を生み出すことをめざす。

博士後期課程 総合法政専攻

公共政策学教育部

院生数▶292名

専門職学位課程 ●公共政策学専攻 国際的視野に立ち，政策立案・実施・評価に携わる政策実務家を育成。将来の希望に応じた，法政策，公共管理，国際公共政策，経済政策，国際プログラム（英語の授業のみで修了要を満たすことが可能）の５コースを設置。

博士後期課程 国際公共政策学専攻

経済学研究科

院生数▶342名

修士課程 ●**経済専攻**　経済学，統計学，地域研究，経済史の４コース。国際的競争力・発信力を持つ人材を養成する。

●**マネジメント専攻**　経営学，数量ファイナンスの２コース。「現場の力」に根ざした企業経営を行えるビジネス・エリートを養成する。

博士後期課程 経済専攻，マネジメント専攻

人文社会系研究科

院生数▶697名

修士課程 ●**基礎文化研究専攻**　人間の思考・認識・感情・言語・表現・文物・制度についての根源的な理解をめざした研究を行う。

●**日本文化研究専攻**　日本社会の歴史，言葉による思想・心情表現について考究する。

●**アジア文化研究専攻**　アジアに起源する諸文化の伝播・交流・変容の諸相を把握し，多元的な視点から考察できる人材を養成。

●**欧米系文化研究専攻**　古代から現代にいたる欧米系文化の生成と展開について研究。

●**社会文化研究専攻**　人間と人間の相互作用の中から生まれる諸現象を研究対象とする。

●**文化資源学研究専攻**　文化資料体を学問研究と文化活動においての有用資源とするための高度専門職業人を養成。

●**韓国朝鮮文化研究専攻**　過去から現在までの韓国朝鮮文化と周辺地域との交流を研究。

博士後期課程 基礎文化研究専攻，日本文化研究専攻，アジア文化研究専攻，欧米系文化研究専攻，社会文化研究専攻，文化資源学研究専攻，韓国朝鮮文化研究専攻

……研究科

……合教育科学専攻　基礎教育学，比較教育社会学，生涯学習基盤経営，大学経営・政策，教育心理学，臨床心理学，身体教育学の７コース。

●**学校教育高度化専攻**　教職開発，教育内容開発，学校開発政策の３コース。

博士後期課程 総合教育科学専攻，学校教育高度化専攻

総合文化研究科

院生数▶1,193名

修士課程 ●**言語情報科学専攻**　人間の知的活動の根幹，言語活動を多角的に考察する。

●**超域文化科学専攻**　国家や社会を超えてグローバル化した文化現象や，ジャンルを横断する文化的活動への有効なアプローチを探る。

●**地域文化研究専攻**　地域・ディシプリンの考究を深化させ，特殊・個別的なものから普遍性へと至る方法を模索する。

●**国際社会科学専攻**　国際関係論と相関社会科学の２コースから成り，国際化に伴うさまざまな現象を社会科学的に解明する。

●**広域科学専攻**　生命環境科学，相関基礎科学，広域システム科学の３系からなる。

●**「人間の安全保障」プログラム**　５専攻のいずれかに所属しつつ，そこを足場として「人間の安全保障」という新しい課題に取り組む。

●**欧州研究プログラム**　文系４専攻のいずれかに所属。日欧のかけ橋として社会のさまざまな方面で活躍する「市民的エリート」を養成する。

●**多文化共生・統合人間学プログラム**　統合人間学という21世紀型の新しい教養を修得し，多文化共生社会の実現に取り組む。

●**国際人材養成プログラム**　多様な価値観と多様な文化を持つ人々が重層的に交流する世界の実態と方向性を地域横断的に研究。英語のみで修了可能。

●**国際環境学プログラム**　環境関連科学一般の幅広い枠組みを理解した上で，個別の深い課題に専門的に対処できる人材を育成する。英語のみで修了可能。

５年制博士課程 ●**グローバル・スタディーズ・イニシアティヴ国際卓越大学院プログラム**　グローバル・スタディーズの主要４領

域コミュニケーション，ヒストリー，ガバナンス，エシックスのいずれかを中心に，国際的な研究と教育の機会を最大限活用したカリキュラムのもとで研鑽を積む。
●**先進基礎科学推進国際卓越大学院教育プログラム**　基礎科学を牽引する高い研究能力と国際的・分野横断的問題に研究・展開する次世代型の卓越した人材を養成・輩出する。
博士後期課程 **言語情報科学専攻，超域文化科学専攻，地域文化研究専攻，国際社会科学専攻，広域科学専攻，「人間の安全保障」プログラム，日独共同大学院プログラム，多文化共生・総合人間学プログラム，国際人材養成プログラム，国際環境学プログラム**

学際情報学府

院生数▶432名
修士課程 ●**学際情報学専攻**　社会情報学，文化・人間情報学，先端表現情報学，総合分析情報学，英語で教育を行うアジア情報社会コース，そして2018年に設置された臨床研究の実務能力と倫理観を有する生物統計家を育成する生物統計情報学の6コースで構成。各コースにはそれぞれの目標と領域があるが，多くの教員は複数のコースで学生を指導し，また学生は所属コース以外の科目も履修可能。
博士課程 学際情報学専攻

新領域創成科学研究科

院生数▶1,476名
修士課程 ●**物質系専攻**　物質科学における教育・研究の拠点形成をめざすとともに，21世紀の基盤科学・技術の創成をめざす。
●**先端エネルギー工学専攻**　未来のエネルギー開拓と先端的利用についての研究を行う。
●**複雑理工学専攻**　複雑性を理学と工学を融合したアプローチによって解明し，新たなパラダイムを創成できる人材を養成。
●**先端生命科学専攻**　分子，細胞，個体，集団レベルにわたる，かつ，基礎から応用までを網羅する次世代生命科学を創出する。
●**メディカル情報生命専攻**　生命科学と情報科学の融合により生命医科学分野を牽引する人材を育成する。
●**自然環境学専攻**　陸域環境学，海洋環境学の２講座を設置。地球規模の環境問題の解決と新たな自然環境を創成する研究教育を行う。
●**海洋技術環境学専攻**　高度な専門性と国際性によって海洋関連政策の立案，産業振興，環境保全の実現に貢献できる人材を養成する。
●**環境システム学専攻**　環境システムモデルの構築と環境調和型社会の創成を推進する。
●**人間環境学専攻**　低炭素社会の実現と超高齢社会の課題解決に向けた研究を行う。
●**社会文化環境学専攻**　人文・空間・循環の３つの環境学講座に空間情報学講座を加えた４つのグループから構成。
●**国際協力学専攻**　国際社会が抱える諸課題に対し，専門的・学融合的に挑み，政策立案の構想力と実務能力を養成する。
●**サステイナビリティ学グローバルリーダー養成大学院プログラム**　持続可能な社会を実現できる国際的視野と実行力を養う。
博士後期課程 **物質系専攻，先端エネルギー工学専攻，複雑理工学専攻，先端生命科学専攻，メディカル情報生命専攻，自然環境学専攻，海洋技術環境学専攻，環境システム学専攻，人間環境学専攻，社会文化環境学専攻，国際協力学専攻，サステイナビリティ学グローバルリーダー養成大学院プログラム**

工学系研究科

院生数▶3,632名
修士課程 ●**社会基盤学専攻**　人間・自然環境を再生し創造する個性豊かな人材を養成。
●**建築学専攻**　「住まいから都市まで築く創造力」と「建築・都市を設計」する力を養成。
●**都市工学専攻**　都市の未来を地球環境から人々の豊かな暮らしまで多様な視点で探求。
●**機械工学専攻**　領域を超えた総合的視点に立ってあらたな機械の創造をめざす。
●**精密工学専攻**　未到の精密領域へ臨むとともに，価値創造のための研究を行う。
●**航空宇宙工学専攻**　天空を開拓する情熱と知性を備えた人材を養成する。
●**電気系工学専攻**　新たな概念と先端科学技術を生むフロンティア精神を身につける。

●**物理工学専攻** 最先端の物理学から新しい学問と産業を切り拓いていく。
●**システム創成学専攻** 自然，社会と調和のとれた革新的システムの実現をめざす。
●**マテリアル工学専攻** 全工学に通じるマテリアルを基盤に教育・研究を行う。
●**応用化学専攻** 物質を自在にデザインし，新しい機能を創造する。
●**化学システム工学専攻** 化学を基盤にシステム的思考で永続的な社会の実現に貢献する。
●**化学生命工学専攻** 化学と生命のハイブリッド化による新たな物質と機能を創造。
●**原子力国際専攻** 国際的な展開を見せる原子力工学の研究・教育を推進する。
●**バイオエンジニアリング専攻** 物質・システムと生体との相互作用を解明・制御する。
●**技術経営戦略学専攻** 先端的科学技術を理解し，イノベーションを起こせる人材を養成。
専門職学位課程▶ ●**原子力専攻** 原子力産業界や安全規制行政において指導的役割を果たせる専門家を養成する。
博士後期課程▶ **社会基盤学専攻，建築学専攻，都市工学専攻，機械工学専攻，精密工学専攻，航空宇宙工学専攻，電気系工学専攻，物理工学専攻，システム創成学専攻，マテリアル工学専攻，応用化学専攻，化学システム工学専攻，化学生命工学専攻，先端学際工学専攻，原子力国際専攻，バイオエンジニアリング専攻，技術経営戦略学専攻**

情報理工学系研究科

院生数▶878名
修士課程▶ ●**コンピュータ科学専攻** 次世代情報科学技術のコンピュータ的側面の基礎を主な研究対象とする。
●**数理情報学専攻** 環境変化や技術革新に適応可能な数理情報モデルの構築と解析を行う。
●**システム情報学専攻** 情報学と物理学を駆使し，現象の解析を通じて新たな原理・方法論等を創出する。
●**電子情報学専攻** コンピュータ・情報処理技術の高度化と新技術創出をめざす。
●**知能機械情報学専攻** 自然や人間と調和する知的機械情報システムを創造的に構築する。
●**創造情報学専攻** 情報理工学における分野融合の中核として新たな情報分野を切り拓く。
博士後期課程▶ **コンピュータ科学専攻，数理情報学専攻，システム情報学専攻，電子情報学専攻，知能機械情報学専攻，創造情報学専攻**

理学系研究科

院生数▶1,476名
修士課程▶ ●**物理学専攻** 物理学のみならず科学の新たな地平線を切り拓く場所として存在することをめざす。
●**天文学専攻** 最新の地上望遠鏡や人工衛星の観測データなどを駆使し，多様な天体現象，宇宙の進化を解き明かす。
●**地球惑星科学専攻** 地球・惑星をキーワードに幅広い分野の研究を行う。
●**化学専攻** 壮大な物質世界や生命世界を分子レベルで探索・研究する。
●**生物科学専攻** ミクロな分子レベルの共通基盤から生物多様性を重視したマクロ生物科学までを広くカバーし研究する。
博士課程▶ **物理学専攻，天文学専攻，地球惑星科学専攻，化学専攻，生物科学専攻**

数理科学研究科

院生数▶167名
修士課程▶ ●**数理科学専攻** 数学・数理科学に関する体系的な知識と高度な研究能力を修得し，第一線で活躍できる研究者，国際的に活躍できる創意ある人材を養成する。
博士後期課程▶ **数理科学専攻**

農学生命科学研究科

院生数▶1,067名
修士課程▶ ●**生産・環境生物学専攻** 生命，環境，生物生産等の科学分野の知識を基礎に，食料・環境問題に対処できる人材を送り出す。
●**応用生命化学専攻** 化学・生物学を基盤に，生命現象解明と環境問題などの解決をめざす。
●**応用生命工学専攻** 日本の伝統的な発酵・醸造技術を源流に新領域との融合を研究。

●**森林科学専攻**　森林の自然の営みや持続的管理に関わる基礎的・応用的課題を解決する。
●**水圏生物科学専攻**　水圏生物の持続的利用と生態系保全に関する教育・研究を行う。
●**農業・資源経済学専攻**　農業，食料，資源，開発等の諸課題を分析・研究していく。
●**生物・環境工学専攻**　地球・自然環境保全と生物資源の持続的利用の課題に臨む。
●**生物材料科学専攻**　持続的環境共生社会の構築のため，基礎科学・応用技術を追究。
●**農学国際専攻**　人類の生存を支える食料生産と生物圏保全を基盤とした研究を行う。
●**生圏システム学専攻**　生態系の仕組みを解明し，人間社会と自然環境の調和をめざす。
●**応用動物科学専攻**　哺乳類を主対象とし，動物の生命現象を探求・研究する。
4年制博士課程　●**獣医学専攻**　動物の生命現象の解明，病態の解明と克服，公衆衛生向上を担う人材の育成をめざす。
博士後期課程　**生産・環境生物学専攻，応用生命化学専攻，応用生命工学専攻，森林科学専攻，水圏生物科学専攻，農業・資源経済学専攻，生物・環境工学専攻，生物材料科学専攻，農学国際専攻，生圏システム学専攻，応用動物科学専攻**

薬学系研究科

院生数▶375名
修士課程　●**薬科学専攻**　化学・物理・生物系など広範な薬学分野をリードする創薬科学研究者，基礎生命科学研究者を養成する。
4年制博士課程　●**薬学専攻**　実践的な研究能力を有する優れた先導的薬剤師，医療行政従事者，創薬開発・研究者を養成する。
博士後期課程　薬科学専攻

医学系研究科

院生数▶1,096名
修士課程　●**健康科学・看護学専攻**　発達支援・健康増進，疾病の予防と回復，支援環境整備に寄与する研究を推進。実践分野の向上を目的に保健師，看護師の2コースも設置。
●**国際保健学専攻**　環境，遺伝，感染症，保健計画などの分野で国際的研究を行う。
●**医科学専攻**　大学での学部・専攻を問わず，医学の基礎的分野の研究者・教育者を養成。
専門職学位課程　●**公共健康医学専攻**　国民や地域住民，患者も含めた広範な人々の健康維持，増進，回復とQOLの改善において指導的，実践的役割を果たす人材を育成。
4年制博士課程　●**分子細胞生物学専攻**　細胞生物学・解剖学，生化学・分子生物学の2講座と臨床ゲノム情報学，脂質医科学，がん細胞情報学の連携講座。
●**機能生物学専攻**　生理学と薬理学の2講座と連携講座。
●**病因・病理学専攻**　病理学，微生物学，免疫学の3講座と，腫瘍病理学，感染病態学，分子腫瘍学の連携講座がある。
●**生体物理医学専攻**　放射線医学，医用生体工学の2講座。
●**脳神経医学専攻**　基礎神経医学，統合脳医学，臨床神経精神医学の3講座と神経動態医科学の連携講座。
●**社会医学専攻**　社会予防医学，法医学医療情報経済学の2講座とがん政策科学，がん疫学，がんコミュニケーション学の連携講座。
●**内科学専攻**　器官病態内科学，生体防御腫瘍内科学，病態診断医学の3講座と分子糖尿病学の連携講座。
●**生殖・発達・加齢医学専攻**　産婦人科学，小児医学，加齢医学の3講座と成育政策科学，健康長寿医学の連携講座。
●**外科学専攻**　臓器病態外科学，感覚・運動機能医学，生体管理医学の3講座。
博士後期課程　**健康科学・看護学専攻，国際保健学専攻**

東京医科歯科大学

資料請求

問合せ先 入試課学部入試係☎03-5803-5084

大学の理念

1928（昭和３）年に東京高等歯科医学校として設立，1946（昭和21）年に現校となる。医学・歯学・保健衛生・口腔保健からなる医歯学系総合大学として「知と癒しの匠を創造し，人々の幸福に貢献する」ことを理念とし，幅広い教養と豊かな人間性，高い倫理観，自ら考え解決する創造性と開拓力，国際性と指導力を備えた人材を育成するため，優秀な教員と最高の設備，そして世界水準のカリキュラムを構築。2020年指定国立大学法人の指定を受け，トータル・ヘルスケアを実現するイノベーションを生み出すべく，自由な発想，科学的正しさ，社会的インパクトのある研究を推進。さらに，次世代の研究者育成をめざして成長をサポートする。2024年度中に東京工業大学と統合予定。統合後の新大学名称は「東京科学大学」。

- **湯島キャンパス**………〒113-8510　東京都文京区湯島1-5-45
- **国府台キャンパス**……〒272-0827　千葉県市川市国府台2-8-30

基本データ

学生数▶1,483名（男602名，女881名）
専任教員数▶教授167名，准教授141名，講師124名
設置学部▶医，歯
併設教育機関▶大学院―医歯学総合（M・D）・保健衛生学（D）

就職・卒業後の進路

就職率 **99.6**%
就職者÷希望者×100

●**就職支援**　学生・女性支援センターおよび学生支援室が学生生活全般にわたる支援活動の充実，男女共同参画・ダイバーシティ推進を担っており，就職支援も行っている。キャリアカウンセラーによる相談室を開設し，カウンセリングや各種セミナーを開催するなど持続的なキャリア形成を支援している。就職ガイダンス，業界研究会，面接実践講座，グループディスカッション講座などの学内就職支援イベントを企画するほか，学外就職支援イベントの情報，OB・OG情報の閲覧や紹介，就職活動体験談（採用試験の情報や，就職活動をすすめるためのアドバイス）の閲覧，企業情報の案内などを提供している。

進路指導者も必見 学生を伸ばす 面倒見

初年次教育	学修サポート
レポート・論文の書き方，プレゼン技法，ITの基礎技術，情報収集や資料整理の方法を学ぶほか，論理的思考や問題発見・解決能力の向上を図っている	全学部でTA制度，オフィスアワー制度，医学部で教員1人が学生約12人を担当する教員アドバイザー制度を導入。また医学科では2～6年生を縦断的に10人程度のグループとし，担任教授が縦断チュートリアルを年2回実施

オープンキャンパス(2022年度実績) 7月にオンラインオープンキャンパスを開催。事前申込制。学部学科の説明，模擬授業，模擬実習など。実施したプログラムの一部は動画で配信(9～12月)。

理系学部

2022年３月卒業生
268人

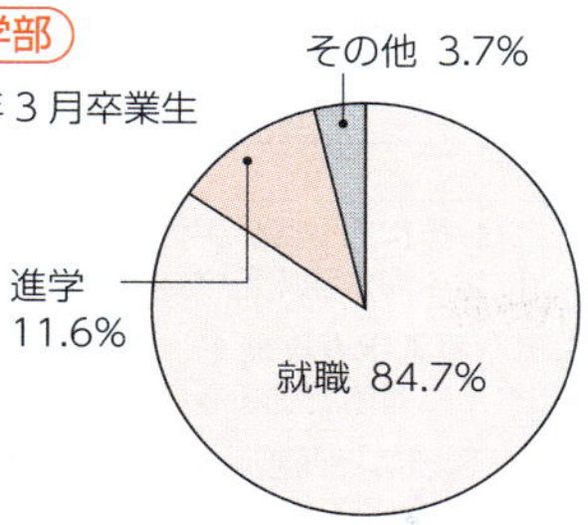

※就職には医学科の初期臨床研修医と歯学科の臨床研修歯科医を含む。

主なOB・OG▶［医］鎌田實(医師・作家)，［医］影山任佐(医学者・精神科医)，［歯］飯田順一郎(歯科医師・歯学者)，［歯］久光久(歯科医師・歯学者)，［医］高階恵美子(衆議院議員)など。

国際化・留学

大学間 13 大学等・部局間 72 大学等

受入れ留学生数▶14名(2022年5月1日現在)

留学生の出身国・地域▶中国，韓国，台湾など。

外国人専任教員▶教授１名，准教授２名(2022年５月１日現在)

外国人専任教員の出身国▶アメリカ，中国。

大学間交流協定▶13大学・機関（交換留学先４大学，2022年９月20日現在)

部局間交流協定▶72大学・機関（交換留学先21大学，2022年９月20日現在)

海外への留学生数▶渡航型２名・オンライン型206名／年（12カ国・地域，2021年度)

海外留学制度▶医学部医学科４年次に授業の一環で設定されている約６カ月の学生海外基礎医学実習（プロジェクトセメスター）や歯学部歯学科４年次の約３カ月の研究コース「歯学科研究実習」のほか，全学科を対象に現地の医療制度や研究室の視察，臨床実習，学生交流を目的とした１週間～３カ月の短期海外研修などを実施。成績優秀者には「学部学生海外研修奨励賞」も用意されている。

学費・奨学金制度

給付型奨学金総額 年間約 160 万円

入学金▶282,000円

年間授業料(施設費等を除く)▶642,960円

年間奨学金総額▶1,596,000円

年間奨学金受給者数▶７人

主な奨学金制度▶研究者早期育成コース(MD—PhD，DDS—PhD）に進学する学生対象の奨学金や，学部学生対象の「修学支援基金」のほか，医学部生を対象に月額10万円を貸与（免除有）する「研究者養成コース進学生対象奨学金」などを設置。また，学費減免制度があり，2021年度は90人を対象に総額約1,750万円を減免している。

保護者向けインフォメーション

● **成績確認**　歯学科で成績表を郵送。医学科では留年した学生の再履科目等の情報を保護者に通知している。

● **保護者会**　保護者説明会を開催。

● **防災対策**　入学時に「大規模地震ポケットマニュアル」，「文京区防災対策（外国語版)」を配布。被災した際の学生の安否は，大学独自の安否システムを利用して確認。

● **コロナ対策１**　ワクチンの職域接種を実施。感染状況に応じた５段階のBCP（行動指針）を設定。「コロナ対策２」（下段）あり。

インターンシップ科目	必修専門ゼミ	卒業論文	GPA制度の導入の有無および活用例	１年以内の退学率	標準年限での卒業率
全学部で開講している	全学部で実施（開講年次は学科により異なる)	医・歯学科を除き卒業要件	奨学金や授業料免除対象者の選定基準，留学候補者の選考のほか，一部の学部で個別の学修指導に活用	0％	83.7%(４年制) 83.2%(６年制)

● **コロナ対策２**　大学・講義室入口での検温と消毒を実施。講義室の収容人数を調整し，対面授業とオンライン授業を併用。学部１年生を対象に在学生を交えてのオンライン交流会を実施。学生寮では入寮月までの寮費を免除。

学部紹介

学部／学科	定員	特色
医学部		
医	101	▷診療参加型臨床実習を導入。ハーバード大学の学生とともに学ぶ海外臨床留学などを実施し，国際性を磨く機会を創出。
保健衛生	90	▷〈看護学専攻55名，検査技術学専攻35名〉あらゆる健康レベルに対応できる看護師と臨床検査技師の育成をめざす。
● 取得可能な資格…教職（養護二種），医師・看護師・保健師・臨床検査技師受験資格など。 ● 進路状況…………［医］初期臨床研修医98.2%　就職1.8%　［保健衛生］就職73.8%　進学26.3% ● 主な就職先………東京医科歯科大学病院，東京大学医学部附属病院，土浦協同病院など。		
歯学部		
歯	53	▷国際的視野から歯科医学・医療の向上に貢献する。
口腔保健	32	▷〈口腔保健衛生学専攻22名，口腔保健工学専攻10名〉口腔保健の総合的・科学的研究を行い，その成果を社会に還元。
● 取得可能な資格…歯科医師・歯科衛生士・歯科技工士受験資格など。 ● 進路状況…………［歯］臨床研修歯科医81.0%　［口腔保健］就職63.6%　進学30.3% ● 主な就職先………東京医科歯科大学病院，東京大学医学部附属病院，地方公務員，キヤノンなど。		

▶キャンパス

医・歯……［湯島キャンパス］東京都文京区湯島1-5-45
教養部（全学部１年次）……［国府台キャンパス］千葉県市川市国府台2-8-30

2023年度入試要項（前年度実績）

●募集人員

学部／学科（専攻）	前期	後期
▶医　医	69	10
保健衛生（看護学）	35	—
（検査技術学）	20	7
▶歯　歯	33	15
口腔保健（口腔保健衛生学）	20	—
（口腔保健工学）	8	—

●２段階選抜

前期の医学部医学科，歯学部歯学科は募集人員の約４倍，後期の医学科は約12倍，歯学科は約６倍で行う。

▷共通テストの英語はリスニングを含む。

医学部

前期　**【医学科】［共通テスト(180)］** **7科目** ①国(40)　②外(40・英〈R30＋L10〉)▶英・独・仏・中・韓から１　③**地歴・公民**(20)▶世Ｂ・日Ｂ・地理Ｂ・「倫・政経」から１　④⑤**数**(20×2)▶「数Ⅰ・数Ａ」・「数Ⅱ・数Ｂ」　⑥⑦**理**(20×2)▶物・化・生から２

［個別学力検査(360)］ **5科目** ①**外**(120)▶コミュ英Ⅰ・コミュ英Ⅱ・コミュ英Ⅲ　②**数**(120)▶数Ⅰ・数Ⅱ・数Ⅲ・数Ａ・数Ｂ（数列・ベク）　③④**理**(60×2)▶「物基・物」・「化基・化」・「生基・生」から２　⑤**面接**(総合評価)

【保健衛生学科〈看護学専攻〉】［共通テスト(560)］ **7科目** ①**国**(140)　②**外**(140・英〈R105＋L35〉)▶英・独・仏・中・韓から１　③**地歴・公民**(70)▶世Ａ・世Ｂ・日Ａ・日Ｂ・地理Ａ・地理Ｂ・現社・倫・政経・「倫・政経」から１　④⑤**数**(70×2)▶「数Ⅰ・数Ａ」・「数Ⅱ・数Ｂ」　⑥⑦**理**(35×2)▶「物基・化基・生基から２」または「物・化・生から２」

［個別学力検査(300)］ **3科目** ①**外**(120)▶コミュ英Ⅰ・コミュ英Ⅱ・コミュ英Ⅲ　②**小論文**(180)　③**面接**(総合評価)

【保健衛生学科〈検査技術学専攻〉】［共通テスト(720)］ **7科目** ①**国**(160)　②**外**(160・英〈R120＋L40〉)▶英・独・仏・中・韓から１　③**地歴・公民**(80)▶世Ｂ・日Ｂ・地理Ｂ・「倫・政経」から１　④⑤**数**(80×2)▶「数Ⅰ・数

キャンパスアクセス［湯島キャンパス］JR中央線―御茶ノ水より徒歩約２分，東京メトロ丸ノ内線―御茶ノ水よりすぐ／東京メトロ千代田線―新御茶ノ水より徒歩約7分

Ａ」・「数Ⅱ・数Ｂ」⑥⑦**理**(80×2)▶物・化・生から２

[個別学力検査(360)] **5**科目 ①**外**(120)▶コミュ英Ⅰ・コミュ英Ⅱ・コミュ英Ⅲ ②**数**(120)▶数Ⅰ・数Ⅱ・数Ⅲ・数Ａ・数Ｂ（数列・ベク）③④**理**(60×2)▶「物基・物」・「化基・化」・「生基・生」から２ ⑤**面接**(総合評価)

後期 **【医学科・保健衛生学科〈検査技術学専攻〉】[共通テスト(500)]** **6**科目 ①**国**(125) ②**外**(125・英〈R93.75＋L31.25〉)▶英・独・仏・中・韓から１ ③④**数**(62.5×2)▶「数Ⅰ・数Ａ」・「数Ⅱ・数Ｂ」⑤⑥**理**(62.5×2)▶物・化・生から２

[個別学力検査(200)] **2**科目 ①**小論文**(100) ②**面接**(100)

歯学部

前期 **【歯学科】[共通テスト(180)]** **7**科目 ①**国**(40) ②**外**(40・英〈R30＋L10〉)▶英・独・仏・中・韓から１ ③**地歴・公民**(20)▶世Ｂ・日Ｂ・地理Ｂ・「倫・政経」から１ ④⑤**数**(20×2)▶「数Ⅰ・数Ａ」・「数Ⅱ・数Ｂ」⑥⑦**理**(20×2)▶物・化・生から２

[個別学力検査(360)] **5**科目 ①**外**(120)▶コミュ英Ⅰ・コミュ英Ⅱ・コミュ英Ⅲ ②**数**(120)▶数Ⅰ・数Ⅱ・数Ⅲ・数Ａ・数Ｂ（数列・ベク）③④**理**(60×2)▶「物基・物」・「化基・化」・「生基・生」から２ ⑤**面接**(総合評価)

【口腔保健学科〈口腔保健衛生学専攻〉】[共通テスト(560)] **7**科目 ①**国**(140) ②**外**(140・英〈R105＋L35〉)▶英・独・仏・中・韓から１ ③**地歴・公民**(70)▶世Ａ・世Ｂ・日Ａ・日Ｂ・地理Ａ・地理Ｂ・現社・倫・政経・「倫・政経」から１ ④⑤**数**(70×2)▶「数Ⅰ・数Ａ」・「数Ⅱ・数Ｂ」⑥⑦**理**(35×2)▶「物基・化基・生基から２」または「物・化・生から２」

[個別学力検査(300)] **3**科目 ①**外**(120)▶コミュ英Ⅰ・コミュ英Ⅱ・コミュ英Ⅲ ②**小論文**(180) ③**面接**(総合評価)

【口腔保健学科〈口腔保健工学専攻〉】[共通テスト(580)] **7**科目 ①**国**(140) ②**外**(180・英〈R135＋L45〉)▶英・独・仏・中・韓から１ ③**地歴・公民**(60)▶世Ａ・世Ｂ・日Ａ・日Ｂ・地理Ａ・地理Ｂ・現社・倫・政経・「倫・政経」から１ ④⑤**数**(60×2)▶「数Ⅰ・数Ａ」・「数Ⅱ・数Ｂ」⑥⑦**理**(40×2)▶「物基・化基・生基から２」または「物・化・生から２」

[個別学力検査(300)] **3**科目 ①**実技**(100) ②**小論文**(100) ③**面接**(100)

後期 **【歯学科】[共通テスト(500)]** **6**科目 ①**国**(125) ②**外**(125・英〈R93.75＋L31.25〉)▶英・独・仏・中・韓から１ ③④**数**(62.5×2)▶「数Ⅰ・数Ａ」・「数Ⅱ・数Ｂ」⑤⑥**理**(62.5×2)▶物・化・生から２

[個別学力検査(200)] **2**科目 ①**小論文**(100) ②**面接**(100)

その他の選抜

特別選抜Ⅰ（学校推薦型選抜，国際バカロレア選抜），特別選抜Ⅱ（帰国生選抜），私費外国人留学生特別選抜，地域特別枠推薦選抜（医学部医学科）。

偏差値データ（2023年度）

●一般選抜

学部／学科／専攻	2023年度 駿台予備学校 合格目標ライン	2023年度 河合塾 ボーダー得点率	2023年度 河合塾 ボーダー偏差値	'22年度 競争率
●前期				
▶医学部				
医	73	86%	70	2.8
保健衛生／看護学	54	68%	60	1.7
／検査技術学	54	68%	55	2.2
▶歯学部				
歯	59	72%	62.5	2.9
口腔保健／口腔保健衛生学	51	62%	52.5	1.6
／口腔保健工学	50	58%	—	1.5
●後期				
▶医学部				
医	74	89%	—	2.4
保健衛生／検査技術学	53	70%	—	新
▶歯学部				
歯	59	75%	—	2.1

- 駿台予備学校合格目標ラインは合格可能性80％に相当する駿台模試の偏差値です。
- 河合塾ボーダー得点率は合格可能性50％に相当する共通テストの得点率です。また，ボーダー偏差値は合格可能性50％に相当する河合塾全統模試の偏差値です。
- 競争率は受験者÷合格者の実質倍率
- 後期の医学部医学科，歯学部歯学科は２段階選抜を実施。

東京外国語大学

とうきょうがいこくご

資料請求

問合せ先 学務部入試課　☎042-330-5179

大学の理念

江戸末期に幕府が設けた洋学の研究機関「蕃書調所」に起源を発する日本を代表する外国語大学。古くは岡倉天心，二葉亭四迷，中原中也らもここで学んだ。教育の基本方針（グランドデザイン）は，「地球社会化時代の未来を拓く教育研究の拠点大学をめざす」。15地域28言語の教育体制を備えるほか，主専攻語以外で約50言語の授業を開講している。単に「外国語」を教えるだけでなく，世界の言語・文化・社会に関する複合的，横断的な研究教育を実践している。全学生に向けて英語の能力を高めるプログラムも用意されている。在学中に約８割の学生が留学を体験。高度な言語運用能力と地球社会化時代を生きるために必要な基礎的教養，専門知識を身につけ，国内外で言語間・文化間の架け橋となり，新たな価値観の創成に寄与する人材を養成する。

● 府中キャンパス…〒183-8534　東京都府中市朝日町3-11-1

基本データ

学生数 ▶ 3,606名（男1,268名，女2,338名）
専任教員数 ▶ 教授108名，准教授79名，講師41名
設置学部 ▶ 言語文化，国際社会，国際日本
併設教育機関 ▶ 大学院（P.1273参照）

就職・卒業後の進路

就職率 **92.6**%
就職者÷希望者×100

● **就職支援**　グローバル・キャリア・センターが中心となって，学生の主体的な進路選択，職業選択を支援するため，１・２年生から参加できる単位認定インターンシップやキャリアデザイン科目を多数用意し，キャリアを考える機会を提供するほか，各種ガイダンス，セミナー，ワークショップ，学内企業説明会，外交官等国家・地方公務員プログラムなど数多くのイベントを実施している。専任のキャリア・アドバイザーが進路選択，就職活動，面接対策などについての個別相談にも応じている。同窓会の「東京外語会」も，企業で活躍中のOB・OGを紹介するなど積極的な支援を実施している。小規模な大学ならではの学生一人ひとりに対するきめ細かいサービスが特徴。

進路指導者も必見 学生を伸ばす 面倒見

初年次教育	学修サポート
自校教育などの帰属意識を醸成する「歴史の中の日本を知る」，大学で学ぶための基礎的な技能や論理的思考方法，ITの基礎技術を修得する「基礎リテラシー」「基礎演習」「AI・データサイエンス」などの科目を開講	全学部でTA制度，オフィスアワー制度を導入。さらに，ライティング・サポートなどを行う英語学習支援センターを設置。アカデミックサポートでは教員・大学院生のスタッフが常駐し，履修や学修の支援をしている

オープンキャンパス（2022年度実績）　7月23・24日にオンライン（事前申込制），31日にオフライン（完全予約制）で開催。各学部，専攻言語，専攻地域等を紹介する動画ポータルサイトも公開。

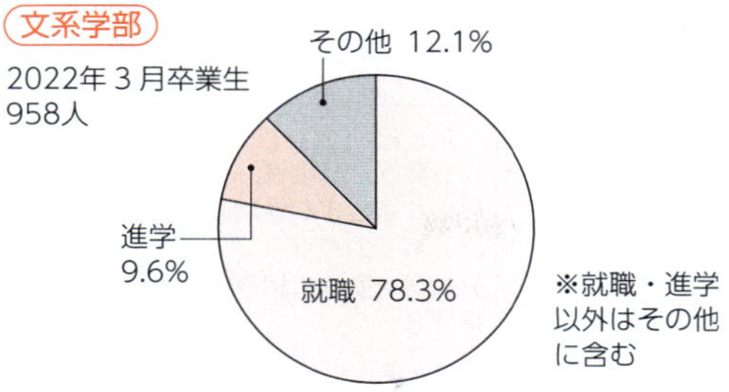

主なOB・OG ▶ ［旧外国語］大久保好男（日本テレビホールディングス会長），［旧外国語］島田雅彦（小説家），［旧外国語］鈴木亮平（俳優），［旧外国語］夏目三久（フリーアナウンサー）

国際化・留学　大学間 223 大学等・部局間 13 大学等

受入れ留学生数 ▶ 174名（2022年５月１日現在）
留学生の出身国 ▶ 中国，韓国，インドネシア，ロシア，ブラジルなど。
外国人専任教員 ▶ 教授８名，准教授19名，講師16名（2022年５月１日現在）
外国人専任教員の出身国 ▶ 韓国，中国，アメリカ，インド，タイなど。
大学間交流協定 ▶ 223大学・機関（交換留学先173大学，2022年５月１日現在）
部局間交流協定 ▶ 13大学・機関（2022年5月1日現在）
海外への留学生数 ▶ 渡航型310名・オンライン型199名／年（62カ国・地域，2021年度）
海外留学制度 ▶ 大学間交流協定校へ３カ月～１年留学する交換（派遣）留学は，留学先の授業料免除，単位認定可。英語圏の大学へ応募する場合，選考書類として英語能力試験（TOEFLやIELTS）のスコアの提出が必要。ショートビジット（短期留学）は，夏学期と冬学期に，交流協定校実施のサマースクールなどに参加するもので，単位も認定される。ほかに，協定校との共同教育や海外での学修体験を目的にしたスタディツアー「ムンバイ（インド）でスラムとソーシャルワークを学ぶ」「国連の活動とキャリア：国連見学」や，長期インターンシップなども実施。コンソーシアムはCAAS，GAFSUなど５団体に参加。

学費・奨学金制度

入学金 ▶ 282,000円
年間授業料（施設費等を除く）▶ 535,800円
主な奨学金制度 ▶「東京外語会奨学金」は，人物および学業成績等に優れ，家計基準を満たしている学部３年次生を対象に学資の援助として，月額３万円を６カ月間支給。また，学費減免制度があり，2021年度には302人を対象に総額で約4,304万円を減免している。

保護者向けインフォメーション

● **成績確認**　成績表を郵送している。
● **保護者会**　例年，学部１年生の保護者を対象に保護者説明会を開催。
● **防災対策**　被災時の安否確認はメールを利用。
● **コロナ対策**　ワクチンの職域接種を実施。学生への経済的支援として，フードパントリー，100円朝食，100円弁当，食券配布などを実施。

インターンシップ科目	必修専門ゼミ	卒業論文	GPA制度の導入の有無および活用例	１年以内の退学率	標準年限での卒業率
開講していない	言語文化学部と国際社会学部は３・４年次，国際日本学部は４年次に実施	全学部で卒業要件	GPAに応じた履修上限単位数を設定するほか，大学院進学を予定する4年次生の大学院科目先取り履修要件として活用	0.4%	52.7%

学部紹介

学部／学科	定員	特色
言語文化学部		
言語文化	335	▷３年次から地域，超域の２コースのいずれかに所属し，世界のさまざまな地域の言語や文化を中心とする人間の営みを読み解く力を養う。入学時に選択した言語や英語，その他の外国語を多様に組み合わせ，４年間を通じて高いレベルで習得する。
●取得可能な資格…教職(英・独・仏・中・西など)。 ●進路状況…………就職76.8%　進学10.8% ●主な就職先………楽天グループ，日本タタ・コンサルタンシー・サービシズ，外務省，アクセンチュア，三菱UFJ信託銀行，郵船ロジスティクスなど。		
国際社会学部		
国際社会	335	▷１～２年次は学部共通の「世界教養プログラム」で入学時に選択した地域とその地域言語に関わる基礎的な内容や教養科目を学び，基礎的な教養を身につける。２年次後半から「地域社会研究」「現代世界論」「国際関係」の３コースに進学し，専門教育を学ぶ。
●取得可能な資格…教職(地歴・社)。 ●進路状況…………就職79.8%　進学8.5% ●主な就職先………楽天グループ，防衛省，外務省，PwCコンサルティング，国際交流基金，日本貿易振興機構，日本放送協会，味の素，住友化学など。		
国際日本学部		
国際日本	75	▷世界各地からの留学生と共に日本を学び，日本の，その先を考える。授業の多くは，プロジェクト主体のアクティブ・ラーニング。共通言語は英語と日本語，それぞれの運用能力を高めながら，「自分が追求したい日本」をテーマに学ぶ。また，充実した短期や長期留学プログラムにより学びの場は海外にも広がっている。
●取得可能な資格…教職(国)。 ●進路状況…………2019年度開設のため卒業生はいない。		

▶キャンパス

全学部……［府中キャンパス］ 東京都府中市朝日町3-11-1

2023年度入試要項(前年度実績)

●募集人員

学部／学科(言語・地域)	前期	後期	学校推薦型
▶言語文化　言語文化(英語)	36	—	5
(ドイツ語)	22	—	3
(ポーランド語) (チェコ語)	12	—	2
(フランス語)	22	—	3
(イタリア語)	12	—	2
(スペイン語)	25	—	3
(ポルトガル語)	11	—	2
(ロシア語)	21	—	3
(ロシア語及びウズベク語) (モンゴル語)	9	—	2
(中国語)	23	—	3
(朝鮮語)	12	—	2
(インドネシア語) (マレーシア語) (フィリピン語)	19	—	3
(タイ語) (ラオス語) (ベトナム語) (カンボジア語) (ビルマ語)	23	—	5

 キャンパスアクセス ［府中キャンパス］ 西武多摩川線―多磨より徒歩5分／京王線―飛田給よりバスで約7分

	(ウルドゥー語) (ヒンディー語) (ベンガル語)	19	—	3
	(アラビア語) (ペルシア語) (トルコ語)	24	—	4
▶国際社会	国際社会 (北西ヨーロッパ／北アメリカ)	20	5	2
	(中央ヨーロッパ)	28	6	2
	(西南ヨーロッパ)	27	8	2
	(イベリア／ラテンアメリカ)	29	7	3
	(ロシア)	17	3	2
	(中央アジア)	13		
	(東アジア)	30	7	3
	(東南アジア第１)	15	4	2
	(東南アジア第２)	22	4	2
	(南アジア)	15	4	2
	(中東)	19	5	2
	(アフリカ)	10	3	2
	(オセアニア)	9	—	1
▶国際日本	国際日本	35	—	10

● **２段階選抜**　実施しない

▷共通テストの英語はリスニングを含む。

言語文化学部

前期　[共通テスト(450)]　7〜6科目　①国(100)　②**外**(150・英〈R75＋L75〉)▶英・独・仏・中・韓から１　③④**数**(50×2)▶「数Ⅰ・〈数Ⅰ・数Ａ〉から１」・「数Ⅱ・〈数Ⅱ・数Ｂ〉・簿・情から１」　⑤⑥⑦**地歴・公民・理**(50×2)▶「世Ａ・世Ｂ・日Ａ・日Ｂ・地理Ａ・地理Ｂから１」・「現社・倫・政経・〈倫・政経〉から１」・「〈物基・化基・生基・地学基から２〉・物・化・生・地学から１」から２

[個別学力検査(400)]　2科目　①**外**(250＋スピーキング50)▶英(リスニングを含む)・英語スピーキング　②**地歴**(100)▶世・日から１

学校推薦型　[共通テスト]　課さない。

[個別学力検査]　2科目　①**小論文**　②**面接**

※第１次選考―書類審査，第２次選考―小論文および面接の結果を総合して判定。

国際社会学部

前期　[共通テスト(450)]　7〜6科目　①国(100)　②**外**(150・英〈R75＋L75〉)▶英・独・仏・中・韓から１　③④**数**(50×2)▶「数Ⅰ・〈数Ⅰ・数Ａ〉から１」・「数Ⅱ・〈数Ⅱ・数Ｂ〉・簿・情から１」　⑤⑥⑦**地歴・公民・理**(50×2)▶「世Ａ・世Ｂ・日Ａ・日Ｂ・地理Ａ・地理Ｂから１」・「現社・倫・政経・〈倫・政経〉から１」・「〈物基・化基・生基・地学基から２〉・物・化・生・地学から１」から２

[個別学力検査(400)]　2科目　①**外**(250＋スピーキング50)▶英(リスニングを含む)・英語スピーキング　②**地歴**(100)▶世・日から１

後期　[共通テスト(500)]　3科目　①国(200)　②**外**(200・英〈R100＋L100〉)▶英・独・仏・中・韓から１　③**地歴・公民・数**(100)▶世Ｂ・日Ｂ・地理Ｂ・「倫・政経」・数Ⅰ・「数Ⅰ・数Ａ」・数Ⅱ・「数Ⅱ・数Ｂ」・簿・情から１

[個別学力検査(200)]　1科目　①**小論文**(200)▶英語の課題文に日本語で解答

学校推薦型　[共通テスト]　課さない。

[個別学力検査]　2科目　①**小論文**　②**面接**

※第１次選考―書類審査，第２次選考―小論文および面接の結果を総合して判定。

国際日本学部

前期　[共通テスト(450)]　7〜6科目　①国(100)　②**外**(150・英〈R75＋L75〉)▶英・独・仏・中・韓から１　③④**数**(50×2)▶「数Ⅰ・〈数Ⅰ・数Ａ〉から１」・「数Ⅱ・〈数Ⅱ・数Ｂ〉・簿・情から１」　⑤⑥⑦**地歴・公民・理**(50×2)▶「世Ａ・世Ｂ・日Ａ・日Ｂ・地理Ａ・地理Ｂから１」・「現社・倫・政経・〈倫・政経〉から１」・「〈物基・化基・生基・地学基から２〉・物・化・生・地学から１」から２

[個別学力検査(400)]　2科目　①**外**(250＋スピーキング50)▶英(リスニングを含む)・英語スピーキング　②**地歴**(100)▶世・日から１

学校推薦型　[共通テスト]　課さない。

[個別学力検査]　2科目　①**小論文**　②**面接**

※第１次選考―書類審査，第２次選考―小論文および面接の結果を総合して判定。

その他の選抜

帰国生等特別推薦選抜，国際日本学部は日本留学試験利用選抜，海外高校推薦選抜を実施。

偏差値データ（2023年度）

●一般選抜

＊共通テスト・個別計／満点

学部／学科／言語・地域	2023年度 駿台予備学校 合格目標ライン	2023年度 河合塾 ボーダー得点率	2023年度 河合塾 ボーダー偏差値	2022年度実績 募集人員	受験者数	合格者数	合格最低点＊	競争率 '21年	競争率 '20年
●前期									
言語文化学部									
言語文化／英語	62	73%	65	36	67	42	604.0/850	1.6	1.8
／ドイツ語	60	69%	62.5	22	41	27	572.5/850	1.5	2.2
／ポーランド語・チェコ語	58	69%	62.5	12	26	13	583.0/850	2.0	1.8
／フランス語	60	72%	65	22	47	24	634.5/850	2.0	2.5
／イタリア語	60	74%	65	12	32	12	634.0/850	2.7	2.9
／スペイン語	61	70%	65	25	67	30	632.5/850	2.2	1.7
／ポルトガル語	59	70%	65	11	48	13	622.5/850	3.7	2.3
／ロシア語	59	72%	60	21	44	24	563.0/850	1.8	1.8
／ロシア語及びウズベク語・モンゴル語	55	68%	62.5	9	37	12	565.5/850	3.1	3.5
／中国語	58	70%	62.5	23	42	25	599.5/850	1.7	2.3
／朝鮮語	57	74%	65	12	37	12	629.0/850	3.1	4.4
／インドネシア語・マレーシア語・フィリピン語	57	68%	62.5	19	101	24	609.5/850	4.2	2.4
／タイ語・ラオス語・ベトナム語・カンボジア語・ビルマ語	56	68%	60	23	50	29	556.5/850	1.7	2.9
／ウルドゥー語・ヒンディー語・ベンガル語	56	68%	60	19	58	24	571.0/850	2.4	3.5
／アラビア語・ペルシア語・トルコ語	57	68%	60	24	52	27	583.0/850	1.9	1.9
国際社会学部									
国際社会／北西ヨーロッパ・北アメリカ	63	74%	65	20	50	26	651.5/850	1.9	2.3
／中央ヨーロッパ	62	76%	62.5	28	54	29	625.0/850	1.9	1.3
／西南ヨーロッパ	61	72%	65	27	56	34	633.5/850	1.6	1.7
／イベリア・ラテンアメリカ	62	74%	65	29	73	33	624.0/850	2.2	1.3
／ロシア	60	69%	60	17	36	21	582.5/850	1.7	2.6
／中央アジア	55	68%	65	13	51	15	615.0/850	3.4	2
／東アジア	58	72%	60	30	53	35	628.5/850	1.5	2.2
／東南アジア1	57	70%	65	15	38	19	608.0/850	2.0	2.3

学部／学科／言語・地域	2023年度			2022年度実績					
	駿台予備学校	河合塾						競争率	
	合格目標ライン	ボーダー得点率	ボーダー偏差値	募集人員	受験者数	合格者数	合格最低点*	'21年	'20年
／東南アジア2	56	68%	65	22	45	24	589.0/850	1.9	2.8
／南アジア	56	68%	62.5	15	46	17	602.5/850	2.7	2.4
／中東	58	71%	62.5	19	37	21	622.5/850	1.8	1.5
／アフリカ	58	75%	62.5	10	21	13	631.0/850	1.6	2.6
／オセアニア	60	71%	60	9	19	9	605.5/850	2.1	3.2
国際日本学部									
国際日本	59	74%	62.5	35	117	45	618.0/850	2.6	1.5
●後期									
国際社会学部									
国際社会／北西ヨーロッパ・北アメリカ	64	86%	—	5	52	8	574.0/700	6.5	4.3
／中央ヨーロッパ	63	84%	—	6	26	8	542.0/700	3.3	3.8
／西南ヨーロッパ	62	88%	—	8	52	12	537.0/700	4.3	3.2
／イベリア・ラテンアメリカ	63	80%	—	7	74	10	550.0/700	7.4	2.7
／ロシア・中央アジア	61	88%	—	3	19	5	507.0/700	3.8	3.8
／東アジア	59	84%	—	7	65	7	558.0/700	9.3	2.9
／東南アジア1	58	80%	—	4	35	5	547.0/700	7.0	7.3
／東南アジア2	57	84%	—	4	46	4	—/700	11.5	5.2
／南アジア	57	80%	—	4	48	7	552.0/700	6.9	4.8
／中東	59	80%	—	5	30	7	534.0/700	4.3	2.8
／アフリカ	59	86%	—	3	21	3	—/700	7.0	3.3

●駿台予備学校合格目標ラインは合格可能性80%に相当する駿台模試の偏差値です。 ●競争率は受験者÷合格者の実質倍率
●河合塾ボーダー得点率は合格可能性50%に相当する共通テストの得点率です。
また，ボーダー偏差値は合格可能性50%に相当する河合塾全統模試の偏差値です。
※合格最低点には追試験合格者のデータは含まれていません。

併設の教育機関　大学院

総合国際学研究科

教員数▶110名
院生数▶538名

博士前期課程▶ **●世界言語社会専攻** 「言語文化」「国際社会」「Peace and Conflict Studies（10月入学)」の３コース。世界諸地域の言語・文化・社会や国際社会を，複合的・総合的にとらえる視点から研究し，地球社会化時代にふさわしい多言語グローバル人材を養成する。

●国際日本専攻 「国際日本」「日本語教育リカレント（１年コース・10月入学)」の２コース。世界の諸言語の中での日本語・日本語教育，日本文化と日本社会を比較の視座を持って研究し，日本についての客観的な視座を持つ人材を養成する。

博士後期課程▶ **世界言語社会専攻，国際日本専攻，共同サステイナビリティ研究専攻**

国立大学　東　京

東京海洋大学

資料請求

問合せ先　入試課入試第一係　☎03-5463-0510

大学の理念

海洋の研究・教育に特化した日本で唯一の“海洋の総合大学”。目標とする大学像は，「海洋分野において国際的に活躍する産官学のリーダーを輩出する世界最高水準の卓越した大学」。1875年設立の東京商船大学と1888年設立の東京水産大学が，2003年に統合された。それぞれ歴史を誇る両大学の伝統と個性・特徴を継承しつつ，海を知り，守り，利用するための研究・教育の中心拠点として時代の要請に応える新たな研究・教育分野を展開。ボローニャ・プロセス，ワシントン・アコードなどの国際的な基準を満たすカリキュラム編成，ポートフォリオの導入および教学IRの活用による学修状況の可視化，授業の英語化推進，国際交流の促進などに取り組みながら，国内外の海洋関連機関との連携を強化し，世界最高水準の教育研究拠点をめざしている。

- **品川キャンパス**……〒108-8477　東京都港区港南4-5-7
- **越中島キャンパス**…〒135-8533　東京都江東区越中島2-1-6

基本データ

学生数▶1,926名（男1,325名，女601名）
専任教員数▶教授125名，准教授78名，助教38名

設置学部▶海洋生命科，海洋工，海洋資源環境
併設教育機関▶大学院―海洋科学技術（M・D）　その他―海洋科学専攻科，乗船実習科

就職・卒業後の進路

就職率 **97.3**%
就職者÷希望者×100

●**就職支援**　就職希望者全員の就職を目標に，就職ガイダンスや企業セミナーなどを開催し最新の企業情報を提供するほか，個別相談にも対応。教員と「キャリア支援センター」の職員が連携し，きめ細かに支援する。さらに，高度専門職業人や先端領域を切り拓く研究者を育成する大学院への進学指導も行っている。

●**資格取得支援**　海洋生命科学部および海洋資源環境学部の卒業生に対しては，1年課程の海洋科学専攻科を置いており，また，海事システム工学科，海洋電子機械工学科・機関システム工学コースの卒業生に対しては，6カ月課程の乗船実習科が置かれている。いずれも三級海技士（航海または機関）の第一種養

進路指導者も必見　学生を伸ばす　面倒見

初年次教育
自校教育などの帰属意識を醸成する「概論」，レポート・論文の書き方，プレゼン技法，情報収集や資料整理の方法，論理的思考や問題発見・解決能力の向上を図る「日本語表現法」のほか，「情報リテラシー」「情報処理基礎論」を開講

学修サポート
全学部でTA制度，オフィスアワー制度のほか，学部学科ごとに複数名の教員が入学から卒業まで修学支援を行う学生支援教員制度を導入。さらに海洋工学部では，学生約3人に1人の指導教員がつき，修学に関する指導および助言を行っている

オープンキャンパス（2022年度実績）　夏と秋にオンライン（3学部）と対面（海洋工学部のみ）のハイブリッドで開催（事前申込制）。大学・学部・学科紹介，模擬講義の動画配信，教員や在学生によるライブ配信など。

成施設として国の登録を受けており，課程修了者は国家試験のうち筆記試験が免除される。

理系学部

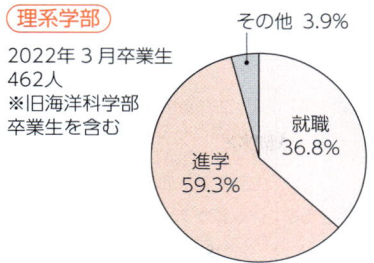

2022年３月卒業生
462人
※旧海洋科学部
卒業生を含む

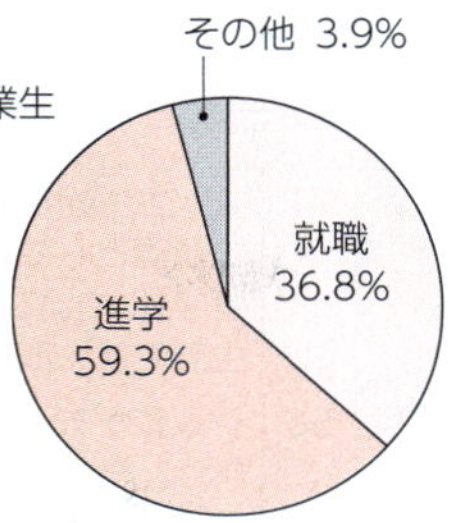

主なOB・OG▶［旧東京水産大］小野寺五典（衆議院議員），［旧東京水産大］山名宏和（放送作家），［旧東京水産大］近藤隆史（漫画家）など。

国際化・留学

大学間 126 大学等・部局間 2 大学

受入れ留学生数▶14名（2022年５月１日現在）
留学生の出身国▶中国，韓国，ペルーなど。
外国人専任教員▶教授８名，准教授１名（2022年９月28日現在）
外国人専任教員の出身国▶中国，ブラジル，ペルー，デンマーク，ブルガリアなど。
大学間交流協定▶126大学・機関（交換留学先51大学，2022年８月１日）
部局間交流協定▶２大学（交換留学先２大学，2022年８月１日現在）
海外への留学生数▶渡航型６名・オンライン型４名／年（６カ国・地域，2021年度）
海外留学制度▶海外の協定締結校とは，共同研究やセミナーの開催といった学術交流を行っており，このうち学生交流の協定を結んでいる大学に最長１年の短期交換留学が可能。また，１カ月の実習型授業科目「海外派遣キャリア演習」では，派遣前のオリエンテーションや各種研修を含め，海外大学授業の聴講および研究活動参加，グローバル企業・研究所での現場体験，フィールドワークなどを実施。日中韓とASEAN ４大学の学生相互派遣事業OQEANOUS Plusプログラムもある。コンソーシアムはIAMUなど８団体に参加。

学費・奨学金制度

給付型奨学金総額 年間 70 万円

入学金▶282,000円
年間授業料（施設費等を除く）▶535,800円
年間奨学金総額▶700,000円
年間奨学金受給者数▶７名
主な奨学金制度▶「修学支援事業基金学資支給事業」では，日本学生支援機構給付型奨学金の対象外となった学生（若干名）を対象に10万円を支給。このほか，経済的に困窮している学生に最高25万円を給付する「経済支援給付制度」などを設置。また，学費減免制度があり，2021年度には延べ96人を対象に総額で約1,688万円を減免している。

保護者向けインフォメーション

●**成績確認**　成績表や履修科目と単位数の情報を保護者に郵送している。
●**防災対策**　「防災マニュアル」「大規模地震対応マニュアル」を配布。被災した際の学生の安否は，大学HP，アプリなどを利用して確認する。
●**コロナ対策１**　対面とオンライン授業を感染状況に応じて併用。「コロナ対策２」（下段）あり。

インターンシップ科目	必修専門ゼミ	卒業論文	GPA制度の導入の有無および活用例	１年以内の退学率	標準年限での卒業率
全学部で開講している	海洋生命科・海洋工学部で３・４年次，海洋資源環境学部で４年次に実施	全学部で卒業要件	導入している	0.0%	83.9%

● **コロナ対策２**　講義室の収容人数を調整するとともに，入口で検温と消毒を実施。また，経済的支援として生協食堂で使用できる電子マネー１万円を支給。パソコン，モバイルWi-Fiの一時貸出も実施。

学部紹介

学部／学科	定員	特色
海洋生命科学部		
海洋生物資源	71	▷水生生物を対象に，生態系の中での生物多様性を保全しつつ資源として持続的に利用するため，「生命科学」と「資源生物学」について幅広く教育・研究。遺伝子，細胞，個体，群れ，生態系レベルまでをカバーする。
食品生産科	58	▷栄養があっておいしく安全な食品を生産する理論と技術を学ぶ。化学，微生物学，物理学など多角的な視点から食品にアプローチ，また関連する微生物，化学物質，製造機器についての専門知識を持ち，食料，生命，環境への関心と社会の諸問題の解決に高い意欲を持つ人材を養成する。
海洋政策文化	41	▷海や人をめぐっておきていることを講義から知り，調査や実習を通して現場の事実を体験的に学び，得られた知見を議論によってさらに深めていくことによって，海洋をめぐるさまざまな課題を政策的に解決する実践力を身につける。
水産教員養成	(7)	▷水産・海洋系高等学校（水産高校）の教員を養成するコース。卒業要件を充たすことで，水産の教育職員免許状を取得できる。定員７名の内訳は，海洋生物資源学科，食品生産科学科に各３名，海洋政策文化学科に１名。卒業後の進路は水産教員に限定されない。
● **取得可能な資格**…教職（理・水産），学芸員，三級海技士（航海）など。 ● **進路状況**…………就職35.4%　進学59.7%（旧海洋科学部実績を含む） ● **主な就職先**………日本郵船，水産庁，東京海洋大学，商船三井，資生堂，日清食品，教員など。		
海洋工学部		
海事システム工	59	▷海事工学，船舶管理に関する教育・研究を通して，リーダーシップとグローバルな対応能力を持つ次世代の海事技術者を養成する。船舶職員をめざす学生には実践的な教育プログラムを用意。実習・実験演習を通して全人教育を行う。
海洋電子機械工	59	▷船舶機関・海洋関連機器を教材に知識と技術を修得するとともに，海事産業を含む幅広い分野で活躍できる力，高効率で安全なシステムを設計・管理する力を身につける。２年次までは教養科目や専門の基礎，大型船の実習を行い，３年次に機関システム工学コースと制御システム工学コースのいずれかを選ぶ。
流通情報工	42	▷「流通工学」「数理情報」「流通経営学」の３つのカリキュラムを融合させ，ロジスティクスに必要な輸送・保管の技術・方法，企業・経済の仕組み，商品の発注や品質の維持のための情報システム，環境問題などについて学ぶ。
● **取得可能な資格**…教職（工業・商船），三級海技士（航海・機関）など。 ● **進路状況**…………就職46.9%　進学49.7% ● **主な就職先**………日本通運，NOR，海洋電子工業，ヤンマーエンジニアリング，コマツ物流など。		
海洋資源環境学部		
海洋環境科	62	▷海洋および海洋生物に関わる基礎科学を総合的に学び，海洋環境・海洋生物の調査・解析・保全・利用のための科学と技術を発展させることを目的とする。専門科目では「海洋学」「海洋生物学」のどちらかを重点的に学ぶ。

キャンパスアクセス［品川キャンパス］ JR・京浜急行一品川より徒歩10分

海洋資源エネルギー	43	▷環境保全を前提とし，海洋・エネルギー資源を含む海底の探査・利用・開発について，基礎科学・海洋工学などの視点から総合的に学ぶ。専門科目では「海洋開発学」「応用海洋工学」のどちらかを重点的に学ぶ。

● **取得可能な資格**…教職（理・水産），学芸員，三級海技士（航海）など。
● **進路状況**…………就職21.6%　進学75.5%
● **主な就職先**………水産庁，上野トランスティック，いなば食品，新日本海フェリーなど。

▶キャンパス

海洋生命科・海洋資源環境…［品川キャンパス］東京都港区港南4-5-7
海洋工…［越中島キャンパス］東京都江東区越中島2-1-6

2023年度入試要項（前年度実績）

●募集人員

学部／学科		前期	後期
▶海洋生命科	海洋生物資源	42・㊌3	18
	食品生産科	30・㊌2	14
	海洋政策文化	21・㊌1	12
▶海洋工	海事システム工	36	14
	海洋電子機械工	34	14
	流通情報工	20	14
▶海洋資源環境	海洋環境科	37	14
	海洋資源エネルギー	27	11

※水産教員養成課程㊌は，海洋生命科学部前期日程６名，学校推薦型選抜１名で募集。
※商船教員養成コースは海洋工学部総合型選抜で募集。

●２段階選抜　実施しない

▷共通テストの英語はリスニングを含む。

海洋生命科学部

前期　**【海洋生物資源学科】［共通テスト（600）］** 7科目　①**国**（100）　②**外**（150・英〈R100＋L50〉）▶英・独・仏・中・韓から１　③**地歴・公民**（50）▶世Ａ・世Ｂ・日Ａ・日Ｂ・地理Ａ・地理Ｂ・現社・倫・政経・「倫・政経」から１　④⑤**数**（75×2）▶「数Ⅰ・数Ａ」必須，「数Ⅱ・数Ｂ」・簿・情から１　⑥⑦**理**（75×2）▶物・化・生・地学から２
［個別学力検査（300）］ 2科目　①**数**（150）▶数Ⅰ・数Ⅱ・数Ａ・数Ｂ（数列・ベク）　②**理**（150）▶「物基・物」・「化基・化」・「生基・生」から１
【食品生産科学科】［共通テスト（600）］ 7科目　①**国**（100）　②**外**（250・英〈R200＋L50〉）▶英・独・仏・中・韓から１　③**地歴・公民**（50）▶世Ａ・世Ｂ・日Ａ・日Ｂ・地理Ａ・地理Ｂ・現社・倫・政経・「倫・政経」から１　④⑤**数**（50×2）▶「数Ⅰ・数Ａ」必須，「数Ⅱ・数Ｂ」・簿・情から１　⑥⑦**理**（50×2）▶物・化・生・地学から２
［個別学力検査（300）］ 2科目　①**数**（150）▶数Ⅰ・数Ⅱ・数Ａ・数Ｂ（数列・ベク）　②**理**（150）▶「物基・物」・「化基・化」・「生基・生」から１
【海洋政策文化学科】［共通テスト（600）］ 8〜7科目　①**国**（100）　②**外**（250・英〈R200＋L50〉）▶英・独・仏・中・韓から１　③④**数**（50×2）▶「数Ⅰ・数Ａ」必須，「数Ⅱ・数Ｂ」・簿・情から１　⑤⑥⑦⑧**地歴・公民・理**（50×3）▶「世Ａ・世Ｂ・日Ａ・日Ｂ・地理Ａ・地理Ｂ・現社・倫・政経・〈倫・政経〉から１」・「物・化・生・地学から２」または「世Ａ・世Ｂ・日Ａ・日Ｂ・地理Ａ・地理Ｂ・〈現社・倫・政経・〈倫・政経〉から１〉から２」・「〈物基・化基・生基・地学基から２〉・物・化・生・地学から１」
［個別学力検査（300）］ 2科目　①**数・理**（100）▶「数Ⅰ・数Ⅱ・数Ａ・数Ｂ（数列・ベク）」・「物基・物」・「化基・化」・「生基・生」から１　②**小論文**（200）
後期　**【海洋生物資源学科・食品生産科学科】［共通テスト（600）］** 4科目　①**外**（200・英〈海R200×2/3＋200×1/3・食R160＋L40〉）▶英・独・仏・中・韓から１　②③**数**（100×2）▶「数Ⅰ・数Ａ」必須，「数Ⅱ・数Ｂ」・簿・情報から１　④**理**（200）▶物・化・生から１
［個別学力検査（300）］ 1科目　①**小論文**（300）

東京　東京海洋大学

キャンパスアクセス ［越中島キャンパス］JR京葉線・武蔵野線―越中島より徒歩2分

【海洋政策文化学科】 [共通テスト(600)] **3科目** ①**外**(200・英〈R160+L40〉)▶英・独・仏・中・韓から1 ②**国・数**(200)▶国・「数Ⅰ・数A」・「数Ⅱ・数B」・簿・情報から1 ③**地歴・公民・理**(200)▶世B・日B・地理B・現社・倫・政経・「倫・政経」・物・化・生・地学から1
[個別学力検査(300)] **1科目** ①**小論文**(300)

海洋工学部

前期 【海事システム工学科】[共通テスト(800)] **7科目** ①**国**(200) ②**外**(100・英〈R80+L20〉)▶英・独・仏・中・韓から1 ③**地歴・公民**(100)▶世A・世B・日A・日B・地理A・地理B・現社・倫・政経・「倫・政経」から1 ④⑤**数**(100×2)▶「数Ⅰ・数A」必須,「数Ⅱ・数B」・簿・情から1 ⑥⑦**理**(100×2)▶物必須,化・生・地学から1
[個別学力検査(500)] **2科目** ①**外**(200)▶コミュ英Ⅰ・コミュ英Ⅱ・コミュ英Ⅲ・英表Ⅰ・英表Ⅱ ②**数**(300)▶「数Ⅰ・数Ⅱ・数A・数B(数列・ベク)」・「数Ⅰ・数Ⅱ・数Ⅲ・数A・数B(数列・ベク)」から1
【海洋電子機械工学科】 [共通テスト(800)] **7科目** ①**国**(100) ②**外**(200・英〈R160+L40〉)▶英・独・仏・中・韓から1 ③**地歴・公民**(100)▶世A・世B・日A・日B・地理A・地理B・現社・倫・政経・「倫・政経」から1 ④⑤**数**(100×2)▶「数Ⅰ・数A」必須,「数Ⅱ・数B」・簿・情から1 ⑥⑦**理**(100×2)▶物必須,化・生・地学から1
[個別学力検査(400)] **2科目** ①**外**(100)▶コミュ英Ⅰ・コミュ英Ⅱ・コミュ英Ⅲ・英表Ⅰ・英表Ⅱ ②**数**(300)▶「数Ⅰ・数Ⅱ・数A・数B(数列・ベク)」・「数Ⅰ・数Ⅱ・数Ⅲ・数A・数B(数列・ベク)」から1
【流通情報工学科】 [共通テスト(700)] **8~7科目** ①**国**(100) ②**外**(100・英〈R80+L20〉)▶英・独・仏・中・韓から1 ③④**数**(100×2)▶「数Ⅰ・数A」必須,「数Ⅱ・数B」・簿・情から1 ⑤⑥⑦⑧**「地歴・公民」・理**(100×3)▶世A・世B・日A・日B・地理A・地理B・「現社・倫・政経・〈倫・政経〉から1」から1または2,「物基・化基・生基・地学基から2」・物・化・生・地学から1または2,計3,ただし,同一科目名を含む選択は不可
[個別学力検査(300)] **2科目** ①**外**(100)▶コミュ英Ⅰ・コミュ英Ⅱ・コミュ英Ⅲ・英表Ⅰ・英表Ⅱ ②**数**(200)▶「数Ⅰ・数Ⅱ・数A・数B(数列・ベク)」・「数Ⅰ・数Ⅱ・数Ⅲ・数A・数B(数列・ベク)」から1

後期 【海事システム工学科】[共通テスト(800)] **4科目** ①**外**(200・英〈R160+L40〉)▶英・独・仏・中・韓から1 ②③**数**(200×2)▶「数Ⅰ・数A」必須,「数Ⅱ・数B」・簿・情報から1 ④**国・地歴・公民・理**(200)▶国・世A・世B・日A・日B・地理A・地理B・現社・倫・政経・「倫・政経」・物・化・生・地学から1
[個別学力検査(500)] **2科目** ①**外**(200)▶コミュ英Ⅰ・コミュ英Ⅱ・コミュ英Ⅲ・英表Ⅰ・英表Ⅱ ②**理**(300)▶物基・物
【海洋電子機械工学科】 [共通テスト(500)] **5科目** ①**外**(200・英〈R160+L40〉)▶英・独・仏・中・韓から1 ②③**数**(100×2)▶「数Ⅰ・数A」必須,「数Ⅱ・数B」・簿・情から1 ④⑤**理**(50×2)▶物・化・生・地学から2
[個別学力検査(250)] **2科目** ①**外**(50)▶コミュ英Ⅰ・コミュ英Ⅱ・コミュ英Ⅲ・英表Ⅰ・英表Ⅱ ②**理**(200)▶物基・物
【流通情報工学科】 [共通テスト(800)] **5~4科目** ①**外**(200・英〈R160+L40〉)▶英・独・仏・中・韓から1 ②③**数**(200×2)▶「数Ⅰ・数A」必須,「数Ⅱ・数B」・簿・情から1 ④⑤**国・地歴・公民・理**(200)▶国・世A・世B・日A・日B・地理A・地理B・現社・倫・政経・「倫・政経」・「物基・化基・生基・地学基から2」・物・化・生・地学から1
[個別学力検査(200)] **1科目** ①**外**(200)▶コミュ英Ⅰ・コミュ英Ⅱ・コミュ英Ⅲ・英表Ⅰ・英表Ⅱ

海洋資源環境学部

前期 [共通テスト(600)] **7科目** ①**国**(100) ②**外**(250・英〈R200+L50〉)▶英・独・仏・中・韓から1 ③**地歴・公民**(50)▶世A・世B・日A・日B・地理A・地理B・現社・倫・政経・「倫・政経」から1 ④⑤**数**(50×2)▶「数Ⅰ・数A」必須,「数Ⅱ・数B」・簿・情から1 ⑥⑦**理**(50×2)▶物・化・生・地学から2
[個別学力検査(500)] **2科目** ①**数**(250)

▶数Ⅰ・数Ⅱ・数A・数B（数列・ベク） ②理（250）▶「物基・物」・「化基・化」・「生基・生」から1

後期 ［共通テスト（600）］ **4科目** ①外（200・英〈R160＋L40〉）▶英・独・仏・中・韓から1 ②③**数**（100×2）▶「数Ⅰ・数A」必須，「数Ⅱ・数B」・簿・情から1 ④**理**（200）▶物・化・生・地学から1

［個別学力検査（300）］ **1科目** ①**小論文**（300）

その他の選抜

学校推薦型選抜（一般）は海洋生命科学部12名，海洋資源環境学部16名，総合型選抜（一般）は海洋生命科学部13名，海洋工学部20名を募集。ほかに学校推薦型選抜（専門学科・総合学科卒業生），総合型選抜（専門学科・総合学科卒業生，帰国生・帰国子女，留学経験者，商船教育養成コース，社会人），私費外国人留学生入試を実施。

偏差値データ（2023年度）

●一般選抜

学部／学科	2023年度 駿台予備学校 合格目標ライン	2023年度 河合塾 ボーダー得点率	2023年度 河合塾 ランク偏差値	'22年度 競争率
●前期				
▶海洋生命科学部				
海洋生物資源	50	68%	55	3.7
食品生産科	50	68%	55	3.2
海洋政策文化	49	69%	52.5	2.3
▶海洋工学部				
海事システム工	45	63%	50	2.4
海洋電子機械工	45	62%	50	2.0
流通情報工	46	62%	50	1.8
▶海洋資源環境科学部				
海洋環境科	51	71%	52.5	5.4
海洋資源エネルギー	50	69%	52.5	3.6
●後期				
▶海洋生命科学部				
海洋生物資源	50	73%	—	5.1
食品生産科	50	72%	—	4.1
海洋政策文化	49	77%	—	5.6
▶海洋工学部				
海事システム工	46	67%	52.5	4.2
海洋電子機械工	47	66%	52.5	1.8
流通情報工	48	67%	52.5	2.4
▶海洋資源環境科学部				
海洋環境科	51	71%	—	5.5
海洋資源エネルギー	50	69%	—	2.8

- 駿台予備学校合格目標ラインは合格可能性80％に相当する駿台模試の偏差値です。
- 河合塾ボーダー得点率は合格可能性50％に相当する共通テストの得点率です。また，ボーダー偏差値は合格可能性50％に相当する河合塾全統模試の偏差値です。
- 競争率は受験者÷合格者の実質倍率

国立大学　東　京

東京学芸大学

とうきょうがくげい

資料請求

問合せ先　学務部入試課　☎042-329-7204

大学の理念

1949（昭和24）年に東京の４つの師範学校を母体として発足。教育学部のみの単科大学ながら，総合大学に匹敵する専攻の多さを誇る。高い知識と教養を備えた創造力・実践力に富む有為の教育者を養成することを目的とし，次世代育成教育を主導する全国拠点大学となるとともに，広く海外に教育の研究成果を発信する大学をめざしている。2022年より「令和の日本型学校教育」を担う教師の育成を先導し，教員養成の在り方自体を変換していくための牽引役としての役割を果たす大学として，文科省より「教員養成フラッグシップ大学」に指定。2023年度より，学校種別の４課程を１つの課程に再編し，社会変化に先導的に対応していく科目を中心にカリキュラムを編成。子供の発達・成長を俯瞰し，社会との協働的な学びを実現する力を養成する。

● 東京学芸大学キャンパス…〒184-8501　東京都小金井市貫井北町4-1-1

基本データ

学生数▶4,375名（男1,878名，女2,497名）
専任教員数▶教授145名，准教授97名，講師17名

設置学部▶教育
併設教育機関▶大学院一教育学（M・P），連合学校教育学（D）

就職・卒業後の進路

就　職　率 **81.9**％
就職者÷希望者×100

● **就職支援**　将来のキャリアをデザインできるよう，学部各学年を対象にキャリア支援セミナーをはじめとした各種ガイダンスを通じて「学びと進路」について考える機会を提供しているほか，学生キャリア支援室において，さまざまな就職活動支援を実施している。学外から教員就職担当（学校長・教育委員会指導主事等経験者）や企業・公務員担当の相談員を招いての就職相談を行うほか，教員志望者対象の特別講座（通称「万ゼミ」）では教職経験豊かなOB・OGが講師となり，論文添削や面接，採用試験対策を実践的に指導。企業・公務員などを希望する学生には，自己分析や業界研究，企業・官公庁の各説明会，公務員試験対策支援，エントリーシートおよび面接の指導などを行っている。

進路指導者も必見　学生を伸ばす　面倒見

初年次教育	学修サポート
「入門セミナー」で自校教育，学問や大学教育全般に関する動機づけ，レポート・論文の書き方，プレゼン技法，情報収集や資料整理の方法，論理的思考や問題発見・解決能力の向上を図るほか，「AI時代の情報」を開講	TA・SA制度，オフィスアワー制度を導入。さらに，学生約17人に1人の教員アドバイザーを配置。また，学生による学習サポーターがセミナーや学習活動のサポートを実施

オープンキャンパス（2022年度実績）　7月23日に来場型のオープンキャンパスを開催（事前申込制）。各コースの概要紹介や教員による質疑応答を行う個別セッションのほか，模擬授業などの特別セッションを実施。

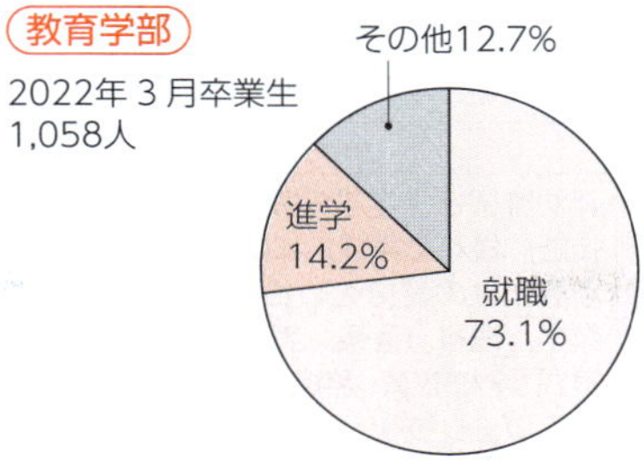

主なOB・OG ▶ 篠田節子（作家），押井守（映画監督），栗山英樹（プロ野球監督），米村でんじろう（サイエンスプロデューサー）など。

国際化・留学　大学間 57 大学等・部局間 7 大学等

受入れ留学生数 ▶ 13名(2022年5月1日現在)
留学生の出身国・地域 ▶ 中国，韓国，台湾，ノルウェーなど。
外国人専任教員 ▶ 教授１名，准教授３名，講師３名（2022年５月１日現在）
外国人専任教員の出身国 ▶ 韓国，中国，ドイツ，チュニジア，アメリカなど。
大学間交流協定 ▶ 57大学・機関（交換留学先48大学，2022年４月１日現在）
部局間交流協定 ▶ ７大学・機関（交換留学先６大学，2022年４月１日現在）
海外への留学生数 ▶ 渡航型19名／年(10カ国・地域，2021年度)
海外留学制度 ▶ 毎年40名程度の学生が，学生交流協定締結校との１年以内の交換留学を行っているほか，夏季・春季の休暇を利用して協定校が開催しているサマープログラムや大学が独自に企画する協定校での短期研修プログラムもある。北京師範大学（中国），ソウル教育大学校（韓国）とコンソーシアムを形成し，2016年からキャンパス・アジア・プログラムとして，さまざまな学生交流プログラムを実施。海外体験の機会増加や国際性豊かなキャンパス環境づくりに取り組む。コンソーシアムはICUE（東アジア教員養成国際コンソーシアム）に参加している。

学費・奨学金制度　給付型奨学金総額 年間 15 万円

入学金 ▶ 282,000円
年間授業料（施設費等を除く）▶ 535,800円
年間奨学金総額 ▶ 150,000円
年間奨学金受給者数 ▶ １名
主な奨学金制度 ▶「学芸むさしの奨学金（緊急支援）」は，家計急変により，修学が困難になった学生を対象に，30万円または15万円を給付。このほか，経済的理由で納入期限までに納付困難かつ学業優秀な学生を対象とした入学料・授業料の免除・徴収猶予制度があり，2021年度には201人を対象に総額で約3,023万円を減免している。

保護者向けインフォメーション

● **成績確認**　卒業延期者および成績不振者のみ修得単位数の情報を保護者に郵送している。
● **防災対策**　入学時に「災害に備える」を配布。被災した際の学生の安否確認は大学HP，メール，ポータルサイトを利用。
● **コロナ対策１**　対面とオンライン授業を感染状況に応じて併用。「コロナ対策２」（下段）あり。

インターンシップ科目	必修専門ゼミ	卒業論文	GPA制度の導入の有無および活用例	１年以内の退学率	標準年限での卒業率
開講していない	１年次に実施	全課程で卒業要件	奨学金・授業料免除対象者の選定や留学候補者の選考基準，個別の学修指導に活用	0.4%	89.2%

● コロナ対策２　講義室の収容人数を調整するとともに，空調などの環境を整備し，CO2の濃度測定器を各教室に設置。また，オンライン授業に向けて，Wi-Fi環境の整った空き教室を学生に開放。経済的支援として緊急給付金による支援を実施（2021年度）。

学部紹介

学部／課程〈専攻〉	定員	特色
教育学部		
学校教育教育養成〈初等教育（A類）〉	545	▷幼稚園と小学校の教員を養成する。全教科の幅広い知識・技能，優れた実践力に加え，特定の教科や横断的領域に関する専門性の習得をめざす。国語（日本語教育を含む），社会，数学，理科，音楽，美術，保健体育，家庭，英語，現代教育実践（学校教育・学校心理・国際教育・環境教育プログラム），ものづくり技術，幼児教育の12コース。
〈中等教育（B類）〉	230	▷中学校と高等学校の教員を養成する。各教科の高度な専門的内容を学ぶとともに，学校現場での各種課題に対応できる実践的指導力を身につける。国語，社会，数学，理科，音楽，美術，保健体育，家庭，技術，英語，書道，情報の12コース。
〈特別支援教育（C類）〉	40	▷特別支援教育全般とともに，聴覚障害，言語障害，知的発達障害，学習障害に関する高い専門性と優れた実践力を兼ね備えた教育者を養成する。聴覚障害・言語障害系と発達障害・学習障害系の２コース。
〈養護教育（D類）〉	10	▷子どもの健康課題に対し，こころとからだの両面から健康支援できる資質と能力を持つ養護教諭を養成するとともに，スクール・ヘルスケアを多角的に捉える視点とマネージメント能力を育む。
教育支援〈教育支援（E類）〉	185	▷教育の基礎知識と教育支援の専門知識，ならびに協働力・ネットワーク力・マネージメント力を習得することを通じて，学校現場と協働してさまざまな現代的教育課題の解決を支援する教育支援人材を養成する。生涯学習・文化遺産教育，カウンセリング，ソーシャルワーク，多文化共生教育，情報教育，表現教育，生涯スポーツの７コース制。

● 取得可能な資格…教職（国・地歴・公・社・数・理・音・美・工芸・書・保体・保健・技・家・情・工業・英，小一種，幼一種，特別支援，養護一種），司書，司書教諭，学芸員，保育士など。
● 進路状況…………就職73.1％　進学14.2％
● 主な就職先………幼稚園，小学校，中学校，高等学校，特別支援学校，海外日本人学校，保育園，国家公務員，地方公務員，国立大学法人など。

▶キャンパス

教育…［東京学芸大学キャンパス］東京都小金井市貫井北町4-1-1

2023年度入試要項（前年度実績）

●募集人員

学部／課程／専攻・類（コース）	前期	後期
▶教育 学校教育教員養成／初等教育・A（国語）	55	10
（社会）	50	20
（数学）	50	15
（理科）	60	25
（音楽）	17	8
（美術）	15	—
（保健体育）	30	—
（家庭）	12	—
（英語）	8	—
（現代教育実践／学校教育）	15	5
（現代教育実践／学校心理）	12	8
（現代教育実践／国際教育）	12	—
（現代教育実践／環境教育）	15	5
（ものづくり技術）	8	—
（幼児教育）	16	—
／中等教育・B（国語）	15	—
（社会）	20	5
（数学）	20	5

キャンパスアクセス［東京学芸大学キャンパス］JR中央線一武蔵小金井よりバス約10分／JR中央線一国分寺より徒歩約20分

(理科)	30	15
(音楽)	15	5
(美術)	15	—
(保健体育)	10	—
(家庭)	8	—
(技術)	8	—
(英語)	8	—
(書道)	16	—
(情報)	15	5
／特別支援教育・C	30	5
／養護教育・D(養護教育)	6	—
教育支援／教育支援・E(生涯学習・文化遺産教育)	30	5
(カウンセリング)	13	—
(ソーシャルワーク)	18	—
(多文化共生教育)	30	10
(情報教育)	10	5
(表現教育)	15	—
(生涯スポーツ)	18	—

● **2段階選抜**　実施しない

▷共通テストの英語はリスニングを含む。
▷個別学力検査の数A－場合・整数・図形。数B－数列・ベク。

教育学部

前期　**【A類〈国語／家庭／英語／現代教育実践／幼児教育〉・B類〈国語／家庭〉・C類・E類〈生涯学習・文化遺産教育／カウンセリング／ソーシャルワーク〉】[共通テスト(900)]** 8〜7科目 ①**国**(200) ②**外**(200・英〈R100＋L100〉) ▶英・独・仏・中・韓から1 ③④**数**(100×2) ▶「数Ⅰ・数A」必須,「数Ⅱ・数B」・簿・情から1 ⑤⑥⑦⑧**「地歴・公民」・理**(100×3) ▶世B・日B・地理B・現社・「倫・政経」から1または2,「物基・化基・生基・地学基から2」・物・化・生・地学から1または2, 計3
【A類〈国語〉】[個別学力検査(450)] 2科目 ①**国**(400) ▶国総・現文A・現文B・古典A・古典B ②**小論文**(50)
【A類〈家庭／現代教育実践(学校教育)〉・B類〈家庭〉】[個別学力検査(300)] 1科目 ①**小論文**(300)
【A類〈英語〉】[個別学力検査(500)] 2科目 ①**外**(450) ▶コミュ英Ⅰ・コミュ英Ⅱ・コミュ英Ⅲ・英表Ⅰ・英表Ⅱ(ディクテーションを含む) ②**面接**(50)
【A類〈現代教育実践(学校心理)〉・E類〈カウンセリング〉】[個別学力検査(300)] 1科目 ①**面接**(300)
【A類〈現代教育実践(国際教育)〉】[個別学力検査(450)] 1科目 ①**面接**(450)
【A類〈環境教育〉】[個別学力検査(330)] 3〜2科目 ①②**地歴・公民・理**(300) ▶世B・日B・地理B・現社・倫・政経・「物基・化基・生基・地学基から2」から1 ③**小論文**(30)
【A類〈幼児教育〉】[個別学力検査(350)] 2科目 ①**実技**(50) ▶実技(音楽素質検査〈声楽・ピアノ〉) ②**面接**(300)
【B類〈国語〉】[個別学力検査(1300)] 2科目 ①**国**(1200) ▶国総・現文A・現文B・古典A・古典B ②**小論文**(100)
【C類】[個別学力検査(440)] 2科目 ①**小論文**(400) ②**面接**(40)
【E類〈生涯学習・文化遺産教育／ソーシャルワーク〉】[個別学力検査(500)] 1科目 ①**小論文**(500)
【A類〈社会〉・B類〈社会〉】[共通テスト(900)] 8〜7科目 ①**国**(200) ②**外**(200・英〈R100＋L100〉) ▶英・独・仏・中・韓から1 ③④**地歴・公民**(100×2) ▶世B・日B・地理B・現社・「倫・政経」から2 ⑤⑥**数**(100×2) ▶「数Ⅰ・数A」必須,「数Ⅱ・数B」・簿・情から1 ⑦⑧**理**(100) ▶「物基・化基・生基・地学基から2」・物・化・生・地学から1
[個別学力検査(330)] 2科目 ①**地歴・公民**(300) ▶世B・日B・地理B・現社・倫・政経から1 ②**小論文**(30)
【A類〈数学／理科〉・B類〈理科／情報〉・D類・E類〈情報教育〉】[共通テスト(900)] 8〜7科目 ①**国**(200) ②**外**(200・英〈R100＋L100〉) ▶英・独・仏・中・韓から1 ③**地歴・公民**(100) ▶世B・日B・地理B・現社・「倫・政経」から1 ④⑤**数**(100×2) ▶「数Ⅰ・数A」必須,「数Ⅱ・数B」・簿・情から1 ⑥⑦⑧**理**(100×2) ▶「物基・化基・生基・地学基から2」・物・化・生・地学から2
【A類〈数学〉】[個別学力検査(500)] 2科目 ①**数**(450) ▶数Ⅰ・数Ⅱ・数Ⅲ・数A・数B ②**小論文**(50)

【A類〈理科〉】［個別学力検査(440)］ 3科目 ①②理(200×2)▶「物基・化基・生基・地学基から1」・「〈物基・物〉・〈化基・化〉・〈生基・生〉・〈地学基・地学〉から1」，ただし同一科目名を含む選択は不可 ③小論文(40)

【B類〈理科〉】［個別学力検査(1100)］ 3科目 ①②理(500×2)▶「物基・化基・生基・地学基から1」・「〈物基・物〉・〈化基・化〉・〈生基・生〉・〈地学基・地学〉から1」，ただし同一科目名を含む選択は不可 ③小論文(100)

【B類〈情報〉】［個別学力検査(450)］ 2科目 ①数(400)▶数Ⅰ・数Ⅱ・数Ⅲ・数A・数B ②面接(50)

【D類】［個別学力検査(400)］ 2科目 ①小論文(300) ②面接(100)

【E類〈情報教育〉】［個別学力検査(550)］ 2科目 ①数(500)▶数Ⅰ・数Ⅱ・数Ⅲ・数A・数B ②面接(50)

【A類〈音楽／美術／保健体育〉・B類〈保健体育・書道〉・E類〈生涯スポーツ〉】［共通テスト(700)］ 6～5科目 ①国(200) ②外(200・英〈R100＋L100〉)▶英・独・仏・中・韓から1 ③地歴・公民(100)▶世B・日B・地理B・現社・「倫・政経」から1 ④数(100)▶数Ⅰ・数A ⑤⑥理(100)▶「物基・化基・生基・地学基から2」・物・化・生・地学から1

【A類〈音楽〉】［個別学力検査(385)］ 3科目 ①共通試験(150)▶楽典・聴音・新曲視唱 ②音楽実技(200) ③面接(35)

【A類〈美術〉】［個別学力検査(385)］ 1科目 ①図工・美術実技(350)▶小論文・静物デッサンから1 ②面接(35)

【A類〈保健体育〉】［個別学力検査(350)］ 2科目 ①体育実技(200)▶個人種目・チーム種目 ②面接(150)

【B類〈保健体育〉】［個別学力検査(450)］ 2科目 ①体育実技(300)▶種目選択 ②面接(150)

【B類〈書道〉】［個別学力検査(1100)］ 3科目 ①国(400)▶国総・現文A・現文B・古典A・古典B ②書道実技・理論(600)▶実技(漢字の書，仮名の書，漢字仮名交じりの書)・理論(日本・中国書道史，書道理論など) ③面接(100)

【E類〈生涯スポーツ〉】［個別学力検査(500)］ 2科目 ①実技(300)▶種目選択 ②面接(200)

【A類〈ものづくり技術〉・B類〈技術〉】［共通テスト(1000)］ 8～7科目 ①国(200) ②外(200・英〈R100＋L100〉)▶英・独・仏・中・韓から1 ③地歴・公民(100)▶世B・日B・地理B・現社・「倫・政経」から1 ④⑤数(150×2)▶「数Ⅰ・数A」必須，「数Ⅱ・数B」・簿・情から1 ⑥⑦⑧理(100×2)▶「物基・化基・生基・地学基から2」・物・化・生・地学から2
［個別学力検査(400)］ 1科目 ①面接(400)▶口頭試問を含む

【B類〈数学〉】［共通テスト(1100)］ 8～7科目 ①国(200) ②外(200・英〈R100＋L100〉)▶英・独・仏・中・韓から1 ③地歴・公民(100)▶世B・日B・地理B・現社・「倫・政経」から1 ④⑤数(200×2)▶「数Ⅰ・数A」必須，「数Ⅱ・数B」・簿・情から1 ⑥⑦⑧理(100×2)▶「物基・化基・生基・地学基から2」・物・化・生・地学から2
［個別学力検査(1100)］ 2科目 ①数(1000)▶数Ⅰ・数Ⅱ・数Ⅲ・数A・数B ②小論文(100)

【B類〈音楽〉】［共通テスト(900)］ 6～5科目 ①国(300) ②外(300・英〈R150＋L150〉)▶英・独・仏・中・韓から1 ③④⑤⑥地歴・公民・数・理(100×3)▶「世B・日B・地理Bから1」・「現社・〈倫・政経〉から1」・「数Ⅰ・数A」・「〈物基・化基・生基・地学基から2〉・物・化・生・地学から1」から3
［個別学力検査(990)］ 3科目 ①共通試験(300)▶楽典・聴音・新曲視唱 ②音楽実技(600) ③面接(90)

【B類〈美術〉】［共通テスト(700)］ 6～5科目 ①国(200) ②外(200・英〈R100＋L100〉)▶英・独・仏・中・韓から1 ③④⑤⑥地歴・公民・数・理(100×3)▶「世B・日B・地理Bから1」・「現社・〈倫・政経〉から1」・「数Ⅰ・数A」・「〈物基・化基・生基・地学基から2〉・物・化・生・地学から1」から3
［個別学力検査(700)］ 2科目 ①美術実技(500)▶小論文・石膏デッサンから1 ②面接(200)

【B類〈英語〉】［共通テスト(1000)］

8〜7科目 ①国(200) ②外(300・英〈R150＋L150〉) ▶英・独・仏・中・韓から1 ③④数(100×2) ▶「数Ⅰ・数A」必須,「数Ⅱ・数B」・簿・情から1 ⑤⑥⑦⑧「地歴・公民」・理(100×3) ▶世B・日B・地理B・現社・「倫・政経」から1または2,「物基・化基・生基・地学基から2」・物・化・生・地学から1または2, 計3

[個別学力検査(550)] 2科目 ①外(500) ▶コミュ英Ⅰ・コミュ英Ⅱ・コミュ英Ⅲ・英表Ⅰ・英表Ⅱ(ディクテーション含む) ②面接(50)

【E類〈多文化共生教育〉】[共通テスト(1200)] 8〜7科目 ①国(200) ②外(500・英〈R250＋L250〉) ▶英・独・仏・中・韓から1 ③④地歴・公民(100×2) ▶世B・日B・地理B・現社・「倫・政経」から2 ⑤⑥数(100×2) ▶「数Ⅰ・数A」必須,「数Ⅱ・数B」・簿・情から1 ⑦⑧理(100) ▶「物基・化基・生基・地学基から2」・物・化・生・地学から1

[個別学力検査(500)] 1科目 ①小論文(500)

【E類〈表現教育〉】[共通テスト(1300)] 8〜7科目 ①国(300) ②外(500・英〈R250＋L250〉) ▶英・独・仏・中・韓から1 ③④数(100×2) ▶「数Ⅰ・数A」必須,「数Ⅱ・数B」・簿・情から1 ⑤⑥⑦⑧「地歴・公民」・理(100×3) ▶世B・日B・地理B・現社・「倫・政経」から1または2,「物基・化基・生基・地学基から2」・物・化・生・地学から1または2, 計3

[個別学力検査(1300)] 1科目 ①小論文(1300)

後期 【A類〈国語〉】[共通テスト(1100)] 8〜7科目 ①国(400) ②外(200・英〈R100＋L100〉) ▶英・独・仏・中・韓から1 ③④数(100×2) ▶「数Ⅰ・数A」必須,「数Ⅱ・数B」・簿・情から1 ⑤⑥⑦⑧「地歴・公民」・理(100×3) ▶世B・日B・地理B・現社・「倫・政経」から1または2,「物基・化基・生基・地学基から2」・物・化・生・地学から1または2, 計3

[個別学力検査(450)] 1科目 ①面接(450) ▶口頭試問を含む

【A類〈社会〉・B類〈社会〉】[共通テスト(900)] 8〜7科目 前期と同じ

[個別学力検査(300)] 1科目 ①面接(300)

【A類〈数学〉・B類〈数学〉】[共通テスト(1300)] 8〜7科目 ①国(200) ②外(200・英〈R100＋L100〉) ▶英・独・仏・中・韓から1 ③地歴・公民(100) ▶世B・日B・地理B・現社・「倫・政経」から1 ④⑤数(300×2) ▶「数Ⅰ・数A」必須,「数Ⅱ・数B」・簿・情から1 ⑥⑦⑧理(100×2) ▶「物基・化基・生基・地学基から2」・物・化・生・地学から2

[個別学力検査(350)] 1科目 ①面接(350) ▶口頭試問を含む

【A類〈理科〉・B類〈理科〉】[共通テスト(900)] 8〜7科目 前期と同じ

[個別学力検査(400)] 1科目 ①面接(400) ▶口頭試問を含む

【A類〈音楽〉】[共通テスト(700)] 6〜5科目 前期と同じ

【A類〈音楽〉】[個別学力検査(265)] 2科目 ①音楽実技(240) ②面接(25)

【A類〈現代教育実践(学校教育／学校心理／環境教育)〉・C類・E類〈生涯学習・文化遺産教育〉】[共通テスト(900)] 8〜7科目 ①国(200) ②外(200・英〈R100＋L100〉) ▶英・独・仏・中・韓から1 ③④数(100×2) ▶「数Ⅰ・数A」必須,「数Ⅱ・数B」・簿・情から1 ⑤⑥⑦⑧「地歴・公民」・理(100×3) ▶世B・日B・地理B・現社・「倫・政経」から1または2,「物基・化基・生基・地学基から2」・物・化・生・地学から1または2, 計3

【A類〈現代教育実践(学校教育／学校心理)〉】[個別学力検査(300)] 1科目 ①面接(300) ▶口頭試問を含む

【A類〈現代教育実践(環境教育)〉】[個別学力検査(400)] 1科目 ①面接(400)

【C類】[個別学力検査(400)] 2科目 ①小論文(200) ②面接(200)

【E類〈生涯学習・文化遺産教育〉】[個別学力検査(300)] 1科目 ①面接(300)

【B類〈音楽〉】[共通テスト(900)] 6〜5科目 前期と同じ

[個別学力検査(1485)] 3科目 ①共通試験(300) ▶楽典・聴音・新曲視唱 ②音楽実技(1050) ③面接(135)

【B類〈情報〉・E類〈情報教育〉】[共通テスト(1100)] 8〜7科目 ①国(200) ②外(200・英〈R100＋L100〉) ▶英・独・仏・中・韓

から１ ③地歴・公民(100)▶世Ｂ・日Ｂ・地理Ｂ・現社・「倫・政経」から１ ④⑤数(200×2)▶「数Ⅰ・数Ａ」必須，「数Ⅱ・数Ｂ」・簿・情から１ ⑥⑦⑧理(100×2)▶「物基・化基・生基・地学基から２」・物・化・生・地学から２

［個別学力検査(300)］ 1科目 ①面接(300)▶口頭試問を含む

【Ｅ類〈多文化共生教育〉】［共通テスト(1200)］ 8〜7科目 前期と同じ

［個別学力検査(500)］ 1科目 ①面接(500)

その他の選抜

学校推薦型選抜はＡ類〈国語・美術・保健体育・家庭・英語・現代教育(国際)・ものづくり技術・幼児教育〉54名，Ｂ類〈国語・美術・保健体育・家庭・技術・英語・書道〉35名，Ｃ類５名，Ｄ類４名，Ｅ類〈カウンセリング・ソーシャルワーク・表現教育・生涯スポーツ〉21名を募集。ほかに帰国生選抜，私費外国人留学生選抜，スーパーアスリート推薦選抜，高大接続プログラム，国際バカロレア選抜を実施。

偏差値データ (2023年度)

●一般選抜

学部／課程／専攻(類)／コース	2023年度 駿台予備学校 合格目標ライン	2023年度 河合塾 ボーダー得点率	2023年度 河合塾 ボーダーランク	'22年度 競争率
●前期				
▶教育学部				
学校教育教員養成／初等教育(Ａ類)／国語	53	64%	55	1.6
／社会	54	67%	62.5	1.8
／数学	51	67%	52.5	1.9
／理科	51	59%	52.5	1.8
／音楽	45	64%	—	1.2
／美術	44	61%	—	1.5
／保健体育	45	66%	—	2.0
／家庭	46	62%	—	1.7
／英語	55	69%	57.5	1.2
／現代教育実践(学校教育)	50	68%	—	1.1
(学校心理)	55	67%	—	1.3
(国際教育)	51	64%	—	1.6
(環境教育)	53	65%	55	1.6
／ものづくり技術	48	58%	—	1.0
／幼児教育	50	61%	—	2.1
／中等教育(Ｂ類)／国語	54	67%	62.5	2.6
／社会	56	70%	62.5	2.0
／数学	52	69%	57.5	2.4
／理科	52	66%	57.5	2.7
／音楽	45	75%	—	2.3
／美術	45	62%	—	1.2
／保健体育	46	70%	—	2.2
／家庭	47	62%	—	1.3
／技術	46	60%	—	1.4
／英語	56	71%	62.5	1.3
／書道	44	52%	47.5	1.8
／情報	44	60%	52.5	1.6
／特別支援教育(Ｃ類)	51	64%	—	1.7
／養護教育(Ｄ類)	50	61%	—	1.1
教育支援／教育支援(Ｅ類)／生涯学習・文化遺産教育	52	60%	—	1.5
／カウンセリング	50	71%	—	2.1
／ソーシャルワーク	49	64%	—	1.9
／多文化共生教育	53	68%	—	2.7
／情報教育	50	62%	52.5	2.2
／表現教育	49	66%	—	2.3
／生涯スポーツ	45	64%	—	2.3
●後期				
▶教育学部				
学校教育教員養成／初等教育(Ａ類)／国語	53	65%	—	2.8
／社会	54	67%	—	1.4
／数学	51	68%	—	1.6
／理科	51	59%	—	2.3
／音楽	45	65%	—	1.4
／現代教育実践(学校教育)	51	73%	—	1.0
(学校心理)	56	69%	—	1.0
(環境教育)	53	69%	—	2.2
／中等教育(Ｂ類)／社会	56	74%	—	3.8
／数学	52	70%	—	2.0
／理科	52	67%	—	2.6
／音楽	45	76%	—	1.4
／情報	44	62%	—	2.5
／特別支援教育(Ｃ類)	52	67%	—	2.8
教育支援／教育支援(Ｅ類)／生涯学習・文化遺産教育	53	69%	—	3.8
／多文化共生教育	54	70%	—	4.4
／情報教育	49	63%	—	2.4

- 駿台予備学校合格目標ラインは合格可能性80%に相当する駿台模試の偏差値です。
- 河合塾ボーダー得点率は合格可能性50%に相当する共通テストの得点率です。また，ボーダー偏差値は合格可能性50%に相当する河合塾全統模試の偏差値です。
- 競争率は受験者÷合格者の実質倍率

MEMO

東京工業大学（とうきょうこうぎょう）

資料請求

問合せ先　学務部入試課　☎03-5734-3990

大学の理念

1881年の創立以来，数多くの優れた研究者・技術者を世に送り出してきた，日本を代表する理工系総合大学である。常に新しい価値を生み出していく拠点として，「世界最高水準の研究の中で学生が自ら学び考える教育」を実践すべく，独自の教育カリキュラムを構築。日本初となる学部と大学院を統合した「学院」では，学士・修士・博士課程が継続的に学修しやすい教育プログラムが用意されており，学生は入学時から大学院までの出口を見通すことができ，自らの興味・関心に基づいて，複数の理工系専門分野，あるいは知的好奇心をかき立てる教養分野からさらに多様な選択・挑戦をすることが可能となっている。2024年度中に東京医科歯科大学と統合予定。統合後の新大学名称は「東京科学大学」。両大学の尖った研究をさらに推進するとしている。

- 大岡山キャンパス………〒152-8550　東京都目黒区大岡山2-12-1
- すずかけ台キャンパス…〒226-8503　神奈川県横浜市緑区長津田町4259
- 田町キャンパス…………〒108-0023　東京都港区芝浦3-3-6

基本データ

学生数▶4,803名（男4,182名，女621名）
専任教員数▶教授369名，准教授331名，講師15名
設置学院▶理，工，物質理工，情報理工，生命理工，環境・社会理工
併設教育機関▶大学院（P.1293参照）

就職・卒業後の進路

就職率 **84.5%**（就職者÷希望者×100）

●**就職支援**　学院・系の教職員が中心となって支援を行うほか，学生支援センターキャリア支援部門でも，就職相談全般に応じ，就職関係の知識やノウハウなどの情報提供，ガイダンスの開催などを行い，多様化したキャリア支援のニーズに対応している。自由に利用できる就職資料室のほか，独自の求人票検索システムには学外からもアクセス可能。豊富な内容のキャリアイベントも多数開催している。なお，学士課程学生の約90％は大学院修士課程に進学し，さらに修士課程学生のうち約16％は博士後期課程に進学している。

進路指導者も必見　学生を伸ばす　面倒見

初年次教育	学修サポート
学問や大学教育全体に対する動機づけ，ITの基礎技術などの初年次教育を行うほか，コミュニケーション・プレゼンテーションのスキルを高める少人数グループワーク演習「東工大立志プロジェクト」を開講	TA制度，1人の教員が学生約10～30名を担当する教員アドバイザー制度を導入。また，学生支援センターの専門員と，卒業生で構成される「学修コンシェルジュ」が学修や履修の相談に応じている

オープンキャンパス（2022年度実績）　8月にオープンキャンパスオンラインを開催。事前申込制。オンラインでのライブイベントやWebコンテンツを多数用意。学院説明会，模擬講義，研究紹介など。

理系学部

2022年３月卒業生
1,144人

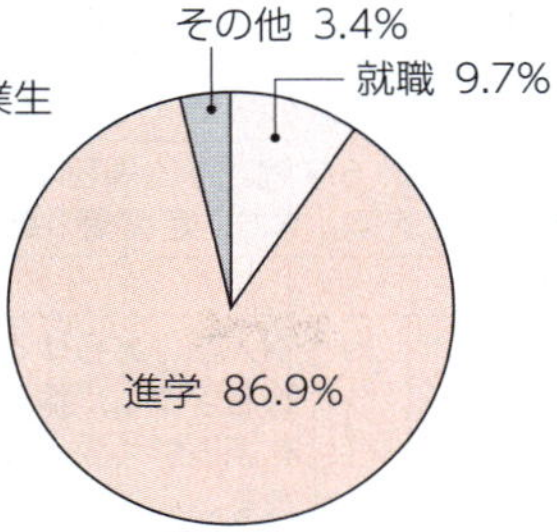

主なOB・OG ▶ ［工］白川英樹（ノーベル化学賞受賞者），［理］菅直人（第94代内閣総理大臣），［工］塚本由晴（建築家），［工］山田純（芝浦工業大学学長）

国際化・留学　大学間 111 大学等・部局間 156 大学等

受入れ留学生数 ▶ 249名（2022年５月１日現在）

留学生の出身国 ▶ 中国，韓国，タイ，インドネシア，マレーシアなど。

外国人専任教員 ▶ 教授９名，准教授19名（2022年５月１日現在）

外国人専任教員の出身国 ▶ 中国，アメリカ，カナダ，韓国，フィリピンなど。

大学間交流協定 ▶ 111大学・機関（交換留学先73大学，2022年５月１日現在）

部局間交流協定 ▶ 156大学・機関（交換留学先44大学，2022年５月１日現在）

海外への留学生数 ▶ 渡航型101名・オンライン型115名／年（22カ国・地域，2021年度）

海外留学制度 ▶ 協定校に１学期以上１年以内の期間で留学する派遣交換留学や，将来の長期留学を見据えたグローバル理工人育成コース超短期派遣や語学研修，協定校で講義・研究に参加するシーズンプログラム，ASEAN諸国の学生と企業訪問や討論を行うTokyo Tech-AYSEASなどの学術交流，専門分野の研修，専門科目履修・研究活動，インターンシップなど数多くのプログラムを実施。コンソーシアムは，ASPIREなど４団体に参加している。

学費・奨学金制度　給付型奨学金総額 年間 2,430 万円

入学金 ▶ 282,000円

年間授業料（施設費等を除く）▶ 635,400円

年間奨学金総額 ▶ 24,300,000円

年間奨学金受給者数 ▶ 41人

主な奨学金制度 ▶「大隅良典記念奨学金」は予約型で，学業優秀な学生を対象に月額５万円を支給，両親が４年制大学を卒業していないファーストジェネレーション枠と地方出身者枠を設定。「手島精一記念奨学金」は２年次生を対象に月額５万円を支給している。

保護者向けインフォメーション

- **説明会**　受験生の保護者向け説明会を開催。
- **成績確認**　成績表を保護者に郵送している。
- **防災対策**　「大地震対応マニュアル」を入学時に配布し，HPでも公開。被災した際の学生の安否確認は，セコムの安否確認サービスおよび入学時に配布する安否確認票を利用する。
- **コロナ対策１**　ワクチンの職域接種を実施。感染状況に応じた４段階のBCP（行動指針）を設定。「コロナ対策２」（下段）あり。

インターンシップ科目	必修専門ゼミ	卒業論文	GPA制度の導入の有無および活用例	１年以内の退学率	標準年限での卒業率
一部の学院で開講している	全学院で３・４年次に実施	全学院で卒業要件	学生に対する個別の学修指導に活用するほか，GPAに応じた履修上限単位数を設定している	0.4%	86.0%

● **コロナ対策２**　対面授業とオンライン授業を併用し，相談窓口を拡充。講義室の収容人数の調整，入口での検温と消毒，空調等の環境整備を実施。学生への経済的支援として貸与型奨学金（困窮度の高い場合は給付型）を設立。

学部紹介

学院／系	定員	特色
学士課程から大学院まで統一体系の６学院。学士課程１年目は学院に所属し，２年目に学生の志望，学業成績により所属する系を決定する。なお，定員欄の数字は「受入可能人数」。		
理学院		
数学	29	▷人類のあらゆる知的活動の基礎である数学の素養と専門分野を学修し，論理的思考力と本質を見抜く力を養う。専門書を読み解く少人数のセミナーでは，高度な専門分野に触れられる。
物理学	61	▷自然界の原理やさまざまな現象の法則を発見，解明して，科学技術の発展に貢献し，最先端の研究を推進，時代の要請に的確に対応できる人材を育成する。
化学	44	▷原子から生命や宇宙までを対象として，自然界における化学現象の基本原理を学ぶとともに，社会に大きく貢献する先端的化学に貢献できる能力を身につける。
地球惑星科学	32	▷地球・惑星・宇宙の諸現象を理解するために必要な基本的学力を身につけ，地球の未来とそれに関わる人類の発展に貢献できる人材の養成をめざす。
● 取得可能な資格…教職(数・理) ● 進路状況…………就職12.1%　進学80.5% ● 主な就職先………エヌ・ティ・ティ・データ，野村総合研究所，ベネッセコーポレーション，日本生命保険，PwCコンサルティング，厚生労働省など。		
工学院		
機械	144	▷機械システムの動作を解析・統合し，新たな機械を創出するための知識を学修する。また，工学的諸課題を解決し，環境と人類との調和をなす革新的な機械システムを提案できる人材を養成することを目的とする。
システム制御	48	▷ロボットなどの先進の機械をはじめさまざまなシステムを操る理論を学び，それを生かした先進技術を研究する。柔軟な発想力と創造力で社会に貢献する人材を養成する。
電気電子	90	▷電気電子工学分野の基礎学力と応用能力を学び，しっかりとした基礎学力のもと，総合力を発揮し，将来の飛躍的な発展に適応できる，広い視野，創造力，独創性を兼ね備えた先駆的研究者，指導的技術者，教育者を養成。
情報通信	49	▷人に優しく，持続的な高度情報通信社会を支える基盤技術・応用システムに関する研究・教育を行い，国際的に活躍できる研究者・技術者を養成する。
経営工学	62	▷企業経営や経済システムを取り巻く社会の課題を科学的・工学的な視点からとらえ，「数理」「経済学」「経営管理」「管理技術」などのアプローチを駆使して解決する問題解決のプロを育成。
● 取得可能な資格…教職(情・工) ● 進路状況…………就職13.5%　進学82.7% ● 主な就職先………ソニー，三菱総合研究所，住友化学，NTTドコモ，日産自動車，ヤフー，楽天グループ，テレビ東京，シャープ，大和証券，第一生命保険，日本精工など。		

キャンパスアクセス ［大岡山キャンパス］ 東急大井町線・目黒線―大岡山より徒歩1分

物質理工学院		
材料	92	▷「金属材料」「有機材料」「無機材料」にわたる幅広い材料学の基礎的知識を修得するとともに，革新的工業材料を創出するための知恵と創造性を身につけ，産業界が求める材料学分野の先導的科学技術者となる人材を養成する。
応用化学	109	▷豊かな人間社会が発展的に永続するために必要不可欠な化学技術を開拓できる人材を育成する学修・教育目標を設定。21世紀の社会を担う科学技術者，研究者の育成を行うとともに，新たな産業と文明を拓く高度職業人の養成をめざす。

● **取得可能な資格**…教職（理・工）
● **進路状況**…………就職2.5%　進学96.0%
● **主な就職先**………村田製作所，東邦亜鉛，ラインズ，JRAシステムサービス，シグマクシスなど。

情報理工学院		
数理・計算科学	37	▷情報処理を「計算」としてとらえるアプローチと，実際にそれを実行するコンピュータ・システムの設計方法を学び，専門知識に裏づけられた手法を駆使して課題を解決することにより，国際的に活躍できる人材を養成する。
情報工学	64	▷情報に関する体系化した理論から，ソフトウェア，ハードウェア，マルチメディア，人工知能，生命情報解析などの幅広い専門知識を修得し，世界を先導する研究者・技術者として活躍できる人材を養成する。

● **取得可能な資格**…教職（数・情）
● **進路状況**…………就職8.2%　進学88.2%
● **主な就職先**………MOC，朝日ネット，アドソル日進，楽天モバイル，フィックスポイント，リンクイベントプロデュース，ディー・エヌ・エー，厚生労働省など。

生命理工学院		
生命理工学	164	▷理工学分野の基礎的知識や生命理工学分野の基礎専門力を体系的に修得できる充実したカリキュラム，創造性・表現力等を育む教養教育，最先端の研究を核とした高度な専門教育など，ライフサイエンスとテクノロジーの科学技術分野を先導・牽引するための教育を行う。

● **取得可能な資格**…教職（理）
● **進路状況**…………就職9.5%　進学87.8%
● **主な就職先**………楽天グループ，三菱総研DCS，伊藤忠エネクス，atamaplus，船井総合研究所，SOMPOケア，ファーマインド，日本アイ・ビー・エムなど。

環境・社会理工学院		
建築学	62	▷デザイン意匠論，建築史，建築計画から建築構造，環境工学に至るまで建築学の最先端の学びを展開。国際的な視野に基づき環境・社会問題の解決に貢献できる設計者，技術者，研究者を養成する。
土木・環境工学	40	▷自然災害から人命や社会生活を守り，将来の世界の平和と繁栄のため，まちづくり，国づくりを担う学問。自然および地球環境の保全と活用を図り，良質の社会資本を合理的に形成，維持，管理できる人材を養成する。
融合理工学	45	▷理工学の知識を超域的に駆使して国際社会全体が抱える複合的問題を解決し，科学技術の新たな地平を拓く。単なる知識に留まらない社会における実践的な能力を修得する。

キャンパスアクセス［すずかけ台キャンパス］東急田園都市線―すずかけ台より徒歩5分

- 取得可能な資格…教職（工業），1・2級建築士受験資格。
- 進路状況…………就職8.0%　進学90.5%
- 主な就職先………楽天グループ，奥村組，ブランクリサーチアンドディベロップメント，アキュラホーム，東日本高速道路，アルス，国土交通省など。

キャンパス

本部・全学院……［大岡山キャンパス］東京都目黒区大岡山2-12-1※学士課程学生のメインキャンパス
［すずかけ台キャンパス］神奈川県横浜市緑区長津田町4259
［田町キャンパス］東京都港区芝浦3-3-6

2023年度入試要項（前年度実績）

●募集人員

学院	前期	学校推薦型	総合型
理	143	8	—
工	314	—	34
物質理工	160	—	18
情報理工	86	—	6
生命理工	135	—	15
環境・社会理工	92	—	17

※環境・社会理工学院の総合型選抜は系単位で募集。A（建築学系）7名，B（土木・環境工学系）5名，C（融合理工学系）5名。

●２段階選抜

一般前期は全学院の志願者計が募集人員計の４倍を超えた場合，共通テストの成績により行うことがある。

▷共通テストの英語はリスニングを含む。
▷個別学力検査の数Ｂ－数列・ベク。

全学院

前期　［共通テスト(900)］　7科目　①国(200)　②外(200・英〈R100＋L100〉)▶英・独・仏・中・韓から１　③地歴・公民(100)▶世Ｂ・日Ｂ・地理Ｂ・現社・「倫・政経」から１　④⑤数(100×2)▶「数Ⅰ・数Ａ」・「数Ⅱ・数Ｂ」　⑥⑦理(100×2)▶物・化・生・地学から２

［個別学力検査(750)］　4科目　①外(150)▶コミュ英Ⅰ・コミュ英Ⅱ・コミュ英Ⅲ　②数(300)▶数Ⅰ・数Ⅱ・数Ⅲ・数Ａ・数Ｂ　③④理(150×2)▶「物基・物」・「化基・化」

学校推薦型　【理学院】［共通テスト(900)］　7科目　①国(200)　②外(200・英〈R100＋L100〉)▶英・独・仏・中・韓から１　③地歴・公民(100)▶世Ｂ・日Ｂ・地理Ｂ・現社・「倫・政経」から１　④⑤数(100×2)▶「数Ⅰ・数Ａ」・「数Ⅱ・数Ｂ」　⑥⑦理(100×2)▶物・化・生・地学から２

［個別学力検査］課さない。

※共通テストの成績，推薦書，研究内容の要約，調査書の内容のうち学業成績および推薦理由に関する部分を総合して判定。

総合型　【工学院／物質理工学院／情報理工学院／生命理工学院環境・社会理工学院】［共通テスト(900)］　7科目　①国(200)　②外(200・英〈R100＋L100〉)▶英・独・仏・中・韓から１　③地歴・公民(100)▶世Ｂ・日Ｂ・地理Ｂ・現社・「倫・政経」から１　④⑤数(100×2)▶「数Ⅰ・数Ａ」・「数Ⅱ・数Ｂ」　⑥⑦理(100×2)▶物・化・生・地学から２

［個別学力検査(100)］【工学院・物質理工学院】　1科目　①総合問題(100)▶筆記・面接

※第１段階選抜（志願者数が募集人員の約２～３倍を超えた場合に行うことがある）一共通テストの成績，第２段階選抜一総合問題，志望理由書，調査書および提出書類を総合して判定。

【情報理工学院】　1科目　①総合問題(100)▶面接

※第１段階選抜（志願者数が募集人員の約２～３倍を超えた場合に行うことがある）一共通テストの得点（概ね650点以上）と出願書類（活動実績報告書を重視），第２段階選抜一総合問題，志望理由書，調査書および提出書類を総合して判定。

【生命理工学院】　1科目　①総合問題(100)▶筆記・面接

※第１段階選抜一共通テストの得点（概ね650点以上），さらに志願者が募集人員の約

キャンパスアクセス［田町キャンパス］JR山手線・京浜東北線一田町より徒歩２分

２～３倍を超えた場合には，共通テストの得点と出願書類を用いることがある。第２段階選抜―総合問題，志望理由書，調査書および提出書類を総合して判定。

【環境・社会理工学院Ａ】 1科目 ①総合問題(100)▶造形課題

※第１段階選抜（志願者数が募集人員の約２～３倍を超えた場合に行うことがある）―共通テストの成績，第２段階選抜―総合問題，志望理由書，調査書および提出書類を総合して判定。

【環境・社会理工学院Ｂ】 1科目 ①総合問題(100)▶筆記・面接

※第１段階選抜（志願者数が募集人員の約２～３倍を超えた場合に行うことがある）―共通テストの成績，第２段階選抜―総合問題，志望理由書，調査書および提出書類を総合して判定。

【環境・社会理工学院Ｃ】 1科目 ①総合問題(100)▶面接

※第１段階選抜（志願者数が募集人員の約２～３倍を超えた場合に行うことがある）―共通テストの得点と出願書類，第２段階選抜―総合問題，志望理由書，調査書および提出書類を総合して判定。

その他の選抜

私費外国人留学生特別入試，国費外国人留学生優先配置入試。

偏差値データ (2023年度)

一般選抜

＊個別学力検査／満点

学院	2023年度			2022年度実績					
	駿台予備学校	河合塾		募集人員	受験者数	合格者数	合格最低点*	競争率	
	合格目標ライン	ボーダー得点率	ボーダー偏差値					'22年	'21年
●前期									
理	61	75%	65	143	604	150	396/750	4.0	4.1
工	61	75%	65	314	1224	321	394/750	3.8	3.7
物質理工	61	74%	65	160	387	167	375/750	2.3	2.2
情報理工	64	77%	65	86	727	89	451/750	8.2	8.2
生命理工	60	74%	65	135	275	149	368/750	1.8	2.0
環境・社会理工	60	75%	65	92	329	97	367/750	3.4	3.1

● 駿台予備学校合格目標ラインは合格可能性80％に相当する駿台模試の偏差値です。 ●競争率は受験者÷合格者の実質倍率
● 河合塾ボーダー得点率は合格可能性50％に相当する共通テストの得点率です。
また，ボーダー偏差値は合格可能性50％に相当する河合塾全統模試の偏差値です。
● 全学院で２段階選抜を実施。

併設の教育機関 大学院

理学院

教員数▶85名
院生数▶480名

修士課程 ●**数学コース**　現代数学の最先端の深い理解に基づき，新たな数学的概念の創出をめざす。

●**物理学コース**　素粒子から物質，宇宙まで自然界の基本的法則を追究する。

●**化学コース**　物質が関わる諸現象の本質を極め，新たな有用物質の創出を行える人材を育成する。

●**エネルギーコース**　物理，化学，材料，機械，電気の各ディシプリンを基礎とする高度な専門性を有し，エネルギー諸問題を多元的エネルギー学理の視点から判断できる俯瞰力，

自立的課題抽出・解決力，国際的リーダーシップ力を兼ね備え社会に貢献する高い志を持ってイノベーションを牽引できる人材を養成する。

●**地球惑星科学コース**　地球・惑星・宇宙の科学的研究を行い，地球生命の誕生・進化を最先端の科学で解き明かす。

●**地球生命コース**　分子・生命から地球・惑星までの複合的問題に取り組み，環境･気候･水・資源等の地球規模課題の解決をめざす。

博士後期課程　数学コース，物理学コース，化学コース，エネルギーコース，地球惑星科学コース，地球生命コース

工学院

教員数▶138名
院生数▶1,696名

修士課程　●**機械コース**　革新的な「ものつくり」の研究開発を通じ，人類の未来を豊かにする機械システムの創造に挑む。

●**エネルギーコース**　理学院参照。

●**エンジニアリングデザインコース**　既存の科学・工学体系を俯瞰的に理解しながらも枠にとらわれずに，人類が抱えるさまざまな課題の解決に寄与し，社会で求められる新たな技術・価値・概念の創出に貢献できるエンジニアリングデザイン能力の涵養を目標とする。

●**ライフエンジニアリングコース**　ひとに関する自然科学，生命倫理，健康・医療の基礎，環境の基礎などをさまざまな理工系専門技術と融合し，ひとが持続的に発展できる生活基盤の構築とともに，未来に向けた新たな学問分野の創出をめざす。

●**原子核工学コース**　原子核エネルギー・放射線の利用，およびそれらを支える科学・工学を研究対象とした原子核工学を体系的に学修し，また研究に取り組むことで，これらの課題に答えを出していく。

●**システム制御コース**　高機能ロボット，次世代自動車，クリーンエネルギーなどのこれからの国づくりに欠かすことのできないシステムのモデリング・解析・開発・設計を行う基礎的能力を養う。

●**電気電子コース**　電力，通信，電子・光デバイス，集積回路・システム，材料物性を中心とする電気電子工学分野で世界最先端の研究を行いグローバルに活躍できる人材を育成。

●**情報通信コース**　情報通信工学分野の基盤技術の確立，応用情報通信システム実現に向けた新たな機能の創造により豊かな未来高度情報社会の実現に貢献する。

●**経営工学コース**　経営工学に関する基礎知識をもとに，数理・経済・経営管理・管理技術の各分野に関する最新の研究に基づいた先進的な知識・技術を体系的に学ぶ。

博士後期課程　機械コース，エネルギーコース，エンジニアリングデザインコース，ライフエンジニアリングコース，原子核工学コース，システム制御コース，電気電子コース，情報通信コース，経営工学コース

物質理工学院

教員数▶95名
院生数▶1,197名

修士課程　●**材料コース**　材料学に関する専門的学力を有し，論理的思考力と実践的問題解決力を身につけ，社会問題から抽出された課題を，科学技術的な背景のもとに深く理解し，解決できる優れた人材を養成する。

●**エネルギーコース**　理学院参照。

●**ライフエンジニアリングコース**　工学院参照。

●**原子核工学コース**　工学院参照。

●**応用化学コース**　高度な専門知識を自在に活用し，専門技術を駆使することで，応用化学分野の問題を解決する能力を身につける。技術革新に果敢に挑戦し，新たな産業と文明を切り拓く高度職業人の養成をめざす。

博士後期課程　材料コース，エネルギーコース，ライフエンジニアリングコース，原子核工学コース，応用化学コース

情報理工学院

教員数▶50名
院生数▶497名

修士課程　●**数理・計算科学コース**「数理科学」と「計算機科学」を両輪としたトップ

レベルの研究を行い，未来の情報化社会を発展させる基礎研究に挑戦し続ける。
●**情報工学コース**　処理形態の多様化と効率化，高信頼化などの要件を満たす高性能情報システムを開発していくために基幹となる領域を研究・教育の対象としている。
●**知能情報コース**　情報理工学分野を広く俯瞰し発展の方向を見据え，実世界の複雑な問題に対し複数のディシプリンを駆使して適切な問題解決を図り，社会の発展に寄与する高度な知能情報システムやサービスを構築できる人材を育てる。
●**ライフエンジニアリングコース**　工学院参照。
博士後期課程〉 **数理・計算科学コース，情報科学コース，知能情報コース，ライフエンジニアリング**

生命理工学院

教員数▶62名
院生数▶592名
修士課程〉 ●**生命理工学コース**　生命理工学分野を核とする幅広い卓越した専門知識を修得し，新たな科学技術を創造する高い倫理観を備えた，国際社会でリーダーシップを発揮できる理工系人材を養成する。
●**ライフエンジニアリングコース**　工学院参照。
●**地球生命コース**　理学院参照。
博士後期課程〉 **生命理工学コース，ライフエンジニアリングコース，地球生命コース**

環境・社会理工学院

教員数▶84名
院生数▶1,137名
博士課程〉 ●**建築学コース**　建築意匠，建築史，建築計画，構造・材料，環境・設備，施工の特定分野をより深く学び体験する。
●**都市・環境学コース**　今日の都市・環境が直面する多様で複雑な問題を，豊かな発想力と最先端の技術力を持って解き明かしながら，未来の都市・環境を築く担い手を育成。
●**エンジニアリングデザインコース**　工学院参照。
●**土木工学コース**　環境調和型持続的未来社会の実現に寄与し得る，より総合性の高い学問分野への発展をめざし，それぞれの専門性を深めつつ，先端的・俯瞰的研究などを通じて，国際的に活躍できる人材を養成する。
●**地球環境共創コース**　地球規模の問題や都市・環境・資源・国際開発などの課題について，グローバルかつミクロな観点からとらえる研究を推進する。
●**エネルギーコース**　理学院参照。
●**原子核工学コース**　工学院参照。
●**社会・人間科学コース**　科学技術が人間や社会に引き起こす問題の解決に邁進し，人と社会と科学技術の調和する未来を切り開くリーダーを育てる。
専門職学位課程〉 ●**技術経営**　イノベーション創出のリーダーとして，科学・技術を活用，自ら理論を構築し，科学技術と経済社会システムの深い理解に根差した新たな社会的・経済的価値を創造する。
博士後期課程〉 **建築学コース，エンジニアリングデザインコース，都市・環境学コース，土木工学コース，地球環境共創コース，エネルギーコース，原子核工学コース，社会・人間科学コース，イノベーション科学コース**

東京農工大学

資料請求

問合せ先 学務部入試企画課 ☎042-367-5837

大学の理念

1874（明治７）年に設置された農事修学場を農学部の，蚕業試験掛を工学部の前身として持ち，1949（昭和24）年に両校を統合して大学となった。持続的発展が可能な社会の実現に向けて農学と工学および２つの融合領域での教育・研究を通じて，世界の平和と社会や自然環境に調和した科学技術の進展に貢献するとともに，その実現を担う人材育成と知の創造＝イノベーションに邁進することを基本理念とする。イノベーションを推進し，社会に還元し得る科学者・技術者を世に送り出す「教育・研究・社会貢献」を大学の使命とし，未来のために存在するべく「グローバル化」と「イノベーション創出」へ向けた取り組みを推進している。2024年の創基150周年に向けて，今後も豊かな未来社会のため，革新的・先端的研究大学としての進化・深化をめざす。

- 府中キャンパス………〒183-8509　東京都府中市幸町3-5-8
- 小金井キャンパス……〒184-8588　東京都小金井市中町2-24-16

基本データ

学生数▶3,778名（男2,414名，女1,364名）
専任教員数▶教授154名，准教授155名，講師22名
設置学部▶農，工

併設教育機関▶大学院一工学府（M・D・P），生物システム応用科学府，農学府（以上M・D），連合農学（D）

就職・卒業後の進路

就職率 **94.7**％
就職者÷希望者×100

● **就職支援**　大学院への進学率が高いため，大学院修了後に就職する学生が多いが，学部生の適性に応じた適切な進路選択ができるよう，進学・就職を支援している。進路・就職相談室は各キャンパスに設置され，指導経験豊かな元本学教員と本学ＯＢの企業出身者がアドバイザー（相談員）となって，進路・就職に関するあらゆる事柄に対し相談に応じている。また，専門家によるガイダンスでは，大学院進学について，就職活動の進め方，公務員採用試験の詳細，面接の受け方など幅広いテーマが扱われている。

進路指導者も必見 **学生を伸ばす 面倒見**

初年次教育	学修サポート
「アカデミックライティング入門」で初年次教育を実施するほか，工学部では安全教育を網羅した「工学基礎実験」を必修科目として開講している	両学部でTA制度，オフィスアワー制度，教員１人が学生約30人（農学部），20人（工学部）を担当する教員アドバイザー制度を導入。また，学習相談室を両キャンパスに設置し，学生の相談に応じている

オープンキャンパス（2022年度実績） 農学部は８月に学科別で来場参加型学科説明会（後日録画配信），10･11月にキャンパスハイク，工学部は6･8･11月に来場参加型･オンライン配信でオープンキャンパスを開催。

農学部

2022年３月卒業生
316人

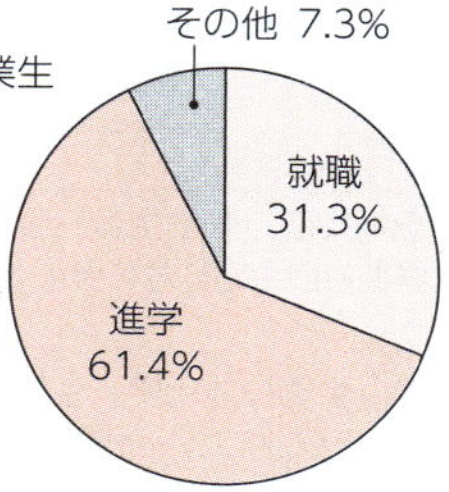

工学部

2022年３月卒業生
583人

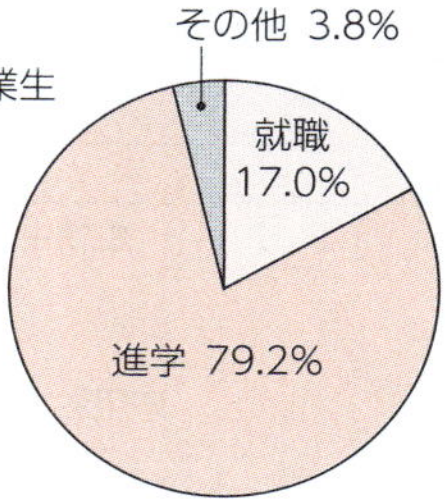

主なOB・OG ▶ ［農］海野和男（昆虫写真家），［農］山元大輔（生物学者），［工］浜谷健司・［工］神田伸一郎（ハマカーン，お笑いタレント），［工］川谷絵音・［工］休日課長（ミュージシャン）など。

国際化・留学　大学間 162 大学等・部局間 22 大学等

受入れ留学生数 ▶ 41名（2022年５月１日現在）

留学生の出身国 ▶ 中国，韓国，モンゴル，マレーシア，メキシコなど。

外国人専任教員 ▶ 教授２名，准教授４名，講師４名（2022年５月１日現在）

外国人専任教員の出身国 ▶ 中国，韓国，タイ，インドネシア，マレーシア，アメリカなど。

大学間交流協定 ▶ 162大学・機関（交換留学先149大学，2022年５月１日現在）

部局間交流協定 ▶ 22大学・機関（交換留学先17大学，2022年５月１日現在）

海外への留学生数 ▶ 渡航型８名・オンライン型33名／年（７カ国・地域，2021年度）

海外留学制度 ▶ 目的，語学力や専門に応じてさまざまな留学プログラムを用意。短期派遣の語学研修・文化交流・農業体験などのプログラムで語学力を向上させ，次に東南アジアをメインとする派遣先で現地の文化やビジネスを学ぶセメスター派遣，研究室に所属し本格的な研究に参加する研究留学や，海外の企業や大学で実際に技術開発や研究プロジェクトに携わるIAESTE国際インターンシップなどへとステップアップすることで，グローバルな研究活動を行う力を身につけることができる。コンソーシアムはAIMSプログラムに参加している。

学費・奨学金制度

入学金 ▶ 282,000円

年間授業料（施設費等を除く）▶ 535,800円

主な奨学金制度 ▶ 学業成績が優秀で経済的理由により修学困難な学部３年生以上を対象に，内部進学後の大学院卒業まで月額10万円を給付する「遠藤章奨学金」を設置するほか，経済的支援を必要とする学業優秀な学生に授業料免除・徴収猶予する制度もある。

保護者向けインフォメーション

● **成績確認**　成績表を保護者に郵送している。

● **広報誌**　「TAUT Express」を発行している。

● **保護者会**　全体と両学部の２部に分けてペアレンツデーを開催。修学や進学・就職について説明するほか，事前受付の質問に回答。

● **防災対策**　「安全マニュアル」を入学時に配布。被災した際は，アプリを利用して学生の安否を確認する。

● **コロナ対策１**　ワクチンの職域接種を実施。感染状況に応じた５段階のBCP（行動指針）を設定。「コロナ対策２」（下段）あり。

インターンシップ科目	必修専門ゼミ	卒業論文	GPA制度の導入の有無および活用例	１年以内の退学率	標準年限での卒業率
農（一部）・工学部で開講している	農学部と工学部機械システム工学科で１年次に実施している	農学部共同獣医学科を除き卒業要件	奨学金等対象者の選定基準，留学候補者の選考，CAP制度の成績優秀者要件，早期卒業要件に活用	0.7%	87.8%（4年制） 82.1%（6年制）

● **コロナ対策２**　オンライン授業を併用し，学内のWi-Fi環境を整え，講義室の収容人数を調整。体調不良や心理的負担による欠席に教育的配慮が受けられる制度を整備。経済的に困窮している学生に奨学金，授業料の免除・徴収猶予を実施。

学部紹介

学部／学科	定員	特色
農学部		
生物生産	57	▷生産環境，植物生産，動物生産，農業経営経済を主要教育分野とし，基礎的・応用的能力を身につけるための教育・研究を行う。
応用生物科	71	▷分子生命化学，生物機能化学，生物制御学などのバイオサイエンス・バイオテクノロジー分野で高度な能力を発揮できる人材を養成。
環境資源科	61	▷環境と資源の広範囲な問題を対象とした生物学，化学，物理学，地学を基礎として広い知識を習得する。
地域生態システム	76	▷生態系保全学，森林科学，農業環境工学，共生持続社会の４つの学びを通じて，人間と自然の調和を地域から地球的スケールで考える。
共同獣医	35	▷６年制。岩手大学と教育連携。動物の疾病の治療や予防，その研究を通じて高度獣医療の提供と人類の健康と食の安全，生命科学研究の発展に寄与できる人材を育成する。
●**取得可能な資格**…教職(理・農)，学芸員，測量士補，獣医師受験資格など。 ●**進路状況**…………就職31.3%　進学61.4% ●**主な就職先**………農林水産省，東京都，埼玉県，長野県，国土交通省，日本中央競馬会，森永乳業，ジョンソンエンドジョンソン，リクルート，清水建設など。		
工学部		
生命工	81	▷日本で初設置の学科。生命現象の仕組みを理解し，利用していくための工学技術を駆使して，遺伝子，タンパク質，細胞，個体など生物のさまざまな階層に応じた解析技術，研究手法を生み出し，生命の謎に迫る。
生体医用システム工	56	▷現代医療における計測・診断技術に必要な物理学や電子情報工学などを融合した形で体系的に学び，革新的な生体医用工学技術の研究開発を行える人材を養成する。
応用化	81	▷原子から高分子に至る幅広いスケールの化学物質の構造や機能を対象とし，さまざまな分野で活躍できる独創性や応用力を身につけた人材を育成する。
化学物理工	81	▷幅広い分野の専門家により，エネルギー，新素材から環境まで習得できるカリキュラムを整備。地球規模の課題を解決し，新産業を創出できる技術者を育成する。
機械システム工	102	▷機械力学，熱工学，流体力学，材料工学などの知識と技術を身につけ，2年次後期から「航空宇宙・機械科学」「ロボティクス・知能機械デザイン」の2コースに分かれる。
知能情報システム工	120	▷コンピュータの仕組みやプログラミングなどの電気電子工学，情報工学の基礎を確実に身につける。最新のデータ処理技術，人工知能技術についても学ぶ。
●**取得可能な資格**…教職(数・理・情)，学芸員など。 ●**進路状況**…………就職17.0%　進学79.2% ●**主な就職先**………パーソルR&D，日産オートモーティブテクノロジー，シャープ，スズキ，富士通，東日本旅客鉄道，経済産業省，牧野フライス，トヨタ自動車，ソフトバンクなど。		

キャンパスアクセス [府中キャンパス] JR中央線―国分寺よりバス約10分／京王線―府中よりバス約7分／JR武蔵野線―北府中より徒歩約12分

キャンパス

本部…［本部］　東京都府中市晴見町3-8-1
農……［府中キャンパス］　東京都府中市幸町3-5-8
工……［小金井キャンパス］　東京都小金井市中町2-24-16

2023年度入試要項（前年度実績）

●募集人員

学部／学科		前期	後期
農	生物生産	38	13
	応用生物科	47	16
	環境資源科	40	12
	地域生態システム	53	15
	共同獣医	25	6
工	生命工	42	25
	生体医用システム工	28	18
	応用化	42	36
	化学物理工	44	29
	機械システム工	52	37
	知能情報システム工	64	42

●２段階選抜　実施しない

▷共通テストの英語はリスニングを含む。
▷個別学力検査の数B―数列・ベク。

農学部

前期　**【生物生産学科・応用生物科学科・環境資源科学科・地域生態システム学科】［共通テスト(900)］** 7科目　①**国**(200)　②**外**(200・英〈R130＋L70〉)▶英・独・仏・中・韓から1　③**地歴・公民**(100)▶世A・世B・日A・日B・地理A・地理B・現社・倫・政経・「倫・政経」から1　④⑤**数**(100×2)▶「数Ⅰ・数A」必須，「数Ⅱ・数B」・簿・情から1　⑥⑦**理**(100×2)▶物・化・生・地学から2
［個別学力検査(700)］ 4科目　①**外**(200)▶コミュ英Ⅰ・コミュ英Ⅱ・コミュ英Ⅲ・英表Ⅰ・英表Ⅱ・英会話　②**数**(200)▶数Ⅰ・数Ⅱ・数Ⅲ・数A・数B　③④**理**(150×2)▶「物基・物」・「化基・化」・「生基・生」から2
【共同獣医学科】［共通テスト(900)］ 7科目　①**国**(200)　②**外**(200・英〈R130＋L70〉)▶英・独・仏・中・韓から1　③**地歴・公民**(100)▶世A・世B・日A・日B・地理A・地理B・現社・倫・政経・「倫・政経」から1　④⑤**数**(100×2)▶「数Ⅰ・数A」必須，「数Ⅱ・数B」・簿・情から1　⑥⑦**理**(100×2)▶物・化・生から2
［個別学力検査(700)］ 4科目　①**外**(200)▶コミュ英Ⅰ・コミュ英Ⅱ・コミュ英Ⅲ・英表Ⅰ・英表Ⅱ・英会話　②**数**(200)▶数Ⅰ・数Ⅱ・数Ⅲ・数A・数B　③④**理**(150×2)▶「物基・物」・「化基・化」・「生基・生」から2
後期　**【生物生産学科・応用生物科学科・環境資源科学科・地域生態システム学科】［共通テスト(900)］** 7科目　前期と同じ
［個別学力検査(400)］ 1科目　①**外**(400)▶コミュ英Ⅰ・コミュ英Ⅱ・コミュ英Ⅲ・英表Ⅰ・英表Ⅱ・英会話
【共同獣医学科】［共通テスト(900)］ 7科目　前期と同じ
［個別学力検査(400)］ 1科目　①**外**(400)▶コミュ英Ⅰ・コミュ英Ⅱ・コミュ英Ⅲ・英表Ⅰ・英表Ⅱ・英会話

工学部

前期　**【生命工学科・応用化学科】［共通テスト(900)］** 7科目　①**国**(200)　②**外**(200・英〈R130＋L70〉)▶英・独・仏・中・韓から1　③**地歴・公民**(100)▶世A・世B・日A・日B・地理A・地理B・現社・倫・政経・「倫・政経」から1　④⑤**数**(100×2)▶「数Ⅰ・数A」必須，「数Ⅱ・数B」・簿・情から1　⑥⑦**理**(100×2)▶物・化・生から2
［個別学力検査(900)］ 4科目　①**外**(150)▶コミュ英Ⅰ・コミュ英Ⅱ・コミュ英Ⅲ・英表Ⅰ・英表Ⅱ・英会話　②**数**(350)▶数Ⅰ・数Ⅱ・数Ⅲ・数A・数B　③④**理**(200×2)▶「物基・物」・「化基・化」・「生基・生」から2
【生体医用システム工学科・機械システム工学科・知能情報システム工学科】［共通テスト(900)］ 7科目　①**国**(200)　②**外**(200・英〈R130＋L70〉)▶英・独・仏・中・韓から1　③**地歴・公民**(100)▶世A・世B・日A・日B・地

東京　東京農工大学

理A・地理B・現社・倫・政経・「倫・政経」から1 ④⑤**数**(100×2)▶「数Ⅰ・数A」必須,「数Ⅱ・数B」・簿・情から1 ⑥⑦**理**(100×2)▶物必須,化・生・地学から1

[個別学力検査(900)] **4科目** ①**外**(150)▶コミュ英Ⅰ・コミュ英Ⅱ・コミュ英Ⅲ・英表Ⅰ・英表Ⅱ・英会話 ②**数**(350)▶数Ⅰ・数Ⅱ・数Ⅲ・数A・数B ③④**理**(200×2)▶「物基・物」必須,「化基・化」・「生基・生」から1

【化学物理工学科】 [共通テスト(900)] **7科目** ①**国**(200) ②**外**(200・英〈R130+L70〉)▶英・独・仏・中・韓から1 ③**地歴・公民**(100)▶世A・世B・日A・日B・地理A・地理B・現社・倫・政経・「倫・政経」から1 ④⑤**数**(100×2)▶「数Ⅰ・数A」必須,「数Ⅱ・数B」・簿・情から1 ⑥⑦**理**(100×2)▶物・化

[個別学力検査(900)] **4科目** ①**外**(150)▶コミュ英Ⅰ・コミュ英Ⅱ・コミュ英Ⅲ・英表Ⅰ・英表Ⅱ・英会話 ②**数**(350)▶数Ⅰ・数Ⅱ・数Ⅲ・数A・数B ③④**理**(200×2)▶「物基・物」・「化基・化」

後期 **【生命工学科・応用化学科】[共通テスト(650)]** **7科目** ①**国**(100) ②**外**(100・英〈R65+L35〉)▶英・独・仏・中・韓から1 ③**地歴・公民**(50)▶世A・世B・日A・日B・地理A・地理B・現社・倫・政経・「倫・政経」から1 ④⑤**数**(100×2)▶「数Ⅰ・数A」必須,「数Ⅱ・数B」・簿・情から1 ⑥⑦**理**(100×2)▶物・化・生から2

[個別学力検査(650)] **3科目** ①**外**(200)▶コミュ英Ⅰ・コミュ英Ⅱ・コミュ英Ⅲ・英表Ⅰ・英表Ⅱ・英会話 ②**数**(150)▶数Ⅰ・数Ⅱ・数Ⅲ・数A・数B ③**理**(300)▶「物基・物」・「化基・化」から1

【生体医用システム工学科・機械システム工学科・知能情報システム工学科】 [共通テスト(650)] **7科目** ①**国**(100) ②**外**(100・英〈R65+L35〉)▶英・独・仏・中・韓から1 ③**地歴・公民**(50)▶世A・世B・日A・日B・地理A・地理B・現社・倫・政経・「倫・政経」から1 ④⑤**数**(100×2)▶「数Ⅰ・数A」必須,「数Ⅱ・数B」・簿・情から1 ⑥⑦**理**(100×2)▶物必須,化・生・地学から1

[個別学力検査(650)] **3科目** ①**外**(200)▶コミュ英Ⅰ・コミュ英Ⅱ・コミュ英Ⅲ・英表Ⅰ・英表Ⅱ・英会話 ②**数**(150)▶数Ⅰ・数Ⅱ・数Ⅲ・数A・数B ③**理**(300)▶物基・物

【化学物理工学科】 [共通テスト(650)] **7科目** ①**国**(100) ②**外**(100・英〈R65+L35〉)▶英・独・仏・中・韓から1 ③**地歴・公民**(50)▶世A・世B・日A・日B・地理A・地理B・現社・倫・政経・「倫・政経」から1 ④⑤**数**(100×2)▶「数Ⅰ・数A」必須,「数Ⅱ・数B」・簿・情から1 ⑥⑦**理**(100×2)▶物・化

[個別学力検査(650)] **3科目** ①**外**(200)▶コミュ英Ⅰ・コミュ英Ⅱ・コミュ英Ⅲ・英表Ⅰ・英表Ⅱ・英会話 ②**数**(150)▶数Ⅰ・数Ⅱ・数Ⅲ・数A・数B ③**理**(300)▶「物基・物」・「化基・化」から1

その他の選抜

学校推薦型選抜は農学部32名(産業動物獣医師枠若干名),工学部33名,総合型選抜〈ゼミナール入試〉は農学部環境資源科学科3名,〈SAIL入試〉は工学部生命工学科7名,生体医用システム工学科6名,化学物理工学科4名,機械システム工学科5名,知能情報システム工学科7名を募集。ほかに,社会人入試(農学部共同獣医学科,工学部を除く),私費外国人留学生入試を実施。

偏差値データ（2023年度）

●一般選抜

学部／学科	2023年度 駿台予備学校 合格目標ライン	2023年度 河合塾 ボーダー得点率	2023年度 河合塾 ランク偏差値	'22年度 競争率
●前期				
▶農学部				
生物生産	53	66%	50	1.7
応用生物科	54	71%	52.5	1.8
環境資源科	53	68%	52.5	1.7
地域生態システム	53	66%	50	1.7
共同獣医	60	76%	62.5	4.3
▶工学部				
生命工	51	67%	52.5	2.7
生体医用システム工	50	66%	52.5	1.9
応用化	50	66%	52.5	2.4
化学物理工	50	65%	52.5	1.5
機械システム工	51	67%	55	2.4
知能情報システム工	51	66%	55	2.5
●後期				
▶農学部				
生物生産	55	74%	62.5	2.8
応用生物科	56	75%	60	3.4
環境資源科	55	70%	60	2.8
地域生態システム	55	70%	60	2.3
共同獣医	61	82%	70	8.4
▶工学部				
生命工	55	71%	55	2.6
生体医用システム工	54	69%	57.5	2.4
応用化	54	69%	57.5	2.6
化学物理工	54	68%	55	2.5
機械システム工	54	69%	57.5	3.3
知能情報システム工	55	69%	57.5	3.2

- 駿台予備学校合格目標ラインは合格可能性80%に相当する駿台模試の偏差値です。
- 河合塾ボーダー得点率は合格可能性50%に相当する共通テストの得点率です。また，ボーダー偏差値は合格可能性50%に相当する河合塾全統模試の偏差値です。
- 競争率は受験者÷合格者の実質倍率

一橋大学（ひとつばし）

資料請求

問合せ先 学務部入試課 ☎042-580-8150

大学の理念

1875（明治８）年創立。社会科学の総合大学として，リベラルな学風のもと，日本の政治経済社会の発展とその創造的推進者の育成に貢献してきた。教育理念は①充実した研究基盤を確立し，新しい社会科学の探究と創造の精神のもとに，独創性に富む知的，文化的資産を開発，蓄積し，広く公開する。②実務や政策，社会や文化との積極的な連携を通じて，日本および世界に知的，実践的に貢献する。③豊かな教養と市民的公共性を備えた，構想力ある専門人，理性ある革新者，指導力ある政治経済人を育成する。人文科学を含む研究教育の水準は極めて高く，創立以来，国内・海外で活躍する多くの有為な人材を輩出している。平和な政治経済社会の構築に資する知的，文化的資産を創造し，その指導的担い手を育成することを使命とする。

- **国立キャンパス**………〒186-8601　東京都国立市中2-1
- **小平国際キャンパス**…〒187-0045　東京都小平市学園西町1-29-1
- **千代田キャンパス（学術総合センター内）**…〒101-8439　東京都千代田区一ツ橋2-1-2

基本データ

学生数▶4,342名（男3,120名，女1,222名）
専任教員数▶教授199名，准教授73名，講師34名
設置学部▶商，経済，法，社会，ソーシャルデータサイエンス
併設教育機関▶大学院（P.1308参照）

就職・卒業後の進路

就職率 95.8%（就職者÷希望者×100）

●**就職支援**　キャリア支援室が，個別相談，就職総合ガイダンス，就職活動支援イベント，各種情報提供を行うほか，企業と学生のより良い就職マッチングを目的に設立した一橋大学キャリア・パートナーシップ・プロジェクトでは企業の協力を得て学内会社説明会や業界研究講座，OBOG交流会，就活継続学生スカウトプログラムなどを実施。また，インターンシップセミナーを開催し，キャリアアドバイザーによる解説，複数業界の企業による情報提供，業界やビジネスの特徴・動向，卒業生の活躍事例などを個別で紹介している。

進路指導者も必見 学生を伸ばす 面倒見

初年次教育	学修サポート
英語コミュニケーションスキルの向上を目的とした，習熟度別の英語科目「PACE」を全学部１年次必修としている	全学部でTA制度，オフィスアワー制度を導入している

オープンキャンパス（2022年度実績） 8月にオンラインオープンキャンパスを開催（事前申込制）。大学紹介・新学部構想，学部概要などを説明。全プログラムはアーカイブ動画で公開。来場型のキャンパスツアーも実施。

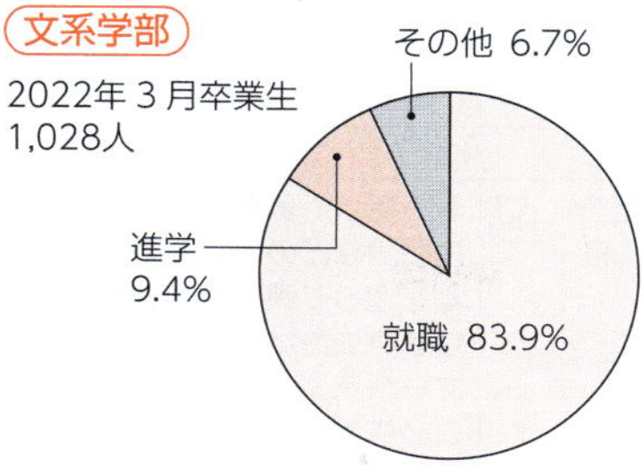

主なOB・OG▶［経済］竹中平蔵（経済学者），［商］三木谷浩史（楽天創業者），［商］倉田真由美（漫画家），［社会］水野良樹（ミュージシャン）など。

国際化・留学　大学間 123 大学等・部局間 71 大学等

受入れ留学生数▶255名（2022年５月１日現在）
留学生の出身国・地域▶韓国，中国，台湾など。
外国人専任教員▶教授７名，准教授８名，講師７名（2022年８月１日現在）
大学間交流協定▶123大学・機関（交換留学先91大学，2022年９月１日現在）
部局間交流協定▶71大学・機関（交換留学先14大学，2022年９月１日現在）
海外への留学生数▶渡航型125名・オンライン型７名／年（19カ国・2021年度）
海外留学制度▶「グローバルリーダー育成海外留学制度」はハーバード大学，オックスフォード大学，ケンブリッジ大学，ロンドン・スクール・オブ・エコノミクスの各指定校に半年～１年程度派遣するもので，世界中から集まるグローバルリーダー候補生たちと切磋琢磨しながら，学ぶことができる。また，交流協定校に半年～１年間交換留学する「海外派遣留学制度」や海外の大学が開講するサマースクール等（１～２カ月程度）に参加する留学制度，休暇中に約１カ月程度の短期海外研修，海外語学研修などを実施している。往復航空運賃・海外保険相当額のほか滞在費が支給される奨学金制度もある。コンソーシアムはSIGMAに参加している。

学費・奨学金制度

入学金▶282,000円
年間授業料（施設費等を除く）▶642,960円
主な奨学金制度▶学業成績が特に優秀な学部生に対し，在学時には奨学金を給付し，卒業時に記念品を授与する「学業優秀学生奨学金」や，優秀かつ経済的困窮度の高い学生を対象した「オデッセイコミュニケーションズ奨金」「小林輝之助記念奨学金」などを設置。また，学費減免制度もあり，2021年度は117人を対象に総額で4,084万円を減免している。

保護者向けインフォメーション

● **情報提供**　学食利用状況のWeb閲覧が可能。
● **防災対策**　「防災対策」を大学HPに掲載。学生が被災した際の安否は，独自システム「ANPIC」を利用して確認する。
● **コロナ対策１**　ワクチンの職域接種を実施。感染状況に応じた５段階のBCP（行動指針）を設定。「コロナ対策２」（下段）あり。

インターンシップ科目	必修専門ゼミ	卒業論文	GPA制度の導入の有無および活用例	１年以内の退学率	標準年限での卒業率
全学部で開講している	商学部で１～４年次，経済・法学部で３・４年次，社会学部で１・３・４年次に実施	全学部で卒業要件	奨学金等の選定基準，留学候補者の選考，履修上限単位数の設定のほか，一部の学部で卒業判定基準，大学院入試の選抜基準に活用	0.5%	78.5%

● **コロナ対策２**　対面とオンライン授業を併用し，オンライン授業視聴用の教室を開放。家計急変の学生には入学料・授業料の徴収猶予や減免などの経済支援を実施。

学部紹介

学部／学科	定員	特色
商学部		
経営 商	258	▶一括して募集し，3年次進級時に学科配属。経営学・会計学・金融論などの領域で高い専門性を身につけるとともに，一生涯を通じて深く思考しながら生きていくのに不可欠な深い教養を身につける。専門教育課程では①経営学，②会計学，③マーケティング，④金融の4域が学修の中核となる。伝統ある必修ゼミナールを4年間の学部教育のすべての学年に取り入れ，少人数で密度の濃いきめ細かな教育を提供している。英語によるゼミナールや長期留学を通して国際性を涵養する「渋沢スカラープログラム」や情報学・人工知能科学・デザイン思考を学ぶ「データ・デザイン・プログラム」，「学部・修士5年一貫教育プログラム」なども用意されている。
● 進路状況…………就職87.4%　進学6.1% ● 主な就職先………楽天グループ，PwCコンサルティング，三井住友銀行，野村證券，あずさ監査法人，富士通，三菱UFJ銀行，日本政策金融公庫，三菱UFJ信託銀行など。		
経済学部		
経済	258	▷経済学に関する高度な知識と技術，実践的で専門的な能力を育てるため，授業科目を入門科目，基礎科目，発展科目に分け，積み上げ方式による教育を実施。意欲ある学生には大学院科目も開放している。学部在学中に大学院科目を履修し，学部4年のあと修士を1年間で修了する「5年一貫教育システム」もある。このシステムは「公共政策」「統計・ファイナンス」「地域研究」「医療経済」「一般」の5プログラムで構成され，金融機関，国連などの国際機関，官公庁，民間の研究機関やシンクタンクといった専門的な職業への就職を後押ししている。
● 取得可能な資格…教職(数)。 ● 進路状況…………就職87.7%　進学5.3% ● 主な就職先………三菱UFJ銀行，楽天グループ，アクセンチュア，東京海上日動火災保険，PwCコンサルティング，日本生命保険，野村證券，丸紅，伊藤忠商事，大和証券など。		
法学部		
法律	159	▷専門教育では，法学と国際関係を2つの柱に，法的な論理的思考力と優れた国際的感覚の涵養を図る。カリキュラムの自由度が高く，1年次から履修できる専門科目がある。弁護士などの法曹を志す学生は，学部2年次に「法曹コース」への登録を申請し，法科大学院を受験し最短5年で大学院まで修了することが可能となる。法曹コースを選択しない学生は，3年次進級時に「法学コース」か「国際関係コース」を選択，指定された部門の各専門領域科目を集中的に学習する。3年からの後期課程ではゼミナールが必修で，少人数教育を通じた高度で専門的な学修ができる。また，4年間の学士課程教育に加え，さらに高い専門性を身につけたい，特に優秀な学生に対し，5年間で学士号と修士号を取得できる「学部・大学院5年一貫プログラム」も提供。
● 進路状況…………就職67.0%　進学22.2% ● 主な就職先………みずほフィナンシャルグループ，経済産業省，住友商事，三菱UFJ信託銀行，日本製鉄，ベイカレント・コンサルティング，日本政策金融公庫など。		

キャンパスアクセス [国立キャンパス] JR中央線一国立より徒歩10分

社会学部		
社会	220	▷批判的能力や豊かな構想力，問題の分析・解決能力を兼ね備えた人材を育成するため，総合性，人間性，国際性などの基盤的能力と応用力ある専門的知識を身につける。教育・研究の対象は大別して，社会動態研究，社会文化研究，人間行動研究，人間・社会形成研究，総合政策研究，歴史社会研究の６分野からなる。卒業生は，ジャーナリズム，民間企業，政府・地方公共団体，NGOやNPO，研究教育機関などで広く活躍。

● 取得可能な資格…教職（地歴・公・社）など。
● 進路状況…………就職87.5%　進学8.7%
● 主な就職先………楽天グループ，デロイトトーマツファイナンシャルアドバイザリー，日本放送協会，PwCコンサルティング，三井住友信託銀行，アビームコンサルティングなど。

ソーシャル・データサイエンス学部		
ソーシャル・データサイエンス	60	▷NEW! '23年新設。これまで社会科学が対象としてきた社会の諸領域に対しデータサイエンスの手法を本格的に活用することによって，新たな理論体系を構築したり，ビジネスの革新や社会課題の解決に対する方策を提案・実行できるソーシャル・データサイエンスのゼネラリストの養成をめざす。

キャンパス

全学部…［国立キャンパス］東京都国立市中2-1

2023年度入試要項（前年度実績）

●募集人員

学部	前期	後期	学校推薦型
商	243	—	15
経済	185	58	15
法	149	—	10
社会	210	—	10
ソーシャル・データサイエンス	30	25	5

※一般前期（ソーシャル・データサイエンスを除く）には外国学校出身者入試の募集人員を含む。

●２段階選抜

志願者が各学部ごとの募集人員を前期約３倍，後期約６倍を超えた場合，共通テストの成績（素点）により行う。

▷共通テストの英語はリスニングを含む。
▷個別学力検査の数Ｂ－数列・ベク。
▷前期の個別学力検査の外国語（英語）は聞き取り・書き取り試験を行う。

商学部

前期　［共通テスト(250)］ **8～7**科目　①国(50)　②**外**(50・英〈R25＋L25〉)▶英・独・仏・中・韓から１　③④**地歴・公民**(25×2)▶世Ｂ・日Ｂ・地理Ｂ・「倫・政経」から２　⑤⑥**数**(25×2)▶「数Ⅰ・数Ａ」必須，「数Ⅱ・数Ｂ」・簿・情から１　⑦⑧**理**(50)▶「物基・化基・生基・地学基から２」・物・化・生・地学から１

［個別学力検査(750)］ **4**科目　①**国**(125)▶国総　②**外**(250)▶コミュ英Ⅰ・コミュ英Ⅱ・コミュ英Ⅲ・英表Ⅰ・英表Ⅱ　③**地歴**(125)▶世Ｂ・日Ｂ・地理Ｂから１　④**数**(250)▶数Ⅰ・数Ⅱ・数Ａ・数Ｂ

学校推薦型　［共通テスト(250)］ **8～7**科目　①**国**(50)　②**外**(50・英〈R25＋L25〉)▶英・独・仏・中・韓から１　③④**地歴・公民**(25×2)▶世Ｂ・日Ｂ・地理Ｂ・「倫・政経」から２　⑤⑥**数**(25×2)▶「数Ⅰ・数Ａ」必須，「数Ⅱ・数Ｂ」・簿・情から１　⑦⑧**理**(50)▶「物基・化基・生基・地学基から２」・物・化・生・地学から１
※上記の指定科目を満たさない場合のみ，地歴・公民と理科について，地歴・公民から１科目，基礎を付さない理科から２科目の受験を

東京　一橋大学

キャンパスアクセス ［小平国際キャンパス］西武多摩湖線一一橋学園より徒歩7分

認める。
[個別学力検査(500)] 4科目 ①小論文(300) ②面接(150) ③推薦書・調査書(40) ④自己推薦書(10)
※第1段階選抜—共通テストの成績(素点)が合格基準(一般前期出願者の第1段階選抜における上位258位相当)以上，第2次試験—提出書類・小論文・面接および共通テストの成績を総合して判定。

経済学部

前期 [共通テスト(210)] 8~7科目 ①国(40) ②外(40・英〈R20+L20〉)▶英・独・仏・中・韓から1 ③④地歴・公民(20×2)▶世B・日B・地理B・「倫・政経」から2 ⑤⑥数(20×2)▶「数Ⅰ・数A」必須，「数Ⅱ・数B」・簿・情から1 ⑦⑧理(50)▶「物基・化基・生基・地学基から2」・物・化・生・地学から1
[個別学力検査(790)] 4科目 ①国(110)▶国総 ②外(260)▶コミュ英Ⅰ・コミュ英Ⅱ・コミュ英Ⅲ・英表Ⅰ・英表Ⅱ ③地歴(160)▶世B・日B・地理Bから1 ④数(260)▶数Ⅰ・数Ⅱ・数A・数B
後期 [共通テスト(200)] 7~6科目 ①国(40) ②外(40・英〈R20+L20〉)▶英・独・仏・中・韓から1 ③地歴・公民(40)▶世B・日B・地理B・「倫・政経」から1 ④⑤数(20×2)▶「数Ⅰ・数A」必須，「数Ⅱ・数B」・簿・情から1 ⑥⑦理(40)▶「物基・化基・生基・地学基から2」・物・化・生・地学から1
[個別学力検査(800)] 2科目 ①外(400)▶コミュ英Ⅰ・コミュ英Ⅱ・コミュ英Ⅲ・英表Ⅰ・英表Ⅱ ②数(400)▶数Ⅰ・数Ⅱ・数Ⅲ・数A・数B
学校推薦型 [共通テスト(250)] 8~7科目 ①国(50) ②外(50・英〈R25+L25〉)▶英・独・仏・中・韓から1 ③④地歴・公民(25×2)▶世B・日B・地理B・「倫・政経」から2 ⑤⑥数(25×2)▶「数Ⅰ・数A」必須,「数Ⅱ・数B」・簿・情から1 ⑦⑧理(50)▶「物基・化基・生基・地学基から2」・物・化・生・地学から1
※上記の指定科目を満たさない場合のみ，地歴・公民と理科について，地歴・公民から1，基礎を付さない理科から2科目の受験を認める。
[個別学力検査(500)] 4科目 ①小論文(300) ②面接(150) ③推薦書・調査書(40) ④自己推薦書(10)
※第1段階選抜—共通テストの成績(素点)が合格基準(一般前期出願者の第1段階選抜における上位258位相当)以上，第2次試験—提出書類・小論文・面接および共通テストの成績を総合して判定。

法学部

前期 [共通テスト(270)] 8~7科目 ①国(50) ②外(50・英〈R25+L25〉)▶英・独・仏・中・韓から1 ③④地歴・公民(35×2)▶世B・日B・地理B・「倫・政経」から2 ⑤⑥数(25×2)▶「数Ⅰ・数A」必須，「数Ⅱ・数B」・簿・情から1 ⑦⑧理(50)▶「物基・化基・生基・地学基から2」・物・化・生・地学から1
[個別学力検査(730)] 4科目 ①国(110)▶国総 ②外(280)▶コミュ英Ⅰ・コミュ英Ⅱ・コミュ英Ⅲ・英表Ⅰ・英表Ⅱ ③地歴(160)▶世B・日B・地理Bから1 ④数(180)▶数Ⅰ・数Ⅱ・数A・数B
学校推薦型 [共通テスト(250)] 8~7科目 ①国(50) ②外(50・英〈R25+L25〉)▶英・独・仏・中・韓から1 ③④地歴・公民(25×2)▶世B・日B・地理B・「倫・政経」から2 ⑤⑥数(25×2)▶「数Ⅰ・数A」必須,「数Ⅱ・数B」・簿・情から1 ⑦⑧理(50)▶「物基・化基・生基・地学基から2」・物・化・生・地学から1
※上記の指定科目を満たさない場合のみ，地歴・公民と理科について，地歴・公民から1，基礎を付さない理科から2科目の受験を認める。
[個別学力検査(500)] 4科目 ①小論文(300) ②面接(150) ③推薦書・調査書(40) ④自己推薦書(10)
※第1段階選抜—共通テストの成績(素点)が合格基準(一般前期出願者の第1段階選抜における上位159位相当)以上，第2次試験—提出書類・小論文・面接および共通テストの成績を総合して判定。

社会学部

前期 [共通テスト(180)] 8~7科目 ①国(20) ②外(20・英〈R10+L10〉)▶英・独・仏・

キャンパスアクセス [千代田キャンパス(学術総合センター内)] 東京メトロ半蔵門線—神保町より徒歩3分／東京メトロ東西線—竹橋より徒歩4分

中・韓から1　③④**地歴・公民**(10×2)▶世B・日B・地理B・「倫・政経」から2　⑤⑥**数**(10×2)▶「数Ⅰ・数A」必須，「数Ⅱ・数B」・簿・情から1　⑦⑧**理**(100)▶「物基・化基・生基・地学基から2」・物・化・生・地学から1

[個別学力検査(820)]　**4**科目　①**国**(180)▶国総　②**外**(280)▶コミュ英Ⅰ・コミュ英Ⅱ・コミュ英Ⅲ・英表Ⅰ・英表Ⅱ　③**地歴**(230)▶世B・日B・地理Bから1　④**数**(130)▶数Ⅰ・数Ⅱ・数A・数B

学校推薦型 **[共通テスト(250)]**　**8〜7**科目　①**国**(50)　②**外**(50・英〈R25＋L25〉)▶英・独・仏・中・韓から1　③④**地歴・公民**(25×2)▶世B・日B・地理B・「倫・政経」から2　⑤⑥**数**(25×2)▶「数Ⅰ・数A」必須，「数Ⅱ・数B」・簿・情から1　⑦⑧**理**(50)▶「物基・化基・生基・地学基から2」・物・化・生・地学から1

※上記の指定科目を満たさない場合のみ，地歴・公民と理科について，地歴・公民から1，基礎を付さない理科から2科目の受験を認める。

[個別学力検査(500)]　**4**科目　①**小論文**(300)　②**面接**(150)　③**推薦書・調査書**(40)　④**自己推薦書**(10)

※第1段階選抜―共通テストの成績(素点)が合格基準(一般前期出願者の第1段階選抜における上位220位相当)以上，第2次試験―提出書類・小論文・面接および共通テストの成績を総合して判定。

ソーシャル・データサイエンス学部

前期　**[共通テスト(240)]**　**8〜7**科目　①**国**(40)　②**外**(40・英〈R20＋L20〉)▶英・独・仏・中・韓から1　③④**数**(20×2)▶「数Ⅰ・数A」必須，「数Ⅱ・数B」・簿・情から1　⑤⑥⑦⑧**地歴・公民・理**(40×3)▶「世B・日B・地理B・〈倫・政経〉から2」・「〈物基・化基・生基・地学基から2〉・物・化・生・地学から1」または「世B・日B・地理B・〈倫・政経〉から1」・「物・化・生・地学から2」

[個別学力検査(760)]　**4**科目　①**国**(100)▶国総　②**外**(230)▶コミュ英Ⅰ・コミュ英Ⅱ・コミュ英Ⅲ・英表Ⅰ・英表Ⅱ　③**数**(330)▶数Ⅰ・数Ⅱ・数A・数B　④**総合問題**(100)

後期　**[共通テスト(200)]**　**7〜6**科目　①**国**(40)　②**外**(40・英〈R20＋L20〉)▶英・独・仏・中・韓から1　③**地歴・公民**(40)▶世B・日B・地理B・「倫・政経」から1　④⑤**数**(20×2)▶「数Ⅰ・数A」必須，「数Ⅱ・数B」・簿・情から1　⑥⑦**理**(40)▶「物基・化基・生基・地学基から2」・物・化・生・地学から1

[個別学力検査(800)]　**2**科目　①**外**(300)▶コミュ英Ⅰ・コミュ英Ⅱ・コミュ英Ⅲ・英表Ⅰ・英表Ⅱ　②**数**(500)▶数Ⅰ・数Ⅱ・数Ⅲ・数A・数B

学校推薦型 **[共通テスト(250)]**　**8〜7**科目　①**国**(50)　②**外**(50・英〈R25＋L25〉)▶英・独・仏・中・韓から1　③④**数**(25×2)▶「数Ⅰ・数A」必須，「数Ⅱ・数B」・簿・情から1　⑤⑥⑦⑧**地歴・公民・理**(〈25×2〉＋50)▶「世B・日B・地理B・〈倫・政経〉から2」・「〈物基・化基・生基・地学基から2〉・物・化・生・地学から1」または「世B・日B・地理B・〈倫・政経〉から1」・「物・化・生・地学から2」

[個別学力検査(500)]　**4**科目　①**小論文**(300)　②**面接**(150)　③**推薦書・調査書**(40)　④**自己推薦書**(10)

※第1段階選抜―共通テストの成績(素点)が合格基準(一般前期出願者の第1段階選抜における上位60位相当)以上，第2次試験―提出書類・小論文・面接および共通テストの成績を総合して判定。

その他の選抜

外国学校出身者選抜，私費外国人留学生選抜。

偏差値データ (2023年度)

●一般選抜

＊共通テスト・個別計/満点

学部／学科	2023年度			2022年度実績					
	駿台予備学校	河合塾							
	合格目標ライン	ボーダー得点率	ボーダー偏差値	募集人員	受験者数	合格者数	合格最低点＊	競争率 '22年	競争率 '21年
●前期									
商学部									
	63	79%	65	255	755	269	592/1000	2.8	2.6
経済学部									
経済	63	77%	65	195	468	212	540/1000	2.2	2.8
法学部									
法律	64	81%	67.5	155	462	178	571/1000	2.6	2.8
社会学部									
社会	63	83%	67.5	220	650	229	563/1000	2.8	2.8
ソーシャル・データサイエンス学部									
ソーシャル・データサイエンス	63	78%	65	新	—	—	—	—	—
●後期									
経済学部									
経済	70	88%	72.5	60	165	70	649/1000	2.4	2.5
ソーシャル・データサイエンス学部									
ソーシャル・データサイエンス	70	84%	65	新	—	—	—	—	—

- 駿台予備学校合格目標ラインは合格可能性80%に相当する駿台模試の偏差値です。 ●競争率は受験者÷合格者の実質倍率
- 河合塾ボーダー得点率は合格可能性50%に相当する共通テストの得点率です。また，ボーダー偏差値は合格可能性50%に相当する河合塾全統模試の偏差値です。
- 商・法・社会学部の前期と，経済学部の後期で２段階選抜を実施。

併設の教育機関 大学院

(2018年４月より商学研究科と国際企業戦略研究科を統合し，経営管理研究科を設置。2017年以前の入学者は旧研究科に在籍)

経営管理研究科（HUB）

教員数▶教授51名，准教授22名，講師６名
院生数▶534名（旧商学研究科９名，旧国際企業戦略研究科34名を含む）

修士課程▶ ●**経営管理専攻**　研究者養成コースと経営学修士コース（MBA）で構成。研究者養成コースは深い学識を養い，専門分野における研究能力を培う。経営学修士コースには，「経営分析」「経営管理」「金融戦略・経営財務」の３プログラムを設置し，高度な専門性を要する職業に必要な能力を養い，体系的かつ理論的な知識に裏づけられた確固たる分析能力を持つ実務家を育成する。

専門職学位課程▶ ●**国際企業戦略専攻**　９月開始の英語によるカリキュラム。日本および海外企業の実務経験者を対象にビジネスのグローバルリーダーにふさわしい人材を育成。

博士後期課程▶ **経営管理専攻，国際企業戦略専攻**

経済学研究科

教員数▶教授29名，准教授15名，講師９名

院生数▶237名

修士課程 ●総合経済学専攻　研究者養成と修士専修の２コース。研究者養成コースは，後期課程への進学を前提とし，広い視野に立って精深な学識を養い，専攻分野における研究および応用の能力を培う。修士専修コースでは，「公共政策」「統計･ファイナンス」「地域研究」および「医療経済」の４分野で構成される専門職業人養成プログラムを設定，高度な専門性と分析能力を備えた専門職業人の育成をめざす。

博士後期課程 総合経済学専攻

法学研究科

教員数▶教授39名，准教授14名，講師３名

院生数▶218名，法科大学院193名

修士課程 ●法学・国際関係専攻　法学と国際関係との融合が特徴。法学および国際関係論の分野で，将来，わが国のみならず世界をリードする優れた研究者を養成する。

●ビジネスロー専攻　社会人のための夜間大学院。ビジネスローの最先端を伝える実践的なカリキュラムを提供し，世界を舞台に活躍できる人材を養成する。

専門職学位課程 ●法務専攻（法科大学院）ビジネス法務に強く，国際的視野を持ち，豊かな人権感覚を備えた法律家の養成をめざす。

博士後期課程 法学・国際関係専攻　ビジネスロー専攻

社会学研究科

教員数▶教授36名，准教授２名，講師５名

院生数▶354名

修士課程 ●総合社会科学専攻　社会学，哲学・思想，心理学，人類学，政治学，教育学，政策学，歴史学などの分野について先端的な知識と研究方法を系統的に学ぶとともに，それらを貫く総合的視野と多元的思考の獲得をめざす。

●地球社会研究専攻　グローバルな視点から問題・関心事（イシュー）をとらえた上で，西洋中心の発想から脱却しそれぞれの現場に即した問題解決を実現可能にする柔軟な知識と実践的方法を修得する。

博士後期課程 総合社会科学専攻，地球社会研究専攻

言語社会研究科

教員数▶教授12名，准教授２名，講師１名

院生数▶183名

修士課程 ●言語社会専攻　２つの部門に分かれている。第１部門（人文総合）では，伝統的な分野から先端的な分野まで人文学領域を広くカバーする。人文学の現在を考えると同時に学術の未来を開拓することを目的とする。第２部門（日本語教育学取得プログラム）は日本語教育の分野で国際的に活躍したい人のための修練の場を形成する。

博士後期課程 言語社会専攻

国際・公共政策大学院

教員数▶教授13名，准教授５名

院生数▶126名

専門職学位課程 ●国際・公共政策専攻　法律学・国際関係からのアプローチを主とする「国際・行政コース」と，経済学をベースとする「公共経済コース」の２コースからなる。法学，国際関係，経済学の高度な専門教育を行いつつ，学問分野や官民の垣根を越えて，現実の重要な政策の分析と評価ができる政策のプロを養成する。

ソーシャル･データサイエンス研究科

教員数▶教授８名，准教授９名

修士課程 ●ソーシャル・データサイエンス専攻　'23年新設。統計学，情報・AI，プログラミングにおける高度な専門知識および技術を修得し，データ駆動型のアプローチを用いて，新たな課題を発見し解決に導くことができるスペシャリストの養成をめざす。

横浜国立大学

資料請求

問合せ先 入試課 ☎045-339-3121

大学の理念

1949年に新制大学として発足した神奈川県で唯一の国立大学。文明開化発祥の地であり，発展し続ける国際都市・横浜の高等教育機関として，建学以来の理念「実践性，先進性，開放性，国際性」の下に，人文・社会・理工の多様な専門性を有する教員，および約1000人の留学生を含む１万人の学生がOne Campusに集う。その強みを生かし，常に世界水準の研究を育みつつ，先鋭的な知を統合して地域の諸課題に柔軟かつ機動的に対応し，新たな社会・経済システムの構築やイノベーションの創出・科学技術の発展に資する「知の統合型大学」として世界水準の研究大学をめざしている。キャンパスは横浜駅から西に約３キロ，緑豊かな丘の上にあり，江戸末期の開港以来さまざまな物質や文化が諸外国との間で行き交った横浜の港を一望できる。

● **常盤台キャンパス**…〒240-8501　神奈川県横浜市保土ケ谷区常盤台79-1

基本データ

学生数▶7,160名（男5,130名，女2,030名）
専任教員数▶教授272名，准教授189名，講師25名
設置学部▶教育，経済，経営，理工，都市科
併設教育機関▶大学院（P.1318参照）

就職・卒業後の進路

就職率 **95.0**％
就職者÷希望者×100

● **就職支援**　キャリア・サポートルームおよび各学部・各大学院の担当係が就職担当教員と連携して就職を支援している。キャリア・サポートルームでは，就職ガイダンス，企業研究セミナー，面接対策講座，企業説明会などを実施するほか，会社説明会情報や求人情報，OB・OG名簿検索，公務員関係資料・インターンシップ情報などを提供している。毎年「就職活動の手引き」を作成・配布し，就活アプリ・Twitterでの情報発信や実施したガイダンス・セミナーの動画配信も行っている。また，各種企業経験者のOB・OGがキャリア・アドバイザーとして，個別相談ブースやオンラインで就職全般の相談に応じている。教員をめざす学生には，教育学部主催で教員採用試験対策講座を開講している。

進路指導者も必見 学生を伸ばす 面倒見

初年次教育	学修サポート
「基礎演習」でレポート・論文の書き方，プレゼン技法，情報収集や資料整理の方法，論理的思考や問題発見・解決能力の向上を図るほか，「コンピュータ・リテラシー」でITの基礎技術を習得	全学部でTA・SA制度，教員アドバイザー制度を導入。さらに，教員（教育学部は全員）がオフィスアワーを設定し，学生の質問や相談に応じている。担当スタッフや専門教員による「なんでも相談室」も設置している

オープンキャンパス（2022年度実績） 6月26日に完全予約制の来場型で，6～11月にかけて学部ごとにオンライン型で開催。リアルタイムイベントは要事前予約。イベント終了後も一部のコンテンツは大学HPより視聴可能。

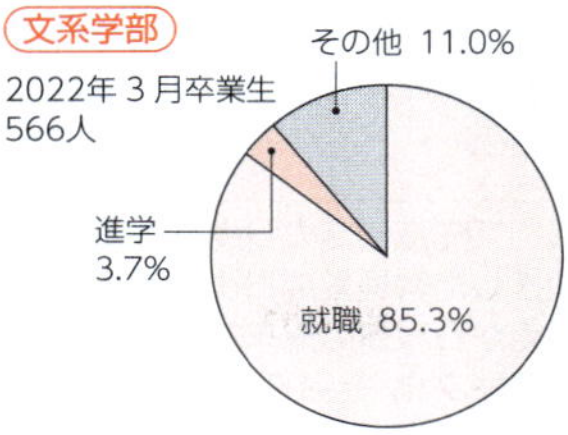

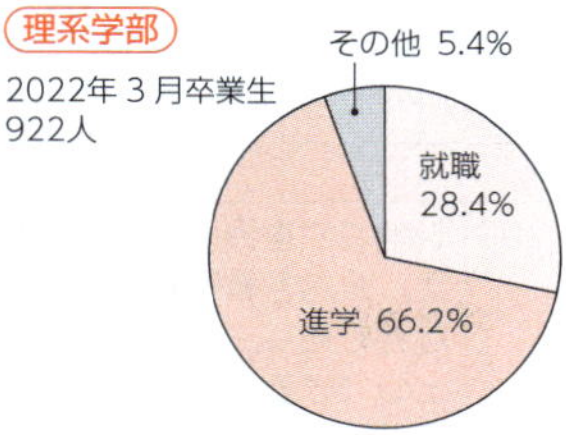

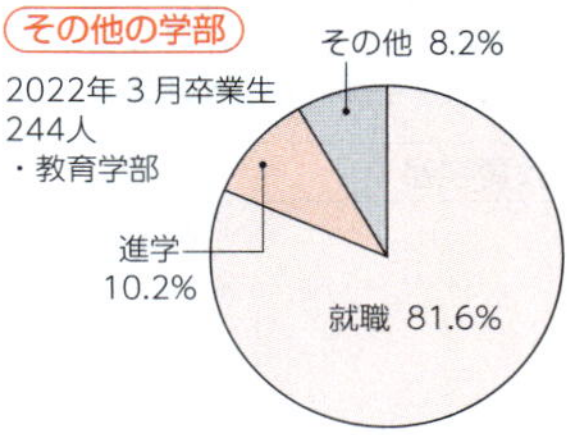

主なOB・OG▶［経済］鈴木国正（インテル日本法人社長），［旧工］西沢立衛（建築家），［経済］沢木耕太郎（作家），［旧教育人間科］眞鍋かをり（タレント）など。

国際化・留学　大学間 144 大学等・部局間 28 大学

受入れ留学生数▶198名（2022年５月１日現在）
留学生の出身国▶韓国，中国，ベトナムなど。
外国人専任教員▶教授６名，准教授６名，講師１名（2022年５月１日現在）
外国人専任教員の出身国▶中国，アメリカ，ドイツ，ネパール，フィンランドなど。
大学間交流協定▶144大学・機関（交換留学先104大学，2022年５月１日現在）
部局間交流協定▶28大学（交換留学先16大学，2022年５月１日現在）
海外への留学生数▶渡航型13名・オンライン型41名／年（10カ国・地域，2021年度）
海外留学制度▶交換留学は，学生交流協定を結ぶ海外約40カ国の大学へ３カ月～１年以内留学する。派遣先大学への授業料は免除，審査を経て単位互換が認定され，奨学金制度も利用できる。短期プログラムには，YNUが実施する２～５週間程度の英語研修（大学の開講科目として単位取得可），協定校などが主催するサマープログラム，海外社会研修，各学部で実施しているプログラムなどがある。

学費・奨学金制度　給付型奨学金総額 年間 1,740 万円

入学金▶282,000円
年間授業料（施設費等を除く）▶535,800円
年間奨学金総額▶17,400,000円
年間奨学金受給者数▶38人
主な奨学金制度▶成績優秀かつ経済的理由により修学が困難な入学生を対象に15万円を給付する「新入生スタートアップ支援金」や，学部２年生に卒業まで月額５万円を給付する「YNU大澤奨学金」，母子父子家庭または両親のいない家庭の１年生女子を対象とした「YNU竹井准子記念奨学金」，経済・経営・都市科学部都市社会共生学科に在籍する２年生対象の「八幡ねじ・鈴木建吾奨学金」などの制度を設置。また，学費減免制度があり，2021年度には1,293人を対象に総額で約２億5,000万円を減免している。

保護者向けインフォメーション

●**成績確認**　保護者に成績表を郵送している。
●**会報誌**　「Close up YNU」を年１回発行。
●**防災対策**　「大地震行動マニュアル」を入学時に配布し，HPにも掲載。被災した場合には，大学独自の安否確認システムにより学生の安否を確認する。
●**コロナ対策１**　ワクチンの職域接種を実施。感染状況に応じた６段階のBCP（行動指針）を設定。「コロナ対策２」（下段）あり。

インターンシップ科目	必修専門ゼミ	卒業論文	GPA制度の導入の有無および活用例	１年以内の退学率	標準年限での卒業率
経済・経営・理工・都市科学部で開講	全学部で３・４年次に実施	全学部で卒業要件	奨学金等対象者選定，卒業判定基準，一部の学部で進級・退学勧告基準，個別の学修指導，大学院入試選抜基準，履修上限単位の設定に活用	2.1％	83.9％

●**コロナ対策２**　講義室の収容人数を調整するとともに，入口で検温と消毒を実施。また，オンライン授業を併用し，希望者にはパソコンを貸与。経済的に困窮している学生に生活支援奨学金や特別授業料免除を実施。

学部紹介

学部／学科・課程	定員	特色
教育学部		
学校教員養成	200	▷地域や世界とつながる実践的で先進的なカリキュラムを揃え，県内各教育委員会等と連携した教員養成および教員研修などを通じ，グローカルな視点から教育の未来を切り拓くことのできる人材を養成する。言語・文化・社会系教育コース（国語・社会・英語・日本語教育・教育学），自然・生活系教育コース（数学・理科・技術・家庭科），芸術・身体・発達支援系教育コース（音楽・美術・保健体育・心理学・特別支援教育）の３コース編成。
●取得可能な資格…教職（国・地歴・公・社・数・理・音・美・書・保体・技・家・工業・英，小一種，特別支援）。 ●進路状況…………就職81.6%　進学10.2% ●主な就職先………教員（横浜市，神奈川県，川崎市，横須賀市，茅ケ崎市他），横浜市役所，国土交通省，東京海上日動火災保険，富士通など。		
経済学部		
経済	258	▷初級レベルで経済学の基礎をバランスよく学び，中級レベルで「グローバル経済」「現代日本経済」「金融貿易分析」「経済数量分析」「法と経済社会」の５つの専門分野から自分の関心に合った分野を選択し，主体的に学び高い専門性を身につける。教育プログラムとして，世界で活躍するビジネス人材育成をめざし，海外学修を必修とする「Global Business and Economics EP（GBEEP)」を経営学部と共同開設するほか，経済学の専門性と情報処理・統計分析能力を身につける「Data Science EP（DSEP)」と，法学・政治学をベースに経済・経営・データサイエンスの基礎を幅広く修得する「Lawcal Business Economics EP（LBEEP)」を設置。
●進路状況…………就職84.3%　進学5.2% ●主な就職先………横浜銀行，EY新日本有限責任監査法人，静岡銀行，厚生労働省，大和証券，積水ハウス，野村総合研究所など。		
経営学部		
経営	297	▷グローバルな活動・競争の中でビジネスを位置づけられる「グローバルビジネス即応力」，ビジネスをめぐる課題に全体最適視点で定義しソリューションを提案できる「ビジネス統合分析力」，企業経営の観点から学際的な知を統合し，社会変革を実行できる「イノベーション力」の育成をめざす。一般，Global Business and Economics EP（GBEEP），Data Science EP（DSEP），社会人の４教育プログラムを設置。
●進路状況…………就職86.3%　進学2.3% ●主な就職先………EY新日本有限責任監査法人，富士通，楽天グループ，アクセンチュア，有限責任監査法人トーマツ，ヤマト運輸など。		
理工学部		
機械・材料・海洋系	185	▷快適で安全な現代社会の根幹を支えるための研究・開発・設計・生産に携わる人材を養成。機械工学，材料工学，海洋空間のシステムデザインの3教育プログラム。
化学・生命系	187	▷実践的でグローバルな視点から，持続可能で豊かな社会を形成するための技術やシステムを創出できる人材を育成。化学，化学応用，バイオの3教育プログラム。

キャンパスアクセス［常盤台キャンパス］横浜市営地下鉄―三ツ沢上町より徒歩16分／相鉄線―羽沢横浜国大より徒歩15分／JR・私鉄・地下鉄各線―横浜よりバス15～25分（キャンパス乗り入れバス有）

数物・電子情報系	287	▷数理科学，物理工学，電子情報システム，情報工学の4教育プログラム。基礎科学から，情報・通信，電気・電子までカバー。

● **取得可能な資格**…教職（数・理・情）。　● **進路状況**…………就職21.6％　進学73.9％
● **主な就職先**………日本発条，いすゞ自動車，NECソリューションイノベータ，川崎汽船，大和証券，アクセンチュアなど。

都市科学部

都市社会共生	74	▷人文社会学を中心にグローバル・ローカルにわたる幅広い知識と実践力を育み，世界に開かれた魅力的な都市の社会・文化を創出する。
建築	70	▷最先端の専門知識に加え，社会を俯瞰する視点を身につけ，実践的に都市環境・建築を創造する。
都市基盤	48	▷土木分野について，都市における課題を中心に防災・国際・環境などの幅広い領域を視野に入れた学びを展開する。
環境リスク共生	56	▷都市を取り巻く自然環境，社会環境を対象にリスクとの共生を実践し，都市の持続的発展に貢献できる実践力を育成。

● **取得可能な資格**…教職（理），測量士補，１・２級建築士受験資格など。
● **進路状況**…………就職46.1％　進学46.1％
● **主な就職先**………日本放送協会，東日本高速道路，アクセンチュア，横浜市役所，大林組，五洋建設，大成建設など。

キャンパス

全学部……［常盤台キャンパス］神奈川県横浜市保土ケ谷区常盤台79-1

2023年度入試要項（前年度実績）

●募集人員

学部／学科・課程（コース・EP）	前期	後期	学校推薦型		総合型
▶教育 学校教員養成（言語・文化・社会系教育）	32	—	地域11	全国19	25
（自然・生活系教育）	29	—		全国20	
（芸術・身体・発達支援系教育／音楽）	7	—		全国19	
（／美術）	5	—			
（／保健体育）	7	—			
（／心理学）	8	—			
（／特別支援教育）	12	—	地域1	全国5	—
▶経済　経済（一般）	125	75	—		15
（DSEP）	10	10	—		—
（LBEEP）	10	5	—		—
▶経営　経営（一般）	148	78	49		—
（DSEP）	7	3	—		—
▶理工　機械・材料・海洋系（機械工学）	56	50	—		—
（材料工学）	18	16	—		8
（海洋空間のシステムデザイン）	17	8	—		10
化学・生命系（化学・化学応用）	71	56	30		—
（バイオ）	15	10	3		—
数物・電子情報系（数理科学）	20	15	—		—
（物理工学）	60	30	—		—
（電子情報システム）	63	50	—		—
（情報工学）	30	17	—		—
▶都市科　都市社会共生	33	12	—		24
建築	40	19	—		7
都市基盤	18	12	—		10
環境リスク共生	30	10	—		10

※経済学部と経営学部の教育プログラムの正式名称は以下の通り。DSEP：Data Science教育プログラム。LBEEP：Lawcal Business Economics教育プログラム。

● ２段階選抜

経済学部および経営学部において，志願者数が募集人員に対して以下の倍率を超えた場合に行う。経済学部は前期約７倍，後期約15倍，経営学部，理工学部は前期約６倍，後期約８倍。

▷共通テストの英語はリスニングを含む。
▷個別学力検査の数Ｂ―数列・ベク。

教育学部

前期 ［共通テスト(900)］ 8〜7科目 ①国(200) ②**外**(200・英〈R160＋L40〉) ▶英・独・仏・中・韓から1 ③④**数**(100×2) ▶「数Ⅰ・数A」必須，「数Ⅱ・数B」・簿・情から1 ⑤⑥⑦⑧**「地歴・公民」・理**(100×3) ▶世B・日B・地理B・「倫・政経」から1または2，「物基・化基・生基・地学基から2」・物・化・生・地学から1または2，計3

［個別学力検査(400)］ 2科目 ①**小論文・実技**(200) ▶教育課題論文・音楽実技・美術実技・体育実技から1 ②**面接**(200) ▶調査書・自己推薦書の評価を含む

学校推薦型選抜 【学校教員養成課程】［共通テスト］ 課さない。

［個別学力検査］ 3〜2科目 ①**小論文** ②**面接** ③**実技**(聴音／音楽専門領域志願者のみ)

※書類審査，小論文および面接，英語専門領域志願者は英語外部試験の成績を，音楽専門領域志願者は実技を総合して判定。

総合型選抜 【学校教員養成課程〈言語・文化・社会系教育コース，自然・生活系教育コース，芸術・身体・発達支援系教育コース(音楽，美術，保健体育，心理学)〉】［共通テスト(900)］ 8〜7科目 ①国(200) ②**外**(200・英〈R160＋L40〉) ▶英・独・仏・中・韓から1 ③④**数**(100×2) ▶「数Ⅰ・数A」必須，「数Ⅱ・数B」・簿・情から1 ⑤⑥⑦⑧**「地歴・公民」・理**(100×3) ▶世B・日B・地理B・「倫・政経」から1または2，「物基・化基・生基・地学基から2」・物・化・生・地学から1または2，計3

［個別学力検査］ 2科目 ①**小論文** ②**面接**

※第1次選抜—書類審査(自己推薦書・調査書・課題レポート)，小論文，第2次選抜—面接，最終—共通テストの成績により判定。

経済学部

前期 ［共通テスト(900)］ 8〜7科目 ①国(200) ②**外**(200・英〈R160＋L40〉) ▶英・独・仏・中・韓から1 ③④**数**(100×2) ▶「数Ⅰ・数A」必須，「数Ⅱ・数B」・簿・情から1 ⑤⑥⑦⑧**「地歴・公民」・理**(100×3) ▶「世B・日B・地理B・〈倫・政経〉から2」・「〈物基・化基・生基・地学基から2〉・物・化・生・地学から1」または「世B・日B・地理B・〈倫・政経〉から1」・「物・化・生・地学から2」

［個別学力検査(800)］ 2科目 ①**外**(400) ▶コミュ英Ⅰ・コミュ英Ⅱ・コミュ英Ⅲ・英表Ⅰ・英表Ⅱ ②**数**(400) ▶数Ⅰ・数Ⅱ・数A・数B

後期 ［共通テスト(800)］ 7〜6科目 ①国(200) ②**外**(200) ▶英・独・仏・中・韓から1 ③**地歴・公民**(100) ▶世B・日B・地理B・「倫・政経」から1 ④⑤**数**(100×2) ▶「数Ⅰ・数A」必須，「数Ⅱ・数B」・簿・情から1 ⑥⑦**理**(100) ▶「物基・化基・生基・地学基から2」・物・化・生・地学から1

［個別学力検査(800)］ 1科目 ①**外・数**(800) ▶「コミュ英Ⅰ・コミュ英Ⅱ・コミュ英Ⅲ・英表Ⅰ・英表Ⅱ」・「数Ⅰ・数Ⅱ・数A・数B」から1，ただしDSEP志望者は「数Ⅰ・数Ⅱ・数A・数B」必須

総合型選抜 ［共通テスト(900)］ 4科目 ①国(200) ②**外**(300・英〈R240＋L60〉) ▶英・独・仏・中・韓から1 ③④**数**(200×2) ▶「数Ⅰ・数A」必須，「数Ⅱ・数B」・簿・情から1

［個別学力検査］ 1科目 ①**面接**

※第1次選抜－志願者数が募集人員の2倍(30名)を超えた場合，書類審査(英語資格・検定試験のスコア)，第2次選抜－面接，最終－第2次選抜の成績および共通テストの成績により判定。

経営学部

前期 ［共通テスト(800)］ 7〜6科目 ①国(200) ②**外**(200・英〈R160＋L40〉) ▶英・独・仏・中・韓から1 ③**地歴・公民**(100) ▶世A・世B・日A・日B・地理A・地理B・現社・倫・政経・「倫・政経」から1 ④⑤**数**(100×2) ▶「数Ⅰ・数A」必須，「数Ⅱ・数B」・簿・情から1 ⑥⑦**理**(100) ▶「物基・化基・生基・地学基から2」・物・化・生・地学から1

［個別学力検査(400)］ 1科目 ①**外・数**(400) ▶「コミュ英Ⅰ・コミュ英Ⅱ・コミュ英Ⅲ・英表Ⅰ・英表Ⅱ」・「数Ⅰ・数Ⅱ・数A・数B」から1，ただしDSEP志望者は「数Ⅰ・数Ⅱ・数A・数B」必須

後期 ［共通テスト(400)］ 7〜6科目 ①国

(100)　②外(100・英〈R80＋L20〉)▶英・独・仏・中・韓から1　③地歴・公民(50)▶世A・世B・日A・日B・地理A・地理B・現社・倫・政経・「倫・政経」から1　④⑤数(50×2)▶「数Ⅰ・数A」必須，「数Ⅱ・数B」・簿・情から1　⑥⑦理(50)▶「物基・化基・生基・地学基から2」・物・化・生・地学から1

[個別学力検査(400)]　2科目　①外(200)▶コミュ英Ⅰ・コミュ英Ⅱ・コミュ英Ⅲ・英表Ⅰ・英表Ⅱ　②数(200)▶数Ⅰ・数Ⅱ・数A・数B

学校推薦型選抜　[共通テスト]　課さない。
[個別学力検査]　2科目　①小論文 ②面接
※書類審査(志望理由書・推薦書・調査書)，小論文および面接の結果を総合して判定。

理工学部

前期　[共通テスト(900)]　7科目　①国(200)　②外(R160＋L40)▶英　③地歴・公民(100)▶世B・日B・地理B・現社・倫・政経・「倫・政経」から1　④⑤数(100×2)▶「数Ⅰ・数A」・「数Ⅱ・数B」　⑥⑦理(100×2)▶物・化，ただし化学・生命系学科は物・化・生から2

[個別学力検査(1200)]　4科目　①外(300)▶コミュ英Ⅰ・コミュ英Ⅱ・コミュ英Ⅲ・英表Ⅰ・英表Ⅱ　②数(450)▶数Ⅰ・数Ⅱ・数Ⅲ・数A・数B　③④理(225×2)▶「物基・物」・「化基・化」，ただし化学・生命系学科バイオEPは「物基・物」・「化基・化」・「生基・生」から2

後期　[共通テスト(650)]　7科目　①国(100)　②外(R240＋L60)▶英　③地歴・公民(50)▶世B・日B・地理B・現社・倫・政経・「倫・政経」から1　④⑤数(50×2)▶「数Ⅰ・数A」・「数Ⅱ・数B」　⑥⑦理(50×2)▶物・化，ただし化学・生命系学科は物・化・生から2

[個別学力検査(900)]　3科目　①数(450)▶数Ⅰ・数Ⅱ・数Ⅲ・数A・数B　②③理(225×2)▶「物基・物」・「化基・化」

学校推薦型選抜　【化学・生命系学科】[共通テスト(900)]　7科目　①国(200)　②外(200・英〈R160＋L40〉)▶英・独・仏・中・韓から1　③地歴・公民(100)▶世B・日B・地理B・現社・倫・政経・「倫・政経」から1　④⑤数(100×2)▶「数Ⅰ・数A」・「数Ⅱ・数B」　⑥⑦理(100×2)▶物・化・生から2

[個別学力検査]　1科目　①面接
※書類審査(推薦書・調査書)，共通テストの成績および面接を総合して判定。

総合型選抜　【機械・材料・海洋系学科(材料工学)】[共通テスト(600)]　5科目　①外(R160＋L40)▶英　②③数(100×2)▶「数Ⅰ・数A」・「数Ⅱ・数B」　④⑤理(100×2)▶物・化

[個別学力検査]　1科目　①面接▶口頭試問
※第1次選抜―書類審査(自己推薦書・調査書等)，第2次選抜―面接，最終―共通テストの成績により判定。

【機械・材料・海洋系学科(海洋空間のシステムデザイン)】[共通テスト(600)]　4科目　①国(200)　②外(R160＋L40)▶英　③④数(100×2)▶「数Ⅰ・数A」・「数Ⅱ・数B」

[個別学力検査]　1科目　①面接▶口頭試問
※第1次選抜―書類審査(自己推薦書・調査書等)，第2次選抜―面接，最終―共通テストの成績により判定。

都市科学部

前期　【都市社会共生学科】[共通テスト(900)]　8〜7科目　①国(200)　②外(200・英〈R150＋L50〉)▶英・独・仏・中・韓から1　③④数(200)▶「数Ⅰ・数A」必須，「数Ⅱ・数B」・簿・情から1　⑤⑥⑦⑧「地歴・公民」・理(100×3)▶世B・日B・地理B・「倫・政経」から1または2，「物基・化基・生基・地学基から2」・物・化・生・地学から1または2，計3

[個別学力検査(500)]　1科目　①小論文(500)

【建築学科・都市基盤学科・環境リスク共生学科】[共通テスト(900)]　7科目　①国(200)　②外(200・英〈R160＋L40〉)▶英・独・仏・中・韓から1　③地歴・公民(100)▶世B・日B・地理B・現社・倫・政経・「倫・政経」から1　④⑤数(100×2)▶「数Ⅰ・数A」必須，「数Ⅱ・数B」・簿・情から1　⑥⑦理(100×2)▶物・化・生・地学から2

[個別学力検査(1200)]【建築学科・都市基盤学科】　4科目　①外(300)▶コミュ英Ⅰ・コミュ英Ⅱ・コミュ英Ⅲ・英表Ⅰ・英表Ⅱ　②数

(450)▶数Ⅰ・数Ⅱ・数Ⅲ・数A・数B ③④理(225×2)▶「物基・物」・「化基・化」

【環境リスク共生学科】 4科目 ①外(300)▶コミュ英Ⅰ・コミュ英Ⅱ・コミュ英Ⅲ・英表Ⅰ・英表Ⅱ ②数(450)▶数Ⅰ・数Ⅱ・数Ⅲ・数A・数B ③④理(225×2)▶「物基・物」・「化基・化」・「生基・生」・「地学基・地学」から2

後期 【都市社会共生学科】[共通テスト(900)] 8~7科目 前期と同じ

[個別学力検査(200)] 1科目 ①面接

【建築学科・都市基盤学科】[共通テスト(650)] 7科目 ①国(100) ②外(300・英〈R240+L60〉)▶英・独・仏・中・韓から1 ③地歴・公民(50)▶世B・日B・地理B・現社・倫・政経・「倫・政経」から1 ④⑤数(50×2)▶「数Ⅰ・数A」必須,「数Ⅱ・数B」・簿・情から1 ⑥⑦理(50×2)▶物・化・生・地学から2

[個別学力検査(900)] 4科目 ①数(450)▶数Ⅰ・数Ⅱ・数Ⅲ・数A・数B ②③理(225×2)▶「物基・物」・「化基・化」

【環境リスク共生学科】[共通テスト(1100)] 7科目 ①国(100) ②外(300・英〈R240+L60〉)▶英・独・仏・中・韓から1 ③地歴・公民(250)▶世B・日B・地理B・現社・倫・政経・「倫・政経」から1 ④⑤数(50×2)▶「数Ⅰ・数A」必須,「数Ⅱ・数B」・簿・情から1 ⑥⑦理(175×2)▶物・化・生・地学から2

[個別学力検査(650)] 2科目 ①数(450)▶数Ⅰ・数Ⅱ・数Ⅲ・数A・数B ②小論文(200)

総合型選抜 【都市社会共生学科】[共通テスト(800)] 5~4科目 ①国(200) ②外(200・英〈R150+L50〉)▶英・独・仏・中・韓から1 ③地歴・公民(200)▶世B・日B・地理B・「倫・政経」から1 ④⑤数・理(200)▶「〈数Ⅰ・数A〉必須,〈数Ⅱ・数B〉・簿・情から1」・物・化・生・地学から1

[個別学力検査] 2科目 ①面接 ②文章実技

※第1次選抜－書類審査(特色活動説明書・学習計画書・調査書等),第2次選抜－面接・文章実技,最終－共通テストの成績により判定。

【建築学科】[共通テスト] 課さない。

[個別学力検査] 2科目 ①実技 ②面接▶口頭試問

※第1次選抜－書類審査(自己推薦書・調査書等)・実技試験,第2次選抜(最終)－面接の結果により判定。

【都市基盤学科】[共通テスト(900)] 7科目 ①国(200) ②外(200・英〈R160+L40〉)▶英・独・仏・中・韓から1 ③地歴・公民(100)▶世B・日B・地理B・現社・倫・政経・「倫・政経」から1 ④⑤数(100×2)▶「数Ⅰ・数A」・「数Ⅱ・数B」 ⑥⑦理(100×2)▶物・化・生・地学から2

[個別学力検査] 1科目 ①面接▶口頭試問

※第1次選抜－書類審査(自己推薦書・調査書等),第2次選抜－面接,最終－第2次選抜の成績および共通テストの成績により判定。

【環境リスク共生学科】[共通テスト(1550)] 7科目 ①国(200) ②外(300・英〈R240+L60〉)▶英・独・仏・中・韓から1 ③地歴・公民(250)▶世B・日B・地理B・現社・倫・政経・「倫・政経」から1 ④⑤数(225×2)▶「数Ⅰ・数A」必須,「数Ⅱ・数B」・簿・情から1 ⑥⑦理(175×2)▶物・化・生・地学から2

[個別学力検査] 1科目 ①発表実習

※第1次選抜－書類審査(自己推薦書・調査書等),第2次選抜－発表実習,最終－第2次選抜の成績および共通テストの成績により判定。

その他の選抜

帰国生徒選抜(教育学部・経営学部・都市科学部都市社会共生学科・建築学科),外国学校出身者選抜(経済学部),社会人選抜(経営学部),私費外国人留学生入試(教育学部を除く)。

偏差値データ（2023年度）

● 一般選抜

＊共通テスト・個別計/満点

学部／学科・課程／コース・EP	2023年度 駿台予備学校 合格目標ライン	2023年度 河合塾 ボーダー得点率	2023年度 河合塾 ボーダー偏差値	2022年度実績 募集人員	2022年度実績 受験者数	2022年度実績 合格者数	2022年度実績 合格最低点＊	競争率 '22年	競争率 '21年
●前期									
教育学部									
学校教員養成／言語・文化・社会系教育	50	69%	—	32	70	44	818.20/1300	1.6	2.1
／自然・生活系教育	49	65%	—	29	82	44	879.00/1300	1.9	1.7
／芸術・身体・発達支援系教育(音楽)	47	60%	—	7	12	7	845.60/1300	1.7	1.5
(美術)	46	59%	—	5	9	6	831.80/1300	1.5	1.0
(保健体育)	47	64%	—	7	45	10	863.80/1300	4.5	1.1
(心理学)	50	68%	—	8	16	8	860.80/1300	2.0	2.0
(特別支援教育)	48	66%	—	12	16	12	708.40/1300	1.3	1.4
経済学部									
経済(一般)	52	68%	60	125	292	180	946.20/1700	1.6	1.4
(DSEP)	57	73%	62.5	5	11	6		1.8	2.4
(LBEEP)	57	72%	62.5	10	14	10		1.4	1.9
経営学部									
経営(一般)	53	74%	62.5	148	653	188	710.00/1200	3.5	1.6
(DSEP)	57	72%	62.5	7	31	10		3.1	2.0
理工学部									
機械・材料・海洋系／機械工学	53	69%	57.5	56	149	63	1226.20/2100	2.4	1.3
／材料工学	52	69%	55	18	22	24	1166.40/2100	—	1.5
／海洋空間のシステムデザイン	53	66%	57.5	17	42	18	1251.20/2100	2.3	1.7
化学・生命系／化学・化学応用	53	66%	55	71	226	79	1272.20/2100	2.9	1.3
／バイオ	53	71%	55	15	39	16	1271.60/2100	2.4	1.8
数物・電子情報系／数理科学	53	72%	57.5	20	55	25	1289.60/2100	2.2	1.5
／物理工学	53	68%	55	60	157	70	1266.80/2100	2.2	1.3
／電子情報システム	53	70%	57.5	63	184	77	1323.20/2100	2.4	1.3
／情報工学	54	73%	60	30	126	32	1391.40/2100	3.9	2.0
都市科学部									
都市社会共生	54	72%	—	33	91	33	834.00/1400	2.8	1.8
建築	55	75%	62.5	40	200	47	1422.20/2100	4.3	2.1
都市基盤	54	72%	60	18	28	27	1314.00/2100	1.0	1.2
環境リスク共生	53	68%	55	30	78	39	1221.20/2100	2.0	2.4
●後期									
経済学部									
経済(一般)	57	75%	67.5	75	375	117	905.60/1600	3.2	2.8
(DSEP)	60	75%	67.5	5	15	6		2.5	2.6
(LBEEP)	57	74%	67.5	—	—	—	—	新	—

学部／学科・課程／コース・EP	2023年度 駿台予備学校 合格目標ライン	2023年度 河合塾 ボーダー得点率	2023年度 河合塾 ボーダー偏差値	2022年度実績 募集人員	受験者数	合格者数	合格最低点*	競争率 '22年	競争率 '21年
経営学部									
経営（一般）	56	75%	62.5	78	323	128	483.80/800	2.5	2.3
（DSEP）	60	75%	67.5	3	28	3		9.3	4.5
理工学部									
機械・材料・海洋系／機械工学	55	78%	62.5	50	138	70	939.60/1550	2.0	2.7
／材料工学	55	76%	62.5	16	30	16	935.60/1550	1.9	2.2
／海洋空間のシステムデザイン	56	80%	62.5	8	31	10	987.00/1550	3.1	2.3
化学・生命系／化学・化学応用	57	79%	60	56	185	72	982.80/1550	2.6	2.2
／バイオ	56	76%	57.5	10	37	12	980.00/1550	3.1	2.8
数物・電子情報系／数理科学	55	79%	62.5	15	50	20	1032.40/1550	2.5	3.3
／物理工学	57	77%	60	30	90	33	1034.40/1550	2.7	2.2
／電子情報システム	57	75%	65	50	122	61	1009.2/1550	2.0	2.0
／情報工学	57	80%	60	17	123	24	1082.5/1550	5.1	5.1
都市科学部									
都市社会共生	55	75%	—	12	84	13	821.00/1100	6.5	3.0
建築	57	81%	65	19	146	19	1156.40/1550	7.7	3.6
都市基盤	55	81%	62.5	12	41	23	1066.80/1550	1.8	1.9
環境リスク	54	72%	57.5	10	14	10	842.55/1750	1.4	8.8

- 駿台予備学校合格目標ラインは合格可能性80%に相当する駿台模試の偏差値です。
- 競争率は受験者÷合格者の実質倍率
- 河合塾ボーダー得点率は合格可能性50%に相当する共通テストの得点率です。
また，ボーダー偏差値は合格可能性50%に相当する河合塾全統模試の偏差値です。
- 合格最低点は追試験受験・合格者を除く。

併設の教育機関 大学院

教育学研究科

教員数▶10名
院生数▶159名
修士課程 ●**教育支援専攻** 心理支援と日本語教育の2コースを設置。教育現場における理論とそれに基づいた実践を通して，多種多様な支援をする人材を育成する。
専門職学位課程 ●**高度教職実践専攻（教職大学院）** 学校や地域の教育活動におけるスクールリーダーを育成する「学校マネジメントプログラム」と，確かな学力の育成とそれを保障する授業改善や多様なニーズに適切に対応できる教員を養成する「教科教育・特別支援教育プログラム」の2プログラム。
博士後期課程 学校教育学専攻（東京学芸大学大学院連合学校教育学研究科）

国際社会科学府

教員数▶97名
院生数▶302名
博士前期課程 ●**経済学専攻** 経済学の基礎となるコア科目を必修とし，コースワークと研究指導により，幅広い専門知識を身につけたジェネラリストを養成する。
●**経営学専攻** グローバル・レベルで通用する経営学とその関連領域に精通し，ビジネスシーンでの問題解決能力を有する，国際的に活躍できる実践的スペシャリストを養成する。
●**国際経済法学専攻** 法学基本分野を軸に環境法学，国際経済法学や，政治学や開発協力分野についても高度な専門性を養い，国内外で活躍する人材を輩出する。
●**経営学専攻社会人専修コース（横浜ビジネススクール／MBA）**　専門知識の深化と統合を追求した実践的教育プログラムを展開。
博士後期課程　経済学専攻，経営学専攻，国際経済法学専攻

理工学府

教員数▶127名
院生数▶918名，［工学府］院生数 ▶16名
博士前期課程　●**機械・材料・海洋系工学専攻**　基本原理の理解と応用のための理学的センスの教育および技術革新のグローバル化への適応力の育成を強化し，高度なシステムや高機能の材料を生み出す教育と研究を行う。
●**化学・生命系理工学専攻**　化学と生命を中心に据え，自然の真理追究，ものづくり・エネルギー・生命に関する課題に原理原則と情報を活用し総合的に対処できる国際的な視野をもつ人材を育成する。
●**数物・電子情報系理工学専攻**　数理科学，物理学，電気工学，電子工学，通信工学，情報工学，医療情報工学，応用物理学などの幅広い分野での教育・研究を通じ，グローバルに活躍できる創造的な人材を育成する。
博士後期課程　機械・材料・海洋系工学専攻，化学・生命系理工学専攻，数物・電子情報系理工学専攻

環境情報学府

教員数▶69名
院生数▶459名
博士前期課程　●**人工環境専攻**　持続可能社会における安心・安全を確保するための先端的かつ実践的な工学的技術に加え，社会実装する上で解決すべき問題を探求できる人材を育成する。
●**自然環境専攻**　中長期的な生態系の持続可能性のみならず，地球史的な環境の変化に対する理解から地域住民との関わりまで視野に入れた知識と技術を修得した人材を育成する。
●**情報環境専攻**　先端的な情報技術や情報システムのセキュリティのみならず，大量の情報に向き合う人間の有り様に対する理解や数理的なデータ解析の方法にも精通した人材を育成する。
博士後期課程　人工環境専攻，自然環境専攻，情報環境専攻

都市イノベーション学府

教員数▶54名
院生数▶340名
博士前期課程　●**建築都市文化専攻**　現代の都市をめぐる諸問題の知識を持ちつつ，新たな都市空間の未来を説得的に提案できる人材，文化芸術の力により都市のイノベーションを実践しうる人材を養成する。建築都市文化，建築都市デザイン（Y-GSA），横浜都市文化（Y-GSC）の３コースがある。
●**都市地域社会専攻**　都市や地域社会の諸問題を技術的・社会的に分析把握し，課題の解決を図る。新興・途上国などの都市問題解決や地域社会発展に貢献できる人材を養成する。都市地域社会，国際基盤学（IGSI）の２コースがある。
博士後期課程　都市イノベーション専攻

先進実践学環

教員数▶172名
院生数▶72名
修士課程　●コースや専攻という枠組みはなく，４つの大学院の授業を自由に組み合わせて履修。社会を構成する人間の理解と先進的なデータサイエンスの技法を基軸に，YNUの教育研究分野を融合して，Society 5.0における新たな価値とサービスの創出・普及を牽引する人材を養成する。研究テーマは応用AI，社会データサイエンス，リスク共生学，国際ガバナンス，成熟社会，人間力創生，横浜アーバニスト。

新潟大学

資料請求

問合せ先　学務部入試課　☎025-262-6079

大学の理念

1949（昭和24）年，新潟医大，新潟高校，長岡工専，新潟県立農専，新潟第一・第二・青年師範を統合し，開学。「自律と創生」を基本理念とし，教育，研究，社会貢献を通じて地域・世界の発展に貢献することをめざす。各学部には教養教育と専門教育が融合した学生主体の「到達目標達成型」と「到達目標創生型」の学位プログラムを設定，社会の諸問題に的確に対応でき，課題解決のために広範に活躍できる人材を育成する。さらに，複数の専門領域を横断的に学べ，学生自身が学びをデザインできるオーダーメイド型の学修プログラムである「NICEプログラム」を用意。また，独自の取り組み「ダブルホーム」制度では，第一のホームである学部・学科・学年の枠を超えた第二のホームで教職員や地域と連携した課題プロジェクトを展開している。

- 五十嵐キャンパス……〒950-2181　新潟県新潟市西区五十嵐2の町8050
- 旭町キャンパス………〒951-8510，8518，8514　新潟県新潟市中央区旭町通1番町757，旭町通2番町746，学校町通2番町5274

基本データ

学生数▶9,992名（男6,168名，女3,824名）
専任教員数▶教授306名，准教授352名，講師67名
設置学部▶人文，教育，法，経済科，理，医，歯，工，農，創生
併設教育機関▶大学院―現代社会文化・自然科学・医歯学総合・保健学（以上M・D），教育実践学（P）

就職・卒業後の進路

就職率 99.2％
就職者÷希望者×100

● **就職支援**　各学部と教育・学生支援機構が連携して進路支援を行う。キャンパスライフ支援センターでは，情報提供，進路相談，各種支援行事などを実施しているほか，専任のキャリアコンサルタントが個別相談を中心に，応募書類アドバイス，面接練習などにも対応。登録しているOB・OGに質問ができるネットワークシステム（CANシステム）も導入。また，教育プログラム支援センターでは，専任教員による低学年向けキャリア意識形成科目の開講など，学生自身の将来を見据えたキャリア形成に対するサポートも行っている。

進路指導者も必見 学生を伸ばす 面倒見

初年次教育	学修サポート
「スタディスキルズ」などを開講し，学問や大学教育全般に対する動機づけ，レポート・論文の書き方，プレゼン技法，ITの基礎技術，情報収集や資料整理の方法，論理的思考や問題発見・解決能力の向上などの初年次教育を実施	学部によらずTAが実験，実習等の教育補助を担当。法学部や経済学部，また教員によってオフィスアワーを設定しているほか，全学部で専任教員が学生の指導・相談に対応している。さらに学習支援相談ルームを設置している

オープンキャンパス（2022年度実績）　8月に予定されていた対面型とWeb型のハイブリッドオープンキャンパスはWeb型のオンラインとオンデマンドで実施。学部案内，模擬授業。

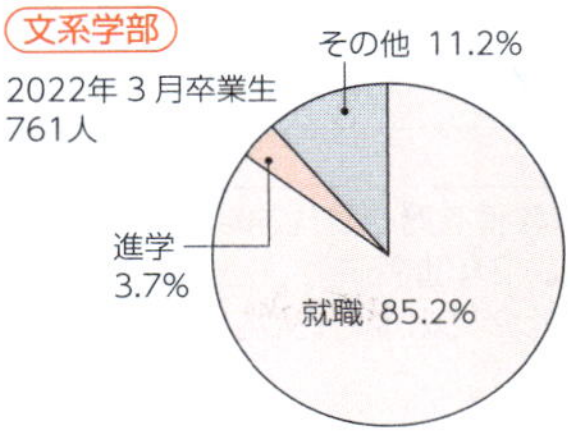

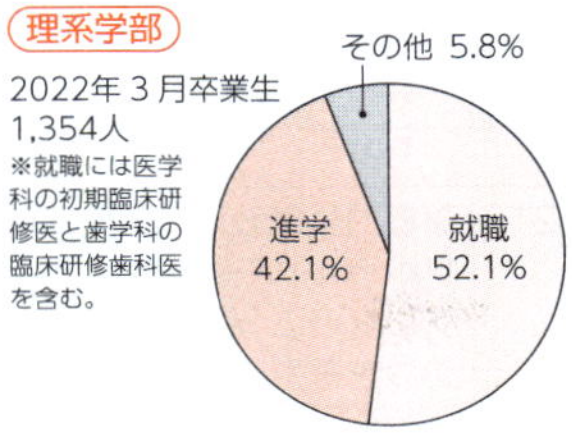

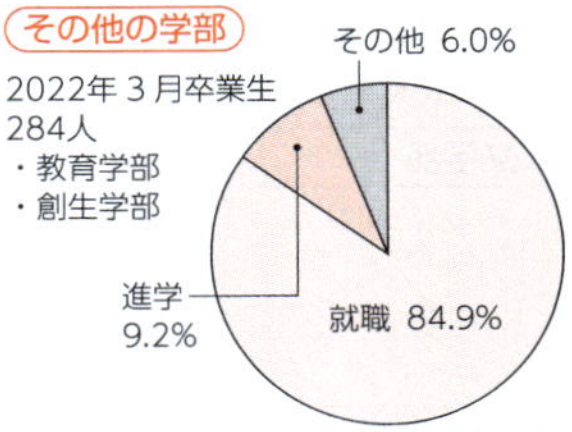

主なOB・OG▶［人文］木村一義（ビックカメラ代表取締役社長），［人文］星野純子（モーグルソチオリンピック代表），［法］西村智奈美（衆議院議員），［理］鈴木厚人（岩手県立大学長）など。

国際化・留学　大学間 104 大学等・部局間 257 大学等

受入れ留学生数▶57名（2022年11月1日現在）
留学生の出身国・地域▶中国，マレーシア，韓国，台湾，ミャンマーなど。
外国人専任教員▶教授２名，准教授16名，講師１名（2022年５月１日現在）
外国人専任教員の出身国▶中国，インド，イギリス，韓国，アメリカなど。
大学間交流協定▶104大学・機関（交換留学先67大学，2022年９月15日現在）
部局間交流協定▶257大学・機関（交換留学先105大学，2022年９月15日現在）
海外への留学生数▶渡航型２名・オンライン型132名／年（８カ国〈オンラインの複数国プログラムを除く〉・2021年度）
海外留学制度▶より高い専門性に立脚した「グローバル人材」の育成を推進している。海外が初めてでも参加しやすい「ショートプログラム」（1～5週間程度）から，各学部での専門分野を学ぶ「専門分野プログラム」（1週間から数カ月），さらには本格的に外国語や専門分野を学ぶ「交換留学」（1学期間または２学期間）など，学生の状況に対応した段階的プログラムを用意。UMAPとAUN＋3の２つのコンソーシアムにも参加している。

学費・奨学金制度　給付型奨学金総額 年間 1,746万円

入学金▶282,000円
年間授業料（施設費等を除く）▶535,800円
年間奨学金総額▶17,460,000円
年間奨学金受給者数▶128人
主な奨学金制度▶入学前に40万円（一時金）給付する「輝け未来!!新潟大学入学応援奨学金」，２年次以上で前年度の成績が各学部の上位者に年額10万円（2021年度実績）を支給する「新潟大学学業成績優秀者奨学金」や家計急変により修学の継続困難者に月額３万円を給付する「新潟大学修学応援特別奨学金」などがある。また，学費減免制度があり，2021年度には921人を対象に総額で約１億6,197万円を減免している。

保護者向けインフォメーション

●**成績確認**　保護者に成績表を郵送している。
●**防災対策**　入学時に「危機管理マニュアル」を配布。被災した際の学生の安否確認は，大学の独自システム「ANPIC」を利用する。
●**コロナ対策１**　ワクチンの職域接種を実施。感染状況に応じた４段階のBCP（行動指針）を設定。「コロナ対策２」（下段）あり。

インターンシップ科目	必修専門ゼミ	卒業論文	GPA制度の導入の有無および活用例	１年以内の退学率	標準年限での卒業率
法・工・創生学部で開講している	全学部で実施。学部・学科等によって開講年次は異なる	医・歯・創生学部を除き卒業要件	一部の学部で奨学金等対象者の選定基準，留学候補者の選考，個別の学修指導，大学院入試の選抜基準，履修上限単位数の設定に活用	非公表	非公表

●**コロナ対策２**　対面とオンライン授業を併用し，希望する学生にはWi-Fiルータを貸与。経済的に困窮している学生に新型コロナ対策緊急支援金（貸与），修学応援金（給付），授業料免除などの支援を実施。

学部紹介

学部／学科・課程	定員	特色
人文学部		
人文	210	▷専門基礎教育の充実と基礎教養を磨き論理的な思考を養うリベラル・アーツ教育を重視。２年進級時に，３つの主専攻プログラム「心理・人間学」「社会文化学」「言語文化学」から１つを選択。
●取得可能な資格…教職(国・地歴・公・社・情・英・仏・中・露)，学芸員など。 ●進路状況…………就職83.5%　進学3.7% ●主な就職先………関東信越国税局，国土交通省中部地方整備局，原子力規制庁，新潟県，山形県，群馬県，仙台市，アマゾンジャパン，第四北越銀行，NTTドコモなど。		
教育学部		
学校教員養成	180	▷１年次の「入門教育実習」から４年一貫の教育実習を柱に実践力を備えた教員を養成する。学校教育コースは，学校教育学，教育心理学，特別支援教育の３専修。教科教育コースは，国語，社会科，英語，数学，理科，家庭科，技術科，音楽，美術，保健体育の10専修。
●取得可能な資格…教職(国・地歴・公・社・数・理・音・美・保体・技・家・英，小一種，幼一種，特別支援)。 ●進路状況…………就職86.6%　進学8.3% ●主な就職先………教員(新潟県，新潟市，秋田県，福島県，埼玉県，東京都ほか)など。		
法学部		
法	170	▷課題解決志向のカリキュラムを編成。学部を３年で卒業し，連携先の法科大学院に進学することで司法試験受験資格が得られる「法曹コース」も設定。
●取得可能な資格…教職(公)。 ●進路状況…………就職82.8%　進学6.6% ●主な就職先………国土交通省，国税専門官，検察事務官，裁判所事務官，労働基準監督官，新潟県，新潟市，山形県，楽天グループ，全国健康保険協会，第四北越銀行など。		
経済科学部		
総合経済	350	▷長年の伝統と蓄積をもとにした「経済学」「経営学」に，裾野を広げさまざまな立場の人と共修で学ぶ「学際日本学」「地域リーダー」の４プログラムから２年次に選択。
●取得可能な資格…教職(商)。 ●進路状況…………就職87.9%　進学1.9% ●主な就職先………第四北越銀行，東京海上日動火災保険，新潟縣信用組合，山形県，新潟県，秋田県，群馬県，国土交通省北陸地方整備局，関東信越国税局，新潟労働局など。		
理学部		
理	200	▷理学各分野を1学科にまとめ，1年次には共通ベーシック科目と共通コア科目を設置し，共通の素養を身につける。2年次1学期終了時点で，数学，物理学，化学，生物学，地質科学，自然環境科学，フィールド科学人材育成の7つのプログラムから主専攻プログラムを決定する。
●取得可能な資格…教職(数・理)，学芸員，測量士補など。 ●進路状況…………就職44.9%　進学51.2% ●主な就職先………教員，新潟県，NECソリューションイノベータ，NECデータカスタマーサービステクノロジ，ブルボン，一正蒲鉾，大鵬薬品工業，日東工業，日本オイルエンジニアリングなど。		

 キャンパスアクセス ［五十嵐キャンパス］ JR越後線ー新潟大学前・内野より徒歩約15分

医学部		
医	133	▷グローバルな全人的医療に貢献し，生涯探求心を持ち続けることのできる専門医療人を養成する。
保健	160	▷看護学，放射線技術科学，検査技術科学の３専攻を設置。

- **取得可能な資格**…医師・看護師・保健師・助産師・診療放射線技師・臨床検査技師受験資格など。
- **進路状況**…………[医]初期臨床研修医96.2%　[保健]就職80.2%　進学10.2%
- **主な就職先**………[保健]北海道大学病院，東北大学病院，自治医科大学附属病院，筑波大学附属病院，福島県立医科大学附属病院，済生会新潟病院，聖路加国際病院，新潟県など。

歯学部		
歯	40	▷人間性豊かな考える歯科医師を育てるため，自主性と創造性を重視した実践的教育を行う。
口腔生命福祉	20	▷「食べる」ことの視点から，生活の質の向上を追求する。

- **取得可能な資格**…歯科医師・歯科衛生士・社会福祉士受験資格など。
- **進路状況**…………[歯]臨床研修歯科医77.5%　[口腔生命福祉]就職95.2%　進学4.8%
- **主な就職先**………[口腔生命福祉]新潟県，神奈川県，山梨県，新潟市民病院など。

工学部		
工	530	▷1年次に工学教育における転換・導入教育を受けた後，力学分野，情報電子分野，化学材料分野，建築分野，融合領域分野に分かれて学び，2年次より機械システム工学，社会基盤工学，電子情報通信，知能情報システム，化学システム工学，材料科学，建築学，人間支援感性科学，協創経営の主専攻プログラムの教育を受ける。

- **取得可能な資格**…教職(工)，測量士補，１・２級建築士受験資格，陸上／海上特殊無線技士など。
- **進路状況**…………就職34.5%　進学61.2%
- **主な就職先**………キャノンメディカルシステムズ，コロナ，スズキ，東北電力，東日本高速道路，北陸ガス，本間組，日本放送協会，メイテック，インテック，KSKなど。

農学部		
農	175	▷1学科体制で，多様化する社会の要請に柔軟に対応できる素養と国際的な視野を身につけた人材を育成する。入学後に学部共通基礎科目を履修し，農学の多様な分野の教育研究に触れてから応用生命科学，食品科学，生物資源科学，流域環境学，フィールド科学人材育成の５つの主専攻プログラムから1つを選択して学ぶ。

- **取得可能な資格**…教職(農)，食品衛生管理者など。
- **進路状況**…………就職46.8%　進学45.2%
- **主な就職先**………林野庁，検疫所，新潟県，秋田県，長岡市，全国農業協同組合連合会，山崎製パン，日本ハム，新潟クボタ，サカタのタネ，ブルボン，一条工務店など。

創生学部		
創生学修	65	▷学生が自分で目標を設定し，４年間のゼミ／ラボ活動を主体に，人文・法・経済科学・理・工・農の６学部が提供する専門授業科目群から選択した専門領域で学修を深め，「課題発見・課題解決能力」を育成する。

- **進路状況**…………就職79.4%　進学11.8%
- **主な就職先**………関東農政局，新潟県，新潟労働局，新潟県労働金庫，東日本旅客鉄道，TBSグロウディア，三機工業，NTTアドバンステクノロジ，明治安田生命保険など。

キャンパスアクセス [旭町キャンパス] JR越後線―白山より徒歩約15分

キャンパス

人文・教育・法・経済科・理・工・農・創生……［五十嵐キャンパス］新潟県新潟市西区五十嵐２の町8050
医（医）……［旭町キャンパス］新潟県新潟市中央区旭町通１番町757
医（保健）……［旭町キャンパス］新潟県新潟市中央区旭町通２番町746
歯……［旭町キャンパス］新潟県新潟市中央区学校町通２番町5274

2023年度入試要項（前年度実績）

●募集人員

学部／学科・課程／コース・専修・専攻・分野		前期	後期
人文	人文	140	40
教育	学校教員養成／学校教育・学校教育	9	―
	／学校教育・教育心理	9	―
	／学校教育・特別支援	8	―
	／教科教育・国語	14	―
	／教科教育・社会科	16	―
	／教科教育・英語	7	―
	／教科教育・数学	10	―
	／教科教育・理科	12	―
	／教科教育・家庭科	6	―
	／教科教育・技術科	7	―
	／教科教育・音楽	8	―
	／教科教育・美術	6	―
	／教科教育・保健体育	8	―
法	法	85	35
経済科	総合経済	180	80
理	理	理数85 理科25 野外20	30
医	医	80	―
	保健／看護学	46	6
	／放射線技術科学	23	5
	／検査技術科学	21	7
歯	歯	24	8
	口腔生命福祉	15	―
工	工／力学	共63個16	12
	／情報電子	共75個18	15
	／化学材料	共63個16	13
	／建築	共21個5	4
	／融合領域	共35・個8	6
農	農	111	30
創生	創生学修	45	―

※理学部の前期日程は理数重点，理科重点，野外科学志向の３つの選抜方法で募集する。
※工学部の前期日程は共通テスト重視型および個別学力検査重視型の２つの選抜方法で募集する。

●２段階選抜

医学部医学科は，入学志願者が募集人員の４倍を超えた場合に実施することがある。

▷共通テストの英語はリスニングを含む。
▷個別学力検査の数Ｂ－数列・ベク。

人文学部

前期　［共通テスト（450）］　**8～7**科目　①国（100）　②**外**（100・英〈R80＋L20〉）▶英・独・仏・中・韓から１　③④**地歴・公民**（50×2）▶世Ｂ・日Ｂ・地理Ｂ・「現社・倫・政経・〈倫・政経〉から１」から２　⑤⑥**数**（50×2）▶「数Ⅰ・〈数Ⅰ・数Ａ〉から１」・「数Ⅱ・〈数Ⅱ・数Ｂ〉・簿・情から１」　⑦⑧**理**（50）▶「物基・化基・生基・地学基から２」・物・化・生・地学から１

［個別学力検査（500）］　**3**科目　①国（200）▶国総・現文Ｂ・古典Ｂ　②**外**（200）▶「コミュ英Ⅰ・コミュ英Ⅱ・コミュ英Ⅲ・英表Ⅰ・英表Ⅱ」・独・仏から１　③**地歴・数**（100）▶世Ｂ・日Ｂ・地理Ｂ・「数Ⅰ・数Ⅱ・数Ａ・数Ｂ」から１

後期　［共通テスト（450）］　**8～7**科目　前期と同じ

［個別学力検査（200）］　**1**科目　①**総合問題**（200）▶人間・社会・文化の諸問題についての英語の理解力・日本語の表現力

教育学部

前期　**【学校教員養成課程〈学校教育コース〉】**
［共通テスト（675）］　**8～7**科目　①国（150）　②**外**（150・英〈R120＋L30〉）▶英・独・仏・中・韓から１　③④**数**（75×2）▶「数Ⅰ・〈数Ⅰ・数Ａ〉から１」・「数Ⅱ・〈数Ⅱ・数Ｂ〉・簿・情から１」　⑤⑥⑦⑧**「地歴・公民」・理**（75×3）▶世Ｂ・日Ｂ・地理Ｂ・現社・倫・政経・「倫・政経」から１または２，「物基・化基・生基・地学基から２」・物・化・生・地学から１または２，計３，

ただし同一科目名を含む選択は不可
[個別学力検査(450)]　3科目　①②**国・外・数**(150×2)▶「国総・現文Ｂ・古典Ｂ」・「コミュ英Ⅰ・コミュ英Ⅱ・コミュ英Ⅲ・英表Ⅰ・英表Ⅱ」・「数Ⅰ・数Ⅱ・数Ａ・数Ｂ」から２　③**面接**(150)

【学校教員養成課程〈教科教育コース／国語・社会科・英語〉】　[共通テスト(1050)]　8～7科目　①**国**(150)　②**外**(150・英〈R120＋L30〉)▶英・独・仏・中・韓から１　③④**地歴・公民**(150×2)▶世Ｂ・日Ｂ・地理Ｂ・現社・倫・政経・「倫・政経」から２　⑤⑥**数**(150×2)▶「数Ⅰ・〈数Ⅰ・数Ａ〉から１」・「数Ⅱ・〈数Ⅱ・数Ｂ〉・簿・情から１」　⑦⑧**理**(150)▶「物基・化基・生基・地学基から２」・物・化・生・地学から１
[個別学力検査(850)]　3科目　①**国**(300)▶国総・現文Ｂ・古典Ｂ　②**外**(300)▶コミュ英Ⅰ・コミュ英Ⅱ・コミュ英Ⅲ・英表Ⅰ・英表Ⅱ
※英語教育はリスニングテストを含む　③**面接**(250)

【学校教員養成課程〈教科教育コース／数学・理科・技術科〉】　[共通テスト(850)]　8～7科目　①**国**(150)　②**外**(150・英〈R120＋L30〉)▶英・独・仏・中・韓から１　③**地歴・公民**(150)▶世Ｂ・日Ｂ・地理Ｂ・現社・倫・政経・「倫・政経」から１　④⑤**数**(100×2)▶「数Ⅰ・〈数Ⅰ・数Ａ〉から１」・「数Ⅱ・〈数Ⅱ・数Ｂ〉・簿・情から１」　⑥⑦⑧**理**(100×2)▶「物基・化基・生基・地学基から２」・物・化・生・地学から２，ただし同一科目を含む選択は不可

【学校教員養成課程〈教科教育コース／数学〉】
[個別学力検査(700)]　3科目　①**数**(250)▶数Ⅰ・数Ⅱ・数Ａ・数Ｂ　②**外・理**(250)▶「コミュ英Ⅰ・コミュ英Ⅱ・コミュ英Ⅲ・英表Ⅰ・英表Ⅱ」・「物基・物」・「化基・化」・「生基・生」・「地学基・地学」から１　③**面接**(200)

【学校教員養成課程〈教科教育コース／理科〉】
[個別学力検査(700)]　3科目　①**理**(250)▶「物基・物」・「化基・化」・「生基・生」・「地学基・地学」から１　②**外・数**(250)▶「コミュ英Ⅰ・コミュ英Ⅱ・コミュ英Ⅲ・英表Ⅰ・英表Ⅱ」・「数Ⅰ・数Ⅱ・数Ａ・数Ｂ」から１　③**面接**(200)

【学校教員養成課程〈教科教育コース／技術科〉】　[個別学力検査(700)]　3科目　①**数**(250)▶数Ⅰ・数Ⅱ・数Ａ・数Ｂ　②**理**(250)▶「物基・物」・「化基・化」から１　③**面接**(200)

【学校教員養成課程〈教科教育コース／家庭科〉】　[共通テスト(700)]　7～6科目　①**国**(150)　②**外**(150・英〈R120＋L30〉)▶英・独・仏・中・韓から１　③**地歴・公民**(100)▶世Ｂ・日Ｂ・地理Ｂ・現社・倫・政経・「倫・政経」から１　④⑤**数**(75×2)▶「数Ⅰ・〈数Ⅰ・数Ａ〉から１」・「数Ⅱ・〈数Ⅱ・数Ｂ〉・簿・情から１」　⑥⑦**理**(150)▶「物基・化基・生基・地学基から２」・物・化・生・地学から１
[個別学力検査(450)]　3科目　①**数**(150)▶数Ⅰ・数Ⅱ・数Ａ・数Ｂ　②**国・外**(150)▶「国総・現文Ｂ・古典Ｂ」・「コミュ英Ⅰ・コミュ英Ⅱ・コミュ英Ⅲ・英表Ⅰ・英表Ⅱ」から１　③**面接**(150)

【学校教員養成課程〈教科教育コース／音楽・美術〉】　[共通テスト(750)]　6～5科目　①**国**(150)　②**外**(150・英〈R120＋L30〉)▶英・独・仏・中・韓から１　③**地歴・公民**(150)▶世Ｂ・日Ｂ・地理Ｂ・現社・倫・政経・「倫・政経」から１　④**数**(150)▶数Ⅰ・「数Ⅰ・数Ａ」・数Ⅱ・「数Ⅱ・数Ｂ」・簿・情から１　⑤⑥**理**(150)▶「物基・化基・生基・地学基から２」・物・化・生・地学から１
[個別学力検査(800)]　2科目　①**実技**(600)　②**面接**(200)

【学校教員養成課程〈教科教育コース／保健体育〉】　[共通テスト(900)]　8～7科目　①**国**(200)　②**外**(200・英〈R160＋L40〉)▶英・独・仏・中・韓から１　③④**数**(100×2)▶「数Ⅰ・〈数Ⅰ・数Ａ〉から１」・「数Ⅱ・〈数Ⅱ・数Ｂ〉・簿・情から１」　⑤⑥⑦⑧**「地歴・公民」・理**(100×3)▶世Ｂ・日Ｂ・地理Ｂ・現社・倫・政経・「倫・政経」から１または２，「物基・化基・生基・地学基から２」・物・化・生・地学から１または２，計3，ただし同一科目名を含む選択は不可
[個別学力検査(700)]　2科目　①**実技**(500)　②**面接**(200)

法学部

前期　[共通テスト(550)]　8～7科目　①**国**(100)　②**外**(100・英〈R80＋L20〉)▶英・独・仏から１　③④**地歴・公民**(100×2)▶世Ａ・

世B・日A・日B・地理A・地理B・現社・倫・政経・「倫・政経」から2，ただし世B・日B・地理Bから1必須 ⑤⑥**数**(50×2) ▶「数Ⅰ・〈数Ⅰ・数A〉から1」・「数Ⅱ・〈数Ⅱ・数B〉・簿・情から1」 ⑦⑧**理**(50) ▶「物基・化基・生基・地学基から2」・物・化・生・地学から1

[個別学力検査(450)] 2科目 ①**外**(300) ▶「コミュ英Ⅰ・コミュ英Ⅱ・コミュ英Ⅲ・英表Ⅰ・英表Ⅱ」・独・仏から1 ②**小論文**(150)

後期 **[共通テスト(800)]** 8~7科目 ①**国**(150) ②**外**(250・英〈R200＋L50〉) ▶英・独・仏から1 ③④**地歴・公民**(125×2) ▶世A・世B・日A・日B・地理A・地理B・現社・倫・政経・「倫・政経」から2，ただし世B・日B・地理Bから1必須 ⑤⑥**数**(50×2) ▶「数Ⅰ・〈数Ⅰ・数A〉から1」・「数Ⅱ・〈数Ⅱ・数B〉・簿・情から1」 ⑦⑧**理**(50) ▶「物基・化基・生基・地学基から2」・物・化・生・地学から1

[個別学力検査(200)] 1科目 ①**小論文**(200)

経済科学部

前期 **【Ⅰ型】[共通テスト(500)]** 8~7科目 ①**国**(100) ②**外**(100・英〈R80＋L20〉) ▶英・独・仏・中・韓から1 ③④**地歴・公民**(50×2) ▶世B・日B・地理B・現社・倫・政経・「倫・政経」から2，ただし世B・日B・地理Bから1必須 ⑤⑥**数**(50×2) ▶「数Ⅰ・数A」必須，数Ⅱ・「数Ⅱ・数B」・簿・情から1 ⑦⑧**理**(100) ▶「物基・化基・生基・地学基から2」・物・化・生・地学から1

[個別学力検査(600)] 3科目 ①**国**(200) ▶国総(古文・漢文を除く)・現文B ②**外**(200) ▶「コミュ英Ⅰ・コミュ英Ⅱ・コミュ英Ⅲ・英表Ⅰ・英表Ⅱ」・独・仏から1 ③**数**(200) ▶数Ⅰ・数Ⅱ・数A・数B

【Ⅱ型】 **[共通テスト(500)]** 8~7科目 ①**国**(100) ②**外**(100・英〈R80＋L20〉) ▶英・独・仏・中・韓から1 ③**地歴・公民**(100) ▶世B・日B・地理B・現社・倫・政経・「倫・政経」から1 ④⑤**数**(50×2) ▶「数Ⅰ・数A」必須，数Ⅱ・「数Ⅱ・数B」・簿・情から1 ⑥⑦⑧**理**(50×2) ▶「物基・化基・生基・地学基から2」・物・化・生・地学から2，ただし同一科目名を含む選択は不可

[個別学力検査(600)] 3科目 ①**国**(200) ▶国総(古文・漢文を除く)・現文B ②**外**(200) ▶「コミュ英Ⅰ・コミュ英Ⅱ・コミュ英Ⅲ・英表Ⅰ・英表Ⅱ」・独・仏から1 ③**数**(200) ▶数Ⅰ・数Ⅱ・数A・数B

後期 **【Ⅰ型】[共通テスト(500)]** 8~7科目 前期と同じ

[個別学力検査] 課さない。

【Ⅱ型】 **[共通テスト(500)]** 8~7科目 前期と同じ

[個別学力検査] 課さない。

理学部

前期 **【理数重点選抜・理科重点選抜】[共通テスト(900)]** 7科目 ①**国**(200) ②**外**(200・英〈R160＋L40〉) ▶英・独・仏・中・韓から1 ③**地歴・公民**(100) ▶世B・日B・地理B・現社・倫・政経・「倫・政経」から1 ④⑤**数**(100×2) ▶「数Ⅰ・数A」・「数Ⅱ・数B」 ⑥⑦**理**(100×2) ▶物・化・生・地学から2

【理数重点選抜】[個別学力検査(800)] 3科目 ①**外**(200) ▶コミュ英Ⅰ・コミュ英Ⅱ・コミュ英Ⅲ・英表Ⅰ・英表Ⅱ ②**数**(300) ▶数Ⅰ・数Ⅱ・数Ⅲ・数A・数B ③**理**(300) ▶「物基・物」・「化基・化」・「生基・生」・「地学基・地学」から1

【理科重点選抜】[個別学力検査(800)] 3科目 ①**外**(200) ▶コミュ英Ⅰ・コミュ英Ⅱ・コミュ英Ⅲ・英表Ⅰ・英表Ⅱ ②③**理**(300×2) ▶「物基・物」・「化基・化」・「生基・生」・「地学基・地学」から2

【野外科学志向選抜】[共通テスト(1000)] 7科目 ①**国**(200) ②**外**(300・英〈R240＋L60〉) ▶英・独・仏・中・韓から1 ③**地歴・公民**(100) ▶世B・日B・地理B・現社・倫・政経・「倫・政経」から1 ④⑤**数**(100×2) ▶「数Ⅰ・数A」・「数Ⅱ・数B」 ⑥⑦**理**(100×2) ▶物・化・生・地学から2

[個別学力検査(700)] 3科目 ①②**数・理**(300×2) ▶「数Ⅰ・数Ⅱ・数Ⅲ・数A・数B」・「物基・物」・「化基・化」・「生基・生」・「地学基・地学」から2 ③**面接**(100)

後期 **[共通テスト(1100)]** 7科目 ①**国**(200) ②**外**(200・英〈R160＋L40〉) ▶英・独・仏・中・韓から1 ③**地歴・公民**(100) ▶世

B・日B・地理B・現社・倫・政経・「倫・政経」から1 ④⑤数(150×2)▶「数Ⅰ・数A」・「数Ⅱ・数B」 ⑥⑦理(150×2)▶物・化・生・地学から2
［個別学力検査］ 1科目 ①面接(3段階評価)

医学部

前期 【医学科】［共通テスト(750)］ 7科目 ①国(100) ②外(200・英〈R160＋L40〉)▶英・独・仏から1 ③地歴・公民(50)▶世B・日B・地理B・現社・倫・政経・「倫・政経」から1 ④⑤数(100×2)▶「数Ⅰ・数A」・「数Ⅱ・数B」 ⑥⑦理(100×2)▶物・化・生から2
［個別学力検査(1200)］ 5科目 ①外(400)▶コミュ英Ⅰ・コミュ英Ⅱ・コミュ英Ⅲ・英表Ⅰ・英表Ⅱ ②数(400)▶数Ⅰ・数Ⅱ・数Ⅲ・数A・数B ③④理(200×2)▶「物基・物」・「化基・化」・「生基・生」から2 ⑤面接(2段階評価)
【保健学科〈看護学専攻〉】［共通テスト(900)］ 8～7科目 ①国(200) ②外(200・英〈R160＋L40〉)▶英・独・仏・中・韓から1 ③地歴・公民(100)▶世B・日B・地理B・現社・倫・政経・「倫・政経」から1 ④⑤数(100×2)▶「数Ⅰ・〈数Ⅰ・数A〉から1」・「数Ⅱ・〈数Ⅱ・数B〉から1」 ⑥⑦⑧理(100×2)▶「物基・化基・生基・地基から2」・物・化・生・地学から2，ただし同一科目名を含む選択は不可
［個別学力検査(400)］ 2科目 ①国(200)▶国総(古文・漢文を除く)・現文B ②外(200)▶コミュ英Ⅰ・コミュ英Ⅱ・コミュ英Ⅲ・英表Ⅰ・英表Ⅱ
【保健学科〈放射線技術科学専攻・検査技術科学専攻〉】［共通テスト(900)］ 7科目 ①国(200) ②外(200・英〈R160＋L40〉)▶英・独・仏・中・韓から1 ③地歴・公民(100)▶世B・日B・地理B・現社・倫・政経・「倫・政経」から1 ④⑤数(100×2)▶「数Ⅰ・数A」・「数Ⅱ・数B」 ⑥⑦理(100×2)▶物・化・生から2
［個別学力検査(400)］ 2科目 ①外(200)▶コミュ英Ⅰ・コミュ英Ⅱ・コミュ英Ⅲ・英表Ⅰ・英表Ⅱ ②数(200)▶数Ⅰ・数Ⅱ・数Ⅲ・数A・数B
後期 【保健学科〈看護学専攻〉】［共通テスト(900)］ 8～7科目 前期と同じ
［個別学力検査(300)］ 1科目 ①面接(300)
【保健学科〈放射線技術科学専攻・検査技術科学専攻〉】［共通テスト(900)］ 7科目 前期と同じ
［個別学力検査(300)］ 1科目 ①面接(300)

歯学部

前期 【歯学科】［共通テスト(900)］ 7科目 ①国(200) ②外(200・英〈R160＋L40〉)▶英・独・仏から1 ③地歴・公民(100)▶世B・日B・地理B・現社・倫・政経・「倫・政経」から1 ④⑤数(100×2)▶「数Ⅰ・数A」・「数Ⅱ・数B」 ⑥⑦理(100×2)▶物・化・生から2
［個別学力検査(1100)］ 5科目 ①外(300)▶「コミュ英Ⅰ・コミュ英Ⅱ・コミュ英Ⅲ・英表Ⅰ・英表Ⅱ」・独・仏から1 ②数(300)▶数Ⅰ・数Ⅱ・数Ⅲ・数A・数B ③④理(150×2)▶「物基・物」・「化基・化」・「生基・生」から2 ⑤面接(200)
【口腔生命福祉学科】［共通テスト(800)］ 7～6科目 ①国(200) ②外(200)▶英・独・仏から1 ③数(100)▶数Ⅰ・数A ④⑤⑥⑦地歴・公民・数・理(100×3)▶世B・日B・地理B・現社・倫・政経・「倫・政経」・「数Ⅱ・数B」・「物基・化基・生基から2」・物・化・生から3，ただし，「地歴・公民」と理科からそれぞれ最低1科目選択，同一科目名を含む選択は不可
［個別学力検査(450)］ 2科目 ①外(250)▶コミュ英Ⅰ・コミュ英Ⅱ・コミュ英Ⅲ・英表Ⅰ・英表Ⅱ ②面接(200)
後期 【歯学科】［共通テスト(900)］ 7科目 前期と同じ
［個別学力検査(200)］ 1科目 ①面接(200)

工学部

前期 【共通テスト重視型・個別学力試験重視型】［共通テスト(共800・個300)］ 7科目 ①国(共100・個25) ②外(共200・英〈R160

＋L40〉・個50・英〈R40＋L10〉〉▶英・独・仏・中・韓から１ ③**地歴・公民**(共100・個25)▶世Ｂ・日Ｂ・地理Ｂ・現社・倫・政経・「倫・政経」から１ ④⑤**数**(共100×2・個50×2)▶「数Ⅰ・数Ａ」必須，「数Ⅱ・数Ｂ」・簿・情から１ ⑥⑦**理**(共100×2・個50×2)▶物・化・生・地学から２

[個別学力検査(500)] **3**科目 ①**外**(100)▶コミュ英Ⅰ・コミュ英Ⅱ・コミュ英Ⅲ・英表Ⅰ・英表Ⅱ ②**数**(200)▶数Ⅰ・数Ⅱ・数Ⅲ・数Ａ・数Ｂ ③**理**(200)▶「物基・物」・「化基・化」「生基・生」・「地学基・地学」から１

後期 **[共通テスト(800)]** **7**科目 前期共通テスト重視型と同じ

[個別学力検査(100)] **1**科目 ①**面接**(100)

農学部

前期 **[共通テスト(900)]** **7**科目 ①**国**(200) ②**外**(200・英〈R160＋L40〉)▶英・独・仏・中・韓から１ ③**地歴・公民**(100)▶世Ｂ・日Ｂ・地理Ｂ・現社・倫・政経・「倫・政経」から１ ④⑤**数**(100×2)▶「数Ⅰ・数Ａ」・「数Ⅱ・数Ｂ」 ⑥⑦**理**(100×2)▶物・化・生・地学から２

[個別学力検査(500)] **3**科目 ①**外**(100)▶コミュ英Ⅰ・コミュ英Ⅱ・コミュ英Ⅲ・英表Ⅰ・英表Ⅱ ②③**数・理**(200×2)▶「数Ⅰ・数Ⅱ・数Ａ・数Ｂ」・「物基・物」・「化基・化」・「生基・生」・「地学基・地学」から２

後期 **[共通テスト(900)]** **7**科目 前期と同じ

[個別学力検査] **1**科目 ①**面接**(５段階評価)

創生学部

前期 **【理系型】[共通テスト(750)]** **7**科目 ①**国**(100) ②**外**(150・英〈R120＋L30〉)▶英・独・仏・中・韓から１ ③**地歴・公民**(100)▶世Ｂ・日Ｂ・地理Ｂ・現社・倫・政経・「倫・政経」から１ ④⑤**数**(100×2)▶「数Ⅰ・数Ａ」・「数Ⅱ・数Ｂ」 ⑥⑦**理**(100×2)▶物・化・生・地学から２

[個別学力検査(400)] **2**科目 ①**外**(200)▶コミュ英Ⅰ・コミュ英Ⅱ・コミュ英Ⅲ・英表Ⅰ・英表Ⅱ ②**国・数**(200)▶「国総(古文・漢文を除く)・現文Ｂ」・「数Ⅰ・数Ⅱ・数Ａ・数Ｂ」から１

【文系型】[共通テスト(750)] **8〜7**科目 ①**国**(200) ②**外**(150・英〈R120＋L30〉)▶英・独・仏・中・韓から１ ③④**地歴・公民**(100×2)▶世Ｂ・日Ｂ・地理Ｂ・「現社・倫・政経・〈倫・政経〉から１」から２ ⑤⑥**数**(50×2)▶「数Ⅰ・〈数Ⅰ・数Ａ〉から１」・「数Ⅱ・〈数Ⅱ・数Ｂ〉・簿・情から１」 ⑦⑧**理**(100)▶「物基・化基・生基・地学基から２」・物・化・生・地学から１

[個別学力検査(400)] **2**科目 ①**外**(200)▶コミュ英Ⅰ・コミュ英Ⅱ・コミュ英Ⅲ・英表Ⅰ・英表Ⅱ ②**国・数**(200)▶「国総(古文・漢文を除く)・現文Ｂ」・「数Ⅰ・数Ⅱ・数Ａ・数Ｂ」から１

その他の選抜

学校推薦型選抜は人文学部30名，教育学部60名，法学部50名，経済科学部60名，理学35名，医学部112名，歯学部13名，工学部133名，農学部34名，総合型選抜は経済科学部30名，理学部５名，工学部27名，創生学部20名を募集。ほかに帰国生徒特別選抜，社会人特別選抜を実施。

偏差値データ（2023年度）

●一般選抜

学部／学科・課程／コース・専修・専攻・分野	2023年度 駿台予備学校 合格目標ライン	2023年度 河合塾 ボーダー得点率	2023年度 河合塾 ボーダー偏差値	'22年度 競争率
●前期				
▶人文学部				
人文	51	62%	50	2.3
▶教育学部				
学校教員養成／学校・学校教育	47	59%	50	1.7
／学校・教育心理	48	61%	52.5	
／学校・特別支援	46	52%	50	
／教科・国語	45	54%	47.5	
／教科・社会科	45	59%	50	
／教科・英語	48	55%	52.5	
／教科・数学	46	58%	47.5	
／教科・理科	47	53%	50	
／教科・家庭科	45	56%	50	
／教科・技術科	45	52%	45	
／教科・音楽	43	54%	—	
／教科・美術	42	49%	—	
／教科・保健体育	43	55%	—	
▶法学部				
法	49	62%	52.5	2.0
▶経済科学部				
総合経済	47	59%	50	2.3
▶理学部				
理［理数重点］	50	58%	47.5	1.7
理［理科重点］	49	58%	47.5	
理［野外科学志向］	50	58%	47.5	
▶医学部				
医	66	77%	65	3.2
保健／看護学	47	56%	47.5	1.8
／放射線技術科学	48	63%	50	2.3
／検査技術科学	51	56%	50	1.6
▶歯学部				
歯	55	67%	57.5	3.5
口腔生命福祉	48	57%	45	1.8
▶工学部				
工［共通重視型］	46	59%	47.5	2.0
［個別重視型］	46	54%	47.5	
▶農学部				
農	49	57%	50	1.9
▶創生				
創生学修	48	62%	52.5	1.8
●後期				
▶人文学部				
人文	51	68%	—	2.8
▶法学部				
法	50	71%	—	1.9
▶経済科学部				
総合経済	47	70%	—	5.6
▶理学部				
理	50	65%	—	1.3
▶医学部				
保健／看護学	48	63%	—	2.8
／放射線技術科学	49	66%	—	5.2
／検査技術科学	50	60%	—	1.9
▶歯学部				
歯	55	71%	—	5.6
▶工学部				
工	47	70%	—	1.7
▶農学部				
農	48	67%	—	2.5

- 駿台予備学校合格目標ラインは合格可能性80％に相当する駿台模試の偏差値です。
- 河合塾ボーダー得点率は合格可能性50％に相当する共通テストの得点率です。また，ボーダー偏差値は合格可能性50％に相当する河合塾全統模試の偏差値です。
- 競争率は受験者÷合格者の実質倍率
- 医学部医学科は２段階選抜を実施。

富山大学

資料請求

問合せ先 学務部入試課 ☎076-445-6100

大学の理念

「地域と世界に向かって開かれた大学として，人文社会科学，自然科学，生命科学を統合した特色ある国際水準の教育および研究を行い，人間尊重の精神を基本に高い使命感と想像力のある人材を養成し，地域と国際社会に貢献するとともに，科学，芸術文化，人間社会と自然環境との調和的発展に寄与する」ことを理念とし，新時代に適応し，活躍できる人材を育成する「おもしろい大学」をめざしている。2020年から１年生全員にデータサイエンス教育を必修化。2021年には，数理・データサイエンス・AI教育プログラムが文部科学省からリテラシーレベルとして認定されている。また，授業では教員と学生が双方向コミュニケーションを図るアクティブラーニングを推進するほか，学部横断型教育プログラムの導入，英語教育の拡充などにも取り組んでいる。

● キャンパス情報はP.1334をご覧ください。

基本データ

学生数▶7,930名（男4,786名，女3,144名）
専任教員数▶教授281名，准教授212名，講師94名
設置学部▶人文，教育，経済，理，医，薬，工，芸術文化，都市デザイン
併設教育機関▶大学院一人文社会芸術総合・持続可能社会創成学環・理工学・医薬理工学環・総合医薬学（以上M），生命融合科学・医学薬学・理工学（以上D），教職実践開発（P）

就職・卒業後の進路

就職率 **97.8**%
就職者÷希望者×100

● 就職支援　就職・キャリア支援センターを設置し，学生のキャリア形成支援を行う。各種ガイダンス，説明会，公務員希望者を対象とした「公務員試験対策講座」（有料）などを開催し，就職相談の総合窓口として，求人情報・企業パンフレット閲覧，企業研究などのためのパソコン設置，職業適性診断システムの利用などのサービスを提供している。インターンシップは，各学部の正規の授業科目（正課）として開設されるほか，各都道府県のインターンシップ推進協議会の募集や，企業・官公庁の独自公募などがある。

進路指導者も必見 学生を伸ばす 面倒見

初年次教育

各学部・学科で「基礎ゼミナール」「数学序論」「物理学入門」「基礎化学セミナー」「環境科学入門」「創造工学入門ゼミナール」「基礎地球セミナー」「情報処理」「医療学入門」「芸文基礎演習」などを開講し，初年次教育を実施

学修サポート

TA制度，オフィスアワー制度を導入。さらに，経済学部を除き教員アドバイザーを配置。工学部応用化学コースでは学習支援「応カフェ」を行っている

オープンキャンパス（2022年度実績）　7・8月に対面にてオープンキャンパスを開催（事前申込制）。学部・学科・コース説明，研究紹介，模擬授業，入試相談会，保護者向け説明会などを取り混ぜて実施。

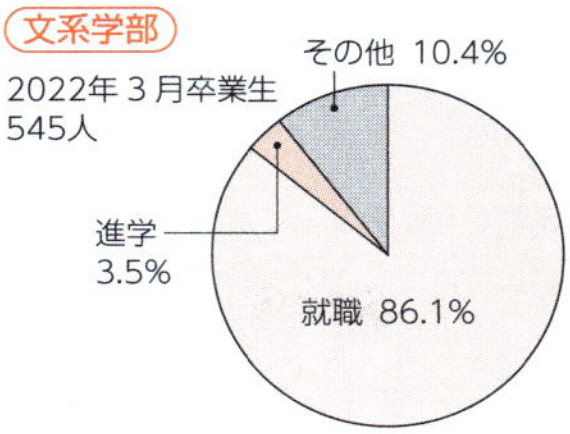

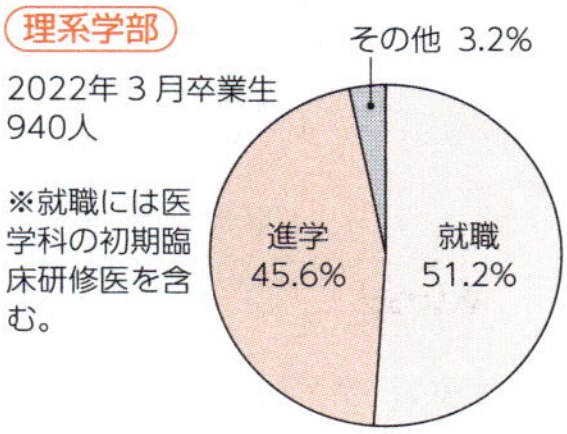

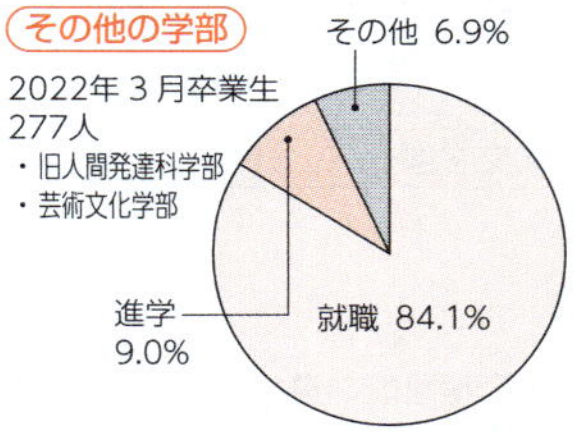

主なOB・OG▶［人文］栗林佐知（作家），［薬］高津聖志（免疫学者），［経済］中尾哲雄（実業家），［経済］奥出信行（実業家），［理］山元加津子（作家・教諭）など。

国際化・留学　大学間 42 大学等・部局間 98 大学等

受入れ留学生数▶79名（2022年５月１日現在）

留学生の出身国▶中国，ベトナム，マレーシア，パキスタン，韓国，インドなど。

外国人専任教員▶教授７名，准教授10名，講師４名（2022年５月１日現在）

外国人専任教員の出身国▶韓国，中国，アメリカ，インド，オーストリアなど。

大学間交流協定▶42大学・機関（交換留学先30大学，2022年10月11日現在）

部局間交流協定▶98大学・機関（交換留学先25大学，2022年10月11日現在）

海外への留学生数▶渡航型12名・オンライン型58名／年（８カ国・地域，2021年度）

海外留学制度▶交流協定を結んでいる大学等への交換留学（最長１年間）のほか，夏季・春季休業中には約１カ月の短期派遣留学プログラムを実施しており，アメリカやニュージーランドの短期プログラムでは，語学研修に加え，現地学生との交流も行われ，例年多くの学生が参加している。また，海外キャリア研修では，中国やタイで事業展開する日系企業での実務研修・工場視察や現地大学生との交流を通じて，コミュニケーション能力や異文化理解への意識向上を図ることができる。このほか，学部が実施するプログラムもある。

学費・奨学金制度

入学金▶282,000円（夜間主コース141,000円）

年間授業料（施設費等を除く）▶535,800円（夜間主コース267,900円）

主な奨学金制度▶海外留学，短期留学プログラム等を支援する奨学金や助成金を設置。また，学費減免制度があり，2021年度には1,066人を対象に総額で約8,000万円を減免している。

保護者向けインフォメーション

●**オープンキャンパス**　通常のオープンキャンパス時に保護者向けの説明会を実施。
●**成績確認**　保護者に成績表を郵送している。
●**防災対策**　入学時に配布する「キャンパスガイド（Ⅳ災害発生の場合）」に掲載するほか，「サバイバルカード」は学内のみ閲覧可。学生が被災した際の安否は，独自システム「ANPIC」を利用して確認する。
●**コロナ対策１**　ワクチンの職域接種を実施。感染状況に応じた５段階のBCP（行動指針）を設定。「コロナ対策２」（下段）あり。

インターンシップ科目	必修専門ゼミ	卒業論文	GPA制度の導入の有無および活用例	１年以内の退学率	標準年限での卒業率
人文・経済・理・工・芸術文化学部で開講	医学部医学科を除き実施。ただし，開講年次は学部・学科により異なる	経済（夜間主）・医（医）学部を除き，卒業要件	学部により奨学金や授業料免除対象者の選定基準，個別の学修指導，履修上限単位数の設定，学生表彰の選考などに活用	0.5%	86.1%（4年制）83.1%（6年制）

●**コロナ対策２**　講義室の環境整備や収容人数を調整するとともに，検温と消毒を実施。また，オンライン授業を併用し，希望する学生にはモバイルルータの貸与や，学内の端末室使用を許可。経済的に困窮している学生に授業料免除を実施。

学部紹介

学部／学科・課程	定員	特色
人文学部		
人文	188	▷哲学・人間学，言語学，心理学，歴史文化，社会文化，東アジア言語文化，英米言語文化，ヨーロッパ言語文化の８つのコースで，人間の知的営みについて幅広く学ぶ。
● 取得可能な資格…教職（国・地歴・公・社・英），学芸員など。　● 進路状況…就職82.7%　進学5.2% ● 主な就職先………北陸銀行，富山銀行，北國新聞社，楽天グループ，富山県庁，富山市役所など。		
教育学部		
共同教員養成	85	▷2022年度より人間発達科学部を改組し，学校教員養成機能の強化を図るため，金沢大学との共同課程を設置。小学校教諭と併せて最低２種類の教員免許が取得できるカリキュラムを編成。また，学科やコースではなく，１～４年生の十数人で構成されるユニットを活動単位として，多様な交流や学びを促進し，幅広い視野を養う。
● 取得可能な資格…教職（国・地歴・公・社・数・理・音〈主に金沢キャンパスで開講〉・美・保体・家・英，小一種，幼一種，特別支援），保育士など。 ● 進路状況…………就職88.8%　進学4.1%（旧人間発達科学部実績） ● 主な就職先………教員（小・中学校，特別支援学校，幼稚園他）など。（旧人間発達学部実績）。		
経済学部		
経済 経営 経営法	135 (10) 108 (10) 92 (10)	▶90年を越える歴史と伝統を有する昼夜開講制の経済，経営，法律を横断的に学べる社会科学系総合学部。社会経済，企業経営，経営法務，地域公共政策に，'22年度より社会データサイエンスを加えた５つの履修コース制のもとで，各分野を横断的に学ぶことができる。夜間主コース（カッコ内定員）では，昼間主コースと同様の４年間コースで学士学位の取得が可能。昼夜の相互乗り入れ制度も利用できる。
● 取得可能な資格…社会調査士。　● 進路状況…………就職87.9%　進学2.5% ● 主な就職先………北陸銀行，富山銀行，三協立山，クスリのアオキ，富山県庁，富山市役所など。		
理学部		
数	45	▷純粋数学と応用数学を融合し，数理を究める。
物理	40	▷素粒子から宇宙まで，実験や理論を駆使して物理法則を探求する。
化	35	▷物質の神秘と機能を分子レベルで解明する。
生物	38	▷多様な生命現象を遺伝子から生態系に至るさまざまなレベルで解析する。
自然環境科	35	▷日本海から立山までをホームフィールドとする環境教育により，物理・生物・化学・地学の総合力で環境問題を考える。
● 取得可能な資格…教職（数・理），学芸員，情報処理技術者など。 ● 進路状況…………就職51.1%　進学41.7% ● 主な就職先………北銀ソフトウェア，八十二銀行，ユー・エス・エス，デンソーテクノなど。		
医学部		
医 看護	105 80	▶１年次に「医療学入門」，２年次に「和漢医薬学入門」を開講し，伝統的東洋医学の成果を盛り込むとともに先端的知識を身につける。国際的視野に立って，医学・医療の発展と社会的ニーズに対応できる人材を育成する。

キャンパスアクセス ［五福キャンパス］ JR北陸新幹線・高山本線―富山よりバス約20分

● **取得可能な資格**…教職（養護二種），医師・看護師・保健師・助産師受験資格など。 ● **進路状況**…………［医］初期臨床研修医98.1％　就職1.0％　［看護］就職87.8％　進学10.0％ ● **主な就職先**………［医］富山大学附属病院など（初期臨床研修医）。［看護］富山大学附属病院，富山赤十字病院，金沢大学附属病院，市立砺波総合病院，富山県庁など。		
薬学部		
薬 創薬科	70 35	▶薬剤師養成を目的とする薬学科（６年制）と，創薬研究・技術者等の養成を目的とした創薬科学科（４年制）を併設。創薬科学科では「くすりの富山」の歴史に裏づけられた創薬を学べる授業も開講する。
● **取得可能な資格**…薬剤師受験資格（薬学科）。 ● **進路状況**…………［薬］就職92.0％　進学2.0％　［創薬］進学100％ ● **主な就職先**………［薬］富山大学附属病院，アインホールディングス，日本新薬，協和キリンなど。		
工学部		
工	380	▷１学科５コース制，電気電子工学コース，知能情報工学コース，機械工学コース，生命工学コース，応用化学コースを置き，それぞれの分野において特色ある教育と研究を行う。１学科制により，これまで以上に自由度の高い教育プログラムが可能となり，社会のニーズに対応した「社会中核人材育成プログラム」の実施など，分野横断的に学ぶことができる体制を整備。出願時にコース選択を行うが，各コースの専門教育を開始する２年進級時にコース変更が可能。
● **取得可能な資格**…教職（工業）など。 ● **進路状況**…………就職29.9％　進学67.2％ ● **主な就職先**………石原産業，ソニー，東海旅客鉄道，マキタ，三菱重工業，YKK APなど。		
芸術文化学部		
芸術文化	110	▷美術，工芸，デザイン，建築，キュレーション，複合の主要６領域からなる専門教育から自在な組み合わせで履修できる。「オープンコース方式」により，学生個々に適した進路を絞り込んでいくことができる。
● **取得可能な資格**…学芸員，１・２級建築士受験資格など。 ● **進路状況**…………就職76.9％　進学16.7％ ● **主な就職先**………イケア・ジャパン，ダイハツ工業，マルニ木工，三協立山，富山テレビ放送など。		
都市デザイン学部		
		▶自然科学と科学技術を基盤とし，社会科学的要素を融合した「自然災害の予測やリスク管理，社会基盤材料の開発，都市と交通の創造」に関する分野において国際水準の教育・研究を行う。クォーター制を採用し，留学，災害復興ボランティア，インターンシップなど学外活動がしやすい環境を整備。
地球システム科	40	▷地球の仕組みを学び，防災・減災社会の構築をめざす。
都市・交通デザイン	54	▷災害に強く安全・安心で美しい都市をデザインする。
材料デザイン工	65	▷原子レベルから巨大構造物まで広い視点で未来の基盤材料を研究開発する。
● **取得可能な資格**…教職（理・工業），測量士補，１・２級建築士受験資格など。 ● **進路状況**…………就職46.3％　進学52.9％ ● **主な就職先**………アイシン軽金属，三協立山，日本海コンサルタント，国土開発センター，川田工業，インテック，ウェザーニューズ，富山県庁など。		

キャンパスアクセス［杉谷キャンパス］JR北陸新幹線・高山本線―富山よりバス約30分

▶キャンパス

人文・教育・経済・理・工・都市デザイン・全学１年次……[五福キャンパス] 富山県富山市五福3190
医・薬……[杉谷キャンパス] 富山県富山市杉谷2630
芸術文化……[高岡キャンパス] 富山県高岡市二上町180

2023年度入試要項（前年度実績）

●募集人員

学部／学科・課程（コース）		前期	後期
▶人文	人文	125	38
▶教育	共同教員養成	62	10
▶経済	経済	94	11
	経営	72	10
	経営法	63	9
	[夜間主]経済	—	4
	[夜間主]経営	—	4
	[夜間主]経営法	—	4
▶理	数	30	10
	物理	a13 b8	14
	化	a17 b6	7
	生物	24	10
	自然環境科	a16 b10	4
▶医	医	70	—
	看護	50	10
▶薬	薬	40	5
	創薬科	29	3
▶工	工（電気電子工学）	a50 b20	12
	（知能情報工学）	a48 b18	9
	（機械工学）	a50 b15	15
	（生命工学）	a36 b2	10
	（応用化学）	a35 b3	10
▶芸術文化	芸術文化	a25 b30	a10 b10
▶都市デザイン	地球システム科	26	10
	都市・交通デザイン	24	15
	材料デザイン工	a25 b20	13

※工学部は工学科全体で募集を行う。表中の募集人員は各コースの受入予定者数（概ねの人数）。

●２段階選抜

志願者数が募集人員に対して以下の倍率を超えた場合に行う。教育学部は後期約25倍，医学部医学科は前期約５倍。

試験科目

デジタルブック »»

偏差値データ（2023年度）

●一般選抜

学部／学科・課程／コース	2023年度 駿台予備学校 合格目標ライン	2023年度 河合塾 ボーダー得点率	2023年度 河合塾 ボーダー偏差値	'22年度 競争率
●前期				
▶人文学部				
人文	47	59%	50	2.3
▶教育学部				
共同教員養成	47	56%	52.5	1.7
▶経済学部				
経済	47	57%	50	1.4
経営	48	60%	50	2.0
経営法	48	58%	47.5	1.5
▶理学部				
数	48	55%	50	2.9
物理（a）	46	56%	50	2.2
（b）	46	52%	50	6.1
化（a）	47	61%	50	1.9
（b）	47	55%	50	5.3
生物	49	59%	50	1.3
自然環境科（a）	47	59%	52.5	2.0
（b）	48	52%	60	12.6
▶医学部				
医	64	76%	62.5	2.3
看護	46	59%	47.5	1.3
▶薬学部				
薬	54	70%	55	3.2
創薬科	51	66%	52.5	2.2

 キャンパスアクセス [高岡キャンパス] あいの風とやま鉄道ー高岡よりバス約20分

▶工学部				
工／電気電子工学(a)	45	55%	47.5	—
(b)	45	53%	52.5	2.4
／知能情報工学(a)	45	56%	47.5	1.4
(b)	45	53%	50	3.7
／機械工学(a)	45	55%	45	1.7
(b)	45	54%	52.5	4.9
／生命工学(a)	45	59%	47.5	1.4
(b)	45	54%	50	2.4
／応用化学(a)	45	56%	47.5	1.6
(b)	45	54%	50	3.2
▶芸術文化学部				
芸術文化(a)	45	64%	—	2.4
(b)	45	62%	—	1.4
▶都市デザイン学部				
地球システム科	44	55%	47.5	2.3
都市・交通デザイン	45	53%	45	1.8
材料デザイン工(a)	44	52%	45	1.2
(b)	44	52%	47.5	3.3
●後期				
▶人文学部				
人文	48	68%	—	2.6
▶教育学部				
共同教員養成	48	68%	—	3.0
▶経済学部				
経済	49	70%	—	3.4
経営	48	75%	—	2.1
経営法	49	74%	—	4.4
[夜間主]経済	42	66%	—	1.7
[夜間主]経営	42	66%	—	1.5
[夜間主]経営法	42	63%	—	1.7
▶理学部				
数	49	64%	57.5	6.3
物理	47	66%	57.5	5.8
化	49	65%	55	6.0
生物	51	66%	60	6.2
自然環境科	48	76%	—	9.6
▶医学部				
看護	47	60%	—	1.5
▶薬学部				
薬	55	77%	—	9.1
創薬科	52	71%	—	6.0
▶工学部				
工／電気電子工学	47	64%	52.5	4.2
／知能情報工学	47	64%	52.5	3.4
／機械工学	47	56%	52.5	3.5
／生命工学	47	62%	—	2.9
／応用化学	47	58%	52.5	2.3
▶芸術文化学部				
芸術文化(a)	46	75%	—	4.1
(b)	46	75%	—	2.8
▶都市デザイン学部				
地球システム科	45	63%	52.5	5.2
都市・交通デザイン	46	60%	52.5	3.4
材料デザイン工	45	56%	50	2.2

●駿台予備学校合格目標ラインは合格可能性80%に相当する駿台模試の偏差値です。
●河合塾ボーダー得点率は合格可能性50%に相当する共通テストの得点率です。また，ボーダー偏差値は合格可能性50%に相当する河合塾全統模試の偏差値です。
●競争率は受験者÷合格者の実質倍率

金沢大学（かなざわ）

資料請求

問合せ先　学生部入試課入学試験係　☎076-264-5169，5177～5179

大学の理念

1862（文久２）年創設の加賀藩彦三種痘所を源流とし，1949（昭和24）年に金沢医科大学，第四高等学校，金沢工業専門学校，石川師範学校などを母体として発足。大学憲章に「地域と世界に開かれた教育重視の研究大学」を掲げ，学生一人ひとりの目標に応じた自由な学びを提供。時代や社会のニーズに応えるべく組織の見直しを常に行い，2023年度にはスマート創成科学類を新設。世界と伍して卓越した教育研究を展開する大学をめざし，新領域・融合分野をはじめとした研究力の強化を推進するとともに，文部科学省スーパーグローバル大学創成支援（SUG）事業の採択校として，グローバル人材の育成ににも注力。学生が卒業までに身につけるべき能力として「金沢大学〈グローバル〉スタンダード」（KUGS）を定め，人間力を磨く教育制度を実践している。

- 角間キャンパス……………………〒920-1192　石川県金沢市角間町
- 宝町・鶴間キャンパス宝町地区……〒920-8640　石川県金沢市宝町13-1
- 宝町・鶴間キャンパス鶴間地区……〒920-0942　石川県金沢市小立野5-11-80

基本データ

学生数▶7,757名（男4,783名，女2,974名）
専任教員数▶教授355名，准教授309名，講師70名
設置学域▶融合，人間社会，理工，医薬保健
併設教育機関▶大学院―人間社会環境・自然科学・医薬保健学総合・新学術創成（以上M・D），法学（M・P），先進予防医学（D），教職実践（P）

就職・卒業後の進路

就職率 98.1%（就職者÷希望者×100）

● **就職支援**　入学時からさまざまなセミナーやイベントなどを実施し，将来設計や職業選択・就職への意識を啓発。単なるテクニックではなく，社会で活躍する上で必要となる基礎的な能力育成につながる指導を重視したキャリア形成・就職支援を行っている。また，公務員試験合格者がトップクラスであるだけでなく，学内の合同企業説明会には全国各地の有力企業が参加，北陸３県以外にもOB・OGの人脈が全国に広がっている。

進路指導者も必見　学生を伸ばす　面倒見

初年次教育	学修サポート
1年次必修の「大学・社会生活論」「データサイエンス基礎」「地域概論」「アカデミックスキル」「プレゼン・ディベート論」などで，スタディスキルズから消費者教育，キャリア教育の初歩，大学生としての教養までを講じている。e-ラーニングも活用	全学域でTA制度と教員アドバイザー制度を導入。日時限定の「なんでも相談室」でも，学生の相談に応じている

オープンキャンパス（2022年度実績）　8月にWebキャンパスビジットを開催。学類説明，模擬講義，学生対談などをリアルタイムで，研究紹介動画をオンデマンドで配信。10月には対面型キャンパスビジットを開催，入試情報・学類の最新情報などを紹介。

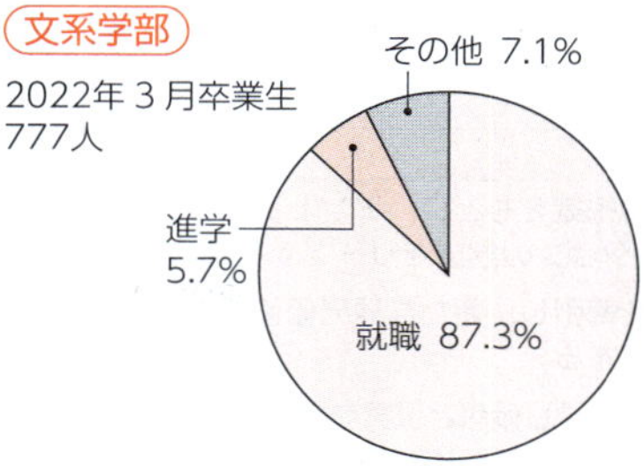

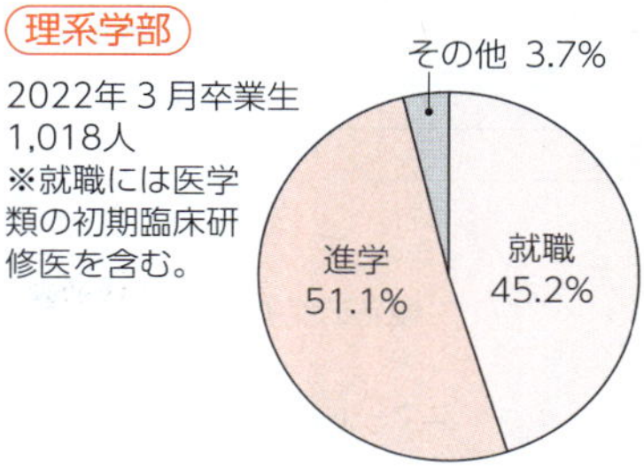

主なOB・OG ▶ [旧医]岡田保典(医学研究者)，[旧医]多々見良三(京都府舞鶴市長)，[旧文]山内雅喜(ヤマトホールディングス会長)，[旧文]米澤穂信(小説家)など。

国際化・留学　大学間 217 大学等・部局間 89 大学等

受入れ留学生数 ▶ 52名(2022年5月1日現在)
留学生の出身国 ▶ 中国，マレーシア，韓国，ベトナム，ブラジルなど。
外国人専任教員 ▶ 教授８名，准教授16名，講師３名（2022年５月１日現在）
外国人専任教員の出身国 ▶ 中国，韓国，ドイツ，イギリス，アメリカなど。
大学間交流協定 ▶ 217大学・機関（交換留学先174大学，2022年５月１日現在）
部局間交流協定 ▶ 89大学・機関（交換留学先46大学，2022年５月１日現在）
海外への留学生数 ▶ 渡航型46名・オンライン型139名／年（22カ国・地域，2021年度）
海外留学制度 ▶ クォーター制（４学期制）を導入し，留学しやすい環境を整備，短期および長期の海外派遣留学を積極的に推進している。学内選考のうえ，交流協定校に半年〜１年間留学する派遣留学は，留学先の授業料支払いが不要で，留学期間が在学期間としてカウントされるメリットもある。１週間〜２カ月の短期研修では，初心者向けのファーストステッププログラムをはじめ，語学研修，インターンシップ，教育・理工学・医学系の専門実習などを実施。また，オンラインプログラムも提供している。コンソーシアムはUMAP, ASEAN University Networkに参加。

学費・奨学金制度　給付型奨学金総額 年間約 2,663 万円

入学金 ▶ 282,000円
年間授業料(施設費等を除く) ▶ 535,800円
年間奨学金総額 ▶ 26,626,000円
年間奨学金受給者数 ▶ 242人
主な奨学金制度 ▶ 英語能力試験「受験奨励奨学金」や留学を支援する給付型奨学金などを設置。また，学費減免制度があり，2021年度は303人を対象に総額で約4,782万円を減免。

保護者向けインフォメーション

●**成績確認**　成績表および履修科目と単位数の情報がWebで閲覧できる。
●**会報誌**　各学類で同窓会誌を発行している。
●**懇談会**　入学者の父母との懇談会を開催。保健学類では学祭時に保護者と教員の懇談会，医学類では医王保護者の会総会を年１回実施。
●**防災対策**　被災した際の学生の安否は，緊急時連絡システム「C-SIREN」を利用して確認する。
●**コロナ対策１**　ワクチンの職域接種を実施。感染状況に応じた６段階のBCP（行動指針）を設定。「コロナ対策２」（下段）あり。

インターンシップ科目	必修専門ゼミ	卒業論文	GPA制度の導入の有無および活用例	１年以内の退学率	標準年限での卒業率
全学域で開講している	理工は２〜４年次，融合・人間社会・医薬保健は３・４年次に実施	先導・法・経済(ゼミによる)・医学類を除き卒業要件	奨学金等対象者の選定基準，留学候補者の選考，学類・コース等の配属，転学・転専攻の出願・CAP解除要件などに活用	0.6%	86.3%(4年制) 86.4%(6年制)

●コロナ対策２　対面授業とオンライン授業を併用し，講義室の収容人数を調整するとともに，入口で検温と消毒を実施している。学生への経済的支援として貸与型の「緊急学生支援金」を毎月募集。

学部紹介

学域／学類	定員	特色
融合学域		
先導	55	▷文理融合の知識をもとに，アントレプレナーシップを醸成し，イノベーションの創成をリードする社会変革人材を育成。
観光デザイン	20	▷観光産業を牽引し，新たな観光価値を創出することができる人材を養成する。
スマート創成科	20	▷NEW! '23年新設。仮想と現実を融合するXR技術等を活用し，持続可能なスマートシティを見据えた未来の科学を創成する。

●**進路就職**…………先導学類は2021年度，観光デザイン学類は2022年度開設のため卒業生はいない。

学域／学類	定員	特色
人間社会学域		
人文	138	▷心理学，現代社会・人間学，考古学・文化資源学，歴史学，日本・中国言語文化学，欧米言語文化学，言語科学の７プログラム。人文諸学の成果を学び人間性と幅広い視野を養う。
法	150	▷公共法政策，企業関係法，総合法学の３コース。法的思考によって問題の解決策を導き出せる人材の育成をめざす。
経済	131	▷エコノミクス，グローバル・マネジメントの２コース。専門知識を政策運営や企業経営で生かせる人材を育てる。
学校教育	85	▷富山大学と共同教員養成課程を開設し，現代の教育課題に的確に対応できる教師を養成する。
地域創造	83	▷地域課題と地域創造の２つの科目群にから核となるプログラムを選択的に学修し，目標に向かって主体的に取り組む。
国際	81	▷国際政治／同E，国際経済／同E，英語圏研究／同E，ヨーロッパ圏研究，アジア・日本研究，グローバルDEI，日本語教育の10プログラム。

●**取得可能な資格**…教職（国・地歴・公・社・数・理・音・美・保体・家・英・中，小一種，幼一種，特別支援），学芸員など。
●**進路状況**…………就職87.3%　進学5.7%
●**主な就職先**………金沢国税局，北陸農政局，石川県庁，富山県庁，長野県庁，金沢市役所，NTTドコモ，金沢大学，クスリのアオキ，北陸銀行，学校教員など。

学域／学類	定員	特色
理工学域		
数物科	78	▷数学，物理学，応用数理，計算科学の４プログラム制。自然現象の根本原理と数理の世界を追究する。
物質化	78	▷原子・分子から環境まで物質化学の探求を通じて科学的探究心と創造的能力を育む。
機械工	94	▷機械創造，機械数理，エネルギー機械の３コース。モノづくり工学で活躍できる機械技術者・研究者を養成。
フロンティア工	103	▷電子機械，機械，化学工学，電子情報の４つのコアプログラムと６つのフロンティアプログラムを組み合わせて履修。
電子情報通信	76	▷電気電子，情報通信の2コース。電気電子技術（EET）と情報通信技術（ICT）に基づき，新たな分野を開拓する。
地球社会基盤	94	▷地球惑星科学，土木防災，環境都市の3コース。人々の豊かな生活と安全・安心な都市・地域づくりをめざす。
生命理工	56	▷生物科学，海洋生物資源，バイオ工学の3コース。生命の原理を究め，生物の機能を利用する科学技術を学ぶ。

キャンパスアクセス［角間キャンパス］ JR北陸本線一金沢よりバス約30～40分

● **取得可能な資格**…教職(数・理・情・工業)，学芸員，測量士補，１・２級建築士受験資格など。
● **進路状況**…………就職27.3%　進学69.3%
● **主な就職先**………北陸地方整備局，石川県庁，富山県庁，石川コンピュータ・センター，NECソリューションイノベータ，小松製作所，澁谷工業，学校教員など。

医薬保健学域

医	112	▷医学研究や診療現場を積極的に体験し，患者中心の全人的医療が行える医師・医学者を養成する。
薬	65	▷６年制。健康や医療に関わる諸課題の解決に挑戦し，持続可能社会の実現に貢献する，薬剤師(薬専門人)を養成する。
医薬科	18	▷４年制。生命医科学と創薬科学の２コース制。医薬共通の基礎から各コースの専門性へのシームレスな学びで，次代の医薬科学研究に寄与する人材を養成する。
保健	189	▷看護学(79名)，放射線技術科学(40名)，検査技術科学(40名)，理学療法学(15名)，作業療法学(15名)の５専攻。人々の健康な生活を支える「保健学のプロ」を養成。

● **取得可能な資格**…医師・薬剤師・看護師・保健師・診療放射線技師・臨床検査技師・理学療法士・作業療法士受験資格など。
● **進路状況**…………[医]初期臨床研修医91.0%　[薬]就職94.1%　進学2.9%　[医薬科]就職2.4%　進学92.7%（旧創薬科学類実績）　[保健]就職74.6%　進学23.4%
● **主な就職先**………金沢大学附属病院，東京都庁，富山県庁，金沢市役所，金沢赤十字病院，恵寿総合病院，スギ薬局，たんぽぽ薬局，やわたメディカルセンターなど。

キャンパス

融合・人間社会・理工・医薬保健(薬・医薬科)……[角間キャンパス] 石川県金沢市角間町
医薬保健(医)……[宝町・鶴間キャンパス宝町地区] 石川県金沢市宝町13-1
医薬保健(保健)……[宝町・鶴間キャンパス鶴間地区] 石川県金沢市小立野5-11-80

2023年度入試要項(前年度実績)

●募集人員

学域／学類(専攻)		前期
融合	先導	文20・理20
	観光デザイン	文12・理6
	スマート創成科	文6・理12
人間社会	人文	120
	法	125
	経済	106
	学校教育	58
	地域創造	58
	国際	51
理工	数物科	67
	物質化	68
	機械工	３学類一括230
	フロンティア工	
	電子情報通信	
	地球社会基盤	76
	生命理工	45
医薬保健	医	84
	薬	53
	医薬科	18
	保健(看護学)	64
	(診療放射線技術学)	36
	(検査技術科学)	32
	(理学療法学)	10
	(作業療法学)	10
文系一括		70
理系一括		80

※保健学類の理学療法学専攻，作業療法学専攻は，２専攻併願で実施。

●２段階選抜

医薬保健学域医学類は，志願者数が募集人員の３倍程度を超えた場合に行うことがある。

▷共通テストの英語はリスニングを含む。
▷文系・理系一括，融合・人間社会(法学類を除く)・理工・医薬保健(医・薬学類を除く)学域において，英語外部試験(ケンブリッジ英語検定〈リンガスキル含む〉，実用英語技能検定，GTEC〈CBT〉，IELTS，TEAP〈4技能またはCBT〉, TOEFL iBT〈Home Edition含む〉)のスコア提出可。スコアは得点化し，共通テスト「英語」の得点と比較して高得点の方を利用。ただし，共通テスト「英語」の受験は必須。
▷個別学力検査の数B－数列・ベク。
▷主体性等を評価するため「調査書」の記載事項について点数化(共通テストと個別学力検査の合計の概ね2%)。学力検査の合計点による合否のボーダー層の志願者にのみ主体性等評価の得点を加算して合否を判定。

融合学域

前期 【先導学類・スマート創成科学類】［文系傾斜］［共通テスト(500)］ 8~7科目 ①国(100) ②外(100・英〈R50+L50〉)▶英・独・仏・中・韓から1 ③④**地歴・公民**(50×2)▶世B・日B・地理B・「現社・倫・政経・〈倫・政経〉から1」から2 ⑤⑥**数**(50×2)▶「数Ⅰ・数A」必須，「数Ⅱ・数B」・簿・情から1 ⑦⑧**理**(100)▶「物基・化基・生基・地学基から2」・物・化・生・地学から1
［個別学力検査(800)］【先導学類】 3科目 ①国(200)▶国総 ②外(400)▶コミュ英Ⅱ・コミュ英Ⅲ・英表Ⅰ・英表Ⅱ ③**数・総合問題**(200)▶「数Ⅰ・数Ⅱ・数A・数B」・総合問題から1
【スマート創成科学類】 3科目 ①外(200)▶コミュ英Ⅱ・コミュ英Ⅲ・英表Ⅰ・英表Ⅱ ②**数**(350)▶数Ⅰ・数Ⅱ・数A・数B ③**国・総合問題**(200)▶国総・総合問題から1
※「外国語」と「国・総合問題」の配点は，得点を比較して，高得点の方を250点満点に換算。
［理系傾斜］［共通テスト(450)］ 7科目 ①国(100) ②外(100・英〈R50+L50〉)▶英・独・仏・中・韓から1 ③**地歴・公民**(50)▶世B・日B・地理B・現社・倫・政経・「倫・政経」から1 ④⑤**数**(50×2)▶「数Ⅰ・数A」必須，「数Ⅱ・数B」・簿・情から1 ⑥⑦**理**(50×2)▶物・化・生・地学から2
［個別学力検査(850)］ 3科目 ①外(200)▶コミュ英Ⅱ・コミュ英Ⅲ・英表Ⅰ・英表Ⅱ ②**数**(400)▶数Ⅰ・数Ⅱ・数Ⅲ・数A・数B ③**理**(250)▶「物基・物」・「化基・化」・「生基・生」から1
【観光デザイン学類】［文系傾斜］［共通テスト(450)］ 8~7科目 ①国(100) ②外(100・英〈R50+L50〉)▶英・独・仏・中・韓から1 ③④**地歴・公民**(50×2)世B・日B・地理B・「現社・倫・政経・〈倫・政経〉から1」から2 ⑤⑥**数**(50×2)▶「数Ⅰ・数A」必須，「数Ⅱ・数B」・簿・情から1 ⑦⑧**理**(50)▶「物基・化基・生基・地学基から2」・物・化・生・地学から1
［個別学力検査(850)］ 3科目 ①外(400)▶コミュ英Ⅱ・コミュ英Ⅲ・英表Ⅰ・英表Ⅱ ②**数**(150)▶数Ⅰ・数Ⅱ・数A・数B ③**国・総合問題**(150)▶国総・総合問題から1
※「数学」と「国・総合問題」の配点は，得点を比較して，高得点の方を300点満点に換算。
［理系傾斜］［共通テスト(450)］ 7科目 ①国(100) ②外(100・英〈R50+L50〉)▶英・独・仏・中・韓から1 ③**地歴・公民**(50)▶世B・日B・地理B・現社・倫・政経・「倫・政経」から1 ④⑤**数**(50×2)▶「数Ⅰ・数A」必須，「数Ⅱ・数B」・簿・情から1 ⑥⑦**理**(50×2)▶物・化・生・地学から2
［個別学力検査(850)］ 3科目 ①外(200)▶コミュ英Ⅱ・コミュ英Ⅲ・英表Ⅰ・英表Ⅱ ②**数**(400)▶数Ⅰ・数Ⅱ・数Ⅲ・数A・数B ③**理**(250)▶「物基・物」・「化基・化」・「生基・生」から1

人間社会学域

前期 【人文学類】［共通テスト(500)］ 8科目 ①国(100) ②外(100・英〈R50+L50〉)▶英・独・仏・中・韓から1 ③④**地歴・公民**(75×2)▶世B・日B・地理B・「現社・倫・政経・〈倫・政経〉から1」から2 ⑤⑥**数**(50×2)▶「数Ⅰ・数A」必須，「数Ⅱ・数B」・簿・情から1 ⑦⑧**理**(25×2)▶物基・化基・生基・地学基から2
［個別学力検査(750)］ 3科目 ①国(300)▶国総 ②外(300)▶コミュ英Ⅱ・コミュ英Ⅲ・英表Ⅰ・英表Ⅱ ③**総合問題**(150)
【法学類】［共通テスト(400)］ 8科目 ①国(50) ②外(100・英〈R50+L50〉)▶英・独・仏・中・韓から1 ③④**地歴・公民**(75×2)▶世B・日B・地理B・「現社・倫・政経・〈倫・政経〉から1」から2 ⑤⑥**数**(25×2)▶「数Ⅰ・数A」必須，「数Ⅱ・数B」・簿・情から1 ⑦⑧

理(25×2)▶物基・化基・生基・地学基から２
[個別学力検査(600)]　3科目　①国(150)▶国総　②外(300)▶コミュ英Ⅱ・コミュ英Ⅲ・英表Ⅰ・英表Ⅱ　③数(150)▶数Ⅰ・数Ⅱ・数Ａ・数Ｂ

【経済学類】　[共通テスト(600)]　8科目　①国(100)　②外(100・英〈R50＋L50〉)▶英・独・仏・中・韓から１　③④地歴・公民(100×2)▶世Ｂ・日Ｂ・地理Ｂ・「現社・倫・政経・〈倫・政経〉から１」から２　⑤⑥数(50×2)▶「数Ⅰ・数Ａ」必須，「数Ⅱ・数Ｂ」・簿・情から１　⑦⑧理(50×2)▶物基・化基・生基・地学基から2
[個別学力検査(900)]　3科目　①国(300)▶国総　②外(300)▶コミュ英Ⅱ・コミュ英Ⅲ・英表Ⅰ・英表Ⅱ　③数(300)▶数Ⅰ・数Ⅱ・数Ａ・数Ｂ

【学校教育学類】　[Ａ]　[共通テスト(400)]　8〜7科目　①国(100)　②外(50・英〈R25＋L25〉)▶英・独・仏・中・韓から１　③④地歴・公民(50×2)▶世Ｂ・日Ｂ・地理Ｂ・「現社・倫・政経・〈倫・政経〉から１」から２　⑤⑥数(50×2)▶「数Ⅰ・数Ａ」必須，「数Ⅱ・数Ｂ」・簿・情から１　⑦⑧理(50)▶「物基・化基・生基・地学基から２」・物・化・生・地学から１
[個別学力検査(600)]　3科目　①国(200)▶国総　②外(200)▶コミュ英Ⅱ・コミュ英Ⅲ・英表Ⅰ・英表Ⅱ　③数・理・総合問題(200)▶「数Ⅰ・数Ⅱ・数Ａ・数Ｂ」・「物基・物」・「化基・化」・「生基・生」・「地学基・地学」・総合問題から１
[Ｂ]　[共通テスト(400)]　8〜7科目　①国(100)　②外(50・英〈R25＋L25〉)▶英・独・仏・中・韓から１　③地歴・公民(50)▶世Ｂ・日Ｂ・地理Ｂ・現社・倫・政経・「倫・政経」から１　④⑤数(50×2)▶「数Ⅰ・数Ａ」必須，「数Ⅱ・数B」・簿・情から１　⑥⑦⑧理(50×2)▶「物基・化基・生基・地学基から２」・物・化・生・地学から２，ただし同一科目名を含む選択は不可
[個別学力検査(600)]　3科目　①外(200)▶コミュ英Ⅱ・コミュ英Ⅲ・英表Ⅰ・英表Ⅱ　②数(200)▶数Ⅰ・数Ⅱ・数Ａ・数Ｂ　③国・理・総合問題(200)▶国総・「物基・物」・「化基・化」・「生基・生」・「地学基・地学」・総合問題から１

【地域創造学類】　[共通テスト(400)]　8〜7科目　①国(50)　②外(30・英〈R15＋L15〉)▶英・独・仏・中・韓から1　③④数(25×2)▶「数Ⅰ・数Ａ」必須，「数Ⅱ・数Ｂ」・簿・情から1　⑤⑥⑦⑧「地歴・公民」・理(90×3)▶世Ａ・世Ｂ・日Ａ・日Ｂ・地理Ａ・地理Ｂ・現社・倫・政経・「倫・政経」から1または2，「物基・化基・生基・地学基から2」・物・化・生・地学から1または2，計3，ただし同一科目名を含む選択は不可
[個別学力検査(600)]　2科目　①国(国傾300・数傾100)▶国総　②外(200)▶コミュ英Ⅱ・コミュ英Ⅲ・英表Ⅰ・英表Ⅱ　③数(国傾100・数傾300)▶数Ⅰ・数Ⅱ・数Ａ・数Ｂ
※国語傾斜または数学傾斜を選択。

【国際学類】　[共通テスト(1000)]　8科目　①国(200)　②外(200・英〈R100＋L100〉)▶英・独・仏・中・韓から１　③④地歴・公民(150×2)▶世Ｂ・日Ｂ・地理Ｂ・「現社・倫・政経・〈倫・政経〉から１」から２　⑤⑥数(100×2)▶「数Ⅰ・数Ａ」必須，「数Ⅱ・数Ｂ」・簿・情から１　⑦⑧理(50×2)▶物基・化基・生基・地学基から２
[個別学力検査(1500)]　3科目　①国(500)▶国総　②外(500)▶コミュ英Ⅱ・コミュ英Ⅲ・英表Ⅰ・英表Ⅱ　③数・総合問題(500)▶「数Ⅰ・数Ⅱ・数Ａ・数Ｂ」・総合問題から１

理工学域

前期　【数物科学類】[共通テスト(900)]　7科目　①国(200)　②外(200・英〈R100＋L100〉)▶英・独・仏・中・韓から１　③地歴・公民(100)▶世Ｂ・日Ｂ・地理Ｂ・現社・倫・政経・「倫・政経」から１　④⑤数(100×2)▶「数Ⅰ・数Ａ」必須，「数Ⅱ・数Ｂ」・簿・情から１　⑥⑦理(100×2)▶物・化・生・地学から２
[個別学力検査(1350)]　3科目　①外(270)▶コミュ英Ⅱ・コミュ英Ⅲ・英表Ⅰ・英表Ⅱ　②数(600)▶数Ⅰ・数Ⅱ・数Ⅲ・数Ａ・数Ｂ　③理(480)▶「物基・物」・「化基・化」から１

【物質化学類】　[共通テスト(900)]　7科目　①国(200)　②外(200・英〈R100＋L100〉)▶英・独・仏・中・韓から１　③地歴・公民(100)▶世Ｂ・日Ｂ・地理Ｂ・現社・倫・政経・「倫・政

経」から１ ④⑤数(100×2)▶「数Ⅰ・数Ａ」必須,「数Ⅱ・数Ｂ」・簿・情から１ ⑥⑦理(100×2)▶物・化
［個別学力検査(1350)］ 3科目 ①外(450)▶コミュ英Ⅱ・コミュ英Ⅲ・英表Ⅰ・英表Ⅱ ②数(450)▶数Ⅰ・数Ⅱ・数Ⅲ・数Ａ・数Ｂ ③理(450)▶化基・化

【機械工学類・フロンティア工学類・電子情報通信学類】［３学類一括］［共通テスト(900)］ 7科目 ①国(200) ②外(200・英〈R100＋L100〉)▶英・独・仏・中・韓から１ ③地歴・公民(100)▶世Ｂ・日Ｂ・地理Ｂ・現社・倫・政経・「倫・政経」から１ ④⑤数(100×2)▶「数Ⅰ・数Ａ」必須,「数Ⅱ・数Ｂ」・簿・情から１ ⑥⑦理(100×2)▶物・化
［個別学力検査(1350)］ 3科目 ①外(400)▶コミュ英Ⅱ・コミュ英Ⅲ・英表Ⅰ・英表Ⅱ ②数(550)▶数Ⅰ・数Ⅱ・数Ⅲ・数Ａ・数Ｂ ③理(400)▶物基・物

【地球社会基盤学類】［共通テスト(900)］ 7科目 ①国(200) ②外(200・英〈R100＋L100〉)▶英・独・仏・中・韓から１ ③地歴・公民(100)▶世Ｂ・日Ｂ・地理Ｂ・現社・倫・政経・「倫・政経」から１ ④⑤数(100×2)▶「数Ⅰ・数Ａ」必須,「数Ⅱ・数Ｂ」・簿・情から１ ⑥⑦理(100×2)▶物必須,化・生・地学から１
［個別学力検査(1350)］ 3科目 ①外(450)▶コミュ英Ⅱ・コミュ英Ⅲ・英表Ⅰ・英表Ⅱ ②数(450)▶数Ⅰ・数Ⅱ・数Ⅲ・数Ａ・数Ｂ ③理(450)▶「物基・物」・「化基・化」・「生基・生」・「地学基・地学」から1

【生命理工学類】［共通テスト(900)］ 7科目 ①国(200) ②外(200・英〈R100＋L100〉)▶英・独・仏・中・韓から１ ③地歴・公民(100)▶世Ｂ・日Ｂ・地理Ｂ・現社・倫・政経・「倫・政経」から１ ④⑤数(100×2)▶「数Ⅰ・数Ａ」必須,「数Ⅱ・数Ｂ」・簿・情から１ ⑥⑦理(100×2)▶物・化・生から２
［個別学力検査(1350)］ 3科目 ①外(450)▶コミュ英Ⅱ・コミュ英Ⅲ・英表Ⅰ・英表Ⅱ ②数(450)▶数Ⅰ・数Ⅱ・数Ⅲ・数Ａ・数Ｂ ③理(450)▶「物基・物」・「化基・化」・「生基・生」から１

医薬保健学域

前期 【医学類】［共通テスト(450)］ 7科目 ①国(100) ②外(100・英〈R50＋L50〉)▶英・独・仏・中・韓から１ ③地歴・公民(50)▶世Ｂ・日Ｂ・地理Ｂ・「倫・政経」から１ ④⑤数(50×2)▶「数Ⅰ・数Ａ」必須,「数Ⅱ・数Ｂ」・簿・情から１ ⑥⑦理(50×2)▶物・化・生・地学から２
［個別学力検査(1050)］ 5科目 ①外(300)▶コミュ英Ⅱ・コミュ英Ⅲ・英表Ⅰ・英表Ⅱ ②数(300)▶数Ⅰ・数Ⅱ・数Ⅲ・数Ａ・数Ｂ ③④理(150×2)▶「物基・物」・「化基・化」 ⑤口述試験(150)

【薬学類・医薬科学類】［共通テスト(800)］ 7科目 ①国(100) ②外(200・英〈R100＋L100〉)▶英・独・仏・中・韓から１ ③地歴・公民(100)▶世Ｂ・日Ｂ・地理Ｂ・「倫・政経」から１ ④⑤数(100×2)▶「数Ⅰ・数Ａ」必須,「数Ⅱ・数Ｂ」・簿・情から１ ⑥⑦理(100×2)▶物・化
［個別学力検査(1200)］ 4科目 ①外(300)▶コミュ英Ⅱ・コミュ英Ⅲ・英表Ⅰ・英表Ⅱ ②数(300)▶数Ⅰ・数Ⅱ・数Ⅲ・数Ａ・数Ｂ ③④理(300×2)▶「物基・物」・「化基・化」

【保健学類〈看護学専攻・検査技術科学専攻・理学療法学専攻・作業療法学専攻〉】［共通テスト(900)］ 7科目 ①国(200) ②外(200・英〈R100＋L100〉)▶英・独・仏・中・韓から１ ③地歴・公民(100)▶世Ｂ・日Ｂ・地理Ｂ・「倫・政経」から１ ④⑤数(100×2)▶「数Ⅰ・数Ａ」必須,「数Ⅱ・数Ｂ」・簿・情から１ ⑥⑦理(100×2)▶物・化・生・地学から２
〈看護学専攻〉［個別学力検査(1400)］ 3科目 ①外(500)▶コミュ英Ⅱ・コミュ英Ⅲ・英表Ⅰ・英表Ⅱ ②数(400)▶数Ⅰ・数Ⅱ・数Ａ・数Ｂ ③理(500)▶「物基・物」・「化基・化」・「生基・生」から１
〈検査技術科学専攻〉［個別学力検査(1600)］ 4科目 ①外(400)▶コミュ英Ⅱ・コミュ英Ⅲ・英表Ⅰ・英表Ⅱ ②数(400)▶数Ⅰ・数Ⅱ・数Ⅲ・数Ａ・数Ｂ ③④理(400×2)▶「物基・物」・「化基・化」・「生基・生」から２
〈理学療法学専攻・作業療法学専攻〉［個別学

力検査(1500)] 3科目 ①外(500) ▶コミュ英Ⅱ・コミュ英Ⅲ・英表Ⅰ・英表Ⅱ ②③理(500×2) ▶「物基・物」・「化基・化」・「生基・生」から2
【保健学類〈診療放射線技術学専攻〉】 [共通テスト(700)] 7科目 ①国(50) ②外(200・英〈R100+L100〉) ▶英・独・仏・中・韓から1 ③地歴・公民(50) ▶世B・日B・地理B・「倫・政経」から1 ④⑤数(100×2) ▶「数Ⅰ・数A」必須, 「数Ⅱ・数B」・簿・情から1 ⑥⑦理(100×2) ▶物・化・生・地学から2
[個別学力検査(1100)] 3科目 ①外(300) ▶コミュ英Ⅱ・コミュ英Ⅲ・英表Ⅰ・英表Ⅱ ②数(400) ▶数Ⅰ・数Ⅱ・数Ⅲ・数A・数B ③理(400) ▶「物基・物」・「化基・化」から1

文系・理系一括

前期 【文系】[共通テスト(400)] 5〜3科目 ①外(R100+L100) ▶英 ②③④⑤国・地歴・公民・数・理(100×2) ▶国・「世B・日B・地理Bから1」・「現社・倫・政経・〈倫・政経〉から1」・「〈数Ⅰ・数A〉・〈数Ⅱ・数B〉」・「〈物基・化基・生基・地学基から2〉・物・化・生・地学から1」から2
[個別学力検査(600)] 2科目 ①外(200) ▶コミュ英Ⅱ・コミュ英Ⅲ・英表Ⅰ・英表Ⅱ ②総合問題(400)
【理系】[共通テスト(400)] 3科目 ①外(R100+L100) ▶英 ②③数(100×2) ▶「数Ⅰ・数A」・「数Ⅱ・数B」
[個別学力検査(600)] 1科目 ①理(600) ▶「物基・物」・「化基・化」から1

その他の選抜

KUGS特別入試(総合型選抜, 学校推薦型選抜, 英語総合選抜), 超然特別入試(A-lympiad選抜, 超然文学選抜), 薬学類・高大院接続入試(医薬保健学域・薬学類のみ), 社会人選抜, 帰国生徒選抜, 国際バカロレア入試, 私費外国人留学生入試。

偏差値データ (2023年度)

●一般選抜

学域／学類／専攻	2023年度 駿台予備学校 合格目標ライン	2023年度 河合塾 ボーダー得点率	2023年度 河合塾 ボーダー偏差値	'22年度 競争率
●前期				
▶融合				
先導(文系)	50	65%	52.5	1.8
(理系)	49	61%	52.5	2.8
観光デザイン(文系)	50	65%	52.5	2.3
(理系)	49	60%	52.5	2.8
スマート創成科(文系)	50	65%	52.5	新
(理系)	49	60%	52.5	新
▶人間社会学域				
人文	51	65%	55	1.7
法	52	66%	52.5	1.9
経済	51	65%	52.5	1.5
学校教育(A)	52	60%	52.5	2.8
(B)	52	60%	52.5	(同上)
地域創造	52	65%	52.5	2.0
国際	52	67%	55	3.1
▶理工学域				
数物科	50	62%	52.5	1.8
物質化	50	62%	52.5	1.8
理工3学類	49	60%	50	1.6
地球社会基盤	49	62%	52.5	2.4
生命理工	49	62%	52.5	2.2
▶医薬保健学域				
医	67	77%	65	2.4
薬	56	70%	57.5	3.6
医薬科	55	67%	55	2.3
保健／看護学	49	59%	50	1.6
／放射線技術科学	52	64%	52.5	4.9
／検査技術科学	52	64%	50	2.3
／理学療法学	52	60%	50	2.8
／作業療法学	52	60%	50	(同上)
▶文系一括				
	51	76%	55	1.5
▶理系一括				
	51	62%	57.5	2.5

● 駿台予備学校合格目標ラインは合格可能性80%に相当する駿台模試の偏差値です。
● 河合塾ボーダー得点率は合格可能性50%に相当する共通テストの得点率です。また, ボーダー偏差値は合格可能性50%に相当する河合塾全統模試の偏差値です。
● 競争率は受験者÷合格者の実質倍率
● 医薬保健学域医学類は2段階選抜を実施。

福井大学（ふくいだいがく）

資料請求

問合せ先　教育・工・国際地域学部 ☎0776-27-9927，医学部 ☎0776-61-8830

大学の理念

1873（明治６）年に創立した福井師範と，1923（大正12）年に福井高等工業学校として創立した福井工専および福井青師を包括して1949（昭和24）年に発足。その後，2003（平成15）年に福井医科大学と統合した。学生一人ひとりの力を最大限に引き出すきめ細やかな教育を行うとともに，グローバル化に対応し活躍できる人材の育成をめざしている。2022（令和４）年には学生就職率が国立大学の中で15年連続１位となっている。福井大学では，科学と技術に関する世界的水準での教育・研究を推進するとともに，高度専門職業人として地域および国際社会に貢献できる人材の育成を理念に掲げ，実践力に注力したきめ細やかな教育体制を整えることで学生の持つ潜在的能力を最大限に引き出し，実力を発揮できるための支援を行っている。

- 文京キャンパス……〒910-8507　福井県福井市文京3-9-1
- 松岡キャンパス……〒910-1193　福井県吉田郡永平寺町松岡下合月23-3
- 敦賀キャンパス……〒914-0055　福井県敦賀市鉄輪町1-3-33

基本データ

学生数▶3,978名（男2,696名，女1,282名）
専任教員数▶教授178名，准教授152名，講師72名
設置学部▶教育，医，工，国際地域
併設教育機関▶大学院―医学系・工学（以上M・D），連合教職開発・国際地域マネジメント（以上P）

就職・卒業後の進路

就職率 98.3%
就職者÷希望者×100

●**就職支援**　学生にとって満足度の高い就職を実現させるべく，全学的なキャリア支援体制を整備。キャリアセンターおよびキャリア支援課が，年間50回以上の就職ガイダンス，学内企業説明会，OB・OG参加業界企業研究会の開催，オリジナル就活手帳の発行，常駐するカウンセラーによる就職相談や面接練習など，学生全体をサポート，個別の進路相談や学生一人ひとりへの指導支援は各学部の就職担当教員が対応しており，教職連携した就職指導支援を行っている。また，教員採用試験や公務員試験などの各種対策講座も開講。

進路指導者も必見 学生を伸ばす 面倒見

初年次教育	学修サポート
自校教育，学問に対する動機づけ，レポート・論文の書き方，プレゼン技法，論理的思考や問題発見・解決能力の向上を図る「大学教育入門セミナー」「情報処理基礎」などを開講，工学部では数学や物理の補完学習も実施	TA制度（医学科を除く），SA制度（医学部を除く），オフィスアワー制度を導入。また，学生約10人に１人の教員アドバイザーがつき，学生の履修や学修の支援をしている

オープンキャンパス（2022年度実績）　８月に文京・松岡の両キャンパスでオープンキャンパスを開催（事前申込制）。学部・学科紹介，研究室紹介，体験授業，質疑応答など。別日程でオンライン交流会も実施。

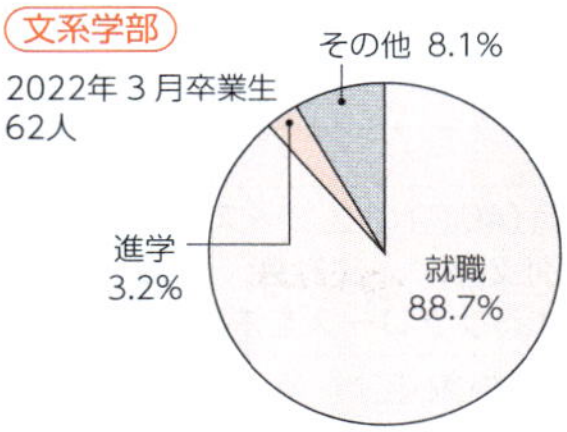

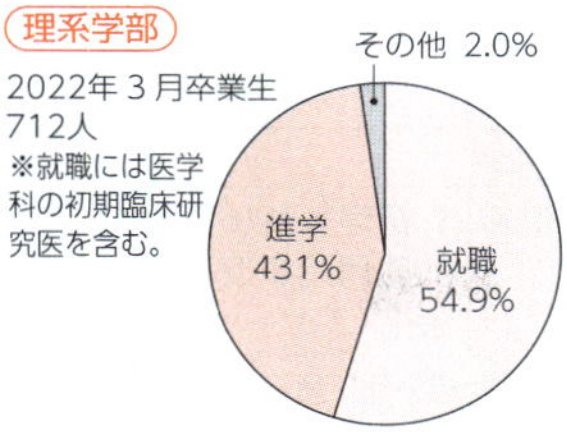

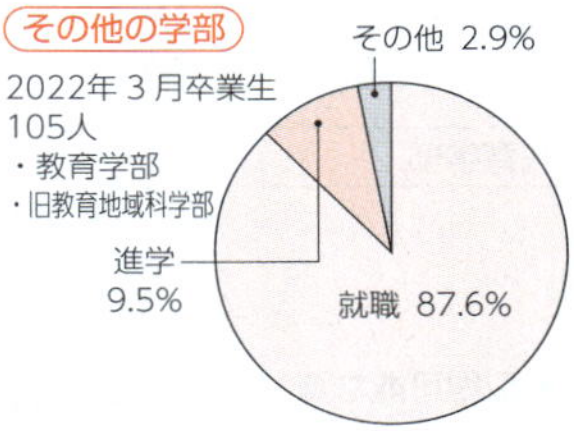

主なOB・OG▶［工］深澤義彦（鳥取市長），［工］土田ヒロミ（写真家），［教育］東洋一（古生物学者），［工］藤永賢一（ゲンキー社長）など。

国際化・留学　大学間 97 大学等・部局間 71 大学等

受入れ留学生数▶54名（2022年5月1日現在）
留学生の出身国・地域▶マレーシア，中国，韓国，カンボジア，台湾など。
外国人専任教員▶教授２名，准教授10名，講師４名（2022年５月１日現在）
外国人専任教員の出身国▶中国，アメリカ，フィリピンなど。
大学間交流協定▶97大学・機関（交換留学先87大学，2022年５月１日現在）
部局間交流協定▶71大学・機関（交換留学先36大学，2022年５月１日現在）
海外への留学生数▶渡航型12名・オンライン型36名／年（17カ国・地域，2021年度）
海外留学制度▶学術交流協定校やUMAP加盟大学への半年～１年間の交換留学では，授業料不徴収で専門科目の履修や課外活動への参加により幅広い知識や多角的な経験を得られる。１週間～３カ月程度の「短期海外研修プログラム」も年間50本程度実施しており，目的や関心，外国語や専門分野の学習段階，将来設計等に合わせて適切な時期に最適なプログラムを選択できるよう，レベル・内容別に分類・体系化して提供している。事前オリエンテーションや奨学金制度など支援も充実。

学費・奨学金制度　給付型奨学金総額 年間 80 万円

入学金▶282,000円
年間授業料（施設費等を除く）▶535,800円
年間奨学金総額▶800,000円
年間奨学金受給者数▶６人
主な奨学金制度▶入試前に申請し，合格し入学した場合30万円を給付する「福井大学基金予約型奨学金」，医学部医学科へ進学を希望し入学した者や在学生の経済支援を目的とした医学部同窓会白翁会の「國重奨学給付金（入学支援金予約型・修学支援金）」のほか，「福井大学生協奨学金」「修学支援奨学金」などを設置。

保護者向けインフォメーション

● **成績確認**　成績表を保護者に郵送している。
● **広報誌**　「保護者のための就職活動ガイドブック」を発行している。
● **防災対策**　「災害時対応マニュアル」を学生ポータルにて配信。被災した際の学生の安否は，安否確認システムを利用して確認する。
● **コロナ対策１**　ワクチンの職域接種を実施。感染状況に応じた学生のBCP（行動指針）を設定。「コロナ対策２」（下段）あり。

インターンシップ科目	必修専門ゼミ	卒業論文	GPA制度の導入の有無および活用例	１年以内の退学率	標準年限での卒業率
共通教育，工・国際地域学部で開講している	医学部（１年次）と教育学部特別支援サブコースで実施	医学部医学科を除き卒業要件	全学部で奨学金や授業料免除対象者の選定基準，留学候補者の選考，学生に対する個別の学修指導，履修上限単位数の設定に活用	1.75%（医学部）0.8%（上記外）	85.1% 看96.9% 医92.7%

● コロナ対策２　講義室の収容人数の調整し，換気や検温・消毒を徹底。オンライン授業を併用し，状況に応じてPC貸与や端末室を開放。経済支援として奨学金給付や授業料免除，学生総合相談室が対面・オンライン面談を実施。

学部紹介

学部／学科・課程	定員	特色
教育学部		
学校教育	100	▷初等教育(60名)，中等教育(40名)の２コース制。２年次前期開始までに小学校，特別支援，人文社会，理数・生活，芸術・スポーツの中から所属するサブコースを決定する。
●取得可能な資格…教職(国・地歴・公・社・数・理・音・美・工芸・保体・保健・技・家・工業・英，小一種，幼一種，特別支援)，司書教諭など。 ●進路状況…………就職87.6%　進学9.5%（旧教育地域科学部実績を含む） ●主な就職先………福井県公立学校教員，各種公務員など。		
医学部		
医	110	▷臨床を見据えた効果的なカリキュラムを編成。多職種と連携し行動する力や奉仕の精神を育む。
看護	60	▷多様化するニーズに応える専門的な看護力と実践力を修得。
●取得可能な資格…医師・看護師・保健師・助産師受験資格など。 ●進路状況…………[医]初期臨床研修医96.3%　[看護]就職95.2%　進学4.8% ●主な就職先………福井大学医学部附属病院，福井赤十字病院，京都大学医学部附属病院など。		
工学部		
機械・システム工	155	▷機械工学を中心にエネルギー，材料物性，ロボット，計算機など幅広い分野の知識を身につける。ロボティクス，機械工学，原子力安全工学の３コースを設定。
電気電子情報工	125	▷「電気・通信設備，情報セキュリティ技術」「デバイス技術や制御・伝送システム」などを体系的に学ぶ。電子物性工学，電気通信システム工学，情報工学の３コース制。
建築・都市環境工	60	▷地球環境や社会情勢の変化による新たなニーズに対応した教育・研究を進める。建築学，都市環境工学の２コース制。
物質・生命化	135	▷化学を中心として，材料系と生物系を融合した広い視野と確かな専門性を身につける。繊維・機能性材料工学，物質化学，バイオ・応用医工学の３コース制。
応用物理	50	▷物理学を基盤とし工学的実践応用教育を実施。基礎科学を工業技術に展開できる技術者を育成する。
●取得可能な資格…教職(理・工業)，測量士補，１・２級建築士受験資格など。 ●進路状況…………就職42.2%　進学56.0% ●主な就職先………バッファロー，三菱電機，関西電力，日本原子力発電，トヨタ車体，SUBARU，住友理工，セーレン，中日本ハイウェイ・エンジニアリング名古屋など。		
国際地域学部		
国際地域	60	▷地域や国際社会の抱える複雑な課題を探究し，課題解決のための実践的・総合的な能力を身につける。１年次終了時に地域創生とグローバルの２つのアプローチから１つを選択。グローバルでは半年または１年の留学を必修とする。
●進路状況…………就職88.7%　進学3.2% ●主な就職先………福井村田製作所，福井銀行，福井新聞社，各種公務員など。		

▶キャンパス

教育・工・国際地域……[文京キャンパス]　福井県福井市文京3-9-1
医……[松岡キャンパス]　福井県吉田郡永平寺町松岡下合月23-3
工(機械・システム工学科原子力安全工学コース)…[敦賀キャンパス]　福井県敦賀市鉄輪町1-3-33

キャンパスアクセス [文京キャンパス]　JR北陸本線一福井よりバス約10分／えちぜん鉄道三国芦原線一福大前西福井

2023年度入試要項(前年度実績)

●募集人員

学部／学科・課程(コース)		前期	後期
教育	学校教育(初等教育)〔文系型〕	13	統合型 9
	〔理系型〕	11	
	〔実技型(音楽)〕	2	
	〔実技型(体育)〕	2	
	(中等教育)〔文系型〕	8	統合型 4
	〔理系型〕	8	
	〔実技型(音楽)〕	1	
	〔実技型(体育)〕	3	
医	医	55	25
	看護	30	5
工	機械・システム工	75	65
	電気電子情報工	68	42
	建築・都市環境工	30	17
	物質・生命化	75	40
	応用物理	18	27
国際地域	国際地域	30	12

●２段階選抜

医学部医学科の志願者数が募集人員の前期約５倍，後期約７倍を超えた場合に行うことがある。

試験科目

デジタルブック

偏差値データ(2023年度)

●一般選抜

学部／学科・課程／選抜区分	2023年度 駿台予備学校 合格目標ライン	2023年度 河合塾 ボーダー得点率	2023年度 河合塾 ボーダー偏差値	'22年度 競争率
●前期				
教育学部				
学校教育／初等・文系型	48	55%	50	2.2
／中等・文系型	49	55%	50	
／初等・理系型	47	50%	50	2.4
／中等・理系型	48	50%	50	
／初等・実技型(音楽)	43	50%	—	1.0
／中等・実技型(音楽)	44	50%	—	
／初等・実技型(体育)	43	50%	—	6.3
／中等・実技型(体育)	44	50%	—	
医学部				
医	62	76%	62.5	4.0
看護	47	57%	—	2.6
工学部				
機械・システム工	43	55%	45	1.8
電気電子情報工	43	56%	47.5	2.1
建築・都市環境工	45	57%	50	3.1
物質・生命化	44	53%	45	1.4
応用物理	43	53%	45	1.0
国際地域学部				
国際地域	50	59%	50	2.1
●後期				
教育学部				
学校教育／初等・統合型	50	62%	—	7.6
／中等・統合型	50	62%	—	
医学部				
医	63	83%	—	1.8
看護	48	62%	—	4.5
工学部				
機械・システム工	45	60%	47.5	1.8
電気電子情報工	45	63%	50	2.5
建築・都市環境工	47	65%	50	2.5
物質・生命化	46	59%	47.5	1.2
応用物理	45	59%	47.5	1.0
国際地域学部				
国際地域	52	76%	—	2.1

- 駿台予備学校合格目標ラインは合格可能性80％に相当する駿台模試の偏差値です。
- 河合塾ボーダー得点率は合格可能性50％に相当する共通テストの得点率です。また，ボーダー偏差値は合格可能性50％に相当する河合塾全統模試の偏差値です。
- 競争率は受験者÷合格者の実質倍率
- 医学部医学科の前期・後期は２段階選抜を実施。

山梨大学（やまなし）

UNIVERSITY OF YAMANASHI

資料請求

問合せ先 入試課　☎055-220-8046

大学の理念

山梨高等工業学校のほか，山梨師範，青師を包括して1949（昭和24）年に大学となる。2002（平成14）年10月に山梨医科大学と統合。「地域の中核，世界の人材」をキャッチフレーズに，次世代の自動車に使用される燃料電池などのクリーンエネルギー研究や発生工学研究をはじめとする医工農融合研究，地域の産業を生かし，原料ブドウからワイン醸造まで一貫した教育・研究を行うワイン科学研究など，特色ある世界水準の教育・研究プロジェクトを行っている。また，山梨県立大学と共同で設立した「一般社団法人アライアンスやまなし」は全国初の「大学連携推進法人」に認定されており，132科目の連携開設科目を開講するほか，就職支援事業の共同実施や教養セミナーの相互開放を行うなど，さらなる「教育の質」向上を推進している。

- 甲府キャンパス………〒400-8510　山梨県甲府市武田4-4-37
- 医学部キャンパス……〒400-3898　山梨県中央市下河東1110

基本データ

学生数▶3,793名（男2,589名，女1,204名）
専任教員数▶教授190名，准教授181名，専任講師53名

設置学部▶教育，医，工，生命環境
併設教育機関▶大学院―医工農学総合教育部（M・D），教育学（P）

就職・卒業後の進路

就職率 97.9%（就職者÷希望者×100）

● **就職支援**　各学部にコース・学科ごとの就職（進路）担当教員が配置され，学生のさまざまな支援に対応している。甲府キャンパスに設置されたキャリアセンターでは，就職に関する情報を提供するほか，面接対策講座，マナー講習会，学生一人ひとりの希望に応じた「企業就職ガイダンス」や「教員採用試験ガイダンス」，合同企業説明会，インターンシップのマッチング支援などを実施しており，これらの各種イベント開催については，大学独自のシステム「YINS-CNS」で確認できる。また，「キャリアアドバイザー制度」を設け，経験豊かなスタッフが一対一での助言・指導を行う，きめ細やかなサポートを行っている。

進路指導者も必見 学生を伸ばす 面倒見

初年次教育	学修サポート
「基礎ゼミ」「学部入門ゼミ」「共生科学入門」「データサイエンス入門」「情報科学入門及び実習」を開講するほか，医学科では倫理観とモチベーションの向上を目的に早期臨床現場体験実習や市中病院医師による事前学習を実施	全学部でTA制度，オフィスアワー制度，教員1人が学生約20人を担当する教員アドバイザー制度，全学共通科目ではSA制度を導入。また，学習面における個別指導や相談に応じる「学生サポートセンター」や工学部の「共創学習室フィロス」を設置

オープンキャンパス（2022年度実績）　8月にオープンキャンパスを開催。学科紹介や入試説明のほか，個別相談，パネル展示，ミニ実験，研究室紹介などさまざまなプログラムを展開。

理系学部

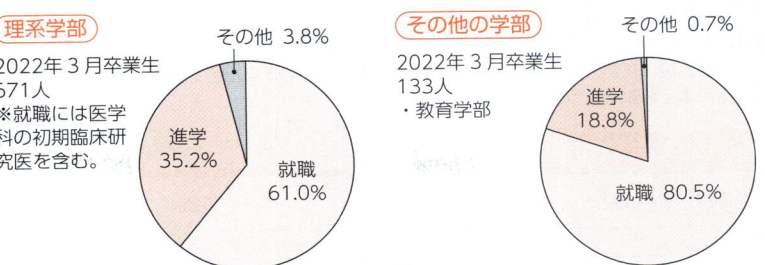

2022年３月卒業生
671人
※就職には医学科の初期臨床研究医を含む。

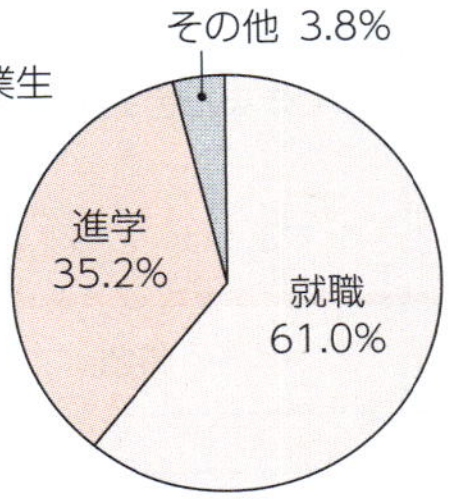

その他の学部

2022年３月卒業生
133人
・教育学部

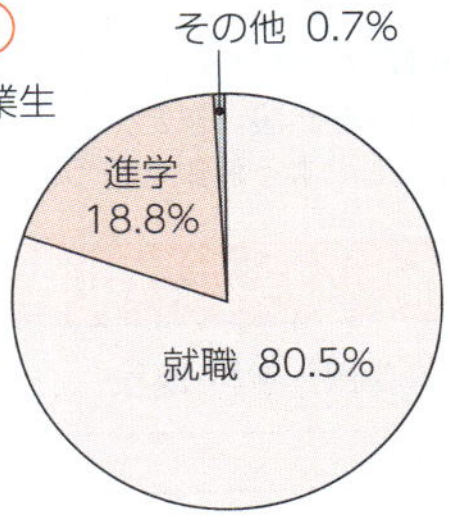

主なOB・OG▶［旧学芸］大村智（科学者，ノーベル生理学・医学賞受賞者），［工］石黒浩（ロボット工学者，大阪大学特別教授）など。

国際化・留学　大学間 46 大学等・部局間 23 大学等

受入れ留学生数▶88名（2022年５月１日現在）

留学生の出身国▶中国，マレーシア，ベトナム，韓国，モンゴルなど。

外国人専任教員▶教授４名，准教授６名（2022年５月１日現在）

外国人専任教員の出身国▶中国，韓国，アメリカなど。

大学間交流協定▶46大学・機関（交換留学先９大学，2022年５月１日現在）

部局間交流協定▶23大学・機関（交換留学先１大学，2022年５月１日現在）

海外への留学生数▶オンライン型21名／年（４カ国・地域，2021年度実績）

海外留学制度▶交流協定校への「交換留学制度」（原則として１年間）を実施している。留学先での取得単位を本学単位として振り替えられる制度もある。また，夏季・春季休暇中には，語学・文化研修プログラム（ブリティッシュ・コロンビア大学，レスター大学），語学・文化研修に海外インターンシップが組み合わされたプログラム（ケンタッキー大学，中杭州電子科技大学）などを実施。コンソーシアムはOENOVITI INTERNATIONAL（国際ブドウ・ワイン科学）に参加している。

学費・奨学金制度　給付型奨学金総額 年間約 902 万円

入学金▶282,000円

年間授業料（施設費等を除く）▶535,800円

年間奨学金総額▶9,016,650円

年間奨学金受給者▶36人

主な奨学金制度▶優秀な成績で合格した新入生に30万円を給付する「山梨大学大村智記念基金奨学金」や，修学支援事業経済的支援奨学金などを設置。また，学費減免制度があり，2021年度には140人を対象に総額で約2,872万円を減免している。

保護者向けインフォメーション

● **成績確認**　成績表および履修科目と単位数の情報を保護者に郵送している。

● **後援会**　各学部で後援会を組織し，総会を開催。医学部では後援会だよりを発行。

● **防災対策**　学生が被災した際は，安否確認システムからアプリおよびメールを利用。

● **コロナ対策１**　ワクチンの職域接種を実施。感染状況に応じた６段階のBCP（行動指針）を設定。「コロナ対策２」（下段）あり。

インターンシップ科目	必修専門ゼミ	卒業論文	GPA制度の導入の有無および活用例	１年以内の退学率	標準年限での卒業率
教育・工・生命環境学部で開講している	全学部で実施。ただし，開講年次は学部により異なる	医学部医学科を除く全学部で卒業要件	学業成績優秀者表彰，履修上限単位数の設定のほか，一部の学部で奨学金等対象者の選定や進級判定の基準，個別の学修指導などに活用	0.4%	86.0%（４年制）80.0%（６年制）

● **コロナ対策２**　講義室の消毒や収容人数を調整。また，オンライン授業を併用し，24時間オープン端末室を開放。さらに，学生緊急給付金，モバイル通信環境改善補助，実習等参加者のPCR検査費用の一部負担などを実施。

2024年度学部改組構想（予定）

● 工学部改組を構想中。現行の７学科から１ 学科（工学科）複数コースへ再編し，クリーンエネルギー化学コースを新設。また，入学後に専門分野を決めることのできる総合工学枠を導入。新たに，学校推薦型選抜Ⅰによる募集を行う。

学部紹介（2023年２月現在）

学部／学科・課程	定員	特色
教育学部		
学校教育	120	▷現代的ニーズに応え得る実践力と指導力を持つ教員を養成する。教育，人文，社会，科学，芸術，スポーツなどの諸学問を専門とする多彩な教員を揃え，21世紀を生きる人間の発達を視野に入れた，人間性と教育文化への洞察力を培う教育を実現。教員と各学年の学生の比は1対1.3であり，きめ細かな少人数教育を行っている。〈幼小発達教育コース13名，障害児教育コース18名，言語教育コース13名，生活社会教育コース20名，科学教育コース26名，芸術身体教育コース18名，山梨県小学校教員養成特別教育プログラム12名〉の６コース１プログラム制。
● 取得可能な資格…教職（国・地歴・公・社・数・理・音・美・書・保体・技・家・工業・英，小一種，幼一種，特別支援），司書教諭，学芸員など。 ● 進路状況…………就職80.5%　進学18.8% ● 主な就職先………教員（山梨県小学校・中学校・特別支援学校・幼稚園，長野県小学校），山梨県庁，甲府市役所，山梨県学校事務職員など。		
医学部		
医	125	▷現代医療に貢献できる医療人，国際的に活躍できる優れた研究者を養成する。また，医学研究に興味を持つ学生を対象として「ライフサイエンスコース」を設置。基礎，臨床併せて10数講座の協力のもと研究方法論の基礎から，研究倫理，実験，学会発表，論文執筆まで一連のプロセスを体験することで研究者の芽を育てる。
看護	60	▷看護の高度な専門知識を修得し，深い人間愛と広い視野をもつ人間性豊かな看護専門職を育成。附属病院をはじめとする特定機能病院の高度実践から地域医療を支える施設や在宅療養での実習を通して，多様な場で求められるこれからの看護職に必要な知識と技術を身につける。
● 取得可能な資格…教職（養護二種），医師・看護師・保健師・助産師受験資格など。 ● 進路状況…………［医］初期臨床研修医93.0%　就職0.9%　進学1.8% ［看護］就職96.9%　進学1.6% ● 主な就職先………山梨大学医学部付属病院，山梨県立中央病院，甲府共立病院，市立甲府病院，JR東京総合病院，東京医科歯科大学病院など（研修医を含む）。		
工学部		
		▶基礎科目を中心に自主的な学びをサポートする共創学習支援室「フィロス」，１年次から先端的研究に触れられるプロジェクト型の演習「キャリアハウス」，ものづくり教育実践センターを利用した「PBLものづくり実践ゼミ」など，自主的，意欲的な学びを応援する教育プログラムを多数用意。

 キャンパスアクセス ［甲府キャンパス］ JR中央本線―甲府よりバス約５分または徒歩約15分

機械工	55	▷機械工学の基盤知識やものづくり技術に加え，航空宇宙，自動車，医療・福祉，動力エネルギー，ロボットなどの先端技術を学ぶ。
メカトロニクス工	55	▷機械，電気，情報の学問領域を横断的に学び，その融合知識・技術システムを利用・活用できる技術者を養成する。
電気電子工	55	▷最先端の電子材料，素子，機器は人々の生活を便利で快適にするだけではなく，人と環境の調和を考え，電気電子技術の継続的発展を支える知識・技術を学ぶ。
コンピュータ理工	55	▷プログラミング，ハードウェアとソフトウェア，ネットワーク技術などの基盤技術から感性情報処理，人工知能，組込みシステム，データサイエンスまで，現代社会の中枢を支える情報科学技術を学ぶ。
土木環境工	55	▷環境と調和した社会基盤，災害に強く安全で快適なまちづくり，さらに生活環境の充実，自然環境の保全など，持続可能な社会の構築に貢献できるエンジニアを養成。
応用化	55	▷次世代の新素材，エネルギー，環境関連分野の発展に貢献できる人材を育成。協力関係にあるクリーンエネルギー研究センターでは燃料電池や太陽エネルギー変換に関する高度な専門教育が受けられる。
先端材料理工	35	▷ハイテク機器に欠かせない先端材料を開発できる能力を養うとともに，実験や演習を通じて自らを鍛錬し，科学技術，社会が変化しても持続的な就業能力を持った人材を育成。

- **取得可能な資格**…教職（数・理・情・工業），測量士補など。
- **進路状況**…………就職45.0%　進学51.3%
- **主な就職先**………山梨県庁，東海旅客鉄道，セイコーエプソン，NECプラットフォームズ，東芝キヤリア，スズキ，メイテック，鈴与建設，東京エレクトロン，アルプス技研など。

生命環境学部

		▶大学で専門研究を進めるための基礎力を養う必修科目「生命環境基礎ゼミ」を１年次前期に開講。少人数のグループごとに研究テーマの設定，調査・実験・文献の収集調査，結果の分析，考察までを半年にわたり作業し，プレゼンテーション大会でその成果を発表する。
生命工	40	▷充実した実験実習により，実践的な知識と技術を修得し，高い創造力を持って未来のバイオ産業を担う人材を養成。また，医学・薬学の基礎知識にデータサイエンスのスキルを身につけた生命科学系専門職業人を養成する「バイオ・メディカルデータサイエンス特別コース（10名）」を設置。コースへの配属は希望や成績等に基づき，２年次進級時に実施。
地域食物科	37	▷資源・環境などの多角的な視点から安全な農作物の生産・食品製造に取り組める人材を養成する。教育モデルとして「ワイン科学特別コース（13名）」を設置。
環境科	30	▷生物資源の持続的生産を支える土壌・水・大気の保全，ならびに生物生産の現場と周囲の生態系との調和を通じて，持続可能な社会の形成に貢献。
地域社会システム	48	▷経済・経営・政治・法律などの社会学系の専門知識を学び，地域社会の発展をマネジメントする。「観光政策科学特別コース（13名）」を設置。

- 進路状況…………就職57.5％　進学37.7％
- 主な就職先………山梨県庁，山梨中央銀行，YSKe-com，シャトレーゼ，富士吉田市役所，東海旅客鉄道，甲斐市役所，ジインズ，浅田レディースクリニック，フォネットなど。

キャンパス

教育・工・生命環境……［甲府キャンパス］山梨県甲府市武田4-4-37
医……［医学部キャンパス］山梨県中央市下河東1110

2023年度入試要項（前年度実績）

募集人員

学部／学科・課程（コース）		前期	後期
教育	学校教育（幼少発達教育）	8	3
	（障害児教育）	10	4
	（言語教育）	7	2
	（生活社会教育）	11	3
	（科学教育）	14	4
	（芸術身体教育）	6	4
医	医	—	90
	看護	30	5
工	機械工	40	8
	メカトロニクス工	39	7
	電気電子工	41	5
	コンピュータ理工	30	5
	土木環境工	39	7
	応用化	26	5
	先端材料理工	27	6
生命環境	生命工	32	5
	地域食物科	30	5
	環境科	22	5
	地域社会システム	40	5

※教育学部学校教育課程の山梨県小学校教員養成特別教育プログラムは学校推薦型選抜で募集。
※生命環境学部のワイン科学特別コースの募集人員13名は地域食物科学科，観光政策科学特別コースの募集人員13名は地域社会システム学科の前期に含まれる。
※医学部医学科は後期のみ実施。

2段階選抜

医学部医学科で，入学志願者が募集人員の約10倍を超えた場合に共通テストにより実施。

試験科目

デジタルブック ≫

偏差値データ（2023年度）

一般選抜

学部／学科・課程／コース	2023年度 駿台予備学校 合格目標ライン	2023年度 河合塾 ボーダー得点率	2023年度 河合塾 ボーダー偏差値	'22年度 競争率
●前期				
教育学部				
学校教育／幼少発達教育	49	56％	47.5	2.5
／障害児教育	46	55％	45	2.9
／言語教育	47	61％	50	1.8
／生活社会教育	47	60％	45	1.5
／科学教育	48	57％	47.5	2.2
／芸術身体教育	45	50％	—	2.3
医学部				
看護	45	59％	—	1.1
工学部				
機械工	43	56％	45	2.2
メカトロニクス工	43	55％	45	1.9
電気電子工	43	55％	42.5	1.6
コンピュータ理工	44	60％	47.5	1.7
土木環境工	43	55％	45	1.4
応用化	43	57％	45	1.6
先端材料理工	44	53％	45	1.6
生命環境学部				
生命工	45	58％	—	1.7
地域食物科	45	57％	—	1.2
ワイン科学特別コース	46	59％	—	1.5
環境科	45	58％	—	1.3
地域社会システム	45	60％	—	1.7
観光政策科学特別コース	45	60％	—	2.9
●後期				
教育学部				
学校教育／幼少発達教育	49	71％	—	11.7
／障害児教育	46	63％	—	6.5
／言語教育	48	69％	—	4.0
／生活社会教育	47	68％	—	2.0
／科学教育	48	60％	—	4.5
／芸術身体教育	45	60％	—	4.5

▶医学部				
医	67	86%	70	2.5
看護	46	65%	—	1.3
▶工学部				
機械工	45	62%	—	3.8
メカトロニクス工	45	61%	—	2.2
電気電子工	45	63%	—	2.6
コンピュータ理工	46	65%	—	3.0
土木環境工	45	62%	—	1.4
応用化	45	64%	—	2.4
先端材料理工	46	61%	—	4.4
▶生命環境学部				
生命工	46	69%	—	4.2
地域食物科	46	63%	—	2.4
環境科	46	63%	—	2.6
地域社会システム	46	66%	—	4.2

- 駿台予備学校合格目標ラインは合格可能性80%に相当する駿台模試の偏差値です。
- 河合塾ボーダー得点率は合格可能性50%に相当する共通テストの得点率です。また，ボーダー偏差値は合格可能性50%に相当する河合塾全統模試の偏差値です。
- 競争率は受験者÷合格者の実質倍率
- 医学部医学科の後期は２段階選抜を実施。

MEMO

信州大学（しんしゅうだいがく）

資料請求

問合せ先 学務部入試課 ☎0263-37-3450

● キャンパス情報はP.1358をご覧ください。

大学の理念

松本高校，上田繊維専，松本医専，松本医大，長野工専，長野県立農専，長野師範・青師を統合し，1949（昭和24）年に開学した。自然環境および信州の歴史・文化・伝統を大切にし，人にやさしい社会をめざす。さらに総合大学として世界に通じる教育・研究を行い，自ら創造できる人材を育成し，地域・社会の発展に貢献する。先鋭領域融合研究群を中心に世界的な教育研究と研究拠点としての活動を行う。全学部の１年次（医学部医学科は２年次まで）においては松本キャンパスの全学教育機構に集い，共通教育科目を受講し，全学の教育力を結集して幅広い教養と基礎的能力を獲得するとともに，高度専門職業人の養成をめざしている。学生には，大学での学びの誇りと自信を胸に，グローバルな活躍を期待している。

基本データ

学生数 ▶ 8,804名（男5,782名，女3,022名）
専任教員数 ▶ 教授334名，准教授281名，講師80名
設置学部 ▶ 人文，教育，経法，理，医，工，農，繊維
併設教育機関 ▶ 大学院―総合人文社会科学・医学系・総合理工学（以上M），教育学（P），総合医理工学（D）

就職・卒業後の進路

就職率 **95.1**％
就職者÷希望者×100

● **就職支援**　松本キャンパスにキャリア教育・サポートセンターを設置し，就職活動支援とキャリア教育の充実を図っている。就職活動の各段階での悩みや不安には各キャンパスのキャリアコンサルタントが個別にサポート，履歴書・エントリーシートの添削，面接対策などにも対応している。学内で企業セミナー・合同企業説明会を開催するほか，就活マナー基礎講座やディスカッション対策講座など，学生の声および社会・経済状況により変わる企業の採用計画・動向を反映した就職ガイダンスを実施している。

● **資格取得支援**　大学生協が総合サポートする公務員試験の専門講座が用意されている。

進路指導者も必見 学生を伸ばす 面倒見

初年次教育	学修サポート
「学術リテラシー」「新入生ゼミナール」でレポート・論文の書き方，プレゼン技法，論理的思考や問題発見・解決能力の向上を図るほか，人文学部ではアクティブラーニングを実施。また，医学部ではチーム医療を見据えた「合同新入生ゼミナール」を開講	TA制度，オフィスアワー制度（繊維を除く）のほか，理・工・農でSA制度，教育・理・医（医）・農で教員アドバイザー制度を導入。日本語文書作成を支援するライティングアドバイザーや，学習相談ができるラーニングアドバイザー，サイエンスラウンジを設置

オープンキャンパス（2022年度実績） 7・8月に「ミニOPEN CAMPUS in 松本」，7・8・10月にかけて各学部単位で行うオープンキャンパスを開催。いずれも対面式またはオンラインで実施（事前申込制）。

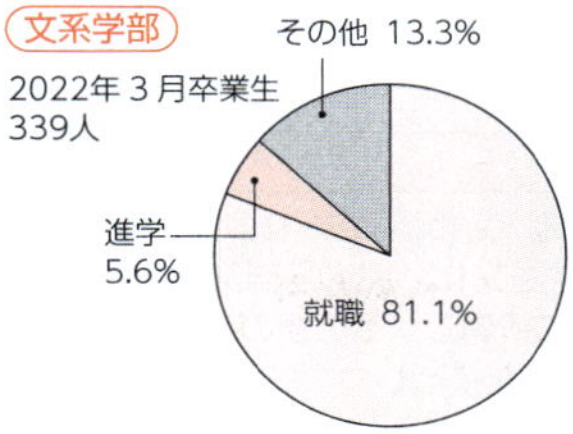

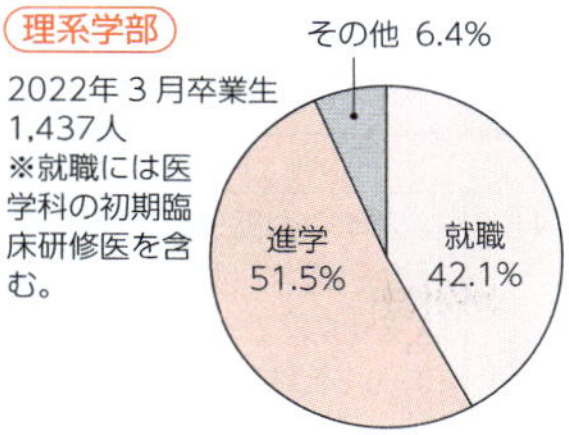

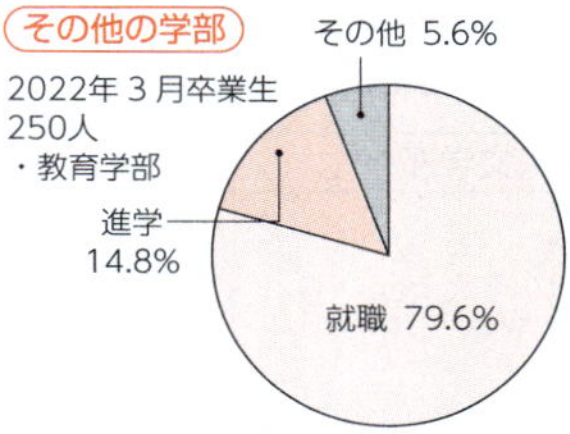

主なOB・OG▶［医］菅谷昭（松本大学学長），［人文］猪瀬直樹（作家），［農］宮崎吾朗（アニメーション映画監督），［旧経済］佐藤二朗（俳優）［教育］小平奈緒（アスリート）など。

国際化・留学　大学間 **119** 大学・部局間 **95** 大学等

受入れ留学生数▶147名(2022年5月1日現在)
留学生の出身国▶中国，韓国，ベトナム，モンゴル，マレーシア，タイなど。
外国人専任教員▶教授12名，准教授10名，講師３名（2022年９月１日現在）
外国人専任教員の出身国▶中国，韓国，イギリス，アメリカ，オーストラリアなど。
大学間交流協定▶119大学（交換留学先97大学，2022年9月15日現在）
部局間交流協定▶95大学・機関（交換留学先63大学，2022年9月15日現在）
海外への留学生数▶渡航型９名・オンライン型76名／年（11カ国・地域，2021年度）
海外留学制度▶「国際化推進プラン」に基づき，グローバル人材育成のためのさまざまな取り組みを実施。留学疑似体験として国内で実施する「イングリッシュキャンプ」，各種短期海外研修・協定校短期プログラム（数週間～２カ月程度），協定締結校への交換留学（最長１年間）など，個人の関心，ニーズに応じて選択できる。オンライン海外研修も企画・実施している。

学費・奨学金制度　給付型奨学金総額 年間 **445** 万円

入学金▶282,000円
年間授業料（施設費等を除く）▶535,800円
年間奨学金総額▶4,450,000円
年間奨学金受給者数▶23人
主な奨学金制度▶入学前に入学時に必要な学資の一部を奨学金として給付する「信州大学入学サポート奨学金」（１回限り40万円）などがある。また，学費減免制度があり，2021年度には917人を対象に総額で約1億4,879万円を減免している。

保護者向けインフォメーション

●**成績確認**　成績表（経法は成績不振学生のみ），履修科目と単位数の情報（教育・理・医・農・繊維），卒業要件（理）を保護者に郵送。
●**保護者会**　保護者説明会（教育・理），父母会総会（医学科），後援会総会（工・農）を開催。尚学会報（教育），後援会会報（工・農）も発行。
●**防災対策**　「安全の手引」「学生生活案内」を配布し，HPにも掲載。学生が被災した際の安否確認は，大学独自の「出席確認システム」およびメール，電話などを利用する。
●**コロナ対策１**　ワクチンの職域接種を実施。感染状況に応じた５段階のBCP（行動指針）を設定。「コロナ対策２」（下段）あり。

インターンシップ科目	必修専門ゼミ	卒業論文	GPA制度の導入の有無および活用例	１年以内の退学率	標準年限での卒業率
人文・教育・医学部を除き開講している	教育2・3年次，経法2年次，理・医（保）4年次，工1年次，農3・4年次，繊維3年次に実施	経法・医学部（医）を除き卒業要件	経法学部で専門科目の演習・実習等の選抜およびコース選択，理学部で履修登録上限緩和の設定に活用	0.8%	83.9%(4年制) 89.2%(6年制)

●**コロナ対策２**　講義室の収容人数を調整し，換気や検温，消毒を実施。オンライン授業を併用し，一部の学部で講義室を開放するほか，希望する学生にWi-Fiを貸与。経済的に困窮している学生に緊急学生経済支援を実施。

学部紹介

学部／学科・課程・系	定員	特色
人文学部		
人文	155	▷２年次進級時に哲学・芸術論，文化情報論・社会学，心理学・社会心理学，歴史学，比較言語文化，英米言語文化，日本言語文化の7コースのいずれかに所属し，その後の３年間は所属コースを軸に人文科学の諸分野を横断しつつ広範囲に学ぶ。
● 取得可能な資格…教職（国・地歴・公・社・英），学芸員など。 ● 進路状況…………就職74.6%　進学8.5% ● 主な就職先………地方公務員（市区町村・都道府県），教員（小中高他），八十二銀行，フォレストコーポレーション，国家公務員，長野電鉄，三井住友海上火災保険など。		
教育学部		
学校教育教員養成	240	▶１課程14コース。〈現代教育26名，野外教育10名，国語教育20名，英語教育16名，社会科教育23名，数学教育25名，理科教育25名，音楽教育14名，図画工作・美術教育12名，保健体育12名，ものづくり・技術教育12名，家庭科教育14名，特別支援教育20名，心理支援教育11名〉１年次は，全員が他学部の学生と一緒に共通教育科目を中心に学び，幅広い教養と基礎的学力を修得し，２年次からは「臨床の知」の理念のもと，教育キャンパスにて専門領域を学ぶ。
● 取得可能な資格…教職（国・地歴・公・社・数・理・音・美・保体・技・家・英，小一種，幼一種，特別支援），司書教諭など。 ● 進路状況…………就職79.6%　進学14.8% ● 主な就職先………教員（小中高他），地方公務員（市区町村・都道府県），八十二銀行，JMC，信学会，サッポロビール，テレビ信州，国家公務員，新光電気工業など。		
経法学部		
		▶応用経済学科では学士（経済学），総合法律学科では学士（法学）の取得が可能。
応用経済	100	▷最先端の経済学を基礎から応用まで学び，現代社会が抱えるさまざまな問題への対応策を論理的に検討できる人材を育成。金融経済，公共経済，企業と制度の経済分析の３コースを設置しており，３年進級時に選択する。
総合法律	80	▷法学体系の基礎専門知識を身につけ，法的な解決策や予防策を実践的に企画・立案・実行できる人材を育成。３年進級時に，出口（就職や資格取得）から設計された，環境法務，都市・行政法務，経済・企業法務の３コースから選択。
● 進路状況…………就職85.8%　進学3.6% ● 主な就職先………地方公務員（市区町村・都道府県），国家公務員，八十二銀行，新光電気工業，東日本旅客鉄道，キーエンス，デンソーテン，リクルート，久光製薬など。		
理学部		
数	54	▷数学を中心に，物理学やコンピュータも含めて，数学と自然界の関わりを総合的に学ぶ。数理科学コースと自然情報学コースの２コース制。
理	151	▷専門分野についての深い知識を有するとともに，専門分野を越えた課題にも柔軟に対処できる人材を養成する。〈物理学コース34名，化学コース34名，地球学コース29名，生物学コース29名，物質循環学コース25名〉

キャンパスアクセス ［松本キャンパス］ JR一松本よりバス約15分

●取得可能な資格…教職（数・理），学芸員，測量士補など。
●進路状況…………就職34.5%　進学55.2%
●主な就職先………教員（小中高他），地方公務員（都道府県），ジャステック，国家公務員，アスピア，松本ゼミナール，地方公務員（市区町村），アクセンチュアなど。

医学部

医	120	▷将来の人類のために，創造的な医学研究を志向する探求心を持った医療人を育成。
保健	143	▷各職種の専門性を追求するだけなく，多様化する保健医療福祉に対応する連携教育を基礎教育から展開。〈看護学専攻70名，検査技術科学専攻37名，理学療法学専攻18名，作業療法学専攻18名〉

●取得可能な資格…教職（養護二種），医師・看護師・保健師・助産師・臨床検査技師・理学療法士・作業療法士受験資格など。
●進路状況…………［医］初期臨床研修医96.1%　［保健］就職82.0%　進学15.8%
●主な就職先………［保健］信州大学医学部附属病院，地方公務員（市区町村・都道府県），岡谷市民病院，国立国際医療研究センター病院，相澤病院，上伊那生協病院など。

工学部

物質化	95	▷先進材料工学，分子工学，バイオ・プロセス工学の３プログラムを展開。化学を基礎とした先端的な材料・機能物質・バイオテクノロジー分野の教育研究を行う。
電子情報システム工	170	▷電気電子，通信システム，情報システムの３プログラム制。エレクトロニクス，コミュニケーション，コンピューティングについて基礎から応用までの一貫した教育研究を行う。
水環境・土木工	60	▷水環境と土木を２つの教育プログラムとして展開。土木と水の観点から未来を設計できる技術者を育成する。
機械システム工	100	▷機械工学をベースに環境機械，機械物理，精密知能機械の３プログラム。産業応用に広く対応したカリキュラムを編成し，柔軟な発想と創造性に富む機械系エンジニアを育成する。
建築	60	▷建築学，工芸デザインの２つのプログラムで身近から地球規模の事柄まで俯瞰し，地域の文化や歴史を踏まえて未来を見通す視点を養う。

●取得可能な資格…教職（数・理・情・工業），測量士補，１・２級建築士受験資格など。
●進路状況…………就職31.9%　進学62.1%
●主な就職先………地方公務員（都道府県・市区町村），国家公務員，セイコーエプソン，教員（小中高他），大林組，中日本高速道路，フォレストコーポレーションなど。

農学部

農学生命科	170	▷生命機能科学，動物資源生命科学，植物資源科学，森林・環境共生学の４コース。広大なフィールドを活用した教育・研究で，自然と人が共生する持続的社会を創造する。

●取得可能な資格…教職（理・農），測量士補など。
●進路状況…………就職42.2%　進学42.8%
●主な就職先………地方公務員（都道府県），国家公務員，地方公務員（市区町村），東武緑地，紀文食品，住友林業クレスト，全国農業協同組合連合会，全日本食品など。

繊維学部

先進繊維・感性工	65	▷２年次から先進繊維工学，感性工学の２コースに分属。繊維の素材から製品評価まで幅広い製品開発の知識と技術を身につける。

機械・ロボット	60	▷２年次から機能機械学，バイオエンジニアリングの２コースに分属。生物の構造や機能を知り，機械やロボットの設計に生かす技術を学ぶ。
化学・材料	105	▷新しい有機・無機素材，ナノテクノロジーによる新素材，炭素繊維を利用した軽くて丈夫な複合材料，高性能環境浄化触媒，新世代高性能電池，機能性高分子，半導体材料，バイオマテリアルなどの先端的研究を行う。
応用生物科	50	▷農学や工学，環境科学の知識を駆使し，持続可能な社会の構築に有益な技術の開発をめざす。最新の昆虫科学や生体高分子などの生物繊維科学も学べる。

- 取得可能な資格…教職（理・工業）など。
- 進路状況…………就職22.6％ 進学74.8％
- 主な就職先………エプソンアヴァシス，LIXIL，アイリスオーヤマ，セイコーエプソン，国家公務員，資生堂，住友化学，地方公務員（都道府県），東洋紡，本田技研工業など。

キャンパス

人文・経法・理・医・全学教育機構……［松本キャンパス］ 長野県松本市旭3-1-1
教育……［長野（教育）キャンパス］ 長野県長野市大字西長野6の口
工……［長野（工学）キャンパス］ 長野県長野市若里4-17-1
農……［伊那キャンパス］ 長野県上伊那郡南箕輪村8304
繊維……［上田キャンパス］ 長野県上田市常田3-15-1

2023年度入試要項（前年度実績）

●募集人員

学部／学科・課程（コース・専攻）		前期	後期
人文	人文	135	20
教育	学校教育教員養成（現代）	10	3
	（野外）	4	2
	（国語）	12	3
	（英語）	10	2
	（社会科）	14	3
	（数学）	18	3
	（理科）	15	6
	（音楽）	8	3
	（図画工作・美術）	6	3
	（保健体育）	7	2
	（ものづくり・技術）	6	4
	（家庭科）	11	3
	（特別支援）	10	5
	（心理支援）	7	2
経法	応用経済	60	—
	総合法律	60	—
理	数	24	30
	理（物理学）	20	14
	（化学）	17	17
	（地球学）	10	15
	（生物学）	15	14
	（物質循環学）	13	12
医	医	95	—
	保健（看護学）	50	5
	（検査技術科学）	27	5
	（理学療法学）	14	—
	（作業療法学）	12	2
工	物質化	70	17
	電子情報システム工	105	35
	水環境・土木工	38	14
	機械システム工	65	20
	建築	44	14
農	農学生命科（生命機能科学）	23	36
	（動物資源生命科学）	23	
	（植物資源科学）	23	
	（森林・環境共生学）	23	
繊維	先進繊維・感性工	27	15
	機械・ロボット	27	27
	化学・材料	55	32
	応用生物科	23	15

●２段階選抜

医学部医学科の志願者数が募集人員の４倍を超えた場合に行う。

キャンパスアクセス ［長野（工学）キャンパス］ JR—長野より徒歩約20分またはバス約５〜８分
［伊那キャンパス］ JR飯田線—伊那市よりバス約17分

▷共通テストの英語はリスニングを含む。
▷個別学力検査の調査書は「学習成績概評」を利用し，人文・経法・医(保)・工・農・繊維学部において，調査書の配点に規定の加点率を乗じた点数を調査書の得点とする。ただし，前期の教育学部図画工作・美術教育コースでは調査書の学習履歴・状況と「学びの計画書」の記載内容等を基にして，調査書の得点とする。理学部では調査書の点数化は行わなず，「主体性を持ち多様な人々と協働しつつ学習する態度」の参考とする。
▷個別学力検査の数Ｂ—数列・ベク。

人文学部

前期　［共通テスト(500)］ 5〜3科目 ①外(200・英〈R160＋L40〉)▶英・独・仏・中・韓から１ ②③**国・数**(200)▶国・「〈数Ⅰ・(数Ⅰ・数Ａ)から１〉・〈数Ⅱ・(数Ⅱ・数Ｂ)・簿・情から１〉」から１ ④⑤**地歴・公民・理**(100)▶世Ｂ・日Ｂ・地理Ｂ・現社・倫・政経・「倫・政経」・「物基・化基・生基・地学基から２」・物・化・生・地学から１

［個別学力検査(450)］ 2科目 ①**総合問題**(400) ②**調査書**(50)

後期　［共通テスト(400)］ 7〜6科目 ①国(100) ②**外**(100・英〈R80＋20L〉)▶英・独・仏・中・韓から１ ③④**地歴・公民**(50×2)▶世Ｂ・日Ｂ・地理Ｂ・現社・倫・政経・「倫・政経」から２ ⑤**数**(50)▶数Ⅰ・「数Ⅰ・数Ａ」・数Ⅱ・「数Ⅱ・数Ｂ」・簿・情から１ ⑥⑦**理**(50)▶「物基・化基・生基・地学基から２」・物・化・生・地学から１

［個別学力検査(250)］ 2科目 ①**小論文**(200) ②**調査書**(50)

教育学部

前期　**【学校教育教員養成課程〈現代／国語／ものづくり・技術／家庭科／特別支援／心理支援〉】**［共通テスト(900)］ 8〜7科目 ①国(200) ②**外**(R160＋L40)▶英 ③④**数**(100×2)▶「数Ⅰ・数Ａ」必須，数Ⅱ・「数Ⅱ・数Ｂ」から１ ⑤⑥⑦⑧**地歴・公民・理**(100×3)▶「世Ａ・世Ｂ・日Ａ・日Ｂ・地理Ａ・地理Ｂから１」・「現社・倫・政経・〈倫・政経〉から１」・「物基・化基・生基・地学基から２」・物・化・生・地学から３

【学校教育教員養成課程〈現代／家庭科／特別支援／心理支援〉】［個別学力検査(350)］ 2科目 ①**国・外・数**・(300)▶「国総・国表・現文Ａ・現文Ｂ・古典Ａ・古典Ｂ」・「コミュ英Ⅰ・コミュ英Ⅱ・英表Ⅰ」・「数Ⅰ・数Ⅱ・数Ⅲ・数Ａ・数Ｂ」から１ ②**面接・調査書**(50)▶口頭試問を含む，参考資料として調査書を活用

【学校教育教員養成課程〈国語〉】［個別学力検査(350)］ 2科目 ①**国**(300)▶国総・国表・現文Ａ・現文Ｂ・古典Ａ・古典Ｂ ②**面接・調査書**(50)▶口頭試問を含む，参考資料として調査書を活用

【学校教育教員養成課程〈ものづくり・技術〉】［個別学力検査(350)］ 3〜2科目 ①**面接・調査書**(50)▶口頭試問を含む，参考資料として調査書を活用 ②③**数・理**(300)▶「数Ⅰ・数Ⅱ・数Ⅲ・数Ａ・数Ｂ」・「〈数Ⅰ・数Ⅱ・数Ａ・数Ｂ〉・〈物基・物〉・〈化基・化〉・〈生基・生〉・〈地学基・地学〉から２」から１

【学校教育教員養成課程〈野外／音楽／図画工作・美術／保健体育〉】［共通テスト(800)］ 7〜6科目 ①国(200) ②**外**(R160＋L40)▶英 ③**地歴・公民**(100)▶世Ａ・世Ｂ・日Ａ・日Ｂ・地理Ａ・地理Ｂ・現社・倫・政経・「倫・政経」から１ ④⑤**数**(100×2)▶「数Ⅰ・数Ａ」必須，数Ⅱ・「数Ⅱ・数Ｂ」から１ ⑥⑦**理**(100)▶「物基・化基・生基・地学基から２」・物・化・生・地学から１

【学校教育教員養成課程〈野外／音楽／保健体育〉】［個別学力検査(350)］ 2科目 ①**実技**(300) ②**面接・調査書**(50)▶口頭試問を含む，参考資料として調査書を活用

【学校教育教員養成課程〈図画工作・美術〉】［個別学力検査(350)］ 2科目 ①**実技・小論文**(300)▶実技(美術)・小論文から１ ②**調査書等**(50)

【学校教育教員養成課程〈英語／社会科〉】［共通テスト(900)］ 8〜7科目 ①国(200) ②**外**(R160＋L40)▶英 ③**地歴**(100)▶世Ａ・世Ｂ・日Ａ・日Ｂ・地理Ａ・地理Ｂから１ ④**公民**(100)▶現社・倫・政経・「倫・政経」から１ ⑤⑥**数**(100×2)▶「数Ⅰ・数Ａ」必須，数Ⅱ・「数Ⅱ・数Ｂ」から１ ⑦⑧**理**(100)▶「物基・化基・生基・地学基から２」・物・化・生・地学から

1
【学校教育教員養成課程〈英語〉】［個別学力検査(350)］ 2科目 ①外(300)▶コミュ英Ⅰ・コミュ英Ⅱ・英表Ⅰ ②面接・調査書(50)▶口頭試問を含む，参考資料として調査書を活用
【学校教育教員養成課程〈社会科〉】［個別学力検査(350)］ 4科目 ①地歴(75)▶世B・日B・地理Bから1 ②公民(75)▶現社・倫・政経から1 ③国・外(150)▶「国総・国表・現文A・現文B・古典A・古典B」・「コミュ英Ⅰ・コミュ英Ⅱ・英表Ⅰ」から1 ④面接・調査書(50)▶口頭試問を含む，参考資料として調査書を活用
【学校教育教員養成課程〈数学／理科〉】［共通テスト(900)］ 8~7科目 ①国(200) ②外(R160+L40)▶英 ③地歴・公民(100)▶世A・世B・日A・日B・地理A・地理B・現社・倫・政経・「倫・政経」から1 ④⑤数(100×2)▶「数Ⅰ・数A」必須，数Ⅱ・「数Ⅱ・数B」から1 ⑥⑦⑧理(100×2)▶「物基・化基・生基・地学基から2」・物・化・生・地学から2
【学校教育教員養成課程〈数学〉】［個別学力検査(350)］ 2科目 ①数(300)▶数Ⅰ・数Ⅱ・数Ⅲ・数A・数B ②面接・調査書(50)▶口頭試問を含む，参考資料として調査書を活用
【学校教育教員養成課程〈理科〉】［個別学力検査(350)］ 3~2科目 ①面接・調査書(50)▶口頭試問を含む，参考資料として調査書を活用 ②③数・理(300)▶「数Ⅰ・数Ⅱ・数Ⅲ・数A・数B」・「〈数Ⅰ・数Ⅱ・数A・数B〉・〈物基・物〉・〈化基・化〉・〈生基・生〉・〈地学基・地学〉から2」から1
後期 【学校教育教員養成課程〈現代〉】［共通テスト(650)］ 7科目 ①国(150) ②外(R120+L30)▶英 ③地歴・公民(100)▶世A・世B・日A・日B・地理A・地理B・現社・倫・政経・「倫・政経」から1 ④⑤数(75×2)▶「数Ⅰ・数A」必須，数Ⅱ・「数Ⅱ・数B」から1 ⑥⑦理(100)▶「物基・化基・生基・地学基から2」・「物・化・生・地学から2」から1
［個別学力検査(250)］ 1科目 ①面接・調査書(250)▶口頭試問を含む，参考資料として調査書を活用
【学校教育教員養成課程〈野外／図画工作・美術／保健体育〉】［共通テスト(600)］ 6~5科目 ①国(200) ②外(R160+L40)▶英 ③④⑤⑥「地歴・公民」・数・理(100×2)▶「世A・世B・日A・日B・地理A・地理B・現社・倫・政経・〈倫・政経〉から1」・「〈数Ⅰ・数A〉必須，数Ⅱ・〈数Ⅱ・数B〉から1」・「〈物基・化基・生基・地学基から2〉・〈物・化・生・地学から2〉から1」から2
【学校教育教員養成課程〈野外／保健体育〉】［個別学力検査(300)］ 1科目 ①実技・調査書(300)▶運動，参考資料として調査書を活用
【学校教育教員養成課程〈図画工作・美術〉】［個別学力検査(300)］ 1科目 ①面接・調査書(300)▶口頭試問を含む，参考資料として調査書を活用
【学校教育教員養成課程〈国語／英語〉】［共通テスト(600)］ 8~7科目 ①国(200) ②外(R160+L40)▶英 ③地歴(25)▶世A・世B・日A・日B・地理A・地理Bから1 ④公民(25)▶現社・倫・政経・「倫・政経」から1 ⑤⑥数(50×2)▶「数Ⅰ・数A」必須，数Ⅱ・「数Ⅱ・数B」から1 ⑦⑧理(50)▶「物基・化基・生基・地学基から2」・物・化・生・地学から1
［個別学力検査(300)］ 1科目 ①面接・調査書(300)▶口頭試問を含む，参考資料として調査書を活用
【学校教育教員養成課程〈社会科〉】［共通テスト(600)］ 8~7科目 ①国(150) ②外(R120+L30)▶英 ③地歴(75)▶世A・世B・日A・日B・地理A・地理Bから1 ④公民(75)▶現社・倫・政経・「倫・政経」から1 ⑤⑥数(50×2)▶「数Ⅰ・数A」必須，数Ⅱ・「数Ⅱ・数B」から1 ⑦⑧理(50)▶「物基・化基・生基・地学基から2」・物・化・生・地学から1
［個別学力検査(300)］ 1科目 ①面接・調査書(300)▶口頭試問を含む，参考資料として調査書を活用
【学校教育教員養成課程〈数学〉】［共通テスト(600)］ 8~7科目 ①国(120) ②外(R96+L24)▶英 ③地歴・公民(70)▶世A・世B・日A・日B・地理A・地理B・現社・倫・政経・「倫・政経」から1 ④⑤数(85×2)▶「数Ⅰ・数A」必須，数Ⅱ・「数Ⅱ・数B」から1 ⑥⑦⑧理(60×2)▶「物基・化基・生基・地学基か

ら２」・物・化・生・地学から2
[個別学力検査(300)] 1科目 ①面接・調査書(300)▶口頭試問を含む，参考資料として調査書を活用
【学校教育教員養成課程〈理科〉】[共通テスト(600)] 8～7科目 ①国(50) ②外(R80＋L20)▶英 ③地歴・公民(50)▶世Ａ・世Ｂ・日Ａ・日Ｂ・地理Ａ・地理Ｂ・現社・倫・政経・「倫・政経」から１ ④⑤数(100×2)▶「数Ｉ・数Ａ」必須，数Ⅱ・「数Ⅱ・数Ｂ」から１ ⑥⑦⑧理(100×2)▶「物基・化基・生基・地学基から２」・物・化・生・地学から2
[個別学力検査(300)] 1科目 ①面接・調査書(300)▶口頭試問を含む，参考資料として調査書を活用
【学校教育教員養成課程〈音楽〉】[共通テスト(600)] 4～3科目 ①国(200) ②外(R160＋L40)▶英 ③④地歴・公民・数・理(200)▶世Ａ・世Ｂ・日Ａ・日Ｂ・地理Ａ・地理Ｂ・現社・倫・政経・「倫・政経」・「〈数Ｉ・数Ａ〉必須，数Ⅱ・〈数Ⅱ・数Ｂ〉から１」・「物基・化基・生基・地学基から２」・「物・化・生・地学から２」から１
[個別学力検査(300)] 1科目 ①実技・調査書(300)▶音楽，参考資料として調査書を活用
【学校教育教員養成課程〈ものづくり・技術〉】[共通テスト(600)] 7科目 ①国(120) ②外(R96＋L24)▶英 ③地歴・公民(80)▶世Ａ・世Ｂ・日Ａ・日Ｂ・地理Ａ・地理Ｂ・現社・倫・政経・「倫・政経」から１ ④⑤数(80×2)▶「数Ｉ・数Ａ」必須，数Ⅱ・「数Ⅱ・数Ｂ」から１ ⑥⑦理(60×2)▶「物基・化基・生基・地学基から２」・「物・化・生・地学から２」から１
[個別学力検査(300)] 1科目 ①面接・調査書(300)▶口頭試問を含む，参考資料として調査書を活用
【学校教育教員養成課程〈家庭科／心理支援〉】[共通テスト(600)] 7科目 ①国(150) ②外(R120＋L30)▶英 ③地歴・公民(75)▶世Ａ・世Ｂ・日Ａ・日Ｂ・地理Ａ・地理Ｂ・現社・倫・政経・「倫・政経」から１ ④⑤数(75×2)▶「数Ｉ・数Ａ」必須，数Ⅱ・「数Ⅱ・数Ｂ」から１ ⑥⑦理(37.5×2)▶「物基・化基・生基・地学基から２」・「物・化・生・地学から２」から１
[個別学力検査(300)] 1科目 ①面接・調査書(300)▶口頭試問を含む，参考資料として調査書を活用
【学校教育教員養成課程〈特別支援〉】[共通テスト(750)] 8～7科目 ①国(150) ②外(R120＋L30)▶英 ③④数(75×2)▶「数Ｉ・数Ａ」必須，数Ⅱ・「数Ⅱ・数Ｂ」から１ ⑤⑥⑦⑧地歴・公民・理(100×3)▶「世Ａ・世Ｂ・日Ａ・日Ｂ・地理Ａ・地理Ｂから１」・「現社・倫・政経・〈倫・政経〉から１」・「物基・化基・生基・地学基から２」・物・化・生・地学から３
[個別学力検査(250)] 1科目 ①面接・調査書(250)▶口頭試問を含む，参考資料として調査書を活用

経法学部

前期 [共通テスト(900)] 8～7科目 ①国(200) ②外(R160＋L40)▶英 ③④地歴・公民(100×2)▶世Ｂ・日Ｂ・地理Ｂ・「現社・倫・政経・〈倫・政経〉から１」から２ ⑤⑥数(100×2)▶「数Ｉ・数Ａ」必須，数Ⅱ・「数Ⅱ・数Ｂ」・簿・情から１ ⑦⑧理(100)▶「物基・化基・生基・地学基から２」・物・化・生・地学から１
[個別学力検査(250)] 2科目 ①国・外・数(200)▶国総・「コミュ英Ｉ・コミュ英Ⅱ・コミュ英Ⅲ・英表Ｉ・英表Ⅱ」・「数Ｉ・数Ⅱ・数Ａ・数Ｂ」から１ ②調査書(50)

理学部

前期 【数学科・理学科〈物質循環学コース〉】[共通テスト(900)] 7科目 ①国(200) ②外(200・英〈R160＋L40〉)▶英・独・仏・中・韓から１ ③地歴・公民(100)▶世Ａ・世Ｂ・日Ａ・日Ｂ・地理Ａ・地理Ｂ・現社・倫・政経・「倫・政経」から１ ④⑤数(100×2)▶「数Ｉ・数Ａ」必須，「数Ⅱ・数Ｂ」・簿・情から１ ⑥⑦理(100×2)▶物・化・生・地学から２
【数学科】[個別学力検査(600)] 1科目 ①数(600)▶数Ｉ・数Ⅱ・数Ⅲ・数Ａ・数Ｂ
【理学科〈物質循環学コース〉】[個別学力検査(900)] 1科目 ①総合問題(900)
【理学科〈物理学コース〉】[共通テスト(900)] 7科目 ①国(200) ②外(200・英〈R160・L40〉)▶英・独・仏・中・韓から１ ③地歴・公民(100)▶世Ａ・世Ｂ・日Ａ・日Ｂ・地理

長野
信州大学

A・地理B・現社・倫・政経・「倫・政経」から1 ④⑤数(100×2)▶「数Ⅰ・数A」必須，「数Ⅱ・数B」・簿・情から1 ⑥⑦理(100×2)▶物必須，化・生・地学から1
[個別学力検査(400)] 1科目 ①理(400)▶物基・物
【理学科〈化学コース〉】 [共通テスト(900)] 7科目 ①国(200) ②外(200・英〈R160＋L40〉)▶英・独・仏・中・韓から1 ③地歴・公民(100)▶世A・世B・日A・日B・地理A・地理B・現社・倫・政経・「倫・政経」から1 ④⑤数(100×2)▶「数Ⅰ・数A」必須，「数Ⅱ・数B」・簿・情から1 ⑥⑦理(100×2)▶化必須，物・生・地学から1
[個別学力検査(400)] 1科目 ①理(400)▶化基・化
【理学科〈地球学コース〉】 [共通テスト(900)] 8〜7科目 ①国(200) ②外(200・英〈R160＋L40〉)▶英・独・仏・中・韓から1 ③地歴・公民(100)▶世A・世B・日A・日B・地理A・地理B・現社・倫・政経・「倫・政経」から1 ④⑤数(100×2)▶「数Ⅰ・数A」必須，「数Ⅱ・数B」・簿・情から1 ⑥⑦⑧理(100×2)▶「物基・化基・生基・地学基から2」・物・化・生・地学から2，ただし，同一科目名を含む選択は不可
[個別学力検査(300)] 1科目 ①面接・調査書(300)▶口頭試問，参考資料として調査書を活用
【理学科〈生物学コース〉】 [共通テスト(900)] 7科目 ①国(200) ②外(200)▶英・独・仏・中・韓から1 ③地歴・公民(100)▶世A・世B・日A・日B・地理A・地理B・現社・倫・政経・「倫・政経」から1 ④⑤数(100×2)▶「数Ⅰ・数A」必須，「数Ⅱ・数B」・簿・情から1 ⑥⑦理(100×2)▶生必須，物・化・地学から1
[個別学力検査(400)] 1科目 ①理(400)▶生基・生
後期 【数学科・理学科〈物質循環学コース〉】 [共通テスト(900)] 7科目 前期と同じ
【数学科】 [個別学力検査(750)] 2科目 ①数(500)▶数Ⅰ・数Ⅱ・数Ⅲ・数A・数B ②理(250)▶「物基・物」・「化基・化」・「生基・生」・「地学基・地学」から1
【理学科〈物質循環学コース〉】 [個別学力検査(900)] 2科目 ①数(450)▶数Ⅰ・数Ⅱ・数Ⅲ・数A・数B ②理(450)▶「物基・物」・「化基・化」・「生基・生」・「地学基・地学」から1
【理学科〈物理学コース〉】 [共通テスト(900)] 7科目 前期と同じ
[個別学力検査(500)] 2科目 ①数(300)▶数Ⅰ・数Ⅱ・数Ⅲ・数A・数B ②理(200)▶「物基・物」・「化基・化」・「生基・生」・「地学基・地学」から1
【理学科〈化学コース〉】 [共通テスト(900)] 7科目 前期と同じ
[個別学力検査(700)] 2科目 ①数(350)▶数Ⅰ・数Ⅱ・数Ⅲ・数A・数B ②理(350)▶「物基・物」・「化基・化」・「生基・生」・「地学基・地学」から1
【理学科〈地球学コース〉】 [共通テスト(900)] 8〜7科目 前期と同じ
[個別学力検査(800)] 2科目 ①数(300)▶数Ⅰ・数Ⅱ・数Ⅲ・数A・数B ②理(500)▶「物基・物」・「化基・化」・「生基・生」・「地学基・地学」から1
【理学科〈生物学コース〉】 [共通テスト(900)] 7科目 ①国(200) ②外(200)▶英・独・仏・中・韓から1 ③地歴・公民(100)▶世A・世B・日A・日B・地理A・地理B・現社・倫・政経・「倫・政経」から1 ④⑤数(100×2)▶「数Ⅰ・数A」必須，「数Ⅱ・数B」・簿・情から1 ⑥⑦理(100×2)▶物・化・生・地学から2
[個別学力検査(800)] 2科目 ①数(200)▶数Ⅰ・数Ⅱ・数Ⅲ・数A・数B ②理(600)▶「物基・物」・「化基・化」・「生基・生」・「地学基・地学」から1

医学部

前期 【医学科】 [共通テスト(450)] 7科目 ①国(100) ②外(R80＋L20)▶英 ③地歴・公民(50)▶世B・日B・地理B・現社・倫・政経・「倫・政経」から1 ④⑤数(50×2)▶「数Ⅰ・数A」・「数Ⅱ・数B」 ⑥⑦理(50×2)▶物・化・生から2
[個別学力検査(600)] 5科目 ①外(150)▶コミュ英Ⅰ・コミュ英Ⅱ・コミュ英Ⅲ・英表Ⅰ・英表Ⅱ ②数(150)▶数Ⅰ・数Ⅱ・数Ⅲ・数A・数B ③④理(75×2)▶「物基・物」・「化基・

化」「生基・生」から2　⑤面接・調査書(150)▶参考資料として調査書を活用　※著しく評価が低い場合，不合格とすることがある。

【保健学科〈看護学専攻/検査技術科学専攻/理学療法学専攻〉】［共通テスト(450)］ 7科目 ①国(100) ②外(R80＋L20)▶英 ③地歴・公民(50)▶世B・日B・地理B・現社・倫・政経・「倫・政経」から1 ④⑤数(50×2)▶「数Ⅰ・数A」必須，「数Ⅱ・数B」・簿・情から1 ⑥⑦理(50×2)▶物・化・生から2

［個別学力検査(450)］ 3科目 ①外(200)▶コミュ英Ⅰ・コミュ英Ⅱ・コミュ英Ⅲ・英表Ⅰ・英表Ⅱ ②数(200)▶数Ⅰ・数Ⅱ・数A・数B ③調査書(50)

【保健学科〈作業療法学専攻〉】［共通テスト(450)］ 7〜6科目 ①国(100) ②外(R80＋L20)▶英 ③地歴・公民(50)▶世B・日B・地理B・現社・倫・政経・「倫・政経」から1 ④⑤数(50×2)▶「数Ⅰ・数A」必須，「数Ⅱ・数B」・簿・情から1 ⑥⑦理(100)▶「物基・化基・生基から2」・物・化・生から1

［個別学力検査(450)］ 3科目 ①外(200)▶コミュ英Ⅰ・コミュ英Ⅱ・コミュ英Ⅲ・英表Ⅰ・英表Ⅱ ②数(200)▶数Ⅰ・数Ⅱ・数A・数B ③調査書(50)

後期 【保健学科〈看護学専攻〉】［共通テスト(450)］ 7科目 前期と同じ

［個別学力検査(200)］ 1科目 ①面接・調査書(200)▶参考資料として調査書を活用

【保健学科〈検査技術科学専攻〉】［共通テスト(650)］ 7科目 ①国(100) ②外(R80＋L20)▶英 ③地歴・公民(50)▶世B・日B・地理B・現社・倫・政経・「倫・政経」から1 ④⑤数(100×2)▶「数Ⅰ・数A」必須，「数Ⅱ・数B」・簿・情から1 ⑥⑦理(100×2)▶物・化・生から2

［個別学力検査(200)］ 1科目 ①面接・調査書(200)▶参考資料として調査書を活用

【保健学科〈作業療法学専攻〉】［共通テスト(450)］ 7〜6科目 前期と同じ

［個別学力検査(200)］ 1科目 ①面接・調査書(200)▶参考資料として調査書を活用

工学部

前期 ［共通テスト(650)］ 7科目 ①国(100) ②外(R160＋L40)▶英 ③地歴・公民(50)▶世A・世B・日A・日B・地理A・地理B・現社・倫・政経・「倫・政経」から1 ④⑤数(75×2)▶「数Ⅰ・数A」必須，「数Ⅱ・数B」・簿・情から1 ⑥⑦理(75×2)▶物・化・生・地学から2

［個別学力検査(540)］【物質化学科】 3科目 ①数(250)▶数Ⅰ・数Ⅱ・数Ⅲ・数A・数B ②理(250)▶「物基・物」・「化基・化」から1 ③調査書(40)

【電子情報システム学科／水環境・土木工学科／機械システム工学科／建築学科】 3科目 ①数(250)▶数Ⅰ・数Ⅱ・数Ⅲ・数A・数B ②理(250)▶物基・物 ③調査書(40)

後期 【物質化学科】［共通テスト(750)］ 7科目 ①国(100) ②外(R160＋L40)▶英 ③地歴・公民(50)▶世A・世B・日A・日B・地理A・地理B・現社・倫・政経・「倫・政経」から1 ④⑤数(100×2)▶「数Ⅰ・数A」必須，「数Ⅱ・数B」・簿・情から1 ⑥⑦理(100×2)▶物・化・生・地学から2

［個別学力検査(280)］ 2科目 ①理(250)▶化基・化 ②調査書(30)

【電子情報システム工学科／水環境・土木工学科／機械システム工学科／建築学科】［共通テスト(750)］ 7科目 ①国(100) ②外(R160＋L40)▶英 ③地歴・公民(50)▶世A・世B・日A・日B・地理A・地理B・現社・倫・政経・「倫・政経」から1 ④⑤数(100×2)▶「数Ⅰ・数A」必須，「数Ⅱ・数B」・簿・情から1 ⑥⑦理(100×2)▶物必須，化・生から1

［個別学力検査(280)］ 2科目 ①数(250)▶数Ⅰ・数Ⅱ・数Ⅲ・数A・数B ②調査書(30)

農学部

前期 ［共通テスト(800)］ 7科目 ①国(100) ②外(R160＋L40)▶英 ③地歴・公民(100)▶世A・世B・日A・日B・地理A・地理B・現社・倫・政経・「倫・政経」から1 ④⑤数(100×2)▶「数Ⅰ・数A」必須，「数Ⅱ・数B」・簿・情から1 ⑥⑦理(100×2)▶物・化・生・地学から2

［個別学力検査(450)］ 3科目 ①②理(200×2)▶「物基・物」・「化基・化」・「生基・生」から2 ③調査書(50)

後期 ［共通テスト(800)］ 7科目 前期と同じ

［個別学力検査(250)］ 2科目 ①理(200) ▶「化基・化」・「生基・生」から1 ②調査書(50)

繊維学部

前期 ［共通テスト(500)］ 7科目 ①国(50) ②外(R100＋L25) ▶英 ③地歴・公民(25) ▶世A・世B・日A・日B・地理A・地理B・現社・倫・政経・「倫・政経」から1 ④⑤数(100×2) ▶「数Ⅰ・数A」必須，「数Ⅱ・数B」・簿・情から1 ⑥⑦理(50×2) ▶物・化・生から2

［個別学力検査(225)］ 2科目 ①理(200) ▶「物基・物」・「化基・化」・「生基・生」から1 ②調査書(25)

後期 ［共通テスト(400)］ 7科目 ①国(50) ②外(R80＋L20) ▶英 ③地歴・公民(50) ▶世A・世B・日A・日B・地理A・地理B・現社・倫・政経・「倫・政経」から1 ④⑤数(50×2) ▶「数Ⅰ・数A」必須，「数Ⅱ・数B」・簿・情から1 ⑥⑦理(50×2) ▶物・化・生から2

［個別学力検査(430)］ 3科目 ①数(200) ▶数Ⅰ・数Ⅱ・数Ⅲ・数A・数B ②理(200) ▶「物基・物」・「化基・化」・「生基・生」から1 ③調査書(30)

その他の選抜

学校推薦型選抜Ⅰは教育学部(図画・美術) 3名，経法学部30名，工学部51名，農学部42名，繊維学部59名，学校推薦型選抜Ⅱは教育学部(図画・美術，家庭科を除く) 55名，経法学部30名，医学部38名，総合型選抜Ⅰは工学部12名，総合型選抜Ⅱは理学部(地球学) 4名を募集。ほかに帰国生徒選抜，社会人選抜，私費外国人留学生入試を実施。

偏差値データ (2023年度)

●一般選抜

学部／学科・課程／コース・専攻	2023年度 駿台予備学校 合格目標ライン	河合塾 ボーダー得点率	河合塾 ボーダー偏差値	'22年度 競争率
●前期				
▶人文学部				
人文	49	74%	—	2.1
▶教育学部				
学校教育教員養成／現代教育	49	62%	52.5	1.9
／野外教育	45	57%	—	3.6
／国語教育	49	58%	47.5	—
／英語教育	50	58%	50	1.1
／社会科教育	50	60%	47.5	1.1
／数学教育	48	60%	47.5	1.9
／理科教育	48	57%	47.5	1.4
／音楽教育	43	57%	—	1.5
／図画工作・美術教育	41	50%	—	1.5
／保健体育	44	57%	—	2.3
／ものづくり・技術教育	45	56%	47.5	1.4
／家庭科教育	45	56%	50	1.5
／特別支援教育	45	56%	50	1.7
／心理支援教育	50	60%	52.5	1.5
▶経法学部				
応用経済	50	64%	50	1.3
総合法律	50	63%	52.5	1.4
▶理学部				
数	49	64%	52.5	2.5
理／物理学	49	64%	52.5	2.1
／化学	49	66%	50	1.5
／地球学	46	62%	—	1.9
／生物学	50	65%	52.5	2.2
／物質循環学	45	57%	—	1.9
▶医学部				
医	64	76%	65	3.2
保健／看護学	48	57%	52.5	3.0
／検査技術科学	49	59%	55	3.5
／理学療法学	50	63%	55	3.7
／作業療法学	48	59%	50	2.3
▶工学部				
物質化	46	58%	50	1.8
電子情報システム工	45	62%	50	2.0
水環境・土木工	44	60%	47.5	1.3
機械システム工	44	62%	50	2.7
建築	46	65%	52.5	3.1

▶農学部				
農学生命科／生命機能科学	48	60%	47.5	1.5
／動物資源生命科学	49	57%	50	1.4
／植物資源科学	48	56%	47.5	1.3
／森林・環境共生学	48	58%	50	1.6
▶繊維学部				
先進繊維・感性工	47	58%	50	1.4
機械・ロボット工学	47	57%	50	1.5
化学・材料	48	56%	50	1.9
応用生物科	47	56%	50	1.9
●後期				
▶人文学部				
人文	50	74%	—	4.1
▶教育学部				
学校教育教員養成／現代教育	49	65%	—	3.0
／野外教育	46	65%	—	15.5
／国語教育	49	60%	—	2.5
／英語教育	50	60%	—	1.0
／社会科教育	49	62%	—	4.0
／数学教育	48	60%	—	2.3
／理科教育	48	58%	—	1.6
／音楽教育	43	67%	—	3.0
／図画工作・美術教育	41	58%	—	1.7
／保健体育	45	68%	—	3.0
／ものづくり・技術教育	45	57%	—	1.8
／家庭科教育	46	56%	—	2.3
／特別支援教育	47	60%	—	1.2
／心理支援教育	50	68%	—	2.0
▶理学部				
数	49	66%	50	1.8
理／物理学	50	70%	52.5	1.4
／化学	50	69%	50	2.1
／地球学	47	66%	52.5	2.1
／生物学	51	66%	52.5	2.3
／物質循環学	46	65%	52.5	2.0
▶医学部				
保健／看護	49	64%	—	2.2
／検査技術科学	50	63%	—	2.7
／作業療法学	49	60%	—	2.3
▶工学部				
物質化	47	66%	52.5	1.7
電子情報システム工	46	69%	50	1.7
水環境・土木工	45	62%	50	1.8
機械システム工	45	66%	50	1.6
建築	47	72%	55	3.3
▶農学部				
農学生命科	50	66%	52.5	2.6
▶繊維学部				
先進繊維・感性工	49	65%	50	3.1
機械・ロボット工学	49	63%	47.5	1.2
化学・材料	50	60%	50	2.0
応用生物科	49	63%	50	2.1

- 駿台予備学校合格目標ラインは合格可能性80%に相当する駿台模試の偏差値です。
- 河合塾ボーダー得点率は合格可能性50%に相当する共通テストの得点率です。また，ボーダー偏差値は合格可能性50%に相当する河合塾全統模試の偏差値です。
- 競争率は受験者÷合格者の実質倍率

岐阜大学（ぎふだいがく）

資料請求

問合せ先 入試課 ☎058-293-2156・2157

大学の理念

岐阜農専，岐阜師範，青師を統合して1949（昭和24）年に発足。1964（昭和39）年に，岐阜県立医科大学を併合し医学部を設置した。岐阜市北西部に位置する自然に恵まれた64万平方メートルの広大な敷地内には，医学部附属病院やさまざまな教育研究，各種学生サポート施設が設置され，最先端の設備と充実した教育環境のもとで，バラエティに富む学問領域と，豊富な教授陣を有した多様な教育を展開。大学を「人が育つ場所」とし，「学び，究め，貢献する大学」の理念のもと「知の伝承と創造」を追求し続けている。2020年４月に名古屋大学と法人統合を行い，国立大学法人東海国立機構を創設。語学や数理・データサイエンス教育の拡充，糖鎖科学，航空宇宙生産技術，医療情報，農学分野で世界水準の研究を展開する拠点整備を推進している。

●岐阜大学キャンパス……〒501-1193　岐阜県岐阜市柳戸1-1

基本データ

学生数▶5,644名（男3,379名，女2,265名）
専任教員数▶教授244名，准教授221名，講師33名
設置学部▶教育，地域科，医，工，応用生物科，社会システム経営学環
併設教育機関▶大学院―医学系（M・D），教育学（M・P），地域科学・自然科学技術（以上M），工学・連合農学・共同獣医学・連合創薬医療情報（以上D）

就職・卒業後の進路

就職率 96.1％
就職者÷希望者×100

●**就職支援**　就職支援室では，自己分析，企業研究，エントリーシートの書き方などをテーマに約20回シリーズで就職活動支援ガイダンスを実施している。また，就活セミナーではグループディスカッションや面接の実践練習，エントリーシート作成講座を行っている。そのほか，希望する学生に対しては，専任の相談員が個別に対応している。一方，各学部においても独自のガイダンスや担当教員による求人企業の紹介などを実施。また，学生有志が企画運営する業界研究セミナー「岐阜大学学生企業展」を毎年開催している。

進路指導者も必見 学生を伸ばす 面倒見

初年次教育
全学部で大学生としての学び方を身につける「初年次セミナー」のほか，「教職論」（教育），「地域研究入門」（地域），「初期体験実習」（医），「情報処理演習」（応生），「情報処理入門」（工），「マネジメント活動実習」（社会）などを開講

学修サポート
全学部でTA·SA制度，オフィスアワー制度を，教育·医·社会では教員アドバイザー制度も導入。また，アカデミック・コアで学習相談や文書作成の指導を，イングリッシュ・センターでは英語の個別指導を行っている

オープンキャンパス（2022年度実績）　８月に来場型・オンライン併用のオープンキャンパスを開催（事前申込制）。来場型企画では学部説明会や体験型イベントなど，オンライン企画では模擬講義や相談会などを実施。

理系学部

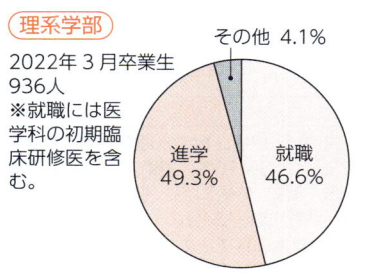

2022年３月卒業生
936人
※就職には医学科の初期臨床研修医を含む。

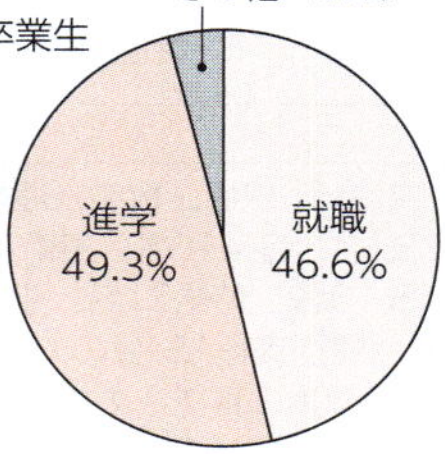

その他の学部

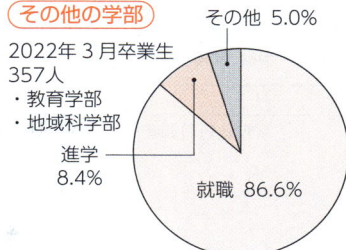

2022年３月卒業生
357人
・教育学部
・地域科学部

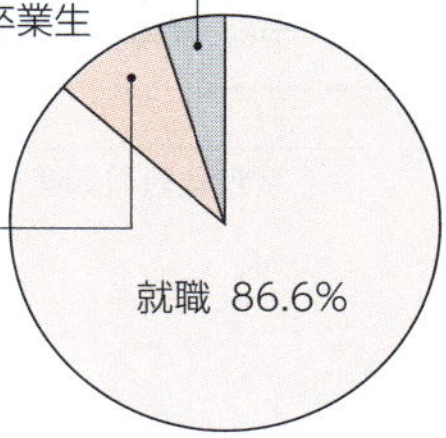

主なOB・OG▶［教育］森裕城（政治学者），［農］土川健之（日本中央競馬会第14代理事長），［教育］かわら長介（放送作家），［農］塩見美喜子（科学者）など。

国際化・留学　大学間 49 大学・部局間 63 大学

受入れ留学生数▶92名（2022年5月1日現在）
留学生の出身国▶中国，インドネシア，インド，ベトナム，マレーシアなど。
外国人専任教員▶教授７名，准教授９名，講師１名，（2022年５月１日現在）
外国人専任教員の出身国▶中国，韓国，イギリス，マレーシア，ドイツ，フランスなど。
大学間交流協定▶49大学（交換留学先45大学，2022年９月1日現在）
部局間交流協定▶63大学（交換留学先37大学，2022年９月1日現在）
海外への留学生数▶渡航型11名，オンライン型29名／年（８カ国・地域，2021年度）
海外留学制度▶学術交流協定を締結している大学への語学力の向上，専門科目の単位取得を目的とした交換留学（原則１年以内，授業料等免除）や，その国の言語や文化を集中的に学ぶ短期派遣プログラムを実施。英語を第二言語として習得することを目的としたESLや科学英語と研究室体験を融合したESTサマースクール（カナダアルバータ大学），文化体験やワークショップ等を行うスプリングプログラム（インド工科大学グワハティ校）などがある。ほかにも各学部が主催するショートプログラム（2～3週間）やインターンシップなどが授業の一環として実施されている。

学費・奨学金制度　給付型奨学金総額 年間 752 万円

入学金▶282,000円
年間授業料（施設費等を除く）▶535,800円
年間奨学金総額▶7,520,000円
年間奨学金受給者数▶20人
主な奨学金制度▶人物および学業成績が優秀な学生に月額３万円を１年間給付する「岐阜大学応援奨学生」や，学業成績優秀な工学部または応用生物科学部の１年次生を対象に年額40万円を給付する「岐阜大学創立70周年記念アピ奨学金」などを設置。

保護者向けインフォメーション

● **公開授業**　応用生物科学部と社会システム経営学環で入学後に公開授業を行っている。
● **懇談会**　新入生保護者との懇談会（教育），GM会総会（医），看護学科後援会，保護者懇談会（工），後援会交流会（応生）を開催。
● **防災対策**　入学時に「防災ガイド」を配布。被災した際の学生の安否は，大学独自の安否確認システムを利用して確認する。
● **コロナ対策１**　ワクチンの職域接種を実施。感染状況に応じた３段階のBCP（行動指針）を設定。「コロナ対策２」（下段）あり。

インターンシップ科目	必修専門ゼミ	卒業論文	GPA制度の導入の有無および活用例	１年以内の退学率	標準年限での卒業率
教育・応生社会システムで開講している	地域２～４年次，教育（一部）・応生・社会３・４（獣医５・６）年次，医（医）２年次に実施	医学部医学科を除き卒業要件	一部の学部で奨学金等対象者の選定基準，留学候補者の選考，個別の学修指導，研究室配属，学生表彰，助産師・保健師課程の選考などに活用	1.1％	87.9％（4年制）86.0％（6年制）

● **コロナ対策２**　講義室の収容人数を調整するとともに，空調などの環境を整備。また，オンライン授業を併用し，PC等購入費用の貸与制度を実施。

学部紹介&入試要項

学部紹介

学部／学科・課程	定員	特色
教育学部		
学校教育教員養成	220	▷〈国語20名，社会科32名，数学20名，理科（物理学・化学・生物学・地学）32名，音楽10名，美術10名，保健体育15名，技術10名，家政10名，英語21名，学校教育（心理学10名，教職基礎15名），特別支援15名〉の12教育講座。知性と教養と実践力を備えた教員の育成をめざす。学部スタッフによる継続的な支援を得ながら，1年生から4年生まで大学と学校現場を往還して学ぶACTプラン・プラスを実施。
●取得可能な資格…教職（国・地歴・公・社・数・理・音・美・保体・技・家・情・工業・英，小一種，幼一種，特別支援），学芸員など。 ●進路状況…………就職83.8%　進学10.9% ●主な就職先………教員（岐阜県，愛知県，名古屋市），岐阜県，岐阜市など。		
地域科学部		
		▶募集は学部単位で行い，2年次に所属学科を決定する。1年間の留学を含む国際教養プログラムには，両学科の学生が参加できる。
地域政策	50	▷自然環境を含んだ地域社会の構造的な把握と分析，政策形成能力の習得を関連づける教育研究により，持続可能な社会を展望しつつ，より良い地域社会の構築を提言できる人材の育成をめざす。
地域文化	50	▷人間社会における思想や文化的な表現，歴史的な経験や行動などの規範と原理を分析し人間社会に関する的確で深い洞察力を備え，社会が抱える多様な課題の解決を展望できる人材の育成をめざす。
●進路状況…………就職92.7%　進学2.7% ●主な就職先………財務省，各務原市，厚生労働省，法務省，十六銀行など。		
医学部		
医	110	▷テュートーリアル教育やアクティブラーニングを導入し，医療・医学の専門職に必要な知識・技術・態度・判断力・問題解決能力および生涯学習する姿勢を養う。地域と世界の医療・医学の発展に貢献できる医師・医学研究者を育成。
看護	80	▷日々進歩する知識や技術を習得・発展させ，地域に即した保健医療活動の中心的役割を担う看護専門職を育成する。同一キャンパスの総合大学という強みを生かし，さまざまな専門性に基づいた教養教育により，豊かな人間性を支える基盤的能力の向上も図っている。
●取得可能な資格…医師・看護師・保健師・助産師受験資格など。 ●進路状況…………［医］初期臨床研修医93.7%　［看護］就職97.4%，進学2.6% ●主な就職先………［看護］岐阜大学医学部附属病院，名古屋市立大学附属病院，日本赤十字社など。		
工学部		
社会基盤工	60	▷環境と防災の2コース（各30名）。自然と調和した地域創造のための技術や自然災害への防災技術の修得により安全で快適な暮らしづくりに貢献する人間性豊かで創造力に富んだ技術者を養成する。

キャンパスアクセス ［岐阜大学キャンパス］ JR東海道本線・名鉄一岐阜よりバス約35分

機械工	130	▷機械（80名）と知能機械（50名）の２コース。技術立国としての地位を支える創造力豊かな機械技術者を育成する。
化学・生命工	150	▷物質化学（85名）と生命化学（65名）の２コース。化学の視点で地球環境問題の解決や未来技術への研究開発に取り組み，新素材や医薬品，食品，環境・エネルギー技術の分野で活躍する技術者・研究者を育成する。
電気電子・情報工	170	▷電気電子（75名），情報（70名），応用物理（25名）の３コース。電気工学，電子工学，通信工学，情報工学および応用物理学関連の各分野の実務上の課題に向き合える，基礎能力と専門能力を身につける。
● 取得可能な資格…教職（数・工業），測量士補など。 ● 進路状況…………就職30.9%　進学65.4% ● 主な就職先………トヨタシステムズ，愛知県，中日本建設コンサルタント，イビデン，豊田合成など。		
応用生物科学部		
応用生命科学	80	▷３年次から「分子生命科学コース」と「食品生命科学コース」に分かれ専門性の高い科目を体系的に学び，食品・医薬品・環境・健康などの生物産業（バイオ産業）の諸分野で活躍できる人材を育成する。
生産環境科学	80	▷持続可能な植物生産と食料の安全安定供給（応用植物科学コース），持続可能な家畜生産と多様な動物種の保全（応用動物科学コース），自然生態系と人間社会が調和した地域環境の創出（環境生態科学コース）に関わる知識と技能を教育し，生物生産および環境保全・修復に取り組める人材を養成。
共同獣医	30	▷鳥取大学農学部と共同で，より高度な獣医学教育を行い，動物の病気の発生原因，診断および治療に関する知識や技術の習得に加え，両大学での合宿式授業による体験学習，動物倫理やプレゼンテーション能力を養う少人数での基礎教育，両大学を結ぶ遠隔講義システムによる授業など発展的な教育が用意されている。
● 取得可能な資格…教職（理・農），測量士補，獣医師受験資格など。 ● 進路状況…………就職43.4%　進学50.9% ● 主な就職先………農林水産省，名古屋市，愛知県経済農業協同組合連合会，三重県，サッポロビールなど。		
社会システム経営学環		
	30	▷経営を軸に，ビジネス・まちづくり・観光の３デザインプログラムを設定。学生30人に教員14名を配し，１年半のフィールドワークや往還型教育を導入。名古屋大学との連携を生かし，学部・大学横断的な学修を通して，地域社会に貢献できる人材を育成する。
● 主な就職先………2021年度開設のため卒業生はいない。		

キャンパス

全学部……［岐阜大学キャンパス］岐阜県岐阜市柳戸1-1

2023年度入試要項（前年度実績）

●募集人員

学部／学科・課程（講座・コース）	前期	後期
▶教育 学校教育教員養成（国語教育）	16	—
（社会科教育）	22	—
（数学教育）	16	—
（理科教育）	23	—
（音楽教育）	8	—
（美術教育）	6	—
（保健体育）	13	—
（技術教育）	8	—
（家政教育）	6	—
（英語教育）	17	—
（学校教育・心理学）	7	—
（学校教育・教職基礎）	10	—
（特別支援教育）	13	—
▶地域科 地域政策 地域文化	60	21
▶医 医	55	—
看護	42	20
▶工 社会基盤工（環境） （防災）	24	24
機械工（機械）	35	35
（知能機械）	22	21
化学・生命工（物質化学）	36	35
（生命化学）	30	27
電気電子・情報工（電気電子）	33	34
（情報）	32	28
（応用物理）	10	10
▶応用生物科 応用生命科学	57	10
生産環境科学	50	10
共同獣医	26	—
▶社会システム経営学環	15	—

●２段階選抜

医学部医学科で志願者数が募集人員の約９倍を超えた場合に行う。

試験科目

デジタルブック »»

偏差値データ（2023年度）

●一般選抜

学部／学科・課程／講座・コース	2023年度 駿台予備学校 合格目標ライン	2023年度 河合塾 ボーダー得点率	2023年度 河合塾 ボーダー偏差値	'22年度 競争率
●前期				
▶教育学部				
学校教育教員養成／国語教育	49	56%	50	1.9
／社会科教育	48	59%	52.5	2.8
／数学教育	48	57%	50	2.0
／理科教育	48	58%	50	2.7
／音楽教育	45	52%	45	1.0
／美術教育	45	51%	—	2.4
／保健体育	46	56%	—	4.4
／技術教育	46	51%	47.5	—
／家政教育	46	53%	50	—
／英語教育	50	59%	52.5	3.0
／学校教育（心理学）	50	61%	52.5	2.4
／学校教育（教職基礎）	49	56%	52.5	3.7
／特別支援	47	55%	52.5	5.4
▶地域科学部				
	49	61%	55	2.5
▶医学部				
医	65	76%	62.5	5.9
看護	48	56%	52.5	2.2
▶工学部				
社会基盤工	47	60%	52.5	5.0
機械工／機械	48	61%	52.5	3.9
／知能機械	48	57%	50	2.3
化学・生命工／物質化学	48	58%	50	2.3
／生命化学	48	57%	50	2.3
電気電子・情報工／電気電子	48	60%	52.5	2.7
／情報	49	62%	52.5	3.7
／応用物理	47	60%	52.5	5.1
▶応用生命科学部				
応用生命科学	50	64%	50	1.5
生産環境科学	51	62%	52.5	1.9
共同獣医	59	74%	62.5	4.7
▶社会システム経営学環				
	50	63%	57.5	2.6
●後期				
▶地域科学部				
	50	68%	—	4.4
▶医学部				
看護	49	58%	—	3.8

▶工学部				
社会基盤工	48	65%	55	4.3
機械工／機械	49	65%	55	4.0
／知能機械	49	66%	55	3.1
化学・生命工／物質化学	49	63%	52.5	3.2
／生命化学	49	64%	55	5.0
電気電子・情報工／電気電子	49	65%	55	3.3
／情報	50	67%	55	4.5
／応用物理	48	67%	57.5	4.3
▶応用生命科学部				
応用生命科学	52	68%	55	3.7
生産環境科学	53	68%	57.5	3.7

- 駿台予備学校合格目標ラインは合格可能性80%に相当する駿台模試の偏差値です。
- 河合塾ボーダー得点率は合格可能性50%に相当する共通テストの得点率です。また，ボーダー偏差値は合格可能性50%に相当する河合塾全統模試の偏差値です。
- 競争率は受験者÷合格者の実質倍率
- 医学部医学科の後期は２段階選抜を実施。

MEMO

静岡大学（しずおか）

資料請求

問合せ先 入試課 ☎054-238-4464・4465

大学の理念

1922（大正11）年創立の静岡高校と浜松高工のほか，静岡師範学校など5校を統合して1949（昭和24）年に発足。何事にもとらわれない自由な発想に基づき研究・研鑽するとともに，学生の才能を極限まで引き出す「自由啓発」と，地域社会の一員として自らを取り巻く自然と文化に敬愛の念を持ち，教育，研究，社会連携に積極的に取り組み平和で幸福な未来を創り上げる「未来創成」，この2つを人を育む大学の教育理念として掲げる。2023年4月には，地域創造学環で培ってきた教育成課を発展的に取り込みながら，未来社会を構想できる「共創型人材」の育成をめざし，グローバル共創学部を開設。7学部を有する総合大学として，質の高い教育と創造的な研究，国際連携を推進し，地域社会との連携・協働による課題解決に取り組んでいる。

- **静岡キャンパス**……〒422-8529　静岡県静岡市駿河区大谷836
- **浜松キャンパス**……〒432-8561　静岡県浜松市中区城北3-5-1

基本データ

学生数▶8,473名（男5,822名，女2,651名）
専任教員数▶教授316名，准教授245名，講師46名
設置学部▶人文社会科，教育，情報，理，工，農，グローバル共創科
併設教育機関▶大学院―教育学（D・P），人文社会科学・総合科学技術・山岳流域（以上M），創造科学技術・光医工学・連合農学（以上D）

就職・卒業後の進路

就職率 94.2%
就職者÷希望者×100

● **就職支援**　4年間を通したキャリアデザインの観点から全学キャリアサポート委員会での方針のもと，指導教員や各学部の担当教員を中心としてさまざまなサポートを実施。プロのアドバイザーが交替で相談に対応し，緊密な連携によって継続的に支援を行う。求人情報は両キャンパスに配置された就職情報資料室で自由に閲覧可能（専用サイトからも情報を随時発信）。また，大学主催の合同企業説明会「静大就職祭」を例年2日間にわたって開催しており，企業出展は県内最大規模となっている。

進路指導者も必見 学生を伸ばす 面倒見

初年次教育	学修サポート
「新入生セミナー」で自校教育，レポート・論文の書き方，プレゼン技法，情報収集や資料整理の方法，ハラスメント防止，防災，学生生活マナー，健康管理などを学ぶほか，「情報処理・データサイエンス演習」を開講	全学部でTA制度，オフィスアワー制度，さらに教員1人が学生20～30人（人文社会），約20人（工・グローバル共創）を担当する教員アドバイザー制度を導入

オープンキャンパス（2022年度実績）　5月にオンライン型，7・8月には学部により対面とオンラインの併用またはオンラインのみで実施。11月には情報学部・工学部（浜松キャンパス）の秋季オープンキャンパスを対面型で開催。対面型は事前申込制。

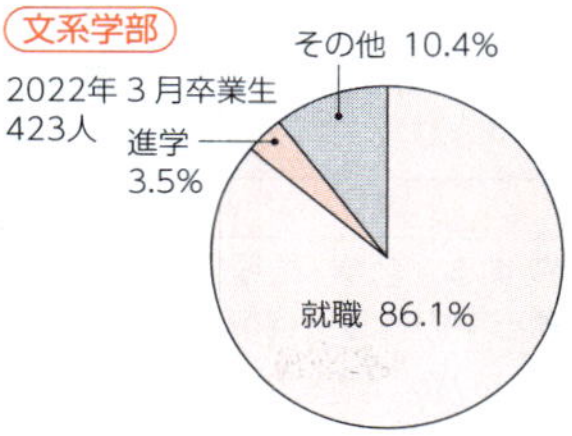

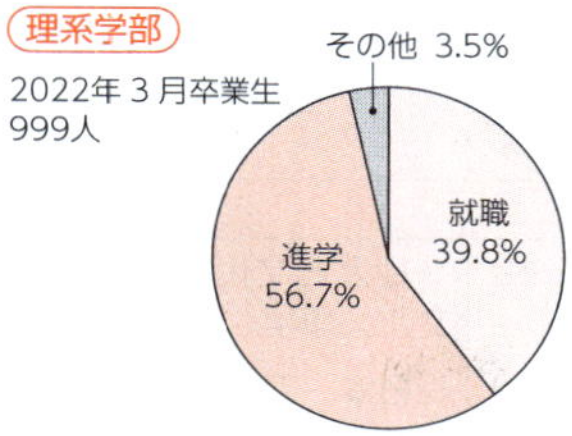

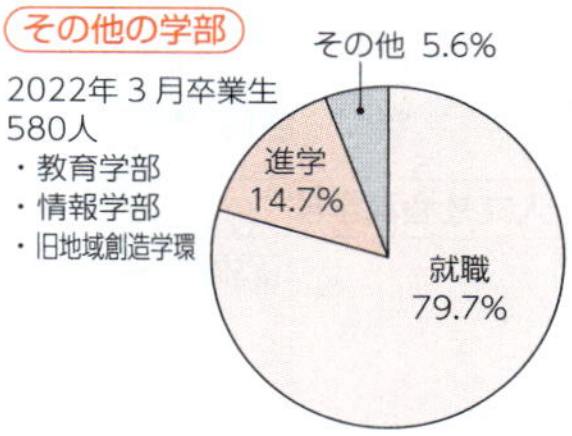

※就職未決定者はその他に含む。

主なOB・OG ▶ ［教育］清水眞砂子（翻訳家・児童文学研究者），［理］乾くるみ（作家），［旧人文］日色保（日本マクドナルド社長），［教育］加藤英明（爬虫類学者）など。

国際化・留学　大学間 64 大学・部局間 55 大学等

受入れ留学生数 ▶ 163名（2022年５月１日現在）

留学生の出身国 ▶ インドネシア，中国，ベトナム，バングラデシュ，インドなど。

外国人専任教員 ▶ 教授14名，准教授９名，講師３名（2022年９月１日現在）

外国人専任教員の出身国・地域 ▶ 中国，韓国，アメリカ，フランス，台湾など。

大学間交流協定 ▶ 64大学（交換留学先62大学，2022年5月１日現在）

部局間交流協定 ▶ 55大学・機関（交換留学先31大学，2022年５月１日現在）

海外への留学生数 ▶ 渡航型36名・オンライン型27名／年（18カ国・地域，2021年度実績）

海外留学制度 ▶ 大学間交流協定に基づく，半年～１年間の交換留学，外国語研修や文化体験を中心とした夏季・春季短期留学のほか，ネブラスカ大学で行われる１セッション（8週間）の集中英語研修（ILUNO），最長１年の英語研修に大学の専門授業の履修を組み合わせたIVSPなどのプログラムを実施。国際連携推進機構が情報提供，支援などを行っている。

学費・奨学金制度　給付型奨学金総額 年間 592 万円

入学金 ▶ 282,000円（夜間主141,000円）

年間授業料（施設費等を除く）▶ 535,800円（夜間主267,900円）

年間奨学金総額 ▶ 5,920,000円

年間奨学金受給者数 ▶ 57人

主な奨学金制度 ▶ 修学を支援する「未来創成基金奨学金」や，年間20万円を給付する「人文社会科学部奨学金」などを設置。また，学費減免制度があり，2021年度には461人を対象に総額で約１億3,273万円を減免している。

保護者向けインフォメーション

● **成績確認**　成績表を保護者に郵送している。
● **会報誌**　情報学部で『JOY風』を発行。
● **保護者会**　各学部で入学式後に新入生の保護者向けに懇談会等を開催（2022年度はオンライン）。また，一部の学部で秋に全学年の保護者を対象とした保護者懇談会を実施。
● **防災対策**　「防災ポケットマニュアル」を新入生セミナーなどで配布。学生が被災した際の安否は，安否情報システムANPICおよび，SNS，電話を利用して確認する。
● **コロナ対策１**　ワクチンの職域接種を実施。感染状況に応じた７段階のBCP（行動指針）を設定。「コロナ対策２」（下段）あり。

インターンシップ科目	必修専門ゼミ	卒業論文	GPA制度の導入の有無および活用例	１年以内の退学率	標準年限での卒業率
教育学部を除き開講している	全学部で実施。開講年次は学部・学科により異なる	法学科と経済学科を除き卒業要件	奨学金等の選定基準，留学候補者の選考，成績優秀者表彰の選考，成績不良者の指導，インターンシップの推薦順位に活用するほか，GPAに応じた履修上限単位数を設定	1.1%	85.1%

● **コロナ対策２**　講義室の収容人数を調整し，換気や検温・消毒を徹底。オンライン授業を併用し，無線LANが使用できる開放教室を設定。また，理学部では食料やマスクを配布，農学部では支援給付金を支給。

学部紹介

学部／学科・課程	定員	特色
人文社会科学部		
[昼間コース]社会	60	▷社会と文化を多角的に探究する。哲学・倫理学，社会学，文化人類学，心理学，歴史・考古学の５分野構成。
言語文化	69	▷日本，アジア，英米，ヨーロッパの４言語文化とそれらを横断する比較言語文化，言語学の６プログラム。
法	84	▷４年一貫の少人数教育で，基礎から段階的に学びを深め，社会の問題を法的，政治的に解決できる人材を育てる。
経済	142	▷１～４年次のゼミナールを通じて，経済に起因する諸問題に立ち向かう解決力を養う。情報処理教育にも注力。
[夜間主コース]法 経済	30 30	▷社会人，勤労者のための大学教育を提供。昼間の専門科目も修得できるフレックスタイム制度や卒業までの期間を延長できる長期履修制度を整備している。
● **取得可能な資格**…教職（国・地歴・公・社・英），学芸員など。 ● **進路状況**…………就職86.1%　進学3.5% ● **主な就職先**………静岡銀行，スズキ，伊藤園，鈴与，楽天グループ，東京国税局，静岡県庁など。		
教育学部		
学校教育教員養成	260	▷〈発達教育学専攻（教育実践学専修，教育心理学専修，幼児教育専修），初等学習開発学専攻，養護教育専攻，特別支援教育専攻，教科教育学専攻（国語，社会科，数学，理科，音楽，美術，保健体育，技術，家庭科，英語）〉
● **取得可能な資格**…教職（国・地歴・公・社・数・理・音・美・書・保体・保健・技・家・情・工業・英，小一種，幼一種，特別支援，養護一種），学芸員，保育士など。 ● **進路状況**…………就職86.3%　進学6.7% ● **主な就職先**………教員，静岡県庁，秀英予備校，博報堂プロダクツ，本田技研工業など。		
情報学部		
情報科	98	▷文・工双方の視点から「情報」を見つめ先端的な知識と技術を追求する。
情報社会	68	▷情報技術が社会に与える影響を理解し，情報社会の仕組みと諸問題を総合的に考察・分析する能力を育成する。
行動情報	69	▷情報サービスを創造的に設計，ビッグデータやリッチデータなどを分析するデータサイエンスを活用する能力を身につける。
● **取得可能な資格**…教職（情），学芸員など。 ● **進路状況**…………就職65.3%　進学30.0% ● **主な就職先**………内田洋行，ソフトバンク，トヨタシステムズ，富士通，楽天グループなど。		
理学部		
数	35	▷自由な発想力と厳密な思考力で数学教育に新しい視点と視野をもたらし，教育界や産業界に貢献できる人材を育成。
物理	45	▷数学・基礎化学を中心とした幅広い演習科目で，物理学や数学的手法を身につけ，物事の本質を見極める力を養う。
化	45	▷実験を重視したカリキュラムで，社会の多様な分野で活躍できる生きた知識を身につける。
生物科	45	▷生命現象の原理，生物の多様性や環境適応を中心に，総合的な視点で遺伝子から個体群までを体系的に学ぶ。

キャンパスアクセス [静岡キャンパス] JR東海道線―静岡よりバス約25分

地球科	45	▷フィールドワークの充実を通じて，地球について深く知り，環境問題の解決方法を探る。
創造理学（グローバル人材育成）	(15)	▷理学部一括募集。１年次は学科に所属せず，２年次進級時に学科を選択。学科の専門教育に加え，学外研究者の講演や海外大学との交流により国際的視点と科学英語力を養成。
● **取得可能な資格**…教職（数・理），学芸員，測量士補など。 ● **進路状況**…………就職49.2％　進学43.7％ ● **主な就職先**………いなば食品，清水建設，日本アイ・ビー・エム，和光ケミカル，気象庁など。		
工学部		
機械工	160	▷3年次から宇宙・環境，知能・材料，光電・精密の３コースを設定。機械技術者としての確かな基礎能力と社会に貢献する姿勢を身につけたエンジニアを育成する。
電気電子工	110	▷２年次から情報エレクトロニクス，エネルギー・電子制御の２コースに分かれ，各分野独自の専門的内容を学ぶ。
電子物質科	110	▷２年次から電子物理デバイス，材料エネルギー化学の２コースに分属。実践的教育により新規な学問領域や科学技術の進歩を牽引する力を養成する。
化学バイオ工	110	▷環境応用化学，バイオ応用工学の２コース制。化学をベースに工学的応用を加え，研究開発やシステム構築を行える人材を育成。
数理システム工	50	▷数理科学の手法や情報科学の基礎，リスク管理など環境科学分野の学習により，人と環境に配慮した最適なシステムを生み出せるエンジニアを育成。
● **取得可能な資格**…教職（数）など。 ● **進路状況**…………就職33.0％　進学65.4％ ● **主な就職先**………アイシン，京セラ，セイコーエプソン，デンソー，ニプロ，ヤマハ発動機など。		
農学部		
生物資源科	105	▷生物生産技術と環境技術を融合した農学を究め，農林業と持続可能社会の未来を支える人材を育成する。
応用生命科	70	▷化学と生物を基礎領域とし，バイオテクノロジーやライフサイエンス産業で活躍できる人材を育成する。
● **取得可能な資格**…教職（理・農），測量士補，２級・木造建築士受験資格など。 ● **進路状況**…………就職47.5％　進学48.0％ ● **主な就職先**………静岡ガス，ウッドワン，タカナシ乳業，トヨタ自動車，ニトリ，農林水産省など。		
グローバル共創科学部		
グローバル共創科	115	**NEW!** '23年新設。既存６学部の教育成果を融合し，横断型教育プログラム地域創造学環を発展的に吸収。多様な人々と協働し，人文社会科学から自然科学に至る広汎な知をつなぐことで，未来社会を構想・デザインできる共創型人材を育成する。国際地域共生学，生命圏循環共生学，総合人間科学の３コース制（予定）。
● **進路状況**…………就職98.1％　進学0.0％（旧地域創造学環実績） ● **主な就職先**………清水銀行，新東通信，積水ハウス，損害保険ジャパン，天神屋，マイナビ，静岡県庁，静岡市役所など（旧地域創造学環実績）。		

▶キャンパス

人文社会科・教育・理・農・地域創造学環……［静岡キャンパス］静岡県静岡市駿河区大谷836
情報・工……［浜松キャンパス］静岡県浜松市中区城北3-5-1

キャンパスアクセス ［浜松キャンパス］JR東海道線一浜松よりバス約20分

2023年度入試要項(前年度実績)

●募集人員

学部／学科・課程(専攻／専修)	前期	後期
▶人文社会科(昼間コース)社会	40	8
言語文化	45	12
法	54	18
経済	95	15
▶教育 学校教育教員養成(発達教育学／教育実践学)	5	2
(／教育心理学)	6	—
(／幼児教育)	9	—
(初等学習開発学)	5	2
(養護教育)	4	2
(特別支援教育)	9	5
(教科教育学／国語教育)	18	3
(／社会科教育)	15	5
(／数学教育)	19	3
(／理科教育)	12	6
(／音楽教育)	9	—
(／美術教育)	7	3
(／保健体育教育)	11	—
(／技術教育)	8	—
(／家庭科教育)	5	3
(／英語教育)	12	—
▶情報 情報科	53	30
情報社会	40	20
行動情報	44	20
▶理 数	20	10
物理	20	18
化	20	17
生物科	20	20
地球科	27	10
創造理学(グローバル人材育成)	6	5
▶工 機械工	90	50
電気電子工	60	30
電子物質科	50	50
化学バイオ工	45	45
数理システム工	25	16
▶農 生物資源科	45	25
応用生命科	35	20
▶グローバル共創科 グローバル共創科	47	20

※人文社会科学部の夜間主コースは学校推薦型選抜と社会人選抜で募集。
※創造理学(グローバル人材育成)コースは理学部一括募集。各学科への配属は2年進級時。

●2段階選抜 実施しない

試験科目

デジタルブック »»

偏差値データ(2023年度)

●一般選抜

学部／学科・課程／専攻(専修)	2023年度 駿台予備学校 合格目標ライン	河合塾 ボーダー得点率	河合塾 ボーダー偏差値	'22年度 競争率
●前期				
▶人文社会科学部				
社会	48	68%	52.5	2.3
言語文化	50	67%	50	1.5
法	49	69%	52.5	5.3
経済	48	63%	50	1.4
▶教育学部				
学校教育／発達教育学(教育実践学)	49	58%	50	2.2
(教育心理学)	50	59%	50	1.5
(幼児教育)	50	55%	50	1.8
／初等学習開発学	49	55%	50	1.0
／養護教育	49	60%	52.5	1.0
／特別支援教育	49	57%	50	—
／教科教育学(国語)	49	58%	50	1.6
(社会科)	48	59%	47.5	1.8
(数学)	49	60%	47.5	2.0
(理科)	49	56%	47.5	2.8
(音楽)	43	53%	—	1.6
(美術)	42	50%	—	1.0
(保健体育)	43	57%	—	2.7
(技術)	46	53%	47.5	1.1
(家庭科)	47	58%	50	1.1
(英語)	51	59%	50	1.0
▶情報学部				
情報科	47	64%	50	2.9
情報社会	47	62%	50	2.3
行動情報〈A〉	48	62%	50	1.9
行動情報〈B〉	48	62%	50	2.1
▶理学部				
数	49	60%	52.5	1.7
物理	49	61%	52.5	1.4
化	49	61%	52.5	1.5
生物科	49	58%	50	1.2

地球科	49	57%	52.5	1.6
創造理学	48	60%	50	1.6
▶工学部				
機械工	47	59%	50	2.0
電気電子工	47	60%	50	1.7
電子物質科	47	58%	50	2.0
化学バイオ工	47	58%	50	2.0
数理システム工	47	60%	50	2.2
▶農学部				
生物資源	48	59%	50	2.0
応用生命科	49	62%	50	2.2
▶グローバル共創科学部				
グローバル共創科	49	66%	52.5	3.2
●後期				
▶人文社会科学部				
社会	49	72%	—	3.2
言語文化	51	69%	—	1.9
法	50	72%	—	6.5
経済	49	66%	—	1.7
▶教育学部				
学校教育/発達教育学(教育実践学)	50	61%	—	2.0
／初等学習開発学	50	57%	—	1.3
／養護教育	49	62%	—	1.0
／特別支援教育	50	59%	—	2.8
／教科教育学(国語)	50	60%	—	1.0
(社会科)	49	60%	—	1.4
(数学)	50	62%	50	4.0
(理科)	50	60%	—	3.8
(美術)	42	54%	—	1.0
(家庭科)	47	59%	—	1.0
▶情報学部				
情報科	48	69%	52.5	3.0
情報社会	48	65%	50	1.7
行動情報	48	65%	55	1.4
▶理学部				
数	51	66%	55	2.1
物理	51	67%	52.5	2.2
化	51	67%	52.5	1.2
生物科	51	64%	52.5	1.5
地球科	50	63%	—	1.3
創造理学	51	66%	52.5	1.9
▶工学部				
機械工	49	64%	52.5	2.4
電気電子工	49	64%	52.5	1.7
電子物質科	49	62%	52.5	1.3
化学バイオ工	49	63%	52.5	1.5
数理システム工	49	63%	52.5	1.5
▶農学部				
生物資源	50	63%	52.5	2.1
応用生命科	51	65%	52.5	1.7
▶グローバル共創科学部				
グローバル共創科	46	68%	52.5	2.7

- 駿台予備学校合格目標ラインは合格可能性80%に相当する駿台模試の偏差値です。
- 河合塾ボーダー得点率は合格可能性50%に相当する共通テストの得点率です。また，ボーダー偏差値は合格可能性50%に相当する河合塾全統模試の偏差値です。
- 競争率は受験者÷合格者の実質倍率

名古屋大学

NAGOYA UNIVERSITY

資料請求

問合せ先 教育推進部入試課 ☎052-789-5765

大学の理念

1871（明治４）年に設立された尾張藩仮病院・仮医学校が源流。旧帝国大学。戦後の学制改革を経て，現在は９学部・13研究科・３研究所。「自由闊達」な学風の伝統に誇りを持ち，創造的な研究活動の土壌となっている。21世紀に入りノーベル賞を受賞した日本人６名が「名大」関係者であるのも無関係でないとされる。「勇気ある知識人」の育成を謳い，多文化共生社会を実行。2018年に「指定国立大学法人」を受け，2020年には岐阜大学と法人統合し「東海国立大学機構」を設立。それぞれの大学を一層発展させるとともに，地域創生への貢献と国際競争力の強化を進めている。さらに「アカデミック·セントラル構想」を掲げ，地域や企業との連携教育，サイバー空間での教育を推進し，「勇気をもって，共に未来を創る人材」の育成に力を注いでいる。

- **東山キャンパス**…〒464-8601　愛知県名古屋市千種区不老町
- **鶴舞キャンパス**…〒466-8550　愛知県名古屋市昭和区鶴舞町65
- **大幸キャンパス**…〒461-8673　愛知県名古屋市東区大幸南1-1-20

基本データ

学生数▶9,525名（男6,566名，女2,959名）
専任教員数▶教授608名，准教授495名，講師177名

設置学部▶文，教育，法，経済，情報，理，医，工，農
併設教育機関▶大学院（P.1387参照）

就職・卒業後の進路

就職率 96.1％
就職者÷希望者×100

●**就職支援**　キャリアサポートセンターが，学内イベント開催，求人情報の提供，資料の閲覧開示，メールマガジン発行など，通年で支援にあたる。就職相談員が就職・進路に関する個別の相談にも応じる。面接や，エントリー方法，企業選択，就職活動の方策，就職不安などの相談，提出書類のチェック，模擬面接にも対応。就職関連イベントの案内やインターンシップ情報はメールマガジンでリアルタイムに発信している。また，インターンシップへの参加希望学生にガイダンスや対策講座などを実施し，積極的に支援している。

進路指導者も必見 学生を伸ばす 面倒見

初年次教育
基本的なスキルとしての「読み・書き・話す」能力を涵養し，知の探究プロセスと学問の面白さを学ぶ「基礎セミナー」のほか，「大学での学び」基礎論，「データ科学基礎（演習）」などの科目を開講

学修サポート
文・教育・経済・情報・理・医（保）・工・農でTA制度，文・経済・理・農でオフィスアワー制度，さらに，情報・医（医）・農では教員アドバイザー制度を導入。

オープンキャンパス（2022年度実績） 8月にオープンキャンパスを開催。インターネットを活用したイベントを主体としつつ，一部の学部では対面型の企画を実施。特設サイトの動画は，一部を除き12月末まで視聴可能。

文系学部
2022年３月卒業生
553人

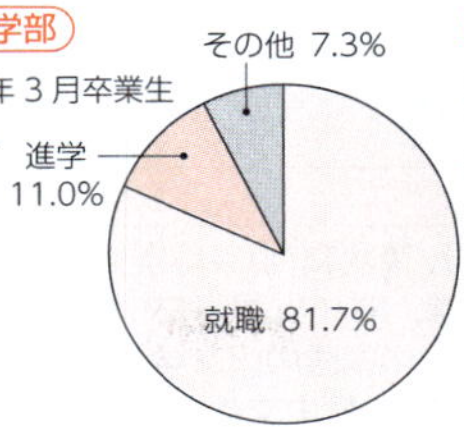

理系学部
2022年３月卒業生
1,495人
※就職には医学科の初期臨床研修医を含む。

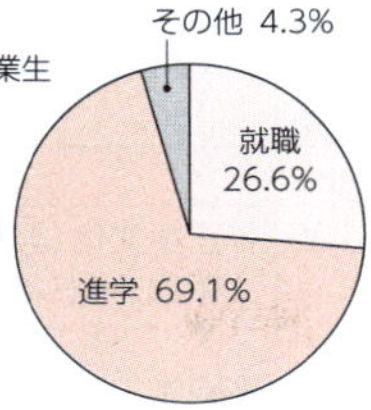

その他の学部
2022年３月卒業生
214人
・教育学部
・情報学部
（旧情報文化学部を含む）

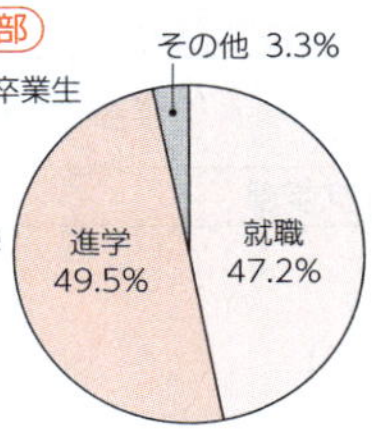

主なOB・OG▶［理］益川敏英（素粒子物理学）・［理］小林誠（素粒子物理学）・［工］天野浩（半導体工学）—以上ノーベル賞受賞者，［教育］堀田あけみ（小説家），［経済］鈴木亜由子（長距離走選手）など。

国際化・留学　大学間 160 大学等・部局間 314 大学等

受入れ留学生数▶375名（2022年５月１日現在）

留学生の出身国▶中国，韓国，ベトナムなど。

外国人専任教員▶教授19名，准教授29名，講師15名（2022年５月１日）

外国人専任教員の出身国▶中国，韓国，フランス，イギリス，ドイツなど。

大学間交流協定▶160大学・機関（交換留学先128大学，2022年５月１日現在）

部局間交流協定▶314大学・機関（交換留学先116大学，2022年５月１日現在）

海外への留学生数▶渡航型26名・オンライン型137名／年（13カ国・地域，2021年度）

海外留学制度▶「卒業までに学部生全員が留学」することを目標に多彩な取り組みを展開。「交換留学プログラム」は，協定校に１学期間または１年間留学し，自分の専門分野や興味のある分野の講義を現地の学生と共に学ぶ。授業料不徴収の取り決めにより留学先への授業料支払いが不要になる場合が多い。「海外短期研修を含む教養科目」は，長期休暇を利用し，学内学習に現地での専門講義の履修，調査，企業訪問などが組み合わされ，目的や期間に応じて科目が選択できる。また，学部・研究科独自のプログラムやオンライン等を活用した「ｉ留学」も提供している。

学費・奨学金制度　給付型奨学金総額 年間 1,784 万円

入学金▶282,000円

年間授業料（施設費等を除く）▶535,800円

年間奨学金総額▶17,840,000円

年間奨学金受給者数▶15人

主な奨学金制度▶成績優秀でありながら経済的理由により修学が困難な学生（最終学年）に年額60万円を給付する「下駄の鼻緒奨学金」や工学部３年次生を対象に年額144万円を２年間給付する「ホシザキ奨学金」のほか，「エンカレッジメント奨学金」などを設置。

保護者向けインフォメーション

●**成績確認**　連帯保証人（保護者など）と本人の同意を得た場合に限り，成績表および履修科目と単位数の情報を郵送している。

●**保護者会**　例年10月開催のホームカミングデイに学部単位で保護者向け説明会・懇談会を実施。

●**防災対策**　「防災ガイド［地震・風水害］」（和文・英文）を入学時（在学生は年度初め）に配布。学生が被災した際の安否は，安否確認システム（ANPIC）を利用して確認する。

●**コロナ対策１**　ワクチンの職域接種を実施。活動内容ごとに３～７段階のBCP（行動指針）を設定。「コロナ対策２」（下段）あり。

インターンシップ科目	必修専門ゼミ	卒業論文	GPA制度の導入の有無および活用例	１年以内の退学率	標準年限での卒業率
教育・法・情報・工・農で開講	文・理（学科による）２～４年次，経済３・４年次，医（保）１・４年次，情報・農４年次に実施	法学部，医学部医学科を除き卒業要件	一部の学部で奨学金等対象者の選定基準，留学候補者の選考，進級判定の基準，個別の学修指導，大学院入試の選抜基準として活用するほか，GPAに応じた履修上限単位数を設定	0.3%	89.5%（４年制）95.4%（６年制）

●**コロナ対策２**　講義室の収容人数を調整し，空調等を整備。また，オンライン授業を併用し，希望者にはノートPCを貸与，アクセス・ポイントも開放。経済的に困窮している学生に授業料減免，学内雇用，食事・食料支援を実施。

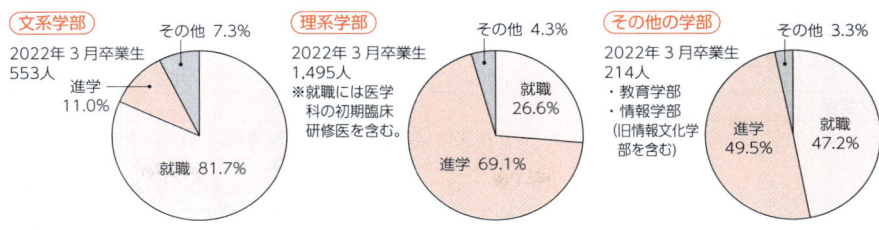

学部紹介

学部／学科	定員	特色
文学部		
人文	125	▷言語文化（言語学・日本語学），英語文化（英語学・英米文学），文献思想（ドイツ語ドイツ文学，ドイツ語圏文化学，フランス語フランス文学，日本文学，中国語中国文学，哲学，西洋古典学，中国哲学，インド哲学），歴史文化（日本史学，東洋史学，西洋史学，美学美術史学，考古学，文化人類学），環境行動（社会学，心理学，地理学）の５学繋22分野・専門。２年次からいずれかの分野・専門（研究室）に所属し，各分野の学習に取り組む。
● 取得可能な資格…教職（国・地歴・公・社・英），学芸員。 ● 進路状況…………就職80.0%　進学11.4% ● 主な就職先………関西電力，東邦ガス，日本生命保険，日立製作所，オービック，愛知県など。		
教育学部		
人間発達科	65	▷人間の発達と，それを支える教育という文化の営みを科学的に追究し，新たな生き方や成熟社会の行方を探る。３年次から，生涯教育開発，学校教育情報，国際社会文化，心理社会行動，発達教育臨床の５コースに分属。
● 取得可能な資格…教職（地歴・公・社），司書教諭，学芸員など。 ● 進路状況…………就職73.0%　進学24.3% ● 主な就職先………東邦ガス，明治安田生命保険，アクセンチュア，愛知県，愛知県教員など。		
法学部		
法律・政治	150	▷創設以来，権力・権威から独立した研究・教育を貫く。自由・闊達・進取の気風のもと，教員一人当たりの学生数が１学年３名程度の少人数教育。学ぶ内容は「完全自由選択制」で，興味関心に沿った履修科目を選択できる。
● 取得可能な資格…教職（公・社）。　● 進路状況…就職72.7%　進学20.3% ● 主な就職先………大垣共立銀行，大林組，中日新聞社，日本生命保険，マキタ，名古屋市など。		
経済学部		
		▶２年次に学科配属，３年次から少人数のゼミナールに所属。
経済	140	▷各種経済理論，経済政策研究，経済活動の背景を分析する経済史，社会思想史などからなる。
経営	65	▷企業の戦略組織，マーケティングなどを考究する経営学の諸分野および会計学の諸分野などからなる。
● 取得可能な資格…教職（公・商業）。　● 進路状況…就職89.2%　進学4.1% ● 主な就職先………有限責任監査法人トーマツ，三菱UFJ銀行，野村證券，楽天グループなど。		
情報学部		
自然情報	38	▷数理情報系，複雑システム系の２教育系に分かれて人類が直面する課題，深刻な問題の解決に貢献できる人材を育成。
人間・社会情報	38	▷社会情報系，心理・認知科学系の２教育系に分かれ「コミュニケーション」を変革し，新しい価値の創造を実現できる人材を育成する。
コンピュータ科	59	▷情報システム系，知能システム系の２つの教育系に分かれ情報科学技術を活用した新しい機器・システム・サービスなどの創出や価値を創造できる人材を育成する。

キャンパスアクセス ［東山キャンパス］ 地下鉄名城線一名古屋大学よりすぐ

● 取得可能な資格…教職(数・情)。
● 進路状況…………就職33.6%　進学62.9%（旧情報文化学部を含む）
● 主な就職先………日立製作所，西日本電信電話，デンソー，NTTドコモ，豊田自動織機，富士通など。

理学部

		▶学部で一括募集し，２年次より各学科に配属。
数理	55	▷基礎力と広い視野を重視した教育理念のもと，高度で奥行きの広い世界を構築する。
物理	90	▷自然界を貫く単純で普遍的な真理の追究。素粒子，物質，宇宙，生物すべての理解をめざす。
化	50	▷物質科学の分子レベルでの理解と新展開をめざし，それに必要な基礎を体系的に深く学ぶ。
生命理	50	▷生命現象を遺伝子やタンパク質細胞などの働きから理解することをめざす。
地球惑星科	25	▷地球と惑星の起源と進化，現在の姿をさまざまな角度から明らかにしようと取り組む。

● 取得可能な資格…教職(数・理)，学芸員，測量士補。　● 進路状況…就職20.7%　進学72.5%
● 主な就職先………中部電力パワーグリッド，キオクシア，日本ガイシ，富士通，愛知県教員など。

医学部

医	107	▷日本で最も歴史のある医学部の一つであり，21世紀の日本を支える医学・医療の拠点として活動している。科学的論理性と倫理性・人間性に富み，豊かな創造力・独創性と使命感を持つ医学研究者・医療者を育てる。
保健	200	▷〈看護学専攻80名，放射線技術科学専攻40名，検査技術科学専攻40名，理学療法学専攻20名，作業療法学専攻20名〉

● 取得可能な資格…医師・看護師・保健師・診療放射線技師・臨床検査技師・理学療法士・作業療法士受験資格。
● 進路状況…………[医]初期臨床研修医94.7%　進学1.8%　[保健]就職65.4%　進学30.4%
● 主な就職先………[保健]名古屋大学医学部附属病院，名古屋セントラル病院，豊橋市など。

工学部

化学生命工	99	▷物質の構造，性質，反応について，幅広い学問の基礎から応用までを体系的に涵養する教育・研究を行う。
物理工	83	▷物理学および数理科学を基礎に，広範囲な工学的分野で先導的な教育・研究を行う。
マテリアル工	110	▷材料工学・化学工学を基軸に，環境・資源・エネルギーなどの社会的課題を克服する能力を涵養する教育・研究を行う。
電気電子情報工	118	▷持続可能で効率的な未来型社会を実現するための基盤となる学問分野の教育・研究を行う。
機械・航空宇宙工	150	▷数学や力学を中心に基礎力を養い，機械工学，航空宇宙工学，マイクロ・ナノ工学に展開する創造力・総合力を涵養。
エネルギー理工	40	▷持続的成長可能社会に整合するエネルギー・システムの実現をめざし，時代の先端を切り拓く教育・研究を行う。
環境土木・建築	80	▷良質な社会資本の構築と建築の創造をめざし，土木工学と建築学の基礎および応用を涵養する教育・研究を行う。

● 取得可能な資格…測量士補，1・2級建築士受験資格など。　● 進路状況…就職10.0%　進学86.2%
● 主な就職先………デンソー，トヨタ自動車，豊田自動織機，アイシン，名古屋市，国土交通省など。

キャンパスアクセス [鶴舞キャンパス] JR中央本線・地下鉄鶴舞線―鶴舞より徒歩3〜8分

農学部		
生物環境科	35	▷自然生態系の仕組みを探り，環境と調和した生物資源の持続的利用をめざす。
資源生物科	55	▷生物の巧みな生存戦略を解明し，人類の食をグローバルに支える。
応用生命科	80	▷生命現象を分子レベルで研究し，バイオの力を駆使して人類の食と健康に貢献する途を探る。

● **取得可能な資格**…教職(理・農)など。 ● **進路状況**…就職15.0% 進学81.7%
● **主な就職先**………天野エンザイム，デンソー，日本たばこ産業，不二家，愛知県，農林水産省など。

キャンパス

文・教育・法・経済・情報・農・理・工……［東山キャンパス］愛知県名古屋市千種区不老町
医(医)……［鶴舞キャンパス］愛知県名古屋市昭和区鶴舞町65
医(保健)……［大幸キャンパス］愛知県名古屋市東区大幸南1-1-20

2023度入試要項(前年度実績)

●募集人員

学部／学科(専攻)		前期	後期	学校推薦型
文		110	—	15
教育		55	—	10
法		105	—	45
経済		165	—	40
情報	自然情報	30	—	8
	人間・社会情報	30	—	8
	コンピュータ科	53	—	6
理		220	—	50
医	医［一般枠］	85	5	12
	医［地域枠］	5	—	—
	保健(看護学)	45	—	35
	(放射線技術科学)	30	—	10
	(検査技術科学)	25	—	15
	(理学療法学)	13	—	7
	(作業療法学)	13	—	7
工	化学生命工	90	—	9
	物理工	75	—	8
	マテリアル工	99	—	11
	電気電子情報工	106	—	12
	機械・航空宇宙工	135	—	15
	エネルギー理工	34	—	6
	環境土木・建築	72	—	8
農	生物環境科	27	—	8
	資源生物科	43	—	12
	応用生命科	66	—	14

※工学部電気電子情報工学科およびエネルギー理工学科は前期の募集人員の半数を女子枠とし，残りの半数は性別を問わず選抜する。環境土木・建築学科では学校推薦型選抜の募集人員の内訳を環境土木工学プログラム４名・建築学プログラム４名とする。
※工学部と農学部で高得点者選抜を実施。工学部―〈共通テストの高得点者選抜〉各学科の前期日程募集人員の10％を限度として個別学力検査の成績が定められた基準を上回る場合，第１志望学科に限り，共通テストの成績によって選抜を行う。〈個別学力検査の高得点者選抜〉各学科の前期日程募集人員の10％を限度として，第１志望学科に限り，共通テストの成績にかかわらず，個別学力検査の成績によって選抜を行う。農学部―個別学力検査の高得点者について第１志望学科に限り，各学科の前期日程募集人員の20％を限度として，共通テストの成績にかかわらず，個別学力検査の成績によって選抜を行う。

●２段階選抜

医学部医学科のみ前期は共通テストの成績が900点満点中600点以上の者を，後期は募集人員の12倍までの者を第１段階選抜の合格者とする。

▷共通テストの英語はリスニングを含む。
▷個別学力検査の数Ｂ－数列・ベク。

文学部

前期 ［共通テスト(900)］ **8**科目 ①国(200) ②**外**(200・英〈R150＋L50〉) ▶英・独・仏・中・韓から１ ③④**地歴・公民**(100×2) ▶世Ｂ・日Ｂ・地理Ｂ・「倫・政経」から２ ⑤⑥**数**(100×2) ▶「数Ⅰ・数Ａ」必須，「数Ⅱ・数Ｂ」・簿・情から１ ⑦⑧**理**(50×2) ▶物基・

化基・生基・地学基から２
［個別学力検査(1200)］ 4科目 ①国(400)▶国総・現文Ｂ・古典Ｂ ②外(400)▶コミュ英Ⅰ・コミュ英Ⅱ・コミュ英Ⅲ・英表Ⅰ・英表Ⅱ ③地歴(200)▶世Ｂ・日Ｂ・地理Ｂから１ ④数(200)▶数Ⅰ・数Ⅱ・数Ａ・数Ｂ
学校推薦型 ［共通テスト］ 課さない。
［個別学力検査］ 2科目 ①小論文 ②面接
※第１次選考―書類審査，第２次選考―小論文・面接の結果により判定。

教育学部

前期 ［共通テスト(900)］ 8〜7科目 ①国(200) ②外(200・英〈R150＋L50〉)▶英・独・仏・中・韓から１ ③④数(100×2)▶「数Ⅰ・数Ａ」必須，「数Ⅱ・数Ｂ」・簿・情から１ ⑤⑥⑦⑧「地歴・公民」・理(100×3)▶世Ｂ・日Ｂ・地理Ｂ・「倫・政経」から１または２，「物基・化基・生基・地学基から２」・物・化・生・地学から１または２，計３，ただし同一科目名を含む選択は不可
［個別学力検査(1800)］ 3科目 ①国(600)▶国総・現文Ｂ・古典Ｂ ②外(600)▶コミュ英Ⅰ・コミュ英Ⅱ・コミュ英Ⅲ・英表Ⅰ・英表Ⅱ ③数(600)▶数Ⅰ・数Ⅱ・数Ａ・数Ｂ
学校推薦型 ［共通テスト］ 8〜7科目 ①国 ②外▶英・独・仏・中・韓から１ ③④数▶「数Ⅰ・数Ａ」必須，「数Ⅱ・数Ｂ」・簿・情から１ ⑤⑥⑦⑧「地歴・公民」・理▶世Ｂ・日Ｂ・地理Ｂ・「倫・政経」から１または２，「物基・化基・生基・地学基から２」・物・化・生・地学から１または２，計３，ただし同一科目名を含む選択は不可
［個別学力検査］ 2科目 ①小論文 ②面接
※第１次選考―書類審査・共通テストの成績，第２次選考―小論文・面接の結果により判定。

法学部

前期 ［共通テスト(900)］ 8科目 ①国(200) ②外(200・英〈R150＋L50〉)▶英・独・仏・中・韓から１ ③④地歴・公民(100×2)▶世Ｂ・日Ｂ・地理Ｂ・「倫・政経」から２ ⑤⑥数(100×2)▶「数Ⅰ・数Ａ」必須，「数Ⅱ・数Ｂ」・簿・情から１ ⑦⑧理(50×2)▶物基・化基・生基・地学基から２
［個別学力検査(600)］ 3科目 ①外(200)▶コミュ英Ⅰ・コミュ英Ⅱ・コミュ英Ⅲ・英表Ⅰ・英表Ⅱ ②数(200)▶数Ⅰ・数Ⅱ・数Ａ・数Ｂ ③小論文(200)
学校推薦型 ［共通テスト］ 8科目 ①国 ②外▶英・独・仏・中・韓から１ ③④地歴・公民▶世Ｂ・日Ｂ・地理Ｂ・「倫・政経」から２ ⑤⑥数▶「数Ⅰ・数Ａ」必須，「数Ⅱ・数Ｂ」・簿・情から１ ⑦⑧理▶物基・化基・生基・地学基から２
［個別学力検査］ 0〜1科目 ①面接▶口頭試問 ※面接免除者には課さない。
※書類審査および共通テストの成績を総合し約30名の合格者(面接免除)を決定，また書類審査で面接選考の受験有資格者となった者に対し面接，書類審査および共通テストの成績を総合して約15名の合格者を決定。

経済学部

前期 ［共通テスト(900)］ 8科目 ①国(200) ②外(200・英〈R150＋L50〉)▶英・独・仏・中・韓から１ ③④地歴・公民(100×2)▶世Ｂ・日Ｂ・地理Ｂ・「倫・政経」から２ ⑤⑥数(100×2)▶「数Ⅰ・数Ａ」必須，「数Ⅱ・数Ｂ」・簿・情から１ ⑦⑧理(50×2)▶物基・化基・生基・地学基から２
［個別学力検査(1500)］ 3科目 ①国(500)▶国総・現文Ｂ・古典Ｂ ②外(500)▶コミュ英Ⅰ・コミュ英Ⅱ・コミュ英Ⅲ・英表Ⅰ・英表Ⅱ ③数(500)▶数Ⅰ・数Ⅱ・数Ａ・数Ｂ
学校推薦型 ［共通テスト］ 8科目 ①国 ②外▶英・独・仏・中・韓から１ ③④地歴・公民▶世Ｂ・日Ｂ・地理Ｂ・「倫・政経」から２ ⑤⑥数▶「数Ⅰ・数Ａ」必須，「数Ⅱ・数Ｂ」・簿・情から１ ⑦⑧理▶物基・化基・生基・地学基から２
［個別学力検査］ 1科目 ①面接
※第１次選考―書類審査・共通テストの成績，第２次選考―面接の結果により判定。

情報学部

前期 【自然情報学科】［共通テスト(900)］ 7科目 ①国(200) ②外(200・英〈R150＋L50〉)▶英・独・仏・中・韓から１ ③地歴・公民(100)▶世Ｂ・日Ｂ・地理Ｂ・「倫・政経」から１ ④⑤数(100×2)▶「数Ⅰ・数Ａ」必須，「数Ⅱ・数Ｂ」・簿・情から１ ⑥⑦理(100×2)▶物・

化・生・地学から2
[個別学力検査(1100)] 3科目 ①外(400)▶コミュ英Ⅰ・コミュ英Ⅱ・コミュ英Ⅲ・英表Ⅰ・英表Ⅱ ②数(400)▶数Ⅰ・数Ⅱ・数Ⅲ・数A・数B ③理(300)▶「物基・物」・「化基・化」・「生基・生」・「地学基・地学」から1
【人間・社会情報学科】 [共通テスト(900)] 8科目 ①国(200) ②外(200・英〈R150+L50〉)▶英・独・仏・中・韓から1 ③④地歴・公民(100×2)▶世B・日B・地理B・「倫・政経」から2 ⑤⑥数(100×2)▶「数Ⅰ・数A」必須,「数Ⅱ・数B」・簿・情から1 ⑦⑧理(50×2)▶物基・化基・生基・地学基から2
[個別学力検査(1100)] 2科目 ①外(700)▶コミュ英Ⅰ・コミュ英Ⅱ・コミュ英Ⅲ・英表Ⅰ・英表Ⅱ ②地歴・数(400)▶世B・日B・地理B・「数Ⅰ・数Ⅱ・数A・数B」から1
【コンピュータ科学科】 [共通テスト(900)] 7科目 ①国(200) ②外(200・英〈R150+L50〉)▶英・独・仏・中・韓から1 ③地歴・公民(100)▶世B・日B・地理B・「倫・政経」から1 ④⑤数(100×2)▶「数Ⅰ・数A」必須,「数Ⅱ・数B」・簿・情から1 ⑥⑦理(100×2)▶物必須,化・生・地学から1
[個別学力検査(1300)] 4科目 ①外(300)▶コミュ英Ⅰ・コミュ英Ⅱ・コミュ英Ⅲ・英表Ⅰ・英表Ⅱ ②数(500)▶数Ⅰ・数Ⅱ・数Ⅲ・数A・数B ③④理(250×2)▶「物基・物」必須,「化基・化」・「生基・生」・「地学基・地学」から1
学校推薦型 【自然情報学科】[共通テスト] 7科目 ①国 ②外▶英・独・仏・中・韓から1 ③地歴・公民▶世B・日B・地理B・「倫・政経」から1 ④⑤数▶「数Ⅰ・数A」必須,「数Ⅱ・数B」・簿・情から1 ⑥⑦理▶物・化・生・地学から2
[個別学力検査] 1科目 ①面接
※第1次選考─書類審査・共通テストの成績,第2次選考─面接の結果により判定。
【人間・社会情報学科】 [共通テスト] 8科目 ①国 ②外▶英・独・仏・中・韓から1 ③④地歴・公民▶世B・日B・地理B・「倫・政経」から2 ⑤⑥数▶「数Ⅰ・数A」必須,「数Ⅱ・数B」・簿・情から1 ⑦⑧理▶物基・化基・生基・地学基から2
[個別学力検査] 1科目 ①面接
※第1次選考─書類審査・共通テストの成績,第2次選考─面接の結果により判定。
【コンピュータ科学科】 [共通テスト] 7科目 ①国 ②外▶英・独・仏・中・韓から1 ③地歴・公民▶世B・日B・地理B・「倫・政経」から1 ④⑤数▶「数Ⅰ・数A」必須,「数Ⅱ・数B」・簿・情から1 ⑥⑦理▶物必須,化・生・地学から1
[個別学力検査] 1科目 ①面接
※第1次選考─書類審査・共通テストの成績,第2次選考─面接の結果により判定。

理学部

前期 [共通テスト(900)] 7科目 ①国(200) ②外(200・英〈R150+L50〉)▶英・独・仏・中・韓から1 ③地歴・公民(100)▶世B・日B・地理B・「倫・政経」から1 ④⑤数(100×2)▶「数Ⅰ・数A」必須,「数Ⅱ・数B」・簿・情から1 ⑥⑦理(100×2)▶物・化・「生・地学から1」から2
[個別学力検査(1450)] 5科目 ①国(150)▶国総・現文B(古文・漢文を除く) ②外(300)▶コミュ英Ⅰ・コミュ英Ⅱ・コミュ英Ⅲ・英表Ⅰ・英表Ⅱ ③数(500)▶数Ⅰ・数Ⅱ・数Ⅲ・数A・数B ④⑤理(250×2)▶「物基・物」・「化基・化」・「〈生基・生〉・〈地学基・地学〉から1」から2
学校推薦型 [共通テスト] 7科目 ①国 ②外▶英・独・仏・中・韓から1 ③地歴・公民▶世B・日B・地理B・「倫・政経」から1 ④⑤数▶「数Ⅰ・数A」必須,「数Ⅱ・数B」・簿・情から1 ⑥⑦理▶物・化・「生・地学から1」から2
[個別学力検査] 1~0科目 ①面接▶口頭試問 ※面接免除者には課さない。
※書類審査および共通テストの成績を総合し約25名の合格者(面接免除)を決定,また書類審査で面接選考の受験有資格者となった者に対し面接,書類審査および共通テストの成績を総合して約25名の合格者を決定。

医学部

前期 [共通テスト(900)] 7科目 ①国(200) ②外(200・英〈R150+L50〉)▶英・独・仏・中・韓から1 ③地歴・公民(100)▶世

B・日B・地理B・「倫・政経」から1　④⑤**数**(100×2)▶「数Ⅰ・数A」必須，「数Ⅱ・数B」・簿・情から1　⑥⑦**理**(100×2)▶物・化・生から2

[個別学力検査(1650)]【医学科】 6科目 ①**国**(150)▶国総・現文B(古文・漢文を除く)　②**外**(500)▶コミュ英Ⅰ・コミュ英Ⅱ・コミュ英Ⅲ・英表Ⅰ・英表Ⅱ　③**数**(500)▶数Ⅰ・数Ⅱ・数Ⅲ・数A・数B　④⑤**理**(250×2)▶「物基・物」・「化基・化」・「生基・生」から2　⑥**面接**

【保健学科】 5科目 ①**国**(150)▶国総・現文B(古文・漢文を除く)　②**外**(500)▶コミュ英Ⅰ・コミュ英Ⅱ・コミュ英Ⅲ・英表Ⅰ・英表Ⅱ　③**数**(500)▶数Ⅰ・数Ⅱ・数Ⅲ・数A・数B　④⑤**理**(250×2)▶「物基・物」・「化基・化」・「生基・生」から2

後期　**【医学科】[共通テスト(900)]** 7科目 前期と同じ

[個別学力検査] 1科目 ①**面接**▶英文の課題に基づく口頭試問を含む

学校推薦型　**[共通テスト]** 7科目 ①**国**　②**外**▶英・独・仏・中・韓から1　③**地歴・公民**▶世B・日B・地理B・「倫・政経」から1　④⑤**数**▶「数Ⅰ・数A」必須，「数Ⅱ・数B」・簿・情から1　⑥⑦**理**▶物・化・生から2

[個別学力検査]【医学科】 1科目 ①**面接**▶プレゼンテーション・口頭試問

※第1次選考―書類審査・共通テストの成績，第2次選考―面接の結果により判定。

【保健学科】 1科目 ①**面接**▶口頭試問

※第1次選考―書類審査・共通テストの成績，第2次選考―面接，書類審査および共通テストの成績により判定。

工学部

前期　**[共通テスト(600)]** 7科目 ①**国**(200)　②**外**(100・英〈R75＋L25〉)▶英・独・仏・中・韓から1　③**地歴・公民**(100)▶世B・日B・地理B・「倫・政経」から1　④⑤**数**(50×2)▶「数Ⅰ・数A」必須，「数Ⅱ・数B」・簿・情から1　⑥⑦**理**(50×2)▶物・化

[個別学力検査(1300)] 4科目 ①**外**(300)▶コミュ英Ⅰ・コミュ英Ⅱ・コミュ英Ⅲ・英表Ⅰ・英表Ⅱ　②**数**(500)▶数Ⅰ・数Ⅱ・数Ⅲ・数A・数B　③④**理**(250×2)▶「物基・物」・「化基・化」

学校推薦型　**[共通テスト]** 7科目 ①**国**　②**外**▶英・独・仏・中・韓から1　③**地歴・公民**▶世B・日B・地理B・「倫・政経」から1　④⑤**数**▶「数Ⅰ・数A」必須，「数Ⅱ・数B」・簿・情から1　⑥⑦**理**▶物・化

[個別学力検査] 1科目 ①**面接**▶口頭試問，ただし，環境土木・建築学科で建築学プログラムはスケッチを含む

※第1次選考―書類審査・共通テストの成績，第2次選考―面接の結果により判定。

農学部

前期　**[共通テスト(900)]** 7科目 ①**国**(200)　②**外**(200・英〈R150＋L50〉)▶英・独・仏・中・韓から1　③**地歴・公民**(100)▶世B・日B・地理B・「倫・政経」から1　④⑤**数**(100×2)▶「数Ⅰ・数A」必須，「数Ⅱ・数B」・簿・情から1　⑥⑦**理**(100×2)▶物・化・生・地学から2

[個別学力検査(1550)] 5科目 ①**国**(150)▶国総・現文B(古文・漢文を除く)　②**外**(400)▶コミュ英Ⅰ・コミュ英Ⅱ・コミュ英Ⅲ・英表Ⅰ・英表Ⅱ　③**数**(400)▶数Ⅰ・数Ⅱ・数Ⅲ・数A・数B　④⑤**理**(300×2)▶「物基・物」・「化基・化」・「生基・生」から2

学校推薦型　**[共通テスト]** 7科目 ①**国**　②**外**▶英・独・仏・中・韓から1　③**地歴・公民**▶世B・日B・地理B・「倫・政経」から1　④⑤**数**▶「数Ⅰ・数A」必須，「数Ⅱ・数B」・簿・情から1　⑥⑦**理**▶物・化・生・地学から2

[個別学力検査] 課さない。

※書類審査および共通テストの成績を総合して判定。

その他の選抜

私費外国人留学生入試，国際プログラム群学部学生入試(10月入学)。

偏差値データ (2023年度)

●一般選抜

＊共通テスト・個別計／満点

学部／学科／専攻	2023年度 駿台予備学校 合格目標ライン	2023年度 河合塾 ボーダー得点率	2023年度 河合塾 ボーダー偏差値	2022年度実績 募集人員	2022年度実績 受験者数	2022年度実績 合格者数	2022年度実績 合格最低点＊	競争率 '22年	競争率 '21年
●前期									
文学部									
人文	57	73%	62.5	110	234	111	1347/2100	2.1	2.2
教育学部									
人間発達科	58	71%	62.5	55	174	59	1663/2700	2.9	2.2
法学部									
法律・政治	58	73%	60	105	231	106	968/1500	2.2	1.9
経済学部									
(学部一括募集)	57	74%	62.5	165	439	174	1555/2400	2.5	2.2
情報学部									
自然情報	56	73%	60	30	58	30	1225/2000	1.9	3.4
人間・社会情報	58	74%	62.5	30	81	32	1273/2000	2.5	4.0
コンピュータ科	57	76%	60	53	104	59	1387/2200	1.8	2.0
理学部									
(学部一括募集)	56	70%	57.5	220	526	230	1423/2350	2.3	2.1
医学部									
医［一般枠］	69	82%	67.5	90	130	95	1807/2550	1.4	3.3
医［地域枠］	69	82%	67.5	—	—	—	—	新	—
保健／看護学	52	64%	52.5	45	92	46	1292/2550	2.0	1.8
／放射線技術科学	54	66%	55	30	68	32	1317/2550	2.1	3.2
／検査技術科学	55	64%	52.5	25	83	26	1300/2550	3.2	2.0
／理学療法学	55	67%	55	13	25	13	1431/2550	1.9	2.2
／作業療法学	52	60%	50	13	25	19	1237/2550	1.3	1.8
工学部									
化学生命工	56	72%	60	90	181	92	1101/1900	2.0	2.2
物理工	56	73%	60	75	182	79	1125/1900	2.3	2.0
マテリアル工	56	70%	57.5	99	168	104	1076/1900	1.6	1.9
電気電子情報工	57	74%	60	107	351	108	1170/1900	3.3	2.7
機械・航空宇宙工	58	74%	57.5	135	351	138	1172/1900	2.5	2.9
エネルギー理工	55	70%	57.5	36	49	39	1078/1900	1.3	2.5
環境土木・建築	56	71%	57.5	72	160	76	1107/1900	2.1	2.6
農学部									
生物環境科	55	70%	55	27	44	27	1418/2450	1.6	1.5
資源生物科	55	70%	55	43	78	45	1424/2450	1.7	1.5
応用生命科	56	71%	57.5	66	178	68	1460/2450	2.6	2.0
●後期									
医学部									
医［一般枠］	70	84%	—	5	8	5	非開示	1.6	5.0

●駿台予備学校合格目標ラインは合格可能性80%に相当する駿台模試の偏差値です。●競争率は受験者÷合格者の実質倍率
●河合塾ボーダー得点率は合格可能性50%に相当する共通テストの得点率です。
　また，ボーダー偏差値は合格可能性50%に相当する河合塾全統模試の偏差値です。
●医学部医学科の前期，後期は２段階選抜を実施。
※工学部および農学部の合格最低点は高得点選抜を除く合格者の最低点です。

併設の教育機関　大学院

人文学研究科

教員数▶教授45名，准教授47名，講師２名
院生数▶426名
博士前期課程　●人文学専攻　人間の言葉やその表現としての文学作品，知識や思想，人間行為に満ちあふれた文献，芸術や芸能などの文化遺産，あるいは出土遺物といった，さまざまな対象に，常に真摯に，そして革新的構想力をもってアプローチする。
博士後期課程　人文学専攻

教育発達科学研究科

教員数▶教授17名，准教授10名，講師１名
院生数▶242名
博士前期課程　●教育科学専攻　生涯発達教育学講座，学校情報環境学講座，相関教育科学講座，高等教育学講座，生涯スポーツ科学講座からなる。
●心理発達科学専攻　心理社会行動科学講座，精神発達臨床科学講座，スポーツ行動科学講座からなる。
●高度専門職業人養成コース　生涯学習研究，心理開発研究，心理臨床研究の３コース。
博士後期課程　教育科学専攻，心理発達科学専攻

法学研究科

教員数▶教授43名，准教授４名，講師３名
院生数▶273名（うち専門職学位課程111名）
博士前期課程　●総合法政専攻　研究者養成コース，応用法政コース，国際法政コースがある。研究者や，高度の専門性を持ち社会の中枢を担う人材を養成する。
専門職学位課程　●実務法曹養成専攻（法科大学院）自由な共生社会を支え，広い視野と国際的関心を持つ法曹を養成する。
博士後期課程　総合法政専攻

経済学研究科

教員数▶教授19名，准教授10名，講師３名
院生数▶142名
博士前期課程　●社会経済システム専攻　経済学分野における最新の成果を修得した研究者および高度な専門的職業人を育成する。
●産業経営システム専攻　経営学分野の応用能力と研究能力を備える一流の研究者ならびに高度な専門的職業人を育成する。
●社会人コース　通算して満３年以上の社会経験を有する社会人を，専攻を問わず募集。通学可能な時間帯に講義・演習を行う。
博士後期課程　社会経済システム専攻，産業経営システム専攻

情報学研究科

教員数▶教授40名，准教授25名，講師３名
院生数▶509名
博士前期課程　●数理情報学専攻　数理情報基礎論，数理情報モデル論の２講座。
●複雑系科学専攻　多自由度システム情報論，生命情報論，物質情報論，創発システム論，複雑系計算論，情報可視化論の６講座。
●社会情報学専攻　情報哲学，情報社会設計論，グローバルメディア論の３講座。
●心理・認知科学専攻　認知科学，心理学の２講座。
●情報システム学専攻　計算論，情報プラットフォーム論，ソフトウェア論，情報ネットワークシステム論の４講座。
●知能システム学専攻　基盤知能情報学，シ

ステム知能情報学，フィールド知能情報学の３講座。
博士後期課程 数理情報学専攻，複雑系科学専攻，社会情報学専攻，心理・認知科学専攻，情報システム学専攻，知能システム学専攻

理学研究科

教員数▶教授36名，准教授33名，講師29名
院生数▶549名
博士前期課程 ●**理学専攻** 2022年度より素粒子宇宙物理学，物質物理学，生命理学の３専攻を理学専攻に統合。既存の専攻領域を超えた融合的·学際的研究を推進する１専攻14コース体制を構築。コース名は以下の通り。素粒子・ハドロン物理学，天文・宇宙物理学，宇宙地球物理学，凝縮系物理学，生物物理学，物理化学，無機・分析化学，有機化学，生命情報・システム学，遺伝・生化学，形態・機能学，行動・生態学，学際理学，国際理学。
博士後期課程 理学専攻，名古屋大学・エディンバラ大学国際連携理学専攻

医学系研究科

教員数▶教授64名，准教授65名，講師31名
院生数▶931名
修士課程 ●**医科学専攻** 医学部以外の学部出身者に広く医学の基礎およびその応用法を体系的かつ集中的に教育。医学科と公衆衛生，
博士前期課程 ●**総合保健学専攻** AI技術やデータサイエンスを駆使する先端情報医療学の拠点形成をめざす。先端情報医療学，包括ケアサイエンスの２領域。
博士課程 ●**総合医学専攻** 学部から大学院までシームレスな教育を行うMD・PhDコース，基礎研究医養成活性化プログラムなどのプログラムを導入し，医科学研究者を育成する。
●**名古屋大学・アデレード大学国際連携総合医学専攻** ジョイントディグリープログラム。
●**名古屋大学・ルンド大学国際連携総合医学専攻** ジョイントディグリープログラム。
●**名古屋大学・フライブルグ大学国際連携総合医学専攻** ジョイントディグリープログラム。
博士後期課程 総合保健学専攻

工学研究科

教員数▶教授98名，准教授83名，講師19名
院生数▶1,834名
博士前期課程 ●**有機・高分子化学専攻** 小分子から巨大分子までの有機化合物の物性・合成と応用に関する知識を身につける。
●**応用物質化学専攻** 持続型社会を支える材料・物質の創製と応用を学ぶ。
●**生命分子工学専攻** 「いのち」の精緻な働きを工学的に利用する道を拓く。
●**応用物理学専攻** 物性物理学，材料科学，計算科学分野の先端的な課題を研究する。
●**物質科学専攻** 物理学と理工学を融合させた物質科学の新しい学問体系を学ぶ。
●**材料デザイン工学専攻** 理論・先端計測技術から，さまざまなマテリアルを作り上げる。
●**物質プロセス工学専攻** 先端プロセス技術をもとに，新物質・素材の創造に取り組む。
●**化学システム工学専攻** システムを視点に循環型社会の構築をマテリアルから実現する。
●**電気工学専攻** 電気エネルギーの材料創製，機器設計，システム運用の研究・開発。
●**電子工学専攻** 新機能デバイスや超低消費電力デバイス，ナノプロセス技術などを研究。
●**情報・通信工学専攻** 情報通信技術と膨大なデータを活用した情報システム技術の構築。
●**機械システム工学専攻** 機械工学を深化・統合して新しい機械システムを創造する。
●**マイクロ・ナノ機械理工学専攻** 機械工学のミクロからマクロまで，基盤的能力を養成。
●**航空宇宙工学専攻** 未踏技術の開発に挑戦する高度先端総合工学について学ぶ。
●**エネルギー理工学専攻** エネルギー材料工学・量子工学・流体工学の３講座で構成。
●**総合エネルギー工学専攻** 核融合工学講座，エネルギーシステム工学講座，エネルギー安全工学講座で構成。
●**土木工学専攻** 質の高い社会インフラの形

成を可能にする研究者・技術者を養成する。
博士後期課程 有機・高分子化学専攻，応用物質化学専攻，生命分子工学専攻，応用物理学専攻，物質科学専攻，材料デザイン工学専攻，物質プロセス工学専攻，化学システム工学専攻，電気工学専攻，電子工学専攻，情報・通信工学専攻，機械システム工学専攻，マイクロ・ナノ機械理工学専攻，航空宇宙工学専攻，エネルギー理工学専攻，総合エネルギー工学専攻，土木工学専攻

生命農学研究科

教員数▶教授34名，准教授36名，講師14名
院生数▶477名
博士前期課程 ●**森林・環境資源科学専攻** 森林などの陸域生態系の保全と持続的かつ循環的な生物資源の生産・利用法を探究。
●**植物生産科学専攻** 多面的アプローチで植物機能を解明し，作物生産に応用する。
●**動物科学専攻** 動物の持つ多様な機能を解明し，食と健康の質的向上をめざす。
●**応用生命科学専攻** 生命機能の高次制御と高度利活用に向けた生物生産と生物関連産業への応用展開の基盤を築く。
博士後期課程 森林・環境資源科学専攻，植物生産科学専攻，動物科学専攻，応用生命科学専攻，名古屋大学・カセサート大学国際連携生命農学専攻，名古屋大学・西オーストラリア大学国際連携生命農学専攻

国際開発研究科

教員数▶教授８名，准教授11名
院生数▶201名
博士前期課程 ●**国際開発協力専攻** ５つの専門教育プログラムに加え，社会人向けの１年制「グローバル企業人材育成特別課程」や国際機関への就職をめざす「グローバルリーダー・キャリアコース」を提供。
博士後期課程 国際開発協力専攻

多元数理科学研究科

教員数▶教授25名，准教授17名，講師２名
院生数▶171名
博士前期課程 ●**多元数理科学専攻** 数理科学および関連する分野にある未解決の課題を見出し解決してゆく研究者を育成する。
博士後期課程 多元数理科学専攻

環境学研究科

教員数▶教授36名，准教授41名，講師６名
院生数▶429名
博士前期課程 ●**地球環境科学専攻** 地球環境問題に関する科学的知識に基づき地球環境の観測・評価・診断ができる人材を育成。
●**都市環境学専攻** 自然環境，人工環境，人間環境の新たな関係を構築する。
●**社会環境学専攻** 人間と自然との共生をめざし，社会環境の様態と機能を研究する。
博士後期課程 地球環境科学専攻，都市環境学専攻，社会環境学専攻

創薬科学研究科

教員数▶教授６名，准教授４名
院生数▶105名
博士前期課程 ●**基盤創薬学専攻** 多分野を融合した創薬科学の教育・研究を行う。
博士後期課程 基盤創薬学専攻

名古屋工業大学

なごやこうぎょう

資料請求

問合せ先　入試課　☎052-735-5083

大学の理念

1905（明治38）年に名古屋高等工業学校として創立，1949（昭和24）年に1943（昭和18）年創立の愛知県立工業専門学校を統合して開校した。「ものづくり・ひとづくり・未来づくり」を大学憲章に掲げ，日本最大の産業集積地に立地する大学として常に社会と産業界の要請に応え，優れた学術・技術を創出するとともに有為な人材を育成してきた。自動車産業界などを中心として世界有数の産業地域となった中京エリアの産業発展に貢献してきた長い背景を踏まえるとともに，多様化・複雑化した現代社会の状況において，平和な社会維持と産業文化の発展を実現するための地球規模へと拡大した諸課題を見据え，今後も世界平和と幸福を最大の目標としながら，新たな産業と文化興業を担う中心的存在となりうる大学をめざし，社会を啓蒙し続けていく。

● 名古屋工業大学キャンパス…〒466-8555　愛知県名古屋市昭和区御器所町

基本データ

学生数▶4,021名（男3,315名，女706名）
専任教員数▶教授135名，准教授138名
設置学部▶工
併設教育機関▶大学院―工学（M・D）

就職・卒業後の進路

就職率 98.7％
就職者÷希望者×100

●**就職支援**　学部の正課授業としてキャリア教育を行っており，1年次の「フレッシュマンセミナー」，2年次の「産業論」と段階的にキャリア意識を涵養し，3年次の「キャリアデザイン」ではグループワークによって社会人基礎力を高めながら自己分析・業界研究を進める取り組みを実施している。経験豊富な専属相談員および学外キャリアカウンセラー（就職シーズンのみ）が相談を受け付けるほか，各種セミナーやガイダンスを実施（学生のフォローアップ用に，オンデマンド配信も実施している）。また，インターンシップでは，独自に取り組む「ジェネラルインターンシップ」があり，賛同する企業側では名古屋工業大学生のみの受入枠を設置したプログラムを構築している。そのほか，業界研究・企業セミナー，インターンシップ合同説明会など多彩な支援を行っている。

進路指導者も必見 学生を伸ばす 面倒見

初年次教育
「フレッシュマンセミナー」「クリティカルシンキング」を開講し，初年次教育を実施するほか，必須科目「創造工学概論」では大学の全分野が扱う技術の概要を授業に取り入れている

学修サポート
全学科でTA・SA制度，オフィスアワー制度のほか，教員1人が学生約20人を担当する教員アドバイザー制度を導入。また，学習面における個別指導や相談に応じる学習相談室，学生なんでも相談室，ピアサポートを設置

オープンキャンパス(2022年度実績)　6・8月にオープンキャンパスを開催(事前申込制)。講演，模擬授業，個別相談会などを実施。また，6・10月には女子のためのテクノフェスタを開催。

工学部

2022年３月卒業生
970人

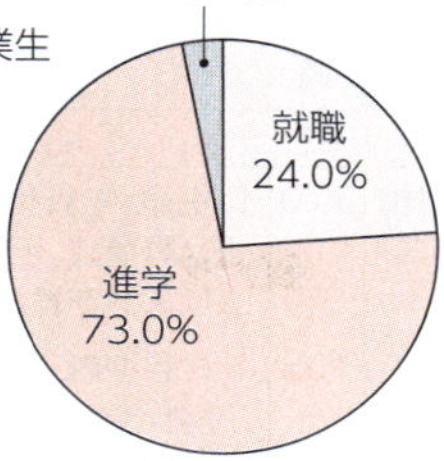

主なOB・OG ▶ 高木浩光（セキュリティ研究者），太田忠司（推理作家），黒川雅之（建築家・プロダクトデザイナー），Ken（ミュージシャン）など。

国際化・留学　大学間 86 大学等・部局間 18 大学等

受入れ留学生数 ▶ 93名（2022年５月１日現在）

留学生の出身国 ▶ 韓国，中国，マレーシア，ベトナム，モンゴルなど。

外国人専任教員 ▶ 教授５名，准教授５名（2022年５月１日現在）

外国人専任教員の出身国 ▶ 中国，韓国，アメリカなど。

大学間交流協定 ▶ 86大学・機関（交換留学先54大学，2022年９月１日現在）

部局間交流協定 ▶ 18大学・機関（交換留学先３大学，2022年９月１日現在）

海外への留学生数 ▶ 2021年度は渡航者なし。

海外留学制度 ▶ さまざまな留学プログラムを実施。学術交流協定締結大学へ１年を上限に留学できる「交換留学」では多くの大学が授業料不徴収（留学先での授業料が不要）となる。ほかに情報・電気電子系専門プログラムとして情報工学に関する１カ月の「仏国EFREI短期留学プログラム（英語で開講）」がある。

学費・奨学金制度　給付型奨学金総額 年間 1,762 万円

入学金 ▶ 282,000円（夜間主141,000円）

年間授業料（施設費等を除く）▶ 535,800円（夜間主267,900円）

年間奨学金総額 ▶ 17,620,000円

年間奨学金受給者数 ▶ 18人＋１グループ

主な奨学金制度 ▶ 経済的理由により修学困難な学生に年額144万円を給付する「名古屋工業大学ホシザキ奨学金」のほか，「学生研究奨励」「学生プロジェクト支援」，「名古屋工業会給付型奨学金」などを設置。また，学費減免制度があり，2021年度には延べ247人を対象に総額で約4,590万円を減免している。

保護者向けインフォメーション

● **成績確認**　成績表を郵送するほか，学食利用状況（IC決済）がマイページで閲覧可能。

● **後援会**　定期総会を開催後に学科別懇談会を実施（2022年は書面）。後援会だよりも発行。

● **就職説明会**　11月に教育への取組やキャリア支援に関する保護者向け説明会を開催。

● **保護者向け相談窓口**　個別に対応している。

● **防災対策**　「防災マニュアルポケット版」を入学時に配布。被災した場合には，安否確認システムを利用して学生の安否を確認する。

● **コロナ対策**　ワクチンの職域接種を実施。対面とオンライン授業を併用し，講義室の収容人数を調整している。

インターンシップ科目	必修専門ゼミ	卒業論文	GPA制度の導入の有無および活用例	１年以内の退学率	標準年限での卒業率
開講している	３・４年次に実施	卒業要件	奨学金や授業料免除対象者の選定基準，留学候補者の選考，個別の学修指導に活用するほか，GPAに応じた履修上限単位数を設定	1.1%	86.8%

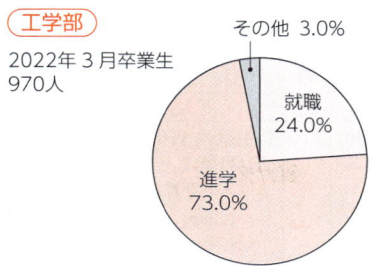

学部紹介

学部／課程／学科	定員	特色
工学部		
高度工学教育／生命・応用化	210	▷生命・物質化学，ソフトマテリアル，環境セラミックスの３分野構成。それぞれの分野の特性を生かした化学のスペシャリストを育成する。
／物理工	105	▷材料機能，応用物理の２分野構成。新しいシミュレーション解析やナノスケール計測技術の創成，革新的機能材料の開発をめざす。
／電気・機械工	200	▷電気電子分野と機械工学分野の２つのプログラムを用意。両方の広範な知識と応用力を持った技術者を育成する。
／情報工	145	▷ネットワーク分野，知能情報分野，メディア情報分野の３プログラム構成で，情報化社会を担う技術者として必要なすべての要素を網羅する。
／社会工	150	▷建築・デザイン（70名），環境都市（45名），経営システム（35名）の３分野構成。持続可能な社会を構築するための工学的な知識と能力を身につける。
創造工学教育	100	▷６年制。材料・エネルギーコース（60名），情報・社会コース（40名）。６年一貫のシームレスな学びを実現。幅広い工学分野のセンスを持った総合的エンジニアを育成。
基幹工学教育課程［夜間主］	20	▷2022年より第二部の４学科を再編し，修業年限５年の夜間主課程に改組。電気・機械工学コース（10名），環境都市工学コース（10名），働きながら産業界で通用する実践的なカリキュラムを夜間に学ぶコース。基幹技術を教育し，製造・施工の現場で即戦力となる人材を育成する。

● **取得可能な資格**…電気主任技術者，測量士補，１・２級建築士受験資格など。
● **進路状況**…………就職24.0％　進学73.0％
● **主な就職先**………名古屋市，住友電装，愛知県，オービック，NTTデータ東海，アウトソーシングテクノロジー，イビデン，デンソー，トヨタ自動車，ヤマザキマザックなど。

▶キャンパス

全学部…［名古屋工業大学キャンパス］愛知県名古屋市昭和区御器所町

2023年度入試要項（前年度実績）

●募集人員

学部／課程／学科・コース（分野）	前期	後期
▶工学部　高度工学教育／生命・応用化	120	70
／物理工	60	35
／電気・機械工	105	65
／情報工	85	45
／社会工（建築・デザイン）	42	25
（環境都市）	25	17
（経営システム）	18	14
創造工学教育／材料・エネルギー	21	15
／情報・社会	14	10

※基幹工学教育課程（夜間主）は学校推薦型選抜および総合型選抜で募集。

●２段階選抜　創造工学教育課程で入学志願者が募集人員に対して，前期約４倍，後期約８倍に達した場合に行うことがある。

▷共通テストの英語はリスニングを含む。
▷個別学力検査の数Ａ－場合・図形，数Ｂ－数列・ベク。

工学部

前期　［共通テスト(450)］ **7**科目　①国(200)　②外(200・英〈R100＋L100〉) ▶英・

キャンパスアクセス　［名古屋工業大学キャンパス］JR中央本線—鶴舞より徒歩約7分／地下鉄鶴舞線—鶴舞より徒歩約10分

独・仏・中・韓から１　③**地歴・公民**(100)▶世Ａ・世Ｂ・日Ａ・日Ｂ・地理Ａ・地理Ｂ・現社・倫・政経・「倫・政経」から１　④⑤**数**(100×2)▶「数Ⅰ・数Ａ」必須，「数Ⅱ・数Ｂ」・簿・情から１　⑥⑦**理**(100×2)▶物・化・生から２
※共通テスト合計900点を450点に換算する。
[個別学力検査(1000)]【高度工学教育課程〈生命・応用化学科／物理工学科／社会工学科〉】 **3**科目　①**外**(200)▶コミュ英Ⅰ・コミュ英Ⅱ・コミュ英Ⅲ・英表Ⅰ・英表Ⅱ　②**数**(400)▶数Ⅰ・数Ⅱ・数Ⅲ・数Ａ・数Ｂ　③**理**(400)▶「物基・物」・「化基・化」から１
【高度工学教育課程〈電気・機械工学科／情報工学科〉】 **3**科目　①**外**(200)▶コミュ英Ⅰ・コミュ英Ⅱ・コミュ英Ⅲ・英表Ⅰ・英表Ⅱ　②**数**(400)▶数Ⅰ・数Ⅱ・数Ⅲ・数Ａ・数Ｂ　③**理**(400)▶物基・物
【創造工学教育課程】 **5**科目　①**外**(200)▶コミュ英Ⅰ・コミュ英Ⅱ・コミュ英Ⅲ・英表Ⅰ・英表Ⅱ　②**数**(400)▶数Ⅰ・数Ⅱ・数Ⅲ・数Ａ・数Ｂ　③**理**(400)▶「物基・物」・「化基・化」から１　④**小論文**　⑤**面接**
※小論文，面接はＡ・Ｂ・Ｃの３段階評価。
後期　**[共通テスト(300)]** **7**科目　①**国**(200)　②**外**(200・英〈R100＋L100〉)▶英・独・仏・中・韓から１　③**地歴・公民**(100)▶世Ａ・世Ｂ・日Ａ・日Ｂ・地理Ａ・地理Ｂ・現社・倫・政経・「倫・政経」から１　④⑤**数**(100×2)▶「数Ⅰ・数Ａ」必須，「数Ⅱ・数Ｂ」・簿・情から１　⑥⑦**理**(100×2)▶物・化・生から２
※共通テスト合計900点を300点に換算する。
[個別学力検査(1000)]【高度工学教育課程〈生命・応用化学科／物理工学科／電気・機械工学科／社会工学科〉】 **3**科目　①**外**(200)▶コミュ英Ⅰ・コミュ英Ⅱ・コミュ英Ⅲ・英表Ⅰ・英表Ⅱ　②**数**(400)▶数Ⅰ・数Ⅱ・数Ⅲ・数Ａ・数Ｂ　③**理**(400)▶「物基・物」・「化基・化」から１
【高度工学教育課程〈情報工学科〉】 **3**科目　①**外**(200)▶コミュ英Ⅰ・コミュ英Ⅱ・コミュ英Ⅲ・英表Ⅰ・英表Ⅱ　②**数**(400)▶数Ⅰ・数Ⅱ・数Ⅲ・数Ａ・数Ｂ　③**理**(400)▶物基・物
【創造工学教育課程】 **5**科目　①**外**(200)▶コミュ英Ⅰ・コミュ英Ⅱ・コミュ英Ⅲ・英表Ⅰ・英表Ⅱ　②**数**(400)▶数Ⅰ・数Ⅱ・数Ⅲ・数Ａ・数Ｂ　③**理**(400)▶「物基・物」・「化基・化」から１　④**小論文**　⑤**面接**
※小論文，面接はＡ・Ｂ・Ｃの３段階評価。

その他の選抜

学校推薦型選抜（建築・デザイン分野を除く），総合型選抜（建築・デザイン分野，基幹工学教育課程）などを実施。

偏差値データ（2023年度）

●一般選抜

学部／課程／学科・コース（分野）	2023年度 駿台予備学校 合格目標ライン	2023年度 河合塾 ボーダー得点率	2023年度 河合塾 ボーダー偏差値	'22年度 競争率
●前期				
▶工学部				
高度工学教育／生命・応用化	52	66%	55	2.3
／物理工	52	67%	55	2.5
／電気・機械工	52	68%	57.5	2.6
／情報工	52	69%	57.5	2.6
／社会工(建築・デザイン)	52	68%	57.5	2.7
(環境都市)	50	67%	55	1.8
(経営システム)	50	67%	57.5	3.8
創造工学教育／材料・エネルギー	49	65%	55	2.4
／情報・社会	49	66%	55	3.0
●後期				
▶工学部				
高度工学教育／生命・応用化	55	70%	57.5	2.6
／物理工	55	70%	57.5	2.3
／電気・機械工	55	71%	57.5	2.9
／情報工	54	72%	57.5	3.3
／社会工(建築・デザイン)	54	72%	60	4.2
(環境都市)	53	69%	57.5	2.0
(経営システム)	53	69%	57.5	4.3
創造工学教育／材料・エネルギー	52	68%	55	1.8
／情報・社会	52	68%	52.5	2.1

- 駿台予備学校合格目標ラインは合格可能性80%に相当する駿台模試の偏差値です。
- 河合塾ボーダー得点率は合格可能性50%に相当する共通テストの得点率です。また，ボーダー偏差値は合格可能性50%に相当する河合塾全統模試の偏差値です。
- 競争率は受験者÷合格者の実質倍率

三重大学

資料請求

問合せ先 学務部入試チーム ☎059-231-9063

大学の理念

1921（大正10）年創立の三重高農と，1875（明治8）年創立の三重師範，青師を統合して1949（昭和24）年開設。1972（昭和47）年に三重県立大学を併合した。総合大学として，教育・研究の実績と伝統を踏まえ「人類福祉の増進」「自然の中での人類の共生」「地域社会の発展」に貢献できる「人材の育成と研究の創成」をめざし，学術文化の受発信拠点となるべく，切磋琢磨することを理念とし，世界と繋がる地域共創活動に取り組み，地域社会を発展させる教育研究を推進。環境・SDGsや防災・減災に関するリテラシー，DX，AIの活用や数理データサイエンスなど，文理横断的に活動し続ける人材を育成。2022年度にはデータサイエンス学修プログラムが文科省の数理・データサイエンス・AI教育プログラム（リテラシーレベル）に認定されている。

- 上浜キャンパス…………〒514-8507　三重県津市栗真町屋町1577
- 上浜キャンパス（医）…〒514-8507　三重県津市江戸橋2-174

基本データ

学生数▶5,907名（男3,507名，女2,400名）
専任教員数▶教授250名，准教授197名，講師82名
設置学部▶人文，教育，医，工，生物資源
併設教育機関▶大学院—医学系・工学・生物資源学・地域イノベーション学（以上M・D），教育学（P），人文社会科学（M）

就職・卒業後の進路

就職率 98.4%
就職者÷希望者×100

●**就職支援**　キャリアセンターを設置し，1・2年次から主体的に進路選択ができるよう，全学的な立場から，キャリア教育，就職活動支援およびインターンシップを推進している。学生のキャリア形成と修学を支援するキャリア教育科目の開講をはじめ，就職ガイダンスやミニ講座，業界研究セミナー，学内企業説明会の開催，インターンシップの情報提供と事前・事後研修会の実施，教員やキャリア・カウンセラーによる個別の進路・就業相談など，個々のライフデザインに応じたキャリア形成の実現に向けた支援を行っている。

進路指導者も必見 学生を伸ばす 面倒見

初年次教育	学修サポート
共通教育の理念として「自律的・能動的学修力の育成」を掲げ，実現のために全学生がアクティブラーニング領域の科目「スタートアップPBLセミナー」を受講する	全学部でTA制度，人文・教育・生物資源でSA制度，人文・教育・工・生物資源でオフィスアワー制度，教育・医・工・生物資源で教員アドバイザー制度を導入。また，e-ポートフォリオを用いた学びのあしあとの会（学修サポート）を定期的に実施

オープンキャンパス（2022年度実績）　8月に学部ごとに来場型，オンライン型，来場・オンライン併用型でオープンキャンパスを開催。10月にはミニサイズの来場型オープンキャンパスを実施。来場型は事前申込制。

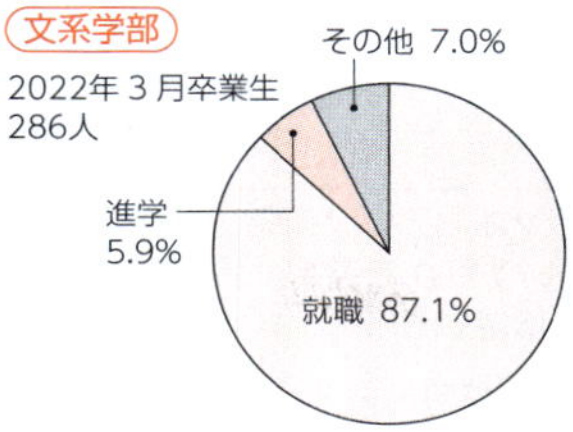

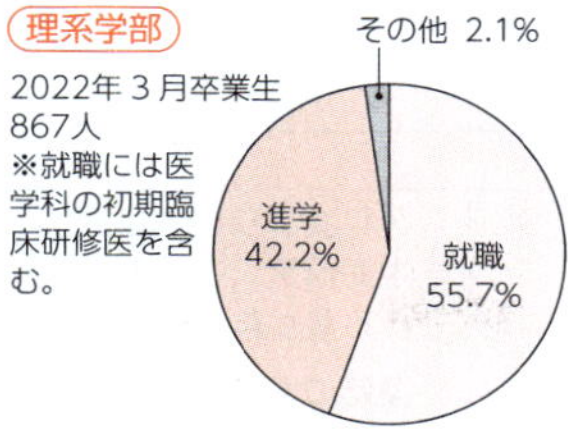

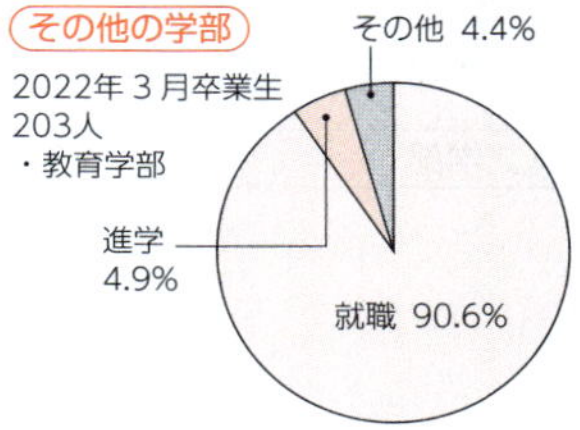

主なOB・OG▶［人文］吉原清隆（小説家），［教育］小川信治（画家）など。

国際化・留学　大学間 **65** 大学等・部局間 **48** 大学等

受入れ留学生数▶32名（2022年５月１日現在）

留学生の出身国・地域▶中国，ベトナム，韓国，インドネシア，台湾など。

外国人専任教員▶教授３名，准教授２名，講師２名（2022年５月１日現在）

外国人専任教員の出身国▶韓国，中国，アメリカ，フランス。

大学間交流協定▶65大学・機関（交換留学先63大学，2022年４月１日現在）

部局間交流協定▶48大学・機関（交換留学先34大学，2022年４月１日現在）

海外への留学生数▶渡航型11名・オンライン型41名／年（６カ国・地域，2021年度）

海外留学制度▶交換留学は協定校へ１年以内で派遣され，原則として授業料等は免除，単位が認定される場合もある。また，協定校へ１学期以上交換留学する学生を対象とした国際交流特別奨学金制度も用意されている。大学独自の「学生海外チャレンジ応援事業」は，学生が自らの学修達成を目標に留学計画を申請するもので，採用されれば最大50万円の支援が受けられる。海外短期研修では，タチ大学（マレーシア）やワイカト大学（ニュージーランド）での語学研修，ベトナム・フィールドスタディなどを実施。このほか，オンライン海外研修や学部プログラムもある。

学費・奨学金制度　給付型奨学金総額 年間 **291** 万円

入学金▶282,000円

年間授業料（施設費等を除く）▶535,800円

年間奨学金総額▶2,910,000円

年間奨学金受給者数▶12人

主な奨学金制度▶生物資源学部の３年次の学生を対象に「渡邉文二奨学金」（年額48万円給付）のほか，医学部看護学科で，免許取得後，附属病院の看護師・助産師として勤務を希望する学生を対象とした「看護学生奨学金制度」（２年次生以上対象。月額５万円，条件により返還免除もあり）がある。ほかに学費減免制度などもある。

保護者向けインフォメーション

●**成績確認**　学部により成績表を郵送するほか，出席状況に問題がある時のみ電話で連絡。
●**就職ガイダンス**　３年次の10月に開催。
●**保護者会**　学部により保護者会を開催し，情報交換や就職説明会などを行っている。教育学部では会報も発行している。
●**防災対策**　学生が被災した際の安否は，安否確認システムを利用。
●**コロナ対策１**　ワクチンの職域接種を実施。感染状況に応じた５段階のBCP（行動指針）を設定。「コロナ対策２」（下段）あり。

インターンシップ科目	必修専門ゼミ	卒業論文	GPA制度の導入の有無および活用例	１年以内の退学率	標準年限での卒業率
全学部で開講している	全学部で１～４年次に実施。	医学部医学科を除き卒業要件	一部の学部で学生の表彰基準，奨学金等対象者の選定基準，個別の学修指導に活用するほか，GPAに応じた履修上限単位数を設定	0.9%	88.4%（4年制）88.0%（6年制）

●**コロナ対策２**　講義室の収容人数の調整，換気や検温・消毒を実施し，QRコードによる座席管理システムを導入。また，オンライン授業を併用し，ICT環境を整備。要件を満たす希望学生を対象に生協の食券１万円分を配布。

学部紹介

学部／学科・課程・コース	定員	特色
人文学部		
文化	92	▷2年次より日本研究，アジア・オセアニア研究，ヨーロッパ・地中海研究，アメリカ研究のいずれかを選択。異文化を理解できる豊かな教養と人間性を修得する。
法律経済	153	▷複雑で高度に専門化した現代社会に対する的確な判断力，対応力を身につける。3年次より所属するゼミに応じて，法政コース・現代経済コースへの所属や履修プログラムを決定する。

● **取得可能な資格**…教職（国・地歴・公・社・英），司書，司書教諭，学芸員など。
● **進路状況**…………就職87.1%　進学5.9%
● **主な就職先**………三重県庁，愛知県庁，アビームシステムズ，百五銀行，システムリサーチ，トヨタシステムズ，八神製作所，イオンリテール，三重大学，日本年金機構など。

学部／学科・課程・コース	定員	特色
教育学部		
学校教育教員養成	200	▷広い教養と高い専門性を持つ教育者を育成する。4つの附属学校園や隣接する学校園と連携して，1年次の必修科目である「教育実地研究基礎」をはじめ，4年間を通した系統的な学校現場体験および教育実習により教育実践力を身につける。13の専攻教育コース〈国語，社会科，数学，理科，音楽，美術，保健体育，技術・ものづくり，家政，英語，特別支援，幼児，学校（教育学専攻，教育心理学専攻）〉を設置。

● **取得可能な資格**…教職（国・地歴・公・社・数・理・音・美・保体・技・家・情・工業・英，小一種，幼一種，特別支援），司書教諭，学芸員，保育士など。
● **進路状況**…………就職90.6%　進学4.9%
● **主な就職先**………教員（三重県，愛知県，名古屋市ほか），松坂市役所，四日市市役所，三重大学，津市役所，愛知県庁など。

学部／学科・課程・コース	定員	特色
医学部		
医	125	▷優れた知識と技術，豊かな人間性を兼ね備えた医療人を育成する。問題解決型チュートリアル教育をはじめ，6年次に約半数が参加する海外臨床実習の実施や，6年間を通して地域の協力病院で学べる体制を整備。
看護	80	▷倫理観と責任感，協調性のある人間性と国際的感覚を持ち，地域医療・保健に貢献できる看護職者を育成する。

● **取得可能な資格**…教職（養護二種），医師・看護師・保健師・助産師受験資格など。
● **進路状況**…………［医］初期臨床研修医99.1%　［看護］就職95.1%　進学3.7%
● **主な就職先**………［看護］三重大学医学部附属病院，伊勢赤十字病院，藤田医科大学病院，岐阜県総合医療センター，三重県立総合医療センター，名古屋セントラル病院など。

学部／学科・課程・コース	定員	特色
工学部		
総合工	400	▷1学科5コース制。機械工学（80名），電気電子工学（90名），応用化学（90名），建築学（40名），情報工学（60名）の5コースに加え，志望分野を検討中の学生には2年次以降に専門コースを選択できる総合工学コース（40名）を設置。専門分野の深い知識と同時に，工学に共通する幅広い知識および情報関連技術を有する人材を育成する。大学院への進学希望者には学部修士一貫コースを設定，3年次終了時に選抜を行う。学部修士一貫コースでは，卒業研究の代わりに長期インターンシップの履修が可能となる。

キャンパスアクセス ［上浜キャンパス］近鉄名古屋線―江戸橋より徒歩約15分／JR紀勢本線，近鉄名古屋線―津よりバス約10分

● **取得可能な資格**…教職（工），１・２級建築士受験資格など。
● **進路状況**…………就職34.3%　進学63.3%
● **主な就職先**………三重県庁，住友電装，清水建設，名古屋市役所，Sky，ジャパンマテリアル，トヨタ紡織，フタバ産業，三重県環境保全事業団，鴻池組など。

生物資源学部

資源循環	70	▷持続的な社会の基盤としての生物資源を環境に配慮した方法で循環的に利用するため，技術の開発や新しい社会のデザインをすることができる人材を育成する。
共生環境	70	▷地球生態システムを現場レベルで理解し，数理的に紐解き，人類，生物と自然環境が共生できるシステムと持続可能な社会の実現をめざす。
生物圏生命化	80	▷多様な生物の代謝・物質・機能の解析を通して人類の健康増進および農林水産業の発展に貢献する。生命機能化学と海洋生命分子化学の２教育コースがある。
海洋生物資源	40	▷海洋環境や生物資源を取り巻く問題に対し，多面的視野から解決できる人材を育成する。水生生物の特性を理解し，生物資源の保全と持続的な利活用について学ぶ。

● **取得可能な資格**…教職（理・農・水産），学芸員，測量士補など。
● **進路状況**…………就職58.2%　進学39.5%
● **主な就職先**………三重県庁，愛知県庁，名古屋市役所，アピ，アドヴィックス，三重大学，東海農政局，三重県教育委員会，カネスエ，山崎製パンなど。

キャンパス

人文・教育・工・生物資源……［上浜キャンパス］三重県津市栗真町屋町1577
医……［上浜キャンパス］三重県津市江戸橋2-174

2023年度入試要項（前年度実績）

●募集人員

学部／学科・課程（コース）		前期	後期
▶人文	文化	67	18
	法律経済	100	33
▶教育	学校教育教員養成（国語／初）	11	3
	（国語／中）	7	2
	（社会科／初）	8	2
	（社会科／中）	5	2
	（数学／初）	11	—
	（数学／中）	10	—
	（理科／初）	10	—
	（理科／中）	9	—
	（音楽／初）	4	3
	（音楽／中）	3	—
	（美術／初）	6	—
	（美術／中）	3	—
	（保健体育／初）	6	3
	（保健体育／中）	5	3
	（技術・ものづくり／初）	5	—
	（技術・ものづくり／中）	3	—
	（家政／初）	5	—
	（家政／中）	5	—
	（英語／初）	6	—
	（英語／中）	7	—
	（特別支援）	11	7
	（幼児）	10	—
	（学校／教育学）	7	—
	（学校／教育心理学）	7	—
▶医	医	75	10
	看護	52	5
▶工	総合工（総合工学）	40	—
	（機械工学）	45	15
	（電気電子工学）	42	35
	（応用化学）	40	40
	（建築学）	30	10
	（情報工学）	25	30
▶生物資源	資源循環	33	15
	共生環境	35	15
	生物圏生命化	43	17
	海洋生物資源	22	8

※医学部医学科の前期には三重県地域医療枠５名程度を含む。

●２段階選抜

医学部医学科で，志願者数が募集人数に対して前期５倍，後期15倍を超えた場合のみ行う。

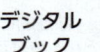

試験科目

デジタルブック

偏差値データ（2023年度）

●一般選抜

学部／学科・課程／講座・コース	2023年度 駿台予備学校 合格目標ライン	2023年度 河合塾 ボーダー得点率	2023年度 河合塾 ボーダー偏差値	'22年度 競争率
●前期				
▶人文学部				
文化	48	62%	55	2.3
法律経済	49	61%	52.5	2.0
▶教育学部				
学校教育教員養成／国語（初）	46	57%	50	1.9
（中）	47	59%	50	
／社会科（初）	45	61%	52.5	2.2
（中）	46	62%	52.5	
／数学（初）	46	55%	52.5	3.3
（中）	47	61%	55	
／理科（初）	46	56%	50	2.3
（中）	47	58%	47.5	
／音楽（初）	42	52%	—	1.5
（中）	43	56%	—	
／美術（初）	41	49%	—	1.1
（中）	42	47%	—	
／保健体育（初）	42	55%	—	3.0
（中）	43	58%	—	
／技術・ものづくり（初）	44	52%	47.5	1.8
（中）	44	52%	47.5	
／家政（初）	45	55%	50	2.5
（中）	45	53%	50	
／英語（初）	48	57%	52.5	1.7
（中）	49	59%	52.5	
／特別支援	47	53%	50	1.2
／幼児	49	56%	50	3.1
／学校（教育学）	48	55%	52.5	1.8
（教育心理学）	49	58%	52.5	2.8
▶医学部				
医（一般枠）	65	77%	65	4.0
（三重県地域枠）	65	77%	65	
看護	46	59%	47.5	1.4
▶工学部				
総合工	46	63%	50	3.0
機械工	46	62%	52.5	2.6
電気電子工	46	62%	50	2.2
応用化学	46	61%	50	3.5
建築学	47	66%	55	3.0
情報工	47	65%	52.5	3.2
▶生物資源学部				
資源循環	48	57%	47.5	1.5
共生環境	48	56%	47.5	2.0
生物圏生命化	48	59%	50	1.9
海洋生物資源	49	59%	50	2.4
●後期				
▶人文学部				
文化	49	74%	—	5.2
法律経済	50	70%	—	1.9
▶教育学部				
学校教育教員養成／国語（初）	47	61%	—	1.6
（中）	48	62%	—	
／社会科（初）	46	68%	—	9.3
（中）	47	69%	—	
／音楽（初）	42	52%	—	1.7
／保健体育（初）	42	55%	—	4.8
（中）	43	58%	—	
／特別支援	48	57%	—	3.0
▶医学部				
医	67	83%	—	1.4
看護	47	65%	—	3.8
▶工学部				
機械工	48	63%	52.5	3.7
電気電子工	48	62%	50	1.6
応用化学	48	61%	52.5	2.1
建築学	49	67%	—	1.8
情報工	49	67%	55	3.7
▶生物資源学部				
資源循環	50	60%	52.5	1.6
共生環境	50	62%	52.5	1.6
生物圏生命化	50	60%	52.5	1.4
海洋生物資源	51	61%	55	1.7

●駿台予備学校合格目標ラインは合格可能性80%に相当する駿台模試の偏差値です。

●河合塾ボーダー得点率は合格可能性50%に相当する共通テストの得点率です。また，ボーダー偏差値は合格可能性50％に相当する河合塾全統模試の偏差値です。
- 競争率は受験者÷合格者の実質倍率
- 医学部医学科の前期・後期は２段階選抜を実施。

MEMO

滋賀大学

SHIGA UNIVERSITY

資料請求

問合せ先　入試課入学試験係　☎0749-27-1023

大学の理念

1922（大正11）年創立の彦根高商と，1875（明治8）年創立の滋賀師範・同青年師範を統合し，1949（昭和24）年に開学。琵琶湖をはじめ，数多くの史跡を擁する豊かな自然と，産業と文化を生み出してきた歴史を持つ学びの場で，師範学校時代から社会の激動の現場を見つめてきた教育学部と，経済界を動かす優秀な人材を輩出してきた経済学部を有し，学問の真髄を貫いてきた。2017年には「価値創造のための新たな科学」としてのデータサイエンスを活用すべく，日本初のデータサイエンス学部を新設し，全学においてデータ活用を推進，文理融合型の人材を育成する。歴史の中で形成された確かな基盤で育まれる教養や人格が夢を切り拓く原動力となって羽ばたいていった多くの学生に続き，「知の21世紀を切り拓く」ことを未来の学生に期待する。

- **彦根キャンパス**……〒522-8522　滋賀県彦根市馬場1-1-1
- **大津キャンパス**……〒520-0862　滋賀県大津市平津2-5-1

基本データ

学生数▶3,450名（男2,167名，女1,283名）
専任教員数▶教授118名，准教授65名，講師9名

設置学部▶教育，経済，データサイエンス
併設教育機関▶大学院—経済学・データサイエンス（以上M・D），教育学（P）

就職・卒業後の進路

就職率 **96.9**%
就職者÷希望者×100

●**就職支援**　教育学部では，独自の学生進路ファイルを運用し，入学直後から卒業までの面談やアンケート，オンライン調査による学生の進路意識や就職状況など個々の学生の状況を把握してサポートを行うほか，学部OBによる教職実践論を軸とした教職支援を展開。また，就職委員による個別の就職相談やキャリアカウンセラーによる面談も行っている。彦根キャンパスの就職支援室では，会社資料などの閲覧，各種情報提供のほか，専任教員による就職相談を実施。求人やガイダンスなどの各種情報は，学内での教育支援システム「SUCCESS」で配信。各種ガイダンスは彦根・大津の両キャンパスで開催している。

進路指導者も必見 学生を伸ばす 面倒見	初年次教育	学修サポート
	「大学入門セミナー」「DS（データサイエンス）入門」「プレゼンテーション論」「メディアツール活用法」「基礎データ分析」を開講し，初年次教育を実施	全学部でTA制度，オフィス・アワー制度，教員1人が学生約10～20人を担当する教員アドバイザー制度を導入し，学生の履修や学修の支援をしている

オープンキャンパス（2022年度実績）　8月に各キャンパスでオープンキャンパスを開催（事前申込制）。教育学部では専攻・専修説明や個別相談，経済学部・データサイエンス学部では模擬講義，参加者からの質問・相談タイムなどを実施。

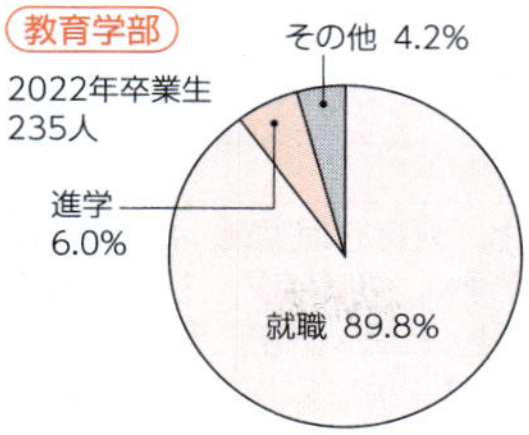

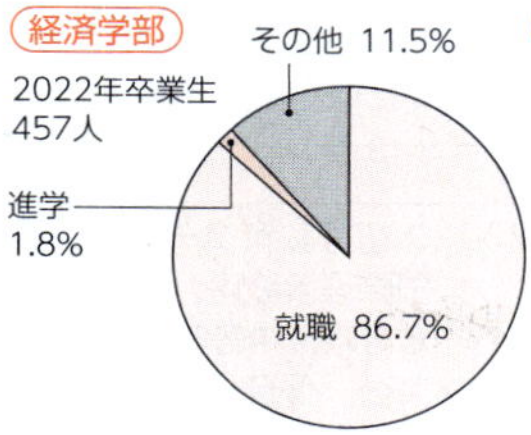

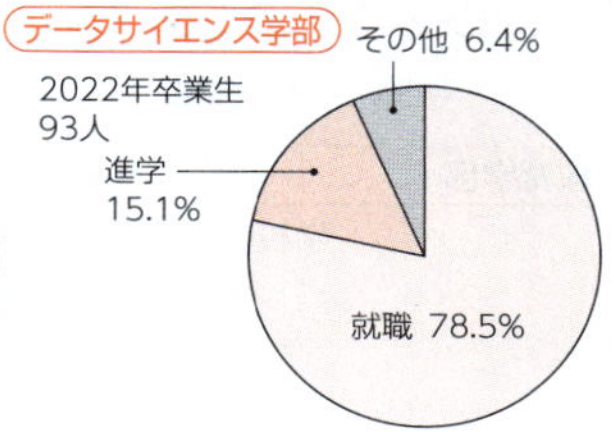

主なOB・OG▶［経済］玉井義臣（社会運動家・教育者，あしなが育英会創始者・会長），［経済］土井伸宏（京都銀行頭取），［経済］西田昌司（参議院議員），［教育］深尾昌峰（社会起業家・政策学者）など。

国際化・留学　大学間 36 大学・部局間 1 大学

受入れ留学生数▶77名（2022年５月１日現在）

留学生の出身国・地域▶中国，台湾，マレーシア，ベトナム，韓国。

外国人専任教員▶教授３名，准教授１名，講師４名（2022年５月１日現在）

外国人専任教員の出身国・地域▶アメリカ，イギリス，中国，韓国，台湾。

大学間交流協定▶36大学（交換留学先24大学，2022年９月１日現在）

部局間交流協定▶１大学（2022年９月１日現在）

海外への留学生数▶渡航型10名／年（５カ国・地域，2021年度）

海外留学制度▶学生交流協定を締結した大学への「交換留学制度」や短期間に目的意識をもって異文化を体験できる「短期海外研修（アメリカ語学研修，オーストラリア研究，タイ・エコスタディ，韓国語・文化研修など）」を行っている。「交換留学制度」では留学先大学の授業料等が免除されるほか，留学期間（１年以内）は大学の修業年限・在籍期間に算入され，支援制度に採用された学生には奨学金が支給される。経済学部のグローバル・コースでも海外研修や自主企画海外体験，海外インターンシップなどを実施。

学費・奨学金制度　給付型奨学金総額 年間 384 万円

入学金▶282,000円（夜間主141,000円）

年間授業料（施設費等を除く）▶535,800円（夜間主267,900円）

年間奨学金総額▶3,840,000円

年間奨学金受給者数▶16人

主な奨学金制度▶経済・データサイエンス学部同窓会による給付型の「陵水奨学金」と「グローバルリーダー育成陵水奨学金」を設置。学費減免制度もあり，2021年度には17人を対象に総額で約174万円を減免している。

保護者向けインフォメーション

● **成績確認**　成績表および履修科目と単位数の情報を保護者に郵送している。

● **会報誌**　教育学部は後援会だより「つるばみ」を，経済学部とデータサイエンス学部は共同で後援会だよりを発行している。

● **懇談会**　教育学部で保護者懇談会を開催。

● **防災対策**　学生が被災した際の安否確認は，大学HPを利用する。

● **コロナ対策１**　ワクチンの職域接種を実施。感染状況に応じた６段階のBCP（行動指針）を設定。「コロナ対策２」（下段）あり。

インターンシップ科目	必修専門ゼミ	卒業論文	GPA制度の導入の有無および活用例	１年以内の退学率	標準年限での卒業率
教育・経済学部で開講している	経済・データサイエンス学部で３・４年次に実施している	経済学部夜間主コースを除き卒業要件	奨学金等対象者の選定基準，留学候補者の選考に活用するほか，GPAに応じた履修上限単位数を設定している	0.7%	81.6%

● **コロナ対策２**　学内で検温と消毒を徹底し，対面とオンライン授業を併用。講義室の収容人数を調整するほか，学食でも人数制限を設け，パーテーションを設置。家計急変の学生に最大半額分の授業料免除を実施。

学部紹介

学部／学科・課程	定員	特色
教育学部		
学校教育教員養成	230	▷初等教育コースは，教育文化，教育心理実践，幼児教育，国際理解教育，環境教育，初等理科，初等英語，初等教科の８専攻，中等教育コースは，国語，社会，数学，理科，音楽，美術，保健体育，情報・技術，家庭，英語の10専攻，障害児教育コースは，障害児教育専攻を設置。各専攻で現代的な教育課題への対応力や教科の指導力を身につけ，多様な得意分野を持つ個性豊かな教育者の育成を図る。
●取得可能な資格…教職（国・地歴・公・社・数・理・音・美・書・保体・技・家・情・英，小一種，幼一種，特別支援），司書教諭など。 ●進路状況…………就職89.8%　進学6.0% ●主な就職先………教員（小・中・高等・特別支援学校，幼保・こども園他），滋賀県庁，大津市役所，平和堂，京都銀行など。		
経済学部		
総合経済［昼間主］ ［夜間主］	410 50	▷'23年再編。従来の５学科を総合経済学科に統合。分野を横断した独自のカリキュラムにより，Society5.0時代を牽引する力を育成する。国内初であるデータサイエンス学部と連携した学びによって，経済・ビジネスとデータサイエンス・AIの両方の素養を持った人材を育てる。教養と専門を幅広く学んだうえで，３年進級時に経済・経営・社会システムの３専攻からいずれかを選択。従来の特別プログラムをさらに拡充し，国際社会で活躍するための専門性を身につける「グローバル・コース」，データ活用のスペシャリストを育成する「データサイエンス・コース」を設置。
●進路状況…………就職86.7%　進学1.8% ●主な就職先………旭化成ホームズ，デンソー，アビームシステムズ，丸紅，滋賀銀行，三井住友信託銀行，日本政策金融公庫，明治安田生命保険，名古屋国税局，滋賀県庁など。		
データサイエンス学部		
データサイエンス	100	▷データサイエンティストの養成に特化した日本初の学部。情報学・統計学を中心に，教養科目やさまざまな領域の専門家との交流，データ分析などに加え，プロジェクト型の科目を多く導入し，少人数教育によるきめ細やかな指導を行っている。
●進路状況…………就職78.5%　進学15.1% ●主な就職先………佐藤工業，イシダ，NTTドコモ，三井住友信託銀行，アイシン・ソフトウェア，オムロンソフトウェア，Sky，テレビ朝日メディアプレックス，トーマツなど。		

▶キャンパス

経済・データサイエンス……［彦根キャンパス］滋賀県彦根市馬場1-1-1
教育……［大津キャンパス］滋賀県大津市平津2-5-1

キャンパスアクセス ［彦根キャンパス］JR東海道本線一彦根よりバス約10分，徒歩約25分

2023年度入試要項(前年度実績)

●募集人員

学部／学科・課程	前期	後期
▶教育 学校教育教員養成[文系型]	71	24
[理系型]	39	
[面接型]	7	
[実技型・音楽]	5	
[実技型・美術]	5	
[実技型・保健体育]	7	
▶経済 総合経済(昼間主) [国・外]	86	75
[外・数]	86	75
▶データサイエンス データサイエンス	50	20

※教育学部の前期[文系型・理系型]および後期では，所属コース・専攻・専修は受験型で決定するのではなく，1年次春学期終了時までに本人の希望と入学後の成績等により決定。なお，前期[面接型]は障害児教育コース，[実技型・音楽]は初等教育コース初等教科教育専攻音楽専修または中等教育コース音楽専攻，[実技型・美術]は初等教育コース初等教科教育専攻図画工作専修または中等教育コース美術専攻，[実技型・保健体育]は初等教育コース初等教科教育専攻体育専修または中等教育コース保健体育専攻に所属。初等教育コースもしくは中等教育コースのいずれに所属するかは，1年次春学期終了時までに本人の希望と入学後の成績等により決定。

※経済学部(昼間主コース)は個別学力検査の教科「国語・外国語」または「外国語・数学」の組み合わせで募集。

※経済学部総合経済学科夜間主コースは総合型選抜で募集。

●2段階選抜

経済学部で志願者数が選択教科による募集人員の前期約10倍，後期約15倍を超えた場合に行うことがある。

▷共通テストの英語はリスニングを含む。

教育学部

前期 【文系型】[共通テスト(900)] 8〜7科目 ①国(200) ②外(200・英〈R100＋L100〉)▶英・独・仏・中・韓から1 ③④**地歴・公民**(100×2)▶世A・世B・日A・日B・地理A・地理B・現社・倫・政経・「倫・政経」から2 ⑤⑥**数**(100×2)▶「数Ⅰ・数A」必須，数Ⅱ・「数Ⅱ・数B」・簿・情から1 ⑦⑧**理**(100)▶「物基・化基・生基・地学基から2」・物・化・生・地学から1

[個別学力検査(400)] 2科目 ①国(200)▶国総 ②**外**(200)▶コミュ英Ⅰ・コミュ英Ⅱ・コミュ英Ⅲ・英表Ⅰ・英表Ⅱ

【理系型】[共通テスト(900)] 8〜7科目 ①国(200) ②**外**(200・英〈R100＋L100〉)▶英・独・仏・中・韓から1 ③**地歴・公民**(100)▶世A・世B・日A・日B・地理A・地理B・現社・倫・政経・「倫・政経」から1 ④⑤**数**(100×2)▶「数Ⅰ・数A」必須，「数Ⅱ・数B」・簿・情から1 ⑥⑦⑧**理**(100×2)▶「物基・化基・生基・地学基から2」・物・化・生・地学から2，ただし，同一科目名を含む選択は不可

[個別学力検査(400)] 2科目 ①**外**(200)▶コミュ英Ⅰ・コミュ英Ⅱ・コミュ英Ⅲ・英表Ⅰ・英表Ⅱ ②**数**(200)▶数Ⅰ・数Ⅱ・数A・数B(数列・ベク)

【面接型・実技型(保健体育)】[共通テスト(900)] 8〜7科目 ①国(200) ②**外**(200・英〈R100＋L100〉)▶英・独・仏・中・韓から1 ③④**数**(100×2)▶「数Ⅰ・数A」必須，数Ⅱ・「数Ⅱ・数B」・簿・情から1 ⑤⑥⑦⑧**「地歴・公民」・理**(100×3)▶世A・世B・日A・日B・地理A・地理B・現社・倫・政経・「倫・政経」から1または2，「物基・化基・生基・地学基から2」・物・化・生・地学から1または2，計3，ただし，同一科目名を含む選択は不可

[個別学力検査(400)]**【面接型】** 2科目 ①**外**(200)▶コミュ英Ⅰ・コミュ英Ⅱ・コミュ英Ⅲ・英表Ⅰ・英表Ⅱ ②**グループ面接**(200)

【実技型(保健体育)】 2科目 ①**外**(100)▶コミュ英Ⅰ・コミュ英Ⅱ・コミュ英Ⅲ・英表Ⅰ・英表Ⅱ ②**実技**(300)▶「陸上・器械運動から1」・「バスケットボール・バレーボール・サッカー・柔道・剣道から1」

【実技型(音楽・美術)】[共通テスト(800)] 7〜6科目 ①国(200) ②**外**(200・英〈R100＋L100〉)▶英・独・仏・中・韓から1 ③**地歴・公民**(100)▶世A・世B・日A・日B・地理A・地理B・現社・倫・政経・「倫・政経」から1 ④⑤**数**(100×2)▶「数Ⅰ・数A」必須，数Ⅱ・「数Ⅱ・数B」・簿・情から1 ⑥⑦**理**(100)▶「物基・化基・生基・地学基から2」・物・化・生・地学から1

[個別学力検査(500)] 2科目 ①外(100) ▶コミュ英Ⅰ・コミュ英Ⅱ・コミュ英Ⅲ・英表Ⅰ・英表Ⅱ ②実技(400) ▶音楽(基礎・コールユーブンゲン必須,「ピアノと声楽」・「ピアノと鍵盤楽器以外の器楽」から1)または美術(鉛筆静物デッサン)

後期 [共通テスト(900)] 8~7科目 ①国(200) ②外(200・英〈R100+L100〉) ▶英・独・仏・中・韓から1 ③④数(100×2) ▶「数Ⅰ・数A」必須, 数Ⅱ・「数Ⅱ・数B」・簿・情から1 ⑤⑥⑦⑧「地歴・公民」・理(100×3) ▶世A・世B・日A・日B・地理A・地理B・現社・倫・政経・「倫・政経」から1または2,「物基・化基・生基・地学基から2」・物・化・生・地学から1または2, 計3, ただし, 同一科目名を含む選択は不可

[個別学力検査(200)] 1科目 ①小論文(200)

経済学部

前期 〈A方式〉[共通テスト(500)] 3科目 ①国(200) ②外(200・英〈R200×⅔+L200×⅓〉) ▶英・独・仏・中・韓から1 ③地歴・公民・数(100) ▶世A・世B・日A・日B・地理A・地理B・現社・倫・政経・「倫・政経」・「数Ⅰ・数A」・「数Ⅱ・数B」・簿・情から1

〈B方式〉 [共通テスト(900)] 8~7科目 ①国(200) ②外(200・英〈R200×⅔+L200×⅓〉) ▶英・独・仏・中・韓から1 ③④数(100×2) ▶「数Ⅰ・数A」必須,「数Ⅱ・数B」・簿・情から1 ⑤⑥⑦⑧「地歴・公民」・理(100×3) ▶世A・世B・日A・日B・地理A・地理B・現社・倫・政経・「倫・政経」から1または2,「物基・化基・生基・地学基から2」・物・化・生・地学から1または2, 計3, ただし, 同一科目名を含む選択は不可

※A方式のみ, あるいはA方式・B方式の両方を適用し, 総合順位により判定。

[個別学力検査(400)]〈国語・外国語選択〉 2科目 ①国(200) ▶国総(古文・漢文を除く) ②外(200) ▶コミュ英Ⅰ・コミュ英Ⅱ・コミュ英Ⅲ・英表Ⅰ・英表Ⅱ

〈数学・外国語選択〉 2科目 ①外(200) ▶コミュ英Ⅰ・コミュ英Ⅱ・コミュ英Ⅲ・英表Ⅰ・英表Ⅱ ②数(200) ▶数Ⅰ・数Ⅱ・数A・数B(数列・ベク)

後期 〈A方式〉[共通テスト(500)] 3科目 前期と同じ

〈B方式〉 [共通テスト(900)] 8~7科目 前期と同じ

※A方式のみ, あるいはA方式・B方式の両方を適用し, 総合順位により判定。

[個別学力検査(1000)]〈国語・外国語選択〉 2科目 ①国(500) ▶国総(古文・漢文を除く) ②外(500) ▶コミュ英Ⅰ・コミュ英Ⅱ・コミュ英Ⅲ・英表Ⅰ・英表Ⅱ

〈数学・外国語選択〉 2科目 ①外(500) ▶コミュ英Ⅰ・コミュ英Ⅱ・コミュ英Ⅲ・英表Ⅰ・英表Ⅱ ②数(500) ▶数Ⅰ・数Ⅱ・数A・数B(数列・ベク)

データサイエンス学部

前期 [共通テスト(900)] 8~7科目 ①国(200) ②外(200・英〈R160+L140〉) ▶英・独・仏・中・韓から1 ③④数(100×2) ▶「数Ⅰ・数A」必須,「数Ⅱ・数B」・簿・情から1 ⑤⑥⑦⑧「地歴・公民」・理(100×3) ▶世A・世B・日A・日B・地理A・地理B・現社・倫・政経・「倫・政経」から1または2,「物基・化基・生基・地学基から2」・物・化・生・地学から1または2, 計3, ただし, 同一科目名を含む選択は不可

[個別学力検査(400)] 2科目 ①外(200) ▶コミュ英Ⅰ・コミュ英Ⅱ・コミュ英Ⅲ・英表Ⅰ・英表Ⅱ ②数(200) ▶数Ⅰ・数Ⅱ・数Ⅲ・数A・数B(数列・ベク)

後期 [共通テスト(900)] 8~7科目 前期と同じ

[個別学力検査(600)] 2科目 ①外(300) ▶コミュ英Ⅰ・コミュ英Ⅱ・コミュ英Ⅲ・英表Ⅰ・英表Ⅱ ②総合問題(300)

その他の選抜

学校推薦型選抜は教育学部51名, 経済学部昼間主コース60名を, 総合型選抜は教育学部21名, 経済学部昼間主コース18名・夜間主コース50名, データサイエンス学部30名を募集。ほかに帰国生徒選抜, 社会人選抜, 私費外国人留学生選抜を実施。

偏差値データ（2023年度）

●一般選抜

学部／学科・課程	2023年度 駿台予備学校 合格目標ライン	2023年度 河合塾 ボーダー得点率	2023年度 河合塾 ボーダー偏差値	'22年度 競争率
●前期				
▶教育学部				
／学校教育［文系型］	45	56%	50	2.1
［理系型］	45	56%	50	1.8
［面接型］	44	62%	50	2.5
［実技型・音楽］	41	49%	45	1.6
［実技型・美術］	40	47%	45	2.0
［実技型・体育］	41	51%	47.5	1.4
▶経済学部				
総合経済(昼間主)［A方式国語・外国語］	48	75%	55	4.4
［B方式国語・外国語］	47	65%	55	
［A方式数学・外国語］	48	74%	55	3.0
［B方式数学・外国語］	47	65%	55	
▶データサイエンス学部				
データサイエンス	46	63%	52.5	2.0
●後期				
▶教育学部				
学校教育教員養成	47	56%	—	2.5
▶経済学部				
総合経済(昼間主)［A方式国語・外国語］	49	75%	55	3.1
［B方式国語・外国語］	48	70%	55	
［A方式数学・外国語］	49	75%	55	2.3
［B方式数学・外国語］	48	70%	55	
▶データサイエンス学部				
データサイエンス	47	68%	55	2.4

- 駿台予備学校合格目標ラインは合格可能性80％に相当する駿台模試の偏差値です。
- 河合塾ボーダー得点率は合格可能性50％に相当する共通テストの得点率です。また，ボーダー偏差値は合格可能性50％に相当する河合塾全統模試の偏差値です。
- 競争率は受験者÷合格者の実質倍率

MEMO

京都大学（きょうと）

資料請求

問合せ先 教育推進・学生支援部入試企画課 ☎075-753-2521〜2524

大学の理念

日本を代表し，世界に知られる総合大学。1897年の創立以来，伝統と文化を誇る京都の地で，時流に流されず，常に最前線の課題に挑戦し，教養人・国際人・世界的研究者を輩出し続けている。"自由の学風"で知られ，今も教育の基本理念に「対話を根幹とした自学自習」を掲げる。それが看板だけでないのは，学部一括の募集，独自の特色入試，選択科目の幅が広い，学科やコースの選択に制限が少ない，少人数のゼミでの授業形態を尊重する，などの事実に表れている。人文学，社会科学，自然科学の別を問わず研究のユニークさは群を抜いていて，霊長類研究やiPS細胞研究でも有名。その高度で独創的な研究は広く世界に知られており，ノーベル賞をはじめ，名だたる国際賞の受賞者も数多く輩出，幅広い分野で日本を代表する研究拠点となっている。

● 吉田キャンパス ……………〒606-8501 京都府京都市左京区吉田本町

基本データ

学生数▶12,889名（男10,055名，女2,834名）

専任教員数▶教授969名，准教授749名，講師192名

設置学部▶総合人間，文，教育，法，経済，理，医，薬，工，農

併設教育機関▶大学院（P.1417参照）

就職・卒業後の進路

● 就職支援　民間企業への就職はもちろん，大学院への進学，公務員，企業など，数多くの選択肢の中から，一人ひとりが納得した進路を歩めるよう，さまざまな支援を行っている。キャリアサポートセンターが求人票やインターンシップ，卒業生名簿などの情報・資料を提供するほか，就職ガイダンス，採用担当者や卒業生を招いてのキャリアセミナー，公務員志望者向けセミナー，キャリアフォーラム（学内合同企業説明会）などを開催。また，就職相談室では個別に就職活動における悩みや不安などについてのアドバイスも行っている。東京地区における情報収集等の活動拠点として，東京オフィスを開設。

進路指導者も必見 **学生を伸ばす 面倒見**

初年次教育	学修サポート
少人数ゼミナール形式の「ILASセミナー」「ILAS Seminar-E2」で問題を見つけ解決するという学問のプロセスや学びの技法を学ぶほか，「情報基礎」「情報基礎演習」を開講	各学部で学生相談室を設置し，学業や進路，人間関係，学生生活の悩みなどの相談に応じている

オープンキャンパス（2022年度実績） 8月にオンライン型と来場型の併用で予定されていたオープンキャンパスをオンライン型のみに変更して開催。一部の企画は事前申込制。また，7〜9月には特設サイトも開設。

文系学部

2022年３月卒業生
830人

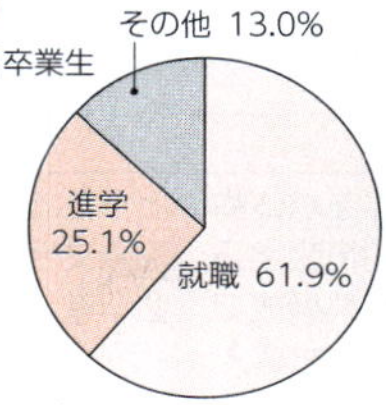

理系学部

2022年３月卒業生
1,960人
※就職には医学科の初期臨床研修医を含む。

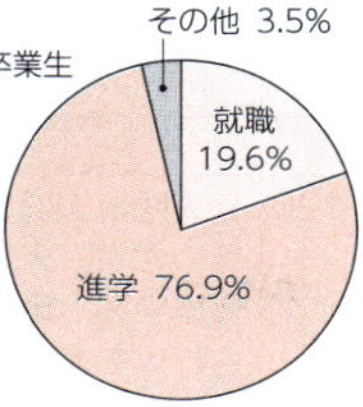

その他の学部

2022年３月卒業生
208人
・総合人間学部
・教育学部

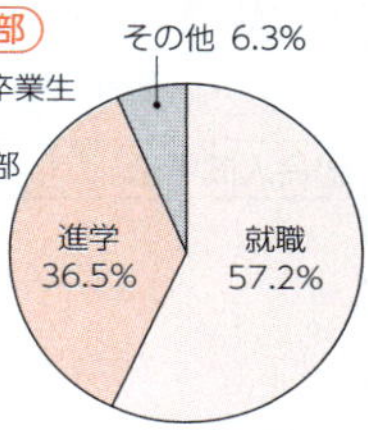

主なOB・OG▶［医］本庶佑（医学者・ノーベル医学・生理学賞受賞者），［文］上野千鶴子（社会学者），［文］鷲田清一（哲学者），［工］川上量生（実業家・ドワンゴ創業者），［総合人間］ヒャダイン（音楽家）など。

国際化・留学　大学間 201 大学等・部局間 993 協定

受入れ留学生数▶318名（37カ国・地域，2022年５月１日現在）

留学生の出身国・地域▶中国，韓国，インドネシア，台湾，タイ，ミャンマーなど。

外国人専任教員▶教授28名，准教授66名，講師39名，助教37名（2022年５月１日現在）

大学間交流協定▶181大学・２大学群・18機関（交換留学先143大学・１大学群，2022年10月18日現在）

部局間交流協定▶993協定（2022年８月２日現在）

海外への留学生数▶渡航型39名／年（14カ国・地域，2021年度）

海外留学制度▶交換留学は，協定校に１学期以上１年以内留学する授業料非徴収のプログラム。３カ月未満の短期プログラムでは，語学研修や異文化交流・実地研修，大学連携組織等主催のリーダー育成・社会奉仕，業者主催のインターンシップなどを提供するほか，オンラインプログラムも実施している。プログラムによっては，大学から費用助成や奨学金，単位認定が受けられる場合もある。ほかにも全学共通科目として開講される少人数教育科目群「ILASセミナー（海外）」や，各学部・研究科が独自に実施するプログラム，協定校が主催するサマースクールなどもある。

学費・奨学金制度

入学金▶282,000円

年間授業料（施設費等を除く）▶535,800円

主な奨学金制度▶科学・技術分野において独創的な夢を持つ意欲のある女子学生に120万円を限度に奨学金を給付する「京都大学久能賞」や，家計急変による経済的な緊急時に25万円を給付する「京都大学基金緊急支援一時金」のほか，経済的に困窮している学生を対象に「CFプロジェクト奨学金」「京都大学基金企業寄附奨学金」などの制度を設置。

保護者向けインフォメーション

●**懇談会**　法学部と農学部では入学式後に保護者懇談会を開催。学部のカリキュラム，就職，学生生活等について説明するほか，会報も発行している。

●**防災対策**　入学時に地震対応マニュアルを配布。学生が被災した際の安否確認は，大学独自の安否確認システムを利用する。

●**コロナ対策１**　感染状況に応じた５段階のBCP（行動指針）を設定。「コロナ対策２」（下段）あり。

インターンシップ科目	必修専門ゼミ	卒業論文	GPA制度の導入の有無および活用例	１年以内の退学率	標準年限での卒業率
工学部で開講している	学部により異なる	法・医（医学科）学部を除き卒業要件	導入している	NA	NA

●**コロナ対策２**　対面授業とオンライン授業を感染状況に応じて併用。講義室やトイレには消毒液を設置。また，講義室の収容人数を調整し，換気を徹底。食堂等が混雑することを回避するため，昼休みを75分に延長している。

学部紹介

学部／学科	定員	特色
総合人間学部		
総合人間	120	▷人間と人間をとりまく世界を総体的にとらえる学問の確立をめざす。人間科学系，認知情報学系，国際文明学系，文化環境学系，自然科学系の５学系構成で，２年進級時に学系の主専攻を選択する。副専攻制度も導入。
●取得可能な資格…教職（国・地歴・公・社・数・理・情・英），司書，学芸員。 ●進路状況…………就職51.4%　進学41.7% ●主な就職先………伊藤忠商事，楽天，メルカリ，日本経済新聞社，財務省，ソニー生命保険，三井住友銀行，関西電力，住友林業，大阪地方裁判所，東和薬品など。		
文学部		
人文	220	▷根源的な人間理解をめざし，人類の思想や言語文化，歴史，行動，文化全般に関する諸学問を修める。哲学基礎文化学系，東洋文化学系，西洋文化学系，歴史基礎文化学系，行動・環境文化学系，基礎現代文化学系の６学系と，31の専修学問分野を設置。２年進級時に，３年次で専修に分属する準備として，６つの系いずれかに仮分属する。
●取得可能な資格…教職（国・地歴・公・社・英），司書，司書教諭，学芸員，測量士補。 ●進路状況…………就職56.1%　進学33.3% ●主な就職先………国家・地方公務員，アクセンチュア，阪急阪神百貨店，NTTデータ，テレビ朝日，東京海上日動火災保険，凸版印刷，野村不動産，博報堂，小学館，京都大学など。		
教育学部		
教育科	60	▷現代の教育に関わる諸問題を学問的に探求し，より良い社会実現のための知と技法を開発し，その習得をめざす。３年次より，現代教育基礎学系，教育心理学系，相関教育システム論系の３系に分属する。
●取得可能な資格…教職（地歴・公民・社，特別支援），司書，司書教諭，学芸員。 ●進路状況…………就職70.3%　進学25.0% ●主な就職先………関西電力，東京家庭裁判所，京阪ホールディングス，武田薬品工業，広島県教育委員会，楽天，三井住友銀行，三菱UFJ銀行，文部科学省，NISSHAなど。		
法学部		
	330	▷豊かな教養と法律学・政治学の基礎的知識の提供を使命とし，制度・組織の設計，運営を指導できる人材を育成。専門科目に必修科目を設けず，学生の自主性を尊重。法科大学院への早期進学が適う「法曹基礎プログラム」も用意。
●取得可能な資格…教職（公・社）など。　●進路状況…………就職51.0%　進学31.1% ●主な就職先………国家・地方公務員，日本政策投資銀行，三井住友銀行，三菱UFJ銀行，りそな銀行，大和証券，日本生命保険，丸紅，関西電力，日本放送協会，楽天グループなど。		
経済学部		
経済経営	240	▷経済学と経営学の関連性を重視した１学科制を採用。両者を総合的に学習し，幅広い知識と深い思考力を身につける。学士・修士５年プログラムの設定もある。創立以来，少人数演習による学生と教員の対話型学習を重視している。
●進路状況…………就職82.0%　進学9.4% ●主な就職先………三井住友銀行，ゴールドマンサックス，JPモルガン証券，伊藤忠商事，トヨタ自動車，パナソニック，ソニー，日本航空，野村総合研究所，監査法人トーマツなど。		

キャンパスアクセス ［吉田キャンパス］JR東海道線―京都よりバス30～45分／京阪鴨東線―出町柳より徒歩10～20分

理学部		
理	311	▷自然科学の基礎体系を深く習得し，創造的に展開する能力，個々の知識を総合化し新たな知的価値を作り上げる能力を養成する。３年次から，数理科学系，物理科学系，地球惑星科学系，化学系，生物科学系の５学系に分属。要件を満たせば，３年次修了時に大学院進学も可能。。
● **取得可能な資格**…教職(数・理)，測量士補など　● 進路状況…就職13.9%　進学81.4% ● **主な就職先**………EYストラテジー・アンド・コンサルティング，愛媛県立高校，エムスリー，ソニー生命保険，チモロ，岡山市，講談社，気象庁，積水ハウス，富士通など。		
医学部		
医	107	▷医療の第一線で活躍する優秀な臨床医，医療専門職とともに，次世代の医学を担う医学研究者，教育者を育成する。４年終了時に，大学院へ進学するコースも用意。
人間健康科	100	▷一般選抜は，学科一括で入学後１年半は，共通の医学・医療に関する基礎教育を受け，２年次後期から，ベースとなる医学・医療教育の拡充と各専門性を見極め，先端看護科学，先端リハビリテーション科学，総合医療科学の３コースに分かれる。
● **取得可能な資格**…医師・看護師・保健師・臨床検査技師・理学療法士・作業療法士受験資格。 ● **進路状況**…………[医]初期臨床研修医90.9%　進学1.8%　[人間健康科]就職43.1%　進学46.2% ● **主な就職先**………[人間健康科]京都大学医学部附属病院など。		
薬学部		
		▶学部一括で募集し，４年次進級時に所属学科を振分ける。
薬科	65	▷４年制。将来の医薬品の創製を担う創薬科学研究者，技術者の養成をめざす。
薬	15	▷６年制。高度な医療を担い，それを指導できる薬剤師や医療薬学研究者，技術者の育成をめざす。
● **取得可能な資格**…[薬]薬剤師受験資格。 ● **進路状況**…………[薬科]就職1.4%　進学95.7%　[薬]就職85.7%　進学14.3% ● **主な就職先**………[薬]京都大学医学部附属病院，アインファーマシーズ，日本調剤など。		
工学部		
地球工	185	▷土木工学，資源工学，環境工学の３コースに，すべての講義を英語で行う国際コースを設置。
建築	80	▷自然科学，人文・社会科学の広い分野にまたがる教科課程で，最もヒューマンな技術といえる建築を学ぶ。
物理工	235	▷機械システム学，材料科学，宇宙基礎工学，原子核工学，エネルギー応用工学の５コースを設置。
電気電子工	130	▷最先端の科学技術を理解し，さらなる発展を担うための知識と技術を広く身につける。
情報	90	▷１年次終了時に，数理工学，計算機科学の２コースに分属，高度情報化の進化にあわせ複雑なシステムの問題を解決。
工業化	235	▷化学に関連する分野を広く学ぶ。２年次後期より，創成化学，先端化学，化学プロセス工学の３コースに分属。
● **取得可能な資格**…教職(数・理・情)，測量士補，１・２級建築士受験資格など。 ● **進路状況**…………就職9.9%　進学87.7% ● **主な就職先**………国土交通省，京都府，関西電力，トヨタ自動車，大成建設，三井石油開発，NTTドコモ，マイクロソフト，旭化成，アクセンチュア，リクルート，ソニーなど。		

農学部		
資源生物科	94	▷陸地や海洋に生育・生息する資源生物の生産性および品質の向上を，環境との調和を図りながら追求する。
応用生命科	47	▷生物資源の生産・加工・利用・保全の諸側面に含まれる化学的・生物学的原理の探求と，その応用に関する分野を学ぶ。
地域環境工	37	▷環境と調和した効率的な食料生産，環境・エネルギー問題の解決，環境共生型農村社会の創造をめざす。
食料・環境経済	32	▷有限な地球環境資源の保全と両立する持続可能な資源循環型社会のあり方について，学際的・総合的な研究・教育を行う。
森林科	57	▷自然保護と豊かな社会との共存に向けて，森林とそのバイオマス資源を対象とする教育・研究を行う。
食品生物科	33	▷食品研究を通じて生物・生命を理解し，人間にとってより良い食品の開発と効率的生産に寄与する技術の開発をめざす。

● **取得可能な資格**…教職(理・農)，測量士補など。 ● **進路状況**………就職20.4% 進学78.0%
● **主な就職先**………富士通，任天堂，伊藤忠商事，キーエンス，鹿島建設，三井住友銀行，東宝，大和証券，ライオン，オリックス，ニトリ，京都大学，経済産業省，林野庁など。

キャンパス

文・教育・法・経済・工……[吉田キャンパス] 京都府京都市左京区吉田本町
総合人間……[吉田キャンパス] 京都府京都市左京区吉田二本松町
理・農……[吉田キャンパス] 京都府京都市左京区北白川追分町
医(医)……[吉田キャンパス] 京都府京都市左京区吉田近衛町
医(人間健康科)……[吉田キャンパス] 京都府京都市左京区聖護院川原町53
薬……[吉田キャンパス] 京都府京都市左京区吉田下阿達町46-29

2023年度入試要項(前年度実績)

●募集人員

学部／学科		前期	後期	特色
▶総合人間		文系62 理系53	—	5
▶文		210	—	10
▶教育		文系44 理系10	—	6
▶法		310	20	—
▶経済		文系190 理系25	—	25
▶理		301	—	数理5 生物5
▶医	医	102	—	5
	人間健康科(先端看護科学)	70	—	20
	(先端リハビリテーション科学コース・理学)			5
	(先端リハビリテーション科学コース・作業)			5
▶薬	薬科	74	—	3
	薬			3
▶工	地球工	181	—	4
	建築	77	—	3
	物理工	230	—	5
	電気電子工	123	—	7
	情報	87	—	3
	工業化	225	—	10
▶農学部	資源生物科	91	—	3
	応用生命科	43	—	4
	地域環境工	34	—	3
	食料・環境経済	29	—	3
	森林科	50	—	7
	食品生物科	30	—	3

※前期の法学部，経済学部文系は外国学校出身者のための選考の募集人員各10名以内を含む。
※工学部地球工学科は国際コースのための選考の募集人員30名以内を含む。

● 2段階選抜

志願者数が募集人員を大幅に上回った場合，共通テストの得点により以下の倍率で行うことがある。ただし，理学部は共通テストの得点の合計が900点満点中概ね70%以上，医学部医学科は900点満点中630点以上で募集人員の約3倍までとする。前期―総合人間・文・教育・法・経済・医(人間健康科)・薬・農学部は約3.5倍。工学部は約3.0倍。後期―法学部は第1次選考として約15倍。

▷共通テストの配点が＊印の教科は，２段階選抜実施時の第１段階選抜のための得点対象とする。
▷共通テストの英語はリスニングを含む。第１段階選抜においての配点は〈R150＋L50〉とする。
▷個別学力検査の英－コミュ英Ⅰ・コミュ英Ⅱ・コミュ英Ⅲ・英表Ⅰ・英表Ⅱ。数Ｂ－数列・ベク。

総合人間学部

前期　〈文系〉［共通テスト(150)］ **8科目** ①国(＊) ②**外**(＊)▶英・独・仏・中・韓から１ ③④**地歴・公民**(25×2)▶世Ｂ・日Ｂ・地理Ｂ・「倫・政経」から２ ⑤⑥**数**(＊)▶「数Ⅰ・数Ａ」・「数Ⅱ・数Ｂ」 ⑦⑧**理**(50×2)▶「物基・化基・生基・地学基から２」・「物・化・生・地学から２」から１
［個別学力検査(650)］ 4科目 ①**国**(150)▶国総・現文Ｂ・古典Ｂ ②**外**(200)▶英・独・仏・中から１ ③**地歴**(100)▶世Ｂ・日Ｂ・地理Ｂから１ ④**数**(200)▶数Ⅰ・数Ⅱ・数Ａ・数Ｂ
〈理系〉［共通テスト(100)］ **7科目** ①国(＊) ②**外**(＊)▶英・独・仏・中・韓から１ ③**地歴・公民**(100)▶世Ｂ・日Ｂ・地理Ｂ・「倫・政経」から１ ④⑤**数**(＊)▶「数Ⅰ・数Ａ」・「数Ⅱ・数Ｂ」 ⑥⑦**理**(＊)▶物・化・生・地学から２
［個別学力検査(700)］ 5科目 ①**国**(150)▶国総・現文Ｂ・古典Ｂ ②**外**(150)▶英・独・仏・中から１ ③**数**(200)▶数Ⅰ・数Ⅱ・数Ⅲ・数Ａ・数Ｂ ④⑤**理**(100×2)▶「物基・物」・「化基・化」・「生基・生」・「地学基・地学」から２
特色　［共通テスト(800)］ **7科目** ①国(200) ②**外**(200・英〈R150＋L50〉)▶英・独・仏・中・韓から１ ③**地歴・公民**(100)▶世Ｂ・日Ｂ・地理Ｂ・「倫・政経」から１ ④⑤**数**(100×2)▶「数Ⅰ・数Ａ」・「数Ⅱ・数Ｂ」 ⑥⑦**理**(50×2)▶「物基・化基・生基・地学基から２」・「物・化・生・地学から２」から１
［個別学力検査(200)］ 2科目 ①②**能力測定考査**(100×2)▶文系総合問題・理系総合問題
※第１次選考―書類審査，第２次選考―能力測定考査，共通テストの成績(800点満点中概ね85％以上)を総合して判定。

文学部

前期　［共通テスト(250)］ **8科目** ①国(50) ②**外**(50・英〈R37.5＋L12.5〉)▶英・独・仏・中・韓から１ ③④**地歴・公民**(25×2)▶世Ｂ・日Ｂ・地理Ｂ・「倫・政経」から２ ⑤⑥**数**(25×2)▶「数Ⅰ・数Ａ」・「数Ⅱ・数Ｂ」 ⑦⑧**理**(25×2)▶「物基・化基・生基・地学基から２」・「物・化・生・地学から２」から１
［個別学力検査(500)］ 4科目 ①**国**(150)▶国総・現文Ｂ・古典Ｂ ②**外**(150)▶英・独・仏・中から１ ③**地歴**(100)▶世Ｂ・日Ｂ・地理Ｂから１ ④**数**(100)▶数Ⅰ・数Ⅱ・数Ａ・数Ｂ
特色　［共通テスト(900)］ **8科目** ①国(200) ②**外**(200・英〈R150＋L50〉)▶英・独・仏・中・韓から１ ③④**地歴・公民**(100×2)▶世Ｂ・日Ｂ・地理Ｂ・「倫・政経」から２ ⑤⑥**数**(100×2)▶「数Ⅰ・数Ａ」・「数Ⅱ・数Ｂ」 ⑦⑧**理**(50×2)▶「物基・化基・生基・地学基から２」・「物・化・生・地学から２」から１
［個別学力検査］ 2科目 ①**論述** ②**論文**
※第１次選考―書類審査，第２次選考―論述試験，論文試験，共通テストの成績(900点満点中概ね760点以上)を総合して判定。

教育学部

前期　〈文系〉［共通テスト(250)］ **8科目** ①国(50) ②**外**(50・英〈R37.5＋L12.5〉)▶英・独・仏・中・韓から１ ③④**地歴・公民**(25×2)▶世Ｂ・日Ｂ・地理Ｂ・「倫・政経」から２ ⑤⑥**数**(25×2)▶「数Ⅰ・数Ａ」・「数Ⅱ・数Ｂ」 ⑦⑧**理**(25×2)▶「物基・化基・生基・地学基から２」・「物・化・生・地学から２」から１
［個別学力検査(650)］ 4科目 ①**国**(200)▶国総・現文Ｂ・古典Ｂ ②**外**(200)▶英・独・仏・中から１ ③**地歴**(100)▶世Ｂ・日Ｂ・地理Ｂから１ ④**数**(150)▶数Ⅰ・数Ⅱ・数Ａ・数Ｂ
〈理系〉［共通テスト(250)］ **7科目** ①国(50) ②**外**(50・英〈R37.5＋L12.5〉)▶英・独・仏・中・韓から１ ③**地歴・公民**(50)▶世Ｂ・日Ｂ・地理Ｂ・「倫・政経」から１ ④⑤**数**

(25×2) ▶「数Ⅰ・数A」・「数Ⅱ・数B」 ⑥⑦理(25×2) ▶物・化・生・地学から2

[個別学力検査(650)] 4科目 ①国(150) ▶国総・現文B・古典B ②外(200) ▶英・独・仏・中から1 ③数(200) ▶数Ⅰ・数Ⅱ・数Ⅲ・数A・数B ④理(100) ▶「物基・物」・「化基・化」・「生基・生」・「地学基・地学」から1

特色 [共通テスト(900)] 8~7科目 ①国(200) ②外(200・英〈R150+L50〉) ▶英・独・仏・中・韓から1 ③④数(100×2) ▶「数Ⅰ・数A」・「数Ⅱ・数B」 ⑤⑥⑦⑧「地歴・公民」・理(100×3) ▶「世B・日B・地理B・〈倫・政経〉から2」・「物基(物)・化基(化)・生基(生)・地学基(地学)から2」または「世B・日B・地理B・〈倫・政経〉から1」・「物・化・生・地学から2」

[個別学力検査(200)] 2科目 ①課題(100) ②口頭試問(100)

※第1次選考―書類審査, 第2次選考―課題, 口頭試問, 最終―共通テストの成績(900点満点中概ね80%以上)により判定。

法学部

前期 [共通テスト(270)] 8科目 ①国(200) ②外(200・英〈R150+L50〉) ▶英・独・仏・中・韓から1 ③④地歴・公民(100×2) ▶世B・日B・「地理B・〈倫・政経〉から1」から2 ⑤⑥数(100×2) ▶「数Ⅰ・数A」・「数Ⅱ・数B」 ⑦⑧理(50×2) ▶「物基・化基・生基・地学基から2」・「物・化・生・地学から2」から1

※合計900点満点を270点満点に換算する。

[個別学力検査(550)] 4科目 ①国(150) ▶国総・現文B・古典B ②外(150) ▶英・独・仏・中から1 ③地歴(100) ▶世B・日B・地理Bから1 ④数(150) ▶数Ⅰ・数Ⅱ・数A・数B

後期(特色) [共通テスト(270)] 8科目 ①国(200) ②外(200・英〈R150+L50〉) ▶英・独・仏・中・韓から1 ③④地歴・公民(100×2) ▶世B・日B・「地理B・〈倫・政経〉から1」から2 ⑤⑥数(100×2) ▶「数Ⅰ・数A」・「数Ⅱ・数B」 ⑦⑧理(50×2) ▶「物基・化基・生基・地学基から2」・「物・化・生・地学から2」から1

※合計900点満点を270点満点に換算する。

[個別学力検査(100)] 1科目 ①小論文(100)

※第1次選考―書類審査および共通テストの成績(900点満点), 第2次選考―小論文および共通テストの成績(270点満点)により判定。

経済学部

前期 〈文系〉[共通テスト(250)] 8科目 ①国(50) ②外(50・英〈R37.5+L12.5〉) ▶英・独・仏・中・韓から1 ③④地歴・公民(25×2) ▶世B・日B・地理B・「倫・政経」から2 ⑤⑥数(25×2) ▶「数Ⅰ・数A」・「数Ⅱ・数B」 ⑦⑧理(25×2) ▶「物基・化基・生基・地学基から2」・「物・化・生・地学から2」から1

[個別学力検査(550)] 4科目 ①国(150) ▶国総・現文B・古典B ②外(150) ▶英 ③地歴(100) ▶世B・日B・地理Bから1 ④数(150) ▶数Ⅰ・数Ⅱ・数A・数B

〈理系〉[共通テスト(250)] 6科目 ①国(50) ②外(50・英〈R37.5+L12.5〉) ▶英・独・仏・中・韓から1 ③地歴・公民(50) ▶世B・日B・地理B・「倫・政経」から1 ④⑤数(25×2) ▶「数Ⅰ・数A」・「数Ⅱ・数B」 ⑥理(50) ▶物・化・生・地学から1

[個別学力検査(650)] 3科目 ①国(150) ▶国総・現文B・古典B ②外(200) ▶英 ③数(300) ▶数Ⅰ・数Ⅱ・数Ⅲ・数A・数B

特色 〈文系型〉[共通テスト(900)] 8科目 ①国(200) ②外(200・英〈R150+L50〉) ▶英・独・仏・中・韓から1 ③④地歴・公民(100×2) ▶世B必須, 日B・地理B・「倫・政経」から1 ⑤⑥数(100×2) ▶「数Ⅰ・数A」・「数Ⅱ・数B」 ⑦⑧理(50×2) ▶「物基・化基・生基・地学基から2」・「物・化・生・地学から2」から1

[個別学力検査] 1科目 ①書類審査(段階評価)

※書類審査および共通テストの成績(900点満点中概ね80%以上, 「世界史B」「外国語」の2科目についてはいずれも得点率が概ね90%以上)を総合して判定。

〈理系型〉[共通テスト(900)] 7科目 ①国(200) ②外(200・英〈R150+L50〉) ▶英・独・仏・中・韓から1 ③地歴・公民(100) ▶世B・日B・地理B・「倫・政経」から1 ④⑤数

(100×2) ▶「数Ⅰ・数A」・「数Ⅱ・数B」 ⑥⑦理(100×2) ▶物必須，化・生から1
[個別学力検査] 1科目 ①書類審査(段階評価)
※書類審査および共通テストの成績(900点満点中概ね80%以上，「数学Ⅰ・数学A」「数学Ⅱ・数学B」「物理」の3科目についてはいずれも得点率が概ね90%以上)を総合して判定。

理学部

前期 [共通テスト(225)] 7科目 ①国(50) ②外(R37.5+L12.5) ▶英 ③地歴・公民(25) ▶世B・日B・地理B・「倫・政経」から1 ④⑤数(25×2) ▶「数Ⅰ・数A」・「数Ⅱ・数B」 ⑥⑦理(25×2) ▶物・化・生・地学から2
[個別学力検査(975)] 5科目 ①国(150) ▶国総・現文B・古典B ②外(225) ▶英 ③数(300) ▶数Ⅰ・数Ⅱ・数Ⅲ・数A・数B ④⑤理(150×2) ▶「物基・物」・「化基・化」・「生基・生」・「地学基・地学」から2
特色 [共通テスト(900)] 7科目 ①国(200) ②外(R150+L50) ▶英 ③地歴・公民(100) ▶世B・日B・地理B・「倫・政経」から1 ④⑤数(100×2) ▶「数Ⅰ・数A」・「数Ⅱ・数B」 ⑥⑦理(100×2) ▶物・化・生・地学から2，ただし生物科学入試は生必須
〈数理科学入試〉[個別学力検査(100)] 2科目 ①数学に関する能力測定考査(80) ②口頭試問(20)
※第1次選考―書類審査，第2次選考―数学に関する能力測定考査，口頭試問，最終―共通テストの成績(900点満点中概ね70%以上)により判定。
〈生物科学入試〉[個別学力検査(300)] 1科目 ①口頭試問(300)
※第1次選考―書類審査，第2次選考―口頭試問，最終―口頭試問および共通テストの成績(900点満点中概ね70%以上)により判定。

医学部

前期 [共通テスト(250)] 7科目 ①国(50) ②外(50・英〈R37.5+L12.5〉) ▶英・独・仏・中・韓から1 ③地歴・公民(50) ▶世B・日B・地理B・「倫・政経」から1 ④⑤数(25×2) ▶「数Ⅰ・数A」・「数Ⅱ・数B」 ⑥⑦理(25×2) ▶物・化・生から2
【医学科】[個別学力検査(1000)] 6科目 ①国(150) ▶国総・現文B・古典B ②外(300) ▶英・独・仏・中から1 ③数(250) ▶数Ⅰ・数Ⅱ・数Ⅲ・数A・数B ④⑤理(150×2) ▶「物基・物」・「化基・化」・「生基・生」から2 ⑥面接
【人間健康科学科】[個別学力検査(750)] 5科目 ①国(150) ▶国総・現文B・古典B ②外(200) ▶英 ③数(200) ▶数Ⅰ・数Ⅱ・数Ⅲ・数A・数B ④⑤理(100×2) ▶「物基・物」・「化基・化」・「生基・生」から2
特色 【医学科】[共通テスト] 7科目 ①国 ②外 ▶英・独・仏・中・韓から1 ③地歴・公民 ▶世B・日B・地理B・「倫・政経」から1 ④⑤数 ▶「数Ⅰ・数A」・「数Ⅱ・数B」 ⑥⑦理 ▶物・化・生から2
※判定には利用しないが，受験は必須。
[個別学力検査(400)] 2科目 ①口頭試問(160) ②面接(240)
※第1次選考―書類審査，第2次選考―口頭試問および面接試験の成績により判定。
【人間健康科学科〈先端看護・先端リハ(作業)〉】[共通テスト(900)] 8~7科目 ①国(200) ②外(R150+L50) ▶英 ③④数(100×2) ▶「数Ⅰ・数A」・「数Ⅱ・数B」 ⑤⑥⑦⑧「地歴・公民」・理(100×3) ▶世B・日B・地理B・「倫・政経」から1または2，「物基・化基・生基から2」・物・化・生から1または2，計3
[個別学力検査(200)] 2科目 ①論文(100) ②面接(100)
※第1次選考―書類審査，第2次選考―論文，面接試験および書類審査，最終―共通テストの成績(900点満点中概ね75%以上)により決定。
【人間健康科学科〈先端リハ(理学)〉】[共通テスト(900)] 7科目 ①国(200) ②外(R150+L50) ▶英 ③地歴・公民(100) ▶世B・日B・地理B・「倫・政経」から1 ④⑤数(100×2) ▶「数Ⅰ・数A」・「数Ⅱ・数B」 ⑥⑦理(100×2) ▶物・化・生から2
[個別学力検査(200)] 2科目 ①論文(100) ②面接(100)

※第１次選考―書類審査，第２次選考―論文，面接試験および書類審査，最終―共通テストの成績(900点満点中概ね75％以上)により決定。

薬学部

前期　[共通テスト(250)]　7科目　①国(50)　②外(50・英〈R37.5＋L12.5〉)▶英・独・仏・中・韓から１　③**地歴・公民**(50)▶世Ｂ・日Ｂ・地理Ｂ・「倫・政経」から１　④⑤**数**(25×2)▶「数Ⅰ・数Ａ」・「数Ⅱ・数Ｂ」　⑥⑦**理**(25×2)▶物・化・生・地学から２

[個別学力検査(700)]　5科目　①国(100)▶国総・現文Ｂ・古典Ｂ　②**外**(200)▶英　③**数**(200)▶数Ⅰ・数Ⅱ・数Ⅲ・数Ａ・数Ｂ　④⑤**理**(100×2)▶「物基・物」・「化基・化」・「生基・生」から２

特色　[共通テスト(900)]　7科目　①国(200)　②**外**(R150＋L50)▶英　③**地歴・公民**(100)▶世Ｂ・日Ｂ・地理Ｂ・「倫・政経」から１　④⑤**数**(100×2)▶「数Ⅰ・数Ａ」・「数Ⅱ・数Ｂ」　⑥⑦**理**(100×2)▶物・化・生から２

[個別学力検査(400)]　2科目　①**論文**(200)　②**面接**(200)

※第１次選考―書類審査，第２次選考―論文，面接，最終―共通テストの成績(900点満点中概ね８割以上)により，第２次選考の成績順に判定。

工学部

前期　[共通テスト(200)]　7科目　①国(50)　②外(50・英〈R37.5＋L12.5〉)▶英・独・仏・中・韓から１　③**地歴・公民**(100)▶世Ｂ・日Ｂ・地理Ｂ・「倫・政経」から１　④⑤**数**(＊)▶「数Ⅰ・数Ａ」・「数Ⅱ・数Ｂ」　⑥⑦**理**(＊)▶物必須，化・生から１

[個別学力検査(800)]　5科目　①国(100)▶国総・現文Ｂ・古典Ｂ　②**外**(200)▶英　③**数**(250)▶数Ⅰ・数Ⅱ・数Ⅲ・数Ａ・数Ｂ　④⑤**理**(125×2)▶「物基・物」・「化基・化」

特色　**【地球工学科・建築学科・物理工学科・電気電子工学科・工業化学科】**[共通テスト(900)]　7科目　①国(200)　②**外**(200・英〈R150＋L50〉)▶英・独・仏・中・韓から１　③**地歴・公民**(100)▶世Ｂ・日Ｂ・地理Ｂ・「倫・政経」から１　④⑤**数**(100×2)▶「数Ⅰ・数Ａ」・「数Ⅱ・数Ｂ」　⑥⑦**理**(100×2)▶物必須，化・生から１

[個別学力検査]　1科目　①**書類審査**(段階評価)

※書類審査および共通テストの成績を総合して判定。地球物理学科は共通テストが900点満点中概ね80％以上，「数学Ⅰ・数学Ａ」「数学Ⅱ・数学Ｂ」「物理」「化学」の４科目の内少なくとも２科目の得点率が概ね90％以上。建築学科は共通テストが900点満点中概ね80％以上,「数学Ⅰ・数学Ａ」「数学Ⅱ・数学Ｂ」の２科目の得点率が概ね90％以上。物理工学科は共通テストが900点満点中概ね85％以上。電気電子工学科，工業化学科は書類審査に重点を置き，段階評価「Ａ」かつ共通テストが900点満点中概ね80％以上。ただし，工業化学科は概ね80％に達しない科目がある場合は，不合格とすることがある。

【情報学科】[共通テスト(1000)]　7科目　①国(150)　②**外**(250・英〈R187.5＋L62.5〉)▶英・独・仏・中・韓から１　③**地歴・公民**(100)▶世Ｂ・日Ｂ・地理Ｂ・「倫・政経」から１　④⑤**数**(125×2)▶「数Ⅰ・数Ａ」・「数Ⅱ・数Ｂ」　⑥⑦**理**(125×2)▶物必須，化・生から１

[個別学力検査(200)]　1科目　①**口頭試問**(200)

※第１次選考―書類審査，第２次選考―口頭試問，最終―共通テストの成績(1000点満点中概ね80%以上)により判定。

農学部

前期　[共通テスト(350)]　7科目　①国(100)　②**外**(50・英〈R37.5＋L12.5〉)▶英・独・仏・中・韓から１　③**地歴・公民**(100)▶世Ｂ・日Ｂ・地理Ｂ・「倫・政経」から１　④⑤**数**(25×2)▶「数Ⅰ・数Ａ」・「数Ⅱ・数Ｂ」　⑥⑦**理**(25×2)▶物・化・生・地学から２

[個別学力検査(700)]　5科目　①国(100)▶国総・現文Ｂ・古典Ｂ　②**外**(200)▶英・独・仏・中から１　③**数**(200)▶数Ⅰ・数Ⅱ・数Ⅲ・数Ａ・数Ｂ　④⑤**理**(100×2)▶「物基・物」・「化基・化」・「生基・生」・「地学基・地学」から２

特色　**【資源生物科学科・食料環境経済学科】**[共通テスト(900)]　7科目　①国(200)　②

外(200・英〈R150＋L50〉) ▶英・独・仏・中・韓から1　③**地歴・公民**(100) ▶世B・日B・地理B・「倫・政経」から1　④⑤**数**(100×2) ▶「数Ⅰ・数A」・「数Ⅱ・数B」　⑥⑦**理**(100×2) ▶物・化・生・地学から2

[個別学力検査(200)]【資源生物科学科】 **1**科目　①**面接**(200)

※第1次選考―書類審査，第2次選考―面接，最終―共通テストの成績(900点満点中概ね720点以上)と第2次選考により判定。

【食料・環境経済学科】 **1**科目　①**小論文**(200)

※第1次選考―書類審査，第2次選考―小論文，最終―共通テストの成績(900点満点中概ね720点以上)により，第2次選考の成績順に判定。

【応用生命科学科】[共通テスト(900)] **7**科目　①**国**(200)　②**外**(200・英〈R150＋L50〉) ▶英・独・仏・中・韓から1　③**地歴・公民**(100) ▶世B・日Bから1　④⑤**数**(100×2) ▶「数Ⅰ・数A」・「数Ⅱ・数B」　⑥⑦**理**(100×2) ▶化・生

[個別学力検査(500)] **2**科目　①**小論文**(250)　②**面接**(250)

※第1次選考―書類審査，第2次選考―小論文および面接，最終―共通テストの成績(900点満点中630点以上)により，第2次選考の成績順に判定。

【地域環境工学科】[共通テスト(800)] **7**科目　①**国**(100)　②**外**(R150＋L50) ▶英　③**地歴・公民**(100) ▶世B・日B・地理B・「倫・政経」から1　④⑤**数**(100×2) ▶「数Ⅰ・数A」・「数Ⅱ・数B」　⑥⑦**理**(100×2) ▶物必須，化・生・地学から1

[個別学力検査(500)] **2**科目　①**小論文**(250)　②**面接**(250)

※第1次選考―書類審査，第2次選考―小論文および面接，最終―共通テストの成績(800点満点中概ね640点以上)により，第2次選考の成績順に判定。

【森林科学科】[共通テスト(900)] **7**科目　①**国**(200)　②**外**(R150＋L50) ▶英　③**地歴・公民**(100) ▶世B・日B・地理B・「倫・政経」から1　④⑤**数**(100×2) ▶「数Ⅰ・数A」・「数Ⅱ・数B」　⑥⑦**理**(100×2) ▶物・化・生・地学から2

[個別学力検査(300)] **2**科目　①**小論文**(200)　②**面接**(100)

※第1次選考―書類審査，第2次選考―小論文および面接，最終―共通テストの成績(900点満点中概ね720点以上)により，第2次選考の成績順に判定。

【食品生物科学科】[共通テスト(700)] **6**科目　①**国**(200)　②**地歴・公民**(100) ▶世B・日B・地理B・「倫・政経」から1　③④**数**(100×2) ▶「数Ⅰ・数A」・「数Ⅱ・数B」　⑤⑥**理**(100×2) ▶物・化・生から2

[個別学力検査(100)] **1**科目　①**口頭試問**(100)

※第1次選考―書類審査，第2次選考―口頭試問，最終―共通テストの成績(700点満点中概ね600点以上)により，第2次選考の成績順に判定。

その他の選抜

外国学校出身者のための選考(法・経済学部)，国際コースのための選考(工学部地球工学科)，私費外国人留学生のための選考(工学部)を実施。

偏差値データ（2023年度）

●一般選抜

＊共通テスト・個別計/満点

学部／学科／コース	2023年度 駿台予備学校 合格目標ライン	2023年度 河合塾 ボーダー得点率	2023年度 河合塾 ボーダー偏差値	2022年度実績 募集人員	2022年度実績 受験者数	2022年度実績 合格者数	2022年度実績 合格最低点＊	競争率 '22年	競争率 '21年
●前期									
総合人間学部									
総合人間（文系）	65	90%	67.5	62	189	63	532.00/800	3.0	3.4
（理系）	62	89%	65	53	185	55	476.00/800	3.4	3.3
文学部									
人文	64	82%	67.5	211	620	216	501.62/750	2.9	3.0
教育									
教育科（文系）	63	80%	67.5	45	154	46	586.32/900	3.3	2.7
（理系）	61	80%	65	10	34	10	546.50/900	3.4	3.3
法									
	65	82%	67.5	300	694	310	544.10/820	2.2	2.2
経済									
経済経営（文系）	64	82%	67.5	189	450	195	526.62/800	2.3	2.6
（理系）	62	82%	65	26	98	26	562.91/900	3.8	3.7
理学部									
	64	82%	65	301	663	312	711.87/1200	2.1	2.5
医学部									
医	76	86%	72.5	106	247	109	916.62/1250	2.3	2.7
人間健康科	59	74%	60	78	199	85	518.28/1000	2.3	2.5
薬学部									
	64	81%	65	78	206	83	578.00/950	2.5	2.1
工学部									
地球工	61	81%	62.5	175	2518	176	600.66/1000	2.7	2.4
建築	63	83%	65	79		80	608.75/1000		
物理工	64	82%	65	230		232	630.45/1000		
電気電子工	63	82%	65	124		125	625.78/1000		
情報	65	83%	67.5	88		89	676.50/1000		
工業化	61	80%	62.5	232		233	592.83/1000		
農学部									
資源生物科	61	80%	65	93	717	93	644.53/1050	2.4	2.1
応用生命科	62	80%	65	46		47			
地域環境工	60	79%	62.5	34		36			
食料・環境経済	61	79%	62.5	30		32			
森林科	60	79%	62.5	54		56			
食品生物科	62	81%	65	33		34			
●後期									
法学部									
	67	87%	—	20	51	22	—	2.3	2.5

●駿台予備学校合格目標ラインは合格可能性80％に相当する駿台模試の偏差値です。●競争率は受験者÷合格者の実質倍率
●河合塾ボーダー得点率は合格可能性50％に相当する共通テストの得点率です。
　また，ボーダー偏差値は合格可能性50％に相当する河合塾全統模試の偏差値です。
●総合人間学部（理系），経済学部（理系），理学部，医学部医学科の前期，法学部の後期は２段階選抜を実施。

併設の教育機関　大学院

文学研究科

教員数▶教授45名，准教授26名，講師６名
院生数▶476名

修士課程▶ ●**文献文化学専攻**　東洋文化学系（５専修）では，日本，中国，インド，それぞれを中心とした３つの文化圏を研究対象に，文学，思想，文化の研究を行う。西洋文献文化学系（７専修）は，古代から現代に至るヨーロッパおよびアメリカの文学・思想・芸術・社会を研究する。

●**思想文化学専攻**　旧哲学科をもとにしており，哲学・宗教学講座と美学美術史講座に大別。哲学，西洋哲学史（古代・中世・近世），日本哲学史，倫理学，宗教学，キリスト教学，美学美術史の７専修がある。

●**歴史文化学専攻**　日本史学，東洋史学，西南アジア史学，西洋史学，考古学の５つの専修がある。人類社会の歩みを時間の流れに沿って跡づけ，考察する。

●**行動文化学専攻**　心理学，言語学，社会学，地理学の４専修からなる。人間が日常使う言語や，心の動き，社会の中での行動とそれを取り巻く地域そのものを研究の対象とする。

●**現代文化学専攻**　科学哲学科学史，メディア文化学，現代史学の３つの専修からなる。現代世界がどのように形成され，変化していくのかを研究する。

●**京都大学・ハイデルベルク大学国際連携文化越境専攻**　共同学位（ジョイント・ディグリー）プログラム。日本・ドイツに各２学期在学し，両大学の教員から共同指導を受ける。

博士後期課程▶ **文献文化学専攻，思想文化学専攻，歴史文化学専攻，行動文化学専攻，現代文化学専攻**

教育学研究科

教員数▶教授17名，准教授12名，講師２名
院生数▶172名

修士課程▶ ●**教育学環専攻**　教育・人間科学，教育認知心理学，臨床心理学，教育社会学，連携教育学の５講座・９コースで構成。

博士後期課程▶ **教育学環専攻**

法学研究科

教員数▶教授52名，准教授13名，講師２名
院生数▶452名（法科大学院343名を含む）

修士課程▶ ●**法政理論専攻**　法学政治学の精深な学識を習得し，創造的研究を行う「研究者養成コース」と企業法務を中心とした専門的職業を担う「先端法務コース」がある。

専門職学位課程▶ ●**法曹養成専攻（法科大学院）**理論と実務を架橋する高度な教育を通じて，法の精神が息づく自由で公正な社会の実現のため，さまざまな分野で指導的な役割を果たす創造力ある法曹を養成する。

博士後期課程▶ **法政理論専攻**

経済学研究科

教員数▶教授20名，准教授８名，講師９名
院生数▶254名

修士課程▶ ●**経済学専攻**　先端的な経済学や経営学の研究能力，専門的な経済分析能力，国際性と学際性を高めるプログラムを設定。「研究者養成」，「高度専門人材養成」，英語による「東アジア持続的経済発展研究コース」，「学士・修士５年プログラム」。

●**国際連携グローバル経済・地域創造専攻**　グラスゴー大学，バルセロナ大学との共同学位（ジョイント・ディグリー）課程，グローバル・リーダー人材を養成するプログラム。

博士後期課程 経済学専攻

理学研究科

教員数▶教授74名，准教授84名，講師９名
院生数▶1,116名
修士課程 ●**数学・数理解析専攻** 数学系と数理解析系の２つの系があり，次世代研究者および数学についての高度な専門知識を持って社会で活躍する人材の育成をめざす。
●**物理学・宇宙物理学専攻** 物理学第一分野［物性］，物理学第二分野［素粒子・原子核・宇宙］，宇宙物理学分野で構成。
●**地球惑星科学専攻** 地球物理学分野と地質学鉱物学分野からなる。
●**化学専攻** 化学教室，化学研究所，医生物学研究所，複合原子力科学研究所の化学に関係する26研究室と３つの客員講座で構成されている。
●**生物科学専攻** 動物学，植物学，生物物理学の３教室で構成されている。
博士後期課程 数学・数理解析専攻，物理学・宇宙物理学専攻，地球惑星科学専攻，化学専攻，生物科学専攻

医学研究科

教員数▶教授76名，准教授65名，講師63名
院生数▶1,188名（専門職学位課程74名を含む）
修士課程 ●**医科学専攻** 医学部以外の学部教育を受けた学生に対して，医科学分野の基礎知識習得と研究の基礎トレーニングを行い，優れた医科学研究者を育成する。
●**人間健康科学系専攻** 先端看護科学，先端リハビリテーション科学，総合医療科学の３コースにおいて，高度医療専門職および独創的かつ斬新的な教育者・研究者を養成。
専門職学位課程 ●**社会健康医学系専攻** 将来，保健・医療・福祉分野で専門職や教育研究職に就こうとする者が，「社会における人間」の健康に関わる問題を探知・評価・分析・解決するために必要な知識，技術，態度を身につけることを目的とする。
４年制博士課程 ●**医学専攻** 各専門分野における研修に加え，臨床医学，基礎医学，社会医学を横断する「大学院教育コース」を設置。医学研究をリードする人材を育成する。
●**ゲノム医学国際連携専攻** カナダのマギル大学との国際共同学位（ジョイント・ディグリー）プログラム。
博士後期課程 医科学専攻，人間健康科学系専攻，社会健康医学専攻

薬学研究科

教員数▶教授13名，准教授13名，講師５名
院生数▶227名
修士課程 ●**薬科学専攻** 主として薬学部４年制学科の卒業生および創薬に興味を持つ理系学部の卒業生を対象に，基礎となる自然科学と薬学固有の学問を横断的に研究し，総合的な学問的素養と創造性を培う。
４年制博士課程 ●**薬学専攻** 主に薬学部６年制学科の卒業生を対象に，薬学関連の基礎科学を基盤として，医療薬学および関連分野の基礎から応用に至る研究を行う。
５年一貫制博士課程 ●**創発医薬科学専攻** 長期展望（５年一貫）で，医薬科学を中心とする学問融合・未踏学際領域開拓による挑戦的研究に重点を置いた研究を実践する。
博士後期課程 薬科学専攻

工学研究科

教員数▶教授129名，准教授102名，講師33名
院生数▶2,021名
修士課程 ●**社会基盤工学専攻** 最先端技術の開発，地下資源の持続的な利用に重点を置き，安全・安心で環境と調和した潤いのある社会基盤整備の実現をめざす。
●**都市社会工学専攻** 都市活動を分析する技術や都市計画・交通計画などの計画技術，ライフラインや都市基盤を高度化する技術など都市システムの総合的なマネジメントを行うための方法論の確立をめざす。
●**都市環境工学専攻** 個別の生活空間から都市・地域，さらに地球規模に至る幅広い環境を研究対象とし，環境問題の解決に取り組む。

●**建築学専攻**　高度で複雑な機能を担う建築空間の実現をめざし，基礎的および先端的研究・教育を行うとともに，総合化のための理論的かつ創造的研究・教育，さらにその実践システムの研究・教育を行う。
●**機械理工学専攻**　マイクロからマクロにわたる広範な物理系を研究対象とし，生産システム，エネルギー，環境，生活，生命･生体･医療など，人間のための技術の進展を図る。
●**マイクロエンジニアリング専攻**　ナノからマイクロの領域における微小機械に関する先端分野の高度な研究能力を有する研究者・技術者を養成する。
●**航空宇宙工学専攻**　航空宇宙機の航行に関わる航空宇宙環境との相互作用，航空宇宙機の推進とエネルギー，航空宇宙機の材料・構造強度，航空宇宙機のシステム・制御などを研究対象とする。
●**原子核工学専攻**　最先端科学を切り開く量子テクノロジーを追究し，物質，エネルギー，生命，環境などへの工学的応用を展開して，循環型システムの構築をめざす。
●**材料工学専攻**　革新技術の発展においてパラダイムシフトを引き起こすような，構造材料，機能性材料の開発・実用化をめざした多岐にわたる基礎研究を行う。
●**電気工学専攻**　先端電気システム論，システム基礎論，生体医工学，電磁工学の４講座に２協力講座と１寄付講座からなり，電気工学に関する最先端のテーマを研究する。
●**電子工学専攻**　「光」と「電子」をキーワードとした新しい概念を提唱し，それに基づく革新的材料・デバイスの創製に関連する教育・研究を行う。
●**材料化学専攻**　無機材料，有機材料，高分子材料，ナノマテリアルを中心に，その構造と性質・反応性を解明しながら，新しい機能や性質を持った材料を化学的に設計し，その創製方法の確立をめざす。
●**物質エネルギー化学専攻**　物質変換およびエネルギーの高効率変換と資源の高効率循環を可能にするための研究を行う。
●**分子工学専攻**　新しい電子材料やエネルギー・情報関連材料などの開発のための基礎的研究を展開し，分子論的視野に立って，斬新な発想で基礎から応用への展開ができる研究者・技術者を育成。
●**高分子化学専攻**　光・電子・情報分野，高機能材料，再生医療，ナノテクノロジーなど，高分子の発展分野を支えるため，高分子の生成，反応，構造，物性，機能について基礎研究と教育を行う。
●**合成・生物化学専攻**　合成化学と生物化学との学際領域を密接な連携をもとに開拓し，総合精密化学としての創造性豊かな化学分野の確立をめざす。
●**化学工学専攻**　物質，材料，エネルギーを環境に優しく，効率よく生産する方法を提案し，人類に有用な機能を持つ物質および材料を化学的変換によって創出するための教育・研究を行う。
博士後期課程▶ **社会基盤工学専攻，都市社会工学専攻，都市環境工学専攻，建築学専攻，機械理工学専攻，マイクロエンジニアリング専攻，航空宇宙工学専攻，原子核工学専攻，材料工学専攻，電気工学専攻，電子工学専攻，材料化学専攻，物質エネルギー化学専攻，分子工学専攻，高分子化学専攻，合成・生物化学専攻，化学工学専攻**

農学研究科

教員数▶教授65名，准教授56名，講師１名
院生数▶925名
修士課程▶ ●**農学専攻**　作物学，育種学，蔬菜花卉園芸学，果樹園芸学，雑草学，栽培システム学，品質設計開発学，品質評価学および植物生産管理学の９分野で構成。
●**森林科学専攻**　森林生態系の保全と活用，森林と人間の共生関係の構築，生物資源の高度利用をめざして研究・教育を行う。
●**応用生命科学専攻**　生命がどのような仕組みで生まれ維持されているのかを化学の視点から分子・細胞レベルで理解し，その成果をバイオテクノロジーとして利用することをめざして研究している。
●**応用生物科学専攻**　生物資源の生産・利用・加工の諸側面に含まれる生物学的・化学的原理の探究とその応用に関するさまざまな分野の研究と教育を行う。

●**地域環境科学専攻**　地域固有の自然のことわり・多様性を深く理解することにより環境問題の基礎原因を見い出し，問題解決に必要な生産活動・生活の在り方を確立する。

●**生物資源経済学専攻**　人類が直面している食料・環境・農業に関連する諸問題に，人文・社会科学的な研究手法を用いて取り組む。

●**食品生物科学専攻**　化学，生物学，物理学を基盤とし，ヒトを含む生命体における生命現象の解明を通じて，食品・食料に関わる諸問題の解決をめざす。

博士後期課程 **農学専攻，森林科学専攻，応用生命科学専攻，応用生物科学専攻，地域環境科学専攻，生物資源経済学専攻，食品生物科学専攻**

人間・環境学研究科

教員数▶教授65名，准教授31名，講師１名
院生数▶629名

修士課程 ●**共生人間学専攻**　「人間相互の共生」という視点から，社会や文化の中に生きる人間存在のありようを探求し，人間同士が共に生きる中から生まれる諸問題を解決できる人材を育成するための教育研究を行う。

●**共生文明学専攻**　自然と人間・社会とを対峙させ，自然を制御することを文明の営みとしてきた西欧文明と，自然との共生を文明の営みとしてきた地球上の他の文明を考察することによって，「文明相互の共生」を可能にする方策を探究する。

●**相関環境学専攻**　「開発」の論理を見直し，人類を含めた生態系の存続に寄与することを志向する「人間と自然の共生」を図る新しい社会システムのあり方を模索する。

博士後期課程 **共生人間学専攻，共生文明学専攻，相関環境学専攻**

エネルギー科学研究科

教員数▶教授20名，准教授17名，講師１名
院生数▶396名

修士課程 ●**エネルギー社会・環境科学専攻**　環境と調和するエネルギー，社会システムを求めて，エネルギー問題を社会的，政治的，経済的，生体環境的側面から研究する。

●**エネルギー基礎科学専攻**　量子化学，物理化学，物質化学などの「化学」と，量子力学，電磁気学，統計力学，物性物理学，核物理学などの「物理学」を基盤にして，エネルギー問題解決に貢献するための基礎科学についての教育と研究を行う。

●**エネルギー変換科学専攻**　高効率クリーンエネルギーシステムの構築をめざし，各種エネルギーの発生，変換，制御，利用などに関する学理とその総合化について，理工学的立場から教育・研究を行う。

●**エネルギー応用科学専攻**　人類の持続的発展のための地球環境調和型プロセスの展開と，それを支えるエネルギー応用科学を確立する。

博士後期課程 **エネルギー社会・環境科学専攻，エネルギー基礎科学専攻，エネルギー変換科学専攻，エネルギー応用科学専攻**

アジア・アフリカ地域研究研究科

教員数▶教授15名，准教授８名
院生数▶159名

５年一貫制博士課程 ●**東南アジア地域研究専攻**　「生態環境論」「地域変動論」「総合地域論」の３つの研究指導分野からなる。

●**アフリカ地域研究専攻**　「生業生態論」「社会共生論」「アフリカ潜在力」の３つの研究指導分野からなる。

●**グローバル地域研究専攻**　「平和共生・生存基盤論」「イスラーム世界論」「南アジア・インド洋世界論」の３つの研究指導分野からなる。

情報学研究科

教員数▶教授34名，准教授29名，講師４名
院生数▶643名

修士課程 ●**知能情報学専攻**　生体，とりわけ人間の情報処理機構を解明し，これを高次情報処理の分野に展開することを目的とした学際的な学問領域。

●**社会情報学専攻**　高度に複雑化する情報社会の構造を解明し，文化，経済，環境，防災，医療，教育の各方面で，グローバル化する人

間社会に役立つ情報システムをデザインする。
●**先端数理科学専攻**　数理科学の中でも特に大規模・大自由度であったり，非線型性が強いなどの複雑な現象に焦点を当てた教育と研究を行う。
●**数理工学専攻**　数理解析・離散数理・最適化数理・制御システム論・物理統計学・力学系数理・応用数理モデル（連携ユニット）・数理ファイナンス（協力講座）の８研究室で最先端研究を進めている。
●**システム科学専攻**　人間・機械システム，生命システム，情報システムなどを具体的な研究対象とし，横糸的な方法論としてのシステム科学の研究・教育を推進。
●**通信情報システム専攻**　コンピュータ工学，通信システム工学，集積システム工学の３講座と地球電波工学の協力講座で構成。
博士後期課程　**知能情報学専攻，社会情報学専攻，先端数理科学専攻，数理工学専攻，システム科学専攻，通信情報システム専攻**

生命科学研究科

教員数▸教授17名，准教授19名，講師５名
院生数▸264名
修士課程　●**統合生命科学専攻**　遺伝子の継承性と細胞機能の特異性決定の基本機構，多細胞体構築の制御，１個の細胞からの完全なる個体を発生する細胞全能性，さらに発生した個体が多様な環境に適応する過程で獲得したシステムならびに生物の環境応答の分子機構の解明に関する教育と研究を行う。
●**高次生命科学専攻**　生命体の認知と情報統御，高次生命体の構築機構，ならびに種々の因子による細胞の増殖機構，免疫系の自己・非自己の認識機構等の生体の応答メカニズムの基本原理の解明に関する教育と研究を行う。
博士後期課程　**統合生命科学専攻，高次生命科学専攻**

総合生存学館（思修館）

教員数▸教授６名，准教授５名
院生数▸86名
５年一貫制博士課程　●**総合生存学専攻**　グローバル問題やユニバーサル問題について，分野横断・文理融合アプローチを用いて，解決策を提言するだけでなく社会実装すべく実践的な研究に取り組む。

地球環境学舎

教員数▸教授17名，准教授14名，講師１名
院生数▸178名
修士課程　●**環境マネジメント専攻**　地球環境問題を解決するために，実践的活動を行うことのできる知識と問題解決能力と国際的視点を持つ実務者，研究者を養成する。
博士後期課程　**地球環境学専攻，環境マネジメント専攻**

公共政策大学院

教員数▸教授９名
院生数▸82名
専門職学位課程　●**公共政策専攻**　公共部門が直面している諸課題に適切に対応しうる的確な判断力と柔軟な思考力を備え，さらに公共的な役割を担う強い倫理観を持った高度専門職業人を養成する。

経営管理大学院

教員数▸教授13名，准教授４名，講師３名
院生数▸255名（専門職学位課程230名を含む）
専門職学位課程　●**経営管理専攻**　MBA/専門職学位課程ではビジネス・リーダーシップなど４つの基幹プログラムに観光経営科学コース，1年半コース（ファイナンス・会計プログラム）を加えた日本語プログラム群と，英語のみで修了できる国際プログラム群に，京都大学―コーネル大学国際連携コースを用意。
博士後期課程　●**経営科学専攻**　高度な実務経験を通して経営に関する問題意識を持った人を受け入れ，実務に根ざした研究を行う。

京都工芸繊維大学

資料請求

問合せ先 入試課 ☎075-724-7164

大学の理念

1902（明治35）年開学の京都高等工藝学校および1899（明治32）年開設の京都蚕業講習所に端を発する120余年の歴史を持つ。この間，日本文化の源である京都の風土の中で培われた，〈知と美と技〉を探求する独自の学風を築きあげ，学問，芸術，文化，産業に貢献する幾多の人材を輩出してきた。21世紀においては，自主自律の大学運営により社会の負託に応えるため，地球時代で顕在化し直面している幾多の課題の解決法を探求し，未来の持続可能な世界を実現する使命を負っている。そのために，京都発の先鋭的な国際的工科系大学KYOTO Institute of Technologyとして，「ART×SCIENCE」「LOCAL×GLOBAL」「TRADITION×INNOVATION」を理念に掲げ，これまでにない新しい発想や価値の創造を実現に向けて挑戦し続けている。

- 松ヶ崎キャンパス…〒606-8585　京都府京都市左京区松ヶ崎橋上町1
- 福知山キャンパス…〒620-0886　京都府福知山市字堀3385

基本データ

学生数▶2,603名（男1,877名，女726名）
専任教員数▶教授112名，准教授85名，講師4名
設置学部▶工芸科
併設教育機関▶大学院—工芸科学（M・D）

就職・卒業後の進路

就職率 **89.0**%
就職者÷希望者×100

●**就職支援**　学生のニーズに応じたサポート体制と多彩なキャリア支援プログラムを用意。企業の人事経験者やハローワークの就職支援ナビゲーターなど，キャリアコンサルタント資格を有する相談員が，就職への不安，人生設計，面接，エントリーシートの書き方などの相談にきめ細かく対応。1～2年次から「キャリア教育基礎」が開講され，大学生活の送り方や進路などを考えるヒントが提供される。3年次には就職ガイダンスが実施され，後期からグループディスカッション研修や各種面接研修が開始される。また，就職活動の開始に向けて企業研究会，OB・OGとの交流会，合同企業説明会を開催している。

進路指導者も必見 学生を伸ばす 面倒見

初年次教育	学修サポート
自校教育などを行う「工芸科学基礎」をはじめ，「現代社会に学ぶ問う力・書く力」「リーダーシップ基礎Ⅰ～関係性を築く対話の技術」「情報セキュリティと情報倫理」などの科目を開講	TA・SA制度，オフィスアワー制度（英語学習のみ），教員1人が学生約25人を担当する教員アドバイザー制度を導入し，学生の履修や学修の支援をしている。また，数学サポートセンターでは数学の個別学習相談に応じている

オープンキャンパス（2022年度実績）　8月にオープンキャンパスを開催（事前申込制）。研究室見学，課程紹介などは現地で，個別相談は現地とWebで実施。各課程の教育内容や学生の体験談等を紹介する動画はオンデマンド配信。

工芸科学部

2022年３月卒業生
649人

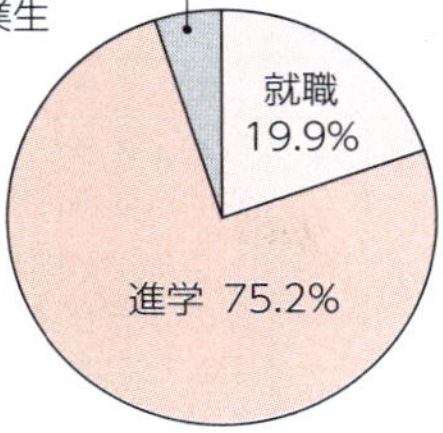

主なOB・OG▶有馬裕之(建築家)，殿岡康永(ゲームクリエイター)，前田育男(カーデザイナー)，堀江康生(イエローハット社長)，川合尊(日本特殊陶業社長)，野村正樹(建築家)など。

国際化・留学　大学間 100 大学

受入れ留学生数▶68名（2022年５月１日現在）

留学生の出身国▶マレーシア，中国，モンゴル，韓国，シンガポールなど。

外国人専任教員▶教授４名，准教授３名(2022年５月１日現在)

外国人専任教員の出身国▶イタリア，イギリス，中国，フィリピン，韓国。

大学間交流協定▶100大学（交換留学先72大学，2022年9月1日現在）

海外への留学生数▶渡航型１名・オンライン型６名／年（２カ国・地域，2021年度）

海外留学制度▶大学附属の語学学校などで集中的に英語を学ぶ２～５週間程度の短期英語研修から１セメスター～１年間の交換留学や１年以内のグローバルインターンシップまでさまざまな留学プログラムを実施。KITグローバル人材育成プログラムによる奨学金も用意されている。海外留学希望者説明会の開催や，多言語な留学生を配置した渡航前の準備・学習，帰国後の語学力の維持などに活用できる場の提供など，充実したサポートで海外留学を後押ししている。コンソーシアムはOFGNとAUTEXの２団体に参加している。

学費・奨学金制度

入学金▶282,000円

年間授業料(施設費等を除く)▶535,800円

特待生制度▶「京都工芸繊維大学特待生制度」は，２～４年次までの学部生のうち学業成績や勉学姿勢が特に優秀な者について，前期分の授業料を全額免除している。

保護者向けインフォメーション

●**成績確認**　成績表，卒業要件単位数一覧表を保護者に郵送している。

●**懇談会**　12月に保護者を対象とした教育懇談会を開催し，教育内容および就職状況を説明するとともに，成績などの個別相談にも対応。

●**防災対策**　「災害時の対応マニュアル」を入学時に配布するほか，キャンパス内に常設。学生が被災した際の安否は，独自の安否確認システムを利用して確認する。

●**コロナ対策**　ワクチンの職域接種を実施。対面授業とオンライン授業を感染状況に応じて併用。講義室の収容人数を調整し，入口での検温・消毒を実施。また，オンライン授業の受信環境設備に係る費用を無利子貸与（一部給付）。

インターンシップ科目	必修専門ゼミ	卒業論文	GPA制度の導入の有無および活用例	１年以内の退学率	標準年限での卒業率
全学域で開講している	全学域で１・３・４年次に実施	全学域で卒業要件	コース分属，学生表彰，奨学金等の選定基準，留学候補者の選考，大学院入試の選抜基準に活用するほか，GPAに応じた履修上限単位数を設定	1.9%	95.5%

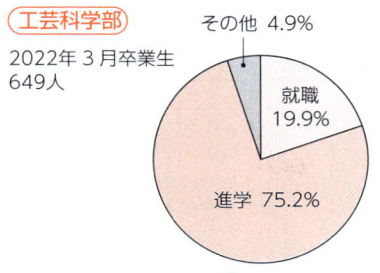

学部紹介

学部／学域／課程	定員	特色
工芸科学部		
応用生物／応用生物学	50	▷バイオテクノロジーを活用できる人材を育成し，生物資源や地球環境に関わる重要課題の解明に迫る。
物質・材料科／応用化学	169	▷２年次後期から高分子材料，材料化学，分子化学，機能物質の４デザインコースに分属。物質・材料の成り立ちから応用までを学び，次世代の物質・材料を開発・探究する。
設計工／電子システム工学	61	▷電気・電子工学を軸とし，デバイス，通信，システム，エネルギー，制御など広く研究する。
／情報工学	61	▷ICTを扱う基礎としてのコンピュータ科学と，それを応用して新システムを創出するコンピュータ工学を学ぶ。
／機械工学	86	▷最先端ロボットから日用品まで，あらゆる分野の，ものづくりに必要な技術の開発・研究を行う。
デザイン科／デザイン・建築学	156	▷１年次後期より建築とデザインのコースに分属。豊富な実習・演習を通して，幅広い視野と実践力を身につける。
地域創生Tech Program	30	▷上記６課程のいずれかを３年次前期まで履修，後期からは地域課題解決型学習やインターンシップなどに取り組む。

● **取得可能な資格**…教職（数・理・情），学芸員，１・２級建築士受験資格など。
● **進路状況**…………就職19.9%　進学75.2%
● **主な就職先**………大阪市，京都府，Sky，富士通，大林組，島津製作所，P&Gジャパンホールディングス，三菱電機など。

▶キャンパス

工芸科…［松ヶ崎キャンパス］ 京都府京都市左京区松ヶ崎橋上町1
地域創生Tech Program（３年次後期から）…［福知山キャンパス］ 京都府福知山市字堀3385

2023年度入試要項（前年度実績）

●募集人員

学部／学域（課程）	前期	後期
▶工芸科 応用生物（応用生物学）	22	10
物質・材料科（応用化学）	95	24
設計工（電子システム工学）	34	10
（情報工学）	30	15
（機械工学）	48	15
デザイン科（デザイン・建築学）	105	—

※各課程の前期募集人員において地域創生Tech Program【一般】の募集枠（若干名）を設置。

●２段階選抜　実施しない

▷共通テストの英語はリスニングを含む。

工芸科学部

前期　**【応用生物学域】［共通テスト（400）］** **7科目**　①国（75）　②外（100・英〈R80＋L20〉）▶英・独・仏・中・韓から１　③**地歴・公民**（25）▶世Ａ・世Ｂ・日Ａ・日Ｂ・地理Ａ・地理Ｂ・現社・倫・政経・「倫・政経」から１　④⑤**数**（50×2）▶「数Ⅰ・数Ａ」・「数Ⅱ・数Ｂ」　⑥⑦**理**（50×2）▶物・化・生・地学から２

［個別学力検査（800）］　**4科目**　①**外**（200）▶コミュ英Ⅰ・コミュ英Ⅱ・コミュ英Ⅲ・英表Ⅰ・英表Ⅱ　②**数**（200）▶数Ⅰ・数Ⅱ・数Ⅲ・数Ａ・数Ｂ（数列・ベク）　③④**理**（200×2）▶「物基・物」・「化基・化」・「生基・生」から２

【物質・材料科学域】［共通テスト（400）］ **7科目**　①国（100）　②外（50・英〈R40＋L10〉）▶英・独・仏・中・韓から１　③**地歴・公民**（50）▶世Ａ・世Ｂ・日Ａ・日Ｂ・地理Ａ・地理Ｂ・現社・倫・政経・「倫・政経」から１　④⑤**数**（50×2）▶「数Ⅰ・数Ａ」・「数Ⅱ・数Ｂ」　⑥⑦**理**（50×2）▶物・化

［個別学力検査(600)］ 3科目 ①外(200) ▶コミュ英Ⅰ・コミュ英Ⅱ・コミュ英Ⅲ・英表Ⅰ・英表Ⅱ ②数(200) ▶数Ⅰ・数Ⅱ・数Ⅲ・数A・数B(数列・ベク) ③理(200) ▶「物基・物」・「化基・化」から1

【設計工学域】 ［共通テスト(450)］ 7科目 ①国(100) ②外(100・英〈R80＋L20〉) ▶英・独・仏・中・韓から1 ③地歴・公民(50) ▶世A・世B・日A・日B・地理A・地理B・現社・倫・政経・「倫・政経」から1 ④⑤数(50×2) ▶「数Ⅰ・数A」・「数Ⅱ・数B」 ⑥⑦理(50×2) ▶物必須，化・生・地学から1

［個別学力検査(700)］ 3科目 ①外(200) ▶コミュ英Ⅰ・コミュ英Ⅱ・コミュ英Ⅲ・英表Ⅰ・英表Ⅱ ②数(300) ▶数Ⅰ・数Ⅱ・数Ⅲ・数A・数B(数列・ベク) ③理(200) ▶物基・物

【デザイン科学域】 ［共通テスト(400)］ 7科目 ①国(50) ②外(100・英〈R80＋L20〉) ▶英・独・仏・中・韓から1 ③地歴・公民(50) ▶世A・世B・日A・日B・地理A・地理B・現社・倫・政経・「倫・政経」から1 ④⑤数(50×2) ▶「数Ⅰ・数A」・「数Ⅱ・数B」 ⑥⑦理(50×2) ▶物・化・生・地学から2

［個別学力検査(600)］ 3科目 ①外(200) ▶コミュ英Ⅰ・コミュ英Ⅱ・コミュ英Ⅲ・英表Ⅰ・英表Ⅱ ②数(200) ▶数Ⅰ・数Ⅱ・数Ⅲ・数A・数B(数列・ベク) ③総合問題(200)

後期 **【応用生物学域】** ［共通テスト(700)］ 7科目 ①国(70) ②外(R160＋L40) ▶英 ③地歴・公民(30) ▶世A・世B・日A・日B・地理A・地理B・現社・倫・政経・「倫・政経」から1 ④⑤数(100×2) ▶「数Ⅰ・数A」・「数Ⅱ・数B」 ⑥⑦理(100×2) ▶物・化・生・地学から2

［個別学力検査］ 課さない。

【物質・材料科学域】 ［共通テスト(400)］ 7科目 ①国(50) ②外(R80＋L20) ▶英 ③地歴・公民(50) ▶世A・世B・日A・日B・地理A・地理B・現社・倫・政経・「倫・政経」から1 ④⑤数(50×2) ▶「数Ⅰ・数A」・「数Ⅱ・数B」 ⑥⑦理(50×2) ▶物・化

［個別学力検査(200)］ 1科目 ①数(200) ▶数Ⅰ・数Ⅱ・数Ⅲ・数A・数B(数列・ベク)

【設計工学域(電子システム工学課程)】 ［共通テスト(700)］ 7科目 ①国(100) ②外(R160＋L40) ▶英 ③地歴・公民(50) ▶世A・世B・日A・日B・地理A・地理B・現社・倫・政経・「倫・政経」から1 ④⑤数(50×2) ▶「数Ⅰ・数A」・「数Ⅱ・数B」 ⑥⑦理(必須200＋選択50) ▶物必須，化・生・地学から1

［個別学力検査(300)］ 1科目 ①数(300) ▶数Ⅰ・数Ⅱ・数Ⅲ・数A・数B(数列・ベク)

【設計工学域(情報工学課程・機械工学課程)】 ［共通テスト(550)］ 7科目 ①国(100) ②外(R160＋L40) ▶英 ③地歴・公民(50) ▶世A・世B・日A・日B・地理A・地理B・現社・倫・政経・「倫・政経」から1 ④⑤数(50×2) ▶「数Ⅰ・数A」・「数Ⅱ・数B」 ⑥⑦理(50×2) ▶物必須，化・生・地学から1

［個別学力検査(300)］ 1科目 ①数(300) ▶数Ⅰ・数Ⅱ・数Ⅲ・数A・数B(数列・ベク)

その他の選抜

学校推薦型選抜，ダビンチ入試(総合型選抜)，私費外国人留学生入試を実施。

偏差値データ (2023年度)

●一般選抜

学部／学域／課程	2023年度 駿台予備学校 合格目標ライン	2023年度 河合塾 ボーダー得点率	2023年度 河合塾 ボーダー偏差値	'22年度 競争率
●前期				
▶工芸科学部				
応用生物／応用生物学	50	66%	52.5	3.2
物質・材料科／応用化学	51	66%	55	2.6
設計工／電子システム工学	50	67%	55	2.6
／情報工学	51	69%	57.5	4.2
／機械工学	50	66%	55	3.2
デザイン科／デザイン・建築学	50	68%	55	3.1
●後期				
▶工芸科学部				
応用生物／応用生物学	52	73%	—	4.4
物質・材料／応用化学	53	75%	57.5	4.0
設計工／電子システム工学	52	77%	57.5	3.1
／情報工学	53	78%	60	3.8
／機械工学	52	77%	57.5	3.4

● 駿台予備学校合格目標ラインは合格可能性80%に相当する駿台模試の偏差値です。
● 河合塾ボーダー得点率は合格可能性50%に相当する共通テストの得点率です。また，ボーダー偏差値は合格可能性50%に相当する河合塾全統模試の偏差値です。
● 競争率は受験者÷合格者の実質倍率

キャンパスアクセス ［福知山キャンパス］ JR−福知山よりバス15分

大阪大学（おおさか）

大阪大学 OSAKA UNIVERSITY

資料請求

問合せ先　教育・学生支援部入試課　☎06-6879-7096

大学の理念

医師・蘭学者だった緒方洪庵が，1838（天保9）年に私塾として設立した「適塾」を原点とし，それとともに大坂町人がつくった「懐徳堂」の精神を受け継いで1931（昭和6）年に大阪帝国大学創設。1947（昭和22）年に大阪大学に改称し，2007（平成19）年に大阪外国語大学と統合した。自由と進取の精神と，時代の要請に応えるという熱意を基軸とし，「地域に生き世界に伸びる」をモットーに，学問の独立性と市民性を備えた世界水準の高度な教育研究を推進し，次代の社会を支え，有能な人材を社会に輩出。高度な専門性の獲得に加え，社会判断力としての「教養」，異なる文化的背景を持つ人と対話できる「国際性」，自由なイマジネーションと横断的なネットワークを構想する「デザイン力」を備えた人材を，時代を超えて育成し続けている。

- 吹田キャンパス……〒565-0871　大阪府吹田市山田丘1-1
- 豊中キャンパス……〒560-0043　大阪府豊中市待兼山町1
- 箕面キャンパス……〒562-0035　大阪府箕面市船場東3-5-10

基本データ

学生数▶14,890名（男9,902名，女4.988名）
専任教員数▶教授969名，准教授830名，講師333名

設置学部▶文，人間科，外国語，法，経済，理，医，歯，薬，工，基礎工
併設教育機関▶大学院（P.1438参照）

就職・卒業後の進路

●**就職支援**　キャリア教育と就職支援を両輪としたキャリア教育支援を行っている。基盤教養教育科目「現代キャリアデザイン論Ⅰ」では，進路・職業選択や人生設計に生かせる知識・技能・態度を身につける。就職支援の中心を担うキャリアセンターでは，就職活動の基本的な情報，模擬面接やグループワークなどの実践的なセミナーなど，年間を通してさまざまな就職・キャリアガイダンスを実施。また，豊中・吹田・箕面の各キャンパスに相談室があり，進路・就職に関するさまざまな悩みに，キャリアアドバイザーが無料で対応。就職・進学内定者がキャリアサポーターとして就活を支援する体制も整っている。

進路指導者も必見　学生を伸ばす　面倒見

初年次教育	学修サポート
少人数セミナー型の必修科目「学問への扉（マチカネゼミ）」を約250クラス開講。大学での学び方や研究に取り組む基本姿勢などを異分野の学生と共に身につける	TA・SA制度，オフィスアワー制度を導入。各図書館のラーニング・サポートデスクでは大学院生のラーニング・サポーターが学習相談に応じている。また，英語プレゼンテーションの個人指導や英文添削指導を行うアカデミック・イングリッシュ・サポートデスクを設置

オープンキャンパス（2022年度実績）　8～9月に全学部対象のオープンキャンパスを来場型とオンライン型併用で開催（一部の企画は事前申込制）。薬学部は5月，人間科学部は6月に，その他の学部は8月に学部ごとのプログラムを来場型で実施。

文系学部

2022年３月卒業生
1,533人

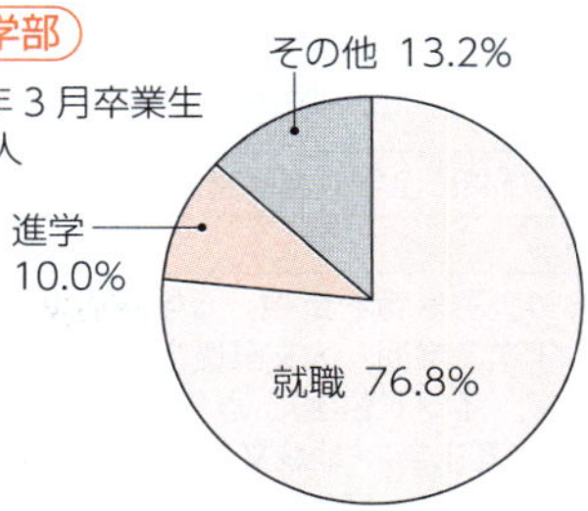

理系学部

2022年３月卒業生
1,990人
※就職には医学科の初期臨床研修医，歯学科の臨床研修歯科医を含む。

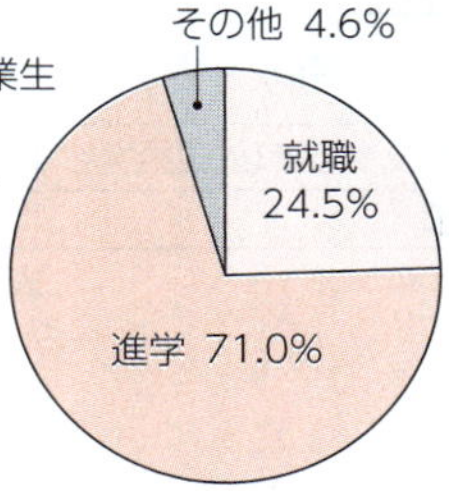

主なOB・OG▶［理］盛田昭夫（ソニー創業者），［旧医専］手塚治虫（漫画家），［工］青野慶久（サイボウズ社長），［文］糸谷哲郎（将棋棋士），［医］久坂部羊（小説家，医師）など。

国際化・留学　大学間 144 大学等・部局間 629 大学等

受入れ留学生数▶340名（2022年５月１日現在）

留学生の出身国・地域▶中国，韓国，インドネシア，タイ，台湾など。

大学間交流協定▶144大学・機関（交換留学先120大学，2022年５月１日現在）

部局間交流協定▶629大学・機関（2022年５月１日現在）

海外への留学生数▶渡航型298名・オンライン型114名／年（37カ国・地域〈オンライン型は除く〉，2021年度）

海外留学制度▶大学に在学したまま海外の交流協定校で学ぶことのできる交換留学は１学期以上，１年未満の留学で，授業料は相互不徴収（留学先大学の授業料は免除）となり，留学先で修得した単位のうち，所属学部で認められた単位は卒業要件単位に算入でき，各種奨学金も用意されている。このほか，大学が主催する夏季／春季休業期間中の短期語学研修，海外大学の講義をオンラインで受講できるバーチャル留学プログラム，ケニアインターンシップ，海外実習科目と大阪大学ASEANキャンパスでの学修を組み合わせたOsaka University International Certificate Programや，各学部で独自に実施されるプログラムなどがある。プログラムによっては，単位修得や一部助成が受けられるものもある。また，休学して留学する海外インターンシップ・ボランティアなどの情報提供も行っている。

学費・奨学金制度

入学金▶282,000円

年間授業料（施設費等を除く）▶535,800円

主な奨学金制度▶英語で授業を提供する学部コースに在籍する学生を対象とする「大阪大学奨学金」（成績優秀者を対象に月額８万円を支給）のほか，家計急変などの経済的な理由により授業料納入が困難な学生を対象とした「大阪大学授業料免除等制度」がある。

保護者向けインフォメーション

●**防災対策**　HP上に「災害に備える」を掲載。災害発生時にはTwitterアカウント「@OU_emergency」を利用して情報を発信。

●**コロナ対策１**　ワクチンの職域接種を実施。感染状況に応じた５段階のBCP（行動指針）を設定。「コロナ対策２」（下段）あり。

インターンシップ科目	必修専門ゼミ	卒業論文	GPA制度の導入の有無および活用例	１年以内の退学率	標準年限での卒業率
文・人間科・法・工学部で開講している	NA	法・経済・医（医）・歯学部を除き卒業要件	学生に対する個別の学修指導に活用	NA	80.7%（4年制）80.3%（6年制）

●**コロナ対策２**　講義室の収容人数を調整するとともに，換気や消毒を徹底。また，オンライン授業を併用し，希望する学生にはモバイルWi-Fiルーターを貸与。学内の指定教室でアクセスポイントを開放。

学部紹介

学部／学科	定員	特色
◆入学後１年半(外国語学部は１年)の期間は，全学部生が共に全学共通教育科目を学ぶ。		
文学部		
人文	165	▷１年次から外国語教育を重視。６学科目20専修からなり，専修選択は１年次２学期。人文基礎学(哲学・思想文化学，倫理学，中国哲学，インド哲学)，歴史文化学(日本史学，東洋史学，西洋史学，考古学)，地域文化学(日本学，人文地理学)，言語基礎学(日本語学)，文学表現学(日本文学・国語学，比較文学，中国文学，英米文学・英語学，ドイツ文学，フランス文学)，芸術文化学(美学・文芸学，音楽学・演劇学，美術史学)。
●取得可能な資格…教職(国・地歴・公・社・英・独・仏)，学芸員。 ●進路状況…………就職66.5%，進学17.6% ●主な就職先………ニトリ，大阪瓦斯，厚生労働省，裁判所，大阪府教育委員会，神戸市，楽天，KADOKAWA，関西電力，西日本電信電話，日本放送協会など(過去３年分)。		
人間科学部		
人間科	137	▷行動学，社会学，教育学，共生学の４学科目に２年次後半より分属。人文学・社会科学・自然科学を横断した視点から人間のさまざまな側面にアプローチする。
●取得可能な資格…教職(地歴・公・社)など。 ●進路状況…………就職63.8%　進学26.4% ●主な就職先………三井住友銀行，ニトリ，西日本電信電話，裁判所，アクセンチュア，アビームコンサルティング，住友化学，大阪府，関西電力，住友生命保険など(過去３年分)。		
外国語学部		
外国語	580	▷国内屈指の言語教育専門機関として少人数制を基本とした徹底的な言語・文化教育を行い，言語・文化・外国のすべてに関するエキスパートを養成。全25専攻からなる。〈中国語40名，朝鮮語18名，モンゴル語18名，インドネシア語12名，フィリピン語12名，タイ語15名，ベトナム語15名，ビルマ語18名，ヒンディー語18名，ウルドゥー語18名，アラビア語25名，ペルシア語18名，トルコ語18名，スワヒリ語18名，ロシア語25名，ハンガリー語15名，デンマーク語18名，スウェーデン語18名，ドイツ語34名，英語60名，フランス語25名，イタリア語18名，スペイン語35名，ポルトガル語29名，日本語40名(うち10名は外国人留学生)〉。
●取得可能な資格…教職(国・英・独・仏・中・〈韓・朝〉・露ほか専攻外国語)。 ●進路状況…………就職81.9%　進学4.5% ●主な就職先………三井住友銀行，楽天，東京海上日動火災保険，アクセンチュア，三菱UFJ銀行，富士通，楽天グループ，ダイキン工業，ニトリ，大阪大学など(過去３年分)。		
法学部		
法	170	▶法曹界，公務員，民間企業，NPO，シンクタンク，学界などさまざまな社会分野で活躍できる「専門性と学識」「教養」「デザイン力」「国際性」を備えたスペシャリストを育成する。 ▷実定法・基礎法・政治学の各系統での基本科目内容の充実に注力し，入門から応用まで，法学・政治学を無理なく学べるカリキュラムを編成している。

キャンパスアクセス ［吹田キャンパス］ 阪急千里線ー北千里より徒歩約15～30分／大阪モノレールー阪大病院前より徒歩約5～20分

国際公共政策	80	▷平和維持や貧困削減，人権の向上など，地球的規模での公共政策の策定・実現に貢献できる人材を養成。外国語習得を奨励し総合的コミュニケーション能力を養い，国際的にリーダーシップをとれる能力も育む。

- **取得可能な資格**…教職(公)。
- **進路状況**…………就職70.2%　進学15.9%
- **主な就職先**………裁判所，三井住友銀行，大阪府，三菱UFJ銀行，アクセンチュア，日本生命保険，伊藤忠商事，関西電力，楽天グループ，国土交通省など(過去３年分)。

経済学部

経済・経営	220	▷複雑な現代のグローバル経済を的確に読み解く知識・感性を磨く「経済学」と，企業経営の観点から経済事象をより実践的に考察する「経営学」の２つの専門分野を自由に選択できる体系的学習を少人数教育を重視したセミナー形式で行う。卒業論文はないが，懸賞論文制度で学生から研究論文を募集し，優秀論文を表彰・賞金を授与している。

- **取得可能な資格**…教職(公・社)。
- **進路状況**…………就職85.2%　進学2.8%
- **主な就職先**………三井住友銀行，関西電力，日本生命保険，三菱UFJ銀行，東京海上日動火災保険，大阪瓦斯，EY新日本有限責任監査法人，伊藤忠商事，大和証券など(過去３年分)。

理学部

		▶大学発足時に創設された伝統ある学部。学部２年次から研究室等で研究ができる「理数オナープログラム」も設けている。
数	47	▷他大学にはない「実験数学」の講義を実施するほか，セミナー形式の授業も各年次に設置。少人数でのディスカッション形式で学び，他分野にも生かせる理論や概念を生み出す。
物理	76	▷物理の基本を身につけ，高度な実験や最先端の研究にも触れながら自然科学を広い視野から追究する。
化	77	▷自然科学の教養と化学の基礎の修得を重視。無機化学，物理化学，有機化学，高分子科学の４分野の基礎を体系的に学ぶとともに，化学実験の基礎技術や安全知識も身につける。
生物科	55	▷細胞生物学や生化学，分子生物学を学ぶ「生物科学コース」と，化学・物理学・数学の知識に基づき生命の仕組みを理解できる研究者の育成をめざす「生命理学コース」からなる。

- **取得可能な資格**…教職(数・理)。
- **進路状況**…………就職17.1%　進学77.8%
- **主な就職先**………三菱電機，ダイキン工業，富士通，パナソニック，三菱ケミカル，日鉄ソリューションズ，村田製作所など(過去３年分。博士前期課程修了者を含む)。

医学部

医	100	▷２年次前半までの豊中キャンパスでの教養課程期間と同時に医学科カリキュラムも開始。１年次前期には「医学序説」の講義を実施してリサーチマインドを養い，２年次の秋以降，吹田キャンパスでの講義と実習がスタートする。また特別教育として，学科カリキュラム以外の時間を使って自由に参加できる「MD研究者育成プログラム」も設置している。
保健	160	▷〈看護学専攻80名，放射線技術科学専攻40名，検査技術科学専攻40名〉「チーム医療」を次代の要とし，看護師・医療技術者が医師と医療を行うための専門教育を行う。

キャンパスアクセス［豊中キャンパス］阪急宝塚線一石橋阪大前より徒歩約15～25分／大阪モノレール一柴原阪大前より徒歩約7～15分

● **取得可能な資格**…教職(養護一種)，医師・看護師・診療放射線技師・臨床検査技師受験資格など。
● **進路状況**…………[医]初期臨床研修医98.1%　[保健]就職52.3%　進学36.2%
● **主な就職先**………[保健]大阪大学医学部附属病院，大阪府立病院機構など。

歯学部

歯	53	▷1951年，国立総合大学として初の歯学部として創設。6年一貫教育で口腔科学・口腔医療の最先端を学び，身体全体を科学の目でみる「オーラルヘルス」の専門家育成にも注力。

● **取得可能な資格**…歯科医師受験資格。
● **進路状況**…………臨床研修歯科医80.0%

薬学部

薬	80	▷2019年度改組。新・薬学教育システム「新全6年制」を導入。薬剤師養成教育と研究力の涵養を両輪として，薬学研究，医療，医薬品開発，医療保険行政などの分野におけるグローバル人材を輩出し，総合的なライフサイエンスの発展に貢献する。

● **取得可能な資格**…薬剤師受験資格。
● **進路状況**…………就職31.3%　進学65.0%（旧薬学部実績）
● **主な就職先**………塩野義製薬，第一三共，大日本住友製薬，中外製薬，小野薬品工業，大阪大学医学部附属病院，大塚製薬など(過去3年分。博士課程前期修了者を含む)。

工学部

		▶設立当初から「実学」を重視し，世界的に活躍する研究者を数多く輩出。学科目選択は講義受講後に決められる。学部3年次から大学院に進学できる「飛び級制度」も設けている。
応用自然科	217	▷応用化学，バイオテクノロジー，物理工学，応用物理学の4学科目があり，ナノレベルの実験・研究から新技術創成をめざす。
応用理工	248	▷2年次から機械工学とマテリアル生産科学の2分野科目に分かれる。世界最先端のモノづくりをめざす研究を行う。
電子情報工	162	▷2年次から電気電子工学(電気工学コース，量子情報エレクトロニクスコース)と情報通信工学(通信工学コース，情報システム工学コース)の4コースに分かれる。
環境・エネルギー工	75	▷地球規模の課題の解決と持続可能な文明の発展に資することができる優秀な技術者を育成する。
地球総合工	118	▷船舶海洋工学，社会基盤工学，建築工学の3つの学科目を通じ，人と環境を考えた社会インフラ構築をめざす。

● **取得可能な資格**…教職(数・理・情・工業)，測量士補，1・2級建築士受験資格など。
● **進路状況**…………就職12.2%　進学84.3%
● **主な就職先**………ダイキン工業，三菱電機，関西電力，クボタ，パナソニック，川崎重工業，小松製作所，住友電気工業など(過去3年分。博士課程前期修了者を含む)。

基礎工学部

		▶工・理学部の枠を越えた科学と技術の融合による先端的研究を行う国立大学で唯一の学部。3年次から大学院に進学できる「飛び級制度」もある。2年次より各コースに分属。
電子物理科	99	▷エレクトロニクスと物性物理科学の2コース。電子と光を学び，新しい原理の創出と物質・材料の開拓，デバイスの開発をめざす。

キャンパスアクセス [箕面キャンパス] 大阪モノレール—千里中央より徒歩約25分またはバス約8分

化学応用科	84	▷合成化学と化学工学の２コース。社会発展に貢献できる物質やエネルギーの変換システム構築をめざす。
システム科	169	▷機械科学，知能システム学，生物工学の３コース。各分野の深化と学際融合領域の開拓と，人と技術の共生を追究する。
情報科	83	▷計算機科学，ソフトウェア科学，数理科学の３コース。世界を豊かにするICT分野を育てていける人材を育成。

● **取得可能な資格**…教職（数・理・情）。
● **進路状況**…………就職17.4%　進学79.6%
● **主な就職先**………パナソニック，ダイキン工業，三菱電機，川崎重工業，クボタ，ソニー，日立製作所，デンソー，富士通など（過去３年分。博士課程前期修了者を含む）。

キャンパス

人間科・医・歯・薬・工…［吹田キャンパス］大阪府吹田市山田丘…人間科1-2，医（医）2-2，（保健）1-7，歯1-8，薬1-6，工2-1
全学教育・文・法・経済・理・基礎工…［豊中キャンパス］大阪府豊中市待兼山町…全学教育1-16，文1-5，法1-6，経済1-7，理1-1，基礎工1-3
外…［箕面キャンパス］大阪府箕面市船場東3-5-10

2023年度入試要項（前年度実績）

●募集人員

学部／学科（専攻・コース）	前期	学校推薦型	総合型
▶文	135	—	30
▶人間科	115	—	15
▶外国語　外国語（中国語）	36	—	4
（朝鮮語）	16	—	2
（モンゴル語）	16	—	2
（インドネシア語）	10	—	2
（フィリピン語）	10	—	2
（タイ語）	13	—	2
（ベトナム語）	13	—	2
（ビルマ語）	16	—	2
（ヒンディー語）	16	—	2
（ウルドゥー語）	16	—	2
（アラビア語）	22	—	3
（ペルシア語）	16	—	2
（トルコ語）	16	—	2
（スワヒリ語）	16	—	2
（ロシア語）	22	—	3
（ハンガリー語）	13	—	2
（デンマーク語）	16	—	2
（スウェーデン語）	16	—	2
（ドイツ語）	30	—	4
（英語）	54	—	6
（フランス語）	22	—	3
（イタリア語）	16	—	2
（スペイン語）	31	—	4
（ポルトガル語）	26	—	3
（日本語）	27	—	3
▶法　法	153	—	17
国際公共政策	72	—	8
▶経済	198	—	22
▶理　数	42	—	挑5
物理工	66	—	挑10
化	69	—	研8
生物科（生物科学）	26	—	研4
（生命理学）	22	—	研3
▶医　医	92	5	—
保健（看護学）	72	8	—
（放射線技術科学）	36	4	—
（検査技術科学）	36	4	—
▶歯	48	5	—
▶薬	65	15	—
▶工　応用自然科	195	22	—
応用理工	223	25	—
電子情報工	145	17	—
環境・エネルギー工	67	8	—
地球総合工	106	12	—
▶基礎工　電子物理科	90	9	—
化学応用科	75	9	—
システム科	151	18	—
情報科	74	9	—

● 2段階選抜

志願者数が募集人員に対する所定の倍率を超えた場合，共通テストの成績により行う。前期一人間科学部は約2.4倍。外国語学部は約2.3倍。理・工学部は約3倍。基礎工学部は約2.9倍。薬学部は約2.5倍。医学部(医)は900点満点中630点以上の者のうちから約3倍。

▷共通テストの英語はリスニングを含む。
▷個別学力検査の数B－数列・ベク。

文学部

前期 ［共通テスト(250)］ 8科目 ①国(50) ②外(50・英〈R37.5+L12.5〉)▶英・独・仏・中・韓から1 ③④**地歴・公民**(30×2)▶世B・日B・地理B・「倫・政経」から2 ⑤⑥**数**(25×2)▶「数Ⅰ・数A」・「数Ⅱ・数B」 ⑦⑧**理**(20×2)▶物基・化基・生基・地学基から2

［個別学力検査(400)］ 3科目 ①国(150)▶国総(古文・漢文を含む) ②外(150)▶「コミュ英Ⅰ・コミュ英Ⅱ・コミュ英Ⅲ・英表Ⅰ・英表Ⅱ」・独・仏から1 ③**地歴・数**(100)▶世B・日B・地理B・「数Ⅰ・数Ⅱ・数A・数B」から1

総合型 ［共通テスト(200)］ 8科目 ①国(200) ②外(200・英〈R150+L50〉)▶英・独・仏・中・韓から1 ③④**地歴・公民**(100×2)▶世B・日B・地理B・「倫・政経」から2 ⑤⑥**数**(100×2)▶「数Ⅰ・数A」・「数Ⅱ・数B」 ⑦⑧**理**(50×2)▶物基・化基・生基・地学基から2

※配点合計900点満点を200点満点に換算。

［個別学力検査(200)］ 3科目 ①**提出書類**(50) ②**小論文**(100) ③**面接**(50)

※第1次選考一提出書類により募集人員の約2倍までを合格者とし，第2次選考一共通テストの成績(得点率概ね75%以上)，提出書類，小論文，面接の結果を総合して判定。

人間科学部

前期 ［共通テスト(600)］ 8~7科目 ①国(100) ②**外**(100・英〈R75+L25〉)▶英・独・仏・中・韓から1 ③④**数**(50×2)▶「数Ⅰ・数A」必須，「数Ⅱ・数B」・簿・情から1 ⑤⑥⑦⑧**「地歴・公民」・理**(100×3)▶世B・日B・地理B・「倫・政経」から1または2，「物基・化基・生基・地学基から2」・物・化・生・地学から1または2，計3，ただし，同一科目名を含む選択は不可

［個別学力検査(600)］ 3科目 ①国(200)▶国総 ②**外**(200)▶「コミュ英Ⅰ・コミュ英Ⅱ・コミュ英Ⅲ・英表Ⅰ・英表Ⅱ」・独・仏から1 ③**数**(200)▶数Ⅰ・数Ⅱ・数A・数B

総合型 ［共通テスト(100)］ 7~6科目 ①国(20) ②**外**(20・英〈R15+L5〉)▶英・独・仏・中・韓から1 ③**地歴・公民**(20)▶世B・日B・地理B・「倫・政経」から1 ④⑤**数**(10×2)▶「数Ⅰ・数A」・「数Ⅱ・数B」 ⑥⑦**理**(20)▶「物基・化基・生基・地学基から2」・物・化・生・地学から1

［個別学力検査(100)］ 3科目 ①**提出書類**(40) ②**小論文**(40) ③**面接**(20)

※第1次選考一提出書類により募集人員の約2倍までを合格者とし，第2次選考一大学共通テストの成績(得点率概ね75%以上)，提出書類，小論文，面接の結果を総合して判定。

外国語学部

前期 ［共通テスト(150)］ 8科目 ①国(25) ②**外**(25・英〈R18.75+L6.25〉)▶英・独・仏・中・韓から1 ③④**地歴・公民**(25×2)▶世B・日B・地理B・「倫・政経」から2 ⑤⑥**数**(12.5×2)▶「数Ⅰ・数A」必須，「数Ⅱ・数B」・簿・情から1 ⑦⑧**理**(12.5×2)▶物基・化基・生基・地学基から2

［個別学力検査(500)］ 3科目 ①国(100)▶国総 ②**外**(300)▶「コミュ英Ⅰ・コミュ英Ⅱ・コミュ英Ⅲ・英表Ⅰ・英表Ⅱ・英会話(リスニングを含む)」・独・仏・中・韓・西・露から1，ただし英語専攻志願者は英語必須 ③**地歴・数**(100)▶世B・「数Ⅰ・数Ⅱ・数A・数B」から1

総合型 ［共通テスト(800)］ 7科目 ①国(200) ②**外**(200・英〈R150+L50〉)▶英・独・仏・中・韓から1 ③**地歴・公民**(100)▶世B・日B・地理B・「倫・政経」から1 ④⑤**数**(100×2)▶「数Ⅰ・数A」・「数Ⅱ・数B」 ⑥⑦**理**(50×2)▶物基・化基・生基・地学基から2

［個別学力検査(1000)］ 3科目 ①**提出書類**(300) ②**小論文**(400) ③**口頭試問**(300)

※第1次選考一提出書類により専攻毎に募集人員の約2倍までを合格者とし，第2次選考

一共通テストの成績(得点率概ね75%以上かつ外国語概ね85%以上)，提出書類，小論文，口頭試問(合計得点率60%以上)の結果を総合して判定。

法学部

前期　［共通テスト(450)］　8科目　①国(100)　②外(100・英〈R75＋L25〉)▶英・独・仏から1　③④地歴・公民(50×2)▶世B・日B・地理B・「倫・政経」から2　⑤⑥数(50×2)▶「数Ⅰ・数A」必須，「数Ⅱ・数B」・簿・情から1　⑦⑧理(25×2)▶物基・化基・生基・地学基から2

［個別学力検査(450)］　3科目　①国(150)▶国総　②外(150)▶「コミュ英Ⅰ・コミュ英Ⅱ・コミュ英Ⅲ・英表Ⅰ・英表Ⅱ」・独・仏から1　③数(150)▶数Ⅰ・数Ⅱ・数A・数B

総合型［共通テスト(160)］　8科目　①国(100)　②外(100・英〈R75＋L25〉)▶英・独・仏から1　③④地歴・公民(50×2)▶世B・日B・地理B・「倫・政経」から2　⑤⑥数(50×2)▶「数Ⅰ・数A」・「数Ⅱ・数B」　⑦⑧理(25×2)▶物基・化基・生基・地学基から2

※配点合計450点満点を160点満点に換算。

［個別学力検査(40)］　2科目　①提出書類(10)　②面接(30)

※共通テストの成績(得点率概ね80%以上)，提出書類，面接の結果を総合して判定。

経済学部

前期　［共通テスト(A540・B60・C300)］　8〜7科目　①国(A120・B14・C68)　②外(A120・英〈R90＋L30〉・B14・英〈R10.5＋L3.5〉・C68・英〈R51＋L17〉)▶英・独・仏から1　③地歴(A60・B6・C32)▶世B・日B・地理Bから1　④⑤数(A60×2・B7×2・C34×2)▶「数Ⅰ・数A」必須，「数Ⅱ・数B」・簿・情から1　⑥⑦⑧公民・理(A60×2・B6×2・C32×2)▶「倫・政経」・「物基・化基・生基・地学基から2」・物・化・生・地学から2

［個別学力検査(A60・B540・C300)］　3科目　①国(A20・B180・C100)▶国総　②外(A20・B180・C100)▶「コミュ英Ⅰ・コミュ英Ⅱ・コミュ英Ⅲ・英表Ⅰ・英表Ⅱ」・独・仏から1　③数(A20・B180・C100)▶数Ⅰ・数Ⅱ・数A・数B

※A配点で上位65位以内，同じくB配点で上位65位以内をまず合格とし，これらの合格者を除き，C配点での高得点順に合格者を決定する。

総合型　［共通テスト(100)］　7科目　①国(A25・B10)　②外(10・英〈R7.5＋L2.5〉)▶英・独・仏・中・韓から1　③地歴・公民(A20・B10)▶世B・日B・地理B・「倫・政経」から1　④⑤数(A17.5×2・B25×2)▶「数Ⅰ・数A」・「数Ⅱ・数B」　⑥⑦理(A5×2・B10×2)▶物基・化基・生基・地学基から2

※A・B 2つの配点区分のうち，総合計の得点がより高い配点区分で合否判定を行う。

［個別学力検査(100)］　2科目　①提出書類(50)　②面接(50)

※第1次選考—提出書類により募集人員の約2倍までを合格者とし，第2次選考—共通テストの成績(得点率概ね80%以上)，提出書類，面接の結果を総合して判定。

理学部

前期　［共通テスト(300)］　7科目　①国(100)　②外(50・英〈R37.5＋L12.5〉)▶英・独・仏・中・韓から1　③地歴・公民(50)▶世B・日B・地理B・「倫・政経」から1　④⑤数(25×2)▶「数Ⅰ・数A」必須，「数Ⅱ・数B」・簿・情から1　⑥⑦理(25×2)▶物・化・生・地学から2

［個別学力検査(700)］　4科目　①外(200)▶コミュ英Ⅰ・コミュ英Ⅱ・コミュ英Ⅲ・英表Ⅰ・英表Ⅱ　②数(250)▶数Ⅰ・数Ⅱ・数Ⅲ・数A・数B　③④理(125×2)▶「物基・物」・「化基・化」・「生基・生」から2，ただし，物理学科は「物基・物」必須，生物科学科(生命理学コース)は「物基・物」・「化基・化」必須

総合型　〈研究奨励型〉【化学科・生物科学科(生物科学・生命理学)】［共通テスト(100)］　7科目　①国(200)　②外(200・英〈R150＋L50〉)▶英・独・仏・中・韓から1　③地歴・公民(100)▶世B・日B・地理B・「倫・政経」から1　④⑤数(100×2)▶「数Ⅰ・数A」必須，「数Ⅱ・数B」・簿・情から1　⑥⑦理(100×2)▶物・化・生・地学から2，ただし，生物科学科(生命理学コース)は物必須

※配点合計900点満点を100点満点に換算。
[個別学力検査(100)] 1科目 ①提出書類・口頭試問(100)
※第1次選考―提出書類，第2次選考―共通テストの成績，提出書類・口頭試問の結果を総合して判定。
〈挑戦型〉【数学科・物理学科】 [共通テスト(100)] 7科目 ①国(200) ②外(200・英〈R150+L50〉)▶英・独・仏・中・韓から1 ③地歴・公民(100)▶世B・日B・地理B・「倫・政経」から1 ④⑤数(100×2)▶「数Ⅰ・数A」必須，「数Ⅱ・数B」・簿・情から1 ⑥⑦理(100×2)▶物・化・生・地学から2，ただし，物理学科は物必須
※配点合計900点満点を100点満点に換算。
[個別学力検査(100)] 1科目 ①提出書類・小論文・口頭試問(100)
※第1次選考―提出書類，第2次選考―共通テストの成績(得点率概ね80%以上)，提出書類・小論文・口頭試問の結果を総合して判定。

医学部

前期 【医学科】[共通テスト(500)] 7科目 ①国(100) ②外(100・英〈R75+L25〉)▶英・独・仏・中・韓から1 ③地歴・公民(100)▶世B・日B・地理B・「倫・政経」から1 ④⑤数(50×2)▶「数Ⅰ・数A」必須，「数Ⅱ・数B」・簿・情から1 ⑥⑦理(50×2)▶物・化・生から2
[個別学力検査(1500)] 5科目 ①外(500)▶コミュ英Ⅰ・コミュ英Ⅱ・コミュ英Ⅲ・英表Ⅰ・英表Ⅱ ②数(500)▶数Ⅰ・数Ⅱ・数Ⅲ・数A・数B ③④理(250×2)▶「物基・物」・「化基・化」・「生基・生」から2 ⑤面接
【保健学科〈看護学専攻〉】 [共通テスト(600)] 7科目 ①国(100) ②外(200・英〈R150+L50〉)▶英・独・仏・中・韓から1 ③地歴・公民(100)▶世B・日B・地理B・「倫・政経」から1 ④⑤数(50×2)▶「数Ⅰ・数A」必須，「数Ⅱ・数B」・簿・情から1 ⑥⑦理(50×2)▶物・化・生・地学から2
[個別学力検査(400)] 3科目 ①外(200)▶「コミュ英Ⅰ・コミュ英Ⅱ・コミュ英Ⅲ・英表Ⅰ・英表Ⅱ」・独・仏から1 ②数(100)▶数Ⅰ・数Ⅱ・数A・数B ③理(100)▶「物基・物」・「化基・化」・「生基・生」から1
【保健学科〈放射線技術科学専攻・検査技術科学専攻〉】 [共通テスト(500)] 7科目 ①国(100) ②外(100・英〈R75+L25〉)▶英・独・仏・中・韓から1 ③地歴・公民(100)▶世B・日B・地理B・「倫・政経」から1 ④⑤数(50×2)▶「数Ⅰ・数A」必須，「数Ⅱ・数B」・簿・情から1 ⑥⑦理(50×2)▶物・化・生・地学から2
[個別学力検査(600)] 4科目 ①外(200)▶「コミュ英Ⅰ・コミュ英Ⅱ・コミュ英Ⅲ・英表Ⅰ・英表Ⅱ」・独・仏から1 ②数(200)▶数Ⅰ・数Ⅱ・数Ⅲ・数A・数B ③④理(100×2)▶「物基・物」・「化基・化」・「生基・生」から2
学校推薦型 【医学科】[共通テスト(90)] 7科目 ①国(20) ②外(20・英〈R15+L5〉)▶英・独・仏・中・韓から1 ③地歴・公民(10)▶世B・日B・地理B・「倫・政経」から1 ④⑤数(10×2)▶「数Ⅰ・数A」・「数Ⅱ・数B」 ⑥⑦理(10×2)▶物・化・生から2
[個別学力検査(180)] 2科目 ①小論文(90) ②面接・提出書類(90)
※第1次選考―共通テストの成績(素点900点〈英語はR150+L50〉満点中概ね80%以上)により上位約30名までを合格者とし，第2次選考―共通テスト，提出書類，小論文および面接の結果を総合して判定。
【保健学科〈看護学専攻〉】 [共通テスト(1次900・2次100)] 7科目 ①国(1次200・2次20) ②外(1次200・英〈R150+L50〉・2次20・英〈R15+L5〉)▶英・独・仏・中・韓から1 ③地歴・公民(1次100・2次10)▶世B・日B・地理B・「倫・政経」から1 ④⑤数(1次100×2・2次15×2)▶「数Ⅰ・数A」・「数Ⅱ・数B」 ⑥⑦理(1次100×2・2次10×2)▶物・化・生・地学から2
[個別学力検査(150)] 2科目 ①提出書類(50) ②口頭試問(100)
※第1次選考―共通テストの成績，提出書類により募集人員の概ね5倍(原則20名)までを合格とし，第2次選考―提出書類，口頭試問，共通テストの成績を総合して判定。
【保健学科〈放射線技術科学専攻〉】 [共通テスト(1次700・2次100] 7科目 ①国(1次100・2次15) ②外(1次100・英〈R75+

L25〉・2次25・英〈R18.75＋L6.25〉）▶英・独・仏・中・韓から1　③**地歴・公民**（1次100・2次10）▶世B・日B・地理B・「倫・政経」から1　④⑤**数**（1次100×2・2次12.5×2）▶「数Ⅰ・数A」・「数Ⅱ・数B」　⑥⑦**理**（1次100×2・2次12.5×2）▶物・化・生・地学から2

［個別学力検査（100）］ **2**科目　①**提出書類**（50）②**面接**（50）

※第1次選考―共通テストの成績，提出書類により募集人員の概ね5倍（原則20名）までを合格とし，第2次選考―提出書類，面接，共通テストの成績を総合して判定。

【保健学科〈検査技術科学専攻〉】［共通テスト（1次600・2次100）］ **7**科目　①**国**（1次100・2次0）②**外**（1次100・英〈R75＋L25〉・2次0）▶英・独・仏・中・韓から1　③**地歴・公民**（1次0・2次0）▶世B・日B・地理B・「倫・政経」から1　④⑤**数**（1次100×2・2次25×2）▶「数Ⅰ・数A」・「数Ⅱ・数B」　⑥⑦**理**（1次100×2・2次25×2）▶物・化・生・地学から2

※配点0点の科目も受験は必須。

［個別学力検査（150）］ **3**科目　①**提出書類**（50）②**小論文**（50）③**面接**（50）

※第1次選考―共通テストの成績，提出書類により募集人員の概ね5倍（原則20名）までを合格とし，第2次選考―提出書類，小論文，面接，共通テストの成績を総合して判定。

歯学部

前期　［共通テスト（450）］ **7**科目　①**国**（100）②**外**（100・英〈R75＋L25〉）▶英・独・仏・中・韓から1　③**地歴・公民**（50）▶世B・日B・地理B・「倫・政経」から1　④⑤**数**（50×2）▶「数Ⅰ・数A」必須，「数Ⅱ・数B」・簿・情から1　⑥⑦**理**（50×2）▶物・化・生から2

［個別学力検査（1200）］ **5**科目　①**外**（300）▶「コミュ英Ⅰ・コミュ英Ⅱ・コミュ英Ⅲ・英表Ⅰ・英表Ⅱ」・独・仏から1　②**数**（300）▶数Ⅰ・数Ⅱ・数Ⅲ・数A・数B　③④**理**（150×2）▶「物基・物」・「化基・化」・「生基・生」から2　⑤**面接**（300）

学校推薦型［共通テスト（100）］ **4**科目　①②**数**（100×2）▶「数Ⅰ・数A」・「数Ⅱ・数B」　③④**理**（100×2）▶物・化・生から2

※配点合計400点満点を100点満点に換算。

［個別学力検査（200）］ **1**科目　①**面接**（200）

※第1次選考―提出書類により募集人員の約3倍までを合格者とし，第2次選考―共通テストの成績，面接の結果を総合して判定。

薬学部

前期　［共通テスト（400）］ **7**科目　①**国**（100）②**外**（50・英〈R37.5＋L12.5〉）▶英・独・仏・中・韓から1　③**地歴・公民**（50）▶世B・日B・地理B・「倫・政経」から1　④⑤**数**（50×2）▶「数Ⅰ・数A」必須，「数Ⅱ・数B」・簿・情から1　⑥⑦**理**（50×2）▶物・化・生から2

［個別学力検査（700）］ **6**科目　①**外**（150）▶コミュ英Ⅰ・コミュ英Ⅱ・コミュ英Ⅲ・英表Ⅰ・英表Ⅱ　②**数**（250）▶数Ⅰ・数Ⅱ・数Ⅲ・数A・数B　③④**理**（125×2）▶「物基・物」・「化基・化」・「生基・生」から2　⑤**小論文**（50）⑥**面接**

学校推薦型　［共通テスト（750）］ **7**科目　①**国**（150）②**外**（150・英〈R112.5＋L37.5〉）▶英・独・仏・中・韓から1　③**地歴・公民**（50）▶世B・日B・地理B・「倫・政経」から1　④⑤**数**（100×2）▶「数Ⅰ・数A」必須，「数Ⅱ・数B」・簿・情から1　⑥⑦**理**（100×2）▶物・化・生から2

［個別学力検査（250）］ **2**科目　①**小論文**（100）②**面接**（150）

※第1次選考―募集人員の2倍を超えた場合は書類審査，共通テストの成績（素点〈英語はR150＋L50〉）により行う，第2次選考―共通テストの成績，小論文，面接の結果を総合して判定。

工学部

前期　［共通テスト（300）］ **7**科目　①**国**（75）②**外**（50・英〈R37.5＋L12.5〉）▶英・独・仏・中・韓から1　③**地歴・公民**（50）▶世B・日B・地理B・「倫・政経」から1　④⑤**数**（37.5×2）▶「数Ⅰ・数A」必須，「数Ⅱ・数B」・簿・情から1　⑥⑦**理**（25×2）▶物・化・生・地学から2

［個別学力検査（700）］ **4**科目　①**外**（200）▶コミュ英Ⅰ・コミュ英Ⅱ・コミュ英Ⅲ・英表

Ⅰ・英表Ⅱ ②**数**(250)▶数Ⅰ・数Ⅱ・数Ⅲ・数A・数B ③④**理**(125×2)▶「物基・物」必須，「化基・化」・「生基・生」から1

学校推薦型 **[共通テスト(900)]** **7科目** ①**国**(200) ②**外**(200・英〈R150+L50〉)▶英・独・仏・中・韓から1 ③**地歴・公民**(100)▶世B・日B・地理B・「倫・政経」から1 ④⑤**数**(100×2)▶「数Ⅰ・数A」必須，「数Ⅱ・数B」・簿・情から1 ⑥⑦**理**(100×2)▶物・化・生・地学から2

[個別学力検査(100)] **1科目** ①**面接・提出書類**(100)

※第1次選考─書類審査(募集人員の2倍を超えた学科のみ)，第2次選考─共通テストの成績(基礎学力の確認に利用)，面接・提出書類の結果を総合して判定。

基礎工学部

前期 **[共通テスト(300)]** **7科目** ①**国**(75) ②**外**(50・英〈R37.5+L12.5〉)▶英・独・仏・中・韓から1 ③**地歴・公民**(50)▶世B・日B・地理B・「倫・政経」から1 ④⑤**数**(37.5×2)▶「数Ⅰ・数A」必須，「数Ⅱ・数B」・簿・情から1 ⑥⑦**理**(25×2)▶物・化・生・地学から2

[個別学力検査(700)] **4科目** ①**外**(200)▶「コミュ英Ⅰ・コミュ英Ⅱ・コミュ英Ⅲ・英表Ⅰ・英表Ⅱ」・独・仏から1 ②**数**(250)▶数Ⅰ・数Ⅱ・数Ⅲ・数A・数B ③④**理**(125×2)▶「物基・物」必須，「化基・化」・「生基・生」から1

学校推薦型 **[共通テスト(700)]** **7科目** ①**国**(100) ②**外**(125・英〈R93.75+L31.25〉)▶英・独・仏・中・韓から1 ③**地歴・公民**(75)▶世B・日B・地理B・「倫・政経」から1 ④⑤**数**(100×2)▶「数Ⅰ・数A」必須，「数Ⅱ・数B」・簿・情から1 ⑥⑦**理**(100×2)▶物必須，化・生から1

[個別学力検査] **1科目** ①**口頭試問**

※第1次選考─提出書類，共通テストの成績により募集人員の約2倍までを合格者とし，第2次選考─提出書類，共通テストの成績，口頭試問の結果を総合して判定。

その他の選抜

帰国生徒特別入試(外国語・理・医〈保健〉・工・基礎工学部)，私費外国人留学生特別入試，学部英語コース特別入試(人間科学部)，国際科学特別入試(理学部数・物理・化学科)，海外在住私費外国人留学生特別入試。

偏差値データ (2023年度)

●一般選抜

＊共通テスト・個別計/満点

学部／学科／専攻・コース	2023年度 駿台予備学校 合格目標ライン	2023年度 河合塾 ボーダー得点率	2023年度 河合塾 ボーダー偏差値	2022年度実績 募集人員	受験者数	合格者数	合格最低点＊	競争率 '22年	競争率 '21年
●前期									
文学部									
人文	61	76%	65	135	350	137	446.12/650	2.6	2.8
人間科学部									
人間科学	61	80%	65	115	268	117	875.00/1200	2.3	2.0
外国語学部									
外国語／中国語	57	71%	60	36	84	42	400.08/650	2.0	2.3
／朝鮮語	56	71%	60	16	46	19	413.05/650	2.4	2.9
／モンゴル語	55	68%	57.5	16	44	19	360.01/650	2.3	1.5
／インドネシア語	56	69%	60	10	24	13	395.97/650	1.8	1.8
／フィリピン語	55	68%	57.5	10	32	13	369.08/650	2.5	1.9
／タイ語	55	69%	60	13	27	16	364.91/650	1.7	1.8

学部／学科／専攻・コース	2023年度			2022年度実績					
	駿台予備学校	河合塾							
	合格目標ライン	ボーダー得点率	ボーダー偏差値	募集人員	受験者数	合格者数	合格最低点*	競争率 '22年	競争率 '21年
／ベトナム語	55	69%	60	13	40	16	385.93/650	2.5	2.2
／ビルマ語	55	68%	57.5	16	44	19	366.90/650	2.3	2.3
／ヒンディー語	55	68%	57.5	16	35	19	360.09/650	1.8	2.4
／ウルドゥー語	55	68%	57.5	16	48	19	387.13/650	2.5	2.8
／アラビア語	56	69%	60	22	44	27	376.50/650	1.6	2.7
／ペルシア語	56	68%	57.5	16	35	19	368.55/650	1.8	2.3
／トルコ語	56	69%	60	16	48	19	386.26/650	2.5	2.1
／スワヒリ語	55	68%	57.5	16	37	20	374.03/650	1.9	2.1
／ロシア語	57	71%	60	22	43	26	379.68/650	1.7	1.6
／ハンガリー語	57	69%	60	13	36	16	386.61/650	2.3	1.9
／デンマーク語	57	71%	60	16	52	19	411.71/650	2.7	1.6
／スウェーデン語	58	71%	60	16	49	19	423.03/650	2.6	1.9
／ドイツ語	58	72%	62.5	30	68	37	410.01/650	1.8	1.8
／英語	60	73%	62.5	54	134	61	436.44/650	2.2	1.8
／フランス語	59	72%	62.5	22	51	27	422.70/650	1.9	1.8
／イタリア語	58	72%	62.5	16	32	19	400.97/650	1.7	2.2
／スペイン語	59	72%	62.5	31	63	36	400.05/650	1.8	1.8
／ポルトガル語	57	71%	60	26	69	31	392.20/650	2.2	2.3
／日本語	57	71%	60	27	58	29	405.43/650	2.0	2.7
法学部									
法	61	76%	65	153	372	161	646.00/900	2.3	1.8
国際公共政策	62	76%	65	72	155	76	669.50/900	2.0	1.6
経済学部									
経済・経営（A配点）	60	76%	65	198	607	202	480.00/600	3.0	2.5
（B配点）							450.73/600		
（C配点）							430.48/600		
理学部									
数	58	75%	62.5	42	131	48	608.87/1000	2.7	2.4
物理	58	75%	62.5	66	183	75	578.25/1000	2.4	2.4
化	58	75%	60	69	201	73	576.25/1000	2.8	2.4
生物科／生物科学	58	75%	62.5	25	91	31	574.50/1000	2.9	3.0
／生命理学	57	75%	60	20	42	23	553.00/1000	1.8	2.2
医学部									
医	73	85%	70	95	238	99	1504.25/2000	2.4	2.3
保健／看護学	54	68%	57.5	72	131	74	648.20/1000	1.8	1.3
／放射線技術科学	56	69%	57.5	36	109	38	579.75/1100	2.9	1.4
／検査技術科学	56	69%	57.5	36	86	41	619.35/1100	2.1	1.5
歯学部									
歯	59	71%	60	48	110	55	1000.50/1650	2.0	2.3
薬学部									
薬	61	77%	62.5	65	154	71	675.35/1100	2.2	2.0

学部／学科／専攻・コース	2023年度			2022年度実績					
	駿台予備学校	河合塾						競争率	
	合格目標ライン	ボーダー得点率	ボーダー偏差値	募集人員	受験者数	合格者数	合格最低点*	'22年	'21年
工学部									
応用自然科	57	73%	60	195	423	203	562.99/1000	2.1	2.1
応用理工	58	74%	60	223	558	239	574.00/1000	2.3	1.9
電子情報工	58	75%	62.5	145	456	150	605.24/1000	3.0	2.5
環境・エネルギー工	57	74%	60	67	160	74	562.74/1000	2.2	1.8
地球総合工	58	73%	60	106	250	117	567.11/1000	2.1	2.2
基礎工学部									
電子物理科	57	74%	60	90	161	93	571.34/1000	1.7	2.2
化学応用科	57	73%	60	75	131	76	552.22/1000	1.7	1.9
システム科	58	74%	60	151	284	153	588.67/1000	1.9	2.4
情報科	61	77%	62.5	74	238	76	628.99/1000	3.1	3.6

- 駿台予備学校合格目標ラインは合格可能性80%に相当する駿台模試の偏差値です。 ●競争率は受験者÷合格者の実質倍率
- 河合塾ボーダー得点率は合格可能性50%に相当する共通テストの得点率です。
  また，ボーダー偏差値は合格可能性50%に相当する河合塾全統模試の偏差値です。
- 人間科学部，医学部医学科，薬学部は２段階選抜を実施。

併設の教育機関 大学院

人文学研究科

教員数▶238名
院生数▶691名（文学研究科・言語文化研究科を含む）

博士前期課程▶ **●人文学専攻**　哲学，グローバルヒストリー・地理学，文学，比較・対象言語学の４コースで「人間とは何か」を探求する。

●言語文化学専攻　伝統的なディシプリンと新たな研究領域や研究方法論を融合し，言語と文化に関する高度な教養や情報活用能力を修得する。

●外国語専攻　24の言語とそれを基底とする文化一般について研究する。

●日本学専攻　日本語・日本文化についての幅広い知見を基礎としてグローバルに活躍できる実践力・応用力を養う。

●芸術学専攻　アート・メディア論，美学・文芸学，音楽学・演劇学，日本東洋美術史・西洋美術史の４コース。

博士後期課程▶ 人文学専攻，言語文化学専攻，外国語専攻，日本学専攻，芸術学専攻

人間科学研究科

教員数▶90名
院生数▶418名

博士前期課程▶ **●人間科学専攻**　行動学，社会学・人間学，教育学，共生学の１専攻４学系編成。学内外の多様な組織との協働を通じて「産官学民による共創」を推進。

博士後期課程▶ 人間科学専攻

法学研究科

教員数▶34名
院生数▶118名

博士前期課程▶ **●法学・政治学専攻**　多様な目的とニーズに応える総合法政プログラムを中心に，研究者養成に特化したプログラムや，知的財産法におけるプロフェッショナル人材の養成をめざすプログラムがある。

博士後期課程▶ 法学・政治学専攻

経済学研究科

教員数▶44名
院生数▶262名
博士前期課程 ●経済学専攻　経済学，応用経済，経済制度・事例分析の3コース。優れた経済研究者の育成をめざす。
●経営学系専攻　経営研究，ビジネスの2コース。
博士後期課程 経済学専攻，経営学系専攻，政策専攻

理学研究科

教員数▶212名
院生数▶815名
博士前期課程 ●数学専攻　最前線の知識を身につけ，未解決問題に挑戦する。
●物理学専攻　独創性を重視した研究第一主義の伝統を誇る。
●化学専攻　化学教育に必要な分野を網羅し，国際的に高水準の研究を活発に展開する。
●生物科学専攻　生命の本質を理解するための世界最先端の科学研究を行う。
●高分子科学専攻　全国で唯一，理学研究科に所属する高分子関連の専攻。
●宇宙地球科学専攻　基礎物理を重視し，宇宙や惑星，地球内部や色々な極限状態で起こる自然現象を新手法を用いて解明する。
博士後期課程 数学専攻，物理学専攻，化学専攻，生物科学専攻，高分子科学専攻，宇宙地球科学専攻

医学系研究科

教員数▶411名
院生数▶1,168名
修士課程 ●医科学専攻　最新知識を身につけ，自然科学や社会科学の方法論で，医学や医学を取り巻く多様な諸問題に対処し解決できる人材を育成する。医科学，未来臨床科学，公衆衛生学，死因究明学の4コース。
博士前期課程 ●保健学専攻　保健・医療・福祉のさまざまな課題をリサーチマインドをもって探求，問題解決をデザインできる力を養う。保健師・助産師教育コースやがん看護の専門家コースもある。
4年制博士課程 ●医学専攻　世界の医学，医療および生命科学の発展への貢献をめざす。
博士後期課程 保健学専攻

歯学研究科

教員数▶85名
院生数▶167名
4年制博士課程 ●口腔科学専攻　国内外において，口の健康科学の発展と臨床歯科学の実践に先導的役割を持って臨める人材を育成する。

薬学研究科

教員数▶49名
院生数▶219名
博士前期課程 ●創成薬学専攻　創薬基礎研究に加え環境科学，レギュラトリーサイエンスの分野で活躍できる薬学研究者を育成。
4年制博士課程 ●医療薬学専攻　「創薬臨床力」を備えた世界をリードする先導的医療人を育成する。
博士後期課程 創成薬学専攻

工学研究科

教員数▶371名
院生数▶2,243名
博士前期課程 ●生物工学専攻　バイオテクノロジーをベースに社会・産業界が直面する諸問題の解決に取り組む。
●応用化学専攻　分子創成化学と物質機能化学の2コース構成。原子，分子，ナノマテリアルに関わる次世代のシーズを創出する研究技術者を育成する。
●物理学系専攻　精密工学（物理工学）と応用物理学の2コース。自然界の現象を物理学に立脚して電子・原子・分子レベルから解明，制御，応用する研究を行う。
●機械工学専攻　機能構造学，熱流動態学，統合設計学，知能制御学の4部門で構成されている。

●**マテリアル生産科学専攻**　「もの」と「情報」の流れを有機的に結びつけ，材料の変遷を中心に「ものづくり」をとらえる技術者・研究者を養成する。

●**電気電子情報通信工学専攻**　電気工学，量子情報エレクトロニクス，情報通信工学，イノベーションデザイン，グローバルサイエンス＆エンジニアリング，エラスムス・ムンドゥスの６つの履修コースを設置。

●**環境エネルギー工学専攻**　持続可能な人類社会の文明を支える工学的な教育と研究を行う。環境工学とエネルギー量子工学の２つの履修コースがある。

●**地球総合工学専攻**　海洋空間，社会・生活基盤の保全・開発とともに地球・地域環境に配慮できる能力を総合的に養う。

●**ビジネスエンジニアリング専攻**　研究開発からビジネス展開に至るまでの専門的能力を擁する人材を育成する。

博士後期課程 **生物工学専攻，応用化学専攻，物理学系専攻，機械工学専攻，マテリアル生産科学専攻，電気電子情報通信工学専攻，環境エネルギー工学専攻，地球総合工学専攻，ビジネスエンジニアリング専攻**

基礎工学研究科

教員数▶183名
院生数▶840名

博士前期課程 ●**物質創成専攻**　物性物理工学，機能物質化学，化学工学，未来物質の４領域。

●**機能創成専攻**　非線形力学，機能デザイン，生体工学の３領域。

●**システム創成専攻**　電子光科学，システム科学，数理科学，社会システム数理の４領域。

博士後期課程 **物質創成専攻，機能創成専攻，システム創成専攻**

国際公共政策研究科

教員数▶29名
院生数▶139名

博士前期課程 ●**国際公共政策専攻**　現場感覚を持つ，世界を舞台に活躍する公共政策のプロフェッショナルの育成をめざす。

●**比較公共政策専攻**　公共政策課題に対して，法学・政治学・経済学を基盤に学際的視点から教育・研究を行う。

博士後期課程 **国際公共政策専攻，比較公共政策専攻**

情報科学研究科

教員数▶73名
院生数▶480名

修士課程 ●**情報基礎数学専攻**　数学の諸分野で情報に関わる研究を深化させるとともに，情報基礎を担う数学の新天地を開拓。

●**情報数理学専攻**　数理科学と応用物理学のアプローチで，新産業の創出基盤となる基礎的理論の研究・教育を行う。

●**コンピュータサイエンス専攻**　ハードからソフトにいたるコンピュータに関連する広い領域の研究を行う。

●**情報システム工学専攻**　情報システムの設計・実装を目的としたアルゴリズムや構成・評価検証等に関わる教育・研究を行う。

●**情報ネットワーク学専攻**　高度情報通信社会を形成する知的情報ネットワークを構築するための教育・研究を行う。

●**マルチメディア工学専攻**　情報通信ネットワークを介して提供されるメディア情報処理技術の学問体系の確立をめざす。

●**バイオ情報工学専攻**　情報工学の先端的知識と生物学に関する基礎知識を有機的に統合した学際領域における指導者的人材を育成。

博士後期課程 **情報基礎数学専攻，情報数理学専攻，コンピュータサイエンス専攻，情報システム工学専攻，情報ネットワーク学専攻，マルチメディア工学専攻，バイオ情報工学専攻**

生命機能研究科

教員数▶63名
院生数▶287名

５年一貫制博士課程 ●**生命機能専攻**　医学，生命科学，物理学，工学から多面的にアプローチした研究を行い，「生命体システム」

を解明する。

高等司法研究科（法科大学院）

教員数▶22名
院生数▶220名
専門職学位課程 ●**法務専攻**　徹底した基礎科目教育と少人数制・対話型の講義を行い，確かな法律知識と実務能力，国際的な視野と先見性を持った人材育成をめざす。

連合小児発達学研究科

教員数▶16名
院生数▶87名
博士後期課程 ●**小児発達学専攻**　金沢大学，浜松医科大学，千葉大学，福井大学との連合大学院。多様で科学的な視点を持つ「子どものこころ」の専門家を育成する。

MEMO

神戸（こうべ）大学

資料請求

問合せ先 学務部入試課 ☎078-803-5230

大学の理念

1902（明治35）年創立の神戸高等商業学校を起源とし，“旧三商大”のひとつ神戸商業大学を経て，戦後の1949年に新制神戸大学に。その際，国公私立を問わず日本の大学で初めての経営学部が設置された。現在10学部15研究科を擁する総合大学。「学理と実際の調和」を理念に掲げ，「真摯・自由・協同」の学風のもと，普遍的価値を有する「知」を創造し，人間性豊かな指導的人材を育成する。貿易都市・神戸の大学ならではの国際性の豊かさも特徴。各学部・大学院では70を超える国・地域からの留学生が在籍し，学術交流協定を締結している機関も世界64カ国・地域におよぶ。多様性，国際性，卓越性に富む教育に力を入れ，グローバル＆インクルーシブな環境づくりに取り組み，「知と人を創る異分野共創研究教育グローバル拠点」として進化し続けている。

● キャンパス情報はP.1446をご覧ください。

基本データ

学生数 ▶ 11,426名（男7,364名，女4,062名）
専任教員数 ▶ 教授570名，准教授392名，講師126名

設置学部 ▶ 文，国際人間科，法，経済，経営，理，医，工，農，海洋政策科
併設教育機関 ▶ 大学院（P.1458参照）

就職・卒業後の進路

就職率 92.2%
就職者÷希望者×100

● **就職支援**　キャリアセンターが就職ガイダンス，各種セミナー，就職対策企画講座などを年間を通じて開催。資料の収集・閲覧・個人相談などにも応じており，専門的な知識・資格（CDA）を持つ（または試験合格の）キャリアアドバイザーによるエントリーシート添削や模擬面接などの支援活動を行っている。１年生からのキャリア教育科目も実施。学内の各就職支援組織とも連携しながら支援活動を行っている。

● **キャリアセンター東京分室**　首都圏での情報収集や広報の拠点。卒業生との連携を図り，在学生の就職活動を支援できる幅広いネットワークを形成している。JR有楽町駅近くの東京交通会館ビル９階にあり，フロアは広く，卒業生スタッフが常駐して業務にあたっている。

進路指導者も必見 学生を伸ばす 面倒見

初年次教育	学修サポート
大学の情報やカリキュラムの構成，ルールやマナーなどについてまとめた共通教材「神戸大学へようこそ！」を使用し，「初年次セミナー」を開講。各分野において大学生として必要となる自律的な学びの姿勢を育む	TA（全学部），SA（法・医を除く），オフィスアワー（経営・理・海洋を除く），教員アドバイザー（理・医〈医〉・工・農・海洋）制度を導入。さらに国際人間科学部ではグローバルスタディーズプログラムの専用オフィスを設置し，履修指導を行っている

オープンキャンパス（2022年度実績） 対面式キャンパス参加型およびオンライン型でのオープンキャンパスを開催。各学部・学科紹介，模擬講義，研究室紹介，キャンパスツアーなど学部ごとにコンテンツを企画。事前申込制のプログラムも実施。

文系学部

2022年３月卒業生
1,265人

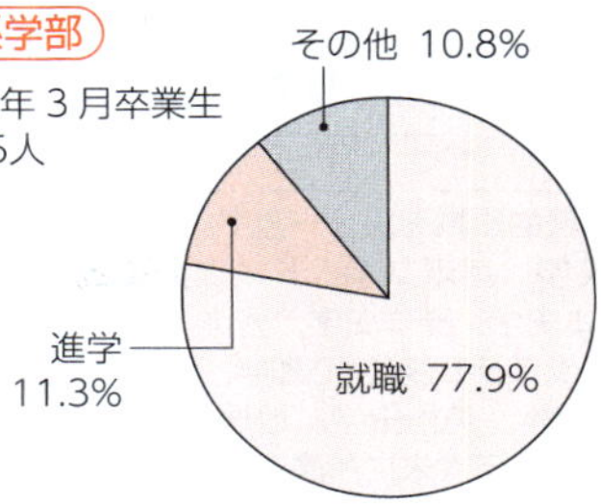

理系学部

2022年３月卒業生
1,430人
※就職には医学科の初期臨床研修医を含む。

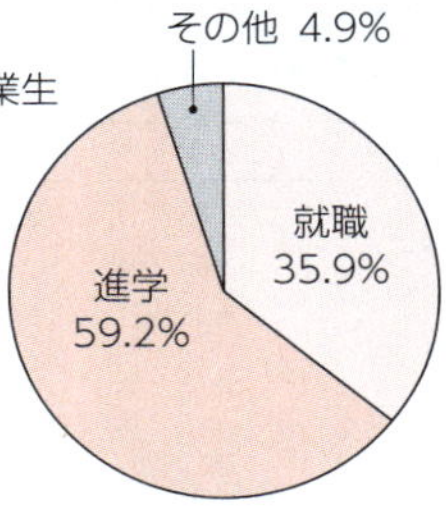

主なOB・OG▶［医］山中伸弥（ノーベル生理学・医学賞受賞者），［経営］森岡毅（マーケター・実業家），［工］福田和代（小説家），［法］安田真奈（映画監督・脚本家）など。

国際化・留学　大学間 177 大学等・部局間 220 大学等

受入れ留学生数▶117名（2022年5月1日現在）
留学生の出身国▶韓国，中国，マレーシア，ベトナム，ルーマニアなど。
外国人専任教員▶教授10名，准教授10名，講師4名（2022年5月1日現在　※学部に配置）
外国人専任教員の出身国▶中国，韓国，アメリカ，フランス，ドイツなど。
大学間交流協定▶177大学・機関（交換留学先118大学，2022年5月1日現在）
部局間交流協定▶220大学・機関（交換留学先120大学，2022年5月1日現在）
海外への留学生数▶渡航型32名・オンライン型380名／年（14カ国・地域，2021年度）
海外留学制度▶協定大学と授業料不徴収による交換留学を行っている。期間は1学期間または1年間。留学先で修得した単位は所定の手続きを経て，神戸大学の単位として単位互換が可能。交換留学生のための奨学金制度もある。また，グローバルチャレンジプログラムや海外インターンシップ，外国語能力の向上と異文化理解の強化を目的としたワシントン大学の英語研修，オンライン協働学習に英語で取り組む国立台湾大学研修など多様なプログラムを企画・実施している。

学費・奨学金制度　給付型奨学金総額 年間 1,626 万円

入学金▶282,000円
年間授業料（施設費等を除く）▶535,800円
年間奨学金総額▶16,260,000円
年間奨学金受給者数▶108名
主な奨学金制度▶経済的支援を必要とする成績，人物とも優秀な新入生に年額15万円を給付する「神戸大学基金奨学金」や，法・経済・経営・工学部の学生を対象とした「レンゴー奨学金」のほか，「インソース給付型奨学金」などを設置。また，学費減免制度があり，2021年度には605人を対象に総額で約１億912万円を減免している。

保護者向けインフォメーション

●**成績確認**　経済・理・農・海洋は成績表を全員の保護者に，法・国際・医（医）は成績不振者および希望者，文・経営・工は希望者にのみ郵送。
●**防災対策**　『防災ポケットガイド』を入学時に配布。被災時の学生の安否確認は，「ANPIC」（神戸大学安否情報システム）を利用する。
●**コロナ対策１**　ワクチンの職域接種を実施。感染状況に応じた５段階のBCP（行動指針）を設定。「コロナ対策２」（下段）あり。

インターンシップ科目	必修専門ゼミ	卒業論文	GPA制度の導入の有無および活用例	１年以内の退学率	標準年限での卒業率
国際人間・農・海洋で開講	国際人間の１・３・４年次（学科により異なる），理・医（保健）・工・農の４年次，海洋（領域により異なる）で実施	法・経済・医（医）・海洋（航海／機関）を除き卒業要件	導入している	1.2%	82.4%（４年制）94.6%（６年制）

●コロナ対策２　対面授業とオンライン授業を感染状況に応じて併用。講義室の収容人数を調整し，消毒等の感染防止対策を徹底。希望者には図書館資料を郵送で貸出。

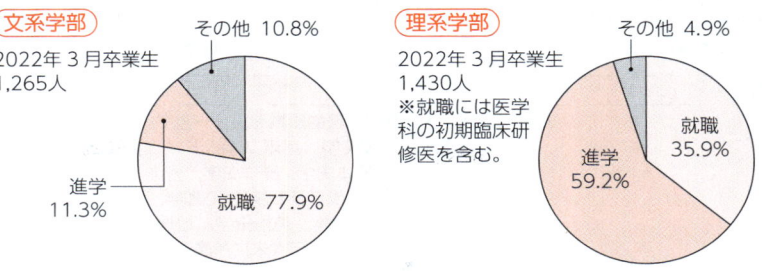

学部紹介

学部／学科	定員	特色
文学部		
人文	100	▷人文学の古典的領域を扱う一哲学講座（哲学），文学講座（国文学，中国文学，英米文学，ドイツ文学，フランス文学），史学講座（日本史学，東洋史学，西洋史学）。先端的学問領域を扱う一知識システム講座（心理学，言語学，芸術学），社会文化講座（社会学，美術史学，地理学）。以上５講座15専修で構成される。１年次末に所属専修を選択。
●取得可能な資格…教職（国・地歴・公・社・英），学芸員など。 ●進路状況…………就職71.8%　進学17.3% ●主な就職先………兵庫県，京都府，住友商事，日本航空，大和証券，関西電力，ロフトなど。		
国際人間科学部		
グローバル文化	140	▷地域文化系・異文化コミュニケーション系・現代文化システム系・言語情報コミュニケーション系の４つを教育研究の柱として，多文化状況や文化摩擦をめぐる課題に取り組む人材を養成する。
発達コミュニティ	100	▷発達基礎，コミュニティ形成の２教育研究分野。人間の発達とそれを支えるコミュニティの実現に取り組む人材を養成。
環境共生	80	▷環境基礎科学，環境形成科学の２教育研究分野。グローバル共生社会を支える環境を創り出す文理融合型人材を養成。
子ども教育	50	▷学校教育学，乳幼児教育学の２教育研究分野。グローバル共生社会に生きる次世代を育てる実践的教育人材を養成する。
●取得可能な資格…教職（地歴・公・社・数・理・音・美・保体・家・英，小一種，幼一種，特別支援），学芸員など。 ●進路状況…………就職77.4%　進学16.2%（旧国際文化学部・旧発達科学部を含む） ●主な就職先………三井住友銀行，JCB，東京海上日動火災保険，ジーユー，丸紅，神戸市など。		
法学部		
法律	180	▷法と政治を軸に，社会を倫理的に分析する能力を養う。進路目標に応じた司法，企業・行政，政治・国際の３コースを設置。３年次にコースを選択する。2020年度より「法科大学院進学プログラム（法曹コース）」を設置。法学部３年間＋法科大学院２年間の５年一貫教育で司法試験合格をめざす。
●進路状況…………就職66.8%　進学19.2% ●主な就職先………神戸市，三井住友銀行，東京海上日動火災保険，日本政策金融公庫，大阪ガスなど。		
経済学部		
経済	270	▷社会のさまざまな課題を経済学の視点から解明。徹底した少数教育でグローバルに活躍する人材を育成する。
●進路状況…………就職80.8%　進学5.4% ●主な就職先………三井住友銀行，日本生命保険，関西電力，三菱UFJ銀行，伊藤忠商事，神戸市など。		
経営学部		
経営	260	▷日本初の経営学部として1949年に誕生。幅広い教養と高度な専門知識を身につけ，国際社会に通用する研究者やビジネスのプロフェッショナルを養成する。
●進路状況…………就職87.0%　進学1.5% ●主な就職先………EY新日本，三井住友銀行，楽天，ゲンキー，住友化学，野村證券，丸紅など。		

キャンパスアクセス ［六甲台第１キャンパス］阪急神戸線一六甲より徒歩15～25分／JR神戸線一六甲道よりバス15～20分

理学部

数	28	▷自然科学，社会科学，人文科学など，あらゆる分野の基礎となる現代数学に迫り，発想力を養う。
物理	35	▷先端的研究への参加を通じて基礎科学への貢献と科学技術の進展に寄与するあくなき探究心を育む。
化	30	▷進化し続ける化学に社会や生活の視点から化学的発想や手法を駆使してさまざまな問題に取り組む。
生物	25	▷分子から生態系にいたる幅広い基礎生物学の研究に取り組み，複雑な生命システムの謎を解き明かす。
惑星	35	▷野外調査・観測・実験・理論的解析を駆使して，地球，惑星，太陽系の構造と進化を包括的な視野で探究する。

● **取得可能な資格**…教職(数・理)，学芸員など。
● **進路状況**…………就職23.1％　進学72.3％
● **主な就職先**………三井住友銀行，日亜化学工業，エン・ジャパン，中外製薬，オービック，東リなど。

医学部

医	112	▷高い倫理観を有し，高度な専門的知識・技術を身につけた医師の育成。探究心と創造性を有する科学者としての視点を持つ医師と，生命科学・医学研究者を育成する。
保健	160	▷〈看護学専攻80名，検査技術科学専攻40名，理学療法学専攻20名，作業療法学専攻20名〉医療・保健・福祉を通して，人類の幸福と社会福祉に貢献する高度な専門技術を備えた人材を育成する。

● **取得可能な資格**…医師・看護師・臨床検査技師・理学療法士・作業療法士受験資格。
● **進路状況**…………［医］初期臨床研修医93.4％　［保健］就職59.2％　進学36.9％
● **主な就職先**………［保健］神戸大学医学部附属病院，京都大学医学部附属病院，虎の門病院など。

工学部

建築	93	▷芸術と科学・技術を融合させ，先端的な建築を創造する。
市民工	63	▷安全で環境に調和した都市・地域を創るエンジニアを育成。
電気電子工	93	▷産業と人の生活を支える，高度なテクノロジーを開発する。
機械工	103	▷最先端の技術で産業を支え，社会を変革する技術者を養成。
応用化	106	▷高機能な材料や新しいプロセスを開発する能力を養う。
情報知能工	107	▷高性能・高知能化された次世代の情報システムを構築する。

● **取得可能な資格**…測量士補，1・2級建築士受験資格など。
● **進路状況**…………就職22.7％　進学73.3％
● **主な就職先**………清水建設，大林組，古河電気工業，デンソーテン，三菱電機，富士通，神戸市など。

農学部

食料環境システム	36	▷生産環境工学，食料環境経済学の2コース。工学的，社会科学的アプローチで食料環境システムを学ぶ。
資源生命科	55	▷応用動物学，応用植物学の2コース。食料生産や自然環境を支える動植物を深く学ぶ。
生命機能科	69	▷応用生命化学，応用機能生物学の2コース。農学の新境地を化学的，生物学的に開拓する。

● **取得可能な資格**…測量士補，樹木医補など。
● **進路状況**…………就職26.0％　進学70.1％
● **主な就職先**………クボタ，エーザイ，クラレ，大和ハウス工業，コムシス，JTB，農林水産省など。

キャンパスアクセス ［六甲台第2キャンパス］阪急神戸線―六甲より徒歩15～25分／JR神戸線―六甲道よりバス15～20分

海洋政策科学部		
海洋政策科	200	▶2021年より海事科学部を発展的に改組し，１学科制に改編。１年次の海洋リテラシー（海洋に関する広範な基礎教養）や実習を伴うアクティブ・ラーニングなどの学びを経て，「海洋基礎科学領域」「海洋応用科学領域」「海洋ガバナンス領域」「海技ライセンスコース（航海学領域/機関学領域）」から専門分野と副専門分野を選択。海の持つ多様な側面を包括的に理解するグローバルリーダーとエキスパートを育成する。

- 取得可能な資格…３級海技士受験資格（航海・機関）など。
- 進路状況…………就職41.7%　進学50.5%
- 主な就職先………三井住友銀行，ダイキン工業，鴻池運輸，三菱倉庫，シンプレクス，日本郵船など。

▶キャンパス

法・経済・経営……［六甲台第１キャンパス］兵庫県神戸市灘区六甲台町2-1
本部・文・理・工・農……［六甲台第２キャンパス］兵庫県神戸市灘区六甲台町1-1
国際人間科（グローバル）……［鶴甲第１キャンパス］兵庫県神戸市灘区鶴甲1-2-1
国際人間科（発達・環境・子ども）……［鶴甲第２キャンパス］兵庫県神戸市灘区鶴甲3-11
医（医学）……［楠キャンパス］兵庫県神戸市中央区楠町7-5-1
医（保健）……［名谷キャンパス］兵庫県神戸市須磨区友が丘7-10-2
海洋政策科……［深江キャンパス］兵庫県神戸市東灘区深江南町5-1-1

2023年度入試要項（前年度実績）

●募集人員

学部／学科（専攻・コース）		前期	後期	学校推薦型	総合型	「志」特別
▶文	人文	77	20	—	—	3
▶国際人間科	グローバル文化	95	35	10	—	—
	発達コミュニティ	54	10	—	ス12 音12 美8 身4	— — — —
	環境共生	文23 理30	文8 理9	—	3	7
	子ども教育	39	11	—	—	—
▶法	法律	117	60	—	—	3
▶経済	経済	数30 英30 総160	—	50	—	—
▶経営	経営	220	—	40	—	—
▶理	数	21	7	—	—	—
	物理	25	10	—	—	—
	化	24	6	—	—	—
	生物	18	4	—	3	—
	惑星	25	8	—	2	—
▶医	医	92	—	10	10	—
	保健（看護学）	70	6	—	—	4
	（検査技術科学）	28	10	—	—	2
	（理学療法学）	15	3	—	—	2
	（作業療法学）	15	—	3	—	2
▶工	建築	75	16	—	—	2
	市民工	49	12	—	—	2
	電気電子工	65	26	—	—	2
	機械工	88	13	—	—	2
	応用化	85	18	—	—	3
	情報知能工	90	15	—	—	2
▶農	食料環境システム（生産環境）	20	5	—	—	2
	（食料環境）	5	2	—	—	2
	資源生命科（応用動物）	20	6	—	—	1
	（応用植物）	21	5	—	—	2
	生命機能科（応用生命）	29	7	—	—	1
	（応用機能）	21	8	—	—	3
▶海洋政策科		理115 文30	理 40	—	—	15

※次のように略しています。文科系→文，理科系→理，スポーツ科学受験→ス，音楽受験→音，美術受験→美，身体表現受験→身，数学選抜→数，英数選抜→英，総合選抜→総。海洋政策科学部の理系科目重視型→理，文系科目重視型→文。

●２段階選抜

志願者数が学部・学科・受験区分毎の募集人員に対し，所定の倍率を超えた場合，共通テストの成績により以下の倍率で行うことがある。前期—医学部（医）は約３倍。文・国際人間科・法・経済・経営・

キャンパスアクセス［鶴甲第1キャンパス］阪急神戸線—六甲より徒歩15～25分／JR神戸線—六甲道よりバス15～20分

理・工・農学部は約4.5倍。海洋政策科学部は約５倍。医学部（保健）は約６倍。後期一文・国際人間科・法・理・医（保健）・工・農・海洋政策科学部は約10倍。

▷共通テストの英語はリスニングを含む。
▷個別学力検査の英－コミュ英基・コミュ英Ⅰ・コミュ英Ⅱ・コミュ英Ⅲ・英表Ⅰ・英表Ⅱ・英会話，数Ｂ－数列・ベク。

文学部

前期　[共通テスト(450)]　8~7科目　①国(100)　②外(100・英〈R80＋L20〉)▶英・独・仏・中から１　③④**地歴・公民**(50×2)▶世Ｂ・日Ｂ・地理Ｂ・「倫・政経」から２　⑤⑥**数**(37.5×2)▶「数Ⅰ・数Ａ」必須，「数Ⅱ・数Ｂ」・簿・情から１　⑦⑧**理**(75)▶「物基・化基・生基・地学基から２」・物・化・生・地学から１
[個別学力検査(350)]　3科目　①国(150)▶国総・現文Ｂ・古典Ｂ　②外(125)▶英・独・仏・中から１　③**数**(75)▶数Ⅰ・数Ⅱ・数Ａ・数Ｂ
後期　[共通テスト(400)]　8~7科目　①国(100)　②外(100・英〈R80＋L20〉)▶英・独・仏・中から１　③④**地歴・公民**(50×2)▶世Ｂ・日Ｂ・地理Ｂ・「倫・政経」から２　⑤⑥**数**(25×2)▶「数Ⅰ・数Ａ」必須，「数Ⅱ・数Ｂ」・簿・情から１　⑦⑧**理**(50)▶「物基・化基・生基・地学基から２」・物・化・生・地学から１
[個別学力検査(400)]　2科目　①外(200)▶英　②**小論文**(200)
「志」特別　[共通テスト]課さない。
[個別学力検査(800)]　5科目　①**書類審査**(100)　②**模擬講義・レポート（文系）**(200)　③**総合問題（文系）**(300)　④**小論文**(100)　⑤**面接・口頭試問**(100)
※第１次選抜－書類審査，模擬講義・レポート（文系），総合問題（文系），最終選抜－小論文，面接・口頭試問の結果を総合して判定。

国際人間科学部

前期　【グローバル文化学科】[共通テスト(400)]　8~7科目　①国(80)　②外(80・英〈R64＋L16〉)▶英・独・仏・中・韓から１　③④**地歴・公民**(60×2)▶世Ｂ・日Ｂ・地理Ｂ・「倫・政経」から２　⑤⑥**数**(35×2)▶「数Ⅰ・数Ａ」必須，「数Ⅱ・数Ｂ」・簿・情から１　⑦⑧**理**(50)▶「物基・化基・生基・地学基から２」・物・化・生・地学から１
[個別学力検査(400)]　3科目　①国(160)▶国総・現文Ｂ・古典Ｂ　②外(160)▶英・独・仏・中から１　③**数**(80)▶数Ⅰ・数Ⅱ・数Ａ・数Ｂ
【発達コミュニティ学科・子ども教育学科】[共通テスト(400)]　8~7科目　①国(100)　②外(75・英〈R60＋L15〉)▶英・独・仏・中から１　③④**数**(37.5×2)▶「数Ⅰ・数Ａ」必須，「数Ⅱ・数Ｂ」・簿・情から１　⑤⑥⑦⑧**地歴・公民・理**(50×3)▶「世Ｂ・日Ｂ・地理Ｂ・〈倫・政経〉から２」・「物基・化基・生基・地学基から２」または「世Ｂ・日Ｂ・地理Ｂ・〈倫・政経〉から１」・「物・化・生・地学から２」
[個別学力検査(400)]　4~3科目　①外(175)▶英・独・仏・中から１　②**数**(75)▶数Ⅰ・数Ⅱ・数Ａ・数Ｂ　③④**国・理**(150)▶「国総・現文Ｂ・古典Ｂ」・「〈物基・物〉・〈化基・化〉・〈生基・生〉・〈地学基・地学〉から２」から１
【環境共生学科】〈文科系受験〉[共通テスト(450)]　8科目　①国(100)　②外(100・英〈R80＋L20〉)▶英・独・仏・中から１　③④**地歴・公民**(50×2)▶世Ｂ・日Ｂ・地理Ｂ・「倫・政経」から２　⑤⑥**数**(50×2)▶「数Ⅰ・数Ａ」必須，「数Ⅱ・数Ｂ」・簿・情から１　⑦⑧**理**(25×2)▶物基・化基・生基・地学基から２
[個別学力検査(450)]　3科目　①国(150)▶国総・現文Ｂ・古典Ｂ　②外(200)▶英・独・仏・中から１　③**数**(100)▶数Ⅰ・数Ⅱ・数Ａ・数Ｂ
〈理科系受験〉[共通テスト(450)]　7科目　①国(100)　②外(100・英〈R80＋L20〉)▶英・独・仏・中から１　③**地歴・公民**(50)▶世Ｂ・日Ｂ・地理Ｂ・「倫・政経」から１　④⑤**数**(50×2)▶「数Ⅰ・数Ａ」必須，「数Ⅱ・数Ｂ」・簿・情から１　⑥⑦**理**(50×2)▶物・化・生・地学から２
[個別学力検査(550)]　4科目　①外(200)▶英・独・仏・中から１　②**数**(150)▶数Ⅰ・数Ⅱ・数Ⅲ・数Ａ・数Ｂ　③④**理**(100×2)▶「物基・物」・「化基・化」・「生基・生」・「地学基・地学」から２
後期　【グローバル文化学科】[共通テスト

兵庫 神戸大学

キャンパスアクセス [鶴甲第２キャンパス] 阪急神戸線－六甲より徒歩15～25分／JR神戸線－六甲道よりバス15～20分

(400)] 8~7科目 前期と同じ
[個別学力検査(400)] 2科目 ①外(200) ▶英 ②小論文(200)
【発達コミュニティ学科・子ども教育学科】[共通テスト(400)] 8~7科目 ①国(100) ②外(100・英〈R80+L20〉) ▶英・独・仏・中から1 ③④数(25×2) ▶「数Ⅰ・数A」必須,「数Ⅱ・数B」・簿・情から1 ⑤⑥⑦⑧地歴・公民・理(50×3) ▶「世B・日B・地理B・〈倫・政経〉から2」・「物基・化基・生基・地学基から2」または「世B・日B・地理B・〈倫・政経〉から1」・「物・化・生・地学から2」
[個別学力検査(200)] 1科目 ①小論文(200)
【環境共生学科】〈文科系受験〉[共通テスト(350)] 8科目 ①国(50) ②外(100) ▶英・独・仏・中から1 ③④地歴・公民(50×2) ▶世B・日B・地理B・「倫・政経」から2 ⑤⑥数(25×2) ▶「数Ⅰ・数A」必須,「数Ⅱ・数B」・簿・情から1 ⑦⑧理(25×2) ▶物基・化基・生基・地学基から2
[個別学力検査(250)] 1科目 ①小論文(250)
〈理科系受験〉 [共通テスト(350)] 7科目 ①国(50) ②外(100) ▶英・独・仏・中から1 ③地歴・公民(50) ▶世B・日B・地理B・「倫・政経」から1 ④⑤数(25×2) ▶「数Ⅰ・数A」必須,「数Ⅱ・数B」・簿・情から1 ⑥⑦理(50×2) ▶物・化・生・地学から2
[個別学力検査(250)] 1科目 ①数(250) ▶数Ⅰ・数Ⅱ・数Ⅲ・数A・数B
学校推薦型 【グローバル文化学科】[共通テスト(400)] 8~7科目 ①国(100) ②外(60・英〈R48+L12〉) ▶英・独・仏・中・韓から1 ③④地歴・公民(60×2) ▶世B・日B・地理B・「倫・政経」から2 ⑤⑥数(40×2) ▶「数Ⅰ・数A」必須,「数Ⅱ・数B」・簿・情から1 ⑦⑧理(40) ▶「物基・化基・生基・地学基から2」・物・化・生・地学から1
[個別学力検査(600)] 3科目 ①書類審査(50) ②TOEFL iBTまたはIELTS (400) ③面接・口頭試問(150)
※第1次選抜―書類審査,TOEFL iBTまたはIELTSスコアで募集人員の2倍を上限に合格者とし,最終選抜―面接・口頭試問,第1次選抜の成績および共通テストの成績により判定。
総合型 【発達コミュニティ学科】〈スポーツ科学受験〉[共通テスト(400)] 4科目 ①国(133) ②外(134・英〈R107.2+L26.8〉) ▶英・独・仏・中から1 ③④数(66.5×2) ▶「数Ⅰ・数A」必須,「数Ⅱ・数B」・簿・情から1
[個別学力検査(400)] 4科目 ①書類審査(50) ②筆記試験(150) ▶スポーツ科学 ③実技課題検査(100) ▶スポーツ科学 ④面接・口頭試問(100)
※第1次選抜―書類審査,筆記試験で募集人員の2倍を上限に合格者とし,最終選抜―実技課題検査,面接・口頭試問の結果に第1次選抜および共通テストの成績を総合して判定。
〈表現領域受験〉 [共通テスト(400)] 7~6科目 ①国(90) ②外(100・英〈R80+L20〉) ▶英・独・仏・中から1 ③地歴・公民(60) ▶世B・日B・地理B・「倫・政経」から1 ④⑤数(45×2) ▶「数Ⅰ・数A」必須,「数Ⅱ・数B」・簿・情から1 ⑥⑦理(60) ▶「物基・化基・生基・地学基から2」・物・化・生・地学から1
[個別学力検査(400)]〈音楽受験〉 4科目 ①書類審査(50) ②筆記試験(150) ③実技検査(150) ④面接・口頭試問(50)
〈美術受験・身体表現受験〉 4科目 ①書類審査(50) ②筆記試験(100) ③実技検査(200) ④面接・口頭試問(50)
※第1次選抜―書類審査・筆記試験・実技検査で募集人員の2倍を上限に合格者とし,最終選抜―面接・口頭試問の結果に第1次選抜および共通テストの成績を総合して判定。
【環境共生学科】〈理数系科目受験〉[共通テスト(400)] 4科目 ①②数(100×2) ▶「数Ⅰ・数A」・「数Ⅱ・数B」 ③④理(100×2) ▶物・化・生・地学から2
[個別学力検査(200)] 2科目 ①書類審査(100) ②面接・口頭試問(100)
※第1次選抜―書類審査で募集人員の2倍程度を合格者とし,第2次選抜―面接・口頭試問,最終選抜―共通テストの成績(400点満点中320点以上)により判定。
「志」特別 【環境共生学科】[共通テスト] 課さない。

キャンパスアクセス [楠キャンパス] JR神戸線―神戸よりバス5分/神戸高速鉄道―高速神戸より徒歩15分/神戸市営地下鉄―大倉山より徒歩5分

[個別学力検査(700)]　5科目　①書類審査(100)　②模擬講義・レポート(理系)(150)　③総合問題(理系)(350)　④研究能力審査(100)▶ポスタープレゼンテーション・「面接・口頭試問」・小論文
※第1次選抜―書類審査，模擬講義・レポート(理系)，総合問題(理系)，最終選抜―研究能力審査の成績で判定。

法学部

前期　[共通テスト(425)]　8～7科目　①国(100)　②外(100・英〈R80＋L20〉)▶英・独・仏・中・韓から1　③④**地歴・公民**(50×2)▶世B・日B・地理B・「倫・政経」から2　⑤⑥**数**(37.5×2)▶「数Ⅰ・数A」必須，「数Ⅱ・数B」・簿・情から1　⑦⑧**理**(50)▶「物基・化基・生基・地学基から2」・物・化・生・地学から1
[個別学力検査(375)]　3科目　①国(150)▶国総・現文B・古典B　②外(150)▶英・独・仏・中から1　③**数**(75)▶数Ⅰ・数Ⅱ・数A・数B

後期　[共通テスト(450)]　8～7科目　①国(100)　②外(100・英〈R80＋L20〉)▶英・独・仏・中・韓から1　③④**地歴・公民**(50×2)▶世B・日B・地理B・「倫・政経」から2　⑤⑥**数**(50×2)▶「数Ⅰ・数A」必須，「数Ⅱ・数B」・簿・情から1　⑦⑧**理**(50)▶「物基・化基・生基・地学基から2」・物・化・生・地学から1
[個別学力検査(250)]　1科目　①小論文(250)

「志」特別　[共通テスト]　課さない。
[個別学力検査(1100)]　4科目　①書類審査(100)　②模擬講義・レポート(文系)(200)　③総合問題(文系)(400)　④面接・口頭試問(400)
※第1次選抜―書類審査，模擬講義・レポート(文系)，総合問題(文系)，最終選抜―面接・口頭試問および第1次選抜の評価を総合して判定。

経済学部

前期　[共通テスト(400)]　8～7科目　①国(100)　②外(R80＋L20)▶英　③④**数**(50×2)▶「数Ⅰ・数A」必須，「数Ⅱ・数B」・簿・情から1　⑤⑥⑦⑧「地歴・公民」・理(〈37.5×2〉＋25)▶「世B・日B・地理B・〈倫・政経〉から2」・「〈物基・化基・生基・地学基から2〉・物・化・生・地学から1」または「世B・日B・地理B・〈倫・政経〉から1」・「物・化・生・地学から2」
※「地歴・公民」と理科の配点は2科目受験した教科を37.5×2，1科目受験した教科を25とする。
[個別学力検査(400)]〈数学選抜〉　1科目　①**数**(400)▶数Ⅰ・数Ⅱ・数A・数B
〈英数選抜〉　2科目　①外(200)▶英　②**数**(200)▶数Ⅰ・数Ⅱ・数A・数B
〈総合選抜〉　3科目　①国(125)▶国総・現文B・古典B　②外(150)▶英　③**数**(125)▶数Ⅰ・数Ⅱ・数A・数B
※3つの受験区分から1つを選択し，受験した科目に応じて選抜。数学受験を選択した場合は「数学選抜」，英数受験を選択した場合は「英数選抜」「数学選抜」，総合受験を選択した場合は「総合選抜」・「英数選抜」・「数学選抜」において選抜の対象となる。

学校推薦型　[共通テスト(900)]　8～7科目　①国(200)　②外(R160＋L40)▶英　③④**数**(100×2)▶「数Ⅰ・数A」必須，「数Ⅱ・数B」・簿・情から1　⑤⑥⑦⑧**地歴・公民・理**(100×3)▶「世B・日B・地理B・〈倫・政経〉から2」・「〈物基・化基・生基・地学基から2〉・物・化・生・地学から1」または「世B・日B・地理B・〈倫・政経〉から1」・「物・化・生・地学から2」
[個別学力検査(240)]　1科目　①書類審査(240)
※書類審査および共通テストの成績を総合して判定。

経営学部

前期　[共通テスト(375)]　8～7科目　①国(75)　②外(R60＋L15)▶英　③④**地歴・公民**(50×2)▶世B・日B・地理B・「倫・政経」から2　⑤⑥**数**(37.5×2)▶「数Ⅰ・数A」必須，「数Ⅱ・数B」・簿・情から1　⑦⑧**理**(50)▶「物基・化基・生基・地学基から2」・物・化・生・地学から1
[個別学力検査(350)]　3科目　①国(100)▶国総・現文B・古典B(漢文を除く)　②外(150)▶英　③**数**(100)▶数Ⅰ・数Ⅱ・数A・数

キャンパスアクセス　[名谷キャンパス]　神戸市営地下鉄―名谷より徒歩15分

B
※共通テスト(素点／900点満点)の高得点者，個別学力検査の高得点者(共通テストの選抜者を除く)において，それぞれ募集人員の約30%を優先的に選抜。
学校推薦型 [共通テスト(900)] 8~7科目 ①国(200) ②外(R160+L40)▶英 ③④**地歴・公民**(100×2)▶世B・日B・地理B・「倫・政経」から2 ⑤⑥**数**(100×2)▶「数Ⅰ・数A」必須，「数Ⅱ・数B」・簿・情から1 ⑦⑧**理**(100)▶「物基・化基・生基・地学基から2」・物・化・生・地学から1
[個別学力検査(100)] 1科目 ①**書類審査**(100)
※書類審査および共通テストの成績を総合して判定。

理学部

前期 【数学科】[共通テスト(360)] 7科目 ①国(125) ②外(75・英〈R60+L15〉)▶英・独・仏・中・韓から1 ③**地歴・公民**(50)▶世B・日B・地理B・「倫・政経」から1 ④⑤**数**(30×2)▶「数Ⅰ・数A」必須，「数Ⅱ・数B」・簿・情から1 ⑥⑦**理**(25×2)▶物・化・生・地学から2
[個別学力検査(455)] 4科目 ①**外**(125)▶英 ②**数**(180)▶数Ⅰ・数Ⅱ・数Ⅲ・数A・数B ③④**理**(75×2)▶「物基・物」・「化基・化」・「生基・生」・「地学基・地学」から2
【物理学科】 [共通テスト(425)] 7科目 ①国(75) ②外(100・英〈R80+L20〉)▶英・独・仏・中・韓から1 ③**地歴・公民**(50)▶世B・日B・地理B・「倫・政経」から1 ④⑤**数**(50×2)▶「数Ⅰ・数A」必須，「数Ⅱ・数B」・簿・情から1 ⑥⑦**理**(50×2)▶物必須，化・生・地学から1
[個別学力検査(425)] 4科目 ①**外**(125)▶英 ②**数**(150)▶数Ⅰ・数Ⅱ・数Ⅲ・数A・数B ③④**理**(75×2)▶「物基・物」必須，「化基・化」・「生基・生」・「地学基・地学」から1
【化学科】 [共通テスト(425)] 7科目 ①国(125) ②外(75・英〈R60+L15〉)▶英・独・仏・中・韓から1 ③**地歴・公民**(75)▶世B・日B・地理B・「倫・政経」から1 ④⑤**数**(25×2)▶「数Ⅰ・数A」必須，「数Ⅱ・数B」・簿・情から1 ⑥⑦**理**(50×2)▶化必須，物・生・地学から1
[個別学力検査(425)] 4科目 ①**外**(125)▶英 ②**数**(150)▶数Ⅰ・数Ⅱ・数Ⅲ・数A・数B ③④**理**(75×2)▶「化基・化」必須，「物基・物」・「生基・生」・「地学基・地学」から1
【生物学科】 [共通テスト(425)] 7科目 ①国(125) ②外(75・英〈R60+L15〉)▶英・独・仏・中・韓から1 ③**地歴・公民**(75)▶世B・日B・地理B・「倫・政経」から1 ④⑤**数**(25×2)▶「数Ⅰ・数A」必須，「数Ⅱ・数B」・簿・情から1 ⑥⑦**理**(50×2)▶物・化・生・地学から2
[個別学力検査(425)] 4科目 ①**外**(125)▶英 ②**数**(150)▶数Ⅰ・数Ⅱ・数Ⅲ・数A・数B ③④**理**(75×2)▶「物基・物」・「化基・化」・「生基・生」・「地学基・地学」から2
【惑星学科】 [共通テスト(425)] 7科目 ①国(125) ②外(R60+L15)▶英 ③**地歴・公民**(75)▶世B・日B・地理B・「倫・政経」から1 ④⑤**数**(25×2)▶「数Ⅰ・数A」必須，「数Ⅱ・数B」・簿・情から1 ⑥⑦**理**(50×2)▶物・化・生・地学から2
[個別学力検査(425)] 4科目 ①**外**(125)▶英 ②**数**(150)▶数Ⅰ・数Ⅱ・数Ⅲ・数A・数B ③④**理**(75×2)▶「物基・物」・「化基・化」・「生基・生」・「地学基・地学」から2
後期 【数学科】[共通テスト(510)] 7科目 ①国(125) ②外(75・英〈R60+L15〉)▶英・独・仏・中・韓から1 ③**地歴・公民**(50)▶世B・日B・地理B・「倫・政経」から1 ④⑤**数**(30×2)▶「数Ⅰ・数A」必須，「数Ⅱ・数B」・簿・情から1 ⑤⑦**理**(100×2)▶物・化・生・地学から2
[個別学力検査(305)] 2科目 ①**外**(125)▶英 ②**数**(180)▶数Ⅰ・数Ⅱ・数Ⅲ・数A・数B
【物理学科】 [共通テスト(550)] 7科目 ①国(60) ②外(R160+L40)▶英 ③**地歴・公民**(40)▶世B・日B・地理B・「倫・政経」から1 ④⑤**数**(25×2)▶「数Ⅰ・数A」必須，「数Ⅱ・数B」・簿・情から1 ⑥⑦**理**(100×2)▶物必須，化・生・地学から1
[個別学力検査(550)] 2科目 ①**数**(150)▶数Ⅰ・数Ⅱ・数Ⅲ・数A・数B ②**小論文**

キャンパスアクセス [深江キャンパス] 阪神電鉄―深江より徒歩10分／JR神戸線―甲南山手より徒歩20分

(400)
【化学科】 [共通テスト(500)] 7科目 ①国(100) ②外(100・英〈R80＋L20〉)▶英・独・仏・中・韓から1 ③**地歴・公民**(50)▶世B・日B・地理B・「倫・政経」から1 ④⑤**数**(25×2)▶「数Ⅰ・数A」必須，「数Ⅱ・数B」・簿・情から1 ⑥⑦**理**(100×2)▶化必須，物・生・地学から1
[個別学力検査(250)] 2科目 ①**外**(100)▶英 ②**数**(150)▶数Ⅰ・数Ⅱ・数Ⅲ・数A・数B
【生物学科】 [共通テスト(425)] 7科目 前期と同じ
[個別学力検査(200)] 2科目 ①**外**(100)▶英 ②**数**(100)▶数Ⅰ・数Ⅱ・数Ⅲ・数A・数B
【惑星学科】 [共通テスト(450)] 7科目 ①国(50) ②**外**(R80＋L20)▶英 ③**地歴・公民**(50)▶世B・日B・地理B・「倫・政経」から1 ④⑤**数**(25×2)▶「数Ⅰ・数A」必須，「数Ⅱ・数B」・簿・情から1 ⑥⑦**理**(100×2)▶物・化・生・地学から2
[個別学力検査(250)] 2科目 ①**外**(100)▶英 ②**数**(150)▶数Ⅰ・数Ⅱ・数Ⅲ・数A・数B
総合型 【生物学科・惑星学科】[共通テスト(900)] 7科目 ①国(200) ②**外**(R160＋L40)▶英 ③**地歴・公民**(100)▶世B・日B・地理B・「倫・政経」から1 ④⑤**数**(100×2)▶「数Ⅰ・数A」・「数Ⅱ・数B」 ⑥⑦**理**(100×2)▶物・化・生・地学から2
[個別学力検査(600)] 3科目 ①**書類審査**(100) ②**小論文**(300) ③**面接・口頭試問**(200)
※第1次選抜—書類審査，第2次選抜—小論文，面接・口頭試験，最終選抜—共通テストの成績により判定。

医学部

前期 【医学科】[共通テスト(360)] 7科目 ①国(80) ②**外**(80・英〈R64＋L16〉)▶英・独・仏・中・韓から1 ③**地歴・公民**(40)▶世B・日B・地理B・「倫・政経」から1 ④⑤**数**(40×2)▶「数Ⅰ・数A」必須，「数Ⅱ・数B」・簿・情から1 ⑥⑦**理**(40×2)▶物・化・生から2
[個別学力検査(450)] 5科目 ①**外**(150)▶英 ②**数**(150)▶数Ⅰ・数Ⅱ・数Ⅲ・数A・数B ③④**理**(75×2)▶「物基・物」・「化基・化」・「生基・生」から2 ⑤**面接**
【保健学科〈看護学専攻〉】 [共通テスト(450)] 7科目 ①国(100) ②**外**(100・英〈R80＋L20〉)▶英・独・仏・中・韓から1 ③④**数**(50×2)▶「数Ⅰ・数A」必須，「数Ⅱ・数B」・簿・情から1 ⑤⑥⑦**地歴・公民・理**(50×3)▶世B・日B・地理B・「倫・政経」から1または2，物・化・生・地学から1または2，計3
[個別学力検査(350)] 3科目 ①**外**(150)▶英・独・仏・中から1 ②**数**(100)▶数Ⅰ・数Ⅱ・数A・数B ③**理**(100)▶「物基・物」・「化基・化」・「生基・生」から1
【保健学科〈検査技術科学専攻・理学療法学専攻〉】 [共通テスト(450)] 7科目 ①国(100) ②**外**(100・英〈R80＋L20〉)▶英・独・仏・中・韓から1 ③**地歴・公民**(50)▶世B・日B・地理B・「倫・政経」から1 ④⑤**数**(50×2)▶「数Ⅰ・数A」必須，「数Ⅱ・数B」・簿・情から1 ⑥⑦**理**(50×2)▶物・化・生・地学から2
[個別学力検査(350)]【保健学科〈検査技術科学専攻〉】 3科目 ①**外**(150)▶英・独・仏・中から1 ②**数**(100)▶数Ⅰ・数Ⅱ・数Ⅲ・数A・数B ③**理**(100)▶「物基・物」・「化基・化」・「生基・生」から1
【保健学科〈理学療法学専攻〉】 3科目 ①**外**(150)▶英・独・仏・中から1 ②**数**(100)▶数Ⅰ・数Ⅱ・数A・数B ③**理**(100)▶「物基・物」・「化基・化」・「生基・生」から1
【保健学科〈作業療法学専攻〉】 [共通テスト(450)] 8～7科目 ①国(100) ②**外**(100)▶英・独・仏・中・韓から1 ③**地歴・公民**(50)▶世B・日B・地理B・「倫・政経」から1 ④⑤**数**(50×2)▶「数Ⅰ・数A」必須，「数Ⅱ・数B」・簿・情から1 ⑥⑦⑧**理**(50×2)▶「物基・化基・生基・地学基から2」・物・化・生・地学から2，ただし，同一科目名を含む選択は不可
[個別学力検査(350)] 3科目 ①**外**(150)▶英・独・仏・中から1 ②**数**(100)▶数Ⅰ・数Ⅱ・数A・数B ③**理**(100)▶「物基・物」・「化基・化」・「生基・生」から1
後期 【保健学科〈看護学専攻〉】[共通テスト

(400)] 7科目 ①国(100) ②外(50・英〈R40+L10〉)▶英・独・仏・中・韓から1 ③④数(50×2)▶「数Ⅰ・数A」必須,「数Ⅱ・数B」・簿・情から1 ⑤⑥⑦地歴・公民・理(50×3)▶世B・日B・地理B・「倫・政経」から1または2,物・化・生・地学から1または2,計3
[個別学力検査(200)] 2科目 ①外(150)▶英 ②面接(50)
【保健学科〈検査技術科学専攻・理学療法学専攻〉】[共通テスト(400)] 7科目 ①国(100) ②外(50・英〈R40+L10〉)▶英・独・仏・中・韓から1 ③地歴・公民(50)▶世B・日B・地理B・「倫・政経」から1 ④⑤数(50×2)▶「数Ⅰ・数A」必須,「数Ⅱ・数B」・簿・情から1 ⑥⑦理(50×2)▶物・化・生・地学から2
[個別学力検査(200)] 2科目 ①外(150)▶英 ②面接(50)
学校推薦型 【医学科】[共通テスト(800)] 7科目 ①国(150) ②外(R160+L40)▶英 ③地歴・公民(50)▶世B・日B・地理B・「倫・政経」から1 ④⑤数(100×2)▶「数Ⅰ・数A」必須,「数Ⅱ・数B」・簿・情から1 ⑥⑦理(100×2)▶物・化・生から2
[個別学力検査(400)] 2科目 ①書類審査(100) ②面接・口述試験(300)
※書類審査,面接・口述試験および共通テストの成績を総合して判定。ただし,出願者数が募集人員の約2倍を上回る場合は書類審査および共通テストの成績による第1次選抜を行う。
【保健学科〈作業療法学専攻〉】[共通テスト(300)] 4科目 ①国(100) ②外(100・英〈R80+L20〉)▶英・独・仏・中・韓から1 ③④数(50×2)▶「数Ⅰ・数A」必須,「数Ⅱ・数B」・簿・情から1
[個別学力検査(200)] 2科目 ①書類審査(100) ②面接・口頭試問(100)
※第1次選抜―書類審査,第2次選抜―面接・口頭試問,最終選抜―共通テストで判定。
総合型 【医学科】[共通テスト(800)] 7科目 ①国(150) ②外(R160+L40)▶英 ③地歴・公民(50)▶世B・日B・地理B・「倫・政経」から1 ④⑤数(100×2)▶「数Ⅰ・数A」必須,「数Ⅱ・数B」・簿・情から1 ⑥⑦理(100×2)▶物・化・生から2
[個別学力検査(100)] 1科目 ①面接・口述試験(100)
※書類審査,面接・口述試験および共通テストの成績を総合して判定。ただし,出願者数が募集人員の約2倍を上回る場合は共通テストの成績による第1次選抜を行う。
「志」特別 【保健学科〈看護学専攻〉】[共通テスト] 課さない。
[個別学力検査(900)] 5科目 ①書類審査(100) ②模擬講義・レポート(理系)(150) ③総合問題(理系)(350) ④課題提示・プレゼンテーション(150) ⑤面接(150)
※第1次選抜―書類審査,模擬講義・レポート(理系),総合問題(理系),最終選抜―課題提示・プレゼンテーション,面接および第1次選抜の評価を総合して判定。
【保健学科〈検査技術科学専攻〉】[共通テスト] 課さない。
[個別学力検査(1200)] 5科目 ①書類審査(100) ②模擬講義・レポート(理系)(150) ③総合問題(理系)(350) ④課題提示・プレゼンテーション(400) ⑤面接(200)
※第1次選抜―書類審査,模擬講義・レポート(理系),総合問題(理系),最終選抜―課題提示・プレゼンテーション,面接および第1次選抜の評価を総合して判定。
【保健学科〈理学療法学専攻〉】[共通テスト] 課さない。
[個別学力検査(1200)] 4科目 ①書類審査(100) ②模擬講義・レポート(理系)(150) ③総合問題(理系)(350) ④面接(600)
※第1次選抜―書類審査,模擬講義・レポート(理系),総合問題(理系),最終選抜―面接および第1次選抜の評価を総合して判定。
【保健学科〈作業療法学専攻〉】[共通テスト] 課さない。
[個別学力検査(1200)] 5科目 ①書類審査(100) ②模擬講義・レポート(理系)(150) ③総合問題(理系)(350) ④模擬実習(300) ⑤面接(300)
※第1次選抜―書類審査,模擬講義・レポート(理系),総合問題(理系),最終選抜―模擬実習,面接および第1次選抜の評価を総合して判定。

工学部

前期 【建築学科】［共通テスト(300)］ 7科目 ①国(100) ②外(50)▶英・独・仏・中・韓から1 ③地歴・公民(50)▶世Ｂ・日Ｂ・地理Ｂ・「倫・政経」から1 ④⑤数(25×2)▶「数Ⅰ・数Ａ」必須，「数Ⅱ・数Ｂ」・簿・情から1 ⑥⑦理(25×2)▶物必須，化・生・地学から1
［個別学力検査(500)］ 4科目 ①外(150)▶英 ②数(200)▶数Ⅰ・数Ⅱ・数Ⅲ・数Ａ・数Ｂ ③④理(75×2)▶「物基・物」・「化基・化」
【市民工学科】［共通テスト(300)］ 7科目 ①国(100) ②外(R40＋L10)▶英 ③地歴・公民(50)▶世Ｂ・日Ｂ・地理Ｂ・現社・「倫・政経」から1 ④⑤数(25×2)▶「数Ⅰ・数Ａ」必須，「数Ⅱ・数Ｂ」・簿・情から1 ⑥⑦理(25×2)▶物・化
［個別学力検査(500)］ 4科目 ①外(150)▶英 ②数(200)▶数Ⅰ・数Ⅱ・数Ⅲ・数Ａ・数Ｂ ③④理(75×2)▶「物基・物」・「化基・化」
【電気電子工学科】［共通テスト(300)］ 7科目 ①国(100) ②外(50・英〈R40＋L10〉)▶英・独・仏・中・韓から1 ③地歴・公民(50)▶世Ｂ・日Ｂ・地理Ｂ・「倫・政経」から1 ④⑤数(25×2)▶「数Ⅰ・数Ａ」必須，「数Ⅱ・数Ｂ」・簿・情から1 ⑥⑦理(25×2)▶物・化
［個別学力検査(500)］ 4科目 ①外(150)▶英 ②数(200)▶数Ⅰ・数Ⅱ・数Ⅲ・数Ａ・数Ｂ ③④理(75×2)▶「物基・物」・「化基・化」
【機械工学科】［共通テスト(270)］ 7科目 ①国(80) ②外(R40＋L10)▶英 ③地歴・公民(40)▶世Ｂ・日Ｂ・地理Ｂ・「倫・政経」から1 ④⑤数(25×2)▶「数Ⅰ・数Ａ」必須，「数Ⅱ・数Ｂ」・簿・情から1 ⑥⑦理(25×2)▶物・化
［個別学力検査(530)］ 4科目 ①外(170)▶英 ②数(180)▶数Ⅰ・数Ⅱ・数Ⅲ・数Ａ・数Ｂ ③④理(90×2)▶「物基・物」・「化基・化」
【応用化学科】［共通テスト(375)］ 7科目 ①国(125) ②外(75・英〈R60＋L15〉)▶英・独・仏・中・韓から1 ③地歴・公民(75)▶世Ｂ・日Ｂ・地理Ｂ・「倫・政経」から1 ④⑤数(25×2)▶「数Ⅰ・数Ａ」必須，「数Ⅱ・数Ｂ」・簿・情から1 ⑥⑦理(25×2)▶物・化・生から2
［個別学力検査(425)］ 4科目 ①外(125)▶英 ②数(150)▶数Ⅰ・数Ⅱ・数Ⅲ・数Ａ・数Ｂ ③④理(75×2)▶「物基・物」・「化基・化」
【情報知能工学科】［共通テスト(250)］ 7科目 ①国(50) ②外(50・英〈R40＋L10〉)▶英・独・仏・中・韓から1 ③地歴・公民(50)▶世Ｂ・日Ｂ・地理Ｂ・「倫・政経」から1 ④⑤数(25×2)▶「数Ⅰ・数Ａ」必須，「数Ⅱ・数Ｂ」・簿・情から1 ⑥⑦理(25×2)▶物・化
［個別学力検査(550)］ 4科目 ①外(150)▶英 ②数(200)▶数Ⅰ・数Ⅱ・数Ⅲ・数Ａ・数Ｂ ③④理(100×2)▶「物基・物」・「化基・化」

後期 【建築学科】［共通テスト(550)］ 7科目 ①国(100) ②外(200・英〈R160＋L40〉)▶英・独・仏・中・韓から1 ③地歴・公民(50)▶世Ｂ・日Ｂ・地理Ｂ・「倫・政経」から1 ④⑤数(25×2)▶「数Ⅰ・数Ａ」必須，「数Ⅱ・数Ｂ」・簿・情から1 ⑥⑦理(75×2)▶物必須，化・生・地学から1
［個別学力検査(250)］ 1科目 ①数(250)▶数Ⅰ・数Ⅱ・数Ⅲ・数Ａ・数Ｂ
【市民工学科】［共通テスト(500)］ 7科目 ①国(100) ②外(R136＋L34)▶英 ③地歴・公民(50)▶世Ｂ・日Ｂ・地理Ｂ・現社・「倫・政経」から1 ④⑤数(15×2)▶「数Ⅰ・数Ａ」必須，「数Ⅱ・数Ｂ」・簿・情から1 ⑥⑦理(75×2)▶物・化
［個別学力検査(300)］ 1科目 ①数(300)▶数Ⅰ・数Ⅱ・数Ⅲ・数Ａ・数Ｂ
【電気電子工学科】［共通テスト(550)］ 7科目 ①国(100) ②外(R120＋L30)▶英 ③地歴・公民(50)▶世Ｂ・日Ｂ・地理Ｂ・「倫・政経」から1 ④⑤数(25×2)▶「数Ⅰ・数Ａ」必須，「数Ⅱ・数Ｂ」・簿・情から1 ⑥⑦理(100×2)▶物・化
［個別学力検査(250)］ 1科目 ①数(250)▶数Ⅰ・数Ⅱ・数Ⅲ・数Ａ・数Ｂ
【機械工学科】［共通テスト(480)］ 7科目 ①国(80) ②外(R128＋L32)▶英 ③地歴・公民(40)▶世Ｂ・日Ｂ・地理Ｂ・「倫・政経」から1 ④⑤数(20×2)▶「数Ⅰ・数Ａ」必須，「数Ⅱ・数Ｂ」・簿・情から1 ⑥⑦理(80×2)▶物・化
［個別学力検査(320)］ 1科目 ①数(320)

▶数Ⅰ・数Ⅱ・数Ⅲ・数A・数B
【応用化学科】［共通テスト(520)］ 7科目 ①国(100) ②外(120・英〈R96＋L24〉)▶英・独・仏・中・韓から1 ③地歴・公民(50)▶世B・日B・地理B・「倫・政経」から1 ④⑤数(25×2)▶「数Ⅰ・数A」必須，「数Ⅱ・数B」・簿・情から1 ⑥⑦理(100×2)▶物・化・生から2
［個別学力検査(280)］ 1科目 ①数(280)▶数Ⅰ・数Ⅱ・数Ⅲ・数A・数B
【情報知能工学科】［共通テスト(500)］ 7科目 ①国(50) ②外(150・英〈R120＋L30〉)▶英・独・仏・中・韓から1 ③地歴・公民(50)▶世B・日B・地理B・「倫・政経」から1 ④⑤数(25×2)▶「数Ⅰ・数A」必須，「数Ⅱ・数B」・簿・情から1 ⑥⑦理(100×2)▶物必須，化・生から1
［個別学力検査(300)］ 1科目 ①数(300)▶数Ⅰ・数Ⅱ・数Ⅲ・数A・数B
「志」特別 【建築学科】［共通テスト］ 課さない。
［個別学力検査(1000)］ 5科目 ①書類審査(100) ②模擬講義・レポート(理系)(150) ③総合問題(理系)(350) ④小論文(200) ⑤面接・口頭試問(200)
※第1次選抜―書類審査，模擬講義・レポート(理系)，総合問題(理系)，最終選抜―小論文，面接・口頭試問および第1次選抜の評価を総合して判定。
【市民工学科】［共通テスト］ 課さない。
［個別学力検査(1200)］ 5科目 ①書類審査(100) ②模擬講義・レポート(理系)(150) ③総合問題(理系)(350) ④小論文(300) ⑤面接・口頭試問(300)
※第1次選抜―書類審査，模擬講義・レポート(理系)，総合問題(理系)，最終選抜―小論文，面接・口頭試問および第1次選抜の評価を総合して判定。
【電気電子工学科】［共通テスト］ 課さない。
［個別学力検査(1200)］ 4科目 ①書類審査(100) ②模擬講義・レポート(理系)(150) ③総合問題(理系)(350) ④プレゼンテーション・口頭試問(600)
※第1次選抜―書類審査，模擬講義・レポート(理系)，総合問題(理系)，最終選抜―プレゼンテーション・口頭試問および第1次選抜の評価を総合して判定。
【機械工学科】［共通テスト］ 課さない。
［個別学力検査(1200)］ 6科目 ①書類審査(100) ②模擬講義・レポート(理系)(150) ③総合問題(理系)(350) ④総合問題(機械)(300) ⑤プレゼンテーション(100) ⑥面接・口頭試問(200)
※第1次選抜―書類審査，模擬講義・レポート(理系)，総合問題(理系)，最終選抜―総合問題(機械)，プレゼンテーション，面接・口頭試問および第1次選抜の評価を総合して判定。
【応用化学科】［共通テスト］ 課さない。
［個別学力検査(400)］ 5科目 ①書類審査(20) ②模擬講義・レポート(理系)(40) ③総合問題(理系)(40) ④化学演習(200) ⑤口頭試問(100)
※第1次選抜―書類審査，模擬講義・レポート(理系)，総合問題(理系)，最終選抜―化学演習，口頭試問および第1次選抜の評価を総合して判定。
【情報知能工学科】［共通テスト］ 課さない。
［個別学力検査(1800)］ 5科目 ①書類審査(100) ②模擬講義・レポート(理系)(150) ③総合問題(理系)(350) ④総合問題(情報知能工学)(600) ⑤面接・口頭試問(600)
※第1次選抜―書類審査，模擬講義・レポート(理系)，総合問題(理系)，最終選抜―総合問題(情報知能工学)，面接・口頭試問および第1次選抜の評価を総合して判定。

農学部

前期 ［共通テスト(400)］ 7科目 ①国(150) ②外(R40＋L10)▶英 ③地歴・公民(50)▶世B・日B・地理B・「倫・政経」から1 ④⑤数(25×2)▶「数Ⅰ・数A」必須，「数Ⅱ・数B」・簿・情から1 ⑥⑦理(50×2)▶物・化・生・地学から2
［個別学力検査(450)］ 4科目 ①外(150)▶英 ②数(150)▶数Ⅰ・数Ⅱ・数Ⅲ・数A・数B ③④理(75×2)▶「物基・物」・「化基・化」・「生基・生」・「地学基・地学」から2
後期 ［共通テスト(550)］ 7科目 ①国(150) ②外(R60＋L15)▶英 ③地歴・公民

(50) ▶世Ｂ・日Ｂ・地理Ｂ・「倫・政経」から１　④⑤**数**(37.5×2) ▶「数Ⅰ・数Ａ」必須，「数Ⅱ・数Ｂ」・簿・情から１　⑥⑦**理**(100×2) ▶物・化・生・地学から２

[個別学力検査(300)]　**2**科目　①**外**(150) ▶英　②**数**(150) ▶数Ⅰ・数Ⅱ・数Ⅲ・数Ａ・数Ｂ

「志」特別　**【食料環境システム学科〈生産環境工学コース〉】**[共通テスト]　課さない。

[個別学力検査(900)]　**4**科目　①**書類審査**(100)　②**模擬講義・レポート(理系)**(150)　③**総合問題(理系)**(350)　④**面接・口頭試問**(300)

※第１次選抜―書類審査，模擬講義・レポート(理系)，総合問題(理系)，最終選抜―面接・口頭試問および第１次選抜の評価を総合して判定。

【食料環境システム学科〈食料環境経済学コース〉】[共通テスト]　課さない。

[個別学力検査(900)]　**4**科目　①**書類審査**(100)　②**模擬講義・レポート(文系)**(150)　③**総合問題(文系)**(350)　④**面接・口頭試問**(300)

※第１次選抜―書類審査，模擬講義・レポート(文系)，総合問題(文系)，最終選抜―面接・口頭試問および第１次選抜の評価を総合して判定。

【資源生命科学科〈応用動物学コース〉】[共通テスト]　課さない。

[個別学力検査(900)]　**4**科目　①**書類審査**(100)　②**模擬講義・レポート(理系)**(150)　③**総合問題(理系)**(350)　④**課題提示・プレゼンテーション・面接**(300)

※第１次選抜―書類審査，模擬講義・レポート(理系)，総合問題(理系)，最終選抜―課題提示・プレゼンテーション・面接および第１次選抜の評価を総合して判定。

【資源生命科学科〈応用植物学コース〉】[共通テスト]　課さない。

[個別学力検査(1000)]　**4**科目　①**書類審査**(100)　②**模擬講義・レポート(理系)**(150)　③**総合問題(理系)**(350)　④**グループディスカッション・面接・口頭試問**(400)

※第１次選抜―書類審査，模擬講義・レポート(理系)，総合問題(理系)，最終選抜―グループディスカッション・面接・口頭試問および第１次選抜の評価を総合して判定。

【生命機能科学科〈応用生命化学コース〉】[共通テスト]　課さない。

[個別学力検査(900)]　**4**科目　①**書類審査**(100)　②**模擬講義・レポート(理系)**(150)　③**総合問題(理系)**(350)　④**実技試験・面接・口頭試問**(300)

※第１次選抜―書類審査，模擬講義・レポート(理系)，総合問題(理系)，最終選抜―実技試験・面接・口頭試問および第１次選抜の評価を総合して判定。

【生命機能科学科〈応用機能生物学コース〉】[共通テスト]　課さない。

[個別学力検査(1000)]　**4**科目　①**書類審査**(100)　②**模擬講義・レポート(理系)**(150)　③**総合問題(理系)**(350)　④**課題提示・プレゼンテーション・面接・口頭試問**(400)

※第１次選抜―書類審査，模擬講義・レポート(理系)，総合問題(理系)，最終選抜―課題提示・プレゼンテーション・面接・口頭試問および第１次選抜の評価を総合して判定。

海洋政策科学部

前期　〈理系科目重視型〉[共通テスト(500)]　**7**科目　①**国**(125)　②**外**(100・英〈R80＋L20〉) ▶英・独・仏・中・韓から１　③**地歴・公民**(75) ▶世Ｂ・日Ｂ・地理Ｂ・「倫・政経」から１　④⑤**数**(50×2) ▶「数Ⅰ・数Ａ」必須，「数Ⅱ・数Ｂ」・簿・情から１　⑥⑦**理**(50×2) ▶物必須，化・生・地学から１

[個別学力検査(500)]　**4**科目　①**外**(150) ▶英　②**数**(150) ▶数Ⅰ・数Ⅱ・数Ⅲ・数Ａ・数Ｂ　③④**理**(100×2) ▶「物基・物」必須，「化基・化」・「生基・生」・「地学基・地学」から１

〈文系科目重視型〉[共通テスト(500)]　**8～7**科目　①**国**(100)　②**外**(100・英〈R80＋L20〉) ▶英・独・仏・中・韓から１　③④**地歴・公民**(50×2) ▶世Ｂ・日Ｂ・地理Ｂ・「倫・政経」から２　⑤⑥**数**(50×2) ▶「数Ⅰ・数Ａ」必須，「数Ⅱ・数Ｂ」・簿・情から１　⑦⑧**理**(100) ▶「物基・化基・生基・地学基から２」・物・化・生・地学から１

[個別学力検査(500)]　**3**科目　①**国**(150) ▶国総・現文Ｂ(古文・漢文を除く)　②**外**

(200)▶英 ③数(150)▶数Ⅰ・数Ⅱ・数A・数B

後期 [共通テスト(600)] 7科目 ①国(125) ②外(100・英〈R80＋L20〉)▶英・独・仏・中・韓から1 ③地歴・公民(75)▶世B・日B・地理B・「倫・政経」から1 ④⑤数(50×2)▶「数Ⅰ・数A」必須,「数Ⅱ・数B」・簿・情から1 ⑥⑦理(100×2)▶物必須, 化・生・地学から1

[個別学力検査(400)] 2科目 ①外(200)▶英 ②数(200)▶数Ⅰ・数Ⅱ・数Ⅲ・数A・数B

「志」特別 【海洋政策科学科(海洋基礎科学領域・海洋応用科学領域・海洋ガバナンス領域)】[共通テスト] 課さない。

[個別学力検査(600)]〈理系科目重視型／文系科目重視型〉 4科目 ①書類審査(50) ②模擬講義・レポート(理系／文系)(75) ③総合問題(理系／文系)(175) ④模擬実習・面接・口頭試問(300)

※第1次選抜―書類審査, 模擬講義・レポート(理系または文系), 総合問題(理系または文系), 最終選抜―模擬実習・面接・口頭試問。

【海洋政策科学科海技ライセンスコース(航海学領域・機関学領域)】[共通テスト] 課さない。

[個別学力検査(600)]〈理系科目重視型／文系科目重視型〉 4科目 ①書類審査(50) ②模擬講義・レポート(理系／文系)(75) ③総合問題(理系／文系)(175) ④模擬実習・面接・口頭試問(300) ※第1次選抜―書類審査, 模擬講義・レポート(理系または文系), 総合問題(理系または文系), 最終選抜―模擬実習・面接・口頭試問。

その他の選抜

社会人特別選抜(国際人間科〈発達コミュニティ・環境共生・子ども教育〉・医学部〈保健〉), 私費外国人(留)学生特別選抜。

偏差値データ (2023年度)

●一般選抜

＊共通テスト・個別計/満点

学部／学科／専攻	2023年度 駿台予備学校 合格目標ライン	河合塾 ボーダー得点率	河合塾 ボーダー偏差値	2022年度実績 募集人員	受験者数	合格者数	合格最低点＊	競争率 '22年	競争率 '21年
●前期									
文学部									
人文	56	75%	62.5	77	247	83	518.525/800	3.0	1.9
国際人間科学部									
グローバル文化	56	73%	62.5	95	275	97	501.333/800	2.8	2.5
発達コミュニティ	55	73%	60	54	140	64	493.400/800	2.2	3.8
環境共生(文科系)	55	72%	60	23	54	25	550.300/900	2.2	2.7
(理科系)	54	70%	60	30	70	38	607.600/1000	1.8	1.9
子ども教育	56	72%	60	39	107	42	496.375/800	2.5	2.6
法学部									
法律	57	74%	62.5	117	355	117	513.300/800	3.0	2.5
経済学部									
経済(数学)	57	74%	65	30	59	32	616.891/800	1.8	—
(英数)	56	74%	62.5	30	42	32	556.633/800	1.3	1.2
(総合)	56	74%	60	160	528	170	477.633/800	3.1	3.6

学部／学科／専攻	2023年度 駿台予備学校 合格目標ライン	2023年度 河合塾 ボーダー得点率	2023年度 河合塾 ボーダー偏差値	2022年度実績 募集人員	受験者数	合格者数	合格最低点*	競争率 '22年	競争率 '21年
経営学部									
経営(共通テスト優先)	57	75%	62.5	220	722	230	701.200/900	3.1	3.1
(個別優先)							213.666/350		
(共通テスト・個別総合)							466.583/725		
理学部									
数	54	72%	57.5	21	64	23	516.000/815	2.8	2.4
物理	54	74%	57.5	25	63	26	541.250/850	2.4	3.6
化	54	74%	57.5	24	68	26	534.300/850	2.6	3.3
生物	55	73%	55	18	48	22	526.025/850	2.2	2.3
惑星	53	74%	55	25	98	26	543.625/850	3.8	2.2
医学部									
医	68	82%	67.5	92	222	92	619.680/810	2.4	2.5
保健／看護学	52	66%	55	70	134	78	455.733/800	1.7	2.0
／検査技術学	54	68%	57.5	28	63	30	457.666/800	2.1	3.3
／理学療法学	55	67%	55	15	45	15	527.466/800	3.0	2.7
／作業療法学	53	67%	55	15	30	19	422.266/800	1.6	3.0
工学部									
建築	54	73%	60	75	306	75	503.500/800	4.1	3.3
市民工	53	71%	57.5	49	200	49	475.000/800	4.1	3.2
電気電子工	53	72%	57.5	73	251	74	473.766/800	3.4	3.4
機械工	53	73%	57.5	88	255	88	465.420/800	2.9	3.6
応用化	53	73%	57.5	85	256	86	505.325/800	3.0	2.3
情報知能工	53	75%	60	90	341	94	500.033/800	3.6	4.3
農学部									
食料環境／生産環境	54	70%	57.5	20	46	23	529.200/850	2.0	1.7
／食料環境	54	70%	57.5	5	23	8	非開示/850	2.9	2.1
資源生命科／応用動物	54	70%	57.5	20	46	21	534.850/850	2.2	2.0
／応用植物	55	71%	57.5	21	50	24	533.100/850	2.1	2.0
生命機能科／応用生命	55	71%	57.5	29	127	31	561.750/850	4.1	4.3
／応用機能	54	70%	57.5	21	49	21	537.350/850	2.3	1.2
海洋政策科学部									
海洋政策科(理系)	50	67%	55	115	360	144	578.358/1000	2.5	2.5
(文系)	51	71%	57.5	30	61	31	546.475/1000	2.0	4.7
●後期									
文学部									
人文	59	83%	67.5	20	122	26	583.200/800	4.7	4.3
国際人間科学部									
グローバル文化	58	80%	67.5	35	132	43	530.100/800	3.1	3.3
発達コミュニティ	57	81%	—	10	57	11	438.750/600	5.2	4.5
環境共生(文科系)	56	80%	—	8	53	8	非開示/600	6.6	5.8
(理科系)	55	79%	62.5	9	30	9	非開示/600	3.3	3.9
子ども教育	58	79%	—	11	48	11	433.450/600	4.4	2.6

学部／学科／専攻	2023年度			2022年度実績					
	駿台予備学校	河合塾		募集人員	受験者数	合格者数	合格最低点*	競争率	
	合格目標ライン	ボーダー得点率	ボーダー偏差値					'22年	'21年
法学部									
法律	59	79%	—	60	150	71	479.200/700	2.1	3.1
理学部									
数	58	80%	65	7	38	11	611.325/815	3.5	3.8
物理	58	82%	62.5	10	56	16	804.000/1100	3.5	3.7
化	58	82%	65	6	37	6	非開示/750	6.2	2.6
生物	58	80%	65	4	15	6	非開示/625	2.5	3.3
惑星	56	80%	62.5	8	33	12	487.200/700	2.8	3.7
医学部									
保健／看護学	54	72%	60	6	33	13	394.200/600	2.5	2.8
／検査技術科学	55	74%	62.5	10	33	13	400.400/600	2.5	3.4
／理学療法学	56	73%	60	3	14	4	非開示/600	3.5	4.3
工学部									
建築	59	81%	62.5	16	101	24	602.483/800	4.2	3.5
市民工	58	79%	62.5	12	80	16	565.780/800	5.0	2.4
電気電子工	58	81%	65	18	102	22	587.166/800	4.6	2.8
機械工	57	82%	65	13	114	22	576.746/800	5.2	4.9
応用化	57	80%	62.5	18	73	22	587.670/800	3.3	3.7
情報知能工	59	83%	65	15	126	20	630.650/800	6.3	5.8
農学部									
食料環境／生産環境	56	78%	60	5	25	6	非開示/850	4.2	2.8
／食料環境	56	81%	62.5	2	18	3	非開示/850	6.0	3.7
資源生命科／応用動物	56	80%	62.5	6	15	8	非開示/850	1.9	2.3
／応用植物	57	78%	60	5	20	7	非開示/850	2.9	3.0
生命機能科／応用生命	57	79%	60	7	58	8	非開示/850	7.3	6.9
／応用機能	56	78%	62.5	8	20	12	585.325/850	1.7	1.9
海洋政策科学部									
海洋政策科（理系）	55	75%	60	40	137	40	641.725/1000	3.4	3.8

- 駿台予備学校合格目標ラインは合格可能性80%に相当する駿台模試の偏差値です。
- 競争率は受験者÷合格者の実質倍率
- 河合塾ボーダー得点率は合格可能性50%に相当する共通テストの得点率です。
  また，ボーダー偏差値は合格可能性50%に相当する河合塾全統模試の偏差値です。
- 合格者10人以下の合格最低点は非開示

併設の教育機関 大学院

人文学研究科

教員数▶教授28名，准教授19名，講師４名

院生数▶187名

博士前期課程▶ ●**文化構造専攻** 人間と社会に関する古典的な文献の原理論的研究という基礎的な方法を継承し，個々の文化現象の現代的意味を問うことのできる人材を養成。

●**社会動態専攻** 古典研究を踏まえて，フィールドワークを重視した社会文化の動態的分析能力を育成する。

博士後期課程▶ 文化構造専攻，社会動態専攻

国際文化学研究科

教員数▶教授42名，准教授17名，講師11名
院生数▶175名
博士前期課程 ●**文化相関専攻**　個別地域文化研究を踏まえ，異文化間の相互作用のあり方や特質を多角的に解明する。
●**グローバル文化専攻**　グローバル化による文化の現代的位相を解明する。
博士後期課程 文化相関専攻，グローバル文化専攻

人間発達環境学研究科

教員数▶教授40名，准教授45名
院生数▶264名
博士前期課程 ●**人間発達専攻**　心理系，行動系，教育系，表現系の４分野編成。さらに公認心理師の受験資格を取得できる「臨床心理学コース」と「発達支援１年履修コース」を設置。
●**人間環境学専攻**　人間の発達を促し，支え，助けるために，どのような環境を，どのように形成し，維持すればよいのかを解明する。
博士後期課程 人間発達専攻，人間環境学専攻

法学研究科

教員数▶教授46名，准教授９名
院生数▶136名，法科大学院162名
博士前期課程 ●**法学政治学専攻**　研究者養成，高度社会人養成，グローバル異分野共創の３つのプログラムを設置。伝統的な研究者養成と社会人として高度な専門的知識を身につけるなどの社会的ニーズに対応。
専門職学位課程 ●**実務法律専攻（法科大学院）**　高度な能力を身につけた職業法曹の養成を目的とする。併せて実定法の研究者の養成もめざす。
博士後期課程 法学政治学専攻

経済学研究科

教員数▶教授38名，准教授12名，講師６名
院生数▶241名
博士前期課程 ●**経済学専攻**　研究者および高度経済専門職業人の養成をめざす「総合コース」とグローバルビジネスリーダー育成をめざす「GMAPコース」を設定。
博士後期課程 経済学専攻

経営学研究科

教員数▶教授40名，准教授22名，講師２名
院生数▶208名，社会人MBAプログラム138名
博士前期課程 ●**経営学専攻**　経営学・会計学・商学の広い分野にわたって，体系的な講義と綿密な研究指導によって，学界や産業界をリードする人材を育成する。
専門職学位課程 ●**現代経営学専攻（社会人MBAプログラム）**　実務経験のある社会人のための教育プログラム。学部レベルを超えたより高度な経営学に関する知識を働きながら身につける。
博士後期課程 経営学専攻

理学研究科

教員数▶教授56名，准教授39名，講師７名
院生数▶293名
博士前期課程 ●**数学専攻**　数学を総合的な学問としてとらえ，幅広い分野の教育を行うとともに，計算・論理的思考・抽象的思考に十分習熟するよう訓練することをめざす。
●**物理学専攻**　素粒子物理学と物性物理学の２つを教育・研究の柱とする。
●**化学専攻**　基礎分子物性化学と物質創製化学を二大柱として，その基礎的分野について一貫した教育を行う。
●**生物学専攻**　すべての生物に共通する生命の仕組みの解明と生物界の多様性の成り立ちの解明を２つの柱として，分子生物学から生態学まで広範な分野の専門教育を行う。
●**惑星学専攻**　基礎惑星学講座と新領域惑星学講座および連携講座からなり，地球や他の太陽系惑星の誕生と進化について研究を行う。
博士後期課程 数学専攻，物理学専攻，化学専攻，生物学専攻，惑星学専攻

医学研究科

教員数▶教授99人，准教授67人，講師25人
院生数▶528人

修士課程▶ ●**バイオメディカルサイエンス専攻** バイオサイエンスと医学をドッキングさせたカリキュラムで，バイオメディカルサイエンスの基礎から応用までを学ぶ。

博士前期課程▶ ●**医療創成工学専攻** '23年新設。複数学問領域から学生を受け入れ，「医療機器開発を主導することができる創造的開発人材」を医療現場に密着した実践の場において養成。

4年制博士課程▶ ●**医科学専攻** 人間性豊かで高い倫理観ならびに探求心と創造性を有する科学者としての視点を持つ医師・医学研究者を育成。

博士後期課程▶ 医療創成工学専攻

保健学研究科

教員数▶教授23人，准教授20人，講師3人
院生数▶284人

博士前期課程▶ ●**保健学専攻** 人々の健康や生活を身体的，精神的，社会的，倫理的側面から総合的に科学する「総合保健医療」の創造と実践に取り組む。

博士後期課程▶ 保健学専攻

工学研究科

教員数▶教授61名，准教授67名
院生数▶816名

博士前期課程▶ ●**建築学専攻** 建築における「計画」「構造」「環境」のより高度な知識を習得し，現実的課題に対する解答を導き出す「空間デザイン」の能力を高める。

●**市民工学専攻** 自然・社会災害に対し安全な都市・地域の創造，自然と共生する都市・地域をめざした環境の保全と都市施設の維持管理・再生などを学ぶ。

●**電気電子工学専攻** 高度情報化社会におけるハードウェア，ソフトウェア技術の担い手となる，高度な専門知識と研究能力を兼ね備えた人材を養成する。

●**機械工学専攻** 専門基礎学力と基礎的研究開発能力を備え，将来社会のリーダーになるべき倫理観と国際感覚に富んだ人材を養成する。

●**応用化学専攻** 実験，原著論文の講読，討論などを通して幅広い分野の基礎的学識と，各専門分野における厳密な解析能力・周到な計画能力の向上を図る。

博士後期課程▶ **建築学専攻，市民工学専攻，電気電子工学専攻，機械工学専攻，応用化学専攻**

システム情報学研究科

教員数▶教授28名，准教授21名，講師4名
院生数▶211名

博士前期課程▶ ●**システム情報学専攻** '23年よりシステム科学・情報科学・計算科学の3専攻を1専攻に統合。これまで3専攻が有していたそれぞれの専門性を保持しつつ，関連研究分野が相互に刺激し合う融合的な教育研究環境を構築。新興領域や融合領域における価値創造に肝要となる複眼的視野を有する創造性豊かな人材を養成する。

博士後期課程▶ システム情報学専攻

農学研究科

教員数▶教授31名，准教授35名
院生数▶315名

博士前期課程▶ ●**食料共生システム学専攻** 食料の生産者と消費者が環境保全型持続社会を通して共生するための生産基盤構築から流通・消費に至る全プロセスの体系化を目的とした教育研究を行う。

●**資源生命科学専攻** 有用な動物，植物，微生物とそれらの相互関係，生物資源の管理・利用と食料の効率的で持続可能な生産技術の開発などに取り組んでいる。

●**生命機能科学専攻** 食と農に関わる生物の機能と現象を分子レベルから生態系まで多面的にとらえて解析する能力を持ち，生物とその機能の利用，開発，制御を通じて21世紀のバイオ社会を支える人材を育成する。

博士後期課程▶ 食料共生システム学専攻，資源生命科学専攻，生命機能科学専攻

海事科学研究科

教員数▶教授33名，准教授32名，講師１名
院生数▶199名
博士前期課程　●**海事科学専攻**　海・船を舞台にした地球規模の人間活動に関わる輸送・情報・エネルギー・環境などの問題を，自然科学と社会科学を高度に連携させた科学的なアプローチによって解決する。
博士後期課程　海事科学専攻

国際協力研究科

教員数▶教授22名，准教授６名
院生数▶212名
博士前期課程　●**国際開発政策専攻・国際協力政策専攻・地域協力政策専攻**　国際学，開発・経済，国際法・開発法学，政治・地域研究の４教育プログラムを設定し，学位取得に向けた体系的な教育・研究指導を行う。また，主に留学生を対象とした英語による開発政策特別コースやダブルディグリー・プログラムも展開している。
博士後期課程　**国際開発政策専攻，国際協力政策専攻，地域協力政策専攻**

科学技術イノベーション研究科

教員数▶教授15名，准教授３名，講師１名
院生数▶124名
博士前期課程　●**科学技術イノベーション専攻**　学際領域における先端科学技術の研究開発能力とともに，学術的研究成果の事業化移行プロセスをデザインできるアントレプレナーシップを兼ね備えた理系人材を育成する。
博士後期課程　●**科学技術イノベーション専攻**

MEMO

奈良女子大学

資料請求

問合せ先 入試課　☎0742-20-3353

大学の理念

1908（明治41）年に設置された奈良女子高等師範学校を前身とする。女子の最高教育機関として，広く知識を授けるとともに，専門の学術文化を教授・研究し，その能力を展開させるとともに，学術の理論および応用を教授・研究し，文化の進展に寄与することを目的とする。時代や社会の変化に柔軟に対応し，また，社会からの要請に応えるべく「男女共同参画社会をリードする人材の育成」「教養教育，基礎教育の充実と専門教育の高度化」「高度な基礎研究と学際研究の追求」「開かれた大学」の４つを基本理念と定め，歴史的遺産の宝庫でもある奈良市中心部に位置するキャンパスに，2022年新設の工学部を加えて文系理系がバランスよく配置された４学部と，高度な教育研究を担う大学院を配し，小規模ながらも個性ある教育・研究を推進している。

● 奈良女子大学キャンパス……〒630-8506　奈良県奈良市北魚屋東町

基本データ

学生数▶女2,142名
専任教員数▶教授104名，准教授61名，講師９名

設置学部▶文，理，生活環境，工
併設教育機関▶大学院—人間文化総合科学（M・D）

就職・卒業後の進路

就職率 **93.4**％
就職者÷希望者×100

● **就職支援**　キャリア教育の一環として，将来設計についての基礎知識や情報収集能力・構想力を早期に身につけるための「キャリアプラン科目群」を開設し，科目の一部は卒業要件単位に算入される。授業と連動させた１・２年次生対象の「就活準備ガイダンス」のほか，３年次生を対象とした就職セミナーなどの「就職対策プログラム」を年間40回程度開催し，「教員・公務員対策講座」も随時行われている。学内には「キャリアサポートルーム」が設置され，求人情報公開，各種セミナー，合同企業説明会，インターンシップに関する情報など活動に必要な情報が検索可能なほか，キャリアカウンセラー資格を持つアドバイザーがきめ細かいアドバイスや，各種スキルの指導にあたっている。

進路指導者も必見　学生を伸ばす　面倒見

初年次教育	学修サポート
自校教育などの帰属意識を醸成する「奈良女子大学入門」や，大学教育全般に対する動機づけ，レポート・論文の書き方，プレゼン技法，論理的思考や問題発見・解決能力の向上を図る「パサージュ」のほか，「情報処理入門」などを開講	全学部でTA・SA制度，オフィスアワー制度を導入。さらに文学部と工学部では学生約20人（文）・３人（工）に1人の教員アドバイザーがつき，学生の履修や学修の支援をしている

オープンキャンパス（2022年度実績）　来場型でオープンキャンパスを開催（事前申込制）。学部・学科説明会，コース別プログラム，模擬授業，個別相談会など。11月にはオンライン相談会も実施。

文学部
2022年３月卒業生
161人

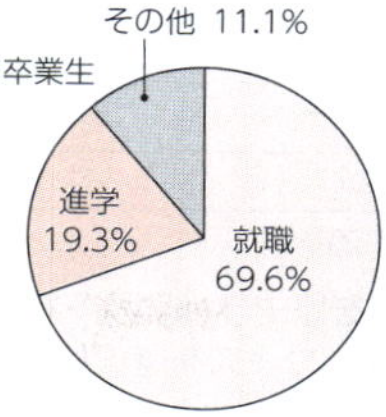

理学部
2022年３月卒業生
171人

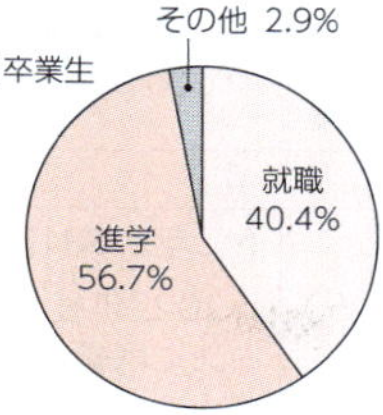

生活環境学部
2022年３月卒業生
195人

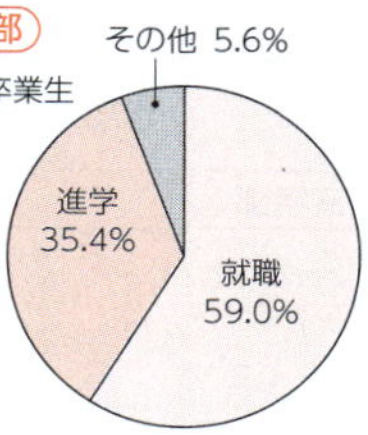

主なOB・OG▶[文]中瀬ゆかり(編集者)，[理]姫岡とし子(歴史学者)，[理]黒川伊保子(エッセイスト)，[旧家政]辛島美登里(シンガーソングライター)など。

国際化・留学　大学間 43 大学・部局間 15 大学

受入れ留学生数▶71名(2022年5月1日現在)

留学生の出身国・地域▶中国，韓国，台湾，マレーシア，ベトナム。

外国人専任教員▶教授３名，准教授１名，講師１名（2021年５月１日現在)

外国人専任教員の出身国▶アメリカ，ドイツ，フランス，韓国。

大学間交流協定▶43大学（交換留学先36大学，2022年５月１日現在)

部局間交流協定▶15大学（交換留学先10大学，2022年５月１日現在)

海外への留学生数▶渡航型５名・オンライン型232名／年（13カ国・地域，2021年度)

海外留学制度▶協定大学への交換留学制度（１学期～１年間）や短期海外研修制度（夏季，春季の休業期間中に１カ月程度）を実施。交換留学は留学先で授業料を支払う必要がなく，大学に在籍している扱いとなる。短期海外研修は，夏季は中国，フィリピン，ベトナムで，春季はニュージーランド，タイ，アメリカで研修を行っている。研修では語学学習はもちろん，現地学生との交流や文化体験，慈善活動，インターンシップなども体験できる。国際交流センターによる情報提供のほか，留学サポーターが留学準備や留学中の学修・生活等のアドバイスを行う制度もある。

学費・奨学金制度　給付型奨学金総額 年間 207 万円

入学金▶282,000円

年間授業料(施設費等を除く)▶535,800円

年間奨学金総額▶2,070,000円

年間奨学金受給者数▶28人

主な奨学金制度▶特別な事情により経済的に困窮している２年次生以上の学部学生を対象に月額1万5千円給付する「廣岡奨学金」や，学業優秀者に授与される広部奨学金，同窓会による佐保奨学金，育児奨学金などの制度を設置。このほか，学費減免制度もあり，2021年度には141人を対象に総額で約2,701万円を減免している。

保護者向けインフォメーション

●**成績確認**　理・工学部では成績表，履修科目と単位数の情報を保護者に郵送している。

●**保護者説明会**　新入生の保護者を対象に１年次の学修や生活面での不安や質問に教員が答える保護者説明会を実施（予定)。

●**防災対策**　被災した際の学生の安否確認は，大学独自の災害時安否確認システムを利用。

●**コロナ対策１**　感染状況に応じた５段階のBCP（行動指針）を設定している。「コロナ対策２」（下段）あり。

インターンシップ科目	必修専門ゼミ	卒業論文	GPA制度の導入の有無および活用例	１年以内の退学率	標準年限での卒業率
文学部で開講している	文学部で3・4年次，生活環境学部で４年次，工学部で１・３・４年次に実施	理学部数物科学科を除き卒業要件	奨学金等対象者の選定基準，個別の学修指導，６年一貫教育プログラム特別奨学制度，大学院科目の先行履修生出願資格などに活用	1.2%	96.1%

●**コロナ対策２**　大学入口で検温と消毒を実施し，講義室の収容人数を調整。また，対面とオンライン授業を併用し，学修環境整備として教室の無線・有線LAN対応の改修やノートPCの貸与（一部の学部）を実施。

学部紹介

学部／学科	定員	特色
文学部		
		▶２年次より各学科に所属する。
人文社会	60	▷2022年度より履修コースを歴史学・地理学・社会学の３コースに再編。３年進級時に履修コースを選択し，専門分野を深める。
言語文化	50	▷日本アジア言語文化学と，ヨーロッパ・アメリカ言語文化学の２コース。広い視野を持って世界を学ぶ。
人間科	40	▷教育学・人間学コース，心理学コースとが連携し人間について総合的に教育・研究する。幼稚園・小学校の教員を養成する子ども教育専修プログラムを設置。

● **取得可能な資格**…教職（国・地歴・公・社・書・英，小一種，幼一種），学芸員，司書教諭など。
● **進路状況**…………就職69.6％　進学19.3％
● **主な就職先**………奈良県庁，奈良市役所，大阪府庁，大阪市役所，福栄鋼材，西日本電信電話，滋賀県教育委員会など。

学部／学科	定員	特色
理学部		
数物科	57	▷１年次に基礎学習を行い２年次に数学コース，物理学コース，数物連携コースから選択。数学，物理学，情報科学を専門とする教員が連携して教育研究を行う。
化学生物環境	78	▷化学，生物科学，環境科学の３コース。１年次には全コースの基礎となる共通科目を履修。２年次にはコース変更も可能。化学コースは１～３年次で大学化学を学ぶための基礎固めを行い，４年次より物性物理・分子創成・生命機能・物質機能の４化学分野の研究室に配属。生物科学コースは分子細胞生物学，個体機能生物学，生態学の３分野を学び，ゲノムから生態系まで生命の全体像を究める。環境科学コースは地球環境科学，数理生命システム，環境化学，生物環境学の４分野の研究により，地球環境問題に取り組む。

● **取得可能な資格**…教職（数・理），学芸員，司書教諭など。
● **進路状況**…………就職40.4％　進学56.7％
● **主な就職先**………三菱電機，奈良県庁，西日本電信電話，奈良市役所，ダイキン工業，富士通，ダイハツ工業，アクセンチュアなど。

学部／学科	定員	特色
生活環境学部		
食物栄養	35	▷分子レベルから生体まで，食と栄養のプロフェッショナルを養成。
心身健康	35	▷生活健康学，スポーツ健康科学，臨床心理学の3コース分かれて，心身の健康についての専門性を高める。
住環境	30	▷快適で安全な住環境の計画・設計・管理方法を教育・研究。
文化情報	45	▷Society5.0の実現とSDGsの達成を教育の２本柱にした，生活文化学と生活情報通信科学の２コース構成。人文社会科学と情報通信技術を文理横断的に活用し，社会的課題解決と新たな価値を創出をめざす。

● **取得可能な資格**…教職（家・保体・情），栄養士，管理栄養士・１級建築士・２級建築士受験資格など。
● **進路状況**…………就職59.0％　進学35.4％
● **主な就職先**………奈良県庁，清水建設，全国健康保険協会，西日本電信電話，奈良市役所，日本食品分析センター，ワコール，兵庫県庁，福栄鋼材など。

キャンパスアクセス ［奈良女子大学キャンパス］近鉄ー近鉄奈良より徒歩5分

工学部		
工	45	▷個人の主体性を生かした分野融合の学びから，社会が必要としている創造的エンジニアを育成する。専門課程は人間情報分野の生体医工学・情報と，環境デザイン分野の人間環境・材料工学で構成されるが，どれかに特化する必要はなく，個性に応じた学びとキャリア形成を可能する履修制度を設定。
● 取得可能な資格…学芸員，２級建築士受験資格など。 ● 主な就職先………2022年度開設のため，卒業生はいない。		

キャンパス

全学部…［奈良女子大学キャンパス］ 奈良県奈良市北魚屋東町

2023年度入試要項（前年度実績）

●募集人員

学部／学科（コース）		前期	後期
文	人文社会	95	43
	言語文化		
	人間科		
理	数物科	32	18
	化学生物環境（化学）	22	11
	（生物科学）	21	
	（環境科学）	16	
生活環境	食物栄養	23	7
	心身健康	20	6
	住環境	21	4
	文化情報（生活文化学）	19	7
	（生活情報通信科学）	9	3
工	工	30	10

※文学部人間科学科（子ども教育専修プログラム）は学校推薦型選抜で募集。

● ２段階選抜　実施しない

▷共通テストの英語はリスニングを含む。
▷個別学力検査の数Ｂ一数列・ベク。

文学部

前期　［共通テスト(500)］ 8〜7科目 ①国(100) ②外(100・英〈R80＋L20〉) ▶英・独・仏・中・韓から１ ③④地歴・公民(50×2) ▶世Ｂ・日Ｂ・地理Ｂ・「倫・政経」から２ ⑤⑥数(50×2) ▶「数Ⅰ・〈数Ⅰ・数Ａ〉から１」・「数Ⅱ・〈数Ⅱ・数Ｂ〉から１」 ⑦⑧理(100) ▶「物基・化基・生基・地学基から２」・物・化・生・地学から１

［個別学力検査(400)］ 2科目 ①国(200) ▶国総・現文Ｂ・古典Ｂ ②外(200) ▶「コミュ英Ⅰ・コミュ英Ⅱ・コミュ英Ⅲ・英表Ⅰ・英表Ⅱ」・独・仏から１

後期　［共通テスト(400)］ 8〜7科目 ①国(50) ②外(50・英〈R40＋L10〉) ▶英・独・仏・中・韓から１ ③④地歴・公民(100×2) ▶世Ｂ・日Ｂ・地理Ｂ・「倫・政経」から２ ⑤⑥数(25×2) ▶「数Ⅰ・〈数Ⅰ・数Ａ〉から１」・「数Ⅱ・〈数Ⅱ・数Ｂ〉から１」 ⑦⑧理(50) ▶「物基・化基・生基・地学基から２」・物・化・生・地学から１

［個別学力検査(600)］ 2科目 ①国(300) ▶国総・現文Ｂ・古典Ｂ ②外(300) ▶「コミュ英Ⅰ・コミュ英Ⅱ・コミュ英Ⅲ・英表Ⅰ・英表Ⅱ」・独・仏から１

理学部

前期　【数物科学科】［共通テスト(800)］ 7科目 ①国(100) ②外(200・英〈R160＋L40〉) ▶英・独・仏・中・韓から１ ③地歴・公民(100) ▶世Ａ・世Ｂ・日Ａ・日Ｂ・地理Ａ・地理Ｂ・現社・倫・政経・「倫・政経」から１ ④⑤数(100×2) ▶「数Ⅰ・数Ａ」必須，「数Ⅱ・数Ｂ」・簿・情から１ ⑥⑦理(100×2) ▶物・化・生・地学から２

［個別学力検査(500)］ 4科目 ①外(100) ▶コミュ英Ⅰ・コミュ英Ⅱ・コミュ英Ⅲ・英表Ⅰ・英表Ⅱ ②数(200) ▶数Ⅰ・数Ⅱ・数Ⅲ・数Ａ・数Ｂ ③④理(100×2) ▶「物基・物」・「化基・化」・「生基・生」から２

【化学生物環境学科】 ［共通テスト(900)］ 7科目 ①国(200) ②外(200・英〈R160＋L40〉) ▶英・独・仏・中・韓から１ ③地歴・公民(100) ▶世Ａ・世Ｂ・日Ａ・日Ｂ・地理Ａ・地理Ｂ・現社・倫・政経・「倫・政経」から１ ④⑤数

(100×2)▶「数Ⅰ・数A」必須，「数Ⅱ・数B」・簿・情から1　⑥⑦理(100×2)▶物・化・生・地学から2
[個別学力検査(600)]　4科目　①外(150)▶コミュ英Ⅰ・コミュ英Ⅱ・コミュ英Ⅲ・英表Ⅰ・英表Ⅱ　②数(150)▶数Ⅰ・数Ⅱ・数Ⅲ・数A・数B　③④理(150×2)▶「物基・物」・「化基・化」・「生基・生」から2
後期　**【数物科学科】** [共通テスト(800)]　7科目　前期と同じ
[個別学力検査(300)]　1科目　①数・理(300)▶「数Ⅰ・数Ⅱ・数Ⅲ・数A・数B」・「物基・物」から1
【化学生物環境学科】 [共通テスト(900)]　7科目　前期と同じ
[個別学力検査(400)]　2科目　①外(200)▶コミュ英Ⅰ・コミュ英Ⅱ・コミュ英Ⅲ・英表Ⅰ・英表Ⅱ　②数(200)▶数Ⅰ・数Ⅱ・数Ⅲ・数A・数B

生活環境学部

前期　**【食物栄養学科】** [共通テスト(900)]　8~7科目　①国(200)　②外(200・英〈R160+L40〉)▶英・独・仏・中・韓から1　③④数(100×2)▶「数Ⅰ・〈数Ⅰ・数A〉から1」・「数Ⅱ・〈数Ⅱ・数B〉・簿・情から1」　⑤⑥⑦⑧「地歴・公民」・理(100×3)▶「世B・日B・地理B・〈倫・政経〉から1」・「物・化・生から2」または「世B・日B・地理B・〈倫・政経〉から2」・「〈物基・化基・生基から2〉・物・化・生から1」
[個別学力検査(600)]　2科目　①外(300)▶コミュ英Ⅰ・コミュ英Ⅱ・コミュ英Ⅲ・英表Ⅰ・英表Ⅱ　②国・数・理(300)▶「国総・現文B・古典B」・「数Ⅰ・数Ⅱ・数A・数B」・「物基・物」・「化基・化」・「生基・生」から1
【心身健康学科・住環境学科・文化情報学科】
[共通テスト(900)]　8~7科目　①国(200)　②外(200・英〈R160+L40〉)▶英・独・仏・中・韓から1　③④数(100×2)▶「数Ⅰ・〈数Ⅰ・数A〉から1」・「数Ⅱ・〈数Ⅱ・数B〉・簿・情から1」　⑤⑥⑦⑧「地歴・公民」・理(100×3)▶「世A・世B・日A・日B・地理A・地理B・現社・倫・政経・〈倫・政経〉から1」・「物・化・生・地学から2」または「世A・世B・日A・日B・地理A・地理B・〈現社・倫・政経・(倫・政経)から1〉から2」・「〈物基・化基・生基・地学基から2〉・物・化・生・地学から1」
[個別学力検査(600)]　2科目　①外(300)▶コミュ英Ⅰ・コミュ英Ⅱ・コミュ英Ⅲ・英表Ⅰ・英表Ⅱ　②国・数・理(300)▶「国総・現文B・古典B」・「数Ⅰ・数Ⅱ・数A・数B」・「物基・物」・「化基・化」・「生基・生」から1
後期　**【食物栄養学科】** [共通テスト(900)]　8~7科目　前期と同じ
[個別学力検査(100)]　1科目　①面接(100)
【心身健康学科・住環境学科・文化情報学科】
[共通テスト(900)]　8~7科目　前期と同じ
[個別学力検査(100)]　1科目　①面接(100)

工学部

前期　[共通テスト(900)]　8~7科目　①国(200)　②外(200・英〈R160+L40〉)▶英・独・仏・中・韓から1　③④数(100×2)▶「数Ⅰ・〈数Ⅰ・数A〉から1」・「数Ⅱ・〈数Ⅱ・数B〉・簿・情から1」　⑤⑥⑦⑧「地歴・公民」・理(100×3)▶「世A・世B・日A・日B・地理A・地理B・現社・倫・政経・〈倫・政経〉から1」・「物・化・生・地学から2」または「世A・世B・日A・日B・地理A・地理B・〈現社・倫・政経・(倫・政経)から1〉から2」・「〈物基・化基・生基・地学基から2〉・物・化・生・地学から1」
[個別学力検査(600)]　3科目　①外(200)▶コミュ英Ⅰ・コミュ英Ⅱ・コミュ英Ⅲ・英表Ⅰ　②数(200)▶数Ⅰ・数Ⅱ・数Ⅲ・数A・数B　③理(200)▶「物基・物」・「化基・化」・「生基・生」から1
後期　[共通テスト(900)]　8~7科目　前期と同じ
[個別学力検査(200)]　1科目　①数(200)▶数Ⅰ・数Ⅱ・数Ⅲ・数A・数B

その他の選抜

学校推薦型選抜は文学部人間科学科(子ども教育専修プログラム)12名，理学部15名，生活環境学部26名，工学部5名，総合型選抜探究力入試「Q」は文学部12名以内，理学部10名以内，生活環境学部9名以内，工学部15名以内を募集。ほかに私費外国人留学生入試を実施。

偏差値データ（2023年度）

●一般選抜

学部／学科／コース	2023年度			'22年度
	駿台予備学校	河合塾		
	合格目標ライン	ボーダー得点率	ボーダー偏差値	競争率
●前期				
▶文学部				
（学部一括募集）	52	66%	57.5	2.1
▶理学部				
数物科	48	60%	47.5	1.7
化学生物環境／化学	49	62%	50	2.0
／生物科学	50	62%	50	2.6
／環境科学	49	62%	50	2.2
▶生活環境学部				
食物栄養	54	70%	57.5	2.8
心身健康	53	69%	57.5	3.4
住環境	52	68%	57.5	2.3
文化情報／生活文化学	52	66%	57.5	2.2
／生活情報通信科学	53	66%	55	2.0
▶工学部				
工	48	67%	52.5	4.2
●後期				
▶文学部				
（学部一括募集）	55	73%	60	3.2
▶理学部				
数物科	50	63%	50	1.6
化学生物環境／化学	51	68%	52.5	6.4
／生物科学	52	67%	52.5	
／環境科学	51	65%	52.5	
▶生活環境学部				
食物栄養	54	72%	—	3.8
心身健康	53	71%	—	3.5
住環境	52	71%	—	1.7
文化情報／生活文化学	52	70%	—	2.3
／生活情報通信科学	53	70%	—	—
▶工学部				
工	48	69%	55	5.8

- 駿台予備学校合格目標ラインは合格可能性80%に相当する駿台模試の偏差値です。
- 河合塾ボーダー得点率は合格可能性50%に相当する共通テストの得点率です。また，ボーダー偏差値は合格可能性50%に相当する河合塾全統模試の偏差値です。
- 競争率は受験者÷合格者の実質倍率

和歌山大学

資料請求

問合せ先 入試課 ☎073-457-7116

大学の理念

1922（大正11）年創立の和歌山高商と，1875（明治8）年創立の和歌山師範，青年師範などを統合し，1949（昭和24）年に発足。高野・熊野世界文化遺産という豊かな自然と歴史に包まれた和歌山，南大阪地域の学術文化の中心にある大学として，専門の学芸を研究・教育するとともに，知的・道徳的および応用能力を展開させせることを目的に社会に貢献できる人材育成に努める。学生の自主的・創造的科学活動を「自主演習」として単位認定するクリエプロジェクトや，教育学部の「へき地・複式型教育実習」，経済学部やシステム工学部のさまざまな地域調査研究，観光学部の「LPP（地域連携プログラム）」などのプロジェクトに地域社会と共に取り組み，学生と教職員が共に学び，育ち，創る大学としての体制づくりを積極的に推進している。

● 栄谷キャンパス……〒640-8510　和歌山県和歌山市栄谷930

基本データ

学生数▶3,932名（男2,611名，女1,321名）
専任教員数▶教授120名，准教授81名，講師19名
設置学部・学環▶教育，経済，システム工，観光，社会インフォマティクス
併設教育機関▶大学院—観光学（D・M・P），システム工学（M・D），経済学（M），教育学（P）

就職・卒業後の進路

就職率 99.0%
就職者÷希望者×100

● 就職支援　キャリアセンターにおいて，全学生を対象に，キャリア教育・就職支援を行っている。PBL(プロジェクト型学習／課題解決型学習)とコーオプ型インターンシップ「実践力を養うためのプログラム」による就職力向上のためのキャリア教育事業と，1年生から参加できる業界・企業研究セミナーや公務員・業務研究セミナー，主に3年生を対象にした就職ガイダンス・企業説明会・模擬面接指導などのキャリア支援事業のほか，キャリアカウンセラーによる個別相談を実施し，学生が希望の進路を実現できるようきめ細かくサポート。また，各学部にもキャリア支援室を設置し，支援体制を構築している。

進路指導者も必見 学生を伸ばす 面倒見

初年次教育	学修サポート
「基礎演習」などを開講し，学問や大学教育全般に対する動機づけ，レポート・論文の書き方，プレゼン技法，情報収集や資料整理の方法を学ぶほか，論理的思考や問題発見・解決能力の向上を図っている	全学部でTA制度，オフィスアワー制度を導入。教育・システム工学部では学生3～10人に1人の教員アドバイザーがつき，さらに経済学部では学習支援オフィスで文書作成など学習面における個別指導や相談に応じている

オープンキャンパス(2022年度実績) 7月に来場型でオープンキャンパスを開催。事前申込制で人数を制限して実施。興味のある学部を2つ選択し，それぞれの学部の企画に参加。

●資格取得支援　教育学部では，教職キャリア支援室を設置し，全員と個別面談を実施し採用試験まで継続して面接や小論文指導などを行う。また，学部卒業生による模擬面接や教員採用試験対策講座もあり教員をめざす学生をトータルにサポートしている。

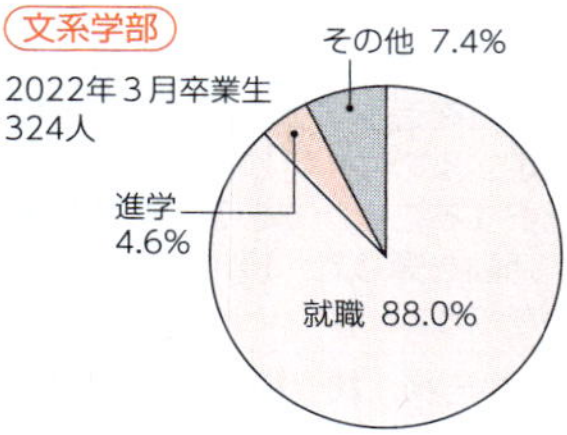

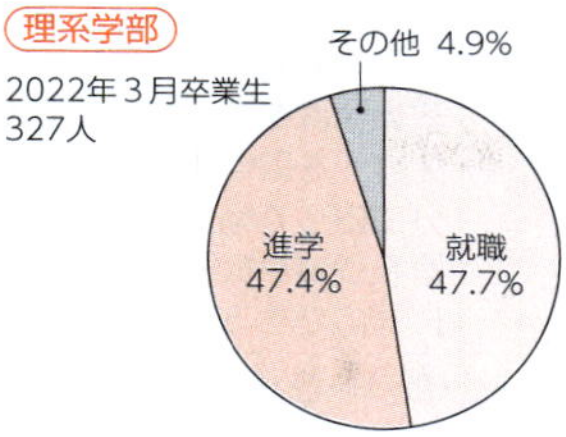

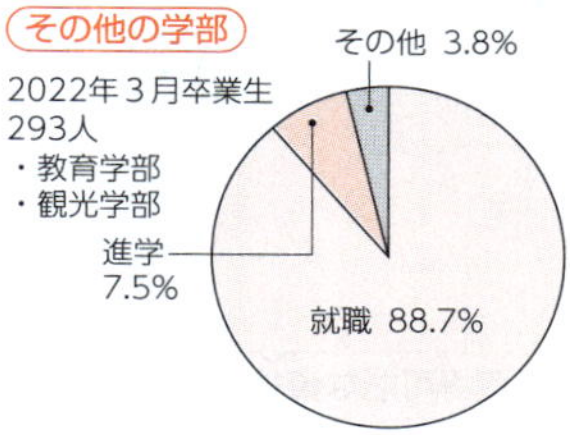

主なOB・OG▶［経済］高木邦夫（実業家，元ダイエー代表取締役社長），［経済］金銅重弘（チョーヤ梅酒社長），［経済］川田裕美（フリーアナウンサー）など。

国際化・留学　大学間 48 大学・部局間 2 大学

受入れ留学生数▶64名（2022年5月1日現在）
留学生の出身国▶中国，マレーシア，ベトナム，モンゴルなど。
外国人専任教員▶教授３名，准教授２名，講師３名（2022年５月１日現在）
大学間交流協定▶48大学（交換留学先32大学，2022年６月１日現在）
部局間交流協定▶２大学（交換留学先２大学，2022年６月１日現在）
海外への留学生数▶オンライン型１名／年（1カ国・地域，2021年度）
海外留学制度▶学内に設置された「国際連携部門（IRD）」において，各種留学の情報提供・支援・教育を行っている。大学と交流協定を締結した大学・機関等への「交換留学制度」（留学中の修得単位の認定制度あり），夏・春期休暇を利用した語学研修，専門性を重視した大学・大学院への正規課程入学（休学手続きの必要あり），各種専門学校（長期の場合は休学手続きの必要あり）などがあり，学生の希望に沿ったサポートを実施している。また，海外研修を通して，観光や世界，国際的な観光のトレンドについて学ぶ観光学部独自のプログラム（GIP）もある。

学費・奨学金制度

入学金▶282,000円
年間授業料（施設費等を除く）▶535,800円
主な奨学金制度▶学費負担者の失職や病気など特別な事情で修学が困難になった学生への「家計急変奨学金」があり，無利子で一時金を貸与している。また，学費減免制度があり，2021年度には254人を対象に総額で約3,696万円を減免している。

保護者向けインフォメーション

●成績確認　成績表，履修科目と単位数の情報を保護者に郵送している。
●教育懇談会　教育懇談会を開催し，学部教育の取組み紹介や修学相談（申込制）を実施。
●防災対策　和歌山大学防災手帳を大学HPに掲載。被災した際の学生の安否はメールおよびポータルサイトを利用して確認する。
●コロナ対策１　ワクチンの職域接種を実施。「コロナ対策２」（下段）あり。

インターンシップ科目	必修専門ゼミ	卒業論文	GPA制度の導入の有無および活用例	１年以内の退学率	標準年限での卒業率
全学部で開講している	経済学部で２～４年次，教育・観光学部で３・４年次，システム工学部で４年次に実施	全学部で卒業要件	授業料免除対象者の選定基準，留学候補者の選考，個別の学修指導に活用するほか，一部の学部でGPAに応じた履修上限単位を設定	0.5%	86.9%

●コロナ対策２　講義室の収容人数を調整するとともに，入口で検温と消毒を実施。また，オンライン授業を併用し，環境整備が難しい学生に教室を開放。経済的に困窮した学生を対象に「食に対する支援」（1,000円×2,000人）を実施。

学部紹介

学部・学環／学科・課程	定員	特色
教育学部		
学校教育教員養成	165	▷学校教育コース・支援教育コースの２コース制。小学校の教員免許をベースに，必要な単位を追加することにより各種免許状を取得する。専攻を決定するのは１年次後期，入試区分に応じて幅広い分野から選択することができる。多彩な実習系授業や教育ボランティア活動を通じて，現代の教育現場に対応できる思考力や実践力を培う。
● 取得可能な資格…教職（国・地歴・公・社・数・理・音・美・保体・技・家・英，小一種，幼一種，特別支援），学芸員など。 ● 進路状況…………就職90.9%，進学8.5% ● 主な就職先………教員（小学校・中学校・高等学校・特別支援学校），大阪市役所，和歌山県庁，和歌山市役所，紀陽銀行，NTTコミュニケーションズ，オークワなど。		
経済学部		
経済	290	▷グローバル・ビジネス＆エコノミー，ビジネスデザイン，企業会計・税法，地域公共政策・公益事業，サステイナブル・エコノミーの５プログラム制。経済学，経営学，会計学，情報学，法学の５つの科目領域をクロスオーバーして履修する。さらにエキスパート・コースとして，飛び級制度で大学院進学が可能な専門教育ユニットを設置。
● 取得可能な資格…学芸員など。 ● 進路状況…………就職88.0%，進学4.6% ● 主な就職先………紀陽銀行，NECソリューションイノベータ，厚生労働省，国税庁，大阪府庁，旭化成ホームズ，Evand，オカムラなど。		
システム工学部		
システム工	290	▷最先端の研究や世界の動向を見据え，３領域８メジャーに再編。応用理工学領域にロボティクス／電子物理工学／化学，環境デザイン学領域に環境科学／建築ランドスケープ，情報学領域に情報システムデザイン／ネットワークコンピューティング／クロスリアリティ・情報デザインで構成。異なる領域の２つのメジャーで学ぶダブルメジャー制や博士課程前期までシームレスに学修する６年制を設定し，広範かつ柔軟な専門性を育む。
● 取得可能な資格…１・２級建築士受験資格など。 ● 進路状況…………就職47.7%　進学47.4% ● 主な就職先………和歌山県庁，大阪市役所，大林組，オービック，三菱電機，タカラスタンダード，サイバーリンクス，ローム，トヨタ自動車，ヤフーなど。		
観光学部		
観光	115	▷１学科３コース制。観光経営，地域再生，観光文化の３コースの基本領域を学ぶ。主に英語による講義で履修できるグローバル・プログラムを導入し，異文化コミュニケーション力を涵養する。
● 取得可能な資格…学芸員など。 ● 進路状況…………就職85.9%　進学6.3% ● 主な就職先………日本交通，四国旅客鉄道，ヤマハ発動機，大和ハウス工業，大和リース，スミセイ情報システム，和歌山市役所，星野リゾート，東武トップツアーズなど。		

キャンパスアクセス　［栄谷キャンパス］JR—和歌山よりバス約30分

社会インフォマティクス学環		
	30	▷NEW! '23年新設。社会に変革をもたらすための多様な知識に裏付けられたデータ利活用と，経済学部・システム工学部・観光学部が連携した文理融合型の教育課程で社会をインフォマティクス（情報技術で分析・把握し改革）する力を育成。

キャンパス

全学部…［栄谷キャンパス］和歌山県和歌山市栄谷930

2023年度入試要項（前年度実績）

●募集人員

学部・学環／学科・課程	前期	後期
▶教育 学校教育教員養成（文科系）	42	15
（理科系）	30	10
（実技系・音楽または美術）	8	—
（実技系・保健体育）	10	—
▶経済 経済	170	80
▶システム工 システム工	160	100
▶観光 観光	60	—
▶社会インフォマティクス	20	—

● **2段階選抜**　実施しない

▷共通テストの英語はリスニングを含む。

教育学部

前期　**【学校教育教員養成課程（文科系）】［共通テスト（1200）］** 8～7科目　①**国**（200）②**外**（300・英〈R150＋L150〉）▶英・独・仏・中・韓から1　③④**地歴・公民**（200×2）▶世A・世B・日A・日B・地理A・地理B・現社・倫・政経・「倫・政経」から2　⑤⑥**数**（100×2）▶「数Ⅰ・数A」必須，「数Ⅱ・数B」・簿・情から1　⑦⑧**理**（100）▶「物基・化基・生基・地学基から2」・物・化・生・地学から1

［個別学力検査（500）］ 2科目　①**国**（200）▶国総　②**面接**（300）

【学校教育教員養成課程（理科系）】［共通テスト（1200）］ 7科目　①**国**（200）　②**外**（300・英〈R150＋L150〉）▶英・独・仏・中・韓から1　③**地歴・公民**（100）▶世A・世B・日A・日B・地理A・地理B・現社・倫・政経・「倫・政経」から1　④⑤**数**（100×2）▶「数Ⅰ・数A」必須，「数Ⅱ・数B」・簿・情から1　⑥⑦**理**（200×2）▶物・化・生・地学から2

［個別学力検査（500）］ 2科目　①**数**（200）▶数Ⅰ・数Ⅱ・数A・数B（数列・ベク）　②**面接**（300）

【学校教育教員養成課程（実技系）】［共通テスト（1000）］ 8～7科目　①**国**（200）　②**外**（300・英〈R150＋L150〉）▶英・独・仏・中・韓から1　③④**数**（100×2）▶「数Ⅰ・数A」必須，「数Ⅱ・数B」・簿・情から1　⑤⑥⑦⑧**地歴・公民・理**（100×3）▶「世A・世B・日A・日B・地理A・地理B・現社・倫・政経・〈倫・政経〉から2」・「〈物基・化基・生基・地学基から2〉・物・化・生・地学から1」または「世A・世B・日A・日B・地理A・地理B・現社・倫・政経・〈倫・政経〉から1」・「物・化・生・地学から2」

［個別学力検査（700）］ 2科目　①**実技**（400）▶音楽・美術・保健体育から1　②**面接**（300）

後期　**【学校教育教員養成課程（文科系）】［共通テスト（900）］** 8～7科目　①**国**（200）　②**外**（200・英〈R100＋L100〉）▶英・独・仏・中・韓から1　③④**地歴・公民**（100×2）▶世A・世B・日A・日B・地理A・地理B・現社・倫・政経・「倫・政経」から2　⑤⑥**数**（100×2）▶「数Ⅰ・数A」必須，「数Ⅱ・数B」・簿・情から1　⑦⑧**理**（100）▶「物基・化基・生基・地学基から2」・物・化・・生・地学から1

［個別学力検査（200）］ 1科目　①**面接**（200）

【学校教育教員養成課程（理科系）】［共通テスト（900）］ 7科目　①**国**（200）　②**外**（200・英〈R100＋L100〉）▶英・独・仏・中・韓から1　③**地歴・公民**（100）▶世A・世B・日A・日B・地理A・地理B・現社・倫・政経・「倫・政経」から1　④⑤**数**（100×2）▶「数Ⅰ・数A」必須，「数Ⅱ・数B」・簿・情から1　⑥⑦**理**（100×2）▶物・化・生・地学から2

［個別学力検査（200）］ 1科目　①**面接**（200）

経済学部

前期 **[共通テスト(900)]** **8~7科目** ①国(200) ②**外**(200・英〈R100+L100〉)▶英・独・仏・中・韓から1 ③④**地歴・公民**(100×2)▶世B・日B・地理B・「現社・倫・政経・〈倫・政経〉から1」から2 ⑤⑥**数**(100×2)▶「数Ⅰ・〈数Ⅰ・数A〉から1」・「数Ⅱ・〈数Ⅱ・数B〉・簿・情から1」 ⑦⑧**理**(100)▶「物基・化基・生基・地学基から2」・物・化・生・地学から1

[個別学力検査(900)] **2科目** ①**総合問題A**(500)▶与えられた文章(英文を含む)を理解し，関連する資料に基づいて，論理的に考え，判断し，論述する力を問う ②**総合問題B**(400)▶数Ⅰ・数Ⅱ・数A・数B(数列・ベク)を前提として数学的思考力を問う

後期 **[共通テスト(600)]** **4~3科目** ①**外**(400・英〈R200+L200〉)▶英・独・仏・中・韓から1 ②③④**国・地歴・公民・数・理**(100×2)▶国・世A・世B・日A・日B・地理A・地理B・「現社・倫・政経・〈倫・政経〉から1」・「数Ⅰ・〈数Ⅰ・数A〉から1」・「数Ⅱ・〈数Ⅱ・数B〉・簿・情から1」・「〈物基・化基・生基・地学基から2〉・物・化・生・地学から1」から2

[個別学力検査(1200)] **1科目** ①**総合問題**(1200)▶与えられた文章を理解し，関連する資料に基づいて，論理的に考え，判断し，論述する力を問う

システム工学部

前期 **[共通テスト(1100)]** **7科目** ①国(200) ②**外**(200・英〈R100+L100〉)▶英・独・仏・中・韓から1 ③**地歴・公民**(100)▶世A・世B・日A・日B・地理A・地理B・現社・倫・政経・「倫・政経」から1 ④⑤**数**(100×2)▶「数Ⅰ・〈数Ⅰ・数A〉から1」・「数Ⅱ・〈数Ⅱ・数B〉・簿・情から1」 ⑥⑦**理**(200×2)▶物・化・生・地学から2

[個別学力検査(400)] **2科目** ①**外**(200)▶コミュ英Ⅰ・コミュ英Ⅱ・コミュ英Ⅲ・英表Ⅰ ②**数**(200)▶数Ⅰ・数Ⅱ・数Ⅲ・数A・数B(数列・ベク)

後期 **[共通テスト(1100)]** **7科目** ①国(200) ②**外**(200・英〈R100+L100〉)▶英・独・仏・中・韓から1 ③**地歴・公民**(100)▶世A・世B・日A・日B・地理A・地理B・現社・倫・政経・「倫・政経」から1 ④⑤**数**(150×2)▶「数Ⅰ・〈数Ⅰ・数A〉から1」・「数Ⅱ・〈数Ⅱ・数B〉・簿・情から1」 ⑥⑦**理**(150×2)▶物・化・生・地学から2

[個別学力検査(400)] **1科目** ①**総合問題**(400)▶システム工学を学ぶにふさわしい能力・適性等を問う

観光学部

前期 **[共通テスト(900)]** **8~7科目** ①国(200) ②**外**(R100+L100)▶英 ③④**地歴・公民**(100×2)▶世B・日B・地理B・「現社・倫・政経・〈倫・政経〉から1」から2 ⑤⑥**数**(100×2)▶「数Ⅰ・〈数Ⅰ・数A〉から1」・「数Ⅱ・〈数Ⅱ・数B〉・簿・情から1」 ⑦⑧**理**(100)▶「物基・化基・生基・地学基から2」・物・化・生・地学から1

[個別学力検査(400)] **1科目** ①**総合問題**(400)▶与えられた文章を理解し，関連する資料に基づいて，論理的に考え，判断し，論述する力を問う

社会インフォマティクス学環

前期 **[共通テスト(1100)]** **8~7科目** ①国(200) ②**外**(300・英〈R150+L150〉)▶英・独・仏・中・韓から1 ③④**数**(150×2)▶「数Ⅰ・〈数Ⅰ・数A〉から1」・「数Ⅱ・〈数Ⅱ・数B〉・簿・情から1」 ⑤⑥⑦⑧**地歴・公民・理**(100×3)▶世A・世B・日A・日B・地理A・地理B・現社・倫・政経・「倫・政経」から1または2，「物基・化基・生基・地学基から2」・物・化・生・地学から1または2，計3

[個別学力検査(500)] **2科目** ①**外**(200)▶コミュ英Ⅰ・コミュ英Ⅱ・コミュ英Ⅲ・英表Ⅰ ②**数**(200)▶数Ⅰ・数Ⅱ・数A・数B(数列・ベク)

※いずれか高得点の教科を1.5倍(300点満点)に配点。

その他の選抜

学校推薦型選抜は教育学部30名，経済学部30名，システム工学部35名，観光学部35名，社会インフォマティクス学環10名，学校推薦型選抜(きのくに教員希望枠)は教育学部

10名，（地域【紀南】推薦枠）は教育学部10名，（スポーツ）は経済学部４名，（簿記）は経済学部６名，総合型選抜は観光学部20名を募集。ほかに帰国子女選抜，社会人選抜，私費外国人留学生選抜を実施。

偏差値データ（2023年度）

●一般選抜

学部／学科・課程	2023年度 駿台予備学校 合格目標ライン	2023年度 河合塾 ボーダー得点率	2023年度 河合塾 ボーダー偏差値	'22年度 競争率
●前期				
▶教育学部				
学校教育／文科系	47	60%	47.5	2.0
／理科系	46	59%	47.5	1.6
／実技系(音楽・美術)	44	54%	—	1.2
(保健体育)	44	55%	—	2.6
▶経済学部				
経済	45	58%	50	2.0
▶システム工学部				
システム工	44	58%	50	2.3
▶観光学部				
観光	47	56%	—	1.7
▶社会インフォマティクス				
	46	56%	50	新
●後期				
▶教育学部				
学校教育／文科系	48	65%	—	2.0
／理科系	48	64%	—	1.6
▶経済学部				
経済	46	70%	—	4.0
▶システム工学部				
システム工	46	63%	52.5	1.9

- 駿台予備学校合格目標ラインは合格可能性80%に相当する駿台模試の偏差値です。
- 河合塾ボーダー得点率は合格可能性50%に相当する共通テストの得点率です。また，ボーダー偏差値は合格可能性50%に相当する河合塾全統模試の偏差値です。
- 競争率は受験者÷合格者の実質倍率

鳥取大学（とっとりだいがく）

資料請求

問合せ先 入学センター（学生部入試課） ☎0857-31-5061

大学の理念

1949（昭和24）年に鳥取師範，鳥取青師，米子医大，米子医専，鳥取農専を包括して創立。前身校時代から現在まで，実学を重視して，人類が蓄積してきた知識を駆使し，地域社会への貢献を果たしながら，人類に有用な普遍的知識を見出して世界に発信し，平和な社会の建設と人材の育成や学術の進歩に寄与してきた。これまでに学士55,391名，修士10,540名，博士4,303名を社会に送り出し，地域に寄り添う姿勢を堅持するとともに世界を視野に入れた活動を行っている。，基本理念に「知と実践の融合」を掲げ，その時代に必要な現代的教養と人間力を根底においた教育を展開している。これから将来を切り開いていく学生自身による自立した個性豊かな人間形成に対して，さまざまな支援を実践し，希望と活力に溢れる社会に貢献できる人材の育成に努めている。

- 鳥取キャンパス……〒680-8550　鳥取県鳥取市湖山町南4-101
- 米子キャンパス……〒683-8503　鳥取県米子市西町86

基本データ

学生数▶5,120名（男3,006名，女2,114名）
専任教員数▶教授206名，准教授187名，講師82名
設置学部▶地域，医，工，農

併設教育機関▶大学院一医学系（M・D），持続性社会創生科学（M），工学・連合農学・共同獣医学（以上D）

就職・卒業後の進路

就 職 率 **99.1**%
就職者÷希望者×100

● **就職支援**　キャリア形成を支援する全学的拠点として「キャリアセンター」を設置。学部や学科の専門教育科目と連携した多彩なキャリア教育科目を開講，１年次には卒業後の進路選択を視野に入れた「キャリア入門」を実施している。就職活動支援として，学内企業説明会や各種ガイダンス・セミナー，個別相談などを行うほか，インターンシップ先の紹介はもちろん，実習前後の指導など効果的なプログラムを開発・実施。また，就職活動シーズンに合わせて，鳥取～神戸・大阪間の高速バス回数券代の一部を補助している。

進路指導者も必見
学生を伸ばす 面倒見

初年次教育	学修サポート
課題の発見・探求に必要な基礎知識・技法を学ぶ「大学入門ゼミ」，ITの基礎技術を習得する「情報リテラシ」のほか，リテラシーとしての「データサイエンス入門」を開講	全学部でオフィスアワー制度を導入するほか，各学部・学科（コース）ごとに学級教員（チューター教員）を配置し，学修や学生生活上の助言・指導を行っている

オープンキャンパス（2022年度実績）　7．8月にWebオープンキャンパスを開催。大学紹介，学部・学科紹介などの動画を配信。学部ごとの相談会は事前申込制のライブ配信で実施。

理系学部

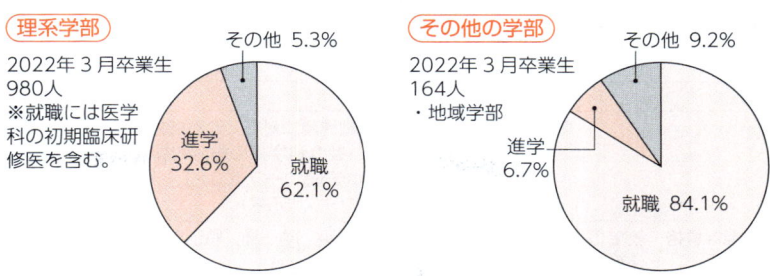

2022年３月卒業生
980人
※就職には医学科の初期臨床研修医を含む。

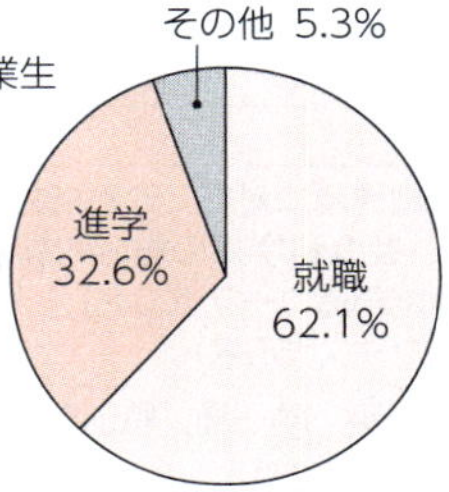

その他の学部

2022年３月卒業生
164人
・地域学部

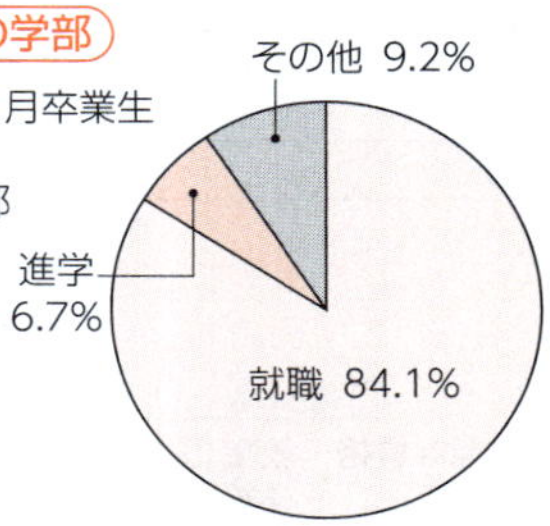

主なOB・OG▶［医］田中雄三（医学者・精神科医），［農］山根義久（獣医師，東京農工大学名誉教授），［農］小林裕和（生物学者），［工］高島秀行（GMOフィナンシャルホールディングス会長）など。

国際化・留学　大学間 77 大学等・部局間 18 大学等

受入れ留学生数▶25名（2022年5月1日現在）

留学生の出身国▶中国，韓国，マレーシア，ロシア，ベトナムなど。

大学間交流協定▶77大学・機関（交換留学先54大学・機関，2022年４月１日現在）

部局間交流協定▶18大学・機関（交換留学先11大学・機関，2022年４月１日現在）

海外への留学生数▶渡航型２名・オンライン型151名／年（7カ国・地域，2021年度）

海外留学制度▶海外協定校等に，交換留学生として派遣する長期留学制度のほか，夏・春休みを利用した語学研修や文化体験をはじめ，Global Gatewayプログラムとしてフィールドワーク・講義・語学教育を融合した海外教育実践プログラムをメキシコ（約２カ月）やウガンダ（約３週間）で実施している。また，学部別プログラムには工学部が実施するアメリカ・ライス大学の研究インターンシップ（約２カ月～１年）や，地域学部の海外フィールド演習（１～２週間），医学部の臨床実習（約２週間）などがある。短期派遣でも奨学金が支給されるプログラムもある。

学費・奨学金制度

入学金▶282,000円

年間授業料（施設費等を除く）▶535,800円

主な奨学金制度▶成績優秀者を対象に10万円を給付する「鳥取大学優秀学生育成奨学金」や，学業成績が優秀でありながら，経済的理由により修学が困難な学生に３万円を給付する「とりりん奨学金」などを設置。また，経済的理由で授業料の納付が困難であり，学業優秀と認められる者に入学料および授業料を全額または半額免除する制度もある。

保護者向けインフォメーション

●**保護者会**　農学部では例年11月頃に保護者会を開催。2022年度はWeb上で学科紹介，就職状況などの情報を提供。生命環境農学科３年生，共同獣医学科の保護者には希望に応じて指導教員とのWeb面談を実施。

●**防災対策**　被災した際の学生の安否はメールを利用して確認する。

●**コロナ対策１**　ワクチンの職域接種を実施。感染状況に応じた５段階のBCP（行動指針）を設定。「コロナ対策２」（下段）あり。

インターンシップ科目	必修専門ゼミ	卒業論文	GPA制度の導入の有無および活用例	１年以内の退学率	標準年限での卒業率
地域・工・農学部で開講している	地域学部で３年次に実施	医学科を除き卒業要件	奨学金や授業料免除対象者の選定基準，留学候補者の選考，学業優秀者の判定，研究室等配属に活用	NA	NA

●**コロナ対策２**　手指消毒，マスクの着用，教室の換気などの感染拡大防止に最大限の配慮をしながら，対面授業を中心に授業を実施。感染状況に応じてオンライン授業を行う。

学部紹介

学部／学科	定員	特色
地域学部		
地域	170	▷複合的な地域課題に対応できる能力の育成を目的に，地域に関する人文・社会科学系の総合的な教育を強化する１学科３コース。地域創造コース（60名），人間形成コース（55名），国際地域文化コース（55名）。
● 取得可能な資格…教職（国・地歴・公・社・数・理・英，小一種，幼一種，特別支援），司書教諭，学芸員，保育士など。 ● 進路状況…………就職84.1％　進学6.7％ ● 主な就職先………学校教員，鳥取銀行，日本年金機構，日比谷花壇，鳥取県，鳥取市など。		
医学部		
医	105	▷地域社会はもとより国際的に活躍・貢献できる創造性豊かな医師を養成。
生命科	40	▷生命現象の解明や人類の健康と福祉に貢献するため，医学の根本課題を理解してバイオサイエンスを学ぶ。
保健	120	▷〈看護学専攻80名，検査技術科学専攻40名〉人々の健康に関する問題に幅広く取り組める看護師と，最先端の知識と技術を備えた臨床検査技師を育成する。
● 取得可能な資格…医師・看護師・保健師・助産師・臨床検査技師受験資格など。 ● 進路状況…………［医］初期臨床研修医92.5％　［生命・保健］就職73.1％　進学24.6％ ● 主な就職先………鳥取大学医学部附属病院，鳥取県立中央病院，協和発酵キリンなど。		
工学部		
機械物理系	115	▷機械工学，航空宇宙工学，ロボティクス，物理工学，医工学の５つの教育プログラムを設置。最先端の工学技術を学ぶ。
電気情報系	125	▷電気電子工学，コンピュータサイエンス，電子情報制御システム，医工学の４プログラム。
化学バイオ系	100	▷合成化学，材料化学，グリーンケミストリー，バイオサイエンス，バイオテクノロジー，医工学の６プログラム。
社会システム土木系	110	▷社会経営工学，土木工学の２つの教育プログラムで，社会を構成するさまざまな分野で活躍できる技術者を育成する。
● 取得可能な資格…教職（数・理・情・工業），測量士補，１・２級建築士受験資格など。 ● 進路状況…………就職49.1％　進学46.1％ ● 主な就職先………日産自動車，ダイハツ工業，三菱電機インフォメーションネットワーク，OKIソフトウェア，関東化学，大宝工業，清水建設，鹿島建設，ソフトバンクなど。		
農学部		
生命環境農	220	▷２年進級時に，国際乾燥地農学，里地里山環境管理学，植物菌類生産科学，農芸化学の４コースに分属。地域規模から地球規模までの広範な課題に対応できる人材を養成する。
共同獣医	35	▷「動物と社会の繋がり」「動物と人の健康と福祉」をキーワードに，命の専門家を養成する。
● 取得可能な資格…教職（理・農），獣医師受験資格など。 ● 進路状況…………就職66.1％　進学26.5％ ● 主な就職先………タマノイ酢，ブルボン，阪神園芸，アクシス，神奈川県農業協同組合，林兼産業，櫻正宗，アピ，中央競馬会，農林水産省，環境省，神戸税関，鳥取県など。		

キャンパスアクセス ［鳥取キャンパス］ JR山陰本線一鳥取大学前より徒歩3分

キャンパス

地域・工・農…［鳥取キャンパス］ 鳥取県鳥取市湖山町南4-101
医…［米子キャンパス］ 鳥取県米子市西町86

2023年度入試要項（前年度実績）

●募集人員

学部／学科（コース・専攻）		前期	後期
地域	地域（地域創造）	34	10
	（人間形成）	38	13
	（国際地域文化）	30	13
医	医	79	—
	生命科	30	5
	保健（看護学）	45	5
	（検査技術科学）	22	5
工	機械物理系	74	37
	電気情報系	82	31
	化学バイオ系	57	37
	社会システム土木系	81	18
農	生命環境農	110	20
	共同獣医	30	—

※医学部医学科前期の募集人員79名の内訳は一般枠58名，鳥取県枠14名，兵庫県枠２名，島根県枠５名。
※医学部保健学科看護学専攻の前期の募集人員には鳥取県看護職員養成枠10名以内を含む。

●２段階選抜

前期の医学部医学科で，共通テストの成績（合計得点900点満点中600点以上）により行う。

試験科目

デジタルブック

偏差値データ（2023年度）

●一般選抜

学部／学科／コース・専攻	2023年度 駿台予備学校 合格目標ライン	2023年度 河合塾 ボーダー得点率	2023年度 河合塾 ボーダー偏差値	'22年度 競争率
●前期				
地域学部				
地域／地域創造	44	65%	—	3.5
／人間形成	46	53%	47.5	1.2
／国際地域文化	45	59%	50	2.0
医学部				
医（一般枠）	63	76%	62.5	2.1
医（地域枠）	63	76%	62.5	
生命科	47	56%	50	1.8
保健／看護学	46	59%	47.5	2.8
／看護学（鳥取）	46	59%	47.5	
／検査技術科学	48	57%	52.5	3.4
工学部				
機械物理系	43	51%	47.5	1.8
電気情報系	43	53%	47.5	2.9
化学バイオ系	42	51%	47.5	2.0
社会システム土木系	42	51%	45	2.1
農学部				
生命環境農	49	54%	45	1.4
共同獣医	57	71%	60	2.9
●後期				
地域学部				
地域／地域創造	45	69%	—	8.3
／人間形成	46	60%	—	2.6
／国際地域文化	45	65%	—	7.2
医学部				
生命科	48	65%	—	1.6
保健／看護学	47	60%	—	4.6
／検査技術科学	48	60%	—	2.3
工学部				
機械物理系	45	56%	47.5	1.5
電気情報系	45	59%	47.5	2.6
化学バイオ系	44	58%	45	1.8
社会システム土木系	44	58%	45	3.2
農学部				
生命環境農	48	58%	—	2.6

- 駿台予備学校合格目標ラインは合格可能性80%に相当する駿台模試の偏差値です。
- 河合塾ボーダー得点率は合格可能性50%に相当する共通テストの得点率です。また，ボーダー偏差値は合格可能性50%に相当する河合塾全統模試の偏差値です。
- 競争率は受験者÷合格者の実質倍率
- 医学部医学科は２段階選抜を実施。

※受験者，合格者には追試験受験者・合格者を含みません。

キャンパスアクセス ［米子キャンパス］ JR山陰本線━米子より徒歩約15分

島根大学

資料請求

問合せ先　教育・学生支援部　入試課　☎0852-32-6073

大学の理念

旧制松江高校，島根師範・青年師範を母体として1949（昭和24）年に発足，2003（平成15）年10月に，島根医科大学と統合。「島根から発信できる人材を育て，地域を活性化すること」を大学の使命と考え，大学憲章には「知と文化の拠点として培った伝統と精神を重んじ，『地域に根ざし，地域社会から世界に発信する個性輝く大学』をめざすとともに学生・教職員の協同のもと，学生が育ち，学生と共に育つ大学づくりを推進する」と謳う。来るべき超スマート社会（Society 5.0）に向け，グローバル教育や数理・データサイエンス教育等，現代高等教育課題に対応した教育を推進。また，海外留学・研修や島根県内各地のフィールド学習，PBL，インターンシップ等の実践教育も強化している。2023年４月には材料エネルギー学部を新設。

- 松江キャンパス……〒690-8504　島根県松江市西川津町1060
- 出雲キャンパス……〒693-8501　島根県出雲市塩冶町89-1

基本データ

学生数▶5,311名（男3,077名，女2,234名）
専任教員数▶教授229名，准教授183名，講師193名
設置学部▶法文，教育，人間科，医，総合理工，生物資源科，材料エネルギー
併設教育機関▶大学院─医学系・自然科学（M・D），教育学（P），人間社会科学（M）

就職・卒業後の進路

就職率 97.2％
就職者÷希望者×100

●**就職支援**　低年次からのキャリア教育と手厚い支援体制が特徴。キャリア教育では学生自身が自分の道筋を見つけ，就職・大学院進学も含めた目的を持って学生生活を送れるような支援を提供。インターンシップや限定セミナーを組み込んだ「キャリアデザインプログラム」も好評。就職支援では大学主催の合同会社説明会や業界研究会はもちろん，無料就活バス，専門資格を持つスタッフによる個別就職相談など，きめ細かなサポート体制を整えている。また，各学部でも特色に応じた独自の就職セミナーや説明会を実施。

進路指導者も必見 学生を伸ばす 面倒見	初年次教育	学修サポート
	各学部で「入門演習（法文）」「教職論」「教育学部で学ぶこと」「人間科学概論」「フレッシュマンセミナー（総合理工）」「基礎物質化学実験」「生命科学基礎セミナー」などのほか，全学部で「情報科学」を開講	TA制度（法文・教育・人間科・総合理工），SA制度（教育・医・総合理工），オフィスアワー制度（全学部），教員アドバイザー制度（全学部，学生10～17人に教員1人）を導入

オープンキャンパス（2022年度実績）　８月に学部ごとに来場型のオープンキャンパスを開催（事前申込制）。学部・専攻・コースの紹介など。HPでは学部紹介や附属施設案内，学生企画などの動画を配信。

文系学部

2022年３月卒業生
197人

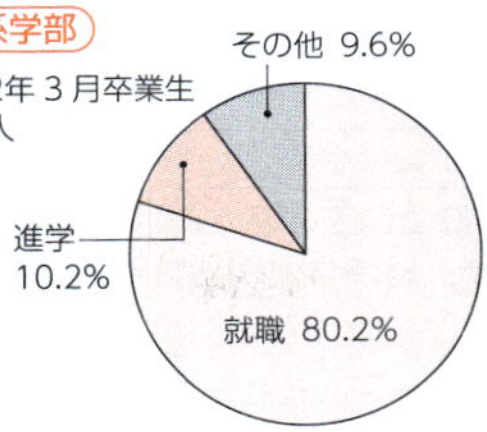

理系学部

2022年３月卒業生
771人
※就職には医学科の初期臨床研修医を含む。

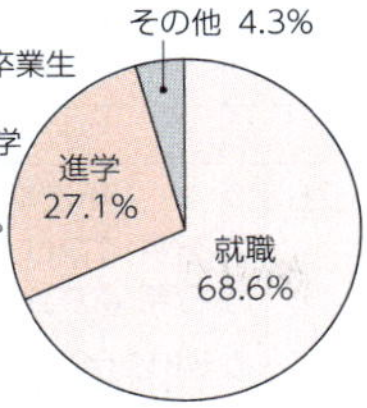

その他の学部

2022年３月卒業生
195人
・教育学部
・人間科学部

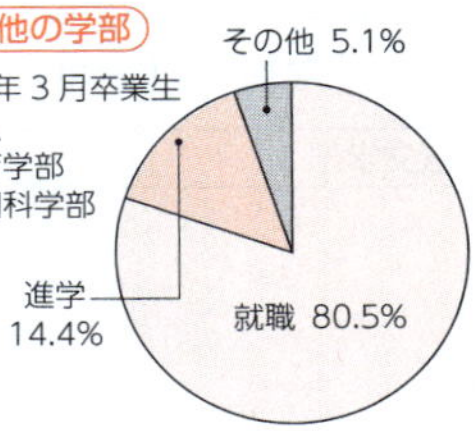

主なOB・OG ▶ [法] 阿多親市(SBテクノロジー社長CEO)，藤原聡・松浦匡希(ミュージシャン)など。

国際化・留学　大学間 83 大学等・部局間 27 大学等

受入れ留学生数 ▶ 94名(2022年9月1日現在)
留学生の出身国 ▶ 中国，マレーシア，韓国，アメリカ，ベトナムなど。
外国人専任教員 ▶ 教授４名，准教授３名，講師５名（2022年９月１日現在）
外国人専任教員の出身国 ▶ アメリカ，イギリス，中国，ロシア，ハンガリーなど。
大学間交流協定 ▶ 83大学・機関（交換留学先62大学，2022年9月1日現在）
部局間交流協定 ▶ 27大学・機関（2022年9月1日現在）
海外への留学生数 ▶ 渡航型４名・オンライン型360名／年（16カ国・地域，2021年度）
海外留学制度 ▶ 学生交流に関する協定を締結している海外の大学との間で，留学希望の学生を６カ月から１年以内の期間，相互に派遣する「交換留学制度」により学生の交流を推進している。また，授業の一環として，フレックスタームや春・夏の休業の時期にアメリカ，カナダでの語学研修や，韓国，中国語圏などでの異文化研修，タイではグローカル課題解決型研修などを実施。ホームステイ，語学・文化講座の受講，現地学生との交流など内容も充実。留学期間に応じた奨学金制度もある。

学費・奨学金制度　給付型奨学金総額 年間 345 万円

入学金 ▶ 282,000円
年間授業料(施設費等を除く) ▶ 535,800円
年間奨学金総額 ▶ 3,450,000円
年間奨学金受給者数 ▶ 26人
主な奨学金制度 ▶ 入学1年目の経済的負担の軽減を図るため，20万円を給付する「夢チャレンジ奨学金」や，所属する学部以外のキャンパスで研究を実施する学生を支援する「キャンパス間連携プログラム奨学金」などを設置。また，学費減免制度があり，2021年度には延べ368人を対象に総額で約7,811万円を減免している。

保護者向けインフォメーション

●**成績確認**　成績表等（生物資源は評価別修得単位数の一覧，人間科では履修科目と単位数の情報を併せて）を保護者に郵送している。
●**保護者会**　学部ごとに保護者会を開催。法文学部では指導教員との個別面談も実施。
●**防災対策**　「災害対応ぽけっとマニュアル」をキャンパス内に常設。被災した場合には，学務情報システムにより学生の安否を確認する。
●**コロナ対策１**　ワクチンの職域接種を実施。感染状況に応じた５段階のBCP（行動指針）を設定。「コロナ対策２」（下段）あり。

インターンシップ科目	必修専門ゼミ	卒業論文	GPA制度の導入の有無および活用例	１年以内の退学率	標準年限での卒業率
全学部で開講している	法文（法経）・総合で1～4年次，人間科・医・生物資源科で3・4年次，法文（言語）・教育で4年次に実施	法経学科，医学科を除き卒業要件	GPAに応じた履修上限単位数を設定しているほか，一部の学部で学生に対する個別の学修指導，大学院早期履修資格者(法文学部)や教職大学院一貫プログラムの履修基準などに活用	0.6%	85.0%(4年制) 90.2%(6年制)

● **コロナ対策２**　対面授業とオンライン授業を感染状況に応じて併用し，講義室の収容人数を調整。大学および講義室入口に消毒液を設置。経済的に困窮している学生に緊急学生一時金支給や授業料免除・延納などを実施。

学部紹介

学部／学科・課程	定員	特色
法文学部		
法経	76	▷1・2年次は法学と経済学についての基本的な知識と応用力を身につけ，３年次に法学，経済学，司法特別の3コースから希望のコースを選択。
社会文化	47	▷現代社会，歴史と考古の２コース。社会，歴史，文化について調査や実習などを通じて体験的に学ぶ。
言語文化	52	▷東洋・西洋の言語文化について古代から現代まで幅広く学ぶ。2年次以降日本言語文化，中国言語文化，英米言語文化，ドイツ言語文化，フランス言語文化，哲学・芸術・文化交流の研究室から所属を選択する。
● 取得可能な資格…教職（国・地歴・公・社・英），学芸員など。 ● 進路状況…………就職80.2％　進学10.2％ ● 主な就職先………西日本旅客鉄道，YKK AP，東芝，明治安田生命保険，日本赤十字社，山陰合同銀行，厚生労働省，神戸税関，公正取引委員会，島根県庁，広島市役所など。		
教育学部		
学校教育	130	▷小学校と中学校の教員免許併有をめざす主専攻・副専攻制。小学校，特別支援，英語科，国語科，社会科，理科，数学科，保健体育科，音楽科，美術科の10教育専攻と，家庭科，技術科の２教育副専攻。さらに自由単位枠を用いた「免許プログラム」や，心理学と社会教育士の特別プログラムを設定。
● 取得可能な資格…教職（国・地歴・公・社・数・理・音・美・書・保体・技・家・工業・英，小一種，幼一種，特別支援）など。 ● 進路状況…………就職85.6％　進学11.0％ ● 主な就職先………島根県公立学校，鳥取県公立学校，岡山県公立学校，広島県公立学校，四国旅客鉄道，岡山放送，広島銀行，松江地方法務局，島根県庁，鳥取県庁，広島市役所など。		
人間科学部		
人間科	80	▷人間存在に文理融合的にアプローチし，多様な視点に基づく人間理解を通じて，地域社会に実践的に関わることのできる人材を育成する。心理学，福祉社会，身体活動・健康科学の３コース制。１年後期から各コースへ配属。
● 取得可能な資格…認定心理士，社会福祉主事，社会福祉士・精神保健福祉士受験資格など。 ● 進路状況…………就職72.7％　進学19.5％ ● 主な就職先………JTB，森永製菓，日本食研，ニトリ，ローソンエンタテインメント，協会けんぽ，島根県社会福祉事業団，神戸税関，門司税関，島根県庁，千葉市役所など。		
医学部		
医	102	▷高い倫理観と豊かな教養を備え，科学的探究心を持つ医療人の育成をめざす。６年一貫の医学英語教育や海外実習により国際的な視野を養う。
看護	60	▷看護専門職としての基盤となる看護実践力の育成に力を注ぎ，さまざまな健康レベルの人々に適切な看護を提供できる知識と技術の修得をめざす。
● 取得可能な資格…教職（養護一種），医師・看護師・保健師受験資格など。 ● 進路状況…………［医］初期臨床研修医96.1％　［看護］就職94.5％　進学5.5％ ● 主な就職先………［看護］日本航空，島根大学医学部附属病院，島根県立中央病院，松江市立病院，松江赤十字病院，虎の門病院，島根県（保健師），島根県公立学校（養護教諭）など。		

キャンパスアクセス ［松江キャンパス］ JR山陰本線―松江よりバス約15～20分

総合理工学部		
		▶将来の科学技術の発展をリードする優秀な研究者・技術者，及び将来の科学技術の発展を担う人材を育てる有能な教育者を育成するために，1～2年次から研究活動を始める「理工特別コース」や5つの学科を横断する「材料工学特別コース」を設置。
物理工	60	▷物質の基礎と応用を物理学の視点から学ぶ。2年次までは主に物理学の基礎科目を修得し，その後，物理学，電子デバイス工学の専門科目を履修する。
物質化	60	▷機能材料の開発・応用に強い「機能材料科学コース」，環境保全やグリーンエネルギーなどに関する知識，技術を生かす「環境化学コース」，幅広い分野で活躍できる「基礎化学コース」がある。
地球科	50	▷地球物質資源科学，地球環境科学，自然災害科学の3分野。基礎科学としての地質学，応用分野の資源，環境，災害科学を総合的に研究・教育している。
数理科	46	▷数理基幹と数理展開の2コース。1年次には数学の基礎，2年次以降は代数学・幾何学・位相数学・解析学・複素解析学・統計科学・現象数理などを学ぶ。
知能情報デザイン	50	▷コンピュータサイエンス，プログラミング，情報数学を基盤に地元企業と提携した実践型授業を通し，情報分野の幅広い手法を体系的に学び，研究する。
機械・電気電子工	64	▷機械工学と電気電子工学を融合し，両分野の基礎科目を学習後，いずれかの分野もしくは両分野について専門的に学ぶ。
建築デザイン	40	▷高度な専門技術を持ち，かつ安全で快適な建築の創造を目指し，地域に根ざした建築空間づくりに貢献できる人材を育成する。

- **取得可能な資格**…教職（数・理・情・工業），学芸員，1・2級建築士受験資格など。
- **進路状況**…………就職59.4%　進学36.4%
- **主な就職先**………西日本旅客鉄道，NTT東日本，NTT西日本，マツダ，ヤマハ発動機，三菱重工，大塚製薬，三菱電機，関西電力，清水建設，積水ハウス，東京税関，気象庁など。

材料エネルギー学部		
材料エネルギー	80	▷NEW! '23年新設。技術発展，エネルギー問題の解決に向け，AIやデータ解析も駆使したマテリアル・イノベーションの創出に貢献できる人材育成をめざす。

生物資源科学部		
生命科	70	▷多様な生物が示すさまざまな生命現象の基本的な理解と根本原理の解明をめざし，生物・化学産業に役立てる教育・研究を行う。細胞生物学，水圏・多様性生物学，生命機能化学，食生命科学の4コース。
農林生産	60	▷農林業生産における豊かな人間生活の実現をめざし，農産物および林産物に関する持続可能な生産技術と経営・経済についての教育・研究を行う。資源作物・畜産学，園芸植物科学，農業経済学，森林学の4コース。
環境共生科	70	▷土・水・生物などの資源と環境を適切に保全・管理しつつ持続的に利用する環境調和型社会の構築や実践に必要な専門知識や技術に関する科学・工学についての教育を行う。環境生物学，生態環境学，環境動態学，地域工学の4コース。

キャンパスアクセス　［出雲キャンパス］ JR山陰本線一出雲市よりバス約10分または徒歩約25分

- 取得可能な資格…教職（理・農），学芸員，測量士補など。
- 進路状況…………就職61.5％　進学32.9％
- 主な就職先………西日本旅客鉄道，日本マクドナルド，森永乳業，山崎製パン，住友化学，良品計画，西友，ロフト，マイナビ，農林水産省，林野庁，植物防疫所など。

▶キャンパス

法文・教育・人間科・総合理工・材料エネルギー・生物資源科…［松江キャンパス］島根県松江市西川津町1060
医…［出雲キャンパス］島根県出雲市塩冶町89-1

2023年度入試要項（前年度実績）

●募集人員

学部／学科・課程（専攻）		前期	後期
▶法文	法経	30	21
	社会文化	21	10
	言語文化	25	9
▶教育	学校教育Ⅰ類	60	10
	Ⅱ類（保健体育科教育）	7	—
	（音楽科教育）	5	—
	（美術科教育）	3	—
▶人間科	人間科	45	10
▶医	医	58	—
	看護	32	10
▶総合理工	物理工	32	10
	物質化	30	8
	地球科	23	10
	数理科	20	9
	知能情報デザイン	21	9
	機械・電気電子工	34	11
	建築デザイン	21	4
▶材料エネルギー	材料エネルギー	40	8
▶生物資源科	生命科	40	6
	農林生産	31	5
	環境共生科	35	11

※医学部医学科の前期は県内定着枠３名を含む。

●２段階選抜

医学部医学科の前期は志願者数が募集人員の約８倍，人間科学部人間科学科の後期は約16倍を越えた場合に行う。

試験科目

デジタルブック ≫

偏差値データ（2023年度）

●一般選抜

学部／学科・課程／専攻等	2023年度 駿台予備学校 合格目標ライン	2023年度 河合塾 ボーダー得点率	2023年度 河合塾 ボーダー偏差値	'22年度 競争率
●前期				
▶法文学部				
法経	46	64%	50	2.2
社会文化	46	63%	50	1.4
言語文化	47	61%	50	1.3
▶教育学部				
学校教育Ⅰ類	47	55%	—	3.4
学校教育Ⅱ類／保健体育科	43	58%	—	2.4
音楽科	42	54%	—	1.7
美術科	41	55%	—	1.3
▶人間科学部				
人間科	47	62%	47.5	2.1
▶医学部				
医（一般枠）	60	77%	65	6.2
（県内定着枠）	60	77%	65	
看護	46	63%	—	2.6
▶総合理工学部				
物理工	43	55%	45	1.5
物質化	44	53%	45	1.2
地球科	45	56%	45	1.1
数理科	45	55%	45	1.3
知能情報デザイン	45	60%	45	1.9
機械・電気電子工	43	55%	45	1.9
建築デザイン	47	60%	47.5	1.5
▶材料エネルギー				
材料エネルギー	45	54%	45	新
▶生物資源科学部				
生命科	49	56%	50	2.0
農林生産	48	57%	52.5	3.1
環境共生科	48	55%	50	1.3

●後期				
▶法文学部				
法経	47	70%	—	1.7
社会文化	47	74%	—	2.0
言語文化	48	70%	—	1.4
▶教育学部				
学校教育Ⅰ類	48	55%	—	10.1
▶人間科学部				
人間科	47	77%	—	3.6
▶医学部				
看護	47	66%	—	5.4
▶総合理工学部				
物理工	44	60%	—	1.1
物質化	45	60%	—	1.6
地球科	46	62%	—	1.5
数理科	46	60%	47.5	2.3
知能情報デザイン	46	62%	—	1.3
機械・電気電子工	44	63%	—	2.6
建築デザイン	48	67%	—	1.8
▶材料エネルギー				
材料エネルギー	46	58%	—	新
▶生物資源科学部				
生命科	48	60%	—	2.4
農林生産	47	64%	—	2.3
環境共生科	47	57%	—	1.5

- 駿台予備学校合格目標ラインは合格可能性80%に相当する駿台模試の偏差値です。
- 河合塾ボーダー得点率は合格可能性50%に相当する共通テストの得点率です。また，ボーダー偏差値は合格可能性50%に相当する河合塾全統模試の偏差値です。
- 競争率は受験者÷合格者の実質倍率

※合格者には追加合格者を含みません。

MEMO

岡山(おかやま)大学

OKAYAMA UNIVERSITY

資料請求

問合せ先 学務部入試課 ☎086-251-7192～7194

大学の理念

1870（明治３）年に岡山藩が設立した「岡山藩医学館」が起源。その後旧制岡山医科大学を経て，1949年に新制大学となった。現在，10学部１プログラム，８研究科，４研究所，大学病院，附属学校を備える全国屈指の総合大学。「高度な知の創成と的確な知の継承」を理念に掲げ，「人類社会の持続的進化のための新たなパラダイム構築」を目的とする岡山大学では，国連のSDGs（持続可能な開発目標）達成への取り組みを推進，学生が地域・企業・国際社会のグローバルな体験や課題発見と解決への道筋を学べるさまざまなプログラムを提供。2013年に文部科学省「研究強化促進事業」，2014年には「スーパーグローバル大学創成支援」に採択されるなど，わが国のグローバル化を牽引する大学として世界に通用する人材の養成をめざす。

● 津島キャンパス…〒700-8530　岡山県岡山市北区津島中1-1-1
● 鹿田キャンパス…〒700-8558　岡山県岡山市北区鹿田町2-5-1

基本データ

学生数▶10,069名（男5,805名，女4,264名）
専任教員数▶教授442名，准教授389名，講師121名
設置学部▶文，教育，法，経済，理，医，歯，薬，工，農，グローバル・ディスカバリー・プログラム
併設教育機関▶大学院―社会文化科学・保健学・環境生命自然科学・医歯薬学総合，ヘルスシステム統合科学（以上M・D），教育学（M・P），連合学校教育学（D），法務（P）

就職・卒業後の進路

就職率 95.4％
就職者÷希望者×100

●就職支援　初年次キャリア教育から就職支援，在学中の正課外活動支援，卒業後のフォローアップまで，キャリア形成を総合的に支援。キャリアアドバイザーによる個別相談や就職ガイダンスをはじめ，インターンシップガイダンス，エントリーシート，グループディスカッションなどの各種対策講座，学生の企画・実施による就活支援セミナー，企業紹介セミナー，東京3DAYプレインターンシップ（企業訪問・卒業生との交流），OBOGフ

進路指導者も必見 学生を伸ばす 面倒見

初年次教育	学修サポート
「岡山大学入門講座」「キャリア形成基礎講座」「情報処理入門」「アカデミック・ライティング学問の方法」を開講し，初年次教育を実施	全学部でTA・SA制度，オフィスアワー制度，教員アドバイザー制度（学生10～80人に教員1人）を導入し，学生の履修や学修の支援をしている

オープンキャンパス（2022年度実績）　8月に各学部で来学，ライブ配信または併用方式でオープンキャンパスを開催（事前申込制）。また，Webオープンキャンパス特設サイトでは模擬授業，入試・国際交流の情報や，施設の紹介などの動画を多数掲載。

ォーラム，合同企業説明会などを開催。

●**資格取得支援**　公務員試験対策講座，教員試験対策セミナーなど，各種の資格試験対策講座を学内で開講。

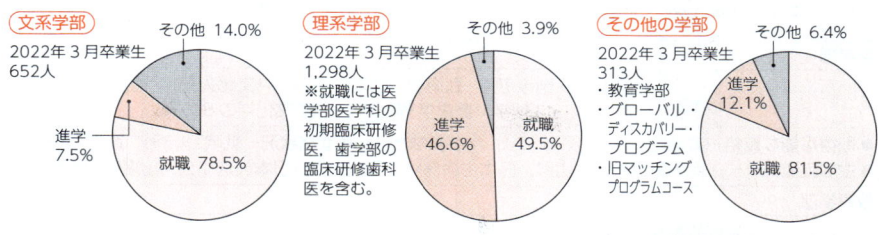

文系学部

2022年３月卒業生
652人

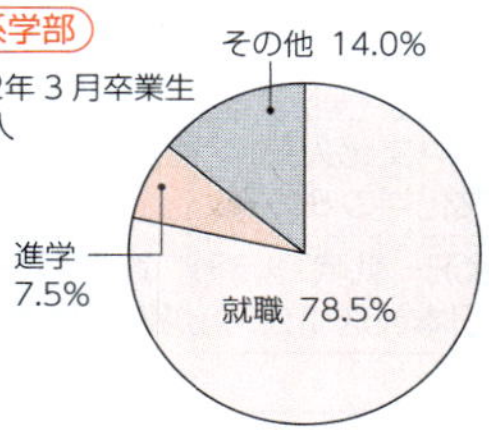

理系学部

2022年３月卒業生
1,298人
※就職には医学部医学科の初期臨床研修医，歯学部の臨床研修歯科医を含む。

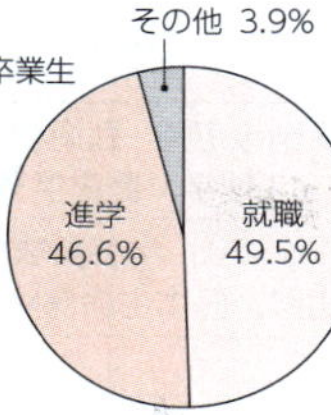

その他の学部

2022年３月卒業生
313人
・教育学部
・グローバル・ディスカバリー・プログラム
・旧マッチングプログラムコース

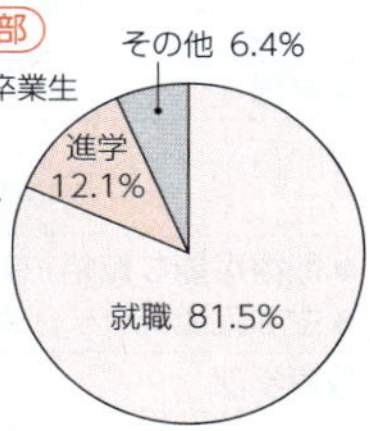

※進路未決定者はその他に含む。

主なOB・OG ▶ ［法］東川篤哉（小説家・推理作家），［経済］野志克仁（松山市長），［文］柚木道義（衆議院議員），［経済］山﨑夕貴（フジテレビアナウンサー）など。

国際化・留学　大学間 182 大学等・部局間 212 大学等

受入れ留学生数 ▶ 155名（2022年5月1日現在）

留学生の出身国 ▶ 中国，韓国，マレーシア，ベトナム，ミャンマーなど。

外国人専任教員 ▶ 教授20名，准教授18名，講師５名（2022年５月１日現在）

外国人専任教員の出身国 ▶ 韓国，中国，アメリカ，イギリス，カナダなど。

大学間交流協定 ▶ 182大学・機関（交換留学先150大学，2022年５月１日）

部局間交流協定 ▶ 212大学・機関（交換留学先86大学，2022年５月１日）

海外への留学生数 ▶ 渡航型18名・オンライン型224名／年（17カ国・地域，2021年度）

海外留学制度 ▶ 岡山大学短期留学プログラム（EPOK）は全学部生を対象に58の協定大学に学生を派遣。中国と韓国の大学では語学を中心に，それ以外の大学では現地の学生や他国からの留学生と一緒に正規授業を履修する。留学先の取得単位は認定できる場合もある。また，１カ月程度の語学研修や短期海外研修，インターンシップのほか，各学部でも独自のプログラムを運営，医学部の医学研究インターンシップや工学部の海外短期研修（DIG），歯学部の国際交流演習（ODAPUS）は単位も認定される。コンソーシアムはASEAN+3UNet，UMAP，IAUに参加している。

学費・奨学金制度

入学金 ▶ 282,000円（夜間主コース141,000円）

年間授業料（施設費等を除く）▶ 535,800円（夜間主コース267,900円）

主な奨学金制度 ▶ 海外留学を支援する「岡山大学海外派遣支援事業奨学生」や，海外インターンシップ，国際大会参加学生を対象とした「岡山大学Alumni（全学同窓会）グローバル人材自己啓発奨励事業」などを設置。また，学費減免制度があり，2021年度には延べ936人を対象に総額で約1億7,396万円を減免している。

保護者向けインフォメーション

●**成績確認**　成績表を保護者に郵送している。学食利用状況はwebで閲覧できる。

●**防災対策**　「防災パンフレット」をＨＰに掲載。学生が被災した際の安否確認はメールを利用。

●**コロナ対策１**　ワクチンの職域接種を実施。感染状況に応じた６段階のBCP（行動指針）を設定。「コロナ対策２」（下段）あり。

インターンシップ科目	必修専門ゼミ	卒業論文	GPA制度の導入の有無および活用例	１年以内の退学率	標準年限での卒業率
法・教育・工学部で開講している	経済は１・３・４年次，歯は１～４年次，医（医）は2年次，文・教育・法・医（保）・薬は３・４年次，工・農は４年次に実施	法・経・医（医）・歯学部を除き卒業要件	奨学金等対象者の選定基準，留学候補者の選考，一部の学部で個別の学修指導に活用するほか，GPAに応じた履修上限単位数を設定	0.5%	87.7%（４年制）89.8%（６年制）

●**コロナ対策２**　対面授業とオンライン授業を感染状況に応じて併用し，希望する学生にはノートPCの貸し出しを行うほか，未使用教室をオンライン授業用に解放。

学部紹介

学部／学科・課程	定員	特色
文学部		
人文	175	▷哲学・芸術学，地理学・社会学・文化人類学・社会文化学，心理学，歴史学・考古学，言語文化学の５分野。
● **取得可能な資格**…教職（国・地歴・公・社・英），学芸員など。 ● **進路状況**…就職74.3％ 進学12.3％ ● **主な就職先**………岡山労働局，岡山県，日本生命保険，岡山大学，日本放送協会，山陽新聞社など。		
教育学部		
学校教育教員養成	250	▷〈小学校教育140名，中学校教育80名（科目別募集枠あり），特別支援教育15名，幼児教育15名〉
養護教諭養成	30	▷国立学校法人では中国・四国地区で唯一の養護教諭の専門課程。心とからだの健康管理，発達支援をする教員を養成。
● **取得可能な資格**…教職（国・地歴・公・社・数・理・音・美・工芸・保体・保健・技・家・英・工業，小一種，幼一種，特別支援，養護一種），司書教諭，保育士。 ● **進路状況**…………就職84.3％ 進学10.1％ ● **主な就職先**………公・私立学校教員，公・私立幼稚園職員・保育士，岡山県，中国四国農政局など。		
法学部		
法（昼間コース）	205	▷リーガルマインドを身につける。公共法政，企業法務，法律専門職の３コース。
法（夜間主コース）	20	▷社会人が対象。修業年限は４または５年。１年次から専門教育科目の授業がある。
● **取得可能な資格**…教職（公）。 ● **進路状況**…………［昼間］就職80.6％ 進学8.8％ ［夜間主］就職59.1％ 進学9.1％ ● **主な就職先**………三井住友銀行，TBSテレビ，日立造船，岡山大学，岡山地方裁判所など。		
経済学部		
経済（昼間コース）	205	▷専門科目をユニットに分類し，モジュール（経済分析，政策，国際比較，組織経営，会計学）に沿って学ぶ。
経済（夜間主コース）	40	▷総合学修と実践力強化の２コース編成。昼間コースの科目も履修できる。
● **取得可能な資格**…教職（商業）。 ● **進路状況**…………［昼間］就職83.7％ 進学2.5％ ［夜間主］就職69.2％ 進学5.1％ ● **主な就職先**………法務省，財務省，岡山県，日本銀行，岡三証券，三井住友銀行，リクルートなど。		
理学部		
数	20	▷数や空間をはじめとする現代数学の諸概念と，それらの調和があやなす美しい理論の体系を学ぶ。
物理	35	▷自然現象に潜む基本原理を探究。研究分野は宇宙・素粒子物理学，放射光科学，磁性・超電導などの物質科学。
化	30	▷分子化学（物理化学），反応化学（有機化学），物質化学（無機・分析化学）の３分野からなる。
生物	30	▷生命現象の多様性と共通性を，分子・遺伝・細胞・発生・神経・内分泌・光合成・環境・進化など多面的な視点から解析する。
地球科	25	▷高校で地学を履修していなくても基礎から学べるカリキュラム編成。地球科学の全般を網羅する教育スタッフ陣を配置。
● **取得可能な資格**…教職（数・理），学芸員など。 ● **進路状況**…就職32.2％ 進学60.3％ ● **主な就職先**………日本生命保険，日立製作所，アジア航測，経済産業省，気象庁など。		

キャンパスアクセス ［津島キャンパス］ JR―岡山よりバス約7～10分。JR津山線―法界院より徒歩約10分

医学部		
医	112	▷医の倫理に徹し，科学的思考法と高度な医学的知識・技術を体得し，社会的信頼を得る臨床医・研究者を養成。
保健	160	▷健康増進，保健，医療のプロフェッショナルを育成する。
●**取得可能な資格**…医師・看護師・保健師・診療放射線技師・臨床検査技師受験資格。 ●**進路状況**…………[医]初期臨床研修医94.3%　[保健]就職83.7%　進学13.7% ●**主な就職先**………岡山大学病院，岡山済生会総合病院，倉敷中央病院，姫路赤十字病院，岡山県など。		
歯学部		
歯	48	▷高度な歯科医療を提供するとともに，先端的な歯科医療の研究開発に取り組む。
●**取得可能な資格**…歯科医師受験資格。　●**進路状況**…………臨床研修歯科医90.2%		
薬学部		
薬	40	▷6年制。医療の一翼を担う薬剤師を育成。国際社会にも貢献しうる人材を育成する。
創薬科	40	▷4年制。生命の仕組みと病気の原因を解明し，薬を創る研究者を育成する。
●**取得可能な資格**…薬剤師受験資格（薬学科）。 ●**進路状況**…………[薬]就職92.7%　進学2.4%　[創薬科]就職6.8%　進学90.9% ●**主な就職先**………岡山中央病院，川崎医科大学附属病院，ウエルシア薬局，第一三共，マルホなど。		
工学部		
工	610	▷1学科に4系10コースを配置。機械システム系（機械工学，ロボティクス・知能システム），環境・社会基盤系（都市環境創成，環境マネジメント），情報・電気・数理データサイエンス系（情報工学，ネットワーク工学，エネルギー・エレクトロニクス，数理データサイエンス），化学・生命系（応用化学，生命工学）。
●**取得可能な資格**…教職（数・情・工業），測量士補，1・2級建築士受験資格など。 ●**進路状況**…………就職34.8%　進学63.3%（旧工学部・環境理工学部実績） ●**主な就職先**………トヨタ自動車，川崎重工業，旭化成，デンソー，ヤフー，三菱UFJ銀行，AGC，東レ，大林組，国土地理院，国土交通省など。（旧工学部・環境理工学部実績）		
農学部		
総合農業科	120	▷農芸化学・応用植物科学・応用動物科学・環境生態学の4コース。2年次にいずれかを選ぶ。
●**取得可能な資格**…教職（理・農）など。　●**進路状況**…就職40.5%　進学52.4% ●**主な就職先**………農林水産省，林野庁，岡山県，岡山県畜産協会，菊池酒造，カゴメ，エーザイなど。		
グローバル・ディスカバリー・プログラム		
	60	▷世界中から集まる留学生，帰国生などと一緒に学ぶ国際プログラム。グローバルに活躍できる人材を育成する。
●**進路状況**…………就職64.4%　進学24.4%（旧マッチングプログラムコース実績を含む） ●**主な就職先**………アイリスオーヤマ，イオン銀行，ハワイアン航空，星野リゾート，LINEなど。		

キャンパス

薬・農…[津島キャンパス] 岡山県岡山市北区津島中1-1-1
グローバル・ディスカバリー・プログラム…[津島キャンパス] 岡山県岡山市北区津島中2-1-1
文・教育・法・経・理・工…[津島キャンパス] 岡山県岡山市北区津島中3-1-1
医・歯…[鹿田キャンパス] 岡山県岡山市北区鹿田町2-5-1

キャンパスアクセス [鹿田キャンパス] JR—岡山よりバス約15分

2023年度入試要項（前年度実績）

●募集人員

学部／学科・課程（専攻）		前期
▶文	人文	120
▶教育	学校教育教員養成（小学校）	88
	（中学校文系／国語・社会・家庭・英語）	11
	（中学校理系／数学・理科・技術・家庭）	9
	（中学校実技系／音楽・美術・保健体育）	6
	（特別支援）	10
	（幼児）	10
	養護教諭養成	14
▶法	法学（昼間）	152
	法学（夜間）	12
▶経済	経済（昼間）	143
	経済（夜間）	15
▶理	数	17
	物理	29
	化	26
	生物	23
	地球科	21
▶医	医	95
	保健（看護学）	53
	（放射線技術科学）	27
	（検査技術科学）	28
▶歯	歯	34
▶薬	薬	28
	創薬科	26
▶工	工（機械システム系）	(93)
	（環境・社会基盤系）	(56)
	（情報・電気・数理データサイエンス系）	(143)
	（化学・生命系）	(123)
▶農	総合農業科	82

※工学部工学科の募集人員は合計415名，（ ）内は目安の人数。
※グローバル・ディスカバリー・プログラムは総合型選抜のみで募集。

●2段階選抜

志願者数が医学部医学科の募集人員に対し，約3倍を超えた場合に行う。

▷共通テストの英語はリスニングを含む
▷個別学力検査の数B―数列・ベク。

文学部

前期 ［共通テスト(750)］ 8～7科目 ①国(200) ②外(200・英〈R160＋L40〉)▶英・独・仏・中・韓から1 ③④地歴・公民(100×2)▶世B・日B・地理B・「現社・倫・政経・〈倫・政経〉から1」から2 ⑤⑥数(50×2)▶「数Ⅰ・〈数Ⅰ・数A〉から1」・「数Ⅱ・〈数Ⅱ・数B〉・簿・情から1」 ⑦⑧理科(50)▶「物基・化基・生基・地学基から2」・物・化・生・地学から1
［個別学力検査(400)］ 2科目 ①国(200)▶国総・現文B・古典B ②外(200)▶コミュ英Ⅰ・コミュ英Ⅱ・コミュ英Ⅲ・英表Ⅰ・英表Ⅱ

教育学部

前期 【学校教育教員養成課程〈小学校教育専攻・中学校教育専攻文系/理系・特別支援教育専攻・幼児教育専攻〉・養護教諭養成課程】［共通テスト(900)］ 8～7科目 ①国(200) ②外(200・英〈R160＋L40〉)▶英・仏・独・中・韓から1 ③④数(100×2)▶「数Ⅰ・数A」必須，「数Ⅱ・数B」・簿・情から1 ⑤⑥⑦⑧「地歴・公民」・理(100×3)▶世A・世B・日A・日B・地理A・地理B・「現社・倫・政経・〈倫・政経〉から1」から1または2，「物基・化基・生基・地学基から2」・物・化・生・地学から1または2，計3，ただし，同一科目名を含む選択は不可
【学校教育教員養成課程〈小学校教育専攻・特別支援教育専攻・幼児教育専攻〉】［個別学力検査(200×2・実400)］ 2～1科目 ①②「外・数・〈国・理〉」・実技(400)▶「コミュ英Ⅰ・コミュ英Ⅱ・コミュ英Ⅲ・英表Ⅰ・英表Ⅱ」・「〈数Ⅰ・数Ⅱ・数A・数B〉・〈数Ⅰ・数Ⅱ・数Ⅲ・数A・数B〉から1」・「〈国総・現文B・古典B〉・〈物基・物〉・〈化基・化〉・〈生基・生〉から1」から2，または「音楽実技Ⅰ・音楽実技Ⅱ」・「美術実技Ⅰ・美術実技Ⅱ」「体育実技Ⅰ・体育実技Ⅱ」から1
【学校教育課程〈中学校教育専攻文系〉】［個別学力検査(400)］ 2科目 ①国(200)▶国総・現文B・古典B ②外(200)▶コミュ英Ⅰ・コミュ英Ⅱ・コミュ英Ⅲ・英表Ⅰ・英表Ⅱ
【学校教育課程〈中学校教育専攻理系〉】［個別学力検査(400)］ 2科目 ①数(200)▶「数Ⅰ・数Ⅱ・数A・数B」・「数Ⅰ・数Ⅱ・数Ⅲ・数A・数B」から1 ②理(200)▶「物基・物」・「化基・化」・「生基・生」から1
【養護教諭養成課程】［個別学力検査(400)］ 2科目 ①小論文(300) ②ペーパーインタビュー(100)

【学校教育教員養成課程〈中学校教育コース・実技系〉】［共通テスト(800)］ **8〜7**科目 ①**国**(200) ②**外**(200・英〈R160＋L40〉)▶英・仏・独・中・韓から1 ③④**数**(50×2)▶「数Ⅰ・数A」必須，「数Ⅱ・数B」・簿・情から1 ⑤⑥⑦⑧**「地歴・公民」・理**(100×3)▶世A・世B・日A・日B・地理A・地理B・「現社・倫・政経・〈倫・政経〉から1」から1または2，「物基・化基・生基・地学基から2」・物・化・生・地学から1または2，計3，ただし，同一科目名を含む選択は不可

［個別学力検査(400)］ **1**科目 ①**実技**(400)▶「音楽実技Ⅰ・音楽実技Ⅱ」・「美術実技Ⅰ・美術実技Ⅱ」「体育実技Ⅰ・体育実技Ⅱ」から1

法学部

前期 **【法学科(昼間コース)】［共通テスト(900)］** **8〜7**科目 ①**国**(200) ②**外**(200・英〈R160＋L40〉)▶英・独・仏・中・韓から1 ③④**地歴・公民**(100×2)▶世B・日B・地理B・「現社・倫・政経・〈倫・政経〉から1」から2 ⑤⑥**数**(100×2)▶「数Ⅰ・数A」必須，「数Ⅱ・数B」・簿・情から1 ⑦⑧**理科**(100)▶「物基・化基・生基・地学基から2」・物・化・生・地学から1

［個別学力検査(800)］ **2**科目 ①**国**(400)▶国総・現文B・古典B ②**外**(400)▶コミュ英Ⅰ・コミュ英Ⅱ・コミュ英Ⅲ・英表Ⅰ・英表Ⅱ

【法学科(夜間主コース)】［共通テスト(600)］ **4**科目 ①**国**(200) ②**外**(200・英〈R160＋L40〉)▶英・独・仏・中・韓から1 ③④**「地歴・公民」・数**(100×2)▶「世B・日B・地理B・〈現社・倫・政経・(倫・政経)から1〉から2」・「〈数Ⅰ・(数Ⅰ・数A)から1〉・〈数Ⅱ・(数Ⅱ・数B)・簿・情から1〉」から1

［個別学力検査(400)］ **2**科目 ①**国**(200)▶国総・現文B・古典B ②**外**(200)▶コミュ英Ⅰ・コミュ英Ⅱ・コミュ英Ⅲ・英表Ⅰ・英表Ⅱ

経済学部

前期 **【経済学科(昼間コース)】［共通テスト(900)］** **8〜7**科目 ①**国**(200) ②**外**(200・英〈R160＋L40〉)▶英・独・仏・中・韓から1 ③④**数**(100×2)▶「数Ⅰ・数A」必須，「数Ⅱ・数B」・簿・情から1 ⑤⑥⑦⑧**「地歴・公民」・理**(100×3)▶世B・日B・地理B・「現社・倫・政経・〈倫・政経〉から1」から1または2，「物基・化基・生基・地学基から2」・物・化・生・地学から1または2，計3，ただし，同一科目名を含む選択は不可

［個別学力検査(600)］ **2**科目 ①②**国・外・数**(300×2)▶「国総・現文B・古典B」・「コミュ英Ⅰ・コミュ英Ⅱ・コミュ英Ⅲ・英表Ⅰ・英表Ⅱ」・「数Ⅰ・数Ⅱ・数A・数B」から2

【経済学科(夜間主コース)】［共通テスト(600)］ **4**科目 ①**国**(200) ②**外**(200・英〈R160＋L40〉)▶英・独・仏・中・韓から1 ③**地歴・公民**(100)▶世B・日B・地理B・現社・倫・政経・「倫・政経」から1 ④**数**(100)▶数Ⅰ・「数Ⅰ・数A」・数Ⅱ・「数Ⅱ・数B」・簿・情から1

［個別学力検査(200)］ **1**科目 ①**国・外・数**(200)▶「国総・現文B・古典B」・「コミュ英Ⅰ・コミュ英Ⅱ・コミュ英Ⅲ・英表Ⅰ・英表Ⅱ」・「数Ⅰ・数Ⅱ・数A・数B」から1

理学部

前期 **［共通テスト(900)］** **7**科目 ①**国**(200) ②**外**(200・英〈R160＋L40〉)▶英・独・仏・中・韓から1 ③**地歴・公民**(100)▶世A・世B・日A・日B・地理A・地理B・現社・倫・政経・「倫・政経」から1 ④⑤**数**(100×2)▶「数Ⅰ・数A」・「数Ⅱ・数B」 ⑥⑦**理**(100×2)▶物・化・生・地学から2

［個別学力検査(1400)］【数学科】 **4**科目 ①**外**(100)▶コミュ英Ⅰ・コミュ英Ⅱ・コミュ英Ⅲ・英表Ⅰ・英表Ⅱ ②**数**(900)▶数Ⅰ・数Ⅱ・数Ⅲ・数A・数B ③④**理**(200×2)▶「物基・物」・「化基・化」・「生基・生」から2

【物理学科】 **4**科目 ①**外**(200)▶コミュ英Ⅰ・コミュ英Ⅱ・コミュ英Ⅲ・英表Ⅰ・英表Ⅱ ②**数**(600)▶数Ⅰ・数Ⅱ・数Ⅲ・数A・数B ③④**理**(必須400＋選択200)▶「物基・物」必須，「化基・化」・「生基・生」から1

【化学科】 **4**科目 ①**外**(200)▶コミュ英Ⅰ・コミュ英Ⅱ・コミュ英Ⅲ・英表Ⅰ・英表Ⅱ ②**数**(400)▶数Ⅰ・数Ⅱ・数Ⅲ・数A・数B ③④**理**(400×2)▶「化基・化」必須，「物基・物」・「生基・生」から1

【生物学科】 **4**科目 ①**外**(300)▶コミュ英Ⅰ・コミュ英Ⅱ・コミュ英Ⅲ・英表Ⅰ・英表Ⅱ

②**数**(300)▶数Ⅰ・数Ⅱ・数Ⅲ・数A・数B ③④**理**(400×2)▶「物基・物」・「化基・化」・「生基・生」から2

【地球科学科】 4科目 ①**外**(400)▶コミュ英Ⅰ・コミュ英Ⅱ・コミュ英Ⅲ・英表Ⅰ・英表Ⅱ ②**数**(400)▶数Ⅰ・数Ⅱ・数Ⅲ・数A・数B ③④**理**(300×2)▶「物基・物」・「化基・化」・「生基・生」から2

医学部

前期 **【医学科】[共通テスト(500)]** 7科目 ①**国**(100) ②**外**(100・英〈R80+L20〉)▶英・独・仏・中・韓から1 ③**地歴・公民**(100)▶世B・日B・地理B・現社・倫・政経・「倫・政経」から1 ④⑤**数**(50×2)▶「数Ⅰ・数A」・「数Ⅱ・数B」 ⑥⑦**理**(50×2)▶物・化・生から2

[個別学力検査(1100)] 5科目 ①**外**(400)▶コミュ英Ⅰ・コミュ英Ⅱ・コミュ英Ⅲ・英表Ⅰ・英表Ⅱ ②**数**(400)▶数Ⅰ・数Ⅱ・数Ⅲ・数A・数B ③④**理**(150×2)▶「物基・物」・「化基・化」・「生基・生」から2 ⑤**面接**(総合判定の資料とする)

【保健学科〈看護学専攻〉】[共通テスト(900)] 7科目 ①**国**(200) ②**外**(R160+L40)▶英 ③**地歴・公民**(100)▶世B・日B・地理B・現社・倫・政経・「倫・政経」から1 ④⑤**数**(100×2)▶「数Ⅰ・数A」・「数Ⅱ・数B」 ⑥⑦**理**(100×2)▶物・化・生から2

[個別学力検査(400)] 3科目 ①**外**(200)▶コミュ英Ⅰ・コミュ英Ⅱ・コミュ英Ⅲ・英表Ⅰ・英表Ⅱ ②**理**(200)▶「物基・物」・「化基・化」・「生基・生」から1 ③**面接**(総合判定の資料とする)

【保健学科〈放射線技術科学専攻〉】[共通テスト(900)] 7科目 ①**国**(200) ②**外**(200・英〈R160+L40〉)▶英・独・仏・中・韓から1 ③**地歴・公民**(100)▶世B・日B・地理B・現社・倫・政経・「倫・政経」から1 ④⑤**数**(100×2)▶「数Ⅰ・数A」・「数Ⅱ・数B」 ⑥⑦**理**(100×2)▶物必須，化・生から1

[個別学力検査(600)] 5科目 ①**外**(200)▶コミュ英Ⅰ・コミュ英Ⅱ・コミュ英Ⅲ・英表Ⅰ・英表Ⅱ ②**数**(200)▶数Ⅰ・数Ⅱ・数Ⅲ・数A・数B ③④**理**(100×2)▶「物基・物」必須，「化基・化」・「生基・生」から1 ⑤**面接**(総合判定の資料とする)

【保健学科〈検査技術科学専攻〉】[共通テスト(750)] 7科目 ①**国**(100) ②**外**(200・英〈R160+L40〉)▶英・独・仏・中・韓から1 ③**地歴・公民**(50)▶世B・日B・地理B・現社・倫・政経・「倫・政経」から1 ④⑤**数**(100×2)▶「数Ⅰ・数A」・「数Ⅱ・数B」 ⑥⑦**理**(100×2)▶物・化・生から2

[個別学力検査(400)] 4科目 ①**外・数**(200)▶「コミュ英Ⅰ・コミュ英Ⅱ・コミュ英Ⅲ・英表Ⅰ・英表Ⅱ」・「数Ⅰ・数Ⅱ・数Ⅲ・数A・数B」から1 ②③**理**(100×2)▶「物基・物」・「化基・化」・「生基・生」から2 ④**面接**(総合判定の資料とする)

歯学部

前期 **[共通テスト(900)]** 7科目 ①**国**(200) ②**外**(200・英〈R160+L40〉)▶英・独・仏・中・韓から1 ③④**数**(100×2)▶「数Ⅰ・数A」・「数Ⅱ・数B」 ⑤⑥⑦**地歴・公民・理**(100×3)▶「世B・日B・地理Bから1」・「現社・倫・政経・〈倫・政経〉から1」から1または2，物・化・生から1または2，計3

[個別学力検査(800)] 5科目 ①**外**(200)▶コミュ英Ⅰ・コミュ英Ⅱ・コミュ英Ⅲ・英表Ⅰ・英表Ⅱ ②**数**(200)▶数Ⅰ・数Ⅱ・数Ⅲ・数A・数B ③④**理**(100×2)▶「物基・物」・「化基・化」・「生基・生」から2 ⑤**面接**(200) ※100点未満は不合格とする。

薬学部

前期 **[共通テスト(900)]** 7科目 ①**国**(200) ②**外**(200・英〈R160+L40〉)▶英・独・仏・中・韓から1 ③**地歴・公民**(100)▶世A・世B・日A・日B・地理A・地理B・現社・倫・政経・「倫・政経」から1 ④⑤**数**(100×2)▶「数Ⅰ・数A」・「数Ⅱ・数B」 ⑥⑦**理**(100×2)▶化必須，物・生から1

[個別学力検査(800)] 5~4科目 ①**外**(200)▶コミュ英Ⅰ・コミュ英Ⅱ・コミュ英Ⅲ・英表Ⅰ・英表Ⅱ ②**数**(200)▶数Ⅰ・数Ⅱ・数Ⅲ・数A・数B ③④**理**(200×2)▶「化基・化」必須，「物基・物」・「生基・生」から1 ⑤**面接**(総合判定の資料とする)薬学科のみ

工学部

前期 ［共通テスト(900)］ 7科目 ①国(200) ②外(200・英〈R160＋L40〉)▶英・独・仏・中・韓から1 ③**地歴・公民**(100)▶世B・日B・地理B・現社・倫・政経・「倫・政経」から1 ④⑤**数**(100×2)▶「数Ⅰ・数A」必須，数Ⅱ・「数Ⅱ・数B」・簿・情から1 ⑥⑦**理**(100×2)▶物・化・生から2，ただし機械システム系および環境・社会基盤系の都市環境創成コースは物必須

［個別学力検査(1300)］ 4科目 ①外(300)▶コミュ英Ⅰ・コミュ英Ⅱ・コミュ英Ⅲ・英表Ⅰ・英表Ⅱ ②**数**(500)▶数Ⅰ・数Ⅱ・数Ⅲ・数A・数B ③④**理**(250×2)▶「物基・物」・「化基・化」・「生基・生」から2，ただし機械システム系および環境・社会基盤系の都市環境創成コースは「物基・物」必須

農学部

前期 ［共通テスト(450)］ 7科目 ①国(100) ②**外**(100・英〈R80＋L20〉)▶英・独・仏・中・韓から1 ③**地歴・公民**(50)▶世B・日B・地理B・現社・倫・政経・「倫・政経」から1 ④⑤**数**(50×2)▶「数Ⅰ・数A」必須，「数Ⅱ・数B」・簿・情から1 ⑥⑦**理**(50×2)▶物・化・生・地学から2

［個別学力試験(600)］ 4科目 ①**外**(200)▶コミュ英Ⅰ・コミュ英Ⅱ・コミュ英Ⅲ・英表Ⅰ・英表Ⅱ ②**数**(200)▶数Ⅰ・数Ⅱ・数Ⅲ・数A・数B ③④**理**(100×2)▶「物基・物」・「化基・化」・「生基・生」から2

その他の選抜

学校推薦型選抜Ⅰ・Ⅱは教育学部20名，経済学部69名，理学部生物学科5名，医学部52名，歯学部12名，工学部170名，農学部27名，総合型選抜（共通テストを課す）は文学部40名，教育学部96名，法学部45名，理学部11名，薬学部15名を募集。ほかに，総合型選抜（グローバル・ディスカバリー・プログラムディスカバリー入試／国際入試），国際バカロレア選抜，社会人選抜，私費外国人留学生選抜を実施。

偏差値データ（2023年度）

●一般選抜

学部／学科・課程／専攻等	2023年度 駿台予備学校 合格目標ライン	河合塾 ボーダー得点率	河合塾 ボーダー偏差値	'22年度 競争率
●前期				
▶文学部				
人文	51	71%	55	1.9
▶教育学部				
学校教育教員養成/小学校	53	61%	52.5	1.2
／中学校・文系	51	64%	55	1.1
／中学校・理系	51	64%	52.5	1.2
／中学校・実技系	49	56%	—	1.1
／特別支援	51	61%	52.5	1.1
／幼児	53	61%	52.5	1.1
養護教諭養成	50	65%	—	2.4
▶法学部				
法学（昼間）	51	68%	55	1.7
法学（夜間）	46	62%	50	2.2
▶経済学部				
経済（昼間）	51	67%	55	1.6
経済（夜間）	43	57%	52.5	2.7
▶理学部				
数	52	60%	55	2.3
物理	51	63%	52.5	2.2
化	51	62%	50	1.8
生物	51	61%	50	2.0
地球科	51	60%	50	2.3
▶医学部				
医	67	81%	67.5	3.7
保健／看護学	49	57%	50	1.2
／放射線技術科学	51	60%	52.5	1.4
／検査技術科学	51	61%	50	1.4
▶歯学部				
歯	57	67%	55	2.5
▶薬学部				
薬	58	70%	57.5	2.0
創薬科	55	68%	55	1.4
▶工学部				
工／機械システム系	48	63%	50	1.5
／環境・社会基盤系	48	62%	50	1.9
／情報・電気・数理データサイエンス系	49	65%	52.5	1.7
／化学・生命系	48	60%	47.5	1.4
▶農学部				
総合農業科	49	61%	52.5	1.8

- 駿台予備学校合格目標ラインは合格可能性80%に相当する駿台模試の偏差値です。
- 河合塾ボーダー得点率は合格可能性50%に相当する共通テストの得点率です。また，ボーダー偏差値は合格可能性50%に相当する河合塾全統模試の偏差値です。
- 競争率は受験者÷合格者の実質倍率
- 医学部医学科は2段階選抜を実施。

広島大学

資料請求

問合せ先　高大接続・入学センター　☎082-424-5696

大学の理念

1874（明治７）年創設の白島学校を嚆矢とし，広島高校，広島高等師範，広島文理科大学など９つの前身諸学校の歴史を受け継ぎ，1949（昭和24）年，新制広島大学として設立。「自由で平和な一つの大学」という建学精神を継承し，新しい平和科学の理念である「持続可能な発展を導く科学」を実践する世界トップクラスの教育研究拠点を構築し，地域社会と国際社会を繋ぐ知的拠点として，アリゾナ州立大学の誘致や国際交流施設の新設，中国の首都師範大学内の北京校開設など，グローバル化を推進し，多様性を育む自由で平和な国際社会の実現に貢献する「平和を希求しチャレンジする国際的教養人」を育成する。また，SDGs（持続可能な開発目標）の達成に向けて，カーボンニュートラルやSociety5.0などの実現に資する取組を強化している。

●キャンパス情報はP.1496をご覧ください。

基本データ

学生数▶10,603名（男6,550名，女4,053名）
専任教員数▶教授511名，准教授460名，講師101名
設置学部▶総合科，文，教育，法，経済，理，医，歯，薬，工，生物生産，情報科

併設教育機関▶大学院―人間社会科学（M・D・P），統合生命科学・医系科学・先進理工系科学・スマートソサイエティ実践科学（以上M・D）

就職・卒業後の進路

就　職　率 **94.8%**
就職者÷希望者×100

●**就職支援**　「早期」・「総合的」・「実践的」の３つのポイントから，キャリア支援を行っている。グローバルキャリアデザインセンターにて各学部との連携を図り，１年次からのキャリア教育やインターンシップ，講義・相談・ガイダンスの総合的な教育・指導の展開，民間企業での人事・採用・教育・海外業務経験のある教員やアドバイザーによるアドバイスなどのほか，産官学連携による実践プログラムの開発，各種ガイダンスやセミナー，就活支援ツアーを実施。企業や求人に関する資料・情報も提供している。

進路指導者も必見　学生を伸ばす　面倒見

初年次教育
「大学教育入門」「教養ゼミ」で学問や大学教育全体に対する動機づけ，レポート・論文の書き方，プレゼン技法，情報収集や資料整理の方法，論理的思考や問題発見・解決能力の向上を図るほか，「情報・データ科学入門」「情報活用演習」などを開講

学修サポート
全学部でTA・SA制度，学科・コースごとに担当教員を複数配置するチューター制度，一部の学部でオフィスアワー制度を導入。また，ライティングセンターで日本語や英語の文書作成の指導を，教育学習支援センターでは履修や学習の支援をしている

オープンキャンパス（2022年度実績）　８月に各キャンパスでオープンキャンパスを開催（事前申込制）。学部紹介，模擬授業などを実施。大学HPでもオンラインコンテンツを配信。

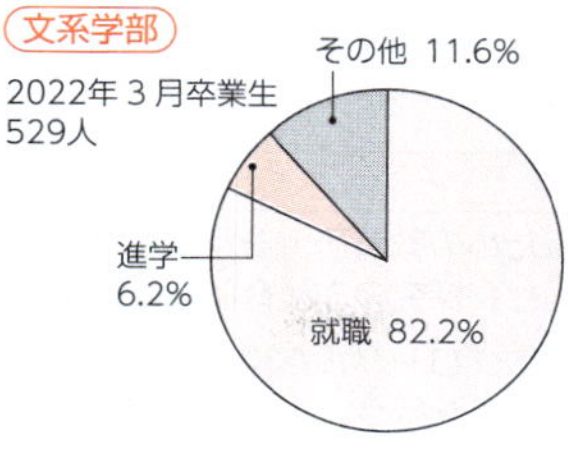

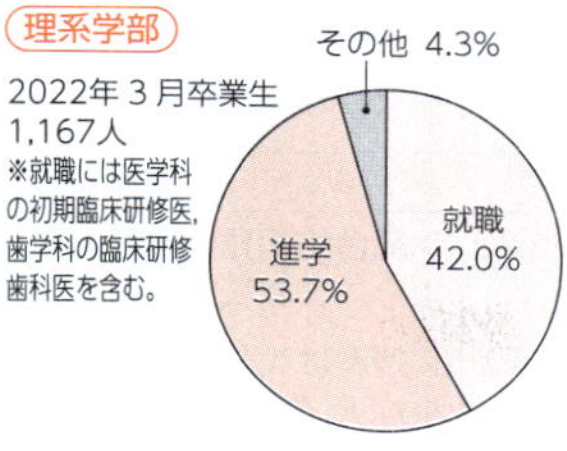

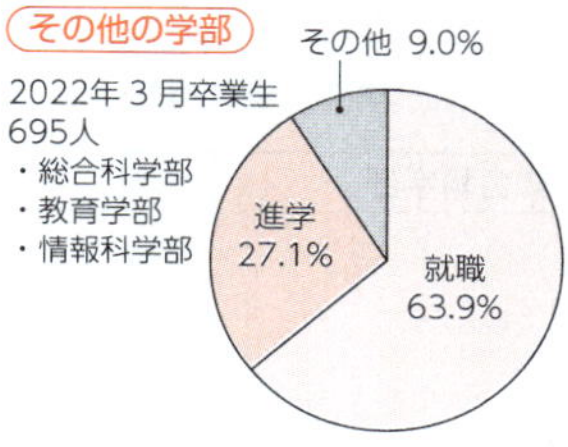

主なOB・OG▶［工］西田友是（工学者・CGパイオニア），［旧政経］遊川和彦（脚本家），［文］小山田浩子（作家），［工］三部敏宏（本田技研工業社長），［工］田中卓志（お笑い芸人「アンガールズ」）など。

国際化・留学　大学間 347 大学等・部局間 366 大学等

受入れ留学生数▶103名（2022年5月1日現在）
留学生の出身国▶中国，韓国，インドネシア，マレーシア，カンボジア，タイなど。
外国人専任教員▶教授８名，助教31名，講師５名（2022年11月１日現在）
外国人専任教員の出身国▶中国，韓国，インド，アメリカ，ドイツなど。
大学間交流協定▶347大学・機関（交換留学先125大学，2022年５月１日現在）
部局間交流協定▶366大学・機関（交換留学先138大学，2022年５月１日現在）
海外への留学生数▶渡航型29名・オンライン型293名／年（26カ国・地域，2021年度）
海外留学制度▶海外の大学生とオンラインで交流しながら協働作業に取り組むe-START型をはじめ，語学力向上をめざす短期海外研修START，現地の学生と同じ授業を受講し，専門的な内容を学ぶ交換留学HUSA，さらに実践的な力を身につけるために研究やインターンシップに参加するHU-GRIP，G.ecboなど，異なる渡航期間や内容のプログラムを数多く展開し，学生一人ひとりのニーズに応じた段階的な学びを設計。単位が取得できるプログラムも多数提供している。

学費・奨学金制度　給付型奨学金総額 年間約 2,085 万円

入学金▶282,000円（夜間主141,000円）
年間授業料（施設費等を除く）▶535,800円（夜間主267,900円）
年間奨学金総額▶20,846,400円
年間奨学金受給者数▶28人
主な奨学金制度▶学力優秀でありながら，経済的理由により修学困難な新入生に月額10万円を給付する「フェニックス奨学制度」や経済的に困窮している在学生に月額10万円を給付する「光り輝く奨学制度」などを設置。また，学費減免制度があり，2021年度は360人を対象に総額で約4,923万円を減免している。

保護者向けインフォメーション

● **成績確認**　成績表のほか，履修科目と単位数の情報を保護者に郵送している。
● **懇談会**　地域懇談会を開催し，教育の取り組みや就職・キャリア支援などを紹介。
● **防災対策**　学生が被災した際は，ダイレクトメール送信機能を使用して安否を確認する。
● **コロナ対策１**　東広島キャンパスにPCR検査場を誘致。感染状況に応じた６段階のBCP（行動指針）を設定。「コロナ対策２」（下段）あり。

インターンシップ科目	必修専門ゼミ	卒業論文	GPA制度の導入の有無および活用例	１年以内の退学率	標準年限での卒業率
全学部で開講している	総合科・文・経済（昼）・理・医（保）・工・情報科は４年次，教育・歯（口腔）・生物生産・薬は３・４年次（薬学科５・６年次）に実施	法・経済・医（医）・歯（歯）学部を除き卒業要件	成績優秀者，学生表彰等の選考基準，大学院科目の早期履修資格，早期卒業の認定要件，学修指導などに活用	0.6%	87.5%（4年制） 83.1%（6年制）

● コロナ対策２　検温と消毒を実施し，講義室の収容人数を調整。オンライン授業を併用し，Wi-Fiルータの貸与や受講用の講義室を確保。学生への経済支援として「食」利用限定で２万円を給付するほか，50円朝食を実施。

学部紹介

学部／学科・類	定員	特色
総合科学部		
総合科	120	▷総合的知見と思考力を養うための教育研究を行う。２年次より，人間探究，自然探究，社会探究の３教育領域に分属。
国際共創	40	▷授業は英語で，留学生と共にグローバルな環境で学ぶ。多様なアプローチで文理融合型教育を行う。
● 取得可能な資格…教職（地歴・公・数・理・英），学芸員など。 ● 進路状況…………就職71.4%　進学22.0% ● 主な就職先………東京海上日動火災保険，両備システムズ，総合キャリアオプション，中国電力など。		
文学部		
人文	130	▷哲学・思想文化学，歴史学，地理学・考古学・文化財学，日本・中国文学語学，欧米文学語学・言語学に英語で学ぶHumanitiies in Englishを加えた６コースからなる。
● 取得可能な資格…教職（国・地歴・公・社・英・独・仏），学芸員など。 ● 進路状況…………就職78.9%　進学12.2% ● 主な就職先………アイルネット，広島銀行，太平洋セメント，穴吹興産，四国電力，凸版印刷など。		
教育学部		
第一類（学校教育系）	137	▷初等と特別支援の２つの教育教員養成コース。
第二類（科学文化教育系）	82	▷自然系，数理系，技術・情報系，社会系の４コース。
第三類（言語文化教育系）	73	▷国語文化系，英語文化系，日本語教育系の３コース。
第四類（生涯活動教育系）	81	▷健康スポーツ系，人間生活系，音楽文化系，造形芸術系の４コース。
第五類（人間形成基礎系）	52	▷教育学系と心理学系の２コース。
● 取得可能な資格…教職（国・地歴・公・社・数・理・音・美・保体・技・家・情・工業・英，小一種，幼一種，特別支援），司書教諭，学芸員など。 ● 進路状況…………就職65.4%　進学23.6% ● 主な就職先………マツダ，ネオキャリア，パーソナルキャリア，広島県教育委員会など。		
法学部		
法	170	▷〈昼間コース140名，夜間主コース30名〉昼間コースには２年次から公共政策，ビジネス法務，法曹養成の３プログラムを，夜間主コースには法政総合プロラムを設置。
● 取得可能な資格…教職（公）。　● 進路状況…就職77.5%　進学7.7% ● 主な就職先………楽天グループ，豊国工業，大林組，竹中工務店，広島労働局，広島法務局など。		
経済学部		
経済	195	▷〈昼間コース150名，夜間主コース45名〉昼間は現代経済プログラム，夜間主には経済・経営統合プロラムを設置。
● 進路状況…………就職89.0%　進学0.5% ● 主な就職先………広島銀行，大創産業，四国旅客鉄道，広島信用金庫，NTTドコモ，イズミなど。		
理学部		
数 物理科 化 生物科	47 66 59 34	▶数学，物理学，化学，生物科学，地球惑星システム学の５学科が密接に関連しながら「自然の真理」にアプローチ。理学分野の大部分をカバーする教育プログラムと，大学院との連続性を見据えたカリキュラムで基礎から最先端までを学ぶ。

キャンパスアクセス ［東広島キャンパス］ JR山陽本線―西条・八本松よりバス約20分

地球惑星システム	24	臨海実験所，宮島自然植物実験所，両生類研究施設，植物遺伝子保管実験施設など，附属施設も充実している。

● **取得可能な資格**…教職（数・理），学芸員，測量士補など。
● **進路状況**…………就職18.3%　進学77.2%
● **主な就職先**………広島ガス，中国電力，金融庁，福井銀行，和田製作所，京セラ，カチタスなど。

医学部

医	118	▷医療現場にふさわしい知識・技術・人間性を身につけた医師，教育者・研究者を育成する。
保健	120	▷〈看護学専攻60名，理学療法学専攻30名，作業療法学専攻30名〉科学的思考能力と倫理観を備えた専門職を養成する。

● **取得可能な資格**…教職（養護一種），医師・看護師・保健師・助産師・理学療法士・作業療法士受験資格。
● **進路状況**…………［医］初期臨床研修医98.3%　［保健］就職76.7%　進学18.1%
● **主な就職先**………［保健］広島大学病院，九州大学病院，神戸大学医学部附属病院など。

歯学部

歯	53	▷先端歯科医学の理論と実際を修得し，歯科医療をリードする臨床医と国際社会で活躍できる歯科医学の教育者・研究者を養成する。アジア諸国の歯学部学生を２～５年次まで招聘する国際歯学コースも設置。
口腔健康科	40	▷〈口腔保健学専攻20名，口腔工学専攻20名〉専門教育と併せて両学科の共通教育も実施，チーム医療への導入を図る。

● **取得可能な資格**…教職（養護一種），歯科医師・歯科衛生士・歯科技工士受験資格。
● **進路状況**…………［歯］臨床研修歯科医80.4%　［口腔健康科］就職52.3%　進学40.9%
● **主な就職先**………［口腔健康科］倉敷医療生活協同組合，富士フイルムヘルスケアシステムズなど。

薬学部

薬	38	▷６年制。知識と研究能力を兼ね備えた薬剤師を育成。
薬科	22	▷４年制。世界的視野と高い研究マインドを持つ創薬研究者・技術者，医療開発者を育成。

● **取得可能な資格**…［薬科］教職（理），［薬］薬剤師。
● **進路状況**…………［薬］就職97.5%　［薬科］就職4.8%　進学95.2%
● **主な就職先**………ウエルシア薬局，ツルハグループドラッグ＆ファーマシー西日本，日本調剤など。

工学部

		▶各類に複数の教育プログラムがあり，１年終了時に登録。
第一類	150	▷機械システム・輸送システム・材料加工・エネルギー変換の４プログラム編成。
第二類	90	▷電気システム情報・電子システムの２プログラム。
第三類	115	▷応用化学・生物工学・化学工学の３プログラム。
第四類	90	▷社会基盤環境工学・建築の２プログラム。

● **取得可能な資格**…教職（工業），測量士補，１・２級建築士受験資格など。
● **進路状況**…………就職22.6%　進学74.3%
● **主な就職先**………大成建設，マイクロンメモリジャパン，マツダ，大林組，積水ハウスなど。

生物生産学部

生物生産	90	▷水圏統合科学，応用動植物科学，食品科学，分子農学生命科学，国際生物生産学の5プログラム。

● **取得可能な資格**…教職（理），学芸員など。　● **進路状況**…就職38.2%　進学57.8%
● **主な就職先**………岡山県，農林水産省，フジパングループ，日本アクセス，三菱食品など。

キャンパスアクセス ［霞キャンパス］ JR山陽本線―広島よりバス約15分

情報科学部		
情報科	150	▷データコンテンツの理解と問題解決，大規模データ処理技術を学ぶ。計算機科学・データ科学・知能科学の３プログラム。

● **取得可能な資格**…教職（数・情）。 ● **進路状況**…………就職33.8% 進学64.6%
● **主な就職先**………両備システムズ，西日本電信電話，毎日放送，マイクロンメモリジャパンなど。

キャンパス

総合科・文・教育・経済（昼）・理・工・生物生産・情報科…［東広島キャンパス］広島県東広島市鏡山…総合科1-7-1，文1-2-3，教育1-1-1，法・経済1-2-1，理1-3-1，工・情報科1-4-1，生物生産1-4-4
医・歯・薬…［霞キャンパス］広島県広島市南区霞1-2-3
法（昼・夜）・経済（夜）…［東千田キャンパス］広島県広島市中区東千田町1-1-89

2023年度入試要項（前年度実績）

●募集人員

学部／学科・類（専攻・コース）		前期	後期
総合科	総合科	90	18
	国際共創	20	—
文	人文	90	20
教育	第一（初等教育教員養成）	100	—
	（特別支援教育教員養成）	22	—
	第二（自然系）	17	4
	（数理系）	14	3
	（技術・情報系）	10	3
	（社会系）	13	3
	第三（国語文化系）	17	—
	（英語文化系）	15	—
	（日本語教育系）	23	—
	第四（健康スポーツ系）	16	4
	（人間生活系）	15	3
	（音楽文化系）	16	—
	（造形芸術系）	5	2
	第五（教育学系）	20	5
	（心理学系）	16	4
法	法（昼間）	110	25
	（夜間主）	10	5
経済	経済（昼間）	110	25
	（夜間主）	20	5
理	数	26	14
	物理	36	20
	化	39	10
	生物科	29	—
	地球惑星システム	15	4
医	医	90	—
	保健（看護学）	52	—
	（理学療法学）	27	—
	（作業療法学）	26	—
歯	歯	33	15
	口腔健康科（口腔保健学）	15	—
	（口腔工学）	12	5
薬	薬	33	—
	薬科	17	—
工	第一	122	8
	第二	70	8
	第三	80	10
	第四	72	6
	工学特別	45	—
生物生産	生物生産	65	10
情報科	情報科	90	10

※工学部工学特別コースは類を特定せずに試験を行い，１年次前期の成績と希望により，類を決定。配属予定者数は第一類15名，第二類10名，第三類11名，第四類９名。

●２段階選抜

医学部医学科の前期において，志願倍率が５倍を超える場合には，共通テストの成績により実施することがある。

▷共通テストの英語はリスニングを含む。
▷個別学力検査の数Ｂ—数列・ベク。
▷英語外部検定試験の活用可。規定のスコア・等級ににより，共通テストの外国語「英語」（受験は必須）の得点を満点とみなして判定。

総合科学部

前期 【総合科学科】（文科系）［共通テスト（900）］ 8科目 ①国（200） ②外（200・英〈R100＋L100〉）▶英・独・仏・中・韓から１ ③④**地歴・公民**（100×2）▶世Ｂ・日Ｂ・地理Ｂ・「倫・政経」から２ ⑤⑥**数**（100×2）▶「数

キャンパスアクセス ［東千田キャンパス］JR山陽本線—広島よりバス約15分／市内電車—日赤病院前より徒歩約3分

Ⅰ・数Ａ」必須，「数Ⅱ・数Ｂ」・簿・情から１　⑦⑧**理**(50×2) ▶「物基・化基・生基・地学基から２」・「物・化・生・地学から２」から１
［個別学力検査(1200)］ **2科目** ①**外**(600) ▶「コミュ英Ⅰ・コミュ英Ⅱ・コミュ英Ⅲ・英表Ⅰ・英表Ⅱ」・独・仏・中から１　②**小論文**(600)
(理科系)　［共通テスト(900)］ **7科目** ①**国**(200)　②**外**(200・英〈R100＋L100〉) ▶英・独・仏・中・韓から１　③**地歴・公民**(100) ▶世Ｂ・日Ｂ・地理Ｂ・「倫・政経」から１　④⑤**数**(100×2) ▶「数Ⅰ・数Ａ」必須，「数Ⅱ・数Ｂ」・簿・情から１　⑥⑦**理**(100×2) ▶物・化・生・地学から２
［個別学力検査(1200)］ **3科目** ①**数**(400) ▶数Ⅰ・数Ⅱ・数Ⅲ・数Ａ・数Ｂ　②③**理**(400×2) ▶「物基・物」・「化基・化」・「生基・生」・「地学基・地学」から２
【国際共創学科】(文科系)［共通テスト(900)］ **8科目** ①**国**(200)　②**外**(300・英〈R150＋L150〉) ▶英・独・仏・中・韓から１　③④**地歴・公民**(100×2) ▶世Ｂ・日Ｂ・地理Ｂ・「倫・政経」から２　⑤⑥**数**(50×2) ▶「数Ⅰ・数Ａ」必須，「数Ⅱ・数Ｂ」・簿・情から１　⑦⑧**理**(50×2) ▶「物基・化基・生基・地学基から２」・「物・化・生・地学から２」から１
［個別学力検査(1200)］ **2科目** ①**国**(400) ▶国総(近代)・現文B　②**外**(800) ▶コミュ英Ⅰ・コミュ英Ⅱ・コミュ英Ⅲ・英表Ⅰ・英表Ⅱ
(理科系)　［共通テスト(900)］ **7科目** ①**国**(100)　②**外**(300・英〈R150＋L150〉) ▶英・独・仏・中・韓から１　③**地歴・公民**(100) ▶世Ｂ・日Ｂ・地理Ｂ・「倫・政経」から１　④⑤**数**(100×2) ▶「数Ⅰ・数Ａ」必須，「数Ⅱ・数Ｂ」・簿・情から１　⑥⑦**理**(100×2) ▶物・化・生・地学から２
［個別学力検査(1200)］ **3科目** ①**外**(800) ▶コミュ英Ⅰ・コミュ英Ⅱ・コミュ英Ⅲ・英表Ⅰ・英表Ⅱ　②③**理**(200×2) ▶「物基・物」・「化基・化」・「生基・生」・「地学基・地学」から２
後期　**【総合科学科】［共通テスト(1500)］** **8〜7科目** ①**国**(200)　②**外**(500・英〈R250＋L250〉) ▶英・独・仏・中・韓から１　③④**数**(250×2) ▶「数Ⅰ・数Ａ」必須，「数Ⅱ・数Ｂ」・簿・情から１　⑤⑥⑦⑧**「地歴・公民」・理**(100×3) ▶「世Ｂ・日Ｂ・地理Ｂ・〈倫・政経〉から２」・「〈物基・化基・生基・地学基から２〉・物・化・生・地学から１」または「世Ｂ・日Ｂ・地理Ｂ・〈倫・政経〉から１」・「物・化・生・地学から２」
［個別学力検査(200)］ **1科目** ①**面接**(200)

文学部

前期　**［共通テスト(1100)］** **8科目** ①**国**(200)　②**外**(200・英〈R100＋L100〉) ▶英・独・仏・中・韓から１　③④**地歴・公民**(200×2) ▶世Ｂ・日Ｂ・地理Ｂ・「現社・倫・政経・〈倫・政経〉から１」から２　⑤⑥**数**(100×2) ▶「数Ⅰ・数Ａ」必須，「数Ⅱ・数Ｂ」・簿・情から１　⑦⑧**理**(50×2) ▶「物基・化基・生基・地学基から２」・「物・化・生・地学から２」から１
［個別学力検査(800)］ **2科目** ①**国**(400) ▶国総・現文Ｂ・古典Ｂ　②**外**(400) ▶「コミュ英Ⅰ・コミュ英Ⅱ・コミュ英Ⅲ・英表Ⅰ・英表Ⅱ」・独・仏・中から１
後期　**［共通テスト(900)］** **8科目** ①**国**(200)　②**外**(200・英〈R100＋L100〉) ▶英・独・仏・中・韓から１　③④**地歴・公民**(100×2) ▶世Ｂ・日Ｂ・地理Ｂ・「現社・倫・政経・〈倫・政経〉から１」から２　⑤⑥**数**(100×2) ▶「数Ⅰ・数Ａ」必須，「数Ⅱ・数Ｂ」・簿・情から１　⑦⑧**理**(50×2) ▶「物基・化基・生基・地学基から２」・「物・化・生・地学から２」から１
［個別学力検査(100)］ **1科目** ①**面接**(100)

教育学部

前期　**【第一類】(文科系)［共通テスト(900)］** **8科目** ①**国**(200)　②**外**(200・英〈R100＋L100〉) ▶英・独・仏・中・韓から１　③④**地歴・公民**(100×2) ▶世Ｂ・日Ｂ・地理Ｂ・「現社・〈倫・政経〉から１」から２　⑤⑥**数**(100×2) ▶「数Ⅰ・数Ａ」必須，「数Ⅱ・数Ｂ」・簿・情から１　⑦⑧**理**(50×2) ▶「物基・化基・生基・地学基から２」・「物・化・生・地学から２」から１
(理科系)　［共通テスト(900)］ **7科目** ①**国**(200)　②**外**(200・英〈R100＋L100〉) ▶英・独・仏・中・韓から１　③**地歴・公民**(100) ▶世Ｂ・日Ｂ・地理Ｂ・「倫・政経」から１　④⑤**数**(100×2) ▶「数Ⅰ・数Ａ」必須，「数Ⅱ・数Ｂ」・

簿・情から1 ⑥⑦理(100×2)▶物・化・生・地学から2
[個別学力検査(800)]【第一類〈初等教育教員養成コース〉】 2科目 ①②国・外・数(400×2)▶「国総・現文B・古典B」・「〈コミュ英Ⅰ・コミュ英Ⅱ・コミュ英Ⅲ・英表Ⅰ・英表Ⅱ〉・独・仏・中から1」・「数Ⅰ・数Ⅱ・数A・数B」から2
【第一類〈特別支援教育教員養成コース〉】 2科目 ①国(400)▶国総・現文B・古典B ②数(400)▶数Ⅰ・数Ⅱ・数A・数B
【第二類〈自然系コース・数理系コース・技術・情報系コース〉】 [共通テスト(900)] 7科目 ①国(200) ②外(200・英〈R100+L100〉)▶英・独・仏・中・韓から1 ③地歴・公民(100)▶世B・日B・地理B・「倫・政経」から1 ④⑤数(100×2)▶「数Ⅰ・数A」必須，「数Ⅱ・数B」・簿・情から1 ⑥⑦理(100×2)▶物・化・生・地学から2
[個別学力検査(800)]【第二類〈自然系コース〉】 3科目 ①数(300)▶数Ⅰ・数Ⅱ・数Ⅲ・数A・数B ②③理(250×2)▶「物基・物」・「化基・化」・「生基・生」・「地学基・地学」から2
【第二類〈数理系コース〉】 2科目 ①数(600)▶数Ⅰ・数Ⅱ・数Ⅲ・数A・数B ②理(200)▶「物基・物」・「化基・化」・「生基・生」・「地学基・地学」から1
【第二類〈技術・情報系コース〉】 2科目 ①数(400)▶数Ⅰ・数Ⅱ・数A・数B ②理(400)▶「物基・物」・「化基・化」・「生基・生」・「地学基・地学」から1
【第二類〈社会系コース〉・第三類・第四類〈人間生活系コース〉・第五類】 [共通テスト(900)] 8科目 ①国(200) ②外(200・英〈R100+L100〉)▶英・独・仏・中・韓から1 ③④地歴・公民(100×2)▶世B・日B・地理B・「現社・〈倫・政経〉から1」から2 ⑤⑥数(100×2)▶「数Ⅰ・数A」必須，「数Ⅱ・数B」・簿・情から1 ⑦⑧理(50×2)▶「物基・化基・生基・地学基から2」・「物・化・生・地学から2」から1
[個別学力検査(800)]【第二類〈社会系コース〉・第三類〈国語文科系コース・日本語教育系コース〉】 2科目 ①国(400)▶国総・現文B・古典B ②外(400)▶「コミュ英Ⅰ・コミュ英Ⅱ・コミュ英Ⅲ・英表Ⅰ・英表Ⅱ」・独・仏・中から1
【第三類〈英語文科系コース〉】 2科目 ①国(200)▶国総・現文B・古典B ②外(600)▶「コミュ英Ⅰ・コミュ英Ⅱ・コミ英Ⅲ・英表Ⅰ・英表Ⅱ」・独・仏・中から1
【第四類〈人間生活系コース〉】 2科目 ①国(400)▶国総・現文B・古典B ②数(400)▶数Ⅰ・数Ⅱ・数A・数B
【第五類】 2科目 ①②国・外・数(400×2)▶「国総・現文B・古典B」・「〈コミュ英Ⅰ・コミュ英Ⅱ・コミュ英Ⅲ・英表Ⅰ・英表Ⅱ〉・独・仏・中から1」・「数Ⅰ・数Ⅱ・数A・数B」から2
【第四類〈健康スポーツ系コース・音楽文化系コース・造形芸術系コース〉】 [共通テスト(700)] 6科目 ①国(200) ②外(200・英〈R100+L100〉)▶英・独・仏・中・韓から1 ③地歴・公民(100)▶世B・日B・地理B・「倫・政経」から1 ④数(100)▶「数Ⅰ・数A」・「数Ⅱ・数B」・簿・情から1 ⑤⑥理(50×2)▶「物基・化基・生基・地学基から2」・「物・化・生・地学から2」から1
[個別学力検査(400)] 1科目 ①実技(400)
後期 【第二類〈自然系コース・理数系コース〉】[共通テスト(900)] 7科目 前期と同じ
[個別学力検査(300)] 1科目 ①面接(300)
【第二類〈技術・情報系コース〉】 [共通テスト(700)] 7科目 ①国(200) ②外(100・英〈R50+L50〉)▶英・独・仏・中・韓から1 ③地歴・公民(100)▶世B・日B・地理B・「倫・政経」から1 ④⑤数(50×2)▶「数Ⅰ・数A」必須，「数Ⅱ・数B」・簿・情から1 ⑥⑦理(100×2)▶物・化・生・地学から2
[個別学力検査(500)] 1科目 ①面接(500)
【第二類〈社会系コース〉・第四類〈人間生活系コース〉・第五類】[共通テスト(900)] 8科目 前期と同じ
[個別学力検査(300)]【第二類〈社会系コース〉】 1科目 ①面接(300)
【第四類〈人間生活系コース〉・第五類】 1科目 ①小論文(300)
【第四類〈健康スポーツ系コース・造形芸術系コース〉】 [共通テスト(700)] 6科目 前期と同じ
【第四類〈健康スポーツ系コース〉】[個別学力

検査(700)］ 1科目 ①実技(700)
【第四類〈造形芸術系コース〉】［個別学力検査(500)］ 1科目 ①実技(500)

法学部

前期 ［共通テスト(800)］ 7科目 ①国(200) ②外(200・英〈R100＋L100〉)▶英・独・仏・中・韓から1 ③④地歴・公民(100×2)▶世Ｂ・日Ｂ・地理Ｂ・「現社・倫・政経・〈倫・政経〉から1」から2 ⑤数(100)▶「数Ⅰ・数Ａ」・「数Ⅱ・数Ｂ」・簿・情から1 ⑥⑦理(50×2)▶「物基・化基・生基・地学基から2」・「物・化・生・地学から2」から1
【昼間コース】［個別学力検査(400)］ 2科目 ①国(200)▶国総(近代)・現文Ｂ ②外(200)▶「コミュ英Ⅰ・コミュ英Ⅱ・コミュ英Ⅲ・英表Ⅰ・英表Ⅱ」・独・仏・中から1
【夜間コース】［個別学力検査(300)］ 1科目 ①国(300)▶国総(近代)・現文Ｂ
後期 ［共通テスト(500)］ 3科目 ①国(200) ②外(200・英〈R100＋L100〉)▶英・独・仏・中・韓から1 ③地歴・公民・数(100)▶世Ｂ・日Ｂ・地理Ｂ・現社・倫・政経・「倫・政経」・「数Ⅰ・数Ａ」・「数Ⅱ・数Ｂ」・簿・情から1
［個別学力検査(300)］ 1科目 ①総合問題(300)

経済学部

前期 ［共通テスト(900)］ 8科目 ①国(200) ②外(200・英〈R100＋L100〉)▶英・独・仏・中・韓から1 ③④地歴・公民(100×2)▶世Ｂ・日Ｂ・地理Ｂ・「現社・倫・政経・〈倫・政経〉から1」から2 ⑤⑥数(100×2)▶「数Ⅰ・数Ａ」必須，「数Ⅱ・数Ｂ」・簿・情から1 ⑦⑧理(50×2)▶「物基・化基・生基・地学基から2」・「物・化・生・地学から2」から1
【昼間コース】［個別学力検査(800)］ 2科目 ①外(400)▶「コミュ英Ⅰ・コミュ英Ⅱ・コミュ英Ⅲ・英表Ⅰ・英表Ⅱ」・独・仏・中から1 ②数(400)▶数Ⅰ・数Ⅱ・数Ａ・数Ｂ
【夜間コース】［個別学力検査(400)］ 1科目 ①外(400)▶「コミュ英Ⅰ・コミュ英Ⅱ・コミュ英Ⅲ・英表Ⅰ・英表Ⅱ」・独・仏・中から1
後期 【昼間コース】［共通テスト(2200)］ 8科目 ①国(文800・理100) ②外(600・英〈R300＋L300〉)▶英・独・仏・中・韓から1 ③④地歴・公民(文300×2・理50×2)▶世Ｂ・日Ｂ・地理Ｂ・「現社・倫・政経・〈倫・政経〉から1」から2 ⑤⑥数(文50×2・理400×2)▶「数Ⅰ・数Ａ」必須，「数Ⅱ・数Ｂ」・簿・情から1 ⑦⑧理(文50×2・理300×2)▶「物基・化基・生基・地学基から2」・「物・化・生・地学から2」から1
※文は文科系，理は理科系の配点。
［個別学力検査(400)］ 1科目 ①小論文(400)
【夜間コース】［共通テスト(1900)］ 8科目 ①国(400) ②外(400・英〈R200＋L200〉)▶英・独・仏・中・韓から1 ③④地歴・公民(200×2)▶世Ｂ・日Ｂ・地理Ｂ・「現社・倫・政経・〈倫・政経〉から1」から2 ⑤⑥数(200×2)▶「数Ⅰ・数Ａ」必須，「数Ⅱ・数Ｂ」・簿・情から1 ⑦⑧理(150×2)▶「物基・化基・生基・地学基から2」・「物・化・生・地学から2」から1
［個別学力検査(400)］ 1科目 ①小論文(400)

理学部

前期 ［共通テスト(900)］ 7科目 ①国(200) ②外(200・英〈R100＋L100〉)▶英・独・仏・中・韓から1 ③地歴・公民(100)▶世Ｂ・日Ｂ・地理Ｂ・現社・「倫・政経」から1 ④⑤数(100×2)▶「数Ⅰ・数Ａ」必須，「数Ⅱ・数Ｂ」・簿・情から1 ⑥⑦理(100×2)▶物・化・生・地学から2
［個別学力検査(1400)］【数学科】 4科目 ①外(350)▶「コミュ英Ⅰ・コミュ英Ⅱ・コミュ英Ⅲ・英表Ⅰ・英表Ⅱ」・独・仏・中から1 ②数(700)▶数Ⅰ・数Ⅱ・数Ⅲ・数Ａ・数Ｂ ③④理(175×2)▶「物基・物」・「化基・化」・「生基・生」・「地学基・地学」から2
【物理学科】 4科目 ①外(400)▶「コミュ英Ⅰ・コミュ英Ⅱ・コミュ英Ⅲ・英表Ⅰ・英表Ⅱ」・独・仏・中から1 ②数(500)▶数Ⅰ・数Ⅱ・数Ⅲ・数Ａ・数Ｂ ③④理(250×2)▶「物基・物」必須，「化基・化」・「生基・生」・「地学基・地学」から1
【化学科・生物科学科・地球惑星システム学科】 4科目 ①外(400)▶「コミュ英Ⅰ・コミュ英Ⅱ・コミュ英Ⅲ・英表Ⅰ・英表Ⅱ」・独・仏・中か

ら1 ②数(400)▶数Ⅰ・数Ⅱ・数Ⅲ・数A・数B ③④理(300×2)▶「物基・物」・「化基・化」・「生基・生」・「地学基・地学」から2，ただし化学科は「化基・化」必須

後期 【数学科】［共通テスト(500)］ 4科目 ①外(200・英〈R100+L100〉)▶英・独・仏・中・韓から1 ②③数(100×2)▶「数Ⅰ・数A」必須，「数Ⅱ・数B」・簿・情から1 ④理(100)▶物・化・生・地学から1

［個別学力検査(500)］ 1科目 ①数(500)▶数Ⅰ・数Ⅱ・数Ⅲ・数A・数B

【物理学科・地球惑星システム学科】 ［共通テスト(600)］ 4科目 ①外(200・英〈R100+L100〉)▶英・独・仏・中・韓から1 ②③数(100×2)▶「数Ⅰ・数A」必須，「数Ⅱ・数B」・簿・情から1 ④理(200)▶物・化・生・地学から1

【物理学科】［個別学力検査(600)］ 1科目 ①総合問題(600)▶物理と数学を合わせた複合問題

【地球惑星システム学科】 ［個別学力検査(200)］ 1科目 ①面接(200)

【化学科】 ［共通テスト(600)］ 5科目 ①外(200・英〈R100+L100〉)▶英・独・仏・中・韓から1 ②③数(100×2)▶「数Ⅰ・数A」必須，「数Ⅱ・数B」・簿・情から1 ④⑤理(100×2)▶物・化・生・地学から2

［個別学力検査(400)］ 1科目 ①面接(400)

医学部

前期 【医学科】［共通テスト(900)］ 7科目 ①国(200) ②外(200・英〈R100+L100〉)▶英・独・仏・中・韓から1 ③地歴・公民(100)▶世B・日B・地理B・「倫・政経」から1 ④⑤数(100×2)▶「数Ⅰ・数A」必須，「数Ⅱ・数B」・簿・情から1 ⑥⑦理(100×2)▶物・化・生から2

［個別学力検査(1800)］ 5科目 ①外(As300・Aem800・B600)▶コミュ英Ⅰ・コミュ英Ⅱ・コミュ英Ⅲ・英表Ⅰ・英表Ⅱ ②数(As300・Aem800・B600)▶数Ⅰ・数Ⅱ・数Ⅲ・数A・数B ③④理(As600×2・Aem100×2・B300×2)▶「物基・物」・「化基・化」・「生基・生」から2 ⑤面接(段階評価)

※Asは理科重視型，Aemは英語重視型，Bは一般型の配点。

【保健学科】(文科系) ［共通テスト(900)］ 8科目 ①国(200) ②外(200・英〈R100+L100〉)▶英・独・仏・中・韓から1 ③④地歴・公民(100×2)▶世B・日B・地理B・「倫・政経」から2 ⑤⑥数(100×2)▶「数Ⅰ・数A」必須，「数Ⅱ・数B」・簿・情から1 ⑦⑧理(50×2)▶「物基・化基・生基から2」・「物・化・生から2」から1

［個別学力検査(800)］ 3~2科目 ①国(400)▶国総(近代)・現文B ②外(400)▶「コミュ英Ⅰ・コミュ英Ⅱ・コミュ英Ⅲ・英表Ⅰ・英表Ⅱ」・独・仏・中から1 ③面接(段階評価)(理学療法学専攻・作業療法学専攻のみ)

(理科系) ［共通テスト(900)］ 7科目 ①国(200) ②外(200・英〈R100+L100〉)▶英・独・仏・中・韓から1 ③地歴・公民(100)▶世B・日B・地理B・「倫・政経」から1 ④⑤数(100×2)▶「数Ⅰ・数A」必須，「数Ⅱ・数B」・簿・情から1 ⑥⑦理(100×2)▶物・化・生から2

［個別学力検査(800)］ 3~2科目 ①外(400)▶「コミュ英Ⅰ・コミュ英Ⅱ・コミュ英Ⅲ・英表Ⅰ・英表Ⅱ」・独・仏・中から1 ②数(400)▶数Ⅰ・数Ⅱ・数Ⅲ・数A・数B ③面接(段階評価)(理学療法学専攻・作業療法学専攻のみ)

歯学部

前期 【歯学科】［共通テスト(900)］ 7科目 ①国(200) ②外(200・英〈R100+L100〉)▶英・独・仏・中・韓から1 ③地歴・公民(100)▶世B・日B・地理B・「倫・政経」から1 ④⑤数(100×2)▶「数Ⅰ・数A」必須，「数Ⅱ・数B」・簿・情から1 ⑥⑦理(100×2)▶物・化・生から2

［個別学力検査(1200)］ 5科目 ①外(400)▶「コミュ英Ⅰ・コミュ英Ⅱ・コミュ英Ⅲ・英表Ⅰ・英表Ⅱ」・独・仏・中から1 ②数(400)▶数Ⅰ・数Ⅱ・数Ⅲ・数A・数B ③④理(200×2)▶「物基・物」・「化基・化」・「生基・生」から2 ⑤面接(段階評価)

【口腔健康科学科〈口腔保健学専攻〉】 ［共通テスト(800)］ 7~6科目 ①国(200) ②外

(200・英〈R100＋L100〉) ▶英・独・仏・中・韓から1 ③**数**(100) ▶「数Ⅰ・数A」・「数Ⅱ・数B」・簿・情から1 ④⑤⑥⑦**「地歴・公民」・理**(100×3) ▶「世B・日B・地理B・〈倫・政経〉から2」・「〈物基・化基・生基から2〉・物・化・生から1」または「世B・日B・地理B・〈倫・政経〉から1」・「物・化・生から2」

[個別学力検査(600)] **3**科目 ①**外**(200) ▶「コミュ英Ⅰ・コミュ英Ⅱ・コミュ英Ⅲ・英表Ⅰ・英表Ⅱ」・独・仏・中から1 ②**国・数・理**(200) ▶「国総(近代)・現文B」・「数Ⅰ・数Ⅱ・数A・数B」・「物基・物」・「化基・化」・「生基・生」から1 ③**面接**(200)

【口腔健康科学科〈口腔工学専攻〉】 [共通テスト(900)] **7**科目 ①**国**(200) ②**外**(200・英〈R100＋L100〉) ▶英・独・仏・中・韓から1 ③**地歴・公民**(100) ▶世B・日B・地理B・「倫・政経」から1 ④⑤**数**(100×2) ▶「数Ⅰ・数A」必須，「数Ⅱ・数B」・簿・情から1 ⑥⑦**理**(100×2) ▶物・化・生から2

[個別学力検査(500)] **4**科目 ①**外**(200) ▶「コミュ英Ⅰ・コミュ英Ⅱ・コミュ英Ⅲ・英表Ⅰ・英表Ⅱ」・独・仏・中から1 ②**数**(200) ▶数Ⅰ・数Ⅱ・数Ⅲ・数A・数B ③**理**(100) ▶「物基・物」・「化基・化」・「生基・生」から1 ④**面接**(段階評価)

後期 **【歯学科】[共通テスト(900)]** **7**科目 前期と同じ

[個別学力検査(750)] **2**科目 ①**小論文**(450) ②**面接**(300)

【口腔健康科学科〈口腔工学専攻〉】 [共通テスト(900)] **7**科目 前期と同じ

[個別学力検査(200)] **1**科目 ①**面接**(200)

薬学部

前期 **[共通テスト(900)]** **7**科目 ①**国**(200) ②**外**(200・英〈R100＋L100〉) ▶英・独・仏・中・韓から1 ③**地歴・公民**(100) ▶世B・日B・地理B・「倫・政経」から1 ④⑤**数**(100×2) ▶「数Ⅰ・数A」必須，「数Ⅱ・数B」・簿・情から1 ⑥⑦**理**(100×2) ▶化必須，物・生から1

[個別学力検査(1200)] **4**科目 ①**外**(400) ▶「コミュ英Ⅰ・コミュ英Ⅱ・コミュ英Ⅲ・英表Ⅰ・英表Ⅱ」・独・仏・中から1 ②**数**(400) ▶数Ⅰ・数Ⅱ・数Ⅲ・数A・数B ③④**理**(200×2) ▶「化基・化」必須，「物基・物」・「生基・生」から1

工学部

前期 **【第一類】[共通テスト(900)]** **7**科目 ①**国**(200) ②**外**(200・英〈R100＋L100〉) ▶英・独・仏・中・韓から1 ③**地歴・公民**(100) ▶世B・日B・地理B・「倫・政経」から1 ④⑤**数**(100×2) ▶「数Ⅰ・数A」必須，「数Ⅱ・数B」・簿・情から1 ⑥⑦**理**(100×2) ▶物・化

[個別学力検査(1600)] **4**科目 ①**外**(400) ▶「コミュ英Ⅰ・コミュ英Ⅱ・コミュ英Ⅲ・英表Ⅰ・英表Ⅱ」・独・仏・中から1 ②**数**(600) ▶数Ⅰ・数Ⅱ・数Ⅲ・数A・数B ③④**理**(300×2) ▶「物基・物」・「化基・化」

【第二～四類・工学特別コース】 [共通テスト(900)] **7**科目 ①**国**(200) ②**外**(200・英〈R100＋L100〉) ▶英・独・仏・中・韓から1 ③**地歴・公民**(100) ▶世B・日B・地理B・「倫・政経」から1 ④⑤**数**(100×2) ▶「数Ⅰ・数A」必須，「数Ⅱ・数B」・簿・情から1 ⑥⑦**理**(100×2) ▶物・化・生・地学から2

【第二類】 [個別学力検査(1500)] **4**科目 ①**外**(500) ▶「コミュ英Ⅰ・コミュ英Ⅱ・コミュ英Ⅲ・英表Ⅰ・英表Ⅱ」・独・仏・中から1 ②**数**(500) ▶数Ⅰ・数Ⅱ・数Ⅲ・数A・数B ③④**理**(250×2) ▶「物基・物」・「化基・化」

【第三・四類】 [個別学力検査(1200)] **4**科目 ①**外**(400) ▶「コミュ英Ⅰ・コミュ英Ⅱ・コミュ英Ⅲ・英表Ⅰ・英表Ⅱ」・独・仏・中から1 ②**数**(400) ▶数Ⅰ・数Ⅱ・数Ⅲ・数A・数B ③④**理**(200×2) ▶「物基・物」・「化基・化」

【工学特別コース】[個別学力検査(1500)] **4**科目 ①**外**(500) ▶「コミュ英Ⅰ・コミュ英Ⅱ・コミュ英Ⅲ・英表Ⅰ・英表Ⅱ」・独・仏・中から1 ②**数**(500) ▶数Ⅰ・数Ⅱ・数Ⅲ・数A・数B ③④**理**(250×2) ▶「物基・物」・「化基・化」・「生基・生」から2

後期 **【第一類】[共通テスト(600)]** **5**科目 ①**外**(200・英〈R100＋L100〉) ▶英・独・仏・中・韓から1 ②③**数**(100×2) ▶「数Ⅰ・数A」・「数Ⅱ・数B」 ④⑤**理**(100×2) ▶物・化

[個別学力検査(100)] **1**科目 ①**面接**(100)

【第二類】［共通テスト(1300)］ 6科目 ①国(100) ②外(400・英〈R200＋L200〉)▶英・独・仏・中・韓から1 ③④数(200×2)▶「数Ⅰ・数A」・「数Ⅱ・数B」 ⑤⑥理(200×2)▶物必須，化・生から1
［個別学力検査(100)］ 1科目 ①面接(100)
【第三・四類】［共通テスト(600)］ 5科目 ①外(200・英〈R100＋L100〉)▶英・独・仏・中・韓から1 ②③数(100×2)▶「数Ⅰ・数A」・「数Ⅱ・数B」 ④⑤理(100×2)▶物必須，化・生から1
【第三類】［個別学力検査(50)］ 1科目 ①面接(50)
【第四類】［個別学力検査(100)］ 1科目 ①面接(100)

生物生産学部

前期 ［共通テスト(900)］ 7科目 ①国(200) ②外(200・英〈R100＋L100〉)▶英・独・仏・中・韓から1 ③地歴・公民(100)▶世B・日B・地理B・現社・「倫・政経」から1 ④⑤数(100×2)▶「数Ⅰ・数A」必須，「数Ⅱ・数B」・簿・情から1 ⑥⑦理(100×2)▶物・化・生・地学から2
［個別学力検査(1000)］ 4科目 ①外(200)▶「コミュ英Ⅰ・コミュ英Ⅱ・コミュ英Ⅲ・英表Ⅰ・英表Ⅱ」・独・仏・中から1 ②数(400)▶数Ⅰ・数Ⅱ・数Ⅲ・数A・数B ③④理(200×2)▶「物基・物」・「化基・化」・「生基・生」・「地学基・地学」から2
後期 ［共通テスト(900)］ 7科目 前期と同じ
［個別学力検査］ 1科目 ①面接(段階評価)

情報科学部

前期 (A型)［共通テスト(900)］ 8科目 ①国(200) ②外(200・英〈R100＋L100〉)▶英・独・仏・中・韓から1 ③④地歴・公民(100×2)▶世B・日B・地理B・「現社・倫・政経・〈倫・政経〉から1」から2 ⑤⑥数(100×2)▶「数Ⅰ・数A」必須，「数Ⅱ・数B」・簿・情から1 ⑦⑧理(50×2)▶「物基・化基・生基・地学基から2」・「物・化・生・地学から2」から1
［個別学力検査(1200)］ 2科目 ①外(400)▶「コミュ英Ⅰ・コミュ英Ⅱ・コミュ英Ⅲ・英表Ⅰ・英表Ⅱ」・独・仏・中から1 ②数(800)▶数Ⅰ・数Ⅱ・数A・数B
(B型)［共通テスト(900)］ 7科目 ①国(200) ②外(200・英〈R100＋L100〉)▶英・独・仏・中・韓から1 ③地歴・公民(100)▶世B・日B・地理B・現社・「倫・政経」から1 ④⑤数(100×2)▶「数Ⅰ・数A」必須，「数Ⅱ・数B」・簿・情から1 ⑥⑦理(100×2)▶物・化・生・地学から2
［個別学力検査(1200)］ 2科目 ①外(400)▶「コミュ英Ⅰ・コミュ英Ⅱ・コミュ英Ⅲ・英表Ⅰ・英表Ⅱ」・独・仏・中から1 ②数(800)▶数Ⅰ・数Ⅱ・数Ⅲ・数A・数B
後期 ［共通テスト(1200)］ 3科目 ①外(400・英〈R200＋L200〉)▶英・独・仏・中・韓から1 ②③数(400×2)▶「数Ⅰ・数A」必須，「数Ⅱ・数B」・簿・情から1
［個別学力検査(100)］ 2科目 ①面接(100)

その他の選抜

光り輝き入試(総合型選抜・学校推薦型選抜)，外国人留学生選抜。

偏差値データ (2023年度)

●一般選抜

学部／学科・類／専攻・コース	2023年度 駿台予備学校 合格目標ライン	2023年度 河合塾 ボーダー得点率	2023年度 河合塾 ボーダー偏差値	'22年度 競争率
●前期				
▶総合科学部				
総合科(文科系)	53	67%	57.5	2.7
(理科系)	52	68%	52.5	1.3
国際共創(文科系)	53	75%	60	2.6
(理科系)	52	67%	57.5	2.3
▶文学部				
人文	51	69%	57.5	1.7
▶教育学部				
第一類／初等教育(文科系)	54	63%	55	1.4
(理科系)				1.7
／特別支援(文科系)	50	60%	50	1.2
(理科系)				1.0
第二類／自然系	50	61%	50	1.1
／数理系	53	67%	55	2.2
／技術・情報系	51	60%	50	2.2
／社会系	51	68%	55	1.6
第三類／国語文化系	52	65%	55	1.3

／英語文化系	55	71%	57.5	1.6
／日本語教育系	53	65%	55	1.5
第四類／健康スポーツ系	51	68%	—	2.0
／人間生活系	49	60%	52.5	1.3
／音楽文化系	50	60%	—	1.7
／造形芸術系	47	60%	—	1.2
第五類／教育学系	53	66%	57.5	1.6
／心理学系	54	70%	60	1.6
▶法学部				
法／昼間	51	72%	57.5	2.1
／夜間主	46	60%	50	2.4
▶経済学部				
経済／昼間	51	64%	57.5	1.5
／夜間主	41	51%	47.5	2.4
▶理学部				
数	52	66%	55	1.8
物理	52	63%	55	1.7
化	52	64%	52.5	2.1
生物科	52	61%	50	1.6
地球惑星システム	50	61%	52.5	1.8
▶医学部				
医	67	80%	65	5.9
保健／看護学（文科系）	49	59%	52.5	1.2
（理科系）	49	60%	52.5	2.1
／理学療法学（文科系）	51	63%	50	1.7
（理科系）	51	63%	50	2.0
／作業療法学（文科系）	50	57%	50	1.4
（理科系）	50	57%	50	3.4
▶歯学部				
歯	57	69%	57.5	2.5
口腔健康科／口腔保健学	49	62%	50	1.7
／口腔工学	49	57%	47.5	1.4
▶薬学部				
薬	57	72%	60	3.8
薬科	54	69%	57.5	1.8
▶工学部				
第一類	50	63%	50	1.7
第二類	50	65%	50	1.6
第三類	49	63%	50	1.1
第四類	50	65%	50	2.0
工学特別	49	62%	47.5	1.2
▶生物生産学部				
生物生産	50	61%	50	1.3
▶情報科学部				
情報科（A型）	50	66%	57.5	3.0
（B型）	51	65%	55	2.0

●後期				
▶総合科学部				
総合科	54	71%	—	2.6
▶文学部				
人文	52	76%	—	2.8
▶教育学部				
第二類／自然系	51	70%	—	—
／数理系	55	69%	—	1.0
／技術・情報系	52	63%	—	1.7
／社会系	53	73%	—	1.6
第四類／健康スポーツ系	51	72%	—	2.6
／人間生活系	50	64%	—	2.0
／造形芸術系	47	62%	—	1.5
第五類／教育学系	54	72%	—	2.1
／心理学系	56	73%	—	3.0
▶法学部				
法／昼間	54	82%	—	3.6
／夜間主	45	70%	—	6.4
▶経済学部				
経済／昼間（文科系）	52	77%	—	2.2
（理科系）	〃	〃	〃	1.0
／夜間主	41	55%	—	2.9
▶理学部				
数	54	77%	62.5	4.5
物理	53	77%	60	3.3
化	54	77%	—	4.1
地球惑星システム	51	76%	—	2.0
▶歯学部				
歯	57	74%	—	6.9
口腔健康科／口腔工学	49	60%	—	1.0
▶工学部				
第一類	51	76%	—	2.2
第二類	50	75%	—	4.3
第三類	50	78%	—	1.7
第四類	51	72%	—	1.6
▶生物生産学部				
生物生産	51	68%	—	1.3
▶情報科学部				
情報科	52	74%	—	2.9

- 駿台予備学校合格目標ラインは合格可能性80%に相当する駿台模試の偏差値です。
- 河合塾ボーダー得点率は合格可能性50%に相当する共通テストの得点率です。また，ボーダー偏差値は合格可能性50%に相当する河合塾全統模試の偏差値です。
- 競争率は受験者÷合格者の実質倍率

山口大学（やまぐち）

資料請求

問合せ先 学生支援部入試課 ☎083-933-5153

大学の理念

1815（文化12）年，長州藩士・上田鳳陽が創設した「山口講堂」を起源とし，明治・大正期の学制を経て，1949（昭和24）年に新制大学となり，2015（平成27）年に創基200周年を迎えた。９学部８研究科に１万人以上の学生が在籍する総合大学として，「発見し・はぐくみ・かたちにする　知の広場」を理念に掲げ，地域の発展，日本そして世界の発展に寄与することをめざしている。緑豊かで伸び伸びとした開放的な雰囲気のキャンパスと設備の整った施設を有し，全国トップの知的財産教育，充実したデータサイエンス教育，英語教育の強化等によるグローバル人材の育成など特徴的な教育を展開している。学生生活をサポートするさまざまな制度や相談体制，多くの方々の寄付で設立された「山口大学基金」により，大学独自のきめ細かな修学支援を行っている。

● キャンパス情報はP.1508をご覧ください。

基本データ

学生数▶8,546名（男5,139名，女3,407名）

専任教員数▶教授293名，准教授243名，講師116名

設置学部▶人文，教育，経済，理，医，工，農，共同獣医，国際総合科

併設教育機関▶大学院―医学系・創成科学（以上M・D），教育学（M・P），人文科学・経済学（以上M），東アジア・共同獣医学（以上D），技術経営（P）

就職・卒業後の進路

就職率 94.7％（就職者÷希望者×100）

● **就職支援**　個別相談を重視し，一人ひとりの進路に合わせた支援を行う。キャリア形成を支援する必修科目「知の広場」や「キャリア教育」を開講するほか，各種セミナー・説明会を開催。就職支援室では就職関連の情報提供や業界・企業研究会の開催，「学生支援センター／就職NEWS」の配信なども行っている。常駐する専任教員や就職アドバイザーが個別の就職相談，面接練習，履歴書添削などにも対応。また，大原学園グループ，山口大学生活協同組合と連携し，各種試験対策講座や資格取得対策講座も開講している。

進路指導者も必見 学生を伸ばす 面倒見

初年次教育

ITの基礎技術を学ぶ「データ科学と社会Ⅰ・Ⅱ」「情報セキュリティ・モラル」「情報リテラシー演習」などのほか，一部の学部で「基礎セミナー」「アカデミック・スキル入門」を開講し，学習および大学生活に必要なスキルを習得

学修サポート

全学部でTA制度，オフィスアワー制度，医学部以外の学部でSA制度，人文・医・工（一部の学科）・農・共同獣医学部では１人の教員が約12人の学生を担当する教員アドバイザー制度を導入。また，学修支援を行う教育支援センターや理学部の学習相談室を設置

オープンキャンパス（2022年度実績）　8月に来場型とオンライン型でオープンキャンパスを開催。事前申込制。来場型ではキャンパスの雰囲気を体験できるプログラムを，オンライン型では学部や研究室紹介などを動画を配信。

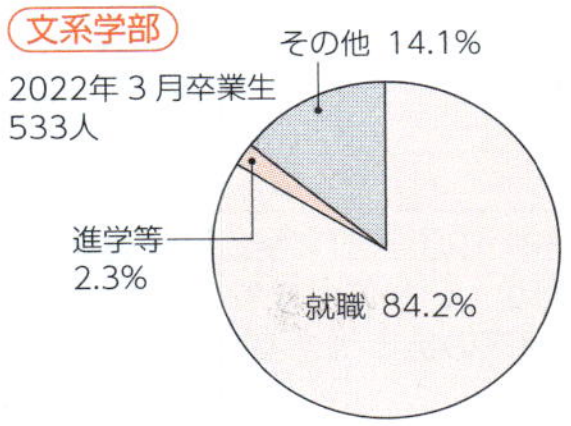

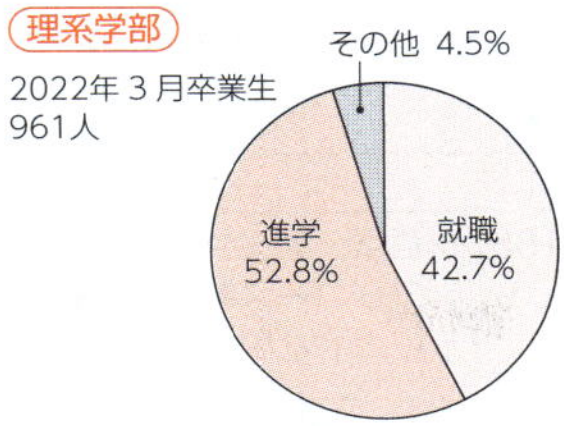

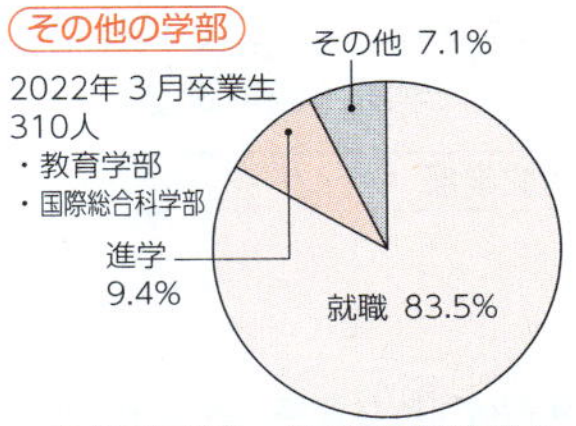

※医学部医学科，共同獣医学部を除く。

主なOB・OG ▶ ［教育］平谷祐宏（尾道市長），［医］忽那賢志（医師・医学者），［農］山際大志郎（衆議院議員，獣医師），［人文］杉崎美香（フリーアナウンサー）など。

国際化・留学　大学間 **107** 大学等・部局間 **67** 大学等

受入れ留学生数 ▶ 88名（2022年５月１日現在）

留学生の出身国 ▶ 中国，韓国，マレーシア，モンゴルなど。

外国人専任教員 ▶ 教授９名，准教授11名，講師６名（2022年５月１日現在）

外国人専任教員の出身国 ▶ 中国，アメリカ，フランス，韓国，イギリスなど。

大学間交流協定 ▶ 107大学・機関（交換留学先83大学，2022年５月１日現在）

部局間交流協定 ▶ 67大学・機関（交換留学先26大学，2022年５月１日現在）

海外への留学生数 ▶ 渡航型53名・オンライン型32名／年（14カ国・地域，2021年度）

海外留学制度 ▶ 交流協定を締結した協定校への交換留学（半年～１年）や海外短期語学研修プログラム（夏・春期休暇を利用，２～４週間）などを実施。短期語学研修でも，事前研修に参加すれば，単位認定される場合もある。ほかに，海外の協定校が夏休みに主催するサマープログラムがある。留学支援制度「はばたこう！山口から世界へ」では，選考を通過した学生の留学費用や留学に向けたIELTS・TOEFLの受験費用を支援している。

学費・奨学金制度　給付型奨学金総額 年間 **2,095** 万円

入学金 ▶ 282,000円

年間授業料（施設費等を除く）▶ 535,800円

年間奨学金総額 ▶ 20,950,000円

年間奨学金受給者数 ▶ 90人

主な奨学金制度 ▶ 学業成績優秀者を対象とした「特待生制度」，給付型の「七村奨学金」「経済学部柳上奨学金」「工学部常盤工業会奨学金」などを設置。また，学費減免制度があり，2021年度には490人を対象に総額で約8,117万円を減免している。

保護者向けインフォメーション

● **成績確認**　成績表および履修科目と単位数の情報を保護者に郵送している。

● **保護者会**　人文・医（保）・工・共同獣医：新入生保護者会，教育：新入生保護者懇談会，経済：保護者就職説明会，理：後援会懇談会，医（医）で保護者見学会などを開催，工学部では学科により個人面談を実施。

● **防災対策**　「安全・衛生と健康のてびき」を入学時に配布し，限定HPに掲載。学生が被災した際は，独自の安否確認システムなどを利用。

● **コロナ対策１**　ワクチンの職域接種を実施。感染状況に応じた５段階のBCP（行動指針）を設定。「コロナ対策２」（下段）あり。

インターンシップ科目	必修専門ゼミ	卒業論文	GPA制度の導入の有無および活用例	１年以内の退学率	標準年限での卒業率
教育・医・共同獣医学部を除き，開講	教育・経済・農２～４年次，理３・４年次，人文・医（保）・工４年次，医（医）３年次，共同獣医４～６年次，国際総合１～４年次に実施	国際総合科学部を除き卒業要件	留学候補者の選考，理・医学部で特待生の選出，一部の学部で奨学金等対象者の選定・退学勧告基準，個別の学修指導に活用するほか，GPAに応じた履修上限単位数を設定	1.0％	84.2％（４年制）83.5％（６年制）

● **コロナ対策２**　オンライン授業を併用し，講義室の収容人数の調整や入口での消毒を実施。経済的に困窮している学生に食糧品支援や給付金を支給するほか，各学部に学生の健康・学習状況，心のケアを行う学生ケアチームや新入生サポーターを配置。

学部紹介

学部／学科・課程	定員	特色
人文学部		
人文	185	▷哲学，歴史学，社会学，日本・中国言語文学，欧米言語文学の５コース制。「人間とは何か，いかに生きるべきか」という根本的な問いかけを共有し将来のあるべき姿を模索する。
●取得可能な資格…教職（国・地歴・公・社・英），司書，学芸員など。 ●進路状況…………就職82.4%　進学2.6% ●主な就職先………日本通運，新興出版社啓林館，山口フィナンシャルグループ，テレビ山口，神戸地方検察庁など。		
教育学部		
学校教育教員養成	180	▷多様な指導法や研究アプローチの中で，総合的な思考・分析力や表現能力を養い，さまざまな分野に貢献できる人材を育成する。学生・大学教員・現職教員が協働して取り組む「ちゃぶ台プログラム」など独自の教職研修を実施。小学校教育コース（小学校総合40名，教育学10名，心理学10名，国際理解教育10名），幼児教育・特別支援教育・情報教育各コース10名，教科教育コース（国語教育，社会科教育，数学教育各10名，理科教育13名，保健体育７名，音楽教育，美術教育，技術教育，家政教育，英語教育各６名）の５コース14選修。
●取得可能な資格…教職（国・地歴・公・社・数・理・音・美・保体・技・家・情・英，小一種，幼一種，特別支援）など。 ●進路状況…………就職79.3%　進学13.0% ●主な就職先………教員（山口県，広島県，岡山県，島根県，福岡県）など。		
経済学部		
		▶学部一括で募集し，２年次より学科・コースに配属。
経済	130	▷日本および世界の動きを理解するために必要な経済の枠組みを学び，実践的な経済人を育成する。
経営	165	▷企業行動で発生する諸課題を理解し，解明への道筋を考える基礎力を身につけ，社会に貢献できる人材を養成する。
観光政策	50	▷人や企業の活動を包括的に観察し，関連事象を経済・法律・文化・環境など多方面から分析できる人材を養成。
●取得可能な資格…教職（公・商業）。　●進路状況…就職85.3%　進学2.1% ●主な就職先………山口フィナンシャルグループ，EY新日本有限責任監査法人，あいおいニッセイ同和損害保険，広島国税局，山口県など。		
理学部		
数理科	50	▷純粋数学，応用数学，情報数理などの基礎から応用までを網羅した幅広い研究を行う。
物理・情報科	60	▷履修コース制。２年次後期から物理学コースと情報科学コースに分かれ，より専門的内容を学ぶ。
化	40	▷化学の基礎を理解し，それを応用する能力を身につけた化学の専門家として社会で活躍できる人材を育成する。
生物	40	▷ミクロからマクロまでのさまざまな階層における生物学の基礎知識・概念，および生物学領域の実験手法や野外調査法の学修を行う。

キャンパスアクセス ［吉田キャンパス］ JR山口線－湯田温泉より徒歩約25分

地球圏システム科	30	▷地域環境科学と環境物質科学の２コース。３年次から各コースに分かれて学ぶ。

● **取得可能な資格**…教職（数・理・情），学芸員，測量士補など。
● **進路状況**…………就職55.4％　進学36.8％
● **主な就職先**………日本電気，住友化学，宇部興産コンサルタント，チタン工業，教員など。

医学部

医	107	▷革新的な電子シラバスと臓器・系統別に編成した独自のコース・ユニット制カリキュラム。幅広い研究視野と豊かな人間性を養いながら，自発的学習能力を育成していく。
保健	120	▷看護学80名，検査技術科学40名の２専攻。国際的に活躍できる人材育成をめざす。医療英語などの教育にも注力する。

● **取得可能な資格**…教職（養護二種），医師・看護師・保健師・助産師・臨床検査技師受験資格など。
● **進路状況**…………［医］初期臨床研修医94.4％　［保健］就職81.5％　進学13.4％
● **主な就職先**………［医］山口大学医学部附属病院，山口県立総合医療センター，徳山中央病院，関門医療センター，宇部興産中央病院，山口県済生会山口総合病院など（２名以上の研修先）。
［保健］山口大学医学部附属病院，山口県済生会下関総合病院，山口県，宇部市など。

工学部

機械工	90	▷２コース制。航空宇宙コースでは，航空宇宙や環境エネルギー関連の機械開発技術者をめざす。生体・ロボットコースでは，ロボットや医療・健康・生活関連支援システムの開発技術者を養成。
社会建設工	80	▷防災システム構築や，自然と調和した社会を実現するための環境保全技術分野に貢献できる技術を学ぶ。
応用化	90	▷薬分子の設計から細胞の遺伝子改変，エネルギー・環境材料，水素利活用，月面用建材まで幅広い専門技術を学ぶ。
電気電子工	80	▷材料・デバイス，通信・計測制御，電気エネルギーを３本柱とし，あらゆる分野に貢献できる優秀な人材を育てる。
知能情報工	80	▷情報基礎分野，情報知能分野，情報応用分野に関する幅広い知識を身につけた次世代のICTを開拓する人材を育成。
感性デザイン工	55	▷科学技術のアイデアをかたちにするデザイン実習や実験，演習などを通じて，人の行為が社会や自然環境におよぼす影響を理解し，社会のニーズに応えるエキスパートを養成。
循環環境工	55	▷分子レベルのミクロから地球規模のマクロまで物質の環境内での循環に着目し，専門知識を学ぶ。

● **取得可能な資格**…教職（情・工業），技術士補，測量士補，１・２級建築士受験資格など。
● **進路状況**…………就職28.1％　進学68.4％
● **主な就職先**………マツダ，熊谷組，日本工営，中電工，国土交通省など。

農学部

生物資源環境科	50	▷食料を効率的かつ安全に生産し，生態環境の保全に配慮しながら農業を実践できる理論と技術を有する人材を養成。
生物機能科	50	▷化学と生物学の基礎，生命科学と環境科学の専門知識，バイオテクノロジーなどの技法を活用し，最新の生命科学を探究する。

● **取得可能な資格**…教職（農）など。　● **進路状況**…就職50.5％　進学46.2％
● **主な就職先**………アストラゼネカ，福留ハム，九州乳業，深川養鶏農業協同組合，山口県農業協同組合など。

キャンパスアクセス［小串キャンパス］ JR宇部線―宇部新川より徒歩約10分

共同獣医学部		
獣医	30	▷鹿児島大学との共同学部。高度獣医療ならびに生命科学研究に貢献できる獣医師と獣医学研究者を養成する。

- **取得可能な資格**…獣医師受験資格など。
- **主な就職先**………森永乳業，第一三共，農林水産省，山口県，富士サファリパーク，山口県農業共済組合，日高軽種馬農業協同組合，動物病院など。

国際総合科学部		
国際総合科	100	▷充実した英語教育や実践的学習プログラム，留学制度によりグローバルな人材を世界に送り出す（1年次夏期に1カ月間の海外語学研修，2～3年次には1年間の海外留学あり）。

- **進路状況**…………就職90.6％　進学3.4％
- **主な就職先**………日本通運，野村證券，東京海上日動火災保険，中国電力，福岡出入国管理局など。

▶キャンパス

人文・教育・経済・理・農・共同獣医・国際総合科……［吉田キャンパス］山口県山口市吉田1677-1
医……［小串キャンパス］山口県宇部市南小串1-1-1
工……［常盤キャンパス］山口県宇部市常盤台2-16-1

2023年度入試要項（前年度実績）

●募集人員

学部／学科・課程（専攻等）		前期	後期
▶人文	人文	115	33
▶教育	学校教育教員養成（小学校／小学校総合）	15	—
	（小学校／教育学）	8	—
	（小学校／心理学）	8	—
	（小学校／国際理解教育）	7	—
	（幼児教育）	7	—
	（特別支援教育）	7	—
	（情報教育）	8	—
	（教科教育／国語）	8	—
	（教科教育／社会科）	8	—
	（教科教育／数学）	8	—
	（教科教育／理科）	11	—
	（教科教育／音楽）	5	—
	（教科教育／美術）	5	—
	（教科教育／保健体育）	6	—
	（教科教育／技術）	5	—
	（教科教育／家政）	5	—
	（教科教育／英語）	5	—
▶経済	経済 経営 観光政策	181	56
▶理	数理科	35	10
	物理・情報科	33	17
	化	22	10
	生物	25	11
	地球圏システム科	15	7
▶医	医	55	10
	保健（看護学）	50	20
	（検査技術科学）	25	7
▶工	機械工	54	18
	社会建設工	45	17
	応用化	58	15
	電気電子工	48	16
	知能情報工	50	16
	感性デザイン工	34	14
	循環環境工	34	10
▶農	生物資源環境科	33	7
	生物機能科	31	9
▶共同獣医	獣医	21	6
▶国際総合科	国際総合科	80	10

※医学部医学科後期の募集人員10名の内訳は，全国枠7名，地域枠3名以内。

●2段階選抜

医学部医学科では，志願者数が募集人員に対して前期7倍，後期15倍を超えた場合に共通テストの成績により行うことがある。

試験科目

デジタルブック ≫

キャンパスアクセス ［常盤キャンパス］JR宇部線一宇部新川または琴芝よりバス約5～12分

偏差値データ（2023年度）

●一般選抜

学部／学科・課程／専攻等	2023年度 駿台予備学校 合格目標ライン	2023年度 河合塾 ボーダー得点率	2023年度 河合塾 ボーダー偏差値	'22年度 競争率
●前期				
▶人文学部				
人文	47	59%	47.5	1.9
▶教育学部				
学校教育／小学校（小学校総合）	48	50%	—	1.1
（教育学）	49	52%	52.5	1.1
（心理学）	50	58%	50	2.3
（国際理解）	49	56%	50	1.3
／幼児教育	48	58%	47.5	1.5
／特別支援教育	48	56%	45	1.8
／情報教育	47	50%	47.5	2.1
／教科教育（国語）	48	61%	50	1.3
（社会科）	47	63%	50	1.9
（数学）	48	59%	50	1.4
（理科）	48	53%	47.5	2.4
（音楽）	45	56%	—	1.5
（美術）	42	51%	—	1.4
（保健体育）	45	55%	—	1.4
（技術）	46	56%	47.5	1.8
（家政）	46	50%	45	1.0
（英語）	50	58%	50	—
▶経済学部				
（学部一括募集）	48	56%	47.5	1.4
▶理学部				
数理科	48	55%	50	3.6
物理・情報科	49	55%	50	3.0
化	49	55%	50	1.7
生物	49	56%	50	2.7
地球圏システム科	49	58%	50	3.2
▶医学部				
医	64	76%	65	3.2
保健／看護学	46	57%	50	1.8
／検査技術科学	50	56%	52.5	1.8
▶工学部				
機械工	45	51%	42.5	—
社会建設工	45	48%	45	—
応用化	47	51%	45	1.1
電気電子工	45	51%	45	1.0
知能情報工	45	51%	45	1.6
感性デザイン工	45	51%	45	2.0
循環環境工	45	48%	45	1.1
▶農学部				
生物資源環境科	47	51%	45	1.2
生物機能科	48	53%	47.5	1.6
▶共同獣医学部				
獣医	58	73%	62.5	3.9
▶国際総合科学部				
国際総合科	48	56%	47.5	1.9
●後期				
▶人文学部				
人文	48	64%	—	1.5
▶経済学部				
（学部一括募集）	47	60%	—	1.2
▶理学部				
数理科	49	62%	55	5.4
物理・情報科	50	62%	52.5	5.2
化	50	63%	52.5	2.5
生物	50	64%	52.5	2.6
地球圏システム科	50	64%	—	3.0
▶医学部				
医（全国枠）	65	83%	—	2.1
医（地域枠）	65	83%	—	
保健／看護学	46	61%	—	1.7
／検査技術科学	49	61%	—	2.4
▶工学部				
機械工	45	56%	—	1.2
社会建設工	45	50%	—	—
応用化	48	55%	—	1.5
電気電子工	46	54%	—	—
知能情報工	46	55%	—	1.8
感性デザイン工	46	61%	—	2.4
循環環境工	46	52%	—	1.0
▶農学部				
生物資源環境科	48	55%	—	1.6
生物機能科	49	57%	—	1.4
▶共同獣医学部				
獣医	59	75%	—	6.8
▶国際総合科学部				
国際総合科	49	64%	—	4.3

- 駿台予備学校合格目標ラインは合格可能性80％に相当する駿台模試の偏差値です。
- 河合塾ボーダー得点率は合格可能性50％に相当する共通テストの得点率です。また，ボーダー偏差値は合格可能性50％に相当する河合塾全統模試の偏差値です。
- 競争率は受験者÷合格者の実質倍率
- 医学部医学科の後期は２段階選抜を実施。

徳島大学（とくしま）

資料請求

問合せ先　学務部入試課　☎088-656-7091

大学の理念

1922（大正11）年創立の徳島工専，徳島医専が昇格した徳島医大，徳島高校，徳島師範・青師などを統合し，1949（昭和24）年に開学。「自主と自律の精神に基づき，真理の探求と知の創造に努め，卓越した学術および文化を継承し向上させ，世界に開かれた大学として，豊かで健全な未来社会の実現に貢献する」ことを理念とする。気候温暖な徳島市の中心部に2つのキャンパスを持つ総合大学であり，世界での産業競争力強化に貢献できるグローバル人材を育成し，誠実で高い倫理観を持って行動することにより，「知を創り，地域に生き，世界に羽ばたく徳島大学」の持続的発展をめざしている。2023年４月には理工学部と医学部および関連研究所による学部横断型の「医光／医工融合プログラム」を設置するなど，最先端の教育・研究を推進している。

● 本部……〒770-8501　徳島県徳島市新蔵町2-24
● 各学部のキャンパス情報はP.1513をご覧ください。

基本データ

学生数▶5,907名（男3,673名，女2,234名）
専任教員数▶教授247名，准教授199名，講師132名
設置学部▶総合科，医，歯，薬，理工（昼・夜），生物資源産業
併設教育機関▶大学院—医学・口腔科学・薬学・医科栄養学・保健科学・創成科学（以上M・D）

就職・卒業後の進路

就職率 **97.7**％（就職者÷希望者×100）

● **就職支援**　キャリア支援室がキャリアカウンセラーによる就職・進路相談や，求人情報，就職ガイダンス，企業説明会などの情報提供を行う。就職活動に対する心構えや活動方法をはじめ，エントリーシートの書き方や面接などの選考対策やセミナーを年間70回以上，公務員・教員採用試験関係説明会も20回以上開催している。また，キャリア教育プログラムでは１年次より関連プログラムを実施し，３年次夏期のインターンシップから就職活動本番へ向けて，学生の就業力を育成するためのキャリア教育支援体制を構築している。

進路指導者も必見　学生を伸ばす　面倒見

初年次教育	学修サポート
大学での学修において必要となる基礎（知識・技能・態度），能動的に学修するアクティブ・ラーナーへ変貌するための基礎力を修得するプログラム「SIH道場」や「情報科学入門」を開講	全学部でオフィスアワー制度，TA制度（医学科を除く），教員アドバイザー制度（総合科学部を除く）を導入。また，理工学部では学習面における個別指導や相談に応じる履修相談室を設置している

オープンキャンパス（2022年度実績）　８月に対面とオンラインでオープンキャンパスを開催（事前申込制）。一部の対面形式は中止となったが，学部によりライブ配信を実施。また，HP上の特設サイトでは，動画を公開。

理系学部

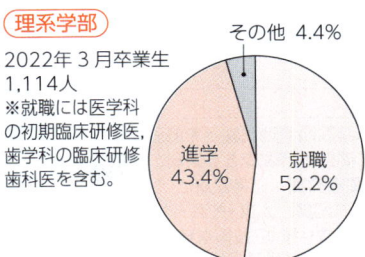

2022年３月卒業生
1,114人
※就職には医学科の初期臨床研修医，歯学科の臨床研修歯科医を含む。

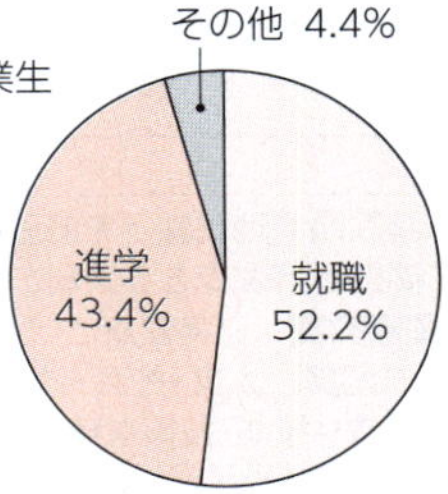

その他の学部

2022年３月卒業生
184人
・総合科学部

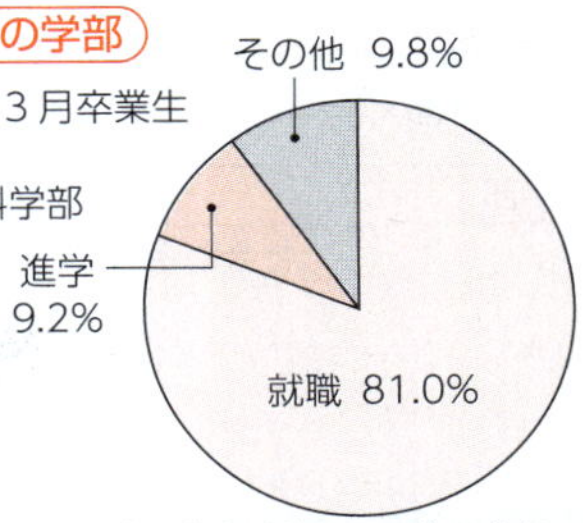

※就職・進学以外はその他に含む。

主なOB・OG▶［工］中村修二（技術者・電子工学者・工学博士，ノーベル物理学賞受賞），［医］田中啓二（東京都医学総合研究所理事長，文化功労者）など。

国際化・留学　大学間 44 大学・部局間 55 大学

受入れ留学生数▶30名（2022年5月1日現在）
留学生の出身国▶韓国，ベトナム，マレーシア，中国，インドネシアなど。
外国人教員数▶教授３名，准教授６名，講師３名（2022年９月１日現在）
外国人専任教員の出身国▶中国，アメリカ，インド，ドイツ，フィリピンなど。
大学間交流協定▶44大学（交換留学先31大学，2022年８月８日現在）
部局間交流協定▶55大学（交換留学先40大学，2022年８月８日現在）
海外への留学生数▶渡航型８名・オンライン型68名／年（５カ国・地域，2021年度）
海外留学制度▶学内のインターナショナルオフィスが国際教育支援，国際交流活動を担い，留学希望者のさまざまな相談にも対応している。海外の大学などで語学研修や文化体験を行う10日～１カ月程度の「短期留学」をはじめ，学術交流協定を締結している大学で授業等を履修する「交換留学」や，海外の大学や研究機関で研究を行う「研究留学」，企業等で実地の研修を行うインターンシップなど，学生のニーズに合わせたプログラムを用意。コロナ禍の現在は，オンライン留学参加費用を支援している。総合科学部では，独自の短期留学・研修やセメスター留学なども実施。

学費・奨学金制度　給付型奨学金総額 年間 2,109 万円

入学金▶282,000円（夜間主141,000円）
年間授業料（施設費等を除く）▶535,800円（夜間主267,900円）
年間奨学金総額▶21,091,000円
年間奨学金受給者数▶93名
主な奨学金制度▶理工学部生を対象に１年次は120万円，３年次採用は年額80万円（２年）を給付する「日亜特別待遇奨学生」や「入学時日亜特別給付金」，留学を支援する「アスパイア奨学金」などを設置。また，学費減免制度があり，2021年度には延べ273人を対象に総額で約4,349万円を減免している。

保護者向けインフォメーション

●**成績確認**　成績表，履修科目と単位数を郵送。
●**防災対策**　防災手帳を入学時に配布。被災した際の学生の安否は，徳島大学構成員安否確認サービスを利用して確認する。
●**コロナ対策１**　ワクチンの職域接種を実施。感染状況に応じた５段階のBCP（行動指針）を設定。「コロナ対策２」（下段）あり。

インターンシップ科目	必修専門ゼミ	卒業論文	GPA制度の導入の有無および活用例	１年以内の退学率	標準年限での卒業率
総合・理工・生物で開講している	歯３年次，医（放）・生物資源産業３・４年次，医（栄・看・検）・理工4年次，薬３～６年次に実施	医学部医学科と歯学部歯学科を除き卒業要件	一部の学部で奨学金の選定基準，留学候補者の選考，個別の学修指導，履修上限単位数の設定に活用	2.4%	85.8%（４年制）79.7%（６年制）

●**コロナ対策２**　検温と消毒を実施し，講義室の収容人数を調整。また，対面授業とオンライン授業を感染状況に応じて併用。生活に困窮している学生に食事等に利用できるクーポンや食料品を配布。

学部紹介&入試要項

学部紹介

学部／学科	定員	特色
総合科学部		
社会総合科	170	▷現代社会の諸問題や地域課題を的確に理解し，科学的思考性に基づいて問題を解決できる人材の育成をめざす。１学科４コース制(国際教養，心身健康，公共政策，地域創生)，２年次にコースに配属。人文・社会・地域・情報などの諸科学についての専門知識や技能・技術を身につける。
●**取得可能な資格**…教職(国・地歴・公・社・美・保体・英)，学芸員，社会調査士など。 ●**進路状況**…………就職81.0%　進学9.2% ●**主な就職先**………阿波銀行，東京海上日動火災保険，ジョンソン・エンド・ジョンソン，四国電力，大和ハウス工業，富士通，西日本フード，財務省，徳島県，裁判所事務官ほか。		
医学部		
医	114	▷チュートリアル教育による自己決定型学習方法やクリニカル・クラークシップを含めた臨床実習などを通じて，医学の発展に寄与できる人材を養成。
医科栄養	50	▷国立大学医学部唯一の栄養学科。「食は生命の基盤である」ことを発信し，医療現場における栄養管理学の発展をめざしながら，臨床栄養管理を指導できる人材を養成する。
保健	124	▷〈看護学専攻70名，放射線技術科学専攻37名，検査技術科学専攻17名〉高度化・専門化する医療ニーズに応える医療人を育成。
●**取得可能な資格**…教職(養護一・二種)，栄養士，医師・看護師・保健師・管理栄養士・診療放射線技師・臨床検査技師受験資格など。 ●**進路状況**…………[医]初期臨床研修医99.2%　[栄養]就職52.1%　進学45.8% [保健]就職74.2%　進学24.2% ●**主な就職先**………[栄・保]日清医療食品，大塚製薬工場，徳島大学病院，岡山大学病院，徳島赤十字病院，和歌山ろうさい病院，徳島県(保健師)など。		
歯学部		
歯	40	▷四国唯一の歯学部。一般教養から専門までの一貫教育を行い，医療人として必要な倫理を備えた人間性を持つ歯科医師を養成。
口腔保健	15	▷口腔保健および福祉の専門的立場から教育，研究，臨床における指導的役割を担う人材の養成をめざす。
●**取得可能な資格**…歯科医師・歯科衛生士・社会福祉士受験資格など。 ●**進路状況**…………[歯]臨床研修歯科医74.4%　[口腔]就職80.0%　進学20.0% ●**主な就職先**………[口腔保健]サンスター，徳島県(社会福祉士)，杏林大学医学部付属病院など。		
薬学部		
薬	80	▷６年制。薬剤師養成教育のみならず，薬の専門家として，薬物治療の中心的役割を担うだけでなく，地域医療・災害時医療に貢献するとともに，医療薬学の発展に寄与できる高い資質を有する人材の輩出をめざす。
●**取得可能な資格**…薬剤師受験資格。 ●**進路状況**…………就職97.7%　進学2.3% ●**主な就職先**………医薬品医療機器総合機構，倉敷中央病院，ブリストル マイヤーズ スクイブ，アインホールディングスなど。		

キャンパスアクセス [常三島キャンパス] JR高徳線ー徳島よりバス約５分

理工学部		
理工［昼間］ ［夜間主］	580 45	▷１学科に数理科学，自然科学，社会基盤デザイン，機械科学，応用化学システム，電気電子システム，知能情報，光システムの８コースに，2023年より光学（工学）と医学を発展的に融合させた学部等横断型の医光／医工融合プログラムを設置。理学と工学を学際融合的にとらえ，確かな自然科学基礎力の上に多面的な専門分野統合型教育の導入により俯瞰的な視野を有し，グローバルにイノベーションを創出できる高度専門職業人・研究者を育成する。各コースには４年制のカリキュラムと，学部および大学院博士前期課程を融合させた「６年一貫カリキュラム」を設置。

● **取得可能な資格**…教職（数・理・情・工業），測量士補，技術士補，技術士・１級建築士・２級建築士受験資格など。
● **進路状況**…………［昼間］就職35.0%　進学60.6%　［夜間主］就職54.1%　進学35.1%（旧工学部実績を含む）
● **主な就職先**………SUBARU，JFEプラントエンジ，アース製薬，大王製紙，四国電力，神戸製鋼所，シャープ，メイテック，エフエム徳島，インテック，教員（大阪府，徳島県）など。

生物資源産業学部		
生物資源産業	100	▷応用生命，食料科学，生物生産システムの３コースを設置。ヘルス・フード・アグリとバイオを融合し，生物資源を活用した産業の創出をめざし，医食，農工，医工など多様な業種との連携を可能にし，これらを支える国際的な人材の育成する。各コースには，本人の希望と成績などにより2年前期に配属。

● **進路状況**…………就職44.7%　進学53.2%
● **主な就職先**………不二家，四国電力，マリンフード，明星食品，NTT西日本，日本ルナ，日本ハムファクトリー，徳島県，南あわじ市，西宮市など。

キャンパス

総合科……［常三島キャンパス］徳島県徳島市南常三島町1-1
理工・生物資源産業……［常三島キャンパス］徳島県徳島市南常三島町2-1
医・歯……［蔵本キャンパス］徳島県徳島市蔵本町3-18-15
薬……［蔵本キャンパス］徳島県徳島市庄町1-78-1

2023年度入試要項（前年度実績）

●募集人員

学部／学科（専攻・コース）		前期	後期
総合科	社会総合科	85	20
医	医	62	—
	医科栄養	25	—
	保健（看護学）	40	10
	（放射線技術科学）	21	8
	（検査技術科学）	12	—
歯	歯	24	6
	口腔保健	6	4
薬	薬	50	20
理工	理工（数理科学） （自然科学） （社会基盤デザイン） （機械科学） （応用化学システム） （電気電子システム） （知能情報） （光システム）	315	92
	（医光／医工融合）	15	—
	［夜間主］理工（社会基盤） （機械科学） （応用化学システム） （電気電子システム） （知能情報）	45	—
生物資源産業	生物資源産業	48	22

キャンパスアクセス［蔵本キャンパス］JR高徳線―徳島よりバス約15分／JR徳島線―蔵本より徒歩約5分

▷理工学部理工学科各コースの受入人員の目安は以下の通り。数理科学前期19・後期５，自然科学前期20・後期５，社会基盤デザイン前期41・後期12・夜間10，機械科学前期59・後期22・夜間10，応用化学システム前期37・後期15・夜間５，電気電子システム前期61・後期13・夜間10，知能情報前期40・後期10・夜間10，光システム前期23・後期10。

●２段階選抜

募集人員に対し，医学部医学科の前期は共通テストの成績が900点満点中600点以上で５倍まで，歯学部歯学科は前期10倍，後期15倍，薬学部薬学科は前期5倍，後期は共通テストの成績が750点満点中500点以上で10倍を超えた場合に，２段階選抜を実施することがある。

▷共通テストの英語はリスニングを含む。
▷個別学力検査の数Ｂ—数列・ベク。

総合科学部

前期　[共通テスト(900)]　8〜7科目　①国(200)　②**外**(❶❸200・英〈R160＋L40〉・❷300・英〈R240＋L60〉)▶英・独・仏・中・韓から１　③④**地歴・公民**(❶50×2・❷100×2・❸150×2)▶世Ｂ・日Ｂ・地理Ｂ・「現社・倫・政経・〈倫・政経〉から１」から２　⑤⑥**数**(❶150×2・❷❸50×2)▶「数Ⅰ・〈数Ⅰ・数Ａ〉から１」・「数Ⅱ・〈数Ⅱ・数Ｂ〉・簿・情から１」　⑦⑧**理**(100)▶「物基・化基・生基・地学基から２」・物・化・生・地学から１
※配点パターン❶〜❸で高得点となるパターンを採用
[個別学力検査(400)]　2科目　①国(200)▶国総・現文Ａ・現文Ｂ・古典Ａ・古典Ｂ　②**外**(200)▶コミュ英Ⅰ・コミュ英Ⅱ・コミュ英Ⅲ・英表Ⅰ・英表Ⅱ

後期　[共通テスト(900)]　8〜7科目　①国(200)　②**外**(200・英〈R160＋L40〉)▶英・独・仏・中・韓から１　③④**地歴・公民**(100×2)▶世Ｂ・日Ｂ・地理Ｂ・「現社・倫・政経・〈倫・政経〉から１」から２　⑤⑥**数**(100×2)▶「数Ⅰ・〈数Ⅰ・数Ａ〉から１」・「数Ⅱ・〈数Ⅱ・数Ｂ〉・簿・情から１」　⑦⑧**理**(100)▶「物基・化基・生基・地学基から２」・物・化・生・地学から１
[個別学力検査(400)]　1科目　①小論文(400)

医学部

前期　**【医学科】**[共通テスト(900)]　7科目　①国(150)　②**外**(200・英〈R160＋L40〉)▶英・独・仏・中・韓から１　③**地歴・公民**(50)▶世Ｂ・日Ｂ・地理Ｂ・現社・倫・政経・「倫・政経」から１　④⑤**数**(100×2)▶「数Ⅰ・数Ａ」必須，「数Ⅱ・数Ｂ」・簿・情から１　⑥⑦**理**(150×2)▶物・化・生から２
[個別学力検査(400)]　3科目　①**外**(200)▶コミュ英Ⅰ・コミュ英Ⅱ・コミュ英Ⅲ・英表Ⅰ・英表Ⅱ　②**数**(200)▶数Ⅰ・数Ⅱ・数Ⅲ・数Ａ・数Ｂ　③**面接**(総合判定)▶集団面接
【医科栄養学科】[共通テスト(650)]　7〜6科目　①国(100)　②**外**(100・英〈R80＋L20〉)▶英・独・仏・中・韓から１　③**地歴・公民**(50)▶世Ｂ・日Ｂ・地理Ｂ・現社・倫・政経・「倫・政経」から１　④⑤**数**(100×2)▶「数Ⅰ・数Ａ」必須，「数Ⅱ・数Ｂ」・簿・情から１　⑥⑦**理**(200)▶「物基・化基・生基から２」・物・化・生から１
[個別学力検査(400)]　2科目　①**外**(200)▶コミュ英Ⅰ・コミュ英Ⅱ・コミュ英Ⅲ・英表Ⅰ・英表Ⅱ　②**面接**(200)▶個人面接
【保健学科〈看護学専攻〉】[共通テスト(700)]　7科目　①国(100)　②**外**(100・英〈R80＋L20〉)▶英・独・仏・中・韓から１　③**地歴・公民**(100)▶世Ａ・世Ｂ・日Ａ・日Ｂ・地理Ａ・地理Ｂ・現社・倫・政経・「倫・政経」から１　④⑤**数**(100×2)▶「数Ⅰ・〈数Ⅰ・数Ａ〉から１」・「数Ⅱ・〈数Ⅱ・数Ｂ〉・簿・情から１」　⑥⑦**理**(100×2)▶「生基必須，物基・化基から１」・「生必須，物・化から１」から１
[個別学力検査(200)]　2科目　①**外**(200)▶コミュ英Ⅰ・コミュ英Ⅱ・コミュ英Ⅲ・英表Ⅰ・英表Ⅱ　②**面接**(総合判定)▶集団面接
※いずれかの得点が一定水準以下の場合は，合計点にかかわらず不合格とする。
【保健学科〈放射線技術科学専攻〉】[共通テスト(800)]　8〜7科目　①国(100)　②**外**(200・英〈R160＋L40〉)▶英・独・仏・中・韓から１　③**地歴・公民**(100)▶世Ｂ・日Ｂ・地理Ｂ・現社・倫・政経・「倫・政経」から１　④⑤**数**(100×2)▶「数Ⅰ・数Ａ」必須，「数Ⅱ・数Ｂ」・簿・情から１　⑥⑦⑧**理**(100×2)▶物必須，

「化基・生基」・化・生から1
[個別学力検査(400)] **3**科目 ①**数**(200)▶数Ⅰ・数Ⅱ・数Ⅲ・数A・数B ②**理**(200)▶物基・物 ③**面接**(総合判定)▶集団面接
【保健学科〈検査技術科学専攻〉】 **[共通テスト(700)]** **7**科目 ①**国**(100) ②**外**(100・英〈R80＋L20〉)▶英・独・仏・中・韓から1 ③**地歴・公民**(100)▶世A・世B・日A・日B・地理A・地理B・現社・倫・政経・「倫・政経」から1 ④⑤**数**(50×2)▶「数Ⅰ・数A」必須，「数Ⅱ・数B」・簿・情から1 ⑥⑦**理**(150×2)▶化必須，物・生から1
[個別学力検査(400)] **3**科目 ①**外**(200)▶コミュ英Ⅰ・コミュ英Ⅱ・コミュ英Ⅲ・英表Ⅰ・英表Ⅱ ②**数**(200)▶数Ⅰ・数Ⅱ・数Ⅲ・数A・数B ③**書類審査**▶志望理由書
後期 **【保健学科〈看護学専攻〉】** **[共通テスト(200)]** **7**科目 ①**国**(20) ②**外**(60・英〈R48＋L12〉)▶英・独・仏・中・韓から1 ③**地歴・公民**(20)▶世A・世B・日A・日B・地理A・地理B・現社・倫・政経・「倫・政経」から1 ④⑤**数**(20×2)▶「数Ⅰ・〈数Ⅰ・数A〉から1」・「数Ⅱ・〈数Ⅱ・数B〉・簿・情から1」 ⑥⑦**理**(30×2)▶「生基必須，物基・化基から1」・「生必須，物・化から1」から1
[個別学力検査(200)] **2**科目 ①**小論文**(100) ②**集団討論・個人面接**(100)
※いずれかの得点が一定水準以下の場合は，合計点にかかわらず不合格とする。
【保健学科〈放射線技術科学専攻〉】 **[共通テスト(750)]** **8～7**科目 ①**国**(100) ②**外**(200・英〈R160＋L40〉)▶英・独・仏・中・韓から1 ③**地歴・公民**(50)▶世B・日B・地理B・現社・倫・政経・「倫・政経」から1 ④⑤**数**(100×2)▶「数Ⅰ・数A」必須，「数Ⅱ・数B」・簿・情から1 ⑥⑦⑧**理**(100×2)▶物必須，「化基・生基」・化・生から1
[個別学力検査(400)] **2**科目 ①**小論文**(200) ②**面接**(200)▶個人面接

歯学部

前期 **【歯学科】** **[共通テスト(550)]** **7**科目 ①**国**(100) ②**外**(100・英〈R80＋L20〉)▶英・独・仏・中・韓から1 ③**地歴・公民**(50)▶世B・日B・地理B・現社・倫・政経・「倫・政経」から1 ④⑤**数**(50×2)▶「数Ⅰ・数A」必須，「数Ⅱ・数B」・簿・情から1 ⑥⑦**理**(100×2)▶物・化・生から2
[個別学力検査(500)] **4**科目 ①**外**(200)▶コミュ英Ⅰ・コミュ英Ⅱ・コミュ英Ⅲ・英表Ⅰ・英表Ⅱ ②**数**(200)▶数Ⅰ・数Ⅱ・数Ⅲ・数A・数B ③**理**(100)▶「物基・物」・「化基・化」・「生基・生」から1 ④**面接**(総合判定)▶個人面接
【口腔保健学科】 **[共通テスト(450)]** **7**科目 ①**国**(100) ②**外**(100・英〈R80＋L20〉)▶英・独・仏・中・韓から1 ③**地歴・公民**(50)▶世B・日B・地理B・現社・倫・政経・「倫・政経」から1 ④⑤**数**(50×2)▶「数Ⅰ・〈数Ⅰ・数A〉から1」・「数Ⅱ・〈数Ⅱ・数B〉・簿・情から1」 ⑥⑦**理**(50×2)▶「物基・化基・生基から2」・「物・化・生から2」から1
[個別学力検査(200)] **2**科目 ①**外**(200)▶コミュ英Ⅰ・コミュ英Ⅱ・コミュ英Ⅲ・英表Ⅰ・英表Ⅱ ②**面接**(総合判定)▶個人面接
後期 **【歯学科】** **[共通テスト(450)]** **7**科目 ①**国**(100) ②**外**(100・英〈R80＋L20〉)▶英・独・仏・中・韓から1 ③**地歴・公民**(50)▶世B・日B・地理B・現社・倫・政経・「倫・政経」から1 ④⑤**数**(50×2)▶「数Ⅰ・数A」必須，「数Ⅱ・数B」・簿・情から1 ⑥⑦**理**(50×2)▶物・化・生から2
[個別学力検査(200)] **2**科目 ①**小論文**(200)▶日本語および英語 ②**面接**(総合判定)▶個人面接
【口腔保健学科】 **[共通テスト(450)]** **7**科目 前期と同じ
[個別学力検査] **1**科目 ①**面接**(総合判定)▶個人面接

薬学部

前期 **[共通テスト(550)]** **7**科目 ①**国**(100) ②**外**(200・英〈R160＋L40〉)▶英・独・仏・中・韓から1 ③**地歴・公民**(50)▶世A・世B・日A・日B・地理A・地理B・現社・倫・政経・「倫・政経」から1 ④⑤**数**(50×2)▶「数Ⅰ・数A」・「数Ⅱ・数B」 ⑥⑦**理**(50×2)▶物・化・生から2
[個別学力検査(400)] **3**科目 ①**数**(200)▶数Ⅰ・数Ⅱ・数Ⅲ・数A・数B ②**理**(200)▶

化基・化 ③**面接**(総合判定)▶集団面接

後期 [共通テスト(750)] 7科目 ①国(100) ②**外**(200・英〈R160＋L40〉)▶英・独・仏・中・韓から1 ③**地歴・公民**(50)▶世A・世B・日A・日B・地理A・地理B・現社・倫・政経・「倫・政経」から1 ④⑤**数**(100×2)▶「数Ⅰ・数A」・「数Ⅱ・数B」 ⑥⑦**理**(100×2)▶物・化・生から2

[個別学力検査(400)] 3科目 ①**理**(400)▶化基・化 ②**面接**(総合判定)▶集団面接 ③**書類審査**▶志望理由書

理工学部

前期 [共通テスト(750)] 7科目 ①国(100) ②**外**(200・英〈R160＋L40〉)▶英・独・仏・中・韓から1 ③**地歴・公民**(50)▶世B・日B・地理B・現社・倫・政経・「倫・政経」から1 ④⑤**数**(100×2)▶「数Ⅰ・数A」・「数Ⅱ・数B」 ⑥⑦**理**(100×2)▶物・化

【昼間】[個別学力検査(500)] 2科目 ①**数**(300)▶数Ⅰ・数Ⅱ・数Ⅲ・数A・数B ②**理**(200)▶「物基・物」・「化基・化」から1

【夜間主】[個別学力検査(300)] 2科目 ①**数**(200)▶数Ⅰ・数Ⅱ・数Ⅲ・数A・数B ②**理**(100)▶「物基・物」・「化基・化」から1

後期 【昼間】[共通テスト(650)] 7科目 ①国(100) ②**外**(150・英〈R120＋L30〉)▶英・独・仏・中・韓から1 ③**地歴・公民**(50)▶世B・日B・地理B・現社・倫・政経・「倫・政経」から1 ④⑤**数**(75×2)▶「数Ⅰ・数A」・「数Ⅱ・数B」 ⑥⑦**理**(100×2)▶物・化

[個別学力検査(375)] 2科目 ①**数**(350)▶数Ⅰ・数Ⅱ・数Ⅲ・数A・数B ②**書類審査**(25)▶志望調書(試験日当日に作成)

生物資源産業学部

前期 [共通テスト(650)] 7科目 ①国(100) ②**外**(R160＋L40)▶英 ③**地歴・公民**(50)▶世A・世B・日A・日B・地理A・地理B・現社・倫・政経・「倫・政経」から1 ④⑤**数**(75×2)▶「数Ⅰ・数A」・「数Ⅱ・数B」 ⑥⑦**理**(必須50＋選択100)▶化必須，物・生から1

[個別学力検査(350)] 2科目 ①**理**(200)▶化基・化 ②**面接**(150)▶集団面接

後期 [共通テスト(700)] 7科目 ①国(50) ②**外**(R160＋L40)▶英 ③**地歴・公民**(50)▶世A・世B・日A・日B・地理A・地理B・現社・倫・政経・「倫・政経」から1 ④⑤**数**(100×2)▶「数Ⅰ・数A」・「数Ⅱ・数B」 ⑥⑦**理**(100×2)▶化必須，物・生から1

[個別学力検査(300)] 1科目 ①**総合問題**(300)▶「化基・化」を含む ※得点が一定水準以下の場合は不合格とする。

その他の選抜

学校推薦型選抜Ⅰ(共通テストを課さない)は総合科学部20名，医学部医科栄養学科12名，理工学部(昼間) 15名，(夜間)若干名，生物資源産業学部8名，学校推薦型選抜Ⅱ(共通テストを課す)は総合科学部45名，医学部88名，歯学部15名，薬学部10名，理工学部(昼間) 158名，生物資源産業学部22名，総合型選抜(共通テストを課す)は医学部医学科8名を募集。ほかに帰国生徒選抜，社会人選抜，私費外国人留学生選抜を実施。

偏差値データ (2023年度)

●一般選抜

学部／学科／専攻・コース	2023年度 駿台予備学校 合格目標ライン	河合塾 ボーダー得点率	河合塾 ボーダー偏差値	'22年度 競争率
●前期				
▶総合科学部				
社会総合科	45	64%	52.5	4.2
▶医学部				
医	62	76%	62.5	1.7
医科栄養	48	60%	50	1.6
保健／看護	46	54%	47.5	2.2
／放射線技術	48	61%	50	4.1
／検査技術	48	64%	50	3.6
▶歯学部				
歯	55	64%	55	2.0
口腔保健	48	56%	47.5	4.0
▶薬学部				
薬	54	69%	57.5	3.8

▶理工学部				
[昼間] 理工／数理科学	45	52%	47.5	
／自然科学	45	52%	47.5	
／社会基盤デザイン	45	54%	47.5	
／機械科学	45	52%	47.5	2.2
／応用化学システム	45	54%	47.5	
／電気電子システム	45	54%	47.5	
／知能情報	45	56%	50	
／光システム	45	52%	47.5	
／医光/医工融合	47	53%	47.5	新
[夜間主] 理工/社会基盤デザイン	40	48%	42.5	
／機械科学	40	48%	42.5	
／応用化学システム	40	48%	42.5	2.0
／電気電子システム	40	48%	42.5	
／知能情報	40	50%	42.5	
▶生物資源産業学部				
生物資源産業	44	52%	47.5	3.2
●後期				
▶総合科学部				
社会総合科	46	67%	—	4.6
▶医学部				
保健／看護	47	63%	—	4.5
／放射線技術	49	67%	—	6.8
▶歯学部				
歯	56	72%	—	10.8
口腔保健	48	60%	—	4.3
▶薬学部				
薬	56	75%	57.5	1.7
▶理工学部				
[昼間] 理工／数理科学	47	62%	50	
／自然科学	47	60%	47.5	
／社会基盤デザイン	47	62%	47.5	
／機械科学	47	60%	50	3.3
／応用化学システム	47	62%	50	
／電気電子システム	47	61%	50	
／知能情報	47	63%	52.5	
／光システム	47	59%	50	
▶生物資源産業学部				
生物資源産業	45	58%	47.5	3.2

- 駿台予備学校合格目標ラインは合格可能性80%に相当する駿台模試の偏差値です。
- 河合塾ボーダー得点率は合格可能性50%に相当する共通テストの得点率です。また，ボーダー偏差値は合格可能性50%に相当する河合塾全統模試の偏差値です。
- 競争率は受験者÷合格者の実質倍率
- 医学部医学科の前期，薬学部の後期は２段階選抜を実施。

香川大学（かがわ）

資料請求

問合せ先 入試グループまたは各学部学務係 ☎087-832-1182

大学の理念

1923（大正12）年創立の高松経専と，香川師範・青師を包括し，1949（昭和24）年に開学。2003（平成15）年10月に香川医科大学と統合した。「世界水準の教育研究活動により，創造的で人間性豊かな専門職業人・研究者を養成し，地域社会をリードするとともに共生社会の実現に貢献する」との理念を掲げ，文理６学部を擁し，幅広い教養と深い専門知識・技術を身につけ，学部の枠を超えてさまざまな分野を横断的かつ総合的に学習する「香川大学ネクストプログラム」や，学生自らがさまざまな活動を立案・企画実行する「香大生の夢チャレンジプロジェクト」を実施するほか，基盤教育として独自のDRI教育（デザイン思考・リスクマネジメント・インフォマティクス）を全学で展開，新たな価値を創造できる人材を育成する。

- **幸町キャンパス（本部）**……〒760-8521　香川県高松市幸町1-1
- 各学部のキャンパス情報はP.1521をご覧ください。

基本データ

学生数▶5,664名（男3,165名，女2,499名）
専任教員数▶教授242名，准教授157名，講師58名
設置学部▶教育，法，経済，医，創造工，農
併設教育機関▶大学院—医学系（M・D），教育学・地域マネジメント（以上P），農学・創発科学（以上M），工学・愛媛大学大学院連合農学（以上D）

就職・卒業後の進路

就職率 97.1%
就職者÷希望者×100

● **就職支援**　1年次必修のキャリア科目「人生とキャリア」などを通じ，将来について学生と共に考えていくことに重点を置いている。学部独自の支援として，教員採用試験対策セミナー，公務員セミナー，学部に特化した企業説明会なども実施されている。「キャリア支援センター」では，キャリア教育の企画・サポートとともに，キャリアガイダンスや就職セミナーの実施，専門相談員による個別就職相談，インターンシップの斡旋，情報提供など，一人ひとりに応じたきめ細やかなサポートを行っている。

進路指導者も必見 学生を伸ばす 面倒見

初年次教育	学修サポート
「大学入門ゼミ」で自校教育，学問や大学教育全体に対する動機づけ，レポート・論文の書き方，プレゼン技法，情報収集や資料整理の方法，論理的思考や問題発見・解決能力の向上を図るほか，「情報リテラシー」を開講	全学部でTA制度，オフィスアワー制度，教員アドバイザー制度（学生約18人に教員1人），教育・法・経済・創造工・農学部でSA制度を導入。また，創造工学部ピア・サポートでは上級生が学習相談に応じている

オープンキャンパス（2022年度実績）　8月に各学部で来場型のオープンキャンパスを開催。事前申込制。学部・学科等の説明，模擬講義，施設見学，入試個別相談，保護者向け説明会（事前申込不要）など。Web型・動画配信は1月まで。

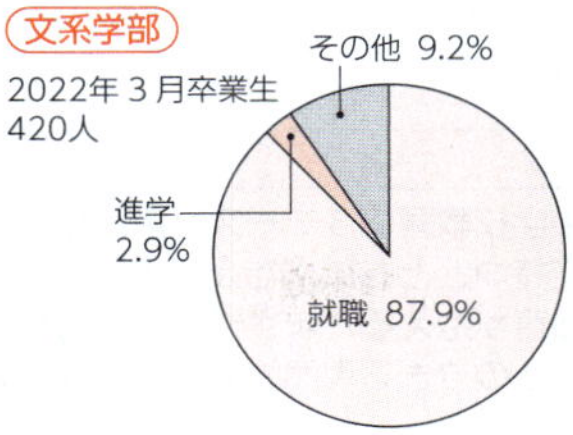

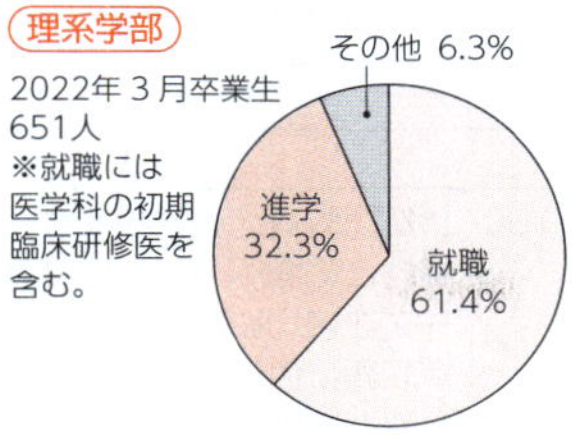

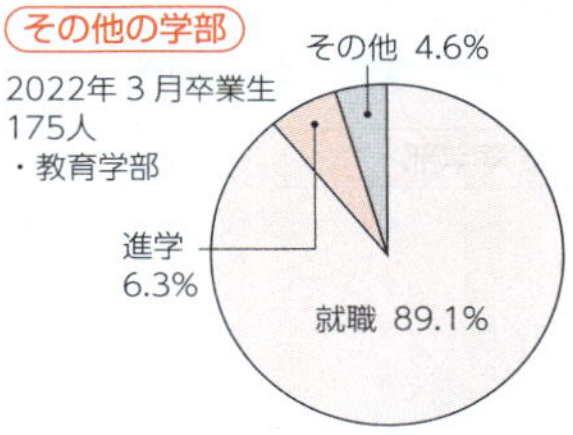

主なOB・OG▶［経済］真鍋康彦（高松琴平電気鉄道会長），［医］小野和哉（精神科医）など。

国際化・留学　大学間 61 大学・部局間 38 大学

受入れ留学生数▶43名（2022年５月１日現在）

留学生の出身国・地域▶中国，マレーシア，ベトナム，韓国，台湾など。

外国人専任教員▶教授８名，准教授８名，講師１名（2022年５月１日現在）

外国人専任教員の出身国▶韓国，イギリス，中国，アイルランド，カナダなど。

大学間交流協定▶61大学（交換留学先51大学，2022年５月１日現在）

部局間交流協定▶38大学（交換留学先24大学，2022年５月１日現在）

海外への留学生数▶オンライン型13名／年（３カ国・地域，2021年度）

海外留学制度▶学術交流協定への交換留学（EXPLORE）は１年を限度として授業の履修や研究指導などを受けられる留学生制度で留学先で授業料を支払う必要はなく，取得した単位の一部は単位認定も可能。このほか，長期休暇を利用した短期海外研修や，交流協定校訪問のほか，創造工学部と農学部では，海外の協定校を通して現地企業で行う国際インターンシップなどを実施。また，ネクストプログラムではグローバル人材の育成をめざし，語学力向上と在学中の留学（１年間）実現をサポート。コンソーシアムはUMAPや国際メカトロニクス研究教育機構（IOREM）など６つに参加。

学費・奨学金制度　給付型奨学金総額 年間 228 万円

入学金▶282,000円（夜間主141,000円）

年間授業料（施設費等を除く）▶535,800円（夜間主267,900円）

年間奨学金総額▶2,280,000円

年間奨学金受給者数▶７人

主な奨学金制度▶経済的理由により修学困難な学生に40万円を給付する「修学支援奨学金」や「学業優秀特待生」などを設置。また，学費減免制度があり，2021年度には743人を対象に総額で約１億4,541万円を減免している。

保護者向けインフォメーション

●**成績確認**　成績表および履修科目と単位数の情報を保護者に郵送している。学食利用状況はWebで閲覧できる。

●**保護者会**　学部により保証人説明会，保護者懇談会，後援会総会を開催。

●**防災対策**　「災害対策マニュアル」を学内サイトに掲載。学生が被災した際の安否確認は，メールや独自の安否確認システムを利用。

●**コロナ対策１**　ワクチンの職域接種を実施。感染状況に応じた４段階のBCP（行動指針）を設定。「コロナ対策２」（下段）あり。

インターンシップ科目	必修専門ゼミ	卒業論文	GPA制度の導入の有無および活用例	１年以内の退学率	標準年限での卒業率
医学部を除き開講している	教育・医・法・農３・４年次，経済１～３年次に実施	経済（夜）・医（医・看）学部を除き卒業要件	一部の学部で奨学金等対象者の選定基準，成績優秀者の要件，留学候補者の選考，個別の学修指導，履修上限単位数の設定などに活用	0.3%	84.7%（4年制） 78.9%（6年制）

●**コロナ対策２**　講義室の収容人数を調整するとともに，入口での検温と消毒，換気を徹底。また，オンライン授業を併用し，希望する学生にはノートPCを貸与。経済的に困窮している学生に学生応援弁当（月２回／100円）を販売。

学部紹介

学部／学科・課程	定員	特色
教育学部		
学校教育教員養成	160	▷幼児教育，小学校教育，中学校教育の３コース。豊かな人間性と教職への強い使命感を持つとともに，社会の変化やニーズを適切に踏まえ，学校教育が抱えるさまざまな現代的教育課題に協働して対処することのできる専門的知識と実践的指導力を備えた教員を育成する。
●取得可能な資格…教職(国・地歴・公・社・数・理・音・美・書・保体・技・家・工業・英，小一種，幼一種，特別支援)，保育士など。 ●進路状況…………就職89.1%　進学6.3% ●主な就職先………教員(香川県，岡山県，徳島県，高知県，広島県，島根県ほか)，保育士(高松市)，中国地方整備局，岡山県警察など。		
法学部		
(昼間主)法 (夜間主)法	150 10	▷将来の進路を意識した「法律職コース」「公共政策コース」「企業法務コース」の3コースを設置。ゼミナールを中心とした徹底した少人数教育と実践的カリキュラムで「社会を見る目」を養う。
●取得可能な資格…教職(公)。 ●進路状況…………就職80.2%　進学5.8% ●主な就職先………香川県庁，香川県警察，高松市役所，高松地方検察庁，四国財務局、徳島県庁，高松高等裁判所，高松国税局，岡山県庁，岡山市役所など。		
経済学部		
(昼間主)経済 (夜間主)経済	240 10	▷時代の流れに沿い，社会・地域のニーズ調査・分析を踏まえた「経済・政策分析」「会計・ファイナンス」「グローバル社会経済」「観光・地域振興」「経営・イノベーション」の５コースを設定。１学科の同一カリキュラムにすることにより，各学科が培ってきた専門教育やフィールドワーク，グローバル人材育成などのそれぞれの学科の長所を学部全体に広げる。また，夜間主コースにおいては，社会人学生の実務面からの需要(教育内容)に応えるために，総合経済コースで経済(経営)学に法学分野を加えたより広汎な教育課程とする。
●取得可能な資格…教職(商)。 ●進路状況…………就職93.1%　進学0.8% ●主な就職先………中国銀行，高松市役所，香川県庁，岡山市役所，百十四銀行，NTTドコモ，グローバルセンター，四国電力，四国ガス，四国旅客鉄道など。		
医学部		
医	109	▷入学後の早い時期に医療現場を体験し，医学へのモチベーションを持続させるカリキュラムを設定。高い専門性を兼ね備えた医師・医学研究者を育てる。
看護	60	▷看護師課程を基盤とし，養護教諭課程も選択できる。４年次には看護選択科目を開設し，高度医療に対応した看護実践能力を育成する。
臨床心理	20	▷保健医療，教育，福祉などの分野で活躍する心理援助職の養成を目的とし，公認心理師の資格取得にも対応した臨床心理学科を全国の国立大学で初めて設置。医学部に設置することにより，医学的知識や医療現場での体験を有する心理援助職を養成する。

キャンパスアクセス [幸町キャンパス] JR高徳線一昭和町より徒歩約5分

● 取得可能な資格…教職（養護一種），医師・看護師受験資格など。
● 進路状況…………[医] 初期臨床研修医90.4%　[看護] 就職84.1%　進学11.1%
[心理] 就職0.0%　進学93.8%
● 主な就職先………[看護] 香川大学医学部附属病院，兵庫県立こども病院，高松市役所（保健師），神戸大学医学部附属病院，広島大学病院，香川県庁（保健師）など。

創造工学部		
創造工	330	▷新しい価値の創造を目的として，異分野との融合を図り学際的な教育研究を行うため，1学科制を採用し，恒常的に社会的ニーズが高い分野，そして近年，特にニーズが高まってきた分野を考慮し，「造形・メディアデザイン」「建築・都市環境」「防災・危機管理」「情報システム・セキュリティ」「人工知能・通信ネットワーク」「機械システム」「材料物質科学」の7つのコースを設置。「次世代型工学系人材」に必要な能力を，各分野の専門性を高めつつコース混合型のアクティブラーニングを行うことで，多様な価値観に触れながらより効果的に学修することができる。

● 取得可能な資格…教職（理・情・工業），測量士補，1・2級建築士受験資格など。
● 進路状況…………就職53.5%　進学41.6%
● 主な就職先………ティーネットジャパン，四電工，三井住友建設，クラレ，JFEスチール，四国計測工業，タダノ，デンソーテン，ナカシマプロペラ，両備システムズなど。

農学部		
応用生物科	150	▷応用生命科学，生物生産科学，環境科学，生物資源機能化学，食品科学の5コース制。幅広い分野で遺伝子レベルから個体レベルまでを教育・研究する。

● 取得可能な資格…教職（理・農）など。
● 進路状況…………就職52.9%　進学40.0%
● 主な就職先………Happy Quality，エリエールプロダクト，味源，岡山県庁，山崎製パン，栄ファーム，大山どり，カナエテクノス，クレスコ，中国四国農政局など。

キャンパス

教育・法・経済・創造工……[幸町キャンパス] 香川県高松市幸町…教育・創造工1-1，法・経済2-1
医……[三木町医学部キャンパス] 香川県木田郡三木町池戸1750-1
創造工……[林町キャンパス] 香川県高松市林町2217-20
農……[三木町農学部キャンパス] 香川県木田郡三木町池戸2393

2023年度入試要項（前年度実績）

●募集人員

学部／学科・課程（コース）	前期	後期
教育　学校教育教員養成（幼児教育）	8	—
（小学校教育）	55	18
（中学校教育）	A14 B10 C4	7
法　（昼間）法	75	35
経済　（昼間）経済	110	35
医　医	79	—
看護	35	—
臨床心理	20	—
創造工　創造工（造形・メディアデザイン）	183（A165 B18）	55
（建築・都市環境）		
（防災・危機管理）		
（情報システム・セキュリティ）		
（人工知能・通信ネットワーク）		
（機械システム）		
（材料物質科学）		
農　応用生物科	90	10

※法学部および経済学部の夜間主コースは社会人選抜で募集。
※医学部医学科の前期は地域枠の9名を含む。
※創造工学部創造工学科の各コースの募集人員の目安は以下の通り。造形・メディアデザイン前期A13・前期B12・後期5，建築・都市環境前期

A33・後期12，防災・危機管理前期A7・前期B6・後期3，情報システム・セキュリティ前期A22・後期5，人工知能・通信ネットワーク前期A24・後期6，機械システム前期A36・後期12，材料物質科学前期A30・後期12。

●2段階選抜

志願者数が募集人員に対し，医学部医学科で，前期約4倍を超えた場合，医学部臨床心理学科で前期約5倍を超えた場合に，2段階選抜を実施。

試験科目

デジタルブック »»

偏差値データ（2023年度）

●一般選抜

学部／学科／課程	2023年度 駿台予備学校 合格目標ライン	2023年度 河合塾 ボーダー得点率	2023年度 河合塾 ボーダー偏差値	'22年度 競争率
●前期				
▶教育学部				
学校教育／幼児教育	49	56%	50	
／小学校教育	49	55%	50	
／中学校教育(A系)	50	59%	52.5	1.7
／中学校教育(B系)	50	59%	50	
／中学校教育(C系)	50	58%	—	
▶法学部				
(昼間)法	49	60%	50	2.2
▶経済学部				
(昼間)経済	46	61%	50	2.0
▶医学部				
医(一般枠)	63	77%	62.5	3.3
(地域枠)	63	76%	62.5	
看護	46	57%	—	1.4
臨床心理	47	61%	52.5	2.5
▶創造工学部				
創造工(A)	45	53%	47.5	
／造形・メディアデザイン(B)	45	53%	47.5	2.7
／防災・危機管理(B)	45	53%	47.5	
▶農学部				
応用生物科	48	51%	47.5	2.5
●後期				
▶教育学部				
学校教育／小学校教育	49	64%	—	1.8
／中学校教育	50	66%	—	
▶法学部				
(昼間)法	48	67%	—	1.6
▶経済学部				
(昼間)経済	45	69%	—	2.3
▶創造工学部				
創造工	45	59%	—	2.2
▶農学部				
応用生物科	48	59%	—	新

- 駿台予備学校合格目標ラインは合格可能性80%に相当する駿台模試の偏差値です。
- 河合塾ボーダー得点率は合格可能性50%に相当する共通テストの得点率です。また，ボーダー偏差値は合格可能性50%に相当する河合塾全統模試の偏差値です。
- 競争率は受験者÷合格者の実質倍率
- 医学部医学科は2段階選抜を実施。

 キャンパスアクセス ［林町キャンパス］ ことでん琴平線一伏石よりバス約9分

MEMO

キャンパスアクセス ［三木町農学部キャンパス］ ことでん長尾線一農学部前より徒歩約２分

愛媛大学

資料請求

問合せ先 教育学生支援部入試課　☎089-927-9172・9173

大学の理念

松山高校，愛媛師範・青師，新居浜高専を包括して1949（昭和24）年に発足。四国最大の総合大学として，「学生中心の大学」「地域とともに輝く大学」「世界とつながる大学」の実現をめざし，教育・研究・地域連携・国際連携に関して意欲的な取り組みを行う。入学から卒業までの課程で，学生個々人の人生に必要な能力の習得を教育面でのゴールととらえ，「知識や技能を適切に運用する能力」「論理的に思考し判断する能力」「多様な人とコミュニケーションする能力」「自立した個人として生きていく能力」「組織や社会の一員として生きていく能力」を「愛媛大学学生コンピテンシー」として掲げ，これらの能力を磨くためのあらゆる機会を提供し，地域の発展を牽引できる人材の育成とともに発展に導くための学術研究推進に努める。

● キャンパス情報はP.1528をご覧ください。

基本データ

学生数 ▶ 7,924名（男4,676名，女3,248名）
専任教員数 ▶ 教授259名，准教授259名，講師78名
設置学部 ▶ 法文，教育，社会共創，理，医，工，農
併設教育機関 ▶ 大学院―理工学・医学系（以上M・D），教育学（M・P），人文社会科・農学・医農融合公衆衛生学環・地域レジリエンス学環（以上M），連合農学（D）

就職・卒業後の進路

就職率 **98.2**%
就職者÷希望者×100

● **就職支援**　低年次（1・2年次）を対象に「社会場面の適応」「職業意識の形成」「仕事理解」などをテーマとしたキャリア教育を実施するとともに，高年次（3・4年次）に対しては，「進路・就職支援」「インターンシップ活動」「社会に出る準備」など，より実践的なテーマでの各種支援プログラムを展開している。また，キャリアコンサルタントが個別で対応する進路・就職相談のほか，小集団体験型のセミナーや勉強会，大学生協と連携した公務員採用試験対策講座，教員採用試験対策講座，各資格取得講座を実施している。

進路指導者も必見 学生を伸ばす 面倒見

初年次教育	学修サポート
学問や大学教育全体に対する動機づけ，レポート・論文の書き方，プレゼン技法，ITの基礎技術，情報収集や資料整理の方法，論理的思考や問題発見・解決能力の向上を図る「新入生セミナー」や「情報リテラシー入門」などを開講	全学部でTA・SA制度，オフィスアワー制度，教員アドバイザー制度（学生5～20人に教員1人）を導入。さらに，スタディ・ヘルプ・デスクでは大学院生のアドバイザーが学習相談に応じている

オープンキャンパス(2022年度実績)　8月に現地およびWebオープンキャンパスを開催。特設サイトは引き続き公開し，教育や研究を紹介する動画を配信。

文系学部

2022年３月卒業生
395人

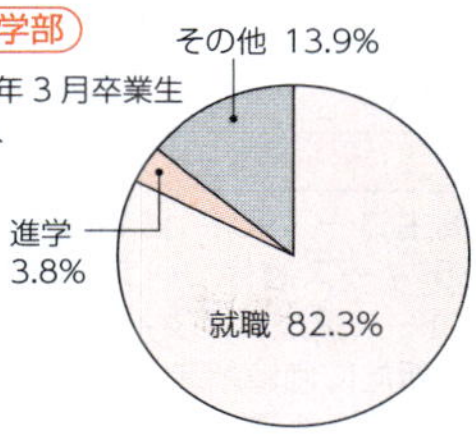

理系学部

2022年３月卒業生
1,104人

※就職には医学科の初期臨床研修医を含む。

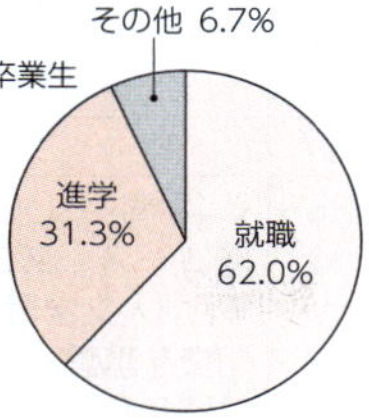

その他の学部

2022年３月卒業生
369人
・教育学部
・社会共創学部

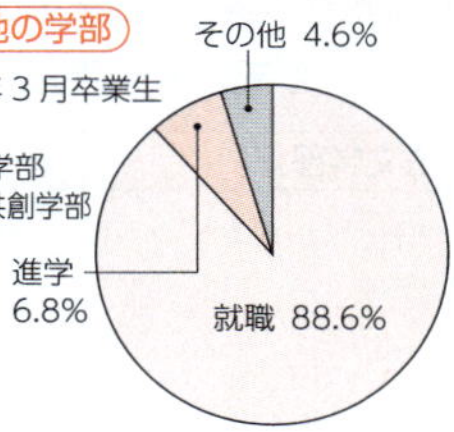

主なOB・OG ▶［農］中村佑（元伊予市長），［工］浮川和宣（ジャストシステム創業者）など。

国際化・留学　大学間 72 大学等・部局間 68 大学等

受入れ留学生数 ▶ 183名(2022年5月1日現在)

留学生の出身国 ▶ 中国，韓国，インドネシア，ミャンマー，マレーシアなど。

外国人専任教員 ▶ 教授11名，准教授10名(2022年5月1日現在)

外国人専任教員の出身国 ▶ 中国，アメリカ，韓国など。

大学間交流協定 ▶ 72大学・機関(交換留学先47大学，2022年5月1日現在)

部局間交流協定 ▶ 68大学・機関(交換留学先19大学，2022年5月1日現在)

海外への留学生数 ▶ 渡航型４名・オンライン型334名／年（13カ国・地域，2021年度）

海外留学制度 ▶ 各種短期派遣プログラム（１週間～３カ月）を行っており，派遣先は主に協定校や大学関係機関。全学向けプログラムには短期語学・文化研修のほか英語学習集中プログラムなどがあり，専門的プログラムでは，海外技術者インターンシッププログラム（工学部），共同研究参加型プログラム（理・工・農学部），海外教育実習プログラム（法文・教育学部），フィールド調査（各学部）が実施されている。また，４カ月～１年程度の協定校への交換留学などもある。コンソーシアムは国連アカデミックインパクトとSUIJIに参加している。

学費・奨学金制度　給付型奨学金総額 年間約 1,834 万円

入学金 ▶ 282,000円（夜間主141,000円）

年間授業料（施設費等を除く）▶ 535,800円（夜間主267,900円）

年間奨学金総額 ▶ 18,339,500円

年間奨学金受給者数 ▶ 60人

主な奨学金制度 ▶ 県内就職に意欲のある学部３（医学部は５）年次生に20万円を給付する「地域定着促進特別奨学金」や，愛媛大学「太陽石油奨学金」，「修学サポート奨学金」などを設置。また，学費減免制度があり，2021年度は18人を対象に総額で約964万円を減免している。

保護者向けインフォメーション

● **成績確認**　成績表等を保護者に郵送。

● **説明会**　例年，保護者向け就職ガイダンスの後，後援会総会を開催。終了後には指導教員が希望者との面談に応じている。

● **防災対策**　防災ハンドブックを希望者に配布。被災した際の学生の安否確認は，アプリを利用。

● **コロナ対策１**　ワクチンの職域接種を実施。感染状況に応じた５段階のBCP（行動指針）を設定。「コロナ対策２」（下段）あり。

インターンシップ科目	必修専門ゼミ	卒業論文	GPA制度の導入の有無および活用例	１年以内の退学率	標準年限での卒業率
教育・医学部を除き開講している	全学部で実施。１～４年次に開講	医学部（医）を除き卒業要件	奨学金等対象者の選定基準，成績優秀者表彰のほか，一部学部で留学候補者の選考，個別の学修指導，卒業判定・早期卒業・履修上限枠増加の基準に活用	0.5%	87.8%（4年制）90.9%（6年制）

● コロナ対策２　講義室の収容人数を調整するとともに，入口で検温と消毒を実施。また，オンライン授業を併用し，希望する学生にはPC，Wi-Fiルータを貸与。経済的に困窮している学生に緊急支援金等を給付。

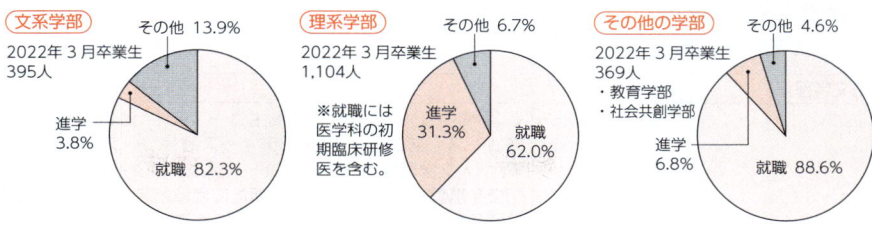

学部紹介

学部／学科(課程)	定員	特色
法文学部		
人文社会	365	▷〈昼間主コース275名，夜間主コース90名〉法学・政策学履修コース，グローバル・スタディーズ履修コース(昼間主のみ)，人文学履修コースの３コース編成。人文社会諸科学の知識を基盤として，現代社会に新たに価値創造の扉を開く「実践知」(実践の場で適切な判断を下し行動することができる能力)を備えたグローバル人材の育成をめざす。
●取得可能な資格…教職(国・地歴・公・社・英)，学芸員など。 ●進路状況…………就職82.3%　進学3.8% ●主な就職先………セキスイハイム中四国，マルトモ，今治造船，四国ガス，愛媛新聞社，サイボウズ，日本郵便，愛媛銀行，東京海上日動火災保険，愛媛大学，愛媛労働局，愛媛県など。		
教育学部		
学校教育教員養成	160	▶高い専門性と国際的視野と「グローカルマインド」を併せ持つスペシャリストの育成をめざす。 ▷初等教育コースは幼年教育，小学校の２サブコース，中等教育コースは国語教育，社会科教育，英語教育，数学教育，理科教育，技術教育，音楽教育，美術教育，保健体育，家政教育の10専攻。特別支援教育コースは，子ども一人ひとりの教育的ニーズを把握し，適切な指導と必要な支援を行える幅広い知識と高い専門性を備えた人材の育成をめざす。
●取得可能な資格…教職(国・地歴・公・社・数・理・音・美・工芸・書・保体・技・家・工業・英，小一種，幼一種，特別支援)，司書教諭，保育士など。 ●進路状況…………就職86.4%　進学8.5% ●主な就職先………教員(小学校，中学校，高等学校)，幼稚園教諭，西日本電信電話，愛媛銀行，国立病院機構，マルク，愛媛県，松山市(保育士)など。		
社会共創学部		
		▶地域の持続的な発展のために文系・理系の専門知識を活用した学際的な思考力を有し，地域の人たちと協働しながら総合的な課題解決策を企画・立案し，リーダーシップを発揮して目標達成に導く「社会共創力」を備えた人材を育成する。
産業マネジメント	70	▷産業マネジメント，事業創造の２コース。
産業イノベーション	25	▷海洋生産科学，紙産業，ものづくりの３コース。
環境デザイン	35	▷環境サステナビリティ，地域デザイン・防災の２コース。
地域資源マネジメント	50	▷農山漁村マネジメント，文化資源マネジメント，スポーツ健康マネジメントの３コース。
●取得可能な資格…社会調査士など。 ●進路状況…………就職90.6%　進学5.2% ●主な就職先………福助工業，ヒカリ，大王製紙，伊予銀行，デロイトトーマツ，愛媛大学，国土交通省，松山地方法務局，松山家庭裁判所，愛媛県警察，愛媛県，岡山県など。		

キャンパスアクセス [城北キャンパス] 伊予鉄道市内電車一赤十字病院前より徒歩約3分

理学部		
理	225	▷１学科５教育コース３履修プログラム。数学・数理情報，物理学，化学，生物学，地学の５教育コースカリキュラムを編成。教育コースごとの定員は設けず，２年進級時に各自の志向によりコース選択する経過選択型履修システムを採用している。標準，科学コミュニケーション，宇宙・地球・環境課題挑戦の３つの履修プログラムと組合せ，興味と目的に合った学習を実現する。

● 取得可能な資格…教職（数・理），学芸員，測量士補など。
● 進路状況…………就職54.4％　進学29.2％
● 主な就職先………四電工，国立印刷局，クラレ，太陽石油，今治造船，武田薬品工業，中部電力，NTTドコモ，気象庁，高松国税局，神戸税関，教員（中学校，高等学校）など。

医学部		
		▶「患者から学び，患者に還元する教育，研究，医療」を基本理念とし，高い倫理観と使命感を持って医学・看護学・医療を実践し，地域医療に広く貢献できる人材育成を使命とする。
医	110	▷基礎・社会・臨床医学の分野で独自の教育・研究を行うとともに早期から専門教育を開始し，分野の枠を越えた緊密な協力体制のもとよき医療人の養成をめざす。
看護	60	▷人々の健康な生活の維持と質的向上を助け，生への努力を全人的に支援できる人材を育成する。

● 取得可能な資格…教職（養護一種），医師・看護師・保健師受験資格など。
● 進路状況…………［医］初期臨床研修医95.7％　［看護］就職88.7％　進学9.9％
● 主な就職先………［看護］看護師，保健師，養護教諭など。

工学部		
工	500	▷刻々と変化する産業構造に柔軟に対応するために広範な知識を習得し，工業系基礎力と創造性を兼ね備えた理工系人材を育成する。特に地域の産業を発展させるために，社会人スキルを身につけた実践的技術者・研究者を育成する。機械工学，知能システム学，電気電子工学，コンピュータ科学，応用情報工学，材料デザイン工学，化学・生命科学，社会基礎工学，社会デザインの９コース。

● 取得可能な資格…教職（理・情・工業），測量士補など。
● 進路状況…………就職53.3％　進学42.8％
● 主な就職先………大林組，戸田建設，鹿島建設，クラレ，住友化学，スズキ，デルタ工業，NECソリューションイノベータ，経済産業省，四国運輸局，愛媛県，愛媛県警察など。

農学部		
		▶広範な総合学科である農学の知識と技術を理解し，地域社会や国際社会における食料，生命，環境に関する諸問題の解決に取り組む。大学院修士課程までの６年一貫の特別コースを設定。
食料生産	70	▷植物学，栽培学，生態学，生物環境調節学などをベースに環境保全型農業から工場生産までの知識・技術を学び，食料の安定的生産・供給に貢献できる人材を育成する。
生命機能	45	▷生命科学に関する広範な講義科目により生命現象や生命機能に対する理解を深め，食品，化学，医薬など多岐にわたるバイオ関連産業で活躍できる人材を育成する。

生物環境	55	▷環境の計測・分析・解析に関する先端的手法や環境改善手法と化学・生物学・物理学などの基礎を学び，人類と生物が安全で快適に共存できる環境を提供できる人材を育成する。

● 取得可能な資格…教職（理・農），学芸員，測量士補など。
● 進路状況…………就職63.7％ 進学30.2％
● 主な就職先………日本道路，ビージョイ，エバラ食品工業，オタフクソース，伯方塩業，福助工業，丸和バイオケミカル，農林水産省，環境省，愛媛県，広島県など。

キャンパス

法文・教育・社会共創・理・工……［城北キャンパス］愛媛県松山市文京町3
医……［重信キャンパス］愛媛県東温市志津川454
農……［樽味キャンパス］愛媛県松山市樽味3-5-7

2023年度入試要項（前年度実績）

●募集人員

学部／学科・課程（コース）		前期	後期
法文	人文社会［昼間主］	175	50
	［夜間主］	40	20
教育	学校教育（初等／幼年）	（6）	—
	（初等／小学）	（56）	10
	（中等／国語）	（4）	—
	（中等／社会）	（4）	—
	（中等／英語）	（4）	—
	（中等／数学）	（4）	—
	（中等／理科）	（4）	—
	（中等／技術）	（3）	—
	（中等／保体）	（3）	—
	（中等／家政）	（3）	—
	（特別支援）	12	—
社会共創	産業マネジメント	48	—
	産業イノベーション	12	—
	環境デザイン	25	—
	地域資源マネジメント（農山漁村）	5	—
	（文化資源）	7	—
	（スポーツ健康）	10	—
理	数学受験	42	—
	物理受験	40	—
	化学受験	40	—
	生物受験	30	—
	地学受験	8	—
	A（数学）	—	13
	B（面接）	—	10
医	医	55	—
	看護	33	—
工	工（機械工学）	321 （13）	88 （6）
	（知能システム学）		
	（電気電子工学）		
	（コンピュータ科学）		
	（応用情報工学）		
	（材料デザイン工学）		
	（化学・生命科学）		
	（社会基礎工学）		
	（社会デザイン）		
農	食料生産	38	7
	生命機能	27	5
	生物環境	28	6

※教育学部の表中の（ ）の数は各サブコース，専攻の合格予定者数。
※教育学部の中等教育コース・音楽教育専攻，美術教育専攻は総合型選抜Ⅱで実施。
※理学部は受験科目別に募集を行い，２年進級時に教育コースを選択。
※工学部は学部全体で募集する。表中の（ ）の数は「文理型入試（社会デザインコース）」の募集人員（内数）。

● ２段階選抜

医学部医学科の前期で，志願者数が募集人員に対し約６倍を超えた場合に実施。

▷共通テストの英語はリスニングを含む。
▷個別学力検査の数Ｂ一数列・ベク。

法文学部

前期 【人文社会学科〈昼・夜〉】［共通テスト(750)］ 8～7科目 ①国(200) ②外(200・英〈R160＋L40〉)▶英・独・仏・中・韓から１ ③④地歴・公民(100×2)▶世Ａ・世Ｂ・日Ａ・日Ｂ・地理Ａ・地理Ｂ・現社・倫・政経・「倫・政

 キャンパスアクセス ［樽味キャンパス］JR─松山よりバス約24分

経」から２　⑤⑥⑦⑧**数・理**(50×3)▶「数Ⅰ・〈数Ⅰ・数A〉から１」・「数Ⅱ・〈数Ⅱ・数B〉・簿・情から１」・「物基・化基・生基・地学基から２」・物・化・生・地学から３　ただし，理科の同一科目名を含む選択は不可

〈昼〉[個別学力検査(570)]　**3**科目　①**国**(250)▶国総・現文B・古典B　②**外**(250)▶コミュ英Ⅰ・コミュ英Ⅱ・コミュ英Ⅲ　③**書類審査**(70)▶調査書

〈夜〉[個別学力検査(310)]　**2**科目　①**国**(250)▶国総・現文B・古典B　②**書類審査**(60)▶調査書

後期　**【人文社会学科〈昼・夜〉】[共通テスト(500)]**　**4〜3**科目　①**国**(200)　②**外**(200・英〈R160＋L40〉)▶英・独・仏・中・韓から１　③④**地歴・公民・数・理**(100)▶世A・世B・日A・日B・地理A・地理B・現社・倫・政経・「倫・政経」・数Ⅰ・「数Ⅰ・数A」・数Ⅱ・「数Ⅱ・数B」・簿・情・「物基・化基・生基・地学基から２」・物・化・生・地学から１

[個別学力検査(240)]　**2**科目　①**小論文**(200)　②**書類審査**(40)▶調査書

教育学部

前期　**【学校教育教員養成課程〈初等教育コース(幼年教育サブコース・小学校サブコース)・中等教育コース(国語・社会科・英語・数学・理科・技術・保健体育・家政)〉】[共通テスト(900)]**　**8〜7**科目　①**国**(200)　②**外**(200・英〈R160＋L40〉)▶英・独・仏・中・韓から１　③④**数**(100×2)▶「数Ⅰ・数A」必須，「数Ⅱ・数B」・簿・情から１　⑤⑥⑦⑧**地歴・公民・理**(100×3)▶世A・世B・日A・日B・地理A・地理B・現社・倫・政経・「倫・政経」から１または２，「物基・化基・生基・地学基から２」・物・化・生・地学から１または２，計３ただし同一科目名を含む選択は不可

[個別学力検査(350)]〈初等教育コース(幼年教育サブコース)・中等教育コース(家政)〉　**2**科目　①**国・外・数・理**(200)▶「国総・現文B・古典B」・「コミュ英Ⅰ・コミュ英Ⅱ・コミュ英Ⅲ・英表Ⅰ・英表Ⅱ」・「数Ⅰ・数Ⅱ・数A・数B」・「物基・物」・「化基・化」・「生基・生」・「地学基・地学」から１　②**グループディスカッション**(150)▶書類審査(調査書・活動報告書)を含む

〈初等教育コース(小学校サブコース)〉　**2**科目　①**国・外・数・理・実技**(200)▶「国総・現文B・古典B」・「コミュ英Ⅰ・コミュ英Ⅱ・コミュ英Ⅲ・英表Ⅰ・英表Ⅱ」・「数Ⅰ・数Ⅱ・数A・数B」・「数Ⅰ・数Ⅱ・数Ⅲ・数A・数B」・「物基・物」・「化基・化」・「生基・生」・「地学基・地学」・音楽実技・美術実技・体育実技から１　②**グループディスカッション**(150)▶書類審査(調査書・活動報告書)を含む

〈中等教育コース(国語)〉　**2**科目　①**国**(200)▶国総・現文B・古典B　②**グループディスカッション**(150)▶書類審査(調査書・活動報告書)を含む

〈中等教育コース(社会科)〉　**2**科目　①**国・外**(200)▶「国総・現文B・古典B」・「コミュ英Ⅰ・コミュ英Ⅱ・コミュ英Ⅲ・英表Ⅰ・英表Ⅱ」から１　②**グループディスカッション**(150)▶書類審査(調査書・活動報告書)を含む

〈中等教育コース(英語)〉　**2**科目　①**外**(200)▶コミュ英Ⅰ・コミュ英Ⅱ・コミュ英Ⅲ・英表Ⅰ・英表Ⅱ　②**グループディスカッション**(150)▶書類審査(調査書・活動報告書)を含む

〈中等教育コース(数学)〉　**2**科目　①**数**(200)▶数Ⅰ・数Ⅱ・数Ⅲ・数A・数B　②**グループディスカッション**(150)▶書類審査(調査書・活動報告書)を含む

〈中等教育コース(理科)〉　**2**科目　①**理**(200)▶「物基・物」・「化基・化」・「生基・生」・「地学基・地学」から１　②**グループディスカッション**(150)▶書類審査(調査書・活動報告書)を含む

〈中等教育コース(技術)〉　**2**科目　①**数・理**(200)▶「数Ⅰ・数Ⅱ・数A・数B」・「物基・物」・「化基・化」・「生基・生」・「地学基・地学」から１　②**グループディスカッション**(150)▶書類審査(調査書・活動報告書)を含む

〈中等教育コース(保健体育)〉　**2**科目　①**実技**(200)▶体育実技　②**グループディスカッション**(150)▶書類審査(調査書・活動報告書)を含む

【特別支援教育コース】[共通テスト(800)]　**7〜6**科目　①**国**(200)　②**外**(200・英〈R160＋L40〉)▶英・独・仏・中・韓から１　③**地歴・公**

民(100) ▶世A・世B・地理A・地理B・現社・倫・政経・「倫・政経」から1 ④⑤数(100×2) ▶「数Ⅰ・数A」必須, 「数Ⅱ・数B」・簿・情から1 ⑥⑦理(100) ▶「物基・化基・生基・地学基から2」・物・化・生・地学から1
[個別学力検査(350)] 2科目 ①国・外・数・理(200) ▶「国総・現文B・古典B」・「コミュ英Ⅰ・コミュ英Ⅱ・コミュ英Ⅲ・英表Ⅰ・英表Ⅱ」・「数Ⅰ・数Ⅱ・数A・数B」・「物基・物」・「化基・化」・「生基・生」・「地学基・地学」から1 ②面接(150) ▶書類審査(調査書・活動報告書)を含む
後期 【学校教育教員養成課程〈初等教育コース(小学校サブコース)〉】[共通テスト(900)] 8~7科目 ①国(200) ②外(200・英〈R160+L40〉) ▶英・独・仏・中・韓から1 ③④数(100×2) ▶「数Ⅰ・数A」必須, 「数Ⅱ・数B」・簿・情から1 ⑤⑥⑦⑧地歴・公民・理(100×3) ▶世A・世B・日A・日B・地理A・地理B・現社・倫・政経・〈倫・政経〉から1または2, 「物基・化基・生基・地学基から2」・物・化・生・地学から1または2, 計3, ただし同一科目名を含む選択は不可
[個別学力検査(150)] 1科目 ①面接(150) ▶書類審査(調査書・活動報告書)を含む

社会共創学部

前期 【産業マネジメント学科】[共通テスト(700)] 8~7科目 ①国(200) ②外(200・英〈R160+L40〉) ▶英・独・仏・中・韓から1 ③④⑤⑥⑦⑧地歴・公民・数・理(最高得点100+50×4) ▶世A・世B・日A・日B・地理A・地理B・現社・倫・政経・「倫・政経」・「数Ⅰ・〈数Ⅰ・数A〉から1」・「数Ⅱ・〈数Ⅱ・数B〉・簿・情から1」・「物基・化基・生基・地学基から2」・物・化・生・地学から5, ただし理科の同一科目名を含む選択は不可
[個別学力検査(350)] 2科目 ①総合問題(300) ②書類審査(50) ▶調査書
【産業イノベーション学科】[共通テスト(700)] 6~5科目 ①国(100) ②外(200・英〈R160+L40〉) ▶英・独・仏・中・韓から1 ③地歴・公民(100) ▶世A・世B・日A・日B・地理A・地理B・現社・倫・政経・「倫・政経」から1 ④数(150) ▶数Ⅰ・「数Ⅰ・数A」・数Ⅱ・「数Ⅱ・数B」・簿・情から1 ⑤⑥理(150) ▶「物基・化基・生基・地学基から2」・物・化・生・地学から1
[個別学力検査(300)] 1科目 ①面接(300) ▶書類審査(調査書)を含む
【環境デザイン学科】[共通テスト(700)] 6~5科目 ①国(100) ②外(100・英〈R80+L20〉) ▶英・独・仏・中・韓から1 ③地歴・公民(100) ▶世A・世B・日A・日B・地理A・地理B・現社・倫・政経・「倫・政経」から1 ④数(200) ▶数Ⅰ・「数Ⅰ・数A」・数Ⅱ・「数Ⅱ・数B」・簿・情から1 ⑤⑥理(200) ▶「物基・化基・生基・地学基から2」・物・化・生・地学から1
[個別学力検査(300)] 2科目 ①総合問題(200) ②面接(100) ▶書類審査(調査書)を含む
【地域資源マネジメント学科〈農山漁村マネジメントコース〉】 [共通テスト(500)] 6~5科目 ①国(100) ②外(150・英〈R120+L30〉) ▶英・独・仏・中・韓から1 ③地歴・公民(＊) ▶世A・世B・日A・日B・地理A・地理B・現社・倫・政経・「倫・政経」から1 ④数(＊) ▶数Ⅰ・「数Ⅰ・数A」・数Ⅱ・「数Ⅱ・数B」・簿・情から1 ⑤⑥理(＊) ▶「物基・化基・生基・地学基から2」・物・化・生・地学から1
＊最高得点を150点, その他の2科目は各50点とする。
[個別学力検査(500)] 2科目 ①面接(200) ▶書類審査(調査書)を含む ②グループディスカッション(300)
【地域資源マネジメント学科〈文化資源マネジメントコース〉】[共通テスト(600)] 6~5科目 ①国(150) ②外(200・英〈R160+L40〉) ▶英・独・仏・中・韓から1 ③地歴・公民(150) ▶世A・世B・日A・日B・地理A・地理B・現社・倫・政経・「倫・政経」から1 ④数(50) ▶数Ⅰ・「数Ⅰ・数A」・数Ⅱ・「数Ⅱ・数B」・簿・情から1 ⑤⑥理(50) ▶「物基・化基・生基・地学基から2」・物・化・生・地学から1
[個別学力検査(400)] 2科目 ①面接(200) ▶書類審査(調査書)を含む ②グループディスカッション(200)
【地域資源マネジメント学科〈スポーツ健康マ

ネジメントコース〉】［共通テスト(500)］ 4～3科目 ①国(150) ②外(150・英〈R120＋L30〉)▶英・独・仏・中・韓から1 ③④地歴・公民・数・理(200)▶世A・世B・日A・日B・地理A・地理B・現社・倫・政経・「倫・政経」・数Ⅰ・「数Ⅰ・数A」・数Ⅱ・「数Ⅱ・数B」・簿・情・「物基・化基・生基・地学基から2」・物・化・生・地学から1

［個別学力検査(500)］ 2科目 ①実技(300)▶体育実技 ②面接(200)▶書類審査(調査書)を含む

理学部

前期 【数学受験】［共通テスト(700)］ 7科目 ①国(100) ②外(200・英〈R160＋L40〉)▶英・独・仏・中・韓から1 ③地歴・公民(50)▶世A・世B・日A・日B・地理A・地理B・現社・倫・政経・「倫・政経」から1 ④⑤数(75×2)▶「数Ⅰ・数A」必須，「数Ⅱ・数B」・簿・情から1 ⑥⑦理(100×2)▶物・化・生・地学から2

［個別学力検査(400)］ 2科目 ①数(300)▶数Ⅰ・数Ⅱ・数Ⅲ・数A・数B ②書類審査(100)▶調査書

【物理受験・化学受験・生物受験・地学受験】［共通テスト(700)］ 7科目 ①国(100) ②外(200・英〈R160＋L40〉)▶英・独・仏・中・韓から1 ③地歴・公民(50)▶世A・世B・日A・日B・地理A・地理B・現社・倫・政経・「倫・政経」から1 ④⑤数(100×2)▶「数Ⅰ・数A」必須，「数Ⅱ・数B」・簿・情から1 ⑥⑦理(75×2)▶物・化・生・地学から2

［個別学力検査(400)］【物理受験】 2科目 ①理(300)▶物基・物 ②書類審査(100)▶調査書

【化学受験】 2科目 ①理(300)▶化基・化 ②書類審査(100)▶調査書

【生物受験】 2科目 ①理(300)▶生基・生 ②書類審査(100)▶調査書

【地学受験】 2科目 ①理(300)▶地学基・地学 ②書類審査(100)▶調査書

後期 ［共通テスト(700)］ 7科目 ①国(100) ②外(150・英〈R120＋L30〉)▶英・独・仏・中・韓から1 ③地歴・公民(50)▶世A・世B・日A・日B・地理A・地理B・現社・倫・政経・「倫・政経」から1 ④⑤数(100×2)▶「数Ⅰ・数A」必須，「数Ⅱ・数B」・簿・情から1 ⑥⑦理(100×2)▶物・化・生・地学から2

［個別学力検査(400)］〈A(数学)〉 2科目 ①数(300)▶数Ⅰ・数Ⅱ・数Ⅲ・数A・数B ②書類審査(100)▶調査書

〈B(面接)〉 2科目 ①面接(300)▶口頭試問を含む ②書類審査(100)▶調査書

医学部

前期 【医学科】［共通テスト(450)］ 7科目 ①国(100) ②外(100・英〈R90＋L10〉)▶英・独・仏・中・韓から1 ③地歴・公民(50)▶世B・日B・地理B・「倫・政経」から1 ④⑤数(50×2)▶「数Ⅰ・〈数Ⅰ・数A〉から1」・「数Ⅱ・〈数Ⅱ・数B〉・簿・情から1」 ⑥⑦理(50×2)▶物・化・生・地学から2

［個別学力検査(700)］ 5科目 ①数(200)▶数Ⅰ・数Ⅱ・数Ⅲ・数A・数B ②③理(100×2)▶「物基・物」・「化基・化」 ④総合問題(200) ⑤面接(100)▶書類審査(調査書)を含む

【看護学科】［共通テスト(900)］ 8～7科目 ①国(200) ②外(200・英〈R160＋L40〉)▶英・独・仏・中・韓から1 ③④数(100×2)▶「数Ⅰ・〈数Ⅰ・数A〉から1」・「数Ⅱ・〈数Ⅱ・数B〉・簿・情から1」 ⑤⑥⑦⑧「地歴・公民」・理(100×3)▶世A・世B・日A・日B・地理A・地理B・現社・倫・政経・「倫・政経」から1または2，「物基・化基・生基・地学基から2」・物・化・生・地学から1または2，計3，ただし同一科目名を含む選択は不可

［個別学力検査(300)］ 2科目 ①小論文(100) ②面接(200)▶書類審査(調査書)を含む

工学部

前期 【理型(社会デザインコースを除く)】［共通テスト(600)］ 8～7科目 ①国(100) ②外(150・英〈R120＋L30〉)▶英・独・仏・中・韓から1 ③地歴・公民(50)▶世A・世B・日A・日B・地理A・地理B・現社・倫・政経・「倫・政経」から1 ④⑤数(75×2)▶「数Ⅰ・〈数Ⅰ・数A〉から1」・「数Ⅱ・〈数Ⅱ・数B〉・簿・情から1」 ⑥⑦⑧理(75×2)▶「物基・化基・生基・

地学基から2」・物・化・生・地学から2，ただし同一科目名を含む選択は不可
［個別学力検査(450)］ 3科目 ①**数**(200)▶数Ⅰ・数Ⅱ・数Ⅲ・数A・数B ②**理**(200)▶「物基・物」・「化基・化」から1 ③**書類審査**(50)▶調査書
【文理型〈社会デザインコース〉】 **［共通テスト(750)］** 7〜6科目 ①**国**(150) ②**外**(150・英〈R120＋L30〉)▶英・独・仏・中・韓から1 ③**地歴・公民**(150)▶世A・世B・日A・日B・地理A・地理B・現社・倫・政経・「倫・政経」から1 ④⑤**数**(75×2)▶「数Ⅰ・〈数Ⅰ・数A〉から1」・「数Ⅱ・〈数Ⅱ・数B〉・簿・情から1」 ⑥⑦**理**(150)▶「物基・化基・生基・地学基から2」・物・化・生・地学から1
［個別学力検査(450)］ 3科目 ①**外**(200)▶コミュ英Ⅰ・コミュ英Ⅱ・コミュ英Ⅲ ②**数**(200)▶数Ⅰ・数Ⅱ・数A・数B ③**書類審査**(50)▶調査書
後期 **【理型(社会デザインコースを除く)】** **［共通テスト(700)］** 8〜7科目 ①**国**(100) ②**外**(200・英〈R160＋L40〉)▶英・独・仏・中・韓から1 ③**地歴・公民**(50)▶世A・世B・日A・日B・地理A・地理B・現社・倫・政経・「倫・政経」から1 ④⑤**数**(75×2)▶「数Ⅰ・〈数Ⅰ・数A〉から1」・「数Ⅱ・〈数Ⅱ・数B〉・簿・情から1」 ⑥⑦⑧**理**(100×2)▶「物基・化基・生基・地学基から2」・物・化・生・地学から2，ただし物基または物必須，同一科目名を含む選択は不可
［個別学力検査(350)］ 2科目 ①**数**(300)▶数Ⅰ・数Ⅱ・数Ⅲ・数A・数B ②**書類審査**(50)▶調査書
【文理型〈社会デザインコース〉】 **［共通テスト(900)］** 7〜6科目 ①**国**(200) ②**外**(300・英〈R240＋L60〉)▶英・独・仏・中・韓から1 ③**地歴・公民**(100)▶世A・世B・日A・日B・地理A・地理B・現社・倫・政経・「倫・政経」から1 ④⑤**数**(100×2)▶「数Ⅰ・〈数Ⅰ・数A〉から1」・「数Ⅱ・〈数Ⅱ・数B〉・簿・情から1」 ⑥⑦**理**(100)▶「物基・化基・生基・地学基から2」・物・化・生・地学から1
［個別学力検査(150)］ 2科目 ①**小論文**(100) ②**書類審査**(50)▶調査書

農学部

前期 **［共通テスト(900)］** 8〜7科目 ①**国**(200) ②**外**(200・英〈R160＋L40〉)▶英・独・仏・中・韓から1 ③**地歴・公民**(100)▶世A・世B・日A・日B・地理A・地理B・現社・倫・政経・「倫・政経」から1 ④⑤**数**(100×2)▶「数Ⅰ・数A」必須，数Ⅱ・「数Ⅱ・数B」・簿・情から1 ⑥⑦⑧**理**(100×2)▶「物基・化基・生基・地学基から2」・物・化・生・地学から2，ただし同一科目名を含む選択は不可
［個別学力検査(500)］ 3科目 ①**数**(200)▶数Ⅰ・数Ⅱ・数A・数B ②**理**(200)▶「物基・物」・「化基・化」・「生基・生」・「地学基・地学」から1 ③**書類審査**(100)▶調査書
後期 **［共通テスト(900)］** 8〜7科目 前期と同じ
［個別学力検査(200)］ 1科目 ①**面接**(200)▶口頭試問・書類審査(調査書)を含む

その他の選抜

学校推薦型選抜Ⅰ(共通テストを課さない)は法文学部25名，理学部19名，工学部27名，農学部40名，学校推薦型選抜Ⅱ(共通テストを課す)は教育学部(小学校サブコース)10名，理学部23名，医学部69名，工学部64名，総合型選抜Ⅰ(共通テストを課さない)は社会共創学部56名，総合型選抜Ⅱ(共通テストを課す)は法文学部45名，教育学部37名，社会共創学部産業マネジメント学科17名，医学部医学科10名，農学部19名を募集。ほかに社会人選抜，私費外国人留学生選抜などを実施。

偏差値データ（2023年度）

●一般選抜

学部／学科・課程／コース	2023年度 駿台予備学校 合格目標ライン	河合塾 ボーダー得点率	河合塾 ボーダー偏差値	'22年度 競争率
●前期				
▶法文学部				
人文社会／昼	46	63%	50	1.8
／夜	43	58%	47.5	2.4
▶教育学部				
学校教育／初等（幼年）	49	60%	55	1.9
（小学）	49	55%	50	1.2
／中等（国語）	49	57%	52.5	6.6
（社会）	48	64%	52.5	1.5
（英語）	50	61%	50	—
（数学）	48	58%	50	1.3
（理科）	48	56%	50	2.3
（技術）	46	54%	50	2.7
（保体）	45	57%	—	3.8
（家政）	46	55%	50	4.7
／特別支援	46	57%	50	1.4
▶社会共創学部				
産業マネジメント	45	60%	—	2.9
産業イノベーション	46	60%	—	2.0
環境デザイン	46	62%	—	1.9
地域資源マネジメント／農山漁村	44	62%	—	4.8
／文化資源	44	67%	—	2.8
／スポーツ健康	45	65%	—	3.2
▶理学部				
数学受験	48	59%	47.5	1.5
物理受験	47	60%	50	1.3
化学受験	49	58%	47.5	1.4
生物受験	49	55%	47.5	1.8
地学受験	47	55%	47.5	1.6
▶医学部				
医	63	77%	65	5.6
看護	48	58%	—	1.3
▶工学部				
工（理型）	45	56%	47.5	1.4
／社会デザイン（文理型）	43	57%	47.5	1.7
▶農学部				
食料生産	47	54%	45	2.0
生命機能	47	59%	45	1.4
生物環境	47	57%	45	1.7
●後期				
▶法文学部				
人文社会／昼	47	70%	—	1.8
／夜	43	65%	—	3.1
▶教育学部				
学校教育／初等（小学）	49	58%	—	2.1
▶理学部				
A（数学）	50	66%	52.5	2.1
B（面接）	48	65%	—	1.6
▶工学部				
工（理型）	47	63%	47.5	1.7
／社会デザイン（文理型）	45	63%	—	1.4
▶農学部				
食料生産	48	60%	—	1.1
生命機能	48	64%	—	1.6
生物環境	48	62%	—	2.1

- 駿台予備学校合格目標ラインは合格可能性80%に相当する駿台模試の偏差値です。
- 河合塾ボーダー得点率は合格可能性50%に相当する共通テストの得点率です。また，ボーダー偏差値は合格可能性50%に相当する河合塾全統模試の偏差値です。
- 競争率は受験者÷合格者の実質倍率

高知大学

（こうち）

資料請求

問合せ先 学務部入試課 ☎088-844-8153

大学の理念

旧制高知高校，高知師範，高知青年師範を母体として1949（昭和24）年に開学し，2003（平成15）年に高知医科大学と統合した。現代のリーダー像とは，時代の先駆者として，社会が求める変革（課題）に，鋭く，いち早く気づくとともに，好機ととらえて自己改革・挑戦を行い，その成果を世に問う実行力と協働力を持つ若者であると考え，最も重要であるのが，問題解決能力とイノベーション創出力だとする。新しい“当たり前”を作り出すことに挑戦できる次世代の人材育成を目的に設立した「希望創発センター」や，地域と共に高度な地域志向の教育研究を実践することで，地域創造に貢献する「次世代地域創造センター」の開設など，さまざまな取り組みを通じて，高知という地域に軸足を置いたSuper Regional Universityをめざす。

- **朝倉キャンパス**……〒780-8520 高知県高知市曙町2-5-1
- **岡豊キャンパス**……〒783-8505 高知県南国市岡豊町小蓮
- **物部キャンパス**……〒783-8502 高知県南国市物部乙200

基本データ

学生数▶4,925名（男2,732名，女2,193名）
専任教員数▶教授204名，准教授134名，講師89名
設置学部▶人文社会科，教育，理工，医，農林海洋科，地域協働
併設教育機関▶大学院—総合人間自然科学（M・P・D），愛媛大学大学院連合農学（D）

就職・卒業後の進路

就職率 96.0%
就職者÷希望者×100

● **就職支援**　就職室の専門スタッフや各学部の就職委員，外部の就職相談員が連携して就職活動をサポート。さまざまな相談にも応じている。また，就職相談員は履歴書・応募書類・エントリーシートの添削や個人面接の練習などにも対応。就職室では求人などの情報提供をはじめ，就活支援ガイドブック「Ambition」の配布，就職支援ガイダンスの実施，企業説明会の開催，就職マッチング支援のほか，インターンシップ支援も行っている。

進路指導者も必見 学生を伸ばす 面倒見

初年次教育
「大学基礎論」「学問基礎論」「情報処理」「課題探求実践セミナー」などを必修とし，学習の目的や意義を明確にし，学習を進めるための基本的知識や技法を身につけ，自ら考え，表現し，問題を発見・探求できる基礎的能力を獲得する

学修サポート
全学部でTA・SA制度，オフィスアワー制度，教員アドバイザー制度（学生10人～25人に教員1人）を導入。また，学び創造センターでは，レポート作成支援のほか，個人指導や相談にも応じている

オープンキャンパス（2022年度実績） 8月に各キャンパスでオープンキャンパスを開催（事前申込制）。また，オンラインでも個別相談や説明会を実施するほか，配信動画を多数用意。

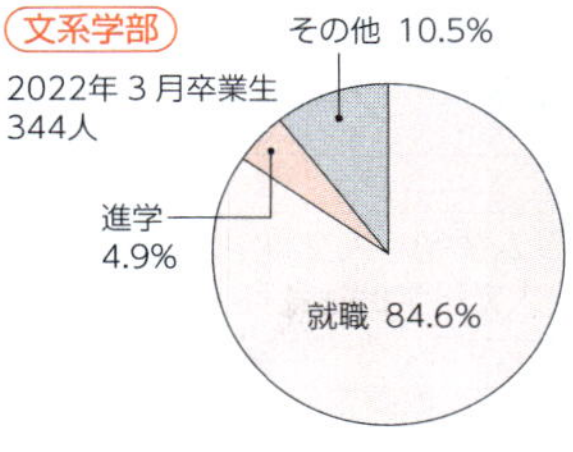

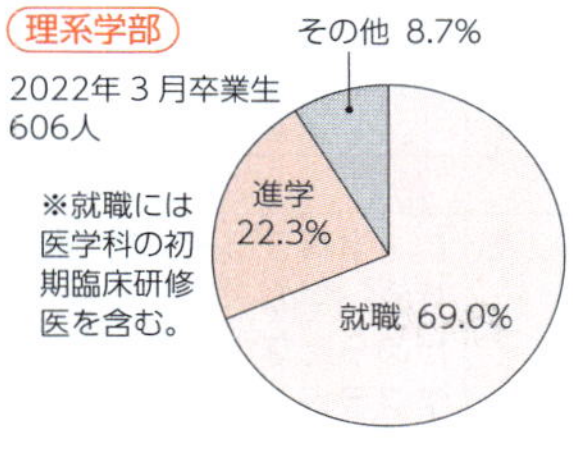

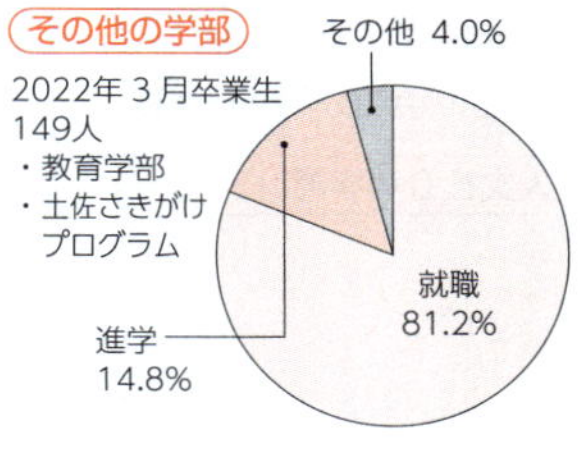

主なOB・OG▶［農］渡辺弘之（森林生態学者），［農］北村総一朗（俳優），［旧文理］上田和夫（ドイツ文学者），［教育］梶原あや（漫画家）など。

国際化・留学　大学間 60 大学等・部局間 33 大学等

受入れ留学生数▶33名（2022年５月１日現在）

留学生の出身国▶中国，マレーシア，フィリピン，韓国，インドネシアなど。

外国人専任教員▶教授３名，准教授２名，講師６名（2022年５月１日現在）

外国人専任教員の出身国▶中国，韓国，オーストラリア，ウクライナ，カナダなど。

大学間交流協定▶60大学・機関（交換留学先50大学，2022年５月１日現在）

部局間交流協定▶33大学・機関（交換留学先19大学，2022年５月１日現在）

海外への留学生数▶渡航型４名・オンライン型126名／年（４カ国・地域，2021年度）

海外留学制度▶協定校への交換留学（１学期または１年間）を実施。大学独自の奨学金制度も利用できる。国際連携推進センターでは，交換留学の情報提供や海外留学説明会を開催するほか個別相談にも対応。長期休暇を利用して英語を学ぶ共通教育科目の「グローバルコミュニケーション」や人文社会学科の「国際社会実習」などの短期プログラムも充実。コンソーシアムはSUIJIなど６つに参加している。

学費・奨学金制度　給付型奨学金総額 年間 1,093 万円

入学金▶282,000円

年間授業料（施設費等を除く）▶535,800円

年間奨学金総額▶10,930,000円

年間奨学金受給者数▶36人

主な奨学金制度▶経済的理由により修学が困難な学生の修学を支援する給付型の「高知大学修学支援基金奨学金」や，医学部に在学する学費の支弁が困難な学生を対象とした「高知大学医学部岡豊奨学会奨学制度」，農林海洋科学部に在学し，将来林業の振興に貢献しようとする学術優秀な学生に対して支給する「高知大学池知奨学金」などを設置。また，学費減免制度があり，2021年度には475人を対象に総額で約8,796万円を減免している。

保護者向けインフォメーション

- **成績確認**　成績表を保護者に郵送している。
- **就職ガイダンス**　人文社会科学部で11～12月に全学年次の保護者を対象に開催している。
- **防災対策**　入学時に配布する学生便覧に掲載。学生が被災した際の安否は大学独自の安否確認システムSPeeCAN RAIDENを利用。
- **コロナ対策１**　ワクチンの職域接種を実施。感染状況に応じた４段階のBCP（行動指針）を設定。「コロナ対策２」（下段）あり。

インターンシップ科目	必修専門ゼミ	卒業論文	GPA制度の導入の有無および活用例	１年以内の退学率	標準年限での卒業率
教育学部で開講している	人文社会は2～4年次，教育は3年次，理工は3・4年次，地域協働は1～4年次，農林海洋は4年次に実施	医学部医学科を除き卒業要件	成績優秀者の判定，奨学金等対象者の選定基準，一部の学部で進級判定基準，個別の学修指導，GPAに応じた履修上限単位数を設定	0.2%	81.8%（4年制）79.1%（6年制）

● コロナ対策２　講義室の収容人数を調整し，入口で検温と消毒を実施。また，オンライン授業併用し，Wi-Fi教室を開放，希望者にはポケットWi-Fiを貸与。経済的に困窮している学生に授業料免除，食料支援を実施。

学部紹介

学部／学科・課程	定員	特色
人文社会科学部		
人文社会科	275	▷１学科３コース15プログラム体制。人文科学，国際社会，社会科学の３コースを設置。人文科学と社会科学を織り混ぜたあらたな学びの仕組みを提供する。学部共通「人文社会科学プラットフォーム科目」を設定。教養を軸としてグローバルかつローカルな課題に取り組み，社会の変化に柔軟に対応できるあらたな人材を養成する。
● 取得可能な資格…教職（国・地歴・公・社・商・英），学芸員など。 ● 進路状況…………就職83.3%　進学4.8%（旧人文学部実績を含む） ● 主な就職先………高松国税局，高知県庁，積水ハウス，フジパングループ，ダイコロ，凸版印刷，四国電力，毎日新聞社，高知新聞社，四国旅客鉄道，四国銀行など。		
教育学部		
学校教育教員養成	130	▷実践と理論の往還的な体系的カリキュラムによって，学校の諸課題に柔軟・的確に対応できる教員・保育士を養成する。１課程14コース制（幼児教育コース，教育科学コース，国語・社会科・数学・理科・英語・技術・家庭科・音楽・美術・保健体育の各教育コース，特別支援教育コース，科学技術教育コース）。幼児教育コースは保育士養成を含む。
● 取得可能な資格…教職（国・地歴・公・社・数・理・音・美・保体・技・家・英，小一種，幼一種，特別支援），学芸員，保育士など。 ● 進路状況…………就職84.3%　進学11.2% ● 主な就職先………教員（高知県，愛媛県ほか），高知市役所，高知県警察，日和崎ホールディングス，山田養蜂場，岡村化成，阿波銀行，日本銀行，大学スポーツチャンネルなど。		
理工学部		
数学物理	55	▷数学的思考法，自然の本質を，数学，物理科学の２コースに分かれて学ぶ。
情報科	30	▷コンピュータサイエンスの基礎から応用までを幅広く学ぶ。更なる高度情報化社会の確かな担い手となる人材を養成する。
生物科	45	▷地球生態系から分子レベルの現象まで，太古の地質時代から現在そして未来まで，幅広い時間的・空間的領域におよぶ生物の世界を包括的に扱う。
化学生命理工	70	▷化学と生命科学の基礎力を磨き，工学的応用分野への展開力を身につけた理工系人材の育成をめざす。
地球環境防災	40	▷地球をつくっている物質の特性，自然現象や災害が起こる仕組み，災害から命や暮らしを守る方法について考える。
● 取得可能な資格…教職（数・理・情），学芸員，測量士補など。 ● 進路状況…………就職56.8%　進学33.2%（旧理学部実績） ● 主な就職先………宮地電気，三島食品，井村屋，凸版印刷，住友電装，マツダ，富士通エフサス，阪急阪神百貨店，四国銀行，日本年金機構，高知県庁など（旧理学部実績）。		

キャンパスアクセス［朝倉キャンパス］JR土讃線一朝倉より徒歩約３分

医学部		
医	110	▷地域および時代の要請に対して柔軟に応じうる高度な知識・技能を身につけた「心を診る医師」を養成する。
看護	60	▷教養と専門知識を基盤に，こころに寄り添う感性と高い社会正義感を持って，人々の健康と生活を支える看護専門職を養成する。

● **取得可能な資格**…教職（養護一・二種），医師・看護師・保健師受験資格など。
● **進路状況**…………［医］初期臨床研修医93.6%　［看護］就職92.3%　進学6.2%
● **主な就職先**………高知大学医学部附属病院，高知医療センター，高知赤十字病院，高知県など。

農林海洋科学部		
農林資源科	135	▷2023年度より，農林資源環境科学科と農芸化学科を１学科に統合し，それぞれの分野の視点と技能を兼ね備えた人材を育成する。生産フィールドに対する理解と生産物の高付加価値化に不可欠な化学的視点の両方を横断的に学ぶ。フィールド科学と農芸化学の２コース制。
海洋資源科	65	▷海洋生物生産学，海底資源環境学，海洋生命科学の３コース制。「海を知る・使う・護る」という視点を持って水産資源，海洋生命資源，鉱物・エネルギー資源について学ぶ。

● **取得可能な資格**…教職（理・農・水産），測量士補など。
● **進路状況**…………就職62.3%　進学26.7%（旧農学部実績を含む）
● **主な就職先**………高知県庁，香川県庁，徳島県庁，四国地方整備局，大成建設，理研ビタミン，山崎製パン，ラッシュジャパン，モンベル，アドバンテック，四国水族館など。

地域協働学部		
地域協働	60	▷地域力を学生の学びと成長に生かすとともに，学生力を地域再生と発展に生かす教育を行うことを目的とする。「地域活性化の中核的拠点」としての役割を果たし，産業振興を担う「地域協働型産業人材」を育成する。地域協働マネジメントに必要な地域理解力，企画立案力，協働実践力を学年ごとの積み上げ型教育プログラムで身につける。

● **取得可能な資格**…社会調査士など。
● **進路状況**…………就職92.2%　進学5.9%
● **主な就職先**………高知県庁，愛媛県庁，サニックス，福助工業，徳島新聞社，高知放送，四国旅客鉄道，スノーピーク，星野リゾート，名城大学，パソナなど。

▶キャンパス

人文社会科・教育・理工・地域協働……［朝倉キャンパス］高知県高知市曙町2-5-1
医……［岡豊キャンパス］高知県南国市岡豊町小蓮
農林海洋科……［物部キャンパス］高知県南国市物部乙200

2023年度入試要項（前年度実績）

●募集人員

学部／学科・課程（コース）	前期	後期
▶人文社会科　人文社会科（人文科学）	64	10
（国際社会）	38	10
（社会科学）	A55 B10	―
▶教育　学校教育教員養成（幼児教育）	6	―
（教育科学）	54	―
（教科教育）		―
（教科教育〈音楽・美術〉）		―
（教科教育〈保健体育〉）		―
（特別支援）		―
（科学技術）	5	―
▶理工　数学物理	数19 理15	2
情報科	16	3

キャンパスアクセス ［岡豊キャンパス］JR―高知よりバス約30分

	生物科	29	5
	化学生命理工	48	8
	地球環境防災	19	5
▶医	医(一般枠)	55	—
	(地域枠)	5	—
	看護	27	6
▶農林海洋科	農林資源科(フィールド科学)	45	15
	(農芸化学)	35	5
	海洋資源科(海洋生物生産学)	18	7
	(海底資源環境学)	9	
	(海洋生命科学)	14	
▶地域協働	地域協働	35	—

● 2 段階選抜

医学部医学科の前期において志願者数が募集人員の４倍を超えた場合，共通テストの成績により行う。

試験科目

デジタルブック »»

偏差値データ (2023年度)

●一般選抜

学部／学科・課程／コース	2023年度 駿台予備学校 合格目標ライン	2023年度 河合塾 ボーダー得点率	2023年度 河合塾 ボーダー偏差値	'22年度 競争率
●前期				
▶人文社会科				
人文社会科／人文科学	46	60%	47.5	2.0
／国際社会	46	60%	—	1.7
／社会科学A	45	57%	—	1.3
／社会科学B	45	57%	—	
▶教育学部				
学校教育教員養成／幼児教育	48	54%	45	1.1
／教育科学				
／教科教育	47	55%	45	1.4
／特別支援				
／音楽教育	46	50%	—	1.1
／美術教育				
／保健体育	47	51%	—	2.4
／科学技術	48	54%	45	1.3
▶理工学部				
数学物理(数学受験)	47	53%	47.5	4.1
(理科受験)	47	52%	47.5	2.9
情報科	47	54%	50	3.4
生物科	48	52%	47.5	3.3
化学生命理工	48	52%	47.5	3.0
地球環境防災	47	52%	47.5	2.1
▶医学部				
医(一般枠)	63	76%	62.5	3.1
(地域枠)	63	75%	62.5	
看護	46	57%	—	1.5
▶農林海洋科学部				
農林資源科／フィールド科学	44	54%	47.5	2.7
／農芸化学	44	54%	—	1.5
海洋資源科／海洋生物生産学	44	56%	—	1.6
／海底資源環境学	47	54%	—	1.2
／海洋生命科学	47	57%	47.5	3.3
▶地域協働学部				
地域協働	44	62%	—	2.2
●後期				
▶人文社会科学部				
人文社会科／人文科学	47	75%	—	6.1
／国際社会	47	73%	—	3.1
▶理工学部				
数学物理	47	61%	—	8.0
情報科	47	64%	—	4.0
生物科	48	58%	—	3.1
化学生命理工	48	57%	—	2.0
地球環境防災	47	57%	—	1.6
▶医学部				
看護	47	61%	—	3.0
▶農林海洋科学部				
農林資源科／フィールド科学	44	57%	—	3.4
／農芸化学	45	60%	—	1.4
海洋資源科	46	60%	—	2.2

- 駿台予備学校合格目標ラインは合格可能性80%に相当する駿台模試の偏差値です。
- 河合塾ボーダー得点率は合格可能性50%に相当する共通テストの得点率です。また，ボーダー偏差値は合格可能性50%に相当する河合塾全統模試の偏差値です。
- 競争率は受験者÷合格者の実質倍率

 キャンパスアクセス [物部キャンパス] JR―高知よりバス約35分

MEMO

九州大学（きゅうしゅう）

資料請求

問合せ先 学務部入試課 ☎092-802-2004，2005

大学の理念

東京，京都，東北に次ぐ４番目の帝国大学として1911（明治44）年に創設された，わが国屈指の基幹総合大学。今では学生約１万9,000人（うち留学生2,300人），教職員約8,000人が在籍する「知」の巨大集団を形成している。「九州大学教育憲章」に掲げる教育の目的は「日本のさまざまな分野において指導的な役割を果たし，アジアをはじめ広く全世界で活躍する人材を輩出し，日本および世界の発展に貢献すること」。早くから国際化に取り組み，現在９つの学部で英語による授業だけで学位を取得できる「国際コース」を設置。多くの留学生を受け入れるとともに，海外で学べるプログラムを多数展開。伊都キャンパスを中心に日常生活を知的に満喫できる場を提供すべく，世界レベルの研究・教育拠点に相応しい環境を整備している。

- 伊都キャンパス……〒819-0395　福岡県福岡市西区元岡744
- 病院キャンパス……〒812-8582　福岡県福岡市東区馬出3-1-1
- 大橋キャンパス……〒815-8540　福岡県福岡市南区塩原4-9-1

基本データ

学生数▶11,683名（男8,234名，女3,449名）
専任教員数▶教授663名，准教授638名，講師145名
設置学部▶共創，文，教育，法，経済，理，医，歯，薬，工，芸術工，農
併設教育機関▶大学院（P.1554参照）

就職・卒業後の進路

就職率 91.7%（就職者÷希望者×100）

●**就職支援**　1・2年次のキャリアガイダンス，自己啓発プログラムを経て，3年次には実践的就職ガイダンスをはじめ，キャリア・奨学支援課キャリア・就職支援係が，各種イベントを開催。個人の就職相談にも親身に対応する。独自の求人情報システムにパソコンからアクセスできる。

●**過半数が大学院へ**　学部を卒業して大学院へと進む学生は全学部平均で52.9%と過半数に上る。なかでも理系学部で著しく，工学部83.8%，理学部80.5%，農学部73.4%に達している（2022年5月1日現在）。

進路指導者も必見 学生を伸ばす面倒見

初年次教育	学修サポート
学問や大学教育全般に対する動機づけ，レポート・論文の書き方，プレゼン技法，ITの基礎知識，情報収集や資料整理の方法，論理的思考や問題発見・解決能力の向上を図る初年次教育を実施	全学部でTA制度を導入。学部によりオフィスアワーを設定。さらに，履修・修学相談には各学部の学生相談教員が応じている

オープンキャンパス（2022年度実績）　受験生向け特設サイトでオープンキャンパスを開催。入試説明，学部・学科紹介，模擬授業，教員による研究室紹介などを動画で配信。事前申込制のオンライン進学相談会も実施。

文系学部

2022年３月卒業生
596人

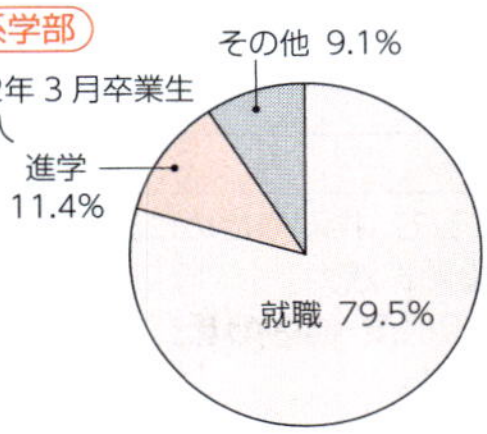

理系学部

2022年３月卒業生
1,927人

※就職には医学科の初期臨床研修医，歯学科の臨床研修歯科医を含む。

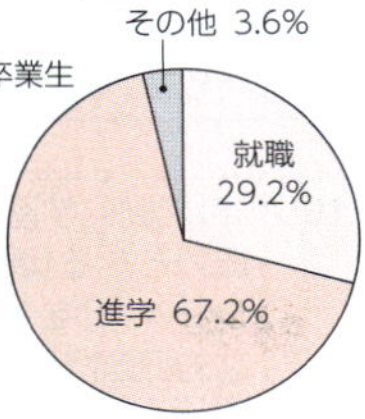

その他の学部

2022年３月卒業生
132人
・教育学部
・共創学部
・旧21世紀プログラム

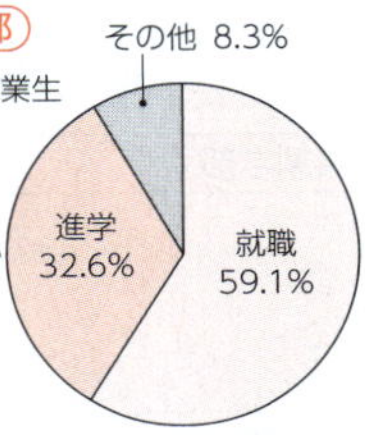

主なOB・OG▶［工］若田光一（宇宙飛行士），［文］山縣由美子（フリーキャスター），［工］重松象平（建築家），［法］吉村洋文（大阪府知事）など。

国際化・留学　大学間 171 大学等・部局間 238 大学等

受入れ留学生数▶431名（2022年５月１日現在）

留学生の出身国・地域▶中国，韓国，インドネシア，ベトナム，台湾など。

外国人専任教員▶教授22名，准教授53名，講師３名（2022年５月１日現在）

外国人専任教員の出身国▶中国，韓国，アメリカ，イギリス，ベルギーなど。

大学間交流協定▶171大学・機関（交換留学先140大学，2022年９月15日現在）

部局間交流協定▶238大学・機関（交換留学先133大学，2022年９月15日現在）

海外への留学生数▶渡航型32名・オンライン型312名／年（24カ国・地域，2021年度）

海外留学制度▶協定大学に１学期から1年留学する「交換留学プログラム」をはじめ，短期プログラムの語学研修やインターンシップ，フィールドワーク，海外大学主催のサマースクールなどのほか，学部学科独自の交換留学制度もある。留学支援として留学先大学や留学支援財団が提供する奨学金などに加え，大学独自の交換留学のための奨学金「全学協力事業基金奨学金」を設置。コンソーシアムはRENKEI，MIRAI，APRUに参加している。

学費・奨学金制度　給付型奨学金総額 年間 7,896 万円

入学金▶282,000円

年間授業料（施設費等を除く）▶535,800円

年間奨学金総額▶78,960,000円

年間奨学金受給者数▶148人

主な奨学金制度▶経済的事情により修学が困難な学生が安心して学業に専念できるよう支援する「中本博雄修学支援奨学金」「市川節造奨学金」「九州大学修学支援奨学金」「利章奨学金」や，グローバル人材育成を目的に学修・研究活動を支援する「九州大学基幹教育奨励賞」「山川賞」など，いずれも返還不要の給付型奨学金を数多く設置。また，学費減免制度があり，2021年度には1,279人を対象に総額で約１億7,416万円を減免している。

保護者向けインフォメーション

● **成績確認**　成績表をWeb閲覧で確認できる。
● **防災対策**　入学時に配布する生活ハンドブックで防災について記載。被災時の学生の安否確認は，独自の安否確認システムを利用。
● **コロナ対策１**　ワクチンの職域接種を実施。感染状況に応じた５段階のBCP（行動指針）を設定。「コロナ対策２」（下段）あり。

インターンシップ科目	必修専門ゼミ	卒業論文	GPA制度の導入の有無および活用例	１年以内の退学率	標準年限での卒業率
教育・工・芸術工・農学部で開講している	共創・経済は3・4年次，文は2～4年次，教育・医（保）・工・農は4年次，法は2・3年次，歯は2～6年次，薬は3年次，理は1～4年次に実施	法・経済・歯学部を除き卒業要件	法学部GVプログラム編入の判断基準，学部・学府一貫教育プログラムの出願要件，コース分け・研究室配属などに活用	0.6%	86.7%（4年制）79.8%（6年制）

● コロナ対策２　対面授業とオンライン授業を感染状況に応じて併用。講義室の収容人数を調整するとともに，検温と消毒を実施。経済的に困窮している学生に緊急授業料免除や緊急学生支援金の給付などを実施。

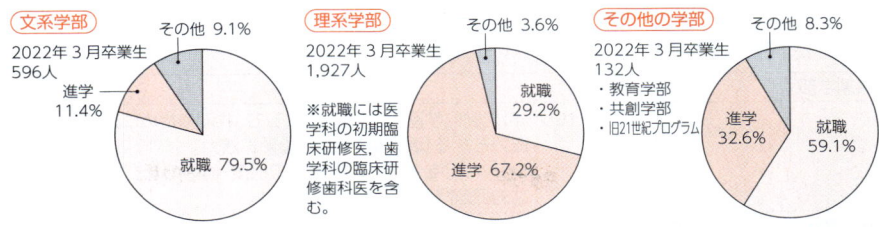

学部紹介

学部／学科	定員	特色
共創学部		
共創	105	▶「能動的学習能力」を基礎にして，共創のために必要な態度・能力となる「課題構想力」「協働実践力」「国際コミュニケーション力」を養成し，これらの態度・能力の涵養を通して「共創的課題解決力」の獲得をめざす。
●進路状況…………就職63.6%　進学31.2% ●主な就職先………福岡銀行，九州電力，オービック，楽天グループ，新学社，NTTドコモなど。		
文学部		
人文	151	▷哲学コース（哲学・哲学史，倫理学，インド哲学史，中国哲学史，美学・美術史），歴史学コース（日本史学，東洋史学，朝鮮史学，考古学，西洋史学，イスラム文明学），文学コース（国語学・国文学，中国文学，英語学・英文学，独文学，仏文学），人間科学コース（言語学・応用言語学，地理学，心理学，社会学・地域福祉社会学，比較宗教学）。以上の４コース21専門分野に'18年度から外国語運用能力の育成を柱とする国際コースを設置。２年次よりコース・専門分野に所属するが，全分野の授業の履修が可能。
● 取得可能な資格…教職（国・地歴・公・社・英・独・仏・中），学芸員など。 ● 進路状況…………就職78.4%　進学15.7% ● 主な就職先………西日本シティ銀行，ニトリ，鎌倉新書，野村不動産，徳島新聞社，九州大学など。		
教育学部		
	46	▷教育学系は国際教育文化と教育社会計画，教育心理学系は人間行動と心理臨床の各２コースに分かれている。
● 取得可能な資格…教職（地歴・公・社）など。　● 進路状況…就職53.8%　進学32.7% ● 主な就職先………福岡県立高等学校，熊本大学，福岡家庭裁判所，アイレック，読売新聞など。		
法学部		
	189	▷基礎法学，公法・社会法学，民刑事法学，国際関係法学，政治学の５つの教育科目群で構成。少人数ゼミを重視し，活発な研究討論を通じて，論理的思考力，表現力を養う。
● 取得可能な資格…教職（地歴・公・社）。　● 進路状況…………就職69.3%　進学15.9% ● 主な就職先………福岡地方裁判所，福岡国税局，総務省，福岡銀行，九州電力，福岡地所など。		
経済学部		
		▶経済学分野の専門性を備えた人材育成をめざす学部国際コース「グローバル・ディプロマプログラム（GProE）」を設置。
経済・経営	141	▷複雑化し多様化する現代経済社会が直面する諸問題に的確に対処し，その解決策を見出していける人材を養成する。
経済工	85	▷理論と分析ツールおよびその応用を一体的に学び，経済を総合的にとらえていく能力の修得をめざす。
● 取得可能な資格…教職（公・社）。　● 進路状況…就職87.8%　進学5.5% ● 主な就職先………福岡銀行，九州電力，三井住友銀行，大和証券，東京海上日動システムズなど。		
理学部		
		▶2018年度から各学科に国際理学コースを設置。各学科に所属しつつ，英語による少人数教育を受け，国際性を養う。

キャンパスアクセス ［伊都キャンパス］ JR筑肥線—九大学研都市よりバス15分

物理	55	▷物理学と情報理学の２コース。物理的なものの見方や考え方を学び，問題を発見・解決・議論・発表する能力を養う。
化	62	▷原子・分子レベルの理解に基づき創製した新物質の機能と性質を制御し，産業と地球環境との調和に貢献する。
地球惑星科	45	▷地球や太陽・惑星系に関する知識を学び，先端的な知識・手法を取り入れ，課題探求能力と問題解決能力を養う。
数	50	▷「数学語」を駆使し，純粋理論から科学や技術への応用まで，バランスのとれた研究・教育体制が充実している。
生物	46	▷分子，細胞，個体，生物集団の生命現象を研究する。基礎生物学の研究者や応用分野で活躍できる人材の養成をめざす。

● **取得可能な資格**…教職（数・理・情），学芸員，測量士補。　● **進路状況**…就職15.0%　進学80.5%
● **主な就職先**………豊栄交通，英進館ホールディングス，NTTデータ，応研，福岡県立高等学校など。

医学部

医	110	▷医学に関する知識・技術の教育を基盤に，医の倫理に徹し，旺盛な探究心を有する医師や医科学研究者を育成する。
生命科	12	▷ヒトならびにさまざまな動物モデルを対象とした次世代の生命医科学研究と医学教育を担う人材を育成する。
保健	134	▷〈看護学専攻68名，放射線技術科学専攻33名，検査技術科学専攻33名〉全人的チーム医療に対応する人材を育成する。

● **取得可能な資格**…医師・看護師・保健師・診療放射線技師・臨床検査技師受験資格。
● **進路状況**…………［医］初期臨床研修医95.5%　［生・保］就職69.7%　進学27.6%
● **主な就職先**………九州大学病院，長崎大学病院，浜の町病院，長崎市，福岡県など。

歯学部

歯	53	▷歯科医師の養成に加え，歯科医療や歯科医学の教育・研究におけるリーダーを育成するカリキュラムを採用している。

● **取得可能な資格**…歯科医師受験資格。　● **進路状況**…臨床研修歯科医74.5%　進学4.3%

薬学部

創薬科	49	▷４年制。「くすり」創りに関連する教育を強化し，医薬品の創製に関する基礎および応用研究者の教育を目的とする。
臨床薬	30	▷６年制。少数精鋭の教育により，医療者としての実践力を持った質の高い薬剤師養成を目的とする。

● **取得可能な資格**…薬剤師（臨床薬）受験資格など。　● **進路状況**…就職39.5%　進学60.5%
● **主な就職先**………日本調剤，九州大学病院，アインホールディングス，総合メディカルなど。

工学部

		▶学部と大学院修士課程の6年一貫型カリキュラムを編成。
電気情報工	153	▷数学，物理学，情報学の基礎理論を理解し，新しい技術を開発。計算機工学，電子通信工学，電気電子工学の３コース。
材料工	53	▷物質を理解して原料を加工し，開発された材料の性質や機能を解明し、新たなモノ（材料）を創り出す。
応用化	72	▷機能物質化学と分子生命工学の２コース構成。持続可能な社会の構築に資する学問を追究。
化学工	38	▷環境・エネルギー，新規機能性材料，バイオテクノロジー・高度先進医療，生産プロセスの関する高度な専門能力を養成。
融合基礎工	57	▷工学と情報科学を基軸に広い視野と実践的な行動力を持ったAI時代のリーダーを創出。物質材料と機械電気の２コース。

キャンパスアクセス ［病院キャンパス］ 地下鉄箱崎線―馬出九大病院前より徒歩10分／JR鹿児島本線―吉塚より徒歩８分

機械工	135	▷制約された条件下で社会や自然への影響を考慮しながら機器やシステムを発想，設計，製作できる人材を育成。
航空宇宙工	29	▷さまざまな領域の原理を探求し，最先端の技術と英知を結集し，空と宇宙のフロンティアを切り拓く。
量子物理工	38	▷目に見えないミクロな物理現象の解明と応用で，人類社会の発展に貢献する技術者と研究者を育成。
船舶海洋工	34	▷造船技術の継承・発展を図る能力ならびに持続的な海洋開発を担い得る総合工学的な広い視野を持った人材を育成。
地球資源システム工	34	▷国際的に展開される地下資源の開発と供給，自然災害の防止技術や地球環境への負荷を軽減する技術を開発する。
土木工	77	▷社会基盤構造物の設計・施工に関する基礎知識から，環境保全，災害防止，持続的な都市創造の応用分野までを学ぶ。
建築	58	▷住宅から都市に至る人間の多様な生活に密着した空間を造り出す建築家や技術者，研究者を養成する。

● 取得可能な資格…測量士補，1・2級建築士受験資格など。 ●進路状況…就職13.4%　進学83.8%
● 主な就職先………九州電力，西日本高速道路，サイバーエージェント，電源開発，福岡地所など。

芸術工学部

芸術工学	187	▶1学科に環境設計，インダストリアルデザイン，未来構想デザイン，メディアデザイン，音響設計の5コースを設け，拡大，流動化するデザインの領域に柔軟に対応できる体制を整備。既存の教育・研究領域を横断できる人材を育成する。また，国際プログラムを設置し，2年次に留学に必要なスキルを身につけ，3年次に欧米やアジアの大学に留学し，世界最先端のデザインを学ぶ。

● 取得可能な資格…1・2級建築士受験資格など。 ●進路状況……就職37.7%　進学57.3%
● 主な就職先………長谷工不動産，清水建設，コクヨ，九州朝日放送，スズキ，電通，東映など。

農学部

生物資源環境	226	▷地球環境問題から人間社会まで，幅広い問題を扱う総合科学としての農学を学ぶ。生物資源生産科学，応用生物科学，地球森林科学，動物生産科学，国際の5コース。

● 取得可能な資格…教職（理・農・水産），学芸員，測量士補など。
● 進路状況…………就職23.7%　進学73.4%
● 主な就職先………農林中央金庫，創味食品，日本アイ・ビー・エム，農林水産省，福岡県など。

▶キャンパス

共創・文・教育・法・経済・理・工・農……［伊都キャンパス］福岡県福岡市西区元岡744
医・歯・薬……［病院キャンパス］福岡県福岡市東区馬出3-1-1（1年次は伊都キャンパス）
芸術工……［大橋キャンパス］福岡県福岡市南区塩原4-9-1（1年次は伊都キャンパス）

2023年度入試要項（前年度実績）

●募集人員

学部／学科（専攻）		前期	後期	総合型	学校推薦型
▶共創		65	—	20	10
▶文		119	22	10	—
▶教育		36	—	7	—
▶法		146	33	10	—
▶経済	経済・経営	93	26	22	—
	経済工	66	19	—	—
▶理	物理	42	6	7	—
	化	46	8	8	—
	地球惑星科	32	6	7	—
	数	43	—	7	—
	生物	34	7	5	—
▶医	医	105	—	—	—
	生命科	12	—	—	—

キャンパスアクセス ［大橋キャンパス］西鉄天神大牟田線―西鉄大橋より徒歩5分

保健(看護学)		58	—	10	—
(放射線技術科学)		27	—	6	—
(検査技術科学)		27	—	6	—
▶歯		37	—	8	8
▶薬　創薬科		45	4	—	—
臨床薬		26	4	—	—
▶工　電気情報工	Ⅰ群	98	17	8	—
材料工	Ⅱ群	123	21	3	—
応用化				4	—
化学工				2	—
融合基礎工(物質材料)				2	—
(機械電気)	Ⅲ群	146	25	2	—
機械工				7	—
航空宇宙工				—	—
量子物理工				2	—
船舶海洋工	Ⅳ群	92	16	5	—
地球資源システム工				2	—
土木工				4	—
建築	Ⅴ群	46	—	6	—
〈学部一括〉	Ⅵ群	124	23	—	—
▶芸術工　芸術工(環境設計)		24	—	7	—
(インダストリアルデザイン)		20	—	16	5
(未来構想デザイン)		10	—	8	5
(メディアデザイン)		21	—	20	—
(音響設計)		26	—	5	—
〈学科一括〉		20	—	—	—
▶農		170	22	24	—

● 2段階選抜

志願者数が募集人員を大幅に上回った場合，以下の倍率で行う。ただし，前期の薬学部では実施しない。前期―医(医)学部約2.5倍，共創・文・教育・法・経済・理・医(保健)・工・芸術工・農学部は約4倍。医(生命科)・歯学部は約6倍。後期―文学部は約5倍。法・経済・農学部は約7倍。理・薬・工学部は約10倍。

▷共通テストの英語はリスニングを含む。
▷個別学力検査の英－コミュ英Ⅰ・コミュ英Ⅱ・コミュ英Ⅲ・英表Ⅰ・英表Ⅱ，数Ｂ－数列・ベク。

共創学部

前期　[共通テスト(500)]　8～7科目　①国(100)　②**外**(100・英〈R50＋L50〉)▶英・独・仏・中・韓から1　③④**数**(50×2)▶「数Ⅰ・数Ａ」必須，「数Ⅱ・数Ｂ」・簿・情から1　⑤⑥⑦⑧「**地歴・公民**」・**理**(100×3×2/3)▶世Ｂ・日Ｂ・地理Ｂ・「倫・政経」から1または2，「物基・化基・生基・地学基から2」・物・化・生・地学から1または2，計3

[個別学力検査(1000)]　3科目　①**外**(400)▶英　②**数**(300)▶数Ⅰ・数Ⅱ・数Ａ・数Ｂ　③**小論文**(300)

※共通テストの外国語「英語」(受験は必須)に英語能力試験の利用可(第1段階選抜を除く)。基準以上のスコアをみなし得点に換算。

総合型　[共通テスト]　課さない。

[個別学力検査]　5科目　①**講義に関するレポート**　②**討論**　③**小論文**　④**面接**　⑤**書類審査**▶調査書・活動歴報告書・志望理由書

※第1次選抜―書類審査，第2次選抜―レポート，討論，小論文，面接の結果および書類審査の内容を総合して判定。

学校推薦型　[共通テスト(150)]　4科目　①**国**(50)　②**外**(R25＋L25)▶英　③④**数**(25×2)▶「数Ⅰ・数Ａ」・「数Ⅱ・数Ｂ」

※共通テストの外国語「英語」(受験は必須)に英語能力試験の利用可。基準以上のスコアをみなし得点に換算。

[個別学力検査(400)]　2科目　①**プレゼンテーション・面接**(100)　②**書類審査**(300)▶調査書・活動歴報告書・志望理由書

※第1次選抜―推薦書と書類審査，第2次選抜―プレゼンテーション・面接の結果，共通テストの成績および第1次選抜の評価を総合して判定。

文学部

前期　[共通テスト(250)]　8科目　①国(50)　②**外**(50・英〈R25＋L25〉)▶英・独・仏・中・韓から1　③④**地歴・公民**(25×2)▶世Ｂ・日Ｂ・地理Ｂ・「倫・政経」から2　⑤⑥**数**(25×2)▶「数Ⅰ・数Ａ」必須，「数Ⅱ・数Ｂ」・簿・情から1　⑦⑧**理**(25×2)▶「物基・化基・生基・地学基から2」・「物・化・生・地学から2」から1

[個別学力検査(500)]　4科目　①**国**(150)▶国総・国表・現文Ｂ・古典Ａ・古典Ｂ　②**外**(150)▶英・独・仏から1　③**地歴**(100)▶世Ｂ・日Ｂ・地理Ｂから1　④**数**(100)▶数Ⅰ・数Ⅱ・数Ａ・数Ｂ

後期 [共通テスト(275)] 8科目 ①国(50) ②**外**(100・英〈R50+L50〉)▶英・独・仏・中・韓から1 ③④**地歴・公民**(25×2)▶世B・日B・地理B・「倫・政経」から2 ⑤⑥**数**(25×2)▶「数Ⅰ・数A」必須,「数Ⅱ・数B」・簿・情から1 ⑦⑧**理**(12.5×2)▶「物基・化基・生基・地学基から2」・「物・化・生・地学から2」から1

[個別学力検査(250)] 1科目 ①**小論文**(Ⅰ250+Ⅱ段階評価)▶小論文Ⅰ(英文を含むことがある)・小論文Ⅱ(志望理由等)

総合型 [共通テスト(900)] 8科目 ①国(200) ②**外**(200・英〈R100+L100〉)▶英・独・仏・中・韓から1 ③④**地歴・公民**(100×2)▶世B・日B・地理B・「倫・政経」から2 ⑤⑥**数**(100×2)▶「数Ⅰ・数A」必須,「数Ⅱ・数B」・簿・情から1 ⑦⑧**理**(50×2)▶「物基・化基・生基・地学基から2」・「物・化・生・地学から2」から1

[個別学力検査(100)] 3科目 ①**小論文**(50)▶英語 ②**面接**(50)▶英語による ③**書類審査**(段階評価)▶調査書・志望理由書

※第1次選抜―書類審査,第2次選抜―小論文,面接の結果および共通テスト(100点満点に換算)の成績を総合して判定。

教育学部

前期 [共通テスト(450)] 8科目 ①国(100) ②**外**(100・英〈R50+L50〉)▶英・独・仏・中・韓から1 ③④**地歴・公民**(50×2)▶世B・日B・地理B・「倫・政経」から2 ⑤⑥**数**(50×2)▶「数Ⅰ・数A」必須,「数Ⅱ・数B」・簿・情から1 ⑦⑧**理**(25×2)▶「物基・化基・生基・地学基から2」・「物・化・生・地学から2」から1

[個別学力検査(600)] 3科目 ①**国**(200)▶国総・国表・現文B・古典A・古典B ②**外**(200)▶英 ③**数**(200)▶数Ⅰ・数Ⅱ・数A・数B

総合型 [共通テスト] 課さない。

[個別学力検査] 4科目 ①**小論文** ②**口頭試問** ③**面接** ④**書類審査**▶調査書

※第1次選抜―小論文,書類審査,第2次選抜―口頭試問,面接および第1次選抜の評価を総合して判定。

法学部

前期 [共通テスト(300)] 8科目 ①国(50) ②**外**(50・英〈R25+L25〉)▶英・独・仏・中・韓から1 ③④**地歴・公民**(50×2)▶世B・日B・地理B・「倫・政経」から2 ⑤⑥**数**(25×2)▶「数Ⅰ・数A」必須,「数Ⅱ・数B」・簿・情から1 ⑦⑧**理**(25×2)▶「物基・化基・生基・地学基から2」・「物・化・生・地学から2」から1

[個別学力検査(600)] 3科目 ①**国**(200)▶国総・国表・現文B・古典A・古典B ②**外**(200)▶英 ③**数**(200)▶数Ⅰ・数Ⅱ・数A・数B

後期 [共通テスト(400)] 8科目 ①国(100) ②**外**(100・英〈R50+L50〉)▶英・独・仏・中・韓から1 ③④**地歴・公民**(50×2)▶世B・日B・地理B・「倫・政経」から2 ⑤⑥**数**(25×2)▶「数Ⅰ・数A」必須,「数Ⅱ・数B」・簿・情から1 ⑦⑧**理**(25×2)▶「物基・化基・生基・地学基から2」・「物・化・生・地学から2」から1

[個別学力検査(200)] 1科目 ①**その他**(200)▶講義に関する理解度確認試験

総合型 [共通テスト(400)] 8科目 ①国(100) ②**外**(50・英〈R25+L25〉)▶英・独・仏・中・韓から1 ③④**地歴・公民**(50×2)▶世B・日B・地理B・「倫・政経」から2 ⑤⑥**数**(50×2)▶「数Ⅰ・数A」必須,「数Ⅱ・数B」・簿・情から1 ⑦⑧**理**(25×2)▶「物基・化基・生基・地学基から2」・「物・化・生・地学から2」から1

[個別学力検査(400)] 3科目 ①**英語試験**(200) ②**面接**(200)▶個人面接 ③**書類審査**▶調査書・志望理由書・英語能力試験の成績

※第1次選抜―書類審査,第2次選抜―英語試験,面接の結果および共通テストの成績を総合して判定。

経済学部

前期 【経済・経営学科】[共通テスト(450)] 8科目 ①国(50) ②**外**(100・英〈R50+L50〉)▶英・独・仏・中・韓から1 ③④**地歴・公民**(100×2)▶世B・日B・地理B・「倫・政経」から2 ⑤⑥**数**(25×2)▶「数Ⅰ・数A」必須,

「数Ⅱ・数Ｂ」・簿・情から１　⑦⑧**理**(25×2)▶「物基・化基・生基・地学基から２」・「物・化・生・地学から２」から１

［個別学力検査(600)］ **3**科目　①**国**(200)▶国総・国表・現文Ｂ・古典Ａ・古典Ｂ　②**外**(200)▶英・独・仏から１　③**数**(200)▶数Ⅰ・数Ⅱ・数Ａ・数Ｂ

【経済工学科】 **［共通テスト(450)］** **7**科目　①**国**(100)　②**外**(100・英〈R50＋L50〉)▶英・独・仏・中・韓から１　③**地歴・公民**(50)▶世Ｂ・日Ｂ・地理Ｂ・「倫・政経」から１　④⑤**数**(50×2)▶「数Ⅰ・数Ａ」必須，「数Ⅱ・数Ｂ」・簿・情から１　⑥⑦**理**(50×2)▶物・化・生・地学から２

［個別学力検査(750)］ **3**科目　①**国**(150)▶国総・国表・現文Ｂ（古文・漢文を除く）②**外**(300)▶英・独・仏から１　③**数**(300)▶数Ⅰ・数Ⅱ・数Ⅲ・数Ａ・数Ｂ

後期　**【経済・経営学科】［共通テスト(200)］** **7**科目　①**国**(100)　②**外**(100・英〈R50＋L50〉)▶英・独・仏・中・韓から１　③**地歴・公民**(100)▶世Ｂ・日Ｂ・地理Ｂ・「倫・政経」から１　④⑤**数**(50×2)▶「数Ⅰ・数Ａ」必須，「数Ⅱ・数Ｂ」・簿・情から１　⑥⑦**理**(50×2)▶「物基・化基・生基・地学基から２」・「物・化・生・地学から２」から１

※第１段階選抜では５教科７科目を利用し，入学者選抜の際には各教科・科目の上位２教科２～３科目の成績を利用。

［個別学力検査(300)］ **1**科目　①**小論文**(300)

【経済工学科】 **［共通テスト(280)］** **6**科目　①**国**(40)　②**外**(80・英〈R40＋L40〉)▶英・独・仏・中・韓から１　③**地歴・公民**(40)▶世Ｂ・日Ｂ・地理Ｂ・「倫・政経」から１　④⑤**数**(40×2)▶「数Ⅰ・数Ａ」必須，「数Ⅱ・数Ｂ」・簿・情から１　⑥**理**(40)▶物・化・生・地学から１

［個別学力検査(300)］ **1**科目　①**小論文**(300)

総合型　**【経済・経営学科】［共通テスト(900)］** **8**科目　①**国**(200)　②**外**(200・英〈R100＋L100〉)▶英・独・仏・中・韓から１　③④**地歴・公民**(100×2)▶世Ｂ・日Ｂ・地理Ｂ・「倫・政経」から２　⑤⑥**数**(100×2)▶「数Ⅰ・数Ａ」必須，「数Ⅱ・数Ｂ」・簿・情から１　⑦⑧**理**(50×2)▶「物基・化基・生基・地学基から２」・「物・化・生・地学から２」から１

［個別学力検査(300)］ **1**科目　①**小論文**(300)　②**面接**　③**書類審査**（段階評価）▶調査書・志望理由書

※第１次選抜―書類審査，第２次選抜―共通テストの成績，小論文，面接の成績を総合して判定。なお共通テストは満点の75％程度を合格最低基準とする。

理学部

前期　**［共通テスト(450)］** **7**科目　①**国**(100)　②**外**(100・英〈R50＋L50〉)▶英・独・仏・中・韓から１　③**地歴・公民**(50)▶世Ｂ・日Ｂ・地理Ｂ・「倫・政経」から１　④⑤**数**(50×2)▶「数Ⅰ・数Ａ」必須，「数Ⅱ・数Ｂ」・簿・情から１　⑥⑦**理**(50×2)▶物・化・生・地学から２

［個別学力検査(700)］ **4**科目　①**外**(200)▶英　②**数**(250)▶数Ⅰ・数Ⅱ・数Ⅲ・数Ａ・数Ｂ　③④**理**(125×2)▶「物基・物」・「化基・化」・「生基・生」・「地学基・地学」から２

後期　**【物理学科】［共通テスト(400)］** **5**科目　①**国**(50)　②**外**(50・英〈R25＋L25〉)▶英・独・仏・中・韓から１　③④**数**(75×2)▶「数Ⅰ・数Ａ」必須，「数Ⅱ・数Ｂ」・簿・情から１　⑤**理**(150)▶物

［個別学力検査(100)］ **1**科目　①**面接**(100)▶試問を含む

【化学科】 **［共通テスト(700)］** **7**科目　①**国**(50)　②**外**(200・英〈R100＋L100〉)▶英・独・仏・中・韓から１　③**地歴・公民**(50)▶世Ｂ・日Ｂ・地理Ｂ・「倫・政経」から１　④⑤**数**(100×2)▶「数Ⅰ・数Ａ」必須，「数Ⅱ・数Ｂ」・簿・情から１　⑥⑦**理**(100×2)▶物・化・生・地学から２

［個別学力検査(600)］ **1**科目　①**理**(600)▶化基・化

【地球惑星科学科・生物学科】 **［共通テスト(300)］** **5**科目　①**外**(100・英〈R50＋L50〉)▶英・独・仏・中・韓から１　②③**数**(50×2)▶「数Ⅰ・数Ａ」必須，「数Ⅱ・数Ｂ」・簿・情から１　④⑤**理**(50×2)▶物・化・生・地学から２

［個別学力検査(100)］ **1**科目　①**面接**(100)▶地球惑星科学科は試問を含む

総合型 【物理学科】［共通テスト(900)］ 7科目 ①国(200) ②外(R100＋L100)▶英 ③地歴・公民(100)▶世Ｂ・日Ｂ・地理Ｂ・「倫・政経」から１ ④⑤数(100×2)▶「数Ⅰ・数Ａ」・「数Ⅱ・数Ｂ」 ⑥⑦理(100×2)▶物必須，化・生・地学から１
［個別学力検査(200)］ 3科目 ①課題探求試験(100) ②面接(100)▶試問を含む ③書類審査(段階評価)▶調査書・志望理由書
※第１次選抜─書類審査，第２次選抜─課題探求試験，面接の結果および共通テスト(100点満点に換算)の成績を総合して判定。
【化学科】 ［共通テスト(900)］ 7科目 ①国(200) ②外(200・英〈R100＋L100〉)▶英・独・仏・中・韓から１ ③地歴・公民(100)▶世Ｂ・日Ｂ・地理Ｂ・「倫・政経」から１ ④⑤数(100×2)▶「数Ⅰ・数Ａ」必須，「数Ⅱ・数Ｂ」・簿・情から１ ⑥⑦理(100×2)▶化必須，物・生から１
［個別学力検査(200)］ 2科目 ①面接(100)▶試問を含む ②書類審査(50×2)▶調査書・志望理由書
※第１次選抜─書類審査，第２次選抜─面接の結果および共通テストの成績(100点満点に換算)を総合して判定。
【地球惑星科学科】 ［共通テスト(900)］ 7科目 ①国(200) ②外(R100＋L100)▶英 ③地歴・公民(100)▶世Ｂ・日Ｂ・地理Ｂ・「倫・政経」から１ ④⑤数(100×2)▶「数Ⅰ・数Ａ」必須，「数Ⅱ・数Ｂ」・簿・情から１ ⑥⑦理(100×2)▶物・化・生・地学から２
［個別学力検査(200)］ 2科目 ①小論文・面接(100) ②書類審査(50×2)▶調査書・志望理由書
※第１次選抜─書類審査，第２次選抜─小論文・面接の結果および共通テスト(200点満点に換算)の成績を総合して判定。
【数学科】 ［共通テスト(900)］ 7科目 ①国(200) ②外(R100＋L100)▶英 ③地歴・公民(100)▶世Ｂ・日Ｂ・地理Ｂ・「倫・政経」から１ ④⑤数(100×2)▶「数Ⅰ・数Ａ」・「数Ⅱ・数Ｂ」 ⑥⑦理(100×2)▶物必須，化・生から１
［個別学力検査］ 3科目 ①課題探求試験 ②面接試問 ③書類審査(段階評価)▶調査書・志望理由書
※第１次選抜─書類審査，第２次選抜─課題探究試験の順位，面接試問成績の順位および共通テスト成績の順位を総合して判定。
【生物学科】［共通テスト(600)］ 5科目 ①外(200・英〈R100＋L100〉)▶英・独・仏・中・韓から１ ②③数(100×2)▶「数Ⅰ・数Ａ」必須，「数Ⅱ・数Ｂ」・簿・情から１ ④⑤理(100×2)▶物・化・生・地学から２
［個別学力検査(400)］ 2科目 ①面接(300) ②書類審査(100)▶調査書・志望理由書
※第１次選抜─書類審査，第２次選抜─書類審査，面接の結果および共通テストの成績を総合して判定。

医学部

前期 【医学科】［共通テスト(450)］ 7科目 ①国(100) ②外(100・英〈R50＋L50〉)▶英・独・仏・中・韓から１ ③地歴・公民(50)▶世Ｂ・日Ｂ・地理Ｂ・「倫・政経」から１ ④⑤数(50×2)▶「数Ⅰ・数Ａ」必須，「数Ⅱ・数Ｂ」・簿・情から１ ⑥⑦理(50×2)▶物・化・生から２
［個別学力検査(700)］ 5科目 ①外(200)▶英 ②数(250)▶数Ⅰ・数Ⅱ・数Ⅲ・数Ａ・数Ｂ ③④理(125×2)▶「物基・物」・「化基・化」 ⑤面接(総合判定の資料とする)
【生命科学科】 ［共通テスト(450)］ 7科目 ①国(100) ②外(100・英〈R50＋L50〉)▶英・独・仏・中・韓から１ ③地歴・公民(50)▶世Ｂ・日Ｂ・地理Ｂ・「倫・政経」から１ ④⑤数(50×2)▶「数Ⅰ・数Ａ」必須，「数Ⅱ・数Ｂ」・簿・情から１ ⑥⑦理(50×2)▶物・化・生から２
［個別学力検査(800)］ 5科目 ①外(200)▶英 ②数(250)▶数Ⅰ・数Ⅱ・数Ⅲ・数Ａ・数Ｂ ③④理(125×2)▶「物基・物」・「化基・化」・「生基・生」から２ ⑤面接(100)
【保健学科】 ［共通テスト(450)］ 7科目 ①国(100) ②外(100・英〈R50＋L50〉)▶英・独・仏・中・韓から１ ③地歴・公民(50)▶世Ｂ・日Ｂ・地理Ｂ・「倫・政経」から１ ④⑤数(50×2)▶「数Ⅰ・数Ａ」必須，「数Ⅱ・数Ｂ」・簿・情から１ ⑥⑦理(50×2)▶物・化・生・地

学から２

【保健学科〈看護学専攻〉】［個別学力検査(400)］ 4科目 ①外(200)▶英 ②数(100)▶数Ⅰ・数Ⅱ・数Ａ・数Ｂ ③④理(50×2)▶「物基・物」・「化基・化」・「生基・生」から２

【保健学科〈放射線技術科学専攻・検査技術科学専攻〉】［個別学力検査(700)］ 4科目 ①外(200)▶英 ②数(250)▶数Ⅰ・数Ⅱ・数Ⅲ・数Ａ・数Ｂ ③④理(125×2)▶「物基・物」・「化基・化」・「生基・生」から２，ただし放射線技術科学専攻は「物基・物」，検査技術科学専攻は「化基・化」必須

総合型 【保健学科〈看護学専攻〉】［共通テスト(350)］ 6科目 ①国(50) ②外(100・英〈R50＋L50〉)▶英・独・仏・中・韓から１ ③地歴・公民(50)▶世Ｂ・日Ｂ・地理Ｂ・「倫・政経」から１ ④⑤数(50×2)▶「数Ⅰ・数Ａ」必須，「数Ⅱ・数Ｂ」・簿・情から１ ⑥理(50)▶物・化・生・地学から１

［個別学力検査(500)］ 3科目 ①小論文(200) ②面接(200) ③書類審査(調75＋志25)▶調査書・志望理由書

※第１次選抜─書類審査，第２次選抜─小論文，面接の結果および共通テストの成績を総合して判定。

【保健学科〈放射線技術科学専攻・検査技術科学専攻〉】［共通テスト(400)］ 7科目 ①国(50) ②外(100・英〈R50＋L50〉)▶英・独・仏・中・韓から１ ③地歴・公民(50)▶世Ｂ・日Ｂ・地理Ｂ・「倫・政経」から１ ④⑤数(50×2)▶「数Ⅰ・数Ａ」必須，「数Ⅱ・数Ｂ」・簿・情から１ ⑥⑦理(50×2)▶物・化・生・地学から２

［個別学力検査(500)］ 3科目 ①小論文(200) ②面接(200) ③書類審査(調75＋志25)▶調査書・志望理由書

※第１次選抜─書類審査，第２次選抜─小論文，面接の結果および共通テストの成績を総合して判定。

歯学部

前期 ［共通テスト(450)］ 7科目 ①国(100) ②外(100・英〈R50＋L50〉)▶英・独・仏・中・韓から１ ③地歴・公民(50)▶世Ｂ・日Ｂ・地理Ｂ・現社・倫・政経・「倫・政経」から１ ④⑤数(50×2)▶「数Ⅰ・数Ａ」必須，「数Ⅱ・数Ｂ」・簿・情から１ ⑥⑦理(50×2)▶物・化・生から２

［個別学力検査(700)］ 5科目 ①外(200)▶英 ②数(250)▶数Ⅰ・数Ⅱ・数Ⅲ・数Ａ・数Ｂ ③④理(125×2)▶「物基・物」・「化基・化」・「生基・生」から２ ⑤面接(総合判定の資料とする)

総合型 ［共通テスト(550)］ 7科目 ①国(100) ②外(200・英〈R100＋L100〉)▶英・独・仏・中・韓から１ ③地歴・公民(50)▶世Ｂ・日Ｂ・地理Ｂ・現社・倫・政経・「倫・政経」から１ ④⑤数(50×2)▶「数Ⅰ・数Ａ」必須，「数Ⅱ・数Ｂ」・簿・情から１ ⑥⑦理(50×2)▶物・化・生から２

［個別学力検査(250)］ 2科目 ①課題講義に対するレポート(200) ②書類審査(50)▶調査書

※第１次選抜─課題講義に対するレポート，書類審査，第２次選抜─第１次選抜の評価点の合計と共通テストの成績を総合して判定。

学校推薦型 ［共通テスト(550)］ 7科目 ①国(100) ②外(200・英〈R100＋L100〉)▶英・独・仏・中・韓から１ ③地歴・公民(50)▶世Ｂ・日Ｂ・地理Ｂ・現社・倫・政経・「倫・政経」から１ ④⑤数(50×2)▶「数Ⅰ・数Ａ」必須，「数Ⅱ・数Ｂ」・簿・情から１ ⑥⑦理(50×2)▶物・化・生から２

［個別学力検査(300)］ 2科目 ①面接(200) ②書類審査(調40＋志60)▶調査書・志望理由書

※第１次選抜─書類審査，第２次選抜─面接の結果および共通テストの成績を総合して判定。

薬学部

前期 ［共通テスト(450)］ 7科目 ①国(100) ②外(100・英〈R50＋L50〉)▶英・独・仏・中・韓から１ ③地歴・公民(50)▶世Ｂ・日Ｂ・地理Ｂ・現社・倫・政経・「倫・政経」から１ ④⑤数(50×2)▶「数Ⅰ・数Ａ」必須，「数Ⅱ・数Ｂ」・簿・情から１ ⑥⑦理(50×2)▶化必須，物・生から１

［個別学力検査(700)］ 4科目 ①外(200)▶英 ②数(250)▶数Ⅰ・数Ⅱ・数Ⅲ・数Ａ・数Ｂ ③④理(125×2)▶「物基・物」・「化基・

化」・「生基・生」から2
後期 [共通テスト(500)] 7科目 ①国(100) ②外(50・英〈R25+L25〉)▶英・独・仏・中・韓から1 ③**地歴・公民**(50)▶世B・日B・地理B・現社・倫・政経・「倫・政経」から1 ④⑤**数**(50×2)▶「数Ⅰ・数A」必須,「数Ⅱ・数B」・簿・情から1 ⑥⑦**理**(100×2)▶化必須,物・生から1
[個別学力検査(250)] 2科目 ①**外**(150)▶英 ②**面接**(100)

工学部

前期 [共通テスト(450)] 7科目 ①国(100) ②**外**(100・英〈R50+L50〉)▶英・独・仏・中・韓から1 ③**地歴・公民**(50)▶世B・日B・地理B・「倫・政経」から1 ④⑤**数**(50×2)▶「数Ⅰ・数A」必須,「数Ⅱ・数B」・簿・情から1 ⑥⑦**理**(50×2)▶物・化
[個別学力検査(700)] 4科目 ①**外**(200)▶英 ②**数**(250)▶数Ⅰ・数Ⅱ・数Ⅲ・数A・数B ③④**理**(125×2)▶「物基・物」・「化基・化」
後期 [共通テスト(450)] 7科目 前期と同じ
[個別学力検査(250)] 2科目 ①**外**(100)▶英 ②**数**(150)▶数Ⅰ・数Ⅱ・数Ⅲ・数A・数B
総合型 【電気情報工学科】[共通テスト(700)] 7科目 ①国(50) ②**外**(100・英〈R50+L50〉)▶英・独・仏・中・韓から1 ③**地歴・公民**(50)▶世B・日B・地理B・「倫・政経」から1 ④⑤**数**(125×2)▶「数Ⅰ・数A」必須,「数Ⅱ・数B」・簿・情から1 ⑥⑦**理**(物175+化75)▶物・化
[個別学力検査(200)] 2科目 ①**面接・実技**(100) ③**書類審査**(調40+志60)▶調査書・志望理由書
※第1次選抜—書類審査,第2次選抜—面接・実技および共通テストの成績(100点満点に換算)を総合して判定。
【材料工学科】[共通テスト(400)] 7科目 ①国(50) ②**外**(R50+L50)▶英 ③**地歴・公民**(50)▶世B・日B・地理B・「倫・政経」から1 ④⑤**数**(50×2)▶「数Ⅰ・数A」・「数Ⅱ・数B」 ⑥⑦**理**(50×2)▶物・化
[個別学力検査(200)] 2科目 ①**面接**(100)▶試問を含む ②**書類審査**(調50+志50)▶調査書・志望理由書
※第1次選抜—書類審査,第2次選抜—面接および共通テストの成績(100点満点に換算)を総合して判定。
【応用化学科】[共通テスト(400)] 7科目 ①国(50) ②**外**(100・英〈R50+L50〉)▶英・独・仏・中・韓から1 ③**地歴・公民**(50)▶世B・日B・地理B・「倫・政経」から1 ④⑤**数**(50×2)▶「数Ⅰ・数A」必須,「数Ⅱ・数B」・簿・情から1 ⑥⑦**理**(50×2)▶物・化
[個別学力検査(200)] 2科目 ①**面接**(100)▶試問を含む ②**書類審査**(調50+志50)▶調査書・志望理由書
※第1次選抜—書類審査,第2次選抜—面接および共通テストの成績(100点満点に換算)を総合して判定。
【化学工学科・地球資源システム工学科・土木工学科】[共通テスト(450)] 7科目 ①国(100) ②**外**(100・英〈R50+L50〉)▶英・独・仏・中・韓から1 ③**地歴・公民**(50)▶世B・日B・地理B・「倫・政経」から1 ④⑤**数**(50×2)▶「数Ⅰ・数A」必須,「数Ⅱ・数B」・簿・情から1 ⑥⑦**理**(50×2)▶物・化
【化学工学科・土木工学科】[個別学力検査(200)] 2科目 ①**面接**(100)▶試問を含む ②**書類審査**(調50+志50)▶調査書・志望理由書
※第1次選抜—書類審査,第2次選抜—面接および共通テストの成績(100点満点に換算)を総合して判定。
【地球資源システム工学科】[個別学力検査(300)] 3科目 ①**課題探求試験**(100) ②**面接**(100)▶試問を含む ③**書類審査**(調50+志50)▶調査書・志望理由書
※第1次選抜—書類審査,第2次選抜—課題探求試験,面接および共通テストの成績(100点満点に換算)を総合して判定。
【融合基礎工学科〈物質材料コース・機械電気コース〉】[共通テスト(650)] 7科目 ①国(100) ②**外**(100・英〈R50+L50〉)▶英・独・仏・中・韓から1 ③**地歴・公民**(50)▶世B・日B・地理B・「倫・政経」から1 ④⑤**数**(100×2)▶「数Ⅰ・数A」・「数Ⅱ・数B」 ⑥⑦**理**(100×2)▶物・化

〈物質材料コース〉［個別学力検査(200)］ 3科目 ①課題探求試験(70) ②面接(30)▶試問を含む ③書類審査(調50＋志50)▶調査書・志望理由書
※第１次選抜―書類審査，第２次選抜―課題探求試験，面接および共通テストの成績(100点満点に換算)を総合して判定。
〈機械電気コース〉［個別学力検査(100)］ 2科目 ①面接(段階評価)▶試問を含む ②書類審査(調50＋志50)▶調査書・志望理由書
※第１次選抜―書類審査，第２次選抜―面接および共通テストの成績(100点満点に換算)を総合して判定。
【機械工学科】［共通テスト(750)］ 7科目 ①国(100) ②外(100・英〈R50＋L50〉)▶英・独・仏・中・韓から１ ③地歴・公民(50)▶世Ｂ・日Ｂ・地理Ｂ・「倫・政経」から１ ④⑤数(125×2)▶「数Ⅰ・数Ａ」必須，「数Ⅱ・数Ｂ」・簿・情から１ ⑥⑦理(125×2)▶物・化
［個別学力検査(100)］ 2科目 ①面接(100)▶試問を含む ②書類審査(段階評価)▶調査書・志望理由書
※第１次選抜―書類審査，第２次選抜―面接および共通テストの成績(100点満点に換算)を総合して判定。
【量子物理工学科】［共通テスト(650)］ 7科目 ①国(100) ②外(R50＋L50)▶英 ③地歴・公民(50)▶世Ｂ・日Ｂ・地理Ｂ・「倫・政経」から１ ④⑤数(100×2)▶「数Ⅰ・数Ａ」必須，「数Ⅱ・数Ｂ」・簿・情から１ ⑥⑦理(100×2)▶物・化
［個別学力検査(200)］ 3科目 ①課題探求試験 ②面接(100)▶試問を含む ③書類審査(調50＋志50)▶調査書・志望理由書等
※第１次選抜―書類審査，第２次選抜―課題探求試験，面接および共通テストの成績(100点満点に換算)を総合して判定。
【船舶海洋工学科】［共通テスト(500)］ 7科目 ①国(100) ②外(100・英〈R50＋L50〉)▶英・独・仏・中・韓から１ ③地歴・公民(100)▶世Ｂ・日Ｂ・地理Ｂ・「倫・政経」から１ ④⑤数(50×2)▶「数Ⅰ・数Ａ」必須，「数Ⅱ・数Ｂ」・簿・情から１ ⑥⑦理(50×2)▶物・化
［個別学力検査(200)］ 3科目 ①課題探求試験(40) ②面接(60)▶試問を含む ③書類審査(調50＋志50)▶調査書・志望理由書
※第１次選抜―書類審査，第２次選抜―課題探求試験，面接および共通テストの成績(100点満点に換算)を総合して判定。
【建築学科】［共通テスト(800)］ 6科目 ①国(200) ②外(200・英〈R100＋L100〉)▶英・独・仏・中・韓から１ ③地歴・公民(100)▶世Ｂ・日Ｂ・地理Ｂ・「倫・政経」から１ ④⑤数(100×2)▶「数Ⅰ・数Ａ」必須，「数Ⅱ・数Ｂ」・簿・情から１ ⑥理(100)▶物
［個別学力検査(300)］ 3科目 ①課題探求試験(300) ②面接(段階評価)▶試問を含む ③書類審査(段階評価)▶調査書・志望理由書
※第１次選抜―書類審査，第２次選抜―課題探求試験，面接および共通テストの成績を総合して判定。

芸術工学部

前期 【学科一括・全コース】［共通テスト(500)］ 7科目 ①国(100) ②外(100・英〈R50＋L50〉)▶英・独・仏・中・韓から１ ③地歴・公民(100)▶世Ｂ・日Ｂ・地理Ｂ・「倫・政経」から１ ④⑤数(50×2)▶「数Ⅰ・数Ａ」必須，「数Ⅱ・数Ｂ」・簿・情から１ ⑥⑦理(50×2)▶物・化・生・地学から２
［個別学力検査(750)］ 4科目 ①外(250)▶英 ②数(250)▶数Ⅰ・数Ⅱ・数Ⅲ・数Ａ・数Ｂ ③④理(125×2)▶「物基・物」必須，「化基・化」・「生基・生」から１，ただし未来構想デザインコースは「物基・物」・「化基・化」・「生基・生」から２
総合型 【全コース】［共通テスト(500)］ 7科目 ①国(100) ②外(100・英〈R50＋L50〉)▶英・独・仏・中・韓から１ ③地歴・公民(100)▶世Ｂ・日Ｂ・地理Ｂ・「倫・政経」から１ ④⑤数(50×2)▶「数Ⅰ・数Ａ」必須，「数Ⅱ・数Ｂ」・簿・情から１ ⑥⑦理(50×2)▶物・化・生・地学から２
【環境設計コース・インダストリアルデザインコース・メディアデザインコース】［個別学力検査(550)］ 2科目 ①実技(250) ②書類審査(調100＋志200)▶調査書・志望理由書
※第１次選抜―書類審査，第２次選抜―実技の結果および共通テストの成績を総合して判定。

【未来構想デザインコース】［個別学力検査(550)］ 2科目 ①実技(250)▶表現・プレゼンテーション，対話，レポートを含む ②書類審査(調100＋志200)▶調査書・志望理由書
※第1次選抜―書類審査，第2次選抜―実技および共通テストの成績を総合して判定。
【音響設計コース】［個別学力検査(1100)］ 3科目 ①小論文(400) ②面接(400)▶実技を含む ③書類審査(調100＋志200)▶調査書・志望理由書
※第1次選抜―書類審査，第2次選抜―小論文，面接の結果および共通テストの成績を総合して判定。
学校推薦型 【インダストリアルデザインコース】［共通テスト(500)］ 7科目 ①国(100) ②外(100・英〈R50＋L50〉)▶英・独・仏・中・韓から1 ③地歴・公民(100)▶世B・日B・地理B・「倫・政経」から1 ④⑤数(50×2)▶「数Ⅰ・数A」必須，「数Ⅱ・数B」・簿・情から1 ⑥⑦理(50×2)▶物・化・生・地学から2
［個別学力検査(550)］ 2科目 ①面接(250) ②書類審査(調100＋志200)▶推薦書・調査書・志望理由書
※第1次選抜―書類審査，第2次選抜―面接，共通テストの成績および書類審査の内容を総合して判定。
【未来構想デザインコース】［共通テスト］課さない。
［個別学力検査(400)］ 3科目 ①小論文(100) ②面接(100) ③書類審査(50×4)▶推薦書・調査書・作文・自己活動評価書
※第1次選抜―書類審査，第2次選抜―小論文，面接および書類審査を総合して判定。

農学部

前期 ［共通テスト(450)］ 7科目 ①国(100) ②外(100・英〈R50＋L50〉)▶英・独・仏・中・韓から1 ③地歴・公民(50)▶世B・日B・地理B・現社・倫・政経・「倫・政経」から1 ④⑤数(50×2)▶「数Ⅰ・数A」必須，「数Ⅱ・数B」・簿・情から1 ⑥⑦理(50×2)▶物・化・生・地学から2
［個別学力検査(750)］ 4科目 ①外(250)▶英 ②数(250)▶数Ⅰ・数Ⅱ・数Ⅲ・数A・数B ③④理(125×2)▶「物基・物」・「化基・化」・「生基・生」・「地学基・地学」から2
後期 ［共通テスト(500)］ 7科目 ①国(50) ②外(100・英〈R50＋L50〉)▶英・独・仏・中・韓から1 ③地歴・公民(50)▶世B・日B・地理B・現社・倫・政経・「倫・政経」から1 ④⑤数(75×2)▶「数Ⅰ・数A」必須，「数Ⅱ・数B」・簿・情から1 ⑥⑦理(75×2)▶物・化・生・地学から2
［個別学力検査(300)］ 1科目 ①小論文(300)
総合型 ［共通テスト(400)］ 7科目 ①国(50) ②外(100・英〈R50＋L50〉)▶英・独・仏・中・韓から1 ③地歴・公民(50)▶世B・日B・地理B・現社・倫・政経・「倫・政経」から1 ④⑤数(50×2)▶「数Ⅰ・数A」必須，「数Ⅱ・数B」・簿・情から1 ⑥⑦理(50×2)▶物・化・生・地学から2
［個別学力検査(900)］ 3科目 ①小論文(300) ②面接(300) ③書類審査(150×2)▶調査書・志望理由書
※第1次選抜―書類審査，第2次選抜―小論文，面接の結果および共通テストの成績を総合して判定。

その他の選抜

国際コース入試，帰国生徒選抜，私費外国人留学生入試。

偏差値データ（2023年度）

●一般選抜

＊共通テスト・個別計/満点

学部／学科／専攻	2023年度 駿台予備学校 合格目標ライン	2023年度 河合塾 ボーダー得点率	2023年度 河合塾 ボーダー偏差値	2022年度実績 募集人員	受験者数	合格者数	合格最低点＊	競争率 '22年	競争率 '21年
●前期									
共創学部									
	55	71%	60	65	201	70	980.2/1500	2.9	3.0
文学部									
	56	70%	57.5	119	303	127	463/750	2.4	2.1
教育学部									
	56	69%	60	36	96	43	662/1050	2.2	3.1
法学部									
	57	73%	60	146	417	155	558.25/900	2.7	2.6
経済学部									
経済・経営	56	74%	60	93	291	115	693.25/1050	2.5	2.5
経済工	53	68%	57.5	66	158	70	615.25/1200	2.3	3.1
理学部									
物理	55	70%	57.5	42	86	49	644.5/1150	1.8	1.8
化	55	68%	57.5	46	89	52	626.5/1150	1.7	2.2
地球惑星科	54	68%	55	32	77	37	628.5/1150	2.1	2.6
数	56	68%	57.5	43	84	49	649/1150	1.7	2.3
生物	55	67%	57.5	34	69	38	608/1150	1.8	2.7
医学部									
医	69	82%	67.5	110	266	112	852.5/1150	2.4	2.3
生命科	57	71%	57.5	12	27	14	699.5/1250	1.9	2.2
保健／看護学	51	61%	52.5	58	92	62	461.4/850	1.5	2.0
／放射線技術科学	53	66%	55	27	85	29	586.5/1150	2.9	2.8
／検査技術科学	54	64%	52.5	27	55	30	548/1150	1.8	2.1
歯学部									
	58	70%	57.5	37	129	52	630.5/1150	2.5	2.4
薬学部									
創薬科	58	72%	60	45	113	48	694.5/1150	2.4	2.2
臨床薬	59	74%	60	26	76	27	724.5/1150	2.8	3.7
工学部									
Ⅰ群	55	71%	57.5	98	265	110	684.5/1150	2.4	2.5
Ⅱ群	53	68%	55	123	189	133	645/1150	1.4	1.8
Ⅲ群	55	70%	57.5	146	329	162	651.5/1150	2.0	1.9
Ⅳ群	53	69%	55	92	154	97	639.5/1150	1.6	1.4
Ⅴ群	55	71%	57.5	46	109	48	675.5/1150	2.3	1.9
Ⅵ群	53	69%	57.5	124	294	135	642.5/1150	2.2	2.4
芸術工学部									
芸術工学／環境設計	51	70%	55	24	59	27	691/1250	2.2	2.5
／インダストリアルデザイン	52	69%	55	20	56	23	686/1250	2.4	2.3

学部／学科／専攻	2023年度			2022年度実績					
	駿台予備学校	河合塾						競争率	
	合格目標ライン	ボーダー得点率	ボーダー偏差値	募集人員	受験者数	合格者数	合格最低点*	'22年	'21年
／未来構想デザイン	51	68%	55	10	42	11	705.25/1250	3.8	2.6
／メディアデザイン	55	73%	57.5	21	83	22	778.75/1250	3.8	2.6
／音響設計	56	75%	60	26	97	29	778.75/1250	3.3	2.7
学科一括	52	72%	57.5	20	72	21	740.5/1250	3.4	4.9
農									
	54	68%	55	170	383	178	639.75/1200	2.2	1.9
●後期									
文学部									
	58	78%	—	22	82	29	366.75/525	2.8	3.0
法学部									
	58	79%	—	33	123	47	451.25/600	2.6	2.7
経済学部									
経済・経営	57	90%	—	26	109	32	359/500	3.4	3.8
経済工	55	72%	57.5	19	49	22	313.4/580	2.2	5.0
理学部									
物理	57	82%	—	6	26	9	非開示/500	2.9	2.0
化	59	80%	65	8	41	10	非開示/1300	4.1	5.3
地球惑星科	56	79%	—	6	19	8	非開示/400	2.4	2.9
生物	57	80%	—	7	7	5	非開示/400	1.4	2.9
薬学部									
創薬科	59	75%	67.5	4	18	4	非開示/750	4.5	6.0
臨床薬	60	77%	67.5	4	25	7	非開示/750	3.6	5.5
工学部									
I群	60	82%	65	17	84	17	535.5/700	4.9	3.3
II群	57	81%	62.5	21	68	21	481.5/700	3.2	3.0
III群	59	81%	65	25	99	25	504.5/700	4.0	3.0
IV群	57	78%	62.5	16	56	18	458.5/700	3.1	2.1
VI群	58	80%	65	23	83	23	514/700	3.6	3.0
農学部									
	56	72%	—	22	74	31	514.5/800	2.4	2.7

- 駿台予備学校合格目標ラインは合格可能性80%に相当する駿台模試の偏差値です。
- 河合塾ボーダー得点率は合格可能性50%に相当する共通テストの得点率です。
  また，ボーダー偏差値は合格可能性50%に相当する河合塾全統模試の偏差値です。
- 医学部医学科の前期，経済学部経済・経営学科の後期は２段階選抜を実施。
- 競争率は受験者÷合格者の実質倍率
- ＊合格者10人以下の合格最低点は非開示
- 受験者には追試験受験者を含みません。

併設の教育機関 大学院

人文科学府

教員数▶48名
院生数▶172名
修士課程▶ ●**人文基礎専攻**　哲学・倫理学，東洋思想，芸術学の３講座。
●**歴史空間論専攻**　日本史学，アジア史学，広域文明史学，地理学の４講座。
●**言語・文学専攻**　日本・東洋文学，西洋文学，言語学の３講座。

博士後期課程 人文基礎専攻，歴史空間論専攻，言語・文学専攻

地球社会統合科学府

教員数▶49名（比較社会文化研究院）
院生数▶188名
修士課程 ●地球社会統合科学専攻　包括的地球科学，包括的生物環境科学，国際協調・安全構築，社会的多様性共存，言語・メディア・コミュニケーション，包括的東アジア・日本研究の6コース。
博士後期課程 地球社会統合科学専攻

人間環境学府

教員数▶66名
院生数▶429名
修士課程 ●都市共生デザイン専攻　アーバンデザイン学，都市災害管理学の2コース。
●人間共生システム専攻　共生社会学，臨床心理学の2コース。
●行動システム専攻　心理学，健康・スポーツ科学の2コース。
●教育システム専攻　教育社会計画学，国際教育環境学，国際社会開発学の3コース。
●空間システム専攻　建築計画学，建築環境学，建築構造学の3コース。
専門職学位課程 ●実践臨床心理学専攻　臨床心理士や公認心理師，研究者など，高度な専門的理解と臨床実践力・研究力を備えた「こころの専門家」を養成。
博士後期課程 都市共生デザイン専攻，人間共生システム専攻，行動システム専攻，教育システム専攻，空間システム専攻

法学府

教員数▶64名
院生数▶98名
修士課程 ●法政理論専攻　研究者，専修（博士課程は高度専門職業人），国際（法律・政治）の3コースを設置。
博士後期課程 法政理論専攻

法務学府（法科大学院）

院生数▶100名
専門職学位課程 ●実務法学専攻　人間に対する温かい眼差しを持ち，自律した総合的判断を行い，権利を保護し救済を獲得でき，かつ社会正義を実現できる実務家を養成する。

経済学府

教員数▶59名
院生数▶248名
修士課程 ●経済工学専攻　経済システム解析，政策分析，数理情報の3講座。
●経済システム専攻　経済システムを「現代経済」「世界経済」「産業」「企業」という4つの側面から多面的，多層的，総合的に分析。
専門職学位課程 ●産業マネジメント専攻（ビジネススクール）　九州圏で最初の本格的なビジネス・スクール。世界に通用するビジネス・プロフェッショナルの育成をめざす。
博士後期課程 経済工学専攻，経済システム専攻

理学府

教員数▶139名
院生数▶413名
修士課程 ●物理学専攻　粒子宇宙論，粒子物理学，物性基礎論，量子物性，複雑物性の各講座からなる。
●化学専攻　無機・分析化学，物理化学，有機・生物化学，先導物質化学の4講座。
●地球惑星科学専攻　固体地球惑星科学，太陽惑星系物質科学，流体圏・宇宙圏科学，地球惑星博物学の各講座からなる。
博士後期課程 物理学専攻，化学専攻，地球惑星科学専攻

数理学府

教員数▶38名
院生数▶170名
修士課程 ●数理学専攻　現代数学の理論を探究する数理学コース，数学を背景に産業

界で研究開発・企画運営を担う人材育成を行うMMAコースを設置。
博士後期課程　数理学専攻

システム生命科学府

院生数▶237名
5年一貫制博士課程　●システム生命科学専攻　複数の分野にまたがった学際的な教育を行う大学院。生命科学に工学や情報学をも融合した新しいシステム生命科学をめざす。

医学系学府

教員数▶212名
院生数▶703名
修士課程　●医科学専攻　４年制以上の大学卒業者を対象に，異なる専門領域の背景のもとで新たな視点に立った医学研究者，高度専門職業人を育成する。
●保健学専攻　看護学，医用量子線科学，検査技術科学の各講座からなる。
専門職学位課程　●医療経営・管理学専攻　専門分化した医療技術を，人々が「安心・納得・一体感」を持って生活し人生を過ごせるよう統合・調整組織化できる高度な専門職業人を育成する。
４年制博士課程　●医学専攻　先端医療に対応する，基礎医学研究，がん専門医師養成，臨床医学研究，国際教育研究の４コース。
博士後期課程　保健学専攻

歯学府

教員数▶83名
院生数▶170名
４年制博士課程　●歯学専攻　口腔の機能改善と構築に幅広く貢献し，国際的にも活躍できる人材を育成する。取得学位は，博士（歯学，臨床歯学，学術）のいずれかとなる。

薬学府

教員数▶49名
院生数▶176名
修士課程　●創薬科学専攻　臨床薬学，生命薬学，生体分子情報学，医薬化学，薬物送達システム学，漢方医薬学，臨床薬物治療学，化学療法分子制御学，創薬産学官連携の各講座からなる。
４年制博士課程　●臨床薬学専攻　薬を適正に使用するための研究と薬効評価・安全性評価のための基礎研究を推進するとともに，これら学問領域の研究者・教育者を育成する。
博士後期課程　創薬科学専攻

工学府

教員数▶273名
院生数▶1,368名
修士課程　●材料工学専攻　より細分化・高度化した専門知識と実践的な実験技術や最先端の技術開発を習得。
●応用化学専攻　工学部応用化学科における２コース（機能物質化学と分子生命工学）からそれぞれ接続する応用化学専攻機能物質化学と分子生命工学の２コースを設置。
●化学工学専攻　バイオテクノロジー，環境問題といった最新の課題に対応するカリキュラムと研究が行える環境，教員を配置。
●機械工学専攻　総合工学的な性格を増しつつある機械工学の幅広い専門知識と総合能力を身につけ，時代のニーズに応じた学際分野の基礎知識も有する技術者と研究者を養成。
●水素エネルギーシステム専攻　水素エネルギーに関わる科学，技術を一貫して学ぶことができる世界唯一の専攻。
●航空宇宙工学専攻　基礎工学理論の習熟と航空宇宙機開発特有のシステム工学の探究を通して，総合性，専門性，国際性を養う。
●量子物理工学専攻　エネルギー・環境に関する現象を，量子論を基礎とした微視的観点から明らかにするとともに，ミクロ現象とマクロ特性を繋ぐ学理を双方向から追究する。
●船舶海洋工学専攻　世界の造船技術の継承発展を図るとともに，新しい海洋利用産業を担う人材の育成を図る。
●地球資源システム工学専攻　エネルギー・鉱物資源の探査から開発・利用までの地下資源に関わる高度な専門教育を行う。

●**共同資源工学専攻**　北海道大学大学院工学院との共同課程，双方の大学のリソースを最大限活用して教育・研究を行う。
●**土木工学専攻**　高度専門知識を集積した技術力と柔軟な研究能力を備え，社会の指導的地位で活躍できる素養を養う。
博士後期課程 **材料工学専攻，応用化学専攻，化学工学専攻，機械工学専攻，水素エネルギーシステム専攻，航空宇宙工学専攻，量子物理工学専攻，船舶海洋工学専攻，地球資源システム工学専攻，共同資源工学専攻，土木工学専攻**

システム情報科学府

教員数▶106名
院生数▶516名
修士課程 ●**情報理工学専攻**　情報アーキテクチャ・セキュリティ，データサイエンス，AI・ロボティクスの３コースを設置。
●**電気電子工学専攻**　情報デバイス・システムコース，エネルギーデバイス・システムコースを設置。
博士後期課程 **情報学専攻，情報知能工学専攻，電気電子工学専攻**

芸術工学府

教員数▶86名
院生数▶407名
修士課程 ●**芸術工学専攻**　拡大するデザイン領域を包摂するストラテジックデザイン，環境設計，人間生活デザイン，未来共生デザイン，メディアデザイン，音響設計の６コースを設置。
修士課程 **芸術工学専攻**

総合理工学府

教員数▶62名
院生数▶673名
修士課程 ●**総合理工学専攻**　物質，エネルギー，環境およびその融合分野における環境共生型科学技術に関する高度の専門知識と課題探求・解決能力を持ち，持続発展社会の構築のためにグローバルに活躍できる技術者や研究者を育成する。
博士後期課程 **総合理工学専攻**

生物資源環境科学府

教員数▶155名（農学研究院）
院生数▶681名
修士課程 ●**資源生物科学専攻**　農業生物科学，動物・海洋生物科学の２コース。
●**環境農学専攻**　森林環境科学，生産環境科学，サスティナブル資源科学の３コース。
●**農業資源経済学専攻**　食料，農業，農村，資源，環境に関する教育と研究を行う。
●**生命機能科学専攻**　生物機能分子化学，システム生物学，食料化学工学の３コース。
博士後期課程 **資源生物科学専攻，環境農学専攻，農業資源経済学専攻，生命機能科学専攻**

統合新領域学府

院生数▶128名
修士課程 ●**ユーザー感性学専攻**　感性の研究教育を通じ，さまざまな知をユーザーの感性と融合させ，個人と社会の満足を創造できる新しい高度専門人材を育成する。
●**オートモーティブサイエンス専攻**　新たなオートモーティブ社会を創造する，初の本格的な「自動車大学院」。
●**ライブラリーサイエンス専攻**　図書館情報学とアーカイブズ学（文書記録管理学）を基盤として，情報の管理と提供を可能とする「ライブラリー」を教育研究の対象とする。
博士後期課程 **ユーザー感性学専攻，オートモーティブサイエンス専攻，ライブラリーサイエンス専攻**

佐賀(さが)大学

資料請求

問合せ先 学務部入試課 ☎0952-28-8178

大学の理念

旧制の佐賀高等学校，佐賀師範学校，佐賀青年師範学校を包括し，文理学部，教育学部の２学部の新制大学として1949年に発足。2003年に佐賀医科大学，2016年には佐賀県立有田窯業大学校を統合。社会のニーズに対応するため，組織の改組，再編を進め，2019年には理工学部，農学部を改組。地域に根ざした教育研究拠点として，2017年肥前セラミック研究センターを設置，各学部が連携し，研究開発・人材育成を図るほか，地域活性化にも取り組んでいる。また，「グローバルな視野を持つ地（知）の拠点」をめざし，IT関係，ロボット工学，AIに関わるさまざまな企業や団体８社をキャンパス内に誘致。佐賀大学発ベンチャーとしてキャンパス内での起業支援も視野に入れ，学生の社会実装教育を推進している。

- 本庄キャンパス……〒840-8502 佐賀県佐賀市本庄町1
- 鍋島キャンパス……〒849-8501 佐賀県佐賀市鍋島5-1-1
- 有田キャンパス……〒844-0013 佐賀県西松浦郡有田町大野乙2441-1

基本データ

学生数▶5,716名（男3,225名，女2,491名）
専任教員数▶教授198名，准教授195名，講師52名
設置学部▶教育，芸術地域デザイン，経済，医，理工，農
併設教育機関▶大学院─理工学（M・D），学校教育学（P），地域デザイン・農学・先進健康科学（以上M），医学系・連合農学（以上D）

就職・卒業後の進路

就 職 率 **98.8**%
就職者÷希望者×100

● **就職支援** キャリアセンターが，キャリア教育および就職活動を支援。初年次の授業やガイダンスでキャリア形成に関する知識を深め，３年次にはインターンシップ・ガイダンスや就職活動準備講座の開催，４年次には学内での合同・個別会社説明会の開催や実践的な面接対策講座などを企画。公務員・教員採用試験や資格試験の対策講座なども実施している。キャリアコンサルタント，社会保険労務士，教職経験を持った本学OBを就職相談

進路指導者も必見 学生を伸ばす 面倒見

初年次教育	学修サポート
「大学入門科目」で自校教育，学問に対する動機づけ，レポート・論文の書き方，プレゼン技法，論理的思考や問題発見・解決能力の向上を図るほか，「情報基礎概論，演習」を開講	全学部でTA制度，オフィスアワー制度，教員１人が学生５～30人を担当する教員アドバイザー制度を導入している

オープンキャンパス（2022年度実績） 8月に対面型でオープンキャンパスを開催（事前申込制）。学部学科ガイダンス，模擬講義などを実施。また，特別サイト「Manabi Fes.」では大学紹介，入試説明などの動画のコンテンツを公開。

員として配置し，進路相談，履歴書の添削，面接指導なども随時受け付けている。

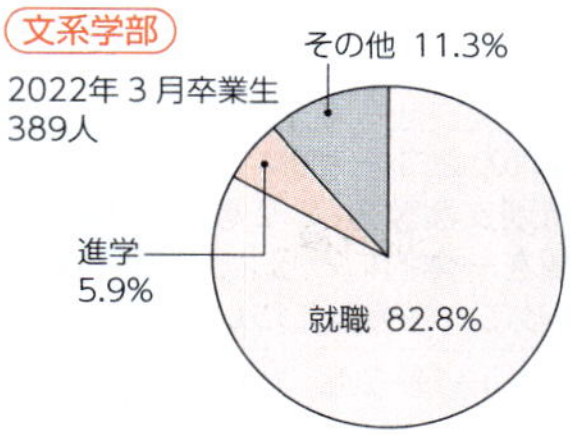

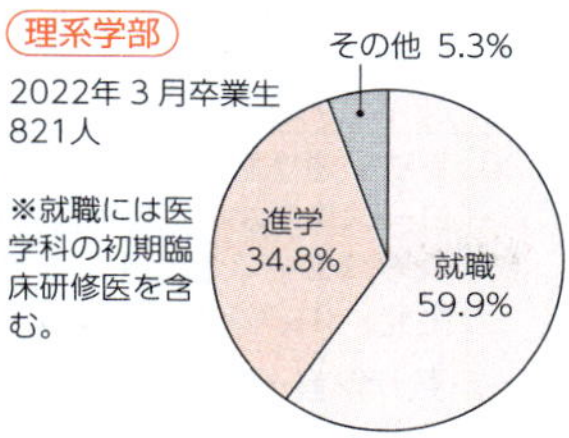

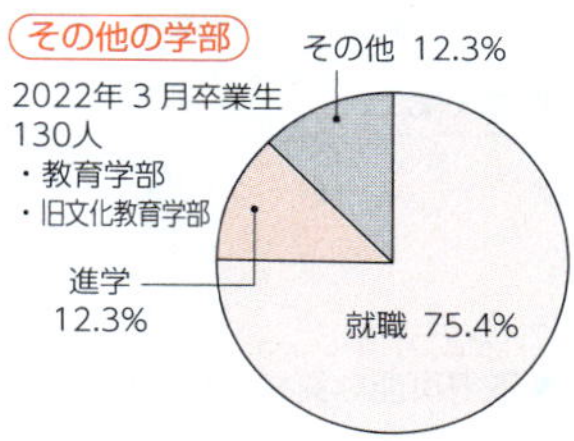

主なOB・OG▶［理工］森井昌克（工学者），中村寛治（ヒューマンセントリックス代表），［教育］森本梢子（漫画家），黒木晃平（プロサッカー選手）など。

国際化・留学　大学間 73 大学等・部局間 35 大学等

受入れ留学生数▶17名（2022年５月１日現在）
留学生の出身国▶インドネシア，韓国，中国，ベトナム，マレーシアなど。
大学間交流協定▶73大学・機関（交換留学先71大学，2022年５月１日現在）
部局間交流協定▶35大学・機関（交換留学先21大学，2022年５月１日現在）
海外への留学生数▶オンライン57名／年（７カ国・地域，2021年度）
海外留学制度▶協定校への最大１年間，大学の推薦を受けて派遣される交換留学は在学期間として認められる。単位互換には所属学部の認定が必要。長期休暇を利用したSUSAP（短期海外研修）は10日から１カ月程度の全学部の学生対象のプログラムで，単なる語学研修でなく各学生が持つ関心や伸ばしたいスキル，将来のビジョンに応じた選択ができる多彩なプログラムが用意されている。海外の学生との協働プロジェクトや交流，海外で活躍する佐賀県出身者との意見交換など，短期間であっても海外で異なる文化や価値観に触れながら国際的な視野を育む。また，協定校主催のサマープログラム・ウィンタープログラムはオンラインでも実施。

学費・奨学金制度

入学金▶282,000円
年間授業料（施設費等を除く）▶535,800円
主な奨学金制度▶成績優秀者を入学時に奨学生として採用し，一定の条件の下に在学期間中も給付を継続，学生の勉学意欲および修学環境の向上並びに本学学生の模範となるように優れた人材を育成することを目的とする給付型奨学金制度「かささぎ奨学金」を設置。

保護者向けインフォメーション

● **オープンキャンパス**　通常のオープンキャンパス時に保護者向けの説明会を開催。
● **成績確認**　成績表を保護者に郵送している。
● **防災対策**　「災害対策ノート」を入学時に配布。学生が被災した際の安否確認は，大学HP，教務システム（Live Campus）を利用する。
● **コロナ対策１**　ワクチンの職域接種を実施。感染状況に応じた５段階のBCP（行動指針）を設定。コロナの状況に応じて，サークル活動や県外活動に制限等を実施。「コロナ対策２」（下段）あり。

インターンシップ科目	必修専門ゼミ	卒業論文	GPA制度の導入の有無および活用例	１年以内の退学率	標準年限での卒業率
理工・農学部で開講している	教育・医（看護）学部で４年次，経済学部で２～４年次に実施	経済・医（医）学部を除き卒業要件	一部の学部で留学候補者の選考，個別の学修指導に活用するほか，GPAに応じた履修上限単位数を設定している	0.3%	86.6%（４年制）85.8%（６年制）

● **コロナ対策２**　対面授業とオンライン授業を併用。講義室の収容人数の調整するとともに，入口で検温と消毒を実施。経済的に困窮している学生に授業料免除を実施。

学部紹介

学部／学科・課程	定員	特色
教育学部		
学校教育	120	▷幼少連携教育と小中連携教育の２コース制。幼少連携教育コースは「幼少発達教育」「特別支援教育」の２専攻。小中連携教育コースは小中の９年間を一体的にとらえ，「初等教育主免」「中等教育主免」の２専攻で，各教科について学ぶ。
●取得可能な資格…教職（国・地歴・公・社・数・理・音・書・保体・技・家・英，幼一種・二種，小一種・二種，特別支援一種・二種）など。 ●進路状況…………就職75.4%　進学12.3%（旧文化教育学部実績を含む） ●主な就職先………教員（小学校，中学校，特別支援学校，高等学校），幼稚園教諭など。		
芸術地域デザイン学部		
芸術地域デザイン	110	▷芸術表現コース55名，地域デザインコース55名の２コースを設置。地域史，国際関係，考古学，地理学，都市デザイン，異文化コミュニケーションなどを学び，芸術を通して地域創生に貢献する人材を養成する。
●取得可能な資格…教職（美・工芸），学芸員。　●進路状況…………就職78.1%　進学11.4% ●主な就職先………李荘窯業所，佐賀県，佐賀県農業協同組合，スチームシップなど。		
経済学部		
経済 経営 経済法	110 80 70	▶経済学・経営学・法律学を柱として各学科で重点的に学ぶとともに，経済・経営・法律を総合的に学修する。変動する社会環境の課題を分析し，実践的な問題解決能力を身につける。
●取得可能な資格…教職（商）。　●進路状況…………就職84.7%　進学3.6% ●主な就職先………佐賀県，エイジェック，アイオ，ニトリ，ミゾタ，国税専門官，佐賀大学など。		
医学部		
医	103	▷１年次から医療入門や早期体験学習を導入し，医師としての心構えを身につけるためのカリキュラムを組み，さらに自己学習・自己評価が実践できるような仕組みを設けている。
看護	60	▷高い倫理観に基づき健康についての問題を包括的にとらえ，柔軟に解決する実践能力を持った看護職者を育成する。
●取得可能な資格…教職（養護二種），医師・看護師・保健師・助産師受験資格など。 ●進路状況…………［医］就職97.1%（初期臨床研修医を含む）　［看護］就職94.8%　進学3.4% ●主な就職先………佐賀大学医学部附属病院，九州大学病院，佐賀医療センター，佐賀病院など。		
理工学部		
理工	480	▷１学科に数理サイエンス，データサイエンス，知能情報システム工学，情報ネットワーク工学，生命化学，応用化学，物理学，機械エネルギー工学，メカニカルデザイン，電気エネルギー工学，電子デバイス工学，都市基盤工学，建築環境デザインの13コース。２年次より分属。
●取得可能な資格…教職（数・理・情・工業），測量士補，１・２級建築士受験資格など。 ●進路状況…………就職47.3%　進学46.7% ●主な就職先………中学校教員，佐賀県，協和機工，木村情報技術，オーレックなど。		
農学部		
生物資源科	145	▷２年次に生物科学，生命機能科学，食資源環境科学，国際・地域マネジメントの４コースに分属。企業家精神や経営感覚に優れ，地域のリーダーとして活躍できる専門職業人を育成。

 キャンパスアクセス ［本庄キャンパス］ JR長崎本線一佐賀よりバス約15分

- ●取得可能な資格…教職（理・農），測量士補など。　●進路状況…………就職62.4％　進学32.1％
- ●主な就職先………佐賀県，NTCコンサルタンツ，はま寿司，三協デリカ，日本国土開発など。

キャンパス

教育・芸術地域デザイン・経済・理工・農……［本庄キャンパス］佐賀県佐賀市本庄町1
医……［鍋島キャンパス］佐賀県佐賀市鍋島5-1-1

2023年度入試要項（前年度実績）

●募集人員

学部／学科・課程（コース）		前期	後期
教育	学校教育（幼少連携教育）	15	5
	（小中連携教育／初等）	41	12
	（小中連携教育／中等）	12	5
芸術地域デザイン	芸術地域デザイン（芸術表現）	30	10
	（地域デザイン）	25	15
経済	経済	70	20
	経営	30	20
	経済法	35	25
医	医	50	10
	看護	35	5
理工	理工	269	88
農	生物資源科	77	32

●２段階選抜

医学部医学科で入学志願者が募集人員を前期約５倍，後期約10倍を超えた場合に行う。

試験科目

デジタルブック

偏差値データ（2023年度）

●一般選抜

学部／学科・課程（コース）	2023年度 駿台予備学校 合格目標ライン	2023年度 河合塾 ボーダー得点率	2023年度 河合塾 ボーダー偏差値	'22年度 競争率
●前期				
教育学部				
学校教育／幼少連携	47	54%	50	2.1
／小中連携（初等）	47	54%	50	2.9
／小中連携（中等）	48	59%	50	2.1
芸術地域デザイン学部				
地域デザイン／芸術表現(3科目型)	42	60%	—	2.2
／芸術表現(4科目型)	41	57%	—	（同上2.2）
／地域デザイン	42	61%	—	2.3
経済学部				
経済	45	58%	50	2.1
経営	45	58%	47.5	2.0
経済法	45	57%	47.5	2.1
医学部				
医	61	76%	62.5	3.4
看護	45	55%	—	2.3
理工学部				
理工	44	54%	47.5	2.5
農学部				
生物資源科	46	54%	47.5	2.1
●後期				
教育学部				
学校教育／幼少連携	48	59%	52.5	2.8
／小中連携（初等）	48	60%	52.5	3.3
（中等）	49	65%	52.5	1.4
芸術地域デザイン学部				
地域デザイン／芸術表現	42	61%	—	2.9
／地域デザイン	43	65%	50	2.9
経済学部				
経済	46	61%	—	3.1
経営	46	60%	—	1.7
経済法	46	60%	—	2.3
医学部				
医	61	82%	—	3.4
看護	46	62%	—	5.8
理工学部				
理工	47	59%	52.5	3.5
農学部				
生物資源科	49	57%	50	2.7

- ●駿台予備学校合格目標ラインは合格可能性80％に相当する駿台模試の偏差値です。
- ●河合塾ボーダー得点率は合格可能性50％に相当する共通テストの得点率です。また，ボーダー偏差値は合格可能性50％に相当する河合塾全統模試の偏差値です。
- ●競争率は受験者÷合格者の実質倍率
- ●医学部医学科の後期は２段階選抜を実施。

キャンパスアクセス ［鍋島キャンパス］JR長崎本線一佐賀よりバス約25分
［有田キャンパス］JR佐世保線一有田より徒歩約15分

長崎大学

資料請求

問合せ先　学生支援部入試課　☎095-819-2111

大学の理念

長崎医大と同付属薬専，長崎経専，長崎高校，師範系学校を統合し，1949（昭和24）年に発足。常に最新の学問を受け入れ，発信してきた長崎の歴史・風土を背景とし，医学部のルーツは幕末のオランダ人医師にまでさかのぼり全国で最も古い歴史を持ち，教育学部，薬学部，経済学部も創始から100年を数える。その後も時代のニーズに合わせて学部領域を広げ，実学主義，現場主義に基づいて実習や実験を多く取り入れた教育・研究を進めている。「歴史に基づく融合と調和，創意工夫と平和希求の精神を継承した教育研究の高度化と個性化」を図り，「新たな知の創造と社会の調和的発展に貢献できる人材の育成」により世界に向けた情報発信拠点であり続けることを目標としている。

● キャンパス情報はP.1566をご覧ください。

基本データ

学生数 ▶ 7,419名（男4,485名，女2,934名）
専任教員数 ▶ 教授307名，准教授305名，講師70名
設置学部 ▶ 多文化社会，教育，経済，医，歯，薬，情報データ科，工，環境科，水産
併設教育機関 ▶ 大学院―経済学・医歯薬学総合・工学・〈水産・環境科学総合〉・〈熱帯医学・グローバルヘルス〉・多文化社会学（以上M・D），教育学（P）

就職・卒業後の進路

就　職　率 **96.9**％
就職者÷希望者×100

● 就職支援　キャリアセンターがキャリア教育に加え，キャリア相談，就職支援プログラム，社会体験プログラム，情報提供の４つを中心に，総合的なキャリア形成を支援する。組織的なボランティア支援，インターンシップ，アントレプレナー育成など，課外での社会体験のための多様なチャンネルを提供することを重要なミッションの一つとしている。専門のキャリアカウンセラーによるキャリア相談を文教と片淵の両キャンパスで実施するほか，Webによるオンライン形式での相談にも対応している。

進路指導者も必見 学生を伸ばす 面倒見

初年次教育	学修サポート
自校教育，大学教育全般に対する動機づけ，レポート・論文の書き方，プレゼン技法，情報収集や資料整理の方法，論理的思考や問題発見，解決能力の向上を図る「初年次セミナー」「情報基礎」を開講	全学部でTA・SA制度，オフィスアワー制度，多文化社会・教育・医・情報データ科・工・環境科・水産学部で教員アドバイザーを導入

オープンキャンパス（2022年度実績） 7月にオープンキャンパスを開催。事前申込制。学部，入学者選抜試験，教育・研究の概要や，施設・研究室見学，学生生活体験，体験実験・研究など。バーチャルオープンキャンパスも実施。

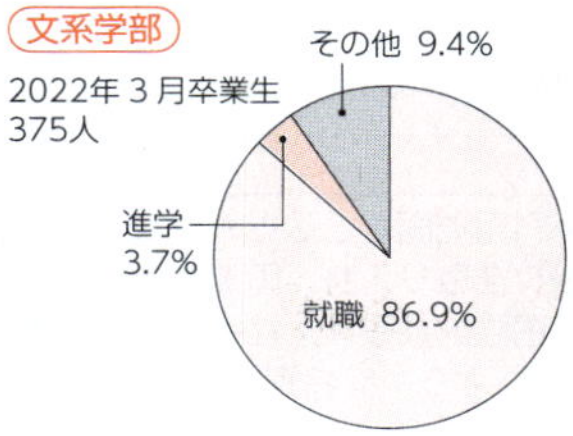

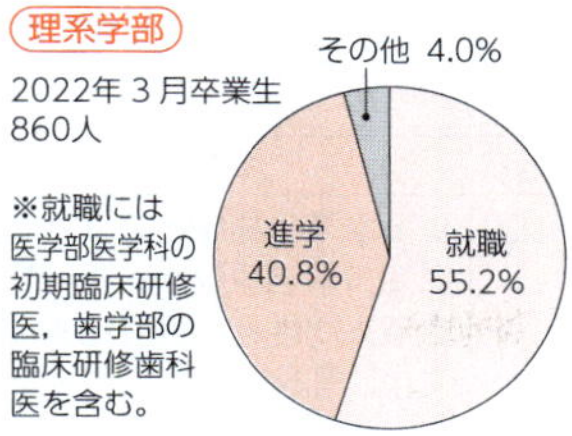

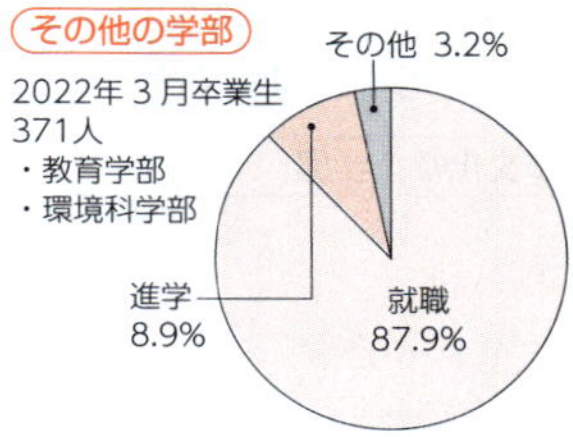

主なOB・OG▶［旧長崎医科］下村脩（生物学者・ノーベル化学賞受賞者），［医］秋野公造（医学博士・参議院議員），［教育］青来有一（小説家），［経］白川篤典（ヴィレッジヴァンガード社長）など。

国際化・留学　大学間 237 大学等・部局間 22 大学等

受入れ留学生数▶176名（2022年５月１日現在）

留学生の出身国・地域▶中国，韓国，オランダ，台湾，マレーシアなど。

外国人専任教員▶教授11名，准教授15名，講師１名（2022年５月１日現在）

外国人専任教員の出身国▶中国，韓国，アメリカ，カナダ，ロシアなど。

大学間交流協定▶237大学・機関（交換留学先171大学，2022年５月１日現在）

部局間交流協定▶22大学・機関（交換留学先12大学，2022年５月１日現在）

海外への留学生数▶渡航型81名・オンライン型２名／年（24カ国・地域，2021年度）

海外留学制度▶学生交流に関する覚書を締結している学術交流協定校への交換留学（１年以内）や，夏・春期休暇の海外短期語学留学プログラム（英語，中国語，韓国語，フランス語，ドイツ語が学べる）を実施。一定の成績を修めた場合，単位の認定申請も可能。各学部でも独自の派遣プログラムがある。留学支援課が海外留学説明会を行うほか，質問・相談に応じている。コンソーシアムはASEAN+3 Unetに参加している。

学費・奨学金制度　給付型奨学金総額 年間 2,594 万円

入学金▶282,000円（夜間主141,000円）

年間授業料（施設費等を除く）▶535,800円（夜間主267,900円）

年間奨学金総額▶25,942,951円

年間奨学金受給者数▶116人

主な奨学金制度▶各学部の一般選抜前期日程の合格者上位20％以内で，長崎県内出身者および県外出身者のトップ２名，合計４名の成績優秀な学生に30万円を給付する「入学時給付奨学金」などを設置。また，学費減免制度があり，2021年度には527人を対象に総額で約8,794万円を減免している。

保護者向けインフォメーション

● **成績確認**　一部の学部で成績表を保護者に郵送している。

● **保護者会**　経済学部と水産学部で保護者説明会を開催し，教育学部では会報誌「たまぞの」，経済学部では「瓊林」を発行。

● **防災対策**　学生が被災した際の安否は，学務システム（NU-Web）の緊急連絡機能を使いメール配信で確認する。

● **コロナ対策１**　ワクチンの職域接種を実施。「コロナ対策２」（下段）あり。

インターンシップ科目	必修専門ゼミ	卒業論文	GPA制度の導入の有無および活用例	１年以内の退学率	標準年限での卒業率
多文化社会・経済・情報データ科・工・環境科学部で開講	多文化社会・環境科２～４，医（医）１～４，教育１・３・４，薬１・３～６，経済３・４，医（保）・情報データ科・工・水産４年次に実施	医（医）・歯学部を除き卒業要件	奨学金や授業料免除対象者の選定基準や個別の学修指導，早期卒業要件，所属コースや研究室の配属決定時などに活用	0.9％	94.3％（4年制）81.4％（6年制）

● **コロナ対策２**　講義室の収容人数を調整し，検温と消毒を実施。また，オンライン授業を併用し，希望する学生にはパソコン，ルーターを貸与。経済支援として授業料等未納による除籍期限を延長，授業料免除を追加募集。

学部紹介

学部／学科・課程	定員	特色
多文化社会学部		
多文化社会	100	▷高水準の語学と人文社会系科目を両輪としたカリキュラムに海外留学やフィールドワークを取り入れ，国際的に活躍できる人間性と社会性を養成。国際公共政策，社会動態，共生文化，言語コミュニケーション，オランダ特別の計5コース。
●取得可能な資格…教職(英)など。 ●進路状況…………就職81.3%　進学8.4% ●主な就職先………TOTO，宇部興産，長崎新聞社，シアトルコンサルティング，長崎市役所，佐賀県庁，前田建設工業，日本水産，東京海上日動火災保険，トライグループなど。		
教育学部		
学校教育教員養成	180	▷小学校教育コース(離島・地域文化系，子ども理解系，教科授業開発系)，中学校教育コース(文系〈国語・社会・英語〉，理系〈数学・理科〉，実技系〈保健体育〉)，幼児教育コース，特別支援教育コース。多様な教育実習と教採特別講義の実施により今の時代の教育に求められる高い実践力を持ち，教育の現場をリードする人材を育成する。
●取得可能な資格…教職(国・地歴・公・社・数・理・音・美・書・保体・技・家・工業・英，小一種・二種，幼一種・二種，特別支援一種・二種)，保育士など。 ●進路状況…………就職93.6%　進学4.7% ●主な就職先………教員(小学校，中学校，高等学校，特別支援学校)，幼稚園教諭，保育士など。		
経済学部		
総合経済	325	▷経営・経済の2コース×地域デザイン・社会イノベーションの3領域で6通りのカテゴリを用意。グローバルな視野を持って現代の経済・経営の諸課題を解決できる実践的エコノミストを育成する。
●取得可能な資格…教職(商)など。 ●進路状況…………就職89.2%　進学1.9% ●主な就職先………清水建設，九電工，電通テック，ニトリ，イオンモール，十八親和銀行，楽天カード，九州労働金庫，ソニー損害保険，諸井会計，福岡国税局，門司税関など。		
医学部		
医	120	▷1857(安政4)年からの歴史を持つ日本最古の医学部。長崎医学の伝統を学び，未来の医療を築く基礎力を身につける。
保健	106	▷看護学(70名)，理学療法学(18名)，作業療法学(18名)の3専攻。学科・専攻を越えた共修科目の充実により，チーム医療を意識した学びが可能。
●取得可能な資格…医師・看護師・理学療法士・作業療法士受験資格。 ●進路状況…………[医]初期臨床研修医94.2%　[保健]就職79.0%　進学19.0% ●主な就職先………[保健]医療機関，老人福祉施設，障害福祉センターなど。		
歯学部		
歯	50	▷離島を含めた西九州地区の歯科医療中枢施設の役割も果たしている。最新の歯科医学・医療を取り入れた先進的なカリキュラムを特徴とし，QOLに重点を置いた人間的に深みのある歯科医療従事者の養成をめざす。

キャンパスアクセス [文教・片淵・坂本キャンパス] いずれもJR一長崎よりバス・路面電車約10～20分

● 取得可能な資格…歯科医師受験資格。 ● 進路状況…………臨床研修歯科医80.0％ ● 主な就職先………大学病院，病院歯科，歯科診療所など。		
薬学部		
薬 薬科	40 40	▶「くすり」の専門家としての社会的使命を果たせる人材を養成。薬学科（6年制）では，「くすり」を正しく理解し，適正に利用できる薬剤師，薬科学科（4年制）では医薬品開発・生産等の分野で主導的な役割を果たせる人材を養成する。
● 取得可能な資格…薬剤師受験資格（薬学科）など。 ● 進路状況…………就職51.2％　進学45.1％ ● 主な就職先………[薬] 日本赤十字社，長崎原爆病院，日本調剤，総合メディカル，アイン薬局，福岡県庁，大塚製薬，イーピーエスなど。		
情報データ科学部		
情報データ科	110	▷インフォメーションサイエンス，データサイエンスの2コース。これまでの工学部工学科情報工学コースを核にデータサイエンスの教育研究機能をプラス。人工知能を活用し，ITビジネスに精通した「データサイエンティスト」などの実践的な人財を育成する。
● 主な就職先………三菱電機インフォメーションネットワーク，日立社会情報サービス，スズキ，大島造船所など（旧工学部工学科情報工学コース実績）。		
工学部		
工	330	▷機械工学，電気電子工学，構造工学，社会環境デザイン工学，化学・物質工学の5コース。ものづくり現場から研究開発まで国際的に活躍できる創造的人材を育成。
● 取得可能な資格…教職（理・工業），測量士補，1・2級建築士受験資格など。 ● 進路状況…………就職37.0％　進学60.2％ ● 主な就職先………スズキ，マツダ，デンソー，凸版印刷，日立造船，YKKAP，積水ハウス，竹中工務店，鹿島建設，九州電力，アルプス技研，長崎県庁，長崎市役所など。		
環境科学部		
環境科	130	▷2年次より環境行政や地域社会を学ぶ文系の環境政策コースと，生態学や地球科学，工学的側面から環境をとらえる理系の環境保全設計の2コースに分かれる。「文理融合」の環境教育を掲げ，コース選択後も他コース科目の選択履修が可能。
● 取得可能な資格…教職（理）など。 ● 進路状況…………就職77.9％　進学16.2％ ● 主な就職先………太平洋環境科学センター，三菱重工業，クボタ，タマホーム，久光製薬，資生堂，キリンビール，全日本空輸，橋本商会，十八銀行，環境省，長崎県など。		
水産学部		
水産	110	▷海洋生産管理学，海洋生物科学，海洋応用生物化学，海洋環境科学の4コース。海に囲まれた立地条件を生かし，附属練習船での航海実習など多数の実技・実習を取り入れて，海洋資源活用の可能性を探る。
● 取得可能な資格…教職（理・水産）など。 ● 進路状況…………就職47.9％　進学50.4％ ● 主な就職先………農林水産省，長崎県，マルハニチロ，キユーピー，あきんどスシロー，東海澱粉，再春館製薬，川崎汽船，いであ，沖縄美ら海水族館など。		

▶キャンパス

多文化社会・教育・薬・情報データ科・工・環境科・水産……［文教キャンパス］長崎県長崎市文教町1-14
経済……［片淵キャンパス］長崎県長崎市片淵4-2-1
医・歯……［坂本キャンパス］長崎県長崎市坂本…医（医）1-12-4，医（保健）・歯1-7-1

2023年度入試要項（前年度実績）

●募集人員

学部／学科・課程（専攻等）	前期	後期
▶多文化社会　多文化社会（国際公共政策）	68	—
（社会動態）		
（共生文化）		
（言語コミュニケーション）		
（オランダ特別）	7	—
▶教育　学校教育教員養成（小学校）	71	—
（中学校／文系）	15	—
（中学校／理系）	14	—
（中学校／実技系）	5	—
（幼児教育）	10	—
（特別支援教育）	11	—
▶経済学部　総合経済	190	40
▶医学部　医	71	—
保健（看護学）	54	—
（理学療法学）	24	—
（作業療法学）	14	—
▶歯学部　歯	33	—
▶薬学部　薬	28	6
薬科	21	15
▶情報データ科学部　情報データ科	75	15
▶工学部　工	a160 b 50	53
▶環境科学部　環境科	文系40 理系40	文系10 理系10
▶水産学部　水産	60	30

※工学部の各コースの受入れ上限の目安は次の通り。機械工学（前a 46・前b 14・後14），電気電子工学（前a 44・前b 14・後14），構造工学（前a 25・前b 8・後7），社会環境デザイン（前a 22・前b 7・後6），化学・物質工学（前a 54・前b 17・後17）。

● 2段階選抜

医学部医学科の前期は志願者数が募集人員の約5倍，薬学部薬学科の後期は約20倍を超えた場合に第1段階選抜を行う。多文化社会学部は共通テストの外国語の得点率が前期75％以上の者を第1段階選抜の合格者とする。

試験科目

デジタルブック ≫

偏差値データ（2023年度）

●一般選抜

学部／学科・課程／専攻等	2023年度 駿台予備学校 合格目標ライン	2023年度 河合塾 ボーダー得点率	2023年度 河合塾 ボーダー偏差値	'22年度 競争率
●前期				
▶多文化社会学部				
多文化社会	51	72%	52.5	1.5
／オランダ	50	68%	52.5	1.1
▶教育学部				
学校教育／小学校	49	54%	50	1.7
／中学校（文系）	51	62%	52.5	2.6
（理系）	50	57%	52.5	1.3
（実技系）	45	54%	50	2.6
／幼児教育	50	54%	50	2.3
／特別支援教育	47	51%	50	2.1
▶経済学部				
総合経済	46	56%	50	1.6
▶医学部				
医	65	77%	65	4.3
保健／看護学	46	56%	47.5	1.3
／理学療法学	49	61%	52.5	2.4
／作業療法学	47	55%	47.5	1.6
▶歯学部				
歯	57	66%	57.5	4.1
▶薬学部				
薬	56	69%	57.5	4.7
薬科	54	65%	52.5	1.6
▶情報データ科学部				
情報データ科	45	55%	45	2.0
▶工学部				
工〈a〉	47	53%	45	1.2

〈b〉	48	50%	47.5	3.1
▶環境科学部				
環境科（A文系）	46	53%	47.5	1.4
（B理系）	47	54%	47.5	1.9
▶水産学部				
水産	48	56%	50	1.7
●後期				
▶経済学部				
総合経済	47	63%	—	1.8
▶薬学部				
薬	56	75%	—	3.4
薬科	54	71%	—	2.7
▶情報データ科学部				
情報データ科	46	62%	50	3.0
▶工学部				
工	48	60%	50	2.1
▶環境科学部				
環境科（A文系）	46	67%	—	2.0
（B理系）	47	60%	—	2.9
▶水産学部				
水産	48	59%	—	2.0

- 駿台予備学校合格目標ラインは合格可能性80％に相当する駿台模試の偏差値です。
- 河合塾ボーダー得点率は合格可能性50％に相当する共通テストの得点率です。また，ボーダー偏差値は合格可能性50％に相当する河合塾全統模試の偏差値です。
- 競争率は受験者÷合格者の実質倍率
- 多文化社会学部多文化社会学科（オランダ特別コース以外），医学部医学科，水産学部の前期と，薬学部薬学科の後期は２段階選抜を実施。

熊本大学

資料請求

問合せ先 学生支援部入試課 ☎096-342-2148

大学の理念

肥後細川藩の再春館に起源を発する熊本医大，熊本薬専，五高，熊本工専，熊本師範を統合し，1949（昭和24）年に発足。教育基本法及び学校教育法精神に則り，総合大学として知の創造，継承，発展に努め，知的，道徳的及び応用的能力を備えた人材を育成し，地域と国際社会に貢献することを目的とする。7学部すべてにおいての教養教育に参加するための共通基礎科目の実践や，研究分野での地域との密接な関わりによる世界規模での応用研究・基礎研究の実施などを通じ，新しい価値を創りだす人（学生）を「財」とし，大学として与えられた諸課題に向き合っていく。文·法·理・工学部にグローバルリーダーコースを設置するなどグローバル教育を推進。熊大グローバルYouthキャンパスでは，地域の高校生等と留学生が交流する機会を提供している。

● キャンパス情報はP.1571をご覧ください。

基本データ

学生数▶7,590名（男4,465名，女3,125名）
専任教員数▶教授312名，准教授267名，講師61名
設置学部▶文，教育，法，理，医，薬，工
併設教育機関▶大学院一社会文化科学教育部・自然科学教育部・医学教育部・保健学教育部·薬学教育部（以上M·D），教育学（P）

就職・卒業後の進路

就職率 97.0%
就職者÷希望者×100

● **就職支援**　学内のサポート機関「就職支援課」によって，「自ら動き自ら学ぶ自分軸を持つ熊大生の育成」をテーマに，就職・キャリア形成支援に取り組んでいる。活動は，本格的な就活スキルなどを伝える「就職準備講座」や就活を終えた学生が後輩へ知識を伝えることを目的に学生サークルを組織化した「Own Work Noteプロジェクト」，卒業生による仕事研究座談会などを実施する「先輩キャリア交流会」やインターンシップ全般のサポートなど多岐にわたる。また，登録制就活支援サイト「KUMA★NAVI」では，求人情報の検索・閲覧，ガイダンス・セミナー申込み，進路・就職相談の予約にも対応。

進路指導者も必見 学生を伸ばす 面倒見

初年次教育	学修サポート
全学部必修の「肥後熊本学」で熊本の歴史，文化，社会，自然，環境，生命などを学問の視点から見つめ直し，自ら課題を見出し，考える姿勢を身につけるほか，ITの基礎技術，情報収集や資料整理の方法などの初年次教育を実施	TA制度を導入するほか，各地区や学部に各種相談員を配置し，学生の履修や学習の相談に応じている

オープンキャンパス（2022年度実績）　8月にオンライン企画と対面企画を併用する形を予定していたが，オンライン企画を中心に変更して開催。HPの特設サイトでは大学や各学部の紹介，入試，就職情報の動画を配信。

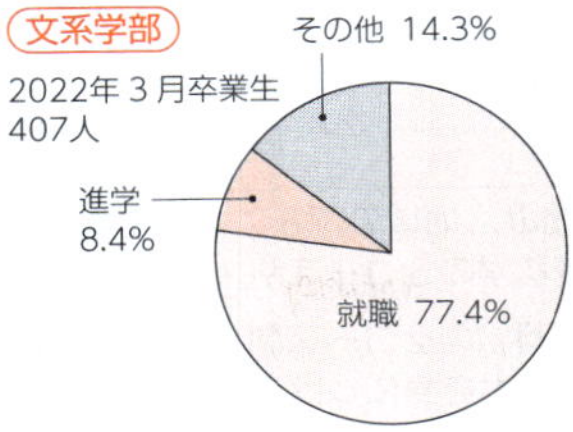

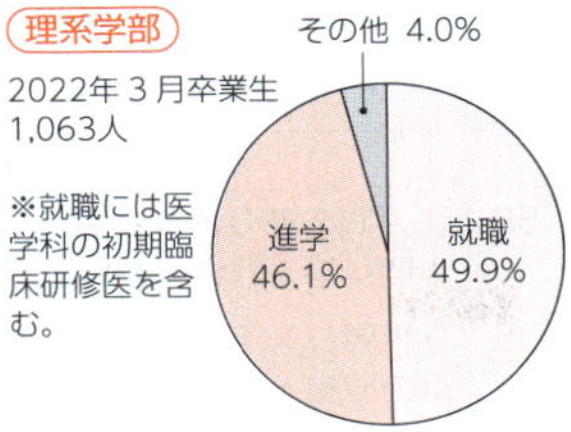

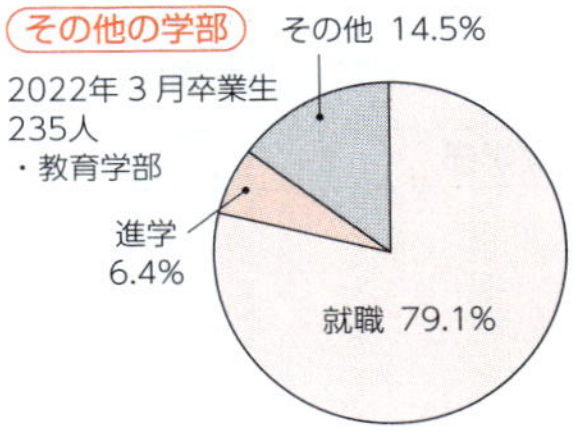

主なOB・OG▶［文］中村尚史（歴史学者），［文］三崎亜紀（小説家），［法］宮崎美子（女優・タレント）など。

国際化・留学　大学間 133 大学等・部局間 147 大学等

受入れ留学生数▶67名（2022年５月１日現在）

留学生の出身国▶中国，韓国，マレーシア，フランス，ベトナムなど。

外国人専任教員▶教授12名，准教授８名，講師１名（2022年９月１日現在）

外国人専任教員の出身国▶中国，韓国，アメリカ，カナダ，フィリピンなど。

大学間交流協定▶133大学・機関（交換留学先107大学，2022年５月１日現在）

部局間交流協定▶147大学・機関（交換留学先67大学，2022年５月１日現在）

海外への留学生数▶渡航型19名・オンライン型33名（12カ国・地域，2021年度）

海外留学制度▶夏・春休みに協定校で語学研修に文化体験などを組み合わせた短期プログラムを実施。ホームステイや学生寮に滞在し，実践的な語学力を身につけるとともに，その国の文化や生活習慣などを直接体験できる。成績基準を満たせば，奨学金が給付される場合もある。協定校が主催するサマープログラムではプログラム費用が免除されることもある。また，半年～１年間，協定校で専門分野を学ぶ交換留学制度もある。国際交流課ではシリーズ説明会「留学のすすめ！」や各種情報提供を行うほか，個別の相談にも応じている。

学費・奨学金制度　給付型奨学金総額 年間 4,730万円

入学金▶282,000円

年間授業料（施設費等を除く）▶535,800円

年間奨学金総額▶47,300,000円

年間奨学金受給者数▶350人

主な奨学金制度▶コロナ禍の影響も含め家計が厳しく経済的に困窮している学生を対象に5万円または10万円を給付する「熊本大学アマビエ給付奨学金」などを設置。また，学費減免制度があり，2021年度には391人を対象に総額で約6,787万円を減免している。

保護者向けインフォメーション

●**成績確認**　教育・理・薬学部で成績表を，工学部では成績表，履修科目と単位数を郵送。

●**防災対策**　被災した場合には，大学HPを利用して学生の安否を確認する。

●**コロナ対策１**　ワクチンの職域接種を実施。オンライン授業を併用し，希望する学生にはノートPC，Wi-Fiルータを貸与。「コロナ対策２」（下段）あり。

インターンシップ科目	必修専門ゼミ	卒業論文	GPA制度の導入の有無および活用例	１年以内の退学率	標準年限での卒業率
開講していない	文・法・教育・理・医（保健学科）学部で実施	医・薬学部を除き卒業要件	奨学金や授業料免除対象者の選定基準として活用	非公表	非公表

●**コロナ対策２**　大学入口で検温・消毒を実施。講義室の収容人数を調整するとともに，換気等の環境を整備。また，経済的に困窮している学生に緊急特別無利子貸与型奨学金，授業料徴収猶予などを実施。

学部紹介

学部／学科・課程	定員	特色
文学部		
総合人間	55	▷人間のあり方や社会の仕組み，地域の現在について学ぶ。人間科学，社会人間学，地域科学の３コース制。
歴史	35	▷世界システム史学，歴史資料学の２コース制。史資料や文献の収集と，それらを分析する力を身につける。
文	50	▷東アジア言語文学，欧米言語文学，多言語文化学の３コース。幅広い知識と分析力，言語能力，異文化理解力を養う。
コミュニケーション情報	30	▷コミュニケーション能力向上や，メディア運用能力を強化しながら，情報・グローバル社会を生き抜く人材を育成する。
● 取得可能な資格…教職（国・地歴・公・社・英），学芸員など。 ● 進路状況…………就職76.0%　進学8.2% ● 主な就職先………佐賀県庁，熊本市役所，鹿児島銀行，外山木材，アイティシステム，ギミック，ソフトウエアビジョン，ハンズマン，肥後銀行，コンベンションリンケージなど。		
教育学部		
学校教育教員養成	220	▶2022年度より初等・中等教育，特別支援教育，養護教育の３コースに改組。小・中一貫教育や小規模校での実技系の複数教科担当，特別支援学校での教科担当などの新たなニーズへの対応を整備。初等・中等教育コースは，小学校・国語・社会・数学・理科・英語・実技系〈音楽・美術・保健体育・技術・家庭〉の７専攻で募集。
● 取得可能な資格…教職（国・地歴・公・社・数・理・音・美・保体・保健・技・家・工業・英，小一種，幼一種，特別支援，養護一種），学芸員など。 ● 進路状況…………就職79.1%　進学6.4% ● 主な就職先………教員（小学校，中学校，特別支援学校，高等学校，幼稚園），熊本日日新聞社，福岡市役所，佐賀県庁，熊本県庁，熊本市役所など。		
法学部		
法	210	▷法学・公共政策学，アドバンストリーダーの２コースを設置。充実した教育・研究を通じて，現代社会の諸問題を発見・分析・解決するための基礎的・実践的能力を養う。
● 進路状況…………就職78.6%　進学8.5% ● 主な就職先………熊本県庁，熊本国税局，九州財務局，肥後銀行，福岡県庁，福岡市役所，熊本市役所，福岡労働局，熊本大学，東京海上日動火災保険など。		
理学部		
理	200	▷１学科制で１・２年次に幅広い知識を取得しながら，担当教員（チューター）による履修計画，コース選択などのアドバイスを得て，自分の適性を見極め，３年次より数学，物理学，化学，地球環境科学，生物学の５コースから希望するコースに分属。
● 取得可能な資格…教職（数・理），学芸員など。 ● 進路状況…………就職36.8%　進学54.9% ● 主な就職先………教員（中学校，高等学校），熊本県庁，熊本市役所，気象庁，門司植物防疫所，富士フイルム和光純薬，キオクシア，帝国データバンクなど。		

 キャンパスアクセス ［黒髪北・南キャンパス］ JR鹿児島本線一熊本よりバス約26分

医学部		
医	110	▷設立以来１万人以上の卒業生を輩出。医師としてふさわしい知識と技能，倫理観を備えた人材を育成する。
保健	144	▷新時代の医療発展に寄与し得る医療人を育成。〈看護学専攻70名，放射線技術科学専攻37名，検査技術科学専攻37名〉

● **取得可能な資格**…医師・看護師・保健師・助産師・診療放射線技師・臨床検査技師受験資格など。
● **進路状況**…………[医]初期臨床研修医96.1％　[保健]就職88.0％　進学7.7％
● **主な就職先**………[保健]熊本大学病院，済生会熊本病院，九州大学病院，大分大学医学部附属病院，熊本県総合保健センター，高邦会高木病院，佐賀県，熊本県など。

薬学部		
薬	55	▷６年制。先進的な医療系薬学と衛生・社会系薬学を中心に修得し，高度な薬剤師の育成をめざす。
創薬・生命薬科	35	▷４年制。最先端の創薬科学や生命科学を学び，大学院との密接な体制での実験などを通じて創薬研究者を養成する。

● **取得可能な資格**…薬剤師受験資格（薬学科）など。
● **進路状況**…………就職58.7％　進学38.0％
● **主な就職先**………メディカルシステムネットワーク，済生会熊本病院，福岡和白病院，沖縄県病院事業局，朝日野総合病院，塩野義製薬，ブリストル・マイヤーズスクイブなど。

工学部		
土木建築	124	▷土木工学，地域デザイン，建築学の３教育プログラム。魅力的で持続可能な社会，生活環境をデザインする。
機械数理工	109	▷機械工学，機械システム，数理工学の３教育プログラム。課題に対し数理工学的アプローチも可能な人材を育成。
情報電気工	149	▷電気工学，電子工学，情報工学の３教育プログラムで基礎理論や課題解決能力を身につける。
材料・応用化	131	▷応用生命化学，応用物質化学，物質材料工学の３教育プログラム。材料・生命・化学を融合し，人間社会と自然調和の発展をめざす。

● **取得可能な資格**…教職（数・情・工業），測量士補，１・２級建築士受験資格など。
● **進路状況**…………就職34.1％　進学63.1％
● **主な就職先**………ソニーセミコンダクタマニュファクチャリング，大和ハウス工業，清水建設，大林組，NTTコムウェア，ソフトウエアビジョン，熊本県庁，熊本市役所など。

キャンパス

文・教育・法……[黒髪北キャンパス]　熊本県熊本市中央区黒髪2-40-1
理・工……[黒髪南キャンパス]　熊本県熊本市中央区黒髪2-39-1
医（医）……[本荘北キャンパス]　熊本県熊本市中央区本荘1-1-1
医（保健）…[本荘南キャンパス]　熊本県熊本市中央区九品寺4-24-1
薬……[大江キャンパス]　熊本県熊本市中央区大江本町5-1

2023年度入試要項（前年度実績）

●募集人員

学部／学科・課程（専攻）		前期	後期
▶文	総合人間	38	8
	歴史	24	7
	文	35	5
	コミュニケーション情報	20	—
▶教育	学校教育教員養成／初等・中等教育（小学校）	80	—
	（国語）	7	—
	（社会）	7	—
	（数学）	10	—
	（理科）	5	—
	（英語）	6	—
	（実技系）	10	—

キャンパスアクセス [本荘北・南キャンパス]　JR鹿児島本線—熊本よりバス約8分

	／特別支援教育	14	—
	／養護教育	22	—
▶法	法	145	25
▶理	理	150	40
▶医	医	87	—
	保健（看護学）	50	—
	（放射線技術科学）	28	—
	（検査技術科学）	28	—
▶薬	薬	40	—
	創薬・生命薬科	25	—
▶工	土木建築	82	11
	機械数理工	73	10
	情報電気工	100	14
	材料・応用化	80	12

●2段階選抜

医学部医学科の志願者数が募集人員の前期で約4倍を超えた場合に行うことがある。

▷共通テストの英語はリスニングを含む。
▷個別学力検査の数B―数列・ベク。

文学部

前期 ［共通テスト（450）］ 8～7科目 ①国（100） ②外（100・英〈R80＋L20〉）▶英・独・仏・中・韓から1 ③④**地歴・公民**（50×2）▶世B・日B・地理B・「現社・倫・政経・〈倫・政経〉から1」から2 ⑤⑥**数**（50×2）▶「数Ⅰ・数A」必須，「数Ⅱ・数B」・簿・情から1 ⑦⑧**理**（50）▶「物基・化基・生基・地学基から2」・物・化・生・地学から1

［個別学力検査（500）］ 3科目 ①国（200）▶国総・現文B・古典B ②**外**（200）▶「コミュ英Ⅰ・コミュ英Ⅱ・コミュ英Ⅲ・英表Ⅰ・英表Ⅱ」・独・仏・中から1 ③**小論文**（100）

後期 【総合人間科学科・歴史学科・文学科】［共通テスト（450）］ 8～7科目 前期と同じ

【総合人間科学科】［個別学力検査（300）］ 1科目 ①**小論文**（300）

【歴史学科】［個別学力検査（400）］ 1科目 ①**小論文**（400）

【文学科】［個別学力検査（200）］ 1科目 ①**小論文**（200）

教育学部

前期 【学校教育教員養成課程〈初等・中等教育コース・特別支援教育コース・養護教育コース〉】［共通テスト（450）］ 8～7科目 ①国（100） ②**外**（100・英〈R80＋L20〉）▶英・独・仏・中・韓から1 ③④**数**（50×2）▶「数Ⅰ・数A」必須，「数Ⅱ・数B」・簿・情から1 ⑤⑥⑦⑧「**地歴・公民**」・**理**（50×3）▶世B・日B・地理B・「現社・倫・政経・〈倫・政経〉から1」から1または2，「物基・化基・生基・地学基から2」・物・化・生・地学から1または2，計3，ただし，初等・中等教育コース理科専攻は地歴・公民から1，理から2必須

【〈初等・中等教育コース（小学校専攻・社会専攻・実技系専攻）・特別支援教育コース〉】［個別学力検査（360）］ 3科目 ①②**国・外・数**（150×2）▶「国総・現文B・古典B」・「コミュ英Ⅰ・コミュ英Ⅱ・コミュ英Ⅲ・英表Ⅰ・英表Ⅱ」・「数Ⅰ・数Ⅱ・数A・数B」から2 ③**面接**（60）

【〈初等・中等教育コース（国語専攻）〉】 3科目 ①国（150）▶国総・現文B・古典B ②**外・数**（150）▶「コミュ英Ⅰ・コミュ英Ⅱ・コミュ英Ⅲ・英表Ⅰ・英表Ⅱ」・「数Ⅰ・数Ⅱ・数A・数B」から1 ③**面接**（60）

【〈初等・中等教育コース（数学専攻・理科専攻）・養護教育コース〉】 3科目 ①**数**（150）▶数Ⅰ・数Ⅱ・数A・数B ②**国・外**（150）▶「国総・現文B・古典B」・「コミュ英Ⅰ・コミュ英Ⅱ・コミュ英Ⅲ・英表Ⅰ・英表Ⅱ」から1 ③**面接**（60）

【〈初等・中等教育コース（英語専攻）〉】 3科目 ①**外**（150）▶コミュ英Ⅰ・コミュ英Ⅱ・コミュ英Ⅲ・英表Ⅰ・英表Ⅱ ②**国・数**（150）▶「国総・現文B・古典B」・「数Ⅰ・数Ⅱ・数A・数B」から1 ③**面接**（60）

法学部

前期 ［共通テスト（450）］ 8～7科目 ①国（100） ②**外**（100・英〈R80＋L20〉）▶英・独・仏・中・韓から1 ③④**地歴・公民**（50×2）▶世B・日B・地理B・「倫・政経」から2 ⑤⑥**数**（50×2）▶「数Ⅰ・数A」必須，「数Ⅱ・数B」・簿・情から1 ⑦⑧**理**（50）▶「物基・化基・生基・地学基から2」・物・化・生・地学から1

［個別学力検査（400）］ 2科目 ①国（200）▶国総・現文B・古典B ②**外**（200）▶コミュ

英Ⅰ・コミュ英Ⅱ・コミュ英Ⅲ・英表Ⅰ・英表Ⅱ
後期 [共通テスト(450)] 8~7科目 前期と同じ
[個別学力検査(400)] 1科目 ①小論文(400)

理学部

前期 [共通テスト(450)] 7科目 ①国(100) ②外(100・英〈R80+L20〉)▶英・独・仏・中・韓から1 ③地歴・公民(50)▶世B・日B・地理B・現社・倫・政経・「倫・政経」から1 ④⑤数(50×2)▶「数Ⅰ・数A」必須,「数Ⅱ・数B」・簿・情から1 ⑥⑦理(50×2)▶物・化・生・地学から2
[個別学力検査(500)] 4科目 ①外(100)▶コミュ英Ⅰ・コミュ英Ⅱ・コミュ英Ⅲ・英表Ⅰ・英表Ⅱ ②数(200)▶数Ⅰ・数Ⅱ・数Ⅲ・数A・数B ③④理(100×2)▶「物基・物」・「化基・化」・「生基・生」・「地学基・地学」から2
後期 [共通テスト(550)] 7科目 ①国(100) ②外(200・英〈R160+L40〉)▶英・独・仏・中・韓から1 ③地歴・公民(50)▶世B・日B・地理B・現社・倫・政経・「倫・政経」から1 ④⑤数(50×2)▶「数Ⅰ・数A」必須,「数Ⅱ・数B」・簿・情から1 ⑥⑦理(50×2)▶物・化・生・地学から2
[個別学力検査(300)] 2科目 ①②数・理(150×2)▶「数Ⅰ・数Ⅱ・数Ⅲ・数A・数B」・「物基・物」・「化基・化」・「生基・生」・「地学基・地学」から2

医学部

前期 【医学科】[共通テスト(400)] 7科目 ①国(100) ②外(100・英〈R80+L20〉)▶英・独・仏・中・韓から1 ③地歴・公民(50)▶世B・日B・地理B・現社・倫・政経・「倫・政経」から1 ④⑤数(25×2)▶「数Ⅰ・数A」必須,「数Ⅱ・数B」・簿・情から1 ⑥⑦理(50×2)▶物・化・生から2
[個別学力検査(800)] 5科目 ①外(200)▶コミュ英Ⅰ・コミュ英Ⅱ・コミュ英Ⅲ・英表Ⅰ・英表Ⅱ ②数(200)▶数Ⅰ・数Ⅱ・数Ⅲ・数A・数B ③④理(100×2)▶「物基・物」・「化基・化」・「生基・生」から2 ⑤面接(200)
【保健学科〈看護学専攻〉】[共通テスト(450)] 7科目 ①国(100) ②外(100・英〈R80+L20〉)▶英・独・仏・中・韓から1 ③地歴・公民(50)▶世B・日B・地理B・現社・倫・政経・「倫・政経」から1 ④⑤数(50×2)▶「数Ⅰ・数A」必須,「数Ⅱ・数B」・簿・情から1 ⑥⑦理(50×2)▶物・化・生から2
[個別学力検査(600)] 3科目 ①国(200)▶国総・現文B・古典B ②外(200)▶コミュ英Ⅰ・コミュ英Ⅱ・コミュ英Ⅲ・英表Ⅰ・英表Ⅱ ③数(200)▶数Ⅰ・数Ⅱ・数A・数B
【保健学科〈放射線技術科学専攻〉】[共通テスト(700)] 7科目 ①国(100) ②外(100・英〈R80+L20〉)▶英・独・仏・中・韓から1 ③地歴・公民(100)▶世B・日B・地理B・現社・倫・政経・「倫・政経」から1 ④⑤数(100×2)▶「数Ⅰ・数A」必須,「数Ⅱ・数B」・簿・情から1 ⑥⑦理(100×2)▶物・化・生から2
[個別学力検査(300)] 3科目 ①外(100)▶コミュ英Ⅰ・コミュ英Ⅱ・コミュ英Ⅲ・英表Ⅰ・英表Ⅱ ②数(100)▶数Ⅰ・数Ⅱ・数Ⅲ・数A・数B ③理(100)▶「物基・物」・「化基・化」・「生基・生」から1
【保健学科〈検査技術科学専攻〉】[共通テスト(800)] 7科目 ①国(100) ②外(200・英〈R160+L40〉)▶英・独・仏・中・韓から1 ③地歴・公民(100)▶世B・日B・地理B・現社・倫・政経・「倫・政経」から1 ④⑤数(100×2)▶「数Ⅰ・数A」必須,「数Ⅱ・数B」・簿・情から1 ⑥⑦理(100×2)▶物・化・生から2
[個別学力検査(800)] 5科目 ①外(200)▶コミュ英Ⅰ・コミュ英Ⅱ・コミュ英Ⅲ・英表Ⅰ・英表Ⅱ ②数(200)▶数Ⅰ・数Ⅱ・数Ⅲ・数A・数B ③④理(100×2)▶「物基・物」・「化基・化」・「生基・生」から2 ⑤面接(200)

薬学部

前期 [共通テスト(550)] 7科目 ①国(100) ②外(200・英〈R160+L40〉)▶英・独・仏・中・韓から1 ③地歴・公民(50)▶世B・日B・地理B・現社・倫・政経・「倫・政経」から1 ④⑤数(50×2)▶「数Ⅰ・数A」必須,「数Ⅱ・数B」・簿・情から1 ⑥⑦理(50×2)▶化必須,物・生から1
[個別学力検査(600)] 3科目 ①数(300)▶数Ⅰ・数Ⅱ・数Ⅲ・数A・数B ②③理(150×

2)▶「物基・物」・「化基・化」・「生基・生」から2

工学部

前期 ［共通テスト(450)］ 7科目 ①国(100) ②外(100・英〈R80＋L20〉)▶英・独・仏・中・韓から1 ③地歴・公民(50)▶世B・日B・地理B・現社・倫・政経・「倫・政経」から1 ④⑤数(50×2)▶「数Ⅰ・数A」必須，「数Ⅱ・数B」・簿・情から1 ⑥⑦理(50×2)▶物・化・生・地学から2

［個別学力検査(550)］【土木建築学科・機械数理工学科・情報電気工学科】 4科目 ①外(150)▶コミュ英Ⅰ・コミュ英Ⅱ・コミュ英Ⅲ・英表Ⅰ・英表Ⅱ ②数(200)▶数Ⅰ・数Ⅱ・数Ⅲ・数A・数B ③④理(100×2)▶「物基・物」必須，「化基・化」・「生基・生」から1

【材料・応用化学科】 4科目 ①外(150)▶コミュ英Ⅰ・コミュ英Ⅱ・コミュ英Ⅲ・英表Ⅰ・英表Ⅱ ②数(200)▶数Ⅰ・数Ⅱ・数Ⅲ・数A・数B ③④理(100×2)▶「化基・化」必須，「物基・物」・「生基・生」から1

後期 ［共通テスト(900)］ 7科目 ①国(200) ②外(200・英〈R160＋L40〉)▶英・独・仏・中・韓から1 ③地歴・公民(100)▶世B・日B・地理B・現社・倫・政経・「倫・政経」から1 ④⑤数(100×2)▶「数Ⅰ・数A」必須，「数Ⅱ・数B」・簿・情から1 ⑥⑦理(100×2)▶物・化・生・地学から2

［個別学力検査(300)］【土木建築学科】 1科目 ①小論文(300)

【機械数理工学科／情報電気工学科／材料・応用化学科】 1科目 ①面接(300)▶機械数理工学科は参考のため簡単な筆記試験を課す

その他の選抜

学校推薦型選抜Ⅰ(共通テストを課さない)は文学部23名，法学部30名，学校推薦型選抜Ⅱ(共通テストを課す)は教育学部59名，医学部59名，薬学部25名，工学部111名，総合型選抜(グローバルリーダーコース入試)は文学部10名，法学部10名，理学部10名，工学部20名を募集。ほかに社会人入試(看護学専攻)，帰国生徒選抜，私費外国人留学生選抜を実施。

偏差値データ (2023年度)

●一般選抜

学部／学科・課程／コース・専攻	2023年度 駿台予備学校 合格目標ライン	2023年度 河合塾 ボーダー得点率	2023年度 河合塾 ボーダー偏差値	'22年度 競争率
●前期				
▶文学部				
総合人間	51	66%	57.5	2.1
歴史	50	65%	52.5	1.5
文	51	66%	55	1.9
コミュニケーション情報	51	65%	57.5	2.4
▶教育学部				
学校教育教員養成／初等・中等教育(小学校)	49	57%	50	1.3
(国語)	48	62%	52.5	1.9
(社会)	48	63%	50	2.0
(数学)	49	61%	50	1.9
(理科)	48	60%	50	—
(英語)	51	62%	52.5	2.3
(実技系)	43〜46	56%	50	2.2
／特別支援教育	46	57%	50	1.2
／養護教育	48	60%	50	2.4
▶法学部				
法	50	65%	52.5	2.2
▶理学部				
理	50	60%	47.5	1.4
▶医学部				
医	65	78%	65	3.7
保健／看護学	48	57%	50	1.9
／放射線技術科学	49	62%	52.5	2.0
／検査技術科学	49	61%	50	2.0
▶薬学部				
薬	55	71%	57.5	4.2
創薬・生命薬科	52	68%	55	2.3
▶工学部				
土木建築	46	59%	45	1.6
機械数理工	46	57%	47.5	1.7
情報電気工	47	59%	47.5	1.5
材料・応用化	46	57%	47.5	1.7
●後期				
▶文学部				
総合人間	52	71%	—	3.2
歴史	52	72%	60	3.4
文	52	72%	—	5.0
▶法学部				
法	51	72%	—	2.9

▶理学部				
理	52	69%	52.5	1.7
▶工学部				
土木建築	47	66%	—	1.3
機械数理工	47	68%	—	1.6
情報電気工	48	70%	—	1.7
材料・応用化	47	66%	—	1.9

- 駿台予備学校合格目標ラインは合格可能性80%に相当する駿台模試の偏差値です。
- 河合塾ボーダー得点率は合格可能性50%に相当する共通テストの得点率です。また，ボーダー偏差値は合格可能性50%に相当する河合塾全統模試の偏差値です。
- 競争率は受験者÷合格者の実質倍率
- 医学部医学科は２段階選抜を実施。

MEMO

おおいた
大分大学

OITA UNIVERSITY

資料請求

問合せ先　学生支援部入試課　☎097-554-7006

大学の理念

1921（大正10）年創立の大分経専と，1874（明治７）年創立の師範学校伝習所を起源にもつ大分師範・青年師範を統合し，1949（昭和24）年に設立。その後，2003（平成15年）に大分医科大学と統合した。人間と社会と自然に関する教育と研究を通じて，豊かな創造性，社会性および人間性を備えた人材を育成するとともに，地域の発展ひいては国際社会の平和と発展に貢献し，人類福祉の向上と文化の創造に寄与することを理念とし，学生の教育・指導に情熱を注ぎ，世界的研究を推進し，持続可能な社会の核となる大学をめざす。2023年４月には医学部に，医学・医療の基盤を支え，イノベーション創出人材を育成する「先進医療科学科」を開設。世界の動向を見据え，これからのグローカル社会で活躍する人材育成，地域貢献を推進していく。

- 旦野原キャンパス…〒870-1192　大分県大分市大字旦野原700
- 挟間キャンパス……〒879-5593　大分県由布市挟間町医大ケ丘1-1

基本データ

学生数▶4,778名（男2,956名，女1,822名）
専任教員数▶教授175名，准教授149名，講師73名
設置学部▶教育，経済，医，理工，福祉健康科
併設教育機関▶大学院―経済学・医学系・工学（以上M・D），教育学（P），福祉健康科学（M）

就職・卒業後の進路

就職率 99.0％
就職者÷希望者×100

●就職支援　キャリア支援室では，一般的な就職支援に留まらず，大学院進学や公務員試験対策，卒業後のキャリア形成を全面的にサポートしている。年間を通じて行うキャリア支援プログラム（年間25本）や公務員ガイダンス，業界研究セミナー，学内企業説明会，インターンシップの情報提供と関連セミナーの開催などに加え，キャリア教育科目の充実を図ることで，学生のキャリア意識を高めている。また，キャリア相談室を設置し，就職・進学相談全般に対応。キャリアアドバイザーが常駐し，個別の相談にも応じている。

進路指導者も必見　学生を伸ばす　面倒見

初年次教育	学修サポート
教育・福祉「基礎ゼミ」，福祉「アーリー・エクスポージャー」，経済「導入セミナー」，医「オリエンテーション」，理工「応用化学入門」「自然科学概論」「情報処理入門」などを開講し，初年次教育を実施	全学部でTA制度，オフィスアワー制度，教員アドバイザー制度（学生７～35人に教員１人）を導入。また，ぴあルームでは学習面における個別指導や相談に応じている

オープンキャンパス（2022年度実績）　7・8月に両キャンパスで対面式とオンライン方式で開催。事前申込制。学部説明，入試説明，模擬講義，オンライン相談会など。また，HPでも8・9月の期間限定で動画を配信。

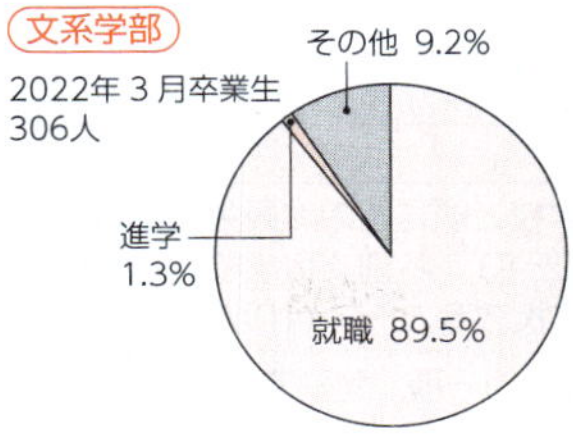

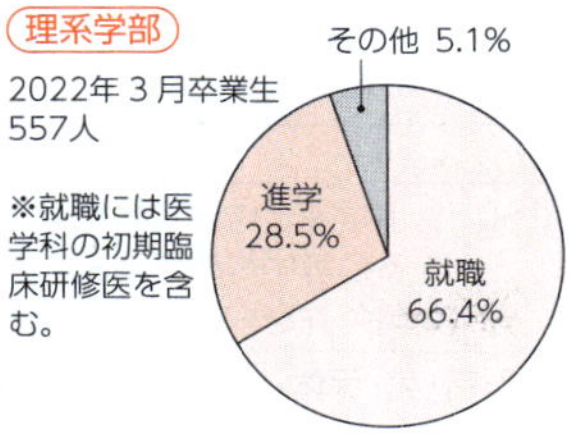

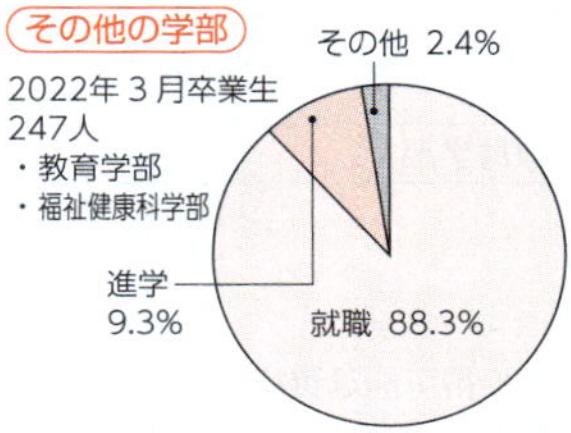

主なOB・OG▶［教育］林享（東海学園大学教授・水泳部監督），［旧大分医科］吉岡秀人（医師），［旧工］サンシャイン池崎（お笑い芸人）など。

国際化・留学　大学間 **86** 大学等・部局間 **15** 大学等

受入れ留学生数▶87名(2022年5月1日現在)

留学生の出身国▶中国，インドネシア，韓国，マレーシアなど。

外国人専任教員▶教授４名，准教授４名，講師２名（2022年５月１日現在）

大学間交流協定▶86大学・機関（交換留学先72大学，2022年４月１日現在）

部局間交流協定▶15大学・機関（交換留学先12大学，2022年４月１日現在）

海外への留学生数▶渡航型５名・オンライン３名／年（５カ国・地域，2021年度）

海外留学制度▶学生交流協定校への交換留学（１学期または１年）を実施している。修得単位は，各学部の規定を満たせば卒業単位として認定される。大学へ授業料を納めることにより，派遣先大学への入学料・授業料は不要。留学のための奨学金制度の利用も可能となっている。ほかに，長期休暇期間に言葉と文化を学ぶ短期語学研修や学生たちが訪問したい企業や団体について調べ，訪問依頼のメールを送ってアポイントを取った上で実際に訪問する実践型のミニトビタテ海外短期研修などを実施。

学費・奨学金制度　給付型奨学金総額 年間 **540** 万円

入学金▶282,000円

年間授業料（施設費等を除く）▶535,800円

年間奨学金総額▶5,400,000円

年間奨学金受給者▶９人

主な奨学金制度▶被災等による家計急変で経済的に修学が困難になった学生に上限10万円を給付する「学生支援特別給付奨学金」や経済学部の成績優秀者に対する奨学金の支給，国際ビジネスプログラム登録者の海外留学を援助する「久保奨学基金」などを設置。また，学費減免制度があり，2021年度には550人を対象に総額で約7,711万円を減免した。

保護者向けインフォメーション

●**成績確認**　学部により成績表および履修科目と単位数の情報を保護者に郵送している。

●**保護者会**　学部により保護者説明会，懇談会，後援会を開催するほか，10月頃に２・３年次生の保護者を対象とした就職・教務関係説明会と個人面談を実施。

●**防災対策**　入学時に「大地震対応ガイド」を配布。被災した際の学生の安否確認は，ANPIC（安否確認システム）を利用する。

●**コロナ対策１**　ワクチンの職域接種を実施。オンライン授業を併用し，希望する学生にパソコン等を貸与するほか，PC設置教室などを開放。「コロナ対策２」（下段）あり。

インターンシップ科目	必修専門ゼミ	卒業論文	GPA制度の導入の有無および活用例	１年以内の退学率	標準年限での卒業率
経済・理工学部で開講している	医学部を除き実施，開講年次は学部により異なる	医学部を除き卒業要件	一部の学部で卒論指導者の決定，学科等配属，履修上限単位数の緩和，卒業時の成績優秀者表彰，個別の学修指導などに活用	0.3%	87.5%（4年制）91.0%（6年制）

● コロナ対策２　講義室の収容人数を調整するとともに，換気・検温・消毒を徹底。また，経済的に困窮している学生に授業料免除等の修学支援制度を実施するほか，修学支援総合相談窓口を設置。

学部紹介

学部／学科・課程	定員	特色
教育学部		
学校教育教員養成	150	▷小学校と中学校または小学校と幼稚園の教員免許を取得できる初等中等教育コース（125名），特別支援学校と小学校の教員免許を取得できる特別支援教育コース（10名）を設置。
● 取得可能な資格…教職（国・社・数・理・音・美・保体・技・家・英，小一種，幼一種，特別支援一種）。 ● 進路状況…………就職89.4%　進学7.8% ● 主な就職先………教員（小学校，中学校，高等学校，特別支援学校），幼稚園教諭など。		
経済学部		
経済	80	▷経済現象および相互の関係を分析し，グローバル化された社会で活躍する人材を育成する。
経営システム	75	▷企業の経営組織，管理技術，財務分析，人事労務管理，会計などの科目を学習し，広く経営活動を理解する。
地域システム	75	▷地域経済，法律，行政，福祉など住民の生活領域を総合的・学際的に学ぶ。
社会イノベーション	40	▷企業経営上の革新，行政やNPOなどによる地域社会の課題解決について基礎から応用・実践まで段階的に学ぶ。
● 取得可能な資格…教職（公・商）。　● 進路状況…就職89.5%　進学1.3% ● 主な就職先………大分銀行，日本銀行，豊和銀行，日本年金機構，九州電力など。		
医学部		
医	100	▷豊かな教養と人間性，高度の学識や生涯学習能力，国際的な視野を備えた全人的医療が可能な医師を育成。
看護	60	▷看護学の発展や保健・医療・福祉など地域医療の向上，国際社会へ貢献し得る人材を養成する。
先進医療科	35	▷NEW! '23年新設。生命健康科学と臨床医工学の２コース。臨床検査技師，臨床工学技士として医工学の発展をめざす。
● 取得可能な資格…教職（養護二種），医師・看護師・保健師・臨床検査技師・臨床工学技士受験資格など。 ● 進路状況…………［医］初期臨床研修医97.3%　［看護］就職95.4%　進学4.6% ● 主な就職先………大分大学医学部附属病院，大分赤十字病院，大分県立病院，九州大学病院など。		
理工学部		
理工	355	▷数理科学，知能情報システム，物理学連携，電気エネルギー・電子工学，機械工学，知能機械システム，生命・物質化学，地域環境科学，建築学の９プログラム。
● 取得可能な資格…教職（数・理・情・工業），１・２級建築士受験資格など。 ● 進路状況…………就職52.6%　進学40.8%（旧工学部実績を含む） ● 主な就職先………マツダ，日本電気，鹿島建設，オーイーシー，RKKCS，日立システムズ，明治など。		
福祉健康科学部		
福祉健康科	100	▷〈理学療法コース30名，社会福祉実践コース35名，心理学コース35名〉理学療法士，福祉専門職，心理専門職を養成。
●取得可能な資格…理学療法士・社会福祉士・精神保健福祉士受験資格など。 ● 進路状況…………就職86.8%　進学11.3% ● 主な就職先………別府リハビリテーションセンター，済生会日田病院，大分合同新聞社など。		

▶キャンパス

教育・経済・理工・福祉健康科……［旦野原キャンパス］大分県大分市大字旦野原700
医……［挾間キャンパス］大分県由布市挾間町医大ケ丘1-1

キャンパスアクセス　［旦野原キャンパス］JR豊肥本線―大分大学前より徒歩約5分

2023年度入試要項（前年度実績）

●募集人員

学部／学科・課程（コース）	前期	後期
▶教育　学校教育教員養成（初等中等教育）	72	23
（特別支援教育）	3	2
▶経済	120	65
▶医　医［一般枠］	55	—
［地元出身者枠］	10	—
看護	35	10
先進医療科（生命健康科学）	15	5
（臨床医工学）	11	4
▶理工　理工	244	49
▶福祉健康科　福祉健康科（理学療法）	22	3
（社会福祉実践）	23	4
（心理学）	27	—

※理工学部の各プログラムの募集目安は以下の通り。数理科学前13，知能情報前39・後9，物理学連携前10，電気エネルギー・電子工学前46・後9，機械工学前42・後10，知能機械システム前16・後6，生命・物質化学前37後7，地域環境科学前13，建築学前28・後8。

●２段階選抜

入学志願者が著しく多い場合，前期は医学部医学科・看護学科・先進医療科学科，福祉健康科学部各コース約３倍，後期は医学部看護学科・先進医療科学科約７倍，福祉健康科学部各コース約10倍で行う。

試験科目

デジタルブック »»

偏差値データ（2023年度）

●一般選抜

学部／学科・課程／コース	2023年度 駿台予備学校 合格目標ライン	河合塾 ボーダー得点率	河合塾 ボーダー偏差値	'22年度 競争率
●前期				
▶**教育学部**				
学校教育教員養成／初等中等教育	51	54%	50	2.0
／特別支援教育	49	52%	47.5	8.0
▶**経済学部**				
	48	55%	50	1.7
▶**医学部**				
医（一般枠）	63	75%	62.5	2.3
（地元出身枠）	62	74%	62.5	
看護	45	53%	—	2.3
先進医療科／生命健康科学	46	56%	47.5	新
／臨床医工学	46	55%	47.5	新
▶**理工学部**				
理工／数理科学	44			2.7
／知能情報システム	43			3.5
／物理学連携	45			新
／電気エネルギー・電子工学	41			3.4
／機械工学	41	53%	45	3.0
／知能機械システム	41			1.9
／生命・物質化学	44			2.7
／地球環境科学	43			2.5
／建築学	43			4.5
▶**福祉健康科学部**				
福祉健康科／理学療法	47	57%	—	2.1
／社会福祉実践	46	54%	—	1.7
／心理学	48	56%	—	1.9
●後期				
▶**教育学部**				
学校教育教員養成／初等中等教育	50	58%	—	1.8
／特別支援教育	48	54%	—	5.3
▶**経済学部**				
	47	60%	—	1.7
▶**医学部**				
看護	45	58%	—	3.3
先進医療科／生命健康科学	45	63%	—	新
／臨床医工学	45	63%	—	新
▶**理工学部**				
理工／知能情報システム	45			3.3
／電気エネルギー・電子工学	43			3.9
／機械工学	43	56%	—	3.4
／知能機械システム	43			1.6
／生命・物質化学	46			2.2
／建築学	45			3.5
▶**福祉健康科学部**				
福祉健康科／理学療法	48	64%	—	3.0
／社会福祉実践	47	61%	—	3.8

- 駿台予備学校合格目標ラインは合格可能性80%に相当する駿台模試の偏差値です。
- 河合塾ボーダー得点率は合格可能性50%に相当する共通テストの得点率です。また，ボーダー偏差値は合格可能性50%に相当する河合塾全統模試の偏差値です。
- 競争率は受験者÷合格者の実質倍率
- 医学部医学科の前期，福祉健康科学部理学療法コースの後期は２段階選抜を実施。

宮崎大学（みやざき）

資料請求

問合せ先〉学び・学生支援機構入試課　☎0985-58-7138

大学の理念

宮崎農林専門学校，県立工専，宮崎師範・青師を統合し，1949（昭和24）年に開学，2003（平成15年）に宮崎医科大学と統合した。「世界を視野に地域から始めよう」のスローガンのもと，人間性・社会性・国際性を備えた専門職業人を養成するとともに，国際的に通用する研究活動を推進し，その成果を大学教育へ反映し，社会発展に役立てることを大学目標に掲げる。宮崎の創造をリードし，日本・世界に貢献できる大学として，持続可能な社会の構築，および地域共生社会の実現に向けて「未来Vision for 2040」を策定。「新たな社会に対応し，社会を積極的に支え，社会を改善できるリーダー人材」の輩出や，多様で卓越した知による「イノベーション創出」や「科学技術の発展」，地域共創による「新たな社会・経済システムの提案」に取り組む。

- 木花キャンパス……〒889-2192　宮崎県宮崎市学園木花台西1-1
- 清武キャンパス……〒889-1692　宮崎県宮崎市清武町木原5200

基本データ

学生数▶4,641名（男2,872名，女1,769名）
専任教員数▶教授200名，准教授186名，講師68名
設置学部▶教育，医，工，農，地域資源創成
併設教育機関▶大学院―医学獣医学総合（M・D），看護学・工学・農学・地域資源創成学（以上M），農学工学総合（D），教育学（P）

就職・卒業後の進路

就職率 98.1%
就職者÷希望者×100（医学部医学科除く）

●就職支援　「キャリア支援」「就職支援」の２つの支援体制のもと，就職・進路に関する専門的な知識を持ったアドバイザーが活動を行う学生に対応するとともに，さまざまなサポートを行っている。独自のキャリア支援として学生の積極的な企画・運営・実施能力を高める「とっても元気！宮大チャレンジプログラム」を実施。また，就職に対してのミスマッチを防ぐことを目的に複数の企業・官公庁によるインターンシップ合同説明会を開催するほか，さまざまな情報提供も行っている。就職支援では，面接対策やエントリーシート

進路指導者も必見 学生を伸ばす 面倒見

初年次教育	学修サポート
「大学教育入門セミナー」「情報・数量スキル」などを開講し，大学教育の基礎知識・スキルを協同学習などのアクティブラーニングによって学ぶ	全学部でTA制度，オフィスアワー制度を導入。また，少人数グループ制度として複数の教員（指導教員・補助教員・グループ担当教員・クラス担当教員）を配置し，学生の個人的相談から修学上の相談まで対応

オープンキャンパス（2022年度実績）　8月に各キャンパスで来校型オープンキャンパスを開催（事前申込制）。学部・学科等紹介，模擬講義・実験，研究室体験などのほか，宮崎大学音楽祭，保護者向け説明会，バスツアーも実施。

の書き方，業界研究などのセミナーやガイダンスを時期に応じて開催している。

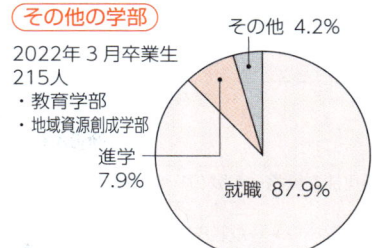

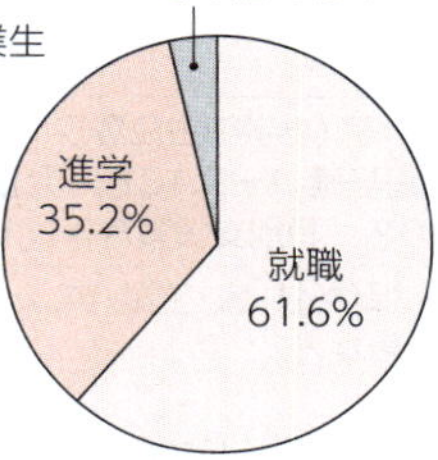

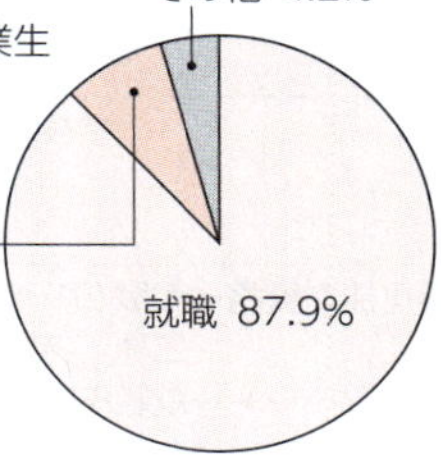

主なOB・OG▶［旧宮崎医科大学］西浦博（医学者），［教］波多野睦美（メゾソプラノ歌手）など。

国際化・留学　大学間 94 大学等・部局間 49 大学等

受入れ留学生数▶37名（2022年5月1日現在）
留学生の出身国▶タイ，マレーシア，韓国，モンゴル，中国など。
外国人専任教員▶教授３名，准教授７名，講師４名（2022年５月1日）
外国人専任教員の出身国▶中国，韓国，モンゴル，マレーシア，タイなど。
大学間交流協定▶94大学・機関（交換留学先77大学，2022年５月１日現在）
部局間交流協定▶49大学・機関（2022年５月１日現在）
海外への留学生数▶渡航型６名，オンライン型68名／年（８カ国・地域，2021年度）
海外留学制度▶交流協定校へ半年から１年間の交換留学（休学の必要がなく留学先の授業料は免除される）のほか，１週間〜１カ月程度の短期プログラムをオタゴ大学ランゲージセンター語学研修，Feeling Korea（慶北大学校），釜山外国語大学校英語研修，開南大学夏期中国語／英語・台湾文化研修などで実施。また，短期オンラインプログラムでも，韓国・中国・台湾等の大学と多く協定を締結しているため，英語だけでなく，韓国語や中国語などに特化したプログラムも用意している。

学費・奨学金制度　給付型奨学金総額 年間 719 万円

入学金▶282,000円
年間授業料（施設費等を除く）▶535,800円
年間奨学金総額▶7,190,000円
年間奨学金受給者数▶128人
主な奨学金制度▶宮崎大学「夢と希望の道標」奨学金は，２〜６年次生を対象に10万円を給付する「成績優秀者奨学金」や，経済的理由により参加が困難な学生に対して10万円を限度に給付される「海外研修奨学金」などを設置している。また，学費減免制度があり，2021年度には305人を対象に総額で約5,270万円を減免している。

保護者向けインフォメーション

● **オープンキャンパス**　通常のオープンキャンパス時に保護者向けの説明会を開催。
● **成績確認**　成績表を保護者に郵送している。
● **防災対策**　「防災マニュアル」をホームページにて公表。被災した場合には，安否確認システムを利用して学生の安否を確認する。
● **コロナ対策１**　ワクチンの職域接種を実施。感染状況に応じたBCP（行動指針）を設定。「コロナ対策２」（下段）あり。

インターンシップ科目	必修専門ゼミ	卒業論文	GPA制度の導入の有無および活用例	１年以内の退学率	標準年限での卒業率
全学部で開講している	教育・工学部は１〜４年次，医学部は１〜６年次，農学部は３・４年次，地域資源創成学部は２・３年次に実施	医学部を除き卒業要件	奨学金や授業料免除対象者の選定基準，個別の学修指導のほか，一部の学部でGPAに応じた履修上限単位数を設定	1.0%	94.9%（4年制）92.9%（6年制）

● **コロナ対策２**　大学入口で検温と消毒を実施。対面授業とオンライン授業を感染状況に応じて併用し，講義室の収容人数を調整するとともに，オンライン専用の席を設置。学生に食料品とマスクの詰め合わせセットを配布。

学部紹介

学部／学科・課程	定員	特色
教育学部		
学校教育	120	▷小中一貫コース（小学校主免専攻55名，中学校主免専攻35名），教職実践基礎コース10名，発達支援教育コース（子ども理解専攻10名，特別支援教育専攻10名）の３コース制。
●取得可能な資格…教職（国・地歴・公・社・数・理・音・美・保体・技・家・工業・英，小一種・二種，幼一種・二種，特別支援），司書教諭，学芸員など。 ●進路状況…………就職83.9%　進学12.1% ●主な就職先………九州内小中学校教諭，宮崎県内市役所，さくら学園，日能研関西，GMOなど。		
医学部		
医	100	▷宮崎の地域医療に貢献するとともに，国際的にも活躍できる人間性に優れた医師を育成する。
看護	60	▷看護による健康への支援を通して，保健医療に貢献できる看護師，保健師を養成する。
●取得可能な資格…教職（養護二種），医師・看護師・保健師受験資格など。 ●進路状況…………［医］初期臨床研修医93.1%　［看護］就職87.9%　進学12.1% ●主な就職先………［看護］宮崎大学医学部附属病院，宮崎県内各病院，信州大学医学部附属病院など。		
工学部		
工	370	▷2021年７学科から１学科６プログラムに改組。応用物質化学，土木環境工学，応用物理工学，電気電子工学，機械知能工学，情報通信工学の６プログラムに２年次に配属。
●取得可能な資格…教職（理・工業），測量士補など。　●進路状況…就職49.1%　進学48.3% ●主な就職先………宮崎県庁，宮崎県内市役所，TOTOアクアテクノ，鉄道建設・運輸施設整備機構など。		
農学部		
植物生産環境科	52	▷地球の生態系・自然環境と農業生産との調和を図るための環境保全型農業に関する教育と研究を行う。
森林緑地環境科	52	▷森林や農山村・都市・海岸域を含めた緑地の機能を探求し，農林業・自然環境・生活環境の調和をめざす。
応用生物科	57	▷バイオサイエンス分野の最先端技術を用いた生物の機能解明と活用，食品機能と利用法・安全性について探求する。
海洋生物環境	33	▷海洋を含む水圏環境について学ぶとともに，生物の多様性と利用・活用法を修得して国際社会に貢献できる人材を育成。
畜産草地科	61	▷野生動物・環境保全の場としての草地生態，遺伝資源利用，地球環境の保全，フードチェーンにおける衛生管理など幅広い分野を対象に研究を行う。
獣医	30	▷南九州の特色である産業動物獣医師の養成に力を入れ，人や動物の健康・福祉に貢献する獣医師を育成。
●取得可能な資格…教職（理・農・水産），学芸員，測量士補，獣医師受験資格など。 ●進路状況…………就職61.4%　進学35.2% ●主な就職先………九州内県庁，農林水産省植物防疫所，林野庁，三協デリカ，防衛省など。		
地域資源創成学部		
地域資源創成	90	▷２年次後期より地域産業創出，地域創造，企業マネジメントの３コースに分属。
●進路状況…………就職93.4%　進学2.2% ●主な就職先………宮崎県庁，宮崎県内市役所，宮崎銀行，熊本県民テレビ，霧島ホールディングスなど。		

キャンパスアクセス［木花キャンパス］JR日豊本線一宮崎よりバス約45分

キャンパス

教育・工・農・地域資源創成……［木花キャンパス］ 宮崎県宮崎市学園木花台西1-1
医……［清武キャンパス］ 宮崎県宮崎市清武町木原5200

2023年度入試要項（前年度実績）

●募集人員

学部／学科・課程（コース）	前期	後期
▶**教育**　学校教育（小中一貫・小）	2/3型20 理系10	小論文 10
（小中一貫・中）	2/3型10 理系10	—
（教職実践基礎）	5	—
（発達支援教育・子ども理解）	7	—
（発達支援教育・特別支援教育）	7	—
▶**医**　医	45	15
看護	35	5
▶**工**　工	240	90
▶**農**　植物生産環境科	28	14
森林緑地環境科	28	14
応用生物科	33	11
海洋生物環境	18	11
畜産草地科	34	15
獣医	20	10
▶**地域資源創成学部**　地域資源創成	55	15

●2段階選抜

医学部医学科で志願者数が募集人員を大幅に上回った場合，原則として前期は約6倍，後期は約14倍で行うことがある。

試験科目

デジタルブック »»

偏差値データ（2023年度）

●一般選抜

学部／学科・課程／コース	2023年度 駿台予備学校 合格目標ライン	2023年度 河合塾 ボーダー得点率	2023年度 河合塾 ボーダー偏差値	'22年度 競争率
●前期				
▶**教育学部**				
学校教育／小中一貫・小（2/3型）	50	53%	47.5	2.0
／小中一貫・小（理系）	50	50%	45	2.3
／小中一貫・中（2/3型）	51	54%	47.5	2.6
／小中一貫・中（理系）	50	53%	45	1.8
／教職実践基礎	49	52%	47.5	1.5
／発達支援教育・子ども理解	49	51%	45	2.3
／発達支援教育・特別支援教育	48	50%	45	4.0
▶**医学部**				
医	62	75%	62.5	4.3
看護	46	54%	—	1.9
▶**工学部**				
工	44	49%	42.5	2.1
▶**農学部**				
植物生産環境科	49	49%	47.5	1.8
森林緑地環境科	48	50%	45	1.4
応用生物科	51	52%	50	2.4
海洋生物環境	52	50%	50	2.1
畜産草地科	49	50%	47.5	1.7
獣医	59	73%	62.5	4.5
▶**地域資源創成学部**				
地域資源創成	47	52%	—	1.7
●後期				
▶**教育学部**				
学校教育／小中一貫・小	51	56%	—	4.5
▶**医学部**				
医	62	80%	67.5	2.5
看護	47	57%	—	4.3
▶**工学部**				
工	45	55%	50	3.2
▶**農学部**				
植物生産環境科	50	53%	50	2.2
森林緑地環境科	49	52%	47.5	1.3
応用生物科	52	55%	52.5	3.4
海洋生物環境	53	53%	52.5	2.3
畜産草地科	50	52%	50	2.4
獣医	61	77%	65	7.5
▶**地域資源創成学部**				
地域資源創成	48	55%	—	2.2

- 駿台予備学校合格目標ラインは合格可能性80%に相当する駿台模試の偏差値です。
- 河合塾ボーダー得点率は合格可能性50%に相当する共通テストの得点率です。また，ボーダー偏差値は合格可能性50%に相当する河合塾全統模試の偏差値です。
- 競争率は受験者÷合格者の実質倍率
- 医学部医学科の後期は2段階選抜を実施。

鹿児島大学

資料請求

問合せ先　学生部入試課　☎099-285-7355

大学の理念

1773年設立の藩学造士館から明治以降に設立された第七高等学校造士館をはじめ各種の高等専門学校を統合，1949（昭和24）年に新制国立鹿児島大学として発足。9学部と9大学院研究科を擁し，これまでに10万名を超える卒業生を輩出し，国内はもとより世界の各地で，人類の平和と繁栄ならびに福祉の向上のために大きな足跡を残す。地域特性を生かし，グローバルな視点を有する地域人材を育成。大学の強みと特色を生かした学術研究を推進し，地域特有の課題研究を促進する。地域ニーズに応じた社会人教育や地域連携の強化，社会貢献の取り組みも推進している。機能強化に向けた教育研究組織体制を整備し，学問の自由と多様性を堅持しつつ，自主自律と進取の精神を尊重し，地域と共に社会の発展に貢献する総合大学をめざす。

- 郡元キャンパス………〒890-8580　鹿児島県鹿児島市郡元1-21-24
- 各学部のキャンパス情報はP.1587をご覧ください。

基本データ

学生数▶8,571名（男5,052名，女3,519名）
専任教員数▶教授282名，准教授277名，講師92名）
設置学部▶法文，教育，理，医，歯，工，農，水産，共同獣医
併設教育機関▶大学院－人文社会科学・保健学・理工学・医歯学総合（以上M・D），農林水産学（M），教育学・臨床心理学（以上P），連合農学・共同獣医学（以上D）

就職・卒業後の進路

就　職　率 **97.2%**
就職者÷希望者×100

●**就職支援**　キャリア形成支援センターには専任スタッフと相談員が配置され，学生の相談に対応している。就職アドバイス（自己分析，業界・企業研究），履歴書やエントリーシートの書き方・添削，面接指導，模擬面接などを行うほか，全学就職支援事業として就職ガイダンスや就職支援講座，企業説明会および公務員・教員採用試験説明会などを企画・実施している。また，1年次から共通教育科目において「キャリアデザイン」を開講

進路指導者も必見 学生を伸ばす 面倒見

初年次教育	学修サポート
「初年次セミナー」「情報活用」などを開講し，大学教育全体に対する動機づけ，レポート・論文の書き方，プレゼン技法，ITの基礎技術，情報収集や資料整理の方法を学ぶほか，論理的思考や問題発見・解決能力の向上を図っている	全学部でTA制度，オフィスアワー制度，法文・医・工・水産で教員アドバイザー制度（学生5～15人に教員1人），理・共同獣医で担任制度，農ではチューター制度を導入し，学生の履修や学修の支援をしている

オープンキャンパス（2022年度実績）　8月にオープンキャンパスを対面とオンラインで同時開催（事前申込制）。対面で学部学科紹介，体験講義，オンラインで相談コーナーなどを実施。11月には秋季オープンキャンパスを開催。

し，就職情報会社や企業の人事OBのほか，さまざまな業界で活躍する方々を講師に迎えている。自らの適性や適応力を測る機会としてインターンシップへの参加を積極的に支援，専用の窓口を設置し，専門スタッフが情報提供，相談・申込などに対応している。

文系学部

2022年３月卒業生
424人

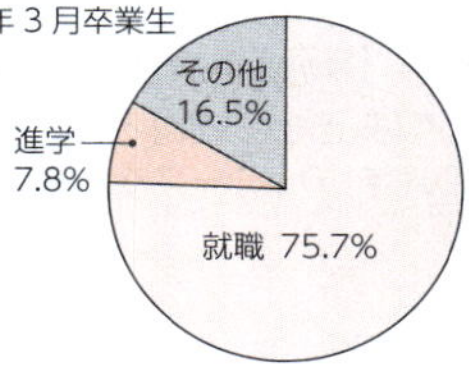

理系学部

2022年３月卒業生
1,278人

※就職には医学科の初期臨床研修医と歯学科の臨床研修歯科医を含む。

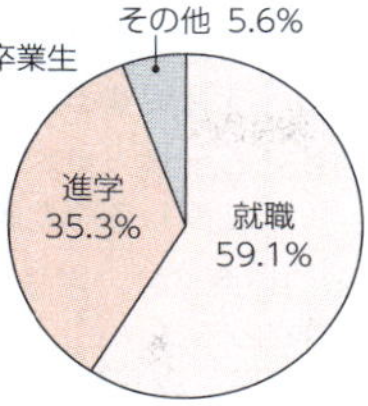

その他の学部

2022年３月卒業生
219人
・教育学部

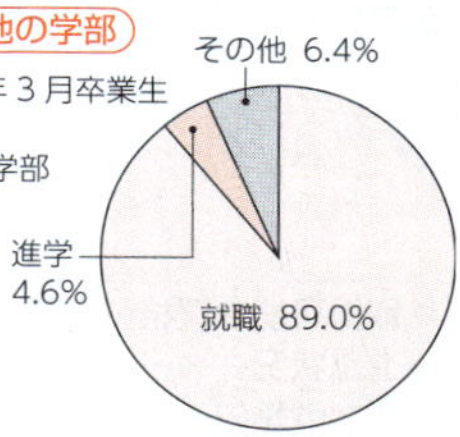

主なOB・OG ▶ ［工］稲森和夫（京セラ・第二電電創業者），［教育］下野竜也（指揮者）など。

国際化・留学　　大学間 **93** 大学等・部局間 **76** 大学等

受入れ留学生数 ▶ 294名（2022年５月１日現在）

留学生の出身国 ▶ 中国，韓国，ベトナム，バングラデシュ，インドネシアなど。

外国人専任教員 ▶ 教授４名，准教授８名，講師５名（2022年5月1日現在）

大学間交流協定 ▶ 93大学・機関（交換留学先83大学，2022年5月1日現在）

部局間交流協定 ▶ 76大学・機関（交換留学先46大学，2022年5月1日現在）

海外への留学生数 ▶ 渡航型19名・オンライン型39名／年（10カ国・地域，2021年度）

海外留学制度 ▶ グローバルセンターが入学から卒業までの一貫した国際教育プログラムP-SEG Interactive（ピーセグ・インタラクティブ）を運営し，早期の海外研修を経て，留学や海外インターンシップへの挑戦を支援している。短期の海外研修は全34コース（2022年度予定）が開講されており，目的や学習課題，自身の関心に応じて訪問先を選べる。長期の派遣留学についての情報提供や相談・指導，奨学金も充実しており，多くの学生が海外で学んでいる。コンソーシアムはUMAPに参加している。

学費・奨学金制度　　給付型奨学金総額 年間 **250** 万円

入学金 ▶ 282,000円

年間授業料（施設費等を除く）▶ 535,800円

年間奨学金総額 ▶ 2,500,000円

年間奨学金受給者数 ▶ 10人

主な奨学金制度 ▶ 県内離島地域の高等学校を卒業し現役で入学した学部生のうち，入学年度の前期分授業料免除を申請し，許可された学生に25万円を給付する「鹿児島大学離島高等学校出身者スタートアップ奨学金」などを設置。また，学費減免制度があり，2021年度には615人を対象に総額で約１億234万円を減免している。

保護者向けインフォメーション

● **成績確認**　成績表を保護者に郵送している。

● **防災対策**　被災した際の学生の安否は，大学の安否情報システム（ANPIC）を利用して確認する。

● **コロナ対策１**　ワクチンの職域接種を実施。対面授業とオンライン授業を感染状況に応じて併用。「コロナ対策２」（下段）あり。

インターンシップ科目	必修専門ゼミ	卒業論文	GPA制度の導入の有無および活用例	１年以内の退学率	標準年限での卒業率
法文･理･工･農学部で開講している	法文２～４年次，農３・４年次，理・医（保）・工・共同獣医４年次，歯２～６年次，水産３年次に実施	法文（法経社会）・理（数理情報科学）・医（医）・歯を除き卒業要件	一部の学部で奨学金等の選定基準，個別の学修指導などのほか，教育・工学部では履修上限単位数の設定に活用	0.6%	82.8%（４年制）92.2%（６年制）

● コロナ対策２　講義室の収容人数を調整するとともに，検温と消毒を実施している。経済的に困窮している学生に鹿児島大学学生緊急支援金を給付。

学部紹介

学部／学科・課程・コース	定員	特色
法文学部		
法経社会	245	▷幅広い社会科学の素養を身につけ，社会に貢献できる人材を育成する。「法学」「地域社会」「経済」の３コース。
人文	165	▷地域と世界の文化事象を学ぶ「多元地域文化」と，心と行動に関わる諸問題を学習する「心理学」の２コースを設置。
●取得可能な資格…教職(国・地歴・公・社・商・英)，学芸員など。 ●進路状況…………就職75.7％　進学7.8％ ●主な就職先………九州財務局，鹿児島県，鹿児島地方検察庁，日本放送協会，大和ハウス工業など。		
教育学部		
学校教育教員養成	190	▷３コース制。初等教育コース(112名)では，音楽，保健体育を除き，２年次に各教科や専門領域に分属。中等教育コース(63名)では，教科に対応した各分野に所属。特別支援教育コース(15名)では，小学校または中学校教諭免許を基礎に特別支援学校の教員に必要な障害児教育の専門課程を初年次から学ぶ。
●取得可能な資格…教職(国・地歴・公・社・数・理・音・美・書・保体・技・家・工業・英，小一種，幼一種，特別支援)など。 ●進路状況…………就職89.0％　進学4.6％ ●主な就職先………教員，鹿児島銀行，福岡大学，夢現，新日本科学，鹿児島県，鹿児島市など。		
理学部		
理	185	▷数理情報科学，物理・宇宙，化学，生物学，地球科学の５プログラム。科学技術の発展や社会状況に対応したカリキュラムを編成。括り枠の入学生は２年次にプログラムを選択。
●取得可能な資格…教職(数・理・情)，測量士補など。　●進路状況……就職55.8％　進学39.5％ ●主な就職先………関東化学，ダイキン工業，タカラバイオ，大分大学，日本年金機構，気象庁など。		
医学部		
医	110	▷人を尊重し，人と地域社会のため最善の医療を実践する優れた臨床医と科学的思考力を有し，医学・医療・社会の発展に貢献する医師・研究者を養成する。
保健	120	▷豊かな倫理性を背景に，科学的思考力と他者に対する想像力に富み，患者と地域社会に貢献できる思考力・判断力・積極的実行力を有する人材を育成する。「看護学」「理学療法学」「作業療法学」の３専攻。
●取得可能な資格…医師・看護師・理学療法士・作業療法士受験資格。 ●進路状況…………[医]初期臨床研修医91.1％　[保健]就職85.8％　進学12.5％ ●主な就職先………[保健]鹿児島大学病院，九州大学病院，鹿児島県，鹿児島市など。		
歯学部		
歯	53	▷幅広い知識と良識ある人間性を兼ね備えた歯科医師，歯科医学教育者，研究者を育成することをめざす。
●取得可能な資格…歯科医師受験資格。　●進路状況…………臨床研修歯科医75.0％		
工学部		
先進工	385	▷機械工学，電気電子工学，海洋土木工学，化学工学，化学生命工学，情報・生体工学の６プログラムを設置。入学後にプログラムを選択できる括り枠制度を導入。

キャンパスアクセス [郡元キャンパス] JR指宿枕崎線一郡元より徒歩約８～16分

建築	55	▷建築文化の遺産を継承し，地球環境の保全に配慮しながら現代の科学技術を総合的に利用して，建築空間と生活環境の創造に貢献できる人材を育成する。
●**取得可能な資格**…教職（工業），測量士補，1・2級建築士受験資格など。 ●**進路状況**…………就職40.8％　進学56.5％ ●**主な就職先**………高砂熱学工業，五洋建設，大気社，マツダ，日立製作所，ソフトバンクなど。		
農学部		
農業生産科	71	▷農業生産から流通までを一貫して学ぶ。2年次より「応用植物科学」「畜産科学」「食料農業経済学」の3コースに分かれる。
食料生命科	66	▷食の安全確保と食品の機能を活用することにより食品関連産業の発展に貢献する。3年次より「食品機能科学」「食環境制御科学」「焼酎発酵・微生物科学」の3コースに分かれる。
農林環境科	56	▷農山村における生活基盤の整備，森林資源の利活用と国土防災に関わる技術を習得し，地球環境の保全に貢献できる人材を養成する。2年次進級時より「森林科学」「地域環境システム学」の2コースに分かれて専門分野を学ぶ。
国際食料資源学特別（農学系）	12	▷農学部と水産学部が共同で設置。特別コースコアカリキュラムや留学生との協働，海外研修などを通じ国際的な食料問題の解決に取り組む人材を育成する。
●**取得可能な資格**…教職（理・農）など。　●**進路状況**…就職63.4％　進学27.2％ ●**主な就職先**………鹿児島県森林整備局，三井住友建設，イケダパン，坂元醸造，林野庁など。		
水産学部		
水産	130	▷水産食料の安定供給を支えるための水産資源の持続的生産・利用・流通と海洋環境を考える水産人を養成する。1年次終了時に「水圏科学」「水産資源科学」「食品生命科学」「水産経済学」「水圏環境保全学」の5分野に分かれる。
国際食料資源学特別（水産学系）	10	▷水産学部と農学部が共同で設置。国際的な食料資源の持続生産と問題解決のための専門知識を修得する。
●**取得可能な資格**…教職（理・水産），学芸員など。　●**進路状況**…就職57.0％　進学40.7％ ●**主な就職先**………MBC開発，日清丸紅飼料，うおいち，オリックス水族館，農林水産省など。		
共同獣医学部		
獣医	30	▷山口大学との共同学部。人類と動物の共生環境社会を科学的に考究し，動物生命倫理を通じて命の尊厳を学び，豊かな人間社会の創生に貢献することをめざす。
●**取得可能な資格**…獣医師受験資格。　●**進路状況**…就職62.1％　進学24.1％ ●**主な就職先**………NOSAI北海道，NOSAIかごしま，熊本県酪農業協同組合連合会，鹿児島県など。		

キャンパス

法文……………［郡元キャンパス］鹿児島県鹿児島市郡元1-21-30
教育……………［郡元キャンパス］鹿児島県鹿児島市郡元1-20-6
理………………［郡元キャンパス］鹿児島県鹿児島市郡元1-21-35
工………………［郡元キャンパス］鹿児島県鹿児島市郡元1-21-40
農・共同獣医…［郡元キャンパス］鹿児島県鹿児島市郡元1-21-24
医・歯…………［桜ヶ丘キャンパス］鹿児島県鹿児島市桜ケ丘8-35-1
水産……………［下荒田キャンパス］鹿児島県鹿児島市下荒田4-50-20

キャンパスアクセス［桜ヶ丘キャンパス］JR指宿枕崎線一宇宿より徒歩約20分

2023年度入試要項(前年度実績)

●募集人員

学部／学科・課程(コース・専攻)	前期		後期
▶法文 法経社会(法学)	72		8
(地域社会)	98		20
(経済)			
人文(多元地域文化)	80		15
(心理学)	30		—
▶教育 学校教育教員養成(初等教育／一般)	68		20
(中等教育／国語)	5		—
(／社会)	3		—
(／英語)	6		—
(／数学)	6		—
(／理科)	5		—
(／技術)	3		—
(／家政)	3		—
(／音楽)	5		—
(／美術)	3		—
(／保健体育)	6		—
(特別支援教育)	11		4
▶理 理(数理情報科学)	26		25
(物理・宇宙)	25		
(化学)	25		
(生物学)	21		
(地球科学)	14		
▶医 医	69		23
保健(看護学)	55		—
(理学療法学)	14		2
(作業療法学)	14		3
▶歯 歯	37		5
▶工 先進工(機械工学)	56	39	11
(電気電子工学)	47		13
(海洋度土木工学)	30		3
(化学工学)	22		3
(化学生命工学)	31		6
(情報・生体工学)	48		10
建築	34	—	5
▶農 国際食料資源学特別(農学系サブコース)	9		—
農業生産科	52		6
食料生命科	52		6
農林環境科	41		6
▶水産 国際食料資源学特別(水産学系サブコース)	7		—
水産(水圏科学)	20		20
(水産資源科学)	20		20
(食品生命科学)	20		20
▶共同獣医 獣医	20		2

●２段階選抜

医学部医学科で志願者数が募集人員を大幅に上回った場合，共通テストの成績(傾斜後の得点)により，前期は約５倍，後期は約８倍で行うことがある。

試験科目

デジタルブック ›››

偏差値データ(2023年度)

●一般選抜

学部／学科・課程／コース・専攻等	2023年度 駿台予備学校 合格目標ライン	河合塾 ボーダー得点率	河合塾 ボーダー偏差値	'22年度 競争率
●前期				
▶法文学部				
法経社会／法学	49	59%	50	1.7
／地域社会	46	56%	47.5	1.7
／経済				
人文／多元地域文化	48	60%	47.5	2.4
／心理学	49	62%	50	2.5
▶教育学部				
学校教育教員養成／初等教育(一般)〈文系型〉	49	55%	50	2.0
〈理系型〉	49	53%	47.5	
／中等教育(国語)	48	54%	47.5	1.7
(社会)	47	57%	47.5	1.3
(英語)	49	53%	47.5	1.3
(数学)	49	57%	47.5	1.5
(理科)	48	51%	47.5	1.4
(技術)	46	50%	45	—
(家政)	46	50%	45	2.7
(音楽)	44	49%	—	2.0
(美術)	43	50%	—	1.3
(保健体育)	44	49%	—	3.2
／特別支援教育〈文系型〉	45	50%	47.5	2.8
〈理系型〉	45	47%	47.5	
▶理学部				
理／数理情報科学	47	56%	47.5	1.7

キャンパスアクセス [下荒田キャンパス] 市電—騎射場より徒歩約10分

／物理・宇宙	49	55%	47.5	1.8
／化学	50	53%	47.5	1.4
／生物学	50	53%	45	1.4
／地球科学	48	52%	45	1.9
▶医学部				
医	64	76%	62.5	3.3
保健／看護学	46	55%	47.5	1.7
／理学療法学	49	57%	50	2.1
／作業療法学	48	54%	50	2.2
▶歯学部				
歯	55	66%	52.5	1.9
▶工学部				
先進工／機械工学	44	54%	45	1.4
／電気電子工学	44	55%	45	1.3
／海洋土木工学	43	51%	42.5	1.1
／化学工学	43	51%	45	1.5
／化学生命工学	44	54%	47.5	1.3
／情報・生体工学	45	54%	42.5	1.5
〈括り枠〉	44	51%	42.5	3.4
建築	46	57%	47.5	2.2
▶農学部				
農業生産科	47	52%	45	1.9
食料生命科	48	54%	45	1.7
農林環境科	46	52%	45	1.9
国際食料資源学特別(農)	48	52%	47.5	2.7
▶水産学部				
水産／水圏科学	46	52%	45	2.0
／水産資源科学	46	51%	45	2.0
／食品生命科学	46	52%	45	1.5
国際食料資源学特別(水産)	46	53%	47.5	2.5
▶共同獣医学部				
獣医 a	59	73%	60	3.2
b	59	70%	62.5	
●後期				
▶法文学部				
法経社会／法学	50	75%	—	1.9
／地域社会	48	72%	—	2.5
／経済				
人文／多元地域文化	49	75%	—	4.2
▶教育学部				
学校教育教員養成／初等教育(一般)〈文系型〉	50	58%	—	2.4
〈理系型〉	50	58%	—	
／特別支援教育〈文系型〉	47	55%	—	5.0
〈理系型〉	47	55%	—	
▶理学部				
理	48	65%	—	1.1
▶医学部				
医	64	82%	—	1.7
保健／理学療法学	50	60%	—	5.0
／作業療法学	49	60%	—	4.3
▶歯学部				
歯	55	72%	—	4.9
▶工学部				
先進工／機械工学	46	60%	—	2.4
／電気電子工学	46	62%	—	1.2
／海洋土木工学	45	58%	—	1.1
／化学工学	45	58%	—	2.6
／化学生命工学	46	60%	—	1.3
／情報・生体工学	47	61%	—	2.9
建築	48	64%	—	4.0
▶農学部				
農業生産科	47	61%	—	3.6
食料生命科	48	62%	—	3.0
農林環境科	46	62%	—	4.0
▶水産学部				
水産／水圏科学	46	58%	—	1.9
／水産資源科学	46	58%	—	1.1
／食品生命科学	46	58%	—	1.7
▶共同獣医学部				
獣医	60	79%	—	4.0

- 駿台予備学校合格目標ラインは合格可能性80%に相当する駿台模試の偏差値です。
- 河合塾ボーダー得点率は合格可能性50%に相当する共通テストの得点率です。また，ボーダー偏差値は合格可能性50%に相当する河合塾全統模試の偏差値です。
- 競争率は受験者÷合格者の実質倍率
- 医学部医学科の後期は２段階選抜を実施。

琉球大学

りゅう　きゅう

資料請求

問合せ先　学生部入試課　☎098-895-8141・8142

大学の理念

「自由平等・寛容平和」を建学の精神に1950年開学。ミシガン州立大学の教授陣の協力を得て，「地域に根差し，地域のために」という米国の「ランドグラント大学」精神を受け継ぐ大学として発展。建学の精神を継承・発展させた「真理の探究」「地域・国際社会への貢献」「平和・共生の追求」を基本理念とする。地域との共生・協働によって「地域とともに豊かな未来社会をデザインする大学」であり，新しい学術領域である熱帯島嶼・海洋・医学研究の国際的な拠点として「アジア・太平洋地域の卓越した教育研究拠点となる大学」をめざす。国際的に通用する教育の質および学位の質を確保しつつ，諸学を往還する幅広い教養を基礎とし，高度な専門知識と課題探究能力を糧に世界で活躍・貢献できる人材を育成する。

- 千原キャンパス……〒903-0213　沖縄県中頭郡西原町字千原1
- 上原キャンパス……〒903-0215　沖縄県中頭郡西原町字上原207

基本データ

学生数▶7,020名（男4,258名，女2,762名）
専任教員数▶教授283名，准教授242名，講師71名
設置学部▶人文社会，国際地域創造，教育，理，医，工，農

併設教育機関▶大学院一人文社会科学・保健学・理工学・医学（以上M・D），観光科学・農学（以上M），鹿児島大学大学院連合農学（D），法務・教育学（以上P）

就職・卒業後の進路

就職率 95.6%
就職者÷希望者×100

●**就職支援**　学生一人ひとりの目標に合わせた，きめ細やかな支援を行う「キャリア教育センター」を設置。学科・学年ごとに指導教員を配置し，求人票・企業資料などの提供や全学生を対象とした就職ガイダンスの開催のほか，専任のアドバイザーによる履歴書やエントリーシートの添削，模擬面接，職業興味適性検査の実施など，さまざまなサポートを実施。また教員志望の学生に対して受講無料の「教員採用試験対策講座」を開講している。

進路指導者も必見　学生を伸ばす　面倒見

初年次教育	学修サポート
全学部で帰属意識の醸成，大学教育全般に対する動機づけ，一部の学部でレポート・論文の書き方，プレゼン技法，ITの基礎技術，情報収集や資料整理の方法，論理的思考や問題発見・解決能力の向上を図る	全学部でTA制度，オフィスアワー制度，教員アドバイザー制度を導入。図書館にラーニングサポートデスクを開設し，レポートの書き方や学修指導を実施

オープンキャンパス（2022年度実績）　7月に対面でオープンキャンパスを開催（事前申込制）。体験授業，デモンストレーション実験，在学生とのパネルディスカッションや懇談会，施設見学，展示コーナーなど。

文系学部

2022年３月卒業生
579人

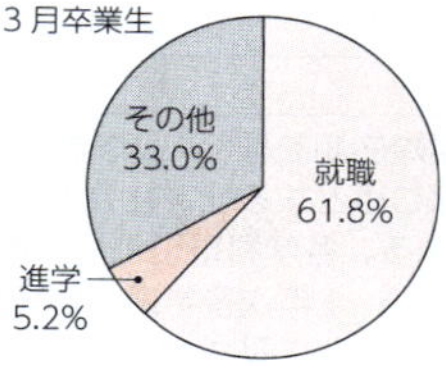

理系学部

2022年３月卒業生
834人

※就職には医学科の初期臨床研修医を含む。

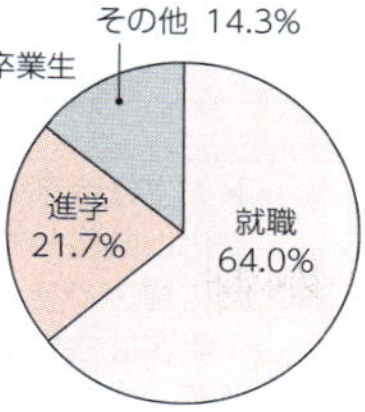

その他の学部

2022年３月卒業生
148人
・教育学部

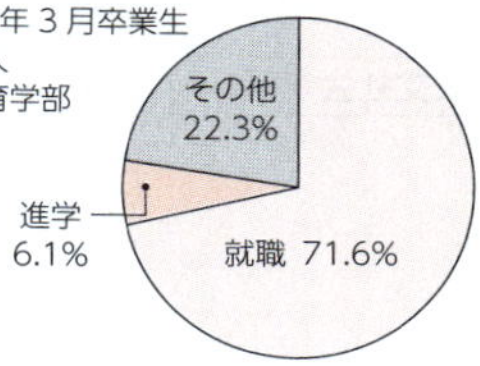

主なOB・OG▶［旧法文］稲嶺 進（元名護市長），［旧法文］目取真俊（小説家），［旧法文］松本哲治（浦添市長），［農］中江裕司（映画監督）など。

国際化・留学　大学間 88 大学等・部局間 40 大学等

受入れ留学生数▶75名（2022年5月1日現在）
留学生の出身国▶中国，韓国，ベトナム，マレーシア，ネパール，モンゴルなど。
外国人専任教員▶教授10名，准教授15名，講師２名（2022年５月１日現在）
外国人専任教員の出身国▶アメリカ，中国，韓国，ドイツ，フランス，スペインなど。
大学間交流協定▶88大学・機関（交換留学先80大学，2022年４月５日現在）
部局間交流協定▶40大学・機関（交換留学先23大学，2022年４月５日現在）
海外への留学生数▶渡航型50名・オンライン型53名／年（11カ国・地域，2021年度）
海外留学制度▶大学間交流協定締結校への留学を１年間以内（学期単位）の期間で実施。留学先の大学検定料，入学料，授業料は免除（琉球大学の授業料は納入）。留学先での経済的支援として，琉球大学後援財団からの奨学金受給が可能。また，全学部対象の海外職場体験（1～3年次）や海外文化研修，理学部を対象とした韓国の済州大学校自然科学大学（学部）との学生相互交流プログラムや，医学部対象の医療援助活動の体験学習やラオス健康科学大学との交流による「医学生人材育成支援事業」など，各学部の専門内容に関連した独自の留学プログラムも組まれている。コンソーシアムはISEP，UMAPなど５つに参加している。

学費・奨学金制度　給付型奨学金総額 年間 1,165 万円

入学金▶282,000円（夜間学部141,000円）
年間授業料（施設費等を除く）▶535,800円（夜間学部267,900円）
年間奨学金総額▶11,650,000円
年間奨学金受給者数▶233人
主な奨学金制度▶経済的に困窮している学生に年間授業料の1/4相当額を給付する「琉球大学修学支援基金学資金支援事業」や琉球大学後援財団による「特別学生支援奨学金」を設置。また，学費減免制度があり，2021年度には778人を対象に総額で約9,804万円を減免している。

保護者向けインフォメーション

● **成績確認**　成績表を保護者に郵送している。
● **防災対策**　入学時に「安全衛生マニュアル」を配布。被災した際の学生の安否は，メールを利用して確認する。
● **コロナ対策１**　ワクチンの職域接種を実施。感染状況に応じた６段階のBCP（行動指針）を設定。「コロナ対策２」（下段）あり。

インターンシップ科目	必修専門ゼミ	卒業論文	GPA制度の導入の有無および活用例	１年以内の退学率	標準年限での卒業率
全学部で開講している	医学部を除き３・４年次に実施している	学部学科により異なる	全学部で奨学金等対象者の選定基準，留学候補者の選考，履修上限単位数の設定，一部の学部で進級判定，大学院入試の選抜基準，個別の学修指導に活用	0.6%	74.1%（４年制）84.1%（６年制）

● コロナ対策２　対面授業とオンライン授業を感染状況に応じて併用。講義室の収容人数を調整するとともに，入口で検温と消毒を実施。学生への経済的支援を行うほか，相談窓口を開設。

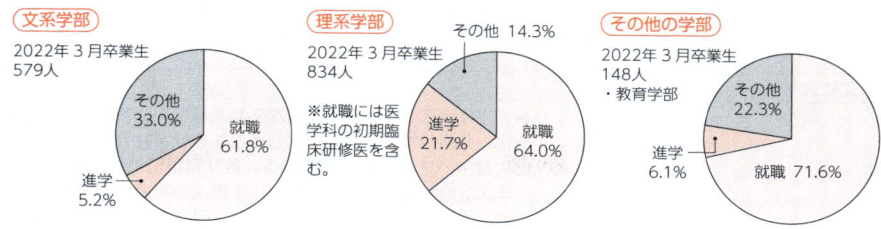

学部紹介

学部／学科・課程	定員	特色
人文社会学部		
		▶人文社会系の専門知識と学際的知を基盤に，多様な社会や文化と共生しつつ，沖縄をはじめとする地域社会の持続的発展に貢献できる人材を養成する。各学科単位で募集を行い，1年次は合格した学科に所属し，1年次後学期を終了した時点で，本人の希望と1年次の成績等に基づき各プログラムに配属を決定する。
国際法政	80	▷法学，政治・国際関係学の2プログラム。
人間社会	80	▷哲学・教育学，心理学，社会学の3プログラム。
琉球アジア文化	40	▷歴史・民俗学，言語学，文学の3プログラム。
● 取得可能な資格…教職（国・公），学芸員など。 ● 進路状況…………就職60.8%　進学8.0%（旧法文学部実績を含む） ● 主な就職先………沖縄県庁，沖縄総合事務局，国税専門官，東京国税局，沖縄防衛局，那覇市役所，沖縄タイムス社，沖縄テレビ放送，KADOKAWA，琉球銀行，シティグループ証券など。		
国際地域創造		
		▶グローバルとローカルを併せ持つ視野によって，地域社会における現代的課題の解決や国内外の産業・文化の振興に寄与できる人材を育成する。学科単位で募集を行い，本人の希望と成績等に基づき，昼間主は2年次後期より，夜間主は2年次前期より各プログラムに配属する。
国際地域創造	345	▷［昼間主コース］観光地域デザイン（60名），経営（60名），経済学（65名），国際言語文化（48名），地域文化科学（32名）の5プログラム，［夜間主コース］経営（20名），経済学（30名），国際言語文化（30名）の3プログラム。
● 取得可能な資格…教職（地歴・社・英），学芸員。 ● 進路状況…………就職62.8%　進学2.4%（旧観光産業科学部実績を含む） ● 主な就職先………沖縄県庁，沖縄県警察，那覇市役所，内閣府，琉球放送，沖縄銀行，琉球銀行，大同火災海上保険，イオン琉球，星野リゾート，カヌチャベイリゾートなど。		
教育学部		
学校教育教員養成	140	▷小学校教育コース・学校教育専攻（教育実践学専修・子ども教育開発専修）／教科教育専攻（国語・社会科・数学・理科・音楽・美術・保健体育・技術・生活科学・英語の各教育専修），中学校教育コース・教科教育専攻（国語・社会科・数学・理科・音楽・美術・保健体育・技術・生活科学・英語の各教育専修），特別支援教育コースの教育体制により沖縄の教育課題を克服し，特性を生かした学校教育を担う専門家を育成する。
● 取得可能な資格…教職（国・地歴・公・社・数・理・音・美・工芸・保体・技・家・工業・英，小一種，幼一種，特別支援），司書教諭，学芸員など。 ● 進路状況…………就職71.6%　進学6.1% ● 主な就職先………県内外学校教員，沖縄県庁，那覇市役所，財務省税関，琉球銀行，沖縄県教育委員会，沖縄県立盲学校，バンコク日本人学校，ニチイケアパレスなど。		

キャンパスアクセス［千原キャンパス］［上原キャンパス］いずれも那覇バスターミナルより路線バスで40～50分

理学部		
数理科	40	▷現代社会を支える情報・科学技術の発展に寄与する数学の専門家を養成する。
物質地球科	65	▷物質・素粒子・宇宙から大気圏・水圏・岩石圏まで広範囲な物理・地学の専門を学ぶ。
海洋自然科	95	▷亜熱帯島嶼・海洋地域の特性を生かした教育により，人と自然の共生に寄与できる人材を育成する。
● **取得可能な資格**…教職（数・理），学芸員，測量士補など。 ● **進路状況**…………就職47.7%　進学27.8% ● **主な就職先**………沖縄県庁，気象庁，沖縄気象台，那覇市役所，沖縄総合事務局，創和ビジネス・マシンズ，沖縄銀行，琉球銀行，西日本シティIT証券，凸版印刷など。		
医学部		
医	112	▷基礎医学と臨床医学の基礎知識や技能を学ぶとともに，豊かな人間性を兼ね備えた「信頼される医師」を育む。
保健	60	▷看護学または検査技術学のいずれかのコースを選択。生命尊重の倫理観と科学的根拠に基づく実践力を持った研究・教育者をめざす。
● **取得可能な資格**…教職（養護一種），医師・看護師・保健師・助産師・臨床検査技師受験資格など。 ● **進路状況**…………［医］初期臨床研修医99.1%　［保健］就職77.8%　進学9.5% ● **主な就職先**………［保健］沖縄県庁，沖縄県立病院，沖縄県立南部医療センター・こども医療センター，琉球大学病院，ハートライフ病院，南部徳洲会病院，慶應義塾大学病院など。		
工学部		
工	350	▷学際的なカリキュラム体系により，従来の枠にとらわれない幅広い視野，基礎学力と専門技術力，社会的ニーズに対応できる実践力を身につける。大学院博士前期課程を含む6年一貫教育グローバルエンジニアプログラムも設置し，国際的に貢献できる高度専門技術者を養成する。機械工学，エネルギー環境工学，電気システム工学，電子情報通信，社会基盤デザイン，建築学，知能情報の7コース。
● **取得可能な資格**…教職（情・工業），技術士補，測量士補，1・2級建築士受験資格など。 ● **進路状況**…………就職61.6%　進学26.2% ● **主な就職先**………沖縄県庁，海上保安庁，那覇市役所，ソフトバンク，三菱電機システムサービス，九電工，大東建託，沖縄電力，アルプス技研，古河電工パワーシステムズなど。		
農学部		
亜熱帯地域農	35	▷国際的な視点で地域の農林畜産業の振興を促し，農業と地域社会の共生の仕組みを構築できる人材を育成。
亜熱帯農林環境科	35	▷生物多様性の価値を理解して，琉球弧や地球レベルの生態系保全に貢献できる人材を養成。
地域農業工	25	▷食糧資源・エネルギー・環境が調和した持続可能な低炭素型社会の構築をめざす。
亜熱帯生物資源科	45	▷生物機能開発学，食品機能科学，発酵・生命科学，健康栄養科学の4コース。
● **取得可能な資格**…教職（農，栄養二種），樹木医補，測量士補，栄養士，管理栄養士受験資格など。 ● **進路状況**…………就職56.7%　進学25.5% ● **主な就職先**………沖縄県庁，沖縄総合事務局，那覇市役所，植物防疫所，農林水産省，アルプス技研，山崎製パン，沖縄電力，沖縄県農業協同組合，ホクレン肥料など。		

▶キャンパス

人文社会・国際地域創造・教育・理・工・農……［千原キャンパス］〒903-0213 沖縄県中頭郡西原町字千原1
医……［上原キャンパス］〒903-0215 沖縄県中頭郡西原町字上原207

2023年度入試要項（前年度実績）

●募集人員

学部／学科・課程（専攻等）	前期	後期
▶人文社会 国際法政	50	14
人間社会	41	18
琉球アジア文化	25	9
▶国際地域創造 国際地域創造［昼］（国際的思考系）	60	15
（論理的思考系）	90	20
（数学的思考系）	30	—
［夜］（国際的思考系）	20	5
（論理的思考系）	24	8
▶教育 学校教育（小学校／学校教育）	35	—
（小学校／教科教育）	25	—
（中学校／教科教育・国語）	4	—
（中学校／教科教育・社会科）	3	—
（中学校／教科教育・数学）	5	—
（中学校／教科教育・理科）	5	—
（中学校／教科教育・音楽）	3	—
（中学校／教科教育・美術）	3	—
（中学校／教科教育・保健体育）	3	—
（中学校／教科教育・技術）	2	—
（中学校／教科教育・生活科学）	3	—
（中学校／教科教育・英語）	2	—
（特別支援）	8	—
▶理 数理科	30	10
物質地球科（物理系）	28	7
（地学系）	19	3
海洋自然科（化学系）	27	10
（生物系）	37	10
▶医 医	70	25
保健	41	10
▶工 工	206	40
▶農 亜熱帯地域農	22	5
亜熱帯農林環境科	22	5
地域農業工	16	2
亜熱帯生物資源科	23	4
（健康栄養科学）	8	—

●2段階選抜

医学部医学科で志願者数が募集人員の前期約5倍，後期約10倍を超えた場合に行うことがある。

試験科目

デジタルブック ≫≫

偏差値データ（2023年度）

●一般選抜

学部／学科・課程／専攻等	2023年度 駿台予備学校 合格目標ライン	2023年度 河合塾 ボーダー得点率	2023年度 河合塾 ボーダー偏差値	'22年度 競争率
●前期				
▶人文社会学部				
国際法政	44	59%	45	1.7
人間社会	43	58%	—	2.5
琉球アジア文化	45	57%	—	2.0
▶国際地域創造学部				
国際地域創造［昼］（国際的思考）	44	57%	45	2.3
（論理的思考）	43	58%	—	2.1
（数学的思考）	44	57%	45	2.2
［夜］（国際的思考）	41	51%	42.5	2.1
（論理的思考）	40	52%	—	5.0
▶教育学部				
学校教育／小学校（学校教育）	44	54%	—	2.3
／小学校（教科教育）	42	54%	45	1.8
／中学校（教科教育・国語）	45	57%	47.5	3.5
／中学校（教科教育・社会科）	44	57%	—	5.0
／中学校（教科教育・数学）	45	51%	45	1.4
／中学校（教科教育・理科）	45	51%	45	1.6
／中学校（教科教育・音楽）	41	46%	—	2.0
／中学校（教科教育・美術）	39	44%	—	1.0
／中学校（教科教育・保健体育）	41	50%	—	1.0
／中学校（教科教育・技術）	42	45%	42.5	2.0
／中学校（教科教育・生活科学）	41	48%	—	2.7
／中学校（教科教育・英語）	46	57%	50	2.5
／特別支援	42	46%	—	1.3

▶理学部				
数理科	43	52%	45	2.0
物質地球科(物理系)	42	48%	42.5	1.7
(地学系)	42	48%	42.5	—
海洋自然科(化学系)	42	51%	42.5	1.5
(生物系)	44	53%	45	2.1
▶医学部				
医	61	74%	62.5	4.2
保健	47	52%	47.5	2.1
▶工学部				
工	41	47%	40	1.6
▶農学部				
亜熱帯地域農	45	48%	45	1.4
亜熱帯農林環境科	46	49%	45	1.9
地域農業工	44	47%	42.5	2.1
亜熱帯生物資源科	46	50%	45	1.9
／健康栄養科学	45	47%	45	2.3
●後期				
▶人文社会学部				
国際法政	43	62%	—	2.0
人間社会	44	61%	—	2.0
琉球アジア文化	46	60%	—	2.1
▶国際地域創造学部				
国際地域創造[昼] (国際的思考)	45	59%	—	2.6
(論理的思考)	44	59%	—	3.1
[夜] (国際的思考)	42	53%	—	1.6
(論理的思考)	41	54%	—	10.9
▶理学部				
数理科	45	58%	47.5	4.9
物質地球科(物理系)	43	56%	—	2.7
(地学系)	42	55%	—	1.0
海洋自然科(化学系)	43	57%	—	1.6
(生物系)	45	58%	—	2.9
▶医学部				
医	61	79%	—	4.9
保健	47	58%	—	2.9
▶工学部				
工	43	55%	—	4.7
▶農学部				
亜熱帯地域農	46	51%	—	1.8
亜熱帯農林環境科	47	51%	—	3.6
地域農業工	45	50%	—	1.8
亜熱帯生物資源科	47	53%	—	3.0

- 駿台予備学校合格目標ラインは合格可能性80％に相当する駿台模試の偏差値です。
- 河合塾ボーダー得点率は合格可能性50％に相当する共通テストの得点率です。また，ボーダー偏差値は合格可能性50％に相当する河合塾全統模試の偏差値です。
- 競争率は受験者÷合格者の実質倍率
- 医学部医学科の後期は２段階選抜を実施。

公立大学

掲載 19 校

宮城大学

資料請求

問合せ先 アドミッションセンター ☎022-377-8333

大学の理念

1997（平成９）年に開学。1952（昭和27）年に県内初の高等教育施設として開学した宮城県立農業短期大学を2004（平成16）年に「食産業学部」として統合。「ホスピタリティとアメニティの究明と実現」をめざし，「高度な実学に基づき，豊かな人間性，高度な専門性及び確かな実践力を身につけ，グローバルな視点で地域社会の発展に貢献できる人材を育成するとともに，学術・文化の向上と豊かで活力のある地域社会の形成に寄与する」ことを大学の理念とする。2022年度から食資源開発学類を生物生産学類に改組し，加速する社会変化に柔軟に対応できるカリキュラムを導入。また，基盤教育においても更なる充実を図り，AIやデータサイエンスへの対応力の拡大や地域に根づいた人材育成を強化する新しいプログラムを展開している。

- **大和キャンパス**……〒981-3298　宮城県黒川郡大和町学苑1-1
- **太白キャンパス**……〒982-0215　宮城県仙台市太白区旗立2-2-1

基本データ

学生数▶1,812名（男570名，女1,242名）
専任教員数▶教授58名，准教授38名，講師12名

設置学群▶看護，事業構想，食産業
併設教育機関▶大学院一看護学・事業構想学・食産業学（以上M・D）

就職・卒業後の進路

就職率 97.9%
就職者÷希望者×100

● **就職支援**　各学群の特性に合った進路支援を実施。看護学群では，１年次からのキャリアガイダンスを通して将来設定やその目標への取り組み方を指導するほか，「公務員セミナー」「養護教諭セミナー」の開催や，看護師や保健師の国家試験対策も含めた進路選択のバックアップを展開。事業構想学群および食産業学群では「キャリアデザイン」「キャリア開発」科目と連動し，多様なインターンシップ・プログラムを実施。専門分野別のプログラムも提供。また，公募型インターンシップや学生向けビジネスコンテストなどの情報提供も積極的に行っている。キャリア開発室は大和と太白の両キャンパスに設置されて

進路指導者も必見 学生を伸ばす 面倒見

初年次教育	学修サポート
「地域フィールドワーク」で地域課題の発見とその解決に取り組み，主体的な学びに向けた動機づけを行うほか，「スタートアップセミナーⅠ・Ⅱ」「コンピューターリテラシー」を開講し，初年次教育を実施	全学部でTA・SA制度を導入。さらに教員のアドレスを公開し，いつでもアポイントがとれる体制となっている。また，スタートアップセミナーのクラス（20～30人）担当教員が修学サポートや相談に応じている

オープンキャンパス（2022年度実績） 7月にオープンキャンパスを開催（完全予約制）。学類の体験企画，学群ガイダンス，入試個別相談，キャンパスツアーを実施。学びの概要や模擬講義はHPの特設サイトで配信。

おり，各種情報提供のほか，ガイダンス，セミナーの開催，専門のキャリアカウンセラーが個別面談を行うなど，きめ細やかに対応している。

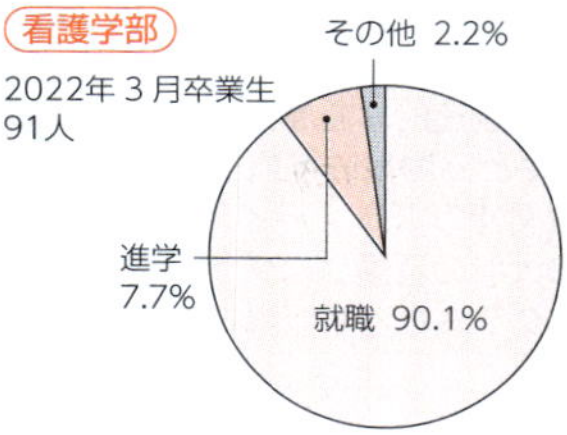

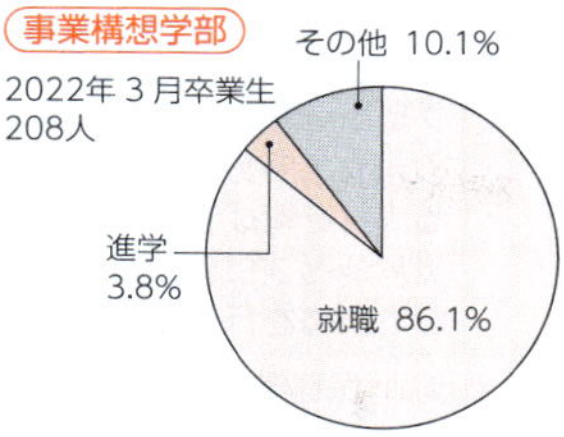

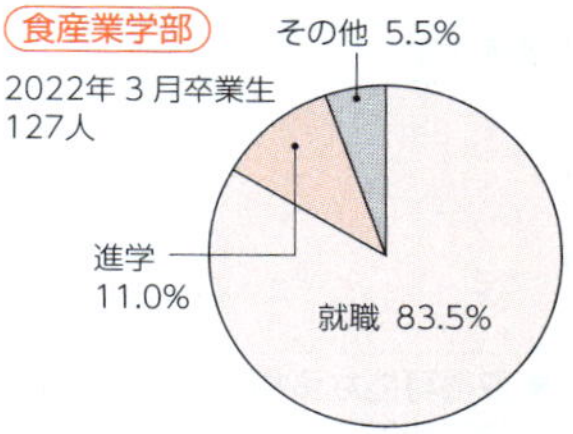

主なOB・OG▶［事業構想］若新雄純（プロデューサー），［事業構想］佐藤崇弘（実業家・LITALICO創業者）

国際化・留学　　大学間 9 大学・部局間 4 大学

受入れ留学生数▶19名（2022年5月1日）
留学生の出身国・地域▶中国，ベトナム，韓国，台湾，モンゴルなど。
外国人専任教員▶教授３名，准教授１名，講師1名（2022年5月1日現在）
大学間交流協定▶９大学（交換留学先４大学，2022年８月20日現在）
部局間交流協定▶４大学（交換留学先２大学，2022年８月20日現在）
海外への留学生数▶オンライン型7名(2021年度)
海外留学制度▶協定締結校への海外留学や短期海外研修を実施し，学内のグローバルコモンズにおいて情報提供・留学相談のほか，国際交流の推進，外国語教育支援などさまざまなサポートを行っている。交換留学では，協定校であるアーカンソー大学フォートスミス校（米国）やトゥルク応用科学大学（フィンランド）などにおいて，１学期もしくは１年程度，専攻を生かした教育プログラムを履修。また，約２週間，アジアをフィールドに現地企業や少数民族訪問を通して，アジアの生の姿に触れることができる「リアル・アジア」や，協定校であるオーストラリアのサザンクロス大学では，英語・文化研修，現地企業訪問を行う短期研修を実施。単なる英会話ではなく，英語を通して現地の社会経済状況を学修し，PBL（問題解決型学習）の手法も活用しながら実践的なプログラムを構築している。

学費・奨学金制度

入学金▶282,000円（県外564,000円）
年間授業料（施設費等を除く）▶535,800円
主な奨学金制度▶経済的理由により，本来の納付期限までに授業料の一括納付が困難な学生に対して，納付猶予または分割納付制度を設置している。

保護者向けインフォメーション

●**成績確認**　成績表および履修科目と単位数の情報を保護者に郵送している。
●**後援会**　「MYUサポーターズデイ」を開催。学群紹介や意見交換，キャンパスツアー，懇談会などを実施。年２回会報を発行し，送付。
●**防災対策**　入学時に「大地震発生時の対応について」を配布・説明。被災した際の学生の安否は安否確認システム（メールを含む）を利用。
●**コロナ対策１**　ワクチンの職域接種を実施。対面授業とオンライン授業を感染状況に応じて併用。「コロナ対策２」（下段）あり。

インターンシップ科目	必修専門ゼミ	卒業論文	GPA制度の導入の有無および活用例	１年以内の退学率	標準年限での卒業率
事業構想・食産業学群で開講している	看護学群は４年次，事業構想・食産業学群は３・４年次に実施	全学群で卒業要件	奨学金等対象者の選定基準，個別の学修指導のほか，事業構想・食産業学群で学類配属の選考に活用	NA	NA

●**コロナ対策２**　大学や講義室入口で消毒，講義室収容人数の調整，空調などの環境整備，カードリーダーで在館時間管理を行うほか，相談窓口を開設。また，オンライン授業用の教室を設置し，遠隔システムを整備。

学部紹介

学群／学類	定員	特色
看護学群		
看護	95	▷ヒューマンケアを中核とした創造的な看護を展開し，地域の人々，多分野・異文化の人々と協働して学際的に活躍できる人材を育成する。災害看護関連のボランティア活動を行う災害看護プログラムや海外の大学の看護プログラムや医療機関で研修を行う国際看護プログラムなども開講している。
● 取得可能な資格…教職（養護一種），看護師・保健師受験資格など。 ● 進路状況…………就職90.1％　進学7.7％ ● 主な就職先………東北大学病院，東北医科薬科大学病院，仙台市立病院，宮城県立こども病院，国立病院機構仙台医療センター，JCHO仙台病院など。		
事業構想学群		
	200	▶地域の歴史，特性を踏まえ，新たな価値の創造，事業の計画・運営で地域の活性化をめざす。２年次より学類に配属。
事業プランニング	(60)	▷現実の社会で顕在化している諸問題を分析し，新たなビジネスモデルの構築と運営できる能力を育成する。「事業戦略」と「事業管理」の２コースを設定。
地域創生	(60)	▷社会課題解決に寄与する事業創造や地域政策の根拠を導く科学的分析手法を学び，ソーシャル・イノベーション創出の原動力となり，社会に貢献する人材を育てる。
価値創造デザイン	(80)	▷人間の感性や地域の資源に応じた新しい価値を創造できるサービス・生活環境・製品を探求創造する能力（価値創造デザイン力）を育成する。
● 取得可能な資格… 1・2級建築士受験資格など。 ● 進路状況…………就職86.1％　進学3.8％ ● 主な就職先………トランスコスモス，東北博報堂，日立ソリューションズ東日本，清水建設，SCSK Minoriソリューションズ，イオンリテールなど。		
食産業学群		
	125	▶食産業全般について広く学び，自分の関心や将来像に合わせて２年次に各学類に分属，専門性を深める。
生物生産	(62)	▷2022年度改組。バイオサイエンス，植物・動物・水圏生物の生産科学からIoTやAIを活用する生産環境情報，生産ビジネスまで，食の生産を網羅する多様な分野を広く，深く学び，生産のイノベーションで食の未来を創造する。
フードマネジメント	(63)	▷フードシステムの構築に必要なサイエンスとビジネスの両面の知識・技術を養い，科学的素養に基づきながら地域資源を活用し，国際的視点で食産業の課題解決をめざす。
● 進路状況…………就職83.5％　進学11.0％ ● 主な就職先………青葉化成，国分東北，アイリスオーヤマ，伊藤ハムデイリー，イオン東北，カメイ，岩下食品，キユーピーなど。		

▶キャンパス

看護・事業構想……［大和キャンパス］ 宮城県黒川郡大和町学苑1-1
食産業……［太白キャンパス］ 宮城県仙台市太白区旗立2-2-1

 キャンパスアクセス ［大和キャンパス］ 仙台市営地下鉄—泉中央よりバス約30～35分

2023年度入試要項（前年度実績）

●募集人員

学群／学類		前期	後期
▶看護	看護	48	10
▶事業構想	事業プランニング	100	20
	地域創生		
	価値創造デザイン		
▶食産業	生物生産	62	12
	フードマネジメント		

※事業構想学群，食産業学群は学群単位で募集，２年進級時に学類を決定する。

● **２段階選抜**　実施しない

試験科目

デジタルブック ≫

偏差値データ（2023年度）

●一般選抜

学群／学類	2023年度 駿台予備学校 合格目標ライン	2023年度 河合塾 ボーダー得点率	2023年度 河合塾 ボーダー偏差値	'22年度 競争率
●前期				
▶看護学群				
看護	46	54%	45	1.5
▶事業構想学群				
（学群一括募集）	45	55%	45	2.1
▶食産業学群				
（学群一括募集）	46	52%	45	2.4
●後期				
▶看護学群				
看護	47	59%	47.5	2.9
▶事業構想学群				
（学群一括募集）	46	59%	50	3.9
▶食産業学群				
（学群一括募集）	48	54%	47.5	5.6

- 駿台予備学校合格目標ラインは合格可能性80%に相当する駿台模試の偏差値です。
- 河合塾ボーダー得点率は合格可能性50%に相当する共通テストの得点率です。また，ボーダー偏差値は合格可能性50%に相当する河合塾全統模試の偏差値です。
- 競争率は受験者÷合格者の実質倍率

キャンパスアクセス ［太白キャンパス］ 仙台市営地下鉄一長町南よりバス約20分

国際教養大学

資料請求

問合せ先　アドミッションズ・オフィス　☎018-886-5931

大学の理念

2004年設立。国境を越えて未来を切り拓ける力を育てようと,「国際教養（International Liberal Arts)」という新しい教学理念を掲げ,「英語をはじめとする外国語の卓越したコミュニケーション能力と豊かな教養，グローバルな視野を伴った専門知識を身につけた実践力のある人材を養成し，国際社会と地域社会に貢献する」ことを使命とする。英語に特化したユニークな教育が特徴で，教員の約半数が外国出身者，授業はすべて英語，１年間の海外留学の義務づけ，多数の留学生が集うキャンパスなど国際色に溢れている。１年次は全寮制も義務づけられる。2021年４月，科学と人間社会の接続性を学ぶ「グローバル・コネクティビティ領域」を新設し，科学技術・社会創造，持続可能性の分野を拡充。世界標準の国際教養教育は進化し続けている。

● AIUキャンパス…〒010-1292　秋田県秋田市雄和椿川字奥椿岱

基本データ

学生数▶841名（男275名，女566名）
専任教員数▶教授13名，准教授21名，講師８名

設置学部▶国際教養
併設教育機関▶大学院（P.1605参照）

就職・卒業後の進路

就職率 100%
就職者÷希望者×100

●**就職支援**　キャリア開発センターが，キャリア・カウンセリング，インターンシップ,「仕事研究会」など多彩な進路選択支援を行っている。仕事研究会では，企業の人事採用担当者が各企業強み，業界の動向，求められる人材像などを詳しく紹介。秋田にいても日本を代表する企業への就職に有利な，大都市の学生もうらやむ環境がある。国際的な視野と教養，語学力，留学経験を買われ，世界を舞台に事業を展開する企業などに就職する学生も少なくない。「キャリア・デザイン」を必修科目とし，１年次からキャリア意識を高めるキャリア教育を提供。アカデミック・キャリア支援センターでは，進学相談，ワークショップ，特別講演，講習会などを通じて，国内外の大学院などへの進学も支援している。

進路指導者も必見 学生を伸ばす 面倒見

初年次教育	学修サポート
「オリエンテーション」で自校教育，学問や大学教育全体に対する動機づけを行うほか,「英作文」「図書館調査手法序論」「コンピューターリテラシー」を開講し，初年次教育を実施	TA・SA制度，オフィスアワー制度を導入し，学生約17人に1人の教員アドバイザーを配置。さらに学修達成センターで個別学修支援やライティングのワークショップを実施

オープンキャンパス（2022年度実績）　オープンキャンパスは事前予約制による「来場型」「リアルタイム配信型」と，特設ウェブサイト上からの「オンデマンド型」の複数形式で開催。

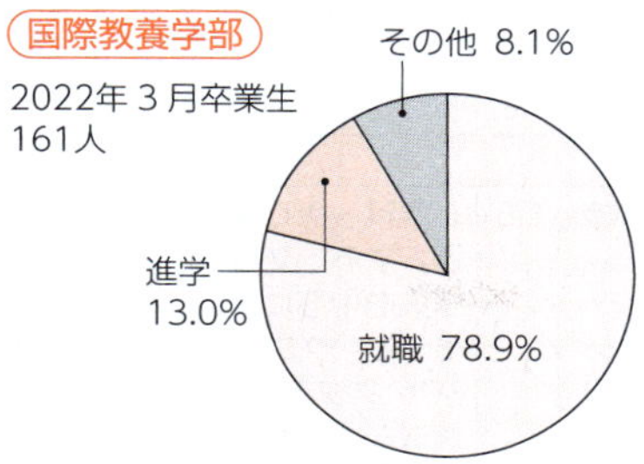

国際化・留学　大学間 201 大学

受入れ留学生数▶25名（2022年５月１日現在）
留学生の出身国・地域▶韓国，台湾，ブラジル，フィリピン，ウガンダなど。
外国人専任教員▶教授６名，准教授10名，講師５名（2022年５月１日現在）
大学間交流協定▶201大学（交換留学先195大学，2022年９月１日現在）
海外への留学生数▶渡航型147名，オンライン型16名／年（32カ国・地域，2021年度）
海外留学制度▶１年間の留学が必修科目。単なる語学の修得ではなく，留学先大学で専門課程を学び単位を修得しながら，英語や第三言語の力を磨くが目的。通常２年次冬から３年次秋に出発。提携大学への交換留学の場合，１つの大学に１～３名程度の少人数派遣となる。留学先での授業料は，一部の大学を除き，国際教養大学に授業料を納めることで免除される。出発前にアカデミック・アドバイザーと相談し，興味のある分野や将来の夢を考慮しながら，留学先での履修科目を決定し，所定の成績を修めることで，卒業に必要な単位として認定され，４年間での卒業が可能となる。コンソーシアムはUMAPに参加している。

学費・奨学金制度　給付型奨学金総額 年間約 1,551 万円

入学金▶282,000円（県外者423,000円）
年間授業料（施設費等を除く）▶696,000円
年間奨学金総額▶15,514,700円
年間奨学金受給者数▶延べ200人
主な奨学金制度▶当該学期の翌学期に，大学が認める１年間の交換留学に出発する学生のうち成績優秀者を対象に，10万円を給付する「AIU留学時成績優秀者報奨奨学金」や，秋田県出身学生奨学金「わか杉奨学金」，県外出身学生奨学金「修学支援奨学金」，「AIUアンバサダー奨励金」などを設置。このほか，大学独自の授業料の減免制度もある。

保護者向けインフォメーション

●**オープンキャンパス**　通常のオープンキャンパス時に保護者向けの説明会を実施。
●**成績確認**　成績表を保護者に郵送している。
●**保護者会**　例年，地域別懇談会を開催し，大学の近況報告や留学・就職情報などを説明している。保護者の会会報も発行している。
●**防災対策**　被災した際の学生の安否はポータルサイトを利用して確認する。
●**コロナ対策１**　感染状況に応じた５段階のBCP（行動指針）を設定。「コロナ対策２」（下段）あり。

インターンシップ科目	必修専門ゼミ	卒業論文	GPA制度の導入の有無および活用例	１年以内の退学率	標準年限での卒業率
開講している	３・４年次に実施	卒業要件	奨学金等対象者の選定，留学候補者の選考，進級判定・退学勧告・卒業判定の基準，個別の学修指導などに活用	2.2%	40.4%

●**コロナ対策２**　対面授業とオンライン授業を感染状況に応じて併用するとともに，大学および講義室入口での検温と消毒，空調などの環境を整備し，講義室の収容人数を調整。

学部紹介

学部／学科	定員	特色
国際教養学部		
国際教養	175	▷学科一括で募集し，２年次秋学期までにいずれかの領域を選択する。グローバル・ビジネス領域は，経済学およびビジネスを中心に幅広い教育を提供し，創造力，批判的思考力，そして，グローバルな視点を備えた人材を育成する。グローバル・スタディ領域は，各国・地域の歴史，文化，社会，政治，経済をはじめ，多国家間・地域間の関係，国際機関・国際組織の機能と役割，地球規模の現象や問題に関するさまざまな知識の蓄積と深化により，柔軟な考察・分析力を磨く。グローバル・コネクティビィティは，人，文化とコミュニケーションと最先端技術に関連する科目群を通して，両者における接続性(コネクティビティ)を学び，これからの社会創造を洞察する力を身につける。

● **取得可能な資格**…教職(英)。　● **進路状況**…就職78.9%　進学13.0%
● **主な就職先**………ソニー，旭化成，三菱重工，鹿島建設，P&Gジャパン，三菱商事，伊藤忠商事，三菱UFJ銀行，東京海上日動火災保険，日本放送協会，日本貿易振興機構など。

▶キャンパス

国際教養……［AIUキャンパス］秋田県秋田市雄和椿川字奥椿岱

2023年度入試要項(前年度実績)

●募集人員

学部／学科		一般A	一般B	一般C	学校推薦型	総合型Ⅰ	総合型Ⅱ
▶国際教養	国際教養	55	40	5	35	10	5

※一般選抜は独自の日程で実施。
※一般選抜の不合格者のうち，成績上位者で，勉学意欲に満ち，入学を強く希望する者を「特別科目等履修生」として登録し，１年間の履修成績によって，次年度，編入学・転入学試験を経て，正規学生(２年次)となる制度(特別科目等履修生制度)がある。募集人員は若干名。

●２段階選抜　実施しない

▷共通テストの英語はリスニングを含む。
▷一般選抜A・B・C日程において英語資格保持者への特例措置あり。TOEFL iBT®72点以上，TOEIC®L&R＋S&W1200点以上，英検準1級以上，GTEC CBT・Advanced1200点以上，TEAP 360点以上，TEAP CBT760点以上，ケンブリッジ英検176点以上，またはIELTS™バンド6.5以上のスコアまたは等級で共通テストの英語(受験は必須)を満点とする。

国際教養学部

A日程　**［共通テスト(500)］**　**7～6科目**　①国(100)　②**外**(R80＋L20)▶英　③④**地歴・公民**(100)▶世Ｂ・日Ｂ・地理Ｂ・現社・倫・政経・「倫・政経」から1　⑤**数**(100)▶数Ⅰ・「数Ⅰ・数Ａ」・数Ⅱ・「数Ⅱ・数Ｂ」から1　⑥⑦**理**(100)▶「物基・化基・生基・地学基から２」・物・化・生・地学から１

［個別学力検査(200)］　**2科目**　①**国**(100)▶国総・国表・現文Ｂ(近代)　②**外**(100)▶コミュ英Ⅰ・コミュ英Ⅱ・コミュ英Ⅲ・英表Ⅰ・英表Ⅱ

B日程　**［共通テスト(300)］**　**4～3科目**　①**外**(R80＋L20)▶英　②③④**国・「地歴・公民」・数・理**(100×2)▶国・「世Ｂ・日Ｂ・地理Ｂ・現社・倫・政経・〈倫・政経〉から１」・「数Ⅰ・〈数Ⅰ・数Ａ〉・数Ⅱ・〈数Ⅱ・数Ｂ〉から１」・「〈物基・化基・生基・地学基から２〉・物・化・生・地学から１」から２

［個別学力検査(200)］　**2科目**　①**国**(100)▶国総・国表・現文Ｂ(近代)　②**外**(100)▶コミュ英Ⅰ・コミュ英Ⅱ・コミュ英Ⅲ・英表Ⅰ・英

キャンパスアクセス［AIUキャンパス］ＪＲ奥羽本線―和田よりバス15分

表Ⅱ

C日程　[共通テスト(200)]　1科目　①外(R160＋L40)▶英
[個別学力検査(200)]　1科目　①英語小論文(200)
学校推薦型　[共通テスト]　課さない。
[個別学力検査]　2科目　①英語小論文 ②面接(日本語および英語)
※書類審査，英語小論文および面接の結果を総合して判定。
総合型選抜入試Ⅰ(4月入学)　[共通テスト]　課さない。
[個別学力検査]　2科目　①英語小論文 ②面接(日本語および英語)
※書類審査，英語小論文および面接の結果を総合して判定。
総合型選抜入試Ⅱ(9月入学)　[共通テスト]　課さない。
[個別学力検査]　2科目　①英語小論文 ②面接(日本語および英語)
※書類審査，英語小論文および面接の結果を総合して判定。

その他の選抜

外国人留学生入試Ⅰ・Ⅱ，社会人入試，グローバル・セミナー入試，グローバル・ワークショップ入試，ギャップイヤー入試(9月入学)。

偏差値データ　(2023年度)

● 一般選抜

＊共通テスト・個別計/満点

学部	2023年度 駿台予備学校 合格目標ライン	2023年度 河合塾 ボーダー得点率	2023年度 河合塾 ボーダー偏差値	2022年度実績 募集人員	受験者数	合格者数	合格最低点＊	競争率 '22年	競争率 '21年
●A日程									
国際教養学部									
(学部一括募集)	61	80%	67.5	55	319	104	—	3.1	3.0
●B日程									
国際教養学部									
(学部一括募集)	59	88%	70	40	348	48	—	7.3	8.0
●C日程									
国際教養学部									
(学部一括募集)	60	98%	—	5	186	5	—	37.2	36.6

●駿台予備学校合格目標ラインは合格可能性80%に相当する駿台模試の偏差値です。　●競争率は受験者÷合格者の実質倍率
●河合塾ボーダー得点率は合格可能性50%に相当する共通テストの得点率です。
また，ボーダー偏差値は合格可能性50%に相当する河合塾全統模試の偏差値です。

併設の教育機関　大学院

グローバル・コミュニケーション実践研究科

教員数▶10名
院生数▶55名
専門職学位課程 ●グローバル・コミュニケーション実践専攻　日本語または英語による高度なコミュニケーションを行うための理論と実践に関わる知識と技能を身につけ，グローバル社会においてコミュニケーションの分野で活躍できる高度専門職業人を養成する。「英語教育実践領域」「日本語教育実践領域」「発信力実践領域」の3領域を設定。日本語教育実践領域の専門科目を除き，授業は英語で行われる。

高崎経済大学

資料請求

問合せ先 入試広報グループ入試チーム ☎027-344-6265

大学の理念

1952（昭和27）年，高崎市が創立した市立短期大学を1957（昭和32）年に市立大学として開設。東京から約100㎞に位置し，交通網も発達した恵まれた立地と，市街地の深い緑に囲まれた学習環境にあり，全国から学生が集い，卒業後のネットワークも日本各地に広まる数少ない全国型の公立大学として知られる。変化の時代を迎えた現代にあって，学生には新しい状況を正しく把握し，その理解に基づいて自らの行動を選択していく力を求め，その力の発揮を支える広い教養と深い専門知識を培うことを教育目的とする。また，グローバル化や情報化社会に対応したネットワーク環境やeラーニングなど充実の設備とともに英語教育にも注力。さらに，地域社会の実態を直接学ぶゼミナール教育を重視し，「地域に根を張り，世界と交流する知の拠点」をめざしている。

● 高崎経済大学キャンパス……〒370-0801　群馬県高崎市上並榎町1300

基本データ

学生数▶4,039名

専任教員数▶教授58名，准教授45名，講師5名

設置学部▶経済，地域政策

併設教育機関▶大学院―経済・経営，地域政策（以上M・D）

就職・卒業後の進路

就 職 率 **98.8**%
就職者÷希望者×100

● **就職支援**　入学時からの体系的な支援の積み上げで，希望する未来にぐっと近づけるよう，「キャリア形成年次ピラミッド（キャリア支援指針）」を策定し，各学年に応じたさまざまな事業を展開している。キャリア支援センターにおいて，各種ガイダンス・講座の開催や，求人やインターンシップなどの情報提供を行い，就職活動を全方位でサポート。「公務員試験対策講座」や「エントリーシート対策講座」「SPI対策講座」「ビジネスマナー講座」「面接対策講座」など多種多様なセミナーが随時実施されている。また，県内外から多くの企業を集めて実施される「合同企業説明会」や，全国各地で活躍しているOB・OGの経営者・人事担当者が面接官として参加する「模擬面接」なども行われる。

進路指導者も必見 学生を伸ばす 面倒見

初年次教育

「日本語リテラシー」「初年次ゼミ」で学問や大学教育全般に対する動機づけ，レポート・論文の書き方，プレゼン技法，論理的思考や問題発見・解決能力の向上を図るほか，「情報基礎Ⅰ」を開講

学修サポート

TA・SA制度を導入。さらに，地域政策学部ではオフィスアワーを設定。また，レポート・論文の作成指導など学修に関するさまざまな相談に応じるアクティブ・ラボを設置している

オープンキャンパス（2022年度実績） 7月に来場型，8月にWeb配信型のオープンキャンパスを開催。事前申込制。学部ガイダンス，入試情報，模擬授業，ゼミナール紹介など。

文系学部
2022年３月卒業生
979人

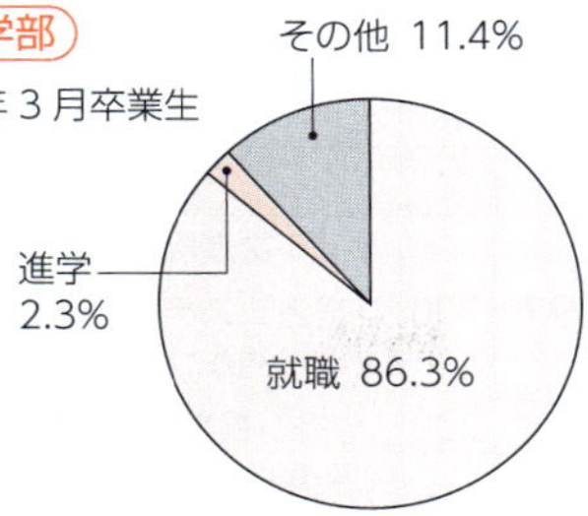

主なOB・OG ▶［経済］原田凍谷（書道家），［経済］長尾裕（ヤマトホールディングス社長），［経済］茂木三枝（中小企業診断士），［経済］猿谷哲（ランスタッド社長）など。

国際化・留学　大学間 20 大学

受入れ留学生数 ▶ 75名（2022年５月１日現在）

留学生の出身国・地域 ▶ 中国，韓国，台湾，ベトナム，モンゴルなど。

外国人専任教員 ▶ 教授１名，准教授１名，講師１名（2022年５月１日現在）

外国人専任教員の出身国 ▶ イギリス，中国，韓国。

大学間交流協定 ▶ 20大学（交換留学先６大学，2022年５月１日現在）

海外への留学生数 ▶ 渡航型９名・オンライン型１名／年（６カ国・地域，2021年度）

海外留学制度 ▶ 協定校に，原則１年間または１学期間留学し正規授業を受講する交換留学や，外国語の習得を目的とした提携校プログラム（２週間～２カ月），国際学科の学生を対象に「海外語学研修（専門）」の単位取得を目的に大学指定の語学学校へ留学する短期語学研修（約３週間）などを実施。海外への長期・短期研修を行う学生は，要件を満たせば大学の助成制度や後援会・同窓会等の補助金が利用できる。個人またはゼミ教員企画の海外フィールドワーク・ボランティア・インターンシップなども助成金の支給対象となる。

学費・奨学金制度　給付型奨学金総額 年間 876 万円

入学金 ▶ 141,000円（市外者282,000円）

年間授業料（施設費等を除く）▶ 520,800円

年間奨学金総額 ▶ 8,760,000円

年間奨学金受給者数 ▶ 11人

主な奨学金制度 ▶ 突発的に修学困難に陥った学生に10万円を給付する「高崎経済大学同窓会奨学金」「糸井ホールディングススポーツ活動奨励奨学金」などを設置。また，学費減免制度があり，2021年度には97人を対象に総額で約1,211万円を減免している。

保護者向けインフォメーション

● **成績確認**　成績表を保護者に郵送している。

● **会報誌**　「たかけい学報」を発行している。

● **後援会**　８～11月にかけて全国７カ所で後援会支部総会を開催。大学現況や就職状況の説明のを行うほか，個別相談を実施。

● **防災対策**　被災した際の学生の安否は大学HP・メール・ポータルサイトを利用して確認する。

● **コロナ対策１**　ワクチンの職域接種を実施。対面授業とオンライン授業を感染状況に応じて併用。「コロナ対策２」（下段）あり。

インターンシップ科目	必修専門ゼミ	卒業論文	GPA制度の導入の有無および活用例	１年以内の退学率	標準年限での卒業率
開講していない	全学部で２～４年次に実施	地域政策学部は卒業要件	奨学金や授業料免除対象者の選定基準として活用	0.5%	88.0%

● **コロナ対策２**　大学および講義室入口で検温と消毒を実施し，講義室の収容人数を調整。経済的に困窮している学生に緊急給付金，学生支援金，PC購入助成金，PCR検査費用などの支援を実施。

学部紹介

学部／学科	定員	特色
経済学部		
		▶2年次進級時に各学科に分かれる。
経済	200	▷経済システムの特徴的な仕組みや構造，運動のあり方などを理論的かつ実証的に分析・解明。
経営	200	▷持続・長期的に存続するために企業経営に求められる要素を多角的な視点から探究し，社会に寄与する能力を養成。
国際	80	▷国際経済・経営に関する専門的知識を修得し，語学力に支えられたコミュニケーション力，異文化に対する理解力を培い，国内外で活躍できる人材を育成。
●取得可能な資格……教職(地歴・公・社・商)。 ●進路状況……………就職85.0%　進学2.3% ●主な就職先…………メンバーズ，東日本旅客鉄道，中央労働金庫，八十二銀行，群馬銀行，群馬県信用組合，日本年金機構，トライグループ，東京国税局など。		
地域政策学部		
		▶2年次前期中にゼミと所属学科を決定。
地域政策	150	▷都市，農村，国際，地域産業・地域経済，地域行政・地方政治の5領域。行政の立場・目線で地域問題の解決策を研究。
地域づくり	150	▷地域ビジネス・能力開発，地域環境，地域福祉，コミュニティ，地域文化の5領域で構成。地方分権や地域づくりに貢献する人材を養成。
観光政策	120	▷観光政策，観光経営，国際観光，地域振興の4領域。地域開発や観光経営を担う企画・立案能力に優れた人材を育成。
●取得可能な資格…教職(地歴・公・社)，学芸員，社会教育主事任用資格など。 ●進路状況…………就職87.8%　進学2.4% ●主な就職先………東日本旅客鉄道，群馬銀行，群馬県庁，高崎市役所，FIRSTDEVELOP，西濃運輸，ネッツトヨタ高崎，日本政策金融公庫，関東信越国税局など。		

▶キャンパス

全学部……［高崎経済大学キャンパス］群馬県高崎市上並榎町1300

2023年度入試要項(前年度実績)

●募集人員

学部／学科		前期	中期	後期
▶経済	経済	140	240	—
	経営			
	国際			
▶地域政策	地域政策	200	—	100
	地域づくり			
	観光政策			

●2段階選抜　実施しない

▷共通テストの英語はリスニングを含む。

経済学部

前期　［共通テスト(400)］　5〜4科目　①外(100・英〈R50＋L50〉)▶英・独・仏・中・韓から1　②③④⑤**国・「地歴・公民」・数・理**(100×3)▶国・「世A・世B・日A・日B・地理A・地理B・現社・倫・政経・〈倫・政経〉から1」・「数Ⅰ・〈数Ⅰ・数A〉・数Ⅱ・〈数Ⅱ・数B〉・簿・情から1」・「〈物基・化基・生基・地学基から2〉・物・化・生・地学から1」から3

［個別学力検査(400)］　2科目　①②**国・外・数**(200×2)▶「国総・国表・現文A・現文B・

古典Ａ・古典Ｂ」・「コミュ英基礎・コミュ英Ⅰ・コミュ英Ⅱ・コミュ英Ⅲ・英表Ⅰ・英表Ⅱ」・「数Ⅰ・数Ⅱ・数Ａ・数Ｂ（数列・ベク）」から２

中期　[共通テスト(300)]　4～3科目　①外(100・英〈R50＋L50〉) ▶英・独・仏・中・韓から１　②③④国・「地歴・公民」・数・理(100×2) ▶国・「世Ａ・世Ｂ・日Ａ・日Ｂ・地理Ａ・地理Ｂ・現社・倫・政経・〈倫・政経〉から１」・「数Ⅰ・〈数Ⅰ・数Ａ〉・数Ⅱ・〈数Ⅱ・数Ｂ〉・簿・情から１」・「〈物基・化基・生基・地学基から２〉・物・化・生・地学から１」から２

[個別学力検査(400)]　2科目　①②国・外・「地歴・公民」・数(200×2) ▶「国総・国表・現文Ａ・現文Ｂ・古典Ａ・古典Ｂ」・「コミュ英基礎・コミュ英Ⅰ・コミュ英Ⅱ・コミュ英Ⅲ・英表Ⅰ・英表Ⅱ」・「世Ｂ・日Ｂ・地理Ｂ・政経から１」・「数Ⅰ・数Ⅱ・数Ａ・数Ｂ（数列・ベク）」から２

地域政策学部

前期　【５教科５科目】[共通テスト(950)]　6～5科目　①国(150)　②外(350・英〈R175＋L175〉) ▶英・独・仏・中・韓から１　③地歴・公民(150) ▶・世Ａ・世Ｂ・日Ａ・日Ｂ・地理Ａ・地理Ｂ・現社・倫・政経・「倫・政経」から１　④数(150) ▶数Ⅰ・「数Ⅰ・数Ａ」・数Ⅱ・「数Ⅱ・数Ｂ」・簿・情から１　⑤⑥理(150) ▶「物基・化基・生基・地学基から２」・物・化・生・地学から１

【３教科３科目】[共通テスト(400)]　4～3科目　①外(200・英〈R100＋L100〉) ▶英・独・仏・中・韓から１　②③④国・「地歴・公民」・数・理(100×2) ▶国・「世Ａ・世Ｂ・日Ａ・日Ｂ・地理Ａ・地理Ｂ・現社・倫・政経・〈倫・政経〉から１」・「数Ⅰ・〈数Ⅰ・数Ａ〉・数Ⅱ・〈数Ⅱ・数Ｂ〉・簿・情から１」・「〈物基・化基・生基・地学基から２〉・物・化・生・地学から１」から２

[個別学力検査(400)]　2科目　①小論文(200)　②地歴・公民・数(200) ▶世Ｂ・日Ｂ・地理Ｂ・政経・「数Ⅰ・数Ⅱ・数Ａ・数Ｂ（数列・ベク）」から１

後期　【５教科５科目】[共通テスト(950)]　6～5科目　前期と同じ

【３教科３科目】[共通テスト(400)]　4～3科目　前期と同じ

[個別学力検査(300)]　1科目　①小論文(300)

その他の選抜

学校推薦型選抜は経済学部100名，地域政策学部95名を募集。ほかに特別選抜（帰国生徒・社会人・私費外国人留学生）を実施。

偏差値データ（2023年度）

●一般選抜

学部	2023年度 駿台予備学校 合格目標ライン	2023年度 河合塾 ボーダー得点率	2023年度 河合塾 ボーダー偏差値	'22年度 競争率
●前期				
▶経済学部				
（学部一括募集）	49	64%	50	3.0
▶地域政策学部				
学部一括募集（5教科5科目）	51	56%	50	1.8
（3教科3科目）	52	63%	52.5	
●中期				
▶経済学部				
（学部一括募集）	53	69%	55	2.9
●後期				
▶地域政策学部				
学部一括募集（5教科5科目）	52	58%	—	1.7
（3教科3科目）	53	65%	—	

- 駿台予備学校合格目標ラインは合格可能性80％に相当する駿台模試の偏差値です。
- 河合塾ボーダー得点率は合格可能性50％に相当する共通テストの得点率です。また，ボーダー偏差値は合格可能性50％に相当する河合塾全統模試の偏差値です。
- 競争率は受験者÷合格者の実質倍率

埼玉県立大学

資料請求

問合せ先　事務局教務・入試担当　☎048-973-4117

大学の理念

1999（平成11）年に保健医療福祉学部の１学部４学科を擁して開学。埼玉県立衛生短期大学を2006（平成18）年に再編統合し，2009（平成21）年には大学院を開設。学部大学院一貫の教育カリキュラムと基礎研究から臨床実践に至る広範な研究を推進。「陶冶，進取，創発」を基本理念に，保健医療福祉分野の専門職連携を通じて人々の健康と生活を統合的に支え共生社会に貢献できる人材の育成を目的とする。実践における多職種の連携・協働を習得するIPE（専門職連携教育）を重視し，異なる専門教育課程の学生が協働で行うIPW（専門職連携実践）実習を，埼玉県内の約160施設の協力で実施している。ガラス張りの外観，屋上緑化や吹き抜けの通路，各所に配されたアートなど，芸術性と機能性を兼ね備えたキャンパスが豊かな学習環境を創出。

● 埼玉県立大学キャンパス……〒343-8540　埼玉県越谷市三野宮820

基本データ

学生数 ▶ 1,671名（男225名，女1,446名）
専任教員数 ▶ 教授52名，准教授84名，助教27名

設置学部 ▶ 保健医療福祉
併設教育機関 ▶ 大学院－保健医療福祉学（M・D）

就職・卒業後の進路

就職率 **99.0**％
就職者÷希望者×100

● 就職支援　ほぼすべての学科・専攻で，卒業要件を満たすと国家試験受験資格が得られるため，それぞれの試験の特性にあわせて，各学科・専攻の教員が全面的に支援している。また，学生同士のグループワークを推進することによって，毎年高い合格率を誇っている。学科・専攻ごとの「進路支援プログラム」にそったサポートを行うほか，キャリアセンターでは，国家資格を有するキャリアカウンセラーが進路，病院・企業研究の進め方，公務員試験に関する相談，履歴書やエントリーシート，応募書類の書き方などの具体的な対策まで幅広く対応している。また，求人票やその他の就職情報の閲覧，就職関連図書の貸出や資料の配布はもちろん，就職活動スタートガイダンスをはじめ，卒業生との交流会，学

進路指導者も必見 学生を伸ばす 面倒見

初年次教育	学修サポート
学修活動の基礎となる知識と技能の習得を目的としたカリキュラム全体への導入を図る「スタートアップセミナー」を開講	全学科でTA制度，１人の教員が学生約10.3人を担当し，履修や学生生活の指導・支援を行う教員アドバイザー制度を導入。また，オフィスアワーには専任教員が，授業に関する質問や学習相談に応じている

オープンキャンパス（2022年度実績）　6・8月に来場型でオープンキャンパスを開催。9月にも看護学科・健康開発学科（口腔保健科学専攻）を対象に小規模で実施。学科・専攻説明会や模擬講義・教員紹介の動画をHPで公開。

内就職説明会など各種説明会や試験対策講座を年間を通じて開催。学科・専攻ごとに特別な内容が盛り込まれ，希望の進路に沿った講座を提供，就職活動を行う３・４年生だけでなく，１年生から講座などに参加し，職業意識を高めることができる。オンライン面接用のパソコン・ウェブカメラ・マイク・リングライトを備えた個室も用意している。

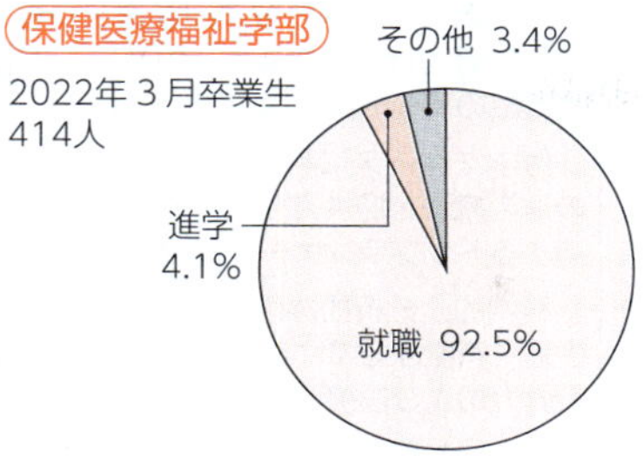

主なOB・OG ▶ 高階恵美子（衆議院議員）など。

国際化・留学　大学間 4 大学

受入れ留学生数 ▶ 17名（2019年度）
留学生の出身国 ▶ 中国，スイス。
大学間交流協定 ▶ ４大学（交換留学先１大学，2022年10月１日）
海外への留学生数 ▶ 17名／年（２カ国・地域，2019年度）
海外留学制度 ▶ 中国の山西医科大学，北京大学公衆衛生学院，スイスのチューリヒアプライドサイエンス大学，オーストラリアのクイーンズランド大学（付属語学学校）と協定・覚書を結び，交流を進めている。３月に実施されるクイーンズランド大学での短期語学研修は，事前研修への参加と帰国後の課題レポート提出により「海外英語研修」の単位が得られる。2020年度および2021年度はコロナ拡大のため，派遣・受入れを停止。

学費・奨学金制度

入学金 ▶ 211,500円（県外者423,000円）
年間授業料（施設費等を除く）▶621,000円
主な奨学金制度 ▶ 授業料・入学金の免除または減額と給付型奨学金の支給を併せて受けられる新制度「高等教育の修学支援新制度」の対象校となっている。また，申請要件の対象外となる学生には本学独自の学費サポートローンを用意するほか，学費減免制度があり，2021年度には５人を対象に総額で約135万円を減免している。

保護者向けインフォメーション

● **後援会**　後援会を組織し，例年，入学式後の新入生保護者歓迎交流会や総会・交流会などを開催している。
● **防災対策**　防災ハンドブックを入学時に配布。被災した際は，WebClassの「安全確認システム」により学生の安否を確認する。
● **コロナ対策**　感染状況に応じた５段階のBCP（行動指針）を設定。大学入口で検温・消毒を実施するとともに，講義室の収容人数を調整。また，オンライン授業を併用し，希望者には遠隔授業受講用のPC等を貸与。

インターンシップ科目	必修専門ゼミ	卒業論文	GPA制度の導入の有無および活用例	１年以内の退学率	標準年限での卒業率
開講していない	４年次に実施	全学科で卒業要件	全学科で進級・卒業判定の基準，学生に対する個別の学修指導に活用	0.2%	94.8%

学部紹介

学部／学科	定員	特色
保健医療福祉学部		
看護	130	▷少人数による課題解決型学習を積極的に取り入れて，「主体的に考え行動できる力」や「チームで協働する力」を備えた看護職の育成に取り組んでいる。
理学療法	40	▷医学をベースに科学的な知識・技術の体系を学び，最先端の理学療法を提供できる医療人を，そしてその先の未来を創造するトップランナーを育成。
作業療法	40	▷科学的，分析的な思考能力と創造性および柔軟性を養い，生活を科学するエキスパートとして問題を解決できる能力と行動力および国際的な視野を備えた作業療法士を育成。
社会福祉子ども	70	▷社会福祉学専攻50名，福祉子ども学専攻20名。現状と課題を分析し，さまざまな現場において人々と共にその解決をめざすことのできる力を養う。
健康開発	115	▷健康情報を正しく解釈し発信する健康行動科学専攻45名，生命情報を分析し健康状態を科学的に解析する検査技術科学専攻40名，口腔から健康を推進する口腔保健科学専攻30名。

- **取得可能な資格**…教職（幼一種，養護一種），保育士，看護師・保健師・助産師・臨床検査技師・歯科衛生士・理学療法士・作業療法士・社会福祉士受験資格など。
- **進路状況**…………就職92.5%　進学4.1%
- **主な就職先**………埼玉県立がんセンター，埼玉協同病院，春日部厚生病院，慶應義塾大学病院，明海大学歯学部附属病院，こどもの森，LITALICO，埼玉県（公務員・教員・保健師）など。

▶キャンパス

全学部……［埼玉県立大学キャンパス］　埼玉県越谷市三野宮820

2023年度入試要項（前年度実績）

●募集人員

学部／学科（専攻）		前期	後期
▶保健医療福祉	看護	65	13
	理学療法	20	4
	作業療法	20	4
	社会福祉子ども（社会福祉学）	25	5
	（福祉子ども学）	10	2
	健康開発（健康行動科学）	22	5
	（検査技術科学）	20	4
	（口腔保健科学）	15	3

●**2段階選抜**　実施しない

▷共通テストの英語はリスニングを含む。

▷個別学力検査のオープン課題は，あらかじめ提示した問いに対して記述式で回答し，提出。詳細はHPにて公表。学修基準を満たしているかを確認する。

保健医療福祉学部

前期　**【看護学科】［共通テスト(500)］** **5科目**　①国(100)　②外(R75+L25)▶英　③地歴・公民(100)▶世B・日B・地理B・現社・倫・政経・「倫・政経」から1　④数(100)▶「数Ⅰ・数A」・「数Ⅱ・数B」から1　⑤理(100)▶物・化・生・地学から1

［個別学力検査］ **1科目**　①オープン課題

【理学療法学科・作業療法学科・健康開発学科〈検査技術科学専攻〉】［共通テスト(500)］ **5科目**　①国(100)　②外(R75+L25)▶英　③数(100)▶「数Ⅰ・数A」・「数Ⅱ・数B」から1　④⑤「地歴・公民」・理科(100×2)▶「世B・日B・地理B・現社・倫・政経・〈倫・政経〉から1」・物・化・生・地学から2

［個別学力検査］ **1科目**　①オープン課題

【社会福祉子ども学科・健康開発学科〈健康行

キャンパスアクセス ［埼玉県立大学キャンパス］ 東武スカイツリーライン—せんげん台よりバス5分または徒歩20分

動科学専攻・口腔保健科学専攻〉】［共通テスト(500)］ 6〜5科目 ①国(100) ②外(R75＋L25)▶英 ③地歴・公民(100)▶世B・日B・地理B・現社・倫・政経・「倫・政経」から1 ④数(100)▶「数Ⅰ・数A」・「数Ⅱ・数B」から1 ⑤⑥理(100)▶「物基・化基・生基・地学基から2」・物・化・生・地学から1

［個別学力検査］ 1科目 ①オープン課題

後期 【看護学科・理学療法学科】［共通テスト(300)］ 3科目 ①国(100) ②外(R75＋L25)▶英 ③数(100)▶「数Ⅰ・数A」・「数Ⅱ・数B」から1

［個別学力検査］ 1科目 ①オープン課題

【作業療法学科・健康開発学科〈検査技術科学専攻〉】［共通テスト(500)］ 5科目 ①国(100) ②外(R75＋L25)▶英 ③数(100)▶「数Ⅰ・数A」・「数Ⅱ・数B」から1 ④⑤「地歴・公民」・理(100×2)▶「世B・日B・地理B・現社・倫・政経・〈倫・政経〉から1」・物・化・生・地学から2

［個別学力検査］ 1科目 ①オープン課題

【社会福祉子ども学科】［共通テスト(300)］ 4〜3科目 ①国(100) ②外(R75＋L25)▶英 ③④地歴・公民・数・理(100)▶世B・日B・地理B・現社・倫・政経・「倫・政経」・「数Ⅰ・数A」・「数Ⅱ・数B」・「物基・化基・生基・地学基から2」・物・化・生・地学から1

［個別学力検査］ 1科目 ①オープン課題

【健康開発学科〈健康行動科学専攻・口腔保健科学専攻〉】［共通テスト(300)］ 4〜3科目 ①外(R75＋L25)▶英 ②③④国・地歴・公民・数・理(100×2)▶国・世B・日B・地理B・現社・倫・政経・「倫・政経」・「数Ⅰ・数A」・「数Ⅱ・数B」・「物基・化基・生基・地学基から2」・物・化・生・地学から2，ただし同一科目名を含む選択は不可

［個別学力検査］ 1科目 ①オープン課題

その他の選抜

学校推薦型選抜は看護学科52名，理学療法学科16名，作業療法学科16名，社会福祉子ども学科28名，健康開発学科46名を募集。ほかに社会人特別選抜を実施。

偏差値データ (2023年度)

●一般選抜

学部／学科／専攻	2023年度 駿台予備学校 合格目標ライン	2023年度 河合塾 ボーダー得点率	2023年度 河合塾 ボーダー偏差値	'22年度 競争率
●前期				
▶保健医療福祉学部				
看護	46	62%	—	1.9
理学療法	48	62%	—	3.0
作業療法	47	60%	—	2.5
社会福祉子ども／社会福祉学	46	60%	—	1.6
／福祉子ども学	47	62%	—	2.1
健康開発／健康行動科学	45	58%	—	1.8
／検査技術科学	48	62%	—	3.7
／口腔保健科学	44	60%	—	1.3
●後期				
▶保健医療福祉学部				
看護	46	70%	—	3.3
理学療法	50	66%	—	4.7
作業療法	48	65%	—	4.8
社会福祉子ども／社会福祉学	47	70%	—	2.7
／福祉子ども学	48	77%	—	3.8
健康開発／健康行動科学	46	70%	—	3.5
／検査技術科学	49	66%	—	4.6
／口腔保健科学	45	70%	—	1.8

- 駿台予備学校合格目標ラインは合格可能性80%に相当する駿台模試の偏差値です。
- 河合塾ボーダー得点率は合格可能性50%に相当する共通テストの得点率です。また，ボーダー偏差値は合格可能性50%に相当する河合塾全統模試の偏差値です。
- 競争率は受験者÷合格者の実質倍率

東京都立大学
（とうきょうとりつ）

資料請求

問合せ先 アドミッション・センター（入試課） ☎042-677-1111(代)

大学の理念

2005（平成17）年４月に，都立の４つの大学「東京都立大学」「東京都立科学技術大学」「東京都立保健科学大学」「東京都立短期大学」を統合し，首都大学東京を開学。2018年７学部・７研究科に再編，2020年には大学名称を東京都立大学に変更。世界を代表する大都市東京が設置する唯一の総合大学として，「大都市における人間社会の理想像の追求」を使命に掲げる。「都市環境の向上」「ダイナミックな産業構造を持つ高度な知的社会の構築」「活力ある長寿社会の実現」をキーワードに，環境問題や超高齢化，所得格差の拡大など，現代社会が抱えるさまざまな課題を見据えた教育研究と，次代を担う人材の育成に取り組んでいる。中心となる南大沢キャンパスは東京ドーム９個分の敷地面積。周辺は緑豊かな広々とした環境で，地域住民にも開放されている。

- 南大沢キャンパス…〒192-0397　東京都八王子市南大沢1-1
- 日野キャンパス……〒191-0065　東京都日野市旭が丘6-6
- 荒川キャンパス……〒116-8551　東京都荒川区東尾久7-2-10

基本データ

学生数▶6,817名（男4,006名，女2,811名）
専任教員数▶教授283名，准教授232名，助教等139名

設置学部▶人文社会，法，経済経営，理，都市環境，システムデザイン，健康福祉
併設教育機関▶大学院（P.1627参照）

就職・卒業後の進路

就職率 97.0%
就職者÷希望者×100

●**就職支援**　１年次から履修できる全学共通科目「現場体験型インターンシップ」やキャリア形成ガイダンスなどによる早期のキャリア教育で主体的なキャリア形成意識を養成。就職活動支援では，キャリア支援課が就職ガイダンス，公務員対策，学内企業セミナー，各種講座，OBOG交流会などの関連行事を開催するほか，キャリアカウンセラーやOBOGで企業経験のある就職相談員が，学生一人ひとりのキャリアについて，進路の方向性からエントリーシートの書き方，具体的な活動方法などの個別相談にも応じている。

進路指導者も必見 学生を伸ばす 面倒見

初年次教育	学修サポート
「基礎ゼミナール」「情報リテラシー実践」を開講し，レポート・論文の書き方，プレゼン技法，ITの基礎技術，情報収集や資料整理の方法，論理的思考や問題発見・解決能力の向上を図っている	全学部でTA・SA制度，システムデザイン学部を除きオフィスアワー制度，健康福祉学部では担任制を導入。また，理学部では学習を支援する理工数学相談室などを設置。経済経営学部では教務委員による学期ごとの履修相談・成績不振者指導を実施

オープンキャンパス(2022年度実績) 南大沢キャンパスで７・９月，日野・荒川キャンパスでは８月に来場型のオープンキャンパスを開催(事前申込制)。Webオープンキャンパスは７～８月の期間限定で公開。

文系学部

2022年３月卒業生
639人

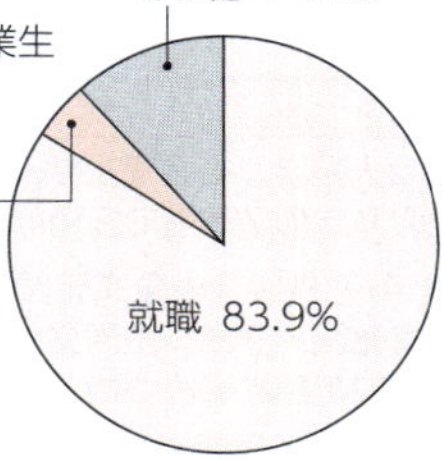

理系学部

2022年３月卒業生
954人

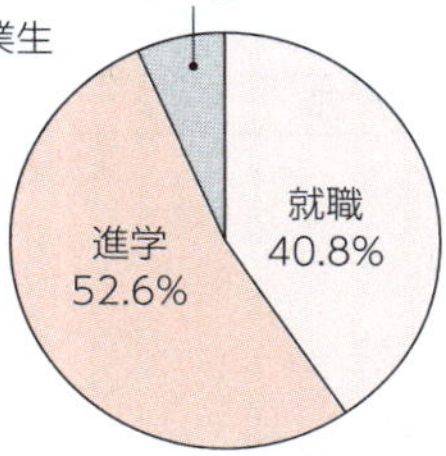

主なOB・OG▶［旧工］細野秀雄（材料科学者），［法］鎌田恭幸（鎌倉投信社長），［人文］寺尾紗穂（シンガーソングライター・エッセイスト），［経営］鷲見玲奈（フリーアナウンサー）など

国際化・留学　大学間 91 大学等・部局間 116 大学等

受入れ留学生数▶104名（2022年５月１日現在）
留学生の出身国▶中国，インドネシア，韓国，バングラデシュ，フィリピンなど。
外国人専任教員▶教授４名，准教授16名，助教10名（2022年５月１日現在）
外国人専任教員の出身国▶中国，韓国，アメリカなど。
大学間交流協定▶91大学・機関（交換留学先61大学，2022年３月31日現在）
部局間交流協定▶116大学・機関（交換留学先５大学，2022年３月31日現在）
海外への留学生数▶渡航型８名／年（2021年度）
海外留学制度▶協定校に１年以内で留学し，正規の授業を受講する交換留学（留学先の授業料は免除）や派遣留学，長期休暇を利用して外国語コミュニケーション力を磨き，グローバル社会への適応力を養う海外短期研修を実施。そのほか，国際センターや学外の学術団体などによる海外でのインターンシッププログラム，大学院生・大学生・高専生のチームで課題に取り組む「グローバル・コミュニケーション・プログラム」，保健・医療に特化した健康福祉学部向けの海外プログラムなどもある。大学が実施するプログラムには中長期派遣学生を対象に渡航費（上限あり），月額６～10万円（地域により異なる）を給付する奨学金や短期派遣学生対象の「海外短期研修経済支援金」などの経済支援も用意。

学費・奨学金制度

入学金▶141,000円（都民以外282,000円）
年間授業料（施設費等を除く）▶520,800円
主な奨学金制度▶高等教育の修学支援新制度対象者に区分を問わず独自の上乗せの学費減免を実施。2021年度の実績は2,146人を対象に総額約4億4,891万円を減免している。

保護者向けインフォメーション

- **成績確認**　成績表を保護者に郵送している。
- **説明会**　理学部の一部の学科で大学院進学に向けた保護者説明会を開催。
- **防災対策**　「学生用災害時対応マニュアル」を入学時に配布。被災した際の学生の安否はメールを利用して確認する。
- **コロナ対策１**　ワクチンの職域接種を実施。感染状況に応じたBCP（行動指針）を設定。「コロナ対策２」（下段）あり。

インターンシップ科目	必修専門ゼミ	卒業論文	GPA制度の導入の有無および活用例	１年以内の退学率	標準年限での卒業率
全学部で開講している	人文社会・理（化）・都市環境で４年次，健康福祉学部で２～４年次に実施	学部学科により異なる	一部の学部で所属教室（分野）の決定，早期卒業・進級の判定基準，留学候補者の選考，個別の学修指導などに活用するほか，GPAに応じた履修上限単位数を設定	0.8%	85.2%

● **コロナ対策２**　講義室の収容人数を調整し，検温と消毒を実施。また，オンライン授業を併用し，希望する学生にモバイルWi-Fiを貸与。経済的に困窮している学生に一時金を給付。

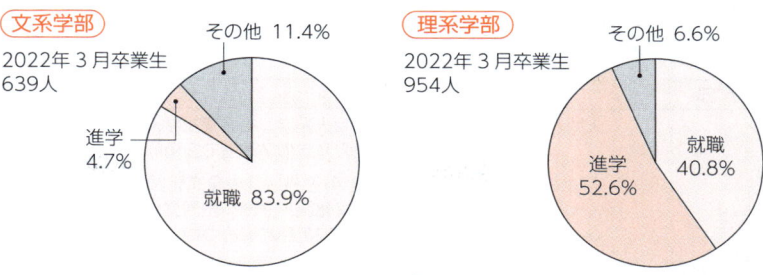

学部紹介

学部／学科	定員	特色
人文社会学部		
人間社会	110	▷社会学，社会人類学，社会福祉学，心理学，教育学，言語科学，日本語教育学の７教室で多角的に人と社会を研究。
人文	90	▷哲学，歴史学・考古学，表象文化論，日本文化論，中国文化論，英語圏文化論，ドイツ語圏文化論，フランス語圏文化論の８教室編成で専門を究めつつ，横断的な学びを実現。
● 取得可能な資格…教職（国・地歴・公・社・英・中），学芸員，社会福祉士受験資格など。 ● 進路状況…………就職81.4%　進学6.8%（旧都市教養学部人文・社会系実績を含む） ● 就職状況…………東京都特別区，横浜市役所，東京都公立大学法人，東京大学，日本郵便，厚生労働省，アシスト，関東信越厚生局など。（旧都市教養学部人文・社会系実績を含む）。		
法学部		
法	200	▷法律学，政治学の２コース制。少人数教育で，法的思考とよき社会人としての特性を備え，現代社会の諸問題に積極的に取り組む人材を育成。
● 進路状況…………就職84.3%　進学3.3%（旧都市教養学部法学系実績を含む） ● 就職状況…………横浜市役所，東京特別区，東京国税局，東京法務局，東京都庁，日本政策金融公庫など。（旧都市教養学部法学系実績を含む）。		
経済経営学部		
経済経営	200	▷経済学，経営学の２コース制。専門性の高い先進教育で市場と組織という２つの調整メカニズムを理解し，社会全体を望ましい姿に導く政策立案能力と問題解決能力を涵養。
● 進路状況…………就職86.1%　進学3.8%（旧都市教養学部経営学系実績を含む） ● 就職状況…………キーエンス，日本タタ・コンサルタンシー・サービシズ，大和証券，楽天グループ，日本生命保険，三井住友信託銀行，星野リゾートマネジメントなど。（旧都市教養学部経営学系実績を含む）。		
理学部		
数理科	45	▷数学の楽しさを体感しつつ，代数・幾何・解析・応用数理の４分野を体系的に学ぶ。
物理	47	▷普遍的な原理や法則から客観的・論理的に構成される物理学的な考え方を身につける。
化	48	▷元素や分子のレベルで自然を理解し，物質の性質や変化，循環などを探求する専門家を育成。
生命科	60	▷基礎生物学・生命科学のさまざまな分野を学び，「研究する力」を身につける。英語課程ではすべて英語による履修も可能。
● 取得可能な資格…教職（数・理），学芸員など。 ● 進路状況…………就職24.4%　進学63.7%（旧都市教養学部理工系実績を含む） ● 就職状況…………三井住友海上火災保険，東京都特別区，富士電機，横浜ゴム，ENEOS，富士ソフトなど。（旧都市教養学部理工学系実績を含む）。		
都市環境学部		
地理環境	30	▷人，地球，環境の相互関係を，フィールドワークや地理情報システムを活用して解き明かす。
都市基盤環境	50	▷「社会基盤」「環境システム」「安全防災」の３分野で総合的な視野と素養を備えた人材を育成する。

キャンパスアクセス［南大沢キャンパス］京王相模原線―南大沢より徒歩５分

建築	50	▷安全で快適な都市環境の実現・改善に，建築学と都市的視点からアプローチする。
環境応用化	60	▷地球環境に調和した物質や材料を創造するなど，応用化学，材料化学に関する教育と研究を行う。
観光科	30	▷地域の環境や文化の保全，資源の適正利用，地域の魅力・価値・経済の向上など地域づくりを担える人材を育成。
都市政策科	35	▷環境の維持・向上，高齢化・健康・福祉，産業の発展，防災・復興，多様な人々との共生など複雑な都市課題の創造的解決を図るプランニング力を養う。

● **取得可能な資格**…教職（地歴・社・理），学芸員，測量士補，１・２級建築士受験資格など。
● **進路状況**…………就職41.3％　進学52.5％
● **主な就職先**………東京都庁，東京都特別区，大和ハウス工業，小田急不動産，横浜市役所，気象庁など。

システムデザイン学部

情報科	50	▷プログラミングと数理・論理的思考により社会的価値を創出し，国際的に活躍できるエンジニアを育成する。
電子情報システム工	85	▷情報ネットワーク，通信，エネルギー情報の３つを教育・研究体系の主要な柱に，情報システム，電気通信システムの２コースを設置。
機械システム工	90	▷知能機械，生体機械の２コースに２年次後期より分属。新たな機械システムを創出できる創造性豊かな人材を育成。
航空宇宙システム工	45	▷航空機・ロケット・人工衛星といった航空宇宙システムの設計・製造を通して人類社会での利活用を探求する。
インダストリアルアート	50	▷プロダクト系とメディア系分野が共存する学科として，多彩なデザイン領域と工学領域を横断的に学ぶ。

● **取得可能な資格**…教職（情），学芸員など。
● **進路状況**…………就職26.6％　進学69.2％
● **主な就職先**………日立製作所，日本電気，SUBARU，NTTデータ，本田技研工業，セイコーエプソン，横浜ゴム，Sky，メイテックなど。

健康福祉学部

看護	80	▷総合大学の利点を生かした，一般教養や基盤科目が充実。豊かな人間性，社会性を身につけた看護師を育てる。
理学療法	35	▷状況に柔軟に適応できる「臨床実践能力」を備えた理学療法士を育成する。
作業療法	40	▷密度の濃い実践的なカリキュラムと充実した設備で作業療法士として自立して活躍できる実力を身につける。
放射線	40	▷大学院教育と連携し，先端医療にも即応できる高度放射線専門職を育成する。

● **取得可能な資格**…看護師・保健師・診療放射線技師・理学療法士・作業療法士受験資格。
● **進路状況**…………就職80.4％　進学14.3％
● **主な就職先**………東京都立病院，東京大学医学部附属病院，東京都保健医療公社など。

キャンパス

人文社会，法，経済経営，理，都市環境，システムデザイン１・２年次，健康福祉１年次……［南大沢キャンパス］東京都八王子市南大沢1-1
システムデザイン３・４年次……［日野キャンパス］東京都日野市旭が丘6-6
健康福祉２～４年次……［荒川キャンパス］東京都荒川区東尾久7-2-10

キャンパスアクセス ［日野キャンパス］JR中央線─豊田よりバス・旭が丘中央公園下車徒歩5分，または徒歩20分

2023年度入試要項(前年度実績)

●募集人員

学部／学科		前期	後期	一般推薦	総合型選抜
▶人文社会	人間社会	70	5	10	2
	人文	48	5	5	2
▶法	法	150	15	—	—
▶経済経営	経済経営	一般100 数理20	20	—	5
▶理	数理科	25	10	6	—
	物理	24	12	5	若
	化	28	10	5	若
	生命科	20	10	6	19
▶都市環境	地理環境	17	5	3	5
	都市基盤環境	26	8	5	2
	建築	27	8	5	2
	環境応用化	25	9	8	7
	観光科	18	7	3	2
	都市政策科	文系20 理系10	5	—	若
▶システムデザイン	情報科	22	10	8	若
	電子情報システム工	49	17	7	—
	機械システム工	40	19	15	—
	航空宇宙システム工	26	8	—	—
	インダストリアルアート	30	8	11	—
▶健康福祉	看護	35	4	31	1
	理学療法	20	4	10	1
	作業療法	15	3	15	2
	放射線	22	5	7	—

※総合型選抜の各入試方式の募集人員は以下の通り。ゼミナール─理学部生命科学科15名，都市環境学部地理環境学科３～４名，健康福祉学部看護学科１名，理学療法学科１名，作業療法学科２名。科学オリンピック─理学部物理・化・生命科学科，都市環境学部地理環境・システムデザイン学部情報科学科各若干名，都市環境学部環境応用化学科2名。グローバル人材育成─人文社会学部人間社会・人文学科各２名，経済経営学部５名，都市環境学部地理環境学科１～２名，都市基盤環境・建築・観光科学科各２名，環境応用化学科１名，都市政策科学科若干名，システムデザイン学部情報科学科若干名。SAT/ACT方式─理学部生命科学科２名，IB方式─理学部生命科学科２名，研究室探検─都市環境学部環境応用化学科４名。

● 2 段階選抜

募集人員に対し，共通テストの成績により，前期は人文社会学部，法学部，経済経営学部，理学部，都市環境学部，システムデザイン学部は各学科および入試区分の約６倍，健康福祉学部は各学科の約５倍，後期は健康福祉学部で各学科の30倍，その他の学部は各学科の約14倍で行う。

▷共通テストの英語はリスニングを含む。
▷個別学力検査の数Ｂ－数列・ベク。

人文社会学部

前期 ［共通テスト(800)］ 7~6科目 ①国(100) ②外(300・英〈R240＋L60〉) ▶英・独・仏・中・韓から１ ③④⑤「地歴・公民」・数(100×3) ▶世Ｂ・日Ｂ・地理Ｂ・「現社・倫・政経・〈倫・政経〉から１」から１または２，「数Ⅰ・数Ａ」・「数Ⅱ・数Ｂ」・簿・情から１または２，計３ ⑥⑦理(100) ▶「物基・化基・生基・地学基から２」・物・化・生・地学から１

［個別学力検査(460)］ 4科目 ①国(150) ▶国総・現文Ｂ・古典Ｂ ②地歴・数(200) ▶世Ｂ・日Ｂ・地理Ｂ・「数Ⅰ・数Ⅱ・数Ａ・数Ｂ」から１ ③小論文(100) ▶日本語の文章や資料などを読み論述する ④書類審査(10) ▶調査書等

後期 ［共通テスト(1000)］ 8~7科目 ①国(200) ②外(300・英〈R240＋L160〉) ▶英・独・仏・中・韓から１ ③④地歴・公民(100×2) ▶世Ｂ・日Ｂ・地理Ｂ・「現社・倫・政経・〈倫・政経〉から１」から２ ⑤⑥数(100×2) ▶「数Ⅰ・数Ａ」必須，「数Ⅱ・数Ｂ」・簿・情から１ ⑦⑧理(100) ▶「物基・化基・生基・地学基から２」・物・化・生・地学から１

【人間社会学科】［個別学力検査(210)］ 2科目 ①小論文(200) ▶英語の短い論説文などを読み，内容を要約し，意見を述べる ②書類審査(10) ▶調査書等

【人文学科】 ［個別学力検査(10)］ ①書類審査(10) ▶調査書等

学校推薦型(一般推薦) ［共通テスト(800)］ 7~6科目 前期と同じ

【人間社会学科】［個別学力検査］ 3科目 ①小論文 ②面接 ▶口頭試問を含む ③書類審査 ▶調査書・推薦書・志望理由書

※第１次選考─書類審査，第２次選考─小論文，面接および共通テストの成績。

【人文学科】［個別学力検査］ 2科目 ①面接

キャンパスアクセス ［荒川キャンパス］ 都電荒川線─熊野前より徒歩3分／日暮里・舎人ライナー─熊野前より徒歩3分

▶口頭試問を含む ②**書類審査**▶調査書・推薦書・志望理由書・外部外国語検定試験スコア
※第1次選考―書類審査，第2次選考―面接。共通テストは入学後の参考とするため受験は必須。
総合型(グローバル人材育成入試) ［共通テスト(100)］ 7~6科目 前期と同じ
※合計800点満点を100点満点に換算。
［個別学力検査(100)］ 3科目 ①**小論文**(30)▶日本語による解答 ②**面接**(40)▶口頭試問を含む ③**書類審査**(調10＋志20)▶調査書・志望理由書
※第1次選抜―書類審査，第2次選抜―小論文，面接および共通テストの成績。

法学部

前期 ［共通テスト(750)］ 3科目 ①**国**(200) ②**外**(350・英〈R280＋L70〉)▶英・独・仏・中から1 ③**地歴・数**(200)▶世B・日B・地理B・「数Ⅰ・数A」・「数Ⅱ・数B」から1
［個別学力検査(310)］ 3科目 ①**国**(150)▶国総・現文B・古典B ②**地歴・数**(150)▶世B・日B・地理B・「数Ⅰ・数Ⅱ・数A・数B」から1 ③**書類審査**(10)▶調査書等
後期 ［共通テスト(500)］ 8~7科目 ①**国**(100) ②**外**(150・英〈R120＋L30〉)▶英・独・仏・中から1 ③④**地歴・公民**(50×2)▶世B・日B・地理・「倫・政経」から2 ⑤⑥**数**(50×2)▶「数Ⅰ・数A」必須，「数Ⅱ・数B」・簿・情から1 ⑦⑧**理**(50)▶「物基・化基・生基・地学基から2」・物・化・生・地学から1
［個別学力検査(210)］ 2科目 ①**小論文**(200) ②**書類審査**(10)▶調査書等

経済経営学部

前期 〈一般区分〉［共通テスト(600)］ 8~7科目 ①**国**(100) ②**外**(250・英〈R200＋L50〉)▶英・独・仏・中から1 ③④**地歴・公民**(50×2)▶世B・日B・地理B・「倫・政経」から2 ⑤⑥**数**(50×2)▶「数Ⅰ・数A」必須，「数Ⅱ・数B」・簿・情から1 ⑦⑧**理**(50)▶「物基・化基・生基・地学基から2」・物・化・生・地学から1
［個別学力検査(510)］ 3科目 ①**国**(250)▶国総・現文B・古典B ②**地歴・数**(250)▶世B・日B・地理B・「数Ⅰ・数Ⅱ・数A・数B」から1 ③**書類審査**(10)▶調査書等
〈数理区分〉［共通テスト(600)］ 6科目 ①**国**(100) ②**外**(250・英〈R200＋L50〉)▶英・独・仏・中から1 ③**地歴・公民**(75)▶世B・日B・地理B・「倫・政経」から1 ④⑤**数**(50×2)▶「数Ⅰ・数A」必須，「数Ⅱ・数B」・簿・情から1 ⑥**理**(75)▶物・化・生・地学から1
［個別学力検査(510)］ 2科目 ①**数**(500)▶数Ⅰ・数Ⅱ・数Ⅲ・数A・数B ②**書類審査**(10)▶調査書等
後期 ［共通テスト(1100)］ 8~7科目 ①**国**(200) ②**外**(200・英〈R160＋L40〉)▶英・独・仏・中から1 ③④**地歴・公民**(100×2)▶世B・日B・地理B・「倫・政経」から2 ⑤⑥**数**(200×2)▶「数Ⅰ・数A」必須，「数Ⅱ・数B」・簿・情から1 ⑦⑧**理**(100)▶「物基・化基・生基・地学基から2」・物・化・生・地学から1
［個別学力検査(160)］ 2科目 ①**小論文**(150) ②**書類審査**(10)▶調査書等
総合型(グローバル人材育成入試) ［共通テスト］〈一般区分〉 8~7科目 または〈数理区分〉 6科目 前期と同じ
［個別学力検査(100)］ 3科目 ①**小論文**(30)▶英語による解答 ②**面接**(30)▶口頭試問を含む ③**書類審査**(調20＋志20)▶調査書・志望理由書
※第1次選抜―書類審査，第2次選抜―小論文，面接。共通テストは入学後の参考とするため受験は必須。

理学部

前期 ［共通テスト(550)］ 7科目 ①**国**(100) ②**外**(200・英〈R160＋L40〉)▶英・独・仏・中・韓から1 ③**地歴・公民**(50)▶世A・世B・日A・日B・地理A・地理B・現社・倫・政経・「倫・政経」から1 ④⑤**数**(50×2)▶「数Ⅰ・数A」・「数Ⅱ・数B」 ⑥⑦**理**(50×2)▶物・化・生・地学から2，ただし物理学科は物必須
［個別学力検査(605)］【数理科学科】 3科目 ①**数**(400)▶数Ⅰ・数Ⅱ・数Ⅲ・数A・数B ②**理**(200)▶「物基・物」・「化基・化」・「生基・生」・「地学基・地学」から1 ③**書類審査**(5)▶調査書等

【物理学科・化学科・生命科学科】 3科目 ①数(200)▶数Ⅰ・数Ⅱ・数Ⅲ・数A・数B ②③理(200×2)▶「物基・物」・「化基・化」・「生基・生」・「地学基・地学」から2，ただし物理学科は「物基・物」必須，化学科は「化基・化」必須
後期 ［共通テスト(750)］ 7科目 ①国(100) ②外(200・英〈R160＋L40〉)▶英・独・仏・中・韓から1 ③地歴・公民(50)▶世A・世B・日A・日B・地理A・地理B・現社・倫・政経・「倫・政経」から1 ④⑤数(100×2)▶「数Ⅰ・数A」・「数Ⅱ・数B」 ⑥⑦理(100×2)▶物・化・生・地学から2，ただし物理学科は物必須
［個別学力検査(405)］【数理科学科】 2科目 ①数(400)▶数Ⅰ・数Ⅱ・数Ⅲ・数A・数B ②書類審査(5)▶調査書等
【物理学科】 2科目 ①理(400)▶物基・物 ②書類審査(5)▶調査書等
【化学科】 4科目 ①数(100)▶数Ⅰ・数Ⅱ・数Ⅲ・数A・数B ②③理(物100＋化200)▶「物基・物」・「化基・化」 ④書類審査(5)▶調査書等
【生命科学科】 2科目 ①小論文(400) ②書類審査(5)▶調査書等
学校推薦型(一般推薦) ［共通テスト］ 課さない。
［個別学力検査］ 3科目 ①小論文 ②面接▶口頭試問を含む ③書類審査
※第1次選考─書類審査，第2次選考─面接および小論文。生命科学科は探究活動，研究活動，部活動，行事，生徒会活動等において自発的に中心的役割を果たした経験を重視する。
総合型(ゼミナール入試) 【生命科学科】［共通テスト］ 課さない。
［個別学力検査］ 3科目 ①ゼミナールの履修成績 ②面接▶口頭試問を含む ③書類審査▶志望理由書・調査書
総合型(科学オリンピック入試) 【物理学科・化学科・生命科学科】［共通テスト］ 課さない。
［個別学力検査］ 2科目 ①面接▶口頭試問を含む ②書類審査▶出願書類・調査書・志望理由書
総合型(SAT/ACT・IB入試) 【生命科学科】［共通テスト］ 課さない。
［個別学力検査］ 1科目 ①面接▶英語または日本語による面接(口頭試問を含む)
※第1次選抜─〈SAT/ACT方式〉①SAT Reasoning TestまたはACT (+Optional Writing Test)のスコア，②TOEFL iBTまたはIELTSのスコア，③Essay form，〈ⅠB方式〉①国際バカロレア最終試験のスコア(見込み点を含む) ②Essay form，第2次選抜─〈SAT/ACT方式・IB方式〉面接。

都市環境学部

前期 【地理環境学科】［共通テスト(600)］ 7科目 ①国(100) ②外(250・英〈R200＋L50〉)▶英・独・仏・中から1 ③地歴・公民(50)▶世A・世B・日A・日B・地理A・地理B・現社・倫・政経・「倫・政経」から1 ④⑤数(50×2)▶「数Ⅰ・数A」・「数Ⅱ・数B」 ⑥⑦理(50×2)▶物・化・生・地学から2
［個別学力検査(470)］ 4科目 ①数(150)▶数Ⅰ・数Ⅱ・数Ⅲ・数A・数B ②③地歴・理(150×2)▶「地理B・〈地学基・地学〉から1」・「物基・物」・「化基・化」・「生基・生」から2 ④書類審査(20)▶調査書等
【都市基盤環境学科】［共通テスト(1050)］ 6科目 ①国(150) ②外(300・英〈R150＋L150〉)▶英・独・仏・中から1 ③④数(150×2)▶「数Ⅰ・数A」・「数Ⅱ・数B」 ⑤⑥理(150×2)▶物・化
［個別学力検査(450)］ 3科目 ①数(200)▶数Ⅰ・数Ⅱ・数Ⅲ・数A・数B ②理(200)▶「物基・物」・「化基・化」から1 ③書類審査(50)▶調査書等
【建築学科】［共通テスト(600)］ 5科目 ①国(100) ②外(300・英〈R200＋L100〉)▶英・独・仏・中から1 ③④数(50×2)▶「数Ⅰ・数A」・「数Ⅱ・数B」 ⑤理(100)▶物・化から1
［個別学力検査(420)］ 3科目 ①数(200)▶数Ⅰ・数Ⅱ・数Ⅲ・数A・数B ②理(200)▶物基・物 ③書類審査(20)▶調査書等
【環境応用化学科】［共通テスト(480)］ 6科目 ①国(80) ②外(200・英〈R160＋L40〉)▶英・独・仏・中から1 ③④数(50×2)▶「数Ⅰ・数A」・「数Ⅱ・数B」 ⑤⑥理(50×2)▶物・化・生・地学から2

［個別学力検査(520)］ 3科目 ①数(200) ▶数Ⅰ・数Ⅱ・数Ⅲ・数A・数B ②理(300) ▶「物基・物」・「化基・化」から1 ③書類審査(20) ▶調査書等
【観光科学科】［共通テスト(600)］ 7科目 ①国(100) ②外(R150＋L100) ▶英 ③地歴・公民(50) ▶世A・世B・日A・日B・地理A・地理B・現社・倫・政経・「倫・政経」から1 ④⑤数(50×2) ▶「数Ⅰ・数A」・「数Ⅱ・数B」 ⑥⑦理(50×2) ▶物・化・生・地学から2
［個別学力検査(420)］ 3科目 ①数(200) ▶数Ⅰ・数Ⅱ・数Ⅲ・数A・数B ②地歴・理(200) ▶地理B・「物基・物」・「化基・化」・「生基・生」・「地学基・地学」から1 ③書類審査(20) ▶調査書等
【都市政策科学科】〈文系〉［共通テスト(650)］ 8〜7科目 ①国(100) ②外(300・英〈R250＋L50〉) ▶英・独・仏・中から1 ③④地歴・公民(50×2) ▶世B・日B・地理B・「倫・政経」から2 ⑤⑥数(50×2) ▶「数Ⅰ・数A」必須,「数Ⅱ・数B」・簿・情から1 ⑦⑧理(50) ▶「物基・化基・生基・地学基から2」・物・化・生・地学から1
［個別学力検査(320)］ 3科目 ①国(150) ▶国総・現文B・古典B ②地歴・数(150) ▶世B・日B・地理B・「数Ⅰ・数Ⅱ・数A・数B」から1 ③書類審査(20) ▶調査書等
〈理系〉［共通テスト(700)］ 7科目 ①国(100) ②外(350・英〈R300＋L50〉) ▶英・独・仏・中から1 ③地歴・公民(50) ▶世A・世B・日A・日B・地理A・地理B・現社・倫・政経・「倫・政経」から1 ④⑤数(50×2) ▶「数Ⅰ・数A」・「数Ⅱ・数B」 ⑥⑦理(50×2) ▶物・化・生・地学から2
［個別学力検査(320)］ 3科目 ①数(200) ▶数Ⅰ・数Ⅱ・数Ⅲ・数A・数B ②地歴・理(100) ▶地理B・「物基・物」・「化基・化」・「生基・生」・「地学基・地学」から1 ③書類審査(20) ▶調査書等
後期 【地理環境学科】［共通テスト(750)］ 7科目 ①国(100) ②外(250・英〈R200＋L50〉) ▶英・独・仏・中から1 ③地歴・公民(100) ▶世A・世B・日A・日B・地理A・地理B・現社・倫・政経・「倫・政経」から1 ④⑤数(50×2) ▶「数Ⅰ・数A」・「数Ⅱ・数B」 ⑥⑦理(100×2) ▶物・化・生・地学から2
［個別学力検査(320)］ 2科目 ①小論文(300) ②書類審査(20) ▶調査書等
【都市基盤環境学科】［共通テスト(600)］ 6科目 ①国(100) ②外(100・英〈R50＋L50〉) ▶英・独・仏・中から1 ③④数(100×2) ▶「数Ⅰ・数A」・「数Ⅱ・数B」 ⑤⑥理(100×2) ▶物・化
［個別学力検査(220)］ 2科目 ①数(200) ▶数Ⅰ・数Ⅱ・数Ⅲ・数A・数B ②書類審査(20) ▶調査書等
【建築学科】［共通テスト(450)］ 5科目 ①国(100) ②外(150・英〈R100＋L50〉) ▶英・独・仏・中から1 ③④数(50×2) ▶「数Ⅰ・数A」・「数Ⅱ・数B」 ⑤理(100) ▶物・化から1
［個別学力検査(620)］ 3科目 ①数(300) ▶数Ⅰ・数Ⅱ・数Ⅲ・数A・数B ②理(300) ▶物基・物 ③書類審査(20) ▶調査書等
【環境応用化学科】［共通テスト(630)］ 6科目 ①国(50) ②外(230・英〈R184＋L46〉) ▶英・独・仏・中から1 ③④数(100×2) ▶「数Ⅰ・数A」・「数Ⅱ・数B」 ⑤⑥理(75×2) ▶物・化・生・地学から2
［個別学力検査(370)］ 2科目 ①理(350) ▶化基・化 ②書類審査(20) ▶調査書等
【観光科学科】［共通テスト(500)］ 6科目 ①国(100) ②外(R150＋L50) ▶英 ③地歴・公民(50) ▶世A・世B・日A・日B・地理A・地理B・現社・倫・政経・「倫・政経」から1 ④⑤数(50×2) ▶「数Ⅰ・数A」・「数Ⅱ・数B」 ⑥理(50) ▶物・化・生・地学から1
［個別学力検査(520)］ 2科目 ①小論文(500) ②書類審査(20) ▶調査書等
【都市政策科学科】［共通テスト(1000)］ 8〜7科目 ①国(200) ②外(300・英〈R250＋L50〉) ▶英・独・仏・中から1 ③④地歴・公民(100×2) ▶世B・日B・地理B・「倫・政経」から2 ⑤⑥数(100×2) ▶「数Ⅰ・数A」必須,「数Ⅱ・数B」・簿・情から1 ⑦⑧理(100) ▶「物基・化基・生基・地学基から2」・物・化・生・地学から1
［個別学力検査(320)］ 2科目 ①小論文(300) ②書類審査(20) ▶調査書等
学校推薦型(一般推薦) 【地理環境学科・都市

基盤環境学科・建築学科・観光科学科】［共通テスト］ 課さない。
［個別学力検査］ 3科目 ①小論文 ②面接▶口頭試問を含む ③書類審査▶調査書・推薦書・志望理由書
※第1次選考―書類審査，第2次選考―小論文および面接。
【環境応用化学科】 ［共通テスト］ 6科目 前期と同じ
［個別学力検査(100)］ 3科目 ①小論文(15) ②面接(55)▶口頭試問を含む ③書類審査(30)▶調査書・推薦書・志望理由書・活動報告書
※第1次選考―書類審査，第2次選考―小論文および面接。共通テストは入学後の参考とするため受験は必須。
総合型(ゼミナール入試) 【地理環境学科】［共通テスト］ 課さない。
［個別学力検査］ 3科目 ①ゼミナールの履修成績 ②面接▶口頭試問を含む ③書類審査▶調査書・志望理由書
第1次選抜―書類審査，第2次選抜―ゼミナール履修成績および終了後の面接。
総合型(科学オリンピック入試)【地理環境学科】［共通テスト］ 課さない。
［個別学力検査］ 3科目 ①小論文 ②面接▶口頭試問を含む ③書類審査▶出願書類・調査書・志望理由書
総合型(科学オリンピック入試)【環境応用化学科】 ［共通テスト］ 6科目 前期と同じ
［個別学力検査］ 3科目 ①小論文 ②面接▶口頭試問を含む ③書類審査▶出願書類・調査書・志望理由書
※共通テストは入学後の参考とするため受験は必須。
総合型(グローバル人材育成入試) 【地理環境学科・都市基盤環境学科・建築学科・観光科学科】［共通テスト］ 課さない。
［個別学力検査(100)］ 3科目 ①小論文(30) ②面接(40)▶口頭試問を含む ③書類審査(調20＋志10)▶調査書・志望理由書
※第1次選抜―書類審査，第2次選抜―小論文および面接。
【環境応用化学科】 ［共通テスト］ 6科目 前期と同じ
［個別学力検査(100)］ 3科目 ①小論文(30) ②面接(40)▶口頭試問を含む ③書類審査(調20＋志10)▶調査書・志望理由書
第1次選抜―書類審査，第2次選抜―小論文および面接。共通テストは入学後の参考とするため受験は必須。
【都市政策科学科】［共通テスト］〈文系〉8〜7科目または〈理系〉7科目 前期と同じ
［個別学力検査(100)］ 3科目 ①小論文(30) ②面接(40)▶口頭試問を含む ③書類審査(調20＋志10)▶調査書・志望理由書
第1次選抜―書類審査，第2次選抜―小論文および面接。共通テストは，入学後の参考とするため受験は必須。
総合型(研究室探検入試) 【環境応用化学科】［共通テスト］ 課さない。
［個別学力検査］ 3科目 ①小論文 ②グループ討論またはプレゼンテーション ③書類審査▶調査書・志望理由書
※第1次選抜―書類審査，第2次選抜―研究室探検を受けての小論文，グループ討論またはプレゼンテーション。

システムデザイン学部

前期 【情報科学科】［共通テスト(525)］ 6科目 ①国(100) ②外(R180＋L45)▶英 ③地歴・公民(50)▶世A・世B・日A・日B・地理A・地理B・現社・倫・政経・「倫・政経」から1 ④⑤数(50×2)▶「数Ⅰ・数A」・「数Ⅱ・数B」 ⑥理(50)▶物・化・生から1
［個別学力検査(410)］ 3科目 ①数(200)▶数Ⅰ・数Ⅱ・数Ⅲ・数A・数B ②理(200)▶「物基・物」・「化基・化」・「生基・生」から1 ③書類審査(10)▶調査書等
【電子情報システム工学科・航空宇宙システム工学科】［共通テスト(550)］ 7科目 ①国(100) ②外(R160＋L40)▶英 ③地歴・公民(50)▶世A・世B・日A・日B・地理A・地理B・現社・倫・政経・「倫・政経」から1 ④⑤数(50×2)▶「数Ⅰ・数A」・「数Ⅱ・数B」 ⑥⑦理(50×2)▶物必須，化・生・地学から1
［個別学力検査(510)］ 3科目 ①数(250)▶数Ⅰ・数Ⅱ・数Ⅲ・数A・数B ②理(250)▶物基・物 ③書類審査(10)▶調査書等
【機械システム工学科】［共通テスト(❶450・

❷550)］ 7科目 ①国(100) ②外(❶L80＋R20・❷L160＋R40)▶英 ③地歴・公民(50)▶世A・世B・日A・日B・地理A・地理B・現社・倫・政経・「倫・政経」から1 ④⑤数(50×2)▶「数Ⅰ・数A」・「数Ⅱ・数B」 ⑥⑦理(50×2)▶物必須，化・生から1
※❶は第1次選抜，❷は第2次選抜の際の配点。
［個別学力検査(510)］ 3科目 ①数(250)▶数Ⅰ・数Ⅱ・数Ⅲ・数A・数B ②理(250)▶物基・物 ③書類審査(10)▶調査書等
【インダストリアルアート学科】［共通テスト(600)］ 5科目 ①国(100) ②外(R160＋L40)▶英 ③④数(100×2)▶「数Ⅰ・数A」・「数Ⅱ・数B」 ⑤理(100)▶物・化・生から1
［個別学力検査(310)］ 3科目 ①数(100)▶数Ⅰ・数Ⅱ・数Ⅲ・数A・数B ②造形表現(200) ③書類審査(10)▶調査書等
後期 【情報科学科】［共通テスト(450)］ 6科目 ①国(100) ②外(R120＋L30)▶英 ③地歴・公民(50)▶世A・世B・日A・日B・地理A・地理B・現社・倫・「倫・政経」から1 ④⑤数(50×2)▶「数Ⅰ・数A」・「数Ⅱ・数B」 ⑥理(50)▶物・化・生から1
［個別学力検査(210)］ 2科目 ①数(200)▶数Ⅰ・数Ⅱ・数Ⅲ・数A・数B ②書類審査(10)▶調査書等
【電子情報システム工学科】［共通テスト(450)］ 7科目 ①国(100) ②外(R80＋L20)▶英 ③地歴・公民(50)▶世A・世B・日A・日B・地理A・地理B・現社・倫・「倫・政経」から1 ④⑤数(50×2)▶「数Ⅰ・数A」・「数Ⅱ・数B」 ⑥⑦理(50×2)▶物必須，化・生・地学から1
［個別学力検査(260)］ 2科目 ①数(250)▶数Ⅰ・数Ⅱ・数Ⅲ・数A・数B ②書類審査(10)▶調査書等
【機械システム工学科】［共通テスト(450)］ 7科目 ①国(100) ②外(R80＋L20)▶英 ③地歴・公民(50)▶世A・世B・日A・日B・地理A・地理B・現社・倫・「倫・政経」から1 ④⑤数(50×2)▶「数Ⅰ・数A」・「数Ⅱ・数B」 ⑥⑦理(50×2)▶物必須，化・生から1
［個別学力検査(310)］ 2科目 ①数(300)▶数Ⅰ・数Ⅱ・数Ⅲ・数A・数B ②書類審査(10)▶調査書等
【航空宇宙システム工学科】［共通テスト(550)］ 7科目 ①国(100) ②外(R120＋L30)▶英 ③地歴・公民(50)▶世A・世B・日A・日B・地理A・地理B・現社・倫・「倫・政経」から1 ④⑤数(50×2)▶「数Ⅰ・数A」・「数Ⅱ・数B」 ⑥⑦理(物100＋選択50)▶物必須，化・生・地学から1
［個別学力検査(310)］ 2科目 ①数(300)▶数Ⅰ・数Ⅱ・数Ⅲ・数A・数B ②書類審査(10)▶調査書等
【インダストリアルアート学科】［共通テスト(400)］ 5科目 ①国(100) ②外(R80＋L20)▶英 ③④数(50×2)▶「数Ⅰ・数A」・「数Ⅱ・数B」 ⑤理(100)▶物・化・生から1
［個別学力検査(210)］ 3科目 ①数(100)▶数Ⅰ・数Ⅱ・数Ⅲ・数A・数B ②造形表現(100) ③書類審査(10)▶調査書等
学校推薦型(一般推薦) 【情報科学科・電子情報システム工学科・機械システム工学科・インダストリアルアート学科】［共通テスト］ 課さない。
［個別学力検査］ 4科目 ①小論文 ②面接 ③口頭試問 ④書類審査▶調査書・推薦書・志望理由書
※第1次選考―書類審査，第2次選考―小論文，面接および口頭試問。
総合型(科学オリンピック入試) 【情報科学科】［共通テスト］ 課さない。
［個別学力検査］ 2科目 ①面接▶口頭試問を含む ②書類審査▶出願書類・調査書・志望理由書
総合型(グローバル人材育成入試) 【情報科学科】［共通テスト(150)］ 3科目 ①②数(50×2)▶「数Ⅰ・数A」・「数Ⅱ・数B」 ③理(50)▶物・化・生から1
［個別学力検査(50)］ 2科目 ①面接(20) ②書類審査(調10＋志20)▶調査書・志望理由書
※第1次選抜―書類審査，第2次選抜―面接および共通テスト成績。なお，共通テストの得点率(素点の合計)が65％未満は合格対象とならない。

健康福祉学部

前期 【看護学科・理学療法学科】［共通テスト(700)］ 7〜6科目 ①国(100) ②外(R160＋L40)▶英 ③④数(100×2)▶「数Ⅰ・数A」・「数Ⅱ・数B」 ⑤⑥⑦「地歴・公民」・理(100×2)▶「世A・世B・日A・日B・地理A・地理B・現社・倫・政経・〈倫・政経〉から1」・「物基・化基・生基から2」・物・化・生から2

【看護学科】［個別学力検査(53)］ 2科目 ①面接(50)▶口頭試問を含む ②書類審査(3)▶調査書等

【理学療法学科】［個別学力検査(110)］ 2科目 ①面接(100)▶口頭試問を含む ②書類審査(10)▶調査書等

【作業療法学科】［共通テスト(720)］ 7〜6科目 ①国(100) ②外(R160＋L60)▶英 ③④数(100×2)▶「数Ⅰ・数A」・「数Ⅱ・数B」 ⑤⑥⑦「地歴・公民」・理(100×2)▶「世A・世B・日A・日B・地理A・地理B・現社・倫・〈倫・政経〉から1」・「物基・化基・生基から2」・物・化・生から2

［個別学力検査(158)］ 2科目 ①面接(150)▶口頭試問を含む ②書類審査(8)▶調査書等

【放射線学科】［共通テスト(700)］ 6科目 ①国(100) ②外(R160＋L40)▶英 ③④数(100×2)▶「数Ⅰ・数A」・「数Ⅱ・数B」 ⑤⑥理(100×2)▶物・化・生から2

［個別学力検査(260)］ 3科目 ①数(100)▶数Ⅰ・数Ⅱ・数Ⅲ・数A・数B ②面接(150)▶口頭試問を含む ③書類審査(10)▶調査書等

後期 【看護学科】［共通テスト(500)］ 7〜6科目 ①国(100) ②外(R160＋L40)▶英 ③④数(50×2)▶「数Ⅰ・数A」・「数Ⅱ・数B」 ⑤⑥⑦理(50×2)▶「物基・化基・生基から2」・物・化・生から2

［個別学力検査(105)］ 2科目 ①面接(100)▶口頭試問を含む ②書類審査(5)▶調査書等

【理学療法学科】［共通テスト(400)］ 4科目 ①外(R80＋L20)▶英 ②③数(100×2)▶「数Ⅰ・数A」・「数Ⅱ・数B」 ④理(100)▶物・化・生から1

［個別学力検査(110)］ 2科目 ①面接(100)▶口頭試問を含む ②書類審査(10)▶調査書等

【作業療法学科】［共通テスト(520)］ 5〜4科目 ①外(R160＋L60)▶英 ②③数(100×2)▶「数Ⅰ・数A」・「数Ⅱ・数B」 ④⑤理(100)▶「物基・化基・生基から2」・物・化・生から1

［個別学力検査(126)］ 2科目 ①面接(120)▶口頭試問を含む ②書類審査(6)▶調査書等

【放射線学科】［共通テスト(700)］ 6科目 前期と同じ

［個別学力検査(155)］ 2科目 ①面接(150)▶口頭試問を含む ②書類審査(5)▶調査書等

学校推薦型(一般推薦) 【看護学科】［共通テスト］ 課さない。

［個別学力検査］ 3科目 ①小論文 ②面接▶口頭試問を含む ③書類審査▶調査書・推薦書・志望理由書

※第1次選考―書類審査(調査書の国・数・外〈英〉の学習成績の状況)，第2次選考―書類審査，小論文および面接。

【理学療法学科】［共通テスト］ 7〜6科目 前期と同じ

［個別学力検査］ 3科目 ①小論文 ②面接▶口頭試問を含む ③書類審査▶調査書・推薦書・志望理由書

※第1次選考―書類審査(調査書の国・数・外〈英〉の学習成績の状況)，第2次選考―書類審査，小論文および面接。共通テストは入学後の参考とするため受験は必須。

【作業療法学科】［共通テスト］ 課さない。

［個別学力検査］ 3科目 ①小論文 ②面接▶口頭試問を含む ③書類審査▶調査書・推薦書・志望理由書

※第1次選考―書類審査(調査書の「全体の学習成績の状況」)，第2次選考―書類審査，小論文および面接。

【放射線学科】［共通テスト］ 6科目 前期と同じ

［個別学力検査］ 3科目 ①小論文 ②面接▶口頭試問を含む ③書類審査▶調査書・推薦書・志望理由書

※第１次選考―書類審査（調査書の国・数・理・外〈英〉の学習成績の状況），第２次選考―書類審査，小論文および面接。共通テストは入学後の参考とするため受験は必須。

総合型（ゼミナール入試）　**【看護学科・理学療法学科・作業療法学科】［共通テスト］**課さない。

［個別学力検査］ **3**科目　①ゼミナール　②面接▶口頭試問を含む　③**書類審査**▶外部英語検定試験のスコア・調査書・志望理由書

※第１次選抜―書類審査，第２次選抜―ゼミナールおよび面接。

その他の選抜

学校推薦型選抜（指定校推薦，高校特定型特別推薦，都立工業高校等特別推薦），特別選抜（社会人，帰国子女〈中国引揚者等子女を含む〉，私費外国人留学生）。

偏差値データ　（2023年度）

● 一般選抜

＊共通テスト・個別計／満点

学部／学科	2023年度			2022年度実績					
	駿台予備学校	河合塾		募集人員	志願者数	合格者数	合格最低点＊	競争率	
	合格目標ライン	ボーダー得点率	ボーダー偏差値					'22年	'21年
●前期									
人文社会学部									
人間社会	55	74%	60	70	334	96	884.90/1260	3.5	3.7
人文	54	76%	57.5	48	189	70	891.63/1260	2.7	3.5
法学部									
法	54	79%	60	150	1168	358	790.50/1060	3.3	3.7
経済経営学部									
経済経営（一般）	53	67%	60	100	465	133	746.66/1110	3.5	3.5
（数理）	53	67%	57.5	20	114	26	723.16/1110	4.4	4.9
理学部									
数理科	51	65%	57.5	25	140	31	725.13/1155	4.5	5.0
物理	51	67%	55	24	102	30	707.20/1155	3.4	5.0
化	51	65%	55	28	124	33	710.26/1155	3.8	3.0
生命科	51	67%	55	20	101	24	710.36/1155	4.2	2.7
都市環境学部									
地理環境	50	71%	55	17	60	17	656.66/1070	3.5	3.8
都市基盤環境	50	63%	55	26	90	34	952.66/1500	2.6	2.4
建築	52	76%	60	27	229	32	725.66/1020	7.2	9.5
環境応用化	50	67%	55	25	147	40	620.33/1000	3.7	3.5
観光科	50	66%	57.5	18	42	21	624.50/1020	2.0	4.9
都市政策科（文系）	51	72%	55	20	43	21	675.00/970	2.0	4.0
（理系）	50	71%	52.5	10	16	10	非公開/1020	1.6	3.0
システムデザイン学部									
情報科	49	74%	57.5	22	167	31	636.73/935	5.4	5.7
電子情報システム工	48	66%	55	49	222	57	695.36/1060	3.9	4.5
機械システム工	48	67%	57.5	40	218	61	679.73/1060	3.6	3.4
航空宇宙システム工	51	69%	57.5	26	130	34	684.66/1060	3.8	3.8
インダストリアルアート	49	66%	57.5	30	106	30	600.53/910	3.5	4.7

学部／学科	2023年度			2022年度実績					
	駿台予備学校	河合塾						競争率	
	合格目標ライン	ボーダー得点率	ボーダー偏差値	募集人員	志願者数	合格者数	合格最低点*	'22年	'21年
健康福祉学部									
看護	47	65%	—	35	103	47	471.60/753	2.2	2.9
理学療法	52	67%	—	20	74	21	564.00/810	3.5	3.7
作業療法	49	60%	—	15	39	18	585.96/878	2.2	1.7
放射線	49	63%	52.5	22	84	24	609.30/960	3.5	4.6
●後期									
人文社会学部									
人間社会	56	80%	—	5	110	5	非公開/1210	22.0	28.4
人文	55	79%	—	5	69	8	非公開/1010	8.6	21.0
法学部									
法	54	80%	—	15	215	15	510.63/710	14.3	4.4
経済経営学部									
経済経営	54	74%	—	20	118	20	777.10/1260	5.9	12.3
理学部									
数理科	54	74%	60	10	81	14	642.10/1155	5.8	6.5
物理	54	76%	60	12	128	12	809.00/1155	10.7	6.1
化	53	71%	57.5	10	83	14	755.33/1155	5.9	13.1
生命科	53	74%	—	10	70	10	非公開/1155	7.0	5.9
都市環境学部									
地理環境	51	78%	—	5	31	5	非公開/1070	6.2	9.2
都市基盤環境	52	70%	57.5	8	85	12	527.00/820	7.1	5.7
建築	54	79%	60	8	200	12	729.50/1070	16.7	14.8
環境応用化	52	72%	57.5	9	84	11	592.17/1000	7.6	8.7
観光科	52	75%	—	7	36	7	非公開/1020	5.1	7.8
都市政策科	52	76%	—	5	33	8	非公開/1320	4.1	20.7
システムデザイン学部									
情報科	52	75%	57.5	10	116	11	428.06/660	10.5	13.5
電子情報システム工	51	68%	57.5	17	140	21	452.73/710	6.7	9.5
機械システム工	51	69%	57.5	19	134	20	491.33/760	6.7	12.1
航空宇宙システム工	54	80%	57.5	8	100	14	585.63/860	7.1	9.5
インダストリアルアート	52	67%	55	8	106	13	391.10/610	8.2	11.8
健康福祉学部									
看護	48	66%	—	4	86	6	非公開/605	14.3	13.7
理学療法	53	69%	—	4	48	6	非公開/510	8.0	16.8
作業療法	50	63%	—	3	67	4	非公開/646	16.8	9.0
放射線	50	64%	—	5	77	5	非公開/655	15.4	9.6

- 駿台予備学校合格目標ラインは合格可能性80%に相当する駿台模試の偏差値です。
- 競争率は志願者÷合格者の志願倍率
- 河合塾ボーダー得点率は合格可能性50%に相当する共通テストの得点率です。
また，ボーダー偏差値は合格可能性50%に相当する河合塾全統模試の偏差値です。
- 合格者10人以下の合格最低点は非開示
- 法学部の前期・後期，都市環境学部建築学科の前期・後期，システムデザイン学部情報科学科の前期，人文社会学部人間社会学科の後期は２段階選抜を実施。

併設の教育機関 大学院

人文科学研究科

教員数▶84名
院生数▶218名

博士前期課程 ●社会行動学専攻 「社会学」「社会人類学」「社会福祉学」の３分野。現代社会の構造と動態を多角的かつ理論的にとらえ，現実の社会問題への還元を追求する。
●人間科学専攻 「心理学」「臨床心理学」「教育学」「言語科学」「日本語教育学」の５分野。各分野の理論的，実践的研究・教育を行う。
●文化基礎論専攻 「哲学」「歴史・考古学」「表象文化論」の３分野。欧米・アジア・日本の古代から現代に至る幅広い範囲を総合的に理解し，人文学の基礎的知見の修得をめざす。
●文化関係論専攻 「日本・中国文化論」「欧米文化論」の２分野，日本文学，中国文学，英文学，ドイツ文学，フランス文学の５教室からなる。

博士後期課程 社会行動学専攻，人間科学専攻，文化基礎論専攻，文化関係論専攻

法学政治学研究科

教員数▶26名
院生数▶75名

博士前期課程 ●法学政治学専攻 「法律学」「政治学」の２分野。各分野の高度な専門能力と幅広い視野を備えた人材の育成をめざす。

専門職学位課程 ●法曹養成専攻（法科大学院）法学既修者向けの「２年履修課程」と，法学未修者および社会人向けの「３年履修課程」がある。

博士後期課程 法学政治学専攻

経営学研究科

教員数▶28名
院生数▶134名

博士前期課程 ●経営学専攻 経営学プログラム（MBA），経済学プログラム（MEc），ファイナンスプログラム（MF）の３プログラムを展開。

博士後期課程 経営学専攻

理学研究科

教員数▶82名
院生数▶422名

博士前期課程 ●数理科学専攻 代数・幾何・解析・応用数理の各分野の体系的理論の習熟と課題解決型テーマの相互展開と融合をめざして，現代数理科学の最先端研究へ誘う。
●物理学専攻 「素核宇宙理論」「物性基礎理論」「素粒子・原子・宇宙実験」「物性物理」の４つの研究グループ体制で，素粒子から宇宙までの広範な系を対象に，研究・教育する。
●化学専攻 無機・分析化学，有機・生物化学，物理化学の３分野からなる。高度な専門知識を身につけ，同時に専門を越える判断能力を持つ化学研究者・技術者を育てる。
●生命科学専攻 遺伝子，細胞，集団，種，生態系など生命科学の広範な分野を対象に，動物，植物，微生物などの生物材料を用いて，基盤的，先端的双方の研究が可能。

博士後期課程 数理科学専攻，物理学専攻，化学専攻，生命科学専攻

都市環境科学研究科

教員数▶63名
院生数▶420名

博士前期課程 ●都市環境科学専攻／地理環境学域 地形・地質学，気候学，地理情報学，環境地理学，都市・人文地理学の５研究室からなる。
都市基盤環境学域 「社会基盤」「環境システム」「安全防災」の３つの観点から，都市基盤環境学について体系的に研究。
建築学域 安全・快適・魅力的で環境負荷の少ない建築都市空間の創出，建築物の諸問題に対する広範囲な研究など，建築的問題を解決する能力と高い専門性を養う。

環境応用化学域　有限な地球資源やエネルギーのもとで人類や社会の持続的発展に必要となる化学を指向し，貢献できる人材を育成。
観光科学域　地理学や生態学の理学的方法，都市・交通工学の工学的方法，実践的まちづくり手法，ITツールといった情報学などにより，「観光」に多面的にアプローチする。
都市政策科学域　安全・安心・快適な都市のあり方を，空間・制度・社会などの面から解明・考究し，持続可能な都市づくりを実践。
博士後期課程　都市環境科学専攻

システムデザイン研究科

教員数▶78名
院生数▶676名
博士前期課程　●システムデザイン専攻／**情報科学域**　技術革新を続ける情報技術の環境を，より完成度の高い次元のシステムにデザインする。
電子情報システム工学域　「情報ネットワークシステム」「通信システム」「エネルギー情報システム」の３領域で体系化。
機械システム工学域　「機械創成領域」「知能機械領域」「生体機械領域」の３領域で研究教育を行う。
航空宇宙システム工学域　航空機・宇宙機の要素技術やシステム設計技術，ならびに航空宇宙工学の研究・教育を行う。
インダストリアルアート学域　新しいアプローチ，コンセプト，枠組みのデザインを創造・研究し，時代を先導できるクリエイターの育成をめざす。
博士後期課程　システムデザイン専攻

人間健康科学研究科

教員数▶49名
院生数▶255名
博士前期課程　●人間健康科学専攻／**看護科学域**　大都市で生活する人々と地域の健康をテーマに多様な専門分野で研究を行うほか，専門看護師コース（小児看護）を設置。
理学療法科学域　運動障害分析，身体機能回復，地域の３理学療法学分野と徒手理学療法学コースを設置。
作業療法科学域　障害論と実践的知見に基づく作業療法の探求と新たな知見により社会に貢献できる人材を育成する。
放射線科学域　専門知識と科学的思考を備え，専門領域と他領域の研究成果を理解・統合し，先端医療技術を開発できる人材を育成する。
フロンティアヘルスサイエンス学域　先端基礎科学的領域の高度な研究者・教育者，広い学識と高度な研究能力を有する実践的専門家を養成する。
ヘルスプロモーションサイエンス学域　「適応科学」「行動科学」の２分野。心身の健康増進に関わる諸問題に，スポーツ科学，生命科学，認知科学等の観点から，新たな健康科学を創造・推進するための高度専門家を育成。
博士後期課程　人間健康科学専攻

MEMO

横浜市立大学

（よこはましりつ）

資料請求

問合せ先 アドミッションズセンター ☎045-787-2055

大学の理念

1928年に横浜市立横浜商業専門学校として創設。49年に横浜市立医学専門学校と合わせて新制大学となった。大学の基本方針は教育重視，学生中心，地域貢献。2018年４月にはデータサイエンス学部を新設，文部科学省の採択事業となった「文理融合・実課題解決型データサイエンティスト育成（Yokohama D-STEP)」を開講し，産学官連携のもとで実践的に人材育成を推進。2019年４月には国際総合科学部を再編し，新たに国際教養学部，国際商学部，理学部を設置。５学部５研究科となる。共通教養科目と英語教育を重視し，医学部の学生も含めて１年次は同じキャンパスで知的な基礎体力を磨く。開国・開港の地，横浜にふさわしく，学風は開放的で国際性，進取性に富む。個性と実践力のある数多くの優れた人材を輩出している。

- 金沢八景キャンパス…〒236-0027 神奈川県横浜市金沢区瀬戸22-2
- 福浦キャンパス………〒236-0004 神奈川県横浜市金沢区福浦3-9
- 鶴見キャンパス………〒230-0045 神奈川県横浜市鶴見区末広町1-7-29
- 舞岡キャンパス………〒244-0813 神奈川県横浜市戸塚区舞岡町641-12

基本データ

学生数▶4,249名（男1,748名，女2,501名）
専任教員数▶教授134名，准教授160名，講師100名
設置学部▶国際教養，国際商，理，データサイエンス，医
併設教育機関▶大学院（P.1636参照）

就職・卒業後の進路

就職率 **96.7**％
就職者÷希望者×100

● **就職支援**　キャリア支援センターが，入学から卒業まで自己キャリア目標達成のための多様なプログラムを提供している。専任のキャリア・コンサルタントが進路や就職活動に関する個別性の高い相談を行うほか，外部講師を招き，キャリア・オリエンテーションや，インターンシップ説明会，就職ガイダンス，業界研究入門，合同企業セミナーなどを通年で開催。また，首都圏以外での就職を希望する学生の支援を強化するため，「就職支援パートナーシップ制度」により全国13大学と連携し，情報提供を行っている。

進路指導者も必見 学生を伸ばす 面倒見

初年次教育	学修サポート
全学部で「教養ゼミ」「情報コミュニケーション入門」を開講し，レポート・論文の書き方，プレゼン技法，ITの基礎技術，情報収集・資料整理方法，論理的思考や問題点発見・解決能力の向上などを図っている	全学部でオフィスアワー制度，医学部を除きTA・SA制度（看護学科はTAのみあり），また医学部では教員１人が学生10人（医学科），30人（看護学科）を担当する教員アドバイザー制度を導入

オープンキャンパス（2022年度実績） ８月にオンラインオープンキャンパスを開設。各学部の概要説明，模擬授業や在学生による学生生活紹介，相談などのプログラムのほか，教員や在学生への質疑応答などを実施。

文系学部
2022年３月卒業生
572人

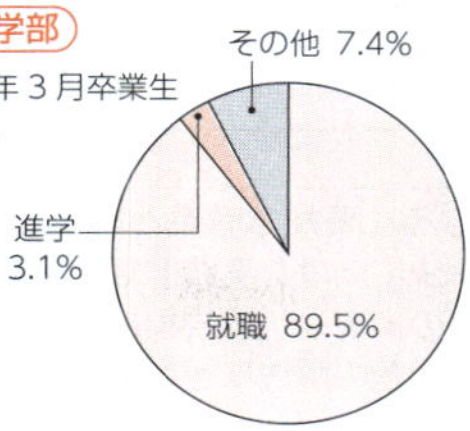

理系学部
2022年３月卒業生
321人
※就職には医学科の初期臨床研修医を含む。

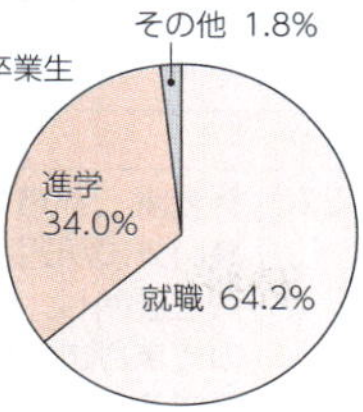

その他の学部
2022年３月卒業生
48人
・データサイエンス学部

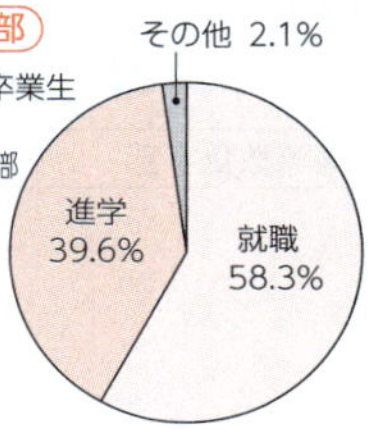

主なOB・OG ▶ ［旧商］久田宗弘（DCMホールディングス会長），［医］関野吉晴（医師・探検家），［旧文理］馳星周（小説家），［旧商］平井堅（歌手），［旧文理］末次由紀（漫画家）

国際化・留学　大学間 77 大学等・部局間 26 大学等

受入れ留学生数 ▶ 57名（2022年５月１日現在）
留学生の出身国・地域 ▶ 中国，韓国，台湾，ベトナム，エストニアなど。
外国人専任教員 ▶ 教授10名，准教授２名，講師１名（2022年５月１日現在）
外国人専任教員の出身国 ▶ 韓国，アメリカなど。
大学間交流協定 ▶ 77大学・機関（交換留学先43大学，2022年４月１日現在）
部局間交流協定 ▶ 26大学・機関（交換留学先７大学，2022年４月１日現在）
海外への留学生数 ▶ 渡航型62名・オンライン型164名／年（27カ国・地域，2021年度）
海外留学制度 ▶ 夏季または春季の休暇を利用した短期留学をはじめ，学術交流締結校において半年～１年間（修業年限に算入可）教養科目や専門科目の単位を取得する交換留学などの長期派遣，授業の一環として実施される海外フィールドワーク支援などさまざまなプログラムを実施。国際教養・国際商・理学部では２年次の第２クォーターに必修科目を編成せず，留学などの推奨期間を設定。また，学部独自のプログラムでは，医学科の研究・臨床実習，看護研修などのほか，看護学科では海外での卒業研究を支援する体制も整備。

学費・奨学金制度　給付型奨学金総額 年間 150 万円

入学金 ▶ 141,000円（市外282,000円）
年間授業料（施設費等を除く）▶ 557,400円（医学科を除く），573,000円（医学科）
年間奨学金総額 ▶ 1,500,000円
年間奨学金受給者数 ▶ ６人
主な奨学金制度 ▶ 国際商学部の成績優秀者各年次２名を上限に25万円を給付する「伊藤雅俊奨学金制度」や「成績優秀者特待生制度」を設置。また，学費減免制度があり，2021年度には31人を対象に総額で約898万円を減免。

保護者向けインフォメーション

● **成績確認**　成績表および履修科目と単位数の情報をWebで閲覧できる（看護学科を除く）。
● **後援会**　後援会主催の保護者説明会を開催。学修状況や就職支援などを説明するほか，個別相談を実施。会報「NEWS LETTER」も発行。
● **防災対策**　「大地震対応マニュアル」を学生ポータルサイトに掲載。被災した際の学生の安否確認は，独自の安否確認システムを利用する。
● **コロナ対策１**　ワクチンの職域接種を実施。感染状況に応じた５段階のBCP（行動指針）を設定。「コロナ対策２」（下段）あり。

インターンシップ科目	必修専門ゼミ	卒業論文	GPA制度の導入の有無および活用例	１年以内の退学率	標準年限での卒業率
医学部を除き開講している	国際教養・国際商で２～４年次，理・データサイエンスで３・４年次に実施	医学部医学科を除き卒業要件	留学候補者の選考（全学部），成績優秀者の表彰（医学科），退学勧告の基準（看護学科）のほか，医学科を除き奨学金等対象者の選定基準，個別の学修指導に活用	3.7%	81.1%（４年制）73.3%（６年制）

● **コロナ対策２**　大学入口での検温と消毒を実施し，講義室の空調整備，収容人数を調整。また，オンライン授業を併用し，学内のアクセスポイントを増設。学生への経済的支援として特別災害支援制度，食の支援を実施。

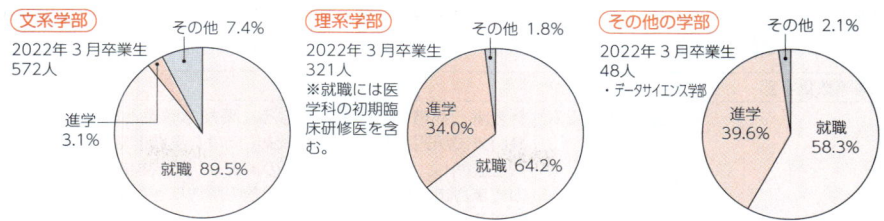

学部紹介

学部／学科	定員	特色
国際教養学部		
国際教養	270	▷教養と都市の2学系からなる。豊かな教養と高い思考力，高い外国語運用能力と課題解決に向けた実践的な力を養う教育を展開し，多文化共生社会の実現や世界規模の課題，現代のさまざまな都市における諸問題の解決に貢献できる人材を育成する。
●取得可能な資格…教職(英)。 ●進路状況…………就職88.4%　進学3.0%（旧国際総合科学部国際教養学系・国際都市学系実績） ●主な就職先………キーエンス，資生堂，横浜銀行，三菱地所レジデンス，アクセンチュア，横浜市役所，文部科学省など(旧国際総合科学部国際教養学系・国際都市学系実績)。		
国際商学部		
国際商	260	▷経営学・経済学を中心とする学問専門性に基づき，現実の国際的な労働・製品・金融市場の動向を踏まえた社会経済活動を学び，既成概念にとらわれない課題発見力と企画立案力，確かな英語力，数理的理解力やデータ分析力を生かした文理融合的思考力を養う。
●進路状況…………就職90.8%　進学3.3%（旧国際総合科学部経営科学系実績） ●主な就職先………クボタ，日本政策金融公庫，横浜銀行，第一生命保険，エン・ジャパン，神奈川県庁，東京国税局，JFE商事，ソフトバンクなど(旧国際総合科学部経営科学系実績)。		
理学部		
理	120	▷自然科学の基礎を学び，物質科学の概念を踏まえて細胞・固体スケールの生命現象をとらえることができる，生命現象を原子・分子スケールで起こる物質科学としてとらえることのできる人材を育成する。
●取得可能な資格…教職(理)。 ●進路状況…………就職30.6%　進学66.0%（旧国際総合科学部理学系実績） ●主な就職先………クボタ，武田薬品工業，林野庁，神奈川県警察，ヤオコー，NECソリューションイノベータなど(旧国際総合科学部理学系実績)。		
データサイエンス学部		
データサイエンス	60	▷データを読み解くために必要な数理や統計の基礎的知識をはじめ，社会で不可欠なコミュニケーション力やイノベーションを起す発想力，次世代に通用するビジネス力を養成。
●進路状況…………就職58.3%　進学39.6% ●主な就職先………富士通，日立製作所，SMBC日興証券，野村総合研究所，大和総研，キャノンマーケティングジャパン，京セラコミュニケーションシステム，電通デジタルなど。		
医学部		
		▶附属2病院での実習などで専門的な知識と高度な技術を修得。1年次の共通教養(教養教育)では金沢八景キャンパスに通い，他学部の学生と共に学ぶ。
医	90	▷大学院・附属病院と連携し，創造的研究を推進。豊かな人間性と深い知性を有し，時代の変化にも適切に対応できる優れた実践能力とリサーチマインドを持った人材を育成する。
看護	100	▷倫理観，創造性，国際性を備え，他者の苦しみや痛み，喜びも理解できる豊かな人間力を持ち，人々の健康や生活の質の向上に貢献し，高度先端医療を担う看護師を養成。

キャンパスアクセス ［金沢八景キャンパス］京浜急行―金沢八景より徒歩5分／シーサイドライン―金沢八景より徒歩5分

● 取得可能な資格…医師・看護師・保健師受験資格。
● 進路状況…………[医]初期臨床研修医98.6%　[看護]就職88.0%　進学12.0%
● 主な就職先………[看護]横浜市立大学附属病院，横浜市立大学附属市民総合医療センター，横浜労災病院，神奈川県立がんセンター，神奈川県立こども医療センターなど。

キャンパス

国際教養，国際商，理，データサイエンス，医1年次……[金沢八景キャンパス] 神奈川県横浜市金沢区瀬戸22-2
医2～6年次……[福浦キャンパス] 神奈川県横浜市金沢区福浦3-9
理(生命医科学分野)……[鶴見キャンパス] 神奈川県横浜市鶴見区末広町1-7-29
理(生命環境分野)……[舞岡キャンパス] 神奈川県横浜市戸塚区舞岡町641-12

2023年度入試要項(前年度実績)

●募集人員

学部／学科		前期	後期	学校推薦型	総合型
国際教養	国際教養	A105 B55	—	30	25
国際商	国際商	A130 B60	—	15	5
理	理	A45 B20	10	10	若
データサイエンス	データサイエンス	40	5	—	5
医	医(一般枠)	58	—	—	—
	(地域医療枠)	9	—	県内10 県外6	—
	(神奈川県指定診療科枠)	2	—	県内2 県外1	—
	看護	55	—	5	—

● 2段階選抜

前期は医学部医学科で共通テストの成績が原則として合計750点以上，および志願倍率約3倍により行う。後期は理学部で志願者数が募集人員の約10倍，データサイエンス学部で約20倍を超えた場合に行う。

▷共通テストの国語は古文・漢文を含む。
▷共通テストの英語はリスニングを含む。
▷個別学力検査の数B－数列・ベク。

国際教養学部

前期　〈A方式〉[共通テスト(1000)] 8～7科目 ①国(200) ②外(R240＋L60)▶英 ③④地歴・公民(100×2)▶世A・世B・日A・日B・地理A・地理B・現社・倫・政経・「倫・政経」から2 ⑤⑥数(100×2)▶「数Ⅰ・数A」必須，「数Ⅱ・数B」・簿・情から1 ⑦⑧理(100)▶「物基・化基・生基・地学基から2」・物・化・生・地学から1

〈B方式〉 [共通テスト(700)] 3科目 ①外(R240＋L60)▶英 ②③国・「地歴・公民」・数(200×2)▶国・「世B・日B・地理B・〈倫・政経〉から1」・「〈数Ⅰ・数A〉・〈数Ⅱ・数B〉・簿・情から1」から2 ※高得点2教科または受験した2教科

〈A方式・B方式〉[個別学力検査(500)] 2科目 ①外(300)▶コミュ英Ⅰ・コミュ英Ⅱ・コミュ英Ⅲ・英表Ⅰ・英表Ⅱ ②小論文(200)

学校推薦型　[共通テスト(1000)] 8～7科目 ①国(200) ②外(R240＋L60)▶英 ③④地歴・公民(100×2)▶世A・世B・日A・日B・地理A・地理B・現社・倫・政経・「倫・政経」から2 ⑤⑥数(100×2)▶「数Ⅰ・数A」必須，「数Ⅱ・数B」・簿・情から1 ⑦⑧理(100)▶「物基・化基・生基・地学基から2」・物・化・生・地学から1
[個別学力検査] 課さない。
※書類審査および共通テストの成績を総合して判定。

総合型　[共通テスト] 課さない。ただし，入学前学習の一環として，受験(前期A方式と同じ)し，その自己採点結果を報告。
[個別学力検査(200)] 2科目 ①面接(100)▶プレゼンテーション〈発表〉・質疑等 ②書類審査(プレゼン70＋英語等30)▶プレゼンテーション概要・「英語資格・調査書等」
※第1次選考―書類審査，第2次選考―第1次選考の評価および面接の結果を総合して判定。

キャンパスアクセス [福浦キャンパス] シーサイドライン―市大医学部より徒歩1分

国際商学部

前期 〈A方式〉[共通テスト(1000)] 8~7科目 ①国(200) ②外(R240+L60)▶英 ③④**地歴・公民**(100×2)▶世A・世B・日A・日B・地理A・地理B・現社・倫・政経・「倫・政経」から2 ⑤⑥**数**(100×2)▶「数Ⅰ・数A」必須,「数Ⅱ・数B」・簿・情から1 ⑦⑧**理**(100)▶「物基・化基・生基・地学基から2」・物・化・生・地学から1
〈B方式〉[共通テスト(700)] 3科目 ①外(R240+L60)▶英 ②③**国・「地歴・公民」・数**(200×2)▶国・「世B・日B・地理B・〈倫・政経〉から1」・「〈数Ⅰ・数A〉・〈数Ⅱ・数B〉・簿・情から1」から2 ※高得点2教科または受験した2教科
〈A方式・B方式〉[個別学力検査(500)] 2科目 ①外(300)▶コミュ英Ⅰ・コミュ英Ⅱ・コミュ英Ⅲ・英表Ⅰ・英表Ⅱ ②**小論文**(200)

学校推薦型 [共通テスト(1000)] 8~7科目 ①国(200) ②外(R240+L60)▶英 ③④**地歴・公民**(100×2)▶世A・世B・日A・日B・地理A・地理B・現社・倫・政経・「倫・政経」から2 ⑤⑥**数**(100×2)▶「数Ⅰ・数A」必須,「数Ⅱ・数B」・簿・情から1 ⑦⑧**理**(100)▶「物基・化基・生基・地学基から2」・物・化・生・地学から1
[個別学力検査] 課さない。
※書類審査および共通テストの成績を総合して判定。

総合型 [共通テスト] 課さない。ただし,入学前学習の一環として,受験(前期A方式と同じ)し,その自己採点結果を報告。
[個別学力検査(200)] 2科目 ①**面接**(100)▶プレゼンテーション〈発表〉・質疑等 ②**書類審査**(プレゼン70+英語等30)▶プレゼンテーション概要・「英語資格・調査書等」
※第1次選考―書類審査,第2次選考―第1次選考の評価および面接の結果を総合して判定。

理学部

前期 〈A方式〉[共通テスト(1000)] 7科目 ①国(200) ②外(R240+L60)▶英 ③**地歴・公民**(100)▶世A・世B・日A・日B・地理A・地理B・現社・倫・政経・「倫・政経」から1 ④⑤**数**(100×2)▶「数Ⅰ・数A」・「数Ⅱ・数B」 ⑥⑦**理**(100×2)▶物・化・生から2
〈B方式〉[共通テスト(1000)] 5科目 ①外(R240+L60)▶英 ②③**数**(200×2)▶「数Ⅰ・数A」・「数Ⅱ・数B」 ④⑤**理**(150×2)▶物・化・生から2
〈A方式・B方式〉[個別学力検査(1100)] 4科目 ①外(200)▶コミュ英Ⅰ・コミュ英Ⅱ・コミュ英Ⅲ・英表Ⅰ・英表Ⅱ ②**数**(300)▶数Ⅰ・数Ⅱ・数Ⅲ・数A・数B ③④**理**(300×2)▶「物基・物」・「化基・化」・「生基・生」から2

後期 [共通テスト(1000)] 7科目 ①国(50) ②外(R160+L40)▶英 ③**地歴・公民**(50)▶世A・世B・日A・日B・地理A・地理B・現社・倫・政経・「倫・政経」から1 ④⑤**数**(150×2)▶「数Ⅰ・数A」・「数Ⅱ・数B」 ⑥⑦**理**(200×2)▶物・化・生から2
[個別学力検査(200)] 1科目 ①**面接**(200)

学校推薦型 [共通テスト(1000)] 7科目 ①国(200) ②外(R240+L60)▶英 ③**地歴・公民**(100)▶世A・世B・日A・日B・地理A・地理B・現社・倫・政経・「倫・政経」から1 ④⑤**数**(100×2)▶「数Ⅰ・数A」・「数Ⅱ・数B」 ⑥⑦**理**(100×2)▶物・化・生から2
[個別学力検査] 課さない。
※書類審査および共通テストの成績を総合して判定。

総合型 [共通テスト] 課さない。ただし,入学前学習の一環として,受験(前期A方式と同じ)し,その自己採点結果を報告。
[個別学力検査(200)] 2科目 ①**面接**(100)▶プレゼンテーション〈発表〉・質疑等 ②**書類審査**(プレゼン70+英語等30)▶プレゼンテーション概要・「英語資格・調査書等」
※第1次選考―書類審査,第2次選考―第1次選考の評価および面接の結果を総合して判定。

データサイエンス学部

前期 [共通テスト(1100)] 7~6科目 ①国(200) ②外(R240+L60)▶英 ③④**数**(150×2)▶「数Ⅰ・数A」・「数Ⅱ・数B」 ⑤⑥⑦**地歴・公民・理**(150×2)▶世A・世B・日

キャンパスアクセス [鶴見キャンパス] JR鶴見線―鶴見小野から徒歩15分／JR京浜東北線―鶴見・京浜急行―京急鶴見からバス約15分

A・日B・地理A・地理B・現社・倫・政経・「倫・政経」・「物基・化基・生基・地学基から２」・物・化・生・地学から２
[個別学力検査(900)] 3科目 ①外(200) ▶コミュ英Ⅰ・コミュ英Ⅱ・コミュ英Ⅲ・英表Ⅰ・英表Ⅱ ②数(400) ▶数Ⅰ・数Ⅱ・数Ⅲ・数A・数B ③総合問題(300)
後期 [共通テスト(1300)] 7~6科目 ①国(200) ②外(R300+L100) ▶英 ③④数(200×2) ▶「数Ⅰ・数A」・「数Ⅱ・数B」 ⑤⑥⑦地歴・公民・理(150×2) ▶世A・世B・日A・日B・地理A・地理B・現社・倫・政経・「倫・政経」・「物基・化基・生基・地学基から２」・物・化・生・地学から２
[個別学力検査(200)] 1科目 ①面接(200)
総合型 [共通テスト(600)] 7~6科目 ①国(100) ※国語全体または近代のうち得点率の高い方を採用。②外(R150+L50) ▶英 ③④数(100×2) ▶「数Ⅰ・数A」・「数Ⅱ・数B」 ⑤⑥⑦地歴・公民・理(50×2) ▶世A・世B・日A・日B・地理A・地理B・現社・倫・政経・「倫・政経」・「物基・化基・生基・地学基から２」・物・化・生・地学から２
[個別学力検査(200)] 2科目 ①面接(100) ▶プレゼンテーション〈発表〉・質疑等 ②書類審査(プレゼン70+英語等30) ▶プレゼンテーション概要・「英語資格・調査書等」
※第１次選考―書類審査，第２次選考―第１次選考の評価と面接を総合評価，第３次選考―第２次選考までの評価および共通テストの成績を総合して判定。

医学部

前期 【医学科】[共通テスト(1000)] 7科目 ①国(200) ②外(R240+L60) ▶英 ③地歴・公民(100) ▶世B・日B・地理B・現社・倫・政経・「倫・政経」から１ ④⑤数(100×2) ▶「数Ⅰ・数A」・「数Ⅱ・数B」 ⑥⑦理(100×2) ▶物・化・生から２
[個別学力検査(1400)] 6科目 ①外(400) ▶コミュ英Ⅰ・コミュ英Ⅱ・コミュ英Ⅲ・英表Ⅰ・英表Ⅱ ②数(400) ▶数Ⅰ・数Ⅱ・数Ⅲ・数A・数B ③④理(300×2) ▶「物基・物」・「化基・化」・「生基・生」から２ ⑤小論文(段階評価) ⑥面接(段階評価)
【看護学科】[共通テスト(1000)] 7~6科目 ①国(200) ②外(R300+L100) ▶英 ③地歴・公民(100) ▶世B・日B・地理B・現社・倫・政経・「倫・政経」から１ ④⑤⑥⑦数・理(100×3) ▶「数Ⅰ・数A」・「数Ⅱ・数B」・「物基・化基・生基から２」・物・化・生から３
[個別学力検査(300)] 2科目 ①論文(300) ②面接(段階評価)
学校推薦型 【医学科】[共通テスト(1000)] 7科目 ①国(200) ②外(R240+L60) ▶英 ③地歴・公民(100) ▶世B・日B・地理B・現社・倫・政経・「倫・政経」から１ ④⑤数(100×2) ▶「数Ⅰ・数A」・「数Ⅱ・数B」 ⑥⑦理(100×2) ▶物・化・生から２
[個別学力検査(1000)] 1科目 ①面接(1000)
※第１次選考―全体の評定平均値，英語資格点および出願書類(出願者が「県内高校区分」で概ね25名，「県外高校区分」で概ね15名を超えた場合のみ)，第２次選考―面接，第３次選考―面接および共通テストの成績を総合して判定。ただし，共通テストの成績が一般選抜前期の第１段階選抜合格者の平均点よりも低い者は，合計点の順位にかかわらず不合格とする。
【看護学科】[共通テスト(500)] 7~6科目 ①国(100) ②外(R150+L50) ▶英 ③地歴・公民(50) ▶世B・日B・地理B・現社・倫・政経・「倫・政経」から１ ④⑤⑥⑦数・理(50×3) ▶「数Ⅰ・数A」・「数Ⅱ・数B」・「物基・化基・生基から２」・物・化・生から３
[個別学力検査(200)] 1科目 ①面接(200)
※第１次選考―全体の評定平均値と英語資格点(出願者が約８倍を超えた場合のみ)，第２次選考―面接，第３次選考―面接および共通テストの成績を総合して判定。

その他の選抜

指定校制学校推薦型選抜(医学部〈医〉を除く)，海外帰国生特別選抜，国際バカロレア特別選抜，外国人留学生特別選抜，社会人特別選抜，科学オリンピック特別選抜(国際商学部，理学部，データサイエンス学部)。

神奈川 横浜市立大学

キャンパスアクセス [舞岡キャンパス] 横浜市営地下鉄―舞岡より徒歩10分

偏差値データ（2023年度）

●一般選抜

＊共通テスト・個別計/満点

学部／学科	2023年度 駿台予備学校 合格目標ライン	2023年度 河合塾 ボーダー得点率	2023年度 河合塾 ボーダー偏差値	2022年度実績 募集人員	2022年度実績 受験者数	2022年度実績 合格者数	2022年度実績 合格最低点*	競争率 '22年	競争率 '21年
●前期									
国際教養学部									
国際教養A方式	52	66%	55	105	324	130	969/1500	2.5	2.4
B方式	53	82%	60	55	522	57	902.8/1200	9.2	9.1
国際商学部									
国際商A方式	50	66%	55	130	365	170	905/1500	2.1	2.8
B方式	51	79%	62.5	60	485	60	843.8/1200	8.1	10.6
理学部									
理A方式	51	70%	52.5	45	154	55	1532/2100	2.8	2.2
B方式	52	81%	52.5	25	75	25	1138/1800	3	2.1
データサイエンス学部									
データサイエンス	52	70%	57.5	40	191	49	1412/2000	3.9	5.1
医学部									
医（一般枠）	67	85%	67.5	70	158	72	1723.8/2400	2.2	2.5
医（地域医療枠）	66	85%	67.5						
医（神奈川県指定診療科枠）	66	85%	67.5						
看護	48	65%	—	65	118	69	811/1300	1.7	1.8
●後期									
データサイエンス学部									
データサイエンス	53	80%	—	5	28	5	1126/1500	5.6	7.6
理学部									
理	51	71%	—	—	—	—	—	新	—

- 駿台予備学校合格目標ラインは合格可能性80%に相当する駿台模試の偏差値です。
- 河合塾ボーダー得点率は合格可能性50%に相当する共通テストの得点率です。
  また，ボーダー偏差値は合格可能性50%に相当する河合塾全統模試の偏差値です。
- 競争率は受験者÷合格者の実質倍率
- 医学部医学科は２段階選抜を実施。

※国際教養学部と国際商学部のＢ方式の受験者数にはＡ方式の者も重複して含まれる。

併設の教育機関 大学院

都市社会文化研究科

教員数▶37名

院生数▶63名

博士前期課程 ●都市社会文化専攻 都市社会文化研究科基盤的分野と応用的領域の両面に対応できる多分野融合型の教育研究システムを備えており，都市・地域・国際社会の課題を中心に，急速に変化する現代世界の諸問題について，人間と文化の深い理解を踏まえて実践的に取り組む人間の育成をめざしている。

博士後期課程 都市社会文化専攻

国際マネジメント研究科

教員数▶24名
院生数▶48名
博士前期課程　●国際マネジメント専攻
企業の海外展開における問題解決方法を学ぶ国際マネジメント教育に加え，サービスビジネスを専門的かつ科学的に研究できるサービス・サイエンス研究プログラムを設置。また，産学連携教育プログラムの提供やインターンシップ，フィールドワークの単位も認定している。
博士後期課程　国際マネジメント専攻

生命ナノシステム科学研究科

教員数▶36名
院生数▶123名
博士前期課程　●物質システム科学専攻
電子・原子・分子の視点から，実験科学と計算科学に基づき，生命現象を含めた物質システムを解明する。
●**生命環境システム科学専攻**　ゲノム生物学を基盤に，動物・植物・微生物の生体分子の構造と機能を解明。生体分子のネットワークとしての代謝，細胞，個体，生態系をシステムズ生物学の視点から明らかにする。
博士後期課程　物質システム科学専攻，生命環境システム科学専攻

生命医科学研究科

教員数▶25名
院生数▶108名
博士前期課程　●**生命医科学専攻**　ポストゲノム時代に対応できる研究開発能力を持った人材を育成するため，既存の物理学・化学・生理学・遺伝学・情報科学をより一層総合化し，細胞生物学を含む先端医科学研究に応用展開できる教育体制を構築。隣接する理化学研究所横浜キャンパスをはじめ，産業技術総合研究所，国立医薬品食品衛生研究所とも連携して教育を行う。
博士後期課程　生命医科学専攻

データサイエンス研究科

教員数▶15名
院生数▶82名
博士前期課程　●データサイエンス専攻
PBLを中心とした「実践的データサイエンス演習」を通して，データサイエンス力の涵養をめざす。
●**ヘルスデータサイエンス専攻**　ヘルス領域の専門性をベースに，データサイエンスの知見を有し，データを解析して新たな価値を創造できる専門人材を育成する。
博士後期課程　データサイエンス専攻，ヘルスデータサイエンス専攻

医学研究科

教員数▶431名
院生数▶497名
修士課程　●**医科学専攻**　生体や疾病の仕組みを，個体から細胞，分子の各レベルにおいて明らかにするとともに，ヒトを含む生体をシステムとしてとらえ，生命科学，医学，医療分野の発展に貢献できる人材を育成する。
博士前期課程　●**看護学専攻**　保健医療福祉および看護サービスを受ける利用者の生命，人権，ニーズを尊重し，専門性に立脚した質の高い看護を追究・提供できる人材を育成。
4年制博士課程　●**医科学専攻**　高いレベルの医学研究を行う実力を身につける。
博士後期課程　看護学専攻

都留文科大学

資料請求

問合せ先 入試室 ☎0554-43-4341

大学の理念

富士山の麓に位置し，豊かな自然に囲まれた60年以上の歴史を持つ公立大学。社会有為の人材を育成する楽しみを詠んだ「菁莪育才（せいがいくさい）」の言葉を学訓とし，人文・社会・自然の全領域にわたる「人間探求」の大学として歩みを進めてきた。2017年に国際教育学科，2018年には教養学部を開設。教育プログラム「国際バカロレア」教員養成機関の認可を受けるなど，「教員養成系大学」としてのブランド力を基盤として，時代に適合した教育・研究・地域貢献について一層の進展と個性化を図りつつ，従来の学科をリフレッシュして，現状および将来により適応した学部，学科編成に努めている。選ばれる大学として発展し続けるため，「地域で学ぶ」「グローバル」「教員養成力」をキーワードに掲げ，さらなる飛躍をめざしている。

● **都留文科大学キャンパス**……〒402-8555　山梨県都留市田原3-8-1

基本データ

学生数▶3,412名（男1,226名，女2,186名）
専任教員数▶教授81名，准教授24名，講師12名
設置学部▶文，教養
併設教育機関▶大学院—文学（M）

就職・卒業後の進路

就職率 96.1%
就職者÷希望者×100

● **就職支援**　学内のキャリア支援センターを拠点とし，さまざまな就職活動支援のほか，豊富な資料と整備されたインターネット環境でタイムリーな情報を提供している。学生一人ひとりが自分の進む方向を正確に認識し，的確な進路決定ができるよう，1年次から就職オリエンテーションを実施し，その後はガイダンスや専門アドバイザーによるカウンセリング，各種説明会などで段階的にキャリア形成が行えるよう指導するほか，インターンシップを共通教育科目のカリキュラムとして組み込み，さまざまな職場へ学生を派遣している。また，教員・公務員・民間企業の分野別に，豊富な知識・経験を持つ専門アドバイザーを配置し，年次・学科を問わず気軽に利用できる個別相談室が設置されている。

進路指導者も必見 学生を伸ばす 面倒見

初年次教育	学修サポート
「アカデミック・スキルズ」を開講し，大学の学習の特徴，学修するためのスキル（図書館利用法，データベース検索法），レポート・論文の書き方，情報リテラシーなどのスキルを身につける	オフィスアワー制度を導入し，学生からの質問や相談に応じている。また，教職支援センターを設置し，「個別相談」「教育カフェ」「教職実践ゼミ」の３方向から教員をめざす学生を支援

オープンキャンパス（2022年度実績）　来場型とオンライン型のオープンキャンパスを開催。学科説明会，特別講義に加え，学生によるキャンパスツアーや学食体験を実施。そのほかにも留学制度やキャリ支援体制についての説明・個別相談を実施。

文系学部
2022年３月卒業生
774人

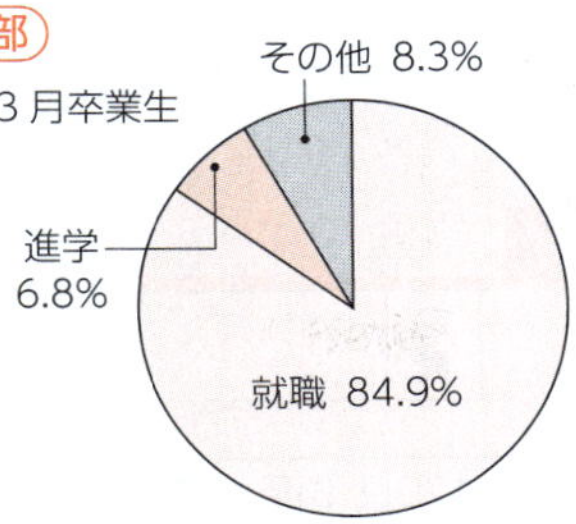

主なOB・OG▶［文］湊秋作（やまねミュージアム館長），［文］北澤晃（教育学者），［文］上杉隆（ジャーナリスト），［文］西炯子（漫画家），［文］斉藤貴美子（声優）など。

国際化・留学　大学間 18 大学・部局間 1 大学

受入れ留学生数▶41名（2022年5月1日現在）
留学生の出身国・地域▶中国，韓国，フィリピン，台湾，マレーシア。
外国人専任教員▶教授２名，准教授２名，講師２名（2022年５月１日現在）
外国人専任教員の出身国▶中国，アメリカ，スウェーデン。
大学間交流協定▶18大学（交換留学先17大学，2022年９月26日現在）
部局間交流協定▶１大学（交換留学先１大学，2022年９月26日）
海外への留学生数▶渡航型44名・オンライン型11名／年（８カ国・地域，2021年度）
海外留学制度▶国際交流センターが情報提供，留学相談，学術交流促進の窓口となっており，現地の学生や他国の留学生らと講義に参加し，単位認定も得られる交換留学や，英語研修が中心の協定校留学，短期語学研修，小学校教師をめざす学生向けの教師教育プログラムなどを実施。給付型の「グローバル教育奨学金」（交換留学30～100万円，認定留学50万円，協定校留学30万円）のほか，国外で一定期間の活動を行う学生に審査を経て給付される「遊学奨励金」など，支援も充実。

学費・奨学金制度　給付型奨学金総額 年間約 1,548万円

入学金▶141,000円（市外出身者282,000円）
年間授業料（施設費等を除く）▶520,800円
年間奨学金総額▶15,477,000円
年間奨学金受給者数▶169人
主な奨学金制度▶給付型奨学金として「新入生スタートアップ奨学金」（各学科募集定員の入試成績上位者73名が対象。５万円），「成績優秀者奨学金」（２～４年次の各学科１名の成績最優秀者に10万円，各学科４名の成績優秀者に５万円）があるほか，授業料減免制度があり，2021年度には70人を対象に総額で約1,497万円を減免している。

保護者向けインフォメーション

● **成績確認**　成績表を保護者に郵送している。
● **就職支援**　２年生の保護者に「保護者向け就職ガイド」を送付している。
● **防災対策**　被災した際の学生の安否は，ポータルサイトおよび電話連絡で確認する。
● **コロナ対策１**　ワクチンの職域接種を実施。感染状況に応じた５段階のBCP（行動指針）を設定。「コロナ対策２」（下段）あり。

インターンシップ科目	必修専門ゼミ	卒業論文	GPA制度の導入の有無および活用例	１年以内の退学率	標準年限での卒業率
全学部で開講している	全学部で実施	卒業要件	民間企業および公立学校教員採用試験における大学推薦基準として活用	1.5%	85.8%

● **コロナ対策２**　各講義棟の入口で検温と消毒を実施し，講義室の収容人数を調整，空調等を整備。また，オンライン授業を併用し，学内のPC教室を開放。経済的に困窮している学生に緊急援助奨学金を給付。

2024年度学部改組構想（予定）

● 文学部の国際教育学科と比較文化学科を教養学部へ移行し，教養学部を４学科体制，文学部を２学科体制に改編。

学部紹介（2023年２月現在）

学部／学科	定員	特色
文学部		
国文	120	▷国語・国文学を広く深く学ぶとともに，国際化の視点も取り入れたカリキュラムを実施。専門的知識を修得し，社会への貢献をめざす人材を育成する。
英文	120	▷高度な英語運用能力を身につけるとともに，英語圏の文学，言語，文化の専門的知識を修得した真の国際人を養成。
比較文化	120	▷比較という視点で世界各地の文化を探究する。スタディー・ツアー（現地調査）の実施や英語力の養成に注力し，留学やワーキングホリデーを活用した海外での活動も奨励。
国際教育	40	▷国際バカロレア教育（IB）に対応したカリキュラムを開設し，世界に通用する教育者の育成，全人的な教育を通じて，日本文化を基盤とした創造性を地域から世界へさまざまな分野で生かすことのできるクリエイティブリーダーの育成をめざす。
● 取得可能な資格…教職（国・地歴・公・社・英，小一種），司書，学芸員など。 ● 進路状況…………就職81.4%　進学7.4% ● 主な就職先………日本放送協会，イオンリテール，オリエンタルランド，紀伊國屋書店，サイバーエージェント，全日本空輸，大和証券，日本航空，三菱UFJ銀行，楽天など。		
教養学部		
学校教育	180	▷初等教育を基盤として，小中一貫教育へ対応できる教師としての資質・専門的な力を身につける。２年次より自身の関心に応じて12の系から専攻コースを選択。得意分野を深く学ぶとともに，地域との連携による豊富な現場体験，海外研修プログラムも実施。
地域社会	150	▷地域的視点と国際的視点の両面から地域課題を的確にとらえ，日本や世界の各地でより良い地域の形成に貢献できる人材を育成する。３年次に「地域経営」「公共政策」「環境社会」「教育文化」の４コースから１つを選択。
● 取得可能な資格…教職（国・地歴・公・社・数・理・英，小一種，特別支援），司書，司書教諭など。 ● 進路状況…………就職89.4%　進学6.2% ● 就職状況…………教員，HIS，東日本旅客鉄道，アイリスオーヤマ，かんぽ生命保険，近畿日本鉄道，山九，シオプロ，東京海上日動火災保険，新潟日報社，日本食研など。		

キャンパス

文・教養……［都留文科大学キャンパス］　山梨県都留市田原3-8-1

キャンパスアクセス ［都留文科大学キャンパス］ 富士急行線―都留文科大学前より徒歩約５分

2023年度入試要項（前年度実績）

●募集人員

学部／学科		前期	中期
▶文	国文	20	50
	英文	5科目5 3科目10	5科目10 3科目20
	比較文化	23	37
	国際教育	10	11
▶教養	学校教育	25	5科目36 3科目30
	地域社会	25	48

● 2 段階選抜　実施しない

▷共通テストの英語はリスニングを含む。

文学部

前期　【国文学科】［共通テスト(500)］ 4〜3科目 ①国(300) ②外(100・英〈R80＋L20〉) ▶英・独・仏・中・韓から1 ③④地歴・公民・数・理(100) ▶世Ｂ・日Ｂ・地理Ｂ・現社・倫・政経・「倫・政経」・数Ⅰ・「数Ⅰ・数Ａ」・数Ⅱ・「数Ⅱ・数Ｂ」・「物基・化基・生基・地学基から2」・物・化・生・地学から1

［個別学力検査］ 課さない。

【英文学科】〈5科目型〉［共通テスト(600)］ 6〜5科目 ①国(100) ②外(R100＋L100) ▶英 ③地歴・公民(100) ▶世Ｂ・日Ｂ・地理Ｂ・現社・倫・政経・「倫・政経」から1 ④数(100) ▶数Ⅰ・「数Ⅰ・数Ａ」・数Ⅱ・「数Ⅱ・数Ｂ」から1 ⑤⑥理(100) ▶「物基・化基・生基・地学基から2」・物・化・生・地学から1

〈3科目型〉［共通テスト(400)］ 4〜3科目 ①外(R100＋L100) ▶英 ②③④国・「地歴・公民」・数・理(100×2) ▶国・「世Ｂ・日Ｂ・地理Ｂ・現社・倫・政経・〈倫・政経〉から1」・「数Ⅰ・〈数Ⅰ・数Ａ〉・数Ⅱ・〈数Ⅱ・数Ｂ〉から1」・「〈物基・化基・生基・地学基から2〉・物・化・生・地学から1」から2

［個別学力検査］ 課さない。

【比較文化学科】［共通テスト(600)］ 4〜3科目 ①外(200・英〈R150＋L50〉) ▶英・独・仏・中・韓から1 ②③④国・地歴・公民・数・理(200×2) ▶国・世Ａ・世Ｂ・日Ａ・日Ｂ・地理Ａ・地理Ｂ・「現社・倫・政経・〈倫・政経〉から1」・「数Ⅰ・〈数Ⅰ・数Ａ〉・数Ⅱ・〈数Ⅱ・数Ｂ〉から1」・「〈物基・化基・生基・地学基から2〉・物・化・生・地学から1」から2，ただし地歴・公民から1必須

［個別学力検査］ 課さない。

【国際教育学科】［共通テスト(500)］ 4〜3科目 ①国(100) ②外(R200＋L100) ▶英 ③④地歴・公民・数・理(100) ▶世Ｂ・日Ｂ・地理Ｂ・現社・倫・政経・「倫・政経」・数Ⅰ・「数Ⅰ・数Ａ」・数Ⅱ・「数Ⅱ・数Ｂ」・「物基・化基・生基・地学基から2」・物・化・生・地学から1

［個別学力検査］ 課さない。

中期　【国文学科】［共通テスト(500)］ 4〜3科目 ①国(200) ②外(200・英〈R160＋L40〉) ▶英・独・仏・中・韓から1 ③④地歴・公民・数・理(100) ▶世Ｂ・日Ｂ・地理Ｂ・現社・倫・政経・「倫・政経」・数Ⅰ・「数Ⅰ・数Ａ」・数Ⅱ・「数Ⅱ・数Ｂ」・「物基・化基・生基・地学基から2」・物・化・生・地学から1

［個別学力検査(300)］ 1科目 ①国(300) ▶国総・現文Ｂ・古典Ｂ

【英文学科】〈5科目型〉［共通テスト(600)］ 6〜5科目 前期と同じ

〈3科目型〉［共通テスト(400)］ 4〜3科目 前期と同じ

［個別学力検査(200)］ 1科目 ①外(200) ▶コミュ英Ⅰ・コミュ英Ⅱ・英表Ⅰ

【比較文化学科】［共通テスト(300)］ 4〜3科目 ①外(100・英〈R75＋L25〉) ▶英・独・仏・中・韓から1 ②③④国・地歴・公民・数・理(100×2) ▶国・世Ａ・世Ｂ・日Ａ・日Ｂ・地理Ａ・地理Ｂ・「現社・倫・政経・〈倫・政経〉から1」・「数Ⅰ・〈数Ⅰ・数Ａ〉・数Ⅱ・〈数Ⅱ・数Ｂ〉から1」・「〈物基・化基・生基・地学基から2〉・物・化・生・地学から1」から2，ただし地歴・公民から1必須

［個別学力検査(300)］ 1科目 ①外(300) ▶コミュ英Ⅰ・コミュ英Ⅱ・英表Ⅰ

【国際教育学科】［共通テスト(400)］ 4〜3科目 ①国(100) ②外(R200×⅔＋L200×⅓) ▶英 ③④地歴・公民・数・理(100) ▶世Ｂ・日Ｂ・地理Ｂ・現社・倫・政経・「倫・政経」・数Ⅰ・「数Ⅰ・数Ａ」・数Ⅱ・「数Ⅱ・数Ｂ」・「物基・

化基・生基・地学基から２」・物・化・生・地学から１
［個別学力検査(300)］ 1科目 ①小論文(300)

教養学部

前期 【学校教育学科】［共通テスト(600)］ 4～3科目 ①②③④国・外・「地歴・公民」・数・理(200・英〈R160＋L40〉×3)▶国・「英・独・仏・中・韓から１」・「世Ｂ・日Ｂ・地理Ｂ・現社・倫・政経・〈倫・政経〉から１」・「数Ⅰ・〈数Ⅰ・数Ａ〉・数Ⅱ・〈数Ⅱ・数Ｂ〉から１」・「〈物基・化基・生基・地学基から２〉・物・化・生・地学から１」から３，ただし国・数から１必須
［個別学力検査］ 課さない。
【地域社会学科】［共通テスト(500)］ 4～3科目 ①外(150・英〈R112.5＋L37.5〉)▶英・独・仏・中・韓から１ ②③④国・地歴・公民・数・理(必須200＋選択150)▶国・世Ｂ・日Ｂ・地理Ｂ・「現社・倫・政経・〈倫・政経〉から１」・「数Ⅰ・〈数Ⅰ・数Ａ〉・数Ⅱ・〈数Ⅱ・数Ｂ〉から１」・「〈物基・化基・生基・地学基から２〉・物・化・生・地学から１」から２，ただし地歴・公民から１必須
［個別学力検査］ 課さない。
中期 【学校教育学科】〈５科目型〉［共通テスト(1000)］ 6～5科目 ①国(200) ②外(200・英〈R160＋L40〉)▶英・独・仏・中・韓から１ ③地歴・公民(200)▶世Ｂ・日Ｂ・地理Ｂ・現社・倫・政経・「倫・政経」から１ ④数(200)▶数Ⅰ・「数Ⅰ・数Ａ」・数Ⅱ・「数Ⅱ・数Ｂ」から１ ⑤⑥理(200)▶「物基・化基・生基・地学基から２」・物・化・生・地学から１
〈３科目型〉［共通テスト(600)］ 4～3科目 前期と同じ
［個別学力検査(200)］ 1科目 ①小論文(200)
【地域社会学科】［共通テスト(400)］ 4～3科目 ①外(100・英〈R75＋L25〉)▶英・独・仏・中・韓から１ ②地歴・公民(150)▶世Ｂ・日Ｂ・地理Ｂ・現社・倫・政経・「倫・政経」から１ ③④国・数・理(150)▶国・数Ⅰ・「数Ⅰ・数Ａ」・数Ⅱ・「数Ⅱ・数Ｂ」・「物基・化基・生基・地学基から２」・物・化・生・地学から１
［個別学力検査(300)］ 1科目 ①小論文(300)

その他の選抜

学校推薦型選抜(一般)は国文学科50名(全38・県10・市２)，英文学科40名(全30・県８・市２)，比較文化学科42名(全32・県８・市２)，国際教育学科19名(全15・県３・市１)，学校教育学科60名(全40・県16・市４)，地域社会学科55名(全35・県17・市３)，共通テスト利用学校推薦型選抜は比較文化学科18名，国際教育学科若干名，学校教育学科15名，地域社会学科10名，学校推薦型選抜(IB)は国際教育学科若干名，総合型選抜は英文学科35名，国際教育学科若干名，学校教育学科14名(Ⅰ期〈体育系〉若干名・Ⅱ期〈音楽系・図画工作系・体育系・自然環境科学系〉11名・Ⅲ期〈自然環境科学系〉３名)，地域社会学科12名を募集。ほかに私費外国人留学生試験を実施。

偏差値データ (2023年度)

●一般選抜

学部／学科	2023年度 駿台予備学校 合格目標ライン	2023年度 河合塾 ボーダー得点率	2023年度 河合塾 ボーダー偏差値	'22年度 競争率
●前期				
▶文学部				
国文	49	77%	—	2.2
英文(５科目)	49	69%	—	1.3
(３科目)	50	74%	—	
比較文化	48	75%	—	1.9
国際教育	50	75%	—	1.3
▶教養学部				
学校教育	47	70%	—	1.8
地域社会	46	74%	—	1.6
●中期				
▶文学部				
国文	55	78%	55	3.7
英文(５科目)	53	71%	55	2.3
(３科目)	54	78%	55	
比較文化	51	78%	55	2.3
国際教育	53	79%	—	2.6
▶教養学部				
学校教育(５科目)	50	67%	—	2.7
(３科目)	49	73%	—	

地域社会	48	77%	—	2.3

- 駿台予備学校合格目標ラインは合格可能性80％に相当する駿台模試の偏差値です。
- 河合塾ボーダー得点率は合格可能性50％に相当する共通テストの得点率です。また，ボーダー偏差値は合格可能性50％に相当する河合塾全統模試の偏差値です。
- 競争率は受験者÷合格者の実質倍率

MEMO

静岡県立大学

しずおかけんりつ

資料請求

問合せ先 学生部入試室 ☎054-264-5007

大学の理念

静岡薬科大学と静岡女子大学，静岡女子短期大学を改組統合し，1987年に開学。大学の理念に，地域社会と協働する広く県民に開かれた大学をめざすことを掲げる。静岡の魅力を学ぶ「しずおか学」や地域づくりに関する授業を開講するほか，コミュニティー・ワーク力を備えた学生へ「静岡県立大学コミュニティフェロー」の称号を授与するなど，地域の未来を担う人材を育成する。また，上智大学およびお茶の水女子大学との３大学共同による，オンライン国際協働学習を活用したアメリカ10大学との交流事業も展開するなど，グローバル人材の育成も進めている。2019年11月には「静岡県立大学SDGｓ宣言」を発表し，「誰一人取り残さない」社会の実現に向け，人材の育成や知の探求を通じ，地域をつくり，地域をむすび，未来へつなぐことをめざす。

- 草薙キャンパス……〒422-8526　静岡県静岡市駿河区谷田52-1
- 小鹿キャンパス……〒422-8021　静岡県静岡市駿河区小鹿2-2-1

基本データ

学生数▶2,900名（男1,082名，女1,818名）
専任教員数▶教授94名，准教授62名，講師40名
設置学部▶薬，食品栄養科，国際関係，経営情報，看護

併設教育機関▶大学院─薬食生命科学総合学府・経営情報イノベーション・看護学（以上M･D），国際関係学（M）　短期大学（P.1647参照）

就職・卒業後の進路

就職率 98.4%
就職者÷希望者×100

●**就職支援**　キャリア支援センターにおいて，学生が自らのキャリアを主体的，自律的に選択・決定していく能力を身につけるためのサポートを実施。低学年次から「キャリア形成概論Ⅰ・Ⅱ」を開講するほか，キャリア形成に関わる各種講演会，シンポジウム，セミナーの開催，インターンシップ参加の推進など学生の自主的な取り組みとの連携・支援を図っている。また，学生の企画・編集によるキャリア支援情報誌『＆YOU（アンド ユー）』

進路指導者も必見 学生を伸ばす 面倒見

初年次教育	学修サポート
静岡の産業や経済，歴史・文化など地域を知り学ぶための全学共通科目「しずおか学」を開講し，主体的に地域の課題解決に取り組む意識を高めている	教員１人が学生約５～20人を担当する教員アドバイザー制度を導入し，学生の履修指導や学修の支援をしている

オープンキャンパス（2022年度実績）　バーチャルオープンキャンパスで，学部ごとにLive配信やバーチャル・ルームなどのオンライン企画を実施するほか，食品栄養科学部では来学型のミニキャンパスツアーを開催。

も発行。就職活動期間には，企業概要や採用方法などを企業が説明する「個別企業説明会」や「公務員試験対策講座」などを実施するほか，専門アドバイザーが自己PR法，応募書類の添削など，個別相談できめ細かく対応している。

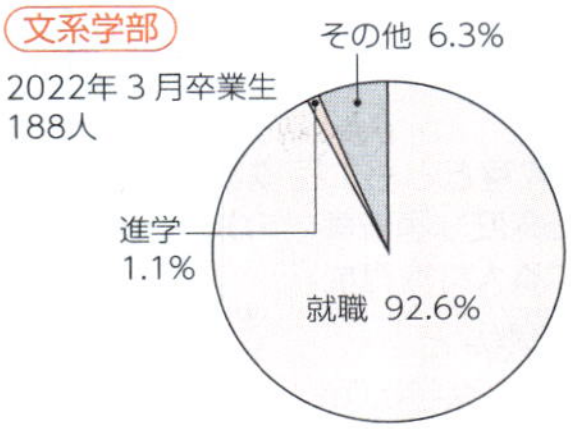

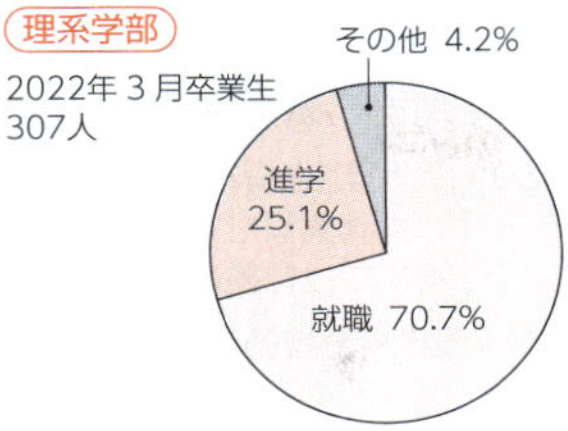

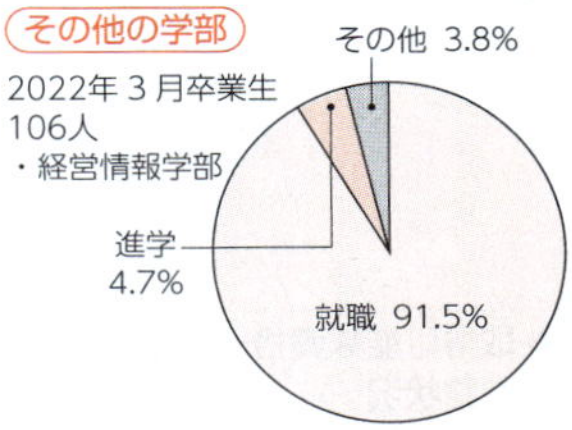

主なOB・OG ▶ [旧静岡薬科大学] 若林敬二（静岡県立大学食品環境研究センター長・大学院特任教授），[旧静岡女子大] 渡辺美輪（川柳家），[国際関係] 浅野正紀（NHKアナウンサー）など。

国際化・留学　大学間 28 大学・部局間 21 大学等

受入れ留学生数 ▶ 51名（2022年5月1日現在）
留学生の出身国 ▶ 中国，ベトナム，インドネシア，マレーシア，韓国など。
外国人専任教員 ▶ 教授１名，准教授５名，講師１名（2022年９月１日現在）
外国人専任教員の出身国 ▶ アメリカ，カナダ，ドイツ，中国，タイなど。
大学間交流協定 ▶ 28大学（交換留学先28大学，2022年５月１日現在）
部局間交流協定 ▶ 21大学・機関（交換留学先21大学，2022年５月１日現在）
海外への留学生数 ▶ 渡航型23名・オンライン型１名／年（８カ国・地域，2021年度）
海外留学制度 ▶ 世界各国の大学・研究機関と締結した学術交流協定校への交換留学，派遣留学，語学研修などを実施している。語学研修では，夏や春の長期休暇を利用して英語やフランス語，中国語を学ぶ。語学の勉強だけでなく，貴重な海外体験もできる。また，オンラインを活用した国際的な双方向教育「COIL」プログラムに参加し，アメリカをはじめ各国大学との連携を強化している。

学費・奨学金制度　給付型奨学金総額 年間 1,188 万円

入学金 ▶ 141,000円（県外者366,600円）
年間授業料（施設費等を除く）▶ 535,800円
年間奨学金総額 ▶ 11,880,000円
年間奨学金受給者数 ▶ 15人
主な奨学金制度 ▶ 学部２年次生を対象とした「成績優秀者学修奨励費」などを設置するほか，地元企業等による返済義務のない奨学金制度も用意されている。また，学費減免制度があり，2021年度は32人を対象に総額で約764万円を減免している。

保護者向けインフォメーション

● **成績確認**　成績表，履修科目と単位数の情報がWebで閲覧できる。
● **防災対策**　学生が被災した際の安否は大学独自の安否情報システムを利用して確認する。
● **コロナ対策１**　ワクチンの職域接種を実施。感染状況に応じたBCP（行動指針）を設定。「コロナ対策２」（下段）あり。

インターンシップ科目	必修専門ゼミ	卒業論文	GPA制度の導入の有無および活用例	１年以内の退学率	標準年限での卒業率
食品栄養科学部で開講している	全学部で３・４（５・６）年次に実施	全学部で卒業要件	導入している	3.5%	88.6%（4年制）100%（6年制）

● **コロナ対策２**　検温と消毒を実施し，講義室の収容人数を調整するとともに，空調等の環境を整備。オンライン授業を併用し，希望する学生にはiPadを貸出。また，学生への経済的支援として「たべものカフェ」を実施。

学部紹介

学部／学科	定員	特色
薬学部		
薬科	40	▷４年制。医薬品の創製や研究開発，生命科学や環境科学に関する総合的教育を行う。
薬	80	▷６年制。薬学の基礎・専門教育とともに医療薬学教育および実務実習を行い，実践的で高度な医療薬学の知識と技術を身につけた薬剤師資格を有する人材を育成。
● 取得可能な資格……薬剤師（薬学科）・臨床検査技師（薬科学科）受験資格など。 ● 進路状況……………［薬科］就職2.6%　進学94.7%　［薬］就職96.3%　進学0.0% ● 主な就職先…………武田薬品工業，アステラス製薬，小野薬品工業，大塚製薬，ウエルシア薬局など。		
食品栄養科学部		
食品生命科	25	▷化学，物理学，生物学，英語などの基礎科目と食品に関連した生命科学，工学を中心とした専門科目を幅広く学び，食品の先端的技術開発をめざす。
栄養生命科	25	▷栄養素の体内利用と機能について基礎から応用，実践と段階的な学びで，生命科学を理解した実践能力の高い管理栄養士を育成する。
環境生命科	20	▷環境科学と生命科学を基盤に食と人の健康に関わる環境分野で活躍できる人材を育成する。
● 取得可能な資格…教職（理・栄養），栄養士，管理栄養士受験資格など。 ● 進路状況…………就職46.4%　進学50.7% ● 主な就職先………静岡県，静岡市，カルビー，はごろもフーズ，マルハニチロ，ヱスビー食品など。		
国際関係学部		
国際関係	60	▷ボーダレス化と多様化が進む世界の諸問題に多角的にアプローチ。国際公共政策・国際開発・共生社会の３プログラム。
国際言語文化	120	▷言語と文化の理解を通してグローバルな相互理解をめざし，異なった文化を持つ人たちと「共生」していく能力を養う。
● 取得可能な資格…教職（国・英）など。　● 進路状況…………就職92.6%　進学1.1% ● 主な就職先………静岡県，静岡市，静岡県教育委員会，日本航空，タミヤ，静岡鉄道など。		
経営情報学部		
経営情報	125	▷経営，総合政策，データサイエンス，観光マネジメントの融合と専門性により，イノベーションを担う人材を育成。
● 取得可能な資格…教職（数・情・商）など。　● 進路状況…………就職91.5%　進学4.7% ● 主な就職先………静岡銀行，清水銀行，静岡県，静岡市，法務省，静岡県警察，静岡新聞社など。		
看護学部		
看護	120	▷県内の保健医療福祉施設での実習などの学びを通して，科学的な探究心と豊かな人間性を備えた人材の育成をめざす。
● 取得可能な資格…教職（養護二種），看護師・保健師受験資格など。 ● 進路状況…………就職89.2%　進学5.0% ● 主な就職先………静岡県立病院機構，静岡県立静岡がんセンター，静岡赤十字病院，静岡県など。		

キャンパス

全学部……［草薙キャンパス］ 静岡県静岡市駿河区谷田52-1
看護……［小鹿キャンパス］ 静岡県静岡市駿河区小鹿2-2-1　※草薙キャンパスとの２キャンパス制

キャンパスアクセス ［草薙キャンパス］ JR東海道線一草薙，静岡鉄道一草薙・県立美術館前より徒歩15分

2023年度入試要項（前年度実績）

●募集人員

学部／学科		中・前期	後期
▶薬	薬科	26	—
	薬	54	—
▶食品栄養科	食品生命科	15	5
	栄養生命科	15	5
	環境生命科	12	4
▶国際関係	国際関係	42	—
	国際言語文化	84	—
▶経営情報	経営情報	75	15
▶看護	看護	85	5

●２段階選抜

志願者数が，各学科の募集人員に対し，薬学部16倍（中期），経営情報学部５倍（後期），看護学部４倍（前期）を超えた場合に行うことがある。

試験科目

デジタルブック

偏差値データ（2023年度）

●一般選抜

学部／学科	2023年度 駿台予備学校 合格目標ライン	2023年度 河合塾 ボーダー得点率	2023年度 河合塾 ボーダー偏差値	'22年度 競争率
●前期				
▶食品栄養科学部				
食品生命科	47	58%	50	1.9
栄養生命科	47	60%	50	1.9
環境生命科	46	56%	47.5	1.6
▶国際関係学部				
国際関係	50	70%	52.5	1.5
国際言語文化	50	71%	50	2.1
▶経営情報学部				
経営情報	48	60%	50	2.4
▶看護学部				
看護	46	58%	—	1.9
●中期				
▶薬学部				
薬科	54	65%	57.5	3.3
薬	57	69%	60	4.3
●後期				
▶食品栄養科学部				
食品生命科	48	60%	—	3.5
栄養生命科	48	62%	—	2.5
環境生命科	47	60%	—	—
▶経営情報学部				
経営情報	49	74%	—	4.8
▶看護学部				
看護	47	60%	—	6.2

- 駿台予備学校合格目標ラインは合格可能性80%に相当する駿台模試の偏差値です。
- 河合塾ボーダー得点率は合格可能性50%に相当する共通テストの得点率です。また，ボーダー偏差値は合格可能性50%に相当する河合塾全統模試の偏差値です。
- 競争率は受験者÷合格者の実質倍率

併設の教育機関　短期大学

静岡県立大学　短期大学部

問合せ先　入試担当
☎054-202-2610
所在地　静岡県静岡市駿河区小鹿2-2-1

学生数▶268名（男９名，女259名）
教員数▶教授８名，准教授11名，講師９名

設置学科

●歯科衛生学科（40）　人びとの生涯にわたる健康づくりを支援する歯科衛生士を育成。
●社会福祉学科（70）　保育・福祉の感性豊かな専門家の育成をめざす社会福祉専攻と人を温かく包み込む介護の専門家を育成する介護福祉専攻の2専攻制。
●こども学科（30）　こどもの健やかな育ちを保障する人間性豊かな保育者を育成する。

2022年度入試結果
1.3倍（受験者245名，合格者190名）

卒業後の進路
2022年３月卒業生▶120名
就職105名，進学６名，その他８名

キャンパスアクセス [小鹿キャンパス]（短期大学部）JR東海道線―東静岡，静岡鉄道―柚木より徒歩20分

愛知県立大学

資料請求

問合せ先 入試課 ☎0561-76-8813

大学の理念

2009（平成21）年４月に，愛知県立大学と愛知県立看護大学が統合して新たにスタート。「知的探究心を持つ研究者と学生が啓発し合いながら『知の拠点』を目指す」「良質の研究・教育を行い，地域・国際社会に還元する」「人間社会における人々や文化の共生を含む『成熟した共生社会』の実現を目指す」との３つの理念を掲げ，教育・指導体制の充実を図っている。新たな取り組みとして「いのちの学びと探求」をテーマに５つの学部が連携して研究し，その成果を教育に反映することをめざしている。グローバル化が進みながら，自国主義が広がる時代だからこそ，日本・世界の諸地域の人々と顔の見える交流を密にする，「人をつなぎ世界を結ぶ」ことを積極的に推進し，より良い社会の創造に貢献できる人材育成をめざしている。

- 長久手キャンパス………〒480-1198 愛知県長久手市茨ケ廻間1522番3
- 守山キャンパス…………〒463-8502 愛知県名古屋市守山区上志段味東谷
- サテライトキャンパス…〒450-0002 愛知県名古屋市中村区名駅4-4-38 愛知県産業労働センター

基本データ

学生数▶3,193名（男913名，女2,280名）
専任教員数▶教授87名，准教授87名，講師24名
設置学部▶外国語，日本文化，教育福祉，看護，情報科
併設教育機関▶大学院―国際文化・人間発達学・看護学・情報科学（以上M・D）

就職・卒業後の進路

就職率 98.6％
就職者÷希望者×100

●**就職支援**　長久手キャンパスのキャリア支援室では，キャリアセミナー，民間企業・官公庁説明会，業界研究会，OB・OG交流会など，年間を通じて数多くの就職ガイダンスを開催。就職・進学・留学など多様な進路選択を支援するとともに，専門相談員による個別相談などきめ細やかなサポートも実施している。また，教養教育科目では，１年生から自身のキャリア形成について思考し，学ぶ機会として多様なキャリア科目を開講している。

進路指導者も必見
学生を伸ばす 面倒見

初年次教育	学修サポート
全学部で「情報リテラシー」「データサイエンスへの招待」を開講し，ITの基礎技術，情報収集や資料整理の方法，論理的思考や問題発見・解決能力の向上を図るほか，一部の学部でレポート・論文の書き方，プレゼン技法なども学ぶ	全学部でTA・SA制度，オフィスアワー制度を導入し，学生の履修や学修の支援をしている

オープンキャンパス（2022年度実績） 8月にWebオープンキャンパスを開催。事前申込制。学科・専攻紹介，模擬授業，学科・専攻個別相談，学生生活説明，留学説明，教職説明，入試個別相談などのプログラムを実施。

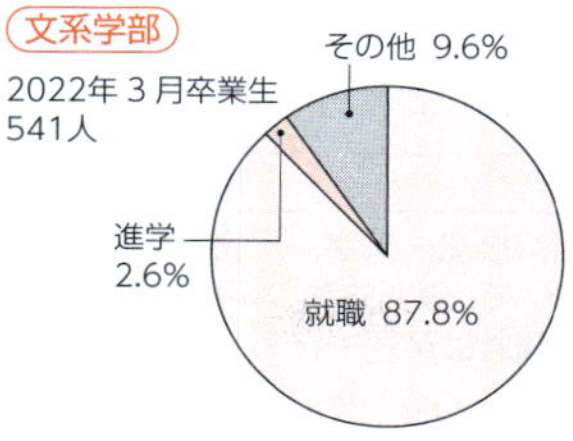

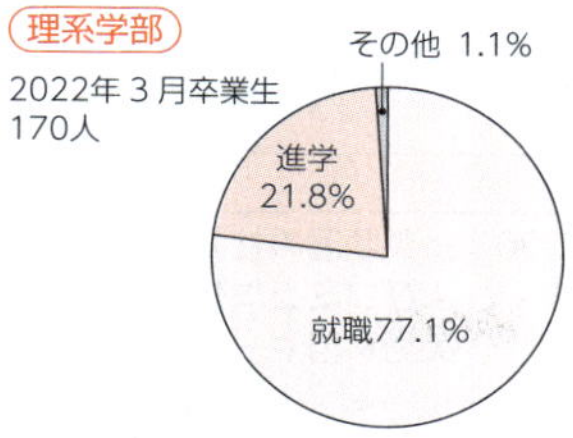

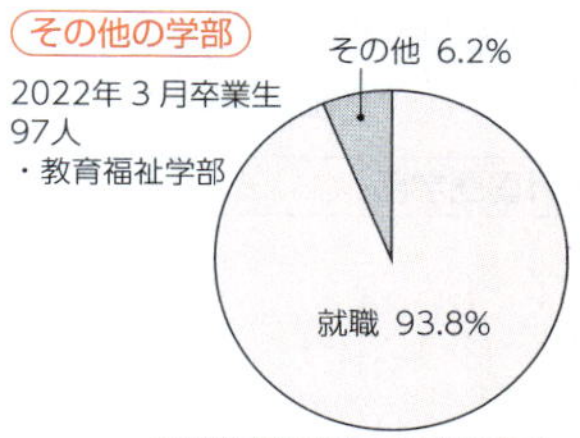

※就職未定者はその他に含む。

主なOB・OG▶［外国語］西本甲介（ミスミグループ会長），［外国語］小島環（小説家）など。

国際化・留学　　大学間 52 大学・部局間 2 大学

受入れ留学生数▶12名（2022年5月1日現在）
留学生の出身国▶中国，韓国，ベトナムなど。
外国人専任教員▶教授１名，准教授11名，講師６名（2022年５月１日現在）
外国人専任教員の出身国▶アメリカ，フランス，スペイン，ドイツ，アイルランドなど。
大学間交流協定▶52大学（交換留学先34大学，2022年９月１日現在）
部局間交流協定▶２大学（交換留学先２大学，2022年９月１日現在）
海外への留学生数▶渡航型35名・オンライン型70名／年（13カ国・地域，2021年度）
海外留学制度▶留学支援室を設置し，多彩な国際教育プログラムを国内外の学生に提供しているほか，留学についての相談に応えている。毎年300人以上（全学生の約10％）が在籍中に北南米，アジア・オセアニア，欧州などへ数週間〜１年間留学している。協定校への留学には，交換留学や長期休暇を利用した春期・夏期ショートプログラムのほか，専門領域を学ぶプログラムなどがある。また，iCoToBa（多言語学習センター）では，留学に必要な語学力の養成と留学する地域に関する文化や習慣等についての理解を深めるための，英語，フランス語，スペイン語，ドイツ語，中国語の留学前準備講座を開講している。

学費・奨学金制度　　給付型奨学金総額 年間約 162 万円

入学金▶282,000円
年間授業料▶535,800円
年間奨学金総額▶1,621,000円
年間奨学金受給者数▶10人
主な奨学金制度▶学生個人による国内外での自主的活動を奨励する「はばたけ県大生」奨学制度（国外研究上限25万円，国内研究上限15万円）がある。このほか，「大学等における修学の支援に関する法律」に基づき，授業料の減免を実施している。

保護者向けインフォメーション

●**成績確認**　履修科目と単位数の情報を成績不振者の保護者に郵送している。
●**保護者会**　一部の学部・学科で新入生の保護者向けに保護者説明会を実施。
●**防災対策**　「災害時対応マニュアル」を入学時に配布し，キャンパス内にも常設。被災した際の学生の安否確認は，ポータルサイトを利用。
●**コロナ対策１**　ワクチンの職域接種を実施。感染状況に応じた５段階のBCP（行動指針）を設定。「コロナ対策２」（下段）あり。

インターンシップ科目	必修専門ゼミ	卒業論文	GPA制度の導入の有無および活用例	１年以内の退学率	標準年限での卒業率
全学部で開講している	全学部で３・４年次に実施	外国語学部中国学科（翻訳・通訳コース）を除き卒業要件	奨学金，授業料免除対象の選定基準や留学者候補の選考などに活用	1.4%	81.4%

●**コロナ対策２**　講義室の収容人数を調整し，空調等の環境を整備，入口で検温と消毒を実施。オンライン授業を併用し，構内のPCルームを開放。経済的に困窮している学生に緊急支援金として５万円を支給。

学部紹介

学部／学科	定員	特色
外国語学部		
英米	90	▷英語圏の社会，政治，経済，歴史，文学，文化，言語，およびコミュニケーションについて，専門的かつ系統的に学ぶ。英語科目や一部の研究各論の講義は英語で行われる。
ヨーロッパ	145	▷フランス語圏(45名)，スペイン語・ポルトガル語圏(55名)，ドイツ語圏(45名)の３専攻。ネイティブ教員による少人数教育を徹底。
中国	50	▷高度な中国語運用能力と中国語圏・アジア諸地域に関する異文化理解能力と国際的判断力を発揮できる人材を育成。
国際関係	55	▷個々の国家や社会の特徴をミクロな視点から観察し，それらの関係をマクロな視点から考察する。

● **取得可能な資格**…教職(英・独・仏・スペイン・中)，司書教諭など。
● **進路状況**…………就職88.6%　進学2.6%
● **主な就職先**………トヨタ自動車，京セラ，デンソー，スズキ，豊田自動織機，全日本空輸，日本航空，日本通運，三菱UFJ銀行，ソフトバンク，住友電装，豊田通商など。

学部／学科	定員	特色
日本文化学部		
国語国文	50	▷国語学・国文学・漢文学を対象に，言語・文学・思想から「日本文化」の本質を探究する。
歴史文化	50	▷日本の歴史・文化・社会を学び，将来を展望する力を養う。

● **取得可能な資格**…教職(国・地歴・社)，学芸員，司書教諭など。
● **進路状況**…………就職84.8%　進学2.7%
● **主な就職先**………シャープ，豊田自動織機，東海理化電機製作所，近畿日本鉄道，野村證券，日本赤十字社，日本郵便，名古屋国税局，愛知県，岐阜県，三重県，名古屋市など。

学部／学科	定員	特色
教育福祉学部		
教育発達	40	▷小学校(15名)，保育幼児(25名)の２教育コース。子どもの発達とその援助に関する専門的力量を持つ人材を育成。
社会福祉	50	▷幅広い視野と見識を持ち，特定の福祉領域・社会福祉の分野で実践的に活躍できる人材を養成。

● **取得可能な資格**…教職(公，小一種，幼一種)，保育士，社会福祉士・精神保健福祉士受験資格など。
● **進路状況**…………就職93.8%　進学0.0%
● **主な就職先**………愛知県，名古屋市，春日井市，岡崎市，豊田市，長久手市，岐阜県，葵第二幼稚園，ひまわり幼稚園，名古屋社会福祉協議会，三重大学医学部附属病院など。

学部／学科	定員	特色
看護学部		
看護	90	▷保健医療福祉システム全体で看護の調整的役割を果たし，国際社会で健康の保持・増進に寄与できる能力を養う。

● **取得可能な資格**…看護師受験資格。　● **進路状況**…………就職94.4%　進学5.6%
● **主な就職先**………愛知県医療療育総合センター，愛知県がんセンター病院，あいち小児保健医療総合センター，名古屋掖済会病院，名古屋大学医学部附属病院，大同病院など。

学部／学科	定員	特色
情報科学部		
情報科	90	▷情報システム，シミュレーション科学，知能メディア，ロボティクスの4コースに3年次から分属し専門性を高める。

● **取得可能な資格**…教職(数・情)，司書教諭。　● **進路状況**…………就職58.0%　進学39.5%
● **主な就職先**………豊田自動織機，アイシン，日本ガイシ，マキタ，豊田合成，ノリタケカンパニーリミテド，SCSK，トヨタシステムズ，インテック，Skyなど。

キャンパスアクセス ［長久手キャンパス］リニモ（東部丘陵線）－愛・地球博記念公園より徒歩約3分
［守山キャンパス］ＪＲ中央本線・愛知環状鉄道－高蔵寺よりスクールバスで約8分

▶キャンパス

外国語・日本文化・教育福祉・情報科……［長久手キャンパス］ 愛知県長久手市茨ケ廻間1522番3
看護……［守山キャンパス］ 愛知県名古屋市守山区上志段味東谷

2023年度入試要項（前年度実績）

●募集人員

学部／学科（専攻・コース）		前期	後期
▶外国語	英米	66	3
	ヨーロッパ（フランス語圏）	33	3
	（スペイン語圏）	(32)	(3)
	（ポルトガル語圏）	(8)	(1)
	（ドイツ語圏）	33	3
	中国	38	3
	国際関係	42	3
▶日本文化	国語国文	42	3
	歴史文化	40	5
▶教育福祉	教育発達（小学校教育）	(12)	(1)
	（保育幼児教育）	(22)	(1)
	社会福祉	42	3
▶看護	看護	45	5
▶情報科	情報科	54	18

※スペイン語・ポルトガル語圏専攻および教育発達学科の募集人員は学科専攻単位で，( )内は合格予定者数。

●2段階選抜

前期は全学部の学科および専攻の募集人員の8倍，後期は情報科学部のみ8倍を超えた場合に行うことがある。

試験科目

デジタルブック »»

偏差値データ（2023年度）

●一般選抜

学部／学科／専攻	2023年度 駿台予備学校 合格目標ライン	2023年度 河合塾 ボーダー得点率	2023年度 河合塾 ボーダー偏差値	'22年度 競争率
●前期				
▶外国語学部				
英米	51	68%	55	2.3
ヨーロッパ/フランス語圏	50	63%	50	2.0
／スペイン語圏	50	62%	50	2.0
／ポルトガル語圏	51	62%	50	新
／ドイツ語圏	49	60%	50	2.3
中国	49	62%	50	1.8
国際関係	49	66%	52.5	2.4
▶日本文化学部				
国語国文	49	67%	57.5	2.8
歴史文化	48	66%	55	3.2
▶教育福祉学部				
教育発達／小学校教育	49	60%	50	1.9
／保育幼児教育	49	61%	52.5	2.5
社会福祉	48	62%	55	2.8
▶看護学部				
看護	47	58%	52.5	2.5
▶情報科学部				
情報科	46	62%	52.5	3.1
●後期				
▶外国語学部				
英米	52	84%	—	18.0
ヨーロッパ/フランス語圏	51	80%	—	3.9
／スペイン語圏	51	83%	—	30.3
／ポルトガル語圏	51	83%	—	新
／ドイツ語圏	50	80%	—	19.0
中国	50	78%	—	17.3
国際関係	50	80%	—	2.9
▶日本文化学部				
国語国文	50	75%	—	17.7
歴史文化	49	72%	—	10.8
▶教育福祉学部				
教育発達／小学校教育	50	68%	—	—
／保育幼児教育	50	67%	—	7.0
社会福祉	49	67%	—	13.7
▶看護学部				
看護	47	65%	—	5.3
▶情報科学部				
情報科	46	68%	—	2.6

- 駿台予備学校合格目標ラインは合格可能性80%に相当する駿台模試の偏差値です。
- 河合塾ボーダー得点率は合格可能性50%に相当する共通テストの得点率です。また，ボーダー偏差値は合格可能性50%に相当する河合塾全統模試の偏差値です。
- 競争率は受験者÷合格者の実質倍率

キャンパスアクセス ［サテライトキャンパス］ ＪＲ・地下鉄・名鉄・近鉄ー名古屋より徒歩約5分

名古屋市立大学

なごやしりつ

資料請求

問合せ先 学生課入試係　☎052-853-8020

大学の理念

名古屋女子医科大学と，名古屋薬科大学を統合して1950（昭和25）年に発足。医・薬・看の医療系３学部の設置を大きな特徴とし，３学部の連携により高度先進医療を市民に提供し，先端的な研究成果を世に発信してきた。地域の人々が参加できる公開講座の開講，サイエンスカフェ，高大連携授業の実施などにより，地域の活性化に協力しながら，教育・研究活動のさらなる充実・向上をめざし，国内13大学と連携協定を締結し，共同研究を推進するなど，その成果を地域社会に還元している。2023年にはデータサイエンス学部を新設し，８学部７研究科を擁する総合大学として研究や人材育成において世界でトップレベルの大学になることを将来の方向性として描き，すべての市民や学生が愛情の持てる大学をめざして，より良い環境づくりを推進している。

- **桜山キャンパス（本部）**……〒467-8601　愛知県名古屋市瑞穂区瑞穂町字川澄１
- 各学部のキャンパス情報はP.1655をご覧ください。

基本データ

学生数▶3,915名（男1,759名，女2,156名）
専任教員数▶教授180名，准教授159名，講師134名
設置学部▶医，薬，経済，人文社会，芸術工，看護，総合生命理，データサイエンス
併設教育機関▶大学院─医学・薬学・経済学・人間文化・芸術工学・看護学・理学（以上M・D）

就職・卒業後の進路

就職率 97.8%
就職者÷希望者×100

● **就職支援**　初年次より将来の働き方や生き方について探索し，自己への理解を深めていくことを目的に各種学習や体験などを通じた支援を実践している。滝子キャンパス学生会館のキャリア支援センターには，キャリア支援専門員２名が常駐し，キャリア形成や就職活動についてのアドバイス・相談に対応。また，就職関連書籍の充実を図り，情報の発信拠点として整備されている。就職活動においては，各種ガイダンスやセミナーのほか，「学内企業説明会」「OB・OG座談会」などを開催し，必要な情報を提供している。

進路指導者も必見 学生を伸ばす 面倒見

初年次教育	学修サポート
「大学生になる」などの「なる系」科目で基本的なアカデミックスキルを身につけるほか，「NCU先端科目」では教員の最先端研究を紹介し，各専門分野への興味・関心・意欲の涵養を図っている	全学部でオフィスアワー制度，医・薬を除きTA制度導入。また，教員アドバイザー制度で１人の教員が担当する学生数は医1・2年約5人，薬1〜3年約10人，看護1・2年27人・3・4年3〜8人，経済1・2年7〜8人

オープンキャンパス（2022年度実績）　学部ごとにオープンキャンパスを開催。医・薬・データサイニンス学部は夏・秋とも各キャンパスで実施。経済・人文社会・芸術工・看護学部はWeb配信。看護学部は夏のみ対面式も実施。総合生命理学部は対面・オンライン選択式で実施

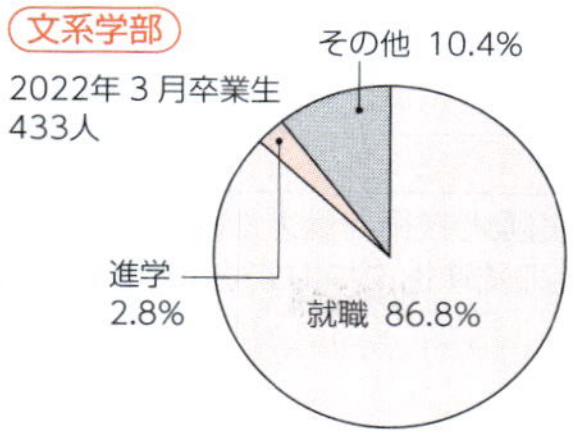

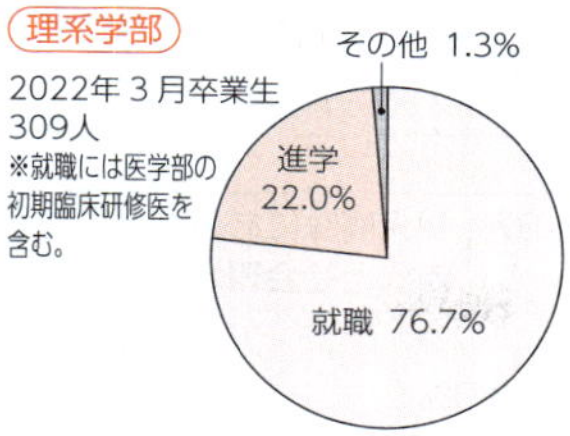

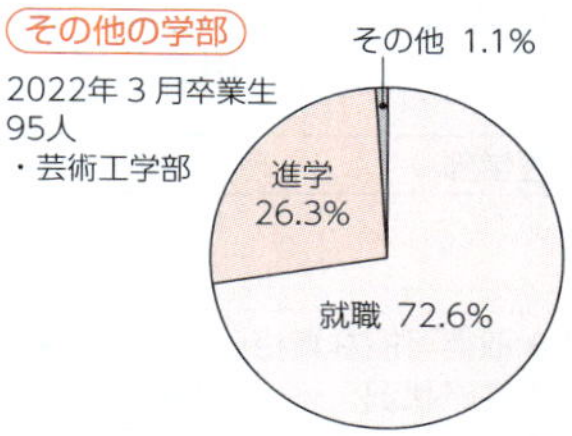

国際化・留学　大学間 53 大学・部局間 19 大学

受入れ留学生数▶28名（2022年５月１日現在　※正規学部生）

留学生の出身国▶韓国，中国，ドイツ，ベトナムなど。

外国人専任教員▶教授１名，准教授４名，講師10名（2022年５月１日現在）

外国人専任教員の出身国▶韓国，アメリカ，イギリスなど。

大学間交流協定▶53大学（交換留学先18大学，2022年５月１日現在）

部局間交流協定▶19大学（交換留学先２大学，2022年５月１日現在）

海外への留学生数▶渡航型６名・オンライン型21名／年（８カ国・地域，2021年度）

海外留学制度▶協定校への交換・派遣留学，短期研修など多様な留学プログラムを実施。語学力向上，異文化生活体験を留学目的としたものから，医学・薬学の臨床研修や看護学部の韓国・ハルリム大学短期看護研修，人文社会学部国際文化学科の日本語TA奨学生制度，芸術工学部のイタリア・トリノ工科大学への留学など，専門分野に密接に関連したプログラムもある。また，バレンシア（ディズニー）国際カレッジプログラムや，環境・国際分野での人材育成を視野に入れた，国連機関へのインターシップ派遣にも力を入れている。学内の国際交流センターにおいて，留学相談，語学教育などの支援を行っている。

学費・奨学金制度　給付型奨学金総額 年間 1,383 万円

入学金▶232,000円（市外332,000円）

年間授業料（施設費等を除く）▶535,800円

年間奨学金総額▶13,830,000円

年間奨学金受給者数▶84人

主な奨学金制度▶経済的に修学困難な新入生に5万円を支給する「名市大生スタート支援奨学金」や，MD-PhDコース医学部生を対象に10万円を授与する「川久保学生奨学金」，看護学部の「田坂学生奨学基金（修学支援奨学金・就職支援奨学金）」などを設置。

保護者向けインフォメーション

● **成績確認**　成績表を保護者に郵送している。ただし，薬・芸術理工では留年生，総合生命理工ではGPA1.5未満の学生を対象とする。

● **保護者会**　芸術工学部で保護者説明会，看護学部で入学者保護者説明会，薬・総合生命理学部では入学時保護者説明会およびペアレンツカミングデーを開催。

● **防災対策**　入学時に「ポケット防災」を配布。被災した際の学生の安否は学部によりメールまたはポータルサイトを利用して確認する。

● **コロナ対策１**　ワクチンの職域接種を実施。「コロナ対策２」（下段）あり。

インターンシップ科目	必修専門ゼミ	卒業論文	GPA制度の導入の有無および活用例	１年以内の退学率	標準年限での卒業率
人文社会・芸術工学部で開講している	人文社会１〜４年次，薬（生命）・経済・看護・総合生命理３・４年次，芸術工４年次，薬（薬）４〜６年次に実施	医・経済学部を除き卒業要件	全学部で個別の学修指導，一部の学部で，ゼミや学科選択の調整などに活用するほか，GPAに応じた履修上限単位数を設定	1.4%	87.0%（４年制）85.0%（６年制）

● **コロナ対策２**　講義室の収容人数の調整，空調等の環境整備，検温と消毒を実施。また，オンライン授業を併用し，モバイルWi-Fi・PCの貸出やサテライト教室を用意。奨学金等支給までの無利子貸付金制度を設置。

学部紹介

学部／学科	定員	特色
医学部		
医	97	▷人間味にあふれ，深い医学知識と技術を備えた医師を養成。疾病と社会環境，生活環境との関連性についても学ぶ。
● 取得可能な資格…医師受験資格。 ● 進路状況…………初期臨床研修医98.0％ ● 主な就職先………名古屋市立大学病院，豊川市民病院，名古屋市立大学医学部附属東部医療センター，一宮市立市民病院など。		
薬学部		
薬	65	▷6年制。医薬品と薬物療法に関わる医療科学を総合的に学び，医療におけるさまざまな分野に貢献できる人材を育成。
生命薬科	50	▷4年制。創薬生命科学の基礎から先端まで幅広く学び，それを基盤とした医薬品の開発研究や，生命科学と医療発展に寄与できる人材を養成する。
● 取得可能な資格…薬剤師受験資格（薬学科）。 ● 進路状況…………［薬］就職95.0％　進学3.3％　［生命薬科］就職5.6％　進学94.4％ ● 主な就職先………［薬］イーピーエス，スギ薬局，メディカル一光，協和キリン，第一三共など。		
経済学部		
		▶より専門性を高めるための少人数ゼミを実施。3年次に所属ゼミを選択する。
公共政策	265	▷経済構造の分析を重視し，知識・理論を実際の制度分析や政策立案に応用する能力を養う。
マネジメントシステム		▷事例研究・産学連携教育を通じて，起業家精神や国際感覚を有し，主体的に問題を発見・解決できる人材を育成する。
会計ファイナンス		▷基礎知識や問題解決能力を養うカリキュラムを通じて，グローバルな視野を持った高度な専門職業人を養成。
● 進路状況…………就職88.0％　進学2.2％ ● 主な就職先………名古屋市，オービック，東海財務局，アイシン，愛知県，三重県，愛知労働局，中部テレコミュニケーション，中部電力パワーグリッドなど。		
人文社会学部		
心理教育	64	▷心理学・教育学の観点から，子どもの発達に関わる現代的諸課題を教育・研究し，子どもの健やかな成長を保障する教育，心理的支援のあり方を修得する。
現代社会	70	▷都市と政策，社会と理論，福祉と地域の3領域・コースから教育・研究を行い，社会問題を的確に認識して調査・分析能力を高め，持続可能な社会の実現に貢献できる人材を養成。
国際文化	71	▷欧米と日本・アジアの研究を中心的な教育・研究分野とし，文化的多様性や共生社会の実現のために国際的に活躍できる人材を育てる。
● 取得可能な資格…教職（地歴・公・社・英，幼一種），保育士，社会福祉士受験資格など。 ● 進路状況…………就職85.6％　進学3.4％ ● 主な就職先………名古屋市，愛知県，一宮市，愛知労働局，イオンリテール，ゲンキー，十六銀行，ホシザキ，三井住友信託銀行など。		

キャンパスアクセス ［桜山キャンパス］ 地下鉄桜通線一桜山よりすぐ

芸術工学部		
情報環境デザイン	30	▷情報通信技術の基礎から応用，インターフェースデザインや映像・音響デザインの理論と制作実践を学び，情報・メディアデザイン分野の先端で活躍する人材を育成する。
産業イノベーションデザイン	30	▷表現力や造形力など，自分の考えや感情を表現する力と，物理学，心理学など，自然現象や心の内面を科学的にとらえ，芸術工学としてデザインや情報工学に実践的に応用する。
建築都市デザイン	40	▷安心して豊かに市民生活ができる建築，都市を対象としたデザイン理論と技術を習得するため，意匠・計画，構造・材料，環境・設備，都市・地域について深く学ぶ。
●取得可能な資格…１・２級建築士受験資格など。 ●進路状況…………就職72.6%　進学26.3% ●主な就職先………アメイズプラス，クラシスホーム，さなる，アサヒビール，一条工務店，カチタス，スズキ，タカラスタンダード，トヨタシステムズ，任天堂など。		
看護学部		
看護	120	▷看護学はもちろん，医学や心理学，疫学などを学び，医学部，薬学部と構成したチームでの地域参加型学習を取り入れ，看護職者，さらに看護の教育者，研究者，管理者を育成。
●取得可能な資格…教職（養護二種），看護師・保健師（選択制）受験資格。 ●進路状況…………就職93.9%　進学4.9% ●主な就職先………名古屋市立大学病院，刈谷豊田総合病院，愛知県，名古屋市など。		
総合生命理学部		
総合生命理	43	▷生命科学を中心に，化学，物理学を含む自然科学全般および数学，情報科学の基礎を十分に学修させた上で，各専門分野の教育研究を行うことで，既存の学問領域を超えた柔軟な思考ができる人材を育成する。
●取得可能な資格…教職（理）。 ●進路状況…………就職12.5%　進学87.5% ●主な就職先………資生堂など。		
データサイエンス学部		
データサイエンス	80	▷NEW! '23年新設。統計学やAIなどの情報技術を横断的に活用し，社会のさまざまな分野に存在する多様で膨大なデータから有益かつ新たな知見を引き出すことを通じて，各分野における課題にアプローチする。

キャンパス
医・看護……［桜山キャンパス］愛知県名古屋市瑞穂区瑞穂町字川澄１
経済・人文社会・総合生命理……［滝子キャンパス］愛知県名古屋市瑞穂区瑞穂町字山の畑１
薬……［田辺通キャンパス］愛知県名古屋市瑞穂区田辺通3-1
芸術工……［北千種キャンパス］愛知県名古屋市千種区北千種2-1-10

2023年度入試要項（前年度実績）

●募集人員

学部／学科		前期	中期	後期
▶医	医	60	—	—
▶薬	薬	—	44	—
	生命薬科	—	38	—
▶経済	公共政策 マネジメントシステム 会計ファイナンス	140	—	70
▶人文社会	心理教育	42	—	12
	現代社会	49	—	8
	国際文化	45	—	12
▶芸術工	情報環境デザイン	16	—	10

	産業イノベーションデザイン	16	—	10
	建築都市デザイン	24	—	12
▶看護	看護	60	—	—
▶総合生命理	総合生命理	—	—	40
▶データサイエンス	データサイエンス	50	—	—

※経済学部の後期の募集人員はEコース(英語選択)，Mコース(数学選択)各25名，コースにかかわらず共通テストの成績上位20名の合計。

●2段階選抜
医学部は共通テストの成績，550点満点中概ね71％以上の者を対象に募集人員の約3倍を第1段階選抜の合格者とする。

▷共通テストの英語はリスニングを含む。
▷個別学力検査の数B―数列・ベク。

医学部

前期 **[共通テスト(550)]** 7科目 ①国(125) ②**外**(125・英〈R100＋L25〉)▶英・独・仏・中・韓から1 ③**地歴・公民**(75)▶世A・世B・日A・日B・地理A・地理B・現社・倫・政経・「倫・政経」から1 ④⑤**数**(62.5×2)▶「数Ⅰ・数A」必須，「数Ⅱ・数B」・簿・情から1 ⑥⑦**理**(50×2)▶物・化
[個別学力検査(1200)] 5科目 ①**外**(300)▶コミュ英Ⅰ・コミュ英Ⅱ・コミュ英Ⅲ・英表Ⅰ・英表Ⅱ ②**数**(300)▶数Ⅰ・数Ⅱ・数Ⅲ・数A・数B ③④**理**(200×2)▶「物基・物」・「化基・化」 ⑤**面接**(200)

薬学部

中期 **[共通テスト(500)]** 7科目 ①国(100) ②**外**(100・英〈R80＋L20〉)▶英・独・仏・中・韓から1 ③**地歴・公民**(100)▶世A・世B・日A・日B・地理A・地理B・現社・倫・政経・「倫・政経」から1 ④⑤**数**(50×2)▶「数Ⅰ・数A」必須，「数Ⅱ・数B」・簿・情から1 ⑥⑦**理**(50×2)▶物・化・生・地学から2
[個別学力検査(600)] 3科目 ①**外**(200)▶コミュ英Ⅰ・コミュ英Ⅱ・コミュ英Ⅲ・英表Ⅰ・英表Ⅱ ②**数**(200)▶数Ⅰ・数Ⅱ・数Ⅲ・数A・数B ③**理**(200)▶化基・化

経済学部

前期 **[共通テスト(400)]** 6〜5科目 ①国(100) ②**外**(100・英〈R80＋L20〉)▶英・独・仏・中・韓から1 ③④**数**(50×2)▶「数Ⅰ・数A」・「数Ⅱ・数B」 ⑤⑥**地歴・公民・理**(100)▶世B・日B・地理B・現社・倫・政経・「倫・政経」・「物基・化基・生基・地学基から2」・物・化・生・地学から1
[個別学力検査(400)] 2科目 ①**外**(200)▶コミュ英Ⅰ・コミュ英Ⅱ・コミュ英Ⅲ・英表Ⅰ・英表Ⅱ ②**数**(200)▶数Ⅰ・数Ⅱ・数A・数B
後期 **[共通テスト(400)]** 6〜5科目 前期と同じ
[個別学力検査(400)]〈Eコース〉 1科目 ①**外**(400)▶コミュ英Ⅰ・コミュ英Ⅱ・コミュ英Ⅲ・英表Ⅰ・英表Ⅱ
〈Mコース〉 1科目 ①**数**(400)▶数Ⅰ・数Ⅱ・数A・数B

人文社会学部

前期 **【心理教育学科・現代社会学科】[共通テスト(500)]** 6〜5科目 ①国(100) ②**外**(100・英〈R80＋L20〉)▶英・独・仏・中・韓から1 ③**数**(100)▶数Ⅰ・数A ④⑤⑥**地歴・公民・理**(100×2)▶世B・日B・地理B・現社・「倫・政経」・「〈物基・化基・生基・地学基から2〉・物・化・生・地学から1」から2
[個別学力検査(400)] 2科目 ①国(200)▶国総・現文B・古典B ②**外**(200)▶コミュ英Ⅰ・コミュ英Ⅱ・コミュ英Ⅲ・英表Ⅰ・英表Ⅱ
【国際文化学科】[共通テスト(500)] 6〜5科目 ①国(100) ②**外**(100・英〈R80＋L20〉)▶英・独・仏・中・韓から1 ③**数**(100)▶数Ⅰ・「数Ⅰ・数A」から1 ④⑤⑥**地歴・公民・理**(100×2)▶世B・日B・地理B・現社・「倫・政経」・「〈物基・化基・生基・地学基から2〉・物・化・生・地学から1」から2
[個別学力検査(400)] 2科目 ①国(200)▶国総・現文B・古典B ②**外**(200)▶コミュ英Ⅰ・コミュ英Ⅱ・コミュ英Ⅲ・英表Ⅰ・英表Ⅱ
後期 **【心理教育学科・現代社会学科】[共通テスト(500)]** 6〜5科目 前期と同じ
[個別学力検査(200)] 1科目 ①**小論文**(200)
【国際文化学科】[共通テスト(500)] 6〜5科目 前期と同じ
[個別学力検査(200)] 1科目 ①**小論文**

キャンパスアクセス [田辺通キャンパス] 地下鉄桜通線―瑞穂区役所より徒歩約15分

(200)

芸術工学部

前期 【情報環境デザイン学科】［共通テスト(700)］ 6科目 ①国(100) ②外(R160＋L40)▶英 ③地歴・公民(100)▶世Ａ・世Ｂ・日Ａ・日Ｂ・地理Ａ・地理Ｂ・現社・倫・政経・「倫・政経」から１ ④⑤数(100×2)▶「数Ⅰ・数Ａ」・「数Ⅱ・数Ｂ」 ⑥理(100)▶物・化・生・地学から１

［個別学力検査(500)］ 3科目 ①外(200)▶コミュ英Ⅰ・コミュ英Ⅱ・コミュ英Ⅲ・英表Ⅰ・英表Ⅱ ②数(200)▶数Ⅰ・数Ⅱ・数Ⅲ・数Ａ・数Ｂ ③実技・小論文(100)▶実技・小論文から１

【産業イノベーション学科】［共通テスト(800)］ 6科目 ①国(200) ②外(R160＋L40)▶英 ③地歴・公民(100)▶世Ａ・世Ｂ・日Ａ・日Ｂ・地理Ａ・地理Ｂ・現社・倫・政経・「倫・政経」から１ ④⑤数(100×2)▶「数Ⅰ・数Ａ」・「数Ⅱ・数Ｂ」 ⑥理(100)▶物・化・生・地学から１

［個別学力検査(300)］ 3科目 ①外(100)▶コミュ英Ⅰ・コミュ英Ⅱ・コミュ英Ⅲ・英表Ⅰ・英表Ⅱ ②数(100)▶数Ⅰ・数Ⅱ・数Ⅲ・数Ａ・数Ｂ ③実技(100)

【建築都市デザイン学科】［共通テスト(450)］ 6科目 ①国(100) ②外(R80＋L20)▶英 ③地歴・公民(50)▶世Ａ・世Ｂ・日Ａ・日Ｂ・地理Ａ・地理Ｂ・現社・倫・政経・「倫・政経」から１ ④⑤数(50×2)▶「数Ⅰ・数Ａ」・「数Ⅱ・数Ｂ」 ⑥理(100)▶物・化・生・地学から１

［個別学力検査(400)］ 2科目 ①外(200)▶コミュ英Ⅰ・コミュ英Ⅱ・コミュ英Ⅲ・英表Ⅰ・英表Ⅱ ②数(200)▶数Ⅰ・数Ⅱ・数Ⅲ・数Ａ・数Ｂ

後期 【情報環境デザイン学科・産業イノベーションデザイン学科】［共通テスト(600)］ 4科目 ①国(200) ②外(R160＋L40)▶英 ③④数(100×2)▶「数Ⅰ・〈数Ⅰ・数Ａ〉から１」・「数Ⅱ・〈数Ⅱ・数Ｂ〉・簿・情から１」

【情報環境デザイン学科】［個別学力検査(400)］ 1科目 ①実技(400)

【産業イノベーション学科】［個別学力検査(600)］ 1科目 ①実技(600)

【建築都市デザイン学科】［共通テスト(400)］ 4科目 ①国(100) ②外(R120＋L30)▶英 ③④数(75×2)▶「数Ⅰ・〈数Ⅰ・数Ａ〉から１」・「数Ⅱ・〈数Ⅱ・数Ｂ〉・簿・情から１」

［個別学力検査(200)］ 1科目 ①実技・小論文(200)▶実技・小論文から１

看護学部

前期 ［共通テスト(900)］ 8〜7科目 ①国(200) ②外(R160＋L40)▶英 ③④数(100×2)▶「数Ⅰ・数Ａ」・「数Ⅱ・数Ｂ」 ⑤⑥⑦⑧「地歴・公民」・理(100×3)▶世Ａ・世Ｂ・日Ａ・日Ｂ・地理Ａ・地理Ｂ・現社・倫・政経・「倫・政経」から１または２，「物基・化基・生基・地学基から２」・物・化・生・地学から１または２，計３，ただし，同一科目名を含む選択は不可

［個別学力検査(500)］ 3科目 ①外(200)▶コミュ英Ⅰ・コミュ英Ⅱ・コミュ英Ⅲ・英表Ⅰ・英表Ⅱ ②小論文(150) ③面接(150)

総合生命理学部

後期 ［共通テスト(500)］ 7科目 ①国(100) ②外(R120＋L30)▶英 ③地歴・公民(50)▶世Ａ・世Ｂ・日Ａ・日Ｂ・地理Ａ・地理Ｂ・現社・倫・政経・「倫・政経」から１ ④⑤数(50×2)▶「数Ⅰ・数Ａ」必須，「数Ⅱ・数Ｂ」・簿・情から１ ⑥⑦理(50×2)▶物・化・生・地学から２

［個別学力検査(500)］ 3科目 ①数(200)▶数Ⅰ・数Ⅱ・数Ⅲ・数Ａ・数Ｂ ②理(200)▶「物基・物」・「化基・化」・「生基・生」から１ ③小論文(100)

データサイエンス学部

前期 ［共通テスト(800)］ 6科目 ①国(200) ②外(200・英〈R160＋L40〉)▶英・独・仏・中・韓から１ ③地歴・公民(100)▶世Ｂ・日Ｂ・地理Ｂ・現社・倫・政経・「倫・政経」から１ ④⑤数(100×2)▶「数Ⅰ・数Ａ」・「数Ⅱ・数Ｂ」 ⑥理(100)▶物・化・生・地学から１

［個別学力検査(600)］ 2科目 ①外(200)▶コミュ英Ⅰ・コミュ英Ⅱ・コミュ英Ⅲ・英表Ⅰ・英表Ⅱ ②数(400)▶数Ⅰ・数Ⅱ・数Ⅲ・数Ａ・数Ｂ

キャンパスアクセス ［北千種キャンパス］ 地下鉄名城線―ナゴヤドーム前矢田より徒歩約10分

その他の選抜

学校推薦型選抜（共通テストを課す）は医学部37名（名古屋市高大接続型３名，中部圏活躍型27名，地域枠７名），薬学部23名，経済学部45名，人文社会学部11名（名古屋市高大接続型），芸術工学部12名，看護学部55名，総合生命理学部３名（連携指定校型１名，名古屋市高大接続型２名），データサイエンス学部30名（名古屋市高大接続型３名を含む）を募集。学校推薦型選抜（共通テストを課さない）は薬学部10名，経済学部10名，人文社会学部21名を募集。ほかに，私費外国人留学生選抜，帰国生徒・外国学校出身者選抜を実施。

偏差値データ（2023年度）

●一般選抜

学部／学科	2023年度 駿台予備学校 合格目標ライン	2023年度 河合塾 ボーダー得点率	2023年度 河合塾 ボーダー偏差値	'22年度 競争率
●前期				
▶医学部				
医	66	79%	65	2.0
▶経済学部				
	53	68%	57.5	3.0
▶人文学部				
心理教育	51	72%	60	2.9
現代社会	51	70%	55	2.0
国際文化	52	71%	60	2.1
▶芸術工学部				
情報環境デザイン（実技）	44	69%	50	4.3
（小論文）	44	66%	50	2.6
産業イノベーションデザイン	44	64%	50	2.5
建築都市デザイン	45	67%	55	5.7
▶看護学部				
看護	48	61%	50	1.9
▶データサイエンス学部				
データサイエンス	53	69%	57.5	新
●中期				
▶薬学部				
薬	62	74%	62.5	6.0
生命薬科	60	72%	60	4.7
●後期				
▶経済学部				
Eコース（英語）	54	75%	65	5.4
Mコース（数学）	54	74%	67.5	5.6
▶人文学部				
心理教育	52	76%	—	5.0
現代社会	52	74%	—	2.6
国際文化	53	74%	—	2.5
▶芸術工学部				
情報環境デザイン	45	66%	—	1.8
産業イノベーションデザイン	45	64%	—	4.2
建築都市（実技）	47	67%	—	3.3
（小論文）	47	71%	—	5.0
▶総合生命理学部				
総合生命理	49	68%	55	2.5

- 駿台予備学校合格目標ラインは合格可能性80％に相当する駿台模試の偏差値です。
- 河合塾ボーダー得点率は合格可能性50％に相当する共通テストの得点率です。また，ボーダー偏差値は合格可能性50％に相当する河合塾全統模試の偏差値です。
- 競争率は受験者÷合格者の実質倍率
- 医学部医学科は2段階選抜を実施。

MEMO

滋賀県立大学（しがけんりつ）

資料請求

問合せ先　教務課入試室　☎0749-28-8217

大学の理念

1950（昭和25）年開設の滋賀県立短期大学を発展拡充させ，1995（平成7）年に開学。「キャンパスは琵琶湖。テキストは人間。」をモットーとし，自然，歴史，文化に恵まれたフィールドで，人々との交流をもとに学び，知と実践力を備えた「人が育つ」大学づくりをめざす。全学共通科目に「人間学」を取り入れ，人間という存在について考え，将来あらたな問題や視点を発見する能力を個々人の個性にしたがって身につけることを目標とする。各学部で実習を重視し，環境科学部「環境フィールドワーク」や人間文化学部「琵琶湖文化論実習」のほか，地域課題に取り組む「近江楽士」など，全学部において，地域や社会とのつながりの中で学ぶカリキュラムを豊富に展開。主体的な学びの実現のため，今後も取り組みを推進していく。

● 滋賀県立大学キャンパス……〒522-8533　滋賀県彦根市八坂町2500

基本データ

学生数▶2,580名（男1,247名，女1,333名）
専任教員数▶教授76名，准教授69名，講師57名
設置学部▶環境科，工，人間文化，人間看護
併設教育機関▶大学院—環境科学・工学・人間文化学（以上M・D），人間看護学（M）

就職・卒業後の進路

就職率 98.8%
就職者÷希望者×100

● **就職支援**　学生の主体的・自律的な生き方を支援するため，さまざまな取り組みを行っている。学生支援室が求人票，会社説明案内などの閲覧用に開放されているほか，最新の求人情報は就職支援システム「県大ポータルあすぽ（USPo）」によりいつでもどこでも閲覧が可能。また，相談員やジョブサポーターが就職活動全般の相談に随時対応している。キャリア教育の一環として，インターンシップの支援も行っている。就職活動時期には，活動の進め方を紹介した「就職応援BOOK」を配布。就職活動の進捗に合わせ，自己分析・業界研究・筆記試験対策・面接対策などの就職セミナーや，合同企業説明会を開催している。また，公務員試験対策講座も年間を通して実施している。

進路指導者も必見　学生を伸ばす　面倒見

初年次教育	学修サポート
全学部でプレゼン技法，ITの基礎技術，情報収集や資料整理の方法，論理的思考や問題発見・解決能力の向上を図る「地域共生論」「情報リテラシー」「情報科学概論」，一部の学部でレポート・論文の書き方を学ぶ「人間探求学」を開講	全学部でTA・SA制度，オフィスアワー制度，教員アドバイザー制度を導入し，学生の履修や学修の支援をしている

オープンキャンパス（2022年度実績）　7月に対面（来場型）オープンキャンパスを学部ごとに開催。事前予約制。大学紹介，入試説明，施設見学，個別相談など。

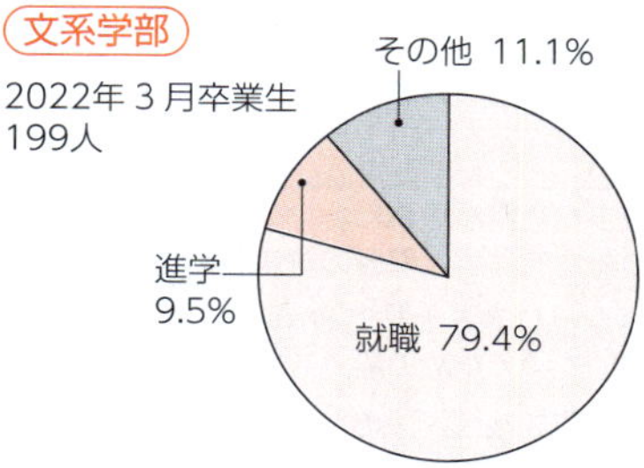

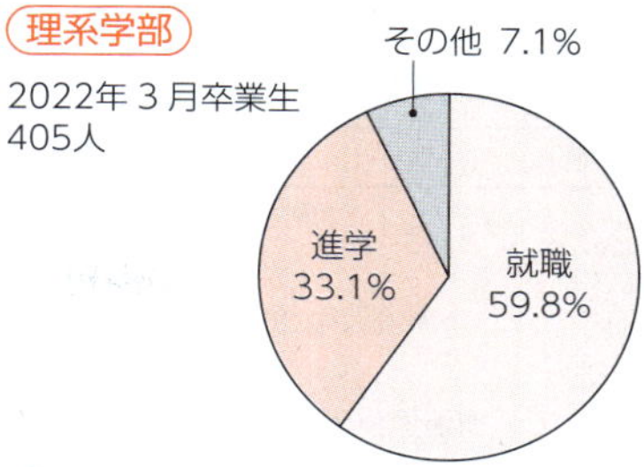

主なOB・OG▶上田堯世（建築家），堂垣園江（小説家），高橋靖子（女優）など。　※旧短期大学卒業

国際化・留学　大学間 42 大学等・部局間 9 大学

受入れ留学生数▶21名（2022年5月1日現在）
留学生の出身国▶中国，韓国，ドイツ，スペイン，モンゴルなど。
外国人専任教員▶教授４名，准教授２名，講師３名（2022年５月１日現在）
外国人専任教員の出身国▶中国など。
大学間交流協定▶42大学・機関（交換留学先26大学，2022年４月１日現在）
部局間交流協定▶９大学（2022年４月１日現在）
海外への留学生数▶渡航型４名・オンライン型４名（３カ国・地域，2021年度）
海外留学制度▶交流協定校への交換留学（半年〜１年間）や，認定留学（提携大学以外で学長が認定した大学等への留学で単位認定や助成金等の対象となる）のほか，国際コミュニケーション学科独自の制度としての派遣留学（４カ月〜１年間。留学先への授業料支払い義務があり助成金等の対象となる），人間学科目では３週間の海外研修「異文化理解Ａ（アメリカ）・Ｂ（アジア・オセアニア）」などを実施。国際コミュニケーション学科では，個人で参加した短期海外研修にも，期間に応じて「海外留学」の単位が認定される。

学費・奨学金制度

入学金▶282,000円（県外423,000円）
年間授業料（施設費等除く）▶535,800円
主な奨学金制度▶海外留学を支援する「留学助成金」「短期海外研修助成金」を設置。また，正規の修業年限を超えて卒業する場合は留学期間中の授業料減免にも対応。2021年度の学費減免制度では，21人を対象に総額で約697万円を減免している。

保護者向けインフォメーション

●**成績確認**　成績表，履修科目と単位数の情報を保護者に郵送している。
●**会報誌**　『後援会会報 はっさか』を発行。
●**就職ガイダンス**　10月に全学年次の保護者を対象とした就職説明会を開催。事前に質問票を提出した参加者を対象に学科別個別相談会も実施。
●**防災対策**　防災については学生便覧の一部に記載。学生が被災した際の安否確認は，メールおよびポータルサイトを利用する。
●**コロナ対策１**　感染状況に応じた３段階のBCP（行動指針）を設定。「コロナ対策２」（下段）あり。

インターンシップ科目	必修専門ゼミ	卒業論文	GPA制度の導入の有無および活用例	１年以内の退学率	標準年限での卒業率
全学部で開講している	全学部で２年次に実施	全学部で卒業要件	奨学金や授業料免除対象者の選定基準，学生に対する個別の学修指導，GPAに応じた履修上限単位数を設定するほか，一部の学部で留学候補者の選考に活用	0.5%	87.9%

●**コロナ対策２**　大学入口で検温と消毒を実施し，講義室の収容人数を調整。また，オンライン授業を併用し，希望する学生にはパソコンおよびポケットWi-Fiを貸与。

学部紹介

学部／学科	定員	特色
環境科学部		
環境生態	30	▷滋賀県の恵まれた自然環境における豊富な野外実習を通して自然環境の総合的理解と問題の解決をめざす。
環境政策・計画	40	▷環境のスペシャリストとして政策・計画を立案し，持続可能な社会に導いていくための能力を磨く。
環境建築デザイン	50	▷持続的発展可能な社会建設のため，建築学を基礎に環境や地域の諸課題を発見・理解して解決する能力を育成。
生物資源管理	60	▷生物資源の管理・活用に関する知識と技術を学び，農林水産業の発展と循環型社会の形成をめざす。
● **取得可能な資格**…教職（公・理・農），学芸員，1・2級建築士受験資格など。 ● **進路状況**…………就職62.2%　進学27.3% ● **主な就職先**………滋賀県，三重県，日吉，京都府，大和ハウス工業，滋賀医科大学医学部附属病院，類設計室，さとう，パナソニック，山崎製パンなど。		
工学部		
材料化	50	▷金属・セラミックスなど無機材料から高分子・バイオなど有機材料まで，幅広い材料・化学の基礎と応用を学ぶ。
機械システム工	50	▷機械の構成原理・原則を数理的に理解するとともに，目的に応じて材料を選択し，機械の設計と製作を担うシステムインテグレータとしての技術者・研究者を養成。
電子システム工	50	▷電気・電子・情報工学分野での高度な技術と知識を身につけ，世界的に通用する創造力豊かな技術者，研究者を育成。
● **取得可能な資格**…教職（理・情・工業）など。　● **進路状況**…………就職42.2%　進学53.9% ● **主な就職先**………ジヤトコ，日産オートモーティブテクノロジー，三恵工業，片岡製作所，村田製作所，日本電気硝子，リンナイ，ナイキ，ジーテクト，TOWAなど。		
人間文化学部		
地域文化	60	▷環琵琶湖地域を中心とした日本および東アジアの過去と現在の諸問題を学び，未来の地域のあり方について研究する。
生活デザイン	30	▷住居，道具，服飾のデザインの理論と実践を学び，身近な生活環境を観察・分析して問題を発見・解決する。
生活栄養	30	▷「栄養・健康・人間」をキーワードに研究教育を行い，栄養を通した真に健康で豊かな生活を考える。
人間関係	30	▷少人数でのインタラクティブな実習・演習を通して，人間関係について心理学・教育学・社会学を中心に教育・研究を行う。
国際コミュニケーション	50	▷グローバル化する現代社会において，広く活躍できる見識と英語を中心に複数の外国語運用能力を備えた人材を育成。
● **取得可能な資格**…教職（地歴・公・社・家・英，栄養），栄養士，管理栄養士・2級建築士受験資格など。 ● **進路状況**…………就職79.4%　進学9.5% ● **主な就職先**………滋賀県，古河AS，滋賀銀行，滋賀県教育委員会，日清医療食品，長浜市，東びわこ農業，富士産業，ティ・アシスト，りそな銀行など。		
人間看護学部		
人間看護	70	▷「生活者としての人間」について総合理解の基盤に立ち，QOL確保に向けたケアを行える看護スペシャリストを養成。

キャンパスアクセス ［滋賀県立大学キャンパス］JR東海道本線一南彦根よりバス約15分／彦根よりバス約25分

- **取得可能な資格**…教職（養護一種），看護師・保健師受験資格など。
- **進路状況**…………就職88.6%　進学5.1%
- **主な就職先**………滋賀医科大学医学部附属病院，滋賀県立総合病院，市立長浜病院，大津赤十字病院，大阪医科薬科大学病院，誠光会草津総合病院，国立循環器病研究センターなど。

キャンパス

全学部……［滋賀県立大学キャンパス］滋賀県彦根市八坂町2500

2023年度入試要項（前年度実績）

●募集人員

学部／学科		前期	後期
環境科	環境生態	11	10
	環境政策・計画	16	12
	環境建築デザイン	25	15
	生物資源管理	30	18
工	材料化	20	20
	機械システム工	25	15
	電子システム工	25	15
人間文化	地域文化	30	18
	生活デザイン	15	9
	生活栄養	15	9
	人間関係	15	9
	国際コミュニケーション	25	15
人間看護	人間看護	40	10

●２段階選抜　実施しない

試験科目

デジタルブック

偏差値データ（2023年度）

●一般選抜

学部／学科	2023年度 駿台予備学校 合格目標ライン	2023年度 河合塾 ボーダー得点率	2023年度 河合塾 ボーダー偏差値	'22年度 競争率
●前期				
環境科学部				
環境生態	45	58%	47.5	2.1
環境政策・計画	46	55%	47.5	2.2
環境建築デザイン	47	58%	47.5	4.1
生物資源管理	46	56%	45	2.8
工学部				
材料化	44	51%	45	1.8
機械システム工	45	55%	47.5	2.9
電子システム工	45	56%	47.5	2.8
人間文化学部				
地域文化	45	65%	50	2.2
生活デザイン	46	64%	55	5.3
生活栄養	48	59%	52.5	2.4
人間関係	47	63%	52.5	3.2
国際コミュニケーション	49	67%	52.5	2.1
人間看護学部				
人間看護	45	57%	47.5	2.7
●後期				
環境科学部				
環境生態	47	63%	50	2.2
環境政策・計画	47	59%	—	2.2
環境建築デザイン	47	62%	—	2.7
生物資源管理	48	60%	47.5	2.3
工学部				
材料化	45	59%	47.5	1.9
機械システム工	47	60%	50	2.7
電子システム工	46	64%	50	4.6
人間文化学部				
地域文化	46	72%	—	2.1
生活デザイン	47	66%	—	4.3
生活栄養	51	59%	52.5	2.2
人間関係	48	76%	—	3.6
国際コミュニケーション	50	70%	—	1.3
人間看護学部				
人間看護	44	58%	—	3.5

- 駿台予備学校合格目標ラインは合格可能性80%に相当する駿台模試の偏差値です。
- 河合塾ボーダー得点率は合格可能性50%に相当する共通テストの得点率です。また，ボーダー偏差値は合格可能性50%に相当する河合塾全統模試の偏差値です。
- 競争率は受験者÷合格者の実質倍率

京都府立大学

（きょうとふりつ）

資料請求

問合せ先 学務課入試担当 ☎075-703-5144

大学の理念

1895（明治28）年に創立された京都府簡易農学校に源を発し，京都府立農林専門学校と，京都府立女子専門学校を母体として，1949（昭和24）年西京大学を開学，1959（昭和34）年に現校名に改称。2008（平成20）年４月，公立大学法人としての再出発に際して，学問の府としての歴史的・社会的使命を認識するとともに，京都府民に支えられる府民のための大学であることを自覚し，京都に根ざした魅力的で個性ある京都府立大学の創造に向けて，新たな飛躍をめざす。2017年旧京都府立総合資料館をリニューアルした京都学・歴彩館に文学部学舎を移転。府立医科大学，京都工芸繊維大学との教養科目共同化ではカリキュラムの充実，交流を進め，2019年には日本の伝統的な食文化を世界に発信する和食文化学科を新設するなど，発展を続けている。

● **下鴨キャンパス**……〒606-8522 京都府京都市左京区下鴨半木町1-5

基本データ

学生数▶1,994名（男759名，女1,235名）
専任教員数▶教授69名，准教授68名，講師15名
設置学部▶文，公共政策，生命環境
併設教育機関▶大学院―文学・公共政策学・生命環境科学（以上M・D）

就職・卒業後の進路

就職率 94.3％（就職者÷希望者×100）

● **就職支援**　キャリアサポートセンターが，学生のキャリアデザインにとって必要な知識や情報を提供し，助言や指導を行う。キャリアカウンセラーによる個別相談に力を入れ，進路選択に関する相談やエントリーシートの添削，面接指導から内定についての相談まで，個別にきめ細かく対応する。個別で企業の担当者を招致し，企業・業界への理解を深める『個別版 働き方研究会』や多くの企業・行政機関等を招致して開催する『合同版 働き方研究会』など，企業の採用担当者と直接接することができる機会を数多く提供するほか，就活講座，インターンシップ支援などを実施。また，公務員・教職志望者向けの支援も手厚く，特別セミナー，集団討論対策，模擬授業指導，教職キャリア支援講座なども開講。

進路指導者も必見 学生を伸ばす 面倒見

初年次教育	学修サポート
少人数クラスの「新入生ゼミナール」で大学学習の基本的技術を身につけ，情報収集・資料整理の方法，論理的思考や問題発見・解決能力の向上を図るほか，「情報処理基礎演習」を開講	全学部でTA制度を導入。また，各学部・学科の特性に応じ，オフィスアワー・学年担任制を活用し，学生の履修相談等に応じている

オープンキャンパス（2022年度実績） 7月に来場型とWEBでの動画配信を併用してオープンキャンパスを開催（事前申込制）。学部・学科ガイダンス，模擬授業，個別相談会などを実施。研究室・実習室開放など一部の企画は予約不要。

文学部
2022年３月卒業生
108人

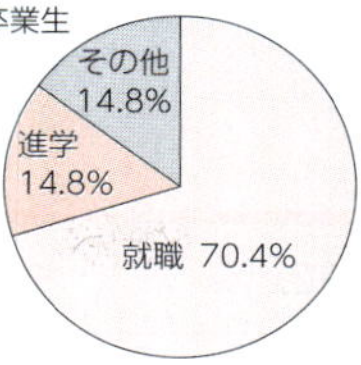

公共政策学部
2022年３月卒業生
102人

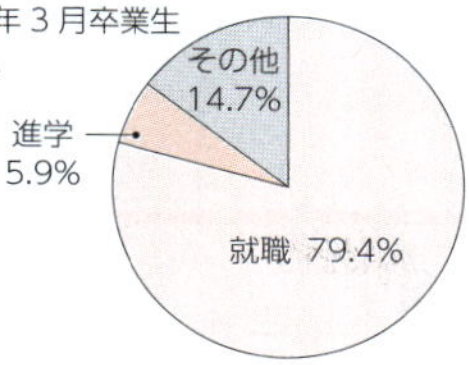

生命環境学部
2022年３月卒業生
211人

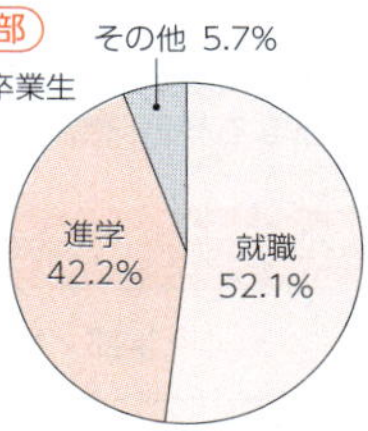

主なOB・OG▶高田直樹（登山家），[旧文家政]宮内謙（ソフトバンク会長），[文]青木朋（漫画家），[文]森岡浩之（作家）など。

国際化・留学　大学間 14 大学・部局間 7 大学

受入れ留学生数▶９名（2022年１月１日現在）
留学生の出身国▶中国など。
外国人専任教員▶教授２名，准教授２名（2022年５月１日現在）
外国人専任教員の出身国▶ブラジル，イギリス，アメリカ，オランダ。
大学間交流協定▶14大学（交換留学先３大学，2022年９月１日現在）
部局間交流協定▶７大学（2022年９月１日現在）
海外への留学生数▶渡航型６名・オンライン型３名／年（１カ国・地域，2021年度）
海外留学制度▶官民協働の海外留学支援制度「トビタテ留学！ JAPAN日本代表プログラム」への参加に向けての情報提供や留学交流会を開催し，留学の基礎情報や制度の説明のほか，留学経験者との交流の機会を設けている。文学部の「世界遺産都市研修Ⅰ」では，オーストラリアのマッコーリー大学で約１カ月にわたる語学・文化研修のほか，現地学生に向けて京都の文化に関するプレゼンテーションを行う。また，レーゲンスブルク大学（ドイツ）サマーコースは「世界遺産都市研修Ⅱ」の一環として全学のドイツ語受講者に開かれており，さらに文学部の学生には１カ月のドイツ語集中授業の後，通常の授業を受講する５カ月の中期研修プログラムがあり，単位が認定される科目もある。

学費・奨学金制度

入学金▶169,200円（府外282,000円）
年間授業料（施設費等除く）▶535,800円
主な奨学金制度▶所定の条件下で，学生の経済生活を援助するための「生活資金貸付制度」を設定，限度額10万円（5,000円単位，貸付期間在学中）を無利息で貸与。このほか，学費減免制度があり，2021年度には77人を対象に総額で約1,639万円を減免している。

保護者向けインフォメーション

●**会報誌**　保護者向け会報誌「緑風通信」を発行。
●**防災対策**　被災時の学生の安否は，メールを利用して確認する。
●**コロナ対策**　ワクチンの職域接種を実施。感染状況に応じた４段階のBCP（行動指針）を設定。構内各建物入口で検温と消毒，各講義室では抗菌・抗ウイルス加工を実施。また，講義室の収容人数を調整し，感染状況に応じてオンライン授業を併用。

インターンシップ科目	必修専門ゼミ	卒業論文	GPA制度の導入の有無および活用例	１年以内の退学率	標準年限での卒業率
全学部で開講している	全学部で１・４年次に実施	全学部で卒業要件	GPAに応じた履修上限単位数を設定している	1.0%	90.0%

京都　京都府立大学

2024年度学部改組構想（予定）

● 生命環境学部を農学食科学部（仮称），理工情報学部（仮称）および環境科学部（仮称）の３学部に再編し，さらなる教育研究の発展・拡充をめざす。

学部紹介（2023年２月現在）

学部／学科	定員	特色
文学部		
日本・中国文	32	▷日本語学，日本文学，中国文学について，相互の関連を踏まえながら教育・研究を行う。専門分野は日本文学，日本語学，京都文化学・京都文学，中国文学，和漢比較文学の５つ。
欧米言語文化	32	▷イギリス言語文化，アメリカ言語文化，ドイツ言語文化，英語学・英語教育学，日英翻訳文化，国際文化交流の６専門分野で構成。文学・マスメディア・映画などを題材に各分野の理解を深める。
歴史	43	▷文献や資史料の調査・収集能力，読解力，分析能力をきたえ，集めたデータから，新しい歴史像を描く能力を養う。
和食文化	30	▷和食の歴史や文学，芸術を中心に，経営学や観光学さらに和食文化を支える食科学や農学などの理系の分野を横断的に修得。次代の和食文化を担う人材を育成する。
● **取得可能な資格**…教職（国・地歴・社・英），学芸員など。 ● **進路状況**…………就職70.4%　進学14.8% ● **主な就職先**………京都府教育委員会，京都府，京都市，京都銀行，共同エンジニアリング，大日本除虫菊，日本電子，ECC，TOKAI，マイナビワークス，エリッツなど。		
公共政策学部		
公共政策	52	▷福祉社会の実現を目的として，法学・経済学・政治学をはじめとする社会科学の諸分野から公共政策のあり方についての教育研究を行う。
福祉社会	52	▷社会福祉学，社会学，教育学，心理学を学問領域とし，これらの問題意識・方法・成果に学びながら，福祉社会の具体像とそれに至るための課題を明らかにしていく。
● **取得可能な資格**…教職（公・社・福），社会福祉士・精神保健福祉士受験資格など。 ● **進路状況**…………就職79.4%　進学5.9% ● **主な就職先**………京都府，滋賀県，法務省，大阪国税局，文部科学省，村田製作所，ヤクルト本社，京都銀行，積水ハウス，大阪市社会福祉協議会，楽天，京都商工会議所など。		
生命環境学部		
生命分子化	32	▷化学を駆使し生命や物質の本質を追究することを目的に，基礎的技術を修得する。３年次後半に７つの研究室に分属。
農学生命科	50	▷植物生産科学（７専攻）および生物機能科学（７専攻）の２コースを設け，幅広い専門基礎知識を学び，専攻に即したフィールドワークやラボワークを実習後，専門分野を選択する。
食保健	25	▷「食」と「健康」の関わりを多面的・総合的にとらえ，栄養学・食事学・食品科学・食品安全性学・健康科学の５つの分野を相互に連携し，多彩な専門教育と高度な研究体制を構築。
環境・情報科	27	▷生物，化学，物理，数学，情報の５分野にわたる「知能情報学」「応用数学」「生命科学」「材料設計学」「環境計測学」の５つを主専攻として設定。２年次より分属。

 キャンパスアクセス ［下鴨キャンパス］ 地下鉄烏丸線一北山より徒歩10分

環境デザイン	43	▷住居・建築学を基礎に，プロダクト，インテリア，生活文化，ランドスケープ，循環型社会など幅広く学ぶために，住居・建築，インテリア・生活デザインの２コースを設置。
森林科	36	▷実際の森林での体験を重視し，実験・実習科目を多く取り入れ，森林学から林産学にわたる森林科学の広い領域をカバーしたカリキュラムを編成。

● **取得可能な資格**…教職(理・情・農・栄養)，学芸員，管理栄養士・１級建築士・２級建築士受験資格など。
● **進路状況**…………就職52.1％　進学42.2％
● **主な就職先**………京都府，滋賀県，奈良県，奈良市，アウトソーシングテクノロジー，長谷工設計，Sky，カゴメ，タキイ種苗，イシダ，タマホーム，丸美屋食品工業，積水ハウスなど。

キャンパス

全学部……［下鴨キャンパス］京都府京都市左京区下鴨半木町1-5

2023年度入試要項(前年度実績)

●募集人員

学部／学科		前期	後期
▶文	日本・中国文	19	4
	欧米言語文化	14	5
	歴史	25	5
	和食文化	15	5
▶公共政策	公共政策	30	7
	福祉社会	30	7
▶生命環境	生命分子化	20	3
	農学生命科	28	7
	食保健	18	—
	環境・情報科	19	—
	環境デザイン	30	—
	森林科	20	5

●２段階選抜　実施しない

▷共通テストの英語はリスニングを含む。

文学部

前期　**【日本・中国文学科／欧米言語文化学科】［共通テスト(600)］** 6～5科目　①国(200)　②**外**(200・英〈R160＋L40〉)▶英・独・仏・中・韓から１　③**地歴・公民**(100)▶世Ｂ・日Ｂ・地理Ｂ・現社・倫・政経・「倫・政経」から１　④**数**(50)▶数Ⅰ・「数Ⅰ・数Ａ」・数Ⅱ・「数Ⅱ・数Ｂ」・簿・情から１　⑤⑥**理**(50)▶「物基・化基・生基・地学基から２」・物・化・生・地学から１

［個別学力検査(800)］ 3科目　①**国**(日本400・欧米200)▶国総・現文Ｂ・古典Ｂ　②**外**(日本200・欧米400)▶コミュ英Ⅰ・コミュ英Ⅱ・コミュ英Ⅲ・英表Ⅰ・英表Ⅱ　③**地歴**(200)▶世Ｂ・日Ｂから１

【歴史学科】［共通テスト(700)］ 6～5科目　①国(200)　②**外**(200・英〈R160＋L40〉)▶英・独・仏・中・韓から１　③**地歴**(200)▶世Ｂ・日Ｂ・地理Ｂから１　④**数**(50)▶数Ⅰ・「数Ⅰ・数Ａ」・数Ⅱ・「数Ⅱ・数Ｂ」・簿・情から１　⑤⑥**理**(50)▶「物基・化基・生基・地学基から２」・物・化・生・地学から１

［個別学力検査(800)］ 3科目　①**国**(200)▶国総・現文Ｂ・古典Ｂ　②**外**(200)▶コミュ英Ⅰ・コミュ英Ⅱ・コミュ英Ⅲ・英表Ⅰ・英表Ⅱ　③**地歴**(400)▶世Ｂ・日Ｂから１

【和食文化学科】［共通テスト(700)］ 6～5科目　①国(200)　②**外**(200・英〈R160＋L40〉)▶英・独・仏・中・韓から１　③**地歴・公民**(100)▶世Ｂ・日Ｂ・地理Ｂ・現社・倫・政経・「倫・政経」から１　④**数**(100)▶数Ⅰ・「数Ⅰ・数Ａ」・数Ⅱ・「数Ⅱ・数Ｂ」から１　⑤⑥**理**(100)▶「物基・化基・生基・地学基から２」・物・化・生・地学から１

［個別学力検査(600)］ 3科目　①**国**(200)▶国総・現文Ｂ・古典Ｂ　②**外**(200)▶コミュ英Ⅰ・コミュ英Ⅱ・コミュⅢ・英表Ⅰ・英表Ⅱ　③**地歴**(200)▶世Ｂ・日Ｂから１

後期　**【日本・中国文学科】［共通テスト(500)］** 3科目　①国(200)　②**外**(200・英〈R160＋L40〉)▶英・独・仏・中・韓から１　③

京都　京都府立大学

地歴・公民(100) ▶世B・日B・地理B・現社・倫・政経・「倫・政経」から1
[個別学力検査(300)] 1科目 ①国(300) ▶国総・現文B・古典B
【欧米言語文化学科】[共通テスト(350)] 3科目 ①国(100) ②**外**(200・英〈R160+L40〉)▶英・独・仏・中・韓から1 ③**地歴・公民**(50) ▶世B・日B・地理B・現社・倫・政経・「倫・政経」から1
[個別学力検査(300)] 1科目 ①外(300) ▶コミュ英Ⅰ・コミュ英Ⅱ・コミュ英Ⅲ・英表Ⅰ・英表Ⅱ
【歴史学科】[共通テスト(600)] 3科目 ①国(200) ②**外**(200・英〈R160+L40〉)▶英・独・仏・中・韓から1 ③**地歴**(200) ▶世B・日B・地理Bから1
[個別学力検査(200)] 1科目 ①地歴(200) ▶世B・日Bから1
【和食文化学科】[共通テスト(900)] 6~5科目 ①国(200) ②**外**(200・英〈R160+L40〉)▶英・独・仏・中・韓から1 ③**地歴・公民**(100) ▶世B・日B・地理B・現社・倫・政経・「倫・政経」から1 ④**数**(100) ▶数Ⅰ・「数Ⅰ・数A」・数Ⅱ・「数Ⅱ・数B」から1 ⑤⑥**理**(300) ▶「物基・化基・生基・地学基から2」・物・化・生・地学から1
[個別学力検査(500)] 1科目 ①小論文(500)

公共政策学部

前期 [共通テスト(600)] 6~5科目 ①国(100) ②**外**(100・英〈R100×10/11+L100×1/11〉)▶英・独・仏・中・韓から1 ③**地歴・公民**(200) ▶世A・世B・日A・日B・地理A・地理B・現社・倫・政経・「倫・政経」から1 ④**数**(100) ▶数Ⅰ・「数Ⅰ・数A」・数Ⅱ・「数Ⅱ・数B」・簿・情から1 ⑤⑥**理**(100) ▶「物基・化基・生基・地学基から2」・物・化・生・地学から1
[個別学力検査(400)] 2科目 ①国(200) ▶国総・現文B・古典B ②**外**(200) ▶コミュ英Ⅰ・コミュ英Ⅱ・コミュ英Ⅲ・英表Ⅰ・英表Ⅱ
後期 [共通テスト(600)] 6~5科目 前期と同じ
[個別学力検査(400)] 1科目 ①小論文(400)

生命環境学部

前期 **【生命分子化学科・農学生命科学科】[共通テスト(900)]** 7科目 ①国(200) ②**外**(R160+L40) ▶英 ③**地歴・公民**(100) ▶世A・世B・日A・日B・地理A・地理B・現社・倫・政経・「倫・政経」から1 ④⑤**数**(100×2) ▶「数Ⅰ・数A」・「数Ⅱ・数B」 ⑥⑦**理**(100×2) ▶物・化・生・地学から2
【生命分子化学科】[個別学力検査(820)] 5科目 ①**外**(200) ▶コミュ英Ⅰ・コミュ英Ⅱ・コミュ英Ⅲ・英表Ⅰ・英表Ⅱ ②**数**(200) ▶数Ⅰ・数Ⅱ・数A・数B(数列・ベク) ③④**理**(200×2) ▶「物基・物」・「化基・化」・「生基・生」から2 ⑤**書類審査**(20) ▶調査書
【農学生命科学科】[個別学力検査(500)] 3科目 ①**外**(200) ▶コミュ英Ⅰ・コミュ英Ⅱ・コミュ英Ⅲ・英表Ⅰ・英表Ⅱ ②③**理**(150×2) ▶「物基・物」・「化基・化」・「生基・生」から2
【食保健学科】[共通テスト(900)] 7科目 ①国(200) ②**外**(R160+L40) ▶英 ③**地歴・公民**(100) ▶世A・世B・日A・日B・地理A・地理B・現社・倫・政経・「倫・政経」から1 ④⑤**数**(100×2) ▶「数Ⅰ・数A」・「数Ⅱ・数B」 ⑥⑦**理**(100×2) ▶物・化・生から2
[個別学力検査(600)] 3科目 ①**外**(200) ▶コミュ英Ⅰ・コミュ英Ⅱ・コミュ英Ⅲ・英表Ⅰ・英表Ⅱ ②③**理**(200×2) ▶「物基・物」・「化基・化」・「生基・生」から2
【環境・情報科学科】[共通テスト(600)] 7科目 ①国(100) ②**外**(R160+L40) ▶英 ③**地歴・公民**(100) ▶世A・世B・日A・日B・地理A・地理B・現社・倫・政経・「倫・政経」から1 ④⑤**数**(50×2) ▶「数Ⅰ・数A」必須,「数Ⅱ・数B」・簿・情から1 ⑥⑦**理**(50×2) ▶物・化・生・地学から2
[個別学力検査(800)] 3科目 ①**数**(400) ▶数Ⅰ・数Ⅱ・数Ⅲ・数A・数B(数列・ベク) ②③**理**(200×2) ▶「物基・物」・「化基・化」・「生基・生」から2
【環境デザイン学科】[共通テスト(700)] 6科目 ①国(200) ②**外**(R80+L20) ▶英 ③**地歴・公民**(100) ▶世A・世B・日A・日B・地理A・地理B・現社・倫・政経・「倫・政経」から

1　④⑤数(100×2)▶「数Ⅰ・数A」・「数Ⅱ・数B」⑥理(100)▶物・化・生・地学から1
[個別学力検査(400)]　2科目　①外(200)▶コミュ英Ⅰ・コミュ英Ⅱ・コミュ英Ⅲ・英表Ⅰ・英表Ⅱ　②理(200)▶「物基・物」・「化基・化」・「生基・生」から1
【森林科学科】[共通テスト(1000)]　7科目　①国(200)　②外(R240＋L60)▶英　③地歴・公民(100)▶世A・世B・日A・日B・地理A・地理B・現社・倫・政経・「倫・政経」から1　④⑤数(100×2)▶「数Ⅰ・数A」・「数Ⅱ・数B」⑥⑦理(100×2)▶物・化・生・地学から2
[個別学力検査(600)]　4科目　①数(200)▶数Ⅰ・数Ⅱ・数A・数B(数列・ベク)　②③理(150×2)▶「物基・物」・「化基・化」・「生基・生」から2　④調査書(100)
後期　【生命分子化学科】[共通テスト(1000)]　6科目　①国(200)　②外(R160＋L40)▶英　③④数(150×2)▶「数Ⅰ・数A」・「数Ⅱ・数B」⑤⑥理(150×2)▶物・化・生・地学から2
[個別学力検査(20)]　1科目　①書類審査(20)▶調査書
【農学生命科学科】[共通テスト(600)]　5科目　①外(R160＋L40)▶英　②③数(100×2)▶「数Ⅰ・数A」・「数Ⅱ・数B」　④⑤理(100×2)▶物・化・生・地学から2
[個別学力検査]　課さない。
【森林科学科】[共通テスト(900)]　7科目　①国(200)　②外(R160＋L40)▶英　③地歴・公民(100)▶世A・世B・日A・日B・地理A・地理B・現社・倫・政経・「倫・政経」から1　④⑤数(100×2)▶「数Ⅰ・数A」・「数Ⅱ・数B」⑥⑦理(100×2)▶物・化・生・地学から2
[個別学力検査]　課さない。

その他の選抜

学校推薦型選抜は，文学部45名，公共政策部30名，生命環境学部63名を募集。

偏差値データ（2023年度）

●一般選抜

学部／学科	2023年度 駿台予備学校 合格目標ライン	河合塾 ボーダー得点率	河合塾 ボーダー偏差値	'22年度 競争率
●前期				
▶文学部				
日本・中国文	54	74%	60	3.0
欧米言語文化	55	73%	60	2.5
歴史	59	78%	62.5	3.5
和食文化	55	70%	55	3.4
▶公共政策学部				
公共政策	50	70%	57.5	2.7
福祉社会	50	68%	55	2.2
▶生命環境学部				
生命分子化	50	65%	52.5	4.4
農学生命科	49	64%	52.5	2.1
食保健	49	63%	55	3.0
環境・情報科	48	64%	52.5	2.8
環境デザイン	49	63%	52.5	3.8
森林科	48	64%	50	1.9
●後期				
▶文学部				
日本・中国文	54	84%	62.5	8.8
欧米言語文化	55	83%	62.5	7.7
歴史	60	85%	65	11.6
和食文化	56	74%	—	8.7
▶公共政策学部				
公共政策	52	74%	—	6.5
福祉社会	52	71%	—	3.3
▶生命環境学部				
生命分子化	50	71%	—	6.3
農学生命科	50	72%	—	9.6
森林科	49	70%	—	4.4

- 駿台予備学校合格目標ラインは合格可能性80%に相当する駿台模試の偏差値です。
- 河合塾ボーダー得点率は合格可能性50%に相当する共通テストの得点率です。また，ボーダー偏差値は合格可能性50%に相当する河合塾全統模試の偏差値です。
- 競争率は受験者÷合格者の実質倍率

大阪公立大学

（おおさかこうりつ）

資料請求

問合せ先 入試課 （杉本キャンパス）☎06-6605-2141，（中百舌鳥キャンパス）☎072-254-9117

大学の理念

2022年4月，大阪市立大学と大阪府立大学を母体に新大学が開学。1880年創立の大阪商業講習所，1883年創立の獣医学講習所を源流に，商都大阪としての発展を経て，大阪から日本・世界の成長を牽引する大学創りをめざす。両校で培ってきた質の高い教育を継承し，時代のニーズに応える12学部・学域と大学院15研究科を擁する，学生数約１万６千人の全国最大規模の公立総合大学となる。規模を拡大しつつ，これまで同様，学生と教職員の自由闊達な環境で教育を行い，グローバルに活躍できる高度人材を育成。大学という枠を超えた「知の拠点」として人や社会，都市，世界を結びつけ，社会の持続的な発展をリードするために，ダイナミックに変化を続ける社会をとらえ，今を生きる「知」をそして新たな未来に描く「知」を発信し続ける。

- 杉本キャンパス………〒558-8585　大阪市住吉区杉本3-3-138
- 中百舌鳥キャンパス…〒599-8531　大阪府堺市中区学園町1-1
- 阿倍野キャンパス……〒545-8585　大阪府大阪市阿倍野区旭町1-4-3
- 羽曳野キャンパス……〒583-8555　大阪府羽曳野市はびきの3-7-30
- りんくうキャンパス…〒598-8531　大阪府泉佐野市りんくう往来北1-58

基本データ

学生数▶12,399名（男7,616名，女4,783名）
専任教員数▶教授572名，准教授502名，講師217名
設置学部・学域▶現代システム科，文，法，経済，商，理，工，農，獣医，医，看護，生活科
併設教育機関▶大学院 （P.1687参照）

就職・卒業後の進路

就職率 **96.3**％（市大）**98.1**％（府大）
就職者÷希望者×100

●**就職支援**　１年次から就職意識を啓発するセミナーを実施。これまで両校で築いてきた企業との協力関係を生かし，インターンシップ支援，企業・官公庁の人事担当者やOB・OGを学内に招き，講演や説明会を開催。３年次からの就職ガイダンスでは就職活動への意識を高めるのはもちろん，企業・業界研究，エントリーシートでの自己表現方法，ビジネスマナー，面接やディスカッション指導など就職後にも役立つ実践的な力を身につける。

進路指導者も必見 学生を伸ばす 面倒見

初年次教育
全学必須科目「初年次ゼミナール」を導入。150以上のテーマから受講ゼミを選び，発表や討論などの能動的な学修を通じて，大学で主体的に学ぶ姿勢を身につけるほか，「情報リテラシー」などを開講

学修サポート
全学部でオフィスアワー制度，医学部を除きTA・SA制度，法・経済・工・生活化学科を除き教員アドバイザー制度を導入。また，教育学修支援室を設置し，日本語文書作成や英語学修支援，数学学修相談などに応じている

オープンキャンパス（2022年度実績）　８月に来場型オープンキャンパスを開催。事前申込制。学部・学科紹介，模擬授業，施設見学，個別相談など。特設サイトでは動画を公開。

文系学部

2022年３月卒業生
811人

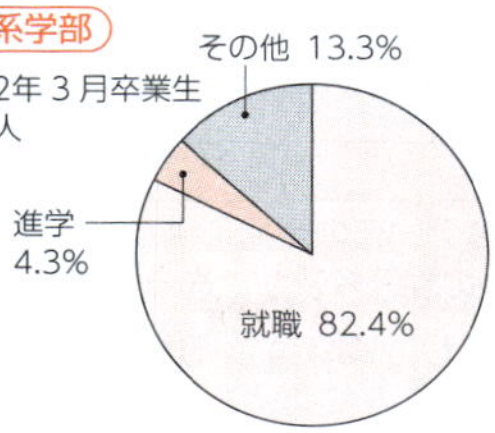

理系学部

2022年３月卒業生
1,748人
※就職には医学科の初期臨床研修医を含む。

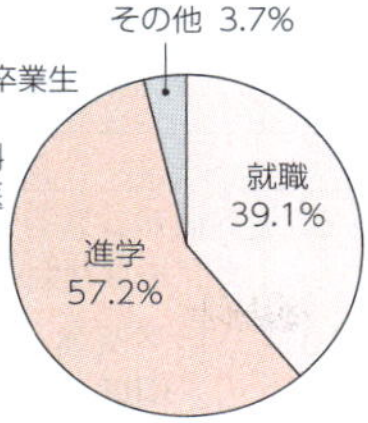

その他の学部

2022年３月卒業生
372人
・現代システム科学域
・地域保健学域
教育福祉学類

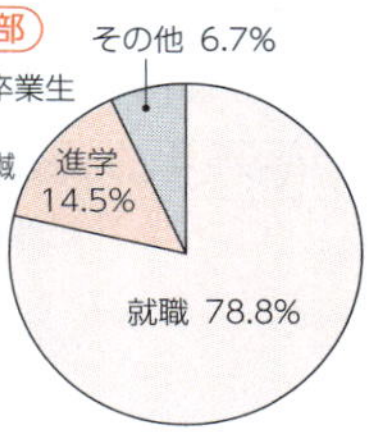

主なOB・OG ▶ ［旧市大］相良暁（小野薬品工業社長），藤沢久美（経済評論家），［旧府大］東野圭吾（小説家），山崎亮（ランドスケープデザイナー）など。

国際化・留学　大学間 160 大学等・部局間 73 大学等

受入れ留学生数 ▶ 18名（2022年５月１日現在）
留学生の出身国・地域 ▶ 中国，韓国，台湾，フランス，ベトナムなど。
外国人専任教員 ▶ 教授14名，准教授17名，講師６名（2022年５月１日現在）
外国人専任教員の出身国 ▶ 中国，韓国，アメリカ，ドイツ，フランスなど。
大学間交流協定 ▶ 160大学・機関（交換留学先22大学，2022年９月12日現在）
部局間交流協定 ▶ 73大学・機関（2022年９月12日現在）
海外への留学生数 ▶ 渡航型５名・オンライン型69名／年（23カ国，2021年度）
海外留学制度 ▶ 世界中に広がる独自のネットワークを生かした国際交流プログラムを提供。語学能力や目的に合わせ，ステップアップしながら海外経験を積むことができる。海外スタディーツアー，海外インターンシップでは，SDGsを視野にいれたプログラムを展開。語学研修先は，オックスフォード大学など多数用意する予定。短期から長期の各種海外留学を支援する，さまざまな奨学金や助成制度も整備し，学外奨学金への申請もサポートする。コンソーシアムはUMAPとUNAIに参加している。

学費・奨学金制度　給付型奨学金総額 年間 1,108 万円

入学金 ▶ 282,000円（府外382,000円）
年間授業料（施設費等を除く）▶ 535,800円
年間奨学金総額 ▶ 11,080,000円
年間奨学金受給者数 ▶ 37人
主な奨学金制度 ▶ 世界に貢献する人材の育成をめざし，学業，人物ともに優秀な学生に年額30万円を給付する「グローバルリーダー育成奨学金」や，経済的理由により修学が困難な学生を対象とした「河村孝夫記念奨学金」「有恒会奨学金」などを設置。また，学費減免制度もあり，2021年度には83人を対象に総額で約2,153万円を減免している。

保護者向けインフォメーション

● **成績確認**　成績表を保護者に郵送している。
● **就職ガイダンス**　７・９月に全学年次の保護者を対象とした就職ガイダンスを開催している。
● **防災対策**　「防災マニュアル」を学生生活ガイドブックおよびポータルサイトに掲載。災害時の学生の安否は，独自の「安否確認システム」を利用して確認する。
● **コロナ対策１**　ワクチンの職域接種を実施。感染状況に応じた５段階のBCP（行動指針）を設定している。「コロナ対策２」（下段）あり。

インターンシップ科目	必修専門ゼミ	卒業論文	GPA制度の導入の有無および活用例	１年以内の退学率	標準年限での卒業率
現代システム・工・農・獣医で開講している	学部・学域・学科による	法・商・医（医）学部を除き卒業要件	奨学金や授業料免除対象者の選定基準，留学候補者の選考，卒業判定の基準などに活用するほか，GPAに応じた履修上限単位数を設定している	1.2%（市大）1.1%（府大）	92.4%/87.3%（市大）86.1%/94.0%（府大）（4年制/6年制）

● **コロナ対策２**　入構時に消毒を実施するとともに，講義室の収容人数を調整し，アクリル板を設置。また，オンライン授業を併用し，経済的事情を基準に審査のうえ，PCを無償貸与。

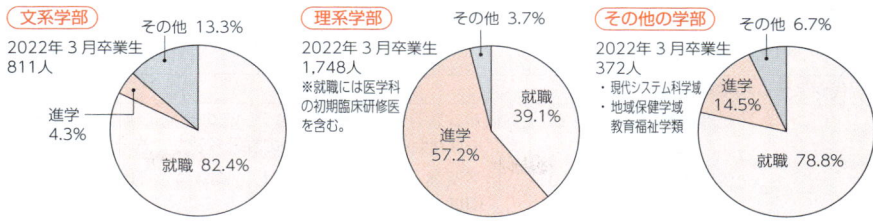

学部紹介

学部・学域／学科・学類	定員	特色
現代システム科学学域		
知識情報システム	60	▷情報システムや多種多様なデータの活用により，サステイナブルな社会を実現するための課題解決ができる人材を育成。
環境社会システム	100	▷自然環境と社会環境を理解し，環境哲学・政策学の観点から，環境と調和した社会システムを構築する。
教育福祉	55	▷福祉系，子ども家庭系，および教育系を融合した学びを展開。多様性と共生する社会の実現をめざす。
心理	45	▷心に起因する問題に焦点を当て，心理学と関連分野の専門的知識，技能，システム的思考を発揮し，課題解決を図る。
● 取得可能な資格…教職（公・社・情），保育士など。 ● 進路状況…………就職78.8%　進学14.5%（地域保健学域教育福祉学類実績を含む） ● 主な就職先………大阪府，大阪国税局，堺市，紀陽銀行，大和ハウス工業，関西みらい銀行など。		
文学部		
		▶２年次に４学科・15コースから選択。人間・社会・文化に対する論理的思考を高め，人間の本質に迫る。
哲学歴史	32	▷哲学，日本史，世界史の３コース。
人間行動	56	▷社会学，心理学，教育学，地理学の４コース。
言語文化	43	▷国語国文学，中国語中国文学，英米言語文化，ドイツ語圏言語文化，フランス語圏言語文化の５コース。
文化構想	29	▷文化創造を社会的実践に結びつけて学ぶ。表現文化，アジア文化，文化資源の３コース。
● 取得可能な資格…教職（国・地歴・公・社・英・独・仏・中），学芸員など。 ● 進路状況…………就職78.4%　進学5.7% ● 主な就職先………集英社，ニトリ，三井住友銀行，楽天グループ，厚生労働省，Sky，大阪府など。		
法学部		
法	180	▷基礎法学，公法，私法，社会法，国際関係法・外国法，政治・行政学の６つの専門分野を学び，リーガルマインドを身につける。キャリア・デザインを見据えた司法，行政，企業・国際の３履修コースを設置。
● 取得可能な資格…教職（公・社）など。 ● 進路状況…………就職77.4%　進学7.1% ● 主な就職先………京阪ホールディングス，リソナ銀行，大阪税関，大阪地方裁判所，大阪法務局など。		
経済学部		
経済	295	▷演習科目による少人数教育を重視。英語による講義やデータサイエンス教育，関心に合わせて選べる７つのプログラムを設定し，批判的な思考力と解決策を構想する力を育む。
● 取得可能な資格…教職（公・社）など。 ● 進路状況…………就職82.8%　進学2.2% ● 主な就職先………伊藤ハム，東京海上日動火災保険，トヨタ自動車，南海電気鉄道，富士通など。		
商学部		
		▶２年次後期より２学科に分属。
商	195	▷経営・商学・会計を広く専門的に学習。企業や社会が直面する課題や問題を自ら発見，分析，解決する能力を養う。

キャンパスアクセス ［杉本キャンパス］ JR阪和線―杉本町より徒歩約５分／地下鉄御堂筋線―あびこより徒歩約15分

公共経営	75	▷社会性と地域性をキーワードに非営利組織，公的機関，地域企業などについて重点的に学ぶ。
● **取得可能な資格**…教職(商)など。　● 進路状況……就職88.5%　進学3.4% ● **主な就職先**………オービック，カネカ，クボタ，日本生命保険，パナソニック，花王など。		
理学部		
数	40	▷純粋理論から応用まで幅広くかつより機能的に数学を学ぶ。
物理	76	▷観測，実験，理論的考察を通じて，物理学の理解を深める。
化	85	▷自然科学におけるあらゆる現象を化学的視点からとらえる。
生物	40	▷生命現象を幅広い分野で学ぶ最先端の教育と研究を行う。
地球	24	▷地球環境の把握と未来予測に貢献できる人材を育成。
生物化	34	▷生体システムを分子論的に追究。疾病の機序解明や予防・治療法の確立，創薬などの基礎研究を進める。
● **取得可能な資格**…教職(数・理)，測量士補など。　● **進路状況**……就職27.3%　進学64.0% ● **主な就職先**………SMBC日興証券，スカイマーク，ダイハツ工業，気象庁，大阪市，大阪府教育委員会など。		
工学部		
航空宇宙工	38	▷航空宇宙の専門分野を極め，航空宇宙工学および先端的工学分野で活躍する人材を育成する。
海洋システム工	33	▷地球システムの要素である海洋と，海で行われる人間・社会活動との関わり方を探求する。
機械工	128	▷人・環境と共存・共生する機械技術，機械システムを確立する。
建築	34	▷芸術・学術・技術に立脚した「総合建築教育」を特色とし，建築から都市まで幅広く学修する。
都市	50	▷都市デザイン，環境創生，安全防災の３つの専門領域を軸に，総合技術に関する多面的なカリキュラムを提供する。
電子物理工	108	▷電子物理工学の両輪をなす電子物性と電子材料に関する17の研究領域を展開。
情報工	77	▷国際的な視野で最先端の情報科学分野の教育・研究を行う。
電気電子システム工	65	▷電気電子系の幅広い専門知識を持ち，人と環境に優しい持続可能な未来社会を担う人材を養成する。
応用化	70	▷化学の教育・研究を通して，原子・分子レベルから物質の機能と反応を理解できる研究者を育成する。
化学工	38	▷医薬品，食品，日用品，電子機器などをつくるために必要な化学・生物反応に関わるプロセスを学ぶ。
マテリアル工	43	▷無機・有機－無機ハイブリッド・金属材料などのマテリアルの合成・加工・評価・応用について研究する。
化学バイオ工	57	▷化学・食品・医療・材料・環境・エネルギー分野で基幹をなす化学と生命科学を系統的に学ぶ。
● **取得可能な資格**…教職(理・工業)，測量士補，１・２級建築士受験資格など。 ● **進路状況**…………就職17.3%　進学80.7%（工学域実績を含む） ● **主な就職先**………[工学部] NTTドコモ，大林組，京セラ，積水ハウス，三菱電機，大阪市など。 [工学域]三菱電機，ダイキン工業，川崎重工業，シャープ，マツダなど。		
農学部		
応用生物科	50	▷遺伝子レベルの最先端生物学，アグリサイエンス，データ科学を融合した研究・教育を行う。

キャンパスアクセス [中百舌鳥キャンパス] 地下鉄御堂筋線一なかもずより徒歩約13分／南海高野線一白鷺より徒歩約7分，中百舌鳥より徒歩約13分

生命機能化	50	▷生命現象を化学により明らかにして，イノベーションを生み出す専門職業人を育成する。
緑地環境科	50	▷良好な緑地環境の保全・創出をめざして，緑地学や農業工学，生態学や環境学などから多角的にアプローチ。

- **取得可能な資格**…教職（理・農），測量士補など。
- **進路状況**…………就職25.8%　進学69.8%（生命環境科学域実績）
- **主な進路状況**……大阪府，大阪市，林野庁，農林水産省，ロート製薬，塩野義製薬，日本食品分析センター，全国農業協同組合連合会など（生命環境科学域実績）。

獣医学部

獣医	40	▷関西唯一の獣医学教育機関として，近畿圏内の動物診療機関や自治体の連携することにより，獣医師が活躍する現場を体験する参加型教育を提供。

- **取得可能な資格**…獣医師受験資格など。　● **進路状況**……就職88.4%　進学0.0%
- **主な進路状況**……大阪府，大阪市，ゆうなぎ動物病院，日本中央競馬会，小野薬品工業など。

医学部

医	90	▷医学の最先端の知識と技術を修得し，人に寄り添い，ニーズに的確に対応できる全人的な医療人を育成する。
リハビリテーション	50	▷理学療法学専攻（25名），作業療法学専攻（25名）。最新の知見に基づく医学科との合同教育や相互研究を通して，エビデンスに立脚したリハビリテーション教育を推進。

- **取得可能な資格**…医師・理学療法士・作業療法士受験資格など。
- **進路状況**…………［医］初期臨床研修医98.8%
［リハ］就職79.5%　進学16.7%（地域保健学域総合リハビリテーション学類実績）
- **主な就職先**………［地域保健学域総合リハビリテーション学類］国立病院機構近畿グループ，大阪大学医学部附属病院，学研都市病院など。

看護学部

看護	160	▷多様なキャリアパスを志向し，看護の対象や他職種と看護の価値を創造する共創的看護を提供できる実践力と，ケアと科学を融合できる創造力を持つ看護人材を育成する。

- **取得可能な資格**…教職（養護一種），看護師受験資格など。
- **進路状況**…………就職90.8%　進学5.4%（医学部看護学科・地域保健学域看護学類実績）
- **主な進路状況**……大阪公立大学医学部附属病院，大阪市総合医療センター，淀川キリスト教病院，大阪国際がんセンター，大阪母子医療センターなど。

生活科学部

食栄養	65	▷バイオサイエンスを通じて健全な食生活を学び，食と栄養に関する基礎的・実践的な知識を持つ専門家を育成。
居住環境	43	▷居住空間を取り巻く生活機器やインテリア，建築，まちづくりに至るまで，構築環境の企画・デザインを行う。
人間福祉	45	▷人間のウェルビーイングの観点から，臨床心理学的・社会福祉学的支援のあり方，地域・社会のあり方など具体的な解決策を導き出す。

- **取得可能な資格**…教職（家・栄養），栄養士，社会福祉士・管理栄養士・1級建築士・2級建築士受験資格など。
- **進路状況**…………就職69.3%　進学26.3%
- **主な就職先**………大林組，オカムラ，積水ハウス，大和ハウス工業，日本食品分析センターなど。

キャンパスアクセス ［阿倍野キャンパス］ JR大阪環状線・地下鉄御堂筋線―天王寺／近鉄南大阪線―大阪阿部野橋より徒歩約10分

キャンパス

文・法・経済・商・理・生活科……［杉本キャンパス］ 大阪府大阪市住吉区杉本3-3-138
現代システム科・工・農……［中百舌鳥キャンパス］ 大阪府堺市中区学園町1-1
医(医)・看護……［阿倍野キャンパス］ 大阪府大阪市阿倍野区旭町1-4-3
看護・医(リハ)・生活科(食栄養)……［羽曳野キャンパス］ 大阪府羽曳野市はびきの3-7-30
獣医……［りんくうキャンパス］ 大阪府泉佐野市りんくう往来北1-58
※獣医学部，看護学部の１年次は中百舌鳥キャンパス，獣医学部の１年次後期はりんくうキャンパスで週１日。看護学部は２年次は羽曳野キャンパス，３年次以降は阿倍野キャンパス
※医学部医学科の１年次は杉本キャンパスを基本とし，阿倍野キャンパスで前期週１日，後期週２日
※医学部リハビリテーション学科の１年次は杉本キャンパスを基本とし，羽曳野キャンパス週２日程度，かつ阿倍野キャンパス週１日程度
※生活科学部食栄養学科の１年次は杉本キャンパス，２年次は杉本キャンパスか羽曳野キャンパスのいずれかに配属され，羽曳野キャンパス配属の場合は前期・後期ともに杉本キャンパスで週１日

2023年度入試要項（前年度実績）

●募集人員

学部・学域／学科・学類(専攻)	前期		中期	後期	学校推薦型	総合型
▶現代システム科 知識情報システム	40	＊20	—	35	＊10	—
環境社会システム	＊50		—		20	—
教育福祉	30		—		9	6
心理	＊30		—		5	—
▶文	125		—	30	—	—
▶法 法	155		—	25	—	—
▶経済 経済	185		—	＊50	＊60	—
▶商	198		—	18	＊40	—
▶理 数	30		—	10	—	—
物理	52		—	17	7	—
化	60		—	13	12	—
生物	23		—	8	9	—
地球	16		—	4	4	—
生物化	23		—	6	5	—
▶工 航空宇宙工	8		30	—	—	—
海洋システム工	10		19	—	—	4
機械工	49		76	—	3	—
建築	21		6	—	—	—
都市	35		10	—	1	4
電子物理工	33		72	—	3	—
情報工	24		53	—	—	—
電気電子システム工	21		44	—	—	—
応用化	15		52	—	3	—
化学工	8		30	—	—	—
マテリアル工	10		30	—	3	—
化学バイオ工	35		20	—	2	—
▶農 応用生物科	30		—	10	10	—
生命機能化	30		—	10	10	—
緑地環境科	30		—	10	10	—
▶獣医 獣医	35		—	—	5	—
▶医 医	80		—	—	10	5
リハビリテーション(理学療法学)	15		—	2	8	—
(作業療法学)	15		—	2	8	—
▶看護 看護	85		—	20	55	—
▶生活科 食栄養	＊45		—	—	＊20	—
居住環境	34		—	—	9	—
人間福祉	30		—	—	15	—

※医学部医学科前期は大阪府指定医療枠５名を含む。
※＊は選抜区分有。前期―環境社会システム学類：英・国型30／理・数型20，心理学類：英・国型20／理数型10，学域単位：英・数型5／英・国型5／英・小論型5／理・数型5，食栄養学科：均等型20／理数重点型25，後期―経済学部：高得点選抜35／ユニーク選抜15，学校推薦型―知識情報システム学類：文系型5／理系型5，経済学部：英語重点型38／数学重点型22，商学部：英語重点型25／数学重点型15，食栄養学科：均等型10／理数重点型10。
※工学部都市学科および医学部医学科の学校推薦型選抜は大阪府内の地域限定。

●２段階選抜

志願者数が募集人員に対して，以下の倍率を超えた場合に実施することがある。ただし，医学部(医)は共通テストの成績が900点満点中650点以上(素点を用いる)の者を第１段階選抜合格者とする。後期の経済学部，商学部，農学部緑地環境科学科では実施しない。前期―現代システム科・文・法・経済・商・理・工・農・獣医・医(リハ)・看護・生活科学部は６倍。中期―工学部は12倍。後期―法学部は11倍，現代システム科・文・理・農(応用生物・生命機能)・医(リハ)・看護学部は17倍。

キャンパスアクセス ［羽曳野キャンパス］ 近鉄南大阪線―藤井寺または古市よりバス約10分，府立医療センターより徒歩約10分

▷共通テストの英語はリスニングを含む。
▷個別学力検査の数B―数列・ベク。

現代システム科学域

前期 【知識情報システム学類・学域単位〈英・数型〉】［共通テスト(450)］ 7科目 ①国(100) ②外(100・英〈R75＋L25〉)▶英・独・仏・中・韓から1 ③地歴・公民(50)▶世A・世B・日A・日B・地理A・地理B・現社・倫・政経・「倫・政経」から1 ④⑤数(50×2)▶「数Ⅰ・数A」必須，「数Ⅱ・数B」・簿・情から1 ⑥⑦理(50×2)▶物・化・生・地学から2
［個別学力検査(450)］ 2科目 ①外(200)▶コミュ英Ⅰ・コミュ英Ⅱ・コミュ英Ⅲ・英表Ⅰ・英表Ⅱ ②数(250)▶数Ⅰ・数Ⅱ・数Ⅲ・数A・数B
【環境社会システム学類〈英・国型〉・学域単位〈英・国型／英・小論文型〉】［共通テスト(450)］ 8〜7科目 ①国(100) ②外(100・英〈R75＋L25〉)▶英・独・仏・中・韓から1 ③地歴(50)▶世B・日B・地理Bから1 ④公民(50)▶現社・倫・政経・「倫・政経」から1 ⑤⑥数(50×2)▶「数Ⅰ・数A」必須，「数Ⅱ・数B」・簿・情から1 ⑦⑧理(50)▶「物基・化基・生基・地学基から2」・物・化・生・地学から1
［個別学力検査(400)］〈英・国型〉 2科目 ①国(200)▶国総・現文B ②外(200)▶コミュ英Ⅰ・コミュ英Ⅱ・コミュ英Ⅲ・英表Ⅰ・英表Ⅱ
〈英・小論文型〉 2科目 ①外(200)▶コミュ英Ⅰ・コミュ英Ⅱ・コミュ英Ⅲ・英表Ⅰ・英表Ⅱ ②小論文(200)
【環境社会システム学類〈理・数型〉・心理学類〈英・国型／理・数型〉・学域単位〈理・数型〉】［共通テスト(400)］ 7〜6科目 ①国(100) ②外(100・英〈R75＋L25〉)▶英・独・仏・中・韓から1 ③地歴・公民(50)▶世A・世B・日A・日B・地理A・地理B・現社・倫・政経・「倫・政経」から1 ④⑤数(50×2)▶「数Ⅰ・数A」必須，「数Ⅱ・数B」・簿・情から1 ⑥⑦理(50)▶「物基・化基・生基・地学基から2」・物・化・生・地学から1
［個別学力検査(400)］〈理・数型〉 2科目 ①数(200)▶数Ⅰ・数Ⅱ・数A・数B ②理(200)▶「物基・物」・「化基・化」・「生基・生」・「地学基・地学」から1
〈英・国型〉 2科目 ①国(200)▶国総・現文B ②外(200)▶コミュ英Ⅰ・コミュ英Ⅱ・コミュ英Ⅲ・英表Ⅰ・英表Ⅱ
【教育福祉学類】［共通テスト(450)］ 7〜6科目 ①国(100) ②外(100・英〈R75＋L25〉)▶英・独・仏・中・韓から1 ③地歴(50)▶世B・日B・地理Bから1 ④公民(50)▶現社・倫・政経・「倫・政経」から1 ⑤数(100)▶数Ⅰ・「数Ⅰ・数A」から1 ⑥⑦理(50)▶「物基・化基・生基・地学基から2」・物・化・生・地学から1
［個別学力検査(400)］ 2科目 ①外(200)▶コミュ英Ⅰ・コミュ英Ⅱ・コミュ英Ⅲ・英表Ⅰ・英表Ⅱ ②小論文(200)
後期 【学域単位】［共通テスト(800)］ 6科目 ①国(200) ②外(200・英〈R150＋L50〉)▶英・独・仏・中・韓から1 ③④数(100×2)▶「数Ⅰ・数A」必須，「数Ⅱ・数B」・簿・情から1 ⑤⑥地歴・公民・理(100×2)▶世A・世B・日A・日B・地理A・地理B・現社・倫・政経・「倫・政経」・物・化・生・地学から2
［個別学力検査(100)］ 1科目 ①面接(100)
学校推薦型 【知識情報システム学類】〈文系型〉［共通テスト(1000)］ 5科目 ①国(200) ②外(R300＋L100)▶英 ③地歴・公民(100)▶世A・世B・日A・日B・地理A・地理B・現社・倫・政経・「倫・政経」から1 ④⑤数(150×2)▶「数Ⅰ・数A」必須，「数Ⅱ・数B」・簿・情から1
〈理系型〉［共通テスト(1000)］ 6科目 ①国(200) ②外(R225＋L75)▶英 ③④数(150×2)▶「数Ⅰ・数A」必須，「数Ⅱ・数B」・簿・情から1 ⑤⑥理(100×2)▶物・化・生・地学から2
［個別学力検査(250)］ 1科目 ①面接(250)
※共通テスト，面接および書類審査(調査書・推薦書)を総合して判定。
【環境社会システム学類・心理学類】［共通テスト］ 課さない。
［個別学力検査(250)］ 2科目 ①小論文(150) ②面接(100)
※小論文，面接および書類審査(調査書・推薦

キャンパスアクセス ［りんくうキャンパス］ JR関西空港線・南海空港線―りんくうタウンより徒歩約6分

書）を総合して判定。
【教育福祉学類】［共通テスト］　課さない。
［個別学力検査（300）］　2科目　①小論文（200）②**面接**（100）
※小論文，面接および書類審査（調査書・推薦書）を総合して判定。
総合型　【教育福祉学類】［共通テスト］　課さない。
［個別学力検査（300）］　2科目　①小論文（200）②**面接**（100）
※第１次選考―書類審査（志望理由書・自己評価書・学習計画書），第２次選考―小論文，面接および書類審査（志望理由書）を総合して判定。

文学部

前期　［共通テスト（450）］　8～7科目　①国（100）②**外**（100・英〈R75＋L25〉）▶英・独・仏・中・韓から１　③④**地歴・公民**（50×2）▶世Ｂ・日Ｂ・地理Ｂ・「現社・倫・政経・〈倫・政経〉から１」から２　⑤⑥**数**（50×2）▶「数Ⅰ・数Ａ」必須，「数Ⅱ・数Ｂ」・簿・情から１　⑦⑧**理**（50）▶「物基・化基・生基・地学基から２」・物・化・生・地学から１
［個別学力検査（400）］　2科目　①国（200）▶国総・現文Ｂ・古典Ｂ　②**外**（200）▶コミュ英Ⅰ・コミュ英Ⅱ・コミュ英Ⅲ・英表Ⅰ・英表Ⅱ
後期　［共通テスト（450）］　8～7科目　前期と同じ
［個別学力検査（400）］　1科目　①小論文（400）

法学部

前期　［共通テスト（900）］　8～7科目　①国（200）②**外**（200・英〈R150＋L50〉）▶英・独・仏・中・韓から１　③④**地歴・公民**（100×2）▶世Ｂ・日Ｂ・地理Ｂ・「現社・倫・政経・〈倫・政経〉から１」から２　⑤⑥**数**（100×2）▶「数Ⅰ・数Ａ」必須，「数Ⅱ・数Ｂ」・簿・情から１　⑦⑧**理**（100）▶「物基・化基・生基・地学基から２」・物・化・生・地学から１
［個別学力検査（600）］　2科目　①国（300）▶国総・現文Ｂ　②**外**（300）▶コミュ英Ⅰ・コミュ英Ⅱ・コミュ英Ⅲ・英表Ⅰ・英表Ⅱ
後期　［共通テスト（180）］　8～7科目　①国（40）②**外**（40・英〈R30＋L10〉）▶英・独・仏・中・韓から１　③④**地歴・公民**（20×2）▶世Ｂ・日Ｂ・地理Ｂ・「現社・倫・政経・〈倫・政経〉から１」から２　⑤⑥**数**（20×2）▶「数Ⅰ・数Ａ」必須，「数Ⅱ・数Ｂ」・簿・情から１　⑦⑧**理**（20）▶「物基・化基・生基・地学基から２」・物・化・生・地学から１
［個別学力検査（300）］　1科目　①小論文（300）

経済学部

前期　［共通テスト（450）］　8～7科目　①国（100）②**外**（100・英〈R75＋L25〉）▶英・独・仏・中・韓から１　③④**地歴・公民**（50×2）▶世Ｂ・日Ｂ・地理Ｂ・「現社・倫・政経・〈倫・政経〉から１」から２　⑤⑥**数**（50×2）▶「数Ⅰ・数Ａ」必須，「数Ⅱ・数Ｂ」・簿・情から１　⑦⑧**理**（50）▶「物基・化基・生基・地学基から２」・物・化・生・地学から１
［個別学力検査（450）］　3科目　①国（150）▶国総・現文Ｂ　②**外**（150）▶コミュ英Ⅰ・コミュ英Ⅱ・コミュ英Ⅲ・英表Ⅰ・英表Ⅱ　③**数**（150）▶数Ⅰ・数Ⅱ・数Ａ・数Ｂ
後期　【高得点選抜・ユニーク選抜】［共通テスト（450）］　8～7科目　前期と同じ
［個別学力検査］　課さない。
※ユニーク選抜は共通テスト，自己推薦書，特別活動要覧等により選抜。
学校推薦型　［共通テスト（800）］　5科目〈英語重点型〉①国（200）②**外**（R225＋L75）▶英　③**地歴・公民**（100）▶世Ａ・世Ｂ・日Ａ・日Ｂ・地理Ａ・地理Ｂ・現社・倫・政経・「倫・政経」から１　④⑤**数**（100×2）▶「数Ⅰ・数Ａ」必須，「数Ⅱ・数Ｂ」・簿・情から１
〈数学重点型〉①国（200）②**外**（R150＋L50）▶英　③**地歴・公民**（100）▶世Ａ・世Ｂ・日Ａ・日Ｂ・地理Ａ・地理Ｂ・現社・倫・政経・「倫・政経」から１　④⑤**数**（150×2）▶「数Ⅰ・数Ａ」必須，「数Ⅱ・数Ｂ」・簿・情から１
［個別学力検査］　課さない。
※共通テストおよび書類審査（調査書・推薦書・活動報告書）を総合して判定。

商学部

前期　［共通テスト（500）］　8～7科目　①国

(100)　②外(150・英〈R112.5＋L37.5〉)▶英・独・仏・中・韓から1　③④地歴・公民(50×2)▶世B・日B・地理B・「現社・倫・政経・〈倫・政経〉から1」から2　⑤⑥数(50×2)▶「数Ⅰ・数A」必須,「数Ⅱ・数B」・簿・情から1　⑦⑧理(50)▶「物基・化基・生基・地学基から2」・物・化・生・地学から1

[個別学力検査(500)]　3科目　①国(160)▶国総・現文B　②外(170)▶コミュ英Ⅰ・コミュ英Ⅱ・コミュ英Ⅲ・英表Ⅰ・英表Ⅱ　③数(170)▶数Ⅰ・数Ⅱ・数A・数B

後期　[共通テスト(600)]　4科目　①国(200)　②外(200・英〈R150＋L50〉)▶英・独・仏・中・韓から1　③④数(100×2)▶「数Ⅰ・数A」必須,「数Ⅱ・数B」・簿・情から1

[個別学力検査]　課さない。

学校推薦型　[共通テスト(800)]　5科目

〈英語重点型〉①国(200)　②外(R225＋L75)▶英　③地歴・公民(100)▶世A・世B・日A・日B・地理A・地理B・現社・倫・政経・「倫・政経」から1　④⑤数(100×2)▶「数Ⅰ・数A」必須,「数Ⅱ・数B」・簿・情から1

〈数学重点型〉①国(200)　②外(R150＋L50)▶英　③地歴・公民(100)▶世A・世B・日A・日B・地理A・地理B・現社・倫・政経・「倫・政経」から1　④⑤数(150×2)▶「数Ⅰ・数A」必須,「数Ⅱ・数B」・簿・情から1

[個別学力検査]　課さない。

※共通テストおよび書類審査(調査書・推薦書・活動報告書)を総合して判定。

理学部

前期　[共通テスト(450)]　7科目　①国(100)　②外(100・英〈R75＋L25〉)▶英・独・仏・中・韓から1　③地歴・公民(50)▶世A・世B・日A・日B・地理A・地理B・現社・倫・政経・「倫・政経」から1　④⑤数(50×2)▶「数Ⅰ・数A」必須,「数Ⅱ・数B」・簿・情から1　⑥⑦理(50×2)▶物・化・生・地学から2

[個別学力検査(500)]　4科目　①外(100)▶コミュ英Ⅰ・コミュ英Ⅱ・コミュ英Ⅲ・英表Ⅰ・英表Ⅱ　②数(200)▶数Ⅰ・数Ⅱ・数Ⅲ・数A・数B　③④理(100×2)▶「物基・物」・「化基・化」・「生基・生」・「地学基・地学」から2,ただし物理学科は「物基・物」必須,化学科は「物基・物」・「化基・化」必須

後期　【数学科】[共通テスト(500)]　3科目　①外(300・英〈R225＋L75〉)▶英・独・仏・中・韓から1　②③数(100×2)▶「数Ⅰ・数A」必須,「数Ⅱ・数B」・簿・情から1

[個別学力検査(500)]　1科目　①数(500)▶数Ⅰ・数Ⅱ・数Ⅲ・数A・数B

【物理学科】　[共通テスト(400)]　5科目　①外(200・英〈R150＋L50〉)▶英・独・仏・中・韓から1　②③数(50×2)▶「数Ⅰ・数A」必須,「数Ⅱ・数B」・簿・情から1　④⑤理(50×2)▶物必須,化・生・地学から1

[個別学力検査(400)]　2科目　①数(100)▶数Ⅰ・数Ⅱ・数Ⅲ・数A・数B　②理(300)▶物基・物

【化学科】　[共通テスト(700)]　6科目　①国(100)　②外(100・英〈R75＋L25〉)▶英・独・仏・中・韓から1　③④数(100×2)▶「数Ⅰ・数A」必須,「数Ⅱ・数B」・簿・情から1　⑤⑥理(150×2)▶物・化

[個別学力検査(300)]　1科目　①外(300)▶コミュ英Ⅰ・コミュ英Ⅱ・コミュ英Ⅲ・英表Ⅰ・英表Ⅱ(化学を含む内容を問う)

【生物学科】　[共通テスト(600)]　4科目　①外(200・英〈R150＋L50〉)▶英・独・仏・中・韓から1　②③数(100×2)▶「数Ⅰ・数A」必須,「数Ⅱ・数B」・簿・情から1　④理(200)▶物・化・生・地学から1

[個別学力検査(400)]　1科目　①理(400)▶生基・生

【地球学科】　[共通テスト(600)]　7科目　①国(50)　②外(150・英〈R112.5＋L37.5〉)▶英・独・仏・中・韓から1　③地歴・公民(50)▶世A・世B・日A・日B・地理A・地理B・現社・倫・政経・「倫・政経」から1　④⑤数(75×2)▶「数Ⅰ・数A」必須,「数Ⅱ・数B」・簿・情から1　⑥⑦理(100×2)▶物・化・生・地学から2

[個別学力検査(300)]　1科目　①口述試験(300)

【生物化学科】[共通テスト(800)]　6科目　①国(100)　②外(200・英〈R150＋L50〉)▶英・独・仏・中・韓から1　③④数(50×2)▶「数Ⅰ・数A」必須,「数Ⅱ・数B」・簿・情から1　⑤⑥理(200×2)▶物・化・生・地学から2

［個別学力検査(200)］ 1科目 ①口述試験(200)▶「化基・化」・「生基・生」の内容を含む

学校推薦型 【物理学科】［共通テスト(450)］ 7科目 ①国(100) ②外(100・英〈R75＋L25〉)▶英・独・仏・中・韓から1 ③地歴・公民(50)▶世A・世B・日A・日B・地理A・地理B・現社・倫・政経・「倫・政経」から1 ④⑤数(50×2)▶「数Ⅰ・数A」必須，「数Ⅱ・数B」・簿・情から1 ⑥⑦理(50×2)▶物必須，化・生・地学から1

［個別学力検査(450)］ 3科目 ①小論文(200) ②口述試験(200) ③書類審査(50)▶調査書・推薦書・志望理由書

※第1次選考―共通テスト，書類審査，第2次選考―共通テスト，小論文，口述試験を総合して判定。

【化学科】［共通テスト(550)］ 6科目 ①国(100) ②外(150・英〈R112.5＋L37.5〉)▶英・独・仏・中・韓から1 ③④数(50×2)▶「数Ⅰ・数A」必須，「数Ⅱ・数B」・簿・情から1 ⑤⑥理(100×2)▶物・化

［個別学力検査(300)］ 2科目 ①口述試験(200) ②書類審査(100)▶調査書・推薦書・志望理由書

※第1次選考―共通テスト，書類審査，第2次選考―共通テスト，書類審査，口述試験を総合して判定。

【生物学科】［共通テスト(550)］ 6科目 ①国(75) ②外(100・英〈R75＋L25〉)▶英・独・仏・中・韓から1 ③④数(37.5×2)▶「数Ⅰ・数A」必須，「数Ⅱ・数B」・簿・情から1 ⑤⑥理(150×2)▶生必須，物・化・地学から1

［個別学力検査(300)］ 2科目 ①口述試験(200) ②書類審査(100)▶調査書・推薦書・志望理由書

※第1次選考―共通テスト，書類審査，第2次選考―共通テスト，書類審査，口述試験を総合して判定。

【地球学科】［共通テスト(600)］ 7科目 ①国(50) ②外(150・英〈R112.5＋L37.5〉)▶英・独・仏・中・韓から1 ③地歴・公民(50)▶世A・世B・日A・日B・地理A・地理B・現社・倫・政経・「倫・政経」から1 ④⑤数(75×2)▶「数Ⅰ・数A」必須，「数Ⅱ・数B」・簿・情から1 ⑥⑦理(100×2)▶物・化・生・地学から2

［個別学力検査(400)］ 2科目 ①口述試験(250) ②書類審査(150)▶調査書・推薦書・志望理由書

※第1次選考―共通テスト，書類審査，第2次選考―共通テスト，書類審査，口述試験を総合して判定。

【生物化学科】［共通テスト(950)］ 7科目 ①国(100) ②外(200・英〈R150＋L50〉)▶英・独・仏・中・韓から1 ③地歴・公民(50)▶世A・世B・日A・日B・地理A・地理B・現社・倫・政経・「倫・政経」から1 ④⑤数(150×2)▶「数Ⅰ・数A」必須，「数Ⅱ・数B」・簿・情から1 ⑥⑦理(150×2)▶物・化・生・地学から2

［個別学力検査(550)］ 2科目 ①口述試験(300) ②書類審査(250)▶調査書・推薦書・志望理由書

※第1次選考―共通テスト，書類審査，第2次選考―共通テスト，書類審査，口述試験を総合して判定。

工学部

前期 ［共通テスト(600)］ 7科目 ①国(140) ②外(140・英〈R105＋L35〉)▶英・独・仏・中・韓から1 ③地歴・公民(60)▶世A・世B・日A・日B・地理A・地理B・現社・倫・政経・「倫・政経」から1 ④⑤数(65×2)▶「数Ⅰ・数A」必須，「数Ⅱ・数B」・簿・情から1 ⑥⑦理(65×2)▶物・化・生から2

［個別学力検査(600)］ 4科目 ①外(150)▶コミュ英Ⅰ・コミュ英Ⅱ・コミュ英Ⅲ・英表Ⅰ・英表Ⅱ ②数(250)▶数Ⅰ・数Ⅱ・数Ⅲ・数A・数B ③④理(100×2)▶「物基・物」・「化基・化」

中期 ［共通テスト(300)］ 7科目 ①国(60) ②外(60・英〈R45＋L15〉)▶英・独・仏・中・韓から1 ③地歴・公民(30)▶世A・世B・日A・日B・地理A・地理B・現社・倫・政経・「倫・政経」から1 ④⑤数(37.5×2)▶「数Ⅰ・数A」必須，「数Ⅱ・数B」・簿・情から1 ⑥⑦理(37.5×2)▶物・化・生から2

［個別学力検査(600)］ 4科目 ①外(120)▶コミュ英Ⅰ・コミュ英Ⅱ・コミュ英Ⅲ・英表Ⅰ・英表Ⅱ ②数(240)▶数Ⅰ・数Ⅱ・数Ⅲ・数

A・数B ③④理(120×2)▶「物基・物」・「化基・化」

学校推薦型 【機械工学科】[共通テスト(600)] 7科目 ①国(140) ②外(140・英〈R105+L35〉)▶英・独・仏・中・韓から1 ③地歴・公民(60)▶世A・世B・日A・日B・地理A・地理B・現社・倫・政経・「倫・政経」から1 ④⑤数(65×2)▶「数Ⅰ・数A」必須，「数Ⅱ・数B」・簿・情から1 ⑥⑦理(65×2)▶物・化

[個別学力検査(400)] 3科目 ①小論文(100) ②口述試験・面接(100) ③書類審査(200)▶調査書・推薦書・志望理由書

※共通テスト，小論文，口述試験・面接，書類審査を総合して判定。志願者数が募集人員の6倍を超えた場合，書類審査による第1次選考を実施。

【電子物理工学科】[共通テスト(600)] 7科目 ①国(140) ②外(140・英〈R105+L35〉)▶英・独・仏・中・韓から1 ③地歴・公民(60)▶世A・世B・日A・日B・地理A・地理B・現社・倫・政経・「倫・政経」から1 ④⑤数(65×2)▶「数Ⅰ・数A」必須，「数Ⅱ・数B」・簿・情から1 ⑥⑦理(65×2)▶物・化・生から2

[個別学力検査(500)] 2科目 ①口述試験・面接(400) ②書類審査(100)▶調査書・推薦書

※第1次選考―共通テスト，書類審査，第2次選考―共通テスト，口述試験・面接を総合して判定。

【都市学科】[共通テスト] 課さない。

[個別学力検査(200)] 3科目 ①小論文(50) ②口述試験・面接(50) ③書類審査(100)▶調査書・推薦書

※小論文，口述試験・面接および書類審査を総合して判定。

【応用化学科】[共通テスト]課さない。

[個別学力検査(250)] 2科目 ①小論文(150) ②口述試験・面接(100)

※小論文，口述試験・面接および書類審査(調査書・推薦書)を総合して判定。

【マテリアル工学科】[共通テスト(400)] 6科目 ①国(100) ②外(100・英〈R75+L25〉)▶英・独・仏・中・韓から1 ③④数(50×2)▶「数Ⅰ・数A」・「数Ⅱ・数B」 ⑤⑥理(50×2)▶物・化

[個別学力検査(400)] 2科目 ①口述試験・面接(300) ②書類審査(100)▶調査書・推薦書・志望理由書

※共通テスト，口述試験・面接，書類審査を総合して判定。

【化学バイオ工学科】[共通テスト(700)] 7科目 ①国(60) ②外(200・英〈R150+L50〉)▶英・独・仏・中・韓から1 ③地歴・公民(40)▶世A・世B・日A・日B・地理A・地理B・現社・倫・政経・「倫・政経」から1 ④⑤数(100×2)▶「数Ⅰ・数A」必須，「数Ⅱ・数B」・簿・情から1 ⑥⑦理(100×2)▶化必須，物・生から1

[個別学力検査(400)] 2科目 ①口述試験・面接(200) ②書類審査(小論文100+他100)▶小論文(出願時に提出)・調査書・推薦書

※共通テスト，口述試験・面接，書類審査を総合して判定。志願者数が募集人員の10倍を超えた場合，書類審査による第1次選考を実施。

総合型 【海洋システム工学科】[共通テスト]課さない。

[個別学力検査(250)] 3科目 ①口述試験(400) ②面接(200) ③英検(100)

※第1次選考―書類審査(調査書・志望理由書・自己アピール書)，第2次選考―口述試験，面接および英検を総合して判定。

【都市学科】 [共通テスト] 7科目 ①国 ②外(R:Lは3:1とする)▶英 ③地歴・公民▶世A・世B・日A・日B・地理A・地理B・現社・倫・政経・「倫・政経」から1 ④⑤数▶「数Ⅰ・数A」必須，「数Ⅱ・数B」・簿・情から1 ⑥⑦理▶物・化・生から2

[個別学力検査(1000)] 1科目 ①口述試験(1000)

※第1次選考―口述試験，書類審査(調査書・志望理由書・自己アピール書)，第2次選考―共通テストにより判定。志願者数が募集人員の2倍を超えた場合，第1次選考に先立ち書類審査による選抜を実施。

農学部

前期 [共通テスト(450)] 7科目 ①国

(100)　②外(100・英〈R75＋L25〉)▶英・独・仏・中・韓から1　③地歴・公民(50)▶世A・世B・日A・日B・地理A・地理B・現社・倫・政経・「倫・政経」から1　④⑤数(50×2)▶「数Ⅰ・数A」必須，「数Ⅱ・数B」・簿・情から1　⑥⑦理(50×2)▶物・化・生から2，ただし緑地環境科学科は地学も選択可

[個別学力検査(600)]　4科目　①外(100)▶コミュ英Ⅰ・コミュ英Ⅱ・コミュ英Ⅲ・英表Ⅰ・英表Ⅱ　②数(200)▶数Ⅰ・数Ⅱ・数Ⅲ・数A・数B　③④理(150×2)▶「物基・物」・「化基・化」・「生基・生」から2

後期　【応用生物科学科・生命機能学科】[共通テスト(700)]　7科目　①国(100)　②外(R75＋L25)▶英　③地歴・公民(100)▶世A・世B・日A・日B・地理A・地理B・現社・倫・政経・「倫・政経」から1　④⑤数(100×2)▶「数Ⅰ・数A」必須，「数Ⅱ・数B」・簿・情から1　⑥⑦理(100×2)▶物・化・生から2

[個別学力検査(200)]　1科目　①小論文(200)

【緑地環境科学科】　[共通テスト(700)]　6科目　①国(100)　②外(R150＋L50)▶英　③④数(100×2)▶「数Ⅰ・数A」必須，「数Ⅱ・数B」・簿・情から1　⑤⑥理(100×2)▶物・化・生・地学から2

[個別学力検査]　課さない。

学校推薦型　【応用生物科学科・生命機能化学科】[共通テスト(800)]　7科目　①国(100)　②外(R150＋L50)▶英　③地歴・公民(100)▶世A・世B・日A・日B・地理A・地理B・現社・倫・政経・「倫・政経」から1　④⑤数(100×2)▶「数Ⅰ・数A」・「数Ⅱ・数B」　⑥⑦理(100×2)▶物・化・生から2

[個別学力検査(200)]　1科目　①書類審査(200)▶調査書・推薦書・志望理由書・活動報告書

※共通テスト，書類審査を総合して判定。

【緑地環境科学科】[共通テスト(700)]　7科目　①国(100)　②外(R75＋L25)▶英　③地歴・公民(100)▶世A・世B・日A・日B・地理A・地理B・現社・倫・政経・「倫・政経」から1　④⑤数(100×2)▶「数Ⅰ・数A」・「数Ⅱ・数B」　⑥⑦理(100×2)▶物・化・生・地学から2

[個別学力検査(300)]　3科目　①小論文(100)　②面接(100)　③書類審査(100)▶調査書・推薦書・活動報告書

※共通テスト，小論文，面接，書類審査を総合して判定。

獣医学部

前期　[共通テスト(800)]　7科目　①国(200)　②外(200・英〈R150＋L50〉)▶英・独・仏・中・韓から1　③地歴・公民(100)▶世A・世B・日A・日B・地理A・地理B・現社・倫・政経・「倫・政経」から1　④⑤数(100×2)▶「数Ⅰ・数A」必須，「数Ⅱ・数B」・簿・情から1　⑥⑦理(50×2)▶物・化・生・地学から2

[個別学力検査(700)]　4科目　①外(200)▶コミュ英Ⅰ・コミュ英Ⅱ・コミュ英Ⅲ・英表Ⅰ・英表Ⅱ　②数(200)▶数Ⅰ・数Ⅱ・数Ⅲ・数A・数B　③④理(150×2)▶「物基・物」・「化基・化」・「生基・生」から2

学校推薦型　[共通テスト(180)]　7科目　①国(40)　②外(R30＋L10)▶英　③地歴・公民(20)▶世A・世B・日A・日B・地理A・地理B・現社・倫・政経・「倫・政経」から1　④⑤数(20×2)▶「数Ⅰ・数A」必須，「数Ⅱ・数B」・簿・情から1　⑥⑦理(20×2)▶物・化・生・地学から2

[個別学力検査(200)]　3科目　①小論文(50)　②面接(100)　③書類審査(50)▶調査書・推薦書・志望理由書・活動報告書・英検等

※共通テスト，小論文，面接，書類審査を総合して判定。志願者数が募集人員の5倍を超えた場合，書類審査による第1次選考を実施。

医学部

前期　【医学科】[共通テスト(650)]　7科目　①国(100)　②外(100・英〈R75＋L25〉)▶英・独・仏・中・韓から1　③地歴・公民(50)▶世A・世B・日A・日B・地理A・地理B・現社・倫・政経・「倫・政経」から1　④⑤数(100×2)▶「数Ⅰ・数A」必須，「数Ⅱ・数B」・簿・情から1　⑥⑦理(100×2)▶物・化・生から2

[個別学力検査(800)]　5科目　①外(200)▶コミュ英Ⅰ・コミュ英Ⅱ・コミュ英Ⅲ・英表Ⅰ・英表Ⅱ　②数(300)▶数Ⅰ・数Ⅱ・数Ⅲ・数

A・数B ③④理(150×2)▶「物基・物」・「化基・化」・「生基・生」から2 ⑤面接

【リハビリテーション学科】[共通テスト(800)] 7~6科目 ①国(200) ②外(200・英〈R150＋L50〉)▶英・独・仏・中・韓から1 ③地歴・公民(100)▶世B・日B・地理B・現社・倫・政経・「倫・政経」から1 ④⑤数(100×2)▶「数Ⅰ・数A」必須,「数Ⅱ・数B」・簿・情から1 ⑥⑦理(100)▶「物基・化基・生基から2」・物・化・生から1

[個別学力検査(400)] 2科目 ①外(100)▶コミュ英Ⅰ・コミュ英Ⅱ・コミュ英Ⅲ・英表Ⅰ・英表Ⅱ ②面接(300)

後期 【リハビリテーション学科〈理学療法学専攻〉】[共通テスト(700)] 6~5科目 ①国(200) ②外(100・英〈R75＋L25〉)▶英・独・仏・中・韓から1 ③④数(100×2)▶「数Ⅰ・数A」必須,「数Ⅱ・数B」・簿・情から1 ⑤⑥理(200)▶「物基・化基・生基から2」・物・化・生から1

[個別学力検査(300)] 1科目 ①面接(300)

【リハビリテーション学科〈作業療法学専攻〉】[共通テスト(600)] 4科目 ①国(200) ②外(200・英〈R150＋L50〉)▶英・独・仏・中・韓から1 ③④数(100×2)▶「数Ⅰ・数A」必須,「数Ⅱ・数B」・簿・情から1

[個別学力検査(300)] 1科目 ①面接(300)

学校推薦型 【医学科】[共通テスト(800)] 7科目 ①国(150) ②外(R150＋L50)▶英 ③地歴・公民(50)▶世A・世B・日A・日B・地理A・地理B・現社・倫・政経・「倫・政経」から1 ④⑤数(100×2)▶「数Ⅰ・数A」必須,「数Ⅱ・数B」・簿・情から1 ⑥⑦理(100×2)▶物・化・生から2

[個別学力検査(200)] 2科目 ①小論文・面接(100) ②書類審査(100)▶調査書・推薦書・志望理由書・活動報告書

※共通テスト,小論文,面接,書類審査を総合して判定。志願者数が募集人員の2倍を超えた場合,書類審査と共通テストによる第1次選考を実施。

【リハビリテーション学科〈理学療法学専攻〉】[共通テスト(700)] 6~5科目 ①国(200) ②外(R150＋L50)▶英 ③④数(100×2)▶「数Ⅰ・数A」必須,「数Ⅱ・数B」・簿・情から1 ⑤⑥地歴・公民・理(100)▶世A・世B・日A・日B・地理A・地理B・現社・倫・政経・「倫・政経」・「物基・化基・生基・地学基から2」・物・化・生・地学から1

[個別学力検査(300)] 1科目 ①面接(300)

※共通テスト,面接,書類審査(調査書・推薦書・志望理由書)を総合して判定。

【リハビリテーション学科〈作業療法学専攻〉】[共通テスト(600)] 4科目 ①国(200) ②外(R150＋L50)▶英 ③④数(100×2)▶「数Ⅰ・数A」必須,「数Ⅱ・数B」・簿・情から1

[個別学力検査(300)] 1科目 ①面接(300)

※共通テスト,面接,書類審査(調査書・推薦書・志望理由書)を総合して判定。

総合型 【医学科】[共通テスト(800)] 7科目 ①国(150) ②外(R150＋L50)▶英 ③地歴・公民(50)▶世A・世B・日A・日B・地理A・地理B・現社・倫・政経・「倫・政経」から1 ④⑤数(100×2)▶「数Ⅰ・数A」必須,「数Ⅱ・数B」・簿・情から1 ⑥⑦理(100×2)▶物・化・生から2

[個別学力検査(200)] 3科目 ①口述試験(100) ②面接(合否判定) ②書類審査(100)▶調査書・志望者評価書・活動報告書・自己PR書

※共通テスト,口述試験,面接,書類審査を総合して判定。志願者数が募集人員の3倍を超えた場合,書類審査と共通テストによる第1次選考を実施。

看護学部

前期 [共通テスト(900)] 7~6科目 ①国(200) ②外(200・英〈R150＋L50〉)▶英・独・仏・中・韓から1 ③地歴・公民(100)▶世A・世B・日A・日B・地理A・地理B・現社・倫・政経・「倫・政経」から1 ④⑤数(100×2)▶「数Ⅰ・〈数Ⅰ・数A〉から1」・「数Ⅱ・〈数Ⅱ・数B〉・簿・情から1」 ⑥⑦理(200)▶「物基・化基・生基から2」・物・化・生から1

[個別学力検査(400)] 2科目 ①外(200)

▶コミュ英Ⅰ・コミュ英Ⅱ・コミュ英Ⅲ・英表Ⅰ・英表Ⅱ　②国・数(200)▶「国総・現文B」・「数Ⅰ・数Ⅱ・数A・数B」から1

後期　[共通テスト(900)]　6科目　①国(200)　②外(200・英〈R150＋L50〉)▶英・独・仏・中・韓から1　③地歴・公民(100)▶世A・世B・日A・日B・地理A・地理B・現社・倫・政経・「倫・政経」から1　④⑤数(100×2)▶「数Ⅰ・数A」必須，「数Ⅱ・数B」・簿・情から1　⑥理(200)▶物・化・生から1

[個別学力検査(50)]　1科目　①面接(50)

学校推薦型　[共通テスト(450)]　7〜6科目　①国(100)　②外(100・英〈R75＋L25〉)▶英・独・仏・中・韓から1　③地歴・公民(50)▶世A・世B・日A・日B・地理A・地理B・現社・倫・政経・「倫・政経」から1　④⑤数(50×2)▶「数Ⅰ・〈数Ⅰ・数A〉から1」・「数Ⅱ・〈数Ⅱ・数B〉・簿・情から1」　⑥⑦理(100)▶「物基・化基・生基から2」・物・化・生から1

[個別学力検査(100)]　1科目　①書類審査(100)▶調査書・推薦書・志望理由書

※共通テスト，書類審査を総合して判定。

生活科学部

前期　【食栄養学科】[共通テスト(500)]　7科目　①国(100)　②外(100・英〈R75＋L25〉)▶英・独・仏・中・韓から1　③地歴・公民(100)▶世A・世B・日A・日B・地理A・地理B・現社・倫・政経・「倫・政経」から1　④⑤数(50×2)▶「数Ⅰ・数A」必須，「数Ⅱ・数B」・簿・情から1　⑥⑦理(50×2)▶物・化・生から2

[個別学力検査(450)]　3科目　①外(均150・理100)▶コミュ英Ⅰ・コミュ英Ⅱ・コミュ英Ⅲ・英表Ⅰ・英表Ⅱ　②数(均150・理175)▶数Ⅰ・数Ⅱ・数A・数B　③理(均150・理175)▶「物基・物」・「化基・化」・「生基・生」から1

※配点は受験区分の均等型と理数重点型。

【居住環境学科】[共通テスト(500)]　7〜6科目　①国(100)　②外(100・英〈R75＋L25〉)▶英・独・仏・中・韓から1　③地歴・公民(100)▶世A・世B・日A・日B・地理A・地理B・現社・倫・政経・「倫・政経」から1　④⑤数(50×2)▶「数Ⅰ・数A」必須，「数Ⅱ・数B」・簿・情から1　⑥⑦理(100)▶「物基・化基・生基・地学基から2」・物・化・生・地学から1

[個別学力検査(300)]　2科目　①外(150)▶コミュ英Ⅰ・コミュ英Ⅱ・コミュⅢ・英表Ⅰ・英表Ⅱ　②数(150)▶数Ⅰ・数Ⅱ・数A・数B

【人間福祉学科】[共通テスト(500)]　7〜6科目　①国(100)　②外(100・英〈R75＋L25〉)▶英・独・仏・中・韓から1　③地歴・公民(100)▶世B・日B・地理B・現社・倫・政経・「倫・政経」から1　④⑤数(50×2)▶「数Ⅰ・数A」必須，「数Ⅱ・数B」・簿・情から1　⑥⑦理(100)▶「物基・化基・生基・地学基から2」・物・化・生・地学から1

[個別学力検査(300)]　2科目　①外(150)▶コミュ英Ⅰ・コミュ英Ⅱ・コミュ英Ⅲ・英表Ⅰ・英表Ⅱ　②国・数(150)▶「国総・現文B」・「数Ⅰ・数Ⅱ・数A・数B」から1

学校推薦型　【食栄養学科】[共通テスト(500)]　7科目　〈均等型〉①国(100)　②外(R75＋L25)▶英　③地歴・公民(100)▶世A・世B・日A・日B・地理A・地理B・現社・倫・政経・「倫・政経」から1　④⑤数(50×2)▶「数Ⅰ・数A」必須，「数Ⅱ・数B」・簿・情から1　⑥⑦理(50×2)▶物・化・生から2

〈理数重点型〉①国(50)　②外(R75＋L25)▶英　③地歴・公民(50)▶世A・世B・日A・日B・地理A・地理B・現社・倫・政経・「倫・政経」から1　④⑤数(75×2)▶「数Ⅰ・数A」必須，「数Ⅱ・数B」・簿・情から1　⑥⑦理(75×2)▶物・化・生から2

[個別学力検査(100)]　2科目　①書類審査(100)▶調査書・推薦書・志望理由書　②口述試験(合否判定)

※第1次選考―共通テスト，書類審査，第2次選考―口述試験により判定。

【居住環境学科】[共通テスト(400)]　7〜6科目　①国(50)　②外(R75＋L25)▶英　③地歴・公民(50)▶世A・世B・日A・日B・地理A・地理B・現社・倫・政経・「倫・政経」から1　④⑤数(50×2)▶「数Ⅰ・数A」必須，「数Ⅱ・数B」・簿・情から1　⑥⑦理(100)▶「物基・化基・生基・地学基から2」・物・化・生・地学から1

[個別学力検査(100)]　2科目　①書類審査(100)▶調査書・推薦書・志望理由書　②口述

試験(合否判定)
※第1次選考─共通テスト，書類審査，第2次選考─口述試験により判定。
【人間福祉学科】［共通テスト(400)］ 7~6科目 ①国(100) ②外(R75+L25)▶英 ③地歴・公民(50)▶世B・日B・地理B・現社・倫・政経・「倫・政経」から1 ④⑤数(50×2)▶「数Ⅰ・数A」必須，「数Ⅱ・数B」・簿・情から1 ⑥⑦理(50)▶「物基・化基・生基・地学基から2」・物・化・生・地学から1
［個別学力検査(100)］ 2科目 ①書類審査(100)▶調査書・推薦書・志望理由書 ②口述試験(合否判定)
※第1次選考─共通テスト，書類審査，第2次選考─口述試験により判定。

その他の選抜

学校推薦型選抜(商業科等対象)は商学部8名，(指定校推薦)工学部建築学科7名を募集。ほかに専門学科・総合学科卒業生選抜などを実施。

偏差値データ (2023年度)

一般選抜

＊共通テスト・個別計/満点

学部・学域	2023年度 駿台予備学校 合格目標ライン	2023年度 河合塾 ボーダー得点率	2023年度 河合塾 ボーダー偏差値	2022年度実績 募集人員	受験者数	合格者数	合格最低点＊	競争率 '22年	競争率 '21年
●前期									
現代システム科学域									
知識情報システム	49	67%	55	40	113	41	531.75/900	2.8	3.3
環境社会システム［英・国型］	50	69%	57.5	30	141	32	568.00/850	4.4	2.9
［理・数型］	51	64%	57.5	20	61	21	518.25/800	2.9	2.9
教育福祉	49	68%	57.5	30	85	32	537.25/850	2.7	1.6
心理［英・国型］	50	71%	60	20	90	20	532.75/800	4.5	新
［理・数型］	51	67%	57.5	10	48	10	560.25/800	4.8	新
学域［英・数型］	50	65%	55	5	12	5	非公開/900	2.4	新
［英・国型］	51	69%	55	5	35	5	非公開/850	7.0	新
［英・小論文型］	49	69%	55	5	23	5	非公開/850	4.6	新
［理・数型］	49	71%	55	5	20	5	非公開/800	4.0	新
文学部									
	53	70%	60	125	363	129	546.25/850	2.8	3.1
法学部									
	53	68%	57.5	155	352	165	962.00/1500	2.1	2.4
経済学部									
	53	69%	55	185	312	192	507.00/900	1.6	2.6
商学部									
	54	69%	55	198	324	216	575.00/1000	1.5	2.0

学部・学域	2023年度 駿台予備学校 合格目標ライン	2023年度 河合塾 ボーダー得点率	2023年度 河合塾 ボーダー偏差値	2022年度実績 募集人員	受験者数	合格者数	合格最低点*	競争率 '22年	競争率 '21年
理学部									
数	**51**	**65%**	**55**	30	434	31	568.25/950	2.0	2.5
物理	**51**	**66%**	**55**	52		58	560.25/950		1.9
化	**51**	**64%**	**55**	60		61	547.50/950		1.6
生物	**51**	**66%**	**52.5**	23		23	536.25/950		2.0
地球	**50**	**65%**	**52.5**	16		17	539.25/950		1.6
生物化	**51**	**68%**	**52.5**	23		26	558.00/950		新
工学部									
航空宇宙工	**54**	**75%**	**57.5**	8	854	8	779.65/1200	3.0	新
海洋システム工	**50**	**68%**	**55**	10		10	741.40/1200		新
機械工	**52**	**69%**	**55**	49		51	755.60/1200		2.7
建築	**52**	**71%**	**57.5**	21		25	771.70/1200		5.1
都市	**51**	**68%**	**55**	35		37	743.30/1200		2.5
電子物理工	**51**	**70%**	**55**	33		35	760.55/1200		3.2
情報工	**53**	**72%**	**57.5**	24		25	791.00/1200		6.0
電気電子システム工	**51**	**70%**	**55**	21		22	784.25/1200		新
応用化	**51**	**69%**	**55**	15		15	755.10/1200		新
化学工	**51**	**70%**	**55**	8		8	762.60/1200		新
マテリアル工	**51**	**69%**	**55**	10		10	739.50/1200		新
化学バイオ工	**51**	**68%**	**55**	35		36	739.65/1200		2.7
農学部									
応用生物科	**52**	**66%**	**55**	30	103	33	666.25/1050	3.1	新
生命機能化	**53**	**67%**	**55**	30	116	37	662.75/1050	3.1	新
緑地環境科	**50**	**66%**	**55**	30	68	34	629.25/1050	2.0	2.0
獣医学部									
	59	**75%**	**60**	35	121	39	1008.00/1500	3.1	3.6
医学部									
医	**68**	**81%**	**65**	80	121	81	1094.50/1450	1.5	2.5
リハビリ／理学療法学	**49**	**66%**	**52.5**	15	42	15	823.50/1200	2.8	2.9
／作業療法学	**48**	**63%**	**50**	15	37	17	797.00/1200	2.2	2.3
看護学部									
	49	**65%**	**52.5**	85	149	93	660.50/1300	1.6	2.2
生活科学部									
食栄養［均等型］	**52**	**67%**	**57.5**	20	68	21	580.75/950	3.2	新
［理数型］	**54**	**70%**	**57.5**	25	67	25	605.38/950	2.7	新
居住環境	**52**	**69%**	**57.5**	34	110	36	489.75/800	3.1	2.6
人間福祉	**52**	**69%**	**57.5**	30	85	32	513.00/800	2.7	3.1

学部・学域	2023年度 駿台予備学校 合格目標ライン	2023年度 河合塾 ボーダー得点率	2023年度 河合塾 ボーダー偏差値	2022年度実績 募集人員	受験者数	合格者数	合格最低点*	競争率 '22年	競争率 '21年
●中期									
工学部									
航空宇宙工	57	75%	62.5	30	4690	46	638.36/900	6.1	新
海洋システム工	56	72%	57.5	19		58	585.64/900		
機械工	57	74%	62.5	76		134	592.51/900		
建築	57	76%	62.5	6		7	668.33/900		
都市	56	75%	62.5	10		13	639.98/900		
電子物理工	56	74%	62.5	72		156	592.51/900		
情報工	57	75%	62.5	53		79	626.09/900		
電気電子システム工	57	75%	62.5	44		67	603.78/900		
応用化	57	75%	60	52		79	593.01/900		
化学工	57	75%	60	30		50	583.21/900		
マテリアル工	57	74%	60	30		46	561.53/900		
化学バイオ工	56	74%	60	20		32	582.69/900		
●後期									
現代システム科学域									
	52	75%	—	35	130	41	655.00/900	3.2	—
文学部									
	54	78%	—	30	155	32	594.00/850	4.8	5.0
法学部									
	54	76%	—	25	123	25	305.80/480	4.9	5.3
経済学部									
経済［高得点］	54	76%	—	35	181	41	335.00/450	4.4	6.0
［ユニーク］	52	70%	—	15	60	17	271.25/450	3.5	4.1
商学部									
	54	76%	—	18	70	18	377.50/600	3.9	5.6
理学部									
数	54	77%	62.5	10	95	18	756.25/1000	5.3	9.0
物理	53	80%	62.5	17	140	18	552.00/800	7.8	3.4
化	53	78%	62.5	13	30	20	509.75/1000	1.5	2.8
生物	53	78%	62.5	8	60	11	718.50/1000	5.5	2.8
地球	52	77%	—	4	12	4	非公開/900	3.0	1.2
生物化	53	78%	—	6	6	5	非公開/1000	1.2	新
農学部									
応用生物科	52	72%	—	10	24	13	547.25/900	1.8	新
生命機能化	53	72%	—	10	17	10	592.75/900	1.7	新
緑地環境科	50	75%	—	10	58	15	504.50/700	3.9	2.4
医学部									
リハビリ／理学療法学	49	66%	—	2	21	4	非公開/1000	5.3	6.7
／作業療法学	48	69%	—	2	13	2	非公開/900	6.5	3.7
看護学部									
看護	50	67%	—	20	22	16	446.50/950	1.4	1.8

- 駿台予備学校合格目標ラインは合格可能性80％に相当する駿台模試の偏差値です。
- 河合塾ボーダー得点率は合格可能性50％に相当する共通テストの得点率です。また，ボーダー偏差値は合格可能性50％に相当する河合塾全統模試の偏差値です。
- 競争率は受験者÷合格者の実質倍率
- 医学部医学科の前期，工学部の中期，法学部の後期は２段階選抜を実施。

※理学部前期，工学部前期，中期については，第２志望，第３志望学科での合格者成績を含んでいる。
※医学部医学科の成績は大阪府指定医療枠を除いた点数としている。

併設の教育機関　大学院

（カッコ内の院生数は，統合前の大阪市立大学大学院と大阪府立大学大学院の研究科に属する大学院生の人数）

現代システム科学研究科

教員数▶81名
院生数▶43名（府大人間社会システム科学研究科127名）

博士前期課程 ●現代システム科学専攻　現代社会を俯瞰的に捉える視点を持ち，自らの専門的な研究を深化させるとともに，高度なシステム的思考力と領域横断的応用力を養う。

博士後期課程 現代システム科学専攻

文学研究科

教員数▶70名
院生数▶48名（市大99名）

博士前期課程 ●哲学歴史学専攻　社会と文化の構造，発展を明らかにし，人間のあり方を歴史と文化のなかに追求する。哲学，日本史学，東洋史学，西洋史学の４専修を設置。

●人間行動学専攻　実証的なデータに基づく人間行動や社会現象を分析し，理論化する。社会学，心理学，教育学，地理学の４専修。

●言語文化学専攻　文化現象の全領域を言語を通じて解明。国語国文学，中国語中国文学，英語英米文学，ドイツ語圏言語文化学フランス語圏言語文化学，言語応用学の６専修。

●文化構想学専攻　文化への深い理解力と分析力を養う。表現文化学，アジア文化学，文化資源学の３専修。

博士後期課程 哲学歴史学専攻，人間行動学専攻，言語文化学専攻，文化構想学専攻

法学研究科

教員数▶28名
院生数▶4名（市大９名）

博士前期課程 ●法学政治学専攻　法学・政治学の研究者をめざす「理論研究プログラム」と，公務員や法専門家，高度職業人を養成する「課題展開プログラム」で構成。

博士後期課程 法学政治学専攻

法科大学院

教員数▶10名
院生数▶23名（市大30名）

専門職学位課程 ●法曹養成専攻　大阪市の市域に設置される唯一のロースクールとして，大都市特有の法的問題に即応できる高度な法的能力を備えた，真のプロフェッションとしての法曹の養成。

経済学研究科

教員数▶43名
院生数▶32名（市大30名，府大54名）

博士前期課程 ●経済学専攻　経済学に関する最先端の専門知識と分析能力を備え，国際的エコノミストとして活躍できる人材を育成。

博士後期課程 経済学専攻

経営学研究科

教員数▶40名
院生数▶23名（市大45名）

博士前期課程 ●グローバルビジネス専攻 ビジネス社会における新たな動向について学際的・総合的に考察する。アジアに特化した「アジア・ビジネス研究プログラム」も設置。
博士後期課程 グローバルビジネス専攻

都市経営研究科

教員数▶13名
院生数▶46名（市大77名）
博士前期課程 ●都市経営専攻 都市政策・地域経済，都市行政，都市ビジネス，医療・福祉イノベーション経営の4コース／領域を設定し，都市が抱える諸課題の解決をめざす。
博士後期課程 都市経営専攻

情報学研究科

教員数▶55名
院生数▶103名
博士前期課程 ●基幹情報学専攻 人間の持つ認識や理解などの知的な能力を，コンピュータ上で実現するための知識と技能を習得する。
●学際情報学専攻 情報や知識を整理し，問題の分析・解決に必要な情報システムのデザイン能力およびマネジメント能力を養う。
博士後期課程 基幹情報学専攻，学際情報学専攻

理学研究科

教員数▶198名
院生数▶230名（市大157名，府大133名）
博士前期課程 ●数学専攻 知ることへの憧れ，考えることの楽しさ，問題解決の喜びを 大切にした教育を行う。
●物理学専攻 物理学の高度化と発展に対応できる人材を養成。基礎物理学，宇宙・高エネルギー物理学，物性物理学の3大講座がある。
●化学専攻 高度な化学研究を実践し，分子に秘められた無限の可能性を自らの手で探求・開拓する。
●生物学専攻 生物を分子・細胞から生態系に至る幅広い階層で解析し，生物の進化・多様性の本質及び生命現象の普遍性を探求する。
●地球学専攻 地球の形成と進化を現在の地球の環境とその変遷史から解析する。地球環境学，地球進化学の2分野で構成。
●生物化学専攻 生体の秩序維持，生体分子の細胞・生体形成，生体の環境応答などの分子論的解明をめざす。
博士後期課程 数学専攻，物理学専攻，化学専攻，生物学専攻，地球学専攻

工学研究科

教員数▶263名
院生数▶594名（市大259名，府大469名）
博士前期課程 ●航空宇宙海洋系専攻 航空宇宙工学分野と海洋システム工学分野の基盤的技術の有機的な連携により，総合工学分野の先端的教育研究を行う。
●機械系専攻 材料からシステム，環境，エネルギーまで，原子・分子レベルのナノ・マイクロスケールから社会のマクロスケールまで多角的，俯瞰的な視点で認識・考察。
●都市系専攻 計画系，環境系，構造系における技術力，実践力および応用力を身に付け，「持続可能な成熟都市」の実現をめざす。
●電子物理系専攻 電子物理工学の発展を支える両輪となる電子物性と電子材料の専門知識を持ち，エレクトロニクス・デバイスの開発や技術の融合など高度な価値創造を行える能力を身に付ける。
●電気電子系専攻 電気電子システム工学分野の専門知識を持ち，広範なシステム設計能力と情報活用能力を備えた人材を養成する。
●物質科学生命系専攻 応用化学，化学工学，マテリアル工学，化学バイオ工学の4分野の有機的連携により，物質科学をベースとした新物質，新機能の創出を推進。
●量子放射線系専攻 放量子放射線の性質や特性について幅広い基礎学力を修得し，安全で有効に社会へ活用できる人材を育成。
博士後期課程 航空宇宙海洋系専攻，機械系専攻，都市系専攻，電子物理系専攻，電気電子系専攻，物質科学生命系専攻，量子放射

線系専攻

農学研究科

教員数▶68名
院生数▶113名（府大生命環境科学研究科159名）

博士前期課程▶ ●**応用生物科学専攻**　主に植物を対象とし，食糧や資源，有用物質の生産，確保あるいは環境保全などに生物科学を活用し，持続可能な社会の構築への貢献をめざす。
●**生命機能化学専攻**　あらゆる生物の生命現象を分子，細胞レベルで理解し，得られた知見を人類社会の発展に活かす。
●**緑地環境科学専攻**　大気，水，土，生物と人間活動との関わりによって形成される緑地環境の課題について，学際的に取り組む。

博士後期課程▶ **応用生物科学専攻，生命機能化学専攻，緑地環境科学専攻**

獣医学研究科

教員数▶47名
院生数▶４名

博士課程▶ ●**獣医学専攻**　総合的な先端動物科学分野を担い，高度・先端獣医療，動物の構造と機能の解明，食の安全や感染症予防，そして高度・先端獣医療に貢献する人材を養成。

医学研究科

教員数▶254名
院生数▶66名（市大205名）

修士課程▶ ●**医科学専攻**　高度な最先端の医学知識や技術を修得する医師以外の医療職者，研究者，企業人を育成する。

４年制博士課程▶ ●**基礎医科学専攻**　解剖学や生理学，病理学などを通じて人体の構造や病態の仕組みといった医学の基盤を研究する。
●**臨床医科学専攻**　実際の患者への診断や治療を専門領域とする研究を目的とする。

リハビリテーション学研究科

教員数▶24名
院生数▶25名（府大総合リハビリテーション学研究科58名）

博士前期課程▶ ●**リハビリテーション学専攻**　理学療法学と作業療法学の２領域を設置し，健康維持・増進，疾病や障がいの予防から治療，回復，社会復帰・参加に至る新しいリハビリテーション学の確立をめざす。

博士後期課程▶ **リハビリテーション学専攻**

看護学研究科

教員数▶71名
院生数▶47名（市大17名，府大52名）

博士前期課程▶ ●**看護学専攻**　研究者としての基盤を学修する修士論文コースと高度実践者を養成する実践看護研究コースを設定。修士論文コースでは2023年度入学生から助産師養成課程，2025年度からは保健師養成課程を開設予定。

博士後期課程▶ **看護学専攻**

生活科学研究科

教員数▶59名
院生数▶79名（市大91名）

博士前期課程▶ ●**生活科学専攻**　食栄養学，居住環境学，総合福祉・臨床心理学の３学術専門分野で先端的な教育研究を行う。

博士後期課程▶ **生活科学専攻**

神戸市外国語大学

（こうべしがいこくごだいがく）

資料請求

問合せ先 学生支援・教育グループ ☎078-794-8134

大学の理念

外国語ならびに国際文化に関する理論・実際を研究し，広い国際的視野を備えた人材育成をめざすことを学則とし，1946（昭和21）年の開学以来，外国語，国際社会，国際文化に関する専門教育を行う。大学の理念として，ビジネス・外交・教育・研究など社会のさまざまな分野で国際的視野を持って活躍できる「行動する国際人」を育成することを掲げる。神戸市外国語大学の考える「行動する国際人」とは，複数の領域に秀でた複眼的思考力を持った人物であり，複雑化・多様化する国際社会において能動的に行動し，他者を理解し他者と協調できる人物を指す。そのために，専攻外国語とその背後に広がる文化と社会に通じていること，および体系的な学問習得に裏打ちされた洞察力と論理的思考力を持つこと，その両方を備えた人材を育成することを目標とする。

● 神戸市外国語大学キャンパス……〒651-2187 兵庫県神戸市西区学園東町9-1

基本データ

学生数▶2,097名（男711名，女1,386名）
専任教員数▶教授42名，准教授29名，講師5名

設置学部▶外国語，外国語第２部（夜間）
併設教育機関▶大学院―外国語学（M・D）

就職・卒業後の進路

就職率 98.2%
就職者÷希望者×100

● **就職支援**　学内のキャリアサポートセンターが，就職関連の各種セミナーの実施，国内外のインターンシッププログラムの紹介，個別面談による就職指導など，細やかな支援を行っている。就職および進路について早期からの意識づけを促すために，１年次から共通科目「キャリアデザイン」やインターンシップ，低学年向けセミナーを実施。また，企業の採用活動の時期を勘案して，「業界研究講座」「学内企業説明会」を開催するほか，就職活動の進め方やエントリーシートの書き方などの基礎から，英語面接対策講座や特定業種の志望者向けセミナーまで徹底サポート。

● **資格取得支援**　教職サロンを開設し，情報提供や模擬授業，教員採用試験対策セミナーを実施するほか，学生主体の教職勉強会を開催。

進路指導者も必見 学生を伸ばす 面倒見

初年次教育	学修サポート
レポート・論文の書き方，ITの基礎技術，情報収集や資料整理の方法などの初年次教育を実施	TA制度，オフィスアワー制度を導入し，学生の履修や学修の支援をしている

オープンキャンパス（2022年度実績） 7月10日，8月20･21日に対面型，8月１日～31日にWebでオープンキャンパスを開催。ともに事前予約制。大学説明などのほか，Webでは８月11日に双方向型LIVE配信イベントを実施。

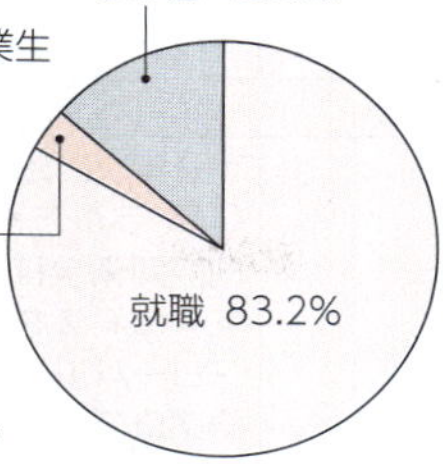

主なOB・OG▶河合香織（ノンフィクション作家），松浦真也（タレント），吉井智津（翻訳家），水野晶子（フリーアナウンサー）など。

国際化・留学　大学間 47 大学等

受入れ留学生数▶１名（2022年５月１日現在※正規学部生）

留学生の出身国▶インド。

外国人専任教員▶教授８名，准教授４名（2022年５月１日現在）

外国人専任教員の出身国▶アメリカ，中国，スペイン，イギリス，カナダなど。

大学間交流協定▶47大学・機関（交換留学先20大学，2022年５月１日現在）

海外への留学生数▶渡航型（交換・認定等）37名（休学）51名・オンライン型12名／年（〈交換・認定等〉９・〈休学〉７カ国・地域，2021年度）

海外留学制度▶協定校への交換留学，認定留学（ともに半年～１年）ほか秋・冬季の約３カ月間のスペイン語圏派遣留学，夏・春季休暇中における各国への短期派遣留学（３～６週間）などがある。単位認定のほか，一部選抜により留学費用補助も実施。OB荻野正明氏の寄付による独自の海外留学支援奨学金「荻野スカラシップ」もある。また，希望大学の入学基準到達のサポートとしてTOEFL iBTやIELTS受験対策を行う。海外派遣留学制度を利用せずに休学して留学した場合には，留学前後の成績通算を行っている。

学費・奨学金制度　給付型奨学金総額 年間 1,640万円

入学金▶282,000円（市外423,000円）［第２部］141,000円（市外211,500円）

年間授業料（施設費等を除く）▶535,800円（第２部267,900円）

年間奨学金総額▶16,400,000円

年間奨学金受給者▶46人

主な奨学金制度▶OBの寄付による「荻野スカラシップ」は，海外留学を支援する奨学金制度で留学先大学の授業料（相当額上限150万円），準備金（100万円）を支給。また，学費減免制度があり，2021年度には85人を対象に総額で約1,195円を減免している。

保護者向けインフォメーション

- **防災対策**　被災時の学生の安否確認はメールおよびポータルサイトを利用する。
- **コロナ対策１**　感染状況に応じた４段階のBCP（行動指針）を設定。22年度前期は対面・オンラインのハイブリッド授業，後期は申請が許可された学生のみオンラインで受講。「コロナ対策２」（下段）あり。

インターンシップ科目	必修専門ゼミ	卒業論文	GPA制度の導入の有無および活用例	１年以内の退学率	標準年限での卒業率
全学科で開講している	全学科で３・４年次に実施している	卒業要件ではない	奨学金や授業料免除対象者の選定基準として活用	0.0%	38.9%

● **コロナ対策２**　各建物の入口での消毒，講義室の収容人数の調整，空調等の環境整備を実施。授業料減免制度の所得基準，対象者を拡充。また，授業料減免の採用学生および留学生に5,000円のシェフグルメカードを配布。

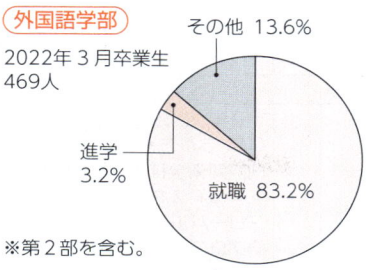

学部紹介

学部／学科	定員	特色
外国語学部		
		▶２年次に「語学文学」「国際法政」「経済経営」「多文化共生」「リベラルアーツ」の５コースから１コースを選択。ただし，国際関係学科は，主専攻と副専攻として２つのコース（語学文学コースを除く）を選択。また，英語運用能力を強化するグローバルコミュニケーションプログラム（選抜制），対照言語プログラムを設置。
英米	140	▷高度な英語の運用能力を養成しながら，英語圏の言語・文学・文化・社会に関する専門知識の習得をめざす。
ロシア	40	▷ロシア語圏の文化への理解を踏まえ，総合的なロシア語運用能力の向上をめざす。
中国	50	▷毎年中国の大学から交換教員を招聘し，少人数授業でリスニングと発音指導に力を入れ，「使える中国語」を修得する。
イスパニア	40	▷ネイティブの専任教員から受けるイスパニア語と，実践本位のカリキュラムで高い語学力を養う。
国際関係	80	▷国際社会で通用する英語を習得し，国際情勢や外国の政治・経済・文化を理解して行動する国際人の資質を身につける。

● 取得可能な資格…教職（英・露・中・イスパニア），司書，司書教諭など。
● 進路状況…………就職86.5%　進学3.3%
● 主な就職先………日立製作所，ワコール，三菱電機，京セラ，スズキ，JFE商事，ニトリ，日本放送協会，外務省，神戸市，楽天グループ，ヤフー，阪急阪神エクスプレスなど。

学部／学科	定員	特色
外国語学部第２部		
英米	80	▷「英語圏文化文学」「英語学・英語研究」「法経商」の３コースから選択。英米学科と同様の充実したカリキュラムを実施。

● 取得可能な資格…教職（英），司書，司書教諭など。
● 進路状況…………就職66.2%　進学2.6%
● 主な就職先………IHI，NTTドコモ，三井倉庫ホールディングス，神戸市，大阪出入国在留管理局，明治安田生命保険など。

▶キャンパス

全学部…［神戸市外国語大学キャンパス］ 兵庫県神戸市西区学園東町9-1

2023年度入試要項（前年度実績）

●募集人員

学部／学科		前期	後期
▶外国語	英米	91	26
	ロシア	26	7
	中国	33	9
	イスパニア	26	7
	国際関係	49	14
▶外国語第２	英米	40	15

●２段階選抜　実施しない

▷共通テストの英語はリスニングを含む。

外国語学部

前期　［共通テスト（400）］ **5〜4**科目 ①国（100） ②外（100・英〈R80＋L20〉）▶英・独・仏・中・韓から１ただし，英米・国際関係学科は英必須 ③④⑤**地歴・公民・数・理**（100×2）▶世Ａ・世Ｂ・日Ａ・日Ｂ・地理Ａ・地理Ｂ・現社・倫・政経・「倫・政経」・数Ⅰ・「数Ⅰ・数Ａ」・数Ⅱ・「数Ⅱ・数Ｂ」・簿・情・「物基・化基・生基・地学基から２」・物・化・生・地学から２，ただし理科の同一科目名を含む選択は不可

キャンパスアクセス ［神戸市外国語大学キャンパス］ 神戸市営地下鉄・西神山手線－学園都市より徒歩3分

［個別学力検査(400)］【英米学科・ロシア学科・中国学科・イスパニア学科】 2科目 ①外(300) ▶コミュ英Ⅰ・コミュ英Ⅱ・コミュ英Ⅲ・英表Ⅰ・英表Ⅱ(リスニングを含む) ②国・地歴・公民(100) ▶現文B・世B・日B・政経から1

【国際関係学科】 2科目 ①外(250) ▶コミュ英Ⅰ・コミュ英Ⅱ・コミュ英Ⅲ・英表Ⅰ・英表Ⅱ(リスニングを含む) ②国・地歴・公民(150) ▶現文B・世B・日B・政経から1

後期 ［共通テスト(500)］ 5〜4科目 ①国(100) ②外(200・英〈R160＋L40〉) ▶英・独・仏・中・韓から1ただし，英米・国際関係学科は英必須 ③④⑤地歴・公民・数・理(100×2) ▶世A・世B・日A・日B・地理A・地理B・現社・倫・政経・「倫・政経」・数Ⅰ・「数Ⅰ・数A」・数Ⅱ・「数Ⅱ・数B」・簿・情・「物基・化基・生基・地学基から2」・物・化・生・地学から2，ただし理科の同一科目名を含む選択は不可

［個別学力検査(100)］ 1科目 ①小論文(100)

外国語学部第2部

前期 ［共通テスト(400)］ 5〜4科目 ①国(100) ②外(R80＋L20) ▶英 ③④⑤地歴・公民・数・理(100×2) ▶世A・世B・日A・日B・地理A・地理B・現社・倫・政経・「倫・政経」・数Ⅰ・「数Ⅰ・数A」・数Ⅱ・「数Ⅱ・数B」・簿・情・「物基・化基・生基・地学基から2」・物・化・生・地学から2，ただし理科の同一科目名を含む選択は不可

［個別学力検査(400)］ 2科目 ①外(300) ▶コミュ英Ⅰ・コミュ英Ⅱ・コミュ英Ⅲ・英表Ⅰ・英表Ⅱ(リスニングを含む) ②国・地歴・公民(100) ▶現文B・世B・日B・政経から1

後期 ［共通テスト(500)］ 5〜4科目 ①国(100) ②外(R160＋L40) ▶英 ③④⑤地歴・公民・数・理(100×2) ▶世A・世B・日A・日B・地理A・地理B・現社・倫・政経・「倫・政経」・数Ⅰ・「数Ⅰ・数A」・数Ⅱ・「数Ⅱ・数B」・簿・情・「物基・化基・生基・地学基から2」・物・化・生・地学から2，ただし理科の同一科目名を含む選択は不可

［個別学力検査(100)］ 1科目 ①小論文(100)

その他の選抜

学校推薦型選抜(全国枠・神戸市内枠)，総合型選抜，社会人特別選抜，帰国子女特別選抜，外国人留学生特別選抜を実施。

偏差値データ (2023年度)

●一般選抜

学部／学科	2023年度 駿台予備学校 合格目標ライン	2023年度 河合塾 ボーダー得点率	2023年度 河合塾 ボーダー偏差値	'22年度 競争率
●前期				
▶外国語学部				
英米	57	75%	60	2.8
ロシア	55	73%	57.5	2.5
中国	55	73%	57.5	1.6
イスパニア	56	74%	57.5	2.6
国際関係	56	76%	60	2.8
▶外国語学部第2部				
英米	50	67%	55	2.4
●後期				
▶外国語学部				
英米	56	78%	—	2.4
ロシア	54	76%	—	2.5
中国	54	76%	—	1.8
イスパニア	55	77%	—	1.6
国際関係	55	79%	—	3.3
▶外国語学部第2部				
英米	48	71%	—	2.4

- 駿台予備学校合格目標ラインは合格可能性80%に相当する駿台模試の偏差値です。
- 河合塾ボーダー得点率は合格可能性50%に相当する共通テストの得点率です。また，ボーダー偏差値は合格可能性50%に相当する河合塾全統模試の偏差値です。
- 競争率は受験者÷合格者の実質倍率

兵庫県立大学

ひょうごけんりつ

資料請求

問合せ先 教育企画課　☎078-794-6647

大学の理念

1929（昭和４）年創立の神戸商科大学，単科大学として伝統と実績を誇る姫路工業大学，兵庫県立看護大学を統合し，2004年（平成16）年に開学。全県に広がる９つのキャンパスに，６学部，９大学院研究科，５附置研究所，附属中学・高等学校を擁する利点を生かし，異分野融合の推進など，「新しい知の創造」をめざすとともに，大型放射光施設「SPring-8」やスーパーコンピューター「富岳」など，国や県の世界最先端の研究施設と連携した，多様で特色ある先進的な教育研究を展開する。2019（平成31）年には，グローバル化やIT化に伴う，社会ニーズを踏まえ，国際商経学部と社会情報科学部を開設。学生ファーストをモットーに，世界や地域で活躍できる高度な専門能力と幅広い教養を備えた人間性豊かな次代を担う人材を育成する。

● キャンパス情報はP.1697をご覧ください。

基本データ

学生数▶5,412名（男3,063名，女2,349名）

専任教員数▶教授232名，准教授173名，講師32名

設置学部▶国際商経，社会情報科，工，理，環境人間，看護

併設教育機関▶大学院―社会科学（M・P・D），情報科学・工学・理学・環境人間学・看護学・地域資源マネジメント・減災復興政策（以上M・D），緑環境景観マネジメント（P）

就職・卒業後の進路

就職率 97.8%
就職者÷希望者×100

● **就職支援**　各キャンパスに設置されたキャリアセンターが，学生からの個別相談，キャリアガイダンスや各種就職対策講座の開催，業界研究や企業説明会の開催，就職関連情報（求人・企業情報，インターンシップ情報，OBOG情報）の発信など，各キャンパスの特性に応じたさまざまな就職支援に取り組んでいる。また，各同窓会と連携し，OB・OGへの個別訪問機会の提供や交流会の開催のほか，企業と学生とのマッチングを行う専用サイトを運営。神戸市内にある同窓会のサロンに，キャリアセンターのサテライトオフ

進路指導者も必見 学生を伸ばす 面倒見

初年次教育

自主自律支援科目，グローバル化時代のアカデミックスキル科目，人間性の基礎教育科目，ひょうご県大特色科目で構成された全学共通教育で初年次教育を実施

学修サポート

全学部でTA・SA制度，オフィスアワー制度，教員アドバイザー制度を導入し，学生の履修や学修の支援を行っている

オープンキャンパス（2022年度実績） 集合型（一部の学部ではオンラインを併用）で開催。一部事前申込制。学部紹介，模擬授業，キャンパスツアー，研究室紹介，個別相談会などを実施。大学HPで当日の様子を紹介。

ィスを開設。就活中の学生や卒業生等に対する専門の講師による相談会などを実施。

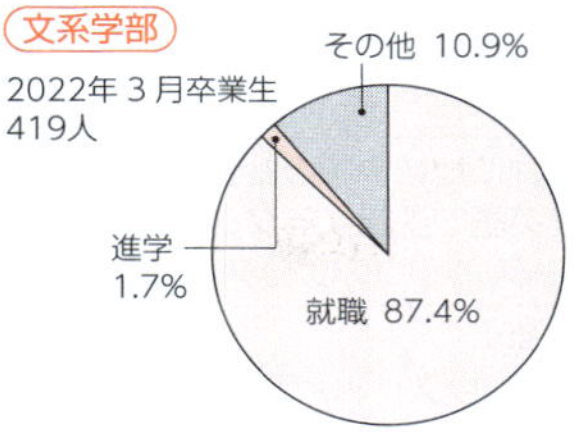

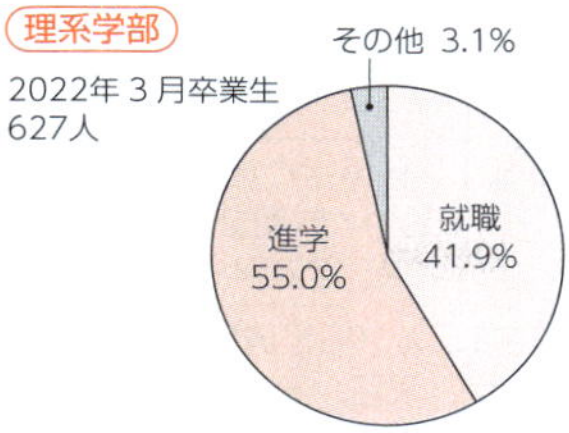

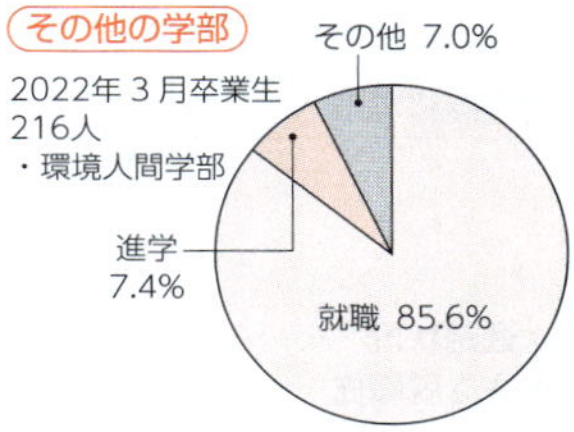

主なOB・OG▶［旧神戸商科］山元文明（四国銀行頭取），［旧神戸商科］町田徹（ジャーナリスト），［旧姫路工業］石田雅昭（エスペック会長），［旧経済］八木菜緒（BS11アナウンサー）など。

国際化・留学　大学間 36 大学・部局間 17 大学等

受入れ留学生数▶141名（2022年５月１日現在）
留学生の出身国・地域▶中国，タイ，ベトナム，インドネシア，台湾など。
外国人専任教員▶教授６名，准教授６名，講師３名（2022年５月１日現在）
外国人専任教員の出身国▶中国，アメリカ，エジプト，ベトナム，ドイツなど。
大学間交流協定▶36大学（交換留学先30大学，2022年９月１日現在）
部局間交流協定▶17大学・機関（交換留学先６大学，2022年９月１日現在）
海外への留学生数▶渡航型７名・オンライン型２名／年間（５カ国・地域，2021年度）
海外留学制度▶在学中に海外の協定校に長期留学できる「交換留学」，その国の文化や生活を体験しながら語学力を向上させる「語学研修」「短期研修」など，多彩なプログラムを用意。また，グローバルリーダー教育プログラムでも海外短期研修や海外実務体験を実施。コンソーシアムHUMAPの加盟大学への留学に対しては，奨学金が支給される場合もある。

学費・奨学金制度　給付型奨学金総額 年間 650 万円

入学金▶282,000円（県外423,000円）
年間授業料▶535,800円
年間奨学金総額▶6,500,000円
年間奨学金受給者数▶76人
主な奨学金制度▶各学部・学科・コースの成績最優秀者に15万円，成績優秀者に3万円を支給する学生飛躍基金「成績最優秀者奨学金」などを設置。このほか学費減免制度があり，2021年度には延べ840人を対象に総額で約１億5,400万円を減免している。

保護者向けインフォメーション

●**成績確認**　成績表がWEBで閲覧できる。
●**保護者会**　各キャンパスで保護者向けの「ウェルカムキャンパス」を開催。就職支援の取り組みや状況についても説明している。
●**防災対策**　被災した際の学生の安否はアプリやメールを利用して確認する。
●**コロナ対策１**　感染状況に応じた６段階のBCP（行動指針）を設定。また，対面授業とオンライン授業を併用し，希望する学生にパソコン，ルーターを無償で貸与。「コロナ対策２」（下段）あり。

インターンシップ科目	必修専門ゼミ	卒業論文	GPA制度の導入の有無および活用例	１年以内の退学率	標準年限での卒業率
環境人間学部で開講している	全学部で実施（開講年次は学部により異なる）	全学部で卒業要件	奨学金や授業料免除対象者の選定基準のほか，一部の学部で留学候補者の選考，個別の学修指導に活用	1.6%	85.6%

●**コロナ対策２**　講義室の収容人数を調整・管理している。経済的に困窮している学生に食の支援（プリペイドカード），授業料減免・延納・分納条件の緩和などを実施。

学部紹介

学部／学科	定員	特色
国際商経学部		
国際商経	360	▷経済学と経営学の両輪を基軸に地域や国際社会で活躍できる人材を育成する。全科目を英語で受講するグローバルビジネス，経済学，経営学の３コースに５つのプログラムを設置。
●進路状況…………就職87.4%　進学1.7%（旧経済学部・経営学部実績） ●主な就職先………川崎重工業，京セラ，双日，アクセンチュア，積水ハウス，神戸製鋼所，三井住友銀行，日本銀行，野村證券，大阪国税局，兵庫県など（旧経済学部・経営学部実績）。		
社会情報科学部		
社会情報科	100	▷文系・理系を問わず，情報科学と社会科学が融合する幅広い領域で活躍できるデータサイエンティストを養成し，社会の課題に柔軟に対応できる人材を育成する。
●進路状況…………上記参照。　●主な就職先………上記参照。		
工学部		
電気電子情報工	126	▷電気工学，電子情報工学の２コース。最先端科学技術に対応し，応用，展開できる視野の広い人材を育成。
機械・材料工	126	▷機械工学，材料工学の２コース。長期的な視野に立って，環境にも配慮したモノづくりができる技術者を育成。
応用化学工	100	▷応用化学，化学工学の２コース。新物質探索からプロセスデザインまで，モノの基礎から工業化までを見通す力を養う。
●取得可能な資格…教職（数・理・工業）など。　●進路状況…………就職32.2%　進学64.7% ●主な就職先………東京エレクトロン，パナソニック，鹿島建設，三菱重工業，川崎重工業など。		
理学部		
物質科	90	▷物性基礎，物性，物質の３コース。原子，分子の微視的な観点から，物質の性質を理解するための基礎を身につける。
生命科	85	▷生体物性，生体分子，細胞の３コース。生命現象への深い理解と洞察力を養うため，物理や化学などの基礎から高度な専門科目まで無理なく履修できるようカリキュラムを編成。
●取得可能な資格…教職（数・理）など。　●進路状況…………就職28.4%　進学67.9% ●主な就職先………三菱電機，富士通Japan，NTN，シスメックス，ハウス食品，日本製鉄など。		
環境人間学部		
環境人間	205	▷新しい時代の人間の暮らしと，それを支える環境のあり方を探求する。入学時に専門を決める食環境栄養課程を除き，２年次に人間形成系，国際文化系，社会デザイン系，環境デザイン系の４つから専門を選択。
●取得可能な資格…教職（保体・栄養），栄養士，管理栄養士・１級建築士・２級建築士受験資格など。 ●進路状況…………就職85.6%　進学7.4% ●主な就職先………竹中工務店，大和ハウス工業，積水ハウス，住友林業，キユーピー，ワコールなど。		
看護学部		
看護	105	▷人の生活に焦点を当てた実習カリキュラムで看護の役割を理解する。全員が看護師と保健師の受験資格を取得。
●取得可能な資格…教職（養護一種・二種），看護師・保健師・助産師受験資格など。 ●進路状況…………就職98.0%　進学0.0% ●主な就職先………神戸市中央市民病院，兵庫県立尼崎総合医療センターなど。		

キャンパスアクセス　［神戸商科キャンパス］神戸市営地下鉄西神・山手線一学園都市より徒歩10分
［姫路工学キャンパス］JR山陽本線，山陽電鉄一姫路よりバス30分

キャンパス

本部・国際商経・社会情報・看護１年次……［神戸商科キャンパス］ 兵庫県神戸市西区学園西町8-2-1
工・理１年次・環境人間１年次……［姫路工学キャンパス］ 兵庫県姫路市書写2167
理……［播磨理学キャンパス］ 兵庫県赤穂郡上郡町光都3-2-1
環境人間……［姫路環境人間キャンパス］ 兵庫県姫路市新在家本町1-1-12
看護……［明石看護キャンパス］ 兵庫県明石市北王子町13-71

2023年度入試要項（前年度実績）

●募集人員

学部／学科（コース・課程）	前期	中期	後期
国際商経 国際商経（経済学・経営学）	180	—	40
（グローバルビジネス）	25	—	—
社会情報科	60	20	—
工　電気電子情報工	43	—	50
機械・材料工	43	—	50
応用化学工	34	—	40
理　物質科	—	70	—
生命科	—	65	—
環境人間　環境人間	80	—	20
（食環境栄養）	35	—	—
看護	59	—	11

●２段階選抜

志願者数が募集人員に対し，国際商経学部（前期180名・25名）４倍，社会情報科学部（中期）15倍，理学部（中期135名）14倍を超えた場合に実施することがある。

試験科目

デジタルブック

偏差値データ（2023年度）

●一般選抜

学部／学科／コース・課程	2023年度 駿台予備学校 合格目標ライン	2023年度 河合塾 ボーダー得点率	2023年度 河合塾 ボーダー偏差値	'22年度 競争率
●前期				
国際商経学部				
国際商経／経済学・経営学	46	61%	55	2.5
／ビジネスグローバル	47	60%	52.5	1.3
社会情報科学部				
社会情報科	48	59%	50	2.2
工学部				
電気電子情報工	44	59%	47.5	2.6
機械・材料工	44	57%	47.5	2.1
応用化学工	45	58%	47.5	1.5
環境人間学部				
環境人間	46	62%	52.5	2.9
／食環境栄養	47	61%	52.5	2.2
看護学部				
看護	46	60%	—	1.9
●中期				
社会情報科学部				
社会情報科	49	66%	52.5	3.8
理学部				
物質科	50	60%	50	2.5
生命科	52	60%	52.5	2.4
●後期				
国際商経学部				
国際商経／経済学・経営学	48	66%	57.5	2.6
工学部				
電気電子情報工	45	63%	47.5	1.5
機械・材料工	45	59%	47.5	1.8
応用化学工	46	60%	47.5	1.1
環境人間学部				
環境人間	47	69%	—	5.9
看護学部				
看護	47	63%	—	2.1

- 駿台予備学校合格目標ラインは合格可能性80%に相当する駿台模試の偏差値です。
- 河合塾ボーダー得点率は合格可能性50%に相当する共通テストの得点率です。また，ボーダー偏差値は合格可能性50%に相当する河合塾全統模試の偏差値です。
- 競争率は受験者÷合格者の実質倍率

キャンパスアクセス ［播磨理学キャンパス］ JR山陽本線―相生よりバス30分［姫路環境人間キャンパス］ JR山陽本線，山陽電鉄―姫路よりバス10分［明石看護キャンパス］ JR山陽本線，山陽電鉄―明石よりバス6分

県立広島大学

資料請求

問合せ先　本部事務部教学課入試担当　☎082-251-9540

大学の理念

1920（大正９）年に設置された県立広島高等女学校の専攻科を源流とする県立広島女子大学に広島県立大学，県立保健福祉大学の３校を統合し，2005（平成17）年開学。2020（令和２）年建学100周年を迎え，より地域に貢献する「知」の創造・応用・蓄積を図り，「地域に根ざした，県民から信頼される大学」をめざして，新たに３学部体制へと再編。教育・研究・地域貢献を３本の柱とした大学運営を基本理念としながら，「地域・ひろしま」を学びのフィールドとして最大限に活用し，「主体的に考え，課題解決に向けて行動できる実践力と豊かなコミュニケーション能力を備え，幅広い教養と高度な専門性に基づいて，高い志とたゆまぬ向上心を持って地域や国際社会で活躍できる人材の育成」を教育の目標に掲げ，生涯学び続ける自律的な学修者として地域創生に貢献できる「課題探究型地域創生人材」を育成する。

●キャンパス情報はP.1700をご覧ください。

基本データ

学生数▶2,281名（男746名，女1,535名）
専任教員数▶教授103名，准教授63名，講師22名

設置学部▶地域創生，生物資源科，保健福祉
併設教育機関▶大学院―総合学術（M・D），経営管理（P）

就職・卒業後の進路

就職率 100%
就職者÷希望者×100

●**就職支援**　キャリア教育とキャリア形成支援事業で構成される「学生支援型キャリア教育プログラム」を実践。正課のキャリア教育では社会で必要となる能力について概説し，グローバル商品企画をテーマとしたグループワークによる企画立案，インターンシップなどを行う。正課外のキャリア形成支援では，キャリア形成意識を醸成するための講演会や企業見学のほか，就職ガイダンス，キャリアアドバイザーによる相談，業界研究会，企業と学生の合同就職懇談会などを実施。オンラインを活用した企業の採用活動にも柔軟に対応し，Web面接への対策など，学生の就職活動を積極的に支援している。

進路指導者も必見 学生を伸ばす 面倒見

初年次教育	学修サポート
自校教育などの帰属意識を醸成する「ひろしま理解」，レポート・論文の書き方，情報収集や資料整理の方法を学ぶ「大学基礎セミナー」のほか，「プレゼンテーション演習」「ICTリテラシー」「アカデミック・ライディング」を開講	全学部でTA・SA制度，オフィスアワー制度を導入。また，学生約20人（学科・コースにより異なる）に1人の教員アドバイザーがつき，学生の履修や学修の支援を行っている

オープンキャンパス（2022年度実績）　来場型とZoomによるリアルタイム配信【オンライン】でオープンキャンパスを開催（事前申込制）。模擬授業，相談会などを実施。HPでもオンデマンド配信の特設ページを公開。

文系学部

2022年３月卒業生
221人

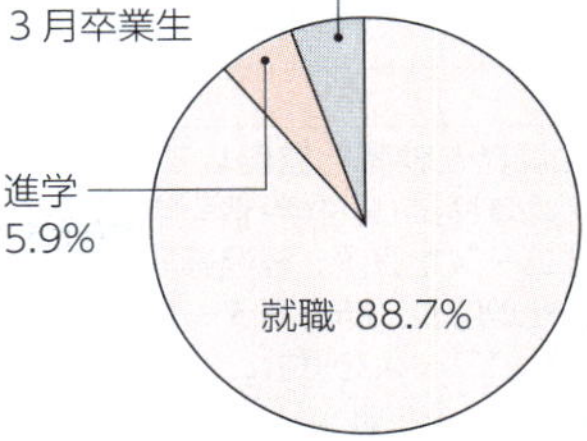

理系学部

2022年３月卒業生
347人

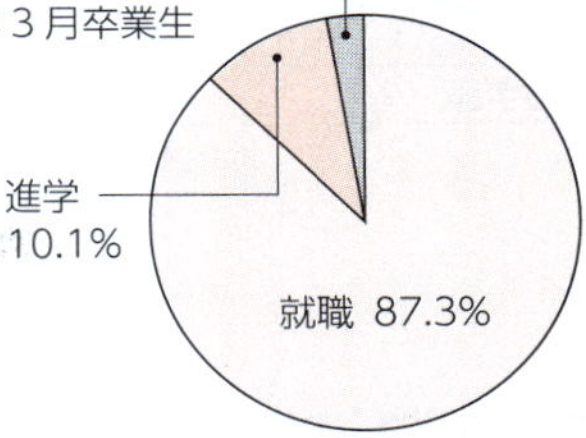

主なOB・OG ▶ ［旧広島農業短期］大竹美喜（実業家），［旧県立広島女子］吉田幸（中国放送）など。

国際化・留学　大学間 40 大学・部局間 7 大学

受入れ留学生数 ▶ 75名(2022年5月1日現在)

留学生の出身国 ▶ 中国，韓国，インドネシア，アイルランド，タイなど。

外国人専任教員 ▶ 教授７名，准教授３名，講師１名（2022年５月１日現在)

外国人専任教員の出身国 ▶ 中国，韓国，アメリカなど。

大学間交流協定 ▶ 40大学（交換留学先32大学，2022年４月１日現在)

部局間交流協定 ▶ ７大学（交換留学先１大学，2022年４月１日現在)

海外への留学生数 ▶ 渡航型４名／年（３カ国・地域，2021年度)

海外留学制度 ▶ 長期留学では，本学に在籍のまま１年以内留学する交換留学（授業料は県立広島大学にのみ納付，留学先の大学では正規課程が受講できる）と協定校留学（授業料は協定校にのみ納入）があり，いずれも履修した科目の一部は審査を経て本学単位として認定される。また，協定校などで開催される短期海外研修では，夏期・春期休暇を利用して語学学習や異文化理解のためのプログラムが提供されており，申請条件を満たせば，「海外研修（２単位)」として単位認定される。

学費・奨学金制度　給付型奨学金総額 年間 75 万円

入学金 ▶ 282,000円（県外394,800円)

年間授業料（施設費等を除く）▶ 535,800円

年間奨学金総額 ▶ 750,000円

年間奨学金受給者数 ▶ ４人

主な奨学金制度 ▶ 協定校へ留学する学生を対象に，学内審査後，留学期間中月額5～7.5万円を支給する「県立広島大学交換留学生等支援奨学金」（返還不要）を設置。また，学費減免制度があり，2021年度には52人を対象に総額で約1,273万円を減免している。

保護者向けインフォメーション

● **成績確認**　成績表を保護者に郵送している。

● **後援会**　後援会を組織し，６月に総会を開催。事業報告のほか，保護者向け就職ガイダンスや学部・学科別に教員と保護者の懇談会を実施。

● **災害対策**　「防災マニュアル（学生用)」を入学時に配布。被災した際の学生の安否はポータルサイトを利用して確認する。

● **コロナ対策１**　ワクチンの職域接種を実施。感染状況に応じた５段階のBCP（行動指針）を設定。「コロナ対策２」（下段）あり。

インターンシップ科目	必修専門ゼミ	卒業論文	GPA制度の導入の有無および活用例	１年以内の退学率	標準年限での卒業率
全学部で開講している	３・４年次に実施	全学部で卒業要件	奨学金や授業料免除対象者の選定基準，学生に対する個別の修学指導に活用	0.3%	90.3%

● **コロナ対策２**　大学入口での検温と消毒，講義室の収容人数の調整，空調等の環境整備を実施。また，オンライン授業を併用し，希望する学生にノートPCを貸与。経済的に困窮している学生に独自の授業料減免等を実施。

学部紹介

学部／学科	定員	特色
地域創生学部		
地域創生	200	▷地域社会の課題を他者と協働して解決する力を身につける。地域文化，地域産業（経営学・情報学〈データサイエンス〉），健康科学の３コースを設置。経過選択枠で入学した学生は各コースの特性を理解し，チューターからのアドバイスを踏まえて２年次後期にコースを選択。
● 取得可能な資格…教職（国・英・栄養），学芸員，栄養士，管理栄養士受験資格。 ● 進路状況…………就職88.7%　進学5.9%（旧人間文化学部，旧経営情報学部実績） ● 主な就職先………マツダ，中国電力，バンダイナムコ，広島銀行，オタフクソース，西川ゴム工業，山崎製パン，広島県など（旧人間文化学部，旧経営情報学部実績）。		
生物資源科学部		
地域資源開発	40	▷「農」と「食」の実践的な技術や知識，経営の専門知識を身につけ，６次産業化や農商工連携による地域社会の活性化を牽引できる人材を育成する。
生命環境	100	▷生命科学，環境科学の２コース制。ライフサイエンスやバイオテクノロジーなど人々の生存に関わる分野の専門知識・技術を用いて，社会の課題を解決できる能力を修得し，地域の活性化や良好な生存環境の保全・持続可能な社会の発展などに役立つ科学を探究する。
● 取得可能な資格…教職（理・農）など。 ● 進路状況…………就職76.5%　進学19.0%（旧生命環境学部実績） ● 主な就職先………オハヨー乳業，まるか食品，池田糖化工業，中国醸造，小野薬品工業，中外テクノス，広島HARTクリニック，中電工，教員（広島県）など（旧生命環境学部実績）。		
保健福祉学部		
保健福祉	190	▷１学科５コース（看護学，理学療法学，作業療法学，コミュニケーション障害学，人間福祉学）編成。医療ニーズの多様化や急激な少子高齢化を背景としたチーム医療福祉の推進に対応すべく，これからの保健医療福祉人材に必要な多職種連携に関する知識・姿勢や，地域包括ケアシステムを発展させるための実践力を身につける。コース選択枠入学生は，１年次前期終了時に所属コースを選択。
● 取得可能な資格…教職（養護一種），看護師・保健師・理学療法士・作業療法士・言語聴覚士・社会福祉士・精神保健福祉士受験資格。 ● 進路状況…………就職95.9%　進学3.1% ● 主な就職先………県立広島病院，広島大学病院，公立みつぎ総合病院，広島市立病院機構，国立病院機構中国四国グループ，中国中央病院，JA広島総合病院，広島県，広島市など。		

▶キャンパス

地域創生……［広島キャンパス］ 広島県広島市南区宇品東1-1-71
生物資源科……［庄原キャンパス］ 広島県庄原市七塚町5562
保健福祉……［三原キャンパス］ 広島県三原市学園町1-1

キャンパスアクセス ［広島キャンパス］ 広島電鉄一県病院前より徒歩約7分
［庄原キャンパス］ JR芸備線一備後庄原よりスクールバス約23分

2023年度入試要項（前年度実績）

●募集人員

学部／学科（コース）		前期	後期
地域創生	地域創生（地域文化）	36	27
	（地域産業）〈経営志向枠〉	17	
	〈応用情報志向枠〉	15	
	（健康科学）	20	—
生物資源科	地域資源開発	14	—
	生命環境（生命科学）	23	20
	（環境科学）	23	
保健福祉	保健福祉（看護学）	31	6
	（理学療法学）	15	3
	（作業療法学）	15	3
	（コミュニケーション障害学）	15	3
	（人間福祉学）	21	4
	〈コース選択〉	6	—

●２段階選抜　実施しない

試験科目

デジタルブック

偏差値データ（2023年度）

●一般選抜

学部／学科／コース	2023年度 駿台予備学校 合格目標ライン	2023年度 河合塾 ボーダー得点率	2023年度 河合塾 ボーダー偏差値	'22年度 競争率
●前期				
地域創生学部				
地域創生／地域文化	47	70%	—	2.2
／地域産業〈経営志向枠〉	44	59%	—	2.8
〈応用情報志向枠〉	46	55%	50	1.6
／健康科学	48	58%	50	2.0
生物資源科学部				
地域資源開発	46	50%	—	1.1
生命環境／生命科学	45	50%	45	1.2
／環境科学	45	49%	42.5	1.5
保健福祉学部				
保健福祉／看護学	45	55%	—	2.5
／理学療法学	47	59%	—	3.8
／作業療法学	46	56%	—	2.2
／コミュニケーション障害学	47	58%	—	2.2
／人間福祉学	46	65%	—	2.4
コース選択〈コース一括〉	46	56%	—	1.5
●後期				
地域創生学部				
地域創生／地域文化／地域産業	47	66%	—	2.4
生物資源科学部				
生命環境	48	58%	45	1.4
保健福祉学部				
保健福祉／看護学	46	58%	—	8.3
／理学療法学	48	66%	—	10.7
／作業療法学	47	60%	—	3.5
／コミュニケーション障害学	48	65%	—	3.7
／人間福祉学	47	66%	—	3.5

- 駿台予備学校合格目標ラインは合格可能性80%に相当する駿台模試の偏差値です。
- 河合塾ボーダー得点率は合格可能性50%に相当する共通テストの得点率です。また，ボーダー偏差値は合格可能性50%に相当する河合塾全統模試の偏差値です。
- 競争率は受験者÷合格者の実質倍率

北九州市立大学

資料請求

問合せ先 広報入試課入学試験係 ☎093-964-4022

大学の理念

1946（昭和21）年創立，1953（昭和28）年に北九州大学となり，2001（平成13）年，現在の校名に改称「産業技術の蓄積，アジアとの交流の歴史および環境問題への取り組みなど北九州地域の特性を活かし，開拓精神溢れる人材の育成と，地域に立脚した高度で国際的な学術研究拠点の形成を図り，地域産業，文化，社会の発展，魅力の創出に寄与するとともに人類および社会の発展に貢献する」を理念とし，地域や時代のニーズに応えながら発展を続けている。ほぼ5年ごとにカリキュラムの見直しを行い，2019年度から卒業後の社会との接続を踏まえ，キャリア教育やインターンシップの充実，アクティブ・ラーニングの積極的導入，地域関連科目の必修化などのほか，英米学科や情報システム工学科で新しいカリキュラムをスタートさせている。

- 北方キャンパス…………〒802-8577　福岡県北九州市小倉南区北方4-2-1
- ひびきのキャンパス……〒808-0135　福岡県北九州市若松区ひびきの1-1

基本データ

学生数▶6,210名（男2,929名，女3,281名）
専任教員数▶教授150名，准教授99名，講師12名
設置学部・学群▶外国語，経済，文，法，地域創生，国際環境工
併設教育機関▶大学院—社会システム・国際環境工学（以上M・D），法学（M），マネジメント（P）

就職・卒業後の進路

就職率 98.7％
就職者÷希望者×100

●**就職支援**　キャリアセンターがさまざまな情報の提供や相談・アドバイスを行う。3～4年次を対象に各種ガイダンスや講座を開催するとともに，1年次からキャリア形成科目の開講，学内インターンシップとして「合同業界セミナー」や「合同企業研究会」の企画・運営を行う学生主体の実践プロジェクト，キャリアカウンセラーによる就職相談，地元航空会社と連携した「エアライン特別講座」などを実施。「公務員研究室」では公務員試験に向けた学習指導から応募書類の添削，面接対策まで一貫した支援を行っている。

進路指導者も必見
学生を伸ばす 面倒見

初年次教育	学修サポート
「アカデミック・スキルズ」（北方）や「環境問題特別講義」「環境問題事例研究」（ひびきの）を開講し，プレゼン技法，ITの基礎技術，論理的思考や問題発見・解決能力の向上を図るなどの初年次教育を実施	全学部でTA・SA制度，オフィスアワー制度を導入し，学生の履修や学修の支援をしている

オープンキャンパス（2022年度実績）　7月に各キャンパスでオープンキャンパスを開催。事前申込制。教員による学部・学科説明や模擬授業のほか，学生による企画イベントを実施。

文系学部

2022年３月卒業生
1,114人

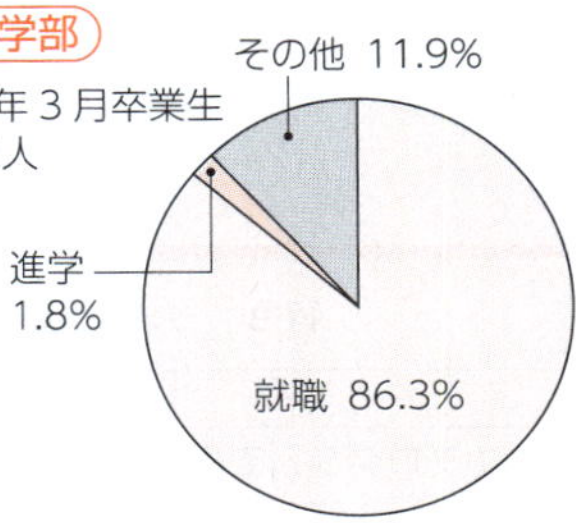

理系学部

2022年３月卒業生
264人

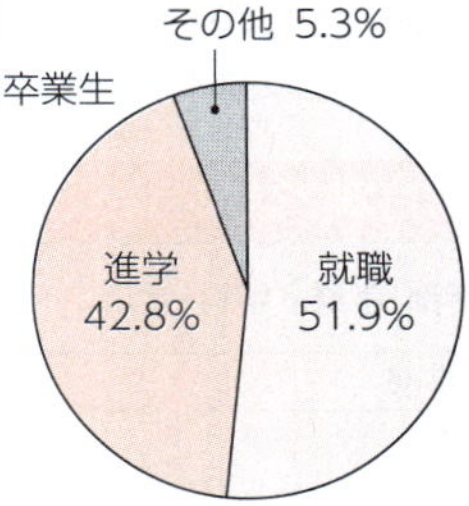

主なOB・OG▶［法］山本甲士（小説家），［旧商］立石泰則（ノンフィクション作家）など。

国際化・留学　大学間 46 大学等・部局間 16 大学等

受入れ留学生数▶94名（2022年５月１日現在）

留学生の出身国・地域▶中国，韓国，イギリス，台湾，ベトナムなど。

外国人専任教員▶教授15名，准教授13名，講師３名（2022年４月１日現在）

外国人専任教員の出身国▶中国，韓国，アメリカ，イギリス，オーストラリアなど。

大学間交流協定▶46大学・機関（交換留学先19大学，2022年３月31日現在）

部局間交流協定▶72大学・機関（2022年９月22日現在）

海外への留学生数▶渡航型10名・オンライン型26名／年（３カ国・地域，2021年度）

海外留学制度▶協定校への交換留学（約１年間），派遣留学（半年または１年間），語学研修のプログラム（夏・春期休暇を利用），海外インターンシップなどを実施。国際教育交流センターが留学相談会の開催や情報提供，個別相談に対応するほか，基盤教育科目「世界での学び方」や教員引率型海外体験プログラムの提供を行い，留学意識の向上，長期留学等へのステップアップを図っている。コンソーシアムはUMAPに参加している。

学費・奨学金制度　給付型奨学金総額 年間 35 万円

入学金▶282,000円（市外423,000円）

年間授業料（施設費等を除く）▶535,800円

年間奨学金総額▶350,000円

年間奨学金受給者数▶５人

主な奨学金制度▶成績優秀で経済的理由により修学困難な学生に月額25,000円を１年間給付する「北九州市立大学同窓会奨学金」や，家計急変時の緊急採用奨学金などがある。また，学費減免制度の2021年度実績は221人を対象に総額で約5,778万円を減免した。

保護者向けインフォメーション

● **成績確認**　成績表を保護者に郵送している。

● **保護者会**　例年，学部別の保護者懇談会や大学公式留学プログラム説明会を開催。

● **就職ガイダンス**　６・11月に在学生の保護者向け「就職説明会」をオンラインで開催。

● **防災対策**　入学時に「安全・安心ハンドブック」を配布。被災時の学生の安否確認は電話連絡等を利用する。「携帯カード」も配布。

● **コロナ対策１**　ワクチンの職域接種を実施。感染状況に応じた５段階のBCP（行動指針）を設定。「コロナ対策２」（下段）あり。

インターンシップ科目	必修専門ゼミ	卒業論文	GPA制度の導入の有無および活用例	１年以内の退学率	標準年限での卒業率
外国語・経済・地域・国際で開講	外国語（国）・経済１～４年次，外国語（英・中）・文３・４年次，法１・４年次，地域２～４年次，国際４年次に実施	外国語（中），法（法）学部を除き卒業要件	副専攻環境ESDプログラムの履修要件，成績優秀者表彰の選考，奨学金等対象者の選定基準，留学候補者の選考などに活用	0.6%	79.2%

● **コロナ対策２**　大学入口での検温と消毒，講義室の収容人数の調整，空調等の環境整備を実施。また，オンライン授業を併用し，学内のWi-Fi設備を増強。学費の支弁に支障が生じた学生に対して年間授業料の1/4を減免。

2024年度学部改組構想（予定）

● 国際環境工学部エネルギー循環化学科を環境化学工学科に改称。

学部紹介（2023年２月現在）

学部・学群／学科・学類	定員	特色
外国語学部		
英米	135	▷１・２年次の集中プログラムで高度な英語力を身につけ，英語で専門分野を学ぶ。３つの専門プログラム「Language and Education」「Society and Culture」「Global Business」から２年次にコアプログラムを選択。
中国	50	▷実践的な中国語の習得を主眼とし，多様なアプローチにより中国への理解を深めるとともに，英語力の維持・向上を同時に行うことでグローバル時代を生きる力を養う。
国際関係	80	▷国際社会の諸課題を政治・歴史・社会・経済学などの学際的な視点から分析・対処法を研究し，アメリカ，東アジアへの理解を深め，英語とともに中国語または朝鮮語を習得。
● 取得可能な資格…教職（公・社・英・中）など。 ● 進路状況…………就職82.4％　進学0.8％ ● 主な就職先………安川電機，九州電力，西日本鉄道，日本マクドナルド，井筒屋，三井ハイテック，福岡国税局，福岡市教育委員会，大信薬局など。		
経済学部		
経済	142	▷２年次より「応用経済学系」と「地域・産業系」に分かれた専門科目を学び，豊かな教養を身につけ，経済学の高度専門知識を有した理論・実践を統合できる人材の育成をめざす。
経営情報	142	▷幅広い教養を身につけ，経営学を理解し，会計学や情報科学の手法も駆使することで，企業経営をデザインできる人材を育成する。
● 進路状況…………就職89.9％　進学0.7％ ● 主な就職先………福岡銀行，パナソニック，北九州市農業協同組合，北九州市役所，福岡財務支局，日本生命保険，日本政策金融公庫，吉川工業，ナフコなど。		
文学部		
比較文化	142	▷日本文化を見据え，異文化を正しく理解し，世界を視野に入れて活躍できる国際人を育成する。
人間関係	80	▷人間関係および人間と社会や自然との関係を読み解き，真の意味での人間の健康的な生活のあり方を探求する。
● 取得可能な資格…教職（国・公・社・英），学芸員など。 ● 進路状況…………就職83.3％　進学2.2％ ● 主な就職先………西鉄エアサービス，良品計画，日本郵政，楽天カード，福岡市役所，YEデジタル，ゆうちょ銀行，産業医科大学，高知県庁など。		
法学部		
法律	177	▷基礎法系，公法・刑事法系，民・商事法系，社会法・国際法系の４つを段階的に学べるカリキュラムを設定し，法的思考を駆使して，複雑化した社会に新たな秩序を与えることのできる人材を養成。
政策科	76	▷都市計画・まちづくり，環境や社会保障などの各分野の問題を解決するための政策分析・立案能力を育成する。

キャンパスアクセス ［北方キャンパス］ 北九州モノレール―競馬場前（北九州市立大学前）より徒歩約3分

- 取得可能な資格…教職（公・社）など。
- 進路状況…………就職83.6%　進学4.2%
- 主な就職先………福岡県庁，福岡県警察，読売広告西部，積水ハウス，テレビ熊本，長崎税関，広島国税局，山口フィナンシャルグループ，海上自衛隊など。

地域創生学群		
地域創生	120	▷１年次からの実習を経て，２年次から地域マネジメント，スポーツ・福祉の２履修コース制を導入。現場の理解に基づく地域の再生と創造をめざし，そのための知識・理論・実践力を身につけ，地域社会のマネジメント力を体得する。

- 取得可能な資格…社会福祉士受験資格など。
- 進路状況…………就職96.6%　進学0.8%
- 主な就職先………サントリーホールディングス，マイナビ，広島東洋カープ，凸版印刷，北九州市社会福祉事業団，フンドーキン醤油，星野リゾート，ヤマダホールディングスなど。

国際環境工学部		
エネルギー循環化	45	▷環境に調和する新素材の開発や物質の「高度」リサイクル技術，有害物質を無害化利用するための技術開発に貢献できる人材を育成する。
機械システム工	45	▷環境に配慮したものづくりで「豊かな社会」と「持続可能な社会」の両立に貢献できる人材を養成する。
情報システム工	70	▷人工知能やロボット制御，画像処理，センサー技術など，最先端の情報技術を学ぶ。
建築デザイン	50	▷省資源・低環境負荷のための建築・地域システム創造のため，資源・エネルギーやエコロジーに関わる研究分野と実践領域を統合し，望ましい環境共生を追求する。
環境生命工	45	▷生物や生態系を活用して新しい材料や技術を提案できるとともに，マネジメント手法や環境管理手法を身につける。

- 取得可能な資格…１・２級建築士受験資格など。
- 進路状況…………就職51.9%　進学42.8%
- 主な就職先………荏原製作所，大和冷機工業，九電工，日産自動車九州，ゼンリン，安川電機，積水ハウス，大林組，新日本非破壊検査，北九州市役所など。

キャンパス

外国語・経済・文・法・地域創生…［北方キャンパス］福岡県北九州市小倉南区北方4-2-1
国際環境工…［ひびきのキャンパス］福岡県北九州市若松区ひびきの1-1

2023年度入試要項（前年度実績）

●募集人員

学部・学群／学科・学類		前期	後期
外国語	英米	76	12
	中国	44	6
	国際関係	45	5
経済	経済	外38 数24	10
	経営情報	外38 数24	10
文	比較文化	70	10
	人間関係	40	10
法	法律	100	15
	政策科	40	10
地域創生	地域創生	40	—
国際環境工	エネルギー循環化	25	13
	機械システム工	25	15
	情報システム工	42	20
	建築デザイン	34	10
	環境生命工	20	20

●**２段階選抜**　実施しない

キャンパスアクセス［ひびきのキャンパス］JR鹿児島本線―折尾よりバス約20分

試験科目

デジタルブック

偏差値データ（2023年度）

●一般選抜

学部・学群／学科・学類	2023年度 駿台予備学校 合格目標ライン	2023年度 河合塾 ボーダー得点率	2023年度 河合塾 ボーダー偏差値	'22年度 競争率
●前期				
▶外国語学部				
英米	51	70%	52.5	2.1
中国	49	65%	50	1.7
国際関係	50	69%	50	2.0
▶経済学部				
経済（外国語選択）	46	61%	50	2.1
（数学選択）	48	61%	50	3.2
経営情報（外国語選択）	46	61%	50	1.8
（数学選択）	48	61%	50	2.8
▶文学部				
比較文化	46	67%	47.5	1.6
人間関係	46	67%	—	2.3
▶法学部				
法律	45	68%	—	2.1
政策科	45	66%	—	1.8
▶地域創生学群				
地域創生	42	70%	—	5.2
▶国際環境工学部				
エネルギー循環化	42	49%	42.5	2.2
機械システム工	43	52%	42.5	2.1
情報システム工	42	52%	45	3.0
建築デザイン	44	53%	45	2.9
環境生命工	42	49%	42.5	2.0
●後期				
▶外国語学部				
英米	52	75%	—	3.9
中国	48	70%	—	1.4
国際関係	49	73%	—	4.2
▶経済学部				
経済	47	64%	—	2.3
経営情報	47	63%	—	3.9
▶文学部				
比較文化	47	73%	—	5.3
人間関係	47	70%	—	3.1
▶法学部				
法律	46	73%	—	4.1
政策科	46	69%	—	2.1
▶国際環境工学部				
エネルギー循環化	43	54%	47.5	1.7
機械システム工	44	56%	47.5	3.3
情報システム工	43	59%	50	2.8
建築デザイン	45	61%	—	3.0
環境生命工	43	55%	47.5	3.0

- 駿台予備学校合格目標ラインは合格可能性80%に相当する駿台模試の偏差値です。
- 河合塾ボーダー得点率は合格可能性50%に相当する共通テストの得点率です。また，ボーダー偏差値は合格可能性50%に相当する河合塾全統模試の偏差値です。
- 競争率は受験者÷合格者の実質倍率

MEMO

長崎県立大学

ながさきけんりつ

資料請求

問合せ先 学生支援課 学生グループ ☎0956-47-5703（佐世保校），095-813-5065（シーボルト校）

大学の理念

2008（平成20）年長崎県立大学と県立長崎シーボルト大学が統合し，新「長崎県立大学」が開学。地域経済の発展と県民の健康・生活・文化の向上を図る学術文化の中心としての役割を担うべく，「人間を尊重し平和を希求する精神を備えた創造性豊かな人材の育成」「長崎に根ざした新たな知の創造」「大学の総合力に基づく地域社会および国際社会への貢献」を使命としている。この使命を達成するために，高度な専門的知識の教授と，幅広い教養教育を展開。長崎県の地理的特徴である多くの「しま」を第三のキャンパスとし，学生が主体的に設定した課題解決のために「しま」に出かけ，調査・フィールドワークを行うことを通じて地域に貢献すると同時に自らを鍛える「しまなび」プログラムなど，新しい試みにも取り組んでいる。

- 佐世保校…………〒858-8580　長崎県佐世保市川下町123
- シーボルト校……〒851-2195　長崎県西彼杵郡長与町まなび野1-1-1

基本データ

学生数▶3,015名（男1,543名，女1,472名）
専任教員数▶教授76名，准教授38名，講師36名

設置学部▶経営，地域創造，国際社会，情報システム，看護栄養
併設教育機関▶大学院－地域創生（M・D）

就職・卒業後の進路

就職率 98.4%
就職者÷希望者×100

●**就職支援**　佐世保校とシーボルト校のそれぞれに就職支援の窓口を設置。専門の相談員が常駐し，一人ひとりの進路や悩み事に真摯に対応している。就職活動のノウハウを解説する「就職ガイダンス」，筆記試験対策や面接対策などの各種セミナー，業界や企業を知るための「業界セミナー」や「企業説明会」を学内で実施するほか，実際に働く現場において見学会やインターンシップ，OB・OGの就職体験を聞く機会なども提供している。また，個別の面接対策やエントリーシートの添削なども行っている。１年次から利用できる就職支援システム「Sun-Career」では，キャリア相談やイベント・セミナーの実施予

進路指導者も必見 学生を伸ばす 面倒見

初年次教育	学修サポート
レポート・論文の書き方，プレゼン技法，ITの基礎技術，情報収集や資料整理の方法を学ぶほか，自校教育，学問や大学教育全体に対する動機づけ，論理的思考や問題発見・解決能力の向上を図る初年次教育を実施	全学部でTA制度，オフィスアワー制度，全学教育科目の一部および情報システム学部でSA制度を導入し，学生の履修や学修の支援をしている

オープンキャンパス（2022年度実績） 7月に来場型のオープンキャンパスを開催。事前予約制。学部・学科ガイダンス，模擬授業，個別相談，学生による大学紹介などを実施。

定や参加予約，求人情報やインターンシップ情報，先輩の就活体験談の閲覧などに，自宅のパソコンやスマートフォンからもアクセスできる。３年次には就職活動のノウハウが満載の大学オリジナル「就活手帳」を配布するなど手厚い支援を行っている。

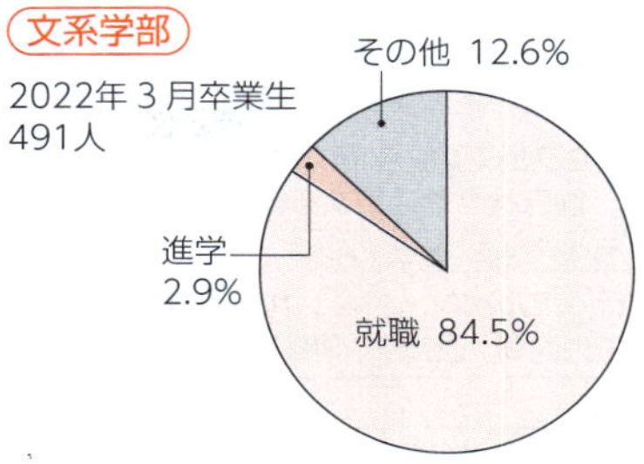

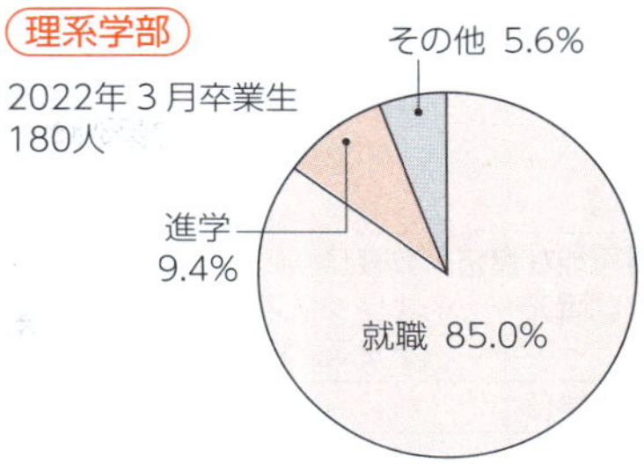

主なOB・OG▶［旧長崎県立国経大］斎藤眞一（南日本銀行頭取），井上眞（大塚製薬社長）など。

国際化・留学　大学間 13 大学・部局間 2 大学

受入れ留学生数▶11名（2022年５月１日現在）

留学生の出身国・地域▶ベトナム，中国，韓国，台湾など。

外国人専任教員▶教授６名，准教授２名，講師10名（2022年５月1日月現在）

外国人専任教員の出身国▶韓国，中国，イギリス，カナダ，アルバニア共和国など。

大学間交流協定▶13大学（交換留学先13大学，2022年５月１日現在）

部局間交流協定▶２大学（交換留学先２大学，2022年５月１日現在）

海外への留学生数▶オンライン型５名／年（2021年度）

海外留学制度▶国際交流協定を締結している世界各国の大学への長期留学が可能な交換留学や，夏休み・春休み期間を利用した３週間から１カ月の海外語学研修など，国際交流のプログラムを豊富に用意している。多くの学生が交換留学や語学研修などに参加し，語学力や広い視野を身につけている。また，佐世保米海軍基地内大学（ネイビーカレッジ）の一つであるメリーランド大学との大学提携・交流協定に基づき長崎で大学に通いながら，アメリカの大学への留学が体験でき，メリーランド大学の正規の授業を履修することもできる。

学費・奨学金制度

入学金▶176,500円（県外353,000円）

年間授業料（施設費等を除く）▶535,800円

主な奨学金制度▶学業成績が優秀で，家庭の経済事情や不測の災害などにより，授業料の納付が極めて困難な学生に対し，授業料の全額または半額を減免する学費減免制度がある。

保護者向けインフォメーション

● **成績確認**　成績表や履修科目と単位数の情報がWebで閲覧できる。

● **就職ガイダンス**　７月に後援会入会者を対象に保護者向け就職ガイダンスを開催。

● **防災対策**　「災害対策ハンドブック」を入学時にメールで配布。被災した際の学生の安否はメールで確認する。

● **コロナ対策１**　ワクチンの職域接種を実施。「コロナ対策２」（下段）あり。

インターンシップ科目	必修専門ゼミ	卒業論文	GPA制度の導入の有無および活用例	１年以内の退学率	標準年限での卒業率
看護栄養学部を除き開講している	全学部で３・４年次に実施	全学部で卒業要件	奨学金や授業料免除対象者の選定基準，学生に対する個別の学修指導に活用	4.5%	85.2%

● **コロナ対策２**　対面授業とオンライン授業を感染状況に応じて併用。オンライン授業の環境整備支援として，希望する学生にPCを貸与。

学部紹介

学部／学科	定員	特色
経営学部		
経営	140	▷社会変化を踏まえた経営学を体系的に学び，地域実践科目で個別の企業や地域の抱える課題の解決に取り組む。
国際経営	60	▷フィリピン・セブ島での語学研修や「海外ビジネス研修」を必修科目とし，国際社会で通用する経営学を学ぶ。
●**取得可能な資格**…教職(商)など。 ●**進路状況**…就職84.7% 進学2.6% ●**主な就職先**………オリックス生命保険，十八親和銀行，アルペン，イオン九州，EY税理士法人，カチタス，日本通運，良品計画，長崎労働局，長崎県，長崎県公立大学法人など。		
地域創造学部		
公共政策	120	▷地域を多角的に分析する手法を身につけ，地域社会の現状と理論的背景から地域の課題を考察し，解決する力を養う。
実践経済	130	▷経済の専門知識と，地域独自の経済の動き・企業の仕組みを学び，地域経済の課題を理解し，地域経済の活性化・発展に貢献できる能力を身につける。
●**取得可能な資格**…教職(地歴・公・社)など。 ●**進路状況**…就職85.4% 進学2.9% ●**主な就職先**………イシマル，西日本鉄道，マイナビ，宮崎日日新聞，エン・ジャパン，岡三証券，九州経済産業局，長崎国税局，東京消防庁，長崎県，熊本県，長崎市など。		
国際社会学部		
国際社会	60	▷洗練された国際感覚とメディア発信力を養う。「海外語学研修」や「企業インターンシップ」を必修化し，メディア関連の専門科目を用意。
●**取得可能な資格**…教職(公・社)など。 ●**進路状況**…就職80.0% 進学3.6% ●**主な就職先**………チューリッヒ保険，長崎国際空港ビルディング，山九，東横イン，日本貨物航空，マンパワーグループ，明治安田生命保険，楽天カード，佐賀県など。		
情報システム学部		
情報システム	40	▷プログラミングやネットワーク構築など，情報システムの開発に必要な専門知識・技術を基礎から学び，IT業界で幅広く活躍できる人材を育成する。
情報セキュリティ	80	▷情報セキュリティに関する知識・技術について深く学び，情報セキュリティのプロとしての高い専門性と実践力を身につける。
●**進路状況**…………就職82.9% 進学9.2% ●**主な就職先**………インテックス，日本ビジネスソフト，京セラコミュニケーションシステム，住友電装，ソニーセミコンダクタマニュファクチャリング，デンソーテン，長崎市など。		
看護栄養学部		
看護	60	▷講義と実習により専門的な知識と高度な看護実践力を修得。看護の現場でリーダーシップを発揮し，指導的立場になれる看護師を育成する。
栄養健康	40	▷栄養学や健康科学の専門家として，社会に貢献できるスキルを修得する。少人数のグループ実習や臨地実習を通して病院や各種施設の現場で必要な実践力を身につける。
●**取得可能な資格**…教職(養護一種・栄養)，栄養士，看護師・管理栄養士受験資格など。 ●**進路状況**…………就職86.5% 進学9.6% ●**主な就職先**………諫早総合病院，済生会長崎病院，鹿児島大学病院，エバーライフ，八女市など。		

キャンパスアクセス [佐世保校] 松浦鉄道―大学より徒歩約5分

キャンパス

経営・地域創造…［佐世保校］長崎県佐世保市川下町123
国際社会・情報システム・看護栄養…［シーボルト校］長崎県西彼杵郡長与町まなび野1-1-1

2023年度入試要項（前年度実績）

●募集人員

学部／学科		前期	後期
経営	経営	70	15
	国際経営	30	10
地域創造	公共政策	英40 数20	30
	実践経済	英40 数25	20
国際社会	国際社会	30	6
情報システム	情報システム	20	8
	情報セキュリティ	40	20
看護栄養	看護	38	6
	栄養健康	24	6

●２段階選抜　実施しない

試験科目

デジタルブック »»

偏差値データ（2023年度）

●一般選抜

学部／学科	2023年度 駿台予備学校 合格目標ライン	2023年度 河合塾 ボーダー得点率	2023年度 河合塾 ボーダー偏差値	'22年度 競争率
●前期				
経営学部				
経営	44	50%	45	1.4
国際経営	46	53%	50	1.7
地域創造学部				
公共政策（英語）	44	50%	47.5	3.4
（数学）	45	50%	47.5	3.4
実践経済（英語）	44	48%	47.5	2.4
（数学）	46	48%	45	1.9
国際社会学部				
国際社会	48	52%	47.5	1.3
情報システム学部				
情報システム	45	58%	45	3.5
情報セキュリティ	44	53%	42.5	2.9
看護栄養学部				
看護	45	52%	47.5	2.9
栄養健康	46	50%	42.5	1.6
●後期				
経営学部				
経営	44	55%	—	4.0
国際経営	46	57%	52.5	2.1
地域創造学部				
公共政策	45	54%	52.5	3.7
実践経済	45	52%	—	1.7
国際社会学部				
国際社会	50	59%	50	3.2
情報システム学部				
情報システム	46	61%	50	7.2
情報セキュリティ	45	59%	47.5	3.8
看護栄養学部				
看護	46	57%	50	7.0
栄養健康	47	55%	45	1.4

- 駿台予備学校合格目標ラインは合格可能性80%に相当する駿台模試の偏差値です。
- 河合塾ボーダー得点率は合格可能性50%に相当する共通テストの得点率です。また，ボーダー偏差値は合格可能性50%に相当する河合塾全統模試の偏差値です。
- 競争率は受験者÷合格者の実質倍率

キャンパスアクセス［シーボルト校］JR長崎本線—長与より徒歩約20分

熊本県立大学

熊本県立大学（くまもとけんりつ）

資料請求

問合せ先　教務入試課入試班　☎096-321-6610

大学の理念

1947（昭和22）年創立の熊本県立女子専門学校が1949（昭和24）年に熊本女子大学を開学，1994（平成６）年熊本県立大学と改称，男女共学となる。2006（平成18）年の公立大学法人化を機に「地域に生き，世界に伸びる」をスローガンとし，「地域実学主義」に基づく教育と研究を実践。熊本の自然や文化，社会に対する理解に立ち，専門の枠を超え，自ら課題を認識・発見し，“地域づくりのキーパーソン”として地域の人々と協働し課題の解決に取り組む人材「もやいすと」を育成する。船を繋ぐという意味の「もやう」から，人と自然と地域社会の関係再構築をめざす。熊本と地域を学ぶ「新熊本学」，フィールドワークの積極的採用，地域の課題に卒論で取り組む研究制度など，地域に根ざした「知の拠点」としての取り組みを強化している。

● 熊本県立大学キャンパス……〒862-8502　熊本県熊本市東区月出3-1-100

基本データ

学生数▶2,121名（男829名，女1,292名）

専任教員数▶教授42名，准教授41名，講師２名

設置学部▶文，環境共生，総合管理

併設教育機関▶大学院―文学・環境共生・アドミニストレーション（以上M・D）

就職・卒業後の進路

就職率 96.4％（就職者÷希望者×100）

● **就職支援**　キャリアセンターではセミナーやガイダンスの開催，インターンシップ・就職情報の提供はもちろん，専任の就職アドバイザーが就職相談から企業情報の収集の仕方，自己PRや志望動機を中心とした履歴書の書き方，応募する企業に焦点を合わせた面接や入退室のマナーに至るまで，親身になって支援しており，進路が決定している４年生も自身の経験を踏まえ，就職活動や進路の相談に応じている。また，学生一人ひとりが大学生活全体を通して，自分自身の将来のキャリアについて考えを深めていくことができるように，大学での学習内容やさまざまな活動記録を蓄積する「キャリアフォリオ（学修履歴の記録）」を配布し，主体的なキャリアデザインを推進するほか，専門業者や外部講師によ

進路指導者も必見　学生を伸ばす　面倒見

初年次教育	学修サポート
「プレゼミナール」でレポート・論文の書き方，プレゼン技法，情報収集や資料整理の方法，「情報処理入門」ではITの基礎技術，情報モラルやセキュリティについても学ぶ	オフィスアワー制度を導入し，学習や進路など学生の相談に応じている。電子メールでの相談にも対応。また，Grobal Loungeで英語のチュータリングを実施している

オープンキャンパス（2022年度実績）　来場型オープンキャンパスを開催。定員制・事前申込制。学部・学科・専攻紹介，模擬講義，学内ツアー，施設見学，ゼミ体験など。

る公務員試験など各種資格試験対策講座を学内で開講している。

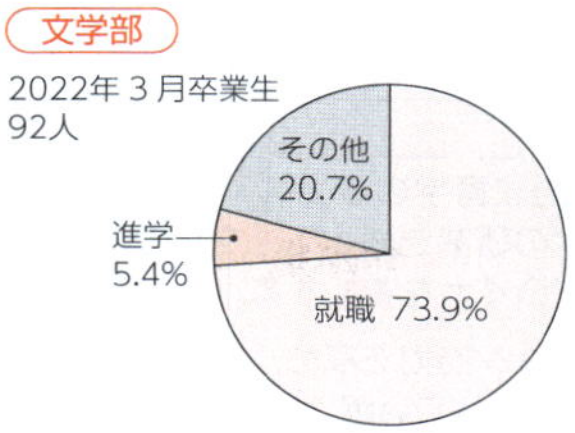

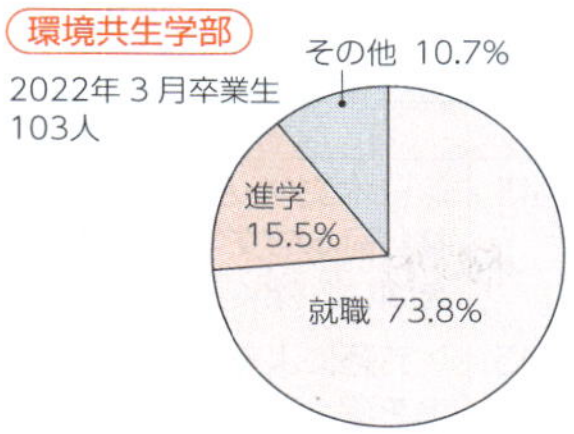

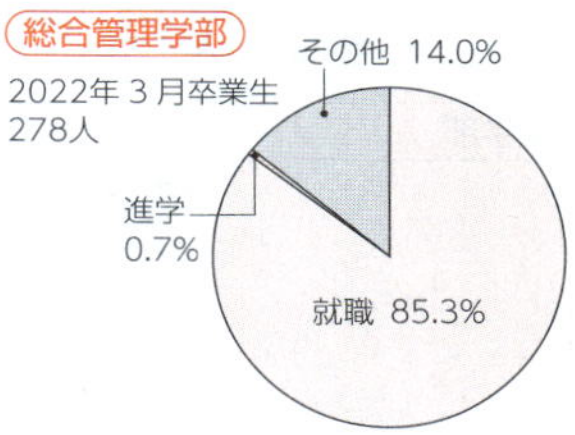

主なOB・OG▶［文］高瀬千図（作家），武田双龍（書道家）など。

国際化・留学　　大学間 **14** 大学等

受入れ留学生数▶２名（2022年５月１日現在）
留学生の出身国▶NA
大学間交流協定▶14大学・機関（交換留学先２大学，2022年５月１日現在）
海外への留学生数▶NA
海外留学制度▶学生交流協定校である韓国・祥明大學校には10カ月間，アメリカ・モンタナ州立大学ビリングス校には９カ月間，単位交換および授業料相互不徴収の留学制度で交換留学を実施。また，短期語学研修として，祥明大學校に８日間，モンタナ州立大学ビリングス校に１カ月ホームステイをしながら，語学学習と文化体験を目的とした研修団を派遣し，両大学からは学生の受け入れもあり，交流を深めている。もやいすとグローバル育成プログラムの参加学生には，海外インターンシップやボランティアなどを行う専用科目も提供されている。国際教育交流センターが，留学や奨学金制度の説明会を実施するほか，海外の大学での授業や生活についてのアドバイスなどを行う「留学対策講座」を開講している。また，派遣される交換留学生については「短期派遣留学支援奨学金」を，文学部英語英米文学科の一定期間以上の留学・研修を行う学生に「小辻梅子奨学金」を用意し，学生が安心して海外の大学等で学ぶことができるよう支援している。

学費・奨学金制度

入学金▶207,000円（県外414,000円）
年間授業料（施設費等を除く）▶535,800円
主な奨学金制度▶学業成績・人物ともに優秀でありながら，経済的理由から修学が困難な学生に「同窓会紫苑会奨学金」は年額20万円を給付。また，一定の成績を修め，かつ経済的理由により授業料の納付が困難な場合，申請により授業料が免除される制度もある。

保護者向けインフォメーション

● **防災対策**　防災・減災に係わる資材等の収集や，緊急時対応マニュアル等，防災に関するハード面・ソフト面の整備を進め，災害発生時に備えている。被災した際の学生の安否は安否情報システムを利用して確認する。
● **コロナ対策**　感染状況に応じた４段階のBCP（行動指針）を設定。対面授業とオンライン授業を感染状況に応じて併用している。

インターンシップ科目	必修専門ゼミ	卒業論文	GPA制度の導入の有無および活用例	１年以内の退学率	標準年限での卒業率
共通科目群で開講している	全学部で実施，開講年次は学科により異なる	全学部で卒業要件	高ポイントの学生を成績優秀者として表彰，低ポイントの学生には個別指導を行っている	NA	NA

学部紹介

学部／学科	定員	特色
文学部		
日本語日本文	45	▷日本文学・日本語学・日本語教育学の３つの領域で構成され，日本の文学作品やことばの研究を通して，文化の継承性を問い，深く人間を見つめていく力を養成する。
英語英米文	45	▷英語によるコミュニケーション能力を高め，言語・文学・文化を深く理解し，国際的視野を持って活躍できる人材を養成。
● 取得可能な資格…教職（国・英）など ● 進路状況…………就職73.9％　進学5.4％ ● 主な就職先………全日本空輸，熊本銀行，JTB，宣伝会議，熊本県，熊本市など。		
環境共生学部		
環境共生	110	▷環境資源学専攻（30名），居住環境学専攻（40名），食健康環境学専攻（40名）。環境に関わる諸課題を総合的にとらえ，自然環境を保全しつつ，持続的に利用し，地域住民の快適で健康な生活を確保する方策を追求し，地域の発展と人間福祉の向上をめざし，自然環境と人間活動との共生のあり方について教育・研究する。環境共生をベースに各専攻の垣根を低くして，高度な専門性を確保しつつも，特定の専門分野にとらわれずに柔軟性と高い意欲を備えた人材を育成する。
● 取得可能な資格…教職（理・家・農・栄養），栄養士，管理栄養士・１級建築士・２級建築士受験資格など。 ● 進路状況…………就職73.8％　進学15.5％ ● 主な就職先………再春館製薬，カリモクグループ，積水ハウス，資生堂，アヲハタ，熊本県など。		
総合管理学部		
総合管理	280	▷多様化，複雑化してきた社会の諸問題を，総合的にとらえ，解決していくため，社会学，行政学，社会福祉学，経営学，情報学などを統合・体系化した総合管理（アドミニストレーション）学を専門的に教育・研究する。
● 取得可能な資格…教職（公・社・商・情）など。 ● 進路状況…………就職85.3％　進学0.7％ ● 主な就職先………熊本銀行，NTTデータ，アイリスオーヤマ，Cygames，熊本県，熊本市など。		

▶キャンパス

全学部……［熊本県立大学キャンパス］ 熊本県熊本市東区月出3-1-100

2023年度入試要項（前年度実績）

●募集人員

学部／学科（専攻）		前期	後期
▶文	日本語日本文	30	10
	英語英米文	28	10
▶環境共生	環境共生（環境資源学）	15	12
	（居住環境学）	20	12
	（食健康環境学）	28	8
▶総合管理	総合管理	A方式30 B方式60	A方式40 B方式50

●２段階選抜　実施しない

試験科目

デジタルブック »»

偏差値データ（2023年度）

●一般選抜

学部／学科／専攻	2023年度 駿台予備学校 合格目標ライン	2023年度 河合塾 ボーダー得点率	2023年度 河合塾 ボーダー偏差値	'22年度 競争率
●前期				
▶文学部				
日本語日本文	49	64%	52.5	3.3
英語英米文	48	62%	50	2.3
▶環境共生学部				
環境共生／環境資源学	45	50%	45	2.7
／居住環境学	45	53%	47.5	3.9
／食健康環境学	45	52%	47.5	2.3
▶総合管理				
総合管理（A方式）	45	55%	—	3.9
（B方式）	45	67%	—	2.4
●後期				
▶文学部				
日本語日本文	48	67%	—	3.0
英語英米文	49	66%	52.5	2.8
▶環境共生学部				
環境共生／環境資源学	48	54%	50	3.3
／居住環境学	46	55%	—	4.7
／食健康環境学	46	54%	—	2.8
▶総合管理				
総合管理（A方式）	46	57%	—	2.8
（B方式）	46	69%	—	1.7

- 駿台予備学校合格目標ラインは合格可能性80%に相当する駿台模試の偏差値です。
- 河合塾ボーダー得点率は合格可能性50%に相当する共通テストの得点率です。また，ボーダー偏差値は合格可能性50%に相当する河合塾全統模試の偏差値です。
- 競争率は受験者÷合格者の実質倍率

その他の大学一覧

本文で紹介できなかった大学を一覧にしました。詳細は各大学にお問合せください。

私立大学

北海道

育英館大学 ●情報メディア学部(情報メディア)
本部 〒097-0013 北海道稚内市若葉台1-2290-28 問合せ先 入試キャリア支援課 ☏0120-311014

札幌大学 ●地域共創学群
本部 〒062-8520 北海道札幌市豊平区西岡3条7-3-1 問合せ先 入学センター ☏0120-15-3201

札幌大谷大学 ●芸術学部(音楽/美術) ●社会学部(地域社会)
本部 〒065-8567 北海道札幌市東区北16条東9-1-1 問合せ先 入試広報課 ☎011-742-1643

札幌学院大学 ●心理学部(臨床心理) ●人文学部(人間科/英語英米文/こども発達) ●法学部(法律) ●経済経営学部(経済/経営)
本部 〒069-8555 北海道江別市文京台11 問合せ先 広報入試課 ☏0120-816-555

札幌国際大学 ●人文学部(国際教養/心理) ●観光学部(観光ビジネス) ●スポーツ人間学部(スポーツビジネス/スポーツ指導)
本部 〒004-8602 北海道札幌市清田区清田4条1-4-1 問合せ先 アドミッションセンター ☎011-881-8861

札幌保健医療大学 ●保健医療学部(看護/栄養)
本部 〒007-0894 北海道札幌市東区中沼西4条2-1-15 問合せ先 進路支援課 ☎011-792-3350

星槎道都大学 ●経営学部(経営) ●社会福祉学部(社会福祉) ●美術学部(デザイン/建築)
本部 〒061-1196 北海道北広島市中の沢149 問合せ先 入試広報課 ☏0120-870205

天使大学 ●看護栄養学部(看護/栄養)
本部 〒065-0013 北海道札幌市東区北13条東3-1-30 問合せ先 入試・広報室 ☎011-741-1052

日本医療大学 ●保健医療学部(看護/リハビリテーション/診療放射線/臨床検査/臨床工) ●総合福祉学部(介護福祉マネジメント/ソーシャルワーク)
本部 〒062-0053 北海道札幌市豊平区月寒東3条11-1-50
問合せ先 学生募集・入試グループ ☎011-351-6111

日本赤十字北海道看護大学 ●看護学部(看護)
本部 〒090-0011 北海道北見市曙町664-1 問合せ先 入試課 ☎0157-66-3311(代)

函館大学 ●商学部(商)
本部 〒042-0955 北海道函館市高丘町51-1 問合せ先 入試課 ☏0120-00-1172

藤女子大学 ●文学部(英語文化/日本語・日本文/文化総合) ●人間生活学部(人間生活/食物栄養/子ども教育)
本部 〒001-0016 北海道札幌市北区北16条西2丁目 問合せ先 入試課 ☎011-736-5959

北翔大学 ●生涯スポーツ学部(スポーツ教育/健康福祉) ●教育文化学部(教育/芸術/心理カウンセリング)
本部 〒069-8511 北海道江別市文京台23 問合せ先 アドミッションセンター ☎011-387-3906

北星学園大学 ●文学部(英文/心理・応用コミュニケーション) ●経済学部(経済/経営情報/経済法) ●社会福祉学部(社会福祉/心理)
本部 〒004-8631 北海道札幌市厚別区大谷地西2-3-1 問合せ先 入試課 ☎011-891-2731(代)

北洋大学 ●国際文化学部(キャリア創造)
本部 〒059-1266 北海道苫小牧市錦西町3-2-1 問合せ先 募集広報課 ☎0144-61-3100

北海商科大学 ●商学部(商/観光産業)
本部 〒062-8607 北海道札幌市豊平区豊平6条6-10 問合せ先 入試・広報センター ☏0120-733-066

北海道医療大学 ●薬学部(薬) ●歯学部(歯) ●看護福祉学部(看護/福祉マネジメント) ●心理科学部(臨

床心理）●リハビリテーション科学部（理学療法／作業療法／言語聴覚療法）●医療技術学部（臨床検査）
本部 〒061-0293 北海道石狩郡当別町金沢1757 問合せ先 入試広報課 ☎0120-068-222

北海道科学大学 ●工学部（機械工／情報工／電気電子工／建築／都市環境）●薬学部（薬）●保健医療学部（看護／理学療法／義肢装具／臨床工／診療放射線）●未来デザイン学部（メディアデザイン／人間社会）
本部 〒006-8585 北海道札幌市手稲区前田7条15-4-1 問合せ先 入試課 ☎0120-248-059

北海道情報大学 ●経営情報学部（先端経営／システム情報）●医療情報学部（医療情報）
●情報メディア学部（情報メディア）
本部 〒069-8585 北海道江別市西野幌59-2 問合せ先 入試課 ☎011-385-4425

北海道千歳リハビリテーション大学 ●健康科学部（リハビリテーション）
本部 〒066-0055 北海道千歳市里美2-10 問合せ先 入試広報室 ☎0123-28-5331（代）

北海道文教大学 ●人間科学部（健康栄養／こども発達）●国際学部（国際教養／国際コミュニケーション）
●医療保健科学部（看護／リハビリテーション）
本部 〒061-1449 北海道恵庭市黄金中央5-196-1 問合せ先 入試広報課 ☎0120-240-552

酪農学園大学 ●農食環境学群（循環農／食と健康／環境共生）●獣医学群（獣医／獣医保健看護）
本部 〒069-8501 北海道江別市文京台緑町582 問合せ先 入試広報センター ☎0120-771-663

青森

青森大学 ●総合経営学部（経営）●社会学部（社会）●ソフトウェア情報学部（ソフトウェア情報）●薬学部（薬）
本部 〒030-0943 青森県青森市幸畑2-3-1 問合せ先 入試課 ☎017-728-0102

青森中央学院大学 ●経営法学部（経営法）●看護学部（看護）
本部 〒030-0132 青森県青森市横内字神田12-1 問合せ先 入試広報センター ☎017-728-0496

柴田学園大学 ●生活創生学部（健康栄養／こども発達／フードマネジメント）
本部 〒036-8530 青森県弘前市清原1-1-16 問合せ先 学務課 ☎0172-33-2289（代）

八戸学院大学 ●地域経営学部（地域経営）●健康医療学部（人間健康／看護）
本部 〒031-8566 青森県八戸市美保野13-98 問合せ先 キャリア支援課 ☎0178-30-1700

八戸工業大学 ●工学部（工）●感性デザイン学部（感性デザイン）
本部 〒031-8501 青森県八戸市大字妙字大開88-1 問合せ先 入試部 ☎0120-850-276

弘前医療福祉大学 ●保健学部（看護／医療技術）
本部 〒036-8102 青森県弘前市小比内3-18-1 問合せ先 入試課 ☎0172-27-1001（代）

弘前学院大学 ●文学部（英語・英米文／日本語・日本文）●社会福祉学部（社会福祉）●看護学部（看護）
本部 〒036-8577 青森県弘前市稔町13-1 問合せ先 入試広報センター ☎0172-34-5211（代）

岩手

岩手医科大学 ●医学部（医）●歯学部（歯）●薬学部（薬）●看護学部（看護）
本部 〒028-3694 岩手県紫波郡矢巾町医大通1-1-1 問合せ先 入試・キャリア支援課 ☎019-651-5110（代）

岩手保健医療大学 ●看護学部（看護）
本部 〒020-0045 岩手県盛岡市盛岡駅西通1-6-30 問合せ先 学務課入試・広報係 ☎019-606-7030

富士大学 ●経済学部（経済／経営法）
本部 〒025-8501 岩手県花巻市下根子450-3 問合せ先 入試部 ☎0198-23-7974

盛岡大学 ●文学部（英語文化／日本文／社会文化／児童教育）●栄養科学部（栄養科）
本部 〒020-0694 岩手県滝沢市砂込808 問合せ先 入試センター ☎019-688-5560

宮城

石巻専修大学 ●理工学部（生物科／機械工／情報電子工）●経営学部（経営／情報マネジメント）
●人間学部（人間文化／人間教育）
本部 〒986-8580 宮城県石巻市南境新水戸1 問合せ先 事務課入試・広報担当 ☎0225-22-7717

尚絅学院大学 ●人文社会学群（人文社会）●心理・教育学群（心理／子ども／学校教育）●健康栄養学群（健康栄養）
本部 〒981-1295 宮城県名取市ゆりが丘4-10-1 問合せ先 入試課 ☎022-381-3311

仙台大学 ●体育学部（体育／健康福祉／スポーツ栄養／スポーツ情報マスメディア／現代武道／子ども運動教育）
本部 〒989-1693 宮城県柴田郡柴田町船岡南2-2-18 問合せ先 入試課 ☎0224-55-1017

仙台白百合女子大学 ●人間学部（子ども教育／心理福祉／健康栄養／グローバル・スタディーズ）

本部 〒981-3107 宮城県仙台市泉区本田町6-1 問合せ先 入試広報課 ☎022-374-5014

東北医科薬科大学 ●医学部(医) ●薬学部(薬／生命薬科)
本部 〒981-8558 宮城県仙台市青葉区小松島4-4-1 問合せ先 入試課 ☎022-234-4181(代)

東北工業大学 ●工学部(電気電子工／情報通信工／都市マネジメント／環境応用化) ●建築学部(建築) ●ライフデザイン学部(産業デザイン／生活デザイン／経営コミュニケーション)
本部 〒982-8577 宮城県仙台市太白区八木山香澄町35-1 問合せ先 入試広報課 ☎0120-611-512

東北生活文化大学 ●家政学部(家政) ●美術学部(美術表現)
本部 〒981-8585 宮城県仙台市泉区虹の丘1-18-2 問合せ先 入試課 ☎0120-20-7521

東北福祉大学 ●総合福祉学部(社会福祉／福祉心理／福祉行政) ●総合マネジメント学部(産業福祉マネジメント／情報福祉マネジメント) ●教育学部(教育) ●健康科学部(保健看護／リハビリテーション／医療経営管理)
本部 〒981-8522 宮城県仙台市青葉区国見1-8-1 問合せ先 入学センター ☎022-717-3312

東北文化学園大学 ●現代社会学部(現代社会) ●経営法学部(経営法) ●工学部(知能情報システム／建築環境／臨床工) ●医療福祉学部(リハビリテーション／看護)
本部 〒981-8551 宮城県仙台市青葉区国見6-45-1
問合せ先 アドミッションセンター入試・広報課 ☎022-233-3374

宮城学院女子大学 ●現代ビジネス学部(現代ビジネス) ●教育学部(教育) ●生活科学部(食品栄養／生活文化デザイン) ●学芸学部(日本文／英文／人間文化／心理行動科／音楽)
本部 〒981-8557 宮城県仙台市青葉区桜ケ丘9-1-1 問合せ先 入試広報課 ☎022-279-5837

秋田

秋田看護福祉大学 ●看護福祉学部(看護／医療福祉)
本部 〒017-0046 秋田県大館市清水2-3-4 問合せ先 教務課入試係 ☎0186-43-6510

日本赤十字秋田看護大学 ●看護学部(看護)
本部 〒010-1493 秋田県秋田市上北手猿田苗代沢17-3 問合せ先 入試・広報課 ☎018-829-3759

ノースアジア大学 ●経済学部(経済) ●法学部(法律／国際)
本部 〒010-8515 秋田県秋田市下北手桜守沢46-1 問合せ先 教務課 ☎018-836-1342

山形

電動モビリティシステム専門職大学 ●電気自動車システム工学部(電気自動車システム工)
本部 〒999-0602 山形県西置賜郡飯豊町大字萩生1725-2 問合せ先 入試担当 ☎0238-88-7377

東北芸術工科大学 ●芸術学部(文化財保存修復／歴史遺産／美術／工芸デザイン／文芸) ●デザイン工学部(プロダクトデザイン／建築・環境デザイン／グラフィックデザイン／映像／企画構想／コミュニティデザイン)
本部 〒990-9530 山形県山形市上桜田3-4-5 問合せ先 入試広報課 ☎0120-27-8160

東北公益文科大学 ●公益学部(公益)
本部 〒998-8580 山形県酒田市飯森山3-5-1 問合せ先 入試事務室 ☎0234-41-1118

東北文教大学 ●人間科学部(子ども教育／人間関係)
本部 〒990-2316 山形県山形市片谷地515 問合せ先 入試広報センター ☎023-688-2296

福島

医療創生大学 ●薬学部(薬) ●看護学部(看護) ●健康医療科学部(作業療法／理学療法) ●心理学部(臨床心理) ●国際看護(看護)
本部 〒970-8551 福島県いわき市中央台飯野5-5-1 問合せ先 企画課 ☎0120-295110

奥羽大学 ●歯学部(歯) ●薬学部(薬)
本部 〒963-8611 福島県郡山市富田町三角堂31-1
問合せ先 学事部入試係 ☎024-932-9055(歯) ☎024-932-8995(薬)

郡山女子大学 ●家政学部(生活科／食物栄養)
本部 〒963-8503 福島県郡山市開成3-25-2 問合せ先 入学事務・広報部 ☎024-932-4848(代)

東日本国際大学 ●経済経営学部(経済経営) ●健康福祉学部(社会福祉)
本部 〒970-8567 福島県いわき市平鎌田字寿金沢37 問合せ先 入試広報課 ☎0246-35-0002

福島学院大学 ●福祉学部(福祉心理／こども) ●マネジメント学部(地域マネジメント)
本部 〒960-0181 福島県福島市宮代乳児池1-1 問合せ先 入学広報課 ☎024-553-3253

茨城

アール医療専門職大学 ●リハビリテーション学部（理学療法／作業療法）
本部 〒300-0032 茨城県土浦市湖北2-10-35 問合せ先 入試広報課 ☎029-824-7611

茨城キリスト教大学 ●文学部（現代英語／児童教育／文化交流） ●生活科学部（心理福祉／食物健康科） ●看護学部（看護） ●経営学部（経営）
本部 〒319-1295 茨城県日立市大みか町6-11-1 問合せ先 入試広報部 ☎0294-54-3212

筑波学院大学 ●経営情報学部（ビジネスデザイン）
本部 〒305-0031 茨城県つくば市吾妻3-1 問合せ先 総務部総務係 ☎029-858-4811

つくば国際大学 ●医療保健学部（理学療法／看護／保健栄養／診療放射線／臨床検査／医療技術）
本部 〒300-0051 茨城県土浦市真鍋6-20-1 問合せ先 総務課入試係 ☎029-826-6000（代）

常磐大学 ●人間科学部（心理／教育／現代社会／コミュニケーション／健康栄養） ●総合政策学部（経営／法律行政／総合政策） ●看護学部（看護）
本部 〒310-8585 茨城県水戸市見和1-430-1 問合せ先 アドミッションセンター ☎029-232-2504

日本ウェルネススポーツ大学 ●スポーツプロモーション学部（スポーツプロモーション）
本部 〒300-1622 茨城県北相馬郡利根町布川1377 問合せ先 入試センター ☎0297-68-6787

栃木

足利大学 ●工学部（創生工） ●看護学部（看護）
本部 〒326-8558 栃木県足利市大前町268-1 問合せ先 入試広報課 ☏0120-62-9980

宇都宮共和大学 ●シティライフ学部（シティライフ） ●子ども生活学部（子ども生活）
本部 〒320-0811 栃木県宇都宮市大通り1-3-18 問合せ先 入試係 ☎028-650-6611（代）

作新学院大学 ●経営学部（経営／スポーツマネジメント） ●人間文化学部（発達教育／心理コミュニケーション）
本部 〒321-3295 栃木県宇都宮市竹下町908 問合せ先 入試課 ☎028-670-3655

自治医科大学 ●医学部（医） ●看護学部（看護）
本部 〒329-0498 栃木県下野市薬師寺3311-1
問合せ先 学事課入試広報係 ☎0285-58-7045（医） 看護学務課 ☎0285-58-7447

獨協医科大学 ●医学部（医） ●看護学部（看護）
本部 〒321-0293 栃木県下都賀郡壬生町北小林880 問合せ先 入試課 ☎0282-87-2108

白鷗大学 ●経営学部（経営） ●法学部（法律） ●教育学部（発達科）
本部 〒323-8586 栃木県小山市駅東通り2-2-2 問合せ先 入試部 ☎0285-20-8160

文星芸術大学 ●美術学部（美術）
本部 〒320-0058 栃木県宇都宮市上戸祭4-8-15 問合せ先 教務課入試係 ☎028-625-6888（代）

群馬

育英大学 ●教育学部（教育）
本部 〒370-0011 群馬県高崎市京目町1656-1 問合せ先 入試広報課 ☏0120-86-1981

関東学園大学 ●経済学部（経済／経営）
本部 〒373-8515 群馬県太田市藤阿久町200 問合せ先 広報室 ☎0276-32-7915

共愛学園前橋国際大学 ●国際社会学部（国際社会）
本部 〒379-2192 群馬県前橋市小屋原町1154-4 問合せ先 アドミッションセンター 📞0120-5931-37

桐生大学 ●医療保健学部（看護／栄養）
本部 〒379-2392 群馬県みどり市笠懸町阿佐美606-7 問合せ先 入試広報課 ☎0277-48-9107

群馬医療福祉大学 ●社会福祉学部（社会福祉） ●看護学部（看護） ●リハビリテーション学部（リハビリテーション） ●医療技術学部（医療技術）
本部 〒371-0823 群馬県前橋市川曲町191-1 問合せ先 入試広報センター ☏0120-870-294

群馬パース大学 ●看護学部（看護） ●リハビリテーション学部（理学療法／作業療法／言語聴覚） ●医療技術学部（検査技術／放射線／臨床工）
本部 〒370-0006 群馬県高崎市問屋町1-7-1 問合せ先 入試広報課 ☎027-365-3370

上武大学 ●ビジネス情報学部（国際ビジネス／スポーツ健康マネジメント） ●看護学部（看護）
本部 〒372-8588 群馬県伊勢崎市戸谷塚町634-1 問合せ先 入学センター ☏0120-41-0509

高崎健康福祉大学 ●健康福祉学部（医療情報／社会福祉／健康栄養） ●薬学部（薬） ●保健医療学部（看護

／理学療法） ●人間発達学部（子ども教育） ●農学部（生物生産）
本部 〒370-0033 群馬県高崎市中大類町37-1 問合せ先 入試広報センター ☎027-352-1290（代）

高崎商科大学 ●商学部（経営／会計）
本部 〒370-1214 群馬県高崎市根小屋町741 問合せ先 広報・入試室 ☎027-347-3379

東京福祉大学 ●社会福祉学部（社会福祉） ●保育児童学部（保育児童） ●心理学部（心理） ●教育学部（教育）
本部 〒372-0831 群馬県伊勢崎市山王町2020-1 問合せ先 入学課 ☎0270-20-3673

埼玉

浦和大学 ●こども学部（こども／学校教育） ●社会学部（総合福祉／現代社会）
本部 〒336-0974 埼玉県さいたま市緑区大崎3551 問合せ先 入試広報課 ☎048-878-5536

共栄大学 ●教育学部（教育） ●国際経営学部（国際経営）
本部 〒344-0051 埼玉県春日部市内牧4158 問合せ先 学務部入試担当 ☎048-755-2490

埼玉医科大学 ●医学部（医） ●保健医療学部（看護／臨床検査／臨床工／理学療法）
本部 〒350-0495 埼玉県入間郡毛呂山町毛呂本郷38
問合せ先 入試課 ☎049-295-1000（医） 入試事務室 ☎042-984-4801（保健医療）

埼玉学園大学 ●人間学部（人間文化／心理／子ども発達） ●経済経営学部（経済経営）
本部 〒333-0831 埼玉県川口市木曽呂1510 問合せ先 入試広報課 ☎0120-359-259

埼玉工業大学 ●工学部（機械工／生命環境化／情報システム） ●人間社会学部（情報社会／心理）
本部 〒369-0293 埼玉県深谷市普済寺1690 問合せ先 入試課 ☎0120-604-606

十文字学園女子大学 ●人間生活学部（健康栄養／食物栄養／食品開発／人間福祉） ●教育人文学部（幼児教育／児童教育／心理／文芸文化） ●社会情報デザイン学部（社会情報デザイン）
本部 〒352-8510 埼玉県新座市菅沢2-1-28 問合せ先 学生募集部 ☎0120-8164-10

尚美学園大学 ●芸術情報学部（情報表現／音楽表現／音楽応用／舞台表現） ●総合政策学部（総合政策） ●スポーツマネジメント学部（スポーツマネジメント）
本部 〒350-1110 埼玉県川越市豊田町1-1-1 問合せ先 入試・広報課 ☎0120-80-0082

駿河台大学 ●法学部（法律） ●経済経営学部（経済経営） ●メディア情報学部（メディア情報） ●スポーツ科学部（スポーツ科） ●心理学部（心理）
本部 〒357-8555 埼玉県飯能市阿須698 問合せ先 入試広報部 ☎042-972-1124

聖学院大学 ●政治経済学部（政治経済） ●人文学部（欧米文化／日本文化／子ども教育） ●心理福祉学部（心理福祉）
本部 〒362-8585 埼玉県上尾市戸崎1-1 問合せ先 アドミッションセンター ☎048-725-6191

西武文理大学 ●サービス経営学部（サービス経営／健康福祉マネジメント） ●看護学部（看護）
本部 〒350-1336 埼玉県狭山市柏原新田311-1 問合せ先 入試広報課 ☎04-2954-7575（代）

東都大学 ●ヒューマンケア学部（看護） ●管理栄養学部（管理栄養） ●幕張ヒューマンケア学部（看護／理学療法／臨床工） ●沼津ヒューマンケア学部（看護）
本部 〒366-0052 埼玉県深谷市上柴町西4-2-11
問合せ先 入試広報室 ☎048-574-2500（深谷キャンパス） ☎043-274-1917（幕張キャンパス） ☎055-922-6688（沼津キャンパス）

東邦音楽大学 ●音楽学部（音楽）
キャンパス 〒350-0015 埼玉県川越市今泉84 ※事務本部は〒112-0012 東京都文京区大塚4-46-9
問合せ先 事務本部入学者選抜担当 ☎03-3946-9667

日本医療科学大学 ●保健医療学部（診療放射線／リハビリテーション／看護／臨床工／臨床検査）
本部 〒350-0435 埼玉県入間郡毛呂山町下川原1276 問合せ先 入試課 ☎049-230-5000

日本工業大学 ●基幹工学部（機械工／電気電子通信工／応用化） ●先進工学部（ロボティクス／情報メディア工／データサイエンス） ●建築学部（建築）
本部 〒345-8501 埼玉県南埼玉郡宮代町学園台4-1 問合せ先 教務部入試課 ☎0120-250-267

日本保健医療大学 ●保健医療学部（看護／理学療法）
本部 〒340-0113 埼玉県幸手市幸手1961-2 問合せ先 広報課 ☎0480-40-4849

日本薬科大学 ●薬学部（薬／医療ビジネス薬科）
本部 〒362-0806 埼玉県北足立郡伊奈町小室10281 問合せ先 アドミッションオフィス ☎0120-71-2293

人間総合科学大学 ●人間科学部（ヘルスフードサイエンス／健康栄養／心身健康科） ●保健医療学部（看護／

リハビリテーション)
本部 〒339-8539 埼玉県さいたま市岩槻区馬込1288
問合せ先 アドミッションセンター ☎048-749-6120

平成国際大学 ●法学部(法) ●スポーツ健康学部(スポーツ健康)
本部 〒347-8504 埼玉県加須市水深大立野2000 問合せ先 入試係 ☎0480-66-2277

武蔵野学院大学 ●国際コミュニケーション学部(国際コミュニケーション)
本部 〒350-1328 埼玉県狭山市広瀬台3-26-1 問合せ先 教務部入試係 ☎04-2954-6131

ものつくり大学 ●技能工芸学部(情報メカトロニクス/建設)
本部 〒361-0038 埼玉県行田市前谷333 問合せ先 入試課 ☎048-564-3816

千葉

愛国学園大学 ●人間文化学部(人間文化)
本部 〒284-0005 千葉県四街道市四街道1532 問合せ先 学務課入試係 ☎043-424-4410

植草学園大学 ●発達教育学部(発達支援教育) ●保健医療学部(リハビリテーション)
本部 〒264-0007 千葉県千葉市若葉区小倉町1639-3 問合せ先 入試・広報課 ☎043-239-2600

江戸川大学 ●社会学部(人間心理/現代社会/経営社会) ●メディアコミュニケーション学部(マス・コミュニケーション/情報文化/こどもコミュニケーション)
本部 〒270-0198 千葉県流山市駒木474 問合せ先 入学課 ☎0120-440-661

開智国際大学 ●教育学部(教育) ●国際教養学部(国際教養)
本部 〒277-0005 千葉県柏市柏1225-6 問合せ先 アドミッションセンター ☎04-7167-8655(代)

亀田医療大学 ●看護学部(看護)
本部 〒296-0001 千葉県鴨川市横渚462 問合せ先 学務課 ☎04-7099-1211

川村学園女子大学 ●文学部(国際英語/史/心理/日本文化) ●教育学部(幼児教育/児童教育)
●生活創造学部(生活文化/観光文化)
本部 〒270-1138 千葉県我孫子市下ヶ戸1133 問合せ先 事務部入試広報 ☎04-7183-0114

敬愛大学 ●経済学部(経済/経営) ●国際学部(国際) ●教育学部(こども教育)
本部 〒263-8588 千葉県千葉市稲毛区穴川1-5-21 問合せ先 アドミッションセンター ☎0120-878-070

国際武道大学 ●体育学部(武道/体育)
本部 〒299-5295 千葉県勝浦市新官841 問合せ先 入試・広報センター ☎0120-654-210

三育学院大学 ●看護学部(看護)
本部 〒298-0297 千葉県夷隅郡大多喜町久我原1500 問合せ先 入試課 ☎03-3393-7810

秀明大学 ●学校教師学部(中等教育教員養成) ●看護学部(看護) ●総合経営学部(企業経営)
●英語情報マネジメント学部(英語情報マネジメント) ●観光ビジネス学部(観光ビジネス)
本部 〒276-0003 千葉県八千代市大学町1-1 問合せ先 入試室 ☎047-488-2331

清和大学 ●法学部(法律)
本部 〒292-8555 千葉県木更津市東太田3-4-5 問合せ先 入試広報センター ☎0438-30-5566

千葉科学大学 ●薬学部(薬) ●危機管理学部(危機管理/保健医療/航空技術危機管理/動物危機管理)
●看護学部(看護)
本部 〒288-0025 千葉県銚子市潮見町3 問合せ先 入試広報部 ☎0120-919-126

千葉経済大学 ●経済学部(経済/経営)
本部 〒263-0021 千葉県千葉市稲毛区轟町3-59-5 問合せ先 入試広報センター ☎043-253-5524

千葉商科大学 ●商経学部(商/経済/経営) ●政策情報学部(政策情報) ●サービス創造学部(サービス創造) ●人間社会学部(人間社会) ●国際教養学部(国際教養)
本部 〒272-8512 千葉県市川市国府台1-3-1 問合せ先 入学センター ☎047-373-9701

中央学院大学 ●商学部(商) ●法学部(法) ●現代教養学部(現代教養)
本部 〒270-1196 千葉県我孫子市久寺家451 問合せ先 入試広報課 ☎04-7183-6516

東京基督教大学 ●神学部(総合神)
本部 〒270-1347 千葉県印西市内野3-301-5-1 問合せ先 教務課入試担当 ☎0476-46-1131

東京情報大学 ●総合情報学部(総合情報) ●看護学部(看護)
本部 〒265-8501 千葉県千葉市若葉区御成台4-1 問合せ先 入試・広報課 ☎043-236-1408

明海大学 ●外国語学部(日本語/英米語/中国語) ●経済学部(経済) ●不動産学部(不動産)

●ホスピタリティ・ツーリズム学部（ホスピタリティ・ツーリズム） ●保健医療学部（口腔保健） ●歯学部（歯）
本部 〒279-8550 千葉県浦安市明海1
問合せ先 入試事務室 ☎047-355-5116（浦安キャンパス） ☎049-279-2852（歯）

了徳寺大学 ●健康科学部（理学療法／整復医療・トレーナー／看護）
本部 〒279-8567 千葉県浦安市明海5-8-1 問合せ先 入試本部事務局 ☎047-382-2111（代）

和洋女子大学 ●人文学部（日本文学文化／心理／こども発達） ●国際学部（英語コミュニケーション／国際） ●家政学部（服飾造形／健康栄養／家政福祉） ●看護学部（看護）
本部 〒272-8533 千葉県市川市国府台2-3-1 問合せ先 入試センター ☎047-371-1127

東京

跡見学園女子大学 ●文学部（人文／現代文化表現／コミュニケーション文化） ●マネジメント学部（マネジメント／生活環境マネジメント） ●観光コミュニティ学部（観光デザイン／コミュニティデザイン） ●心理学部（臨床心理）
本部 〒112-8687 東京都文京区大塚1-5-2 問合せ先 入試課 ☎048-478-3338

嘉悦大学 ●経営経済学部（経営経済）
本部 〒187-8578 東京都小平市花小金井南町2-8-4 問合せ先 アドミッションセンター 📞0120-970-800

国立音楽大学 ●音楽学部（演奏・創作／音楽文化教育）
本部 〒190-8520 東京都立川市柏町5-5-1 問合せ先 入試センター ☎042-535-9536

恵泉女学園大学 ●人文学部（日本語日本文化／英語コミュニケーション） ●人間社会学部（国際社会／社会園芸）
本部 〒206-8586 東京都多摩市南野2-10-1 問合せ先 入試広報室 ☎042-376-8217

国際ファッション専門職大学 ●国際ファッション学部（ファッションクリエイション／ファッションビジネス／大阪ファッションクリエイション・ビジネス／名古屋ファッションクリエイション・ビジネス）
本部 〒160-0023 東京都新宿区西新宿1-7-3
問合せ先 アドミッションセンター 東京 ☎03-3344-8000 大阪 ☎06-6347-5111 名古屋 ☎052-551-0008

こども教育宝仙大学 ●こども教育学部（幼児教育）
本部 〒164-8631 東京都中野区中央2-33-26 問合せ先 入学センター ☎03-3365-0267

駒沢女子大学 ●人間総合学群（人間文化／観光文化／心理／住空間デザイン） ●人間健康学部（健康栄養） ●看護学部（看護）
本部 〒206-8511 東京都稲城市坂浜238 問合せ先 入試センター ☎042-350-7110

情報経営イノベーション専門職大学 ●情報経営イノベーション学部（情報経営イノベーション）
本部 〒131-0044 東京都墨田区文花1-18-13 問合せ先 アドミッションユニット入試担当 ☎03-5655-1555

昭和薬科大学 ●薬学部（薬）
本部 〒194-8543 東京都町田市東玉川学園3-3165 問合せ先 入試課 ☎042-721-1511（代）

白梅学園大学 ●子ども学部（子ども／発達臨床／家族・地域支援）
本部 〒187-8570 東京都小平市小川町1-830 問合せ先 入学センター ☎042-346-5618

杉野服飾大学 ●服飾学部（服飾／服飾表現／服飾文化）
本部 〒141-8652 東京都品川区上大崎4-6-19 問合せ先 入試広報課 ☎03-3491-8152

聖路加国際大学 ●看護学部（看護）
本部 〒104-0044 東京都中央区明石町10-1 問合せ先 入試事務室 ☎03-5550-2347

創価大学 ●経済学部（経済） ●経営学部（経営） ●法学部（法律） ●文学部（人間） ●教育学部（教育／児童教育） ●国際教養学部（国際教養） ●理工学部（情報システム工／共生創造理工） ●看護学部（看護）
本部 〒192-8577 東京都八王子市丹木町1-236 問合せ先 アドミッションズセンター ☎042-691-4617

高千穂大学 ●商学部（商） ●経営学部（経営） ●人間科学部（人間科）
本部 〒168-8508 東京都杉並区大宮2-19-1 問合せ先 入試課 📞0120-012-816

多摩大学 ●経営情報学部（経営情報／事業構想） ●グローバルスタディーズ学部（グローバルスタディーズ）
本部 〒206-0022 東京都多摩市聖ヶ丘4-1-1
問合せ先 入試課 ☎042-337-7119（経営情報） ☎0466-83-7911（グローバルスタディーズ）

多摩美術大学 ●美術学部（絵画／彫刻／工芸／グラフィックデザイン／生産デザイン／環境デザイン／情報デザイン／芸術／統合デザイン／演劇舞踊デザイン）
本部 〒158-8558 東京都世田谷区上野毛3-15-34 問合せ先 教務部入試課 ☎042-679-5602

デジタルハリウッド大学　●デジタルコミュニケーション学部(デジタルコンテンツ)
本部　〒101-0062　東京都千代田区神田駿河台4-6 御茶ノ水ソラシティ アカデミア3F
問合せ先　入試事務局 ☎0120-823-422

東京有明医療大学　●保健医療学部(鍼灸／柔道整復)　●看護学部(看護)
本部　〒135-0063　東京都江東区有明2-9-1　問合せ先　アドミッションセンター ☎03-6703-7000(代)

東京医科大学　●医学部(医／看護)
本部　〒160-8402　東京都新宿区新宿6-1-1　問合せ先　アドミッションセンター ☎03-3351-6141(代)

東京医療学院大学　●保健医療学部(看護／リハビリテーション)
本部　〒206-0033　東京都多摩市落合4-11　問合せ先　入試・広報室 ☎042-400-0834

東京医療保健大学　●医療保健学部(医療情報／医療栄養／看護)　●東が丘看護学部(看護)　●立川看護学部(看護)　●千葉看護学部(看護)　●和歌山看護学部(看護)
本部　〒141-8648　東京都品川区東五反田4-1-17　問合せ先　入試広報部 ☎03-5779-5071

東京音楽大学　●音楽学部(音楽)
本部　〒171-8540　東京都豊島区南池袋3-4-5　※法人本部は〒153-8622　東京都目黒区上目黒1-9-1
問合せ先　入試課 ☎03-6455-2754

東京家政学院大学　●現代生活学部(現代家政／生活デザイン／食物／児童)　●人間栄養学部(人間栄養)
本部　〒194-0292　東京都町田市相原町2600　問合せ先　アドミッションオフィス ☎042-782-9411

東京工芸大学　●工学部(工)　●芸術学部(写真／映像／デザイン／インタラクティブメディア／アニメーション／ゲーム／マンガ)
本部　〒164-8678　東京都中野区本町2-9-5
問合せ先　入試課 ☎0120-125-246(工)　☎0120-466-233(芸術)

東京国際工科専門職大学　●工科学部(情報工／デジタルエンタテインメント)
本部　〒160-0023　東京都新宿区西新宿1-7-3　問合せ先　アドミッションセンター ☎03-3344-5555

東京歯科大学　●歯学部(歯)
本部　〒101-0061　東京都千代田区神田三崎町2-9-18　問合せ先　教務課 ☎03-6380-9528

東京純心大学　●看護学部(看護)
本部　〒192-0011　東京都八王子市滝山町2-600　問合せ先　入試・広報課 ☎0120-13-0326

東京情報デザイン専門職大学　●情報デザイン学部(情報デザイン)
本部　〒132-0034　東京都江戸川区小松川2-7　問合せ先　入試広報部 ☎03-6808-3201

東京女子医科大学　●医学部(医)　●看護学部(看護)
本部　〒162-8666　東京都新宿区河田町8-1
問合せ先　医学部学務課 ☎03-3353-8112(代)　看護学部学務課 ☎03-3357-4801

東京女子体育大学　●体育学部(体育)
本部　〒186-8668　東京都国立市富士見台4-30-1　問合せ先　入試課 ☎042-505-7334

東京神学大学　●神学部(神)
本部　〒181-0015　東京都三鷹市大沢3-10-30　問合せ先　教務課入試係 ☎0422-32-4185

東京聖栄大学　●健康栄養学部(管理栄養／食品)
本部　〒124-8530　東京都葛飾区西新小岩1-4-6　問合せ先　入試・広報課 ☎03-3692-0238

東京成徳大学　●国際学部(国際)　●応用心理学部(臨床心理／健康・スポーツ心理)　●子ども学部(子ども)　●経営学部(経営)
本部　〒114-0033　東京都北区十条台1-7-13　問合せ先　入試広報課 ☎0120-711-267

東京造形大学　●造形学部(デザイン／美術)
本部　〒192-0992　東京都八王子市宇津貫町1556　問合せ先　進路支援課 ☎042-637-8716

東京通信大学　●情報マネジメント学部(情報マネジメント)　●人間福祉学部(人間福祉)
本部　〒160-0023　東京都新宿区西新宿1-7-3　問合せ先　入学相談室 ☎03-3344-2222

東京富士大学　●経営学部(経営／イベントプロデュース)
本部　〒161-8556　東京都新宿区下落合1-7-7　問合せ先　入試広報課 ☎03-3368-0351

東京保健医療専門職大学　●リハビリテーション学部(理学療法／作業療法)
本部　〒135-0043　東京都江東区塩浜2-22-10　問合せ先　入試事務室 ☎03-6659-8623

東京未来大学　●こども心理学部(こども心理)　●モチベーション行動科学部(モチベーション行動科)

本部 〒120-0023　東京都足立区千住曙町34-12　問合せ先 入試係 ℡0800-888-5070

桐朋学園大学 ●音楽学部(音楽)
本部 〒182-8510　東京都調布市若葉町1-41-1　問合せ先 教務チーム入試係 ☎03-3307-4122

東洋学園大学 ●グローバル・コミュニケーション学部(グローバル・コミュニケーション／英語コミュニケーション) ●人間科学部(人間科) ●現代経営学部(現代経営)
本部 〒113－0033　東京都文京区本郷1-26-3　問合せ先 入試室 ℡0120-104-108

日本歯科大学 ●生命歯学部(生命歯) ●新潟生命歯学部(生命歯)
本部 〒102-8159　東京都千代田区富士見1-9-20
問合せ先 入試課 ☎03-3261-8400(生命歯) ☎025-267-1500(新潟生命歯)

日本社会事業大学 ●社会福祉学部(福祉計画／福祉援助)
本部 〒204-8555　東京都清瀬市竹丘3-1-30　問合せ先 入試広報課 ☎042-496-3080

日本女子体育大学 ●体育学部(スポーツ科／ダンス／健康スポーツ／子ども運動)
本部 〒157-8565　東京都世田谷区北烏山8-19-1　問合せ先 入試・広報課 ☎03-3300-2250

日本赤十字看護大学 ●看護学部(看護) ●さいたま看護学部(看護)
本部 〒150-0012　東京都渋谷区広尾4-1-3　問合せ先 学務二課入試・広報係 ☎03-3409-0950

日本文化大学 ●法学部(法)
本部 〒192-0986　東京都八王子市片倉町977　問合せ先 入学準備課 ☎042-636-5211(代)

ビジネス・ブレークスルー大学 ●経営学部(グローバル経営／ITソリューション)
本部 〒102-0084　東京都千代田区二番町3 麹町スクエア1階　問合せ先 入学センター ℡0120-970-021

文化学園大学 ●服装学部(ファッションクリエイション／ファッション社会) ●造形学部(デザイン・造形／建築・インテリア) ●国際文化学部(国際文化・観光／国際ファッション文化)
本部 〒151-8523　東京都渋谷区代々木3-22-1　問合せ先 入試広報課 ☎03-3299-2311

星薬科大学 ●薬学部(薬／創薬科)
本部 〒142-8501　東京都品川区荏原2-4-41　問合せ先 アドミッションオフィス ☎03-5498-5821

武蔵野音楽大学 ●音楽学部(演奏／音楽総合)
本部 〒176-8521　東京都練馬区羽沢1-13-1　問合せ先 入学者選抜事務室 ☎03-3992-1119

武蔵野美術大学 ●造形学部(日本画／油絵／彫刻／視覚伝達デザイン／工芸工業デザイン／空間演出デザイン／建築／基礎デザイン／芸術文化／デザイン情報) ●造形構想学部(クリエイティブイノベーション／映像)
本部 〒187-8505　東京都小平市小川町1-736　問合せ先 入学センター ☎042-342-6995

明治薬科大学 ●薬学部(薬／生命創薬科)
本部 〒204-8588　東京都清瀬市野塩2-522-1　問合せ先 入試課 ☎042-495-5061

ヤマザキ動物看護大学 ●動物看護学部(動物看護／動物人間関係)
本部 〒192-0364　東京都八王子市南大沢4-7-2　問合せ先 入試課 ☎042-689-5254

ルーテル学院大学 ●総合人間学部(人間福祉心理)
本部 〒181-0015　東京都三鷹市大沢3-10-20　問合せ先 入試事務局 ☎0422-31-4611

和光大学 ●現代人間学部(心理教育／人間科) ●表現学部(総合文化／芸術) ●経済経営学部(経済／経営)
本部 〒195-8585　東京都町田市金井ケ丘5-1-1　問合せ先 入試広報室 ☎044-988-1434

神奈川

神奈川歯科大学 ●歯学部(歯)
本部 〒238-8580　神奈川県横須賀市稲岡町82　問合せ先 教学部入試係 ☎046-822-9580

鎌倉女子大学 ●家政学部(家政保健／管理栄養) ●児童学部(児童／子ども心理) ●教育学部(教育)
本部 〒247-8512　神奈川県鎌倉市大船6-1-3　問合せ先 入試・広報センター ☎0467-44-2117

グローバルBiz専門職大学 ●グローバルビジネス学部(グローバルビジネス)
本部 〒210-0007　神奈川県川崎市川崎区駅前本町22-1　問合せ先 入試事務室 ☎044-589-8777

相模女子大学 ●学芸学部(日本語日本文／英語文化コミュニケーション／子ども教育／メディア情報／生活デザイン) ●人間社会学部(社会マネジメント／人間心理) ●栄養科学部(健康栄養／管理栄養)
本部 〒252-0383　神奈川県相模原市南区文京2-1-1　問合せ先 入試課 ℡0120-816-332

松蔭大学 ●経営文化学部(ビジネスマネジメント／経営法) ●コミュニケーション文化学部(異文化コミュニケーション／日本文化コミュニケーション／生活心理／子ども) ●観光メディア文化学部(観光文化／メディア情報文化) ●看護学部(看護)

本部　〒243-0124　神奈川県厚木市森の里若宮9-1　問合せ先　広報課 ☎046-247-1511（代）

湘南医療大学　●保健医療学部（看護／リハビリテーション）　●薬学部（医療薬）
本部　〒244-0806　神奈川県横浜市戸塚区上品濃16-48　問合せ先　入試事務室 ☎045-821-0115

湘南鎌倉医療大学　●看護学部（看護）
本部　〒247-0066　神奈川県鎌倉市山崎1195-3　問合せ先　管理部入試担当 ☎0467-38-3102

湘南工科大学　●情報学部（情報）　●工学部（機械工／電気電子工／総合デザイン／人間環境）
本部　〒251-8511　神奈川県藤沢市辻堂西海岸1-1-25　問合せ先　入試課 ☎0466-30-0200

昭和音楽大学　●音楽学部（音楽芸術表現／音楽芸術運営）
本部　〒215-8558　神奈川県川崎市麻生区上麻生1-11-1　問合せ先　入試広報室 ☎0120-86-6606

女子美術大学　●芸術学部（美術／デザイン・工芸／アート・デザイン表現／共創デザイン）
キャンパス　〒252-8538　神奈川県相模原市南区麻溝台1900　※法人本部は〒166-8538　東京都杉並区和田1-49-8
問合せ先　入試センター ☎042-778-6123

星槎大学　●共生科学部（共生科）
本部　〒250-0631　神奈川県足柄下郡箱根町仙石原817-255　問合せ先　横浜事務局 ☎0120-82-2686

聖マリアンナ医科大学　●医学部（医）
本部　〒216-8511　神奈川県川崎市宮前区菅生2-16-1　問合せ先　入試課 ☎044-977-9552

洗足学園音楽大学　●音楽学部（音楽）
本部　〒213-8580　神奈川県川崎市高津区久本2-3-1　問合せ先　入試センター ☎044-856-2955

鶴見大学　●歯学部（歯）　●文学部（日本文／英語英米文／文化財／ドキュメンテーション）
本部　〒230-8501　神奈川県横浜市鶴見区鶴見2-1-3　問合せ先　入試センター ☎045-580-8219・8220

田園調布学園大学　●人間福祉学部（社会福祉／共生社会）　●子ども未来学部（子ども未来）　●人間科学部（心理）
本部　〒215-8542　神奈川県川崎市麻生区東百合丘3-4-1　問合せ先　入試・広報課 ☎044-966-6800

桐蔭横浜大学　●法学部（法律）　●医用工学部（生命医工／臨床工）　●スポーツ科学部（スポーツ教育／スポーツ健康科）　●現代教養学環
本部　〒225-8503　神奈川県横浜市青葉区鉄町1614　問合せ先　入試・広報センター ☎045-974-5423

東洋英和女学院大学　●人間科学部（人間科／保育子ども）　●国際社会学部（国際社会／国際コミュニケーション）
本部　〒226-0015　神奈川県横浜市緑区三保町32　問合せ先　入試広報課 ☎045-922-5512

日本映画大学　●映画学部（映画）
本部　〒215-0004　神奈川県川崎市麻生区万福寺1-16-30　問合せ先　入試事務室 ☎044-951-2511（代）

ビューティ＆ウェルネス専門職大学　●ビューティ＆ウェルネス学部（ビューティ＆ウェルネス）
本部　〒224-0012　神奈川県横浜市都筑区牛久保3-9-3　問合せ先　入試広報課 ☎0120-732-151

八洲学園大学　●生涯学習学部（生涯学習）
本部　〒220-0021　神奈川県横浜市西区桜木町7-42　問合せ先　入学支援相談センター ☎045-410-0515

横浜商科大学　●商学部（商／観光マネジメント／経営情報）
本部　〒230-8577　神奈川県横浜市鶴見区東寺尾4-11-1
問合せ先　アドミッション・広報部 ☎045-571-3901（代）

横浜創英大学　●看護学部（看護）　●こども教育学部（幼児教育）
本部　〒226-0015　神奈川県横浜市緑区三保町1　問合せ先　企画入試課 ☎045-922-6105

横浜美術大学　●美術学部（美術・デザイン）
本部　〒227-0033　神奈川県横浜市青葉区鴨志田町1204　問合せ先　入試係 ☎045-963-4070

横浜薬科大学　●薬学部（健康薬／漢方薬／臨床薬／薬科）
本部　〒245-0066　神奈川県横浜市戸塚区俣野町601　問合せ先　入試広報課 ☎0120-76-8089

新　潟

開志専門職大学　●事業創造学部（事業創造）　●情報学部（情報）　●アニメ・マンガ学部（アニメ・マンガ）
本部　〒950-0914　新潟県新潟市中央区紫竹山6-3-5　問合せ先　入試事務室 ☎025-250-0203

敬和学園大学　●人文学部（国際文化／英語文化コミュニケーション／共生社会）
本部　〒957-8585　新潟県新発田市富塚1270　問合せ先　広報入試課 ☎0120-26-3637

長岡大学　●経済経営学部（経済経営）
本部　〒940-0828　新潟県長岡市御山町80-8　問合せ先　入学課 ☎0120-248-556

長岡崇徳大学　●看護学部（看護）
本部　〒940-2135　新潟県長岡市深沢町2278-8　問合せ先　入試・広報課 ☎0258-46-6666

新潟医療福祉大学　●リハビリテーション学部（理学療法／作業療法／言語聴覚／義肢装具自立支援／鍼灸健康）●医療技術学部（臨床技術／視機能科／救急救命／診療放射線）●健康科学部（健康栄養／健康スポーツ）●看護学部（看護）●社会福祉学部（社会福祉）●医療経営管理学部（医療情報管理）
本部　〒950-3198　新潟県新潟市北区島見町1398　問合せ先　入試事務室 ☎025-257-4459

新潟経営大学　●経営情報学部（経営情報／スポーツマネジメント）
本部　〒959-1321　新潟県加茂市希望ケ丘2909-2　問合せ先　入試広報課 ☎0256-53-4311

新潟工科大学　●工学部（工）
本部　〒945-1195　新潟県柏崎市藤橋1719　問合せ先　入試広報課 ☎0120-8188-40

新潟国際情報大学　●国際学部（国際文化）●経営情報学部（経営／情報システム）
本部　〒950-2292　新潟県新潟市西区みずき野3-1-1　問合せ先　入試・広報課 ☎025-264-3777

新潟産業大学　●経済学部（経済経営／文化経済）
本部　〒945-1393　新潟県柏崎市軽井川4730　問合せ先　入試・広報課 ☎0120-787-124

新潟食料農業大学　●食料産業学部（食料産業）
本部　〒950-3197　新潟県新潟市北区島見町940　問合せ先　入試事務室 ☎0254-28-9840

新潟青陵大学　●看護学部（看護）●福祉心理子ども学部（社会福祉／臨床心理／子ども発達）
本部　〒951-8121　新潟県新潟市中央区水道町1-5939　問合せ先　入試広報課 ☎025-368-7411

新潟薬科大学　●薬学部（薬）●応用生命科学部（応用生命科／生命産業ビジネス）●医療技術学部（臨床検査）●看護学部（看護）
本部　〒956-8603　新潟県新潟市秋葉区東島265-1　問合せ先　入試課 ☎0120-2189-50

新潟リハビリテーション大学　●医療学部（リハビリテーション）
本部　〒958-0053　新潟県村上市上の山2-16　問合せ先　入試担当 ☎0254-56-8290

富山

高岡法科大学　●法学部（法）
本部　〒939-1193　富山県高岡市戸出石代307-3　問合せ先　入試課 ☎0766-63-3388

富山国際大学　●現代社会学部（現代社会）●子ども育成学部（子ども育成）
本部　〒930-1292　富山県富山市東黒牧65-1　問合せ先　入試センター ☎076-483-8001

石川

金沢医科大学　●医学部（医）●看護学部（看護）
本部　〒920-0293　石川県河北郡内灘町大学1-1　問合せ先　入学センター ☎076-218-8063

金沢学院大学　●文学部（文）●教育学部（教育）●経済学部（経済／経営）●経済情報学部（経済情報）●芸術学部（芸術）●スポーツ科学部（スポーツ科）●栄養学部（栄養）
本部　〒920-1392　石川県金沢市末町10　問合せ先　入試広報部 ☎076-229-8833

かなざわ食マネジメント専門職大学　●フードサービスマネジメント学部（フードサービスマネジメント）
本部　〒924-0011　石川県白山市横江町8街区1番　問合せ先　入試事務局 ☎0120-5931-13

金沢星稜大学　●経済学部（経済／経営）●人間科学部（スポーツ／こども）●人文学部（国際文化）
本部　〒920-8620　石川県金沢市御所町丑10-1　問合せ先　入学課 ☎076-253-3922

金城大学　●人間社会科学部（社会福祉／子ども教育保育）●医療健康学部（理学療法／作業療法）●看護学部（看護）
本部　〒924-8511　石川県白山市笠間町1200　問合せ先　入試広報部 ☎076-276-5175

北陸大学　●薬学部（薬）●医療保健学部（医療技術／理学療法）●経済経営学部（マネジメント）●国際コミュニケーション学部（国際コミュニケーション／心理社会）
本部　〒920-1180　石川県金沢市太陽が丘1-1　問合せ先　アドミッションセンター ☎076-229-2840

北陸学院大学　●教育学部（幼児教育／初等中等教育）●社会学部（社会）●健康科学部（栄養）
本部　〒920-1396　石川県金沢市三小牛町イ11　問合せ先　アドミッションセンター ☎076-280-3855

福井

仁愛大学 ●人間学部（心理／コミュニケーション） ●人間生活学部（健康栄養／子ども教育）
本部 〒915-8586 福井県越前市大手町3-1-1 問合せ先 入学・広報センター ☎0120-27-2363

福井医療大学 ●保健医療学部（リハビリテーション／看護）
本部 〒910-3190 福井県福井市江上町55-13-1 問合せ先 入学広報室 ☎0776-59-2207

福井工業大学 ●工学部（電気電子情報工／機械工／建築土木工／原子力技術応用工） ●環境学部（環境食品応用化／デザイン） ●経営情報学部（経営情報） ●スポーツ健康科学部（スポーツ健康科）
本部 〒910-8505 福井県福井市学園3-6-1 問合せ先 入試広報課 ☎0120-291-780

山梨

健康科学大学 ●健康科学部（リハビリテーション／人間コミュニケーション） ●看護学部（看護）
本部 〒401-0380 山梨県南都留郡富士河口湖町小立7187 問合せ先 入試学生課 ☎0555-83-5231

身延山大学 ●仏教学部（仏教）
本部 〒409-2597 山梨県南巨摩郡身延町身延3567 問合せ先 入試事務室 ☎0556-62-3700

山梨英和大学 ●人間文化学部（人間文化）
本部 〒400-8555 山梨県甲府市横根町888 問合せ先 入試・広報部 ☎055-223-6022

山梨学院大学 ●法学部（法） ●経営学部（経営） ●健康栄養学部（管理栄養） ●国際リベラルアーツ学部（国際リベラルアーツ） ●スポーツ科学部（スポーツ科）
本部 〒400-8575 山梨県甲府市酒折2-4-5 問合せ先 入試センター ☎055-224-1234

長野

佐久大学 ●看護学部（看護） ●人間福祉学部（人間福祉）
本部 〒385-0022 長野県佐久市岩村田2384 問合せ先 入試広報課 ☎0267-68-6680

清泉女学院大学 ●人間学部（心理コミュニケーション／文化） ●看護学部（看護）
本部 〒381-0085 長野県長野市上野2-120-8 問合せ先 入試広報部 ☎026-295-1310

長野保健医療大学 ●保健科学部（リハビリテーション） ●看護学部（看護）
本部 〒381-2227 長野県長野市川中島町今井原11-1 問合せ先 入試センター ☎026-283-6111

松本大学 ●総合経営学部（総合経営／観光ホスピタリティ） ●人間健康学部（健康栄養／スポーツ健康） ●教育学部（学校教育）
本部 〒390-1295 長野県松本市新村2095-1 問合せ先 入試広報室 ☎0120-507-200

松本看護大学 ●看護学部（看護）
本部 〒399-0033 長野県松本市笹賀3118 問合せ先 入試広報課 ☎0263-58-4417

松本歯科大学 ●歯学部（歯）
本部 〒399-0781 長野県塩尻市広丘郷原1780 問合せ先 入試広報室 ☎0263-54-3210

岐阜

朝日大学 ●法学部（法） ●経営学部（経営） ●歯学部（歯） ●保健医療学部（看護／健康スポーツ科）
本部 〒501-0296 岐阜県瑞穂市穂積1851 問合せ先 入試広報課 ☎058-327-1088

岐阜医療科学大学 ●保健科学部（臨床検査／放射線技術） ●看護学部（看護） ●薬学部（薬）
本部 〒501-3892 岐阜県関市市平賀字長峰795-1 問合せ先 入試広報課 ☎0120-23-4186

岐阜協立大学 ●経済学部（経済／公共政策） ●経営学部（情報メディア／スポーツ経営） ●看護学部（看護）
本部 〒503-8550 岐阜県大垣市北方町5-50 問合せ先 入試広報課 ☎0584-77-3510

岐阜聖徳学園大学 ●教育学部（学校教育） ●外国語学部（外国語） ●経済情報学部（経済情報） ●看護学部（看護）
本部 〒501-6194 岐阜県岐阜市柳津町高桑西1-1 問合せ先 入学広報課 ☎058-278-0727

岐阜女子大学 ●家政学部（健康栄養／生活科） ●文化創造学部（文化創造）
本部 〒501-2592 岐阜県岐阜市太郎丸80 問合せ先 企画広報部 ☎0120-661184

岐阜保健大学 ●看護学部（看護） ●リハビリテーション学部（理学療法／作業療法）
本部 〒500-8281 岐阜県岐阜市東鶉2-92 問合せ先 入試・広報部 ☎058-274-5001

中京学院大学 ●看護学部（看護） ●経営学部（経営）
本部 〒509-9195 岐阜県中津川市千旦林1-104
問合せ先 アドミッションセンター事務部 ☎0572-68-4555

中部学院大学 ●人間福祉学部(人間福祉) ●教育学部(子ども教育) ●看護リハビリテーション学部(理学療法／看護) ●スポーツ健康科学部(スポーツ健康科)
本部 〒501-3993 岐阜県関市桐ケ丘2-1 問合せ先 入試広報課 ☎0575-24-2213

東海学院大学 ●人間関係学部(心理／子ども発達) ●健康福祉学部(管理栄養／総合福祉)
本部 〒504-8511 岐阜県各務原市那加桐野町5-68 問合せ先 入学試験課入試係 ☎0120-373-072

静岡

静岡英和学院大学 ●人間社会学部(人間社会／コミュニティ福祉)
本部 〒422-8545 静岡県静岡市駿河区池田1769 問合せ先 入試センター ☎054-261-9322

静岡産業大学 ●経営学部(経営／心理経営) ●スポーツ科学部(スポーツ科)
本部 〒438-0043 静岡県磐田市大原1572-1 問合せ先 入試課 ☎0538-31-3530

静岡福祉大学 ●社会福祉学部(福祉心理／健康福祉) ●子ども学部(子ども)
本部 〒425-8611 静岡県焼津市本中根549-1 問合せ先 入試広報課 ☎054-623-7451

静岡理工科大学 ●理工学部(機械工／電気電子工／物質生命科／建築／土木工) ●情報学部(コンピュータシステム／情報デザイン)
本部 〒437-8555 静岡県袋井市豊沢2200-2 問合せ先 入試広報推進課 ☎0538-45-0115

聖隷クリストファー大学 ●看護学部(看護) ●リハビリテーション学部(理学療法／作業療法／言語聴覚) ●社会福祉学部(社会福祉) ●国際教育学部(こども教育)
本部 〒433-8558 静岡県浜松市北区三方原町3453 問合せ先 入試・広報センター ☎053-439-1401

浜松学院大学 ●現代コミュニケーション学部(地域共創／子どもコミュニケーション)
本部 〒432-8012 静岡県浜松市中区布橋3-2-3 問合せ先 入試・広報グループ ☎053-450-7117

愛知

愛知医科大学 ●医学部(医) ●看護学部(看護)
本部 〒480-1195 愛知県長久手市岩作雁又1-1
問合せ先 医学部事務部入試課 ☎0561-61-5315 看護学部学生支援課入試係 ☎0561-61-5412

愛知学泉大学 ●家政学部(ライフスタイル／管理栄養／こどもの生活)
本部 〒444-8520 愛知県岡崎市舳越町上川成28 問合せ先 入試広報室 ☎0564-34-1215

愛知工科大学 ●工学部(機械システム工／電子ロボット工／情報メディア)
本部 〒443-0047 愛知県蒲郡市西迫町馬乗50-2 問合せ先 入試広報センター ☎0533-68-1135

愛知工業大学 ●工学部(電気／応用化／機械／土木工／建築) ●経営学部(経営) ●情報科学部(情報科)
本部 〒470-0392 愛知県豊田市八草町八千草1247 問合せ先 入試広報課 ☎0120-188-651

愛知産業大学 ●造形学部(スマートデザイン／建築) ●経営学部(総合経営)
本部 〒444-0005 愛知県岡崎市岡町原山12-5 問合せ先 入試広報課 ☎0564-48-4804

愛知東邦大学 ●経営学部(地域ビジネス／国際ビジネス) ●人間健康学部(人間健康) ●教育学部(子ども発達)
本部 〒465-8515 愛知県名古屋市名東区平和が丘3-11 問合せ先 入試広報課 ☎052-782-1600

愛知文教大学 ●人文学部(人文)
本部 〒485-8565 愛知県小牧市大草5969-3 問合せ先 入試広報センター ☎0568-78-2211

愛知みずほ大学 ●人間科学部(心身健康科)
本部 〒467-0867 愛知県名古屋市瑞穂区春敲町2-13 問合せ先 入試広報室 ☎052-882-1123

一宮研伸大学 ●看護学部(看護)
本部 〒491-0063 愛知県一宮市常願通5-4-1 問合せ先 入試広報室 ☎0586-28-8110

桜花学園大学 ●保育学部(保育／国際教養こども) ●学芸学部(英語)
本部 〒470-1193 愛知県豊明市栄町武侍48 問合せ先 入試広報課 ☎0562-97-6311

岡崎女子大学 ●子ども教育学部(子ども教育)
本部 〒444-0015 愛知県岡崎市中町1-8-4 問合せ先 入試広報課 ☎0120-351-018

金城学院大学 ●文学部(日本語日本文化／英語英米文化／外国語コミュニケーション／音楽芸術) ●生活環境学部(生活マネジメント／環境デザイン／食環境栄養) ●国際情報学部(国際情報) ●人間科学部(現代子ども教育／多元心理／コミュニティ福祉) ●薬学部(薬) ●看護学部(看護)
本部 〒463-8521 愛知県名古屋市守山区大森2-1723 問合せ先 入試広報部 ☎0120-331791

至学館大学 ●健康科学部(体育科／健康スポーツ科／栄養科／こども健康・教育)

本部 〒474-8651 愛知県大府市横根町名高山55 問合せ先 入試・広報課 ☎0562-46-8861

修文大学 ●健康栄養学部(管理栄養) ●看護学部(看護) ●医療科学部(臨床検査)
本部 〒491-0938 愛知県一宮市日光町6 問合せ先 入試センター 📞0120-138158

椙山女学園大学 ●生活科学部(管理栄養／生活環境デザイン) ●国際コミュニケーション学部(国際言語コミュニケーション／表現文化) ●人間関係学部(人間関係／心理) ●文化情報学部(文化情報／メディア情報) ●現代マネジメント学部(現代マネジメント) ●教育学部(子ども発達) ●看護学部(看護)
本部 〒464-8662 愛知県名古屋市千種区星が丘元町17-3 問合せ先 入学センター 📞0120-244-887

星城大学 ●経営学部(経営) ●リハビリテーション学部(リハビリテーション)
本部 〒476-8588 愛知県東海市富貴ノ台2-172 問合せ先 入試広報課 📞0120-601-009

大同大学 ●工学部(機械工／機械システム工／電気電子工／建築) ●情報学部(情報システム／情報デザイン／総合情報)
本部 〒457-8530 愛知県名古屋市南区滝春町10-3 問合せ先 入試・広報室 ☎052-612-6117

東海学園大学 ●経営学部(経営) ●人文学部(人文) ●心理学部(心理) ●教育学部(教育) ●スポーツ健康科学部(スポーツ健康科) ●健康栄養学部(健康栄養)
本部 〒470-0207 愛知県みよし市福谷町西ノ洞21-233 問合せ先 入試広報課 ☎052-801-1204

同朋大学 ●社会福祉学部(社会福祉) ●文学部(人文／仏教)
本部 〒453-8540 愛知県名古屋市中村区稲葉地町7-1 問合せ先 入試・広報センター ☎052-411-1247

豊田工業大学 ●工学部(先端工学基礎)
本部 〒468-8511 愛知県名古屋市天白区久方2-12-1 問合せ先 入学試験事務室 📞0120-3749-72

豊橋創造大学 ●保健医療学部(理学療法／看護) ●経営学部(経営)
本部 〒440-8511 愛知県豊橋市牛川町松下20-1 問合せ先 入試センター ☎050-2017-2100

名古屋音楽大学 ●音楽学部(音楽)
本部 〒453-8540 愛知県名古屋市中村区稲葉地町7-1 問合せ先 入試・広報センター ☎052-411-1545

名古屋外国語大学 ●外国語学部(英米語／フランス語／中国語) ●世界教養学部(世界教養／国際日本) ●世界共生学部(世界共生) ●現代国際学部(現代英語／国際教養／グローバルビジネス)
本部 〒470-0197 愛知県日進市岩崎町竹ノ山57 問合せ先 入試課 ☎0561-75-1748

名古屋学院大学 ●経済学部(経済) ●現代社会学部(現代社会) ●商学部(商／経営情報) ●法学部(法) ●外国語学部(英米語) ●国際文化学部(国際文化) ●スポーツ健康学部(スポーツ健康／こどもスポーツ教育) ●リハビリテーション学部(理学療法)
本部 〒456-8612 愛知県名古屋市熱田区熱田西町1-25 問合せ先 入学センター ☎052-678-4088

名古屋学芸大学 ●管理栄養学部(管理栄養) ●ヒューマンケア学部(子どもケア) ●メディア造形学部(映像メディア／デザイン／ファッション造形) ●看護学部(看護)
本部 〒470-0196 愛知県日進市岩崎町竹ノ山57 問合せ先 入試課 ☎0561-75-1745

名古屋経済大学 ●経済学部(現代経済) ●経営学部(経営) ●法学部(ビジネス法) ●人間生活科学部(管理栄養／教育保育)
本部 〒484-8504 愛知県犬山市内久保61-1 問合せ先 広報センター ☎0568-67-0624

名古屋芸術大学 ●芸術学部(芸術) ●教育学部(子ども)
本部 〒481-8503 愛知県北名古屋市熊之庄古井281 問合せ先 広報部学生募集チーム ☎0568-24-0318

名古屋国際工科専門職大学 ●工科学部(情報工／デジタルエンタテインメント)
本部 〒450-0002 愛知県名古屋市中村区名駅4-27-1 問合せ先 アドミッションセンター ☎052-561-2001

名古屋産業大学 ●現代ビジネス学部(現代ビジネス／経営専門職)
本部 〒488-8711 愛知県尾張旭市新居町山の田3255-5 問合せ先 入試広報室 📞0120-546-160

名古屋商科大学 ●経営管理課程 ●経済学部(経済／総合政策) ●経営学部(経営／経営情報) ●商学部(マーケティング／会計) ●国際学部(グローバル教養／英語)
本部 〒470-0193 愛知県日進市米野木町三ヶ峯4-4 問合せ先 入試広報 📞0120-41-3006

名古屋女子大学 ●健康科学部(健康栄養／看護) ●家政学部(生活環境) ●文学部(児童教育) ●医療科学部(理学療法／作業療法)
本部 〒467-8610 愛知県名古屋市瑞穂区汐路町3-40 問合せ先 入試広報課 📞0120-758-206

名古屋造形大学 ●造形学部(造形)
本部 〒462-8545 愛知県名古屋市北区名城2-4-1 問合せ先 入試・広報センター ☎052-908-1630(代)

名古屋文理大学　●**健康生活学部**(健康栄養／フードビジネス)　●**情報メディア学部**(情報メディア)
本部　〒492-8520　愛知県稲沢市稲沢町前田365　問合せ先　入試広報課 ☎0587-23-2400(代)

名古屋柳城女子大学　●**こども学部**(こども)
本部　〒466-0034　愛知県名古屋市昭和区明月町2-54　問合せ先　入試広報課 ☎052-848-8281

日本赤十字豊田看護大学　●**看護学部**(看護)
本部　〒471-8565　愛知県豊田市白山町七曲12-33　問合せ先　企画・地域交流課 ☎0565-36-5228

日本福祉大学　●**社会福祉学部**(社会福祉)　●**教育・心理学部**(子ども発達／心理)　●**スポーツ科学部**(スポーツ科)　●**健康科学部**(リハビリテーション／福祉工)　●**経済学部**(経済)　●**国際福祉開発学部**(国際福祉開発)　●**看護学部**(看護)
本部　〒470-3295　愛知県知多郡美浜町奥田会下前35-6　問合せ先　入学広報課 ☎0569-87-2212

人間環境大学　●**心理学部**(心理／犯罪心理)　●**環境科学部**(フィールド生態／環境データサイエンス)　●**総合心理学部**(総合心理)　●**看護学部**(看護)　●**松山看護学部**(看護)
本部　〒444-3505　愛知県岡崎市本宿町上三本松6-2　問合せ先　入試・広報部 FREE 0120-48-7812

藤田医科大学　●**医学部**(医)　●**医療科学部**(医療検査／放射線)　●**保健衛生学部**(看護／リハビリテーション)
本部　〒470-1192　愛知県豊明市沓掛町田楽ヶ窪1-98
問合せ先　入試係 ☎0562-93-2493(医)　☎0562-93-9959(医療科・保健衛生)

三重

皇學館大学　●**文学部**(神道／国文／国史／コミュニケーション)　●**教育学部**(教育)　●**現代日本社会学部**(現代日本社会)
本部　〒516-8555　三重県伊勢市神田久志本町1704　問合せ先　学生支援部入試担当 ☎0596-22-6316

鈴鹿大学　●**国際地域学部**(国際地域)　●**こども教育学部**(こども教育)
本部　〒510-0298　三重県鈴鹿市郡山町663-222　問合せ先　入試広報課 FREE 0120-919-593

鈴鹿医療科学大学　●**保健衛生学部**(放射線技術科／医療栄養／臨床検査／リハビリテーション／医療福祉／鍼灸サイエンス／救急救命)　●**医用工学部**(臨床工／医療健康データサイエンス)　●**薬学部**(薬)　●**看護学部**(看護)
本部　〒510-0293　三重県鈴鹿市岸岡町1001-1　問合せ先　入学課 ☎059-383-9591

四日市大学　●**総合政策学部**(総合政策)　●**環境情報学部**(環境情報)
本部　〒512-8512　三重県四日市市萱生町1200　問合せ先　入試広報室 ☎059-365-6711

四日市看護医療大学　●**看護医療学部**(看護／臨床検査)
本部　〒512-8045　三重県四日市市萱生町1200　問合せ先　入試広報室 ☎059-340-0707

滋賀

成安造形大学　●**芸術学部**(芸術)
本部　〒520-0248　滋賀県大津市仰木の里東4-3-1　問合せ先　入学広報センター ☎077-574-2119

聖泉大学　●**看護学部**(看護)　●**人間学部**(人間心理)
本部　〒521-1123　滋賀県彦根市肥田町720　問合せ先　アドミッション室 ☎0749-43-7511

長浜バイオ大学　●**バイオサイエンス学部**(フロンティアバイオサイエンス／メディカルバイオサイエンス／アニマルバイオサイエンス)
本部　〒526-0829　滋賀県長浜市田村町1266　問合せ先　入試係 ☎0749-64-8100(代)

びわこ学院大学　●**教育福祉学部**(子ども／スポーツ教育)
本部　〒527-8533　滋賀県東近江市布施町29　問合せ先　入学センター ☎0748-35-0006

びわこ成蹊スポーツ大学　●**スポーツ学部**(スポーツ)
本部　〒520-0503　滋賀県大津市北比良1204　問合せ先　入試部入試課 ☎077-596-8425

びわこリハビリテーション専門職大学　●**リハビリテーション学部**(理学療法／作業療法)
本部　〒527-0145　滋賀県東近江市北坂町967　問合せ先　入試広報グループ ☎0749-46-2311

京都

大谷大学　●**文学部**(真宗／仏教／哲／歴史／文)　●**社会学部**(現代社会／コミュニティデザイン)　●**教育学部**(教育)　●**国際学部**(国際文化)
本部　〒603-8143　京都府京都市北区小山上総町　問合せ先　入学センター ☎075-411-8114

京都医療科学大学　●**医療科学部**(放射線技術)
本部　〒622-0041　京都府南丹市園部町小山東町今北1-3　問合せ先　事務課(入試担当) ☎0771-63-0186

京都外国語大学　●**外国語学部**（英米語／スペイン語／フランス語／ドイツ語／ブラジルポルトガル語／中国語／日本語／イタリア語／ロシア語）　●**国際貢献学部**（グローバルスタディーズ／グローバル観光）
本部　〒615-8558　京都府京都市右京区西院笠目町6　**問合せ先**　入試広報部 ☎075-322-6035

京都華頂大学　●**現代家政学部**（現代家政／食物栄養）
本部　〒605-0062　京都府京都市東山区林下町3-456　**問合せ先**　入学広報室 ☎075-551-1211

京都看護大学　●**看護学部**（看護）
本部　〒604-8845　京都府京都市中京区壬生東高田町1-21　**問合せ先**　入試課 ☎075-311-0123

京都芸術大学　●**芸術学部**（美術工芸／マンガ／キャラクターデザイン／情報デザイン／プロダクトデザイン／空間演出デザイン／環境デザイン／映画／舞台芸術／文芸表現／アートプロデュース／こども芸術／歴史遺産）
本部　〒606-8271　京都府京都市左京区北白川瓜生山2-116
問合せ先　アドミッション・オフィス 📞0120-591-200

京都光華女子大学　●**健康科学部**（健康栄養／医療福祉／心理／看護）　●**キャリア形成学部**（キャリア形成）　●**こども教育学部**（こども教育）　●**人間健康学群**
本部　〒615-0882　京都府京都市右京区西京極葛野町38　**問合せ先**　入学・広報センター ☎075-312-1899

京都精華大学　●**国際文化学部**（人文／グローバルスタディーズ）　●**メディア表現学部**（メディア表現）　●**芸術学部**（造形）　●**デザイン学部**（イラスト／ビジュアルデザイン／プロダクトデザイン／建築）　●**マンガ学部**（マンガ／アニメーション）
本部　〒606-8588　京都府京都市左京区岩倉木野町137　**問合せ先**　入学グループ ☎075-702-5100

京都先端科学大学　●**経済経営学部**（経済／経営）　●**人文学部**（心理／歴史文化）　●**バイオ環境学部**（バイオサイエンス／バイオ環境デザイン／食農）　●**健康医療学部**（看護／言語聴覚／健康スポーツ）　●**工学部**（機械電気システム工）
本部　〒615-8577　京都府京都市右京区山ノ内五反田町18　**問合せ先**　入学センター ☎075-406-9270

京都橘大学　●**国際英語学部**（国際英語）　●**文学部**（日本語日本文／歴史／歴史遺産）　●**発達教育学部**（児童教育）　●**総合心理学部**（総合心理）　●**経済学部**（経済）　●**経営学部**（経営）　●**工学部**（情報工／建築デザイン）　●**看護学部**（看護）　●**健康科学部**（理学療法／作業療法／救急救命／臨床検査）
本部　〒607-8175　京都府京都市山科区大宅山田町34　**問合せ先**　入学課 ☎075-574-4116

京都ノートルダム女子大学　●**国際言語文化学部**（英語英文／国際日本文化）　●**現代人間学部**（生活環境／心理／こども教育）　●**社会情報課程**
本部　〒606-0847　京都府京都市左京区下鴨南野々神町1　**問合せ先**　入試・広報課 ☎075-706-3747

京都美術工芸大学　●**建築学部**（建築）　●**芸術学部**（デザイン・工芸）
本部　〒622-0041　京都府南丹市園部町二本松1-1　**問合せ先**　入試・広報課 📞0120-33-3372

京都文教大学　●**総合社会学部**（総合社会）　●**臨床心理学部**（臨床心理）　●**こども教育学部**（こども教育）
本部　〒611-0041　京都府宇治市槇島町千足80　**問合せ先**　入試広報課 ☎0774-25-2488

京都薬科大学　●**薬学部**（薬）
本部　〒607-8414　京都府京都市山科区御陵中内町5　**問合せ先**　入試課 ☎075-595-4678

嵯峨美術大学　●**芸術学部**（造形／デザイン）
本部　〒616-8362　京都府京都市右京区嵯峨五島町1　**問合せ先**　入学広報グループ ☎075-864-7878

種智院大学　●**人文学部**（仏教／社会福祉）
本部　〒612-8156　京都府京都市伏見区向島西定請70　**問合せ先**　教務課入試担当 ☎075-604-5600（代）

花園大学　●**文学部**（仏教／日本史／日本文）　●**社会福祉学部**（社会福祉／臨床心理／児童福祉）
本部　〒604-8456　京都府京都市中京区西ノ京壺ノ内町8-1　**問合せ先**　入試課 ☎075-277-1331

平安女学院大学　●**国際観光学部**（国際観光）　●**子ども教育学部**（子ども教育）
本部　〒602-8029　京都府京都市上京区武衛陣町221　**問合せ先**　入学センター ☎075-414-8108

明治国際医療大学　●**看護学部**（看護）　●**保健医療学部**（救急救命／柔道整復）　●**鍼灸学部**（鍼灸）
本部　〒629-0392　京都府南丹市日吉町　**問合せ先**　入試事務室 ☎0771-72-1188

大阪

藍野大学　●**医療保健学部**（看護／理学療法／作業療法／臨床工）
本部　〒567-0012　大阪府茨木市東太田4-5-4　**問合せ先**　入試広報グループ ☎072-627-1766

追手門学院大学　●**文学部**（人文）　●**国際学部**（国際）　●**心理学部**（心理）　●**社会学部**（社会）　●**法学部**（法律）　●**経済学部**（経済）　●**経営学部**（経営）　●**地域創造学部**（地域創造）

本部 〒567-8502 大阪府茨木市西安威2-1-15 問合せ先 入試課 ☎072-641-9644

大阪青山大学 ●**健康科学部**(健康栄養／看護) ●**子ども教育学部**(子ども教育)
本部 〒562-8580 大阪府箕面市新稲2-11-1 問合せ先 入試部 ☎072-723-4480

大阪医科薬科大学 ●**医学部**(医) ●**薬学部**(薬) ●**看護学部**(看護)
本部 〒569-8686 大阪府高槻市大学町2-7 問合せ先 入試・広報課 ☎072-684-7117

大阪大谷大学 ●**薬学部**(薬) ●**文学部**(日本語日本文／歴史文化) ●**教育学部**(教育) ●**人間社会学部**(人間社会／スポーツ健康)
本部 〒584-8540 大阪府富田林市錦織北3-11-1 問合せ先 入試広報課 ☎0721-24-1031

大阪音楽大学 ●**音楽学部**(音楽)
本部 〒561-8555 大阪府豊中市庄内幸町1-1-8 問合せ先 入試センター 📞0120-414-015

大阪学院大学 ●**商学部**(商) ●**経営学部**(経営／ホスピタリティ経営) ●**経済学部**(経済) ●**法学部**(法) ●**外国語学部**(英語) ●**国際学部**(国際) ●**情報学部**(情報)
本部 〒564-8511 大阪府吹田市岸部南2-36-1 問合せ先 入試事務室 ☎06-6381-8434(代)

大阪河﨑リハビリテーション大学 ●**リハビリテーション学部**(リハビリテーション)
本部 〒597-0104 大阪府貝塚市水間158 問合せ先 アドミッション・オフィス ☎072-446-7400

大阪観光大学 ●**観光学部**(観光) ●**国際交流学部**(国際交流)
本部 〒590-0493 大阪府泉南郡熊取町大久保南5-3-1 問合せ先 入試広報課 ☎072-453-8222

大阪経済法科大学 ●**経済学部**(経済) ●**経営学部**(経営) ●**国際学部**(国際) ●**法学部**(法律)
本部 〒581-8511 大阪府八尾市楽音寺6-10 問合せ先 入試課 ☎072-943-7760

大阪芸術大学 ●**芸術学部**(アートサイエンス／美術／デザイン／工芸／写真／建築／映像／キャラクター造形／文芸／放送／芸術計画／舞台芸術／音楽／演奏／初等芸術教育)
本部 〒585-8555 大阪府南河内郡河南町東山469 問合せ先 入試課 ☎0721-93-6583

大阪国際大学 ●**経営経済学部**(経営／経済) ●**人間科学部**(心理コミュニケーション／人間健康科／スポーツ行動) ●**国際教養学部**(国際コミュニケーション／国際観光)
本部 〒570-8555 大阪府守口市藤田町6-21-57 問合せ先 入試・広報部 ☎06-6907-4310

大阪国際工科専門職大学 ●**工科学部**(情報工／デジタルエンタテインメント)
本部 〒530-0001 大阪府大阪市北区梅田3-3-1 問合せ先 アドミッションセンター ☎06-6347-0111

大阪産業大学 ●**国際学部**(国際) ●**スポーツ健康学部**(スポーツ健康) ●**経営学部**(経営／商) ●**経済学部**(経済／国際経済) ●**デザイン工学部**(情報システム／建築・環境デザイン／環境理工) ●**工学部**(機械工／交通機械工／都市創造工／電気電子情報工)
本部 〒574-8530 大阪府大東市中垣内3-1-1 問合せ先 入試センター ☎072-875-3001(代)

大阪歯科大学 ●**歯学部**(歯) ●**医療保健学部**(口腔保健／口腔工)
本部 〒573-1121 大阪府枚方市楠葉花園町8-1 問合せ先 アドミッションセンター ☎072-864-5511

大阪樟蔭女子大学 ●**学芸学部**(国文／国際英語／心理／ライフプランニング／化粧ファッション) ●**児童教育学部**(児童教育) ●**健康栄養学部**(健康栄養)
本部 〒577-8550 大阪府東大阪市菱屋西4-2-26 問合せ先 樟蔭学園入試広報課 ☎06-6723-8274

大阪商業大学 ●**経済学部**(経済) ●**総合経営学部**(経営／商) ●**公共学部**(公共)
本部 〒577-8505 大阪府東大阪市御厨栄町4-1-10 問合せ先 広報入試課 ☎06-6787-2424

大阪女学院大学 ●**国際・英語学部**(国際・英語)
本部 〒540-0004 大阪府大阪市中央区玉造2-26-54 問合せ先 アドミッションセンター ☎06-6761-9369

大阪信愛学院大学 ●**教育学部**(教育) ●**看護学部**(看護)
本部 〒536-8585 大阪府大阪市東区古市2-7-30 問合せ先 入試広報課 ☎06-6939-4391(代)

大阪成蹊大学 ●**経営学部**(経営／スポーツマネジメント) ●**国際観光学部**(国際観光) ●**教育学部**(教育) ●**芸術学部**(造形芸術) ●**データサイエンス学部**(データサイエンス) ●**看護学部**(看護)
本部 〒533-0007 大阪府大阪市東淀川区相川3-10-62 問合せ先 入試統括本部 ☎06-6829-2554

大阪総合保育大学 ●**児童保育学部**(児童保育／乳児保育)
本部 〒546-0013 大阪府大阪市東住吉区湯里6-4-26 問合せ先 入試広報課 ☎06-6702-7603

大阪体育大学 ●**体育学部**(スポーツ教育／健康・スポーツマネジメント) ●**教育学部**(教育)
本部 〒590-0496 大阪府泉南郡熊取町朝代台1-1 問合せ先 入試部 ☎072-453-7070

大阪電気通信大学 ●**工学部**(電気電子工／電子機械工／機械工／基礎理工／環境科／建築) ●**情報通信工学部**

(情報工／通信工) ●医療健康科学部(医療科／理学療法／健康スポーツ科) ●総合情報学部(デジタルゲーム／ゲーム&メディア／情報)
本部 〒572-8530 大阪府寝屋川市初町18-8 問合せ先 入試部 ☎072-813-7374

大阪人間科学大学 ●保健医療学部(理学療法／作業療法／言語聴覚) ●心理学部(心理) ●人間科学部(社会福祉／医療福祉／子ども教育)
本部 〒566-8501 大阪府摂津市正雀1-4-1 問合せ先 入試広報センター ☎06-6318-2020

大阪物療大学 ●保健医療学部(診療放射線技術)
本部 〒593-8324 大阪府堺市西区鳳東町4-410-5 問合せ先 入試課 ☎072-260-0096

大阪保健医療大学 ●保健医療学部(リハビリテーション)
本部 〒530-0043 大阪府大阪市北区天満1-9-27 問合せ先 事務局 ☎0120-581-834

大阪行岡医療大学 ●医療学部(理学療法)
本部 〒567-0801 大阪府茨木市総持寺1-1-41 問合せ先 事務室 ☎072-621-0881(代)

関西医科大学 ●医学部(医) ●看護学部(看護) ●リハビリテーション学部(理学療法／作業療法)
本部 〒573-1010 大阪府枚方市新町2-5-1 問合せ先 入試センター ☎072-804-0101(代)

関西医療大学 ●保健看護学部(保健看護) ●保健医療学部(理学療法／作業療法／臨床検査／はり灸・スポーツトレーナー／ヘルスプロモーション整復)
本部 〒590-0482 大阪府泉南郡熊取町若葉2-11-1 問合せ先 入試・広報課 ☎072-453-8251(代)

関西福祉科学大学 ●社会福祉学部(社会福祉) ●心理科学部(心理科) ●健康福祉学部(健康科／福祉栄養) ●保健医療学部(リハビリテーション) ●教育学部(教育)
本部 〒582-0026 大阪府柏原市旭ケ丘3-11-1 問合せ先 入試広報部 ☎072-978-0676

滋慶医療科学大学 ●医療科学部(臨床工)
本部 〒532-0003 大阪府大阪市淀川区宮原1-2-8 問合せ先 入試事務局 ☎06-6394-1617

四條畷学園大学 ●リハビリテーション学部(リハビリテーション) ●看護学部(看護)
本部 〒547-0011 大阪府大東市北条5-11-10
問合せ先 リハビリテーション学部事務室 ☎0120-86-7810 看護学部事務室 ☎0120-11-2623

四天王寺大学 ●人文社会学部(日本／国際キャリア／社会／人間福祉) ●教育学部(教育) ●経営学部(経営) ●看護学部(看護)
本部 〒583-8501 大阪府羽曳野市学園前3-2-1 問合せ先 入試・広報課 ☎072-956-3183

千里金蘭大学 ●栄養学部(栄養) ●教育学部(教育) ●看護学部(看護)
本部 〒565-0873 大阪府吹田市藤白台5-25-1 問合せ先 アドミッションセンター ☎06-6872-0721

相愛大学 ●音楽学部(音楽) ●人文学部(人文) ●人間発達学部(子ども発達／発達栄養)
本部 〒559-0033 大阪府大阪市住之江区南港中4-4-1 問合せ先 入試課 ☎06-6612-5905

太成学院大学 ●看護学部(看護) ●人間学部(子ども発達／健康スポーツ／心理カウンセリング) ●経営学部(現代ビジネス)
本部 〒587-8555 大阪府堺市美原区平尾1060-1 問合せ先 入試課 ☎0120-623-732

宝塚大学 ●看護学部(看護) ●東京メディア芸術学部(メディア芸術)
本部 〒530-0012 大阪府大阪市北区芝田1-13-16
問合せ先 入試課 ☎0120-580-007(看護) ☎0120-627-837(東京メディア芸術)

帝塚山学院大学 ●リベラルアーツ学部(リベラルアーツ) ●人間科学部(心理／食物栄養)
本部 〒590-0113 大阪府堺市南区晴美台4-2-2 問合せ先 アドミッションセンター ☎072-290-0652

常磐会学園大学 ●国際こども教育学部(国際こども教育)
本部 〒547-0021 大阪府大阪市平野区喜連東1-4-12 問合せ先 入試広報課 ☎06-4302-8881

梅花女子大学 ●文化表現学部(情報メディア／日本文化／国際英語) ●心理こども学部(こども教育／心理) ●食文化学部(食文化／管理栄養) ●看護保健学部(看護／口腔保健)
本部 〒567-8578 大阪府茨木市宿久庄2-19-5 問合せ先 入試センター ☎072-643-6566

羽衣国際大学 ●現代社会学部(現代社会／放送・メディア映像) ●人間生活学部(人間生活／食物栄養)
本部 〒592-8344 大阪府堺市西区浜寺南町1-89-1 問合せ先 入試広報課 ☎072-265-7200

阪南大学 ●国際コミュニケーション学部(国際コミュニケーション) ●国際観光学部(国際観光) ●経済学部(経済) ●流通学部(流通) ●経営情報学部(経営情報)
本部 〒580-8502 大阪府松原市天美東5-4-33 問合せ先 入試広報課 ☎072-332-1224(代)

東大阪大学 ●こども学部（こども／国際教養こども）
本部 〒577-8567 大阪府東大阪市西堤学園町3-1-1 問合せ先 入試広報部 ☎06-6782-2884

桃山学院大学 ●国際教養学部（英語・国際文化） ●社会学部（社会／ソーシャルデザイン） ●法学部（法律） ●経済学部（経済） ●経営学部（経営） ●ビジネスデザイン学部（ビジネスデザイン）
本部 〒594-1198 大阪府和泉市まなび野1-1 問合せ先 入試課 ☎0725-54-3245

桃山学院教育大学 ●人間教育学部（人間教育）
本部 〒590-0114 大阪府堺市南区槇塚台4-5-1 問合せ先 入試センター ☎072-247-5605

森ノ宮医療大学 ●看護学部（看護） ●総合リハビリテーション学部（理学療法／作業療法） ●医療技術学部（臨床検査／臨床工／診療放射線／鍼灸）
本部 〒559-8611 大阪府大阪市住之江区南港北1-26-16 問合せ先 入試課 0120-68-8908

大和大学 ●情報学部（情報） ●社会学部（社会） ●理工学部（理工） ●政治経済学部（政治・政策／経済経営） ●教育学部（教育） ●保健医療学部（看護／総合リハビリテーション）
本部 〒564-0082 大阪府吹田市片山町2-5-1 問合せ先 入試広報本部 ☎06-6155-8025

兵 庫

芦屋大学 ●臨床教育学部（教育／児童教育） ●経営教育学部（経営教育）
本部 〒659-8511 兵庫県芦屋市六麓荘町13-22 問合せ先 入試広報部 0120-898-046

大手前大学 ●経営学部（経営） ●国際日本学部（国際日本） ●現代社会学部（現代社会） ●建築&芸術学部（建築&芸術） ●健康栄養学部（管理栄養） ●国際看護学部（看護）
本部 〒662-8552 兵庫県西宮市御茶家所町6-42 問合せ先 アドミッションズオフィス ☎0798-36-2532

関西看護医療大学 ●看護学部（看護）
本部 〒656-2131 兵庫県淡路市志筑1456-4 問合せ先 事務局入試係 ☎0799-60-1200

関西国際大学 ●国際コミュニケーション学部（グローバルコミュニケーション／観光） ●社会学部（社会） ●心理学部（心理） ●教育学部（教育福祉） ●経営学部（経営） ●保健医療学部（看護）
本部 〒673-0521 兵庫県三木市志染町青山1-18 問合せ先 入試課 ☎078-341-1615

関西福祉大学 ●社会福祉学部（社会福祉） ●教育学部（児童教育／保健教育） ●看護学部（看護）
本部 〒678-0255 兵庫県赤穂市新田380-3 問合せ先 入試センター ☎0791-46-2500

甲子園大学 ●栄養学部（栄養／食創造） ●心理（現代応用心理）
本部 〒665-0006 兵庫県宝塚市紅葉ガ丘10-1 問合せ先 入試センター事務室 ☎0797-87-2493

甲南女子大学 ●国際学部（国際英語／多文化コミュニケーション） ●文学部（日本語日本文化／メディア表現） ●人間科学部（心理／総合子ども／文化社会／生活環境） ●看護リハビリテーション学部（看護／理学療法） ●医療栄養学部（医療栄養）
本部 〒658-0001 兵庫県神戸市東灘区森北町6-2-23 問合せ先 入試課 ☎078-431-0499

神戸医療未来大学 ●人間社会学部（健康スポーツコミュニケーション／未来社会／経営データビジネス）
本部 〒679-2217 兵庫県神崎郡福崎町高岡1966-5 問合せ先 アドミッションオフィス 0120-155-123

神戸海星女子学院大学 ●現代人間学部（英語観光／心理こども）
本部 〒657-0805 兵庫県神戸市灘区青谷町2-7-1 問合せ先 アドミッションセンター ☎078-801-4117

神戸芸術工科大学 ●芸術工学部（環境デザイン／プロダクト・インテリアデザイン／ビジュアルデザイン／映像表現／まんが表現／ファッションデザイン／アート・クラフト）
本部 〒651-2196 兵庫県神戸市西区学園西町8-1-1 問合せ先 広報入試課 0120-514-103

神戸国際大学 ●経済学部（経済経営／国際文化ビジネス・観光） ●リハビリテーション学部（理学療法）
本部 〒658-0032 兵庫県神戸市東灘区向洋町中9-1-6 問合せ先 入試センター ☎078-845-3131

神戸松蔭女子学院大学 ●教育学部（教育） ●文学部（英語／日本語日本文化） ●人間科学部（心理／都市生活／食物栄養／ファッション・ハウジングデザイン）
本部 〒657-0015 兵庫県神戸市灘区篠原伯母野山町1-2-1 問合せ先 入試・広報課 ☎078-882-6123

神戸女学院大学 ●文学部（英文／総合文化） ●人間科学部（心理・行動科／環境・バイオサイエンス） ●音楽学部（音楽）
本部 〒662-8505 兵庫県西宮市岡田山4-1 問合せ先 入学センター・広報室 ☎0798-51-8543

神戸親和大学 ●文学部（国際文化／心理） ●教育学部（児童教育／スポーツ教育）
本部 〒651-1111 兵庫県神戸市北区鈴蘭台北町7-13-1
問合せ先 アドミッションセンター ☎078-591-5229

神戸常盤大学 ●保健科学部(医療検査／看護／診療放射線／口腔保健) ●教育学部(こども教育)
本部 〒653-0838 兵庫県神戸市長田区大谷町2-6-2 問合せ先 入試広報課 ☎078-611-1833

神戸薬科大学 ●薬学部(薬)
本部 〒658-8558 兵庫県神戸市東灘区本山北町4-19-1 問合せ先 入試課 ☎078-441-7691

園田学園女子大学 ●人間健康学部(総合健康／人間看護／食物栄養) ●人間教育学部(児童教育) ●経営学部(ビジネス)
本部 〒661-8520 兵庫県尼崎市南塚口町7-29-1 問合せ先 入試広報部入試課 ☎06-6429-9254

宝塚医療大学 ●保健医療学部(理学療法／柔道整復／鍼灸／口腔保健) ●和歌山保健医療学部(リハビリテーション／看護)
本部 〒666-0162 兵庫県宝塚市花屋敷緑ガ丘1 問合せ先 入試課 ☎072-736-8600

姫路大学 ●看護学部(看護) ●教育学部(こども未来)
本部 〒671-0101 兵庫県姫路市大塩町2042-2 問合せ先 入学センター ☎079-247-7306

姫路獨協大学 ●人間社会学群(国際言語文化／現代法律／産業経営) ●医療保健学部(理学療法／作業療法／言語聴覚療法／臨床工) ●薬学部(医療薬) ●看護学部(看護)
本部 〒670-8524 兵庫県姫路市上大野7-2-1 問合せ先 入試センター ☎079-223-6515

兵庫大学 ●現代ビジネス学部(現代ビジネス) ●健康科学部(栄養マネジメント／健康システム) ●看護学部(看護) ●生涯福祉学部(社会福祉) ●教育学部(教育)
本部 〒675-0195 兵庫県加古川市平岡町新在家2301 問合せ先 入学課 ☎079-427-1116

兵庫医科大学 ●医学部(医) ●薬学部(医療薬) ●看護学部(看護) ●リハビリテーション学部(理学療法／作業療法)
本部 〒663-8501 兵庫県西宮市武庫川町1-1
問合せ先 入試センター ☎0798-45-6162(医) ☎078-304-3030(薬・看護・リハビリテーション)

流通科学大学 ●商学部(マーケティング／経営) ●経済学部(経済／経済情報) ●人間社会学部(人間社会／観光／人間健康)
本部 〒651-2188 兵庫県神戸市西区学園西町3-1 問合せ先 入試部 ☎078-794-2231

奈良

畿央大学 ●健康科学部(理学療法／看護医療／健康栄養／人間環境デザイン) ●教育学部(現代教育)
本部 〒635-0832 奈良県北葛城郡広陵町馬見中4-2-2 問合せ先 入学センター ☎0745-54-1603

帝塚山大学 ●文学部(日本文化) ●経済経営学部(経済経営) ●法学部(法) ●心理学部(心理) ●現代生活学部(食物栄養／居住空間デザイン) ●教育学部(こども教育)
本部 〒631-8501 奈良県奈良市帝塚山7-1-1 問合せ先 入試広報課 ☎0742-48-8821

天理大学 ●人間学部(宗教／人間関係) ●文学部(国文学国語／歴史文化) ●国際学部(外国語／地域文化) ●体育学部(体育) ●医療学部(看護／臨床検査)
本部 〒632-8510 奈良県天理市杣之内町1050 問合せ先 入学課 ☎0743-62-2164

奈良大学 ●文学部(国文／史／地理／文化財) ●社会学部(心理／総合社会)
本部 〒631-8502 奈良県奈良市山陵町1500 問合せ先 入学センター ☎0742-41-9502

奈良学園大学 ●人間教育学部(人間教育) ●保健医療学部(看護／リハビリテーション)
本部 〒631-8524 奈良県奈良市中登美ヶ丘3-15-1 問合せ先 入試広報課 ☎0742-93-9958

和歌山

高野山大学 ●文学部(密教／教育)
本部 〒648-0280 和歌山県伊都郡高野町高野山385 問合せ先 総務課 ☎0736-56-2921

和歌山信愛大学 ●教育学部(子ども教育)
本部 〒640-8022 和歌山県和歌山市住吉町1 問合せ先 アドミッション・オフィス ☎073-488-3120

和歌山リハビリテーション専門職大学 ●健康科学部(リハビリテーション)
本部 〒640-8222 和歌山県和歌山市湊本町3-1 問合せ先 入試担当 ☎073-435-4888

鳥取

鳥取看護大学 ●看護学部(看護)
本部 〒682-8555 鳥取県倉吉市福庭854 問合せ先 入試広報課 ☎0858-26-9171

岡　山

岡山医療専門職大学　●健康科学部（理学療法／作業療法）
本部　〒700-0913　岡山県岡山市北区大供3-2-18　問合せ先　入試事務局 ☎086-233-8020

岡山学院大学　●人間生活学部（食物栄養）
本部　〒710-8511　岡山県倉敷市有城787　問合せ先　入試事務室 ☎086-428-2651（代）

岡山商科大学　●法学部（法）　●経済学部（経済）　●経営学部（経営／商）
本部　〒700-8601　岡山県岡山市北区津島京町2-10-1　問合せ先　入試課 ☎086-256-6652

岡山理科大学　●理学部（応用数／基礎理／物理／化／動物／臨床生命科）　●工学部（機械システム工／電気電子システム／情報工／応用化／建築／生命医療工）　●情報理工学部（情報理工）　●生命科学部（生物科）　●生物地球学部（生物地球）　●教育学部（初等教育／中等教育）　●経営学部（経営）　●獣医学部（獣医／獣医保健看護）　●アクティブラーナーズコース
本部　〒700-0005　岡山県岡山市北区理大町1-1　問合せ先　入試広報部 ☎086-256-8415

川崎医科大学　●医学部（医）
本部　〒701-0192　岡山県倉敷市松島577　問合せ先　教務課入試係 ☎086-464-1012

川崎医療福祉大学　●医療福祉学部（医療福祉／臨床心理／子ども医療福祉）　●保健看護学部（保健看護）　●リハビリテーション学部（理学療法／作業療法／言語聴覚療法／視能療法）　●医療技術学部（臨床検査／診療放射線技術／臨床工／臨床栄養／健康体育）　●医療福祉マネジメント学部（医療福祉経営／医療情報／医療秘書／医療福祉デザイン）
本部　〒701-0193　岡山県倉敷市松島288　問合せ先　川崎学園アドミッションセンター ☎086-464-1064

環太平洋大学　●次世代教育学部（教育経営／こども発達）　●体育学部（体育／健康科）　●経済経営学部（現代経営）
本部　〒709-0863　岡山県岡山市東区瀬戸町観音寺721　問合せ先　入試室 ☎086-908-0362

吉備国際大学　●社会科学部（経営社会／スポーツ社会）　●保健医療福祉学部（看護／理学療法／作業療法）　●心理学部（心理）　●農学部（地域創成農／海洋水産生物）　●外国語学部（外国）　●アニメーション文化学部（アニメーション文化）
本部　〒716-8508　岡山県高梁市伊賀町8　問合せ先　入試広報室 📞0120-25-9944

倉敷芸術科学大学　●芸術学部（デザイン芸術／メディア映像）　●生命科学部（生命科／生命医科／動物生命科／健康科）
本部　〒712-8505　岡山県倉敷市連島町西之浦2640　問合せ先　入試広報部 ☎086-440-1112

くらしき作陽大学　●音楽学部（音楽）　●食文化学部（栄養／現代食文化）　●子ども教育学部（子ども教育）
本部　〒710-0292　岡山県倉敷市玉島長尾3515　問合せ先　入試広報室 📞0120-911-394

山陽学園大学　●総合人間学部（言語文化／ビジネス心理）　●地域マネジメント学部（地域マネジメント）　●看護学部（看護）
本部　〒703-8501　岡山県岡山市中区平井1-14-1　問合せ先　入試部 ☎086-272-4024

就実大学　●人文科学部（表現文化／実践英語／総合歴史）　●教育学部（初等教育／教育心理）　●経営学部（経営）　●薬学部（薬）
本部　〒703-8516　岡山県岡山市中区西川原1-6-1　問合せ先　入試課 ☎086-271-8118

中国学園大学　●現代生活学部（人間栄養）　●子ども学部（子ども）　●国際教養学部（国際教養）
本部　〒701-0197　岡山県岡山市北区庭瀬83　問合せ先　入試広報部 ☎086-293-0541

ノートルダム清心女子大学　●文学部（英語英文／日本語日本文／現代社会）　●人間生活学部（人間生活／児童／食品栄養）
本部　〒700-8516　岡山県岡山市北区伊福町2-16-9　問合せ先　入試広報部 ☎086-255-5585

美作大学　●生活科学部（食物／児童／社会福祉）
本部　〒708-8511　岡山県津山市北園町50　問合せ先　学生募集広報室 ☎0868-22-5570

広　島

エリザベト音楽大学　●音楽学部（音楽文化／演奏）
本部　〒730-0016　広島県広島市中区幟町4-15　問合せ先　企画・広報 ☎082-225-8009

日本赤十字広島看護大学　●看護学部（看護）
本部　〒738-0052　広島県廿日市市阿品台東1-2　問合せ先　入試課 ☎0829-20-2860

比治山大学　●現代文化学部（言語文化／マスコミュニケーション／社会臨床心理／子ども発達教育）

●健康栄養学部(管理栄養)
本部 〒732-8509 広島県広島市東区牛田新町4-1-1 問合せ先 入試広報課 ☎082-229-0150

広島経済大学 ●経済学部(経済) ●経営学部(経営/スポーツ経営) ●メディアビジネス学部(ビジネス情報/メディアビジネス)
本部 〒731-0192 広島県広島市安佐南区祇園5-37-1 問合せ先 入試広報センター ☎082-871-1313

広島工業大学 ●工学部(電子情報工/電気システム工/機械システム工/知能機械工/環境土木工/建築工) ●情報学部(情報工/情報コミュニケーション) ●環境学部(建築デザイン/地球環境) ●生命学部(生体医工/食品生命科)
本部 〒731-5193 広島県広島市佐伯区三宅2-1-1 問合せ先 入試広報部 ☎0120-165215

広島国際大学 ●保健医療学部(診療放射線/医療技術/救急救命) ●総合リハビリテーション学部(リハビリテーション) ●健康スポーツ学部(健康スポーツ) ●健康科学部(心理/医療栄養/医療経営/医療福祉) ●看護学部(看護) ●薬学部(薬)
本部 〒739-2695 広島県東広島市黒瀬学園台555-36 問合せ先 入試センター ☎0823-70-4500

広島修道大学 ●商学部(商/経営) ●人文学部(人間関係/教育/英語英文) ●法学部(法律) ●経済科学部(現代経済/経済情報) ●人間環境学部(人間環境) ●健康科学部(心理/健康栄養) ●国際コミュニティ学部(国際政治/地域行政)
本部 〒731-3195 広島県広島市安佐南区大塚東1-1-1 問合せ先 入学センター ☎082-830-1100

広島女学院大学 ●人文学部(国際英語/日本文化) ●人間生活学部(生活デザイン/管理栄養/児童教育)
本部 732-0063 広島県広島市東区牛田東4-13-1 問合せ先 入試課 ☎082-228-8365

広島都市学園大学 ●健康科学部(看護/リハビリテーション) ●子ども教育学部(子ども教育)
本部 〒734-0014 広島県広島市南区宇品西5-13-18 問合せ先 入試・広報課 ☎082-250-1133(代)

広島文化学園大学 ●看護学部(看護) ●学芸学部(子ども/音楽) ●人間健康学部(スポーツ健康福祉)
本部 〒737-0182 広島県呉市郷原学びの丘1-1-1
問合せ先 入試室 ☎0823-74-6000(看護) ☎082-239-5171(学芸) ☎082-884-1001(人間健康)

広島文教大学 ●教育学部(教育) ●人間科学部(人間福祉/心理/人間栄養/グローバルコミュニケーション)
本部 〒731-0295 広島県広島市安佐北区可部東1-2-1 問合せ先 入試広報課 ☎082-814-9996

福山大学 ●経済学部(経済/国際経済/税務会計) ●人間文化学部(人間文化/心理/メディア・映像) ●工学部(スマートシステム/建築/情報工/機械システム工) ●生命工学部(生物工/生命栄養科/海洋生物科) ●薬学部(薬)
本部 〒729-0292 広島県福山市学園町1番地三蔵 問合せ先 入試広報室 ☎084-936-0521

福山平成大学 ●経営学部(経営) ●福祉健康学部(福祉/こども/健康スポーツ科) ●看護学部(看護)
本部 〒720-0001 広島県福山市御幸町上岩成正戸117-1 問合せ先 入試室 ☎084-972-8200

安田女子大学 ●文学部(日本文/書道/英語英米文) ●教育学部(児童教育) ●心理学部(現代心理/ビジネス心理) ●現代ビジネス学部(現代ビジネス/国際観光ビジネス/公共経営) ●家政学部(生活デザイン/管理栄養/造形デザイン) ●薬学部(薬) ●看護学部(看護)
本部 〒731-0153 広島県広島市安佐南区安東6-13-1 問合せ先 入試広報課 ☎082-878-8557

山口

宇部フロンティア大学 ●看護学部(看護) ●心理学部(心理)
本部 〒755-0805 山口県宇部市文京台2-1-1 問合せ先 入試広報課 ☎0120-38-0507

至誠館大学 ●現代社会学部(現代社会)
本部 〒758-8585 山口県萩市椿東浦田5000 問合せ先 学務課入試担当 ☎0838-24-4012

東亜大学 ●人間科学部(心理臨床・子ども/国際交流/スポーツ健康) ●医療学部(医療工/健康栄養) ●芸術学部(アート・デザイン/トータルビューティ)
本部 〒751-8503 山口県下関市一の宮学園町2-1 問合せ先 広報・入試室 ☎083-257-5151

梅光学院大学 ●文学部(人文) ●子ども学部(子ども未来)
本部 〒750-8511 山口県下関市向洋町1-1-1 問合せ先 大学事務局入試担当 ☎083-227-1010

山口学芸大学 ●教育学部(教育)
本部 〒754-0032 山口県山口市小郡みらい町1-7-1 問合せ先 入試広報課 ☎083-972-3288

徳島

四国大学 ●文学部(日本文/書道文化/国際文化) ●経営情報学部(経営情報/メディア情報) ●生活科学部

(人間生活科／健康栄養／児童)　●看護学部(看護)
本部 〒771-1192　徳島県徳島市応神町古川字戎子野123-1　**問合せ先** 入試課 ☎088-665-9908

徳島文理大学　●薬学部(薬)　●人間生活学部(食物栄養／児童／心理／メディアデザイン／建築デザイン／人間生活)　●保健福祉学部(口腔保健／理学療法／看護／人間福祉／診療放射線／臨床工)　●総合政策学部(総合政策)　●音楽学部(音楽)　●香川薬学部(薬)　●理工学部(ナノ物質工／機械創造工／電子情報工)　●文学部(文化財／日本文／英語英米文化)
本部 〒770-8514　徳島県徳島市山城町西浜傍示180　**問合せ先** 入試広報部 ☎0120-60-2455

香川

四国学院大学　●文学部(人文)　●社会福祉学部(社会福祉)　●社会学部(カルチュラル・マネジメント)
本部 〒765-8505　香川県善通寺市文京町3-2-1　**問合せ先** 入試課 ☎0120-459-433

高松大学　●発達科学部(子ども発達)　●経営学部(経営)
本部 〒761-0194　香川県高松市春日町960　**問合せ先** 入学センター ☎0120-78-5920

愛媛

聖カタリナ大学　●人間健康福祉学部(社会福祉／人間社会／健康スポーツ／看護)
本部 〒799-2496　愛媛県松山市北条660　**問合せ先** 入試課 ☎0120-24-4424

松山大学　●経済学部(経済)　●経営学部(経営)　●人文学部(英語英米文／社会)　●法学部(法)　●薬学部(医療薬)
本部 〒790-8578　愛媛県松山市文京町4-2　**問合せ先** 入学広報課 ☎0120-459514

松山東雲女子大学　●人文科学部(心理子ども)
本部 〒790-8531　愛媛県松山市桑原3-2-1　**問合せ先** 入試課 ☎0120-874044

高知

高知学園大学　●健康科学部(管理栄養／臨床検査)
本部 〒780-0995　高知県高知市旭天神町292-26　**問合せ先** 学生支援課 ☎088-840-1664

高知リハビリテーション専門職大学　●リハビリテーション学部(リハビリテーション)
本部 〒781-1102　高知県土佐市高岡町乙1139-3　**問合せ先** 教務・学生課 ☎088-850-2311

福岡

九州栄養福祉大学　●食物栄養学部(食物栄養)　●リハビリテーション学部(理学療法／作業療法)
本部 〒803-8511　福岡県北九州市小倉北区下到津5-1-1　**問合せ先** 教務課入試係 ☎093-561-2060

九州共立大学　●経済学部(経済・経営／地域創造)　●スポーツ学部(スポーツ)
本部 〒807-8585　福岡県北九州市八幡西区自由ケ丘1-8　**問合せ先** 入試広報課 ☎093-693-3305

九州国際大学　●法学部(法律)　●現代ビジネス学部(地域経済／国際社会)
本部 〒805-8512　福岡県北九州市八幡東区平野1-6-1　**問合せ先** 入試・広報室 ☎093-671-8916

九州産業大学　●国際文化学部(国際文化／日本文化)　●人間科学部(臨床心理／子ども教育／スポーツ健康科)　●経済学部(経済)　●商学部(経営・流通)　●地域共創学部(観光／地域づくり)　●理工学部(情報科／機械工／電気工)　●生命科学部(生命科)　●建築都市工学部(建築／住居・インテリア／都市デザイン工)　●芸術学部(芸術表現／写真・映像メディア／ビジュアルデザイン／生活環境デザイン／ソーシャルデザイン)
本部 〒813-8503　福岡県福岡市東区松香台2-3-1　**問合せ先** 入試課 ☎092-673-5550

九州情報大学　●経営情報学部(経営情報／情報ネットワーク)
本部 〒818-0117　福岡県太宰府市宰府6-3-1　**問合せ先** 入試広報課 ☎092-928-4000

九州女子大学　●家政学部(生活デザイン／栄養)　●人間科学部(児童・幼児教育／心理・文化)
本部 〒807-8586　福岡県北九州市八幡西区自由ケ丘1-1　**問合せ先** 入試広報課 ☎093-693-3277

久留米大学　●文学部(心理／情報社会／国際文化／社会福祉)　●人間健康学部(総合子ども／スポーツ医科)　●法学部(法律／国際政治)　●経済学部(経済／文化経済)　●商学部(商)　●医学部(医／看護)
本部 〒830-0011　福岡県久留米市旭町67　**問合せ先** 入試課 ☎0942-44-2160

久留米工業大学　●工学部(機械システム工／交通機械工／建築・設備工／情報ネットワーク工／教育創造工)
本部 〒830-0052　福岡県久留米市上津町2228-66　**問合せ先** 入試課 ☎0942-65-3488

サイバー大学　●IT総合学部(IT総合)
本部 〒813-0017　福岡県福岡市東区香椎照葉3-2-1　**問合せ先** 入試係 ☎0120-948-318

産業医科大学　●医学部(医)　●産業保健学部(看護／産業衛生科)

本部 〒807-8555 福岡県北九州市八幡西区医生ヶ丘1-1
問合せ先 入試事務室 ☎093-691-7295(医) ☎093-691-7380(産業保健)

純真学園大学 ●保健医療学部(看護／放射線技術科／検査科／医療工)
本部 〒815-8510 福岡県福岡市南区筑紫丘1-1-1 問合せ先 入試広報 ☎0120-186-451

西南女学院大学 ●保健福祉学部(看護／福祉／栄養) ●人文学部(英語／観光文化)
本部 〒803-0835 福岡県北九州市小倉北区井堀1-3-5 問合せ先 入試課 ☎093-583-5123

聖マリア学院大学 ●看護学部(看護)
本部 〒830-8558 福岡県久留米市津福本町422 問合せ先 入試事務室 ☎0120-35-7271

第一薬科大学 ●薬学部(薬／漢方薬／薬科) ●看護学部(看護)
本部 〒815-8511 福岡県福岡市南区玉川町22-1 問合せ先 入試事務室 ☎0120-542-737

筑紫女学園大学 ●文学部(日本語・日本文／英語／アジア文化) ●人間科学部(人間科) ●現代社会学部(現代社会)
本部 〒818-0192 福岡県太宰府市石坂2-12-1 問合せ先 連携推進部入試・広報班 ☎092-925-3591

中村学園大学 ●栄養科学部(栄養科／フード・マネジメント) ●教育学部(児童幼児教育) ●流通科学部(流通科)
本部 〒814-0198 福岡県福岡市城南区別府5-7-1 問合せ先 入試広報部 ☎092-851-6762

西日本工業大学 ●工学部(総合システム工) ●デザイン学部(建築／情報デザイン)
本部 〒800-0394 福岡県京都郡苅田町新津1-11 問合せ先 入試広報課 ☎0930-23-1591

日本経済大学 ●経済学部(経済／商／健康スポーツ経営) ●経営学部(経営／グローバルビジネス／芸創プロデュース)
本部 〒818-0197 福岡県太宰府市五条3-11-25 問合せ先 アドミッションオフィス ☎0120-293-822

日本赤十字九州国際看護大学 ●看護学部(看護)
本部 〒811-4157 福岡県宗像市アスティ1-1 問合せ先 入試広報課 ☎0940-35-7008

福岡看護大学 ●看護学部(看護)
本部 〒814-0193 福岡県福岡市早良区田村2-15-1 問合せ先 学生・入試課 ☎092-801-0486

福岡工業大学 ●工学部(電子情報工／生命環境化／知能機械工／電気工) ●情報工学部(情報工／情報通信工／情報システム工／システムマネジメント) ●社会環境学部(社会環境)
本部 〒811-0295 福岡県福岡市東区和白東3-30-1 問合せ先 入試課 ☎092-606-0634

福岡国際医療福祉大学 ●医療学部(理学療法／作業療法／視能訓練／言語聴覚) ●看護学部(看護)
本部 〒814-0001 福岡県福岡市早良区百道浜3-6-40 問合せ先 入試・広報課 ☎0120-05-5931

福岡歯科大学 ●口腔歯学部(口腔歯)
本部 〒814-0193 福岡県福岡市早良区田村2-15-1 問合せ先 学務課入試係 ☎092-801-1885

福岡女学院大学 ●人文学部(現代文化／言語芸術／メディア・コミュニケーション) ●人間関係学部(心理／子ども発達) ●国際キャリア学部(国際英語／国際キャリア)
本部 〒811-1313 福岡県福岡市南区日佐3-42-1 問合せ先 入試広報課 ☎092-575-2970

福岡女学院看護大学 ●看護学部(看護)
本部 〒811-3113 福岡県古賀市千鳥1-1-7 問合せ先 入試広報係 ☎092-943-4174

令和健康科学大学 ●看護学部(看護) ●リハビリテーション学部(理学療法／作業療法)
本部 〒811-0213 福岡県福岡市東区和白丘2-1-12 問合せ先 学務課入試係 ☎092-607-6728

佐賀

西九州大学 ●健康栄養学部(健康栄養) ●健康福祉学部(社会福祉／スポーツ健康福祉) ●リハビリテーション学部(リハビリテーション) ●子ども学部(子ども／心理カウンセリング) ●看護学部(看護)
本部 〒842-8585 佐賀県神埼市神埼町尾崎4490-9 問合せ先 入試広報課 ☎0952-37-9207

長崎

活水女子大学 ●国際文化学部(英語／日本文化) ●音楽学部(音楽) ●健康生活学部(食生活健康／生活デザイン／子ども) ●看護学部(看護)
本部 〒850-8515 長崎県長崎市東山手町1-50 問合せ先 入試課 ☎095-820-6015

鎮西学院大学 ●現代社会学部(外国語／経済政策／社会福祉)
本部 〒854-0082 長崎県諫早市西栄田町1212-1 問合せ先 入試広報課 ☎0957-26-0044

長崎外国語大学　●外国語学部（現代英語／国際コミュニケーション）
本部　〒852-8065　長崎県長崎市横尾3-15-1　問合せ先　入試広報課 ☎0120-427-001

長崎国際大学　●人間社会学部（国際観光／社会福祉）　●健康管理学部（健康栄養）　●薬学部（薬）
本部　〒859-3298　長崎県佐世保市ハウステンボス町2825-7
問合せ先　入試・募集センター ☎0956-39-2020（代）

長崎純心大学　●人文学部（文化コミュニケーション／地域包括支援／こども教育保育）
本部　〒852-8558　長崎県長崎市三ツ山町235　問合せ先　入試広報課 ☎095-846-0084（代）

長崎総合科学大学　●工学部（工）　●総合情報学部（総合情報）
本部　〒851-0193　長崎県長崎市網場町536　問合せ先　入試広報課 ☎0120-801-253

熊本

九州看護福祉大学　●看護福祉学部（看護／社会福祉／リハビリテーション／鍼灸スポーツ／口腔保健）
本部　〒865-0062　熊本県玉名市富尾888　問合せ先　入試広報課 ☎0968-75-1850

九州ルーテル学院大学　●人文学部（人文／心理臨床）
本部　〒860-8520　熊本県熊本市中央区黒髪3-12-16　問合せ先　入試課 ☎096-343-1600（代）

熊本学園大学　●商学部（商／ホスピタリティ・マネジメント）　●経済学部（経済／リーガルエコノミクス）　●外国語学部（英米／東アジア）　●社会福祉学部（第一部社会福祉／第二部社会福祉／福祉環境／子ども家庭福祉／ライフ・ウェルネス）
本部　〒862-8680　熊本県熊本市中央区大江2-5-1　問合せ先　入試課 ☎0120-62-4095

熊本保健科学大学　●保健科学部（医学検査／看護／リハビリテーション）
本部　〒861-5598　熊本県熊本市北区和泉町325　問合せ先　入試・広報課 ☎096-275-2215

尚絅大学　●現代文化学部（文化コミュニケーション）　●生活科学部（栄養科）　●こども教育学部（こども教育）
本部　〒862-8678　熊本県熊本市中央区九品寺2-6-78　問合せ先　入試センター ☎096-273-6300

崇城大学　●工学部（機械工／ナノサイエンス／建築／宇宙航空システム工）　●情報学部（情報）　●生物生命学部（生物生命）　●芸術学部（美術／デザイン）　●薬学部（薬）
本部　〒860-0082　熊本県熊本市西区池田4-22-1　問合せ先　入試課 ☎096-326-6810

平成音楽大学　●音楽学部（音楽／未来創造）
本部　〒861-3295　熊本県上益城郡御船町滝川1658　問合せ先　入試広報課 ☎096-282-0506（代）

大分

日本文理大学　●工学部（機械電気工／建築／航空宇宙工／情報メディア）　●経営経済学部（経営経済）　●保健医療学部（保健医療）
本部　〒870-0397　大分県大分市一木1727　問合せ先　アドミッションオフィス担当 ☎0120-097-593

別府大学　●文学部（国際言語・文化／史学・文化財／人間関係）　●国際経営学部（国際経営）　●食物栄養科学部（食物栄養／発酵食品）
本部　〒874-8501　大分県別府市北石垣82　問合せ先　入試広報課 ☎0977-66-9666

宮崎

九州保健福祉大学　●社会福祉学部（スポーツ健康福祉／臨床福祉）　●臨床心理学部（臨床心理）　●薬学部（薬／動物生命薬科）　●生命医科学部（生命医科）
本部　〒882-8508　宮崎県延岡市吉野町1714-1　問合せ先　入試広報室 ☎0120-24-2447

南九州大学　●環境園芸学部（環境園芸）　●人間発達学部（子ども教育）　●健康栄養学部（管理栄養／食品開発科）
本部　〒880-0032　宮崎県宮崎市霧島5-1-2　問合せ先　入試広報課 ☎0120-3730-20

宮崎国際大学　●国際教養学部（比較文化）　●教育学部（児童教育）
本部　〒889-1605　宮崎県宮崎市清武町加納丙1405　問合せ先　入試広報部 ☎0120-85-5931

宮崎産業経営大学　●法学部（法律）　●経営学部（経営）
本部　〒880-0931　宮崎県宮崎市古城町丸尾100　問合せ先　入試広報課 ☎0985-52-3139

鹿児島

鹿児島国際大学　●経済学部（経済／経営）　●福祉社会学部（社会福祉／児童）　●国際文化学部（国際文化／音楽）　●看護学部（看護）
本部　〒891-0197　鹿児島県鹿児島市坂之上8-34-1　問合せ先　入試・広報課 ☎099-261-3211（代）

鹿児島純心大学　●人間教育学部（教育・心理）　●看護栄養学部（看護／健康栄養）

本部 〒895-0011　鹿児島県薩摩川内市天辰町2365　問合せ先 入試広報課 ☎0996-23-5311(代)

志學館大学 ●**人間関係学部**(心理臨床／人間文化) ●**法学部**(法律／法ビジネス)
本部 〒890-8504　鹿児島県鹿児島市紫原1-59-1　問合せ先 入試広報課 ☎099-812-8508

第一工科大学 ●**航空工学部**(航空工) ●**工学部**(情報電子システム工／機械システム工／環境エネルギー工／建築デザイン)
本部 〒899-4395　鹿児島県霧島市国分中央1-10-2
問合せ先 入試課 ☎0120-580-640(鹿児島キャンパス)　☎0120-353-178(東京上野キャンパス)

沖縄

沖縄大学 ●**経法商学部**(経法商) ●**人文学部**(国際コミュニケーション／福祉文化／こども文化) ●**健康栄養学部**(管理栄養)
本部 〒902-8521　沖縄県那覇市国場555　問合せ先 入試広報室 ☎098-832-3270

沖縄キリスト教学院大学 ●**人文学部**(英語コミュニケーション)
本部 〒903-0207　沖縄県中頭郡西原町字翁長777　問合せ先 入試課 ☎098-945-9782

沖縄国際大学 ●**法学部**(法律／地域行政) ●**経済学部**(経済／地域環境政策) ●**産業情報学部**(企業システム／産業情報) ●**総合文化学部**(日本文化／英米言語文化／社会文化／人間福祉)
本部 〒901-2701　沖縄県宜野湾市宜野湾2-6-1　問合せ先 入試センター ☎098-893-8945

国立大学

北海道

旭川医科大学 ●**医学部**(医／看護)
本部 〒078-8510　北海道旭川市緑が丘東2条1-1-1　問合せ先 事務局入試課 ☎0166-68-2214

小樽商科大学 ●**商学部**(経済／商／企業法／社会情報)
本部 〒047-8501　北海道小樽市緑3-5-21　問合せ先 入試室 ☎0134-27-5254

北見工業大学 ●**工学部**(地球環境工／地域未来デザイン工)
本部 〒090-8507　北海道北見市公園町165　問合せ先 教務課入学試験係 ☎0157-26-9167

北海道教育大学 ●**教育学部**(教員養成／国際地域／芸術・スポーツ文化)
本部 〒002-8501　北海道札幌市北区あいの里5条3-1-3
問合せ先 入試課 ☎011-778-0274 (札幌校)　教育支援グループ ☎0166-59-1223 (旭川校) ☎0154-44-3230 (釧路校) ☎0138-44-4223(函館校) ☎0126-32-1348(岩見沢校)

室蘭工業大学 ●**理工学部[昼間コース]** (創造工／システム理化) ●**理工学部[夜間主コース]** (創造工)
本部 〒050-8585　北海道室蘭市水元町27-1　問合せ先 入試戦略課 ☎0143-46-5162

宮城

宮城教育大学 ●**教育学部**(学校教育教員養成)
本部 〒980-0845　宮城県仙台市青葉区荒巻字青葉149　問合せ先 入試課入試実施係 ☎022-214-3334

茨城

筑波技術大学 ●**産業技術学部**(産業情報／総合デザイン) ●**保健科学部**(保健／情報システム)
本部 〒305-8520　茨城県つくば市天久保4-3-15
問合せ先 聴覚障害系支援課教務係 ☎029-858-9328･9329(産業技術)　視覚障害系支援課教務係 ☎029-858-9507〜9(保健科)

東京

東京藝術大学 ●**美術学部**(絵画／彫刻／工芸／デザイン／建築／先端芸術表現／芸術) ●**音楽学部**(作曲／声楽／器楽／指揮／邦楽／楽理／音楽環境創造)
本部 〒110-8714　東京都台東区上野公園12-8　問合せ先 学生課入学試験係 ☎050-5525-2075

新潟

上越教育大学 ●**学校教育学部**(初等教育教員養成)
本部 〒943-8512　新潟県上越市山屋敷町1　問合せ先 入試課 ☎025-521-3294

長岡技術科学大学 ●**工学部**(工学)

本部 〒940-2188　新潟県長岡市上富岡町1603-1　問合せ先 入試課 ☎0258-47-9271

静　岡

浜松医科大学 ●医学部（医／看護）
本部 〒431-3192　静岡県浜松市東区半田山1-20-1　問合せ先 入試課入学試験係 ☎053-435-2205

愛　知

愛知教育大学 ●教育学部（学校教員養成／教育支援専門職養成）
本部 〒448-8542　愛知県刈谷市井ヶ谷町広沢1　問合せ先 入試課 ☎0566-26-2202

豊橋技術科学大学 ●工学部（機械工学／電気・電子情報工学／情報・知能工学／応用化学・生命工学／建築・都市システム学）
本部 〒441-8580　愛知県豊橋市天伯町雲雀ヶ丘1-1　問合せ先 入試課 ☎0532-44-6581

滋　賀

滋賀医科大学 ●医学部（医／看護）
本部 〒520-2192　滋賀県大津市瀬田月輪町　問合せ先 入試課入学試験係 ☎077-548-2071

京　都

京都教育大学 ●教育学部（学校教育教員養成）
本部 〒612-8522　京都府京都市伏見区深草藤森町1　問合せ先 入試課入試グループ ☎075-644-8161

大　阪

大阪教育大学 ●教育学部（教員養成〈初等教育教員養成・学校教育教員養成・養護教諭養成〉／教育協働）
本部 〒582-8582　大阪府柏原市旭ヶ丘4-698-1　問合せ先 入試課 ☎072-978-3324

兵　庫

兵庫教育大学 ●学校教育学部（学校教育教員養成）
本部 〒673-1494　兵庫県加東市下久米942-1　問合せ先 入試課 ☎0795-44-2067

奈　良

奈良教育大学 ●教育学部（学校教育教員養成）
本部 〒630-8528　奈良県奈良市高畑町　問合せ先 入試課 ☎0742-27-9126

徳　島

鳴門教育大学 ●学校教育学部（学校教育教員養成）
本部 〒772-8502　徳島県鳴門市鳴門町高島字中島748　問合せ先 入試課 ☎088-687-6133

福　岡

九州工業大学 ●工学部（建設社会工／機械知能工／宇宙システム工／電気電子工／応用化／マテリアル工）
●情報工学部（知能情報工／情報・通信工／知的システム工／物理情報工／生命化学情報工）
本部 〒804-8550　福岡県北九州市戸畑区仙水町1-1　問合せ先 入試課入試係 ☎093-884-3056

福岡教育大学 ●教育学部（初等教育教員養成／中等教育教員養成／特別支援教育教員養成）
本部 〒811-4192　福岡県宗像市赤間文教町1-1　問合せ先 入試課 ☎0940-35-1235

鹿児島

鹿屋体育大学 ●体育学部（スポーツ総合／武道）
本部 〒891-2393　鹿児島県鹿屋市白水町1　問合せ先 教務課入試係 ☎0994-46-4869

公　立　大　学

北海道

旭川市立大学 ●経済学部（経営経済）　●保健福祉学部（コミュニティ福祉／保健看護）
本部 〒079-8501　北海道旭川市永山3条23-1-9　問合せ先 入試広報課 ☎0120-48-3124

釧路公立大学 ●経済学部（経済／経営）
本部 〒085-8585　北海道釧路市芦野4-1-1　問合せ先 学生課 ☎0154-37-5091

公立千歳科学技術大学 ●理工学部（応用化学生物／電子光工／情報システム工）

本部 〒066-8655　北海道千歳市美々758-65　問合せ先 入試広報課 ☎0123-27-6011

公立はこだて未来大学 ●システム情報科学部(情報アーキテクチャ／複雑系知能)
本部 〒041-8655　北海道函館市亀田中野町116-2　問合せ先 教務課入試・学生募集担当 ☎0138-34-6444

札幌医科大学 ●医学部(医)　●保健医療学部(看護／理学療法／作業療法)
本部 〒060-8556　北海道札幌市中央区南1条西17丁目　問合せ先 学務課入試係 ☎011-611-2111(代)

札幌市立大学 ●デザイン学部(デザイン)　●看護学部(看護)
本部 〒005-0864　北海道札幌市南区芸術の森1丁目　問合せ先 学生課入試担当 ☎011-592-2371

名寄市立大学 ●保健福祉学部(栄養／看護／社会福祉／社会保育)
本部 〒096-8641　北海道名寄市西4条北8丁目1　問合せ先 教務課広報入試係 ☎01654-2-4194

青　森

青森県立保健大学 ●健康科学部(看護／理学療法／社会福祉／栄養)
本部 〒030-8505　青森県青森市大字浜館字間瀬58-1　問合せ先 教務学生課 ☎017-765-2144

青森公立大学 ●経営経済学部(経営／経済／地域みらい)
本部 〒030-0196　青森県青森市合子沢字山崎153-4
問合せ先 教務学事グループ入試・就職チーム ☎017-764-1601・1532

岩　手

岩手県立大学 ●看護学部(看護)　●社会福祉学部(社会福祉／人間福祉)　●ソフトウェア情報学部(ソフトウェア情報)　●総合政策学部(総合政策)
本部 〒020-0693　岩手県滝沢市巣子152-52　問合せ先 教育支援室入試グループ ☎019-694-2014

秋　田

秋田県立大学 ●システム科学技術学部(機械工／知能メカトロニクス／情報工／建築環境システム／経営システム工)　●生物資源科学部(応用生物科／生物生産科／生物環境科／アグリビジネス)
本部 〒010-0195　秋田県秋田市下新城中野字街道端西241-438
問合せ先 アドミッションチーム ☎0184-27-2100(システム科学技術)　☎ 018-872-1535(生物資源科)

秋田公立美術大学 ●美術学部(美術)
本部 〒010-1632　秋田県秋田市新屋大川町12-3　問合せ先 事務局学生課 ☎018-888-8105

山　形

山形県立保健医療大学 ●保健医療学部(看護／理学療法／作業療法)
本部 〒990-2212　山形県山形市上柳260　問合せ先 教務学生課 ☎023-686-6688

山形県立米沢栄養大学 ●健康栄養学部(健康栄養)
本部 〒992-0025　山形県米沢市通町6-15-1　問合せ先 教務学生課 ☎0238-22-7340

福　島

会津大学 ●コンピュータ理工学部(コンピュータ理工)
本部 〒965-8580　福島県会津若松市一箕町鶴賀　問合せ先 学生課学生募集係 ☎0242-37-2723

福島県立医科大学 ●医学部(医)　●看護学部(看護)　●保健科学部(理学療法／作業療法／診療放射線科／臨床検査)
本部 〒960-1295　福島県福島市光が丘1番地　問合せ先 教育研修支援課入試係(医・看護) ☎024-547-1093　保健科学部事務室入試・企画係 ☎024-581-5508

茨　城

茨城県立医療大学 ●保健医療学部(看護／理学療法／作業療法／放射線技術科)
本部 〒300-0394　茨城県稲敷郡阿見町阿見4669-2　問合せ先 教務課 ☎029-840-2108

群　馬

群馬県立県民健康科学大学 ●看護学部(看護)　●診療放射線学部(診療放射線)
本部 〒371-0052　群馬県前橋市上沖町323-1　問合せ先 事務局教務係 ☎027-235-1211(代)

群馬県立女子大学 ●文学部(国文／英米文化／美学美術史／文化情報)　●国際コミュニケーション学部(英語コミュニケーション／国際ビジネス)
本部 〒370-1193　群馬県佐波郡玉村町上之手1395-1　問合せ先 事務局教務係 ☎0270-65-8511(代)

前橋工科大学 ●工学部(建築・都市・環境工／情報・生命工)
本部 〒371-0816　群馬県前橋市上佐鳥町460-1　問合せ先 学務課入試係 ☎027-265-7361

千葉

千葉県立保健医療大学 ●**健康科学部**（看護／栄養／歯科衛生／リハビリテーション）
本部 〒261-0014 千葉県千葉市美浜区若葉2-10-1 問合せ先 学生支援課 ☎043-296-2000（代）

神奈川

神奈川県立保健福祉大学 ●**保健福祉学部**（看護／栄養／社会福祉／リハビリテーション）
本部 〒238-8522 神奈川県横須賀市平成町1-10-1 問合せ先 企画・地域貢献課入試担当 ☎046-828-2530

川崎市立看護大学 ●**看護学部**（看護）
本部 〒212-0054 神奈川県川崎市幸区小倉4-30-1 問合せ先 総務学生課入試担当 ☎044-587-3502

新潟

三条市立大学 ●**工学部**（技術・経営工）
本部 〒955-0091 新潟県三条市上須頃1341 問合せ先 学務課入試担当 ☎0256-47-5121

長岡造形大学 ●**造形学部**（デザイン／美術・工芸／建築・環境デザイン）
本部 〒940-2088 新潟県長岡市千秋4-197 問合せ先 入試広報課 ☎0258-21-3331

新潟県立大学 ●**国際地域学部**（国際地域） ●**国際経済学部**（国際経済） ●**人間生活学部**（子ども／健康栄養）
本部 〒950-8680 新潟県新潟市東区海老ケ瀬471 問合せ先 入試課 ☎025-270-1311

新潟県立看護大学 ●**看護学部**（看護）
本部 〒943-0147 新潟県上越市新南町240 問合せ先 教務学生課教務係 ☎025-526-2811（代）

富山

富山県立大学 ●**工学部**（機械システム工／知能ロボット工／電気電子工／情報システム工／環境・社会基盤工／生物工／医薬品工） ●**看護学部**（看護）
本部 〒939-0398 富山県射水市黒河5180 問合せ先 工学部教務課学生募集係 ☎0766-56-7500（代） 看護学部教務学生課入試・学生募集グループ ☎076-464-5410（代）

石川

石川県立大学 ●**生物資源環境学部**（生産科／環境科／食品科）
本部 〒921-8836 石川県野々市市末松1-308 問合せ先 教務学生課 ☎076-227-7408

石川県立看護大学 ●**看護学部**（看護）
本部 〒929-1210 石川県かほく市学園台1-1 問合せ先 教務学生課入試事務担当 ☎076-281-8302

金沢美術工芸大学 ●**美術工芸学部**（美術／デザイン／工芸）
本部 〒920-8656 石川県金沢市小立野5-11-1 問合せ先 事務局 ☎076-262-3531（代）

公立小松大学 ●**生産システム科学部**（生産システム科） ●**保健医療学部**（看護／臨床工）
●**国際文化交流学部**（国際文化交流）
本部 〒923-8511 石川県小松市四丁町ヌ1-3 問合せ先 学生課入試係 ☎0761-23-6610

福井

敦賀市立看護大学 ●**看護学部**（看護）
本部 〒914-0814 福井県敦賀市木崎78号2-1 問合せ先 教務学生課 ☎0770-20-5540

福井県立大学 ●**経済学部**（経済／経営） ●**生物資源学部**（生物資源／創造農） ●**海洋生物資源学部**（海洋生物資源／先端増養殖科） ●**看護福祉学部**（看護／社会福祉）
本部 〒910-1195 福井県吉田郡永平寺町松岡兼定島4-1-1
問合せ先 入学試験本部（入試企画室） ☎0776-68-8297

山梨

山梨県立大学 ●**国際政策学部**（総合政策／国際コミュニケーション） ●**人間福祉学部**（福祉コミュニティ／人間形成） ●**看護学部**（看護）
本部 〒400-0035 山梨県甲府市飯田5-11-1 問合せ先 アドミッションズ・センター ☎055-253-8901

長野

公立諏訪東京理科大学 ●**工学部**（情報応用工／機械電気工）
本部 〒391-0292 長野県茅野市豊平5000-1 問合せ先 教務・学生支援課入試・広報係 ☎0266-73-1244

長野大学 ●**社会福祉学部**（社会福祉） ●**環境ツーリズム学部**（環境ツーリズム） ●**企業情報学部**（企業情報）
本部 〒386-1298 長野県上田市下之郷658-1 問合せ先 学務グループ広報入試担当 ☎0268-39-0020

長野県看護大学 ●**看護学部**（看護）

本部 〒399-4117 長野県駒ヶ根市赤穂1694 問合せ先 事務局教務・学生課 ☎0265-81-5100(代)

長野県立大学 ●グローバルマネジメント学部(グローバルマネジメント) ●健康発達学部(食健康／こども)
本部 〒380-8525 長野県長野市三輪8-49-7 問合せ先 学務課入試・広報室 ☎026-462-1489

岐阜

岐阜県立看護大学 ●看護学部(看護)
本部 〒501-6295 岐阜県羽島市江吉良町3047-1 問合せ先 学務課入試担当 ☎058-397-2300(代)

岐阜薬科大学 ●薬学部(薬)
本部 〒501-1196 岐阜県岐阜市大学西1-25-4 問合せ先 教務厚生課 ☎058-230-8100(代)

静岡

静岡県立農林環境専門職大学 ●生産環境経営学部(生産環境経営)
本部 〒438-8577 静岡県磐田市富丘678-1 問合せ先 学生課 ☎0538-31-7905

静岡文化芸術大学 ●文化政策学部(国際文化／文化政策／芸術文化) ●デザイン学部(デザイン)
本部 〒430-8533 静岡県浜松市中区中央2-1-1 問合せ先 入試室 ☎053-457-6401

愛知

愛知県立芸術大学 ●美術学部(美術／デザイン・工芸) ●音楽学部(音楽)
本部 〒480-1194 愛知県長久手市岩作三ケ峯1-114 問合せ先 入試課 ☎0561-76-2603

三重

三重県立看護大学 ●看護学部(看護)
本部 〒514-0116 三重県津市夢が丘1-1-1 問合せ先 教務学生課 ☎059-233-5602

京都

京都市立芸術大学 ●美術学部(美術／デザイン／工芸／総合芸術) ●音楽学部(音楽)
本部 〒610-1197 京都府京都市西京区大枝沓掛町13-6 問合せ先 連携推進課入試担当 ☎075-334-2238

京都府立医科大学 ●医学部(医／看護)
本部 〒602-8566 京都府京都市上京区河原町通広小路上る梶井町465
問合せ先 教育支援課入試係 ☎075-251-5167

福知山公立大学 ●地域経営学部(地域経営／医療福祉経営) ●情報学部(情報)
本部 〒620-0886 京都府福知山市字堀3370 問合せ先 入試係 ☎0773-24-7100

兵庫

神戸市看護大学 ●看護学部(看護)
本部 〒651-2103 兵庫県神戸市西区学園西町3-4 問合せ先 教務学生課 ☎078-794-8085

芸術文化観光専門職大学 ●芸術文化・観光学部(芸術文化・観光)
本部 〒668-0044 兵庫県豊岡市山王町7-52 問合せ先 教育企画課 ☎0796-34-8125

奈良

奈良県立大学 ●地域創造学部(地域創造)
本部 〒630-8258 奈良県奈良市船橋町10 問合せ先 入学試験事務室 ☎0742-93-5261

奈良県立医科大学 ●医学部(医／看護)
本部 〒634-8521 奈良県橿原市四条町840 問合せ先 教育支援課入試・学生支援係 ☎0744-22-3051(代)

和歌山

和歌山県立医科大学 ●医学部(医) ●保健看護学部(保健看護) ●薬学部(薬)
本部 〒641-8509 和歌山県和歌山市紀三井寺811-1
問合せ先 医学部学生課入試学務班 ☎073-441-0702 保健看護学部事務室 ☎073-446-6700 薬学部事務室 ☎073-488-1843

鳥取

公立鳥取環境大学 ●環境学部(環境) ●経営学部(経営)
本部 〒689-1111 鳥取県鳥取市若葉台北1-1-1 問合せ先 入試広報課 ☎0857-38-6720

島根

島根県立大学 ●国際関係学部(国際関係) ●地域政策学部(地域政策) ●看護栄養学部(看護／健康栄養) ●人間文化学部(保育教育／地域文化)

本部 〒697-0016 島根県浜田市野原町2433-2
問合せ先 浜田キャンパスアドミッション室 ☎0855-24-2203 出雲キャンパス教務学生課 ☎0853-20-0629 松江キャンパス教務学生課 ☎0852-20-0236

岡山

岡山県立大学 ●保健福祉学部(看護／栄養／現代福祉／子ども) ●情報工学部(情報通信工／情報システム工／人間情報工) ●デザイン学部(ビジュアルデザイン／工芸工業デザイン／建築)
本部 〒719-1197 岡山県総社市窪木111 問合せ先 教学課入試班 ☎0866-94-9161

新見公立大学 ●健康科学部(健康保育／看護／地域福祉)
本部 〒718-8585 岡山県新見市西方1263-2 問合せ先 学生課入試係 ☎0867-72-0634(代)

広島

叡啓大学 ●ソーシャルシステムデザイン学部(ソーシャルシステムデザイン)
本部 〒730-0016 広島県広島市中区幟町1-5 問合せ先 教学課入試・広報係 ☎082-225-6224

尾道市立大学 ●経済情報学部(経済情報) ●芸術文化学部(日本文／美術)
本部 〒722-8506 広島県尾道市久山田町1600-2 問合せ先 入学試験実施本部 ☎0848-22-8381

広島市立大学 ●国際学部(国際) ●情報科学部(情報工／知能工／システム工／医用情報科) ●芸術学部(美術／デザイン工芸)
本部 〒731-3194 広島県広島市安佐南区大塚東3-4-1 問合せ先 アドミッションセンター ☎082-830-1503

福山市立大学 ●教育学部(児童教育) ●都市経営学部(都市経営)
本部 〒721-0964 広島県福山市港町2-19-1 問合せ先 事務局学務課入試担当 ☎084-999-1113

山口

山陽小野田市立山口東京理科大学 ●工学部(機械工／電気工／応用化／数理情報科) ●薬学部(薬)
本部 〒756-0884 山口県山陽小野田市大学通1-1-1 問合せ先 入試広報課 ☎0836-88-4505

下関市立大学 ●経済学部(経済／国際商／公共マネジメント)
本部 〒751-8510 山口県下関市大学町2-1-1 問合せ先 入試部入試課 ☎083-254-8611

周南公立大学 ●経済学部(現代経済／ビジネス戦略) ●福祉情報学部(人間コミュニケーション)
本部 〒745-8566 山口県周南市学園台843-4-2 問合せ先 入試課 ☎0834-28-5302

山口県立大学 ●国際文化学部(国際文化／文化創造) ●社会福祉学部(社会福祉) ●看護栄養学部(看護／栄養)
本部 〒753-0021 山口県山口市桜畠6-2-1 問合せ先 学生部入試部門 ☎083-929-6503

香川

香川県立保健医療大学 ●保健医療学部(看護／臨床検査)
本部 〒761-0123 香川県高松市牟礼町原281-1 問合せ先 事務局教務・学生担当 ☎087-870-1212(代)

愛媛

愛媛県立医療技術大学 ●保健科学部(看護／臨床検査)
本部 〒791-2101 愛媛県伊予郡砥部町高尾田543 問合せ先 教務学生グループ ☎089-958-2111(代)

高知

高知県立大学 ●文化学部(文化) ●看護学部(看護) ●社会福祉学部(社会福祉) ●健康栄養学部(健康栄養)
本部 〒781-8515 高知県高知市池2751-1 問合せ先 入試課 ☎088-847-8789

高知工科大学 ●システム工学群 ●理工学群 ●情報学群 ●経済・マネジメント学群
本部 〒782-8502 高知県香美市土佐山田町宮ノ口185 問合せ先 入試・広報課 ☎0887-57-2222

福岡

九州歯科大学 ●歯学部(歯／口腔保健)
本部 〒803-8580 福岡県北九州市小倉北区真鶴2-6-1 問合せ先 教務企画課 ☎093-285-3012

福岡県立大学 ●人間社会学部(公共社会／社会福祉／人間形成) ●看護学部(看護)
本部 〒825-8585 福岡県田川市伊田4395 問合せ先 教務入試班 ☎0947-42-1365

福岡女子大学 ●国際文理学部(国際教養／環境科／食・健康)
本部 〒813-8529 福岡県福岡市東区香住ヶ丘1-1-1 問合せ先 アドミッションセンター ☎092-692-3100

大分

大分県立看護科学大学 ●看護学部(看護)

本部 〒870-1201 大分県大分市廻栖野2944-9 問合せ先 教務学生グループ ☎097-586-4303

宮 崎

宮崎県立看護大学 ●看護学部（看護）
本部 〒880-0929 宮崎県宮崎市まなび野3-5-1 問合せ先 総務課教務学生担当 ☎0985-59-7705

宮崎公立大学 ●人文学部（国際文化）
本部 〒880-8520 宮崎県宮崎市船塚1-1-2 問合せ先 学務課入試広報係 ☎0985-20-2212

沖 縄

沖縄県立看護大学 ●看護学部（看護）
本部 〒902-8513 沖縄県那覇市与儀1-24-1 問合せ先 学務課 ☎098-833-8800（代）

沖縄県立芸術大学 ●美術工芸学部（美術／デザイン工芸） ●音楽学部（音楽）
本部 〒903-8602 沖縄県那覇市首里当蔵町1-4 問合せ先 教務学生課 ☎098-882-5080

名桜大学 ●国際学部（国際文化／国際観光産業） ●人間健康学部（スポーツ健康／看護／健康情報）
本部 〒905-8585 沖縄県名護市字為又1220-1 問合せ先 入試・広報課 ☎0980-51-1056

文部科学省所管外大学校

埼 玉

防衛医科大学校 ●医学教育部（医／看護）
本部 〒359-8513 埼玉県所沢市並木3-2 問合せ先 教務課入学試験係 ☎04-2995-1211（代）

千 葉

気象大学校 ●大学部
本部 〒277-0852 千葉県柏市旭町7-4-81 問合せ先 総務課 ☎04-7144-7185

東 京

国立看護大学校 ●看護学部（看護）
本部 〒204-8575 東京都清瀬市梅園1-2-1
問合せ先 学務課（看護学部入試担当） ☎042-495-2211（代）

職業能力開発総合大学校 ●総合課程（機械／電気／電子情報／建築）
本部 〒187-0035 東京都小平市小川西町2-32-1 問合せ先 学生課 ☎042-346-7127

神奈川

防衛大学校 ●人文・社会科学専攻 ●理工学専攻
本部 〒239-8686 神奈川県横須賀市走水1-10-20 問合せ先 入学試験課 ☎046-841-3810（代）

広 島

海上保安大学校 ●本科
本部 〒737-8512 広島県呉市若葉町5-1 問合せ先 総務課 ☎0823-21-4961（代）

山 口

水産大学校 ●本科（水産流通経営／海洋生産管理／海洋機械工／食品科／生物生産）
本部 〒759-6595 山口県下関市永田本町2-7-1 問合せ先 学生部教務課 ☎083-286-5371

放 送 大 学

千 葉

放送大学 ●教養学部（教養）
本部 〒261-8586 千葉県千葉市美浜区若葉2-11 問合せ先 学務部学生課 ☎043-276-5111

2023年度 学 費 一 覧

2023 年度入学生の学費を各大学の募集要項等をもとに一覧にしました。私立・国立・公立に分け，北から南へ，同一都道府県内では 50 音順に並べてあります。

年間授業料と施設費等その他費用は，1 年次の総額です。また，施設費等その他費用は，おおむね施設費・実験実習費・学友会費などを含んでいます。ただし，その他費用は大学ごとに項目名や納入時期が異なることが多いため，特別なものは注釈に記載しています。

2023 年 1 月末日時点で詳細が未定の場合は，注釈に 2022 年度の内容であることを記載しました。　(単位：円)

私立大学

大学	学部（学科・専攻・コース等）	入学金（A）	年間授業料（B）	施設費等その他費用（C）	初年度納入額（A＋B＋C）	入学手続時最少納入額
北海学園	経済・経営・法	200,000	872,000	132,000	1,204,000	718,000
	人文	200,000	896,000	132,000	1,228,000	730,000
	工	200,000	1,140,000	212,000	1,552,000	892,000
	経済・経営・法２部	100,000	436,000	73,000	609,000	371,000
	人文２部	100,000	448,000	73,000	621,000	377,000
東北学院	文（英文・総合人文・歴史）	270,000	780,000	259,800	1,309,800	804,800
	（教育）	270,000	874,000	299,800	1,443,800	871,800
	経済・経営・法	270,000	780,000	259,800	1,309,800	804,800
	工	270,000	1,078,000	379,500	1,727,500	1,013,500
	地域総合・人間科・国際	270,000	874,000	299,800	1,443,800	871,800
	情報	270,000	874,000	369,800	1,513,800	906,800
流通経済	経済	260,000	830,000	286,300	1,376,300	858,300
	社会・流通情報・法	260,000	830,000	287,300	1,377,300	859,300
	スポーツ健康科	260,000	830,000	437,660	1,527,660	934,660
国際医療福祉	保健医療（看護・放射線）	300,000	900,000	410,000	1,610,000	1,135,000
	（その他の学科）	300,000	900,000	400,000	1,600,000	1,125,000
	医療福祉／赤坂心理・医療福祉	200,000	700,000	160,000	1,060,000	695,000
	薬・福岡薬	300,000	1,100,000	350,000	1,750,000	1,175,000
	医	1,500,000	1,900,000	1,100,000	4,500,000	3,250,000
	成田看護	300,000	900,000	410,000	1,610,000	1,135,000
	成田保健医療（放射線・医学検査）	300,000	900,000	410,000	1,610,000	1,135,000
	（その他の学科）	300,000	900,000	400,000	1,600,000	1,125,000
	小田原保健医療（看護）	300,000	900,000	410,000	1,610,000	1,135,000
	（理学療法・作業療法）	300,000	900,000	400,000	1,600,000	1,125,000
	福岡保健医療（看護）	300,000	900,000	210,000	1,410,000	930,000
	（その他の学科）	300,000	900,000	250,000	1,450,000	975,000
※他に教育後援会費 45,000 円						
城西	経済・現代政策・経営	270,000	700,000	347,000	1,317,000	683,000
	理（数）	270,000	880,000	347,000	1,497,000	773,000
	（化）	300,000	963,000	465,000	1,728,000	844,500
	薬（薬）	300,000	1,460,000	574,000	2,334,000	1,093,000
	（薬科）	300,000	1,260,000	549,000	2,109,000	993,000
	（医療栄養）	300,000	1,380,000	369,000	2,049,000	1,053,000
女子栄養	栄養（実践栄養）	275,000	880,000	920,100	2,075,100	1,244,300
	（健康栄養〈栄養科学〉）	275,000	880,000	916,100	2,071,100	1,240,300
	（健康栄養〈保健養護〉）	275,000	880,000	867,300	2,022,300	1,210,800

大学	学部（学科・専攻・コース等）	入学金（A）	年間授業料（B）	施設費等その他費用（C）	初年度納入額（A＋B＋C）	入学手続時最少納入額
	（食文化栄養）	261,000	817,000	887,800	1,965,800	1,175,800
東京国際	商・経済・国際関係	250,000	850,000	300,000	1,400,000	825,000
	言語コミュニケーション	250,000	900,000	300,000	1,450,000	850,000
	人間社会（福祉心理）	250,000	850,000	300,000	1,400,000	825,000
	（人間スポーツ・スポーツ科）	250,000	910,000	400,000	1,560,000	905,000
	医療健康	250,000	910,000	640,000	1,800,000	1,025,000
※他に同窓会費 40,000 円						
獨協	全学部	270,000	760,000	322,800	1,352,800	826,800
文教	教育	280,000	847,000	270,000	1,397,000	973,500
	人間科・情報・国際・経営	280,000	772,000	270,000	1,322,000	936,000
	文（外国語）	280,000	772,000	430,000	1,482,000	1,016,000
	（その他の学科）	280,000	772,000	270,000	1,322,000	936,000
	健康栄養	280,000	842,000	400,000	1,522,000	1,036,000
神田外語	外国語	200,000	980,000	265,000	1,445,000	835,000
	グローバル・リベラルアーツ	200,000	1,160,000	265,000	1,625,000	925,000
淑徳	総合福祉・コミュニティ政策	200,000	800,000	461,230	1,461,230	861,230
	看護栄養（看護）	200,000	1,050,000	664,320	1,914,320	1,089,320
	（栄養）	200,000	800,000	611,230	1,611,230	936,230
	教育・地域創生・経営・人文	200,000	800,000	461,160	1,461,160	861,160
城西国際	国際人文・観光・経営情報	270,000	800,000	317,000	1,387,000	747,000
	メディア（メディア情報〈映像芸術〉）	270,000	900,000	467,000	1,637,000	797,000
	（メディア情報〈ニューメディア〉）	270,000	800,000	317,000	1,387,000	747,000
	福祉総合（福祉総合）	270,000	800,000	317,000	1,387,000	747,000
	（理学療法）	270,000	900,000	557,000	1,727,000	912,000
	薬	400,000	1,430,000	263,000	2,093,000	1,192,000
	看護	270,000	1,000,000	657,000	1,927,000	962,000
聖徳	教育（昼間主）	250,000	680,000	863,660	1,793,660	974,660
	（夜間主）	240,000	550,000	477,760	1,267,760	705,760
	心理・福祉	250,000	680,000	858,660	1,788,660	959,660
	文	250,000	680,000	867,660	1,797,660	963,660
	人間栄養	250,000	790,000	935,500	1,975,500	1,071,500
	看護	300,000	1,100,000	996,370	2,396,370	1,317,370
	音楽	300,000	1,100,000	972,660	2,372,660	1,288,660
千葉工業	全学部	250,000	1,390,000	34,500	1,674,500	968,250
麗澤	全学部	260,000	830,000	360,000	1,450,000	885,000
青山学院	文（英米文）	200,000	833,000	371,200	1,404,200	817,100
	（フランス文・日本文）	200,000	833,000	372,000	1,405,000	817,500
	（史・比較芸術）	200,000	833,000	373,000	1,406,000	818,000
	教育人間科（教育）	200,000	833,000	377,000	1,410,000	820,000
	（心理）	200,000	833,000	393,000	1,426,000	828,000
	経済	200,000	833,000	378,000	1,411,000	820,500
	法	200,000	833,000	383,000	1,416,000	823,000
	経営	200,000	833,000	384,000	1,417,000	823,500
	国際政治経済	200,000	843,000	404,000	1,447,000	838,500
	総合文化政策	200,000	833,000	394,000	1,427,000	828,500
	理工	200,000	1,181,000	531,000	1,912,000	1,071,000
	社会情報・地球社会共生	200,000	1,007,000	458,000	1,665,000	947,500
	コミュニティ人間科	200,000	917,000	448,000	1,565,000	897,500
亜細亜	経営・経済・法	230,000	760,000	291,000	1,281,000	771,000
	国際関係・都市創造	230,000	800,000	291,000	1,321,000	791,000
桜美林	リベラルアーツ/グローバル・コミュニケーション/ビジネスマネジメント	100,000	914,000	350,000	1,364,000	732,000
	健康福祉	100,000	1,034,000	350,000	1,484,000	792,000
	芸術文化	100,000	1,114,000	350,000	1,564,000	832,000

大 学	学部（学科・専攻・コース等）	入学金（A）	年間授業料（B）	施設費等その他費用（C）	初年度納入額（A＋B＋C）	入学手続時最少納入額
	教育探究科	100,000	980,000	350,000	1,430,000	765,000
	航空・マネジメント〈フライト〉	100,000	1,204,000	1,550,000	2,854,000	1,477,000
	〈その他のコース〉	100,000	1,204,000	350,000	1,654,000	877,000
※航空・マネジメント学群フライト・オペレーションコースは上記のほか，FAA（米国連邦航空局）・JCAB（国土交通省航空局）ライセンス取得のための訓練費として約 15,000,000 円が必要。その他のコース（航空管制・整備管理・空港マネジメント）も別途海外研修費用が必要						
大妻女子大	家政（被服）	250,000	775,000	459,150	1,484,150	886,650
	（食物〈食物学〉）	250,000	775,000	474,650	1,499,650	894,400
	（食物〈管理栄養士〉）	250,000	775,000	487,150	1,512,150	900,650
	（児童・ライフデザイン）	250,000	765,000	449,150	1,464,150	876,650
	文・人間関係・比較文化	250,000	745,000	449,150	1,444,150	866,650
	社会情報	250,000	755,000	459,150	1,464,150	876,650
学習院	法	200,000	776,000	284,300	1,260,300	932,300
	経済	200,000	776,000	281,800	1,257,800	929,800
	文（心理・教育）	200,000	850,000	313,800	1,363,800	998,800
	（その他の学科）	200,000	850,000	283,800	1,333,800	968,800
	理（数）	200,000	1,174,000	341,800	1,715,800	1,188,800
	（その他の学科）	200,000	1,174,000	421,800	1,795,800	1,268,800
	国際社会科	200,000	1,005,000	281,800	1,486,800	1,044,300
※授業料には在籍料 120,000 円を含む						
学習院女子	国際文化交流	200,000	940,000	233,800	1,373,800	963,800
※授業料には在籍料 120,000 円を含む						
北里	未来工	250,000	950,000	450,000	1,650,000	950,000
	理（物理・化）	200,000	1,012,500	450,000	1,662,500	931,250
	（生物科）	200,000	1,062,500	450,000	1,712,500	956,250
	獣医（獣医）	300,000	1,500,000	530,000	2,330,000	1,315,000
	（その他の学科）	250,000	830,000	270,000	1,350,000	800,000
	海洋生命科	300,000	900,000	200,000	1,400,000	850,000
	薬（薬）	400,000	1,100,000	850,000	2,350,000	1,375,000
	（生命創薬科）	400,000	850,000	820,000	2,070,000	1,235,000
	医	1,500,000	3,000,000	4,500,000	9,000,000	5,250,000
	看護	400,000	1,200,000	300,000	1,900,000	1,150,000
	医療衛生	300,000	950,000	550,000	1,800,000	1,050,000
※他に諸会費（医 328,000 円，その他の学部 114,000 円）						
共立女子	家政（被服・児童）	150,000	760,000	450,000	1,360,000	755,000
	（食物栄養〈食物学〉）	150,000	780,000	450,000	1,380,000	765,000
	（食物栄養〈管理栄養士〉）	150,000	780,000	460,000	1,390,000	770,000
	文芸	150,000	680,000	390,000	1,220,000	685,000
	国際	150,000	720,000	390,000	1,260,000	705,000
	看護	150,000	1,230,000	470,000	1,850,000	1,000,000
	ビジネス	150,000	750,000	390,000	1,290,000	720,000
	建築・デザイン	150,000	800,000	450,000	1,400,000	775,000
※他に諸会費 50,000 円						
杏林	外国語・総合政策	250,000	720,000	233,300	1,203,300	743,300
	保健（健康福祉・臨床心理）	250,000	1,150,000	338,370	1,738,370	1,038,370
	（その他の学科）	250,000	1,150,000	588,370	1,988,370	1,163,370
	医	1,500,000	3,000,000	5,590,700	10,090,700	6,090,700
慶應義塾	文	200,000	900,000	273,350	1,373,350	786,675
	経済	200,000	900,000	278,350	1,378,350	789,175
	法	200,000	900,000	283,350	1,383,350	791,675
	商	200,000	900,000	279,850	1,379,850	789,925
	医	200,000	3,040,000	633,350	3,873,350	2,036,675
	理工	200,000	1,310,000	393,350	1,903,350	1,051,675

大学	学部（学科・専攻・コース等）	入学金（A）	年間授業料（B）	施設費等その他費用（C）	初年度納入額（A＋B＋C）	入学手続時最少納入額
	総合政策・環境情報	200,000	1,070,000	361,350	1,631,350	915,675
	看護医療	200,000	1,070,000	645,850	1,915,850	1,057,925
	薬（薬）	200,000	1,740,000	583,350	2,523,350	1,361,675
	（薬科）	200,000	1,460,000	583,350	2,243,350	1,221,675
工学院	先進工	250,000	1,000,000	451,160	1,701,160	996,160
	工・建築・情報	250,000	1,000,000	431,160	1,681,160	986,160
※先進工学部機械理工学科航空理工学専攻については，別途ライセンス取得費用が必要						
國學院	文・神道文化・経済	240,000	760,000	267,300	1,267,300	782,300
	法	240,000	760,000	268,300	1,268,300	783,300
	人間開発	240,000	800,000	308,300	1,348,300	823,300
	観光まちづくり	240,000	800,000	305,300	1,345,300	820,300
国際基督教	教養	300,000	1,101,000	354,000	1,755,000	785,000
国士館	政経	240,000	730,000	303,940	1,273,940	763,390
	体育（体育）	240,000	830,000	529,820	1,599,820	966,770
	（武道）	240,000	830,000	484,820	1,554,820	921,770
	（スポーツ医科）	240,000	870,000	619,000	1,729,000	1,068,950
	（こどもスポーツ教育）	240,000	860,000	554,820	1,654,820	1,006,770
	理工	240,000	954,000	421,940	1,615,940	982,890
	法	240,000	730,000	304,940	1,274,940	763,890
	文（教育〈初等教育〉）	240,000	782,000	329,940	1,351,940	814,890
	（史学地理〈地理・環境〉）	240,000	782,000	324,940	1,346,940	809,890
	（その他の学科・コース）	240,000	782,000	304,940	1,326,940	789,890
	21 世紀アジア	240,000	782,000	306,940	1,328,940	790,890
	経営	240,000	730,000	303,440	1,273,440	763,140
駒澤	仏教・経済・経営	200,000	759,000	291,000	1,250,000	745,000
	文（国文・英米文）	200,000	759,000	291,000	1,250,000	745,000
	（地理）	200,000	759,000	306,000	1,265,000	752,500
	（歴史〈日本史学・外国史学〉）	200,000	759,000	315,000	1,274,000	769,000
	（歴史〈考古学〉）	200,000	759,000	330,000	1,289,000	776,500
	（社会〈社会学〉）	200,000	759,000	325,000	1,284,000	774,000
	（社会〈社会福祉学〉）	200,000	759,000	291,000	1,250,000	745,000
	（心理）	200,000	759,000	321,000	1,280,000	760,000
	法（法律〈フレックスA〉・政治）	200,000	759,000	291,000	1,250,000	745,000
	（法律〈フレックスB〉）	130,000	490,000	177,500	797,500	483,750
	医療健康科	200,000	800,000	762,500	1,782,500	1,011,250
	グローバル・メディア・スタディーズ	200,000	790,000	291,000	1,281,000	760,500
産業能率	全学部	318,000	772,000	261,160	1,351,160	851,160
実践女子	文・人間社会	240,000	770,000	357,010	1,367,010	818,010
	生活科（食生活科〈管理栄養士〉）	240,000	810,000	437,010	1,487,010	878,010
	（食生活科〈食物科学〉）	240,000	790,000	417,010	1,447,010	858,010
	（食生活科〈健康栄養〉）	240,000	790,000	427,010	1,457,010	863,010
	（生活環境）	240,000	790,000	397,010	1,427,010	848,010
	（生活文化〈生活心理〉）	240,000	790,000	357,010	1,387,010	828,010
	（生活文化〈幼児保育〉）	240,000	810,000	397,010	1,447,010	858,010
	（現代生活）	240,000	790,000	357,010	1,387,010	828,010
芝浦工業	全学部	280,000	1,199,000	315,880	1,794,880	1,021,000
順天堂	医	2,000,000	700,000	200,000	2,900,000	2,450,000
	スポーツ健康科	200,000	700,000	573,660	1,473,660	898,660
	医療看護	300,000	900,000	842,000	2,042,000	1,267,000
	保健看護	300,000	900,000	664,000	1,864,000	1,194,000
	国際教養	300,000	1,000,000	250,000	1,550,000	925,000
	保健医療	300,000	1,000,000	586,340	1,886,340	1,161,340
	医療科	300,000	1,000,000	501,350	1,801,350	1,076,350

大学	学部（学科・専攻・コース等）	入学金（A）	年間授業料（B）	施設費等その他費用（C）	初年度納入額（A＋B＋C）	入学手続時最少納入額
	健康データサイエンス	200,000	1,000,000	429,280	1,629,280	929,280

※他に医は寮費・諸会費等，スポーツ健康科は寮費，国際教養は諸会費等。医学部は２年次以降，授業料 2,000,000 円，施設設備費 860,000 円，教育充実費 720,000 円

大学	学部（学科・専攻・コース等）	入学金（A）	年間授業料（B）	施設費等その他費用（C）	初年度納入額（A＋B＋C）	入学手続時最少納入額
上智	神・法・経済・外国語・総合グローバル	200,000	860,000	292,650	1,352,650	787,650
	文（新聞）	200,000	900,000	292,650	1,392,650	807,650
	（その他の学科）	200,000	860,000	292,650	1,352,650	787,650
	総合人間科（心理）	200,000	937,000	292,650	1,429,650	826,150
	（看護）	200,000	1,212,000	454,650	1,866,650	1,044,650
	（その他の学科）	200,000	860,000	292,650	1,352,650	787,650
	理工	200,000	1,165,000	499,650	1,864,650	1,043,650
	国際教養	200,000	1,078,000	292,650	1,570,650	896,650
昭和	医・歯	1,500,000	3,000,000	95,000	4,595,000	3,095,000
	薬	600,000	1,400,000	69,000	2,069,000	1,369,000
	保健医療	500,000	1,050,000	69,000	1,619,000	1,094,000

※１年次富士吉田キャンパス生活費 827,000 円

大学	学部（学科・専攻・コース等）	入学金（A）	年間授業料（B）	施設費等その他費用（C）	初年度納入額（A＋B＋C）	入学手続時最少納入額
昭和女子	人間文化（日本語日本文）	200,000	795,600	354,400	1,351,000	775,500
	（歴史文化）	200,000	825,600	382,400	1,408,000	804,000
	人間社会（心理）	200,000	855,600	402,400	1,458,000	829,000
	（福祉社会）	200,000	825,600	402,400	1,428,000	814,000
	（現代教養・初等教育）	200,000	815,600	372,400	1,388,000	794,000
	生活科（管理栄養）	200,000	855,600	432,400	1,488,000	844,000
	（健康デザイン・食安全）	200,000	855,600	412,400	1,468,000	834,000
	グローバルビジネス	200,000	845,600	392,400	1,438,000	819,000
	国際（英語コミュニケーション）	200,000	825,600	382,400	1,408,000	804,000
	（国際）	200,000	825,600	392,400	1,418,000	809,000
	環境デザイン	200,000	825,600	402,400	1,428,000	814,000
白百合女子	文	350,000	700,000	400,000	1,450,000	900,000
	人間総合（発達心理）	350,000	700,000	430,000	1,480,000	915,000
	（児童文化・初等教育）	350,000	700,000	400,000	1,450,000	900,000

※他に諸経費（初年度約 15,000 円程度）

大学	学部（学科・専攻・コース等）	入学金（A）	年間授業料（B）	施設費等その他費用（C）	初年度納入額（A＋B＋C）	入学手続時最少納入額
成蹊	経済・経営・法・文	200,000	825,000	275,000	1,300,000	750,000
	理工	200,000	1,060,000	465,000	1,725,000	962,500

※他に諸会費。G 方式入試合格者（EAGLE 生）については入学手続時に，上記金額に加え，EAGLE 実習費として 100,000 円，１年次夏期休業中に参加するケンブリッジ大学夏期短期留学のプログラム費用として，約 600,000 円が必要

大学	学部（学科・専攻・コース等）	入学金（A）	年間授業料（B）	施設費等その他費用（C）	初年度納入額（A＋B＋C）	入学手続時最少納入額
成城	経済	200,000	800,000	345,500	1,345,500	820,500
	法	200,000	800,000	344,500	1,344,500	819,500
	文芸	200,000	800,000	342,500	1,342,500	817,500
	社会イノベーション	200,000	800,000	343,500	1,343,500	818,500
聖心女子	現代教養	250,000	700,000	420,000	1,370,000	810,000

※他に諸会費等

大学	学部（学科・専攻・コース等）	入学金（A）	年間授業料（B）	施設費等その他費用（C）	初年度納入額（A＋B＋C）	入学手続時最少納入額
清泉女子	文（地球市民）	250,000	830,000	340,000	1,420,000	835,000
	（その他の学科）	250,000	780,000	340,000	1,370,000	810,000

※他に諸会費等

大学	学部（学科・専攻・コース等）	入学金（A）	年間授業料（B）	施設費等その他費用（C）	初年度納入額（A＋B＋C）	入学手続時最少納入額
専修	経済・法	200,000	750,000	274,000	1,224,000	477,000
	経営・商	200,000	750,000	276,000	1,226,000	479,000
	文（日本文学文化・英語英米文）	200,000	750,000	284,000	1,234,000	481,000
	（哲）	200,000	750,000	279,000	1,229,000	479,000
	（歴史）	200,000	750,000	294,000	1,244,000	482,000
	（環境地理）	200,000	750,000	309,000	1,259,000	488,000
	（ジャーナリズム）	200,000	750,000	289,000	1,239,000	483,000
	人間科（心理）	200,000	783,000	344,000	1,327,000	505,000
	（社会）	200,000	753,000	294,000	1,247,000	482,000
	国際コミュニケーション（日本語）	200,000	750,000	336,000	1,286,000	494,000

大学	学部（学科・専攻・コース等）	入学金（A）	年間授業料（B）	施設費等その他費用（C）	初年度納入額（A＋B＋C）	入学手続時最少納入額
	（異文化コミュニケーション）	200,000	850,000	308,000	1,358,000	512,000
	ネットワーク情報	200,000	870,000	354,000	1,424,000	527,000
※学費は４期に分けて納入						
大正	社会共生・地域創生・表現	200,000	1,000,000	262,500	1,462,500	837,500
	心理社会・文・仏教	200,000	850,000	362,500	1,412,500	812,500
大東文化	文（日本文・中国文・英米文・歴史文化）	210,000	733,000	295,900	1,238,900	736,900
	（教育）	210,000	733,000	318,900	1,261,900	747,900
	（書道）	210,000	855,000	375,900	1,440,900	837,900
	経済・経営	210,000	713,000	291,900	1,214,900	722,900
	外国語・国際関係	210,000	733,000	295,900	1,238,900	736,900
	法	210,000	713,000	293,900	1,216,900	724,900
	スポーツ・健康科（スポーツ科）	210,000	835,000	400,900	1,445,900	840,400
	（健康科）	210,000	995,000	600,900	1,805,900	1,020,400
	（看護）	250,000	1,000,000	724,900	1,974,900	1,124,900
	社会	210,000	713,000	295,900	1,218,900	726,900
拓殖	商・政経	200,000	792,000	318,900	1,310,900	499,400
	外国語・国際	200,000	907,000	258,900	1,365,900	513,150
	工	200,000	1,000,000	458,900	1,658,900	586,400
※学費は４回に分けて納入（入学手続時，６月，10月，12月）。工学部国際コースは別途留学費用が必要						
玉川	教育	250,000	1,029,000	494,970	1,773,970	1,042,920
	文（英語教育）	250,000	1,029,000	485,630	1,764,630	1,038,580
	（国語教育）	250,000	1,029,000	476,230	1,755,230	1,029,180
	芸術（音楽）	250,000	1,199,000	615,530	2,064,530	1,190,330
	（アート・デザイン）	250,000	1,199,000	606,530	2,055,530	1,181,330
	（演劇・舞踊）	250,000	1,199,000	612,530	2,061,530	1,187,330
	経営	250,000	1,029,000	474,230	1,753,230	1,027,180
	観光	250,000	1,029,000	462,230	1,741,230	1,015,180
	リベラルアーツ	250,000	1,029,000	481,230	1,760,230	1,034,180
	農（生産農）	250,000	1,053,000	588,530	1,891,530	1,090,330
	（環境農）	250,000	1,053,000	613,530	1,916,530	1,115,330
	（先端食農）	250,000	1,053,000	597,430	1,900,430	1,094,780
	工（情報通信工）	250,000	1,109,000	620,530	1,979,530	1,140,330
	（その他の学科）	250,000	1,109,000	606,530	1,965,530	1,126,330
中央	法	240,000	823,400	283,900	1,347,300	801,150
	経済	240,000	823,400	248,900	1,312,300	783,650
	商	240,000	823,400	251,900	1,315,300	785,150
	理工	240,000	1,175,700	422,300	1,838,000	1,046,500
	文	240,000	823,400	233,900	1,297,300	776,150
	総合政策	240,000	1,029,800	332,100	1,601,900	928,450
	国際経営	240,000	943,600	281,400	1,465,000	860,000
	国際情報	240,000	1,016,800	298,200	1,555,000	905,000
津田塾	学芸（英語英文・国際関係）	200,000	750,000	250,000	1,200,000	700,000
	（多文化・国際協力）	200,000	800,000	280,000	1,280,000	740,000
	（数・情報科）	200,000	830,000	280,000	1,310,000	755,000
	総合政策	200,000	800,000	280,000	1,280,000	740,000
※他に同窓会費積立金 50,000 円，傷害保険費 4,010 円等						
帝京	医	1,050,000	3,150,000	5,170,140	9,370,140	6,631,640
	薬	368,000	1,470,000	672,180	2,510,180	1,442,680
	経済（地域経済）	263,000	777,000	216,660	1,256,660	764,660
	（国際経済）	263,000	819,000	285,660	1,367,660	828,160
	（その他の学科）	263,000	819,000	269,660	1,351,660	812,160
	法	263,000	819,000	269,660	1,351,660	812,160
	文（心理）	263,000	819,000	290,660	1,372,660	822,660

大学	学部 （学科・専攻・コース等）	入学金（A）	年間授業料（B）	施設費等 その他費用（C）	初年度納入額 （A＋B＋C）	入学手続時 最少納入額
	（その他の学科）	263,000	819,000	269,660	1,351,660	812,160
	外国語（外国語〈英語〉）	263,000	819,000	280,660	1,362,660	817,660
	（外国語〈その他のコース〉）	263,000	819,000	269,660	1,351,660	812,160
	国際日本	263,000	819,000	269,660	1,351,660	812,160
	教育（教育文化）	263,000	819,000	269,660	1,351,660	812,160
	（初等教育〈初等教育〉）	263,000	819,000	290,660	1,372,660	822,660
	（初等教育〈こども教育〉）	263,000	819,000	311,660	1,393,660	833,160
	理工（航空宇宙工〈ヘリパイロット〉）	263,000	956,000	2,343,660	3,562,660	1,917,660
	（その他の学科・コース）	263,000	956,000	451,660	1,670,660	971,660
	医療技術（視能矯正）	263,000	1,050,000	547,620	1,860,620	1,064,620
	（看護）	263,000	1,103,000	736,620	2,102,620	1,185,620
	（診療放射線）	263,000	987,000	631,620	1,881,620	1,075,120
	（臨床検査）	263,000	1,050,000	631,620	1,944,620	1,106,620
	（スポーツ〈健康スポーツ〉）	263,000	945,000	484,300	1,692,300	982,800
	（スポーツ〈救急救命士〉）	263,000	945,000	681,620	1,889,620	1,079,120
	（スポーツ〈トップアスリート〉）	263,000	819,000	342,300	1,424,300	848,800
	（柔道整復）	263,000	1,050,000	643,300	1,956,300	1,114,800
	福岡医療技術	263,000	945,000	499,370	1,707,370	987,870
帝京科学	生命環境（アニマル）	260,000	860,000	426,230	1,546,230	906,230
	（生命科〈臨床工学〉）	260,000	860,000	425,370	1,545,370	905,370
	（生命科〈その他のコース〉）	260,000	860,000	424,660	1,544,660	904,660
	（自然環境）	260,000	860,000	424,660	1,544,660	904,660
	医療科（東京理学・東京柔道）	260,000	960,000	775,370	1,995,370	1,130,370
	（看護）	260,000	860,000	774,500	1,894,500	1,079,500
	（医療福祉）	260,000	780,000	262,370	1,302,370	783,870
	（理学・作業・柔道）	260,000	960,000	595,370	1,815,370	1,040,370
	教育人間科（幼児保育）	260,000	780,000	284,660	1,324,660	794,660
	（学校教育〈小学校・中高理科・中高英語〉）	260,000	780,000	284,660	1,324,660	794,660
	（学校教育〈中高保健体育〉）	260,000	780,000	374,660	1,414,660	839,660
	（こども）	260,000	780,000	196,230	1,236,230	751,230
帝京平成	薬	350,000	1,350,000	684,700	2,384,700	1,369,700
	人文社会（児童）	200,000	800,000	343,300	1,343,300	773,300
	（人間文化〈福祉・グローバル〉）	200,000	800,000	303,300	1,303,300	753,300
	（人間文化〈メディア〉）	200,000	820,000	303,300	1,323,300	763,300
	（経営〈経営・経営情報〉）	200,000	800,000	303,300	1,303,300	753,300
	（経営〈トレーナー〉）	200,000	820,000	323,300	1,343,300	773,300
	（観光経営）	200,000	800,000	303,300	1,303,300	753,300
	ヒューマンケア（鍼灸・柔道整復）	300,000	1,000,000	683,300	1,983,000	1,143,300
	（看護）	300,000	960,000	683,300	1,943,300	1,123,300
	健康メディカル（健康栄養）	200,000	870,000	423,300	1,493,300	848,300
	（心理）	200,000	840,000	303,300	1,343,300	773,300
	（言語聴覚）	300,000	840,000	683,300	1,823,300	1,063,300
	（作業療法）	300,000	870,000	703,300	1,873,300	1,088,300
	（理学療法）	300,000	900,000	703,300	1,903,300	1,103,300
	（医療科）	200,000	870,000	433,300	1,503,300	853,300
	健康医療スポーツ（柔道整復）	200,000	1,000,000	553,300	1,753,300	978,300
	（リハビリテーション）	300,000	840,000	533,300	1,673,300	988,300
	（医療スポーツ〈救急救命士・動物医療〉）	200,000	840,000	433,300	1,473,300	838,300
	（医療スポーツ〈トレーナー〉）	200,000	800,000	303,300	1,303,300	753,300
	（医療スポーツ〈アスリート〉）	200,000	800,000	283,300	1,283,300	743,300
	（看護）	300,000	840,000	683,300	1,823,300	1,063,300
東海	文・文化社会・法・人文	200,000	1,216,000	59,200	1,475,200	848,200
	教養・児童教育・健康	200,000	1,269,000	59,200	1,528,200	874,700

大学	学部（学科・専攻・コース等）	入学金（A）	年間授業料（B）	施設費等その他費用（C）	初年度納入額（A＋B＋C）	入学手続時最少納入額
	体育（生涯スポーツ）	200,000	1,269,000	107,200	1,576,200	874,700
	（その他の学科）	200,000	1,269,000	59,200	1,528,200	874,700
	政治経済・経営・国際・観光	200,000	1,227,000	59,200	1,486,200	853,700
	情報通信・理・情報理工・建築都市	200,000	1,354,000	59,200	1,613,200	917,200
	工（航空宇宙〈航空操縦学〉）	200,000	1,655,000	59,200	1,914,200	1,067,700
	（その他の学科・専攻）	200,000	1,354,000	59,200	1,613,200	917,200
	医（医）	1,000,000	2,148,000	3,325,200	6,473,200	3,590,200
	（看護）	200,000	1,379,000	59,200	1,638,200	929,700
	海洋	200,000	1,354,000	140,200	1,694,200	957,700
	文理融合	200,000	950,000	59,200	1,209,200	715,200
	農	200,000	1,345,000	59,200	1,604,200	912,700
	国際文化	200,000	1,107,000	59,200	1,366,200	793,700
	生物（生物）	200,000	1,234,000	59,200	1,493,200	857,200
	（海洋生物科）	200,000	1,234,000	99,200	1,533,200	877,200
東京家政	児童	260,000	740,000	397,500	1,397,500	817,500
	栄養	260,000	740,000	412,500	1,412,500	817,500
	家政（服飾美術）	260,000	740,000	407,500	1,407,500	817,500
	（環境教育）	260,000	740,000	412,500	1,412,500	817,500
	（造形表現）	260,000	740,000	417,500	1,417,500	817,500
	人文（英語コミュニケーション）	260,000	740,000	382,500	1,382,500	817,500
	（心理カウンセリング・教育福祉）	260,000	740,000	407,500	1,407,500	817,500
	健康科（看護）	300,000	1,000,000	577,500	1,877,500	977,500
	（リハビリテーション）	300,000	1,000,000	527,500	1,827,500	977,500
	子ども支援	260,000	740,000	397,500	1,397,500	817,500
東京経済	経済・経営	150,000	768,000	324,900	1,242,900	716,500
	コミュニケーション（メディア社会）	150,000	844,000	324,900	1,318,900	754,500
	（国際コミュニケーション）	150,000	874,000	324,900	1,348,900	769,500
	現代法	150,000	797,000	324,900	1,271,900	731,000
	キャリアデザインプログラム	150,000	798,000	324,900	1,272,900	731,500
東京工科	工・応用生物	250,000	1,376,000	23,300	1,649,300	961,300
	コンピュータサイエンス・メディア	250,000	1,326,000	23,300	1,599,300	936,300
	デザイン	250,000	1,560,000	23,300	1,833,300	1,053,300
	医療保健（看護）	450,000	1,650,000	23,300	2,123,300	1,298,300
	（その他の学科）	340,000	1,560,000	23,300	1,923,300	1,143,300
東京慈恵会医科	医（医）	1,000,000	2,500,000		3,500,000	2,250,000
	（看護）	500,000	1,000,000		1,500,000	1,000,000

※医学科は他に学生会経費 100,000 円，保護者会費 210,000 円，2 年次以降は施設拡充費 1,300,000 円。看護学科の授業料は実習費を含む

大学	学部（学科・専攻・コース等）	入学金（A）	年間授業料（B）	施設費等その他費用（C）	初年度納入額（A＋B＋C）	入学手続時最少納入額
東京女子	現代教養（国際英語）	200,000	760,000	351,500	1,311,500	730,000
	（人文）	200,000	760,000	271,500	1,231,500	710,000
	（国際社会〈国際関係・経済学・社会学〉）	200,000	760,000	271,500	1,231,500	710,000
	（国際社会〈コミュニティ構想〉）	200,000	760,000	291,500	1,251,500	710,000
	（心理・コミュニケーション〈心理学〉）	200,000	760,000	296,500	1,256,500	710,000
	（心理・コミュニケーション〈コミュニケーション〉）	200,000	760,000	291,500	1,251,500	710,000
	（数理科）	200,000	760,000	291,500	1,251,500	710,000
東京電機	システムデザイン工・工	250,000	1,401,000	20,160	1,671,160	970,660
	未来科（建築）	250,000	1,442,000	20,160	1,712,160	991,160
	（情報メディア／ロボット・メカトロニクス）	250,000	1,401,000	20,160	1,671,160	970,660
	理工	250,000	1,361,000	20,160	1,631,160	950,660

※工学部第二部は初年度 442,360 円＋履修単位数× 13,400 円。入学時 294,310 円（含入学金 130,000 円）

大学	学部（学科・専攻・コース等）	入学金（A）	年間授業料（B）	施設費等その他費用（C）	初年度納入額（A＋B＋C）	入学手続時最少納入額
東京都市	理工・建築都市デザイン・情報工	200,000	1,476,000	60,000	1,736,000	998,000
	環境／メディア情報／デザイン・データ科	200,000	1,290,000	60,000	1,550,000	905,000
	都市生活	200,000	1,194,000	60,000	1,454,000	857,000

大学	学部（学科・専攻・コース等）	入学金（A）	年間授業料（B）	施設費等その他費用（C）	初年度納入額（A＋B＋C）	入学手続時最少納入額
	人間科	200,000	1,176,000	60,000	1,436,000	848,000
東京農業	農（農）	270,000	760,000	493,800	1,523,800	733,800
	（動物科・生物資源開発・デザイン農）	270,000	760,000	513,800	1,543,800	733,800
	応用生物科（栄養科）	270,000	760,000	613,800	1,643,800	733,800
	（農芸化・醸造科・食品安全健康）	270,000	760,000	563,800	1,593,800	733,800
	生命科	270,000	760,000	563,800	1,593,800	733,800
	地球環境科	270,000	760,000	463,800	1,493,800	733,800
	国際食料情報（国際農業開発）	270,000	760,000	493,800	1,523,800	733,800
	（食料環境経済・アグリビジネス）	270,000	760,000	383,800	1,413,800	733,800
	（国際食農科）	270,000	760,000	513,800	1,543,800	733,800
	生物産業（北方圏農）	270,000	760,000	508,800	1,538,800	733,800
	（海洋水産）	270,000	760,000	543,800	1,573,800	733,800
	（食香粧化）	270,000	760,000	583,800	1,613,800	733,800
	（自然資源経営）	270,000	760,000	366,800	1,396,800	733,800
東京薬科	薬	400,000	1,340,000	639,000	2,379,000	1,409,000
	生命科	260,000	1,110,000	519,000	1,889,000	1,094,000
東京理科	理第一部（数・応用数）	300,000	965,000	372,740	1,637,740	990,240
	（物理）	300,000	1,015,000	372,740	1,687,740	1,015,240
	（化・応用化）	300,000	1,030,000	372,740	1,702,740	1,022,740
	薬（薬）	300,000	1,495,000	592,740	2,387,740	1,365,240
	（生命創薬科）	300,000	1,050,000	592,740	1,942,740	1,142,740
	工・先進工	300,000	1,030,000	372,740	1,702,740	1,022,740
	創域理工（数理科）	300,000	965,000	372,740	1,637,740	990,240
	（先端物理）	300,000	1,015,000	372,740	1,687,740	1,015,240
	（生命生物科）	300,000	1,047,000	372,740	1,719,740	1,031,240
	（その他の学科）	300,000	1,030,000	372,740	1,702,740	1,022,740
	経営（経営・ビジネスエコノミクス）	300,000	754,000	342,740	1,396,740	869,740
	（国際デザイン経営）	300,000	780,000	342,740	1,422,740	882,740
	理第二部（数）	150,000	600,000	202,190	952,190	572,190
	（物理）	150,000	649,000	202,190	1,001,190	596,690
	（化）	150,000	660,000	202,190	1,012,190	602,190
東邦	医	1,500,000	2,500,000	800,000	4,800,000	4,800,000
	看護	500,000	1,100,000	800,000	2,400,000	1,450,000
	薬	400,000	1,120,000	710,000	2,230,000	1,315,000
	理	250,000	1,062,000	320,000	1,632,000	941,000
	健康科	300,000	950,000	500,000	1,750,000	925,000
	※医学部は一括納入。他に委託徴収金（医497,800円，看護80,370円，薬101,840円，理64,660円，健康科70,370円）					
東洋	文（教育〈初等教育〉）	250,000	820,000	260,000	1,330,000	795,000
	（その他の学科・専攻）	250,000	710,000	230,000	1,190,000	725,000
	経済・経営・法	250,000	710,000	230,000	1,190,000	725,000
	社会（社会）	250,000	710,000	230,000	1,190,000	725,000
	（国際社会・社会心理）	250,000	710,000	245,000	1,205,000	732,500
	（メディアコミュニケーション）	250,000	710,000	240,000	1,200,000	730,000
	国際・国際観光	250,000	780,000	230,000	1,260,000	760,000
	情報連携	250,000	1,100,000	330,000	1,680,000	970,000
	福祉社会デザイン（社会福祉・子ども支援）	250,000	830,000	290,000	1,370,000	815,000
	（人間環境デザイン）	250,000	890,000	410,000	1,550,000	905,000
	健康スポーツ科（健康スポーツ科）	250,000	870,000	390,000	1,510,000	885,000
	（栄養科）	250,000	920,000	390,000	1,560,000	910,000
	理工	250,000	990,000	355,000	1,595,000	927,500
	総合情報	250,000	930,000	310,000	1,490,000	875,000
	生命科・食環境科	250,000	990,000	350,000	1,590,000	925,000
	第２部全学部	180,000	430,000	105,000	715,000	450,000

大学	学部（学科・専攻・コース等）	入学金 (A)	年間授業料 (B)	施設費等その他費用 (C)	初年度納入額 (A＋B＋C)	入学手続時最少納入額
二松學舍	全学部	250,000	796,000	327,660	1,373,660	850,660
日本	法	260,000	810,000	190,000	1,260,000	760,000
	文理（哲・英文・ドイツ文）	260,000	830,000	200,000	1,290,000	775,000
	（史・国文）	260,000	830,000	210,000	1,300,000	780,000
	（中国語中国文化・社会・教育）	260,000	830,000	215,000	1,305,000	782,500
	（社会福祉）	260,000	830,000	260,000	1,350,000	805,000
	（体育）	260,000	830,000	300,000	1,390,000	825,000
	（心理）	260,000	830,000	290,000	1,380,000	820,000
	（地理）	260,000	1,060,000	300,000	1,620,000	940,000
	（地球科）	260,000	1,100,000	300,000	1,660,000	960,000
	（数）	260,000	1,100,000	310,000	1,670,000	965,000
	（情報科）	260,000	1,100,000	320,000	1,680,000	970,000
	（物理）	260,000	1,100,000	350,000	1,710,000	985,000
	（生命科・化）	260,000	1,100,000	380,000	1,740,000	1,000,000
	経済・商	260,000	810,000	170,000	1,240,000	750,000
	芸術（写真）	260,000	1,110,000	500,000	1,870,000	1,065,000
	（映画〈映像表現〉）	260,000	1,140,000	500,000	1,900,000	1,080,000
	（映画〈監督・撮影〉）	260,000	1,140,000	550,000	1,950,000	1,105,000
	（映画〈演技〉）	260,000	1,140,000	480,000	1,880,000	1,070,000
	（美術）	260,000	1,100,000	520,000	1,880,000	1,070,000
	（音楽）	260,000	1,110,000	520,000	1,890,000	1,075,000
	（文芸）	260,000	1,040,000	450,000	1,750,000	1,005,000
	（演劇）	260,000	1,110,000	470,000	1,840,000	1,050,000
	（放送）	260,000	1,140,000	500,000	1,900,000	1,080,000
	（デザイン）	260,000	1,100,000	490,000	1,850,000	1,055,000
	国際関係	260,000	890,000	200,000	1,350,000	805,000
	危機管理	260,000	860,000	200,000	1,320,000	790,000
	スポーツ科	260,000	800,000	400,000	1,460,000	860,000
	理工（数）	260,000	1,150,000	280,000	1,690,000	975,000
	（その他の学科）	260,000	1,150,000	320,000	1,730,000	995,000
	生産工・工	260,000	1,100,000	300,000	1,660,000	960,000
	医	1,000,000	2,500,000	2,850,000	6,350,000	4,350,000
	歯・松戸歯	600,000	3,500,000	2,800,000	6,900,000	3,750,000
	生物資源科（獣医）	260,000	1,500,000	650,000	2,410,000	1,335,000
	（食品ビジネス・国際共生）	260,000	850,000	270,000	1,380,000	820,000
	（その他の学科）	260,000	1,050,000	350,000	1,660,000	960,000
	薬	400,000	1,400,000	650,000	2,450,000	1,425,000
	法二部	160,000	470,000	100,000	730,000	445,000
日本医科	医	1,000,000	2,500,000	1,297,800	4,797,800	1,000,000
日本獣医生命科学	獣医（獣医）	250,000	1,300,000	950,000	2,500,000	1,750,000
	（獣医保健看護）	250,000	750,000	620,000	1,620,000	1,195,000
	応用生命科	250,000	750,000	620,000	1,620,000	1,195,000

※その他諸会費 131,000 円（獣医学科），105,000 円（その他の学科）

日本女子	家政（児童）	200,000	820,000	371,260	1,391,260	812,960
	（食物〈食物学〉）	200,000	950,000	383,860	1,533,860	884,260
	（食物〈管理栄養士〉）	200,000	950,000	392,930	1,542,930	888,830
	（住居）	200,000	900,000	375,860	1,475,860	855,260
	（被服）	200,000	820,000	380,860	1,400,860	817,760
	（家政経済）	200,000	720,000	370,860	1,290,860	762,760
	文・人間社会	200,000	720,000	370,860	1,290,860	762,760
	理（数物情報科）	200,000	1,020,000	372,660	1,592,660	913,660
	（化学生命科）	200,000	1,020,000	386,860	1,606,860	920,760
	国際文化	200,000	770,000	370,860	1,340,860	787,760

大 学	学部（学科・専攻・コース等）	入学金（A）	年間授業料（B）	施設費等その他費用（C）	初年度納入額（A＋B＋C）	入学手続時最少納入額
日本体育	体育・スポーツ文化・スポーツマネジメント・児童スポーツ教育	300,000	800,000	498,000	1,598,000	973,000
	保健医療（整復医療）	300,000	900,000	698,000	1,898,000	1,173,000
	（救急医療）	300,000	900,000	848,000	2,048,000	1,323,000
文京学院	外国語・経営	280,000	870,000	284,400	1,434,400	874,400
	人間（心理）	280,000	870,000	314,400	1,464,400	889,400
	（その他の学科）	280,000	870,000	294,400	1,444,400	879,400
	保健医療技術（理学療法・作業療法）	280,000	964,000	674,560	1,918,560	1,116,560
	（臨床検査）	280,000	964,000	678,560	1,922,560	1,120,560
	（看護）	280,000	1,004,000	678,560	1,962,560	1,140,560
法政	法・社会	240,000	831,000	228,000	1,299,000	769,500
	文（地理）	240,000	831,000	250,000	1,321,000	780,500
	（心理）	240,000	831,000	270,000	1,341,000	790,500
	（その他の学科）	240,000	831,000	228,000	1,299,000	769,500
	経済（IGESS）	240,000	968,000	228,000	1,436,000	838,000
	（その他の学科）	240,000	831,000	228,000	1,299,000	769,500
	経営（GBP）	240,000	968,000	228,000	1,436,000	838,000
	（その他の学科）	240,000	831,000	228,000	1,299,000	769,500
	国際文化	240,000	1,063,000	302,000	1,605,000	922,500
	人間環境（人間環境）	240,000	831,000	228,000	1,299,000	769,500
	（SCOPE）	240,000	968,000	228,000	1,436,000	838,000
	現代福祉（福祉コミュニティ）	240,000	831,000	228,000	1,299,000	769,500
	（臨床心理）	240,000	831,000	270,000	1,341,000	790,500
	キャリアデザイン	240,000	831,000	249,000	1,320,000	780,000
	GIS（グローバル教養）	240,000	1,097,000	232,000	1,569,000	904,500
	スポーツ健康	240,000	933,800	378,000	1,551,800	895,900
	情報科・デザイン工	240,000	1,172,000	399,000	1,811,000	1,025,500
	理工（機械工〈航空操縦学〉）	240,000	1,172,000	798,000	2,210,000	1,225,000
	（その他の学科・専修）	240,000	1,172,000	399,000	1,811,000	1,025,500
	生命科（応用植物科）	240,000	1,172,000	459,000	1,871,000	1,055,500
	（その他の学科）	240,000	1,172,000	399,000	1,811,000	1,025,500
	※他に諸会費約 13,000～16,000 円					
武蔵	経済・人文	240,000	770,000	328,900	1,338,900	803,900
	社会	240,000	770,000	338,900	1,348,900	808,900
	国際教養	240,000	970,000	328,900	1,538,900	903,900
武蔵野	文・経済・経営	180,000	770,000	194,600	1,144,600	664,600
	グローバル（日本語コミュニケーション）	180,000	770,000	266,600	1,216,600	700,600
	（その他の学科）	180,000	870,000	266,600	1,316,600	750,600
	法・人間科	180,000	820,000	194,600	1,194,600	689,600
	アントレプレナーシップ	180,000	770,000	276,600	1,226,600	705,600
	データサイエンス	180,000	970,000	346,600	1,496,600	840,600
	工（サステナビリティ）	180,000	1,020,000	291,600	1,491,600	838,100
	（数理工）	180,000	1,100,000	341,600	1,621,600	903,100
	（建築デザイン）	180,000	990,000	346,600	1,516,600	850,600
	教育（教育）	180,000	870,000	238,600	1,288,600	736,600
	（幼児教育）	180,000	820,000	238,600	1,238,600	711,600
	薬	180,000	1,400,000	486,600	2,066,600	1,125,600
	看護	180,000	1,220,000	426,600	1,826,600	950,600
明治	法	200,000	886,000	231,300	1,317,300	766,800
	商	200,000	886,000	230,000	1,316,000	765,500
	政治経済・経営・情報コミュニケーション	200,000	886,000	233,000	1,319,000	767,000
	文	200,000	846,000	273,000	1,319,000	767,000
	国際日本	200,000	1,068,000	253,000	1,501,000	858,000
	理工（数）	200,000	1,199,000	397,000	1,796,000	1,005,500

大学	学部(学科・専攻・コース等)	入学金 (A)	年間授業料 (B)	施設費等その他費用 (C)	初年度納入額 (A＋B＋C)	入学手続時最少納入額
	(その他の学科)	200,000	1,199,000	417,000	1,816,000	1,015,500
	農(農・農芸化・生命科)	200,000	1,199,000	417,000	1,816,000	1,015,500
	(食料環境政策)	200,000	1,090,000	367,000	1,657,000	936,000
	総合数理(現象数理)	200,000	1,199,000	377,000	1,776,000	995,500
	(先端メディア・ネットワーク)	200,000	1,199,000	417,000	1,816,000	1,015,500
明治学院	文(英文)	200,000	826,000	246,600	1,272,600	737,950
	(フランス文)	200,000	826,000	246,800	1,272,800	744,750
	(芸術)	200,000	892,000	266,600	1,358,600	787,550
	経済(経済・経営)	200,000	826,000	241,420	1,267,420	739,370
	(国際経営)	200,000	826,000	461,420	1,487,420	959,370
	社会	200,000	826,000	248,100	1,274,100	745,300
	法(法律・消費情報環境法)	200,000	826,000	259,600	1,285,600	751,050
	(グローバル法)	200,000	826,000	476,400	1,502,400	967,850
	(政治)	200,000	826,000	249,600	1,275,600	746,050
	国際(国際)	200,000	876,000	244,400	1,320,400	761,850
	(国際キャリア)	200,000	996,000	289,400	1,485,400	844,350
	心理(心理)	200,000	856,000	288,600	1,344,600	780,550
	(教育発達)	200,000	866,000	358,600	1,424,600	825,550
明星	理工・デザイン・建築	200,000	980,000	438,600	1,618,600	918,600
	データサイエンス・情報	200,000	960,000	438,600	1,598,600	908,600
	教育・心理	200,000	820,000	388,600	1,408,600	813,600
	人文	200,000	800,000	388,600	1,388,600	803,600
	経済・経営	200,000	740,000	288,600	1,228,600	723,600
目白	心理	250,000	816,000	304,160	1,370,160	957,160
	人間(人間福祉)	250,000	816,000	304,160	1,370,160	957,160
	(子ども・児童教育)	250,000	828,000	304,160	1,382,160	963,160
	社会(社会情報)	250,000	805,800	304,160	1,359,960	952,060
	(地域社会)	250,000	795,600	304,160	1,349,760	946,960
	メディア	250,000	864,000	304,160	1,418,160	981,160
	経営	250,000	798,000	304,160	1,352,160	948,160
	外国語	250,000	828,000	304,160	1,382,160	963,160
	保健医療	250,000	1,020,000	520,500	1,790,500	1,275,500
	看護	250,000	1,248,000	430,500	1,928,500	1,299,500
立教	文	200,000	1,128,000	6,500	1,334,500	767,250
	異文化コミュニケーション	200,000	1,128,000	13,500	1,341,500	770,750
	経済	200,000	1,121,000	3,500	1,324,500	762,250
	経営	200,000	1,121,000	41,500	1,362,500	781,250
	理(数)	200,000	1,548,000	3,500	1,751,500	975,750
	(物理)	200,000	1,548,000	13,500	1,761,500	980,750
	(化)	200,000	1,548,000	43,500	1,791,500	995,750
	(生命理)	200,000	1,548,000	73,500	1,821,500	1,015,750
	社会	200,000	1,121,000	20,000	1,341,000	770,500
	法	200,000	1,121,000	5,500	1,326,500	763,250
	観光	200,000	1,121,000	5,000	1,326,000	763,000
	コミュニティ福祉	200,000	1,128,000	9,500	1,337,500	768,750
	現代心理(心理)	200,000	1,165,000	21,500	1,386,500	793,250
	(映像身体)	200,000	1,190,000	21,500	1,411,500	805,750
	スポーツウエルネス	200,000	1,190,000	21,500	1,411,500	805,750
立正	心理	288,000	738,000	284,000	1,310,000	805,500
	法	288,000	738,000	299,000	1,325,000	813,000
	経営	288,000	738,000	300,000	1,326,000	815,000
	経済	288,000	738,000	279,000	1,305,000	803,000
	文(哲・史・文)	288,000	738,000	252,000	1,278,000	789,500

大学	学部（学科・専攻・コース等）	入学金（A）	年間授業料（B）	施設費等その他費用（C）	初年度納入額（A＋B＋C）	入学手続時最少納入額
	（社会）	288,000	738,000	269,000	1,295,000	798,000
	仏教	288,000	738,000	292,000	1,318,000	816,000
	データサイエンス	288,000	738,000	489,000	1,515,000	908,000
	地球環境科（環境システム）	288,000	738,000	494,000	1,520,000	910,500
	（地理）	288,000	738,000	364,000	1,390,000	845,500
	社会福祉（社会福祉）	288,000	738,000	304,000	1,330,000	815,500
	（子ども教育福祉）	288,000	738,000	324,000	1,350,000	825,500
早稲田	政治経済	200,000	999,000	17,450	1,216,450	709,225
	法	200,000	960,000	10,700	1,170,700	687,850
	教育（教育［生涯教育学］）	200,000	960,000	15,650	1,175,650	693,650
	（教育［教育心理学］）	200,000	960,000	35,650	1,195,650	698,650
	（教育〈初等教育学〉）	200,000	960,000	45,650	1,205,650	703,650
	（英語英文）	200,000	971,000	17,290	1,188,290	700,790
	（複合文化）	200,000	960,000	11,000	1,171,000	689,000
	（その他の文系学科・専修）	200,000	960,000	5,650	1,165,650	683,650
	（理）	200,000	1,446,000	94,000	1,740,000	970,000
	（数）	200,000	1,446,000	9,000	1,655,000	927,500
	商	200,000	971,000	10,800	1,181,800	690,900
	社会科学	200,000	971,000	7,010	1,178,010	689,505
	人間科学	200,000	1,371,000	30,000	1,601,000	900,500
	スポーツ科学	200,000	1,394,000	46,000	1,640,000	921,000
	国際教養	200,000	1,390,000	3,000	1,593,000	896,500
	文化構想・文	200,000	1,009,000	4,000	1,213,000	706,500
	基幹理工	200,000	1,446,000	63,000	1,709,000	954,500
	創造理工（建築・社会環境工・環境資源工）	200,000	1,446,000	99,000	1,745,000	972,500
	（総合機械工）	200,000	1,446,000	101,000	1,747,000	973,500
	（経営システム工）	200,000	1,446,000	83,000	1,729,000	964,500
	先進理工	200,000	1,446,000	103,000	1,749,000	974,500
麻布	獣医（獣医）	250,000	1,800,000	519,740	2,569,740	1,344,740
	（動物応用科）	250,000	1,200,000	366,660	1,816,660	966,660
	生命・環境科	250,000	1,200,000	366,660	1,816,660	966,660
神奈川	法・経済	200,000	690,000	285,800	1,175,800	700,800
	経営・外国語・国際日本	200,000	790,000	286,300	1,276,300	751,300
	人間科	200,000	690,000	286,300	1,176,300	701,300
	理・工・化学生命・情報	200,000	1,080,000	343,300	1,623,300	923,300
	建築	200,000	1,080,000	346,300	1,626,300	926,300
神奈川工科	工（機械工〈航空宇宙学〉）	200,000	1,370,000	98,000	1,668,000	958,000
	（その他の学科・コース）	200,000	1,370,000	48,000	1,618,000	933,000
	創造工・応用バイオ科・情報	200,000	1,370,000	48,000	1,618,000	933,000
	健康医療科（看護）	200,000	1,660,000	48,000	1,908,000	1,078,000
	（管理栄養）	200,000	1,470,000	48,000	1,718,000	983,000
	（臨床工）	200,000	1,460,000	48,000	1,708,000	978,000
関東学院	国際文化	200,000	795,000	336,660	1,331,660	775,160
	社会	200,000	795,000	335,660	1,330,660	774,660
	経済	200,000	795,000	322,660	1,317,660	768,160
	経営	200,000	870,000	322,660	1,392,660	805,660
	法	200,000	870,000	333,660	1,403,660	811,160
	理工	200,000	975,000	489,660	1,664,660	942,160
	建築・環境	200,000	975,000	529,660	1,704,660	962,160
	人間共生（コミュニケーション）	200,000	890,000	386,660	1,476,660	846,660
	（共生デザイン）	200,000	915,000	384,660	1,499,660	858,160
	栄養	200,000	915,000	389,660	1,504,660	860,660
	教育	200,000	915,000	386,660	1,501,660	859,160

大学	学部 （学科・専攻・コース等）	入学金（A）	年間授業料（B）	施設費等 その他費用（C）	初年度納入額 （A＋B＋C）	入学手続時 最少納入額
	看護	200,000	1,025,000	607,660	1,832,660	1,024,660
フェリス女学院	文・国際交流	200,000	825,000	306,300	1,331,300	776,300
	音楽	200,000	865,000	472,800	1,537,800	884,600

※音楽学部開講のパフォーミング・アーツ科目を履修する場合は実技料を別途納入

大学	学部	入学金（A）	年間授業料（B）	施設費等その他費用（C）	初年度納入額（A＋B＋C）	入学手続時最少納入額
金沢工業	全学部	200,000	1,515,000		1,715,000	957,500

※他に委託徴収会費 29,700 円

大学	学部	入学金（A）	年間授業料（B）	施設費等その他費用（C）	初年度納入額（A＋B＋C）	入学手続時最少納入額
常葉	教育（初等教育）	240,000	840,000	340,000	1,420,000	837,500
	（生涯学習）	240,000	800,000	310,000	1,350,000	802,500
	（心理教育）	240,000	810,000	320,000	1,370,000	812,500
	外国語	240,000	790,000	300,000	1,330,000	792,500
	経営・法	240,000	760,000	300,000	1,300,000	777,500
	社会環境	240,000	900,000	350,000	1,490,000	872,500
	保育	240,000	810,000	350,000	1,400,000	827,500
	造形	240,000	900,000	390,000	1,530,000	892,500
	健康科（看護）	240,000	950,000	740,000	1,930,000	1,217,500
	（静岡理学療法）	240,000	910,000	640,000	1,790,000	1,097,500
	健康プロデュース（健康栄養）	240,000	790,000	490,000	1,520,000	912,500
	（こども健康）	240,000	810,000	350,000	1,400,000	827,500
	（心身マネジメント）	240,000	840,000	390,000	1,470,000	862,500
	（健康鍼灸・健康柔道整復）	240,000	990,000	640,000	1,870,000	1,137,500
	保健医療	240,000	910,000	640,000	1,790,000	1,097,500
愛知	法・経済・経営	200,000	720,000	330,000	1,250,000	745,000
	現代中国・国際コミュニケーション	200,000	780,000	330,000	1,310,000	775,000
	文	200,000	740,000	240,000	1,180,000	710,000
	地域政策	200,000	720,000	240,000	1,160,000	700,000
愛知学院	文	240,000	670,000	429,000	1,339,000	795,000
	心理	240,000	690,000	479,000	1,409,000	855,000
	健康科（健康科）	240,000	690,000	499,000	1,429,000	865,000
	（健康栄養）	240,000	710,000	559,000	1,509,000	905,000
	商・経営・経済・法	240,000	640,000	439,000	1,319,000	785,000
	総合政策	240,000	690,000	439,000	1,369,000	810,000
	薬	200,000	1,400,000	759,000	2,359,000	1,285,000
	歯	600,000	3,700,000	1,341,000	5,641,000	3,131,000

※歯学部は，別途実験実習費約 1,600,000 円（1 年 100,000 円，2～5 年 350,000 円，6 年 100,000 円を各学年で別途徴収予定）並びに歯学部共済会費 700,000 円は 1 年次に別途徴収とする。なお教科書・実習器具代等は，すべて大学が負担し貸与する

大学	学部	入学金（A）	年間授業料（B）	施設費等その他費用（C）	初年度納入額（A＋B＋C）	入学手続時最少納入額
愛知淑徳	文（国文・総合英語）	200,000	760,000	385,000	1,345,000	775,000
	（教育）	200,000	760,000	435,000	1,395,000	800,000
	人間情報・心理・福祉貢献	200,000	760,000	435,000	1,395,000	800,000
	創造表現・交流文化・ビジネス	200,000	760,000	385,000	1,345,000	775,000
	健康医療科（医療貢献）	200,000	860,000	525,000	1,585,000	895,000
	（スポーツ〈スポーツ健康・科学〉）	200,000	760,000	435,000	1,395,000	800,000
	（スポーツ〈救急救命学〉）	200,000	890,000	435,000	1,525,000	865,000
	（健康栄養）	200,000	800,000	475,000	1,475,000	840,000
	グローバル・コミュニケーション	200,000	860,000	385,000	1,445,000	825,000
中京	国際	200,000	498,000	252,000	950,000	950,000
	文	200,000	825,000	328,000	1,353,000	790,500
	心理	200,000	860,000	380,000	1,440,000	830,000
	法・経済・経営・現代社会	200,000	805,000	320,000	1,325,000	772,500
	総合政策	200,000	825,000	320,000	1,345,000	782,500
	工	200,000	935,000	495,000	1,630,000	925,000
	スポーツ科	200,000	890,000	465,000	1,555,000	887,500

※国際学部 1 年次秋学期は留学するため，授業料およびその他納付金の代わりに留学費用が必要。
2 年次以降の授業料は年額 996,000 円

大学	学部（学科・専攻・コース等）	入学金（A）	年間授業料（B）	施設費等その他費用（C）	初年度納入額（A＋B＋C）	入学手続時最少納入額
中部	工・応用生物・理工	280,000	930,000	463,300	1,673,300	1,003,300
	経営情報	280,000	730,000	423,300	1,433,300	883,300
	国際関係・人文	280,000	770,000	423,300	1,473,300	903,300
	生命健康科（生命医科）	280,000	990,000	635,370	1,905,370	1,120,370
	（保健看護・作業療法）	280,000	960,000	515,370	1,755,370	1,045,370
	（理学療法）	280,000	960,000	515,300	1,755,300	1,045,300
	（臨床工）	280,000	930,000	495,370	1,705,370	1,020,370
	（スポーツ保健医療）	280,000	880,000	463,300	1,623,300	978,300
	現代教育	280,000	720,000	424,660	1,424,660	879,660
南山	人文･外国語･経済･経営･法･総合政策･国際教養	250,000	750,000	264,300	1,264,300	759,300
	理工	250,000	750,000	364,300	1,364,300	809,300
※他に同窓会諸費・学会費等。分割納入者は入学手続延期手数料33,000円あり						
名城	法・経営・経済	200,000	665,000	180,000	1,045,000	622,500
	外国語	200,000	940,000	250,000	1,390,000	795,000
	人間	200,000	725,000	180,000	1,105,000	652,500
	都市情報	200,000	835,000	310,000	1,345,000	772,500
	情報工・理工	200,000	935,000	310,000	1,445,000	822,500
	農	200,000	935,000	350,000	1,485,000	842,500
	薬	200,000	1,380,000	520,000	2,100,000	1,150,500
※他に委託徴収金等						
京都産業	経済・経営・法	200,000	745,000	147,500	1,092,500	652,750
	現代社会	200,000	774,000	181,500	1,155,500	684,250
	国際関係	200,000	874,000	181,500	1,255,500	734,250
	外国語・文化	200,000	804,000	181,500	1,185,500	699,250
	理（数理科）	200,000	1,005,000	248,500	1,453,500	833,250
	（物理科／宇宙物理・気象）	200,000	1,008,000	315,500	1,523,500	868,250
	情報理工	200,000	1,008,000	315,500	1,523,500	868,250
	生命科（先端生命科）	200,000	1,050,000	369,500	1,619,500	916,250
	（産業生命科）	200,000	1,008,000	315,500	1,523,500	868,250
京都女子	文（国文・史）	250,000	780,000	260,000	1,290,000	900,000
	（英文）	250,000	800,000	260,000	1,310,000	910,000
	発達教育（教育〈教育学・養護〉）	250,000	840,000	260,000	1,350,000	930,000
	（教育〈音楽教育学〉）	250,000	1,040,000	260,000	1,550,000	1,030,000
	児童・心理	250,000	840,000	260,000	1,350,000	930,000
	家政（食物栄養）	250,000	920,000	293,000	1,463,000	1,003,000
	（生活造形）	250,000	900,000	285,000	1,435,000	985,000
	現代社会	250,000	800,000	260,000	1,310,000	910,000
	法	250,000	780,000	260,000	1,290,000	900,000
	データサイエンス	250,000	900,000	260,000	1,410,000	960,000
同志社	神	200,000	753,000	165,000	1,118,000	659,000
	文（英文）	200,000	753,000	171,000	1,124,000	662,000
	（哲・美学芸術・文化史）	200,000	753,000	170,000	1,123,000	661,500
	（国文）	200,000	753,000	172,000	1,125,000	662,500
	社会	200,000	753,000	171,000	1,124,000	662,000
	法	200,000	753,000	170,000	1,123,000	661,500
	経済	200,000	753,000	171,500	1,124,500	662,250
	商	200,000	753,000	172,000	1,125,000	662,500
	政策	200,000	753,000	169,000	1,122,000	661,000
	文化情報	200,000	862,000	177,000	1,239,000	719,500
	理工（数理システム）	200,000	1,173,000	247,000	1,620,000	910,000
	（その他の学科）	200,000	1,250,000	247,000	1,697,000	948,500
	生命医科	200,000	1,250,000	254,000	1,704,000	952,000
	スポーツ健康科	200,000	895,000	183,000	1,278,000	739,000

大学	学部 （学科・専攻・コース等）	入学金（A）	年間授業料（B）	施設費等 その他費用（C）	初年度納入額 （A＋B＋C）	入学手続時 最少納入額
	心理	200,000	912,000	192,000	1,304,000	752,000
	グローバル・コミュニケーション	200,000	862,000	188,000	1,250,000	725,000
	グローバル地域文化	200,000	753,000	167,000	1,120,000	660,000
同志社女子	学芸（音楽〈演奏〉）	260,000	1,182,000	329,000	1,771,000	1,016,000
	（音楽〈音楽文化〉）	260,000	1,090,000	329,000	1,679,000	970,000
	（メディア創造）	260,000	916,000	387,000	1,563,000	913,000
	（国際教養）	260,000	820,000	257,000	1,337,000	800,000
	現代社会（社会システム）	260,000	802,000	257,000	1,319,000	791,000
	（現代こども）	260,000	883,000	285,000	1,428,000	845,000
	薬	260,000	1,160,000	857,000	2,277,000	1,270,000
	看護	260,000	1,250,000	257,000	1,767,000	1,015,000
	表象文化（英語英文）	260,000	802,000	257,000	1,319,000	791,000
	（日本語日本文）	260,000	810,000	257,000	1,327,000	795,000
	生活科（人間生活）	260,000	883,000	285,000	1,428,000	845,000
	（食物栄養〈食物科学〉）	260,000	916,000	308,000	1,484,000	873,000
	（食物栄養〈管理栄養士〉）	260,000	983,000	317,000	1,560,000	911,000
佛教	仏教・文・歴史・社会・社会福祉	200,000	870,000	225,500	1,295,500	760,500
	教育	200,000	920,000	225,500	1,345,500	785,500
	保健医療技術	200,000	1,350,000	425,500	1,975,500	1,100,500
立命館	法	200,000	974,600	30,000	1,204,600	713,800
	産業社会（現代社会〈子ども社会〉）	200,000	1,219,000	29,000	1,448,000	835,500
	（現代社会〈その他の専攻〉）	200,000	1,150,600	29,000	1,379,600	801,300
	国際関係	200,000	1,267,600	31,000	1,498,600	860,800
	文（人文〈地域研究〉）	200,000	1,143,400	29,000	1,372,400	797,700
	人文〈その他の学域〉）	200,000	1,121,800	29,000	1,350,800	786,900
	映像	200,000	1,861,600	31,000	2,092,600	1,157,800
	経営（国際経営）	200,000	1,101,000	30,000	1,331,000	777,000
	（経営）	200,000	974,600	30,000	1,204,600	713,800
	政策科	200,000	1,169,400	31,000	1,400,400	811,700
	総合心理	200,000	1,206,600	23,000	1,429,600	826,300
	グローバル教養	200,000	2,300,000	23,000	2,523,000	1,373,000
	経済	200,000	1,009,000	28,000	1,237,000	730,000
	スポーツ健康科	200,000	1,219,000	31,000	1,450,000	836,500
	食マネジメント	200,000	1,216,400	29,000	1,445,400	834,200
	理工（数理科）	200,000	1,514,000	23,000	1,737,000	980,000
	（その他の学科）	200,000	1,570,800	23,000	1,793,800	1,008,400
	情報理工	200,000	1,570,800	23,000	1,793,800	1,008,400
	生命科	200,000	1,601,800	23,000	1,824,800	1,023,900
	薬（薬）	200,000	2,296,800	23,000	2,519,800	1,346,400
	（創薬科）	200,000	1,810,800	23,000	2,033,800	1,128,400
龍谷	心理	260,000	1,007,000	33,000	1,300,000	789,750
	文・経済	260,000	761,000	33,000	1,054,000	666,750
	経営	260,000	761,000	31,000	1,052,000	664,750
	法	260,000	761,000	34,000	1,055,000	667,250
	政策	260,000	761,000	49,000	1,070,000	674,750
	国際（国際文化）	260,000	806,000	44,000	1,110,000	694,750
	（グローバルスタディーズ）	260,000	961,000	204,000	1,425,000	852,250
	先端理工（数理・情報科学）	260,000	1,029,000	256,600	1,545,600	912,550
	（その他の課程）	260,000	1,029,000	306,600	1,595,600	937,550
	社会	260,000	761,000	67,900	1,088,900	683,200
	農（生命科・農）	260,000	979,000	304,600	1,543,600	910,550
	（食品栄養）	260,000	979,000	404,600	1,643,600	960,550

大学	学部（学科・専攻・コース等）	入学金（A）	年間授業料（B）	施設費等その他費用（C）	初年度納入額（A＋B＋C）	入学手続時最少納入額
	（食料農業システム）	260,000	979,000	66,900	1,305,900	791,700
※他に文学部歴史学科文化遺産学専攻のみ実習料 35,900 円						
大阪経済	全学部	270,000	710,000	193,000	1,173,000	722,000
	経営学部第２部	150,000	350,000	113,000	613,000	382,000
大阪工業	工・情報科	250,000	1,290,000	115,700	1,655,700	960,700
	ロボティクス＆デザイン工	250,000	1,290,000	165,700	1,705,700	985,700
	知的財産	250,000	1,020,000	65,700	1,335,700	800,700
関西	法・文・経済・商・社会	260,000	930,000	27,000	1,217,000	752,000
	政策創造	260,000	950,000	27,000	1,237,000	762,000
	外国語	260,000	1,256,000	27,000	1,543,000	915,000
	人間健康	260,000	970,000	27,000	1,257,000	772,000
	総合情報・社会安全	260,000	1,302,000	27,000	1,589,000	938,000
	システム理工・環境都市工・化学生命工	260,000	1,493,000	27,000	1,780,000	1,033,500
関西外国語	全学部	250,000	800,000	370,300	1,420,300	845,300
近畿	情報	250,000	1,442,000	26,500	1,718,500	987,500
	法	250,000	1,085,000	27,300	1,362,300	809,800
	経済・経営	250,000	1,085,000	27,400	1,362,400	809,900
	理工・建築	250,000	1,442,000	26,500	1,718,500	987,500
	薬（医療薬）	250,000	2,032,000	26,500	2,308,500	1,282,500
	（創薬科）	250,000	1,442,000	26,500	1,718,500	987,500
	文芸（芸術）	250,000	1,442,000	26,500	1,718,500	987,500
	（その他の学科）	250,000	1,085,000	26,500	1,361,500	809,000
	総合社会	250,000	1,085,000	26,500	1,361,500	809,000
	国際	250,000	640,000	16,500	906,500	906,500
	農・生物理工	250,000	1,442,000	24,500	1,716,500	985,500
	医	1,000,000	4,100,000	1,704,500	6,804,500	3,904,500
	工	250,000	1,378,000	34,500	1,662,500	963,500
	産業理工（経営ビジネス）	250,000	869,000	24,500	1,143,500	699,000
	（その他の学科）	250,000	1,244,000	24,500	1,518,500	886,500
※国際学部は他に留学費						
摂南	法	250,000	900,000	50,000	1,200,000	725,000
	国際	250,000	980,000	50,000	1,280,000	765,000
	経済・経営	250,000	920,000	50,000	1,220,000	735,000
	現代社会	250,000	945,000	50,000	1,245,000	747,500
	理工	250,000	1,290,000	100,000	1,640,000	945,000
	薬	450,000	1,760,000	100,000	2,310,000	1,380,000
	看護	250,000	1,550,000	100,000	1,900,000	1,075,000
	農（農業生産・応用生物科）	250,000	1,300,000	100,000	1,650,000	950,000
	（食品栄養）	250,000	1,300,000	130,000	1,680,000	965,000
	（食農ビジネス）	250,000	1,050,000	50,000	1,350,000	800,000
※他に委託徴収金 13,700 円						
関西学院	神	200,000	773,000	208,000	1,181,000	699,500
	文（文化歴史・文学言語）	200,000	773,000	207,000	1,180,000	699,000
	（総合心理科）	200,000	904,000	257,000	1,361,000	789,500
	社会・経済	200,000	773,000	206,000	1,179,000	698,500
	法	200,000	773,000	209,900	1,182,900	700,450
	商	200,000	773,000	209,000	1,182,000	700,000
	人間福祉（人間科）	200,000	943,000	252,000	1,395,000	806,500
	（社会福祉・社会起業）	200,000	943,000	254,000	1,397,000	807,500
	国際	200,000	1,028,000	260,500	1,488,500	853,250
	教育	200,000	1,028,000	265,000	1,493,000	855,500
	総合政策	200,000	1,031,000	306,000	1,537,000	877,500
	理（数理科）	200,000	1,162,000	349,000	1,711,000	964,500

大 学	学部 (学科・専攻・コース等)	入学金 (A)	年間授業料 (B)	施設費等 その他費用 (C)	初年度納入額 (A＋B＋C)	入学手続時 最少納入額
	(物理・宇宙/化)	200,000	1,162,000	389,000	1,751,000	984,500
	工・生命環境	200,000	1,162,000	389,000	1,751,000	984,500
	建築	200,000	1,162,000	392,000	1,754,000	986,000
甲南	文 (人間科)	250,000	936,000	42,500	1,228,500	760,500
	(その他の学科)	250,000	936,000	32,500	1,218,500	750,500
	理工・知能情報	250,000	1,321,000	32,500	1,603,500	943,000
	経済	250,000	936,000	52,500	1,238,500	770,500
	法	250,000	936,000	46,500	1,232,500	764,500
	経営	250,000	936,000	57,500	1,243,500	775,500
	マネジメント創造	250,000	972,000	32,500	1,254,500	768,500
	フロンティアサイエンス	250,000	1,496,000	32,500	1,778,500	1,030,500
神戸学院	法・経済	300,000	730,000	264,300	1,294,300	824,300
	経営 (経営〈経営・会計〉)	300,000	730,000	264,300	1,294,300	824,300
	(経営〈データサイエンス〉)	300,000	810,000	264,300	1,374,300	864,300
	人文	300,000	760,000	260,300	1,320,300	835,300
	心理	300,000	810,000	353,300	1,463,300	903,300
	現代社会	300,000	810,000	270,300	1,380,300	870,300
	グローバル (グローバル〈英語〉)	300,000	810,000	272,385	1,382,385	872,385
	(グローバル〈中国語・日本語〉)	300,000	810,000	274,300	1,374,300	864,300
	総合リハビリテーション (理学療法・作業療法)	400,000	1,320,000	446,300	2,166,300	1,306,300
	(社会リハビリテーション)	300,000	870,000	346,300	1,516,300	931,300
	栄養 (栄養〈管理栄養学〉)	400,000	820,000	463,300	1,683,300	1,063,300
	(栄養〈臨床検査学〉)	400,000	1,020,000	463,300	1,883,300	1,163,300
	薬	400,000	1,395,000	472,700	2,267,700	1,360,200
神戸女子	文 (教育)	250,000	850,000	305,000	1,405,000	810,000
	(その他の学科)	250,000	850,000	235,000	1,335,000	775,000
	家政 (家政)	250,000	850,000	345,000	1,445,000	830,000
	(管理栄養士)	250,000	850,000	385,000	1,485,000	850,000
	健康福祉 (社会福祉)	250,000	850,000	305,000	1,405,000	810,000
	(健康スポーツ栄養)	250,000	850,000	365,000	1,465,000	840,000
	看護	350,000	1,000,000	585,000	1,935,000	1,125,000
	心理	250,000	850,000	305,000	1,405,000	810,000
武庫川女子	文	200,000	895,000	214,700	1,309,700	758,700
	教育/心理・社会福祉	200,000	995,000	244,700	1,439,700	823,700
	健康・スポーツ科	200,000	995,000	270,700	1,465,700	836,700
	生活環境	200,000	995,000	264,700	1,459,700	833,700
	社会情報	200,000	990,000	194,700	1,384,700	796,200
	食物栄養科	200,000	995,000	315,700	1,510,700	859,200
	建築	200,000	1,120,000	394,700	1,714,700	961,200
	音楽 (演奏)	200,000	1,370,000	344,700	1,914,700	1,061,200
	(応用音楽)	200,000	1,370,000	364,700	1,934,700	1,071,200
	薬 (薬)	200,000	1,502,000	376,700	2,078,700	1,143,200
	(健康生命薬科)	200,000	1,130,000	384,700	1,714,700	961,200
	看護	200,000	1,347,000	342,700	1,889,700	1,048,700
	経営	200,000	800,000	214,700	1,214,700	711,200
西南学院	全学部	200,000	750,000	222,050	1,172,050	692,050
福岡	人文・法・経済・商	190,000	730,000	206,710	1,126,710	671,710
	商第二部	60,000	310,000	102,370	472,370	277,370
	理・工	240,000	1,000,000	406,710	1,646,710	956,710
	医 (医)	1,000,000	3,912,000	3,714,710	8,626,710	6,326,710
	(看護)	270,000	1,040,000	496,710	1,806,710	1,051,710

大学	学部（学科・専攻・コース等）	入学金（A）	年間授業料（B）	施設費等その他費用（C）	初年度納入額（A＋B＋C）	入学手続時最少納入額
	薬	400,000	1,350,000	316,710	2,066,710	1,246,710
	スポーツ科	300,000	800,000	376,710	1,476,710	901,710
立命館アジア太平洋	全学部	200,000	1,300,000	40,000	1,540,000	890,000

国立大学

大学	学部（学科・専攻・コース等）	入学金（A）	年間授業料（B）	施設費等その他費用（C）	初年度納入額（A＋B＋C）	入学手続時最少納入額
※授業料の標準額は第1部535,800円，第2部267,900円。標準額の120％を超えない範囲で大学により異なる場合あり。その他諸会費等が必要な場合もある。						
国立大学第1部		282,000	535,800		817,800	282,000
国立大学第2部		141,000	267,900		408,900	141,000

公立大学

大学	学部（学科・専攻・コース等）	入学金（A）	年間授業料（B）	施設費等その他費用（C）	初年度納入額（A＋B＋C）	入学手続時最少納入額
宮城	全学部	282,000	535,800		817,800	282,000
※県外出身者の入学金は564,000円。授業料は入学後，5月と10月の2回に分けて納付。他に諸経費						
国際教養	国際教養	282,000	696,000		978,000	282,000
※県外出身者の入学金は423,000円。授業料は入学後，春期と秋期の2回に分けて納付。他に寮費568,720円（初年度のみ，金額は2023年度予定額），諸会費・保険料等						
高崎経済	全学部	141,000	520,800	113,560	775,360	141,000
※市外出身者の入学金は282,000円。授業料は入学後の前期（4月），後期（10月）に徴収予定						
埼玉県立	全学部	211,500	621,000		832,500	211,500
※県外出身者の入学金は423,000円。授業料は入学後，前期（4月）と後期（10月）の2回に分けて納付。他に諸経費						
東京都立	全学部	141,000	520,800		661,800	141,000
※都外出身者の入学金は282,000円。授業料は入学後，前期（5月）と後期（10月）の2回に分けて納付。他に諸費						
横浜市立	全学部（医学部医学科を除く）	141,000	557,400	97,000	795,400	238,000
	医（医）	141,000	573,000	258,000	972,000	399,000
※市外出身者の入学金は282,000円。授業料は入学後，5月と10月の2回に分けて納付。他に保険料等						
都留文科	全学部	141,000	520,800		661,800	141,000
※市外出身者の入学金は282,000円。授業料は入学後，前期（4～5月）と後期（10月）の2回に分けて納付。他に諸費用						
静岡県立	全学部	141,000	535,800		676,800	141,000
※県外出身者の入学金は366,600円。授業料は入学後，前期と後期の2回に分けて納付。他に諸経費						
愛知県立	外国語・日本文化・教育福祉・情報科	282,000	535,800	4,660	822,460	286,660
	看護	282,000	535,800	5,370	823,170	287,370
※授業料は入学後，前期（4月30日まで），後期（10月31日まで）に分けて納付						
名古屋市立	医	232,000	535,800	263,800	1,031,600	495,800
	薬（薬）	232,000	535,800	132,840	900,640	364,840
	（生命薬科）	232,000	535,800	97,660	865,460	329,660
	経済	232,000	535,800	112,300	880,100	344,300
	人文社会	232,000	535,800	92,660	860,460	324,660
	芸術工	232,000	535,800	97,660	865,460	329,660
	看護	232,000	535,800	86,370	854,170	318,370
	総合生命理	232,000	535,800	97,660	865,460	329,660
	データサイエンス	232,000	535,800	77,660	845,460	309,660
※市外出身者の入学金は332,000円。授業料は入学後，前期と後期の2回に分けて納付。他に諸経費						
滋賀県立	全学部	282,000	535,800	60,000	877,800	342,000
※県外出身者の入学金は423,000円。授業料は入学後，前期と後期の2回に分けて納付。						
京都府立	全学部	169,200	535,800	4,660	709,660	173,860
※府外出身者の入学金は282,000円。授業料は前期（5月）と後期（10月）の2回に分けて納付。他に諸経費						

大学	学部（学科・専攻・コース等）	入学金（A）	年間授業料（B）	施設費等その他費用（C）	初年度納入額（A＋B＋C）	入学手続時最少納入額
大阪公立	全学部・学域	282,000	535,800		817,800	282,000
※府外出身者の入学金は 382,000 円。授業料は入学後，前期と後期の２回に分けて納付。他に諸経費。獣医学部については実習充実負担金 185,000 円（2 年次以降も必要）						
神戸市外国語	外国語	282,000	535,800	118,300	936,100	400,300
	外国語第２部	141,000	267,900	116,400	525,300	257,400
※市外出身者の入学金は 423,000 円（第２部 211,500 円）。授業料は入学後，４月と 10 月の２回に分けて納付						
兵庫県立	国際商経	282,000	535,800	137,000	954,800	282,000
	社会情報科	282,000	535,800	107,000	924,800	282,000
	工	282,000	535,800	132,000	949,800	282,000
	理	282,000	535,800	110,000	927,800	282,000
	環境人間	282,000	535,800	112,000	929,800	282,000
	看護	282,000	535,800	100,000	917,800	282,000
※県外出身者の入学金は 423,000 円。授業料は入学後，５月と 10 月の２回に分けて納付。他に諸経費						
県立広島	生物資源科	282,000	535,800	15,600	833,400	282,000
	その他の学部	282,000	535,800		817,800	282,000
※県外出身者の入学金は 394,800 円。授業料は入学後，前期（5 月）と後期（10 月）の２回に分けて納付 他に諸費						
北九州市立	全学部・全学群	282,000	535,800		817,800	282,000
※市外出身者の入学金は 423,000 円。授業料は入学後，２期に分けて納付。他に保険料および諸会費（外国語・経済・地域創生 141,260 円，文・国際環境工 131,260 円，法 147,260 円）						
長崎県立	経営・地域創造	176,500	535,800	105,000	817,300	281,500
	国際社会・情報システム・看護栄養	176,500	535,800	89,500	801,800	266,000
※県外出身者の入学金は 353,000 円。授業料は前期と後期の２回に分けて納付。他に保険料・諸経費						
熊本県立	全学部	207,000	535,800		742,800	207,000
※県外出身者の入学金は 414,000 円。授業料は前期と後期の２回に分けて納付。他に保険料および諸経費						

学費一覧

50音順索引

大学名の後の(　)内は，所在地の都道府県名。

私…私立大学，国…国立大学，公…公立大学

大学受験案内 2024年度用
大学・短大・大学院総合ガイド

2023年3月20日　第1刷発行

編　集　晶文社学校案内編集部
発行者　株式会社晶文社
〒101-0051　東京都千代田区神田神保町 1-11
電話（03）3518-4943（編集）
電話（03）3518-4940（営業）
URL　https://www.shobunsha.co.jp

装丁・本文デザイン：山口敦
編集協力：有限会社ザ・ライトスタッフオフィス
株式会社シーティエステーマ東京
DTP制作：ベクトル印刷株式会社
印刷・製本：株式会社太平印刷社，大日本印刷株式会社

ISBN978-4-7949-9834-7 C7037

大学案内パンフ・願書
資料請求番号一覧

テレメールを使った大学案内パンフ・願書などの取り寄せ方

① テレメール進学サイトにアクセス！

テレメール 🔍 https://telemail.jp/shingaku/

② 資料請求番号を入力！ 一度に16種類まで入力可能！

※有料の資料もありますので、料金を必ずご確認ください。なお、料金は資料到着後の後払いです。
※テレメールによる二回目以降の資料請求時はお届け先等の登録は不要です。

③ 3～5日※で届く！（予約受付の資料を除く）

※通常は発送日のおおむね3～5日後にお届けできます。17時30分までの受付は当日発送、17時30分以降の受付は翌日発送となります。
※発送開始日前の請求は予約受付となり、発送開始日に一斉に発送します。随時表記の資料および発送開始日以降に請求された資料は随時発送します。
※土曜・日曜・祝日の配達はありません。また、資料を請求する曜日やお届け先地域、郵便事情によってはお届けに1週間以上要する場合があります。あらかじめご了承ください

ⓘ 186ページ以降の大学紹介ページに掲載されているQRコードからも、その大学の案内パンフ・願書などをテレメールで請求できます。QRコードの場合、次ページからの資料請求番号一覧で請求できる案内パンフ・願書などに加え、学部・学科パンフなどを請求できる大学もあります。なお、QRコードからの資料請求は2024年4月以降もご利用になれます。

資料種別	学校種別	ページ	請求受付期間 ※発行部数の都合や入学者選抜の実施状況により、早期に終了する資料もあります。
大学案内パンフ	私立大学	A2	2024年3月31日まで随時受付中
	国公立大学	A6	
	大学校	A8	
願書・ネット出願資料	私立大学	A8	私立大学と大学校は2023年7月1日に請求受付を開始し、請求受付終了日は学校により異なります。なお、請求受付終了日は、最終出願締切日の１週間前が目安となります。
一般選抜募集要項 入学者選抜要項	国公立大学	A11	国公立大学の請求受付期間は2023年7月1日～2024年1月25日（予定）まで ※ネット出願を行う一部の大学は、2024年度入学者選抜から願書やネット出願資料の請求受付を実施しない場合があります。資料請求時に表示される資料名やメッセージをよくご確認の上、ご請求ください。
	大学校	A12	

※すべての国公立大学（一部の公立大学を除く）および大学校と一部の私立大学は料金が必要です。料金はお届けする資料に同封の支払方法に従い、表示料金をお支払いください。料金が無料となっている資料は、通常、費用はかかりません。
※国公立大学の料金は、変更になる場合があります。資料請求時に表示される料金を必ずご確認ください。
※私立大学の料金は、一部の大学を除き2023年度版の料金を掲載しています。大学の方針などにより、料金が変更になる場合があります。資料請求時に表示される料金を必ずご確認ください。
※国公立大学、大学校の一般選抜募集要項（願書含む）については、通常よりも早くお届けできるサービスを追加料金200円でご利用いただけます（予約受付期間中を除く）。その場合、テレメールの資料請求画面には通常料金の資料と200円が加算された資料が表示されますので、ご希望の方を選択してください。

「テレメール」による資料請求と個人情報に関するお問合せ・お申し出先

テレメールカスタマーセンター IP電話 050-8601-0102（受付時間 9:30～18:00） メールアドレス info@telemail.jp

※テレメールによる資料請求に関して、本誌や各大学へ直接のお問合せはご遠慮ください。
※テレメールの個人情報取扱規定は、資料請求時にWeb画面上でご確認ください。

この資料請求番号一覧の内容に訂正が生じた場合（発送開始日の変更、国公立大学の料金変更を除く）は、訂正内容を次のURLで告知いたします。
https://telemail.jp/shingaku/books/ 　発送開始日と料金の変更については https://telemail.jp/shingaku/ からご覧いただけます。

大学案内パンフ 資料請求番号一覧

この資料請求番号一覧からの請求でお届けする資料は大学案内パンフです。一部の大学を除き出願書類や募集要項は含まれていませんのでご注意ください。出願書類や募集要項などをご希望の場合はA8～A12ページをご覧ください。

私立大学　案内パンフ

請求受付期間　2024年3月31日まで随時受付中
※大学により請求受付終了日が早まる場合があります。

発送開始日が「随時」表記の私立大学は、学校・請求時期により前年度版（2023年度版）案内パンフが送付される場合があります。

大学名	資料請求番号	料金(送料含)	発送開始日
北海道			
札幌大学	945422	無料	随時
札幌大谷大学 芸術学部音楽学科	945423	無料	随時
札幌大谷大学 芸術学部美術学科	977012	無料	随時
札幌大谷大学 社会学部地域社会学科	977013	無料	随時
札幌学院大学	945424	無料	随時
札幌国際大学	945425	無料	5月下旬
札幌保健医療大学	461406	無料	随時
星槎道都大学	246071	無料	随時
天使大学	945427	無料	随時
日本医療大学	246001	無料	随時
函館大学	945432	無料	4月上旬
藤女子大学	945433	無料	5月上旬
北星学園大学	945435	無料	随時
北海学園大学	945436	無料	5月上旬
北海商科大学	945437	無料	随時
北海道医療大学	945438	無料	7月下旬
北海道科学大学	945439	無料	5月中旬
北海道情報大学	945440	無料	随時
北海道千歳リハビリテーション大学	246002	無料	随時
北海道文教大学	945441	無料	5月下旬
酪農学園大学	945443	無料	5月上旬
青森県			
青森中央学院大学 経営法学部	945446	無料	6月上旬
青森中央学院大学 看護学部	996612	無料	6月上旬
八戸学院大学	945448	無料	随時
八戸工業大学	945449	無料	7月中旬
岩手県			
岩手医科大学	945451	無料	5月中旬
岩手保健医療大学	246003	無料	5月中旬
富士大学	945452	無料	随時
盛岡大学	945453	無料	3月下旬
宮城県			
石巻専修大学	945454	無料	5月下旬
尚絅学院大学	945455	無料	5月下旬
仙台大学	945456	無料	随時
仙台白百合女子大学	945457	無料	7月中旬
東北医科薬科大学	945463	無料	6月下旬
東北学院大学	945458	無料	3月下旬
東北工業大学	945459	無料	4月下旬
東北生活文化大学	246078	無料	6月中旬
東北福祉大学	945461	無料	5月下旬
東北文化学園大学	945462	無料	6月上旬
宮城学院女子大学	945464	無料	6月上旬
秋田県			
秋田看護福祉大学	945465	無料	随時
日本赤十字秋田看護大学	945466	無料	随時
ノースアジア大学	945467	無料	6月中旬
山形県			
東北芸術工科大学	945468	無料	随時
東北公益文科大学	945469	無料	随時
東北文教大学	945470	無料	5月上旬
福島県			
医療創生大学	945471	無料	4月下旬
奥羽大学	945472	無料	3月下旬
東日本国際大学	945473	無料	随時
福島学院大学	945474	無料	随時

大学名	資料請求番号	料金(送料含)	発送開始日
茨城県			
茨城キリスト教大学	945475	無料	6月上旬
つくば国際大学	945477	無料	随時
常磐大学	945478	無料	5月下旬
栃木県			
足利大学 工学部	945480	無料	6月上旬
足利大学 看護学部	377030	無料	6月上旬
国際医療福祉大学(大田原キャンパス)※薬学部除く	945482	無料	5月上旬
国際医療福祉大学 薬学部	246161	無料	5月上旬
自治医科大学 医学部	945484	無料	随時
自治医科大学 看護学部	977014	無料	9月下旬
獨協医科大学 医学部	945485	無料	随時
獨協医科大学 看護学部	945486	無料	随時
白鷗大学	945487	無料	5月中旬
群馬県			
共愛学園前橋国際大学	945490	無料	4月上旬
群馬医療福祉大学	945492	無料	随時
群馬パース大学	945493	無料	随時
上武大学	945494	無料	6月下旬
高崎健康福祉大学	945495	無料	随時
高崎商科大学	945496	無料	随時
東京福祉大学	945497	無料	6月中旬
埼玉県			
浦和大学	977016	無料	随時
共栄大学	945499	無料	随時
埼玉医科大学 保健医療学部	996613	無料	随時
埼玉学園大学	996614	無料	4月下旬
埼玉工業大学	945501	無料	5月上旬
十文字学園女子大学	945502	無料	3月下旬
城西大学	945504	無料	4月下旬
尚美学園大学	945505	無料	随時
女子栄養大学	945506	無料	4月上旬
駿河台大学	945507	無料	4月下旬
聖学院大学	945508	無料	随時
西武文理大学	246080	無料	随時
東京国際大学	945510	無料	3月下旬
東都大学	945511	無料	随時
獨協大学	945513	無料	6月中旬
日本工業大学	945515	無料	4月上旬
日本医療科学大学	945514	無料	4月下旬
日本薬科大学	945517	無料	7月下旬
文教大学	945519	無料	随時
平成国際大学	945520	無料	随時
ものつくり大学	945522	無料	随時
千葉県			
愛国学園大学	996628	無料	3月下旬
植草学園大学	945524	無料	随時
江戸川大学	945525	無料	3月下旬
亀田医療大学	977017	無料	4月上旬
川村学園女子大学	945526	無料	随時
神田外語大学	945527	無料	随時
敬愛大学	945528	無料	5月上旬
国際医療福祉大学 成田看護学部・成田保健医療学部	377037	無料	5月上旬
国際医療福祉大学 医学部	246051	無料	5月上旬
国際武道大学	945529	無料	5月下旬
秀明大学	945531	無料	随時
淑徳大学	945533	無料	5月上旬

料金や発送開始日は、一部の大学を除き、2023年度版の内容を掲載していますので、変更になる場合があります。資料請求時に必ずご確認ください。

大学名	資料請求番号	料金(送料含)	発送開始日
順天堂大学 医療科学部	**246186**	無料	6月中旬
順天堂大学 医療看護学部	**246162**	無料	6月中旬
順天堂大学 健康データサイエンス学部	**246187**	無料	6月中旬
順天堂大学 スポーツ健康科学部	**945535**	無料	随時
城西国際大学	**945536**	無料	随時
聖徳大学(女子)	**945537**	無料	随時
清和大学	**945539**	無料	随時
千葉科学大学	**945540**	無料	随時
千葉経済大学	**945541**	無料	4月下旬
千葉工業大学	**945542**	無料	随時
千葉商科大学	**945543**	無料	随時
中央学院大学	**945544**	無料	5月下旬
東京情報大学	**945548**	無料	5月上旬
東邦大学 薬学部	**977018**	無料	5月下旬
東邦大学 理学部	**945550**	無料	5月下旬
東邦大学 健康科学部看護学科	**246004**	無料	5月下旬
明海大学	**945553**	無料	随時
流通経済大学	**945479**	無料	随時
了徳寺大学	**945554**	無料	随時
麗澤大学	**945555**	無料	随時
和洋女子大学	**945556**	無料	4月上旬
東京都			
青山学院大学	**977019**	300円	5月下旬
亜細亜大学	**945558**	無料	6月上旬
跡見学園女子大学	**945498**	無料	随時
桜美林大学	**945560**	無料	随時
大妻女子大学	**945561**	無料	4月下旬
嘉悦大学	**945562**	無料	5月下旬
学習院大学	**945563**	無料	5月下旬
学習院女子大学	**945564**	無料	5月下旬
北里大学	**945565**	無料	5月下旬
共立女子大学	**945566**	無料	随時
杏林大学	**945567**	無料	4月中旬
慶應義塾大学	**945568**	200円	5月下旬
恵泉女学園大学	**945569**	無料	随時
工学院大学	**945570**	無料	随時
國學院大學	**945571**	無料	随時
国際医療福祉大学(東京赤坂キャンパス)	**246074**	無料	5月上旬
国際基督教大学(ICU)	**377076**	200円	随時
国士舘大学	**945573**	無料	3月下旬
駒澤大学	**945574**	200円	6月上旬
駒沢女子大学	**945575**	無料	随時
産業能率大学	**945576**	無料	随時
実践女子大学	**945577**	無料	随時
芝浦工業大学	**945578**	無料	随時
順天堂大学 国際教養学部	**377079**	無料	随時
順天堂大学 保健医療学部	**246081**	無料	6月中旬
上智大学	**945580**	200円	5月下旬
情報経営イノベーション専門職大学	**246089**	無料	随時
昭和大学	**945581**	無料	随時
昭和女子大学	**945582**	200円	5月中旬
昭和薬科大学	**945583**	無料	随時
女子美術大学	**945670**	無料	随時
白梅学園大学	**945584**	無料	随時
白百合女子大学	**945585**	無料	5月下旬
杉野服飾大学	**945586**	無料	随時
成蹊大学	**945587**	200円	5月上旬
成城大学	**945588**	無料	5月上旬
聖心女子大学	**945589**	無料	随時
清泉女子大学	**945590**	無料	随時
聖路加国際大学	**377001**	無料	6月上旬
専修大学	**945592**	無料	5月下旬
創価大学	**945593**	無料	随時
大正大学	**945594**	無料	随時
大東文化大学	**945595**	無料	随時
高千穂大学	**945596**	無料	5月下旬
宝塚大学 東京メディア芸術学部	**945597**	無料	随時
拓殖大学	**945598**	無料	4月中旬
多摩大学	**945599**	無料	4月下旬

大学名	資料請求番号	料金(送料含)	発送開始日
玉川大学	**246082**	無料	4月上旬
多摩美術大学	**945601**	無料	随時
中央大学	**945602**	無料	5月下旬
津田塾大学	**945603**	200円	6月上旬
帝京大学	**945604**	無料	随時
帝京科学大学	**977021**	無料	随時
帝京平成大学	**945605**	無料	随時
デジタルハリウッド大学	**945606**	無料	随時
東海大学	**945428**	無料	6月上旬
東京医療学院大学	**377080**	無料	4月上旬
東京医療保健大学	**945609**	無料	6月上旬
東京家政大学	**945611**	無料	随時
東京家政学院大学	**945612**	無料	随時
東京経済大学	**945613**	無料	随時
東京工科大学	**945614**	無料	5月上旬
東京工芸大学 芸術学部	**246166**	無料	随時
東京歯科大学	**945547**	無料	随時
東京慈恵会医科大学 医学科	**377044**	無料	7月下旬
東京慈恵会医科大学 看護学科	**377045**	無料	7月下旬
東京純心大学	**377028**	無料	4月中旬
東京女子大学	**945618**	200円	5月下旬
東京女子体育大学	**945619**	無料	5月上旬
東京聖栄大学	**945620**	無料	随時
東京成徳大学	**945621**	無料	4月下旬
東京保健医療専門職大学	**246083**	無料	随時
東京造形大学	**945622**	無料	随時
東京電機大学	**945623**	無料	4月上旬
東京都市大学	**945624**	無料	随時
東京農業大学	**945625**	無料	5月上旬
東京未来大学	**945628**	無料	3月上旬
東京薬科大学	**945629**	無料	5月下旬
東京理科大学	**945630**	200円	5月下旬
東邦大学 医学部	**945631**	無料	5月下旬
東邦大学 看護学部	**377075**	無料	5月下旬
東洋学園大学	**945632**	無料	4月中旬
二松学舎大学	**945633**	無料	5月下旬
日本大学	**945634**	200円	5月下旬
日本歯科大学 生命歯学部	**377038**	無料	随時
日本社会事業大学	**945635**	無料	随時
日本獣医生命科学大学	**945636**	無料	随時
日本女子大学	**945637**	無料	随時
日本女子体育大学	**945638**	無料	随時
日本体育大学	**945639**	無料	随時
文化学園大学	**945641**	無料	随時
文京学院大学	**945642**	無料	5月中旬
法政大学	**945643**	200円	5月中旬
星薬科大学	**945644**	無料	5月下旬
武蔵大学	**945645**	無料	6月上旬
武蔵野大学	**945646**	無料	6月上旬
武蔵野美術大学	**945647**	無料	随時
明治大学	**377077**	200円	5月下旬
明治学院大学	**945649**	200円	5月上旬
明治薬科大学	**945650**	無料	随時
明星大学	**945651**	無料	4月中旬
目白大学	**945652**	無料	随時
ヤマザキ動物看護大学	**996616**	無料	4月上旬
立教大学	**945653**	200円	5月中旬
立正大学	**945654**	無料	5月下旬
ルーテル学院大学	**945655**	無料	随時
和光大学	**945656**	無料	4月中旬
早稲田大学	**945657**	200円	5月下旬

資料の取り寄せ方

テレメール進学サイトにアクセスし、
6桁の資料請求番号を入力

テレメール

https://telemail.jp/shingaku/

発送開始日までに請求された場合は予約受付となり、発送開始日に一斉に発送します。なお、発送開始日以降に請求された場合は随時発送します。

大学名	資料請求番号	料金(送料含)	発送開始日
神奈川県			
麻布大学 獣医学部	945658	無料	6月中旬
麻布大学 生命・環境科学部	945659	無料	6月中旬
神奈川大学	945660	200円	5月上旬
神奈川工科大学	945661	無料	5月下旬
神奈川歯科大学	996617	無料	随時
鎌倉女子大学	945663	無料	5月上旬
関東学院大学	945664	無料	5月下旬
国際医療福祉大学(小田原キャンパス)	945665	無料	5月上旬
相模女子大学	945666	無料	随時
松蔭大学	945667	無料	随時
湘南医療大学 保健医療学部	246005	無料	随時
湘南医療大学 薬学部	246176	無料	随時
湘南鎌倉医療大学	246090	無料	随時
湘南工科大学	945668	無料	随時
昭和音楽大学	945669	無料	随時
聖マリアンナ医科大学	945671	無料	7月上旬
洗足学園音楽大学	945672	無料	随時
鶴見大学	945673	無料	4月下旬
田園調布学園大学	945674	無料	随時
桐蔭横浜大学	945675	無料	5月中旬
東京工芸大学 工学部	377040	無料	随時
東洋英和女学院大学	945678	無料	随時
日本映画大学	977024	無料	随時
ビューティ&ウェルネス専門職大学	246188	無料	8月下旬
フェリス女学院大学	945679	無料	随時
横浜商科大学	945680	無料	随時
横浜美術大学	945681	無料	随時
横浜薬科大学	945682	無料	随時
新潟県			
長岡大学	945684	無料	随時
新潟医療福祉大学	945686	無料	随時
新潟経営大学	945687	無料	随時
新潟工科大学	945688	無料	5月中旬
新潟産業大学	945690	無料	随時
新潟青陵大学	945691	無料	随時
新潟食料農業大学	246065	無料	随時
新潟薬科大学	945692	無料	4月中旬
日本歯科大学 新潟生命歯学部	377039	無料	随時
富山県			
富山国際大学	945695	無料	5月下旬
石川県			
金沢医科大学 医学部	945696	無料	随時
金沢医科大学 看護学部	945697	無料	随時
金沢学院大学	945698	無料	随時
金沢工業大学	945699	無料	随時
金沢星稜大学	945700	無料	6月下旬
金城大学	945701	無料	随時
北陸大学	246189	無料	7月上旬
北陸学院大学	945703	無料	随時
福井県			
福井工業大学	945705	無料	随時
山梨県			
健康科学大学	377082	無料	4月下旬
山梨学院大学	945710	無料	4月下旬
長野県			
清泉女学院大学	377006	無料	4月下旬
松本看護大学	246099	無料	7月下旬
松本大学	945715	無料	随時
松本歯科大学	945716	無料	7月上旬
岐阜県			
朝日大学	977025	無料	随時
岐阜医療科学大学	945718	無料	随時
岐阜聖徳学園大学	246163	無料	随時
岐阜女子大学	945721	無料	随時
岐阜保健大学	246084	無料	5月下旬
中京学院大学	246066	無料	随時
中部学院大学	945723	無料	5月上旬
東海学院大学	246190	無料	4月上旬

大学名	資料請求番号	料金(送料含)	発送開始日
静岡県			
静岡英和学院大学	246177	無料	随時
静岡産業大学	945726	無料	随時
静岡福祉大学	945727	無料	随時
静岡理工科大学	945728	無料	随時
順天堂大学 保健看護学部	246007	無料	随時
聖隷クリストファー大学	945729	無料	5月上旬
常葉大学	982411	無料	5月下旬
愛知県			
愛知大学	945734	無料	6月下旬
愛知医科大学 医学部	945735	無料	随時
愛知医科大学 看護学部	945736	無料	5月下旬
愛知学院大学	945737	無料	4月下旬
愛知学泉大学	945738	無料	5月上旬
愛知工科大学	945740	無料	随時
愛知工業大学	945741	無料	5月中旬
愛知産業大学	945742	無料	5月下旬
愛知淑徳大学	945743	無料	随時
愛知東邦大学	945744	無料	5月上旬
愛知文教大学	945745	無料	4月下旬
一宮研伸大学	246008	無料	5月中旬
桜花学園大学	945747	無料	随時
岡崎女子大学	979412	無料	4月上旬
金城学院大学	945748	無料	5月中旬
至学館大学	945749	無料	随時
修文大学	945750	無料	6月上旬
椙山女学園大学	945751	無料	随時
星城大学	246191	無料	6月上旬
大同大学	945753	無料	随時
中京大学	945754	無料	5月下旬
中部大学	945755	無料	随時
東海学園大学	945756	無料	5月上旬
同朋大学	945757	無料	随時
豊田工業大学	945758	無料	随時
豊橋創造大学	945759	無料	随時
名古屋音楽大学	945760	無料	5月上旬
名古屋外国語大学	945761	無料	5月上旬
名古屋学院大学	945762	無料	4月下旬
名古屋学芸大学	945763	無料	5月上旬
名古屋芸術大学	990944	無料	5月下旬
名古屋商科大学	945769	無料	随時
名古屋女子大学	945770	無料	3月下旬
名古屋造形大学	945771	無料	随時
名古屋文理大学	945772	無料	随時
南山大学	377086	200円	5月上旬
日本赤十字豊田看護大学	977027	無料	4月中旬
日本福祉大学	945774	無料	5月下旬
人間環境大学	945775	無料	3月下旬
藤田医科大学 医学部	246009	無料	随時
藤田医科大学 医療科学部	246010	無料	随時
藤田医科大学 保健衛生学部	246167	無料	随時
名城大学	945777	無料	6月下旬
三重県			
皇學館大学	945778	無料	5月下旬
鈴鹿大学	246178	無料	随時
鈴鹿医療科学大学	945779	無料	随時
四日市大学	945781	無料	随時
四日市看護医療大学	246184	無料	5月上旬
滋賀県			
聖泉大学	945784	無料	3月下旬
長浜バイオ大学	945785	無料	随時
びわこ学院大学	945786	無料	随時
びわこ成蹊スポーツ大学	945787	無料	随時
京都府			
大谷大学	945789	無料	6月上旬
京都医療科学大学	945790	無料	4月下旬
京都外国語大学	945791	無料	随時
京都芸術大学	945799	無料	随時
京都光華女子大学	377058	無料	4月下旬

料金や発送開始日は、一部の大学を除き、2023年度版の内容を掲載していますので、変更になる場合があります。資料請求時に必ずご確認ください。

大学名	資料請求番号	料金(送料含)	発送開始日
京都産業大学	945796	無料	4月上旬
京都女子大学	945797	無料	随時
京都精華大学	945798	無料	随時
京都先端科学大学	945792	無料	5月上旬
京都橘大学	945800	無料	随時
京都ノートルダム女子大学	945801	無料	随時
京都美術工芸大学	990961	無料	4月下旬
京都薬科大学	945803	無料	随時
嵯峨美術大学	945795	無料	随時
同志社女子大学	945807	無料	6月上旬
花園大学	246168	無料	4月上旬
佛教大学	945810	無料	5月下旬
平安女学院大学	945811	無料	随時
明治国際医療大学	945812	無料	5月上旬
龍谷大学	945814	無料	6月中旬
大阪府			
藍野大学	945815	無料	5月上旬
追手門学院大学	945816	無料	随時
大阪青山大学	990962	無料	随時
大阪医科薬科大学 医学部	945818	無料	随時
大阪医科薬科大学 看護学部	945819	無料	随時
大阪医科薬科大学 薬学部	945840	無料	随時
大阪大谷大学	945820	無料	随時
大阪学院大学	945821	無料	5月下旬
大阪河﨑リハビリテーション大学	945822	無料	4月上旬
大阪経済大学	246185	無料	6月中旬
大阪経済法科大学	945825	無料	随時
大阪芸術大学	945826	無料	5月下旬
大阪工業大学	945827	無料	6月上旬
大阪国際大学	945828	無料	4月上旬
大阪産業大学	246085	無料	6月下旬
大阪歯科大学 看護学部(仮称) ※	246192	無料	7月中旬
大阪樟蔭女子大学	945831	無料	随時
大阪商業大学	945832	無料	5月中旬
大阪女学院大学	945833	無料	随時
大阪信愛学院大学	246169	無料	随時
大阪成蹊大学	945834	無料	随時
大阪総合保育大学	945835	無料	随時
大阪体育大学	945836	無料	6月中旬
大阪電気通信大学	945837	無料	5月中旬
大阪人間科学大学	945838	無料	随時
関西医科大学 医学部	977029	無料	7月下旬
関西医科大学 看護学部	246093	無料	随時
関西医科大学 リハビリテーション学部	246179	無料	随時
関西医療大学	945843	無料	随時
関西外国語大学	945844	無料	5月上旬
関西福祉科学大学	945845	無料	随時
滋慶医療科学大学	246164	無料	随時
四條畷学園大学	945847	無料	随時
四天王寺大学	945848	無料	随時
摂南大学	945849	無料	6月下旬
千里金蘭大学	945850	無料	4月中旬
太成学院大学	945852	無料	随時
宝塚大学 看護学部	945853	無料	随時
帝塚山学院大学	945854	無料	3月中旬
常磐会学園大学	246160	無料	随時
梅花女子大学	945856	無料	随時
羽衣国際大学	945857	無料	随時
阪南大学	945858	無料	4月中旬
東大阪大学	377078	無料	随時
桃山学院大学	945861	無料	6月下旬
桃山学院教育大学	246068	無料	随時
森ノ宮医療大学	945862	無料	随時
大和大学	990963	無料	4月中旬
兵庫県			
大手前大学	945864	無料	4月下旬
関西看護医療大学	945865	無料	随時
関西国際大学	945866	無料	4月上旬
関西福祉大学	377013	無料	5月下旬
関西学院大学	977031	無料	6月中旬
甲南大学	945872	無料	4月中旬
甲南女子大学	945873	無料	3月中旬
神戸医療未来大学	945869	無料	6月上旬
神戸海星女子学院大学	945874	無料	随時
神戸学院大学	945875	無料	5月上旬
神戸芸術工科大学	945876	無料	4月下旬
神戸国際大学	945877	無料	5月上旬
神戸松蔭女子学院大学	945879	無料	随時
神戸女学院大学	945880	無料	5月中旬
神戸女子大学	945881	無料	随時
神戸親和大学	945882	無料	随時
神戸常盤大学	945883	無料	随時
神戸薬科大学	246165	無料	随時
園田学園女子大学	945886	無料	随時
宝塚医療大学	977032	無料	随時
姫路獨協大学	945888	無料	5月下旬
兵庫大学	377015	無料	5月中旬
兵庫医科大学	945890	無料	5月中旬
武庫川女子大学	945892	無料	6月下旬
流通科学大学	246069	無料	随時
奈良県			
畿央大学	945894	無料	随時
帝塚山大学	945895	無料	5月中旬
天理大学	945896	無料	随時
奈良大学	945897	無料	随時
奈良学園大学	246011	無料	4月中旬
和歌山県			
高野山大学	945899	無料	随時
鳥取県			
鳥取看護大学	992162	無料	4月下旬
岡山県			
岡山学院大学	945901	無料	随時
岡山理科大学	945903	無料	随時
川崎医科大学	945904	無料	7月下旬
川崎医療福祉大学	945905	無料	随時
IPU・環太平洋大学	945906	無料	4月中旬
吉備国際大学	945907	無料	随時
倉敷芸術科学大学	945908	無料	3月下旬
くらしき作陽大学	246171	無料	随時
就実大学 文系学部	990964	無料	6月下旬
就実大学 薬学部	945914	無料	7月上旬
ノートルダム清心女子大学	945916	無料	随時
美作大学	945917	無料	随時
広島県			
エリザベト音楽大学	945918	無料	随時
近畿大学 工学部(広島キャンパス)	945919	無料	随時
日本赤十字広島看護大学	945920	無料	5月下旬
比治山大学	945921	無料	6月上旬
広島経済大学	945922	無料	随時
広島工業大学	945923	無料	4月中旬
広島国際大学	945924	無料	5月上旬
広島修道大学	945926	無料	随時
広島女学院大学	945927	無料	随時
広島都市学園大学	945928	無料	7月上旬
広島文化学園大学	945929	無料	随時
広島文教大学	945930	無料	7月上旬
福山大学	945931	無料	4月中旬
福山平成大学	945932	無料	4月中旬
安田女子大学	945933	無料	随時
山口県			
宇部フロンティア大学	945934	無料	5月下旬

資料の取り寄せ方

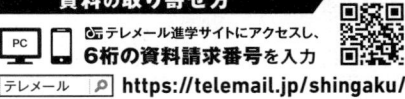

テレメール進学サイトにアクセスし、
6桁の資料請求番号を入力

テレメール https://telemail.jp/shingaku/

※ 2024年4月開設 設置構想中
発送開始日までに請求された場合は予約受付となり、発送開始日に一斉に発送します。なお、発送開始日以降に請求された場合は随時発送します。

大学名	資料請求番号	料金(送料含)	発送開始日
梅光学院大学	945937	無料	7月上旬
山口学芸大学	246076	無料	随時
徳島県			
四国大学	246172	無料	随時
徳島文理大学	377017	無料	5月上旬
香川県			
四国学院大学	945943	無料	4月下旬
愛媛県			
聖カタリナ大学	377019	無料	5月下旬
松山大学	377009	無料	6月中旬
福岡県			
九州栄養福祉大学	945949	無料	随時
九州共立大学	945950	無料	6月中旬
九州国際大学	945951	無料	5月中旬
九州産業大学	945952	無料	随時
九州情報大学	945953	無料	6月上旬
九州女子大学	945954	無料	9月中旬
近畿大学 産業理工学部(福岡キャンパス)	945955	無料	5月下旬
久留米大学	945956	無料	5月中旬
久留米工業大学	945957	無料	6月上旬
国際医療福祉大学 福岡保健医療学部	945958	無料	5月上旬
国際医療福祉大学 福岡薬学部	246095	無料	5月上旬
産業医科大学 医学部	945959	無料	随時
産業医科大学 産業保健学部	945960	無料	随時
純真学園大学	246175	無料	随時
西南学院大学	945961	無料	5月中旬
西南女学院大学	945962	無料	随時
聖マリア学院大学	945963	無料	9月中旬
第一薬科大学	945964	無料	6月中旬
筑紫女学園大学	945965	無料	6月中旬
中村学園大学	945966	無料	6月上旬
西日本工業大学	945967	無料	4月中旬
日本経済大学(福岡キャンパス)	945968	無料	随時
福岡大学	945969	無料	随時
福岡看護大学	246012	無料	随時

大学名	資料請求番号	料金(送料含)	発送開始日
福岡工業大学	945970	無料	随時
福岡国際医療福祉大学	246087	無料	随時
福岡歯科大学	945972	無料	6月上旬
福岡女学院大学	945973	無料	5月上旬
福岡女学院看護大学	945974	無料	随時
佐賀県			
西九州大学	945976	無料	7月上旬
長崎県			
活水女子大学	945977	無料	6月下旬
鎮西学院大学	945978	無料	随時
長崎外国語大学	945979	無料	随時
長崎国際大学	945980	無料	随時
長崎純心大学	945981	無料	随時
長崎総合科学大学	945982	無料	6月下旬
熊本県			
九州看護福祉大学	945983	無料	随時
九州ルーテル学院大学	945984	無料	随時
熊本学園大学	945985	無料	6月上旬
熊本保健科学大学	945986	無料	随時
崇城大学	945988	無料	随時
大分県			
日本文理大学	945990	無料	随時
別府大学	945991	無料	随時
立命館アジア太平洋大学	945992	無料	随時
宮崎県			
九州保健福祉大学	945993	無料	随時
南九州大学	945994	無料	4月中旬
宮崎国際大学	945995	無料	随時
宮崎産業経営大学	945996	無料	6月下旬
鹿児島県			
鹿児島国際大学	945997	無料	随時
鹿児島純心大学	945998	無料	随時
志學館大学	945999	無料	7月中旬
沖縄県			
沖縄国際大学	948923	無料	6月上旬

国公立大学・大学校　案内パンフ

請求受付期間　2024年3月31日まで随時受付中
※大学により請求受付終了日が早まる場合があります。

国公立大学・大学校は、すべて新年度版（2024年度版）の案内パンフが送付されます。

大学名	資料請求番号	料金(送料含)	発送開始日
北海道			
国 旭川医科大学	560017	215円	6月中旬
国 小樽商科大学	560307	215円	6月上旬
国 帯広畜産大学	560357	215円	7月上旬
国 北見工業大学	560427	250円	6月上旬
国 北海道大学	560207	215円	7月中旬
国 北海道教育大学	560197	215円	5月下旬
国 室蘭工業大学	560287	215円	3月下旬
公 旭川市立大学 ※1	945421	有料	7月上旬
公 釧路公立大学	560077	215円	6月下旬
公 公立千歳科学技術大学	246088	215円	5月上旬
公 公立はこだて未来大学	560477	215円	6月下旬
公 札幌医科大学	560107	250円	6月中旬
公 札幌市立大学	569607	250円	5月中旬
公 名寄市立大学	560437	215円	5月上旬
青森県			
国 弘前大学	560567	215円	6月上旬
公 青森県立保健大学	560527	215円	5月中旬
公 青森公立大学	560607	215円	5月下旬
岩手県			
国 岩手大学	560687	250円	5月下旬
公 岩手県立大学	560717	250円	5月下旬
宮城県			
国 東北大学	560877	250円	6月中旬
国 宮城教育大学	560817	180円	7月上旬
公 宮城大学	560787	215円	5月中旬

大学名	資料請求番号	料金(送料含)	発送開始日
秋田県			
国 秋田大学	560997	215円	6月下旬
公 秋田県立大学	560927	250円	7月中旬
公 秋田公立美術大学	982400	250円	5月下旬
公 国際教養大学	569427	215円	5月下旬
山形県			
国 山形大学	561027	250円	6月下旬
公 山形県立保健医療大学	561087	180円	6月下旬
公 山形県立米沢栄養大学	983014	180円	5月下旬
福島県			
国 福島大学	561227	215円	6月下旬
公 会津大学	561127	215円	8月中旬
公 福島県立医科大学	561167	215円	7月上旬
茨城県			
国 茨城大学	561407	250円	7月上旬
国 筑波大学	561327	250円	6月中旬
国 筑波技術大学 産業技術学部 ※2	569707	215円	5月下旬
国 筑波技術大学 保健科学部 ※3	569717	180円	5月下旬
公 茨城県立医療大学	561367	215円	6月下旬
栃木県			
国 宇都宮大学	561477	250円	6月中旬
群馬県			
国 群馬大学	561637	215円	4月中旬
公 群馬県立県民健康科学大学	569457	215円	7月上旬
公 群馬県立女子大学	561607	250円	6月中旬
公 高崎経済大学	561557	250円	5月下旬
公 前橋工科大学	561507	180円	7月上旬

※1 2023年4月 旭川大学より名称変更 公立大学法人化　※2 聴覚障害者を対象とします。　※3 視覚障害者を対象とします。
料金や発送開始日は、一部の大学を除き、2023年度版の内容を掲載していますので、変更になる場合があります。資料請求時に必ずご確認ください。

大学名	資料請求番号	料金(送料含)	発送開始日
埼玉県			
国 埼玉大学	561797	215円	4月下旬
公 埼玉県立大学	561767	180円	6月上旬
千葉県			
国 千葉大学	561827	250円	7月上旬
公 千葉県立保健医療大学	488760	180円	6月上旬
東京都			
国 お茶の水女子大学	562377	250円	6月下旬
国 電気通信大学	562107	215円	8月中旬
国 東京大学	562477	250円	7月上旬
国 東京医科歯科大学	562427	215円	8月上旬
国 東京外国語大学	562527	215円	3月下旬
国 東京海洋大学	569307	215円	6月下旬
国 東京学芸大学	562027	250円	5月中旬
国 東京藝術大学	562077	250円	7月上旬
国 東京工業大学	562577	215円	6月上旬
国 東京農工大学	562327	215円	5月上旬
国 一橋大学	561957	215円	7月上旬
公 東京都立大学	562277	215円	6月上旬
神奈川県			
国 横浜国立大学	562647	180円	6月上旬
公 神奈川県立保健福祉大学	569027	215円	5月下旬
公 川崎市立看護大学	246183	180円	4月上旬
公 横浜市立大学	562627	215円	6月下旬
新潟県			
国 上越教育大学	562707	180円	6月上旬
国 長岡技術科学大学	562807	215円	3月下旬
国 新潟大学	562767	215円	5月上旬
公 三条市立大学	246097	215円	6月下旬
公 長岡造形大学	945685	無料	7月下旬
公 新潟県立大学	488761	250円	6月下旬
公 新潟県立看護大学	568757	180円	6月中旬
富山県			
国 富山大学	562907	215円	7月上旬
公 富山県立大学	562857	215円	5月上旬
石川県			
国 金沢大学	563027	250円	7月中旬
公 石川県立大学	569357	180円	6月上旬
公 石川県立看護大学	563137	180円	6月下旬
公 金沢美術工芸大学	563077	250円	6月下旬
公 公立小松大学	246048	215円	6月下旬
福井県			
国 福井大学	563257	250円	5月上旬
公 敦賀市立看護大学	983015	180円	6月下旬
公 福井県立大学	563207	250円	5月下旬
山梨県			
国 山梨大学	563357	250円	6月中旬
公 都留文科大学	563457	250円	5月上旬
公 山梨県立大学	569507	215円	5月中旬
長野県			
国 信州大学	563547	215円	5月下旬
公 公立諏訪東京理科大学	945712	無料	7月中旬
公 長野大学	985192	215円	6月中旬
公 長野県看護大学	563507	180円	6月下旬
公 長野県立大学	246000	250円	6月下旬
岐阜県			
国 岐阜大学	563657	250円	6月下旬
公 岐阜県立看護大学	563717	180円	5月上旬
公 岐阜薬科大学	563617	180円	7月下旬
静岡県			
国 静岡大学	563757	250円	7月下旬
国 浜松医科大学	563887	180円	6月中旬
公 静岡県立大学	563827	215円	7月上旬
公 静岡県立農林環境専門職大学	246092	215円	7月下旬
公 静岡文化芸術大学	977036	250円	6月中旬
愛知県			
国 愛知教育大学	563977	215円	5月下旬
国 豊橋技術科学大学	564007	215円	3月下旬
国 名古屋工業大学	564107	215円	5月下旬
公 愛知県立大学	564157	215円	5月上旬
公 愛知県立芸術大学	563907	250円	5月中旬
公 名古屋市立大学	564227	180円	6月中旬
三重県			
国 三重大学	564387	180円	7月下旬
公 三重県立看護大学	564327	180円	5月下旬
滋賀県			
国 滋賀大学	564297	215円	6月下旬
国 滋賀医科大学	564397	215円	6月下旬
公 滋賀県立大学	564527	250円	6月下旬
京都府			
国 京都大学	564607	250円	7月上旬
国 京都教育大学	564827	215円	6月下旬
国 京都工芸繊維大学	564687	215円	3月下旬
公 京都市立芸術大学	564777	250円	6月上旬
公 京都府立大学	564557	215円	6月中旬
公 京都府立医科大学	564717	180円	7月下旬
公 福知山公立大学	945805	無料	7月下旬
大阪府			
国 大阪大学	565037	215円	7月上旬
国 大阪教育大学	565137	215円	7月下旬
公 大阪公立大学	246182	180円	7月上旬
兵庫県			
国 神戸大学	565447	215円	6月上旬
国 兵庫教育大学	565227	180円	5月上旬
公 神戸市外国語大学	565357	180円	6月中旬
公 神戸市看護大学	565257	180円	8月中旬
公 芸術文化観光専門職大学	246170	無料	7月中旬
公 兵庫県立大学	569167	215円	8月上旬
奈良県			
国 奈良教育大学	565677	215円	6月中旬
国 奈良女子大学	565777	215円	7月下旬
公 奈良県立大学	565707	215円	7月中旬
公 奈良県立医科大学	565607	215円	7月下旬
和歌山県			
国 和歌山大学	565847	215円	7月中旬
公 和歌山県立医科大学 医学部	565877	180円	6月上旬
公 和歌山県立医科大学 保健看護学部	565867	215円	7月中旬
公 和歌山県立医科大学 薬学部	246181	180円	5月下旬
鳥取県			
国 鳥取大学	565907	250円	6月上旬
公 公立鳥取環境大学	376180	無料	5月下旬
島根県			
国 島根大学	566077	250円	7月上旬
公 島根県立大学 国際関係学部･地域政策学部	566037	215円	6月下旬
公 島根県立大学 看護栄養学部	982445	215円	6月下旬
公 島根県立大学 人間文化学部	246060	215円	6月上旬
岡山県			
国 岡山大学	546217	215円	5月中旬
公 岡山県立大学	566157	215円	4月下旬
公 新見公立大学	869948	215円	6月下旬
広島県			
国 広島大学	566367	215円	7月中旬
公 叡啓大学	246098	180円	7月上旬
公 尾道市立大学	568827	250円	6月下旬
公 県立広島大学	569137	180円	6月下旬
公 広島市立大学	566227	250円	6月下旬
公 福山市立大学	981393	180円	6月上旬
山口県			
国 山口大学	566507	250円	6月中旬
公 山陽小野田市立山口東京理科大学	945939	無料	6月上旬
公 下関市立大学	566457	215円	5月下旬

資料の取り寄せ方

PC
テレメール進学サイトにアクセスし、
6桁の資料請求番号を入力

テレメール
https://telemail.jp/shingaku/

発送開始日までに請求された場合は予約受付となり、発送開始日に一斉に発送します。なお、発送開始日以降に請求された場合は随時発送します。

大学名	資料請求番号	料金(送料含)	発送開始日
公 周南公立大学	945936	未定	6月下旬
公 山口県立大学	566567	215円	6月中旬
徳島県			
国 徳島大学	566627	215円	6月上旬
国 鳴門教育大学	566657	215円	7月下旬
香川県			
国 香川大学	566737	250円	6月上旬
公 香川県立保健医療大学	569257	180円	6月下旬
愛媛県			
国 愛媛大学	566807	215円	6月中旬
公 愛媛県立医療技術大学	569217	180円	5月下旬
高知県			
国 高知大学	566977	215円	8月下旬
公 高知県立大学	566857	215円	5月下旬
公 高知工科大学	948925	250円	6月上旬
福岡県			
国 九州大学	567177	250円	8月中旬
国 九州工業大学	567257	215円	4月上旬
国 福岡教育大学	567027	215円	6月下旬
公 北九州市立大学	567337	250円	6月下旬
公 九州歯科大学	567377	215円	7月中旬
公 福岡県立大学	567077	215円	8月上旬
公 福岡女子大学	567117	215円	6月中旬
佐賀県			
国 佐賀大学	567487	250円	7月下旬
長崎県			
国 長崎大学	567647	250円	5月中旬
公 長崎県立大学	567557	250円	5月下旬
熊本県			
国 熊本大学	567727	215円	5月下旬
公 熊本県立大学	567677	215円	6月上旬
大分県			
国 大分大学	587887	215円	6月下旬
公 大分県立看護科学大学	567777	215円	4月中旬
宮崎県			
国 宮崎大学	567997	215円	6月中旬
公 宮崎県立看護大学	567907	180円	4月上旬
公 宮崎公立大学	568067	215円	6月下旬
鹿児島県			
国 鹿児島大学	568157	215円	7月下旬
国 鹿屋体育大学	568117	215円	7月上旬
沖縄県			
国 琉球大学	568297	215円	5月中旬
公 沖縄県立看護大学	568207	180円	5月中旬
公 沖縄県立芸術大学	568317	215円	4月中旬
公 名桜大学	948924	無料	5月下旬

文部科学省所管外 大学校

大学校名	資料請求番号	料金(送料含)	発送開始日
[東京都] 国立看護大学校	569657	180円	6月上旬
[東京都] 職業能力開発総合大学校	246050	180円	6月中旬
[山口県] 水産大学校	569997	180円	6月下旬

入試関連資料 資料請求番号一覧

私立大学 願書・ネット出願資料

請求受付期間 請求受付は2023年7月1日開始、請求受付終了日は大学により異なります。

※受付終了日は、出願締切日の1週間前を目安としています。

この資料請求番号一覧は、私立大学の一般選抜の願書やネット出願資料を請求するための一覧です。各校の出願締切日をご確認の上、余裕を持ってご請求ください。なお、一部の私立大学を除き、大学案内パンフは同封されていませんので、大学案内パンフをご希望の場合はA2～A6ページをご覧ください。大学案内パンフ資料請求番号一覧に掲載されていて、この一覧に掲載のない私立大学は、2023年度入学者選抜で願書やネット出願資料の請求受付を実施しなかった大学です。

大学名	資料請求番号	料金(送料含)	発送開始日
北海道			
札幌大学	897571	無料	8月上旬
札幌国際大学	897574	無料	8月下旬
札幌保健医療大学	461407	無料	随時
星槎道都大学	246400	無料	7月下旬
天使大学	897576	無料	7月下旬
日本医療大学	246016	無料	随時
函館大学	897581	無料	随時
藤女子大学	897582	無料	8月上旬
北海商科大学	897586	無料	7月下旬
北海道医療大学	897587	無料	8月中旬
北海道情報大学	897589	無料	8月上旬
北海道千歳リハビリテーション大学	246017	無料	7月中旬
北海道文教大学	897590	無料	8月下旬
青森県			
八戸学院大学	897597	無料	8月上旬
八戸工業大学	897598	無料	9月中旬
岩手県			
岩手保健医療大学	246019	無料	7月上旬
富士大学	897603	無料	随時
盛岡大学	897604	無料	随時
宮城県			
尚絅学院大学	897606	無料	随時
仙台白百合女子大学	897608	無料	7月下旬
東北医科薬科大学 医学部	246429	無料	9月上旬
東北医科薬科大学 薬学部	897614	無料	9月上旬
東北生活文化大学	246410	無料	随時
東北福祉大学	897612	無料	随時
東北文化学園大学	897613	無料	8月下旬
宮城学院女子大学	897615	無料	10月中旬
秋田県			
秋田看護福祉大学	897616	無料	随時
ノースアジア大学	897618	無料	7月上旬
山形県			
東北公益文科大学	897620	無料	8月上旬
福島県			
奥羽大学	897623	無料	7月下旬
東日本国際大学	897624	無料	随時
福島学院大学 福祉学部	897625	無料	7月上旬
福島学院大学 マネジメント学部	246586	無料	7月上旬
茨城県			
つくば国際大学	897628	無料	7月上旬
常磐大学	246475	無料	随時
栃木県			
自治医科大学 医学部	897635	無料	8月上旬
自治医科大学 看護学部	977039	無料	9月下旬
白鷗大学	897638	無料	8月中旬
群馬県			
共愛学園前橋国際大学	246491	無料	随時
群馬医療福祉大学	897643	無料	随時

料金や発送開始日は、一部の大学を除き、2023年度版の内容を掲載していますので、変更になる場合があります。資料請求時に必ずご確認ください。

大学名	資料請求番号	料金(送料含)	発送開始日
上武大学	897645	無料	7月下旬
高崎健康福祉大学	897646	無料	随時
埼玉県			
浦和大学	977043	無料	随時
埼玉学園大学	996623	無料	随時
埼玉工業大学	897652	無料	7月上旬
十文字学園女子大学	246492	無料	随時
城西大学	897655	無料	随時
女子栄養大学	897657	無料	7月中旬
駿河台大学	897658	無料	7月下旬
聖学院大学	897659	無料	8月下旬
東都大学	897662	無料	随時
日本医療科学大学	897665	無料	7月下旬
日本薬科大学	246493	無料	7月下旬
ものつくり大学	897673	無料	7月下旬
千葉県			
愛国学園大学	897674	無料	随時
江戸川大学	897676	無料	7月中旬
淑徳大学	897684	無料	7月中旬
城西国際大学	897687	無料	7月下旬
聖徳大学(女子)	246022	無料	随時
清和大学	897690	無料	随時
千葉経済大学	897692	無料	7月中旬
千葉工業大学	897693	無料	9月下旬
千葉商科大学	897694	無料	7月下旬
明海大学(歯学部除く)	897703	無料	随時
明海大学 歯学部	246405	無料	随時
了徳寺大学	897704	無料	随時
東京都			
跡見学園女子大学	897649	無料	8月上旬
恵泉女学園大学	897719	無料	随時
工学院大学	897720	無料	10月下旬
國學院大學	246497	無料	9月下旬
駒沢女子大学	897725	無料	8月下旬
産業能率大学	897726	無料	10月上旬
情報経営イノベーション専門職大学	246450	無料	随時
昭和女子大学	897732	無料	8月中旬
白梅学園大学	897734	無料	7月中旬
白百合女子大学	897735	無料	9月下旬
杉野服飾大学	897736	無料	随時
成城大学	897738	無料	7月上旬
聖心女子大学	897739	無料	7月下旬
宝塚大学 東京メディア芸術学部	897747	無料	随時
多摩大学	897749	無料	随時
帝京科学大学	977058	無料	7月下旬
デジタルハリウッド大学	897756	無料	7月中旬
東京医療学院大学	377085	無料	随時
東京経済大学	246499	無料	10月上旬
東京工科大学	897764	無料	7月上旬
東京工芸大学 芸術学部	377029	無料	随時
東京歯科大学	897698	無料	10月上旬
東京慈恵会医科大学 医学科	897766	200円	8月下旬
東京慈恵会医科大学 看護学科	897767	1400円	7月下旬
東京女子体育大学	897771	無料	7月上旬
東京成徳大学	897700	無料	8月中旬
東京造形大学	897774	無料	8月下旬
東京電機大学	897775	無料	10月上旬
東京都市大学	897776	無料	11月上旬
東京保健医療専門職大学	246451	無料	随時
東京未来大学	897780	無料	随時
日本歯科大学 生命歯学部	897787	無料	随時
日本獣医生命科学大学	897789	無料	7月下旬
文京学院大学	897795	無料	7月中旬
武蔵大学	897798	無料	10月下旬
明星大学	897804	無料	8月中旬
目白大学	897805	無料	9月中旬
ヤマザキ動物看護大学	996625	無料	随時
早稲田大学	246500	300円	11月中旬

大学名	資料請求番号	料金(送料含)	発送開始日
神奈川県			
麻布大学 獣医学部	897811	無料	7月上旬
麻布大学 生命・環境科学部	897812	無料	7月上旬
神奈川工科大学	897814	無料	10月中旬
神奈川歯科大学	996626	無料	7月中旬
鎌倉女子大学	897816	無料	7月下旬
松蔭大学	897820	無料	随時
湘南医療大学 保健医療学部	246030	無料	9月上旬
湘南医療大学 薬学部	246477	無料	9月上旬
湘南鎌倉医療大学	246452	無料	随時
昭和音楽大学	897822	無料	8月中旬
洗足学園音楽大学	246501	無料	随時
鶴見大学 歯学部	246431	無料	随時
日本映画大学	977066	無料	随時
ビューティ&ウェルネス専門職大学	246587	無料	8月下旬
横浜薬科大学	897836	無料	7月下旬
新潟県			
長岡大学	897838	無料	7月上旬
新潟経営大学	897841	無料	7月中旬
新潟工科大学	897842	無料	随時
新潟産業大学	897844	無料	随時
新潟薬科大学	897846	無料	7月下旬
日本歯科大学 新潟生命歯学部	897848	無料	随時
富山県			
富山国際大学	897850	無料	随時
石川県			
金沢医科大学 医学部	897851	無料	7月上旬
金沢医科大学 看護学部	897852	無料	7月上旬
金沢学院大学	897853	無料	9月上旬
金沢工業大学	897854	無料	随時
金沢星稜大学	897855	無料	随時
金城大学	897856	無料	8月下旬
北陸学院大学	897858	無料	9月中旬
福井県			
福井工業大学	897860	無料	随時
山梨県			
健康科学大学	377083	無料	随時
山梨学院大学	897865	無料	7月上旬
長野県			
松本看護大学	246474	無料	7月下旬
松本歯科大学	897871	無料	7月上旬
岐阜県			
朝日大学	977068	無料	8月下旬
岐阜聖徳学園大学	246900	無料	8月上旬
岐阜女子大学	897876	無料	随時
岐阜保健大学	246435	無料	随時
中部学院大学	897878	無料	7月上旬
東海学院大学	246588	無料	随時
静岡県			
静岡産業大学	897881	無料	随時
静岡福祉大学	897882	無料	7月上旬
静岡理工科大学	897883	無料	10月下旬
愛知県			
愛知大学	897889	無料	11月上旬
愛知医科大学 看護学部	897891	無料	7月下旬
愛知学院大学	897892	無料	10月上旬
愛知工業大学	897896	無料	7月中旬
愛知淑徳大学	897898	無料	8月下旬
愛知東邦大学	897899	無料	随時
愛知文教大学	897900	無料	随時
一宮研伸大学	246033	無料	7月下旬
桜花学園大学	897902	無料	7月上旬

資料の取り寄せ方

PC テレメール進学サイトにアクセスし、**6桁の資料請求番号**を入力

テレメール **https://telemail.jp/shingaku/**

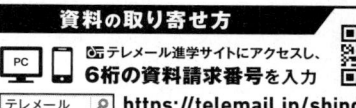

発送開始日までに請求された場合は予約受付となり、発送開始日に一斉に発送します。なお、発送開始日以降に請求された場合は随時発送します。

大学名	資料請求番号	料金(送料含)	発送開始日
岡崎女子大学	246589	無料	随時
金城学院大学	897903	無料	8月中旬
至学館大学	897904	無料	8月上旬
修文大学	897905	無料	9月中旬
椙山女学園大学	897906	無料	9月下旬
星城大学	246590	無料	7月下旬
大同大学	897908	無料	随時
中京大学	897909	無料	10月中旬
中部大学	246591	無料	9月中旬
東海学園大学	897911	無料	7月中旬
同朋大学	897912	無料	随時
豊田工業大学	897913	無料	10月上旬
豊橋創造大学	897914	無料	8月中旬
名古屋音楽大学	897915	無料	随時
名古屋外国語大学	897916	無料	8月上旬
名古屋学院大学	897917	無料	7月下旬
名古屋学芸大学	897918	無料	8月上旬
名古屋商科大学	897924	無料	7月中旬
名古屋女子大学	897925	無料	9月中旬
名古屋造形大学	897926	無料	随時
名古屋文理大学	897927	無料	随時
南山大学	897928	無料	10月下旬
人間環境大学(岡崎・大府キャンパス)	897930	無料	随時
藤田医科大学 医学部	897931	無料	10月上旬
藤田医科大学 医療科学部・保健衛生学部	897932	無料	8月上旬
名城大学	897933	無料	11月上旬
三重県			
皇學館大学	897934	無料	7月中旬
鈴鹿大学	246502	無料	随時
四日市大学	246592	無料	8月中旬
滋賀県			
聖泉大学	897940	無料	7月上旬
長浜バイオ大学	897941	無料	8月中旬
びわこ学院大学	897942	無料	随時
びわこ成蹊スポーツ大学	897943	無料	随時
京都府			
大谷大学	897945	無料	8月中旬
京都医療科学大学	897946	無料	7月下旬
京都外国語大学	897947	無料	9月上旬
京都芸術大学	897955	無料	随時
京都光華女子大学	377059	無料	7月中旬
京都産業大学	897952	無料	8月下旬
京都女子大学	977071	無料	9月上旬
京都精華大学	246479	無料	7月下旬
京都先端科学大学	897948	無料	7月中旬
京都橘大学	897956	無料	8月下旬
京都美術工芸大学	990966	無料	7月上旬
京都薬科大学	897959	無料	7月下旬
嵯峨美術大学	897951	無料	随時
同志社女子大学	897963	無料	9月中旬
花園大学	246465	無料	7月下旬
佛教大学	897965	無料	7月下旬
平安女学院大学	897966	無料	7月上旬
明治国際医療大学	897967	無料	随時
龍谷大学	897969	無料	9月下旬
大阪府			
追手門学院大学	897971	無料	9月上旬
大阪青山大学	897972	無料	随時
大阪医科薬科大学 医学部	897973	無料	10月上旬
大阪医科薬科大学 看護学部	897974	無料	9月中旬
大阪医科薬科大学 薬学部	246480	無料	9月上旬
大阪大谷大学	897975	無料	9月下旬
大阪学院大学	897976	無料	8月下旬
大阪河﨑リハビリテーション大学	897977	無料	随時
大阪経済大学	246503	無料	9月上旬
大阪経済法科大学	897980	無料	9月上旬
大阪芸術大学	897981	無料	随時
大阪工業大学	897982	無料	7月中旬
大阪樟蔭女子大学	897986	無料	随時

大学名	資料請求番号	料金(送料含)	発送開始日
大阪商業大学	897987	無料	9月上旬
大阪信愛学院大学	246466	無料	随時
大阪成蹊大学	897989	無料	随時
大阪総合保育大学	897990	無料	7月下旬
大阪電気通信大学	897992	無料	8月下旬
大阪人間科学大学	897993	無料	随時
関西医科大学 医学部	897997	無料	7月下旬
関西医科大学 看護学部	246457	無料	随時
関西医科大学 リハビリテーション学部	246481	無料	7月上旬
関西医療大学	897998	無料	8月上旬
関西外国語大学	897999	無料	8月中旬
関西福祉科学大学	899840	無料	随時
滋慶医療科学大学	246461	無料	随時
四條畷学園大学	899842	無料	随時
摂南大学	899844	無料	9月中旬
太成学院大学	246038	無料	7月下旬
宝塚大学 看護学部	899848	無料	随時
帝塚山学院大学	899849	無料	随時
常磐会学園大学	246473	無料	随時
梅花女子大学	899851	無料	7月下旬
羽衣国際大学	899852	無料	随時
阪南大学	899853	無料	7月下旬
東大阪大学	377012	無料	8月下旬
森ノ宮医療大学	899857	無料	随時
大和大学	990967	無料	7月中旬
兵庫県			
大手前大学	899859	無料	随時
関西国際大学	899861	無料	7月中旬
関西福祉大学	377014	無料	随時
関西学院大学	899863	無料	11月上旬
甲南女子大学	899868	無料	随時
神戸海星女子学院大学	899869	無料	随時
神戸学院大学	899870	無料	8月下旬
神戸国際大学	899872	無料	随時
神戸松蔭女子学院大学	899874	無料	8月中旬
神戸親和大学	899877	無料	随時
神戸常盤大学	243504	無料	随時
神戸薬科大学	246483	無料	随時
園田学園女子大学	899881	無料	随時
宝塚医療大学	977075	無料	随時
姫路獨協大学	899883	無料	8月下旬
兵庫大学	377016	無料	9月上旬
兵庫医科大学 医学部	899885	無料	随時
兵庫医科大学 薬学部・看護学部・リハビリテーション学部	899886	無料	7月中旬
奈良県			
畿央大学	899889	無料	8月下旬
帝塚山大学	899890	無料	8月中旬
奈良大学	899892	無料	8月下旬
奈良学園大学	246039	無料	7月下旬
和歌山県			
高野山大学	899894	無料	7月下旬
鳥取県			
鳥取看護大学	992163	無料	随時
岡山県			
岡山理科大学	899898	無料	9月下旬
IPU・環太平洋大学	899901	無料	随時
吉備国際大学	899902	無料	8月中旬
倉敷芸術科学大学	899903	無料	7月上旬
くらしき作陽大学	246468	無料	7月中旬
就実大学 文系学部	990968	無料	随時
就実大学 薬学部	899909	無料	7月上旬
ノートルダム清心女子大学	899911	無料	随時
美作大学	899912	無料	随時
広島県			
エリザベト音楽大学	899913	無料	随時
近畿大学 工学部(広島キャンパス)	899914	無料	9月上旬
比治山大学	246045	無料	随時
広島経済大学	899917	無料	随時
広島国際大学	899919	無料	7月下旬

料金や発送開始日は、一部の大学を除き、2023年度版の内容を掲載していますので、変更になる場合があります。資料請求時に必ずご確認ください。

大学名	資料請求番号	料金(送料含)	発送開始日
広島修道大学	**899921**	無料	随時
広島都市学園大学	**899923**	無料	7月上旬
広島文化学園大学	**899924**	無料	随時
広島文教大学	**899925**	無料	8月下旬
福山大学	**977078**	200円	9月上旬
福山平成大学	**977079**	200円	9月上旬
山口県			
宇部フロンティア大学	**899929**	無料	随時
梅光学院大学	**899932**	無料	7月中旬
山口学芸大学	**246593**	無料	7月中旬
徳島県			
四国大学	**246469**	無料	随時
徳島文理大学	**377018**	無料	8月下旬
香川県			
四国学院大学	**899938**	無料	随時
愛媛県			
聖カタリナ大学	**377020**	無料	随時
松山大学	**377010**	無料	随時
福岡県			
九州栄養福祉大学	**899944**	無料	7月中旬
九州国際大学	**899946**	無料	8月上旬
九州情報大学	**899948**	無料	随時
近畿大学 産業理工学部(福岡キャンパス)	**899950**	無料	9月上旬
純真学園大学	**246472**	無料	随時
西南女学院大学	**899956**	無料	8月下旬
聖マリア学院大学	**899957**	無料	9月中旬
西日本工業大学	**899961**	無料	8月中旬
日本経済大学(福岡キャンパス)	**899962**	無料	8月中旬

大学名	資料請求番号	料金(送料含)	発送開始日
福岡看護大学	**246042**	無料	随時
福岡歯科大学	**899966**	無料	随時
福岡女学院大学	**899967**	無料	随時
福岡女学院看護大学	**899968**	無料	7月中旬
佐賀県			
西九州大学	**899970**	無料	7月上旬
長崎県			
活水女子大学	**899971**	無料	随時
長崎国際大学	**899974**	無料	8月下旬
長崎純心大学	**899975**	無料	随時
長崎総合科学大学	**899976**	無料	随時
熊本県			
九州看護福祉大学	**899977**	無料	7月下旬
大分県			
日本文理大学	**899984**	無料	随時
別府大学	**977084**	無料	7月下旬
立命館アジア太平洋大学	**899986**	無料	10月下旬
宮崎県			
九州保健福祉大学	**899987**	無料	7月下旬
南九州大学	**899988**	無料	随時
宮崎国際大学	**899989**	無料	8月上旬
宮崎産業経営大学	**899990**	無料	随時
鹿児島県			
鹿児島純心大学	**899992**	無料	随時
志學館大学	**899993**	無料	7月中旬
沖縄県			
沖縄国際大学	**899996**	無料	随時

国公立大学・大学校 一般選抜募集要項 入学者選抜要項

請求受付期間　国公立大学は、2023年7月1日～2024年1月25日(予定)まで
※大学校の請求受付終了日は学校によ[り]異なります。

この資料請求番号一覧は、国公立大学・大学校の一般選抜募集要項や入学者選抜要項などを請求するための一覧です。
各校の出願締切日をご確認の上、余裕を持ってご請求ください。なお、大学案内パンフは同封されていませんので、大学案内パンフをご希望の場合はA6～A8ページをご覧ください。
一般選抜募集要項は願書が含まれる大学と含まれない大学がありますので、資料請求時に表示される資料名をご確認ください。入学者選抜要項およびネット出願資料に願書は含まれません。
大学案内パンフ資料請求番号一覧に掲載されていて、この一覧に掲載のない国公立大学は、2023年度入学者選抜で一般選抜募集要項・入学者選抜要項とも請求受付を実施しなかったか、2024年度一般選抜募集要項の請求受付が未定の大学です。なお、テレメール進学サイト(**https://telemail.jp/shingaku/**)では、この一覧に掲載がない国公立大学の一般選抜募集要項についても請求ができます。

大学名(資料名)	資料請求番号	料金(送料含)	発送開始日
北海道			
国 旭川医科大学(一般選抜募集要項)	**580007**	215円	11月上旬
国 帯広畜産大学(入学者選抜要項)	**246505**	250円	7月中旬
国 北見工業大学(入学者選抜要項)	**246506**	180円	随時
国 北海道教育大学(一般選抜募集要項)	**580157**	250円	11月中旬
国 室蘭工業大学(入学者選抜要項)	**246584**	180円	7月下旬
公 釧路公立大学(一般選抜募集要項)	**580057**	215円	9月中旬
公 公立千歳科学技術大学(入学者選抜要項)	**246507**	180円	7月中旬
公 公立はこだて未来大学(入学者選抜要項)	**246508**	180円	7月下旬
公 札幌医科大学(一般選抜募集要項)	**580107**	215円	10月下旬
公 札幌市立大学(一般選抜募集要項)	**589607**	180円	11月上旬
公 名寄市立大学(一般選抜募集要項)	**981398**	215円	10月上旬
青森県			
国 弘前大学(入学者選抜要項)	**246509**	215円	8月上旬
公 青森県立保健大学(一般選抜募集要項)	**580507**	215円	11月中旬
公 青森公立大学(一般選抜募集要項)	**580607**	215円	11月上旬
岩手県			
国 岩手大学(入学者選抜要項)	**246510**	180円	7月下旬
公 岩手県立大学(入学者選抜要項)	**246511**	180円	8月中旬
宮城県			
国 宮城教育大学(一般選抜募集要項)	**246409**	180円	10月中旬
公 宮城大学(入学者選抜要項)	**246512**	215円	7月中旬
秋田県			
国 秋田大学(入学者選抜要項)	**246513**	215円	8月中旬
公 秋田公立美術大学(一般選抜募集要項)	**982401**	250円	11月上旬

大学名(資料名)	資料請求番号	料金(送料含)	発送開始日
山形県			
国 山形大学(入学者選抜要項)	**246514**	215円	8月上旬
公 山形県立保健医療大学(一般選抜募集要項)	**581057**	180円	12月上旬
公 山形県立米沢栄養大学(一般選抜募集要	**983016**	180円	10月上旬
福島県			
国 福島大学(入学者選抜要項)	**246515**	180円	7月中旬
公 福島県立医科大学(入学者選抜要項)	**246516**	215円	8月中旬
茨城			
国 茨城大学(入学者選抜要項)	**246517**	215円	7月下旬
公 茨城県立医療大学(一般選抜募集)	**581357**	215円	9月中旬
県			
国 宇都宮大学(入学者選抜要項)	**246518**	180円	7月中旬
玉県			
国 埼玉大学(入学者選抜要項)	**246585**	215円	7月下旬
千葉県			
国 千葉大学(入学者選抜要項)	**246520**	215円	7月下旬
公 千葉県立保健医療大 般選抜募集要項)	**488762**	180円	11月上旬

資料の り寄せ方

PC / テレメール
6 ール進学サイトにアクセスし、
 資料請求番号を入力
https://telemail.jp/shingaku/

発送開始日までに請求された場合は予約受付となり、発送開始日に一斉に発送します。なお、発送 日以降に請求された場合は随時発送します。

大学名(資料名)	資料請求番号	料金(送料含)	発送開始日
東京都			
国 お茶の水女子大学(入学者選抜要項)	246521	215円	7月下旬
国 電気通信大学(入学者選抜要項)	246522	180円	7月下旬
国 東京医科歯科大学(入学者選抜要項)	246523	180円	9月上旬
国 東京外国語大学(入学者選抜要項)	246524	180円	7月中旬
国 東京海洋大学(入学者選抜要項)	246525	215円	8月上旬
国 東京学芸大学(一般選抜募集要項)	582007	215円	11月上旬
神奈川県			
公 神奈川県立保健福祉大学(一般選抜募集要項)	589007	180円	8月上旬
公 川崎市立看護大学(一般選抜募集要項)	246489	215円	8月中旬
公 横浜市立大学(入学者選抜要項)	246526	215円	7月下旬
新潟県			
国 上越教育大学(一般選抜募集要項)	582707	180円	11月上旬
国 長岡技術科学大学(入学者選抜要項)	246527	180円	7月下旬
公 三条市立大学(入学者選抜要項)	246529	180円	7月中旬
公 長岡造形大学(一般選抜募集要項)	377032	無料	8月上旬
公 新潟県立大学(ネット出願資料)	488768	180円	12月上旬
公 新潟県立看護大学(入学者選抜要項)	588757	180円	7月下旬
石川県			
国 金沢大学(入学者選抜要項)	246530	250円	7月下旬
公 石川県立大学(入学者選抜要項)	246531	180円	随時
公 石川県立看護大学(入学者選抜要項)	246532	180円	7月下旬
公 公立小松大学(入学者選抜要項)	246533	180円	7月上旬
福井県			
公 敦賀市立看護大学(一般選抜募集要項)	983018	215円	9月下旬
山梨県			
公 山梨県立大学(入学者選抜要項)	246535	180円	8月下旬
長野県			
国 信州大学(入学者選抜要項)	246536	215円	7月中旬
公 長野大学(入学者選抜要項)	246537	180円	7月上旬
公 長野県看護大学(一般選抜募集要項)	583507	180円	8月下旬
岐阜県			
公 岐阜県立看護大学(一般選抜募集要項)	583707	180円	11月下旬
静岡県			
国 浜松医科大学(一般選抜募集要項)	246455	180円	10月下旬
公 静岡県立大学(入学者選抜要項)	246538	180円	7月中旬
公 静岡県立農林環境専門職大学(入学者選抜要項)	246539	215円	8月上旬
公 静岡文化芸術大学(入学者選抜要項)	246540	180円	8月上旬
愛知県			
国 愛知教育大学(入学者選抜要項)	246541	180円	7月下旬
国 豊橋技術科学大学(一般選抜募集要項)	246417	180円	11月上旬
国 名古屋工業大学(入学者選抜要項)	246542	180円	7月上旬
公 愛知県立芸術大学 美術学部(一般選抜募集要項)	583907	215円	10月上旬
公 愛知県立芸術大学 音楽学部(一般選抜募集要項)	583917	215円	10月上旬
三重県			
国 三重大学(入学者選抜要項)	246543	215円	8月上旬
公 三重県立看護大学(入学者選抜要項)	246544	180円	随時
滋賀県			
国 滋賀大学(入学者選抜要項)	246545	215円	8月上旬
国 滋賀医科大学(一般選抜募集要項)	584407	215円	11月上旬
公 滋賀県立大学(入学者選抜要項)	246546	215円	7月中旬
京都府			
国 京都教育大学(入学者選抜要項)	246547	180円	7月上旬
公 京都市立芸術大学(入学者選抜要項)	246549	180円	7月上旬
公 京都府立大学(入学者選抜要項)	246550	180円	9月中旬
公 京都府立医科大学 医学科(一般選抜募集要項)	983979	180円	9月下旬
公 京都府立医科大学 看護学科(一般選抜募集要項)	983980	180円	9月下旬
公 福知山公立大学(一般選抜募集要項)	897961	無料	7月下旬
大阪府			
国 大阪大学(入学者選抜要項)	246551	215円	7月下旬
国 大阪教育大学(入学者選抜要項)	246552	215円	8月上旬
公 大阪公立大学(入学者選抜要項)	246553	250円	7月下旬
兵庫県			
国 神戸大学(入学者選抜要項)	246554	215円	7月中旬
公 神戸市外国語大学(一般選抜募集要項)	…85357	180円	10月上旬
公 兵庫県立大学(入学者選抜要項)	…6556	180円	8月上旬
奈良県			
国 奈良教育大学(入学者選抜要項)	…557	180円	7月下旬
国 奈良女子大学(一般選抜募集要項)	…97	180円	11月上旬

大学名(資料名)	資料請求番号	料金(送料含)	発送開始日
公 奈良県立医科大学 医学科(一般選抜募集要項)	585607	180円	12月上旬
公 奈良県立医科大学 看護学科(一般選抜募集要項)	585617	180円	12月上旬
和歌山県			
公 和歌山県立医科大学 医学部(一般選抜募集要項)	585857	250円	11月上旬
公 和歌山県立医科大学 保健看護学部(一般選抜募集要項)	585877	215円	12月上旬
公 和歌山県立医科大学 薬学部(一般選抜募集要項)	246484	250円	11月上旬
鳥取県			
公 公立鳥取環境大学(入学者選抜要項)	246558	無料	7月下旬
島根県			
国 島根大学(入学者選抜要項)	246559	215円	7月下旬
公 島根県立大学(入学者選抜要項)	246560	250円	7月中旬
岡山県			
国 岡山大学(入学者選抜要項)	246561	215円	8月上旬
公 岡山県立大学(入学者選抜要項)	246562	180円	8月上旬
公 新見公立大学(入学者選抜要項)	246563	180円	7月下旬
広島県			
公 尾道市立大学(入学者選抜要項)	246564	180円	7月下旬
公 福山市立大学(入学者選抜要項)	981402	180円	随時
山口県			
公 山陽小野田市立山口東京理科大学(入学者選抜要項)	246566	無料	随時
公 周南公立大学(一般選抜募集要項)	899931	未定	8月中旬
公 山口県立大学(入学者選抜要項)	246567	180円	随時
徳島県			
国 鳴門教育大学(一般選抜募集要項)	586657	180円	11月上旬
香川県			
国 香川大学(入学者選抜要項)	246568	215円	7月上旬
公 香川県立保健医療大学(一般選抜募集要項)	589257	215円	11月上旬
愛媛県			
国 愛媛大学(入学者選抜要項)	246569	215円	8月上旬
公 愛媛県立医療技術大学(入学者選抜要項)	246570	180円	8月上旬
高知県			
公 高知県立大学(入学者選抜要項)	246571	180円	7月中旬
公 高知工科大学(ネット出願資料)	246486	250円	随時
福岡県			
国 九州大学(入学者選抜要項)	246572	250円	8月上旬
国 九州工業大学(入学者選抜要項)	246573	180円	7月中旬
国 福岡教育大学(入学者選抜要項)	246574	180円	8月中旬
公 北九州市立大学(入学者選抜要項)	246575	180円	7月上旬
公 九州歯科大学(一般選抜募集要項)	587357	180円	10月上旬
公 福岡女子大学(一般選抜募集要項)	587107	215円	7月中旬
佐賀県			
国 佐賀大学(入学者選抜要項)	246576	180円	7月中旬
長崎県			
国 長崎大学(入学者選抜要項)	246577	250円	7月上旬
公 長崎県立大学(入学者選抜要項)	246578	215円	8月上旬
熊本県			
国 熊本大学(入学者選抜要項)	246579	215円	9月上旬
公 熊本県立大学(入学者選抜要項)	869953	180円	随時
大分県			
国 大分大学(入学者選抜要項)	246580	215円	8月上旬
公 大分県立看護科学大学(入学者選抜要項)	587757	180円	随時
宮崎県			
国 宮崎大学(入学者選抜要項)	246594	250円	8月上旬
公 宮崎県立看護大学(一般選抜募集要項)	587907	215円	10月中旬
鹿児島県			
国 鹿児島大学(入学者選抜要項)	246582	250円	8月上旬
国 鹿屋体育大学(一般選抜募集要項)	588107	215円	11月中旬
沖縄県			
国 琉球大学(入学者選抜要項)	246583	250円	7月下旬
公 沖縄県立看護大学(一般選抜募集要項)	588207	180円	12月上旬

文部科学省所管外 大学校

大学校名(資料名)	資料請求番号	料金(送料含)	発送開始日
[東京都]国立看護大学校(一般入試募集要項)	589657	215円	8月下旬
[東京都]職業能力開発総合大学校(一般入試募集要項)	246049	250円	随時
[山口県]水産大学校(一般選抜募集要項)	981404	180円	7月上旬

料金や発送開始日は、一部の大学を除き、2023年…の内容を掲載していますので、変更になる場合があります。資料請求時に必ずご確認ください。

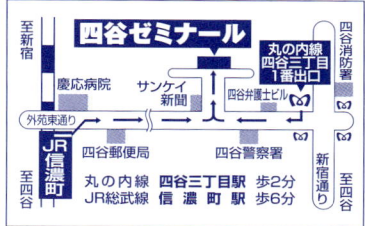

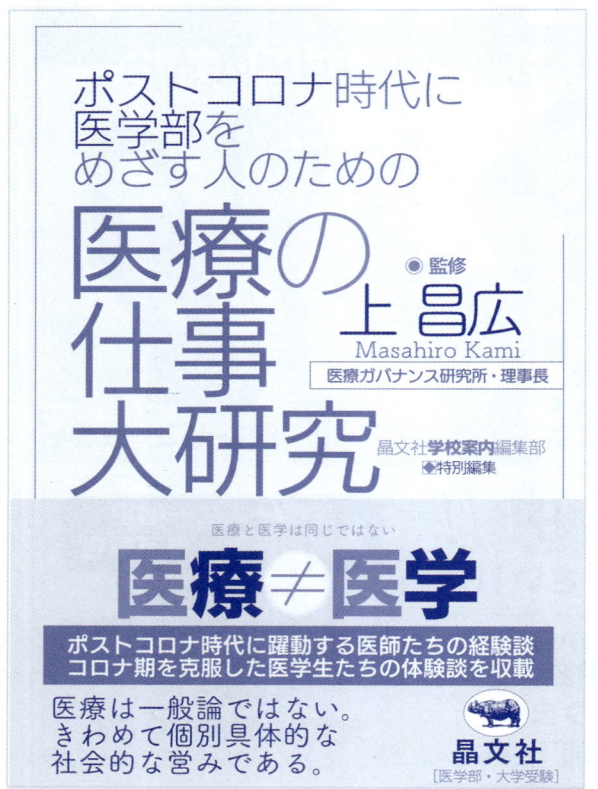

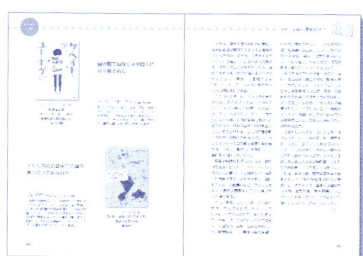